ケンブリッジ 英語百科事典

THE CAMBRIDGE ENCYCLOPEDIA OF THE ENGLISH LANGUAGE, THIRD EDITION by DAVID CRYSTAL

朝倉書店

著	デイヴィッド・クリスタル
日本語版監修	中島平三・田子内健介
監訳	児馬 修・伊藤たかね・中島平三・千葉修司・藤井洋子

The Cambridge Encyclopedia of The English Language
By David Crystal

This translation of The Cambridge Encyclopedia of The English Language is published by arrangement with Cambridge University Press through Japan UNI Agency, Inc., Tokyo.

日本語版監修者

中 島 平 三　東京都立大学名誉教授

田子内健介　埼玉大学教育学部教授

監訳者

児 馬　　修　東京学芸大学名誉教授（I 部監訳）

伊藤たかね　東京大学多様性包摂共創センター特任教授（II 部監訳）

中 島 平 三　東京都立大学名誉教授（III 部監訳）

千 葉 修 司　津田塾大学名誉教授（IV, VI 部監訳）

藤 井 洋 子　日本女子大学名誉教授（V 部監訳）

訳者　（　）内は担当箇所

中 島 平 三　東京都立大学名誉教授
（序文，1 章，III 部扉，13 章）

児 馬　　修　東京学芸大学名誉教授
（I 部扉，2 章，5 章）

保 坂 道 雄　日本大学文理学部教授
（3 章）

内 桶 真 二　茨城女子短期大学表現文化学科教授
（4 章）

服 部 義 弘　静岡大学名誉教授
（6 章）

井 川 壽 子　立正大学文学部教授
（7 章 pp. 98-109）

池 頭 純 子　大妻女子大学短期大学部家政科教授
（7 章 pp. 110-125）

伊藤たかね　東京大学多様性包摂共創センター特任教授
（II 部扉，12 章 pp. 191-199）

磯 野 達 也　成城大学社会イノベーション学部教授
（8 章）

長 野 明 子　静岡県立大学大学院国際関係学研究科教授
（9, 10 章）

杉 岡 洋 子　慶應義塾大学名誉教授
（11 章 pp. 166-173）

由 本 陽 子　大阪大学名誉教授
（11 章 pp. 174-181）

大 関 洋 平　東京大学大学院総合文化研究科准教授
（12 章 pp. 182-190）

行 田　　勇　大妻女子大学比較文学部教授
（14 章）

松 山 哲 也　和歌山大学教育学部教授
（15 章）

田子内健介　埼玉大学教育学部教授
（16 章）

千 葉 修 司　津田塾大学名誉教授
（18 章 pp. 284-297, 25 章 pp. 498-506）

梅 田 紘 子　武蔵野学院大学名誉教授
（IV 部扉，17 章）

大 名　　力　名古屋大学大学院人文学研究科教授
（18 章 pp. 268-283）

藤 井 洋 子　日本女子大学名誉教授
（V 部扉，19 章 pp. 299, 310-315）

早 野　　薫　日本女子大学文学部教授
（19 章 pp. 300-309, 316-317）

植野貴志子　ノートルダム清心女子大学文学部教授
（20 章 pp. 318-337）

重 光 由 加　東京工芸大学工学部教授
（20 章 pp. 338-359）

浅 井 優 一　東京農工大学大学院工学研究院准教授
（20 章 pp. 360-385）

八木橋宏勇　杏林大学外国語学部教授
（21 章 pp. 386-401）

多々良直弘　桜美林大学リベラルアーツ学群教授
（21 章 pp. 402-419）

髙 梨 博 子　日本女子大学文学部教授
（22 章 pp. 420-437）

成 岡 恵 子　東洋大学法学部准教授
（22 章 pp. 438-451）

砂 川 千 穂　Welocalize, Inc., 前 テキサス大学
（23 章 pp. 452-475）

伊 藤 益 代　福岡大学人文学部教授
（VI 部扉，24 章）

成 田 眞 澄　津田塾大学総合政策研究所客員研究員
（25 章 pp. 488-497）

江 頭 浩 樹　大妻女子大学比較文化学部教授
（付録 I 用語解説）

日本の読者への序

私はかねて，『ケンブリッジ英語百科事典（*Cambridge Encyclopedia of the English Language*）』――好んで *CEEL* と呼ぶのだが――のような本は，翻訳不可能だろうと考えていた。だが，素晴らしい日本語翻訳チームの専門的な識見と細部に至るまでの周到な目配りのお陰で，私が間違っていたことを喜んで認めたい。

私が悲観的であったのは，本全体に散りばめられた何百もの英語の用法の実例に関わる性質に起因している。用例の多くは，英語の口語調や非標準的な変種であり，英語を外国語として学ぶ者が通常経験する範囲の外にあるようなものである。こうした問題は，翻訳者にとって思わぬ誤訳や迷訳などの危険を孕むことがよく知られている文学の領域を，はるかに越えている。日常生活の中で――新聞で，雑誌で，広告で，テレビ番組で，そしてさまざまな日常の遭遇の中で――私たちは，英語の話し手や書き手が数えきれないほどさまざまなやり方で英語と興じているのを見聞きする。洒落を言ったり，標語や見出しに文化的な香りを加えたり，文学的あるいは歴史的な出来事に巧みに言及したりするのを楽しんでいるが，それらは常に英語の母語話者であればすぐに気づくであろうという期待のもとでやり取りされている。言うまでもなく，同様のことが日本語でも行われている。

こうした厄介な問題に直面したならば，翻訳者のなすべきことは，著者と共同作業をする以外にない。実際日本語翻訳チームは絶え間なく私の関心を，補充と明確化によって原著が益するような該当箇所に向けてくれた。それは双方にとって実りのある共同作業であった。その結果，読者が手にしているこの日本語版は，英語の原書よりもだいぶ大部な本となっているが，それは用法に多くの解説が加えられたためであり，そのことにより読者にとって真に理解し易くなっているものと期待される。

いずれの言語も，言うまでもなく，文化的相違から生じるさまざまな問題を翻訳者に投げかける。だが英語は，国際的広がりゆえに，特異な問題を呈する。これは，今日英語を学ぼうとする誰もが直面する特別な課題である。つまり，英語が国際的なリングワフランカ（共通語）として，しかもそれぞれの地域で幾分異なった方法で，用いられているという事実である。英語を取り入れてきたどの国でも，その地域文化が表現できるように英語を手直ししてきた。以前は，状況がそれほど込み入っていなかった。イギリス英語があり，アメリカ英語があっただけだった。だが今日ではさまざまな英語（Englishes）が――文化の数だけ――ある。そして，人々が話していることを理解する作業は，外国語としての学習者ばかりではなくすべての人に影響を与える。イギリス英語の母語話者が時としてアメリカ英語の用法に困惑することもありえるし，その逆もありえるのだから。

このことこそが，勿論，*CEEL* が第 3 版へと版を進めた主たる理由である。英語が第 2 版以降の 15 年間に国際的に成長してきたのに見合うよう最新情報を提供しようと努めている。この 15 年間は，また，とりわけソーシャルメディアの分野でデジタルの発達が劇的に広がった時期でもある。今日ではオンライン談話に多くの新たな変種が見られるようになった。そしてそれに関連したコンピュータの発展が，言語研究の領域にいくつかの新しい方向をもたらした。例えば，いわゆる「ビッグデータ」を利用したコーパスや，オンラインで使える（シェイクスピアやその同時代人に関する）より包括的な情報源や，新しい種類の辞書やシソーラスなどである。私の学問的背景が言語学であるので，その分野における最近の発展――認知言語学，ジェンダー研究，検索言語学など――も，この版に反映されなくてはならなかった。とりわけ，オンライン技術の進歩のお陰で *CEEL* にマルチメディアが登場するのが可能になった点にも触れておかなくてはならない。その登場によって，以前であれば文字でしか経験できなかった多くの実例――たとえば，本来の発音による初期のテクストや，母音，子音，抑揚，その他の発話の特徴や，英語の諸方言の発音様式の独自性など――を，実際に耳で聞くことができるようになった。

私は 1980 年代以降に数回日本を訪れ，学会や大学における講演というやりがいのある機会に恵まれた。私は，妻とともに，もう一度はさらに二人の小さな子どもとともに，旅行した際に受けた温かなもてなしを，この上なく幸せに記憶している。息子のベンは，こうした記憶がきっかけになって，最近シェイクスピア・アンサンブルの団員と一緒にいくつかの都市を訪れ，同じような温かい歓迎を受けている。何度か私たちに，新たな仲間が英国を訪ねて来た際にお返しの歓迎をすることができた。しかし本を翻訳することは，特にそれが *CEEL* のように大規模で広範に及ぶ本の場合には，親愛の絆を特別な仕方で新たなものにする。日本人読者の皆さんがご自身の母語を媒介にして英語の探究を楽しまれることを，心から願っている。

2024 年 8 月

デイヴィッド・クリスタル
ホリーヘッド，ウェールズにて

日本語版監修者まえがき

本書は，David Crystal，*The Cambridge Encyclopedia of the English Language*（以降，*CEEL*）の第3版（2018）の全日本語訳である。と同時に，世界初の*CEEL*の翻訳書でもある。*CEEL*は初版から第3版通して延べ約304,000部以上が出版されてきており，英語関係の百科事典としては他に類を見ないベストセラーである。

英語の研究は，他の研究分野と同様に，科学的・学問的であろうとすればするほど細分化していく。その研究領域を包括的に，それも一人の手で，執筆するのは，極めて困難な企てである。*CEEL*は，その至難な企てに，当代きっての英語研究者であるデイヴィッド・クリスタル教授が果敢に挑戦した偉業と言えよう。扱われる領域は，英語の歴史から，語彙，文法，発音，文字，地域的及び社会的変種，言葉遊び，文体，習得及び教育，自動翻訳や電子媒体，さらにジェンダーや法言語学などに及ぶ。これらのテーマに関わる興味深いトピックのいくつかを，それぞれ原則見開き2ページで，豊富な資料や引用や画像などを用いて，平明かつ洗練された筆致で解説している。クリスタル教授は，広範な英語研究とその啓蒙の功績でOBE（大英帝国4等勲位）が授けられている。

*CEEL*の第3版では，第2版刊行以降の各研究領域の進展及び新領域の誕生に伴い，データを刷新するばかりではなく，新たに50ページを増補して内容の一層の充実が図られている。また，活字の書体なども一新して，写真や挿絵なども大幅に入れ替え，視覚的な魅力が一層増した点にも触れておくべきであろう。

わが国では，国際化やインターネットの普及に伴い，英語の会話や作文などの発信面への関心が高まっている。そうした関心は，時として，その背後にある専門的・学問的知識への興味へと発展していく。また学校教育ではアクティブラーニングや調べ学習が推奨され，英語の教科でも，教科書や授業で接する発音，文字，文法，さらに国際語としての英語，その歴史などについて，生徒自らが調べたり話し合ったりする機会が増えてきている。こうした時代の趨勢に，*CEEL*の日本語版は十分応え得るものと確信している。

*CEEL*で取り上げられているさまざまなテーマは，英語だけではなく，日本語を含めてあらゆる言語に当てはまる。日本語版の刊行により，*CEEL*が，日本語やその他の言語に関心を寄せている人々にとっても，手軽に接近しやすくなるにちがいない。

翻訳に当たり，部（Part）ごとに監訳者を置き，各監訳者の指揮のもとでピアレビューを実施し，訳文の吟味や調整を行った。また監修者と監訳者の間では，訳語の統一やレイアウトなど全体的な調整を行った。*CEEL*の特色の1つである，見開きでトピックが完結する体裁は，本書でも極力維持するよう努めているが，1つの見開きに収まり切れない場合には，全体の巻末「補遺」に追い込んである。理解に役立つと思われる訳注も，本文中に収まらない場合には巻末に回してある。

原著者のクリスタル教授には，翻訳作業に当たり全面的なご協力を頂いた。訳者からの直接の疑問・質問に対して，メールで日を置かずして回答して下さり，翻訳の正確さを期する上ばかりではなく，作業を迅速に進める上でも，大きく貢献して下さった。質問の中には，原著の著者・編集者・校正者も気付かなかったような誤謬や誤植も含まれており，「翻訳者の方が原書の編集者や校正者より優っている」というお褒めの言葉を再三頂いた。原書が世界的なベストセラーであるにも拘らず，これまでいかなる言語にも翻訳されてこなかったのは，クリスタル教授によれば，地域的変種やことば遊びなど翻訳するのがきわめて困難な内容を含んでいるためである。そうした困難な企てへの本書の挑戦に対して，「言語学の出版史上，恐らく比類ない企て」と温かい励ましを頂いた。翻訳を進める中で，次の方々にご協力・ご助言を頂いた：井上裕徳，小堺健，櫻田怜佳，鈴木嘉和，アン・スレイター，遠峯伸一郎，外池滋生，ジェフリー・トランブリー，廣瀬秀人，福岡眞知子，町沙恵子，宮本大輔，ポール・A・リドン，ピーター・ロビンソン，日本ジェイムズ・ジョイス協会。文学作品などで既に翻訳があるものについては，それらを参照させて頂いた。用語の訳に当たっては，なるべく定評のある辞典や辞書に準ずることにした。ここに記して御礼を申し上げる。

この日本語版の刊行が1つのきっかけとなり，日本人の英語への関心が実用的な技能の修得に留まることなく，その背後にある知的・学問的な知識の探究へと繋がっていき，英語を単に学ぶのではなく，英語を材料にして考える姿勢を育もうとする気運が高まっていくことを，切に願っている。

2024年9月

日本語版監修者　中島平三
田子内健介

序文

英語という言語について——いや，いかなる言語についてであれ——1冊の本にすることは，勇気のいる企てである。というのは，弁の立つ読者がたくさんいると同様に洞察力の鋭い批評家がたくさんいるからである。言語全体としては誰のものでもないのだが，誰もがその一部を担っており，誰もがそれに関心を抱いている。その上，人はみずからの言語について語り始めようとすると必ず，誰もが何か言いたいこと——好きな語，好きな諺，方言についての逸話や観察，用法の好き嫌い——をもち合わせている。個人それぞれのことばの記憶，経験，能力からして，誰もがことばについての雑談に加わることができる。ある意味では，参加する際には誰もが真に対等なはずである。だが，こうした民主的な展望は，一部の人（とりわけ，言語研究の用語を学んだことのある人）の方がほかの人よりもより対等だという広く取られている考え方によって混乱させられる。｛【訳注】ジョージ・オーウェル『動物農場』の中の「すべての動物が対等だが，ある動物はほかのものよりもより対等だ」になぞらえたもの。建前は全員平等だが，実際は一部のエリートが特権をもっており優位にいる。｝

英語についてのさまざまな物語

誰でも参加できるので，（「英語についてのあの物語」のように）「あの物語（the story）」というような言いようは誤解を招きやすい｛【訳注】例えば，R. McCrum, W. Cran and R. Macneil の The Story of English（Viking，初版 1986）など。｝。英語についての「1つの物語」などはないが，個別の物語であれば数えきれないほどある。物語の広いテーマを探すとしても，競って私たちの関心を引くような領域がいくつも思い浮かぶ。例えば，構造的な物語——この言語の音や，文法，語彙が発展してきた道のり——があげられる。また社会的な物語——この言語が社会において多様な機能を果たすようになってきた経緯——があげられる。さらに文学的な物語——作家たちがこの言語の力，範囲の広さ，美しさを駆使して新しい種類の意味を表現してきた過程——があげられる。そして歴史的な物語がある。一見もっとも易しそうだが，この場合も始まり・中盤・終わりに関して1つの簡単な記述を行うことなどできない。英語の物語に1つだけの始まりなどはないが，いくつかの始まりというのであればある。アングロ・サクソンの侵略者の集団移動がいろいろな場所に到来し，のちの方言差の基礎となった。1つだけの中盤などないが，いくつかの中盤というのであればある。英語が初めはイングランドやスコットランドにおいて分岐していき，さらに後になって英国，北米，そのほかの土地で違った経緯をたどっていった。そして，今日英語が世界中でますます多方面へ進出し続けていることからも明らかなように，間違いなく，1つの終わりなど存在しない。

旅行者向けのガイド

この本を編纂する上で最大の問題は，そのため，取り入れたい膨大な材料をどのように整理し配列するかということであった。私はまず歴史から始め，次に構造に移り，最後に使用で締めくくっている。だがそうでない書き方もあり得たであろうから，本書を6つの部に分け，読者がどの部（part）から読み始め，どの方向にでも移っていけるように書いてある。同様なことが，それぞれの部の構成についてもあてはまる。ある主題（例えば，I部の英語の歴史）にはある種の提示法の論理があるが，別の主題（V部の主要な地域的及び社会的変種）にはまったくそのようなものはない。したがって，いずれの場合も，章，章内の節はそれぞれで自己充足するように工夫されており，関連する概念的な繋がりは相互参照の頻繁な使用によって担保されている。

この本の基本的なページの組み方は，左右で見開きページになっている。説明の文が，ページをめくって次のページに続くということはない。ほとんどの話題が1つの見開きページに収まるように扱われている。読者はどのページから入っていっても，1つの話題について1回開くだけでまとまった記述が得られるよう工夫してある。どの言語でも情報が非常にたくさんあるので，それらの情報を一度に継続的に読み続けて消化できるなどということはありえない。特に英語のように，長い歴史と広範な使用をもつ言語ではそうである。この本を「左から右へ」順に読みたい人もいるかもしれないが，多くの人は，一定の時間をかけてゆったりと小旅行——あるいは，ガイドつきのツアー旅行よりもくつろいだ散策——をするのを好むのではないだろうか。見開き方式はそうした旅行者向けに目論まれている。実際本書には，物語を語り進めていくという喩えよりも旅してまわっていくという喩えの方が適している。

取扱い方と範囲

本書 *CEEL*（シール［siːl］と発音することにする）を執筆するにあたって，いくつかの基準を念頭に入れておいた。英語について語ることと，それに語らしめることとの，バランスに心がけた。ほとんどの見開きで，説明的な解説と詳細な例示が（主に，本文とパネルとの印刷上の約束ごとによって）区別されている。したがって，どの見開きでも，不思議に満ちた用例を提供することに努めている。英語について注意深く見始めると，きっとそのような不思議に気づくに違いない。どのような言語も魅惑的で，美しく，驚きに満ち溢れ，感動的で，畏敬の念を起こさせ，楽しいものだ。いずれのページにおいても，こうした感応の少なくとも1つでも引き起こすことができるよう願っている。もし，ページを開いたものの，読者がある程度楽しめたとか情報が得られたとか感じられなかったとしたら，誠に残念である。

言うまでもなく，選択はいずれも個人的なものである。実際，その選択こそが一番の難件であった。ひとたび1つの見開きごとに1つの話題を決めると，それに関連する材料を可能な限りたくさんの源泉から集めた。まず冒頭に話題の展望を描き，その後あらゆる材料を調べて文章および図解の実例を探した。つねに数ページの見開きを満たすに十分なほどの材料をもち合わせていたので，そのうちのどれを取り入れどれを外すかを選択するのは，いつも悩ましかった。そこから分かったことは明らかである。本書とは異なるいくつもの百科事典の世界があり得るということである。

より広い地平

とりわけ，英語研究のさまざまな応用領域に詳しく立ち入る紙幅がなかった。そうした領域のいくつかについてはVI部で触れているが，その部の目的はそれを包括的に扱うことではなく，英語研究の応用が進みうるいろいろな方向性を簡単に示すことである。ほかにも，英語についての体系的な情報を用いることによって初めて近づけるようなさまざまな地平がある。しかしながら，本書の英語研究史における特異な立ち位置に鑑みて，できるだけ頻繁に文学の方向に手を伸ばそうと努めている。文学的な用例や引用が本書全体に散りばめられているというやり方は，おそらく注目に値することだろう。私は日ごろから，伝統的に「語学」と「文学」を分けるような分断には，強く反対してきた。もし「文学的言語」のような独立した章を本書に含めるようなことをすれば，そうした分断を一層強化してしまう結果になるだけのように思えたので，そのようなことはしなかった。これが第 22 章の終わりの方で論じている立場である。こういうわけで，多くのページが，時として文体上のコメントによって，またしばしば広範にわたる文学的な引用を通じて，文学の存在感を示している。

謝辞

本企画が成功しているとすれば，それは，著者が，多くの人の肩の上でどうにかバランスを崩さず，ひどく頻繁に落ちずに済んだお陰であろう。私は，とりわけラトガーズ大学のホイットニー・ボルトン教授に謝意を表したい。教授は，全原稿を読み，数えきれないほどの有益なコメントと示唆を与えてくれた。アンディ・オーチャード博士およびデイヴィッド・バーンリー教授には，古英語，中英語の章でいくつかの点に助言を戴いたことに感謝しなければならない。また多くの研究者や機関が，個々の具体的トピックに最適な図解や解説を見つけるのに手助けをしてくれた。それらの連絡先は，本書の巻末にまとめてあるが，次の人びとには個人的な謝意を書き留めておきたい。ヘンリー・G・バーガー，ルー・バーナード，ケネス・キャメロン，ジャック・チェンバーズ，ヴィノド・ダービー，レスリー・ダンクリング，チャールズ・ジョーンズ，ケヴィン・キールナン，エドウィン・D・ローソン，ジェフリー・リーチ，ヴァレリー・ラッキンズ，アンガス・マッキントシュ，クリスィ・マーハ，クリス・アップワード，マギー・ヴァンス，そしてリン・ウェンドン。アン・ロウランズは索引の編集を手伝ってくれた。恐らく雑誌などに謝意を表すのは通例でないのだろうが，*English Today* には数えきれないほど多くのことを負っており感謝しなければならない。その編集者のトム・マッカーサーには，きわめて有益な英語の材料を収集してくれたことに対して，深く感謝する。健全な英語の日常生活を続けたいと思うならばどなたも，毎日 3 回の食後に *English Today* を定期的に読むことを勧める。

本書は，ケンブリッジ大学出版局という組織内の職員との真の共同作業であり，その作業には約 3 年にわたるケンブリッジとホリーヘッドとの両方における多くの企画会議が含まれる。そのため，次の人びとに謝辞を述べることを喜びとする。ケンブリッジにおける企画を取り仕切り調整してくれたジョージ・スタッフとクレア・オーチャード。写真調査を行ってくれたポーラ・グラナドスとアン・プリーストリー。アメリカ英語の観点から原稿を読んでくれたキャロル・ジュン・キャスディ。ロジャー・ウォーカーとは再び共同作業を大変楽しく行うことができた。彼のデザイン技術はどのページからも明らかであろう。ケンブリッジ調査所長のエイドリアン・ドゥ・プレシには，この企画の初期段階からの個人的な関心と励ましに，深く感謝する。そして，もう 1 つの違った意味での組織内において，妻ヒラリーに感謝する。彼女の編集上のコメントは原稿の読みやすさを大いに向上させてくれ，また本書の計画と刊行における彼女の役割は非常に大きいので，並みの表現で言い表そうとしても言い表すことができない。

デイヴィッド・クリスタル
ホリーヘッドにて，1994 年 10 月

ペーパーバック版への序文

大変喜ばしいことに，*CEEL* の刊行は熱狂的に受け入れられ，そのお陰でペーパーバック版が早々と出版される運びとなった。この版に際し，初刷で気づかなかったたくさんの誤植を正し，読者や書評家に指摘された数多くの点に文章上の修正を施す機会を得ることができた。著者みずからも 1 つ大きな変更を施した。それは，第 7 章で世界の英語の統計図表を 1995 年の人口統計を用いて最新のものに更新した点である。それにともない，関連した箇所の記述も書き直すことになった。

ほかにも，第 7 章の後の方で，いくつか修正を施した。それらは主に，世界中で英語の地位が急速に向上し続けている結果によるものである。実際 1994 年に *CEEL* の本体が完成して以来，英語の話題がどんどんメディアの注目を集めることになり，来るべき新世紀への移行は「英語の未来」について新鮮な視点で語る格好のきっかけとなった。関連図書『地球語としての英語』（*English as a Global Language*，ケンブリッジ大学出版局，1997 年初版，2003 年第 2 版）では，この問題を深く掘り下げて扱うことができた。例えば，第 7 章の最初の箇所で概説した英語の歴史的物語に，本ペーパーバック版で記述できたよりももっと詳細な（インターネットにおける英語の役割のような）今日的な発展についての補足を行っている。

この序文の機会を借りて，事実や，コメント，世界中のいろいろな場所における英語の使われ方についての逸話などを送って下さった，初版の多くの読者にお礼を申し上げたい。あまりにもたくさんであまりにも広範に及んでいるので，*CEEL* のような本には簡単にはとり入れられなかったが，いずれも丁寧に保管し，遠くない将来にそれらの情報を英語に関するアーカイヴの一部として活用する機会に恵まれることを切に望んでいる。そうしたアーカイヴが今なお存在しないこと（本書の最後で触れているように）を，私は相変わらず残念に思っている。

デイヴィッド・クリスタル
ホリーヘッドにて，1997 年 2 月

第 2 版への序文

新版の修正の数量はかなりなものにのぼるが，容易に要約できる。時間の推移によって影響を受ける図表，例えば，世界中の英語使用および国別人口の統計などは，2001 年現在最新のものに刷新されている。1990 年代のインターネットの急速な進歩により，第 23 章として新たな 10 ページに及ぶ追加が必要となった。それにともない，以降の章の番号が改められている。香港におけるようなここ 10 年間に起きた政治的出来事についても言及し，数多くの時代遅れとなった説明図も取り替えられた。詳細な参考文献の欄も更新され，研究機関の住所にウェブサイトが付け加えられた。最後に，だが忘れてはならない点だが，世紀が 21 世紀に変わったのにともない，「今世紀（20 世紀）」への言及およびそれに類した表現はいずれも適切に修正されている。

ディヴィッド・クリスタル
ホリーヘッドにて，2002 年 9 月

第 3 版への序文

第 2 版刊行後の 15 年間に多くのことが起こったが，それらのすべての進展について予測できていたわけではなかった。例えば，世界中の英語の使用に関する統計については最新のものに更新するつもりでいた。本版では，英語が第 1 または第 2 言語である国ばかりではなく（英語が使用されている）すべての国を含んでいる。また，形成されつつある「新英語群」の文化的特徴に新たに数ページ付け加える必要があることに気づいていたとしても，それは決して驚くべきことではなかった。しかしながら，英国 EU 脱退後のヨーロッパにおける英語や，米国大統領（B. オバマ，D. トランプ）の演説における口調の変化に関して，新たな見開きが必要になるなどとは，いったい誰が予測したことであろうか。

インターネット言葉の解説を第 2 版で初めて導入したが，2003 年以前に言語学的関心を引き起こしたデジタルの進展は，それ以降に起こった進展——とりわけソーシャル・メディアやオンラインの言葉遊びなどにおける進展——によって，はるか後方に置き去られてしまった。フェイスブック，ツイッター，ウィキペディア，セカンドライフ，ワッツアップ，ロルキャト，ドッゴリ

ンゴなどはよく知られた発明のほんの数例であるが，みずから言語百科事典と称している本であればいずれの本でも，今日では必ず言及されねばならない名称である。それらは，初期の電子媒体コミュニケーションの出現よりもはるかに根源的に異なる新たな種類のオンライン談話の出現を具体的に示しており，特にテクスト分析との関係で言語記述の伝統的な分類のいくつかを再考するよう迫っている。同時に，「ビッグデータ」の到来は，2003 年以降大きく成長したコーパス言語学に新たな風土を持ち込み，本版における最も大幅な改定の動機づけとなっている。

ほかの領域でも成長が見られる。この第 3 版では，新たな研究パラダイムをもったジェンダー学や，インターネット書記法，法言語学についての見開きを付け加えた。今世紀の最初の 10 年代はまた，*OED* の歴史的シソーラスの刊行，（とりわけシェイクスピアとの関係で）本来の発音への斬新な関心，そしてデジタル芸術の新たな形式の出現を見た。言語学の領域は――特に認知言語学，および検索言語学（searchlinguistics）のきっかけを与えたさまざまなオンライン研究の分野において――その研究範囲をいっそう拡大していった。現在進行中の *OED* の改定は，シェイクスピアの語彙に関連したあらゆる統計を全面的に見直すことを必要とした。また，*OED* およびほかの辞書の新たな特徴は，VI 部の大幅な拡張をもたらした。その部分では，英国図書館のような機関によって近年英語への大衆的な関心がさまざまな方向に育まれていく様子を紹介している。

かくしてこの版には 50 ページ超が新たに加わった。ほかのページの大部分も，2003 年以降英語に影響を与えたさまざまな変化に照らし合わせて，改定されている。あるページは大々的に改定されている。視覚的情報を最新のものに代えたのも重要な改定である。例えば，全面的に新しい活字書体を用い，本書の写真や挿絵の約 1/3 を新たなものに入れ替えた。おそらく技術革新との関係で，きわめて短期間で時代遅れになってしまうものがあるのには，驚きを禁じえない。ほんの 15 年前の携帯電話やコンピュータが今日ではひどく重たそうに見える。また本版は初めてオンラインで利用することができるようになった。そのお陰で，歴史的な文献例や現代の発音例の音声録音を作成することができ，また追加的な資料にリンクを張ることができた。すべての見開きが，私の補足的な書き物かウェブサイトにリンクを張っている。

ケンブリッジ大学出版局が第 2 版の読者に調査を開始してくれたことに謝意を表す。読者からの反応は，修正を大いに必要とするトピックについて数々の明確な指摘・助言を与えてくれた。次の人びとにも感謝する。新しい版のために働いてくれた人々，特に企画編集者のレベッカ・テイラー，美術調査員のクレーア・ユーダル，ページデザイナーのゾーイ・ネイラー，および社内チームのほかの人々。内容部長のチャーリー・ハウエルとローズマリー・クローリー，内容チーム主任のレイチェル・コックス，デザイン部長のステファニ・セルウェル，創造的技術支援部からはノエル・ロブソン，そしてフリーランスのコピー編集者のクリス・ジャクソン。ギータ・ウイリアムとチェンナイ（インド）の MPS 有限会社の植字工のみなさんは，私の新しいページの指示を素晴らしい割り付けに変えていくという立派な仕事をしてくれた。家庭では，ヒラリー・クリスタルが修正項目の入力作業を請け負ってくれ，いつも通りに，私の初稿に有益なコメントをくれた。その結果として，21 世紀の英語ファンからなる新たな世代の要請および関心に応えられるような 1 冊の本となっているものと期待したい。

ディヴィッド・クリスタル
ホリーヘッドにて，2018 年 4 月

目次

扉絵の解説

英国図書館は，「進化する英語：1 つの言語，多くの声」展示会（2010 年 11 月 12 日～2011 年 4 月 3 日）に関連して，英語およびその変種の歴史を写し出した絵葉書シリーズを発行した。次ページの絵葉書シリーズの写真は，扱っている範囲の広さからして，本百科事典にふさわしい扉絵の役割を果してくれている。

① 展示会案内
②「夏は来ぬ」（1225-50 頃）の楽譜。英国図書館ハーリー・マニュスクリプト 978（p.36 を見よ）
③ 商人，ジェフリー・チョーサー『カンタベリー物語』（1483 頃）序から。G.11586（p.38 を見よ）
④ 結婚について，『祈祷書』（1549），英国図書館 C.25.1.14.（1）（p.67 を見よ）
⑤ ロバート・コードリー『アルファベット表』（1604）の 1 ページ目。ボドリアン図書館（p.76 を見よ）
⑥『欽定訳聖書』（1611）の扉，英国図書館 C.351.13.（1.）（p.66 を見よ）
⑦ 角本，印刷されたアルファベットとテキストが付いている木製の「櫂」14.5 × 8.5 cm（1650 頃），英国図書館 C.45.a.14（p.270 を見よ）
⑧ W と X の文字，『アルファベット手本』（1815），英国図書館 Ch.800/111.（7.）（p.276 を見よ）
⑨ 代名詞，『幼児向け文法』（1824），英国図書館 012806, ee.33.（9）（p.230 を見よ）
⑩ ジョージ・ケント『現代流行語辞書』の口絵（1835），1490.d.52（p.194 を見よ）
⑪ H 脱落｛【訳注】語頭の H の音を脱落させて発音すること。多くの方言で見られ，教養のない人の英語と見なされた。｝，『パンチ』（1855.10.27.），C.194.b.199（p.90 を見よ）
⑫ ネズミの話（tale）または尻尾（tail）。ルイス・キャロル『地下の国のアリス』（1852-4 頃），英国図書館 Add. MS. 46700（p.283 を見よ）
⑬ ネイラーの巡業公演のポスター（1879）。英国図書館 Evan.462（p.414 を見よ）
⑭ ナザン・O. ンジョク『ラヴレターの書き方とガールフレンドとの恋』（1965），英国図書館 X.0909/588.（161.）（p.108 を見よ）｛【訳注】長い間アフリカおよびナイジェリアに文学がないとされていたが，第二次世界大戦後にはナイジェリアのオニチャ市場に文学や手引きの本が出回った。本書はその 1 つ。｝
⑮～⑱　いずれも英国図書館によるデザイン

↓①
The British Library presents
An entertaining
EXHIBITION
WITH
ONE SERIOUS
FLOOR
↓②
↓③
↓④
↓⑤
A Table Alphabeticall,
contayning and teaching the true
writing, and vnderstanding of hard
vsuall English words, &c.
(k) standeth for a kind of.
(g. or gr.) standeth for Greeke.
The French words haue this (§) before them.
A
§ A Bandon, cast away, or yeelde vp, to leaue, or forsake.
Abash, blush.
abba, father.
§ abbesse, abbatesse, Mistris of a Nunnerie, comforters of others.
§ abbettors, counsellors.
aberration, a going a stray, or wandering.
abbreuiat, abbridge, to shorten, or make short.
§ abbut, to lie vnto, or border vpon, as one lands end meets with another.
abecedarie, the order of the Letters, or hee that vseth them.
aberration, a going astray, or wandering.
maintaine.
B.
§ abdi-
↓⑧
W w
Wandering Willy
That wandring far from home is silly,
Is often provd, and now in Willy.
X x
Xenophon
We come now to the Letter X.
Which does not small our mind perplex
But yet we think that evry Son
Should read the works of Xenophon.
↓⑨
You
She
He
I
THE PRONOUNS.
At this moment a bustle was heard at the door
From a party of PRONOUNS, who came by the score.
And what do you think? Why I vow and declare
THEY would pass for the Nouns who already were there.
And THEIR boldness was such, as I live IT is true,
ONE declar'd HE was I, and ONE call'd HIMSELF YOU.
THE
HOLY
BIBLE,
Conteyning the Old Testament,
AND THE NEW.
↓⑩
←⑦
→⑫
↓⑪
"I BEG YOUR PARDON, MA'AM, BUT I THINK YOU DROPPED THIS?"
We lived beneath the mat
Warm and snug and fat
But one woe, & that
Was the cat!
↓⑬
Prize Dogs & various Breeds
GREAT ENGLISH & IRISH
BULL DOGS,
GREAT DOG SHOW
1.—"KING," Belfast.
2.—"YOUNG DUKE," Sheffield.
HOW
TO WRITE LOVE
LETTERS
AND
ROMANCE WITH YOUR GIRL FRIENDS
BY N. O. NJOKU
Two lovers in the game of love.
This is the best way to romance with your lovers if you don't know.
Copy right reserved.
3/6d Net Price.
1965 Edition 12th April.
⑭
A MAN'S HOME
IS HIS CASTLE.
PAD. DIG. SHACK.
ROOST. GAFF.
SOCK. CRIB.
HAME. PLACE...
↑⑮
AT THE END
OF THE DAY,
THEY'RE
MOVING THE
GOALPOSTS
↑⑯
BRUV, MATES,
COCKERS
LEND ME YER
BRITNEYS
↑⑰
2b or not
2b. That
is the Q.
↑⑱

1 英語を模型にすると

ある言語を研究する上で重要な初めの1歩は，それを模型にしてみることである。ここでの「模型」とは，3次元の小さな模型品のことではない。この本は，（粘土の）プレー・ドーや，（金属製組み立て玩具の）メカノ，（プラスチック・ブロックの）レゴなどで英語という言語を立体的に組み立てるための技術に紙面を割くものではない。「英語を模型にする」というのは，むしろ，英語がどのように構造化されどのように使用されるかをわかりやすくするために，その中心的な特徴を抽象的に模式化することである。

2つの模型（模式図）が，こうした初歩的な展望を提供する。すぐ下に示した第1の模式図は，英語の構造を一連の部門に分解しており，それらの部門はII部からIV部を通じて，説明の展開を章立てる上で用られる。向かい側のページには，英語の使用の模式図が示されており，この模型は，I部とV部の展望として用いられる。英語学者の全方位関心型の眼は，全光景を見渡しており，そのやり方についてはVI部で吟味される。

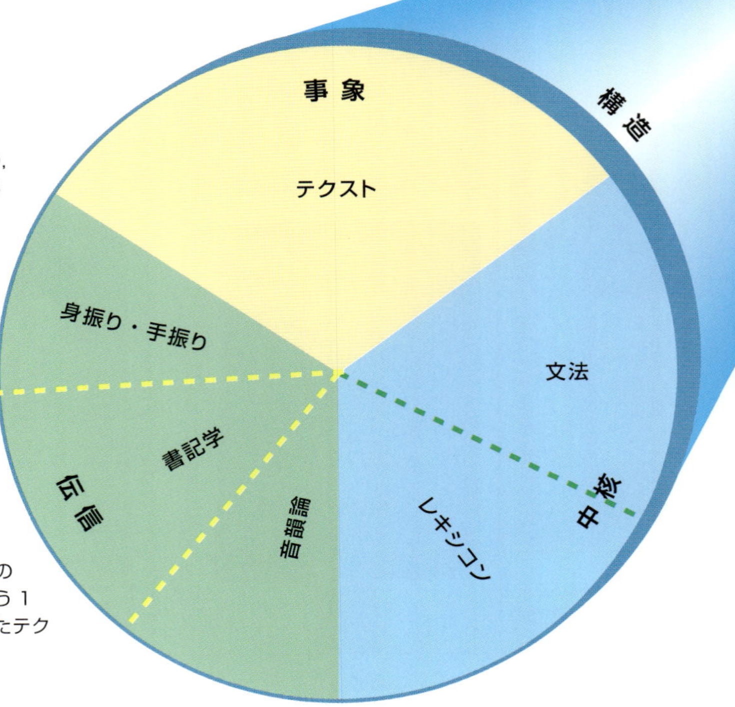

テクスト

筋の通った自己完結している談話上の単位。テクストには，語られたもの，書かれたもの，コンピュータを介したもの，身振り・手振りによるものがあり，その大きさは，ポスターやキャプション，電子メール，バス乗車券のような小さいものから，小説，説教，ウェブページ，会話のような大きいものまでさまざまである。テクストは基準枠となり，その中で，英語の文法的，語彙的，そのほかの特徴が決められ，解釈される（V部，第19章参照）。

身振り・手振り

主に聾者（聴覚障害者）によって用いられる視覚的言語。本書では，つづりや文法，語彙など英語の構造的側面を表すのに編み出された身振り・手振りの体系のみに言及する（V部，第23章参照）。

書記学

1つの言語の書き方の体系。書記学的（あるいは正書学的）研究には2つの主要な側面がある。1つは書かれた言葉の視覚的な諸部分。母音や子音の文字，句読点，そのほかの印刷上の特徴といった形式として表される。もう1つは印刷上の構図のさまざまな型。空間的配置や割り付けなどは，書かれたテクストの広がりに構造と意味を添える（IV部，第18章参照）。

音韻論

1つの言語の音声体系。音韻論の研究には2つの主要な側面がある。1つは，母音や子音という形式で表わされる，話された言葉の音の分節。もう1つは，抑揚や，リズム，声の音質などのさまざまな発音上の型。一続きの音の流れに構造や意味を添える（IV部，第17章参照）。

レキシコン

1つの言語の語彙。レキシコンの研究は広範囲に及び，語相互の意味的関係や，略語・同音異義語の洒落，婉曲表現の使用，および辞書編纂など多様な領域を含む（II部参照）。

文法

文の構成を支配している規則体系。文法研究は通常，2つの主要な側面に分けられる。1つは文の構造や結合を扱う統語論，もう1つは語の構造やその形成を扱う形態論（III部参照）。

だが，それって芸術？

ごくまれであるが，ことばを，純粋に図式的なもの以上に視覚化しようと試みる人がいる。左の版画は，美術系学生が学位取得要件の一環として作成したものである。学生は，別の大学専攻の講義を受講し，そこでの主題から受けた感じ方を反映するような抽象的デザインを提出するよう求められた。恐らくすぐに明らかになるだろうが，このデザインは，彼らが英語の構造についての講義——筆者による講義であるが——に出席した時のものである。このデザインの非対称性は，英語研究のある種の特徴となっている，不規則性や一定していない研究経路をよく表現している（それと同時に，講義の組み立ての雑然さをも表しているのかもしれない）。

なぜヤヌス？

左の写真は，ローマ神話の神・ヤヌスが描かれた古代ローマ時代の硬貨だが，例によって頭に２つの顔が象られている。出入り口やアーチ道と縁が深く，前方と同時に後方を見ている神霊なので，よく始まりの神と見なされる。１月の名称 January は彼にちなんだ名前である。彼が最初の見開きページに登場していることには，だが，それ以上の意味合いがある。この両ページに示されている言語研究の２つの側面――構造と使用の側面――は，伝統的にそれぞれ独立して研究されてきた（第 14 章参照）。本書の重要なテーマの１つは，それらが相互依存関係にあることを強く主張することである。英語の構造は，使用されることがなければ，何のためにあるのか？　英語の使用は，その構造を明らかにすることなしに，どのように理解できるのか？　構造と使用は，ローマ時代であるか否かにかかわらずコインの表裏一体をなすものである。この根本的な考え方は，本書の構成において反映されている（序文参照）。

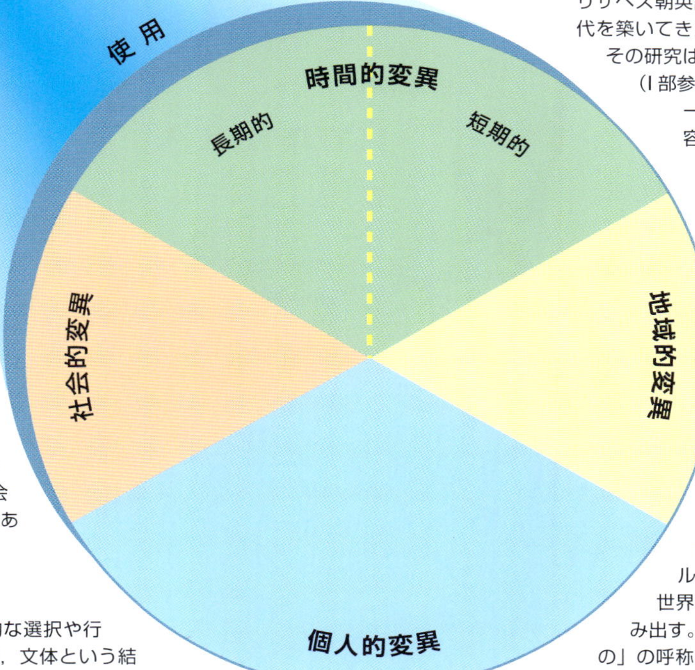

使用

時間的変異

長期的

短期的

社会的変異

地域的変異

個人的変異

時間的変異

時間は，長期的にも短期的にも，言語に影響を与え，いくつかの非常に特徴的な過程や変種を生み出す。長期的には，英語は何世紀にもわたって変化を遂げ，古英語，中英語，エリザベス朝英語のような言語学的にはっきりと区別できる時代を築いてきた。言語変化は不可避的で継続的な過程であり，その研究は文献学者や歴史言語学者によって行われている（I 部参照）。

一方，短期的には，英語は個人の歴史の中でも変容する。最も顕著なのは，子どもが母語を習得している期間であるが，そのほかにも，外国語を学習しているときとか，大人の話し手や書き手として文体を固めているとき，時としては，言語能力が事故や病気によって失われたりひどく損なわれたりしているのに気づいたときなども見られる。心理言語学者は言語の習得と喪失を研究する。ほかの専門家――わかりやすいのは，言語聴覚士や言語教育者など――にとっての研究対象でもある（VI 部，第 24 章参照）。

社会的変異

社会は言語に影響を与える。社会的な構造や機能の重要な側面はいかなるものでも，それに対応する言語的な特徴を示す。人は異なった社会階層に属し，異なった社会的役割を果たし，異なった技術を使い，異なった職業に従事する。人の言葉の使用は，性別，年齢，人種のグループ，教育的背景などによって影響を受ける。英語はますますこうしたすべての要因の影響を受けてきている。というのは，英語の世界言語としての役割が増すにつれ，新しい文化や社会システムと接する機会がますます増してきているからである（V 部，第 21 章参照）。

地域的変異

地理は，一国の中でも国同士との間でも，言語に影響を与える。地域的な方言やその発音様式を生み出し，さらに，ピジンやクレオール――英語がほかの言語と初めて接触した時には世界中のどこでででも生じてきた新たな変種――を生み出す。「北英の」とか「ロンドンの」「スコットランドの」の呼称に見られるような，国内的地域変種は英語の内部でその初期の時代から観察されてきた。「アメリカの」とか「オーストラリアの」「インドの」の名称に見られるような国際的変種は，起源がもっと最近になってである。地域的な言語の変異は，社会言語学者，地理言語学者，方言学者，そのほかの研究者によって研究されており，実際の呼称は研究がどこに焦点および強調を置くかにかかっている（第７章，および V 部，第 20 章参照）。

個人的変異

個人の意識的あるいは無意識的な選択や行動が，特徴的な，時として独自の，文体という結果になるという意味で，個人も言語に影響を与える。自己表現におけるこうした変異は，文学とかユーモアなど細心の注意が払われるような言語使用の領域において最も顕著に見られる。しかし，記憶や，個性，知性，社会的背景，個人的経験などの違いから生じる個人的な独自性は，誰の発話においても不可避的な文体の特異性を生み出す（V 部，第 22 章参照）。

なぜ英語を研究するのか？

魅力的だから

大いに注目すべきことだが，英語は，興味深い話題として日常会話の中に頻繁に登場する。数例をあげれば，アクセントや方言についての質問，使い方や標準についての感想，あるいは単に語源や歴史についての興味などがあげられる。

重要だから

英語は世界言語として際立った役割を果たしており，そのため，かつていかなる言語にもなかったほどに我々の関心をひきつける。英語は国同士の主要な伝達手段になっているので，正確かつ効率的に教えられることを請け負うことも，その構造や使用における変化を研究することも，きわめて重要だ。

おもしろいから

最も好まれる余暇の過ごし方の１つは，英語と一緒に――語や音，つづり，構造と一緒に――遊ぶことである。クロスワード・パズル，スクラブル，TV の言葉番組，そのほかのクイズ，言い当てゲームなどは，日々何百万の人々を楽しくくぎづけにし，脳の言語中枢を刺激し，急いで辞書を調べるように駆り立てる。

美しいから

どの言語も独自の美しさと力をもっている。それが最も効果的に見られるのが，優れた弁士や作家の作品である。1000 年にわたる英語の書き物の歴史を見ることができるのは，言葉というレンズを通してだけである。一言語としての英語について学んだことはいずれも，弁論や文学の鑑賞力を向上させるのに役立つ。

役立つから

ことばを正確にすることは，社会のほぼいたるところでも重大な課題である。曖昧であるとか不明瞭であると非難されることなど誰も望まないし，とんちんかんに話したり書いたりしている自分に気づいたりしたくもない。英語について多くのことを知れば知るほど，正しく理解し理解されるように努めることになるので，ますます成功する機会が増えるであろう。それは，広告業者であれ，聖職者であれ，政治家であれ，ジャーナリストであれ，医師であれ，弁護士であれ，市井の人びとであれ，同じである。

そこにあるから

英語は，ほかのいかなる言語にもまして，専門的な言語学者の関心をひきつけてきた。言語全般の本質に関する理論を作り出そうとする言語学者の目的のために，英語がさまざまな方法で分析されてきている。かくして英語の研究は，言語学の１分野――英語学（英語言語学）となったのである。

TABULAM hanc,
loca memorata in
CHRONICO SAXONICO
accurate repræsentantem,
Literaturæ SAXONICÆ
et
Antiquitatum ANGLICANARUM
Studiosis
D.D.C.Q.
Edmundus Gibson.
BIBL. CANT. ACAD.
CUMBRA LAND.
LINCOLNE
SEAXNA
CORNWEALLAS.
SCYRE

I

英語の歴史

英語の歴史はそれ自体とても魅力的な研究分野の１つであるが，現代の言語研究に対しても貴重な視点を与え，その意味では本書の序章を飾るにふさわしい分野である。歴史的な説明によって英語の本来の姿と過去からの連続性の意識を高め，今日の英語の用法に見られる多くの揺れや衝突に関して論理的な一貫性を見出すことができる。とりわけ，言語の遺産について我々が抱く深い好奇心を満たしてくれる。人はことばのルーツを理解したがるのである。

そこでＩ部第２章では，できる限り英語の起源に近いところから始める。まず英語のルーツがヨーロッパ大陸にあったことを確認するために，初期に書かれた年代記の記述を利用する。およそ７世紀頃にさかのぼる，アングロサクソンの詩や散文を集めたものが英語の言語事実を検証するための最初の資料を提供してくれる。第３章は古英語のテキストにおける特徴の概略を記述し，それらのテキストに示される古英語期の音，つづり，文法，語彙を簡潔に説明する。第４章の中英語期に関しても，古英語期と同様の説明を与えるが，特に，ノルマン征服が英語に与えた影響に関する説明から始め，最後には標準英語の起源に関する問題を扱う。古英語・中英語の章に関してはすべて，当該の時期のテキストに関わる歴史的・文化的背景や，『ベーオウルフ（*Beowulf*）』や『カンタベリー物語（*The Canterbury Tales*）』など主要な文学作品の特徴に着目しながら記述する。

第５章で扱う初期近代英語期については，カクストンやルネサンス期の英語についてまず触れ，そのあとシェイクスピアと『欽定訳聖書』の英語について取り上げ，そして最後に画期的なジョンソン博士による辞書の出版について取り上げる。そこで絶えずテーマとしていることは，初期近代英語期に生じていた言語変化の範囲と多様性である。次の第６章では近代英語期について，前章から続く言語変化の軌跡をさらに追いかけ，初期の文法書の特徴を検証し，さらに米国における英語の新たな変種・傾向の発達を検証し，文学，特に小説に映し出される非常に貴重な英語の特徴を見出す。現代の語法に関する論争のいくつかがこの時代にさかのぼることがわかる。第６章の終わりには，もはや過去の英語ではなく，われわれの知っている現代の英語に関する記述になっている。

最後の第７章では，20-1 世紀の英語に起こったこと，特に世界規模の英語の広がりについて見る。そこでも歴史的観点から，米国，カナダ，アフリカ，オーストラリア，南アジア，東南アジア，そのほかの地域などで英語がたどってきた軌跡を見る。この第７章は「世界英語」というとらえ方を振り返り，英語の使用状況を統計的に検証し，１つの言語が世界中で使われる場合に生じる，理解の度合いと独自性（アイデンティティ）の問題を考える。標準英語という考え方は，国内で見るのと，国際的に見るのと，双方の視点から見ることが，とても重要な意味をもつことがわかってくる。そこでＩ部の最後では，英語の未来，とくに EU 離脱後（post-Brexit）のヨーロッパにおける英語の未来についての考察と，英語と他の言語との間で発展してきた関係（時には友好的で，時には敵意に満ちたものであるが）についての考察をする。

◀『アングロサクソン年代記』（エドマンド・ギブソン（Edmund Gibson）編，1692）から取ったアングロサクソン時代のイングランド地図。左上部にあるラテン語の見出しは，この地図がこの年代記や，古英語の文献中で触れられている地名を示したものであると説明している。

2 英語の起源

さらなる情報源：
cambridge.org/crystal

「三度も西ローマ帝国の執政官に就任した偉大なるアエティウス様にブリトン(ケルト)人の悲痛な声」。これは，アングロサクソンの歴史家であるビード師（the Venerable Bede）によれば，5世紀初期の数十年間，スコット人とピクト人の激しい攻撃を受けながらも生き延びてきたケルト人がローマの執政官に宛てた書簡の冒頭である。さらに書簡は以下のように続く。「野蛮人たち（スコット人とピクト人）は我々を海に追いやる。海は我々を野蛮人たちのいる方へ追い返す。彼らと海のはざまに置かれた我々は2つの死にさらされることになる。つまり，切り殺されるか，海で溺死するかである。」

その悲痛な訴えに耳を傾ける者はいなかった。ローマ人たちは過去に援軍を派遣することはあったが，当時はそれどころではなく，自国がフン族の王であるブレダとアッティラによる攻撃を受けていたため，その戦いに掛かり切りであったのである。北部からの侵入は続き，ブリトン人は援軍にほかを探さざるを得なかった。ビードはその時の状況を簡潔に，そしてありのままに記述している。

> 「彼らは北部民族による残酷で頻繁な侵入を阻止し，それに対抗するために何をなすべきか，どこに助けを求めるべきかについて協議をした。そして，ブリトン人の王ヴォーティガンとも話し合い，海を越えたところから援軍を呼び込もうという結論に同意した。つまり，サクソン人の援軍を…
>
> 西暦449年にアングル族やサクソン族がヴォーティガン王に招かれて，3隻の長大な船に乗ってブリテン島に到着した。彼らはいつでもブリトン人のために戦えるようにと，ブリテン島東部の居住地を王より与えられた。だが，彼らの本当の狙いはブリトン人を隷属させることであった。そこで，かれらは北部から攻めてきた敵と戦い，勝利を収めたあと，その勝利を母国に知らせ，さらにブリテン島の土地が肥沃であること，ブリテン人が臆病であることなどの情報も伝えたのである。その結果，さらなる援軍が艦隊として派遣され，かなり多くの人たちがブリテン島にわたることになり，それが先行部隊に加わって，無敵艦隊を形成することになった。」

ビードによれば，その侵入者達はゲルマン人の3強民族——サクソン族・アングル族・ジュート族である。最初にブリテン島に渡ったのは，今のデンマーク北部にあたるユトランドから渡った民族で，年代記作者の記述によると，ジュート族の2兄弟であるヘンギストとホルサがその指導者で

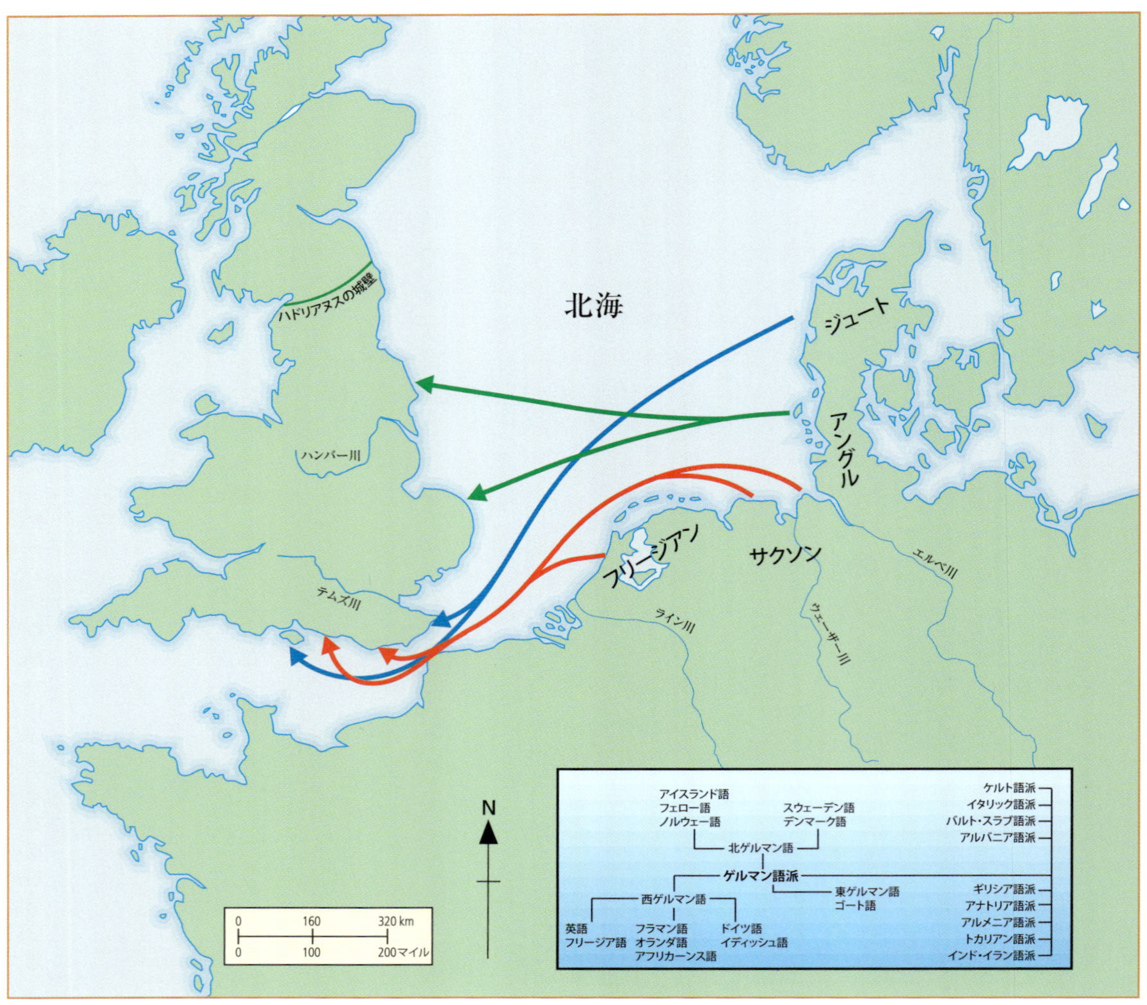

ビードの記述から推定されるゲルマン小部族の祖国の位置とブリテン島への侵入経路。彼らの祖国の正確な位置はよくわかっていない。ジュート族はさらに南部の方に居住していたかもしれない。そうすると西側でフリージアン族とつながることになる。アングル族はもっとドイツに入ったところに住んでいたのかもしれない。これらゲルマン諸部族間の言語の相違点についても同様に詳細はわかっていない。古英語に見られるさまざまな方言（p.28）は，あきらかにゲルマン諸部族が定住した地域と関わっているが，残存する資料があまりにも少ないため，その本格的な比較はできない。

英語はゲルマン語派内の西ゲルマン語に属する。構造的にはフリージア語に最も近いが，古代のフリージアン族自体についても，また彼らがブリテン島への侵入の際にいかなる役割を果たしたのかについても，ほとんど知られていない。なお，ゲルマン語派はインド・ヨーロッパ（印欧）語族の一語派である。

あった。彼らはサネット島のエップスフリートに上陸し，その後，現在のケント，ワイト島，ハンプシャーの一部などに上陸した。アングル族は，それよりずっと遅い時期にユトランド半島南部からブリテン島の東海岸沿いに渡ってきた民族で，マーシアの一部，ノーサンブリア（ハンバー川以北の地域で，そこで彼らは 547 年に王国を築いた），そして現在のイーストアングリアに定住した。サクソン族については北海の海岸沿いにさらに南西に向かった地域から渡ってきた民族で，477 年からブリテン島の南部と南東部のさまざまな地域に定住した。年代記作者は東部・西部・南部のサクソン族について記述しているが，これらの区別がそれぞれ後の地名エセックス（Essex）・ウェセックス（Wessex）・サセックス（Sussex）に反映されている。ミドルセックスという地名は中部サクソン族（Middle Saxons）がいたことをうかがわせる。ビードの説明には 3 強部族の侵入が取り上げられている。

> 「やがて，上述の大陸からの人びとが大勢で島に押し寄せてきて，その数も増えたため，彼らを招き入れた原住民（ブリトン人）にとって脅威になってきた。そして，それまでは武力で追っ払っていたピクト人と，今度は手を組むようになり，矢の矛先を同盟軍に向け始めたのである。」

ビードから 100 年経ったアルフレッド王治世のもとで編纂された『アングロサクソン年代記（*The Anglo-Saxon Chronicle*）』（p.14 を見よ）にはブリトン人に降りかかる，たび重なる恐ろしい災難について記述されている。

> **457 年**　この年ヘンギストとエスクはクレジャンフォード（現在のケント州クレイフォード）と呼ばれるところでブリトン人と戦闘をし，そこで 4,000 人を殺戮した。そして，ブリトン人はケントを捨て，恐ろしくなってロンドンに逃げた。

ビードがラテン語で書いた『英国民教会史』の写本からの 1 ページ

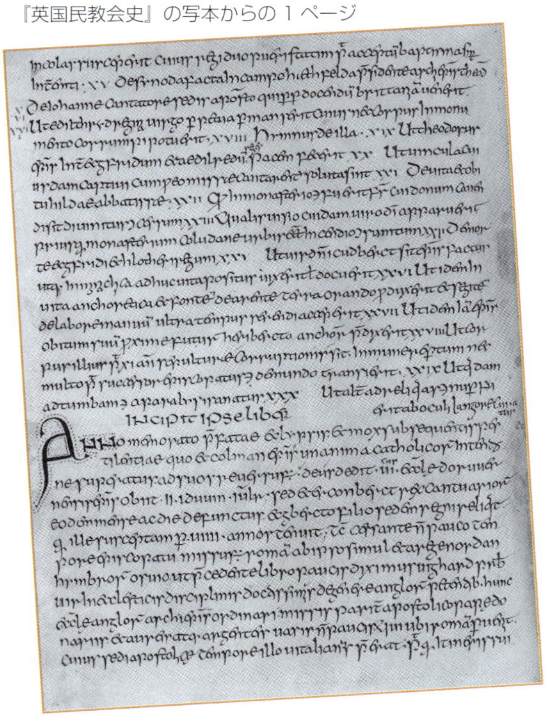

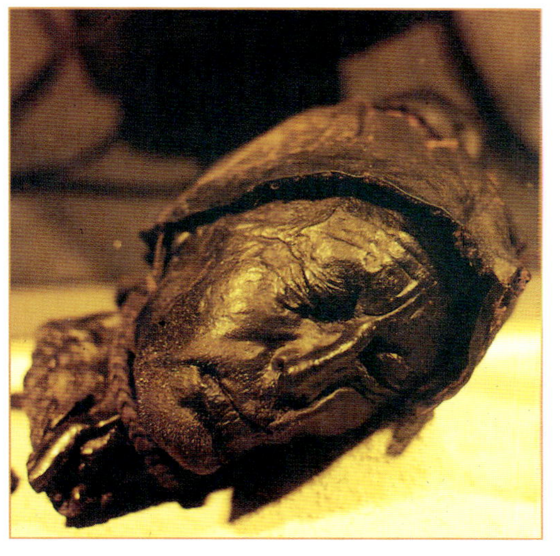

デンマークの泥炭地で発見された，腐敗することなく見事に保存された男性の遺体。そのような遺体が 500 体以上も北部ヨーロッパで見つかっており，多くはかつてゲルマン族が居住していた地域から発見されている。この遺体は，おそらく大地の女神に生け贄としてささげるために殺害されたものと考えられる。ローマの歴史家タキトゥスの著書『ゲルマニア（*Germania*）』に部族の記述があり，その中のある個所でジュート族とアングル族を含めた部族のことを次のように記述している。

「これらの部族については，森と川によって守られていて，豊穣の神（Nerthus），すなわち母なる大地（Mother Earth）を崇拝し，その神が人間の営みに干渉し，人の行列に加わって，人の住む町を行進していくと考えていることを除けば，特筆すべきことは何もない。」（M. ハットン（M. Hutton）訳，1914）

> **465 年**　この年ヘンギストとエスクはウィペッドフリートの近くでウェールズ人と戦い，そこで 12 人のウェールズ人の貴族を殺戮した。ウィペッドという従士の 1 人がそこで殺された。
>
> **473 年**　この年，ヘンギストとエスクはウェールズ人と戦い，数え切れないくらいの戦利品を得て，ウェールズ人は火のように（火事場から逃れるように）イングランドから逃げていった。

戦は数十年の間続いたが，アングロサクソンの戦力の威圧は確かなものであった。100 年近くにわたって，さらなる移民の大群が大陸から押し寄せ続け，アングロサクソンの居住地は西部と北部の高地を除く全域に広がった。こうして 5 世紀の末までに，英語の出現に十分な礎が築かれていたのであった。

言語名 English の由来

先住民へ敬意を払うこともなく，ゲルマン人の侵入者たちはケルト先住民のことを wealas（古英語で「よそ者」を意味する）と呼んだ。それが Welsh（ウェールズ人）という名前の由来である。ケルト人は侵入者たちのことを，どの部族であれ，Saxons（サクソン人）と呼んだ。その慣習は初期にラテン語で著作をした人たちによって引き継がれた。しかし，6 世紀の末期には Angli（アングル人）という名称が使われ，早くも 601 年にケント王エゼルベルト（Æthelbert）はラテン語で rex Anglorum（アングル族の王）と呼ばれ，7 世紀中にその国名をラテン語で Angli や Anglia と呼ぶようになった。古英語の Engle はその用法に由来する。そして古英語のテキストに見られる言語名は初めから Englisc（sc というつづりは子音 /ʃ/ を表す）と呼ばれた。国名を *Englaland*（アングル族の国）と呼んだのは 1000 年頃になってからのことであって，それが今の England の由来である。

「ビード師」として知られているノーサンブリアの修道僧ビード（ないしはベーダ）。673 年ころにタイン川の近くのモンクトンに生まれ，7 歳の時にウェアマスの新しい修道院に連れていかれ，682 年にジャローの女子修道院に移り，そこで著作家・教員として勤めた。735 年に亡くなり，ジャローに埋葬された。彼の代表作は『英国民教会史（*Historia Ecclesiastica Gentis Anglorum*（'Ecclesiastical History of the English Nation'）』で，晩年に執筆を始め，731 年に完成した。イングランドにおけるキリスト教の発達を記述したもので，その記述範囲はかなり広く，初期イングランドの歴史を知る上で最も貴重な資料とみなされている。原著はラテン語で書かれたもので，のちにアルフレッド大王の治世に古英語に翻訳された。

3 古英語

さらなる情報源：
cambridge.org/crystal

草創期

アングロサクソン人の襲来（第 2 章）以前にブリテン諸島の先住民族によって話されていた（複数の）言語は，ケルト語派に属しており，紀元前 500 年頃にブリテン島にやってきた民族によりもたらされたものだった。しかしこれらの移住者たちの多くは，今度は紀元後 43 年にやって来たローマ人たちにより支配されることになった。だが，410 年までにローマ軍はヨーロッパ大陸のみずからの帝国を守るために撤退を余儀なくされた。こうしたケルト語話者による 1000 年間にわたる社会とラテン語話者による 500 年間におよぶ社会は，その後にやってきたアングロサクソン人の話す言語にいかなる影響を与えたのであろうか?

ケルト語からの借用語

驚いたことに，ケルト語からの影響はほとんど見られない。いやむしろ，ケルト人社会が破壊され，コーンウォール，ウェールズ，カンブリアやスコティッシュボーダーズとして知られる地域に追いやられた残忍なやり方を思えば，それ程驚くことではないかもしれない。おそらく，多くのケルト人（または，ローマ系ケルト人）は奴隷や異民族間の婚姻者として東部や南部に残ったが，彼らの民族意識は数世代を経てアングロサクソン社会の中で失われていったことだろう。そうした文化接触から予期されるものがいかなるものであれ，ローマ帝国下にあったブリテンのケルト語はほとんど古英語に影響を与えなかった。

当時借用されたのはほんの一握りのケルト語であり，現代の英語に残っているものもわずかしかなく，地域方言に見られる *crag*(険しい岩山)，*cumb* 'deep valley(深い谷)'，*binn* 'bin(ふたつきの大箱)'，*carr* 'rock(岩)'，*dunn* 'grey(灰色の)，dun(灰褐色の)'，*brock* 'badger(アナグマ)'，*torr* 'peak(山頂)' や *bannoc* 'piece(断片)'，*rice* 'rule(規則)'，*gafeluc* 'small spear(小槍)'，*bratt* 'cloak(外套)'，*luh* 'lake(湖)'，*dry* 'sorcerer(魔法使い)'，*clucge* 'bell(ベル)' などのみである。当時のケルト語の中にはアイルランドの宣教師によりもたらされたラテン語起源の語もあり，*assen* 'ass(ロバ)'，*ancor* 'hermit(隠修士)'，*stær* 'history(歴史)'，およびおそらく *cross*(十字架)などがそれに含まれる。しかし，合わせても 24 語を越えることはない。またさらに少数となるが，ケルト語由来の地名（p.151）が今のイギリス南部や東部に残っている。例えば，*Thames*, *Avon* 'river(川)'，*Don*, *Exe*, *Usk*, *Wye* といった川の名前や *Dover* 'water(水)'，*Eccles* 'church(教会)'，*Bray* 'hill(丘)'，*London*(おそらく族名)，*Kent*('border land(境界の地)') などの町の名前である。また *Carlisle* に見られる *caer* 'fortified place(要塞の地)' や *Pendle* に見られる *pen* 'head(頭)，top(先)，hill(丘)' も町の名前の一部として残っている。

ラテン語からの借用語

ラテン語は歴史上英語に大きな影響を与えてきた（pp.24，48，60，第 9 章）。最も早い言語接触の時期からラテン語が担った役割が見られる。ローマの軍隊や商人たちは現地のものやそこでの体験の多くに新たな名前をつけ，新しい概念ももたらした。新語の約半分は，植物，動物，食べ物，飲み物や家庭生活に関わるもので，古英語の *pise* 'pea(まめ)'，*plante* 'plant(植物)'，*win* 'wine(ワイン)'，*cyse* 'cheese(チーズ)'，*catte* 'cat(猫)'，*cetel* 'kettle(ヤカン)'，*disc* 'dish(皿)'，*candel* 'candle(ろうそく)' などがある。ほかの重要な語のグループには，衣服に関する語(*belt* 'belt(ベルト)'，*cemes* 'shirt(シャツ)'，*sutere* 'shoemaker(靴屋)')，建物や居留地に関する語(*tigle* 'tile(タイル)'，*weall* 'wall(壁)'，*ceaster* 'city(町)'，*stræt* 'road(道)')，軍事や司法に関する語(*wic* 'camp(野営地)'，*diht* 'saying(言説)'，*scrifan* 'decree(法令)')，商業に関する語(*mangian* 'trade(貿易)'，*ceapian* 'buy(購入する)'，*pund* 'pound(ポンド)')，宗教に関する語(*mæsse* 'Mass(ミサ)'，*munuc* 'monk(修道士)'，*mynster* 'minster(大聖堂)') などがある。

これらのラテン語の語がすでにヨーロッパ大陸にいた時からアングロサクソンの部族に使われていたか，ブリテン島に彼らが移住してから初めて入ってきたかは，必ずしも明らかではないが（それらの語が示す音韻変化の詳細な分析が役に立つ可能性はあるのだが。p.19），アングロサクソン時代の最初期に英語にあったラテン語の総数はあまり多くなく，実際 200 語に及ばない。俗ラテン語（Vulgar Latin）（ローマ帝国内で広く使われていた多様な口語ラテン語）は，ローマ軍が立ち去った後も，少なくとも数年間公用語として使われ続けていたが，ヨーロッパ大陸にたやすく根づいたようには，どういうわけかブリテン島には根を下ろさなかった。専門家の中には，ここにアングロサクソン人の単一言語使用の精神の最初の萌芽を見る者もいる。

アングロサクソン語か古英語か？

アングロサクソンという名称は，16 世紀に，草創期のすべての側面（民族，文化，言語）を指すのに使われるようになった。今でもその民族や文化的歴史を語るのに通常使われるが，言語の歴史が詳細に研究されるようになった 19 世紀以降，言語については古英語（Old English）という名称が好まれるようになった。この古英語という名称は，アングロサクソン時代から中英語（Middle English）を経て現代に至る英語の持続的発達を際立たせており，本書もまた，この名称（OE と略す）を採用している。しかしながら，著者によってはまだアングロサクソン語という名称を用いる者もいる。あえてこうした名称を選ぶのは，このような草創期の言語の特質は，後に英語という名の下で観察される性質とは著しく異なるという考え方を反映している。

サフォーク州ウエストストウに再建されたアングロサクソン時代の住居，それぞれの家は長さ約 15-20 フィート（5-6 メートル）。

ルーン文字

古英語は当初ルーン文字によって書かれていた。この文字は北ヨーロッパ（スカンディナヴィア，現在のドイツ，イギリス諸島）で使われ，約4,000の銘刻やわずかな写本に残されている。また，このアルファベットは3世紀頃から使われ始めたのであるが，その由来についてははっきりしていない。ただし，南ヨーロッパのローマ字の1つが発達したもののようで，おそらくルーン文字とよく似ているローマ字に由来すると思われる。

その地域の至る所で見つかる一般的なルーン文字は24文字からなり，左右いずれの方向にも横書きすることができる。それぞれの文字に名前があり，その文字全体は，最初の6文字を取ってフソルク（futhorc）という名で呼ばれる。これはアルファベット（alphabet）という名称自体がギリシャ語のalpha（アルファー）＋beta（ベーター）から来たものであるのと同様である。ブリテン島で見つかったものは古英語の音を表すのに特別な文字が使われており，最も発達したものは9世紀のノーサンブリアのもので31文字であった。古英語で書かれた銘刻は武器，装飾品，記念碑やそのほかの工芸品の中に見られ，主に5世紀または6世紀のもので，最も古いもの（カイスター・バイ・ノリッジで見つかったものだが）はおそらく4世紀後半のものである。それらは単に作者や持ち主を述べているにすぎないことも多い。ルーン文字が刻まれた石碑の大部分は，「XがYの思い出のためにこの石碑を建てた」と言っているにすぎず，意味がはっきりしないものも多い。

ルーン文字の意味

ルーン（rune）（古英語でrun）が何を意味するかについては議論が絶えない。「ささやき」，「謎」，「秘密」といった意味に帰す古くからの伝統的な考えもあり，それらの文字はもともと神秘的で霊的な儀式に使われていたとも言われている。そうした暗示的意味は異教徒のヴァイキング（やおそらく大陸のゲルマン人）の相応する語の使い方にあったのは確かだが，そうした含意が古英語にあったという証拠はない。近年の研究では，runという語はアングロサクソンのキリスト教的精神に完全に同化し，単に「知恵や思想を共有する」という意味であるとされている。魔法や迷信の世界への連想はもともとの伝統の一部ではないのである。近代英語（Modern English）のruneは古英語の語の生き残りではなく，後にラテン語を介してノルド語から借用されたものである。

つまり，runeの現代の神秘的意味は，北欧の伝統に帰すもので，アングロサクソンの伝統に由来するものではない。こうした意味は19世紀にさまざまな秘教的出版物で表面化し，20世紀の大衆的でファンタジックな妄想の中で広がった。おそらく最も有名なものは，トールキン（Talkien）の作品（p.197）であったと考えられる。（C.E. フェル（C. E. Fell），1991に従う）

古英語のルーン文字

このリストは古英語の文字の名称と（わかる範囲での）意味を表す。ただし，ほかにも，さまざまな銘刻に見られる多くの異形つづりがある。こうした文字は主に交差する直線からなっており，石，金属や骨に刻みつけるという意図が見受けられる。写本におけるルーン文字の使用は実際いくつかの初期の詩（特に，キネウルフ（Cynewulf）という名が記されている4編の詩）や『エクセター写本（*Exeter Book*）』（p.12）のいくつかの謎詩（riddle）に対する解答の中に存在し，11世紀まで特に北部でその証拠を見出すことができる。しかしながら，その数はごくわずかである。

ルーン文字	古英語	名称	意味（わかる範囲で）
ᚠ	f	feoh	牛，財産
ᚢ	u	ūr	野牛
ᚦ	þ	þorn	とげ
ᚩ	o	ōs	神／口
ᚱ	r	rād	旅／乗馬
ᚳ	c	cen	たいまつ
ᚷ	g[j]	giefu	贈物
ᚹ	w	wyn	喜び
ᚻ	h	hægl	雹
ᚾ	n	nied	必要／困難
ᛁ	i	is	氷
ᛄ	j	gear	年
ᛇ	ʒ	ēoh	イチイ
ᛈ	p	peor	?
ᛉ	x	eolh	?スゲ
ᛋ	s	sigel	太陽
ᛏ	t	tiw/tir	ティーウ［神］
ᛒ	b	beorc	カバノキ
ᛖ	e	eoh	馬
ᛗ	m	man	人
ᛚ	l	lagu	水／海
ᛝ	ng	ing	イング［英雄］
ᛟ	oe	eþel	土地／財産
ᛞ	d	dæg	日
ᚪ	a	ac	オーク
ᚫ	æ	æsc	灰
ᚣ	y	yr	弓
ᛠ	ea	ear	?地
ᚸ	g [ɣ]	gar	槍
ᛣ	k	calc	?サンダル／杯／チョーク
ᛤ	k̄	（名称不明）	

初期の碑文

古英語の明らかなルーン碑文は30に満たず，そのいくつかはたった一人の名を刻んでいるにすぎない。最も有名な2つの例は8世紀にさかのぼり，ノーサンブリア方言の特徴をもつ（p.28）。

両碑文はまたローマ字もいくつか使用している。

- リズルの十字架（Ruthwell Cross）はスコットランドのダムフリース近くにあり，高さ16フィート（5メートル）である。その表面には，鳥や獣とともに，キリストの生涯とその初期の教会にまつわる出来事を描いた絵があり，角のまわりにあるルーン文字の一節は，『ヴェルチェッリ写本（*Vercelli Book*）』の古英語詩「十字架の夢」（'*the Dream of the Rood*'（roodは十字架の意味））の一部に似ている。語句注解をつけた抜粋を以下に示す（元の碑文では語と語の間にスペースはなく，bloodをblodiと字訳する研究者もいる）。

ᛁᚳ ᚹᚫᛋ ᛗᛁᚦ ᛒᛚᚩᛞᚫ ᛒᛁᛋᛏᛖᛗᛁᛞ
ic wæs miþ blodæ bistemid
I was with blood bedewed

「私は血で濡れていた」

- フランクス・カスケット（Franks Casket）は，豪華に彫刻された鯨の骨でできた箱で，神話や宗教の場面の挿絵が施されているが，すべてが解読できているわけではない。この写真は，鍛冶屋のウェイランド（Wayland (Weland) the Smith）というゲルマンの伝説的人物と「東方三博士の礼拝（the Adoration of the Magi）」の板絵である。その碑文は，一部は古英語で一部はラテン語である。

この箱はフランスのオーゾンの農夫が所有していたもので，19世紀に初めて日の目を見た。それは，オーガスタス・ウォラストン・フランクス卿（Sir Augustus Wollaston Franks）にちなんで名づけられているのであるが，彼によって大英博物館に預けられたからである。片側は欠けていたが，のちにフローレンスのバージェロ博物館に所蔵されその部分の鋳造品が作られ，現在は再び大英博物館で完全な姿を披露している。

聖アウグスティヌス修道会の布教

聖アウグスティヌス（St Augustine）がブリテン島にキリスト教をもたらした（時折こうした記述を目にするが）というのは，かなり誇張があると思われる。キリスト教はローマ人の侵攻の際にすでに上陸しており，実際４世紀にはローマ帝国において公のお墨つきを与えられていた。５世紀初頭にアイルランドを改宗させたのは，ブリトン人の聖パトリック（St Patrick）であった。多くのウェールズの聖人の名が *Llan*‘church [of]（[の]教会）’で始まる地名に残されている。（305 年，ヴァーラム（現在のセント・オールバンズ）の町の近くで殉教したと言われている）聖アルバヌス（St Alban）の話は，ビード（Bede）により詳しく語られている。

アウグスティヌスのなした仕事はより具体的なもので，アングロサクソン人を改宗させたということであった。彼は，ローマ教皇グレゴリウス（Pope Gregory）によって宣教のために選ばれる以前，ローマの聖アンデレ修道院の院長を務めていた。彼と彼の随行者たちはサネット島に到着し，ケントの王であるエゼルベルト（Æthelberht）に出迎えられた。彼らはエゼルベルトの妻がすでに（ケルトの）キリスト教徒であることを知って心より安堵したに違いない。彼らはカンタベリーに住み，布教することを許され，１年も経たないうちに，王自身も改宗した。10 年経つまでに３つの教区が作られ，アウグスティヌスはカンタベリーの大司教に，ユストゥス（Justus）はローチェスターの司教に，ロンドンにいたメリトゥス（Mellitus）は東サクソンの司教となった。

こうした当初の成功が根づくまでにはある程度時間が掛かった。アウグスティヌスの死（604/5 年）後，ケルト系教会派はローマから長期にわたり孤立して生活を営んでいたため，ローマ系教会派と宗教的慣習に関して緊張関係にあった。イースターの時期についての対立で危機が高まったが，664 年，ホイットビー宗教会議でローマ系教会派に有利な状況で和解した。

古英語の言語資料

アングロサクソン人の来訪と最初の古英語の写本との間には「空白の時代」が存在する。その言語で書かれたわずかに点在する銘刻は 5 世紀や 6 世紀にさかのぼり，侵略者がもたらしたルーンアルファベットで書かれていた（p.9）。しかし，ここからはその言語がいかなるものであったかについての情報はあまり得られない。文献の時代が始まるには，597 年にケントにやってきたアウグスティヌスにより率いられたローマの宣教師たちの到着を待つ必要があった。修道士の活動拠点の急速な広まりが，数多くのラテン語の文献，特に聖書やそのほかの宗教的テキストの誕生につながった。

こうした文字文化の風潮が高まり，古英語の写本もまた書かれ始めた。これは，ほかの北ヨーロッパの国々の現地語で書かれた最初期のテキストより，実際さらに早いものであった。最初のテキストは，700 年頃までさかのぼり，古英語に訳されたラテン語の語句注解と少数の初期の銘刻や詩である。しかし，この時代，ほとんど資料は残っていない。おそらく多くの写本は 8 世紀のヴァイキング侵攻の際に燃やされたのであろう。この時代の主要な文学作品である英雄詩『ベーオウルフ（*Beowulf*）』は生き残り，たった 1 部ながら 1000 年頃に写しが作られた。その最初の製作時期がいつかという問題は今も議論が絶えないが，たぶん最初にそれが作られてから約 250 年が経っていたものと思われる。短い詩もある程度の数あるが，これもまたほとんどが後世の写本であり，半分以上のものがキリスト教を題材とするもので，聖人伝や聖書の抜粋や祈祷書（きとうしょ）の一部である。また，ゲルマンの伝統を反映したものもあり，戦争や旅，愛国心，祭典などの話題を扱っている。ほとんどの現存の古英語のテキストは，ビードの『英国民教会史』（p.7）などを含む多くのラテン語作品の翻訳を進めたアルフレッド王（King Alfred, 849-99）の治世以後に書かれたものであった。しかしながら，その言語資料全体の数はきわめて少ない。トロント大学で編さんされた古英語の言語資料は，古英語のすべてのテキストを含むものである（テキストのすべての異写本を含むわけではない）が，その語数はわずか 350 万語である。これは，中くらいの大きさの小説約 30 冊分と同等である。また，韻文はこの総語数のほんの 5 パーセント程（約 3 万行）である。

信仰を広げる際の困難さの一部は言語的なものだったに違いない。ビードによると，アングロサクソン語が布教のことばとして使われるのは約 50 年後であった。664 年に，ケントのエグベルト王（King Egbert）はアングロサクソン語を話す司教を任命するために，「自国語を使う自国の司教をもち，王も臣民もより完璧に信仰のことばと秘法で導かれるように」とする特別な嘆願書を作らなくてはならなかった。これは，英語の歴史上数百年後に再びもち上がる問題への最初の意見表明であった（p.61）。

グレゴリウスのことば遊び

ビードの著作の中に，聖グレゴリウスがイングランドの住民と最初に出会った際の説明がある。グレゴリウスは，どうやらことば遊びの才があったようだ。自ら宣教師としてブリテンに送ってくれるように頼んだが，当時のローマ教皇は却下した。それはおそらく，ローマの元長官を務めた元老院議員の息子という社会的身分のためと思われる。グレゴリウス自身が教皇となった時（590 年），アウグスティヌスを彼の代わりにその仕事をしてもらうために送り出した。ビードはグレゴリウスの生涯についての説明の最後の部分でその出会いの逸話を語っている（第２巻，第１章）。

我々の祖先から伝統的に語り継がれてきた聖グレゴリウスの逸話は，我が国（ブリテン）の救済に強い関心を示した彼の意気込みという点で，黙って素通りすることはできない。ある日，ローマにちょうど到着した商人たちが市場に多くのものを広げ，たくさんの人がそこに買い物に集まってくるということがあった。グレゴリウス自身も他の人達といっしょに出かけてみると，数あるものの中で，少年たちが奴隷として売られていた。その体は白く，容姿は端麗で，髪もとても美しかった。グレゴリウスは彼らを見て，どの国や部族から連れてこられたのかと尋ねると，ブリテン島からで，そこの住民はこうした容姿をしているという答えが返ってきた。彼はまた，そこの島民はキリスト教徒であるのか，それともいまだに異教の罪の中にいるのかと尋ね，異教徒であると知らされた。すると，心の底から深いため息をつき，「ああ，闇の神がこんな美しい姿の者たちにとりつき，これほど優美な姿が際立っているのに，心の優美さが失われているとは，なんとかわいそうに」と言った。そこで再び，彼が，この民族の名は何というのかと尋ねると，彼らはアングル人（Angles）と呼ばれているという答えが返ってきた。彼は，「なるほど，彼らは天使の（Angelic）顔をしている。天にいる天使たちと共同相続人になるにふさわしい。」と言い，「彼らの故郷は何という名か」と続けて尋ねた。すると，その地域の名はデイリ（Deiri）と呼ばれているという返事があった。彼はそれに答えて言った，「なるほど彼らは「怒りから（デ・イラ（De ira))」だ。神の怒りから遠ざけられ，キリストの慈悲に召されている。その国の王はなんと呼ばれているのか。」彼らがその名はアエラ（Ælla）と答えると，彼はその名を口ずさみ，「ハレルヤ（Halleluja），そこでは創造主である神の賛美が歌われなくてはならない」と言った。（J. スティーブンス（J. Stevens）訳，1723）

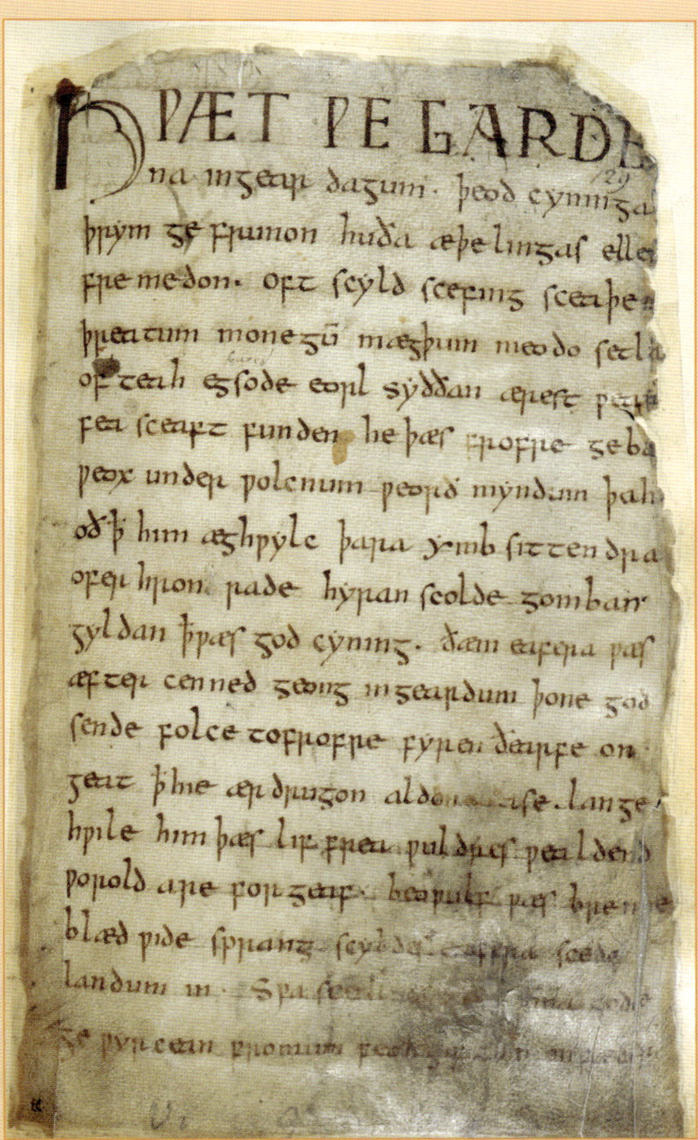

HWÆT WE GARDE-
What We Spear-Danes'

na. in gear-dagum. þeod-cyninga
in yore-days, tribe-kings'

þrym ge-frunon huða æþelingas ellen
glory heard, how the leaders courage

fremedon. Oft scyld scefing sceaþena
accomplished. Often Scyld, Scef's son from enemies'

þreatum monegum mægþum meodo-setla
bands, from many tribes mead-benches

of-teah egsode eorl syððan ærest wearð
seized, terrorised earl[s], since first he was

fea-sceaft funden he þæs frofre gebad
destitute found; he its relief knew,

weox under wolcnum weorð-myndum þah.
grew under skies, in honours throve,

oð þæt him æghwylc þara ymb-sittendra
until to him each of the neighbours

ofer hron-rade hyran scolde gomban
over whale-road submit must, tribute

gyldan þæt wæs god cyning. ðæm eafera wæs
yield; that was good king! To him heir was

æfter cenned geong in geardum þone god
after born young in dwellings him God

sende folce to frofre fyren-ðearfe on-
sent to folk for solace; intense misery

geat þ hie ær drugon a dor-[le]ase. lange
saw when they before felt leaderless a long

hwile him þæs lif-frea wuldres wealdend
while; to them for it Life-Lord, glory's Ruler

worold-are for-geaf. beowulf wæs breme
world honour gave, Beowulf was famed,

blæd wide sprang scyldes eafera scede-
renown widely sprang of Scyld's heir Danish

landum in. Swa sceal [geong g]uma gode
lands in. So shall young man by good [deeds]

ge-wyrcean fromum feoh-giftum on fæder
ensure, by fine fee-gifts in father's…

（J. ズピツァ（J. Zupitza），1882 に従う。J. ポーター（J. Porter）訳，1991）

いざ聴き給え，そのかみの槍の誉れ高きデネ人の勲，民の王たる人々の武名は，貴人らが天晴れ勇武の振舞をなせし次第は，語り継がれてわれらが耳に及ぶところとなった。シェーフの子シュルドは，初めに寄る辺なき身にて見出されて後，しばしば敵の軍勢より，数多の民より，蜜酒の席を奪い取り，軍人らの心胆を寒からしめた。彼はやがてかつての不幸への慰めを見出した。すなわち，天が下に栄え，栄光に充ちて時めき，遂には四隣のなべての民が鯨の泳ぐあたりを越えて彼に靡き，貢を献ずるに至ったのである。げに優れたる君王ではあった。やがて館に世嗣ぎの男子が生まれ出でた。民を安んぜんとて神がこの世に遣わし給うたのである。統べるべき君主なきままに民が久しく耐えたる苦難を神は見そなわした。命の主なる，栄光を司り給う神は，現し世の誉れをこの君に授け給い，シュルドの御子ベーオウルフは，声望普く広まり，シェデランドにてその名は隠れなきものであった。王子たる者，かくのごとく，父君の庇護の下にある時より，すべからく徳を施し，惜しみなく財宝を頒ち与うるべきである。（忍足欣四郎訳『ベーオウルフ』，pp.15-7，岩波文庫）

吟遊詩人の物語

この『ベーオウルフ』の冒頭ページは，ロンドンの英国図書館（British Library）に現在所蔵されているテキスト（写本番号 Cotton Vitellius A. XV）からのものである。本写本は 1000 年頃に筆写されたものであるが，1731 年にコットン図書館（Cottonian Library）で起こった火事で損傷し，そのためページの一部が欠けている。ここで見つかった版の作者である詩人，つまり吟遊詩人（scop）の名は知られておらず，作品がいつ書かれたかもはっきりしていない。8 世紀までさかのぼるとする研究者もいれば，もう少し後であるとする研究者もいる。

これは英語で書かれた最初の優れた物語詩であり，デーン人の王フロースガール（Hrothgar）を手助けに来た 6 世紀のスカンディナヴィアの勇士ベーオウルフについての英雄伝である。デンマークのヘオロット館（おそらくコペンハーゲン近くの現在のレイレの地にあったと思われる）の大広間で，巨大な怪物であるグレンデルによりフロースガールの家臣たちは日々襲撃を受ける。ベーオウルフはスウェーデン南部のイェーアトの地から旅に出て，大いなる戦いのあと，その怪物を退治し，2 度目の戦いで復讐心に燃えるその怪物の母親も倒す。ベーオウルフは故郷に戻り，その話を語り，のちにイェーアト族の王となり，50 年間統治する。そこで老いてなおドラゴンを倒すが，それがもとで死に至るのである。

この話の要約は，この作品の意義深さと文体的影響力を正当に評価するものではない。勇気，英雄的果敢さや君主に対する忠誠への賛美，およびその他のゲルマン的価値観とは別に，『ベーオウルフ』は徹底したキリスト教的考え方の要素を取り入れ，そこには多くの印象的な隠れた意味やアイロニーが含まれている。その怪物はゲルマン的伝統の古典的表象であるが，それはまた，カインの末裔，さらに地獄や悪魔の産物と言われている。世俗的な成功と道徳心の葛藤はくり返し出てくるテーマである。ベーオウルフがフロースガールの宮廷でもてなされている間に，詩人は将来イェーアト族を見舞う破滅的出来事を暗に示し，この物語の勝利の結末を際立たせる運命の啓示を与えるのである。この詩はこうした劇的な対比に満ちている。

この詩が即興詩の作品なのか，より意図的に練られた文学作品なのかは，学者の間でも議論が絶えない。その特筆すべき点は，その頭韻詩の韻律形式（p. 23）等の多くが口頭による創作と関わると考えられ，暗唱にとって大いに役立つと思われる点である。一方，現代の研究者たちはその物語詩構造の形式化された複雑さ，韻律的手段，語彙の豊富さに着目し，文学的作詩法を示唆するものであるとする（p. 23）。批評家のカー（W.P. Ker）は，『暗黒時代（*The Dark Age*）』（1904）の中で，『ベーオウルフ』は「朗読されるべき本」との考えを述べるが，そうであるとすれば，それはもともと口承詩での使用のために発達したに違いない形式を最大限に利用しているものだからである（現代の調査技術の説明については，p. 489 を見よ）。

音声はここから聞けます：
cambridge.org/crystal

最古の英文学

外国語の場合と同様，古英語のテキストについても翻訳する最良の方法について完全な意見の一致があるとは言いがたい。また，それを校訂する最良の方法についての意見も割れている。本章に掲載されている校訂本からの抜粋は，その時代の文学の幅や特徴を示すためにあげてあるが，現存する多様な校訂方法を示すものでもある。テキストを原書にできるだけ忠実に近づけようとする校訂者もいれば，現代語と違和感のない版を作り出す者もいる。

校訂の必要性については疑いない。古英語のテキストの筆写版をそのまま印刷してしまうと，専門家以外誰も読むことができなくなってしまう。校訂が介入する余地はかなりある。大文字・小文字，句読点，段落分け，字間スペース，語の区切れ目などの写字生の癖は多様で一貫性がなく，秩序だった整理が課せられる必要がある。例えば，『ベーオウルフ』の写本（p.11）には，詩の行分けはなされておらず，追加されなくてはならない。

とは言っても，各テキストが一貫性を保つようにする校訂の技法はさまざまである。写字生の間違いをこっそり正す校訂者もいれば，そこに注意を向けさせようと括弧で注記する者もいる。破れたり燃えたりした写本の端にある消えた文字は復元される場合もあれば，特別な記号で示される場合もある。母音の長さを示す記号を加える版もあり，旧式の文字（p.16）を現代つづりで置き換える版もある。詩の半行がわかるものもあれば，わからないものもある（下の 2 つの例に両者のやり方を示してある）。また，校訂者によって異なる版の写本に違った読みがあることに対する気配りにも違いがある。

テキストの見た目の「違和感」に大きく影響する重要な要素に，写字生のつづり字における略字法がそのまま残されているか，完全な形に戻すかという点がある。例えば，テキストによっては，þæt や þþ の略字としてþが使われたり，and のさまざまなつづりに対して 7 が使われたりする。また，チルダ（~）は音の拡充を表し，通常は鼻音が後続することを示す（後の写字生の慣習については，p.40 を見よ）。

モールドンの戦い（Battle of Maldon）は 991 年 8 月にあった。ヴァイキングの艦隊が，ブラックウォーター川の河口からエセックスのモールドンにほど近いノーズィー島まで上ってきた。彼らの川（現在サウジー川と呼ばれている）の航行はエセックスの州太守であるビルフトノッズ（Byrhtnoth）とその一族により妨げられた。現存の写本では初めと終わりの部分を欠くこの詩が，いかにしてイングランド人が，ヴァイキングの貢ぎ物の要求を拒絶し，その後彼らにノーズィーからの道の安全な通行を認め，その結果戦争が生じたかを物語っている。これは，結果として，不幸な決断であった。イングランド軍の中には戦場を逃げ出す者もおり，ビルフトノッズは殺され，残る忠実な兵士たちも名誉の死を遂げるのである。（左の）抜粋は現存するテキストの最後の数行であるが，その時，老いた戦士であるビルフトウォルドが，この詩が賞賛しようとしている英雄的行為を言葉にしている。

モールドンの戦い

Byrhtƿold maþelode, bord hafenode—
se ƿæs eald ʒeneat—æsc acƿehte;
he ful baldlice beornas lærde:
'Hiʒe sceal þe heardra, heorte þe cenre,
mod sceal þe mare, þe ure mæʒen lytlað.
Her lið ure ealdor eall forheaƿen,
ʒod on ʒreote. A mæʒ ʒnornian
se ðe nu fram þis ƿiʒpleʒan ƿendan þenceð.
Ic eom frod feores. Fram ic ne ƿille,
ac ic me be healfe minum hlaforde,
be sƿa leofan men licʒan þence.'
Sƿa hi Æþelʒares bearn ealle bylde
ʒodric to ʒuþe. Oft he ʒar forlet,
ƿælspere ƿindan on þa ƿicinʒas;
sƿa he on þam folce fyrmest eode,
heoƿ 7 hynde, oð þæt he on hilde ʒecranc.

Byrhtwold spoke; he grasped his shield—
he was an old follower—he shook the ash spear;
very boldly he exhorted the warriors:
'Courage shall be the fiercer, heart the bolder,
spirit the greater, as our strength lessens.
Here lies our chief all hewn down,
a noble man in the dust. He has cause ever to mourn
who intends now to turn from this war-play.
I am advanced in years. I will not hence,
but I by the side of my lord,
by so dear a man, intend to lie.'
Likewise, Godric, the son of Æthelgar, exhorted them all
to the battle. Often he let the spear fly,
the deadly spear speed away among the Vikings;
as he went out in the forefront of the army,
he hewed and struck, until he perished in the battle.

ビルフトウォルドは語り，盾を強く握り―― 彼は古くからの家臣だが ――トネリコ製の槍を振り，勇ましく戦士たちを鼓舞した。「我らの力が減ずるに連れ，勇気が奮い立てば立つほど，心はより果敢になり，精神は一層高揚する。ここで我が君主は斬り倒され，気高き者は砂埃の中に。この戦から今去ろうとする者は永久に嘆き悔やむことになるだろう。我は老いたる者，ここより去るつもりはなく，主君のそばで，この尊き人のそばで，横たわるなり」同じく，エゼルガーの子息ゴドリッチも彼ら皆を戦いへと鼓舞した。何度も彼は槍を投げ，その死の槍はヴァイキングたちの間を疾風のごとく飛んでいく。彼は軍団の先頭に出で，敵を打ち倒し，ついに戦の場で命を落とした。

今は土手道になっている本土に続く浅瀬が写真にある。ほんの 77 ヤード（70 メートル）の長さであり，イングランド人とヴァイキングの指導者たちがお互いに要求を叫び合うことも可能であったことだろう。この詩にやりとりの様子が劇的に記録されている。

どうして 12 人が 5 人となるか？

Wer sæt æt wine　mid his wifum twam
ond his twegen suno　ond his twa dohtor,
swase gesweostor,　ond hyra suno twegen,
freolico frumbearn;　fæder wæs þær inne
þara æþelinga　æghwæðres mid,
eam ond nefa.　Ealra wæron fife
eorla ond idesa　insittendra.

A man sat at wine with his two wives
and his two sons and his two daughters,
beloved sisters, and their two sons,
noble first-born; the father was in there
of both of those princes,
the uncle and the nephew. In all there were five
lords and ladies sitting in there.

男は，彼の 2 人の妻と 2 人の息子といとしい姉妹である 2 人の娘と彼らの高貴な長子である 2 人の息子と共にワインを飲んで座っていた。また，そこには，2 人の王子の父がおり，叔父と甥もいた。つまり，合わせて 5 人の男性と女性がそこに座っていた。

これは，10 世紀後半に宗教的および世俗的韻文を編さんした『エクセター写本』にある，（一部は 8 世紀までさかのぼる）95 編の謎詩の 1 つである。1072 年までは，エクセター主教のレオフリック（Bishop Leofric of Exeter）の所有であったが，その後彼のいた大聖堂に遺贈された。この謎詩の解答は『創世記（*Book of Genesis*）』にある。そこには，ロトの 2 人の娘が彼と寝て，それぞれが彼に息子を 1 人ずつもうけたと書かれているのである。

ルーン詩

この詩のそれぞれの連（最初の6連を下に載せる）は，一緒に書かれたルーン文字の名で始まる（p.9）。この詩は口づてに伝承されたものだったと思われ，リズムと頭韻で覚えやすくなっている。それは，今の子どもたちが「三十日は九月（*Thirty days hath September.*）」【訳注】各月の日数を覚えるための数え歌）を学ぶのとほぼ同じである。

Feoh byþ frofur fira gehwylcum—
ᚠ sceal ðeah manna gehwylc miclun hyt dælan
gif he wile for Drihtne domes hleotan.

Ur byþ anmod 7 oferhyrned,
ᚢ felafrecne deor, feohteþ mid hornum,
mære morstapa: þ is modig wuht!

Þorn byþ ðearle scearp, ðegna gehwylcum
ᚦ anfeng ys yfyl, ungemetun reþe
manna gehwylcun ðe him mid resteð.

Os byþ ordfruma ælcre spræce,
ᚩ wisdomes wraþu and witena frofur
and eorla gehwam eadnys and tohiht.

Rad byþ on recyde rinca gehwylcum
ᚱ sefte, and swiþhwæt ðam ðe sitteþ onufan
meare mægenheardum ofer milpaþas.

Cen byþ cwicera gehwam cuþ on fyre,
ᚳ blac and beorhtlic, byrneþ oftust
ðær hi æþelingas inne restaþ.

Wealth is a joy to every man—
but every man must share it well
if he wishes to gain glory in the sight of the Lord.

Aurochs is fierce, with gigantic horns,
a very savage animal, it fights with horns,
a well-known moor-stepper: it is a creature of courage!

Thorn is very sharp, harmful to every man
who seizes it, unsuitably severe
to every man who rests on it.

Mouth is the creator of all speech,
a supporter of wisdom and comfort of wise men,
and a blessing and hope to every man.

Journey is to every warrior in the hall
pleasant, and bitingly tough to him who sits
on a mighty steed over the mile-paths.

Torch is to every living thing known by its fire;
bright and brilliant, it burns most often
where the princes take their rest within.

「富（Wealth）」は，すべての人にとって喜びである ―
しかし，誰もがそれをうまく分けもたなくてはならない
もし主の御前で栄光を得たいと思うなら

「野牛（Aurochs）」は，どう猛で，巨大な角をもつ
とても残忍な動物で，角で戦う
荒地を駆け抜けるものとして知られる，恐れを知らぬ生き物

「いばら（Thorn）」は，とても鋭利で，危険である
それをつかむ誰にとっても，受け入れがたいほど容赦ない
そこで休もうとするすべての人にとって

「口（Mouth）」は，すべてのことばの創造者
知恵の援助者，賢者の慰め
祝福と希望，すべての人にとって

「旅（Journey）」は，館のすべての戦士にとって
心地よいが，またがる者には刺すように不快である
何里にもおよぶ道を強じんな馬に

「松明（Torch）」は，すべての生き物にその火で知られる
明るく，輝き，それは最もよく燃える
王子たちが中で休みを取ろうとする際に

古英語韻文の写本にはタイトルがなかった。『ベーオウルフ』や『海上の旅人（*The Seafarer*）』のようなタイトルは，主に19世紀の校訂者により加えられた。またほとんどの韻文は作者不詳でもあるが，主な例外は，キャドモン（Cædmon）（p.20）の手によるものとして知られた数行と読者が祈りを捧げられるように折句（p.424）としてルーン文字で刻まれたキネウルフの名を含む4編の詩である。散文の作者はもっと多く知られており，アルフレッド王，大司教ウルフスタン（Archbishop Wulfstan），大修道院長アルフリック（Abbot Ælfric）などである。しかしながら，散文でも，『アングロサクソン年代記（*Anglo-Saxon Chronicle*）』（p.14）のように，残存するものの多くは作者不詳である。

『海上の旅人』の冒頭

Mæg ic be me sylfum soðgied wrecan,
siþas secgan, hu ic geswincdagum
earfoðhwile oft þrowade,
bitre breostceare gebiden hæbbe,
gecunnad in ceole cearselda fela,
atol yta gewealc.

Can I about myself true-poem utter,
of journeys tell, how I in toilsome-days
hardship-times often suffered
bitter heart-sorrow have endured,
come to know on ship many sorrow-halls
cruel rolling of waves.

私は，自身について，誠の詩を吟ずることができる
旅を語ることができる，私がつらい日々の中で
何度も苦しいときをいかに耐えたかを
つらい心細さをいかに我慢したかを
多くの憂いの場である船上でいかに知ったかを
荒れ狂う波のうねりを

『十字架の夢（THE DREAM OF THE ROOD）』より

Þæt wæs geara iu— ic þæt gyta geman—
þæt ic wæs aheawen holtes on ende
astyred of stefne minum. Genaman me ðær
strange feondas,
geworhton him þær to wæfersyne, heton me
heora wergas hebban;
bæron me þær beornas on eaxlum, oð ðæt hie me
on beorg asetton;
gefæstnodon me þær feondas genoge. Geseah ic
þa Frean mancynnes
efstan elne micle, þæt he me wolde on gestigan.

That was very long ago— I remember it still—
that I was cut down at the forest's edge
stirred from my root. Strong enemies took me there,
made me into a spectacle there for themselves, ordered me
to lift up their criminals;
men carried me there on shoulders, until they set me on
a hill;
many enemies fastened me there. I saw then the Lord of
mankind
hastening with great courage, that he intended to climb
on me.

それははるか昔―私はまだそれを覚えているのだが―
私は森の隅で切り倒され，根から引き抜かれたのだ
強じんな敵がそこに連れて行き，彼らの
見世物にし，罪人たちをつるすように命じた
男たちは私を肩に担ぎ，ついに丘の上に置いた
多くの敵がそこで私をしっかり据えつけた
その時，私は主が大いなる勇気をもって急ぎ
私の上に登ってこようとしているのを見た

アルフレッドから愛を込めて

Ælfred kyning hateð gretan
Wærferþ biscep his wordum
luflice ond freondlice…

King Alfred sends his greetings
to Bishop Werferth in his own
words, in love and friendship…

アルフレッド王は司教ウェルファース（Bishop Werferth）に，自らの言葉で，愛と友情を込めて，挨拶状を送る…

893年頃に書いたグレゴリウスの『牧師の助言（*Cura Pastoralis*（'Pastoral Care'））』の翻訳の序文で，アルフレッドは，英国キリスト教の初期の時代と，ヴァイキングによる破壊が大いに非難されるべきであったとする自分の時代を対比する（p.25）。この本は，アルフレッドが，以前はラテン語でしか手に入らなかった主なテキストの翻訳を準備することによってその被害の復興をしようとする試みで始めた学問の大いなる計画の一部であった。古英語の現存する写本のほとんどは10世紀のものであり，この計画の成功のお陰と言っても過言でない。

序文は続く：

あなた方に私がたびたび思ったことを知ってもらいたい。かつてイングランド中にいかなる賢人がいたか，…いかにしてかつて人びとは知恵と学問を探して外からここへ来たか，…いかにして今日，（もしそれを得ようとすれば）それを国外で得なくてはならないかということを。イングランドでは学問があまりに衰退し，ハンバー川のこちら側では，英語で祈祷書を理解できる人はわずかであり，手紙をラテン語から英語にするなど言わずもがなであった。ハンバー川の北側でも多くがいたとは思わない。あまりに少なく，私が王座についた時，テムズ川の南ではたったの一人さえも思いつかない。今いくらかの教師がいることを全能なる神に感謝する。（A.G.リッグ（A.G. Rigg）訳）

エクセター写本からの『海上の旅人』の冒頭部分

an cccc.lv. Her Hengest 7 Horsa fuhton wiþ Wyrtgeorne þam cyninge in
an cccc.lvi. þære stowe þe is gecueden Agælesþrep 7 his broþur Horsan
man ofslog. 7 æfter þam Hengest feng to rice 7 Æsc his sunu.
an cccc.lvii. Her Hengest 7 Æsc fuhton wiþ Brettas in þære stowe þe is
an cccc.lviii. gecueden Crecganford 7 þær ofslogon .iiii. wera 7 þa
an cccc.lviiii. Brettas þa forleton Centlond 7 mid micle ege flugon to
an cccc.lx. Lundenbyrg.
an cccc.lxi.
an cccc.lxii.
an cccc.lxiii.
an cccc.lxiiii.
an cccc.lxv. Her Hengest 7 Æsc gefuhton wiþ Walas neah Wippedesfleote
an cccc.lxvi. 7 þær .xii. wilisce aldormenn ofslogon 7 hiera þegn
an cccc.lxvii. an þær wearþ ofslægen þam wæs noma Wipped.
an cccc.lxviii.
an cccc.lxix.
an cccc.lxx.
an cccc.lxxi.
an cccc.lxxii.
an cccc.lxxiii. Her Hengest 7 Æsc gefuhton wiþ Walas 7 genamon unarimed-
an cccc.lxxiiii. lico herereaf 7 þa Walas flugon þa Englan swa fyr.
an cccc.lxxv.
an cccc.lxxvi.
an cccc.lxxvii. Her cuom Ælle on Bretenlond 7 his .iii. suna Cymen 7 Wlenc-
an cccc.lxxviii. ing 7 Cissa mid .iii. scipum on þa stowe þe is nemned Cyme-
an cccc.lxxix. nesora 7 þær ofslogon monige Walas 7 sume on fleame
an cccc.lxxx. bedrifon on þone wudu þe is genemned Andredesleage.
an cccc.lxxxi.
an cccc.lxxxii.
an cccc.lxxxiii.
an cccc.lxxxiiii.
an cccc.lxxxv. Her Ælle gefeaht wiþ Walas neah Mearcrædes burnan stæðe.
an cccc.lxxxvi.
an cccc.lxxxvii.
an cccc.lxxxviii. Her Æsc feng to rice 7 wæs .xxiiii. wintra Cantwara cyning.
an cccc.lxxxix.
an cccc.

455 Her Hengest ⁊ Horsa fuhton wiþ Wyrt georne þam cyninge, in þaere stowe þe is gecueden Agæles þrep, ⁊ his broþur Horsan man ofslog. ⁊ æfter þam Hengest feng [to] rice ⁊ Æsc his sunu.

455 In this year Hengest and Horsa fought against King Vortigern at a place which is called Agælesþrep [Aylesford], and his brother Horsa was slain. And after that Hengest succeeded to the kingdom and Æsc, his son.

455年　この年，ヘンギストとホルサは，エイレスレップ（現在のケント州アイルズフォード）と呼ばれる地で，ヴォーティガン王と戦い，弟のホルサは戦死した。その後，ヘンギストは息子のエスクと共に王国を受け継いだ。

457 Her Hengest ⁊ Æsc fuhton wiþ Brettas in þære stowe þe is ge cueden Crecgan ford, ⁊ þær ofslogon .IIII. wera, ⁊ þa Brettas þa forleton Cent lond, ⁊ mid micle ege flugon to Lunden byrg.

457 In this year Hengest and Æsc fought against the Britons at a place which is called Crecganford [Crayford], and there slew four thousand men; and the Britons then forsook Kent and fled to London in great terror.

457年　この年ヘンギストとエスクはクレジャンフォード（現在のケント州クレイフォード）と呼ばれるところでブリトン人と戦闘をし，そこで4,000人を殺戮した。そして，ブリトン人はケントを捨て，恐ろしくなってロンドンに逃げた。

465 Her Hengest ⁊ Æsc gefuhton wið Walas neah Wippedes fleote, ⁊ þær .XII. Wilisce aldor menn ofslogon, ⁊ hiera þegn an þær wearþ ofslægen, þam wæs noma Wipped.

465 In this year Hengest and Æsc fought against the Welsh near Wippedesfleot and there slew twelve Welsh nobles; and one of their thanes, whose name was Wipped, was slain there.

465年　この年ヘンギストとエスクはウィペッドフリートの近くでウェールズ人と戦い，そこで12人のウェールズ人の貴族を殺戮した。ウィペッドという従士の1人がそこで殺された。

473 Her Hengest ⁊ Æsc gefuhton wiþ Walas, ⁊ genamon un arimedlico here reaf, ⁊ þa Walas flugon þa Englan swa fyr.

473 In this year Hengest and Æsc fought against the Welsh and captured innumerable spoils, and the Welsh fled from the English like fire.

473年　この年，ヘンギストとエスクはウェールズ人と戦い，数え切れないくらいの戦利品を得て，ウェールズ人は火のように（火事場から逃れるように）イングランドから逃げていった。

477 Her cuom Ælle on Breten lond, ⁊ his .III. suna. Cymen, ⁊ Wlencing, ⁊ Cissa. mid .III. scipum, on þa stowe þe is nemned Cymenes ora, ⁊ þær ofslogon monige Wealas, ⁊ sume on fleame bedrifon on þone wudu þe is genemned Andredes leage.

477 In this year Ælle came to Britain and his three sons Cymen, Wlencing, and Cissa with three ships at the place which is called Cymenesora [The Owers to the south of Selsey Bill], and there they slew many Welsh and drove some to flight into the wood which is called Andredesleag [Sussex Weald].

477年　この年に，エールが彼の3人の息子であるサイメン，レンシング，シッサとともに，3隻の舟でブリテン島のクナンショア［セルジー・ビルの南のオウァーズ浅瀬］に到着し，そこで多くのウェールズ人を殺し，生き残った者たちをアンドレデスリー［サセックス・ウィールド地方］と呼ばれる森に追いやった。

485 Her Ælle gefeaht wiþ Walas neah Mearc rædes burnan stæðe.

485 In this year Ælle fought against the Welsh near the bank of [the stream] Mearcrædesburna.

485年 この年に，エールはミアクレデスブルナ［川］の堤近くで，ウェールズ人と戦った。

488 Her Æsc feng to rice, ⁊ was .XXIIII. wintra Cantwara cyning.

488 In this year Æsc succeeded to the kingdom, and was king of the people of Kent twenty-four years.

488年　この年に，エスクは王国を継ぎ，24年間ケントの民の王となった。

（C. プラマー（C. Plummer），1892に従う。G. N. ガーモンズウェイ（G. N. Garmonsway），1972の訳）

年代記の原典

『アングロサクソン年代記』は単一のテキストではなく，年代や場所が異なる複数の原典から編さんされたものである。それは年ごとの日誌形式を取っており，詳細な記述のある年もあれば，1，2行の記述しかない年もあり，多くの年は何も書かれていない。ほとんどのヨーロッパの年代記はラテン語で書かれていたが，本作品の特徴は古英語が使われていることであり，扱う範囲も広く，西暦1年（キリストの誕生）から11世紀および12世紀までの様々な年となる。

7つの現存する年代記の写本があり，内6つは古英語のみで書かれており，7番目は一部ラテン語で書かれている。学者たちはそれぞれのテキストに異なるアルファベットの文字の名を付けたが，一般的には写本があった地名や初期の所有者の名前で知られている。

- Text A[1]：『パーカー年代記（*Parker Chronicle*）』。これは最も古い写本で，始まりから891年まで1人の写字生によって書かれ，1070年までは13-4人の写字生により書き足されている。その名称は前の所有者である，カンタベリー司教マシュー　パーカー（Matthew Parker）（1504-75）に由来する。それはまた，9世紀の出来事がウィンチェスターで編さんされたため（後にカンタベリーに移された），『ウィンチェスター年代記（*Winchester Chronicle*）』とも呼ばれることがある。この版から前ページの抜粋が取られている。
- Text A[2]：『パーカー年代記』の11世紀の写しの断片で，『ベーオウルフ』を損傷させたのと同じコットン図書館での火事でほぼ完全に損なわれた（p.11）。
- Texts B and C：『アビンドン年代記（*Abingdon Chronicle*）』。2つのウエストサクソン版：最初のBは977年までで，1000年頃写し書かれ，追加の記述はなくカンタベリーにて保管された。2番目のCは1066年までのもので，編さんが継続された11世紀中頃の写しである。
- Text D：『ウスター年代記（*Worcester Chronicle*）』。A写本に北部の資料が加えられ，ウスターの司教区に送られたものである。11世紀中頃に書かれ，1079年まで編さんが続いた。
- Text E：『ピーターバラ年代記（*Peterborough Chronicle*）』。大司教ウィリアム・ロード（Archbishop William Laud）（1573-645）にちなんで，『ロード年代記（*Laud Chronicle*）』とも呼ばれる。この版は，ピーターバラにて，1121年まで1人の写字生により編さんが続けられ，1154年までである。
- Text F：2カ国語の『カンタベリー要約版（*Canterbury Epitome*）』。これはラテン語と英語によるE写本版で，1100年頃にカンタベリーで書かれた。

イースター暦

左のテキストは，E写本の455年から490年までの箇所で，アングロサクソン人の来寇（p.7）の直後の出来事を扱っている。年代記のこの箇所では，写字生は，1年1行を想定し，一連の年を別々の行に書いている（468年を飛ばしてしまい，のちに書き入れなければならなかったが，これは写字生の誤りがどのように起こるかを示す興味深い例である）。

年代記はすべてがこうしたものというわけではない。時代が経つに従い変化し，リスト形式ではなくなる。特に同時代の人に書かれた後期の項目の多くは，かなりの程度物語的で，年代表記の下，文学エッセイ的性格を帯びている。

例で示されているリスト方法は，聖職者たちが年間の祝祭の日程を決めるのに役立てるために作ったイースター暦（Easter Table）に由来するものである。各ページには横に長い行が並んでいる。それぞれの行は年号で始まり，天文学的データ（太陽や月の動きなど）やその計算の結果が続いた。特に重要なのは各行末の空白で，それぞれの年を区別するのに役立つ出来事についての短いメモ（たとえば，「この年クヌートが王になった」など）を書くのに使われていた。年代記はこの伝統から発展したのだが，その目的が変わり，より歴史記録的となると，こうした文末のメモが思ったより多くの紙面を占めるようになり，写字生はその部分にあてる余白を作らなければならなかった。これがp.14の図版にある出来事のいくつかが複数の年代にまたがっている理由である。

古英語の文字

古英語と現代英語には共通する点も多くあるが，最初にアングロサクソンの校訂テキストに出会ったとき最も印象深いのはその違いである。校訂者たちは，現代の読者たちがテキストをより利用しやすいように大いに努力し，語間，句読点，大文字，行分割の現代的手法を導入する（p.12）。しかしながら，通常そのまま残される元のスペリングの特徴もあり，それらがその言語を外国語のように見せている。したがって，古英語の独特な文字を解釈することを学ぶことが重要な最初の 1 歩となる。

古英語のテキストは羊皮紙または子牛や子羊の皮であるベラムに書かれていた。最初の写本は，アイルランドの宣教師たちによりもたらされた小文字のハーフ・アンシャル体（p.270）を用いてローマン・アルファベットで書かれていた。好例は p.7 に示したビードの『英国民教会史』である。この書記法の丸みを帯びた文字の形は後に，（イギリス書体と呼ばれる）より角張った筆記体の書体に発展し，それが 11 世紀まで通常の筆記形態であった。

オリジナルの写本を見る現代人は，大文字が使われていないことにすぐに驚かされるが，古英語のアルファベットは現在使われているものにかなり似ていた。

- 文字のいくつかは形が異なっていた。例えば，s を引き延ばした形の文字があり，現代の文字 g はしばしば「ヨッホ」と呼ばれる ʒ として現れた（発音については，p.18 を見よ）。e, f, r などのほかのいくつかの文字もまた見た目がかなり異なってみえる。
- 現代の文字のいくつかは使われていない。j は通常 ʒ とつづられ，v は f とつづられた。また，q, x, z の文字はめったに使われない。
- w はルーン文字 ƿ「ウィン」を使って書かれていた。古英語テキストの古い校訂本ではこの文字が印刷されているのを見ることができるが（p.12），現代版では w が使われている。特に初期のテキストでは，u や uu を使った異つづりが時々見受けられる。
- æ はルーンアルファベット（p.9）から借用された名称の「アッシュ」と呼ばれた。その文字はラテン語の ae から改造されたものであるが，8 世紀中に徐々に置き換わった。その音はだいたい [a] と [e] の中間であった（p.18）。

ロンドン英国図書館所蔵の MS Cotton Tiberius A. xv, fol. 60v（なお，行間注解テキストの最初の 5 行が右のコラムに訳されている）

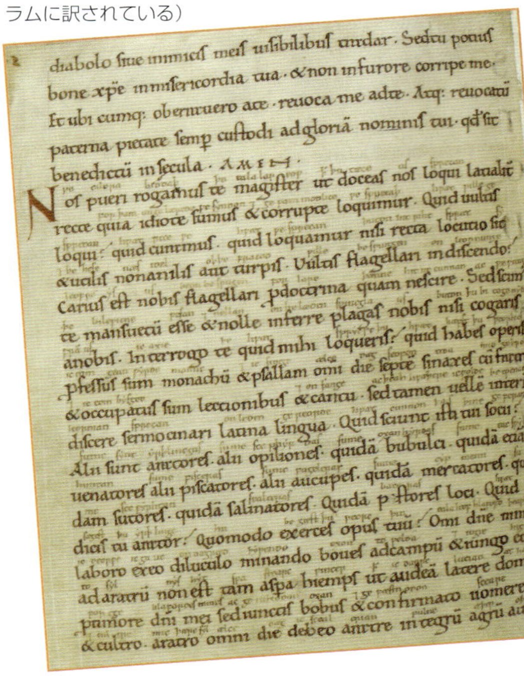

アルフリックの『対話』

『対話（*Colloquy*）』は最も古い英語の教育的文献の 1 つである。対話法はヨーロッパの修道院の学校で使われる標準的な教授法であり，特にラテン語を教えるために使われた。アルフリックの『対話』は教師と若い修道士の間の会話の形式を取っていて，学校での修道士仲間の日課と自身の生活を主に扱っている。この作品には，アングロサクソン社会における一般の人びとの生活の様子が描かれていて歴史的に大変興味深い。また，現存する 4 つの写本の 1 つ（左下の Cotton Tiberius A. iii）では各行の上に古英語の注解が付されており，言語学的にもとても興味深い。この注解は，これまでもかなり議論されてきたが，ほぼ間違いなく，生徒やアルフリック自身ではなく，後の教師の手によるものであった。

アルフリックについてはあまり知られていないが，955 年頃生まれ，1020 年頃亡くなったとされる。ウィンチェスターの修道士で，1005 年頃アインシャムの大修道院長（Abbot of Enysham）となった。彼のほかの著作には，多くの説教集，聖人伝，後の研究者が彼に「言語学者（Grammaticus）」という名を与えた『ラテン文法（*Latin Grammar*）』などがある。彼はまた，古英語散文の最も偉大な作家の 1 人として広く知られている。もちろん，彼の『対話』は，会話による生き生きとした描写や写実性に優れているが，ユーモアもまた散りばめられている。

『対話』には 2 種類の書記法が見られる。ラテン語はカロリング朝風書体の小文字を使い（p.270），一方古英語はさらに古いスタイルで，丸みを帯びた a，イギリス書体の s，ドットつきの y，ヨッホなどが使われている。初期の句読点の体系，特にラテン語テキストにおける疑問符の形式に注意して欲しい。文末にはピリオドが打たれ，今日カンマが使われる場所にもピリオドが打たれている。

その古英語は後期ウェストサクソン方言の典型的な特徴を示し（p.28），おそらく 11 世紀前半までさかのぼる。テキストは統一の取れた語りではなく，行間注解のため文章は必ずしも滑らかに読み進められないが，校訂版には現代の読者の助けとなるように基本的な句読点が付されている。『対話』にある行間注解は最初の部分はほぼ完全であるが，後半では一部が省略されている。

この校訂版では，対話のそれぞれの部分が新しい行に置かれている。写本のチルダで表記された縮約形はカギ括弧で復元されているが，（et を表す）7 はそのまま残されている。校訂版では y の上にあるドットは示されていない。

ƿe cildra biddaþ þe, eala lareoƿ, þ[æt] þu tæce us sprecan forþam unʒelærede
ƿe syndon 7 ʒeƿæmmodlice ƿe sprecaþ.
hƿæt ƿille ʒe sprecan?
hƿæt rece ƿe hƿæt ƿe sprecan, buton hit riht spræc sy 7 behefe, næs idel oþþe fracod.
ƿille bespunʒen on leornunʒe?
leofre ys us beon bespunʒen for lare þænne hit ne cunnan.

Nos pueri rogamus te magister ut doceas nos loqui latialit[er] recte quia idiote sumus & corrupte loquimur.
Quid uultis loqui?
Quid curamus. quid loquamur nisi recta locutio sit & utilis, non anilis aut turpis.
Uultis flagellari in discendo?
Carius est nobis flagellari p[ro] doctrina quam nescire.

We boys ask you, master, that you teach us to speak Latin correctly, because we are ignorant and we speak ungrammatically.
What do you want to speak?
What do we care what we speak, as long as the speech is correct and useful, not foolish or base.
Are you ready to be beaten while you learn?
We would rather be beaten for our teaching than not to know it.

先生，私たち生徒は，私たちにラテン語を正しく話すことを教えてくれるようお願いします。なぜなら，私たちは知識がなく，文法的に正しく話すことができないからです。
何を話したいのですか？
話し方が正しく十分なもので，愚かでさもしいものでなければ，何を話すかなどどうして気にするでしょうか？
学んでいる間にムチ打たれる準備はできていますか？
それを知らないより，教えを請うてムチ打たれる方がましです。

- þは「ソーン」と呼ばれ，その名称と文字はルーンアルファベットから借用された。それはthの音である[θ]もしくは[ð]（p.18）を表していた。この文字とð（下記を参照）は実際交換可能であり，写字生は同じ写本の中でも最初に一方を次にもう一方を用いるということもあった。ただし，後期古英語ではソーンの方がより一般的になった。（thのつづりは，古英語の最初期から散発的に使われていたが，それはおそらくアイルランド語の影響が考えられる。しかし，それはすぐにこの新しい文字に置き換えられた。）
- ðに19世紀の校訂者たちから与えられた名称は「エズ」（weatherの最初の音節にある音のように発音されていた。p.18を見よ）であったが，アングロサクソン時代は「ザット」と呼ばれていた。この文字の起源については，初期のアイルランド語の文字を改変した可能性もあるが，詳細は不明である。
- 数字は，（アングロサクソン年代記の年号にも見られるように，p.14）ローマ数字でのみ書かれていた。アラビア数字はさらにずっと後になって伝来したものである。

こうして，標準的な古英語のアルファベットは次の24文字であった。

a, æ, b, c, d, e, f, g, h, i, k, l, m, n, o, p, r, s, t, þ, ð, u, w, y

これらの文字のいくつかは，1つの音単位を表すのに，組合わせて使われた（二重文字（digraphs））。これは，現代のthや（meatなどの）eaのような形で使われているのとほぼ同様である。

もう1点，つづりについて気をつけるべきことがある。それは，かなり多様なつづりが存在したという点である。地方の音を正確にとらえようとする地域的な試みを反映したつづりの違いだけでなく，写字生個人の好みを反映した違いもある。また，つづりの慣例は時と共に多様に変化した。しかしながら，ある一時期の，ある場所のある1人の写字生の中でさえ，多様なつづりがありえた。それは，『ベーオウルフ』のような写本にあるいくつかの異つづりの存在からもわかる。（10世紀後半の）アルフリックの時代までにはつづりはずっと規則的になったが，これも一時的なことであった。変化はすぐそこに迫っていた。1066年の大事件による避けがたい，新たな大陸の書記法の到来である（p.40）。

リンディスファーン福音書

リンディスファーン島（ホーリー島とも呼ばれる）の修道院で書かれた「リンディスファーン福音書」のページである。その島はイングランド北東部のノーサンバーランド海岸から2マイルほどのところで，引き潮の時本土とつながる。後半のページの1つ（フォリオ259）の余白に書き加えられた短い伝記的書き込みを信じるならば，このテキストは700年頃に書かれた。この書き込みによると，リンディスファーンの司教であるイードフリス（Eadfrith，698-721在位）がその本を書き，同司教であるエゼルワルド（Æthelwald，724-40在位）がその本をとじ，ビルフリス（Billfrith）が高価な宝石で装飾した装丁を行った。このテキストは現在英国図書館にあるが，装飾にもちいられた宝石はもはやない。

この挿絵は「マタイ伝」1章18節の始まりの部分を示す。先行する節は単に系図的題材を含んでいるだけなので，実質的にこの節がこの福音書の始まりと考えられ，そのため，この時点で彩飾が豊かに使われている。このページはアイルランド風，ゲルマン風，ビザンチン風モチーフが混ざり合っているため，芸術的にもかなり興味深いが，複数の字体を示している点，筆跡学的にも大いに興味をそそる（第18章）。

組文字の上にある赤文字はアンシャル字体で書かれている。下のテキストの4行は装飾的大文字で書かれ，間隔を詰めるために文字間を巧みに調整している。福音書のテキストの最初の行は未完成の状態のままである。行間には，古英語の注解が10世紀のノーサンブリアの写字生によってイギリス書体の筆記体で書かれている。

ロンドン英国図書館所蔵のMS Cotton Nero D. iv, fol. 29

Incipit euangelium secundum mattheum
Christi autem generatio sic
erat cvm esset desponsata
mater eius Maria Iosebh.

onginneð godspell æft~ matheus
Cristes soðlice cynnreccenise ł cneuresu~
 suæ ł ðus
wæs mið ðy wæs biwoedded ł beboden ł
befeastnad ł betaht
moder his

The beginning of the Gospel according to Matthew
Now the birth of Jesus Christ was in this wise. When
Mary his mother had been betrothed to Joseph…

（この注釈者は1語のラテン語の意味を表すのに複数の古英語の語を使い，その場合，ラテン語のuel（'or(または)'）の略語であるłを使って関連づけている。また，時に，余白にさらなる説明を加える場合もある。「~」の使用についてはp.12を見よ）

マタイによる福音書の始まり
さて，イエス・キリストの誕生は以下のようであった。彼の母マリアがヨセフと婚約していたとき…　（P. H. ブレア（P.H.Blair），1977に従う）

音声はここから聞けます：
cambridge.org/crystal

古英語の発音

古英語がどのように発音されていたかはどうやってわかるだろうか？　役に立たない答えであるが，正直わからない。後の時代であれば，当時の作家による説明に頼ることもできるが（p.71），古英語ではそうした説明は無理である。私たちにできる最善の方法は，独立した音推定の証拠（下記参照）のもと，詳細な情報にもとづく推測を行い，結果が総合的な結論を正当化するのに十分見合っていると願うことである。この問題については多くの学識が費やされてきて，今やその発音のほとんどがかなりの程度正確に把握できている。なので，もしこの場にアングロサクソン人がいると仮定して，このページにある情報を使って話をしてみたら，おそらく知的にわかり合うことができることだろう。

もちろん，その際互いの方言アクセントに慣れる必要はあるだろう。それは，現代の英語話者が，例えば，ジョーディ方言やコックニー方言に慣れる必要があるのとほぼ同じである。今日よりもアングロサクソンの時代に音声的多様性が少なかったと仮定する理由はなく，右にある記号をあまり狭く解釈すべきではない。古英語の [æ] が前舌広母音で発音された（p.250）と説明しても，それと [e] やほかの母音の発音とを区別することにはなるが，実際あったであろう正確な母音の特性を教えてくれることにはならない。

中世の修道院の学校でよく使われたカンバの枝むち

証拠

古英語の文字の音価を論理的に推理するのに使われる４つの主な方法がある。

- アルファベットによる推論（Alphabetical logic）：ローマ字がどのように発音されたかについてはかなりわかっており，宣教師たちが古英語にこのアルファベットを採用した際に，一貫した論理的方法で行ったと推測することは理にかなっているように思える。ラテン語で m の音を表す文字は英語でも同じ音を表すために使われたことであろう。同様に，もし彼らが新しい文字が必要だと思ったとしたら，それは適したラテン文字がないと感じたからに違いない（例えば，新しい文字 æ の場合のように）。
同様に，方言の多様性と時を経て生じる変化が古英語テキストのつづりに反映する様子からも多くの情報が得られる。写字生たちは通常話された通りに語を書き留めようとしたのである。

正しく理解する

大学時代に古英語を学習する学生たちは長年，古英語の「音」を理解しようと，右のような表を熟読してきた。その在学中にアルフリックの生徒たち（p.16）のような気持ちになった学生も多かったに違いない。つまり，正しく発音している限り，言っている中身についてはあまり気にしていなかったのだ。しかし，この喩えは部分的なものにすぎない。なぜなら，21 世紀の古英語の教師は通常教え子を鞭打ったりしないだろうから。

文字	例と意味	IPA記号	現代語の例
æ	sæt ‘sat’	[æ]	南部イギリス英語 s*a*t
ǣ	dǣd ‘deed’	[ɛː]	フランス語 b*ê*te（動物）
a	mann ‘man’	[ɒ][1]	アメリカ英語 h*o*t
	dagas ‘days’	[ɑ]	ドイツ語 L*a*nd（土地）
ā	hām ‘home’	[ɑː]	f*a*ther
c	cyrice ‘church’	[tʃ][2]	*ch*ur*ch*
	cēne ‘bold’	[k]	*k*een
cg	ecg ‘edge’	[ʤ]	e*dge*
e	settan ‘set’	[ɛ]	s*e*t
ē	he ‘he’	[eː]	ドイツ語 L*e*ben（生命）
ea	earm ‘arm’	[æə]	[æ], [ɛː], [e], [eː], +aboutの第一音節の母音
ēa	eare ‘ear’	[ɛːə]	
eo	eorl ‘nobleman’	[eə]	
ēo	beor ‘beer’	[eːə]	
f	ǣfre ‘ever’	[v][3]	e*v*er
	fīf ‘five’	[f]	*f*i*f*e
g	gyt ‘get’	[j][2]	*y*et
	fugol ‘bird’	[ɣ][4]	口語ドイツ語 sa*g*en（言う）
	gān ‘go’	[g]	*g*o
h	heofon ‘heaven’	[h][5]	*h*eaven
	niht ‘night’	[ç][6]	ドイツ語 i*ch*（私）
	brōhte ‘brought’	[x][7]	ドイツ語 bra*ch*te（bri*ng*enの過去形）
i	sittan ‘sit’	[i]	s*i*t
ī	wīd ‘wide’	[iː]	w*ee*d
o	monn ‘man’	[ɒ][1]	アメリカ英語 h*o*t
	God ‘God’	[ɔ]	イギリス英語 h*o*t
ō	gōd ‘good’	[oː]	ドイツ語 S*o*hn（息子）
s	rīsan ‘rise’	[z][8]	ri*s*e
	hūs ‘house’	[s]	hou*s*e
sc	scip ‘ship’	[ʃ]	*sh*ip
þ, ð	ōþer, ōðer ‘other’	[ð][8]	o*th*er
	þurh, ðurh ‘through’	[θ]	*th*rough
u	ful ‘full’	[u]	f*u*ll
ū	hūs ‘house’	[uː]	g*oo*se
y	wynn ‘joy’	[y]	ドイツ語 W*ü*rde（尊厳）
ȳ	rȳman ‘make way’	[yː]	ドイツ語 G*ü*te（善意）

注

これらの発音のいくつかは前後の音環境に制限がある。

1. m，n，n（g）の前
2. i の前後，およびしばしば æ，e，y の前後
3. 有声音に挟まれた場合
4. 後母音に挟まれた場合
5. 語頭
6. æ，e，i，y の後
7. a，o，u の後
8. 母音に挟まれた場合

右の謎詩『エクセター写本』の No.86（p.12）で，連続する文章内でこの表記法が使用されている例を示す。（R. クワーク，V. アダムズ，D. デービー（R. Quirk，V. Adams & D. Davy），1975 に従う）

Wiht cwōm gangan　　þǣr weras sǣton
[wiçt kwoːm gɒŋgɑn　　θɛːr wɛrɑs sɛːtɔn]

monige on mæðle,　　mōde snottre;
[mɒnijə ɔn mœðlə　　moːdə snɔtrə]

hæfde ān ēage　　ond ēaran twā
[hævdə ɑːn ɛːəjə　　ɒnd ɛːərɑn twɑː]

ond twēgen fēt,　　twelf hund hēafda,
[ɒnd tweːjən feːt　　twɛlf hund hɛːəvdɑ]

hrycg ond wombe　　ond honda twa
[hryʤ ɒnd wɒmba　　ɒnd hondə twɑː]

earmas ond eaxle,　　ānne swēoran
[ɛːərmas ɒnd æəkslə　　ɑːnːə sweːərɑn]

ond sīdan twā.　　Saga hwæt ic hātte!
[ɒnd siːdɑn twɑː　　sɑɣɑ hwæt itʃ hɑːtːə]

ある生き物が人びとが座っているところへやって来た
多くが集い，賢い知恵をもっていた
その生き物は，目が１つ，耳は２つ
足は２本，1200 の頭をもち
背と腹があり，２本の手と
腕と肩をもち，１つの首と
２つの脇腹をもっている。さて，私は何と呼ばれているか答えなさい

彼らは，（修道院によっては厳格なやり方が維持されていたが）標準化されたつづりに対する恣意的な規則が存在する文化の中にはおらず，write の祖先である writan の w は発音されていたため黙字のような問題にも直面しなくて済んだのである。したがって，古英語のつづりは近代英語よりずっと「発音に忠実（phonetic）」なのである（p.284）。

- 比較再建法（Comparative reconstruction）：古英語がどのように発音されていたかを推論するために，英語の後の姿からさかのぼって考えることも可能である。近代英語の音のいくつか（特に方言の形式）は古英語とかなりの類似性をもっているようである。今も昔も，ほとんどの子音の発音は実質的な違いはないように思える。主な問題は母音で，その音価はつねに正確に特定することがより困難である（p.249）。
- 音変化（Sound Changes）：　言語が発達するにつれて生じる音変化については多くのことが知られている。したがって，変化について妥当な説明が可能な範囲で，今日現存する文字の音価と異なる特定の古英語の文字の音価を提案することもできる。たとえば，it に相当する古英語は hit であった。もし h が発音されていたと主張するなら，英語の後の段階でそれを発音しなくなったと仮定しなくてはならない。これは想定しうる音変化であろうか? もし，強勢のない代名詞で h の音が脱落することが今日普通に起こるとすれば（I saw 'im），それはありそうである。
- 詩にもとづく証拠（Poetic evidence）：　詩人の脚韻や頭韻の使い方が古英語の音韻体系のあり方について重要なカギを提供してくれることがある。さらに韻文の各行の韻律パターンもまた，語に強勢が置かれる方法を示してくれ，強勢のない音節に現れる母音にどのような音価があるかを明確にしてくれる。これは，特に後期古英語においてとても重要な点である（p.32）。

厄介な問題

不用意な文献学者が陥る落とし穴がたくさんある。写字生たちは気まぐれなことがあり，また間違いも犯しがちだ。しかしながら，もちろん，前もって，写本にある特異な形が実際間違いなのか，進行中の音変化や方言的特徴を表現する意図的なものなのかはわからない。確信を得るまでには数多くの詳細な比較研究が必要になるであろう。

普遍的なつづりの規則がないこともまた問題を引き起こすことになる。写字生たちが一貫性をもつという必然性はなく，実際多くはそうではなかった（p.10）。写本は，þ と ð（p.16），単一子音または二重子音（s と ss，d と dd など）や，いくつかの母音グループ（とりわけ，i，y，ie）の使用においてバラバラである。ある箇所で hit が使われ，別の箇所では hyt が使われることもあり，gyldan 'pay（支払う）' が gieldan とつづられたり，þær が þar となることもある。こうした困難があってこそ，真の古英語音韻学者の不屈の精神と熱意が生まれたものと心すべきである。Hige sceal þe heardra, heorte þe cenre（勇気が奮い立てば立つほど，心はより果敢になる）（p.12）。

大昔の母音変異

1,200 年以上前に起こった音韻変化の影響を示す語のペア。

goose（ガチョウの単数形）
　- geese（ガチョウの複数形）
tooth（歯の単数形）
　- teeth（歯の複数形）
man（男の単数形）
　- men（男の複数形）
mouse（ネズミの単数形）
　- mice（ネズミの複数形）
hale（元気な）- health（健康）
doom（運命）- deem（思う）
full（満ちた）- fill（満たす）
whole（完全な）- heal（癒やす）
fall（倒れる）- fell（切り倒す）
blood（血）- bleed（血を流す）
foul（不潔な）- filth（不潔）
long（長い）- length（長さ）
broad（幅が広い）- breadth（幅）
old（老いた）- elder（年長の）

最初の母音推移

ブリテン島に到着した後のアングロサクソン人の発音について確かなことが 1 つある。すなわち，変化したということだ。これは自明である。なぜなら大陸で話されていたゲルマン語（p.6）から生まれた古英語の語は，見た目からして（そのため，音も），初期ドイツ語において対応する語とはかなり異なっていたからである。一体何がそのような変化を引き起こしたのであろうか。

母音が変化せずに古英語に借用されたラテン語もあれば，母音が変化したものもあるという様子から関連する所見がうかがえる。ラテン語の caseus は古英語で cyse 'cheese（チーズ）' となったが，castellum は castel 'village（村）' となった。最初の語では母音が変化し，2 つ目の語では変化しなかった。多くの似たような例が存在する。一体何がそのような違いを引き起こしたのだろうか？

***i*- 母音変異**

次の説明は現在ゲルマン語文献学の定説となっている。古英語の母音は，アングロサクソン人が大陸を去った時期と古英語が最初に書かれた時期の間で，質的に変化したという主張である。何百もの例の調査により，この変化が生じた状況にパターンを見出すことが可能である。

ゲルマン語には，アクセントのある音節の母音が，次の音節にある高前舌母音（[i]）や半母音（[j]）によって後続される多くの語があった。*fōt の複数形は fō に強勢がある fōtiz であったと考えられている。なんらかの理由（以下の説明を見よ）で，この高前舌音の質が先行する母音を変化（変異）させた。*fōt の場合，ō が ē になり，最終的に近代英語の feet のように，[iː] と発音されるようになった。また，*-iz* の語尾は脱落した。というのも，数が e 母音で示されているので，さらに語尾をつけるのは不必要だったからであった。こうして，fēt は英語で不規則名詞となったが，それを引き起こした過程は完全に規則的で，何百もの例に影響を与えた。

この過程は，*i*- 母音変異（*i*-mutation），または *i*- 母音ウムラウト（*i*-umlaut）（「音交替」を意味するドイツ語の用語）と呼ばれるようになり，7 世紀に起こったと考えられている。後の時代にこのように母音が変化し続けたという痕跡はない。この過程はまた上述のラテン語の例も説明する。caseus は，*i*- 母音変異が起こる前に，いち早く英語に借用されたに違いない。なぜなら，その後母音が影響を受け，a が y になっているからである。一方，castellum は，castel に元の母音が残っているので，*i*- 母音変異が生じなくなった後で借用されたはずである。

i- 母音変異は「母音調和（vowel harmony）」の一種で，多くの現代語で影響が見られるごく自然な過程である。人はある語内の母音を同一の語内の別の母音と同じように発音するという癖があるようで，これが 7 世紀の古英語の母音に生じたのである。上記で説明したすべての後母音が前母音へと変化し，すべての前母音と二重母音も影響を受けさらに前方と高い位置で発音されるようになった（ただし，もちろん，すでに口腔内でほかの母音より前方で高い位置にある [i] は例外である）。

いくつか例外と説明の難しい問題があり研究者を悩ませているが，この音変化は，語尾に [i] をもつ最も頻度の高い語類に適用されたため，その言語に対する一般的影響は非常に大きかった。このような理由で，近代英語には，strong/strength などのペア（名詞派生語尾 **-iþ* の付加による）に加えて，food/feed のペア（ゲルマン語の動詞派生語尾 **-ian* の付加による）がある。しかしながら，*i*- 母音変異に影響を受けたすべての語の形が近代英語に生き残っているわけではない。古英語で book の複数形は bec であったが，これは beek として近代英語まで生き残ることはなかった。類推（p.212）の力が勝り，規則的な books へと変化させた。

i- 母音変異がなぜその時期に起こったかは不明である。7 世紀のアングロサクソン人にこのように母音を発音し始めるようにさせたのは何であったか？　なぜその過程は後続する語尾に i があるすべての場合に適用したわけではなかったのか（たとえば，*-ing* で終わる語は影響を受けなかった）？　この音韻捕物帖はまだ決着がついていない。

アステリスク（*）は仮説にもとづく形を表す。

音声はここから聞けます：
cambridge.org/crystal

キャドモンの物語

古英語の散文はその文法を分析するのに最も明快な方法を提供してくれる（pp.12-3 にある抜粋からわかるように，韻文はさらにいっそう凝縮され複雑となっている）。この抜粋はビードの『英国民教会史』の古英語訳（第 4 巻第 24 章）からのもので，7 世紀後期のある時期にイギリスの最初のキリスト教徒詩人となった無学の牛飼いであるキャドモン（Cædmon）の話である。この翻訳は 9 世紀後半にさかのぼる（キャドモンによる聖歌の実際のテキストが p.29 にあげてある）。

古英語文法の特徴

現代人の目や耳に，古英語の文法（文法用語については，III 部を見よ）は見慣れた面と見知らぬ面の混ざり合った興味深い特徴を提供してくれる。語順は現代英語よりもずっと多様であるが，驚くほど似ている点もいくつかある。今日の英語同様，形容詞は通常名詞に先行し，前置詞や冠詞やほかの文法語もまた同様である。時として，下記のキャドモンのテキストの逐語訳からもわかるように，文全体が語順において同等であるかほぼそれに近いものとなっている。主な統語的差異は動詞の位置に関わるもので，しばしば主語の前に現れたり，節末に生じたりする。また，これはこのキャドモンの物語に見られる際立つ特徴の 1 つでもある。

現代英語では，語順が比較的固定化している。古英語の語順がこれほど多様である理由は文要素の関係がほかの手段で明示的に示されているからである。ほかのゲルマン語派の言語同様，古英語は**屈折変化**する。すなわち，語が文の中で果たす役割がその語がもつ語尾の種類によって明確になっていたということである。今日ではその屈折変化はほとんど失われ，現代の読者は古英語のテキストを理解するために語の屈折語尾に慣れるという大仕事を負わされたわけである。また，動詞，名詞，代名詞，形容詞および定冠詞がとる異なる形態を学ぶ必要がある。現在形と過去形で形を変える不規則変化動詞はさらに量が多いため，特に問題となる（外国人の英語学習者にとっては，今も続く問題でもあるのだが）。しかしながら，キャドモンの抜粋の行間注解を読んで明らかなように，現代英語の話者もすでに古英語文法に対するなんらかの「感覚」をもっているはずである（発音の補助として，以下に続く説明では，長母音の記号（p.16）が書き加えられている）。

wæs he se mon in weoruldhade geseted oð þa tide þe he
Was he the man in secular life settled until the time that he

wæs gelyfdre ylde; ond he næfre nænig leoð geleornode, ond he
was of-advanced age; and he never any poem learned, and he

for þon oft in gebeorscipe, þonne þær wæs blisse intinga
therefore often at banquet, when there was of-joy occasion

gedemed, þæt heo ealle sceolden þurh endebyrdnesse be hearpan
decided, that they all should by arrangement with harp

singan, þonne he geseah þa hearpan him nealecan, þonne aras he
to sing, when he saw the harp him approach, then arose he

for scome from þæm symble, ond ham eode to his huse. þa he
for shame from the feast, and home went to his house. When he

þæt þa sumre tide dyde, þæt he forlet þæt hus þæs
that a certain time did, that he left the house of the

gebeorscipes, ond ut wæs gongende to neata scipene,
banquet, and out was going to of-cattle stall

þara heord him wæs þære neahte beboden; þa he ða þær
of which keeping him was that night entrusted; when he there

in gelimplice tide his leomu on reste gesette ond onslepte,
at suitable time his limbs at rest set and fell asleep,

þa stod him sum mon æt þurh swefn, ond hine halette
then stood him a certain man beside in dream, and him hailed

ond grette, ond hine be his noman nemnde, 'Cedmon, sing me
and greeted, and him by his name called. 'Cædmon, sing me

hwæthwugu.' þa ondswarede he, ond cwæð, 'Ne con ic noht
something.' Then answered he, and said, 'Not can I nothing

singan; ond ic for þon of þeossum gebeorscipe ut eode ond hider
sing; and I for that from this banquet out went and hither

gewat, for þon ic naht singan ne cuðe.' Eft he cwæð,
came, because I nothing to sing not knew how.' Again he spoke,

se ðe wið hine sprecende wæs, 'Hwæðre þu meaht me
he that with him speaking was, 'However you can for-me

singan.' þa cwæð he, 'Hwæt sceal ic singan?' Cwæð he, 'Sing
sing.' Then said he, 'What shall I sing?' Said he, 'Sing

me frumsceaft.' þa he ða þas andsware onfeng, þa ongon he
me creation.' When he this answer received, then began he

sona singan in herenesse Godes Scyppendes, þa fers
immediately to sing in praise of God Creator, those verses

ond þa word þe he næfre gehyrde…
and those words that he never had heard…

彼は高齢になるまで俗世の生活に浸っていた男であった。彼は詩を学んだことがなく，しばしば宴において順番でハープとともに歌う祝福の場面で，ハープがまわってくるのを見た時，彼は恥ずかしくて宴から抜け出し家に帰ったのだった。彼はある時，宴の家を去り，夜番を任されていた家畜小屋に行き，そこでちょうど良い頃合いに足を休め眠りについた時，夢の中で彼の隣に男が立ち，彼を喜んで迎え挨拶をし，彼の名を呼び言った。「キャドモン，私に何か歌をうたってくれ。」そこで，彼は答えて言った。「私は何も歌うことができません。そのため私はこの宴を去り，ここへきたのです。なぜなら，私は歌い方を知らなかったのです。」彼と話をしていたその人は再び言った。「いや，お前は私に歌うことができる。」そこで彼は，「何を歌いましょうか。」と言った彼は，「私に世の始まりを歌ってくれ。」と言った。彼はこの返答をもらうと，すぐに創造主である神をたたえて歌い始めた。彼がこれまで聞いたことのない詩形と言葉...

語順

名詞や形容詞や冠詞のさまざまな形態が，文の各部分がどのように関係するかを教えてくれる。現代英語において，(i) と (ii) の差は語順の問題である。

(i) the woman saw the man（その女性がその男性を見た）
(ii) the man saw the woman（その男性がその女性を見た）

古英語では，この 2 つの文は次のようになる。

(i) sēo cwēn geseah þone guman（その女性がその男性を見た）
(ii) se guma geseah þā cwēn.（その男性がその女性を見た）

(i) の主格の女性形の sēo が，(ii) では対格形の þā に変化している。同様に，(i) の対格の男性形の þone が，(ii) では主格形の se となっている。

こうして，名詞句の現れる語順に関わらず，誰が誰に何をしているかがつねに明確になる。すなわち，þone guman geseah sēo cwēn（その男性をその女性が見た）も (i) と同じ意味となるわけである。

WÆS HE SE MON…（彼は…男であった）

wæs

be 動詞の過去形は，複数形語尾の消失を別にすれば，古英語期からほとんど変化していない。

- wæs 'was' 1/3 人称単数
- wǣre 'were' 2 人称単数
- wǣron 'were' 1/2/3 人称複数

しかしながら，現在形にはいくつかの異なる形態がある。まず初めに，古英語には be の意味を表す 2 種類の語があり，1 つはラテン語の esse に対応し，もう 1 つはラテン語の fui に対応する。

- wesan
  eom 1 人称単数
  eart 2 人称単数
  is 3 人称単数
  sind(on) 1/2/3 人称複数
- bēon
  bēo 1 人称単数
  bist 2 人称単数
  bið 3 人称単数
  bēoð 1/2/3 人称複数

また，両方の動詞に接続法，命令法，分詞の形態があった。

厳密な規則を立てるには十分な証拠はないが，この 2 種類の動詞の用法にはいくつかの違いがあったと思われる。bēon 形は習慣的・反復的な文脈，特に未来が含意される場合に好まれた。実際，アルフリックの『ラテン語文法』では，eom，eart，is はラテン語の sum，es，est に対応し，bēo，bist，bið は ero，eris，erit に対応するとされる。説教（Homily）の 1 つにこの違いをはっきりと示す例がある。話者は三位一体の神に次のように呼びかける：

ðu ðe æfre wære, and æfre *bist*, and nu *eart*, an ælmihtig God ... *you who always were, and ever will be, and now are, one almighty God* ...（過去にも未来にも現在にもつねにいるお方，全能なる神よ）

hē

人称代名詞の体系には，近代英語に見られるものより多くの種類があり，それらのいくつかはこのキャドモンの抜粋にもその例が見られる（後ろの数字が行を表す）。近代英語の対応形も一緒に示してあるが，その代名詞が文法性の存在する古英語で使われていた用法を正しく説明してくれるわけではない。例えば，bōk 'book(本)' は女性であり，heo 'she(彼女)' で表され，一方 mægden 'girl(少女)' は中性で，hit で表された（このリストは後期ウエストサクソン方言（p.28）で見られた形態であり，つづり上の変種は考慮しない）。

- ic(13) 'I(私が)' 主格
  mē(16) 'me(私を / に)' 対格 / 与格
  mīn 'my, mine(私の)' 属格
- wē 'we(私たちが)' 主格
  ūs 'us(私たちを / に)' 対格 / 与格
  ūre 'our(s)(私たちの)' 属格
- þū(16) 'thou(あなたが)'(単数)主格
  þē 'thee(あなたを / に)' 対格 / 与格
  þīn 'thy, thine(あなたの)' 属格
- gē 'ye(あなたたちは)'(複数)主格
  ēow 'you(あなたたちを / に)' 対格 / 与格
  ēower 'your(s)(あなたたちの)' 属格
- hē(1) 'he(彼が)' 主格
  hine(11) 'him(彼を)' 対格
  his(6) 'his(彼の)' 属格
  him(5) '(to) him(彼に)' 与格
- hēo 'she(彼女が)' 主格
  hī 'her(彼女を)' 対格
  hire 'her(s)(彼女の)' 属格
  hire '(to) her(彼女に)' 与格
- hit 'it(それが / を)' 主格 / 対格
  his 'its(それの)' 属格
  him '(to) it(それに)' 与格
- hī/hēo 'they(彼らが)/them(彼らを)' 主格 / 対格
  hira 'their(s)(彼らの)' 属格
  him '(to) them(彼らに)' 与格

加えて，古英語には「両数（dual)」の人称代名詞の体系があったが，1 人称と 2 人称のみであった。1 人称の両数形は，「we two（私たち二人)」(主格は wit，対格 / 与格は unc，属格は uncer）を意味し，2 人称の両数形は，「you two（あなたたち二人)」(主格は git，対格 / 与格は inc，属格は incer）を意味した。これは 13 世紀には消失した。

ほとんどの場合近代英語の代名詞に明白な対応形があるが，古英語と近代英語の 3 人称複数形の間では対応が見られない。ウエストサクソン方言の形態は，ノルマン征服（Norman Conquest）後しばらくして，スカンディナヴィア語により補充された。それはおそらく，3 人称単数形と複数形の発音上の違いを明確にする必要があると感じたためであろう。特に，him は混乱のもとだったに違いない。理由はなんであれ，ヴァイキングの影響は広範囲に及び，現代英語の 3 人称複数形は現在 *th-* で始まる（she の特別な問題については，p.43 を見よ）。

se

古英語の名詞は，その指示対象の生物的性に関わらず，男性(masculine)，女性(feminine)，中性(neuter）のいずれにもなる可能性がある。それらはまた，節内での役割に応じて，主格，対格，属格，与格の形（p.214）となる。定冠詞の主格男性形の se が，ここで mon（man の一般的つづり）と一緒に使われているのが見られる。同女性形である seo は hearpe 'harp（ハープ)' とともに見出され，同中性形である þæt は hus とともに見出される。冠詞のほかの形も先の抜粋に見られる。ただし，'in dream'(11）に見られるように，冠詞は近代英語ほどは使われていない点に注意すべきである。ほかの例は以下の通りである。

- þā　sēo の対格単数形，前置詞 oð 'until'(1）に後続したり，動詞の目的語(5，7）として使われている。þæt の対格複数形(19，20）として使われることもある。
- þǣm(6)　þæt の与格単数形で，前置詞 from に後続している。
- þæs(7)　þæt の属格単数形

...geseted

近代英語の動詞には 3 つの主な種類（p.216）があり，いずれも古英語までさかのぼることができる。

1. 現在形の語根に *-ed* をつけて過去形を作る動詞：jump / jumped。今と同様，当時も動詞の多数派はこのタイプである。
2. 現在形の語根の母音を変化させて過去形を作る動詞：see / saw。これらは，古英語文法で，「母音（vocalic)」，または「強変化（strong)」動詞と呼ばれ，それらが示す母音のパターン化した質的変化は「母音交替(vowel gradation)」や「アプラウト(ablaut)」と言われている。
3. can，will，be（上記を見よ）のような完全に不規則な動詞。

動詞の屈折

近代英語の動詞にはほんのわずかな屈折語尾しかない。規則動詞の過去形はすべての人称で *-ed* の接尾辞で表示される。現在形は，3 人称単数のみ，特徴的な *-s* が付く。以下のパラダイム（動詞の異なるクラス間での相違は示されていない）からわかるように，古英語でははるかに多くの形態的違いを示していた。

現在形

ic lufie 'I love'
þū lufast 'you(単数) love'
hē/hēo/hit lufað 'he/she/it loves'
wē, gē, hī lufiað 'we/you（複数）/they love'

過去形

ic lufode 'I loved'
þū lufodest 'you（単数）loved'
hē/hēo/hit lufode 'he/she/it loved'
wē/gē/hī lufodon 'we/you（複数）/they loved'

古英語期後まもなくして，現在形の屈折語尾のいくつかは弱化し消失した。しかしながら，2 人称・3 人称の単数形はそのまま残り，中英語のよく知られた *-est* や *-eth*（lovest，loveth）へと発達した。それらの後の発達は p.44 で説明される。

古英語の動詞には，ほかにもいくつかの特徴的な屈折があった。

- 不定詞（p.216)：語根に *-an* や *-ian* がついた。キャドモンのテキストの例には，singan 'to sing' と neal-ecan '(to) approach' がある(5)。love の不定詞は lufian であった。不定詞を表示する接尾辞の使用は中英語期に失われ，不変化詞の to が代わりの標識として用いられるようになった。
- *-ing* 形(p.216)：同等の対応形は *-end(e)* であった。テキストの例は，gongende(8) 'going' と sprecende(16) 'speaking' である。この形は中英語期の初めにはほとんど消失し，古英語で名詞に限られていた *-ing(e)* 語尾により置き換えられた。
- *-ed* 形：これは，今日見られるのと同じ種類の母音交替と語尾を示している。しかしながら，（すべてのほかの西ゲルマン語と同様）特別な接頭辞 *ge-* もあった。この形態は，過去の物語であるキャドモンのテキストでは頻繁に見られる。geseted 'settled'(1) や geleornode 'learned'(2) などを見よ。中英語までは十分に残っていたが，(yclept 'called' などの）古語を除き 1500 年頃までに消失した。
- 接続法（p.228)：近代英語とは異なり，この法は系統だって使われていたが，直説法よりはるかに語尾が少なかった。特に主観的な態度を表す従属節に見られ，現在形と過去形の両方の複数形が特有の *-en* 語尾をもつ。テキストの例は sceolden 'should'(4) である。

古英語の語彙

古英語の語彙は，初めて相対した人には混然とした印象を与える。キャドモンの抜粋箇所（p.20）にある語の多くは，馴染みのないつづり（p.16）と予期しない屈折変化（p.21）を除けば，現代英語とかなり似ているが，韻文のテキスト（p.12）の語彙はそうとは限らない。キャドモンのテキストにおいては，singan が sing であり，stōd が stood であるということを理解するのにほとんど困難はなく，ondswarede は answered に，onslepte は asleep に，geleornode は learned にかなり類似している。接頭辞の *ge-* の部分を省くと，*-seted* が seated に，*-seah* が saw に，*-hyrde* が heard に似ていることもよくわかる。また，前置詞と代名詞のほとんどは形が同じである（ただし，意味は必ずしも同じと限らない）：for，from，in，æt（'at'），he，him，his.

一方，語の中には今ではとても奇異に見えるものもある。というのもそれらの語はその後英語から消えてしまったからである。キャドモンの抜粋箇所でいえば，se 'the'（p.21）のようないくつかの文法語に加えて，gelimplice 'suitable（適切な）'，neata 'cattle（畜牛）'，swefn 'dream（夢）'，beboden 'entrusted（任される）'，frumsceaft 'creation（創世）' などがある。これらの例はまた，古英語レキシコンの主たる特徴である複数の部位から語を作りあげる容易さをよく示しており，これは以来ずっと英語の特徴となっている（p.138）。たびたび使われるのは接頭辞や接尾辞であり，複合語も至る所に見られる。これらの語の意味はその部位が分かると瞬く間に理解できる。こうして，endebyrdness は ende 'end（区分）' + byrd 'birth（家柄），rank（階級）' + *-nesse* で，その意味は 'arrangement（序列）' や（この文脈では）people 'taking their turn'（人が「順番に行うこと」）となる。Gebeorscipe は，banquet（宴会）とは何にも関係がないように思えるが，実はもともと 'beer（ビール）+ ship（船）' なのである。

一見馴染み深く見えるが現代英語で意味が異なる語には特に注意が必要である。アングロサクソン語の wif は，既婚未婚問わず，女性一般であった。fugol 'fowl（家禽）' は農家で飼われている鳥とは限らず，すべての鳥であった。sōna（soon）は 'in a little while（まもなく）' ではなく，'immediately（すぐに）' を意味し，won（wan）は 'pale（青白い）' ではなく，'dark（暗い）' を意味し，fæst（fast）は 'rapidly（すばやく）' ではなく，'firm（硬い），fixed（固定した）' を意味した。古英語を訳す際，これらは「偽りの友（false friends）」，すなわち類似形異義語なのである。

語形成

古英語の語彙が接辞付加や複合を経て豊かになる過程は，基本形がレキシコンの中でどのように使われるかを跡づけることでよくわかる。

（下記の例はほんの一部をあげているだけで，例の意味も可能なものの１つである。）

gān/gangan 'go（行く）'
gang 'journey（旅）'

複合

æftergengness 'succession（跡継）'
ciricgang 'churchgoing（教会通い）'
forliggang 'adultery（不義）'
gangewīfre 'spider（クモ）'（'go（移動する）' + 'weaver（織工）'）
gangpytt 'privy（便所）'
hindergenga 'crab（カニ）'
sǣgenga 'sea-goer（船乗り）'

接頭辞付加

beganga 'inhabitant（住人）'
begangan 'visit（訪れる）'
bīgengere 'worker（労働者）'
foregān 'go before（先行する）'
forgān 'pass over（通り過ぎる）'
forþgān 'go forth（前進する）'
ingān 'go in（入る）'
ingan 'entrance（入口）'
niþergān 'descend（下りる）'
ofergān 'pass over（越えて行く）'
ofergenga 'traveller（旅人）'
ofgān 'demand（要求する）'
ongān 'approach（近づく）'
oþgān 'go away（逃れる）'
tōgān 'go into（入る）'
þurhgān 'go through（通過する）'
undergān 'undergo（被る）'
upgān 'go up（上がる）'
upgang 'rising（上昇）'
ūtgān 'go out（外へ行く）'
ūtgang 'exit（出口）'
wiþgān 'go against（立ち向かう）'
ymbgān 'go round（まわりをまわる）'

（D. カストフスキー（D. Kastovsky），1992 に従う）

すべての古英語の接頭辞が現代英語に残っているわけではない。失われたものの中には，*ge-*（p.21），*oþ-*（'away（離れて）'），*niþe-*（'down（下に）'）や *ymb-*（'around（あたりに）'）がある。Today，toward や together に *tō-* の名残が見られる。

自明な複合語

gōdspel < gōd 'good（よき）' + spel 'tidings（便り）'：gospel（福音）
sunnandæg < sunnan 'sun's（太陽の）' + dæg 'day（日）'：Sunday（日曜日）
stæfcræft < stæf 'letters（文字）' + cræft 'craft（わざ）'：grammar（文法）
mynstermann < mynster 'monastery（修道院）' + mann 'man（男）'：monk（修道士）
frumweor < frum 'beginning（始まり）' + weorc 'work（仕事）'：creation（創造）
eorþcræft < eorþ 'earth（地）' + cræft 'craft（わざ）'：geometry（幾何学）
rōdfæsnian < rōd 'cross（十字架）' + fæstnian 'fasten（くくりつける）'：crucify（はりつけにする）
dægred < dæg 'day（日）' + red 'red（赤）'：dawn（夜明け）
lēohtfæt < lēoht 'light（光）' + fæt 'vessel（器）'：lamp（ランプ）
tīdymbwlātend < tīd 'time（時）' + ymb 'about（ついて）' + wlātend 'gaze（熟視する）'：astronomer（天文学者）

whole 全史

Hāl の語根は古英語で６つの語の語基として使われている。その生成過程は近代英語にも引き継がれ，さらに９つの語が見られる（加えて，whole-food（自然食品）や health-farm（健康施設）のようなさらに多くの複合語がある）。

以下の図はまた，語源の関連性を示している。古ノルド語の heil と古英語の hāl はともに同じゲルマン語起源である。さらに後に，スカンディナヴィア語での発達も英語に影響を与えた。（W. F. ボルトン（W. F. Bolton），1982 に従う）

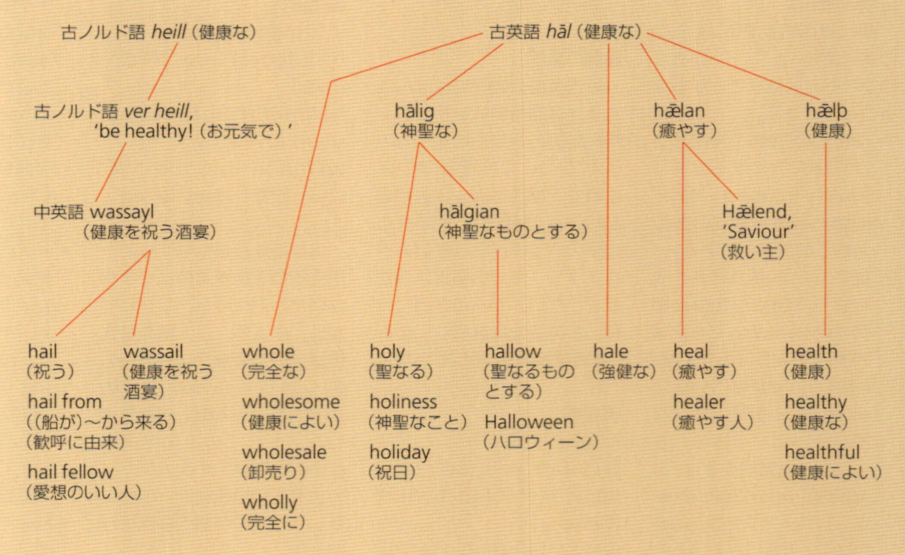

ケニング（婉曲代称法）（Kennings）

最も顕著な造語が見られるのは韻文（pp.11-3）である。このジャンルにはケニング（古ノルド語の詩に関する専門用語）として知られる生き生きとした隠喩表現の使用が豊富にある。ケニングは事物を間接的および暗示的に記述し，しばしば複合語となる。それらの意味は自明なものではなく，そこには想像の跳躍があり，解釈を必要とする。解釈が簡単な場合もあれば，はっきりしない場合もあり，激しい論争の種ともなっている。有名なケニングには，海を意味する hronrād 'whale-road（鯨の道）'，人体を意味する bānhūs 'bone-house（骨の家）'，剣を意味する beadolēoma 'battle light（戦いの光）' などがある。しばしば，単一の複合語だけでなく，句の形式を取る場合もある。例えば，神は heofonrīces weard 'guardian of heaven's kingdom（天国の守護者）' や moncynnes weard 'guardian of mankind（人間の守護者）' と表される。特に生産的に用いられる要素もある。mōd（'mood（気分）'，古英語で 'spirit（精神），courage（勇気），pride（傲慢），arrogance（横柄）' などの幅広い態度を表すのに使われる）を含む複合語は 100 以上ある。例えば，mōdcræft 'intelligence（知性）'，glædmōdnes 'kindness（親切）'，mōdcearu 'sorrow of soul（魂の悲しみ）' や mādmōd 'folly（愚かさ）' などである。

ケニングは時に解釈の際に問題となる。というのも，古英語には同義語が多いため，意味の微妙な差異を区別することが難しいからである。例えば，『ベーオウルフ』には「男（man）」を表すのに，rinc，guma，secg，beorn などの約 20 の用語があり，なぜあるものが使われ，ほかのものが使われないかを理解するのは必ずしも容易であるとは限らない。これらの語が複合語で使われると複雑さが増すことになる。Beadorinc や dryht-guma はともに「戦士（warrior）」と訳すことが可能であるが，2 番目の要素を取り替えたとしても，意味に大きな違いがあると言えるだろうか？それぞれの語は古英語で使われている文脈をすべて注意深く分析するとよいヒントを得られることが多い（今日ではさらにその実行可能性が増している，第 25 章）。しかしながら，こうした選択肢は対象となる語がまれな場合にはもちろん使えず，実際まれな場合が多いのである。テキストにたった 1 例しかないことや，または古英語全体でもたった 1 例しかないという場合もありうる。ある調査（A. G. ブロデューア（A. G. Brodeur），1959）によると，『ベーオウルフ』には 903 例の名詞の複合語があるが，このうち，578 例はたった 1 度しか使われず，それらのうちの 518 例はこの詩以外では知られていない。そのような状況下では，表現の正確な意味を確定することは大変困難である。

ケニングはしばしば，行中での頭韻の必要性を満たしたり，韻律構造（p.441）を整えるために選ばれることがある。例えば，『ベーオウルフ』のある箇所（1,342 行）で sincgyfan 'giver of treasure（宝を与える者＝王）' を使い，別の箇所（2,652 行）で goldgyfan 'giver of gold（金を与える者＝王）' を使うのは，前者では次に来る s で始まる語と頭韻し，後者では次にくる g で始まる語と頭韻する必要性以外特段の理由は見つからない。しかし，ケニングはまた，意味の圧縮を可能にするので，ある特定の形式を用いることから生じる連想や皮肉を探り出すことに数多くの研究が力を注いできたのである。1 つの好例は，1 度に 1 人しか通れない道を意味する anpaðas 'one + paths' という語である。この意味はたわいもないものに思えるが，アングロサクソン人にとっては，そうした道は困難な戦闘状況を生み出し，危険という含意があったに違いない。この語は，『ベーオウルフ』（1,410 行）で，勇者とその従者たちが怪物のねぐらに近づいているところで使われている。彼らの進む道は enge ānpaðas 'narrow lone paths（狭く細い道）' で，そこにはつねに待ち伏せの危険があったことだろう。

『ベーオウルフ』は複合語を多用する詩として突出しており，1,000 を超える複合語があり，テキストの語の 1/3 を占める。これらの語およびその語に含まれる要素の多くは，韻文以外では知られていない。実際いくつかは古い語法であったかもしれないが，そのほとんどは，その絵画性と生き生きとした特徴のためであり，アングロサクソン時代の戦闘，航海，宮廷や人間関係の記述をかなり変化に富むものにしてくれているのである。

荒れ狂う海

sǣ，mere，brim，lagu，wæter，fām（'foam（泡）'），wǣg（'wave（波）'）…

スノッリ・ストゥルルソン（Snorri Sturlusson）（13 世紀）のようなアイスランド語の学者たちは，詩的表現のタイプ分けを行った。例えば，舟を表すのに，wǣgflota 'wave-floater（波に浮くもの）' のような文字通りなものと wǣghengest 'wave-steed（波の馬）' というより比喩的なものとは区別が可能であろう。さまざまなレベルの比喩性が，次に示す「海」を表す複合語のリストの中に見受けられる。古英語文学の中で知られている 50 を越える例の中から 12 の例をあげる。上にあげた「海」の同義語の 1 つを使ったものもある。

seolbæþ
seal（アザラシ）+ bath（風呂）
ȳþageswing
waves（波）+ surge（うねり）
fiscesepel
fish（魚）+ home（家）
steamgewinn
waters（水）+ strife（争い）
hwælweg
whale（鯨）+ way（道）
sæwylm
sea（海）+ welling（吹き出ること）
swanrād
swan（白鳥）+ road（道）
brimstrēam
ocean（海）+ stream（流れ）
merestrēam
lake（湖）+ stream（流れ）
wæterflōd
water（水）+ flood（洪水）
drencflōd
drowning（溺死）+ flood（洪水）
bæþweg
bath（風呂）+ way（道）

語彙的侵略

初期の英語の語彙にみられる歴史は，くり返される侵略の歴史でもある。ブリテンの島々にやってきた新参者は，自身の言語をもたらし，そこを去るかその地に同化した際，かなりの数の語彙を残すことになる。アングロサクソンの時代に，2 度のこうした大きな影響があった。1 つは現世に関係し，もう 1 つは来世に関わるものである。

ラテン語の影響

アイルランドとローマからのキリスト教の宣教師たちにより（p.10），来世への注目が先に訪れた。彼らは読み書きの能力を伝えただけではなく，多くのラテン語の語彙をもたらした。もちろん，アングロサクソン人は大陸のローマ軍（Continental Roman armies）やローマン・ブリテン時代のブリトン人（Romano-British）に使われていたラテン語とすでに出会っていたのだが，結果的に古英語に入ったのはごくわずかな俗ラテン語（Vulgar Latin）の語だけであった（p.8）。対照的に，宣教師の影響は何百もの新たな語が古英語に入る結果をもたらし，多くの派生語も生み出すこととなった。新たな語彙は，主に教会，礼拝，神学，学問に関わるものであったが，生物，家庭，そのほか一般の語も多数あり，そのほとんどは近代英語にも残っている。同時に，多くの古英語の語が，宣教者の影響のもと，新たな「キリスト教」的意味を与えられた。また，Heaven（天），hell（地獄），God（神），Gospel（福音），Easter（イースター），Holy Ghost（精霊），sin（罪）などの語も意味的に刷新された。

借用語は，長い時間かけて流入し，性質も多様であった。1000 年頃までは，借用語の多くが口語ラテン語由来で，日常や実際的なことがらを意味する傾向があったが，1000 年頃以降，アルフレッド王（p.13）が手をつけた学問の復興と 10 世紀のベネディクト修道会の再興に続き，英語の語彙は古典的著作を源にし，よりいっそう学術的，専門的となっている。時折，ラテン語の語尾が，関連する古英語の語尾に置き換えられず，借用語の中にそのままに残されることさえある。一例として，acoluthus 'acolyte（侍祭）' があるが，これは最初アルフリックの作品の 1 つに acolitus として登場する。こうした学術的語（epactas（歳首月齢）や collectaneum（抜粋）など）の多くは生き残らなかったが，いくつかの語（fenestra（窓）や bibliotheca（蔵書）など）は，後の第 2 次古典借用期（p.48）に生まれ変わって使われることとなった。

カークデイルの碑文

碑文が刻まれたアングロサクソンの日時計のうち，現存する最良の実例で，現在北ヨークシャーのカークデイルの教会の南玄関の上に置かれている。碑文は次のように書かれている。

左のパネル
✝ORM GAMAL / SVNA BOHTE S(AN)C(TV)S / GREGORIVS MIN / STERÐONNE HI / T WES ÆL TOBRO /

右のパネル
CAN 7 TOFALAN 7 HE / HIT LET MACAN NEWAN FROM / GRUNDE XPE 7 S(AN)C(TV)S GREGORI / VS IN EADWARD DAGVM C(I)NG / 7 (I)N TOSTI DAGVM EORL ✝

中央のパネル
✝ÞIS IS DÆGES SOLMERCA ✝ / ÆT ILCVM TIDE /
✝7 HAWARÐ ME WROHTE 7 BRAND PR̄S

ガマルの息子オルムは，聖グレゴリウスの教会が完全に荒廃し崩れ倒れた時，それを買い取り，エドワード王とトスティ太守の時代に，キリストと聖グレゴリウスをたたえて，基礎から再び建て直させた。これは一日の毎時の太陽の位置を示すものである。ハワーズと司祭（？）のブランドが私のために作った。

ハロルド・ゴドウィンソン（Harold Godwineson）の弟トスティ（Tostig）は，1055 年にノーサンブリアの太守となり，1066 年に亡くなった。それゆえ，この日時計はその時代に属するものである。

このテキストには興味深い借用語の影響の混交が見られ，古ノルド語の人名に並んでラテン語で聖人名が記されており，ゲルマン語の tobrocan（破壊された）と並んでラテン語の minster（教会堂）が使われている。

さらなるラテン語からの借用語

abbot（大修道院長），accent（強勢），alb（白衣），alms（施し物），anchor（いかり），angel（天使），antichrist（反キリスト），ark（箱船），cancer（かに座），candle（ろうそく），canon（大砲），canticle（聖歌），cap（帽子），cedar（ヒマラヤスギ），celandine（クサノオウ），cell（小室），chalice（聖杯），chest（箱），cloister（回廊），cucumber（キュウリ），cypress（糸杉），deacon（助祭），dirge（葬送歌），elephant（象），fever（熱），fig（イチジク），font（洗礼盤），giant（巨人），ginger（ショウガ），history（歴史），idol（偶像），laurel（月桂樹），lentil（ヒラマメ），litany（連祷），lobster（ロブスター），lovage（ラビッジ），marshmallow（マシュマロ），martyr（殉教者），master（主人），mat（マット），nocturn（夜課），noon（昼），oyster（カキ），paper（紙），periwinkle（ツルニチニチソウ），place（場所），plaster（しっくい），pope（教皇），priest（司祭），prime（一時課），prophet（預言者），psalm（詩篇），pumice（軽石），purple（紫），radish（ハツカダイコン），relic（遺物），rule（規則），scorpion（サソリ），scrofula（腺病），shrine（聖堂），sock（靴下），synagogue（ユダヤ教会堂），temple（神殿），tiger（トラ），title（表題），tunic（チュニック）

ラテン語からの初期借用語（1000 年以前）

教会に関する語彙

abbadissa > abudesse 'abbess（女子大修道院長）'
altar > alter 'altar（祭壇）'
apostolus > apostol 'apostle（使徒）'
culpa > cylpe 'fault（欠点）'
missa > mæsse 'Mass（ミサ）'
nonnus > nonne 'monk（修道士）'
offerre > offrian 'sacrifice（いけにえをささげる）'
praedicare > predician 'preach（説教する）'
scola > scol 'school（学校）'
versus > fers 'verse（韻文）'（キャドモンの抜粋 p.20 の 19 行で使われている）

一般的な語彙

calendae > calend 'month（月）'
cavellum > caul 'basket（かご）'
epistula > epistol 'letter（手紙）'
fenestra > fenester 'window（窓）'
lilium > lilie 'lily（ゆり）'
organum > orgel 'organ（オルガン）'
picus > pic 'pike（やり）'
planta > plant 'plant（植物）'
rosa > rose 'rose（バラ）'
studere > studdian 'take care of（世話をする）'

ラテン語からの後期借用語（1000 年以後）

教会に関する語彙

apostata > apostata 'apostate（背教者）'
chrisma > crisma 'chrism（聖油）'
clericus > cleric 'clerk（聖職者）'
credo > creda 'creed（信条）'
crucem > cruc 'cross（十字架）'
daemon > demon 'demon（悪魔）'
discipulus > discipul 'disciple（弟子）'
paradisus > paradis 'paradise（楽園）'
prior > prior 'prior（小修道院長）'
sabbatum > sabbat 'sabbath（安息日）'

一般的な語彙

bibliotheca > biblioþece 'library（図書館）'
chorus > chor 'choir, chorus（聖歌隊）'
declinare > declinian 'decline（屈折させる）'
delphinus > delfin 'dolphin（イルカ）'
grammatica > grammatic 'grammar（文法）'
hymnus > ymen 'hymn（賛美歌）'
mechanicus > mechanisc 'mechanical（機械仕掛けの）'
persicum > persic 'peach（桃）'
philosophus > philosoph 'philosopher（哲学者）'
scutula > scutel 'scuttle, dish（皿）'

ノルド語の影響

2つ目の大きな言語的侵略は，787年から約200年間断続的に続いたヴァイキングのブリテン島への侵攻の結果としてもたらされた。9世紀中頃に定期的な駐留が始まり，数年でデーン人がイギリス東部の大部分を支配下においた。彼らは878年のエサンドゥン（現在のエディントン）（p.26）での敗北によりさらなる前進は阻まれ，ウェドモア条約（886年）により，国の1/3にあたる北東部にのみ居住することに合意した。そこは大まかにチェスターからロンドンまで続く直線の東側で，後にデーンロー（Danelaw）として知られるようになったデーン人の法律に従う地域である。991年のさらなる侵攻がデーン軍の一連の勝利（p.12のモールドンの戦いを含む）をもたらし，イングランド王エゼルレッド（Æthelred）が追放され，デーン人が王位についた。その後25年間イングランドはデーン人の支配下にあった。

この長期にわたる言語接触の結果には3つの側面があった。イングランドにデンマーク語の名をもつ多くの居留地が現れ，スカンディナヴィア起源の人名が一気に増えた（p.26）。また，多くの一般的語彙も英語に入ってきて，最終的に約1,000語が標準英語の一部となった。古英語の写本に現れるのはその中の約150語だけであるが，最も早いものは，アルフレッドとグスルム（Guthrum）との条約やアングロサクソン年代記の北部写本（DとE，p.15）にある。その中には，のちの英語に残らなかった多くの語（ほとんどはデーン法と文化に関する用語でノルマン征服後に絶えてしまった）に加えて，landing（上陸），score（得点），beck（小川），fellow（仲間），take（取る），husting（演説会場）や steersman（舵手）などがある。借用語の大部分は12世紀初頭になって初めて現れる（p.48）。これらの語の中には，下のリストにあげる大半の語に加え，skirt（スカート），sky（空），skin（肌）のような[sk]の音（古ノルド語の特徴）を使う近代英語の語も多くある。

アングロサクソン人とデーン人居住者との間の接触の密接さは，広範囲にわたる借用により明確に示される。例えば，both（両者の），same（同じ），get（得る），give（与える）のような近代英語のごく一般的な語もその時英語に入ってきた。人称代名詞の体系さえも影響を受け（p.21），they，them，their が既存の形態に取って代わった。そして，中でも最も顕著な侵略は，古ノルド語が be 動詞に影響を与えたことである。Are による sindon の代替は，ほかの動詞の3人称単数形の -*s* の拡散（p.44）と同様，ほぼ間違いなくスカンディナヴィア語の影響の結果である。

スカンディナヴィアの地名

イングランドにおけるスカンディナヴィア語の教区名はデーンローの境界線と関係している。

イングランドには1,500以上のそうした地名が存在し，とりわけヨークシャー州とリンカンシャー州に多い。Farm（農場）や town（町）を表すスカンディナヴィア語の -*by* で終わる語は，Derby，Grimsby，Rugby，Naseby など600以上にのぼる。残りの多くは，Althorp，Astonthorp や Linthorpe のように -*thorp*（'village（村）'）で終わるもの，Braithwaite，Applethwaite や Storthwaite のように -*thwaite*（'clearing（開拓地）'）で終わるもの，Lowestoft，Eastoft や Sandtoft のように -*toft*（'homestead（家屋敷）'）で終わるものがある。古英語にも by 'dwelling（住まい）' という語は存在するが，-*by* 語尾はほとんどすべてデーンロー地域に限られることから，スカンディナヴィア語起源であるという説が支持される。（P. H. ソーヤー（P. H. Sawyer），1962に従う）

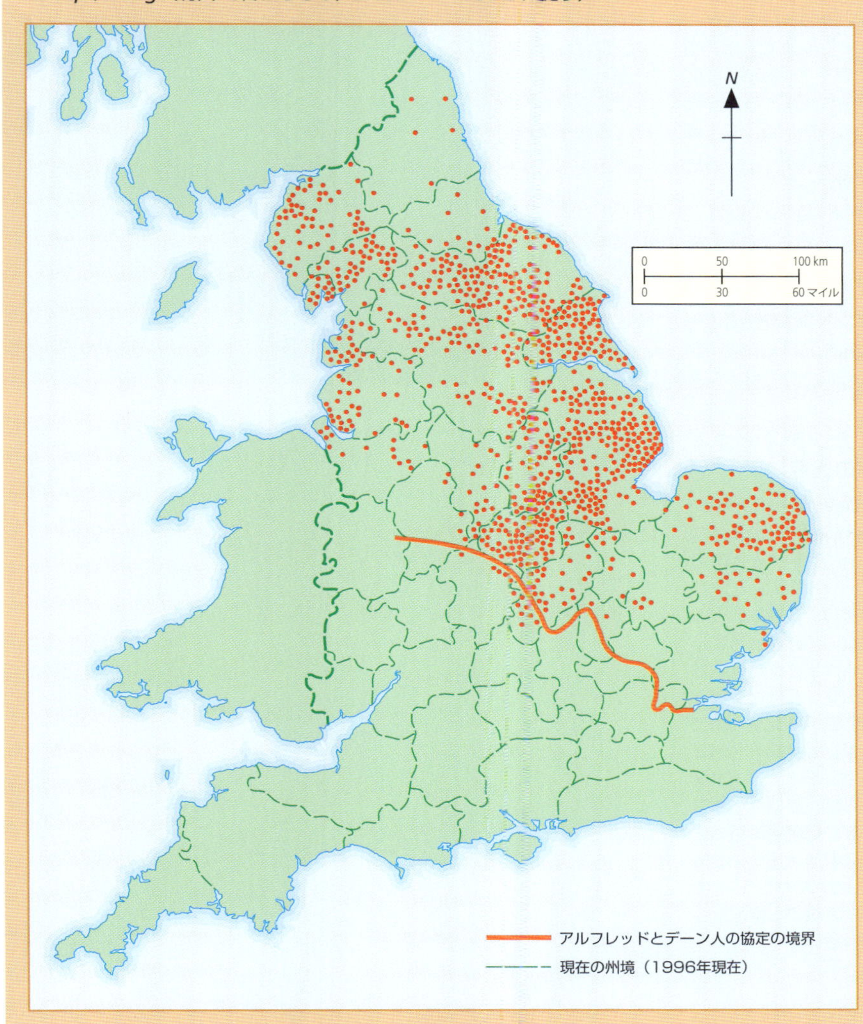

▼北ヨークシャーの道しるべはデーン人の記念碑の役割を果たす

さらなるノルド語からの借用語

again（再び），anger（怒り），awkward（不器用な），bag（袋），band（バンド），bank（堤），birth（誕生），brink（縁），bull（雄牛），cake（ケーキ），call（呼ぶ），clip（刈る），crawl（はう），crook（フック），die（死ぬ），dirt（泥），dregs（かす），egg（卵），flat（平らな），fog（霧），freckle（そばかす），gap（割れ目），gasp（あえぐ），get（得る），guess（推測する），happy（幸せな），husband（夫），ill（病気の），keel（竜骨），kid（子供），knife（ナイフ），law（法律），leg（脚），loan（貸しつけ），low（低い），muggy（蒸し暑い），neck（首），odd（奇数の），outlaw（無法者），race（競争），raise（もち上げる），ransack（探る），reindeer（トナカイ），rid（免れる），root（根），rugged（でこぼこの），scant（乏しい），scare（怖がらせる），scowl（不快な表情をする），scrap（断片），seat（席），seem（思える），silver（銀），sister（姉妹），skill（技術），skirt（スカート），sly（ずるい），smile（笑顔），snub（無視する），sprint（全力疾走），steak（ステーキ），take（取る），thrift（倹約），Thursday（木曜日），tight（きつい），trust（信用する），want（欲する），weak（弱い），window（窓）

もう 1 つの白馬

この図柄は，エサンドゥーン（現在のウィルトシャー州のエディントン）の戦い（878 年）で，アルフレッド王がデーン人に勝利したことを記念して刻まれた。それは命運を決する戦いであった。『アングロサクソン年代記』は次のように記す。

アルフレッド王は…この野営地からイレイ・オークに行き，ある日遅くエディントンへ着いた。そこで，彼は敵の大軍と戦い，敗走させ，砦（おそらくチップナム）まで追い詰め，14 日間包囲した。やがて，敵軍は彼にまず人質を差し出し，彼の王国から立ち去るという正式な誓約を行い，加えて，彼らの王が洗礼を受けると約束した。そして彼らはこの約束を果たした…

エディントンの馬（現地ではブラットンの馬やウエストベリーの馬として知られている）は，バークシャー州のアフィントンの先史時代のものほど今の旅行者に知られていないが，イングランドの歴史にとってはより重要である。

スカンディナヴィアの人名

Davidson，Jackson，Henderson のような *-son* で終わる英国の姓（p.159）の分布である。数字は，それぞれの州出身と考えられるさまざまな姓の数を示す。北部と東部，特にヨークシャー州と北リンカンシャー州で，スカンディナヴィア語の影響がかなり明確であり，初期中英語の記録にある人名の 60% 以上がスカンディナヴィア語の影響を示している。

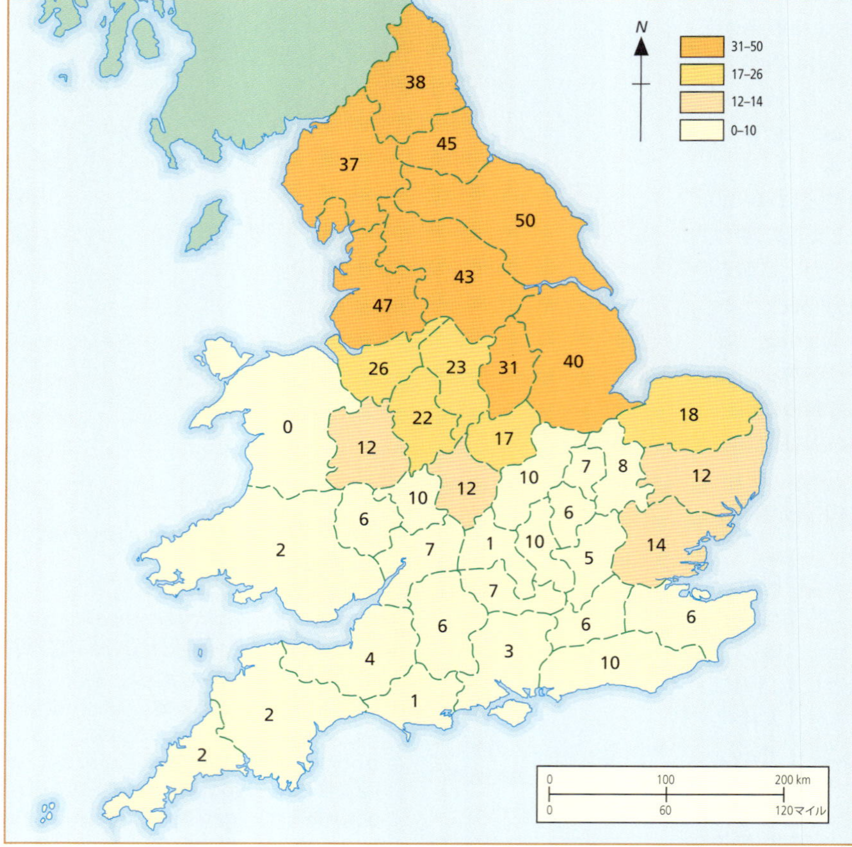

適者生存？

2 つの文化が長い間とても緊密に接触していたので，多くの重複語が生まれたに違いなく，古ノルド語（ON）と古英語（OE）の双方が同じものや状況を表す表現を提供することとなった。そのような場合，なぜ一方の語が他方の語より生き残るのに適しているのかを説明することはほとんどできない。私たちにわかっているのは，その後の 3 つの発達の証拠があるということである。

ON(古ノルド語) 1 OE(古英語) 0

時には，スカンディナヴィア語の語が生き残った。これは，「卵」の egg(ON) と ey(OE)，「姉・妹」の sister(ON) と sweostor(OE)，「銀」の silver(ON) と seolfor(OE) など，そのほか多くの対立する語で起こったことである。

ON 0 OE 1

「小道」の path(OE) と reike(ON)，「悲しみ」の sorrow(OE) と site(ON)，「ふくれる」の swell(OE) と bolnen(ON) など，そのほか多くの対立する語で，古英語の方が存続したこともあった。当時の言語状況は，(p.57 で示すウィリアム・カクストン（William Caxton）の有名な「egg(卵)」についての話にあるように）人々が国内を旅し，どちらの語を使うべきか迷うような場合に，往々にしてかなり紛らわしかったに違いない。

ON 1 OE 1

場合によっては，両方の語が保持された。もちろん，これが起こるには，2 つの語が意味において有益な違いを発達させる必要があり，以下の場合が例としてあげられる。

ON	OE
dike(堤)	ditch(溝)
hale(強健な)	whole(完全な)(p.22)
raise(上げる)	rise(上がる)
scrub(こすって洗う)	shrub(灌木)
ill(病気の)	sick(気分が悪い)
skill(技術)	craft(技巧)
skin(肌)	hide(皮革)
skirt(スカート)	shirt(シャツ)

多くの場合，一方の形が標準となり，他方の形は地方の方言でのみ生き残った。

garth（北英方言：中庭）	yard（庭）
kirk（スコット方言，北英方言：教会）	church（教会）
laup（スコット方言：走る）	leap（跳ぶ）
nay（古イギリス英語：いいえ）	no（いいえ）
trigg（スコット方言：小ぎれいな）	true（本当の）

語彙の今と昔

古英語での語彙の使われ方と今日の使われ方との間に多くの違いがあるのは，pp.22-3 から明らかであろう。アングロサクソン人の同義語やそれに類した表現を好む傾向は，複合語の使用における天才的能力と同様，近代英語をはるかにしのぐものである。古英語は幅広い借用語彙を欠いているため，本来語の要素を使った造語過程に頼らざるを得ず，それによって現代英語よりはるかに多くの形態的に関連する語群を生み出したのである。

古英語後期に導入された多くの翻訳借用（loan translation，または，なぞり(calque)）からわかるように，かなり多くのより洗練された語彙が意識的に作り出されたということでもある。翻訳借用とは，部分ごとに別の言語に訳された語彙項目である。こうしたやり方は近代英語ではまれであるが，例としては，ドイツ語の Übermensch（超人）の翻訳である superman があげられる。一方，後期古英語では，翻訳借用はごく一般的で，以下のような例が見られる。

paepositio 'preposition(前置詞)' > foresetnys
coniunctio 'joining(接続詞)' > geðeodnys
episcopatus 'episcopate(司教の職)' > biscophad
significatio 'signification(語義)' > getacnung
unicornis 'unicorn(一角獣) > anhorn
aspergere 'sprinkle(まき散らす)' > onstregdan
inebriare 'make drunk(酔わせる)' > indrencan
trinitas 'trinity(三位一体)' > þriness
contradictio 'contradiction(矛盾)' > wiðcwedennis
comparativus 'comparative(比較級)' > wiðmetendlic

アルフリックは，彼の著作の中で，特に，『文法(*Grammar*)』(p.16) で用語を作り出す際に，翻訳借用を広く使った人物である。

比較

語彙比較のまとめ。古英語の言語資料には約24,000の異なる語彙項目（第8章）があると考えられている。しかしながら，この語彙は近代英語で見られるものとは基本的に異なっている。古英語の語の約85%はもはや使われていない。その上，今日の英語の70%以上が借用語なのに対し，古英語の語では借用語はほんの3%にすぎない。古英語の語彙はこうした点でまさにゲルマン的であるが，もはや今日の語彙はそうではない。近代英語の一般的語彙の半分は，中英語期に生じた語の大規模な流入の結果，ラテン語またはフランス語由来となっている。そして，英語にはそのような外国語を吸収する力があるため，古英語ではまったく欠けていた驚くべき語源の多様性を近代英語が獲得したのである。まさにこうした状況を，のちのアングロサクソン第一主義の言語改革派が，受け入れがたいと思ったのである（p.125）。

1066年以前のフランス語

ノルマン征服後（p.30），フランス語の語彙が中英語に与えた影響はきわめて大きかったため，フランス語の借用語が古英語にもあることが見過ごされがちである。実際，10世紀から11世紀に緊密な接触が増加したにもかかわらず，もしそうした影響がなかったとするとむしろ驚きである。特に，ベネディクト修道会の再興（p.24）はすでにフランスで始まっており，多くのイングランドの修道士たちがそこで学んだにちがいない。

とりわけ，エゼルレッド2世（Æthelred II）（別名，the unræd 'ill-advised(無思慮王)'）とノルマンディー公の娘エマ（Emma）の間の息子であるのちのエドワード告解王（Edward the Confessor）がノルマンディーに追放されたあと，2つの文化の間に密な接触が生まれた。エドワードは25年間そこにとどまり，1041年に多くのフランス人の廷臣たちとともにイングランドに戻った。彼が王位を継承した時，フランスの貴族の一部は高い地位を与えられた。それはアングロサクソンの貴族たちにとって不満の種となった。こうした出来事の政治的意義がいかなるものであれ，言語的意義はいくらかのフランス借用語を生み出したことであり，その中には，capun 'capon(去勢鶏)'，servian 'serve(仕える)'，bacun 'bacon(ベーコン)'，arblast 'weapon(武器)'，prisun 'prison(刑務所)'，castel 'castle(城)'，cancelere 'chancellor(大法官)' などがある。関連する語形を生み出したものもあり，よく知られたものに prud 'proud(誇り高い)' で，その派生語に prutness 'pride(誇り)' や oferprut 'haughty(傲慢な)'（より以前の語である ofermod(高慢)と比較せよ，p.22）がある。

古サクソン語

少数の借用語を提供した言語がほかにもある。ヨーロッパ大陸にいたサクソン人たちにより話されていた言語である。古サクソン語のテキストの複製が10世紀にイングランド南部で作られていたことは知られている。古サクソン人のジョンとして知られる人物がアルフレッドの教育改革に手を貸した。古サクソン語から9世紀に訳され，古英語詩『創世記（*Genesis*）』の中に挿入された一節がある（Genesis B として知られる）。その中には，hearra 'lord(主人)'，sima 'chain(鎖)'，landscipe 'region(地域)'，heodæg 'today(今日)' などの語があり，それらすべては古サクソン語と思われている。これらの語はのちの英語に実質的にはほとんど影響を与えなかったが，アングロサクソン人にはあらゆる利用可能な源から語彙的素材を容易に取り入れる準備が整っていたことをよく示している。それこそ，以来ずっと英語を特徴づけてきた特質である。

主の祈り

古英語の語彙においてゲルマン語的特徴が優勢であることが，「主の祈り（*Our Father*）」の標準版によく示されている。（発音の助けとなるように，長母音が表記されている：p.18 を見よ）

Fæder ūre,
þū þe eart on heofonum,
sī þīn nama gehālgod.
Tō become þīn rīce.
Gewurþe ðīn willa on eorðan swā swā on heofonum.
Ūrne gedæghwāmlīcan hlāf syle ūs tō dæg.
And forgyf ūs ūre gyltas, swā swā wē forgyfað
ūrum gyltendum. And ne gelǣd þū ūs on costnunge,
ac ālȳs ūs of yfele. Amen

[Our Father, who art in heaven, hallowed be thy name. Thy kingdom come. Thy will be done, on earth as it is in heaven. Give us this day our daily bread. And forgive us our trespasses, as we forgive those who trespass against us. And lead us not into temptation, but deliver us from evil. Amen.]

天におられるわたしたちの父よ，御名が崇められますように。御国が来ますように。御心が行われますように，天におけるように地の上にも。わたしたちに必要な糧を今日与えてください。わたしたちの負い目を赦してください。わたしたちも自分に負い目のある人を赦しましたように。わたしたちを誘惑に遭わせず，悪い者から救ってください。アーメン。

（マタイ 6:9-13『聖書 新共同訳』，日本聖書協会）

古英語の方言

残存する古英語のテキストはこの国のさまざまな地域からきたものであり，その書かれ方から方言の証拠が得られる。つづりの標準化された体系がなかったため（p.16），写字生たちは発音通りに語をつづりがちであった。しかしながら，皆が同じラテン語ベースのアルファベットを使っていたので，つづりには基礎をなす一貫性があり，方言的違いを確認するのにつづりを手がかりに使うことが可能である。例えば，南東地域では「悪（evil）」を表す語は efel と書かれていたが，ほかの地域では yfel であり，そこから前者の母音は非円唇化し開口母音化していること（p.250）が示唆される。何百ものそうしたつづりの違いが存在する。

古英語の言語資料のほとんどがウエストサクソン方言（地図を見よ）で書かれており，ここが 10 世紀に政治的および文化的に重要な地域であったことを反映している。ほかの地域の方言はわずかに集められているにすぎず，ほんの 12 点ほどのもの（碑文，法的書類，注釈，韻文の断片）が 300 年間にわたって散在するばかりである。しかしながら，古英語の研究者は方言地域を特定できるいくつかの判断材料を見出してきたのである。

歴史的背景

主要な地域は，伝統的に，侵略してきた部族の居住地と関係し，異なる言語的背景をもつと考えられている。しかし，侵略が起こった後 300 年間に何が起きたかは定かでない。600 年までに英国には少なくとも 12 の王国があった証拠がある。7 つの王国は，伝統的にアングロサクソン 7 王国（ノーサンブリア，マーシア，イーストアングリア，ケント，エセックス，サセックス，ウェセックス）と呼ばれているが，そうしたグループ分けを証拠づける事実を知ることは困難である。言語学的観点からは，3 つの王国だけが，結果として明らかな方言的違いを見せるのに十分な国力をもって台頭したことがわかっている。7 世紀のノーサンブリア，それに続くマーシア，9 世紀までにエグバート王（King Egbert）（統治 802-39）のもと台頭したウェセックスである。これら 3 つの地域に加え，ケント（この初期の重要性はアウグスティヌスの話の中で触れた，p.10）が古英語の 4 つの主たる方言と認識されるに至った。

地域区分が大雑把でテキストも少ないことを勘案すると，あえて地域方言を語ることは少々向こう見ずである。実際，当時の政治的および宗教的状況を考えると，地域をはっきり限定することは最善の方法ではなく，社会的および文学的要因の方がより重要だったかもしれない。写本の執筆は修道院の写字生たちの手によるもので，（写字生とともに）写本は中心となる修道院をまたいで移動したので，方言的特徴もまた特定の地理的区分を越えて現れたことであろう。韻文の慣習としての「コイネー（koiné）（共通語）」の使用が大きく広がっていたかも知れない。こうして，「入り交じった（mixed）」方言の特徴を持つ写本が広く見られるのである。

古英語の主な方言地域
この地図はまた，初期から知られている比較的重要なアングロサクソン王国のいくつかと，その大まかな位置も示している。

方言の手がかり

古英語の方言研究は複雑な課題で，綿密な記述，注意深い一般化，例外の一覧表化，（資料が限られているため）解決できないことへのうっ憤の我慢などに満ちている。確実にテキストの場所を決める単一の指標はない。むしろ，方言を調査する仕事には，かなりの数の潜在的判断基準の手がかりを比較し，その大部分が指し示す方向に基づいて結論を導くことが必要である。写字生の間違いや方言の混交を前提にすれば，1 つのテキストが同時に複数の地域を示すこともまれではない。

いくつかの手がかりの例を以下に挙げる。

- ie のつづりをもつ写本であれば，その文字は二重母音を示しており，ウエストサクソン方言のテキストと思われる。ほかの方言では単一の純粋な母音になるであろう。例：yet はウエストサクソン方言では giet だが，そのほかの地域では get となる。
- 鼻子音（m，n，ng）の前に o があれば，おそらくノーサンブリア方言かマーシア方言である（今日の man（男）に対する mon というスコットランド英語と比較せよ）。例：land（土地）はウエストサクソン方言とケント方言では land であるが，さらに北方では lond となる。
- 人称代名詞の me，us，þe や eow（p.20）の代わりに mec，usic，þec，eowic が使われていれば，そのテキストはノーサンブリア方言かマーシア方言と思われる。例：p.27 の「主の祈り」を見よ。

主な方言区分

もともとアングル人によって占領された地域から2つの主な方言が現れた。

- ノーサンブリア方言は，大まかに言って，ハンバー川とマージー川との間を結ぶ線の北側で話されていた。それは現在のスコットランドの東低地地方にまで広がっていて，そこで，ストラスクライドのブリトン人が話すケルト語と対峙していた。7世紀後半のノーサンブリアが政治的力をもっていた時代が北を文化の中心地にし，(とりわけ，ウェアマウス（Wearmouth）やジャロー（Jarrow）などの）修道院やビードの作品は目立つ存在であった。その結果，最古の古英語のテキスト（7世紀～8世紀）のほとんどがノーサンブリア方言である。そこには，「キャドモンの聖歌」（右側参照），ビードの「死の歌（Death Song）」，リズルの十字架（Ruthwell Cross），フランクス・キャスケットの碑文（p.9），「ライデンの謎詩（*Leiden Riddle*）」として知られる短い詩歌，わずかな行間注解，ビードの『英国民教会史』（p.7）における6,000程の人名や地名が含まれる。
- マーシア方言は，おおよそテムズ川とハンバー川の間で，西は現在のウェールズとの境界まであるイングランド中部地方で話されていた。おそらくヴァイキングによる破壊の影響のため，ほんのわずかしか言語的証拠は残っていない。主なテキストは，さまざまな法的書類，『ヴェスパシアン詩篇（*Vespasian Psalter*）』の有名な行間注解，わずかなほかのラテン語の注解である。マーシアが力をもっていた時代は8世紀初期であったが，多くの後のウエストサクソン方言のテキストがマーシア方言の影響を示している。それは，部分的にはこの地域の何人かの学者（例えば，ウェルファース（Werferth））が，アルフレッド王から自身が進めた文芸復興を手伝うように協力を求められたためであった。
- ケント方言は，ジュート人の居住地域で話され，現在のケント地方やワイト島で主に使われていた。現存する資料はほんのわずかで，少数の8世紀から9世紀の証書，詩篇，聖歌，散在する行間注解などである。研究者たちは，より多くの資料のある中英語での発達の様子（p.50）からこの方言についてさらなる推論も行っている。
- テムズ川の南と，西はコンウォール（そこではケルト語も話されていた）までの英国の残りの部分は（ウエスト）サクソン人が居住していて，ウェセックスとして知られるようになった。古英語の資料のほとんどは，ウェセックスの方言，すなわちウエストサクソン方言で書かれている。というのも，9世紀末に主要な政治的および文化的大国となったのは，アルフレッド王により治められていたこの王国だったからである。しかしながら，英語史の皮肉の1つであるが，現代標準英語は，ウエストサクソン方言ではなく，中世のロンドンが力をもった時代に（pp.41, 50），その周辺で話されていたマーシア方言に由来するのである。

キャドモンの聖歌

一般的に印刷されている「キャドモンの聖歌」（p.20）の版は，後期ウエストサクソン方言の文語で書かれており，ここのテキストは11世紀の写本からのものである。しかしながら，ノーサンブリア方言のものも8世紀の写本として残っており，それはビード自身が使ったに違いない言語とかなり近い。解釈の違いが生じるのは1カ所（3行目）のみであるが，その差異はかなり明白である。〔【訳注】West Saxon の他の写本の3行目には，wera wuldorfæder とある〕

ウエストサクソン方言	ノーサンブリア方言
Nu we sceolan herigean heofonrices weard,	Nu scylun hergan hefaenricaes uard,
metodes mihte 7 his modgeþanc,	metudæs maecti end his modgidanc,
werc wuldorfæder, swa he wuldres gehwæs,	uerc uuldurfadur, sue he uundra gihuaes,
ece drihten, ord onstealde.	eci dryctin, or astelidæ.
He æres[t] gescop eorðan bearnum,	He aerist scop aelda barnum
heofon to rofe, halig scyppend;	heben til hrofe, haleg scepen;
þa middangeard moncynnes weard,	tha middungeard moncynnes uard,
ece drihten, æfter teode,	eci dryctin, æfter tiadæ,
firum foldan, frea ælmihtig.	firum foldu, frea allmectig.

Now we shall praise the keeper of the heavenly kingdom,
the power of the lord of destiny and his imagination,
the glorious father of men, } *when of every glorious thing*
the deeds of the glorious father, }
he, the eternal lord, ordained the beginning.
He first shaped for the children of earth
the heaven as a roof, the holy creator;
then the guardian of mankind, the eternal lord,
afterwards made middle-earth;
the almighty lord (made) land for living beings.

さあ，たたえよ，天の王国の守護者を
運命を司る者の力とそのお考えを
人の偉大な父を } すべての輝かしきものの
偉大な父の行いを }
始まりを，永遠なる主が作りたもうた時
彼，聖なる創造者は，まず地の子どもたちのために
屋根となる天を作った
そして，人の守護者，永遠なる主は
その後この世を作った
万能なる主は生きとし生けるものに地を（作った）

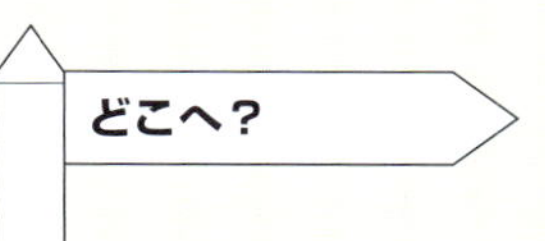

WS fæder ure þu þe eart on heofonum
No. fader urer ðu art in heofnu(m)
Me. feder ure þu eart in heofenum
'father our thou (which) art in heaven'
（天におられるわたしたちの父）

ウエストサクソン方言（WS，11世紀後期），ノーサンブリア方言（No.，10世紀後期），マーシア方言（Me.，10世紀前期）にある「主の祈り」の最初の1文は，古英語の重要な方言的特徴である2つの点をよく示している。(T. E. トゥーン（T. E. Toon），1992に従う）

- Father：もとのゲルマン語の母音がWSでは変化が進み，Me.ではさらに変化したが，No.ではもとのままであった。
- Art：WSとMe.は，[r]＋子音の前で二重母音化した。これはNo.では起こらず，母音は低い位置のままで，またさらに後方に移動した。

この抜粋部分はまた，写本の比較で見出される違いが必ずしもすべて方言的なものだと解釈されるべきではないことも示している。

- Thouの語に「ソーン」ではなく「エズ」の文字が使われているのは，これらの文字はしばしば交換可能（p.16）なので，方言の問題ではない。
- Heavenの強勢のない音節のつづりの相違から多くを読み取ることはできない。というのも，その音質は（近代英語とまさに同様に）曖昧であり，つづりも系統だっていないからである。
- 文法的差異の点から確固とした結論を導くには，古英語の言語資料における方言の証拠は不十分である。

もちろん，最初に写本を調べるとき，自分の手でそうしたことを探らなければならない。前もって情報が与えられているわけではないのである。すべての異形が手がかりとなりうる。どこかにつながるものがどれで，つながらないものがどれかを見出すのは，古英語の方言学の面白さである。そしてこの物語は決して終わっていない。というのも，まだ答えを見つけられず残っている方言上の多くの問題が存在するからである。

4 中英語

さらなる情報源：
cambridge.org/crystal

1066 年という年は，社会と言語の面で英国の新しい時代の幕開けを告げるが，この年が古英語と中英語の本当の境界線となるわけではない。ノルマン人の侵攻の影響が言葉の表面に現れるまでには長い時間がかかり，そのあいだ古英語が引き続き用いられていた。1 世紀後になっても依然として文書はアルフレッド王（King Alfred）（p.29）の治世に続く時代に発達したウエストサクソン方言で書かれていた。

中英語と呼ばれる時期は，12 世紀の初頭から 15 世紀の中頃までとなる。この時期を明確に定義して論ずることは難しいが，その主な理由は，古英語（第 3 章）と近代英語（第 5–6 章）という特徴がずっと明確で特定しやすい世界のはざまで変化が生じていたからである。写本からは，少なからぬ言葉の多様性と急速な変化を読み取ることができる。また，フランス語やラテン語の教養がにわかに重用されるようになったのとあいまって，アングロサクソンの伝統や文芸がゆっくりと衰退していくので，この時代の大部分が理解しにくく，とらえ所のないものとなっている。1400 年を迎え，チョーサー（Chaucer）の作品において初めてはっきりとした中心点が姿を現すが，それまでに中英語の時代はほぼ終わりを迎えることになる。実際チョーサー自身が，中英語の華というより，近代英詩の先駆けとされることが多いのである。

フランス語の隆盛

英語に大きな影響を与えたのは，もちろんフランス語，厳密にはノルマンフランス語であり，侵入者たちが英国にもたらした言語だった。ノルマンディー公ウィリアム（William of Normandy）が即位するや，権力の中枢で急激にフランス語が確立された。フランス語を話す貴族が任命され，己の従者を連れて海を渡ってきたのだった。まもなく，フランス語を話す大修道院長や司教が着任した。早くも 1070 年には，カンの聖ステファン大修道院長だったランフランク（Lanfranc）がカンタベリー大司教に任ぜられた。ノルマン人の侵略から 20 年もたたないうちに，大部分の修道院はフランス語話者の監督下に置かれ，フランス語しか用いられない新しい宗教施設がいくつも作られた。新体制がもたらした商機を手中にしようと多数のフランス人商人や職人が英仏海峡を渡った。そして貴族階級はノルマンディーとの強い絆を維持し，貴族たちはその地にも領地を保有していた。

社会の垣根を行ききする人たち——支配階級から利益を得るためにフランス語を学んだ英国の人びとと，地域社会の人びとと日々接触し英語を身につけた貴族領の家臣たち——のあいだで 2 言語使用が盛んになったことは明白である。しかし，新しい支配階級のあいだで英語が用いられた形跡はほとんどなく，この状況は1 世紀以上続くことになる。

土地台帳

ウィリアム 1 世が 1086 年に作らせた英国の土地台帳である 2 巻からなる『ドゥームズデーブック（Domesday Book）』のうち分量の多い方の最初の 1 葉の詳細。ラテン語で書かれているが，英語史研究者にとって英国の人名と（その意味では少々劣るが）地名について有益な情報を提供してくれる。だが，つづりはやっかいである。というのも，書記は英語の発音を表すには不十分なラテン語の書記法を用いていたのだ。

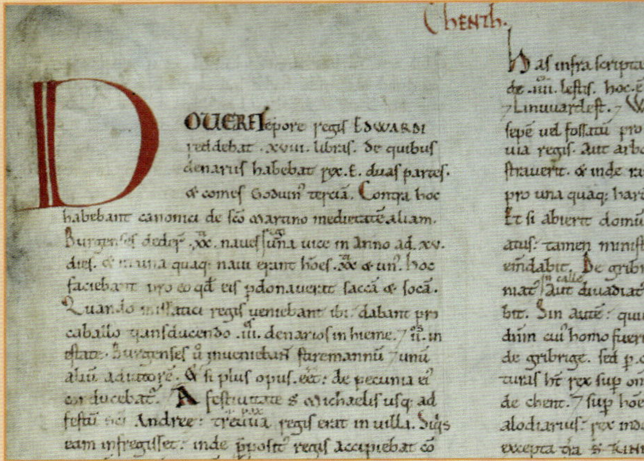

ウィ（oui）としか言えない３人の王

大部分のアングロノルマン人の王はまったく英語で意思疎通ができなかった——とはいえ，英語で毒づく王もいたと伝えられている。一方，14 世紀末までには状況に変化が生じていた。リチャード 2 世（Richard II）は農民一揆（1381）の際，英語で人民に語りかけた。リチャードの廃位にあたって，ヘンリー 4 世（Henry IV）の演説は英語で行われた。そしてヘンリー王の遺書は英語で書かれ（1413），それは王室初の英語で書かれた遺書となった。

ウィリアム 1 世（在位 1066–87）は治世のおよそ半分をフランスで過ごし，その年月のうち少なくとも 5 年間はさっぱり英国を訪れなかった。年代記作者オルデリクス・ヴィタリス（Ordericus Vitalis）によると，王は 43 歳の時に英語を学ぼうと試み，挫折した。

ウィリアム 2 世（William II）（在位 1087–100）は治世の約半分をフランスで暮らした。王の英語の知識については不明である。

ヘンリー 1 世（Henry I）（在位 1100–35）は治世のほぼ半分をフランスで送り，フランス滞在はしばしば数年におよんだが，エドワード 4 世（Edward IV）（在位 1461–83）以前に英国人の妻をもったただ 1 人の王であったので，少しは英語を解したのかもしれない。

その後は？

スティーヴン（Stephen）（在位 1135–54）は騒乱（p.33）のため英国にとどまった。王の英語の知識については不明である。

ヘンリー 2 世（Henry II）（在位 1154–89）は通算 20 年間をフランスで送ったが，英語は理解したものの，自分では話さなかった。

リチャード 1 世（Richard I）（在位 1189–99）が英国に居住したのはほんの数カ月で，おそらくまったく英語をしゃべらなかったであろう。

ジョン（John）（在位 1199–216）は 1204 年以降，主に英国で暮らしたが，英語がどのくらいできたのかは伝わっていない。

ウィリアム 1 世

ウィリアム 2 世

ヘンリー 1 世

英語の隆盛

12 世紀中に，英語が上流の階級でずっと盛んに用いられるようになり，民族の垣根をこえて英国民と婚姻を結ぶことが著しく増えた。ほぼフランス語一辺倒という宮廷の状況は英国全体の様相を表すものではなくなった。1177 年に書かれたリチャード・フィッツニール（Richard Fitz Neal）の『財務府での会話（*Dialogus de Scaccario*, 'A Dialogue on the Exchequer'）』は次のように伝えている。

> 英国人とノルマン人が，互いに嫁がせ嫁に迎えていっしょに暮らす現在，両国民はすっかり融合し，自由民に関しては，英国人かノルマン人か区別することがほぼ不可能になっている。

当時の文書によると，12 世紀の末頃までには貴族の子弟の中に母語として英語を話すものがおり，フランス語を学校で教わらなければならなくなっていたようである。議会や宮廷，公の手続きではフランス語が用いられ続けたが，フランス語教本の増加とともに，この時期を通じて英語への翻訳頻度が増したことが知られている。

1204 年から，異なる政治状況が出現した。英国のジョン王がフランスのフィリップ王（King Philip）と紛争に突入し，ノルマンディーの支配権を諦めざるをえなくなった。英国の貴族はフランスの財産を失い，2 国間に対立が生じ，最終的には百年戦争（1337-453）に至った。英国の愛国意識が盛り上がるに従いフランス語の地位は揺らいでいき，貴族戦争（1264-5）へとつながった。1362 年，国会の開会式で初めて英語が用いられた（p.505）。1425 年頃までには，話しことばでも書きことばでも国内では英語が広く用いられていたようである。

生き残りの理由

英語はいかにしてフランス人の侵略の後も生き延びたのだろうか。結局のところ，ケルト語は 500 年前にアングロサクソン人の侵入を耐え忍ぶことができなかった（p.8）。どうやら 11 世紀の英語はほかの言語に容易に取って代わられるほどひ弱なものではなかったらしい。ケルト語とは違い，英語には文字で書かれたかなりの量の文献と確固たる口承の伝統があった。違った状況になるには，フランスから数百年にわたり多数の入植者が移住する必要があったと思われるが，英仏間の良好な関係はほんの 150 年しか続かず，ノルマン人が占める割合は英国人口の 2%にも満たなかったようである。

それでも，この 150 年は英語の歴史における「暗黒時代」のようなものだ。英語で書かれた証拠は非常に少なく，その言語に何が起こっていたのかは想像するしか手立てがないのだが，この時代に対する理解は深まりつつある（M. スワン & E. M. トレハーン（M. Swan & E. M. Treharne），2000）。残存する記録から判断すると，フランス語は政治，法律，行政，文芸，そして教会の言語で，政治，教育，そして礼拝にはラテン語も用いられていた。13 世紀には英語の地位がより明確になり，説教，祈り，冒険（恋愛）物語や歌，そのほかの文書などでも英語の使用が増加していく。ついに，14 世紀に中英語文学の集大成が見られ，ジェフリー・チョーサー（Geoffrey Chaucer）の作品に結実する（p.38）。

フランス通り

固有名詞の征服

1500 年頃のハンプシャー州サウサンプトンを復元した画像。当時，街の最も重要な２本の通りのうちの１本（南北に走る３本の大通りの真ん中のもの）がフランス通りと呼ばれており，数多くのフランス人商人や移住者が暮らしていたに違いない。ほかのいくつかの南部の街も初期のフランス人移民の影響をとどめている。

当時のフランスの影響を辿る１つの方法は洗礼名を分析することである（固有名詞学の議論を見よ，p. 150）。ノルマン人の征服以前の英語本来の名前は主として征服前の西ゲルマン語（p.6）のものだが，デーンロー地域ではスカンディナヴィア語の影響も見られ，また境界地域ではケルト語の影響も認められる――Godwine（ゴドウィン），Egbert（エグバート），Alfred（アルフレッド），Wulfric（ウルフリック），Haraldr（ハーラル），Eadric（エドリック），など。ノルマン征服から１世紀もたたないうちに，これらのほとんどは John（ジョン），Peter（ピーター），Simon（サイモン）や Stephen（スティーブン）といった名前に取って代わられた。1160 年代にカンタベリーで行われた調査では，男性名の 75%がヨーロッパ大陸系の名前であった。そして，英語の命名の歴史は以来ずっとこの影響をとどめている。

みなが英語を解す

当時の物書きが時に国の言語状況を垣間見させてくれる。よく引かれる例が，ナッシントンのウィリアム（William of Nassyngton）の『人生の鏡（*Speculum Vitae or Mirror of Life*）』（1325 頃）である。いわく，宮廷で暮らしてきた者はフランス語を知っているが，もはやフランス語しか知らない者はいない。教育の程度に関わらず，誰もが英語を知っている。（文法上の語尾については p.44 を見よ；つづり字の慣行は p.40 を見よ。引用には初期の２つの文字（p.14）が使われている。ソーン（þ）はのちに th に取って代わられ，ヨッホ（ȝ）はのちに y に取って代わられた。現代の u は v と書かれることも，またその逆もある。）

In English tonge I schal ȝow telle,
　英語で貴殿に語ろう
ȝif ȝe wyth me so longe wil dwelle.
　しばしご一緒願えるなら
No Latyn wil I speke no [nor] waste,
　ラテン語で話す気はない，時間の無駄だ
But English, þat men vse mast [most],
　でも，英語，それは人が１番使うもの
Þat can eche [each] man vnderstande,
　誰もがわかってくれるもの
Þat is born in Ingelande;
　英国生まれの者ならば
For þat langage is most chewyd [shown]
　その言葉が１番使われているから
Os [as] wel among lered [learned] os lewyd [unlearned]
　学のある者にも，無学の者にも
Latyn, as I trowe [believe] can nane [know none]
　ラテン語を知っている者などいやしない
But þo [except those] þat haueth it in scole tane [school taken],
　学校で勉強したやつらを除けば
And somme can [some know] Frensche and no Latyn,
　中にはフランス語は知っているがラテン語はだめというのもいる
Þat vsed han [have] cowrt [court] and dwellen þerein,
　お城に上がって暮らしているやつらだ
And somme can of Latyn a party [part]
　そしてラテン語は少々わかるが
Þat can of Frensche but febly [feebly];
　フランス語には弱いというのもいる
And somme vnderstonde wel Englysch,
　おまけに英語はよくわかるが
Þat can noþer [neither] Latyn nor Frankys [Frankish, i. e. French].
　ラテン語もフランス語もだめという連中もいる
Boþe lered and lewed, olde and ȝonge,
　学のある者ない者，年寄りも若者も，
Alle vnderstonden english tonge.
　みなが英語を解す

古英語からの変化

11 世紀から 12 世紀にかけて英語の構造に根本的な変化が起こった——これは英語の歴史において前例がなく，その後にも匹敵するものがないものであった。古英語の文法関係は主として屈折語尾（p.20）を用いて表されていた。中英語では，（今日のように）文法関係が主として語順で表されるようになった。なぜこの変化が生じたのか？　英語史上，この問題ほどさまざまな考察の引き金になったものはない。

屈折の衰退

一つの事実については疑問の余地がない。すなわち，古英語期に屈折の体系が衰えていくはっきりとした兆候が認められるのである。現存する文献はその変化が英国北部で始まり，ゆっくり南へ広がっていったことを示している。12 世紀の文献である次ページの『ピーターバラ年代記（*Peterborough Chronicle*）』に，まだいくつか古い語尾が認められるが，用法は一貫性を欠き，もはや意味を伝えるのに大いに役立っているとは思えない。

しかしなぜ古英語の屈折語尾は衰退したのだろうか。1 番明快な説明は，語尾を聞き取ることがだんだんと難しくなったためで，その理由はゲルマン語派（p.6）の発達過程で語の強勢の置き方が変わってきたからだ，というものである。ゲルマン語派の祖先である印欧語族は「自由な」強勢韻律法をもっており，語の強勢の位置は複雑な規則（p.260）に従って移動した。ゲルマン語派ではこの韻律法が変わり，ほとんどの語が第 1 音節に主強勢を置くようになった。これが古英語期全般に見られる韻律法である。例外があったのは言うまでもない——例えば，接頭辞 *ge-*（p.21）に強勢が置かれることはない。

主強勢が語頭にあるということは，すぐさま語末で聴覚上の問題を引き起こす。これがまさに当てはまるのが，*-en*, *-on*, *-an* など音声学的にとても似ているいくつかの語尾の場合である。早口な日常会話ではそれらを区別するのは困難であったろう。近代英語でも依然としてあまり変わらない状況があり，*-ible* や *-able*（visible（見える），washable（洗濯のきく））あるいは Belgian（ベルギー人）と Belgium（ベルギー）がしばしば同じに聞こえる。この母音音質の「中和」が，古英語の体系に影響を与えたことは間違いない。

言語接触の状況

しかし，聴覚上の混同がたった 1 つの理由ということはありえない。ほかのゲルマン諸語にも語頭に強勢をもつものがあったが，それでも（現代ドイツ語にも依然として見られるように）屈折体系を保持したものはあった。なぜ英語ではそれほど大きな変化になったのか。ヴァイキングの定住（p.25）を決定的な要因としてあげる研究者もいる。デーンロー時代，英語とスカンディナヴィア語の接触が 2 文化間で一種のピジンのような変種を出現させたのではないか，そしておそらくやがてリングワフランカ（p.344）として用いる一種のクレオールになったのではないか，と彼らは論じている。あちらこちらのピジンで見られるように，語尾の消失が起こり，語順に依存する度合いが高まったのであろう。やがて，この図式が東中部地方全体に広がったと思われ，そこからやがて標準英語が出現することとなった（p.50）。彼らの結論によれば，少なくともこの状況は屈折語尾の衰退を促進させたであろうし，ひょっとするとそもそも衰退の契機だったのかもしれない。

こういった議論が有効かどうかは，古英語の話者と古ノルド語の話者が当時どの程度互いを理解することが難しかったと考えてよいかにかかっており，これはおおむね推測の域を出ない。2 つの言語が 2～300 年前に分かれたばかりであったことを考慮すれば，おそらく互いにかなり理解しあえたのかもしれない。多くの語の起源は同じであるし，北欧中世の散文物語であるサガの中では，ヴァイキングと英国人は互いに理解しあえた，と語られている。いずれにしても，残存する中英語の文献から，デーンロー地域は英国のほかの地域よりも言語的に相当先進的であったことは確かだ。ここで始まった変化がのちに南の地域に影響を広げていったのだ。ヴァイキングによるなんらかの影響があったことを見逃すことはできない。

屈折語尾が衰退するにつれて，語順への依存が決定的となり，今日見られるものとてもよく似た文法体系ができあがった。例えば，『ピーターバラ年代記』の抜粋（p.44）には目的語を動詞の前に置く古英語の傾向はまったく認められない。主語－動詞－目的語の語順は，古英語ですでに目を引く特徴であったが，中英語期初期までには確固たるものになっていた。

ケンブリッジシャーにあるピーターバラ大聖堂

略語（III 部参照）

acc. accusative（対格）; *dat.* dative（与格）; *gen.* genitive（属格）; *ind.* indicative（直説法）; *nom.* nominative（主格）; *part.* participle（分詞）; *pl.* plural（複数）; *pres.* present tense（現在）; *sg.* singular（単数）; *subj.* subjunctive（仮定法）; 1, 2, 3 1st, 2nd, 3rd person（1, 2, 3 人称）。

屈折伝達力

以下は古英語の規則変化の名詞と動詞（p.20）の主要語尾リストであり，1 語尾に 1 語の例をつける。母音のみの語尾，あるいは母音と鼻音からなる語尾は中英語期中にすっかり英語から消えた。生き残った語尾は意味伝達上重要なもの，音調の高い *-s* の形式（*kings*, *king's*, *lovest*），*-th* の形式（*loveth*，のちに *-s* に取って代わられた，p.44），独特な現在分詞の *-ende*（のちに *-ing* に取って代わられた，p.45）と過去形の *-ed* であった。

名詞

（*cyning* 'king（王）',　*scip* 'ship（舟）', *glof* 'glove（手袋）', *guma* 'man（人）'）

-e, -n（acc. sg. 対格単数）glofe, guman

-es, *-e*, *-n*（gen. sg. 属格単数）*cyninges*, *glofe*, *guman*

-e, *-n*（dat. sg. 与格単数）*cyninge*, *guman*

-as, *-u*, *-a*（nom. pl. 主格複数）*cyningas*, *scipu*, *glofa*

-n, *-as*, *-u*, *-a*（acc. pl. 対格複数）*guman*, *cyningas*, *scipu*, *glofa*

-a, *-ena*（gen. pl. 属格複数）*cyninga*, *glofa*, *gumena*

-um（dat. pl. 与格複数）*cyningum*, *glofum*, *gumum*

動詞

（*fremman* 'perform（行う）', *lufian* 'love（愛する）', *deman* 'judge（判断する）'）

-e（1 sg. pres. ind. 1 人称単数現在直説法）*fremme*, *lufie*, *deme*

-est, -ast, -st（2 sg. pres. ind. 2人称単数現在直説法）*fremest*, *lufast*, *demst*

-eð, -að, -ð（3 sg. pres. ind. 3人称単数現在直説法）*fremeð*, *lufað*, *demð*

-að（1-3 pl. pres. ind. 1-3 人称複数現在直説法）*fremmað*, *lufiað*, *demað*

-e（1-3 sg. pres. subj. 1-3 人称単数現在仮定法）*fremme*, *lufie*, *deme*

-en（1-3 pl. pres. subj. 1-3 人称複数現在仮定法）*fremmen*, *lufien*, *demen*

-de（1 & 3 sg. past ind. 1，3人称単数過去直説法）*fremede*, *lufode*, *demde*

-dest（2 sg. past ind. 2 人称単数過去直説法）*fremedest*, *lufodest*, *demdest*

-don（1-3 pl. past ind. 1-3 人称複数過去直説法）*fremedon*, *lufodon*, *demdon*

-de（1-3 sg. past subj. 1-3人称単数過去仮定法）*fremede*, *lufode*, *demde*

-den（1-3 pl. past subj. 1-3人称複数過去仮定法）*fremeden*, *lufoden*, *demden*

-ende（pres. part. 現在分詞）*fremmende*, *lufiende*, *demende*

ピーターバラ年代記

我々は運よく『アングロサクソン年代記』（p.14）の後半の部分を手にしており，その記録は 12 世紀の中頃まで続き，この変化の時代を描き出してくれている。1116 年，ピーターバラの修道院の大部分が，大量の写本とともに，火災で失われた。修道士たちは即座に失われた書き物を修復することに取りかかった。年代記の文書をよその修道院から借り受け，すっかり書き写して，その後に自分たちの手で歴史を書き継いでいった。彼らは 1131 年まで書き続けたが，文書はそこで途切れた。スティーブン王の治世に発生した内戦の騒乱のためと考えて間違いないだろうが，以下の引用にその様相を多少とも知ることができる。

以下の引用は，スティーブン王の死後，1154 年に再開した年代記からで，そのあいだに生じた出来事もいくつかつけ加えられている。この時点で，英語はかなり異っている。以前に書き継がれてきたものと似ている点もあるが，全体的に新たな書き手が書き始めたという印象を受け，時代と地域性を反映した語彙と文法形式を用い，新しい発音を書きとめようと新たなつづり字の約束事が試みられている。引用は逐語訳となるように組んであるが，キャドモン（Cædmon）の古英語の引用（p.20）とは異なり，もはや意訳をつけ加える必要はない。いくつかの語を除けば，言葉は近代英語にずっと近づいているようだ。

『ピーターバラ年代記』の後半の資料は，古英語の方を振り返りながらも中英語の方を見据えている。実際に研究者たちは「後期古英語」と言うのがよいか「初期中英語」と呼ぶべきか長いこと論争中だ。原文の古風な特徴を強調し，古英語のウエストサクソン方言（p.29）との類似を指摘する者もいれば，相違点を強調し残存する最も初期の中英語の文献であると考える者もいる。年代記は，言語のさまざまな発達段階を明確に区切るのが難しいことを鮮明に描き出してくれる。しかし，中途半端な状態はそう長くは続かない。ほかの 12 世紀の文献は，英語が進んでいった新たな方向を追認しており，年代記が終わって 1 世紀と経たないうちに英語の構造に間違いなく大転換が生じた（以下，実例の冒頭 12 行を書き起こし，訳を施す）。

オックスフォード大学ボードリアン図書館，E 写本（MS Laud Misc. 636）89 葉，裏

[Me dide cnotted strenges abuton here] hæued and
[One placed knotted cords about their] head and
[結び目をつけたひもを頭にまわし] そして

uurythen it ðat it gæde to þe hærnes. Hi diden
twisted it that it entered to the brains. They put
脳みそに食い込むようにひねった。彼らを

heom in quarterne þar nadres and snakes and pades
them in cell where adders and snakes and toads
毒蛇や蛇やヒキガエルが巣くう牢獄に入れ

wæron inne, and drapen heom swa. Sume hi diden in
were in, and killed them so. Some they put in
そうして彼らを殺害した　中には

crucethur [s], ðat is in an ceste þat was scort, and nareu,
torture-box, that is in a chest that was short, and narrow,
拷問箱　すなわち細長く浅い箱　に入れられた者もあった

and undep, and dide scærpe stanes þerinne, and
and shallow, and put sharp stones therein, and
とがった石を入れ

þrengde þe man þær-inne, ðat him bræcon alle þe limes.
pressed the man therein, that they broke all the limbs.
そこに人を押し込め　体をばらばらにしたのだった

In mani of þe castles wæron lof and grin, ðat
In many of the castles were headband and halter, that
多くの城には鉢巻や絞首索があり

wæron rachenteges ðat twa oþer thre men hadden onoh
were fetters that two or three men had enough
それは男が 2，3 人いないともち上がらないいましめだ

to bæron onne; þat was sua maced, ðat is fæstned to an
to bear one; that was so made, that is fastened to a
はりに固定してしつらえてあり

beom, and diden an scærp iren abuton þa mannes throte
beam, and put a sharp iron about the man's throat
研いだ鉄を首のまわりにかけ

and his hals, ðat he ne myhte nowiderwardes, ne sitten
and his neck, that he not might in no direction, neither sit
どの方向にも動けないようにする　座ることも

ne lien ne slepen, oc bæron al ðat iren. Mani
nor lie nor sleep, but bear all that iron. Many
横になることも　眠ることもできず　ただただその鉄の重さに耐えるだけ

þusen hi drapen mid hungær.
thousand they killed by means of hunger.
数千人を彼らは餓死させた

I ne can ne I ne mai tellen alle þe wunder ne alle þe
I not know nor I not can tell all the atrocities nor all the
すべて知っているわけでも語り尽くせるわけでもない

pines ðat hi diden wreccemen on þis land, and ðat
cruelties that they did to wretched people in this land, and that
この国の哀れな人びとに対してなされた無慈悲な残虐行為の数々を

lastede þa xix wintre wile Stephne was king, and æure it was
lasted the 19 winters while Stephen was king, and always it was
そしてそれは 19 年間続いたのだった　スティーブンが王位にあったあいだ

uuerse and uuerse.
worse and worse.
それはそれはいつも悲惨をきわめたものだった

中英語コーパス

中英語期には，古英語に見られるもの（p.10）よりもずっと豊かな記録が残っている。これは部分的にはノルマン征服後の政治状況の結果である。新たに中央集権化した君主政体が，国と地方で『ドゥームズデーブック（p.30）』に始まる種々の調査を命じ，加えて公的，私的な文書――勅令，特許状，契約書，課税台帳や，そのほかの行政・司法文書など――の量が飛躍的に増加した。しかし初期の資料は，主としてラテン語かフランス語で書かれており，抽出できる有意なデータは英国の地名と人名に関するものに限られる（第 10 章）ため，英語の言語学的な歴史に興味をもつ者にとっては限られた価値にとどまる。ほとんどの宗教的な文書にも同様なことがいえ，ラテン語がこの時代を通じてキリスト教会の公式言語としての地位を保っていた。古英語との大きな違いは，アングロサクソン年代記に見られるような，母語で歴史的な記録を書き継ぐ伝統が失われたことで，その役割はラテン語に取って代わられ，その伝統は 15 世紀まで復活しなかった。

英語で書かれたものは，13 世紀にはしずくほどに思えたが，150 年のうちに洪水となった。初期には，説教，小冊子，聖人伝，そのほか祈祷や黙想の案内などの形で大量の宗教散文が存在する。時には，特定の読者を想定して書かれた文書もあり，例えば，『隠者への導き（*Ancrene Riwle*，'Anchorites' Guide'）』は浮世を捨て独住修女として生きる 3 人の貴婦人にあてて霊的指導者がつづったものである。14 世紀中には，フランス語とラテン語からの翻訳と，この 2 言語の教本（p.31）の数が飛躍的に増加した。ギルドの記録，布告，金言，問答，寓意物語や書簡が多種多様な新しい文体や分野の例となる。この世紀の終わりに向け，ジョン・ウィクリフ（John Wycliff）に触発された聖書の翻訳が宗教的大論争の最中に公表され，それに呼応した運動が多くの写本を生み出すこととなる（p.54）。最後に，1430 年代には，ロンドンの大法官庁の書記室から大量の文書があふれ出し，それが標準書きことばの確立に大きな影響を及ぼした（p.41）。

詩の不思議

詩は謎だ。アングロサクソンの詩の伝統は明らかに 11 世紀に途絶え，13 世紀にちらほらと再び顔をのぞかせる。『ラヤモンのブルート（*Laȝamon's Brut*）』（p.36）として知られる長大な英国叙事詩は中英語時代から伝わる初期の作品の 1 つで，14 世紀からは『農夫ピアズ（*Piers Plowman*）』と『ガウェイン卿と緑の騎士（*Sir Gawain and the Green Knight*）』（p.37）の重要なテキストが伝わっている。驚かされるのは，古英語の頭韻スタイル（p.23）が依然としてこれらの作品すべてに見られることで，見かけ上少なくとも 100 年はあろうかという詩の伝統の断絶をものともしていない。この難問は論争を巻き起こしている。おそらく，頭韻の技法は散文を通じて保持されていたのであって，いくつかの中英語散文テキストでは頭韻を踏むことが多く，時には，ある作品が詩なのか散文なのか，写本からジャンルを決めるのが難しいことがあるが，それは行の切れ目が明示されていないからである。ひょっとすると，古英語の文体は口承という手段を通じて引き継がれていたのかもしれない。あるいはもしかして，単純に詩の写本がほとんど失われてしまっただけなのかもしれない。

中英語の詩が内容，文体の両面でフランス文学の伝統に強い影響を受けたのは避けられないことであった。最も早い時期の例の 1 つは，13 世紀の『フクロウとナイチンゲール（*The Owl and the Nightingale*）』（p.36）として知られる詩での腕比べである。後の作品には，フランス風の冒険物語，非宗教的叙情詩，動物寓話集，バラッド，聖書にもとづく詩，キリスト教伝説，賛美歌，祈祷書，哀歌などがある。ヨーロッパ，特にイタリアとフランスではやった神秘的夢物語は，現代の編者が『パール（*Pearl*）』と名づけた詩に強い影響が認められ，作者が2歳の娘の死を思い起こすと，その子が作者の心の慰めとなるという話になっている。演劇もまた，問答，野外劇，一連の有名な聖史劇などの形で，その存在があらわになってくる（p.58）。

中英語文学の大部分は作者未詳のものであるが，時代の終わりにこの状況が変わり始める。14 世紀後半に出現する有名どころにジョン・ガウワー（John Gower），ウィリアム・ラングランド（William Langland），ジョン・ウィクリフ，ジェフリー・チョーサーなどがおり，少し遅れてジョン・リドゲイト（John Lydgate），トマス・マロリー（Thomas Malory），ウィリアム・カクストン（William Caxton），まとめてスコットランドのチョーサー派と呼ばれる詩人たち（p.53）がいる。おもしろい作品をなんとなく寄せ集めたものではない，現代的な意味での「文学」の一大集成が今や出現したのだ。これこそが中英語と初期近代英語（第 5 章）をつなぐ橋の最後の部分となるものである。

詩それとも散文？

『ウスター断章（*Worcester Fragments*）』は，ウスターの聖堂参事会図書室にある書物の表紙を作るために使われた写本原稿の残存断片である。断片をつなぎ合わせると，結果的にひと続きのテキストとなるが，おそらく 1200 年頃にずっと以前のテキストから書き写されたものだろう。手稿には，アルフリック（Ælfric）の『文法（*Grammar*）』（p.16），『霊と肉体の論争（*Debate of the Soul and the Body*）』の一節や，英語の廃用にまつわるものが含まれている。

この最後のものの一部を以下にあげる。現代の版では，あたかも詩のように，テキストを行に分けて印刷するのが普通だが，韻律や頭韻はとても勝手気ままで，伝統的な詩行のようなものを特定することは難しい。換言すれば，資料を散文として印刷してもまったく不都合はない。編者は穴が開いている手稿の数カ所にテキストを補っている。言語学的に興味を引かれるのは，'books'（本）の不規則複数形 bec が保存されていることである。（B. ディキンズ & R. M. ウィルソン（B. Dickins & R. M. Wilson），1951 に従う）

Ælfric abbod, þe we Alquin hoteþ, he was bocare, and þe fif bec wende, Genesis, Exodus, Vtronomius, Numerus, Leuiticus. þurh þeos weren ilærde ure leoden on Englisc. þet weren þeos biscopes þe bodeden Cristendom : Wilfrid of Ripum, Iohan of Beoferlai, Cuþbert of Dunholme, Oswald of Wireceastre, Egwin of Heoueshame, Ældelm of Malmesburi, Swit-hun, Æþelwold, Aidan, Biern of Wincæstre, Paulin of Rofecæstre, S. Dunston, and S. Ælfeih of Cantoreburi. þeos lærden ure leodan on Englisc. Næs deorc heore liht, ac hit fæire glod. Nu is þeo leore forleten, and þet folc is forloren.

（上記の中英語の現代英語版を巻末 p.507 に掲載）

大修道院長アルフリック，我々はアルキンと呼ぶが，彼は物書きで，5 冊の書物，創世記，出エジプト記，申命記，民数記，レビ記を翻訳した。これらを用いて，我が民は英語で教えを受けた。以下の司教がキリスト教を説いた。リプムのウィルフリッド，ベオフェライのヨハン，ダンホルムのクスバート，ウィレチェスターのオズワルド，ヘオベスハムのエッジウィン，マルメスベリーのエルデルム，ウィンチェスターのスウィジン，エゼルウォルド，エイダン，ビエルン，ロベキャスターのポーリン，カンタベリーの S. ダンスタンと S. エルフェイ。この人びとが我が民に英語で教えを授けた。彼らの明かりは暗からず，まばゆく輝いていた。もはやこの知は捨て置かれ，民は破滅の道を…歩む。

1 通のパストン家の手紙

以下は，15 世紀にノーフォークのパストン家の人びとによって書かれたものを集めた書簡集に収められた 1 通の手紙からの引用である。書簡集には 1,000 通を超える文書があり，法律問題から家庭内のうわさ話まで万事，全編が自然で時に生々しい文体でつづられている。書簡集の大部分は現在大英博物館に所蔵されている。目下の例は，1448 年 5 月 19 日，三位一体の主日の晩，マーガレット・パストンから夫のジョンに「取り急ぎ」書かれた手紙からの引用である。

Ryght worshipfull husbond, I recomaund me to yow, and prey yow to wete þat on Friday last passed be-fore noon, þe parson of Oxened beyng at messe in our parossh chirche, euyn atte leuacion of þe sakeryng, Jamys Gloys hadde ben in þe tovne and come homward by Wymondams gate. And Wymondam stod in his gate and John Norwode his man stod by hym, and Thomas Hawys his othir man stod in þe strete by þe canell side. And Jamys Gloys come wyth his hatte on his hede betwen bothe his men, as he was wont of custome to do.
And whanne Gloys was a-yenst Wymondham he seid thus, 'covere þy heed!' And Gloys seid ageyn, 'so i shall for the.' And whanne Gloys was forther passed by þe space of iii or iiij strede, Wymondham drew owt his dagger and seid, ' Shalt þow so, knave? ' And þerwith Gloys turned hym and drewe owt his dagger and defendet hym, fleyng in-to my moderis place; and Wymondham and his man Hawys kest stonys and dreve Gloys into my moderis place. And Hawys folwyd into my moderis place and kest a ston as meche as a forthyng lof into þe halle after Gloys; and þan ran owt of þe place ageyn. And Gloys folwyd owt and stod wyth-owt þe gate, and þanne Wymondham called Gloys thef and seid he shuld dye, and Gloys seid he lyed and called hym charl, and bad hym come hym-self or ell þe best man he hadde, and Gloys wold answere hym on for on. And þanne Haweys ran into Wymondhams place and feched a spere and a swerd, and toke his maister his swerd. And wyth þe noise of þis a-saut and affray my modir and I come owt of þe chirche from þe sakeryng, and I bad Gloys go in-to my moderis place ageyn, and so he dede. And thanne Wymondham called my moder and me strong hores, and seid þe Pastons and alle her kyn were [hole in paper]...seid he lyed, knave and charl as he was. And he had meche large langage, as ye shall knowe her-after by mowthe.

（現代英語版を巻末 p.508 に掲載）

親愛なるご主人様，ご機嫌いかがですか。ご承知おきいただきたいのですが，先週の金曜日，正午前，オクスネッドの教区牧師が教区教会でミサをあげ，まさに聖体を奉挙しようという時に，ジェームズ・グロイスが街から戻ってきて，ウィンダムの門から家に帰ろうとしていました。すると，ウィンダムと配下のジョン・ノーウッドが隣に並んで門に立ち塞がり，別の手下のトマス・ホーズが通りの側溝のそばに立っていました。そして，ジェームズ・グロイスは，手下二人のあいだを通って，いつものように頭に帽子を載せたまま入っていきました。そして，グロイスがウィンダムと面と向かうと，ウィンダムが「あいさつがねえな！」と言いました。すると，グロイスは「おめえにはこれで十分だ」と返答しました。そしてグロイスが 3，4 歩進むかどうかのうちに，ウィンダムは短剣を取り出し，「やるか，本当に？悪党」と言いました。それから，グロイスは彼に挑みかかり，短剣を抜き，身を守り，私の母の家へ逃げ込みました。すると，ウィンダムと手下のホーズが石を投げ，グロイスを母の家の中へと押し込み，ホーズは母の家の中へと追いかけ，小さなパンぐらいの大きさの石をグロイスめがけて広間に投げ込み，そして家から走り出てきました。それからグロイスがホーズを追って出てきて門の外に立つと，ウィンダムがグロイスを盗人呼ばわりし，殺してやると。するとグロイスは「うそを言うな百姓」と言い，「自分でやるか，さもなければ最高の代理人を立てろ，そうすれば 1 対 1 で勝負してやる」と言ったのでした。それからホーズがウィンダムの家へ走っていき，やりと剣を取ってきて，親分に剣を渡しました。この襲撃の騒ぎと騒々しさに，母と私は聖さん式中の教会から外に出てきて，グロイスにまた母の家に入るよう命じ，彼は従いました。するとウィンダムは母と私を邪悪な売女だとののしり，「パストン家とその一族は…［用紙に穴］うそつきだ，そいつは悪党で百姓だったんだ」と。そして，彼は野卑なことばをまき散らしましたが，それは後ほどお会いしたときに直接。

類似の話は今日の大衆紙にも載るだろう。（紙にあいている穴は望外の幸いで，「不適切なののしりことばを削除した」のではなさそうだ。）この経験はマーガレットに衝撃を与え，「40 ポンドもらったってあんな騒ぎは 2 度とごめんでございます（'wolde not for xl li. have suyche another trouble'）」と書き残している。

トレヴィサのジョン

コーンウォール人トレヴィサのジョン（John of Trevisa，1402 没）はオックスフォード出の学者で聖職者であり，1387 年にラヌルフ・ヒグデン（Ranulf Higden）のラテン語で書かれた『万国史（*Polychronicon*）』を翻訳したが，その書名は天地創造から 1352 年までの長い年月の年代記であることからきている。そのなかで，ヒグデンは英国での言語教育事情を評し，母語の没落の理由を 2 つあげている。

On ys for chyldern in scole, aȝenes þe vsage and manere of al oþer nacions, buþ compelled for to leue here oune longage, and for to construe here lessons and here þinges a Freynsch, and habbeþ suþthe þe Normans come furst into Engelond. Also gentil men children buþ ytauȝt for to speke Freynsch fram tyme þat a buþ yrokked in here cradel, and conneþ speke and playe wiþ a child hys brouch; and oplondysch men wol lykne hamsylf to gentil men, and fondeþ wiþ gret bysynes for to speke Freynsch, for to be more ytold of.

（現代英語版を巻末 p.507 へ掲載）

ひとつ（の理由）は，学校で子どもが，ほかのあらゆる国家の風習に反して，みずからの言葉を捨てさせられ，勉学と日常生活をフランス語でやらされており，ノルマン人が初めて英国にきてからそのありさまであることだ。また，ジェントルマンの子弟はゆりかごに入れられて以来フランス語を話すように教えられ，フランス語を話し，おもちゃのブローチで遊ぶようになる。そして田舎者はジェントルマンのまねをしようとし，少しでもよく見られようと，汗水たらしてフランス語をしゃべろうとする。

ここで，トレヴィサのジョンは以下をつけ加えている。

Þys manere was moche y-vsed tofore þe furste moreyn, and ys seþthe somdel ychaunged. For Iohan Cornwal, a mayster of gramere, chayngede þe lore in gramerscole and construccion of Freynsch into Englysch; and Richard Pencrych lurnede þat manere techyng of hym, and oþer men of Pencrych, so þat now, þe ȝer of oure Lord a þousond þre hondred foure score and fyue, of þe secunde kyng Richard after þe Conquest nyne, in al þe gramerscoles of Engelond childern leueþ Frensch, and construeþ and lurneþ an Englysch, and habbeþ þerby avauntage in on syde, and desavantauge yn anoþer. Here avauntage ys þat a lurneþ here gramer yn lasse tyme þan childern wer ywoned to do. Desavauntage ys þat now chil-dern of gramerscole conneþ no more Frensch þan can here lift heele, and þat ys harm for ham and a scholle passe þe se and trauayle in strange londes, and in meny caas also. Also gentil men habbeþ now moche yleft for to teche here childern Frensch.
Plus ça change...

（現代英語版を巻末 p.507 へ掲載）

この慣行は最初の疫病の前まで大流行だったが，その後いくらか変わった。というのも，ジョン・コーンウォールという文法教師がグラマースクールでの教授法——フランス語を英語に訳すやり方——を変えたのだ。その教え方をジョンからリチャード・ペンクリッジが学び，ほかの者がペンクリッジから教わった。その結果，1385 年現在，ノルマン征服後リチャード 2 世王の治世 9 年目，英国の全グラマースクールで子どもたちはフランス語を捨てて英語で読み書きをしており，そのため有利な面と不利な面が生じている。よいのは，子どもたちが文法を学習する時間が以前よりも短くて済むようになったことである。不利なのは，昨今グラマースクールの子どもたちはフランス語をまるきり知らないことであり，これは子どもたちが海を渡って外国旅行をしたりする場合には不幸なことである。また現在，ジェントルマンたちが子弟にフランス語を教えることはほぼなくなった。
変われば変わる…

音声はここから聞けます：cambridge.org/crystal

フクロウとナイチンゲール

これは 12 世紀から 13 世紀にかけてヨーロッパで好評を博した論争形式の詩で，英語で書かれたこの種のものとしては最初の例である。詩の中で，二人の論者が訴訟形式を取り，見解を戦わせる。この作品が有名になったのは，ユーモアと皮肉に加えて，そこで登場する 2 羽の鳥が生き生きと描かれているからである。そこにはフランス語の影響を受けた 1 行 4 脚の脚韻つき 2 行連句の形式が見て取れる。作者は未詳だが，南部方言の特徴を示し，およそ 1200 年頃に書かれたようだ。詩の中で（論争の審判者となることに2羽の鳥が同意する）ギルフォードのニコラス先生という言及があるので，サリー州のそのあたりで書かれた可能性がある。以下の抜粋は冒頭からのもので，ナイチンゲールの数ある皮肉の一端である。

Ich was in one sumere dale,	夏の谷にいた
In one suþe diȝele hale,	奥まった人目につかないところに
Iherde ich holde grete tale	大論争を展開しているのを耳にした
An hule and one niȝtingale.	フクロウとナイチンゲールが。
Þat plait was stif & starc & strong,	言い争いは激しくひどく鮮やかで
Sumwile softe & lud among;	そうかと思えば時に穏やかで時にやかましく
An aiþer aȝen oþer sval,	そして互いに相手に怒りで体を膨らまし
& let þat vole mod ut al.	不機嫌をあらわにしていた。
& eiþer seide of oþeres custe	そして互いの性質について
Þat alreworste þat hi wuste...	知る限りの悪態をついた…
& þu tukest wroþe & vuele,	で，お前の行状は残酷でひどい
Whar þu miȝt, oversmale fuȝele...	どこであろうとも，幼い小鳥たちに…
Þu art lodlich to biholde,	お前は見るのもいまいましい
& þu art loþ in monie volde;	またお前はなにやかやといまいましい
Þi bodi is short, þi swore is smal,	胴体は短いし，首はか細く
Grettere is þin heued þan þu al;	頭はからだ中で 1 番大きく
Þin eȝene boþ col blake & brode,	両目は石炭色でぎょろぎょろ
Riȝt swo ho weren ipeint mid wode...	まるで大青で染めたみたい…

（現代英語版を巻末 p.508 に掲載）

カッコウの歌詞

このなじみの歌は 1225 年頃にさかのぼる数曲の世俗的な歌のうちの 1 曲である。写本に楽譜が（並行してラテン語で宗教的な歌詞も）残されているとてもまれなものの 1 つである。

Svmer is icumen in,	*Summer has come in,*
Lhude sing cuccu!	*Loudly sing, cuckoo!*
Groweþ sed and bloweþ med	*The seed grows and the meadow bursts into flower*
And springþ þe wde nu.	*And the wood springs up now.*
Sing cuccu!	*Sing, cuckoo!*
Awe bleteþ after lomb,	*The ewe bleats after the lamb,*
Lhouþ after calue cu,	*The cow lows after the calf.*
Bulluc sterteþ, bucke uerteþ.	*The bullock leaps, the buck farts.*
Murie sing cuccu!	*Merry sing, cuckoo!*
Cuccu, cuccu,	*Cuckoo, cuckoo,*
Wel singes þu cuccu.	*You sing well, cuckoo.*
Ne swik þu nauer nu!	*Never cease you now!*

夏がやってきた
大声で歌え，カッコウ！
種が育ち草地に花が咲き乱れ
今や森が芽を吹く
歌えよ，カッコウ！

雄羊が子羊を追いメーと鳴き
雌牛が子牛を追ってモーと鳴く。
若い雄牛が飛び跳ね，雄鹿がへをこく
楽しく歌え，カッコウ！
カッコウ，カッコウ
歌がうまいぞ，カッコウ
さあ歌い続けよ！

ラヤモンのブルート

これはおよそ 16,000 行の詩で，ブルトゥス（題の「ブルート（Brut）」とは，高名なブリトン人の始祖）の上陸から 689 年にサクソン族が最終的にブリトン人に勝利するまでの英国の歴史を語っている。頭韻行を用い，古英語（p.11）の影響をとどめ，主題の多くは初期のゲルマン民族時代のものを反映している。しかしその手法はフランスの騎士道物語の影響も強く受けている。テキストはじつのところ，12 世紀のアングロノルマン作家ワース（Wace）によるフランス語の韻文年代記『ブリュ物語（*Roman de Brut*）』を典拠としている。

ラヤモン（Laȝamon，今のつづりでは Layamon）については，作品の冒頭でエルンリー（現ウスターシャーのアレリーキングズ）の教会区司祭だったとみずからについて語っている以外，ほとんど知られていない。現存する写本は 2 つあり，ともに 13 世紀前半のもので，時間的にはおよそ 1 世代の隔たりがある。その隔たりの期間に言語が変化した道筋に 2 つの写本が何か光を当ててくれるのではないか，と比較するまたとない機会を研究者に与えてくれている。

詩は，半行ごとに分かれる長行で書かれており，詩の構成要素となる頭韻，脚韻，そのほかの音韻的な特色（p.441）を多用している。テキストの驚くべき特徴の 1 つは，ノルマン征服の 150 年後に書かれたにもかかわらず，フランス語からの借用語がきわめて少ないということである。詩の主題が主に叙事詩の伝統に根差した戦に関するものであったことから，ラヤモンは古英語時代とより結びつきの強い古い語を選択したのであろう。しかし，テキストにはケニング（p.23）が皆無である。のちの版にはフランス語からの借用語がやや増えるが，写字生がある程度言葉を現代的なものにしようとしたためと思われる。（抜粋と訳は N. ブレイク（N. Blake），1992 より）

早い版（8,949 行から）

Nu haueð Vortigernes cun Aurilien aquald.
nu þu ært al ane of aðele þine cunne.
Ah ne hope þu to ræde of heom þat liggeð dede.
ah þenc of þe seoluen seolðen þe beoð ȝiueþe.
for selde he aswint þe to him-seolue þencheð.
þv scalt wurðen god king & gumenene lauerd.
& þu to þere mid-nihte wepne þine cnihtes.
þat we i þan morȝen-liht mæȝen come forð-riht.

のちの版（8,219 行から）

Nou haueþ Vortigerne his cun Aurelieacwelled.
nou hart þou al one of alle þine kunne.
Ac ne hope þou to reade of ham þat liggeþ deade.
ac þench ou þou miht þi-seolf þine kinedom werie.
for sealde he aswint þat to him-seolue treseþ.
þou salt worþe god king and steorne þorh alle þing.
And þou at þare midniht weþne þine cnihtes.
þat þou at þan more liht maȝe be a-redi to þe fiht.

Now that Vortigern's family has killed Aurilie,
you are the sole survivor of your family.
But do not expect any support from him who lies dead.
Put your trust in yourself that help is granted you,
for seldom is he disappointed who puts his trust in himself.
You will become a worthy king and ruler of people.
And arm your followers at midnight
so that we may advance in the morning.
ヴォーティガン一族がアウレリーを殺した今となっては
お前が一族の唯一の生き残りだ。
だが，死して横たわっている者からの援助など期待するな。
自分には助けが与えられると自信をもて。
みずからに信を置く者が失望することはまれなのだぞ。
お前は立派な王，民の君主となるであろう。
深夜，家来のものどもを武装させよ。夜明けとともに我らが進軍できるように。

ガウェイン卿と緑の騎士

アーサー王伝説にもとづくこの話は２つの冒険物語――アーサー王の宮廷に緑の騎士が出現し挑戦を申し出ること，そして緑の騎士の礼拝堂で挑戦に応じることになるガウェイン卿が受ける誘惑――からなる。この話はおそらく14世紀の終盤に書かれたもので，フランス宮廷の伝統の影響が認められる。詩は西中部方言で書かれており，ランカシャー南部発祥であることを示す言語的な証拠がいくぶんか認められる。写本にはほかに詩３編が収められ，みな同様に角張って整った書体で書かれており，現在英国図書館に所蔵されている。以下の抜粋で，編者は現代的な大文字使用法と句読法を加えている。(J. R. R. トルキーン& E. V. ゴードン（J. R. R. Tolkien & E. V. Gordon），1925に従う）

Siþen þe sege and þe assaut watȝ sesed at Troye,
Þe borȝ brittened and brent to brondeȝ and askeȝ,
Þe tulk þat þe trammes of tresoun þer wroȝt
Watȝ tried for his tricherie, þe trewest on erthe:
Hit watȝ Ennias þe athel and his highe kynde,
Þat siþen depreced prouinces, and patrounes bicome
Welneȝe of al þe wele in þe West Iles.
Fro riche Romulus to Rome ricchis hym swyþe,
With gret bobbaunce þat burȝe he biges vpon fyrst,
And neuenes hit his aune nome, as hit now hat;
Tirius to Tuskan and teldes bigynnes,
Langaberde in Lumbardie lyftes vp homes,
And fer ouer þe French flod Felix Brutus
On mony bonkkes ful brode Bretayn he setteȝ with wynne,
Where werre and wrake and wonder
Bi syþeȝ hatȝ wont þerinne,
And oft boþe blysse and blunder
Ful skete hatȝ skyfted synne.

Ande quen þis Bretayn watȝ bigged bi þis burn rych,
Bolde bredden þerinne, baret þat lofden,
In mony turned tyme tene þat wroȝten.
Mo ferlyes on þis folde han fallen here oft
Þen in any oþer þat I wot, syn þat ilk tyme.
Bot of alle þat here bult of Bretaygne kynges
Ay watȝ Arthur þe hendest, as I haf herde telle.

Since the siege and the assault came to an end in Troy,
The city destroyed and burnt to brands and ashes,
The man who there devised the devices of treason
Was tried for his treachery, the truest on earth:
It was the noble Aeneas and his noble kindred
Who later subjugated provinces, and became lords
Of almost all the wealth in the Western Isles.
When noble Romulus quickly makes his way to Rome,
With great pomp that city he builds up first,
And names it with his own name, as it is now called;
Tirius founds buildings in Tuscany,
Langaberde builds up dwellings in Lombardy,
And far over the English Channel Felix Brutus
Upon many broad hillsides founds Britain with joy,
Where fighting and distress and wondrous deeds
At times have been found therein
And often both happiness and sadness
Have since then quickly alternated.

And when this Britain was founded by this noble man,
Bold men multiplied there, who loved fighting,
In many a later time who brought about harm.
More marvels in this land have often happened here
Than in any other that I know of, since that same time.
But of all of Britain's kings who dwelled here
Always was Arthur the noblest, as I have heard tell.

トロイでの包囲と攻撃が終わり
街が破壊され燃えさしと灰と化し
その地で反逆の手立てを企てた男は
裏切りによって裁かれた，この世で最も正しい者が。
気高きアイネイアースと彼の高貴な血族であった
のちに属州を平定し領主となったのは
西方の国々のほぼすべての富の。
高潔なロームルスがローマへの道を急ぐ時，
威風堂々，あの都市を彼が最初に築きあげ，
そしてその街にみずからの名を用いて命名する，今も呼ばれているように。
ティリウスはトスカナに建物を築き，
ランガバーデはロンバルディアに住居を建て，
そしてイギリス海峡のはるか遠方，フェリックス・ブルトゥスが
喜々としてあちらこちらの広大な山腹に英国を築き，
戦と苦悩と驚くべき行いが
その地では時折見られ
しばしば幸福と不幸が
以来足早に交互に訪れることとなった。

そしてこの英国がこの気高き男によって建国された時，
豪胆な男たちがその地に多数現れ，戦を好み
後々たび重ねて災禍をもたらした。
まさにその時代以降，この国では私が知るいかなる他国よりも，
驚嘆すべきことが数多く生じた。
しかしこの地に住まった英国のすべての王の中で
終始アーサーが一番立派な王であった，私の知る限り。

チョーサーの偉業

チョーサーの詩と語りの業績および中世の思想や中世社会に対する彼の洞察に与えられてきた批評家からの大喝采に本書のささやかな声などなにもつけ加えることにはならないが，そもそも英語という言語の歴史を書く場合には彼の作品の重要性について確信をもってうなずくことができる。まずは量がものをいっている。全集版は，2 つの散文大作に加えて，詩は 43,000 行を超えるものとなる。しかしさらに驚くべきはチョーサーの言葉の広がりと豊かさで，大げさな美辞麗句を巧みに組合わせるかと思えば，単純で飾らない家庭でのおしゃべりまでも見せてくれる。以前にこのような広がりを示した作家は皆無で，したがってチョーサーの著作は，文学的価値に加えて，中世の文法，語彙，発音の状況について教えてくれる証拠としての価値も突出している。

チョーサーの最も有名な作品，『カンタベリー物語（*The Canterbury Tales*）』はもちろん当時の話しことばへの手引きではなく，丹精込めて練り上げられた書きことばの 1 変種である。規則に従った韻律構造と一定の脚韻が用いられ，このことだけでも，自由なリズムと頭韻をもつずっと以前の詩（p.36）とは異なる。韻律の要請にもとづき，変化に富む語順を示している。また，しばしば文学作品からの引喩や文学的な言いまわしがあり，テキストを追うことを難しくしている。読者を大いに魅了するのは，さまざまな制限をものともせず，チョーサーが語り手の興味深い性格を活写しえており，語り手の口語的特徴をとても自然に描き出すことに成功している点である。英詩の自然なリズムと英語の日常会話のリズムのあいだにはひそかに相通ずるものがあるという見解（p.438）を，これほどまでに裏づけてくれる作家はじつのところほかにはいない。

Whan that Aprille with hise shoures soote
When April with its sweet showers
ˈhwan θat ˈaːprɪl ˌwɪθ hɪs ˈʃuːrəs ˈsoːtə
4 月が，やさしいにわか雨で

The droghte of March hath perced to the roote
has pierced the drought of March to the root
θə ˈdrʊxt ɔf ˈmartʃ haθ ˈpɛrsəd ˌtoːðə ˈroːtə
3 月の渇きを根まで潤し

And bathed every veyne in swich licour
and bathed every vein in such liquid
and ˈbaːðəd ˈɛːvrɪ ˈvæin ɪn ˈswɪtʃ lɪˈkuːr
そして葉脈の隅々まですばらしい液体で満たし，

Of which vertu engendred is the flour
from which strength the flower is engendered;
ɔf ˈhwɪtʃ vɛrˈtiu ɛnˈdʒɛndrɛd ˌɪs θə ˈfluːr
その力から花が生まれる

Whan Zephirus eek with his sweete breeth
When Zephirus also with his sweet breath
hwan ˌzɛfɪˈrʊs ɛːk ˌwɪθ hɪs ˈsweːtə ˈbrɛːθ
西風もまたそのやさしい吐息で

Inspired hath in euery holt and heeth
has breathed upon in every woodland and heath
ɪnˈspiːrəd ˈhaθ ɪn ˈɛːvrɪ ˈhɔlt and ˈhɛːθ
森林や荒地の隅々まで

The tendre croppes and the yonge sonne
the tender shoots, and the young sun
θə ˈtɛndər ˈkrɔppəs ˌand ðə ˈjʊŋgə ˈsʊnnə
柔らかい枝々を目覚めさせ，そして若々しい太陽が

Hath in the Ram his half cours yronne
has run his half-course in the Ram,
ˈhaθ ɪn ðə ˈram hɪs ˈhalf ˈkʊrs ɪˈrʊnnə
白羊宮で道半ばまで行き

And smale fowules maken melodye
and small birds make melody
and ˈsmaːlə ˈfuːləs ˈmaːkən ˌmɛləˈdiːə
小鳥たちがさえずる

That slepen al the nyght with open eye
that sleep all night with open eye
θat ˈsleːpən ˈaːl ðə ˈniçt wɪθ ˈɔːpən ˈiːə
一晩中目を開けて眠っていた小鳥たちが

So priketh hem nature in hir corages
(so nature pricks them in their hearts);
sɔːˈprɪkəθ ˈhɛm naːˈtiur ɪn ˈhɪr kʊraːdʒəs
そうすると自然が心をうずかせる，

Thanne longen folk to goon on pilgrimages...
then people long to go on pilgrimages...
θan ˈlɔːŋgən ˈfɔlk toːˈgɔːn ɔn ˌpɪlgrɪˈmaːdʒəs
すると人びとは巡礼に行きたくなるのだ

（音声学的な表記は A. C. ギムソン（A. C. Gimson），1962 に従う）

ジェフリー・チョーサー（？1345-1400）

チョーサーは中世ロンドンの言葉や習慣について貧民街から宮廷に至るまで類まれなる洞察を我々に与えてくれる。彼の人生についてはほとんど知られておらず，伝記的に知られている情報も，作家としての役割についてなんの手がかりも与えてくれない。

彼は 1340 年代の初めか中頃にロンドンのワイン商ジョン・チョーサー（John Chaucer）の息子として生まれ，父はある程度宮廷に顔が利いたようだ。1357 年，ジェフリーは小姓としてクラレンス公ライオネル（Lionel，Duke of Clarence）の妻に仕え，のちにエドワード 3 世王（Edward III）の宮廷に出仕した。彼はフランス遠征に従軍し，捕虜となり，身代金を払ってもらい解放された。1360 年代中頃，サー・ペイン・ロエ（Sir Payne Roet）の娘，フィリッパ（Philippa）と結婚し，彼女の姉妹を通じてのちにジョン・オヴ・ゴーント（John of Gaunt）と姻戚関係ができた。1368 年までに彼は王の騎士見習いに加わる。1370 年代は外交使節に参加し，イタリアを中心として広く海外を旅してまわり，いくつか公職についている。1382 年に小税関監査長となり，1386 年にはケント州の州選出議員となった。若いリチャード 2 世王の権威をめぐる政治闘争に巻き込まれたためと思われるが，のちに公職を失い，負債を抱えた。1389 年に，リチャードが成人すると，チョーサーは王室工事監督に任ぜられるが，1391 年にこの職を去り，サマセット州ペザートンの副林務官となった。1399 年に，ウェストミンスターアビーの庭園に家を借り，翌年他界した。彼はアビーに葬られ，このことから寺院の一角が文人顕彰コーナーとして知られるようになった。

最初の詩は哀歌調の愛の夢物語，『公爵夫人の書（*The Book of the Duchess*）』であり，ジョン・オヴ・ゴーントの妻の死を追悼するため 1370 年頃に書かれた。ほかの重要な作品には，フランス語の『薔薇物語（*Roman de la Rose*）』の部分訳，寓話的な『鳥の議会（*Parliament of Fowls*）』，愛の夢物語『名声の館（*The House of Fame*）』，恋人への献身のために苦悩する古典的女性主人公への賛辞である未完の伝説集『善女列伝（*The Legend of Good Women*）』がある。彼の最長の冒険恋愛物語『トロイルスとクリセイデ（*Troilus and Criseyde*）』は人生中盤の傑作である。たび重なるイタリア訪問が作品の文体と内容の両面に色濃い影響を与えたことは，『カンタベリー物語』の 24 話全編から見て取ることができる。これらは，少なくとも 10 年という期間にわたって書かれているが，未完のため，書かれた順番と時期が今でも学問的論争の種である。チョーサー本人の手稿は現存していないが，作品には数多くの写本が，『カンタベリー物語』の場合は 80 以上残っており，編者たちは数世代にわたって誤りを指摘し修正することに忙殺されてきた。

聞くための詩

delightful（感じがいい），enchanting（魅惑的），beguiling（魅力的）という語は，批評家が『カンタベリー物語』のプロローグの冒頭部分に対する感想を表現するために用いてきた語のほんの一例である。冒頭の部分がチョーサーの用いる詩的叙述の優れた技巧を示していることに疑いはない。というのも，冒頭数行の文法構造を詳しく見てみると，まったくそのような反応が得られるはずはないからだ。見たところ，4行の従属節で始まり，その内部に等位節が1つあり，その直後に6行の従属節が続き，その中にさらに2つの等位節があり，それにまた関係節と挿入節が入って，そのあとでやっと主節にたどりつく文に「魅惑的」というような語が使われるなんてありえない。たった今読んだような多重埋め込み（p.239）文は普通「魅惑的」とは言えない。そんなチョーサーの文になんとか対処できるだけでなく，すらすらとよどみなく流れていく聴覚的な印象を受けるのは，彼の詩的才能の証明である。

詩行が効果的な理由は，一部分，脚韻や韻律のためで，脚韻は聴覚記憶が容易に吸収できる単位に意味をまとめてくれ，韻律は読みにテンポと抑制を加えてくれている。長々と重ねられる節は，まず一年のある時期を，それからまた別の時期を特定しながら，後に続く超大作を予感させるゆったりとした語りの雰囲気をも醸し出している。あたかも詩人が，語りを始める前に，統語法と韻律を通じて，くつろいで座っているかい，と問いかけてきているようだ。読むための詩というよりは聞くための詩だ，と述べている批評家もいる。

これら開始行の文法的技巧については，ほかにもいくつか指摘すべき細かな点がある。11行目と12行目（主語の前に動詞），そして2行目（動詞の前に目的語）で文の要素が普通とは逆に置かれている。1行目（名詞の後に形容詞）と6行目（本動詞の後に助動詞）で句の要素が普通の順番とは入れ替わっている。韻律にはさらに道具立てがあり，冒頭の行に余分な不変化詞 that が導入され（Whan that Aprille...），8行目では過去分詞に接頭辞（*y-*）が加えられている。これらは当時チョーサーの手元にあった文体上の選択肢で，Whan Aprille や ronne と書くこともなんら問題なくできたのである。多様な言語形式が存在するということは相当な詩的価値をもつことになる。作家はそれによってさまざまな韻律の状況に合う選択肢をもつことになり――もし，also（また）や better（よりよい）が行に合わなければ，als や bet が合うかもしれない――韻文が破たんするのを防いでいる（以下参照）。現代の詩人も同様に，happier と more happy（より幸せな）のあいだで，あるいは all work，all the work と all of the work（仕事の全部）のあいだで選択の自由を享受できるのだ。

チョーサーが口語の自然な特徴をうまくとらえているというのは，『プロローグ（*Prologue*）』の，少なくとも終盤になって亭主が話し始めるまでは，あまり的を射た言い方ではない。次の『召喚吏の話（*The Summone's Tale*）』からの引用がよりよい例となる。

'Ey, Goddes mooder', quod she, 'Blisful mayde!
Is ther oght elles? telle me feithfully.'
'Madame,' quod he, 'how thynke ye herby?'
'How that me thynketh?' quod she, 'so God me speede, I seye, a cherl hath doon a cherles deede.'

('Ee, God's mother', said she, 'Blissful maiden! Is there anything else? Tell me faithfully.' 'Madame', said he, 'What do you think about that?' 'What do I think about it?' said she, 'so God help me I say a churl has done a churl's deed.')

（「ほれ，神様の母上」と彼女が言った，「至福の乙女！ほかに何かあって？後生だから言っとくれ。」「ご婦人」彼が言った，「これに関してどう思われる？」「それをあたしがどう思うかって？」と彼女が言った，「神のご加護を，あたしに言わせりゃ田舎もんが泥臭いことやったってことよ。」）ここに，韻文構造の範囲内で矢継ぎ早の受け答えを用いてチョーサーが会話を運んでいく手法が見て取れる。語は複雑でなく，長さはたいていたった1音節である。またこの一節は自然な会話のリズムにのせた押韻定型句を用い（so God me speede――よそで用いられている as I gesse「思うに」やほかの数多くのコメント節（p.241）と同じく），彼のお得意の文体的手腕の一例を示している。引用中に見られる会話の特徴を示すほかの重要なものとしては，感嘆，誓言，呼びかけ語 'Madame'（奥様）の使用に加えて，今日の語りにも依然として見られる 'I said / he said'（私が言った / 彼が言った）型などがある。大量の下品なことばやののしりことば――for Goddes bones（あん畜生），by Seinte Loy（どうしましょう），olde fool（うすのろ），by my feith（誓って）――とともに，このような特質がなぜチョーサーの会話的な詩がとても独特で，生き生きとしているのかを説明してくれる。

少々知名度が劣る引用

次の2つの抜粋はチョーサーの著作の多様性をさらに示してくれる。1つめは，彼が1391年頃に「幼きルイス，我が息子」のために書いた科学的な説話『天体観測儀論（*A Treatise on the Astrolabe*）』の冒頭部分である。2つめが「エイ・ビー・シー（*ABC*）」の初めの部分で，各連の最初の文字がアルファベットの文字順に続く初期の詩である。おそらく1360年代の中頃にジョン・オブ・ゴーントの最初の妻，ブランシュ（Blanche）の祈祷用に書かれたものと思われる。

Lyte Lowys my sone, I aperceyve wel by certeyne evydences thyn abilite to lerne sciences touching nombres and proporciouns; and as wel considre I thy besy praier [anxious prayer] in special to lerne the tretys of the Astrelabie. Than [then] for as moche [much] as a philosofre saith, 'he wrappeth him in his frend, that condescendith to the rightfulle praiers of his frend,' therfore have I yeven the [given thee] a suffisant Astrelabie as for oure orizonte [horizon], compowned [constructed] after the latitude of Oxenforde [Oxford]; upon which, by mediacioun [mediation] of this litel tretys, I purpose to teche the [thee] a certein nombre of conclusions aperteyning to the same instrument. I seie a certein of conclusions, for thre [three] causes. The first cause is this: truste wel that alle the conclusions that han [have] be founde, or ellys possibly might be founde in so noble an instrument as is an Astrelabie ben [are] unknowe parfitly [perfectly] to eny mortal man in this regioun, as I suppose. Another cause is this, that sothly [truly] in any tretis of the Astrelabie that I have seyn, there be somme conclusions that wol [will] not in alle thinges parformen her bihestes [fulfil their promise]; and somme of hem ben to [them are too] harde to thy tendir age to conceyve.

幼きルイス，我が息子よ，ある兆候からお前には数字や比例に関する学問を学ぶ才があると私にはよくわかる。お前がアストロラーベの論議を学びたいと強くねだることもよく考慮した。よって，学者が言うように「友の願いをかなえるのが真の友」，ということで私はお前にオックスフォードの緯度に合わせて作ったなかなかのアストロラーベを我らの軌道として与えた。これを用いて，この短い論考を仲立ちとしてくだんの器具についてお前にいくつかの知識を教えたいと思う。いくつかの知識を授けたいというのは，3つの理由による。最初の理由はこれで，つまり，アストロラーベのような新しい器具で発見されてきた，あるいはこれから見出されるかもしれないすべての知識をよく信頼せよということで，私が思うにこういった知識はこの一帯の人によく理解されるべくもないものだから。もう1つの理由はこれで，じつにアストロラーベについてのどんな論考を見てもいくつかは目論見通りにならないものがあり，お前のような子どもには理解しがたいものもあるということだ。

Almighty and al merciable queene, To whom that al this world fleeth for socour [help],
To have relees of sinne, of sorwe, and teene [hurt], Glorious virgine, of alle floures flour [flower of all flowers]
To thee I flee, confounded in errour.
Help and releeve, thou mighti debonayre [gracious one],
Have mercy on my perilous langour [affliction]! Venquisshed me hath my cruel adversaire.

Bountee so fix hath in thin [thy] herte his tente, That wel I wot [know] thou wolt [will] my socour bee;
Thou canst not warne [refuse] him that with good entente
Axeth [asks for] thin helpe, thin herte is ay [always] so free [generous].
Thou art largesse of pleyn felicitee [absolute bliss], Haven of refut [refuge], of quiete, and of reste.
Loo (Lo), how that theeves sevene [the seven deadly sins] chasen mee!
Help, lady bright, er that [before] my ship tobreste [is wrecked]!

全能で慈悲深き女王，助けを求めこの世のすべての者がすがるお方
罪，悲しみ，そして傷から解放されるために，光輝な乙女，すべての花の華
あなた様に私はおすがりします，過ちに困惑して。
お助けいただき，お救いください，偉大で優しいお方，
我が危うい弱さにお慈悲を！残酷な敵に打ち負かされてしまいました。

不変の善があなた様の心に幕屋を築き，あなた様が我が助けとなってくださることはよく承知しております。
あなた様はよき心をもって助けを求めるものを拒んだりなされません。あなた様のみ心はいつでもとても寛大です。
あなた様は至高の喜びにあふれるお方，避難，静寂そして安息の港。
ああ，なんと7つの大罪が私を苦しめることでしょう。
お助けください，輝かしきお方，私の舟が難破する前に。

コラム「語末の -e の問題」を巻末 p.508 に掲載

中英語のつづり

これまでのページで例として用いたいろいろなテキストからすぐに気づくことは，中英語のつづりのとてつもない多様性であり，古英語のもの（p.16）よりもいっそう多岐にわたっている。この時期を勉強し始める学生はすぐに巻末のグロッサリー探索の技を習得する。つまり，編集されたテキストで異つづりに出くわすと（例えば，naure, næure, ner, neure），即座にその本の巻末を探しまわり，どの語の異形か突き止めるのだ。（この場合 neuer ‘never’（いまだかつて…ない））。編者が親切であれば，おびただしい相互参照が施され，異つづり探しの作業は楽なものとなる。中には 1 ダースかそれ以上の異形をもつ語もある。

この状況は，歴史的，言語的，社会的な要因が組合わさった結果である。フランス人の侵入の社会言語学的影響，アングロサクソン時代に始まった音変化の継続，英国においては南東部で顕著にみられる中世における大規模な人口増加と人口移動が絡み合って書記法ができあがった。その変化はなかなかめざましいものだ。この時代の始まりに使われた多種多様で風変わりな語形と，15 世紀に大法官庁の書記の書き物やウィリアム・カクストン（p.56）の作品に姿を見せ始める高度に標準化されたつづり字法のあいだには，著しい対比が認められる。

テキストの特徴の例

『ピーターバラ年代記』（p.33）のテキストはこの時代の初期のもので，中英語のつづり字の重要な特質をいくつか示している。古英語のルーン文字がまだ用いられているが，一貫性は若干失われている。時々-*th* というつづりが þ の代わりに使われている。写本では記号 ƿ（ウィン）が用いられているが，（この種のテキストの現代版では普通のことだが）このルーン文字は p.33 では w で表されている。この音を表すには uu もまたよく用いられ，例えば「悲惨な人びと」の意の語は例の中で両方のつづりで書かれている（11，14 行目）。当時の多くのテキストでは ʒ でつづられる音には g の文字が使われている。ある程度の交替が æ と a のあいだに見られる。加えて，今日であれば v であるところに u が，*gyuen* ‘give（与える）’ や *æure* ‘ever（いつも）’ のような語で，用いられている。

つづりのせいで，実際よりも見慣れないものに感じる語もある。例としては wreccemen があり，おそらく wretchman のように（ただし w は読まれて）発音されていたと思われ，よって現代の wretched（悲惨な）にとても近い。同じく，cyrceiærd も現代の churchyard（教会境内）の発音に近いものであったと考えられるが，それは 2 つの c はそれぞれ ch の音を表しており，i は現代の y と同じ音を表していたからである。そして altegædere は altogether（まったく）からかけ離れているわけでもなく，læiden も laid（置かれた）とそれほど変わらない。

Might が正統

文法的な変異形，方言による別，写字生による違いによって，中英語テキストの研究がいかに複雑なものになっているか，さまざまな might の異つづりが明瞭に示してくれる。以下はみな，初期の文献の抜粋を集めた標準的な選集（B. ディキンズ& R. M. ウィルソン（B. Dickins & R. M. Wilson），1951）に載っているものである。

maht　　miȝtte
mahte　　mihhte
mayht　　mihte
micht　　mist
michtis　　mithe
micthe　　mouthe
miȝt　　myht
miȝte　　myhte
miȝten　　myhtes
miȝtest　　myhtestu

異つづりのいくつかは統語的な文脈で（例：*-est* は 2 人称単数の語尾）説明できる。おそらく写字生の間違い（例：mayht）というものもある。方言による異つづりの好例は micht で，これはおそらく北東部起源（現代のスコットランド方言の nicht ‘not（～ない）’ 参照）と推測される。しかし，ウィリアム・カクストン（p.56）の時代までには，多くの異形が姿を消し，カクストン自身が用いた myght というつづりが現代の might の出現に大きな影響を与えることとなった。

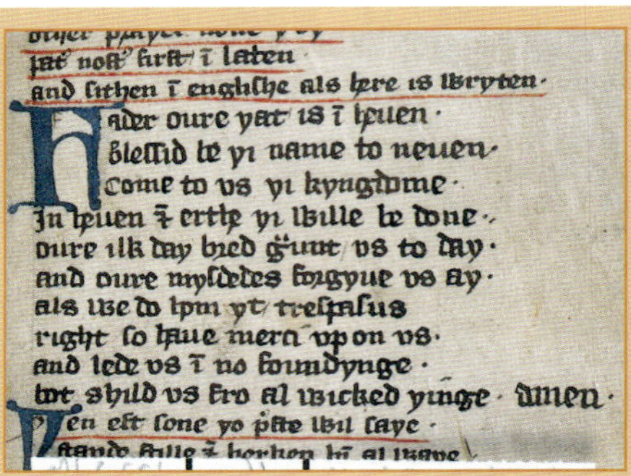

Fader oure þat is ī heuen.
blessid be þi name to neuen.
Come to us þi kyngdome.
In heuen & erth þi wille be done.
oure ilk day bred g"unt vs to day.
and oure mysdedes forgyue vs ay.
als we do hom þt trespasus
right so haue merci vpon us.
and lede vs ī no foundynge.
bot shild vs fro al wicked tinge. amen.
（C. ジョーンズ（C. Jones），1972 に従う）
（和訳を右ページに掲載）

写本の特徴例

これは 14 世紀の写本からの抜粋で，『平信徒のミサ典書（*The Lay Folk's Mass Book*）』に使われている主の祈りの翻訳である。中英語期に広く用いられた筆記文字，写字生書体で書かれている。

- 古英語のソーン（þ）が用いられているが y と似た形で書かれている（詳細は p.41 を見よ）。写本中の þi（2 行目）の最初の文字を day（5 行目）の最後の文字と比較せよ。þ は，erthe（地上）（4 行目）の th に見られるように，th への置換が始まりつつある。
- ヨッホ（ʒ）とアッシュ（æ）の文字は，それぞれ（forgyue（許す），6 行目のように）g と，（fader（父），1 行目のように）a で置き換えられている。古英語の ƿ の珍しい置き換えが，wille（意思）（4 行目）に見られる。新しい文字はヨーロッパ大陸で広く用いられたカロリング書体の影響を示している（p.270）。
- 長い s の文字は，カロリング書体にも見られるものだが，blessid（神聖な）（2 行目）などの語に用いられている。後代の例はシェイクスピアからの引用（p.63）にも見られる。この形は 18 世紀まで引き続いて印刷に用いられた。
- いくつかの文字は，以前の島嶼体（p.16）のものと比べると，現代的な形になりつつある。長く下方に伸びる筆づかいはもはや r（erth, 4 行目）には使われていない。すでに f の上の部分は全体的な水準よりも上に突き出ており（forgyue（許す），6 行目），t のアセンダー（上に伸びている部分）も今や横棒を突き抜けている（right（まさに），8 行目）。結果的にこういった文字は古英語のものよりもずっと判別しやすい。
- いくつか省略記号が用いられている。省略した n を示すため文字の上に浮いている横線（1 行目），ra を表す上つき記号（5 行目），and を表す記号（4 行目）などである。
- 句読点と本当に呼べるものはない。ピリオドに似たものがたいていの行末にあるが，その役割は明らかではない。

ミニムの混乱

この時期のテキストはミニムの混乱（p.273）として知られる問題を提示してくれる。ミニム（下方への線）とは，is（1 行目）や þi（2 行目）の i のようにペンで短く垂直に書いた線のことである。そういったペンの運びを連ねて作られる文字には，u, n, m, v や，時に w（uu）もあった。写字生は異なる文字のあいだに隙間をあけないのが普通で，隣の位置にこういう文字がある語は判読困難であったであろう。6 つのミニムが続くと mni, imu, inni と読め，ほかにいくつも可能な読みがある。Merci の m（8 行目）と foundynge の un（9 行目）を比較せよ。あいまいとなる可能性がとても高かったため，（come, 3 行目の場合のように）2 つないし 3 つのミニムが連続する場合は必ず u を o と書くというカロリング書体の慣例をノルマン人の写字生たちが導入した。この変更に新しい発音というものはまったく関係していない。のちに i の上に点を打つようになったこと，また m と n の上側の形が変わったのと同じく，異なる文字を識別しやすくするという純粋に文字の見かけ上のことだったのだ。

ノルマン人の影響

時代が進むにつれ，つづり字も変わった。ノルマン人の写字生は身のまわりで耳にする英語に耳を傾け，cw の代わりに qu（cwen を queen（女王））を用いるというように，以前フランス語に用いていたつづりの慣習に従って英語を書き始めた。彼らは night（夜）や enough（十分な）のような語に（h の代わりに）gh を，church（教会）のような語に（c の代わりに）ch をもたらした。また，（house（家）のように）u の代わりに ou を用いた。cercle（‘circle’（円））や cell（小部屋）のような語の場合 e の前で（s の代わりに）c を使い始めた。そして，u という文字は v，n や m とかなり似ており（前ページを見よ），こういった文字が続くと判読しにくかったので，しばしば come，love，one，son などの場合 u を o で書き換えた。k と z も以前より用いられるようになり，（i と視覚的により明確に区別できる形の）j も以前より使われるようになった。そして 1 組の文字が相補的に用いられるようになってきた。語頭では v（vnder（～の下に）），語中では（子音か母音かに関わらず haue のように）u となる。15 世紀の初頭までに，英語のつづりは古英語とフランス語の 2 つの体系を組合わせたものとなった。その影響は今日まで英語学習者を悩ませている（p.286）。

フル斗もんじ

いかにして the が Ye Olde Pork Pie Shoppe（名代ポークパイ処）や類似のなじみの場所につく ye になったか？

古英語の 4 つの文字のうち，ソーン（þ）だけが中英語期を通じてよく用いられ続け，次第に th に取って代わられた。とはいえ，写字生の習慣が中英語期中に変化し，þ は新たな形を帯び（前ページの挿絵を見よ），y ととても似たものになったため，区別しやすいように y の上に点を打つ書き手も現れた。この新しい形 y は the，thou や that などの文法語に用いられ，しばしば（例えば，ye，yt のように）短くされた。

19 世紀まで þe ‘the’ を ye と書くことが続いていた書体もあり，その頃までに人びとは元来の形 þ と，かつてそれが表していた ‘th’ の音をすっかり忘れてしまった。人びとはその文字を y と解し，予測される現代の音を与え ‘ye’ と発音した。その用法は今日も擬古的なスタイルでパブの名前（‘Ye Olde Fighting Cocks’〔老いぼれシャモ〕）や老舗の店名，またマンガの会話文などに認められる（さらに p.197 を見よ）。

チャンセリーライン

王室大法官庁の記録の例。たいてい羊皮紙の皮の上に書かれ，それから縫い合わされ，巻かれていた。12 世紀において君主国の取り組みとしてより効率的な政府を発達させるには組織的に記録を管理することが不可欠なものであった。当初，大法官庁は王とともに旅をし，王の文書を作成する少数の写字生からなっていたが，13 世紀中にウェストミンスターの常設官庁となった。

大法官庁が重要なのは，書き方，つづり，文法の面で英語の標準化を進めるのに果たした役割のためである。「大法官庁書体」は 13 世紀のイタリアで発達し，フランス経由でロンドンに広まった。1430 年頃から，大量の文書が出まわった。初期の大法官庁議事録の手稿を詳細に分析すると，当時用いられた多彩なつづり字に書記たちが大幅な統制を加えたこと，彼らが選択したものがおおむねその後標準となったということがわかる。現代の標準英語の系譜はチョーサーにではなく，大法官庁にさかのぼるのである。

ある程度標準の地位を占めたほかの英語の変種もあったが，それらは大法官庁の執務室から流れ出てきた多量の文書にすぐ飲み込まれた。カクストンが印刷所を設立した際，これもまた場所はウェストミンスター（1476）であるが，「大法官庁標準」はすでに絶大な威信を誇っていた。宮廷の権威と関連をもち，印刷術の威力に支援を受けた一連のこの慣行が，印刷所にすべてそのまま大法官庁の特徴が受け入れられたわけではないものの，やがて国中で絶大な影響を及ぼしたことはおそらく当然のことであった。

大法官庁の影響の一例をあげれば，sich，sych，seche，swiche やほかの変異形に対して such が選ばれたことがある。Can，could，shall，should やほかの文法語も，今の形式はここにさかのぼる。加えて，大法官庁標準（CS）とチョーサーのつづりの好み（p.38）にははっきりとした相違がある。例えば，チョーサーの nat に対して not（CS）（～ない），bot に but（CS）（しかし），yaf に gav（CS）（‘gave’ 与えた），thise に thes（e）（CS）（これら），thurch（‘through（～を通じて）’）に対して thorough（CS）などである。

大法官庁標準は，チョーサーやガウアーやほかの文学的著名人の作品に見出される言語や文体から生じているものではないということであり，文学的な著作に大法官庁の特徴が現れるまでには多少時間がかかった。いやむしろ，大法官庁標準はなかなか独特な変種で，ロンドンに関連する特質とともに中中部方言と東中部方言の影響（p.50）を示している。15 世紀に中部地方から大勢の人びとがロンドン地域に吸い寄せられていったことを考えれば，この混交に不思議はない。しかしそうすると，現代標準英語の形成に際し，伝統的に考えられていたよりいくぶん大きな役割を中部方言地域に与えることになる（p.54）。

（p.40 の写本の和訳）
天にましますわれらの父よ
み名のとわに尊まれんことを
み国のきたらんことを
天においても地でもみ旨の行われんことを
我々の日々の糧を本日与えたまえ
そしてつねに我々の悪行を許したまえ
罪を犯す者に我々がするように
まさにそのように我々にお慈悲を賜らんことを
そして我々を導き試すことなく
我々をあらゆる悪の気配から守りたまえ
アーメン

中英語の発音

新しい文字の形や好みが出てくるのと時を同じくして（pp.40-1），英語の発音の仕方にも変化が徐々に進行していた。結果として，書記法と発音体系のあいだに英語史上比肩しえないある種の複雑な相互作用が起こった。本書で体系的な記述を尽くすことはできないが，この時期を通じ発音の発達の一般的な特質を示すことは多少なりとも可能である。特に書記法の歴史（p.286）に興味のある向きには，現代の体系に見られる多くの規則性や特異性がこの時期に導入されたので，この中英語期はとても重要である。

新しいつづりの慣習

子音の発音がいくつか，特にフランス語の影響で，異なってつづられるようになった。例えば，古英語の sc /ʃ/ が sh や sch に徐々に取って代わられた（scip が ship（舟）になる）。ただし，s，ss や x を用いた方言もある。古英語の c /ʧ/ が ch や cch に（church（教会）のように）取って代わられ，その有声音である /ʤ/ はかつて cg や gg とつづられていたが（bridge（橋）のように）dg となった。

長母音と短母音を示す新たな慣習も出てきた。次第に，母音の長い音がもう 1 つ母音字をつけて，see（海）（かつては sē）や booc（書）（かつては bōc）のように記されるようになってきた。短母音は子音字を重ねて表されたが，これはそうしないと sitting（座ること）と siting（敷地）のように混乱が生じてしまうからである。この慣習が用いられるようになったのは，古英語期には存在したが初期中英語で消失した長子音を表す必要がなくなってからのことである。

同様な文字資源の再利用は，*stane* 'stone（石）'（p.39）に見られるような，本来は屈折語尾を区別していた強勢のない母音が消失したのちに起こった。語末の /ə/ 音は消えたものの，*-e* のつづりは残り，やがて先行する母音が長音であることを示すために用いられるようになった。これが，name（名前）や nose（鼻）（p.284）のような語に「黙字の e」を書く現代つづりの「原則」の起源である。このように役に立ち多用される文字が手近にあると，体系のほかの部分でも利用されるようになった。例えば，u の（haue（もつ））の子音としての用法や，破擦音としての g（rage（激怒）と rag（ぼろ））の用法を示すのにも役立ち，また現代の tease（いたずらする）／teas（紅茶）や to（～へ）／toe（爪先）を区別するのにも役立った。

新しい発音

中英語期の初期にいくつかの音が変化した。違った音価をもつようになったものもあれば，すっかり消え去ったものもある。特に，古英語の母音体系（p.18）が再編成された。本来の二重母音が純粋母音となり，また新たに二重母音が出現した。語末音節の末尾の子音が母音のように発音されるようになり新しい単位が生まれた場合もある。例えば，古英語の weg から，*wei* 'way（道）' ができた。また，フランス語からの借用語が新たな二重母音 /oɪ/ と /ʊɪ/ をもたらした。英語ではまれな音で，現代の joy（喜び）や point（点）などの /ɔɪ/ の祖先である。

さらに，いくつかの純粋母音は音価を変えた。例えば，北部を除く英国のほとんどの地域で，古英語の /ɑː/ が後舌の高い位置で調音されるようになった。これは *ban* が *bon* 'bone（骨）' に，あるいは *swa* が so（そのように）になるつづり字の変化に現れている。北部方言もいくつか別の面で独自の発達を示した（p.50）。例えば，新しい二重母音のうち数個は南部では明らかな二重母音だったが，北部では純粋母音に取って代わられた（light と licht（光））。

興味深い変化が［h］に生じた。古英語で多くの語の語頭の［h］は子音の前で，*hring* 'ring（輪）' や *hnecca* 'neck（首）' のように生じた。これは中英語の初期に失われたが，今日も見られる「h 脱落」現象の最初の兆候である。母音の前で h が消失し始めるのはもう少し後のことで，16 世紀まで続く用法の変動を醸し出すこととなった。中英語の写本には，あるべき所に h がない（had（もった）の代わりに adde，held（保った）の代わりに eld），あるいはないはずの所に h がある（am（～である）の代わりに ham，is（～である）の代わりに his）例が多数認められる。つづり字の影響（と間違いなく学校教育での

（p.43 へ続く）

音韻体系（1350-1400）

1400 年までに英国の南東部に形成された（大法官庁やチョーサーが用いた）音韻体系は以下のような内容であったと思われる（二重母音の数と音声的な特徴については論争が続いている）。

下記の例に用いられているつづりは多くの場合いくつかの可能性のうちの 1 つにすぎない。アステリスクは発達途上の音素を示す（上記を見よ）。

子音

- p, b　pin（ピン），bit（小片）
- t, d　tente（天幕），dart（投げ矢）
- k, g　kin（親族），good（よい）
- ʧ　chirche 'church（教会）'
- ʤ　brigge 'bridge（橋）'
- m, n, ŋ*　make（作る），name（名前），song（歌）
- l, r　lay（俗人の），rage（激怒）
- w, j　weep（泣く），yelwe 'yellow（黄色い）'
- f, v*　fool（愚かな），vertu 'virtue（徳）'
- s, z*　sore（苦しい），Zephirus（ゼピュロス）
- θ, ð　thank（感謝する），the（その）
- ʃ, ç, x　shour（にわか雨），nyght（夜），droghte（乾燥）
- h　happen（起こる）

長母音

- iː　ryden（乗る）
- eː　sweete（甘い）
- ɛː　heeth（荒れ野）
- ɑː　name（名前）
- uː　houre（時間）
- oː　good（よい）
- ɔː　holy（神聖な）

短母音

- ɪ　this（この）
- ɛ　men（人びと）
- a　can（できる）
- ə　aboute（無強勢音節で）（～について）
- ʊ　but（しかし）
- ɔ　oft（しばしば）

二重母音

- œɪ　day（日）
- oɪ*　joye（喜び）
- ʊɪ*　joinen 'join（加わる）'
- ɪʊ　newe（新しい）
- ɛʊ　fewe 'few（少数の）'
- aʊ　lawe（法）
- ɔʊ　growe（育てる）

オルムルム

ȝiss boc iss nemmnedd Orrmulum,
forrþi þatt Orrm itt wrohhte.

This book is called Ormulum,
because Orm wrote it.
本書はオルムルムという，なんとなればオルムがしたためたからである。

著者についてほかにわかっていることはほとんどない。「献辞」（以下を見よ）の冒頭によれば，ウォルターという同じくアウグスティノ会修道士の兄弟がいた，ということである。テキストは 1180 年頃のもので，方言はおそらく北部の中部方言である。一連の説教集で，声を出して読み上げられることが意図されている。10,000 行以上が完全な詩行として残っているが，これは（目次によると）計画されていた作品のほんの 1/8 にすぎない。

オルムの作品が興味深いのは，詩的な（15 音節からなる一連の詩行が几帳面に保たれているものの飾り気のほとんどない）文体のためでも，特に内容のためでもなく，その内容については「耐え難いほど散漫な」や「退屈な」というような悪評がつけられている。その重要性は独自の書記法にあり，特に子音字を二重にするというつづり方にある。彼は想定された読者が音読する際に間違いを決して犯さないよう完全無欠の方法を考案している。

オルムの基本規則は閉音節の短母音のあとの子音字を二重にするというもので，この原則を彼は忠実に実現している。彼の考案は言語学者にとっては非常に価値があるもので，初期中英語の母音の長短に関して主要な証拠を提供するものとなっている。彼は自分の行為を明確に自覚しており，どうやらみずからの体系を誇りにしていたらしく，実際献辞の中で将来の写字生に理解するようにと注意している。彼のことを初代英語つづり字改革者と呼ぶ人がいるのもうなずける。

Nu broþerr Wallterr, broþerr min,
　affterr þe flæshess kinde,
Annd broþerr min i Crisstenndom
　þurrh fulluht annd þurrh trow-
　wþe...

Now brother Walter, my brother, after the manner of the flesh and my brother in Christianity through baptism and through faith...
さて，我が血を分けた肉の兄弟であり，洗礼と信仰を通じたキリストの教えのうえでも兄弟のウォルターよ…

規範的な伝統）により，のちにhのついた形が容認発音では多くの語で復活し（ただしhonour（名誉）のようなロマンス語からの借用語は除く），こうして/h-/の有無が社会的な特徴を表す（p.339）ような今日の状況に至った。

新しい対立

いくつかの場面で，対立を示す新しい単位（音素，p.248）が出現した。ずっと重要性を増したのが/v/の音で，フランス語からの借用語に使われていたため，今日の（feel（感じる）とveal（子牛の肉）の）ように，対になっている語を区別し始めた。古英語にも[f]と[v]の音はあったが，語を区別するためには用いられていなかった。同様に，フランス語の影響から/s/と/z/が対立的となった（zeal（熱意）対seal（印章））。そしてこの時期に，語末のngの音/ŋ/が意味の違いを区別し始めた（thing（もの）対thin（細い））。古英語では，この音は必ず後に/g/をともなっていて，例えば*cyning*‘king（王）’は/kynɪŋg/であった。しかし古英語末期に/g/が消失し，/ŋ/だけが示差的単位として残った。

中英語の音韻論研究は複雑な方言事情のため（p.50），ますます難しい（そのため興味深い）ものになっている。一方で，ある文字が出現する方言地域によって違って発音されるかもしれない。例をあげれば，yという文字であり，これは一時期南部では唇を横に開いた音を，北部では唇を丸めた音を表した。他方，ある音が出現する方言地域によって異なったつづりで表されていたかもしれない。こちらの例をあげれば，古英語の/x/があり，語中にある場合，南部ではgh，北部ではchとつづられた（night対nicht（夜））。最後に，つづりが標準化されていなかったため，分析上の慎重さが必要，と心がけるべきである。書き手の癖や写字生の間違いという問題も少なからず発生し，それがこの時期の特質をいっそう複雑なものにし，かつ研究者の決断力を形成するのに一役買っている。

SHE（彼女）の謎

古英語と中英語のあいだで音や語が変化した道筋をたどるのは興味深いことだが，she（彼女）の来歴が示すように，いつも解明できるというわけではない。古英語の大部分の人称代名詞（p.20）と近代英語でのそれとの関係はかなり明白である。だが，hēoとsheをつなぐものは何か？この問題には答えがいくつか提出されてきているが，いまだ未解決である。

- 最も単純な解決策は，hēoがsheへと変化した一連の音変化があった，と論ずるものである。

1. 古英語と中英語のあいだのある時，二重母音が変化し，第1要素が短くなり強勢がなくなった。こうして[he:ə]が[hjo:]になった。
2. 次に[hj]が，現代英語のhuge（巨大な）の場合に起こるのと同様，[ç]のように，口蓋近くで調音されるようになった。
3. 次に[ç]が[ʃ]となり，現代の子音となった。

この説（より好まれる説明であるが）を支持する事実もいくつかある。中英語最初期，北部でschoのようなつづりが見つかっている。また，古ノルド語のHjaltlandが現代のShetland（シェトランド）になったように，類似の発達がいくつかの地名に見られる。この説に対する主たる反論は，第3段階のはっきりとした証拠が，そのような少数の外国の地名を除き，英語ではどの時代にもまったく存在しないということである。たった1語に影響を与えたような音変化を提案することは妥当なのか？また，依然として[o:]から[e:]への変化の問題が残されており，これを解決しないと現代のsheの音に到達することができない。このために，類推のような過程を想定せざるをえなくなる。おそらく，sheの母音はheの母音の影響を受けた，と。だが，これに関する明確な証拠は存在しない。

- ほかには，hēoは定冠詞の女性形であるsēo（その）に由来するとする説がある。最も単純なものでは，上述のものと同様の音変化を仮定し，結果として[sjo:]を導き出す。これなら[ʃo:]からは小幅な1歩しか離れていないので妥当に思える。しかし，依然としてなぜ母音[o:]が[e:]になったのかという問題は残る。
- 第3の議論もsēoから始まるが，音韻論的には別の道をたどる。ノルマン征服の少しのち，ēo[e:ə]の音が変化し，ē[e:]に近くなったことを示す多くの証拠がある。これはhēoとhēが同じに聞こえるという結果をもたらしたであろう。そして，この過程が進み始めると，かなりめんどうなことになったに違いない。話している人がhe（彼）と言っているのかshe（彼女）と言っているのかはっきりわからなくなったと思われる。こういった状況で，2つの語を区別する方法を見つけ出す必要性が生じたのであろう。Sēoがこの必要性を満たした，と提案されている。

なぜ，sēoなのか？ 多くの言語で，人称代名詞と指示代名詞には意味上強い関連が見られ，それは古英語の場合にも当てはまり，sēoは‘he（その）’と同じく‘that（あの）’をも意味した。その関連の強さはp.20（l.16）のテキストに見て取ることができ，男性形のse‘the（その）’が‘the one（その人）’として用いられ，‘he（彼）’と注釈をつけられている。同じことがhēoとの関係でsēoにも当てはまる。後者のはっきりとした音声的特徴を用いて前者の曖昧性を回避するのに役立てようとするのはとても自然なことであろう。母音はすでに現代の音へ向かう途上にあったので，ほかに必要であったことといえば，さらに子音が[s]から[ʃ]へ変化することのみであった。

問題点はここ，この最後の1歩にある。[e:]という母音の前で，[s]が[ʃ]になりうるか？これはsame（同じ）がshame（恥）に変化するのと同等のものだ。[s]から[ʃ]を得るには，より口蓋寄りである[ʃ]の方向にsを「引っ張る」なんらかの仲介音が必要となる。明らかな候補は[j]であり，それ自身が口蓋音であるが，この第3の議論の難点はhēoには[j]はないということにある。ēoが[e:]になったと論じた時点で，[j]の可能性はなくなっているのだ。

このようにshe（彼女）がどこからきたのかは英語史上未解決の謎の1つとして残されている。

中世言葉の古道具

Stanley（スタンリー）という名前は，その短縮形の愛称（別称）であるStan（スタン）と同様，音韻論的に見るととても珍しいものだ。中英語期全般に見られる古い貴族の名前で，またダービー伯（爵）の名字でもある。「石の多い原」を意味し，以前は地名であったと思われる。その名の興味深い点は，古英語の長母音āに影響を与えた通常の音変化の道筋に従わなかったということである。初期中英語で，bān‘bone（骨）’やhām‘home（家）’など多くの語と同じく，stānはstōnとなり，それが現代のstone（石）になった。しかし，その固有名詞は古英語のつづりを保持し（おそらく北部方言の影響のため，p.50），結果として今日Stonely（ストンリー）ではなく，Stanley Holloway（スタンリー・ホロウェイ）〔【訳注】英国の俳優・コメディアン，1890-982〕となっている。

中英語において，語末でh，またghとつづられた軟口蓋摩擦音/x/に面白いことが起こった。/f/と発音されるようになった語もあれば（例，enough（十分な），tough（硬い）），消失してしまった語もある（through（通して），plough（すき））。ある語では，両方の変化が生じ，/x/がなくなったdough（パン生地）と/f/になったduff（ダフ）とで現代の二重語が生まれた。後者は今，プディングの一種plum-duff（プラムプディング）や（おそらく）duffer（‘パン生地男？（いかさま師）’）などにだけ残っている。

中英語の文法

古英語の屈折体系が衰えた（p.32）のち，英語の文法に何が起こったのか。前置きとして重要なことは，言語変化が生ずる一般的な道筋から予想されるように，屈折の消失は急激な過程でも，広域的なものでもなかったと認識することである。屈折の消失は中英語期全般を通じて見られるもので，英国のいろいろな地域でさまざまな折に進行していった。さらに，文法が総合的なものから分析的なものに変わった（p.32）というだけでは中英語の全体像を述べたことにはならない。文法体系のほかの部分で同時に起こっていた個々の変化があり，これらもまた考察の対象に加える必要がある。

語尾から語順へ

とはいえ，文法的な発達の最も重要な点は文の要素間の関係を示す固定した語順の確立である，という見解は否定できない。古英語ではすでに主語－動詞－目的語（SVO）の語順へ向かう流れが認められ（p.20），これがこの時期に一定の構造で強化され，ほかの構造へと広まっていった。『ピーターバラ年代記』からの引用（p.33）は，特に主語が（代名詞や 1 語名詞など）短い場合，動詞を最後に置くかつての形が色濃く残っていたことを示している。

ræueden hi	*robbed they*（彼らは略奪した）
forbaren hi	*spared they*（彼らは許した）
was corn dære	*was corn dear*（穀物は高価だった）

や，ほかにも現代の語順から外れるものが同じテキストから見て取れる。

ne næure hethen men werse ne diden
nor never heathen men worse not did
（異教の徒がこれ以上の悪事をなしたことはなかった）

こういった変異は中英語末期でも目につき，チョーサーの inspired hath（目覚めさせた）や so priketh hem nature（そうすると自然が心をうずかせる）（p.39）などの例に見られるように，詩の韻律の要請による場合特に多い。しかし，SVO へ向かう底流は変えにくいものだった。この年代記は SVO を，数年前のウエストサクソン方言のテキストよりもずっと一貫して用いており（この対比は従属節で特に顕著で），チョーサーでは SVO が群を抜いて支配的な語順である。

名詞の語尾が失われると，前置詞が特に重要なものになった。例えば，古英語では þæm scipum のように ‘the（その）’ と ‘ship（舟）’ の両方の語に「与格」語尾をつけて言っていたものが，中英語では to the shippes と前置詞と一般的な複数語尾を用いて言うようになった。名詞の格で近代英語まで残っているのはただ 1 つ，属格（書きことばでは *'s* または *s'*）で，この遺物はのちの数世紀にわたり問題を引き起こし続けた（p.215）。また，人称代名詞の中には古い与格を保ち続けたもの（he（彼は）と him（彼に）や，she（彼女は）と her（彼女に）など）もある。

動詞の語尾はこの時期，古英語の語尾に近いもののままであった。たいていの動詞は以下のような形式だったと考えられ，ここではチョーサーの英語の *turnen* ‘turn（向きを変える）’ の例を示すが，北部方言の *-eth* の代わりに *-es* を用いるなど，方言による一定の差異は考慮外とする（異形はカッコに入れて示す）。

	現在時	過去時
(I)	turn(e)	turned(e)
(thou)	turnest	turnedest
(he／she／it)	turneth	turned(e)
(we／you／they)	turne(n)	turned(en)

現代の体系への移行，すなわち現在時では turn と turns のみで，過去時ではすべて turned となる最終的な簡略化（p.216）は中英語期のあとで起こった。

語順の変化をたどる

1 つのテキストにどんな構造が見られるか観察することにより，中英語で新しい語順が徐々に発達していく様子を知ることができる。この期間の当初にはかなりの多様性が認められるが，初期近代英語に近づくにつれてだんだんと多様性が失われていく。ある研究は，12 世紀の『オルムルム』（p.42）の 1500 行以上の全行を調べ，主語，動詞，および目的語（SVO）の要素の順番を明らかにした。1,697 の文が分析され，ここに主な結果を図示する。(R.A. パルマティエ（R. A. Palmatier），1969 に従う）

全体的に SVO の陳述文語順が目立つが，多数の倒置も見られる。詳しく分析するといくつか興味深い特徴が明らかになる。

- ほとんどの VS 語順は主節に見られる。従属節の 97%は SV 語順であるが，主節では 67%にすぎない。
- VS はある統語的環境で特によく見られる。否定語もしくは間接目的語が文頭に現れる場合，VS の語順が義務的と思われる。文が副詞で始まる場合，かなり VS になりやすく，VS の全例のうち 57%は副詞が先行するものである。

Ne shall he drinnkenn
　Nor shall he drink
　そやつは飲むべからず
Forrti wass mikell wræche sett
　Thus great punishment was set
　そして厳しき罰が下った

- OV の数値もまた分析される必要がある。O が代名詞の場合，V の前に現れる場合もあれば，V のあとの場合もある（51% 対 49%）。しかし，O が名詞の場合，V の前に出現することはまれである（18% 対 82%）。これは『ピーターバラ年代記』について指摘したのと同じ図式である。

このように数を数えてみても，説明への探究が始まったにすぎない。VS の倒置を引き起こすのは，副詞の何なのか？時，場所，否定の副詞が特に影響力が強いように思われる。文のある要素の変化する速度がほかの要素の変化速度と異なるのはなぜか？ OV の型はかなり早い時期に VO となるが，SV の陳述文語順がほとんどの環境で普通になっているにもかかわらず，VS の型がいくつかの環境で初期近代英語まで根強く残っている。

中英語研究者は，こういった類の疑問を探究している。もちろん近代英語にも，語りの部分で使われる said he などのように，陳述文で倒置が生ずる特別な場合がある。否定の副詞は今でも倒置を要求する（Hardly had he left（彼が出発するやいなや），Never have I heard（耳にしたことなど私はない））。そして詩では，Tomorrow shall I leave（明日我は出立する：陳述文として）あるいは There would he stay（そこに彼はとどまるのだった）のような例を見出すだろう。こういった例で我々は 1,000 年前の語順の好みを垣間見ているのだ。

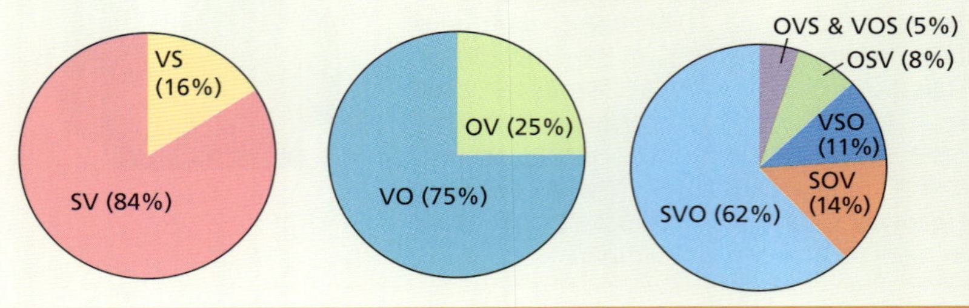

英文法の新しい特徴

中英語期はとても興味深いが，それは近代英語の文法の重要な特徴のいくつかがどこからきたか教えてくれるからである。また英語の用法について，今日の議論に有益な視点を提供してくれるのだが，それは21世紀のだらしない言い方として問題視されている多くの用法がとても早い時期から数多く見受けられるからである。

後位修飾属格

この構造は名詞句の属格形の代わりにofを用いる。現在はthe back of the house（家の奥）と言い，*the house's backとは言わない（p.214）。このofの形式は後期古英語ではほとんど用いられなかったが，後期中英語では属格構造の80%強がこの種のものだった。フランス語のde（～の）を用いた類似構造の影響がこの変化を加速した一因だったであろう。属格語尾は詩ではずっと長く用いられていたが，それは詩人に韻律の上で役に立つ選択肢を提供していたためである。近代英語と同じく，屈折属格は人を表す名詞の場合に残った（the boy's book（少年の本））。

「群属格」（例，the Duke of York's hat（ヨーク公爵の帽子））もこの時期に出現し，2つの名詞句が分離されている構造（the Duke's hat, of York）に取って代わった。くり返しになるが，この発達もゆっくりとしたもので，句の種類によって早く影響を受けたものや遅れて影響されたものがある。チョーサーには，例えば，Wyves Tale of Bath（バースの女房の話）と同時にGod of Loves servantz（恋愛の神のしもべ）も存在する。また，属格語尾を属格代名詞で置き換えた例も見られる（The Man of Lawe his Tale（法律家の話））。この形式は消失する前に，初期近代英語でさらに一般的な用法になったため，'sという語尾は人称代名詞hisの縮約形である（p.215）という，今でも時々見かける議論をあおることになった。

否定

『ピーターバラ年代記』からの引用（p.33）で目を引く特徴は，古英語から継続して用いられている「二重」あるいは「三重」否定を含む構造である。これらは正しく解釈される必要がある。「2つの負の数の積は正の数になる」という数学の規則を用いてそれらの意味を打ち消し合わせる誘惑にかられてはならない。現代の規範主義者たちの努力（p.388）にもかかわらず，英語の否定の体系がその数学の規則のように機能したことはない。最初期の英語のテキストが示す原則は単純だ。余分な否定語は強調の度合いを増し，否定の意味合いをより強くする。否定のneの要素が『ピーターバラ年代記』の例においてどう強意的だったのかは定かではないが，累積的な効果は疑いようがない。

ne hadden nan more to gyuen
(they) had no more to give
（彼らには）与えるものが皆無となった
for nan ne wæs o þe land
for there was none in the land
というのも国になにもなかったのだった

中英語期に状況は単純になった。中英語期の初頭，古英語の二重否定（ne...naht）は頻繁に用いられていたが，末期までには1つの形式（natまたはnot）が否定を表すようになり，ほかの否定語の前でneは省略されるようになっていった。これがのちに標準英語でも受け入れられた状況だが，強調の原則は非標準変種に残り，今日も用いられている（p.346）。

不定詞のしるし

古英語で，不定詞は *-(i) an* という屈折語尾で示されていた（p.20）。これが衰退するにつれ，toという不変化詞が取って代わり始めた。起源は前置詞であり，toは目的（'in order to（～するために）'）を表す標識としての機能を発達させたが，その後意味内容をすっかり喪失し，単に不定詞を表す記号として働くようになった。For toを用いる構造が，こちらも目的を表すもので，初期中英語において発達したものの，これもまた意味上の力を失い，単に詩で韻律上有益な1つの選択肢にすぎないものになった。チョーサーは『カンタベリー物語』で，両方の形式を用いている。

Thanne longen folk *to goon* on pilgrimages
そして人びとは巡礼に行きたくなるのだ
And palmeres *for to seken* straunge strondes...
そして巡礼たちは見知らぬ国を求めて…

Toが不定詞を示す指標として用いられ始めると，我々はすぐにそれが動詞から分離されるのを目にする。早くも13世紀には，*for to him reade* 'to advise him（彼に助言するために）'（ラヤモンの『ブルート』）のように，副詞や代名詞が挿入され，時に，この15世紀の司教レジナルド・ピーコック（Reginald Pecock）の例のように非常に長い構造が差し込まれた。

for to freely and in no weye of his owne dette or of eny oþer mannys dette to ȝeve and paie eny reward... (*The Reule of Crysten Religioun*)
みずから，決して自分の負債からまたは他人の負債からではなく，なんらかの報酬を支払うために…（『キリスト教のきまり』）

多くのこのような例が示すように，不定詞の分離は，規範主義者が論じるような英語の不自然な用法ではまったくなく，現代的な現象でもないのは確かである（p.207）。

基礎

中英語期は後に出現するいくつか重要な構造の基礎を築いた。これらの中でも大切なのは（I am running（私は走っている）のような）進行形で，この時期の終盤に向かって特に北部のテキストでかなり頻繁に用いられた。その後，初期近代英語になると，劇的に用例が増加した。

現代の進行相は助動詞（be）を必要とするが，この機能も中英語期に生じた（p.237）。しばらくhaveとbeは完了相の表現として競合した。例えば『カンタベリー物語』では，*ben entred*（'are entered'）や *han entred*（'have entered'）が両方とも（「入った」という）過去時を表す文脈で用いられた。Beは受動構文でも用いられていたので（p.204），この状況は曖昧となる可能性をたぶんに含んでいた。完了相にhaveが用いられるようになり，受動態と進行相にbeが用いられるようになって，問題は解消された。同時に，doも疑問（does he know?（彼は知っているか））や否定（I didn't go（私は行かなかった））を表す「虚」語としての機能を発達させた。そして法助動詞（will（…だろう），shall（…でしょう），may（…かもしれない），might（ひょっとすると…かもしれない），can（…でありうる）など）が新たな機能を担うようになった。それらの意味は古英語末期の仮定法の意味合いと重なり始めていたが，いったん動詞がその仮定法活用語尾を失うと，法助動詞が可能性や必然性といった意味を表す唯一の表現方法となった。

（O.フィッシャー（O. Fischer），1992に従う）

新しい代名詞の形

中英語期に，3人称複数人称代名詞の体系全体が徐々にスカンディナヴィア語の形式に取って代わられた。古英語の体系は *h-* で始まる語形を用いた（p.21）。スカンディナヴィア語の形式は *þ-* で始まり，まず北部方言に登場し，ゆっくりと南部へ広がった。*þ-* で始まる体系の中には早く広まったものもあった。たいていまず主格形が最初に影響を受け，次が属格形であった。主格þeiは14世紀中にロンドンに達し，チョーサーでは，それに属格のher (e) あるいはhir (e)，さらに目的格hemを加えて，すべてが規則正しく使われた。15世紀中にtheirが標準となり，16世紀の初めまでにはthemが続いた。

旧体系（*h-* のみ）

Me dide cnotted strenges abuton *here* hæued...
Hi diden *heom* in quarterne
One placed knotted cords about their head...
They put them in a cell...
（結び目をつけたひもを彼らの頭にまわし…彼らは彼らを牢獄に入れ…）
（12世紀，『ピーターバラ年代記』）

新旧混合体系（*h-*，*th-*）

Eten and drounken and maden *hem* glad...
Hoere paradis *hy* nomen here
And nou *þey* lien in helle ifere...
[they] ate and drank and enjoyed themselves
Their paradise they received here
And now they lie in hell together...
食べて飲んでみずから楽しみ，
彼らの天国を彼らはここで受け入れ，
今や彼らはともに地獄に横たわる…
（13世紀の詩）

新体系（主格 *th-* 確立）

And pilgrimes were *they* alle...
So hadde I spoken with *hem* everichon [everyone]
That I was of *hir* felaweshipe anon
そして彼らは皆巡礼であった
だから私は彼ら一人ひとりに話しかけ
その結果，私はすぐに彼らの仲間になった
（14世紀末，『カンタベリー物語』）

すべての *th-* 確立

And alle other that be understanding and fyndyng ony defaute, I requyre and pray *them* of *theyre* charyte to correcte and amende hit; and so doyng *they* shal deserve thanke and meryte of God...
そして理解してくださり，なんらかの誤りを見出した方はどなたでも，どうか愛の精神から誤りを正し，修正してくださいますよう方々にお願いいたします。そうすることで，その方々が神の恵みと功徳を得ることになりましょう。
（15世紀末，ウィリアム・カクストン，『塔の騎士』への序）

中英語の語彙

『ピーターバラ年代記』（p.32）の語彙は中英語期の語彙全体の特徴を表しているわけではない。ノルマン人の征服後ほぼ 1 世紀が経ってから書かれたにもかかわらず，この時代の際立った特色となるフランス語語彙の影すらも見当たらない。年代記の語彙は依然としてウエストサクソン方言の文語体に見られるような，大部分はゲルマン語派のもので，それにラテン語とスカンディナヴィア語が混じり合ったものだった（p.24）。いくつかの語はその後英語から消えた。例えば，*pines* ‘cruelties（残酷な行為）’ や *namen* ‘took（取った）’ はもはや使われない。そして今日もまだ用いられている語で，意味が変わったものがある。wonder は「驚くべきこと」と同様「残虐行為」を表せたし，flesh は一般的な「食用肉」の意味だった。このような「類似形異義語」は中英語のテキストを読む際，誤解を与えるほど現代語と形が似ているため，絶えず問題となる。

フランス語の要素

フランス語の影響は 13 世紀の英語の写本で徐々に明らかになっていった（p.31）。当時 10,000 語程度がフランス語から英語に入ってきたと見積もられており，その多くは（アラビア語からの alkali（アルカリ）のように）もっと離れた言語から以前に借用されたものであった。これらの語は主に法や行政の仕組みに関わるもので，中には医学，芸術や服飾のような分野のものもあった。新語の多くは普通の日常生活に関する語であった。70% 以上が名詞だ。多くが抽象的な語で，フランス語の新しい接辞 *con-, trans-, pre-, -ance, -tion, -ment* などを用いて作られていた。こういったフランス語からの借用語の 3/4 ほどは今日の英語でもなお使われている。

新語が入ってきたため，アングロサクソン時代からすでに英語にあった語と二重になることが多々あった。そのような場合，2 通りの結果となった。ある語が別の語に取って代わるか，あるいは，2 語が共存し少し異なった意味を発達させるかである。第 1 の結果がとても多く，たいていフランス語からの語が古英語からの語を駆逐した。例えば，leod は people（人びと）に，wlitig は beautiful（美しい）に，名詞の stow は place（場所）に，席を譲った。数百の古英語（OE）の語がこのようにして失われた。しかし同時に，古英語由来のものとフランス語（F）からの語が両方とも，意味やニュアンスを変えて残った場合もしばしばある。例えば，doom（OE）（最後の審判）と judgment（F）（裁き），hearty（OE）（心からの）と cordial（F）（誠心誠意の），house（OE）（家）と mansion（F）（大邸宅）（p.134）のようなものである。時として，対の語の一方がもう一方の注釈をするかのように両者を並べて用いることがある。for routhe and for pitee（同情心から）はチョーサーの例で，法律用語はこの種の等位接続をしばしば発達させた（p.398）。早くも 13 世紀中頃には，英語とフランス語間の理解を促すため，2 言語語彙対照表が作られていた。

宮廷フランス語の借用

自分の作品を貴族とそのご夫人方に朗読するチョーサーの姿を描いた 1400 年頃の彩画。

チョーサーが生きていた時代にフランス語から英語に入ってきたと思われる語は，中英語の初期に入った語とは少々趣を異にする。ノルマン人征服者のフランス語は，フランス語の北部方言であり，これが 200 年にわたって英国社会に君臨した（p.30）。だが，12 世紀までにパリがフランスの影響力の中心となり，新しい借用語がその地域の方言から入ってくるようになった。

パリの宮廷が威信を増すにつれ，パリのフランス語が格式高い方言となった。やがて英国の貴族学校で教えられるようになったフランス語はこの変種になり，初期に英語の影響を受けたフランス語の変種は無教養，ひょっとすると（ミドルセックス州ストラットフォード・アッテ・ボーウェのベネディクト会女子修道院でフランス語を学んだという女子修道院長についてのチョーサーの評言の解釈がこれで正しいとすれば）ちょっとした物笑いの種と見なされた。

And Frenssh she spak ful faire and fetisly [*gracefully*],
After the scole [*school*] of Stratford atte Bowe,
For Frenssh of Parys was to hire unknowe [*her unknown*].

そして，フランス語を彼女はとてもきれいで滑らかに話した
ストラットフォード・アッテ・ボーウェにある女子修道院の流儀で
なぜならパリのフランス語を彼女は知らなかったから

語彙の視点に立つと，こういった方言の違いに注目することは大切で，そうしないとある種のつづりの違いを説明することができない。方言の違いの影響を受けたいくつかの対の借用語（すべてが近代英語に残っているわけではない）がある。

ノルマン人のフランス語	パリのフランス語
calange（1225）（異議）	challenge（1300）
canchelers（1066）（大法官）	chanceleres（1300）
wile（1154）（策略）	guile（1225）
warrant（1225）（保証）	guarantee（1624）
warden（1225）（保護者）	guardian（1466）
reward（1315）（報酬）	regard（1430）
conveie（1375）（護送）	convoy（1425）
lealte（1300）（忠誠）	loialte（1400）
prisun（1121）（監獄）	prison（1225）
gaol（1163）（牢）	jail（1209）

中央フランス語のつづりの方がノルマンつづりのものより時間的に後である。当時の英語のつづり字の慣習の不確かさ（p.40）のためもあり，状況がいつも明快というわけではないが，中英語初期にはフランス語からの借用に 2 つの別な段階があったことを示す証拠は十分にある。

（D. バーンリー（D. Burnley），1992 に従う）

フランス語が英語の語彙に与えた影響

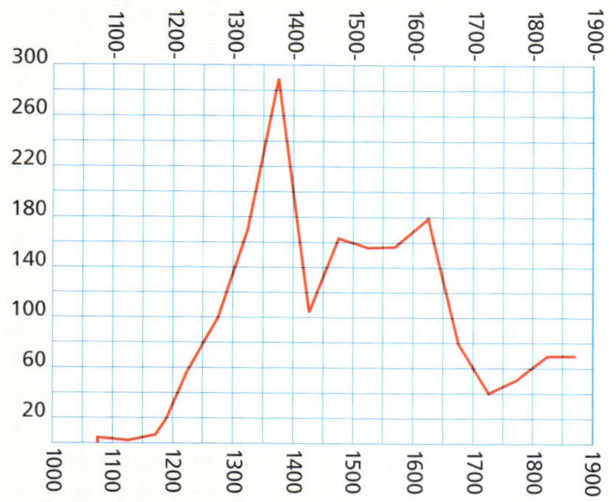

この表はアングロサクソン時代末期以降，フランス語から英語に語が流入する速度の推移を示したものであり，各語彙項目が最初に英語のテキストで用いられた年代を示してくれる歴史的な辞書の記載にもとづいている。フランス語からの借用速度は 14 世紀後半に最盛期を迎える。

このような包括的な数字は注意深く解釈する必要がある。というのも，いろいろな種類のばらつきを隠してしまうからである。例えば，中英語期初期にフランス語からの借用語は，宮廷詩で用いられる傾向が強く，英国南部でよく見られ，フランス語からの翻訳作品にずっとより多く用いられていた。しかし，中英語期の終わりまでには，フランス語起源の語が英語に行き渡ったことは疑う余地がない。チョーサーを 1 つの判断基準とすると，『カンタベリー物語』の序文 858 行に，フランス語からの借用語がおよそ 500 種ある。

上流階級の感触

貴族とその使用人に関わる英語のほぼすべての語は（今日の意味と中世時代の意味が多少違っていることはよくあるが）フランス語起源である。主な例は，baron（男爵），count(ess)（伯爵（夫人）），courtier（廷臣），duchess（公爵夫人），duke（公爵），marchioness（侯爵夫人），marquis（侯爵），noble（貴族），page（騎士見習い），peer（貴族），prince（王子），princess（王女），squire（騎士の従者），viscount(ess)（子爵（夫人））である。King（王），queen（女王），lord（貴族），lady,（(貴族の）夫人），knight（勲爵士），earl（伯爵）はアングロサクソン由来で例外である。

同じく，ごく有名な宝石の名前もみなフランス語系である（amethyst（アメシスト），diamond（ダイヤモンド），emerald（エメラルド），garnet（ガーネット），pearl（真珠），ruby（ルビー），sapphire（サファイア），topaz（トパーズ），turquoise（ターコイズ））。

中英語におけるフランス語からの借用語の例

行政

authority（権威），bailiff（土地管理人），baron（男爵），chamberlain（家令），chancellor（大法官），constable（治安官），coroner（検視官），council（評議会），court（法廷），crown（王冠），duke（公爵），empire（帝国），exchequer（国庫），government（政治），liberty（自由），majesty（王威），manor（荘園），mayor（首長），messenger（使者），minister（大臣），noble（貴族），palace（宮殿），parliament（議会），peasant（農民），prince（王子），realm（国土），reign（治世），revenue（歳入），royal（王の），servant（使用人），sir（閣下），sovereign（元首），squire（地主），statute（法律），tax（税），traitor（裏切り者），treason（反逆罪），treasurer（財務担当者），treaty（条約），tyrant（専制君主），vassal（封臣），warden（監督者）

法律

accuse（告発する），adultery（不義），advocate（支持する），arrest（拘束する），arson（放火），assault（暴行），assize（巡回裁判），attorney（代理人），bail（保釈），bar（法廷），blame（非難），chattels（家財），convict（有罪と決する），crime（犯罪），decree（命令），depose（宣誓証言する），estate（財産），evidence（証拠），executor（執行者），felon（重罪犯人），fine（罰金），fraud（詐欺），heir（相続人），indictment（起訴），inquest（審問），jail（刑務所），judge（裁判官），jury（陪審），justice（正義），larceny（窃盗），legacy（遺産），libel（文書名誉棄損），pardon（恩赦），perjury（偽証），plaintiff（原告），plea（抗弁），prison（監獄），punishment（処罰），sue（訴える），summons（召喚），trespass（侵害），verdict（評決），warrant（令状）

宗教

abbey（大修道院），anoint（聖別する），baptism（洗礼），cardinal（枢機卿），cathedral（大聖堂），chant（聖歌），chaplain（司祭，牧師），charity（愛），clergy（聖職者），communion（聖さん），confess（告白する），convent（修道会），creator（創造主），crucifix（十字架像），divine（神の），faith（信仰），friar（たくはつ修道士），heresy（異端），homily（説教），immortality（不死），incense（香），mercy（慈悲），miracle（奇跡），novice（修練士），ordain（叙階する），parson（教区牧師），penance（告解），prayer（祈り），prelate（高位聖職），priory（小修道院），religion（宗教），repent（悔悟する），sacrament（秘跡），sacrilege（聖所侵犯），saint（聖人），salvation（救済），saviour（救世主），schism（分離），sermon（説教），solemn（厳粛な），temptation（誘惑），theology（神学），trinity（三位一体），vicar（司教代理），virgin（聖処女），virtue（徳）

軍事

ambush（待伏せ），archer（弓の射手），army（軍隊），barbican（外塁），battle（戦い），besiege（包囲する），captain（指揮官），combat（戦闘），defend（防御する），enemy（敵），garrison（守備隊），guard（見張り），hauberk（中世の長い鎖かたびら），lance（やり），lieutenant（副官），moat（堀），navy（海軍），peace（平和），portcullis（落とし格子），retreat（退却），sergeant（従士），siege（包囲），soldier（兵士），spy（密偵），vanquish（征服する）

飲食

appetite（食欲），bacon（ベーコン），beef（牛肉），biscuit（ビスケット），clove（チョウジ），confection（菓子），cream（クリーム），cruet（薬味入れ），date（ナツメヤシ），dinner（ディナー），feast（祝宴），fig（イチジク），fruit（果実），fry（いためる），grape（ブドウ），gravy（肉汁），gruel（オートミールがゆ），herb（ハーブ），jelly（ゼリー），lemon（レモン），lettuce（レタス），mackerel（サバ），mince（ひき肉），mustard（マスタード），mutton（羊肉），olive（オリーブ），orange（オレンジ），oyster（カキ），pigeon（ハト），plate（皿），pork（豚肉），poultry（食用飼鳥類），raisin（干しブドウ），repast（食事），roast（焼く），salad（サラダ），salmon（サケ），sardine（サーディン），saucer（受け皿），sausage（ソーセージ），sole（ヒラメ），spice（香辛料），stew（シチュー），sturgeon（チョウザメ），sugar（砂糖），supper（夕食），tart（タルト），taste（味），toast（トースト），treacle（糖蜜），tripe（トライプ），veal（子牛の肉），venison（鹿肉），vinegar（食酢）

服飾

apparel（衣服），attire（衣装），boots（ブーツ），brooch（ブローチ），buckle（締め金），button（ボタン），cape（ケープ），chemise（シュミーズ），cloak（マント），collar（襟），diamond（ダイヤモンド），dress（服装），embroidery（刺しゅう），emerald（エメラルド），ermine（オコジョ），fashion（流行），frock（フロック），fur（毛皮），garment（衣服），garter（靴下留め），gown（ガウン），jewel（宝石），lace（レース），mitten（ミトン），ornament（装飾），pearl（真珠），petticoat（ペチコート），pleat（プリーツ），robe（ローブ），satin（サテン），taffeta（タフタ），tassel（ふさ），train（もすそ），veil（ベール），wardrobe（衣装だんす）

（巻末 p.509 へ続く）

ラテン語の役割

フランス語は中英語語彙の成長に最も大きな影響を与えた（p.46）が，決してそれが唯一のものではなかった。14 世紀から 15 世紀のあいだに，数千語がラテン語から直接英語に入った（とはいえ，フランス語経由の可能性を排除することはかなり困難である）。これらの語のほとんどは，専門的あるいは学術的なもので，宗教，医学，法律，文芸などの分野に関するものであった。また，「高尚な」文体を意識的に作り出そうとする書き手が借用を試みたものも数多く含まれていた。ただし，こういった「美辞」のうち，英語に残ったものはほんの少数である（例：meditation（黙想），oriental（東方の），prolixity（冗長））。大多数は生まれると同時に消え去った（例：abusion（濫用），sempitern（永遠の），tenebrous（暗い））。

フランス語とラテン語から同時期に借用されたことで近代英語の語彙にかなりきわだった特徴が生まれた。kingly/royal/regal（王の），また rise/mount/ascend（のぼる）のように（p.134）基本的にみな同じ概念を表すが，微妙に意味や趣の異なる 3 語 1 組が形成されたのである。通常，最初の古英語からの語が最も一般的で，2 番目のフランス語からのものがより文語的，3 番目のラテン語からの語がより学術的である。

ほかの源泉

北欧からの侵入もまたこの時期に影響を見せている。主な借用時期はずっと早かったに違いないが，スカンディナヴィア語からの借用語は古英語では比較的まれで，13 世紀がだいぶ進むまでほとんど写本に現れておらず，しかもデーン人の定住がかなり集中していた北部地域を中心としている。古英語の章（p.25）に借用語の一覧が掲載されている。

ほかのいくつかの言語もこの時期にちらほらと新語を供給しているが，すべてが現存するわけではない。北海沿岸の低地帯との接触は，オランダ人との商業や海運上のつながりから，*poll*（‘head（頭）’），*doten*（‘be foolish（愚かな）’），*bouse*（‘drink deeply（大酒を飲む）’），*skipper*（‘ship’s master（船長）’）などをもたらした。ほかの借用語には，*cork*（コルク，スペイン語），*marmalade*（マーマレード，ポルトガル語），*sable*（クロテン，ロシア語），*lough*（湖，アイルランド語）があり，特に科学関連の語が多数アラビア語から借用された（saffron（サフラン），admiral（海軍大将），mattress（マットレス），algebra（代数），alkali（アルカリ），zenith（天頂））。たいていの場合，語はほかの国（や言語）を通って旅した後に，しばしばフランス語経由で英語に入ってきた。好例はチェスの用語（chess（チェス），rook（ルーク），check（王手をかける），mate（王手詰めにする））で，フランス語から直接英語に入ったものであるが，起源はペルシャ語である。

こういったさまざまな借用が英語語彙の構成に与えた影響はめざましいものであった。初期中英語では，90% 以上の語（語彙素の数，p.133）が英語本来語起源であった。中英語期末までに，この割合は 75%近くまで下がった。

中英語におけるラテン語からの借用例

行政と法律
alias（別名），arbitrator（仲裁人），client（依頼人），conspiracy（陰謀），conviction（確信），custody（保護），gratis（無料で），homicide（殺人），implement（代理人），incumbent（現職の），legal（法律の），legitimate（合法の），memorandum（覚書），pauper（貧困者），prosecute（起訴する），proviso（但し書），summary（要約），suppress（鎮圧する），testify（証言する），testimony（証言）

科学や学問
abacus（計算盤），allegory（寓意物語），comet（ほうき星），contradiction（矛盾），desk（机），diaphragm（横隔膜），discuss（議論する），dislocate（位置をずらす），equator（赤道），essence（本質），etcetera（そのほか種々の物），explicit（明示的な），formal（正式の），genius（天才），history（歴史），index（索引），inferior（劣った），innumerable（無数の），intellect（知性），item（項目），library（図書館），ligament（じん帯），magnify（拡大する），major（大きい方の），mechanical（機械の），minor（小さい方の），neuter（中性の），notary（公証人），prosody（韻律論），recipe（作り方），scribe（写字生），simile（直喩），solar（太陽の），tincture（色合い）

宗教
collect（集祷文），diocese（教区），immortal（不死の），incarnate（肉体をもつ），infinite（無限の），limbo（辺獄），magnificat（賛歌），mediator（仲介者），memento（記念の品），missal（祈祷書），pulpit（説教壇），requiem（悲歌），rosary（ロザリオ），scripture（聖典），tract（小冊子）

（巻末 p.509 へ続く）

ウィクリフ聖書

ジョン・ウィクリフ（1384 没）が訳したとされる聖書の翻訳者は定かではない。ウィクリフの見解の異端的な性格のため，彼の著作の初期のものの多くが破棄された。また，彼の支援者には翻訳の仕事をなし遂げる手伝いをした学者が数名含まれていた。しかし，翻訳をしようという着想は疑いなくウィクリフ自身のもので，特に平信徒が母語で聖書を読めるようにすべきだという点に彼は心を寄せていた。最初の翻訳は聖ヒエロニムス（St Jerome）のラテン語版を用い，1380 年から 1384 年のあいだになされた。

ウィクリフの手法は，ラテン語テキストの語の言い換えに大きく依存し，できる限りもとの文体を維持しようとするものだった。結果として，彼の翻訳での用法が英語の初出となる 1,000 語以上のラテン語が用いられることになった。翻訳のどこから抜粋しても，直接借用によるものであれ，フランス語経由で知られるようになったものであれ，ラテン語の語彙の影響が認められ，これらのものは以下に斜字体で示されている。

And it was don, in tho daies: a *maundement* went out fro the *emperrour* august: that al the world schulde be *discryued* / this first *discryvynge* was made of siryn *iustice* of sirie / and alle men wenten to make *professioun* eche in to his owne *citee* / Ioseph wente up fro galile, fro the *citee* nazareth, in to iudee, in to a *cite* of davits that is clepid bethleem, for that he was of the hous and of the *meynee* of davith, that he schulde knowleche with marie, his wiif that was weddid to hym, and was greet with child /...ye schuln fynde a yunge child wlappid in clothis: and leide in a *cracche* / and *sudeynli* there was made with the *aungel* a *multitude* of heuenli knyghthod: heriynge god and seiynge / *glorie* be in the highist thingis to god: and in erthe *pees* be to men of good wille. (From Luke 2. 1-14.)

（巻末 p.509 へ続く）

ウィクリフの遺骨の焼却，死後 41 年

語彙の感触

中英語期に大量に行われた外国語からの借用を肌身に感じる１つの方法は，１つのテキストを選び，『オックスフォード英語辞典（*Oxford English Dictionary*）』やもっと語源に特化した辞書類（p.146）を用いて，借用語を見つけ出してみることである。初期中英語の『ピーターバラ年代記』の抜粋（p.33）でこれを実行してみれば，借用語はかなり少数となろう。古英語に用例が見つからない語は，スカンディナヴィア語の hærnes（頭）（2行目），drapen（殺す）（4行目）と rachenteges（拘束具）（9行目），ラテン語の crucethus（拷問部屋）（5行目）のみである。

対照的に，以下の引用は両方とも後期中英語のテキストからのもので，主題は類似のものだが，借用の大きな影響を示している（借用語はみな斜体）。

- スカンディナヴィア語からの借用語には *get*（手に入れる），*wayk*（弱い），*haile*（たたえる），*sterne*（星），*ball*（たま），*birth*（子），*fro*（〜から）などがある。
- フランス語から直接借用の語には *empryce*（女王），*riall*（王の），*spyce*（芳香），*cristall*（水晶），*soverayne*（至上の），と *flour*（花）などがある。
- フランス語経由でラテン語から入ったものには *sapience*（知恵），*reverence*（尊敬），*magnificence*（荘厳），*science*（学問），*suffragane*（助力者）などがある。

２番目の一節には特徴的なラテン語が多数含まれており，中英語末期から後の世に（p.61）数名の作家が意識的に用いた「華麗語法」の一例となる。これには *imperatrice*（女帝），*mediatrice*（女性の仲介者），*salvatrice*（女性救済者），*virginall*（純潔の），*pulcritud*（美），*celsitud*（威厳）などがある。

（D. バーンリー（D. Burnley），1992 に従う）

カンタベリー物語

（『女子修道院長の話』の序より）

【訳注】現代英語を[ ]に付す】

O mooder Mayde! o mayde Mooder free!　ああ，母なる乙女，ああ，誉高き乙女なる母

O bussh *unbrent brennynge* in Moyses sighte, [unburned burning]　ああ，モーセの目の中で燃え尽きることなく燃える茂み

That *ravyshedest* doun *fro* the *Deitee* [ravished from Deity]　神から燃え降りた火で焼かれても

Thurgh thyn *humblesse*[humbleness] the Goost that in th'alighte,　あなた様の謙虚さを通じ，精霊があなた様に降り下り，

Of whos *vertu*[virtue], whan he thyn herte lighte　そのお方の徳によって，そのお方があなた様の心に火を灯した時

Conceyved[conceived] was the Fadres *sapience*,　父の英知が授けられました。

Help me to telle it in thy *reverence!*　どうかお願いいたします，私が語ることをお導きください。

Lady, thy *bountee*[bounty], thy *magnificence*,　聖母様，あなた様の善，荘厳

Thy *vertu*, and thy grete *humylitee*, [virtue humility]　徳，そして大いなる謙虚さ

Ther may no tonge *expresse*[express] in no *science*;　誰もどんな学問をもってしても語ることができません。

For somtyme, Lady, er men *praye*[pray] to thee,　というのもしばしば，聖母様，人があなた様に祈る前に，

Thou goost biforn of thy *benyngnytee* , [benignity]　あなた様はお優しさから先まわりし

And *getest* us the lyght, of thy *preyere*, [get prayer]　あなた様の祈りから，我々に光をお示しになります

To *gyden*[guide] us unto thy Sone so deere.　我々をあなた様のとてもいとしきみ子へと導くために。

My konnyng is so *wayk*[weak], o blisful Queene,　私の技量はとてもお粗末です，ああ，至福の女王様

For to *declare* thy grete worthynesse　あなた様の究極の善を語ることは

That I ne may the weighte nat *susteene* [sustain];　私には荷が重過ぎます。

But as a child of twelf month oold, or lease [old less],　ですが，１歳かもっと幼い

That kan unnethes any word *expresse*[express],　ほとんどことばをしゃべることができない子どものように

Right so fare I, and therfore I yow *preye* [pray],　まさにそのように私は進めてまいりますので，お願いいたします。

Gydeth[guide] my song that I shal of yow seye.　あなた様について語る私の歌をお導きくださいませ。

ウィリアム・ダンバー（William Dunbar）の詩より（p.53）

Empryce of *prys, imperatrice,*　かけがえなき女王，女帝

Bricht *polist precious* stane;　輝かしく磨かれた宝石。

Victrice of *vyce*, hie *genitrice*　悪の征服者，高貴なる母

Of Jhesu lord *soverayne;*　至上の主イエスの。

Our wys *pavys fro enemys*　敵に対する我々の賢明な盾

Agane the Feyndis *trayne;*　悪魔の謀略に対しての。

Oratrice, mediatrice, salvatrice,　仲裁者，媒介者，救済者であり

To God gret *suffragane;*　神への崇高な助け人。

Ave Maria, gracia plena:　ごきげんようマリア様，恵み深きお方

Haile, sterne, meridiane;　幸いあれ，昼の星

Spyce, flour delice of paradys　楽園の芳香，喜びの花

That baire the *gloryus grayne.*　神々しいみ子をお生みになった方。

Imperiall wall, *place palestrall*　堂々とした壁，荘厳な宮殿

Of *peirles pulcritud;*　比類なき美しさの。

Tryumphale hall, hie *trone regall*　勝利の広間，高貴な玉座

Of Godis *celsitud;*　神の威厳の。

Hospitall riall, the lord of all　堂々とした避難所，あらゆる者の主

Thy *closet* did *include;*　あなた様の奥の間には

Bricht *ball cristall, ros virginall*　きらきらと輝く水晶の玉と，純潔なバラの花があり

Fulfillit of *angell* fude.　天使の糧が満ち満ちています。

Ave Maria, gracia plena:　ごきげんようマリア様，恵み深きお方

Thy *birth* has with his blude　あなた様のみ子はそのお方の血をもって

Fra fall *mortall originall*　おそろしい原罪への堕落から

Us *raunsound* on the rude.　我々を十字架の上であがなってくださいました。

コラム「新しい語形成」を巻末 p.510 に掲載

有名なペア語

ロマンス語系の語彙の流入の結果成立した（しばしばサー・ウォルター・スコット（Sir Walter Scott）が語ったとされる）有名な料理関係語彙のペアに触れずに中英語語彙の説明を終えることはできない。

古英語	フランス語
ox（雄牛）	beef（牛肉）
sheep（羊）	mutton（羊肉）
calf（子牛）	veal（子牛の肉）
deer（鹿）	venison（鹿肉）
pig，swine（豚）	pork（豚肉）

ほかにもたくさんの例がある。

begin（始める）	commence（開始する）
child（子ども）	infant（幼児）
doom（判決）	judgment（裁判）
freedom（自由）	liberty（自由）
happiness（幸福）	felicity（至福）
hearty（心からの）	cordial（誠心誠意の）
help（助ける）	aid（援助する）
hide（隠す）	conceal（隠匿する）
holy（神聖な）	saintly（高徳な）
love（愛）	charity（博愛）
meal（食事）	repast（食事）
stench（悪臭）	aroma（芳香）
wedding（結婚式）	marriage（婚姻）
wish（願い）	desire（欲望）

中英語の方言

伝統的に認められている中英語の主要な方言区分は古英語のもの（p.28）とほぼ一致するが，研究者によってはいくつかの方言に別な名前をつけており，さらに1つ重要な進展があった。ケント方言はそのままだが，中英語では，ウエストサクソン方言は南部方言，ノーサンブリア方言は北部方言と呼ばれる。マーシア方言地域は2つに分けられ，東部の方言（東中部方言）と西部の方言（西中部方言）となった。そしてイーストアングリア地方は時に別個のものとして区別される。右に示される地図は伝統的な区分を示しているが，現代の綿密な研究の結果（次ページに図示されているように）このような図では過度な単純化が行われていることが明らかになった。

方言の違いにはどんな根拠があるのか?写本に見出される特徴的な語，文法，つづりに証拠が認められる。動詞語尾の変化の仕方が方言を確定する特徴の主たるものである。

- （近代英語の running に見られるような）*-ing* の分詞語尾は北部方言では *-and(e)* として現れ，東中部方言の一部で *-end(e)*，西中部方言の一部で *-ind(e)*，ほかでは *-ing* となる。
- （goeth に見られるような）*-th* の語尾は北部方言，中部方言の北部の大部分を通じて *-s* として現れ，その形式が最終的に標準となった。
- we や they のような複数形に用いる動詞の現在時制語尾もまた変異を示す。北部方言と，東中部方言の北部では *-es*，南部方言，ケント方言と西中部方言の南部では *-eth*，そのほかの地域では *-en* である。（いずれの語尾も近代英語には残っていない。）

動詞のほかにも，方言を確定するのに信頼できる指標がいくつかある。

- 北部方言と西中部方言には they，their，them が見つかるが，少なくとも中英語の末期に向かうまでは，南部では hi，here，hem として現れる（p.45）。
- 北部方言とケント方言では shall，should とほかのいくつかの語は h なしで（sal などとして）現れるが，よそでは h は保持される。
- いくつか個々の母音と子音に特徴的な用法が認められる。北部の stane は南部の stone（石）に対応し，中部方言の北部の for（～のために）は南部の vor に，北部の kirk は南部の church（教会）に対応するなど。しかしどの場合でも「南部」や「北部」の意味するものは異なっており，1本のきれいな分割線があるわけではないということを我々は銘記しておかなければならない。

もちろん，方言を決定するのが難しい写本も数多く存在する。時にはテキストのつづりに方言が混在して現れていると思われることがあるが，おそらく著者（あるいは写字生）が方言境界地域に居住していたり，国内を移り住んでいたためであろう。1人の著者による文章があまり首尾一貫していないことがままあるが，音やつづりが急速に変化していたり（p.32），テキストがくり返し筆写されていたりする場合に起こりやすいことである。時に形式の大半が1つの方言を反映し，別な方言の形式が散在していることがあるが，写本を複写している人物が原著者と別の地方の出身者であることが考えられよう。そして分析する者は，写本のある形式が言語的に存在しないものかもしれないという可能性をつねに頭に入れておく必要がある。換言すれば，写字生が誤写した，ということである。

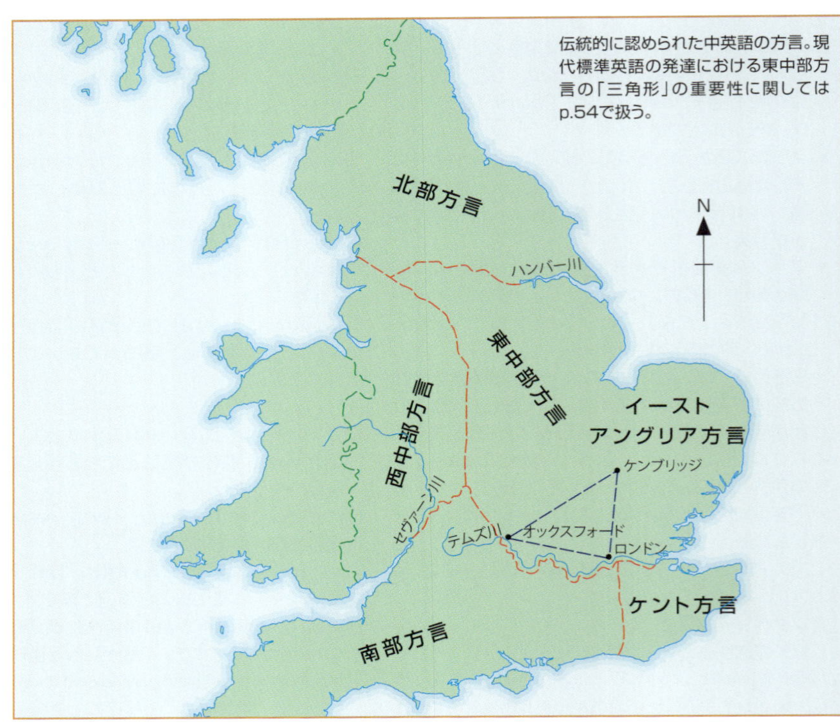

伝統的に認められた中英語の方言。現代標準英語の発達における東中部方言の「三角形」の重要性に関してはp.54で扱う。

狐につままれて

時として，ある語の異なる方言起源の音が，別形式として近代英語に生き残ることがある。Fox（キツネ）は北部/中部方言起源を反映して /f/ の子音である。Vixen（雌ギツネ）は，南部方言起源の語であることを反映して /v/ をもつ。起源としては fox の女性形である。Fixen(e) という語形（ドイツ語の Füchsin と比較せよ）がその「キツネ」の意味でも，（後の）「口やかましい女性」の意味でも15世紀初頭から記録にあり，しかも17世紀初頭まで用例がある。その後，*v-* の形式が標準となるが，どうしてこちらが広く好まれるようになったのかは謎だ。

方言の現実

1980年代に，エディンバラ大学に本拠を置く中英語方言調査の地図資料が中英語方言事情の本来の複雑さをはっきりと示した。この調査では，写字生のつづり方が首尾一貫したものであったと仮定している。また，写本に書かれた方言を決定するために，文字が表していると考えられる音とまったく別個につづり字の変異を検証することが可能であると仮定している。この調査は，15世紀前半の church と kirk（教会）の 500 以上の異つづりの例の分布を地図上に示すことを計画したものである。図から，kirk が北部で，church が南部のものだとはっきりわかるが，kirk は伝統的な方言境界線が示唆するよりもずっと南で用いられていたというこれまでしばしば見過ごされてきたことも示している。さらに，いくつか（cherche のように）方言境界線をまたぐ形式や，特定のつづりが好まれる興味深い「孤立地域」用法も認められる。

ある種の手稿（遺書や証書など）は特定の場所で書かれたことが明確に判明しているので，そういった素材に見られる標準を物差しとして活用し，出所が不明のテキストを評価することが可能となる。十分な「基準」点があれば，多くの場合，出所不明のテキストを，起源が知られているものが示す分布に合わせることが可能となる。このような手法を取る場合，できる限り調査の時間枠を狭く取ることが肝要であり，さもないと歴史的変化による変異の影響を受けやすくなる。

このくらい方言が複雑なのは当たり前のことだ。現代の方言調査も同様なものを示しており（第20章），中英語の方言になんらかの違いがある道理はない。

(M. マッキントッシュ，M. L. サミュエルズと M. ベンスキン（A. M. McIntosh, M. L. Samuels & M. Benskin），1986 に従う)

体系または誤り？

Betidde a time in litel quile
Iacob went walcande bi þe Ile
He sagh apon þe wateres reme
Chaf fletande come wiþ þe streme
Of þat siþt wex he fulle bliþe
And tille his sones talde hit squyþe

It came to pass after a short while Jacob went walking by the Nile He saw upon the water's realm Chaff come floating with the stream That sight made him very glad And he quickly told his sons about it

すぐ後　あることが起った　ヤコブがナイル川沿いを歩いていると水際にもみがらが浮かんで流れて行くのを目にした　それを見て彼はとても喜び　そして息子たちにすぐにそのことを話した

この13世紀後半の宗教詩，『世界を駆ける者（*Cursor Mundi*）』（オックスフォード大学ボードリアン図書館のフェアファックス文書より）からの引用は歴史方言学研究者の抱えるある問題を示している。このテキストは北部方言である quile（while），walcande（walking），talde（told）を示しており，このことは同テキストのほかの部分に現れる同様の特徴によっても確認できる。例えば，o の代わりに a とするのは，haly，fra，ga，lange，hame，name やほかの多くの語にも見つかり，また，それらに対応する o のつづりを含む一連の語も（ケンブリッジ大学トリニティカレッジにある写本のような）中部方言版のテキストに出現する。

ところが，ある行にこのような表現がある。

In goddes name and so we salle

そのほかの同じ長母音をもつ語の場合と同様に，so は a で，おそらく swa として現れるはずである。なぜそうではないのか？　説明は2つ考えられる。規則の例外として so であるのか，または写字生の誤りである。前者の場合，理由を探り当てなければならない。この場合にだけ，o への変化を引き起こす理にかなった何ものかが周辺の音にあったのか。しかし，そのような原因は見あたらない。むしろ2番目の説明の方が当てはまりそうだ。写字生はこのテキストを o の母音が一貫して使用されている南部のものから書き写し，筆写していくうちに彼の北部方言の読者のためにつづりを「書き換え」ていたのだが，この場所で誤りをしでかした可能性がある。この見方が妥当であることは類似のほかの誤りを見ればわかる。じつのところ，同じ写字生が少し前の行で東部の can を西部の con と筆写しているのを我々は目にするのである。(C. ジョーンズ（C. Jones），1972 に従う)

中期スコットランド英語

中英語期を研究する者は伝統的にイングランドの方言状況に，特にのちに標準語が発展する地域のもの（p.54）に注意を向けてきた。これはスコットランドで当時起こっていたことを軽視することにつながるが，その地ではさまざまな要因の影響を受けた英語が独自の特徴を発展させていたのだ。

当初から，スコットランドの言語は独自の歴史をもっていた。5 世紀のアングロサクソンの侵略後から，現在のイングランド北東部とスコットランドの南東部はアングル族に占領されるようになり，これにより古英語のノーサンブリア方言が出現することになった（p.28）。アングロサクソン時代に，スコットランドの大部分ではケルト語（主としてゲール語として知られる変種）が用いられていたが，ノルマン人の征服後，11 世紀にその南部地域で英語を話す人の数が急増した。多くのイングランド貴族が難民となって北へ逃れ，そこでスコットランド王マルカム・カンモー（Malcolm Canmore）（在位 1058-93）に迎え入れられた。12 世紀のあいだ，北方への移動は続き，南からの家族たちはデーヴィッド 1 世（David I）（在位 1124-53）の招きでこの地域に定住するようになり，特に新たに勅許状を受けた町（*burhs*）として知られる（アバディーンやエディンバラなどの）王室領に定住した。こういった地域ではおおむね英語が用いられ，次第に英語は低地地方全体に広がっていき，ゲール語は高地線以北に残った。イングランドの暦がケルトのものに取って代わり，アングロノルマン式の封建制が伝統的な土地所有制度に置き代わった。やがて，フランス語がスコットランド宮廷の言語となった。1295 年にはスコットランドとフランスのあいだで正式な条約が結ばれ，その後 200 年のあいだに数回更新された。イングランドにおけるのと同様，ラテン語が行政の場と教会で用いられた（p.30）。

このスコットランド英語はイングランドで用いられていた英語と，特に発音と語彙の面で，徐々に異なるようになり，このような相違の多くは依然として今日でも認められる（p.348）。

- 発音面では，*nicht*（'night（夜）'）のような語中の ch の用法があった。*witch* と *which* の語頭の音に区別があった。*guid*（'good（よい）'）のような語の母音は南部の英語よりも長く，口のより前方で発音される傾向があった。特徴的なつづり字の違いは，南部の英語では *wh-* と書くところで *quh-* を用いる（*quhan*（= when），*quhile*（= while）など）点である。
- いくつか独自の文法的な特質も示しており，過去時を表す *-it* という語尾（wanted（欲した）を *wantit*），否定を表す形式（*nae, nocht, -na*（～ない）），不定冠詞（a／an（1つの）の代わり）としての *ane* などがあった。
- より南の地域の言語には到達しなかった多数の借用語が入ってきた（到達したものについては，p.47 参照）。フランス語からの例をあげると，*bonny*（'beautiful, handsome（美しい，ハンサムな）'），*fash*（'to bother（悩ます）'），*ashet*（a serving dish（大皿）），などがある。*callan*（'lad（若者）'），*mutchkin*（'quarter pint（マチキン，約 0.43 リットル）'），*cowk*（'retch（むかつく）'）などがオランダ語から入ったもので，これはスコットランド人商人がオランダ人と貿易をしていたためである。ゲール語からの語には clachan（'hamlet（小さな村）'），ingle（'hearth fire（炉火）'），strath（'wide valley（大渓谷）'）などがある。いくつか法律や行政の用語が，dominie（'schoolmaster（先生）'）や fugie（'run-away'（逃亡者）'）のように，ラテン語から入ってきた。

ゴルフの言葉

ゴルフがスコットランド発祥であることは語彙に見て取れる。golf 自体がスコットランド英語では 15 世紀後半から記録に残っており，gouff，goiff，goff，gowff など，さまざまなつづりが /l/ なしの発音を示唆している。その語の素性は明らかではない。当時，棒切れやこん棒を使って打つ遊びがあり，その棒の名前であるオランダ語の *colf* からの借用語と一般に考えられているが，決定的な証拠はない。

スコットランド英語に最初に登場するほかのゴルフ関連の語には caddie（キャディー，フランス語の *cadet*，'cadet（見習い）' から）と，古英語の 'rising ground（起伏のある土地）' を意味する語から発達した links（ゴルフ場）がある。こういった語が scone（スコーン），croon（口ずさむ），croup（偽膜性咽頭炎）に加わり，ほかのいくつかの語とともに，近代英語に中期スコットランド英語の語彙遺産を残している（p.349）。

スコットランド，セントアンドルーズのゴルフコース

ブルース

ノルマン人の征服以降に全編スコットランド英語で書かれた最古の作品として残っているのは，アバディーンの助祭長，ジョン・バーバー（John Barbour, 1325?-95）による史的な詩である。これはスコットランドの国民史詩であり，冒険物語と年代記が交錯する，「無敵の征服者，スコットランド王，ロバート・ブルースの行跡と人生」を扱ったものである。1376 年に書き上げられ，20 巻からなり，1 世紀のちの写本が伝わっている。

以下の抜粋は「ベリックの攻囲」（1319）からの一節である。

Thar mycht men se a felloune sicht:
With staffing, stoking, and striking
Thar maid thai sturdy defending,
For with gret strynth of men the þet
Thai defendit, and stude tharat,
Magré thair fais, quhill the nycht
Gert thame on bath halfis leif the ficht.

There might men see a grim sigh:
With hitting [with staffs], stabbing, and striking
There they made an obstinate defence
For with a great force of men the gate
They defended, and stood there,
In spite of their foes, until the night
Caused them on both sides to stop fighting.

そこに人は残忍な光景を見るであろう
たたいたり，刺したり，打ちつけたり
そこで彼らは粘り強く防御戦を戦った
というのも，男たちの力を大いに結集し，門を
彼らは守り，そしてそこに立ち塞がった
敵軍をものともせず，夜が
両軍の戦に待ったをかけるまで。

音声はここから聞けます：
cambridge.org/crystal

栄枯盛衰

13世紀の末までには，スコットランドの英語とイングランドの英語は大きく隔たっていた。その大きな社会的要因としては，イングランドのエドワード1世（Edward I）が併合の企てをし，その後両国間に生じた溝と長期にわたって続いた抗争があった。1424年から，スコットランド議会は法令を英語で書いた。中世の末期までには，イングランドの中英語が古英語から大きく変化したのと同じく，中期スコットランド英語も古英語から大きく隔たるものとなったが，その方向性は異なっていた。例えば，今日のデンマーク語とスウェーデン語のように，おおむね互いに通じるが，独自のアイデンティティーを支えることができるくらいに大きく隔たっているのが両変種だとよく言われている。その結果，この時代を研究する者の中には2つの変種を異なる「言語」と呼び，現代スコットランド英語を論ずる際にも別な言語とする者もいる。15世紀後半になり，（それまで用いられていた英語 'Inglis（イングルズ）' に対して）スコットランド英語 'Scottis（スコッツ）' という用語が用いられるようになった。この時期全体（古期スコットランド英語）は，初期スコットランド英語（1100-450）と中期スコットランド英語（1450-700）に分けられる傾向がある。

14世紀の末から17世紀の初めまで，スコットランド英語に文学の華が咲き，ロバート・ヘンリーソン（Robert Henryson），ウィリアム・ダンバー，ギャビン・ダグラス（Gavin Douglas）ら，15世紀の「詩人」（*makars* 'makers'（マーカーズ））の詩作が頂点を迎えた。南部の英文学，特にチョーサーの詩が少なからぬ影響を与え，その影響の大きさのためにこの一派はしばしば「スコットランドのチョーサー派詩人」と呼ばれている。またスコットランド英語は徐々に行政の言語としてのラテン語に取って代わり，説教，日記，書簡やほかの公私にわたる書き物に広く用いられるようになった。15世紀末までには，地域の標準語としての地位を固めた。

16世紀になると南部の標準英語の勢力が強力に拡張してきたため，スコットランド英語は徐々に地位を失うこととなった。だんだん南部の語やつづりがスコットランド英語の書き物に増え，印刷業者はスコットランド英語で持ち込まれた原稿をイングランド風に改め始めた。主な要因は，スコットランドとイングランドの王権が1603年に統一されたこと，ならびにジェームズ6世（James VI）がロンドンに移り住みスコットランドの宮廷も移動したことであり，これによりやがて南部の標準英語の話し方が上流階級に採用されていくことになる。イングランドのジェームズ1世として，新王が聖書の欽定訳版（p.66）をスコットランドで使用するよう命じ，これによりさらに南部の標準英語が威信をもつ形式としてその影響力を強めた。17世紀末の出版物にはスコットランド英語の固有変種としての痕跡はほとんど残っていない。それでもスコットランド英語は消滅する運命にはなく，その後続する歴史については pp.348-53 で再考する。

スコットランドの詩人たち（マーカーズ）

およそ1425年から1550年頃のスコットランドの優れた詩人たちは，チョーサーの詩の主題やスタイル（p.38）から受けた影響のため，まとめて「スコットランドのチョーサー派」と呼ばれることが多い。実際のところ，彼らの詩は，ラテン語をふんだんにちりばめた宮廷風の「華麗な」文体から，スコットランドの口語の強烈な悪態（flyting（口論詩））まで，多種多様な影響を示している。『2夫人と寡婦の話（*The Tretis of the Twa Mariit Wemen and the Wedo*）』――2人の既婚女性と1人の寡婦の会話――はこのチョーサーの影響力の範囲がどんなものであったか示してくれる。下記の詩はスコットランドの宮廷で雇われていたウィリアム・ダンバー（1460頃-1520頃）のものである。文学的田園詩の優雅な文体を風刺し，女性たちが夫について語る際，スコットランド英語の口語で野卑な意見を並べている。

I saw thre gay ladeis sit in ane grein arbeir [arbour]
All grathit [decked] into garlandis of freshe gudlie flouris;
So glitterit as the gold wer thair glorius gilt tressis,
Quhill [While] all the gressis [grass] did gleme of the glaid hewis;
Kemmit [combed] was thair cleir hair, and curiouslie shed
Attour thair shulderis doun shyre [clear], shyning full bricht...

3人の楽しげなご婦人が緑のあずまやに憩うのを目にした
皆が色鮮やかですばらしい花輪を身にまとい
同じく豊かな巻毛が金糸のように輝き
あたりの緑が素晴らしい色彩を放っていた
きらめく髪はくしけずられて丁寧に分けられ
肩から下へと見事に流れ，すてきに光り輝いて…

I have ane wallirag [sloven], ane worme, ane auld wobat [caterpillar] carle
A waistit wolroun [boar], na worth but wordis to clatter;
Ane bumbart [driveller], ane dron bee, ane bag full of flewme,
Ane skabbit skarth [scurvy cormorant], ane scorpioun, ane scutarde behind;
To see him scart [scratch] his awin skyn grit scunner [disgust] I think.

うちにはろくでなしがいるわ，虫ね，老いぼれ毛虫野郎
もうろくしたブタ，役立たずの文句たれ
ばかの，のらくらもの，たんつぼ野郎
ムダ飯食らいで，裏切り者，汚らしい間抜け野郎
あいつが自分の体を掻くのを見ただけでむしずが走ると思うわ

引用部分のすべての語の意味が明白というわけではないが，音からすると意図は明らかである。特に /sk-/ の連鎖は注目に値する（p.263）。

コラム「『誤用を正そう』とする努力」を巻末 p.510 に掲載

JACOBUS STUARTUS I（ジェームズ・スチュアート1世）Magnæ Britanniæ Monarcha（英国国王）

新しい単一国家

1604年，ジェームズは彼の初めての議会で演説を行い，そこで単一の国家を統治する意思を宣言した。

I am the Husband and the whole Isle is my lawfull Wife;
I am the Head and it is my Body;
I am the Shepherd and it is my flocke;
I hope therefore no man will be so unreasonable as to think that I that am a Christian King under the Gospel should be a polygamist and husband to two wives;
that I being the Head should have a divided and monstrous Body.

われが夫であり，国全体がわが正式な妻である。
われが頭であり，国が身体である。
われが羊飼いであり，国が群れである。
よってわれは願う。福音のもと，キリスト者の王であるわれが，一夫多妻主義者であり二人の妻の夫であるとか，頭であるわれが2つに分かたれたおぞましき身体をもっている，などと考える常軌を逸した者が一人もいないことを。

このような状況下では，2つの書きことばの標準が並立しようはずもない。注目すべきは，ロンドンへ宮廷が移っても，1世紀後（1707）に議会の合同があっても，後の世で「スコットランドなまり」を用いる者に対する大変なあざけりがあっても，スコットランド英語が生き残り，20世紀に再び表舞台に登場したことである。

標準英語の起源

現在我々が標準英語（p.118）と呼ぶ変種はさまざまな影響の産物であり，その中で 1 番重要なものは中英語期になって初めて姿を現した。古英語の書きことばの標準であったウエストサクソン方言（p.28）と今日の標準英語とのあいだに直接の関係はない。ノルマン人の征服後，国の政治の中心はウィンチェスターからロンドンに移り，中英語期の主要な言語的動向は社会，政治そして商業の中心地としての首都の発展とますます結びつきを深めていく。書きことばとしての標準英語は 15 世紀に姿を現し始め，その興隆は伝統的に以下の要因との関連で説明されている（M. L. サミュエルズ（M. L. Samuels），1963 に従う。またより詳しい状況は L. ライト（L. Wright），2000 にある）。

- 14 世紀末に地域で標準化された文芸上の言葉が，特にノーサンプトンシャー，ハンティンドンシャー，ベッドフォードシャーの中中部州の方言をもとにして出現した。これは残存するウィクリフ派の大量の写本（p.48）に主に認められ，説教，小冊子，祈祷文，詩，さまざまな版のウィクリフ聖書などがあり，ほかにいくつか世俗的な作品もある。ロラード派の人びとがこの変種を広域に広め，これはイングランド南西部にまで達し，かくして標準としての地位を高めた。長期的には，この変種は首都からあふれ出てくる大量の文書と競うことはできなかったが，それでもその中中部方言を起源とする考え方は注目に値する（以下を見よ）。
- ロンドン地域がもととなる標準英語の成長は 14 世紀中頃までに認められる。ロンドンでは（エセックス方言の影響を受けたシティと，ミドルセックスの影響を示すやや西方に離れたウェストミンスター）方言が著しく混在していたが，標準化らしき傾向がやがて浮かび上がってくる。1370 年以前に書かれた一連の写本が少数存在し，それらはつづりが均質なことで知られている。後の，ずっと大規模で多様な写本群には，チョーサーやラングランドの作品が属する。こういったテキストは 1400 年頃のロンドン英語をそれぞれ違った風に表しているが，それらが示す変異は，厳密な意味で，それらを標準と呼ぶことはできないことを示唆している。現代標準英語の先駆と従来考えられていたチョーサーの作品でさえ，この標準英語の形式に具体的な影響を与えたとは言えないし，また現実的に詩的な用法が一般用法になんらかの影響を与えたなどとは考えにくい（p.438）。しかしながら，チョーサーの文学的名声がロンドン方言の書きことばに関連づけられた威信に大きな影響を与えたであろうことには疑念の余地がほとんどない。
- 最も重要な要因は，ロンドンが政治と商業における国の中心地として浮上してきたことであったに違いない。とりわけ，ロンドンの大法官庁（p.41）の行政事務所の影響が，特に 1430 年頃以降，重要であった。大量の写本がロンドン地域で複製され，大法官庁の書記たちのあいだから標準となる慣行が出現した。この慣行は，ロンドンのほかの代書屋グループの用いていたものと影響しあい，つづり字がゆっくりとではあるが次第に標準化され，やがて文学作品を含むあらゆる書き物に影響を与えた。その影響は多種多様で，いまだに全容が解明されているわけではない。だが，カクストンがウェストミンスターに印刷所を構え（p.56），地元のロンドンの話しことばを規範に据えた時，近隣の代書屋たちの影響力が不朽のものとなった。

以上の所見は，標準英語というものは，国のさまざまな地域，特に中中部方言地域の方言を融合させたものであるのと同時に，多様な書き物の影響を集積した結果である，ということを意味する。中央地域がそのような影響を与えたであろうことは，社会史にもとづく結論に加えて，数多くの同時代人の発言にも表れている。トレヴィサのジョンは，ヒグデンの『万国史（*Polychronicon*）』（p.35）を 1387 年頃に翻訳した際，中央地域が北部と南部をつなぐコミュニケーションの「架け橋」としての役割をもつと考えていた。

> for men of þe est wiþ men of þe west, as it were vndir þe same partie of heuene, acordeþ more in sownynge of speche [pronunciation] þan men of þe norþ wiþ men of þe souþ; þerfore it is þat Mercii [Mercians], þat beeþ men of myddel Engelond, as it were parteners of

（p.55 へ続く）

方言の道

14 世紀の道路地図，リチャード・ゴフ（Richard Gough）の原図にもとづき，ロンドン内外の主要道路，特に，中中部地域に連なるグレートノースロードとウォトリング街道を示す。この地域以上に首都と行ききがしやすかった所はなかった。人びとがそれぞれの方言をますますロンドンへ持ち込んだとすれば，たいていはこういった道をたどったであろう。

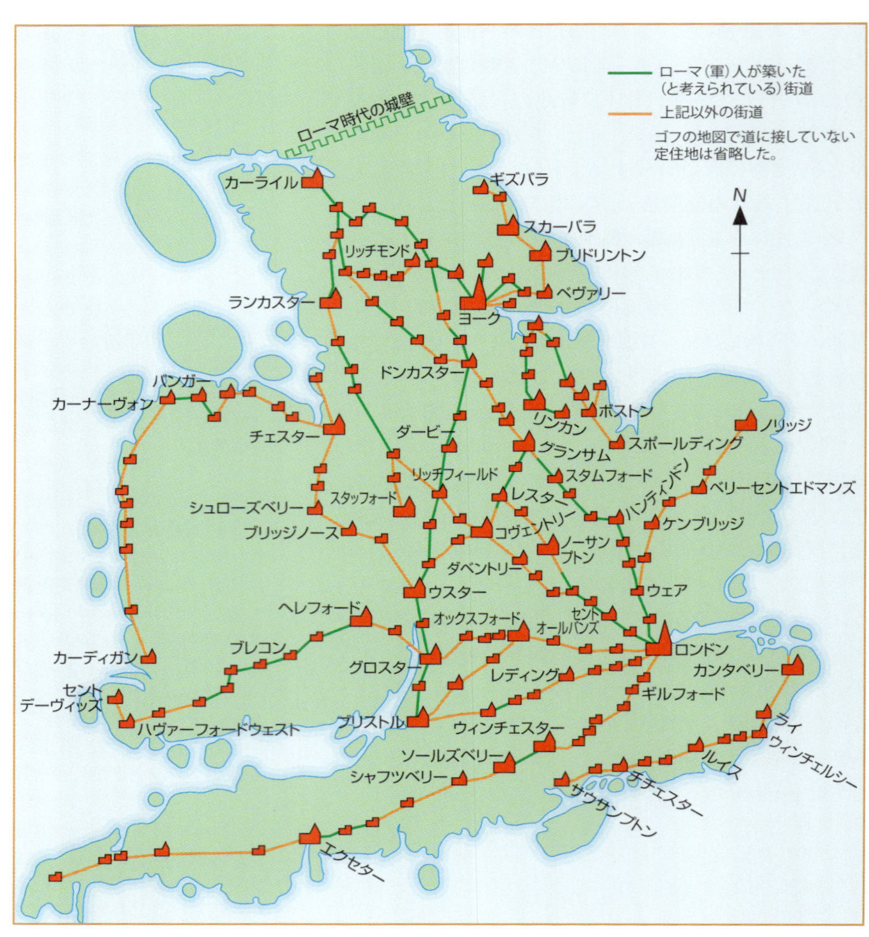

þe endes, vnder-stondeþ bettre þe side langages, norþerne and souþerne, þan norþerne and souþerne vnderstondeþ eiþer oþer.
というのも，北の者と南の者よりも，東の者と西の者とはあたかも天の下同じところに暮らしているかのように発音が一致する。よって，英国の中央の民であるマーシアの者は，まるで両端の仲介者のように，北部の者と南部の者が互いに意思を通じ合うよりも，よりよく北と南の両側の言葉を理解するのである。

社会的な研究によると，14 世紀に顕著な人口変動が起こったことが明らかになっている。その世紀の初頭，ノーフォーク，エセックス，ハーフォードシャーの東中部諸州からロンドンへの移住が最も盛んに行われたが，のちにレスターシャー，ノーサンプトンシャー，加えてベッドフォードシャーなどの中中部諸州からの移住が急速に拡大した。結果として，ロンドン方言は中部地方の書きことばのさまざまな特徴にますますさらされるようになった。

このような見解は従来の中英語方言地図（p.50）に新たな見方をもたらすことになるが，これまでは中中部地域にはまったく注意が向けられておらず，人口密度が高く，社会や政治の要衝，学問の大中心地であるロンドン，ケンブリッジ，オックスフォード（の南側境界）で囲まれた東中部地域の「三角地帯」に特別な関心が向けられてきた。この地は豊かな農業地帯で，成長著しい毛織物産業の中心地であった。中世において，この地域が南東部の重要性を高めるのに果たした役割は明白である。しかし，その言語的な影響力はもっと西の地域のものと比べるとかなり小さなものだった。

南部における標準書きことばの出現に寄与した最後の要因は，印刷術の発達（p.56）であった。これが単一の規範をほぼ国中に広めることになり，その結果 16 世紀初頭には，純粋に言語的な特徴にもとづいて文学作品が書かれた方言を特定することが，独自の書きことばを後代まで保ったスコットランド英語（p.52）のような北部方言を除き，ますます困難となった。すると人びとはよその方言について価値判断を示すようになる。『タウンリー聖史劇（*the Towneley Plays*）』（p.58）では，羊泥棒のマックがひとかどの人物を装い，南部のなまりを拝借する。トレヴィサのジョンは，北部の言葉は「感情むき出しで，身を切るようで，神経に障りおまけに不格好だ（scharp，slitting，and frotynge and vnschape）」と評し，理由の 1 つとして北部の人びとが宮廷から遠く離れて暮らしていることをあげている。そして，ジョージ・パトナム（George Puttenham，1520 頃 -90）の作とされる『英詩の技法（*The Arte of English Poesie*）』は，野心を抱く詩人に「宮廷の日常のことばや，ロンドンとロンドン周辺 60 マイル以内の州のことば，それ以上あまり遠方のものでないもの」を用いるよう助言している。完全に均質なものは決して望むべくもなかったが，15 世紀の末には確実に標準英語の先駆けが存在していたのである。

大母音推移

チョーサー時代の音韻体系（p.38）とシェイクスピア時代のもの（p.25）にはどうしてこんなに違いがあるように思われるのか？1 世紀もたっていないのに，チョーサーはカクストンよりもずっと読みにくいのはなぜか。この 2 つの質問に対する答えは，まさに中英語期の末に生じた発音の大きな変化にある。おそらくチョーサーはそれが始まるのを耳にしていたであろうが，15 世紀の初頭まではっきりとした影響は現れなかった。英語の母音体系が根本的な影響を受けたため，その変化は大母音推移と呼ばれている。

その変化は，基本母音図（p.250）に示されている図 A の英語の 7 つの長母音（p.42）に影響を与えた。個々の母音はその音質を変えたが，隣り合う母音同士の区別は保たれた。（じつのところ 2 つの前母音 /eː/ と /ɛː/ は /iː/ に融合したが，18 世紀になってからのことであった。）2 つの場合においては，生じている変化は 1 つだけである（B3，B4）。ほかでは，動きがさらなる結果を引き起こし，落ち着くまでに 200 年を要した場合もあった。この発達の最初の主要段階が通常「推移」と呼ばれるものである。

押してね，引っ張るから

伝統的な考え方では，一連の変化が連続したもので，ある母音が移動すると別な母音の移動を引き起こし，そうして体系全体に広がり，それぞれの母音が隣の母音との「距離を保つ」とされている。しかし，どの母音が最初に動いたのかが長年の論争になっている。

- 1 つの見方では，母音 /iː/ が最初に変化し（二重母音になり），それが「隙間」を残し，その場所に隣の母音が入り，連鎖反応でほかの母音を上に「引き上げ」た（図 C）とされた。
- 別の見方では，母音 /ɑː/ が最初に（より前方に）動き，隣の母音を「押し上げ」，別の連鎖反応を引き起こした（図 D）と考えられた。この見方の問題点は，/ɑː/ が前舌母音の連鎖反応を引き起こしたとするなら，後舌母音が動き始める理由を見つけなければならないことにある。

押し上げ，引き上げのどちらを選ぼうと，単純で対称的な音変化を取り扱っているように思われる。母音は「組」になって動き，口腔内の前方と後方で同じ状況が発生していたようだ。この説明を裏づけるために，（/iː/ を表す ei などの）新しいつづりが出現した順序や，新たな脚韻の用い方，同時代の物書きの記述などの形で，たくさんの証拠が用いられている。

1980 年代に文献資料や方言調査結果の利用がさらに進み，この説明の単純さに疑問が投げかけられた。現在は，一連の変化の関係性を全体的にせよ部分的にせよ，疑問視する研究者がいる。国の 2 つの異なる地域で起こった別個の連鎖のような変化であったが，ある種のテキストではそれらが融合したように生じていた，つまり 1 つの「大きな」母音の推移ではなく，2 つの「小さな」推移（「上げ」と二重母音化）があったのではないか，と考える研究者もいる。文献証拠の精査は緒についたばかりのようだが，かなり長期にわたって議論にならなかった問題が，急に論争の的となっている。これは，主要な中英語調査によってもたらされた資料に研究者が取り組んでいる中，現在進行している数多くの再分析の 1 つで，中世言語研究者が胸を躍らせる時である。

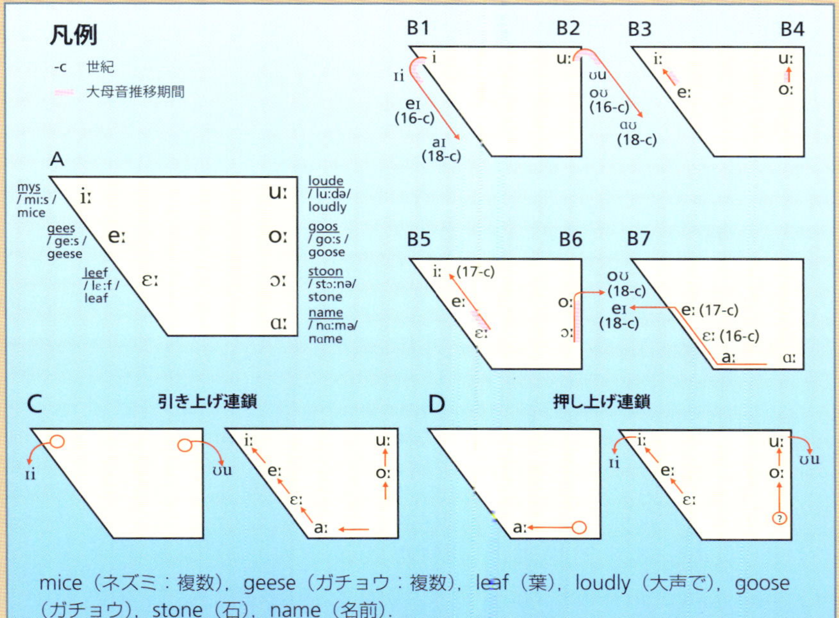

印象にもとづく「音声解釈」：近代英語の文：so it is time to see the shoes on the same feet now（ソウ イット イズ タイム トゥ スィーザ シューズ オン ザ セイム フィート ナウ）は大母音推移の前にはおそらく saw it is team to say the shows on the sarm fate noo（ソー イット イズ ティーム トー セー ザ ショーズ オン ザ サーム フェート ヌー）のように聞こえていたであろう。

5 初期近代英語

さらなる情報源：
cambridge.org/crystal

英語史の時代区分として，初期近代英語期という時代があったことを認める必要があることについては疑う余地がない。その時期を設定せずに中英語からいきなり近代英語に移行したとするならそれはいささか飛ばし過ぎであろう。チョーサー（Chaucer）の時代からジョンソン（Johnson）の時代まで，つまり，およそ1400年から1800年までの時期の英語はかなり顕著な変貌を続けており，近代英語の用法とは多くの点で異なっている。しかし，18世紀の末頃までには，その違いもほとんどなくなっている。だからジェーン・オースティン（Jane Austen）の小説を読む場合には，シェイクスピア（Shakespeare）を読み解く際に必要な苦労も注釈の助け（綿密な校訂）もいらなくなるのである（p.80）。

初期近代英語期の始まり時期については定説がない。あるものは少し早めの15世紀前半，ちょうどチョーサーの直後の時期，つまり中英語と近代英語の互いの理解の妨げとなるような発音変化の始まった時期（p.55）からとする。またあるものは，それより少し遅く1500年頃，つまり印刷革命の効果が十分に定着した頃とする。ただ，多くの人が時代区分の根拠として重要と考えるのは印刷の出現自体なので，本章はそれに従いウィリアム・カクストン（William Caxton）がウェストミンスターに印刷所を開設した1476年を始まりとする。

その印刷の発明のおかげで標準英語の形成に新たな拍車がかかり，またその標準英語の特性に関する研究も盛んになっていった。印刷が可能になったおかげで，つづりや句読法の規範（標準）化が促進されただけでなく，大衆がものを書く機会が多くなり，その書いたものが広く社会に行き渡ることになった。その結果，その時期に書かれた多くのテキストが今でも残っている。印刷が始まってから150年の間に約2万冊の本が出版されたと考えられている。こうして英語の中身に関する話は16世紀になって，より正確なものとなる。なぜなら，英語の中身の発達に関しては，テキスト自体だけでなく，文法・語彙・書記体系・文体などを扱う英語の記述書が増大したことで，直接証拠がたくさん得られるようになったからである。16世紀になると学者たちが**英語の中身そのものについて**真剣に語り始めるようになったのである（p.61）。

英国最初の印刷所

ウィリアム・カクストンはケントで生まれ，1438年にはロンドンの織物商の徒弟として働いていたことが知られている。それから推測するとおそらく1415年から1424年の間に生まれたのであろう。1440年代の初めに現在のベルギーのブリュージュに出かけ，織物商として成功した後，1462年にそこでイギリスの貿易会社，「冒険商人（Merchant Adventurers）」の支配人に任命された。

1469年には翻訳の仕事を始めた。トロイ戦争のフランス語版を翻訳し，2年後にブルゴーニュ公妃マーガレット（Margaret, Duchess of Burgundy）の後援を受けて，その翻訳を完成させた。1471年にはドイツのケルンを旅し，そこに18カ月間滞在し印刷術を学んだ。その後，ブリュージュに戻りフランドルの書家コラード・マンション（Colard Mansion）と共同で印刷所を設立，そして1473年の終わりか翌年の初めに700ページに及ぶ『トロイ史集成（*The Recuyell of the Historyes of Troye*）』｛【原著注】recueil はフランス語で編集・編纂の意｝の翻訳を完成させた。これが英語で書かれた最初の印刷書籍である。1476年にイギリスに帰国し，ウェストミンスター寺院構内の宮廷に近い場所に木版印刷の工場を設立した。

カクストンは80点近くの出版を行い，数点については版を重ねた。彼がどれくらいの時間をかけて1つの作品の翻訳と印刷をしたのかについては，作品の序文と終章でいろいろと詳細を書いているにもかかわらず，不明である。なぜなら彼と印刷工たちが経験を積んでいくうちに印刷の状況がどのように変わっていったのかがまったくわからないからである。何台の印刷機をもっていたのかですらわからないし，複数の本を同時に手がけるようなことがあったのかもわからない。かなりゆっくり製作した本もある一方，かなりのスピードで作られたものがあったのも明白である。例えば，各ページが28-9行で，74葉（148ページ）からなる本である『最後の4つのことに関するコーディアル（*Cordyal*（*of the four last and final thinges*））』（1479）｛【訳注】フランス語版をアンソニー・ウッドヴィルが英訳したもの｝は7週ほどで印刷されたが，1483年製作の『祝日説教集（*Festial*）』｛【訳注】ジョン・マーク（John Mirk）の説教集｝は各ページ38行で115葉からなるが，たった24日で完成した。

彼の死後，印刷所は弟子であるウィンキン・ド・ウォード（Wynkyn de Worde）に引き継がれた。1500年には印刷所をロンドンのフリート街に移転した。つまり，宮廷から市内に移したわけであるが，そこから新たな印刷の時代が始まった。

印刷所を描いた最古の木版画像として知られている『死の舞踏（*La grante danse macabre*）』（1499）。死神がやってきて邪悪な印刷工を連れ去ろうとしている。

カクストンがウェストミンスター寺院の施物所｛【訳注】もともと施し物を分配するための建物｝でエドワード4世（Edward IV）に印刷の手法を見せている。

広告

If it plese ony man spirituel or temporel to bye ony pyes of two and thre comemoracions of Salisburi Use enpryntid after the forme of this present lettre, whiche ben wel and truly correct, late hym come to Westmonester in to the Almonesrye at the Reed Pale and he shal have them good chepe.

Supplico stet cedula.

If it please any man spiritual or temporal to buy any pies of two and three commemorations of Salisbury Use imprinted after the form of this present letter, which been well and truly correct, let him come to Westminster into the Almonry at the Red Pale and he shall have them good cheap. *Supplico stet cedula.*

一般の方でも，聖職者の方でも，どなたでもよろしいのですが，もしソールズベリー聖堂で行われている2，3の特別礼拝の仕方が書かれた法規集，それは現代の書体で印刷され，とても正確に書かれたものなのですが，これを購入したいと思われる方がおられましたら，ウェストミンスターの施物所においでください。安価で売って差し上げます。どうかこの広告を引き下ろしたりしないでください。

Jf it plese ony man spirituel or temporel to bye ony pyes of two and thre comemoracions of salisburi vse enpryntid after the forme of this prsēt lettre whiche ben wel and truly correct, late hym come to westmonester in to the almonesrye at the reed pale and he shal haue them good chepe .·.

Supplico stet cedula

Pray, do not pull down the Advertisement.

売りに出された ‘pye（pie）’ というのはラテン語で書かれた『典礼法規（*Ordinale*）』のことで，これもカクストンによって印刷されたもので（1477頃），あきらかに同じ活字体（forme）で印刷されている。‘pye’ とはキリスト教会で複数の祝典が同日に重なった時に行われる特別礼拝（commemoration）の仕方を示した法規集のことである。‘Salisburi Use’ とはもともとソールズベリー聖堂で発展した礼拝の仕方で，当時ひろく実践されていた礼拝の仕方のことである。礼拝は聖母マリアと聖人たちに捧げられたものである。最後の文は，印刷本が手書きの写本より安価なものであることを聴衆（信者）に伝える内容となっている。ウェストミンスターの施物所にあった印刷工場は寺院の構内にあった。カクストンの署名 the Red Pale の意味はよくわかっていないが，おそらく彼が工場を借りる前に，工場にかかっていた表札かもしれない。原著写真版の最下行の手書き部分は誰かがあまり教養のない人びとのためにラテン語に注書きをしたものである｛【訳注】手書きで Pray, do not pull down the advertisement. と書かれている｝。

最初に印刷された作品

カクストンによって印刷された作品は 103 点ほどが知られており，そのうちいくつかは同じ作品の異なる版である。それらの作品は下記の 4 種類に分類される（N. ブレイク（N. Blake），1969）に従う)。

- 彼自身が翻訳した作品。『トロイ史集成』，『塔の騎士（*The Knight of the Tower*）』など，最も多くの作品がここに含まれ，作品の序文，終章には彼が出版者として目指していたことについて多くが語られている。
- 1350-450 年に活躍した宮廷詩人の作品。そこには，主としてチョーサー，ガウワー（Gower），リドゲイト（Lydgate）の作品と，『カンタベリー物語』の 2 種類の版が含まれる。これらの詩人に対するこだわりは，「格調高い」文体を求めるその時代の流行を彼が認識していたことを示している。
- 英語の散文作品。そこにはチョーサーの『ボエティウス（*Boethius*）』，トレヴィサ（Trevisa）の『万国史（*Polychronicon*）』（p.35），マロリー（Malory）の『アーサー王の死（*Morte Darthur*）』（p.58）などの翻訳本も含まれる。
- そのほかの作品。おそらく特定の依頼人の要請で製作されたもので法令本，趣味・道楽の本，慣用句集，宗教的な作品，ラテン語文法書などが含まれる。

コラム「カクストンの問題」を巻末 p.511 に掲載

お妃さまのお力添えなくしては…

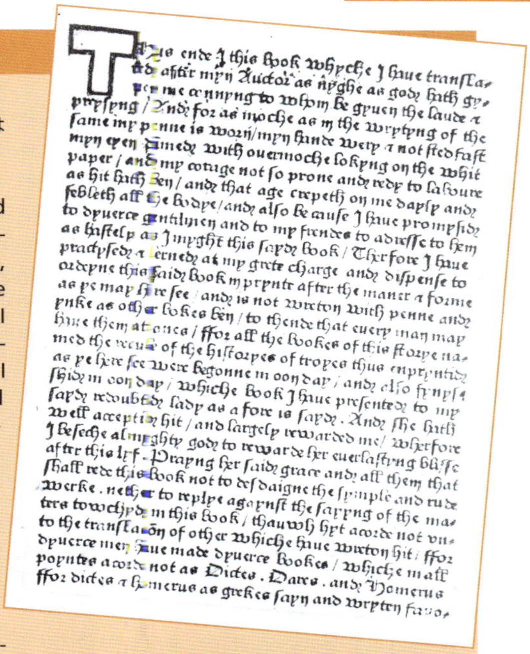

英国で最初に刊行された本『トロイ史集成』からの 1 ページ。その序文の中でカクストンは彼自身の興味深い経験談を述べている。

And afterward whan I rememberyd my self of my symplenes and vnperfightnes that I had in bothe langages, that is to wete [namely] in Frenshe and in Englisshe, for in France was I neuer, and was born & lerned myn Englissh in Kente in the Weeld, where I doubte not is spoken as brode and rude Englissh as is in ony place of Englond; & haue contynued by the space of xxx yere for the most parte in the contres [countries] of Braband, Flandres, Holand, and Zeland; and thus when alle thyse thynges cam tofore me aftyr that Y had made and wretyn a fyue or six quayers [books] , Y fyll in dispayr of thys werke and purposid no more to haue contynuyd therin, and tho [those] quayers leyd apart; and in two yere aftyr laboured no more in thys werke. And was fully in wyll to haue lefte hyt tyll on a tyme hit fortuned that the ryght hyghe excellent and right vertuous prynces my ryght redoughted lady, my Lady Margarete . . . sente for me to speke wyth her good grace of dyuerce maters. Among the whyche Y lete her Hyenes haue knowleche of the forsayd begynnyng of thys werke, whiche anone comanded me to shewe the sayd v or vi quayers to her sayd grace. And whan she had seen hem, anone she fonde [found] a defaute in myn Englissh whiche sche comanded me to amende and moreouer comanded me straytli to contynue and make an ende of the resydue than not translated . . .

あとになって自分が英語とフランス語の両方に関して無知で至らないことを思い知らされた。というのも，フランスには行ったこともなく，ケントで生まれ，そこで母語として英語を習得したからである。ケント州のウィールド地方ではほかのどんな地方にも劣らず田舎っぽい粗野な英語が話されていることは疑う余地もない。そんな状況が，ブラバンド（ベルギー），フランダース（ベルギー），ホランド（オランダ），ジーランド（デンマーク）などほとんどの地方で 30 年も続いた。そして，5-6 冊の本を書いた後に，これらすべてのこと（依頼）が私に届いたとき，この仕事に絶望し，この仕事をもはや続けるつもりはなかった。だから，これらの本はそのまま手つかずに 2 年間おかれた。そしてこの仕事から離れようと思っていた矢先，たまたま王妃マーガレット様［訳注］ヘンリー6 世の妃］が人をよこして私といろいろ話がしたいといってきた。そのなかでその仕事の初めの部分をお話ししたところ，その 5-6 冊の本を見せてくれとおっしゃったので，お見せしたところ，すぐに彼女は私の英語の間違いを見つけ，それを直すように言われた。そして率直にこの翻訳の仕事の残りを続けて完成させるようにとおっしゃった。

この本はブリュージュで印刷された。イングランドで彼が最初に印刷した本は『哲学者語録集（*The Dictes or Sayengis of the Philosophres*）』（1477）でイングランドの貴族アントニー・ウッドヴィル（Anthony Woodville（2 代目のリヴァーズ伯））によってフランス語から翻訳された作品である。

時代の変わり目（A time of change）

『カール大帝（*Charles the Great*）』のエピローグからの抜粋 ［訳注］カール大帝はキリスト教徒である最初のフランク王国の王］

The whyche werke was fynysshed in the reducyng of hit into Englysshe the xviii day of Juyn the second yere of Kyng Rychard the Thyrd and the yere of Our Lord MCCCClxxxv, and emprynted the fyrst day of Decembre the same yere of Our Lord and the fyrst yere of Kyng Harry the Seventh.

The which work was finished in the reducing of it into English the 18 day of June the second year of King Richard the Third and the year of Our Lord 1485, and imprinted the first of December the same year of Our Lord and the first year of King Henry the Seventh.

本訳書の翻訳はリチャード 3 世の治世 2 年目 1485 年 6 月 18 日に終了し，同年 12 月 1 日（ヘンリー7 世の治世 1 年目）に印刷された。

その間にボズワースの戦いがあった（1485 年 8 月 22 日）。

音声はここから聞けます：cambridge.org/crystal

過渡期のテキスト

中英語から初期近代英語にかけての英語の変化がよく見て取れる著作がいくつかある。例えば，トマス・マロリー卿（Sir Thomas Malory）訳の偉大な散文ロマンス『アーサー王の死』もその1つで，1485年にカクストンによって出版された作品である。さらに，15世紀の写本に残る一連の奇跡劇・聖史劇がある。当時の英語には，現代の読者にとって難しい文法・つづり・語彙などの特徴がまだ多くあったが，全体的には違和感がなく，内容が理解できるもので，当時の表現がほとんど注釈なしで現代の表現として使われることもしばしばある。

神秘劇

1993年ハイジンクス劇場での『木枯らし寒く吹きすさび（*In the Bleak Mid Winter*）』（チャールズ・ウェイ（Charles Way）演出・制作）の公演――羊泥棒のシーン（出演：Richard Berry（Zac役），Firenza Guidi（Miriam役），Helen Gwyn（Gill役），David Murray（Mak役））.

中世ヨーロッパの奇跡劇・聖史劇は聖書の題材にもとづいた劇のことで，キリスト聖体の祝日のような宗教的な祝祭日などに上演されるものであった。下記の例は，32連からなる『タウンリーサイクル（*Towneley Cycle*）』（脚本原稿がかつてランカシャーのタウンリーホールの図書室に収められていたのでそのように呼ばれる）からの抜粋で，西ヨークシャーのウェイクフィールドで上演された劇の脚本と考えられている。

いくつかの劇については，プロットや登場人物の描写が，宗教的な主題に格別な広がりをもたらしながら，実に興味深く展開されている点で賞賛されてきた。『第二羊飼い劇（*Second Shepherd's Play*）』はその一例で，英語で書かれた最古のコメディと呼ばれてきた。下記の抜粋は，羊飼いたちが羊泥棒のマックの家を訪れ，盗まれた羊がゆりかごの中に赤ん坊のように包まれているのを発見する場面である。文体的に注目されることは，会話の生き生きとしたリズムと脚韻がユーモラスに使われている点である。文法的には3人称単数現在時制の動詞語尾に北部方言の *-s* が使われているのが注目される（p.67）。

羊飼い1：	Gaf ye the chyld any thyng?	あの赤ん坊に何かやったか。
羊飼い2：	I trow not oone farthyng.	びた一文やらなかったよ。
羊飼い3：	Fast agane will I flyng, Abyde ye me there.	ひとっ走り行ってくる。そこで待っててくれ。
	Mak, take it to no grefe if I com to thi barne [child].	マック，赤ん坊を見にひきかえした。悪くとるな。
マック：	Nay, thou dos me greatt reprefe, and fowll has thou farne [behaved].	そりゃ悪くとりますよ，あたしを疑い，咎め，ひどいことをしたじゃありませんか。
羊飼い3：	The child will it not grefe, that lytyll day starne [star].	小さな明けの星の赤ん坊は，おれが戻って来たことをよろこぶよ。
	Mak, with your leyfe, let me gyf youre barne Bot sex pence.	マック，おまえがいいというなら，たったの6ペンスだけど，赤ん坊にあげたいんだ。
マック：	Nay, do way : he slepys.	いただけません，帰ってください。寝てますから。
羊飼い3：	Me thynk he pepys.	あの子は，こっちを盗み見ているようだぞ。
マック：	When he wakyns he wepys.	起きたら，なきます。
	I pray you go hence.	とにかく，帰ってください。
羊飼い3：	Gyf me lefe hym to kys, and lyft up the clowtt.	赤ん坊にキスさせてくれ，毛布をのけるよ。
	What the dewill is this? He has a long snowte.	なんだこりゃ。赤ん坊の鼻にしてはやけに長いや。

（石井美樹子訳『イギリス中世劇集』篠崎書林，1983）

聖杯の探索

伝統的に『アーサー王の死』と呼ばれてきた作品の著者の正体は議論の的になっているが，トマス・マロリーとみずからを名乗っているナイト爵をもつ人物で，その作品の執筆のほとんどを牢獄で行った（1469-70）とされている。その正体の有力説はウォリックシャーのニューボルド・レヴェル出身のトマス・マロリー卿（Sir Thomas Malory（1393?-471））であるとする説で，フランスでウォリック伯爵（the Earl of Warwick）に仕えたとされる人物である。

下記はカクストン版の上掲書13巻8章からの抜粋であるが，そこにはカクストンの作品の特徴がいくつか示されている（p.57）。句読法の主な特徴として /（スラッシュ）の使用があるが，その使い方にはあまり一貫性がない。必ずというわけではないが，文末を示すことがあり，また，これもすべてというわけではないが，文内の主要な切れ目，単なる休止などを示すこともある。同様に大文字も予期せぬところで Wold（=would）がでてきたり，Quene や Launcelot のような例においても一貫性のない使用がみられる。わかりやすいテキストにするために編者による多くの介入が必要となることがあるが，ほかの多くの点では，文法や語彙はわかりやすく，語りも魅力的である。その点は彼が序文で次のように述べているとおりである――この作品は「多くの不思議な物語と冒険談とともに，高貴な行い，武勲，勇気，厳しさ，人間性，愛，礼節と品格に満ちている」。

Thenne after the seruyse [service] was done / the kyng Wold wete [wished to know] how many had vndertake the queste of the holy graylle / and to accompte them he prayed them all [he prayed them all to count themselves] / Thenne fond they by the tale [count] an honderd and fyfty / and alle were knyghtes of the table round / And thenne they putte on their helmes and departed / and recommaunded them all holy [entirely] vnto the Quene / and there was wepynge and grete sorowe / Thenne the Quene departed in to her chamber / and helde her / that no man shold perceyue her grete sorowes / whanne syre Launcelot myst the quene / he wente tyl her chamber / And when she sawe hym / she cryed aloude / O launcelot / launcelot ye haue bitrayed me / and putte me to the deth for to leue thus my lord A madame I praye yow be not displeased / for I shall come ageyne as soone as I may with my worship / Allas sayd she that euer I sawe yow / but he that suffred vpon the crosse for all mankynde he be vnto yow good conduyte and saufte [protection] / and alle the hole felauship / Ryght soo departed Launcelot / & fond his felauship that abode [awaited] his comyng / and so they mounted on their horses / and rode thorou the strete of Camelot / and there was wepynge of ryche and poure / and the kyng tourned awey and myghte not speke for wepynge /

ミサが終わって，王様はどれくらいの人が聖杯を探すことに加わったかを知りたかった。そしてすべてを数えるように頼んだ。その説明から150人すべて円卓の騎士であることがわかった。彼らはかぶとをかぶって出かけた。女王にあいさつに行った。そこで皆が泣き，ひどく悲しんだ。女王は自分の部屋に入り，誰にもその悲しみを見せないようにした。その時ランスロット卿は女王がいないのに気づき，彼女の部屋のそばに行った。女王はランスロット卿を見て，叫んだ。ランスロットよ，お前は私を裏切り，死に追いやろうとしている。わが君，アーサー王をこのように置き去りにして旅立つとは。ああ，王妃よ，どうかお気を悪くなさらないでください。名誉を得たならば，できるだけ早く戻ってまいりますから。彼女は言った。あなたに出会ったことさえ悔やまれる。十字架の上ですべての民のために死の苦しみにあわれたお方があなたによい導きを，そしてご無事でありますように。そしてすべてのお仲間にも。ランスロットも出かけ，彼がくるのを待ち受けていた仲間たちを見つけた。そこで彼らは馬に乗り，キャメロットの街道を通り抜けた。すべての人が泣いていた。王は振り向いて泣くばかりで話すこともできなかった。

聖書の時代

『ジェームズ王聖書（*the King James Bible*）』，いわゆる『欽定訳聖書（*the Authorized Version of the Bible*）』は1611年に出版され，英語の発達に甚大な影響を与えた（p.66）。しかし，その聖書自体は16世紀に出版されたほかのいくつかの聖書の影響を受けたものである。これらの聖書が編まれた背景には当時の宗教的な論争があった（ルター（Luther）のウィテンブルグ騒動が起こったのも1517年である）。したがって，それらの聖書の諸版は神学的見解や文体だけでなく，印刷の書体，編集上の扱い，提示法などの点においても多種多様である。歴史言語学者にとっては，このように多種多様な聖書の版があることで，当時の英語の発達を観察する，またとない格好のチャンスが得られる。それらはすべていくつかの共通のテキストにもとづいて翻訳されているため，さまざまな版があることによって，当時の正書法・文法・語彙における変化を，よりいっそう解き明かすことができるのである。

『大聖書（*The Great Bible*）』の表紙
The Bible in English, that is to say the content of all the holy scripture, both of the old and new testament, truly translated after the verity of the Hebrew and Greek texts by the Diligent study of diverse excellent learned men, expert in the foresaid tongues.
英語で書かれた聖書，すなわち，旧約聖書と新約聖書の双方からなる聖典すべてを，ヘブライ語版とギリシア語版のテキストの真理に従いながら，両言語に長けた見識ある専門家たちが弛まぬ努力によって翻訳した聖書。

ティンダルの民衆の声

I had perceaved by experyence, how that it was impossible to stablysh the laye people in any truth, excepte the scripture were playnly layde before their eyes in their mother tonge, that they might se the processe, ordre and meaninge of the texte...
私は経験から次のことを認識していた。民衆の目の前に彼らの母語で簡潔に書かれた聖書が提示され，彼らがその聖書テキストの筋書きと順序と意味がわかるようにしない限り，真の信仰を信者に植えつけることはできないということを。

ティンダルが民衆のために聖書を訳そうとしたねらいは多くの訳文が下記のように口語体で書かれている点に示されている：
1 But the serpent was sotyller than all the beastes of the felde which ye LORde God had made, and sayd unto the woman. Ah syr [sure], that God hath sayd, ye shall not eate of all maner trees in the garden. 2 And the woman sayd unto the serpent, of the frute of the trees in the garden we may eate, 3 but of the frute of the tree that is in the myddes of the garden (sayd God) se that we eate not, and se that ye touch it not: lest ye dye.
[1] しかし，主である神が造られたあらゆる野の獣のうちで，蛇が1番狡猾だった。蛇は女に言った。「あなたがたは園のどの木からも食べてはならないと，神はほんとうに言われたのですか。」[2] 女は蛇に言った。「私たちは，園にある木の実を食べてよいのです。[3] しかし，神は，園の中央にある木の実について，『あなたがたは，それを食べてはならない。それに触れてもいけない。あなたがたが死ぬといけないからだ』とおっしゃられました。」

（巻末p.511へ続く）

ティンダルの影響

『欽定訳聖書』の約8割がティンダルの影響を示していると考えられてきた。「山上の垂訓」の冒頭の「至福の教え」がその一例で，相違点はごくわずかで，マタイ5.1-10の語数は2つの版でほとんど同じである。

ティンダル版

1 When he sawe the people, he went vp into a mountayne, and when he was set, his disciples came to hym, 2 and he opened hys mouthe, and taught them sayinge: 3 Blessed are the povre in sprete: for theirs is the kyngdome of heven. 4 Blessed are they that morne: for they shalbe conforted. 5 Blessed are the meke: for they shall inheret the erth. 6 Blessed are they which honger and thurst for rightewesnes: for they shalbe filled. 7 Blessed are the mercifull: for they shall obteyne mercy. 8 Blessed are the pure in herte: for they shall se God. 9 Blessed are the peacemakers: for they shalbe called the chyldren of God. 10 Blessed are they which suffre persecucion for rightwesnes sake: for theirs ys the kyngdome of heuen.

欽定訳聖書

1 And seeing the multitudes, he went vp into a mountaine: and when he was set, his disciples came vnto him. 2 And he opened his mouth, and taught them, saying, 3 Blessed are the poore in spirit: for theirs is the kingdome of heauen. 4 Blessed are they that mourne: for they shall be comforted. 5 Blessed are the meeke: for they shall inherit the earth. 6 Blessed are they which doe hunger and thirst after righteousnesse: for they shall be filled. 7 Blessed are the mercifull: for they shall obtaine mercie. 8 Blessed are the pure in heart: for they shall see God. 9 Blessed are the peacemakers: for they shall bee called the children of God. 10 Blessed are they which are persecuted for righteousnesse sake: for theirs is the kingdome of heauen.

（巻末p.511へ続く）

16世紀の主な聖書翻訳

ウィリアム・ティンダル（1494頃-536）
1525年のティンダルの『新約聖書』（改訂版1534）は日常的な英語で書かれた最初の聖書で，ケルンで印刷された。後続する聖書の諸版の基礎となったものである。ティンダルは一般の人びとが自分たちの言葉で書かれた聖書なら当然読めなければいけないという考え方を強く支持した人物である。

マイルズ・カヴァデール（1488?-569）
ケルンで出版されたカヴァデール版（1535）は英語で印刷された最初の完全版である。その版はドイツ語版からの翻訳である。

マシューの聖書（1537）
イングランドで印刷されたものとしては最初の完全版である。コルチェスターのチェンバレン（キリストの使徒2名の名前から取った偽名トマス・マシュー（Thomas Matthew））の著とされているが，実際はティンダルの友人，ジョン・ロジャース（John Rogers）によって編集されたものである。大体がティンダル版に依拠しており，いくぶんカヴァデール版も使われている。

大聖書（1539）
サイズが大きいゆえにそう呼ばれているもので，新教プロテスタントのイングランドで公に使用されている数多くの版で最初のものである。英国のどの教区にも1冊置かれていたものである。中身はマシュー版をカヴァデールが改訂したものである。大司教トマス・クランマー（Thomas Cranmer）がその序文を書いているため「クラマーの聖書」として広く知られるようになった。

ジュネーヴ聖書（1560）
女王メアリー（Queen Mary）の時代（在位1553-8）に追放されていたイギリスの新教徒たちによって翻訳された聖書である。ローマン体活字の英語で書かれた最初の聖書である。

主教聖書（1568）
『大聖書』の改訂版で，1571年に教会の公式版となった。『欽定訳聖書』の翻訳に携った研究者によって使用された版である（p.66）。

ドゥエー・リームズ聖書（1609-10）
ヨーロッパに追放されていたローマカトリックの司教たちによる翻訳版である。最初，リームズ新約聖書が1582年に世に出され，その残りの部分が1609年にドゥエー【訳注】フランス北部の町】で出版された。ラテン語のウルガタ訳聖書にもとづいた翻訳で，次世紀にイギリスのカトリック教徒によって使用された。

ルネサンス期の英語

16 世紀の間に古典語・古典文学に対する新たな興味や，科学，医学，人文科学などの急速に発展する分野への興味が沸き起こり，英語で書かれた多くの出版物が登場した。カクストンの時代から 1650 年くらいまでの期間はのちに**ルネサンス**と呼ばれることになったが，そこには宗教改革，コペルニクスの発見，欧州人によるアフリカ・アメリカ大陸への探検・進出も含まれる。このような新たな展望が英語に与えた影響は，直接的で，広範に及び，しかも議論の対象となるところである。

興味の的となるのは語彙であった。ヨーロッパから入ってきた新しい思想，技術，発明を正確に表す英語がないため，原語をそのまま借用することを始めた。当時，英語に入ってきたほとんどの語はラテン語からであり，ほかにはギリシア語・フランス語・イタリア語・スペイン語・ポルトガル語からも多くの借用語がある。さらに，世界探検の広がりの最中，北米・アフリカ・アジアにおける現地の言語を含めて 50 を超える外国語からの借用語もある。直接英語に入った語もあるが，別の言語を経由して入ってきたものもある。例えば，フランス語を経由して入ってきたラテン語やイタリア語が多くある。

トマス・エリオット（Thomas Elyot）のように，著述家によっては英語を「豊かにする（彼らがそう思ったのだが）」ためにわざわざ新語を探すものもいた。彼らは，古典のテキストであろうが，科学・技術・医学のような新たな領域であろうが，新語によって，新たな知が英国の民衆にもたらされるようにするのが自分たちの使命であると考えた。16 世紀には多くの古典作品の翻訳が行われ，その翻訳者が英語の中に訳語としてふさわしいものを探しても見つけられなかったときに，非常に多くのラテン語やギリシア語を導入したのである。実際，新しい学識を表現しようとするときに，英語はまったく適していないと感ずる者もいた。こう考えると，英語は十分に確立されたラテン語やギリシア語にはとうてい太刀打ちできなかったということである。神学や医学といったような領域では特にそうである。英語は日常世界には向いているとはいえ，学問の世界には適した言語ではなかった。

今と同様，当時も外国語からの語彙の流入は辛辣な批判を招くことになり，さっそく英語を守ることに精を出すものもいた。言語の純粋論者たちは，新しい「インクつぼ用語（inkhorn terms）」がわかりにくく，英語本来の語彙の発展を阻むものであると，その使用に強く反対した。作家によっては（特に，詩人エドマンド・スペンサー（Edmund Spenser）のように）古臭くなった語——ときどきチョーサー語法（Chaucerism）と呼ばれるような語——を復活させようとしたり，英語の方言の中からあまり知られていない語を選択して，使おうとするものもいた。たとえば，algate（'always（つねに）'），sicker（'certainly（確かに）'），yblent（'confused（当惑した）'）などの語である（p.135）。ジョン・チーク（John Cheke）という学者は可能なかぎり古典語の代わりに英語を用いた。たとえば，crucified（十字架にかけられた）の代わりに crossed, resurrection（復活）の代わりに gainrising を用いた（p.134）。

外国語からの借用語の増大はルネサンス期の特徴を最もよく示す言語事象である。結局，言語の純粋論者の見解が新語の流入を止めるようなことは当時起こらなかったし，英語史上においても起こったことはない。

ルネサンス期の英語に導入された借用語

ラテン語・ギリシア語から

absurdity（愚行），adapt（適合させる），agile（敏速な），alienate（遠ざける，譲渡する），allusion（隠喩），anachronism（時代錯誤），anonymous（無名・匿名の），appropriate（固有の・適合させる），assassinate（暗殺する），atmosphere（大気），autograph（自筆の原稿），benefit（親切，利益），capsule（小箱），catastrophe（破局），chaos（底なしの淵），climax（劇などの最高潮），conspicuous（はっきり見える），contradictory（矛盾する），crisis（危機，重大局面），criterion（特徴・基準），critic（口やかましい人，批評家），delirium（狂乱），denunciation（公示），disability（無能力），disrespect（無礼な態度を取る），emancipate（解放する），emphasis（強調），encyclopedia（百科事典，学問全般），enthusiasm（宗教的熱狂），epilepsy（てんかん），eradicate（根絶させる），exact（正確な，厳格な），exaggerate（誇張する），excavate（穴を掘る），excursion（話の脱線，遠足），exist（存在する），expectation（期待），expensive（高価な），explain（説明する），external（外側の），extinguish（火を消す，失わせる），fact（犯行，事実），glottis（声門），habitual（習慣的な），halo（太陽や月のまわりに現れる暈（かさ）），harass（疲れさせる，悩ます），idiosyncrasy（体質・気質の特異性），immaturity（未熟），impersonal（非個人的な，非人称の），inclemency（天候の荒れ），jocular（ひょうきんな），larynx（喉頭），lexicon（辞書，語彙），lunar（月の），malignant（悪意のある），monopoly（専売），monosyllable（単音節語），necessitate（必要とする），obstruction（妨害），pancreas（膵臓），parasite（居候），parenthesis（括弧，挿入語句），pathetic（感動的な，情緒的な），pneumonia（肺炎），relaxation（弛緩，休養），relevant（関連した），scheme（案，計画），skeleton（骨格），soda（ソーダ），species（種），system（組織，体系），tactics（戦術），temperature（温度，体温），tendon（腱），thermometer（温度計），tibia（脛骨），tonic（緊張性の，強壮剤），transcribe（複写する），ulna（尺骨），utopian（理想郷の），vacuum（空虚），virus（毒液，ウイルス）

フランス語から（フランス語を経由して）

alloy（合金），anatomy（解剖学），battery（砲撃，電池），bayonet（短剣），bigot（偏屈者），bizarre（異様な），chocolate（チョコレート），colonel（陸軍大佐），comrade（仲間），detail（細目），docility（従順），duel（決闘），entrance（入場，入口），equip（用意させる），explore（調査する），grotesque（怪奇な，風変わりな），invite（招く），moustache（口ひげ），muscle（筋肉），naturalize（帰化させる），passport（通行許可（証）），pioneer（開拓者），probability（見込み，確率），progress（進歩），shock（衝突，衝撃），surpass（～をしのぐ），ticket（切符），tomato（トマト），vase（花瓶，つぼ），vogue（大流行），volunteer（義勇兵，志願者）

（巻末 p.512 へ続く）

なぜか理由を説明せよ（Explain thyself）

新造語を発明した人はなぜその造語をしたのかについて，みずから説明をする必要を自覚していた。例えば，その 1 つの説明方法として persist and continue（続ける），animate or give courage to（勇気づける）のように既存語と新語を並べて使うことがある。ほかにも当該の意味を長めに説明する方法がある。例えば，トマス・エリオットは encyclopedia（学問全般）を下記のように説明している。

in an oratour is required to be a heape of all manner of lernyng: whiche of some is called the worlde of science: of other the circle of doctrine / whiche is in one worde of greeke *Encyclopedia*.

演説家【訳注】public orator（オックスフォード大学・ケンブリッジ大学の代表演説者）というのはあらゆる学識をたくさんもっていなければならない。その学識のことを広き知識の世界，ないしは，教えの領域と呼ぶこともある。ギリシア語 1 語で言えば encyclopedia である。

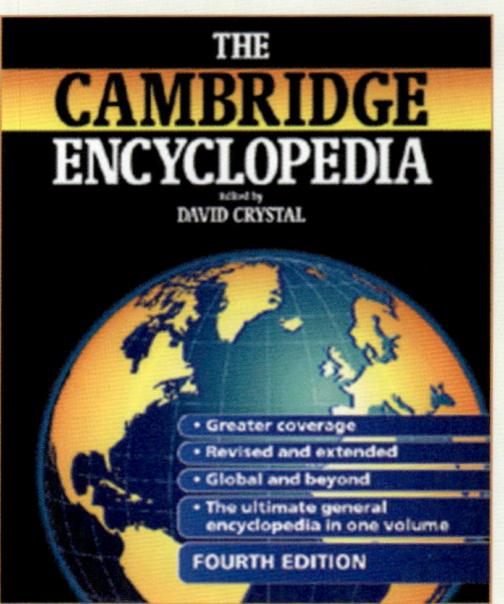

「インクつぼ用語」論争

16 世紀の英国において，外来語の使用をめぐる論争があったが，その論争の争点を表すのに，外来語をお金にたとえて使われた比喩がよく知られている。外来語を使用することを支持する者は，それが英語を「豊かにする（enrich）」もので，「信用貸（credit）」であるというのに対し，反対論者は，それが英語を「破産（bankruptcy）」させるもので，「貨幣偽造（counterfeiting）」であるという。

支持者の例①
トマス・エリオット（1490 頃-546）

I am constraind to vsurpe a latine word callyng it *Maturitie*: whiche worde though it be strange and darke / yet by declaring the vertue in a fewe mo wordes / the name ones [*once*] brought in custome /shall be as facile to vnderstande as other wordes late commen out of Italy and France / and made denizins amonge vs. ... And this I do nowe remembre for the necessary augmentation of our langage. (『為政者論（*The boke named the Gouernour*）』(1531))

私は maturity（成熟）というラテン語を奪い取りたい気持ちになる。その語の長所を別の 2-3 語で説明しようとしても何となく妙で，わかりにくくなるが，いったんそれを使い慣れると，最近イタリアやフランスから入ってきて馴染まれている語などと同様に，とてもわかりやすいものとなり，そして英語の中に溶け込むであろう。…私は英語に必要な語彙の増強のためにも，このことを忘れないでおく。

支持者の例②
ジョージ・ペティ（George Pettie（1548-89））

Wherefore I marueile how our english tongue hath crackt it [*its*] credite, that it may not borrow of the Latine as well as other tongues: and if it haue broken, it is but of late, for it is not vnknowen to all men how many words we haue fetcht from thence within these fewe yeeres which if they should be all counted inkpot termes, I know not how we should speake any thing without blacking our mouthes with inke: for what woord can be more plaine then this word *plaine*, and yet what can come more neere to the Latine? (『スティーブン・グワッツォの礼儀正しい会話（*The ciuile conuersation of M. Steeuen Guazzo*）』(1581) の序文)

我々の英語がその信用を壊してしまったのは驚きで，ほかの外国語だけでなくラテン語からも借りられないかもしれない。もし，英語が崩壊したのであれば，それはつい最近のことである。いかにたくさんの語をこの数年間にラテン語からもってきたのか，誰もわからないわけではない。もしそういう語がすべてインクつぼ用語と見なされたとしても，どうやってインクで口を汚さずに，何かしゃべることができるというのか。いったいどんな語が plain（平明な）という語が表す意味を，より plain（平明に）表せるというのか？　そのラテン語に，より近い意味を表す語はほかにあるのであろうか？

（巻末 p.512 へ続く）

謹啓（Worshipfull Sir）

修辞学者トマス・ウィルソン（Thomas Wilson）はイングランドで台頭するラテン語の語彙に対して最も痛烈な批判をした人物の一人であった。彼の著書『修辞学の技術（*The Arte of Rhetorique*）』のなかで，リンカンシャーの，ある身分の高い男性が空席になった聖職者の求人に関する手助けを求めて書いたとされている手紙を引用している。その手紙はウィルソン自身で作りあげたもので，パロディーである可能性もあるが，使われている語は本物のようで，多くの場合はほかのところですでに使用されている語であることが確認されている。下記の抜粋を見るとその手紙の文体がよくわかる。

Ponderyng expendyng [weighing], and reuolutyng [revolving] with my self your ingent [enormous] affabilitee, and ingenious capacitee, for mundane affaires: I cannot but celebrate and extolle your magnificall dexteritee, aboue all other. For how could you haue adepted [acquired] suche illustrate prerogatiue [illustrious pre-eminence], and dominicall [lordly] superioritee, if the fecunditee of your ingenie [intellectual powers] had not been so fertile, and wounderfull pregnaunt. Now therefore beeyng accersited [summoned], to suche splendent renoume, and dignitee splendidious: I doubt not but you will adiuuate [help] such poore adnichilate [destitute] orphanes, as whilome ware condisciples [schoolfellows] with you, and of antique familiarite in Lincolneshire

貴殿の温和な物腰と世事に関して独創性に富む能力を発揮されていることを熟慮し，思いめぐらしますと，私はとりわけ貴殿の見事な才気煥発を祝福し，激賞せざるを得ません。というのも，もし仮にあなたの知的能力がそれほど豊かなものでなく，実りあるものでなかったとしたら，あなたはどうやってそのめざましい卓越した能力と，そしてそのご立派な品格を身につけられたというのでしょうか。そのような貴殿の光り輝くご高名と輝かしいご威厳を思うと，あなた様はきっと，そのような貧しく見捨てられた孤児たちに援助の手を差し伸べてくださるだろうと確信しております。彼らとあなたさまとはリンカンシャーで旧知の学友であったのですから。

注目されるのは，ここで使われている新しいラテン語借用語のいくつかが，これ以降英語の中に定着しているという事実である（例えば，ingenious（独創的な），capacity（能力），mundane（現世の），celebrate（祝う），extol（激賞する），dexterity（利口さ））。他方，それらのラテン語に相当する語として，当時の作家が造語した英語本来語の方は廃れてしまっている。一例をあげると，ラルフ・リーヴァー（Ralph Lever）の著書『理性の技法（*Arte of Reason*）』(1573)（ちなみに本書名は「論理学の研究」という意味なので英語本来語で言えば Witcraft という書名になるところか）の中で提唱されている一連の用語で，次のような英語本来語による造語の例が含まれている。Endsay（'conclusio' 結論），ifsay（'propositio conditionalis' 前提），naysay（'negatio' 否定），saywhat（'definitio' 定義），shewsay（'propositio' 命題），and yeasay（'affirmatio' 肯定）。リーヴァーの造語の多くは廃れたけれども，いくつかの語については方言などで独自に出現した（特に，naysay(er)（悲観論(者)），yeasay(er)（人生肯定論(者)））。これらの例はのちのジョージ・オーウェル（George Orwell）の新語法（ニュースピーク）(p.145) を思い起こさせる点で興味深い。

削り取られた語

cohibit（'restrain（抑制する）'），deruncinate（'weed（雑草を取り除く）'），eximious（'excellent（優れた）'），illecebrous（'delicate（繊細な）'），suppeditate（'supply（供給する）'）...

ルネサンス期に造語されたもので，後世まで生き残らなかったものが多くある。興味深いのだが，あまり理解されていない問題の 1 つに，なぜ，ある語が残り，別のある語は残らなかったかという問題がある。例えば，impede（妨げる）も expede（解放する）もその頃導入されたが impede だけが残っている。Demit（追い払う）は dismiss に置換されたが　それと関連する commit（ゆだねる），transmit（送る）は残っている。Disadorn（醜くする），disaccustom（習慣をやめさせる）はなくなっているが，disagree（一致しない），disabuse（迷いを解く）は残っている。上記ウィルソンの手紙の中にあるラテン語の新語のほとんどが残っているが，obtestate（抗議する），fatigate（疲れさせる）は残っていない。ある特定の意味を表す語として，好まれて使われている語があると，それが新語の登場を阻むこともある。つまり，すでに visible（見える）があるのに aspectable がはたして必要であろうか？　ある語が生きているのに，もう一方の語が死んでいるのはなぜなのか。そういう問いに答えるのはほとんどの場合不可能である。

新たな語の形成

外来語の流入が語彙の増幅をもたらす最も顕著な要因であったが，まったく別の点でも，この時期の語彙は着実に拡大していた。それは，ずっと多くの語が，接頭辞や接尾辞を加えることによって，あるいは複合（p.128）によって造られたからである。また，シェイクスピアによく見られるように，転換と呼ばれる，語の品詞を変える操作もよく使われ，語彙の拡大にかかわっているので注意することが重要である（p.63）。

（巻末 p.512 へ続く）

シェイクスピアの影響

いかなる英語史の教科書も，ルネサンス末期数十年の英語の発展に最も重要な影響を与えた 2 作品としてウィリアム・シェイクスピア（William Shakespeare（1564-616））の作品と 1611 年の『欽定訳聖書（*King James Bible*）』（p.66）をあげているという点で見解が一致している。ここで「影響」というのは何も，これらの作品がいかに美しく，記憶に残るような英語を使っているかということをいっているのではない。たしかに両作品から引用された名句がどんな引用句辞典・名句集などにも載っているのだが，本節では言葉が美的にすぐれているかとか，引用に値するかということを問題にしているのではない（p.184）。'To be or not to be' は確かに名句ではあるが，それは英語の文法や語彙の発展を論ずる際には重要なことではない。一方で，シェイクスピアが obscene という語を 'loathsome（嫌な）' の意で使っている（『リチャード 2 世（*Richard II*）』の中で）用例は，特に記憶に残る名句の一部分でもないが，記録に残っている資料では obscene をこの意味で使った最初の例なのである。たとえ，彼がそれを使った最初の人間ではなかったとしても（彼が最初に使ったとされる puppie-dogges（puppy-dogs（子犬））のような例のいくつかも，すでに話し言葉で使われていたのであろう），彼の用法が影響して，人びとがそのような意味で obscene を認識するようになる，すなわち，そのような意味での用法を世に広めていったものと考えられる。

シェイクスピアが英語に与えたインパクトは，本節であげている例のように，主として語彙に関してであった。しかし，彼の作品には当時の英語の発達を示すような非常に多くの事例が見られ，当時の発音（p.71），語形成，統語法（p.74），言語使用（p.75）について論ずる場合には，必ず彼の詩や劇作品の中からの用例が引き合いに出される。一方，ルネサンス期の言語全般に関する研究の発展によってシェイクスピア自身の英語の用法についての理解も深まってきた。

新しいグローブ座

ロンドンにあるシェイクスピアのグローブ座（17 世紀初期に彼と彼の仲間たちが使用した劇場を再建したもの）で 2000 年に上演された『テンペスト（あらし）（*The Tempest*）』の場面。

最初の木造建築は 1599 年にオープンしたが，1613 年に火事（『ヘンリー 8 世（*Henry VIII*）』の上演中の砲弾からの火花が出火原因といわれている）で焼失した。すぐに再建されたが，1642 年に清教徒（Puritans）によって閉鎖され，後に取り壊された。

その 2 回目の再建は，1993 年に 74 歳で亡くなったアメリカの俳優兼監督のサム・ワナメーカー（Sam Wanamaker）の着想によって行われた。グローブプレーハウス・トラストは 1970 年に設立されたが，建築作業は 1989 年にようやく始められた。その建設現場はもともとあった場所から 500 ヤードほど離れたところであった。エリザベス朝時代の建築技術が使われ，当時のスケッチや記録を参考にしながら，樫の木材を骨組みにした劇場の複製が完成した。このプロジェクトの目的は，シェイクスピアと，彼と同時代の劇作家の作品を，それが最初に上演されたときと同じような状況で，鑑賞できるようにすることであった。劇場が 1996 年に最初のシーズンを迎えたときの収容人員は，屋根なし立見席 300 を含めて 1,500 人であった。数多くの劇がエリザベス朝当時のスタイルで，かつ『ヘンリー5世』のプロローグに「O 字形の木造小屋（wooden O）」と書かれている舞台（つまりグローブ座のこと）で上演されている。

ウィリアム・シェイクスピア（1564-616）

シェイクスピアは，父である手袋職人ジョン・シェイクスピア（John Shakespeare）と，農家の出の母メアリー・アーデン（Mary Arden）との間の子としてウォリックシャーのストラトフォード・アポン・エイヴォンで生まれた。彼の子どもの頃のことはよくわかっていない。彼は長男で 2 人の弟と 4 人の姉妹がいた。地方のグラマースクールに通い，1582 年に地方の農家の出のアン・ハサウェイ（Anne Hathaway）と結婚し，娘スザンナ（1583）と双子のハムネットとジュディス（1585）に恵まれた。

1591 年頃にロンドンに移り，俳優になった。舞台と最初にかかわった証拠は 1594 年にあり，その年，侍従長一座（後に，国王一座（the King's Men）と改称）に所属して活動した。その劇団がグローブ座を立ち上げたとき，その共同事業者となり，1606 年頃までシルバー街でつつましい暮らしをし，そのあとグローブ座の近くに転居した。1610 年頃に，ストラトフォードに戻り，郷紳（ジェントリ）としてニュープレース屋敷で暮らした。彼の遺書は 1616 年 3 月，死の直前に作成され（p.159），ストラトフォードで埋葬された。

現代におけるシェイクスピア研究は，その戯曲のテキスト・作成年代・原作者に関する綿密な調査と，それらの作品を産み出した劇的，文学的，社会・歴史的背景に関する詳細な研究が行われてきたことで，よく知られてきている。これに加えて，比較的小規模ではあるが急速に発展している言語学的研究の貢献が見られる。例えば，文体論，語用論，社会言語学，コンピューター言語学的見地からの研究である（pp.63, 163）。その中で特に興味深いのは，ある作品（例えば『ヘンリー6 世　第 1 部（*Henry VI Part I*）』，『二人の貴公子（*Two Noble Kinsmen*）』など）の原作者が誰かという論争が，現代の文体統計学とコンピューター技術を駆使してどれだけ解明されるかという点である（pp.278, 449）。

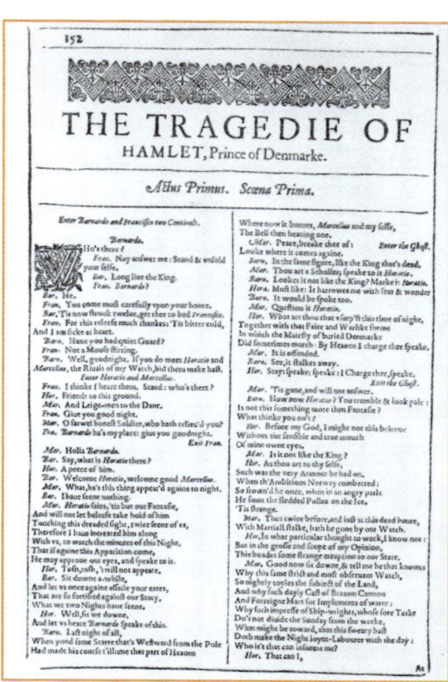
152

THE TRAGEDIE OF

HAMLET, Prince of Denmarke.

Actus Primus. Scœna Prima.

1623年に出版された最初のシェイクスピア戯曲全集，いわゆるファーストフォリオの中の1ページ（『ハムレット』1幕1場の冒頭部分）

シェイクスピア作品の略号と制作年

以下の略号は pp.63-5 の語彙の説明で用いるもので，テキストの制作年は D. クリスタルと B. クリスタル（D. Crystal & B. Crystal, 2002）の『シェイクスピアの語彙（*Shakespeare's Words*）』に従っている。

AC Antony and Cleopatra（1606–7）『アントニーとクレオパトラ』
AW All's Well That Ends Well（1603–5）『終わりよければすべてよし』
AY As You Like It（1599–600）『お気に召すまま』
CE The Comedy of Errors（1592–4）『間違いつづき』
Cor Coriolanus（1608）『コリオレーナス』
Cym Cymbeline（1610–1）『シンベリン』
Ham Hamlet（1600–1）『ハムレット』
1H4 Henry IV Part 1（1596–7）『ヘンリー4世 第1部』
2H4 Henry IV Part 2（1597–8）『ヘンリー4世 第2部』
H5 Henry V（1599）『ヘンリー5世』
1H6 Henry VI Part 1（1591–2）『ヘンリー6世 第1部』
2H6 Henry VI Part 2（1590–1）『ヘンリー6世 第2部』
3H6 Henry VI Part 3（1590–4）『ヘンリー6世 第3部』
H8 Henry VIII（1613）『ヘンリー8世』
JC Julius Caesar（1599）『ジュリアス・シーザー』
KJ King John（1594–6）『ジョン王』
KL King Lear（1605–8）『リア王』
LC A Lover's Complaint（1609）『恋人の嘆き』
LL Love's Labour's Lost（1593–5）『恋の骨折り損』
Luc The Rape of Lucrece（1594）『ルクリース凌辱（りょうじょく）』
MA Much Ado About Nothing（1598–9）『空騒ぎ』
Mac Macbeth（1606）『マクベス』
MM Measure for Measure（1604）『尺には尺を』
MND A Midsummer Night's Dream（1594–5）『夏の夜の夢』（巻末 p.513へ続く）

「偽りの友」類似形異義語

「偽りの友（'faux amis' フォザミ）」とは，ある言語に存在する語とまったく同じように見える語が別の言語にも存在するが，両者の意味が異なる場合のことをいう。そのため，両言語間で2語が形態上類似しているので，両者の意味が同一であると思っても，実際はそうでないということに気づいて驚くのである。同じような問題が同一言語内の異なる時代で比較したときにも起こる。つまり，シェイクスピア時代に使われていた語が，現代に残っていたとしても，その意味がすっかり変わっているかもしれないのである（D. クリスタル（D. Crystal，2008a）に従う）。

語	現代の意味	シェイクスピア時代の意味	例
awful (adj)	「ひどい」	「畏敬の念を起こさせる」	ガウアーがペリクリーズのことを 'will prove awful both in deed and word（言行ともに畏敬の念を起こさせる）'（*Per* 2.*Chorus*.4）人物と評している。
excre-ment (n)	「排泄物」	「生育（毛髪などの）」	ドン・アーマードーが，王様が 'with his royal finger thus dally with my excrement, my mustachio（おみ指でもって，こんな風に，わしのこのひげをおまさぐりになった）'（*LL* 5.1.98）と大いに喜んでいる。
naugh-ty (adj)	「いたずらな」	「邪悪な」	グロスターがリーガンを 'naughty lady（邪悪な女）'（*KL* 3.7.37）と呼んでいる。
revolve (v)	「回転させる（する）」	「熟考する」	マルヴォーリオが手紙を読む，'If this fall into thy hands, revolve（もしこの手紙があなたの手に入ったならば，どうかよく考えてください）'（*TN* 2.5.139）

転換

英語の屈折語尾が衰退したこと（p.44）による影響の1つとして，転換というプロセスが著しく発達したことがあげられる。ある語を，その形を変えずに品詞を変えて使うのである（p.139）。このプロセスはルネサンス後期に，特に戯曲の中で著しく発展した。同時代の修辞学者はこの転換をアンティメリア（anthimeria）と呼んだ。シェイクスピアは転換を多用し，特に，名詞から動詞への転換を好んで使った。

Season your admiration for a while...（しばらくの間驚きをしずめて聞いてください。）{【訳注】*Ham* 1.2.192}

It *out-herods* Herod...（ヘロドを暴虐さでしのぐ）{【訳注】*Ham* 3.2.14}

No more shall trenching war *channel* her fields...（もう二度とは畑地を戦争のために掘り返させたり…させまいぞ）{【訳注】*1H4* 1.1.7}

Grace me no grace, nor *uncle* me no uncle...（ばかにするな，閣下扱い，叔父扱い，よしてくれ）{【訳注】*R2* 2.3.87}

Julius Caesar, / Who at Phillipi the good Brutus *ghosted*...（フィリパイで怨霊と現われてあのブルータスを脅かした，ジュリアス・シーザー…）{【訳注】*JC* 2.6.13}

Destruction straight shall *dog* them at the heels...（すぐさま破滅の淵へ追いこんでやる。）{【訳注】*R2* 5.3.139}

I am *proverbed* with a grandsire phrase...（俺はお祖父の古い言い草に従って）{【訳注】*RJ* 1.4.37}

多様なハイフン

シェイクスピアの語彙研究にあたってはハイフンを用いた複合語に注意を向ける必要がある。Hugger-mugger（混乱）のような複合語の多くは彼独特のものであることがわかる。彼の著作にある複合語は，現代英語まで生き残っているものと，途中で廃れてしまった（上記参照）ものとがある点で，不安定で気まぐれなものである。『ジョン王』にある次の複合語の例を見るとわかるように（各例はその作品の中で1度しか起こらない）特徴はその複合語の構造的な多様性にある：

arch-heretique（異教徒の首領）	breake-vow（誓いを破るもの）	halfe-blowne（半開きの）	one-look'd（読む）	smooth-fac'd（愛想のよい）
baby-eyes（子どもの目）	canker-sorrow（悲しみという青虫）	heauen-mouing（天の同情を引く）	pale-visag'd（顔が色白の）	thin-bestained（薄っぺらの）
bare-pickt（肉が落ちて骨だけになった）	faire-play（公明正大なる慣例）	ill-tuned（耳障りな）	pell-mell（混戦）	vile-concluded（卑劣千万な）
basilisco-like（バジリスクのような）	giant-world（大世界）	kindred-action（類似した行動）	sinne-conceiuing（罪作りの）	widow-comfort（寡婦の慰め）

（W. F. ボルトン（W. F. Bolton），1992に従う）

様々な「悪者」(knavery)

シェイクスピアにおける言葉の創造性は，日常的な概念を取り上げて，その意味を表すのに使う表現が想像力に富んでいる点にある。最も日常的な意味ですら実に多様な形で表現される。それは，以下に示すような knave「悪漢・ごろつき」という語を使った，じつに多様な侮辱的表現があることからもわかる。

wrangling（ずるい）knave; foul（不潔な）knave; Fortune's（運のよい）knave; fantastical（気まぐれな）knave; naughty（邪悪な）knave; Sir（～様）knave; arrant（最低の）knave; a devilish（悪魔のような）knave; lousy（卑劣な）knave; ...

（巻末 p.513へ続く）

シェイクスピアのイディオム

バーナード・レヴィン（Bernard Levin）はシェイクスピア劇中に見られる表現で，現代においても使われる英語表現 61 個（その具体例は下記を見よ）を編集したが，その表現は多くの劇場の店のポスターや T- シャツのプリントなどでよく見かける。彼がその 61 個を選択したことはシェイクスピアの著作が現代の慣用句に与えた影響の大きさを明確に示している。ただ，tut tut（ちぇっ）や O Lord（おやおや）などの口語表現をそこに含めるのはいささか不当に「名句・引用句」の定義を広めることになるまいか。レヴィンも間違うことがあって 'but me no buts（しかし，しかしはやめてくれ）' はシェイクスピアにはなく，そのモデルになったと思われる 'Grace me no grace, nor uncle me no uncle（ばかにするな，閣下扱い，叔父扱い，よしてくれ）'（R2 2.3.86）が見つかる。また，ほかにもシェイクスピア独特のものと言えない例もある。例えば，hoodwink（だます），tongue-tied（口のきけない），laughingstock（物笑いの種），eyesore（目障りなもの）などもほかの作家がシェイクスピア以前に使っていたものである。ほかにあがっている熟語のいくつかも，ふつうに使われていたものであろう。『ロミオとジュリエット』（2.4.162）の乳母のセリフ 'If ye should lead her in a fool's paradise, as they say...（もしあなた様があのお嬢様を幻影の幸福とやらに誘い込むのであれば…）' もその例である。しかし，その作品で使われなかったならば，その fool's paradise（はかない夢）も今日のような熟語として確立されることはなかったであろう。

QUOTING SHAKESPEARE

IF YOU CANNOT UNDERSTAND MY ARGUMENT, AND DECLARE: *it's Greek to me*, you are quoting Shakespeare. IF you claim to be *more sinned against than sinning*, you are quoting Shakespeare. IF you act *more in sorrow than in anger*, if your *wish is father to the thought*, if your lost property has *vanished into thin air*, you are quoting Shakespeare. IF you have ever refused *to budge an inch* or suffered from *green-eyed jealousy*, if you have *played fast and loose*, if you have been *tongue-tied* – *a tower of strength* – *hoodwinked* or *in a pickle*, if you have *knitted your brows* – *made a virtue of necessity*, insisted on *fair play* – *slept not one wink* – *stood on ceremony* – *danced attendance* on your *lord and master* – *laughed yourself into stitches*, had *short shrift* – *cold comfort*, or *too much of a good thing*, if you have *seen better days*, or lived *in a fool's paradise*, why, be that as it may, *the more fool you*, for it is a *foregone conclusion* that you are *as good luck would have it*, quoting Shakespeare. IF you think it is *early days* and clear out *bag and baggage*, if you think *it is high time*, and that *that is the long and short of it*, if you believe that *the game is up*, and that *truth will out*, even if it involves your *own flesh and blood*, if you *lie low* till *the crack of doom* because you suspect *foul play*, if you have *teeth set on edge at one fell swoop* – *without rhyme or reason*, then *to give the devil his due* if the *truth were known* for surely you have a *tongue in your head*, you are quoting Shakespeare. EVEN IF you bid me *good riddance* and *send me packing*, if you wish I was *dead as a doornail*, if you think I am an *eyesore* – a *laughing stock* – the *devil incarnate* – *a stony-hearted villain* – *bloody-minded*, or a *blinking idiot*, then *by Jove* – *O Lord* – *tut, tut!* – *For goodness' sake* – *what the dickens!* – *but me no buts* – *it is all one to me*, for you are quoting Shakespeare...

BERNARD LEVIN

（左の訳を巻末 p.513 に掲載）

引用句のつづき

下記の例はシェイクスピアの名句すべてをあげているわけではないが，かなりの時間をかけて，レヴィン流に名句をあげ続けられるであろう。

The game's afoot!（獲物がいたぞ） O brave new world, that has such people in it（おお，素晴らしき新世界。そういう人たちがそこに住んでいるのね。），good men and true（立派で誠実な人びと），to the manner born（生粋の，生まれながらの），treading the primrose path（放蕩に道を歩む），as merry as the day is long（とても楽しい），full of the milk of human-kindness（心の優しさに満ちた），acting as ministering angels（救いの天使（神）のようにふるまう），killing with kindness（親切があだになる），holding the mirror up to nature（自然のままを写す），telling truth to shame the devil（真実を語れば悪魔も恥じ入る），wearing their heart on their sleeve（思ったことを言ってしまう），avoiding pomp and circumstance（華麗な行列と儀式を避ける），not laying it on with a trowel（むやみにお世辞を言わない），and telling 'knock knock' jokes（ノックノックジョークを言う），for ever and a day（つねに，いつまでも），to their heart's content（心ゆくまで）．The world is their oyster（この世はほんとうに彼らの思うままである），特に彼らが their pound of flesh（情け容赦ない要求）を手に入れて，out of the jaws of death（窮地を脱して），to prepare a dish fit for the gods（神々の召し上がりもの，最大のごちそう）を用意できたときに。caviare to the general（ふつうの人にとってキャビア（高尚すぎて一般向けでない））をふるまうのは meat and drink to them（ふつうの人にとってごちそう（無上の楽しみ））である。In my mind's eye（心の目に，私の思うところでは），彼らの仕事は beggars all description（言葉では言い表せない）．彼らは a wild-goose chase（無駄な努力）をしたことがないし，with bated breath（息を殺して）誰かが break the ice（話の口火を切る）のを待って立っていたこともなかった。彼らは eat me out of house and home（私の家も何もかも食いつぶして私の財産を腹に入れてしまう）ことがあるであろうか。no more cakes and ale（もうどんちゃん騒ぎもなく），彼らが hoist with their own petard（自分の仕掛けた罠にかかる）のを見ることになれば，それは a sorry sight（哀れな有様）であろう。I must be cruel only to be kind（つれない仕打ちもただ親切のため），a Daniel come to judgement（名裁判官ダニエル様の再来だ），as white as driven snow（雪のように真っ白な）。There's method in my madness（これは狂っているけれど，言うことの筋道は通っている），というのも the wheel has come full circle（物事が好転して振り出しに戻ったからだ）。しかし，おそらく that's neither here nor there（それは的外れだ（問題にならない））。Come what come may（どんなことが起ころうとも）［【訳注】通例は Come what may となる。］，brevity is the soul of wit（簡潔は機知の精髄（言は簡を尊ぶ）），そして love is blind（愛は盲目で），それは the be-all and end-all of it...（最も大切なもの，本質，要）である。

名句の出典

レヴィンは時には自分の思惑に合わせて引用句を適当に「改作」している。ありのままの引用句は下記のとおりである（etc はここで明示する出典以外の作品にも使用されていることを示す）。

it was Greek to me(*JC* 1.2.281)「さっぱりわからない」
more sinned against than sinning (*KL* 3.2.60)「罪を犯すというより罪を犯された」
my salad days(*AC* 1.5.73)「青くさい青年時代」
more in sorrow than in anger (*Ham* 1.2.232)「怒るより悲しんで」
thy wish was father, Harry, to that thought (*2H4* 4.5.93)「君がそうあれかしと願っていると実際そうだと思うようになる」
are melted into thin air (*Tem* 4.1.150)「大気の中へ消え失せる」
not budge an inch (*TS* 序幕 .1.12)「ほんの少しも動かない」
green-eyed jealousy(*MV* 3.2.110)「緑色の目をした嫉妬」
play fast and loose(*KJ* 3.1.242)「言行不一致」
tongue-tied (*R3* 4.4.132 etc)「ものが言えない」
a tower of strength(*R3* 5.3.12)「頼りになる人」
hoodwink(*Mac* 4.3.72 etc)「欺く」
I have been in such a pickle (*Tem* 5.1.282)「そんな苦境にある」
knit his brows (*2H6* 1.2.3)「眉をひそめる」
to make a virtue of necessity (*TG* 4.1.62)「義理ですることを進んでするかのように」
fair play (*TC* 5.3.43 etc)「フェアプレイ」
have not slept one wink (*Cym* 3.4.102)「一睡もしていない」
I never stood on ceremonies (*JC* 2.2.13)「決して儀式ばらなかった」
dance attendance(*H8* 5.2.30, R3 3.7.55)「ご機嫌取り」
lord and master(*AW* 2.3.185 etc)「主人，夫」
laugh yourselves into stitches (*TN* 3.2.65)「お腹がよじれるほど笑う」
make a short shrift(*R3* 3.4.95)「さっさと片づける」
cold comfort(*KJ* 5.7.42, *TS* 4.1.28)「少しの慰めにもならないこと」

（巻末 p.514 へ続く）

シェイクスピアによる造語の初出例

シェイクスピアの語彙に関して最もよく問われることの1つは彼が造り出した語の数である。それに答えるのは難しい。なぜなら，頼れるのは *OED* に記載されているような，当該の語が特定の意味で使われている初出例(first recorded uses (FRU))だけで，その初出例は彼がその語を創造したものかどうかについては何も教えてくれないからである。冒とく・のろい言葉として使われる God's blood を短くした 'sblood という婉曲語があるが，これは『ヘンリー4世』に初出例が見つかるものの，そのような日常的な表現を彼の造語というのは難しかろう。われわれが知る限り，単にシェイクスピアがその表現を印刷物で初めて使った人物であるということである。他方，『マクベス』の unsex（性的能力を奪う)，『コリオレーナス』の unshout（騒音を打ち消す)，『リチャード2世』の uncurse（のろいを取り去る）などの初出例は，接頭辞 *un-* の使い方が非常に効果的であることがわかる。そこで問題は，初出語の中でも彼の造語と考えにくいものと，そう考えてもよい用例がそれぞれどれくらいあるかということになる。

歴史語彙論（語彙の歴史的研究）が日々進歩しているからといって，初出語の総数ですら一致した見解にたどりつけるわけではない。*OED* の編集が始まった頃 (p.500)，シェイクスピアはデータ源としては別格に見なされ，彼の劇作品・詩の用例が多くの語の初出例として引用された。より多くの資料の研究が進むにつれて，初例とされていたものよりもっと古い用例があとで見つかることもあった。そこで，彼の初出例とされていた総数も時がたつにつれて着実に減っていき，私の試算によると，2003年以降，更新中である *OED* では，彼の初出例とされていた語のうち349語（16%）がもはや初出例でなくなっている。その資料調査が今後続き，初期近代英語のより多くのテキストがインターネットで検索可能になるにつれ，彼の初出例とされていた総語数は減り続けるであろう。いまだに（2017年中頃現在）彼の初出例とされている2,160語の70%にあたる1,506語が更新されずに残っている。もしその減少率が続けば，さらにあと245語くらいが今後数年以内に初例の資格を失うことになろう。 （巻末 p.515へ続く）

時間のずれ

ある特定の品詞・意味で使われる語の初例がシェイクスピアにしか見つからないという場合には問題はない。この種の例として，2017年半ば現在で407語が *OED* にリストされている。（「特定の品詞」という条件をつけたのは，別の品詞の用例ならもっと早くから見つかるということがあるからである。例えば，動詞の attorney（代理人を立てる）はシェイクスピアが初例とされているが，名詞の用例ならもっと早い時期に見つかっている。）以下に，a- で始まる初出語の例とその出典（出典の略号については pp.63，513を見よ）を，エントリーの更新の有無に関する情報（+は有り，=は無し）をつけて，あげておく。

abhorred+ (adj)（忌まわしい）*Ham*
acture+ (n)（行為）*LC*
adhere+ (v)（ぴったり合う）*MW*
adoptious+ (adj)（養子縁組をした）*AW*
advertising+ (adj)（注意深い）*MM*
affectioned+ (adj)（愛情深い）*TN*
affined+ (adj)（義務づけられた）*Oth*
apathaton= (n)（あだ名）*LL*
appertainment= (n)（特権）*TC*
attask= (v)（責める）*KL*
attemptable= (adj)（誘惑されやすい）*Cym*
attorney= (v)（代理人を立てる）*WT*
attributive= (adj)（～のせいにしたがる）*TC*
auguring= (adj)（予測上の，予測的な）*AC*

シェイクスピア初出語を後世の人が用いた場合，その時間のずれが重要である。例えば，彼の初例が1596年だとしよう。その後1年ぐらいして，別の作家がその語を同じ意味で使ったとしたら，これをシェイクスピアの新造語とする主張はかなり弱くなる。例えば，bald-pated（禿げ頭の）という語は1604年頃の『尺には尺を』に登場するが，1606年に聖職者ジョン・デイ (John Day) の著作にも出現するので，その語がすでに一般に使われていた可能性が高い。一方，undeaf（耳が聞こえるようにする）は最初，『リチャード2世』に登場するが，それ以後は1933年のウォルター・デ・ラ・メア (Walter de la Mare)〔【訳注】1873-956 英国の詩人・小説家〕まで使われた記録がない。

問題の本質は最近エントリーが更新された，a- で始まる語の下記リストに表れている。すべてが彼の初出語なのだが，初出例から次に記録がある例までの時間の開きがばらばらで，例えば acting（行動）は1年，acorned（どんぐり食って育った）はなんと200年である。つまり，時間のずれが大きければ大きいほど当該語がシェイクスピアによる真の新造語である可能性が高いという仮説になる。

	出典	初出時期	次に記録がある時期	ほかの意味で使われている時期
abrook+ (v)（耐える）	*2H6*	1590–1	1667	
abstemious+ (adj)（節度ある）	*Tem*	1610–11	1632	1603
abutting+ (adj)（隣接する）	*H5*	1599	1674	
Academe+ (n)（学園）	*LL*	1593–5	1612	
accommodation+ (n)（身のまわりの便宜・慰安の供与）	*Oth*	1603–4	1634	1566
acerb+ (adj)（酸っぱい）	*Oth*	1603–4	1661	
acorned+ (adj)（どんぐり食って育った）	*Cym*	1610–11	1855	1610
acting+ (n)（働き，機能，行動）	*MM*	1604	1605	1590
admired+ (adj)（驚くべき）	*RJ*	1594–5	1645	
admiringly+ (adv)（驚異の念をもって）	*AW*	1603–5	1606	
admittance+ (n)（許容，受け入れられること）	*MW*	1597	1772	1589
adoptedly+ (adv)（養子縁組によって）	*MM*	1604	1669	

もし1世代（25年）を基準にすると，上記の仮説の信頼度は次の3段階に分けられる。

- 弱レベル：シェイクスピアと同世代の人で当該語を使った人がいた（1616年まで）としたなら，その人はシェイクスピアが使う以前に，その語を使った可能性がある（使用した記録がないとしても)。そのような語は411例ある。
- 中レベル：シェイクスピアの後の世代（1616-41）で当該語を使った人がいた場合：彼の死後25年以内で使われ，それ以外の例が残っていない場合，シェイクスピアの新造語である可能性はより高くなる。そのような語の例が333語ある。
- 強レベル：次の記録が，彼の死後25年以上が経って見つかる場合（1641から現在まで)。最強の仮説，すなわち彼の造語である可能性が最も高くなる。多くの場合，見つかる用例（特に，19世紀の例）はシェイクスピアを意識したものといえる。そのような例は1,007語ある。

上記表の「ほかの意味で使われている時期」はまた別の問題を示しているが，これも先ほどと同様に難問である。当該の語がずっと以前に見つかってはいるが，シェイクスピアとは異なる意味で使われている場合である。例えば，accommodation は現代の 'lodgings（宿泊施設）' の意味をもつ質量名詞として『オセロ』に登場するが，1566年以降 'interpretation（便宜や慰安の供与）' の意で使われていた。ほかにも初期の意味で使われている用法が見つかっていて，すべて「必要なものを供給する」の意味に関わる用法である。ゆえに，この語はシェイクスピアが新造したのではなく（複数の人が同じ語を異なる意図で，同じタイミングで造語した可能性はあるが)，既存の語を新たな文脈に適合させた例かもしれない。当該語が異なる意味で使われた，もっと早期の例が見つかる事例は，1616年以前なら212件，1642年以前ならさらに51件ある。

まとめると，

- 1番強い解釈では，シェイクスピアは1,414語を新造したことになる（その407語は彼独自の初出例で，1,007語が「強い」例である。「ほかの意味」の例を考慮に入れると268語削減され1,146語となる。
- やや弱い解釈では，1,717語新造したことになる（上記の中レベルの例333語が加わる)。「ほかの意味」の例を考慮に入れると51語削られ1,666語となる。
- 最も弱い解釈では，2,128語新造したことになる（上記の例に411語が加わる)。「ほかの意味」の例を考慮に入れると212語削られ1,916語となる。

今後 *OED* の更新が続くにつれ，総数はさらに減少することになろう（16%くらい)。学術的な注意は必要であるが，その総数はいかなる基準からしてもかなり多く，印象的であるといえる。1,000をこえる初出語がシェイクスピアから発信されているのであるから，彼が英語史上最も影響力のある，新語創作の元祖であることは確かである。

欽定訳聖書

シェイクスピアが戯曲の著作活動から退いた1611年に，『ジェームズ王聖書（*King James Bible*）』，いわゆる『欽定訳聖書（*Authorized Version*）』が出版された。とはいっても別に議会の手続きなどで承認された（authorized）ものではなく，その表題に英国のすべての教会で読まれるようにと指定されただけのことである。その意味でこの聖書が英国民全体と英語全般に与えた影響は当然多大なものとなった。

この出版事業の経緯については十分な記録が残っている。1603年にジェームズ王がエディンバラからロンドンへ向かう途中に提出された「千人請願（Millenary Petition）」が始まりで，そこにはイングランド国教会の750人の改革者が聖書の新たな翻訳を請願したことが示されている。ジェームズ王は翌年の会議にて，のちに予備段階の翻訳に携わることになる大学の学者からなる委員会（研究班）の起ち上げを提案した。この予備翻訳があとで司教たちに送られ，改訂を受けることになっていた。54人の翻訳者が6班に分かれ，それぞれが聖書の異なるセクションの翻訳を任された。予備段階の翻訳に4年費やし，最終段階の改訂にはさらに9カ月を要した。初版はその2年後に装飾的なドイツ文字で印刷され，出版された。

委員会は多くの指針に従った。翻訳は可能な限り『主教聖書（*Bishops' Bible*）』（p.59）に依拠し，必要に応じてティンダル版やそれ以前のほかの版も参照することが許されていた（実際にかなり参照された）。また，章区分や固有名詞は認められていたものを使い，余白に記載する長めの注釈は避けることになっていた。翻訳は必ず複数のメンバーがチェックすることが求められ，各班の翻訳は最終的な合意を得るためにほかの班のチェックを受けることになっていた。意見が異なった場合にはきちんと話し合い，必要があれば外部委員の意見を聴取した。そのような合議制による翻訳は初めてのことであった。

委員会の翻訳文は時には個性がなく，退屈になることがある。それは全委員の合意を得るために必要な改訂を加えていくうちに，人格や個性が埋没されるからである。この翻訳プロジェクトが成功したといえるのは委員たちの知性の高さと情熱があったからこそに違いない。それは下記の序文を読めばとてもよくわかる。彼らは用語を一致させることの危険性を十分に認識していたことをそこで示している。

> An other thing we thinke good to admonish thee of (gentle Reader) that wee haue not tyed our selues to an vniformitie of phrasing, or to an identitie of words, as some peraduenture would wish that we had done, because they obserue, that some learned men some where, haue beene as exact as they could that way ... That we should expresse the same notion in the same particular word; as for example, if we translate the Hebrew or Greeke word once by *Purpose*, neuer to call it *Intent*; if one where *Iourneying*, neuer *Traveiling*; if one where *Thinke*, never *Suppose*; if one where *Paine*, neuer *Ache*; if one where *Ioy*, neuer *Gladnesse*, etc. Thus to minse the matter, wee thought to savour more of curiositie then wisedome, and that rather it would breed scorne in the Atheist, then bring profite to the godly Reader. For is the kingdome of God become words or syllables? why should wee be in bondage to them if we may be free, vse one precisely when wee may vse another no lesse fit, as commodiously?

親愛なる読者にお知らせしておいた方がよいと思うことがもう1つある。我々は言いまわしの統一や，用語の一致にこだわることはしなかった。おそらくは，これまでも学識ある人びとが，できるだけ厳密・正確であり続けたのだから，やはり我々にもそうしてほしいと願う者もいるだろう。…特定の語をいつも同じ意味でつかわなければいけないというように。例えば，ヘブライ語またはギリシア語を訳す際にひとたび purpose と訳せば，決してそれを intent とは訳さないこと , journeying とするなら決して travelling とはしない , think としたら suppose とはせず，また pain とすれば絶対 ache とはしない，あるものが joy ならあとで gladness としないなどなどである。このようにあんまり細かいことにこだわると，知的なことを学び楽しむというよりは，むしろ注意深さ（細かさ）を楽しむということになってしまうのではないかと思うし，そうなると信心ある読者に益をもたらすというよりは，むしろ不信心な者に物笑いの種にされるだけではなかろうか。というのも，神の国はもう言葉や音になっているではないか。自由にできるのに，なぜわざわざそんなものに縛られねばならないのか。じゅうぶん適切な語がほかにも使えるのに，どうして厳格に特定の語のみを使わねばならないのだ。

ほかにもこの翻訳事業の成功に貢献した重要な要素がある。翻訳者たちは意識的に伝統を守ろうとし，しばしば特にティンダルやカヴァデール（p.59）を参考にしながら古風な表現や伝統的な解釈を持ち込んだ。そこで過去の古めかしい響きが強くなっているのである。おそらくその中でも特に重要なことは，作成した翻訳文のリズムとバランスを確かめるために，最終稿を1行1行朗読されるのを彼らがじっくり傾聴したということである。それはまさしく典型的な「説教師の聖書」なのである。

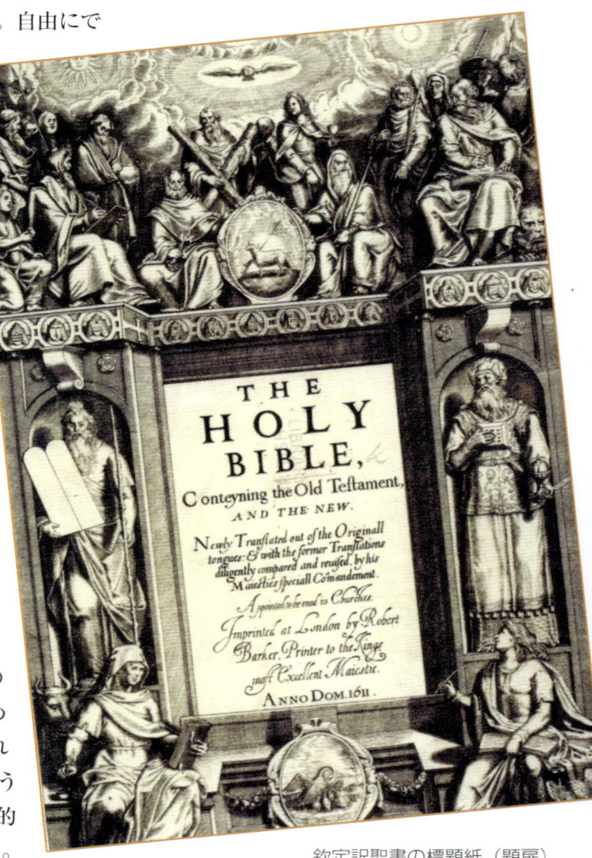

欽定訳聖書の標題紙（題扉）

聖書の慣用句

『欽定訳聖書』にある250以上もの句が英語の一般的な慣用句として使われている（ただし，文法や強調に関して少し手が加えられることも時々ある）。そのいくつかを以下に示す。（D. クリスタル（D. Crystal），2011a に従う）

（巻末 p.515 へ続く）

保守的な文体

『欽定訳聖書』の文体はシェイクスピアのそれと比べるとずっと保守的である。翻訳者たちが序文で言っているように，彼らの目的は新たな翻訳をすることではなく，「よい訳をさらによくし，多くのよい訳から1つの1番よい訳を作る」ことであった。つまり，俗っぽいものでなく品位のある文体を目指し，近代的な形式・文体の選択肢があっても，しばしばより古い形式・文体の方を選択した。そこで，彼らの翻訳にはシェイクスピアにあるような，たくさんの新語を盛り込むようなことはない（p.63）。ある試算によると，およそ8,000語しか使っておらず，それはシェイクスピアの総語数（p.133）の半分にも及ばない。

それと同様に，『欽定訳聖書』は文法に関しても保守的で，ほかのところではあまり使われなくなりつつあった古めかしい形や構文を多く使った。その特徴のいくつかは以下の通りである。

• 不規則動詞の古い形が多く見られる。例えば，digged（'dug'(掘る)），gat（'got'），gotten, bare（'bore'），spake（'spoke'），clave（'cleft（裂く）'），holpen（'helped'），wist（'knew'）。ほかにも古い語形として brethren（'brothers'），kine（'cows'），twain（'two'）が見られる。

• 古い語順が見られる。例えば，follow thou me（私の後をついてきて），speak ye unto～（～に話しなさい），cakes unleavened（パン種を入れていない菓子），things eternal（永遠なもの）など。特に，今日の否定文や疑問文における do は見つからず，例えば，they did not know him ではなく，they knew him not のような形で見つかる。ちなみにシェイクスピアでは do を用いた新しい例と，用いない古い例がともに使われており，前者は1700年頃に標準形となった。

• 動詞の3人称単数現在形はつねに *-(e)th* を使う。当時のほかのテキストでは，もともと北部方言で16世紀に南部方言に進出していた *-s* に置換されつつあった（p.50）。この *-s* は *-eth* とともにシェイクスピアにしばしば見られる。

• 2人称複数代名詞は当時，変化の最中であった（p.75）。もともと ye は主格で，you が目的格（動詞や前置詞の目的語）であった。この区別は，以下の例に見られるように『欽定訳聖書』において維持されていた。例えば，Ye cannot serve God and Mammon. Therefore I say unto you…（あなたがたは神と富の両方に仕えることはできない。だからいっておく…）。しかし多くの書き物では，16世紀末にはすでに you が ye の代わりに使われて，ye は17世紀後半の標準英語では消失した（一部の詩的・宗教的な用例を除いて）。

• 3人称代名詞中性単数属格は its の代わりに his が使われていた。例えば，if the salt has lost his savour, wherewith shall it be salted（もし塩のききめがなくなったら，何によってその味が取り戻されようか）など。属格 its の初例は16世紀末であるが，一般的になるのはそれから100年後である。同様に，現代の属格の *'s* はまだ確立されておらず，例えば，for Jesus Christ his sake（後生だから）のような例が見つかる。

• いくつかの前置詞には今日と異なる用法があった。特に of の用法は多様であった。例えば，the zeal of（'for'）thine house（あなたの家を思う熱心），tempted of（'by'）Satan（悪魔に誘われる），went forth of（'from'）the Arke（箱舟から出た）など。ほかにも in（'at'）a good old age, taken to（'as a'）wife（妻取る），like as（'like', 'as'）the sand of the sea（浜辺の砂のように）などが見られる。

• 不定冠詞 an は，最初の音節に強勢をもつ *h-* で始まる多くの語の前で使われた：an hundred, an helpe, an harlot（遊女）など。この用法はウィクリフに始まり19世紀まで見られる。

トマス・クランマー（1489–556）

2つのサンプルテキスト

上（ルカ15.29-32）のテキストは1611年版の一部を示したもので，ただし長い'ſ'はsに置き換えている。

下（創世記28.11-14）のテキストは19世紀に印刷された版で，つづりや句読法を現代風に直してあるので，今日多くの人が見る版とかなり近くなっている。

ルカ 15.29-32

And he answering said to his father, Loe, these many yeeres doe I serue thee, neither transgressed I at any time thy commandement, and yet thou neuer gauest mee a kid, that I might make merry with my friends: But as soone as this thy sonne was come, which hath deuored thy liuing with harlots, thou hast killed for him the fatted calfe. And he said vnto him, Sonne, thou art euer with me, and all that I haue is thine. It was meete that we should make merry, and be glad: for this thy brother was dead, and is aliue againe: and was lost, and is found.

創世記 28.11-14

And he lighted upon a certain place, and tarried there all night, because the sun set: and he took of the stones of that place, and put them for his pillows, and lay down in that place to sleep. And he dreamed, and behold a ladder set upon the earth, and the top of it reached to heaven: and behold the angels of God ascending and descending on it. And behold, the Lord stood above it, and said, I am the Lord God of Abraham thy father, and the God of Isaac: the land whereon thou liest, to thee will I give it, and to thy seed: And thy seed shall be as the dust of the earth; and thou shalt spread abroad to the west, and to the east, and to the north, and to the south: and in thee, and in thy seed, shall all the families of the earth be blessed.

（巻末 p.516 に訳を掲載）

『祈祷（きとう）書』

『欽定訳聖書』に関連したもので，もう1つ英語に強い影響を与えたものがあった。それは1549年に出版された『英国国教会祈祷（きとう）書』（正式な題目は『英国国教会の使用に準拠した共通祈祷（公祷）と聖餐（せいさん）式の執行，およびそのほかの儀式典礼の書（*The Booke of the Common Prayer and administracion of the Sacramentes, and other Rites and Ceremonies after the Use of the Churche of England*）』である。この書は英国内の一般宗徒が従うべき礼拝式規定を記述したものである。初版はカンタベリー大司教トマス・クランマー（Thomas Cranmer）が率いる司教・学者たちによって編集されたもので，その後，激しい論争を経て1552年に大幅に改訂された。改訂版は『1662年本』（本書の使用実施の開始年にちなんで）として広く知られているもので，『欽定訳聖書』に代わって登場し，ある程度，記述表現を当世風にしたものである。本書は1970年代末に現代英語で書かれた礼拝儀式規定集が採用されるまでの長い間，英国国教会の唯一の公認式文として使われ続けた（p.429）。

（巻末 p.516 へ続く）

正書法の登場

カクストン（p.56）から 25 年ほどたった後ですら，英語の書記体系はかなり一貫性に欠けたものであった。大法官庁（Chancery）の裁判記録に従事していた写字生によって採用された書記法がだんだんと影響力を増すにつれて（p.54）書記体系の標準化の兆しはあったものの，つづりや句読法においてまだかなり画一性に欠けていた。その画一性の欠如は，印刷物と手書きのものとの間や，異なる出版者間にも見られたが，さらに同一著者・同一出版者による作品内においても見られた。例えば，カクストンの一節には（p.57），booke と boke（=book），axyd と axed（=asked）の両方が見られ，また，重ね字や語末の <e> がかなりでたらめに使われている（hadde（=had），wel（=well），whiche（=which））という始末である。彼のあとに続く人たちの作品にも同様にそのような混乱があった。それから 100 年たった後もつづりのばらつきはまだかなり目立っていた。例えば，fellow が felow, felowe, fallow, fellawe, fallowe などの異つづりを見せることもあった。このような状況があったからこそ，教育者で学者でもあるリチャード・マルカスター（Richard Mulcaster）が著書『国語書き方教授法入門第一階梯（*The First Part of the Elementarie*）』（1582）の中で「正しい書記法を見出す」ことを目指したのである。

当時，書記法の混乱状況を好ましくないとする批判が少なからずあった。特に，出版者たちがかなりの批判を浴びた。聖パウロ校校長のアレクサンダー・ギル（Alexander Gil）は 1619 年の著作の中で「書き言葉における堕落は本の印刷に原因があり，混とんとしたつづりをもたらしたすべての責任は出版者にある」と主張している。出版者たちはさまざまな理由で批判された。その出版者の多くは外国人で，彼らは母語の慣習をそのまま勝手に取り入れ，英語の正書法の伝統については無知であった。校正は必ずしも教養ある人びとが行ったわけではなかったので，多くの誤りがそのまま広がってしまった。非常に限られた量の活字しかなかったので恣意的なつづりがしばしば持ち込まれた。出版者たちが右側行末をきちんとそろえるために，つづりを変える（たとえば語末の e を加える，ないしは削除する）ことによってそのようなつづりの恣意性が忍び込んでしまったのである。

このような批判が妥当かどうかの判断は，出版者たちの明確な言い分がなく，さらに彼らの出版物でどのように正書法の一貫性が構築されたのかについての詳細な研究がないゆえに難しい。ただ，そのような批判をした人たちには，彼ら自身のつづり改革の体系や教授法という形で，自説をもつ人びともいたということを注意しておかなければならない。しかし，17 世紀初期の数十年は英語の正書法が混とん状態であると，広く認識されていたことは間違いない。結局，多くの著者が自分自身で編み出した体系にしっかりもとづいて著作を行ったけれども，そこには標準であると，広く認識されるものはなかったのである。

過剰な文字

ジョン・ハート（John Hart）は著作『英語の非合理なつづりの始まり（*The opening of the unreasonable writing of our Inglish toung*）』（1551）の中で，「昨今の書き物に見られるさまざまな用法（いや，誤用法）の欠陥・腐敗」を問題として論じている。その 1 つに，「発音に必要な文字数を超えて余計な文字が使われている」，すなわち「過剰」という点がある。ハートは，余分な文字が時には必要なことはもちろん認めている（例えば，長母音を示すための文字）が，多くの場合，彼の考えでは見当違いということになる。例えば，つづりの中に語源を示そうとする試み（p.146）がそうである。特に，ラテン語（直接英語に入ったものにせよ，フランス語経由で入ったものにせよ）由来の語であることを示す場合である。例えば，debt や doubt に b を用いたり，people の o，baptism の s，adventure の d などがそうである。ハートが無駄と考えるもう 1 つの例は，同音異義語，例えば sunne（=sun）と sonne（=son）を異なるつづりで表すような方法である。

そのような慣習の是非について当時はかなり議論されたのである。語源を明示する試みについては，かなり必要なことであると主張するものもいれば，まったく無駄であるというものもいた。同音異義語の場合は，書き言葉で多義を避けるのに役立っているというものもいれば，文脈があれば，話し言葉と同様，書き言葉でも多義の問題は起こらないだろうというものもいた。結局，こうした意見がすべて正書法の慣行に何らかの影響を与え，現代のつづりにおける体系の欠如を助長することになった。

最初の改革者たち

当時は現在と同様（p.288），非体系的なつづりの問題に対する最良の解決策として音声的な視点からつづりを大胆に改革しようと考える人たちがいた。ハートの『正書法（*An Orthographie*）』（1569）はそのような改革案の 1 つであったが，ウィリアム・ブロカー（William Bullokar）の『英語正書法改良詳論（*Booke at Large, for the Amendment of Orthographie for English Speech*）』（1580）も同様である。ブロカーは，従来の文字にいくつかの補助符号を付すことによって 37 のアルファベットを用いた。この案は，初期の改革では新たな記号を使い過ぎであると考えていたので，それより大きな賛同が得られると彼が期待したものであった。しかしながら，マルカスターのように，伝統的な正書法をより規律正しく使うことによってそれを維持し，新たなアルファベットの使用に強く反対していた人も多くいた。結局のところ，この論争に勝利したのはそのような伝統主義者であった。

ブロカーの提唱したアルファベットについては右に示す『英語の印字と読み書き入門（*A Short Introduction or guiding to print, write, and reade Inglish speech*）』（1580）からの引用を参照されたい。8 個の母音字と 4 個の「半母音（half vowel）字」（l,r,m,n）（「半母音（semi-vowel）」については p.254 参照），さらに 25 個の子音字からなっている。彼の子音字に関する提案には，th の有声・無声の区別が文字で示されていることや，ch が単独文字として表されている点などがある。なお，補助符号の使用については「次の表を理解するための取り決め」に書かれており，そこでは新旧の文字に名前を付している。

A ſhort Introduction or guiding to print,
write, and reade Ingliſh ſpeech:
conferred with the olde printing
and writing: deuiſed by
VVilliam Bullokar:

And he that doubteth in any part thereof,
ſhall be more fully ſatiſfied by a booke deuiſed by the
ſame Author at large, for the amendment of ortographie for
Engliſh ſpeech, which ſhall be imprinted ſhortly, which booke at large an-
ſwereth all obiections, and openeth all doubts in this amendment of orto-
graphie. So that this pamphlet is printed for a ſhort proofe of the ſame
worke at large, both for the ſhort ſhew of the vſe of that amendment, and a
briefe collection (out of the ſame booke at large) of the commodities like to
growe by the vſe of the ſame amendment: By the helpe whereof a ruled
Grammer for Engliſh is made (not yet in print): to the great helpe
of a perfite Dictionarie in time to come, and alreadie purpoſed:
To the perfite ſtaie and eaſie vſe of Engliſh ſpeech, as long
as letters endure, to no ſmall commoditie of this our
nation, with great credit for Engliſh ſpeech among
all other ſtrange nations: herevnto alſo is ad-
ded (at the end) the vſe of the ſame orto-
graphie in writing eaſie to be
followed of all
writers.

Euen as printing to the world brought light:
So vnto Ingliſh this ſtarre ſhineth bright.
And as ſpeech was cauſe letters were deuizd,
So let them not from right ſpeech be diſgizd.

Printed at London, by
Henrie Denham.
1580.

4

A rul to vnderſtand þis tabl folowing.

Þe námz of þe new letterz, ſett vnder þe ſhort ſtrýkz, appér by þe old letterz or ſillablz, ſett ouer þe ſam ſhort ſtrýkz. Þe soundz of þóz new letterz, appér by þe old ſingl letterz ouer þem, or by þe ſillabl ouer þem, (þe vowel of þat ſillabl being left vnſounded and læuing out: eef, in theef) except, þat half vowelz kép ſuch vowelz half ſounded. And lýk-twýz, þæz figurz in þe ſqárz vnder wrýtn, may aid ón in þe rulz for lærning þe old, after he hath lærned þe new, þeir paierz appér lýk twýz in þe begining.

Þe tabl.

a/a	b/b	ké/c	cé/ĉ	ché/ch	d/d	e:ea/e:æ	é/ē
f/f	ga/g tvrn a into e.	gé/ĝ	hé/h	i/i	k/k	l/l	vl/ł
m/m	vm/ḿ	n/n	vn/ń	o/o	between o:ɵ:v/ꝏ	p/p	phé/ƥ
qué/q	r/r	er/ŕ	ſ/ſ	ſhé/ſh	t/t	thé/th	théf/ṭh
v/v	ou/ṿ	vé/v́	wé/w	whé/wh	x/x	yé/y	zé/z

（上図の訳と解説を巻末 p.516 に掲載）

高まる規則化

マルカスターの正しい書記法に関する提言によって，16 世紀末につづりの規則化のスピードが速まることになった。彼の『国語書き方教授法入門第一階梯』には約 9,000 語の推奨されるつづりのリストが示されている。これが当時の正音学者（発音指導者）や文法家に影響を与えた。ほかにも当時の書記体系に焦点を当てた著作があり，少なくとも印刷物の書き言葉におけるつづりの標準化を助長するような気運が生まれた（手書き原稿における標準化にはかなり長い時間を要した）。

母音字は特に規則的につづられるようになった。母音字の重ねを使う慣習（soon のように）や，直前の音節の母音が長いことを示すために黙字（発音されない文字）の e を使う慣習（name のように）が増えてきた。また，同一語内で，直前の母音が短いことを示すために子音字を重ねること（sitting のように）も規則的なつづりの傾向の 1 つである。ただし，語末では子音字の重ねが起こらないこともある（well, glasse には起こるが，bed, glad に起こらないように）という不確かさは依然として残る。また，中世の英語における最も際立った変異のひとつである u と v の使い方は，1630 年代に標準化した。当初はどちらを使ってもよかったが（p.41），次第に位置によって区別される（語頭で v，語中で u）ようになった。さらに後には大陸の慣習に従って，音価による区別を取り入れた（子音として v，母音として u）。j と i の区別にも同様な標準化が起こった（以前 j は i の代わりに使われた）。

17 世紀には，つづりに関するガイドブックがたくさん出版されるようになった。それによって必然的に印刷の慣習に影響が見られた。子どもたちの使う教科書にも同音異義語のリスト（made と maid のような）や不規則的なつづり例などが載るようになり，すべてを暗記しなければならなくなった。標準化を求める強い圧力が，最初の辞書が登場した（1604 年，p.76）後に起こった。17 世紀の中頃までに印刷上の決まり事（規約）はかなり整っていき，話し言葉の形式と書き言葉のそれとの隔たりが生じていた。現代の書記体系は不規則なつづりを説明できるが，予測ができない体系となっているわけであるが，そのような体系は当時すでに出来上がっていたのである。多様なつづりが社会的に寛容される時代は幕を閉じた。そして 18 世紀には正確さを求める考え方が出現し（p.76），欠陥のあるつづりがだんだんと非難されるようになった。

大文字の使用

ハートは読者に対し，すべての文，固有名詞，そして重要な普通名詞，の頭に大文字を使うよう薦めた。17 世紀初期までに，その習慣は称号・肩書（Sir, Lady），呼称・敬称（Father, Mistris (=Mistress)），擬人化した名詞（Nature）などにも広がった。強調された語句にもまた大文字が好まれた。18 世紀の初頭までには大陸の書籍の影響もあって，大文字の使用がさらに拡大し（例えば，学問の名称にも），その後間もなくして，書き手によっては自分が重要であると思ったいかなる名詞にも大文字を使い始めるものもいた。すべて，ないしはほとんどの名詞の頭が大文字で書かれた本も登場した（現代ドイツ語で慣習となっているように）。それはおそらく，美観のためか，あるいは印刷者がどの名詞を大文字で始めたらよいのか混乱して，すべての名詞を大文字にすることにしたためであろう。

大文字の流行は 17 世紀後半にピークに達し，18 世紀まで続いた。バトラー（Butler），トラハーン（Traherne），スウィフト（Swift），ポープ（Pope）の原稿には語頭の大文字がたくさん見られる。しかし，後の 18 世紀の文法家たちは書き言葉におけるこのような秩序・規律の欠如を面白く思わなかった。彼らの考えでは，大文字の多用は不要で，せっかくの有用な区別をだいなしにするものであった。彼らが提唱した規範によって，許容される大文字使用の範囲は著しく縮小した（p.132）。

ジョナサン・スウィフト（Jonathan Swift）の『バウキスとピレモン（*Baucis and Philemon*）』（1706）の原稿の一部。ほとんどすべての名詞の頭が大文字となっている（P.J. クロフト（P. J. Croft），1973 に従う）。

In antient Time, as Story tells
The Saints would often leave their Cells,
And strole about, but hide their Quality,
To try the People's Hospitality.
It happen'd on a Winter's night,
As Authors of the Legend write
Two Brother-Hermits, Saints by Trade
Taking their Tour in Masquerade
Came to a Village hard by Rixham
Ragged, and not a Groat betwixt'em.
It rain'd as hard as it could pour,
Yet they were forc't to walk an Hour
From House to House, wett to the Skin
Before one Soul would let 'em in.
They call'd at ev'ry Dore; Good People,
My Comrade's Blind, and I'm a Cree-
ple
Here we ly starving in the Street
'Twould grieve a Body's Heart to
see't;
No Christian would turn out a Beast
In such a dreadfull Night at least;
Give us but Straw, and let us Ly
In yonder Barn to keep us dry.
Thus in the Strolers usuall Cant
They beg'd Relief which none would grant;

【訳注】スウィフトがギリシア・ローマ神話にもとづいて書いた 230 行からなる物語詩の冒頭 24 行

（巻末 p.517 へ続く）

大文字を好んで

アメリカの政治家・科学者ベンジャミン・フランクリン（Benjamin Franklin（1706–90））は英語，特に英語の活版印刷・活字にかなり興味を抱いていた（若い時には印刷業に従事していた）。彼は 1789 年にノア・ウェブスター（Noah Webster）（p.84）にあてた書簡（右）の中で，名詞の頭を大文字にしていた時代が過ぎ去ってしまったことを嘆いている。

王政復古（1660）からジョージ 2 世の即位（1727）までの間に印刷された英語の本を調べてみると，英語の祖語であるドイツ語にならって，すべての名詞が大文字で始まっていることに気づく。これは英語に親しんでいないものにとってはとても有用である。なぜなら英語には同じつづりで名詞にも動詞にも使える語がたくさんあるからである（もっとも，発音すれば異なる位置に強勢（アクセント）が置かれて，両者の区別ができることもよくあるが）。この大文字使用は，出版者の好みによって近年まったく見られなくなってきている。そうなったのも大文字の使用を抑えることで大文字をよりいっそう引き立たせるという考え方からである。大文字は文字列から上方に突き出ているので目立ち，平らで調和の取れた外観を乱すのである。この大文字使用の抑制の影響はきわめて大きく，次のようなことが起こった。あるフランス人の有識者がいて，この人は英語を知り尽くしているわけではないが，英語の本をよく読んでいる人であった。その彼が，ある時に英国の作家について私と話をしていた際，昔の（上記 1660-727 年の）書物と比べて，最近の書物はわかりにくく，それは最近の作家に見られる文体の悪化のせいであるといった。私は，その指摘が間違いであることを，ある段落にあるすべての名詞の頭を大文字にすることによって，彼に納得してもらった。つまり，それだけで彼は以前に理解できなかったところを容易に理解することができたのである。このように大文字使用の抑制はまさにうわべだけの改善で，少しも役立っていないことを示している。

ルネサンス期の句読法

現代の句読法の基礎はルネサンス期に築かれた。カクストンは貧弱で不明確な，一貫性に欠けた書記法の伝統を引き継いだ。古典的な句読法のモデルと同様に，どこで息継ぎをするか，どれくらいポーズを置くか，そしてどのように強調や安定したリズムを置くかなどを読者に示すためにさまざまな記号が修辞的に（p.290）使われた。それでも，その記号の使用にはかなり恣意的で特異なものも多く，初期近代英語期のテキストにおける句読法と韻律との間にきちんとした相関関係を見出そうとする試みは今までのところうまくいっていない。

主として使われた記号は斜線（virgule）と呼ばれる長短の 2 つの形をもつスラッシュ（/）であった。ピリオド（.）はさまざまな高さ位置で使われ，コロン（:）も使われた。それらの記号は現代の使い方とは異なっていた。カクストンのスラッシュは，現代のコンマ，ピリオド，セミコロンに相当するさまざまな使い方であったが，16 世紀にはそのスラッシュは使用されなくなり，ほとんどがコンマに置換された。ピリオドは，今日ならコンマを使うところにしばしば使われた（p.511「卵の話」の末尾の数行参照）。コロンはさまざまな修辞的機能をもち，現代のような例証・要約の機能にとどまらなかった。また，行末に置かれるべき語が分割されることを示す場合，今日ならハイフンを用いるようなところでも使われた。

正書法学者ジョン・ハート（p.68）はピリオド（pointing）の修辞的・文法的機能について多くの見解をもっていた。彼はピリオド（point），コロン（joint），コンマ，疑問符（asker），感嘆符（wonderer），丸括弧（clozer），角括弧（notes），アポストロフィー（tourner），ハイフン（joiner），分音符（sondrer），大文字（great letter）を区別した。彼の諸記号に関する詳細な説明は，文法家や印刷業者の句読法の扱い方に多大な影響を与え，その結果，書籍における句読法が，一般的に使用されるようになった。

そのほかにもルネサンス期の出版物に見られる記号がある。セミコロン（コンマコロン，ヘミコロン，サブコロンとも呼ばれる）は 16 世紀に使われ始め，しばらくの間コロンと区別なく使われた。逆さ二重コンマ（turned double commas（のちに quotation marks とか inverted commas とも呼ばれる））は直接話法の始まりを示すために使われ，しばらくしてからその終わりを示すために，位置を上げた二重引用符が導入された。しかし，新記号が登場しただけでなく既存の記号の新たな使用法も出現した。例えば，18 世紀にアポストロフィ（p.295）はその使用範囲を広げ，まず，名詞の単数属格を示す用法，そしてその後，複数名詞の属格に広がった。さらに，前掲のベンジャミン・フランクリンの例（p.69）が示すように，今日とは異なるコンマの頻用・多用があった。初期近代英語の末期には現代句読法のおおかたが確立していたのである。
（D. クリスタル（D. Crystal），2015 に従う）

引用開始 … 引用閉じる

ジョシュア・スティール（Joshua Steele）は彼の著書『話し言葉の音調とリズム（*The Melody and Measure of Speech*）』（1775）の補遺として右の書簡をつけている。彼はそれを引用として考えているので，当時の慣行とされていた規約にしたがって，引用する全体の両側を逆さ二重コンマ（"）と（"）で囲んでいる。詳しく言うと，各行の頭に逆さ二重コンマ（"）を使って，引用を閉じるところ（ここでは示されていないが）だけ逆さでない位置を上げた二重コンマ（"）を使っている。面白いのは引用の内部に書簡の日付が入っているところである。

[93]

TO THE AUTHOR OF THE TREATISE ON THE MELODY AND MEASURE OF SPEECH.

" May 14, 1775.
" YOU have incloſed my remarks, which are too long; but
" as you deſired them ſoon, I had not time to make them
" ſhorter. I am glad that you are to give your ſyſtem to the
" public. * * * * * As to the queries and obſervations I ſent
" you formerly, and have now ſent you, you may make what
" uſe of them you think proper; and if they contribute in the
" leaſt to make more compleat ſo ingenious a performance, I
" ſhall think they do me honour.

" I am, &c."

テキストの編集（校訂）

ルネサンス期のテキストを現代風に編集して，両者を比較してみると，書かれた内容の解釈の仕方（戯曲の場合には俳優の演じ方）に影響するかもしれないような，句読法におけるいくつかの違いが明らかになるかもしれない。そのような校訂が助けになるのか，妨げになるのかについては議論になるところであるが，まず重要なことは，そのような校訂が存在することを認識するということである。次の引用は『リア王』（1.1.55-61）の抜粋であるが，上記の句読法と解釈の問題をじつにわかりやすく示している。最初の抜粋がファーストフォリオ(1623)からで，その下が現代の新ペンギン版（1972）からのものである。

GONERILL: Sir, I loue you more than words can weild ye matter,
Deerer then eye-sight, space, and libertie,
Beyond what can be valewed, rich or rare,
No lesse then life, with grace, health, beauty, honor:
As much as Childe ere lou'd, or Father found.
A loue that makes breath poore, and speech vnable,
Beyond all manner of so much I loue you.

お父様，私はお父様を言葉では言い尽くせないほどお慕いしております。物を見る喜び，無限の空間，そこを動きまわる自由，それもお父様には代えられません。いかなる高価なものであれ，希少なものであれ，宝物もたかが知れたもの。祝福，健康，美，そして名誉にあふれた生命そのものにも等しいお方。かつて子が捧げ，父が受けた限りの深い愛を懐き続けてまいりました。こうしてことばにしたところで息も続かず，うまくことばにもなりません。何に譬えて，「これ程までに」と申したところで，すべて私にはもどかしゅうございます。

GONERILL: Sir, I love you more than word can wield the matter,
Dearer than eyesight, space, and liberty,
Beyond what can be valued rich or rare,
No less than life, with grace, health, beauty, honour,
As much as child e'er loved or father found;
A love that makes breath poor and speech unable;
Beyond all manner of 'so much' I love you.

お父様，私はお父様を言葉では言い尽くせないほどお慕いしております。物を見る喜び，無限の空間，そこを動きまわる自由，それもお父様には代えられません。貴重とされるものや，たぐいまれとされるものもたかが知れたもの。祝福，健康，美，名誉…　そういうものにあふれた生命そのものにも等しいお方。かつて子が捧げた愛にも劣らない，あるいは父親が受けた限りの愛にも劣らない，深い愛を懐き続けてまいりました。ことばにしたところで息も続かないし，また，うまくことばにもなりません。何に譬えて，「これ程までに」と申したところで，すべて私にはもどかしゅうございます。

2 つの校訂を比較すると興味深い議論を招きそうないくつかの違いが見つかる。

- 3 行目 valewed の後ろのコンマを取ると rich or rare の意味が変わるだろうかという疑問（'no matter how rich or rare' の意でなくて 'what can be valued as rich or rare' の意になるか？）
- 4 行目 honor の後ろのコロンをコンマに変えると名詞のリストに続くポーズの劇的効果が減じるかどうかという疑問。
- 5 行目 lou'd の後ろのコンマを取ると，Childe と Father の対比の力が弱められるかどうか？　さらに，6 行目の poore の後ろのコンマも同様の疑問。
- 5 行目 found の後ろのピリオドをセミコロンに変えると最後の 2 行が先行部分の要約になっている効果を弱めてしまうかという疑問。（G. ロンバーグ（G. Ronberg），1992 に従う）

コラム「ポーズの正確さ」を巻末 p.517 に掲載

音変化

初期近代英語期に起こった発音の変化については，これまでにかなり詳細に研究されてきた。詩の脚韻や韻律などから得られる多くの文学作品の証拠があるだけでなく，音声学者やつづり字改革論者などによる当時の発音に関する詳細な記述も残っている。その音変化は大変多く，かつ複雑である。大母音推移（p.55）の影響は当時もまだ音体系全体に及んで続いており，ほかにもいくつか重要な音変化が進行していた。

盛りだくさんなことばの贈り物

劇作家たちは当時の発音を知る手がかりをたくさん与えてくれている。それは彼らが脚韻や言葉遊びを使っていることと，配役のセリフづくりがあるからである。よく知られた例として，シェイクスピアの『恋の骨折り損』（5.1.15）で校長のホロファニーズがドン・アーマードーの発音に文句を言う場面がある。

I abhor such fanatical phantasimes, such insociable and pointdevise companions; such rackers of orthography, as to speak 'dout' fine, when he should say 'doubt'; 'det' when he should pronounce 'debt' – d, e, b, t, not d, e, t. He clepeth [calls] a calf 'cauf', half 'hauf'; neighbour vocatur [is called] 'nebour'; 'neigh' abbreviated 'ne'. This is abhominable – which he would call 'abbominable'.
私は嫌悪しますね，あのような狂人的変人も，非社交的堅物も，言語破壊者も。彼は，例えば，ダウプトと言うべきところをダウトという，デブトと発音すべきところをデットと発音する。また，カーフをカウフ，ハーフをハウフと称するし，ネイバーと呼ぶべきところをネバーと呼ぶ，ネイをネと短くしてしまうわけです。これにはアブホミナブル（ぞっとさせられる）という思いです――ま，あの男ならアボミナブルとでも言うところでしょう。

16世紀末期には2種類の発音様式が流行していたことは確かであり，校長が好む発音様式は，より保守的なもので，最もつづりに忠実な発音であったに違いない（p.68）。

音の記述

英語の音をとても正確に記述できる人がいたことは，下記のジョン・ウォリス（John Wallis）の『発音論（*Treatise on Speech*）』（初版1653）の記述を見るとよくわかる。（J.A. ケンプ（J. A. Kemp）によるラテン語から翻訳したもの，1972）｛【訳注】ラテン語の原著『英文法（*Grammatica Linguae Anglicanae*）』の第1章のことかと思われる｝｝

Thin, sin, in における n の音は thing, think, sing, single, sink, ink, lynx（オオヤマネコ）などにおける n の音と異なる。同様に，hand, band, ran における n も hang, bank, rank などにおける n と異なる。前者は n の発音がつねに舌先が口蓋の前部，すなわち上の歯のつけ根の近くにあたるが，後者の n は舌先がふつう下の歯のつけ根に向かって動き，舌の後部が口蓋の後部でもち上がって，そこで閉鎖が起こる。

実に正確な記述，そしてなんと1653年という昔に！

新たな音の変異の原因

現代の発音にかかわる地域的・社会的変異を示した指標ともいえる，最も重要なもののいくつかはこの時期に登場した。

- 英国の容認発音（RP，p.249）における cut（son, run など）と put（pull, wolf など）の母音の区別は17世紀に始まった。以前は双方ともたぶん円唇後舌高母音 /ʊ/（現代の put で聞こえる音）であったか，あるいは非円唇のそれであった。この音質はある音声環境では保たれた（例えば唇子音に後続する位置で full, wolf, put のように）が，ほかの位置では口の開きがより広くなり，その円唇性も失って /ʌ/ となった。やがて，これらの円唇性に関する区別（例えば look と luck の対立）が上記の2つの語群に及び始め新たな音素的対立が出現した（p.248）。しかしその変化は多くの地方で無視され，どちらの語群にも /ʊ/ が使われ続けた。そして，この発音が今ではイングランド北部出身の人を言い当てる主要な手がかりの1つとなっている。
- この時期を通じて子音の前と語末で /r/ が発音された。その発音は現代つづりで r が維持されていることで示されている（jar, corn, fire など）。その /r/ は19世紀の容認発音で発音されなくなり，それが先行母音にさまざまな影響をもたらし，時にはそれが二重母音化し（peer, bear），時には長母音化した（barn, corn, clerk）。その容認発音における /r/ の消失は，結局，ちょっとした例外となった。なぜならばほとんどの英米の地域方言でその /r/ を維持したからで，その発音とつづりの隔たりはのちに純粋主義者の批判の的になった（p.365）。
- この時期に新たな2子音が出現した。その1つが sing の [ŋ] である。これは中英語で発音されていたが，つねに後ろに [g] または [k] がある場合であったので，音素としての地位は獲得していなかった。17世紀初期までには容認発音としてこの語末の [g] は読まれなくなりつつあったため /ŋ/ は独立した音素となった。その後まもなくして，この [g] を読まない発音（g-dropping）は社会問題となった（p.77）。
- もう1つの新子音は17世紀に新音素となった /ʒ/ である。これは /zj/ から発達したもので，近代英語で was your を急いで発音する際に，2つの音が融合するのとほとんど同じである。この変化は主に occasion（場合）と vision（ビジョン），measure（尺度）と pleasure（喜び）たような語の発音に影響した。のちには beige（ベージュ色），garage（ガレージ）のような外来語の語末にも生じた。この音のフランス語的な響きはいまだに論争の種となっており，例えば /gəˈrɑːʒ/ とすべきかそれとも /ˈgærɪdʒ/ とするかが問題となる。

強勢の移動

今日とは異なる強勢パタンで発音されていたと思われる語は多くある。

- 第1音節に強勢があった語：antique, convenient, distinct, entire, extreme, July
- 第2音節に強勢があった語：advertise, character, demonstrate, sinister
- 最終音節に強勢があった語：aspect, expert, paramount, parent, yesterday.

第2強勢（p.260）もまた今日と異なることがしばしばあった。例えば，academy は第3音節に強勢があった（リズム的には helicopter と似ている）。この強勢パタン（そしてそれが母音に与える影響）を考慮しないと，説明ができない詩の脚韻が多くある。例えば，ジョン・ダンは make us one と propagation で韻を踏ませており，シェイクスピアは never die と memory で押韻させている。

実際，この時期の語強勢に関して断定することは難しい。当時は語強勢に関してかなり多様な変異があった。それは，英語本来の強勢パタン（語根の音節に強勢を置く傾向）とロマンス借入語の強勢パタン（語末の音節，ないしは語末に近い音節に強勢を置く傾向）とが競合したためである。語強勢は当該語の文内での位置や，詩行内での位置に応じて変えられたのかもしれない。例えば，complete は 'A thousand complete courses of the Sun'（『トロイラスとクレシダ』）では第1音節にあるが，'never complete'（『アテネのタイモン』）では第2音節に置かれるといった具合である。

どうして昔の音がわかるの？

録音機器が使えるようになる以前の英語の発音を「再建」するためには，以下の6種の証拠に頼ることになる。

- 近代英語では成立しないような脚韻：stars/Wars, love/prove
- 近代英語では成立しないような語呂合わせ（しゃれ）：tongues（舌）/tongs（はさみ道具），hour/whore（売春婦）
- 発音を示してくれるつづり：film に代わる philome, apparition（幽霊）に代わる apparision
- 異なる強勢パタンを示す韻律の制約：（右上コラム「強勢の移動」参照）
- 当時の作家の記述：ベン・ジョンソン（Ben Jonson）によれば，love と prove に同じ短母音が使われている。
- 歴史音声学者による，英語史における音変化の性質・速度に関する詳細な記述

昔の劇を当時の発音で上演する活動（p.72）が現代において盛んになってきたのは，まさに上記のさまざまな証拠が組み合わさった威力の賜物である。

当時の発音（Original Pronunciation, OP）で劇を上演する活動

遠い昔の発音を再建することが 19 世紀の比較言語学の発展に拍車をかけることになり，そしてその後も歴史音韻論という新たな看板を掲げて，言語学の重要な一分野として発展し続けている。英語研究においては古英語（p.18），中英語（特にチョーサーとの関連で，p.38），そして初期近代英語（特にシェイクスピアとの関連で）の音体系を記述することが最初の課題であった。19 世紀中に，シェイクスピアの文学，劇，伝記に関する興味が高まり，いくつか重要な研究成果が世に出された。その傑作の 1 つにアレクサンダー・エリス（Alexander Ellis）の『初期英語の発音(*On Early English Pronunciation*)』（1865）がある。

その約 30 年後には，音声学という新興分野の専門家（p.248）がかなり詳細な音声表記を産み出し，音声学的証拠とは何かという点に関して，より緻密な議論を始めるようになった。そこでは初期近代英語の音体系と，その後の近代英語のそれとを区別するような脚韻，語呂合わせ（しゃれ，地口（じぐち）），強勢パタンなどの検証が行われた。その検証成果の一部を講義の中で提示した最初の学者にヘンリー・スウィート（Henry Sweet）とダニエル・ジョーンズ（Daniel Jones）がいた。ジョーンズは 1909 年にロンドン大学でシェイクスピア劇（『テンペスト（あらし)』のプロスペロー役と『十二夜』のエイギューチーク役）の一場面を当時の発音（以後，OP）で上演した。さらに 1930 年代から 40 年代にかけて，いくつかの BBC 放送の番組に OP で上演する仕事に携わった。10 年ほどして，3 つの作品が完全版の形で上演された—1952 年にジョン・バートン（John Barton）がケンブリッジのマーロウ協会のために『ジュリアス・シーザー』を，ジョウン・スウィンステッド（Joan Swinstead）がロンドンのマーメイド劇場のために『マクベス』を，それぞれ制作し，そして 1954 年にはヘルゲ・ケケリッツ（Helge Kökeritz）がイエール大学演劇学部のために『ウィンザーの陽気な女房たち』の演出に助言を行った。その後，半世紀が経過し，現代の OP 活動を迎えることになる。

現代の OP 活動

2004 年にロンドンにあるシェイクスピアのグローブ座が，再建した劇場（p.62）で OP による上演を行うと宣言したため，まず皮切りに『ロミオとジュリエット』，その翌年 2005 年には『トロイラスとクレシダ』を上演した。OP による上演は米国からの観客を魅了した。それは，当時の発音がいくつかの点で容認発音よりむしろ現代のアメリカ英語に近いからである（p.327）。そのあと数年にわたって『夏の夜の夢』（カンザス大学 2010 年），『ハムレット』（リノにあるネバダ大学 2011 年），『ジュリアス・シーザー』（ヒューストン大学ダウンタウン校 2013 年），『ヴェニスの商人』（ボルティモアのシェイクスピアファクトリー2015 年）と上演が続けられた。2014 年にはグローブ座の教育部が OP への興味を一新して，サム・ワナメーカー（Sam Wanamaker）新劇場〔【訳注】アメリカの俳優・映画監督ワナメーカー（1919-93）が，1970 年代に建てられた仮設劇場を新築した劇場〕で『マクベス』を，2015 年には『ヘンリー5 世』を上演した。さらに 2016 年には，その活動範囲を広げ，マーロウの『フォースタス博士（*Dr. Faustus*)』の上演や『ヘンズローの日記（*Henslowe's Diary*)』〔【訳注】英国の劇場経営者フィリップ・ヘンズロー（Philip Henslowe（1550?-616））の日記で，エリザベス朝演劇を解明する重要資料とされている〕の戯曲化などに及んでいる。

古くも新しい『ペリクリーズ』

For now the wind begins to blow;
Thunder above and deeps below
Make such unquiet that the ship
Should house him safe is wracked
and split...

今やたちまち嵐が襲いかかり頭上には雷鳴，足もとには荒波が狂い猛り，彼を守るべき船も木の葉のようにもまれつつついには轟音立ててまっぷたつに裂ける始末。（小田島雄志訳，白水 U ブックス）

2015 年にスウェーデンのストックホルムのベルワルドホールで上演された OP による『ペリクリーズ』。同 2 幕のコーラスの語り手ガウワーによって語られている嵐の場面。ベン・クリスタル（Ben Crystal）率いる劇団パッション・イン・プラクティス（シェイクスピアアンサンブル）が棒切れで船を作っている。背景にはヴァイオリン奏者ダニエル・ホープ（Daniel Hope）の指揮によるトロンハイム・ソロイスツ（弦楽合奏団）が見える。ホープはその劇のバックグラウンドミュージックとしてマックス・リクター（Max Richter）編曲のヴィヴァルディ『四季』の中から選んだ。ベンの話によると，OP による上演を聴くことによって，リクター編曲のヴィヴァルディがもたらす「古くて新しい（新旧)」解釈の効果もあって，当時の芝居を新たな音で聴くという経験を味わうことができたということである。

初期の上演

バーナード・マイルズ（Bernard Miles）は 1952 年にロンドンのマーメイド劇場で『マクベス』の OP による上演を行った。その評価はまちまちであったが，ロンドン駐在の『ガーディアン』誌の記者は OP の聴覚的な特徴の一部となっている近代アクセントの響きにひきつけられ，とてもよい経験であったと，下記のように評した（1952 年 7 月 25 日）：

> 『マクベス』は当時の発音・語調で上演中であるが，ロンドン大学の音声学科は俳優に参考にしてもらうために，エリザベス朝の話し言葉をずっと録音してきた。それはとてもなめらかで，時々耳にしてきたような誇張をずっと抑えた，かつ，快活な中西部方言や，アイルランド英語のような静かな口調のまじったものである。オーストラリア人であれば too true が，彼らが聴き慣れている tue trew のような音に聞こえてきて驚くかもしれない。

古くも新しい『夏の夜の夢』

Flower of this purple dye,
Hit with Cupid's archery,
Sink in apple of his eye.
When his love he doth espy,
Let her shine as gloriously
As the Venus of the sky.
When thou wakest, if she be by,
Beg of her for remedy.
（『夏の夜の夢』3.2.102-9）

キューピッドの矢に射ぬかれた紫の花の滴だ，瞳の底にしみとおるがよい。醒めて女を見るときは，その面，夜空にかかる金星のごとく，いよいよ光り輝くよう。目が醒めて，かたわらに女がいたならば，それこそ，おのが恋の渇きを癒すものと知るがよい。
（福田恒存訳，新潮文庫）

オベロンの魔法の呪文は，彼が眠っているディミートリアスの目の中に愛の汁を落とす間に語られる。現代英語では dye, eye, espy, sky, by に見られる中舌二重母音の /əɪ/ は archery, gloriously, remedy にみられる高舌前母音 /i/ と調和しない。OP では両者はすべて押韻し，それがくり返されると，その場の不思議な雰囲気を醸し出す。

3つの音声表記

再建された当時の発音について組織立った教授法はない。俳優や歌手によってはよい耳をもっていて，いったん，録音されたものや方言指導者の発音を聴いただけで，それを意のままに再生できるものもいるが，音声表記に頼ることが必要な役者もいる（17章）。初期近代英語のOPを示した音声表記の3つのサンプルを以下に示す。

完全な音声表記

すべての発音を表記した完全版の1例：音声学者A.C. ギムソン（A. C. Gimson）の著書『英語の発音入門（*Introduction to the Pronunciation of English*）』（1962）による『マクベス』（2.1.49–56）の音声表記：

Now o'er the one half-world
nəu oːər ðə wɤn haːf wɤrld
Nature seems dead, and wicked dreams abuse
nɛːtər siːmz dɛd ənd wɪkɪd dreːmz əbjuːz
The curtain'd sleep; now witchcraft celebrates
ðə kɤrtɛind sliːp nəu wɪtʃkraft sɛlɪbrɛːts
Pale Hecate's offerings; and wither'd murder,
pɛːl hɛkəts ɑfərɪŋz ənd wɪðərd mɤrdər
Alarum'd by his sentinel, the wolf,
əlarəmd bəi hɪz sɛntɪnəl ðə wulf
Whose howl's his watch, thus with his stealthy pace,
huːz həulz hɪz watʃ ðɤs wɪθ hɪz stɛlθɪ pɛːs
With Tarquin's ravishing strides, towards his design
wɪθ tarkwɪnz rævɪʃɪŋ strəidz tuːərdz hɪz dɪzəin
Moves like a ghost.
muːvz ləik ə goːst.

部分的な音声表記

2005年にシェイクスピアのグローブ座で『トロイラスとクレシダ』がOPで上演されたときの冒頭の数行の音声表記。現代英語と異なる発音をもつ箇所のみ，部分的に発音記号を表記したもので，ほかはすべて伝統的な正書法に従ったものである。この種の表記で注目されるのは，初期近代英語期の発音が現代のそれと類似していることである。つまり，ほとんどの子音といくつかの母音は今と変わっていない。俳優にとってはテキストの台本もそのまま見ることができ，しかもそれが音声表記と並べて示されているのでとても便利であると感じられる。

Act 1 scene 1 [Troilus]

Enter Pandarus *and* Troilus.

Troy.	Call here my varlet, I'll unarm again, Why should I war without the walls of Troy: That find such cruel battle here within? Each Trojan that is master of his heart, Let him to field, *Troilus* alas, hath none.	Call hiːɹ mɪ vaːɹlet, əɪ'll ʌnaːɹm agen, Hwəɪ should ə war withəut the walls əv Trəɪ : Thət fəɪnd səch cruel battle hiːɹ within? eːch Troːjan thət is maːsteɹ əv ɪz aːɹt, Let im tə fiːld, Trəɪlus alaːs, ath noːne
Pan.	Will this gear ne'er be mended?	Will this giːɹ nɛːɹ bɪ mended?
Troy.	The Greeks are strong and skillful to their strength Fierce to their skill, and to their fierceness valiant, But I am weaker then a woman's tear; Tamer then sleep; fonder then ignorance, Less valiant then the virgin in the night, And skilless as unpractised infancy:	The Greːks əɹ strɒng ən skillful tə thɛːɹ strength Fiːɹce tə thəɹ skill, ən tə thəɹ fiːɹcenɪs valyənt, Bət əɪ əm weːkeɹ thən a woːman's tiːɹ Tɛːmeɹ than sleːp; fɒndeɹ thən ignoɹance, Less valyənt thən the vəɹgin in the nəight, ən skillɪss as ʌnpractised infancəɪ :
Pan.	Well, I have told you enough of this; for my part I'll not meddle nor make no farther; he that will have a cake out of the wheat must needs tarry the grinding.	Well, əɪv toːld yə nɒf ə this; fəɹ məɪ paːɹt əɪ'll nɒt meddle noːɹ mɛːke noː faːɹtheɹ; heː that əl have ə cɛːke əʊt ə the hweːt məst neːds taɹəɪ the grəɪndin.

ハイライト表示した部分的音声表記

2010年にカンザス大学で上演された『夏の夜の夢』の冒頭部分の台本で，方言指導者ポール・マイヤー（Paul Meier）が音声表記したもの。それも部分的な表記でOPにハイライト表示したものである。この表記は上のトロイラスの表記と比べると著しい違いがある。トロイラスを上演した劇団は英国の俳優で構成されていて，セリフをRP（p.249）で発音することに慣れているので，彼らの注意はもっぱらOPにおける母音の後の[r]をしっかり発音することに向けられたのである。それに対して，カンザスの劇団の方は米国人俳優で構成されて，団員は皆，日常的にこの母音の後の[r]を発音しているので，マイヤーの表記では特にこの点[r]に注意を向けさせる必要がなかったのである。

ACT I	**ACT I**
SCENE I. Athens. The palace of THESEUS.	**SCENE I. Athens. The palace of THESEUS.**
Enter THESEUS, HIPPOLYTA, PHILOSTRATE, and Attendants	*Enter THESEUS, HIPPOLYTA, PHILOSTRATE, and Attendants*
THESEUS	**THESEUS**
Now, fair Hippolyta, our nuptial hour	Nəʊ, fɛːr Hippolyta, or nʏpsial oːr
Draws on apace; four happy days bring in	Draws on apɛːce; foːr happəɪ dɛːys bring in
Another moon: but, O, methinks, how slow	Anoːther moon: bʏt, oː, mɪthinks, 'əʊ sloːw
This old moon wanes! she lingers my desires,	This oːld moon wɛːnes! shɪ lingers məɪ desəɪres,
Like to a step-dame or a dowager	Ləike to a step-dɛːme or a dəʊager
Long with'ring out a young man's revenue.	Long with'rin' əʊt a yʏng man's revenue.
HIPPOLYTA	**HIPPOLYTA**
Four days will quickly steep themselves in night;	Foːr dɛːys will quickləi stɛːp themselves in nəight;
Four nights will quickly dream away the time;	Foːr nəights will quickləi drɛːm awɛːy the təime;
And then the moon, like to a silver bow	And then the moon, ləike to a silver boːw
New-bent in heaven, shall behold the night	New-bent in heaven, shɒll bɪ'oːld the nəight
Of our solemnities.	Of oːr solemnitəis.
THESEUS	**THESEUS**
Go, Philostrate,	Goː Philostrɛːte,
Stir up th'Athenian youth to merriments;	Stɛr ʏp th' Atɛːnian youth tə merriments;
Awake the pert and nimble spirit of mirth;	Awɛːke the pɛrt and nimble sprəit ə mɛrth
Turn melancholy forth to funerals;	Tɛrn melancholəi foːrth tə funerals;
The pale companion is not for our pomp.	The pɛːle companion is not foːr or pomp.
Exit PHILOSTRATE	*Exit PHILOSTRATE*

（巻末p.517に『マクベス』『トロイラスとクレシダ』『夏の夜の夢』の訳を掲載）

説教，史跡，歌におけるOP

劇場が初期近代英語のOPによる上演を行うようになったのと同時に，劇以外の分野でもOPの使用に対する関心が高まっていた。

17世紀の有名な説教や欽定訳聖書はどのような発音で語られていたのであろうか。1722年にセント・ポール寺院の外で行われたジョン・ダン（John Donne）｛【訳注】英国の詩人・聖職者（1573-631)｝による復活祭の説教は，2012年にロンドンのセント・ポール大聖堂の外にある教会墓地の仮想再建の一部としてOPでオンライン再生された。数千もの人びとがこの説教を聞いたといわれている。彼らはダンの声を聴くことができたであろうか。画像は教会墓地を東側からとらえたもので大学院生のジョシュア・スティーヴンズによって再建された模型である。音響モデルの製作には3,000人に及ぶ人びとが，実際に説教が聞こえるところにいたという推測が示されている。(J.N. ウォール（J. N. Wall），2013に従う)

EGG劇団｛【訳注】この劇団名には何かを産み出す「卵」の意味と動詞eggの「そそのかす」「起動」の意味がかけられているらしい｝のOPによる『七つの涙（*Seven Tears*）』の映画化は2014年6月ベルリンで始まる。女優でソプラノ歌手のエレン・ヒューニゲンがエリザベス1世役を，芸術監督でハープシコード演奏者のドミニク・エカースリーが女王の親戚サー・ロバート・ケアリー役を演じた。そのプログラムには次のように書かれている。

> エリザベスは自分の部屋で，マント（ケープ）を脱ぎ，寝間着姿で引きこもる。我々は彼女の音楽と，彼女の語りと，彼女の涙のすべてを，彼女と共有する。彼女の作品には歌と音楽がつく。その音楽と歌とは，チューダー朝の音楽家ダウランド，バード，モーリー，ギボンズによるハープシコード伴奏で，シェイクスピアのソネット，彼女自作の詩，さらにはスコットランド王ジェームズ6世（のちのイングランド王ジェームズ1世）による詩が当時の発音で，いずれも沈鬱な衣装と表情で歌われるのである。
> エリザベスは，スコットランドのメアリー女王の処刑の執行令状が交付され，悲しみとともに，彼女が愛称で「カエル」と呼んでいたアンジュー公（フランソワ）との別れの際に残った空虚感に打ちひしがれる。彼女にはさらにジェームズ6世がよこした，彼の母親メアリーの命乞いの書簡に，返事の手紙を書かなければいけないという気が滅入る仕事が残されている。しかしながら，彼女はジェームズにメアリーの処刑が避けられないことを伝え，かつ，責めを負われないようにしなければならない。そこでスコットランド大使に真実を伝えるように命じることによって，彼女は本当の真実を歴史記録に残さずに済ますことができるのである。だから彼女は自分自身で勝手に歴史を書いた最初の世界的指導者となるのである。

アメリカのマサチューセッツ州にあるプリマスプランテーション（p.98）やシェイクスピアの生誕地ストラトフォード・アポン・エイヴォンのように生きた史跡・歴史博物館が当時の人びとの生活を再現する。そこでは，当時の衣装や生活環境にできる限り近いものが再現できるよう細心の注意が払われている。博物館の俳優たちは当時の語彙や文法を用いて，当時の雰囲気を出せるようにしている。OPは彼らの発音をいっそう本物らしくするのに役立っているのである。

初期近代英語の文法

英語の文法構造における主要な変化はルネサンス期までに終わっていたが（p.44），当時のテキストをふとながめただけでも，多くの重要な変化が，かなり限られた種類のものであるとはいえ，引き続き生じていたことがわかる。例えば，動詞の用法で今日とは異なる特徴がある。『ジュリアス・シーザー』（5.3.25）のキャシアスのセリフに 'My life is run his compass（俺の一生はもう一周してしまった）' がある。今日ならば has run となるところである。また，この文には当時の代名詞の使い方にも特徴が見られる【訳注】his は今日なら its となるところ】。二重否定（I cannot go no further）もふつうに使われ，非人称動詞の痕跡もまだ残っていた（me thinks he did）。当時，多くの動詞屈折（例えば pleaseth, know'st, spake）も標準的な用法として使われなくなった（ほかの例については p.63，67 を見よ）。

文体的にも文構造（p.226）に重要な変化が起こった。カクストンやマロリーでは文体にしまりがなく，直線的（並列的）で and や then のくり返し（等位構造）が多く，従属節の使用がかなり限られていて，それもほとんどが which, that に導かれるものであった。その典型的な例として，以下にカクストンの『黄金聖人伝（*Golden Legend*）』の序文をあげておく（ほかの例については pp.57-8 を見よ）。

And I shal praye for them vnto Almyghty God that he of his benygne grace rewarde them etc., and that it prouffyte to alle them that shal rede or here it redde, and may encreace in them vertue and expelle vyce and synne that by the ensaumple of the holy sayntes amende theyr lyuyng here in thys shorte lyf that by their merytes they and I may come to everlastyng lyf and blysse in heuen.

(And I shall pray for them unto Almighty God that he of his benign grace reward them etc., and that it profit to all them that shall read or hear it read, and may increase in them virtue and expel vice and sin that by the example of the holy saints amend their living here in this short life that by their merits they and I may come to everlasting life and bless in heaven.)
私は彼らのために全能の神に次のことを祈る。神がそのご加護によって彼らに報われんことを。そしてそれ（本書）を読む人，あるいはそれが読まれるのを聞く人，すべてにご利益があり，かれらの徳が増し，邪悪と罪を払拭できることを。また，聖人のお手本によって，彼らの現世における短い人生において彼らの行いが正されますことを。彼らの功徳によって彼らと私が天国での永遠の生命と祝福が得られますことを。

英語にラテン語の文体の影響が著しく見られるようになったのは 16 世紀である。特にキケロの文体が模倣された。従属節の込み入った使用が多く，修辞的な対照とバランスが追及された。その 1 例は歴史家ウィリアム・カムデン（William Camden）の『英国の遺物（*Remaines Concerning Britain*）』（1605）に見られる【訳注】一部の語のみ現代つづりを［　］で示した】。

As for the *Monosyllables* so rife in our tongue which were not so originally, although they are vnfitting for verses and measures, yet are they most fit for expressing briefly the first conceipts [concepts] of the minde [mind], or *Intentionalia* as they call them in schools [schools]: so that we can set downe [down] more matter in fewer lines, than any other language.
我々の英語におびただしくある単音節語は，もともとたくさんあったわけではなかったが，韻文や韻律にとって適しているとはいえないものの，心の中でまっさきに思いつく意味，すなわち哲学でインテンショナリア（Intentionalia）と呼んでいるもの，を簡潔に表現するのに最も適している。そのため英語ではほかのいかなる言語と比べても，より少ない語量で，より多くのことを表せるのである。

現代の読者がルネサンス初期の散文を読む際にしばしば感じるぎこちなさや，不安の主な原因は，英語に備わっている複雑な文構造（p.238）の潜在能力を作家たちが開発し始めたからである。だんだんと標準化していた句読法（p.70）も駆使しながら，かなり意識的に新しい文法パタンを使う試みがあった。新たな接続詞も登場した。例えば 理由を表す because は最初,チョーサーに出現したが，17 世紀の初め頃まで for（that）がむしろふつうであった。分詞構文はかなり一般的になり，それによって文はより長くなり，作家によっては 20 行またはそれ以上の長さの文を好んで用いるものもいた。初期に書かれたそのような長文は，現代の読者には，しばしば不完全で，文法的に不適格に見えることがある（例えば，数の一致が守られていない，従属節が主節とつながらないなど）が，当時はそのような多様性がふつうにみられたということを理解しておくことが大切である。しかし 17 世紀までには，さまざまなラテン文体のモデルに従って，手の込んだ，かつ周到に作られた文がごくふつうに使われていた。そのような文体はジョン・リリー（John Lyly），フィリップ・シドニー（Philip Sidney），ジョン・ミルトン（John Milton）などの著作にも見られる。

コラム「宙ぶらりんな文（懸垂文）」を巻末 p.518 に掲載

Say you so? I do（君はそう言うの？わたしも。）

この時期の最も重要な統語変化のひとつに助動詞 do の用法がある（p.224）。現代との違いは Says she so?（彼女はそう言うの？）Believe him not.（彼のことを信ずるな）のような疑問文と否定文に見られる（今日なら do を用いて Does she say so? Do not believe him. となる）。シェイクスピアの頃にはこのような文に do を使うこともできたが，義務的ではなかった。また，do は今日とは異なり，特に強調するのではない肯定平叙文として使うこともできた。例えば 'they do offend our sight（まったく目障りだ）'（『ヘンリー5 世』（4.7.59））の意味は they offend our sight とさして変わらなかった。

当時は，否定文や疑問文では do を挿入し，肯定平叙文ではそれを用いない（強調の場合を除いて）のがだんだん普通になりつつあった。この do に関するある研究によると，1500 年では do を用いた疑問文はおよそ 20%で，1700 年には 90%に及んでいた。下の図をみると Do they know?（彼らは知ってるの？）のような肯定疑問文における do が着実に増加しているのがわかる。（A. エレゴール（A. Ellegård），1953 に従う）

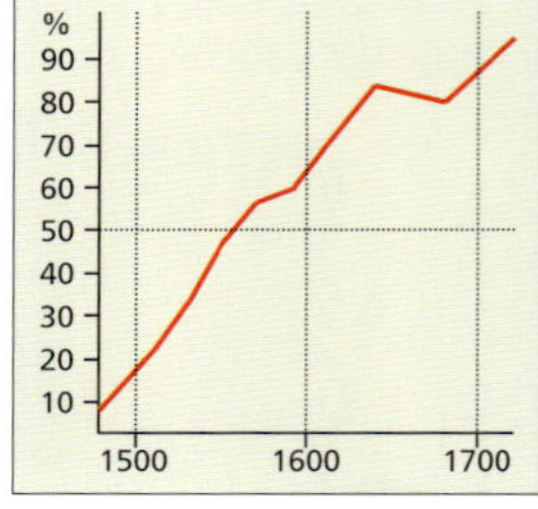

Thou/You の問題

ルネサンス期における英語の2人称代名詞の体系はこれまでずいぶん調査研究の対象となってきた。それは当時の2人称代名詞が単に現代英語のそれと形が明らかに異なるだけではなく，人間関係を表す表現として中心的な役割を果たしているため，当時の劇に関するいかなる研究にとっても重要だからである。当時の thou（thee, thine, thy, thyself）と you（ye, yours, your, yourself）の働きを理解しておくことが，登場人物の感情を読み取るだけでなく，劇が展開していく過程で，互いに抱く感情・態度の移り変わりを解釈する際にも重要になることがある。

その代名詞の体系の発達のあらましは次のとおりである。

- 古英語（p.20）では thou（とそれに関連する形）は一人に呼び掛ける場合（「あなた」）に使われ，ye（とそれに関連する形）は複数の人びとに呼び掛ける場合（「あなたがた」）に使われた。この体系では thou（「あなたが」）と ye（「あなたがたが」）が主語として，thee（「あなたに」,「あなたを」）と you（「あなたがたに」,「あなたがたを」）は目的語として，使われた。
- 中英語期では ye/you は丁寧な敬語の単数形としても使われるようになり，元来の単数形 thou/thee に「仲間入り」した。それはおそらくフランス語の vous（あなた，あなたがた）と tu（あなた）の影響を受けたためであろう。
- 初期近代英語期では主語 ye，目的語 you の使い分けが次第になくなり，you が主語・目的語の区別に関係なく，あらゆる文法上の機能でも，かつ，あらゆる社会環境でも使われるようになった。Ye は使われ続けたが，16 世紀末までには古語，ないしは宗教的，文語的用法に限られるようになった。1700 年頃までには thou もまたおおむね ye と同様の用法に限られるようになった。

ルネサンス期の体系

シェイクスピアの頃までに you は今日の「数」に関する多義（単・複の両義）を発達させており，単数の意味でも thou/thee に代わるものとして使用されていた。You は身分・地位の低い人が目上の人に（平民が貴族に，子どもが親に，召し使いが主人に，貴族が君主に）向けて使った。You はまた，上流階級の人びとが互いに呼び合う時にも使われる標準的な用法であった。一方，thou/thee は地位の高い人が目下の人に向けて，または身分の低い者同士が互いに呼ぶ時に使われた。さらに，格調高い詩的スタイルや，神に呼びかけるとき，悪魔，亡霊，そのほか超自然的な存在に対しても使われた。また，特殊な用法がいくつかあった。例えば夫が妻に対して thou で呼びかけ，それに対して妻が夫に you で答える場合である。

特に面白いのは，特殊な感情がその場面に入ってくることがあるような場合である。すなわち，thou や you の使用が守られるべき「規約」を破る場合である。Thou はふつう特別な親しみや愛情を表し，you は礼儀正しさ，丁寧さ，相手との距離を表す。Thou はまた，相手が目上であっても，（p.67 の聖書のテキストのように）怒りや軽蔑などを込める場合に使われることもある。同じ地位の人に thou を使うと，よく侮辱とみなされることもある。例えば，『十二夜』（3.2.42）にサー・トビー・ベルシュがサー・アンドルー・エイギュチークに対してヴァイオラ（公爵に仕える若者に扮した）への手紙の書き方を指南する場面――'if thou thou'st him some thrice, it shall not be amiss（もしお前が何回も thou を使って「お前」呼ばわりして馬鹿にしてやれば，それでいっこうにかまわない）'――がある。そこでは，ふつう you を使うところに品位を傷つける thou 用いている。同様に thou を使うべきところに you を使うと（例えば，主人が召使に対して呼びかける場合に）また特別な説明が必要になるであろう。

重要な2人称代名詞の切り替え（スイッチング）

劇の場面で thou と you の使用が突然切り替わることがよくあるので，それが一見無目的に起るように見えるかもしれない。しかしながら社会言語学的な視点で見ると，かなり興味深い読み方ができることが下記のシェイクスピアの例からもわかる。

- 『リア王』のオープニングの場面で，王の娘たちが王に you で呼びかけ，王がゴネリルとレーガンを thou で呼ぶ。そこまでは予測通りなのだが，王の秘蔵っ子である末娘コーデリアへの問いかけを，彼女に特別な敬意をこめて 'what can you say...（お前はどう思うか？）' と切り出したところ，娘の答えに気分を損ね，怒りを表わす thy に切り替え，'But goes thy heart with this?（でも本心もその言葉通りなのか？）' となる。
- 『ハムレット』1幕で終始，ハムレットが亡霊に対して thou で呼びかけているのはごくふつうのことであるが，3幕4場（妃の居間の場面）で亡霊に対し you に切り替えて呼んでいる。それはおそらく亡霊の正体に対する疑念が払拭されたためと思われる。その you にはハムレットの父親に対する尊敬の念が込められている。

（巻末 p.518 へ続く）

なぜ神に対して thou なの？

神に対しては当然，この頃なら you で呼びかけると思うかもしれない。なぜなら，神は king（王なる），father（父なる），most high（いと高き）などと形容されるからである。しかし実際はその頃つねに thou と呼ばれている。これはその用法によって意識的に古風なものにしようとしたからであろう。つまり thou が2人称単数で用いる唯一可能な形であった中英語期を思い出してみればそれがわかる。あるいは，最初の聖書翻訳者たち（p.59）の影響かもしれない。というのは，彼らは2人称単数と複数を区別する言語（ラテン語では tu（あなた）と vos（あなたがた））で書かれた聖書を訳していたからである。これらの言語で神は単数形で呼ばれていたのであろうから，その習慣が影響して，英語でも thou が選ばれたのかもしれない。もちろん単数として you を使おうと思えば，使えた時代ではあったのだが。

純粋で適正な thou

17 世紀の半ばまでに，thou は標準用法から姿を消しつつあったが，新興宗教団体であるフレンド会の会員，すなわちクエーカー教徒の間で使われ続けた。彼らは単数の you が社会の慣用の一部になっていたことを容認しなかったので，誰に対しても thou を使った。この thou の用法はキリスト教の弟子たちの話し方に近いと感じられ，不要な社会的差別を避け，文法的にもより正確なものであり，「ひとりの人間を指す，純粋で，適正な，気取らない呼称（'a particular, single, pure, proper and plain unto one'）」であった。一方 you の単数としての用法は「堕落」，つまり世俗的功名（worldly honor）を得た用法にすぎず，ほかのあらゆる空虚な社会慣習とともに避けるべきものであると考えられた。その主張は，最初のクエーカー教徒の1人であるリチャード・ファーンズワース（Richard Farnsworth）の著書『真理の御霊（みたま）による清らかなことば（*The Pure Language of the Spirit of Truth*）』（1655）の次の表現に力強く語られている。That which cannot bear thee and thou to a single person, what sort so-ever, is exalted proud flesh, and is accursed（thee や thou を単数と結びつけられないものは，それがどんなものであれ，盛り上がった（思い上がった）「ぜい肉」のようなもので，呪われるべきものである）'.

Thou を使うとしばしば権力をもっている人たちを怒らせることがあった。彼らにとって thou はまだ身分の低い人たちのことばで，いかがわしいと感じられたからである。ジョージ・フォックス（George Fox〔訳注〕1624-91，クエーカー派の創始者）は『日記（*Journal*）』の中で次のように回想している。フレンド会会員は「命の危険に脅かされることが多く，身分の高い高慢な人びとに thou を用いたために次のように言われて，しばしば打たれることもあった。『お前は私のことを thou 呼ばわりするんだな，育ちの悪い奴め（"Thou'st 'thou' me, thou ill-bred clown"）』などと，あたかも彼らの育ちのよさが you を単数で用いることにあるかのようである。」

安定性を求めて

エリザベス朝文学の最盛期は英語の用法，特に語彙の面において前例のない広がりと豊かな創意工夫をもたらした（p.60）。1530 年から王政復古（1660年）の間に英語史上，最速の語彙の増加が見られた。新語のほとんど半数が英語と接触することになった多くの外国文化からの借用語で，あとは英語本来語を使ったさまざまなタイプの語形成によるものである。また，既存の語の意味が変化し，新たな意味を獲得したものも多くある。それは特に宗教的なテキストの出版に携わった人びとが注目した点である。『祈祷（きとう）書』の改訂版（1662）の著者たちは，1552 年版に加えた多くの改訂を「古い用法であるいくつかの語句を，現在の英語にふさわしいことばで，より適切に表現するために」行った，と述べている。

この前例のない語彙の成長によって新たな不確実性も生じた。17 世紀末までに，変動しつつある英語の先行きに関する不安感が広がった。多くの批評家は英語があまりにも急速に，そして無秩序に変化していると感じ，そんな英語の状況を「でたらめで，堕落して，野卑で，野蛮」とまで評している。特に不安を感じていたのはつづりや句読法における一貫性の欠如に対してである（pp.68-71）。極端な例をあげると，発音に従って certainly（確かに）を sartinly とつづる者もいた。また，古典語の語源であることを示すためにわざわざそれに合せてつづりを変える者もいた（時々，i**s**land（島），s**c**issors（はさみ）のように，それぞれ間違って s, c をつづりに加えるような者もいた）。さらに，外来語や新造語が無統制に英語に取り入れられることに対する危惧もあった。批評家たちはエリザベス朝の劇作家による語彙に関する創意工夫に秩序や道理を見出すことができなかった。シェイクスピアによる新語も英語の一部になったものも多いが，そうならなかったものも多くあり（p.63），そのような異例な事態にどのように対処したらよいのかよくわからなかったのである。

当時の言葉の流行は何ら慰めにもならなかった。ジョン・ドライデン（John Dryden）は『詩劇の擁護（*Defence of the Epilogue*）』（1672）の中で，「英語の慣用にフランス語を混入させ過ぎることによって英語を堕落させた」人びとに対して不満を述べている。ジョゼフ・アディソン（Joseph Addison）は『スペクテーター（*Spectator*）』（1711 年 8 月 4 日刊）の随筆で縮約形が「英語の調子を狂わせ，子音によってその流れを邪魔している」と不満を述べている。例えば mayn't, wo'n't のような縮約の例や，rep（reputation），ult（ultimate）のような省略語の例をあげている。ダニエル・デフォー（Daniel Defoe）は『企業論（*An Essay upon Projects*）』（1697）の中で，当時の英語に不敬語（罵り語）が「氾濫」していることに不満を漏らし，アカデミーを設立することによって，彼の呼ぶところの「言葉の狂乱，脳が吐き出す毒（'Frenzy of the Tongue, a Vomit of the Brain'）」を取り去ってほしいと願った。その後 15 年たってジョナサン・スウィフト（Jonathan Swift）がその挑戦に応じた。

A Table Alphabeticall, conteyning and teaching the true vvriting, and vnderſtanding of hard vſuall Engliſh wordes, borrowed from the Hebrew, Greeke, Latine, or French. &c.

With the interpretation thereof by *plaine Engliſh words, gathered for the benefit & helpe of Ladies, Gentlewomen, or any other vnskilfull perſons.*

Whereby they may the more eaſilie and better vnderſtand many hard Engliſh wordes, vvhich they ſhall heare or read in Scriptures, Sermons, or elſwhere, and alſo be made able to vſe the ſame aptly themſelues.

Legere, et non intelligere, neglegere eſt.
As good not read, as not to vnderſtand.

AT LONDON,
Printed by I. R. for Edmund Weauer, & are to be ſold at his ſhop at the great North doore of Paules Church.
1604.

最初の同義語辞典

ロバート・コードリー（Robert Cawdrey）が 1604 年に最初の「難語の辞書」を出版し，これが英語の語彙を編集する作業への重要な第 1 歩となった。その辞書『アルファベット表（*A Table Alphabeticall*）』は 3,000 の「よく使われる英語の難語」に説明・語義（gloss）をつけたもので，例えば，abbettors（=abettors）には 'counsellors（支持者，支援者）'，abbreuiat（=abbreviate）には 'to shorten, or make short（短くする）'，のような説明がつけられた。この出版は商業的には成功し，そのあとにはいくつかほかにも同類の編さん物が刊行された。

「アルファベット配列による語彙表」

本書はヘブライ語，ギリシア語，ラテン語，フランス語などから借用した語の中で，特によく使われる難語を収めており，それらの正しいつづりや正しい意味を教えてくれるものである。

貴婦人，淑女，そのほか教育を受けていない人びとのためにそれらの難語に平易な英単語を使って語義が説明されている

それによって聖書や説教やほかの著作などで読み聞きする多くの英語の難語をより容易に，かつ，より深く理解できるようになり，かつ，適切に使えるようになる。

知識なくして読書するのは怠慢なり。
（読んで理解できなければ読んでいないのに等しい。）

ロンドンの
エドムンド・ウィーヴァー社（書籍商）の印刷工 I. R. によって印刷され，
聖パウロ教会の北大門にある書店で販売される予定である。
1604 年

語彙の増加のピーク

ルネサンス期の語彙の増加のピークは右の図で明確に示される。このグラフは『オックスフォード英語辞典』（以下，*OED*）の縮約版（p.500）に掲載されている語彙項目数にもとづいている。しかしながら，この種のグラフは厳密な統計と思ってはならない。*OED* が取りあげている「偉大なる英語の書き手」に関しては，そのオリジナル版の序文にも述べているように，バイアスがかかっており，初期近代英語期に書かれた，ごく「ふつうの」多くの書物の語彙が十分に考慮されているとは言えないからである。かなりたくさんの語彙とその意味が *OED* に記載されていないという指摘をした研究もいくつかある。また，*OED* が初例としてあげているものよりもずっと以前の例が見つかることもしばしばである。当時の語彙を調査したドイツの研究者ユルゲン・シェーファー（Jürgen Schäfer）は，もしすべての訂正が考慮されると，*OED* のデータベースにおける事実との不一致は 50 万カ所にも及ぶと試算している。したがって右のグラフは初期近代英語期の真の語彙数としては由々しき過小評価（控えめな見積もり）といえそうである。特に 15 世紀末期の語彙の状況に関してはかなり控えめな数値になっていると考えられる。しかし，このグラフが示す語彙増加の全般的な印象としては納得の行くもので，直観的にとらえたこの時期の実情と一致するものとなっている。（T. ネヴァライネン（T. Nevalainen），1999 に従う）

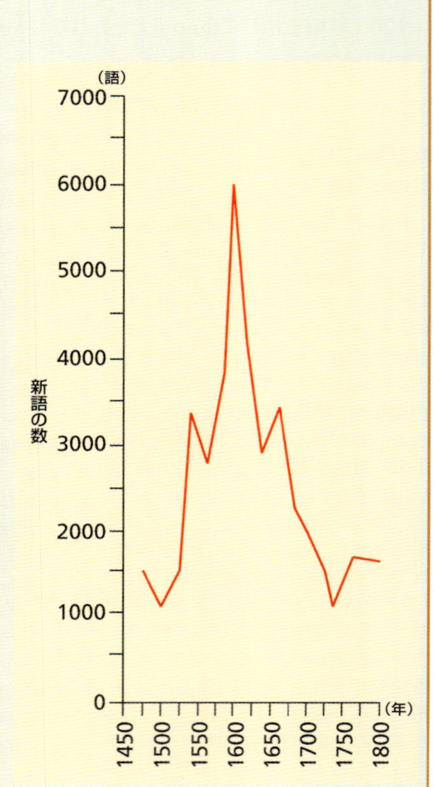

アカデミーの問題

スウィフトのような作家たちは英語の急速な変化を深く憂慮していた。適度の抑制をしていかないとこれから先25年ばかり後に自分たちの作品が理解されなくなってしまうのではないかという懸念である。スウィフトは「英語の矯正と確定化に関する提案（A Proposal for Correcting, Improving and Ascertaining the English Tongue）」（1712）の中で次のように主張している。

もし英語がいったんある種の「標準」に到達できるまで改善されるならば，その英語を永遠に，あるいは少なくとも我が国が他国によって侵入・征服されるまでは，定着させる方法が見つかるかもしれない。たとえそうなったとしても，我々の最良の書き言葉は大切に守られ，尊重され，作家たちは不朽の名声を与えられることになる。

彼は次の提案を初代オックスフォード伯爵｛【訳注】ロバート・ハーレー（Robert Harley）として知られる，スウィフトのパトロン｝に提出した。

閣下。私はここに，我が国のすべての教養があり，かつ礼儀正しい国民を代表して，閣下に物申し上げます。我々の英語はひどく不完全であります。英語に関する日々の改善は日々の腐敗に追いついておりません。英語を洗練化するといっている人びとももっぱら誤用・乱用や馬鹿げた言葉を増やすばかりです。そして多くの場合，文法のあらゆる面に背いているのです。

スウィフトはあらゆる方面を攻撃した。王政復古の不道徳，若い貴族のだらしなさ，詩人の用いる省略語，話し言葉（発音）に合わせようとするつづりの提案，大学人による流行の俗語―――「文字を読めない宮廷の気取り屋，まぬけな詩人，大学生の若者（'illiterate Court-Fops, half-witted Poets, and University-Boys'）」などに対してである。彼の解決案はフランス人の模範に従ってアカデミーを設立することであった（フランスのアカデミーは1635年に設立された）。

いかなる社会的地位，党派，職業にもこだわらず，そのような業務をするのに最もふさわしいと認められるような人材を，自主的に，かつ，慎重に選ぶべきである。そこで選ばれた人びとが，ある程度の人数をそろえて，決められた時間と場所に集合して，今後の計画を進めていくための規則を定めなければならない。…私が最も関心を抱いていることは，必要不可欠と考えられる変革がなされた後に，英語を永遠に確かなものにし，かつ，安定化するためのなんらかの方策について考察されなければならないということである。というのも私は，言語というものは永遠に変化していくと考えるよりも，むしろ完璧なものになるときめつけないほうがよいと考えているからである。…

スウィフトが英語のためのアカデミーを最初に提唱した人物というわけではなく，ドライデンやデフォーも同じ主張をしていた。しかし，そのアイデアが多くの人の興味をひきつけたとしても，実行に移すことはできなかった。言語の変化は避けられないものであり，標準はつねに変化するという理解が一般的な考えであったからだ。ジョンソン博士もそのアイデアを嘲笑した1人である。

人間が次から次へと年老いて死んでいくのを見ていながら，寿命を1,000年にまで伸ばしてくれる秘薬があるなどと聞いて笑ってしまう。同じような理由で，辞書学者などといわれる人も嘲笑されるかもしれない。なぜならば，ふだん使っている言葉が変化しないように維持してきた国民などどこにもいないことを知りながら，自分が編纂した辞書によって，その言語を腐敗と堕落から守って，維持し続けられるなどと，思い描くだろうからである。

英国も米国（p.81）もアカデミーによる解決を選択しなかった。そのアイデアはこれまでに何度かもち上がったが，幅広い国民の支持が得られたことはなかった。

しかし，17世紀における言語の腐敗に関する議論によって，国民の注意がその問題の所在と，その問題解決の必要性に向けられることになった。もし言語が，それを保護していくことや，少なくともその一貫性と安定性を保つことを必要とするのであれば，辞書・文法書・つづりや発音の手引書などを制作することで，それが可能となろう。それによって，すべての人がよりどころとするような正確さの標準のようなものが出来上がるであろう。こうした解決案の最初にあげられている辞書の制作をなし遂げた人こそジョンソン自身であった（p.78）。

南アフリカの例外

英語圏でアカデミーを設立した唯一の例は南アフリカである。アフリカ南部で「英語を積極的かつ効果的に用いる」ことを振興する団体として，南アフリカ英語アカデミーが1961年に設立された。ヨハネスブルグに拠点を置き，講演，集会の催し，顕彰制度の実施，国の機関（団体）との協賛，言語情報の提供などを手がけている。また，「文法電話（Grammar-phone）」として広く知られている，英語に関する相談サービスも行っている。

科学的アプローチ

英語を取り巻く混とんとした状況が問題となり，それに対して，いろいろな方面から取り組みが行われた。大胆なつづり改革を提唱した学者もいれば（p.66），数学者でもある主教ジョン・ウィルキンス（1614-72）などは，英語に代わりうる論理的書記システムを作り，すべての不規則性を排除しようと試みた。これは人類共通の言語の構築を目指した最初の試みの1つである。

自然科学の知識の振興を目指す王立協会が1660年に創設された際，科学的なアプローチが提案された。協会員のグループが「英語を特に哲学的（科学的）な目的で改善する」委員会を設立した。その目標は，修辞的・古典的な語彙を排除して，科学的な記述に使えるような簡潔で，客観的な文体を築くというものであった。その委員会に何も意見の一致を見ることはなく，長くは続かなかったが，「率直で，自然な話し方，明確な表現，明確な意味」というものが，この協会設立に携わった会員が目指す文体の特質であったといわれている。このグループは英国がかつて創設した最もアカデミーに近いものといえる。

ホラー（Hollar）｛【訳注】プラハに生まれ，ロンドンに定住した銅版画家（1607-77）｝による寓話的銅版画で，王立協会の設立を描いている（司教のスプラット（Thomas Sprat）著の『王立協会の歴史（*History of the Royal Society*）』からの引用）。「名声・噂（うわさ）」の女神（Fame）が王立協会の後援者（'Royal Author and Patron'）であるチャールズ2世の胸像に王冠をかぶせている。その右側に「学問の再興者（'Artium Instaurator'（Renewer of the Arts））」であるフランシス・ベーコン（Francis Bacon）が腰かけている。左側にはブランカー（Brouncker）子爵（王立協会の初代会長）が座り，その周囲には科学の機械・道具・書物が見える。

ジョンソンの辞典

It were a thing verie praiseworthie … if som one well learned and as laborious a man, wold gather all the words which we vse in our English tung … into one dictionarie.
もしどなたか教養をもった勤勉な方がおられて，われわれが使っている英語のすべての語を集めて，それを 1 冊の辞書に収めようと思うのであれば，それはとても賞賛に値することになろう。

と，1582 年に記したのは，かのリチャード・マルカスター（p.68）である。なにかの折に数千程度の「難語」を収集するといったようなこと（p.76）を除けば，そういった骨の折れる事業が最初に行われたのは，ナサニエル・ベイリー（Nathaniel Bailey）が『一般語源辞典（*Universal Etymological English Dictionary*）』を出版した 1721 年であった。ベイリーの辞書の収録語数は既刊の難語集に比べると，ずっと多く，1736 年版では 60,000 語にも及んでいる。しかし，その語義説明には例示がなく，語法，慣用法に関する手引きもほとんどなかった。

いわゆる権威ある辞書として最初に登場したのは，サミュエル・ジョンソン（Samuel Johnson）が 1755 年に完成させた『英語辞典（*A Dictionary of the English Language*）』である。7 年を超える歳月をかけて，ジョンソンはおよそ 40,000 語の語義を記述し，その語義を例証するためにエリザベス朝以降の主要な著者の例文から引用した（ただ彼と同時代の著者の例文は使っていない）。ベイリーの収録語数より少ないが，ジョンソンの選んだ語彙はより幅広く，辞書編集という点からも，語の扱いは，より詳細（分析的）で，精巧である。この辞書は，彼の伝記を書いたボズウェル（Boswell）のことばを借りれば，英語に「安定性を与えた」ということになるが，少なくとも英語のつづりに関しては，そう言えそうである（彼の選択したつづりのほとんどが現在でも使われている）。

ジョンソンの辞書の冒頭に有名な序文があり，そこに辞書の目的と製作手順の概要が書かれている。

「この事業の全体像を最初に見通しした際，われわれのことば（英語）は秩序こそないが豊富であり，また規律こそないが力強いと思った。なにか自分の考えを変えたときにはいつも，解きほぐさねばならない難問と，秩序正しくせねばならない混乱があった。…一般的な文法書しか助けになるものがないので，著述家の英語を精査することに専念することにした。すべての語（句）の意味を確認し，その意味を用例で示すのに役立ちそうなものは何でも書き留めていった。そうするうちに辞書の素材（資料）を蓄積することができ，そしてその大量の資料を次第に整理していった…」

この序文にはまた，英語の簡単な歴史が書かれており，そこには初期の作家によって書かれた英語の長い引用例がついている。さらに，文法の記述があり，ジョン・ウォリス（p.71）の著作の影響を受けた正書法と韻律に関する記述なども含まれている。しかし，われわれがこの辞書作成事業の理論的基盤に関して，比類のないほど見事な記述を見出せるのは，しばしば独自のテキストとして選集に収められるほどの，この序文なのである。その記述は，辞書編集という事業の現実をよく認識している

（p.79 へ続く）

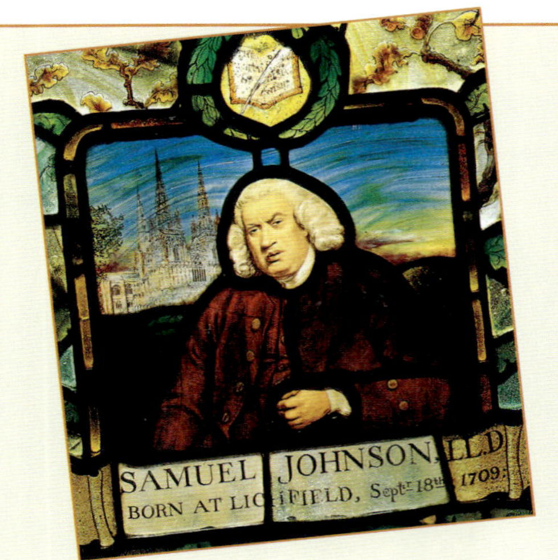

「サミュエル　ジョンソン，法学博士
1709 年 9 月 18 日リッチフィールドに生まれる」

ジョンソンが 1748 年から 1759 年まで住んでいたロンドンのフリート街（ゴフスクエア 17 番地）の自宅のステンドグラスに描かれている肖像画。『英語辞典』の大部分がこの自宅で編集された。1911 年には，この荒れ果てた家の買主によって修復され，さらに 80 年代に改装されて，現在はジョンソン博物館になっている。

ジョンソンの語義のいくつか

ジョンソンの『英語辞典』には特異な語義説明が多くあるわけではないが，いくつかとてもよく知られるようになったものがある。

LEXICOGRAPHER　辞書の著者；語源を追いかけ，語の意味の詳細を記述することに骨を折る無害な仕事人。

EXCISE　日常品に課せられる憎むべき消費税で，この税はコモンロー（普通法）の財産権にかかわる裁判官によってではなく，この税を受け取る側に雇われている，あさましい人びとによって制定された税である。

OATS　穀物の 1 種で，イングランドではふつう馬の餌，スコットランドでは人が食む穀物。

PATRON　他人を認め，支持し，保護する人。ふつう尊大な態度で人助けをし，お世辞で満足するようなあさましい人間。

PENSION　誰にでも支給される，比類なき恩給。イングランドでは自国を裏切った報酬として，国に雇われている人に支給されるもの

ジョンソンはどの政党を支持したのか，次の語義説明でおわかりでしょうか？

TORY　国家の古い法律や英国国教会の階級制度に固執する人。ホイッグ党に対立する政党。

WHIG 2.　一党派の名前。

彼の語義説明は時に自らを窮地に陥れた。「消費税」をめぐっては中傷による脅迫を受けたこともあり，「年金」をめぐってはひどく笑いものにされたこともあった（1762 年に彼自身が年金を受け取った後に）。

サミュエル・ジョンソン（1709-84）

ジョンソンは地方の書店主の息子としてスタフォードシャー州リッチフィールドに生まれた。オックスフォードでしばらく学んだが，経済的に困窮し，わずか 1 年で退学した。教員を務めながら作家活動も行い，1737 年にロンドンに移った。そこで雑誌『ジェントルマンズマガジン（*The Gentleman's Magazine*）』への寄稿や，オックスフォード伯の蔵書のカタログ作りなどを行った。

1746 年には『英語辞典』の概要を作成し，その出版契約を結んだ。彼の最初の書生たちが仕事に着手したのがその年のヨハネの祝日（6 月 24 日）であった。より詳細な『「英語辞典」の計画』が 1 年後（1747）にでき，引用の出典となる作品を読みながら引用する箇所をマークするのに 3 年ほどかかった。こうした引用箇所は書生たちによって，メモ用紙に転記され，アルファベット順に整理された。すべてのメモ用紙が順序正しくまとめられると，いよいよジョンソンによる語義の草稿執筆が始められた。「A」から始まる第 1 巻冒頭の 70 シートが 1750 年に印刷され，編集は 1754 年に完成し，翌年，2,000 部が印刷され，4 ポンド 10 シリングで発売された。その後すぐに第 2 版が，毎週刊行の形で 165 週にわたって出版され，週刊版は 6 ペンスであった。そして，第 4 版が 1773 年に大幅に改訂されて出版された。この辞典は数十年にわたって辞書市場を支配し，19 世紀になっても長年にわたって版を重ねた。

この辞書の出版後，ジョンソンは文芸評論家として活躍し，ジョージ 3 世から年金を授けられたことで経済的な安定が得られることになった。1763 年には，のちに彼の伝記を書くことになる伝記作家ボズウェル（James Boswell）と出会った。1764 年には「文学クラブ（the Literary Club）」を立ち上げ，そこでは多くの有名な談義が行われた。晩年の作品にはシェイクスピア劇全集の 8 巻本や『イギリス詩人伝（*Lives of the Most Eminent English Poets*）』（10 巻本）が含まれる。1765 年にはダブリン大学トリニティカレッジで，1775 年にはオックスフォード大学で，名誉博士号が授与された。こうして，最もよく知られるようになった称号「ジョンソン博士」が誕生したのである。

点や，その意図（p.498）が明確である点で定評を得ているものである。後者の点は，彼が『「英語辞典」の計画（*Plan of A Dictionary of the English Language*）』（1747）の中で表明した規範的な姿勢から変化しているので興味深い。そこでは次のように書かれていた。「主な目的は…英語の純粋性を保ち，その語法の意味を確かなものにすることである」。ところが「序文」では，その目的は「英語を形作るのではなく，記録する」ことにあることを強調している。辞書編集の新時代をもたらしたものはまさにこの原則なのである。

ジョンソンの手法

「このようにして正書法を確定し，語の間に見られる類似点を明らかにしながら，さらに構造を規則正しくし，語義を確定することによって，私は献身的な辞書編集者が負うすべての責務を果たすべく，力を尽くしてきた。…」

ここでは，ジョンソンが「序文」の中で略述している，彼の辞書編集に関する手法の特徴をいくつか述べる。

- 語義の多くが簡潔で，的確で，見出し語の間で一貫していることは eternal が関係する一連の記述からもよくわかる。{【訳注】形容詞 eternal に加えて，名詞の eternal，さらには派生語である eternalist（永遠論者），eternalize（永遠化する），eternally（永遠に），eterne（永遠の），eternity（永遠），eternize（永続化する，不死身にする）などが，互いの類似点を明示しながらも，独自の見出し語として記述されている。なお，動詞の見出しは原形ではなく To 原形で表記されているのも特徴的である。}
- 語がもつ多様な意味に特段の注意が払われている。左記の eternal の場合，5 つの意味（**1-5** 参照）が記述されている。（左記サンプルページにはないが，動詞 to take にはなんと 124 もの用例の意味が区別されている。）
- 語義の正確さを示すために，ふんだんに用例（約 116,000）を記載している。これらの用例は，概して「不公平による誤解」が起こらないように物故者の書き物から引用されている。{【訳注】このページだけでも，ミルトン，シェイクスピア，ドライデン，アディソン，シドニー，スペンサーなどの作家・詩人の用例だけでなく，光学（ether エーテル），哲学（eternal **2**．始まりのない）・神学（名詞の eternal 永遠の神）・農学（etch（植物名））・法学（estreate 真正謄本）・医学（esurine むしばむ）などの学者，さらには，説教者・外交官・旅行家・書籍商などの著作の用例に至るまで，実に多様な引用例が見つかる。}
- 語義を決める際には，たとえ彼自身が出典に誤りがあると考えたとしても，当該の用例と判断したものはそのまま用例として採用している。それは左記の動詞 to etch の意味 **3** からもわかる。{【訳注】etch **3**．（一方に突き進む）にはジョン・レイ（John Ray 英国の博物学者（1627?-1705））が edge（徐々に動かす）と誤解しているとジョンソンは指摘している。}
- つねに品詞を確認している。
- 見出し語の中で最も強い強勢がおかれる音節にアクセント記号´を付している。{【訳注】アクセント記号´はその直前の音節に強勢が置かれることを示す。}
- 取り組み方が率直・正直であることは，名詞 etch の記述「著者には不明な意味をもった地方の語」に，みごとに示されている。
- ジョンソンと同時代のエフレイム・チェンバーズ（Ephraim Chambers）やほかの百科事典編集者の打ち立てた伝統に従って，当時，話題となっていたような専門的な語の説明をいくつか入れている。例えば，動詞 etch の意味 **1** に示されている。{【訳注】動詞 etch1 の語義には，銅版画の一技法であるエッチング（腐食凹版技法）について，蜜蝋や硝酸を用いた詳細な技法のプロセスが 100 語以上も使って「百科事典的に」説明されている。}
- 専門的な語（estrepement（借地人による耕地・森林の復帰権の毀損），ether（空気よりさらに小さく細かい物質））などと一緒に，ふつうの語（estuary（入り江，河口）など）が幅広く取り上げられている。ただ，彼の「序文」では，取り上げた専門語が限られていることが弁明されている。

（巻末 p.518 へ続く）

E T E

will not obey, who, to get rid of his rider, riſes mightily before; and while his forehand is yet in the air, yerks furiouſly with his hind legs. *Farrier's Dict.*

ESTRE'ATE. *n. ſ.* [*extractum*, Latin.] The true copy of an original writing: for example, of amerciaments or penalties, ſet down in the rolls of a court, to be levied by the bailiff, or other officer, of every man for his offence. A law term. *Cowel.*

ESTRE'PEMENT. *n. ſ.* [of the French word *eſtre, ier.*] Spoil made by the tenant for term of life upon any lands or woods, to the prejudice of him in the reverſion. *Cowel.*

E'STRICH. *n. ſ.* [commonly written *oſtrich.*] The largeſt of birds.

To be furious,
Is to be frighted out of fear; and, in that mood,
The dove will peck the *eſtridge. Shak. Anth. and Cleopatra.*

The peacock, not at thy command, aſſumes
His glorious train; nor *eſtrich* her rare plumes. *Sandys.*

E'STUARY. *n. ſ.* [*æſtuarium*, Latin.] An arm of the ſea; the mouth of a lake or river in which the tide reciprocates; a frith.

To E'STUATE. *v. a.* [*æſtuo*, Latin.] To ſwell and fall reciprocally; to boil; to be in a ſtate of violent commotion. *Dict.*

ESTUA'TION. *n. ſ.* [from *æſtuo*, Latin.] The ſtate of boiling; reciprocation of riſe and fall; agitation; commotion.

Rivers and lakes, that want fermenting parts at the bottom, are not excited unto *eſtuations*; therefore ſome ſeas flow higher than others. *Brown's Vulgar Errours, b.* vii. *c.* 13.

The motion of the will is accompanied with a ſenſible commotion of the ſpirits, and an *eſtuation* of the blood. *Norris.*

E'STURE. *n. ſ.* [*æſtus*, Latin.] Violence; commotion.

The ſeas retain
Not only their outrageous *eſture* there,
But ſupernatural miſchief they expire. *Chapman's Odyſſey.*

E'SURIENT. *adj.* [*eſuriens*, Latin.] Hungry; voracious. *Dict.*

E'SURINE. *adj.* [*eſurio*, Latin.] Corroding; eating.

Over much piercing is the air of Hampſtead, in which ſort of air there is always ſomething *eſurine* and acid. *Wiſeman.*

ETC. A contraction of the two Latin words *et cætera*, which ſignifies *and ſo on*; *and the reſt*; *and others of the like kind.*

To ETCH. *v. a.* [*etizen*, German.]

1. A way uſed in making of prints, by drawing with a proper needle upon a copper-plate, covered over with a ground of wax, &c. and well blacked with the ſmoke of a link, in order to take off the figure of the drawing or print; which having its backſide tinctured with white lead, will, by running over the ſtrucken out lines with a ſtift, impreſs the exact figure on the black or red ground; which figure is afterwards with needles drawn deeper quite through the ground, and all the ſhadows and hatchings put in; and then a wax border being made all round the plate, there is poured on a ſufficient quantity of well tempered *aqua fortis*, which, inſinuating into the ſtrokes made by the needles, uſually eats, in about half an hour, into the figure of the print or drawing on the copper plate. *Harris.*

2. To ſcetch; to draw; to delineate [unleſs this word be miſtaken by *Locke* for *eke.*]

There are many empty terms to be found in ſome learned writers, to which they had recourſe to *etch* out their ſyſtems. *Locke.*

3. [This word is evidently miſtaken by *Ray* for *edge.*] To move forwards towards one ſide.

When we lie long awake in the night, we are not able to reſt one quarter of an hour without ſhifting of ſides, or at leaſt *etching* this way and that way, more or leſs. *Ray.*

ETCH. *n. ſ.* A country word, of which I know not the meaning.

When they ſow their *etch* crops, they ſprinkle a pound or two of clover on an acre. *Mortimer's Huſbandry.*

Where you find dunging of land makes it rank, lay dung upon the *etch*, and ſow it with barley. *Mortimer's Huſbandry.*

ETE'RNAL. *adj.* [*æternus*, Latin.]

1. Without beginning or end.

The *eternal* God is thy refuge. *Deut.* xxxiii. 27.

2. Without beginning.

It is a queſtion quite different from our having an idea of eternity, to know whether there were any real being, whoſe duration has been *eternal.* *Locke.*

3. Without end; endleſs; immortal.

Thou know'ſt that Banquo and his Fleance lives.
—But in them nature's copy's not *eternal. Shakeſ. Macbeth.*

4. Perpetual; conſtant; unintermitting.

Burnt off'rings morn and ev'ning ſhall be thine,
And fires *eternal* in thy temple ſhine. *Dryd. Knight's Tale.*

5. Unchangeable.

Hobbes believed the *eternal* truths which he oppoſed. *Dryd.*

ETE'RNAL. *n. ſ.* [*eternel*, French.] One of the appellations of the Godhead.

That law whereby the *eternal* himſelf doth work. *Hooker.*

The *eternal*, to prevent ſuch horrid fray,
Hung out of heav'n his golden ſcales. *Milton.*

ETE'RNALIST. *n. ſ.* [*æternus*, Latin.] One that holds the paſt exiſtence of the world infinite.

E T H

I would aſk the *eternaliſts* what mark is there that they could expect or deſire of the novelty of a world, that is not found in this? Or what mark is there of eternity that is found in this? *Burnet's Theory of the Earth.*

To ETE'RNALISE. *v. a.* [from *eternal.*] To make eternal. *Dict.*

ETE'RNALLY. *adv.* [from *eternal.*]

1. Without beginning or end.

2. Unchangeably; invariably.

That which is morally good, or evil, at any time, or in any caſe, muſt be alſo *eternally* and unchangeably ſo, with relation to that time and to that caſe. *South's Sermons.*

3. Perpetually; without intermiſſion.

Bear me, ſome god, to Baja's gentle ſeats,
Or cover me in Umbria's green retreats,
Where weſtern gales *eternally* reſide,
And all the ſeaſons laviſh all their pride. *Addiſon.*

ETE'RNE. *adj.* [*æternus*, Latin.] Eternal; perpetual; endleſs.

The Cyclops hammers fall
On Mars his armour forg'd for proof *eterne. Shak. Hamlet.*

ETE'RNITY. *n. ſ.* [*æternitas*, Latin.]

1. Duration without beginning or end.

In this ground his precious root
Still lives, which, when weak time ſhall be pour'd out
Into *eternity*, and circular joys
Dancing an endleſs round, again ſhall riſe. *Craſhaw.*

Thy immortal rhyme
Makes this one ſhort point of time,
To fill up half the orb of round *eternity.* *Cowley.*

By repeating the idea of any length of duration which we have in our minds, with all the endleſs addition of number, we come by the idea of *eternity.* *Locke.*

2. Duration without end.

Beyond is all abyſs,
Eternity, whoſe end no eye can reach! *Milt. Parad. Loſt.*

Eternity, thou pleaſing, dreadful thought!
Through what variety of untried being,
Through what new ſcenes and changes muſt we paſs. *Add.*

To ETE'RNIZE. *v. a.* [*æterno*, Latin.]

1. To make endleſs; to perpetuate.

I with two fair gifts
Created him endow'd; with happineſs,
And immortality: that fondly loſt,
This other ſerv'd but to *eternize* woe. *Milton's Parad. Loſt.*

2. To make for ever famous; to immortalize.

Mankind by all means ſeeking to *eternize* himſelf, ſo much the more as he is near his end, doth it by ſpeeches and writings. *Sidney.*

And well beſeems all knights of noble name,
That covet in th' immortal book of fame
To be *eternized*, that ſame to haunt. *Fairy Queen, b.* i.

I might relate of thouſands, and their names
Eternize here on earth; but thoſe elect
Angels, contented with their fame in heav'n,
Seek not the praiſe of men. *Milton's Paradiſe Loſt, b.* vi.

The four great monarchies have been celebrated by the writings of many famous men, who have *eternized* their fame, and thereby their own. *Temple.*

Both of them are ſet on fire by the great actions of heroes, and both endeavour to *eternize* them. *Dryden's Dufreſnoy.*

Hence came its name, in that the grateful Jove
Hath *eterniz'd* the glory of his love. *Creech's Manilius.*

E'THER. *n. ſ.* [*æther*, Latin; αἰθήρ.]

1. An element more fine and ſubtle than air; air refined or ſublimed.

If any one ſhould ſuppoſe that *ether*, like our air, may contain particles which endeavour to recede from one another; for I do not know what this *ether* is; and that its particles are exceedingly ſmaller than thoſe of air, or even than thoſe of light, the exceeding ſmallneſs of its particles may contribute to the greatneſs of the force, by which thoſe particles may recede from one another. *Newton's Opt.*

The parts of other bodies are held together by the eternal preſſure of the *ether*, and can have no other conceivable cauſe of their coheſion and union. *Locke.*

2. The matter of the higheſt regions above.

There fields of light and liquid *ether* flow,
Purg'd from the pond'rous dregs of earth below. *Dryden.*

ETHE'REAL. *adj.* [from *ether.*]

1. Formed of ether.

Man feels me, when I preſs th' *ethereal* plains. *Dryden.*

2. Celeſtial; heavenly.

Go, heav'nly gueſt, *ethereal* meſſenger,
Sent from whoſe ſov reign goodneſs I adore. *Milton.*

Thrones and imperial pow'rs, offspring of heav'n,
Ethereal virtues! *Milton's Paradiſe Loſt, b.* ii. *l.* 311.

Such as theſe, being in good part freed from the entanglements of ſenſe and body, are employed, like the ſpirits above, in contemplating the Divine Wiſdom in the works of nature; a kind of anticipation of the *ethereal* happineſs and employment. *Glanv. Apol.*

Vaſt

{【訳注】この辞典の各ページの右下末尾に印字されている語は次頁の先頭に来る語を示す。本頁では Vast となっているが，次頁の先頭に Vast chain of being ... というポープの引用があるからで，同様に，本頁の先頭語 will は前頁の末尾に示される。}

6 近代英語

さらなる情報源：
cambridge.org/crystal

18 世紀の間に，英語は，現代の英語とは異なる初期近代英語の最も顕著な構造上の特徴を，いつのまにか失ってしまう。いくつかの例外はあるものの，18 世紀末までに，つづり字，句読法，文法は今日のものときわめて似かよったものとなっている。例えば，ウィリアム・ハズリット（William Hazlitt，1778-830）のエッセイなり，ジェーン・オースティン（Jane Austen，1775-817）の小説なりを取り上げてみると，言葉の上での差異が原因で途中で戸惑うということもなく，何ページも読み進めることができる。ところどころであまりなじみのない語彙に出くわしたり，時に，めずらしく，古風な慣用句や，格調高く趣のある文体に遭遇したりすると，そこで使われている言葉が，何と言ったらいいか，一昔前の時代に特有なものであると感じられてしまう，というようなことはあるかもしれない。だからといって，その本文を理解するのに，その都度，何か特別な版本や，歴史的観点から編纂された辞書などを参照するには及ばない。ジェーン・オースティンを読むには，今日のキャサリン・クックソン（Catherine Cookson）や P. D. ジェームズ（P. D. James）を読むのに必要とされるのとさほど変わらないと思われる近代英語の言語直観があれば十分なのである。

しかしながら，このうわべの連続性にもかかわらず，18 世紀末の英語は今日のものとは決して同じではない。つづりは同じであっても意味が異なるという語は数多く存在する。また，仮に当時の録音が残っていたとして，それを聴いてみれば，いくつかの発音上の相違，とりわけ語強勢の位置の相違（p.71）にも気づくであろう。そして近代英語の十分な言語知識をもたない現代人の言語直観では，当時の文献をごく表面的にしか読めないという結果となろう。西暦 2000 年代の小説を読む際には，その本文に現れた社会的，文体的なニュアンスにただちに言語的に反応することができるが，それはわれわれがまさに同じ時代に生きているからである。われわれは，ことばが日常的なものか格式ばったものかの違いや教養の有無を読み取ることができるし，冗談で言っているのか，皮肉なのか，卑猥，古めかしさ，はたまた不誠実な気持ちを込めているのかといったことを文章から感じ取ることができる。ところが，19 世紀初頭に書かれたもの，とりわけ当時の社会の風習などを主題として取り上げたものを読む際には，そのようなニュアンスをたちまち見過ごしてしまう。当時の世の中は，よく注意して見ると，言語的にわれわれの時代とはかけ離れているのである。

うわべに隠された本質を見極める

エマ・ウッドハウスはきりっとした美人で（handsome），賢く，お金持ちで，居心地のよい家庭に恵まれた，明るい性格の女性で，生活上の最上の恵みのいくつかをあわせもったようなところがあり，まもなく 21 歳になろうというのに，心を痛めたり，悩んだりした経験はほとんどないかのようであった。

エマは二人姉妹の妹のほう（the youngest of the two daughters）で，父親は大変愛情深く，子供にはすこぶる甘かった。姉が結婚したため，ごく早い時期から一家の女主人役を務めてきた。母親はとうの昔に亡くなっており，優しくかわいがってもらった記憶はおぼろげにしか残っていない。家庭教師の優れた女性が母親代わりとなってくれて，実の母にも劣らぬ愛情を注いでくれた…

これは 1816 年に出版されたジェーン・オースティンの『エマ（*Emma*）』の冒頭の一節である。現代の読者がこれを読んで思いもよらぬ困難を感ずることはないであろう。せいぜい，handsome（きりっとした）（今日では通例，男性に対して用いられる）の使用や，二人の間の比較でありながら最上級 youngest（最も若い）が用いられていることに驚かされるといった程度であろうか。しかし，これらの点が冒頭の数行を難なく理解する妨げとなることは考えにくい。

しかし，19 世紀初頭の英語は見かけ上違和感なく読めてしまうため，かえって人をあざむくことがありうる。語がその意味を，しばしばごく目立たない形で，変えてしまっている例が多数見出される。例えば，長くて，いくぶん気まぐれな独白の途中で，エマのおしゃべりな知り合いのミス・ベイツは焼きリンゴに対する反応を次のように説明している。

「ああ！果物のなかではこんなにうまいものはありません。しかもこんなにうまそうな自家製の焼きリンゴは今まで見たこともありません」と彼ははっきりおっしゃったんです。そのおっしゃりようから察するに，あれはお世辞なんかじゃありません（It was no compliment.）。（『エマ』第 27 章）

ここまでは話し手の語りについていくことは造作ない。またその結果，問題の所在にも気づかない。つまり，話し手の最初のコメントは，なんらかの意見の表明である限り，まさしく賛辞（compliment）としか解釈できない。にもかかわらずミス・ベイツはそれを否定しているようである。この外見上の矛盾は compliment という語がオースティンの時代には今日とは別の付加的意味をもっており，その意味がその後，失われたと知れば解消する。それは単に「儀礼的で紋切り型の称賛」を意味したのである。ミス・ベイツが意図したのは「単なるおべっか（flattery）などではなかった」ということである。

われわれはつね日頃，そのような用法上の相違に必ずしも注意を払うとは限らない。というのも，前後の文脈からその意図するところを理解することができる場合が多いからである。以下に，オースティンの各種小説類からとった，現在とは用法が微妙に異なるいくつかの例をあげる（K. C. フィリップス（K. C. Philips），1970 に従う。なお，フィリップスは索引と出典元ページも明記している）。

- 'the supposed inmate of Mansfield Parsonage'（マンスフィールド牧師館の同居人と思しき人）
  inmate は当時まだ，刑務所に投獄された囚人とか，精神病院などの患者という意味はもっていなかった。
- '[she] had neither beauty, genius, accomplishment, nor manner'（[彼女は] 美人でもないし，頭もよくないし，芸事もさっぱりだし，立ち居振る舞いも洗練されていなかった。）
  genius は現在の「傑出した知性」という意味はまだもっていなかった。
- 'her regard had all the warmth of first attachment'（彼女の愛情には初恋のような激しさがあった）
  regard にははるかに強い意味での affection（愛情），すなわち「敬意，尊敬」の意味があった。
- 'She was now in an irritation as violent from delight as...'（彼女は今や喜びのあまり，同じように激しいいらだちに似た興奮状態にあった）
  irritation は愉快な気持ちからも引き起こされる感情であった。
- 'three or four Officers were lounging together'（3～4 人の将校たちがぶらぶらしていた）
  lounge という語は「椅子にすわってくつろぐ」のではなく，「ぶらつく」という意味をもっていた。

上記の例よりさらに慣用的な相違も見られる。以下では，イタリック体の語をカッコ内の語で置き換えると現代の用法となる。

- whatever the *event* of（'outcome'）
  （～の結果がどうであれ）
- caught in the *fact*（'act'）
  （～している現場を見つけられて。「行為」）
- made her first *essay*（'attempt'）
  （初めて試みた）
- she saw her in *idea*（'in her mind's eye'）
  （想像の世界で彼女を見た）
- Emma well knew by *character*（'by repute'）
  （エマはその評判はよく知っていた）
- the prospect...was highly *grateful* to her（'gratifying'）
  （その見通しは彼女には大いに満足の行くものだった。）
- Suppose you *speak* for tea（'order'）
  （お茶を頼んだらどう。「要求する。注文する」）

文法的傾向

ラウス（Lowth）の『文法（*Grammar*）』が十分な世評を獲得し，「若き淑女たち」（p.82）の第2世代がその信条を教え込まれていたちょうどその頃，ジェーン・オースティンは学齢期に達していたと思われる（レディング（Reading）のアビー・スクール（Abbey School）に通っていた）。彼女が正しい文法に大いに配慮していたことは，自身の小説ののちの版で，しばしば文法上の慣用法に則って修正を加えていたことからもうかがい知ることができる。例えば，『高慢と偏見（*Pride and Prejudice*）』のある個所で「テーブルがこわされていた（'the tables were broke up'）」としていたものを，のちに校訂の際に，動詞を broken に修正している。

また彼女が文法の果たす社会的役割にも気を配っていたことは，多くの作品の対話部分を読んでみれば明らかである。そこでは，非標準的語法の使用は無作法のあかしであり，正しい言葉遣いは育ちのよさの現れと見なされている。例えば，自作農民のロバート・マーティン（エマに言わせれば「平凡な（plain）」「武骨者で（clownish）」ある）がハリエット・スミスに求婚したときの手紙にしたためた文章の水準の高さにエマは驚いている。

> 手紙の文体は予想をはるかに超えるものであった。単に文法的な間違いがないということだけでなく，文章構成として，紳士の名を汚すようなところがまったく見られない立派なものと言ってよかった。

オースティンの小説から拾った以下の諸例は今日の英語（III部）と異なる，19世紀初頭のいくつかの独特な文法的特徴を示している。すなわち，(1) 時制の用法，(2) 助動詞（初期近代英語の慣用と比較されたい（p.74）），(3) 不規則動詞，(4) 冠詞，(5) 縮約形，(6) 前置詞，(7) 副詞，(8) 比較表現（p.80の『エマ』からの引用も参照）において相違が見られる。以下の例はいずれもオースティンの小説の教養ある登場人物のせりふ，あるいはオースティン自身の語りの部分からのものである（無教養な登場人物にはそれとわかるような独特な文法と語を用いて語らせている）。

(1) I am so glad we *are got* acquainted.（お近づきになれて本当にうれしい。）
So, you *are come* at last!（まあ，やっと来てくれたわね!）

(2) What *say you* to the day?（今日はいかがでしたか?）
she *doubted not*...（彼女は疑いもしなかった）

(3) Fanny *shrunk* back...（ファニーはしり込みしてもどった）
and much was *ate*...（そしてたくさんのものが食べられた）

(4) It is *a nothing* of a part...（全然たいした役ではない）
to be taken *into the account*...（考慮に入れられるべき）

(5) Will *not it* be a good plan?（すてきな計画じゃない?）
It would quite shock you ...*would not it*?（まったく呆れてしまうわ，そうじゃない?）

(6) he told me *in* our journey...（旅の途中で彼から聞いたのですが）
She was small *of* her age.（彼女は年のわりには小柄であった。）

(7) I stood for a minute, feeling *dreadfully*.（私はひどく不快な気持ちでしばらく立っていた。）
It is really very *well* for a novel.（小説にしてはよくできている。）

(8) the *properest* manner...（最も適切な方法）
the *richest* of the two...（二人のうちでより金持ちの方）

親愛なるジェームズへ

『書簡形式による英語文法（*Grammar of the English Language in a Series of Letters*）』（1829）の第VIII書簡で著者ウィリアム・コベット（William Cobbett）は彼の息子ジェームズ（14歳）に不規則動詞の問題について助言している。ほぼ200語にもおよぶリストにおいて，今日の用法と同じ過去形の使用を推奨しているが，若干の相違も見出される。

to bend（かがむ） I bended（私は身をかがめた）
to light（馬・乗り物などから降りる） I light（私は降りた）
to sink（沈む） I sunk（私は沈んだ）
to stink（悪臭を放つ） I stunk（私は臭かった）

いくつかの例では過去分詞形も今日のものとは違っている。

chid	chidden（叱る）
loaded	loaden（荷物を積む）
sat	sitten（座る）
shot	shotten（撃つ）
slid	slidden（滑る）
snowed	snown（雪が降る）
spit	spitten（つばを吐く）

しかしながら，コベットは当時の異形のすべてを列挙しているわけではなく，また，彼が推奨しているものの中にも妥当性が疑われるものも存在する。例えば，sat（座った）は19世紀初頭には過去分詞形としてしばしば使われていたが，そのことについての言及はない。過去形 sprang（跳びはねた）の異形 sprung や，過去分詞形 drunk（酔った）の異形 drank など，ジェーン・オースティンの小説に登場するいくつかの形についての言及もない。さらに，sting（刺す）の過去形について，stung と stang の両形をあげて，いずれを推奨すべきかについてもあやふやである。

これらの古い強変化動詞（p.21）の用法については，当時の上流社会では明らかに混乱が見られ，19世紀になってようやく，文法家たちが何とか語形の変種に関して裁断を下すことになった（もっとも彼らの裁断にも半信半疑な事例が残ってはいるが。p.216）。他方，ある種の用法は非標準的資格しかもっていなかったことに疑念の余地はない。例えば，ジェーン・オースティンは，have went, had took, should have gave（すべて『分別と多感（*Sense and Sensibility*）』に登場するルーシー・スティールのことば）などという（ラウスの言葉を使えば）「野蛮な」（barbarous）用法を，召使やそのほかの無教養な登場人物にしか使わせていない。

守るべき規則

ジェーン・オースティンの生まれる前年，1774年にジョン・ウォーカー（John Walker）は『英語発音辞典（*Pronouncing Dictionary of English*）』出版の意向を明らかにした。これはジョンソンが語彙辞典を作り（p.78），ラウスが文法書（p.83）を作ったのに呼応して，発音の辞書を作ることを意図したものであった。本辞典（1791年刊行）は当時の音変化や，発音に対する考え方，当時と現在との発音の慣習の違いについて，貴重な情報を提供してくれる。また，主な地域的発音変種にも目を向け，スコットランド，アイルランド，ロンドンの話者たちが，それぞれの発音上の癖を避けるために守らなければならない規則を規定している。

- つづり字の r は「黙字となることはなく」，「特にロンドンでは，例えば lard（豚脂）などの r は…中程度の長さのイタリア語の a とほぼ同じで，これを長くして，laad のように，咽頭のあたりで発音される…」。
- 接頭辞 *dis* の *s* は dismay（失望させる）や dismiss（退ける）に見られるように，「強勢を受けない限りつねに z と発音されるべきである…」。
- つづり字 au「のあとに n が続き，そのあとさらに子音が後続する場合，その母音は far（遠い）などに聞かれる第2のタイプの a【訳注】ウォーカーはつづり字 a の長母音の発音を3種類設定している。1.paper の /eɪ/，2. father の /ɑː/，3.water の /ɔː/。このうちの第2のタイプのことを言っている。】で発音される」。例えば，haunt（出没する），laundry（洗濯屋）など。
- 現在とは異なる強勢位置をもつ語がいくつかある。名詞の cement（セメント）は第1音節に強勢をもち，balcony（バルコニー）は第2音節に，動詞の prefix（前に置く）は最終音節に強勢が置かれる。
- 「気息音 h は特に語頭の位置で弱化し，while（間）と wile（たくらみ）の区別はほとんどなくなる。」 （巻末 p.519 へ続く）

コラム「SAT UPON（たしなめられて）」を巻末 p.519 に掲載

規範文法の台頭

18 世紀後半は英語に対する考え方が今日とは根本的に違っている。英語を秩序立てようとする最初の努力の集大成が 18 世紀半ばになってジョンソンの『英語辞典』(p.78) という形に結晶する。つづり字と語彙が次第に体系化された結果，次に文法に関心が向かい，文法をそれ自体として規定しようとする最初の試みが現れ始めた。

さまざまな角度からの文法に関する論考は 16 世紀から知られていた。劇作家ベン・ジョンソン（Ben Jonson）は，『英文法—現在話され，使用されている英語の観察にもとづく，すべての不案内者のための文法書—（*An English Grammar… for the Benefit of all Strangers, out of his Observation of the English Language now Spoken, and in Use*)』を著し，これが彼の死後 1640 年に出版された。ジョン・ウォリス（John Wallis）が『英語文法（*Grammatica Linguae Anglicanae*（Grammar of the English Language))』(1653) を書いたのは，「英語で書かれたさまざまな重要な著作を理解したいと望んでいる外国人学習者の要望に応えるため」であった（彼が当時のほかの著作者同様，本書をラテン語で執筆したのも，外国人に理解してもらうというまさにその理由によるものであった)。そして，(サミュエル・) ジョンソンは主としてウォリスの文法に従って，彼の辞書の冒頭に文法の概略を加えたのであった。

いずれを典拠とすべきか？

しかしながら，どちらの道を採るべきか，いずれを典拠とすべきかについて，最初から根本的な意見の相違があった。(ベン・) ジョンソンは（彼の評論「森または発見（'Timber: or, Discoveries')」(1640) において)，慣用法（Custome）の模範をどこに求めるべきかについて一点の疑念も抱いていない。

> 「慣用法」は言語を自由に操るための最も確実な手段となるものであるが，それは公印が流通貨幣の正統性を保証するのと同様である。しかしわれわれは毎日，貨幣鋳造のために足繁く造幣局に出入りするわけにはいかない…私が慣用法という場合，粗野な慣用法という意味には解しない。というのも，無作法な人びとの作法にならって話したり生活したりするようなことになれば，それは人生にとってはもちろんだが，それに劣らぬほど，ことばにとっても危険な指針となりうるからである。善良な人びとがよしとするものが生活上のしきたりであるのと同様，学識のある人びとが承認するものを私は話し言葉の慣用と呼ぶのである。

これに対しウォリスは，著書の序において，言語構造の適切なモデルについて述べる際に，(ベン・) ジョンソンを始めとするこれまでの文法家を強く批判している。

> 彼らは英語をラテン語の型に無理やりはめ込もうとして（これは，ほかの近代語を記述する際にほとんど誰もが犯す誤りであるが)，名詞の格，性，そのほかの語形変化や，動詞の時制，法，活用，さらには，名詞と動詞の呼応などなど，われわれの英語にはまったく関係のない事柄について無用な規則を作り上げて，問題を明らかにするどころか，かえって混乱させ，わかりにくくさせてしまった。

これらの立場も，これに敵対する反対意見も，1760 年代に蒸し返され，新たな形で受け入れられることになるが，このことが英文法に対する新たな興味と関心の新時代の到来を画することになる。文法や修辞学に関する 200 を超える著作が 1750 年から 1800 年の間に出版された。そのうち最も影響力の大きかったものは疑いもなく，聖職者ロバート・ラウス（Robert Lowth）の『簡約英文法入門（*Short Introduction to English Grammar*)』(1762) であり，これに着想を得て出版されたのがリンドリー・マリー（Lindley Murray）の『英文法（*English Grammar*)』(1794) で，ラウスのもの以上に広く普及することになった。両書とも出版以来多年にわたり版を重ね，とりわけ米国において，学校教育に多大な影響を及ぼした。このことは両書に批判的な論者たちの見解からもはっきりと見て取れる。1839 年 4 月発行の『ブラックウッズマガジン（*Blackwood's Magazine*)』において，トマス・ド・クインシー（Thomas de Quincey）は「英語という言語を説明しようとする低劣な試み」の数々を非難し，その具体例の最後をマリーの著書への非難で締めくくっている。

> 本書は，ひどい間違いが山ほどある代物であるが，…オークニー諸島からコーンウォールの西端シリー諸島に至る各地の若き淑女たちの通う学校で専制的に幅を利かせている。

マリーの著書に見られるような知的独占権が定着するのに 1 世代もあれば十分であったであろう。そのため，文法に対する独断的な態度が 19 世紀初頭の雑誌，新聞，書簡，そして（例えばジェーン・オースティン（p.80）などの）小説の紙面を賑わすのは日常茶飯のことであり，それればかりか，『パンチ（*Punch*)』誌のような週刊刊行物に登場する風刺作家や漫画家の関心を引くのもことさら驚くにはあたらないであろう。

怒りといらだちの事例としての格

ド・クインシーは彼のいう「間違い」についての発言を正当化するために，ウィリアム・ハズリットの考えを引き合いに出している。ハズリットの意見は数年前（1829 年 3 月 15 日）『アトラス（*The Atlas*)』誌に掲載された英文法に関するエッセイの中で強い調子で表明されたものである。英語の格（p.214）についての文法家の主張に対するハズリットの批判を聞けば，彼の立場は鮮明にわかるはずである。

> 英語には 6 つの格（なぜ 7 つではないのだろう？）があるとあからさまに主張されている。そして格は，文中の役割を示すために名詞に付与される特有な語尾あるいは屈折であると規定される。ところで，ラテン語にも数々の屈折語尾が存在するがゆえに，明らかに，さまざまな格が存在すると言える。同じ理屈からすると（語に意味があるとすれば)，英語には格は存在しないか，あるいはあるとしてもたった 1 つの格，すなわち属格しか存在しないということになるはずである。なぜなら，属格を除けば屈折変化や語尾変化というものはないのだから。例えば，今問題になっている case（格）という名詞を使って例示すれば，A case（格が)，Of a case（格の)，To a case（格に)，A case（格を)，O case（格よ)，From a case（格から）という形は，それぞれ，主格，属格，与格，対格，呼格，奪格という格を表示していることになり，名詞自体の形態は変わらないが，格というひどくやっかいな代物——つまりは名詞の屈折——は case という名詞に伏在してはいるものの表には現れていない。それにもかかわらず，多くの衒学者たちは英語にも格が存在すると，それこそ疲れ果てるまで言い張って譲らず，見かけの相違はないけれど隠れた区別があるなどと主張して，恥も理性もなく，怒りといら立ちにいきり立って眠れぬ夜を幾晩も過ごすのである。

さらに彼は続けて言う。

> もしある体系が戯画化され，故意に問題視され，ありのままの姿をさらすようなことになれば，それ以上の進展は望めないことになってしまうであろう。そうしたことがすべての学校で厳粛に教えられ，知的能力の訓練・修練として生徒たちに忍耐強く学び取られる…こういったことはすべて偏見とか見落としとして許されることかもしれない。しかし，それならなぜパタノスター・ロウ（Paternoster-row）通りにある有名な出版社発行の標準図書として 38 回も版を重ねるという望ましくない状態になっているのであろうか。

ここで彼はもちろんロングマン社によって出版されたリンドリー・マリーの文法書のことを言っているのである。

ウィリアム・ハズリット
(1778-830)

伝統文法

ラウスやマリー，さらにはその影響を受けた論者たちによる文法書にはすでに，今日でも引き続き人びとの関心を集めている文法上の論争点のほとんどのものが含まれている（p.206）。この時期に「伝統文法」（traditional grammar）（これは20世紀の言語学者によって命名されたものであるが）という概念が生まれたのであり，「正しい」（correct）文法規則というものが初めて整えられたのである。またこの時期に，この文法という問題が長々と論じられ，ある説を受け入れ，ほかの説は採らないことを立証するために，哲学的，論理的，美学的，歴史的，そして時には言語学的な立場からの理由づけが提案された。最も激しい議論を呼んだのは，文法や辞書は目下の慣用を記述し，分析することにより，慣用を「反映する」（reflect）べきであるか，それとも，ある種の形態を正しいものとして定め，ほかの形態を誤りとして排斥することにより，慣用を「評価する」（evaluate）べきであるかという問題であった。18世紀の最後の数十年間は後者の立場が有力であった。しかしこれらの文法規則はつねに，信頼できるものとして厳格な形で述べられたが，それと同程度に痛烈に批判されもした。例えば，ラウス主教は1762年の『簡約英文法入門』で次のように述べている。

> いかなる言語の文法であれ，その主な目的は，当該の言語を使って適切に思うところを表現することができるようにし，さらに，1つ1つの言いまわしや構文形式について，正しいか否かを判断できるようにすることである。

一方，科学者ジョゼフ・プリーストリー（Joseph Priestley）は彼の『英文法初歩（*The Rudiments of English Grammar*）』（1761）の中で以下のように語っている。

> 現今の文法家たちは行動が拙速であったように私には思われる…日頃の習慣的な話しぶりが本来自然なものであって，いかなる言語においてもまさに標準であると認められねばならない。

この問題は1760年代の主な論争点となったが，今日でも相変わらずその論争は続いている（pp.206，388）。

ロバート・ラウス
（1710-87）

ラウスはハンプシャー州ウィンチェスター生まれの学者・聖職者。1742年にオックスフォード大学詩学教授，1766年には聖デイヴィッドおよびオックスフォード主教となる。1777年にロンドン主教に任じられる。『英文法』以外にもヘブライ語の詩に関する研究，とりわけ旧約聖書に現れるヘブライ詩の研究で知られている。

リンドリー・マリー
（1745-826）

マリーはペンシルヴェニア州スワタラ・クリーク（Swatara Creek）に生まれた。弁護士になるための訓練を受け，ニューヨークで開業し，成功を収めた。1784年に健康を害してイングランドに渡り，隠遁生活に入り，ヨーク近郊に居を構えた。『英文法』以外にも英語に関するほかの著作，さらには宗教関係の著述も残している。

堕落は至るところで

ラウスの『簡約英文法入門』は200ページにも満たないものだが，文法的に堕落していると彼が感じた何百もの例が収められている。重要なことは，これらの諸例が無学の人びとの話し言葉や書き言葉から採られたものでなく，ましてや，まずまず満足できる程度の教育を受けた人びとのものでもなく，「この国の最も教養ある…しかもきわめて定評のある作家たち」から採られたものであるということだ。ここでラウスが言っているのはシェイクスピア，ミルトン，ポープ，スウィフトなど，彼に言わせれば，こちらの言い分に「感情を害してしまう（offend）」ような人びとのことである。

彼のやり方はその後200年以上にわたって模範とされた。すなわち，「規則を定め，それを具体例によって例証する」という方法である。さらに，これらの具体例には2種類のものがあり，「何が正しいかを示すのが1つであり，もう1つは，何が誤っているかを指摘して，問題となっている事柄をさらに説明しようとするものである」。

（下図の表紙の訳を巻末 p.519 に掲載）

A SHORT
INTRODUCTION
TO
ENGLISH GRAMMAR:
WITH
CRITICAL NOTES.

A NEW EDITION, CORRECTED.

Nam ipſum *Latine* loqui, eſt illud quidem in magna laude ponendum; ſed non tam ſua ſponte, quam quod eſt a pleriſque neglectum. Non enim tam præclarum eſt ſcire *Latine*, quam turpe neſcire; neque tam id mihi oratoris boni, quam civis *Romani*, proprium videtur. CICERO.

PRINTED FOR THE BOOKSELLERS.
MDCCLXXXVII.

ラウスの文法について例証すれば，それは同時にマリーの文法についても明らかにしたことになる。なぜなら，マリーの文法はラウスからの大々的な引き写しといってもよいものであるから。一例をあげれば，二重否定構文（p.206）を非難する際に，次のように，マリーはラウスとまったく同じ言葉を使っている。

> 英語では2つの否定語はお互いを打ち消すものであり，肯定と等価である。

ラウスは，のちに伝統文法の最も有名な標語の1つとなる，「前置詞を文末に置いてはならない」をすでに認識していたことは以下の引用からも明らかである。しかし実際には，ここでの彼の口調は1世代後の彼の模倣者ほどには強い非難を表すものではない。

> 前置詞はしばしばそれが支配する関係詞から分離され，文末に生ずる動詞やそのほかの要素と結びつくことが多い。例えば，'Horace is an author, *whom* I am much delighted *with*'（ホレスは私が大変気に入っている作家だ）などがその例である…。これは慣用句であって，英語が好んで使う傾向があるものである。日常会話に頻出し，打ち解けた調子の書き言葉にもふさわしい。とはいえ，関係詞の前に前置詞を置く方が優美でもあり，また明瞭でもある。重々しく，高揚した響きをもたせる文体にも，よりふさわしいものである。

ラウスが不適切な例としてあげるものには，さらに次のようなものがある。

> '*Who* servest thou *under*?'（「誰に仕えているのか？」）シェイクスピア『ヘンリー5世』
> '*Who* do you speak *to*?'（「誰に話しかけているのですか？」）『お気に召すまま』
> 'We are still much at a loss, *who* civil power belongs *to*.'（「市民権が誰に属するのかいまだにわからず困惑している。」）（ロック（Locke））

さらに彼はつけ加えて言う。

> これらの例において *who* は *whom* とすべきである。

皮肉なことに，ラウスはみずからが批判している間違いを自分で犯している（もちろん，故意にそうしているなら別だが）。しかし故意によるものであるかどうかはともかく，この場合，マリーの方はその間違いを犯していない。上記のラウスの文章（This is an idiom, which our language is strongly inclined to.（これは慣用句であって，英語が好んで使う傾向があるものである。））に対応するマリーの文章では，次のように，こっそりと文法を訂正しているのである！'This is an idiom to which our language is strongly inclined.'

新しい国家，新しいテーマ

18 世紀前半の英国の学者たちの心を奪った言語上の諸問題や言語の発達状況は同じ世紀の後半には，米国の学者たちの興味をひきつけることとなった。ラウスの文法書とマリーの文法書（p.83）との間には 33 年の隔たりがあるが，ジョンソンの『英語辞典』（p.78）とノア・ウェブスター（Noah Webster）の『英語論考（*Dissertations on the English Language*）』（1789）との間にも同様の時間的開きがある。この著作でウェブスターは「標準アメリカ語（American standard）」を制定することを提案している。それは 1 つには「政治体制の面ばかりでなく言語においても，われわれ独自の体系を有することは，独立国家としての」体面の問題であり，1 つには英国においては「作家たちの文学的センスはすでに地に堕ちており，英国の言葉も衰退しつつある」という理由で常識の問題であり，さらには，英国は「われわれのモデルとするにはあまりにも距離が離れすぎている」ためという実用性の問題でもある。この国家語，というか，「連邦政府の」言語という概念は当然起こるべくして起こったものである。というのは，新大陸を開拓していくことで，もともと英国の英語には存在しない多くの新語を導入することになるからである。必然的に生じたものとはいえ，このような概念は育成していく必要があった。彼の下した結論は，つづり字改革を進めることがその新たな方向への主要な第 1 歩であり，「英国式正字法と米国式正字法との区別をすることが…きわめて重大な政治上の目標となる」というものであった。

ウェブスターは抜本的改革を提唱した時期もあったが，結局のところ彼が採った立場はまずまず穏当なものであった。彼の最初の辞書編纂の企てである『簡明英語辞典（*A Compendious Dictionary of the English Language*）』（1806）の序において，彼は次のように述べている。

> 大きな変化は 1 度になされるべきではないし，また，確立した原則に違反するとか，多大な不便をもたらすとか，言語の根幹を破壊するようないかなる変更もなされるべきでない。しかし書き言葉を話し言葉に適応させるといったゆるやかな変化は，上述した弊害を引き起こさない限り，また特に腐敗した語を洗練されたものにし，言葉の上での規則的な類推効果を高め，語源が明らかになるような場合には，妥当であるばかりか，不可欠なものである。

本辞典は少なからぬ成功を収めた。約 28,000 語を収録し，百科事典的情報（例えば，人口など）まで載せている。しかしその評判は賛否が相半ばするものとなった。新たなアメリカ英語の語彙を含めたことはいいとしても，ウェブスターがジョンソンの『英語辞典』を痛烈に批判したこと（彼は特にジョンソンの辞書が難解な語や卑俗な言葉，さらには引用を過度に使用することに異議を唱えた），そして，ジョンソンの偉業を超えたいというあからさまな野心をウェブスターが抱いたことに気分を害する者が多かった。彼の推奨するつづり字も疑いの目で見られたし，発音のいくつかについても同様な反応があった。彼の提案を正当化しようとする方法が，以下に示すように首尾一貫していないと指摘する批判者もいた。Laborious（面倒な）という語の labor- の部分に u が含まれていないからという理由で labour（労働）も u を削除すべきだと主張するなら，なぜ curious（詮索好きな）の *-ous* の部分の *u* は削除されないのであろうか？ Curious にも curiosity（好奇心）という u を削除した対応形があるではないか。逆に，-re の配列はなぜそのままにしないのであろうか。Centre（中央）- central（中央の），theatre（劇場）- theatrical（演劇の）など多くの対応語が存在するのであるから centre, theatre のままでよいのではないか?

ウェブスターの問題意識

ジョンソンの『英語辞典』で *-our* とつづられている語群には以下のものが含まれる。

anteriour（前の），ardour（熱情），armour（よろいかぶと），behaviour（ふるまい），clamour（騒ぎ），colour（色），dishonour（不名誉），emperour（皇帝，天皇），errour（間違い），fervour（信念），flavour（風味），governour（統治者），harbour（港），honour（名誉），horrour（恐怖），humour（ユーモア），inferiour（劣った），interiour（内部），labour（労働），neighbour（隣人），odour（におい），oratour（演説者），parlour（店），rancour（怨恨），rumour（うわさ），saviour（救済者，救世主），splendour（輝き），superiour（先輩，優越者），terrour（恐怖），tremour（震え），valour（勇気），vapour（蒸気），warriour（戦士）

同辞書で *-or* とつづられている語のいくつかを以下に示す。

actor（俳優），auditor（監査役），author（著者），captor（捕獲者），collector（収集家），conductor（指揮者），creditor（債権者），director（管理者，監督），doctor（医者），editor（編集者），elector（選挙人），equator（赤道），（p.85 右上に続く）

青表紙のつづり字教本

『アメリカ英語つづり字教本（*The American Spelling Book*）』は『英語の文法原理（*A Grammatical Institute of the English Language*）』の第 1 部として 1783 年に出版された（第 2 部文法は 1784 年に，第 3 部読本は 1785 年にそれぞれ出版されている）。本書は，その独特な青表紙も手伝ってか，その後の 60 年間に 250 刷以上を重ね，何度かの改訂も行われた。疑いもなく，これまで発行されたいかなる教科書にも劣らぬ人気を博し，1850 年代――合衆国の総人口が 2,300 万人ほどしかなかった時代――に年間 100 万部を売り上げた。

つづり字教本の序論にあるように，ウェブスターは英国式つづり字の基準に従っており，ジョンソンの『英語辞典』を判断の基準とするとしている。彼は，例えば *favor*（好意）に見られるように，「不必要な文字を削除することによって語のつづりを改変し」ようとするつづり字改革論者たちを非難することまでしている。

しかしながら，数年のうちに彼は考えを変えてしまう。当初，彼は抜本的に異なる文字体系を使うことにしていたのだが，これが受け入れられないと見るや，より穏健な案を考え出し，（補助記号や合字などの「ささいな改変」は別として）新たな文字を導入するのは思いとどまった。これらの提案は最初，1789 年の論考でなされたものであるが，「余分な黙字はすべて省略し」（例えば bread（パン）の代わりに bred とするなど），「音価があいまいで不確定な文字にかえて，ある特定の音価をもつ明確な文字を使用する」（例えば，grieve（深く悲しむ）にかえて greeve とする）などの根拠にもとづいてなされたものであった。

つづり字教本の 1804 年の改訂版には彼の当初の提案が含まれており，-our で終わる語の u は削除され（favor など），-ick で終わる語の -k も同じく削除されている（music（音楽）など）。さらに彼の広範にわたる提案は 1806 年の『簡明英語辞典』で公にされた。そこには，-re にかえて -er（theater（劇場）など），-ce にかえて -se（defense（防衛）など），-que の代わりに -k（check（検査）など），また，強勢位置のちがいにより，接尾辞前のつづり字 l を 1 つとするか 2 つとするかが区別される（traveling（旅行）対 excelling（卓越）のように），などの改変が含まれている。これらの変更はその後アメリカ英語のつづり字の標準的特徴となったので，今やおなじみのものと言ってよい。しかし，語末の e の削除（definit（明瞭な），examin（調査する）など）や黙字の削除（fether（羽），ile（島）など）をはじめとするそのほかの変更点は広く浸透することはなかった。

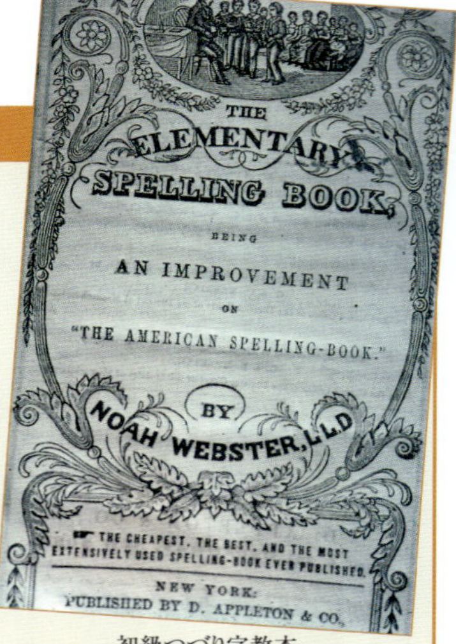

初級つづり字教本
『アメリカ英語つづり字教本』の改訂版
法学博士ノア・ウェブスター著
これまで出版された中で最も安価で，最良の，最も広く使われているつづり字教本
ニューヨーク
D. アップルトン社発行

ウェブスターの辞書

1828年に2巻本からなる，収録語数約7万語の『米国英語辞典（*An American Dictionary of the English Language*）』が出版される。本辞典は取り扱う範囲を科学や工学用語にまで拡張し，さらには，米国の文化や組織（例えばcongress（米国議会）やplantation（大農園）など）をも含み，多くの百科事典的情報を加えたものとなった。新機軸はウェブスター自身の解釈にもとづく語源の解説であったが，その多くは憶測にもとづくものであり，当初からありがたくない批判を受けることとなった。つづりは1806年の著書で用いられたものよりいくぶん保守的であり，発音もおおむねウェブスター自身のニューイングランドの地域的変種を特徴とするものであった。

表題にある「米国」（American）という呼称は，アメリカ英語固有の語彙を扱った辞書というより，米国人作家による作品が多く言及されていることを反映したものである。じっさい，ある個所でウェブスターは（それほど正確を期した言い方ではないが）「イングランドでは使われず，米国で使われる語は合計しても50語もなかった」と述べている。一方，彼が辞書に収録した語の半数近くはジョンソンの『英語辞典』には見出されない。このことは，彼が辞書編纂に新たな方向性を示したという，彼自身の主張に少なからぬ説得力を与えたと言える。

『米国英語辞典』は欠点や批判者も多かったが，この辞書によりウェブスターの名は米国において誰もが知るところとなった。英国では，そのアメリカ語法が，とりわけつづり字と慣用法に関して，厳しい批判の対象となった。しかし，この辞書は，ジョンソン博士がイギリス英語の語彙に与えたのにちょうど匹敵する独自性と権威とをアメリカ英語に与えたという点できわめて重要なものとなった。たしかに，「ウェブスターの辞書」が当時もっていた影響力と，人びとにとっていかに信頼のおける辞書と考えられていたかを，今日の視点で正しく評価するのは難しい。しかし，以下の2つの引用を読めば，この点に関する当時の世評ははっきりと見てとれる。1つは1827年（本辞典刊行の1年前）にニューヨークにある高校の校長がウェブスターにあてた手紙である。

> 貴殿の辞書は辞書出版の歴史上最も優れたものとなるでしょう。出版されたら早速本辞典を机上に置いて，生徒たちに言ってやります。「これこそ諸君の規範とすべきものです。これを手本とし，他書に従ってはなりません」と。

もう1つは，何年ものち（1854）にメイン州の公立小学校を管轄する教育長から出版社に送られた書簡である。

> 言語にもとづく国家的まとまりは憲法で拘束された妥協や商取引上の提携などより強固な結束のきずなとなります。貴社発行の辞典は米国民としてあるべき基準を満たすためのあらゆる能力を与えてくれます。

ウェブスターの辞書がその後にたどった歴史についてはp.499で概観する。

ウェブスターの問題意識

（p.84より続き）

exterior（外部），factor（要因），inspector（検査官），junior（年少者），languor（けだるさ），liquor（酒），manor（荘園），mediator（仲介者），mirror（鏡），motor（発動機），pastor（牧師），posterior（後部），professor（教授），protector（保護者），rector（教区牧師），sculptor（彫刻家），sector（部門），senator（上院議員，元老院議員），senior（年長者），stupor（無感覚，人事不省），tailor（洋服屋），torpor（麻痺，無気力），tutor（家庭教師，個別指導教師）

上記のリストに明らかなように，つづりの一貫性が見られない状況（例：interiourとexteriorの対を参照）を考えれば，ウェブスターやその後のウスター（Worcester）（p.86）がつづり字上の区別をなくすことにしたのも驚くにはあたらない。

ノア・ウェブスター（1758-843）

ウェブスターはコネティカット州ウェストハートフォード（West Hartford）に生まれた。1778年にイェール大学を卒業し，一時米国独立戦争に従軍する。その後，教師，事務官，弁護士を務めたが，教師として働くようになって，市販のさまざまなテキストの文章に不満を抱くようになる。特にそれらに明確に米国独自の視点が欠けていることが気に入らなかった。つづり字教本，文法書，読本を出版（1783-5）した後，旅行とロビー活動に多大な時間を費やしたが，それは自活のためでもあり，また彼の考えに支援を取りつけるためでもあった。加えて，自身の著作権を保護してもらうという意味合いもあった（当時はまだ著作権法というものは存在していなかったのである）。1798年にはコネティカット州ニューヘーヴン（New Haven）に居を移し，地方政治活動を積極的に展開するようになり，そののち，学術機関，特にマサチューセッツ州のアマーストカレッジ（Amherst College）の設立に貢献した。1800年に辞書編纂の仕事に取りかかり，その25年後，ヨーロッパの図書館で1年間の調査を行ったのち，英国ケンブリッジにおいて『米国英語辞典』の本文の執筆を終えた。そして，ようやく1828年に刊行の運びとなる。ウェブスターは70歳となっていた。

アメリカ語法の起源

ジョン・ウィザースプーン（John Witherspoon）はスコットランド生まれの聖職者で，1768年に米国に渡り，ニュージャージー大学（のちのプリンストン大学）の学長となった。彼は米国入植者たちの熱烈な支持者であって，独立宣言に署名したただ1人の牧師であった。英語史上，彼の果たした役割はどこにあるかと言えば，1781年に書かれた米国における英語に関する評論の中で初めて「アメリカ語法（Americanism）」――「この国特有の」話しぶり――という言葉を使ったことにあると言って間違いない。

ジョン・ウィザースプーン（1723-94）

米国アカデミー

言語を規制する手段としてのアカデミーという発想は英国同様（p.77），米国においても議論の対象となった。「米国言語協会（American Society of Language）」設立の提案は早くも1774年になされている。1780年に米国議会は，この協会が英語を洗練し，矯正し，かつ正確なものとするための，初めての公的機関となることが期待される旨の文書を受け取っている。そして，国立アカデミー設立のための法案が1806年に実際に議会に提出されたが，不成立に終わっている。ニューヨーク文献学協会は，短命に終わったが，1788年に設立され，ウェブスターが中心的メンバーとなって，「アメリカ語を正確なものとし，改良を加える」という目標を掲げていた。

1820年になってようやくニューヨーク市に米国言語・純文学協会が設立され，ジョン・クインシー・アダムズ（John Quincy Adams）が会長に就任した。その目標は「英語の純正さと統一性とを押し進める」というものであり，辞書編纂も計画されていたが，ウェブスターの辞書とはかなり趣の異なるものであった。というのもその会員たちが米国起源の新造語に強く反対したからであった。しかしながら，そのわずか2年後，政府からも一般庶民からもほとんど支持を得られず，協会は解散の憂き目を見ることになる。

第 1 次辞書戦争

ウェブスターの『米国英語辞典』は定価 20 ドルと高価であり，初版はわずか 2,500 部の印刷にとどまり，商業的に成功を収めたとは言えなかった。ウェブスターはじっさい，印刷費用を捻出するために借金をしなければならなかった。そのため 1 巻本の簡約版の出版が企画され，教科書執筆で広く知られたジョゼフ・ウスター（Joseph Worcester）（1784-865）が編集の任に当たることになった。その新簡約版は 1829 年に刊行された。

1 年後，ウスターは彼自身の辞書『完全版英語発音・説明辞典（*A Comprehensive Pronouncing and Explanatory Dictionary of the English Language*）』を出版する。これは，ウェブスターのものに比べ，つづり字はより保守的で，語源説明は設けず，より洗練された発音を提示したものである。ウスターはこの辞書をウェブスター辞典の簡約新版の編集前から準備していたのであるが，出版後，ウェブスター側から剽窃とのそしりをまぬかれず，1846 年に『一般・校訂版英語辞典（*A Universal and Critical Dictionary of the English Language*）』というタイトルで拡大版が出版された折にも反感を買う結果となった。その英国版の表題ページには「ノア・ウェブスター法学博士の各種資料にもとづき，ジョゼフ・E. ウスターにより編纂された」と書かれている。ウェブスターの『米国英語辞典』の改訂新版が 1841 年に出版されると，この 2 人の辞書編纂家の対立は，それぞれの支持者たちをも巻き込んで，さらに激化した。これは単にライバル出版業者間の市場争いといったレベルの話ではなく，辞書編纂上の理念の相違に関わる問題であったのである。ウェブスターが明白にアメリカ語法的傾向を示したのに対して，ウスターは語彙的保守主義の立場に立ち，より洗練された発音を好み，英国流の確立したつづり字を優先したのであって，両者の考えは著しく対立することとなった。

辞書戦争はウェブスターの死後（1843）も長く尾を引き，1860 年代まで続いた。この戦争は辞書編纂法の分野への貢献という側面よりむしろ，ライバル間の市場争いでの敵意に満ちたパンフレットによる中傷合戦や，これに対する大衆の不快感といった面で記憶にとどめられている。辞書戦争の最終戦はウスター最大の著作『英語辞典（*A Dictionary of the English Language*）』（1860）の刊行とともに訪れる。収録語数 104,000 語で，豊富な実例文の引用や類義語の解説を含み，伝統的つづり字法に従っている。本辞典は好評であったが，結局はウェブスターの 1864 年改訂版がこれをしのぐことになる。この改訂版はウスターの革新的特徴のいくつかを取り込み，ドイツ人学者 C. A. F. マーン（C. A. F. Mahn）によって語源の全面的な改訂が行われている。本改訂版は，現在では『英語辞典（*A Dictionary of the English Language*）』と呼ばれており，辞書学の分野では「ウェブスター/マーン（Webster-Mahn）」として知られるが，この改訂版が最終的に辞書戦争に勝利をおさめることになる。同年，米国政府印刷局はこれを採用し，書式を定めた 1887 年の最初のスタイルマニュアルでウェブスターの辞書のつづり字が用いられた。こうして辞書戦争は終結した。（しかし，その 100 年後，第 2 次辞書戦争が勃発することになる。

CĔN′TRE (sĕn′tẹr), *n.* [Gr. κέντρον; L. *centrum*; It. & Sp. *centro*; Fr. *centre.*]
1. (*Geom.*) A point equally distant from the extremities of a line, from every part of the circumference of a circle, or the surface of a sphere.
☞ The *centre* of any plane curve is a point in the plane of the curve which bisects every straight line drawn through it and terminated by the curve. *centre* of a regular polygon is a point equally dis… from all its vertices. The *centre* of any surface i… point which bisects all straight lines drawn thro… it and terminated by the surface. *Eliot.*
2. The middle point of any thing; the m… dle; as, "The *centre* of an army or of a fleet…
3. (*Arch.*) A framework, usually of timbe… for sustaining an arch while it is building; ce… tring. *Weal…*
Centre of attraction, or *centre of gravitation*, th… point to which bodies tend by gravity.— *Centre* … *gravity*, a point in a body about which all the part… exactly balance one another, so that, if it be supported,

Worcester's *centre* entry, 1860.
（ウスターにおける見出し語 *centre*, 1860.）

cen′ter, cen′tre (sĕn′tẽr), *n.* [F. *centre*, fr. L. *centrum*, fr. Gr. κέντρον any sharp point, the point round which a circle is described, akin to κεντεῖν to prick, goad.] **1**. The middle point or place; a point at the average distance from the points of a body or figure; strictly, the mid-point, about which all points of a figure are disposed in pairs of equidistant diametrical opposites; as, the *center* of a circle, ellipse, sphere, line segment, regular polygon or polyhedron, etc. **2**. The middle or central point or portion of anythin… also, a person or thing placed at such point. **3**. *Math.* The origin or fixed point of reference in pol… coördinates. See COÖRDINATE. **4**. That about which a body revolves or rotates; hence, … principal or important point of concentration; the nucleu… around which things are gathered or to which they tend… a point from which things, etc., emanate, proceed, or tak… their source; an object of attention, action, or force; as, … *center* of attraction. **5**. *Astrol.* The pointed end of the metal strip, indicating the star's position in the "rete" of an astrolabe. *Obs.* **6**. The earth as the center of the universe, or the middle point of the earth. *Obs.* *Shak.* **7**. *Mech.* **a** One of the two conical steel pins, in a lathe, etc., upon which the work is held, and about which it revolves. **b** A conical recess, or indentation, in the end of

Webster's *center* entry, as published in an 1890/1920 revision.
（ウェブスターの 1890/1920 改訂における見出し語 *center*）

辞書の時代

19 世紀前半は英米両国で刊行された辞書の出版数が際立って多かった。ジョゼフ・ウスターは 1860 年版の彼の辞書の冒頭に英語辞典の目録を載せており，イングランドではジョンソンの『英語辞典』（1755）以後，64 冊が刊行され，米国ではウェブスター編纂になる最初の辞書（1806）以降，さらに 30 冊が出版されていることを明らかにしている。ということはほぼ毎年 1 冊の割合で出版されたことになる。これらはすべて一般用辞典であり，これに加えて 200 種以上の特殊辞典や語彙集，さらには 30 種を超える百科事典の出版が相次いだ。当時の辞書編纂者たちが，産業革命，科学・医学の進歩，そして新たな言語学・文献学上の視点などによって生ずる知識や専門用語の増大に遅れずについていくのに躍起になっている状況がうかがわれる。このような辞書や参考図書の爆発的な出版増大はその後 1980 年代に至るまで見られない（p.502）。

1840-50 年発行の辞書と百科事典

1840 J. S. ヘンズロー『植物用語辞典』（J. S. Henslow, *A Dictionary of Botanical Terms.*）

1840 ウィリアム・ハンブル『地質学・鉱物学辞典』（William Humble, *Dictionary of Geology and Mineralogy.*）

1840 サミュエル・モーンダー『科学と文学の宝庫』（Samuel Maunder, *Scientific and Literary Treasury.*）

1840 B. H. スマート『スマート英語発音辞典』（B. H. Smart, *Smart's Pronouncing Dictionary of the English Language.*）

1841 R. H. デーナ，ジュニア『海事用語辞典』（R. H. Dana, Jr, *Dictionary of Sea Terms.*）

1841 ウォルター・F. フック『教会辞典』（Walter F. Hook, *Church Dictionary.*）

1841 エドワード・スキューダモア『人文・自然科学用語辞典』（Edward Scudamore, *A Dictionary of Terms in Use in the Arts and Sciences.*）

1841 ノア・ウェブスター『米国英語辞典』（新版）（Noah Webster, *An American Dictionary of the English Language* (new edition).）

1842 ジョン・Y. アカマン『ウィルトシャー州地方語小辞典』（John Y. Akerman, *A Glossary of Provincial Words in Use in Wiltshire.*）

1842 ウィリアム・ブランド『科学・文学・芸術辞典』（William Brande, *A Dictionary of Science, Literature, and Art.*）

1842 ウィリアム・カーペンター『英語類義語総合辞典』（第 3 版）（William Carpenter, *A Comprehensive Dictionary of English Synonymes* (3rd edition).）

1842 G. フランシス『人文科学・自然科学・製造業辞典』（G. Francis, *The Dictionary of the Arts, Sciences, and Manufactures.*）

1842 ジョン・C. ラウドン『高木・低木百科事典』（John C. Loudon, *Encyclopædia of Trees and Shrubs.*）

1842 ギボンズ・マール『家事辞典・家政婦の手引書』（Gibbons Merle, *The Domestic Dictionary and Housekeeper's Manual.*）

1842 マクヴェイ・ネーピア『ブリタニカ百科事典』（第 7 版）（Macvey Napier, *Encyclopædia Britannica* (7th edition).）

1843 ジョン・ブーヴィエ『合衆国および各州の憲法と法律に準拠した法律辞典』（John Bouvier, *A Law Dictionary, adapted to the Constitution and Laws of the United States, and of the several States.*）

1843 ウィリアム・グッドヒュー，ウィリアム C. テーラー『絵入り聖書辞典』（William Goodhugh and William C. Taylor, *The Pictorial Dictionary of the Holy Bible.*）

1843 ウィリアム・ウォーターストン『商業百科事典』（William Waterston, *A Cyclopædia of Commerce.*）

1844 E. S. N. キャンベル『軍事科学辞典』（E. S. N. Campbell, *A Dictionary of Military Science.*）

1844 ジョゼフ・グウィルト『建築学百科事典』（Joseph Gwilt, *An Encylopædia of Architecture.*）

1844 リチャード・D. ホブリン『医学・付随科学用語辞典』（Richard D. Hoblyn, *A Dictionary of the Terms used in Medicine and the Collateral Sciences.*）

1844 カスバート・W. ジョンソン『農場経営者のための農業辞・事典』（Cuthbert W. Johnson, *The Farmer's Encyclopædia and Dictionary of Rural Affairs.*）

1844 ジョン・キトー『聖書文献百科事典』（John Kitto, *A Cyclopædia of Biblical Literature.*）

（巻末 p.519 へ続く）

米国のアイデンティティー

米国では19世紀に入ると，この新しい国が進むべき方向についての激しい知的論争が起こった。中でも関心の的となったのは，ヨーロッパで起こっていたと考えられる文学の台頭（ワーズワース，スコット，ゲーテなどの時代）と比べて，アメリカ文学の台頭がきわめて遅々としたものであったということである。説教，日記，書簡，歴史，実務的手引書，米国に関する解説，政治的パンフレットなどのジャンルが確立していたけれども，文学的観点から言えば，独立革命後の時期というのは，ラルフ・ウォルドー・エマソン（Ralph Waldo Emerson）がのちに述べたように，著しく「不毛な（barren）」時代であった。ジョージ・タッカー（George Tucker）は1813年に当時の様子を論評して，英国の1,800万人の国民が年間1,000冊の新刊を出しているのに，600万人の米国民はどうにか20冊を刊行するにとどまったと述べている。また，1823年にはもう一人の名士，チャールズ・J. インガソル（Charles J. Ingersoll）が，相も変わらず米国が英国に知的に依存している状況に注意を喚起し，米国の出版社が多数の英国の書籍・雑誌類を印刷し続けている実情を引き合いに出して憂えている。おそらく50万部ものスコットの小説がこの頃までに米国で出版され，多くの米国の町々がウェイヴァリー（Waverley）だの，アイヴァンホー（Ivanhoe）だのと命名されていたのである（p.154）。

ウェブスターらが指摘したように（p.85），著名な文学者の著作がきわめて乏しかったために，語彙の増大はごく限定的なものにならざるを得なかった。もちろん，米国全土にわたって数千の新語が形成されてはいたのだが，書籍が大いに売れることによって，それらの新語が米国民に広く行き渡るということにはならなかったし，米国内発祥のさまざまな慣用法をもってしても，有名な文学作品からの引用を用いて，ジョンソンと張り合いたがっている辞書編纂者たちの興味をひきつける力もなかった（p.79）。ワシントン・アーヴィング（Washington Irving）や，ジェームズ・フェニモア・クーパー（James Fenimore Cooper），エドガー・アラン・ポー（Edgar Allan Poe），そしてエマソン自身の作品群が明らかに示したように，時代は変貌を遂げることになる。19世紀中葉までには，ヨーロッパの影響から解放された文学の必要を説いたウォルト・ホイットマン（Walt Whitman）の『草の葉（*Leaves of Grass*）』の初版（1855）が刊行され，19世紀最大のベストセラーとなったハリエット・ビーチャー・ストウ（Harriet Beecher Stowe）の『アンクルトムの小屋（*Uncle Tom's Cabin*）』も出版されている。そして この19世紀後半の作品にはそれ以前の数十年のうちにこの国の言語的アイデンティティーを一変させつつあった大きな語彙的革新の高まりの成果が現れ始めた。

国際的標準

ゲティズバーグ（Gettysburg）にある南北戦争戦没者共同墓地の奉献式におけるエイブラハム・リンカン（Abraham Lincoln）の演説（1863年11月19日に行われた）は時代と国をはるかに超えて大きな反響を呼んだ。その演説に込められた心情は忘れがたいほど国家主義的なものであるが，語彙や文法，修辞的技巧の点では，米国起源であることを感じさせるものは皆無である。まさに標準英語と呼ぶべきものであって，1国家の枠に限定されたものでもなく，19世紀半ばには明らかに十分確立していたものである。米国および英国ヴィクトリア時代（p.90）の言語的特徴に注意を向ける際には，英米のいずれにも偏らない，この種の標準的英語の存在を決して無視してはならない。

（巻末 p.520 へ続く）

米国は語る

19世紀におけるアメリカ英語の新語彙はさまざまな起源を有している。中でもスペイン語と米国先住民の言葉に由来する語の影響力は大きいが，それだけでなく，もともと英語に存在する語が新たな意味で使われたり，新たな成句として用いられるようなこともあった。西部開拓が進展していったことも語彙の増大の大きな要因の1つであったし，世紀末にかけて起こった移民の急増もさらなる要因としてあげることができる（p.100）。

bronco（半野生馬）（1850），cattle town（キャトルタウン〔【訳注】畜牛の売買が行われた町〕）（1881），chaps（カウボーイの革ズボン）（1870），corral（家畜の囲い）（1829），cowpoke（カウボーイ）（1880），dogie（迷い子牛）（1888），dude（東部育ちの都会人）（1883），lariat（投げ縄）（1831），lasso（投げ縄）（1819），maverick（焼き印のない子牛）（1867），ranch（大牧場）（1808），range（放牧地）（1835），roundup（家畜の駆り集め）（1876），rustler（牛馬泥棒）（1882），six shooter（6連発銃）（1844），stampede（家畜の大暴走。ロデオ）（1843），tenderfoot（新参者）（1849），trail boss（カウボーイ頭，牛追いの引率者）（1890）

人種のるつぼ

この表題に示された成句は，1909年に好評を博したイズリエル・ザングウィル（Israel Zangwill）の戯曲のタイトルに由来するが，この句自体が新語彙に加わった。また，この表現は，ドイツ語，イタリア語，イディッシュ語に加え，ほかのヨーロッパ諸言語に由来する多くの新語・新句ばかりでなく，他国からの移住の過程で作られた混合語（jargon）までもがアメリカ英語に影響を及ぼしたことを的確に表している。もちろんそれらの語句のすべてが好ましいものばかりではなかった。とりわけ，人種にまつわる不快な呼称が著しい増加を見せた。

delicatessen（調製食品）（1893），Hunk（スラブ系移民労働者）（1896），kike（ユダヤ人）（1880年代），kindergarten（幼稚園）（1862），naturalization papers（帰化申請書類）（1856），Polack（ポーランド系の人）（1879），spaghetti（スパゲッティ。イタリア系の人）（1880年代），spiel（大げさな話）（1894），tutti-frutti（果実入りアイスクリーム）（1876），wop（イタリア系の人）（1890年代）．

（S. B. フレクスナー（S. B. Flexner），1976に従う）

作り話か現実か？

brave（北米先住民の戦士）（1819），firewater（火酒）（1817），Great Spirit（北米先住民の守護神）（1790），Indian Agency（北米先住民保護事務所）（1822），medicine dance（病魔をはらうまじない踊り（1805），peace pipe（平和のキセル）（1860），reservation（先住民指定居住地）（1789），smoke signal（のろし）（1873）

これらの語は北米先住民関連の語彙の中でもかなり遅い時期に採り入れられたものである。先住民との最初の遭遇の時期に多くの語が英語に採り入れられた。例えば，moccasin（モカシン（靴）），papoose（北米先住民の赤ん坊），powwow（北米先住民の祈祷儀式），wigwam（ウィグワム（テント小屋）），tomahawk（トマホーク（斧））などはすべて17世紀の借入語である。

のちの時代になると，先住民たち自身が使ったわけでもない多くの語が，「インディアン（indians）」ならさだめし使ったであろうと白人作家たちが勝手に考えて，創作され，一般に普及していった。具体例をあげれば，How!（やあ（あいさつの言葉）），heap big（とても大きな），Great White Father（米国大統領）などである。Happy Hunting Ground（天国）はワシントン・アーヴィングの作品（1837）で知られるようになった。paleface（白人），war path（出陣の道。敵対行為），war paint（出陣するときに顔や体にぬる絵の具。化粧）はジェームズ・フェニモア・クーパー（1820年代）からのものである。作り話か現実かはともかく，これらの語句はアメリカ英語の語彙の一部となった。

規則を破る

1860 年代までには，アメリカ英語のつづり字体系はすでに十分確立しており，遊び心で，故意につづりをもてあそぶ著述家も現れ，中には，そうすることによって米国全土で名声を得る者も出てきた。アーティマス・ウォード（Artemus Ward）とジョッシュ・ビリングズ（Josh Billings）は 19 世紀末の数十年間，きわめて人気の高かった滑稽つづり（comic-spelling）の分野を主導した代表的人物である。その飾らない機知と気取りのない情趣とが地方訛りの音声とリズムを反映したとおぼしき口調で語られている。どちらの作家も直観的にわかりやすい，なかば音声記号とも見える表記体系を用いた。二人とも表記の一貫性にはさほどこだわらず（例えば，to は tew, tu, 2 などとつづられ，fun は fun とも phun ともつづられている），くだけた非標準的な形態と，通常なら改まった標準英語に関わる主題とが混然一体となっており，それにより，確実に成功に結びついたと言える。

つい最近になって自分自身の文筆家としての水準を悟った者が，いまだ悟っていない者を嘲笑するようになっても，特に驚くには当たらないであろう。しかしこれらの作家たちが孤立した特殊な例であると考えてはならない。彼らは，1840 年代にアメリカ文学に出現した，方言を用いて執筆するという重要なジャンルの流行――その最も成功した事例が『アンクルトムの小屋』（1851-2）であるが――と，南部の人びと，とくに黒人たちが無教養な，からかいの対象として描かれる滑稽な作品の流行とに，便乗していたと言ってよい。方言の語彙や文法（例えば，hain't ｛【訳注】=ain't｝，seen の代用としての saw など）が誤ったつづりなどとともに利用されたが，その誤ったつづりの使用が大きな衝撃を引き起こすのである。

英国の作家，ジョン・キャムデン・ホッテン（John Camden Hotten）はアーティマス・ウォードの作品を紹介する 1865 年の評論の中で，ウォードが驚くほど人気を集めている理由について，「聖なるものと俗なるものとを結びつける」米国的伝統のなせる業であるとする説明に思い至った。

> 米国的ユーモアにおいては，わが英国のユーモアに比べ，不釣り合いな概念同士が結びつけられることがはるかに大規模に行われる。そして，ヤンキー的おもしろみと英国流のそれとの違いを特徴づけるのはまさにこの精神的誇張，つまりは，まったく異なる概念同士を奇妙に結びつけるやり方にあると言える…

しかしながら，ウォードとビリングズの成功の鍵となったのは，言葉の上での不釣り合いというものであった。彼らの作品を標準英語で書き直してみれば，ビリングズ自身が早くに気づいていたように，作品のもつ効果の大部分は消え失せるであろう。

ジョッシュ・ビリングズ

ジョッシュ・ビリングズという名はヘンリー・ホイーラー・ショー（Henry Wheeler Shaw）（1818-85）のペンネームである。マサチューセッツ州レーンズバラ（Lanesboro）の生まれで，ニューヨーク州ポキプシー（Poughkeepsie）において土地取引業で生計を営み，40 代で文筆業に入る。彼の有名な「ラバについて（Essay on the Mule）」は最初，『ポキプシアン（*The Poughkeepsian*）』誌に載ったが，ほとんど注目を引かなかった。次いで彼はアーティマス・ウォードの作品を見て，それにならい，自身の作品も同じような奇怪なつづりに「書き換えて」，題目も 'An Essa on the Muel' などとした。結果はまたたく間に大当たりとなり，南北戦争後数年もすると国民的作家となり，例えば次のようなあかぬけしない哲学者的語り口で特に知られるようになった。

「よく知りもしないのに多くを知っていると思うくらいなら，知らないほうがましだ。」

エイブラハム・リンカンは，「ウィリアム・シェイクスピア（William Shakespeare）は別格として，人間性に関する世界最大の目利きはジョッシュ・ビリングズだろう」と述べて，ビリングズの金言を閣僚たちに読んで聞かせた。

ビリングズの文体は批判を免れなかった。マーク・トウェイン（Mark Twain）は，ひどいつづりは，それ自体が真の価値を有する知識の妨げとなるものである，と考えていた。そして，ショー（つまりビリングズ）自身はこれに関して若干の疑念を抱いていたようである。「私信への返信（Answers to Personal Letters)」（1873）において彼は次のように述べている。

I adopted it in a moment ov karlassness ... There is just az mutch joke in bad spelling az thare iz in looking kross-eyed, and no more ... like other sinners who ask for forgiveness and keep rite on sinning, i now ask the world tew forgiv me and I will promis not tew reform.

一瞬の不注意からそれ ｛【訳注】=逸脱したつづり｝ を採り入れてしまったが…劣悪なつづりには，ちょうど寄り目でものを見るのと同じ悪ふざけの側面があり，それ以上の意味はない…許しを請いながらも罪を犯し続ける罪人のように，私は世間に許しを請いつつも，改心はしないと約束しよう。

世間の人びとは改心したが，ショーはしなかった。1873 年，彼は 10 年間続いた戯画的作品『ジョッシュ・ビリングズの農夫の暦（*Josh Billings' Farmer's Allminax* ｛【訳注】=Almanacs｝』の半分も終わっていないところであった。1868 年の金言は彼の手法を最も的確に要約している（「氷上のジョッシュ・ビリングズ（Josh Billings on Ice)」より）。

I hold that a man has just as mutch rite tew spel a word as it is pronounced, as he has tew pronounce it the way it ain't spelt.

私たちは語を，つづりとは違った仕方で発音する権利があるのと同様，発音される通りにつづる権利もあると私は考える。

（巻末 p.520 へ続く）

ジョッシュ・ビリングズ名言集

Chastity iz like an isikel. if it onse melts that's the last ov it.

After awl ced and dun the gran sekret of winning is tew win.

It iz tru that welth won't maik a man vartuous, but i notis thare ain't ennyboddy who wants tew be poor jist for the purpiss ov being good.

Humin natur is the same all over the world, cept in Nu England, and thar its akordin tu sarcumstances.

Akordin tu skripter thar will be just about as many Kammills in heavin as rich men.

純潔とはつららのようなものである。いったん溶けたらそれでおしまい。

結局のところ，勝利の最大の秘訣は勝つことである。

富によって人は高潔にはならないかもしれないが，ただ立派な人になるだけの目的で貧乏になりたいと思う人などいない。

人のさがは世界どこへ行っても変わらない。ただしニューイングランドは別。それも時と場合によりけり。

聖書によると，天国には金持ちと同じくらい多くのらくだがいる。

アーティマス・ウォード

アーティマス・ウォードという名は，チャールズ・ファラー・ブラウン（Charles Farrar Browne）（1834-67）のペンネームである。印刷工の見習いからジャーナリストとなり，さらにプロのユーモア作家となった。彼が作り出した登場人物は旅回りの一座の余興の監督者として登場し，駄洒落やひどいつづりが満載の語り口で，ありとあらゆる話題について，記事や書簡の中で大声でまくしたてる。彼の講話は言葉遊びや，さりげない，無造作な発言が多く，つねに厳粛で物悲しい口調で語られるため，合衆国内でも海外でも好評を博することとなった。長年にわたり健康を害し，その早すぎる死を悼む声は国中に広がった。

アーティマス・ウォードからプリンス・オブ・ウェールズへ

Friend Wales,–You remember me. I saw you in Canady a few years ago. I remember you too. I seldim forgit a person.

I hearn of your marrige to the Printcis Alexandry, & ment ter writ you a congratoolatory letter at the time, but I've bin bildin a barn this sum-mer, & hain't had no time to write letters to folks. Excoos me.

Numeris changes has tooken place since we met in the body politic. The body politic, in fack, is sick. I sumtimes think it has got biles, friend Wales.

In my country, we've got a war, while your country, in conjunktion with Cap'n Sems of the Alobarmy, manetanes a nootrol position!...

Yes, Sir, we've got a war, and the troo Patrit has to make sacrifisses, you bet.

I have alreddy given two cousins to the war, & I stand reddy to sacrifiss my wife's brother ruther'n not see the rebelyin krusht. And if wuss cums to wuss I'll shed ev'ry drop of blud my able-bodid relations has got to prosekoot the war. I think sumbody oughter be prosekooted, & it may as well be the war as any body else. When I git a goakin [joking] fit onto me it's no use to try ter stop me.

You hearn about the draft, friend Wales, no doubt. It caus'd sum squirmin', but it was fairly conducted, I think, for it hit all classes...

We hain't got any daily paper in our town, but we've got a female sewin circle, which ansers the same purpuss, and we wasn't long in suspents as to who was drafted…

"Artemus Ward"

（訳を巻末 p.521 に掲載）

EGYPTIAN HALL,

PICCADILLY.

Every Night (except Saturday) at 8,

SATURDAY MORNINGS AT 3.

Artemus Ward

AMONG THE MORMONS.

During the Vacation the Hall has been carefully Swept out, and a new Door-Knob has been added to the Door.

MR ARTEMUS WARD *will call on the Citizens of London, at their residences, and explain any jokes in his narrative which they may not understand.*

A person of long-established integrity will take excellent care of Bonnets, Cloaks, &c., during the Entertainment; the Audience better leave their money, however, with Mr WARD; he will return it to them in a day or two, or invest it for them in America, as they may think best.

☞ Nobody must say that he likes the Lecture unless he wishes to be thought eccentric; and nobody must say that he doesn't like it unless he really *is* eccentric. (This requires thinking over, but it will amply repay perusal.)

The Panorama used to Illustrate Mr WARD'S Narrative is rather worse than Panoramas usually are.

Mr WARD will not be responsible for any debts of his own contracting.

（訳を巻末 p.520 に掲載）

2 人の方言の巨人

米国の喜劇作家たちは，1860 年代までには非標準的発話を書き写した表記に十分見慣れている読者のために作品を書いていた。特に，ビリングズやウォードの作品を読んで面白がっていた読者の大半は，奴隷制度廃止論擁護の雑誌『国民の時代（*National Era*）』誌に 1851-2 年に連載されたハリエット・ビーチャー・ストウの『アンクルトムの小屋』も読んでいたことであろう。1852 年には 1 巻にまとめられて出版され，出版初年には米国で 30 万部を売り上げ，英国においても売れ行き好調であった（海賊版も大量に出まわったが）。

ストウの用いた言語上の手法は，多くの点でビリングズやウォードのエッセイの前触れとなったが，この 2 人の作品がさらに，（ビリングズの作品を熟知していた）マーク・トウェインの小説においてその最盛期を迎えることになる，方言を用いての著作を先取りするものとなった。トウェインの用いた正字法は巧妙に工夫されたものであり，各種の話し言葉の変種をつねに区別することができた。しかしながら，これらの文学上の表記法全般を通じて，表現上の工夫や選り好み，単純化などによる改変は避けられず，結果として，多くの人びとにとって，現実のものとは異なる定型の表記とならざるを得なかった（pp.102，366）。

'I'm glad Mas'r did n't go off this morning, as he looked to,' said Tom; 'that ar hurt me more than sellin', it did. Mebbe it might have been natural for him, but 't would have come desp't hard on me, as has known him from a baby; but I 've seen Mas'r, and I begin ter feel sort o' reconciled to the Lord's will now.
(*Uncle Tom's Cabin*, 1851-2, Ch. 7.)

「ご主人様は今朝，お出かけを望んでおられたようだが，実際にはそうされなかったことをうれしく思う」とトムは言った。「そんなことをされたら売られるよりもつらいことだ。」本当に。たぶん，ご主人様はそうする方が自然だったかもしれない。でも，そんなことになったら，自分にはどうしようもなく耐えがたいことだったろう。なにせ，ご主人様が赤ん坊のときから知っているんだから。でも，ご主人様にお会いできたので，今では神様の意志に納得したような気持になり始めているんだ。
（『アンクルトムの小屋』1851-2，第 7 章）

Looky here – didn't de line pull loose en de raft go a hummin' down de river, en leave you en de canoe behine in de fog? ... En didn't you whoop...You answer me dat.'
(*Huckleberry Finn*, 1884, Ch. 15.)

いいかい，縄がほどけていかだが音を立てて川を流されて，カヌーに乗ってるお前さんは霧の中に取り残されちまったんじゃなかったのかい？…お前さんは叫び声をあげたんじゃなかったのか…こたえてくれ。（『ハックルベリー・フィン』，1884，第 15 章）

変種に対する気づき

19 世紀の最も興味深い特徴の 1 つとして，ことばの本質と使用に関する意識が高まってきたという点をあげることができる。18 世紀後半において，辞書，文法書，つづり字教本，発音の手引書などが編纂されたことにより，これまでに前例のないスケールで，標準的な言語形式というものに注意が払われることになった（pp.76，82）。広範にわたる，英語の画一化に伴って，英語の「平均的な」（ordinary）使い手たちは，英語の多様性の変動の幅や，異なる用法に付与される社会的ニュアンスといったものに対して，よりいっそう，敏感になっていった。一方，書き手の側にも，言語的に実験を試みたいという欲求が増大し（p.88），小説という新たなジャンルが台頭することにより可能となった，一連の多様な「声（話しぶり）（voices）」を表現するための新たな技法を見出したいという気持ちが特に高まってきた。チャールズ・ディケンズ（Charles Dickens）が『おなじみの言葉（*Household Words*）』（1858）に所収の「（ゲルマン系）純粋英語（Saxon English）」に関するエッセイで述べたように，「すべての人のために書きたければ，すべての人の言葉の使い方を知らねばならない」のである。

同様に重要なのが，18 世紀末に，サンスクリット語，ギリシア語，ラテン語間に歴史的な関連性があることが発見されたことであり，この発見が，比較言語学の時代の到来を告げることとなる。これにより，特に語源の問題（第 10 章）と古典語の模範としての役割に関連して，言語研究に新たな視点がもたらされることとなる。言語変化の本質や，語法の正しさ，さらには教授法に関する議論を呼び起こすことにもなった。地域方言，言語史，語彙改革（p.135），つづり字改革（p.288），速記法などの問題を研究し，さらには，英語の将来を議論するために，おびただしい数の学会や学術誌が設立・創刊された。とりわけ，ロマン主義運動の隆盛によって，平均的な人びとの言葉遣いに特別な関心が払われるようになり，言語的学識と現実の言語との間の距離感も増大することとなった。米国の詩人ウォルト・ホイットマン（Walt Whitman）は，『ノース・アメリカン・レヴュー（*The North American Review*）』誌（1885）にアメリカ英語の俗語に関する論考を載せ，以下のように要約している。

> ことばというものは，忘れないでいただきたいが，学者たちや辞書編纂家たちが作った抽象的構造物などではなく，人間の活動や必要，きずな，喜び，愛情，そして嗜好などが，幾世代にもわたって蓄積された結果生じたものであって，ことばの基底部分は広く，低く，人間生活の基盤をなしているのである。ことばについての最終決定は一般大衆，すなわち，現実の土地や海での生活に携わる，具体的レベルに最も近いところで生活する人びとによって下される。ことばは，現在であれ，過去のものであれ，すべてのものの中に深く浸透しているのであり，人間の知性の生み出した最大の偉業である。

言語に対する態度

- ダービフィールド夫人はいつも方言で話していた。彼女の娘はロンドンで訓練を積んだ女性教師のもとで，国民学校の６学年を終えていたので，２種類の言葉を使い分けており，家ではたいてい方言を，外で会話したり，上流階級の人たちと話すときには標準的な英語を使っていた。（トマス・ハーディ（Thomas Hardy）『ダーバヴィル家のテス（*Tess of the Durbervilles*）』，1891，第３章）
- ダービー卿は英語の発音に対してきわめて厳格な人であった。もっとも，息子の方はというとランカシャーなまりで話していたのであるが。ダービー卿は無礼にも上院でグランヴィル卿の発音の誤りを訂正するのをつねとした。グランヴィル卿はいつも 'wropped up'（没頭して）と発音していた—これに対し，ダービー卿は速記者にはっきりわかるような口調で，'wrapped' と言うのだった。（ベンジャミン・ディズレーリ（Benjamin Disraeli）『回顧録（*Reminiscences*）』）

（巻末 p.521 へ続く）

最近の犯罪事情

（現代の対話）

場面—フェザーストン夫人の応接間

幕が上がると，すでに，シスルダウン夫人が訪問客として舞台に出ている。

シスルダウン夫人（サイドテーブルの上の小説を取り上げて）：ポール・ポッシュリー（Paul Poshley）の「配管工の恋」（"The Romance of a Plumber"）ね。フロッシー，まさか，この人のもの，読んだことあるなんて言わないわよね。

フェザーストン夫人：今のところ時間がなくて，ざっと拾い読みした程度なの。でもなぜ，アイダ？ これ私，読んではいけないの？

アイダ：ピンセニーさんが先日私におっしゃったことから判断するとね。また，同じようなものを読まされることになったら，大変だから。変なことがいっさい書かれていないなんてだれにも保証できませんもの。

フロッシー：教えてくれてもいいんじゃないの，アイダ！ もちろん，私，決して夢にも——

アイダ：もちろん，なにも秘密にしておかなければならないことじゃないけど。ピンセニーさんの言葉から察するに，このポッシュリーさんという人——私から聞いたって絶対に言わないでよ——

フロッシー：もちろんよ，もちろん。だから続けて，アイダ。ポッシュリーさんが何をしたの？

アイダ：どうも，彼，分離不定詞を使う（splits his infinitives）らしいの。

フロッシー（びっくりして）：えっ，まさか。なんてひどい方！でも，つい先週，ドラグネットでお会いした時，そんな方にはとても見えませんでしたけど。

アイダ：でも，間違いないらしいわよ。悪い評判よ。で，そういうのがくせになってしまうと——

フロッシー：そうね。もうどうしようもないわね。私，そう思うわ。そうじゃない？

アイダ：ピンセニーさんはそう思ってるみたいね。

フロッシー：情けないったらないわ。でも，何とかならないの，アイダ？彼を罰する法律はないの？ あのう，話の途中で何だけど，分離するって，どうやって？ 不定って何？ インフィニチュード（infinitudes）って言った？

アイダ：あらまあ，当然，ご存じかと思ったわ。いちいち確認するのもいやだったので聞かなかったけど。

フロッシー：まあ何でもいいけど，もうこれ以上，彼の本は送ってこないようにミューディー書店（Mudies）に言わなくっちゃ。そんなことをする人の本を買わなきゃいけない義理は持ち合わせませんもの。

（『社交界のパンチ氏（*Mr. Punch in Society*）』（1870 頃）より）

19 世紀にことばの問題に対する自覚が高まったことを示す最も適切な証拠として，作家や漫画家たちがそれらの問題を風刺し始めた点をあげることができる。左記の対話は『社交界のパンチ氏』という後期ヴィクトリア朝の作品集に再録されたものである（さらには p.207 を見よ）。

Visitor. "I've just been to make my first call on Mrs. Johnson."

Lady of the House. "So glad, dear. Poor thing, she's glad to know *anyone*!"

（来客：「ジョンソン夫人のお宅を初めてお訪ねしてきたところですの。」

女主人：「それはよろしゅうございました。でもお気の毒に。あのかたはどなたとでも喜んでお会いになるのよ！」）

科学の言語

科学，工業技術分野の英語語彙はルネサンス（p.60）以降，着実に増加の一途をたどっていたが，19 世紀にはこの分野は空前の発展を遂げ，産業革命とそれにともなう科学の急激な変化の時期を経た結果生じた新語を英語の語彙に取り入れていった。電気に関するファラデー（Faraday），進化論のダーウィン（Darwin）などの重要な発見や学説が広く一般に知れ渡り，つねに好奇心の強い大衆に，新たな用語体系や表現様式を持ち込んだ。19 世紀末までには，文法家たちの意見や，急成長する科学界からの期待，新しい学術誌の執筆要綱などにより形成された，見ればそれとわかる種類の，科学英語（p.396）が現れた。'scientific'（科学的）と 'technical'（工業技術の）のいずれもが，『新英語辞典（*New English Dictionary*）』〔【訳注】のちの *Oxford English Dictionary*〕（p.500）の 1888 年版の序において，主要な語彙領域として認められている。

科学的講話

マイケル・ファラデー（Michael Faraday）（1791-867）はロンドンのアルベマール通り（Albemarle Street）にある王立科学研究所（the Royal Institution）（1799 年にラムフォード伯ベンジャミン・トム（プ）ソン（Benjamin Thompson, Count Rumford）により創設）で，金曜夜の講話（Friday Evening Discourse）を行った。女王の夫君がそこに臨席されていた。

これらの講話は，子どものための一連のクリスマスの講義とともに，科学を親しみやすいものにしようとの配慮から1826 年に始まったものである。2000 年代に入っても，当研究所はフォーラムを開催し続けている。研究所の年次会報によると，そこでは「専門家でない人びとが当代一流の科学者から，日常使う言葉で語られる彼らの最新の発見の話を聞くことができる」とされている。

科学界の発展に遅れずについていくのは，ファラデーの時代には難しいことであったにちがいない。例えば，1830 年代は，英国では，ロンドン地理学会（the Geographical Society of London）（1830），英国科学振興会（the British Association for the Advancement of Science）（1831），そして地方内科・外科学会（the Provincial Medical and Surgical Association）（1832，のち，英国医師会（the British Medical Association）となる）の成立とともに始まった。米国では，その後の 10 年間に，米国統計学会（the American Statistical Association）（1839），米国医師会（the American Medical Association）（1847），そして米国科学振興会（the American Association for the Advancement of Science）（1848）が設立される。19 世紀末までに米国だけで 50 以上の全国的な協議会，協会，学会が設立され，昆虫学，歯科学，工学など多岐にわたる科学上の課題に取り組んだ。

講演者にとって，最も重要であるとまでは申しませんが，最も人目につきやすい要素は上手な話し方であります。というのは，真の哲学者にとって，科学と自然は，外見上，数えきれないほどの魅力を備えているとはいっても，大多数の人間にはそれほどでもなく，行く手に花々のように美しい言葉が散りばめられているのでない限り，少しの時間も私たちの話についてきてなどくれないと，残念ながら言わざるを得ません…講演者の体の動きについては，弁論術のほかの分野ほどには重要性をもつとは思いませんが，ある程度の動きはあった方がよいかと思います。というのも，これほど体の動きを必要としないタイプの話芸というものを私は知らないのですが，それでも講演者には，演台から 1 歩も離れないとか，ひとところにとどまったまま話を続けるなどということは決してしてほしくないのです。講演者はまわりにある色々なものとは画然と区別された 1 つの体として，是非とも姿を見せていなければなりませんし，それらまわりのものがもつ動きとは異なる動きをしなければならないのです。（ファラデーよりベンジャミン・アボット（Benjamin Abbott）宛の書簡。1813 年 6 月 11 日。p.293 を見よ）

用語体系

19 世紀における科学用語の増大について調べてみると，分野によって目立って語彙数の少ないところがあることがわかる。学問上の基礎が築かれたのが早い分野ほど語彙数が少ないのである。例えば，解剖学の基本的用語の大部分は 17 世紀末までに造られており，数学用語の大半についても同様のことが言える。他方，18 世紀の終わりともなると，化学，物理学，生物学の分野の急速な進展に伴って，化学元素や化合物に関する専門用語や，自然史におけるリンネ式分類体系に関わる専門語などの分野で，大規模な語彙的発達が見られる（p.396）。以下の各用語に付された年代は『オックスフォード英語辞典』にあげられた各語の初出年である。

科学名

biology（生物学）	1802
petrology（岩石学）	1807
taxonomy（分類学）	1828
morphology（形態学）	1830
palaeontology（古生物学）	1838
ethnology（民族学）	1842
gynaecology（婦人科学）	1847
histology（組織学）	1847
carcinology（甲殻類学）	1852
embryology（発生学）	1859

化学

tellurium（テルル）	1800
sodium（ナトリウム）	1807
strontium（ストロンチウム）	1808
platinum（プラチナ）	1812
silicon（ケイ素）	1817
caffeine（カフェイン）	1830
chloroform（クロロホルム）	1848
sucrose（スクロース）	1862
cocaine（コカイン）	1874
argon（アルゴン）	1895

物理学

centigrade（百分度（の），摂氏（の））	1799
sonometer（ソノメーター）	1802
colorimeter（比色計）	1844
ohm（オーム）	1861
ampère（アンペア）	1863
joule（ジュール）	1882
voltmeter（電圧計）	1882
watt（ワット）	1882
electron（エレクトロン，電子）	1891

生物学

flagellum（鞭毛）	1807
chlorophyll（クロロフィル，葉緑素）	1819
spermatozoon（精子）	1836
diatom（珪藻）	1845
bacterium（バクテリア，細菌）	1847
leucocyte（白血球）	1870
symbiosis（（相利）共生）	1882
mitosis（有糸分裂）	1887
chromosome（染色体）	1889
photosynthesis（光合成）	1893

地質学

apatite（燐灰石）	1803
cretaceous（白亜紀（の））	1831
Jurassic（ジュラ紀（の））	1831
pliocene（鮮新世（の））	1831
mesozoic（中生代（の））	1840
triassic（三畳紀（の））	1841
Cambrian（カンブリア紀（の））	1842
oligocene（漸新世（の））	1856
bauxite（ボーキサイト）	1861
Ordovician（オルドビス紀（の））	1879

医学

gastritis（胃炎）	1806
laryngitis（喉頭炎）	1822
kleptomania（盗癖）	1830
cirrhosis（肝硬変）	1840
neuritis（神経炎）	1840
diphtheria（ジフテリア）	1842
haemophilia（血友病）	1854
aphasia（失語症）	1867
claustrophobia（閉所恐怖症）	1879

（T. H. セーヴァリ（T. H. Savory），1967 に従う。*OED* の 2017 年改訂の情報も組み入れている）

文学者の発言

ウィリアム・ワーズワース（1770-850）

さて，これらの詩篇において意図された主な目的は，日常生活の中から事件や情況を選び出して，それらを，全体を通してできるだけ，人びとが実際に用いる言葉から選んできたものを使って述べたり，描いたりしながら，同時に，それらの事件や情況に，想像力によっていくぶん手を加えることによって，通常の平凡な事柄が異色な様相を呈して読者の心に提示されるようにすることである…概してつつましく，田舎風の生活が選ばれているが…その理由は，そのような人びとが，言葉の最善の部分がそこから引き出されてきたと言える，自然界の最善の事物と絶えず心を通わせているからであり，また，彼らの社会階級から判断して，その交際範囲が一定不変で狭いものであると考えられるため，社会的虚栄心による影響も少なく，彼らの感情や観念を単純かつ素朴な表現で伝えるからである。したがって，そのような言葉は反復された経験と一定の感情から生ずるものであって，詩人たちがしばしばそれに代えて使う言葉に比べて，より永続的で，はるかに哲学的な言葉である。当の詩人たちは人びとへの共鳴の気持ちから自分たちを引き離し，自分たちの作りだした移り気な趣味や移り気な欲求を満足させようと，独断的で気まぐれな表現の習癖にふけるのに応じてその分だけ，自分自身と自らの芸術に名誉を与えることになると考えているのである。（『抒情民謡集』第２版序文（Preface to the second edition of the *Lyrical Ballads*），1800）

新しいものと古いものとが
いとしい土着のきずなによって結ばれていれば
どこであれ，その光景は喜ばしいもの。
われわれが眺めるすべての生活は
その神秘をよりどころにしている。
天の栄光はむなしい
野辺や小立を誇る美しさもむなしい
感嘆のまなこで注視しても
同時に愛することができなければ。（詩，1845）

トマス・ハーディ（1840-928）

作家は，英語本来語の時代遅れの発音や，ラテン語やギリシア語由来の語の誤った発音でページを埋めることはしなくても，その特有の語法や指針，独特の表現形式を保持してさえいれば，理性的な農夫の話の真意を適切に伝えていると言われるであろう。標準英語の発話を印刷する際には，つづりがそのまま発音を表すといった音声的原則に従うなどということはほとんどない。著者がいなかの話者のなまりを正確に紙の上に表そうとする場合は異様な側面に過度にこだわってしまい，正しい表記の適正な均衡を乱してしまう。その結果，劣悪な興味のほうに注意を向けてしまい，話者の真意から注意をそらしてしまうことになる。方言の形態などではなく，人間およびその本質を描き出すことが目的である場合は，話者の真意こそ最大の関心事のはずである。

（『アセニーアム（*The Athenaeum*）』，1878 年 11 月 30 日付け）

「ああ，彼らはわたしらのような者が理解できることにはいっさい見向きもしないんだ」と時間つぶしに馬方は続けた。「同じ言葉を使う家庭が２軒となかった，バベルの塔の時代の外国の言葉しか使わないんだ。そのような言葉を夜鷹がヒューと飛ぶような速さで読んで理解するんだ。あそこでは学問がすべてなんだ──学問ばっかりなんだよ，まあ，宗教は別だがね。いや，その宗教だって学問さ。おれにはまったく理解できないんだからね。そうさ，あそこは真面目な気性の人たちのいるところなんだ。もっとも，夜の街には娼婦が徘徊してないわけじゃあないけどね。

知ってると思うけど，あそこでは苗床でハツカダイコンを育てるように，牧師を育ててるんだ。のろまで気のきかない若造を，堕落した欲情のかけらもないまじめな説教者に仕立て上げるのに，──ええと，ボブ，何年だったかな？──そうそう，５年かかるんだが，できるとなったら彼らはやるんだよ。職人らしくそいつを磨きあげて，浮かぬ顔をした，長い黒のコートとベストと，牧師用のカラーと帽子をつけた，牧師を作り上げるんだ。聖書の牧師さんと同じ身なりなので，母親でも時にわが子と気づかないほどなんだ。」（『日陰者ジュード（*Jude the Obscure*）』（1895）第３章のクライストミンスター（Christminster）の人びとの説明）

ウォルター・スコット（1771-832）

スコットランド語は有識者や，賢くて，機知に富み，たしなみのある人びとの話す言葉であり，野卑なところがまったくなく，優美で上品な響きをもつ言葉でありました。ご記憶かと存じますが，マリー・キース夫人──亡くなられたダムフリーズ卿夫人──を始め，今は亡き母も当時の御婦人方も生まれた土地の言葉を話しておりました。それはヴェニス方言がイタリアトスカナ方言と異なっているように，英語とは違っていましたが，ヴェニスの方言と同様，スコットランド語が，より純粋で古典的な方言を話す人たちの言葉より卑俗であるなどとは，誰も考えもしませんでした──しかしそれも遠い昔のこと，その記憶はわれわれ年長者の世代とともに忘れ去られることになるでありましょう。（『書簡集（*Letters*）』，VII.83）

'It would have cost him sae little fash,' she said to herself; 'for I hae seen his pen gang as fast ower the paper, as ever it did ower the water when it was in the grey goose's wing. Wae's me! maybe he may be badly – but then my father wad likely hae said something about it – Or may-be he may hae taen the rue, and kensna how to let me wot of his change of mind. He needna be at muckle fash about it'... (Jeanie, thinking about Butler, in *The Heart of Midlothian*, 1818, Border edition, pp. 592–3.)

「あの方にはそれほど大した苦痛でもないでしょうに」と彼女は心の中で思った。「なぜって，あの方がペンを，まるでハイイロガンが水の上を飛んでいるように，紙の上にスラスラと走らせるのを見たことがあるのですもの。ああ，悲しい！　もしかしたら，ご病気になられたのかもしれない──でもそうだとしたら，そのことについてお父様が何か言ってきそうなものだ──あるいは，もしかしたら，あの方は心変わりしてしまって，どうやってそのことを私に打ち明ければよいかわからないのかもしれない。そんなこと，そんなに気にかけなくてもいいのに」…（バトラーのことを想うジーニー『ミドロジアンの心臓（*The Heart of Midlothian*）』（1818），ボーダー版，pp.592-3）

ウィリアム・メイクピース・サッカレー（1811-63）

ディケンズ氏は多くの事柄において，いわば神のごとき才能を有していると思います。歌を歌った時の彼のある種の音色はこの上なく心地よく見事なもので，真似てみようなどという気はいっさい起こらず，ただただことばにならず，敬服するばかりです。彼の文学上の技巧については多くの点で意見を異にすることがありますが，とくに人の本性を適切に描いていないという点があげられます。例えば，ミコーバー（Micawber）などという人物はあまりに誇張して描き過ぎているように思えます。その名前自体からして何とも誇張した名前に思えます。何とも愉快で，可笑しくなってしまいます。でも，わが友パンチと同様，実在の人物ではない。そしてここまでは私は彼に異議を唱えたいと思います…小説の技法は本性を描き出すこと，現実感をできる限り強く伝えること，にあると考えているからです。──悲劇であれ，詩であれ，あるいは高尚な戯曲であれ，さまざまな感情や，勇敢に行動する人物，堂々と響く言葉，を生み出すことが目標とされます。しかし客間劇（drawing-room drama）〔訳注〕上流社会の客間を舞台とする劇〕では，上着は上着であり，火かき棒は火かき棒であって，わが道徳原理にもとづけばほかのものではありえず，刺しゅうを施したチュニックでもなければ，無言劇の武器のような赤熱の道具でもありません。（『書簡集（*Letters*）』第２巻，p.772）

彼が話すときはいつでも（もっとも彼はほとんどいつも話していたのであるが），自分が使える語彙の中でも最も立派で最も長い語を使うように心がけたが，それは短くけちな語を使っても，優雅で長い朗々とした形容語句を用いても，どちらが安くつくなどということはないのだから，というしごく当然の判断にもとづくものであった。

こうして彼は学校でジョージに次のようなことを言うのだった。「わが優れた友人バルダーズ博士──あの本物の考古学者ですよ──そのバルダーズ博士と一夜の科学的談話を楽しんだあと，帰り道で気がついたんだが，ラッセル・スクウェアにある君の崇敬すべきおじいさんの，ほとんど王侯貴族のものと言ってもよい邸宅の窓が，何か祝宴でも催しているのではないかと思わせるほど照明で輝いていたんですよ。昨晩，オズボーン氏が豪華な食卓に選りすぐりの人びとを招いて接待したという私の推測はまちがってはいませんか?」（『虚栄の市（*Vanity Fair*）』におけるヴィール師，1847-8，ティロットソン（Tillotson）編，p.545）

ディケンズの言葉

19 世紀における社会的，地域的，職業的，個人的レベルでの言語使用の多岐にわたる変容を例示するものとして，チャールズ・ディケンズ（Charles Dickens）（1812-70）の小説類や小品群に勝るものはないであろう。登場人物たちは単に自説を弁じたてているだけではない。ディケンズはしばしば，それとわかるような形で，人の笑いを誘うような文体上の効果を明確に示しながら，彼らの話しぶりにわれわれの注意を向けさせる（さらなる例としては p.266 を見よ）。

法

「例えば，」と，くつろいだ，温かみのある調子でブラースはつけ加えた。「いいかね，彼がそう言った，と私は言いたいわけじゃないんだ。私が尋ねているのは，ただ君の記憶を呼び覚ましたいためだけなんだ――例えば，自分はロンドンではよそ者であり，――身元保証人を立てるのは気が向かないし，それをする能力もない――こちらの方でそういったものを要求する権利があると感じている――そしていつであれ自分の身に何か起こったら，この建物内にもっている所有物は，私がこうむる面倒や迷惑に対するわずかな償いと考えてもらいたい，などと彼が言ったのかね？――そして，要するに，」と，前よりいっそう，くつろいだ，温かみのある調子でブラースはつけ加えた。「このような条件で，私に代わって，君は借家人として彼を受け入れる気になったのかね？」

「もちろん，そんなことはありません」とディックは答えた。

（『骨董屋（*The Old Curiosity Shop*）』，1840-1，第 35 章）

宗教

「いいかね，わが友よ，」チャドバンド師は続けた…「なぜわれわれは空を飛べないのだろうか？　歩くように意図されているからか？　そうだ，友よ，歩く力がなかったら，われわれは歩くことができるだろうか？　できないね。力がなかったらわれわれはどうなるのか，友よ？　脚はわれわれを運ぶことを拒否し，ひざは折れ曲がり，足首はひっくり返って，われわれは地面に倒れてしまうだろう。そして，友よ，人間として，われわれは脚にとって必要な力をどこから引き出すのか？　それは，」と，チャドバンド師はテーブルに目をやりながら続ける。「さまざまな形のパンからか？　牛がわれわれに生み出してくれたミルクから作られたバターからか？　鶏の生んだ卵からか？　ハム，タン，ソーセージなどといったものからか？　その通りだ。では，我々の前に出されたよきものをともにわかち合おうではないか！」

迫害者たちは，チャドバンド師がこのように冗長な言葉を次から次へと幾重にも積み重ねていくやり方に，何ら特別な才能があるなどとは思っていない。そうではなくて，それは何としても師を迫害しようという彼らの決意を証明するものと受け取られるだけである。なぜなら，チャドバンド流の雄弁が広く受け入れられ，称賛の的となっていることは衆目の一致するところなのだから。

（『荒涼館（*Bleak House*）』，1852-3，第 19 章）

ロバート・ウィリアム・バス（Robert William Buss）作「ディケンズの夢（'Dickens's Dream'）」のディテール

特異な表現法

さて，パイパーさん，この件に関して何をおっしゃるおつもりですか？

はい，言いたいことはたくさんあります，とパイパー夫人は言う。もっとも，それらは主としてつけ足しの余談であり，途切れなく続くが，話されるべき内容はほとんどない。私は中庭に面した建物（そこで主人は家具職人をしているのですが）に住んでおりまして，近所では以前からよく知られているのですが，原告――パイパー夫人は故人をそのように呼んでいるのだが〔【訳注】ここでパイパー夫人は Plaintiff（原告）と言うべきところを，後末を有声化させて Faintive と発音している〕――は自らの魂を売ったと言われています（以前から，というのはアレクサンダー・ジェームズ・パイパーの非公式の洗礼式の２日前で，あの子が 18 カ月と４日の時からで，みなさん，あの子は歯茎の痛みがひどかったので，とてもここまで生きられるとは誰も思っていなかったのです）。そのようなうわさが生まれたのは原告の態度からだったと思います。原告をしばしば見かけましたが，彼の態度が恐ろしくて，子供たちもおびえてしまうので，あまり外を出歩かないでほしかったのです（もしお疑いなら，パーキンズさんにこちらに出てきていただきたいと思います。ここにいらっしゃいますので，ご主人とご自身，お子様のための名誉となることをおっしゃって下さるでしょう）。（『荒涼館』，第 11 章）

作家ギャンプ夫人

『マーティン・チャズルウィット（*Martin Chuzzlewit*）』（1843-4）に登場するギャンプ夫人の独特な話し言葉は，彼女が，小説の中であれ，あるいはそれ以外のところであれ，登場する頻度から判断するに，明らかにディケンズが創作したものの中でもお気に入りのものの１つであった。『ディケンズ伝』（第６巻第１章）において，ディケンズの親友ジョン・フォースターは，リー・ハント（Leigh Hunt）のための給付資金の増額を支援して，ディケンズが登場人物を作家にしてしまおうと提案した話をしている。それは，「アマチュア演劇興行向けにギャンプ夫人（目撃者として登場するが）が書いた北部への遅れた旅の話」の中に出てくる。この話は数ページで中断してしまうのであるが，フォースターは「ギャンプ夫人には自分の思いがけない訪問を喜んでくれる友人が大勢いる」と述べて，ディケンズが書いたことがらを含めている。

この作品は，本来，模倣作品ではあるが，ギャンプ夫人の不規則な統語法と独特な調音に重きを置いており，いくつかの音（とくに，/z/ と /s/）が [dʒ] という音で発音され，それを表示するために通例 g（ときに dg あるいは j とも）というつづり字が使われている。

フィズ（Phiz）（本名ハブロット・ナイト・ブラウン）作「ギャンプ夫人は将来に気を配る（'Mrs. Gamp has her eye on the future'）」

Mrs Harris, wen I see that little willain bodily before me, it give me such a turn that I was all in a tremble. If I hadn't lost my umbreller in the cab, I must have done him a injury with it! Oh the bragian little traitor! ... Oh the aggrawation of that Dougladge! Mrs Harris, if I hadn't apologiged to Mr Wilson, and put a little bottle to my lips which was in my pocket for the journay, and which it is very rare indeed I have about me, I could not have abared the sight of him – there, Mrs Harris! I could not! – I must have tore him, or have give way and fainted.

ハリスさん，あいつが実際に目の前にいると，あまりのショックにぶるぶると体が震えてしまいます。馬車に傘を置き忘れていなかったら，そいつで痛い目にあわせてやるところだったのに！　あのほら吹きの裏切り者！　…ほんとに腹立たしいダグラッジ〔【訳注】Dougladge はダグラス（Douglas）のなまった発音〕！　ハリスさん，私がウィルソンさんにおわびしてなかったら〔【訳注】apologiged は apologized のなまり〕，旅のためにポケットに入れていた酒　普段そんなものをもち歩くことはめったにないのですが，その酒を飲んでいなかったら，もう彼の顔なんて見たいとも思わなかったので，――ハリスさん！　金輪際，思わなかったので！――彼を痛めつけてやったにちがいありません，でなけりゃ，こっちがやられて卒倒したかもしれないのですから。

今も人の記憶に残る

トマス・ハーディは 1928 年に死亡した。ジョージ・バーナード・ショーは，ディケンズが死去したとき 14 歳であったが，1950 年まで生きながらえた（pp.92-3）。21 世紀の初頭においては，ある意味で，「英語史」（history of English）は有用な概念ではなくなり，本章と，本書のこの後に続く部分との境界は見えにくくなっている。20 世紀の最初の数十年間にことばを身につけた人びとと話をすることによって，その当時の英語の発音，文法，語彙，および英語に対する態度に直接触れることができるのであるから，それらを「歴史」に属するものであるとはほとんど見なすことができないように思われる。加えて，その話し言葉や書き言葉が現在のわれわれのものとほとんど同じである場合，そういう時代を，英語史のある一時期を構成するものと考えるのは難しいのである。

抑えがたい印象として感じられるのは，われわれの時代との途切れることのない連続性といったものである。発音や文法，あるいは語彙の点で認められる相違点は，散発的で表面的なものにすぎず，（時代的により遠い感じを与える）「古語の」（archaic）（p.197）という表現より，「時代遅れの」（old-fashioned）といった方がしっくりくるように思われる。2~3 世代前に議論されていた問題に関する，居心地のよくない「既視感」のようなものすら感じられる。20 世紀に入って以降の新聞や白書にざっと目を通してみれば，現在と同様の，ことばに関する懸念が当時にも表明されていたことがわかる。学校における英語能力の水準は明らかに先例のないほど低いレベルに落ち込んでいたし，大人の言語慣用法も悪化の一途をたどり，言語の将来にほとんど希望は見出せないほどであった。

進行中の変化

同時に，われわれは，孫の世代と祖父母の世代との言語的相違を過小評価してはならない。じっさい，家庭内での世代間の言い争いの多くが，過去 75 年の間に英語に起こった変化が原因となって生じたということがあったに相違ないのである。

- 語彙は，いつであれ，変化の主要な指標となるものである。科学技術の進展や，道徳上の規制の緩やかな「寛大な社会（permissive society）」の出現に伴って，標準英語の語彙が急速に増大したことに加えて，過去数十年の間に生じた俗語と，現代の俗語との間にも大きな隔たりが存在することになった（p.194）。さらに，方言調査の結果，旧世代の人びとに知られていた地域特有の語彙が姿を消すスピードの速さもわれわれの注目するところとなった（p.338）。
- 古い時代の標準的発音は，年配層の人びとの「なまった」地域アクセントや，以前の BBC 放送の司会者たちの，口を開き気味にした広母音の音質などで聞かれるが，それらのいくつかはネット上に公開された録音データで聞くことができる。教養ある標準語における変化の具体例はダニエル・ジョーンズ（Daniel Jones）の『英語の発音（*The Pronunciation of English*）』（1919）から推定することができる。その中で彼は lord（主人）という語に含まれる母音 /ɔː/ の英国発音を「広後舌円唇（open back rounded）母音と半広後舌円唇（half-open back rounded）母音との中間に位置する」と述べている（p.252）。これはこの母音の現在の音質とはいくぶん異なっており，現在ではもう少し高めの位置で｛【訳注】口を閉じ加減にして｝調音される。ジョーンズの記述に従えば，当時の lord はむしろ現在の lard（豚脂）の発音に近いものであったはずなのである。

過去からの声

トマス・エディソン（Thomas Edison）の蓄音機は，1877 年に特許権を与えられているが，そのおかげで今日われわれは，ナポレオンの時代に生まれた話者の英語発話の一部を聞くことができる。フローレンス・ナイティンゲール（Florence Nightingale）（1820-910）（挿入写真）の声は，ロンドンの科学博物館に収蔵されているレコードに録音された各種音声のなかに含まれており，現在では英国図書館のウェブサイト「歴史の声（Voices of history）」から聴取可能である。下の図は 1889 年のパリ万博での蓄音機の公開実演の模様を示したものである。

語彙化の過程

｛【訳注】表題の英語 lexicalysed の正しいつづりは lexicalised だが，ここでは「酔っぱらった」を意味する語彙が話題になっており，それと関連のある breathalysed（酒気を測定された）の語尾の -lysed とあわせた言葉遊びになっている。｝

語彙のいかなる領域も語彙変化の型通りで継続的な性質をはっきりと示している。「酔っぱらった（Getting drunk）」という概念を表す語彙は 20 世紀においてとりわけ豊富であったと思われる。以下に示す各語の年代は歴史的観点から編纂された辞書に掲載された各語の初出年を表しており，時に個人的観察にもとづいて補ったものもある。

（以下，いずれの語も「酔った，泥酔した」の意。）

pifflicated	1900 年代
ginned, lit	1900
ossified, pot-eyed	1901
saturated	1902
petrified	1903
pie-eyed	1904
blotto, rosey	1905
shellacked, tanked	
spifflicated	1906
slopped	1907
bunned, jingled	1908
orie-eyed	1910
piped, plastered	1912
polluted	
organized	1914
aped, gassed	1915
hooted	
jugged	1919
buried, canned	1920 年代
fried, juiced	
paralytic	1921
potted	1922
illuminated	1926
crocked, lubricated	1927
stinko, wall-eyed	
busted	1928
pissed	1929
flooey	1930
rum-dum	1931
bombed, looped	1940 年代
shit-faced	
swacked	1941
boxed, crashed	1950 年代
sloshed, zonked	
clobbered	1951
bevvied	1960
smashed	1962
wrecked	1968
legless	1976

2000 年代以降の例としては，以下のものがある（以下の例は「3 匹の子豚（'Three Little Pigs'）」（p.478）の話を聞かせてくれていた頃よりは成長したスザン・クリスタル（Suzanne Crystal）とその友人たちに負うところが大きい。）：bladdered, blootered, boxed, lagered, rat-arsed, ratted, treed, trollied, wankered（すべて「酔っぱらった」の意）。

- ことばに対する自覚や態度には時代により重要な相違が見られる。1 世紀にわたって学校で厳しく教えられた規範文法（p.82）が，現在では見られないような仕方で当時，ことばの感受性に影響を残したのも当然のことであった。じっさい，分離不定詞（p.207）や，そのほかの語法上のトピックを扱った 1983 年の BBC のことばに関する番組に反応して，ある高齢者が語気するどく指摘したように，規範主義はほかの点でも影響を残している。

  年上の世代の者が英文法についてはっきりした意見をもっているわけは，規則に従わなかったらきびしく罰せられたからである。分離不定詞を 1 度使うとバシッとやられる。2 度使えばバシ，バシッと 2 度たたかれる，という具合に。

  さらに彼より 50 歳かそれ以上若い別の投稿者は以下のような 4 語の英語からなる投稿をすることで事足れりとしている。このことから，いまだ未解決のまま残っている，言葉の上での世代間の溝の存在をあらわにしていると言える（p.202）。

  分離不定詞って何ですか?（What's a split infinitive?）

- 規範的伝統から生じる文法論争の多くは，すでに英語に存在している二者択一的な語法のうちから 1 つを選択するということに関わっており，現実の言語変化の問題を反映したものではない。しかしながら，英文法は 20 世紀を通じて，何の変化もなくじっと静止していたわけではない。細かい点で多様に，時には人びとの注目を引き，時にはだれにも気づかれない形で，変化し続けたのである。これら多くの点については III 部の関連する箇所で明らかにされる。
- 英語の語用論に関しても重大な変化があった（p.300）が，それはとりわけ，公的な言語行動として容認できると考えられるかどうかという点での変化であった。相互のやりとりの規範に変化が見られた。例えば，ファーストネームで呼び合ってよいかどうか，とか，肩書・敬称の用い方，禁句，あいさつでの慣用表現，手紙を書く際のしきたりなどなど，多岐にわたる領域で時代とともに変化が見られた。会話でのエチケットとして何が期待されるかということに関しても，世代間で大きな隔たりが存在する。
- 20 世紀における英語の発達において最も重要なものは，国内的にも国際的にも，新しい英語の変種が生まれたことであった。コンピューター英語や放送英語などまったく新しいものもあれば，宗教に関する英語や新聞雑誌のジャーナリズム英語など，社会の変化に影響を受ける変種も現れた（V 部）。何より重要なのは，世界中で顕著になった英語の新たな地域的変種の出現であった。英語の将来の歴史において，これらの変種が相応の地位を占めるのは確実視されており，これらを公平に扱うにはそれぞれ別個の章が必要となろう（第 7 章）。

発音の好み

1988-9 年にロンドン大学ユニヴァーシティ・カレッジが行った『ロングマン発音辞典（*Longman Pronunciation Dictionary*）』の調査結果のいくつかを示す。この調査は，発音上異論の多い 90 語について郵送によるアンケートという形で実施された。さまざまな学歴をもつ人びとに各語の 2 通りの発音のうちいずれを好むかが問われた。分析の結果，多くの事例において，好みの発音の選択が年齢に有意に影響されるということがわかった（発音選択のほかの事例については p.267 を見よ）。（J. C. ウェルズ（J. C. Wells），1989 に従う）

グラフの横軸の数字一覧：
1：66 歳以上（1923 年以前の生まれ）
2：41-65 歳（1923-47 年の生まれ）
3：26-40 歳（1948-62 年の生まれ）
4：25 歳以下（1962 年以降の生まれ）

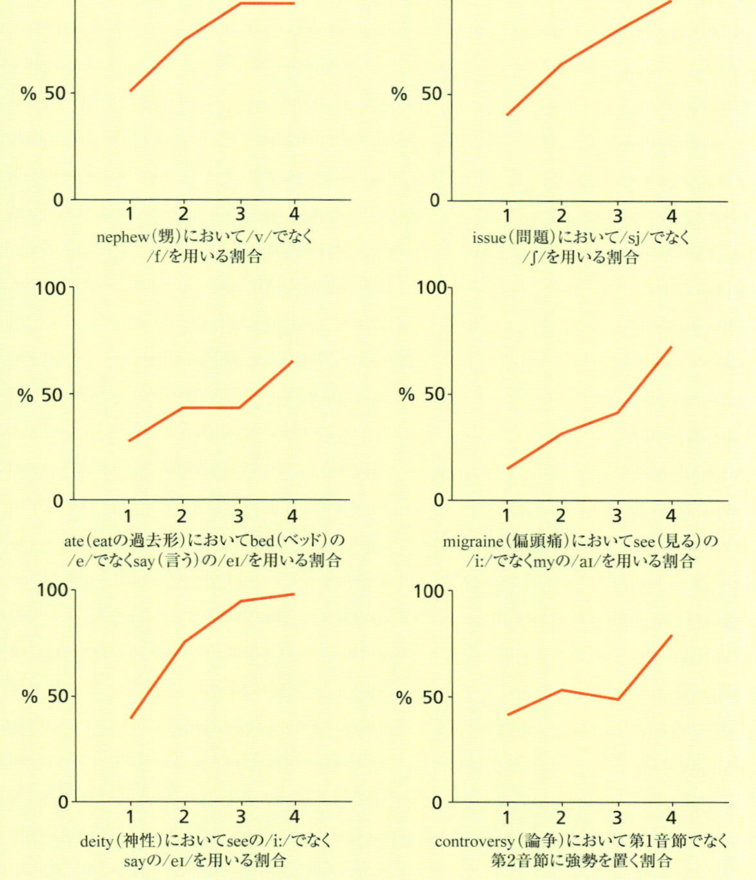

時代は変わる

かろうじて覚えているのだが，1920 年代のごく早い時期，若い男女の典型的な会話といえば，「彼：ファーストネームで呼んでいいかい？　彼女：呼びたければどうぞ。彼：えーっと，君のファーストネームは何だったっけ？」といったものであった。以来，上流階級の話し手（U-speakers）によるファーストネームの使用は絶えず増え続けている。30 年代には，ダンスパーティーに出かけた男女各 2 人からなる 4 人（partie carrée）のうちの 1 人が，ほかの 3 人とは面識がなかったにもかかわらず，ファーストネームだけで（あるいは，しばしば，ジョン・スミスとかジェーン・スミスなどと敬称なしで）紹介されるのはごく通常のことであった。戦時にはファーストネームの使用はさらに増え，女子部隊の長である男性は彼女らをファーストネームで呼び，一方，彼女らが部隊長を呼ぶときは X 殿（Mr. X）と呼ぶのがならわしであった（A. S. C. ロス（A. S. C. Ross），1956。ただし，引用中，「洗礼名」（christian name）となっていたものは「ファーストネーム」に改めた。これは 21 世紀の多文化世界における必然的な意味の拡張を反映させるためである。U と non-U については p.386 を見よ）。

変わらないもの

次のような感覚は，その起源がいつであれ，時間を超越したものである。以下のものは 1921 年のものであるが，2018 年であっても，あるいは，1818 年であっても変わりはない（p.389）。

ロンドンの小学校へ行って，子どもたちにとって最も必要なものは何かを確認してみてほしい。まず，最初に気づくのは，人間としての基準に照らしてみた場合，男の子も女の子も発音が不明瞭で，ほとんど言葉になっていないということである。訳のわからない雑音は発するのだが，話をすることはできないのだ。運動場をぶらぶらしながら，少年たちのおしゃべりや叫び声に，あるいは遊んでいる少女たちの金切り声に，耳を傾けてみてほしい。「学校ごっこをして遊んでいる」ときなどのものは特に注意して聞いてみてほしい。それがあなたの母語であるとはほとんどわからないだろう…男の子に，本のことでもゲームのことでも，どこかの場所のことでも何でもいいから何か話すようにたのんでみれば，ジャム皿に落ちたハエのように，発作的に，いいことばを見つけ出そうと悪戦苦闘するであろう。（G. サンプソン（G. Sampson）『英国人のための英語（*English for the English*）』，1921）

最近のトレンド

語彙というのはつねに，言語が変化していることを最も目につきやすい形で示してくれる。それは言語変化が語彙の面できわめて多いことによるが，だからといって，古い語や語義の消失と新語・新語義の出現とを正確に数量化するのは簡単なことではない。語彙変化にとって，その変化が起こる時期がとりわけ重要な意味をもつかどうかは，実際にその変化が起こったあとになってみないとはっきりしない。われわれが身の回りで耳にする新語のうちのどれが英語の語彙として定着するのか，いずれが一時的な，その場限りの俗語や流行語で終わるのかはまったく見当もつかない。1970 年代に英語で用いられていた新しい語彙項目を調査した結果によると，それらのうち何と 75 パーセントもの新語が今や廃れてしまっていることがわかる。

辞書の編纂者が作った，出版物から収集した新語集を調べてみると，何百という新しい表現が毎年生み出されていることがわかる。例えば，オックスフォード大学出版局発行の『20 世紀の新語（*Twentieth Century Words*）』には約 5,000 項目が収められている。以下にその例をあげる：

- 1990 年代：applet（アプレット），Blairism（ブレアイズム【訳注】英国ブレア首相の掲げる政策），Britpop（ブリットポップ【訳注】1990 年代英国人グループによるポップ音楽），cool Britannia（クールブリタニア【訳注】1990 年代の英国文化を表す表現），Dianamania（ダイアナ妃に対する熱狂），docusoap（実話ドラマ【訳注】documentary + soap opera の混成語）
- 1980 年代：AIDS（エイズ，後天性免疫不全症候群），backslash（バックスラッシュ（右下がりの斜線 ＼）），bog-standard（月並みの），BSE（牛海綿状脳症），cell-phone（携帯電話），designer drug（合成麻薬）
- 1970 年代：action replay（スポーツ中継などの即時再生），Betamax（［商標］ベータマックス（ビデオレコーダーの規格の 1 つ）），biotechnology（バイオテクノロジー），cashpoint（現金自動支払機），club class（クラブクラス【訳注】first class と economy class の中間。アメリカ英語の business class に相当），detox（薬物・アルコール依存症の治療）

平均すると 10 年で 500 項目，ざっと 1 週間に 1 語ということになる。しかもこれは書き言葉に限定しての話である（p.129）。

これほど多くの新しい語や句が存在することは，それらの語句の存在を動機づけているさまざまな職業・階層が存在することを考えれば，特に驚くにはあたらないであろう。しかし，ここで注意しなければならないのは，単に「語」だけでなく，「語や句」としていることである。2016 年初頭のケンブリッジ大学出版局の辞書のブログにある新造語のリストには，kicks（=trainers トレーナー），wavy（=stylish 流行の），manel（男性だけで構成されるパネル（委員会）），slashkini（スラッシュキニ。たくさんの切り込み（cut-outs）が入ったワンピース型水着）などの語が含まれるが，これより数の上ではるかに勝る次のような句が見出される。

dude food（肉など，男性が好むとされる食べ物）

Skype family（両親の一方が海外に住み，スカイプを通じて連絡を取り合う家族）

grey gapper（定年退職を機に，日常生活を離れて 1 年間の旅に出かけるような人）

pocket dial（ポケットに入れておいた携帯電話が意図せず作動して誤発信する）

われわれが，英語に「新語」（new words）が加わったと言うとき，それは単に単一の語に限らず，2 語以上からなる表現をも含めて言うのである。

進行形の新たな進展

進行相（あるいは継続相）（p.216）の使用は次第に増加してきているが，この増加傾向は 19 世紀にまでさかのぼることができる。このことに関して最も頻繁に引用されるのがマクドナルドのキャッチフレーズであろう。1960 年代なら，I love it.（それは私のお気に入り）が最も自然な表現であったろう。かつては，単純形（p.237）でしか耳にしたり，目にしたりしなかった心的状態を表す動詞が，動的に進行形を使って表されるようになってきたのである。当該の動詞によって表される時間の枠を，より広い，継続的な状況として思い浮かべるようになってきたようである。ただ食べているその瞬間だけでなく，いつも好きだというつもりで，'lovin' it' と表現するわけだ。

この変化はすべての状態動詞（stative verbs）に同じペースで生じているわけではない。以下に見るそれぞれの事例は，今日，進行形で使われることがあるが，この用法は，以下の B 群の事例よりも A 群のそれのほうに，より多く見出される傾向がある。また，さまざまなジャンルの違いによっても大きく変容し，進行形は書き言葉より話し言葉に多く見られ，ジャーナリズムよりは小説類で頻繁に用いられる。また，学術論文などではめったに見られない。

A

I'm loving my new job
（新しい仕事がとても気に入っている）
I'm wanting a new fridge
（新しい冷蔵庫がほしい）
I'm intending to apply
（申し込もうと思っているんだ）
I'm hating this weather
（こんな天気はいやだね）

B

I'm needing a new coat
（新しいコートが必要なんだ）
It's concerning me a lot
（そのことがとても気にかかる）
It's mattering to me greatly
（私にとって大いに重要だ）
I'm knowing the answer
（私は答えを知っている）

Know という動詞は従来，進行形の使用に大いに抵抗してきたものの 1 つであったが，インドなど英語圏のいくつかの地域では，knowing という形はごく一般的なものとなっており，コーパス研究の教えるところによれば，進行形の使用はますます増大してきている。すべての状態動詞がやがては進行形の用法を発展させる可能性は高いと言えよう。

ich liebe es（独語。それは私のお気に入り）
i'm lovin' it（英語。それは私のお気に入り）

（B. アーツ，J. クロース & S. ウォリス（B. Aarts, J. Close & S. Wallis），2010 に従う）

関係詞の新たな相対的価値観

後期中英語の時代以来，関係代名詞には用法上の変異が見られるが，1960 年代になると，改まった書き言葉において，次のような構文で顕著な傾向が現れる。

the book which I bought
（私が買った本）
the book that I bought
（私が買った本）

制限的関係節では which より that の方が一般的となり，which の使用は目立って少なくなってきている。（*the book I bought*（私が買った本）におけるような，関係詞を用いないゼロ形態はくだけた話し言葉でしばしば用いられるが，特にアメリカ英語においてほとんど衰えることなく用いられている。）米国の学術文献に関するある調査研究によると，that の使用は，1961 年のブラウンコーパス（Brown corpus）で 32.75 パーセントであったが，1992 年のフラウンコーパス（Frown corpus）では 80.34 パーセントにはね上がったという（p.490）。

ではなぜこのような変化が起こるのだろうか。1 つの要因として，規範文法の伝統に則って which を使用すべきであるとする考えに対する反感があげられる。20 世紀に出版された多くの執筆便覧が which を避けることを推奨しており，この傾向は，オンラインの文法チェッカーの普及によっても強化されている。とくに which から that への変化がより早く起こったアメリカ英語を反映した文法チェッカーの場合はなおさらである。典型的な例として，アーネスト・ガワーズ（Ernest Gowers）の『完全版やさしい語（*The Complete Plain Words*）』（1954，11.16）をあげることができる。　（巻末 p.521 へ続く）

コラム「新しい法，新しい気分」を巻末 p.521 に掲載

言語学的ミーム

ミーム（meme）という語は進化生物学者リチャード・ドーキンズ（Richard Dawkins）によって，1976年に彼の著書『利己的な遺伝子（*The Selfish Gene*）』の第11章で初めて使われたものであり，ギリシア語起源で「模倣されたもの（that which is imitated）」を意味するmimemeの短縮形である。この語の由来については，ドーキンズ自身も次のように述べている。「発音上“gene”（遺伝子）によく似た単音節語にしたかった。mimemeをmemeと短縮しても，古典学者の友人たちは許してくれるだろう。」この語は言語学で用いられる*-eme*という接尾辞（例えば，phoneme（音素），morpheme（形態素）などに現れる）を思い起こさせるが，それらに含まれる最小対立という概念はもっていない。ミームは人から人へと広がっていき，相当期間持続しうる，文化的な伝播の単位である。ドーキンズはメロディーや観念，服の流行，容器の作り方，アーチ型建造物の建て方，そして，本書との関わりで言えば，キャッチフレーズの作り方などを例にあげて解説している。

このミームという概念は，画像や文章を急速に拡散させ，同時に，潜在的には際限なく多様な変種を許容するインターネットを通じてよく知られるようになった。大抵は（漫画の吹き出しに似た）キャプションつきの写真であり，ユーモアや皮肉を利かせた内容をもったものであるが，多くは，政治的，社会的にまじめな意図を伝えるものであり，中には，哲学的に重要な内容を表現しようとするものもある。

ミームがうまく働くためには，それがユニークで，独特，かつ首尾一貫したものでなければならず，ことばを用いて容易に達成可能なものでなければならない。言語上の主な特徴は，非標準的な形式を使うこと，例えば文字情報の送信などを行う初期のチャットでは，逸脱したつづりの使用，もっと最近のものでは，逸脱した文法などがあげられる。最も広く普及した商品としては，Leetspeak（リートスピーク｛【訳注】文字を形の似た数字や記号に置きかえる隠語表記｝），LOLcats（ロルキャッツ｛【訳注】ネコの画像に風変りな英語でキャプションをつけたもの｝），Doge（ドージ｛【訳注】柴犬の画像に短いテキストをつけたもの｝），Doggolingo（ドッゴリンゴ｛【訳注】既存の語にさまざまな接尾辞を付加して造ったインターネット言語｝）などがある（pp.458-9）。しかし，以下のコラムの例に見られるように，標準英語もまたミーム語の豊かな源泉となりうる。

ことばのいかなる領域も，神聖で侵すべからざるものなど存在しない。その点，政治的公正（political correctness）に対する配慮がないとかえって目立ってしまうことになる。Y U Noは大文字の携帯メール語（textese）（p.455）を用いているが，これは日本のシリーズもの漫画の登場人物を描いて，外国人学習者の単純化した発話をパロディー化するために使われている。そのミームとしての起源はI TXT U / Y U NO TXT BAK!?（メールを送った/何で返信してくれないの!?）から始まった。Ermahgerdというミーム語は若い女性が子どものホラー小説シリーズ『鳥肌（*Goosebumps*）』を何冊かもっているところを示したもので，この名は「オーマイゴッド」（Oh my God）を発話に障害のある人が発音したものに由来する。Gersberms｛【訳注】=Goosebumps｝とかBerks（books）という名でも知られている。

今や，インターネット上にはミーム語が多数存在し，言語史上に残る永遠の地位を獲得しようと狙っている（実際にそれを達成するものはまれだが）。「あなた自身のミーム語の作り方」を教授するようなサイトまで存在する。われわれは今や，ウェブ上でもそれ以外でも，特異な言語特徴がかなり増えていくことを，マジで（srsly【訳注】seriouslyの文字通信やミームでの短縮形｝）覚悟しなければならない。

そうだ，われわれにはできる。

ヴォン・ピップ
｛【訳注】この絵の作者｝

Barack The ReBilder（直し屋バラク）
CAN WE FIX IT?　YES WE CAN!（直せるかだって？　もちろん，できるさ!）
The House That George Built（ジョージが建てた家）
GEE I SURE AM SORRY ABOUT THE MESS!（やれやれ，ひどい状態にしてしまって本当に申し訳ない。）

バラク・オバマ（Barack Obama）の政治的スローガンは大統領選の遊説で彼がくり返し使ったため，広く知られるようになり，政治集会で聴衆により一斉に連呼された。これはもと，アメリカの労働者リーダーであり，全米農場労働者組合の共同設立者であったセサール・チャベズ（Cesar Chavez）が1972年の愛のための25日間の断食の際に用いたスペイン語の Si, se puede（そうだ，それは可能だ）に起源をもつとされるが，世界的に注目されるようになるのは，2008年の大統領選の勝利演説においてオバマがくり返し用いたことによる。このスローガンのミームとしての資格は，これが英語圏のほかの政治家によっても使われるようになり，さらに，何であれ達成することが目標となるような，政治以外のどんな領域でも使われるようになって初めて強固なものとなった。この標語はとりわけ，教育やスポーツなどの，個人の業績が重要な鍵となるような状況で使われるのが一般的である。

英国の人びとにとっては，「工事屋ボブ（Bob the Builder）」というテレビアニメのキャラクターのキャッチフレーズがもともと話題になっており，当時の多くの人たちがそれに飛びついて使いはじめるようになったという偶然も重なって，この標語の使用はいっそう勢いを増したと言ってよい。

平静を保て，そして・・・

「平静を保て」（Keep Calm）で始まる定型の表現様式は2008年に初めて一般に注目されるようになって以来，驚くべき勢いで使われ始めた。その本来の形式「平静を保て，そして今まで通りの生活を続けよ」（Keep Calm and Carry On）はサンセリフ書体のポスターとして印刷され，赤の地に，ポスター上部にチューダー王冠を配したものであった。ナチスドイツの侵攻に際して，国民の士気を高めようと，1939年に英国情報省によりデザインされたものであるが，結局は採用されずに終わり，試し刷りされたわずかのポスターしか残されなかった。

このうちの1枚が，ノーサンバーランド州アニック（Alnwick）のバーター書店（Barter Books）がオークションで買った古書の中から発見された。店主はそれを額に入れてレジのそばに掛けておいたが，大いに人びとの関心を引いたので，コピーを作って販売しはじめた。今日ではポスターだけでなく，タンクトップ，Tシャツ，スエットショーツ，マグカップ，キーホルダー，マウスパッド，マグネット，壁用デカルコマニー，ふきん，ステッカー，ベビーグロー，エプロン，コースター，アイフォーンやアイパッドのケースなどなど，販売業者の想像力不足のため限りがあるとはいえ，それこそ至るところにこの標語を見つけることができる。

「落ち着いて，デイヴィッド・クリスタルの著作を読もう」

この標語が人に訴える力は，その翌年のイギリスの金融崩壊などとの関連もあってか，さらに影響力を増していった。金融危機が収まった後も引き続き，その人気は衰える気配を見せず，きわめて広範にわたる状況下で，皮肉な安心感を人びとに与えたと言える。

著作権が消滅して自由に利用できるようになった標語（オリジナル版の著作権は50年後に期限が切れる）が大当たりするかどうかは，模倣やパロディーがどのくらいたくさん作られるかによって決まる。「平静を保て」に代わるものとしては，「あわてないで」（Don't Panic），「わくわくするね」（Get Excited），「さあ，パニックを起こそう」（Now Panic）などがあり，後半部のand以下の部分の言いかえとしては，政治に関する文脈では，「落ち着いて～に投票しましょう」（Keep Calm and Vote –），活動家の「平静になって～を救おう」（Keep Calm and Save – ），さらには，ややわいせつなものとしては，「落ち着いて～」（Keep Calm and – ）（andのあとはご想像にお任せする）などがある。2語からなる言いまわしは著作権を得るには十分ではないが，個々の製品のデザインとしてはもちろん十分である。

7 世界の英語

さらなる情報源：
cambridge.org/crystal

英語が世界の言語（p.112）としての地位を高めることになる最初の重要なステップを踏むのは，16 世紀の最後の数十年のことであった。当時，世界で英語の母語話者の数は 500 万人から 700 万人と考えられており，その大半はブリテン諸島に居住していた。エリザベス 1 世（Elizabeth I）の治世の最後の年（1603）からエリザベス 2 世（Elizabeth II）の治世の初め（1952）の間にこの数はほぼ 50 倍の 2 億 5,000 万人に増え，その大多数（ほぼ 5 分の 4）はブリテン諸島の外に住んでいた。そのときの英語母語話者の多くは米国人であり，また，その後もずっとそうである。そして，英語の歴史に新たな局面が加えられたのも，16 世紀の北アメリカにおいてなのであった。

新世界

英国から新世界への最初の探検は 1584 年にウォルター・ローリー（Walter Raleigh）によってなされた。そして，それは失敗に終わったことがわかっている。探検家たちの一行はロアノーク島のあたりに居を定めた。そこは現在のノースカロライナにあたり，ささやかな入植が始まった。その後，もとから住んでいる人びととの衝突が起こったために，船は援助と必要物資を求め，いったん英国に戻る必要があった。援助や必要物資が届いた 1590 年までには，最初の定住者の一団はすっかり姿を消してしまっていた。その人びとが消えてしまった背景の謎は，いまだ解明されていない。

最初の入植者の定住は探検隊がチェサピーク湾に到着した 1607 年にさかのぼる。植民者たちは，この入植地を（ジェームズ 1 世（James I）にちなんで），ジェームズタウンと呼び，その地域を（処女王（Virgin Queen）であるエリザベス 1 世にちなんで），ヴァージニアと呼んだ。次なる入植は海岸線に沿って迅速に行われ，またバミューダのような近くの島々に対しても行われた。その後，1620 年 11 月，清教徒の最初の一団，つまり，英国の国教会からの分離派の 35 人のメンバーがほかの入植者 67 人をともない，メイフラワー号（Mayflower）に乗って新世界に到着した。彼らは，嵐に阻まれ，ヴァージニアには到着できず，ケープコッド湾に入り，現在のマサチューセッツ州プリマスというところで入植を始めた。

その一団は，さまざまなメンバーが混じりあい，年齢的には，幼い子どもから 50 歳代の大人まで，また，地域的，社会的，職業的な背景も多様であった。「ピルグリムファーザーズ（Pilgrim Fathers）」（と後に呼ばれる人たち）が共通にもっていたものは，迫害を受けることのない，また，英国で自分たちが経験していた教会の習わしから「清められた」新たな宗教的王国を築くことのできる土地を探し求めることであった。そして，それは，成功と言える入植であり，1640 年までに 25,000 人の移住者たちがこの地域にやってきたのである。

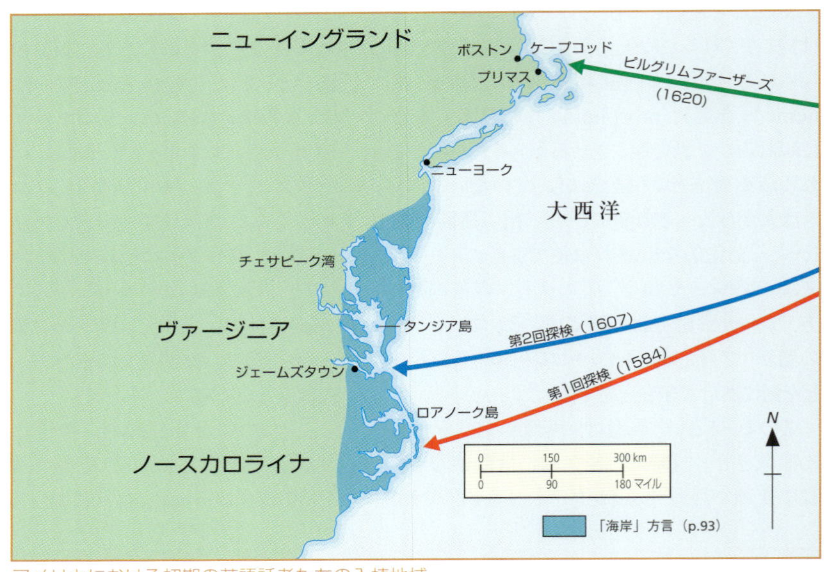

アメリカにおける初期の英語話者たちの入植地域

生きた博物館

植民者たちの最初の入植を再現した，マサチューセッツ州プリマスにあるプリマスプランテーション。定住者たちがおそらく話していたと思われる話し方の再現も含め，できるだけもとの姿に近い形で，彼らの生活を写し出している。

方言差

2つの入植，1つは南への入植，つまり，ヴァージニアへ，もう1つは，北への入植，現在のニューイングランドへであるが，その2つの入植は，異なった言語学的な結果をもたらした。南への入植者は，主にイングランド「南西部（West Country）」，つまり，サマセットやグロスターシャーというような地方からきた入植者であり，「ザマゼット発音（Zummerzet）」と呼ばれるsの音を有声化させる発音，および，母音の後のrが強く発音される方言をもたらした。この方言の名残は，孤立した渓谷地域やチェサピーク湾のタンジャー島のような島々の諸地域でみられる言語コミュニティでは今でも聞かれる。このような，「海岸方言」と呼ばれる方言は，この国のほかの地域と同様，（話者がある程度，ほかと隔絶されているために）急速にというわけではないが，過去300年の間にはいくぶん変化を遂げてきている。この方言は現存する発音ではシェイクスピア風の英語の発音に限りなく近いと言われることもあるが，もちろん，当時の発音（Original Pronunciation, OP）(p.72)からは相当距離がある。

それに対して，プリマスの入植者の多くは，イングランドの東部地域，特に，リンカーンシャー，ノッティンガムシャー，エセックス，ロンドンから入ってきた者たちである。また，ミッドランドからきている者もおり，さらに外れた地方からやってきた者も少数ながらいる。東部方言はかなり異なっていて，特に有名なのは，今日の容認発音（RP, p.387）にあるように母音のあとのrの音が欠落するという特徴である。この東部方言が，入植地において大きな影響力をもつことになった。この「rを発音しない」傾向は，今なお，ニューイングランド出身の人びとの発音の特徴となっている。

17世紀の英国の言語のほかの特徴は，現代の米国人の話し方と関連が深い。例えば，danceという語に見られる「平らな」aの短母音がそれにあたる。容認発音のRPでは，「長い」aの音を発達させた(p.327)。イギリス英語でも，notのような語は，唇を丸めて発音するようになったが，一方で米国においては，（例えば，チョーサーにみられるnatの場合のように）唇を丸めない以前の発音が残ることとなった。いくつかの古い語や意味用法が米国の標準の一部となったのである。そのような語には，spring onion（葉たまねぎ）の意味のscallionのような方言と同様，angry（怒っている）の意味のmadや，autumn（秋）の意味のfallなどがある。いずれも，もともと英国北部で生まれ，米国じゅうで一般に使われるようになったものである。I guess（～と思う）のような句は，英国純粋主義者から，アメリカニズムとしてたびたび非難されるものではあるが，実際は，その使用は中英語(p.39)にさかのぼることができるのである。

17世紀を通して，船何隻か分の新しい移住者たちがもたらしたものは，次第に増加する言語学的背景のおびただしい多様さである。例えば，ペンシルバニアは，そのほとんどがイングランド中部と北部出身者からなるクエーカー教徒（Quakers）によって開拓されるようになった地域である。大西洋に面した「中ほどの地帯」（特にニューヨーク）が入植の中心地となるにつれ，互いに相当異なる英語を話す人びとが寄り添って近くに住むことになった。結果として，地域の方言を分けるはっきりとした境界線は見えにくくなった。「人種のるつぼ」という概念は移住者の方言に対して，非常に早い時期から当てはまったに違いないのである。

18世紀には，アイルランドからの移民の大きな波があった。アイルランド人は，1600年頃から米国に移住していたが，大きな動きは1720年代に起こったのであり，そのとき，およそ5万人のアイルランド人およびスコットランド系アイルランド人がこの地に到着した(p.358)。独立が宣言される時期（1776年）までに，入植者の約7人に1人はスコットランド系のアイルランド人という状態であった。その多くは海岸線沿い，特にフィラデルフィアに住んだが，大部分の人びとは，内陸に移動した。彼らは，開拓者と見なされ，当時broad（粗野な）という修飾語で言い表された方言を話していた。南部と西部の開拓は，この一団の定住者たちの開拓精神によるものが大きいと言われている。

1790年に行われた最初の国勢調査までには，人口は，主に，大西洋岸に沿った地域で約400万人になった。その1世紀後，西部を開拓したあとでは，5,000万人を超え，大陸に広まっていった。そこで生まれた方言は，いわゆるサンベルト地帯（つまり，ヴァージニアから南カリフォルニアまで）において，今では，広く聞かれる。そして，その方言は現代のアメリカ英語の話しことばと深く結びついている(p.332)。

マイルズ・スタンディッシュ（1584-656）

方言の背景という観点から言えば，マイルズ・スタンディッシュ（Myles Standish）指揮官は，例外的であった。彼はマン島出身の唯一のピルグリムであった。オランダで戦った経験のある兵士の一人であり，プリマスの植民者たちの軍の指揮官として活躍した。そして，のちには，その地の総督補となり，植民地財務官を務めた。

植民者たちそれぞれの個人史をひもといてみると，方言のパッチワークのキルトのようなものが立ち現れる。スタンディッシュの妻のバーバラ（Barbara）は，ランカシャーのオルムスカーク出身である。その入植地の最初の統治者であるウイリアム・ブラッドフォード（William Bradford）はヨークシャーとリンカンシャーの境界の街出身である。彼の妻のアリス（Alice）は，サマセット出身である。ニコラス・スノウ（Nicholas Snow）は，ロンドン出身，彼の妻のコンスタンス（Constance）は，グロースターシャー出身であった。しかしながら，この種の方言と関連づけられる発音様式および文法の地域的特徴は1つもニューイングランドでは広まらなかった。米国のこの地方の標準とされるものの祖先は，イングランドの東部地方のことばなのであった。

（M.ウェイクリン（M. Wakelin），1986による）

デイヴィ・クロケット（Davy Crockett）（1786-836）

テネシーで生まれた，その伝説的な開拓者は，スコットランド系アイルランド人の移民者一族の出である。辺境を耕す農場主の息子である彼は，クリーク戦争（Creek War）（1813-5）で戦ったことで知られるようになった。その後，政治の道に入り，テネシー議会と米国下院の両方の議員を務めた。彼はテキサスでメキシコ人との戦いの軍に加わった後，アラモの戦いで殺された。彼に関する英雄的な神話は精力的かつユーモラスな演説で知られる彼の政治的な運動を通って高まっていき，また，彼自身が貢献することもあった，その地に伝わる叙事詩的な物語が数多く出版されることにより，さらに不動のものとなった。

言語学的多様性

英語が米国に広まっていくという方向性に影響を与えたのは，英国のみではなかった。スペイン人も西部や南部の大きな部分を占拠していた。フランス人は，北部の領地，セントローレンス川の周辺地域，そして，メキシコ湾に至る中部地域（フレンチルイジアナ）全体に居住していた。オランダ人は，ニューヨーク（もともとは，ニューアムステルダム）および，その周辺の地域に居住していた。17 世紀末に多くのドイツ人が渡ってきはじめ，主としてペンシルバニアとその周辺領域に定住した。それに加えて，大勢のアフリカ人がいわゆる奴隷貿易の結果，南部に入ってくることになった。そして，この流れが 18 世紀に劇的に進んだ。1700 年には 2,500 人強だった黒人奴隷の人口が 1775 年までには，約 10 万人にもなり，南部の白人の数をはるかに凌駕することになったのである。

最初の頃から米国人の生活のコスモポリタン的な性質は，言葉（特に，語彙と命名の在り方）に影響を与えていた。米国のどんな人名辞典にも，アイゼンハウアー，ロックフェラー，クライスラー，シュタッドベーカーなどのドイツ系，および，カポネ，ディマジオ，シナトラ，バレンチーノなどのイタリア系というような，典型的な「アメリカ」の名前が収録されている。同様に，現代の地名（p.150）の語源的多様性は，ブロンクス，ヨンカーズ，ハーレム（というようなオランダ語系），メイン，デトロイト，ルイヴィル（のようなフランス語系），エルパソ，サンフランシスコ，トレド（のようなスペイン語系）の地名から見て取れる。この国の多言語的な歴史のさらなる例に関しては，p.155 の州の名前の説明を見よ。

我に委ねよ，汝の倦み疲れ…

人びとはヨーロッパで起きた革命や貧困や飢饉の影響から逃れようとし，19 世紀には米国への入植が大幅に増えたのである。大勢のアイルランド人が 1840 年代のジャガイモ飢饉の後，米国に到来した。ドイツ人とイタリア人が 1848 年の革命の失敗の結果，逃れてやってきた。そして，世紀が進むにつれ，特に，1880 年代のユダヤ人の虐殺から逃れようとする中央ヨーロッパのユダヤ人の大量流入があった。20 世紀の最初の 20 年間に，移民者は平均して，1 年に 75 万人ほどが米国に入ってきた。

その時勢の雰囲気は，エマ・ラザラス（Emma Lazarus）（1849-87）によってとらえられている。ラザラスは，自由の女神に対するソネット，「新しい巨像（'The New Colossus'）」の中で，抑圧された人びとの逃げ場としての米国への強い信頼を描いている。像の台座の中の銘板に彫り込まれている，その有名な詩の最後の数行には，次のような言葉がある。

『新世界に入る（*Entering a New World*）』
C. J. スタニラン（C.J.Staniland）作，1982

我に委ねよ　汝の岸辺にうち棄てられ
倦み疲れ　貧しさに喘ぎ
自由に焦がれて　群なす汝が民を。
我に送れ　家なく災厄に弄ばれし者たちを。
我かかげん　わが灯火を　黄金の扉の傍らに！
（訳文は，小田基『「自由の女神」物語』晶文社，p.184，1990 より）

方言の地域

入植初期のパターンから生じた方言区分は後のアメリカ全土での人口移動後も大部分は保持されている。ニューイングランドの人びとは，西から五大湖の地域に移動し，南部の人びとはメキシコ湾に沿ってテキサスに移動した。内陸部の人びとは広大な中西部地域全体に広がっていき，ミシシッピ川を越え，最終的にはカリフォルニアにまで到達した。国中の北から南までの移動があり，世界中のさまざまな地域からひっきりなしに移民が流入することから，方言地図は，決して，明確なものとはならない。多くの方言混合地域があり，予期せぬ方言形式をもついくつかの小地域もある。しかし，北部，内陸，南部という主たる区分は，今日なお，はっきり示すことができる（p.332）。

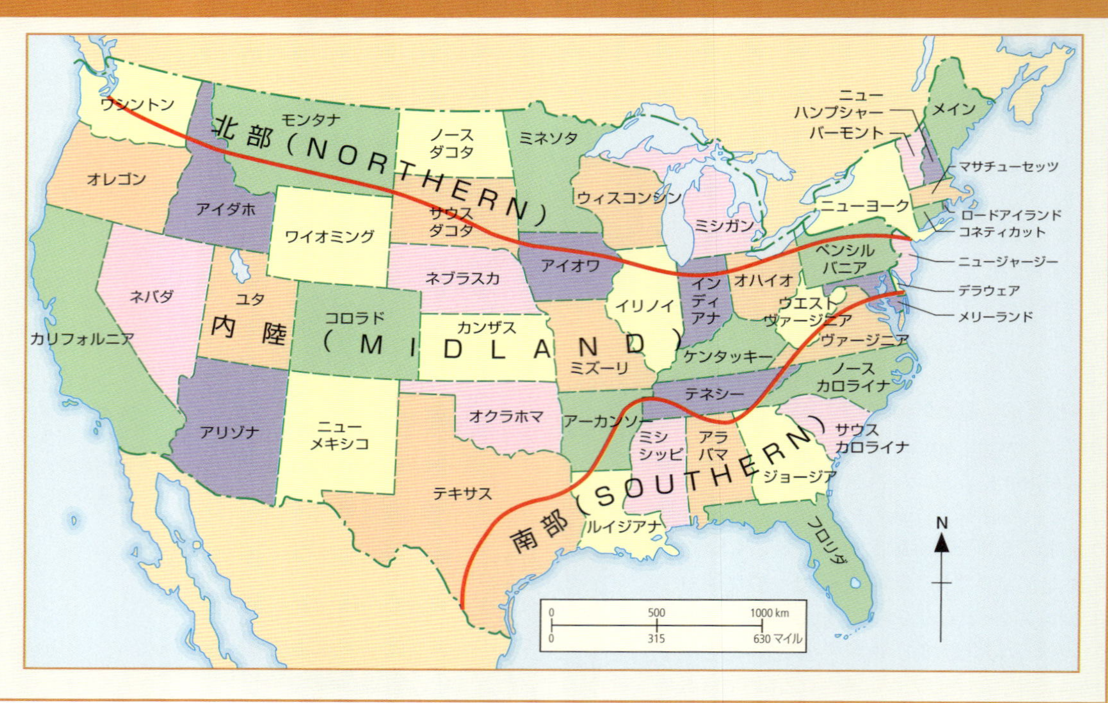

カナダ

英語という言語がカナダと最初に接触するのは，ジョン・カボット（John Cabot）がニューファンドランドに到達した1497年という早い時期であった。しかし，大西洋に沿って英語が移入してくるようになるのは，農業や漁業や毛皮貿易などが英語話者の移民をひきつけるようになる1世紀後まで待たなければならなかった。フランス人との衝突が絶えず起こったが，彼らの存在は1520年代のジャック・カルティエ（Jacques Cartier）の探検時にさかのぼる。しかし，アン女王戦争（Queen Anne's War）（1702-13年）およびフレンチ・インディアン戦争（French and Indian War）（1754-63年）でフランス側が敗戦した後に18世紀中にはフランス人の権利の主張は取り下げられるようになり，この衝突は終わりを遂げた。1750年代に何千というフランス人入植者がアーカディア（現在のノバスコシア）から強制的に排除され，ニューイングランドからの入植者に取って代わられた。入植者の数は，英国，アイルランド，スコットランドから直接入植する多くの者たちによって,さらに増えた（スコットランドからの移住者のこの地への初期の関心は，ノバスコシア「新しいスコットランド（New Scotland）」という名前にも反映されている）。

カナダの英語にとって次なる大きな発展は，1776年の米国独立宣言の後に起こった。英国への忠誠を誓う者たち（「英国王党派（United Empire Loyalists）」）は，新しく独立する合衆国にはとどまれないと判断し，大部分がカナダに逃れた。最初は，現在のノバスコシアに定住し，次に，ニューブランズウィックとさらなる内陸地方に移動した。彼らの後には，まもなく，（いわゆる「後期王党派（late Loyalists）」と呼ばれる）何千という仲間たちが，安い土地を求め，特にアッパーカナダとして知られる地域（モントリオール以北や五大湖の北）にひきつけられ，続いて流入した。50年以内に，この州の人口は，10万人にまで達していたのである。今日（2017），カナダの人口は3,600万人以上である。

現代のカナダ英語は，北アメリカの残りの地域で話されている英語と多くの部分で共通している。そして，この地域の外部に居住している人びとにとっては，この2つの変種の区別をつけることが往々にして難しい。なぜ類似性があるのかは，ずっと議論のテーマとなっている。1つには，初期のカナダ英語が，初期のニューイングランドのことば（p.99）を形作ったものと同じ種類のイギリス英語のいくつかの方言の混合体に由来するという形で，最初からつねにそこにあったのかもしれないということが考えられる。また他方では，その類似性は，数の力によって生じたものとも考えられる。19世紀のおびただしい数の米国移民の方言が，ひょっとしたら，実際のカナダ英語よりもっと特徴のある変種となる可能性のあった方言を駆逐してしまったというものである。どちらの仮説に従ったとしても，言語の状況は，きわめて雑多なものからなっていたという結論になるであろうと言える。

カナダ英語と合衆国の英語の間には類似性はあるが，同一ではない。しかし，簡単な言葉で両者を区別することはできない。主な相違点は，p.360-3で述べられている。

この地図は，英語を話す民族がカナダに移民する際のおおよその方向を示している。沿海州では，興味深い展開があった。沿海州は，ニューイングランドから多くの人びとをひきつけた。この地域は，もともとニューイングランド英語の主たる特徴であった，rのない訛り（p.99）を維持することなく，（bar（「酒場」）やcart（「荷車」）における）rを発音し始めたのである。この変化は，英国諸島からのr使用者の大量の流入の影響を受けた結果であるとおそらく考えられる。しかし，この勢いが広く行きわたったことは，初期のカナダ人がすでに米国の隣人とは違った発音をする必要を感じていたことを示している。皮肉なことに，このrの特徴がいったん合衆国英語の標準となってからは，アイデンティティーの印としての価値はその後失われることになる。

湖水地方

（ケベック以外の）大部分のカナダの湖は，英語式の型に沿って名づけられている。ローハイドレイク，エリオットレイク，クワークレイクなど，そして，すべてがオンタリオ南部で見られるものだ。しかし，数マイル南の方に行くと，総称的な名称が先にくるレイクヒューロンに出くわす。なぜ，ヒューロンレイクではないのか？　この答えは，探検の初期段階に，フランス語の影響が多大であったことにある。ラック・デュモンや，ラック・デュ・フィスのようなケベックの名前に見られるように，フランス語式の型がすべての五大湖（およびレイクウィニペグのように，そのほかのいくつかの湖で）使われてきた。

フランス語は，一般語彙にも影響を及ぼした。この初期の時代に英語に入ってきた語の大部分は，フランス語由来，あるいは，Esquimaux（エスキモー）（1548）やcanoe（カヌー）（1576）や，caribou（カリブー，北米のトナカイ）（1665）というような語彙など，フランス語を介した米国先住民の言語由来の語である。あるいは，毛皮交易およびその開拓者たちに関する語彙である。国の名称そのものも，そのような語源からきている。すなわち，Canada（カナダ）は，サゲネー川沿いの原住民の王国の1つを表す言葉として，フランスの探検家ジャック・カルティエが1535年の日記に記録している（彼が出会ったイロコイ語の語，kanataは，おそらく「村」以上のことは意味しないようではあるが）。

黒人英語

米国への入植（p.98）の初期の時代に，西インド諸島の島々や本土の南部で，かなり特徴的な英語の形が生まれてきた。それは，入植してくる黒人の間で話されているものだった。そして，これは 1517 年という早い時期にスペイン人が始めた砂糖プランテーションの開業に伴い，働き手としてアフリカの奴隷たちが送られてきた結果であった。17 世紀の初頭以来，ヨーロッパを出発した船は，西アフリカ海岸を航海し，そこで，安い商品と黒人奴隷たちを交換するということを行った。奴隷たちは，むごい状況のなかでカリブの島々や米国の海岸に送られ，砂糖やラム酒や糖蜜のような商品と交換された。船は，そうして，いわゆる「大西洋の三角形」を形成しながら英国に戻り，また，その循環がくり返された。最初の 20 人のアフリカ人奴隷が，1619 年にオランダの船でヴァージニアに着いた。アメリカ革命（the American Revolution）（1776）のときまでに，奴隷たちの数は，50 万人にも膨れ上がっており，米国の南北戦争（the US Civil War）（1865）の終結時に奴隷制が廃止される時期までには，400 万人以上の奴隷たちが居住していた。

当時の奴隷貿易商の政策は，奴隷たちが団結して反逆を企てるのを難しくするために，さまざまな言語背景をもった人びとを船に一緒に乗せるというものであった。その結果，コミュニケーションのためにいくつかのピジンの言語形式（p.366）が発展した。特に，船員の多くが英語を話したので，彼らと奴隷たちとの間のピジンがたくさん生まれた。ひとたびカリブ海沿岸諸島に到着すると，このピジン英語は，黒人たちと新しい土地所有者との間，また，黒人たち同士のコミュニケーションの主要な手段として機能し続けた。その後，彼らの子どもが生まれると，ピジンはしだいに母語として使われ始め，その地域での最初の黒人クレオール言語を生み出すことになった。

南部のプランテーション，および，多くの海岸沿いの街や島々で急速に使われるようになったのが，このクレオール英語である。同時に，英国の政治的影響が高まってきた結果として，標準イギリス英語がこの地方で，地位の高い英語変種の 1 つとなった。フランス語，スペイン語，ポルトガル語をもとにしたクレオール言語形式もまた，カリブ海沿岸諸島周辺で生まれ，それらの一部と英語のクレオール，あるいは，標準英語の変種と互いに混ざり合うことにもなった。カリブの島々は，このようにして，それぞれの政治的文化的な歴史を反映し，程度は異なるにせよ，標準言語の影響を受けながら，さまざまなクレオール言語形式をとり，ひじょうに幅広い変種を許容する英語の多様性を発達させた。そのうえ，西インド諸島のことばは，カリブ諸島にはとどまらず，その外にも広がり，ついには，大きなコミュニティとして，カナダや米国や英国でも見られるようになった。これだけ広域に広がっただけあって，それぞれの地域で新しい変種の出現が促進されたのである。例えば（ほとんど西インド諸島に行ったことがないと思われる）ロンドンに住むカリブ系移民の英語とカリブ諸島に暮らす人びとの英語には大きな違いがある。このような変種独特のあり方の主な特徴については，p.362-5 で見ていくことにしよう。

植民地から受け継いだもの

植民地主義の結果，カリブ諸島にもたらされたほかの言語は，その地域の英語に影響を与えた。フランス語とスペイン語は特にそれが顕著である。

スペイン語

借用語には，armadillo（アルマジロ），cascadura（魚），sancoche（スープのような料理），paca（齧歯類の動物）などがある。スペイン語を経由したアメリカ先住民語からの借用には，chicle（チクル：アステカ語），iguana（イグアナ：アラワク語），manatee（マナティー：カリブ語）などがある。

フランス語

フランス語からの借用語には，flamboyant（木），ramier（鳩），fete（祝宴，または，ピクニック），macommere（ゴッドマザー，親しい女性の友人，あるいは，女性のような男性）などがある。

個々の島々に関連したものもある。例えば，parang というのは，クリスマスの折に，トリニダード・トバゴで使われる，家から家へと伝えられるセレナーデのことである。punta という語はベリーズと関係する激しい動きのグループダンスのことである。douillete とはドミニカとセントルシアで見られる伝統的な衣装である。

加えて，人，場所，出来事の名前は，往々にして初期のロマンス語の影響を残している。

Dimanche Gras（偉大なる日曜日）は，トリニダード・トバゴのカーニバルの時期のクライマックス。

La Rose（バラ祭）は，8 月 31 日にセントルシアで行われる花の祭。

Basseterre（バセテール）は，セントキッツの首都。

Vieux Fort（ビューフォール）はセントルシアの街の名前。

Trinidad（トリニダード）は島の名前。（スペイン語で trinity（三位一体）を意味する）。

（J. アルソップ（J. Allsopp），1992 による）

密な接触

プエルトリコのマヤグエスにあるレストラン。ほかに見られない特徴として西インド諸島に見られるのは，アメリカ英語とイギリス英語の変種を隣り合わせた形で取り込んでいるということである。プエルトリコは，1898 年の米西戦争（Spanish-American War）の後，米国の一部となった。ドーナツは，その時の結果の 1 つである。

アメリカ英語とイギリス英語は，また，ヴァージン諸島近隣においても，併用されている。この島々における英国人たちの存在は 1666 年に英国の農場主が入植した時にさかのぼる。米国領の島々は，1917 年にデンマークから買い取られたものである。

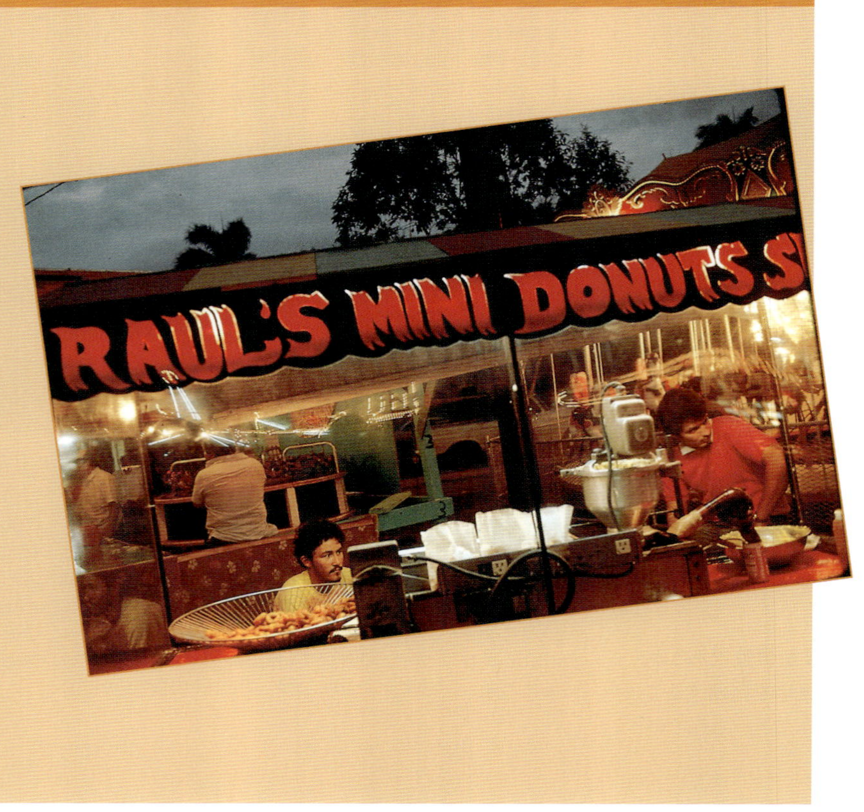

アフリカ系アメリカ英語の発展

米国では，近年，黒人英語の変種が特に注目を集めるようになってきている（言語学的概要については pp.364-7 を見よ）。このような変種の歴史には複雑な面があり，議論が絶えず，一部しか理解されていない。初期の頃のことばがどのようなものであったかの記録がほとんどないのである。例えば，黒人英語が正確にどの程度の影響を南部の白人たちの発音に与えたのかは不明である。何世代にもわたって，密接な接触をくり返しているうちに，奴隷所有者の側が使用人のことばの癖のいくつかを拾い上げ，それが次第に特徴的な「南部の引きのばし（southern drawl）」に発展していくのだと説明する言語学者たちもいる。19 世紀半ばになって，奴隷制廃止論者たちの運動が黒人たちの公民権に国民的な注目を集めるようになり，ハリエット・ビーチャー・ストウ（Harriet Beecher Stowe）やマーク・トウェイン（Mark Twain）（p.89）のような作家による文学作品に見られるように，黒人英語に対する好意的な描写が現れ始めると，アフリカ系アメリカ英語の情報が以前より明らかな形で得られるようになってくる。

19 世紀後半，黒人たちが北部の州の工業都市へ広範な移動をしたことで，黒人文化は，特に音楽に関しては，国中で知られるようになった。初期の頃の霊歌に始まり，ジャズやブルースにおける多くの音楽形式を通して，また，後期には，ラップやソウルミュージックやブレイクダンスの様式にまでわたって，白人たちが歌や劇やダンスをする黒人たちの生き生きした言葉づかいを拾い出したことにより，新しい，砕けた感じの語彙が大量に，広く一般的に使われるようになるという言語的な面の結果が生じることになった。同時に，黒人の教育機会が増え，政治的，専門的な役割に関与する機会も増すようになった。1960 年代の公民権運動は，政治的な成功のみならず，言語的な成功をももたらし，1977 年のミシガン州アナーバーの法廷論争の成功例【訳注】黒人の学業成績と言葉に関する法廷論争】のあと，学校は，米国黒人英語（Black English Vernacular）の特徴的な性質を考慮に入れざるを得なくなった。

1980 年代に，政治的正しさ（p.189）の主唱者たちによって，このグループの人びとのことを語る多くの言語表現を公的な場で使用する際に，根本的な制約を受けることになった。現在，1860 年代にさかのぼる African-American（アフリカ系アメリカ人）という語が公正で，ふさわしいという評価を得ているために，1830 年代から使用されている Afro-American, Africo-American, Afro などの一連の語や，coloured（南北戦争後に好まれた），negro（1880 年代に好まれ，50 年後には語頭大文字（Negro）で使われた），black/Black（1960 年代に好まれ，今なお最もよく使われている）などの語に取って代わって使用されている。Black の使用は，今や，しばしば排斥され，人びとが，かつて使っていた表現に見出すような軽蔑的な意味合いをもたない新しい表現形式を求めて奮闘するようになるにつれて，言語をめぐる対立も大きくなってきている。

古い態度，新しい態度

米国のアフリカ系アメリカ人の存在は英語の語彙にかなりの影響を与えた。19 世紀の半ばまで，この語彙の大半は，奴隷制の地位と状況を反映したものであり，その多くが侮蔑と罵倒でなり立っていた。その後，急速に，彼らのことばは，よりよい制度へ向かう努力が現れたものになっていった。以下の例は，19 世紀初期の資料からのものである。

slave driver（1807）奴隷の監督官；のちに，きびしい，要求の多い雇用主に対して使用されるようになった。

Uncle（1820 年代）年配の黒人男性に対して，白人が用いる呼称（p.166）

negro thief（1827）奴隷の逃亡を助ける人

nigger lover（1830 年代） 奴隷廃止論者（を称する白人の俗語）

poor white trash（1833） 奴隷の仕事を喜んでするような白人（を称する奴隷たちのことば）

free papers（1838） 解放された奴隷たちに与えられる，彼らの身分を証明する文書

それに対して，1960 年代の多くの語彙は，肯定的な，あるいは，自信にみちたような響きをもっている。例えば，Tell it like it is !（ありのままに言ってくれ。）や Black is beautiful !（黒は美しい。）のようなキャッチフレーズ同様，black power（黒人たちがもつ勢力），freedom march（自由への行進），soul brother（仲間の黒人）など。（S. B. フレクスナー（S. B. Flexner），1976 による）

座りこみ運動（SITTING-IN）

米国の公共建造物の外での反人種隔離政策の「座りこみ（sit-in）運動」。この用語は，1960 年代初頭に黒人学生たちがレストラン，バス停，劇場，他の公共の場所などで白人のために取り置かれている席に座るということをしたときに，盛んに使われるようになった語である。ほかにも，この運動を支持して祈る pray-in（プレイイン）や（人種隔離をするレジャー施設などでの）play-in（プレイイン），swim-in（スイムイン）などというような用語が類推によりたちまち作られた。1960 年代の終わり頃までには，（love-in（ラヴイン），teach-in（ティーチイン），be-in（ビーイン）などの）抗議運動を超えて，あらゆる文脈において，*-in* という接尾辞が使われるようになった。

私には夢がある

1963 年 8 月 28 日に黒人の公民権を支持するために，「ワシントン大行進」の最後に，リンカーン記念堂で有名な演説を行っているマーティン・ルーサー・キング・ジュニア博士（Dr Martin Luther King, Jr）。このときのことばは，以来，米国における公民権運動を象徴する名演説となった。

私には夢がある。いつかジョージアの赤土の丘で，かつての奴隷の息子とかつての奴隷所有者の息子が一緒に座って，兄弟のようにテーブルにつくという夢である。

私には夢がある。私の 4 人の幼い子どもたちがいつの日か肌の色で判断されないような国に住むという夢である…。

キング博士は，1964 年にノーベル平和賞を受賞した。彼は 1968 年 4 月 4 日に暗殺された。彼の誕生日（1 月 15 日）は，1 月の第 3 月曜日に祝われ，1986 年以降，米国の連邦法定休日となったのである。

南半球

18 世紀の終わりにかけて，英国の世界探検の企ての進展はとどまるところを知らず，南半球において英語という言語を確立させることになった。英語話者の数は，北半球と比べると，決して大きなものではないが，出現した英語のさまざまな変種は，北半球における英語の場合に匹敵するほど特徴的なものと言える。また，それぞれの国の政治的，文化的状況は，北アメリカの言語の歴史の中で遭遇した問題とはまた異なる問題を言語学者たちに提示している。

オーストラリア

オーストラリアは，1770 年にジェームズ・クック（James Cook）が訪れたが，それから 20 年以内に，英国がシドニーに最初の囚人の流刑地を設立した。このようにして，イングランドの刑務所があふれてしまうのを救ったわけである。1788 年に「最初の輸送隊」が到着してから 50 年間のうちに，約 13 万人の囚人たちが移送された。「自由な」と呼ばれていた入植者たちもまた，まさに最初期からこの国に入ったが，19 世紀半ばまでは，実質的に大きな数には到達していなかった。それ以降，移民は急速に増えた。1850 年までに，オーストラリアの人口は，約 40 万人になり，1900 年までに 400 万人近くになった。今日では，2,400 万人以上に達している（2017 年）。

ブリテン諸島は，入植者の主たる供給源となり，またそのため，当地の英語にも大きな影響を与えた。多くの受刑者たちはロンドンとアイルランド（特に，1798 年のアイルランド反乱の後）からやってきていた。そのため，コックニー方言やアイルランド英語の特徴が，今日のオーストラリアで聞かれる話し方のいくつかのパターンの中に痕跡を残している。オーストラリア英語と通常考えられているいくつかの語には，英国発祥のものもあり，cobber（友だち），tucker（食物）（tuck shop「軽食売店」と比較），joker（(嫌な) 男，やつ）のように，英国のいくつかの地域方言で，今なお，聞かれるようなものもある。他方で，その変種には，（アボリジニの言語由来のものを多数含めて）オーストラリアに起源をもつ多くの表現も含まれている。近年では，アメリカ英語の影響も注目すべきものがあり，オーストラリアは，今や，かなり混合した型の語彙特性を示している（p.372）。

オーストラリアの社会史における主要な論点は，アイデンティティの問題である。英国の文化的価値観を保つこととオーストラリアの独立性を推進していくこととの間に長い間，緊張関係が生じていた。多くの住民は，英国との文化的なつながりを維持，発展させていくことを望んできているが，一方では，この伝統を拒み，ナショナリズムやある種の国際主義（とはいえ，英国に重きは置かない主義）を主張する住民も数多く出てきている。この問題がオーストラリアの英語に与えた影響は，今日使用されている変種の型（pp.370-3）にはっきり見ることができる。

深刻な障害

ボタニー湾に入った最初の艦隊は，717 人の囚人と 300 人近くの役人，護衛，そしてその家族たちを運んだ。それによって，1840 年まで続いた受刑者たちの定住の制度が始まったのである。下の絵は，タスマニアの受刑者たちの一団が 56 ポンド（約 25.4 kg）の重荷をもって 30 マイル歩かされている様子を描いたものである。

受刑者たちがオーストラリアの英語に与えた影響として，初期に渡った人びとによってたびたび語られることは，彼らが口汚い言葉を頻繁に使うということであった。そして，そのことが，自由に入ってくる定住者にも，ほどなく影響を与えた。チャールズ・ダーウィン（Charles Darwin）は，1835 年にビーグル号に乗ってシドニーを訪れ，植民地省の役人の生活の快適さに影響を与えた「深刻な障害」について意見を述べている。その中でも特に，受刑者からなる使用人たちが自由な白人の子どもたちの前で恥ずべき言葉を使っている実態を引き合いに出してコメントしている。オーストラリア英語では，bloody（「いまいましい，こんちくしょう」）のもつ悪態の響きが（ほかの地域の英語と比べて）弱いという事実が見られる（p.184）が，これは明らかに最初の住人たちの間で長期にわたって頻繁に使われていたことに原因があるのだろう。

アボリジニの影響

オーストラリアのアボリジニも，ニュージーランドのマオリ族も，ヨーロッパ人たちの到来時には，数としてはあまり多くはなかった。おそらく 19 世紀の初頭，それぞれ，20 万人程度であっただろう。アボリジニは，1 カ所にとどまる生活はしておらず，部族間の接触もつねにあったわけではない。そして，当時 200 言語以上が使われ，言語間の差異も大きかった。結果として，ほんのわずかのアボリジニの語のみが英語に入ってきた。そして，多くがカンガルー（kangaroo）やコアラ（koala）（p.372）など植物や動物の名称であった。その一方で，オーストラリアの地名（p.373）の約 3 分の 1 が紛れもなく，アボリジニ由来のものである。例えばモーローゴール（Mooloogool），パナウォニカ（Pannawonica），グナラルー（Gnaraloo），コノンゴリング（Konnongorring），クーリャノビング（Koolyanobbing），ウィジームールサ（Widgiemooltha）というような地名である。

勲章制度の変化

1992 年 10 月，オーストラリアのポール・キーティング（Paul Keating）首相と女王エリザベス 2 世は，オーストラリアの市民を今後英国の勲章授与の候補者にはしないという公的な合意に達した。その変革は，1975 年，ゴフ・ホイットラム（Gough Whitlam）率いる政府がその代わりの賞として，オーストラリア勲章を設けたときに始まっていたのである。その運動は，200 年以上にわたって続いた帝国の伝統を終わらせることになり，両国に新しい関係性が生じたことを象徴するものであった。

ニュージーランド

ニュージーランド（マオリ名では，アオテアロア（Aotearoa））では，英語をめぐる物語はオーストラリアと比較して少し後に始まり，ややゆっくり進展していった。クック船長は，1769 年から 70 年にニュージーランドの島々を海図に記入した。ヨーロッパの捕鯨者や交易者たちは，すでにオーストラリアでなされていた入植をさらに拡張し，1790 年代にこの地に入植し始めた。マオリ族へのキリスト教の布教活動が 1814 年頃から始まった。しかし，公的な植民地となったのは，マオリの首長と英国王との間でワイタンギ条約が締結された 1840 年以降である。その後，ヨーロッパの移民が 1840 年に 2,000 人であったものが，1850 年までには 25,000 人になり，1900 年までには，75 万人に達するなど，急速に増えた。世紀の変わり目には早くも，来訪者たちは，ニュージーランド方言の出現について言及している。2017 年の総人口は 450 万人以上である。

20 世紀のニュージーランドの社会史における 3 つの動きの流れは特に当地の英語に影響を与えた。1 つ目は，オーストラリアの場合に比べて，ニュージーランドと英国との歴史的関係にはより強いものがこれまで築かれており，英国的価値観や英国の制度への共感もより大きいということである。このことは，特に方言（p.318）に関して，保守的な傾向がより広く行きわたっていることにつながっている。2 番目に，国家のアイデンティティの感覚がこれまで強まってきていて，特に，ニュージーランドとオーストラリア間の相違に重きをおく傾向が生じてきたということである。このことにより，この 2 つの国家の方言の違いに注意が向けられるようになり，ニュージーランド独特の語彙を使用しようという動機づけにもなっていった。3 番目に，今や人口の約 15%（2015）を占めているマオリの人びとの権利および要求に配慮しようという新しい関心の動きが生じてきていることである。このことは，ニュージーランド英語においてマオリの語彙に対する認識（および，ある程度ではあるが，その使用）の高まりを引き起こす結果となっている。このような潮流のすべてが，言語にどのような影響をもたらすことになるかについては，本書の pp.374-5 に書かれている。

すべてを読んでご覧

下にあげるのは，1851 年 1 月 11 日に入植してまだ数日後に刊行された『リトルトンタイムズ（*The Lyttelton Times*）』創刊号の最初のページである。ここには，入植地に入港した最初の 4 隻の船についての情報が掲載されている。「ニュージーランド表現」（下にあげる語を参照）が，まさにこの創刊号にはっきりと表れているのが読み取れる。

> その船から上陸した 5 頭の牛のうち 3 頭が死んだ。その内訳は，ブリタン氏の牛が崖から転落したことにより，また，フィッツジェラルド氏とフィリップ氏の牛が tutu（トゥート）を食べたことによるものである。

その街の 1 エーカーごとの建物の sections（区画）をただちに選定することが，とても重要かつ有用な施策であった。

〔訳注〕tutu：（通常は，/tu:t/ と発音される）地域に生えている，有毒な低木，section：街の建物の区画〕

（G.W. ターナー（G.W.Turner），1966 による）

THE Lyttelton Times

VOL. I. No. 1. SATURDAY, JANUARY 11, 1851 PRICE SIXPENCE.

植民という事業

英国の植民地政策がいくつか提案された 1830 年代，とりわけ，ニュージーランド土地会社が，英国の植民地政策に関わる政治家，エドワード・ギボン・ウェイクフィールド（Edward Gibbon Wakefield（1796-862））の影響のもと，1838 年に設立されている。このような「ウェイクフィールド植民」は，1840 年代に，ウェリントン，ニュープリマス，ワンガヌイ，ネルソン，オタゴ，カンタベリーにおいて推進された。オタゴ植民（1848）は，ダニーディンを拠点としていたが，スコットランド自由教会によって組織された。したがって，スコットランドの影響がその地域の多くのスコットランド系の地名から明らかにみてとれる。例えば，インバーカーギル（Invercargill），オーバン（Oban），バノックバーン（Bannockburn），および，ダニーディン（Dunedin）自体（エディンバラのゲール語の英語化したつづり）もそうである。スコットランドの影響は，また，サウスランドの一部およびオタゴ地域で聞かれる「サウスランドのふるえ音 r（Southland burr）」と呼ばれる，母音の後の r の発音でもみてとることができる。

エドワード・ギボン・ウェイクフィールド

南アフリカ

1652 年という早い時期にオランダの入植者がケープに到達したが，英国のこの地への関与は，ナポレオン戦争中に遠征活動をしていた 1795 年になってからであった。英国の支配が定着するのは 1806 年，植民政策が本格的に実施されたのは 1820 年からである。そのとき約 5,000 人の英国人が（現在の）ケープ州の東部に土地を与えられた。1822 年に英語がこの地で公用語化され，多くのアフリカーンス語を話す人びとを英国化する試みがなされた。英語は法律，教育，および，そのほか公的な生活の大部分の面で使われる言語となった。さらに，1840 年代から 1850 年代に英国の入植が，特にナタールにおいて続き，1870 年代にヴィトヴァーテルスラントの金とダイヤモンドが出る地域の開発が進んだ後は，ヨーロッパ人が殺到した。50 万人近くの移民者が――その多くは英語話者であったのだが――19 世紀の最後の 25 年のうちにその地に到着した。2017 年の人口は 5,500 万人以上であった。

この地域の英語の歴史は，このように，多くの複雑に絡み合った特徴をもっている。英国の入植者たちのさまざまな集団の間で当初一定の地域的方言差があった。ロンドン地域の言葉はケープで顕著に見られ，イングランド中部および北イングランドの言葉は，ナタールで多く観察された。しかし，やがて，より同質的な方言が出現してきた。それは，この時期にやはり植民が進んでいた（p.104）オーストラリアの方言と類似点の多い方言である。同時に，英語はアフリカーンス語話者たちによって第 2 言語として使われており，その多くのオランダ人植民者たちが，英国の支配から逃れ北部への移住を企てた，1836 年の「グレート・トレック」の時に，この言葉の変種を携えることになった。英語のアフリカ変種の 1 つとして，主としてミッションスクールで英語を学んだ黒人たちによる使用により発達したものもあるが，これはアフリカ諸地域のさまざまな言語背景によって，上に述べたものとはまた異なる種類の影響を受けたものであった。さらにまた，英語は，アフリカーンス語をはじめ，しばしばほかの言語とともに，民族的に入り混じった背景をもつ人びと（カラード）によって使われるようになった。その変種の言葉は，1860 年頃にインドからこの国にやってきた多くの移民者に取り入れられることにもなった。

南アフリカの英語はこのように，多くの変種からなるようになったが，社会的な観点から，アフリカーンス語の使用との対比においては，1 つのグループにまとめられ，（p.376 で説明されている）ある種の共通の特徴を実際示している。英語は南アフリカにおいては，つねに少数派の言語であった。アフリカーンス語は，1925 年に公用語の地位を獲得して，かつて力をもっていた白人も含め，白人たちの多数派の第 1 言語であるとともに，南アフリカ生まれの白人アフリカーナーの背景をもった人びとのアイデンティティの重要な象徴として機能している。アフリカーンス語はまた，カラードの人びとの大半にとっても第 1 言語である。英語は，（主として英国での経歴をもつ）残りの白人たち，および（数で 4 対 1 以上で白人を上回る）多数派として増大しつつある黒人によって話されている。したがって，この数十年の間，南アフリカの社会を特徴づけてきた政治的分断には言語に関する側面があるのである。すなわち，アフリカーンス語は，黒人の多数派にとって，権威と抑圧の言葉と見なされていた。一方で，英語は，白人の統治者にとって，抗議と民族自決（権）の言葉と受けとめられていた。多くの黒人たちは英語を国際的な発言権をもつ手段ととらえ，また，ほかの黒人コミュニティと自分たちを統合する手段ととらえた。

他方で，英語の使用に関する現代的状況は，どんな単純な対比でも示せないほど複雑な状況となっている。白人の権威者たちにとっても，英語は国際的なコミュニケーションの手段として重要であったし，「将来の成功を目指す上昇志向の」アフリカーナーたちは，急速な勢いでバイリンガル化し，往々にして英国基盤の変種によく似た英語を流暢に使いこなすようになった。この能力は世界中のテレビで見ることができる南アフリカの政治家たちの公的な声明の中に，よくみてとれる。結果として，アフリカーンス語に強い影響を受けたものから，容認発音（p.377）にひじょうに近いものまで，種々の方言が連続体の形で存在している。そして，文法や語彙も同様にそれに対応したいくつかの変種が見られる。最優先の課題が社会的，政治的地位であり，人びとが反対勢力に向き合い，深く心に根ざした国民的，民族的アイデンティティの感情を維持するために戦ってきているような国では，このような言語的複雑さは，避けられないのである。

初期の頃の語

南アフリカの英語に特徴的な語の多くは，ローズ大学が行っている歴史主義にもとづく南アフリカ英語辞書を編纂するためのリサーチプログラムの文書で明らかにされているように，この国の歴史のごく初期に現れている。最も早い時期に現れた語には，以下のようなものがある。

dagga［1670］（大麻）
Hottentot［1677］（ホッテントット）
brak［1731］（塩気のある）
kaross［1731］（皮毛布）
tronk［1732］（牢獄）
boer［1776］（ボーア人）
aardvark［1786］（アフリカアリクイ）

1988 年時点で 2,500 項目以上がその辞書に搭載され，半分近く（48%）がオランダアフリカーンス起源であり，英語起源（29%）がそれに次ぎ，あとはバントゥー語起源（11%）とそのほか少数の言語（コイサン語やマレー語など）である。1990 年代にアフリカ諸語が，すでに強い影響を与え始めている兆しが見られた。南アフリカに起源をもつ語彙については，p.377 に説明がある。（J. ブランフォードと W. ブランフォード(J.Branford & W.Branford)，1991 による）

タクシー！

朝の 4 時過ぎ，ソウェトの街の通りには，叫び声をあげるゾーラ・バッド（Zola Budds）たちと，かけまわるメアリー・デッカー（Mary Deckers）たちがせめぎあいを重ねていた。

地方紙，『ウィークリー・メール（*Weekly Mail*）』の 1990 年のこの記事では，実際に，タクシーについてのものであり，陸上競技走者について書かれたものではなかった。そして，これは『南アフリカ英語辞典（*A Dictionary of South African English*）』第 4 版（1991）に載せられている。南アフリカ出身の競技者，ゾーラ・バッドが，議論の末，1984 年のロサンジェルス・オリンピックの英国チームに選ばれたことが記録されている。ゾーラ・バッドは，3,000 メートル競技中に，米国の競技者，メアリー・デッカーとの接触事故に見舞われ，その結果，メアリー・デッカーが転倒するということがあった。おそらく，ゾーラとメアリーの名前が車の名称に転用されるに至ったのは，そのスピードと熾烈な争いという意味が込められていたということであろう。

南アジア

英語話者の数に関しては，インド亜大陸は，米国と英国に並んでいる。これは，英語がインドの地で特異な地位を築くようになったことに大きく起因している。そこでは，およそ20％の国民（2017年では4億人以上）が英語を日常的に使用しているものとこれまで見積もられている。この値はさらに高い数値，あるいは，低い数値の推計がなされるであろうが，この言語が最近では，大変な勢いを増しているということは疑いない。それだけで地球の人口の5分の1を占めると言われる6つの国（インド，バングラデシュ，パキスタン，スリランカ，ネパール，ブータン）からなる地域では，インド以外のほかの地域にも英語話者は相当数いるのである。この亜大陸全体で生じた英語の変種は，南アジア英語として知られている。それは，生まれてまだ200年ほどにすぎないが，すでに，英語を話す世界において，最も特徴的な変種の1つとなっている(p.380を見よ)。

南アジア英語の起源は，英国にある。英国の亜大陸への最初の定期的な接触は，1600年に英国が東インド会社を設立したことによって開始された――東インド会社は，エリザベス1世がその地域の貿易の独占権を認めたロンドンの商人たちの集まりであった。1612年に最初の貿易拠点がスラトに設けられ，ほかの拠点は，17世紀末までに，マドラス，ボンベイ，カルカッタに置かれた。18世紀に，東インド会社は，ほかのヨーロッパの国々，特にフランスとの戦いに勝利した。ムガール帝国の皇帝の力が衰えるにつれ，東インド会社の影響力は増し，1765年にベンガルの歳入管理を引き継いだ。東インド会社の現地職員たちに財政的無秩序が見られ，1784年のインド法によって，英国議会の監督下にある監督局を設置した。そして，インド大反乱の後，1858年に東インド会社は解散となり，その権力は，英国国王に受け継がれた。

英国領インド帝国の統治（ラージ）下の時代，1765年から1947年の独立に至るまで，英語は次第にインド亜大陸の行政と教育を担う媒体として機能するようになった。19世紀の初頭，言語の問題は，特別の関心を集め，植民地の行政官たちは導入すべき教育政策に関して議論を重ねていた。はっきり認識できる転換点は，1835年にインドに英語による教育制度を導入する制度を提案するためにトーマス・マコーリー（Thomas Macaulay）が起草した覚書をウィリアム・ベンティンク（William Bentinck）卿が受け入れた時点である。1857年にボンベイ，カルカッタ，マドラスで大学が設立されたとき，英語が教育の主要な手段となり，その地位は保証され，次の世紀にわたって，安定した成長を遂げていくのである。

影響力を与えた考え方

トーマス・マコーリー（Thomas Macaulay(1800-59)）は1834年に4年任期のインドの最高会議での任務を開始した。マコーリーが発表した有名な覚書の中では，その地域における新しい英語のサブカルチャーを擁護する主張として下のように述べている。

> 私は以下のことは明らかだと考えている…我々は，最も知る価値のあることを教えるために資金を使うべきである。それは，英語はサンスクリット語やアラビア語よりも知る価値があるということだ。民衆は英語を教えてもらいたがっているのであり，サンスクリット語やアラビア語を教えてもらいたがっているわけではない。この国の住民を完璧に立派な英語のできる学者にすることは可能であり，この目的のために我々の努力はなされるべきである。

この覚書の発表を可能にした世論の動向には，宗教社会改革学者のラム・モーハン・ロイ（Ram Mohan Roy（1772-833））の見解が大きな影響を与えていた。1820年代に，ラム・モーハン・ロイは西洋の教育カリキュラムの導入を提案し，インド人たちがヨーロッパの科学的知識を入手するには英語による教育が必須であると唱えていた。この考え方は公的政策として実現したが，マコーリーの覚書は当時大変な論争となり，独立後，急激に厳しくなる言語論争のもととなったのである。

英語の地位

インドでは，ヒンディー語が公用語であるが，今や，英語は「準」公用語として認められている。また，4つの州（マニプル州，メーガーラヤ州，ナガランド州，トリプラ州）と8つの連邦直轄領で公用語となっている。パキスタンでは英語が準公用語である。南アジアのほかの国々では，公的な地位は与えられていないが，どの地域においても，英語は国際コミュニケーションの媒体として広く使用されている。

インドでは，英語支持者，ヒンディー語支持者，地域語支持者の間で厳しい対立があり，そのため，1960年代に，「3言語方式」と呼ばれる言語政策が採用された。その政策では，英語は，その州で使われている言語（典型的には北部ではヒンディー語，南部では地域語）の主たる代替語として導入されるというものである。英語は，結果として，インド社会での地位を保持し，法的制度や政府関係の行政，中等・高等教育，軍隊，メディア，ビジネス，観光などの分野で使われ続けている。ドラヴィダ系の言語を話す南の地域では，リングワフランカ（共通語）としては，ヒンディー語よりも英語が広く好まれている。

1960年代以来，進行しつつある英語の「インド化」とこれまで称されてきた事柄に多くの関心が注がれている。小説家のR. K. ナラヤン（R. K. Narayan）(1906-2001)は，その問題に取り組んだ1人である。

> 英語は，まさにその弾力性と流動性のために，1世紀以上前に米国で英語が取り入れられたのと同様の過程をたどりながら，今，インドでインド化の過程をたどっている。ただし，米国では英語が主要言語として存在するのに対し，インドでは，英語はインド憲法に記載されている15言語のうちの1つにすぎないことが違いである。

そして，批評家，K. R. S. アイエンガール（K. R. S. Iyenger）（1908-99）は以下のように述べている。

> 英語によるインドの著述はインドが発する1つの声にすぎない。そして，それは，明らかに新しい声ではあるが，ほかの言語が発した声と同じようにインド的なものである。

このような意見の要点は，議論を呼ぶところである。そして，世界のほかの地域の論争でもそれは映し出されている。すなわち，英語という言語の増大が祝福されると同時に脅威となっているということである(p.114)。しかしながら，インド英語に構造的な独自性が生じていることに関して，また，インド英文学として認知される1つの存在が大きくなりつつあることに関してはまったく疑う余地がない(p.380)。

（B. B. カチュル（B. B. Kachru），1983による）

植民地のアフリカ

アフリカの国々とヨーロッパは，数世紀にわたって交易を続けてきたが，18 世紀の末までに永続的な定住をなしえたのはケープ植民地を支配したオランダのみであった（p.106）。しかし，1914 年までに英国，フランス，ドイツ，ポルトガル，イタリア，ベルギーも植民地への野望を抱き，（リベリアとエチオピアを除く）全大陸を植民地の領土として分割するに至った。2 つの世界大戦の後，その地域の再分割があり，ドイツとイタリアの領土を押収した。この分割によって創りだされた国々の多くが 1960 年代およびそれ以降に独立を遂げ，アフリカ統一機構は，現存の境界を維持するという宣言を行った。

西アフリカ

英国人たちは 15 世紀末に西アフリカを訪れ始め，その後まもなくして，海岸線上の入植地のいくつかにおいて，英語がリングワフランカとして使用されていることについての言及が散発的に見られるようになる。19 世紀の初頭までに，商業が盛んになり，反奴隷貿易活動が増大したために，英語が西アフリカ海岸全体に行きわたることになった。英語に比肩しうる何百という地域語もあったが，その地域固有の特徴としては，植民地を管理する職員，宣教師，兵士，貿易商人などが使う標準的な種類の英語と並んで用いられる，英語を基盤としたいくつかのピジンとクレオールが生まれたことである。この高度に複雑化した言語の言語学的特徴のいくつかについては，pp.381-2 で説明されている。

東アフリカ

英国の船が 16 世紀の終わりからこの地域を訪れていたが，リチャード・バートン（Richard Burton）（1821-90），デイヴィッド・リヴィングストン（David Livingstone）（1813-73），ジョン・スピーク（John Speke）（1827-64）というような英国の探検家たちが大陸内部への探検遠征を行う 1850 年代になって初めて，継続的な関心による接触がくり広げられるようになった。帝国イギリス東アフリカ会社が 1888 年に設立され，その後すぐ，領地支配をめぐって，ほかのヨーロッパの国々（ドイツ，フランス，イタリア）が英国と張り合うなか，植民地保護領の制度が確立した。英国に支配された歴史をもった 5 つの近代国家が，1960 年代に独立を勝ち取った時に英語に公的な地位を与え，1980 年にはジンバブエもそれにならった。

このような国々で発達した種の英語は，一般に西アフリカで見られる英語とはかなり異なっている。多数の

西アフリカの英語

イギリス英語の変種は特に 5 つの国で発達した。現在，それぞれの国で英語は公用語となっている（しかし，起こりうる変化については，p.122 を見よ）。

シエラレオネ

1780 年代に英国の慈善家たちが土地を買い，解放奴隷たちの定住地とした領土。最初の一団が英国，ノバスコシア，ジャマイカから到着した。その入植地は，1808 年に英国王直轄植民地となり，次いで奴隷貿易を取り締まる艦隊の基地として使われた。艦隊の取り締まりの結果，最終的におよそ 6 万人の「自由を得た奴隷たち」がこの国に定住することになった。コミュニケーションの主たる形態は英語をもとにしたクレオールである「クリオ語」（p.369）であり，西アフリカ海岸沿いに急速に広まった。内陸地域は 1896 年に英国の保護領であると宣言され，その国は，1961 年に独立した。人口は 2017 年までに 670 万人以上に増え，その大部分がクリオ語を使うことができる。

ガーナ（旧ゴールドコースト）

英国が貿易上の利益を守るため，アシャンティ王国に対して遠征を企て，それに成功した後，ゴールドコースト南部は 1874 年に英国王直轄植民地となった。現在の国家は，1957 年にこの入植地，および隣接する英国の信託統治領トーゴランドを統合して作られた。トーゴランドは第 1 次世界大戦後に英国に委任統治されていたものであった。ガーナは，1960 年に独立を遂げた最初のイギリス連邦の国である。人口は 2017 年にはほぼ 2,900 万人であり，そのうち英語を第 2 言語として使う人びとが約 100 万人いる。

ガンビア

ガンビア川に沿った地域における英国の交易は，17 世紀初頭にさかのぼる。フランスとの衝突の時代の後，1816 年にバサースト（現代のバンジュル）を反奴隷制活動の英国の拠点として設立した。この国は，1843 年に英国王直轄植民地とされ，1965 年に英国連邦における独立国となり，1970 年には共和国となった。2017 年の人口は 200 万人以上である。クリオ語がリングワフランカとして広く使われている。

ナイジェリア

19 世紀初頭の英国による内陸探検時代の後，1861 年にラゴスに英国の植民地が作られた。この地はほかの南部や北部の領土とともに，1914 年に 1 つの国として統合され，1960 年に独立を遂げた。2017 年の人口は 1 億 9,100 万人以上である。

カメルーン

この地域はポルトガル，スペイン，オランダ，英国の人びとが探検したが，1884 年にドイツの保護領となり，1919 年にフランスと英国の植民地に分割された。その後しばらく混沌とした状態が続いていたが，この 2 つの地域は，1972 年に 1 つの国となり，フランス語と英語の両言語が公用語として残った。この地域は，2017 年に 2,400 万人以上の人口を有するが，高度に多言語化した社会である。このように，カメルーンは国内で複数の接触言語が繁栄している国であり，そのうち人口の約半分が話すカメルーンピジンが有名である（p.379 も見よ）。

米国の影響もまた，この地域には見られた。

リベリア

アフリカ最古の共和国は 1822 年に，元奴隷たちのための国を設立することを目指していた米国植民地協会の活動によって設立された。50 年のうちに，海上で拿捕された約 6,000 人の奴隷たちと約 13,000 人の米国黒人奴隷を受け入れた。その植民地は 1847 年に共和国となり，合衆国の憲法にもとづく憲法を採択した。19 世紀ヨーロッパ諸国の「アフリカの奪い合い」の圧力があったにもかかわらず，リベリアは独立国を維持し続けた。2017 年の人口は約 470 万人であった。合衆国の黒人英語（p.102）との関連は，今なお明らかにみてとれる。

英国の移民者がこの地域に定住し，いわゆる移民組を形成し，また，アフリカ出生の白人たち（農園主，医師，大学教員など）も集団を形成した。そのような集団は環境に比較的恵まれていない西アフリカの領土ではこれまで出現したことのないものであった。英国型の教育が早々に学校に導入され，世紀の変わり目頃には多くの宣教師集団が持ち込んだイギリス英語に触れることのできる機会も増大した。その結果，ナイジェリアやガーナよりも南アフリカやオーストラリアで聞かれる英語により多くの共通部分が見られる母語として使用する英語の変種が生まれた。南アフリカとの密な関係は，特に南部の国々に顕著であり，それは，アフリカーンス語を話す移民者の影響があることとバントゥー諸語との接触の歴史を共有していることによると思われる。

イギリス英語を第1言語として使用する移民者たちが急速に増えたことは，2つの重要な効果をもたらした。1つ目は，アフリカ人たちに第2言語として学ぶべき1つの強力なモデルを提供したことである。このことが，この地域で主として都市や比較的大きな街に住んで，英語を話して生活する多数派住民を形成することにつながった。2つ目は，標準英語がリングワフランカとして広まったため，（さらに，同様の役割でスワヒリ語もまた使えたため，）西アフリカの国々では顕著な特徴となるピジン変種の英語を発達させる動機づけがここではほとんど見られなかったということである。

東アフリカの英語

イギリス英語は6つの東アフリカ諸国の発展に重要な役割を果たしてきた。そこでは，イギリス英語が政府，法廷，学校，メディア，そして，ほかの公的な領域で広く使用されるようになった。また，エチオピアやソマリアのようなほかの地域でも国際コミュニケーションの手段として採択されている。南スーダンは2011年に，ブルンジは2014年に英語を公用語とした。ルワンダは2008年に英語による教育制度に転換し，ガボンでも2012年に同様の方針を検討し始めた。

ケニア

ケニアは1920年より英国の植民地であったが，（マウマウ団の乱が勃発した）不穏の10年を経たのちに，1963年に独立した。そうして，英語は公用語となり，1974年にスワヒリ語が国語となった。この国は，2017年には人口が4,800万人以上となった。

タンザニア（旧ザンジバルおよびタンガニーカ）

ザンジバルは1890年に英国の保護領となり，1919年に英国はタンガニーカの委任統治権を得た。東アフリカで最初の独立国（1961）であり，人口は，2017年には5,600万人以上であった。英語はスワヒリ語とともに1967年まで公用語であった。その後，重要性を保ちつつも，その地位を失った（p.122）。

ウガンダ

ウガンダ王国は，1893年から1903年の間，英国の保護領として統一され，1962年に独立した。人口は2017年には，4,100万人以上であった。英語は唯一の公用語であるが，リングワフランカとして，スワヒリ語が広く使用されている。

マラウィ（旧ニアサランド）

この地域は1907年に英国の植民地になり，1964年に独立した。人口は2017年に1,800万人以上であった。英語がチェワ語とともに公用語である。

ザンビア（旧北ローデシア）

最初は，英国南アフリカ会社に統治され，1924年に英国の保護領となり，1964年に独立した。人口は2017年に1,700万人以上である。英語が公用語である。

ジンバブエ（旧南ローデシア）

この国も英国南アフリカ会社により統治され，1923年に英国の植民地になった。植民者たちは，アフリカの統治下で独立することには反対し，1965年に白人支配的な政府によって，一方的独立宣言（UDI）が出された。統治権はやがて，アフリカ人の多数派に移ることになり，国は1980年に独立を遂げた。人口は，2017年時点で1,600万人以上である。英語が公用語である。

東アフリカの各国の政治的な歴史が異なるために，その地域での英語の使われ方を一般化して語ることが困難である。例えば，タンザニアでは，第1次世界大戦までドイツの領土であったために，スワヒリ語がリングワフランカの地位にまで高められ，英語は，この地域のほかの国々ほどには，さまざまな公的領域で広く使われてはいない。各国が国家のアイデンティティーを打ち立てようと奮闘し，英国に対する政治的な向き合い方がそれぞれ異なるために，独立後の年月において英語への態度も多様化した。英語の扱い方を再考するに至る国々もあった。マダガスカルでは，2007年に英語を3つ目の公用語としたが，2010年には，その決定を撤回している。それでもなお，共通した構造的特質がいくつか認められ（p.382），下の表でわかるように，社会言語学的には類似性が多く見られる。（I. F. ハンコック & R. アンゴゴ（I. F. Hancock & R. Angogo），1984 最新版に従う）

東アフリカの6国における領域別英語使用状況

	ケニア	タンザニア	ウガンダ	ザンビア	マラウィ	ジンバブエ
公的地位	○	×	○	○	○	○
高等裁判所	○	○	○	○	○	○
議会	○	×	○	○	○	○
行政機関	○	×	○	○	○	○
中学校	○	○*	○	○	○	○
小学校	○	×	○	○	○	○
ラジオ	○	×	○	○	○	○
新聞	○	○	○	○	○	○
広告	○	○	○	○	○	○
道路標識	○	×	○	○	○	○
店舗・車両標識	○	○	○	○	○	○
ビジネス・交信	○	○	○	○	○	○

○＝英語使用　×＝英語不使用　*2015年にスワヒリ語に変更

東南アジアと南太平洋

南太平洋とその西部の地域にかけてイギリス英語とアメリカ英語の興味深い混用が見られる。英国の影響は 18 世紀末の英国人船員の航海，特に 1770 年代のキャプテン・クック（Captain Cook）の航海に始まる。ロンドン宣教師協会はその 50 年後に宣教師たちを南太平洋の島々に派遣している。東南アジアでは，英国東インド会社の植民地行政官でペナン島やジャワ島に拠点を創設し，1819 年にシンガポールを設立したスタンフォード・ラッフルズ（Stamford Raffles）によって植民地を所有する大英帝国が大きく発展した。香港島は第 1 次アヘン戦争終戦時の 1842 年に南京条約により英国に割譲され，さらに九龍半島が 1860 年に英国に割譲された。香港の最大の面積を占めるそれらの新界（New Territories）〔【訳注】香港島の九龍半島北部に位置する区域〕は 1898 年に 99 年間の期限で英国が中国から租借した。南太平洋のいくつかの地域は 19 世紀末にかけて英国の保護領となり，そのうちのいくつかの行政は後にオーストラリアとニュージーランドによって引きつがれた。

1898 年の米西戦争以降米国の存在が大きくなり，これにより米国がグアム島（とカリブ海のプエルトリコ，p.102）とフィリピンの統治権を獲得した。米国の影響力が高まり，ハワイもこの時期に併合された。1940 年代に入ると米国は日本が占領していた太平洋諸島を侵攻し，第 2 次大戦後はそれらの地域のいくつかが国連信託統治地域（p.111）として米国の統治下に置かれた。フィリピンは 1946 年に独立したが，アメリカ英語の影響は強く残った。またこの地域ではこの国の英語話者人口が圧倒的に多く，世界人口における英語を第二言語として使用する話者総数に大きく貢献している（p.115）。

異なった発達

英語は必然的にまた急速に東南アジアの英国領内で影響力の強い言語となっていった。東インド会社はペナン（1786），シンガポール（1819），マラッカ（1824）と相次いで設立された。シンガポールの人口は数カ月のうちに 5,000 人を超え，マレー連合州が直轄植民地として統合される頃（1867）には，英語は司法や行政の言語として地域全体にわたってその地位を確立し，さらにそのほかの領域でも使われるようになっていった。有名な例としては 1845 年に発刊された英語の日刊紙『海峡時報』（*The Straits Times*）がある。

英国の教育制度の導入により学習者は早い時期から標準イギリス英語に触れることになった。ペナンで英語による教育が始まったのは 1816 年で，英国から教育指導員が定期的に派遣された。開校当初はごく少数の生徒しか集まらなかったが，19 世紀には中国やインドからの移民の波が押し寄せてくるにつれて生徒の数が増加した。英語は専門職において早く出世するための言語，そして，主要な文語となった。20 世紀に入ってまもなく英語による高等教育も始まった。英語は，こうして英語で教育を受け，それによって専門職に就いた人たちの間で権威のあるリングワフランカとなった。

そのような多言語地域では，模範とされているイギリス英語が地域的要素の影響を受けることはよくあることで，その結果，地域ごとに異なった言語変種が見られることになる。多くの生徒が中国出身であることがその一因で，学校での日常的な英語の使われ方に影響を与えているかもしれない。もう 1 つの要因は，英語教員の多くがインド出身で，すでにイギリス標準英語（p.107）から逸脱した英語を話したことによる。しかし，東南アジアには共通した植民地としての歴史があるにもかかわらず，単一の「東南アジア英語」変種のようなものはできなかった。シンガポールとマレーシアの政治の歴史，特に独立後の政治の歴史，があまりにも異なったことがこの要因である。また香港の社会言語学的な状況が独特であるためでもある（p.111）。

シンガポール

シンガポールでは 1950 年代に 2 言語使用教育制度が導入され，英語は中国語，マレー語，タミル語と並んで共通語，実用語として使用された。しかし英語は政府や司法の言語として使用され続け，その後も教育やメディアにおいてもその重要性を保った。英語使用は一般人，とりわけ若い世代で確実に増えている。2010 年の国勢調査によると，マレー人の 17%，インド民族の 41%は家で英語を最も頻繁に使っている。したがってそのような環境では地域独特の英語（「シンガポール英語（Singaporean English）」）が生まれるのも不思議ではない（p.385）。

マレーシア

マレーシアでは英語の使用状況が非常に異なっている。1957 年の独立後，マレーシア語（Bahasa Malaysia，公用語）が国語として採用され，その結果，英語の役割がより限られたものとなったからだ。マレー語による教育が導入され，英語は必修科目ではあるが次第に国内的というよりは国際的に重要なもの，すなわち，第二言語というよりは外国語と見なされるようになった。従来英語に付与されていた権威は多くの話者にとってまだ存在するが，一般的な社会言語学的状況は，永続的な言語変種としての「マレーシア英語（Malaysian English）」を生み出すようなものにはなっていない。

東南アジアと南太平洋の英語

国名	最初の英語話者	英語の正式採用	現状
米国領サモア	英国人宣教師，1830	アメリカ条約，1878	米国領
パラオ（ベラウ）	米国侵略，1944 （日本委任統治，1920）	米国太平洋諸島 信託統治領，1947	共和国，1981
クック諸島	キャプテン・クック，1770年代	英国保護領，1888	ニュージーランド属領，1901
フィジー	キャプテン・クック，1774	英国植民地，1874	独立，1970
グアム	散発的	米西戦争後スペインから 米国に割譲，1898	米国領
ハワイ	キャプテン・クック，1778 （サンドイッチ諸島と命名） 米国人宣教師，1820	米国保護領，1851 米国領に併合，1898	合衆国50番目の州に認定， 1959
香港	散発的	中国から英国に割譲，1842	中国に返還，1997
キリバス	英国人船員，1765	英国保護領 （ギルバート・エリス諸島の 一部として），1892	独立，1979
マレーシア	ペナン入植，1786	海峡植民地英国領，1826	独立，1957
マーシャル諸島	米国侵略，1944 （日本委任統治，1920）	米国太平洋諸島 信託統治領，1947	独立，1990
ミクロネシア連邦	米国侵略，1944 （日本委任統治，1920）	米国太平洋諸島 信託統治領，1947	独立，1990
ナウル	英国人船員，1798	オーストラリア委任統治領， 1919（ドイツ保護領，1888）	独立，1968
ニウエ	キャプテン・クック，1774 英国人宣教師	英国保護領，1900	ニュージーランド属領，1901
ノーフォーク島	キャプテン・クック，1774	英国流刑植民地 （オーストラリア経由），1788	オーストラリア領，1913
北マリアナ諸島	散発的	米国信託委任統治領，1947	独立，1990
パプアニューギニア	英国人船員，1793	英国，ドイツ領，1884 オーストラリア委任統治領， 1921	独立，1975
フィリピン諸島	散発的	米西戦争後米国による割譲， 1898	独立，1946
ピトケアン島	英国人船員，1767， バウンティ号の反乱者による占領	英国高等弁務官に統治， 1898	英国植民地 （フィジーの一部，1952-70）
サモア	英国人宣教師，1830年代	ニュージーランド委任統治領， 1919	独立，1962
シンガポール	英国植民地，1819	海峡植民地英国領の1つ， 1826	独立，1965
ソロモン諸島	散発的	英国保護領，1893-9	独立，1978
トケラウ	英国人船員，1760年代	英国保護領，1889	ニュージーランド領，1925
トンガ	キャプテン・クック，1773 （フレンドリー諸島と命名）	英国保護領，1899	独立，1970
ツヴァル	英国人宣教師，1860年代	英国保護領 （ギルバート・エリス諸島の 一部として），1892	独立，1978
ヴァヌアツ	キャプテン・クック，1774	ニューヘブリディーズ諸島 として英国，フランス共同統治， 1906	独立，1980

香港

香港において英語使用は軍や政府，法律，ビジネス，メディアに限られている。住民の98%以上は広東語が母語である。しかし近年は教育環境が大規模に拡充され，2012年の推計によると，人口の46%がなんらかの英語運用能力をもっている。英語と中国語が公用語として使用されているが，会話では多くの場面で中国語が優勢で，しばしば英語と中国語の混用が見られる（p.123）。1997年の香港主権移譲後，英語がどのような役割を担うかについてはかなり不確定な状況である。2012年の調査によると，英語話者よりも北京語の話者（48%）の方が多い。

フィリピン

- At the Ateneo alumni homecoming, I saw so many old faces and new teeth.
  （アテネオ同窓会で，私は多くの懐かしい顔と新しい歯（入れ歯）に会いました。）
- There is a restaurant in Ongpin that specializes in noodles with American flavor. It is called Miami Vice.
  （オンピンに米国風味の麺を提供するレストランがある。それはマイアミ・バイスと呼ばれている。）
- The Land Transportation Commission (LTC) wages war on smoke belchers. Riding in a smoking car is hazardous to your health. Smoking in a car is even more dangerous.
  （陸運事務所（LTC）は喫煙者と戦います。喫煙車両に乗ることは健康に害を及ぼします。普通車両内で喫煙することはもっと危険です。）

これらの記事は『マニラクロニクル（*The Manila Chronicle*）』紙（1987年1月15日）のユーモラスなコラムからの引用で，フィリピンにおけるほぼ1世紀にわたる米国の文化的，言語的影響を示している。イギリス英語の話者ならフィリピン特有の引喩は別として，flavorというつづりのほかにもalumni，carという語に気づくであろう。（A. B. ゴンザレス（A. B. Gonzalez），1991より）

世界語

英語が世界に広がる動きはアメリカ大陸，アジア，そして対蹠地（オーストラリア，ニュージーランド）（pp.98-107）への開拓的な航海に始まり，19 世紀にはアフリカや南太平洋の島々（pp.108-11）での植民地で拡大した。さらに，20 世紀に入り英語は，新規に独立した多くの国々（p.118）で公用語，あるいは準公用語として採用されることになり，いっそう広く使用されるようになった。現在，英語はすべての大陸と，大西洋（例：セントヘレナ島），インド洋（例：セーシェル諸島）そして太平洋（例：ハワイ）という 3 つの主要な海洋地域に代表される 75 以上の地域で支配的な言語，あるいは公用語として使用されている（p.115 表を見よ）。そのほかの国において英語がビジネス，教育，政治の場において重要な役割を果たしている国は p.116 の表の通りである。このように「世界語」という表現が可能になるのは，こうした英語使用の広がりに裏づけられている。

英語が今日持っている世界的な立場は主に 2 つの要因によるものである。それは 19 世紀末にかけてピークを迎えた英国の植民地における勢力の拡大と，20 世紀における経済の牽引力としての米国の台頭である。今日の英語の立場を継続的に説明するのは後者の要因である（このことは，自分たちの英語の歴史的優位が失墜したことを快く思わない一部の英国人を非常に落胆させるものである）。米国は，英語母語（English mother-tongue, EMT）話者数第 2 位の重要な国である英国の約 4 倍の話者人口をもち，この 2 つの国で世界の英語母語話者の 70%を占めている（クレオール変種は除く：p.115 の表を見よ）。このような政治的，経済的基礎にもとづいた米国の優位性のため，米国人が，英語の将来の発展を左右する支配権を手にした。しかし今日では，英語母語話者の総数ですら，英語を外国語として話す人たちの数に比べるとかなり少ない。

さまざまな異国で英語が果たしてきた社会的役割について無難な一般化を引き出すのは，多くの政治や文化の歴史を考慮する必要があるので難しい。英語の構造について一般化を引き出すのはこれに比べればいくらか易しい（第 20 章）。ただこの問題は，英語を第一言語としている国々や，定義上自明のことではあるが，あらゆるコミュニケーションの場面で英語が使えるような国々においてかかわるわけではなく，むしろ英語を第二言語，あるいは外国語として扱っている国，また，その英語の役割が言語の自然ななりゆきによってではなく，意図的な言語政策によって決定されるような国々にかかわるものである。社会言語学的な一般化が特に問題となるのは英語が第一言語であると同時に，第二言語でもある国（例：カナダ）や，言語接触の歴史が言語衝突の遺産を生み出した国（例：インド）においてである。

なぜ英語なのか？

英語が母語でない場合，なぜ英語を学習したいと思うのか，あるいはあなたの国においてなぜ英語を特別扱いするのか？ この質問に対して 7 つの答えがある。

歴史的理由
英国や米国の帝国主義の遺産として国家の主要な組織が手続きを英語で行っている。これらの中には政府（例：議会），政府機関，公共行政庁（少なくとも高官レベルで），法廷，国家的宗教団体，学校，高等教育機関，それらに関連した刊行物（教科書，議事録，記録など）が含まれる。

国内政治的理由
その国が以前に帝国の支配を受けていたかどうかにかかわらず，英語は異なった民族間の中立的なコミュニケーション手段としての役割を果たしているかもしれない。地方ごとに特徴的な英語の言語変種があることも国家統一，あるいは芽生えつつある国家としてのまとまりの象徴ともなりうる。新聞，ラジオ，テレビで英語を使用することがさらに英語の使用を広げることになる。

外的経済的理由
米国の支配的な経済的地位が国際的なビジネスや貿易をひきつけることになり，国際的な市場を獲得したいと思っている組織は否応なく英語と向き合わなければならなくなる。旅行会社や広告会社は特に英語に頼っているが，多国籍企業であればどの会社も主要な英語圏の国に支店をもちたいと考えるであろう。

実用的理由
英語は国際航空管制で使用される言語であり，近年では国際的な海運，警備，救援隊（p.416）でも使用されるようになってきている。国際ビジネスや国際学会では主要言語であり，海外旅行でも主要な言語である。

知的理由
世界中の科学的，技術的，学術的な情報はほとんど英語で書かれ，電子情報検索システム内の 80%以上は英語である。このことに密接に関係しているのは，西欧の哲学，文化，宗教あるいは文学の歴史に関する知識を直接，あるいは英語の翻訳を通して，得たいという気持ちである。世界のほとんどの地域においてはゲーテ（Goethe）やダンテ（Dante）といった作家の作品を読みたければ英語以外には読む手段がない。ラテン語も西欧において千年以上にわたって同様の役割を果たしてきた。

娯楽的理由
英語はポピュラー音楽の主要な言語であり大衆文化やそれに関連した宣伝にも浸透している。また英語はポルノや薬物といった国際的な違法行為だけでなく，衛星放送や，家庭用コンピューター，ビデオゲームでも主要な言語となっている。

間違った理由
英語が世界中に広がったのは英語の内在的特徴によると考えられることがある。英語は本質的にほかの言語と比べてより論理的であり，より美しく，より発音しやすく，文法構造がより簡単で，語彙もより豊富だと言われてきた。こうした考え方は，思慮の浅い優越主義か，言語に対する無知な考え方によるものである。異なった言語の論理性や美しさを客観的に比較する基準はないし，また，音声・文法・語彙の複雑さとは何なのかという問題も決して簡単に答えの出せるものではない。例えば，英語は屈折語尾を多くはもたないのかもしれないが（この点は，英語が文法的に「簡単だ」とよくいわれる理由なのだが，p.202），かなり複雑な統語構造をもっている。ある言語の屈折語尾の数は（かつてラテン語が広い地域で使用された例を見ればわかるように）その言語が世界的に使用されるようになるかどうかという点にはまったく関係がない。どの程度その言語が世界で使用されるかはさまざまな理由――政治・経済・社会・宗教・文学――によるが，言語学的理由がこれらの中で上位を占めることはない。

古い話

「人びとが英語を学ぶ理由としてあげるもののいくつかは，以下の引用が示すように決して新しいものではない。

私はこの言語［英語］の文法を記述する仕事を引き受けた。なぜなら我々の言語で書かれたさまざまな重要な著作物を理解できるようになりたいと望む外国人たちからの強い要望があるからだ。例えば私たちの慣習の中でいつも教えられているように，実践神学を学びたいと切に願っている外国人の神学者など…しかし神学関係の著作物に限ったことではない。あらゆる種類の文献は英語版が広く普及しており，自慢するわけではないが，いかなる有用な知識でも今日まで少なくともそこそこの英語で書かれてこなかったものなどほとんどないといってもよい。」

これは 1765 年に出版されたジョン・ウォリス（John Wallis）の『英語文法（*Grammatica Linguae Anglicanae*（Grammar of the English Language）』（p. 82）のラテン語で書かれた序文からの引用を翻訳したものである。上の引用で神学を例として取り上げていること以外，当時の英語を取り巻く状況は現在とほとんど変わりはないのである。

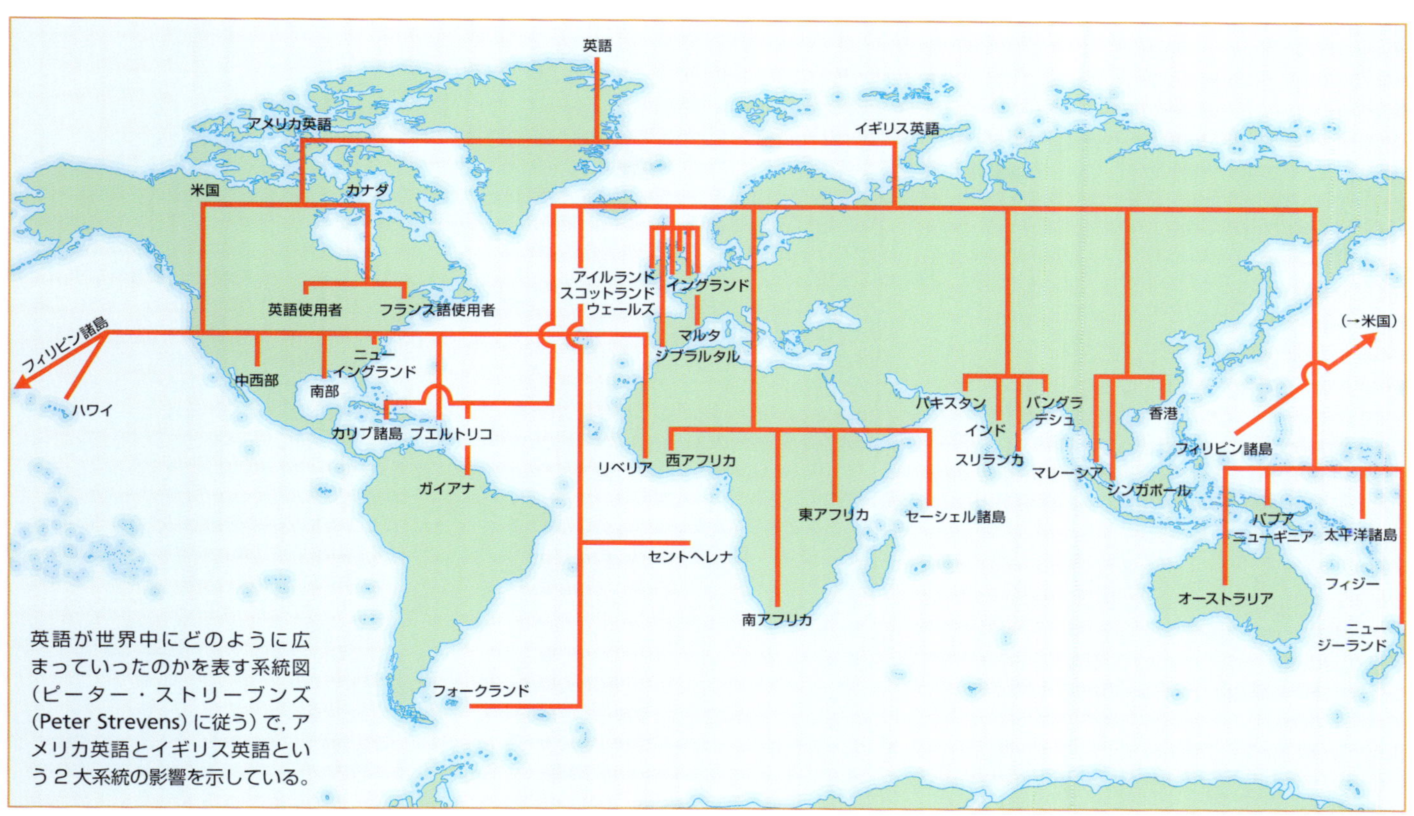

英語が世界中にどのように広まっていったのかを表す系統図（ピーター・ストリーブンズ（Peter Strevens）に従う）で，アメリカ英語とイギリス英語という２大系統の影響を示している。

３つの英語圏

英語の世界中への広がりが３つの同心円で表されていて，それらは地域ごとに英語がどのように習得され，現在どのように使われているかを表している。

- **内円圏**は長い歴史を持つ英語の基礎をなしているところ，すなわち英語が第一言語となっている地域である。米国，英国，アイルランド，カナダ，オーストラリア，ニュージーランドが含まれる。
- **外円圏**は英語を母語としない地域での比較的初期の英語の広がりを含み，そこでは英語の使用が社会の中で確立されており，「第二言語」として多言語地域における重要な役割を果たす。シンガポール，インド，マラウィのほか50以上の地域（p.115）を含む。
- **拡大円圏**は，内円圏の国によって植民地化された歴史をもたず，国の言語政策としても英語に特別な地位を与えてはいないが，国際的な言語として英語の重要性を認めている国々を含む。「拡大円圏」という名称には「拡大中の」という意味が込められているが，p.116の統計を見ると，現在では「拡大済みの」という意味に置き換えられるべきであろう。これらの地域では英語は外国語として教育されているのである。

言語学で提唱されるさまざまなモデル同様，この英語の広がりを示すモデルにおいても同心円が示す境界ははっきりしていない。ある国（例：南アフリカ，マレーシア）では第二言語と外国語の両方の特徴が混在した社会言語学的状況を示している。また，ある国（例：タンザニア）では独立後に言語政策を変更し，今では英語を公的な言語と見なしていない。また，英語を第一言語としているのか，外国語としているのかはっきりしない変種を使用している国（例：パプアニューギニア，ナイジェリア）もある（p.108）。このモデルの持つ意義は，世界英語という概念によって引き起こされるさまざまな歴史的・社会的問題に注意を向けさせることであり，もう１つの意義は（総人口が示された包括的なリストを作ることができれば）英語の拡大状況の動向を示すことができる点にある。（カチュル（B. B. Kachru），1985による）

数字は2017年の推計による英語話者人口である。

拡大円圏
外円圏
内円圏
例：米国，
英国
３億8800万人
例：インド，
シンガポール
８億8500万人
例：中国，
ロシア
10億人以上

何百万人？　内円圏と外円圏

p.115 の表は英語が特別な地位を維持してきた，あるいは維持し続けている 80 以上の地域を示している。この表中の 2 つの地域名「英国の島々」と「そのほかの保護領」では，それぞれ 10,000 人以下の話者人口をもつ複数地域をまとめている。「英国の島々」にはガーンジー島，ジャージー島，マン島が含まれ，「そのほかの保護領」には，オーストラリア領（ノーフォーク島，クリスマス島，ココス諸島），ニュージーランド領（ニウエ島，トケラウ諸島），英国領（フォークランド諸島，ピトケアン島，タークス・アンド・カイコス諸島，セントヘレナ島，英領インド洋領土，p.116 を見よ）が含まれる。英語が特別な地位をもたず，外国語として学ばれている国（例：中国，ドイツ）については除外している。

「特別な地位をもつ」ということはさまざまな意味をもっている。インド，アイルランド，カナダのように，英語はいくつかの国で法的に定められた正式な言語，あるいは正式な言語のうちの 1 つとして機能している。米国や英国（いずれの国でも英語は法的に正式な国語とは定められていない。pp.113，123 を見よ）の場合のように英語が歴史的な理由によって唯一の言語，あるいは優勢な言語になっていることもある。タンザニアのような少数の例では英語はかつてのような公式言語としての地位を失っているが，社会の中ではまだ重要な役割を果たしている。多くの場合，英語の立場はより不明確で，地域のほかの言語と，時代や社会的な役割に応じて関係を変えながら共存している。しかし，すべての例において人びとは，英語が日常的に使われ，程度の差はあるものの公に使用され，かつ，昨今のその国のアイデンティティーの一部になっているという環境で生きている。

このような表には，表に現れないさまざまな仮定が含まれており，解釈には注意が必要である。

- 表の 2 列目は 2017 年のそれぞれの国の推計総人口が示されている——言い換えると理論上つねに英語にさらされている人数の合計である。総計は切り上げて 30 億人で，それは 2017 年の世界の総人口の 40%を超える。
- 表の 3 列目は英語を第一言語（L1）として学んだ人の数を示しており，およそ総計 3 億 8,800 万人である。この数字には少し解説が必要である。この数字は世界各地に点在する L1 話者を含めるとさらに多くなる（いくつかの年鑑では 4 億 5,000 万人もの話者がいるとしている）。しかし多くの国では国内にどのくらいの L1 話者がいるかすらわかっていない。一方，さまざまな国でクレオールやクレオール化されたピジン（p.366）を使用している場合を除外すると総数は多少少なくなる可能性がある。そのような場合は（c）の印がつけられていて，およそ 850 万人になる。
- 4 列目は英語を第二言語（L2）として学んだ人の推定数を示している。いくつかの例（例：インド）ではこの数字は社会言語学的状況を検証した言語学者による注意深い検証の結果である。しかしほとんどの例はそのような算定がなされているわけではなく，入手できるのは関連する社会状況をもとにした推定数だけである。この表は，p.116 にあげてあるほかの資料と同様に，中等教育以上の教育を受けた 25 歳以上の人数の割合，すなわちほどほどの水準で英語を使用できると考えられる人の割合を基本的な指標として示している（この割合は 3 列目であげたすべての L1 話者を除いている）。
- 4 列目はまた（第二言語としての）英語のピジン / クレオール変種の話者を含んでいる——したがってナイジェリアのような国での数字は高くなる。この算出方法が言語学的に妥当であるといえるのは，ピジン / クレオールも確かに英語の変種（例えば，フランス語とは異なるものとして）であり，標準英語と連続体をなすような形で関連づけられるからである。一方，この連続体の両端にある言語を使ってコミュニケーションを取る場合，互いに理解できない可能性もあり，ピジン / クレオールの話者の数を含むべきではないという主張もなり立つ——その場合，表の最下部にある L2 の合計からおよそ 1 億 5,000 万の話者を除くべきである。このような問題のある国は（c）の印がつけてある。
- L2 話者の総計はおよそ 8 億 9,600 万人である——この数字は，ほとんどある 1 つの国，インドに起因するものである。しかし「英語話者」としている基準を緩めると，この数字はもっと大きくなる。インド，パキスタン，ガーナ，ナイジェリア，フィリピン，スーダンの 6 カ国では割合が少し上がっただけでも大きく変わる。これら 6 カ国の総人口は 2017 年には 11 億 7,000 万人である。もしこれらの国でさらにたった 5%でも多くの人がなんらかの英語を使えるとすると，合計はさらに 1 億人増えることになる。英語運用能力をより限定したものと考えれば，この数字はさらに大きくなる。我々がこの数字をより大きくしたいかどうかは，もちろん言語学とはまったく関係のない要因によるものである。

世界英語と英語教育（EL English Language）の簡易用語集

世界英語（World English）（WE），と特に英語教育（English Language Teaching）（ELT）の世界では多くの頭字語が使用されている（p.130）。

EAP　（English for Academic Purposes）学術研究のための英語　→ ESP 参照

EFL　（English as a Foreign Language）外国語としての英語　英語が母語ではなく，特別な地位にない日本，フランス，エジプト，ブラジルなどの国で使用される英語。世界の半数を優に超える国がこのカテゴリーに入る（「拡大円圏」，p.113）。

EIL　（English as an International Language）国際語としての英語　国際コミュニケーションの手段としての英語。この概念は英語を母語としない職業人・専門家らに特に関連がある（例：ビジネスマン・科学者・政治家・学者）。

ELF　（English as a Lingua Franca）リングワフランカとしての英語　異なる言語を話す人同士がコミュニケーションの手段として使う英語で，そこでは内円圏（p.113）の英語の標準とは発音，文法，語彙において異なることが強調される。ELF が出現した当初は可能な変種（あるいは変種の集合）と見なされていたが，さまざまな言語状況で多様化するため，この概念は柔軟性が内在していることを強調した概念にかわっていった。L2 話者は，主として別の L2 話者と（その多くは多言語話者であるのだが）話すことによって自分たちの言語を発達させるため，この概念は後に，マルチリングワフランカ（English as a Multi Lingua Franca（EMF））として発達し，そこでは，英語は多言語環境において選択される接触言語（contact language）として機能すると見なされている。

ESL　（English as a Second Language）第二言語としての英語　コミュニケーションの手段として英語が特別な地位を持っている国における英語（「外円圏」，p.113）。この用語は英語が第一言語である国に在住する移民や，そのほかの外国人にも適用されてきた。

ESP　（English for Special/Specific Purposes）特別な / 特定の目的のための英語　学習者の専門的必要性に応じた内容の英語でふつうのレベルの英語運用能力を身につけさせる目的のための英語（English for General Purposes）とは対比をなす。例えば，学術的な目的のための英語（English for Academic Purposes）や科学技術の英語（English for Science and Technology）などいくつかの分野が認められてきた。

L1　（first language）第一言語　子どもが最初に習得する言語（「母語」とも呼ばれる）または多言語の状況で優先される言語。後者の状況は前者の状況と全く同じというわけではない。例えば米国に移住してきた多くのヨーロッパの移民の子どもたちは，母語ではないが，後者の意味で英語を第一言語として使用するようになる。

L2　（second language）第二言語　母語ではないがコミュニケーションの必要のために使用される言語。国が国民に対して，ある言語を正式な第二言語として選定したり，その言語に特別な地位を与えたりする。

LSP　（Language for Special/Specific Purposes）特別な/特定の目的のための言語　科学者，医者，弁護士，航空管制官などの，予測可能で特定の範囲の伝達要請に対応するよう設定された講習。

NNL　（non-native language）非母語　人びとが母語以外に使用する言語。

NNV　（non-native variety）非母語変種　インド英語など英語が母語ではない場所で発達した英語の変種。

TEFL　（Teaching English as a Foreign Language）外国語としての英語教育　→ EFL 参照

TESL　（Teaching of English as a Second Language）第二言語としての英語教育　→ ESL 参照

TESOL　（Teaching English to Speakers of Other Languages）他言語話者に対する英語教育　英語を母語としない人たちに対する英語教育。この概念は米国で発達したが，現在多くの国で実践されている。英国の言語教育の環境で一般的に見られるような，TESL と TEFL に区別はない。

推定統計

話者の推定数はどの言語においてもしばしばそれが科学的な事実であるかのように引用されるが，リスニング，スピーキング，リーディング，ライティングにおける到達度のちがいを考慮した言語学的に精緻な国勢調査の記録があるわけではなく，情報にもとづいた印象主義にすぎない。本ページと次ページの表中にあるそのような推定数値は，「新英語」（p.121）や，英語にもとづいたクレオールやピジンを含めた，あらゆる地方の標準英語変種の一般的な会話能力を示している。これらの数字が反映しているのは，家庭や職場でどのような言語が優先されるかという国勢調査の質問にも時折反映されるように，英語が家庭内や仕事上の用途で使われている，うまく機能するリングワフランカであるという見解である。

この統計はすべて 2006 年以降のさまざまな出典からのデータと意見をまとめたものである。そこでは高等教育の学生数（国勢調査の記録による）と，ユーロバロメータ，ユーロモニターインターナショナル，ブリティッシュ・カウンシルなどが行った言語使用に関する地域や国の調査を含めている。近年，インターネット上に多くの非公式の調査がある。そこでは，これからある国に住もうと考えている英語話者が，インターネット上でその国でやっていけるかどうかを尋ねて，それに対して，その国に住んでいる人びとが自国内でどの程度英語が使用されているかについて自分の見解を回答している。それらの意見はあくまでも印象にすぎないが，これらの資料も長年の経験を反映したものであるので軽視されるべきではない。

インターネットも，言語使用についての一般的な情報源であり，その国の現状を示す豊富な資料である。そこでは「英語は広く話されている」などと表現し，時には使用割合を示したりしている。本書では推定値間で見解の相違があるときにはその中間をとっている。表の数字は概算である――人口の少ないところでは切り捨て，人口の多いところでは切り上げている。第一言語（L1）列が空欄になっているところはまったく推計ができなかったところである（したがってその地域社会に加わっているであろう数百人の教師，国際ビジネスマン，国外在住者を考慮していない）。

表中の数字は数パーセント分実際と異なったとしても，著者が同じ基準を用いて第 2 版で示した世界的状況との相違は明確だ。学校で英語を学ぶ，あるいはビジネスの場で英語を使うという人はあらゆるところで増えている。著者の推計は伝統的・保守的ではあるが，結論は明確である。過去 20 年で世界中の英語話者は着実に増えていて，（第 1 版で報告した）約 15 億人から（第 2 版で報告した）20 億人に近づいており，現在は――2 つの表を足し合わせて――23 億人を超えている。

国または領土	人口（2017 推計?）	総計 第一言語（L1）	総計 第二言語（L2）
アクロティリ=デケリア ^	15,700	8,000	7,700
米領サモア ^	57,000	2,000	55,000
アングィラ ^	15,000	15,000	
アンティグア・バーブーダ(c)*	93,000	92,000	1,000
アルバ	105,000	7,000	79,000
オーストラリア+	24,700,000	19,000,000	5,000,000
バハマ(c)*	399,000	347,000	36,000
バングラデシュ=	165,000,000		8,000,000
バルバドス(c)*	286,000	272,000	14,000
ベリーズ(c)*	374,000	300,000	60,000
バミューダ ^	63,000	63,000	
ブータン	796,000		750,000
ボツワナ *	2,346,000		950,000
英領バージン諸島(c)^	31,000	30,500	
ブルネイ・ダルサラーム=	435,000	10,000	350,000
ブルンジ *	11,872,000	1,000	250,000
カメルーン(c)*	24,400,000		4,200,000
カナダ *	36,600,000	22,000,000	13,000,000
ケイマン諸島(c)^	63,000	58,000	5,000
クック諸島	19,000	2,000	16,500
キュラソー	151,000	4,500	140,000
ドミニカ(c)*	73,000	3,000	69,000
エリトリア=	5,433,000		2,000,000
エチオピア=	104,000,000	2,000	10,000,000
フィジー*	905,000	6,000	890,000
ガンビア(c)*	2,100,000	1000	1,500,000
ガーナ(c)*	29,000,000	1000	19,000,000
ジブラルタル ^	32,000	29,000	2,000
グレナダ(c)*	108,000	108,000	
グアム ^	174,000	72,000	100,000
ガイアナ(c)*	772,000	720,000	32,000
香港 ^	7,400,000	260,000	6,000,000
インド *	1,342,000,000	400,000	400,000,000
アイルランド *	4,700,000	4,100,000	500,000
イスラエル=	8,314,000	150,000	7,000,000
ジャマイカ(c)*	2,813,000	2,750,000	50,000
ケニア *	48,300,000		4,000,000
キリバス *	116,000		50,000
レソト *	2,200,000		550,000
リベリア(c)*	4,700,000	940,000	3,620,000
マラウィ*	18,200,000		900,000
マレーシア=	31,200,000	400,000	10,000,000
マルタ *	421,000	25,000	375,000
マーシャル諸島	55,400		50,000
モーリシャス	1,283,000	2,000	900,000
ミクロネシア連邦 *	105,000	3,000	50,000

国または領土	人口（2017 推計?）	総計 第一言語（L1）	総計 第二言語（L2）
モントセラト(c)^	5,200	5,200	
ナミビア *	2,561,000	15,000	400,000
ナウル *	10,300	800	6000
ニュージーランド+	4,588,000	4,400,000	180,000
ナイジェリア(c)*	191,133,000		115,000,000
北マリアナ(c)^	50,000	5,500	40,000
パキスタン *	196,223,000		23,000,000
パラオ(ベラウ)*	21,400	1,000	20,000
パプアニューギニア(c)*	7,920,000	200,000	3,168,000
フィリピン *	103,622,000	37,000	95,000,000
プエルトリコ	3,673,000	90,000	1,750,000
ルワンダ *	12,124,000		1,800,000
セントキッツ・ネビス(c)*	56,000	56,000	
セントルシア(c)*	188,000	38,000	140,000
セントビンセント・グレナディン諸島(c)*	109,000	106,000	3,000
サモア *	196,000	1,000	185,000
セーシェル *	98,000	4,000	35,000
シエラレオネ(c)*	6,717,000	700,000	6,000,000
シンガポール *	5,811,000	400,000	5,000,000
シント・マールテン ^	40,900		27,600
ソロモン諸島(c)*	606,000	12,000	200,000
南アフリカ *	55,600,000	5,340,000	30,000,000
南スーダン *	13,299,000		5,000,000
スリランカ=	20,909,000	10,000	2,000,000
スーダン *	41,814,000		16,000,000
スリナム(c)	552,000	330,000	180,000
スワジランド *	1,323,000		900,000
タンザニア	56,568,000		5,000,000
トンガ *	107,000	1,000	90,000
トリニダード・トバゴ *	1,372,000	1,300,000	70,000
ツバル *	10,000		9,000
ウガンダ *	41,365,000		20,000,000
英国(連合王国)+	65,470,000	64,000,000	1,400,000
英領諸島(UK Islands)^	254,000	250,000	3,000
米国+	326,250,000	258,000,000	50,000,000
米領ヴァージン諸島(c)^	106,000	84,000	12,000
バヌアツ(c)	276,000	85,000	170,000
ザンビア *	17,114,000	200,000	5,200,000
ジンバブエ *	16,223,000	320,000	8,000,000
そのほか保護領	52,000	45,000	6,000
総計	3,076,541,900	388,219,600	896,546,800

* 公用語としての地位（場合によってはほかの言語も併用）
^ 非独立地域における正式なまたは事実上の公用語
＋ 事実上第一言語として使用（されている）
＝ 事実上使用されてはいるが第一言語ではない
(c) ピジン / クレオール話者との関連で統計の推定に問題のある国（p.114 参照）
国または領土名のアルファベット順に掲載

何百万人？　拡大円圏

1945 年に国際連合が設立されたときには，加盟国は 51 カ国であった。2017 年には 193 カ国になった。お互いに対話をしたいと思う国がほぼ 4 倍になったということは，グローバルリングワフランカが求められているということを十分に説明している。以下の表の多くの国の英語話者の数値については，内円圏と外円圏にあげてある数値（p.115）より不明確であり，しばしばおおよその比率でしかない。それらは以下に示されており，国際連合による人口統計推計にもとづいた実際の人数に変換してある。

1945 年の国際連合の加盟国の代表

（国名のアルファベット順に掲載）

国	人口	英語話者の総数と人口比率
アフガニスタン	34,365,000	3,436,000（10%）
アルバニア	2,891,000	290,000（10%）
アルジェリア	41,073,000	2,875,000（7%）
アンドラ	72,000	21,600（30%）
アンゴラ	26,541,000	1,327,000（5%）
アルゼンチン	44,248,000	9,292,000（21%）
アルメニア	3,037,000	1,215,000（40%）
オーストリア	8,602,000	6,280,000（73%）
アゼルバイジャン	10,008,000	1,500,000（15%）
バーレーン	1,426,000	1,070,000（75%）
ベラルーシ	9,500,000	950,000（10%）
ベルギー	11,438,000	5,950,000（52%）
ベナン	11,420,000	571,000（5%）
ボリビア	11,034,000	552,000（5%）
ボスニア・ヘルツェゴビナ	3,802,000	1,521,000（40%）
ブラジル	211,373,000	12,682,000（6%）
ブルガリア	7,058,000	1,765,000（25%）
ブルキナファソ	19,084,000	954,000（5%）
カンボジア	16,042,000	3,208,000（20%）
カーボヴェルデ	532,000	53,200（10%）
中央アフリカ共和国	5,075,000	254,000（5%）
チャド	14,891,000	745,000（5%）
チリ	18,302,000	1,830,000（10%）
中国	1,384,929,000	400,000,000（29%）
コロンビア	49,113,000	2,455,000（5%）
コモロ	824,000	16,500（2%）
コンゴ	4,837,000	242,000（5%）
コンゴ民主共和国	81,763,000	4,088,000（5%）
コスタリカ	4,909,000	640,000（13%）
コートジヴォワール	23,698,000	1,185,000（5%）
クロアチア	4,213,000	2,100,000（50%）
キューバ	11,423,000	1,142,000（10%）
キプロス	1,189,000	904,000（76%）

国	人口	英語話者の総数と人口比率
チェコ共和国	10,560,000	2,851,000（27%）
デンマーク	5,714,000	4,914,000（86%）
ジブチ	910,000	45,500（5%）
ドミニカ共和国	10,770,000	538,000（5%）
エクアドル	16,609,000	830,000（5%）
エジプト	95,196,000	33,319,000（35%）
エルサルバドル	6,159,000	616,000（10%）
赤道ギニア	891,000	17,800（2%）
エストニア	1,303,000	652,000（50%）
フェロー諸島	49,000	39,200（80%）
フィンランド	5,556,000	3,889,000（70%）
フランス	64,934,000	25,324,000（39%）
フランス領ギアナ（c）	283,000	84,900（30%）
フランス領ポリネシア	288,000	28,800（10%）
ガボン	1,797,000	179,700（10%）
ジョージア（グルジア）	3,904,000	195,200（5%）
ドイツ	81,317,000	45,538,000（56%）
ギリシャ	10,875,000	5,546,000（51%）
グリーンランド	56,000	5,600（10%）
グアドループ	473,000	23,600（5%）
グアテマラ	16,969,000	1,697,000（10%）
ギニア	13,236,000	662,000（5%）
ギニアビサウ	1,926,000	96,300（5%）
ハイチ	10,984,000	2,197,000（20%）
ホンジュラス	8,294,000	829,000（10%）
ハンガリー	9,798,000	1,960,000（20%）
アイスランド	334,000	300,000（90%）
インドネシア	263,683,000	52,737,000（20%）
イラン	80,961,000	32,384,000（40%）
イラク	38,649,000	13,527,000（35%）
イタリア	59,892,000	20,363,000（34%）
日本	126,335,000	18,950,000（15%）
ヨルダン	8,047,000	3,621,000（45%）

1995 年の国際連合 50 周年記念の写真。当時の加盟国は 185 カ国であった。

国	人口	英語話者の総数と人口比率
カザフスタン	18,135,000	907,000（5%）
北朝鮮	25,401,000	508,000（2%）
韓国	50,752,000	22,838,000（45%）
コソボ	1,807,000	723,000（40%）
クウェート	4,259,000	3,194,000（75%）
キルギスタン	6,123,000	429,000（7%）
ラオス	7,008,000	701,000（10%）
ラトビア	1,926,000	886,000（46%）
レバノン	6,546,000	2,618,000（40%）
リビア	6,275,000	1,255,000（20%）
リヒテンシュタイン	38,000	28,500（75%）
リトアニア	2,788,000	1,059,000（38%）
ルクセンブルク	591,000	236,000（40%）
マカオ	609,000	152,000（25%）
マケドニア	2,085,000	521,000（25%）
マダガスカル	25,476,000	3,821,000（15%）
モルジヴ	376,000	338,000（90%）
マリ	18,560,000	928,000（5%）
マルティニーク	397,000	19,800（5%）
モーリタニア	4,254,000	425,000（10%）
マヨット	252,000	25,000（10%）
メキシコ	130,252,000	32,563,000（25%）
モルドバ	4,063,000	406,000（10%）
モナコ	38,000	19,000（50%）
モンゴル	3,054,000	916,000（30%）
モンテネグロ	627,000	62,700（10%）
モロッコ	35,244,000	4,934,000（14%）
モザンビーク	29,419,000	1,471,000（5%）
ミャンマー	54,696,000	8,204,000（15%）
ネパール	29,130,000	14,565,000（50%）
オランダ	17,034,000	15,331,000（90%）
ニューカレドニア	270,000	13,500（5%）
ニカラグア（c）	6,213,000	311,000（5%）
ニジェール	21,351,000	427,000（2%）
ノルウェー	5,333,000	4,800,000（90%）
オマーン	5,241,000	3,931,000（75%）
パレスティナ自治政府	4,904,000	3,678,000（75%）
パナマ	4,048,000	405,000（10%）
パラグアイ	6,803,000	340,000（5%）

国	人口	英語話者の総数と人口比率
ペルー	32,140,000	1,607,000（5%）
ポーランド	38,633,000	13,135,000（34%）
ポルトガル	10,268,000	2,772,000（27%）
カタール	2,450,000	1,838,000（75%）
レユニオン	873,000	44,000（5%）
ルーマニア	19,221,000	5,959,000（31%）
ロシア	146,410,000	43,923,000（30%）
サンピエール・エ・ミクロン	6,000	3,000（50%）
サンマリノ	32,000	19,200（60%）
サントメ・プリンシペ	198,000	9,900（5%）
サウジアラビア	32,915,000	3,291,000（10%）
セネガル	15,991,000	800,000（5%）
セルビア	8,776,000	4,388,000（50%）
スロヴァキア	5,434,000	1,413,000（26%）
スロベニア	2,074,000	1,224,000（59%）
ソマリア	11,246,000	900,000（8%）
スペイン	45,968,000	10,113,000（22%）
スウェーデン	9,930,000	8,540,000（86%）
スイス	8,442,000	5,487,000（65%）
シリア	18,906,000	3,781,000（20%）
台湾	23,546,000	1,177,000（5%）
タジキスタン	8,832,000	442,000（5%）
タイ	68,440,000	6,844,000（10%）
東ティモール	1,234,000	432,000（35%）
トーゴ	7,664,000	383,000（5%）
チュニジア	11,486,000	1,608,000（14%）
トルコ	81,185,000	12,178,000（15%）
トルクメニスタン	5,500,000	275,000（5%）
ウクライナ	42,410,000	2,120,000（5%）
アラブ首長国連邦	9,528,000	8,575,000（90%）
ウルグアイ	3,452,000	345,000（10%）
ウズベキスタン	30,723,000	1,536,000（5%）
ベネズエラ	31,920,000	1,596,000（5%）
ベトナム	95,375,000	4,769,000（5%）
ワリー・エ・フトゥーナ	13,000	300（2%）
西サハラ	597,000	11,900（2%）
イエメン	28,115,000	2,530,000（9%）
合計（総数）	4,436,775,000	1,033,133,700

標準英語

ある言語が現在の英語と同じくらいに世界規模で拡大していった時（p.114）に，何が起こるかを予測することは難しい。英語ほど地理的に広がり，これほど多くの話者をもった言語はこれまでにない。さらに，英語が拡散していった速度もこれまでに例を見ない。世界英語の歴史は400年前にさかのぼることができるが（p.98），英語の近年の爆発的な発達の歴史は60年にもならない。国の独立についても（国際連合の加盟国は1960年以降2倍以上）世界の人口についても（1950年の25億人から2017年の75億人）過去においてこれほどの急激な増加をしていない。このような責任を負わされ，その重圧に応えなければならない英語（いかなる言語であるにせよ）はどのように歩んで行くのであろうか?

2つの主要な問題――国際主義とアイデンティティー――は相対立するので現下の問題となる。前者の場合は，ある国が自国から世界全体を見て，その世界との関係において，自国の必要性を明確に定めようとする。後者の場合は，ある国が自国内の社会構造や国民の心理を見て，自国の必要性を自国のアイデンティティー観との関係において定めようとする。それに関連した言語的な問題も必然的に起こる。

- 国際主義は英語が理解できることを前提とする。もしある国が英語を盛んにしたいと思っている理由が，より広い英語圏が発信するものを得たいということであるならば，その国民にとってその世界の英語を理解することは必須であり，また自分たちのことを英語で理解してもらう必要がある。つまり国際主義は文法，語彙，つづり，発音，慣用における一致した規範が求められているのである。
- アイデンティティーとは個性を意味する。ある国が自国の独自性を保ちたい，あるいは自国の存在感を打ち立て，文化のるつぼの中の名もないものになるのを避けたいなら，その国は世界中のどの国とも違う独自性を表現する方法を探さなければならない。国旗や，衣装，そのほかのシンボルも特定の国を表すが，一国の言語ほど本質的で一般的な存在はない――もし，自国語がなければ，国際語の変種がその国のアイデンティティーとなる。つまり，英語という文脈におけるアイデンティティーには――英語らしい文法，語彙，つづり，発音，慣用などの――言語的特性が要求されるのである。

英語の将来（p.120）はこの2つの国際主義とアイデンティティーの間の緊張がどのように解かれるかにかかっている。

標準英語とは何か？

1980年代から英語についての公の論議の中で「標準」ということが前面に出てきた。国家レベルでは，いくつかの国（特に英国内）において，初等・中等教育における望ましい英語の全国統一カリキュラムの作成に焦点が当てられてきた。国際的なレベルでは外国語としての英語を教える際に，どの国際標準を採用するのかということに焦点が当てられてきた。しかしながら，いずれのレベルにおいても，標準英語をどのように導入するか，教育するかに関して理にかなった決断をする前に，標準英語とは実際にはどのようなものであるかということを明確に理解する必要がある。編集者のトム・マッカーサー（Tom McArthur）によって書かれた『オックスフォード英語必携（*The Oxford Companion to the English Language*）』（1992）の見出し「標準英語（SE）」の慎重な冒頭部の記述によると，標準英語とは何かを追求すれば地雷原に入り込むことになるかもしれないのである。

> 標準英語とは，簡単には定義できないが，ほとんどの教養ある人たちが，その正確な意味を知っているかのように広く使っている用語である…

この問題を解決するにはまず国家レベルでなされるのが妥当であろう。そこではこの問題は長い間論議されてきており，したがって当然ながらよく理解されている（標準英語の初期の歴史についてはp.54を見よ）。

定義に向けて

英語に関する文献の中にある多くの定義の中から，ここでは5つの基本的な特徴をあげることができるだろう。

- 標準英語は英語の変種の1つである。すなわち，その変種の特徴がわかるように，特定の役割をする言語的特徴を組合わせたものである。これを1つの「方言」と呼ぶ人もいて――確かにそうではあるが，地域にもとづくものがないという点で特別な種類である（p.318）。標準英語にはどの地域に由来しているのかを示すような文法的特徴も語彙特徴もない。
- 標準英語の言語的特徴は主に文法，語彙，書記法（つづりと句読法）に関するものである。標準英語は発音には関係ないということに注意することが重要である。標準英語はさまざまな発音特徴で話されるからだ。（もちろん，イギリス容認発音，（p.387）のような威信ある発音も含む）。
- 標準英語は国内のほとんどの威信のある英語の変種である。「威信」とは，それが社会的階級，物質的成功，政治的力，大衆の人気や学歴のいずれに由来しようが，ひとが他者から見て高位置にいると見なされるという社会的な概念である。こうした人が好んで使用する英語は，まさにこの事実によって，彼らの社会で標準となる。ある米国の言語学者の言葉によると，標準英語とは「有力者によって使用される英語」である（ジェームズ・スレッド（James Sledd））。
- 標準英語に付与された威信はその社会の大人によって認識され，このことが標準英語を望ましい教育目標として推奨することを動機づけている。標準英語は政府や司法，メディアなどの社会の主導的な組織によってコミュニケーションの標準として使用される変種である。したがってこれが最も社会に広く使用される変種である。と同時に，広く理解される変種であろう。ただ，すべての人によって同程度に理解されているわけではなく，その特徴のいくつかについては理解度はさまざまである。（したがって「平易な英語」を目指すキャンペーンの動きが出てくることとなるp.188）。標準英語は好まれることもあり，好まれないこともある。
- 標準英語は広く理解されるが，広く使われるわけではない。実際には国内のほんの一握りの人たち（例えばラジオのニュースキャスター）がこの標準英語を使用する。ほとんどの人たちは多様な地域方言を使用するか，標準英語と方言を混ぜて使用し，自分たちが「純粋な」標準英語と認識している英語に対しては「BBC英語」や「クイーンズイングリッシュ」といった名称を使う。同様に，人びとがものを書くとき（それ自体はあまりあることではないが）に，標準英語を使うことは，ある特定の作業にのみ必要である（例えば新聞に投書をするときなどで，親しい友人への手紙には不要である）。標準英語は印刷物で最もよく見られる。

このように，我々は英語圏の標準英語を（主に語彙，文法，書記法に顕著なように）多くの威信をともない，最も広く理解される少数派の変種であると定義づけることができる。

書き言葉としての英語

18 APRIL 1993

More than just talking proper

Randolf Quirk argues Standard English is about words and meanings, not accents

1993年4月18日

適切に話すだけではなく

ランドルフ・クワーク（Randolf Quirk）が，標準英語は語や意味のことで，発音のことではないと論じている。

学校で英語についての公開討論会があるときには常に，新聞記事では非標準的なことばを使用した「機知に富んだ」見出しを使う。『インディペンデント（*the Independent*）』紙からのこの例は，1992-3年，英国の州の初等・中等学校の全国統一カリキュラムに関する討論会についての記事に見られた多くの見出しのうちの1つである。もちろん，この記事のほかの部分が標準英語で書かれているので，それだけでいっそう目を引く。

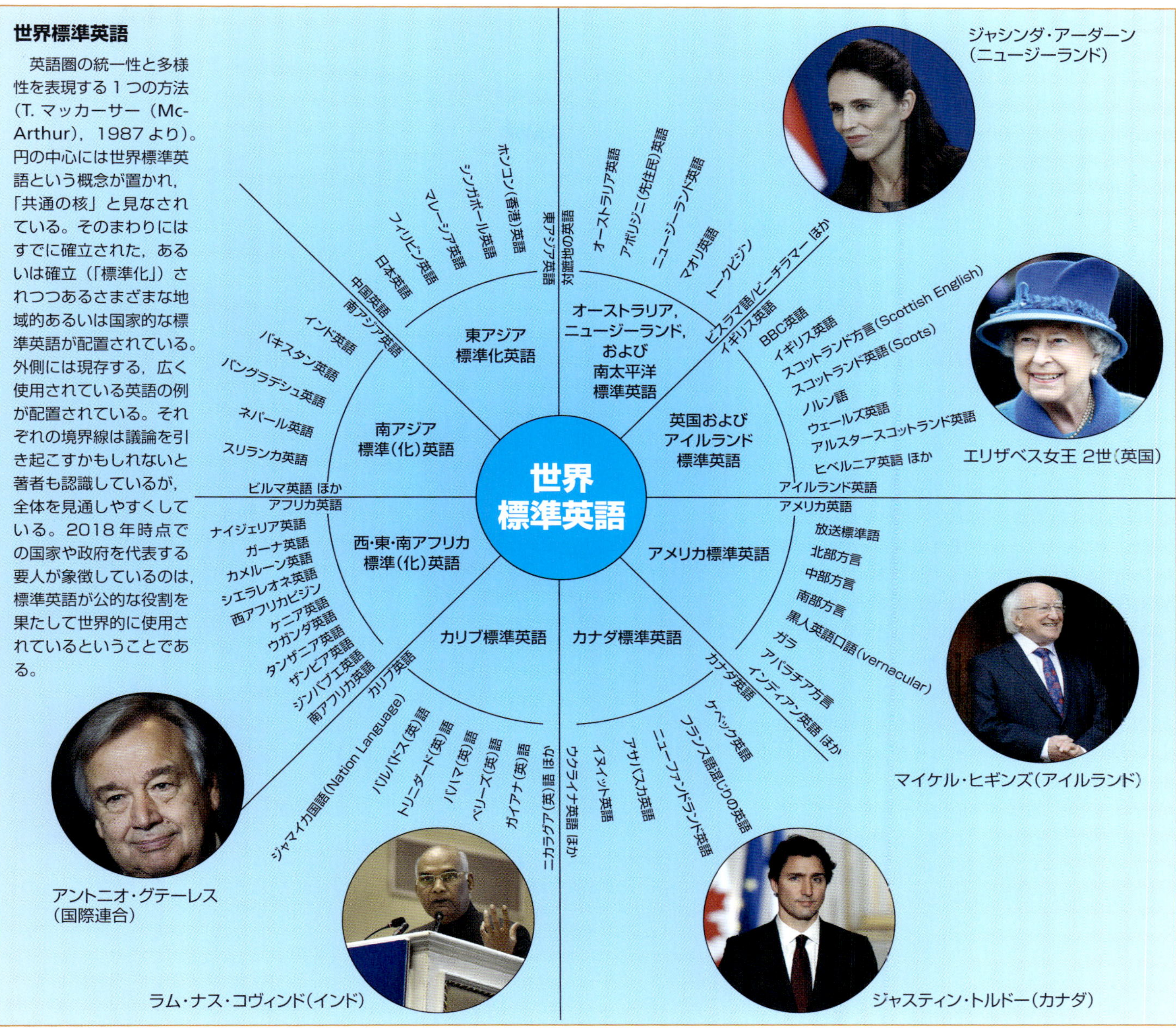

世界標準英語

英語圏の統一性と多様性を表現する1つの方法（T. マッカーサー（McArthur），1987より）。円の中心には世界標準英語という概念が置かれ，「共通の核」と見なされている。そのまわりにはすでに確立された，あるいは確立（「標準化」）されつつあるさまざまな地域的あるいは国家的な標準英語が配置されている。外側には現存する，広く使用されている英語の例が配置されている。それぞれの境界線は議論を引き起こすかもしれないと著者も認識しているが，全体を見通しやすくしている。2018年時点での国家や政府を代表する要人が象徴しているのは，標準英語が公的な役割を果たして世界的に使用されているということである。

世界標準英語？

英語圏で新聞を読んだりニュースキャスターが話しているのを聞いたりしていると，すぐに，かなり多くの英語の変種を統合するような力をもつ世界標準英語（WSE）といったものが存在するのではないかという印象をもつ。この印象を支持するような証拠はかなりたくさんあり，上の「世界標準英語」のようなモデルがはっきりと物語っている。しかしそれはさまざまな観点から誤解を招きかねない。完全に統一され，地域的に中立で，疑いもなく威信のある変種というのはまだ世界には存在していない。

- 英語を第一言語とする国はそれぞれ自国の言語的アイデンティティーを意識しており，それを他国の英語からの影響から守りたいと思っている。ニュージーランド人はオーストラリア人にはなりたくない。カナダ人は「米国人」になりたくはない。アメリカ語法は（米国を除く）あらゆるところで語法監視者によって危険信号と見なされている（p.330）。
- それ以外の国々（英語が第一言語ではない国）はアメリカ英語にもとづいているか，イギリス英語にもとづいているか，あるいは，両方の影響を受けているか（例：カナダ）で分類される（p.113）。これらを区別する主な特徴の1つはつづりである。コンピューター産業や医療などの分野では，米国式のつづりがますます広がっているが（program，disk，pediatrics（小児科（学）），まだまだ統一にはほど遠い（p.327）。
- 語彙の特徴の多くは地方政治，ビジネス，文化，自然史，（募集広告など）全国紙の「地域」コラムなどの専門的な用語の中に見られる。これについては第20章に詳しく述べている。また特にアメリカ英語とイギリス英語では，両者を区別するような，ある程度の文法的特徴がある。
- 「標準発音」という概念は英語を第二言語，あるいは外国語とする（p.114）国際的な場面において有用である。しかしここでも2つ以上の教育モデルがある。それは主に英国の容認発音と一般アメリカ英語の発音である（p.327）。
- 威信の問題については，それぞれの国の異なる歴史が共存するため，国際レベルでは決定するのは難しい。国際組織・団体から発表される報告書が英国式のつづりで書かれるのと米国式のつづりで書かれるのとでどちらがより威信があるのであろうか？ cars なのか？ automobiles なのか？ 作者はどんなイメージを伝えたいのか？ このような決定は毎日多くの場面でなされている。世界の見解が一致するまでには時間がかかり，この見解の一致が現存する英語の変種を優位とするのか，それとも新たに合成された変種を優位とするのかは時間がたたないとわからない（p.121）。

英語の将来

英語の将来という問題以上に，感情的な言い回しや乱暴な誇張に陥りやすい言語的問題はない。かなり楽観的な見方とかなり悲観的な見方がせめぎ合っている。楽観主義者としてはドイツの言語学者ヤーコプ・グリム（Jakob Grimm）があげられる。彼は 1852 年に出版された講義集の中で以下のように述べている。

> 現代語の中で，英語ほど強さと活力を獲得した言語はほかにない。［英語は］まさに世界の言語と呼べるものである。そして，英国人が世界を席巻したように，英語も今後さらに世界中に勢力を広げ，世界を支配する運命にあるように思われる。

ヴィクトリア朝後期に，約 1 世紀後（すなわち今日）の英語母語話者の数は天文学的な数値になると予想されていた。『音声学会誌（*The Phonetic Journal*）』（1873 年 9 月 13 日）のある論文では 2000 年までには英語母語話者の総数は 1,837,286,153 にのぼるであろうと著者の希望的観測による計算値をあげていた――後になって判断してみれば 6 倍（p.115）も多く誤った推計がなされている。そうした数字は英国や米国の植民地拡大の絶頂期に伴う陶酔的な雰囲気の中では当然のものだった。

それに対して，悲観論者もおり，1 世紀のうちに英語は細分化すると予想していた。英国の言語学者ヘンリー・スウィート（Henry Sweet）がその例としてあげられ，彼は 1877 年に以下のように述べている。

> その頃［1 世紀後］には英国，米国，オーストラリアはそれぞれが発音において独自の変化を遂げ，お互いに理解できない言葉を話すようになるであろう。

同じような見解はその約 1 世紀前にノア・ウェブスター（Noah Webster）の『英語論考（*Dissertations on the English Language*）』（1789）に述べられている。ウェブスターはそのような発達は「必然的で不可避」であり，「その結果現在のオランダ語，デンマーク語，スウェーデン語がドイツ語とも異なり，お互いにも異なる言語となったように，北アメリカの言語は将来の英国の言語とは異なったものになる」と述べている。ウェブスターの米国びいきな視点（p.85）からすると，もちろん，このことはそんなに悪いことではなかったであろう。

グリムもスウィートも正しい予言者であったとはいえない。確かに英語は世界言語となったが，このことはいつでもどこでも歓迎されるわけではない。英語はまさに多くの話しことばの変種を生み出しているが，それらは決して相互に理解不能なわけではない。おそらく唯一可能な一般化は，英語の将来についての予想はまずあたらない，ということになる。

彼は正しかったか？

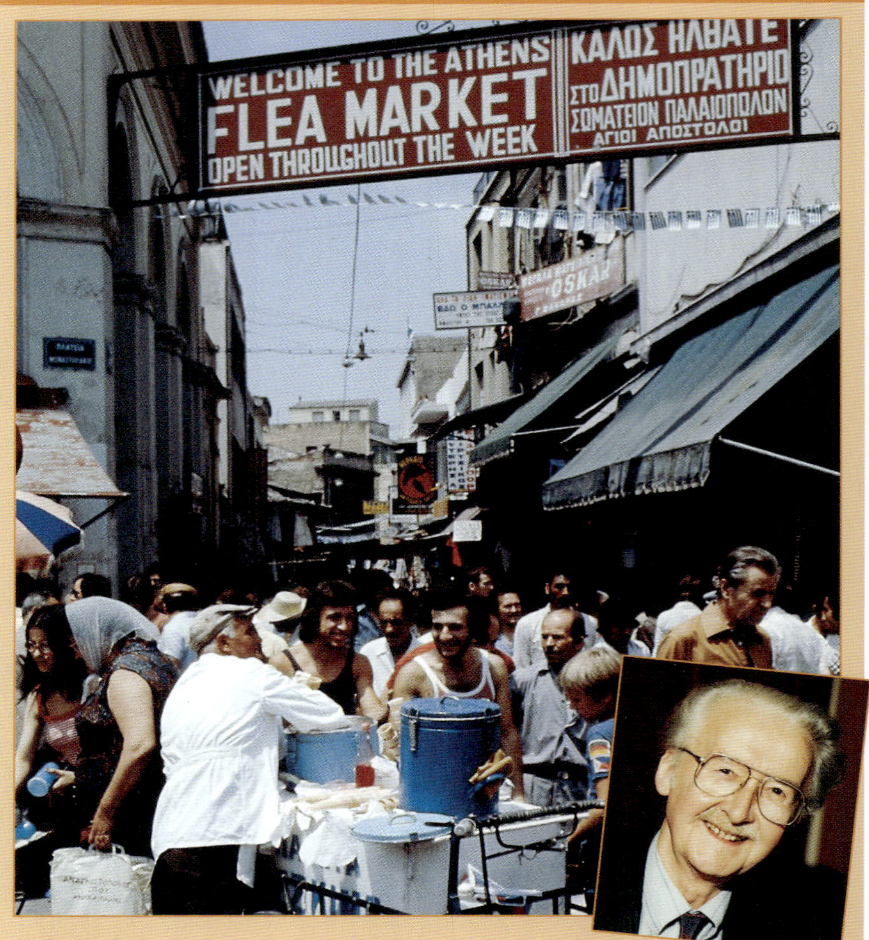

1970 年にルクセンブルクで開かれたロンドンを拠点とする英国言語学会の大会のために書かれた論文の中で，当時ロンドン大学のクエイン（Quain）教授｛【訳注】ロンドン大学の植物学，英文学，法学，物理学などの分野における教授職の名称｝だったランドルフ・クワーク（Randolph Quirk）は，英語の将来について予測を試みた。彼の論文は「20 年後の英語（'English in twenty years'）」という題目であった。

> ［英語の将来の役割について］予測を立てるにあたり，言語学とは無縁の仮定にもとづかなければならず，私の予測は以下のものとなった。英国は，経済的，知的，政治的に，大陸ヨーロッパとより強い結びつきをもつようになる。英語は過去 20 年にわたり大陸ヨーロッパで享受してきた威信を今後も 20 年間保ち続ける。この英語の威信というものがカーナビー通りのファッションやケープ・ケネディでの宇宙開発の功績にもとづくもの，あるいは垂直離着陸ジェット機や麻薬中毒者の評判にもとづくもの，カナダのニッケルやオーストラリアの果物にもとづくもの，MIT やロンドン証券取引所での出来事にもとづくものかどうかというのは見当違いである。これらの仮定が正しければ，英語は今日のヨーロッパにおける中心的な地位をこの先も保持すると自信をもって予想するが，これらの前提が成立しなければ，さほど自信はもてない。さらにすすんで，英語は，特に貿易においては言うまでもなく，さらに科学的なコミュニケーションや，ヨーロッパの放送連合ユーロヴィジョンなどを通して日常的な大衆文化においても，実際に広く普及すると予測できるだろう。この点はドイツ語やフランス語といった自国語が非常に重要なヨーロッパの国々においてさえあてはまる。すでに『ル・モンド（*Le Monde*）』紙も週刊の英語版を出しており，ドイツの多くの企業は英語を輸出振興のための主要な言語と見なしている。現在から 1990 年までの間に英国とヨーロッパとの関わりが深まれば，フランスやドイツでも英語の重要性が今より低くなるとは思えない。もちろん，ヨーロッパのより小さな言語社会においては，英語がより日常生活に影響を及ぼす可能性があり，スウェーデンのボールベアリング会社 SKF の工場で英語が日々使われているといった例はもっと増えるだろう。すでに世界の科学論文でも，ラジオ，テレビ，映画など大衆娯楽においても半数以上で英語が使われていて，文化的大変動が起こって，20 年以上にわたるような文化的断絶が起こらない限り，英語の勢力が弱まることはないだろう。文化的な後押しのようなものが強まっていることを考えてみれば，現在の英語使用が広まることが予想され，1990 年までにはヨーロッパ中の人が毎日どこかで英語を使う，あるいは英語に接するようになるだろう。

もしこの予想がたやすいものだと思われるなら，読者の皆さん，ブレグジット（Brexit）（p.124）後の 2040 年の英語の役割について予測する同様な文章を書いてみてください。

1つの言語か多くの言語か

近年英語の発達に影響を及ぼしている2つの相反する圧力がある（p.118）。1つは国際的な理解のしやすさを重視するもので，統一された世界標準英語を推進するものである。もう1つは個々の国のアイデンティティーを保とうとするもので，地域ごとの標準英語を促進するものである。

わかりやすさへの動き

国際的な理解のしやすさへの圧力はとても強く，今ではもう止めることはできないであろう。海外旅行，衛星中継，国際的な報道やテレビ番組，国際証券取引，多国籍企業，政府間機関，インターネット，そのほか多くの機関は，主要な変種を代表している何億人もの英語話者が日常的に交流できる場を提供している。歴史的な忠誠心（例えば英国に対する）は実用的，功利的な理由づけにほぼ取って代わられている。イギリス英語を使用することで販売やサービスが行えるのであればイギリス英語を使えばよい。アメリカ英語が必要なら，アメリカ英語を話せばよい。そのどちらかあるいはそれ以外の英語もその時々の必要によって使用されればよい。

このような状況の中で，少なくとも印刷物においては（p.118）すでに広く使用されている英語文法，語彙，書記法の核となるものが出現しているのは驚くことではない。しかし，国内の統一された用法と同程度に国際的な理解を保証するような均質な世界英語が出現するにはまだ時間がかかる。イギリス英語とアメリカ英語の間でさえ（p.326），イディオム，語彙，文法の違いによりコミュニケーションがうまく行かないことはよく起こるし，地域方言の違いは壊滅的な影響を及ぼすこともある。

アイデンティティーへの動き

国のアイデンティティーを守りたいという動きも大変強く，その証拠に英語間の相違が広がっている。1990年代には独立しようとする地域の紛争が後を絶たず，民族主義の成功例の1つとして，植民地時代の言語と新国家の言語との違いを明確にするような話しことばを早期に導入することがあった。この導入を容易に助長する地域的要因が2つあった。

まず1つ目に，英語がほかの言語と密接な接触をした場合に，特に語彙や韻律において，その言語の特徴を取り入れることが避けられないという点である。特に韻律は，インドの英語やカリブの英語で聞かれる独特な強勢によるリズムや，オーストラリアの英語やニュージーランドの英語で聞かれる上昇音調などにも明らかなように，地域変種を特定する重要な根拠となる（p.261）。

2つ目は，英語が世界中で見られるということは英語がほかには見られない幅広い動物相，植物相，文化的特徴を表す現地の語を組み込むということを意味しているという点である。したがって，英語圏の国ではそれぞれ自国の地域の特徴を表すかなり多くの語が見つかることになる（p.383）。そういった語を世界標準と見なすのか，地域標準と見なすのかは主にそれらの語が表しているものに世界全体がどれだけ興味をもっているか次第ということになる。したがって，南アフリカ英語の apartheid（アパルトヘイト）や impala（インパラ）は世界標準英語の一部になり，一方 dorp（ドルプ（小さい町や村））や bredie（ブレディー（シチューの一種））は世界標準英語にはなっていないのである。最も世界標準になりにくい語は標準イギリス英語や標準アメリカ英語に同等の内容を表す語がある場合，例えば outwith（スコットランド方言，'outside（外側に）'）や godown（インドの英語 'warehouse（倉庫）'）などである。

妥協？

言語が最終的に落ちつく自然なバランスというものがあるようだ。愛国的な雰囲気が，ある変種をその基となった言語標準から離れる方向へ導いていくこともあるかもしれないが，その社会の穏健派の人たちにとってその変種の意味がだんだん理解しにくくなっていくと思われると逆戻りするということが起こるかもしれない。このことが実際に起こりつつある例を1985年に当時の南インド英国文化振興会代表だったアラン・メイリー（Alan Maley）が伝えている。

> インディラ・ガンディー氏（Mrs Indira Gandhi）は，自ら出席したある国際会議でインド代表が（英語で行なった）スピーチを理解できなかったということで，インドにおける英語のレベルが下がっていることについて，先頃教育省に急ぎ苦言を呈する書簡を送った。

ガンディー氏を困惑させたインドの英語の特徴はよく知られている（p.380）。彼女の反応が典型的で影響力のあるものだったかどうかについては今後の様子を見る必要がある。

どの世界標準？

どのようにしたらより統一された世界標準英語が生ずるか。3つの可能性がある。

- 現在使われている変種のうちの1つがますます主要な国際機関で使用されるようになり，世界標準として確立する。アメリカ英語はすでにこの方向へかなり進んでいるように思われる。
- いくつかの異なった英語変種が徐々に混じり合い，現存するいずれの変種とも異なったものを作り出す。その例は，しばしば「ユーロ英語」（p.125）と呼ばれる欧州共同体の政治の舞台で使用されている英語のようなものである。
- 国際的な目的にもっとも有用であろうと考えられる英語の諸特徴にもとづいて，新たに変種が作られる。その例としては，1980年代初頭に起こった，最もコミュニケーションに必要な文法と語彙の特徴のみからなる「核」のような英語を作るという提案があげられる。

3つの方言を使う未来？

世界標準英語がどこから来たとしても新しい2方言の使用（1つの言語の2つの方言を使う能力）が必ず起こってくる。そしてすでに多くの人たちが2方言の使用者（自国語の標準語と地域方言を知っている）なので，3方言の使用が標準になりそうである。

友人と食事中。それぞれの住んでいるところの方言の影響を受けた英語を話す。

英国，バーミンガムの展示会に行く。販売員に対してはイギリス標準英語を使用する。

休暇でエジプト旅行中，ほかの英語圏からの人たちに会う。世界標準英語で会話する。

脅威の英語

英語が世界中に広がるにつれ，英語の存在は有用であると広く認められるようになった。国際的理解や国家のアイデンティティーといった目標（p.118）は響きがよく前向きな感じがある。しかし物事にはつねに裏の面もあり，英語の存在はいつも歓迎されるとは限らない。英語の存在は反感を生み出すこともあり，ことにその国の言語の特徴や使用と相容れないと考えられる場合にはそうである。愛国主義的な動きは英語を完全に拒否することもあり――それはいつも平和的にとはいえない。

3 つの反対運動

• 言語接触がある場合，相互に影響を与え合うのがつねである。英語自身は長い間ほかの言語から借用する歴史があり（3-5 章），つねに他言語から借用することで語彙を増やす準備ができている（p.136）。しかしほかの言語が英語から多くの語を借用しようとするとき，その地域の反応はもっとずっと消極的である。人びとは英語の影響が自国語に及び過ぎることを懸念し，場合によっては（フランスのように）法律で禁止しようとするかもしれない。このような活動は熱心に進められるかもしれないが，公の刊行物や公文書辞書などといったごく限られた範囲でしか成功していない。

• 語彙侵略は後で重大な結果をまねくとして恐れられることがある。歴史上英語がほかの言語に取って代わった例がある――カンブリア語（Cumbric），コンウォール語（Cornish），ノルン語（Norn），マン島語（Manx），ほとんどの北米先住民の言語，ほとんどのオーストラリア先住民の言語。ゲール語（Gaelic），ウェールズ語（Welsh），マオリ語（Maori）やハワイ語（Hawaiian）はそれぞれのアイデンティティーを保持しようと奮闘している。人びとが少数民族の権利について認識を高めるにつれて反発がおきるのであるが，その雰囲気は必然的に疑念と不信に満ちたものとなる。デンマークやアイスランドのような小国は，英語植民地になった経験がないとしても，特に危機を感じている。この話題に関して，口をついて出ることばは感情的となる。「英語はアイルランド語を殺したか？」と問う新聞の見出しもあれば，「英語はほかの言語を殺しているか？」と問うものもある。

• 英語は，植民地の歴史と関わりがあるため，あるいは各国が自国のアイデンティティーを発展・維持したいと思うため，公用語としては拒否されることがある。この現象は近年何回か起こっている。タンザニアでは英語は 1967 年まではスワヒリ語（Swahili）とともに公用語であったが，その後はスワヒリ語のみが公用語となった。1974 年，ケニアでは公用語としてスワヒリ語が英語に取って代わった。マレーシアでは 1967 年に国語法（National Language Act）が制定され英語が併用公用語の立場から外され，マレー語（Malay）が唯一の公用語となっている。インドではヒンディー語（Hindi）やほかの地域言語との関係で英語の役割が継続的な論争の種になっている（p.107）。

英語を通じての優位

1980 年代のいくつかの研究は外国語による出版物に英語借用語が現れる頻度が急激に高くなっていることを明らかにした。アナリストの 1 人，ブローダー・カルステンセン（Broder Carstensen）によると，1980 年代にドイツの新聞に現れる英語表現（Anglicism）の数は 5 倍に増えた。広告のコピーライターは特に英語の専門語彙を好む傾向がある。

あるリサーチアナリストは，ドイツ市場で最も重要な 30 車種に関する 569 冊のパンフレットと車の説明書をもとに，1987 年から 1990 年の間のドイツ車の広告に現れた英語借用語の頻度を調査した。分析した 8,458 ページ中，7,190 の名詞が英語由来であった。表は資料の中に 20 回以上出てきた 75 の英語表記を示している。（S. A. フェステルフス（S. A. Vesterhus），1991 による）

英語借用語を最も多く使った 5 つの会社はすべて日本企業であった：三菱，ダイハツ，日産，スズキ，ホンダ。

英語表記	出現数
Design（デザイン）	411
Cockpit（操縦席）	387
Spoiler（スポイラー）	297
Styling（スタイル（様式））	256
Limit（上限）	233
Star（花形）	218
Display（ディスプレー（表示板））	205
Power（パワー（出力））	199
Know-how（ノウハウ（技術知識））	191
Output（出力）	188
Tuning（チューニング（出力調整））	179
Twin-Cam-Motor（ツインカムエンジン）	167
Dummy（ダミー）	163
Airbag（エアバッグ）	151
Check-Control（チェック制御）	143
Fading（フェーディング）	134
Hardtop（ハードトップ）	132
Handling（ハンドリング（操縦性））	127
Color（色）	123
Motor-management（モーター制御機能）	114
Rush-hour（ラッシュアワー）	112
Leasing（リース）	109
City（シティー（ホンダ車））	107
Mix（混合）	103
Team（チーム）	100
High-tech（ハイテク）	99

英語表記	出現数
Box（ギアボックス）	96
Computer（コンピューター）	93
Stop and Go（のろのろ運転）	89
Kit（一式）	86
Bestseller（ベストセラー）	83
Look（外観）	80
Top（屋根）	80
Kickdown（キックダウン）	78
Set（セット）	76
Show（ショー（展示会））	73
Highlight（ハイライト）	70
Injection（インジェクション（噴射装置））	67
Touch（タッチ）	62
Trend（トレンド（流行））	62
Memory（メモリー）	55
Offroader（オフロード車）	54
Open air feeling（野外感覚）	52
Understanding（理解）	49
Recycling（リサイクリング）	46
Overdrive（オーバードライブ）	43
Spotlight（スポットライト（脚光））	42
Transfer（トランスファー（4 輪駆動車用））	40
Roadster（ロードスター（マツダ車））	39
Sound（音）	39
Autoreverse（自動巻き戻し）	38
Check（チェック）	37

英語表記	出現数
Equalizer（イコライザー（平衡装置））	35
Crash（衝突）	34
Drive（運転）	33
Hi-Fi-Pack（ハイファイパック）	31
Choke（チョーク）	30
Killer（すごいやつ）	30
T-bar-roof（T バー屋根）	29
Low end torque（最小トルク）	28
Boom（人気）	26
Full cover（wheel trim）（フルカバーホイール）	26
Make-up（mirror）（メイクアップ（ミラー））	26
Silent shaft（サイレントシャフト（三菱車））	26
Torque-sensory（トルク変換器の）	25
Award（賞）	24
Dolby（ドルビー）	24
Allrounder（オールラウンダー（三菱車））	23
Intercooler（中間冷却器）	23
Keycode（キーコード）	23
Overboost（加給）	22
Pickup（ピックアップトラック）	21
Coating（コーティング）	20
Recorder（レコーダー（記録器））	20
Synthesizer（シンセサイザー）	20

降伏反対

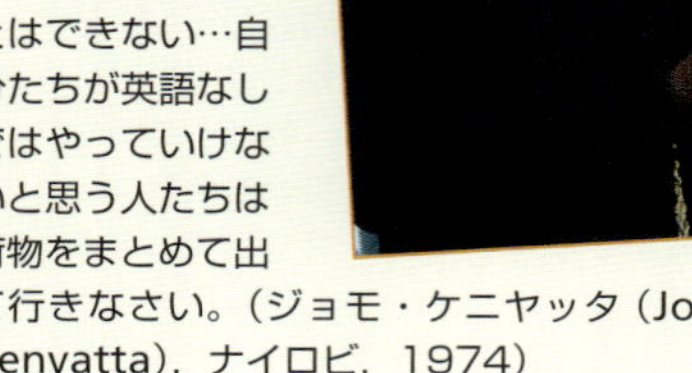

独立した政府にとってその基本は国語であり，我々はこれ以上以前の植民地開拓者のものまねを続けることはできない…自分たちが英語なしではやっていけないと思う人たちは荷物をまとめて出て行きなさい。（ジョモ・ケニヤッタ（Jomo Kenyatta），ナイロビ，1974）

降伏

1989 年 1 月，西日本の近畿地方の最大の都市である大阪は「キンキ（近畿）」という言葉を海外ではもう使用しないと発表した。なぜなら「英語ではこの語は奇妙で，異様な何かを意味する」からだ。代わりにこの地域の別名として「関西」が使われることになった。その結果「近畿リサーチコンプレックス（関西文化学術研究都市）」は「関西リサーチコンプレックス」と名前を変えた。ほかの名称変更の候補は英語で書かれた旅行雑誌『近畿（*Kinki*）』と旅行会社名「近畿日本ツーリスト」である。

脅かされる英語

p.122 にあげたケニアの例が示しているとおり，英語がほかの言語に対する脅威になる一方，英語自体が脅威を受けるということもありうる。こうした事実は英語が第二言語あるいは外国語である国々では驚くことではないが，英語が伝統的に第一言語であった国々からなる「内円圏（inner circle）」（p.113）の中で見られる場合には予想外かもしれない。しかし第一言語の環境での脅威も実際に起こっており，その脅威は 2 つの方向からくる可能性がある。

• コミュニティー内の標準英語の使用者は，非標準英語，特に言語的影響の混合を示しているような変種，の広まりを懸念するかもしれない。言語の混用は英語がほかの言語と併用されている場合どこでもある程度起こり，これは 2 言語使用の一般的な特徴である。混用されている変種はその起源がわかるような混成名を与えられることがある，Japlish（ジャプリッシュ（日本語+英語）），Swedlish（スウィードリッシュ（スウェーデン語+英語），Anglikaans（アングリカーンス（アフリカーンス語+英語），Angleutsch（アングロイッチュ（英語+ドイツ語），Wenglish（（ウェングリッシュ（Welsh + English）ウェールズ語+英語）），Tex-Mex（テキサスのアメリカ英語+スペイン語）。場合によっては関わっている言語の優位性の違いを示すために名前の組合わせを換えることがある，例えば Spanglish（スパングリッシュ（スペイン語+英語））と Englañol（エングラニョール（英語+スペイン語））や Frenglish（フレングリッシュ（フランス語+英語））と Franglais（フラングレーズ（フランス語+英語））のように。こうした変種を書きことばで見ることはほとんどないが，話しことばでは広く使われている。これらの変種については，言語学的には限られた研究しかない。

• 英語話者は移民の言語が自国の英語の中にかなりたくさん入り込んできた時に脅威を感じるかもしれない。通常徐々に進む移民が言語交替という結果をもたらし，非英語話者移民の第 2，第 3 世代は移住先の国の言語を取り入れることになる。しかし，例えば米国ではヒスパニック話者の数が増えたことが，主要な保護運動（ユーエス・イングリッシュ（US English）），それに続く反動（イングリッシュ・プラス（English Plus）），そしてかつてないような言語比率についての社会言語学的論争を促進した。

英語公用語化憲法修正条項

独立以来米国の主要言語は英語だが，法的に公用語だと認められているわけではない。近年までこれはほとんど問題にされてこなかった。しかし，1980 年代初頭米国では特定の地域（フロリダ，アメリカ南西部州，ニューヨーク市）でのスペイン系住民の劇的な増加に対する反動として運動が起こった。大勢のヒスパニック系の住民は社会のバランスを崩していると考えられ，いつか英語が優先的な地位を失うのではないかという警告が出された。

1981 年 S. I. ハヤカワ（Hayakawa）上院議員は英語を米国の正式な言語とするよう憲法改正案を提案した——「英語公用語化憲法修正条項（English Language Amendment）（ELA）」である。彼の提案は否決されたが，この提案の背後にある精神は人びとの心を動かし，この考えを推し進めるために 1983 年ユーエス・イングリッシュ（US English）が設立された。この団体は英語が米国の民族的な多様性を統一する唯一の方法であり，ELA が英語の将来を守る唯一の手段だと考えていた。この運動は多くの支持を集め，現在では 180 万人の会員がいる。2018 年までに 32 の州が英語を公式言語とし，1996 年には下院で「英語公用語（official English）」法案が通過したが，議会の解散によりそれ以上は進展しなかった。

当初からユーエス・イングリッシュは白人至上主義であると見なされ，いずれは民族的少数者の言語的権利を否定することになると厳しく批判された。この組織は言語学や言語教育の主要組織から優越主義と見なされ広く非難された。これらの批判の 1 つの成果は 1987 年にユーエス・イングリッシュに対抗する団体として米国の 2 言語使用主義を奨励するイングリッシュ・プラス（English Plus）が組織されたことである——英語「プラス」1 つ以上の他言語，ということである。このグループのメンバーは，米国における民族的，言語的多様性が非難されたり，抑圧されたりするのではなく，国の財産として尊重され，利用されることを保証するように独自の改正案，「文化的権利改正案（the Cultural Rights Amendment）」を提出した。

ELA に関する問題は長い間現実的なものとは考えられてこなかった。どちらの側にも隠れた課題がある。そこには現実的な恐れと深く染みついた考え方が存在する。ヒスパニックの人たちが多い地域には，伝統的な英語の価値の将来について深刻な不安がある。同様に深刻なのは ELA が必ず言語的少数派に対する差別を助長する結果につながると信じる人たちの疑念である。彼らが恐れているのは，いつか，積極的な 2 言語使用主義の推進は反米国的と非難されることになるのではないかということである。

双方がそれぞれの改正案を通すために直面している最も大きな問題は，米国のそれぞれの州が取っている立場の多様性にある。一方が他方をタカ派と見なし，いかなる法的な動きに対しても反対を述べるのであれば現在のところこの論争を解決する方法を見つけるのは難しい。正確な社会言語学的統計をまとめることは間違いなく役立つ。ヒスパニック系移民の数と彼らが英語を話すようになる比率に関してかなりの議論が行われてきている。いくつかの研究によるとヒスパニック系の第二世代の 75%は通常の言語交替を起し，2 言語使用者になるか英語のみの単一言語話者になる。もしそうであるならばやがてこの論争の種は消滅するであろう。

惑星地球からの挨拶

米国のスペースシャトルディスカバリー号（Discovery）は，英語という「服」を身にまとい，地球上においてすでに見られる 3 つの圏（p.113）に加えてさらに外側の「最外円圏（outermost circle）」の存在を示している。あるいは，もしボイジャー計画（Voyager Project）でほかの星に運ばれたメッセージがさらなる通信上の成果をもたらしたとしたら，おそらく我々はいくつかの「地球外の圏（exterior circle）」をいつの日にか認めなければならなくなるかもしれない。1977 年に軌道上に打ち上げられ最終的に地球の大気圏外に飛び出したボイジャー1 号は，オーストリアのクルト・ヴァルトハイム（Kurt Waldheim）による英語のメッセージを載せていた。

> 地球上のほとんどすべての人を代表する 147 の加盟国をもつ組織，国際連合の事務総長として，私は地球に住む人びとを代表して挨拶を送る…

おそらく太陽系標準英語（Solar System Standard English）の最初の例であろう。

ENGLEXIT か A NEW ENGLENTRANCE か？
（英語をやめるか英語を新たに始めるか？）

2017 年 5 月，欧州委員会委員長であるジャン - クロード・ユンケル（Jean-Claude Juncker）は，ブレグジット後「ゆっくり，しかし確実に英語はヨーロッパの中で力を失っていく」ため会議でフランス語を使用すると発表した。しかし実際はユンケル委員長の希望とは逆になっている。ヨーロッパの中等教育学校の生徒の 90%以上は英語を学んでおり，その数は近年着実に増えている。各地の報告でも同様の事実が報告されている。ビジネスでも英語需要が高まり，EFL（「外国語としての英語（p.114）」）の受験者数も増加し，文化，デジタル世界に入るための主要な手段が英語である，より若い世代では英語熱が高まっている。

ほとんどの言語論争は，政治的，経済的，あるいは文化的論争となり，これがここ EU で現在起こっていることである。「対外向けの議論」がある。英語を話す 2 億 3,000 万人の欧州連合（以下，EU）市民（2006 年のユーロバロメータ Eurobarometer 調査による）は，全世界の 10%にすぎない。だがそこでは英語が疑いなく取引やテクノロジーの主要言語であり，今後も予測可能な範囲においては英語が主要な言語であり続けるだろう（p.115）。したがってもし EU がほかの世界と貿易をしたいと思うなら，世界の言語状況を尊重しなければならない。

一方「内部の議論」がある。2 億 3,000 万人というのは，EU 市民の 51%に当たる。EU 加盟国は英語を使って巨大な投資を行っており，いずれの言語を使用すべきかということについて合意が得られたとしても，英語以外の言語で EU の取引を行いたいとは思っていない。アイルランドは EU に残り，マルタの公式言語が英語であるのでいずれにせよ英語は引き続き EU の言語の 1 つとして承認される必要がある。マルコ・モディアノ（Marko Modiano）（2017）は次のように書いている。「騒ぎが収まっても，英語はその有用性のために EU 内で今日と同じ役割を担うことになるだろう，ということを信じる根拠がある。」

新英語

英語は役割を変えないかもしれないが，英語の言語的特徴は変化する。ヨーロッパの各機関の翻訳，通訳部門で働いている英国人が全員帰国したら驚くべきことになる。彼らは言語的にも編集にも経験豊富で，EU の政権に詳しく，短期間では置き換えがきかないからだ。しかし彼らが実際に帰国したとしても，どこに住もうと，マウスをクリックするだけで彼らの言語的直感を手に入れることができる。しかし，第一言語（L1）話者と日常的にやりとりすることがなければ，行政府内では新しい種類の英語ができることになる——すでに「ユーロ英語（Euro-English）」と呼ばれているものの発達である。

現在は書類や EU 組織内の議論でのみ使われる EU 方言に過ぎないユーロ英語は，将来現在の形から大きく変化するであろう。もし EU がブレグジット後の真の共同体になるなら，他の国々で「新英語」が発達してきたのと同じようにユーロ英語の発達を見ることになるだろう——すなわち多言語使用状況である。そこでは話し言葉と書き言葉の正式な用法（例：イギリス標準英語）と同時に，地域の統一された文化的アイデンティティーを反映し，さまざまな形式で地方の語彙やイディオムを使って表現される話しことばと書きことばが使用される。

ユーロ英語は新英語に発展する十分な可能性があり，ブレグジットはその実現の可能性をより高くすると思われる。しかしこれは条件が整ったときにのみ起こる——主要な条件は共有された文化的アイデンティティーである。したがって主な問題はそのようなアイデンティティーを EU に求めることができるかということである。そのような発達を動機づけるような共有される文化的な特徴とは何か。これはもはや言語的議論ではなく，ヨーロッパの国同士の関係，国のアイデンティティー，政治の将来についての議論である。つまり共通の言語規範をもたらすほどに十分な（社会学的意味での）結束力を持つ EU という集団があるのであろうか。EU ではすでに部門ごとにさまざまな形式上の変種がかなり使われているのが見られる（p.125）。ヨーロッパはすでにできかけのユーロ英語を使っている。したがってもしこれらの疑問の答えが否ならば，最も起こりそうなのは，これらの変種が成熟するということである。英語は消えない。英語は欧州方言をもつ語族になる。

イングレグジット（英語離脱（Englexit））はあるであろうか？　あるとすればそれはイギリス標準英語がユーロ英語の発達に与える影響力がより小さくなるという意味においてだけである。これ以外の国の英語，ことに EU と商取引のある国々のさまざまな英語は，ヨーロッパでの英語の使われ方により大きな影響を与えるように運命づけられている。しかしその影響は大きくないかもしれない。なぜならば語，イディオム，構造，発音，書記法の使用において地域ごとの違いはほんの小さなものにすぎないからだ。ただ，その違いは例えばフランスユーロ英語とデンマークユーロ英語，ドイツユーロ英語などを区別するには十分である。結果としては新規英語参入（Englentrance）であり，EU は，ゆっくりではあるが確実に，英語とうまくやっていかなくてはならなくなる。

次は何 NEXIT?

Grexit（グレグジット，ギリシャが EU を離脱すること），Brexit（ブレグジット），Frexit（フレグジット，フランスが EU を離脱すること），Scoxit（スコグジット，スコットランドが EU を離脱すること）などの新造語では英語における新しい準生産的な接尾辞を与えてくれる。準生産的というのは，これまでのところこの接尾辞はごく限られた領域の語彙，すなわち国名にしか適用されないからである。Grexit と Brexit は 2012 年に OED に最初に記録された。しかしその *-exit* の生産性が増している兆しがある。

混成は固有名詞だけにとどまらない。regrexit（regret+exit）ブレグジットを後悔する）は 2016 年に regrexiteers（ブレグジットを後悔する人たち）とともに頻繁に見られるようになった。そしてそれは政治分野の語彙にとどまらない。例えば Englexit はスポーツ（イングランドがワールドカップから離れること）や言語（英語が欧州連合の実用言語ではなくなるといわれていること）にも使用される。'Mexit?' は 2016 年，リオネル・メッシ（Lionel Messi）が国際サッカーの舞台から離れる可能性があるかもしれないという報道の見出しである。

'Who's nexit?'（次は誰がやめるか）といったようなあそび心にあふれた構文が出てきた。同じような音で始まる音節をもつ語が造語を生み出しやすい。サッカー選手のデイヴィッド・ベッカム（David Beckham）のあだ名 Becks は，何らかのやめるという場面になれば Bexit という造語を生み出すことになる。最も明確な *-ex* という要素を含んでいるものが使われる例は多い。例えば Sexit。『アーバン・ディクショナリー（*Urban Dictionary*）』は政治的な造語が生まれるよりずっと前——2009 年に 1 つの定義をしている。「性交渉を早く終わること」。オンラインのサイト「女性の健康（*Women's Health*）」（2017 年）は別の定義をしている。「カップルがなるべく早く 2 人きりになりたくてパーティーから急いで出ること。」

いくつかの可能な MEXITS

Brexit 言葉遊びをするのに語頭に現れる子音あるいは子音結合はどのようなものでもかまわないが，M は 1 番うまく使えるかも知れない。写真にある例（Messi Mexit など）だけでなくほかの政治環境の中でも Mexit が使用され（例えばマン島が独立すると言った可能性を示したり），また宗教分野で（メソジスト（Methodists）の意見を異にする人に対して用いたり），ファストフード業界（マクドナルドの店員がストを行ったとき，さらに転用されて——McExit など）といった具合に使用されてきた。

Messi Mexit
（メッシ メグジット）

Mexico Mexit
（メキシコ メグジット）

Malta Mexit
（マルタ メグジット）

ユーロ英語

EU の文書に使われる英語と EU 高官が話す英語に統一されたものはない。これまで現れた，あるいは現在現れつつある英語の変種と同様，話しことばと書きことばに差異がある。話しことばと書きことばのそれぞれに公式と非公式の違いがあり，それぞれの下位分類について，ことに後者においてはさらに，組織内と組織外の用法――内部向け文書と一般公開を目的としたもの――で違いがある。最後にそれぞれの下位範疇において個人的な用法か，共有された用法かで違いがある。例えば大臣たちは個々のスピーチスタイルをもっており，自分の名前で書類が書かれる際には使用される言語の種類に関して個々の好みがあり，それ以外の場合には誰から発せられたかわからないように作成されている。

このことは責任の問題を引き起こす。スピーチや書類の英語について誰が調停者となるのかという問題である。これは 2016 年 10 月 EU 議会で開かれた EU の翻訳者と通訳者会議での主要なテーマであった（D. クリスタル，2017）。もし EU の政治家の 1 人が特定の用法に固執する場合に，たとえそれが特異なものであったとしても書面による記録として受け入れるべきであろうか。ある担当者はこう言っている。「我々はスピーカーに奉仕するのかしないのか。」すべての部門が一貫性を求めて努力しているが，一貫性は個々人の違いで阻害されることがあり，ことにその「人」が政治的に有力な人物であった場合にはそうなる。

これらはすべて共時的な視点の中で作用する。すなわち英語が「現在」どのように使われているかということである。しかしなぜ部門や状況の違いに応じて多くの変種が存在するのかを理解するには――宗教や法に関する言語の保守的な体質を理解するために必要とするような（pp.394, 398）――通時的視点も考慮する必要がある。ある 1 つの部門が，ある時は――'we've/she's/the French (etc.) have always done it that way'――など口語体の慣例に則って，またある時には，EU 内では議会から認められたことを意味することになる法律の先例に従って，特定の用語，つづり，句読法，文法構造を使用することがある。2016 年の議会では別の担当者がこの状況を簡潔にまとめている。英語に翻訳するとき，我々は「明瞭さを求めるのか慣例に従うのか?」

明瞭さと文化

明瞭さでさえ論争のもとになる。なぜなら――省略形を使うか，専門用語を説明するか，they を単数扱いするか，like と as を区別するか，あるいは you や we を報告書で使用するかなど――言語的「正しさ」が論議されているほかの領域同様，文法，語彙，つづりにおいて慣用のゆれをどう扱うかについて専門家の間で意見の一致が取れていないからである。またさまざまな文体の違いが明確に区別できているわけではないことも明らかである。ほかの

ユーロ英語に影響を与える複数の要素

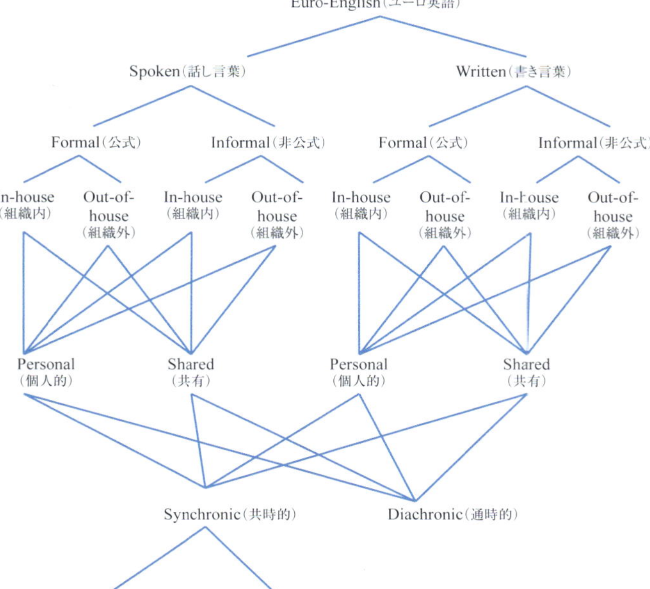

社会的状況と同様，話しことばや書きことば，組織内 / 組織外，あるいは個人的 / 共有などさまざまな用法の組合わせを示している文書には（非）改まり度の程度に差がある。

また明瞭さは文化的要因によっても影響を受ける。ある文化の中では明瞭なものがほかの文化の中では明瞭でなかったり，曖昧だったりすることがありうる。EU の話し手や書き手の翻訳にあたって，何人かの担当者は，多少ためらいながら，文化的表現の最も難しい特徴の 1 つに注意を向けた。つまり，聞いた英語の全体的な「感触」といったものである。ある担当者は「花のような」ロマンススタイルと呼ぶものを「現実的な」ゲルマン的スタイルと対比させ，他の文化的・言語的背景も印象に基づく形容詞の使用に導いた。国際的な摩擦を起こさずにこれらの概念について話すことすら容易ではないが，こうした違いは考慮に入れる必要がある。なぜならこれらは相互理解や協力に直接関わりがあるからである。

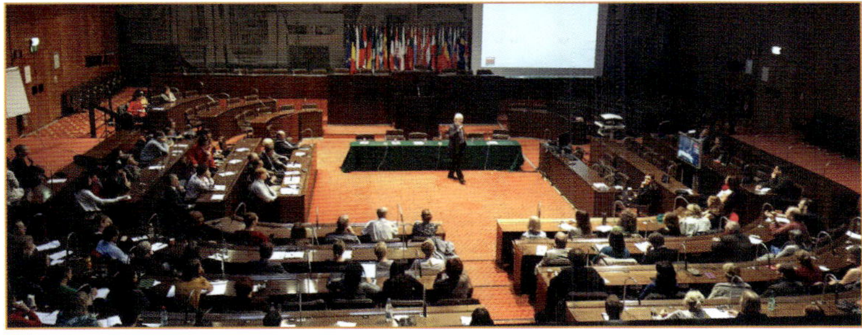

EU 議会会合，2016，ルクセンブルクのシューマンビルディングで開催

街で

EU という政治の場で起こっている言語学的なことと，EU 加盟国の街中で起こっていることは別物である。今日さまざまな言語的背景をもった英語話者同士が気楽に日々盛んに交流している。英語を第一言語とする人たち（L1）の言語習慣が英語を第二言語（L2）とする人たちに影響を与えるのは自明の理である。あまり気づかれていないのは L2 の人たちの話し方がどれだけ L1 話者の話し方に影響を及ぼすかである。

アムステルダムで――英国，オランダ，そのほかのヨーロッパの地域やそれよりも遠い地域から来た――若者が英語で話しているのを聞いていると，彼らのもともとの個人語とは異なっているいくつかの特徴を耳にする。彼らのイントネーションやリズムは違っていて，（音節によるリズムではなく）少しスタッカートのように聞こえる。彼らは For sure（「もちろん」の意味）のような表現を使う。彼らは（そして特にオランダで教育を受けた 2 言語使用である彼らの子どもたち）は英語とオランダ語を会話の中で何度も代わる代わる使っている（コードスイッチング）――それは正式な場面では許されないことであろう。彼らの英語もユーロ英語であり――ほかの国でも将来同様の現象が見られるであろう新しいオランダ方言である。

II

英語の語彙

語彙は言語のエヴェレスト山である。レキシコンを形成する何十万もの語の間の秩序を探求することほど大掛かりな仕事はない。より重要な仕事というのは，たくさんあるかもしれない——首尾一貫した文法体系を作り上げることは，確かにその１つである——が，その膨大な量と範囲において，語彙研究を超えるものはない。

したがって，大きさと範囲の問題を，II部の最初に取り上げる。英語のレキシコンはどのくらいの大きさなのだろうか？　英語の話し手の誰もが知っている語の数はどのくらいなのだろうか？　そして，そのような明確な形を持たない現象に関して，どのように大きさを測ることができるのだろうか？　数を数えるべき基礎単位を定義しようとすれば，予期せぬ困難が生じることになるが，ここでは語彙素という重要な概念を導入する。II部の議論はその概念に大いに依存することとなる。略語や固有名詞をどのような資格のものとして扱うべきか，といった他の困難な問題も検討し，暫定的な結論を出す。

次に，レキシコンの膨大さはどこに由来するのか，レキシコン形成の源を探る。英語本来の語の蓄積と，何世紀にもわたる雪崩のような借用語の英語への流入との間に，緊張関係とは言わないまでも，重要な均衡状態がある。接頭辞や接尾辞，複合，そのほかの語形成プロセスの使用が，英語の語彙の増加に決定的な役割を果たしていることがわかる。また，これとは別に，語彙的創造性も検討する。そこでは，かなり技術的な響きを持つもの（カバン語，重複形，新語）や，もっとずっと魅力的な響きのもの（ナンセンス語や臨時語）など，一連の興味深いプロセスを導入する。

さらに，語彙の歴史について——語源学，そして意味変化のプロセスについて——詳細な検討を行う。この検討の重要な一部は，一般に興味をもたれる言語学的探求の中でも最も魅力の大きいトピックである名前の歴史——地名，ファーストネーム，苗字，あだ名，それ以外の名前も含めて，その歴史——にあてられる。次に，レキシコンの構造を注意深く検討する。語彙素を意味の場によってグループ化し，相互の関係を図示する。辞書やシソーラスについて検討し，同義語や反義語，コロケーションやイディオム，そのほかの中心的な幾つかの概念を考察する。ただし，語彙に関する参考図書のより完全な説明は，VI部に譲る。

II部の最後に，語彙というケーキを切り分けていく。語に「含みをもたせる」方法や，暗示的意味，タブー語，隠語，ダブルスピーク（二重話法），政治的な正しさ（political correctness）について見る。言語が最も生き生きとしているありさまを，キャッチフレーズや流行語，俗語，スローガン，落書きなどの形で捉える。そして，最後に，死んだ，あるいは死に行く言葉，すなわち引用句や古語，クリシェを，共感を持って見ていく。英語という言語の構造の中で最大の部門と言える語彙の検討を，いくつかの「最期の言葉」で締めくくる。

◀英語のレキシコンの印象的な蒐集。しかし，これだけの蔵書ですら，世界中で話され，書かれている英語の語彙的資源の，ほんの一部にすぎない。

8 レキシコンの性質

さらなる情報源：
cambridge.org/crystal

レキシコンという用語は 17 世紀初期から英語で用いられており，その当時この用語は，ある言語から語とその意味を選び出し，それらをアルファベット順に配列した本のことを指した。この用語そのものは，「語」を意味するギリシア語の lexis に由来している。この用語は，現在でもこうした辞書という意味でも用いられるが，同時により抽象的な意味ももつようになり，特に言語学では，ある言語における意味を有する単位の総体——語やイディオムだけでなく，接頭辞や接尾辞のような意味を有する語の一部分も含めて——を指すようになってきている。本書では，レキシコンは後者の意味で用いられている。

したがって，英語のレキシコンを研究するということは，英語語彙のあらゆる側面——語がどのように形成されるか，それが時間とともにどのように発達してきたか，現在どのように使われるか，どのように意味的に関係しあっているか，辞書やそれ以外の語に関わる本でどのように扱われているか——を研究することである。こうした研究は，**語彙論研究者**によって行われており，**語彙論**と呼ばれている。語彙論研究者が辞書を編纂することがあれば**辞書学者**と呼ばれ，その専門分野は**辞書学**（第 11 章）ということになる。この 2 組の用語は密接に関係しているが，対称的な関係にはない。辞書学者は，よい辞書を作ろうとすれば語彙論に関するある程度の訓練が必要であるが，その一方で，辞書をまったく編纂していなくても優秀な語彙論研究者であることができる。

語彙素

英語の辞書で見出し語として記載される項目（意味を有する一まとまりの単位）をどのように呼べばいいだろうか？　伝統的にこれらは**語**と呼ばれるだろうし，ほとんどの場合，この慣れ親しんだ呼び方が当たっている。われわれは，「辞書で語を調べる」と考える。しかし，真剣にレキシコンを研究しようとするならば，もっと正確を期する必要がある。というのは，われわれが辞書を参照するとき，実際にはずっと手の込んだことを無意識のうちにしているからである。

- It was fibrillating（それは細動していた）という文に出会い，この文を理解するには助けが必要だという考えに至る。しかし，実際には辞書で fibrillating を調べることはせず，fibrillate（細動する）を調べる。われわれはこれが重要な単位であることを「知っている」，そして屈折語尾は無視するのだ。同様に，fibrillated や fibrillates に出くわしたならやはり屈折語尾を無視するだろう。では，fibrillate を何と呼べばいいだろうか？　確かにそれは語ではあるが，同時に語以上のものである。それは，fibrillating, fibrillated, fibrillates という語の背後に存在する意味を有する単位である。
- It was raining cats and dogs（どしゃぶりに降っている）という文に出会い，（ことによるとわれわれは外国人で，このフレーズを初めて目にするので）調べなければならない。rain（雨が降る），cats（猫），dogs（犬）の意味は知っているが，それは助けにならないようである。明らかに句全体の意味は，句を構成する語（の意味）を組合わせた結果の意味とは異なっている。では，rain cats and dogs を何と呼べばいいだろう？　通例の解決策はそれをイディオムと呼ぶことだが，イディオムというのは，意味を有する一まとまりの単位で，単一の語よりも大きな単位となる。
- Come in（入りなさい）という文に出会う。再び意味を有する単位で単一の語よりも大きなものであるが，このフレーズはイディオムと呼ばれるほどに十分な語彙的意味をもっているとは思えない。英語にはこのような句動詞（p.224）が非常に多く存在するので，この問題は重要である。では，come in（入る）を何と呼べばいいだろう？　この意味を有する一まとまりの単位は，その構成要素そのものが語なので，語と呼ぶことはできないだろう。

これらすべての例を扱うために導入された用語が**語彙素**（または**語彙項目**）である。語彙素は語彙的な意味を有する一まとまりの単位であり，どのような屈折語尾をもっているか，あるいはいくつの語を含んでいるかに関わりなく，存在する。したがって，elephant（象），jog（ジョギングをする），cholesterol（コレステロール），happiness（幸福），put up with（～を我慢する），face the music（報いを甘んじて受ける）や英語の意味を有する非常に多くのほかの項目と同じように，fibrillate, rain cats and dogs, come in はいずれも語彙素である。辞書の見出し語はみな語彙素であり，この語彙素が，これ以降 II 部の興味の中心となる。

何が 1 つの語と見なされるか？

左下に示した定期刊行の『イングリッシュ・トゥデイ（*English Today*）』誌の初期の号の表紙は理論的にも実用的にもかなり重要な問題を提示している。普通，人が 1 つの文字列の中に空白（語間のスペース）を見れば，その空白がこの問題を十分に解決すると考えるだろう。その証拠に，この段落の最初の文が 20 語からなるということに皆同意するだろう。{【訳注】原著では，このコラムの最初の文は 20 の英単語で構成されている。}　だが語彙論研究者にとってはあいにくなことに，表紙の例が示すように，語間の空白は確実な基準にはならない。

- ハイフンが問題を複雑にする：eat-as-much-as-you-like（好きなだけ食べられる）を単一の語と考えられるだろうか？　Highs-Lows（高値安値）はどうだろう？
- ハイフンのないことが問題を複雑にする：Value for Money（値段相当の物）は本当に 3 つの別々の語だろうか？
- 普通でない複合語が問題を複雑にする：FLYAWAY（フライアウェイ）や CITYSPRINT（シティースプリント）をそれぞれ単一の語と考えられるだろうか？
{【訳注】それぞれ固有名詞で，空港リムジンバスサービスと宅配・物流会社の名。2 語からなる複合語としての意味を保ちつつ，同時に 1 語で固有のものを指すため，1 語と見なしてよいのかということ。}
- 略語が問題を複雑にする：BA（ブリティッシュ・エアウェイズ）や BCal（ブリティッシュ・カレドニアン航空）は 1 語だろうか 2 語だろうか？

（巻末 p.522 へ続く）

What counts as a word?
何が 1 つの語と見なされるか？
On the writing of grammars
文法を記述することについて
Doublespeak at large
概して二重話法について
The tentative female
ためらいがちな女性
English as a decorative language
装飾的な言語としての英語
The redoubtable Roget
立派なロジェ

英語のレキシコンはどれくらい大きいか？

最も大きな辞書は50万以上の語彙素を含んでいる――この数字は，最詳版『メリアム・ウェブスター辞典（*Merriam-Webster Dictionary*）』（2018年版では49万以上の見出し語を収録）および『オックスフォード英語辞典（*Oxford English Dictionary*）』の統合版（略称OED，2018年版では60万以上の見出し語を収録）によって例示される合計数である。実際のレキシコンの総語彙素数は間違いなくはるかに大きい。

1995年に行われた比較では，『オックスフォード英語辞典』と『ウェブスター（新国際辞典）第3版（*Webster's Third New International Dictionary*）』の間で――また同等の大きさのほかの出版社の辞書の間で――見出し語の一覧に注目に値するような不一致が見られる。ここで示されている例（右欄）では，『ウェブスター辞典』と『オックスフォード辞典』との間で，候補となっている57の見出し語中共通して掲載されているのは21項目――2/5以下――のみである。このパターンがほかにも敷衍されるならば，これら2つの辞書を合体した結果のレキシコンは75万語を超えるだろう。

こうした不一致は，たいてい編集上の力点の置き方の違いによって起こっている。『オックスフォード辞典』は『ウェブスター辞典』よりもはるかに多くの歴史的な言及や英国の方言の項目を掲載しており，同様に『ウェブスター辞典』ははるかに多くの米国地域の項目を掲載している。その一方で，どちらの辞書も，インド，シンガポール，ナイジェリアのような地域での「新しい英語」（V部）の語彙を包括的に掲載しようとしているとは主張していない。何千という新しい語彙素が英語に加わったにもかかわらず，である。さらに辞書編纂法の伝統が，収録の基準として文章に書かれたものを用いることになっているため（p.498），地域で話される非標準的な語彙の多くが省かれることになるだろう。例えば「酔っ払っている」という概念を表す語彙素――canned, blotto, squiffy, jagged, paralytic, smashedなど（p.94）――がすべてそうであるように，現在一般に広く使われていながらこれまで一度も収録されることのなかった俗語表現が何千と存在するにちがいない。

問題を標準的な語彙に限ったとしても，レキシコンの一部として含まれる可能性があるものの，実際には辞書に見出せない項目がたくさんある。英語には50万ほどの略語があり（p.130），その多くは明確に語彙的な地位をもっている（BA（文学士），FBI（（米国の）連邦捜査局），NATO（北大西洋条約機構）など）。そしてまた，動植物も膨大な語彙の源である。例えば，昆虫については数百万がすでに記述されているようであり，さらにもう数百万が記述されるべく控えている。つまり，英語話者の昆虫学者が彼らのテーマについて話すのを可能にするような，少なくとも100万の名称が存在すると考えられるのである。では，これらもすべて総語数に加えるのを認めるべきだろうか？

英語の語彙は，控えめに見積もっても100万語彙素を下回るなどということはありそうにない。もっと徹底的に数えて，科学的な学術用語すべてを認めるならば，その数字は優に2倍になるだろう。当然のことながら，英語話者の誰もが習得するのは，これらの総計のほんのわずかな断片だけである（p.133）。

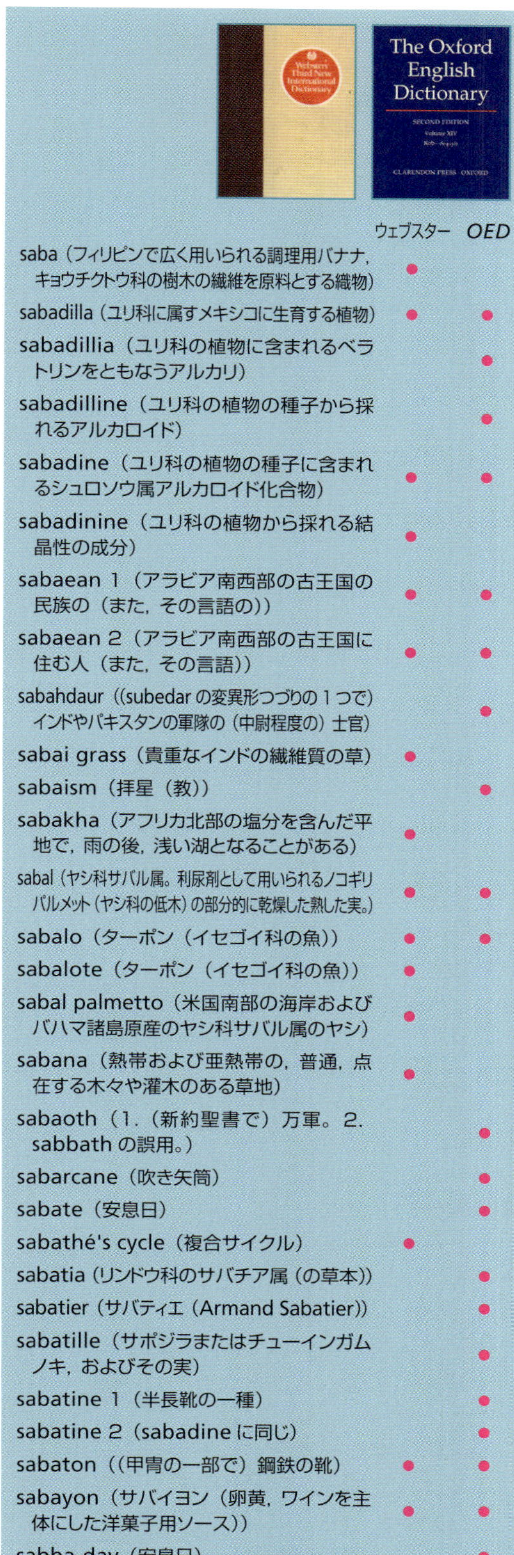

	ウェブスター	OED
saba（フィリピンで広く用いられる調理用バナナ，キョウチクトウ科の樹木の繊維を原料とする織物）	●	
sabadilla（ユリ科に属すメキシコに生育する植物）	●	●
sabadillia（ユリ科の植物に含まれるベラトリンをともなうアルカリ）		●
sabadilline（ユリ科の植物の種子から採れるアルカロイド）		●
sabadine（ユリ科の植物の種子に含まれるシュロソウ属アルカロイド化合物）	●	●
sabadinine（ユリ科の植物から採れる結晶性の成分）	●	
sabaean 1（アラビア南西部の古王国の民族の（また，その言語の））	●	●
sabaean 2（アラビア南西部の古王国に住む人（また，その言語））	●	●
sabahdaur（(subedarの変異形つづりの1つで）インドやパキスタンの軍隊の（中尉程度の）士官）		●
sabai grass（貴重なインドの繊維質の草）	●	
sabaism（拝星（教））		●
sabakha（アフリカ北部の塩分を含んだ平地で，雨の後，浅い湖となることがある）	●	
sabal（ヤシ科サバル属。利尿剤として用いられるノコギリパルメット（ヤシ科の低木）の部分的に乾燥した熟した実。）	●	●
sabalo（ターポン（イセゴイ科の魚））	●	●
sabalote（ターポン（イセゴイ科の魚））	●	
sabal palmetto（米国南部の海岸およびバハマ諸島原産のヤシ科サバル属のヤシ）	●	
sabana（熱帯および亜熱帯の，普通，点在する木々や灌木のある草地）	●	
sabaoth（1.（新約聖書で）万軍。2. sabbathの誤用。）		●
sabarcane（吹き矢筒）		●
sabate（安息日）		●
sabathé's cycle（複合サイクル）	●	
sabatia（リンドウ科のサバチア属（の草本））		●
sabatier（サバティエ（Armand Sabatier））		●
sabatille（サポジラまたはチューインガムノキ，およびその実）		●
sabatine 1（半長靴の一種）		●
sabatine 2（sabadineに同じ）		●
sabaton（(甲冑の一部で）鋼鉄の靴）	●	●
sabayon（サバイヨン（卵黄，ワインを主体にした洋菓子用ソース））	●	●
sabba-day（安息日）		●
sabbat（魔女の宴会）	●	●
sabbatarial（安息日を遵守することに賛成の）		●
sabbatarian 1（安息日を厳守する人）	●	●
sabbatarian 2（安息日の，安息日厳守の）	●	

（巻末p.522へ続く）

スーパー辞書

このように2つの最詳版の辞書に掲載されている太字の項目を比較すると，共通している項目が驚くほど限られていることがわかる。加えて両者の意味の対応を見ると，その隔たりの程度はさらに大きくなる。また，このリストは，アルファベットの当該箇所における英語のレキシコン全体ではない。『チェンバーズ英語辞典（*Chambers English Dictionary*）』（かなり小規模な辞典）を参照すると，さらに5つの項目が見出される――（『ウェブスター辞典』に掲載されているのとは異なる意味の）saba（アラビア南西部の古王国を作った民族の，拝星教の），sabahan（サバの住民），sabbath-breach（安息日違反），sabbath-breaker（安息日を守らない人），sabbath-breaking（安息日の規則を破ること／破っている）。また，ウィリス（John Christoper Willis）の『顕花植物とシダ類の辞典（*Dictionary of the Flowering Plants and Ferns*）』（第8版）には，さらにsabalaceae（小形で細い，扇形の葉をもつヤシ），sabalacineae（同左），sabaudia（シソ科ラヴァンドラ属），sabaudiella（被子植物門ヒルガオ科に分類される属），sabazia（キク科メランポジウム連に分類される植物の属），sabbata（被子植物門キク科に含まれる属），sabbatiaの3つの意味（リンドウ科のサバチア属，キク科に分類される草本，シソ科ミクロメリア属に分類される草本）がある。左欄の57項目にこれらを加えると70項目以上に達し，さらに調べるべき多くの専門的な辞書がある。しかし，すべてのアルファベットの文字についてそれらすべてを調べ，真に完全なスーパー辞書を完成するのに必要な時間と動機をもっている人がいるだろうか？　誰かが（というよりも，おそらく電子的な何かに違いないが）これをするまで，英語のレキシコンの大きさについての判断は純粋に当て推量にとどまるだろう。

←2つの辞書は語彙素に対する大文字の使用法が異なり，いくつかの項目は大文字の使用に関して変動的である。問題が複雑になるのを避けるため，表では大文字は用いていない。同様に，別つづり（例：sabaeanとsabean）は無視し，義務的ではないハイフン（例：*sabbath day*）も無視してある。

略語

略語は，現在の英語の言語生活の中で最も目立つ特徴の1つであり，どのスーパー辞書でも重要な部分を形成することであろう。完全に現代のみの習慣と考えられることが多いが，略語の流行は150年以上もさかのぼることができる。1839年にニューヨークの『イヴニング・タトラー（*Evening Tatler*）』の記者は，「頭文字による言葉…話し言葉の略記のようなもので，編集者に加えて怠け者や空想的な創造力をもつ紳士達の間で広く一般的に使われるようになった。編集者にとって，略語は書くときの大きな手間を省く…」と論評している。彼は，OK（all correct ＞わかりました），PDQ（pretty damn quick ＞大至急）――これらは長く続いてきた2つである――，GT（gone to Texas ＞（一攫千金をねらって）テキサスに去った），LL（liver loafers ＞ぶらぶらと生きる人）や，上流社会の人びとによってたいていは冗談交じりで導入されたそのほかの多くの略語に，言及している。

略語の粋な使用――ある種の上流社会の俗語――は，波のように現れては消えたが，完全に姿を消すことは決してなかった。しかし20世紀になると，こうした略語は，科学や工業技術，そしてクリケット，野球，麻薬密売，軍隊，メディアといった特定の分野における略語の出現で，すっかり影をひそめてしまった。略された形を使う理由は明らかである。1つは言語的な経済性への欲求――1語で足りるところで2語を用いる人をわれわれが批判するのと同じ動機――である（p.192を見よ）。簡潔性と正確さは高く評価されるので，略語は簡潔な文体を作るのに大きく貢献する。携帯電話でのメール送信のように，技術的な制約が重要となることもある（p.454）。略語はまた社会的なアイデンティティーを伝えるのにも役立つ。略された形を使うということは，「内情に通じている」――その略語が用いられる社会的集団の一員――ということである。世界中至るところでコンピューターマニアは，ROMとRAM，DOSとWYSIWYGについての流暢な語りで身柄が明かされる。こうした略語を使えない，ないしはこれらを調べなければならないのであれば（順に，「読み取り専用記憶装置（read-only memory）＞ロム」，「読み取り書き込み記憶装置（random-access memory）＞ラム」，「ディスクオペレーティングシステム（disk operating system）＞ドス」，「画面に表示されたまま印刷される（what you see is what you get ＞ウィジウィグ），まったくコンピューターマニアではない。もしコンピューターの知識をもった人が，物知り顔ですべての略語を省略することなくいちいち使ったら，コンピューターの知識をもつ同僚をいらつかせ，時間とスペース（そして金）を無駄にするだけになるだろう。同様のことが日常の話しことばに入り込んだ略語にもあてはまる。誰かがBBC，NATO，USA，AIDS｛【訳注】右のコラム「略語の種類」を参照。AIDSは「後天性免疫不全症候群（acquired immune deficiency syndrome）」｝や現代英語におけるほかの一般的な略語すべてを，つねに略さずに使うのを聞くとすれば，じつに奇妙に感じるだろう。確かに，時には（radarやAIDSのように）略されない形式は非常に専門的となる可能性があり，ほとんどの人に知られていないこともある――クイズゲームの編集者が見逃さないポイントであり，よく知られている（と彼らが称する）略語でいつも人びとを窮地に立たせる。試しに，UNESCOとUNICEF，（軍用の文脈における）AAAとSAMとGI，（化学の文脈における）DDTとTNTを考えてみよ（必要であれば，解答は右ページの下方余白を見よ）。

高性能パーソナルコンピューター・システムの広告。多くの略語が使われている。

略語の種類

頭文字略語

それぞれ個別の文字として発音されるもので，例えば，BBC（英国放送協会（British Broadcasting Corporation）），DJ（ディスクジョッキー（disc jockey）），MP（下院議員（Member of Parliament）），EEC（ヨーロッパ経済共同体（European Economic Community）），e.g.（例えば（exempli gratia）），USA（米国（United States of America））。アルファベット略語（alphabetism）ともいう。非常に多くの略語がこのタイプに入る。このタイプのすべての略語が構成語の最初の文字のみを使うわけではない。例えば，PhD（学術博士（Doctor of Philosophy））は構成語philosophy（哲学）の最初の2文字を使い，GHQ（総司令部（General Headquarters））やTV（テレビ（television））は語の中程にある文字を使っている。

頭字語

1つの語として発音される頭文字略語で，NATO（ナトー／北大西洋条約機構（North Atlantic Treaty Organization）），laser（レーザー（light amplification by stimulated emission of radiation）），UNESCO（ユネスコ／国連教育科学文化機関（United Nations Educational, Scientific, and Cultural Organization）），SALT（サルト／戦略（核）兵器制限交渉（Strategic Arms Limitation Talks））のようなもの。これらは文字を区切るためにピリオドを置かない――頭文字略語が（特に英語の古い様式では）よくピリオドを用いるのと対照的である。しかし，言語学者の中には，頭字語と頭文字略語の間に際立った違いがあると認めず，両者を頭字語と呼ぶ研究者もいる。

刈り込み

ある語の一部で全体を表す，ad（広告（advertisement））やphone（電話（telephone））のようなもの。この2つは，主たる2つのタイプを例示している。最初の部分が保たれているもの（より一般的なタイプで，demo（実物宣伝／デモ（demonstration）），exam（試験（examination）），pub（酒場（public house）），Gill（ギル（Gilbert），ジル（Gillian））｛【訳注】人の愛称｝など）と，終わりの部分が保たれているもの（bus（バス（motorbus）），plane（飛行機（airplane）））である。時として中間部分が保たれ，fridge（冷蔵庫（refrigerator）），flu（インフルエンザ（influenza））となることもある。語の2つ以上の部分を保つような刈り込み略語もあり，maths（（英国で）数学（mathematics）），gents（男子用トイレ（gentlemen's）），specs（メガネ（spectacles），仕様書（specifications））などがその例である。turps（テレピン油（turpentine））は，（単数であるにもかかわらず）-*s*を加えているという点で珍しい例である。刈り込みによる略語のいくつかでは適応（による音の変化）も見られ，fries（フライドポテト）（French fried potatoesから）｛【訳注】適応の結果として，friedとpotatoesの2語からそれぞれ刈り込まれ，つなげられている｝，Betty（ベティー）（Elizabeth（エリザベス）から），Bill（ビル）（William（ウィリアム）から）がその例である。

混成

2つの語の短縮形から作られるもので，brunch（ブランチ）（breakfast+lunch（朝食＋昼食）），heliport（ヘリポート）（helicopter+airport（ヘリコプター＋空港）），smog（スモッグ）（smoke + fog（煙＋霧）），Eurovision（ユーロヴィジョン）（European + television（ヨーロッパの＋テレビ放送））｛【訳注】ヨーロッパのテレビ放送網｝などである。科学用語は頻繁に混成を利用しており（bionic（生体工学の）｛【訳注】biology + electronic（生物学＋電子工学の）｝の例のように），商標名（電話している間に歯をきれいにする機器はTeledentと呼ばれたかもしれない｛【訳注】telephone+dentistry（電話＋歯学）。インターネットを用いて歯の診断などを行う実在するコンピューターソフトウェアの商標｝）や時代の先端を行くような新語も同様である（p.142）。

（巻末p.522へ続く）

Acronyms, Initialisms & Abbreviations Dictionary • 1987 23

... Adoption Act [British]
... Adrenal [or Adrenocortical] Autoantibody
... Adult Accompaniment [Restricted to age 14 and up unless accompanied by an adult] [Movie rating] [Canadian]
... Advanced Analytical [In company name, AA Computer Systems] [Tarzana, CA] [Software manufacturer]
... Advertise and Award
... Advertising Age [A publication]
... Advice of Allotment
... Aegyptologische Abhandlungen [A publication]
... Aerodrome to Aerodrome
... Aerolineas Argentinas [Argentine airline]
... Aerosol Analyzer
... Affected Areas
... Affirmative Action [Employment policies for minorities]
... After All [Message handling]
... Ah-Ah [Lava-Flow] [Hawaiian]
... Air-to-Air
... Air-to-Air
... Air America, Inc.
... Air Armament
... Air Attache [British]
... Airborne Alert
... Aircraft Artificer [British]
... Airlift Association
... Airman Apprentice [Navy rating]
... Airplane Avionics
... Airship Association
... Albania [MARC country of publication code] [Library of Congress]
... Alcoholics Anonymous World Services [An association]
... Alert Availability
... All [text] After [specified point] [Message handling]
... All Along
... Altesses [Highnesses] [French]
... Alttestamentliche Abhandlungen [A publication]
... Aluminum Association
... Aluminum Co. of America [NYSE symbol] [Wall Street slang names: "Ack Ack" and "All American"]
... Always Afloat
... Amateur Astronomers
... Amazing Stories. Annual [A publication]
... Amendments & Additions [Dictionary of Legal Abbreviations Used in American Law Books]
... American Airlines, Inc. [ICAO designator]
... American Anthropologist [A publication]
... American Archivist [A publication]
... American Assembly [An association]
... American Association [Baseball league]
... American and Australian Line [Shipping]
... Amino Acid [As substituent on nucleoside] [Biochemistry]
... Amino Acid [Biochemistry]
... Amino-Acid Residue [Biochemistry]
... Aminoacetone [Organic chemistry]
... Amplitude of Accomodation [Ophthalmology]
... Amur River and Basin [MARC geographic area code ... of Congress]
... Amvets Auxiliary
... Amyloid-A [Protein] [Medicine]
... Ana [Of Each] [Pharmacy]
... Analysis of Accounts
... Analytical Abstracts
... Ancient and Accepted [Freemasonry]
... Angle of Attack [Military]
... Anglo-American
... Anglo-American Magazine [A publication]
... Angular Accelerometer
... Angular Aperture
... Aniline Association
... Ann Arbor Railroad Co. [AAR code]
... Anterior Aorta
... Anterograde Amnesia [Medicine]
... Anthranilic Acid [Organic chemistry]
... Antiaircraft
... Antibody Activity [Immunology]
... Anticipatory Avoidance [Medicine]
... Antike und Abendland [A publication]
... Antioxidant Activity [Food technology]
... Antiproton Accumulator [Particle physics]
... Antwerpsch Archievenblad [A publication]
... Any Acceptable
... Apicultural Abstracts [A publication]
... Apollo Applications [NASA]
... Apostolicam Actuositatem [Decree on the Apostolate o... Laity] [Vatican II document]
... Approving Authority [Office of Censorship] [World Wa...
... Approving Authority
... Approximate Absolute
... Arachidonic Acid [Biochemistry]
... Arboricultural Association
... Archaeologischer Anzeiger [A publication]

AA ... Architectural Association
A-A ... Argenteum Astrum [Silver Star] [Secret occult society]
AA ... Arithmetic Average
AA ... Arlington Annex [Navy]
AA ... Armament Artificer [British and Canadian] [World War II]
AA ... Armature Accelerator
AA ... Arms of America
AA ... Army Air Operations
AA ... Arrival Angle
AA ... Arrival Approved [Aviation]
A-A ... Arrocillo Amarillo [Race of maize]
AA ... Ars Aequi, Juridisch Studentenblad (Holland) [Dictionary of Legal Abbreviations Used in American Law Books]
A & A ... Art and Archaeology [A publication]
AA ... Art and Architecture [A publication]
A & A ... Arta si Arheologia [A publication]
AA ... Arthrogryposis Association
AA ... Artibus Asiae [A publication]
AA ... Artificial Aerial
A & A ... Arts and Architecture [A publication]
AA ... Ascending Aorta [Anatomy]
AA ... Ascorbic Acid [Vitamin C] [Biochemistry]
AA ... Asian Affairs [A publication]
AA ... Aspergillus Asthma
AA ... Assets Accounting [Business and trade]
AA ... Associate in Accounting
AA ... Associate Administrator [NASA]
AA ... Associate in Arts
AA ... Association of Acrobats [Australia]
AA ... Astrological Association
A & A ... Astronautics and Aeronautics [A publication]
AA ... Atheists Association [Formerly, AAAA]
AA ... Athletic Association
AA ... Atlantic Area [Services to the Armed Forces] [Red Cross]
AA ... Atlas Agena [NASA]
AA ... Atmospheric Applications
AA ... Atomic Absorption
AA ... Attack Assessment [Military]
AA ... Auctores Antiquissimi [Classical studies]
AA ... Audit Agency
AA ... Audubon Artists
AA ... Augustiniani Assumptionis [Assumptionists] [Roman Catholic men's religious order]
AA ... Ausfuehrungsanweisung [Regulatory Instructions] (Ger.) [Dictionary of Legal Abbreviations Used in American Law Books]
AA ... Australia Antigen [Also, Au, HBs, HBsAg] [Immunology]
AA ... Auswaertiges Amt [Foreign Ministry] [German]
AA ... Aut Aut [A publication]
AA ... Authorized Allowance
AA ... Author's Alteration [Publishing]
AA ... Auto Acquisition [RADAR]

Journal [A publication] ... AFS Cast Met Res J
AFS [American Foundrymen's Society] International Cast Metals Journal [A publication] ... AFS Int Cast Met J
AFS [American Field Service] International/Intercultural Programs [Formerly, AFS] ... AFSIIP
AFSC Technical Information Center, Washington, DC [OCLC symbol] ... SCH
Aft ... A
Aft Cargo Carrier ... ACC
Aft Crew Station ... ACS
Aft End Assembly ... AEA
Aft End Cone [NASA] ... AEC
Aft Equipment Bay [NASA] ... AEB
Aft Events Controller ... AEC
Aft Flight Deck ... AFD
Aft Flight Deck Control Panel ... AFDCP
Aft Flight Deck Power Distribution Box ... AFDPDB
Aft Fuselage ... AF
Aft Load Control Assembly ... ALCA
Aft Load Controller ... ALC
Aft Master Events Controller [NASA] ... AMEC
Aft Perpendicular [Naval engineering] ... AP
Aft Power Controller ... APC
Aft Power Controller Assembly ... APCA
Aft Propulsion System [or Subsystem] [NASA] ... APS
Aft Reaction Control Subsystem [NASA] ... ARCS
Aft Utility Bridge ... AUB
After ... A
After ... AFT
After Action Report [Military] ... AAR
After All [Message handling] ... AA
After Body ... AB
After Bottom Center [Valve position] ... ABC
After Bottom Dead Center [Valve position] ... ABDC
After Christ ... AC
After the Christian Era ... ACE
After Cooler ... AFTCLR
After Dark ... AFDK
After Date [Business and trade] ... AD
After Date of Award of Contract [Telecommunications] ... ADA
After Deducting Freight ... ADF
After Delivery Economies ... ADE
After Engine Room ... AER
After Engineering Operating Station ... AEOS
After England Failed [Soldier slang for American Expeditionary Force in World War I] ... AEF
After Ford [Calendar used in Aldous Huxley's novel, "Brave New World;" refers to Henry Ford] ... AF
After Full Moon [Freemasonry] ... AFM
After Hatch [Shipping] ... AH
After Hours ... AH

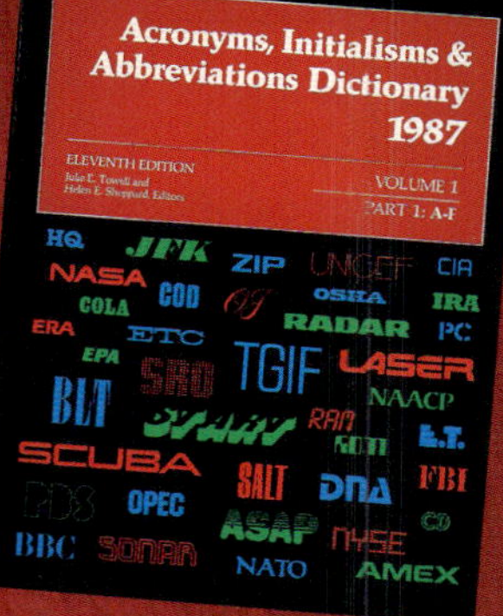

略語を集める

誰かに英語には略語がいくつあるかと尋ねてごらんなさい。すると返答は，2,000 から 3,000——ことによると 5,000 か 1 万か——となりがちである。そうした印象は，辞書の巻末にしまい込まれているような，あるいは専門分野の個別の手引きとして時折出版されるような，略語の短い一覧によって助長されている。事実はいくぶん異なっている。ゲイルリサーチ株式会社（Gale Research Company）によって出版された『頭字語・頭文字略語・略語　辞典（*Acronyms, Initialisms & Abbreviations Dictionary*）』は，その第 51 版（2017）に 586,000 以上の見出しを収録している。左上の写真は，アルファベットの出だし近くのページの一部である——1987 年版では AA に 178 ほどの見出しが並べられている。中ほど下の写真は『逆引き辞典（*Reverse Dictionary*）』〔訳注〕通常の逆引き辞典ではなく『逆引き　頭字語・頭文字略語　略語辞典（*Reverse Acronyms, Initialisms & Abbreviations Dictionary*）』〕からの一部である——非省略形を知っていて，その略語を知らないときに用いられる。

テスト解答（左ページを見よ）
UNESCO　United Nations Educational, Scientific, and Cultural Organization（ユネスコ／国連教育科学文化機関）
UNICEF　United Nations International Children's Emergency Fund（現在は，United Nations Children's Fund）（ユニセフ／国連国際児童緊急基金（現在は，国連児童基金）〔訳注〕略称は現在でも UNICEF〕）
AAA　anti-aircraft artillery（または，「triple A」）（対空火器，高射砲部隊（または，「トリプル・エイ」））
SAM　surface-to-air missile（地対空ミサイル）
GI　Government issue（（米軍）兵士，（米軍）退役兵）
DDT　dichlorodiphenyltrichloroethane（ジクロロジフェニルトリクロエタン〔訳注〕防疫用，防虫用の殺虫剤〕）
TNT　trinitrotoluene（トリニトロトルエン〔訳注〕強力な爆薬〕）

固有名詞

固有名詞は英語のレキシコンの一部だろうか？大文字で始まる語すべてをその言語の語数から除くべきだろうか？その１つの答えは演芸場での昔ながらの当意即妙の会話の中にある。

A：ねえ，ねえ，ねえ。私，フランス語を話せるよ。
B：あんたがフランス語を話せる？知らなかった。話してるの聞かせてよ。
A：Paris，Calais，Jean-Paul Sartre，Charles de Gaulle...（パリ，カレー（地名），ジャン–ポール・サルトル，シャルル・ド・ゴール…）

観客は笑い，それは観客がここで変則さを感じていることを表している。そして，確かに table（テーブル）や sleep（眠る）のような語と，それに対して，Paris（パリ）や Sartre（サルトル）のような語の間には直感的に重要な違いがある。普通，後者を（当該言語の）真の語彙とは考えない。さもなければ，誰もが，外国を旅行してそこの町や通りや店の名前を知ったならば，いつでも（町や店の名前などの）語彙の面では流暢だと主張できるはずだが，実際はそうではない。

しかし，固有名詞をそう簡単に除外することはできない。ある意味では，固有名詞はある言語を学習する際の一部で**ある**，と言える。フランス語話者が英語を学ぶ場合，Londres（フランス語での表記）を London で置き換えることを身につけなければならず，ギリシャ人は Joannis（ヨアニス）を John（ジョン）で置き換えなければならい。従わなければならない発音の規則があり，特別な方法で固有名詞にあてはまる文法の規則がある（p.220）。英語圏の社会における慣用句の歴史の一部をなす次のような固有名詞がある。Billy the Kid（ビリー・ザ・キッド）【訳注】1つの固有名詞が「固有名詞+名詞句」からなっており，名詞句は「冠詞 the +普通名詞」という英語の規則に従っている】，*The Times*（『タイムズ』）【訳注】不可算名詞の time が可算名詞扱いされているが，冠詞 the と複数語尾 -*s* が用いられている】，William the Conqueror（ウィリアム征服王）【訳注】the Conqueror のように，固有名詞の中で冠詞が用いられているが，その冠詞は名詞の前に現れ，直後で William を説明している】，The Mayflower（メイフラワー号）【訳注】固有名詞に冠詞 the が含まれているが，構造は「the+ 普通名詞」という規則に従っている】，Phi Beta Kappa（ファイベータカッパ）【訳注】米国最古の学生友愛会の名称で，ギリシャ語のアルファベットが英語式に発音される】，Woolworth's（ウルワース）【訳注】米国で開業した雑貨店チェーンの名称で，人名にアポストロフィs（'*s*）がつけられている】。そして，Fleet Street（フリート街=「英国の新聞（the British press）」），The White House（米国大統領官邸=「米国政府（the US government）」），Fido（ファイドー（犬の名）=「犬一般（any dog）」）のような付加的な意味をも表すようになった名前（**換喩語**）もある。一般的な百科事典は何千ものこうした例を収録している。

語頭が大文字であることも，ある語をレキシコンに入れるべきかどうかを決めるのにあまり役立たない。ある語を大文字で始めるかどうか不確かな場合が，数多く存在する。例えば，Bible（聖書）か bible か，Sun（太陽）か sun か，National Park（国立公園）か national park か，Heaven（天国）か heaven か，Communist Party（共産党）か communist party か（あるいは Communist party か）？　参考図書はそれぞれの慣行がさまざまである。そのため，『チェンバース人名事典（*Chambers Biographical Dictionary*）』によれば人びとは「Nobel prize for physics（ノーベル物理学賞）」を受賞し，一方，『ブリタニカ百科事典（*Encyclopaedia Britannica*）』では人びとは「Nobel Prize for Physics（同上）」を受賞するのである。こうした例も何千と存在する。

アメリカの商業劇場の象徴——ブロードウェー（Broadway）。この固有名詞は，より一般的な意味（「広い道路」や各地に見られる道路名）をもっている。

英語の固有名詞はレキシコンの境界線上にあると結論せざるをえないだろう。あるものは英語で意味が構成される方法と非常に密接に関係しているので，これらをどのスーパー辞書からも除外するのは難しいだろう。これらは英語に「属している」と感じられ，たいてい英語特有の形式をもっている（例：Christmas（クリスマス），January（1月），the Moon（月），the Falklands（フォークランド諸島）【訳注】Christmas は，Christ（イエス・キリスト）と mass（ミサ）で構成され，January は Janus（ローマ神話におけるヤーヌス）と ary（〜に関するもの）で組み合わされており，the Moon は the を用いている。the Falklands は the と複数形を示す -*s* をともなうことで「諸島」を表す】）。またあるものは，英語からは——またほかのどの言語からも——独立しているように感じられ，（辞書ではなく）百科事典によりなじむように思える（例：Alpha Centauri（（1等星の）アルファケンタウリ），Diplodocus（（恐竜の）ディプロドクス），Helen Keller（（米国の教育家）ヘレン・ケラー））。こうした固有名詞の一部だけでもレキシコンに認めることは，レキシコンの大きさをかなり増やすことになる。

コラム「ウィガン（Wigan）は何を意味するだろう？」を巻末 p.523 に掲載

大文字にすべきかせざるべきか

（左下）『ケンブリッジ百科事典（*The Cambridge Encyclopedia*）』の1992年版の見出しの一部で，大文字使用の方針が読み取れる。（右下）『チェンバーズ人名辞典（*The Chambers Biographical Dictionary*）』で用いられている大文字使用のスタイルに合わせて組み直した同じ見出し。

Howe, Sir (Richard Edward) Geoffrey (1926-)
British Conservative statesman, educated at Winchester and Cambridge. He was called to the Bar in 1952 and became an MP in 1964. Knighted in 1970, he became Solicitor-General (1970-2), Minister for Trade and Consumer Affairs (1972-4), Chancellor of the Exchequer (1979-1983), and Foreign Secretary (1983-9). In 1989 he was made Deputy Prime Minister, Lord President of the Council, and Leader of the House of Commons, but resigned...

Howe, Sir (Richard Edward) Geoffrey (1926-)
British Conservative statesman, educated at Winchester and Cambridge. He was called to the bar in 1952 and became an MP in 1964. Knighted in 1970, he became solicitor-general (1970-2), minister for trade and consumer affairs (1972-4), Chancellor of the Exchequer (1979-1983), and foreign secretary (1983-9). In 1989 he was made deputy prime minister, lord president of the Council, and leader of the House of Commons, but resigned...

ハウ，サー・（リチャード・エドワード・）ジェフリー（1926-）
英国保守党の政治家でウィンチェスターカレッジとケンブリッジ大学で学んだ。1952年に法廷弁護士の資格を得て，1964年に下院議員になった。1970年にナイト爵位を与えられ，法務次官（1970-2），通商および消費者問題担当相（1972-4），財務相（1979-83），外務・英連邦相（1983-9）を歴任した。1989年に副首相，枢密院議長，下院院内総務となったが，辞任した…

あなたのレキシコンはどれくらいの大きさか

英語の語彙素（p.128）の総数について意見の一致が見られないように，英語話者の語彙の大きさについても一致は見られないようである。多くは個人の趣味や学歴に依存している。週に数冊の小説を読む人は，日々の読み物が電話帳に限られている人より，明らかにかなり多くの語彙を身につけるだろう。また，レキシコンの非常に多くが科学的な術語で構成されていることから，化学や植物学といった学術分野で学位を取ることは，語彙を莫大に増やす結果につながるだろう。したがって，平均値はほとんど意味をなさない。（高校を卒業したばかりの人は）10,000～12,000とか，（大学を卒業した人は）20,000～25,000というような数字がよくメディアで引用される――しかし,これらは科学的な信頼性を完全に欠いている。

ほかのことはさておき，個人の語彙の大きさを提案する時，つねに2種類の総数があると考えられる。1つは**能動的**語彙（話しことばや書きことばで能動的に用いられる語彙素）であり，もう1つは**受動的**語彙（知っているものの使用されない語彙素）である。どちらの総数も容易には算出できない。人が実際にある語彙素を使用しているかまたは知っているかを確かめるのは，多くの場合，きわめて困難である。右欄中段に一覧となっている例の中で，あなたは cableway（空中ケーブル）という語彙素を知っているだろうか? あるいは，知っていると思っているだけだろうか? あなたは，cab-rank（タクシー乗り場）や cabstand（同左）を使い，taxi-rank（タクシー乗り場）や taxi stand（同左）を使わないと確信できるだろうか？ 語彙素を数える際には，表に，知っている語彙と使用している語彙の欄に，不確かな項目の欄を加えて，都合3つの欄を設けるのが賢明である。

時間とエネルギーのある誰でも，（およそ100,000項目の）中程度の大きさの辞書をくまなく見て，このように印をつけることは完全に可能ではあろう。しかし，ほかの点では通常の生活を送ることを望む人ならば，たいていもっと少数――例えば，1%（2,000ページの本から20ページ，ただしアルファベットのいくつかの部分から取る）ほど――を抽出することを選ぶだろう。そして，それはかなり妥当な一応の概数を与えてくれる。企業の秘書，女性実業家（であり旺盛な読書家），大学講師がこの作業を行った。彼らの能動的語彙の総計は，それぞれ，31,500, 63,000, 56,250であり，受動的語彙の総計は，順に38,300, 73,350, 76,250で，能動的語彙より平均して25%の増加であった。

『リーダーズ・ダイジェスト（*Reader's Digest*）』からのこの世界的に有名なページは，数世代にわたって読者に自分たちの語彙に興味をもつよう促してきた。このコラムは1945年以来，継続して掲載されている。

It Pays to Enrich Your Word Power

BY PETER FUNK

SHARPEN up your vocabulary and bite back with a well-chosen retort. Tick the word or phrase you believe is *nearest in meaning* to the key word. Answers are on the next page.

(1) **fob off**—A: to tell off. B: be lazy. C: deceive. D: exchange.
(2) **enigmatic** (en ig MAT ik)—A: cruel. B: unreliable. C: perplexing. D: odd.
(3) **collate**—A: to adjust. B: edit. C: coincide with. D: arrange systematically.
(4) **awry** (uh RYE)—A: whimsical. B: backward. C: painful. D: not straight.
(5) **vixen**—A: shrewd person. B: unfortunate child. C: ill-tempered woman. D: evil spirit.
(6) **traduce**—A: to praise. B: misrepresent. C: walk over roughly. D: tempt.
(7) **maladroit** (mal uh DROYT)—A: mean. B: clumsy. C: graceful. D: angry.
(8) **panegyric** (pan uh JIR ik)—A: fright. B: eloquent praise. C: nostalgia. D: multi-talented person.
(9) **jape**—A: joke. B: sharp sarcasm. C: dishonest act. D: memento.
(10) **hyperventilate**—A: to air. B: be over-active. C: pump out quickly. D: breathe rapidly.
(11) **fortuitous**—A: happy-go-lucky. B: inevitable. C: chance. D: unlucky.
(12) **aversion**—A: fear. B: hobby. C: criticism. D: intense dislike.
(13) **avant-garde**—A: pioneers. B: protective group. C: barrier. D: absolute limit.
(14) **ennui** (on WE)—A: boredom. B: irony. C: nonchalance. D: pretence.
(15) **permutation**—A: permission. B: alteration. C: stable combination. D: seepage.
(16) **indoctrinate**—A: inject. B: lead forward. C: teach. D: fertilize.
(17) **demise** (dih MIZE)—A: improper act. B: destruction. C: distortion. D: termination.
(18) **validate**—A: to confirm. B: examine. C: seize. D: honour.
(19) **euphemism** (yew fem is'm)—A: praise. B: roundabout expression. C: cheerfulness. D: prudery.
(20) **facsimile** (fak SIM I lee)—A: stand-in. B: pattern. C: fake. D: exact copy.

11

ILLUSTRATION: RALPH DOBSON

（英文の和訳を巻末p.523に掲載）

シェイクスピアの語彙は何語？

「シェイクスピアは，英国の作家の中で最も多くの語彙，およそ30,000語をもっていた。」（BBCテレビシリーズ，『英語物語（*The Story of English*）』，1986年より）これはよく引用される数字で，マーヴィン・スペヴァック（Marvin Spevack）の数巻からなる『シェイクスピア作品の網羅的体系的コンコーダンス（*Complete and Systematic Concordance to the Works of Shakespeare*）』（1968-80）に由来している。そこでは，29,066の異なる語と，合計で884,647語を一覧にしている。

しかし，そうした総計の意味を考える前に，「異なる語（different words）」が何を意味しているかを考える必要がある。そのコンコーダンスは異なる種類の字句を数える――例えば，goesのすべての実例は一緒に数えられ，goingのすべて実例やgoneのすべての実例も同じようにそれぞれで数えられる。しかし，これらを3つの異なる語として数えることは，ある著述家の表現の広さについて判断する力をもとうとする学術的な文脈の中で語彙の大きさについて語っている場合には，その価値は限られる。語彙素（p.128）を数えるという方法はこの考え方をより有効にとらえる。そしてそこでは，goes，going，goneのすべての実例は単一の見出しGO（行く）のもとに置かれる。そしてこのようにすると，シェイクスピアの語彙の大きさは思いがけず劇的に減少し，20,000語より少なくなる。

ある人の語彙判断の一部で，意志決定の際の3つのレベルを表示している。
●=知っている項目，または使用している項目

	知っている			使用		
	大変よく	なんとなく	知らない	しばしば	時折	まったく使わない
cablese（電報文体）		●				●
cable stitch（縄編み）	●			●		
cable television（ケーブルテレビ（放送））	●				●	
cable vision（ケーブルテレビ（放送））		●				●
cableway（空中ケーブル，索道）			●			●
cabman（タクシードライバー）		●				●
cabob（（料理）ケバブ）			●			●
Caboc（カボック／スコットランドの濃厚クリームチーズ）			●			●
cabochon (noun)（（名詞）（宝石の）カボション）			●			●
cabochon (adverb)（（副詞）カボション風に）			●			●
caboodle（群れ）	●				●	
caboose（（貨物列車の）車掌車）		●				●
cabotage（沿岸貿易）			●			●
cab-rank（タクシー乗り場）	●			●		
cabriole（（家具の）曲り脚）			●			●
cabriolet（キャブリオレー）｛【訳注】折りたたみ式幌馬車｝			●			●
cabstand（タクシー乗り場）	●					●

語を必死にかき集める

語彙力を増やすということは必ずしも長い語を身につけるということばかりではない。チェンバース（Chambers）によって出版されているスクラブル®（Scrabble®）｛【訳注】文字が書かれているコマを並べ替えて単語を作るゲーム。英語をはじめ，さまざまな言語で行われている｝のための公式の国際的な語の一覧には124の2文字の語が列挙されている（一覧は国によって異なっている）。特別に準備しなければ，それらのすべての意味を言える人はほとんどいないだろう。

AA AB AD AE AG AH AI AL AM AN AR AS AT AW AX AY BA BE BI BO BY CH DA DE DI DO EA ED EE EF EH EL EM EN ER ES ET EX FA FE FY GI GO GU HA HE HI HM HO ID IF

IN IO IS IT JA JO KA KI KO KY LA LI LO MA ME MI MM MO MU MY NA NE NO NU NY OB OD OE OF OH OI OM ON OO OP OR OS OU OW OX OY PA PE PI PO QI RE SH SI SO ST TA TE TI TO UG UH UM UN UP UR US UT WE WO XI XU YA YE YO YU ZA ZO

9 レキシコンの形成

さらなる情報源：
cambridge.org/crystal

英語の語彙に100万かそれ以上の語彙素がある（第8章）のなら，そこに秩序を見出すにはどのようにしたらよいだろうか？　よく使われるのは，起源に注目して，レキシコンの項目がどこからきたのかを問うという方法である。

本来語彙

たくさんの語彙素がもともと英語の中にあった。つまり，ゲルマン民族の侵入者たちによってもたらされて以来，ずっと使われてきた（第1章）。現在でも，アングロサクソン的な語彙の性格は，文法語（in, on, be, that）であれ，語彙語（father（父），love（愛，愛する），name（名前，名づける））であれ，接辞（*mis-*, *un-*, *-ness*, *-less*）であれ，日常会話において顕著である。アングロサクソン語由来の語彙素は，現代語のレキシコン全体に対しては相対的に小さな割合を占めるにすぎないが，英語で最も頻繁に使われる語のほとんどすべてを占めている。書き言葉のアメリカ英語から100万語を集めた『ブラウン大学コーパス（*Brown University Corpus*）』（p.490）において，最も使用頻度の高い100語はほとんどすべてがアングロサクソン語由来である。例外として（theyやareのような）スカンジナヴィア語由来の借用語が少数含まれているが，ロマンス諸語由来の項目は，頻度順位105（just）と107（people）まで出てこない。

双子の語や3つ子の語

英語レキシコンのアングロサクソン要素について理解を深めるには，古英語由来の語彙素を，古英語以後にフランス語またはラテン語から借用された形と対にするとよい。下にある対を，意味の違いは無視して比較すると，通常は借用形の方がより形式ばっていて，注意深く，より文語的であったり，より丁寧であったりすることがわかるだろう。

古英語	フランス語	ラテン語
guts（勇気，元気）	courage（勇気）	
clothes（衣服）	attire（衣装）	
climb（のぼる）		ascend（上昇する）
sweat（汗をかく）	perspire（発汗する）	
happiness（幸せ）		felicity（幸福）
house（家）	mansion（大邸宅；［イギリス英語］アパート）	
wish（望む，望み）	desire（欲求する，欲求）	
weariness（疲労）		lassitude（だるさ，倦怠）

また，下のように，フランス語由来とラテン語由来の両方の語が古英語由来の語と対をなした「3つ子の語」も存在する。このように，英語は，ほぼ同義の語を積極的に取り入れてきた結果，現代語において文体的な融通性の高さを発達させることができたのである。

古英語	フランス語	ラテン語
rise（上がる）	mount（上がる）	ascend（上昇する）
ask（問う）	question（問う）	interrogate（質問する，尋問する）
fast（しっかりした）	firm（しっかりした）	secure（しっかりした）
kingly（王の，王らしい）	royal（王の，王室の）	regal（帝王の）
holy（聖なる）	sacred（神聖な）	consecrated（神聖な，聖別された）
fire（火，火事）	flame（炎，火炎）	conflagration（大火災）

共通の核

右の図は，『オックスフォード英語辞典（*The Oxford English Language*）』の初代編集長のジェームズ・マレー（James Murray）が，同辞書の第1巻（1888）の序文に相当する「全体的説明」の節で使ったものである。「英語の語彙には，紛れもない『英語性（Anglicity）』をもった何千もの語からなる中心的なまとまり，すなわち核がある。文語体か口語体に限られるものもあるが，大部分は文語体と口語体の両方で使われ，英語の**共通の核をなす語**である。」下にリストする例を見れば，核となる語がいかに一般的なものかわかるだろう。

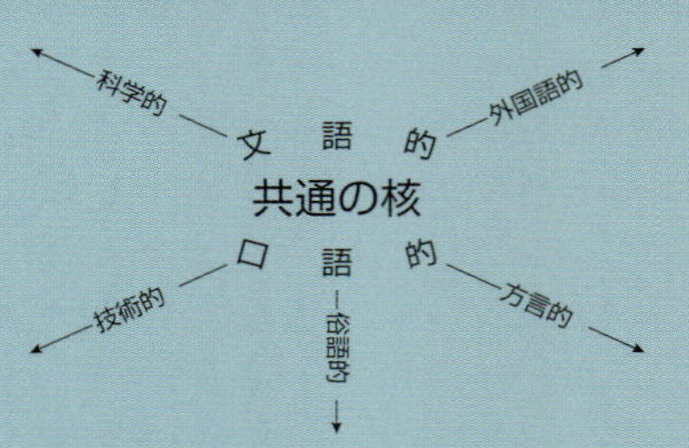

身体部分：hand（手），foot（足），arm（腕），eye（目），heart（心臓），chin（あご），bone（骨）。
自然景観：land（陸），field（野），meadow（草地），hedge（生垣），hill（丘），wood（森），oak（オークの木）。
家庭生活：house（家），home（家庭），stool（腰掛け），door（戸），floor（床），weave（織る），knit（編む）。
暦：sun（太陽），moon（月），day（日），month（月），year（年）。
動物：horse（馬），cow（乳牛），sheep（羊），dog（犬），hen（めんどり），goat（ヤギ），swine（豚），fish（魚）。

（巻末p.524へ続く）

オーウェルほか

{［訳注］このタイトルは原著ではラテン語由来のet al.を用いた形になっている。}

ジョージ・オーウェル（George Orwell, 1903-50）は，現代英語にはアングロサクソン由来の語を古典語由来の語で置き換えようとする傾向があると考え，それに対して強硬な意見をもっていた。オーウェルは，評論「政治と英語（Politics and the English Language）」（1946）の中で，次のように述べている。

「悪文家，特に科学，政治，社会問題について執筆する人たちは，ラテン語やギリシア語の語彙の方がサクソン語のそれよりも立派であるという考えに，ほとんどつねにつきまとわれており，expedite（促進する），ameliorate（改善する），predict（予言する），extraneous（異質な），deracinated（寝なし草の），clandestine（秘密の），sub-aqueous（水中にある）やそのほかおびただしい数の不必要な語がたえず，対応するアングロサクソン語の語彙の縄張りを荒らしている［…］

よい英語の一節を最もひどい現代語に訳してみよう。以下は「伝道の書」の有名な一節（第九章第十一節）である——

I returned, and saw under the sun, that the race is not to the swift, nor the battle to the strong, neither yet bread to the wise, nor yet riches to men of understanding, nor yet favour to men of skill; but time and chance happeneth to them all.

太陽の下（もと），再びわたしは見た。足の速い者が競争に，強い者が戦いに必ずしも勝つとは言えない。知恵があるといってパンにありつくのでも聡明だからといって富を得るのでも知識があるといって好意をもたれるのでもない。時と機会はだれにも臨（のぞ）むが人間がその時を知らないだけだ。

次はそれの現代語訳である——

Objective consideration of contemporary phenomena compels the conclusion that success or failure in competitive activities exhibits no tendency to be commensurate with innate capacity, but that a considerable element of the unpredictable must inevitably be taken into account.

現代の現象に対する客観的考察は，競争的活動の成否が固有の能力に比例する傾向を示さず，かなりの予測しにくい要素を必ず考慮に入れなければならないという結論に，立ち至らざるを得ない。

これはパロディではあるが，しかしそれほどひどいもじりではない。」{［訳注］引用符内は，工藤昭雄訳「政治と英語」『オーウェル著作集IV 1945-1950』内（平凡社，1971）と『聖書（旧約聖書続編つき，新共同訳）』（日本聖書協会，2000）を参考にした。}

（巻末p.524へ続く）

古英語熱

これまでたくさんの作家や詩人が――チャールズ・ディケンズ（Charles Dickens），トマス・ハーディ（Thomas Hardy），ジェラルド・マンリー・ホプキンズ（Gerald Manley Hopkins），そしてジョージ・オーウェル（George Orwell）に見られるように――アングロサクソン語彙の「純粋性」なるものに熱をあげてきたが，その熱狂は19世紀において，英国ロマン主義運動の中で最高潮に達した。ドーセットの詩人，ウィリアム・バーンズ（William Barnes, 1801-86）の場合，それは強迫観念となった。

バーンズは15才で学校を卒業したのち個人で古典を学び，比較言語学に目覚めた。学校を開き，40代で地方牧師となった。彼はドーセット方言で書かれた数冊の詩集で最もよく知られているが，それ以外にも『英語ことば術概論（*An Outline of English Speech-Craft*）』(1878) というアングロサクソン語入門書があり，その書名には彼の来歴がよく現れている。

バーンズが目指したのは，外来の（すなわち，非ゲルマン系の）借用語を取り除いて純化した英語を推進することであった。特に，フランス語，ラテン語，ギリシャ語由来の語を取り除けば，英語はもっと馴染みやすく，もっとわかりやすくなるだろうと彼は考えた。また，そうすることで英語がゲルマン系言語としてのアイデンティティを取り戻し，心理的にもよい効果があるだろうと考えた。

バーンズはきわめて創造的な方法を用いた。彼は現存するアングロサクソン語彙素を外来語の代わりに使っただけでなく，廃語になって久しいアングロサクソン語を復活させたり，アングロサクソン語根を用いてまったく新しい語彙素を作り出すことも遠慮なく行った。例えば，conscience（良心）を表すために古英語の inwit（悪；邪悪な）をよみがえらせ※，ornithology（鳥類学）には birdlore（とり学）を，synonym（同義語）には matewording（つがい表現）を，それぞれ造語した。しかし，同時代の辞書編集者たちからはほとんど注目されなかった。バーンズの造語のうち，『オックスフォード英語辞典（*the Oxford English Dictionary*）』に掲載されたのは（grammar（文法）に相当する speech-craft（ことば術），astronomy（天文学）に相当する starlore（ほし学）などの）ほんの少数にすぎず，大部分は無視された。今日の読者がそれらに出会うのは，本書のようなことばについての本の中だけであろう。｛【訳注】『オックスフォード英語辞典』によると，「良心」の意味での inwit は中英語での語形成であり，「悪」を表す古英語の inwit とは別語である。｝

So I unto my selfe
  alone will sing;
The woods shall to
  me answer, and
  my eccho ring.
そのように私も私のため
  だけに歌おう
森は私に答えてこだまを
  返そう。

ジョン・コンスタブル（John Constable）の この絵画（『乾燥車（*The Hay Wain*）』，1821）には，エドマンド・スペンサー（Edmund Spenser）の「祝婚歌（'Epithalamion'）」(1595) の反復句の静けさが反映されている。

スペンサーの最初の代表作「羊飼いの暦（'Shepheardes Calender'）」(1579) の巻頭に置かれた書簡体作品の匿名の作者である E. K. は，詩人の文体に見られるある重大な特徴に注意喚起をしている。

「と申しますのも，私の意見では，この詩人が当然受けるべきあまたの賞賛の中でも，立派な本来の英語をいわば正当な相続財産として復活させようと努めたことこそ，特に賞賛に値するものだからです。このような言葉は長い間使われず，ほとんど完全に相続の資格を奪われ…」

これに続けて，E. K. は英語に起こったことを嘆き，彼が次のようにいう所業をした物書きたちをとりわけ厳しく批判している。

「そういう人は，ここはフランス語，あそこはイタリア語，そして至るところにラテン語を借りてきて，他国の言葉のぼろの継ぎはぎで穴をふさぐことになり［…］こうした人たちのお蔭で，私たちの国語は今ではほかの国の言葉の寄せ集め，ごった煮となってしまっているのです。」

この点で，E. K. はバーンズやオーウェルと見解をともにしている。｛【訳注】詩や E. K. のことばの日本語訳は，和田勇一・吉田正憲・山田知良・藤井良彦・平戸喜文・福田昇八訳『スペンサー詩集』（九州大学出版会，2007）による。｝

語彙の征服

上は，「バイユーのタペストリー」の中でノルマン人によるイングランド侵入を描いた部分であり，したがって，英語の語彙の歴史において最も重要な方向転換を象徴する場面である。1400年までに約10,000の新しい語彙素がフランス語から英語に入り，数千以上の語彙素がラテン語から入ってきた。中英語期の終わりまでには，残存する古英語レキシコンはすでに少数派になっていた。

このタペストリーは長さ231フィート，幅19.5インチ（長さ70m，幅50cm）の麻製壁掛けで，現在は，バイユーのウィリアム征服王センターに特別に作られたバイユー・タペストリー博物館で展示されている。征服の様子がラテン語の地の文で要約されている。上掲の部分はノルマン人がイングランド沿岸に到着したところであり，地の文には，「大きな船で彼（ウィリアム公（Duke William））は海を渡った」と書かれている。

アングリッシュ

｛【訳注】ポール・ジェニングズの造語で，英語から外来語を排除しようとする言語純粋主義を指す。｝

もしウィリアム征服王が征服されていたのならば，英語のレキシコンはどうなっていただろうか？　この疑問に対して，ノルマン人の征服（the Norman Conquest）から900年目を祝う1966年の『パンチ（*Punch*）』のある号で，英国人ユーモア作家のポール・ジェニングズ（Paul Jennings）が1つのありうる回答を寄せている。以下は，有名な独白の冒頭部を（outrageous（荒れ狂った）を除いて）「アングリッシュ」に改めたものである。

To be, or not to be: that is the ask-thing:
Is't higher-thinking in the brain to bear
The slings and arrows of outrageous dooming
Or to take weapons 'gainst a sea of bothers
And by againstwork end them?
このままでいいのか，いけないのか，それが考えどころだ。
どちらがよりよいだろう。このまま心のうちに
暴虐なさだめの矢弾をじっと耐えしのぶことか，
それとも海のように寄せくるわずらい事に向かって武器をとり，
はむかっていって終止符をうつことか。

｛【訳注】シェイクスピアの『ハムレット（*Hamlet*）』第3幕第1場におけるハムレットの独白の冒頭部より。ジェニングズは，その中の *question,mind,suffer,fortune,arms,opposing* を古英語由来の語に置き換えている。日本語訳は小田島雄志訳『ハムレット』『シェイクスピア全集 III』内（白水社，1986）を参考にした。｝

バーンズも数千の新語を作った。下の12の斜字体の例語でその感じをつかむことができる。

booklore（ほん学）	literature（文学）
breaksome（壊れやすい）	fragile（脆弱な）
folkdom（民の国）	democracy（民主制）
forewit（先読み）	prudence（用心）
gleeman（歌い手）	musician（音楽家）
hareling（子ウサギ）	leveret（子ウサギ）
hearsomeness（聞き分けのよさ）	obedience（従順）
loreless（ものを知らない）	ignorant（無知な）
outgate（〈ある場所〉から出る）	exit（〈ある場所〉から出る）
soothfastness（正直さ）	veracity（正直さ）
water-giver（みず場）	reservoir（給水所）
yeartide（1周年）	anniversary（1周年）

外国語からの借用語

ある言語がほかの言語から語彙素を取る場合，その新しい項目は，通常，**借用語**と呼ばれるが，受容言語がそれらを返還することはないので，この用語は必ずしも適切ではない。英語は，おそらくほかのどの言語よりも借用欲の強い言語である。

｛【訳注】インターネット上で無料公開されている The World Loanword Database（https://wold.clld.org/）を参照。このサイトでは，世界の 41 の現代語について，それぞれのレキシコンに占める借用語の割合を比較することができる。｝

話者が苦労してレキシコンから外来語を排除する言語が存在する一方で，英語は一貫して外来語を歓迎してきたように見える。*OED* には現代語彙の直接の源泉として 300 以上の言語が記録されており，接触の場所は世界中に及んでいる。

借用はじつにアングロサクソン民族がやってくる前から始まった（第 3 章）。その時期におけるケルト語からの借用語は非常に少ないが，ラテン語の影響は大きく，キリスト教伝来以後はとりわけそうである（例：bishop（司教，主教），church（教会），priest（司祭，聖職者），school（学校），giant（巨人），lobster（ロブスター），purple（紫色（の）），plant（植物））。ヴァイキングの侵入だけでも，約 2,000 のスカンジナヴィア語の語が英語に入ってくるという結果をもたらした（例：dirt（不潔物，泥），egg（卵），kid（子ヤギ：〈口語〉子ども），leg（（人間・動物の）足，下肢），skin（皮膚），sky（空），window（窓））。ノルマン人の征服（the Norman Conquest）以後，フランス語を中心にヨーロッパ大陸から語が流入し，レキシコンの大きさは 100,000 項目以上へと倍増した（pp.46–7）。ルネサンスの終わりまでに，古典語，特にラテン語から派生された語彙の増加によって，レキシコンの大きさは再度倍増した。これらの時期は英語史の中でも借用がピークを迎えた時期といってよいが，その後の数百年の間にも借用傾向が弱まることはなかった。

1950 年代から新しい借用の波が起こっていて，いずれは中英語期に起きた借用の総数を超えることになるかもしれない。英語が世界語としての性格を帯びるにつれ（第 7 章），これまでにないほど多くの言語や文化と恒常的に接触するようになり，時を移さず借用語も劇的に増えた。これまで数千の新たな語彙素が，新しい動植物，政治団体や機関，景観的特徴，工業製品，食品，発明品，余暇活動，そのほかの行動形態から生み出され，それは今後も続いていくだろう。各地での民族主義の高まりも影響力の 1 つとなっていて，なぜかというと，画一的な国際的標準英語の中で，人びとは地域ごとのアイデンティティを新語を用いて示そうとするからである。

もちろん，新しい項目のすべてが誰にとってもわかりやすいというわけではない。21 世紀初頭の今，英語の新聞や定期刊行物には，intifada（民衆蜂起）｛【訳注】アラビア語由来｝，perestroika（ペレストロイカ）｛【訳注】ロシア語由来｝，glasnost（情報公開）｛【訳注】ロシア語由来｝といった語と並んで，pryzhok（ロシア語由来，「跳躍」），visagiste（フランス語由来，「美容師」），zaitech（日本語由来，「企業による大規模投機」）といった語が見つかる。こういう，最新の辞書にあたらなければ意味がわからないような借用語は，下の世界地図上の項目の中にもいくつかある。だが，これは借用語によくあることである。

❶ dachshund（ダックスフント），gimmick（仕掛け，からくり），hamburger（ハンバーグステーキ；ハンバーガー），kindergarten（幼稚園），nix（無，皆無；拒否），lager（ラガー（ビール）），waltz（ワルツ），sauerkraut（ザウアークラウト）（ドイツ語由来）

chutzpah（ものすごい自信），gelt（〈俗〉金，ぜに），kosher（適法の，清浄な），nosh（レストラン；軽い食事，間食），oy vay（うー，うーん，参った），schmuk（〈俗〉うすのろ，とんま）（イディッシュ語由来）

❷ cimbalom（シンバロン（ハンガリーの弦楽器）），goulash（グラーシュ（ハンガリー風シチュー）），hussar（軽騎兵）（ハンガリー語由来）

❸ howitzer（榴弾砲），pistol（拳銃，ピストル），robot（ロボット）（チェコ語由来）

❹ cravat（ネクタイ），slivovitz（スリヴォヴィッツ（プラムのブランデー））（クロアチア語由来）

❺ altar（祭壇），circus（曲芸，サーカス），frustrate（失望させる，失敗させる），include（含む），interim（合間），legal（法律（上）の），monk（修道士），nervous（神経質な），onus（重荷），quiet（静かな），ulcer（潰瘍），vertigo（［医学］めまい）（ラテン語由来）

balcony（バルコニー），ciao（〈口語〉やあ，どうも，じゃあ），concerto（協奏曲），falsetto（（男性の）裏声；ファルセット歌手），giraffe（キリン），fiasco（大失敗），mafia（マフィア），opera（オペラ），violin（ヴァイオリン）（イタリア語由来）

❻ banana（バナナ），bonanza（富鉱帯；大当たり），cannibal（人を食う（人間）），cork（コルク），guitar（ギター），hacienda（（スペイン語圏で）大農場，大牧場），hammock（ハンモック），mosquito（蚊），sombrero（ソンブレロ（帽子））（スペイン語由来）

❼ anatomy（解剖学），cellar（地下貯蔵庫），chocolate（チョコレート），crocodile（ワニ），cushion（クッション），entrance（入場；入口），grotesque（不気味な，異様な），increase（増加（する）），jewel（宝石），languish（弱まる，衰える），medicine（医学；医薬品），passport（旅券），precious（貴重な），sergeant（軍曹），trespass（侵入（する）），sculpture（彫刻），vogue（流行（の））（フランス語由来）

❽ bluff（こけおどし，はったり），cruise（巡航（する）），easel（画架，イーゼル），knapsack（ナップザック），landscape（景観），roster（人員名簿；リスト），poppycock（〈口語〉ばかげた話，たわごと）（オランダ語由来）

anorak（アノラック，防寒用上着），igloo（イグルー（雪塊で作る家）），kayak（カヤック）
Aleut Is.（アリューシャン列島）
parka（パーカ）
chipmunk（シマリス），pow wow（（北米先住民の）祈祷医師：交渉，集会），skunk（スカンク），totem（トーテム），wigwam（ウィグワム（北米先住民の半球形のテント風の小屋））
pecan（ペカンの木とその実（ピーカンナッツ）），toboggan（トボガン，リュージュ：下落）
bonsai（盆栽），geisha（芸者），haiku（俳句），hara-kiri（切腹，自殺（的）行為），kamikaze（（神風）特攻機・隊員），karate（空手），shogun（将軍），zaitech（財テク）
chopsuey（チャプスイ（米国式中国料理の一種，炒め煮）），chow mein（チャーメン（米英式中華焼きそば）），cumquat（キンカン（の実）），kung fu（カンフー），litchi（ライチ），tea（茶），tycoon（大君，巨頭）
barbecue（バーベキュー（の食事会）），canoe（カヌー，丸木舟），peccary（ペッカリー，ヘソイノシシ），potato（ジャガイモ），yucca（ユッカ（ユリ科イトラン属植物））
Hawaii（ハワイ）
aloha（ようこそ，さよなら），hula（フラダンス，フラ音楽），lei（レイ（ハワイ諸島で首にかける花輪）），nene（ハワイガン）
axolotl（トラサンショウウオの幼生：アホロートル），coyote（コヨーテ），mescal（メスカール（メキシコの蒸留酒）），tortilla（トルティーヤ）
boondock（野外用の，がんじょうな），buntal（バンタル（タリポットヤシの葉の繊維。帽子の材料となる）），ylang-ylang（イランイランノキ（香料を作る））
Polynesia（ポリネシア）
tik（蝋染め（にす），gamelan（ガムラ（インドネシアの打楽とその音楽）），lahar ハール（火山灰泥流））
condor（コンドル），inca（インカハチドリ），llam（ラマ），maté（マテ茶），quinine（キニーネ），puma（ピューマ）
kava（カバ（ポリネシア産コショウ科の木）），poe（（鳥）エリマキミツスイ），taboo（禁忌，タブー），tapa（タパ（カジノキの皮），その布），taro（タロイモ，サトイモ），tattoo（入墨（をする））
boomerang（ブーメラン，投げた人の所へはね返る），dingo（ディンゴ犬），kangaroo（カンガルー），koala（コアラ），wallaroo（ケナガワラルー（大型のカンガルー）），wombat（ウォンバット）
agouti（アグーチ（南米産の齧歯類）），ai（ノドジロミユビナマケモノ），birimbao（ビリンバウ（ブラジル民族楽器）），bossa nova（ボサノバ），favela（スラム街，貧民街），jaguar（アメリカヒョウ，ジャガー），manioc（マニオク，タピオカノキ，キャッサバ澱粉），piranha（ピラニア）
coypu（ヌートリア，ヌマダヌキ），poncho（ポンチョ）
haka（マオリの出陣踊り），hongi（（マオリ族の）鼻を押しつけ合う挨拶），kakapo（フクロウオウム），kiwi（キーウィ（ニュージーランド産の飛べない鳥）），pakeha（（マオリ人に対する）白人），whare（（マオリ人の）小屋）
N

注：この表ではその語彙素が英語に導入された時期は示されていない。新旧の借用語が区別なく一緒にリストされている。
ヨーロッパ以外では，場所を指す矢印は特定の国や州と必ずしも明確に対応しているわけではなく，「中央アフリカ」や「ポリネシア」のような大ざっぱな言語圏を指している。

語彙の構造

英語語彙のほとんどは，古い語彙素から新しい語彙素を作ることによって，具体的には，既存の形に接辞をつけたり，その語類を変えたり，2つつなげて複合語にしたりすることによってできている。これらの形成過程は語彙論研究者にとってだけでなく，文法学者にとっても興味深いものであるので，語構造の詳細についてはほかの箇所（第14章）で検討することになる。しかし，語形成はレキシコンの発達にとって何ものにも劣らない重要な役割を果たしているので，この節でも見ておく必要がある。早い話，アングロサクソン語であれ外来語であれ，ほとんどすべての語彙素に対して，接辞をつけたり，その語類を変えたり，複合語を作ったりすることができるのである。例えば，kingly（王者らしく）はアングロサクソン語根をもっているが，royally（王者らしく）の語根はフランス語系，regally（王者のごとく）の語根はラテン語系である。ここにはエリート主義はない。接辞付加と転換と複合のプロセスは，一切の語を平等にする。｛【訳注】p.134 左下コラムで見た kingly の -*ly* は形容詞化接辞であるのに対して，ここでの -*ly* は副詞化接辞である。｝

接辞付加

接辞には3つのタイプがありうる（p.210）。1つ目は語の語根もしくは語幹の前に現れるタイプ（**接頭辞**），2つ目はその後に現れるタイプ（**接尾辞**），3つ目は語中に現れるタイプ（**接中辞**）である。英語の接辞は多くなく，一般的な接頭辞は約50程度にすぎない。一般的な接尾辞は接頭辞の数を少し下回り，接中辞についてははっきりと認定できる例がない。しかし，それらの限られた資源が複雑かつ生産的な方法で用いられていることは，年長の子どもでも antidisestablishmentarianism（反国教廃止論）のような例で言葉あそびをする際に気づく。もちろん，造語力の高さはすべての接辞にあるわけではない。例えば，古英語由来の -*th* という語尾（これは warmth（暖かさ），length（長さ），depth（深さ），width（広さ，幅），sixth（6番目（の）），そのほかいくつかの項目に見られる）は，今日，新語を作るのにはまず使われない——ただし，zeroth（ゼロ番目の）や coolth（〈口語〉涼しさ；かっこよさ）のような面白い例外はあるけれども。その一方で，-*ness* 語尾で作られた既存の語彙素，または -*ness* でこれから作られる可能性のある語彙素は何万という数にのぼる。また，-*exit*（p.124）がこれからどうなるのか，誰にもわからない。

接尾辞の見本

-*tion*，-*ship*，-*ness*，-*able*，-*ery*，-*ese*，-*ling*，-*like*，-*let*，-*esque*，-*ette*，-*ess*，-*ism*，-*ite*，-*ish*

これらはよく使われる英語の接尾辞の一部である。多くのものは，意味をかなり容易に述べることができ，例えば，-*ess* は「～の女性形」（lioness（雌ライオン））という意味をもつ。いくつかの意味をもつものもあり，例えば -*ette* は「～の女性形」（usherette（（劇場などの）案内嬢）），「～の小さなもの」（kitchenette（簡易台所）），「～の代用品」（leatherette（合成皮革））のいずれかの意味になる。また，中には意味が非常に抽象的で正確に定義するのが難しいような接尾辞もある。例えば，-*ery* の表す意味の1つは「ある特徴をもっているという性質や状態」（snobbery（俗物根性））である。

接尾辞の働きは，それが付加される語の意味を変えることだけではない。接尾辞の多くはまた，語の文法的ステイタスも変化させる。例えば，-*ify* 語尾は名詞の beauty（美しさ）を動詞 beautify（美しくする・なる）に変え，-*ing* 語尾は具象名詞の farm（農地）を抽象名詞の farming（農業）に変える。この点で接尾辞は，語類を変化させることがまれな接頭辞と異なっており，文法を扱うセクションで論じるのが最もふさわしい。したがって，接尾辞の完全なリストは形態論についてのセクション（p.210）であげている。

57種の接頭辞

ここには英語の一般的な接頭辞がすべてリストされている。ただし，変異形は網羅していない。例えば接頭辞 *in-* は /l/ で始まる語の前では（illiberal（心の狭い，偏狭な）のように）*il-* になる。また，*bio-*（生命・生物・人生に関連する）や *Euro-*（ヨーロッパに関連する）や *techno-*（技芸，技巧，科学技術に関連する）のようなしばしば複合語で使われる科学的・技術的な項目もリストしていない（対向ページを参照）。

2つ以上の意味を表すために2カ所以上にリストされている接頭辞もある。例えば，unexpected（単に「予期されない」の意味）の *un-* と unwrap（（包んだものを）あける；包装を解く）の *un-*（前の行為を逆転するという特定の意味をつけ加えている）では違いがある。
｛【訳注】リストの語訳は，接頭辞をつけた語全体での意味である。｝

否定

a-　-theist（無神論者），-moral（道徳とは無関係な）
dis-　-obey（従わない），-believe（信じない）
in-　-complete（不完全な），-decisive（決定的でない）
non-　-smoker（非喫煙者），-medical（非医学的な）
un-　-wise（知恵が（足り）ない），-helpful（役に立たない）

逆転

de-　-frost（除霜・除氷する），-bug（除虫する；欠陥や誤りを発見して取り除く）
dis-　-connect（分離する），-infect（消毒・殺菌する）
un-　-do（元通りにする），-mask（仮面を取る，暴露する）

否定的評価

mal-　-treat（虐待する），-function（機能不全）
mis-　-hear（聞き違える），-lead（誤解させる）
pseudo-　-intellectual（えせインテリの）

規模と程度

arch-　-duke（大公），-enemy（大敵）
co-　-habit（同居する），-pilot（副操縦士）
hyper-　-market（大型スーパーマーケット），-card（ハイパーカード）
mega-　-loan（大型ローン），-merger（大規模合併）
mini-　-skirt（ミニスカート），-bus（小型バス）
out-　-class（大差で勝つ），-run（走り勝つ）
over-　-worked（過労の），-flow（氾濫する，あふれる）
sub-　-normal（普通より下の），-conscious（潜在意識の）
super-　-market（スーパーマーケット），-man（超人，スーパーマン）
sur-　-tax（付加税），-charge（追加料金）
ultra-　-modern（超現代的な），-sound（超音波）
under-　-charge（過少請求（する）），-play（控え目な演技をする）
vice-　-chair（副議長），-president（副大統領）

（巻末 p.524 へ続く）

「石油スピリット
非常に燃えやすい」

燃えるものか？

inflate（（空気やガスを入れて）ふくらませる）や ingredient（（混合物の）成分；（料理やケーキの）材料）のように，場所や強調の意味を表す接頭辞 *in-* で始まる語彙素がいくつかある。だが，infrequent（まれな）や ingratitude（恩知らず）に見られるように，*in-* には否定の意味もあるので，曖昧性が生じることがある。有名な例は inflammable（燃えやすい，可燃性の）であり，この語は inflame（燃え上がらせる）から派生しているので，an inflammable object といえば燃えるものを指す。｛【訳注】inflame（燃え上がらせる）＋ -*able*（～されうる）→ inflammable（燃え上がらされうる：可能性の）｝しかし，非常に多くの人たちが（inflammable の中の）inflame という形を 'non-flame' すなわち「燃えない」の意味で解釈してきた結果，慣用法に変化が生じてきていて，最近では，可燃物と不可燃物の区別は flammable 対 nonflammable という形（または inflammable 対 noninflammable）で示されることが多い。

そして接中辞はないのか？

たくさんの言語が接中辞，すなわち語の語幹の内部に置かれて時制，数，性といった概念を表す接辞を大活用している。英語にはそういう接中辞の体系はないが，ほかの語が間に挿入された語は時々作られている。abso*blooming*lutely（〈俗〉まったくもって）や kanga*bloody*roo（〈罵倒〉カンガルー）の例のように，罵る時や強調する時にはきわめてよく起こる。I don't like inte*bloodymini*llectuals.（僕はけちくさい知識人なんて好きじゃない）のように，語だけでなく接辞も挿入された例も見つかっているが，しかし，総じて，*com*pseudo*puter（えせコンピューター）や *sar*semi*castic（半皮肉な）のような形は現在の英語では可能な構造とはいえない。

転換／機能転換

転換または**機能転換**というプロセスでは，語彙素に接辞をつけることなしに，その語彙素の語類を変えることができる。そのようにして作られる項目は主に，名詞，形容詞，動詞であり，特に名詞に由来する動詞（例：to bottle（瓶詰めする））と動詞に由来する名詞（例：a doubt（疑い））が多い。ただし，多くの場合，語彙素のもつすべての意味が派生形に受け継がれるというわけではない。名詞の paper には「新聞」，「壁紙」，「学術論文」といったいくつかの意味があるが，この中で動詞の to paper（「壁紙を貼る」，「紙で包む・おおう」）とつながっているのは２つ目の意味だけである。この動詞を使って，講演者や編集者たちが「自分の部屋に壁紙をはる（paper their rooms）」とは言えても，「聴衆や読者に伝える（paper their audiences or readers）」とは言えない。

転換でできた語

動詞から名詞へ
a swim（ひと泳ぎ）／hit（打撃，命中；ヒット；大成功）／cheat（詐欺，詐欺師）／bore（退屈な人・もの）／show-off（見せびらかし；自慢屋）／drive-in（ドライブイン）

形容詞から名詞へ
a bitter（苦いもの，苦み）／natural（生まれつきの名手）／final（期末試験）／monthly（月刊誌）／regular（常連；レギュラー選手）／wet（[イギリス英語] 酒；弱気な人）

名詞から動詞へ
to bottle（瓶詰めする）／catalogue（目録を作る，目録に載せる）／oil（油を塗る，油を差す）／brake（ブレーキをかける）／referee（審判する，仲裁する）／bicycle（自転車に乗る，自転車で行く）

形容詞から動詞へ
to dirty（よごす）／empty（からにする，からになる）／dry（乾かす，乾く）／calm down（鎮める，鎮まる）／sober up（酔いをさます，酔いがさめる）

名詞から形容詞へ
it's cotton（綿製だ）／brick（れんが製だ）／reproduction（（家具などが）復古調だ）

文法語から名詞へ
too many *ifs* and *buts*（あまりにたくさんの不平や言いわけ）
that's a *must*（それは絶対に必要だ）
the *how* and the *why*（方法と理由）

接辞から名詞へ
ologies and isms（〈口語〉さまざまな学問や主義学説）

句から名詞へ
a has-been（〈口語〉時代遅れの人・もの）／free-for-all（〈口語〉飛び入り自由の討論・競技）／also-ran（（レースで）等外に落ちた馬・犬；落選者）／down-and-out（落ちぶれた人；ノックダウンされた人）

文法語から動詞へ
to *down* tools（[イギリス英語] 仕事をやめる，ストをする）／to *up* and do it（突然それを行う）

北のアテネ（The Athens of the North）

かつて，エディンバラはある旅行雑誌でそのように呼ばれた。読者の大部分は，下の写真に見るようなアテネとの建築上の類似性を言っているということしか気づかないだろうが，注意深い言語学者ならば，それに加えて，ここではまた別のタイプの転換，すなわち固有名詞から普通名詞への転換が起こっていることに気づくだろう。固有名詞には普通冠詞をつけることができず（p.212），例えば *I went to an Athens（アテネに行った）とか *I saw the Athens（アテネを見た）のようには言わない。しかし，「その固有名詞を典型例とするクラスの成員」という意味の転換形としてならば可能で，同じような例は He's a real Jeremiah〔【訳注】Jeremiah（エレミヤ）は旧約聖書の大預言者の一人。〕（彼はまったくの悲観主義者だ）や She has several Picassos（彼女はピカソの作品をいくつかもっている）などにも見られる。この種の転換に関わるプロセスは文法研究の対象になるだろう。

複合語

複合語とは２つ以上の語彙素の語幹からできている語彙の一単位である。表面的には２つ（かそれ以上）の語彙素があるように見えるが，実際はそれらが合わさって１つの項目として機能していて，独自の意味と文法をもっている。例えば，flower-pot（植木鉢）は花と鉢を指すのではなく，単一のものを指す。主強勢が１つの一単位として発音され，文法的にも一単位として使われるので，例えば複数形は flower-pots であり，*flowers-pots ではない。

正書法も flower-pot が１語であることを示唆しているが，これは絶対確実な基準とは言えない。この場合のように２つの構成要素がハイフンでつながれているか，または，flowerpot のように間にスペースなしで（つまり「ソリッド（solid）」式に）書かれている場合は問題ない。しかし，flower pot という書き方も見つかるだろう。その場合には，それが（２つの独立した語の連鎖ではなく）１つの複合語であることを確かめるためには，全体の意味と文法的な使い方を注意深く確認する必要がある。この問題は，イギリス英語よりハイフンを使うことが少ないアメリカ英語で特に出てくることになる。

複合語は，それが表す文法的な意味の種類にもとづいてタイプ分けすることができる。例えば earthquake（地震）は「地面が揺れる（the earth quakes）」と言い換えることができ，earth と quake は主語と動詞の関係にあると言える。同じように，cry-baby（泣き虫）も，前後逆さまになっているようには見えるが，「赤ん坊が泣く（the baby cries）」という主語＋動詞関係である。Scarecrow（かかし）は動詞＋目的語（「カラスをおどす（scares crows）」）である。これらに比べるともう少し扱いにくい文法関係も，playgoer（芝居の常連），windmill（風車），goldfish（金魚），home-sick（ホームシックの，故郷を懐かしむ）などには見られる。統語論のセクション（p.232）に，（これらの例の分析に加えて）複合語の文法的タイプのリストが示されている。

英語複合語論（Anglo-compound-o-matics）

それ自体では単独の語として生起しないような要素を構成要素にもつ面白い複合語がある。そうした要素は一般に古典語に由来し，多くは -o-，時に -a- または -i- という連結母音によって複合語のもう１つの要素と連結される。伝統的には科学や学問の領域で使われるが，近年，広告や商業を中心に日常的な文脈でも生産的に使われるようになったものもある。

〔【訳注】ここで扱われているような複合語を「新古典複合語」といい，それを構成する古典語由来の要素のことを「連結形」という。リストの語訳は，複合語全体での意味である。〕

第１要素
agri-　-culture（農業），-business（農業関連産業）
bio-　-data（生体データ；[アメリカ英語] 経歴，履歴書），-technology（バイオテクノロジー）
micro-　-chip（マイクロチップ），-electronics（超小型電子技術）
Euro-　-money（〈経済〉ユーロマネー，ユーロカレンシー），-feebleness（ヨーロッパ人の弱腰；ユーロ通貨の弱さ）
psycho-　-logy（心理学），-analysis（精神分析）
techno-　-phobia（科学技術恐怖症），-stress（テクノストレス，ハイテク環境から生じるストレス）

第２要素
-aholic　work-（仕事の虫），comput-（コンピューター依存症）
-athon　mar-（マラソン）　swim-（水泳マラソン），read-（読書マラソン，連続読書奨励）
-matic　coffee-（コーヒーメーカー），wash-o-（洗濯機，コインランドリー）
-rama　sports-a-（スポーツ関連の大きな施設や催し），plant-o-（植物関連の大きな施設）

このような形は接辞として分析するのも一案だが，ただし，意味的には接辞より複合語の一要素により似ている。例えば，euro-money の意味は ‘European money’（ヨーロッパの通貨）であり，biodata は ‘biological data’（生物学的データ）を，swimathon は ‘swimming marathon’（水泳マラソン）をそれぞれ意味している。

独特な構造

接辞付加と転換と複合が語形成の3大タイプである（pp.138–9）が，これらだけで英語で使える語彙構築の方法を説明しつくせるわけではない。そうした方法をもれなく説明するには，さまざまな略語（p.130）に加え，以下に例示する創意あふれる技法を考察せねばならないだろう。

逆成語

英語ではよく，happy（幸せな）から unhappy（不幸せな），inspect（視察する）から inspector（視察官）というように，既存の語彙素に接頭辞か接尾辞をつけて新しい語彙素が作られる（p.138）。だが時として，このプロセスが逆方向にはたらき，長い語から仮定上の接辞を削除して短い語が派生されることがある。例えば，editor（編集者）は edit（編集する）からきているかのように見えるが，実際は英語に先に存在したのは名詞形の方である。同様に，television（テレビ）から televise（テレビで放送する）が発生し，double-glazing（二重ガラス）から double-glaze（二重ガラスを取りつける）が，baby-sitter（子守り）から baby-sit（子守りをする）がそれぞれ作られた。このようにして作られる語を**逆成語**という。

毎年新しい逆成語が生まれている。その一部は本当に必要があって作られたもので，例えば，to therap（治療を行う）は，1970 年代にレディングの言語聴覚士のグループが自分たちが行っていることを描写する動詞が必要だと感じたことから，（therapy（治療，療法）という名詞をもとにして）作られた。また一部は遊び心から生まれたもので，例えば，きちんとした人のことを couth（洗練された）{【訳注】uncouth（ぶかっこうな）からの逆成}，kempt（きちんとした）{【訳注】unkempt（くしを入れず，ぼさぼさの）からの逆成}，shevelled（こざっぱりした）{【訳注】dishevelled（だらしない）からの逆成} と呼ぶような用法である。逆成語は最初に現れた時には批判の対象となることが多く，例えば 1980 年代後半に現れた explete（間投詞的語句（expletive）を用いる）や accreditate（信任状・認可（accreditation）を与える）などは批判を浴びた。

どんな電報も最短 20 分 （ALL GRAMS MINIMUM 20 MINUTES）

これは 1986 年にあるロンドンの雑誌に掲載された広告で，telegram（電報）からの新しい形 gram が印刷物で使われた最初期の例の 1 つである。Gram は，kissagrams（キスの配達，キスつき電報），strippagrams（ストリップ電報），gorillagrams（ゴリラのコスチュームを着た人が届ける電報；写真を参照）やそのほかたくさんの電報を指すのに役立つ総称として確立されたようである。現在では，gram は刈り込み（p.130）の一種と分析したほうがいいかもしれない。{【訳注】*-gram* で「～の挨拶・伝言・通報・告知」を表す。コスチュームを着けた配達人が特別の機会に届ける，受取人を驚かせるようなふざけた挨拶。例えば，kissagram はお祝い事の際に人を雇ってキスを送ることや，配達人が受取人にキスするサービスがつく電報を指す。}

混成語

語彙的混成語とは，その名の通り，形の一部が重複する 2 つの語彙素を用いて 1 つに融合したものである（p.130）。混成に使われた 2 つの語彙素が何であるかがわかるよう，それぞれ十分な量の形が残るのが普通である。以下に長年使われてきた例と，最近の出版物から取った新しい例をいくつかリストしよう。

motor（原動機（つき乗り物））＋ hotel（ホテル）＝ motel（モーテル）
breakfast（朝食）＋lunch（昼食）＝brunch（朝食兼昼食）
helicopter（ヘリコプター）＋airport（空港）＝ heliport（ヘリポート）
smoke（煙）＋fog（霧）＝smog（スモッグ，煙霧）
advertisement（広告）＋ editorial（記事）＝ advertorial（記事（体）広告，PR 記事）
Channel（イギリス海峡）＋ Tunnel（トンネル）＝ Chunnel（英仏海底トンネル）
Oxford（オックスフォード大学）＋ Cambridge（ケンブリッジ大学）＝ Oxbridge（オックスブリッジ）
Yale（イェール大学）＋Harvard（ハーヴァード大学）＝ Yarvard（イェーヴァード）
slang（俗語）＋ language（ことば）＝ slanguage（俗語風のことば）
guess（当てずっぽう（を言う））＋ estimate（評価（する））＝ guesstimate（当て推量（する））
square（正方形の，長方形の）＋ aerial（アンテナ）＝squaerial（衛星放送受信用アンテナ）
toys（玩具）＋ cartoons（アニメ）＝ toytoon（トイトゥーン）{【訳注】番組とタイアップしたキャラクター玩具が販売されているテレビのアニメ}
breath（息）＋ analyser（分析器）＝ breathalyser（酒気検知器）
affluence（富）＋influenza（インフルエンザ）＝ affluenza（〈俗〉金満症）
information（情報）＋commercials（コマーシャル）＝ infomercials（情報コマーシャル）
dock（波止場）＋ condominium（分譲マンション）＝dockominium（［アメリカ英語］分譲のボート係留場；専用のボート係留場つきの分譲マンション）

ほとんどの場合，混成では第 2 要素が全体の意味を支配する。よって，brunch は昼食の一種であって，朝食の一種ではない。作られる語彙素が brunch という形をとり，*lunfast とはならないのはそのためである。同様に，toytoon はアニメの一種（で売り物の玩具を生み出すもの）であり，玩具の一種ではない。

混成は 20 世紀後半に人気が上昇し，商業や広告の文脈でますます使われるようになっていった。商品を形容するのに，sportsational（sports ＋ sensational の混成），swimsational（swim ＋ sensational の混成），sexsational（sex ＋ sensational の混成）といった語が作られた。テレビでは dramacons（drama ＋ convention の混成），docufantasies（documentary ＋ fantasy の混成），rockumentaries（rock ＋ documentary の混成）が放映された。これらの形は人目をひき，刺激的に感じられるが，2050 年にこのうちのいくつがまだ使われているかはわからない。

ユーロトンネル

重複形

重複形とは，2 つの同一の構成素または非常に近似した 2 構成素を含むような，興味深いタイプの語彙素をいう。goody-goody（善人ぶった（人））や din-din（〈幼児〉ご飯）のように，発音がまったく同じ要素からなる例はまれで，see-saw（シーソー）や walkie-talkie（トランシーバー，携帯用無線電話機）のように，1 つの母音または子音が第 1 構成素と第 2 構成素の間で異なることが普通である。

重複形の使い方はさまざまである。ding-dong（ジャンジャン，ガランガラン），bow-wow（わんわん）のように単純に音を模倣したもの（p.262）もあれば，flip-flop（逆転；宙返り）や ping-pong（ピンポン）のように交替するような運動を表すものもある。また，dilly-dally（ぐずぐずする），wishy-washy（水っぽい；女々しい；気の抜けたような）のように軽蔑的な響きをもつものや，teeny-weeny（ちっちゃい），tip-top（最高に）のように意味を強調するものもある。英語では重複は語彙素形成方法として中心的なものではなく，おそらく最もまれなタイプであろう。

かばん語

『鏡の国のアリス（*Through the Looking Glass, and What Alice Found There*）』（1871）において，ルイス・キャロル（Lewis Carroll）は，うぬぼれ屋の言語哲学者ハンプティ・ダンプティ（Humpty Dumpty）に混成語の問題に取り組ませている。ハンプティ・ダンプティが混成語を呼ぶのに用いた**かばん語**という用語は，その後言語学の研究である程度通用するようになった。

「語の意味を説明するのがとてもお上手だとお見受けしますわ。お差し支えなければ，例の『ジャバーウォッキー』という詩の意味を教えて下さらないかしら」

「その詩とやらを聞いてみようではないか」ハンプティ・ダンプティは言いました。「わしは，今までに作り上げられた詩という詩はすべて説明することができる――さらに，まだ作り上げられておらぬ詩もかなりの部分可能だ」

何か，とても有望に思えたので，アリスは詩の最初の1節を暗唱することにしました。

ゆうげ火に　しなぬるトーブ
回してうがつ穴　一面
あわすぼらしいボロゴーブ
いとくまた　ラース　さえほゆめん

「手始めにはそのくらいで十分だ」ハンプティ・ダンプティが口を挟みます。「むずかしいことばがたくさん出てきておる。『ゆうげ火』というのは，夕方4時のことだ――夕食の準備のために火を使い始める時間のことである」

「なるほど，よくわかりますわ」アリスが言います。

「では，『しなぬる』というのは」

「うむ，『しなぬる』は，『しなやかでぬるぬるした』という意味である。『しなやか』とは身体がしなやかということで『活動的である』というのと同じことを表しておる。気がついたと思うが，2つ折りの旅行かばんのようなものだ――2つのものを1つのかばんに詰め込むように，2つの意味を1つのことばに詰め込んでいるのだ」

「ああ，そういうことなのね。わかったわ」アリスは思慮深く述べました。「それでは『トーブ』というのは」

「そう，『トーブ』は，アナグマに似ている動物だ――トカゲみたいでもあるし ― コルク抜きのようでもある，そんなものだ」

「その生き物は，きっととても奇妙な形をしているのでしょうね」

「まさしくまさしくその通り」ハンプティ・ダンプティが言います。「それに，連中は，日時計の下に営巣する習性をもっているのだ――それと，主食はチーズだ」

{【訳注】日本語訳は，安井泉訳『鏡の国のアリス』（新書館，2005）による。}

ナンセンストーク

写真は，1960年代，よどみなく造語しながら学術的見解を下すことで有名になった，英国演劇・映画の喜劇の名士，スタンリー・アンウィン「教授」(Stanley Unwin, 1911-2002）である。その面白さは，発言を書き出してみても完全にとらえることはできない。というのは，彼のユーモアは奇想天外な造語だけからくるのではなく，そうした造語の数々がまったく普通の会話体で，無表情に発せられることからきているからである。

アンウィンの自伝『深い喜び（*Deep Joy*）』（1984）で，ある人がアンウィンのことを「単語を絡み合わせて話す紳士」と評しているが，この短い表現で次のような話し方をする人の姿を十分正確に捉えている。

(*On addressing the United Nations*) O joyful peoplodes! Quick vizzy intercapitoles, round table and freedom talkit with genuine friendly eyebold gleam...

（国連への呼びかけとして）喜びに満ちたみなさん！首都と首都を忙しく行ったり来たり，テーブルを囲んで目んたまに真なる親しみを光らせて自由について討論会しておられる…

(*On boxing*) Oh the self destructibold of the human beale, while we dig in the pokky for a ringside seal towards his fateful and cheer for a bashy-ho. Tutty tutty.

（ボクシングについて）人類の自己破壊欲ってもんですな，来たるべき災いを見物する特等席をわざわざご準備，ぶんなぐられて大喜び…いんやはや。

ナンセンス語

Supercalifragilisticexpialidocious（スーパーカリフラジリスティックエクスピアリドーシャス）

何の意味ももたなかった造語でも広く使われるようになることがあることが，ウォルト・ディズニー映画『メリー・ポピンズ（*Mary Poppins*）』のこの例からわかる。主役を演じるジュリー・アンドリュース（Julie Andrews）が歌うこの語は，おそらく20世紀で最も有名なナンセンス語であろう。しかし，本や脚本に現れた最も長いナンセンス語というわけではない。その栄誉はおそらくジェイムズ・ジョイス（James Joyce）にある。彼が作った100文字混成語の1つを下にあげるが，これは『フィネガンズ・ウェイク（*Finnegans Wake*）』で，ティム・フィネガンが梯子から大転落する様子を象徴する，10のことばの雷鳴の1つである（p.144）。この中にはハンプティ・ダンプティも入っている。

Bothallchoractorschumminaroundgansumuminarumdrumstrumtruminahumptadumpwaultopoofoolooderamaunsturnup!

ミンナナカグルリトマワサンドボリヲタイコタタキノユメミガンプティヘイカラテンラクドヨクツドッテッダンプティヒャンチニハドップリザブシッコザブオシタヨクボキョウコータールウォーンデフルカワタクンノゲホン！（日本語訳は，柳瀬尚紀訳『フィネガンズ・ウェイク』I・II（河出書房新社，1991）より）

親愛を表すマーカー

緊密な社会集団の俗語の一部としてよく使う，非常にくだけた響きをもつ語彙素が，略語と接辞が連結することによって作られることがある。このように使われる接辞として最も重要なのは，*-y*, *-o*, *-er*, *-s* である。

- ***-y/-ie*** telly（テレビ），baddy（(映画や小説の）悪人，悪役），Julie（ジュリー，ジューリー（Julia の愛称)），Billy（ビリー（Bill の愛称））（ほかファーストネームの愛称形多数）
- ***-o*** ammo（弾薬）{【訳注】ammunition より}，aggro（怒り，腹立ち）（イギリス英語，aggravation より），arvo（午後）（オーストラリア英語，afternoon より），weirdo（変な人・もの）
- ***-er*** footer（ラグビー，サッカー（football)），fresher（新入生（freshman)），boner（へま，どじ（blunder)），rugger（ラグビー）（すべて主としてイギリス英語）
- ***-s*** Moms（ママ），Debs（デボラ（Deborah）の愛称），Gramps（じっちゃん（愛称)），bananas（気が狂って，夢中になって）
- ***-eroo*** crackeroo（臀部の間），sockeroo（めざましい成功，大ヒット）（オーストラリア英語で，it disappeared right up the crackeroo（水着がけつの間にくい込んだ）のように使う）

上にあげた接辞の2つが結合して，fatso（〈軽蔑的〉ふとっちょ），tootsies（〈幼児語〉あんよ（の指)），the willies（いらだち，怖気），starkers（すっ裸の）（stark naked（完全に裸の）より），preggers（妊娠（pregnant）して）のような形を作ることもある。中でも *-ers* で終わる形は，2度の世界大戦に挟まれた時期に英国上流階級の中で通用していた俗語の1つの特徴で，「ねえ，ダフニ，お母さんにシャンパンをまわしてあげてちょうだい」という意味で Pass the champers to Momsie, Daffers old sport のような言い方がなされた。

語彙創造

アングロサクソン語由来の語と借用語と接辞の使用によって英語のレキシコンに現れるものの大部分を説明することができるが，それですべてというわけではない。語彙においては創造的で，奇怪とさえ言える例が作られることがあって，そうした例を調べることは語彙論のとてもおもしろいトピックである。新しく創造された語彙素は一般に**造語**と呼ばれるが，専門的にはその中で**臨時語**と**新語**を区別することができる。

臨時語（nonce word；「一度だけ」を意味する for the nonce という 16 世紀の句に由来する）は，その場の伝達上の問題を解消するために臨時に作られた語彙素を言う。例えば，水たまり（puddle）より大きく，洪水・大水（flood）より小さいという意味で，嵐の後に道路に残った余分な水を fluddle（大水たまり）と呼んだ人がいたが，この新しい語彙素は口に出されたのとほぼ同時に（通りすがりの言語学者を除いては）記憶から失われていった。その人が fluddle を「ちゃんとした」語だと思ってはいなかったことは，それが冗談めかして，また申し訳なさそうに発話されたことから明らかだった。作り手には辞書への新語掲載をねらうような意図はなく，単に，英語には自分の言いたいことを表す語がないように思えたので，一度だけそういう語を作っただけである。日常会話では，いつでもこのようにして臨時語が作られている。

しかし，ことばに関して未来を予測することは決してできない。ひょっとしたら，英語圏の話者は fluddle が作られるのを何十年も待っていたのかもしれない。新聞がこの語彙素に飛びつきさえすれば，または，この語彙素が百科事典に出てきさえすれば，その数日後（または数カ月後）には誰もがそれを口にするようになるかもしれない。新語を集めたものの中で引かれるようになり，5 年ほどたって書き言葉での引用事例が十分に集まれば，あらゆる主要辞書で掲載が真面目に検討されることになるだろう。この時点で，fluddle は**新語**，つまり文字通り言語にとっての「新しい語」になったと言えるであろう。

新語は，人がそれを考えずに使うようになるか，逆にすたれてまったく使われなくなるまで新語であり続けるが，どれが残ってどれがなくなるかを予測する方法はない。1907 年にアメリカ人ユーモア作家のジェレット・バージェス（Gelett Burgess, 1866-951）が作った blurb（（新刊書のカバーなどに印刷する）自賛的広告）はニーズに合うことがわかり，今日では語彙素として確立されている。一方，バージェスによる gubble「意味のない会話に興じる」という造語は広まらなかった。語彙の歴史にはこのような例が数千とある。たくさんの新語が作られた 16 世紀には（p.60），disabuse（迷いや誤解を解く）や disagree（意見が食い違う，異議を唱える）に加えて disaccustom（ある習慣をやめさせる）や disacquaint（縁遠くさせる）といった語も作られた。なぜ最初の 2 つは今日まで生き残り，後の 2 つは消えてしまったのだろうか？　同じように，歴史的には effectual（有効な），effectuous，effectful，effectuating，effective（有効な）の 5 つが見つかるが，今日まで生き残ったのはそのうちの（和訳のついた）2 つだけである。これはなぜだろうか？　そして，なぜその特定の 2 つなのだろうか？　レキシコンはそのような謎に満ちている。

F は FLUDDLE の F

fluddle についてもうおわかりになっただろうが，それではあなたもこの語を使い始めるだろうか？　これは本当に役に立つ語だろうか？　それとも，あなたの好みからするとちょっと周辺的過ぎたり，ふざけた感じがするだろうか？　その答えは数年たたなければわからないだろう。

何とかという物や何とかという人

下にリストした項目の大部分は，どのようにつづるべきなのかが明らかではなく，したがって一般に書き言葉に焦点のあたる辞書では，割愛される傾向にある。それにもかかわらず，これらは英語のレキシコンの大切な要素であり，話者がある語彙素を――失念したか，もしくはもともと英語にない語であるために――引き出せないことを知らせるシグナルとなる。そのような意味のない語は，以下に示すものを含め，さまざまな変異形や発音を取る。
{【訳注】一般的な英和辞典で確認されたものについて訳をつけている。}

deeleebob
deeleebobber
diddleebob
diddleydo
diddleything
diddleythingy
dingus（何とかというもの，あれ）
dingdong
dingy
dooda
doodad
doohickey（何とかというもの）
gadget（気のきいた装置）
geega
gewgaw（安ぴか物）
gimmick（何とかというもの，仕掛け）
gizmo（何とかというもの）
goodie（（映画・テレビ・小説などの）善玉，善人）
hootenanny（何とかというもの）
lookit（おい，ちょっと）
oojamaflop
thingamabob（何とかさん，何とかというもの）
thingamabobbit
thingamajig（何とかさん，何とかというもの）
thingummy（何とかさん，何とかいうもの）
thingummybob（何とかさん，何とかいうもの）
thingy（何とかという人・もの）
thingybob
whatchacallem
whatchacallit
whatchamacallit（何とかという人・もの）
whatever（その他何でもの）
whatsisname（あの何とかという人，例のあの人）
whatsit（何とかというもの・人）
whatsits

（巻末 p.524 へ続く）

ウェブ上の証拠

ワールド・ワイド・ウェブを使えば，上の疑問の答えは思ったより早くわかるかもしれない。検索エンジンは，当該言語にある新語が到来したことをを確認するための優れた道具となる（p.490）。2002 年に fluddle を検索すると，異なる場所で互いに無関係に使われている例が少数見つかった。使っていたのは，オーストラリアの庭について語っている人，英国のテレビドラマ『コロネーションストリート（*Coronation Street*）』の登場人物，そして米国の野鳥観察会のメンバーなどであった。このうち，庭師の人は fluddle という語について説明を要すると思っていたようであるのに対し，野鳥観察の人はグループのほかのメンバーにあてた報告書の中で fluddle を何の説明もなく使っていた。そして，（fluddle が英語の可能な語彙素として直観の中に存在することを示唆するという意味で）最も興味深かったのは，ベンジャミン・ブリテン（Benjamin Britten）の作品『ノアの洪水（*Noye's Fludde*）』における，馴染みのない中世の形 Fludde を読み間違えたことによる fluddle の使用例であった。2018 年までに検索ヒット数は 3,000 件近くにまで増加した。

手荷物を待つ苦しみ（bagonizing）

英語にどのくらい多くの語が存在するとしても（p.129），その合計数はまだ存在していない語の数に比べれば小さいと言えるだろう。だが，母語話者には語彙の穴を埋めようとする情熱があるようで，ある概念を表す語が存在しないとしても，それを発明しようする人はたくさんいる。1990年にBBCラジオ4（BBC Radio 4）で放送された新語に関する10分番組によると，新しい英語の語彙素として1,000以上の提案が同番組あてに送られてきたそうである。以下にあげるのは，その中でもかなり創意工夫にあふれた造語の例である。

aginda　会議前の1杯〔【訳注】agenda + gin の混成〕
circumtreeviation　紐につないだ犬が，柱や木を通り越して飼い主と逆側を歩こうとする傾向〔【訳注】circum-tree + deviation の混成〕
blinksync　どんな集合写真でも必ず一人は目をつむった人がいるだろうという保証
fagony　喫煙者の咳
footbrawl　サッカーの試合にまつわる暴力行為〔【訳注】football + brawl の混成〕
litterate　ごみをちゃんと片づける人をいう〔【訳注】litter + literate の混成語〕
illitterate　ごみを片づけない人をいう
catfrontation　猫がたくさんいる地域における夜ごとの騒音の原因〔【訳注】cat + confrontation の混成語〕
polygrouch　あらゆることに不平を言う人
kellogulation　朝食のシリアルに牛乳を注いだ直後に鳴った電話に出て15分後にシリアルに起こること〔【訳注】Kellog's + coagulation の混成語〕
potspot　そこに腰かけるやいなや電話が鳴り出すことになるような便座の部分〔【訳注】pot + hotspot の混成語〕
hicgap　しゃっくりが止まってから，そのことにはっと気づくまでの間に経過する時間〔【訳注】hiccup + gap の混成〕

最後に，もちろん次の造語も。
leximania　新語を作らずにはいられない欲求

bagonize：自分のスーツケースが回転式荷物引渡し台に現れるのを心配しながら待つこと（ニール・マクニコラス（Neil McNicholas）の造語）。〔【訳注】baggage + agonize の混成語〕

百科事典大マラソン（encyclopediathon）

信頼に足る比較のための統計はまだないが，20世紀の終わりの数十年に，英語は接辞で語形成を行おうとする傾向を増してきたように思われる。この傾向は今後も続きそうである。

写真に写っているのは，『ケンブリッジ百科事典（*The Cambridge Encyclopedia*）』のすべてを300人以上のチームで10時間で読み上げるというスポンサーつきの催しで，1992年8月に北ウェールズ，ホリヘッドにあるウィチェルドセンターで開催された。Encyclopedia-aid（百科事典慈善活動）と呼んでもよいこの催しを主催者たちはEncyclopediathon（百科事典マラソン）と名付けた。このほかにも，会が終わるまでに，以下にリストするような目新しい語彙素が作られていた。

encyclopediaboom（百科事典ブーム）
encyclopedialicious（百科事典級にいけてる）
〔【訳注】encyclopedia + delicious による混成。delicious に由来する *-licious* のように，独立した語から切り取られた要素が語形成要素として使われるようになった時，その要素は splinter という用語で呼ばれる。〕
encyclopediarama（百科事典の催し）
〔【訳注】*-rama* は「より大規模なもの」「催し」の意味で商標・イベントなどに用いる。p.139 のコラムを参照。〕
encyclopediarism（百科事典用語）
encyclopediaspeak（百科事典に特有の言いまわし）

百科事典大マラソンは慈善目的の正直な企画だったので，幸運なことにencyclopediagate（百科事典スキャンダル）が作り出されることはなかった。

うなるほどの語彙素（loadsalexemes）

富をひけらかす人を指すだけた表現であるloadsamoney（[イギリス英語]〈口語〉うなるほどの金；金の亡者）が1980年代半ばに最初に注目されたのは，英国のオルタナティブコメディー役者のハリー・エンフィールド（Harry Enfield）が作った登場人物の名前としてであった。この名前は広く受けて，1988年5月，当時の労働党党首ニール・キノック（Neil Kinnock）が，金儲けのための金儲けを奨励するような保守党政権の政策に対して用いた時に人気が高まった。ジャーナリストたちがloadsamoney mentality（拝金主義的メンタリティ）とかloadsamoney economy（拝金主義経済）といった表現を使い始め，*loadsa-* は接頭辞として独自の生命力を帯びていった。1988年の後半にはさまざまな新聞でloadsasermons（拝金主義の説教），loadsaglasnost（拝金主義の情報公開政策），loadsaspace（拝金主義の空間），loadsapeople（拝金主義の人びと）といった語が使われた。

1980年代には，いくつかの接辞が新たな原動力を帯びたように思われる。例えば *mega-*（100万の；大きい，大型の）は，*-trendy*（最新流行の），*-sulk*（不機嫌），*-worry*（心配事），*-terror*（恐怖），*-plan*（計画），*-bid*（入札），*-brand*（銘柄，ブランド），*-city*（都市）など多数の形とともに使われた。接尾辞用法の *-friendly*（～にやさしい，～に害を与えない）は，（その最初の用例である）*user-*（ユーザー）との結合形に限られず，*audience-*（聴衆），*customer-*（顧客），*environment-*（環境），*farmer-*（農家），*girl-*（女の子），*nature-*（自然）やそのほか多数と結合して使われた。sexism（性差別（主義））という語から，weightism（体重のある人に対する差別）やheightism（背の低い人に対する差別）やageism（年齢差別，特に高齢者差別）のようなほかの多数の *-ism* 形が生まれた。政治的正しさ（political correctness）という観点から，いくつかの領域に *-challenged*（ハンディのある）という形がもたらされた。Ramboesque（ランボー的な）やRamboistic（ランボー的な）などRambo（ランボー（米国映画の主人公））に基づく造語もあった。Band-aid（バンドエイド）からはSport-aid（スポーツサポーター）やNurse-aid（ハンドクリームの商品名）が生まれた。そして，1970年代半ばに起きたウォーターゲイト（Watergate）事件はことばの中で生き続け，*-gate* は，Irangate，Lloydsgate，かのGospelgate（米国のテレビ宣教師の不正行為を指す）のように，不正行為の気配が感じられる場合にほとんどどんな固有名詞とも接続し続けている。Brexit（英国のEU離脱）という語（p.124）によって新たな役割を与えられたのは *-exit* である。

文学での新語作成法

ことばの文脈が創造的なものになればなるほど，語彙にまつわる実験に遭遇し，変わった新語を目にする可能性が高くなる。どんな理由によるのであれ，語彙構造を支配する規則が拡張されたり破られたりするのは，ユーモア（p.434），神学（p.429），くだけた会話（p.426）をはじめとするいくつかの文脈に特徴的なことだが，その最も複雑で興味深く，わくわくするような例が見つかるのは文学の言語である。

これから数名の現代作家による新語にどのようなものがあるかを見ていくことにするが，その中で王者の位置を占めるのは，夢語掛詞家（oneiroparonomastician）（アンソニー・バージェス（Anthony Burgess）の用語で，「夢語でもじる人」）として知られるジェイムズ・ジョイスである。ジョイス自身は，自作の『フィネガンズ・ウェイク（*Finnegans Wake*）』を「盗み語り（stolentelling）の決定版」と呼び，この小説に出てくる尋常ならざる造語たちが巷にあり触れたことばをもとに作られたのだということを認めている。｛【訳注】stolentelling は story-telling（物語を話すこと）のもじり。｝確かに，ジョイス流の新語に見られる意味の重なりをいくらか解きほぐすのに役立つのは，我々の草の根の言語感覚である。しかし，そこにはまた，外国語から取った要素や広範囲の古典への引喩（いんゆ）が大量に使われているので，素朴な母語直感ですべてを解きほぐすことは無理である。｛【訳注】引喩（allusion）とは，有名な詩歌・語句・故事などを土台として使う言語表現法をいう。｝

『フィネガンズ・ウェイク』の文体は，基本的には単純な地口（p.434）の仕組みを使ったものだが，地口が一般に 1 点のことば遊びから面白さを引き出すのに対して，ジョイスの新語では，本全体に出てくる登場人物や出来事やテーマへの引喩を互いにつないでいくような形で，意味が何層にも折り重ねられていることが多い。ルイス・キャロルの「かばん語」（p.141）にも似ているが，キャロルはジョイスでお決まりとなっているほどたくさんの意味を 1 つのかばん語に詰め込もうとはしなかった。

ジョイス流ジャバーウォッキー

｛【訳注】Jabberwocky とは，ルイス・キャロルの『鏡の国のアリス』の中に出てくるナンセンス詩の題名。p.141 上のコラムを参照。｝

アンソニー・バージェスは『ジョイスプリック（*Joysprick*）』（1973）の中で，「ジョイスのジャバーウォッキー」と彼が呼ぶものがどのような言語学的な過程で組み立てられていったかについてわかりやすく説明している。ここにある（a-c）は，1920 年代に出版された『フィネガンズ・ウェイク（*Finnegans Wake*）』の草稿を古いものから順に並べたもので[※1]，これらを見ると，ジョイスの文体が見かけに反して行き当たりばったりでも無意識的でもなく，注意深く設計して組み立てられていることがわかる。改稿がなされるごとに暗示的意味や地口や引喩が追加され，語彙構造が徐々に複雑になっていく様子がわかるのである。本として出版された最終版（d）と比較してみるとよいだろう。

(a) Tell me, tell me, how could she cam through all her fellows, the daredevil? Linking one and knocking the next and polling in and petering out and clyding by in the eastway. Who was the first that ever burst? Some one it was, whoever you are. Tinker, tailor, soldier, sailor Paul Pry or polish man. That's the thing I always want to know.

(b) Tell me, tell me, how could she cam through all her fellows, the neckar she was, the diveline? Linking one and knocking the next, tapping a flank and tipping a jutty and palling in and petering out and clyding by on her eastway. Wai-whou was the first that ever burst? Someone he was, whoever they were, in a tactic attack or in single combat. Tinker, tailor, soldier, sailor, Paul Pry or polishman. That's the thing I always want to know.

(c) Tell me, tell me, how cam she camlin through all her fellows, the neckar she was, the diveline? Linking one and knocking the next, tapting a flank and tipting a jutty and palling in and pietar-ing out and clyding by on her eastway. Waiwhou was the first thurever burst? Someone he was, whuebra they were, in a tactic attack or in single combat. Tinker, tilar, souldrer, salor, Pieman Peace or Polistamann. That's the thing I always want to know.

(d) Tell me, tell me, how cam she camlin through all her fellows, the neckar she was, the diveline? Casting her periis before our swains from Fonte-in-Mote to Tidingtown and from Tidingtown tilhavet. Linking one and knocking the next, tapting a flank and tipting a jutty and palling in and pietaring out and clyding by on her eastway. Waywhou was the first thurever burst? Someone he was, whuebra they were, in a tactic attack or in single combat. Tinker, tilar, souldrer, salor, Pieman Peace or Polistaman. That's the thing I'm elways on edge to esk.

（d）の訳

話して，話して，からかい上手の小さな悪魔のあの人がどんなふうに男たちを通り抜けたのか。山の泉から[※2]タイディングタウンまで，タイディングタウンから海まで，田舎豚に危険な真珠を投げながら。ある時は手をつなぎ，次には蹴り，横腹を叩き，土手っ腹を打ち，戦い，力尽き，河口に向かって東へとすべって行き。[※3]最初に突撃したのはだれ？戦略的攻撃か単独の戦闘か知らないけど，でもだれかがね。鋳掛け屋，瓦屋，兵士，船乗り，パイ屋のピース，さもなきゃ郵便お巡（まわ）り。あたしがいつも聞きたいと思うのはそのこと。

（【訳注】日本語訳は，注 2・3 を含めて宮田恭子訳『フィネガンズ・ウェイク抄訳』（2004，集英社）より）

訳注

※1：正確には，この作品は，最初は『「進行中の作品」（*Work in Progress*）からの断章』と題して 1924 年から雑誌に少しずつ発表され，最終的に『フィネガンズ・ウェイク』の題で 1939 年に 1 冊の本として刊行された。

※2：テディントン。テームズ川の潮位は西部テディントン・ロック付近で最も高くなる。

※3：コールリッジ（Coleridge）「老水夫（'The Rime of the Ancient Mariner'）」（1797）。「静寂の海に最初に飛び込んだのはわれわれだった」。

ジョイスの「ホーホー　この人を見よを模倣して」[※1]（ECHECHOHOES OF JOYCE）

ジョイスの新語法の仕組みについて理解を深めるには、それをまねるか、パロディーを造るとよい。

バージェスは、冬の長い夜の暇つぶしに、こんなゲームを提案している。例えば，「常習犯的な飲兵衛になったつもりで、各月にダジャレで洗礼名をつけよ」という指示にこたえて彼は，次のようにやってみせる。

Ginyouvery（gin+you+very > January）お前は大変ジンだ月

Pubyoumerry（pub + you + merry > February）お前は陽気なパブだ月

Parch（> March）喉からから月

Grapeswill（grape's + will > April）ぶどう酒欲しい月

Tray（> May）酒盆月

Juinp（juin（フランス語で「6月」）+ jump > June）飛び込み月

Droolie　（drool + drooly > July）よだれ月

Sawdust（> August）ノコ屑月 ｛【訳注】吐物掃除用にパブの床にはのこくずが撒かれていた。｝

Siptumbler（sip + tumbler > September）酒すすりタンブラー月

Actsober（act + sober > October）しらふぶり月

Newwinebar（new + wine + bar > November）新ワインのバー月 ｛【訳注】11 月の第 3 木曜日午前零時がボジョレー・ヌーボーの出荷解禁日である。｝

Descendbeer（descend+beer > December）ビールに殺到月

（巻末p.525に続く）

ジェイムズ・ジョイ
（1882-94

新語的な複合語

ジョイス的な語彙鋳造は，先のページで説明したいくつかの新語形成方法の 1 つにすぎず，新語を作ろうとする時に作家が使える方法はほかにもある。例えば，下の詩に見えるのは接辞の新しい使い方である。{【訳注】この詩では，-wise，-ward が新語を作っている。}

Altarwise by owl-light in the half-way house
The gentleman lay graveward with his furies;
黄昏の明かりに祭壇のごとく，道半ばの宿で
紳士はその怨霊らとともに墓に向かって横たわった―
（ディラン・トマス（Dylan Thomas）「黄昏の明かりに祭壇のごとく（'Altarwise by Owl-light'）」,1935-6）{【訳注】日本語訳は，松田幸雄訳『ディラン・トマス全詩集』（青土社，2005）による}

次の詩には，変わった語類転換が見られる。
{【訳注】この詩では，arm-in-arm（腕を組みあって）という語彙化した句が動詞に転換されている。}

we slipped thro' the frenchwindows
and arminarmed across the lawn
私たちは開き窓からすべり出て
腕組み合って芝生を横切った
（ロジャー・マガフ（Roger McGough）「魚（'The Fish'）」，1967）

しかし，中でも例が多く，特記に値するのは新奇な複合語である。

p.139 で示した複合語の地味なリストでは，英文学の最初期から見られる生き生きとした創造性をとらえることなどとてもできそうにない。古英語には hronrad（海）（文字通りには 'whale-road'「鯨道」）{【訳注】古英語の hron（hran とも）（クジラ，イルカ）と rād（道，旅行，遠征）をあわせた複合語} のような創造的な複合が浸透していた（p.23）し，そのずっと後には，シェイクスピアが pity-pleading eyes（哀れみを乞うような目）{【訳注】『ルークリースの凌辱（*The Rape of Lucrece*）』より} や oak-cleaving thunderbolts（樫の木を切り裂くような雷鳴）{【訳注】『リア王（*King Lear*）』より} のような新語の複合語を多数生み出した。次の例のように，かなり多くの要素が複合的な方法でつながれることもある。

a base, proud, shallow, beggerly, three-suited-
hundred-pound filthy woosted-stocking
knave, a Lilly-livered, action-taking,
whoreson, glasse-gazing super-seruiceable
finicall Rogue (*King Lear,* 2.2.15)
卑しい，高慢ちきな，薄っぺらな，汚らしい，年三枚のお仕着せもらいの，年収百ポンドの最低紳士の，いやらしい，毛糸の靴下野郎さ，肝っ玉は小娘同様の，喧嘩をこわがって訴訟に頼るいくじなし野郎さ，父なし子の，鏡ばかりのぞくみえっぱりの，おせっかいの，にやけ野郎さ
（『リア王』第 2 幕第 2 場）{【訳注】日本語訳は，小田島雄志訳『シェイクスピア全集 IV』（白水社，1986）による}

ここからさほど遠くないところにあるのが，次のような『ユリシーズ（*Ulysses*）』（1922）におけるジョイス流並置構造である。

a broadshouldered deepchested stronglimbed
frankeyed redhaired freely freckled shaggy-
bearded widemouthed largenosed longheaded
deepvoiced barekneed brawnyhanded hairy-
legged ruddyfaced sinewyarmed hero.
幅広肩の厚胸板の四肢（しし）頑強のあからさま眼（まなこ）の赤毛の雀斑（そばかす）ふんだんの髭もじゃの大口の大鼻の馬面（うまづら）の太声の膝むき出しのごつい手の毛深い脛（すね）の赤ら顔の筋骨逞（たくま）しき腕（かいな）の英雄の姿なりき。{【訳注】日本語訳は，柳瀬尚紀訳『ユリシーズ』1 - 12（河出書房新社，2016）による}

また，次のようにハイフンのある形とない形を混ぜ合わせる，ジェラルド・マンリー・ホプキンズ（Gerald Manley Hopkins）の語彙創造も，似たような手法である。

This darksome burn, horseback brown,
His rollrock highroad roaring down...
A windpuff-bonnet of fawn-froth
Turns and twindles over the broth...
この薄暗い流れは　つやのある褐色の馬の背のように
岩をも転がすようなその本流をごうごうと流れ下り
淵となり　羊毛のように泡立つ急流となって
やがて下の湖へと落ちて行く
「インヴァスネイド（'Inversnaid'）」，1881）{【訳注】日本語訳は，安田章一郎・緒方登摩訳『ホプキンズ詩集』（春秋社，1982）による。タイトルはスコットランド中部の湖ロッホ・ローモンドに注ぐ渓流の名前である。}

もちろん，語の連続を隙間なく書いただけでは，非常に表面的なレベルでしか複合語を創ったことにはならない。真の複合語は文法的単位であり，一語としての強勢パターンをもち，その構成要素を足し合わせて得られるものとはなんらかの点で異なる意味をもっている（p.139）。文学の複合語の多くはこのどの特徴ももたず，ロジャー・マガフ（Roger McGough）の詩の後の方に出てくる次の行のように，もっぱら見た目の面白さを追求している。

then you tookoff your other glove
そして君はもう片方の手袋を脱いだ

この tookoff のような形にはたぶん音声上の効果があって，声に出して読むと発話のリズムや速さに違いが生じるだろうが，しかし文法的・意味的には took off と違いはない。むしろここでの狙いは，書字法の規則を破ることそれ自体が，1960 年代のリヴァプール詩人グループ（the Liverpool Poets）の特徴とされることになった，古くからのしきたりを打破する不遜な語調を補強している点だ。

コラム「糖衣バス」「オーウェル的複合語法」を巻末 p.526 に掲載

10 語源学

さらなる情報源：
cambridge.org/crystal

語源学は語の歴史を研究する分野で，個々の語彙素（p.128）の起源や語彙素同士の間の類縁性，そして，語彙素の意味と形がどう変化して今日の状態に至ったのかについて研究する。その研究内容は，驚くほど人びとをとりこにする。人びとは語の由来がわかるなら知りたいと思っているし，その起源についてあれこれ考えをめぐらす労をいとわない。飲み物の punch（パンチ）はなぜそう呼ばれるのか？ 昔は silly（愚かな）の意味は「恵まれた」であり，sly（ずるい）は「賢い」，treacle（糖蜜）は「野生動物」だったというがそんなことがどうしてありうるのだろうか？ 語源への興味は，一見すると無関係に思える 2 語が同じ語に由来することがわかった時にも当然湧きあがる。Glamour（魅力）と grammar（文法）が同じ語に由来し，salary（給料）と sausage（ソーセージ）も昔は 1 つの語だったなどということがどうしてありうるのだろう？ 語源は，例えば赤ん坊を連れてくるのはなぜコウノトリなのかといった民俗伝承上の問いにも深く関係してくるし，「子どもの名づけ」の本の変わらぬ人気を見れば，人びとの意思決定に影響力があることもわかる。要するに，人名でも，地名でも，普通名詞でも，イディオムでも，略語でも，諺でも，これら以外の領域の語でも，人びとは語の由来について知りたがっているのである。だからこの本でも，語源学の章を立てることにわざわざ読者に理解を求める必要はないだろう。

語源を論拠とすること

議論の最中に語の元来の意味がもち出され，それによって議論の流れが変わることがよくある。例えば，学校で歴史をどう教えるかについての最近の論争では，「事実」と「方法」のどちらに焦点を当てるべきかが問題になったのだが，その際，方法重視の立場の一人が，「history（歴史）の『真の』意味は『調査』あるいは『研究による学び』である，なぜならそれが，語源であるギリシャ語の historia のもっていた意味だからだ」と指摘した。すると，少なからぬ人がその指摘に影響され，始終この点に言及していた。また，ジークムント・フロイト（Sigmund Freud）は，ヒステリーの研究で同僚の抵抗にあったのだが，その理由というのが，hysteria（ヒステリー）という用語は「子宮」を表すギリシャ語から派生しているのだから「男性のヒステリー」は用語の矛盾である，というものであった。

これら両事例に認められるのは**語源的誤謬**と呼ばれてきたもの，すなわち，語彙素の昔の意味，その元来の意味こそがその「真の」「正しい」意味であるという考え方である。この考え方が誤りであることは，ありふれた語彙素の大半が歴史を通じていくつかの意味変化を受けてきたことを考えれば明らかだろう。例えば，nice（結構な，すてきな）にはかつては「気難しい」の意味があり，それより以前には「愚かな」

語源学からの回答

- punch（パンチ） 世間で広く信じられていることとはまったく違って，この飲み物の名前はその飲み心地とはまったく関係がない。そのレシピはインド伝来で，パンチという名前はヒンディー語の「5」を意味する語に由来する。なぜなら，5 つの材料（酒，水，レモン汁，砂糖，香辛料）が使われていたからである。
- sly（ずるい） 中英語にスカンジナヴィア語から入ってきた語で，スカンジナヴィア語では主に「悪知恵の働く」を意味したが，同時に「特殊な知識や知恵をもっている」という含意があった。この語は sleight「器用さ」や slay（今は「殺害する」だがもともとは「ハンマーの扱いがうまい」）ともつながりがある。
- salary（給料）と sausage（ソーセージ） salary はフランス語を介してラテン語から入ってきた語だが，ラテン語の salarium は（塩を買うために兵士に与えられる）「塩代」を表していた。sausage もフランス語を介してラテン語から入ってきた語で，ラテン語の salsicium は塩漬けの肉で作られたものを意味した。salt（塩）がこれらに共通する要素であり，sauce（ソース）や salad（サラダ）といった語にも入っている。
- grammar（文法）と glamour（魅力） grammar の方が古く，14 世紀初頭から記録がある。この語は古フランス語とラテン語を介して最終的にはギリシャ語に由来するのだが，ギリシャ語で grammata は「文字」を表した。読み書きのできない人びとにとって，grammar が学者の神秘的な側面と同一視されるようになるのに時間はかからず，まず（一般的）「知識」を表すようになり，その後「理解できないもの」や「黒魔術」という意味さえ表すようになった。そのずっと後，18 世紀のスコットランド英語で（よくある音変化 p.257 として）l でつづられる形が現れ，その l の形の方に魔術の意味が残っている。grammar と glamour とを結びつけたロバート・バーンズ（Robert Burns）の詩（1781）では，「魔法に関係する（deal in glamour）」ジプシーと「地獄の黒魔術に精通した（deep-read in hell's black grammar）」ジプシーがうたわれている。それからまもなく，glamour には「魔法にかかったさま」や「魔力」の意味が出てきて，19 世紀半ばまでには今日の「魅力」の意味が発達した。こうして，glamour は（私のようなものを除く）多くの現代人にとって grammar とは結びつかない意味を表すようになったのである。
- treacle（糖蜜） 昔 treacle は解毒剤として広く用いられた医薬化合物を指す語であった。フランス語から中英語に triacle として入ってきたのだが，フランス語からラテン語，ラテン語からギリシャ語へと語源をさかのぼっていくと，ギリシャ語で「野生動物に噛まれた際の解毒剤」を意味する theriake に至る。これは，「野生動物」を表す ther の指小形 therion からの派生語である。英国で treacle を糖蜜（米国でいう molasses）の意味で使うようになったのは，糖蜜の見た目がもとの医薬化合物に似ていたからである。
- storks（コウノトリ）と babies（赤ん坊） 中期高地ドイツ語の関連語 Storch は「棒」という基本語義をもっていて，具体的には，釣り竿，木の切り株，そして——15 世紀のオーストリアの医学書で——男性器を指すのに用いられた（des Mannes Storch）。コウノトリにいったん「棒」というあだ名がつくと，**二重の意味**の働きによってこの鳥があのよく知られている民俗伝承に現れるようになるまで，さほど時間はかからなかったろう。（W. ロックウッド（W. Lockwood），1976 による）

Silly の歴史。17 世紀以降軽蔑的な意味が発達してきたことがわかる。（G. ヒューズ（G. Hughes），1988 による）

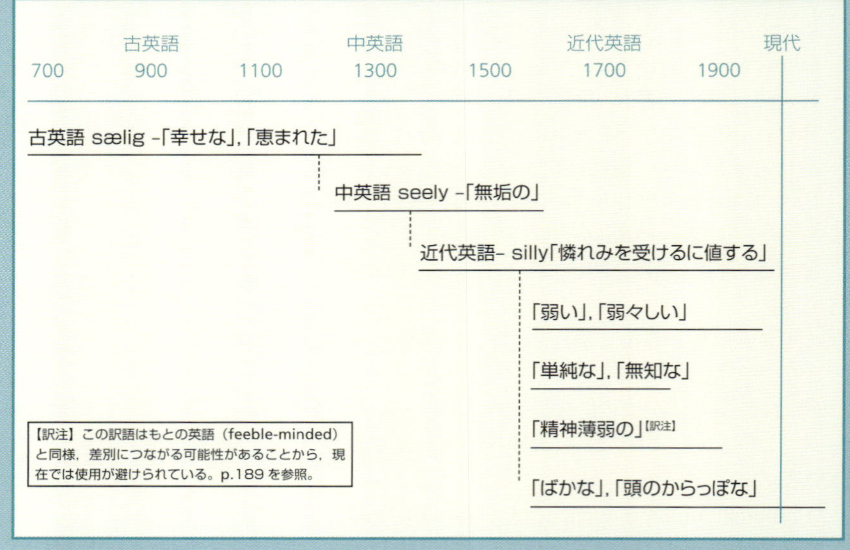

「単純な」の意味で使われたが，さらに nice のラテン語対応形である nescius にまでさかのぼると，意味は「無知」（ne「～でない」+ scire「知っている」）になる。そうすると，nice の真の意味は「気難しい」だとか「愚かな」だとか「無知」であるというべきだろうか？　だが，この語彙素が「最初に」何を意味していたかはもちろん知りえない。*sci-* という部分は印欧祖語でおそらくは「切る」を意味していた語根に由来するが，それより前にどんな意味を表していたかは誰にもわからないからである。

現代の語彙素の意味はそれが今どう使われているかによるのであり，それが昔もっていた意味によるのではない。語彙素の昔の意味は多様で，しかも不明瞭であることが多いので，語源を論拠とすると，いくつもの難問に身動きできなくなってしまう。語源情報はたしかに魅力的であるが，論争でもち出せば単なる言葉のペテンにしかならないのである。

意味の場

伝統的研究では，語源学は個々の語彙素を研究対象とし，その古い形（**原形**）を突きとめようとしてきた。上で見た grammar と glamour の場合のように，関連語の対（**二重語**）が研究されることもよくある。しかし，今日の語源学研究はより広い視点を取り，特定の意味領域，つまり意味の場（p.167）に属する語彙素集合の間の関係を考えるようになっている。下の例では，2 種類の意味の場それぞれに属する語がいつ頃英語に入ってきたかが示されている。どちらも，すべての関連語を網羅しているわけではないが，それぞれの意味の場がどのように発達してきたかについて，大まかな傾向をとらえることができる。また，一群の語彙素をこういう風に配列してみること自体にある種の面白さが潜んでいる。

コラム「歴史上の料理」を巻末 p.527 に掲載

経済史

経済用語の意味場を示すこの図では，2 種類の語彙素が区別されている。左列にリストされているのは tax（税金）や cheque（小切手）のようにつねに経済関連の意味を表してきた語である。右列にリストされているのは，loan（貸し付け金）や cheap（安い）のように，一般的な意味に経済関連の意味が後から加わった語である（これらについては，年代は経済関連の意味が現れた年代を表している）。

興味深いことに，経済用語の意味場においては，これら 2 種類の間を推移するような形で発達が見られた。1400 年までの経済用語は左列が主だが，1550 年頃から 1700 年の間に拡大したのは右列であり，その期間には，経済用語に特化した意味を発達させた語がぐんと増えたことがわかる。

また，より近年の経済用語を科学技術の用語と比較してみても面白いことがわかる。科学技術の用語では新語（p.142）が多数作られているのに対して，経済用語の大部分は造語より身近な語を改変して作られてきたようである。これはおそらく，今日の生活で金銭がらみのことが次第に重みを増してきていることを反映しているのだろう。例えば，inflation（インフレーション），demand（需要），consumption（消費）なども既存の一般的用法から派生したものであるが，こういった例には，確かに新語法では得られなかったであろう直截的な意味深さとわかりやすさがある。（G. ヒューズ（G. Hughes），1988 による）

｛【訳注】この表では，economy の経済関連の意味は 1700 年代に初出とされているが，『英語語源辞典』（寺澤芳雄（編），研究社，1997）によると 1485 年には「経済」の意味が確認され，1670 年に「倹約」の意味が確認されている。このような場合，訳出には「倹約」を取る。また，crash が 1800 年代に経済的意味をもつのは名詞用法においてであるので，名詞の意味をあげる。表の年代がほかの資料の記述と食い違うこともある。例えば fortune のもつ「財産」という意味は，『英語語源辞典』によると中英語期に確認されている。｝

	もともと経済関連の意味	経済関連の特殊な意味が最初に現れた年代
900	fee（財産，支払い），buy（買う）	
950	yield（返済する）｛【訳注】この意味の yield は古英語から初期近代英語まで例が確認できるが，現代英語では使われていない｝，rich（金持ちの）	
1000	fellow（パートナー；共同出資者），guild（ギルド，商人団体）	
1050		
1100		
1150		
1200	tally（割符），tithe（十分の一税）	
1250		pay（支払う），wealth（富，財）
1300	account（勘定（書）），control（（出入金を）帳簿と照合する），thrift（繁盛），usury（高利貸し），debt（債務，借金），exchequer（財務府）	sell（売る），price（価格），rent（地代，賃貸料）
1350	money（金銭），bargain（取引契約），salary（俸給），tax（税金），exchange（交換，両替）	wage（給与，賃金），customs（関税）
1400	broker（周旋屋；行商人），magnate（大立て者，富豪），redeem（買い戻す），mercenary（雇われ人），expense（支出金，出費），levy（徴税）	company（同業組合，ギルド），save（たくわえる），bill（請求書，勘定書）
1450	staple（特定市場，専売所），commodity（商品），revenue（収益）	loan（貸付金，公債），charge（諸費用）
1500	farm（（賃貸された）農場），excise（税），duty（税）	bribe（買収，賄賂），market（市場），cheap（安い）
1550	monopoly（専売），trade mark（商標）	bank（銀行），chattel（動産），interest（usury）（利子），purchase［名］（購入），trade（商売），traffic（交易），credit（掛け売り），finance（融資），goodwill（のれん，営業権），dues（賦課金，税）
1600	capital（資本），cash（現金），tariff（関税表），commerce（商業），pre-emption（先売（権））	embezzle（横領する），fortune（財産），profit（収益），dividend（配当金），share（株式），income（所得），invest（投資する），corporation（法人），industry（産業）
1650	jobber（株式仲買人，株屋）	concession（利権），workhouse（救貧院），factory（工場）
1700	cheque（銀行手形の控え）	consumption（消費），demand（需要），economy（倹約），fund（資金，基金），note（紙幣），stock（株式），interest（利子），bull（強気の買方），bear（弱気の売方），luxury（贅沢品），security（有価証券），concern（会社）
1750	capitalist（資本家），scab（スト破り）	budget（予算），business（商取引），currency（現金通貨），draft（為替手形），stock exchange（株式取引所）
1800	exploitation（開発），trade union（労働組合）	exploit（開発する），speculate/or（投機する／投機家），firm（会社），strike（ストライキ），crash（破産），depression（不景気）
1850	entrepreneur（企業家）	inflation（インフレーション），blackleg（スト破り），limited（liability）（有限責任の），nationalization（国有化）
1900	boom［名］（にわか景気），devaluation（通貨の平価切下げ）	cartel（カルテル），dole（失業手当），welfare（生活保護），slump［名］（暴落），recession（景気後退）
1950	reschedule（（債権を）繰り延べする）	

意味変化

誰も知るように，語の意味は変化する可能性がある。意味論の講義を受けたことのない人でも，1960 年代以降 gay（同性愛の；陽気な）が受けた変化について，意見をもつことができる。この語彙素が発達させた新しい意味に対して強い不満を抱く人たちもいれば，それを歓迎するという人たちもいる。そのどちらにせよ，英語の母語話者は皆この語の意味が変化したことに気づいているし，その変化について語ることができる。意味変化は厳然たる事実である。そして，シェイクスピア（Shakespeare）劇のような古い文学作品を学ばねばならなかった経験のある人なら，英語の語彙のどれだけ多くの部分が意味変化を受けてきたか，もう十分に知っているはずである。

そうした意味変化について，言語学ではタイプ分けが行われている。下に示すのは特に重要な 4 つの意味変化タイプである（これら以外のタイプと例については，婉曲語法（p.184），クリシェ（p.198），比喩的言語（p.447）の節と「政治的正しさ（political correctness）」のさまざまな側面についての p.189 の議論を見よ）。

- **拡大または一般化**。語彙素の意味が広くなる。このタイプの意味変化の例が多数見つかっているのは宗教の意味場である。もともと宗教用語だった語が，より一般的・世俗的な意味を発達させた例には，office（公職，役目；キリスト教の儀式・聖務），doctrine（主義，原則，学説；教義），novice（初心者；見習い僧（尼），新信者）ほか多数ある。
- **意味の縮小または特殊化**。語彙素の意味が特殊化する。かつて engine（エンジン，発動機）は（特に戦争や拷問で使う）「機械的装置」という一般的な意味で用いられていたが，産業革命以降「機械的な動力源」を意味するようになった。意味の特殊化は経済用語の一部にも見られる（p.147）。
- **意味の良化**。語彙素が賛同を含む肯定的な意味を獲得する。かつて revolutionary（革命の；革命的な）は，資本家には，体制の転覆という好ましくない意味をもっていたが，今日では好ましい新奇性を表す語として広告で広く用いられている。また，lean（やせている）には，かつての「憔悴」の含意はもうなく，活動性や外見のよさを含意する。
- **意味の悪化または堕落**。語彙素が否定的な評価の意味を獲得する。中英語の villein（農奴）は中立的に農奴を表していたのに対し，現代英語の villain（悪漢）は決して中立的な意味の語ではない。同様に，junta（軍事政権；スペイン・南米の議会）には「悪意ある独裁政治」の意味が発達し，また，（元来聖職者に対する「俗人の」を意味した）lewd（みだらな）には「性的にふしだら」という意味が生まれた。

カウボーイ

語彙素の意味は，同時にいくつかの方向へと悪化することがある。これは，その興味深い例である。もともと cowboy（カウボーイ）は，開拓時代の米国西部地方についてのロマンチックな連想と相まって，非常によい暗示的意味を発達させた。そこへ，現在，下のような地域方言で，際立って否定的な意味がいくつかつけ加えられつつある。

- イギリス英語では，無能・無責任な労働者や企業を表すことがある：cowboy plumbers（荒っぽい配管工），cowboy double-glazing firm（悪徳ペアガラス会社）
- 北アイルランドでは，暴力的な党派のメンバーを指すことがある。
- アメリカ英語では，交通法に従わない運転手を指したり，組合や同僚が決めた工場労働のノルマ以上の仕事をする労働者を指したりすることがある。

証拠

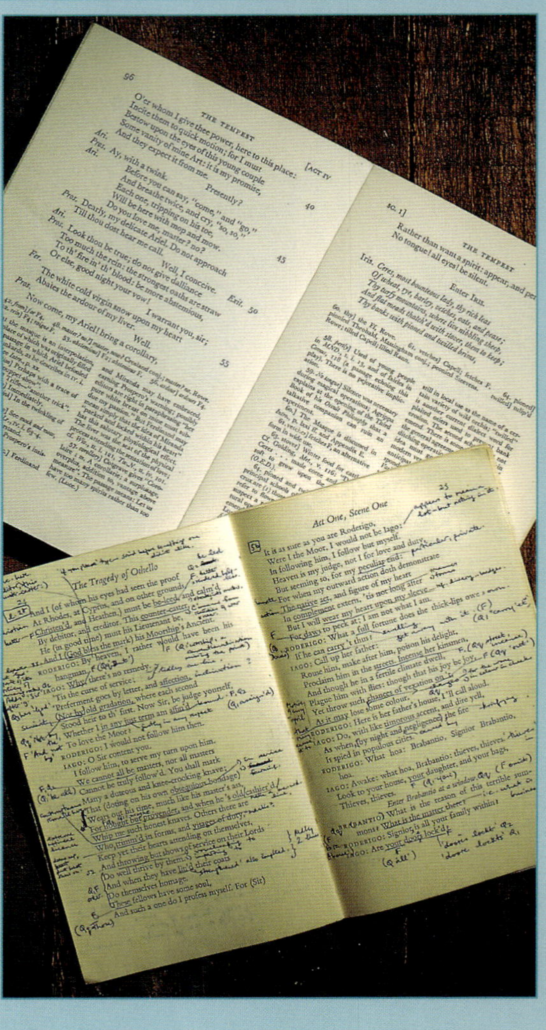

この写真の下方にあるのは，『オセロ（*Othello*）』への学生の手書きメモの一部である。これを見ると，シェイクスピアの語彙と 21 世紀の語彙がどのくらい違うかがまざまざとわかる。メモの中には書誌学的事項に関わるものもある（例えば，Q や F はさまざまな刷における異文を表す）が，同時に，意味変化の中核的事項に関わるものもある（例：シェイクスピアの peculiar は「特別の」の意味，timorous は「恐ろしい」の意味）。

写真の上方にあるものも同じことを表しているが，下の手書きメモより整然としている。これは，フランク・カモード（Frank Kermode）編，アーデン版シェイクスピアの『あらし（*The Tempest*）』の一部である。

ただ，上でも下でも，現代英語への「翻訳」を行っているとまでは言えない。初期近代英語の語の大部分は今日と同じ意味を表していたからである。

良化もしくは悪化？

「同性愛の」という gay の意味をよい方向への意味変化（良化）と見るか悪い方向への意味変化（悪化）と見るかは，ことばよりもその人個人の好みや道徳観の問題になる。このため，意味変化は物議をかもすことがよくある。

例えば，店の名の意味変化がそうである。Salon（大広間，応接室；店）は，かつてはフランスの貴族社会に属する語であったが，今日では，化粧，理髪，そして都会の裏通りで婉曲的に「マッサージ」と呼ばれているものなど，貴族や優雅な社交とは関係のないさまざまなコンテクストで使われるようになっている。Parlour（店；客間）も，かつては修道院や女子修道院にある外来者との面談室を指す語であったが，今では salon と似たような街にあるものを指す意味を発達させている。Relaxation parlour（マッサージパーラー）に入ろうなどとは思ってもみない人たちは，この語を語義堕落の典型例だと思うだろうが，そういう店から出てくる人たちはたぶんそう思わないだろう。このように，不動産開発業や広告業で使われるのど鳴らし語（p.183）は，しばしば相反する反応を引き起こす。

民間語源

外国語の語や知らない語を初めて耳にしたとき，人はそれを自分の知っている語に関連づけて理解しようとする。こういう意味に違いないと推測するのだが，そういう推測は間違っていることが多い。しかし，誤りであったとしても，それと同じ推測をそれなりの数の人がしたとしたら，言語の一部になることもある。誤りにもとづくそのような形のことを**民間語源**または**通俗語源**という。

例えば，bridegroom（新郎）がそのよい例である。馬番（groom）と結婚の間に何の関係があるのだろうか？ 花嫁のグルーミングというか，身支度の手伝いでもやるのだろうか？

または，花嫁と花婿を乗せて夕焼けを見に行くのに必要な馬の面倒をみる馬番なのか？ 本当のところはもっとつまらない話である。中英語での形 bridgome は，「花嫁」＋ guma「男」に相当する古英語の brydguma に由来する。だが，中英語期に gome が用いられなくなった結果 16 世紀には bridgome の gome の意味がもうわからなくなっていたので，人びとはこれを音の似た grome「従僕」で置換した。この後，grome 自体は，今日第一義になっている「馬の飼育係」という意味を発達させたが，bridegroom の方は「花嫁の男」以上の意味はもたなかったのである。

ほかにも民間語源の例をいくつかあげてみよう：

- sparrow-grass（アスパラガス） asparagas（アスパラガス）は雀（sparrow）とは無関係であるが，巷では広くこう呼ばれている。
- cockroach（ゴキブリ）この名前はスペイン語の cucuracha に由来。その最初の部分は英語話者の耳にはとりわけ不明瞭であったに違いない。cock（雄鶏）とは無関係。
- helpmate（援助者，連れ合い） この語は，翻訳版聖書の創世記 2 章 18 節で神が「私は彼に，彼にふさわしい助け手を造ってあげよう（'I will make him a help meet for him'）」と言う部分に由来している。聖書のこの箇所での meet は「ふさわしい」の意味の形容詞であるが，民衆により好まれたのは mate（仲間）の一形式と見る見方である。
- salt-cellar（食卓用の塩入れ） 古フランス語では，salier は塩入れを指した。この語が英語に入ってきた時，塩とのつながりが明確ではなかったようで，人びとは塩入れを salt-saler と呼ぶようになった。現代語の salt-cellar はこれに由来し，地下貯蔵庫とは無関係である。

Sirloin（サーロイン）の最初の部分はフランス語の語 sur「上」から派生したものにすぎないが，初期中英語期の人びとには大いなる謎であったのに違いない。フランス語に慣れない彼らは，その形が sir（男性敬称）に由来するものと見なし，それが意味をなすような伝説まで作り上げた（この肉のあまりのおいしさに，ナイト爵位を与えることにした英国王の話）。

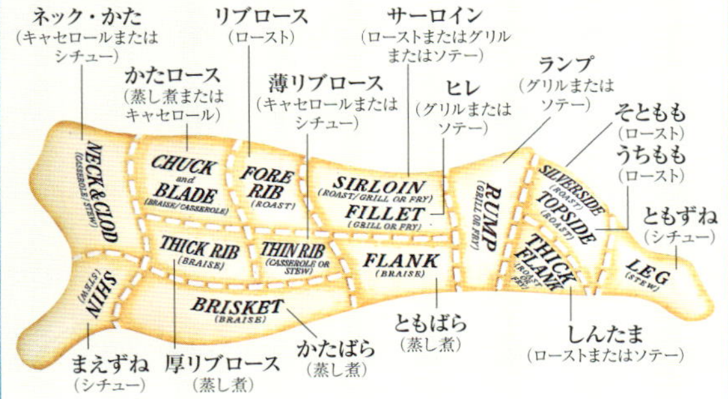

物理学者兼造語家

私は，「ブージャム」という語を国際的に受け入れられる科学用語にしようと決意した瞬間のことをはっきり覚えている。

デーヴィッド・マーミン（David Mermin）の『マーミン相対論—新しい発想で学ぶ（*Boojums All the Way Through: Communicating Science in a Prosaic Age*）』（1990）の冒頭の章はそのように始まっている。時は 1976 年，マーミンは液体ヘリウム 3 の超流動相の発見に関するシンポジウムから戻るところであった。超流動体とは，マーミンの説明によると，通常の液体とは違い，抵抗力に屈して流れが失われることなく流れ続けることのできる液体をいう。ヘリウム 3 は「異方性」の液体で，どんな小さな領域の原子構造であっても特定の線の方向を向くという特徴をもつ。これはヘリウム 3 の相の 1 つで特に顕著であり，シンポジウムでは，その相で観察される線が球状の液体のしずくの中でどのような配置のパターンを取るかが話題になった。

下記の図 1 にあるのが理論上の線のパターンで，美しい対称性を示している。その線の収束点を渦線（小さな渦巻の長い線）で滴の表面につなげるとどうなるかを示したのが図 2 である。渦線は収束点を表面へと引っ張り（図 3），最終的に図 4 のように対称性が壊れ，線が表面の 1 地点から放射線を描くというパターンに至る。

この新しいパターンをどう呼ぶべきだろうか？ そこでマーミンが思い出したのがルイス・キャロル（Lewis Carroll）の「スナーク狩り（*The Hunting of the Snark*）」という詩だった。その詩の最終行には「そのスナークはブージャムだったので，彼は突然静かに消え失せた」とある。液体のしずくにおける対称的なパターンもまさに「突然静かに消え失せた」ので，それを「ブージャム」と呼ぶことはきわめて適切であるように思われた。

マーミンの本では，「ブージャム」という用語を受け入れさせるのに彼がどれだけ苦労したかについても語られている。マーミンが学ばねばならなかったのは，新しい語彙素がほかに影響を与えることなくレキシコンにすんなりとおさまることはまれで，語彙素はほかの語彙素をかき分けるようにして意味の場に入っていき，そこで容認される場所を見つけなければならない，ということであった。新しい語彙素が入ってくると，すでに確立している語彙素の定義におそらく影響が出てくるだろう。しかも，新しい語彙素を前にした人びとは，そういうものは不要だとか，ほかの用語の方が適切だとか，単にその音が気に入らないとかいったありとあらゆる理由で反対する可能性がある。学術の領域にはさらに，明瞭性（p.396）を維持するためにはもっともといえる保守主義や，新たに提案される術語に対する同じ専門の人びとによる厳しい精査があるので，こうした困難はさらに輪をかけたものになる。

結局，マーミンの用語は認知されるようにはなったが，それは相当の努力を必要とした。「ブージャム」が最初に使われたのはシンポジウムの内容の印刷版においてであったが，その時は（我々の予想通り）引用符つきの形だった。その次には，マーミンが数カ月後に発表した論文の中で数回この語を使っており，それを収録した会議録の索引にも採用された。マーミンはほかいくつかの学会でも「ブージャム」を使った。

マーミンは，その後も，この用語を使った論文を投稿した学術雑誌の編集者との間で大量のやり取りを交わした。その編集者は国際的な科学者のコミュニティに十分に知られていないという理由で「ブージャム」を論文で使うことに反対した。これに対し，マーミンは定義を示し（「移動によって超伝導電流の減少をもたらすような任意の曲面特異点」），語彙項目としてはすでに辞書に掲載されていることを指摘したが，編集者の考えは揺るがず，用語を使うことは認められなかった。

マーミンは努力を続け，別の一流の物理学雑誌に投稿した論文には用語の語源的背景について注をつけた。その雑誌の編集チームの 1 人との間で突っ込んだ議論を交わしたあげく，今回は使用が許可された。議論の中で boojum の複数形は booja か，boojum か，boojums かという問題も話し合われ，boojums という形に落ち着いた。そして 1978 年，boojums をタイトルに含む論文が掲載され，本文でもこの用語が断りなしに何度も使用された（マーミンの本の原題の 'boojums all the way through'（最初から最後までずっとブージャム）は，このことを意味しているのである）。

こうして，「ブージャム」は造語されてから数年のうちに印刷物に現れるようになり，quark（クオーク），hedgehog（ヘッジホッグ），charm（チャーム）といった当時流行の物理用語の仲間入りを果たした。この用語が物理学で今後どうなろうと，語源学におけるその重要な位置づけが揺らぐことはない。語彙素の構想と誕生がこれほど詳細に記録されることはめったにないからである。

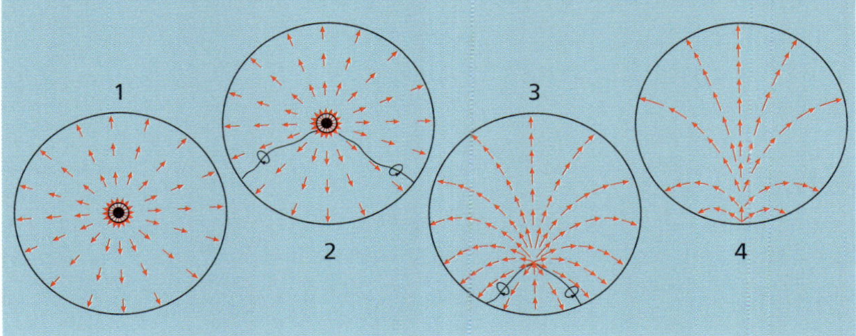

名前

語源学で最も人気のあるトピックの１つは名前，つまり人間や動物，場所，概念，モノを唯一的に特定する語句の歴史である。文法書でいう「固有名詞」（p.220）だが，これはモノをただ１つの事例として提示し，（「普通名詞」が表す）ある集合の匿名のメンバーの提示とは異なる。The Beatles（ビートルズ），Llanfairpwllgwyngyll（ランヴァイルブルグウィンギル｛【訳注】ウェールズにある村の名前｝），A Clockwork Orange（時計じかけのオレンジ｛【訳注】アンソニー・バージェスのディストピア小説の名前｝），Peter Rabbit（ピーター・ラビット）はいずれも時空間上唯一の存在であるので，この意味における名前である。それに対し，group（グループ），village（村），novel（小説），rabbit（うさぎ）の指示するものは多数かつ無制限にあるので，これらは普通名詞である。英語では普通，名前は語頭の文字が大文字になっているかどうかで見分けられるが，この慣例もつねに信頼できるわけではない（p.132）。例えば the church と the Church（教会），the president と the President（大統領）は，それぞれどちらの書き方が正しいだろうか？

人間には，ものに固有の名前をつけたいという普遍的で根深い願望があるようである。最もよくある名づけの対象は人間，場所，ペット，家であるが，これら以外でも我々が特別な関係をもつものは何でも名づけの対象になる。1990 年放送の BBC ラジオ４の番組「イングリッシュ・ナウ（English Now）」では，1,000 人以上のリスナーから家庭で名前をつけているものについての情報が寄せられ，車，ヨット，ワープロ，手押し車，洗濯機，台所道具，室内植物，歯ブラシなどが名づけの対象になっていることがわかった。また，団体がみずからの製品に名づけるのもよくあることで，その第１の目的は（ブランド名や本の題名，ペンキの色の名前やバラの品種名のように）個体識別とマーケティングであるが，（番号のみならず名前によっても識別される英国の機関車のように）名づけが伝統を維持する手立てになっている場合もある。

名前を研究する学問を**固有名詞学**といい，その下位分野として人名を研究する**人名学**と地名を研究する**地名学**がある。今日，その研究内容は語源的問題にとどまらず，広範囲の社会学的，心理学的，法学的問題に取り組んでいる。名前が流行したりすたれたりするのはどうしてか？　名前の成功を決定する要因はどのようなものか？　いかなる抑制が働いて名前の使用が制限されるのか？　どうして人びとは自分の名前について敏感なのか？　名前研究は決まった枠のない複雑な領域であり，人びとに彼らの家の名前の由来を聞いてみるだけですぐにわかるように，研究するのに非常に時間がかかる。とはいえ，これほど人を魅了する言語研究はほかに類がなく，これほど直接的にことばの個人的・感情的側面に焦点を当てる研究はほかにないのである。

地名

人びとが自分たちの住んでいる国や地域，地形学的特徴，開拓地，通り，家々につける名前は，固有名詞学の中でも最も確立した研究テーマの１つである。その理由を知るのは難しいことではない。地名は，その社会の歴史，構造，慣習，価値観についてのかけがえのない情報源だからである。地名がある人の存在やある歴史的出来事を証明する唯一の記録になっていることもよくある。パダ（Pada），チッパ（Cippa），シネヒルド（Cynehild），イップ（Gip）といった人びとがいたことがわかるのは，ただただ，それぞれがパディントン（Paddington），チップナム（Chippenham），ケニルワース（Kenilworth）｛【訳注】最も古くは Chinewrde「Cynehild という名の人の農場」｝，イプスウィッチ（Ipswich）という地名に記録されていることからである。レスターのギャローツリー・ゲート（Gallowtree Gate）やロンドンのピロリー・レーン（Pillory Lane）のような地名からは，かつて行われていた刑罰について知ることができる｛【訳注】gallow(s) tree は「絞首台」を意味し，pillory は「さらし台」を意味する｝。

ラニミード

1215 年，ジョン王（King John）が英国貴族たちと会い大憲章（Magna Carta）に調印した場所は，英国史で最もよく知られた地名の１つである。だが，どうしてここで会合が開かれたのだろうか？　そのヒントは地名自体の中にある。Runnymede（ラニミード）の意味は「ラニー草原」であり，Runy はもともと「会議が開かれる島」を意味した。この場所は古代，重要な会合に使われてきたらしいことが地名からわかるのである。

会合場所を指す名前の例はほかにもたくさんある。ノーサンバーランドの Spelhoe（スペルホウ）は「演説の丘」の意味をもち，ヨークシャーの Skyrack（スカイラック）は「州民が集まるオークの木」である。類似の語源は，ウスターシャーの Spetchley（スペッチリー）（「演説のための森中空き地」），ハートフォードシャーの Spellbrook（スペルブルック），ダービーシャーの Matlock（マトロック）（「会合が開かれるオークの木」），ワイト島の Mottistone（モティストーン）（「演説者の石」）にも見られる。

場所の命名

場所の命名がどのように行われるかを理解するには，5世紀にブリテン島に侵入し，名前のないその広大な土地を前にしたアングロサクソン人の立場に立ってみるとよいだろう。人びとの住むところや暮らしかたに名前をつけるという仕事に，あなたならどのように取り組むだろうか？アングロ・サクソン人が行ったのは次のような方法であった。

- いくつかのケースでは，先住民が使っていた名前を継承した。特に河川名には Thames（テムズ川），Avon（エイヴォン川），Wye（ワイ川），Ouse（ウーズ川）のように，ケルト語由来のものがある。ケルト語の河川名は，（トーン川（the R. Tone）に面した）Taunton（トーントン）や（ワイリー川（the R. Wylie）に面した）Wilton（ウィルトン）のように，開拓地の名前の構成要素として使われた。こうした地名は驚くほど少ししか残っていない。
- ローマ人たちがブリテン島を占領していた時代（紀元前43年から後400年頃）につけた地名も一部保持された。現代の英国の地名には，*-port*，*-chester*，*-street* で終わるものをはじめ200以上のローマ支配時代の地名がある。
- 一族や部族がひとところに定住した結果，その首長の名前がその場所の名前となることもあった。例えば Reading（レディング）（「レダ（Reada）の人びとの場所」）や Dagenham（ダゲナム）（「ダッカ（Dacca）の屋敷」）や対向ページに引用した地名がそうである。こうした地名は数千にのぼり，当時の家父長制社会では当然，その大部分は男性首長を指示していた（だが，7世紀のベッバ女王（Queen Bebba）に由来する Bamburgh（バンボロー）のような例外もいくつかある）。
- 宗教的信念や宗教的儀式に関連した名前は，異教徒のものであれキリスト教のものであれ多くある。Harrow（ハロー），Weedon（ウィードン），Alkham（アルカム）はすべて異教徒の寺院や偶像に関連した古英語の語を含んでいる。Westminster（ウェストミンスター），Whitchurch（ホイットチャーチ），St Ives（セント・アイヴス）はすべてキリスト教の要素を含んでいる。どちらかはっきりしないこともあり，ケント州の Gadshill（ガズヒル）は異教徒の神にちなんだものかもしれないし，キリスト教の神にちなんだものかもしれない。
- 地名の中で最も数が多いのは地勢，すなわち海岸線，丘，川，森，木，岩，野原，そのほかの地形上の特徴にちなんだものである。丘や谷と関係のある地名の多様性は特に納得の行くことで，それはなぜかというと，アングロ・サクソン人はヨーロッパの中でも最も平らな地域の1つからやってきたので，ほんのなだらかな斜面や塚ですら，それらが地名を特定するのに役立つことにとりわけ注意を払っただろうと考えられるからである。

イングランドの地名における地勢的要素

シルベリーヒル

丘や丘陵地帯

bank（斜面），barrow（丘，山），borough（城塞），breck（開拓地），cam（尾根），cliff（崖），crook（湾曲部），down（丘原），edge（丘（の斜面）），head（崖の頭），hill（丘），how（丘），hurst（森），ley（牧草地），ling（丘陵地帯の森），lith（斜面），mond（塚），over（土手のそばにある農場），pen（丘），ridge（尾根），side（斜面），tor（岩山）

例

Barrow（バロウ川），Blackdown（ブラックダウン丘陵），Longridge（ロングリッジ），Redcliff（レッドクリフ），Thornborough（ソーンボロー），Windhill（ウィンドヒル）

ラングストロスデール・チェイス

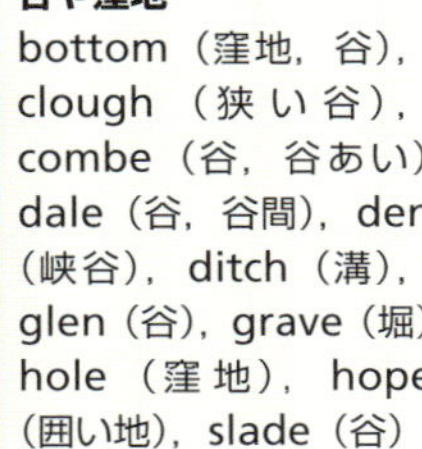

谷や窪地

bottom（窪地，谷），clough（狭い谷），combe（谷，谷あい），dale（谷，谷間），den（峡谷），ditch（溝），glen（谷），grave（堀），hole（窪地），hope（囲い地），slade（谷）

例

Cowdale（カウデール），Denton（デントン），Greenslade（グリーンスレイド），Hoole（フール），Longbottom（ロングボトム），Thorncombe（ソーンクーム）

ウッドコート

森林など

bear（森，小森），carr（湿地の林），derry（オークの木立），fen（沼地），frith（森），greave（低木の茂み），grove（小さい森，木立），heath（荒野，ヒース），holt（雑木林），lea（草地），moor（荒野，ムア），oak（オーク），rise（低木），scough（森），shaw（小さい森），tree（木），well（(森の中の)泉），with（森），wold（森），wood（森）

例

Blackheath（ブラックヒース），Hazlewood（ヘーゼルウッド），Oakley（オークリー），Southwold（サウスウォルド），Staplegrove（ステープルグローブ）

川・小川

バタミア

batch（小川），beck（小川），brook（小川），burn（川），ey（川），fleet（入江），font（泉，川），ford（渡り場，流れ），keld（泉），lade（水路），lake（小川），latch（川），marsh（沼地），mere（池），mouth（河口），ore（河岸），pool（水たまり），rith（小川），wade（流れを歩いて渡る），water（流れ），well（泉）

例

Broadwater（ブロードウォーター），Fishlake（フィッシュレイク），Mersey（マージ川），Rushbrooke（ラッシュブルック），Saltburn（ソルトバーン）

住居や農場

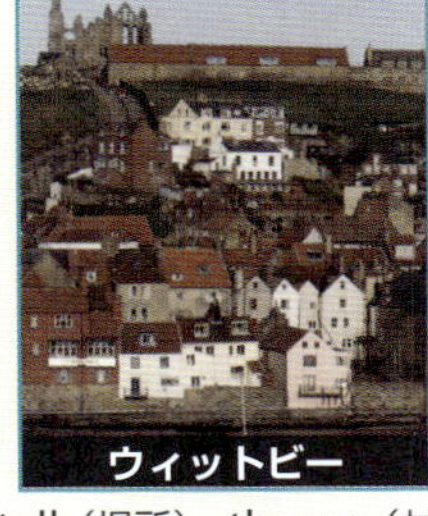
ウィットビー

barton（農家の内庭；大農場），berwick（穀物農場），biggin（建物，家），bold（住居），by（農場），cote（館），ham（町，村），hampstead（農場），hamton（農場，集落），house（家），scale（山小屋），sett（傾斜面），stall（場所），thorpe（村落），toft（家屋敷），ton（農場），wick（居住地，農場）

例

Fishwick（フィッシュウィック），Newham（ニューハム），Potterton（ポッタートン），Westby（ウェストビー），Woodthorpe（ウッドソープ）

一般的な場所や道

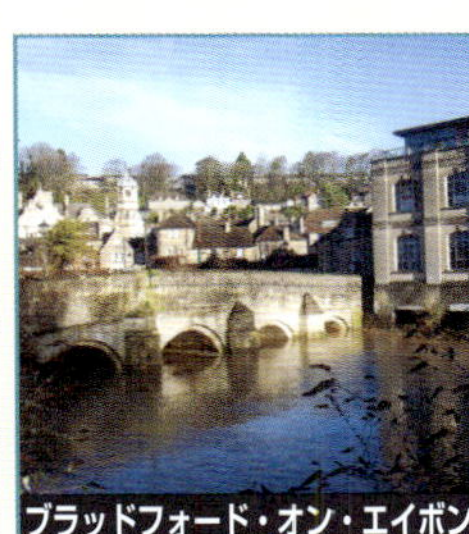
ブラッドフォード・オン・エイボン

bridge（橋），ford（渡り場），gate（門），ing（～の場所），mark（境界），path（道），stead（場所），stoke（小さい村），stow（集合場，聖地），street（尾状の地形の土地），sty（小道），way（道）

例

Epping（エピング），Horsepath（ホースパス），Longford（ロングフォード），Ridgeway（リッジウェイ），Stonebridge（ストーンブリッジ），Streetly（ストリートリー）

（巻末 p.528 へ続く）

研究上の課題

地名研究を成功に導くには，いくつかの学問分野の知識が必要になる。地図や写本にある名前を解読し，音とつづりの関係の謎を解くには古文書学や文献学（pp.488-9）が必要だ。言語学的になされた解釈にそれなりの文脈を与えるには，歴史学や考古学，社会学が必要になる。調べている地名の源となる言語の知識が不可欠なのは言うまでもない。そして間違いなく役立つのは，健全な懐疑心である。

なぜ懐疑心が必要かというと，地名は見た目と異なることが多いからである。Highwood（ハイウッド）や Ridgeway（リッジウェイ）の意味が文字通りであるのはおそらくほとんど疑いないだろう。だが，現代の地名に見られる構成要素の中には，形はそのままでも意味が当初とは変わってしまったものもある。例えば field だが，今日では囲まれた土地を表すことが多いが，アングロ・サクソン時代には開けた平野にだけ使われた。さらに紛らわしいケースとして，かつては異なる形だったものが今日の英語では同一になっている場合もある。例えば Aston（アストン）と呼ばれる場所がいくつかあり，その意味は普通「東の（eastern）農場」であるが，中には（グロスターシャーの Cold Aston（コールドアストン）のように）意味が「トネリコ（ash trees）のそばの農場」になる場所もある。逆に，方言間で発音の違いがあったり，ノルマン人の征服（the Conquest）後にノルマン系フランス人の写字生が新しいつづり方を導入したりした結果，同一の形がいくつかのつづりを生んだケースもある。例えば Northwich（ノースウィッチ），Northwick（ノースウィック），Norwich（ノリッジ）の間に語源的な違いはなく，すべて「北のすみか」を表す古英語の語に由来する。間違った結論を導かないためには細心の注意が必要であり，もとの形や意味について確信ある提案をなしえない例は残念なくらい多い。

手書きの史料

1086 年までに編纂された『ドゥームズデーブック（*the Domesday Book*）』には，イングランドのほとんどの村や教区の名前のつづりの最も古い記録がある。しかしフランス人写字生は，当然のことながら古英語の発音の多くを自分たちの書記法を使って筆記したから，この史料のつづりを見る際には注意が必要である。また，写字生たちが筆記する地名になじみがなかったために，誤りが生じるのは避けがたかった。

これより古い史料としては，150 年頃にさかのぼるプトレマイオス（Ptolemy）の『地理学（*Guide to Geography*）』そのほかいくつかのラテン語の史料や碑文がある。古英語時代の史料としては，『アングロサクソン年代記（*Anglo-Saxon Chronicle*）』（p.14）という貴重な年代記に加えて，証文，遺書そのほかの地名を含む法律文書が多数残っている。そうした文書は数世紀後に作成された写本の形で残っていることが多いので，書き写した人が誤りをおかした可能性をつねに頭に入れておかねばならない。

中英語期の史料としては，12 世紀中期にさかのぼる，各州の州長官の年ごとの収支決算書を記録した財務府大記録（Pipe Rolls）がある（p.41）。この史料にはその当時のさまざまな法律・行政文書とともに数千の地名が記録されており，土地についても人びとについても重要な情報を提供している（p.159）。

ブリテン島の詳細な地図として現存する最も古いものの 1 つで，中世の地名について大量の情報を含んでいる。セント・オールバンズ（St Albans）修道院にいたベネディクト会修道士の年代記作者マシュー・パリス（Matthew Paris）（1259 年没）の『大年代記（*Chronica Maiora*）』のために 1250 年頃に作成された。今は英国図書館（the British Library）にある。

英国の州名

以下は，1972 年の地方自治再編成の際に認められた英国の州名（1996 年まで継続）の語源解説である。Highland（ハイランド）や Borders（ボーダーズ）のように意味が明らかな地名は除外してある。(?) のついたものを中心に，語源が不確かなものや議論の残るものもある。

1 Shetland（シェットランド）「柄の土地」
2 Grampian（グランピアン）語源不詳
3 Tayside（テーサイド）「静かな川」または「力強い川」
4 Fife（ファイフ）「ヴィープ（Vip）の領地」(?)
5 Lothian（ロジアン）「レウドヌス（Leudonus）（の領地）」
6 Strathclyde（ストラスクライド）「クライド（「洗い清める者」）川の谷」
7 Dumfries（ダムフリース）「森の要塞」　Galloway（ギャロウェー）「異邦人ゲール人（の領地）」
8 Northumberland（ノーサンバーランド）「ハンバー川（the Humber）の北に住む人びとの土地」
9 Tyne（タイン）「水，川」　Wear（ウィア）「川」
10 Durham（ダラム）「丘のある島」
11 Cleveland（クリーヴランド）「丘の多い土地」
12 Yorkshire（ヨークシャー）「エブロス（Eburos）の地」
13 Humberside（ハンバーサイド）「よき川のそば」
14 Lincoln（リンカン）「リンド（Lindo）（「湖の土地」）の（ローマ時代の）植民地」
15 Derby（ダービー）「鹿のいる村」
16 Nottingham（ノッティンガム）「スノット（Snot）の人びとの家屋敷」
17 Leicester（レスター）「リゴア（Ligore）の人びとの（ローマ時代の）要塞」
18 Northampton（ノーサンプトン）「北の自作農場」
19 Cambridge（ケンブリッジ）「グランタ川（the Granta）にかかる橋」
20 Norfolk（ノーフォーク）「北の人びと」
21 Suffolk（サフォーク）「南の人びと」
22 Bedford（ベッドフォード）「ベーダ（Beda）の浅瀬」
23 Hertford（ハー(ト)フォード）「牡鹿のいる浅瀬」
24 Essex（エセックス）「東サクソン人（the East Saxons）（の領地）」
25 London（ロンドン）「ロンディノス（Londinos）（「勇士」）（の領地）」(?)
26 Kent（ケント）「辺境の土地」(?)
27 Surrey（サリー）「南の地区」
28 Sussex（サセックス）「南サクソン人（the South Saxons）（の領地）」
29 Buckingham（バッキンガム）「ブッカ（Bucca）の人びとの河岸の土地」
30 Berkshire（バークシャー）「バロック（Barroc）（「丘の多い土地」）の森の州」
31 Wight（ワイト）（海との）「境界の土地」(?)
32 Hampshire（ハンプシャー）「サウサンプトン（Southampton）（「南の自作農場」）の州」
33 Oxford（オックスフォード）「牛が使う浅瀬」
34 Wiltshire（ウィルトシャー）「ウィルトン（Wilton）（「ワイリー（Wylie）川沿いの農場」）を囲む州」
35 Dorset（ドーセット）「ドルン（Dorn）（「ドーチェスター（Dorchester）」）周辺の入植者（の領地）」
36 Somerset（サマセット）「サマートン（Somerton）（「夏の住まい」）周辺の入植者（の領地）」
37 Devon（デヴォン）「ドゥムノニイ（Dumnonii）（「深いところの人びと，おそらく坑夫」）（の領地）」
38 Cornwall（コーンウォール）「コルノウィイ（Cornovii）（「岬の人びと」）であるブリトン人（の領地）」
39 Scilly（シリー）語源不詳
40 Avon（エイヴォン）「川」
41 Gloucester（グロスター）「グレウム（Glevum）（「明るい土地」）の（ローマ時代の）要塞」
42 Gwent（グウェント）「恵まれた土地」
43 Glamorgan（グラモーガン）「モーガン（王子）（(Prince) Morgan）の岸」
44 Hereford（ヘレフォード）「軍の浅瀬」　Worcester（ウスター）「ウィゴル族（the Wigora）の（ローマ時代の）要塞」
45 Powys（ポーイス）「地方の土地」
46 Dyfed（ダヴェッド）「デメタエ（Demetae）（の領地）」
47 Gwynedd（グウィネズ）「キネダ（Cunedda）（5 世紀の首領）（の領地）」
48 Clwyd（クルーイド）「（川の?）障害物」
49 Shropshire（シュロップシャー）「シュローズベリー（Shrewsbury）（「低木地帯の要塞地」）の州」
50 Warwick（ウォリック）「川の堰のそばのすみか」
51 Stafford（スタッフォード）「荷揚げ場の近くの浅瀬」
52 Cheshire（チェシャー）「チェスター（Chester）（ローマ時代の「要塞」）の州」
53 Merseyside（マージーサイド）「境界の川（のそば）」
54 Manchester（マンチェスター）「マムキオン（Mamucium）の（ローマ時代の）要塞」
55 Lancashire（ランカシャー）「ルネ川（the Lune）（「健康を与える川」）沿いの（ローマ時代の）要塞」
56 Cumbria（カンブリア）「ウェールズ人（the Welsh）の領地」
57 Man（マン）「マナナン（Manannan）（「アイルランドの神」）の土地」
58 Orkney（オークニー）「鯨の島」(?)

（J. フィールド（J. Field），1980 による）

新世界の英語の地名

ブリテン島の古い地名語（p.150）に顕著な特徴として，記念的な人名の使用がないことがあげられる。アングロ・サクソン人は地名の名づけにそこに住んでいた首長の名前を使うことはよくやったが，その地以外の著名人の名前を使うことはめったになかった。アングロ・サクソンの王たちの中で最も偉大なアルフレッド大王（Alfred）でさえ，主だった場所にその名を残してはいない─（Kingston（キングストン）や Kingswood（キングズウッド）のように）人物より役割を強調するいくつかの地名はアルフレッド大王の治世にちなんだものではあるが。聖人の中には St Albans（セント・オールバンズ）のように地名になっている者も少数いるが，例外的である。これはイングランド人の控えめな性格あってのことに違いなく，当時そういう慣習があったということではない。

こうした状況はそれ以後も英国ではさほど変わらず，ノルマン人の征服（the Conquest）以後も統治者の名前を冠した町や村はイングランドにはないようである（ただし，公園や通り，鉄道の駅といったもっと地味な場所に対しては，遠慮なく君主の名前がつけられているのだが）。しかし，今日の観光においてもそうであるように，イングランド人は国外に出るとふるまいが大きく変わる。米国には，アーカンソー，カリフォルニア，ケンタッキーそのほかの州に Jamestown（ジェームズタウン）という名の町がある。Charleston（チャールストン），Williamsburg（ウィリアムズバーグ），Georgetown（ジョージタウン），Victoria（ヴィクトリア）という名の町も数えきれないほどある。Washington（ワシントン）の名をもつ都市や郡区は 100 以上にのぼる（州も 1 つある）。Carolina（カロライナ），Maryland（メリーランド），Fredericksburg（フレデリックスバーグ），Columbus（コロンブス），Louisiana（ルイジアナ），Napoleonville（ナポレオンビル），Carson（カーソン），Coolidge（クーリッジ），Lincoln（リンカン），Monroe（モンロー）はさまざまな支配者，開拓者，政治家を想起させる。同じように，オーストラリアには，Victoria（ヴィクトリア），Tasmania（タスマニア【訳注】発見者 A. J. Tasman の名にちなむ），Cooktown（クックタウン），Flinders Ranges（フリンダーズ山脈），Gibson Desert（ギブソン砂漠）があり，Newcastle（ニューカースル），Bathurst（バサースト），Kimberley（キンバリー），Normanby（ノーマンビー），Hobart（ホーバート）といった植民地省長官の名前もある。新世界のあらゆる場所で，有名人の名前が英国国内にはまったく見られないような形で地名になっているのである。

世界の英語圏の国々で使われている地名は驚くほど多様である。

- 環境要素は英国の古い地名の場合と同じように使われているが，意味は透明である：Twin Peaks（ツインピーク），Salt Lake City（ソルトレークシティー），Kangaroo Bluff（カンガルー・ブラフ），Table Mountain（テーブル山），Little Rock（リトルロック），Crooked Creek（クルックド・クリーク），Swan River（スワン川）。
- 土地の先住民族の名前がよく目立つ：アメリカ先住民の言語に由来する Saratoga（サラトガ），Tallahassie（タラハシー），Oklahoma（オクラホマ）；オーストラリア先住民の言語に由来する Paramatta（パラマッタ），Kalgoorlie（カルグーリー），Woomera（ウーメラ）；マオリ語に由来する Wanganui（ウォンガヌイ），Tauranga（タウランガ），Akaroa（アカロア）。
- 旧世界からは創造力をかき立てるような地名が持ち込まれた：Paris（パリ），Berlin（ベルリン），London（ロンドン），Athens（アテネ），Memphis（メンフィス），Hertford（ハー（ト）フォード）。修飾語がつくこともある：New London（ニューロンドン），New Norfolk（ニューノーフォーク）。
- 重要な出来事や感情が記録されることがある：Cape Catastrophe（カタストロフィー（大惨事）岬），Waterlooville（ウォータールー（惨敗）ビル），Encounter Bay（エンカウンター（遭遇）ベイ），Hope Valley（ホープ（希望）バレー），Fort Defiance（フォートディファイアンス（挑戦）），Fog Bay（フォグ（濃霧）ベイ），Hard Luck Creek（ハード・ラック（不運）川）。
- 入植者の言語は大きな影響を残した：Los Angeles（ロサンジェルス），Sacramento（サクラメント），San Francisco（サンフランシスコ）はスペイン語；Montréal（モントリオール），Baton Rouge（バトンルージュ），Le Roy（ルロイ）はフランス語。
- 文学とのつながりがあるので選ばれた名前（Longfellow（ロングフェロー），Hiawatha（ハイアワサ），Ivanhoe（アイヴァンホー），Elsinore（エルシノア））や，ロマンチックな響きがあるので選ばれた名前（Meadowvale（メドウヴェール），Sunnyhurst（サニーハースト），Arcadia（アルカディア），Rosebud（ローズバッド））も多い。
- イングランドの古い地名と同様，平凡な名前も多い：英語圏には数百という Newtown（ニュータウン），Newport（ニューポート），Mount Pleasant（マウントプレザント），Greenville（グリーンヴィル）がある。North Bay（ノースベイ），South Island（南島），Bridgeport（ブリッジポート），Center Point（センターポイント），Hill City（ヒルシティ）などの地名からは，とびきり想像力のなさが感じられるが，もしかすると開拓者たちが疲れていただけかもしれない。
- 逆に，自由奔放で生き生きとした発明心を発揮した地名も多い：Hot Coffee（ホットコーヒー）（ミシシッピ州），Knuckles（ナックルズ）（ケンタッキー州），Difficult（ディフィカルト）（テネシー州）。Tesnus（テスナス）（テキサス州）は，同じ州にある Sunset（サンセット）の名前を逆からつづったもので，重ならないように工夫したのである。Truth or Consequences（トルース・オア・コンセクエンセズ）（ニューメキシコ州）は，ラジオのゲーム番組の影響で Hot Springs（ホットスプリングズ）から改名した。

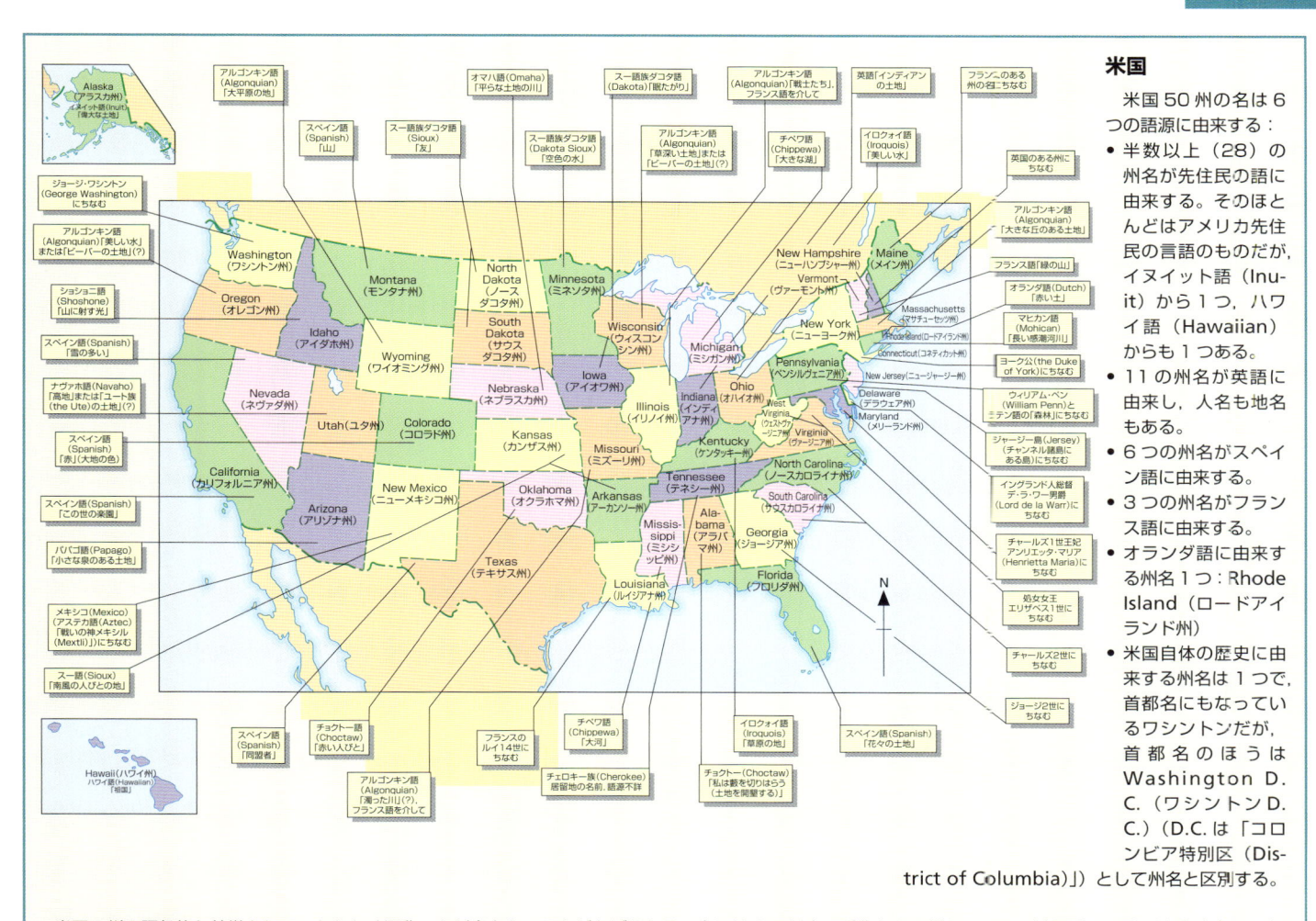

ジェームズ・クック（1728-79）

クック船長（Captain Cook）は 1768 年から 1779 年にかけての数度の航海において，数千という土地に名前をつけた。（「島々が切れ目なくつながっているので」）Society Islands（ソシエテ諸島）と名づけたところもあるし，ニュージーランドやオーストラリア沿岸の地形にたくさん名前をつけた。Halifax（ハリファックス）や Grafton（グラフトン）のように，同時代の英国の名士にちなんだ地名が多いが，そのほかに多いのは自然環境を観察してつけた地名（Smokey Cape（ケープスモーキー），Botany Bay（ボタニー湾））や，自分の航海で起きた出来事にちなむ地名（Weary Bay（疲労の海），Thirsty Sound（サースティ・サウンド））である。自分自身の名を冠した土地は，ニュージーランドの Mount Cook（クック山），Cook Islands（クック諸島），Cook Strait（クック海峡）ぐらいで，多くない。

コラム「シェイクスピアゆかりの土地」を巻末 p.528 に掲載

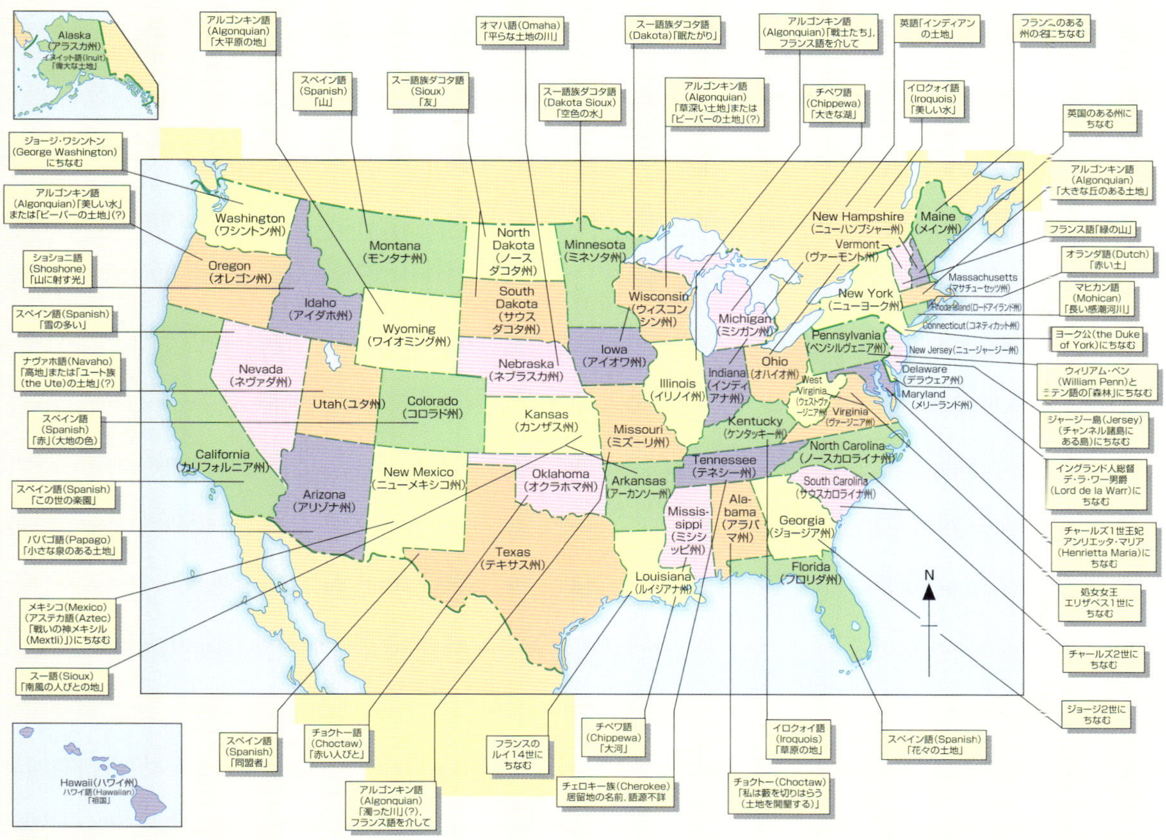

米国

米国50州の名は6つの語源に由来する：

- 半数以上（28）の州名が先住民の語に由来する。そのほとんどはアメリカ先住民の言語のものだが，イヌイット語（Inuit）から1つ，ハワイ語（Hawaiian）からも1つある。
- 11の州名が英語に由来し，人名も地名もある。
- 6つの州名がスペイン語に由来する。
- 3つの州名がフランス語に由来する。
- オランダ語に由来する州名1つ：Rhode Island（ロードアイランド州）
- 米国自体の歴史に由来する州名は1つで，首都名にもなっているワシントンだが，首都名のほうはWashington D.C.（ワシントンD.C.）（D.C.は「コロンビア特別区（District of Columbia）」）として州名と区別する。

米国の州の語彙的な特徴として，もれなく通称・あだ名をもつことがあげられる。中には2つ以上の愛称をもつ州もあって，例えばアラバマ州（Alabama）はまたの名を「綿花州（the Cotton State）」もしくは「ディクシーの心臓部（the Heart of Dixie）」という。ルイジアナ州には「ペリカン州（the Pelican State）」，「クレオール州（the Creole State）」，「砂糖州（the Sugar State）」という3つの愛称がある（p.326）。

カナダのケープブレトン島とノヴァスコシア州の沿岸部には，新世界の地名に典型的な混合状態が見られる。アメリカ先住民の言語由来の地名（例：Chéticamp（シェティキャンプ）），英語由来の地名（例：Pleasant Bay（プレザント・ベイ）），フランス語由来の地名（例：Grand Etang（グラン・エタン））が互いに肩を並べている。スコットランド人移民の証拠はLoch Lomond（ローモンド湖）やInverness（インヴァネス）といった地名に明確に見て取れる。

街に関しては

パブの名前，商店の名前，家々の名前，通りの名前，中心地の名前，市場の名前，公園の名前，遊歩道の名前，波止場の名前，そのほか「私たちの住む街」を描くのに使える英語の数々の表現は，地名ファンにとって豊かなデータ源である。例えば，イングランドのパブの看板1つ1つが語るべき歴史をもち，興味深い社会史のひとこまを垣間見せてくれる。The Bible and Crown（ザ・バイブル・アンド・クラウン）というパブ名は，騎士派（Cavalier）の乾杯の音頭に由来する。The Rising Sun（昇る太陽）は紋章による引喩であり（ヨーク家（the House of York）の軍隊を指す），The Flying Bull（ザ・フライング・ブル）は駅馬車の名前からきている。1つ1つの家の名にも個人的な物語があり，45以上の言語から家の名を集めた名称学会（the Names Society）のファイルにはそうした物語が数えきれないほど記録されている（L. ダンクリング（L. Dunkling），1974）。Cobwebs（くもの巣）という名の家があるが，くもの巣がかかっているからそう呼ばれるのではない。'Currently Owned by the Woolwich Equitable Building Society'「ウーリッジ・エクイタブル・ビルディング・ソサエティが現在所有」の頭字語なのである。Histeria（ヒステリア）という家の名は，Wisteria（藤）という名の家の隣にあるから。Thistledew（ディスルデュー）と名づけられたのは，その家が 'This'll do'「これでいい」から。

通りの名が特に面白いのは社会史に関する証拠になるからでもあり，社会的な意味合いを保持しているからでもある。人びとは，家を買う前にその家がある通りの名前を確認することが多い。そもそも Street（〜通り）に住みたくはなく，それよりは Avenue（〜街）をはじめ Close，Crescent，Drive，Gardens，Villas そのほかの語で Street を置き換えた住所の方が好まれる。地方自治体の役所には通りの名を変えてほしいという要望がよく来るし，新たな宅地開発地区の名前の選定にはかなりの時間が費やされることがある。このように語源的問題より社会的問題のほうが重要な位置を占めることは，地名研究ではよくあることである。

都市の通り

1666年のロンドン大火（the Great Fire）の翌年，1667年に出版されたジョン・リーク（John Leake）の『ロンドン市の焼け跡に残る通り，小道，教会の正確な調査（*An exact surveigh of the streets lanes and churches contained within the ruines of the city of London*）』の大縮尺地図の一部。ロンドンの通りの研究は16世紀に始まり，現在では数冊の地名案内や辞書が存在する。その語源情報は，議論の余地の残るものもあるものの，いつ読んでも面白い──そして，驚くほどほとんど知られずにいる。

Downing Street（ダウニング街）　そこで賃借りしていた軍人・外交官のサー・ジョージ・ダウニング（Sir George Downing）（1623年頃-84）にちなむ。

Kingsway（キングズウェー）　国王エドワード7世（1901-10年在位）にちなむ。

Oxford Street（オックスフォード通り）　18世紀初めにそこを所有していた第2代オックスフォード伯爵（Earl of Oxford），エドワード・ハーレー（Edward Harley）にちなむ。

Piccadilly（ピカデリー）　17世紀初めに人気のあった（pickadills という名の）襞飾りつきのレース襟の名にちなむ。1つの解釈では，この型の襟に深く携わった仕立屋の店が Pickadilly Hall（ピカデリーホール）と呼ばれるようになり，その店の名が場所も表すようになったという。

Regent Street（リージェント街）　1820年にジョージ4世として即位した摂政の宮（the Prince Regent）にちなむ。

Shaftesbury Avenue（シャフツベリーアヴェニュー）　第7代シャフツベリー伯爵（Earl of Shaftesbuty）（1801-85）にして，工場改革者・慈善家のアンソニー・アシュリー・クーパー（Anthony Ashley Cooper）にちなむ。

Soho（ソーホー）　もともとは狩りの際の鬨の声で，おそらくここにあった宿屋の名に使われていたもの。

Strand（ストランド街）　テムズ川（the Thames）の岸辺。

Tottenham Court Road（トテナム・コート・ロード）「トッタ（Totta）の村の大邸宅」

ウィリアム・ペン（1644-718）

ペンシルヴェニア州の創立者で，サー・ウィリアム・ペン提督（Admiral Sir William Penn）の息子。州名は父にちなむ。彼自身は Philadelphia（フィラデルフィア）（「兄弟愛」）に名をつけ，設計した。クエーカー教徒としての信仰のため，（当時そうされていたように）最も重要な住人の名前にちなんで通りに名をつけることをよしとしなかった。人間は神の前で平等であると信じていたからだ。その代わりに，市の幾何学的な配置にもとづく番号制を導入することにした。東西の通りは First Street（ファーストストリート），Second Street（セカンドストリート）のように呼ばれ，南北の通りは自然から名前をとって Walnut Street（ウォルナット・ストリート）とか Pine Street（パインストリート）のように名づけられた。この命名の仕方はフィラデルフィア以外の多くの街でも採用されたので，米国の市中心部の命名法は，今日，英国のそれとは大きく異なっている。（ファーストストリートとパインストリートの交差点を指す）「ファースト・アンド・パイン」のような米国の省略表現に相当する語法は，英国にはない。

イギリス地名協会

イングランドの地名の研究を使命とする協会が設立されてから，もう半世紀以上がたつ。その名をイギリス地名協会(the English Place-Name Society)といい，1923年に当時リヴァプール大学(the University of Liverpool)の英語学ベインズ教授(Baines Professor of English Language)であったアラン・モア（Allan Mawer）の呼びかけで設立された。この協会は「イングランドのあらゆる地名について研究を行い，州ごとに調査報告を刊行する」との野心的目標を掲げている。

モアが初代協会理事になったので，会も1929年にモアとともにリヴァプールからユニバーシティ・カレッジ・ロンドン（University College London）へと移動した。モアが1942年に亡くなると，協会はその年にまずレディングへ，1946年にケンブリッジへと移動し，そののち（1951年に）ユニバーシティ・カレッジへ戻ったが，最終的に1967年，今あるノッティンガム大学に本部を置くことになった。協会は同地でケネス・キャメロン教授（Professor Kenneth Cameron）の指導のもとに置かれた。

イギリス地名協会は研究書を年に1冊出版という目標を掲げている。第2次世界大戦による困難にはばまれつつも，2018年までに90冊の研究書が出版され，これからもさらに出版が計画されている。研究は継続され，いくつかの関連領域へと広がっており，学会誌も定期的に刊行され，今後も調査の計画が立てられている。

事務局長の報告書を読むと，この協会の歴史は熱意・忠誠心・学究心の賜物であることがわかる。居所は安定せず，研究費も十分ではない。他国には（スカンジナヴィア諸国のように）潤沢な資金のある地名研究専門の研究所をもつところもあるが，イギリス地名協会が出版に使えるのはつねに雀の涙程度である。協会を強く支えてきたのはノッティンガム大学と英国学士院(the British Academy)であるが，協会会員の支援も非常に重要で，それがあってこそ，これだけの短期間でこれだけの業績を出せているのである（p.506も参照）。

リフ，宇宙，そのほかもろもろ

しばしば地名は社会のありようを映し出し，社会に影響を与えもするので，冗談や皮肉の種になりやすい。どんな国でも，地名はその場所の社会的環境を瞬時に呼び起こし，そのステレオタイプを伝える。ロンドンでは，メイフェア（Mayfair）とウォッピング（Wapping）の並びは落ち着きが悪く，ニューヨーク市のブルックリンハイツ（Brooklyn Heights）とブラウンズヴィル（Brownsville）の組合わせもしっくりこない。

地名の多くは，語源学的変遷を経て，同じ言語の別の語を音声的に連想させる力や，特定の音連鎖による象徴としての力をもつようになっている（p.262）。そこに社会的なニュアンスをつけ加えてやれば，『リフの意味（*The Meaning of Liff*）』のような本が出てくる素地ができあがる。｛【訳注】英国の地名 Liff を含んだこの書名は the meaning of life（人生の意味）という慣用表現との洒落になっている。したがって，日本語でいえば，『わが掌中の多摩』のような面白みをもっている。｝『銀河ヒッチハイク・ガイド（*The Hitch Hiker's Guide to the Galaxy*）』の著者であるダグラス・アダムズ（Douglas Adams）がジョン・ロイド（John Lloyd）と組んで 1983 年に書いたこの本は，英語の地名がさまざまな連想を喚起する力を完璧なまでに例証している。ただ，アダムズとロイドも認めるように，『リフの意味』の背後には隠れた真面目な目的があり，それは，前書きによれば「道しるべたる道標の上で怠けるだけで何もしていない」地名たちを働かせることによって，現在の英語の語彙では言えないことを言えるようにする（p.143）という目的である。下に A から H までの数例をあげる。

Ahenny（アヘニー）［形］人が他人の本棚を物色する際に取る姿勢をいう。
Amersham（アマーシャム）［名］むずむずするだけで最後まで行かないくしゃみ。
Banff（バンフ）［形］パスポート写真を撮られる時にしかできないような表情に関する，またはその表情のような。
Clun（クラン）［名］しびれてしまい，ひきずっていくしかない足。
Detchant（デッチャント）［名］讃美歌の中で（詩句の最後の数音符によくあるのだが），あまりにも高くまたはあまりにも低くなるために，オクターブ変えないと歌えないような部分のこと。
Duleek（デュリーク）［名］ベッドで目覚ましが鳴るのを待っている時に，もう 1 時間も前に鳴ったに違いないと突然気づくこと。
Ely（イーリー）［名］何かがどこかでとてつもなくまずいことになっているとわかってくる時の，最初に感じる最小の直感。
Ewelme（ユーウェルム）［名,動］客室乗務員が投げかけてくれる微笑み。
Goole（グール）［名］バーテンダーが釣銭を返すところにあるカウンターの水たまり。
Happle（ハップル）［動］人が言いかけたことを途中から横取りし，本当は何を言わんとしていたかまで教えてやって人を怒らせること（p.313 を参照）。
Hoff（ホフ）［動］明らかに真実であることについて，憤慨して否定すること。

命名合戦

月の裏側の主だった地勢要素には，地名と人名の両方をもとにして名前がつけられている（p.150）。最も多いのは宇宙飛行士や天文学者そのほかの科学者の苗字であり，（Apollo（アポロ）のような）プロジェクト名や（Moscoviense（ラテン語で「モスクワの」）のように）地名に由来するものも時折見られる。特徴的な苗字から，月の宇宙開発戦争の歴史を知ることができる。対照的に，月の表側について長く使われてきた（Mare Nubium「雲の海」のような）ロマンチックなラテン語の表現は，月の裏側にはほとんど見られない。

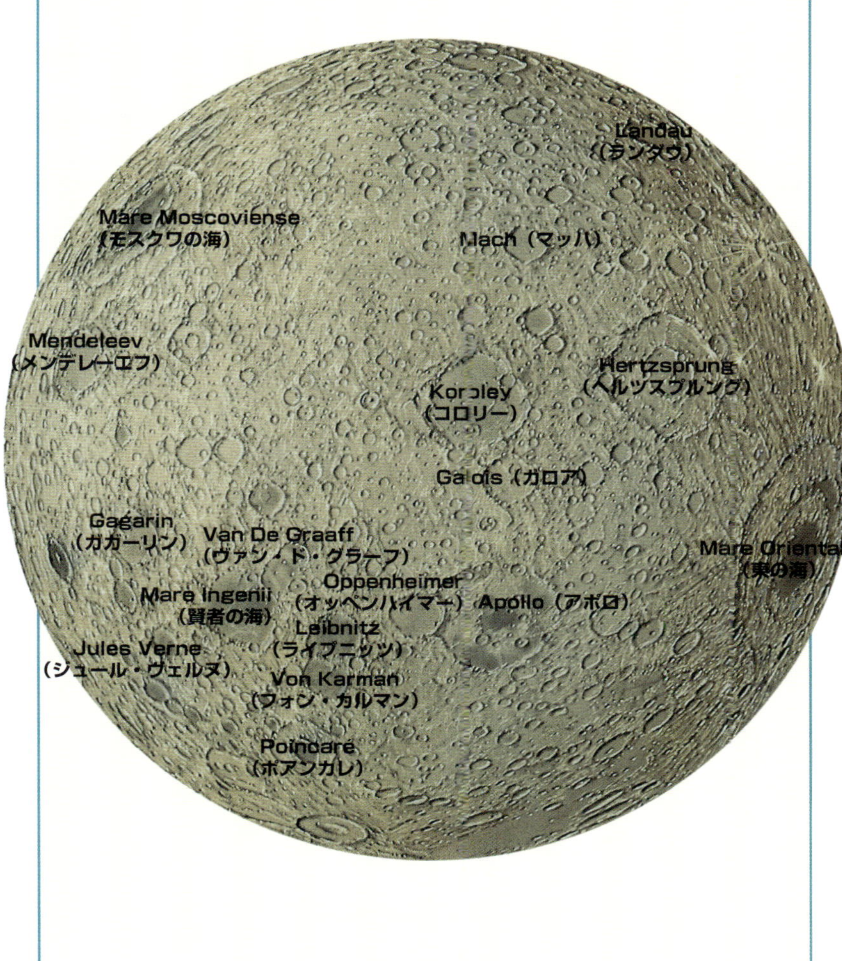

名前が数字に取って代わられるところ

この美しい物体は，NGC 6302 という名をもつ。NGC は，デンマークの天文学者ヨハン・ドライヤー（Johan Dreyer）が 1888 年に作成した 7,840 個の星雲のリスト『新総合目録（New General Catalogue）』を指す。フランス人シャルル・メシエ（Charles Messier）が作成した，NGC より古い目録では，物体はメシエの頭文字 M と通し番号を使って，例えば Crab Nebula（かに星雲）ならば M1 のようにリストされていた。ほかにいくつかあった目録でも，こういう方法で名がつけられている。特定化を要する空の物体はあまりに多いため，数字によるリスト化が実際役に立つ唯一の方法なのである。

数字以外のやり方でも特定化できるのは，星座（星々の大規模な配列）の一部をなす星雲・銀河・星団で，その星座に関連づけて特定することができる。例えば，Centaurus A（ケンタウルス A）は，ケンタウルス座の中に見つけることのできる 1 つ目の電波源を指す。Alpha Centauri（ケンタウルス座のα星）のように，ギリシャ文字を使うこともある。

星からなるよく知られたいくつかの物体には，Crab Nebula（かに星雲）や Ring Nebula（環状星雲）のように，地球上の事物になぞらえて記述する方式も使われる。この方式は古代までさかのぼり，星座に固有の名前を与えてきた。最も広く認められているのは，黄道十二宮である。

人名

　言葉の間違いの中でも名前のつづりの間違いほど当人の気分を害するものはなく，また，自分の名前の由来ほど人を魅了する話はない。しかし，妊娠期間にファーストネームの語源に意識が向くことはよくあるとしても，自分の名前について，それがどこから来たかを知っている人はほとんどいない。いずれにしても，人名の研究にも地名の研究と同じような困難な問題がある（p.150）。名前の古い形は容易には確定できないことが多い。写字生が写本から写本へと筆記する際に写し間違いをすることもあるし，方言間での発音の違いによって同一の名前に大きく異なるつづりが生じることもある。また，標準的なつづりに従うという社会圧が生じたのは 18 世紀以降だったので，それ以前の書き手は，ある人の名前についていくつものつづりを使って平気だった。ある研究によると，Mainwaring（マンアリング）という名の一家が所有する羊皮紙文書では，この名前の 130 以上の異なるつづりが使われているという。そうとはいえ，1 世紀以上にわたる人名に関する学術研究のおかげで，今では信頼に足る情報が豊富に揃い，それらについて人名辞典で調べることができるようになっている。

　何を同じ 1 つの名前と見なすかも，なかなか難しい問題である。たった 1 つの文字の違いが副次的なものと見なされることもあれば，大きな違いと見なされることもある。例えば，Steven（スティーヴン）は普通 Stephen（スティーヴン）と同じ名前（で「v でつづるもの」）とされ，Catherine（キャサリン）も Katherine（キャサリン）と同じ名前とされるが，Christine（クリスティーン）と Christina（クリスティーナ）が同じ名前と言えるかは，それほどはっきりしない。Francis（フランシス）と Frances（フランシス）は，明らかに同一ではない｛【訳注】i でつづるのは男子名，e でつづるのは女子名。｝。このような 1 文字だけの違いではなく，もっと大きく異なる変異形をもつ名前も多い。例えば，Beth（ベス），Pete（ピート）のような短縮形，デーヴィー（Davy），マイキー（Mikey）のような親愛を表す語尾のついた形，それに，Nell（ネル），Jojo（ジョジョ）のような親しみを込めた呼び名（専門用語では**愛称**という）がそうである。Pete（ピート）は Peter（ピーター）と「同じ」名前とされるといってよいだろうが，Beth（ベス）はつねに Elizabeth（エリザベス）と同じだと言いきれるだろうか？

　英語の人名は一般に，3 つのタイプに分類される。まず，**ファーストネーム**（姓に対する名，かつてよく「洗礼名」といわれたもの）と**苗字**（または姓）が区別され，さらに**ミドルネーム**もある場合にはミドルネームがそれらから区別される。中世初期においてはファーストネームしかなかった。苗字は後から，同じファーストネームをもつ人たち同士を区別するための追加的な名前として発生した（英語で苗字を表す surname という用語は，フランス語の sur（～の上に）＋ nom（名前）からきていて，14 世紀から英語で使われている）。｛【訳注】フランス語の surnom は「異名，あだ名，ニックネーム」を指し，姓は nom de famille という。｝1 つ以上のミドルネームを使う習慣が発生したのは 17 世紀で，すぐに英国と米国で違いが見られるようになった。米国ではミドルネームを使い，通常は William P. Knott（ウィリアム・P・ノット）のように頭文字にした。だが英国ではミドルネームを完全に無視するか，略さずに残すかのどちらかで，特に一家の伝統に従う場合や，ミドルネームがないと同一になってしまう名前同士を区別する場合は略さずに残していた。例えば，ウェールズ英語では，John Arthur Jones（ジョン・アーサー・ジョーンズ）という人が John Bryn Jones（ジョン・ブライアン・ジョーンズ）という人と，ミドルネームを一種の苗字のように使って区別されることがある（この場合，本当の苗字は省略され，親しい仲では「ジョン・アーサー」と「ジョン・ブライアン」ということが多い。）ミドルネームが連続することもあり，特にその一家が特定の親族や祖先を記憶しておかねばならないと考える場合や，（例えば聖人の名前を加えるなど）宗教そのほかの慣習が関わる場合にミドルネームの連続が起こる。1 人の子どもにアルファベット 26 文字のそれぞれで始まる 26 の名前を与えた親の例がいくつかあるなど，とっぴなやり方もたくさん見られる。

大統領の頭文字

フランクリン・D・ローズヴェルト
（Franklin D. Roosevelt）

ハリー・S・トルーマン
（Harry S. Truman）

　米国の第 32 代大統領と第 33 代大統領。D はディレーノ（Delano）の略であるが，S が何の略であるかは選択による。トルーマンの祖父は，ソロモン・ヤング（Solomon Young）とシッペ・トルーマン（Shippe Truman）といった。トルーマンの娘の回想記によると，「父はミドルネームの頭文字を 2 人の祖父の名からもらった。父の両親は，気難しい年長者たちを懐柔するために息子の名に S を加えたが，それがソロモンの略なのかシッペの略なのかを決めることは努めて避けていた。」（M. トルーマン（M. Truman），1973）

エリザベスの一族

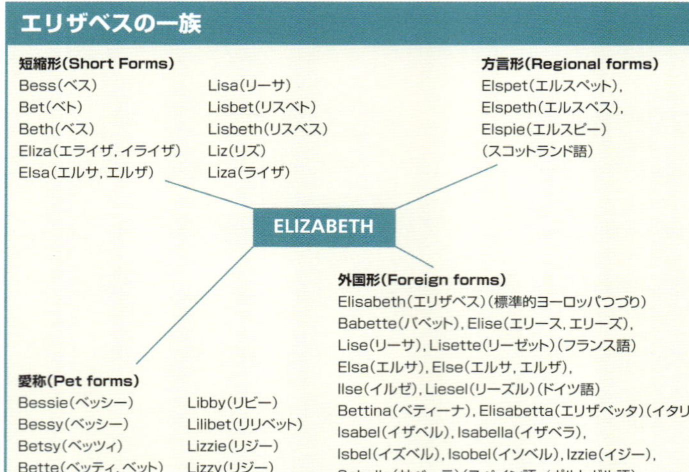

　Elizabeth（エリザベス）は古代までさかのぼる名前であり，旧約聖書ではアロン（Aaron）の妻の名として現れ，新約聖書では洗礼者ヨハネ（John the Baptist）の母として現れる。ヘブライ語（Hebrew）での意味は完全には明らかでないが，Elisheba（エリシェバ）は「神の誓い」か「神は完全なり」くらいの意味と思われる。ユダヤ教でもキリスト教でも使われることにより，Elizabeth はヨーロッパで非常に一般的な名前となった。英国では，エリザベス 1 世の治世以後人気が出て，その後 300 年間，（Mary（メアリー）と Ann（アン）とともに）女子名の上位 3 位の中に入り続けた。

　この図が示すように，Elizabeth からさまざまな異形と短縮形が生まれた。Elisabeth のように s でつづられるヨーロッパ大陸形は，Elise（エリース，エリーズ），Lisette（リゼッタ）のような大陸形とともに，今では英語圏にも入ってきている。こうした変異形は分類上大きな問題を引き起こす。もし二人の人が Elizabeth に関連するすべての名前を検証したならば，二人ともそれらすべてが 1 つの名前の異形だと考えるだろうか。それとも，いくつかは別の名前だと考えるだろうか？また，本来は外国語の同等の名前だったが，今ではすっかり英語として定着しているもののうち，英語名だと考えられる可能性があるのはどれだろうか？　（巻末 p.528 へ続く）

シェイクスピアの署名

人名に見られるつづりの揺れは，ウィリアム・シェイクスピア（William Shakespeare）の直筆として認められている現存するこれら６つの署名を見るとよくわかる。これらはすべて，1612年から1616年の間に作成された書類で見つかったものである。後半の３つは，シェイクスピアが死ぬ直前（1616年３月25日）に書いた遺書の１，２，３ページ目にある署名であり，少し震える手で書かれ，最後は自信がなさそうな筆致である。６つの例の間には，文字の形にも省略形にも相当の揺れが見られる。（かっこに入れたのは欠けていると考えられる文字である。）シェイクスピアほど知られていない名前の場合，このようにつづりが揺れると，人物を特定する上で深刻な問題を引き起こすだろう。

（1）Will(ia)m Shakp(er)
（2）William Shakspe(r)
（3）W(illia)m Shaksper
（4）William Shakspere
（5）Willi(a)m Shakspere
（6）William Shakspeare

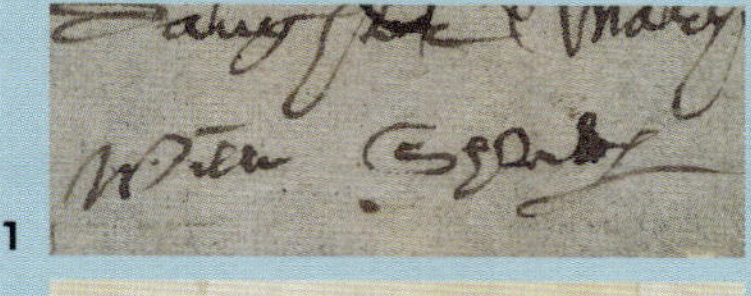
1

2

3

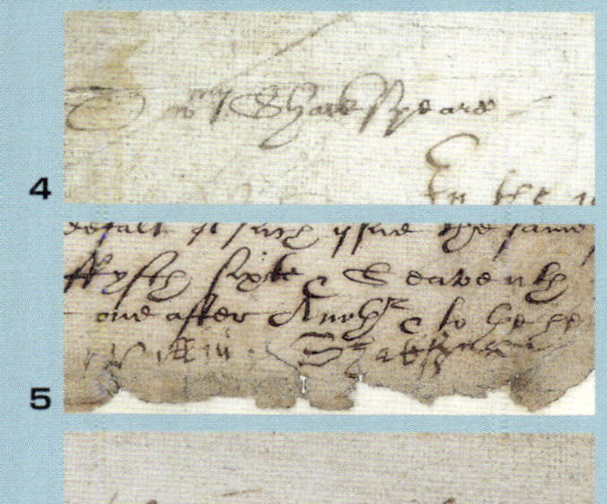
4

5

6

苗字のタイプ

大部分の苗字は，語源的観点から次の４タイプのどれかに分類することができる。

- 地名や一般的な地勢要素名に由来する苗字で，人の出身地を表す。このクラスが苗字では抜きん出て多い。例：Norman（ノーマン），Moor（ムーア），Hall（ホール），Chesterfield（チェスターフィールド），Street（ストリート），Wood（ウッド）。
- 職業名に由来する苗字で，これも大きなクラスをなす。例：Cook（クック），Taylor（テーラー），Clark（クラーク），Smith（スミス），Turner（ターナー），Cooper（クーパー）。
- 親族関係を表す苗字で，親や先祖との関係が語尾で表される。ファーストネームが語尾変化なしに苗字として使われることもある。例：Johnson（ジョンソン），Robertson（ロバートソン），Watkins（ワトキンズ），Nicholas（ニコラス），Thomas（トマス）。
- あだ名に由来し，なんらかの身体的・心理的そのほかの特徴を表す苗字。例：Long（ロング），Little（リトル），Moody（ムーディ），Fox（フォックス），Brown（ブラウン），Young（ヤング），Rich（リッチ）。

苗字で遊ぶ

英語の苗字にひそむ喜劇性が作家たちを魅了してきたことは，シェイクスピアやシェリダン（Sheridan）の喜劇の配役表やチャールズ・ディケンズ（Charles Dickens）やマーヴィン・ピーク（Mervyn Peake）の登場人物たちを見るとわかる：

Bottom（ボトム），Flute（フルート），Starveling（スターヴリング），Snout（スナウト），…〔【訳注】シェイクスピア劇より〕
Absolute（アブソリュート），Languish（ラングイッシュ），Malaprop（マラプロップ），O'Trigger（オトリッガー卿），…〔【訳注】シェリダン劇より。〕
Pardiggle（パーディグル），Skimpole（スキムポール），Snagsby（スナグズビー），Bucket（バケット），…〔【訳注】ディケンズ作品より。〕
Deadyawn（デッドヨーン），Flannelcat（フランネルキャット），Prunesquallor（プルーンスクワラー），Flay（フレイ），…〔【訳注】マーヴィン・ピーク作品より。〕 （巻末 p.529 へ続く）

中世の苗字

これは，中世のハンドレッドロールズ（Hundred Rolls）（各所領についての全国的調査書）の１つで，サセックス州アランデルについてまとめられたリストの一部である。こうした目録は，初期人名史にとって最上の情報源となる。下の名前はさまざまな13世紀のリストから取ったもので，かっこ内にその現代形の１つ（と必要に応じて説明）を与えた。

Baldwin le Bocher（ボールドウィン・ル・ボッチャー）（Butcher（ブッチャー））
William de Paris（ウィリアム・ド・パリ）（Parish（パリッシュ））
Richard le Paumer（リチャード・ル・ポーマー）（Palmer（パーマー）；聖地に巡礼した人物）
William le Boteler（ウィリアム・ル・ボトラー）（Butler（バトラー）；瓶作り職人）
John de Cruce（ジョン・ド・クルーセ）（Cross（クロス）；野外十字架のそばに住んでいた人物）
Henry le Waleys（ヘンリー・ル・ウェイリーズ）（Walsh（ウォルシュ）；英国西部のケルト語で「外国人」）
Thomas le Clerc（トーマス・ル・クレール）（Clark（クラーク））
Alexander de Leycestre（アレクサンドル・ドゥ・レスター）（Lester（レスター））
Reginald le Blond（レジナルド・ル・ブロンド）（Blunt（ブラント））
John Rex（ジョン・レックス）（King（キング））
William Neuman（ウィリアム・ニューマン）（Newman（ニューマン）；土地の新参者）
Stephen Cornevaleis（スティーブン・コルネヴァレイズ）（Cornwallis（コーンウォリス））

中世の苗字のすべてが今日も使われているわけではない。Stephen le Hatter（スティーヴン・ル・ハッター）やヘンリー・ル・ウィンプラー（Henry le Wimpler）の苗字も職業に由来するが，今では失われてしまった苗字の例である。〔【訳注】hatter と wimpler はそれぞれ帽子と（修道女の）頭巾を作る職人を指す。〕

ファーストネームのタイプ

ファーストネームの分類に決まったやり方はないが，語源的にはいくつかのタイプを区別することができる。

- 特定の身体的特徴にもとづくと思われるもの：Kevin（ケヴィン，「美しくうまれつく」），Maurice（モーリス，「肌の浅黒い，ムーア人の」），Adam（アダム，「血色のよい」）。この類には Charles（チャールズ，「男」）や Thomas（トマス，「ふたご」）のように非常に一般的な描写のものも含めてよいだろう。
- 誕生の時・場所や活動にちなむと思われるもの：Barbara（バーバラ，「外国の」），Francis（フランシス，「フランス人」），Noel（ノエル，「クリスマス」），George（ジョージ，「農場主」）
- 現実の特徴および望まれる特徴を述べたもの：Peter（ピーター，「岩石」），Agnes（アグネス，「純粋な」），Alexander（アレクサンダー，「人間の守護者」），Hilary（ヒラリー，「陽気な」），Stephen（スティーヴン，「王冠」）
- 親の思いを述べたものと考えられるもの：Amy（エイミー，「愛された」），Abigail（アビゲイル，「父の喜び」），Lucy（ルーシー，「光」），Benjamin（ベンジャミン，「わが右腕たる息子」）
- 作家の創作によるもの。語源的な意味のあるものとこれといった意味のないものがある。例えば，シェイクスピアの『あらし（*The Tempest*）』に出てくる Miranda（ミランダ）という名前には「賞賛に値する」の意味がある。一方，J. M. バリー（J. M. Barrie）の『ピーター・パン（*Peter Pan*）』に出てくる Wendy（ウェンディー）は，fwendy-wendy という子どもの造語をもとに創作された名前である。
- ヘブライ語の Jehovah（エホバ）をはじめとする「神」を表す語に由来する要素をもつ名前も多い：John（ジョン），Jonathan（ジョナサン），Josephine（ジョゼフィーン），Joan（ジョーン），Gabriel（ゲイブリエル），Jeremy（ジェレミー），Emanuel（エマニュエル），Elizabeth（エリザベス）。
- 植物，貴石，そのほかの自然物に由来する名前も多い：Susan（スーザン，「百合」），Fern（ファーン），Holly（ホリー）｛【訳注】holly［名］西洋ひいらぎ｝，Rosemary（ローズマリー），Ruby（ルビー），Crystal（クリスタル）。このような名づけの仕方は 19 世紀に大いに人気を博した。
- 苗字がファーストネームとなったと考えられるもの。これも 19 世紀によく行われたやり方である：Baron（バロン），Beverley（ベヴァリー），Fletcher（フレッチャー），Maxwell（マクスウェル）。この種の多くは最終的に地名に由来する（p.151）：Clifford（クリフォード，「斜面のそばの浅瀬」），Douglas（ダグラス，ケルト語の川の名前，「暗い水」），Shirley（シャーリー，「明るく開けたところ」）。
- 特定の言語構造をもつ名前もあり，このタイプの名前が流行するととりわけそのことが目立ってくる。例えば，*De-*, *La-*, *Sha-* という接頭辞はアフリカ系米国人名の構成要素として目立つ：Dejuan（デュワン），Deshawn（デショーン），Ladonna（ラドンナ），Latisha（ラティーシャ），Shakirra（シャキーラ），Shafaye（シャファイエ）。また，*-ene*, *-ette*, *-elle*, *-ona*, *-ice* のように現代の女性形でよく使われる語尾もある：Jolene（ジョリーン），Marlene（マーリーン），Charlene（シャーリーン），Darlene（ダーリーン）など。
- 起源がはっきりしないかわかっていない名前もある：Antony（アントニー），Arthur（アーサー），Belinda（ベリンダ），Mary（メアリー）。

名づけの流行

名づけに流行があることに疑いの余地はない。ある年など，その年に生まれた男の子 3 人に 1 人，女の子は 5 人に 1 人の割合で，その年の上位 10 位以内のファーストネームを与えられているからだ。また，我々は皆，自分たちの文化のどの名前が（Herbert（ハーバート），Percy（パーシー），Nellie（ネリー），May（メイ）のように）古風な名前で，どの名前が（Karen（カレン），Joanne（ジョアン），Craig（クレイグ），Darren（ダレン）のように）現代風かを知っているが，名前にそういう流行があるのはどうしてだろうか？

- 英国では，William（ウィリアム）や George（ジョージ）のような名前の人気からわかるように，伝統的に英国王室のメンバーの影響力が大きい。今はこの影響力は衰退しつつあるようで，20 世紀後半に Elizabeth（エリザベス），Philip（フィリップ），Charles（チャールズ），Diana（ダイアナ）の名前の使用率が急増することはなかった。チャールズとダイアナの結婚は一般民衆の喝采の中でなされたが，それからたった 4 年後の 1985 年のイングランドとウェールズのリストを見ても，彼らの名前は上位 50 位にさえ入っていない。

（巻末 p.529 へ続く）

アガサ・クリスティー（Agatha Christie）

アルバート公（Prince Albert）

カイリー・ミノーグ（Kylie Minogue）

誰か特定の 1 人だけを思い起こさせる名前もある。大部分の人にとって，Agatha（アガサ）といえば「クリスティー」である（1891-975）。このように特定人物と結びついたファーストネームとしては，ほかに，Raquel（ラケル）（ウェルチ（Welch）），Dustin（ダスティン）（ホフマン（Hoffman）），Errol（エロル）（フリン（Flynn））｛【訳注】この人物名には，take it on the Errol Flynn（罰をくらう）という表現まで存在する。｝などがある。実在の人物の名前ではないこともあって，Linus（ライナス）といえば多くの人にとっては漫画（『ピーナッツ（*Peanuts*）』）のキャラクターである。ただし，化学者にとっては Linus Pauling（ライナス・ポーリング）だろうが。

ビクトリア女王とアルバート公の結婚の影響で，19 世紀末にかけて Albert（アルバート）という名前は人気が急上昇した。1800 年には上位 50 位にも入っていないにもかかわらず，1900 年には上位 10 位に入っている。驚きなのは，Victoria という名前は 19 世紀には散発的にしか使われなかったことで，これはおそらく女王に対する特別な尊敬の念があったためだろう。1940 年代には Victoria の人気が出た。

特定地域とつながりをもつ名前もある。Kylie（カイリー）はオーストラリアの名前であるが，人気が出始めたのは 1980 年代で，オーストラリア出身の女優・歌手のカイリー・ミノーグ（Kylie Minogue）（1969-）の名声がその主たる火つけ役である。人気は 2000 年代初期に頂点に達した。Kylie の意味ははっきりせず，「ブーメラン」を表すオーストラリア先住民の言語の語に由来するという説と，Kyle（カイル）や Kelly（ケリー）のような別の名前のもじりだという説がある。

データソース

下にあるリストは，広範囲の情報源をもとに作られている（ただしつづりの変異は網羅していない）。まず，英国の教会区記録は古い名前についてのおそらく最も重要な情報源である。現代の名前は，出生登録を行う登記局が年ごとに出す氏名目録を使ってたどっていくことができる。全国紙の誕生通知欄も情報源としてよく使われる（が，そのリストに社会的・経済的な偏りが出てくることは避けがたい）。名前の専門家は，さらに，世界の英語圏にあるさまざまな大学の学生名簿を作るなど，独自の調査を多数行っている。C. V. アップルトン（C. V. Appleton）によるある未刊行の調査では，イングランドとウェールズでスミスという姓をもつ人たちの，1837 年以降のすべてのファーストネームを調査している。

従来の研究の大部分は英国と米国に焦点をあててきたが，ほかの国々の名づけ習慣についても情報が少しずつ集まってきており，今では民族間での違いについてもこれまでより真剣に検討されるようになっている。英国と米国ではかなりの割合の人びとが非英語圏にルーツをもつので，現代の名前調査の結果にはそうした非英語圏の国々の名づけの流行も含まれていることが多い。パトリック・ハンクス（Patrick Hanks），ケイト・ハードカースル（Kate Hardcastle），フラビア・ホッジズ（Flavia Hodges）による『ファーストネーム辞典（*A Dictionary of First Names*）』（第 2 版，2006 年）は，アラブ世界やインド亜大陸で一般的な名前について補遺を設けている。例えば，アラビア語の名前では Kamal（カマル，「完璧」），Khalid（ハーリド，「永遠の」），Mahmud（マフムト，「賞賛に値する」），Mansur（マンスール，「勝利した」）などがあり，インド系の名前では Ravi（ラヴィ，「太陽」），Rama（ラーマ，「人に喜びを与える」），Vasu（ヴァス，「明るい」），Vishwanath（ビシュワナート，「万物の王」）などが一般的であるが，これらはアングロサクソン系白人の多くにとっては男子名なのか女子名なのかもわからないくらい馴染みのない名前なのである。

上位 10 位のファーストネーム

	1700年	1800年	1900年	1950年	1960年代半ば年	1980年代半ば年	1990年代半ば年	2010年 *
イングランドとウェールズの女子名	Mary(メアリー)	Mary(メアリー)	Florence(フローレンス)	Susan(スーザン)	Tracey(トレーシー)	Sarah(サラ)	Rebecca(レベッカ)	Olivia(オリヴィア)
	Elizabeth(エリザベス)	Ann(アン)	Mary(メアリー)	Linda(リンダ)	Deborah(デボラ)	Claire(クレア)	Amy(エイミー)	Sophie(ソフィー)
	Ann(アン)	Elizabeth(エリザベス)	Alice(アリス)	Christine(クリスティーン)	Julie(ジュリー)	Emma(エマ)	Sophie(ソフィー)	Emily(エミリー)
	Sarah(サラ)	Sarah(サラ)	Annie(アニー)	Margaret(マーガレット)	Karen(カレン)	Laura(ローラ)	Charlotte(シャーロット)	Lily(リリー)
	Jane(ジェーン)	Jane(ジェーン)	Elsie(エルシー)	Carol(キャロル)	Susan(スーザン)	Rebecca(レベッカ)	Laura(ローラ)	Amelia(アミーリア)
	Margaret(マーガレット)	Hannah(ハンナ)	Edith(イーディス)	Jennifer(ジェニファー)	Alison(アリソン)	Gemma(ジェンマ)	Lauren(ローレン)	Jessica(ジェシカ)
	Susan(スーザン)	Susan(スーザン)	Elizabeth(エリザベス)	Janet(ジャネット)	Jacqueline(ジャクリーン)	Rachel(レイチェル)	Jessica(ジェシカ)	Ruby(ルビー)
	Martha(マーサ)	Martha(マーサ)	Doris(ドリス)	Patricia(パトリシア)	Helen(ヘレン)	Kelly(ケリー)	Hannah(ハンナ)	Chloe(クローイ)
	Hannah(ハンナ)	Margaret(マーガレット)	Dorothy(ドロシー)	Barbara(バーバラ)	Amanda(アマンダ)	Victoria(ヴィクトリア)	Jade(ジェイド)	Grace(グレース)
	Catherine(キャサリン)	Charlotte(シャーロット)	Ethel(エセル)	Ann(アン)	Sharon(シャロン)	Katharine(キャサリン)	Emma(エマ)	Evie(イーヴィ)
イングランドとウェールズの男子名	John(ジョン)	William(ウィリアム)	William(ウィリアム)	David(デーヴィッド)	Paul(ポール)	Christopher(クリストファー)	Daniel(ダニエル)	Oliver(オリヴァー)
	William(ウィリアム)	John(ジョン)	John(ジョン)	John(ジョン)	David(デーヴィッド)	Matthew(マシュー)	Thomas(トマス)	Jack(ジャック)
	Thomas(トマス)	Thomas(トマス)	George(ジョージ)	Peter(ピーター)	Andrew(アンドルー)	David(デイヴィッド)	Matthew(マシュー)	Harry(ハリー)
	Richard(リチャード)	Jame(ジェームズ)	Thomas(トマス)	Michael(マイケル)	Stephen(スティーヴン)	James(ジェームズ)	Joshua(ジョシュア)	Alfie(アルフィー)
	James(ジェームズ)	George(ジョージ)	Charles(チャールズ)	Alan(アラン)	Mark(マーク)	Daniel(ダニエル)	Adam(アダム)	Charlie(チャーリー)
	Robert(ロバート)	Joseph(ジョゼフ)	Frederick(フレデリック)	Robert(ロバート)	Michael(マイケル)	Andrew(アンドルー)	Luke(ルーク)	Thomas(トマス)
	Joseph(ジョゼフ)	Richard(リチャード)	Arthur(アーサー)	Stephen(スティーヴン)	Ian(イアン)	Steven(スティーヴン)	Michael(マイケル)	William(ウィリアム)
	Edward(エドワード)	Henry(ヘンリー)	James(ジェームズ)	Paul(ポール)	Gary(ゲーリー)	Michael(マイケル)	Christophe(クリストファー)	Joshua(ジョシュア)
	Henry(ヘンリー)	Robert(ロバート)	Albert(アルバート)	Brian(ブライアン)	Robert(ロバート)	Mark(マーク)	Ryan(ライアン)	George(ジョージ)
	George(ジョージ)	Charles(チャールズ)	Ernest(アーネスト)	Graham(グレアム)	Richard(リチャード)	Paul(ポール)	Jack(ジャック)	James(ジェームズ)

	1875年	1900年	1950年	1960年	1970年	1980年代半ば	2010年 **	2010年 ***
米国の女子名	Mary(メアリー)	Mary(メアリー)	Lind(リンダ)	Mary(メアリー)	Michelle(ミシェル)	Jennifer(ジェニファー)	Isabella(イザベラ)	Beyonce(ビヨンセ)
	Anna(アンナ)	Ruth(ルース)	Mary(メアリー)	Debora(デボラ)	Jennifer(ジェニファー)	Sarah(サラ)	Sophie(ソフィー)	Jayla(ジェイラ)
	Elizabeth(エリザベス)	Helen(ヘレン)	Patricia(パトリシア)	Karen(カレン)	Kimberly(キンバリー)	Jessica(ジェシカ)	Emma(エマ)	Ayana(アヤーナ)
	Emma(エマ)	Margaret(マーガレット)	Susan(スーザン)	Susan(スーザン)	Lisa(リーサ)	Ashley(アシュリー)	Olivia(オリヴィア)	Zari(ザリ)
	Alice(アリス)	Elizabeth(エリザベス)	Deborah(デボラ)	Linda(リンダ)	Tracy(トレーシー)	Amanda(アマンダ)	Ava(エーヴァ)	Laqueta(ラキータ)
	Edith(イーディス)	Dorothy(ドロシー)	Kathleen(キャスリーン)	Patricia(パトリシア)	Kelly(ケリー)	Megan(メガン，ミーガン)	Emily(エミリー)	Aisha(アーイシャ)
	Florence(フローレンス)	Catherine(キャサリン)	Barbara(バーバラ)	Kimberly(キンバリー)	Nicole(ニコル)	Nicole(ニコル)	Abigail(アビゲイル)	Kimani(キマニ)
	May(メイ)	Mildred(ミルドレッド)	Nancy(ナンシー)	Catherine(キャサリン)	Angela(アンジェラ)	Katherine(キャサリン)	Madison(マディソン)	Kayla(ケーラ)
	Helen(ヘレン)	Frances(フランシス)	Sharon(シャロン)	Cynthia(シンシア)	Pamela(パメラ)	Lindsey(リンジー)	Chloe(クローイ)	Shaniqua(シャニクワ)
	Katharine(キャサリン)	Alice(アリス)	Karen(カレン)	Lori(ローリ)	Christine(クリスティーン)	Stephanie(ステファニー)	Mia(ミーア)	Imani(イマニ)
米国男子名	William(ウィリアム)	John(ジョン)	Robert(ロバート)	Michael(マイケル)	Michael(マイケル)	Michael(マイケル)	Jack(ジャック)	Demarco(デマルコ)
	John(ジョン)	William(ウィリアム)	Michael(マイケル)	David(デーヴィッド)	Robert(ロバート)	Christopher(クリストファー)	Ethan(イーサン)	Dion(ダイオン)
	Charles(チャールズ)	Charles(チャールズ)	James(ジェームズ)	Robert(ロバート)	David(デーヴィッド)	Matthew(マシュー)	Michael(マイケル)	Chikae(チカイ)
	Harry(ハリー)	Rober(ロバート)	John(ジョン)	James(ジェームズ)	James(ジェームズ)	Joshua(ジョシュア)	Jayden(ジェイデン)	Deion(ディオン)
	James(ジェームズ)	Joseph(ジョセフ)	David(デーヴィッド)	John(ジョン)	John(ジョン)	David(デーヴィッド)	William(ウィリアム)	Malik(マリク)
	George(ジョージ)	James(ジェームズ)	William(ウィリアム)	Mark(マーク)	Jeffrey(ジェフリー)	Daniel(ダニエル)	Alexander(アレクサンダー)	Darius(ダリアス)
	Frank(フランク)	George(ジョージ)	Thomas(トマス)	Steven(スティーヴン)	Steven(スティーヴン)	Ryan(ライアン)	Noah(ノア)	Deon(デオン)
	Robert(ロバート)	Samuel(サミュエル)	Richard(リチャード)	Thomas(トマス)	Christopher(クリストファー)	Andrew(アンドルー)	Daniel(ダニエル)	Demond(デモンド)
	Joseph(ジョゼフ)	Thomas(トマス)	Gary(ゲーリー)	William(ウィリアム)	Brian(ブライアン)	Brian(ブライアン)	Aiden(アイデン)	Elon(イーロン)
	Thomas(トマス)	Arthur(アーサー)	Charles(チャールズ)	Joseph(ジョゼフ)	Mark(マーク)	John(ジョン)	Anthony(アンソニー)	Taye(テイ)

* 国家統計局（Office for National Statistics） ** 社会保障局（Office of Social Security）（白人） *** （アフリカ系米国人）

あだ名

nickname（あだ名，通称，俗称）という語が最初に記録されているのは 15 世紀で，そこでは古英語の「もまた（also）」に当たる eke を用いた形（an eke name）をしていた。親近感，愛情，嘲笑などの気持ちを表すのに使われる，本名とは別の追加的な名前のことをいった。あだ名は人間につけられることが多いが，場所や物につけられることもある。米国のすべての州に通称がある（p.155）し，観光地や商業地（スペインの Costa Brava（コスタ・ブラバ），カリフォルニアの Silicon Valley（シリコン・バレー）），都市（デトロイトを指す Motown（モータウン）），国々（アイルランドを指す The Emerald Isle（エメラルド島）），天体（火星を指す Red Planet（赤い惑星））にも通称をもつものは多い。年配の引退者が多く暮らすイングランド南部の海岸の町を Costa Geriatrica（コスタ・ジェリアトリカ）とあだ名するなど，あだ名をもとにしたあだ名もある〔【訳注】Costa Brava（コスタ・ブラバ）がスペイン語で「野生の海岸」を意味するのに対し，Costa Geriatrica は「老人の海岸」を表す。〕。あだ名をもつ物には，旗（海賊旗をいう Jolly Roger），新聞（ロンドンの『タイムズ（*The Times*）』をいう The Thunderer（一大警世紙）），交響曲（Eroica（英雄）），時計（Big Ben（ビッグベン））などがある。1 つのあだ名が 2 つ以上のものにあてられることもあり，例えば Big Bang（ビッグバン）は宇宙の始めの大爆発を指す一方，1986 年 10 月に実施されたロンドン証券取引所（the City of London Stock Exchange）の自由化についても使われている。

人に対するあだ名は子どもの間で最もよく見られるが，（家族やスポーツのチームや軍隊のメンバーのように）緊密なつながりをもつグループであれば，あだ名がつけられる傾向がある。あだ名をつけられやすいのは，特別な友人や敵，権威者（教師，将校，政治家），評判の悪い人物（特に犯罪者）である。あだ名を本人に面と向かって気兼ねなく使えるかどうかは，その人との親密さを測る重要な指標となる。また，例えば Chalky（チョーキー）といえば White（ホワイト），Nobby（ノビー）といえば Clark（クラーク），Spider（スパイダー）といえば Webb（ウェッブ），Spud（スパッド）といえば Murphy（マーフィー）というように，特定の苗字と結びついてしまったあだ名もある。〔【訳注】例えば Chalky White は，『ボードウォーク・エンパイア 欲望の街（*Boardwalk Empire*）』の登場人物である。Clark, Clarke, Clerke の苗字の人には Nobby または Knobby というあだ名がつけられるという歴史があり，その背景については職業の clerk（書記，事務官：聖職者）の特徴に関係する諸説がある。〕同じように，Charles に対する Chuck（チャック），Dennis に対する Menace（メナス），Michael に対する Spike（スパイク）のように，標準的なあだ名をもつファーストネームもある。髪の毛の色（Ginger（赤毛）），髪の毛がないこと（Baldy（はげ）），眼鏡（Four-Eyes（4 つ目）），体の大きさ（Tubby（太っちょ））そのほかの身体的特徴やふるまいの特徴は，昔からあだ名の主たる源である。

仮名

多くの人が本名とは別の名前を使っている。その目的は，なんらかのイメージ作りのため，よくない連想を避けるため，記憶されやすいようにするため，誰であるかを特定されないようにするため，または単に発音やつづりを容易にするためなどである。そういう別名を指す用語は 1 つではなく，**仮名**（pseudonym），**ペンネーム**（pen-name），**筆名**（nom de plume），**芸名**（stage-name），**副名**（byname），**別名**（alias），**偽名**（allonym）といったニュアンスの異なる用語が使われてきた。仮名は誰でも使えるが，作家，俳優，メディアの著名人を中心とする特定の職業の人びとには仮名を使う人が多い。筆名を使用した有名な作家には，シャーロット，エミリー，アンのブロンテ姉妹（the Brontë sisters）（順に，Curry Bell（カリー・ベル），Ellis Bell（エリス・ベル），Acton Bell（アクトン・ベル）という筆名），チャールズ・ドジソン（Charles Dodgson）（Lewis Carroll（ルイス・キャロル）という筆名），チャールズ・ディケンズ（Charles Dickens）（Boz（ボズ）という筆名）がいる。芸名の作り方は主に 3 つで，苗字だけを変えるやり方（Frederick Austerlitz（フレデリック・アウステルリッツ）から Fred Astaire（フレッド・アステア）），ファーストネームだけを変えるやり方（Marilyn Novak（マリリン・ノヴァク）から Kim Novak（キム・ノヴァク）），丸ごと変えるやり方（William Henry Pratt（ウィリアム・ヘンリー・プラット）から Boris Karloff（ボリス・カーロフ），Harold Roger Webb（ハロルド・ロジャー・ウェッブ）から Cliff Richard（クリフ・リチャード），Marion Michael Morrison（マリオン・マイケル・モリソン）から John Wayne（ジョン・ウェイン））の 3 つである。Madonna（マドンナ）（Madonna Louise Ciccone（マドンナ・ルイーズ・チッコーネ））や Eminem（エミネム）（Marshall Bruce Mathers（マーシャル・ブルース・マザーズ））のように，構成要素が 1 つだけの芸名もある。

あだ名が唯一無二となる場合

Old Hickory（頑固おやじ）の名で知られる米国第 7 代大統領アンドルー・ジャクソン（Andrew Jackson）（1767-1845）。意志強固な施政からそのあだ名がつけられた（ヒッコリーは頑強な木材として知られている）。

この場合のように，あだ名は与えられた人物に唯一無二のものとなることがある。Merry Monarch（陽気な君主）（チャールズ 2 世のこと）も，Capability Brown（可能性のブラウン）（18 世紀の造園家ランスロット・ブラウン（Lancelot Brown））も，Iron Duke（鉄人公爵）（ウェリントン公爵（the Duke of Wellington））も，Old Hickory（頑固おやじ）も，それぞれ一人ずつしかいない。

人名は特異性に満ちていて，予測できないことが多い。よく知られているように，英国のある種の苗字は混成語のように融合（telescope）されることがあるが〔【訳注】混成語（blend）は p.141 のように "portmanteau word"（かばん語）と呼ばれたり，ここのように "telescope word" と呼ばれることもある。〕，その結果について，例えば Marjoribanks を「マーシュバンクス（Marshbanks）」，Featherstonehaugh を「ファンショー（Fanshaw）」，Cholmondley を「チャムリー（Chumley）」と発音することなど，誰にも予測できないだろう。こうした例については，ことばの知識よりむしろ社会知識が必要になる。

ヴァレンタインカードのことば

これは，1993 年 2 月 14 日の『インディペンデント・オン・サンデー（*The Independent on Sunday*）』の 1 ページから，ヴァレンタイン・デーのメッセージを抜粋したものである。これほど特異なあだ名が作られることは，たぶんこの日をおいてほかにないだろう*1。これらのメッセージでは，あだ名以外にも，ことばの全側面（p.426）において奇妙で逸脱的な特徴が使われていることが目につく*2。

WATCH OUT SCHNOOTER Mr Sniperty Snooperty is after you. All my love Sausage.
SCMALISON, carling chemist contemplates coupling with languid linguist.
RITA FROM THE HEELANDS love you still yobread.
KAREN, LOVE YOU loads, your white Wooly Ram.
FIRST, MEWSING; then courting; now ingling; love, C.
THE SWEETIEST kiss I can give you after a shooting star.
IN PLAY RUB Mooma Vooma ook ook R.
KITBAG Six smashing years, love you more, Div.
PETER IS YUMMY, the coley was scrummy, muffet.
LESLIE LOVE YOU more as Mrs M. Jcx.
PERFECT IS amazing yo amazing love beb.
PUDSO I STILL fancy you from pert.
MARY, over here at last, me for ever. Andrew.
IAN sausages for ever. Lov cold footed mole.
ELBOW, ILY, IILWY, YMMW. Festive 50 No1 1990.
ALL MY LOVE Cuddly Chops, from Kevin Costner.
LOVING YOU, MY puppy. Is th most wonderful emotion I possess. Yours always, your Bondigowee.
STINKY VAMP, you're my little love Bubble, Kevin.
COME DOWN FROM THAT fence and sip the

（訳注を含め，続きを巻末 p.529 に掲載）

女らしくまたは男らしく聞こえる名前

ファーストネームを音韻的に分析（p.248）すると，男性名と女性名で興味深い違いがあることがわかってくる。すなわち，男性名と女性名とでは発音が違うようなのである。下にまとめる結果は，ある英語のファーストネーム辞典の 1,667 項目を分類して得られたものだが，個々の主張は p.161 にあるような人気のファーストネームのリストで簡単に確かめることができる。

- 女性のファーストネームは男性のファーストネームより音節数の点で長くなる傾向がある。女性名に比べ，男性名は（Bob（ボブ），Jim（ジム），Fred（フレッド），Frank（フランク），John（ジョン）のように）単音節である可能性がずっと高く，（Christopher（クリストファー）や Nicholas（ニコラス）のように）3 音節以上の長さをもつ可能性がずっと低い。逆に，リストには単音節の女性名は少数しかなく（Ann（アン），Joan（ジョーン），May（メイ）），多くは 3 音節かそれ以上の音節数をもつ（Katharine（キャサリン），Elizabeth（エリザベス），Amanda（アマンダ），Victoria（ヴィクトリア））。
- 男性名の 95 パーセントは第 1 音節に強勢が置かれるのに対し，女性名でこの強勢型を示すのは 75 パーセントにとどまる。｛【訳注】以下，主強勢の位置を示す記号は訳者による｝強勢のない音節で始まる女性名は難なく思いつくことができる（Patrícia（パトリシア），Elízabeth（エリザベス），Amánda（アマンダ），Rebécca（レベッカ），Michélle（ミシェル））が，そういう男性名はまれである（Jeróme（ジェローム），Demétrius（ディミートリアス））。実際，（p.161 で見た）英国で人気のある男性ファーストネームの中に，無強勢第 1 音節をもつ名前が入ったことはこの 75 年間 1 度もないのである――そういう男子ファーストネームは米国のリストに 3 つあるだけである。
- 女性名の強勢音節は，Lísa（リーサ，リーザ），Tína（ティーナ），Célia（シーリア），Maxíne（マクシーン）のように前舌高母音 /i/ を使っている可能性が高く，Fífi（フィフィ）や Mími（ミミ）はその代表例である。/i/ をもつ男性名はずっと少ない（Steve（スティーヴ），Keith（キース），Peter（ピーター））。
- 女性の愛称は，男性の愛称より長くなる傾向がある。2 音節の愛称は男性でも女性でもありうるが，単音節の愛称は男性のものである可能性がずっと高い。例えば Jackie（ジャッキー）は男女どちらでもありうるが，Jack（ジャック）は男性である。これと同じようになる対には，ほかにも，Bill/Billie（ビル／ビリー），Bob/Bobbie（ボブ／ボビー）などいくつかある。
- 女性のファーストネームは，男性名に比べて（発音する）母音で終わる可能性がずっと高い。例えば，Linda（リンダ），Tracey（トレーシー），Patricia（パトリシア），Deborah（デボラ），Mary（メアリー），Barbara（バーバラ）など。語末が母音でなければ，連続音（p.254），中でも鼻音である可能性が高い（Jean（ジーン），Kathleen（キャスリーン），Sharon（シャロン），Ann（アン））。逆に，男性のファーストネームは破裂音で終わる可能性がずっと高い（Bob（ボブ），David（デーヴィッド），Dick（ディック），Jock（ジョック））。ここから，次のような興味深い比較の問題が出てくる。例えば，Kate（ケート）は，Kath（カース）や Katie（ケイティ）や Katherine（キャサリン）に比べると男性的に聞こえるということになるだろうか？｛【訳注】Katie は母音で，Kath と Katherine は連続音でそれぞれ終わっているのに対して，Kate は破裂音で終わっているからである。｝これほど物議をかもしそうなテーマはなかなかないだろう。

もちろん，こうした傾向を説明することは困難で，おそらく不可能だろう。前舌高母音 /i/ の偏りは，この音がもつとされる小ささや明るさといった音象徴特性（p.262）で説明できるだろうか？ 第 1 音節に強勢がくるという傾向を，男性的攻撃性の高さに関連づけることができるだろうか？ 1 つ確かだと言えるのは，ファーストネームについて信頼できる一般化をするのは，女性名についての方が難しいということである。人気のある男性名は女性名に比べてはるかに規則的である。つまり，創意工夫をこらした名前や独自の名前は男子より女子に与えられやすいと言える。

説明はどうであれ，Sabrína（サブリナ）のような名前はまったく予想通りの「女性型」の名前であり，3 音節以上の長さをもち，第 1 音節に強勢がなく，強勢のある /i/ をもっている。もう 1 つの例が Christíne（クリスティーン）であり，この名はある米国の調査で男性回答者に最もセクシーな女性名と判定された。逆に，Bob（ボブ）はすこぶる「男性型」の名前である。こうした結論に照らすと，コメディアンや台本作者が，予想に合わない名前を選ぶという単純な工夫で喜劇的効果を演出していることについても，よりよく理解できるようになるだろう。そうでなければ，英国のコメディアン，ローワン・アトキンソン（Rowan Atkinson）はどうして，彼のシリーズの 1 つで，兵士の制服をきた美人を Bob（ボブ）と呼ぶのだろうか？ また，英国の風刺番組『スピッティング・イメージ（*Spitting Image*）』の楽曲『チキン・ソング（*The Chicken Song*）』，ヴァージンレコード，1986 年）はどうしてリスナーたちに，「君の名前はキースってことにしておきなよ」と呼びかけるのだろう？

（A. カトラー，J. マクイーンと K. ロビンソン（A. Cutler, J. McQueen & K. Robinson），1990 による）

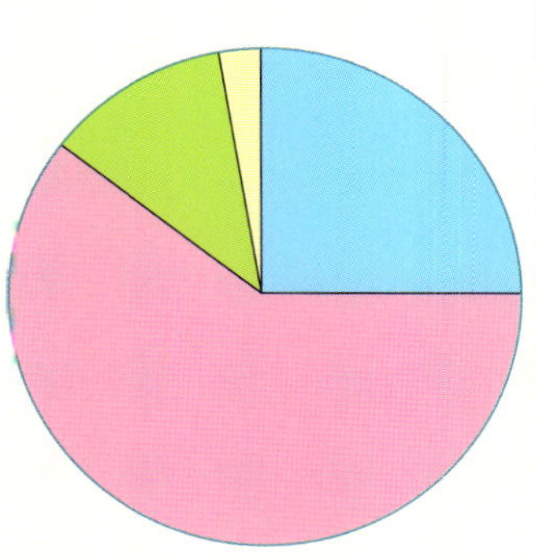

男性名の音節数

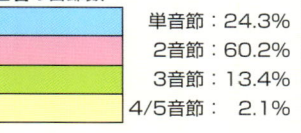

単音節：24.3%
2音節：60.2%
3音節：13.4%
4/5音節：　2.1%

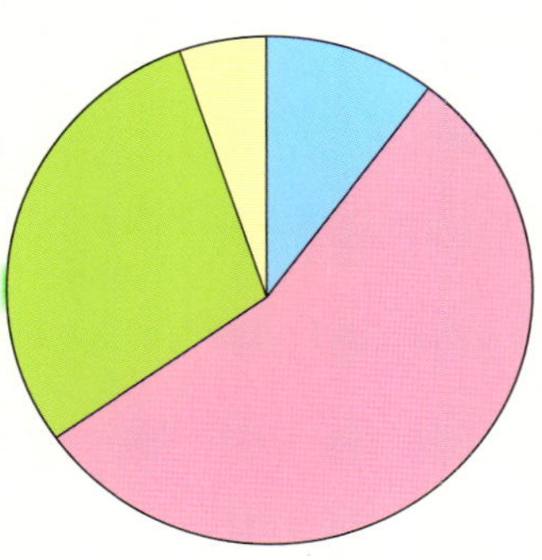

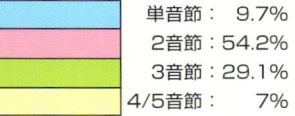

女性名の音節数

単音節：　9.7%
2音節：54.2%
3音節：29.1%
4/5音節：　7%

単音節，2 音節，3 音節，4/5 音節の男性名と女性名それぞれの割合

まことケートよ

シェイクスピアの『ヘンリー5 世（*Henry V*）』第 5 幕第 2 場で，フランス王女キャサリンに会ったイングランド王ヘンリー5 世は，彼女のことを Katherine（キャサリン）とも Kate（ケート）とも呼んでいる。だが，Katherine（キャサリン）という時にはその前に必ず，女性性を強く喚起するような修飾語――たいていは fair（美しい）だが，場合によっては la plus belle（この世で 1 番美しい）とか Queen of all（あらゆるものの女王）などをつけ加えている。そのような修飾語なしに呼びかける時には Kate（ケート）と言っている。これは，王女に「率直な武人」として語りかける，「きどったくどき文句を知らない」「ぶっきらぼうな王」の口から出た愛称としては，適切なものだと言えるだろう。｛【訳注】引用符内について小田島雄志訳『ヘンリー五世』（『シェイクスピア全集 III』白水社，1985）を参考にした。｝

『ヘンリー5 世（*Henry V*）』（1989 年）の一場面。ヘンリー役のケネス・ブラナー（Kenneth Branagh）とキャサリン役のエマ・トンプソン（Emma Thompson）。

物の名前

原理的には，我々はどんな物や概念にでも個々に名前をつけることができるが，現実の名づけは非常に選択的に行われる。我々の生活との接近度や関連性に応じて対象への名づけを動機づけるような，「名づけられやすさ」の直感的な尺度が存在するようである。この尺度の最上位にくるのは人とその居住地で，次にくるのは動物である。ペットにするような動物（犬，猫，うさぎ，セキセイインコなど）の方が「下等動物」よりずっと名前を与えられやすく，蜘蛛やなめくじ，蛇などは概して名前をもたない。ただ，どんな規則にも9歳の例外というものがあり，友人たる昆虫とはさまざまな個人的な関係が築かれることが知られている（だから，異国のワンルームマンションで日々やってくるごきぶり君にArnold Schwarzenegger（アーノルド・シュワルツェネッガー）という名前をつけた英国人学生のような例も出てくる）。｛【訳注】ここでいう「9歳の例外」とは，9歳前後の子どもが蜘蛛やナメクジなどに名前をつける傾向があることを指す。｝我々をひとまとめにして動かす物も，名づけられやすさの尺度の比較的上位に位置しており，機関車，飛行機，バス，船はよく名前をつけられる。（面白いことに，これらに比べると，自動車，自転車，バイク，スケートボードのような個人単位の乗り物への名づけはずっとまれである。）洗濯機や手押し車のような特別な価値や有用性をもつ物も，名前をつけられやすい。尺度の最下位にあって我々が普通名前をつけないのは，鉛筆や石や生垣のように容易に代わりが見つかるものや，付随的にしか生活に関与しないものである。

物への名づけの背後にある理由はさまざまであり，まずその多様性を認識する必要がある。使いやすさ，見分けやすさ，覚えやすさ，売れやすさといった実際的な要因に加えて，誇りや愛情や懐かしさといった要因も働いている。機関車でも絵の具でも，多くの物は番号やコードや記号を使ってはっきりと弁別できるので，個別的な名前は「必要ない」はずだが，それにもかかわらず，しばしばそうした名前が与えられるのである。そして，あるカテゴリーの物が人間にとって特別な関連性をもつようになると，そこに一群の名前が発生することは，食べ物や飲み物（ジャガイモ，リンゴ，カクテル），身体につけるもの（口紅，香水，デオドラント），趣味（薔薇，蘭，鳥）の事例からわかる。また，このような名づけの現象がどれだけ広く行われているかにも目を向ける必要がある。例えば，『イギリス全国登録リンゴ一覧（*National Apple Register of the United Kingdom*）』（1971）では，リストされている6,000のリンゴ品種に対して7,500以上の名前が使用されている。このようなことを考えると，固有名詞研究を促進する名称学会をもつ国々がいくつかあっても驚きではない（p.150）。

機関車の名前

鉄道時代の最初期までさかのぼる慣習として，英国の比較的大きな蒸気機関車はおおかた個別の名前をもっている。ジョージ・スティーヴンソン（George Stephenson）のRocket（ロケット号）（1829）に連なるものとして，今日のNovelty（ノベルティ号），Locomotion（ロコモーション号），Catch Me Who Can（キャッチ・ミー・フー・キャン号）のような名前がある。城，国，大学といったある1つのテーマに沿ったシリーズ名がよくつけられてきた。Flying Scotsman（フライング・スコッツマン号）やMancunian（マンチェスター号）やMallard（マラード号）やWelsh Dragon（ウェルシュ・ドラゴン号）｛【訳注】ウェールズの紋章の赤い竜を指す。｝のように，記録達成や走行ルートのおかげで人びとに広く知られるようになった機関車名もある。ただしこういうならわしは，現在でも英国に固有のものである。

The Rocket（ロケット号）

色表

米国の画家アルバート・ヘンリー・マンセル（Albert Henry Munsell）が1915年に作成した『マンセル表色系・アトラス版（*Atlas of the Munsell Color System*）』の一部。これは，表色系（colour systems）の論理的基盤を構築しようとした多数の初期の試みの中でも，最も成功した例である。数千もの認識可能な色の違いを呼び分けるための標準的表記法が考案され，そのうちの1つを使うと，例えば，ある特定のエメラルド・グリーンの色は5.0G 6.7/11.2というラベル（これは色相と彩度の値を述べたもの）で呼ばれることになる。

絵具・塗料のメーカーがこうしたラベルを商品に使うことはあまりなく，むしろ，Serenade（セレナーデ），Monte Carlo（モンテカルロ），Buttercup（キンポウゲ），Forget-Me-Not（忘れな草）のような（恣意的ではあるが）魅力的で覚えやすいラベルが好まれる。ただ，こういう名前と実際の視覚情報とのつながりは強弱さまざまである。Pastel Green（パステル・グリーン）やSilver Grey（シルバー・グレー）は直感的によくわかる（これらの名前を使うメーカーの間で色調は大きく異なるけれども）。Water Lily（スイレン）やCornflower（ヤグルマソウ）もそれなりにわかる。Early Dawn（朝焼け）やMorning Sun（朝日）になると通じるかどうか疑わしくなり，Nocturne（ノクターン）やSonata（ソナタ）になると，もはや視覚的基盤が皆無である（最後の2つは，そのメーカーの「新たなハーモニー」という色のシリーズ名との意味的つながりによってつけられた）。（p.183も見よ。）

名前から語へ

本章では，英語の諸要素が名前の形成に使われる多数の方式について見てきた。最後に，それと逆の過程，すなわち名前が新しい語彙素の形成に使われるケースについて簡単に見ておきたい。語彙素のもとになる人名を**人名語**（eponym）といい，人名から語彙素を作る過程を**人名語形成**（eponymy）という。紛らわしいことに，人名から派生された語彙素の方も人名語という同じ用語で呼ばれることがある。よって，フランス人曲芸師ジュール・レオタール（Jules Léotard）（1842-70）に関して，彼の Léotard という名前も，彼が曲芸をする際に着用したぴったりした上下続きの衣服｛【訳注】レオタードのこと｝も，どちらも人名語と呼ばれる可能性がある。同じように，地名から派生した語彙素と，そのもとになる地名自体は，どちらも**地名語**（toponym）と呼ばれることが多い（p.150）。

語になった人名

Pavlova（パヴロヴァ）メレンゲにホイップクリームをかけ，果物で飾りつけたデザート。語源：Anna Pavlova（アンナ・パヴロヴァ）（1885-931），ロシア人バレリーナ。彼女がオーストラリアとニュージーランドでツアーを行って人気を博したことを背景に，オーストラリアのシェフたちがこの組合わせのデザートを考案した。

volt（ボルト）電圧および起電力の単位。語源：イタリア人物理学者 Alessandro Volta（アレッサンドロ・ヴォルタ）（1745-827）。電池を発明した人物。

Crufts（クラフツ）毎年英国で行われるドッグショー。語源：英国人ドッグ・ブリーダー兼見世物師 Charles Cruft（チャールズ・クラフト）（1852-939）による。1886年に初回のショーを開催した。｛【訳注】人名語形成のもとになったのは1891年のショーで，Cruft's Greatest Dog Show と名づけられた。Crufts の語末の -s はこの所有格に由来すると考えられる。｝

cardigan（カーディガン）前をボタンで留める毛編みのジャケットで，最初はクリミア戦争で冬の防寒用に着用された。語源：英軍騎兵隊将校ジェームズ・トーマス・ブルーデネル（James Thomas Brudenell），seventh Earl of Cardigan（第7代カーディガン伯爵）（1797-868）で，クリミア戦争中，バラクラヴァでの「軽騎兵の突撃（Charge of the Light Brigade）」（1854）を率いた人物。

maverick（無所属の人，一匹狼）集団の規制を拒む独立独行の人。語源：米国西部開拓者 Samuel Augustus Maverick（サミュエル・オーガスタス・マヴェリック）（1803-70），自分の子牛に焼き印を押すことを拒んだ。

nicotine（ニコチン）タバコに入っていることで知られている化合物。語源：フランス人外交官・学者 Jean Nicot（ジャン・ニコ）（1530-600），タバコをフランスに紹介した。

teddy bear（テディベア）熊のぬいぐるみ。語源：Teddy（テディ）があだ名の米国大統領 Theodore Roosevelt（セオドア・ローズヴェルト）（1858-919）。熊の狩猟家として知られるローズヴェルトが子熊の命を見逃してやるところを描いた漫画から。

magnolia（マグノリア）大きな見栄えのする花をつける低木や高木の属の1つ。語源：フランス人植物学者 Pierre Magnol（ピエール・マニョル）（1638-715）。植物分類の体系を作ったことで知られる。

語になった地名

地名に由来する語彙素は多い。

alsatian（シェパード）：フランスのアルザス（Alsace）より。

balaclava（バラクラヴァ帽）｛【訳注】頭・首および肩を覆う野戦用または登山・スキー用の羊毛製の大型帽｝：クリミアのバラクラヴァ（Balaclava）より。

bikini（ビキニ）：マーシャル諸島のビキニ環礁（Bikini Atoll）より。

bourbon（バーボンウイスキー）：ケンタッキー州バーボン郡（Bourbon County）より。

Brussels sprouts（芽キャベツ）：ベルギーのブリュッセル（Brussels）より。

champagne（シャンパン）：フランスのシャンパーニュ（Champagne）より。

conga（コンガ）｛【訳注】キューバの踊り｝：アフリカのコンゴ（Congo）より。

copper（銅）：キプロス（Cyprus）より。

currant（小粒の種なし干しぶどう）：ギリシャのコリントス（Corinth）より。

denim（デニム）：フランスのニーム（Nîmes）より。（もとは serge de Nîm（ニームのサージ）といった。）

dollar（ドル）：ボヘミアの St Joachimsthal（ザンクトヨアヒムスタール）より。（この場所で joachim-stalers（ヨアヒムスターラー）と呼ばれる銀貨が鋳造され，それが thalers（ターラー）に短縮され，さらに dollars（ドル）になった。）

（巻末 p.530へ続く）

語になった主人公たち

フィクションや神話の人物たちも，He's a real Romeo（彼は本物の女たらしだ），What a Scrooge!（なんてけちなんだ！）のように人名語になることがある。

atlas（地図帳，地図書）：ギリシャ神話タイタン族の1人，アトラス（Atlas）より。

Cinderella（価値に気づかれない人；（不当に）軽視される人；一躍有名になった人）：おとぎ話の登場人物より。

herculean（大力無双の；大力を要する）：ギリシャ神ヘーラクレース（Hercules）より。

Jekyll and Hyde（二重人格者）：ロバート・ルイス・スティーヴンソン（Robert Louis Stevenson）の小説の登場人物より。

June（6月）：ローマの女神，ユーノー（Juno）より。

keeping up with the Joneses（近所の人に負けまいと見栄を張る）：米国の連載漫画（1913）の登場人物より。

man Friday（忠僕）：ダニエル・デフォー（Daniel Defoe）の『ロビンソン・クルーソー（*Robinson Crusoe*）』の登場人物より。

mentor（師，よき指導者）：ホーマー（Homer）の『オデュッセイア（*Odyssey*）』に出てくるメントール（Mentor）より。

quixotic（空想的な，非現実的な）：セルバンテス（Cervantes）の小説『ドン・キホーテ（*Don Quixote de la Mancha*）』の主人公より。

Romeo（女たらし；恋人）：シェイクスピアの『ロメオとジュリエット（*Romeo and Juliet*）』の登場人物より。

Scrooge（けちんぼう）：ディケンズの『クリスマス・キャロル（*A Christmas Carol*）』の登場人物より。

Shylock（高利貸し）：シェイクスピアの『ヴェニスの商人（*Merchant of Venice*）』の登場人物より。

Thursday（木曜日）：古代スカンディナヴィアの神トール（Thor）より。

11 レキシコンの構造

さらなる情報源：
cambridge.org/crystal

ある言語のレキシコンについての手引きとして最も広く使われ，また有用だと考えられているものは伝統的な辞書である（p.498）。そのアルファベット順による語の配列は，つづりを覚えていれば，簡単で効率がよく，語の意義ごとの項目だてでは簡潔でわかりやすい。そのため，辞書には私たちが語彙素（p.128）について知りたいと思うすべてのことが載っていると考えることはやむを得ないかもしれない。しかし，そのような考え方は完全に間違っている。従来型の辞書には，レキシコンの構造についてほとんど何も書かれていないのである。

レキシコンの「構造」と言うとき，それは語彙素同士を結びつける意味のネットワーク，つまりレキシコンのいわゆる**意味的構造**を指す。語彙素は完全に孤立して存在することはない。例えば uncle（おじ）という 1 つの語彙素を思いつくやいなや，次のようにいくつもの語彙素が思い浮かぶ。uncle の定義に関わるもの（brother（兄弟），father（父），mother（母）），意味が近接するもの（aunt（おば），cousin（いとこ），nephew（甥），niece（姪）），意味のつながりがよりゆるやかなもの（relatives（親戚），family（家族），visit（訪問），outing（外出）），さらに比喩的ないし文学的な用法（Uncle Sam（擬人化した米国，または典型的な米国人），Uncle Tom Cobleigh（トム・コブリーおじさん，英国の古い歌に由来し「そのほか大勢」の意味で et al. とともに使われる）や個人的または個別の連想（birthday（誕生日），funeral（葬式），loony（頭がおかしい））など。uncle（おじ）を取りまく頭の中の意味のネットワークのありとあらゆる側面を探れば，すぐに多数の結びつきが現れるだろう。しかし，辞書の uncle という項目には，私たちのその直感はほとんど反映されていない。必要最低限の情報しか載っていないこともあり，例えばある辞書では「父または母の兄弟」とあり，aunt（おば）は「父または母の姉妹」となっている。これらの 2 つの名詞がアルファベット順では遠く離れて記載されているにもかかわらず互いに結びつけられる意味上の関係について，この本は何も教えてくれないのである。

意味的構造についての研究では，語彙素同士を関係づけるありとあらゆる意味の関係性を詳しく説明しようとする。しかし，英語のレキシコンの膨大さと複雑さのため，この構造についての記述は今までごくわずかにとどまっている。これまでに，同義語関係や反義語関係（pp.176–7）といった基礎的な概念を導入した複数の理論的説明，一般的な分類に向けたいくつかの試み，そして少数の特定の意味の領域についての詳細な調査が行われてきた。現在はどのような種類の語彙的関係性があるのかが大まかにわかっているだけで，その記述はまだこれからの課題である。したがって，本章の以下のページの内容は単なる例にすぎず，レキシコンの構造の解明に本格的に取り組もうとする人を待ち受ける仕事の膨大さを示すことになるだろう。

型破りな辞書

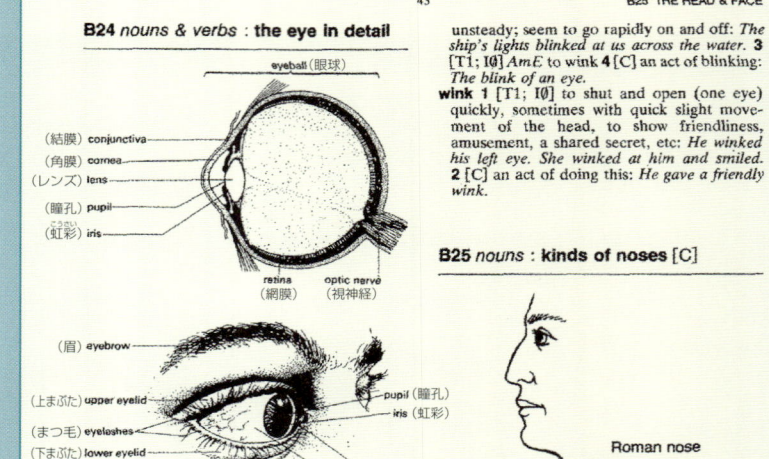

43　　B25 THE HEAD & FACE

B24 *nouns & verbs* : **the eye in detail**

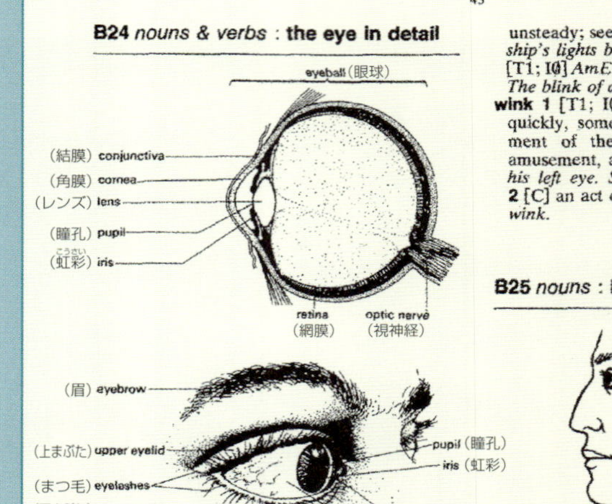

the eye（眼）

eyebrow [C] the line of hairs above each of the two human eyes: *He has very thick dark eyebrows; they make him look fierce.*
eyelid [C] one of the pieces of covering skin which can move down to close each eye: *Fish do not have eyelids and some creatures have more than one on each eye. He blinked his eyelids to clear his eyes.*
eyelash [C] one of the small hairs of which a number grow from the edge of each eyelid in humans and most hairy animals: *The eyelashes keep dust from the eyes. I have an eyelash in my eye; it's hurting my eye.*
eyeball [C] the whole of the eye, including the part inside the head, which forms a more or less round ball
pupil [C] the small black round opening which can grow larger or smaller in the middle of the coloured part of the eye, through which light passes
iris [C] the round coloured part of the eye which surrounds the pupil
white [C] the white part of the eye around the iris, which shows all the time in the human eye, but is usually hidden in animals: *The whites of his eyes were bloodshot from lack of sleep. The frightened horse showed the whites of its eyes.*
blink 1 [T1; I∅] to shut and open (the eyes) quickly, usu because of strong light, surprise, tears, etc: *She blinked (her eyes) in surprise.* **2** [I∅](*fig*) (of distant lights) to seem to be unsteady; seem to go rapidly on and off: *The ship's lights blinked at us across the water.* **3** [T1; I∅] *AmE* to wink **4** [C] an act of blinking: *The blink of an eye.*
wink 1 [T1; I∅] to shut and open (one eye) quickly, sometimes with quick slight movement of the head, to show friendliness, amusement, a shared secret, etc: *He winked his left eye. She winked at him and smiled.* **2** [C] an act of doing this: *He gave a friendly wink.*

B25 *nouns* : **kinds of noses** [C]

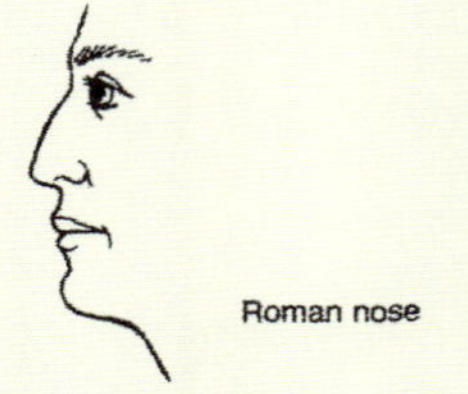

Roman nose a nose that curves out near the top at the bridge

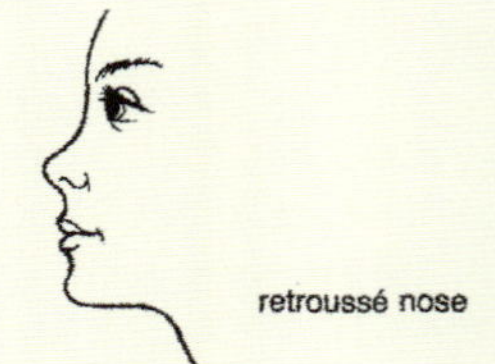

retroussé nose a nose that is turned back at the lower end

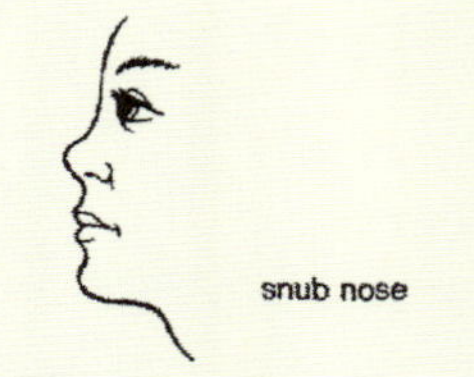

snub nose a nose that is short and flat with the end turned back

（巻末 p.530 に訳を掲載）

『ロングマン現代英語レキシコン（*Longman Lexicon of Contemporary English*）』（1981）からの 1 ページ。この辞書では，語彙素が意味の領域に区分けされた上でアルファベット順に示されている。こうすることで，語彙素同士の意味的なつながりの一部が従来の辞書よりもわかりやすくなっている。しかし，このアプローチには，特にスペースを取るという欠点がある。このレキシコン辞典は英語における中心的な 15,000 ほどの語彙項目のみを扱っているにもかかわらず，それに要する長さは 1,000 ページに及ぶのである。

uncle（おじ）のような語彙素を見つけるには，まず本の最後にある 125 ページにわたるアルファベット順の索引を引く。そうすると，その語彙素が含まれる話題の領域に付けられた番号（uncle の場合は C15）が示される。この C15 という話題の領域は，「人びとと家族」という包括的な話題の中の「親族関係」という項目の 1 つとなっており，そこでは，uncle（おじ），aunt（おば），nephew（甥），niece（姪），cousin（いとこ）が 1 つのグループになっている。

上の図は「身体，その機能と健康」という節から取ったものである。このような語彙的なアプローチと解剖学の教科書における表し方の違いに注意してほしい。教科書であれば，Roman nose（ローマ鼻，わし鼻）や snub nose（団子鼻）のような言いまわしや the white（白目）という句の用法，さらに blink（まばたき）や wink（ウィンク）のような眼の動きは含まれないであろう。

意味の場

レキシコンの構造の調査にとって有益な概念として，**意味の場**または**語彙の場**がある。これは，その中で語彙素が特定の形で相互に関係し定義し合う，固有の名をもつ意味の領域である。例えば，「果物」，「体の部位」，「車両」，「建物」，または「色」について私たちが知っているすべての語彙素を考えてみよう。banana（バナナ），nostril（鼻孔），lorry（大型トラック），town hall（市庁舎），scarlet（深紅色）といった語彙素をそれぞれの場に振り分けることができる。すべての英語の語彙素を曖昧性のない形でそれぞれの場に当てはめることは，どの程度可能なのだろうか？

それは，いくつかの理由によって見かけほど簡単な課題ではない。語彙素の中には，非常に定義しづらい，または不明瞭な意味の場に属するものがある。例えば，noise（騒音）や difficult（難しい）の場は何だろうか？　また，複数の場に属すると考えられる例として，orange（オレンジ）は「果物」と「色」のどちらなのだろうか？　さらに，2つの場の中間にあると思われる例もあり，tomato は「野菜」と「果物」のどちらに属するのだろうか？　そして，意味の場をどのように定義するのが最適なのかという問いもある。tractor（トラクター）が属する場は「農業車両」，「陸上車両」，あるいは単なる「車両」のどれだろうか？　flavour（味）は「味覚」という意味の場の一部なのか，あるいは taste（味覚）は「味」という意味の場に属するのか，はたまたこれらの両方が「感覚」のようなより広い意味の場の成員なのだろうか？

意味論の研究者はこういった典型的な問題に対して，現実世界のファジーさと分析上の整然とした分類を関連づけようと日夜努力している。ただし，これらの難しい問題がある一方で，実は非常に多くの語彙素を意味の場やその下位分類となるさらに小さな場に明確に分類することが可能であることもまた事実である。そのような説明の方法は外国語教育や言語療法などの分野でますます頻繁に使われるようになっており，学習者に対して任意に選んだ語彙素ではなく，関連する語彙素の集合を提示することが有益であると示された（p.486）ことからも，それが理解を深めてくれる方法であることがわかる。そして，幼い子どもたちもまた，多くの語彙を習得するときにこの方法で語彙素をまとめているのである（p.480）。

文体の要因

下の図には，「狂気（madness）」の意味の場に属する語彙素を，文体のタイプ（p.420）による違いがわかるように並べてある。円の1番上には文語的，学術的，あるいは技術的な性格をもつものが並び（例えば possessed（何かに取りつかれた），insane（狂気の），neurotic（神経症の）），1番下は口語的表現である（例えば nuts（気ちがい），crazy（狂っている））。左側の語はやや時代遅れの古風なもので（例えば demented（痴呆症の），batty（頭が変な）），右側は相対的に新しい語である（例えば bonkers（いかれた），bananas（頭がおかしい））。文体上これといった特徴がなく場の全体像を示す語は中央に位置している。

シソーラス（p.168）に載っている語彙素の長いリストになんらかの秩序を求めるなら，このような全体像は欠かせない。レキシコンの項目を結びつける際には，それらが作用する文体のレベルを考慮する必要がある。構造的意味の観点から考えると，sane（正気の）の反対は insane（狂気の）であって，bonkers（いかれた）ではない。（G. ヒューズ（G.Hughes），1988による）

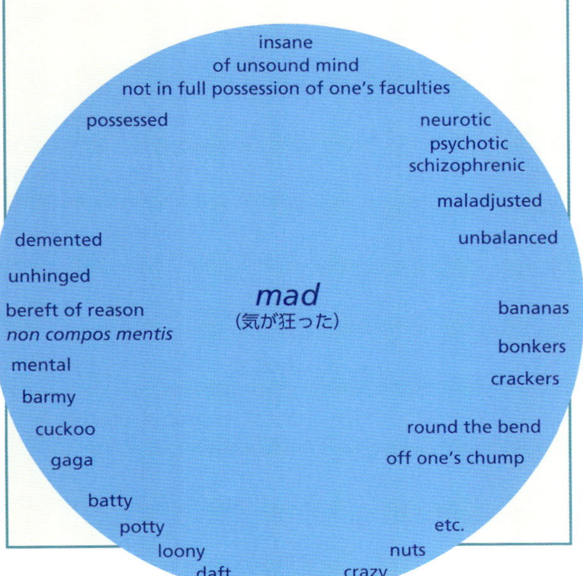

ワインにまつわる語彙

ワインの賞味は興味深い意味の場である。なぜなら，そこで使われる語彙素のほとんどはほかの場からの比喩的応用だから。そこでは普段私たちが音楽，布地，食物，体格，性格，倫理性や行儀にまつわると感じている用語が，色彩，化学，植物学や栄養学の用語と親しく交わる。この話題は非常に主観的な性質をもつので，レキシコンの役割が決定的に重要となる。ワイン愛好家が明らかにしようとする味わいの対比は，語彙素同士の関係によって明確にされるのである。ワインについて学ぶことは，まずはワインについて話す方法を学ぶことである。ある一般的な入門書から採った次のような定義がそのことを示している。

薄味（bland）特徴がないこと，軽過ぎることを示唆する。
さっぱり（crisp）しっかりとした，活発な，さわやかな，香味のある。特に辛口の白ワインで酸味が十分にあること。
辛口（dry）ワインに関してはつねに甘くないこと，糖分が発酵によって完全に抜けていることを意味する。
上品（finesse）洗練や優雅さにまつわる抽象的な性質を表すことば。
しっかり（firm）堅牢な質感，肯定的。味覚にとって望ましい性質。
たるんだ（flabby）柔らかい，弱々しい，酸味に欠ける。
平板（flat）たるんだ（flabby）よりさらにひどく，薄味（bland）をはるかに超えた状態。嗅覚と味覚に対して完全に生気を欠く。酸味がない。酸化した状態。
重い（heavy）アルコール度が強すぎ，十分過ぎるほど風味が濃い，不細工，洗練度が足りない。
肉厚（meaty）豊かな「がっしりした」香り，噛み応えがあると言えるほどの味わい。
ピリ辛（piquant）高い調子，かぐわし過ぎる，尖ったような果実の香りで，しばしば酸っぱ過ぎる後味を残す。
刺す（pricked）ピリ辛（piquant）より明確に刺激的。酢酸のような匂い，きつい酸味。修正不能の欠点。
尖った（sharp）「ピリ辛」（piquant）と「刺す」（pricked）の中間の酸っぱい味と香り。多くの場合，欠点を表す。
強靭な（sinewy）脂肪の少ない筋肉質の味わい。多くの場合，可能性を秘めたワイン。
筋ばった（stringy）材質感としてやせて骨ばった傾向，均等性を欠く。
しなやか（supple）材質感とバランス。力強さと調和の心地よい組合わせ。
ぴりっとした（tart）尖った，鼻につく，舌をねじれさせる。
ビロードのような（velvety）材質の形容。絹のよう，なめらか，ある種のぜいたくな味覚。
（M. ブロードベント（M. Broadbent），1983より）

シソーラス

意味の場という概念（p.167）は，伝統的に使われてきたアルファベット順以外の方法による辞書の編纂が可能であることを示している。そのような代替の方法として**シソーラス**がある。シソーラスでは，語彙素は主題別にグループ分けされるが，これは人間の知識のすべてを分類する方法として16世紀に編み出された方策にもとづいている。特にフランシス・ベーコン（Francis Bacon, 1561-626）とジョン・ウィルキンス（John Wilkins, 1614-72）は，概念全体を少数の主要領域に類別し，それらの領域のさらなる下位範疇への分類をくり返すことによって，すべての概念を適切な場所に振り分ける方法について小論を書いた。そのような普遍的な階層を作る試みは当初は受け入れられなかったが，19世紀になると分類学に対する科学的関心が支配的となり，言語や博物学に対して，植物の隠喩すなわち系統樹が用いられるようになった。

ロジェのシソーラス

現在あるシソーラスを創り上げてきた仕事には博物学の影響が明らかに見て取れる。1852年に初版が出たロジェ（Roget）の『シソーラス（*Thesaurus*）』では，レキシコンは抽象的関係，空間，物質世界，知性，意志，感覚・道徳という6つの主要な領域に分けられ，それぞれの領域がさらに漸進的に細かく1,000の意味範疇に分類されている。ロジェは序章で彼の目標と方法を次のように述べている。

> この著作物は，今までどんな言語ももちえなかった必需品を，英語に対して提供することを意図したものである。つまり，その言語が有する語とその言語特有のイディオム的な語の連鎖を集めて，辞書のようにアルファベット順ではなく，それが表す概念にもとづいて配置すること…。本書で言葉を分類するにあたって準拠した原理は，博物学における多様な部門において用いられるものと同じである。したがって，ここで設けた区分は植物学と動物学における「科」に対応し，語同士が示す系統関係は自然界において植物や動物が織りなす系統樹に類似したものとなる。

ロジェはシソーラスの読者が彼の用いた分類方法を直感的にたどることでそれを使いこなせると考えていた。彼はアルファベット順の短い索引を本に加えたが，それは後に息子のジョン・ルイス・ロジェ（John Lewis Roget）の手で整備され，1879年版で主たる特質となった。現代版では，この索引は主題別の分類と同じぐらいのページ数を占め，ほとんどの人はシソーラスを使う際にまず索引を使う。

新しい主題別モデル

シソーラスは従来の辞書を補う役割を果たす。辞書の場合，私たちは特定の語彙素の意味や用法を調べるのに対して，シソーラスを引くときには特定の意味をまず思い浮かべて，それを表現するために存在する語彙素について調べようとする。ただし，ロジェによるものをはじめとしてシソーラスには明らかな限界がある。そこには語彙素の定義が示されないので，語彙素の意味を知らなければ辞書で調べるしかないのである。また，語彙素の文体のレベルについても何も述べられておらず，改まった表現とくだけた表現，技術的あるいは専門的用語，さらに特定の国や地域に特有のものやそのほかの多様な種類の項目（V部）が混在している。各項目の段落内での語彙素の並べ方は何の原則にももとづかない。また旧来のシソーラスは実用性のために語彙素の数がよく使われるものに限られているので，使用者は思い浮かべた意味を表す語彙素が見つからないときにも，実はそれがたまたまそこに載っていなかっただけで実際には存在するかもしれないと感じることがよくある。近年ではそのような欠陥を減らす努力がなされ，目で見て理解できる図版の新技術や，『オックスフォード英語辞典歴史シソーラス』（p.170）のように，格段に大きくなったコンピューターの記憶容量と検索能力を使うようになってきている。

ピーター・マーク・ロジェ（1779-869）

「私が本書のもととなったことばの分類の仕組みに類似したものを最初に計画してから50年近くになる。そのような編集物が私自身の不足を補う助けになると考えて，分類された言葉の小規模な目録を1805年に作り上げた…。」

ロジェは，ロンドンのソーホーで，スレッドニードル通りにあったフランスプロテスタント教会の牧師の息子として生まれた。彼はエジンバラ大学に学び，19歳で医者になった。そして1804年にマンチェスター診療所に内科医として着任したときから，そこでシソーラスの材料を集め始めた。1808年にロンドンに移ったのち，さまざまな医療関連の職に就き，ロンドン大学の設立にも積極的に関わった。彼はまた，ラッセル研究所の初代フラリアン教授職（生理学）に就いた。広い範囲のテーマについて多くの著作をなし，たくさんの百科事典や学術誌に寄稿した。さらに，王立医学大学および王立協会のフェローとなり，後者においては事務局長（1827-49）を務めた。1840年に医師業から引退した後も，計算機や携帯用チェス盤など多くの事業計画に取り組んだ。

彼は王立協会の職から引退して得た自由な時間を利用して，1849年にシソーラスの設計を再開した。3年間の集中的な作業の末に出版されたシソーラスは，彼の死までに28版を重ねるという，注目すべき成功をおさめた。彼がウスターシャー州のウェストモールバンで91歳で亡くなった後，息子のジョン・ルイス・ロジェがその編集を引き継いだ。さらに，孫のサミュエル・ロミリー・ロジェ（Samuel Romilly Roget）も家業として編集を引き継ぎ，それは1952年にロングマン・グリーン社に版権を売却するまで続いた。現代版は，ケンブリッジ大学のロバート・ダッチ（Robert Dutch）による1962年版の改訂を反映して，項目の配置や見出し語を再編成し，イタリック体文字でキーワードを加えたものになっている。現在，複数の異なる版が出版されている。

語を探すための辞書

『チェンバース・シソーラス（*Chambers Thesaurus*）』（1991）では意味が関連する一群の項目がアルファベット順に並んでいる。「関連する語を探す」本のいくつかはこのような構成になっている。

silhouette（シルエット）［名詞］configuration（形状），delineation（図形），form（形），outline（輪郭），shadow-figure（影法師），shadow-graph（影絵），shape（形）。

silky（絹のような）［形容詞］fine（繊細な），satiny（サテンのような），silken（絹製の），sleek（つやのある），smooth（なめらかな），soft（柔らかい），velvety（ビロードのような）。

silly（馬鹿げた）［形容詞］absurd（不条理な），addled（混乱した），asinine（愚かな），benumbed（ぼうっとした），bird-brained（まぬけな），brainless（頭の悪い），childish（幼稚な），cuckoo（気が狂った），daft（馬鹿げた），dazed（呆然とした），dopey（ぼんやりした），drippy（つまらない），fatuous（愚鈍な），feather-brained（低能な），flighty（軽率な），foolhardy（無謀な），foolish（馬鹿な），frivolous（軽薄な），gaga（いかれた），giddy（軽はずみな），groggy（もうろうとした），hen-witted（まぬけな），idiotic（馬鹿げた），illogical（無分別な），immature（未熟な），imprudent（不謹慎な），inane（空虚な），inappropriate（不適切な），inept（無能な），irrational（不合理な），irresponsible（無責任な），meaningless（無意味な），mindless（不注意な），muzzy（ぼやけた），pointless（不毛の），preposterous（途方もない），puerile（子どもっぽい），ridiculous（馬鹿げた），scatter-brained（散漫な），senseless（無分別な），spoony（まぬけな），stunned（あぜんとした），stupefied（仰天した），stupid（愚かな），unwise（浅はかな），witless（思慮のない）。

反義語 collected（冷静な），mature（成熟した），sane（正気の），sensible（合理的な），wise（賢い）。

［名詞］clot（のろま），dope（まぬけ），duffer（へま），goose（まぬけ），half-wit（うすばか），ignoramus（無知な者），ninny（とんま），silly-billy（おばかさん），simpleton（馬鹿者），twit（馬鹿者），wally（まぬけ）。

news（ニュース）を表す別の語は？

この質問への答を見つけるには，ページ下の図表に示すように２つの方法がある。１番目は，全体から個別へと進んで，news が知性の事柄であり，伝達に関わることを見きわめてから，ある特殊な形式の伝達であると識別する方法である。２番目は索引で news の多様な意味を確認して，それと関連する項目（529）に直行する方法である。｛【訳注】ページ下の図表からもわかるように，各項目には参照番号がつけられている。｝ほとんどの人は特定の問いに答えるもっとも早い方法として後者を使うが，１番目の方法も，ある概念を表すために存在する多様な語彙を知ろうとする際には役に立つ。

下の図は，名詞 news の見出し項目の一部をロジェの２つの異なる版，ダッチ（Dutch）（1962）とカークパトリック（Kirkpatrick）（1987）から取ったものである。これらの記載事項を詳細に比較すると，この語彙が，２つの版の出版を隔てる 25 年という歳月の間にどのように変化し進化したかがわかって興味深い。右側の索引の見出しは 1987 年版のものである。

眼で見る辞典

『マクミラン図入り辞典（*Macmillan Visual Dictionary*）』（1992）から取った図は，lintel（まぐさ），trefoil（三つ葉装飾），pier（支柱），portal（表玄関入口），tympanum（アーチとまぐさの間の空間）などといった単なる用語のリストに終わることなく，詳細な図解によってそれらの意味の理解が助けられることを示している。このやり方には当然ながらその項目が明解に描けることが必要なので，この辞書に載っている語のほとんどが名詞である。それでも，600 の主題について 800 ページ以上に及ぶ図解によって，約 25,000 の用語の使い方を教えてくれる有益な手引きになっている。
（右図の訳を巻末 p.530 に掲載）

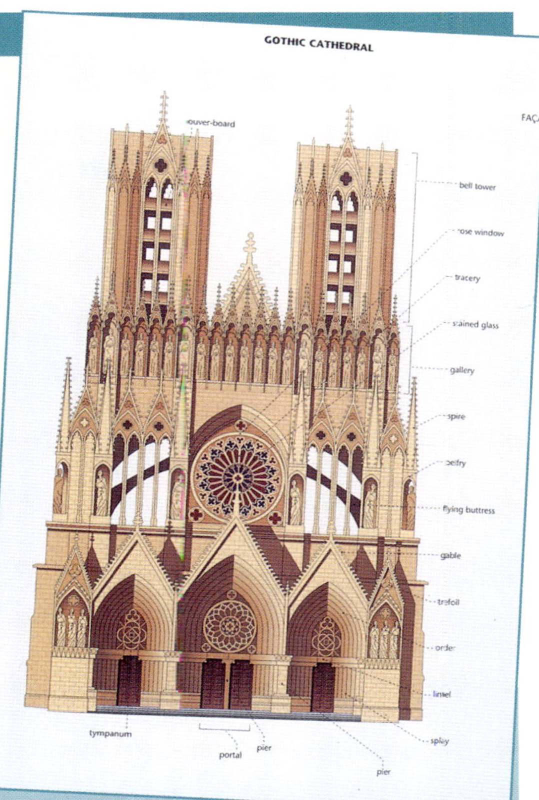

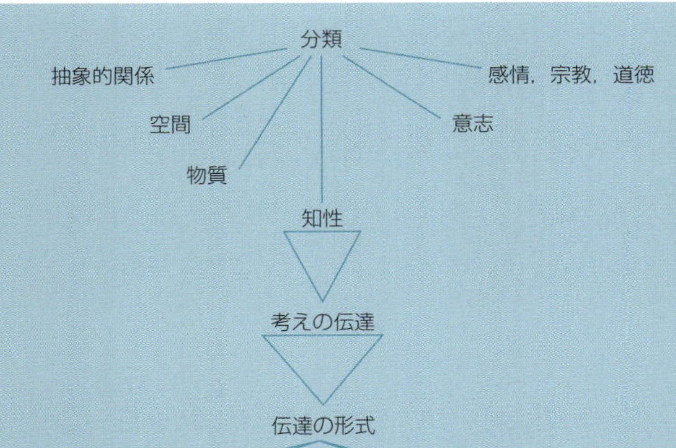

529 News（ニュース）

［名詞］*news*（知らせ），good n.（よい知らせ）；bad news（悪い知らせ）509n. *disappointment*（期待はずれ）；tidings（お告げ），glad t.（喜ばしいお告げ）；gospel（福音，キリストの教え），evangel（福音の伝道）973n. *religion*（宗教）；budget of news（大量のニュース），packet of n.（大量のニュース），newspacket（ニュース通信），despatches（急送公文書），diplomatic bag（外交用郵便袋）；intelligence（諜報），report（報告），despatch（特電），word（知らせ），advice（忠告）；piece of information（情報），something to tell（伝えるべきこと），titbit（ニュースのさわり），flash（速報）524n. *information*（情報）；bulletin（公報），communiqué（声明），handout（配布資料）；newspaper report（新聞発表），press notice（報道による通知）；fresh news（新しいニュース），stirring n.（興奮するニュース），latest n.（最新ニュース），stop-press n.（印刷中に挿入される最新ニュース）；sensation（興奮させる大事件），scoop（特ダネ）；old news（既報），stale n.（古いニュース）；copy（ニュース原稿），filler（埋め草記事）；yarn（作り話），story（逸話，作り話），old s.（よくある話），tall s.（ほら話）；broadcast（放送），telecast（テレビ放送），newscast（ニュース放送），newsreel（ニュース映画）528n. *publicity*（広報）；news-value（報道する価値）．

（巻末 p.531 Ⓐに続く）

529 News（ニュース）

｛【訳注】左側の 1962 年版から新しく加わった項目，語句やグループ分けが変わった項目のみ，訳を提示している。｝

［名詞］*news*, good n., no news is good n.（便りのないのはよい知らせ）；bad news 509n. *disappointment*; tidings, glad t.; gospel, evangel 973 *religion*; dispatches, diplomatic bag; intelligence, report, dispatch, word, intimation（通達），advice; piece of information, something to tell, titbit 524 *information*; bulletin, communiqué, handout, press release（報道発表）；newspaper report, press notice; news item（ネタ，記事項目），news flash（ニュース速報），531 broadcast（放送）；fresh news, stirring n., hot n.（最新ニュース），...

（巻末 p.531 Ⓑに続く）

newness（新しさ，珍しさ）
originality 21 n.（独創性）
beginning 68 n.（始まり）
newness 126 n.（新しさ，珍しさ）
new poor（新貧困層）
unlucky person 731 n.（不運な人）
poor person 801 n.（貧しい人）
news（ニュース）
topic 452 n.（話題）
information 524 n.（情報）
news 529 n.（ニュース）
broadcast 531 n.（放送）
important matter 638 n.（重要事項）
news agency（通信社）
informant 524 n.（情報提供者）
news blackout（報道管制）
prohibition 757 n.（禁止）
newsagent（新聞販売業者）
tradespeople 794 n.（小売業者）
newscast（ニュース放送）
publication 528 n.（発行，公表）
news 529 n.（ニュース）
newscaster（ニュースキャスター）
news reporter 529 n.（報道記者）
broadcaster 531 n.（アナウンサー，放送者）
news flash（ニュース速報）
news 529 n.（ニュース）
broadcast 531 n.（放送）
newsletter（ニュースレター）
publicity 528 n.（広告，広報）
the press 528 n.（報道，新聞界）
newsmonger（ゴシップ屋，記者）
news reporter 529 n.（報道記者）
newspaper（新聞）
the press 528 n.（報道，新聞界）
reading matter 589 n.（読み物，記事）

（索引：カークパトリック（Kirkpatrick），1987）

歴史シソーラス

『オックスフォード英語辞典歴史シソーラス（*The Historical Thesaurus of the Oxford English Dictionary, HTOED*）』の大部な 2 巻は 2009 年に出版され，オンライン版は *OED* のウェブサイト（www.oed.com）で閲覧できる。これは英語の史的研究にとって画期的なできごとだった。このようなシソーラスによって *OED* の見出し項目にもとづいて英語のレキシコン全体の意味場の 1000 年にわたる発達の軌跡を描くという計画は，1965 年にロンドンで開かれた言語学会（Philological Society）の会議でマイケル・サミュエルズ（Michael Samuels）教授によって提案されたものだが，グラスゴー大学英文科の彼と仲間たちがこれを完成させたのは 44 年後のことだった。

HTOED の分類法の 1 番上には，私たちが経験するものすべてが，「外的世界（905 ページ）」，「心的世界（302 ページ）」，「社会的世界（560 ページ）」という 3 つのカテゴリーに分けられている。それぞれのカテゴリーは，p.171 に示す語の地図の例からわかるように，各意味領域において下に行くほどきめ細やかに細分化される。オンライン版と印刷版では分類の見出しが若干異なっている。

歴史シソーラスは，ある時代の思考様式について大変面白い知見を与えてくれる。例えば，15 世紀に天気について話すためにどのような語があったのか，18 世紀の人びとは酔っ払うという体験をどう記述したのか，など。それだけでなく，もっと実用的な使い方として，偽造された史的文献の不適合な点を確認したり，歴史小説の作者にこれまでにないような資料を提供できるのである。

すべての歴史小説の作者は，登場人物に彼らが存在した時代に合った言葉を話させる必要がある。18 世紀の人物に 20 世紀の俗語を使わせることは著しく不適切である。そして，歴史を扱った映画や小説について最もよく見られる批判は，作者が必要とされる時代考証を怠ったことについてである。例えば，英国のテレビシリーズ『ダウントン・アビー（*Downton Abbey*）』第 5 話において，召使いのトーマス（Thomas）は，「我々の運命はいつも槍でつかれる（get shafted）」（「不公平な扱いを受ける」という意味）と言ったが，これは 1950 年代以降の用法で、このシリーズの設定である 1910 年代にはたしかにそぐわない。歴史シソーラスはこういった語彙の時代錯誤を防ぐのに役立つ。

マイケル・サミュエルズ教授（1920-2010）

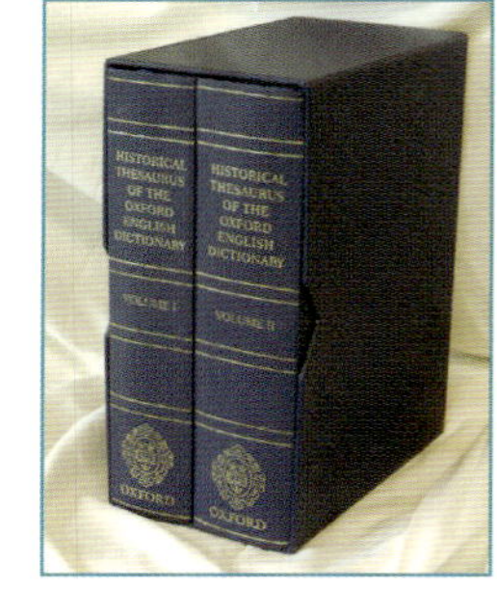

HTOED の印刷版。第 1 巻はシソーラス分類（1,783 ページ）で，第 2 巻はそれより必然的に大部となった索引（2,109 ページ）で，全体の重さは 13 パウンド＝約 6 キログラムある。

恋人を呼ぶ 50 の方法

【訳注】ポール・サイモンのヒット曲『恋人と別れる 50 の方法（*Fifty Ways to Leave Your Lover*）』（1975）のもじり。

ここに並べた親愛の情を表す語は過去 1,000 年の間に使われたもので，特に darling（ダーリン）や dear（いとしい人）などのいくつかの項目は時を超えて使われていること，また味覚や動物界といった意味領域からくり返し使われる主題があることがわかる。その一方，シェイクスピア（Shakespeare）の作品にある bawcock（いいやつ）や bully（仲間）など，その時代限りのものもある。

- darling（ダーリン）（888 年頃）
- dear（大切な人）（1230 年頃）
- sweetheart（恋人）（1290 年頃）
- heart（心，愛する人）（1305 年頃）
- honey（ハニー，おまえ）（1375 年頃）
- dove（鳩，かわいい人）（1386 年頃）
- cinnamon（シナモン（香料），いとしい人）（1405 年頃）
- love（愛する人）（1405 年頃）
- mulling（ダーリン）（1475 年頃）
- daisy（デイジー，かわいい子ちゃん）（1485 年頃）
- mouse（ネズミ，かわいい女の子）（1520 年頃）
- whiting（タラ（魚），ダーリン）（1529 年頃）
- fool（ばか）（1530 年頃）
- beautiful（美しいもの）（1535 年）
- soul（たましい）（1538 年頃）
- bully（仲間）（1548 年）
- lamb（子羊）（1556 年頃）
- pussy（ネコちゃん）（1557 年頃）
- ding-ding（間抜け）（1564 年）
- lover（愛人）（1573 年）
- pug（パグ（小型愛玩犬））（1580 年）
- mopsy（かわいい子）（1582 年）
- bun（リスちゃん，かわいい人）（1587 年）
- wanton（いたずらっ子）（1589 年）
- ladybird（テントウムシ，恋人）（1597 年）
- chuck（いとしい者）（1598 年）
- sweetkin（恋人）（1599 年）
- duck（アヒル，かわいい子）（1600 年）

（巻末 p.530 に続く）

贋作

次はシェイクスピアの失われた戯曲からの抜粋だと言われているが，実はこの中には作者の生きていた時代よりずっと後の時代に記録された 8 つの語またはイディオムが含まれていて，これがひどい贋作であることがわかる（解答は p.171 の下を参照）。

ジョン（John）

戦場から勝利して戻ったら，わたくしはあなたにお会いします。しかしまずジョージ（George）のもとへ行くでしょう。公園にある彼の小屋（lodge）で彼は私と食事をして話をするつもりなのです。

エリノア（Elinor）

わたしの愛しい息子よ，わたしの宝物（my treasure）よ，彼との昼食（luncheon）にのぞむのであれば，気をつけなさい。彼はしこたま飲んで酔っぱらった（inebrious）ときにはまったく信用できない人物で，おまえのような無邪気な男子をワナにかけるだろうから。

ジョン

母君，ご忠告はありがたく存じますが，ご心配にはおよびません。わたくしはジョージのようなまぬけ（silly ass）ではございません。もし彼が目的を果たさんと口論を始めたら，わたくしには彼の命を絶つのに必要なすべ（the necess'ry）があります。わたくしがそこを去る前に，彼は創造主に会いに（meet his maker）行くことになるでしょう。

エリノア

あともう 1 日わたしとともにいておくれ。遠出には向かない悪天候（ugly weather）で，風の吹く田舎道は危険だから。

『時間と場所の語（*Words in Time and Place*）』にシソーラスのカテゴリーの代表例として示された 6 つの語のクラウド（cloud）（D. クリスタル（D. Crystal），2014 より）　（図の説明を巻末 p.531 に掲載）

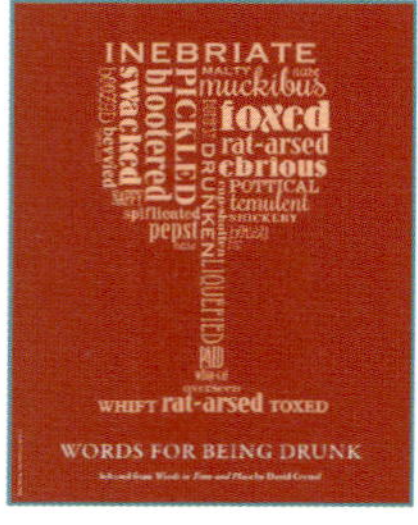

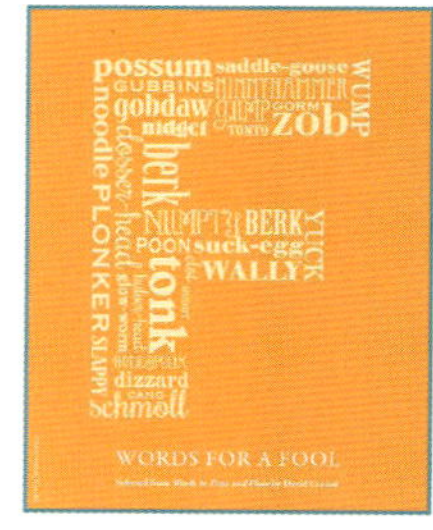

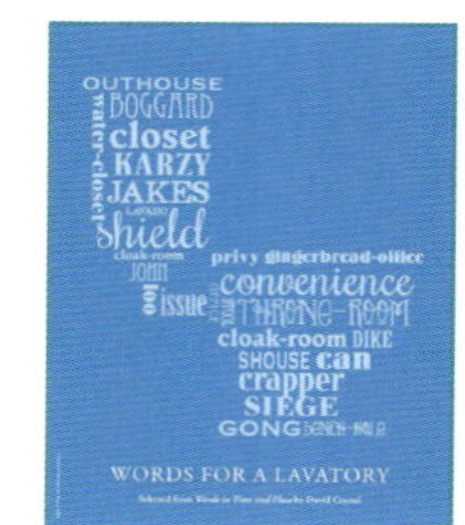

Society（社会）（03）

Leisure（余暇）（03.11）

The arts（芸術）（03.11.03）

The visual arts（美術）（03.11.03.02）[2192]

Work of art（芸術作品）（3.11.03.02.01）[167]

Representation in art（芸術における表象）（03.11.03.02.02）[216]

Period / movement / school of art（芸術の時代 / 運動 / 流派）（03.11.03.02.03）[406]

Painting and drawing（絵画と線画）（03.11.03.02.04）[137]

Light and shade（光と影）（03.11.03.02.04.01）[40]

Relief and texture（立体性と質感）（03.11.03.02.04.02）[10]

Perspective（遠近法）（03.11.03.02.04.03）[45]

Painting（絵画）（03.11.03.02.04.04）[135]

- Art of colouring（彩色の技法）（03.11.03.02.04.04.01）[62]
- Qualities / styles of painting（絵画の質と様式（03.11.03.02.04.04.02）[63]
- Painting according to medium / technique（材料と技法別の絵画）（03.11.03.02.04.04.03）[150]
- Painting according to subject（題材別の絵画）（03.11.03.02.04.04.04）[232]
- Drawing（線画）（03.11.03.02.04.04.05）[190]
- Equipment for painting / drawing（絵画 / 線画の道具）（03.11.03.02.04.04.06）[204]
- Display of pictures（絵の展示）（03.11.03.02.04.04.07）[36]
- Condition / preservation of paintings（絵画の状態 / 保存）（03.11.03.02.04.04.08）[18]

『愛の園（*The Garden of Love*）』（1633 年頃）ピーテル・パウル・ルーベンス（Peter Paul Rubens）（1577-640）作

使える語

もしルーベンスが英語で自分の絵について話そうとしたら，どのような語彙を用いることができただろうか？ perspective（遠近法）は，使われた最初の記録が1563年で，landscape（風景画），watercolour（水彩画）や fresco（フレスコ壁画）はいずれも最初の記録が1598年なので，これらは彼も使えたはずである。しかし，chiaroscuro（明暗法）（1686）は英語にまだ入ってきておらず，また caricature（風刺画）（1748），silhouette（影絵）（1798），motif（主題）（1848）や brush-work（筆づかい）（1868）などの美術用語のほとんどは，さらに後の時代のものであった。

贋作クイズ（p.170）**の解答**

lodge（1817 頃），my treasure（1920），luncheon（1652），inebrious（1837），silly ass（1800），the necess'ry（1772），meet his maker（1933），ugly weather（1844）

美 術

左側の図は *HTOED* の分類法の具体例を美術のカテゴリーで示したもの。括弧内の数字の連鎖は，印刷版にある各分類内のさらに詳細なカテゴリーである。上つきの数字は各カテゴリー内の語彙項目の数を表し，その語彙項目の一部は次の通りである。

Work of art（美術作品）
original（原作），reproduction（複製），motif（主題），style（様式），composition（構図）
Representation（表象）
portraiture（肖像画），effigy（彫像），caricature（風刺画），nude（裸体画），life-sized（等身大）
Period / movement/school（時代 / 運動 / 流派）
primitive(原始的)，renaissance(ルネサンス)，quattrocento（15 世紀），Rubeniste（ルーベンス派）
Painting and drawing（絵画と線画）
painting（絵画），arabesque（アラビア風唐草模様），iconographer（肖像画家），depiction（描写），calligraphy（カリグラフィー，書道的表現）
Light and shade（光と影）
chiaroscuro（明暗の配合による表現），shadow（陰影），light（光）
Relief and texture（立体性と質感）
relief（浮彫），texturing（質感表現）（sculpture（彫刻）の項も参照）
Perspective（遠近法）
foreshortening（遠近短縮法），middle ground（中間点），plane of the picture（絵画の平面）
Painting（絵画）
painting（絵画），tableau（キャンバス画），brush-work（筆づかい）
Art of colouring（彩色の技法）
colourist（色彩に優れた画家），tonality（色調），contrast（対比），scumbling（ぼかし塗り），monochrome（単色画法）
Qualities / styles of painting（絵画の質 / 様式）
daubery（下手な絵），painterly（画家の特性をもつ，色彩を強調する），chocolate-box（装飾的でありふれた），scratchy（走り書き），busy（ごてごてした）
Painting according to medium / technique（材料 / 技法別の絵画）
water-colour（水彩画），gouache（不透明絵具の水彩画），oil-painting（油絵），tempera（テンペラ画），fresco（フレスコ壁画）
Painting according to subject（題材別の絵画）
self-portrait（自画像），silhouette（影絵），war artist（戦争画家），landscape（風景画）
Drawing（線画）
sketch（素描），cartoon（マンガ），crayon（クレヨン描き），pencilling（鉛筆描き），charcoal（木炭デッサン），free-hand（定規を使わない手描き）
Equipment for painting and drawing（絵画と線画の道具）
varnish（ニス），frame（額），brush（筆），fixative（色留め剤），sketch-book（スケッチブック），model（モデル）
Display of pictures（絵の展示）
gallery（画廊），exhibition（展覧会），salon（展覧会場），hanging（吊り下げ），biennale（ビエンナーレ，隔年の展覧会）
Condition / preservation of paintings（絵画の状態 / 保存）
craquelure（古い絵画の表面のひび割れ），bloom（表面の曇り），chill（ニスの曇り），crocodiling（ワニ革に見られるようなひび割れ），reliner（絵画の裏地張替え職人）

語彙の構造

英語の語彙をなす何千もの語彙素を秩序立てて整理する1つの方法は，意味の場に分類することである (p.167)。だが，これらの場はどのような構造になっているのだろうか？　1つの場の中で語彙素同士はどのように関係しているのだろうか？　辞書の定義やシソーラスでのグループ分けからわかるように，語彙素は確かになんらかの「まとまりに属している」。では，この「まとまり」を作るものはどのように定義できるだろうか？

語彙の構造についての定着しているモデルによると，語彙素は右の図に示すような2つの交差する軸上に関連づけられる。

- 水平軸は語彙素間の**順序**にもとづく関係を表す。It writhed on the ground in excruciating pain（それは地面の上で耐えがたい痛みにのたうち回った）という文の主要な語彙素同士には，互いを予測するようなある種の関係がある。私たちは言葉についての直感から，excruciating（耐えがたい）は pain（痛み），agony（苦しみ）などいくつかの語彙素とともに使われ，joy（喜び）や ignorance（無知）などそのほかのほとんどすべての名詞とともには現れないことを知っている。同様に，writhe（のたうち回る）と agony（苦しみ），writhe と ground（地面）も一緒に現れることが多い。「水平軸上」のこのような予測は**コロケーション**または**選択制限**と呼ばれ，excruciating という語は，pain（痛み）を「選択」する，またはそれと「コロケーションをなす」と言える。
- 縦軸は，1つの語彙素とほかの語彙素との間に，互いに**代入**できる関係や意味的な関係があることを表す。My auntie has bought a red automobile（おばさんが赤い自動車を買った）という文のどの語彙素についても，それを別の語に置き換えることができる。bought（買った）を purchased（購入した）のように類似した意味をもつ語彙素（**同義語**）で，あるいは sold（売った）のように反対の意味をもつもの（**反義語**）で置き換えることができる。automobile（自動車）を Ford（フォード）のようなより特殊な意味をもつ語彙素（**下位語**），あるいは vehicle（乗り物）のようにより一般的な意味をもつもの（**上位語**）で置き換えることもできる。また，もちろん automobile を dress（洋服）や pencil（鉛筆）などそれとはまったく関係のない意味をもつ語彙素に置き換えることもできる。このような語彙素同士の予測可能なつながりは**意義関係**と呼ばれ，語彙の構造を説明するのに基盤となるものである (p.176)。

統合的関係と系列的関係

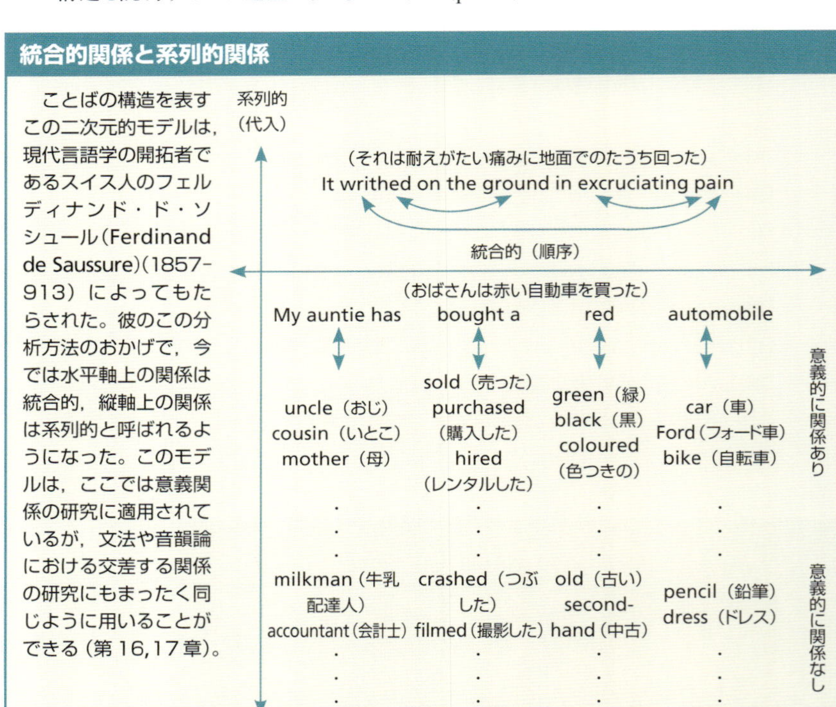

ことばの構造を表すこの二次元的モデルは，現代言語学の開拓者であるスイス人のフェルディナンド・ド・ソシュール(Ferdinand de Saussure)(1857-913）によってもたらされた。彼のこの分析方法のおかげで，今では水平軸上の関係は統合的，縦軸上の関係は系列的と呼ばれるようになった。このモデルは，ここでは意義関係の研究に適用されているが，文法や音韻論における交差する関係の研究にもまったく同じように用いることができる（第16,17章）。

語の性質はその交わる仲間でわかる

【訳注】英語の格言「人の善し悪しはその交わる友でわかる (A man is known by the company he keeps.)」のもじり。

英国の言語学者 J.R.ファース (J.R.Firth,1890-960）の著作から取ったこの格言の意図するところは，語彙素の意味を分析するにあたってその語彙的環境が決定的に重要であることを強調することである。3,000万語からなる『ロングマン・ランカスター・英語コーパス』(*Longman Lancaster Corpus*)』(p.490）のコンコーダンスを印字したものからも，そのことがわかる。ここには staple の用例がそれぞれの用法がわかるように前後の十分な文脈とともに示されている。この語彙素のさまざまな意味は，それがどのような語とコロケーションをなすかを調べることで見えてくる。特に，staple という語は次のものを表すために使われる。(1) 国が産出するか貿易で取引する生活必需品，(2) 共同体が食べる基本の主食，(3) 家庭で消費する食べ物の基本品目。このコーパスから，この語にとって特に重要な共起項目が，diet（食生活）と food（食品）に加えて（ここには示されていないが）industry（産業）や product（産物）であることが見て取れる。(M. ランデルと P. ストック (M. Rundell & P. Stock)，1992より）

```
40359 03 US  89 ns the beautiful, classy woman has long been a Hollywood staple, a disturbing change has taken place in the characte
40180 02 WAF 90 ost of it produced locally. Maize is more important as a staple among the ethnic groups in the southern savanna than
40180 02 WAF 90 on the branching habit, and petiole colour. Cassava is a staple among the ethnic groups of southern Ghana particular
30055 09 UK  02 he foul reek of the surrounding swamp. In one of these a staple and chain, with a quantity of gnawed bones, showed w
00218 09 UK  01 ungry Umballa, and were among the mile-wide green of the staple crops.<para>  He was a white-bearded and affable eld
30113 08 AUS 80 esting thing about the group is that many of them form a staple diet for Aboriginal people, while others which look
00078 08 UK  66 mount.<para>    That claret was considered a part of the staple diet, even of the or- dinary man, is clear from the
30113 08 AUS 80 to the camels later on, and stuck with what was to be my staple diet: brown rice, lentils, garlic, curry, oil, panca
40135 07 UK  88 water.<para>    It was a simple frugal life. The African staple diet was a solid, stodgy porridge, called sazda, mad
40180 02 WAF 90 portant item of diet in institutions. Where it becomes a staple diet it is important that the whole grain is eaten t
43021 04 UK  87 <para>   3.''There was no real labour aristocracy in the staple export trades- coal and the main branches of textile
00116 02 UK  59 all, while for some distance south of it rice is not the staple food of the inhabitants. The climate in the rice reg
40180 02 WAF 90 reas). Both white and red grain varieties occur. It is a staple food in an area where both rainfall and other condit
42075 07 UK  73 here, but none fits exactly. This substance was Israel's staple food for 40 years, ceasing abruptly when they entere
40180 02 WAF 90 hat in much of West Africa, they are still the preferred staple food among most of the inhabitants of the forest zon
40180 02 WAF 90 rridge or added to  <ff>other cereals as meal. It is the staple food of many semi-Bantu tribes of northern Nigeria.
40075 07 UK  73 here, but none fits exactly. This substance was Israel's staple food for 40 years, ceasing abruptly when they entere
10116 02 UK  59 nd) crop but more usually in water. The ripe seed is the staple food in many Eastern countries. It is not, however,
40180 02 WAF 90 rn and Millet, in the northern parts of Ghana. It is the staple food in Senegal, parts of the Ivory Coast, Gambia, S
40135 07 UK  88 On the compound they were never desperately short of the staple foods, though it was more difficult when sanctions w
60465 04 UK  89  maltreated that the country is now desperately short of staple foods.<para>  <tab>Food self-sufficiency went long a
40100 04 US  34 all groups. Hunting and fishing must still have provided staple foods. Arrow-heads indeed are  =   surprisingly rare
00091 09 US  71 tied, and the twisted rope was fastened to a strong iron staple in a heavy wooden beam above, near the fireplace. He
```

コロケーションを調べる

p.172 に示した staple の用例からわかるように，コロケーションを調べるためには次の 2 つの概念が有用である。**交点**（node），つまり中心となる語彙素は一定量のテクストに挟まれており，コロケーションの探索はその**広がり**（span）の内で行われる（「文脈つきキーワード検索（key word in context）」，クウィック（KWIC））。この staple の例では，広がりがかなり大きく，交点の前後 10 語ほどが取られている。コロケーションの調査では，交点にすぐ隣接する語彙素またはせいぜい前後の 3,4 項目しか見ないことが多い。一般的な語彙素の場合，その用法パタンがはっきりと見えるようにするためには，かなり大きなコロケーションの広がりを調査して多数の用例を観察する必要があり，そのためにはコンピュータによる助けが必須となる。

line について

日常的に使われる語彙素のコロケーションの範囲の注目すべき広さ。line（線，列）には 150 近くもの予測される文脈があり，その意義は 30 ほどの集合に分けられる。従来の辞書ではこのような種類の情報は得られない。

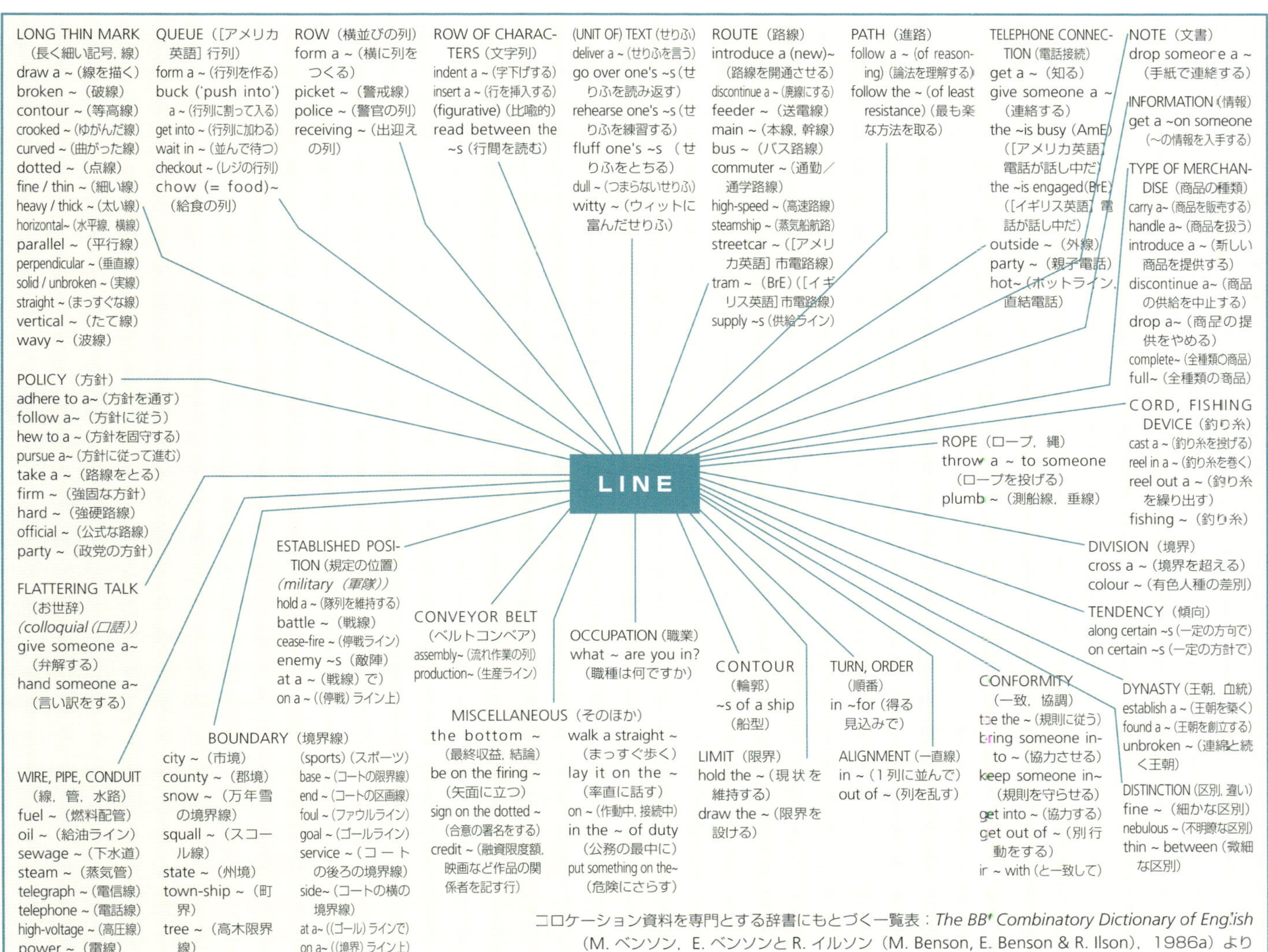

コロケーション資料を専門とする辞書にもとづく一覧表：*The BBI Combinatory Dictionary of English*（M. ベンソン，E. ベンソンと R. イルソン（M. Benson, E. Benson & R. Ilson），1986a）より

格言をどうするか？

左のページのコラムは The purpose of this dictum...（…格言の意図するところは）という表現で始まる。しかし最初はそうではなく，第 1 稿では This dictum, -ed by the British linguist J. R. Firth...（この格言は，イギリスの言語学者 J. R. ファースが___したもので）となっていた。私はそこで dictum（格言）をどの動詞とともに使うべきかしばらく悩んだ。格言は coin（造り出す），formulate（述べる），present（提示する），あるいは announce（発表）するものだろうか？ made（作った），given（与えた）や used（用いた）はつまらなくてふさわしくないし，propounded（提議した），pronounced（宣言した）や promulgated（公布した）は，あまりに形式ばって感じられた。delivered（述べた），voiced（表明した），advanced（提出した），introduced（もたらした），adumbrated（漠然と示した）とそれ以外のいくつかの動詞も浮かんだが，表現したい内容に余計な意味合いが加わってしまうのでやめた。この語の標準的なコロケーションは英語に存在するのだろうか？

辞書はこのような直感の穴を埋める助けになるはずのものだが，残念ながら私は dictum を目的語に取る他動詞の例を見つけられなかった。『オックスフォード英語辞典（*The Oxford English Dictionary*）』には法律の文脈で使われる adduce（（証拠などを）提示する）の例しか見つからなかった。6 人のインフォーマントから情報を得たが，そこにも合意はなく，mooted（提案した），framed（言葉を発した），exclaimed（声高に言った）など，動詞は増えるばかりだった。そこで私はそれ以上の時間の浪費をやめ，文の構造を変えたのである。

この逸話は 2 つのことを示している。それは，用法（p.208）についてのひとりよがりは避けるべきだということと，語のコロケーションを調べることがいかに難しいかである。教科書や教材には語の明らかなコロケーションを示す，直感的に迷うことのない例がたくさん出ている。例えば quench my ___（~を癒す），auspicious ___（さいさきのよい~），spick and ___（ぴかぴかの）などの語の連鎖に悩むことはないだろう。{[訳注]：quench my thirst（かわきを癒す），auspicious sign（吉兆），spick and span.} しかし，おそらく多数の，用法が確立していないケースが存在し，誰でも自信さえあれば，自分の意志で用法の決定者になれるのだ。もし私が This dictum, coined by J. R.Firth（この格言は J. R. ファースが造り出したもので）と書いていたとして，はたして誰か注意をはらっただろうか？

語彙素を予測する

コロケーションという概念（p.172）は，どういう語彙素が連なって用いられるかがランダムなのかそれともある程度予測できるものなのかということに注目するものである。しばしば，語彙素の連続は偶然決定される，すなわち，個々の話者次第で変わる要因によって支配されており，言語全体における傾向によって支配されてはいない。例えば，I like…（私は～が好きだ）という文では次にどのような語彙素がくるか何の手がかりも得られない。存在する物はほとんど何でも好かれる可能性があり，何を選ぶかは個人にゆだねられているのだ。(I) like potatoes（(私は) ジャガイモが好きだ）や like films（映画が好きだ）といった語の連続体は，語彙素の「自由な組合わせ（free combination）」と呼ばれる。これらはコロケーションではない。なぜなら共起している語の間にお互い予測されるものが何もないからである。日常の話し言葉や書き言葉の何千もの語彙の並置がこのカテゴリーに属する。

一方，これとは対照的に，コロケーションに関わる語彙項目は個々の使用者の興味や人格とは無関係に文中に生起するものであり，ある程度までつねに相互に予測可能である。成人の母語話者なら皆が commit a murder（殺人を犯す）といったつながりの表現は使うが，たとえ「遂行する」という意味が伝わりそうであっても，例えば，commit a task（仕事を遂行する）というつながりの表現は使用しない。また，皆が monumental ignorance（途方もない無知）という表現は使うのに，monumental brilliance（途方もない才能）は使用しない。さらに，コロケーションは，それらが関わる，実際に観察できる状況を無視しているように使われることがある。例えば，我々は顔の色がはっきりしていなくても，green with envy（顔色が青くなるほどねたんでいる）と言うことはあるし，本はそのページの色が明らかでなくても purple passage（(つきなみな作品中の) 紫色のすばらしい文章）を含むと言うことがある。コロケーションは世界知識からは予測のできないものでもある。例えば，ミルク入りのコーヒー（coffee）はセピア色（sepia），ハシバミ色（hazel），ベージュ色（beige），黄褐色（buff），薄黄褐色（fawn），カーキ色（khaki），赤褐色（bronze），銅色（copper），琥珀色（amber）そのほか，さまざまな茶系の色に見えるかもしれないのに，我々は普通それを white（白い）と呼ぶのである｛【訳注】：ミルクを入れていない black との対照｝。

母語話者の頭の中で，ある語彙素によって別の語彙素がある程度「呼び起こされる」ということがあれば，その語彙素の連続をコロケーションとして記述するには十分である。そういった予測可能性は弱い場合もある。例えば，heavy（重い）とコロケーションの関係にある語彙素は p.173 に示した line（線）と同様，非常に多様で広範囲にわたって存在する（loss（損害），wear（衣服），traffic（交通），burden（荷物），defeat（失敗）など）。予測可能性が強い場合もある。例えば，auspicious（幸先のよい）は occasion（出来事）か，そのほかのこの語と近い関係にある数語（event（出来事），moment（好機）など）としかコロケーションの関係が認められない。circuit（回路，周囲，周遊旅行，巡回路）は，break（絶つ）/broken（絶たれた），close(d)（閉じた），integrated（集積した），printed（プリント配線の），short（短い），make（make a circuit で「一巡する」，make the circuit で「回路を閉じる」）や旅行に関係する少数の比喩的表現（lecture（講演），rodeo（ロデオ），talk-show（トークショー））とはコロケーションの関係が認められるが，これら以外との間にはほとんど認められない。しかし，語彙素の連続が非常に予測されやすい関係にあってほかの語彙とほとんど置き替えることが容認されない場合（例えば，spick and span（こざっぱりした），run amok（逆上して殺害しようとする）のように），これをコロケーションとして分析することはあまり問題の解決にならない。このように最小限にしか変更が認められないものは，普通，**固定表現**（fixed expression）または，**イディオム**と呼ばれ，コロケーションとは別の分析が必要である。

BLANKETY ____ ｛【訳注】：blankety は blank（いまいましい）の婉曲語　空所には blank が入る｝

このコロケーションは 19 世紀中ごろから「いまいましい__」という意味の婉曲表現として用いられてきたが，英国で 1980 年代に人気があったテレビのゲーム番組ブランケティ・ブランク *Blankety Blank* によって新たな命を吹き込まれた。この番組の趣旨は単純で，出演者が 1 項目がブランクになっているフレーズを見せられ，そのブランクに入る欠けた語を当てるというものであった。番組は人のコロケーションに関する日常的知識を頼りにして作られており，それがおそらく人気が出た理由だっただろう。知力や体力の強さが要求されるゲームとは違い *Blankety Blank* は普遍的な言語技能，どんな語が次にくるかについての我々の直感を頼りにしたものであった。そういう意味では，どんな人にも平等なゲームだったのである。

連想による反応

コロケーションと連想による反応を区別することは重要である。ある語彙素はあらゆる「自由な連想」を呼び起こすかもしれない。仮に，私が「ウィスキー」と言った時にあなたの頭に最初に浮かぶ語を言ってくださいと言えば，あなたは「スコッチ」「ソーダ」「犬」（ウィスキーがあなたの犬の名前だからという理由で）あるいは「フレッド」（フレッドという人物がウィスキーをたくさん飲むあなたの知人であるという理由で）といった語を答えるかもしれない。しかし，このうち，最初の 2 語のみがコロケーション，つまり，成人の英語使用者が知っている言語的に予測できるつながりである。後の 2 語は個人に特異なものであり，意味を理解されるには説明が必要である。心理療法士たちはこの種の連想に特に関心をもつ場合が多い。彼らはこれらの連想が人の無意識下で起こっていることを明らかにしうると考えているからである。

右上の表は 1952 年に，ある米国人学生たちが city（市・都会）という語に対して回答した連想のリストの一部である（巻末 p.532 に全掲）。このリストにはいくつかの個人的な連想も含まれるし（例：Rochester（ロチェスター），Minneapolis（ミネアポリス）），程度の差はあるが，予測可能なコロケーションと言えるものも含まれている（例：hall（集会場），square（広場），block（街区），traffic（通行））。また，言語学的観点からは固定しているとは思われない「自由な組合わせ」もある（例：here（ここ），people（人びと），large（大きい），noise（雑音））。驚くべきことに最も中心的なコロケーションの関係にあるもの，とりわけ注目すべきは capital（首都）という語，がこのリストには含まれていない。

（L. ポストマンと G. ケッペル（L. Postman & G. Keppel），1970 に従う）

City（市）から連想された語のリスト

順位	回答
1	town（町）
2	Minneapolis（ミネアポリス）（都市名）
3	state（国家）｛【訳注】city state は「都市国家」｝
4	country（国）
5	square（広場）
6	people（人びと）
7	street（街路）
8	St. Paul（セントポール）｛【訳注】（都市名）｝
9	building(s)（ビル）
10	block(s)（街区）

（リストを巻末 p.532 に全掲

語彙化された句のタイプ

語彙化された句に関するある研究では主要なタイプとして4つが挙げられている。

重合語

単一の語彙素と非常に近い機能を果たす短い句。これらは，部分的にほかの語と交替することはできず，また，一部分を切り離すということもできない。

in a nutshell（要するに）
by the way（ところで）
so to speak（いわば）
so far so good（これまでは順調だ）
once and for all（この1回限りで，これを最後に）

固定された表現

文の長さをもつ単位で，独立の発話として機能する。重合語と同様，部分的にほかの語との交替はできず，また一部を切り離すこともできない。諺，金言，その他の引用に値するような発話（第12章）などを含む。

How do you do?（はじめまして，よろしく）
Have a nice day.（ごきげんよう）
Give me a break（いい加減にしてよ，ちょっと待ってよ）
Long time no see.（お久しぶりです）
You can fool some of the people some of the time.（一部の人たちを一時だますことはできる）

｛【訳注】リンカーンの以下の名言の一部
You can fool some of the people all of the time, and all of the people some of the time, but you can not fool all of the people all of the time.（一部の人たちをつねに，そしてすべての人たちを一時だますことはできるが，すべての人たちをつねにだますことはできない。）｝

句の単位で制約があるもの

これらは，以下の括弧内に示す表現のようなある程度のバリエーションを許容する。たいていは非常に短いものである。

as I was—（saying, mentioning）（先に述べていたように）
good—（morning, night）（おはよう，こんばんは）
a—ago（day, long time）（1日前，ずいぶん前）
as far as I—(can see, know)（私が知る限り）

文の大枠を組み立てるもの

文全体の枠組みを与えるような句で，これらはかなりバリエーションを許容する。

not only…but also…（～のみならず，～も）
my point is that….（私が言いたいことは～）
I'm a great believer in…（私は～と堅く信じています。）
that reminds me of…（そのことで～を思い出します。）
let me begin by…（～から始めさせてください。）

以上のどの分類の属する句も同じ社会的（もしくは「語用論的」）機能のために用いられるかもしれない。例えば，いとまごいという機能は重合語のso longでも，固定された表現であるhave a nice dayでも，また，句の単位で制約されるsee you laterでも表現できる。語用論的機能についてのほかの例はp.302に示している。（J. R. ナッティンガーとJ. S. デカリコ（J. R. Nattinger & J. S. DeCarrico），1992に従う）

イディオム

イディオムを特徴づける中心的性質は2つある。まず，イディオム表現の意味はそれを構成する語彙素の意味を調べても引き出すことができない。第2には，表現が文法的な意味でも（p.228），語彙の面でも固定しているということである。したがって，put a sock in it! は「話すことをやめろ」いう意味であり，これを構成するいずれかの構成素をほかのものと取り換えると，同じイディオムとしての意味を保持することはできない。Put a stocking in it とか put a sock on it とかにすると，文字通りの意味に解釈されるか，無意味になってしまう。

どれほどの数のイディオムに1つの単語が使われるかというのは忘れてしまいがちである。以下は『ロングマン英語イディオム辞典（*The Longman Dictionary of English Idioms*）』（1979）から抜き出した hand（手）がイディオムに使用されている例のリストであるが，まったく完全なものとは言えない。

｛【訳注】原典を調べたところ，代名詞の示し方などが異なり，このリストは必ずしも原典通りではない。本書では，原著に従っている。｝

at first hand（直に）
at second hand（間接的に）
a bird in the hand…（確実なもの，掌中にあるもの）
bite the hand that feeds him（恩をあだで返す）
bound/tied hand and foot（身動きが取れない）
cap in hand（へりくだって）
catch red-handed（現行犯で捕らえる）
close at hand（すぐ手近に，切迫して）
come the heavy hand（高圧的な態度を取る）
cross my hand with silver（私にわいろを贈る）
a dab hand（名人）
fight hand to hand（取っ組み合いをする）
force my hand（私に無理にやらせる）
a free hand（自由裁量）
to get/keep my hand in（努力して慣れる／腕を鈍らせない）
give/lend me a hand（私に手を貸す）
give her the glad hand（彼女に対してうわべだけの歓迎をする）
go/be hand in hand（密接な関係がある）
hand in glove（[…と] 親密で）
hand it to me on a plate（私におぜん立てをして渡す）
hand over fist（どんどん，着々と）

（巻末 p.532 へ続く）

コラム「創造的なコロケーション」を巻末 p.533 に掲載

語彙化された句

語彙素の連続体の中には，これまで見てきた，自由な組合わせ，イディオムや先述のコロケーションの関係にあるもの以外のもの，とりわけ，（いろいろな呼び方があるが）**「文の軸（sentence stems）」**，**「複合形式（composite forms）」「語彙化された句（lexical phrases）」**といった名前で呼ばれている，特定のやり方で並べられた語彙素の連続体がある（この分野の研究はごく最近始まったものなので，術語はいまだ定まっていない）。このうち最後の用語を採用すれば，**語彙化された句**はちょうど家を建てたりコンピューターを組み立てたりする際に用いられる既成の部品のようなものである。これらは，すべての構成素が前もって組み立てられている言葉の塊りである。このような句は何百も存在し，さまざまな長さや複雑さをもつ。例えば，It seems to me…（私には～に思える），would you mind…（～していただけませんか），on the one hand…on the other hand…（一方では～，他方では～），や lived happily ever after.（その後幸せに暮らしました｛【訳注】：おとぎ話の結語｝）といったものである。数学の公式に似たようなものもある。例えば let me start by Xing a/the Y（YをXすることから始めさせてください）（e.g. making the point（まず要点から始めさせてください）／asking a question（まず質問から始めさせてください））や，the Xer you Y, the Aer you B（あなたがよりXにYするほど，あなたはよりAにBだ）（例：the longer you wait, the angrier you get（待てば待つほど怒りが増す））。これらの句は話し言葉でも書き言葉でも頻繁に用いられるが，特に会話では重要である。というのは，これらは会話で多くの役割を果たしているからである。例えば，同意を表したり，論を要約したり，例を紹介したり，話題を変えたりといったことである。語彙的な要因だけでなく音韻的要因，文法的要因への言及も含めたこの種の会話における機能について詳細に分析することは語用論の研究の一部をなすものである（p.300）。

意味関係の研究

語彙素（p.128）が意味の上で関連し合っていると感じる時，我々は両者の間になんらかの意味関係を認めている。辞書から無作為に 2 つの語彙素を選び出してもそれらがなんらかの意味のある関係をもつということはありそうにない。「こだま（echo）」と「マヨネーズ（mayonnaise）」，あるいは「従順な（obedient）」と「虹（rainbow）」とを明らかに関係づけるようなものはない。しかし，「広い（wide）」と「狭い（narrow）」や「トランペット（trumpet）」と「バスーン（bassoon）」を選んだとしたら，感じ方が違うだろう。では，このような語彙的意味関係には主にどのようなタイプがあるのだろうか？

同義語 Synonyms（ギリシャ語の「同じ（same）」＋「名前（name）」）

同義語とは同じ意味をもつ語彙素である。これは十分わかりやすく思われる定義である。しかし，ちょっと考えてみると同義語関係という概念は，実際はかなり不可思議なものである。というのも，言語がなぜある特定の意味を表すのに 2 つ以上の語彙素をもっていなければならないかという疑問が生じるからである。1 つの意味に 1 つの語彙素で十分なはずではないか。

実際，正確に同じ意味をもつ語彙素というのはないのかもしれない。たいていの場合，2 つの語を区別するなんらかのニュアンスの違いがあったり，1 つの語彙素は生起できるがもう一方の語彙素は生起できないという文脈があったりする。

- 方言の違いもありうる：「秋」を表す autumn と fall は同義だが，前者はイギリス英語，後者はアメリカ英語である（p.328）。英国では「サンドウィッチ」を表す sandwich と butty は同義だが，前者は標準英語で後者は地方で使われる方言である。
- 文体による違いもありうる：「狂気の」を表す insane と loony は同義だが，前者は形式ばった表現で，後者はくだけた表現である（p.167）。「食塩」を表す salt と sodium chloride も同義だが，前者は日常語，後者は専門用語である。
- コロケーションの違いがありうる（p.172）：rancid と rotten は同義（腐っていやなにおいがする）だが，前者は「バター（butter）」か「ベーコン（bacon）」にのみ使える。「国王の」を表す kingly, royal, regal も同義だが（p.134），「郵便（mail）」を修飾するのは英国では royal でなければならない｛【訳注】royal mail は英国郵政公社の郵便部門｝。
- 感情的な連想，すなわち**暗示的意味**の違いがありうる：「若い人」を表す youth と youngster は同義だが youth（青年）には youngster（若者）ほどの好感度はない（p.183 参照）。

同義語が区別される方法は上記だけではないが，これらの例から基本的なポイントを示すには十分である。すなわち，「完全な同義語」――すなわち，あらゆる場においてお互い交替可能であるような語彙素――と言える 2 つの単語はないだろうということである。微妙だが検出が可能な違いはつねに存在する。しかしほとんどの場合，実際には，それらの違いは無視することができる。例えば，「十分な」を表す enough と sufficient，「困惑した」を表す perplexed と bewildered，「天使のように無垢な」という意味の cherubic と angelic は非常に近い意味を表すので，同義語として記述して差し支えなかろう。

概念と語のチャート

ギュスターヴ・A・ハートランプ（Gustavus A Hartrampf）による『ハートランプの語彙事典（*Hartrampf's Vocabularies*）』

IDEA AND WORD CHART FROM HARTRAMPF'S VOCABULARIES BY GUSTAVUS A HARTRAMPF

KEY WORDS TO ALL SPEECH
SYNONYMS - ANTONYMS - RELATIVES
同義語―反義語―関連語

「そそのかす」seduce：悪に引き込む
「犠牲にする，だます」Victimise
「わなにかける」frame：ペテンをつかませる【口語】
「仕組む」plant：frame【口語】
「（警察に）売る」sell：裏切る
「だます」victimise：だます（dupe）
「裏切る」Betray
「裏切る」betray：裏切ってだます
「企む，共謀する」Conspire
「（犯罪を）ほう助する」abet：犯罪を手助けする
「脱党する，信仰を捨てる」apostatize：節操を捨てる
「陰謀を企てる」cabal：「企む」
「悪事を黙認する，陰謀を企てる」connive：ほう助する（abet）
「共謀する」conspire：犯罪で協力する
「腕白な」impish：いたずら好きな（mischievous）
「有害な」injurious：悪い，不当な
「悪事を働く」maleficent：悪い
「いたずら好きな」mischievous：悪い
「腕白な」naughty：つむじ曲がりの，邪悪な
「堕落した，邪悪な」Depraved
「放蕩の」abandoned：ふしだらな
「邪悪な」bad：不正な（wicked）
「堕落した」corrupt：邪悪な（bad）
「罪を犯した」criminal：不正な（wicked）
「卑しい」debased：堕落した（corrupt）
「堕落した」depraved：卑しい（debased）
「不正直な」dishonest：信用を傷つける
「ふしだらな」dissolute：不正な（wicked）
「重罪の，凶悪な」felonious：罪を犯した（criminal）
「邪悪な」ill：邪悪な
「道徳に反する」immoral：堕落した（corrupt）

『ハートランプの語彙集（*Hartrampf's Vocabularies*）』（1929）の観念と語彙のチャートは基本的な意味関係を図で表そうとした試みの初期のものである。12 の単語のペア｛【訳注】チャート内では↔で示されている。｝が「あらゆる観念の根本的性質の根底にある」と主張されている。このチャートを使用して調べたい人は，（例えば DISORDER のような）キーワードを選び，調べたい語の見出しを見つけ，掲載ページにたどりつく。そのページには語彙素のリストがあり，それぞれに同義語が記載されていると同時に反意語や関連語の項目との相互参照がなされている。例として，crime（罪）が記載されているページからの抜粋を上（青色部分）に示す。

コラム「同義語辞典」を巻末 p.533 に掲載

反義語 Antonyms（ギリシャ語の「反対（opposite）」+「名前（name）」）

反義語は反対の意味をもつ語彙素である。この定義もまた，十分わかりやすく思われるが，「反対」とはどういうことかについて考え始めるとそうでもないことがわかる。（真に同義語と言えるものがそもそも存在するのかということが疑われる）同義語関係とは異なり，反義語関係は間違いなく存在するし，しかも，いくつかの形で存在する。

- まず，large/small（大きい／小さい），happy/sad（うれしい／悲しい），wet/dry（濡れている／乾いている）のような反対概念の関係がある。これらは（英語では形容詞で）比較表現にすることができる。半面これらは絶対的な性質を指し示すことがない。例えば，何かが「非常に濡れている（very wet）」とか，「とても乾いている（quite dry）」，あるいは，何かほかのものより「もっと濡れている（wetter）／もっと乾いている（drier）」と言うことができる。この種の反対概念は**段階的反義語**（gradable antonyms）と呼ばれる。「濡れている（wet）」というのが尺度上の1つの極値点にあり，「乾いている（dry）」というのがもう1つの極値点にあるような，濡れている，もしくは乾いている程度を表す尺度が存在するかのような関係である。
- 次に，single/married（独身の／既婚の），first/last（最初の／最後の），alive/dead（生きている／死んでいる）のような反対概念の関係がある。「生きている」とか「最初の」という概念に尺度は想定されないので，これらは段階性のある反対の関係ではない。このような場合は，一方の語彙素が当てはまる場合，もう一方は当てはまらないということになる。すなわち，生きているということは死んでいないことであり，死んでいるということは生きていないということである。これらの語彙素は相互に意味を補完する関係にあるので，**相補的反義語**（complementary antonyms）と呼ばれる。
- 最後にあげるのは，over/under（上／下），buy/sell（買う／売る），wife/husband（妻／夫）のような反義語の関係である。これらは，お互い依存しあう関係にある。つまり，夫がいなければ妻も存在しえない。また，何かが売られなければ買うことができないのである。この一方が他方を前提としている反対の関係は，**対義関係**（converseness）と呼ばれる。そのような関係にある語彙素は**対語**（converse terms）と呼ばれる。

このような3つのタイプの反対の関係にある語彙素には1つの共通点がある。それは，どの場合も，「Xの反対は何?」「Yです。」という質疑応答に使うことができるということである。この点において，これらは，言語内で，まったく反義語が存在しない大半の語彙素とは異なる性質をもっている。例えば，（反義語が存在しないものについて）「虹の反対は何?」とか「化学の反対は何?」「サンドイッチの反対は何?」という質問をしてもまったく意味をなさないのである。

もう1点，語彙素間の関係についてたいていの場合直感的な確信があることに注意しておきたい。これらの場合XがYの反対であることを我々は「知っている」のである。この点において，概念上は反対と言えるかもしれないが，語彙素としては反対の関係にない，よりぼんやりとした反対の関係と反義語の関係は異なるのである。例えば，「大きい」を表すbigとlargeは，「小さい」を表すlittle, smallと同様，非常に近い意味を表すが，littleの反義語はbigでありlargeの反義語はsmallである。largeとlittleは，概念上は反対の意味を表すにもかかわらず，反義語の関係ではないのである。同じことがより広い範囲の語彙素の集合にも当てはまる。「不器用さ（awkwardness）」という概念に関わるものとして，「不器用な，ぎこちない」を表すawkward, clumsy, gawky, ungainlyがあり，一方で，その反対の「器用な，上手な」を表すものとして，skilful, dexterous, adroit, deftがある。しかしこれらの中から明らかに反義語と見なせるペアを選び出すことはできない。最初の形容詞のグループの中のどれについても，その反対を表すと見なすことができるものは，後者のグループのどれであってもよいだろう。つまりこれらは概念上反対関係にあるのは確かだが，この中に反義語のペアはないのである。

ジョーン・ハンソン（Joan Hanson）の子ども向けの本『反義語（*Antonyms*）』（1972）から「作る」（Create）／「壊す」（Destroy）を表す絵

反義語使用の文脈を追う

「よろい戸の開口部は，フォイル【訳注】ゴシック様式窓の最上部の弧】の部分を変えることによってより大きくも小さくも（larger or smaller）できるだろう。」

「我々にとって，自由世界の富んだものも貧しいものも（rich or poor）すべての民にとって…」

「新しい（new）パネルが旧い（old）ものと交換される…」

「私は正しい（right）のか間違っている（wrong）のか?」

これらの引用はアメリカ英語の2500万語からなるコーパス ── 視覚障害者の自立を支援する非営利法人 the American Printing House for the Blind によって編集された大小さまざまな550のテクストが収集されたもの ── からの抜粋である。これらから反義語の用法の最も重要な特徴の1つがわかる。それは，反義語のペアは同じ文中に頻繁に共起するということである。反義語のペアはしばしば1つの接続詞で結合されて近接して生起するか，あるいは，文の異なる部分において同一の構造中に「並列的に」機能する。

下の表はこのコーパスから収集したいくつかの反義語の分析を示している。最左の列の1番上の行ではコーパス内にbadの生起が4,981件確認されたことが，また，その行の3番目の列では，goodの生起が25,147件あったことが示されている。5番目の列には両方の形容詞が現れていた文の数516が示されている。6番目の列には，2つの形容詞が偶発的に同じ文中に現れると予測される数（81.7）が示され，7番目の列でこの予測に対する実際の観察による数値の割合が示されている。bad/goodの場合は，実際観察された頻度は偶発的共起の予測値の6.3倍であったことが示されている。最右の列に示されているのはこのことが起こる確率の推定値である。black/whiteの場合の分析結果は特に際立っているが，どのペアについても共起する割合は統計的に有意なものとなっている。（J.S. ジャストソンとS.M. カッツ（J. S. Justeson & S. M. Katz），1992に従う）

コーパス中の生起数				同文中での共起数			
				観測値	予想値	割合	確率
4981	bad（悪い）	25147	good（よい）	516	81.7	6.3	3.36×10^{-237}
11470	big（大きい）	28360	little（小さい）	483	212.0	2.3	3.13×10^{-59}
9842	black（黒い）	11698	white（白い）	1226	75.0	16.3	1.55×10^{-1046}
2174	bottom（底）	6061	top（てっぺん）	198	8.6	23.1	8.47×10^{-195}
2203	clean（清潔な）	1143	dirty（汚い）	22	1.6	13.4	7.73×10^{-18}
5259	cold（冷たい・寒い）	4036	hot（熱い・暑い）	204	13.8	14.7	1.51×10^{-161}
5716	dark（暗い）	8123	light（明るい）	306	30.3	10.1	4.86×10^{-195}
4662	deep（深い）	501	shallow（浅い）	19	1.5	12.5	4.13×10^{-15}
2500	dry（乾いた）	1501	wet（濡れた）	68	2.4	27.8	9.56×10^{-73}
3866	easy（容易な）	7921	hard（難しい）	43	19.9	2.2	4.68×10^{-6}
2507	empty（空の）	7386	full（いっぱいの）	44	12.1	3.6	8.84×10^{-13}
11985	far（遠い）	5851	near（近い）	121	45.7	2.6	9.77×10^{-21}
3228	fast（速い）	2263	slow（遅い）	61	4.7	12.8	1.24×10^{-45}
15915	few（少しの）	25640	many（多くの）	487	265.9	1.8	3.62×10^{-35}
32866	first（最初の）	17439	last（最後の）	764	373.6	2.0	4.38×10^{-73}
3668	happy（嬉しい）	1176	sad（悲しい）	20	2.8	7.1	2.32×10^{-11}
7921	hard（固い）	2345	soft（柔らかい）	76	12.1	6.3	2.31×10^{-35}
4004	heavy（重い）	8123	light（軽い）	105	21.2	5.0	3.57×10^{-39}
11016	high（高い）	4195	low（低い）	293	30.1	9.7	1.14×10^{-182}

下位語 Hyponyms（ギリシャ語の「下（under）」＋「名前（name）」）

上下語関係は同義語関係や反義語関係（p.176-177）に比べるとほとんどの人にとってあまりなじみのない用語だが，ずっと重要な意味関係を表す言葉である。上下語関係とは，「X は Y の一種だ」と言う場合，例えば，「水仙は花の一種だ（A daffodil is a kind of flower）」あるいは単に「水仙は花だ（A daffodil is a flower）」と言う場合に生じる関係である。このような語彙素の関係は，より一般的な語が 1 番上に置かれ，より特定された語が下に置かれる樹形図にすると，最もうまく示すことができるだろう。上の例では，水仙（daffodil）は花（flower）に「含まれる」多くの語彙素の 1 つということになる。

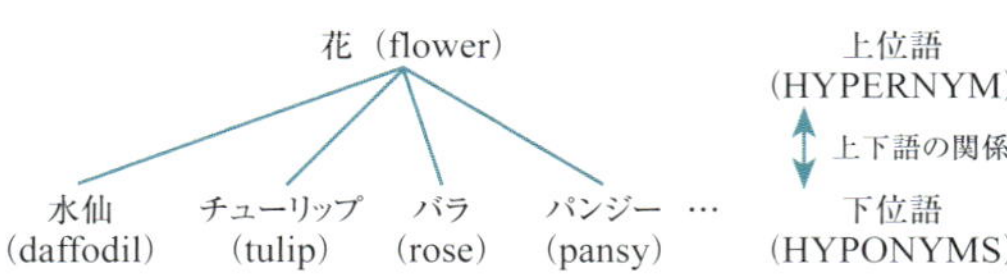

語源説明から示唆されるように，含まれる語彙素が**下位語**（**hyponym**）である。最上位にある語彙素は**上位語**（**superordinate**），または **hypernym**（ギリシャ語の「上（above）」＋「名前（name）」）である。

上下語関係は言語学者にとって特に重要である。というのは，辞書において中心となる関係だからである。語彙素を定義するのに最も明確な方法はさまざまな弁別する特徴を示しながらそれの上位語を示すことである。これは，アリストテレス（Aristotle）にまでさかのぼることのできる定義の方法である。例えば，「バトンガール（majorette）」は「少女」（上位語）で「バトンをくるくるまわしマーチングバンドに伴って行進する人」である。辞書の中で，どんどん抽象的になっていく上位語を次々追って階層関係をたどると，たいていの場合は，最終的に「本質（essence）」，「生きもの（being）」，「実在物（existence）」のような概念にたどりつくであろうが，これらはあまりに漠然とした概念なので，語彙素間の明らかな意味関係はもはや認められない。普通，連続したレベルに関わる語彙素のみを真剣に考えるが，このたどっていく経路のどの時点においてもある語彙素はそれより上位にあるすべてのものの下位語であることがわかる。したがって，「ゴルゴンゾーラとは何ですか?」という質問に対する答えとして期待されるのは，「チーズの一種です」であるが，ゴルゴンゾーラが何かよく知らない人なら，「食べ物の一種です」という答えが，まずはおおざっぱな答えとして容認されるだろう。しかし，さらに抽象化の階層を上がって「物質の一種です」とか「ある種のものです」という答えをしても容認されないだろう。

上位語の欠けている場合

どんな上位語にも属さない語彙素というのもたくさん存在する。もし，「X は Y の一種です」という構文の X に「無秩序（chaos）」，「ナイトクラブ（nightclub）」，「興味深い（interesting）」，「風船（balloon）」といった語を当てはめた場合，「状態（state）」，「場所（place）」，「もの（thing）」といった漠然とした語以外，Y になんらかの上位語を当てはめることはできないだろう。辞書はよりよい上位語を模索するがいつもうまく行くとは限らない。例えば，「風船（balloon）」は「袋（bag），球（ball），小袋（pouch），玩具（toy）」の一種として，さまざまに記述されている。抽象名詞の定義はこの点で特に難しく，動詞や形容詞となるとさらに厄介である。また，語彙素の抽象度のレベルの上下語関係も見きわめにくいかもしれない。例えば，物音（noise）は音（sound）の一種なのか，音が物音の一種なのか？答えがどちらも「ノー」というのであれば，意味関係の分析に何か別の，例えば，同義語関係（p.176）や非両立関係（p.179）を用いた方法を見出さなければならない。

上下語関係の階層

最終的にすべての分類と定義が「存在（BEING）」を表すなんらかの基本的概念にたどりつくものである。ロジェ（Roget）の『シソーラス（*Thesaurus*）』（p.168）のパート 1，1 節は単に「存在（EXISTENCE）」というタイトルになっている。以下の図は辞書でいくつかの語彙素を上位語のみに従ってたどってみたものを示している。それぞれ書かれている意味のうち 1 つだけを引用しており，いくつもの可能性から 1 つだけの経路を示している。ページの下に行くほど明らかな上位語を見つけにくくなっている。

この図を逆方向，すなわち下から上方向に読むと，ここでのポイントがよりはっきりする。すなわち，「チーズと言えるものは何？」「食べ物と言えるものは何？」という質問に対する答えになる語彙素は一定の数，存在する。ゆえに，これらの質問は意味をなすものである。しかし，「材料（material）と呼べるものは何？」とか「物質（substance）と呼べるものは何？」といった質問には言語表現として明瞭な解釈が与えられない。

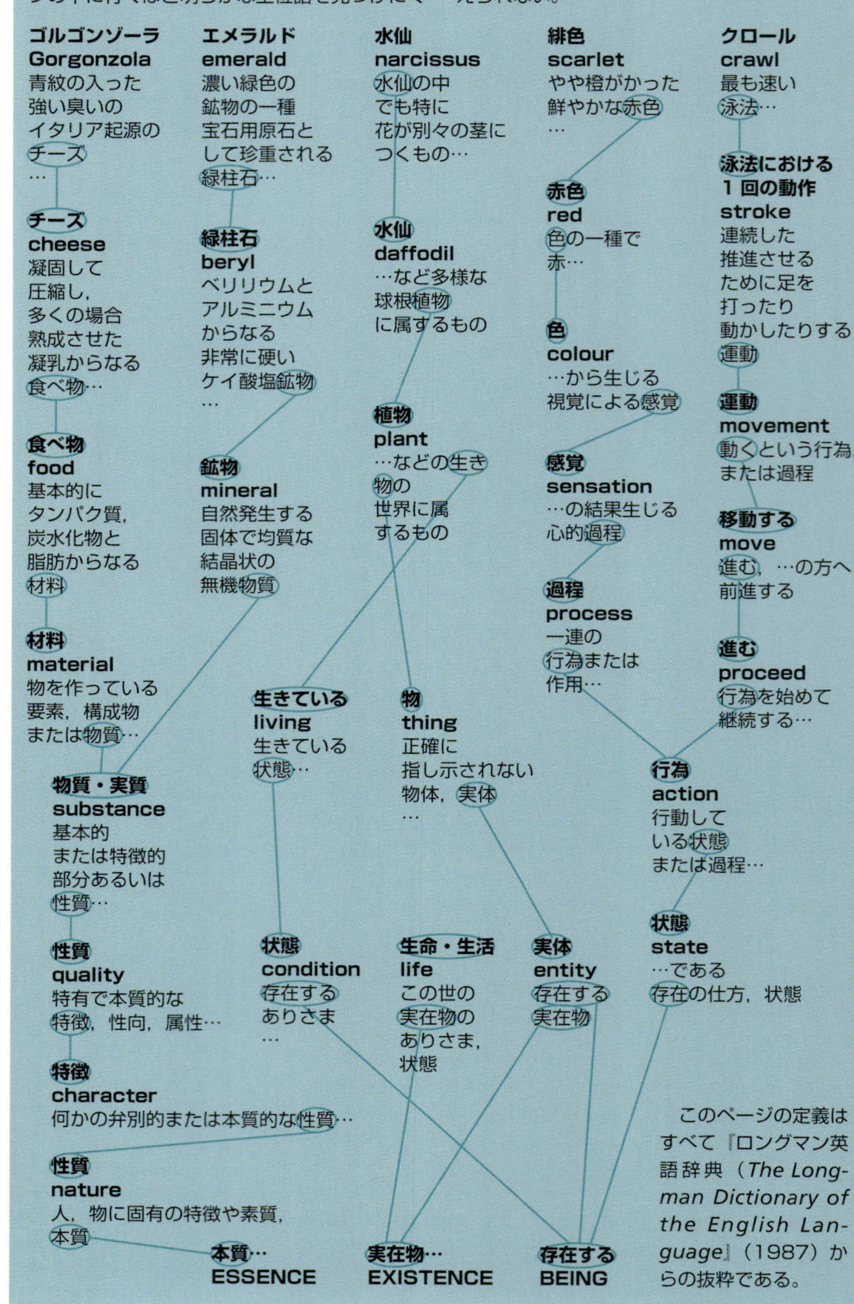

このページの定義はすべて『ロングマン英語辞典（*The Longman Dictionary of the English Language*）』（1987）からの抜粋である。

非両立関係にあるもの

ある意味がほかの意味を含むと言いたいなら，それは上下語関係である。ある意味がほかの意味から除外されるなら，それは非両立関係ということになる。非両立関係には，同じ上位範疇に属するお互い排除しあう語彙素のグループが該当する。例えば，前のページに示した「水仙（daffodil），チューリップ（tulip），バラ（rose），パンジー（pansy）」は，すべて同じ上位語（花）の下位語だから，これらは非両立関係にある。このことが意味することは，以下の2つの文を比較すれば分かる。

私はある1つの花について考えていて，それは水仙でありかつバラである。

私はある1つの花について考えていて，それは水仙で受賞作品である。

最初の文は，「水仙」と「バラ」は非両立関係にあるので，意味をなさないが，第2の文の「水仙」と「受賞作品」は非両立関係にはない，すなわち，両立しうる関係なので容認される文である。さらに以下のような形容詞を用いた対比の例もある。

私はある1色に塗られた物体のことを考えている。それは赤くて黄色い。

私はある1色に塗られた物体のことを考えている。それは赤くて汚い。

この対比においても同じように最初の文に問題がある。なぜなら「赤（い）（red）」と「黄色（い）（yellow）」はいずれも「色（colour）」の下位語だからである。一方，「赤い」と「汚い（dirty）」は同じ上位語からなる集合に属さず，したがって同一文で問題なく用いることができるのである。

下位語の集合についての学習は，語彙の獲得における重要な特徴である（p.482）。そもそもどのように下位語を区別すればよいかわからない場合がある。各語彙素が同じ上位語と関係があることしか知らないという場合である。例えば，「ワニ（crocodile）」と「アリゲーター（alligator）」。これらはいずれも「爬虫類（reptile）」に属するものだということを知っているが，それらをどう区別したらよいかはよくわからないという人がほとんどである。同じような疑問にはどのような意味の場でも出会う可能性がある。「またいとこ（second cousin）」と「またいとこの子（cousin once removed）」は親戚の一種には違いないし，「トランペット（trumpet）」と「フリューゲルホルン（flugelhcrn）」｛【訳注】トランペットに似ているがより柔らかい音の金管楽器｝は「楽器（musical instrument）」だということには間違いないのだが，多くの人にとってそれ以上のことは，参考書を見なければわからない。

音楽における階層関係

上下語関係と非両立関係の相互関係を示すのに最もよく知られた例は，我々が基礎教育の一部として学んだ物体や生物の分類である。その最大領域である博物学の分野では，生物が，推定される進化上の関係でグループ分けされている。すなわち，種（species），属（genus），科（family），目（order），綱（class），門（phylum（動物の門）または division（植物の門）），界（kingdom）（p.396）である。

現代の交響楽団の楽器類もその例を示すものである。交響楽団の楽器は伝統的に4つのタイプに分類される。木管楽器，金管楽器，打楽器，弦楽器である。そしてコンサートホールで我々が目にするのは，この分類に従った楽器の配置である。しかし，かなり前からこの分類は完全に十分なものとは言えないことが知られている。この分類では，いくつかの楽器はどこに属するか判断が難しく，また，この分類につけられた名前は誤解を招く場合もあるからである。例えば，木管楽器の中には（サクソフォーンのように）金属で作られるものもありうるし，また，金管楽器の中に（アルペンホルンのように）木製のものもありうる。

現代の音楽学における標準的分類は伝統的分類とは異なっており，1914年に刊行されたエリッヒ・フォン・ホルンボステル（Erich von Hornbostel）とカルト・ザックス（Kurt Sachs）の論文｛【訳注】「ザックス＝ホルンボステル分類」と呼ばれている｝にもとづいている。今では，楽器は音源つまり振動手段の物理的特徴によって5つのタイプに分類されているのである。

- **気鳴楽器**　このグループに属する楽器の音は空気によって生み出される。金管楽器，リード楽器と木管楽器が含まれる。
- **弦鳴楽器**　このグループに属する楽器の音は1本以上の弦によって生み出される。弦のはられた楽器とほとんどのキーボード楽器が含まれる。
- **体鳴楽器**　このグループに属する楽器の音は，楽器の本体自体によって生み出される。ベルやトライアングルなどのいくつかの打楽器，また，ミュージカルソー（音楽用ののこぎり）といったものも含まれる。
- **膜鳴楽器**　このグループに属する楽器の音は，張られた膜によって生み出される。さまざまな種類の太鼓のほか，カズー｛【訳注】おもちゃの笛，バズーカとも言う｝やタンバリンが含まれる。
- **電子楽器**　このグループに属する楽器の音は，発振器のような非音響的装置によって生み出される。シンセサイザーやエレキギターが含まれる。

新たな分類の目的は，どんなものであれ，言語的なものというよりも概念的なものではあるが，つねに言語使用に影響を及ぼす。楽器について語る際に用いられる語彙の階層において新たなレベルが入ってくると我々の表現が変わる。例えば，伝統的な分類では以下のように言って何も問題はない。

私は金管楽器はどんなものでも演奏できるが，木管楽器は何も演奏できない。

しかし，現代の分類で次のようには言えないのである。

私は気鳴楽器はどんなものも演奏できるが，木管楽器は何も演奏できない。

この分野の会話をしたければ，「専門用語の学習」以上のことをする必要がある。つまり，専門用語がどのように体系化されているかを知る必要がある。このことは，語彙素が上下語関係や非両立関係という点においていかに相互に関係しているかを学ぶことを意味している。当該分野の語彙の構造を意識しなければ，まさに「何について話しているかわからない」ということになる。

我々にとっての真の色を示すということ

言語の世界が物理的世界に対応できていないことがあることは colour（色）という語彙素の用法によって非常にうまく示すことができる。物理学によれば，赤（red），黄（yellow），青（blue）が3原色，緑（green），スミレ色（violet）と橙（orange）がそれらの補色だとされる。大きな絵具箱には，黒（black），白（white），灰（grey），茶（brown），そのほか，（藤色（lilac），青みがかった薄紫色（mauve），紫色（purple），藍色（indigo），など）その違いがどんどん微妙になっていく何十もの色が見つかるだろう。

言語においては，以下に見るように，colour の下位語と見なされるものがコンテクストによって大いに違ってくる。

- スヌーカー｛【訳注】ビリヤードの用語。15個の赤球と赤以外の6個の玉で行う｝においては，colour（色）に「赤」は含まれない。（｛【訳者補足】プレーヤーはまず赤玉を狙わねばならず，｝）色玉は赤玉をポケットに入れてから初めて狙うことができる。
- 対照的に，健康に関する領域では，（白色人種について）colour came back to his cheeks（彼の頬に顔色が戻った）と言う場合，colour｛【訳注】顔色のこと｝は赤のみ，あるいは，少なくともピンクを意味する。
- 出版の世界では，白い紙に黒い文字で印刷された本は色つきだとは見なされない。しかし，例えば，そのページに関心をひくために青が挿入されたら，2色刷りというように言われる（つまり，黒が「第1の」色である）。
- 南アフリカの人種構成について言う場合は，カラード（coloured｛【訳注】混血のことをこう呼ぶ｝）には黒（人）も白（人）も入らない。
- 映画やテレビにおいては，（テクニカラー（Technicolor）｛【訳注】カラー映画製作方式の1種｝のような）色つきと白黒との対照がある。カメラのフィルムやテレビの受像機にもこの分類がなされている。

そのほかの意味関係

同義語や上下語の関係（pp.176-9）は意味分析にとって必須のものである。というのは，それらがレキシコン全体において広範囲にわたって表されている基本的な論理関係を表現するものだからである。これら以外の意味関係は，これらに比べてずっと範囲が狭く制限された語彙素のグループにしか適用されない。そのようなものとして3種類の意味関係を以下に説明する。部分／全体の関係，階層関係｛【訳注】ここでの hierarchy は統語論で用いられる意味とは異なる｝と連続関係である。

部分－全体の関係

「車輪（wheel）」と「自動車（car）」，「袖（sleeve）」と「ジャケット（jacket）」の関係は，これまで論じたものとは別の意味関係を表すものである。それは**部分と全体（parts and wholes）**の関係である。この関係は，明らかなものに思われているかもしれないが，そうでもない。特に，この関係は3つ以上の語彙素の連鎖において隣接しているものの間においてのみ容認されるという傾向が強いのである。したがって，「ドア（door）」は「家（house）」の一部で，「家」は「村（village）」の一部だが，「ドア」が「村」の一部だと言うと非常に変だろう。他方で，隣接していないもの同士の間にもこの関係を認められるような連鎖も存在する。例えば，「カフス（cuff）」は「袖」の一部で「袖」は「シャツ（shirt）」の一部である。しかし，「カフス」は「シャツ」の一部でもある。なぜこのように隣接していないものに部分－全体関係が認められる場合と認められない場合があるのかは不明である。

部分－全体関係についていくつか精緻化すべき点があり，この中には，言語学者のみならず哲学者にも関心がもたれている点がある。まず，部分の中でも，ある物質の必須の特徴になるものと，あってもなくてもよいものとが区別されてきた。例えば，「腕（arm）」は（正常の）男性の体の必須部分であるのに対して，「顎髭（beard）」はそうではない。また，何かを「属性（attribute）」と見なすことに対して，それをともかく「部分」と見なしておくこととの境界も不確かである。例えば，頑丈な人の「胴まわりの寸法（girth）」は体の一部と見なせるのだろうか。

部分－全体の関係はレキシコンのさまざまな領域で見出すことができる。

- 衣服（clothing）：ファスナー（zip），ボタン（button），へり（hem），襟（collar），裏張り（lining），カフス（cuff）
- 食べ物（food）：茎（stalk），葉（leaf），根（root），殻（husk），貝殻（shell），骨（bone），種（seed）
- 乗り物（vehicle）：車輪（wheel），ブレーキ（brakes），エンジン（engine），ドア（door），ハンドル（steering wheel）
- 動物（animal）：ひづめ（hoof），たてがみ（mane），脚（leg），羽（feather），爪（claw），しっぽ（tail）
- 容器（container）：ふた・栓（top），ふた（lid），出し入れする口（door）｛【訳注】ゴミ箱の蓋を trash-bin door という｝，側面（side），取っ手（handle），後部・裏（back）
- 家（house）：浴室（bathroom），寝室（bedroom），台所（kitchen），屋根（roof），窓（window），ドア（door）

階層関係

語彙的階層とは，特定のランクをもっている語彙素の段階性をもった連続体で，個々の語彙項目が隣接する項目より「上」または「下」のランクとなっている。「伍長（corporal）－軍曹（sergeant）－中尉（lieutenant）」という連続体はそのような階層の一部をなす。「伍長」と「軍曹」の関係は同義語関係ではない（同じ意味ではない）し，反義語関係でもなく（反対概念ではない），また，上下語の関係でもない（「伍長」は「軍曹」の一種ではないし，その逆もそうではない）。実のところ非両立関係ではあるが，やや特別な種類のものである。すなわち，「伍長」と「軍曹」の間の関係は「クラリネット」と「オーボエ」の関係とは異なる。というのは，「軍曹」は「伍長」より「上」のランクであるのに対して，2つの楽器はいずれも他方より格が上だとは言えないのである（もっともこれらの楽器のソリストたちはこの考えに同意しないかもしれないが）。

階層として体系化される語彙素の領域はいくつか存在する。それらは，例えば，軍隊の階級や教会の序列のように，しばしば人間関係を反映している。教会の序列は，「司祭（priest）－主教・監督（bishop）－大主教（archbishop）…」といったものである。数量概念も，特に計測単位との関係で重要である（例：秒－分－時間…）。例えば，p.229 に示す文法的階層に見られるような抽象度のレベルを表す階層もある。

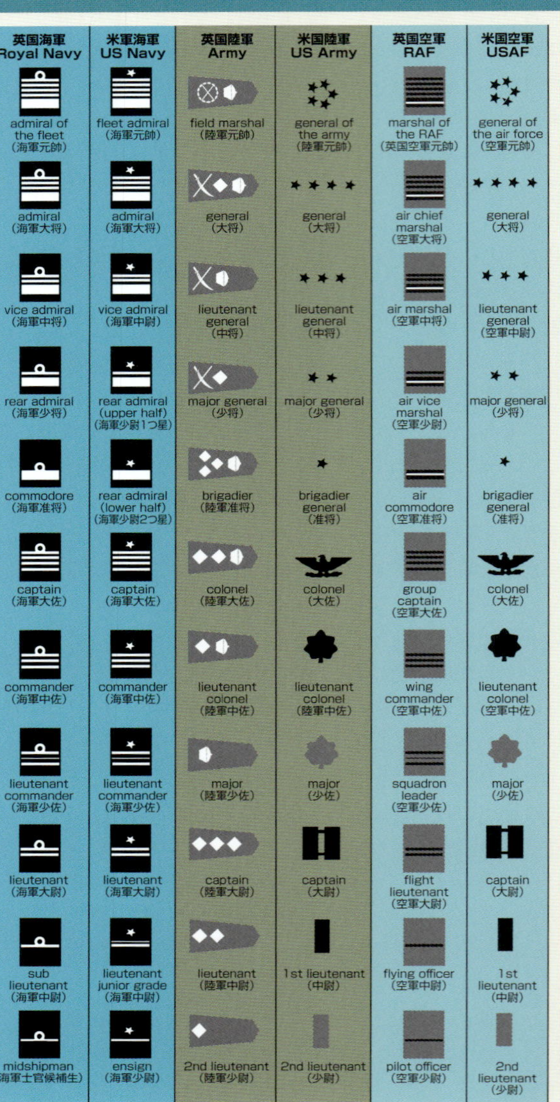

英国海軍 Royal Navy	米軍海軍 US Navy	英国陸軍 Army	米国陸軍 US Army	英国空軍 RAF	米国空軍 USAF
admiral of the fleet（海軍元帥）	fleet admiral（海軍元帥）	field marshal（陸軍元帥）	general of the army（陸軍元帥）	marshal of the RAF（英国空軍元帥）	general of the air force（空軍元帥）
admiral（海軍大将）	admiral（海軍大将）	general（大将）	general（大将）	air chief marshal（空軍大将）	general（大将）
vice admiral（海軍中将）	vice admiral（海軍中尉）	lieutenant general（中将）	lieutenant general（中将）	air marshal（空軍中将）	lieutenant general（空軍中尉）
rear admiral（海軍少将）	rear admiral (upper half)（海軍少尉1つ星）	major general（少将）	major general（少将）	air vice marshal（空軍少尉）	major general（少将）
commodore（海軍准将）	rear admiral (lower half)（海軍少尉2つ星）	brigadier（陸軍准将）	brigadier general（准将）	air commodore（空軍准将）	brigadier general（准将）
captain（海軍大佐）	captain（海軍大佐）	colonel（陸軍大佐）	colonel（大佐）	group captain（空軍大佐）	colonel（大佐）
commander（海軍中佐）	commander（海軍中佐）	lieutenant colonel（陸軍中佐）	lieutenant colonel（陸軍中佐）	wing commander（空軍中佐）	lieutenant colonel（空軍中佐）
lieutenant commander（海軍少佐）	lieutenant commander（海軍少佐）	major（陸軍少佐）	major（少佐）	squadron leader（空軍少佐）	major（少佐）
lieutenant（海軍大尉）	lieutenant（海軍大尉）	captain（陸軍大尉）	captain（大尉）	flight lieutenant（空軍大尉）	captain（大尉）
sub lieutenant（海軍中尉）	lieutenant junior grade（海軍中尉）	lieutenant（陸軍中尉）	1st lieutenant（中尉）	flying officer（空軍中尉）	1st lieutenant（中尉）
midshipman（海軍士官候補生）	ensign（海軍少尉）	2nd lieutenant（陸軍少尉）	2nd lieutenant（少尉）	pilot officer（空軍少尉）	2nd lieutenant（少尉）

｛【訳注】職位を表す表現は，同じ表現が，英国と米国両方で用いられていて，共通の場合もあれば，意味が異なる場合もある。また，特定の軍隊内でのみ使用される表現もあれば，複数で使用されて同等のランクを表す表現もある。訳語では，例えば，米国で陸軍と空軍で同じ表現で同等のランクを表す場合について，職位のみを記している。｝

連続関係

数の体系は言語のレキシコンにおいては独特のものである。というのは，個々の項目の位置づけが数学の規則によって定義されている通りに並んだ無限の連続体をなすものだからである。one, two, three, four… といった語彙項目を軍隊の階級のような階層と呼びたいところだが，数の体系は異なっている。語彙的観点からすると，2がつねに1より「上」の位置だとは言えないからである。

無限ではない語彙素の連続体もある。最もよく知られる例は，1週間を構成する曜日や1年を構成する月で，これらは**循環する**性質をもつ。つまり，連続体の最後に到達したらまた最初から始まるのである。

カレンダーでは3つのタイプの語彙素の連続体が示されている。日，曜日，月である。

誰が1番？

『プリズナー（*The Prisoner*）』｛【訳注】The Prisoner は，1967年9月29日から1968年2月4日にかけてイギリスで製作・放映された連続テレビドラマ作品｝という英国のカルト的人気を博した連続テレビドラマの中で，パトリック・マックゴーハン（Patrick McGoohan）はすべての民が番号をあてがわれている村に囚われていた。ナンバー2が村の責任者（リーダー）だが，彼は隠れたナンバー1の部下である。

｛【訳注】主人公はナンバー6という番号を与えられる。写真を参照。｝

意味がわかるということ

この章では英語のレキシコンがどのように組みたてられているかを見てきた。これは，「あることがわかる」と言うのがどういうことを意味するかの探求でもあったのである。しかし，この探求を完了する前に，まだあと1つ理解しなければならないことがある。それは，**定義（definition）**である。定義とは，すべてのことがらを1つに結びつける言語的なメカニズムである。定義は語彙素の意味に関与するあらゆる側面を関連づけてそれを理解できるようにする特別な文なのである。定義は辞書では，完全な文（「ドレスとは～であるような衣服である（A dress is a piece of clothing which…）」）を用いて書かれることも，短縮された形式（「ドレス：～であるような衣服（a piece of clothing which…）」）で書かれることもある。

定義を表す文の基本的構造はアリストテレスの時代から知られている。アリストテレスは以下の2つの要素を区別した。ある語が属する一般的範疇とその語を関連したほかの語と区別する特別な性質や属性である。したがって，例えば，「牛とはモーと鳴く動物である（a cow is an animal which moos）」というのは子どもが試みるような定義だが，これは「犬は吠える動物である（a dog is an animal which barks）」という定義と区別するには十分なものであろう。このような場合，「動物」がより一般的な語（上位語 p.178）であり，「モーと鳴く」「吠える」は弁別的属性である。大人の定義には，形状における弁別的特徴と（例：牛は4本の脚と角としっぽをもつ），機能的特徴（例：牛はミルクを供給し，野山で生活し，人を乗せることはしない）の両方を含むいくつかの属性が要求されるだろう。また，定義に必要な本質的属性を考え出すのが結構困難な場合もありうる。例えば，下に示した「工場（factory）」の例が示すように。そして，定義に関する理論的問題に，何世代にもわたって言語哲学の研究者たちは夢中で取り組んできたのだ。

工場（factory）とは何ですか？

このような質問を誰か（子ども，外国人，政治家）にされたら，2つの答え方がある。1つは工場を探してそれを指さすことである。もう1つは，この方が一般的により実用的だが，工場という語の定義を試みることである。第1のやり方は語の外界における**指示**を同定するものであるが，言語学者にはあまり関心をもたれない。第2のやり方は，英語において語の**意義（sense）**｛【訳注】referent（指示対象）に対するsenseは意義と訳される。｝を述べることであり，こちらが言語学研究の中心的なものである。

しかし，我々は「工場（factory）」をどのようにして定義するだろうか？　まずは英語の話し言葉，書き言葉でのこの語の用法を調べなければならない。実際，辞書編集者が辞書項目を書く時にはそうするのである。しかし，「工場」はさまざまなコンテクストで使われうるので，選抜して，どの属性が定義に必須であるか，必須でないかを見きわめる必要がある。以下の定義からわかるように，この点について，複数の辞書の間で一致が見られるとは限らない。

factory

物品の生産や原料の加工が行われる建物あるいは建物の集合（『ロングマン英語辞典（*Longman Dictionary of the English Language*）』）

多くの場合機械を用いて物品が大量に作られる大きな建物あるいは建物の集合（『コリンズ・コウビルド英英辞典（*Collins Cobuild English Language Dictionary*）』）

物品が製造（manufacture）される場所（『チェンバーズ英語辞典（*Chambers English Dictionary*）』）

機械類や物品を製造するための設備や装置を備えた1つまたは複数の建物（『縮約版オックスフォード辞典（*Concise Oxford Dictionary* ｛【訳注】現 *Concise Oxford English Dictionary*のこと。2002年までは，これが正式名称であった。｝）

これらの定義を（チェンバーズの「製造する（manufacture）」の定義「多くの場合機械を用い，大規模に作る」もいっしょに見ながら）比べると，「工場」の定義を構成する以下の5つの主要な要素が浮かび上がる。

- 一般的な範疇を表す項目は「場所（place）」で，より特定すれば単数または複数の「建物（building(s)）」である。
- 物品が「作られる（made）」，あるいは「製造される（manufactured）」。より特定すると（上記の中の1つの定義によれば）「生産され（produced）」「加工される（processed）」。
- 作られるものは物品（goods）だが，（1つの定義では）「原料（raw material）」や（また別の定義では）「機械類（machinery）」が物品という範疇から区別されて表されている。
- 物品は「機械（machines）」を用いて作られる。1つの定義において，それは「設備（plant）」あるいは「装置（equipment）」として描写されている。
- 建物は「大きく（large）」，1つの定義では物品が「大量に（large quantities）」作られると述べられている。

以上にもとづくと「工場」の「ミニマリスト的（最小限の）」定義は以下のようになるだろう。

> 機械で大量に物品を作っている大きな建物

子ども用の辞書もこれに近い。

> 物品が作られている大きな建物または建物群（『チャイルドクラフト辞典（*Childcraft Dictionary*）』）

｛【訳注】『チャイルドクラフト』は1934年に創設された子ども向けのイラスト入りアンソロジー｝

外国人英語学習者のための辞書では2段階に分けた定義を示している。

> 物品が作られている建物または建物群，特に機械を用いて大量に作られるところ。（『ロングマン現代英英辞典（*Longman Dictionary of Contemporary English*）』）

過度に単純化したり，不注意に述べられたりした定義は誤解を招きかねないことはたやすくわかる。ある記事によると，母親が自分の小さい子どもに「工場とは「モノを作る場所」だ」と答えた。するとその子どもは後に彼女の台所を工場と呼んだのだ！　確かに，この反応をもとに考えれば，上記の辞書のどれも重要なポイントに言及していないといえる。それは製造される物品は売り物だということだ。

意味の不画然性

定義は我々が望むような正確なものとは限らない。その1番の理由は実世界において我々が話の対象とする存在物や出来事は必ずしも明確で限定されたものではないということである。日常的な言葉で「工場（factory）」の水も漏らさぬ定義を表すことは不可能である。「大きい」といってもどれほど大きいのか？　小さな建物なら絶対工場とは言えないのか？　**必ず**機械を備えていなければならないのか？　実際，ある辞書では｛【訳注】本ページで引用された『ロングマン現代英英辞典』｝，その定義に不確実性を持ち込んでしまっている。それは，「**特に**機械を用いて大量に作られるところ」という表現である。

多くの場合，このような「はぐらかし表現（hedges）」は問題ない。日常の対話ではかなりの不明瞭さが許容されている。国会制定法（Act of Parliament）とか法的闘争（p.398）のような特別な場合においてのみ，真の正確さが求められ，「大きい」のような概念に対しても定義を与える必要がある。

語彙の不画然性は諸領域に見られる。例えば，booklet（小冊子）が，どの程度からはbook（本）に，hill（丘）はどの程度からmountain（山）に，village（村）はどの程度からtown（町）に，discussion（議論）はどの程度からdispute（論争）になるのか？　いずれもその境界は不明瞭である。語彙の属性に関して言えば，bird（鳥）の性質として（ダチョウやペンギンを考慮に入れるなら），「飛べる」ことがどれほど必須なのか？　とか，cup（カップ）の定義として（紙コップやエッグカップ（ゆで卵立て）を考慮に入れるなら）「取っ手がある」ことがどれほど必須なのか？　という疑問が生じる。さらに抽象的な概念となると，水も漏らさぬような語の定義にたどりつくことはさらに難しくなる。

日常の言語には発言に不明瞭さを導入する多くの表現がある。例えば，typically（典型的には），roughly（おおよそ），practically（ほとんど），in the region of…（ほぼ～で），thereabouts（そのあたりで），well nigh（ほぼ），within an ace of…（～しそうになって），verging on…（～に近い），virtually（ほぼ），perhaps（おそらく），usually（普通は），invariably（きまって），sort of（多少）など。これらは，専門的，科学的議論においても「おそらく1年につき1,500件はある（there are perhaps 1,500 such cases a year）」のように使用されている。不明瞭な表現を，思考や発話におけるいい加減さを表すものとして，すべて捨ててしまうのは安易に過ぎる。むしろ，これらの表現は主張の要点を相手に理解させ得たり，主要な問題に焦点をあてられることにより，効果的なコミュニケーションに重要な役割を果たしうる。

12 レキシコンの諸側面

さらなる情報源：
cambridge.org/crystal

英語のレキシコンは巨大かつ多様なので，整ったカテゴリーに分類するのは不可能である。つまり，個別のスライスに切り分けられるケーキのようなものではないのである。むしろ，単一の語彙素（p.128）は，いくつかの言語的側面に関する情報をあわせもっている。例えば，いつ英語に入ってきたか（歴史的な側面），どのように形成されているか（構造的な側面），標準語か方言か（地域的な側面），性別，階級，あらたまり度，民族の特徴を反響させているか（社会的な側面），科学，宗教，法律のような領域において特別な地位をもっているか（職業的な側面），そしてほかにもたくさんある。レキシコンは，歴史的，社会的，技術的な変化に対して特に敏感な指標なのである。結果として，語彙は本書の多くの部，特に歴史，地域，社会に関する部（I，V 部）における議論と密接に関わっている。

そこで，時には静かで無意識的に，時には攻撃的で物議を醸して，我々の生活においてレキシコンが果たすいくつかの日常的な役割を概観することで，II 部を締め括りたい。1 つ重要な役割が欠けているため目立つかもしれないが，ユーモアの側面に関しては第 22 章で個別に扱う。

含みのあるレキシコン

レキシコンに関する我々の議論の大部分は，語彙素の辞書的な意味，しばしば**明示的意味**と呼ばれるもの，に割かれてきた。明示的意味は，語彙素とそれが指す現実との客観的な関係である。例えば，spectacles（眼鏡）の明示的意味は，眼の前で鼻に乗ってバランスを取っている物体であるし，purple（紫）の明示的意味は，一定の物理的に定義できる特徴をもった色である。明示的意味は，誰もが共有する語彙的な意味の中心的な側面，つまり「辞書的な定義」を担っている概念である。

それに対して，**暗示的意味**は，語彙的な意味の個人的な側面，しばしば語彙素が付随的に想起させる感情的な連想を指している。

例えば，bus（バス）は，多くの人びとにとっては「安さ」や「便利さ」，ほかの人びとにとっては「不快さ」や「不便さ」のような暗示的な意味をもつが，多くの子どもにとっては「学校」を暗示的に意味し，これに関連して多くの米国人にとっては（民族的に分断されていた都市コミュニティの社会的な統合を推進する手段として子どもを「バス通学」させるという米国における 1960 年代の政策のため）政治的な響きがある。暗示的意味は，個人の経験によって異なり，（コロケーションとは異なり，p.172）予測できない部分がある。一方，人びとの経験には共通する部分もあるため，ある言語における多くの語彙素は大多数の話者が共有する暗示的意味をもっている。例えば，広く認識されている city（都市）の暗示的意味には，「ざわめき」，「人込み」，「ちり・ほこり」，「興奮」，「楽しみ」，「罪」がある（p.174 を見よ）。

語彙素は，多くの暗示的意味を負う時，一般的に「含みがある（loaded）」と言われる。政治や宗教に関する言葉は，含みのある表現に溢れている。例えば，政治に関しては，capitalist（資本家），fascism（ファシズム），radical（急進的な），federalism（連邦主義），democracy（民主主義），bureaucracy（官僚主義），politician（政治家）など，宗教に関しては，priest（聖職者），dogma（ドグマ），pagan（異教徒），orthodox（正説の），sect（宗派），heresy（異説），fundamentalist（根本主義）などがある。一方，科学や法律に関する言葉は，（つねに成功するとは限らないが）高度に暗示的な語彙を意図的に避けている。一般的に，領域やトピックが多くの議論をともなうほど，含みのある語彙を多く含んでおり，意見を補強するのに必要な語彙的な戦闘手段を提供している。

すべて正しい暗示的意味…

住居（residence），住宅（dwelling），贅沢（luxury），丈夫な（substantial），広々とした（spacious），閑静な（quiet），将来性のある（potential），福利（benefit），景色（views），設備の整った（well-appointed），人目から遮られた（well-screened），望ましい（desirable），修景された（landscaped），精選した（select），威信ある地位（prestige position），魅力的な（attractive），改装された（refurbished），改修された（restored），成熟した（mature），品格（character），損なわれていない（unspoilt），趣きのある（tasteful），均整の取れた（well-proportioned），個性的な（individual），備えられた（well-stocked），便利な（convenient），現代的な（modernized），汚点のない（immaculate），壮大な機会（magnificent opportunity）…

応接エリアと設備

オズボーンコート（Osborne Court）へのアプローチは，上品な階段になっており，二重ドアを通ってガラス張りの玄関へと続いている。そして，セキュリティで保護されたエントランスドアから，大理石のフローリングと過去の時代の装飾が施された印象的なメイン応接ホールへとつながっている。メイン階段は，光沢のある硬木で，丸く削られた手すりと小柱がついており，8 人乗りのエレベーターが上層階に楽々と運んでくれる。階段と上層階の廊下は，重厚なアックスミンスター（Axminster）カーペットが敷き詰められており，装飾は建物のイタリア風のテーマを保っている。

全体の雰囲気は豪華でありながらも上品さがあり，異なる時代の壮麗さを彷彿させる。

住戸

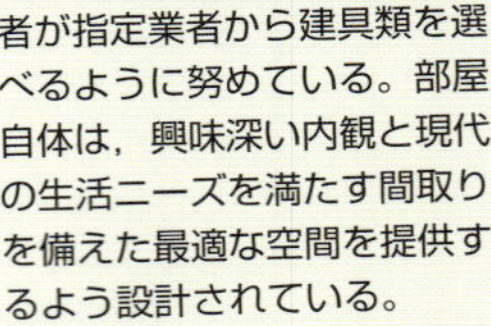

オズボーンコートの各住戸は独立しており，可能な範囲で購入者が指定業者から建具類を選べるように努めている。部屋自体は，興味深い内観と現代の生活ニーズを満たす間取りを備えた最適な空間を提供するよう設計されている。

玄関ホールは，一般的に広々としていて，ゲストを迎え入れるための快適な空間を提供しており，印象的に住戸へ案内してくれる。リビングは，惜しみない広さがあり，天井の高さは石膏で鋳られたコーブによって強調されている。これらのメインの部屋の照明は，壁と天井の両方についている。

暗示的機能

暗示的意味は，語彙素の使われ方を説明する時に重要な役割を果たす。例えば，同義語は定義上（p.176）明示的意味では区別できないが，car（車），automobile（自動車），runabout（小型車），buggy（バギー），banger（ぽんこつ），bus（バス），hot rod（改造自動車），jalopy（おんぼろ自動車），old crock（おんぼろ車），racer（レーシングカー）などの場合のように，通常は暗示的意味に顕著な違いがある。実際に，非慣習的なデザインをことばで述べる時，暗示的意味はマーケティングにおける重要な検討事項になる（p.414）。

また，暗示的意味は個人の態度や意見を伝える重要な手段でもある。バートランド・ラッセル（Bertrand Russell）は，過去の BBC の番組である『ブレーンズトラスト（Brains Trust）』｛【訳注】聴取者から寄せられた質問に答える英国ラジオ・テレビの人気番組｝で，以下の「不規則動詞」を「活用する」ことで完璧な例を示してくれている。

私は堅実（firm）である。
あなたは頑固（obstinate）である。
彼は石頭（pig-headed fool）である。

このアイデアにもとづき，英国の雑誌である『ニューステーツマン（*New Statesman*）』は，読者のためのコンテストを設けた。以下はいくつかの発表された参加作品である。

- 私は活気に満ちて（sparkling）いる。
  あなたは非常にお喋り（unusually talkative）である。
  彼は酔っ払って（drunk）いる。
- 私は創造的な記者（creative writer）である。
  あなたは嗅覚の鋭い記者（journalistic flair）である。
  彼は儲け主義の雇われ記者（prosperous hack）である。
- 私は空想（day dream）にふける。
  あなたは現実逃避（escapist）している。
  彼は精神科医に診てもらうべき（ought to see a psychiatrist）である。

ほかにも多くの 3 つ組を考案することが可能である。例えば，細い（slender）／痩せた（thin）／痩せこけた（skinny），率直（frank）／無遠慮（blunt）／横柄（insolent），体重超過（overweight）／ぽっちゃり（plump）／でぶ（fat）などがある。

うなりとのど鳴らし

意味論に関する米国の著述家であるS. I. ハヤカワ（Samuel Ichiye Hayakawa）（1906-92）は，暗示的意味を議論する時，「うなり（snarl）」語と「のど鳴らし（purr）」語を区別した。例えば，you filthy scum（お前は人間のくずだ）という文は言葉によるうなりのようなものであるが，you're the sweetest girl in all the world（あなたは世界中で最も愛しい女性だ）という文は猫がのどを鳴らしたり犬がしっぽを振ったりするのに対応する。どちらの文にも，ほとんど客観的な内容（明示的意味）はない。

最も獰猛なうなり語は別個の問題を引き起こすため，**毒舌**および**タブー**（p.184）のような見出しで別個に議論するのが1番良い。しかし，否定的または好ましくない暗示的意味をもつ語も，肯定的または好ましい暗示的意味をもつ語も，ほかに多く存在する。しばしば，youngster（若者）とyouth（ガキ）の区別のように，これらは対比される。

若者（youngsters）の集団が街角に立っていた。

不良（youths）の集団が街角に立っていた。

前者のグループとは通りすがりにお喋りをするかもしれないが，後者のグループとは視線を合わせないだろう。同様に，statesmen（男性政治家）やstateswomen（女性政治家）に対してpoliticians（政治家）は敬意の度合いが低く，paying guests（下宿人）に対するlodgers（間借人），plans（計画）に対するplots（陰謀），Catholics（カトリック教徒）に対するpapists（カトリック信者）と同様である。

うなり語をランダムにあげると，terrorist（テロリスト），exploitation（搾取），steam-roller（圧倒する［動詞］），skulk（こそこそする），nag（小言を言う），clammy（湿っぽい），clique（派閥），loafing（のらくらする），politicking（政治工作），pontificate（尊大にふるまう）がある。のど鳴らし語には，comrade（仲間），enterprise（事業），freedom（自由），patriot（愛国者），colourful（色とりどりの），compact（簡素な），partnership（協力），jolly（楽しい），green（若々しい），environment（環境）などがある。人びとは，語彙素がうなっているのか，のどを鳴らしているかについて，curiosity（好奇心），hanging（未決の），communist（共産主義者），civil servant（公務員），republican（共和主義者），ambitious（野心的な）の場合のように，しばしば意見が一致しない。また，隠喩も重要な役割を果たしている（p.306）。

暗示的意味の研究における問題の一部は，時間の経過とともにすぐに変わってしまうという点である（p.148）。例えば，lewd（色好みの）は，昔は純粋に「素人の」や「無教育な」を意味していたが，意味の変化に伴い，明確に否定的なトーンをもつようになった。また，gentle（礼儀正しい）は，「氏族」や「人びと」を意味する語からきているが，現在は非常に肯定的な意味を連想させる。流行や社会情勢における短期的な変化に対する暗示的意味の変わり方を追うのは特に難しく，「政治的な正しさ（political correctness）」（p.189）を理解するのを難しくする理由の1つになっている。

色のビタミン

色の象徴的または心理的な連想には，長い歴史がある。まず，12世紀には，ローマカトリック教会（Roman Catholic Church）における典礼暦年のための色の順番が，教皇インノケンティウス3世（Pope Innocent III）によって示され，今日も使われ続けている。例えば，赤い礼服は，精霊降臨日（Pentecost）または殉教者の祭礼に使われ，火の手や血しぶきを表す色になっている。また，黒い礼服は喪中の色であるし，紫の礼服は待降節（Advent）や大斎節（Lent）において黒を緩和する色であるし，緑は「中立的な」色で，特別な時期や祝祭日ではない「通常時に」使う。これらの色といくらかのほかの色（特に白，青，金，ばら色）は，多くの中世の宗教的な絵画において，しばしば象徴的に使われる。

現代では，色の心理的な連想，そして色の語彙の暗示的意味は，絵具・塗料の色調の記述（p.164），広告言語，自己をイメージする技術のような幅広い文脈で活用され続けている。最後のカテゴリーのよい例としては，カラー・ミー・ビューティフル（Color Me Beautiful）システムがある。このコンサルタント会社は，1974年に米国でキャロル・ジャクソン（Carole Jackson）によって設立され，今や世界中に支店がある。目的は，女性が色を通して自分の自然な美しさを発見する手助けをすることであり，四季の隠喩を使っている。各季節が別個の色の配列を表しているのと同様に，人の色もそれらのパレットの内の1つと調和すると言われており，どのように自分の自然色を高めるべきか，どのように（化粧や服装における）追加色を選ぶべきかに関して，アドバイスが与えられる。そして，鍵となる11の「色のビタミン」が存在し，肯定的（+）および否定的（–）な属性と関係づけられている。

red（赤）
　+陽気な（up-beat），自信に満ちた（confident），断定的な（assertive），刺激的な（exciting）
　–攻撃的な（aggressive），横暴な（domineering），威張った（bossy），脅迫的な（threatening）

pink（ピンク）
　+女らしい（feminine），礼儀正しい（gentle），近づきやすい（accessible），安全な（non-threatening）
　–感傷的な（pathetic），些細な（unimportant），無難な（safe），自信のない（under-confident）

blue（青）
　+平和な（peaceful），信頼できる（trustworthy），忠実な（constant），規律正しい（orderly）
　–「聖人ぶった（holier than thou）」，厄介な（tiresome），変わり映えのしない（predictable），保守的な（conservative）

brown（茶）
　+自然な（earthy），家庭的な（homely），社交的な（gregarious）
　–無難な（safe），退屈な（boring），野暮な（unsophisticated）

yellow（黄）
　+陽気な（cheerful），有望な（hopeful），活発な（active），率直な（uninhibited）
　–衝動的な（impulsive），厄介な（tiresome），慌しい（whirlwind），移り気な（volatile）

（巻末p.534へ続く）

春

春（springs）（一般的には用いられない可算名詞であることに注意，p.221）に推奨されている色の範囲。キャロル・ジャクソンは，「春には，桃色，あんず色，サーモンピンク色，珊瑚色，そしてすべての桃のようなピンク｛【訳注】黄みがかったピンク｝」とアドバイスしている。（C. ジャクソン，1980による）

タブー

数十個の語彙素が，**タブー**語という特別なカテゴリーを形成している。タブー語とは，有害であると信じられていたり，気恥ずかしく無礼であると感じられていたりするため，礼儀正しい社会において使用が避けられている語彙項目のことである。有害さは，死や超自然に関する概念の場合，本当に存在すると考えられるかもしれないし，半信半疑の迷信に由来する曖昧な不快さが単に存在するだけかもしれない。気恥ずかしさは，性行為とその結果から連想される傾向がある。無礼さは，身体から分泌されるさまざまな物質，および身体的，精神的，社会的な異常のさまざまな形と関係している。一定のほかのトピックから連想される語も，社会が非常に敏感であるため，時にタブーと呼ばれるかもしれない。例えば，1990 年代初頭の recession（景気後退）では，新聞は［【訳注】recession を指して］「R 語（R word）」を使用したし，1991 年のマーストリヒト（Maastricht）会議［【訳注】欧州連合の創設が合意された会議］の後は欧州共同体について提案された federalism（連邦主義）を「F 語（F word）」と呼んだ。ある人びとにとっては，実際に，すべての隠語がタブーなのである（p.186）。

タブーの使用は，裁判所（「法廷侮辱」），国会議事堂（「議会にふさわしくない言葉」），放送メディア（子どもが見聞きしないように夜の一定の時間までは公式に禁止されている語）のように，明示的に禁止されているかもしれない。より一般的には，人びとの間の暗黙の了解になっており，コメント，訂正，（親による非難のような）制裁によって時に明示的になる。コメントは，自分自身（「失礼なことを言ってごめんなさい（Pardon my French）」）または他人（「汚い言葉は使わないでください（Ladies present）」）に向けられるかもしれないし，冗談かもしれないし（「そんなことを言っちゃだめ（Wash your mouth out）」），真剣かもしれない（「神よ，どうか罵ることをお許しください（God forgive me for swearing）」）。

タブー語を避けるためのさまざまな方法が存在する。1 つには，医学で一般に見られるように専門用語で置き換える方法がある（例：anus（肛門），genitalia（性器），vagina（膣），penis（陰茎））。ほかには，古い書き言葉で一般的に見られるが，語彙項目を部分的につづる方法がある（f－k（くそ），bl——（まじ））。日常的な方法は，タブーを曖昧または間接的に指す表現，つまり**婉曲語法**を用いる方法である。英語には，数千の婉曲表現があり，以下はごくわずかな例である。

casket（coffin）　小箱（棺）
fall asleep（die）　眠りに落ちる（死ぬ）
push up the daisies（be dead）　菊を押し上げる（葬られた）
the ultimate sacrifice（be killed）　究極の犠牲（殺される）
under the weather（ill）　悪天候である（具合が悪い）
after a long illness（cancer）　長い病気で（ガン）
not all there（mentally subnormal）　心ここにあらず（精神的に普通ではない）
little girl's room（toilet）　小さい女の子の部屋（トイレ）
spend a penny（urinate）　ペニーを費やす（排尿する）
be economical with the truth（lie）　真実を節約する（嘘をつく）
adult video（pornography）　大人のビデオ（ポルノ作品）
let you go（sack）　行かせる（首にする）
industrial action（strike）　産業行為（ストライキ）
in the family way（pregnant）　家族への道にいる（妊娠している）
expectorate（spit）　吐き出す（唾を吐く）
tired and emotional（drunk）　疲れて感情的である（酔っている）

コラム「ゴードン・ベネット」を巻末 p.534 に掲載

タブーの慣用法

タブー語の慣用法を一般化するのは難しい。タブー語は異なる程度のタブーを表しており，２つのタブー語が文法的な使われ方に関してまったく同じであることはない。タブー語が文法規則に従っていると考えるのは変に思われるかもしれないが，実際に従っているのである。例えば，damn（ちくしょう）は人称代名詞が先行することができないし（*You damn！），arse（けつ）は人称代名詞が後続することができない（*Arse you！）。また，fart（やつ）は off や it が後続することができないが，bugger（げす）はこれら４つのすべての文脈で使うことができる。さらに，タブー語は，名詞，動詞，形容詞，副詞として使われたり，複合語の一部を形成したりすることができるかどうかについても異なっている。これに関して，shit（くそ）は用途が広い。

また，タブー語の「タブーさ（tabooness）」を定義するのも難しい。例えば，（図で S と表されている）shit（くそ）は，（have a shit（くそをする）のような）「排泄物」という中心的で文字通りの意味以上の多くのものを表している。特に，侮辱や無礼から親交や連帯まで修辞的な力が大いに異なる，いくつかの比喩的およびイディオム的な用法があるし，興味深いほど広範囲の婉曲および冗談の形式とも組合わさることができる。この慣用法の図はすでに複雑だが，決して完全ではない。なぜなら，社会方言やサブカルチャーにおける，これらの形式の使われ方を追跡しなければならないという問題が残っているからである。

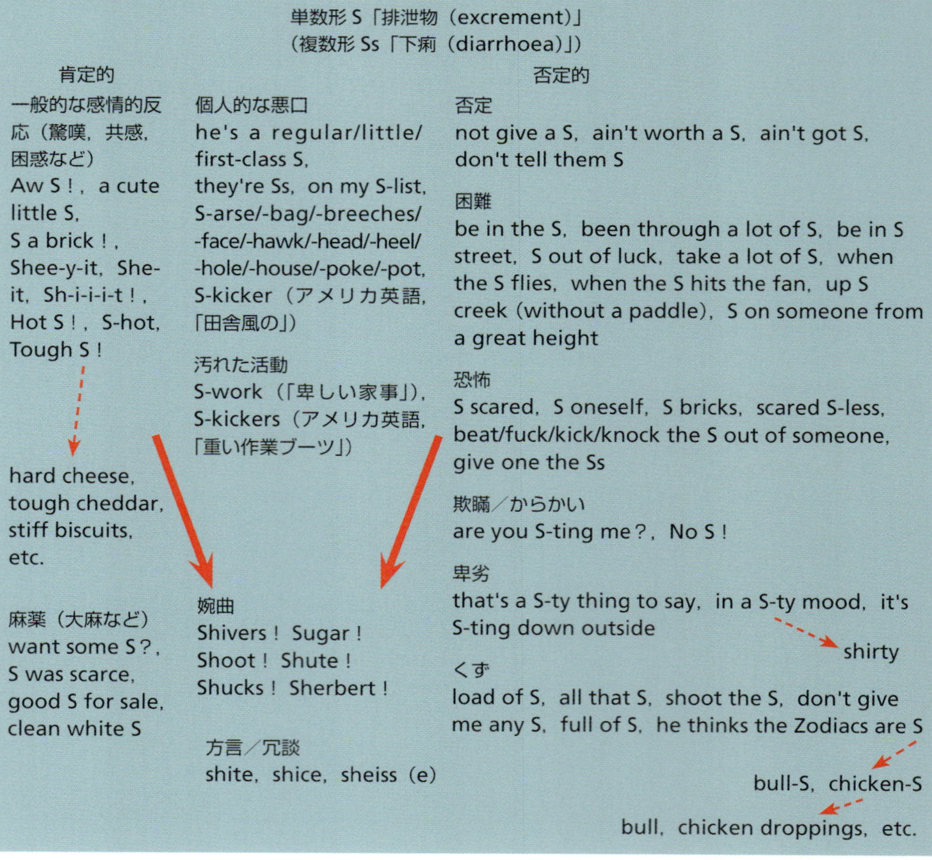

単数形 S「排泄物（excrement）」
（複数形 Ss「下痢（diarrhoea）」）

肯定的

一般的な感情的反応（驚嘆，共感，困惑など）
Aw S！，a cute little S，S a brick！，Shee-y-it，She-it，Sh-i-i-i-t！，Hot S！，S-hot，Tough S！
→ hard cheese，tough cheddar，stiff biscuits，etc.

麻薬（大麻など）
want some S？，S was scarce，good S for sale，clean white S

個人的な悪口
he's a regular/little/first-class S，they're Ss，on my S-list，S-arse/-bag/-breeches/-face/-hawk/-head/-heel/-hole/-house/-poke/-pot，S-kicker（アメリカ英語，「田舎風の」）

汚れた活動
S-work（「卑しい家事」），S-kickers（アメリカ英語，「重い作業ブーツ」）

婉曲
Shivers！ Sugar！ Shoot！ Shute！ Shucks！ Sherbert！

方言／冗談
shite，shice，sheiss（e）

否定的

否定
not give a S，ain't worth a S，ain't got S，don't tell them S

困難
be in the S，been through a lot of S，be in S street，S out of luck，take a lot of S，when the S flies，when the S hits the fan，up S creek（without a paddle），S on someone from a great height

恐怖
S scared，S oneself，S bricks，scared S-less，beat/fuck/kick/knock the S out of someone，give one the Ss

欺瞞／からかい
are you S-ting me？，No S！

卑劣
that's a S-ty thing to say，in a S-ty mood，it's S-ting down outside
→ shirty

くず
load of S，all that S，shoot the S，don't give me any S，full of S，he thinks the Zodiacs are S
→ bull-S，chicken-S
→ bull，chicken droppings，etc.

罵り

タブー語，悪口（**毒舌**），そして罵り語は，明確に区別する必要がある。ただ，これら3つは重複したり一致したりするかもしれない。例えば，誰かをshit（くそ）と呼ぶことは，タブー語を悪口として使っているし，もし十分な感情をともなって発せられれば罵りとも考えられる。しかし，上記3つは必ずしも同一ではない。例えば，piss（小便）はタブー語であり，普通は独立で毒舌や罵り語として用いられることはない。また，wimp（弱虫）は悪口であり，タブー語や罵り語ではない。そして，heck（ちきしょう）は罵り語であり，タブー語や毒舌ではない。ただ，しばしば上記3つ以外の区別がなされ，いくつかは法的な定義が与えられ，一定の状況において制裁が加えられる。恐らく最も一般的な概念には，「汚い」または「淫らな」語のような下品な性的関心を表す**猥褻**，特に神や神々に対する侮辱や敬意の欠如を表す**冒涜**，そして（キリスト教における十字架や聖人のような）聖なる物や人に対する非礼を幅広く表す**不敬**がある。しかしながら，これらの区別にかかわらず，**罵り**という用語は，どんな目的で発せられたとしても，しばしばすべての種類の「口の悪い」言葉に対する一般的なラベルとして使われる。

狭い意味では，罵りはタブー語や句の猛烈に感情的な用法を指す。ただ，「用法」という表現は恐らく弱過ぎるだろう。罵りは，感情の高まりを軽減する噴出であり，爆発なのである。つまり，攻撃的な身体反応の代わりに，人や（不注意で頭を低い屋根の梁にぶつけた時のように）物に向けられる。その力強さは，短く鋭い音（p.263）および強調のリズムに反映されている。その機能は，弱い苛立ちから，強いフラストレーション，そして煮えたぎった怒りまで，幅広い感情を表すことであり，意味を表すことではない。実際に，罵りの定型句を詳細に見ると，まったく意味をもたないこともある。例えば，fucking hell（くそったれ）およびほかの同様の句は文字通り無意味である。

しかしながら，罵りを感情的な現象と見なすような考え方は，それ自体が狭すぎるだろう。罵りは，重要な社会的機能をもっているのである。まず，不良の集団が公然と大声で罵ったり，壁に猥褻な落書きを書いたりすることで，社会的慣習に対する侮辱を表す時のように，罵りは社会的距離を示すことができる。また，集団が同じ罵りの習慣を発達させる時のように，社会的連帯も示すことができる。これに関して，罵りが普遍的であることを理解するのは重要である。誰もが罵るのである。例えば，sugar（ちぇっ）やgolly（まあ）の大人しい虚辞的な用法は，通常の罵りがsonofabitch（ちくしょう）やmotherfucker（げす野郎）である人にとって，恐らく罵りであるとは考えられないだろうけれども。

我々が新しい社会集団に加わる時，その罵りの標準に強く影響を受けるようである。罵りは，感染するのである。ある研究では，北極に遠征中の動物学者の罵りのパターンが，ある心理学者によって観察された。その心理学者は，集団のメンバーがリラックスしている時，社会的な（「グループの一員としての」）罵りの量が顕著に増加することを発見した。この最も一般的な罵りのパターンは，その効果がつねに周囲に聞き手がいることに依存しており，その人びとの罵りの習慣によって強さが変化した。そして，罵りをしない人が一人でも周囲にいる場合，社会的な罵りが減少したのである。一方，苛立ちの罵りは異なっており，聞き手にかかわらず，ストレスに対する反応として現れ，状況が困難になるにつれて，頻度が高くなった。しかしながら，状況が極端にストレスの多かった時，苛立ちの罵りでさえ，罵りがまったくなかったのである。その心理学者の結論の内の1つは，罵りはあるストレスの多い状況が耐えうるものであるというサインであり，実際に，ストレスを軽減する手助けをする要因かもしれない，というものであった。この結論は，罵りをする人びとは罵りをしない人びとと比べて，ストレスで苦しまないという興味深い仮説を提示している。（H.E. ロス（Helen Elizabeth Ross），1960による）

これは1960年の英国新聞にしては大胆な第1面である。

『デイリー・ミラー』 K氏が！
もし古い英語のフレーズをお許し頂けるなら
まじ無礼にはなるた！
追伸　自分を誰だと思っていますか？ スターリン？

生きるべきか，死ぬべきか，それがまじ問題だ (TO B – OR NOT TO — THAT IS THE *BLOODY* QUESTION)

{【訳注】原著では一部が伏せられているが，ウィリアム・シェイクスピア『ハムレット（*Hamlet*）』のTo be, or not to be, that is the questionのパロディー。}

今夜の「ピグマリオン」で，パトリック・キャンベル（Patrick Campbell）夫人が長年の演劇において最大の感動を引き起こすだろう

1714年5月28日，ジョナサン・スウィフト（Jonathan Swift）は，ステラ（Stella）に対する手紙のうちの1つで，「今日は歩くのまじ暑かった（it was *bloody* hot walking today）」と書いた。ほぼ正確に200年後，1914年4月11日の『デイリー・スケッチ（*Daily Sketch*）』は，パトリック・キャンベル夫人がショー（George Bernard Shaw）による『ピグマリオン（*Pygmalion*）』のオープニングで「まじありえない（not *bloody* likely）」という台詞を言わなければならず，公の場で「上品な社会では間違いなく使われない」語を使ったという大事件を報道するために上記の見出しを使った（完全な報道は，p.409を見よ）。実際に，その語の気配に対してさえ公衆は憤怒したので，ギルバート（Gilbert）とサリヴァン（Sullivan）は1887年にオペラ『ラディゴア（*Ruddygore*）』のつづりをRuddigoreに仕方なく変えた{【訳注】ruddygoreのつづりはbloodyという語を喚起する}。

そのbloodyという語の文字通りの用法は古英語にさかのぼることができて，エリザベス朝演劇では一般的だった。例えば，「ああ，無惨な！（O most bloody sight）」（『ジュリアス・シーザー（*Julius Caesar*）』3.2）{【訳注】『ジュリアス・シーザー』小田島雄志訳，白水社，1975年}は，多くのシェイクスピアの引用句の内の1つである。後の，（「とても」という意味をもつ）強意語としての用法は，満足に説明されていない。ある理論は，王政復古時代における「若者（young bloods）」の乱暴な行動と関係づけており，別の（より有望な）理論は，「血が上っている（the blood is up）」という意味の比喩的な発達を主張している（したがって，bloody drunk（まじ酔っている）は「戦闘態勢」を意味する）{【訳注】『オックスフォード英語辞典』によると，the blood is upは「激怒（rage）」や「戦闘（fight）」を比喩的に表す}。また，いくつか通俗語源（p.149）が存在し，その語をby Our Lady（聖母マリアによる）やGod's blood（神の血）から導き出している。恐らく，その語と粗野な行動の連想，加えてその語が汚らわしいという通俗的な信念によって，徐々に下層階級の人びとに罵り語として使われるようになったのだろう。その語は，下層社会の俗語の一部として記録された18世紀の終わりには，間違いなく英国で失墜し，辞書は「低俗な（vulgar）」と呼ぶようになった。そして，19世紀の初めには，明確に一般的な罵り語になり，「恐ろしい語」と呼ばれ，b―yと印刷された。

（巻末p.534へ続く）

隠語

隠語は，それ自体が含みのある語（p.182）である。ある辞書は，適切かつ中立的に，隠語を「特別な活動や集団の専門的な語彙またはイディオム」として定義しているが，この意味は「遠まわしの表現や長い語の使用によって特徴づけられる不明瞭かつしばしばもったいぶった言葉」というもう 1 つの意味によってほぼ完全に影が薄くなっている。ほとんどの人びとにとって，隠語を考える時に最初に心に思い浮かぶのは，この 2 つ目の意味なのである。隠語は，言葉の悪い用法で，ぜひとも避けるべきものと言われている。誰も決して隠語を肯定的に（「それは楽しく感動的な隠語だ」のように）述べたりしない。また，普通は誰も自分で隠語を使っていることを認めたりせず，隠語は他の人びとだけが用いるものだという神話がある。

プラス面

しかし，現実は，誰もが隠語を使うのである。隠語は，社会を構成する仕事や娯楽のネットワークにおいて必要不可欠な部分なのである。すべての仕事が，労働者が専門性を身につけていくにつれて学ぶ隠語の要素をもつ。すべての趣味が，隠語の熟達を必要とする。すべてのスポーツやゲームが，隠語をもつ。各社会集団が，独自の隠語をもつ。つまり，この現象は普遍的で役に立つのである。仕事において表現の経済性や精度を促進し，働き手にとって仕事を楽にする手助けをするのが隠語という要素なのである。また，職業的な意識（「ノウハウ」）および社会的な連帯感（「仲間内のことば」）を示す主要な言語的な要素でもある。

隠語は使えるようになると，内容がオートバイ，編み物，クリケット，野球，コンピューター，ワインなど何であろうと，すぐ楽しめるものである。例えば，重要な出来事が迫っている時，NASA｛【訳注】米国航空宇宙局（National Aeronautics and Space Administration)｝特有の言いまわしを潜り込ませて，カウントダウン（countdown），準備完了（all systems go），発射（lift-off）と言う，といった場合のように，話しことばにペース，変化，ユーモアを与えてくれる。また，専門用語を流暢に使用することで相互に見せびらかして楽しめるし，言語的な経験を共有することで可能になる内輪のジョークを楽しむことができる。さらに，我々は隠語の知識を守るのに汲々としている。例えば，隠語の準備をせずに我々の集団に加わろうとしている人をすぐ卑しめる。また，我々の言語的な意識の欠如を察した集団から加わるのを断られた時，我々は憤慨するだろう。

マイナス面

もし隠語が我々の生活にとってそれほど必要不可欠なら，なぜ新聞・マスコミで叩かれるのだろうか? 最も重要な理由は，隠語が人びとを取り入れるだけでなく締め出す方法から生じる。例えば，水文学や言語学の場合のように，内容が我々の日常生活とほとんど関係ないと考えられる場合は，もし不可侵な隠語の壁に直面したとしても，我々はそれほど気にしないかもしれない。しかし，内容が我々に関係あると感じられ，我々に知る権利があると考えられ，そして話者が理解の妨げになる語を使う時，我々は苦情を申し立てるだろう。また，そういう風にわからないように話すのが意図的な方策だと思う時，嘲笑して**お役所言葉**と呼び，遠慮なく非難するだろう。

どの分野も不可侵ということはないが，特に広告，政治，軍事に関わる陳述は近年の平易な英語（p.401）に関するさまざまな運動によって批判されている。これらの領域では，現実を隠すためにすぐに隠語を使うことが，娯楽，不信，恐怖の源になっているのである。嘘は嘘であり，「効力のない陳述」または「妥当な否認権の事例」と呼ぶことで，一時的に隠されるだけである。また，原子力発電所の爆発も，「エネルギー分解」，「異常展開」，「電流過渡」のような句の背後に長くは隠せなかった｛【訳注】p.188 を参照｝。

ただ，他人の不必要または不明瞭な隠語を非難する時，自分自身の隠語の使用に気をつけるのを忘れてはいけない。自分自身の聞き手や読み手が理解していないことに気づかず，隠語に「潜り込む（slip into）」のは簡単なのである。また，他人が理解できないことを保証するために，隠語を表現に潜り込ませるのも，ついやってしまいたくなるほど簡単である。そして，自分自身が理解できない隠語を使うのも同様に簡単である。そのような一見あまのじゃくなことをする動機を理解するのは難しくない。人びとは知的または技術的なエリート集団の「内」に入りたがるのである。隠語の使用は，理解してもらえるかどうかにかかわらず，集団のメンバーであることを示すバッジなのである。また，隠語は集団に入るための怠惰な方法だったり，不確かさや不適切さを隠す簡単な方法だったりする。専門用語が適切に口から滑り出さえすれば，脳を働かせてそれを理解する必要はないのである。実際に，政治家や公務員はこのスキルをプロの水準まで発達させていると一般的に主張されている。そして間違いなく，手応えのある扱いにくい質問に直面し，公の場で何か受け入れられることを言う必要がある時，隠語に潜り込むのは簡単な逃げ道であり，すぐ悪い習慣に発展してしまう。そして，隠語の従兄弟であるクリシェ（cliché）（p.198）への最初の 1 歩になるのである。

首になる 30 の方法

以下の表現は，すべてビジネスにおいて「首にし」なければならない時に使われている。恐らく，隠語が何とか方針を正当化したり，もしかすると元従業員のトラウマを軽減したりすると感じているのだろう。そのような場合，隠語は婉曲語法（p. 184）の役割を果たしている。

career change opportunity　キャリア変更の機会
chemistry change　化学変化
coerced transition　強制推移
decruitment　配置換え
degrowing　脱成長
dehiring　脱雇用
deselection　脱選抜
destaffing　脱職員配置
downsizing　人員削減
executive culling　行政淘汰
force reduction　労働力削減
indefinite idling　無期限無職
involuntary separation　非依願退職
negotiated departure　交渉された出発
outplacement　転職斡旋
personnel surplus reduction　人事余剰削減
redeployment　配置転換
reducing headcount　頭数削減
redundancy elimination　余剰人員削除
release　解放
rightsizing　人員合理化
schedule adjustment　スケジュール調整
selective separation　選択的解雇
skill-mix adjustment　スキル混合調整
transitioned　移行させられた
vocational relocation　職業再配置
voluntary severance　依願契約解除
voluntary termination　依願解雇
work force adjustment　労働力調整
work force imbalance correction　労働力不均衡補正

勿論もし体系化された多面的な非難が，従属するモティヴェーションの枠組みと衝突するなら，…を活用する必要があるかもしれない

再構築した戦術的な手続きを，その間に第 3 の生成的で質的な互換可能なものを体系…

友達を驚かそう

隠語が，しばしば我々が気づきもしないうちに生活に入り込んでくる，その様子は以下の出版された例の精選集に見ることができる（W. ナッシュ（Walter Nash）1993 より）。

- …興味深くも花の香りと奇妙にもバスソルトの匂いがするが，ひょっとすると最後を除いて，荒いソーヴィニョン・ブランの切れ味がなく，トロピカルフルーツの風味がある
- 彼のタラゴンとアンズダケを添えた鶏の胸肉は，一流フランス料理のレパートリーを彷彿させる。鶏の皮がカリカリに焼かれ黄金になり，香りよく濃厚なクリームソースに包まれている…
- …労働党は経済成長の政党として信用を確立しなければならず，景気後退は政府の財政管理にとって大きな心配の種となっている。
- 第４打目でフェアウェーからただ１ヤード離れていただけだが，粘っこいバミューダ芝（Bermuda）のラフを叩くことしかできず，３パットして合計６打になった。まったく同じことが，パー５の第６ホールでも起こり，合計６打かかった。

有名な隠語家　A famous jargonizer

文学の例は，隠語が決して現代だけの現象ではないことを示している。例えば，ハムレット（Hamlet）は，carriages という語のもったいぶった用法を巡ってオズリック（Osric）と言い争っており，ハムレットの意見では，剣ではなく銃（cannon（大砲））に使うのがより適切な用語である。

オズリック：陛下は，レアーティーズ（Laertes）様を相手に６頭のバーバリー産の馬をお賭けになり，それに対してレアーティーズ様は，賭け物として，フランス製の剣と短剣を６振り，革帯やベルト吊りなどの付属品をつけて差し出すそうです。３本の懸索（carriages）はじつに，とても凝ったものでして，柄によく似合った，とても繊細かつ大胆なデザインの懸索（carriages）です。
ハムレット：けんさく（carriages）とは何のことだ。
ホレイシオ（Horatio）：注釈が必要と思っていました。
オズリック：懸索（carriages）とは，剣を吊るすベルト吊りでございます。
ハムレット：腰に大砲（cannon）を吊るしでもするなら，その呼び名もふさわしかろう。それまではベルト吊りでたくさんだ。
（『ハムレット（*Hamlet*）』５幕２場）

{【訳注】日本語訳は，河合祥一郎訳『新訳ハムレット』，角川文庫，2003 による。}

反撃

不明瞭または不必要な隠語に飽きあきした時，最初はほとんど何もできることはなさそうに見える。以下は，皮肉やパロディーという武器を使った反撃方法の数例である。p.188 には，ある組織がこれらの例よりも格段に野心的な運動を入念に計画して成功させた方法が説明されている。

Q

賛成か，反対か？前者と後者どちらが好ましいかは，意見の違いを許すようである。今回の場合，答えが肯定的または否定的な性格になるかは，極端な程度であろうとも不運を精神的に苦しむことを選択するか，すべて終わらせることを見込んで大胆に不都合な状況を直視することを選択するかによる。睡眠の状況も，まったく区別がつかないとは言えないとしても，死の状況と似ており，結末を加えれば前者は後者と同じと考えられるかもしれない。したがって，睡眠に関して，もし結末が加えられれば，堕落した人類社会に付随する多くの紛れもない悪は言うまでもなく，多数の不都合を耐えなければいけない状況も終わらせられるため，最上の結末を達成できると主張されるかもしれない。

（アーサー・クウィラークーチ（Arthur Quiller-Couch）1916 による。）

{【訳注】河合祥一郎訳『新訳ハムレット』，角川文庫，2003 を参考にした。ウィリアム・シェイクスピア『ハムレット（Hamlet）』３幕１場のパロディー。}

車特有の言いまわし：買物客のガイド

見本（specimen，不定冠詞 a をともなう）：とても大きく光沢があり，革シートでノーズが長い自動車。

見逃せない（must be seen）：かなり大きく光沢があり，多くの装飾が施された自動車。あるいは，噂を聞いたせいで購入を躊躇している一風変わった外車。

多くの装飾（host of extras）：（通常は must be seen に関連して）サンルーフ，ステレオスピーカー，バッジバー，そして「ディキシー（*Dixie*）」のオープニング曲を流すクラクション。

注意深い女性オーナー（one careful，lady owner）：うんざりするほど地味で信頼できる。無傷で，過度に掃除機がかけられていて，週に１回は洗浄されていて，ベリンダ（Belinda）と呼ばれる。

お買い得品（snip，不定冠詞 a をともなう）：走行マイル計の記録が疑わしかったり，交流電源が in articulo mortis（死に際）だったり（この業界では「粗悪な」と呼ばれる），a specimen（見本）の場所を作るために前庭から出す必要があったりするという理由で，売主が最初に考えていた合計金額より 50～100 ポンド安い車。

よく走る車（good runner，不定冠詞 a をともなう）：まだ one careful，lady owner の恩恵を受けていない車。カントリー・クラブ（Country Club）で評判になることはないが，住宅周辺は十分に走れる。ときどき runner（走る車）と略され，その場合は needs some attention（手入れが必要）であるため，全ての住宅周辺を走れるほど十分にはよくないかもしれない。

手入れが必要（needs some attention）：（通常は runner に関連して）新しいギアボックス，クラッチ，右側後部ウイングパネル，フロントガラスワイパー原動機，ドアロック，運転席側窓ハンドルが必要で，ほかの点では A1 の状態である。

（W. ナッシュ（Walter Nash），1993 による。）

民俗学論文再構成キット

学術論文執筆のためのこの手引きは，1970 年代に不満分子である民俗学者によって匿名で流通した。民俗学の学術雑誌に受理される論文を執筆したい人は，以下の欄から A-B-C-D の順番で単に文を組み立てればよい，と著者は主張している。{【訳注】日本語では，目的語が動詞に先行するため，A-B-D-C の順番になる。}

A

1 明らかに，（Obviously,）
2 一方，（On the other hand,）
3 異文化の観点では，（From the intercultural standpoint,）

B

1 異文化コミュニケーションにおける協調の大部分は（a large proportion of intercultural communicative coordination）
2 現地で収集した入力座標上の入力値の動きは（a constant flow of field-collected input ordinates）
3 批判的な選出基準の特徴づけは（the characterization of critically co-optive criteria）

C

1 プロップ（Propp）の基本的な定式化（Propp's basic formulation.）
2 予想される認識論的な反響（the anticipated epistemological repercussions.）
3 改善されたサブカルチャーの互換性検証（improved subcultural compatibility-testing.）

D

1 を活用し機能的に折り合わなければいけない。（must utilize and be functionally interwoven with）
2 における異文化のショック要素を最小にしつつプロジェクト成功の確率を最大にする。（maximizes the probability of project success while minimizing cross-cultural shock elements in）
3 に明示的なパフォーマンスの輪郭を加える。（adds explicit performance contours to）

（A～D の各ステップの続きは巻末 p.534 参照）

ダブルスピーク（二重語法）運動

1970 年代に米国では，権力者による混乱させたり欺いたりするための隠語の使われ方に関する懸念が著しく増加していた。そして，1971 年に，全米英語教師評議会（National Council of Teachers of English）は，言葉に関する 2 つの決議案を可決した。

言葉の不誠実で非人道的な使用について

英語教師評議会は，広告者による言葉および印刷物の不誠実で非人道的な使用を調査し，悪行が行われていることに一般社会の注意を向け，子どもが商業的なプロパガンダに対処できるよう準備する教育技術を提案するための方法を提供する

言葉と公共政策の関係について

英語教師評議会は，言葉と公共政策の関係について調査し，公務員，選挙候補者，政治コメンテーター，マスメディアを通して発信するすべての人びとによる，意味の歪曲を追跡，公表，撲滅するための方法を提供する。

1973 年には，評議会はさらなる方針を決定し，オーウェル（George Orwell）の『一九八四年（*Nineteen Eighty-Four*）』に由来する newspeak（ニュースピーク）と doublethink（二重思考）の混成語（p.135）を用いて，公共ダブルスピーク委員会（Committee on Public Doublespeak）を組織した。委員会は，教室活動や職業的な意識に焦点を当てており，（後に『ダブルスピーク四半期レビュー（*Quarterly Review of Doublespeak*）』と呼ばれる）ニュースレターおよびほかの資料を出版していたが，最も脚光を浴びたのは 1974 年に誕生した年間ダブルスピーク賞（Doublespeak Awards）である。

ダブルスピーク（二重語法）とは何だろうか？　同委員会の委員長の見解では，ダブルスピークとは「情報を伝達するふりをして，本当はそうではない言葉。悪いものをよく見せたり，否定的なものを肯定的に見せたり，不愉快なものを魅力的または少なくとも許容できるものに見せたりする言葉。責任を回避または転嫁する言葉。本当の意図された意味とは矛盾する言葉。思考を隠したり妨げたりする言葉。」である（W. ルッツ（William Lutz），1987）。また，そのような言葉は不注意や杜撰な思考の産物ではなく，むしろ明晰な思考の結果であると強調されている。つまり，この言葉は現実を変えたり，誤解をさせたりするよう注意深く設計されていると主張されているのである。

年間ダブルスピーク賞に対するメディアの注目，他国における同様の団体の出現，問題に対する公衆の意識の増大，そして「平易な英語」（p.401）への要求に対する多くの組織の肯定的な反応から判断すると，これまでのダブルスピーク運動は著しい成功を収めている。しかし，毎年の授賞式で引用され続けている例を考慮すると，誰も問題が解決間近であるとは決して言えないだろう。

航空支援

1974 年の最初のダブルスピーク賞の受賞者は，カンボジアにおける米国空軍の広報官であるオプファー大佐（Colonel Opfer）だった。米国の爆撃の後，彼は記者に「あなた達はいつも爆撃だ，爆撃だ，爆撃だと書きますが，これは爆撃ではなく，航空支援なんです！」と言ったのだった。

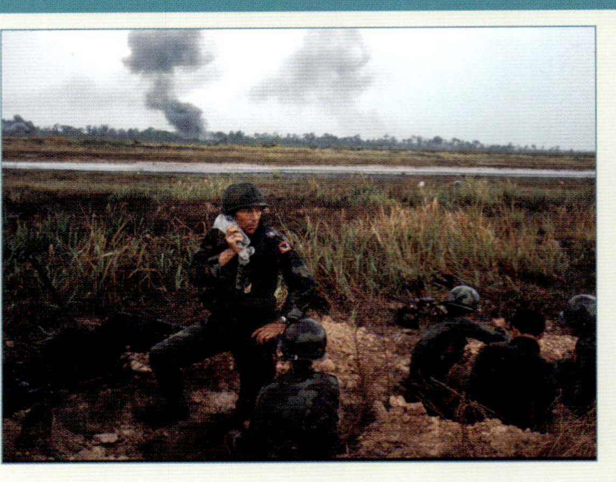

ほかの受賞者

- 1977 年 ペンタゴン（Pentagon）とエネルギー研究開発局（Energy Research and Development Administration）：中性子爆弾は「自軍の領土に対するダメージは最小限で敵軍を抹殺する効率的な核兵器である」という説明。
- 1979 年 原子力産業：スリーマイル島（Three Mile Island）での事故に関連して考案された，爆発を「エネルギー分解」，火事を「急速な酸化」，原子炉事故を「通常の逸脱」，プルトニウム汚染を「浸透」と呼んだ婉曲語法。
- 1984 年 米国国務省（US Department of State）：他国の人権の現状に関する報告において，killing（殺害）という語が将来的に「非合法的または恣意的な生命の剝奪」に置き換えられるだろうという発表。
- 2016 年 ドナルド・トランプ（Donald Trump）：大統領選挙における「ごまかしと矛盾」。

ゴールデン・ブル賞

ゴールデン・ブル賞は，ダブルスピーク賞の英国版であり，平易な英語運動（Plain English Campaign）および全国消費者協議会（National Consumer Council）によって運営されている。

最初の賞は，1982 年に以下の刑事司法法（Criminal Justice Act）第 38 節の作成者に授与された。

（4）1977 年刑事司法法刑法第 31 節第 6 項および第 7 項（1949 年以前制定）において，異なる有罪判決に対して同額または最大額の罰金を課すとした制定は，本節では，あたかも 1977 年 7 月 29 日以前からその多くが省略されていたものとして取り扱う…

この例が示しているように，「平易な英語」の使用は，不必要な隠語を回避する以上のことを含んでおり，文法と印刷法の問題も考慮に入れなければいけない。したがって，そのような例が提起する問題は，本書で後ほど議論する（p.401）。

オーウェル賞

ただ，いつも悪いニュースばかりではない。ダブルスピーク運動の主眼は言葉の悪用に対して向けられてきたが，公衆の注意を諸問題に向けさせる手助けをしたり，自身が言葉を適切に使ったりする人びとを表彰する試みも存在する。

オーウェル賞は全米英語教師評議会によって公的な談話の批判的分析に対する優れた貢献をした研究を称えるために導入され，最初の賞は，1975 年にデーヴィッド・ワイズ（David Wise）の『嘘の政治（*The Politics of Lying*）』に授与された。特に本節で取り上げるのに適切なのは，ドワイト・ボリンジャー（Dwight Bolinger）の『凶器としてのことば（*Language, the Loaded Weapon*）』（1980）に授与された賞である。

肯定的なイニシアチブを発展させようとする同様の関心が英国でも見られ，1990 年に平易な英語運動が文書の明快さを称えるクリスタルマーク計画を導入した。この称号の選択は，現存または過去の言語学者の名前に由来したものではないと考えられている｛【訳注】原著者であるデイヴィッド・クリスタル（David Crystal）自身のことを仄かしている｝。

政治的な正しさ

言葉における最も含みのある語の内のいくつかは，社会が，社会自体あるいは社会的に恵まれないまたは抑圧されていると考えられる人びとの集団について語る，その語り方に関連する語である。最も注意を要する領域は，人種，性，性的指向，生態，（身体的または精神的な）発達である。1980 年代には，次第に多くの人びとが，これらの領域において偏見（特に，言語的な偏見）と見なせるものを撲滅しようと関心をもつようになった。例えば，racialist（人種差別主義者）は世紀

の変わり目からすでに知られていたし，racist（人種差別主義者）は1930年代から知られていた。また，1960年代にsexist（性差別主義者）が加わり，現実または架空の言語的な差別に焦点を当てたさまざまなほかの *-ist* 語が続いた。批判する人びとの多くは，特に大学における，革新主義または行動主義の集団のメンバー（例えば，少数派の権利の擁護者）であったので，運動が成長するにつれて，温和論者に加えて強硬路線の過激論者も引き寄せ，保守的な学者やジャーナリストの反感を招くことになった。1990年代までには，この強硬路線の言語的な正説は，軽蔑的に**政治的な正しさ**（political correctness, PC）と呼ばれるようになった。

そして，「政治的に不適切」であると考えられる語彙を使った人は，PC行動主義者による厳しい非難にさらされた。さまざまな組織が，公衆の批判や訴訟を恐れて，無礼であると解釈されるかもしれない言葉を避けるよう格別に努力した。例えば，black（黒）という語は，慎重を要すると考えられたので，(blackboard（黒板）やチェスにおけるblack pieces（黒駒）のような例も含めて）すべての可能な文脈において使用が禁じられたりした。総称的な用法のman（人）も広く非難された（p.390）。また，知的障害のある（mentally handicapped）人びとは，学習困難のある（with learning difficulties）人びとになったし，身体障害のある（disabled）人びとは，異なった能力をもつ（differently abled）人びとになった。加えて，第3世界（Third World）の国々は，発展途上国（developing nations）になった。美人やハンサムではない人びとは，美的に困難のある（aesthetically challenged）人びとになった。そして，学術的な文学の世界では，シェイクスピア（Shakespeare），ゲーテ（Goethe），モリエール（Molière）のようなDWEMs（「死んでいる白人のヨーロッパ男性（Dead White European Males）」）が及ぼす不健全な影響から防衛する必要があった。

批判的な反応

1990年代の初めには，多くの人びとが用語に関する馬鹿馬鹿しい行為の流行りと彼らが考えるものに対して強く反発した。また，「不適切な」語彙に対する頑固な非難は，未来を舞台にした小説における「思想警察」を思い起こさせた。新聞の見出しでは，「マッカーシズム（McCarthyism）」や「学術的言論の自由の終わり」が言及された。そして間違いなく，PCの立場を批判した学者が人種差別主義者や性差別主義者であるとレッテルを貼られ，キャリアや昇進の機会を失った事例も確かにあった。つまり，『ニューヨークタイムズ（*New York Times*）』（1991年7月）の記者によれば，PCは「考えが気に入らない人を黙らせるための殺人兵器」になっていたのである。また，当時の『エコノミスト（*Economist*）』の社説によれば，「最も有害な不寛容の形式」であった。

まだ議論は続く。まず，PCを批判する人びとは，言葉が反映する不平等が変わらない限り，「思いやりのある」レキシコンの追求は無駄であると信じている。一方，PCを支持する人びとは，言語の使用自体が不平等の永続を助長していると主張している。目下，PC用語の使用に関する流行りが変化するスピードは，改革家が思うほど言葉を操作するのは簡単ではないということを示唆している。ある用語に対する不満が生じると，negro（アフリカ黒人），black（黒人），Afro-American（米国黒人），African-American（アフリカ系米国人）のような連続に見られるように，代わりの用語で取り替えられていくのである。特に，言語に関する考え方がどれほど一般的になり立つか確認するだけでも非常に難しいのである。米国で黒人指向の政治経済連携研究センター（Joint Center for Political and Economic Studies）によって実施された，1991年の黒人米国人に対する調査では，政治的に適切なAfrican-American（アフリカ系米国人）が流行っていると思われていたにもかかわらず，70パーセント以上の黒人がむしろblack（黒人）と呼ばれたいと回答した。

政治的な正しさは，近年の米国における社会政治的な情勢に関する最も議論が絶えない問題の1つになっており，その態度は強まり続けている。そして，PCの路線を採用する人びとは，典型的に攻撃的であるため，伝統的な呼び名について懸念している人びとの間でさえも反感を生んでいる。しかしながら，極端な立場はすぐに嘲笑の的になるため，1990年代にそれを風刺している出版物が見つかるのは驚くべきことではない。いつか，論争に対するバランスの取れた見方を復活させるのはユーモアなのかもしれない。

知的な困難

25年間にわたって英国の慈善団体メンキャップ（Mencap）{【訳注】王立知能障害者協会（Royal Society for Mentally Handicapped Children and Adults)}のロゴになっている「小さなスティーヴン（Little Stephen）」のイメージは，知的障害のある（*men*tally handi*cap*ped）人びとを表している。1992年に，メンキャップは肯定的なイメージを促進するための新しい運動に着手し，実際の人びとの写真と「人生を目一杯謳歌しよう（Making the most of life）」という新鮮なスローガンを採用した。

メンキャップ
学習困難者の声

しかしながら，メンキャップがmental handicap（知的障害）という名前を変更しなかったため，論争が起こった。知的障害の人びとが一人では何もできないことを含意するため，この名前は侮辱であると感じる人びとが反対していたのである。そして，より肯定的と言われる代替の名称として，people with learning difficulties（学習困難がある人びと）やintellectually challenged（知的困難をもつ人びと）が提案された。

メンキャップの営業責任者は当時，「名前の変更は人びとが直面している問題に対して何の違いももたらさない。我々が態度を改めて貰いたいと考えている一般大衆は，『学習困難（learning difficulty, LD）』を知的障害だとは思わない。最も適切な表現でさえ悪口になってしまうのは時間の問題である。人びとが村の白痴（village idiot）について話すようになってからずっと同じであり，『学習困難』も例外ではない。子どもはすでにお互いを侮辱してLDと呼んでいる。」と述べた。

しかしながら，こうした論点も，言語的な変化を求める人びとは説得できず，彼らは運動を続けている。学習困難のある人びとの親については，言語的な変化に賛成する人と反対する人の数は拮抗している。議論は激烈な長期戦に突入している。政治的な正しさの問題に関する議論がつねにそうであるように。

メンキャップ
人生を目一杯謳歌しよう

-ist と *-ism*

接尾辞（p.210）は，大きな関心を生み出す領域を特徴づける。各例において，屈辱的または無礼な言葉を使うことで人びとが他人を差別する方法をその語が同定している。

Sexist（性差別主義者）：ある性別（典型的に男性から女性）に対する差別。
Racist（人種差別主義者）：ある人種（典型的に白人から非白人）に対する差別。
Ableist（障害差別主義者）：ある障害（典型的に健常者から身体・知的障害者）に対する差別。
Ageist（年齢差別主義者）：ある年齢（典型的に非常に若い・高齢の人びと）に対する差別。
Heightist（身長差別主義者）：ある身長（典型的に非常に身長が低い人びと）に対する差別。

ほかにも，fattyistやweightist（体重差別主義者：典型的に太った人びとに対する差別）およびheterosexist（同性愛差別主義者：典型的に男女を問わず同性愛の人びとに対する差別）のような語が提案されており，特にPCの考え方に共感できない人びとによって，語のリストは多くの方向に拡張されている{【訳注】日本語の「X差別主義」はXに対する差別を表すが，英語のX-ist/ismはX以外に対する差別を表す場合が多い（例：masculinist（男性至上主義者)）。ただし，fattyist（体重差別主義者）は例外である。}。例えば，1987年にalphabetist（後方アルファベット差別主義者）が提案され，アルファベット順で後方の人びとに対する差別を表している。もし名前がAで始まっていれば，（例えば，求人申込書の山において）有利であり，もしZで始まっていれば，そうではない。

生きているレキシコン

何かが動くのを見ればそれが生きていることがわかる。そして，ことばも例外ではない。特に，話しことばはつねに動いている。ある言語が生きていればいるほど，新しい必要性や状況に適応して，その言語が変化するのを多く見ることになる。この基準で言えば，英語は生きている言語の最前線にいる。

もちろん，実際には，こういう言い方はいくらか誤解を招くかもしれない。適応し変化するのは，ことばそのものではない。人びとだけが適応し変化するのである。そして人びとこそが，新しい考えや感情を伝えようとし，相互に強い影響を与え合う新しい方法を模索するときに，レキシコンの限界を探り，広げようとするのである。この節では，語彙の主な領域の中で，このような語彙のエネルギーと生命とが最も明瞭に現れやすいものをいくつか検討したい。（ことばの「生命」の，ほかの例についてはV部を見よ。）

キャッチフレーズ

キャッチフレーズでは，話しことばが「飛びまわって」いるのが見える。その名称が示唆するように，キャッチフレーズとは，簡単に言うと，人の心を強くひきつけるので人びとが喜んでそれを使うような句である。しばらくの間は，誰もの口にのぼるようになる。場合によっては，数週間の間に現れては消えていくこともあるが，普通は，数年は使われる。そして，時に，少なくとも古い世代の人びとの間で何十年も使われるものもある。キャッチフレーズがとても有用であるために，その言語に永久に加えられることすらありうる。その場合，その起源は忘れられて久しく，やや自意識過剰な，往々にしてひょうきんな表現として使われる。A man's gotta do what a man's gotta do（やるべきことはやらなくちゃ）とか，They went thataway（彼らはあちらへ行ってしまった），This town isn't big enough for both of us（この町は僕ら二人には狭すぎる）などと言う（あるいは少し表現を変えて言う）人は，もう何十年も前のカウボーイの西部劇映画の世代のキャッチフレーズを「思い出して」いるのである。思い出すと言っても，最初にそれを聞いたのがいつだったか，思い出すことは誰もできないだろうけれども。

上述のような例は珍しく，キャッチフレーズは典型的には明確にその起源を同定できる。しかし，起源を同定するためには，それを生み出した文化の中にいる必要がある。現在オーストラリアでよく用いられているキャッチフレーズが英国や米国で認識される可能性は低い（逆もまた真である）。ただし，メディアを通じて国際的な注目を集めたものは別である。この点で，映画は20世紀の主要なメディアであった。英語を母語とする人のほとんどは次の例を知っているだろう。もっとも，誰もがその起源を確信をもって同定できるというわけではないだろうけれども（必要なら，本ページ右下の解答を見よ）。

What's up, doc? どったのセンセー？
Here's another fine mess you've gotten me into. やれやれ，あんたのおかげでまたやっかいだ。
You cannot be serious！ ふざけるな！
Here's looking at you, kid. 君の瞳に乾杯。
Phone home. おうちに電話。
May the Force be with you！ フォースの共にあらんことを！

一方，もっと「地域的」な反応を得る例も多い。英国の多くの人は以下のようなテレビのキャッチフレーズを知っている（そして使ったことがある）であろうが，ほかの国の英語話者でこれらについて直感が働く人はほとんどいないだろう。

Pass（パスする）：「わからない，別の質問をしてください」の意味で，BBC のテレビクイズゲーム『マスターマインド（*Mastermind*）』と米国のテレビショー『パスワード（*Password*）』で使われた。クイズ挑戦者が，1 つの質問に答えられず，時間切れになるまえになるべく早く次の質問に移りたいと考える時に使う言葉。

Gissa job（仕事をくれ）：「仕事をくれ（Give us（=me）a job）」のリヴァプール方言で，アラン・ブリースデイル（Alan Bleasdale）の『道路舗装の男たち（*Boys from the Blackstuff*）』（1982）の失業中の登場人物であるヨッサー（Yosser）が使った〔【訳注】『道路舗装の男たち』は BBC2 で放映された，5 人の失業者をめぐる 5 話からなるテレビドラマシリーズ。Blackstuff は，道路舗装に用いるタールマックの俗語〕。

Evenin' all（皆さん，こんばんわ）：典型的には，コックニーをまねた発音（evening の最後の g を省略し，母音に近いような /l/ の発音）で用いられる。この挨拶は，ロンドンの警官を扱ったテレビのシリーズ『ドック・グリーンのディクソン巡査（*Dixon of Dock Green*）』の登場人物であるディクソン巡査（PC Dixon）によって 1950 年代に用いられ，今でも広く用いられている。

他方，米国の視聴者は，以下の例は問題なく認識できるだろう。

Here's Johnny（ジョニー登場！）：米国テレビのトーク番組『ジョニー・カーソン・ショー（*Johnny Carson Show*）』の冒頭で，ホストを迎える際に用いられた。映画『シャイニング（*The Shining*）』のクライマックスで，ジャック・ニコルソン（Jack Nicholson）が演じる狂気の登場人物が，斧でドアを破って入ってくる時にこの表現を用いた。

Very interesting（とても興味深い）：米国のテレビで 1960-70 年代に放映された『ローワンとマーティンのお笑いショー（*Rowan and Martin's Laugh-In*）』の，「ドイツ人兵士」が，いわゆるドイツ語訛りの英語風に，最初の母音を「じっくりと」引き延ばして発音して用いた。彼が木の葉の間からほかの登場人物を覗き見し，その愚かな振る舞いについてコメントするのがお定まりであった。

キャッチ構造

（提供：パラマウント・ピクチャーズ）

キャッチフレーズの（句そのものではなく）文法構造が，（人の心をひきつけるものとして）独自に広まることもある。有名な例としては，『スター・トレック（*Star Trek*）』のオープニングのテクストに出てくる to boldly go where no man has gone before（人類未踏の地へ勇敢にも出かけていく）があげられる。この構造は，to と動詞の間に boldly を維持する形（p.207）で，意味を伝達する主な語彙素をほかのものに変えて，頻繁にほかの文脈に移される。例えば，to boldly split infinitives where no man has split before（誰一人これまで分離したことのない箇所で勇敢にも不定詞を分離する）という（やや難解な）発言が 1980 年代に開かれた英語の用法に関する学会で聞かれた。

キャッチフレーズの起源
（本ページ左下～右上を見よ）

バッグス・バニー（Bugs Bunny）
『ローレルとハーディ（*Laurel and Hardy*）』のオリヴァー・ハーディー（Oliver Hardy）
ジョン・マッケンロー（John McEnroe）
『カサブランカ（*Casablanca*）』のハンフリー・ボガート（Humphrey Bogart）
『E.T.』の E.T.
『スター・ウォーズ（*Star Wars*）』のさまざまな登場人物

しかし，大西洋の両側の状況は対称的とは言えず，米国の映画やショーが英国で見られる方が，逆方向よりはるかに多い。そのため，英国の年長の世代の多くは（『コジャック（*Kojak*）』の）Who loves ya, baby?（誰がお前を愛してるって？）や（『ローン・レンジャー（*The Lone Ranger*）』の）Hi-yo, Silver（ハイヨー，シルバー）そのほかのテレビシリーズの多くのキャッチフレーズは問題なく理解できるだろう。（鍵になる難問の意味の）the 64-dollar question（64 ドルの質問）（後に 64-thousand dollar question（64,000 ドルの質問））は，英国でも（dollar（ドル）という語を置き換えることもなく）躊躇なく用いられるようになった。英国のキャッチフレーズが米国でも用いられることの方がずっとまれであるのは明らかである。ただし，最初は英国のテレビで放映された『モンティー・パイソン（*Monty Python*）』シリーズは And now for something completely different（さて，全然別の話だが）や Nudge nudge, wink wink, say no more（ほらほらぁ，あのあのぉ，もう言うな）などの表現で 1980 年代に米国でも一定の影響をもった。

もちろん，キャッチフレーズを創るのはメディアだけではない。公共の場にいる人は誰でも，故意にであれ，知らぬうちにであれ，キャッチフレーズの源となりうる。政治家はキャッチフレーズが生まれ育つ場を供給する。例えば，You never had it so good（これほど暮らしがよかったことはかつてない）は，米国でも（1952 年の大統領選挙で民主党のスローガンとして用いられた），英国でも（ハロルド・マクミラン（Harold Macmillan）［【訳注】英国の保守党の政治家，首相（1957-63）］が 1952 年に most of our people have never had it so good（わが国民の多くは，これほど暮らしがよかったことはかつてない）と述べた），用いられている。スポーツ界の有名人もキャッチフレーズを生み出す。有名なものとしては，ヘビー級ボクシングのマックス・シュメリング（Max Schmeling）が 1932 年にジャック・シャーキー（Jack Sharkey）に判定で負けた際に，シュメリングのマネージャーであるジョー・ジェーコブズ（Joe Jacobs）が言ったとされる，We wuz robbed（（不当な判定で）勝ちを奪われた）がある。陸空軍大将や海軍大将，歌手，大主教，裁判官，英国王室など，実際，公共の注目を浴び，報道で引用される可能性のある人なら誰でも，適切な時に適切な言葉を発すれば，『キャッチフレーズ辞典（*Dictionary of Catch Phrases*）』に登場することがありうるだろう。そして，その発言が真に記憶に値するものであれば，『引用句辞典（*Dictionary of Quotations*）』に掲載されることすらあるだろう（p.196）。

流行語

流行語は，その名称が示唆するように，その言語全体の中で，あるいは（教員，政府の大臣，ティーンエージャーなどの）特定のグループの中で，一時的に流行しもてはやされる地位を得る語彙素である。多くの点でキャッチフレーズと似ている（実際キャッチフレーズを「流行フレーズ」と呼んでもよいくらいである）が，流行語は多くの場合特定の出典をもたないという点で，ほとんどの場合に出典が特定できるキャッチフレーズとは異なっている。

流行語は，突然現れるのではなく，徐々に目立たない形で育ってきて，誰もが使っているとある日気づくのである。

流行語は，新語（p.142）と同じではない。その言語に長く存在していた語が流行語になることもある。例えば，absolutely（まったく）という語が 1980 年代末に 'yes I agree'（はい，その通りです）の代わりに用いられる強調表現となったのが，その例である。新語は，もちろん，ある程度広まらなければ，そもそもその言語の一部とはなりえないから，一定程度通用する必要がある。しかし，「流行」と呼べるほど広まるのは，ごくわずかな新語だけである。

流行語になるためには，何か特別なことが起こらなければならない。多くの人びとによって，特に頻繁に取り上げられ，用いられなければならないし，初めにその語が生まれた文脈を超えてほかの文脈にも拡大されなければならない（例えば，ちっとも動かないような交通渋滞を表す gridlock（交通麻痺）という語が，議論の中での位置づけなどのほかの手詰まりな状態にも用いられるというように）。「業界用語」（buzz word）という用語もそのような語の意味の展開を表すのに用いられ，そこにまつわる興奮，活動，変化といった，はやりものに共通する特徴を連想させるという点で，より適切な用語かもしれない。

最近では，接辞（p.138）の使用が流行語の重要な特徴となってきている。Watergate（ウォーターゲート）の *-gate*（スキャンダル）は 1990 年代まで広く用いられ，何百もの表現を作り出している（Cartergate（カーターゲート），Hollywoodgate（ハリウッドゲート），Dallasgate（ダラスゲート），Dianagate（ダイアナゲート），Camillagate（カミラゲート）など）。1990 年代初めの *Euro-*（欧州の）も，流行の地位を獲得し，欧州共同体に適用されたこと，あるいは適用されうることであれば，ほとんど何にでも付加することができる（Eurowisdom（欧州知），Eurocrat（欧州連合官僚），Eurodollar（ユーロドル），Euromess（欧州の窮状）など）。1980 年代に現れたほかの流行接辞の例としては，*-athon*（持久力比べのイベント）（p.139），*mega-*（巨大な），*-aid*（慈善公演），*-speak*（（分野などに特有の）語法）（pp.188，526），あらゆる *-ism*（主義）や *-ist*（主義者）（p.189）など。2010 年代には *-exit*（離脱）で終わる新造語が流行となった（p.124）。

流行語で難しいのは，一過性であり予測できないことである。1980 年代の流行語（Yuppie（ヤッピー）やその仲間の glasnost（情報公開），perestroika（ペレストロイカ），Rambo（ランボー）など）は，今でも用いられてはいるが，1990 年代の語（double whammy（二重の不運），virtual reality（仮想現実）など）の新鮮な響きに追い抜かれた。やがて，多くは流行としての人気を失い，取って代わられることになるだろう。実際，流行語の例について最新情報を得るには，この本を置き，あちこち出歩いて，耳を済ますしかない。

伝説的なキャッチフレーズ

ターザン（Tarzan）とジェーン（Jane）はいくつかの映画では確かに省略的な挨拶を交わしてはいるものの，Me Tarzan, you Jane（僕ターザン，君ジェーン）という表現自体はどの映画にも見つからない。同様に，Elementary, my dear Watson（初歩的なことだよ，ワトソン君）という表現は，コナン・ドイル（Conan Doyle）のどの本においても，シャーロック・ホームズ（Sherlock Holmes）は言っていない（映画では言っているが）。キャッチフレーズは，あまり正確さを気にかけずに，脚色されたり書き換えられたりすることが多い。

（図の訳を巻末 p.535 に掲載）

スローガン

もともと，**スローガン**という語は，スコットランドの氏族の鬨(とき)の声や戦いの掛け声を表すのに用いられていた。今日ではこの語の使われ方は異なっているが，現代のスローガンの背景にある意図はおおむね同じである。つまり，力強い，人をひきつける，心を掴み取るような表現，――現代のスローガンの場合は，何かを購入するために，あるいはなんらかの振る舞いをするために，人びとを結集するような――そういう表現を創ることである。実際，一般大衆に向けて発せられるスローガンの強烈な売り込みの威力を，古代のスコットランド高地人であれば間違いなく熱意をもって支持したにちがいない。

言語的な構造としては，スローガン（時に，**うたい文句**とも呼ばれる）は，諺（p.196）によく似ている。文は短く，強いリズムをもつ傾向にある。

Safety First（安全第一）
Ban the Bomb（爆弾禁止）
Just do it（ただやれ）（ナイキ（Nike））
Think different（異なる考え方を）（アップル（Apple））
Every little helps（どんな小さなことも役にたつ）（テスコ（Tesco））

特に，少しでも長くなる場合は，バランスの取れた構造をもつことが多い。

Make love, not war（戦争しないで恋をしよう）
When you need aspirin, drink Disprin（アスピリンがいるときは，ディスプリンをのもう）
｛【訳注】ディスプリンはアスピリン錠剤の商標｝

比喩的言語を印象的に用いたものもある

Terylene keeps its promises（テリレンは約束を守る）
｛【訳注】テリレンはポリエステル系合成繊維の英国における商標｝

Switch on the sunshine（日光のスイッチ入れよう）（ケロッグ（Kellogg）製シリアル）

頭韻法（p.441）と脚韻（「押韻詞（jingles）」）がよく用いられる

Guinness is good for you（ギネスはあなたによい）
｛【訳注】ギネスは英国産ビールの商標｝
Electrolux brings luxury to life（エレクトロラックスは生活をぜいたくにする）
｛【訳注】エレクトロラックスはスウェーデンの家電メーカー｝
Drinka pinta milka day（ミルクを1日1パイント飲もう）
Put a tiger in your tank（タンクにタイガーを入れよう）（エクソン・エッソ（Exxon/Esso））
｛【訳注】このエッソの宣伝から，現在では put/have/there is a tiger in one's tank などの形で，「人にエネルギーを与える・エネルギーがある」という意味のイディオムとして用いられている。タイガーはエッソのマスコットキャラクター。｝
You'll wonder where the yellow went
When you brush your teeth with Pepsodent（黄ばみはどこに行っちゃった？　ペプソデントで歯磨きするとそう思う）
｛【訳注】ペプソデントは米国製歯磨き用品の商標｝

会話体をまねるものもある。

It's fingerlickin' good（指までなめたくなる美味しさ）（ケンタッキーフライドチキン（Kentucky Fried Chicken））
I bet (s)he drinks Carling Black Label（きっと彼（女）はカーリング黒ラベルを飲んでいるに違いない）
｛【訳注】カーリング黒ラベルはカナダ産のラガービール｝
That'll do nicely（それはぴったりだ）（アメリカン・エキスプレス（American Express））

Britain at its best.
全盛の英国
｛【訳注】BP は British Petroleum（英国石油会社）｝
THE ULTIMATE DRIVING MACHINE
究極のドライビング・マシン
hygena
Simply beautiful. And beautifully simple.
シンプルに美しく，美しくシンプル｛【訳注】ハイジーナは英国のキッチン設備ブランド｝
IBERIA
AIRLINES OF SPAIN
WARM TO THE EXPERIENCE.
経験にあたたかく
Nikon
SPORT OPTICS
You'll never see things quite the same again.™
ものの見え方が変わってくる
KYOMI
WORKS WITH YOUR BODY, NOT AGAINST IT.
身体に対抗するのではなく，身体と協働する
｛【訳注】制汗剤のスローガンなので，not against your body という表現が用いられている｝
Leica
The freedom to see
見る自由
TROY-BILT®
An American Legend Caring For The Land.®
土地の手入れのアメリカン・レジェンド
｛【訳注】トロイ・ビルトは芝刈り機などのメーカー｝
YOU CAN BE SURE OF SHELL
シェルなら確か
American Sunflower Seed Bureau
FOR A HEALTHY APPETITE
米国ひまわり種子局　健康な食欲のために
Leading the way to the USA.
TWA
米国へつながる道｛【訳注】TWA は Trans World Airlines（トランス・ワールド航空）｝

スローガン（およびロゴ）は，企業が時々そのイメージを一新するため，その寿命は限られている。上にあげた例は，すべて 1990 年代なかばのものである。これらは今でもそれとわかるが，多くの変化があった。例えば，BP は 2000 年に小文字になり，盾からヘリオス（太陽神）のシンボルに変更になった。

これらの例からもわかるように，スローガンは商品を宣伝するということをはるかに超える目的のために用いられており，政治，安全，抗議，健康，環境など，すべてのことがらに関わるキャンペーンでも，その企画の最初の 1 歩はよいスローガンを案出することであり，一般の人びとから新鮮なアイディアを得るために定期的に公募を行っている会社もある。今日，うまいスローガンを創り出せば，明日は（ひょっとしたら）あなたの太陽の街（Sun City）になるかもしれない。｛【訳注】Sun City は著者の創作で，ぜいたくな地にいられる状態を意味するとのことである（私信）｝そして，スローガンの中には，本来の用途をはるかに超えてくり返し鳴り響くように用いられるものもある。本書第3版は，おそらく，CEEL を再び偉大にする（make CEEL great again）だろう。
｛【訳注】CEEL は本書の略称。Make America great again!（米国を再び偉大にする！）のスローガンをドナルド・トランプが用いたのは 2016 年の大統領選挙の時であったが，それ以前にも，米国政治でくり返し用いられてきた｝

落書き

落書きという用語は，もともとはポンペイで発見されたような，ひっかくことによって古代の壁面に刻まれた線画や文字を意味していた。20 世紀には，壁や交通機関そのほかの公共の場に衝動的に無許可でかかれた言葉や線画はどんなものでも，この名称で呼ばれるようになった。典型的には，わいせつであったり政治的であったりするが，ユーモアや民間の知恵も多く見られ，それが民俗学研究者やユーモア作家などによるいくつかのコレクションの基盤となっている。

落書きの中には，選挙や有名なスキャンダルなどの同時代の出来事や関心事に反応するものがあり，その性質上，特定の場合のためのものであることも多い。しかし，ほとんどの落書きは，特定の時間や場所に何の関係ももたない。年月が経つ間に，同じ主題がくり返されたり，落書きの書き手の好みの定型句がくり返し用いられたりすることもある。例えば，X rules OK という構造は，英国のサッカー自慢（Arsenal rules, OK?（アーセナルが支配するぞ，いいか？））から始まったと言われるが，現在までには何千となく変異形があるはずである。以下は，ペーパーバック版のコレクションからの例であるが，この下位ジャンルが活発に用いられていることを示している（N. リーズ(N. Rees)，1981）。

Apathy rules, oh dear（無感動が支配する，あらあら）
Examples rule, e.g.（実例が支配する，例えば）

Einstein rules relatively, OK（アインシュタインが相対的に支配する，よし）
Bureaucracy rules OK（官僚が支配する，よし）
OK（よし）
OK（よし）

ほかにも，落書きに一般的な特徴がいくつか見られる。

- 特定の集団や宗教団体，政党，抗議団体などに対して直接的な賞賛や悪態が含まれることが多い。その対象となる団体のシンボルやロゴが落書きのデザインの中で重要な役割を果たすことも多い。
- 同様に，もともとトイレの壁に書かれていた落書きのデータからも十分に予期できるように，多くのスペースがわいせつさや卑猥な冗談に割かれるのが一般的である。
- 有名な引用句やスローガンに対して反応するというのがよく用いられる方策である。聖書からの引用（Faith can move mountains. She's a big girl（信仰・フェイス(女性名)は山をも動かす。彼女は大きいのだ。））や，商業上のスローガン（I thought that an innuendo was an Italian suppository until I discovered Smirnoff（スミルノフを知るまでは，イニュエンドウ（風刺）とはイタリアの座薬だと思っていた））が頻繁に用いられる。{【訳注】スミルノフは米国で最もよく売れているウォッカの商標。ウォッカがあまり飲まれていなかった米国で，～until I discovered Smirnoff.（スミルノフを知るまでは～）という形のさまざまなスローガンを用い，飛躍的に売上を伸ばした}
- 書き手が相互に反応するという形で，落書きの対話も存在する。

  Be alert.（気をつけろ・ラートになれ）
  Your country needs lerts.（君の国にはラートが必要だ）
  −No, Britain has got enough lerts now, thank you.（いや，英国にはもう十分ラートがいるよ，ありがとう）
  Be aloof（遠くに離れろ・ルーフになれ）
  −No, really, be alert. There's safety in numbers. （いや，本当に{気をつけろ・ラートになれ}。数が多ければ安全だ。）
  {【訳注】alert，aloof という形容詞として用いられている語を a lert，a loof と分解し，lert/loof を名詞としてその複数形まで作る言葉遊びになっている}

- 地口や言葉遊びが非常に多い。これは，一般には甘く評価してもひどいものと記述されるような種類のものである（Quasimodo − that name rings a bell（クァジモド—その名は聞き覚えがある））{【訳注】クァジモドはノートルダムの鐘つき男。ring a bell のイディオムの意味（聞き憶えがある）と鐘つきとを掛けている}。しかし，時には非常に独創的なものもあり，以下の例の場合，かつて流行した歌（「Miss Otis regrets she's unable to lunch today（オーティス嬢は残念ながら今日はランチをご一緒できません）」）にからめた言葉遊びである。

  LIFT UNDER REPAIR – USE OTHER LIFT.（エレベーター修理中——ほかのエレベーターをご利用ください。）

  This Otis regrets it's unable to lift today.（このオーティスは，残念ながら今日は昇降できません。）
  {【訳注】オーティスはエレベーター会社の名称}

ここにいたのは誰？

最も長く存続している落書きとして，『キルロイ（*Kilroy*）』と『チャド（*Chad*）』の2つがあげられる。この2つは第2次世界大戦に源を発し，2000 年代になってもずっと世界中でかかれている。

KILROY
WOZ
HERE

（キルロイはここにいた）

『キルロイ』

キルロイは米国で始まった。キルロイは，マサチューセッツの造船所検査官のジェームズ・キルロイ（James Kilroy）だったかもしれない。彼は，1941 年に自分が装置を検査したということを示すために，装置にこの句を書きつけていた。あるいは，フランシス・キルロイ（Francis Kilroy）軍曹だったかもしれない。軍曹がフロリダの空軍基地に到着する件について，Kilroy will be here next week（キルロイは来週ここにくる）という告知によって予定が知らされたという。ほかにもいくつか出典についての説があり，真実は決して明らかにはならないだろう。

（巻末 p.535 へ続く）

{【訳注】この図に含まれる X rules OK の構造を用いた例では，X が入れ替わるだけでなく，X の内容に応じて OK の部分にも言葉遊びが見られる。例えば，「ロジェのシソーラスが支配する」の例では OK の後に OK の類義語が並べられており，「アルキメデスが支配する」ではアルキメデスが叫んだとされる Eureka（エウレカ）をもじって Eurekay とされ，また「フランス外交が支配する」では，Au Quai（河岸で）となっているが，これはフランスの外務省（オルセー河岸にある）の通称である le Quai を用いたものである，という具合である。}

俗語

米国の詩人カール・サンドバーグ（Carl Sandburg）(1878-967）によれば，俗語とは「上着を脱ぎ捨て，手に唾して，そして仕事に行く言語」である。『オックスフォード英語辞典（*Oxford English Dictionary*）』には次のような，もう少し賢明な説明がなされている。「きわめて口語的なタイプの言語で，教育のある標準的な言語よりも下にあると見なされ，新造語や，現存する語を特殊な意味で用いるものなどからなる。」同辞典の関連する定義において，俗語は「低俗あるいは野卑なタイプの言語」とも，「特定の職分や職業などで用いられる特殊な語彙や語句」とも記述されている。この記述には，俗語のパラドックスが非常に明確に表れている。人びとは俗語を軽蔑するが，それを使わずにすませることはほとんど不可能なのである。「職分」というのが，サッカーを見に行くとか，切手を収集するとか，1杯飲みに行くといったことにすぎないとしても，誰もがなんらかの「職分や職業」をもっているのだから。下層階級の俗語だけでなく，上流階級の俗語もあり，医師や法律家の俗語，サッカー選手や切手収集家の俗語もあり，さらに社会階級や職業を横断する形で用いられる俗語もあり，これは最も口語的な言語の変種（p.308）として誰でも使えるものである。「最も」という語が重要である。Let's have a drink（1杯やろう）というのは口語的ではあるが，俗語ではない。同じことを意味する Let's dip the bill（1杯やろう）（レイモンド・チャンドラー（Raymond Chandler），『大いなる眠り（*The Big Sleep*）』）は口語的であると同時に俗語でもある。

俗語が複雑であることは，さまざまな機能（右欄を見よ）を調べればすぐに明らかになる。エリック・パートリッジ（Eric Partridge）のリストから，俗語の主な機能を強いて1つ選ぶなら，13 番（と，その補足である 14 番）でなければならないだろう。「俗語の主な用途は，あなたがギャングの一員であることを示すことである」と言われるが，これはうまく真実を言い当てている。そして，チャンドラーの小説では，俗語は文字通りその機能を果たしている。俗語は，排他的な小集団のアイデンティティの主な標識の1つである。その意味で，俗語は隠語（p.186）と非常に近いものとなる。

俗語の用法

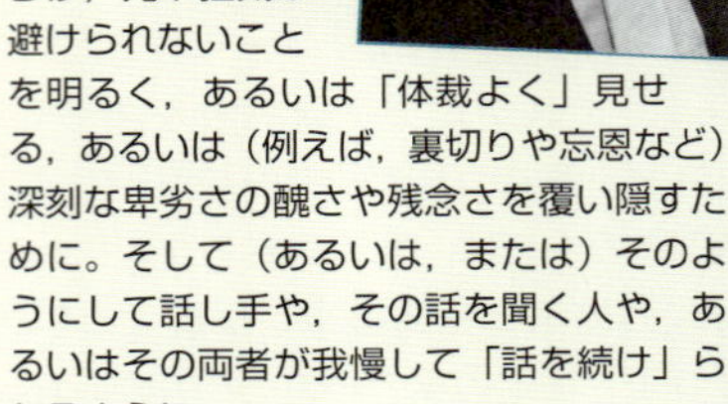

英国の辞書編集者エリック・パートリッジ（1894-979）によれば，人びとが俗語を使うのは，少なくとも 15 におよぶ理由のいずれかによる。

1 実年齢が若い人に加えて気持ちが若い人によって，すっかり上機嫌のときに，「ただ楽しむために」用いられる。ふざけたり，おどけたりして。
2 機知・独創性やユーモアの訓練として。（この背景にある動機づけは，一般に，自己顕示や気取り，張り合ったり反応のよさを示したりすること，名人芸の喜びなどである。）
3「風変わり」であるように，奇抜であるように。
4（積極的な意味でも，あるいは—無味乾燥な印象を避けるというように—消極的な意味でも）生き生きした印象になるように。
5 確実に人目をひくように，びっくりさせることすらあるように。
6 クリシェを避けるために，あるいは手短で簡潔であるように。（既存の表現への不満に駆り立てられて。）
7 言語を豊かにするために。（高い教育を受けた人びとを除いて，このような計算された使用はまれである。ただし，最も顕著な例外はロンドン子であり，自然に出てくるというよりも文学的である。）
8 抽象的なものに堅固で具体的な感じを，理想的なものに現実的な感じを，遠く離れたものに密接でぴったりした感じを，与えるために。（教養のある人びとにおいては，その努力は前もって考えられたものであるのが普通であるが，無教養の人びとにおいては，ほぼすべての場合に，その努力は潜在意識によるのでなければ無意識下に行われている。）
9a 拒否や拒絶，否認の刺すような鋭さを減少させるため，あるいは逆に鋭さを増すために。
9b 会話（あるいは書かれたもの）の厳粛さや仰々しさ，過度な重々しさを減少させ，また，おそらくは分散させるために。
9c 悲惨な出来事を和らげ，死や狂気が避けられないことを明るく，あるいは「体裁よく」見せる，あるいは（例えば，裏切りや忘恩など）深刻な卑劣さの醜さや残念さを覆い隠すために。そして（あるいは，または）そのようにして話し手や，その話を聞く人や，あるいはその両者が我慢して「話を続け」られるように。
10 目下の人に向けて話したり書いたりする，あるいは，目上の公衆を楽しませるために。あるいは，単に，自分の聴衆か，自分の主題か，いずれかと同じ口語的なレベルであるように。
11 社交を容易にするために。（前項と混同したり合体させたりしてはいけない）
12 気安さか，深みや継続性のある親密さか，いずれかを引き出すために。（前項と同じ注釈）
13 人が，特定の学校や商売，職業，芸術家や知識人の派閥，あるいは社会階層に属していることを示すために。簡単に言えば，「ぐるになる」ために，あるいは関係性を確立するために。
14 それによって，誰かが「ぐるになって」いないことを示したり証明したりするために。
15 秘密にするために—まわりにいる人に理解されないために。（子どもや学生，恋人同士，政治的秘密結社のメンバー，刑務所内外の犯罪者や，刑務所に入っている無実の人などが主にこのような用法を巧みに操る。）

（『俗語—今日と過去（*Slang: Today and Yesterday*）』，1933，2章より）

上流階級の話し方

ウッドハウス（P.G.Wodehouse）の上流階級の対話は，一般的にわかりにくくはないが，以下の一節における「ひどい監禁状態で（in durance vile）」という擬似法律的な句には，少し考えさせられるかもしれない。

彼女はその哀れな娘をブランディングスに引っ立てて行き，娘はそれ以来ずっとそこにいて，事実上，すべての動きが監視されているようなひどい監禁状態にある。しかし，このマイラ（Myra）は賢明で分別のある娘のようだ，というのも彼女のスパイから C 夫人（Lady C）がシュルーズベリーに髪を整えに行って夕食の頃までは戻ってこない予定だと聞いて，ビル（Bill）に電話をし，今日は自由にできるのでこっそりロンドンに行って，あなたと結婚しようと思う，と伝えたのだった。（P. G. ウッドハウス『にこやかにサービス（*Service With a Smile*）』，1961）

初期のオーストラリア俗語

以下は，エリック・パートリッジ（1933）によって編纂された俗語語彙リストの1つ（20 世紀初期のオーストラリア英語についてのもの）から，編集引用したものである。

canary 囚人（c.1820-1900）
clinah，cliner 恋人（イディッシュ語より，c.1900）
cobber 友人，仲間（c.1985）
cossie 水着（c.1920）
derry 恨み（c.1896）
dilly-bag 買い物袋，小物入れ袋（c.1885）
dingbat 陸軍将校の当番兵（dingo（ディンゴ）+ batman（英国陸軍将校の当番兵），第1次世界大戦）
dinkum 立派な，本物の（c.1900）
drum 正しい情報（c.1912）

押韻俗語

〔【訳注】押韻俗語の最後の語と，意図されている意味を表す語が韻を踏んでいる。〕

生粋のロンドン子による使用が最もよく知られているが，これらの耳慣れない表現は，19 世紀半ば以前はほとんど記録されていない。おそらく，犯罪者の隠語として使われ始めたと思われるが，現在では犯罪の世界との関連はほぼなくなっている。

apples and pears 階段（stairs）
artful dodger 下宿人（lodger）
Cain and Abel テーブル（table）
Chalk Farm 腕（arm）
Gawd forbids 子ども（kids）
Hampstead Heath 歯（teeth）
I suppose 鼻（nose）
lean and lurch 教会（church）
mince pie 目（eye）
north and south 口（mouth）
read and write けんか（fight）
tit for tat 帽子（hat）
trouble and strife 妻（wife）

（巻末 p.535 へ続く）

VINCE OF BACCHUS 664 PUCKER

acter of Providence: coll.: 1856, Emerson
.D.).
ovince of Bacchus. Drunkenness: Oxford
versity: ca. 1820–40. Egan's Grose.
rovost. A garrison or other cell for short-
tence prisoners: military coll. (— 1890) >, ca.
5, S.E.; ob. Abbr. *provost-cell*.
row. A bumpkin: naval: ca. 1800–90. ? ex
prow, good, worthy.
prowl. To womanise: low coll.: late C. 17–20.
E., as *proling* [sic]. (Like a wild beast for meat:
mutton, q.v.)—2. To wait for 'the ghost to
alk': theatrical: from ca. 1870; ob. See
ost.—3. To go about, looking for something to
eal: c. (— 1887). Baumann.
Prowler, Hugh. A generalised (? low) coll. nick-
ame for a thief, a highwayman: mid-C. 16–17.
usser, 'For fear of Hugh Prowler get home with
he rest.'
proxime. Proxime accessit: coll. abbr. (schools',
niversities'): 1896. O.E.D.
Pru, the. The Prudential insurance company:
nsurance: late C. 19–20. Collinson.
pruff. Sturdy: Winchester College: from ca.
1870. Ex *proof against pain*. Pascoe, 1881,
'Deprive a Wykehamist of words . . . such as
quill . . . pruff . . . cad . . . and his vocabulary
becomes limited.'
prugg(e). A female partner; a doxy: C. 17:
either (low) s. or c. Nares (1822); Halliwell
(1847). Prob. cognate with *prig* and perhaps with
prog, qq.v.
prunella, leather and. This misquotation of
Pope's *leather or prunella* has been misapplied to
mean something to which one is completely in-
different. (Fowler.)
Prunella, Mr; or prunella. A clergyman: late
C. 18–mid-19. Grose, 1st ed. Clergymen's, like
barristers', gowns were formerly made from this
strong (silk, later) worsted stuff.
Prussian blue, my. An endearment: ca. 1815–
70, though app. not recorded before 1837, Dickens,
'"Vell, Sammy," said the father. "Vell, my
Prooshan Blue," responded the son.' Punning the
colour; ex the tremendous popularity of the
Prussians after Waterloo: cf. the old toast,

1909 condemned by the O.E.D. as illiterate;
by 1920 (so I infer from W.) it was no worse t
coll.; by 1930, it was S.E., for the orig. co
toe-maý-in had disappeared,—the author (*hor*
dictu!) has never even heard it. Cf. *potomaine*
pu-pu. A variant of *pooh-pooh*.
pub. A public-house (see public, n.):
H., in his first ed.: s. >, ca. 1890,
Anon., *The Siliad*, ca. 1871, 'All the great
and the minor pubs.'—2. See *P.B.*
pub (always pub it). To frequent 'pubs'
1889, Jerome K. Jerome. Ex preceding.
pub-crawl; esp. do a p.-c. A liquoris
grination from bar to bar: from not later th
Hence *pub-crawler*, *pub-crawling*: from c
pubes. An incorrect pl. of *pubis*, a pa
innominate bone: from ca. 1840.—2.
correct for *pubis*, the pubic bone: 1872.
pubis. A mistake for *pubes*, the hy
region: from ca. 1680. O.E.D.
public. A public-house: coll.: 1709,
warden's account (O.E.D.); ob. Sc
woman keeps an inn, then? interrupt
A public, in a prim way, replied Blane
q.v.
public, adj. In, of, a public-house:
C. 18–20. Ex preceding.
public buildings, inspector of. A
loafer: from ca. 1850; ob. Hence,
of work: from ca. 1860; † by 1930.
public ledger. A harlot: low: l
very ob. 'Because like that paper,
all parties,' Grose, 2nd ed. Pun
Public Ledger (of Philadelphia, 183
the Public Register.
public line, something in the.
tualler: coll. Dickens, who, in 18
or, at the least, gave currency to—t
on *the public business*.
public man. A bankrupt: ca
Bal., 1811. Perhaps suggested
woman (Fr. *femme publique*), a harlot.
*public patterer. A 'swell mobs
mobsman) who, pretending to be a
preacher, harangues in the open air
crowd for his confederates to rob: c.
1910. H., 3rd ed., 1864. See patterer
'In modern line

Prudential men, or men of the Prudential.
Officers in the Special Branch of the R.N.V.R.:
Naval: 1939–45. With a pun on the Prudential
insurance company. (P-G-R.)
prune is short for *Prune, P/O*. John Moore, in
The Observer, Oct. 4, 1942, '"Lost anybody?"
"Some prune who thought he could beat up the
searchlights"'; B., 1942.
prune, v. To adjust or otherwise tinker
with (a ship's engines): Naval: since ca. 1930.
(P-G-R.)
Prune, P/O; in speech, Pilot Officer Prune. 'A
pilot who takes unnecessary risks, and generally
loses his neck through his *prunery*' and '"P/O
Prune" is the title bestowed upon a pilot who has
several "prangs" on his record' (H. & P.):
R.A.F.: since ca. 1935. He is a constant em-
blematic monitory figure in the pages of *The
R.A.F. Journal*. Not unconnected with the im-
practicality of 'prunes and prisms'. Created,
Jackson tells us, by S/Ldr Anthony Armstrong and
L.A.C.W. Hooper ('Raff').
prune-juice. Hard liquor: since ca. 1935.
(Richard Gordon, *Doctor and Son*, 1953.)
Prussian Guard. A flea: Army: 1914–18.
'Dignity and Impudence.'—2. In the game of
House, a card: rhyming s.: C. 20.
psych. A 'psychological' bet, one made on a
hunch: Australian two-up players': since ca.
1930. (Lawson Glassop, *Lucky Palmer*, 1949.)

『ゴッドファーザーIV（*Godfather IV*）』：辞典

辞書編纂は，一般に，危険な職業とは考えられていないが，以下のパートリッジの『英米語犯罪世界の辞典（*A Dictionary of the Underworld, British and American*）』（1949）を著すためのデータの情報源の説明を読むと，考えが変わるかもしれない。

私が直接入手した犯罪世界のデータのうち，書かれた形のものはごくわずかだった。職業的な犯罪者のほとんどは，詐欺を働くペテン師（「詐欺師（con men）」）を例外として，ペンをもつには向かないということはよく知られているとおりで，「書類の偽造者（penmen）」や「偽金造り（scratchers）」すら，偽造の場以外では役に立たない。幸い，有名な犯罪者は「ゴーストライター（ghosts）」を雇っている者もあり，また，ジャーナリストや著作家からたびたび取材されている者もある。また，刑務所の牧師や所長，看守長などは，新しい表現を作って言うなら，情報の鉱山（mines of information）である。警察官，特に刑事は，多くの語や句を拾い上げている。浮浪者や放浪者は，元プロであってもアマチュアであっても，自分の経験を書く傾向が犯罪者よりも強い。売春や薬物取引の特別な研究者，つまり自分の仕事に真剣に向き合い，長い期間関わっているような研究者は，売春や薬物の提供者とその客とが用いる犯罪世界の通り言葉（cant：これは「犯罪世界の言語」を表す哲学者の用語である）の多くを学んでいる。警察・裁判所の記録が時に役立つこともある。犯罪世界の通り言葉を調べようとする研究者に利用可能な，どちらかといえば入手しやすい情報源としては，以上のようなものをリストすれば，不完全ではあるがひどく不適切というわけではない。

しかし，犯罪世界と直接に関わる人，あるいは直接に関わると明言する人は，きわめて慎重でなければならない。犯罪者は当然ながら見知らぬ人間に対しては疑い深い。そして，情報の提供を控えるか，「にせの（phoney）」データを提供するか，いずれかである場合が多い。このために，英国でも米国でも，ジャーナリスト，社会事業家，文献学者などが，一人ならずだまされている。

この本を完成するのにパートリッジは13年を費やした。この期間にわたって，単にだまされる以上のひどい目にあうことを彼がどのように避けてきたのか，想像を絶するものがある。

俗語への記念碑

多くの人が俗語に関する最も優れた出版物であると認めるエリック・パートリッジの『俗語・非慣習的英語表現辞典（*Dictionary of Slang and Unconventional English*）』の自然史をたどると，俗語が動く速さを感じとることができる。この記念碑的な著作は，1937年に初めて出版され，『口語表現とキャッチフレーズ，破格表現と誤用，あだ名，卑俗表現，そして取り入れられた米国語法など（*Colloquialisms and Catch-phrases, Solecisms and Catachreses, Nicknames, Vulgarisms, and such Americanisms as have been naturalized*）』という副題がついていた。第2版（1938）にはかなりの補遺がつけられていた。第3版は1948年に，第2版よりもさらに大部の補遺を付した形で出版されたが，その多くは第2次世界大戦以降の新たな項目からなっていた。第5版（1960）が出版されるまでには，新たな語の数は100,000語に及び，別巻の補遺として別に出版することになった。現在は統合版がある。

上の図版は両方の巻からの抜粋で，最初の編纂時のものと，その後に発見された追加情報との例となっている。どのページを見ても，この著作の社会的，歴史的，地理的広がりを見て取ることができ，著者が細部まで注意して仕事をしたことがわかる。それはまさに愛の労苦であった，というのもパートリッジは給与を得ている学者ではなく，どこにも所属せずに熱意で仕事をしていたのである。彼には『オックスフォード英語辞典（*Oxford English Dictionary*）』がもっているような手段がなく，俗語についてのすべての歴史的な観察に対して完全な信憑性を与えることはできなかったが，その仕事は，*OED* の最初の編集者たちがほとんど完全に無視していた俗語というジャンルの歴史的発達について，初めて証拠を収集した主要著作であると言える。『辞典』は当時好意的に受け入れられたが，司書が「そういう語」が含まれていることに気づくと図書館への配架を禁じる例も多く，長い間，制限つきの貸し出しでないと入手できないことも多かった。

この『辞典』によってパートリッジはみずからの職業選択に確信をもった。「ある辞書編集者の誕生（Genesis of a Lexicographer）」において，彼は以下のように書いている。

私は，辞書学や語源学以外にも言語学的興味をもっており，それらの興味に身を委ね，それを表現することもできると思うが，しかし，そこそこ正直な人間として，「一旦辞書編集者になったら，それをやめることはできない」という責務の正当性を認めざるを得ない。それほど悪い定めではない。

死にゆくレキシコン，死んだレキシコン

語は，一夜にして誕生することもある（例えば，1957年10月4日に sputnik（人工衛星）｛【訳注】ソ連が1957年10月4日に打ち上げた史上初の人工衛星の名前に由来する｝という語が生まれたように）。しかし，語が死ぬには何十年もかかる。実際，ある語が死んでいると判断するのは決して容易ではない。どんな時に語が死んでいると言えるのだろうか？　おそらく，もはや誰もその語を使わない，という時であろう。しかし，人びとがある語を使っていないと，確信をもてるのはいつだろうか？　ある語が，**廃用**の状態（少数の人によってたまにしか用いられない状態）が終わり，**廃語**（誰も使わない語）になったと言えるまでに，どのくらいの時間が経過すれば十分なのだろうか？　標準的なレキシコンの場合は，まだ決められない，という以外の検死の判断を得ることができるまでには，丸々1世代が過ぎるのを待つ必要があるかもしれない。小さなグループで用いられる俗語の場合は，語は数週間・数カ月の単位で生まれたり死んだりすることもあるだろう。

語の誕生が観察できることはめったにないし（ただしp.149を見よ），語の死は決して観察できないが，これは，もちろん，（レキシコンの）自然史に興味をもつ人であれば誰にとっても多少問題である。他方で，ある語が死にかけているということを示す手がかりはいくつかあるし，死と結びつけられる無変化状態もレキシコンのところどころに見られる。

引用句

引用句は，社会的に死体用の防腐処置を施された言葉の断片である。引用句は，誰でも使えるように，いわば台座の上に置かれた言葉であるが，容易に濫用の影響を受けるものでもある。誤り（**誤引用**）はつねに気づかれるわけではないが，気づかれたときには実際に仲間内で嘲笑の的になる恐れがある。誰かが言ったり書いたりしたことは何でも引用句になりうるが，一般に引用句という用語は年月を経て「有名」になった場合を指すのに用いられる。To be or not to be（このままでいいのか，いけないのか）も，Let me see one（一つ貸してくれ）も，どちらも『ハムレット（*Hamlet*）』からの抜粋であるが｛【訳注】訳は小田島雄志訳 白水社，1977による｝，前者だけが引用句として扱われるようになっている。

引用句をキャッチフレーズ（p.190）と区別することは有用かもしれない。引用句とキャッチフレーズというカテゴリーに当てはまる発話は，どちらも定義により，強い印象を残す効果があり，覚えやすく，ほとんどの場合特定の出典をたどることができるという性質をもっている。実際，キャッチフレーズはある種の引用句である。しかし，重要な相違もある。キャッチフレーズは，話しことばが出典であることが多く，短く，変化しやすく，扱う題材としてはどちらかといえば些細なもので，短い間だけ流行する。引用句は，書きことばが出典であることが多く，長いものも短いものもあり，使うことのできる文脈が非常に限られており，より深い意味をもち，時を経てもなお用い続けられることができるものである。キャッチフレーズには口語的な，引用句には文語的な調子がある。この2つのカテゴリーが同一ということはない。

時に，特に政治的な発話において，この2つのカテゴリーの間で変化する事例が見られる。例えばハロルド・マクミランの never had it so good（これほど暮らしがよかったことはかつてない）（p.191）は，引用句として使われ始めたが，キャッチフレーズの変異形となり，その変異形は今では再び引用句となっている。しかし，1つの発話が最終的に引用句として定着すると，もはや変化する余地はない。引用句は，自然史博物館や解剖学博物館の標本と同じように，収集すべき言語的な標本と見なすことすらできるかもしれない。そのような言語標本を収集したカタログは実際に引用句辞典として存在している。しかし，死との類推は，すぐにそれ自体が瀕死の状態になってしまう。（ホラー映画を別にすれば）ホルマリン漬けの解剖学標本は生き生きと活動することはないが，引用句は現在でも強い生き生きとした語用論的効果をもつこともある（p.304）のである。

コラム「神話と人」を巻末 p.535 に掲載

諺（proverb）

諺的な表現は，「adage，dictum，maxim，motto，precept，saw，truism（いずれも，格言，金言，座右の銘，などの意味）」といったさまざまな呼び名を与えられてきた。これらの用語はいずれも代々伝えられてきた伝統的な知恵を述べるものという概念を表している。ほとんどの場合，諺の由来は不明である。

諺の効果は，多くの場合，簡潔で直接的である点にある。単純な統語構造で，生き生きとしたイメージを伝え，身近なことをほのめかす表現であり，そのため理解しやすい。頭韻法やリズム，脚韻（p.441）を用いることで覚えやすい。これらの点は，以下の諺の例にすべてあてはまるものである。

一般的な諺

Children should be seen and not heard.（子どもは姿を見せてもよいが声を出してはならない（子どもは静かにすべき））

Still waters run deep.（静かに流れる川は深い（おとなしく見える人が激しい感情や深い知識をもつ）〈浅瀬に仇波（思慮の浅い者ほど騒ぎ立てる）〉）

Once bitten, twice shy.（1度噛まれれば2度目は用心深くなる〈羹に懲りて膾を吹く〉）

Look before you leap.（跳ぶ前に見よ〈転ばぬ先の杖〉）

A cat may look at a king.（猫も王様を見てもよい（身分の低いものにも権利はある）〈彼も人なり予も人なり〉）

An apple a day keeps the doctor away.（1日1つのりんごで医者いらず〈橙が赤くなると医者の顔が青くなる〉）

A friend in need is a friend indeed.（まさかの時の友こそ真の友）

Every little helps.（どんな小さなことも役にたつ〈チリも積もれば山となる〉）

Curiosity killed the cat.（好奇心は猫も殺した〈詮索好きは身を滅ぼす〉）

Ask no questions, hear no lies.（質問しなければ，嘘を聞かなくてすむ（聞かれても答えたくないので，嘘をつくかもしれない，という含意））

It never rains but it pours.（降れば必ず土砂降り〈泣きっ面に蜂〉）

The pen is mightier than the sword.（ペンは剣より強し）

｛【訳注】日英語の諺の対応については，山田雅重『日英ことわざ文化事典』（丸善出版，2017），常名鉾二郎『日英故事ことわざ辞典』（北星堂書店，1994）を参考にした。｝

スコットランドの諺

愚か者と子どもは，恵まれていても気づかない

汚い井戸からきれいな水はとれない

口笛ばかりで土地は耕されていない

舵が沈む場所には必ず水がある

（D. ムリソン（D. Murison），1981 より）

米国の諺

乗れない馬はないし，投げ飛ばされないカウボーイはいない

もう1日，もう1ドル（今日もまた相変わらず）

確実なのは，死と税金だけ

権力を得た友は友ならず

きしむ車輪は油を差してもらえる（苦情の多い人は注意を払ってもらえる）

大フクロネズミは夜明け直前に歩く

誰でも自分のスカンクの皮むきをしなければならない（嫌なことでも自分のことは自分でやらなければならない）

スーツを着た輩を信じるな

ハゲタカに羽をつけてもワシにはならない

エスキモーが多すぎ，あざらしが少なすぎる

（W. ミーダー（W. Mieder），1992 より）

古語

古語は，その言語の以前の状態を表す特徴をもち，過去の雰囲気を保ちながら使われ続けているものである。主に文法やレキシコン（語彙）にその例が見られるが，古い発音も時折聞かれるし，古語のつづり字も見られる。最も明確な古語の例としてあげられるのは，相当な時間差に隔てられているもの，特に中英語や初期近代英語（I 部）に起源をもつものである。

- 語彙項目としては，behold（見る），damsel（乙女），ere（〜の前に），fain（むしろ），hither（こちらへ），oft（しばしば），quoth（言った），smite（強打する），unto（〜へ），wight（人），wot（知っている），yonder（向こうの），varlet（小姓），forsooth（いかにも），sire（陛下）などがある。
- 文法的な特徴としては，現在時制の動詞の語尾（*-est*（2 人称単数），*-eth*（3 人称単数））とその不規則形（wilt（will の 2 人称単数現在形），shouldst（should の 2 人称単数形）など）や，縮約形（'tis（=it is），'twas（=it was）'gainst（=against），e'en（=even），ne'er（=never），o'er（=over）），過去形（spake（< speak），clothèd（< clothe）），thou（汝）や ye（汝ら）といった代名詞，そして O で始まる呼格（p.232）構文などがある。

古語を探そうとすると，予想外に幅広い文脈で見つけることになるだろう。最も明らかな例としては，アーサー王（King Arthur）やロビン・フッド（Robin Hood）といった話題についての歴史的な小説や演劇，詩や映画などの多くで，古語が用いられる。注意深く古語を用いた小説家としては，『アイヴァンホー（*Ivanhoe*）』のウォルター・スコット（Walter Scott）や『エズモンド（*The History of Henry Esmond*）』のウィリアム・サッカレー（William Thackeray）があげられる。詩では，スペンサー（Edmund Spenser）やミルトン（John Milton）は古語の伝統を維持する上で影響力があった（p.135）。子ども向けの歴史物語でも，ある程度定型化したやり方ではあるものの，古語が用いられる傾向がある。また，宗教的，法的な文脈（pp.395, 398）や伝承童謡やおとぎ話，そして（当該の商品にとってそれが妥当であるなら）商品名や商業広告などでも古語が見られる。地方の方言に，標準語では用いられなくなった語が保持されていることも多い。そして，thorpe「村」や lea「木立ち」など，多くの古い要素が地名に残っている（p.150）。

コラム（『ビーノ』について）を巻末 p.536 に掲載

普通とは異なる古さの表現

古語がすべて大昔のものというわけではない。多くの古語はヴィクトリア女王時代やエドワード王時代を思い起こさせるものであり，多くの俗語（p.194）や社会的な用法，さらに時代遅れの専門的な名称や概念などを含む。以下の例のような場合は，古語というよりも，もう少しあいまいな「古風な（old-fashioned）」とか「時代遅れの（dated）」といった呼び名をつける方がよいかもしれない。

beastly（ひどく），beau（しゃれ男），blest（if I know）（知るわけないでしょう），bodice（コルセット），breeches（半ズボン），brougham（ブルーム型馬車），capital!（すてき！），civil（of you）（ご親切な），confound you!（ちくしょう！），damnable（cheek）（途方もない（無礼）），deuced（べらぼうな），esquire（従者），gov'nor（おやじ），grandpapa（おじいちゃん），luncheon（昼食），parlour（応接間），pray（sit down）（どうぞ（お座りください）），rotter（ろくでなし），spiffing（しゃれた），uncommon（nice）（並外れて（よい）），wireless（ラジオ（の））

格式！
「おやおや！　なんて粋な格好（swell）だ！　何なんだ？　お茶会（tea-fight）か？　結婚式の祝宴（wedding breakfast）か？」
「いや，仕立て屋に行くのさ。あいつに会う時は，きちんとした格好をしないとね。ひどく（beastly）うるさいのさ。」

其処にイシルドゥア（Isirdur）は，かく書けり

大いなる指輪は，今後北方王国重代の宝器となすべし。されど，これら大いなる事どもの記憶が薄れいく時の至らんを恐れ，同じくエレンディル（Elendil）の世継の住むゴンドール（Gondor）に，その記録を残すべし。

予が初めてそれを手に取りし時，指輪は火のごとく熱く，予が手を焼きたり。ために予はその痛みのふたたび癒さるる日あるやを疑いしほどなりき。されど，今予がペンを取るうちにも，それは熱を失い，収縮せるがごとく見ゆ。ただしその美質，その外形を何ら失うことなし。当初は赤き焔なして鮮やかに見えし表面の文字もすでに薄れ，今はただ辛うじて読むにたるのみ。…

（J. R. R. トールキン（J. R. R. Tolkien）『指輪物語（*The Lord of the Rings*）』1954-5，第 1 部第 2 巻第 2 章）

〔【訳注】コラム本文の翻訳は瀬田貞二・田中明子訳『新版 指輪物語 2　旅の仲間 下』（評論社，1992）による。このコラムの本文は古文書の一部であり，タイトルは会話の一部である。そのため，同訳書では文体が異なっており，タイトル部分は「その中でイシルドゥアはこのように書いておる」となっている。〕

（巻末 p.536 に原文を掲載）

J. R. R. トールキン（1892-973）

古い文体で

古語のつづりや文体は，使われた途端に，パブの看板であれ，詩であれ，テクストに特別な意味の層を 1 つ加えることになる。

その曠野で
もしあまり近づかなければ，あまり近づかなければ，
夏の真夜中，きみの耳に
幽かな笛と小さな太鼓が響き
人びとが篝火のまわりを踊るのが見える。
男と女，親しく交わりて舞踏す（daunsinge = dancing），
そは婚姻（matrimonie = matrimony）の象徴－
厳粛にして有用なる秘蹟。
二人ずつの結びつき（coniunction = conjunction），他に形あるべしとも思われず（necessarye = necessary），
互いに（eache other = each other）手を取り腕組み合って
和合（concorde=concord）を表す（betokeneth=betokens）。・・・

（T. S. エリオット（T. S. Eliot）「イースト・コウカー（'East Coker'）」，1944.

〔【訳注】翻訳は岩崎宗治訳『四つの四重奏』（岩波書店，2011）による。〕

（巻末 p.536 に原文を掲載）

〔【訳注】写真のパブの看板は，Ye Olde Whyte Swanne（懐かしき白きスワン）と書かれている。現代つづりの（The）Old White Swan という看板もよく見られる。*OED* によれば，ye olde は形容詞として，古風な感じを出すために特に商業上の用法で用いられる。〕

クリシェ

クリシェには，言葉の断片が一見死にかけているようでありながら死ねずにいる様子を見て取ることができる。クリシェとは，ある表現が，情報を伝達するという役割がなくなった後まで生き残るときに，生まれるものである。古風な表現（p.197）が消えていく場合のように使われないから死んで行くのではなく，使われ過ぎるために死んで行くのである。at this moment in time（今）やevery Tom, Dick, and Harry（誰もが）といった句は，あまりにも多く使われるようになったために，情報を伝え，活気を添え，意味する力を失った，と言われている。ありふれた，陳腐化した表現になったのである。それでも，これらを使うことに対する不平や批判があるにもかかわらず人びとが使い続けるので，このような表現はある種の生ける屍として生き残っている。事実上，語彙的なゾンビとなっているのである。

クリシェはなぜそこまで酷評されるのだろうか。批評家の見解によれば，それは，クリシェを使う人こそがゾンビと呼ぶべきものだからである。意味がほとんど空洞化した表現を使うということは，その人が新鮮な，明快な，注意深い，あるいは正確な話し方をするように気をつけることができない人，あるいはおそらく明快さや正確さを避けようとする人だということを意味する。つまり，これらの人は，よくて怠け者であるか想像力が欠落しているのであり，悪くすれば不注意で欺瞞的である，ということになる。学識を示すようなクリシェについて言えば，それを使う人はおそらく聞き手に強い印象を与えることで目立ちたがっている人でもあるだろう。

しかし，（以下にリストするような）クリシェとされる表現の多くには価値があるとして，クリシェを擁護する人もいる。実際，クリシェの価値は，まさに批判する人びとの非難の対象となっていることを表現する力にある。少し怠慢になったり型にはまった思考をしたりしたいようなとき，何か正確なことを言うのを避けたいとき，そういうときにはクリシェこそが必要なのである。そして，そんな風にしたいと思うのは，よくあることである。絶えずはつらつとして想像力をたくましくしていることはできない。人生には，往々にして，真剣な会話が難しすぎるように思えたり，活発過ぎるように思えたりして，感謝しながらクリシェに頼ってしまうような場合がある。クリシェによって，会話のぎこちない空白を埋めることができるし，できれば交わしたくないと思う会話があることも否めない。そのような場合に，クリシェは語彙における素晴らしい救命胴衣のような働きをしてくれる。街中で互いに気づいたけれども立ち止まるほどの時間がないときに，すれ違いざまに交わす一言，列車で乗り合わせた見知らぬ者同士の，人目を意識して交わす丁寧な言葉，カクテルパーティでやむを得ず交わす会話，葬儀の後のひどく陳腐な決まり文句，そういった状況がクリシェに存在意義を与える場となる。

話し手や書き手から，このようなこと以上のものを期待する場合には，クリシェに満足する人は誰もいないだろう。政治家が直接的な質問にクリシェで答えるとすれば，攻撃されたり皮肉られたりすることになるだろう。学生が先生の質問にクリシェで答えて，うまくその場をやり過ごせるというようなことは，おそらくないだろう。同様に，クリシェ

手短に言えば

思い切って言わせて（venture an opinion）いただくなら，とどのつまりは（when all is said and done），この問題について，私が，本人自身で（as large as life），紛れもなく本人自身で（twice as natural），人をどやしつけて（come down like a ton of bricks），些細なことを大げさに言う（make a mountain out of a molehill）べきだと言うなどということは，私には似合わない（ill become me）だろう。太古の昔から（from time immemorial），実際には（in point of fact）真の目的は（the object of the exercise），疑いもなく（as sure as eggs are eggs），いの一番に（first and foremost），恐れずに難局に当たり（take the bull by the horns），明瞭に（loud and clear）はっきり説明する（spell it out）ことである。結局のところ（at the end of the day），真の要点は（the point of the exercise）ありのままに言う（tell it like it is）こと，率直に言う（lay it on the line）こと，忌憚なく言う（put it on the table）こと，つまり手短に（in a nutshell）言えば，爆弾発言をし（drop a bombshell），核心にはいる（get down to the nitty-gritty），つまり要点（the bottom line）を述べることである。公平に（without fear or favour）正直に申し上げて，私はできるだけの手を尽くした（left no stone unturned）し，しっかりコツコツ働いた（kept my nose firmly to the grindstone）し，一切合財（lock stock and barrel）完全に（hook line and sinker）自分の本分を守った（stuck to my last）のです。これは，遠まわしに言う（beat about the bush）わけでも，計画を台なしにする（upset the apple-cart）わけでもなく，嵐の前の静けさ（the calm before the storm）にゴーサインを出し（give the green light），図星を指して（hit the nail on the head），辛い状況に敢然と立ち向かい（bite the bullet），したがってちょっとした挑発ですぐに（at the drop of a hat）敗北の窮地（the jaws of defeat）から勝利を勝ち取ることなのです。

これでおしまい（That's it）。これを受けるかどうかは，そちらの勝手（Take it or leave it）。うまく行かなくてもあなたのせい（On your own head be it）。楽しいことは必ず終わる（All good things must come to an end）。もうおいとましなければ（I must love you and leave you）。本気ですとも（I kid you not）。何かあればこちらから連絡しますので，電話はなさらないでください（Don't call us, we'll call you）［【訳者注】就職面接で婉曲な断りの決まり文句］。本気で言ってるんですよ（I don't mean maybe）。

正しいでしょう？（Am I right or am I right?）

わけも理由もない

以下は，すべて出版された語法マニュアルの「クリシェ」のリストから取り上げた項目である。一見して明らかなことは，このようなリストは大きく異なる種類の表現をひとまとめにしているということである。これらがすべてクリシェであるということに誰もが同意するかどうかは疑わしいし，仮に同意したとしてもどの項目が最も罪が重いかということに同意があるとは考えにくい。

to add insult to injury（人を傷つけた上に侮辱する）
much of a muchness（大同小異）
a blessing in disguise（姿を変えた祝福（不幸に見えて実はありがたいもの））
to leave no stone unturned（できるだけの手をつくす）
dead as a doornail（すっかり死んだ（廃れた））
like a bat out of hell（猛スピードで）
she who must be obeyed（従わなければならない彼女）
twelve good men and true（12人のりっぱな男たち（判事））
c'est la vie（それが人生さ）
sick as a parrot（がっくりきて）
I tell a lie（もとい（言い間違いを訂正する際の決まり文句））
in this day and age（今は）
warts and all（ありのまま）
a memory like a sieve（ざるのような頭だ）
the fair sex（美しき性（＝女性））
be that as it may（それはともあれ）
from time immemorial（太古の昔から）
it takes all sorts（十人十色）

語法にかんする本の扱いが恣意的であることは，容易に示すことができる。例えば，ある語法の本では，以下にあげるリストの前半は有用なイディオム表現であるとされ，リストの後半はクリシェであると述べられている。（リーダーズ・ダイジェスト（*Readers' Digest*）1985，『正しい語の正しい使い方（*The Right Word at the Right Time*）』より。）

a bone of contention（争いの種）
the old school tie（学閥のつながり）
in the heat of the moment（かっとしたはずみに）
a house of cards（おぼつかない計画）
to take someone down a peg or two（人の鼻っ柱を折る）
a wild-goose chase（雲をつかむような探求）

the burden of proof（立証責任）
the happy couple（新婚さん）
in no uncertain terms（きっぱりと）
a tissue of lies（うその塊）
to throw the book at someone（人を厳しく罰する）
a last-ditch attempt（死力を尽くした試み）

変われば変わるほど，根っこは同じ（Plus ça change, plus c'est la même chose.）。ご理解いただけるだろうか。

ばかりの詩やエッセイ，ラジオのトークなどに出会ったら，私たちは不満を述べることになる。しかし，すべてのクリシェを一律に糾弾することは，考えもせずにクリシェを受け入れるのと同じくらい意味のないことである。

クリシェについて柔軟なとらえ方をする必要があるという考え方は，ウォルター・レッドファーン（Walter Redfern）の『クリシェと造語（*Clichés and Coinages*）』（1989）のあちこちに見られる引用句のコラージュによって，いっそう強い説得力をもつようになる。同書では，クリシェは「悪いものであり，必須のものであり，時にはよいものでもある」と論じられている。クリシェは，一方では「居心地のよい」ものであり，「心のBGM」であり，「省力化の仕組み」であり，「最も抵抗のない一言」である。他方では，クリシェは「何も考えられない状態を終わらせる」ものであり，「社会的な潤滑油の働き」をし，「言葉の切れ目をふさぐ」ものであり，「有用な詰め物」である。しかし，好むと好まざるとにかかわらず，1つのことだけは確実である。「クリシェは非常に伝染しやすいものであり，免疫をもつ方法として知られているのは，おそらく黙っていること以外にはない。そして，黙っていたとしても，実は感染を隠しているだけである。」

語は休みはしない

この表現は，ディラン・トマス（Dylan Thomas）からの引用である――あるいは，少なくとも，トマスの最後の病をドラマ化したテレビ番組からの引用である――そして，本書のII部を終える墓碑銘として有効に働くだろう。レキシコンについてこれ以外に私たちが何を言おうと，また，単位について（**語**，**語彙素**，**語彙項目**，**イディオム**など）どんな呼び名を与えようと，レキシコンというのは最も体系化や制御がしにくい領域である。その大きさや範囲，そして多様性は，魅力であると同時に障害物でもある。レキシコンは，言語を作り上げる形式と構造の中で最も大きな部分を構成するものである。そのため，このII部は，必然的に，この百科事典の中でも最も大きなものになっている。

語は休みはしない。放っておいたとしても，休みはしない。というのも，語彙は，誰かがその責任を負うということもなく，育ち，変化し，死んでいくものであるから。レキシコン担当大臣などというものは存在しないし，言語に責任を負うアカデミーのある国であっても，学者や政治家，衒学者などの見解を平然と無視し，語彙が支配する（「河岸で（au Quai）」（p.193）のように）｛【訳注】p.193のX rules, OKという形の落書きをもじっている。同ページ図版の訳注も参照されたい｝。レキシコンは，ことばの最も無政府的な領域である。

しかし，私たちは語を放っておいたりはしない。安らかに眠らせることすらしない。例えば熱心なアングロ・サクソン主義者（p.135）のように言葉の復活信者というべき人びとがおり，何世紀もの間死んでいた語を生き返らせようとする。霊魂再来説を信じる人びともおり，以前に存在していた語を掘り起こし，その語が自分の時代の日常に影響を与えるようにする人びともいる（p.135）。革命主義者もいて，現在の語彙の世界を変えようとするが，それすら遅すぎる（pp.188-9）。蘇生をさせる人がいて，過去の語法を維持すべきだと訴えて出版物の読者投稿欄を攻め立てる。救い主というべき人びともいて，すべての語を救うことができると考える。さらに応報があるべきだと考える人もいて，語の中には絞首刑では甘すぎるものがあると考える。また，善意の人びとの中には，語の安楽死を政府が合法化すべきだと考える人もいる。

最後に，言語の過去帳を作る人びともいて，レキシコンをどのように論じるにせよ，その最期の言葉は彼らに語らせるべきだろう。これらの人びとは，最期の言葉はほかの引用句がもつことは到底できないような魅力をもつものだと考えて，収集し熟読する。最期の言葉は，悲哀やユーモア，皮肉，喜び，困惑，悲しみ，といったもの，まさに人間のあらゆる感情の源泉である。このような最期の言葉は，II部のレキシコンについての論考を締めくくるにふさわしいものである。

コラム「語彙に関わる幽霊譚」を巻末p.536に掲載

最期の言葉

何もかも，とても面白かった。（メアリー・ウォートリー・モンタギュー（Mary Wortley Montagu），1762）｛【訳注】イギリスの貴族出身の著述家｝

新しい世紀が始まって，まだ私が生きていたなら，もう英国人はそれに耐えられなかっただろう。私は，生きてきたのと同じように死んでいく――身分不相応に。（オスカー・ワイルド（Oscar Wilde），1900）

ウィスキーを18杯ストレートで飲んだ。これは新記録だ。39年間生きてきて，これだけのことしかできなかった。（ディラン・トマス（Dylan Thomas），1953）

世の中をよりよくせよ。（ルーシー・ストーン（Lucy Stone）婦人参政権論者，1893）

私は今，アイネ・クライネ小休止を取るところだ。（キャスリーン・フェリアー（Kathleen Ferrier），1953）。｛【訳注】英国のコントラルト歌手｝

よせよ，出て行け。最期の言葉などというものは，それまで十分に言ってこなかった愚か者のためのものだ。（カール・マルクス（Karl Marx），1883）

誰も理解しないのか。（ジェームズ・ジョイス（James Joyce），1941）

総じて，どちらかといえばフィラデルフィアにいたい。（W. C. フィールズ（W. C. Fields），1946）｛【訳注】米国のエンターテイナー｝

あとは，沈黙。（ハムレット（Hamlet））｛【訳者注】翻訳は小田島雄志訳，白水社，1977による｝

もしこれが死ぬということなら，大したことではないな。（リットン・ストレイチー（Lytton Strachey），1932）｛【訳注】英国の伝記作家｝

私は，もうすぐ（am about to），あるいは今にも（am going to），死のうとしている。どちらの表現も使える。（ドミニク・ブウール（Dominique Bouhours），文法家，1702）

（J. グリーン（J. Green），1979より）

4. "He has a fascination for
should be "Railways have
him" "He is fascinated by

5. "If the rescuers had co
may have been saved".
have been saved".

6. "End result" - what's
"result"?

7. "Negotiating table" -
table into it every ti
without a table?

8. "Never ever". We use
or was that in Never

9. "He was jeered" for
Daily Telegraph, no
this one.

I hope I have not g
not a teacher, by the w
world, but all the abov
temperature of my blood
boiling point.

---

less
Split

17 CASTLEBAR ROAD
EALING, LONDON W5 2DL
TEL. 01-~~997 6060~~ 991 2744

19:2:88

English Now.

Pet hate – less for FEWER –
"less buses"
people
etc
etc

and one battle long-since lost
SPLIT INFINITIVES.

WOODLAND recycled paper

81, Montpellier Terrace,
Cheltenham,
Glos. GL50 1XA
26th Feb. 1988

...vid Crystal, Esq.,

...ear Sir,

Help! What is this modern craze for prefixing the word "missing" with "gone"? One hears it continually on T.V. and radio! Surely someone "is missing" – "gone missing" is tautology?

...e use of all short, simple words in favour of
...ger, pompousesounding ones -words, in fact, th
...ple do not usually use in talking to each othe
Some examples:

...stance		
...ire	instead of	help
...vour	" "	need
...ate	" "	try
...lternatively	" "	show,or s
(words!)		
...nsequently	" "	or
(words!)		
...ild (ugh!)	" "	so
	" "	idea
...e	" "	have
...y of	" "	move
...ntly	" "	most
...nt,		after, the
...n	" "	
	" "	work, job
		time

WORDSWORTH CRESCEN...
HARROGATE
NORTH YORKSHIRE

...GLISH NOW' REQUEST FOR CONTRIBUTIONS
...ESDAY 18TH FEBRUARY 1988

...sage which makes my blood ... is that of the word "CONVINCING" as used by sports commentators.
For instance – "He played convincingly" or "HE scored a convincing goal".
What on earth does this mean?

15th Feb 1988.

Dear David Crystal,

You will see from my address that I am BASED about fifty KilOMMETERS from London. BASICALLY my wife SORT OF told me about your programme and I understand you have GIVEN THE GO AHEAD to listeners to write in about what they find most HORRENDOUS about spoken English on the TRANNY or the BOX.

Preye-merrily I've become increasingly concerned that English is AT RISK but UP UNTIL now have refrained from writing to you about it. Perhaps the deterioration is no DIFFERENT TO what it was in the past but spoken English does seem to be in an increasingly TEMPO RARE ILY VUNNERABLE (sic) SITUATION – one hopes only HIGH RANKING official who will be able to SORT OUT such conTROVersy before it ESCALATES. HOPEFULLY one's comments may reach some

HAVING SAID THAT IN THE FINAL ANALYSIS AND AT THE END OF THE DAY, THAT'S WHAT IT'S ALL ABOUT!

...I. General.

She lives in the central area-r of th...
He works in the area-r of horses. (W...
I enjoyed a soprano aria-r in the St...
There was an armada-r of ships in Ma...
I felt a sense of awe-r and wonder.
The electric cinema-r in London sta...
A Cortina-r or some car like it.
He has good data-r about X-Rays.
The drama-r of deteriorating homes...
You ... listen to Drama-r on R...

---

18. 2...

ENGLISH NOW
Thurs. 11.50 am LW

... It makes my blood boil — to hear read LESS when it should be FEWER.

London, ...

Dear Sirs

I would appreciate your views about why so many eminent authorities of English, who must know better, should gravitate so abjectly to the regrettable tendency that if enough idiots say something wrong it becomes right; instead of endeavouring to educate ...se same idiots into some appreciation ...he beauty found by using the many ...des of meaning in our very versatile ...guage.

...", which
...ion for
...
...his life
... might
...mply

7. "Negotiating table" - Why bring that wretched table into it every time? Can no-one negotiate without a table?
8. "Never ever". We used to say "Never, never", or was that in Never Ever Land?
9. "He was jeered" for "He was jeered at". The Daily Telegraph, no less, often perpetrates this one.

I hope I have not given you too many. I am ...t a teacher, by the way, or in the academic ...rld, but all the above solecisms raise the ...mperature of my blood, though not, perhaps, to ...iling point.

The Presenter,
"English Now,"
Radio 4.

Dear Sir,

A few weeks ago, on "English Now," you asked listeners what it was in English usage which particularly irritated them. I should like to reply!

1) The worst offender is the habitual use of "hopefully", which should be an adverb meaning "in a hopeful manner" and instead is used wrongly by 99% of broadcasters to mean "I hope", "it is hoped" etc. How can "hopefully" possibly be better than "I hope"? Its use is particularly bad when used in a sentence like. "Hopefully, this will not always happen...." (How can 'this' be 'hopeful'?) Is there no possibility that this idiotic mis-use of a word can be stopped?

2) Another irritation is a matter of pronunciation; the use of "thi sevening" instead of "this evening". I know that some slight liaison cannot be avoided between the two words, but you must be aware that every broadcaster now actually emphasises it to such an extent that it is deliberately pronounced as "sevening". Weather forecasters seemed to lead the field here!

3) More generally, I long for a return to some good old-fashioned four-letter words on the media! Have no fear, I don't mean those words, but broadcasters invariably now seem to believe that they must avoid

---

21st February, 1988

Mr. David Crystal,
English Now,
BBC London,
W1A 1AA

Dear Mr. Crystal,

I welcome the return of your series.

You asked for examples of bad English that "make our blood boil". I should like to oblige with the following:

1. Pleonastic use of the subordinating conjunction "that" after a parenthesis, e.g., "He said that, if it was raining, that he would not go". This locution is frequently heard now, even from educated people, but to my knowledge no-one has drawn attention to it.
2. Phrases like "... unfair to we old people". Mind you, I have heard the speaker make up for it by saying in the very next sentence "Us old people don't like it"!
3. Sentences using the perfect infinitive where the present one would be correct, e.g., "He would have liked to have done it" for "He would have liked to do it" (or, with a slightly different meaning, "He would like to have done it").

英文法

文法が言語研究において中心的な役割を演じていることは，現代言語学では，1つの揺るぎない信念となっている。だが文法の地位は，神聖化された言語学の館の外では，ここ数十年の間議論の的となっている。振り子が一方の極から他方の極へと劇的に揺れ動いたのである——文法の知識が人間の教育にとって不可欠な要素であるという地位にほとんどの人が疑問を差しはさまなかった時代から，それをほとんどの人が擁護しようとしない時代へと大きく変化したのだ。昨今では，反対の方向へ，すなわち再び一般教育における文法の重要性を認める立場へと，明確なしかし先行きがつかめない動きが見られる。振り子が向かおうとする立場は，だが，それが前例のない動きを開始した 1950 年代に見られた立場とは明らかに同じではない。

こうしたわけで，III 部は史的な傾向をもっている。まず，人びとが文法研究について抱いているさまざまな考え方や態度の説明から始め，「文法を知っている」と「文法について知っている」に重要な区別を設ける。その後，伝統文法——ほぼ 200 年の間文法研究を支配していたのだが——に関して説明し，規範文法のいくつかの主要な慣習について論考する。これは，現代の潮流についての考察へ，さらに古代と現代の文法への接近法の相違についての考察へと通じていく。

III 部の残りの部分は，英文法の主要領域の体系的な紹介に当てられる。まず第 14 章では，語の構造の研究である形態論から始める。特に，文法的な関係を表すのに役割を果たすさまざまな語尾に注意を向ける。第 15 章では，語類（あるいは品詞）という重要な概念を取り上げ，それらのうち英語で最も重要なもの，およびそれほど重要でないものを絞っていく。最後に，III 部の最大の章である第 16 章では，文構造の研究である統語論の主だった側面について説明する。統語論は非常に膨大な領域なのでこのような本で包括的に扱うことはできないが，同章ではさまざまな基本的統語概念について体系的に見て，自然に発せられるくだけた会話から定評のある文学作品に至るまで，いろいろな用法の領域から，それらの統語概念を具体的に例示していく。

◀ BBC ラジオ 4 のシリーズ「イングリッシュ・ナウ」（詳しくは p.206 を見よ）に聴取者から寄せられた英文法に関する数千通の手紙の一部。

13 文法神話

さらなる情報源：
cambridge.org/crystal

文法研究は，古代ギリシャ人，ローマ人，インド人の時代までさかのぼり，初期の時代から，識者や賢者の関心をひきつけてきた。その結果，文法研究は，神聖で学術的でいくぶん神秘的な雰囲気を帯びるようになってきた。一般大衆には，文法は難しく，日常生活からかけ離れた存在であった。もっぱら怪しげな人々（「文法家」）によって研究が進められており，その技法や用語を修得するには長い修練が必要とされた。時が経つにつれて，それに関連した神話（俗伝）が生まれ，今日では広く深く根づいている。多くの人々が，文法の落第者と思い込んだり，文法など忘れてしまったと言ったり，そもそも文法を知っていることを拒んだりする。実際には，いずれの場合も，こうしたことを言うのにきちんと文法を用いているのである。文法に関する基本的なところは，大変重要であり，とても単純であるのだから，こうした誤解は非常に残念だ。

意味をなすということ

文法に関する基本的なところとは，もっぱら，意味をなすことと関係している。ことばの基本的な目的は，意味をなすこと，つまり理解可能なように伝達することである。しかしこれをしようとすれば，1 つのコミュニケーションの体系を共有し合わなければならない。もし一方の人が日本語を使いもう一方の人がアラビア語を使うとか，一方の人はモールス信号しか知らず他方の人は手旗信号しか知らなければ，伝達ができない。コミュニケーション体系の働き方を制御している規則が，その体系の文法とされているものであり，送り手と受け手がお互いに理解しようとするならば同じ文法を用いなければならない。文法がなければ，効果的なコミュニケーションなどありえない。それだけのことである。

このことは，英語の語彙にちょっと浸って，文法なしで済ませようとしてみれば，わかるだろう。レキシコンについてはⅡ部で詳しく見た。レキシコンは数十万の語を含んでおり，英語の最も際立った側面である。しかしながら文法がなければ，この注目すべき資源の価値も，ほとんど無価値になってしまうほど限られてしまう。「意味をなす」ということは語彙の問題だ――つまり，意味はレキシコンにあるのだ，と思うかもしれない。これは確かに，辞書を使い「意味を探す」ときにつねに陥ってしまううかつな印象である。しかしながら，レキシコンが提供することといったら，語の意味の潜在力――その語の意味論的可能性（p.128）――のちょっとした感じくらいである。この潜在力を引き出すには，文法を加える必要がある。辞書ではこれを，定義や引用を通じて遠慮がちに行っている（p.166）。辞書を使うときには，常時，気づかぬうちに文法の助けを受けているのである。

「～を知っている」と「～について知っている」

「文法を知っている」と「文法について知っている」との混同が多くの神話を生む原因となっている。これらの「知っている」には，まったく違った種類の知識が関わっている。

- もし読者がこの頁のここまで読み進み，これまで読んできたことを理解できているならば，英語の文法「を知っている」に違いない。私が言うことに同意されないかもしれないし，私の言い方が気に入らないかもしれないが，間違いなく私が言ったことがどういうことであるかを解釈できているのである。この意味での文法を知っているということは，我々が

単純性神話

この広告（制作した会社名は削除済み）は，数年前に海外新聞の日曜版に載ったものである。言語に関する最も広く行きわたっている神話――文法は書くときには必要だが，話すときには不要である――を表している。

「英語は，…きわめて単純で柔軟な文法をもっている」と『英語物語（*The Story of English*）』（同書 47 頁）の著者が書いている。この本は BBC の連続テレビ番組にもとづいたものであり，1980 年代にベストセラーにもなった。こうした言説は，言語の複雑さを語尾の接辞の数で決めようとする人によって採られている――ラテン語の影響が英文法に残した不幸な遺産である（p.204）。真実は，『英語文法総覧（*A Comprehensive Grammar of the English Language* ）』（1985）に使われている紙の重さが 3kg にもなるという事実に見ることができる。英文法の上級レベルを学ぶのに数年間も費やした非英語母語話者ならば，英文法が「単純である」などという見解には決して同感しないだろう。（柔軟性は別の問題である。p.245 を参照。）

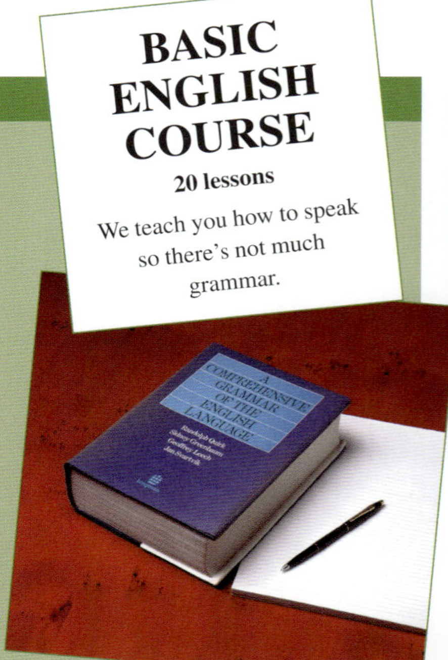

BASIC
ENGLISH
COURSE
20 lessons
We teach you how to speak
so there's not much
grammar.
A COMPREHENSIVE GRAMMAR OF THE ENGLISH LANGUAGE

どのような語でもいいから 1 語を取り上げてみよ

もし意味がもっぱら語にあるとするならば，次の発話を容易に理解できるはずである。

Table.

問題は，もちろんのこと，膨大な数の可能性が思い浮かぶことである。話し手は，次のうちのいずれか――この語の意味のほんの数例にすぎないが――を意図していたかもしれない。

- 1 つの家具
- 数値の配列（つまり表）
- 一座（テーブルを囲む人々）
- 食事の機会
- 交渉の席

いずれであるかを推測せよというのは公平ではない，と言われるであろう。なんらかの文脈が与えられなければ，どの意味が意図されていたかを言うことはできない。そこで，「語を文脈に置いて下さい」と言い，次のように続けるかもしれない。「そうすれば，どの意味が意図されているか言えます。」しかし，語を言語的文脈に置くということは，語を文の中に置くということであり，語を文の中に置くということは，文法の助けを借りるということである。

- 机の脚が壊れている。
- この表は縦に 3 列ある。
- 毎週ブリッジ用の机を組み立てる。
- 食事の席で話し合おう。
- 和解の席（机）に着いた。

これに類する問題が，たとえ（左欄のリストの）1 番目の意味に限定されたとしても，生じてくる。机という語の意味が「1 つの家具」であるとしても，依然としてどのようなことについて話しているのか明らかではない。この発話は，単に机であることを言っているのか，それともそれに何かが起こったと言っているのか，それともそこに何かを置くように頼んでいるのだろうか。膨大な数の可能性があり，ここでも文脈（文の中）に置くことによってのみ，次のいずれを意味しているのかが明らかになる。

- 机が見える。
- 机が壊れている。
- ペンキは机の上に。
- 議案を提出する（to table）つもりだ。

{【訳注】動詞 table の意味「提出する」は，名詞「1 つの家具（table）」から動詞「机に置く」へ品詞転換し，それがさらに意味拡大したもの。}

こうした発話の例から，問題が明らかになったことであろう。語を文の中に置き，文法の助けを借りて，ようやく意味をなしてくるのである。

小さな子どもだった時にほとんど意識的な努力なしに発達した技能である。大人として，我々はいくつかの語を正しい順番で並べたり，正しい語尾をつけたりすることができるようになっている。さらに，ある種の間違いに気づくことができ，それをどのように訂正するかも知っている。もし sentence the am writing I now という語の連続が大きな間違いを含んでいるならば，すぐにでもそれらの間違いに気づくことであろう。こうした文の問題点を診断できるのは，（少なくとも，それができる程度）に「英文法を知っている」からに違いない。

- こうしたことはいずれも無意識的な作業である。これとは対照的に，英文法「について知っている」ということは，意識的で，内省的な作業である。つまり，我々が文を作る時にどのようにすれば正しい文が作れるかについて語る——すなわち，規則が何であるかを述べ，それを適用し損ねるとどんな結果になるかを記述する——ことができるということである。前の段落で見た文の間違いを指摘することはそれほど難しくないが，間違いが何であり，どの規則が破られているかを適切に述べることは，じつに難しい。もし（「語順」とか「名詞」「定冠詞」のような用語を用いて）間違いを指摘したり規則を述べたりすることができるのであれば，（少なくとも，そうすることができる程度に）「英語の文法について知っている」ということになる。

英語の流ちょうな母語話者が，自分たちは文法「を知らない」とか，外国人の方が自分たちよりも英語のことをうまく語れる，としばしば言うことがある。こんなことを言うのは，一見ばかげているように思われるかもしれないが，上述の区別を用いれば納得がいく。間違いなく，母語話者よりも自信をもって英語について語ることができる外国人がたくさんいる。というのは，外国人学習者は通常英語についての知識を意識的な方法で身につけるからである。また次の点も事実である。多くの母語話者が自分たちの文法的知識をほとんどいやまったく記述することができない。というのは，そのようにすることを教えられてこなかったためであるか，あるいは，こうした作業の潜在的な魅力が貧弱な教授法によって押し殺されてしまったからである。話者の文法「についての知識」を発展させるための，やる気を引き起こしかつ成果を上げるような方法を探ることは，長年にわたって教育的な探究課題であった。そして，その探究は現代の教育的言語学の重要な目標であり続けている。

「ええ，メアリー・アン，何ですか？」

19世紀初頭の英国の学校では文法の伝統が威力をもっていたが（p.205），チャールズ・ディケンズ(Charles Dickens)は文法の伝統を皮肉る機会を見つけると，少しも容赦しなかった。例えば『骨董屋(*The Old Curiosity Shop*)』（1840-1，第29章）の中で，ジャーリー夫人が全寮制学校の女生徒たちを彼女の蝋人形展示場に引き寄せようとする努力の様子を描いているが，「道化としてのグリマルディ(Joseph Grimaldi)〔【訳注】1800年代初頭に，パントマイムの道化役を好演した英国のエンターテイナー。〕の顔と衣装を変え，英文法の編纂に没頭している時のリンドリー・マリー(Lindley Murray)［p.83］に扮装させて」いる。

『互いの友（*Our Mutual Friend*)』（1864-5，2巻，第1章）では，長いやり取りの例をあげて，規範文法家が日常の表現の中に誤謬を見つけ出そうとするやり方を皮肉ろうとしている。学校の先生のピーチャー女史が，チャーリー・ヘクサムと，ひそかに思いを寄せているヘドストーン氏とに話しかけているところだった。彼らがいなくなると，彼女のお気に入りの生徒のメアリー・アンが何か言おうとしていた。

アンは，生徒として，教室での習慣——すなわち，ピーチャー先生に伝えるべき身近の観察に気づくといつでも，辻馬車や乗合馬車を止めるときのように腕を一杯に差し出す習慣——にすっかり染まっていたので，先生との内々の関係でもそのようにしていた。そして，今もそうしたのだった。

「ええ，メアリー・アン。何ですか？」と，ピーチャー先生。

「よろしければ，先生。ヘクサムさんは，彼ら（they）が彼の妹さんに会いに行くと言っていました。」

「でも，そんなことはありえないと思いますよ。」とピーチャー先生が答える。「なぜならば，ヘドストーンさんの方はあの人に用事などないはずです。」

メアリー・アンがもう一度呼びかけると，「メアリー・アン。何ですか？」「よろしければ，先生，おそらくヘクサムさんの方に用事があるのではないでしょうか？」

「そうかもしれません。」とピーチャー先生。「あのこと（ヘドストーンがあの人に会うこと）は考えてもみませんでした。そうであれば，何の問題もありません。」

メアリー・アンがまた呼び掛ける。「メアリー・アン，何ですか？」「彼ら（they）は，彼女がとても素敵だと言っていました。」「あら，メアリー・アン，メアリー・アン」と，ピーチャー先生は顔を赤らめ，いくぶん不機嫌そうに頭を振りながら答えた。「そんな曖昧な表現（they）を使ってはいけない，漠然とした言い方をしてはいけないと，何度言ったらわかるんでしょう。they という時どういうことを意味するのですか？they の品詞は？」

メアリー・アンは，試験を受けているかのように，体の後ろで右腕を左腕に掛け，次のように答えた。「人称代名詞」「they の人称は？」「3人称」

「では they の数は？」「複数」

「では，メアリー・アン，幾人ということですか？ 2人？あるいは，もっと多く？」

「すいません，先生。」その答えを考え始めると，少しまごついた。「彼女のお兄さん以外にもっと多くの人も意味することには，気づきませんでした。」と言いながら，腕をほどいた。ピーチャー先生は，微笑みながら「間違いなくそうだったと思いますよ。」と応じた。「お願い，メアリー・アン，次の時には注意してね。彼(he)と彼ら(they)とは違うのよ。ちゃんと覚えておいてね。彼が言うというのと彼らが言うというのとの違いは？ 説明して。」

メアリー・アンは直ちに体の後ろで右腕を左腕に掛けて——この場面ではきわめて適切な態度であった——答えた。「一方は，直説法，現在時制，3人称単数，動詞 say の能動形。他方は，直説法，現在時制，3人称複数，動詞 say の能動形。」

「メアリー・アン，どうして動詞は能動形なの？」「なぜならば，その後ろの代名詞が目的格になるからです，ピーチャー先生。」

「大変よくできました。」とピーチャー先生は励ますように言った。「これ以上ないっていうくらい完璧よ。メアリー・アン，次の時にも忘れずにそのように答えてね。」

なぜ文法を学ぶのか？

- なぜならばそこにあるから。人びとは，自分が住んでいる世界につねづね興味を抱いており，それを理解したがり，（山と同じように）それを征服したがる。文法は，この点で，知識のほかの領域と少しも変わらない。
- しかし山以上に，ことばは，我々が人間として行うほとんどすべてのことに深く関わっている。我々はことばなしでは生きていけない。我々の生活の言語的広がりを理解するならば，大変な偉業であることがわかる。そして文法は，ことばを組織化する基本的な原理である。
- 我々の文法能力はずば抜けたものである。恐らく我々がもっている最も創造的な能力であろう。我々が話したり書いたりできることに上限がない。にもかかわらず，その可能性のすべてが有限数の規則によって制御されている。どのようにしてこうしたことができるのだろうか？
- とはいうものの，我々のことばは我々を失望させることがある。話しことばでも書きことばでも，我々はしばしば曖昧さ，不正確さ，理解不能を経験する。こうした問題に対処するには，文法を詳細に調べ，何がまずかったのかを明らかにしなければならない。これがとりわけ重要になるのは，子どもがことばを学ぶ際に，その言語社会の教養ある大人たちによって用いられている規範を手本としようとする場合である。
- 英文法について学ぶことは，ほかの言語を学ぶうえでの基礎となる。英語を学ぶのに必要な道具立ては，言語全般についても有用であることが分かる。ほかの言語にも，節，時制，形容詞などが存在する。自分たちの母語に特有であることをまず把握しておくならば，ほかの言語との相違がいっそうはっきりしてくることであろう。
- 文法を学んだあとでは，自分たちの母語の強み，柔軟性，多様性にいっそう注意深くなるであろうし，より適切に，それを用いたり，ほかの人のその使用を評価したりすることができるようになるであろう。だが，その結果として，我々の言葉の使用が実際に向上するかどうかは，あまり予想できない。われわれの意識は向上するに違いないが，その意識をよりよい実践——つまり，より効果的に話したり書いたりすることによる実践——に変えるには，また別の一連の技能が必要となる。自動車整備の教習を受けたとしても，相変わらず不注意に運転することもありうるのだ。

伝統文法

英文法の研究は，それなりに神話学の雰囲気があるのかもしれないが（p.202），多くの人には，神話とは明らかに関係のない，子どもの頃の英文法との窮屈な遭遇という不幸な記憶が蘇ってくる。「退屈な」「無味乾燥な」「納得いかない」「無意味な」などの形容詞が，文法への批判的な表現としてよく用いられる。2000 年代に入って英文法と新鮮な出会いをし，文法研究を促す肯定的な理由に思いを寄せている人たち（p.203）は，こうした姿勢に当惑させられるかもしれない。だが，不評への説明の 1 つとして，18 世紀中葉に発達した言語研究のアプローチ（p.82）に原因を求めることができるかもしれない。そのアプローチは，のちに**伝統的**英文法と呼ばれるようになり，初めて影響力のある一時代を築いたのである。

伝統文法が意味しているところの伝統は，19 世紀に入って急速に広がり，1960 年代になってもなお色濃く顕在していた。1,000 種をゆうに超すこうした文法書が英語使用圏で出版され，それらの多くが何十もの版を重ねている。例えば，英国人著者の J. C. ネスフィールド（John Collinson Nesfield）は英文法と英作文のシリーズで大いに成功を収め，1898 年には『英文法：過去と現在（*English Grammar: Past and Present*）』を出版した。同書は，1961 年に依然として 25 版で売れ続けていた。その伝統は今も絶えることがない。2000 年代になっても，古い文法書の新しい版が出版され続けている。ただし，今日では，その内容を隠すかのように見かけのよい鮮やかな現代風の活字でもって印刷されている。

顕著な特徴

伝統文法時代の次の 2 つの顕著な特徴によって，人びとが文法の主題について語ると出てくるであろう否定的な反応の大部分が，説明される。

• 伝統文法は，英語の特定の文体――特に優れた弁士や作家によって使われていたかなり形式ばった言葉――のみが研究に値すると主張していた。分析あるいは解説のために選ばれた文章の用例は，通常文学書や宗教書，学術書などの出典から採られており，典型的に学者風であったり気取ったものであったりした。日常的なくだけた言葉は，ある時は無視され，ある時は誤りと批難された。そのために，大多数の子どもたちが普段使ったり周囲で耳にしたりする言葉が，文法の授業の中で積極的に強化されるということにはならかった。多くの子どもたちにとって，したがって，文法は自分たちには縁遠い非現実的なものとなった。

• 伝統英文法は，また，問題を極度に難解な方法で扱い，文法的な型（きまり）をラテン語文法に由来する分析上の道具立てでもって記述した。その技法はさまざまな用語（例えば，「解析」「文分析」「図式化」など）で呼ばれたが，最終的な結果は同じであった。すなわち，学習者は英語にそぐわない分類体系や術語を修得しなければならず，それらを，しばしば困難さゆえに選ばれたたくさんの文に，間違うことなく当てはめなくてはならなかった。多くの人にとって，そのため，文法は恣意的で不可解に感じられた。

このことはいずれも，文法的分析という作業それ自体を批判するものではない。結局のところ，この作業こそが伝統文法ばかりではなく現代言語学のあり方をも決定づけているからである。だが，現代の言語学者たちは，英語の実際に用いられる姿を注意深く分析して，手間をかけて規則を設定しているのに対し，伝統文法家たちは，機械的にラテン語文法の範疇や慣習を適用すればすべての必要な区分や用法の規範を得ることができると仮定していた。この仮定は間違っているにもかかわらず，今なお無視できない仮定となっている。というのは，今世紀（2000 年代）の文法家たちも，2 世紀にわたるラテン語文法の視点によって英語に課せられたひずみと限界を引き継いでおり，それらを処する方法を見つけ出さねばならないからである。

「注意事項」 受験者は答えをバラバラに分断してはならない（部分的な答えにしてはならない）。表現と文体の明快さおよび正確さがきわめて重要である。

I. ――言語問題

（次の **10 問**のうち **7 問**を超えて答えてはならない。）

1.「文法」が意味するところを注意深く説明せよ。「文法」の主要な区分を，定義と例をあげながら，述べよ。
2. 次の（a）（b）について考えを述べよ。
   （a）「現代英語のつづりを改良することは，我々が使用している多くの語の生活史を破壊してしまうことになる。」
   （b）「現代英語のつづりは，無秩序も同然だ。」
3. ラテン語の語は，いつ，どのような状況下で，英語に直接的または間接的に取り入れられたのか。例をあげて説明せよ。
4. 次の語を派生させ，説明せよ。*matriculate*（入学を許可する），*parliament*（議会），*isle*（小島），*alderman*（上級議員），*mayor*（市長），*cricket*（クリケット）。これらの語からの派生語および同族語（同語源の語）のいくつかについて言及せよ。
5.「関係代名詞」とは何か? 現代英語の関係代名詞の用法の違いを，それぞれの例をあげながら，示せ。
6. 次の語について知るところを述べよ。*worse*, *nearer*, *but*, *it*, *songstress*（女性歌手），*riches*（財），*alms*（施し），*ye*（汝（ら）），*first*, *Wednesday*。
7. 副詞を，例を挙げて，語源および形成法にもとづいて分類せよ。
8.（i）不定詞，（ii）分詞は，動詞のほかの部分とどのように区別されるか?（i）不定詞，（ii）現在分詞のさまざまな用法を示す例文を 6 つ例示して論ぜよ。
9.「欠如動詞」とは何か? 任意の 3 つを取り上げ，活用を示せ。〔【訳注】例えば will などの（助）動詞は，過去形になるものの，3 単現の *-s* や進行形・動名詞の *-ing* を取らず，過去分詞形や不定詞形にならないので，動詞としての活用の一部を欠いており，欠如動詞と呼ばれる。〕
10.（i）次の文を分析して，（ii）ラテン語起源の語に下線を引け。
   "To make a revolution every day is the nature of the sun, because of that necessary course which God hath ordained it, from which it cannot swerve but a faculty from that voice which first did give it motion."（毎日公転するのは太陽の本性であるが，これは神が定めた必然的な軌道のためなのである。太陽は，それに最初の回転を授けた声からの特別権限を除いては，その軌道から外れることができない。）

試験時間

左欄の緑の囲い内の問題は，1899 年 6 月に上級生向けのロンドン大学入学試験の一部として作られた英語試験問題。

文法の伝統は正統な慣例ではあるが，次の文の作者が明らかにしているように，すべての人がそれを認めていたわけではない。

独立した教科としての文法は，どうしても定義と困難さを思い起こさせる。私の耳元には，Ⅳレベル〔【訳注】1872 年から施行された英国ヴィクトリア朝時代の教育制度で，読み，書き，算数にもとづき 6 つのレベル（standard）に分けられた。レベルは必ずしも年齢と対応していないが，レベルⅣは概ね 10～11 歳の子どもが履修した。〕の少年たちの声が，今も蘇ってくる。関係代名詞，法，前置詞などの定義を単調にくり返す時の，意味不明な用語を甘美に唱える声が立ちこめていた。文法が独立した教科として扱われるとどういう事態になるか，一例でもってものの見事に示すことができる。昨今では，公立中学校の 5 年女子生徒（14，5 歳）は，次のような文を分析しなければならない。「我々は，広い思慮をもち，しかもみずからに対してのみならず世界中のほかの人びとに対しても深い思いやりをもつことによって初めて，立派な人間であることにともなって生じるような至高の幸せを得ることができる。と同時に，こうした幸せは非常に多くの苦痛をともなうものである。だから，幸せが己の魂がよいものと見なすがゆえに最優先して選ぶようなものである場合に限って，それを苦痛と区別することができるのである。」（『ロモラ（*Romola*）』）〔【訳注】15 世紀のイタリア・フローレンスの都会生活を描いたジョージ・エリオット（George Eliot）の歴史小説。〕実際，14，5 歳の女子がこうした訓練で苦しめられねばならないとは，激しい怒り以外の何物でもない。こうした訓練は決して例外的なことではなく，不運な少女たちは，類似した文章が満載された教科書をもたされて，毎週 1 つずつ分析していかなければならなかったのだ。間違いなく誰一人として，こうした訓練に，知的であれ感情的であれ，実用的であれ装飾的であれ，なんらかの目的がある，などと装う者はいないであろう。こうした訓練が確実にもたらす効果は，犠牲者たちに心底から英語を嫌悪させることであろう。（G. サンプソン（Sampson），1921）。

より初期の意見については，p.83 参照。

重要な教科

英文法は，一般的に，高度に重要な学科目として受け止められまた実践されてきた。その目的は，古典ギリシアの著述家たちに端を発し，キケロのような文体家の作品によって最盛期に達したとされる伝統を持続させることであった。関心の焦点は，書きことばに当てられ，文法的に誤りとか不適切と見なされるものを排除することに置かれていた。文法規則は厳密に定められており，体罰または（p.203で見たメアリー・アンのような若い女性の場合には）社会的制裁によって厳格に強要されてきた。誰もがそれから免れることができず，ウィリアム・コベット（William Cobbett）の手紙が明らかにしているように，国の最高位にいる人ですら免れることができなかった。

その結果，文法の授業のほとんどが不確実性と恐怖の雰囲気で覆われていた。多くの文法規則が初期（ギリシア・ローマ時代の）文法家の恣意的な決め事に端を発しており，英語という言語に確かな基盤を置いていたわけではないので，生徒にとって唯一安全なのは，理屈によってではなく暗記で学ぶことであった。「解析すること」(p.209)がそれ自体目的化した。したがって，文の部分部分を正しく画定できれば十分であり，そうした作業にどのような意味があるのかを問う必要はなかった。文法の授業が楽しいものだなどという期待はほとんどなかった——だが，ほんの時折であるが，この教科をおもしろくさせることができる教師の話を耳にすることがあった。ほとんどの若者にとって，目的は彼らの先生や試験官を喜ばせ，学校を卒業し，文法のことをできるだけ早く忘れることであった。

残念ながら，社会は卒業生にこうした優しい忘却を許そうとしない。文法書の規則と彼らの実際の話し方の間の隔たりがあまりにも大きいので，その後の人生において，言語的劣等感の意識を背負っていることに気づかないわけにはいかなかった。この劣等感こそが，母語話者の間で広く主張されるように，自分たちは「正しい英語」を話せないとか，外国人の方が自分たちよりも英語を「よりよく」話せるなどといった考え方（p.203）の源泉になっているのである。加えて，ごく少数の人が努力と幸運でもって伝統文法の細部まで修得し，それによって，教養ある人と受け取られるようになると，彼らは，こうした規則を維持保存したり，そうした規則を彼らの支配下にあると後になって気づいた人々に強要したりする，既得権が与えられるようになる。生徒，秘書，そのほか支配下にあるあらゆる種類の人々にとって，言語的な不十分さを示すいくつかの社会的象徴のうちの1つが，分離不定詞を用いることであり(p.207)，そうした象徴を回避することが，首尾よく出世していくための基準となったのである。

文法の調停者を調停する

{【訳注】著者によると，コベットのような文法家は文法の調停者（guardians）を自認しているが，では彼らの文法上の正しさを誰が調停するのだろうか，という意。}

ウィリアム・コベットの『英文法（*English Grammar*）』（1829）の巻末の方に，政治家が間違った文法を用いるのを回避したり，無作法に書いたりするのを防ぐように考案された一連の練習問題がある。彼は例文を，カースルレー卿やウェリントン公爵，摂政の宮（せっしょう）{【訳注】皇太子時代のジョージ4世のこと。精神障害をもった父王ジョージ3世の代わりに政治を行ったので，このように呼ばれた。}，そのほかの人が行った演説から採択している。以下は，英国の第1下院議員，すなわち下院議長によって用いられたある1文（頭の2は演説の第2段落のこと）について，コベットが放っておくわけにはいかない点を述べたものである。

2. *The subjects which have occupied our attention have been more numerous, more various and more important than are usually submitted to the consideration of Parliament in the same Session.*（我々の関心を捉えてきた議題は，同じ会期内の国会での審議に通常提出される以上に，多数で，多様で，しかも重要であった。）

第2段落で，「多様で」という語が何を意味しているのか理解しがたい。話し手はすでに「議題」がより「多数で」と言っており，それだけで十分である。というのは，それらは当然のことながら互いに異なっているのだから。異なっていなければ，それらの議題はまったく同一ということになるはずだ。そのため，「多様で」という語は，この位置ではまったく無意味であると言わねばならない。もっとも，それが議題自体が色とりどり（variegated）であれば別だが。そうであれば，無意味の度合いがさらに上がる。

次に，「than are」が主格をともなわずに生じている。{【訳注】than は接続詞であり，その後ろには，伝統文法によれば，主格の主語がくるべきである。}実際，ホテルのメイドならばこうした書き方をする。このような場合，劇中の放蕩息子でも，「愛おしい意味不明の落書き」は，正しく書くことよりも（than *correct writing*）「何万倍も魅力的だ」と言っている{【訳注】コベットはどの「劇中」であるか明らかにしていないが，著者によれば，W. Roberts : The Fugitives: a Comedy（1791）}。だが官服の議長からならば，「通常提出されるもの（than *those which* are usually submitted）以上に」と言ってもらいたいところである。{【訳注】than を前置詞とみるならば，その後ろの部分を，放蕩息子のように動名詞にするか，議長に期待するように名詞句にすべきところである。段落2ではどちらにもなっていない。}

さらに，議長は「同じ（same）会期に」という語句で何を言おうとしているのか？「1つの同一の（one and the same）会期」と言おうとしているのかもしれない。そうだとすると，「同じ」というのは，そこでどのような役割を果たしているというのだろうか？「1つの（one）会期中」とか「単一の（a single）会期中」とか言えなかったのだろうか？

コメント

コベットは容赦なく，誰をも恐れることがなかった。彼の息子ジェイムズ（p.81）に送った手紙の件名は「王の演説における誤りと無意味」となっている。批判は，個人的な好み（コベット自身の政治的見解にも彩られている）や鋭い観察，常識などの興味深い混成であったが，いずれも，彼が絶えず参照していた規範的伝統文法のふるいに掛けられていた。

彼の射た矢のすべてが的を外していたわけではなく，しばしば本当に曖昧である点や明瞭さに欠ける点を具体的に指摘していた。だから，1世紀以上の間アーネスト・ガウアーズ卿（Sir Ernest Gowers）や平易英語運動家（p.401）の手法を先取りしていたのだった。しかし一般庶民は次のように考えたであろう。もし王や首相のような立派な人が，おそらく包括的な文法教育を受けたにもかかわらず，そんなひどい間違いを犯していると見られるならば，一般の人は一体どれほど批判される危険があるのだろうか？　同様の問いが，シェイクスピアの文法に対するラウス（Robert Lowth）やマリー（Lindley Murray）の批判（p.83）を読んだ後にも，発せられるだろう。規範文法の1つの皮肉な結果は，所かまわず難癖をつける姿勢が，文法的正しさについての疑念を助長することになってしまったことである。そうした疑念を払拭することこそが，規範文法に期待されていたことだったのに。

規範文法

伝統文法は，**規範主義**（p.388）として知られていることばへの接近法を反映している。それによると，ある言語の1つの変種がほかの変種に比べて内在的に価値が高いので，その言語社会全体にとっての標準となるべきである，と考えられている。**規範規則**（容認可能と考えられる用法を述べたもの）と**禁止規則**（避けるべき用法を述べたもの）とにしばしば区別される。前者は文法的に「するべし」を，後者は「するべからず」を述べたものである。実際は「汝するべからず」の伝統が優勢で，ほとんどの推奨規則が否定的に述べられている。

文法の上位10傑

右の表は，1986年にBBCラジオ4のシリーズ「イングリッシュ・ナウ」へ寄せられた投稿の調査で明らかになった，文法についての不満「トップテン」をリストにしたものである。1つの番組では，聴取者に，最も好きな文法的用法3つとともに，最も嫌いな用法3つをリストにして送るように依頼した。投稿者は年齢も書くように求められた。1,000通を超す手紙が寄せられた。

年齢が書いてある投稿者のうち，圧倒的多数が50歳以上，70歳以上の人もだいぶいた。「好きな用法」の質問に答えた人はほとんどいなかった。一方，「嫌いな用法」のリストを要請通り3点のみに留めていた人はごくわずかであった。いくつかの手紙には，便箋4ページ以上にもわたって事細かに不平が書かれていた。最も長い手紙には，聴取者が1カ月の間に注意深くメモを取った200以上の分離不定詞のリストが含まれていた。

ほとんどの手紙で書かれている言葉は不穏で過激であり，「絶対許せない」事項について語り，投稿者の感情を述べるのに不吉な隠喩が用いられていた。下にあがっている12語は回答に見られた典型的な例で，例えば学校での文法のカリキュラムについて穏やかに議論を進展させるのがいかに難しいかを説明するのに，ひょっとしたら役立つかもしれない。文法は,なぜだか,最も深く根付いた怨嗟を沸き立たせるようである。

憎悪	ゾッとさせる
血が煮えくりかえる	うんざりする
粗暴にさせる	感情を害する
歯ぎしりする	恐怖に襲われた
いらいらさせる	聞くに堪えない
無節操なこと	身震いする

多くの聴取者が，英語の中に今まで気づかなかったものを観察していると感じたのである——それは，寛容だった1980年代の傾向であり，もしかしたら，BBC自体の緩さの一つの特殊な結果なのかもしれない。しかしながら，この両ページでの用法の問題は，ずっと長い歴史をもっている。例えば，多くの問題が，BBCが誕生するよりもずっと前にすでに『クイーンズ・イングリッシュ（*The Queen's English*）』(1869)の中でアルフォード司祭(Henry Alford)によって論及されている。いくつかの問題は，さらに1世紀あるいはそれ以上前にまでさかのぼる。これが文法について古くから言われる「簡単には滅びない」という慣例の現実だ。

不服な点	コメント
1 Between you and *I* では I を用いるべきではない。前置詞の後ろでは，代名詞は Give it to *me* のように，me になるべきである（p.215）。	これは，伝統文法の姿勢が直観に及ぼしている興味深い影響の一例である。多くの教養のある人は，無意識のうちに，伝統文法がほかの構文で me を批判しており，it is me の代わりに it is I を奨励していることを，知っている。I の方が何となくより丁寧な形であるというぼんやりとした感じがあり，（前置詞の後ろのような）通常 I が用いられないような所でも用いられるようになってきた。
2 分離不定詞は用いられるべきではない（次ページを参照）。	
3 only はそれが関係する語の隣に来るべきである。I saw *only* Jane を意味するときには I *only* saw Jane とするべきではない。	通常文脈からどの意味が意図されているかが明らかになる。曖昧さが生じる場合には，なるべく注意深く書くのが賢明であるが，話しことばであれば決して曖昧にならない。というのは，only は強い強勢をもつ語とつねに結びつけられるからである。I *only* saw JANE（ジェインだけでほかの人には会っていない）と I *only* SAW Jane（彼女を見かけただけで話しかけていない）の違いに注意せよ。
4 none は複数形の動詞をともなうべきではない。*None was* left on the table（机の上に何も残されていなかった）であって，*None were* left on the table ではない。	伝統文法は none を単数形（= no one）と見なしており，そのため，単数形の動詞を取るべしとしている。しかしながら，特に複数形の名詞が後続する時には，用法が none の複数の意味に影響される。*None* of the books were left on the table は，「それらの本（複数）はいずれも机の上にはない」の意味である。数の一致（p.233）はこのように意味によってしばしば影響される。
5 different(ly) は to あるいは than ではなく，from をともなうべきである。	伝統文法家は，この語の第1音節 *dif-*（ラテン語の *dis-*= 英語の from）の意味に印象付けられ，歴史的な意味が正しい意味に違いないと主張していた（p.146）。しかしイギリス英語では，おそらく similar to や opposed to などの影響で，to の方が頻繁に用いられるようになってきている。than は，アメリカ英語と関係づけられるので，イギリス英語ではしばしば反対されている（p.331）。
6 文は前置詞で終わってはならない。That was a clerk *to* whom I gave the money（あの人が，私がお金を渡した店員だ）と言うべきで，That was a clerk I gave the money *to* と言うべきではない。	この用法は恐らく17世紀にジョン・ドライデン（John Dryden）によって初めて導入されたもので，ラテン語文法の影響を反映している。ラテン語文法では前置詞は通常名詞の前に生じる。口語英語の実体を反映していないが，形式ばった英語ではこの規範規則が順守される傾向にある（p.389）。誰かによって実践されていることを変えることは危険をともなう。よく知られていることだがウィンストン・チャーチル（Winston Churchill）は，彼の用法に秘書が行った修正に対して This is the sort of English up with which I will not put（こんな種類の英語に私は我慢できない）と反応した。{【訳注】put up with の up は前置詞ではなく不変化詞であるにもかかわらず，前置詞を文末に残してはならないという秘書の指摘に，up も文末に残らないように過剰に反応をしたもの。}
7 未来を表すときには I shall / you will / he will と言うべきで，I will / you shall / he shall と言うべきではない。	伝統文法は18世紀以来これらの助動詞の用法を規則化しようと試みてきたが（p.224），推奨されたきれいな規則通りに実際に用いられたかは疑わしい。間違いなく，約1世紀にわたり shall を will で置き換えようとする傾向がある。今日では，shall はアメリカ英語，アイルランド英語，スコットランド英語ではほとんど用いられておらず，他の英語の変種でもますますまれになってきている。I'll be thirty next week（来週30歳になる）のような用法が，今日では多数派である。
8 Hopefully(願わくば)を *Hopefully,* Mary will win the race（願わくばメアリーにレースで勝って欲しい）のように文頭に用いるべきではない。	この用法はごく最近のものであり，こうした批判を受けるということは規範文法の伝統が今もって健在であることを示している。この文で「期待を抱いている」のはメアリーではなく話者なので，より適切には It is hoped that とか I hope that とするべきだと言われる。しかし hopefully は，文頭で用いられる多くの文副詞（frankly, naturally など）の1つであり，この一般的な型が広く普及している。なぜ hopefully に限って批判されてきたのか明らかでない。
9 That is the man *whom* I saw のような文では，who ではなく whom が用いられるべきである。関係代名詞は saw の目的語であり，目的格になるべきである（p.214）	Whom を用いた構文は，非常に形式ばったニュアンスをもつようになったため，口語的な発話では who に置き換えるか，That's the man I saw のように関係代名詞をすっかり省略する。今もって形式ばった書き方の基準になっている。ついでに，That's the man *whom* I saw のように，くだけた動詞の縮約形が形式ばった関係代名詞と一緒に用いられると，文体上の不整合が生じる。
10 They have*n't* done *nothing*（彼らは何もしなかった）のような二重否定は避けるべきである。	二重否定は，英語の初期の時代には標準的であったが（p.74），もはや標準英語では容認されない。今日では世界中で非標準的な話し言葉として一般的である。伝統文法は論理的な根拠でこの構文を批判する——二重の否定は，数学でマイナス記号がそうであるように互いに相殺する。しかしながら非標準的な用法では，別の基準が働く——もう1つ否定が加わることによって否定が強調される。They have*n't* done *nothing* は，They have done something（彼は何かをした）ではなく They really haven't done anything（彼らは本当に何もしなかった）を意味する。

分離不定詞物語

伝統文法は長い間，to definitely ask（はっきりとお願いする）のように，不変化詞の to と動詞の不定詞形との間に副詞を挿入することに反対してきた。伝統文法によれば，to ask は 1 つの文法上の単位であるのだから，2 つの部分はひとまとまりとしておくべきである。ラテン語では，amare（to love）のように語尾を用いて不定詞を作ったので，2 つの部分を切り離すような先行例がなかったのである。そうした事実のために，分離不定詞の用法はとりわけ受け入れがたいとされたのである。

19 世紀に人々が分離不定詞を攻撃した激しさは，注目に値する。分離不定詞は最悪の文法違反であると考えられたのだ（p.90）。ヘンリー・ファウラー（Henry Fowler）は，「分離しない頑固者」のことを次のように容赦なく述べている。――「不定詞を分離するや否や，自らの口にナイフを突っ込みかねないような悪魔に憑りつかれた人間」。有名な例がアンドルー・ラング（Andrew Lang）の，1860 年代に外交に深く関わった英国政治家の伝記『スタフォード・ノースコート卿の生涯（*Life of Sir Stafford Northcote*）』に報告されている。ラングによると，英国政府は合衆国との条約交渉でどのように譲歩するかの用意はあったが，「条約文章を作成する際に，どんなことがあろうとも，前置詞 to と…動詞の間に副詞を挿入することには決して我慢ならぬ，と電報を打っている」。

誤解された規範主義

規範主義という用語は，しばしば英語教育との関係で誤解される。この用語は，正しくは，「規則を教える」（意味 A）ということではなく，「信憑性のない規則を教える」（意味 B）ということを意味している。もし子どもあるいは英語を外国語として学んでいる人が例えば more biggest（もっと最も大きい）と言ったのを，私が矯正するとすれば，それは，英語に存在し誰もが順守している，比較に関する規則（意味 A）を教えていることになる。もし分離不定詞を矯正するとすれば，英語には存在していない，しゃくし定規の空論家だけが順守している規則（意味 B）を教えていることになる。記述言語学者は，ある言語における正当な規則だけ――その中には，規範主義者たちが激しく罵った文体的変種の例も含むが――を突き止めることを目指している。

ジョージ・バーナード・ショー
(George Bernard Shaw)

もし，貴紙の文章作成法のコラム欄でほぼ毎日のように独断的に命令するのを買って出ている男を直ちに静かにさせなければ，『クロニクル』紙の購読を止める。その男は，しゃくし定規の空論家か，無知な奴か，低能か，自己顕示欲の強い能なしか…。貴紙の間抜けな専門家は，今回はいわく「二流」新聞が to suddenly go（突然行く）とか to baldly say（あからさまに言う）のような句を使っていると非難し始めている。その男に to suddenly go か to go suddenly か suddenly to go かの自由な選択に口出しさせずに，即刻外して頂きたい。彼を辞めさせて，代わりに頭のいいニューファンドランド犬を試されよ。（『クロニクル』紙への投書，1892）

T.R. ラウンズベリ
(T. R. Lounsbury)

30年以上前に，故フィッツエドワード・ホール（Fitzedward Hall）は次の点を説得的に示している。すなわち，前置詞と不定詞との間に語を差しはさむ習慣は 14 世紀までさかのぼり，その習慣は多かれ少なかれ，それ以降どの世紀においても普及していた。（『英語の標準的使用（*The Standard of Usage in English*）』，1908）

ホールの収集例は，ラウンズベリが補足した例とともに，綺羅星の如く居並ぶ作家たちからのものであった。例えば，ウィクリフ（Wycliff），ティンダル（Tyndale），コールリッジ（Coleridge），「とりわけこの用法にはまっていた」ダン（Danne），ゴールドスミス（Goldsmith），ジョージ・エリオット（George Eliot），ブラウニング（Browning）などが含まれている。

マコーレー（Macaulay）は，1843 年にある論文を修正する際に，in order *fully to appreciate*（深く感謝するために）をわざわざ in order *to fully appreciate* と分離不定詞に変更している。（W. H. ミティンズ（Mittins）ほか『英語の用法に対する姿勢（*Attitudes to English Usage*）』，1970）

H.W. ファウラー
(H. W. Fowler)

英語を使用する世界は次の 5 つに分けられるだろう。（1）分離不定詞が何であるかを知らず，気に掛けない人びと，（2）知らないけれども，気になる人びと，（3）知っていて，非難する人びと，（4）知っていて，受け入れている人びと，（5）知っていて，区別する人びと。知らずに気に掛けない人びとが大多数であり，ほかの少数派グループによって羨ましがられる幸せな人びとである。

曖昧になったり人工的になったりするくらいならば，不定詞を分離したいものである。（『現代英語用法事典（*A Dictionary of Modern English Usage*）』，1926）

オットー・イェスペルセン
(Otto Jespersen)

分離不定詞という名称は誤解を招きかねない。というのは，定冠詞が名詞に属していないと同じように，前置詞 to は，不定詞の必要な一部としてそれに属しているわけではない。The good man を分離名詞などと呼ぶ人はいないであろう。（『エッセンシャル英文法（*Essentials of English Grammar*）』，1933）

スティーヴン・リーコック
(Stephen Leacock)

実際の動詞の多くが，to undertake（企てる）とか to overthrow（覆す）のように（to と動詞が離れているのだから）それ自体分離不定詞である。本を書く作家たちは，効果次第で，喜んで「不定詞」を分離したり，半分分離したり，完全に分離する。我々は喜んで時として徹底的に，特定の効果を上げるために，不定詞を分離し，その結果 to をボロ貨物列車の最後尾の車掌列車と同じくらい離しておくという危険を，実用的にしかしきわめて意識的に冒すのである。（太字が分離不定詞。We might even be willing ***to*** sometimes so completely, in order to gain a particular effect, ***split*** the infinitive as ***to*** practically but quite consciously ***run*** the risk of leaving the *to* as far behind as the last caboose of a broken freight train.）（『如何に書くか（*How to Write*）』，1944）

アーネスト・ガウアーズ
(Ernest Gowers)

分離不定詞（の禁制）はひどい規則だ。書き手に副詞を不自然なあるいは誤解を生む位置に置くよう促すことによって，明快に書くことをますます困難にし，曖昧さを生み出している。「最近ギリシアに訪問して，the modern Englishman fails *completely to recognize* that…（現代英国人は完全に…ということを理解していない）ということに気づかされた。」（斜体部が分離不定詞を避けている点に注意。）現代英国人が理解することを完全にしていないのだろうか，それとも完全に理解することをし損ねているのだろうか？　読み手は推測しなければならないことになるが，推測しなければならないようなことがあってはならない…。

それだけではない。分離不定詞の禁制は，現にそうしているように副詞をぎこちない位置に置くようにさせる。その影響力はとても強いので，分離不定詞を回避すべき必要性がまったくない場合でさえ，副詞をぎこちない位置に置こうとする気持ちにさせる。私自身 I gratefully record（感謝しつつ記録する）と書いたら，投書家に不定詞を分離したと非難されたことがある。この投書家は，間違いなく，過剰なまでにこの禁制の影響を受けているのである。{【訳注】動詞がそれに関連するほかの語から離れているわけではないが，動詞の前に副詞が現れているだけで，分離不定詞だと非難されている。} だがもう少し軽症な同じ病の患者は至る所に見られる。分離不定詞の病魔は非常に威力があるので，人びとは副詞をいかなる助動詞と動詞のいかなる部分 {【訳注】「部分」とは，不定詞，分詞，動名詞などの変化形のこと（p.204 の中欄を参照）} の間に，あるいはいかなる前置詞と動詞のいかなる部分の間に置くのも誤りにちがいない，と思い込み始めている。（『完全簡易語法（*The Complete Plain Words*）』，1954）

バーバラ・ストラング
(Barbara Strang)

分離不定詞について騒ぎ立てるのは，19 世紀の文法家によって考え出された退屈な時間つぶしの 1 つである。（『現代英語の構造（*Modern English Structure*）』，1962）

（続きを巻末p.537に掲載）

21 世紀の遺産

英文法への規範的アプローチには，当初から批判者がいた。そのうちのある者は，きわめて激しい言葉でラテン語の伝統を批判し，初期の文法における極度な権威主義と思われることに対して応戦した(p.82)。だが 20 世紀初頭の頃には，そうした極端な立場は幾分控えめになっていた。多くの伝統文法家は，依然としてラテン語の記述文法の枠組みで嬉々として活動を続けながら，現代の用法の影響を完全に無視するわけにはいかないことを受け入れ始め，彼らの接近法の枠内でより現実的になっていった。同時に，ラテン語の枠組みが示した文法研究の洗練された接近法の価値に，ますます敬意が払われる兆しが見られた。pp.206–7 のコメントが明らかにしているように，1 人の著者が伝統的に論じられてきた英語の用法を一方的に非難するのを見るなどということは，今日ではきわめてまれである――とは言うものの，全面的批判は，新聞の投書欄やラジオのお便りコーナーに送られてくる，用法についての不平をつづった手紙や電子メールでは，依然としてよくあることであるが。

ファウラーを引け

ファウラーの『現代英語用法辞典（*Dictionary of Modern English Usage*）』(1926)は，長い間論じられてきた用法の問題に関心を寄せるような人にとってはバイブルのようなものであった。この本は，彼の弟フランシス・ジョージ（Francis George）と協力して計画された。弟は，それに先立つ 20 年ほど前に彼らの最初の影響力ある用法に関する書『キングズ・イングリッシュ（*The King's English*）』(1906) でも協力している。だがフランシスは第 1 次世界大戦の前線で結核に罹り，1918 年に亡くなっている。辞典を完成させるのは兄ヘンリーの手に委ねられた。膨大な書物で，文法，発音，つづり，句読法，語彙，文体の要点となる項目がアルファベット順に配列されている。聖書を連想させるように恭しく言及されるが，同書は規範文法(p.206) の精髄である。

ファウラーの目的は確かに規範的であるのだが，次の点で 19 世紀の文法家とは対照的である。彼は伝統に対する敬意とともに，純正主義者の最悪な行き過ぎを暴露する率直さをあわせもっていた。しかも規範主義の伝統ではきわめて異例なことだが，彼の解説を，ユーモアと常識との洒落た混成によって彩っていた。彼はラテン語文法によって英語に強いられたゆがみを好まなかった。例えば彼は，格に関する記載で，規範文法家たちを，次のように断じている。

（規範文法家は）ギリシア語やラテン語の構造を理解する上では重要であるものの英語にとっては何も関係のない用語や概念でもって，英語を話す子どもたちを鞭打つという罪を犯している。

その一方で，『純正英語学会誌(*Society for Pure English Tract*)』(26 号)では，伝統的な言語研究が現代の意識を形成するのに果たした役割を弁護している。

我々英国人が数世紀にわたりラテン語の伝統についてほんのわずかな文法しか教えられてこなかったことを嘆こうと嘆くまいと，我々は痛みつけられ多くの苦悩を味わってきており，我々の文法的良心は，これまでにラテン語の要素を，支配的でないとしても，より分けられないほどに混合させてきているという事実を，今こそ認める必要がないだろうか？

こうした良心の名残は，依然として高齢者には残っている。どれほどまでに若者たちがこうした良心に影響され続けるかは，1960 年代に多くの学校で文法教育の重要性が後退してしまった今となっては，まったく明らかではない。世代によっては，基本的な文法用語をまったく教えられることなく学校を卒業してしまい，そのため，多くの伝統的な言葉遣いが何についてであるのかまったくわからなくなっている (p.206)。他方，文法的分析へのラテン語の影響は甚大で，用法についての散発的な議論よりもずっと深くまで入り込んでいる。英文法のある領域，例えば動詞の領域――そこでは，ラテン語のモデルが英語の時制を必要以上に殖やしてしまった――については，ファウラーの（上記の）指摘が確実に受け入れられなければならない。

ヘンリー・ワトソン・ファウラー　(1857-933)

時制はいくつ

英語にはいくつの時制があるのだろうか？もし深く考えずに「少なくとも 3 つ」――過去，現在，未来――と答えるならば，ラテン語文法の影響をあらわにしている。もし完了とか過去完了のような用語を加えて，もっと大きな数になるとするならば，その伝統がもっと深く根づいている。20 やそれ以上の時制の形を設けている伝統文法もある。

その 1 つがルエリン・ティピング(Llewelyn Tipping) の『上級英文法 (*A Higher English Grammar*)』である。1927 年に初版が刊行され，名誉なことにも 1960 年代までに十数回も版を重ねている。この本はまさしく強くラテン語文法的である。名詞には 5 つの格が与えられており，仰々しく主格 (king)，呼格 (O king)，属格 (king's)，与格(king)，対格 (king) と列挙されている。動詞については，いろいろな時制および法による 40 以上の形が認められている。

こうした扱いが，英語における動詞の働きをどの程度歪めているかを見るには，**時制**という用語が伝統文法でどのように用いられていたかを確かめておかなければならない。時制は時の文法的表現で，動詞の一連の語尾でもって識別されていた。ラテン語では，現在時制語尾(*amo, amas, amat* ...I love, you love, he/she/it loves)，未来時制語尾 (*amabo, amabis, amabit* ... I will/shall love, you will/shall love, he/she/it will/shall love)，完了時制語尾(*amavi, amavisti, amavit* ... I loved, you loved, he/she/it loved)，さらに別の時制形を表すいくつかの別の語尾があった。

これに対して英語では，時を表すのにたった 1 つの屈折形があるだけである。すなわち，walked, jumped, saw のように，典型的に *-ed* として現れる過去時制の標識だけである。したがって，英語には，I walk 対 I walked ――現在時制対過去時制という，2 つの間の対比しかない。英語には未来時制の語尾はなく，未来を表すのにさまざまなほかの手段（will/shall, be going to, be about to，未来の副詞など）を用いる (p.236)。言語学的事実には少しも議論の余地がない。しかしながら，「未来時制」（および，未完了，未来完了，過去完了時制など）の概念を心の語彙から取り除いて，英語の動詞の文法的現実について叙述するほかの方法を見つけ出そうとしても，なかなか困難である。

文法の主要な部門

文法の分野はしばしば2つの領域——**形態論**と**統語論**——に分けられる。前者は語の構造に焦点を当て，屈折語尾や，小さな単位から語が形成される過程といった問題を取り扱う（第14章）。後者は文の構造に焦点を当てる（第16章）。

現代の文法は，力点の点で，伝統文法から大きく変移している。伝統文法では多くの部分が形態論の諸相に向けられていた。但し，形態論という用語は言語学からのもので伝統文法では用いていなかった。伝統文法では語形論（*accidence*）（ラテン語の*accidentia*「生じるもの」に由来）という用語が用いられており，ネスフィールド（Nesfield）の『文法（*Grammar*）』では「特定の品詞に起こりがちなあらゆる変化の総称」と定義されている。したがって，語形論は，名詞の数・性・格や，動詞の態・数・法・人称・時制，さらにそれらの規則形・不規則形タイプの分類の問題などを扱っていた。

伝統文法の多くの部分が，ラテン語文法のモデルに倣って，語形論に当てられていた。ネスフィールドの文法では統語的な問題が全体を通じて見られるが，この主題に正式に割り当てられているのは2章だけであり，それらの章は主に文分析の技法と品詞の解析に当てられている。それとは対照的に，現代の英文法では多くの部分が統語論に割り当てられている。屈折形態論の見出しのもとで説明されるのは，英語の比較的わずかな部分だけである。ある文法書では形態論の概念がまったく除去されており，形態論の課題は「語の統語論」として扱われている。

なぜ？

統語論：ラテン語の*syntaxis*から，もっとさかのぼればギリシャ語の*syn* + *tassein*「一緒に＋並べる」から。この用語はよく比喩的に用いられる。1990年代に出会った論文の題目には「料理の統語論」とか「性の統語論」などといったものがある。

形態論：究極的にはギリシャ語の*morphē*「形」+ *logos*「語」から。この用語も別の文脈で用いられ，例えば生物学で，動物や植物の形や構造に言及するのに用いられる。

新しい文法…

グリーンバウムとクワーク（S. Greenbaum & R. Quirk）の『学生用英文法（*A Student's Grammar of the English Language*）』（1990）の章の見出し。

1. 英語という言語
2. 枠組みの概略
3. 動詞と助動詞
4. 動詞句の意味論
5. 名詞と決定詞
6. 代名詞
7. 形容詞と副詞
8. 副詞類の意味論と文法
9. 前置詞と前置詞句
10. 単文
11. 文タイプと談話機能
12. 代用形と省略
13. 等位接続
14. 複文
15. 従属節の統語的・意味論的働き
16. 動詞および形容詞の補文構造
17. 名詞句
18. 主題，焦点，および情報処理
19. 文からテクストへ

特に初めの方の語類の扱い（第1～9章）では，伝統文法との間に並行性が見られる。だが，本の半分以上は明らかに統語論に当てられており，初めの方の章でも多くの部分が統語的な事柄を扱っている。

この文法が示している接近法は，すっかりヨーロッパの文法分析の伝統に当てはまるが，現代文法のすべてがこのようであると考えるのは間違いである。特に，現代言語理論の影響を呈している文法書の多くは，扱いの順が逆転している。統語論的な事柄の体系的扱いから始まり，語分類や形態論の事柄を後ろの方に残しておく。

…に対する古い文法

ネスフィールドの『英文法　過去と現在（*English Grammar Past and Present*）』（1898）のI部（「現代英文法」）の章の見出し。

1. 分析の概略：一般的定義
2. 名詞
3. 形容詞
4. 代名詞
5. 動詞
6. 副詞
7. 前置詞
8. 接続詞
9. 間投詞
10. 文の分析
11. 異なる品詞で用いられる同一の語
12. 統語論
13. 句読法，あるいは句読点の正しい使い方

統語論が，現代文法では主要な役割を果たしていたのに比べ，わずかな役割しか演じていない点に注目せよ。

解析

解析は，伝統文法教育で重要な役割を果たしていた。その手順は，語が属する品詞（ラテン語の*pars*）を述べ，それについてのなんらかの詳記が加えられる。ラテン語文法ではよく「品詞は何か」と尋ねたものである（詳しくは第15章を見よ）。

- **名詞**：数・性・格を述べ，なぜその格であるかを述べよ。
- **形容詞**：形容詞の種類，級（比較級，最上級），どの語を修飾するかを述べよ。
- **代名詞**：代名詞の種類，数，人称，性，格，そしてなぜその格であるかを述べよ。
- **動詞**：動詞の種類（弱変化動詞か強変化動詞か，p.21），他動詞か自動詞か，態，法，時制，数，人称，一致する主語，支配する目的語を述べよ。
- **副詞**：副詞の種類，級（比較級，最上級），どの語を修飾するかを述べよ。
- **前置詞**：それが支配する語を述べよ。
- **接続詞**：接続の種類（等位接続または従属接続），何と何を接続しているかを述べよ。
- **間投詞**：それが間投詞であることを述べよ。

例

I goは（L. ティピング，1927によると）次のように解析される。

Iは人称代名詞，1人称，単数，主格，動詞goの主語。

Goは動詞，強変化，自動詞，直説法，現在時制，1人称単数，主語Iと一致をしている。

よくできました，メアリー・アン！（p.203）

これらの範疇は，複雑な屈折形態論をもったラテン語文法の働き方，およびその学習の際に用いられた方法（英語へのまたは英語からの翻訳）を反映している。こうしたタイプの語尾は英語ではほとんど残っていないので，解析の手法はもはや重要性をほとんど失った。もっと洗練された形の文分析が，それに取って代わっている（第16章）。

14 語の構造

さらなる情報源：
cambridge.org/crystal

形態論は，語の構造の研究であり，本書の部の区分ではレキシコン（II 部）と文法（III 部）とにまたがっている。英語では，a, horses, took, indescribable(筆舌に尽くし難い)，washing machine, antidisestablishmentarianism（反国教会廃止主義）のような多種多様な項目の特性を記述する方法を考案することである。広く認められている接近法では，この領域（形態論）を2つに分ける。1つは**語彙形態論**または**派生形態論**で，複数の要素を組み合わせて語彙の新たな項目ができる方法を研究する（例：in-describable)。もう1つは**屈折形態論**で，語が，文法的な対比を明らかにするのに，どのように形を変えるのかを研究する（例：horses では語尾が複数を表す)。語形成の過程については，第9章で扱っている。本章では屈折の過程について検討する。

まず不可欠な第1歩は，語へと組み立てられていく要素（**形態素**）を記述できるようになることである。

• 多くの語は，それ以上文法的な要素に分解することができない（例：boy, a, yes, person, elephant, problem)。このような語は**語基**形のみからなり立っていると言われている（これを**語根**とか**語幹**と呼ぶ文法家もいる)。これらについて記述することといったら,語が何を意味し（II 部を見よ)，どのように発音され，どのようにつづられるか——例えば，音節数，語の母音と子音の型（IV 部を見よ）——といったところである。

• 英語では，意味のある付随的な要素を語基の前および後ろに付加することができる。このような要素は**接辞**と呼ばれる。語基に先行する接辞は**接頭辞**，後続する接辞は**接尾辞**という。語基の内部に生じる接辞（**接中辞**）の可能性については p.138 で考察している。

• 英語の接頭辞はもっぱら語彙的な役割〔【訳注】接辞が「語彙的」とは，独自の意味をもち，新たな語を派生するということ。一方「文法的」とは，独自の意味をもたずに文法的な屈折をするということ。〕を担っており，非常に多くの新語を作り出すことができる（例：*un-*, *de-*, *anti-*, *super-* など)。これについては語形成の一部として p.138 で述べている。

• 英語の接尾辞には2種類ある。ほとんどの接尾辞はもっぱら語彙的であり，主な機能は語基の意味を変化させることである。このような**派生接尾辞**の例としては *-ness*, *-ship*, *-able* などがある。ごく限られた数の接尾辞はもっぱら文法的であり，その役割は，ある文の中で語がどのように用いられねばならないかを示すことである。このような例としては，複数の *-s*，過去時制の *-ed*，比較の *-er* などがある。この2番目のタイプは，語彙的な意味をもたず，当該言語の**屈折接尾辞**（あるいは単に**屈折辞**）である。

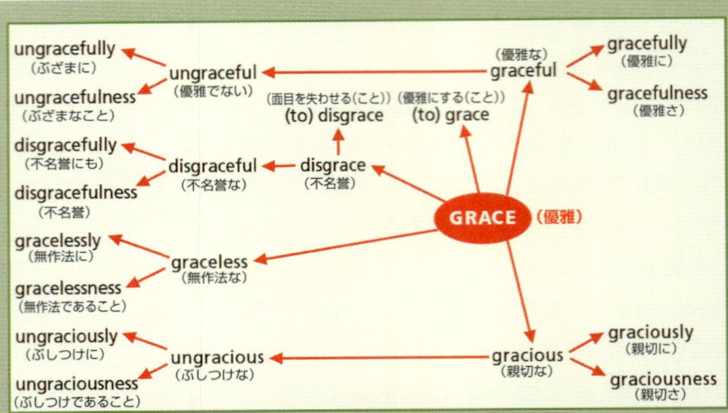

ある1つの語の派生の領域（J. トゥルニエ（J.Tournier)，1985 から）

屈折辞はきわめて明瞭なグループで，つねに語の末端に生じ（graces，disgraced)，もし派生接尾辞があればその後に続く。もし gracelessness の複数の事例について述べるのであれば，（あまり洗練されていない形ではあるものの）gracelessnesses という語で言えるだろう。

トゥルニエの詳細な研究には，英語の派生接辞のきわめて充実した一覧表も含まれている。驚くほど多くの派生接辞があげられており，変異形を除いても，386 個の接頭辞と 322 個の接尾辞があげられている。後者には（専門家間の会話を別にすれば）日常会話ではめったに使われないような多くの形が含まれており，例えば，*-aea*，*-ectomy*，*-gynous*，*-mancy*，*-ploid* などがあげられている。

このような種類の接辞は現れては消えていく。例えば，*-nik* は，英語で発達し，1950 年代後半にはかなり生産的となった接辞である。まずスプートニク1号（Sputnik 1）の打ち上げ，続いて宇宙空間に犬を打ち上げる計画（pupnik（犬ころ)，woofnik（ワン公)，muttnik（駄犬）など)，さらに米国の人工衛星失敗（Yanknik（ダメリカ号・アメ公)，dudnik（役立たず)，stallnik（エンスト）など）のような事業に追従して，この接辞を含む多くの語が誕生した。このような用法は 1960 年代初期には廃れたようである。これと関連した接尾辞（*-nik*）は，〔【訳注】形は同じであるが，意味・用法は異なる別の接辞。〕1940 年代から引用例があり，beatnik（ビート族）および類似した用法（beachnik（ビーチ族)，filmnik（映画ファン)，jazznik（ジャズ愛好家）など）に見られる。1970 年代初期にかけて生産的であったが，それ以降は廃れたようである（L. バウアー（L.Bauer)，1983 による)。

これとは対照的に，屈折接辞には流行り廃りがない。初期近代英語以来その体系に変化はない（第5章)。

接尾辞の諸タイプ

この表は最も一般的な英語の接尾辞を示している。ただし，すべての変異形を示しているわけではない（例 *-ible* は *-able* の変異形である)。屈折範疇はすべて網羅しているが，派生接尾辞は 50 個に制限してある。

屈折接尾辞

名詞の複数，例：*-s*（p.213）
属格，例：*-'s*（p.214）
3人称単数，例：*-s*（p.216）
過去時制，例：*-ed*（p.224）
縮約否定辞 *-n't*（pp.217, 224）
目的格代名詞，例：him（pp.215, 222）
-ing 形または現在分詞(p.216)
-ed 形または過去分詞(p.216)
-er 比較（pp.211, 223）
-est 比較（pp.211, 223）

派生接尾辞

抽象名詞の標識（p.221）
-age frontage（正面)，mileage（マイル距離）
-dom officialdom（官僚)，stardom（スターの身分）
-ery drudgery（退屈な重労働)，slavery（奴隷制）
-ful cupful（カップ1杯分)，spoonful（スプーン1杯分）
-hood brotherhood（兄弟の間柄)，girlhood（少女らしさ）
-ing farming（農業経営)，panelling（羽目板）
-ism idealism（理想主義)，racism（人種差別）
-ocracy aristocracy（貴族政治）
-ship friendship（友情)，membership（会員であること）
具象名詞の標識
-eer engineer（技術者)，racketeer（違法行為で金もうけをする人）
-er teenager（10代の若者)，cooker（炊事用具）
-ess waitress（ウェイトレス)，lioness（雌ライオン）
-ette kitchenette（簡易キッチン)，usherette（案内嬢）
-let booklet（小冊子)，piglet（子豚）
-ling duckling（子ガモ)，underling（地位が下の者）
-ster gangster（犯罪組織の一員)，gamester（賭博師）
副詞の標識（p.223）
-ly quickly（速く)，happily（幸福に）
-ward(s) northwards（北へ)，onwards（前方へ）
-wise clockwise（時計回りに)，lengthwise（縦に）
動詞の標識（p.224）
-ate orchestrate（管弦楽に作曲する)，chlorinate（塩素処理する）
-en deafen（〜の耳を聞こえなくする)，ripen（成熟する）
-ify beautify（美しくする)，certify（証明する）
-ize/-ise modernize（近代化する)，advertise（宣伝をする）
形容詞または名詞の標識（p.223）
-ese Chinese（中国の)，Portuguese（ポルトガルの）
-(i)an republican（共和党の)，Parisian（パリの）
-ist socialist（社会主義者)，loyalist（体制支持者）
-ite socialite（社交界の有名人)，Luddite（技術革新反対者）

（巻末 p.537 へ続く）

形容詞

屈折は，形容詞（p.223）が示す性質の比較を表す 1 つの方法を提供する。比較は，同じ程度，より勝る程度，より劣る程度を表す。

- 形容詞の語基形は，**絶対**形と呼ばれる。例：big, happy。

より勝る程度を表す際，屈折は 2 つの段階が認められる。

- *-er* を付加して**比較級**形を形成する。例：bigger. happier。
- *-est* を付加して**最上級**形を形成する。例：biggest, happiest。

英語には，同じ程度またはより劣る程度を表すような屈折による方法がない。これらの概念は，統語的に表される。同じ程度ならば as … as（例：X is as big as Y（X は Y と同じくらいの大きさである））を用いて，より劣る程度ならば less または least（例：X is less interested than Y（X は Y より興味を示さない）や Z is the least interested of all（Z は最も興味を示さない））を用いて，それぞれ表される。

より勝る程度を表す統語的（**迂言的**と呼ばれることがよくある）な方法もある。（比較級の場合には）more を用い，（最上級の場合には）most を用いる（例：A is more beautiful than B（A は B よりも美しい）や C is the most beautiful of all（C はすべての中で最も美しい））。

比較変化のテスト

3 歳から 5 歳の子どもの言語能力を評価するための診断テストから 1 つ紹介しよう。この項目は，子どもの比較級形や最上級形についての自覚を引き出そうとするものである。言語聴覚士は，絵を適宜指さしながら，よく練られた働き掛けの言葉を使う。

This boy is little, this one is big, this one is even _____ and this one is the _____.
（この少年は小さくて，こちらは大きくて，こちらはさらに_____で，そしてこちらは一番_____だね。）

不規則形

比較変化形の不規則形がごくわずかに存在する。{【訳註】本書では comparative form は「比較級形」，comparison form は「比較変化形」と訳している。原書の当該箇所では irregular comparative forms となっているが，比較級と最上級の両方を意味しているので，comparative form を「比較変化形」と訳している。} 存在する不規則形は，頻繁に用いられるものである。

- better と best は good の比較変化形であり，worse と worst は bad の比較変化形である。
- far には 2 種類の比較変化形がある。further/furthest と farther/farthest である。（後者の対はあまり一般的ではなく，farthest north（最北）のような主に物理的距離を表す際に使う）
- old には規則形（older/oldest）と，親族関係について言及する際の不規則用法（elder/eldest）がある。
- 副詞（p.223）の中には，屈折比較変化（例：*soonest*）を許すものもあるが，ほとんどの副詞は迂言的比較変化を用いる。（例：more frankly（もっと率直に），most frankly）

長い方と短い方

より勝る程度を表す方法が 2 つあるとなると，用法上の疑問が生じる。すなわち，どちらの形式がどの形容詞に用いられるべきかという問題である。答えは主にその形容詞の長さである。

- 1 音節の形容詞は通常屈折形となる（例：big, thin（細い），small, long, fat, red）。ただし，例外もある。real, right, wrong などは *realler, *wrongest などとはならない。また，分詞（p.216）が形容詞として使われる場合にも屈折形にはならない。That's the *most burnt* piece of toast I've ever seen（あんなに焦げたトーストは見たことがない）（*the burntest とはならない）。
- 3 音節またはそれ以上の形容詞は迂言形のみ用いる。**beautifuller* または *interestingest とは言わない。しかしここでもまた例外がある。例えば，*un-* で始まるいくつかの 3 音節の形容詞は，unhealthier（より健康に悪い）や unhappiest（最も不幸な）のように屈折形となる。
- 主に問題となるのは，2 音節の形容詞であり，その多くが両方の比較変化形を許す（例：That's a quieter/more quiet place（そこはもっと静かな場所だ））。proper（適した）や eager（熱心な）のようないくつかの形容詞は単純明快で，屈折形をまったく許さない。ほかにも語尾が *-y*, *-er*, *-le* である多くの形容詞は屈折形を好む。happier（より幸福な），cleverer（より賢い），gentlest（最も優しい）の方が，more/most happy などよりも一般的（commoner）である。しかしその選択はしばしば文体上の理由によるものである。例えば，前文で，more common と commoner のどちらを選ぶかは，韻律と直近の文脈を除いたら，特別な決め手などほとんどない。

＊ {【訳註】タイトル原題 the long and the short of it は「要するに」という意味の成句であるが，ここでは形容詞の音節の長短で比較級・最上級が迂言形（長い方）になるか屈折形（短い方）になるかが決まるということ。}

詩人気取りの最上級

『ボズの素描集（*Sketches by Boz*）』（1836-7）の中で，チャールズ・ディケンズ（Charles Dickens）は「詩人肌の若き殿方」による最上級形の一般的用法を記録している。{【訳註】以下は『ボズの素描滑稽篇　物臭徒弟二人のなまくら膝栗毛他』pp.42-3 田辺洋子訳（渓水社）からの引用である。}

詩人肌の若き殿方がいったん形容詞を用いるとなると，どいつもこいつも最上級だ。何もかもがこの世にまたとないほど grandest（壮大で），greatest（偉大で），noblest（高貴で），mightiest（強大で），loftiest（高尚）か，それとも lowest（低俗で），meanest（卑劣で），obscurest（鄙猥で），vilest（邪悪で），most pitiful（無慙）かの 2 つに 1 つ。奴は中庸というものを知らぬ。というのも熱狂こそは詩情の精髄だから。して詩人肌の若き殿方ほど熱狂的な男がまたといようか？「ミルクウォッシュさん」と若き御婦人が若き殿方の独創的即興詩を受け入れるべく書画帳の錠を外しながら言う。「何て黙りこくってらっしゃるったら！　どなたかに恋なすってるんじゃありません？」「恋！」と詩人肌の若き殿方は炉端の椅子からガバと腰を上げ，お蔭で一目散にすっ飛んで逃げるほど猫の肝をつぶしてやりながら声を上げる。「恋！　かの我が身を焦がす熱情，かの魂の憧憬，かの狂おしき心の火照り。恋！　徒望（あだのぞ）みと蔑されし熱愛の殺伐たる立ち枯れの感化よ。恋，とおっしゃいましたかな！　はっ！　はっ！　はっ！」

と言ったと思いきや，詩人肌の若き殿方は世の詩人およびアデルフィ劇場の O. スミス氏にしか適わぬやり口で腹を抱え，やおらペンを手に腰を下ろすや，刺々しい，半無神論的にして悪魔めいた流儀で韻詩を一，二頁，即興で物す。が御逸品，詩人肌の若き殿方御当人とどっこいどっこい「戯けた騒ぎと怒り」尽（づ）くしではある。

WHITER THAN WHITEST
最高の白より白い

The brightest knits in town
街で最も輝いているニット

Commercial advertising provides fertile soil for adjective inflections.
商業広告は形容詞の屈折の宝庫である

WASHES CLEANER THAN ANY OTHER MACHINE.
ほかのどんな洗濯機よりももっときれいにおちる

THE RESULT: SMOOTHER, FIRMER SKIN
結果は：もっとすべすべで，もっと張りのあるお肌

ENGLAND'S FINEST BONE CHINA
イングランドで最高のファインボーンチャイナ

THE PURER WAY TO ADD FLAVOUR
味わいを増すもっと純粋な方法

THE TASTIEST FISH
最高のお味の魚

The latest in gas cooking
最新のガス調理方法

DECORATING?
Check with us first for all the latest tools and tips
装飾？最新の道具やコツについてまず当方にご相談ください

better, bolder, brighter than ever!
これまでよりも　もっとよく，もっと目立って，もっと明るく！

名詞：数

ほとんどの名詞（p.220）には単数と複数の形式があり，「1つ」と「2つ以上」の対比を表す。このような名詞は**可変**（variable）名詞として知られている。数の対比がない名詞（**不可変**（invariable）名詞（p.213））の小グループもある。ほとんどの可変名詞は完全に予測可能な方法で単数から複数へと変化し，通常単に「*-s* を付加する」という具合に記述される（しかし実際はそれほど単純ではない）。これは**規則的**複数形であり，具体例は cats，oboes（オーボエ），eggs，pterodactyls（翼竜），grammars などほかに何千もある。これに対して，たった数百の不規則な複数形の名詞が存在する。文法家の関心を引くのは，このような**不規則な**名詞である。というのは，言語習得において困難を引き起こし，すぐに説明が必要になるからである。なぜ標準英語（SE）では mouses や childs や foots などと言わないのだろう。

1つあるいは2つ以上？

ほとんどの場合，単数と複数の違いは，「1つ」と「2つ以上」の違いに対応するが，例外もある。写真には木に生えているたくさんの物体が写っている。もし見える物体を foliage（群葉）と記述すると単数形を用い，leaves（葉）が見えると言えば複数形を用いる。しかしその個体数はいずれの場合も同じである。同様に，wheat（小麦）は文法的に単数形であり，oats（オート麦）は文法的に複数形であるが，コンバイン収穫機にはこの文法的違いはわからない。

{【訳注】名詞の可変（variable）／不可変（invariable）の区分は形式（単数形・複数形の変化があるか否か）の問題，深く関連している可算（countable）／不可算（uncountable）の区分（p.221）は名詞の指示する指示物の性質（個体として数えられるか否か）の問題。}

例外的な複数形

古来の英語の中には，例外的な複数形を示す語のグループがいくつかある。このような特定の語が規則的なパターンに従わなかった理由は不明であるが，古英語やゲルマン語に見られる複数形形成のタイプにあたってみると，独特の形となった理由がわかることがよくある（p.8）。

- 7つの名詞は母音を変える（**音変移**または**ウムラウト**といわれる，p.19）。man > men，foot > feet，goose > geese，mouse > mice，woman > women，tooth（歯）> teeth，louse（シラミ）> lice．この変化は，louse が人を表す場合（you louses!（このロクデナシ野郎！））や，mouse がキャラクターを表す場合（we've hired three Mickey Mouses this month（今月はミッキーマウス役を3人雇った））などの派生された意味の場合には適用されない。
- 4つの名詞は *-en* を付加し，そのうち2つは母音（の発音）も変化させる。ox(雄牛)> oxen，aurochs(原牛)> aurochsen，child > children，brother >brethren．/-n/ を複数形のマーカーとする用法は，古英語の名詞において重要な類の特徴であった。ほかのいくつかの家族を表す語も中英語ではこの語尾を示しており，doughtren (=daughters) と sustren (=sisters) はいずれもチョーサーの作品にみられる。(p.461 も見よ)
- 少数の名詞は，/z/ を加えて同時に語尾の摩擦音子音（p.255）も変化させる。ある名詞は，wives，loaves(パンのひとかたまり)，halves（半分）のように，/-f/ を /-v/ に変化させる。このつづりは古英語で起こった変化を反映しており，/f/ は母音に挟まれたときは有声化していた（hlaf=loaf）の複数形は hlafas であった）。booths（ブース）や mouths のように，/-θ/ を /-ð/ に変化させるものもある。house は独特で，houses は /-s/ を /-z/ に変化させる。用法があやふやな例もいくつかある。dwarf（小人），hoof（ひづめ），scarf（スカーフ），wharf（波止場）は，/-fs/ と /-vz/ が観察され，したがってつづりもそれに従う（例：scarfs と scarves のいずれも可）。また，truth（真実），oath（誓い），sheath（さや），wreath（花冠），(特にアメリカ英語の場合) youth（若者）は，/-θs/ と /-ðz/ が観察されるが，いずれも同じつづりの *-ths* である（外国人学習者にとっては大いなる挫折のもととなる）。例外の例外は，still lifes（静物）とトロントのアイスホッケーチームの Maple Leafs である。

この母音図（p.252）は，かつて（仮説上のゲルマン語複数形接尾辞 */-iz/ の母音の）高前舌位置が，複数形となった名詞の母音を矢印の方向に「引き寄せた」ことを表している（p.19）。この影響は，現存する名詞の単数形と複数形の関係づけにおいても見ることができる。当時，ほかのいくつかの名詞もこのように影響を受けていた（例えば，古英語 bōc (=book（本））の複数形 bēc）が，現代英語では母音変化した形は残っていない。

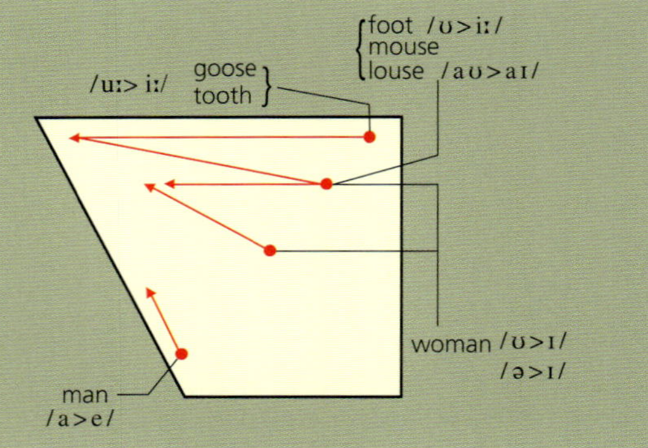

-s を付加する？

話しことばでは

-s 語尾は，単数名詞の最後の音の性質にもとづいて，3つのうちのいずれかの方法で発音される（同様の規則は，ほかの /-s/ 屈折にも適用される pp.214，216）。

- 名詞の語尾が /s/ のような音（**歯擦音**，p.274）——/s/，/z/，/ʃ/，/ʒ/，/ʧ/，/ʤ/——であれば，1音節追加し，/ɪz/ と発音する（例：buses，phrases（句），dishes，beaches（ビーチ），sledges（そり），mirages（蜃気楼）（/ʒ/ については一部のもの））。
- 語尾が無声子音であるほかのすべての名詞は，/s/ を加える（例：cups，pots，sacks（大袋），scruffs（襟首），growths（成長））。
- 語尾が有声子音または母音（*r-* 音色の母音を含む，p.249）であるほかのすべての名詞は，/z/ を加える（例：cubs（幼獣），rods（棒），bags，graves(墓)，tithes（十分の一税），farms，guns，rings，pools，cars，players，bees，foes(敵)，zoos など）。

書きことばでは

つづり字の規則はもっと複雑である。大多数の名詞は単に *-s* を付加するだけである。この場合，plate のような，単数形が「発音しない *-e*」で終わる語も含む。しかし，いくつかの例外がある（p.284）。

- 発音しない *-e* がなく，その名詞が *-s*，*-z*，*-x*，*-ch*，*-sh*（すべて歯擦音を表す）で終わっている場合には，語尾は *-es* となる（例：buses，buzzes（ブンブンという音），boxes，bitches（雌犬），bushes（低木））。
- 名詞が *-o* で終わっていれば，ほとんどの場合，その複数形は *-os* とつづられる（例：studios，zoos，pianos，solos（独奏曲），radios，kilos（キロ））。だが，*-oes* となる名詞もわずかにある（例：potatoes，dominoes（ドミノ），heroes（英雄），tomatoes）。さらに，両方の形を許す名詞もいくつかある（例：volcano(e)s（火山），cargo(e)s（貨物），motto(e)s（標語））。ただし現代用法は *-os* 基準にゆっくりと移行しつつある。
- 普通名詞（p.220）が直前に子音字をともなう *-y* で終わっている場合，*-y* を *-i* に置き換えさらに *-es* を付加する（例：skies（空），flies（蝿））。直前がたった1つの母音の場合には，*-y* はそのままで（例：ways，boys），固有名詞の場合（old and new Germanys（新旧ドイツ），the three Marys（3人のメアリー））にも同様となる。
- いくつかまれな場合もあり，子音字を重ねたり（quizzes，fezzes（トルコ帽）），特にイギリス英語の用法で，文字の呼称 cross your t's（複数個の t に横棒を引け））または数字（3's（複数個の 3））の後にアポストロフィーを用いたり，書き言葉で用いる略語で文字を重ねたりする（pp.（「pages（ページ）」），exx.（「examples（例）」），ll.（「lines（行）」））。

外国語が起源の名詞

外国語から借用された名詞は特に問題をもたらす。規則的複数形語尾を取り入れている名詞（They sang another two choruses（*chori ではない）（彼らは合唱曲をさらに２曲歌った））もあれば，語源である外国語の複数形を保っている名詞（More crises to deal with（*crisises ではない）（対処すべきより多くの危機））もある。さらに，その両方を許容する名詞（What lovely cactuses/cacti!（なんて素敵なサボテンでしょう！））もある。

規則はない。その語に初めて遭遇するたびに，どちらの形を使うべきか学習しなければならず，用法の多様性を意識していかなければならない。formulas（定型句）と formulae，または curriculums（カリキュラム）と curricula のようにどちらか選べる場合には，語源の複数形の方が，通常はより専門的・学術的・形式的である。時々，(spirit) mediums（霊媒）と (mass) media（マスメディア），または appendixes（虫垂または付録）と appendices（付録の意味のみ）のように，一方の複数形が異なる意味に変わることもある。（右の）表では外国語由来の複数形形成の主なタイプを示している。

語源 / 語尾	英語の複数形となる	外国語の複数形となる	両方の複数形を用いる
ラテン語 *-us*	*-es* をつける　apparatus（装置），campus（構内），circus（サーカス），sinus（洞），virus（ウイルス）	*-i* に替える　stimulus（刺激），bacillus（桿菌），locus（場所），alumnus（男子同窓生）	focus（焦点），fungus（真菌），cactus（サボテン），terminus（終着駅），syllabus（シラバス），radius（半径）
ラテン語／ギリシア語 *-a*	*-s* をつける area（地域），dilemma（板挟み），drama（演劇）	*-ae* に替える alumna（女子同窓生），alga（藻），larva（幼虫）	antenna（触角），formula（定型句），nebula（星雲），vertebra（脊椎骨）
ラテン語 *-um*	*-s* をつける album（アルバム），museum（博物館），premium（奨励金）	*-a* に替える bacterium（細菌），erratum（誤字），desideratum（必要なもの）	aquarium（水族館），maximum（最大限），medium（中間），podium（表彰台），referendum（国民投票），forum（公開討論会）
ラテン語 *-ex*，*-ix*	*-es* をつける suffix（接尾辞），prefix（接頭辞）	*-ices* に替える codex（古写本），spadix（肉穂花序），fornix（脳弓）	index（索引），appendix（付録），apex（頂点），vortex（渦），matrix（母体）
ギリシア語 *-is*	*-es* をつける metropolis（首都），clitoris（陰核），glottis（声門）	*-es* に替える analysis（分析）basis（基礎），crisis（危機），oasis（憩いの場所），synopsis（梗概）	
ギリシア語 *-on*	*-s* をつける electron（電子），proton（陽子），neutron（中性子），horizon（地平線）	*-a* に替える criterion（基準），entozoon（体内寄生虫），phenomenon（現象）	automaton（自動装置），polyhedron（多面体）
フランス語 *-eau*	*-s* をつける Cointreau（コアントロー）	*-eaux* に替える gateau（デコレーションケーキ）	bureau（事務局），tableau（絵画），plateau（高原），chateau（城）
イタリア語 *-o*	*-s* をつける solo（独奏曲），soprano（ソプラノ），portico（屋根のある玄関），piccolo（ピッコロ），supremo（最高権威者）	*-i* に替える timpano（ティンパーノ），graffito（壁などに描いた古代文字），mafioso（マフィアの一員）	virtuoso（名人），tempo（テンポ），libretto（台本），allegro（アレグロ），scherzo（スケルツォ）
ヘブライ語名詞	*-s*，*-es* をつける	*-im* に替える moshav（モシャブ），midrash（ユダヤ教聖典の注釈）	kibbutz（キブツ），cherub（ケルビム），seraph（セラフ）

不可変名詞

単数と複数の対照を示さない名詞がたくさんある，つまり**不可変**名詞である。通常，このような名詞は，単数でのみ使われる名詞と複数でのみ使われる名詞の２つのタイプに分類される。

単数のみの名詞

- Francis や York のような固有名詞（p.220）。標準英語では，*Yorks are nice places は容認されない（もしかするとふざけて言う場合は可能かもしれないが）。
- physics（物理学），mumps（おたふく風邪），billiards（ビリヤード）のような，科目，病気，ゲームの名前。標準英語では，*Physics are fun は容認されない。このような名詞は，*-s* 語尾により複数のように見えるので，誤解を招く可能性がある。単数と複数の用法をもつ名詞もある。Darts is easy（ダーツという競技は簡単だ）と Your darts are broken（君のダーツの矢は壊れている）を対比せよ。
- music, homework, snow などのような，名詞の不可算用法（p.221）。標準英語では，*I like musics は容認されない。このような名詞が可算的に用いられる場合には，複数形が普通である。They make beer（彼らはビールを作っている）と They had two beers（彼らはビールを２杯飲んだ）を対比せよ。

複数のみの名詞

- scissors（鋏），binoculars（双眼鏡），jeans（ジーンズ）のような「２つの部分」からなるものの名前。標準英語では，*Your jeans is dry は容認されない。
- amends（償い），annals（年代記），auspices（庇護），congratulations（祝辞），dregs（残りかす），outskirts（郊外），remains（遺稿），thanks（謝意），tropics（熱帯地方）のような，語尾が *-s* の数十の名詞。このような場合，標準英語では単数形がない（*An outskirt of the city）か，単数形は別の意味となる（dregs of beer（ビールの残りかす）と He's a dreg!（彼はクズだ）――イギリス英語のスラングで「価値のない人」）かのいずれかである。
- vermin（害虫），livestock（家畜），cattle（畜牛），poultry（家禽），people，folk（人びと）のように単数に見えるがつねに複数である少数の名詞。標準英語では，*The people is outside は容認されない。

複数形が２つある名詞

いくつかの動物の名前は２つの複数形がある。*-s* を付加する規則的複数形と，まったく語尾を付加しない「ゼロ」複数形である。

I have two *rabbits*.（私は2匹のウサギを飼っている）

They've been shooting *rabbit*.（彼らはウサギを狩猟している）

意味において明らかな違いがある。動物が個体として考えられていれば複数形が使われる。動物が狩猟対象の獲物という範疇であれば，ゼロ複数形となる。プロのハンターはカモ猟（shooting duck）に行くが，shooting ducks とは言わない。地元の池を訪れてカモに餌をやる（feed the ducks）が，feed the duck とは言わない（もちろん池にたった１羽しかいない場合は別である）。

屈折語尾がない名詞

意味的に違いがあり，「1つ」または「2つ以上」という違いを表せるにもかかわらず単数と複数で同じ形の名詞が少数ある。I like your sheep のような文の場合，どちらの意味が意図されているのかという判断は状況によってのみ可能である。その羊のいる牧草地をよく見ればそうであるように，that sheep または those sheep とすればこの問題は解決する。sheep と同様の例として，いくつかの動物の名前（例：deer（鹿），salmon（鮭）），国民（例：Portuguese（ポルトガル人），Swiss（スイス人）），量を表すいくつかの名詞（例：quid は英国のスラングで「ポンド」，p は「ペンス」），そのほか少数の名詞（例：aircraft（航空機），offspring（子孫），series（連続），species（種））がある。

論争の的となっている名詞

- data という語は語法上の問題を引き起こす。この語はかつて複数形としてのみ使われたが，現在では，とりわけ電子計算機やほかの科学的文脈において，しばしば単数形として使われる。例えば，（Many of these data need to be questioned ではなく）Much of this data needs to be questioned（このデータのほとんどが点検されるべきだ）となる。この用法は，古いパターンで育った人びとから批判の的となり続けている。実は，単数形としての用法はまだ完全には確立しておらず，this data と言う多くの人が a data や two data と言うのをためらう。この点においては，アメリカ英語はイギリス英語より一歩先を進んでいる。
- 通常，語尾が *-s* である少数の名詞において，単数扱いすべきか複数扱いすべきか時に議論を招くことがある。例えば，The headquarters is nearby（本部は近くにある）なのか，それとも…are nearby とすべきか。そのような場合，意図する意味によって，どちらの形も可能である。単数扱いの場合には単体の存在物であるという概念を意味し，複数扱いの場合にはその存在物が複数の個別の単位から構成されているという点を強調している。このような名詞としてはほかに，barracks（兵舎），steelworks（製鋼所），kennels（犬の飼育場）がある。
- （さいころという意味の）dice は，現在は（sheep 同様）単数形としても複数形としても使われる。例えば，The dice is on the table（そのさいころはテーブルの上にある）であればさいころは１つで，...are on the table であればさいころは２つ以上である。14 世紀から知られている単数形は，現在では The die is cast（さいは投げられた）という成句のみで使われる。しかし，本来の区別を保持したいと切望する純正主義者は，１つのさいころがテーブルの上にある時はいつでも a die を使うようにと推奨し続ける。

名詞：格

近代英語（p.21）には格が2つだけ残っている。1つは名詞に語尾がまったく付加されない**通格**と，もう1つは**属格**である。属格は名詞の単数形に *-s* を付加して形成する。文字で書く際には，s の前にアポストロフィーを付加する（p.295,「アポストロフィーs」）（例：the cat's food）。ほとんどの複数形にはすでに *-s* 語尾があるので，文字で書く際には，単にアポストロフィーのみ付加する（「s アポストロフィー」）（例：the cats' food）。少数の不規則複数形では，（*the men's books* のように）'s が使われる。口頭で話す際には，cat's と cats' で発音の差はまったくない。

属格の主要な意味は所有である（例：the cat's food）。しかし，属格はほかのいくつかの意味を表すのにも使われる。The traveller's story（旅行者の話）では，由来という概念が示されている。A summer's day（夏の日）では，種類となっている。Three months' leave（3カ月の休暇）では，期限が測定されている。属格形の名詞は，その名詞が行為を行うことも行為を受けることも表すことができる。例えば，the hostage's application（人質の志願）では，hostage は志願する人であり，一方，the hostage's release（人質の解放）では，hostage は解放される人である。

属格形の名詞と，of が前につく名詞（of 属格）は，かなり類似している（the ship's name = the name of the ship（船の名前））。どちらを選ぶかということは，主に性や文体のような要因にもとづく。人を表す名詞や高等動物（p.221）は属格語尾を採る傾向にある。一方，無生物名詞は of 属格を取る。例えば，*the book of Hilary ではなく Hilary's book（ヒラリーの本）であり，*the difficulty's part ではなく a part of the difficulty（困難の一部）である。属格はまた，人間と関わりのある名詞とともに用いられることがよくある（my life's aim（私の人生の目的），the body's needs（体の要求））。しかし，称号では of 形が用いられる（The Duke of Kent（ケント公爵））。ただし，意図的に形式ばらない表現にする場合にはこの限りではない（England's Queen（イングランドの女王））。

所有格形 --- JONES'（S）の詳細を追う

{【訳注】タイトル原題 keeping up with the Joneses は「近所の人に負けまいと見栄を張る」という意味の成句である。}

すべての単数名詞が属格語尾を付加できるわけではない。アポストロフィーしか付加しない場合が数例ある。これが観察されるのは，2音節以上でかつ語尾が *-s* であるギリシア人の名前である。例えば，Socrates' bust（ソクラテスの胸像）であって通常は Socrates's bust ではない。語尾が /-z/ である名前は，用法が一定ではなく，Dickens's novels（ディケンズの小説）と Dickens' novels の両方が観察され，Jesus's name（イエスの名）と Jesus' name の両方が観察される。短い方の形（つまり，アポストロフィーのみの形）では，表記されていないおまけの音節を発音しても構わない。例えば Dickens' の場合，/'dıkınz/ または /'dıkınzız/ となる。

所有格の詩

リゼル・ミュラー（Lisel Mueller）（1977）の詩「所有格（'The Possessive Case'）」は，意味的並列が好奇心をそそるだけでなく，属格の2つの形の用法に関する仮説を検証するための興味深い言語資料となる（原文で's 属格は太字の訳語に，of 属格は斜字体の訳語にしてある）。

あなたの父の口ひげ
私の兄弟の番人
私のおばのペン
私のおじの眼鏡
主人の声
*雌犬の*息子
チャーリーのおば
チャタレー夫人の恋人
プリンス・オブ・ウェールズ
*ウィンザー*公爵夫人
*モンテ・クリスト*伯
*アイスクリーム*の皇帝
マルキ・*ド・サド*
*月下*美人
モーツァルトのレクイエム
ベートーベンの交響曲第9番
バッハのロ短調ミサ
シューベルトの未完成交響曲
クラップの最後のテープ
カスター将軍の最後の戦い
ハワーズ・エンド
フィネガンズ・ウェイク {【訳注】Howards, Finnegans はともに s で終わるので，所有格形同様に前位にあるが，アポストロフィーs が付かない。}
*時の*経過
*3月*15日
*秋の*オーロラ
*不満の*冬
*春の*猟犬
*天の*猟犬
ダンテの『地獄篇』
ウェルギリウスの『アエネーイス』
ホメロスの『イリアス』
*都市の*崩壊
*西洋の*没落
*国民の*創生
*アメリカ独立の*宣言
*ポール・リビアの*騎行
*忠誠の*誓い
スピリット・*オブ・'76*　('76 の精神)
*理性の*時代
*大衆の*時代
*日常生活の*精神病理学
ポートノイの不満
ホイッスラーの母
*シグマ・カイの*恋人
*バビロンの*大淫婦
*フランケンシュタインの*花嫁
フランス軍中尉の女
自分だけの部屋
青ひげ公の城
プラトンの洞窟
サンタの仕事場
ノアの箱舟
*七破風の*屋敷
*七つのヴェールの*踊り
アニトラの踊り
ムーア人のパヴァーヌ
私の父のワルツ
あなたの父の口ひげ

さまよえるアポストロフィー

アポストロフィーは16世紀にフランス語から英語に導入され（p.70），17世紀の間に広まったものの，19世紀の半ばに至ってもその用法が定まっていない部分がたくさんあった。アポストロフィーは，（can'tのように）文字の省略を示しただけでなく，複数形語尾の前にもしばしば使われた。それは特に，（多くの人が今日でもアポストロフィーが「必要だ」と感じるthe two comma's（2つのカンマ）のような）母音で終わる借用語の時であった。18世紀までには，アポストロフィーは単数名詞の属格標識として規則的に使われるようになっていたが，（最も有力な説によると）従来の属格語尾 *-es* から *e* を省略したものであった(p.44)。後になって，この用法は属格複数にも拡張されたが，19世紀の初めでさえも，the girls' dresses（少女のドレス）のような表現で（1文字も「省略」されていないという理由で）アポストロフィーを付加するべきかどうかということについて意見が一致していなかった。

19世紀のもっと後になって，印刷業者や文法家はアポストロフィーが使われる際の規則を定めようと試みた。長期にわたりさまざまな用法について検討を重ねたにもかかわらず，残念ながら，考案された規則は恣意的で不完全なものであった。そして，完全に論理的なひとまとまりの原則を規定することは無理であることがわかった。例えば，所有を示すアポストロフィーは，名詞（girl's）では許されるが，代名詞（hers）では許されない。しかし，この（代名詞に関する）規則でさえも例外（one's）がある。

21世紀への変わり目の頃に，多くの英国の銀行や大企業の名前からアポストロフィーが脱落し始めた（例：Lloyds，Harrods）。今日，英国では，店の看板やポスターやそのほかの掲示物からほぼつねにアポストロフィーが省かれる。地名については大きなばらつきがある。例えば，『ブリタニカアトラス（*Britannica Atlas*）』によれば，ジャマイカのSt Ann's Bayはケープ・ブレトン島のSt Anns Bayと対照をなす。傾向は間違いなく省略する方向にある。例えば，『ブリタニカ』のSt Annsタイプの数百の地名のうち，2/3はアポストロフィーがついていない。ショッピングセンターにおいてはLadies wearやMans shopといった例が観察される。一方，ニューヨーク市地下鉄の路線図には，St. Patrick's CathedralやGrant's Tombと表記されている。現代の看板製作者や印刷デザイナーの多くは，アポストロフィーを目障りで古臭さそうに見えると考えて省略している。しかし，ほとんどの場合，省略することで意味が曖昧になることはない。なぜなら，*-s* 語尾が数か格のいずれのことなのか，そして単数の属格または複数の属格のいずれの意味を表しているのかということは，文脈からわかるからである。しかし，アポストロフィーを利用して有益な表記上の違いを表せるような場合が，明らかに多々存在する。さらに，特に米国では，アポストロフィーを使わせ続けようという子どもに対する強い教育学上の働きかけがある。

見解や慣習が一定しないために，最近では人によってはアポストロフィーの正しい用法に自信がもてず，*-s* 語尾と感じたらどんな場合もその前にアポストロフィーを付加してしまう。例えば，複数形（*We sell fresh pie's）や3人称単数（*Everyone like's our chips）などがそうした例である。このような用法は，教養のある物書きにあまねく非難されているが，英語におけるこうした句読点の長期にわたる混乱の歴史を考えると，アポストロフィーに自信がもてぬのも無理からぬことである（さらにp.295を見よ）。

古いものの新たなイメージ

1935年版の*Chambers's Encyclopaedia*（『チェンバーズ百科事典』）の表紙と同社の1993年の*Chambers English Dictionary*（『チェンバーズ英語辞典』）の表紙であるが，アポストロフィーと付加の音節が省略されていることがわかる。1960年代に，社内で大いに検討を重ねた結果，このような変更となった。この会社の1966年のカタログにはアポストロフィーがあるが，1969年度版ではアポストロフィーがない。

今日ではほとんどの公の名称がアポストロフィーを使わないが，一部の企業は伝統，信頼，それに類する価値のイメージの一部として，意識的にアポストロフィーを使い続けている。1992年発行の英国のある大衆雑誌では，属格語尾でアポストロフィーを用いている商標は10%に満たず，そのほとんどは，Ross'sのように元の語尾が歯擦音（p.243）のために，仕方なくアポストロフィーを用いている。そのような名前の場合，唯一の代替案は属格語尾をまったく使わないことであり，これは実際に最近よく用いられる手法である（例：Lewis'sではなくJohn Lewis）。

代名詞：格

人称代名詞（p.222）には，名詞と同様に属格形があるが，名詞にはもはやなくなってしまった**目的格**形がある。この形は代名詞が，節の中で目的語の場合（例：He saw me）や，前置詞に支配されている場合（例：He gave it to me）に主に用いられる。**目的格**という用語は，この機能を反映しており，**対格**という従来からの用語の代わりとなった。対格は，伝統文法（p.204）で好んで使われ，ラテン語の説明にはより適していた。同様に，代名詞が節の主語の場合には，**主格**（subjective）（従来はnominativeという用語）と言われる。5つの代名詞（I/me，we/us，he/him，she/her，they/them）はこの違いを示す。whoにも，属格形（whose = of whom/which）に加えて，目的格形（whom）がある。who以外の代名詞にも属格形があり（my/mine，our (s)，his，her (s)，its，their (s)，your (s)），従来は**所有**代名詞と呼ばれていた。これらの所有格形代名詞の選択肢（herまたはhersなど）は2つの異なる構文で現れる。すなわち，その代名詞が名詞をともなう（That is her book）か，あるいは，その代名詞が単独で用いられるか（That book is hers）である。

おやおや!!

目的格は長らく規範的な観点からの不満の的となってきた（p.206）。

- 特定の文脈において，ラテン語の影響を受けた文法的な慣習からすると主格となるべきところで目的格が使われている。

Who's there? It's me.（どなたですか？私です。）
She's as tall as him.（彼女は彼と同じ背丈だ。）
Ted and me went by bus.（テッドと私はバスで行った。）

形式ばった場面でこのような表現を使うことにはさまざまな批判がある。1語で返答するMeは，今ではほとんど誰もが使っており，コメントの対象になることもめったにない（映画『求むハズ（*The Millionairess*）』でピーター・セラーズとソフィア・ローレンが歌った歌｛【訳注】（Goodness Gracious Me!)｝で広く知られるようになったにもかかわらずだ）。しかし，X and meというタイプの構文は――とりわけ丁寧な通常の語順を逆にして代名詞を最初にした場合（Me and Ted went by bus）は――しばしば批判を受ける。

皮肉なことに，meやそのほかの目的格形が長らく批判にさらされてきた結果，今ではその用法に関して多くの人が過敏になり過ぎ，節中でのそれらの使用が文法的に正しいような場合でも，目的格を使うことを避けてしまうようになった。

Between you and I…（あなたと私の間では）(p.206)
He asked Mike and I to do it.
（彼はマイクと私にそれをするように頼んだ。）

- It's no use my/me asking her（私が彼女に頼んでも無駄だ）のような文に関しても，どちらが正しい形かは確定していない。旧来の文法ではaskingのような語を「動詞的名詞」または**動名詞**と分析し，（myなどの）所有代名詞または名詞の属格形（John's asking me（ジョンが私に頼むこと））を用いることを要求する。現代の文法は，動名詞という用語を用いず，動詞（の *-ing* 形 p.216）と分析する。askingが（動詞同様に）目的語himを採ることからである｛【訳注】もし名詞であるならば，その目的語にはofがつくはずである。例：the discovery of the island｝。形式ばった文体では所有格が好んで使われ，特に，代名詞や短い人名の名詞句などではその傾向がある。だが形式ばっていない文体では，目的格の方が一般的である。

動詞

規則語彙動詞（p.224）の形は規則によって予測できる。**不規則**語彙動詞は，予測不可能な形があるような動詞である。近代英語では何千もの規則動詞が存在するが，不規則動詞の数は 300 にも満たない。多くの不規則形は，古英語（p.21）にみられた「強」変化動詞類という複雑に発達した体系の生き残りである。

規則動詞は４つの形で現れ，それぞれの形は節（p.232）の中で異なる役割をもつ。

- **語基形**　屈折語尾がなく，辞書に記載されている形（時々**不定詞形**と呼ばれる場合がある）。
- ***-s* 形**　語基に -(*e*)*s* 語尾を付加する（時として，つづりの変化をともなう）ことによって作られ，3人称単数現在で使われる（例：he/she/it sees）。名詞（p.212）ですでに触れたように，この語尾の発音は，先行する音によって変化する（例：/-s/ looks, chops, jumps;/-z/ tries, goes, reminds;/-iz/ passes, rushes, buzzes）。does と says は例外で，語尾が付加されると，語基の発音も変える。*/du:z/ ではなく /dʌz/ であり，*/seɪz/ ではなく /sez/ である（大声で読みあげる際は除く）。
- ***-ing* 形または *-ing* 分詞**　語基に *-ing* を付加する（しばしばつづりの変化をともなう）ことによって作られる（例：running, jumping, going）。伝統文法では**現在分詞**と呼ばれていたが，（He was going が示すように）この形は現在時の表現に限られているわけではないので，この用語は現代の文法家にあまり用いられることはない。
- ***-ed* 形**　語基に *-ed* を付加する（しばしばつづりの変化をともなう）ことによって作られる。この語尾は**過去形（past form）**や ***-ed* 分詞形（*-ed* participle form）**にみられる。過去形はたった１つの用法のみである――すなわち，I kicked the ball のように過去時制を表す用法のみである。*-ed* 分詞形は４つの用法がある。過去の相を表す助けとなる（I've kicked the ball（私はそのボールを蹴った）p.237）。受動態を表す助けとなる（The ball was kicked.（そのボールは蹴られた）p.237）。従属節の一種で，節を始める際に用いる（Kicked and battered，I hobbled off the field.（蹴られたり殴られたりしたので，私は足を引きずって競技場を後にした）p.238）。そして，形容詞として用いる（the cooked meal（調理済の料理）p.223）。*-ed* 分詞形は伝統文法では**過去分詞**と呼ばれていたが，（I will be asked. が示すように）この用法は過去時に限られているわけではないので，現代の文法ではこの用語もまた避けられる傾向にある。

【p.217 へ続く】

不規則動詞

不規則語彙動詞には２つの主な特徴があり，いずれも幼い子どもや外国人学習者にとってよくある問題となる。（p.481）

- ほとんどの不規則動詞は語基の母音を変化させて，過去形または *-ed* 分詞形を形成する。この過程は**母音交替**（p.21）として知られている（例：*meet* >（**meeted* ではなく）*met*，*take* >（**taked* ではなく）*took*）。
- *-ed* 語尾が規則的に使われることはなく，しばしばまったく使われない（例：*cut*，*met*，*won*: *I have cut*（**I have cutted* とはならない），*It was won*（**It was winned* とはならない））。

このような特徴をもとに，不規則動詞を７つの大きなクラスに分類することができる。

クラス１　約20個の動詞からなり，唯一の不規則な（すなわち，規則動詞と異なる）特徴は，過去形と *-ed* 分詞形の両方に使われる語尾の点（すなわち，*-ed* ではない点）である。
　例：*have* > *had*，*send* > *sent*.

クラス２　約10個の動詞からなり，過去形は規則的だが，*-ed* 分詞形は *-n* 語尾となる。*-n* 語尾の変異形として *-ed* 語尾となることがある。
　例：*mow*（刈る）> *mown* または *mowed*，*swell*（膨張する）> *swollen* または *swelled*

クラス３　約40個の動詞からなり，過去形と *-ed* 分詞形で同じ語尾となるが，不規則な語尾である。また，語基形の母音を変化させる。
　例：*keep* > *kept*，*sleep* > *slept*，*sell* > *sold*

クラス４　約75個の動詞からなり，*-ed* 分詞形で *-n* 語尾となり，過去形は不規則である。また，語基形の母音を変化させる。
　例：*blow* > *blew* > *blown*, *take* > *took* > *taken*，*see* > *saw* > *seen*

クラス５　約40個の動詞からなり，すべて同じ形である。
　例：*cut*, *let*, *shut*　*I shut the door*（now）（私は（今）ドアを閉める），*I shut the door*（last week）（私は（先週）ドアを閉めた），*I have shut the door*（私はドアを閉めたところだ）

クラス６　約 70 個の動詞からなり，屈折語尾はまったくないが，過去形と *-ed* 分詞形で同じ形となる。また，語基形の母音を変化させる。
　例：spin（回転させる）> spun，sit > sat，stand > stood.

クラス７　約25個の動詞からなり，最も不規則なタイプを形成する。屈折語尾はなく，過去形と *-ed* 分詞形は異なり，それぞれの形で母音が変化する。
　例：swim > swam > swum，come > came > come，go > went > gone.

火急の問題――burn の過去・過去分詞（*-ed* 分詞）は burned か burnt か

いくつかの不規則動詞（クラス２）は２通りの *-ed* 形があり，１つは規則的（*-ed* をともなう）で，もう１つは不規則（*-t* をともなう）である。

burned	burnt
learned	learnt
smelled	smelt
spelled	spelt
spilled	spilt
spoiled	spoilt

The straw burned（藁が燃えた）それとも *The straw burnt*？

burnt straw（焼け焦げた藁）それとも *burned straw*？

-t 語尾はアメリカ英語ではまれである（p.493）。しかし，イギリス英語では，用法にばらつきが多くみられる。そこで，次のような興味深い疑問が湧いてくる。すなわち，それらの用法の一部でも，２つの形の間で微妙な意味の違いが示せるようにパターン化することができるだろうか。

用例を注意深く比較してみると，次のようなことがわかってくる。行為の継続が強調されている時には *-ed* 形の方が使われる傾向となるようである。一方，１度だけ，しかもほとんど時間がかからずに生ずることや，過程自体よりもその結果に焦点を当てるようなことには，*-t* 語尾の方が使われる傾向となるようである。この仮説を検証するのに，以下の例を使ってみることができる。違いが感じられるだろうか？

The heather burned for days.（ヘザー{【訳注】ツツジ科の植物。}が何日間も燃えた）
The burnt heather looked awful.（焼け焦げたヘザーはひどいありさまだった）

The torturer slowly burned my arm.（拷問者はゆっくりと私の腕を火あぶりした）
I burnt my arm against the stove.（私はストーブで腕をやけどした）

We've always burned wood in that stove.（我々はいつもあのストーブで薪を燃やしていた）
I saw a piece of burnt wood in the shed.（私は納屋で燃えがらの木片を見た）

The drink burned in my throat.（飲み物で喉が火照ってきた）
（It was whiskey.（ウイスキーだった））
The drink burnt my throat.（飲み物で喉がやけどした）
（It was acid.（酸だった））

時には，文脈によって上記のいずれかの解釈を生み出さないような場合もある。それで，次の例で，なぜ（瞬時に判断ができず時間をかけて考えてみなければならないが）１番目の文の方が２番目よりもやや好まれる傾向があるのかという理由が説明できるかもしれない。

They burned with desire for each other.（彼らはお互いを求めて激しく燃えた）
?They burnt with desire for each other.

しかし多くの場合，おそらくどちらを選ぶかは一定していないようだ。というのも，I spelled/spelt it with an e（私はそれに e をつけてつづった）のような文では，動詞（の語尾が *-ed* であるか *-t* であるか）や文脈が，上述の意味的な区別を生み出す動機にはならないからだ。同時にもう一方の極端な例では，形容詞的用法の burnt sienna（赤土色），burnt almonds（炒ったアーモンド），burnt offering（燔祭），burnt toast（焦げたトースト），そして T. S. エリオットの詩 Burnt Norton（バーント・ノートン／燃え果てたノートン邸）のように，もう１つの形（*-ed* 語尾の形）をほとんどあるいはまったく許さないようなコロケーション（p.172）がいくつかある。

-ED を付加する？

話しことばでは

規則動詞の -*ed* 語尾は，語基形の最後の音の性質にもとづいて，3つのうちいずれかの方法で発音される。（同様の規則は /-s/ 屈折が発音される方法にも適用される。p.212 を見よ）

- もし動詞が /t/ または /d/ で終わっていれば（**歯茎音**，p.255），1音節追加し /ɪd/ と発音する（例：wanted，boarded）。この形は，世界中でいくつかの発音上の変異がある。例えば，南アフリカでは /əd/ と発音される。
- 語尾が無声子音であるそのほかすべての動詞は，/t/ を付加する（例 stopped /stɒpt/，boxed /bɒkst/）。
- 語尾が有声子音であるかまたは（*r-* 音色母音を含む，p.249）母音であるようなそのほかすべての動詞は，/d/ を付加する（例：robed（奪った），died（死んだ），barred（禁じた））。

書きことばでは

つづり字の規則はもっと複雑であり，イギリス英語とアメリカ英語の間でいくつかの地域的な変異を示す。以下に主なパターンを示す。

- もし語基形の語尾が「発音しない -*e*」であれば，-*ed* の前でこの -*e* は脱落する（-*ing* 語尾の場合も同様）。例えば，typed であって，*typeed（あるいは *typeing）ではない。語尾が -*ye*，-*oe*，-*ie*，-*nge*，などのほとんどの動詞は，-*ed* の前でこの -*e* を失う（ただし -*ing* の前では保持する）。例えば，dyed（染まった）（だが dyeing），singed（表面を焼いた）（だが singeing）。これにより，singing（歌う）と singeing（表面を焼く）のような対比を区別することができる。
- 語尾の直前の母音に強勢があり，その母音のつづりが重複していなければ，-*ed* の前で語基形語尾の子音字を2回つづる（-*ing* の場合も同様）。例えば，jogged（jogging），permitted（permitting）。語尾の直前の母音に強勢がない（enter > entered，entering），または同じ文字が2回つづられている（greet > greeted，greeting）場合には，通常このくり返しは起きない。
- いくつかの語尾の子音はこの規則があてはまらず，語尾の直前の母音に強勢がない場合でも子音のくり返しを許す。これはイギリス英語では通常行われることだが，アメリカ英語では子音をくり返さない用法も許される（以下の場合，頻度は一様ではない）。主な例は，-*l*，-*m(me)*，そしていくつかの -*p* である。

イギリス英語ではつねに使われ アメリカ英語ではしばしば使われる	イギリス英語では絶対に使われず アメリカ英語ではしばしば使われる
signalled	signaled
diagrammed	diagramed
kidnapper	kidnaper

語尾が母音＋ -*c* である動詞では，（-*ed* の前で）-*ck* とつづる（例：panicked（うろたえた））。しかし，語基の語尾が母音＋ -*s* の場合には，用法にばらつきがみられる。ある出版社は子音を重ねるべきだと言い，別の出版社はそれを避けるようにと言う（例：focussed（焦点を合わせた）と focused，biassed（偏らせた）と biased）。このような語について，本書では -*s*- を重ねていない。

- 名詞（p.212）と同様に，動詞が直前に子音をともなう -*y* で終わっている場合，-*y* を -*i* に置き換えさらに -*ed* を付加する（例：cried，tried）。直前が母音の場合には，通常 -*y* はそのままである（例：stayed）。同じ規則が -*s* 語尾にも適用される（例：cries，tries）。名詞と違うのは，-*ing* 語尾の場合には -*y* はそのままという点である（例：crying，trying）。
- 名詞以上に，例外の例外がある。直前に -*a*- がある -*y* 動詞の場合，その -*y* は置き換えられることがある（paid や laid）。-*ie* 語尾の動詞に -*ing* を付加する場合，-*ie* を -*y* に変える（例：dying（死ぬ），tying（結ぶ））。語尾が発音しない子音字の場合，その子音字を重ねることはない（例：crocheted（かぎ針で編んだ），hurrahed（大きな声援を送った））。現在時制においては，does や goes のような例外があり，-*e*- が付加される。用法上の変異を示す形もいくつかある（例：ageing（年を取った）と aging，arcked（弧を描いた）と arced，verandahed（ベランダがついた）と verandah'd（さらに p.286 を見よ））。

稲妻が走る――lightning の -*ing* 形は？

lightning（稲妻が走る）の動詞用法（例：It thundered and lightninged all night（一晩中，雷鳴がとどろき稲妻が走った））は，語基に -*ing* を付加して -*ing* 形を形成するという規則の唯一の例外のようである。*It was thundering and lightninging all night とは言わず，動詞は変化させずに It was thundering and lightning all night とする。しかし，英語においてこれは普通ではない形なので，多くの人は違和感を覚え，そのまま言ったり書いたりはせず，文を言い換えるやり方を選ぶ。

カーペットを敷き直すとメッセージを中継する――relay の過去形は？

relayed それとも relaid?

つづりは動詞の意味を区別する際に重要な要素となりうる。メッセージは中継される（a message is *relayed*）が，カーペットは敷き直される（a carpet is *relaid*）。1番目は，relay という動詞であり，relay（中継）という名詞からの派生である。2番目は，lay（敷く）にもとづいた動詞である。1番目の動詞は規則的 -*y* つづりを用いているが，2番目の動詞は lay の例外的 -*ed* つづり（laid）を用いている。

relaid それとも relayed?

n't

否定語 *not* の縮約形は，いくつかの動詞につく屈折辞として使われる。これを許す動詞は助動詞（p.224）で，そのほとんどが2つの否定形をもつ。

does not	doesn't
is not	isn't

（助）動詞の形が変えられる場合もある。

will not	won't
shall not	shan't
do not	don't
	/dəʊnt/ であって /duːnt/ ではない

標準英語において，いくつかの助動詞はこの語尾（n't）が許されず，特に *amn't は許されない（ただし，例えばアイルランド英語では耳にすることがある）。もう時代遅れとされる用法もいくつかある（mayn't，usedn't）。しかし，大きな違いは語彙動詞との対比で，語彙動詞は縮約形が決して許されない（*sitn't，*walkedn't）。

【p.216 から続き】

不規則動詞の -*s* 形と -*ing* 形は，規則動詞と同様の方法で，語基にそれぞれの語尾を付加することによって作られる。しかし，不規則動詞は，予測不可能な過去時制形または予測不可能な -*ed* 分詞形のいずれか，またはその両方をもつ。したがって，多くの不規則動詞は，通常の4つの形ではなく，5つの形で現れる。

15 語類

さらなる情報源：
cambridge.org/crystal

英語の伝統文法は，ラテン語にまでさかのぼる接近法に従っており（第13章），英語に8つの品詞――すなわち名詞，代名詞，形容詞，動詞，副詞，前置詞，接続詞，間投詞――が存在することを受け入れていた。文法書の中には，分詞に独自の注意を向けるものもあれば，補足的に冠詞に言及するものもあった。しかし品詞の定義が，英文法を学ぶ上で不可欠な第一歩であることを疑う者はいなかった。

なぜそもそも品詞について語る必要があるのだろうか。主な理由は，語がどのように振る舞うかについて一般的かつ経済的に述べることができるようになるからである。一連の語がすべて同じように振る舞うことに気づくならば，それを一般化するのは，よく行われることである。単純な例として，我々は次のような文を観察すると，構造の同一性に気づく。

It is in the box.
It is near the fence.
It is on the horse.
It is by the table.
It is under the car.
It is for the book.

いずれの例にも，the の前には，同種の機能を果たしていると思われる要素がある。その要素は，it（それがどんなものであろうが）と後続する語との間のなんらかの近接関係を表している。それぞれの要素について別々に述べるよりは，それらを1つの範疇にまとめる方が有意義である。ラテン語にも，同じ機能を果たす語があった。それを文法学者は**前置詞**と呼んだ（*prae* + *positio*（前に置く），すなわち，名詞の前に置く）のである。現代の英文法は，その用語を好感的に使い続けている。

前置詞は，ラテン語と英語の文法において同じように機能する領域の1つであるから，現代の文法家にとって好都合である。前置詞という概念は，英語を記述するのにとりわけ役立つものである（p.225）。しかし，ラテン語に明確な対応物がない英語の語（例えば，冠詞の the，助動詞の shall，不定詞 to go の to）に，ラテン語の古い品詞の標識を当てはめようとすると，それほど適切とは言えなくなる。実際，言語学者が1940年代から50年代になって英語の文法構造を詳しく見始めると，彼らは，同定と定義に関して非常に多くの問題に直面したので，**品詞**という用語が好まれなくなり，代わりに**語類**という用語が導入されるようになった。語類は，品詞と同等のものであるが，厳密な言語的基準に従って定義されている。

伝統的な定義

伝統文法で見られる定義は，著者によって一定していないが，それらには共通して，現代の言語学者には望ましいとは思われないような，分析手法の不明確さと非一貫性が見られた。一連の定義と例（ネスフィールド（Nestfield, 1898）から引用：p.209を見よ）が下記に示されている。それには，英文法を正確に記述したいと思うならば誰もが気づくような難点も一緒に注記されてある。伝統的な定義の背後にある一般性の意図は大変明確であるが，定義のなかには，すべての例に当てはめるには十分一般的ではないものもあれば，形態論（第14章）あるいは統語論（第16章）が明確に詳述されていないために，一貫して適用するのが難しいものもある。

定義	注記
名詞は，人や物を名付けるのに用いられる語である。例：man，house，Paris，height	この概念的な定義ではうまく行かない。場所を付け加える文法家もいるが，それでも，「人，場所，物」として容易に記述できない多くの名詞――例えば，抽象性（beauty）や行為（a thump（ゴツンと打つこと））――を除外してしまう。形態論や統語論については何も言及されていない（p.220を見よ）。
形容詞は，名詞を修飾したり，あるいは，名詞の意味に何かを付加することで名詞の適用範囲を制限したりするのに用いられる語である。例：fine，brave，three，the	この定義は，広過ぎて漠然としている。というのは，まったく異なる文法特性をもった広範な要素（例えば，the，my，all）を含めることになり，ある構文（例えば，her brother the butcher（肉屋の彼女の兄））における名詞（the butcher）までも含めてしまうからである。形態論や統語論については何も言及されていない（p.223を見よ）。
代名詞は，名詞，名詞相当語句［すなわち，名詞として機能する語］の代わりに使われる語である。例：this，who，mine	この定義は，ほぼその通りであるが，基本的な点で訂正しなければならない。代名詞は，名詞でなく名詞句の代わりに用いられる（p.234）。he は，lion という語だけではなく the big lion という句全体を指示する（*the big he とは言えない）。形態論や統語論については何も言及されていない（p.222を見よ）。
動詞は，人やものについて何かを述べるのに使われる語である。例：make，know，buy，sleep	この定義には，動詞と（上述の）形容詞の間にほとんど差がない。「する語」とか「行為語」とか呼ぶのを好む文法学者もいるが，これだと，know，remember，be のような状態動詞を除外してしまいそうだ（p.224を見よ）。
副詞は，名詞や代名詞以外のあらゆる品詞を修飾するのに用いられる語である。例：today，often，slowly，very	この定義は，通常の定義よりも進歩している。通常の定義だと，副詞は動詞を限定する（すなわち「修飾する」）となるが，これでは，very や however のような語には不適切である。そうではあるものの，この定義は，間投詞に適用されてはならない（のに適用されてしまう）ので，不備がある。また the very man（まさにその人）や slovenly me（だらしのない私）のような例についても考慮しなければならない。形態論や統語論（p.223）については何も述べられていない。
前置詞は，名詞や名詞相当語句の前に置かれる語で，人や物が何かほかの物とどのような関係にあるのかを示す。例：on，to，about，beyond	この定義は，明確な統語的基準を与えている点で，順調な出だしをしているが，厳密にする必要がある。というのも，前置詞は名詞のみでなく名詞句の前にくるし，文のほかの部分でも使われることもあるからである（p.225）。さらに上記の名詞と同様に，人や物以外のものも含まれる。
接続詞は，語や句，または節と節を連結するのに用いる語である。例：and，before，as well as	この定義は接続詞の本質をとらえているが，少し厳密にする必要がある。というのは，前置詞も the man in the garden（その庭にいる男）のように連結機能をもっていると言えるからである。正確には，何が連結されているのかに大きく左右される（p.225）。
間投詞は，心情を表現するのに文中に放り込まれる音や語である。例：Oh！（おお！），Bravo！（お見事！），Fie！（えーい！）	この定義は，必要以上に漠然としている。というのも，ネスフィールドは別の箇所で，間投詞が文の構成に入らないという重要な点を主張しているからである。間投詞は，その感情的な機能にかかわらず，やはり文分類の一部と見なされる必要がある（p.225）。｛【訳注】感情的な機能という点からすると声の強弱や抑揚のような音韻的概念のようにも考えられるが，やはり（統語的な概念である）文の分類の一種（非主要文）と見るべきである。p.225参照。｝

類の感覚

語を見ただけでは，その語がどの語類に属するのかを判別することはできない。語がどのように文中で振る舞うのかを注意深く見る必要がある。例えば，brown という語には，3 通りの文法的な使われ方がある。

- I bought a brown car.（私は茶色の車を買った）や My arms are brown.（私の腕は褐色だ）のような文脈で使われたときには形容詞となる。
- I pocketed the brown.（私は銅貨をポケットに入れた）のような文脈で使われたときには名詞となる。
- The toast has browned nicely.（トーストがうまく焼けた）のような文脈で用いられたときは動詞となる。

もっと多くの用法を有する語もある。round は，形容詞，名詞，動詞，副詞，前置詞の 5 つの用法をもっている。

A round table.（円卓）

The yacht rounded the buoy.（ヨットはそのブイの周りをまわった）

Round the corner came a fire engine.（その角をまわって消防車が 1 台やってきた）

It's your round.（あなたの番だ）

Walking round to the shops.（あちこち歩いてお店に行く）

語類を見分ける

語類は，文法的な観点からすると，同じように振る舞う語群をいう。理論上，それは次の２つのことを意味する。

- それらの語は，形態論的に同じである（第 14 章）。それらの語は，同じ語尾を使うことで，どの語類に属するのかを示す。例えば，動詞には，*-ing* や *-s* のような屈折語尾が付加する（p.216）。また，動詞は，*-ize* や *-ify* のようなさまざまな語彙的語尾によっても見分けられる（p.210）。
- それらの語は，統語的に同じである（第 16 章）。それらの語は，文中で同じように使われることによって，どの語類に属するのかを示す。例えば，形容詞は，the happy cat のように the と名詞の間に現れ，the cat is happy のように be 動詞の直後に現れる。

語類を見分ける作業は，言語学者には興味深いものである。というのも，どれが最良の基準であるのかが必ずしも明らかでないからである。例えば，英語で名詞と呼ばれるものを決定しようとするときには（p.220），可能な基準がいくつか存在する。その基準それぞれが特定のグループの語を同定する。1 つの基準は，複数語尾を用いることである。この基準によれば，cats，dogs，horses や何千ものほかの語を名詞に含めることになるが，複数語尾をもたない多くの語（例えば，sheep，police，information，John）を除いてしまう。もう 1 つの可能な基準は，*-tion* や *-hood* のような名詞を派生する独自の接尾辞を用いることである。この基準によれば，information，boyhood（少年時代）や何千もの語を名詞に含めることになるが，そのような接尾辞をもたないほかの何千もの語を除外してしまう。

同時に，名詞とはまったく関係のない基準があることにも気づく。例えば，比較級の語尾や最上級の語尾の使用は（p.211），cat や dog を扱う際には関係がないようである。*catter や *doggest などとは言わない。その基準によって見分けられる別の語のグループは，形容詞と呼ばれるものである。

名詞に原則的に適用できるものの，ごく限られた語のグループしか見分けられず，ほとんど価値のない基準もいくつかある。1 つの例として，属格の使用がある。属格は，the boy's back（少年の背中）と *the house's back（家の背後）の対比に見られるように，有生の名詞を大いに好む。それは，何が典型的な名詞をなすのかについての我々の感覚に貢献する点で適切な基準であるが，便利な識別的な特徴ではない。なぜなら，それは，ほかの基準によって明白に名詞であると識別される多くの語を除いてしまうからである。

伝統文法は，語類の実際の言語的振る舞いを研究することに，言語学者と同様な関心を向けることはなかった。伝統文法は，ラテン語にうまく働く基準が英語にも働くであろう（p.204）と想定し，品詞を定義するのに，語の文中における振る舞いよりもむしろその語の想定される意味に関連した定義を用いていた。これらのどちらのやり方でも，英語を記述するのにそれほど有益でないことが明らかになってきた。

新しい語類

文中で語がどのように振る舞うのかを注意深く見ていると，その共通性と同様に相違点にも強く印象づけられる。多くの語は，実際，独自なものであることが分かる。例えば，house と，その特異な複数形の形成法（p.212）を含めてまったく同じ形式的特徴をもった語は，英語にはほかに 1 つとして存在しない。同様に，children，good，lightning（雷が鳴る），say，will，do という語にも，英語のいずれのほかの語にも見られないような形式的な振る舞いの特徴がある（これらの特徴はすべて第 14 章で確認されている）。こうした個々の語の特異性は，語類を扱う際には通常無視される。house は，微妙に個別的ではあるものの，依然として名詞として分類されるのである。

この手法によって，いくつかの英語の重要な語のグループが明らかになってくる。それらは，統語的にきわめて特有なものであるので，（ラテン語の語類とは別の）独自の語類として認知する必要がある。そのことは，それらのグループにふさわしい新しい名称を考え出すことを意味するのだ。そうした「新しい」語類の例を，3 つあげることにしよう。

- **決定詞**　名詞句内で the や a の代わりに使われる語のグループである。量，数，所有，定性などの概念を表す。例えば，some，much，that，my がある。伝統文法は，これらを形容詞と呼んでいた。
- **合接詞**　節，文，パラグラフのような独立した文法的単位を連結する機能をもった語のグループ【訳注】伝統的な「接続詞」とは別）。例えば，however，meanwhile（一方），otherwise（さもなければ），namely（すなわち）がある。伝統文法ならこれらを副詞と呼ぶであろう。
- **助動詞**　節内の主動詞を助ける機能をもった語のグループ。人称，数，時制などの基本的な文法的対立のいくつかを表す。例えば，have，can，do，was がある。伝統文法では，これらの語を（主動詞とは）別個の類として「欠如動詞」と呼ぶこともあった。

Paris は，どのぐらい名詞らしいか？

現代の文法は，最大の語類（つまり，名詞）がいくぶん便宜的な虚構であることに気づいている。提案された語類に属するすべての語が，いくつかの特徴を共有するということはあるが，それらのすべての特徴を共有する語などほとんどない。例えば，名詞に関してしばしば提案される 4 つの重要な特徴がある（p.220）。

A　名詞は，名詞句の主要部になりうる語である。
B　名詞は，節の主語になりうる語である。
C　名詞は，複数形をもちうる語である。
D　名詞は，*-tion* や *-hood* などの接尾辞が現れている語である。

語がこれらの基準を多く満たすほど，その語はより名詞らしくなる。

deprivation（はく奪）は，4 つの基準をすべて満たすので，「優秀な」名詞である。

A　I hate the terrible deprivation.（私は，そのひどいはく奪を憎む）
B　Deprivation is increasing.（はく奪が増えている）
C　The deprivations were awful.（それらのはく奪はすさまじかった）
D　depriva*tion*（はく奪）

一方，Paris という名詞は，はるかに典型的ではない。

A　当てはまりそうもない。（The Paris I used to know（私が知っていたパリ）の場合のように，Paris が普通名詞になる場合を除く（p.220 を見よ））
B　Paris is a capital city.（パリは首都である）
C　当てはまりそうもない。（How many Parises do you know?（あなたはいくつのパリを知っているのか？）のような特別な場合を除く）
D　全く当てはまらない。

名詞類

名詞の振る舞い方を見るならば，次のような要因が関係していることがわかる。

- **統語構造**（第 16 章） 名詞は，the new **telephones** のように，名詞句（p.234）の中心的なもの（すなわち「主要部」）である。名詞は，the や some などの少数の類の決定詞（p.219）の 1 つに先行されることがよくある。
- **統語機能**（第 16 章） 名詞は，節の主語（**Apples** are popular），目的語（I like **apples**），補語（Those objects are **apples**）として機能する。
- **文法的形態論**（第 14 章） 名詞は，単複の対立を表したり（cat/cats），属格（cat's/cats'）を表したり（p.214）するのに，その形式を変えることがある。
- **語彙形態論**（第 14 章） 名詞は，小規模な接尾辞の一覧（例 *-age*, *-ment*, *-tion*）の内の 1 つを動詞，形容詞，ほかの名詞に付加することで形成される。

名詞を解析する際に，伝統文法は，性，数，格に注意することを強調した（p.209）。現代文法は，この基準を軽視し，性は文法的な役割を果たさないと考えるようになった。しかし現代英文法は，性などとは別のいくつかの伝統的な対立――とりわけ，**固有**か**普通**か，**抽象**か**具象**か――の重要性を尊重すべき十分な文法的理由を見出し，さらに**質量**（別名，不可算）名詞と**可算**名詞の対立を，名詞の下位分類上の重要な特徴と見なすようになった。

主な下位類

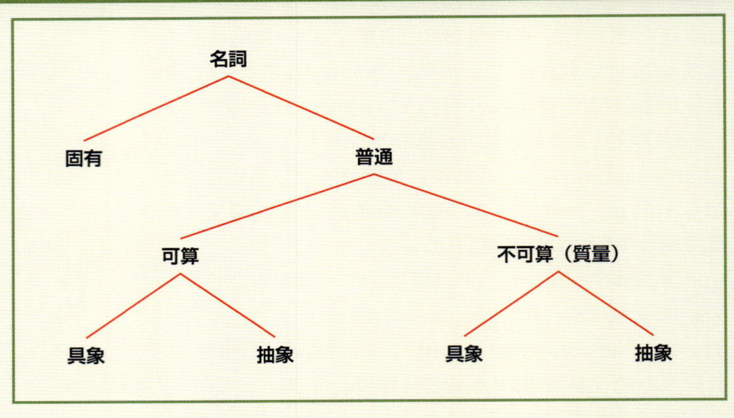

名詞は，6 つの主要な類に分類される。最初の区別は，**固有名詞**と**普通名詞**である。次に普通名詞が**可算**と**不可算**に分かれる。そしてどちらもがさらに**具象**と**抽象**に分かれる。

名詞を形成する接尾辞

抽象名詞			具象名詞		
接尾辞	付加対象	例	接尾辞	付加対象	例
-age	名詞	mileage（走行距離）	*-ant*	動詞	contestant（競技者）
-age	動詞	wastage（廃棄物）	*-ee*	動詞	referee（審判員）
-al	動詞	refusal（拒否）	*-eer*	名詞	profiteer（不当利得者）
-(a)tion	動詞	exploitation（開発）	*-er*	名詞	villager（村人）
-dom	名詞	kingdom（王国）	*-er*	動詞	writer（作家）
-(e)ry	名詞	slavery（奴隷）	*-ese*	名詞 / 形容詞	Chinese（中国人）
-ful	名詞	spoonful（スプーン 1 杯）	*-ess*	名詞	waitress（女の給仕人）
-hood	名詞	boyhood（少年時代）	*-ette*	名詞	kitchenette（簡易台所）
-ing	名詞	carpeting（敷物類）	*-(i)an*	名詞 / 形容詞	Parisian（パリ人）
-ing	動詞	building（建物）	*-ist*	名詞 / 形容詞	loyalist（忠臣）
-ism	名詞	idealism（理想主義）	*-ite*	名詞 / 形容詞	socialite（名士）
-ity	形容詞	rapidity（迅速さ）	*-let*	名詞	booklet（小冊子）
-ment	動詞	amazement（驚嘆）	*-ling*	名詞	duckling（子ガモ）
-ness	形容詞	kindness（優しさ）	*-or*	動詞	survivor（生存者）
-ocracy	名詞	democracy（民主主義）	*-ster*	名詞	gangster（ギャング）
-ship	名詞	friendship（友情）			

固有名詞と普通名詞

固有名詞は，特定の人，場所，時，機会，出来事，出版物などの名称である。それらは，普通名詞と次の 3 つの点で異なる。

- 固有名詞は，I like London，Fred is here，Today is Tuesday のように，単独で節の要素として生起できる（p.220）。一方，普通名詞はある一定のものだけが単独で生起できる。例えば，Chess is fun は言えるが，*Egg is bad，*Book is red，*I see cat などは言えない。
- 固有名詞は，たいてい複数形を許容しないが（*Londons，*Freds，*Everests）が，ほとんどの普通名詞は許容する（books，eggs，pens，*musics）。
- 固有名詞は，たいてい決定詞とともに用いられないが（p.207）（*a London，*the Fred，*some France），普通名詞は決定詞とともに用いられる（a book，the music，some bread）。

いくつかの状況では，固有名詞は普通名詞のように振る舞う。

Look at all those Smiths.（そちらのスミスさんたちを見てください）

I used to know a Mary Jones.（私は，以前メアリー・ジョンズという人を知っていた）

I hate Mondays.（私は月曜日が嫌いだ）

固有名詞は，頭文字が大文字で書かれる。しかし，皮肉的な表現 That's a Big Deal！（いや，ご立派）にみられるように，頭文字が大文字である語がすべて固有名詞であるとは限らない（p.278）。また，語が固有名詞か普通名詞のどちらであるべきか確かでない場合もある。月は，the moon なのだろかそれとも the Moon なのだろうか。この課題は，レキシコンの大きさを決定する際に重要な帰結をもたらす（p.132）。

ハーグ

固有名詞は単一の語であるが，多くの固有名は John Smith や King's College のように 2 つ以上の名詞からなっている。これらの場合，語はともに連帯して 1 つの単体として機能している。

The Hague（ハーグ）のような名前は，定冠詞とともに用いられているように見えるが，このような場合，the はその名称の一部となっている。この定冠詞は，省略も，ほかに替えることも，分離させることもできない。*Hague，*A Hague，*The The Hague，*The beautiful Hague. と言うことはできない。

可算名詞と不可算名詞

普通名詞は２つに分類できる。**可算**名詞は，books，eggs，horses のような個別の，数えられる存在物を表すが，**不可算**名詞は，butter，music，advice のような，分けられない質量や概念を表す。不可算名詞は，質量名詞としても知られている。可算名詞と不可算名詞との間には明確な文法的相違がある。

- 可算名詞は，単数形では自立できない（*Book is red）。不可算名詞は自立することができる（Chess is fun）。
- 可算名詞は，複数形を許すが（books，eggs），不可算名詞は許さない（*musics）。
- 可算名詞は，a を伴って単数形で生起するが（a book），不可算名詞は，some を伴って生起する（some music）。双方の名詞は，the と共起する（the book/ the music）。

意味次第で，可算，不可算のいずれにもなれる名詞がある。例えば，cake は，次の文では可算名詞である。

Would you like a cake？（お１つケーキ，いかがですか）

次の文では，不可算名詞である。

Do you like cake？（ケーキという種類の菓子は好きですか）

そのような対はほかにも多くある。

The lights were amazing.（(夜景の）光はすばらしかった）

Light travels very fast.（光は大変速く伝わる）

I've bought some bricks.（私はレンガをいくつか買った）

It's built of brick.（それはレンガから作られている）

I've had some odd experiences.（私は奇妙な経験をいくつかした）

I've not had much experience.（私は経験が浅い）

A — OF KITTENS

多くの不可算名詞は，of を従えた piece（１つの）や bit（１片の）（**部分を示す**名詞や**集合名詞**）を用いて，可算名詞と同等の表現を作ることができる。

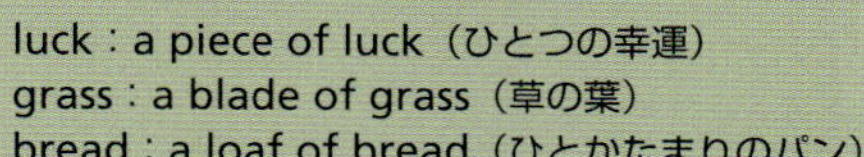

luck：a piece of luck（ひとつの幸運）
grass：a blade of grass（草の葉）
bread：a loaf of bread（ひとかたまりのパン）

よくあるクイズの質問に，a **flock** of sheep（羊の群れ）や a **pride** of lions（ライオンの群れ）のような事物のグループを表す特別な集合名詞を問うことがある。英語には，とりわけ動物に関して高度に特殊化した（今日ではほとんど使われないが）集合名詞がある。それらの１つの例として，上記の標題の空白を埋める語，すなわち，a **kindle** of kittens（子猫の群れ）がある。ほかの興味深い集合名詞を以下に示す。

an exaltation of larks（ヒバリの群れ）
a muster of peacocks（クジャクの群れ）
a plump of waterfowl（水鳥の群れ）
a rout of wolves（オオカミの群れ）
a skulk of foxes（狐の群れ）

抽象名詞と具象名詞

可算名詞と不可算名詞は，さらに**抽象**名詞と**具象**名詞に区分される（p.210）。具象名詞は，book, car, elephant, butter のような，観察され，計量されうる存在物を表す。抽象名詞は，difficulty（困難），idea（考え），certainty（確かさ），remark（所見）のような，直接観察できない概念を表す。この区別は，簡単なようだが，実際，語が純粋に抽象的，または具象的のどちらかで使われているかを決定するのは，大変難しいことである。structure（構造），version（版），music のような語は，抽象的解釈と具象的解釈の両方を許すのである。

性

多くの言語（例えば，ラテン語やフランス語）では，名詞は，それらがもっている語尾の種類や，名詞句内でほかの語とどのような一致を示すかにもとづいて，いくつかのタイプに分類される。これらは**性類**として知られている。例えば，ドイツ語では，名詞が節の主語として現れるとき，あるタイプの名詞は，der（'the'）で導かれ，これらの名詞は**男性**と呼ばれる。別のタイプの名詞は，die（'the'）で導かれ，**女性**と呼ばれる。das（'the'）で導かれるものは，３つ目のタイプを形成し，これらは**中性**と呼ばれる。この分類は，**文法的な性**によるものであり，関与する実体の生物学的な性（その**自然界の性**）を反映しているかもしれないし，そうでないかもしれない。例えば，ドイツ語の「少女」に相当する語（das Mädchen）は，中性である。

英語には，このような分類が存在しない。英語は，文法的な性がないが，自然界の性を識別する方法がある。**有生**と**無生**，**人間**と**非人間**，**男性**と**女性**を区別することができる。この区別は，名詞と厳密に対応する代名詞を使ってなされる。

- **無生の**名詞（box，advice）は，it と which で照応する。

  Here is a box. It is the box which was in the street.（ここに箱がある。それはその通りにあった箱である）

- **有生の**名詞は，he/she と who を使い分け，人間と非人間に類別される。

  Here is a man. He is the man who was in the street.（ここに男がいる。彼は，その通りにいた男である）

  Here is a woman. She is the woman who was in the street.（ここに女がいる。彼女は，その通りにいた女である）

- **人間の**有生名詞は，男性と女性を表す。上例のように，he，she，who で照応する。Host（主人）/hostess（女主人）や prince（王子）/princess（王妃）の対のように，名詞語尾が性を明確にする。Artist，cook，cousin，singer のように，'he' と 'she' のいずれにもなりうる名詞もある（これらは，**両性**をもっている）。

  Your cousin is a singer，isn't he/she？（あなたの従兄妹は，歌手ですよね）

- **非人間の**有生名詞は，動物を指し示す。ほとんどは，it/which を取るが，人間社会で特別な地位にある名詞は，he, she, who で照応する。Bull（雄牛）/cow（雌牛），dog（雄犬）/bitch（雌犬），tiger（雄のトラ）/tigress（雌のトラ）のように，雄と雌が異なる形式で表される名詞さえもある。「下等動物」（ant（蟻）や cod（タラ）など）は，普通は he や she をとらないが，蟻やタラの愛好家は，Isn't he/she lovely？（彼は / 彼女は可愛くない？）と叫ぶかもしれない。

このような場合に実際の性を同定することが容易でないとすれば，そのような同定はつねに感情的なものとなる。

- イギリス英語では，committee（委員会），government（政府），team，army（軍隊），family のような，**集合**名詞は，どのような視点を取るかによって，it/which か they/who のどちらかを選択できる。単数では，そのグループの非人間的なまとまりが強調される。複数では，そのグループの成員の人間的な個別性が強調される（p.213）。

  The committee which has met ... It is concerned ...（参集したその委員会は，… それは… に関わっている）

  The committee who have met ... They are concerned...（参集したその委員会の各成員は … 彼らは… を案じている）

  複数形は，アメリカ英語ではごくまれである。例えば，government は，アメリカではほとんどいつも単数動詞を選択する。

性の話題は，文法的課題の範囲を超えた繊細な語法の問題を提起する。これらは，pp.390～1で論じる。

42

多くの名詞は，それらが親しいものと見なされるかどうかによって，付与される性が一定していない。乗り物や国は，it はもちろん she とも呼ばれることがよくある（She can reach 60 in 5 seconds（彼女（愛車）は５秒で60(km/h)にも達する）; France has increased her exports（フランスは，自国の輸出を増やした））。ペットは，he または she となることもよくある。泣いている赤ちゃんは，it となるかもしれない。

なぜ，擬人化されやすい存在物と，そうでない存在物があるのかは明らかでない。ほとんどの存在物が女性に擬人化される理由も，明らかでない。単に女性についての固定観念の問題とは言えない。というのは，she は，愛情深い場面ばかりではなく，攻撃的でも憤慨した場面でも使われるからである。作動しようとしない銃，戦車，トラックでも，she のままである。筆者がここ数年耳にした中で，唯一，一貫して男性に擬人化される傾向があるのは，コンピューターの分野である。ワープロやほかの機器に男性の愛称や代名詞が広く与えられている。なぜそうなのか著者にはわからないが，理由は，おそらく「究極の問い」に対して（男性の）スーパーコンピューターのディープ・ソート（Deep Thought）が与えた回答（すなわち，このコラムの見出しとして上に引用した名称）の範囲のどこかにあるのだろう。

「答えがあるんだな？」フークが興奮に息をはずませて言った。

「単純な答えが？」ランクウィルが畳みかけた。

「あります」ディープ・ソートは言った。「生命，宇宙，その他もろもろについて答えはあります。しかし」と彼は付け加えた。「まずに考えなくてはなりません」

（ダグラス・アダムズ(Douglas Adams)，『銀河ヒッチハイク・ガイド（*The Hitch Hiker's Guide to the Galaxy*）』1979 安原和見訳，河出文庫，2005）

代名詞類

代名詞（pronoun）は，1つの名詞，名詞句全体（p.234），あるいは複数の名詞句にとって替わる語である（ラテン語の *pro* は「代わり」を意味する）。代名詞は，話し手や書き手をとりまく状況のある側面を直接的に指示することもできる。いずれの場合も，（代名詞で）表される意味は，名詞を含む句で表される意味に比べると，はるかに具体的ではない。

- 名詞の置換。I've got a red **hat** and Jane's got a brown **one**.（私は赤い帽子をもっており，ジェーンは茶色のものをもっている）
- 名詞句の置換。**My uncle Fred**'s just arrived. **He**'s quite tired.（私のおじのフレッドは着いたばかりだ。彼は大変疲れていた）
- 多くのありうる名詞句の意味を含む非常に一般的な概念への言及。I can see **someone** in the distance.（誰かが遠くに見える）（この例では誰か（someone）は男，女，少年，少女，兵士らを含む）
- 状況のある不特定の出来事への言及。Look at **that**! **He**'s going to crash.（（指差しながら）あれを見て！ あっ，彼がぶつかっちゃう）

代名詞は，名詞や名詞句と同じ範囲の文法的機能を果たす（p.220）。例えば，それらは，主語，目的語，節の補語として現れる（**She** saw **me**, **That**'s **you**）。しかし，代名詞と名詞は，一般に修飾を許さない点で異なるばかりでなく（a big car とは言えるが，*a big it とは言えない）），際立った一連の対立を表す点でも異なる。

- 代名詞は，I 対 me，who 対 whom のように，主語と目的語の機能に関して別々の格をもつ（p.215）。
- 代名詞は，he/she 対 it，who 対 which のように，人間的と非人間的の対立や有生と無生の対立（p.221）を表すこともある（性が提起する課題については p.390 を見よ）。
- 代名詞は，I 対 we，he 対 they のように，*-s* を付加することなく（p.212），単数と複数を区別する。
- 代名詞は，I 対 you 対 he/she/it のように，人称が異なることもある。

私を，私自身を，私が

一般の人が代名詞について何かを知っているならば，それはたいてい人称代名詞についてである。というのは，この代名詞は，ほかのいずれの種類のものよりも頻繁に生起するからである。それらは，コミュニケーションの活動に関与する人を指し示すので，「人称の」と呼ばれる。

- **1人称**は，メッセージの話し手や書き手を指し示す（I, me, my, mine, myself, we, us, our（s）, ourselves）。
- **2人称**は，話し手や書き手を除いた，聞き手を指し示す（you, your(s), yourself/-selves）。
- **3人称**は，話し手，書き手，聞き手を除く「第３者」を指し示す（he, him, his, himself, she, her(s), herself, it, its, itself, they, them, their(s), themselves）。It は，非人間的な存在物を指し示すものの，人称代名詞に含まれる。というのは，it は，他の人称代名詞と同じように振る舞うからである。

さらに少数の人称代名詞がある。thou（汝が）の関連語（thee（汝を），thy（汝の），thyself（汝自身），thine（汝のもの））は，宗教的な慣行（p.395）やいくつかの地方のイギリス方言で今でも用いられる。さらに，youse（あなたたち）のような非標準的な形式も，米国の北部，アイルランド，英国の一部（例，リバプール，グラスゴー）で見かける。米国南部には，you-all（あなたたち）や y'all（あなたたち）のような複数形もある。

特別用法

上で述べた代名詞の役割は普段使われるものであるが，いくつかの特別な用法もある。

- We は，「君主の we」や「編集者の we」といった場合，複数ではなく１人の人を指し示す（We are not amused.（朕はおもしろうない））。
- We は，特に「落ち着かせようと」話しかける場合には，聞き手を指し示すことがある（How are we today?（（看護師が患者に向かって）本日のお加減はいかがでしょうか））。
- We は，第三者を指し示すことがある（We're in a bad mood today.（（秘書が上司について）今日はご機嫌が優れないようです））。
- You と they は，一般の人びとや社会のある集団を指し示すことができる（You never can tell(決して言えないでしょう), They keep putting fares up.（運賃を値上げし続けている））。
- It は一般的に，時間，距離，生命一般を指し示すのに用いられる（Isn't it a shame?（残念ですね），It's lovely out.（よい天気ですね））。

代名詞の諸タイプ

代名詞として機能できる語には種類がたくさんあるが，さまざまな意味を表すのに，すべての代名詞が同じ文法的規則に従うわけでない。すなわち，代名詞には個別的な下位類を認めなければならない。下記の最初の３つの下位類は，**中心的な**代名詞として分類される。なぜなら，それらはすべて人称，性，数の対立を表しているからである。

- **人称代名詞**は，話し手（I, we），聞き手（you），第三者（he, she, it, they）を同定する主要な手段である。
- **再帰代名詞**は，常に *-self* や *-selves* で終わるが（myself など），節のどこかにある名詞や代名詞の意味を「再現」している（They washed themselves.（彼らが体を洗った））。
- **所有代名詞**は，所有を表し，２つの形式で現れる。My や your などは，my car や her bike のように，名詞句内で決定詞（p.219）として使われる。Mine や yours などは，This is mine.（これは私のです）や Hers is over there.（彼女のは向こうにあります）のように，自立して使われる。

ほかに下位類がいくつかある。

- **相互代名詞**は，each other（お互い）や one another（相互に）のように，「双方向」の関係を表すのに使われる。
- **疑問代名詞**は，人間の名詞や非人間の名詞について質問するのに使われる（who?, whom?, whose?, which?, what?）。
- **関係代名詞**（who, whom, whose, which, that）は，That's the book which caused the trouble.（それは，問題を招いた本である）のように，名詞句の主要部に従属節（p.238）を結びつけるために使われる。
- **指示代名詞**（this/these, that/those）は，Take this one here, not that one over there.（そこのあれでなくここのこれを取って）のように，「近い」と「遠い」の対立を表す。それらは，一連の拡張的な用法がある。例えば，this は，打ち解けた会話で新しい話題を導入するために使われる（I saw this girl...（私はこんな少女を見た...））。That は，否定的な態度を表すこともある（That Roger!（あん畜生のロジャー！））。
- **不定代名詞**は，量の概念を表す。主要な２つの種類がある。**複合代名詞**は，*every-*, *some-*, *any-*, *no-* と *-one*, *-body*, *-thing* の２つの要素から構成される（Someone, anything）。**Of- 代名詞**にはいくつかの形式があり，単独で生起するものと of を従えるものがある（I've eaten all the cake/all of the cake.（私はケーキをすべて食べた））。その意味は，all や both の「普遍的な」意味から none や few の「否定的な」意味まで広範に及ぶ。この類のほかのものとしては，each, much, many, more, most, less, fewer, some, neither がある。

どちら？

what と which は，定と不定の意味の対立が認められる。

What road shall we take?
（不定的：開放的な選択）
（どの道を行きましょうか？）

Which road shall we take?
（定的：少数の選択肢からの選択）
（どちらの道を行きましょうか？）

形容詞類

名詞や代名詞の特徴や属性を表す語は，伝統的に形容詞として知られてきた。語が形容詞かどうかを決定するのに，いくつかの基準が利用できる。

- 形容詞は，名詞の直前に生起することができる（a big house）。これは，形容詞の**限定用法**と呼ばれる。
- 形容詞は，be 動詞の後に単独で現れることができる（The house was big）。これは，形容詞の**叙述用法**と呼ばれる。
- 形容詞は，very や他の強意語の直後に配置される（very big，terribly nice）。
- 形容詞は，比較変化を示すことができる（p.211）（bigger/biggest，more/most beautiful）。
- 多くの形容詞は，*-ly* を付加することで，副詞（下を見よ）を作る（(sad>sadly)。

ある語が形容詞とみなされるためには，限定用法の位置と叙述用法の位置のいずれでも機能できなければならない。形容詞の大部分は，このようなものであり，形容詞の**中心的な**類を形成している。これらの位置の一方にしか現れない語は，**周辺的な**形容詞である。それらの代表として，utter（まったくの）と loath（気が進まない）がある。utter nonsense（まったくのたわごと）は言うことができるが，*the nonsense is utter. とは言えない。逆に，the man was loath to leave.（その人は去るのが気が進まなかった）とは言えるが，*the loath man（気の進まない男）とは言えない。

副詞類

副詞は，英文法のすべての語類の中で最も異質なものである。何年にもわたって，文中でさまざまに異なる機能を果たす語が，副詞として分類されてきた。伝統文法は（第 13 章），この副詞の類に，大きな集団の代表である quickly と soon のような語ばかりでなく，no や，not，あるいは the sooner the better（早ければ早いほどよい）における the のような特異な語も含めていた。その主な理由は，おそらくこのような語を容易に割り当てられる語類がほかになかったからであろう。現代の文法は，副詞を「ごみ箱」のような類にしないように，副詞の主要な機能を明らかにして，きわめて雑多な種類の語を扱えるように副詞の下位類を設定しようと試みている。

副詞は，2 つの主要な働きがある。ほとんどは，We're leaving tonight のように動詞の意味と直接関係しており、節構造の要素として機能する（**副詞類**，p.232）。また，節の動詞以外の要素に関係するか，Morally，he should resign（道徳的にみて，彼は辞任すべきである）のように，節全体に関係することもよくある。副詞の中には，very anxiously（非常に熱心に），quite a party（並外れてすばらしいパーティ），the day before（前日），someone else（ほかの誰か）のように，副詞自身を隣接語句に付加することで，隣接語句の意味に影響を与えるものもある。副詞のこうした，節および句における機能は，pp.233–4 でさらに論じられる。

形容詞接尾辞

多くの形容詞は（例：big，thin），形容詞共通の弁別的な語尾をもっていないが，語が形容詞であることを典型的に示唆する少数の接尾辞がある（p.210）。

接尾辞	付加対象	結果
-able	動詞	washable（洗濯可能な）
-al	名詞	musical（音楽の）
-ed	名詞	ragged（ぼろぼろの）
-esque	名詞	romanesque（ロマネスク式の）
-ful	名詞	hopeful（有望な）
-ic	名詞	heroic（英雄の）
-ish	名詞	foolish（馬鹿な）
-ive	動詞	effective（有効な）

接尾辞	付加対象	結果
-less	名詞	restless（落ち着かない）
-like	名詞	childlike（子どもらしい）
-ly	名詞	friendly（友好的な）
-ous	名詞	desirous（欲しい）
-some	名詞	bothersome（やっかいな）
-worthy	名詞	praiseworthy（賞賛に値する）
-y	名詞	sandy（砂の）

形容詞か否か

形容詞は，境界線が画然としない語類の好例である。ある語は，ほかの語よりも形容詞的である。

- four や forty のような**数詞**は，中心的な形容詞の特徴をいくつか共有しているが，ほかの特徴についてはそうでない。数詞は，名詞の前や be 動詞の後には生起できるが（the four cats, She's four），比較変化を示すことや *-ly* を取ることはできない（*fourer，*fourly）。
- *-ed* や *-ing* の語尾をもつ語は，形容詞または動詞の 1 形態（分詞）のいずれかになりうる（p.216）。The interesting problem では形容詞と見ることが，一方 We are interesting them in the problem（私たちは彼らをこの問題に関わらせようとしている）では動詞の 1 形態（分詞）と見ることができる。She is calculating（彼女は抜かりない（形容詞）/ 計算している（動詞））のように曖昧な場合もある。
- 通常名詞として使われる語が，the garden party（園遊会）のように形容詞に関連する位置に現れることがある。この場合，（例えば）複数形を作る能力を失っているので（*The gardens party と言うことができない），厳密にはもはや名詞ではない。一方，（例えば）比較変化を示すことができないので（*The gardenest party と言うことはできない），厳密には形容詞でもない。このような名詞は，「混じり合った」語類を形成する。

副詞の諸タイプ

ほとんどの副詞は，見分けるのがかなり容易である。というのは，quickly（俊敏に）や happily のように，形容詞に接尾辞 *-ly* を付加することで形成されるからである。あまり明確でないのは，次のものである。

- just や soon などの，識別的な要素を有しない副詞，somehow（どうにかして）や whereby（それによって）のような複合副詞。
- 語が副詞であることを示すいくつかの語尾――特に改まっていない話し言葉で使われる：new-style（新形で），earthwards（地球の方に），clockwise（時計回りに），sideways（横に），sailor-fashion（船乗り風に）。physicswise（物理学流に）のような造語は，アメリカ英語ではきわめて普通である。

一定の範囲の機能を果たすのに，副詞は副詞句や副詞節と同じように働くので，p.233 ではそれらをまとめて副詞類（adverbial）という見出しのもとで論じている。

「ほら，そこだ！」

Now Smith passes *beautifully* to Gray, who heads it *very firmly* and *deliberately* to Pritchard, who pushes it *nimbly* towards the post...

（スミスは，グレイに美しくパスをして，そのボールを非常にしっかりと慎重にヘディングをしてプリチャードに渡し，プリチャードはそれをゴールポストに向かってすばやく押し込んだ）

スポーツ実況は，効果が副詞によって大きく左右されるいくつかの言語変種の 1 つである。球技場でのデビッド・ベッカムの活躍を描写するのに，さまざまな副詞を使う必要が日頃からあった。写真は 2002 年のワールドカップのイングランド対アルゼンチン戦（6 月 7 日）の様子。

動詞類

文は，1つの動詞を含むか，あるいは，一緒になって1つの動詞句として働く複数の動詞のかたまりを用いる（p.236）（I **saw** an elephant，You **didn't see** one，They **couldn't have seen** one.（私は象を見た，あなたは見なかった，彼らは見たはずがなかった））。最後の2つの文は，**本動詞**（各例で see の形）が1つまたは2つ以上の**助動詞**をともなっていることを示している。本動詞の前に生じる助動詞は最大4つである。ただ，4つをすべて使う構文はまれである（They **must have been being** advised by the government.（彼らは政府に忠告され続けてきたに違いない））。

動詞の3つの類が動詞句の中に生起できる。

- **語彙動詞**（**実動詞**とも呼ばれる）は，run，jump，walk，want，cogitate（熟慮する）のように，明確に，自立して（例えば，辞書で）識別されるものである。これらは，本動詞として働く。
- **法（助）動詞**は，出来事の可能性について一定の判断を伝える。助動詞としてのみ機能し，語彙動詞よりは，ずっと定義しにくく，明確さに欠け，画然としていない意味を表す。この下位類には，9つの動詞がある（can，could，may，might，will，would，shall，should，must）。dare（あえて～する），need，ought to，used to も同様の機能をもっている。
- **一次動詞**は，本動詞としても助動詞としても機能することができる。be，have，do の3つだけである。

本動詞用法	They **are** happy.　She **has** a dog. They **do** sums.（彼らは計算をする）
助動詞用法	They **are** going.　She **has** seen it. **Do** they go?

助動詞

助動詞（「助ける」動詞）は，本動詞を助け，人称，数，時制におけるいくつかの基本的な文法的対立を示す。助動詞は，本動詞と同じ文法的規則には従わないので，別個の類と考えなければならない。

- 助動詞は語 not の前で使われるが，本動詞は（現代英語では）そのようにできない。I might go を I might not go にすることができるが，I saw it を *I saw not it に変えることはできない。
- 縮約形の n't（p.217）は，ほとんどすべての助動詞につけることができるが，本動詞にはつけることができない（be と have を除く）。can't や won't と言うことができるが，*walkn't や *jumpn't とは言えない。
- 動詞句の最初の助動詞は，質問をするのに主語の前に置かれるという，特異な働きをする。これは，本動詞では不可能である。Have they gone home？と言えるが，*Saw they a car？とは言えない。

助動詞類はそれ自体2つの下位類に分かれる。

- 一次動詞は，-*s* の形になるが，法（助）動詞はそうならない。is，has，does は認められるが，*mays，*wills，*musts は認められない。
- 一次動詞は，非定形になるが，法（助）動詞はそうならない。to have，having，had〔【訳注】（定形の）過去形ではなく，（非定形の）-*ed* 分詞〕は認められるが，*to may，*maying，*mayed は認められない。

定形と非定形

動詞とそれが一部となっている動詞句の形式（p.216）は，それらが表す意味の対立の種類に応じて，大まかに2つのタイプに分類される。**定形性**という概念が，その相違を分類するのに用いられる伝統的な方法である。この用語は，動詞がなんらかの方法で「限定され」ることを示唆しており，そうした限定は，異なる種類の語尾が使われるときに実際に起きることである。

- **定形**の形式は，動詞を特定の数，時制，人称，法に限定するものである。例えば，-*s* の形式が使われたとき，動詞は，goes や runs のように，現在時制の3人称単数に限定される。動詞句の中で動詞の連続がある場合，I **was** being asked.（私は質問されていた）のようにつねに1番目が定形動詞である。
- **非定形**の形式は，このようには動詞を限定しない。例えば，-*ing* の形式が使われたとき，その動詞は，どのような数，時制，人称，法にも言及していることがありうる。
  I'm *leaving*（1人称，単数，現在）
  They're *leaving*（3人称，複数，現在）
  He was *leaving*（3人称，単数，過去）
  We might be *leaving* tomorrow（1人称，複数，未来，推定）

これらの例が示すように，動詞の非定形の形式は，それとともに生じる文法的変化に関わりなく，節において一定した形のままである。

	助動詞				本動詞
					advise（忠告する）
			is		advising（忠告している）
			has	been	advising（忠告してきている）
		must	have	been	advising（忠告してきているに違いない）
（まれ）	must	have	been	being	advised（忠告されていたに違いない）

他動性

動詞を選択すれば，おおむね，どのようなほかの要素がその節で使われるかが決定される（p.232）。いったん動詞を「選ぶ」と，ある種のほかのものも一緒に生じてくるのである。

- go を選ぶと，非文法的になることを心配せずに，そこで節を停止することができる（The cat's going）。目的語なしで使われるこの種の動詞は，長く**自動詞**と呼ばれてきた。
- enjoy を選ぶならば，もう1つ要素が続かなければならない。*The cat's enjoying とは言えず，目的語を加えて The cat's enjoying something と言わなければならない。目的語を必要とする動詞は，伝統的に**他動詞**と知られている。

よく見られる自動詞

appear（現れる）	happen（起こる）
die（死ぬ）	lie（横になる）
digress（それる）	matter（問題となる）
fall（落ちる）	rise（上がる）
go（行く）	wait（待つ）

よく見られる他動詞

bring（連れてくる）	get（取る）
carry（運ぶ）	keep（保つ）
desire（望む）	like（好む）
find（見つける）	make（作る）
	need（必要とする）
	use（使う）

定形の対立

動詞の定形の形式は，-*s* 形，過去形，および原形の中のある用法である（p.216）。非定形の形式は，変化を示さない。

定形の形式

- 時制の対立を示す（She works in London 対 She worked in London）。
- 数や人称の対立を示す（he works 対 they work，I am 対 you are）。
- 事実，可能性，願望の表現や，そのほかの法の対立を許す（They suggested that the papers **be** delivered by hand. They **were**.（彼らはその新聞が手渡しで配達されるよう要求した。そして実際に手渡しで配達された））。

非定形の形式

動詞の非定形の形式は3つある。

- -*ing* 分詞：I'm leaving.
- -*ed* 分詞：I've asked，They were asked.
- 不定詞として使われた原形：They might **see**，He wants **to see**.

多語動詞

2つ以上の語（語彙素と考えたほうがよりよい（p.128））からなる動詞がある。最も一般的なタイプは，1つまたはそれ以上の**不変化詞**を従えた動詞である（come in（中に入る），sit down（座る），drink up（飲み干す），put up with（我慢する））。不変化詞には，空間的副詞（例：aback（後方に），ahead（前方に），away（離れて））か前置詞（例：at，for，from），あるいは文脈によって副詞としても前置詞としても機能する語がある（例：by，down，in）。副詞的不変化詞を用いる動詞は，しばしば**句動詞**と呼ばれ，前置詞的不変化詞を取るような，**前置詞つき動詞**とは区別される。しかし，いくつかの文法では，句動詞という用語は両者に対して用いられる。専門用語がどうであれ，1つ明確な事実は次の点である。英語における多語動詞の数は，特に20世紀において顕著に増加しており（p.128），英語の文法において非常に際立った特徴の1つとなっている。

前置詞類

前置詞は，文の２つの部分の間でなり立つ意味の関係を表し，ほとんどの場合，その２つの部分が空間あるいは時間においてどのように関係し合っているのかを表している(We sat **on** the bench. They left **at** three)。一般的な前置詞のほとんどは，１つの語からなっており，ほかの語類と区別するような語尾をもたず，語尾変化もしない。いくつかの前置詞は，２つ以上の語からなっている。

- １つの語からなる前置詞：about, at, before, by, down, for, from, in, of, on, out, over, round, since, through, to, under, up, with.
- 複数の語からなる前置詞：(２語) ahead of（～の前に），because of（～のため），due to（～のため），instead of（～の代わりに），near to（～の近くに）；(３語) as far as（～まで），by means of（～によって），in accordance with（～に従って），in spite of（～にもかかわらず），on behalf of（～の代理に）。これらの前置詞の語は，ほかの状況におけるようには，自由に別のものと交替することができない。例えば，in spite of は，*out spite of や *in spite for に変わることはない。

いくつかの前置詞――とりわけ，anti（～に反対で），circa（～の頃），versus（対），vis-à-vis（～に向かい合って）のような外国語からの借用語――は，使用頻度が限定されている。unto（～の方に）は，古風なもので，宗教的文脈でしか使われない。また，方言に特有な用法もある（towards（イギリス英語）対 toward（アメリカ英語），outwith（スコットランド英語，「～を除いて」［【訳注】outwith には，ほかに「～の外側に（outside)」や「～を超えて（beyond)」の意味がある。］），while（ヨークシャー方言，「～までに」)）。

接続詞類

接続詞は節同士や節の一部同士を連結する語である。連結を行うのに２つの方法――**等位接続**と**従属接続**(p.238)――があり，２つの種類の接続詞がある。

- **等位接続詞**は文中で地位が対等である単位――例えば，２つの節，２つの名詞句，２つの形容詞――を結びつける。主な語として and, or, but があり，neither ... nor のような少数の「(２語から成る) 対」がある。これらの接続詞は，付加や連続のような意味(and)，選択肢の提示(or)，対比(but)を示す。and と or による等位は際限なく続けることができる（We were wet and dirty and tired and hungry and...(私たちは濡れて，汚れて，疲れて，空腹で…))。
- **従属接続詞**は，文中で文法的地位が対等ではない単位を連結する。典型的な事例は，We went out when the rain stopped（我々は，雨が止んだ時に外出した）のように，１つの節がもう１つの節に従属するものである。主節(We went out)が接続詞 when によって従属節（the rain stopped）に連結されている。従属接続詞は，等位接続詞よりもはるかに数が多く，２つ以上の語からなるものもある。

前置詞の意味

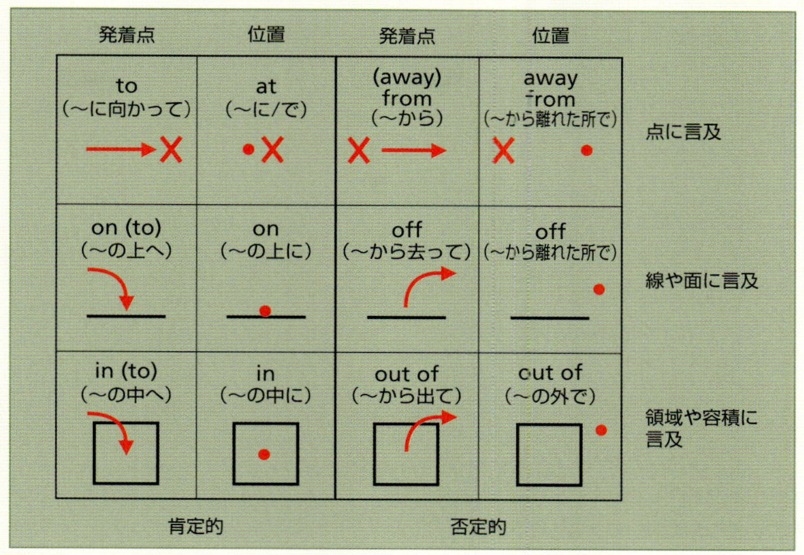

ほとんどの前置詞は，いくつかの異なる意味で用いられる。例えば，over は，位置（The picture was over the door（その絵はドアの真上にあった)），乗り越え（They climbed over the wall（彼らは壁を乗り越えた)），付帯状況（We'll talk over dinner（私たちは，夕食を食べながら話す)），話し手に対する方向（They live over the road（彼らは道の向こう側に住んでいる)）などの意味合い，およびそのほかの意味で用いられる。前置詞のほかのタイプの意味としては，時間（例：during the night），原因（例：because of the fog），手段（例：with a spoon），所有（a pianist of talent（才能のあるピアニスト)）などがある。加えて，前置詞をともなう修辞的な用法が多くある。He's in a hole という文は，字義通りの意味（「穴の中にいる」）を表しているかもしれないし，非字義的な意味（「苦境に陥っている」）を表しているかもしれない。上の図表は，空間的意味を表す主要な前置詞を例示している。(ランドルフ・クワークほか（R. Quirk, et al.)，1985 にならう)

いくつかの従属の意味

従属接続によって表現される意味は十数種を超える。ここにそのうちのいくつかが示されている。

- 時間：I stayed **until** you left.
  (あなたが去るまで私はとどまった)
- 場所：I'll know **where** you are.
  (私は，あなたのいる場所がわかるだろう)
- 条件：We'll get wet **if** it rains.
  (雨が降るならば，我々は濡れるだろう)
- 譲歩：He was there, **though** the bus was late.
  (バスは遅れたが，彼はそこにいた)
- 目的：She wrote **in order to** get her money back.
  (彼女は，お金を取り戻すために手紙を書いた)
- 理由：I can't buy it **because** it's expensive.
  (それは高価なので買うことができない)

そして間投詞は？

我々は，文の代わりとなるさまざまな感情的な音を発することができる。例えば，Eh?（えっ），Oy!（わぁ），Huh?（何だって？），Tut-tut!（ちぇっ），Coo!（えっ！），Yuk!（ゲーッ！）。重要なことは，これらのいわゆる間投詞は，疑問符や感嘆符などの句読点をともなっていることから明らかなように，語ではなく文を代用していることである。したがって，間投詞は語類でなく文の一種（非主要文，p.228）として扱う方がよい。

最初と最後のパラグラフをくっきりと導入している複合従属接続詞は，複雑な法律文書の言語的構造を明らかにする重要な手段である。

［【訳注】右の書類は，損害保険の契約書である。第１段落と第３段落の冒頭に複合従属接続詞 in consideration of（～のために）と provided that（ただし）が用いられている。前者は冒頭に保険会社の契約相手（被保険者）を明示する働きを，後者は本文からやや外れた付帯条件を提示する働きを，それぞれ果たしている。］

In consideration of the Insured named in the Schedule hereto paying to the Atlas Assurance Company Limited the first premium mentioned in the said Schedule

The Company agrees (subject to the conditions contained herein or endorsed or otherwise expressed hereon which conditions shall so far as the nature of them respectively will permit be deemed to be conditions precedent to the right of the Insured to recover hereunder) that if after payment of the premium the property insured described in the said schedule or any part of such property be destroyed or damaged by fire lightning or explosion at any time before 4 o'clock in the afternoon of the last day of the period of insurance named in the said Schedule or of any subsequent period in respect of which the Insured shall have paid and the Company shall have accepted the premium required for the renewal of this Policy the Company will pay to the Insured the value of the property at the time of the happening of its destruction or the amount of such damage or at its option reinstate or replace such property or any part thereof

Provided that the liability of the Company shall in no case exceed in respect of each item the sum expressed in the said Schedule to be insured thereon or in the whole the total sum insured hereby.

On behalf of the Company,

16 文の構造

さらなる情報源：
cambridge.org/crystal

文構造の研究は**統語論**と呼ばれる。英語では語の文法的構造にほとんど変異が見られないことから（第14章），現代の英文法においては統語的分析が主要な部分をなしている。したがってこの分野は，ラテン語文法由来であったがゆえに文の統語的性質にほとんど注意を払わなかった伝統文法（第13章）とは，大きな対照をなす部分となる。

文

文はすべての文法用語のうちでも最もよく知られたものであろう。我々は学校に入る前とは言わないまでも入るとまもなくこの用語を紹介され，それはすぐに我々の言語意識の一部となる。我々は自分が文の形で話していると考えるし，子どもたちにもしっかり終止符をつけて文の形で書くよう教える。そのため文とは確定し定義するのが簡単なものと思われるかもしれない。だが実際にはその逆なのである。

伝統文法を習ったことのある人なら，「1つの思想の完全な表現」という昔ながらの文の定義を思い出すことであろう。残念ながらこの**概念的**アプローチは漠然とし過ぎていてあまり役に立たない。伝統的基準によれば1つの思想を表していると思われるのに完全でない文というものがたくさんあるのである。

「いい天気!」
「タクシー!」
「いいじゃん!」
「テニス?」

【p.227へ続く】

話しことばと書きことばの文法

伝統文法の遺産と言える見方からすると，書きことばに見られるような「規則に従う」ということがないから話しことばには文法が「少ない」，と見えるかもしれない（p.204）。実際これら2つのコミュニケーション様式にはさまざまな違いがあって（p.309），そのうち重要なものの1つとして，文という概念に関わるものもある。最も単純な形の問いは，「我々は文の形で話しているのだろうか？」となろう。その答えは，「そうではあるが，話しことばにおける文の構成は，以下の最初の書き起こし例が示すとおり，書きことばにおけるそれとはかなり違っている」となる。

書く場合，我々にはメモを取る，計画を立てる，手を止める，熟考する，考えを変える，また書き出す，修正する，校正するといった時間があって，たいていは満足の行くレベルに達するまで言葉に磨きをかけていく。読者が目にするのはその最終産物だけである。しかし日常の会話においてはそのようなことが行なわれる時間がない。言わんとすることを計画するタイミングなどはないし，話し始めのつまずき，中断，考え直し，言葉が口の先まで出かかった状態，そのほか，すらすらと話している間に生じてくるあらゆる障害を見込んでおかなければならない。

くだけた会話の一部を文字に印刷してみると奇妙に見えるものであるが，それは，会話文脈の中では話し手がまったく自然に聞こえるのに役立っていた抑揚や強勢，声の高さなどを示すことができないからである。このことは，話しことばの文法が書きことばの文法といかに違うかということを示している。そのような書き起こし内の言語素材に句読点で句切りをつけるのは容易なことではない。これは言いよどみや誤った話し始めを削除し，文と思われるものを確定するという試みのなされた以下の第2例を見ればわかるであろう。特に「…で」（and）の使用により，どこで文が終わってどこで次の文が始まっているのかが判別しがたくなっている。この問題の深刻さを疑う読者は，どこで文が終わっているか各自の印象により鉛筆で印をつけて，それを下の例と比べてみるとよい。きっといくつもの食い違いが出ることであろう。

文を見つけ出そう

以下は発話の書き起こしなので句点は使っていない。大きな切れ目は－で，リズム単位は／で示してある。（クリスタルとデイヴィー（Crystal & Davy），1975に従う）

私たちはキッチンで朝ご飯を食べて／－でそれからまあ好きなことして／で，あー，出かける支度をしたんです／ふだんはそのあともうすぐ出ていって／－あのー，子どもたちはいつも起きた／夜明けに／農場の人といっしょに／－で搾乳小屋行って／で豚にえさやるのを手伝って／でずっと／子どもたち見なかったんですよ／－で，あのー，それから出かけてってました／すごくいい天気で／－ものすごい／－なもんで浜辺行って／ふだんは，あのー，でも4時ごろには暑くなってて浜辺を離れなきゃいけなくて／－それで私らだいたいどっかにお茶のみに行ったもんで／まあ，夕食が遅れたらいけないから／で，戻ってきて／で子どもたちはまっすぐ農場帰っていって／で子馬たちがいて／自分の子どもたちが子馬を世話してて／やってきてそれで子馬の背中に乗せてやって／それであのー，－で乳の，搾乳の時間にもうなって／で，本当に搾乳の時間には戻ってくることになってて／

私たちはキッチンで朝食を食べて，それから好きなことをし，出かける支度をしました。
私たちは普段はそのすぐ後に出かけました。
子どもたちはいつも夜明けに農場の人と共に起き，搾乳小屋へ行って豚の餌やりを手伝いました。
私たちは子どもたちを見ませんでした。
それでそれから出かけたものでした。
すばらしい，まったくすごくいい天気でした。
それでですから浜辺に行きましたが，4時頃には暑くなって浜辺を離れなければなりませんでした。
だから私たちはたいていどこかにお茶を飲みに行きました。夕食が遅れたらいけないので。
それでそれから私たちは戻ってきて，子どもたちはまっすぐ農場に帰り，子馬を飼っていました。
自分の子どもたちが子馬を飼っていて，彼らはやってくると子どもらを子馬の背中に乗せてやったものです。
それで搾乳の時間になり，私たちは搾乳の時間には戻ってくることになっていました。

語順

語順は統語法の中核であり，英文法の大部分は語や語のまとまりが現れうる順序を支配する規則で占められている。この分野が重要なことは，以下の例からわかるであろう。語順が違ったとたんに文の意味は根本的に変わってしまうのである。

Dog chases postman.（犬が郵便屋を追う）／Postman chases dog.（郵便屋が犬を追う）

They are outside.（彼らは外にいる）／Are they outside？（彼らは外にいるか？）

Only I saw Mary.（私だけがメアリーを見た）／I saw only Mary（私がメアリーだけを見た）

Naturally, I got up.（当然私は起き上がった）／I got up naturally（not awkwardly).（私は（ぎこちなくではなく）自然に起き上がった）

Show me the last three pages（of one book).（(1冊の本の）最後の3ページを見せてくれ）／Show me the three last pages (of three books).（(3冊の本の）最終ページ3つを見せてくれ）

The man with a dog saw me.（犬を連れた男が私を見た）／The man saw me with a dog.（その男は私が犬を連れているところを見た）

語をある順序に並べることを禁じるような規則もたくさんある。母語話者はそれらの規則を子どもの頃に無意識的に習得しているので，改めて考えてみるようなことはしない。だがそれでもそうした規則はあるのであって，だからこそ我々は以下の各選択肢のうち，後の方ではなく前の方を使うようになる。

I walked to town.（私は町へ歩いて行った）／*I to town walked.

Hardly had I left ...（私が発つとすぐに…）／*Hardly I had left ...

That's a fine old house.（あれは良い旧家だ）／*That's an old fine house.

John and I saw her.（ジョンと私は彼女に会った）／*I and John saw her.

She switched it on.（彼女はそのスイッチを入れた）／*She switched on it.

母語話者は最初の方が正しく後の方が正しくないことを直観的に知っている。しかしなぜそうであるのかと尋ねる人（外国人学習者など）に説明するのは専門家の仕事であって，説明を首尾よく行うには職業的なアプローチが必要となる。

それに，完全ではあっても２つ以上の思想を表す文もたくさんある。「ベンは誕生日に，自転車とコンピューターゲーム，それにテーマパークに行くことを望んでいる。」｛【訳注】この一文は，「ベンは誕生日に自転車を望んでいる」「ベンは誕生日にコンピューターゲームを望んでいる」「ベンは誕生日にテーマパークに行くことを望んでいる」のように，少なくとも３つの思想を表している。｝

これに対し，英文法に対する**形式的**アプローチは，文の構成の仕方――文に含まれている語のパターン――を記述することによりこの種の問題を回避しようとする。特に日常の発話で生じていることを注意深く見てみると，このアプローチから驚くべき事実がわかってくる。

一般的な３つの点が，どのような英語の文にも当てはまる。

- 文は体系的な規則に従って構築されるが，これら規則は成人の英語母語話者すべてが知っているものであり，また文法書にまとめられているものである。こうして構築される文は**文法的**であると言われる。
- 文は文法の規則が適用する最大の構造である（段落のようなより大きい単位の形成については p.244 で論じる）。これはつまり，文を識別するという課題を首尾よくなし遂げていくのに先立って，我々は文法的な分析について知っている必要があるということである。1冊のよい英文法書を通読すれば，可能な文とはどういうものかを教えてもらえるので，わかるようになる。
- 文はそれだけで使用されうる構造，つまりそれ自体で「理解できる」と思われる意味単位をなす。これは昔ながらの妥当な基準ではあるが，決してわかりやすい基準ではない。例えば，これを前ページの文にあてはめてみた場合，うまくあてはまるようにいくらか編集する必要があることがわかる。「子どもたちを見なかった」には問題がないが，「ふだんはそのあとすぐ出ていった」は問題で，「その」の意味を前に言われたこととの関わりで「埋める」必要がある。また，引用中の文を「自立した」ものに聞こえるようにするため，それらのうちいくつかの先頭に現れている接続詞にどう対処するのがよいか決めねばならない。おそらく，あるものは連結機能をもった真の接続詞（p.239）ではなく，「思考中の」ノイズであって，なくてもよいものと分析することになるだろう。この問題は実のところかなり複雑で，統語論の探究を始めると現れてくる興味深い疑問の典型例でもある。

そして，話はがらりと変わって（AND NOW FOR SOMETHING COMPLETELY DIFFERENT）

｛【訳注】イギリスのコメディグループ，モンティ・パイソン（Monty Python）による映画第１作のタイトル。もともと，コントとコントの間で使われた言葉。｝

文とは大文字で始まって終止符で終わるものだろうか？　この伝統的な定義は書きことばにしかあてはまらないものであるが，３つの点で不適切である。

- 疑問符や感嘆符も認める必要がある。（本欄の冒頭文のように。）
- 句読点は書きことばにも含まれない場合が多いが，それでもある構造が文であるということはわかる。広告や掲示，新聞の見出し，法律文書などの多くは句読点を欠いている。
- ある文章にどう句読点をつけるのがよいかに関し人びとの意見は異なりうる。特に，スタイルマニュアルの中には and（…と，…で）や but（…だが）のような語の前で文を終えてはいけないというものもあり，そうしたルールは学校でも教えられている。このようなルールが生まれたのは，幼い子どもの初期の作文に and が多過ぎるからであるが，それは自然な会話での頻度の高さを反映しているのである。だが（But）マニュアルの中には（ふつう意味の対比を強調するために）この文のような仕方で文を始める書き手が多いことを認めるものもあって，そうした用法は非難されていない。これは筆者の文体にはよくある特徴で，利用可能なほかのさまざまな手段によるよりもドラマチックかつリズミカルに対比を表せることもあると思っている。２つ前の文の「だが」を例えば「しかしながら（however）」に変えたとすると段落の動きは明らかに遅くなってしまう。これは筆者には，要点を素早く手短に伝えようとする文章のペースを変えてしまう不必要な変更に思われる。

雑誌の表紙では，先頭の大文字と末尾の終止符による文の単純な定義の違反が生じる。右の表紙ではすべて大文字の文（ESCAPE WITH US THIS SUMMER！「この夏は僕らと脱出しよう」）があり，そのほか，通例の句読法に代わる独特な大文字の使い方をした文も４つある（RELAX with holiday humour「休暇に心もはずむユーモアでリラックスしよう」，GET AWAY to Provence「プロバンスへ出て行こう」，ENJOY perfect picnics and delicious desserts「すばらしいピクニックとおいしいデザートを楽しもう」，WIN the Car of the Year「年間最優秀車を手に入れよう」）。

始まりの終わり（THE END OF THE BEGINNING）

｛【訳注】1942年11月10日，ロンドン市長公邸で開催された公式昼食会でチャーチルが行ったスピーチの中で使われた言葉。｝

ウィンストン・チャーチル（Winston Churchill）――チェンバーズ（Chambers）の『伝記事典（*Biographical Dictionary*）』によれば「英語のこの上ない使い手であった，名高い雄弁家の最後の一人」とある。右の引用は『第二次世界大戦史（*The History of the Second World War*）』第１巻の，第３段落の終わり部分と第４段落の冒頭による。この対比の簡潔で劇的な効果を見れば，文頭での接続詞使用について，次のように軽はずみに非難する人々は永遠に口をつぐまざるを得なくなるはずだ。「悪文体だ」と。だがそんなことはないのである。

1870年に闘い苦しんでいたフランス人たち――しかも権威筋の者も多かった――にしてみれば，終わったばかりの，比較にならないほどさらに悲惨な闘争からフランスが勝利を納め得ようとは，ほとんど奇跡のように思われた。彼らは生涯を通じ，ドイツ帝国を恐れながら暮らしてきたのであった。彼らは1875年にビスマルク（Bismarck）が行おうとしていた予防的戦争のことを覚えていたし，1905年にデルカッセ（Delcassé）を退陣させた野蛮な脅しのことも覚えていたし，それに1906年モロッコの脅威，1908年ボスニアの紛争，1911年アガディールの危機においておののき震えてもいたのだ。カイゼルによる「鉄甲をはめた拳」と「きらびやかな鎧」の演説は，イングランドやアメリカでなら嘲笑をもって受け止められるかもしれないが，フランス人の心にはおぞましい現実の終焉を知らせるものに聞こえたのであった。彼らはほぼ50年間，ドイツの軍備に怯えて生きていたのだから。ついに，血を流して犠牲を払った結果，長きにわたった抑圧は過ぎ去ったのだ。確かにここに，ようやく平和と安全が戻ったのだ。感情的発露をもってフランス人たちはこう叫んだ。「もう二度と！」と。

だが未来はつらく不吉なものであった…

文の諸タイプ

小説でも毎日の新聞でも，読み進めてみれば明らかになるが，間違いなく英語には文のパターンがたくさんある。これほど明らかではないが，これらの文パターンは，規則的な仕方で作られているか不規則な仕方で作られているかにもとづいて，2 つの主要なタイプに分類される。規則的な文はしばしば**主要文**と呼ばれ，不規則な文は**非主要文**と呼ばれる。

主要文

主要文は大多数を占める。本書の文は，見出しや例文のあるものを除くとすべて，このタイプである。基本的に，主要文とは，特定的で予測可能な要素のパターンへと分解可能な文のことを言う。以下の例はいくつかの可能性を示す。

The visitor　brought　a book　for you.
（来客があなたに本をもってきた）

I　gave　the letter　to Mary.
（私はその手紙をメアリーに渡した）

Mary　saw　Jane　today.
（メアリーは今日ジェーンに会った）

このような種類の「要素のパターン」を記述する用語が必要で，多くの文法はこのために**節**を用いている。1 つの節（要素のパターン）のみからなる文は**単文**と呼ばれる。2 つ以上の節へと分析されうる文は**多重文**である（さらに p.239 で記述する）。

単文と多重文

単文と多重文の違いは以下の 2 つの例に見られる：

A book has fallen on John's foot.
（1 冊の本がジョンの足の上に落ちた）

A book has fallen on John's foot and a book has fallen on Mary's foot.
（1 冊の本がジョンの足の上に落ちた，そして 1 冊の本がメアリーの足の上に落ちた）

2 つ目の例では同じ節パターンが 2 度現れている。違っているのは語彙の変更（名前の変更）のみである。実際この節パターンをくり返し使って，名前が変わるだけで無数の本が無数の足の上に落ちるという文を考えることも可能である。話者が「…そして…そして…」ないしはほかの連結語を加え続ける限り，文は際限なく続きうる。図は 2 つの可能性をまとめたもの。

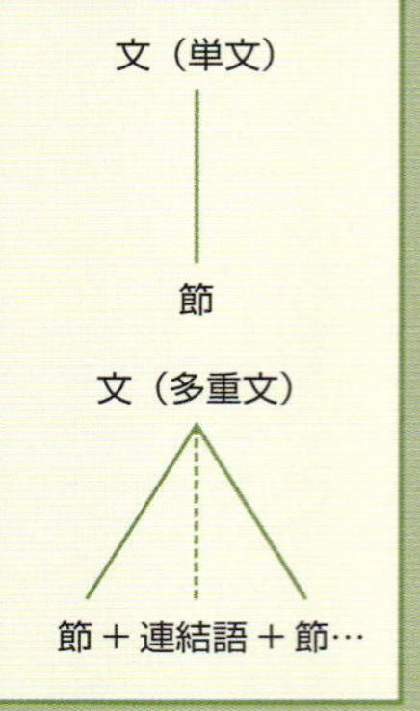

非主要文

非主要文は規則的な仕方で作られるものではない。主要文のように一連の節要素へとはっきり分析されない，変則的なパターンを用いるのである。非主要文のタイプはごくわずかしかないが，どのタイプの例も日常会話や小説の会話部分において頻繁に現れる。看板や大見出し，ラベル，広告，小見出し，ウェブサイトや，そのほかメッセージが「団塊言葉」で表されるような環境など，ある種の書きことばでもよく見られる。

非主要文は文法のあらゆる規則に従うわけではない。例えば，主要文で動詞は人称を変える（How do you manage？（君はどうやりくりするのか？）＞ How does he manage？（彼はどうやりくりするのか？））が，How do you do？（はじめまして）というあいさつは非主要文で，（意味をまったく違うものに変えることなしに）人称を変えて *How does he do？とすることはできない。それに，時制を変えて *How did you do？などと尋ねることもできない。この文はひとまとまりとして覚えねばならず，イディオム（p.175）として用いられるのである。

この例からわかるように，非主要文タイプの中にはかなり複雑なものもあり，一見したところ主要文を表すと思えてしまうほどのものもある。だがどの場合にも非主要文には何か「変わった」ところがある。例えば，God save the Queen！（女王陛下に神のご加護を！）や Heaven forbid！（そんなことがあってたまるか！）のように古風な動詞形態（仮定法）を用いるタイプがある。How come she's gone out？（どうして彼女は出ていったのだ？）のように疑問語を特異な仕方で用いるタイプもある。これらが非主要文であるのは，通常の文法的な変更各種をその構造に加えて God saves the Queen や God doesn't save the Queen などの形式を作ることができないからである。この種の体系的変異を許すのは主要文だけである。

非主要文の諸タイプ

- 型にはまった社会的状況の決まり文句。Hello（やあ），How do you do？（はじめまして），Thanks（ありがとう），Cheers！（乾杯）など。
- 感情的あるいは機能的な無意味語（伝統的に間投詞と呼ばれるもの）で，その多くは英語の通常発音パターンに従わない。Eh？（えっ），Ugh！（うっ），Ow！（あいた），Tut tut（ちぇっ），Shh！（しっ）など。
- ことわざや警句（格言，p.175）。Easy come，easy go（悪銭身につかず），Least said，soonest mended（口慎めば禍少なし）など。
- ツイートやはがき，取扱説明書，実況などで用いられる省略形。Wish you were here（あなたも一緒ならばよいのにと思っています），Mix well（よく混ぜます），One lap more（あと 1 周）など。
- 感嘆文や疑問文，要請文として用いられる語や句。Nice day！（いい天気！），Taxi？（タクシーで？），All aboard！（みなさんお乗りください！）など。

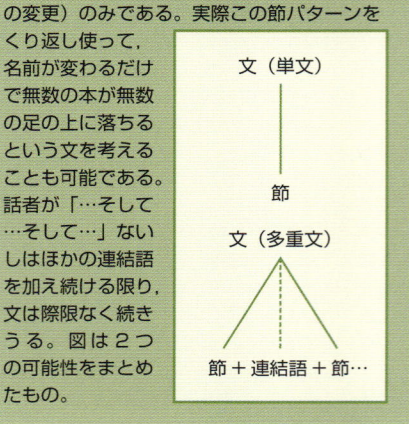

文構造の諸レベル

主要文は非常に単純なこともある（I love you（私はあなたを愛している））が，このページのほぼどの例からも明らかなように，多数の文法的構造を含む可能性をもっている。文学や演説そのほかの洗練された伝達形態は，文の複雑さについてのとりわけ印象的な例をなす（p.74）。この複雑さを律する秩序を示すため，どのような文法でも，言語組織の「レベル」という考えを用いる。

「レベル」というのは，文が単にいくつかの項目を一列に並べただけのものではないという事実をとらえる1つの方策である。諸項目はいくつかの単位へとまとめられているのであって，それらの単位は，ほかの単位と関係しながら，ひとかたまりとして機能する。成人の母語話者はこのような単位があるということを教えてもらう必要がない。彼らは当該言語を習得した結果として自分が無意識的にそうした単位をもっていること「を知っている」のである（もちろん母語話者があると感じている要素を記述できるとは限らない。それはより意識的な課題であるからだ。単に言語「を知っている」のと，言語「について知っている」こととの違いである。p.203）。

The big dogs enjoyed their unexpected bones（大きな犬たちは予期せぬ骨を楽しんだ）という文を見れば，言語組織のレベルが階層をなすとの証拠がすぐに得られる。この階層の最も小さいレベルについてはほぼ説明不要であろう。この文を部分に分けるよう求められれば，たいていの人はすぐさま7語を認めるであろう。しかしこれだけではない。

- これらのうち4語はさらに小さい単位を含んでいる。dog + *-s*，enjoy + *-ed*，*un-* + expect + *-ed*，それに bone + *-s* である。接尾辞と接頭辞の使用により，語の内部の構造レベルがあることがわかる（**形態論的**レベル，第14章）。
- 最初の3語と最後の3語は，ともに結合してより大きな単位をなす。the big dogs と their unexpected bones である。このような大きな単位は「句」と呼ばれる。これらは語と文の間に構造のレベルがあることを示す。
- この文を類似の語の連鎖と結びつけてより大きくすることも可能であろう：The big dogs enjoyed their unexpected bones, and the little puppies liked the scraps.（大きな犬たちは予期せぬ骨を楽しみ，小さな子犬たちは残飯が気に入った）この文は2つの節（p.228）からなっており，句と文の間にもさらに別の構造レベルがあることを示す。

これら4つのレベル——語，句，節，文——は上図にまとめられるような文法的階層をなす。図は各レベルで機能する単位をも示している。この図はまた，文より大きい文法組織のレベルがありうることを示唆している。これについては p.244 および第19章で論じる。

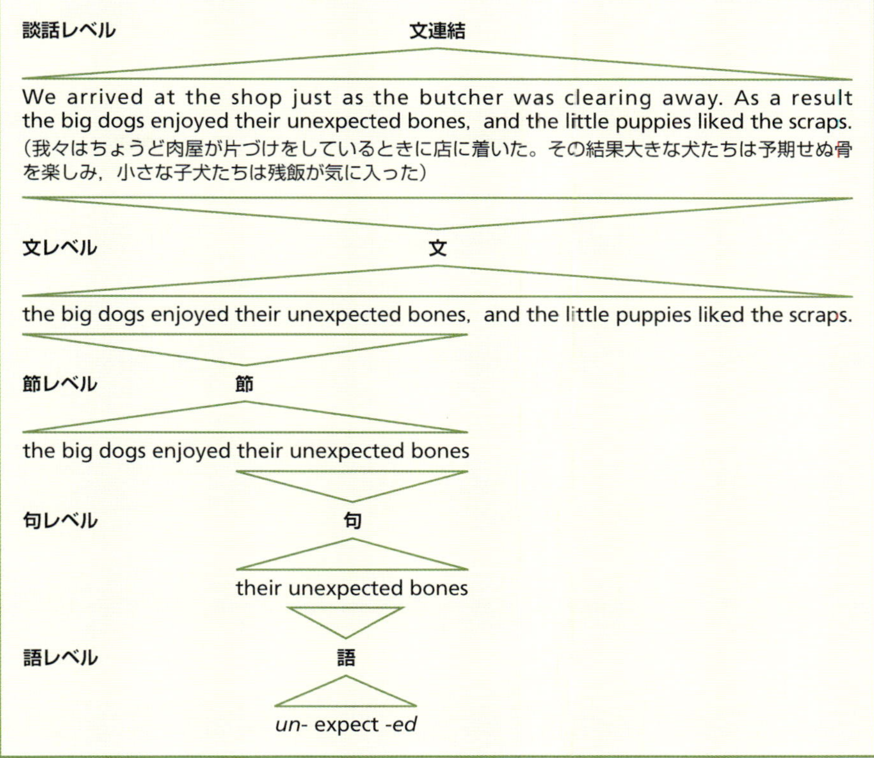

談話レベル
文連結
We arrived at the shop just as the butcher was clearing away. As a result the big dogs enjoyed their unexpected bones, and the little puppies liked the scraps.
（我々はちょうど肉屋が片づけをしているときに店に着いた。その結果大きな犬たちは予期せぬ骨を楽しみ，小さな子犬たちは残飯が気に入った）
文レベル
文
the big dogs enjoyed their unexpected bones, and the little puppies liked the scraps.
節レベル
節
the big dogs enjoyed their unexpected bones
句レベル
句
their unexpected bones
語レベル
語
un- expect -ed

文法的単位を見つけ出す

次の文は p.226 の表記を整えた独白から取ったものである。

We usually went out quite soon after that. The children were always up at the crack of dawn with the farmer, and they went into the milking sheds and helped him feed the pigs. We didn't see the children. So we'd generally go for a tea somewhere, just in case supper was delayed.

節レベル

以下では接続詞とそのほかの連結語を省いている。helped の主語が前の節から理解されなければならない点に注意されたい。feed の主語も同様である。helped him feed the pigs の部分は分析上問題で，文法学者の中にはこの構文を単一の節とする者もいる。

we usually went out quite soon after that
the children were always up at the crack of dawn with the farmer
they went into the milking sheds
helped him
feed the pigs
we didn't see the children
we'd generally go for a tea somewhere
just in case supper was delayed

句レベル

以下では多語句のみをあげている。しかし，ここでのアプローチでは，より大きな単位へ拡張可能であるような場合，単一の語にも句の概念があてはめられる点に注意しておくことが大切である。たとえば supper は，our supper（我らの夕食）や the big supper（豪華な夕食）などへ拡張可能ゆえに，**名詞句**（p.234）の例と見なされるのである。文法学者はこのような措置のよい点，悪い点を議論するのに何時間もかけることがある。この点が示すのは，「句を見つけ出せ」というごく単純な指示でさえ興味深い分析上の問題を生じさせる，ということである。これと同じように，節の分析（上記参照）や語の分析（下記参照）についても問題点がある。

went out
quite soon
after that
the children
were ... up
at the crack of dawn
with the farmer
into the milking sheds
the pigs
didn't see
'd ... go
for a tea
in case
was delayed

語レベル

不規則な形式が存在するため，語の構造の分析は一見したところ以上に複雑である。例えば went は go の過去時制であり，go + *-ed* のように分析されるのである。

usual*ly*（派生接辞，p.223）
went（不規則過去時制，p.216）
child*ren*（child の母音変化はつづり字には現れない）
were（不規則過去時制の別例）
milk*ing*（派生接辞，p.220）
sheds（milking sheds を複合語と分析することもできる，p.139）
help*ed*
him（he の目的格，p.215）
pig*s*
did*n't*（did はまた不規則過去時制の別例）
we*'d*
general*ly*（派生接辞の別例）
somewhere（複合語，p.139）
was（不規則過去時制の別例）
delay*ed*

文の機能

伝統文法は文の機能に４つのタイプを認めていた。すなわち，**陳述**，**疑問**，**要請**，それに**感嘆**である。現代の文法，とりわけ，発話行為（p.308）の枠組みにおいてなされている文法は，ずっと多くの機能を認めている。４つの「古典的な」タイプだけに限ってみたとしても，いくつか細かな区別を導入する必要がある。特に「疑問」の概念はいくつもの異なった種類の構文をひとくくりにしているし，「要請」と呼ばれる文は要請すること以外にもさまざまな種類の意味を表す。「感嘆」の概念は漠然としていて受け入れがたい。それに，これら４つの範疇には収まらない重要な文のタイプ（「反響」発話）もある。

陳述文

本書で用いられる文はほとんどすべてが陳述を表す文である。陳述文というのは「述べること」――つまり情報を伝えること――を主な目的とする文を言う。ふつう２つの基準があてはまる：

- 節には主語（p.232）が含まれる。ただしインフォーマルな会話では省略されることもある。
  (I) Beg (your) pardon？（もう一度言っていただけますか）
  (I) Told you so.（そう言いました）
  (It) Looks like rain.（雨になりそうだ）
- 主語は動詞の前にくる。ここでも，節が hardly や barely，そのほかの「否定の」語で始まる場合など，いくつか例外はある。

Hardly had we left when it started to rain.（私たちが出発するとすぐ雨が降り出した）

(*Hardly we had left ... ではない。)

これらの文は伝統的に平叙文構造――「ありのままに述べる」あるいは「何かを知らせる」構造――をもつと言われる。

英国元首相　テリーザ・メイ（Theresa May）

疑問文

疑問文とは情報を求める文を言う。期待される返答と，文の構築の仕方に応じて，３つの主なタイプに分かれる。こうした仕方で形成される文は**疑問文**構造――「疑い問う」構造――をもつと言われる。

- **yes-no 疑問文**は肯定または否定の返答を認めるもので，ただ「はい」か「いいえ」であることもしばしばである。主語は助動詞（p.219）の後ろにくる。

Are they ready？（彼らは準備できているか？）

Is the plumber here？（配管工は来ているか？）

また，質問的な声の調子（p.260）によって陳述文を yes-no 疑問文へと変えることもできる。このような文は平叙文の構造をもち，書きことばでは疑問符によってのみ質問機能が示される。

Mary's outside？（メアリーは外にいるの？）

You've bought a new car？（君，新車を買ったの？）

- **wh 疑問文**はさまざまな返答の可能性を認める。what や why，where，who などの疑問詞で始まる。

Where are you going？（どこに行くのですか？）

Why don't they answer？（なぜ彼らは答えないのか？）

- **選択疑問文**は疑問文で与えられている選択肢に関連した返答を求める。必ず連結語の or（それとも）を含む。

Will you be travelling by train or by bus？（電車で行くのですか？，それともバスで？）

感嘆疑問文

文の中には構造上は疑問文に似ているが実際には感嘆を表す文として用いられるものもある。このような文は話し手の強い感情を表し，聞き手に同意することを求める。否定の要素が含まれるにもかかわらず，意味的には強度に肯定的である。

Hasn't she grown！（彼女は大きくなったんじゃないか！）

Wasn't it marvellous！（すばらしくはなかったかい！）

ほとんど意味の違いなしに，肯定形の文と否定形の文のどちらもが用いられることもよくある。その場合，助動詞と主語はふつう強い強勢を受ける。

Wasn't he angry！（彼は怒ってたんじゃないかい！）

Was he angry！(I'll say he was！)（彼の怒っていたことと言ったら！）

修辞疑問文

これらの文は構造上は疑問文に似ているが強意的な陳述文であるかのように用いられる。話し手は答えを求めてはいない。

Who cares？（誰がかまうものか）

How should I know？（私が知っているはずないでしょう）

What difference does it make？（どんな違いがあるというんだ）

演説者や政治家，詩人そのほか，独白を頻繁に行う人たちは，劇的な主張をなす手段として修辞疑問文をかなりよく用いる。

Is man an ape or an angel？（人はサルであろうか，天使であろうか）（ディズレーリ（Disraeli））

もちろん演説においてはつねに，後に続く休止の間に聴衆の誰かが返事をしてくるという危険もある。

詩人はほかの人びとに比べて自己に問いかける傾向が強い。

Do I wake or sleep？（私は起きているのか，寝ているのか）（キーツ（Keats））

だが私たちはみな，自己への問いかけを行うものである。

Now, shall I stop here or add another sentence？

（さて，ここで止めにしようか，それとも別の文を加えようか）

付加疑問文

疑問文構造が文の末尾に残されることがあり，**付加疑問文**の形で「はい・いいえ」の返答を期待する。

It's there, isn't it？（それはそこにありますよね？）

She's not in, is she？（彼女は居ませんよね？）

形式ばった英語では付加疑問文の n't 語尾が not に置き換わる場合もある。裁判の反対尋問などでは次のような言い方を耳にする:

They left early, did they not？（彼らは早くに出発したのでしたよね？）

この用法は，英国北部やアイルランドなどいくつかの地域方言においては，会話でもふつうである。

イントネーション（p.260）を変えると付加疑問文の意味も違ってくる。抑揚が上昇調の場合，多くの方言において文は「尋ねる」ものとなり，下降調の場合は「語る」ものとなる。書きことばでは句読法でこの違いが示される。

They're not in, are they？（彼らは居ないんですか？（本当に知りたいのです））

They're not in, are they！（彼らは居ないんだよ！（そう言ったでしょう））

だが，話しことばでもこの区別ははっきりしないことがあって，「尋ねているのか，語っているのか，どっちなのだ」という不満が引き起こされる。

付加疑問文はさらに p.319 で例示される。

付加疑問，えっ？

くだけた英語では付加疑問文と同じ機能を果たすいくつかの語が用いられる。eh？（えっ？）や OK？（そうじゃない？），right？（でしょ？）などである。カナダ人の eh？（えっ？）やウェールズの ay？（あい？）など，方言には独特の形式があることもしばしばである。ウェールズ人歌手であり芸能人であるマックス・ボイス（Max Boyce）の言ったジョークは，この最後の例にもとづくものである。

How do people in Bangor spell Mississippi？

（バンガー【訳注】：ウェールズ北西部の都市】の人は「ミシシッピ」(Mississippi）をどうつづるのだ？）

M, ay? double s, ay? double s, ay? double p, ay?

（m，アイ？，２つの s，アイ？，２つの s，アイ？，２つの p，アイ？）

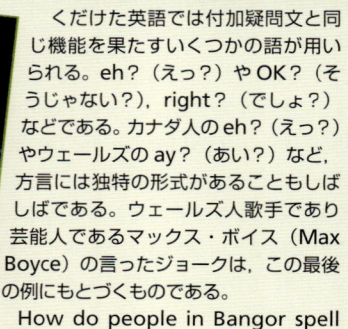

指令文

指令を表す文というのは誰かに何かをするよう指図する文である。しばしば要請文とも呼ばれるが，この用語は誤解を招きかねない。要請というのは指令文の多くの用法のうちの１つにすぎないからである。

- 要請：Sit down！（座りなさい！）
- 招待：Have a drink.（１杯どうぞ）
- 注意：Mind your head！（頭に気をつけて！）
- 嘆願：Help me！（助けて！）
- 提案：Let's walk.（歩こう）
- 助言：Take an aspirin.（アスピリンを飲むといい）
- 指示：Turn left.（左に曲がりなさい）
- 許可：Help yourself.（ご自由にお取り下さい）
- 依頼：Open the window, please.（どうか窓を開けて下さい）
- 熟考：Let me see.（ちょっと考えさせて下さい）
- 祈願：Have a nice day！（よい１日を！）
- 呪詛：Go to hell！（地獄へ行け！）

どの場合も動詞は語尾なしの原形（p.216）であり，ふつう主語要素はない。このタイプの構造は，ラテン語の *imperare*（命令する）から，**命令文**と呼ばれる。

基本的パターンに沿わない指令文もある。

- 主語をもち，強い強勢を置くもの：
  You be quiet！（お前はだまっていろ！）
  Nobody move！（誰も動くな！）
- let で始まり，その後ろに主語が続くもの：
  Let me go.（行かせて下さい）
  Let us pray.（祈りましょう）
  Let's go.（行きましょう）
- do または don't で始まるもの：
  Do come in.（お入り下さい）
  Don't laugh.（笑わないでくれ）
  Do not leave.（行かないでおくれ）

今買って！　支払いは後！

広告は命令文構造の文を大いに利用する。だがどのような動詞でも指令的に用いられるわけではないし，指令的に用いられるものに対してもいくつか制限がある。特に，動作ではなく状態を表す動詞の多くは指令文で用いることができない。Buy a new car（新車を買いなさい）とは言えるが，*Need a new car（* 新車を要れ）とは言えないのである。また動詞の命令形を，過去時を指しつつ使うこともできないのであって，Buy tomorrow！（明日買いなさい）とは言えても *Buy yesterday！（* 昨日買いなさい）とは言えない。

語学休暇！　現地で言語を学ぼう，迎えてくれる現地の家族とホームステイしましょう，世界中の参加者と友達になりましょう
休暇語学センターの施設はニース，ミュンヘン，フィレンツェなどがあります。

EF International
Language Schools
Language Holidays!
Learn a language on location, stay with a welcoming local family, make friends with other visitors from around the world
Holiday Language Centre locations include Nice, Munich and Florence.
0171-401 3660

ヘブリディーズ諸島（ユーイスト２島とバラ）を知ろう
ケルトの探求。ミングレイからエリスケイまで続く島々。外部ヘブリディーズ諸島の隔絶された美しさを味わって下さい。諸費用込みパックで295～495ポンド。

The sound of Barra
Discover the Hebrides: the Uists and Barra
Celtic Quests. Island going from Minguiay to Eriskay. Enjoy the seclusion and beauty of the Outer Hebrides. Inclusive packages £295 – £495.
For brochure telephone
(01870) 602334-603030

休暇を海外で満喫しよう。英国営学校のアクアツアーでスキューバダイビングを学ぼう。

THIS COULD BE YOU!
MAKE THE MOST OF YOUR HOLIDAY ABROAD.
LEARN TO SCUBA DIVE AT ONE OF AQUATOURS BRITISH-RUN SCHOOLS
aquatours 0181-339-9477
EXPERTS IN DIVER EDUCATION
PADI

感嘆文

感嘆文は話し手が何かに感銘を受けたり気持ちをかき立てられたりしたことを表す文である。Gosh！（おや！）や Oh dear！（まあ！），Of all the nerve（何てずうずうしい！）のように，しばしば１語ないし短い句――非主要文（p.228）――の形をとる。だが感嘆文は主要文の地位ももちえて，陳述文や疑問文，指令文とは違った構造をもつ。

- 先頭の要素は what あるいは how で，その後ろに主語と動詞がこの順で続く。
  What a lovely day it is！（何ていいお天気だこと！）
  What a mess they've made！（彼らの何と散らかしたことか！）
  How nice they look！（彼らは何て素敵なんでしょう！）
- 感嘆文はまた省略された形でもよく生じ，先頭要素だけが用いられる。
  What a lovely day！（いいお天気！）
  What a mess！（何て散らかりよう！）
  How nice！（まあ素敵！）

この種の文は**感嘆文**構造を有すると言われる。

主語と動詞を倒置した感嘆文も可能であるがまれである。文学や芝居じみた文脈で見られることもある。

How often have I cursed that terrible day！
（あのひどい日のことをこれまで何度呪ったことか！）

略された感嘆文は，その簡潔さと力強さから，大げさな新聞見出しにおいては大いに好まれる。

28 Sport
POST SPORT Top coverage of Test & County cricket
What a farce!
'Joke ton' leaves Lancs star cold

何ともばかばかしい！　「お笑いぐさの 100 得点」でランカシャーの花形選手も興ざめ

反響文

陳述文，疑問文，要請文（または指令文），感嘆文へと主要文を分ける伝統的分類によれば，もう１つの文のタイプ，すなわち**反響文**が無視されている。反響文は対話においてのみ用いられ，前の話者が言ったばかりのことを確認したり問いただしたり明確化したりといった目的をもつ。

反響発話の重要な特徴は，先行する文の構造を反映してその全体または一部をくり返す点にある。あらゆるタイプの文が反響されうる。

陳述文

A：John didn't like the film（ジョンはその映画が気に入らなかった）
B：He didn't what?（彼は何じゃなかったって？）

疑問文

A：Have you got my knife?（君，僕のナイフもってるかい）
B：Have I got your wife?（僕が君のワイフをもってるかって？）

指令文

A：Sit down here.（ここに座りなさい）
B：Down there?（そこに？）

感嘆文

A：What a lovely day！（何ていい天気！）
B：What a lovely day, indeed！（本当に，何ていい天気！）

I'm sorry（すみません，何とおっしゃいましたか）や I beg your pardon（もう一度言っていただけますか）のような，済まなそうな「和らげ」の語句をともなうなら別であるが，反響文は失礼に聞こえる場合もある。このことは What did you say?（何て言ったの？）という疑問文ではきわめて顕著で，What?（何？）へと短縮されることも多い。親が子どもにお願いだからと言って注意するのは，無作法とみなされることの多いこの形式に集中している。What?（何？）じゃなくて Pardon (me)?（すみません）って言うようにしてちょうだい，と。

知的な反響

ジャージー・コジンスキー（Jerzy Kosinski）の小説『そこにいる（*Being There*）』の映画版で，ピーター・セラーズ（Peter Sellers）は他人に言われたことを（ゆっくりと，ほとんど瞑想にふけるように）くり返す間抜けの庭師役を演じた。その結果，彼はきわめて頭がいいと思われている。

似たような方略は銀幕の外の生活においても珍しいものではない。例えば，私たちが会話の中で話がさっぱりわからない場合，時々ほかの人が言っていることを部分的に反響してみることで聡明な印象を与えることもできる。かつて筆者はある町会議員から，たいそう良識ある考えをおもちだと称賛されたのであるが，私のしていたことといえば，その議員氏の話の中に出てきていた言葉の断片を不規則な間隔でくり返していただけなのである。

節要素

節はすべて，おのおのが特定の意味を表す要素から構成されている。伝統文法は２つの主要な要素を認め，それらを**主語**と**述語**と呼んだ。これらは文の分析の出発点として有益であるが，述語という項目は，非常に異なった幾種類かの構造に区別するために，さらなる分析を必要とする。現代の文法分析では，次の例に現れているような，５タイプの節要素が認められている：

That cyclist / has called / Dave / a fool / twice.
（その自転車乗りはデイヴのことを２度も馬鹿者呼ばわりした）

- この節の最初の要素は主語（S）である。主語はふつう，節の主題ないし話題となる。我々が自転車乗りについて語っていることは明らかである。
- ２番目の要素は動詞（V）である。動詞は行為や感覚，状態などの幅広い意味を表す。この例で我々は，自転車乗りによってなされる，「…呼ばわりする」という行為について語っている。
- ３番目の要素は目的語（O）である。目的語は動詞の表す行為によって直接的に影響を受ける人や物である。この例で我々はデイヴについて語っているが，この人物は自転車乗りの注意の対象となっている。
- ４番目の要素は補語（C）である。補語は別の節要素についてさらなる情報を与える。この例で，a fool は Dave に意味を加えている，つまり（自転車乗りによれば）デイヴは馬鹿者なのである。
- ５番目の要素は副詞類（A）である。副詞類はふつう，行為の時間やその場所，それが行われる様態などといった，状況についての追加情報を加える。この例で我々は「…呼ばわり」という行為の頻度を語っている。自転車乗りがたいそうかっかしていたことは明らかである。

現代英語において，主語と動詞，目的語を含んだ節の約 90%で主語は動詞の前に現れ，動詞は目的語の前に現れる。この言語が昔からつねにこうだったわけではない（p.44）し，特に疑問文（p.230）の場合のように，重要な例外タイプもいくつかある。

要素と語

本ページと前ページの例からわかるように，節要素は語と同じではない。要素は単一の語でもありうるし，いくつかの語でもありうる。以下の文はどれも，主語，動詞，目的語を含んでいるが，語の数は異なっている。

I	saw	Fred.
（私はフレッドを見た）		
My uncle	has seen	Fred.
（私のおじはフレッドを見た）		
All the kids	know	dear old Fred.
（子どもたちは皆フレッドのやつを知っている）		

呼格

呼格（ラテン語の *vocare*（呼ぶ）に由来）というのは，文を語りかけられている人（たち）を表すのに用いられる名前である。呼格により（Mike, phone for you（マイク，電話よ）のように）注意をひきつけたり，あるいは（Doctor, I need a tonic（先生，強壮剤をいただきたいのですが）や Leave it alone, imbecile!（そのまま放っておけ，ばか者！）のように）特別な社会的関係や個人的態度を表したりということがなされうる。伝統文法（p.204）では呼格は名詞の独特の「格」の１つとされ，O（おお～よ）という語によって虚飾されたが，これは今では宗教的な文脈でしか見られない用法である（O God, who ...（おお，…である神よ））。

- 呼格は随意的な要素である。構文の他所に変化を及ぼすことなしに，文に加えたり文から取り除いたりできる。
- (John) I'd like auntie (John) to be here (John)（(ねえジョン,)私おばちゃんにね,(ジョン,)ここにいてもらいたいのよ(,ジョン)），というように，文の中でさまざまな位置に現れうる。
- 主語や動詞といった節構造の要素ではない。節がいくつ含まれていようとも，呼格は文全体に属するものである（Mary, come in, sit down, and tell me what happened.（メアリーよ，入ってきてお座り，そして何が起こったか話しておくれ））。

閣下，淑女，紳士のみなさま……

呼格にはいくつかの種類がある。

- 肩書つきまたは肩書なしの，名前：David（デイヴィッド），Mrs Smith（スミスさん）
- 親族名：mum（ママ），uncle（おじさん）
- 爵位や尊称：sir（サー），my Lord（閣下）
- 職業名：waiter（ボーイさん），nurse（看護師さん）
- 評価名：darling（あなた，お前），pig（畜生），dear（ねえあなた）
- 一般名：lads（お前ら），ladies and gentlemen（(紳士淑女の）みなさま）
- 代名詞 you［きわめて無礼な用法］：You, where's the phone?（おいお前，電話はどこだ？）
- ある種の節：Come out, come out, whoever you are!（出てこい，出てこい，誰でもいい！）
- 拡大されうる呼格もある：old man（おい君），you fat fraud!（このでぶペテン師！）

複合語の分析

sunrise（日の出）
'the sun rises'
「日が出る」（S+V）

oil well（油井）
'the well contains oil'
「井戸が石油を含む」（S+O）

scarecrow（かかし）
'it scares crows'
「カラスをおどす」（V+O）

複合語は語彙の重要な一部をなす（p.139）が，表す文法的な意味にもとづいて諸タイプへと分類するのが有益である。例えば popcorn（ポップコーン）は「コーンがはじける（the corn pops）」とパラフレーズできるが，corn の pops に対する関係は主語の動詞に対する関係となっている。（この例のように）要素の順序は文法的な文に見られるものと対応するとは限らない。以下は主要な文法的関係のリストである。

名詞

主語＋動詞　sunrise（日の出），headache（頭痛），hangman（絞首刑執行人），popcorn（ポップコーン），washing machine（洗濯機），working party（作業部会），dancing girl（踊り子）

動詞＋目的語　haircut（散髪），tax-payer（納税者），scarecrow（かかし），crime report（犯罪記事），chewing-gum（チューインガム），window-cleaner（窓ふき業者），sightseeing（観光）

動詞＋副詞類　living-room（居間）（'live in a room'「部屋に居る」），playgoer（観劇の常連，芝居好き）（'go to a play'「芝居を観に行く」）

主語＋目的語　motorcycle（オートバイ），windmill（風車），oil well（油井），gas-light（ガス灯），doorknob（ドアノブ），table leg（テーブルの脚），postman（郵便配達人），chairperson（議長）

主語＋補語（「X は Y である」あるいは「X は Y に似ている，Y 用である」）oak tree（オークの木），handyman（よろず屋），darkroom（暗室），fly-paper（ハエ取り紙），goldfish（金魚），birdcage（鳥かご），tissue paper（ティッシュペーパー），blackboard（黒板）

形容詞

動詞＋目的語　man-eating（人食いの），breathtaking（息をのむような）

動詞＋副詞類　law-abiding（法律を遵守する），handmade（手作りの），typewritten（タイプライターで打った），wide-spread（広範囲におよぶ）

無動詞　homesick（ホームシックの），camera-ready（カメラ撮りできる），rock-hard（岩のように固い），Franco-German（仏独の）

節タイプ

節要素は結合して，ごく少数のパターンをなす。実際のところ，たいていの文はわずか７つの基本節タイプのいずれかとして分析されうる。どのタイプも最低限２つか，３つ，あるいは４つの要素からなる。

S+V：I / yawned.（私はあくびした）
S+V+O：I / opened / the door.（私はドアを開けた）
S+V+C：I /am / ready.（私は準備できている）
S+V+A：I / went / to London.（私はロンドンに行った）
S+V+O+O：I / gave / him / a pen.（私は彼にペンをあげた）
S+V+O+C：I / got / my shoes / wet.（私は靴をぬらした）
S+V+O+A：I / put / the books / on the floor.（私は床の上に本を置いた）

これらの基本タイプから派生される構文がほかにいくつかある。これらには命令文（p.231）や，さまざまな種類の省略文（p.240）が含まれる。

S

• 主語（S）はふつう陳述文において動詞の前に現れ，疑問文においては最初の動詞の後ろに現れる。
The boy yawned.（その少年はあくびした）
Are *you* going?（君は行くのか？）

• 主語は動詞が現在時制の３人称で単数か複数かを支配する。
She looks fine.（彼女は元気そうに見える）*They* look fine.（彼らは元気そうに見える）

• 主語はある種の目的語と補語の形態を支配する。
I shaved *myself*.（私はひげを剃った）*They* shaved *themselves*.（彼らはひげを剃った）

• 主語として用いられる場合に独特な形をとる代名詞（p.215）もある。
I can see *her*.（私には彼女が見える）*She* can see *me*.（彼女には私が見える）

• 主語は名詞句（単一の名詞も含む），代名詞，あるいはある種の従属節（p.238）でありうる。
The train was late.（電車は遅れた）*Mary* went home.（メアリーは帰宅した）*Beer, crisps, and cheese* are for sale.（ビールとポテトチップス，チーズが売られている）*I* like fishing.（私は釣りが好きだ）*What he said* was funny.（彼が言ったことは面白かった）（*It* was funny.（それは面白かった）のように代名詞で置き換えられる）

• ここでの分析では名詞句の連なりが単一の節要素として分析され，異なる要素の連鎖とはされない。各節には主語が１つしかない。

O

• 目的語（O）要素はふつう節内で主語と動詞の後に続く。直接と間接の２種類がある。直接目的語は一般的なもので，典型的には動詞の表す動作によって直接作用を受ける人や物を指す。
The child lost *her ball*.（その子供はボールをなくした）I remember *the occasion*.（私はその出来事を覚えている）

• 間接目的語は典型的に，動作の受容者となる有生物を指す。この場合，節にはふつう直接目的語もある。
She gave *the dog* a stroke.（彼女はその犬をひとなでしてやった）
I told *them* my news.（私は彼らに近況を話した）

この構文で間接目的語は直接目的語に先行する。I gave *my paper* **to the** ***boy***.（私はその少年に新聞をやった）のような節ではその順序が逆になる。

• 目的語として用いられる場合に独特な形をとる代名詞（p.215）もある。
She saw *him*.（彼女は彼を見た）They asked *me*.（彼らは私に尋ねた）

• 目的語は名詞句（単一の名詞も含む），代名詞，あるいはある種の従属節（p.238）でありうる。
I saw *our new house*.（私は我らの新居を見た）We asked *Fred*.（私はフレッドに尋ねた）Now hear *this*.（さあこれを聞いてみろ）She said *I'd been foolish*.（彼女は私が愚かだったと言った）（She said *this*.（彼女はこう言った）のように代名詞で置き換えられる）

• 主語と同様に，ここでの分析ではつながった名詞句は単一の要素として分析される。He saw **a cat, a dog, and a cow**（彼は猫と犬と牛を見た）はS＋V＋Oである。

V

• 動詞（V）は節構造において中心的な役割を果たす。次のような節に見られる通り，節要素のうちでも最も義務的なものである。

That farmer　drinks　beer　by the bucketful.
S　V　O　A

（あの農夫はビールを山ほど飲む）

副詞類（That farmer drinks beer（あの農夫はビールを飲む））や目的語（That farmer drinks by the bucketful（あの農夫は山ほど飲む）），それに主語さえも格式ばらない文体では省くことができる（あごでしゃくって農夫を指しながら，Drinks beer by the bucketful（ビールを山ほど飲むよ））が，動詞は省くことができない（*That farmer beer by the bucketful）。例外となるタイプが１つだけある。If possible（言い換えるとif it is possible），arrive early.（可能なら，早く着くようにして下さい）のような「無動詞」節である。

• 動詞要素は動詞句（単一の動詞も含む）でなければならない。
The bus *is coming*.（バスが来ます）The dog *ate* the crisps.（その犬はポテトチップスを食べた）I'*m* sorry.（すみません）

この分析では各節には動詞要素が１つしか許されない。ただしこれは本動詞といくつかの助動詞の連鎖（p.219）からなりうるもので，それらすべてが結合して単一の文法的意味を表す。

• 動詞の選択は，目的語があるかないか（p.224）など，節内でほかにどのような要素が用いられるかを大部分決定する。

C

• 補語（C）はほかの節要素――主語（主格補語）または目的語（目的補語）――の意味に追加される意味を表す。

• 主格補語はふつう主語と動詞の後ろに続く。動詞はbeのなんらかの形式であることが一番多いが，意味的に補語を主語に結びつけることのできるほかのいくつかの動詞である場合もある。これらの動詞は繋辞的（「連結」）動詞と呼ばれる。
She *is* a doctor.（彼女は医師だ）The bull *became* angry.（その雄牛は怒った）[すなわち，それは怒っていたのである]
The tune *sounds* lovely.（その曲は美しく聞こえた）[すなわち，それは美しかったのである]

• 目的補語はふつう直接目的語に後続し，その意味はこの目的語要素に関係する。両者の間の基本的同一性を角括弧に示す。
They elected Trump president.（彼らはトランプを大統領に選出した）[すなわち，トランプは大統領である]
It made me angry.（それは私を怒らせた）[すなわち，私は怒っていた]

• 補語は名詞句（単一の名詞も含む），形容詞句（単一の形容詞も含む），代名詞，またはある種の従属節（p.238）でありうる。
She is *a journalist*.（彼女はジャーナリストだ）They became *students*.（彼らは学生になった）
Arthur is *very happy*.（アーサーはとても幸せだ）The car's *ready*.（車は準備ができている）
Where's *that*?（それはどこか？）That's *what I said*.（それが私の言ったことだ）

• 補語は名詞句の場合，対応する要素と数において一致する。
The *child* is an *angel*（その子どもは天使のようだ）＞The *children* are *angels*.（その子どもたちは天使のようだ）
I find your *child* an *angel*（私はあなたのお子さんが天使のようだと思います）＞I find your *children angels*.（私はあなたのお子さんたちが天使のようだと思います）

A

• 副詞類（A）は主に，単一の節内にいくつでも現れうる点でほかの節要素とは異なる。
She arrived on the bus / on Thursday / in the rain …（彼女はバスで／木曜日に／雨の中…到着した）

• 副詞類は節内においていくつかの位置で用いられうるが，文末が最もふつうである。
Twice I asked him.（二度私は彼に尋ねた）I *twice* asked him.（私は二度彼に尋ねた）I asked him *twice*.（私は彼に二度尋ねた）

• 副詞類は様態，場所，時間など，幅広い意味を表す。
I stayed *quietly at home all day*.（私は一日中家で静かにしていた）

• 副詞類は節の構文において多様な役割を演じる。出来事について情報を追加するものもあれば，節同士を結び合わせるものもあり，また表されていることに対する評言を加えるものもある。
I walked *quietly*.（私はそっと歩いた）The bus was full. *However*, I found a seat.（バスは満員だった。しかし私は席を見つけた）*Frankly*, I think it's wrong.（率直に言って，私はそれが間違っていると思います）

• 副詞類は副詞句（単一の副詞も含む），前置詞句，名詞や名詞句，あるいはある種の従属節（p.238）でありうる。
They ran *very quickly*.（彼らはとても速く走った）They walked *home*.（彼らは家まで歩いて行った）We walked *in the garden*.（私たちは庭を歩いた）She phoned me *this morning*.（彼女は今朝私に電話をかけてきた）I laughed *when I saw you*.（私は君を見たとき笑ってしまった）

• 動詞によってはその意味を完成するのに副詞類が必要となる。これらはS＋V＋AおよびS＋V＋O＋Aの構文である。
The path goes *around the field*.（その小道は野原を囲んでいる）[*The path goesとは言えない]
I put the book *on the table*.（私はその本をテーブルの上に置いた）[*I put the bookとは言えない]

句

句というのは，典型的に２つ以上の語を含んではいるが，節（p.232）にふつう見られる主語・述語構造をもたない統語的構造である。句は伝統的に，それが含む語のうち最も重要なものにもとづいていくつかのタイプへ分類される。例えばそれが名詞である場合，句は**名詞句**と呼ばれ，形容詞であれば**形容詞句**と呼ばれる，などとなる。６つの語類（第 15 章）——名詞，動詞，形容詞，副詞，代名詞，および前置詞——が句の構造を特定する要素（すなわち**主要部**）として見出される。しかし各句タイプの内部に生じうる統語的パターンの間には著しい違いがあって，代名詞句のように可能なパターンがごく限られたものから，名詞句内のようにきわめて多様なパターンが見られるものまでさまざまある。

- **代名詞句**は少数の構造に限られており，英語では生産的なタイプとして認められない傾向がある。例として Silly me!（なんてばかな私！），You there!（その君！），she herself（彼女自身），we all（私たち皆），nearly everyone（ほとんど全員）や，those who knew Fred（フレッドを知っていた人たち）のような関係節構文などがある。これらはふつう，名詞句の非主要タイプとして分析される。
- **副詞句**は典型的に，terribly slowly（ひどくゆっくり）や very happily indeed（本当にとても楽しそうに）のような短い強意的表現として見られる。またよくあるのは quite often（よく）や very soon（すぐに）のような時間の句や，as quickly（as I could）（（できる限り）速く）のようなタイプの構文である。
- **形容詞句**はふつう very happy（とても幸せな）や not too awkward（ぎこちなくはない）のように形容詞とそれに先行する強意語との結合からなる。ほかのタイプとして cold enough（十分冷たい）や，形容詞を補完する easy to please（喜ばせやすい）や loath to do it（それをやりたがらない）のような多様な構文がある。
- **動詞句**はごく限られた統語的可能性，すなわち，本動詞の前に最大４つの助動詞（p.219）が先行する may have gone（行ってしまったかもしれない）や won't have been listening（聞き続けていなかっただろう）といった形しか示さない。しかしこの限定は，動詞句が時間や法，動作の様態に関係した多様な意味を表すことを妨げるものではない。
- これに対し**名詞句**は，the hat（その帽子）のような単純な構造から not quite all the fine new hats which were on sale（すべてではないが売られていた見事な新しい帽子）のような複雑な句まで，きわめて広範な統語的可能性を認める。名詞句は別に説明する必要がある（右参照）。

POST CARD

Dear Mum　　Friday
We're having a smashing time, though the weather's not brilliant. Paul's bought a new jacket to replace the blue monstrosity that (luckily) was pinched on the boat. You'll love the colour this time! And it was half the price!! Now we're off to see some Roman ruins — with brollies, of course. We'll try and phone Sunday morning. Hope you're all well. Paul sends his love.
Kate　XX

名詞句の構造

名詞句（NP）は節の主語や目的語，補語（p.233）として現れることのできる構造として主要なものである。基本的には，句の最も重要な構成素である名詞ないしは名詞的な語からなる（a fat **cat**（太った猫），the **horses** in the stable（畜舎の馬たち），the **poor**（貧困者），ten **Chinese**（10 人の中国人））。名詞が句内に単独で現れることもある（**Cats** are nice（猫はかわいい））。１つまたは２つ以上のほかの構成素をともなう場合の方が多く，それらの構成素の中にはそれ自体がかなり複雑な統語的単位をなしているものもある。その結果，名詞句は英語のほかのどの句よりも構造の点で多種多様なものとなっている。

名詞句の各部

名詞句はどれだけ複雑であろうとも以下の４つの構成素のうちの１つまたはそれ以上へと分析されうる。

- **主要部**は最も重要な構成素で，そのまわりにほかのあらゆる構成素が集まる。文のほかの箇所との一致を制御するのは主要部である。よって His new **book is** interesting（彼の新著は面白い）と並んで His new **books are** interesting（彼の新著作群は面白い）となるし，The **girl** in the garden saw it **herself**（庭にいる少女は自分（彼女自身）でそれを見た）と並んで The **boy** in the garden saw it **himself**（庭にいる少年は自分（彼自身）でそれを見た）となる。
- **決定詞**は名詞の前に現れる。この構成素は句の中にどのような種類の名詞が生じるか——特に，それが定か不定か，固有名詞か普通名詞か，可算か不可算かといったこと（pp.220-1）——を決める（「決定する」）。a, those, some, any といった語が決定詞である。名詞句にとって決定詞をもつことは必須ではない（たとえば固有名詞は決定詞をとらない）が，ほとんどの名詞句は決定詞をもち，最も一般的な決定詞（the と a）は英語で最も頻度の高い語に入っている。

決定詞はそれ自体が中心となって語のまとまりを作り，数量の表現を構成しうる。ここでのアプローチにおいて，決定詞の前に現れるものは（すこぶる論理的に）**前位決定詞**と呼ばれ，**all** the people（すべての人々）や **twice** the cost（２倍の費用），**half** the money（半分の金額）などが含まれる。決定詞の直後に現れ，形容詞が生じる場合にはそれに先行する語は**後位決定詞**と呼ばれる。これらは主に数詞（my **three** fat cats（うちの３匹の太った猫たち），the **second** big party（２回目の大きなパーティー））や，ほかのいくつかの数量詞（many や several など）である。

- **前位修飾語句**は決定詞と主要部名詞の間に現れるほかのあらゆる語——主として形容詞と形容詞的な語——からなる。Those lovely old French wooden spoons（あれらのかわいらしい古いフランス製の木のスプーン）という句においては those と spoons の間にある語すべてが名詞を「前位修飾」すると言われる。（文法書によっては前位修飾の概念がもっと広く，決定詞とその付属物も含め，名詞句の中で主要部の前に現れるものすべてを含むこともある。）
- **後位修飾語句**は名詞句の中で主要部の後ろに現れるものすべてからなる。主なタイプは前置詞句（the car **in the garage**（ガレージの車）），定形節（the film **that I saw**（私が見た映画）），非定形節（the new car **parked outside**（外に駐車してある新車））である。The journey **home**（帰途）や something **different**（何か違ったもの）のように，副詞と形容詞も名詞を「後位修飾」するのに用いられることがある。

増大する名詞句

Buns（ロールパン）	are for sale.（が売られている）
The buns（そのロールパン）	are for sale.（が売られている）
All the buns（そのロールパンすべて）	are for sale.（が売られている）
All the currant buns（その干しブドウ入りロールパンすべて）	are for sale.（が売られている）
Not quite all the currant buns（すべてではないがその干しブドウ入りロールパン）	are for sale.（が売られている）
Not quite all the hot buttered currant buns（すべてではないがその焼きたてのバターを塗った干しブドウ入りロールパン）	are for sale.（が売られている）
Not quite all the hot buttered currant buns on the table（すべてではないがテーブルの上にあるその焼きたてのバターを塗った干しブドウ入りロールパン）	are for sale.（が売られている）
Not quite all the hot buttered currant buns on show on the table（すべてではないがテーブルの上に並べてあるその焼きたてのバターを塗った干しブドウ入りロールパン）	are for sale.（が売られている）
Not quite all the many fine interesting-looking hot buttered homemade currant buns which grandma cooked on show on the table（すべてではないがテーブルの上に並べてあるおばあちゃんの作ったそのたくさんの見事な珍しい形をした焼きたてのバターを塗った手作り干しブドウ入りロールパン）	are for sale.（が売られている）

前位決定詞	決定詞	後位決定詞	前位修飾語句	主要部	後位修飾語句
Not quite all	the	many	fine…currant	buns	which…table

左のハガキのメッセージには名詞だけからなるいくつもの「最小限度の」NP や，決定詞＋名詞の構造がいくつか見られる。一番長い例は，NP（the boat（ボート））が別の NP（the blue monstrosity that（luckily）was pinched on the boat（（幸いにも）ボートで挟まってしまったあの青い変な上着））の後位修飾語句の一部として用いられていることを示している。

• **前置詞句**は前置詞と名詞句の結合である（in the back garden（裏庭で），beneath the hedge（生垣の下に））。典型的には節において副詞類の役割を果たす（I saw it *in the garden*（私は庭でそれを見た）= I saw it *there.*（私はそこでそれを見た））。形容詞的にもなりうる（the linguist *with the red beard*（赤ひげをたくわえた言語学者））。

冠詞

冠詞体系は名詞句が表現しうる微妙な意味のよい例となる。この体系の特徴の大部分は子どもでも５歳になるまでには直観的に把握しているものであるが，にもかかわらずその対比を定義することは容易ではないのである。

３つの概念が関わっていて，そのうち２つは伝統文法でもおなじみのものである。すなわち，**定**冠詞（the），**不定**冠詞（a または an），そして冠詞の不在（**ゼロ**冠詞）である。これらの形式の使用は名詞句の意味に影響を及ぼし，特に，名詞を個別的に捉えて個体を指したり（A/the dog is eating（１匹の犬が / その犬は食べている）），あるいは総称的に捉えて一般的なクラスや種を指したり（A/the dog is an interesting animal（犬とは面白い動物である），Dogs are nice（犬はかわいい））することが可能となる。

定冠詞

• the はその場の状況を指したり，人が一般的に知っているものを指したりすることができる。
Have you fed *the dog*?（もう犬に餌をやったか？）
He was wounded in *the war*,…（彼は戦争で負傷し，…）

• the は文頭方向へ戻ってほかの名詞を指すことができる（時に**前方照応指示**と呼ばれるもの）。
She bought a car and a bike, but she used *the bike* more.（彼女は車と自転車を買ったが，自転車の方をよく使っていた）

• the は文末へ向かって，主要部名詞の後ろに続く語を指すことができる（**後方照応指示**）。
I've always liked *the* wines of Germany.（私はいつもドイツのワインを好んでいます）

• the は人びとが散発的に利用したり通ったり観たりなどする施設制度を指すことができる。
I went to *the theatre*.（私は劇場に行った）
I watched *the news* on TV.（私はテレビでニュースを見た）

不定冠詞

• a(n) は名詞がすでに言及されていることを前提としない。The book arrived（その本が到着した）では話者はどの本のことが指されているか皆知っていると考えているが，A book arrived（１冊の本が到着した）にはそのような知識の想定はない。

• a(n) は一般的な事態や数量の概念を表すことが多い。
I'm training to be *a linguist*.（私は言語学者になるための教育を受けています）
He's scored *a hundred*.（彼は 100 点をとった）
Take this six times *a day*.（これを一日６回服用しなさい）

ゼロ冠詞

人の習慣・制度や日課，交通手段，時間区分，食事，病気などについて話す場合，慣用的な用法では冠詞が省略されることが多い。

go to bed（床につく）　in winter（冬に）
travel by car（車で行く）　have lunch（昼食をとる）
at dawn（夜明けに）　caught pneumonia（肺炎にかかった）

英語を習得中の非母語話者によく見られる誤りに，*I shall go to the bed now や *I have caught a pneumonia のように，冠詞がつけられなかったり不適切であったりする場合に冠詞を入れてしまうというものがある。

名詞句構造の諸相

名詞句の構造にはあまりに多くの面があるので，一般向けの百科事典でそのすべてに言及することは不可能である。英語のほかのいかなる統語的単位にも，これほどの構造的変異の可能性を示すものはない。この１つの帰結として，独特な名詞句パターンというのは文章の文体的独自性の一部をなすことも多くなる。これは大衆ジャーナリズム調（p.406）や科学的書き物（p.396）といった言語変種に見ることができる。また別の帰結は，名詞句によって表される意味にはきわめて微妙なところが多く，その機能を意識して理解できるようになるには数多くの例を注意深く考察する必要があるということである。だから 2000 年代においてさえも，名詞句の働きを律する規則のすべてが完全に解明されているというわけではない。

以下の保険契約書からの抜粋に見られるように，法律関連の英語では名詞句において後位修飾語句が顕著に好まれる点が目を引く。構造をこのように視覚的に表してみると意味がかなり把握しやすくなる。そのような補助がないとこの表現は難解で混乱を招くものとなるが，これは平易な英語運動（p.401）の標的となるものである。

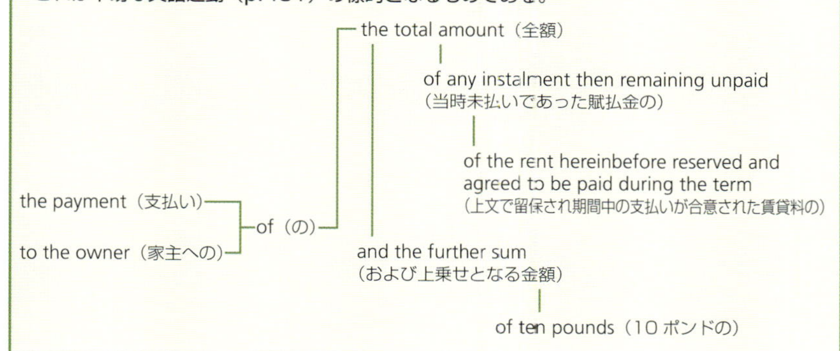

前位修飾語句の順序

Why do you think we make Nuttall's Mintoes such a devilishly smooth cool creamy minty chewy round slow velvety fresh clean solid buttery taste?

（なぜナットールのミントーがこんなにとんでもなくなめらかでさわやかでクリーミーでハッカ風味で噛み応えがあって丸みがあってゆったりした口当たりのよい新鮮で爽快でがっしりしたバターたっぷりの味わいになっていると思いますか）

この 1960 年代の広告見出しには，１つの名詞句に感動するぐらいの数の形容詞が含まれている。もちろん極端に珍しい例ではあるのだが，その理由は，それが長いとか，予期せぬ語結合が使われている（例えば，「味わい」が「丸みのある」や「がっしりした」と描写されている，p.174）とかといったことだけではなく，形容詞が相互の順序に関し何ら制限を示していないからなのである。形容詞をシャッフルして配置し直したとしても，結果は恐らく同じように受け容れられるであろう。

次の例は，あらゆる前位修飾語句がこのようなランダムな仕方で用いられうるわけではないことを示している。

a nice big cardboard box（きれいな大きい段ボール箱）であって，
*a big nice cardboard box
*a cardboard nice big box
*a nice cardboard big box

などやほかの可能な順序はどれも許されない。これは大抵の人がよく考えてみようともしないような種類の文法規則である。しかし１つの順序だけを認めてそのほかの順序を認めなくしている要因を割り出すのはなかなか込み入った作業であり，いまだに完全には理解されていない。

コラム「形容詞区域」を巻末 p.537 に掲載

動詞句の意味

考慮すべき動詞語尾はわずかしかなく（p.216），また助動詞とその連鎖の可能性もごく限られている（p.224）ため，動詞句は統語的な記述という仕事の点で言語学者にとって楽なもののように思われるかもしれない。だが見かけは当てにならないものである。確かに構成素の可能なパターンはかなり手早く記述することができるが，各パターンが伝えうる意味は，文中のほかの部分がどうなっているか，また特定のタイプの動詞の意味が何であるかによっても左右され，明確に述べることがきわめて難しい。例えば，動詞が指し示す時間は付随する副詞類（p.233）によって劇的に変更されうる。I'm leaving tomorrow（私は明日出発します）は，（ドアを通りながら言う）I'm leaving（帰ります）とは何時間も離れている。それに特定の動作を表す動詞は認識状態を表す動詞とは違った働きをする。I was kicking it（私はそれを蹴っていた）とは言えても *I was knowing it とは言えないのである。時制，相，法，および態のさまざまな意味の対比を解明していくことにより，動詞句は英語統語論の中でも最も魅力的な領域の 1 つとなる。

現在時制

3 つの用法が現在時を指す。

- **状態的現在**は無時間的な陳述や「永遠の真理」を表すのに用いられる。Oil **floats** on water（油は水に浮く），Two and two **make** four.（2 足す 2 は 4）
- **習慣的現在**はくり返される出来事を表すのに用いられる。ふつう頻度の副詞類が付随する。I **go** to town each week.（私は毎週町に行く）
- **瞬時的現在**は動作がほぼ発話の時点で始まり終わる場合に用いられる。実演やスポーツ実況などによく見られる。Smith **passes** to Brown.（スミスがブラウンにパス）

3 つの用法がそのほかの時を指す。

- **歴史的現在**はまるで今起こっているかのように過去を描写する。I **hear** you've resigned.（辞職されたと聞いています）
- ジョークや想像的な文章では，これに似た用法が**劇的直接性**を高める。We **look** outside（dear reader）and we **see** an old man in the street.（外に目を向けます（親愛なる読者よ），すると通りに一人の老人が見えます）
- ある種の副詞類をともない，現在時制は**未来時**に行われる特定の動作を指す助けとなる。We **leave** tomorrow.（私たちは明日発ちます）

過去時制

ほとんどの用法は過去の，ある確定的な時に生じた動作あるいは状態を指す。その動作・状態の完了と現在時点との間には隔たりがある。特定の出来事，状態，および習慣的な行為のすべてがこの時制で表現されうる。I arrived yesterday（私は昨日到着した）（出来事），They were upset（彼らは動揺していた）（状態），They went to work every day.（彼らは毎日仕事に行っていた）（習慣）

過去時制は現在時や未来時を表すのにも用いられる。

- **態度的過去**は不確かな心の状態を反映し，現在時制を用いた場合よりも丁寧な効果をもたらす。**Did** you want to leave?（帰りたいのでしたか？）（より直接的な **Do** you want to leave?（帰りたいのですか？）と比較せよ。）
- **仮定的過去**は話し手の信念と反対のことを表す。I wish I **had** a bike.（自転車をもっていたらなあ）［すなわち，話し手は自転車をもっていないのである。］これは特に if 節で用いられる。
- 間接話法（p.242）では，「発言」の動詞において用いられている過去時制により，たとえ現在時を指していても伝達節内の動詞も過去時制になることが許される。Did you say you **had** no money?（お金をもっていないと言ったのですか）［すなわち，相手は今お金をもっていないのである。］

時制

動詞の重要な機能の 1 つは動作の生じる時を示すことである。**時制**という用語は伝統的に，この意味を表すのに動詞が形態を変化させる仕方を指して用いられている。この定義によると英語には時制が 2 つ――現在と過去――しかないことになるが，伝統文法はさまざまな種類の助動詞の用法も含むよう概念を拡大してきた（p.208）。

時間はしばしば直線として表示され，現在時はその上を動き続ける点として位置づけられる。だが時制と時は同一ではない。現在時制と過去時制は時の線のあらゆる箇所を指しうるのである。

→
過去時　　現在時（今を含む）　　未来時

未来時制？

英語は（ラテン語やフランス語，そのほか多くの言語とは異なり）未来時制語尾をもっていない。未来時は，語尾によるのではなく，別のさまざまな手段によって表される。このうちの 1 つ――will または shall の使用――は不正確に「未来時制」と呼ばれることが多い。だがこの用法では「時制」という語の意味が変わってしまっており，動詞語尾の使用だけを指すものではなくなっている。未来時を指す主な方法としては，実際のところ，6 つがある。

- will，shall，または 'll に to なしの不定詞（I'll see you then（その時お会いしましょう））か進行形（I'll be seeing you（あなたにお会いしているでしょう））が続く形。これが最も多く用いられる。
- be going to に不定詞が続く形（I'm going to ask him（彼に尋ねてみます））。このインフォーマルによく見られる用法（しばしば gonna と発音される）は，出来事がすぐにも起こることを暗示する。
- 現在進行形（p.237）。未来の事象が取り決められた計画の結果として起こることを強調する（The match is starting at 2 pm（試合は 2 時開始だ））。この出来事はふつう差し迫ったものである。
- 単純現在時制。これは確定性を含意することが多い（I leave soon（私はまもなく出発する），Go to bed（就寝））。
- be to や be about to，have to，そのほかいくつかの形式の使用。これらはみな，現在からさまざまに隔たった未来の行為を表す（She's to sit here（彼女はここに座ることになっている），She's about to leave（彼女は今にも出ていくところだ））。
- 法助動詞（p.224）。これらも未来を含意する（I may/might/could/should travel by bus（私はバスで旅行するかもしれない / する可能性がある / しようと思えばできる / しなければならない））。

shall か？　will か？

DAILY STAR
The Princess speaks of her torment
STAR NEWS SPECIAL
I SHALL HAVE TO LIVE WITH IT
ALIX PALMER SAYS:
PETER TORY SAYS:
Shocking truth: Pages 2, 3 ● Timebomb in her heart: Pages 14, 15

THE Sun
NAZI DAD AT ROYAL WEDDING
TODAY'S TV: PAGE 14
I WILL HAVE TO LIVE WITH IT
Princess Michael tells of 'my nasty discovery at forty'
FULL STORY—Pages 4, 5, 6 and Centre Pages

伝統文法は will の用法と shall の用法の間にはっきりとした区別をつけていた（p.206）。

- **未来時**を表すのに，1 人称では shall が，2，3 人称では will が勧められていた。I/we shall go（私（たち）は行きます），You/he/she/it/they will go（あなた（彼 / 彼女 / それ / 彼ら）は行くでしょう）
- **行動する意志**を表すには，1 人称で will が，ほかの人称では shall が勧められた。I/we will go（私（たち）は行くつもりです），you/he/she/it/they shall go（あなた（彼 / 彼女 / それ / 彼ら）に行かせます）

これにもとづき，I will be 20 soon（もうすぐ 20 歳になります）のような文は誤りとして非難された，というのも，人はある年齢になろうと「意志する」ことなどできない（と言われていた）からである。

現代における用法はこのような区別を守っていない。実際そんな区別は英語に存在したことなどなく，ただ用法が「いいかげんに」なっているところに秩序を課したいと考える文法家の頭の中にしかなかったのかもしれない。いくつもの英語変種で shall がますます will に取って代わられつつある今日では，この問題は意義を失ってきている。保守的な南部イギリス英語においてさえ，2，3 人称で shall を見出すのは今ではまれになっており（Shall you go?（行かれますか），Mary shall sit there（メアリーをそこへ座らせよう）），1 人称でもあまり見られなくなっている。とはいえ，同日発行で明らかに同じ妃殿下の発言を報じた 2 紙の見出しからわかるように，用法の違いは依然存続している。

相の諸相

相は動詞の動作の時間が捉えられる仕方――完結しているか，進行中であるか，継続期間を示すかといったこと――を表す。英語は２つのタイプの相の対比を用いるが，いずれも助動詞によって表現する。すなわち，完了と進行である。この対比は伝統文法で時制（例えば，「完了時制」）と呼ばれていたが，単なる時の表現よりずっと多くのことが含まれているのであって，相の意味的な分析は実のところ英語学の中でも最も複雑な領域であることがわかってきている。以下の例によりこのトピックを解説するが，その複雑さを示しつくすことはまったくできない。

完了相

これは助動詞haveの諸形態を用いて構成される。

- **現在完了**は主に，現在まで継続する行為を表すのに用いられる。この「現在への関与」の意味は過去時制の意味と対照される。

I've lived in Paris for a year (and I still do).（私はパリに１年間住んでまいりました（そして今も住んでおります））

I lived in Paris for a year (but I don't now).（私はパリに１年間住んでおりました（が，今は住んでおりません））

くだけたアメリカ英語では，現在完了ではなく過去時制を使う傾向が強い。この傾向は米国以外の英語変種にも影響を及ぼし始めている。

US: Did you eat?（もう食事はしたかい？）
You told me already.（もう聞かされたよ）
UK: Have you eaten?（食事は済んでるかい？）
You've told me already.（もう聞かされてるよ）

- **過去完了**も「前の時」を表すが，もっと昔の時間区域のことになる。よって，I **am** sorry that I **have** missed the train（私は電車に乗り遅れて残念だ）を過去に移すと I **was** sorry that I **had** missed the train（私は電車に乗り遅れて残念だった）となる。

特定の出来事，状態，および習慣的な行為のすべてが完了相を用いて表現されうる。

He has/had built a car.（彼は車を作り終えた・作り終えていた）（出来事）
The house has/had been empty for years.（その家は何年も空き家だ・だった）（状態）
He's/'d done it often.（彼はよくそれをやっている・やっていた）（習慣）

進行相

beの諸形態が本動詞の*-ing*形（p.216）といっしょに用いられ，ある時点で進行中の出来事を表す。これを**進行相**と言う（また，**継続相**とも呼ばれる）。いずれの時制とも，またいずれの完了相とも一緒に用いられる。非進行形は**単純**形とされる。

単純	進行
They jump（彼らは跳ぶ）	They're jumping（彼らは跳んでいる）
They jumped（彼らは跳んだ）	They were jumping（彼らは跳んでいた）
They've jumped（彼らは跳んだ）	They've been jumping（彼らは跳び続けている）
They'd jumped（彼らは跳んだ）	They'd been jumping（彼らは跳び続けていた）

進行相では，動作がある限られた期間を通じて生じており，必ずしも完結していないという含意があるのがふつうである。これに対し単純相は，動作の一体性ないし完結性を強調する傾向がある。この対比は以下の文に見られる。

I live in France.（私はフランス在住である）（永続的に）
I'm living in France.（私はフランスに住んでいる）（今のところ）

すべての動詞句のうちのごく一部しか進行形で生じない（ただし用法は拡大してきている。p.96）。例えば向かい側のページの本文（例文を除く）には90個の動詞句が含まれているが，そのうち進行形で用いられているのは６分の１だけである。

２つの態

節によって表される動作は，２つのうちいずれかの仕方で眺められうる。

The dog saw the cat.（犬は猫を見た）
The cat was seen by the dog.（猫は犬に見られた）

この種の対比は**態**と呼ばれる。最初の構文タイプは能動態として知られている。あとのタイプは受動態で，ずっとまれである。

目的語を取る動詞（他動詞，p.224）のほとんどは能動構文にも受動構文にも現れうる（kick（蹴る），jump（跳び越える），eat（食べる），break（壊す）など）。resemble（似ている）や，多くの用法におけるhave（もっている）など，例外も少しだけある。I had a car（私は車をもっていた）が *A car was had by me へと変わることはない。

受動態は話しことばでは頻度が低い。書きことばでは想像的なものより情報提供的な文章でよく見られ，特に科学や公的出版物など客観的で非人称的な文体を要する文脈でよく見られる。過度に使用されると，特に公的文書における英語の明晰さを求めて運動する人たち（p.401）などから批判を浴びやすく，著述家の多くもそうした人たちの議論に影響を受けてきた。だが受動態を完全になくすことはできない。受動態は書き手に非人称的な文体という選択肢を与えるが，これは誰が行為を行ったかを述べることが問題とならないような文脈において大変便利なものである。ふつうは「要素XとYが混ぜられて化合物Zができる」というのが重要な点で，混ぜた人物が私なのかメアリーなのかジョンなのか，はたまたスミス博士なのかはどうでもよい。

能動態から受動態をどう作るか

- 動作動詞の主語（p.233）を節の後ろに動かし，受動態の動作主とする。byを加える。
- 動作動詞の目的語を節の前に動かし，受動態の主語とする。
- 動作動詞句を受動動詞句――ふつう助動詞beのなんらかの形態に，*-ed*分詞（p.216）が続くもの――に置き換える。

特に主語に影響する（ふつうは不快な）出来事に注意を向けたい文脈では，受動態の助動詞としてgetも用いられる。I got kicked at the match（私は試合で蹴られてしまったんだ）はI was kicked at the match（私は試合で蹴られた）よりいくぶん不都合なものとして出来事を受け止めているという報告になる。形式ばった文体ではgetの使用は避けられ，くだけた文体でもbeよりはずっと頻度が低い（Get stuffed!（行っちまえ）のような悪態は別として）。

ほかの選択肢として，by句の動作主を省略することがある。実際のところ受動節の約80%においてこの句は現れないが，これは一般に，動作主を加えるというのはわかり切ったことを言い表すことになるからである（Jack fought Mike and was beaten (by Mike)（ジャックはマイクとケンカして，（マイクに）たたかれた））。ただし省略が熟慮の上でなされる場合もあって，それは動作主がわかっていないから（The car's been stolen（車が盗まれた））か，あるいは，破損した図書館の本を返しに来た人が，by me（自分のせいで）をつけずに，あいまいに，I'm afraid this page has been torn（すみません，このページ破れちゃったんですけど）と言う場合のように，話し手が動作主を強調したくないからかのいずれかの場合である。

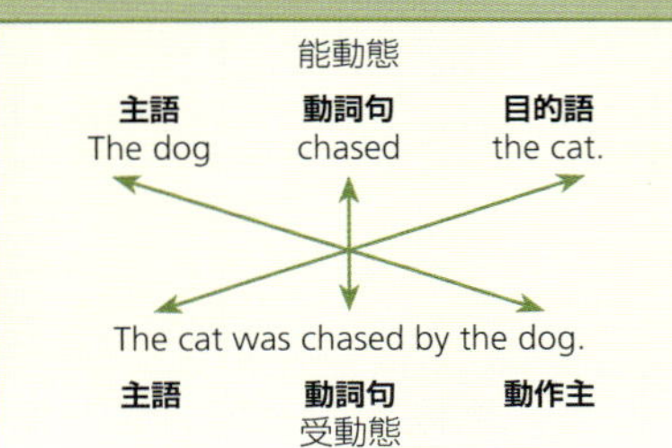

このイラストは『ケンブリッジ地球科学事典（*The Cambridge Encyclopedia of Earth Sciences*）』から取ったものであるが，科学的な文章における受動態使用の典型例を示している。どの文にも例が含まれており，そのうち２つでは（キャプションではよくあるように）動作主（by句（～により））が表されている。

6.15：1975年2月欧州宇宙機関により（by）打ち上げられた人工衛星スターレット（Starlette）。直径250 mmの球体で，表面には60個の反射板が配されている。中心部は主にウランで作られており，重さ35 kg，密度は約18 kg/m³となっている。本衛星はレーザーにより（by）追跡観測され，地球の重力場と潮汐の歪みを測定していく。

多重文

III 部ではここまで，示された例文のほとんどが 1 つの節（p.232）だけを含むものであった。つまり**単文**である。だが多くの文は 2 つ以上の節へとただちに分析できるような文，すなわち**多重文**である。実際のところ多重文は形式ばった書き物における文の大多数をなすものであるし，日常会話でもよく見られる。p.226 にあげられているような種類の独白は，分析上いくつか問題を呈してはいるものの，会話発言の自然に生じる特徴というのが大部分，多重文構造の使い方によるものであることを明らかにしている。このような構造は**重文**と**複文**という，いずれも伝統文法（p.204）で認められていた 2 つの大まかなタイプに分類されることが多い。

重文

重文では節同士が**等位接続**の方法で——ふつうは**等位接続詞**（p.225）の and, or, または but により——連結される。各節は原則的にそれだけで文として自立しうる。言い換えると，**独立節**，すなわち**主節**として機能しうる。樹形図 A（右上）はこうして連結される 2 つの節の間の「平衡関係」を示している。一方の節から省略（p.240）により要素が省かれている場合でも同様の分析をすることができる。I cycled as far as Oxford and Mary as far as Reading（メアリーはレディングまで，そして私はオックスフォードまで自転車で行った）において，Mary as far as Reading（メアリーはレディングまで）は——省略部が「書き入れ」られれば——主節として自立しうる（Mary cycled as far as Reading（メアリーはレディングまで自転車で行った））。こうした文脈における「主」というのは純粋に文法的な意味をもつものであって，日常一般的な「最も重要な」という意味はもたない。

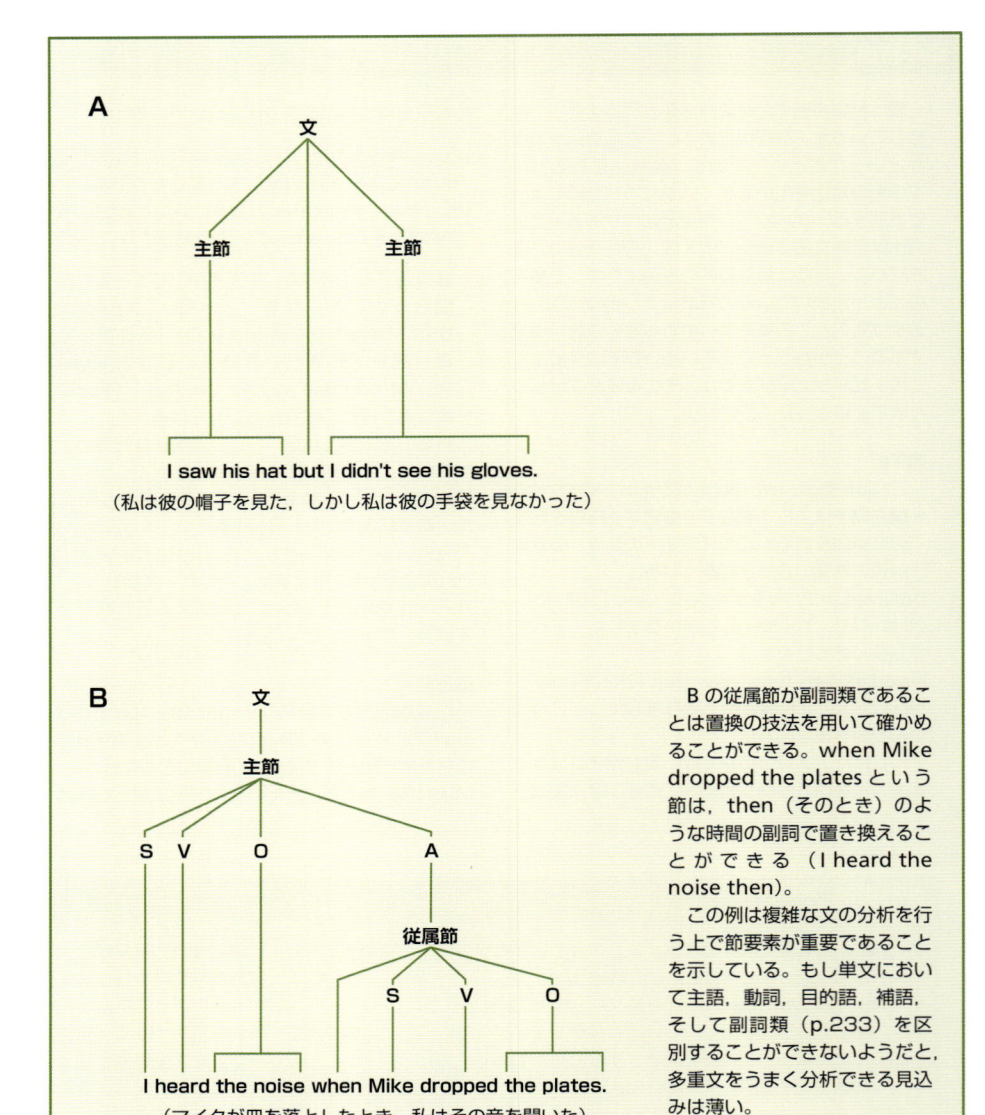

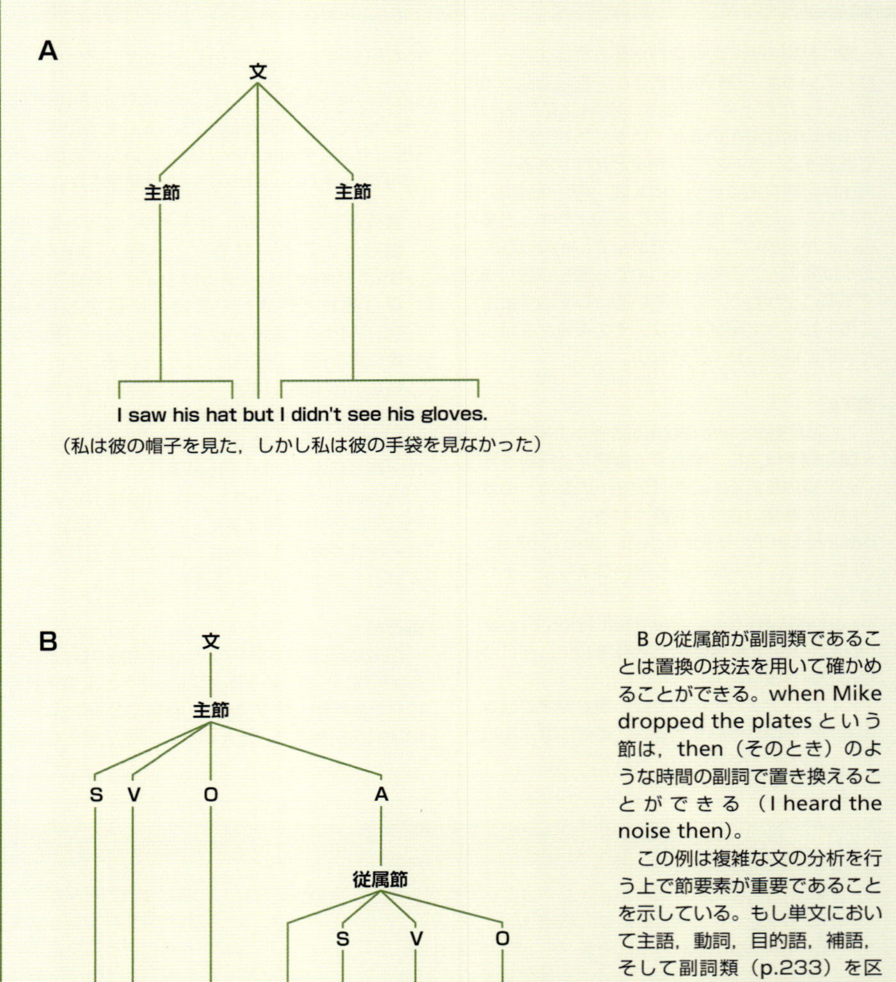

Bの従属節が副詞類であることは置換の技法を用いて確かめることができる。when Mike dropped the plates という節は，then（そのとき）のような時間の副詞で置き換えることができる（I heard the noise then）。

この例は複雑な文の分析を行う上で節要素が重要であることを示している。もし単文において主語，動詞，目的語，補語，そして副詞類（p.233）を区別することができないようだと，多重文をうまく分析できる見込みは薄い。

複文

複文では節同士が because（なぜなら）や when（～のとき），since（～以来）などの**従属接続詞**（p.225）を用いて，**従属接続**の方法で連結される。この場合，一方の節（**従属節**と呼ばれる）が別の節（主節）に従わせられる。これは樹形図 B（上）に見られる。従属節はそれだけで文として自立することができない。When Mike dropped the plates を用いるにはほかの節が必要である。

要素となる節

従属節は，動詞以外のあらゆる節要素に置き換わることができる。その文法機能はどの場合でも，代名詞や形容詞，副詞，あるいは名詞句など，何であるかがわかっている，より簡潔な単位による置き換えを通じて確認することができる。副詞類となる節はすでに上で例示した。ここでは主語，目的語，補語となる節の例をあげる。

主語としての節

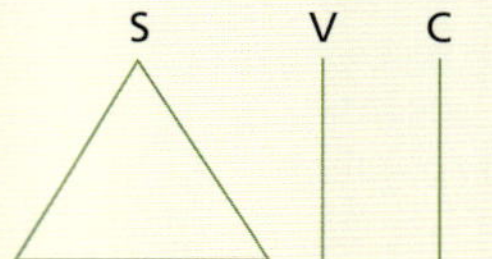

That he argued was a shame.
（彼が文句を言ったのは残念だった）
（*It* was a shame.
（それは残念だった）のように代名詞 it で置き換えられる）

目的語としての節

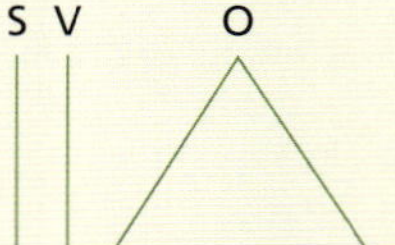

I said that it was time.
（私はもう時間だと言った）
（I said *something*.
（私は何かを言った）のように代名詞 something で置き換えられる）

補語としての節

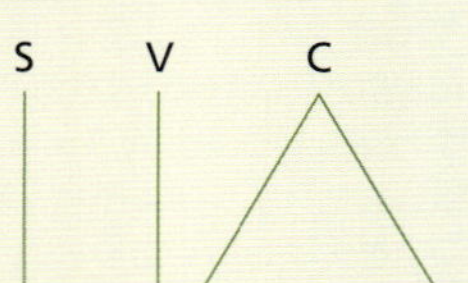

The result was what I wanted.
（結果は私の望んだものであった）
（The result was *good*.
（結果はよかった）のように形容詞 good で置き換えられる）

多重構造

複文と重文のいずれも，等位接続や従属接続を複数例含んでいることがある。

- **多重等位接続**に関しては樹形図Cに見られるように，分析が単純である。長い文を作るのにandを連続的に使用することは，p.226の実例が示すように，決して珍しいことではない。

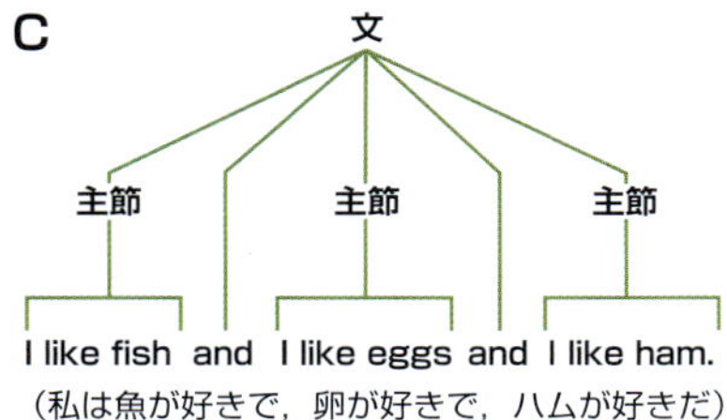

（私は魚が好きで，卵が好きで，ハムが好きだ）

- **多重従属接続**に関しては，従属接続の異なる「レベル」を区別することに細心の注意を払わなければならない。樹形図Dにおいて主節はHe said [something]（彼は［何かを］言った）である。最初の従属節は話し手が言ったこと（「私たちは喫茶店が開いたら食事をする」）を伝えており，したがって動詞saidの目的語である。第2の従属節はいつ食事をするのか（「喫茶店が開いたら」）を伝えており，eatを修飾する副詞類である。

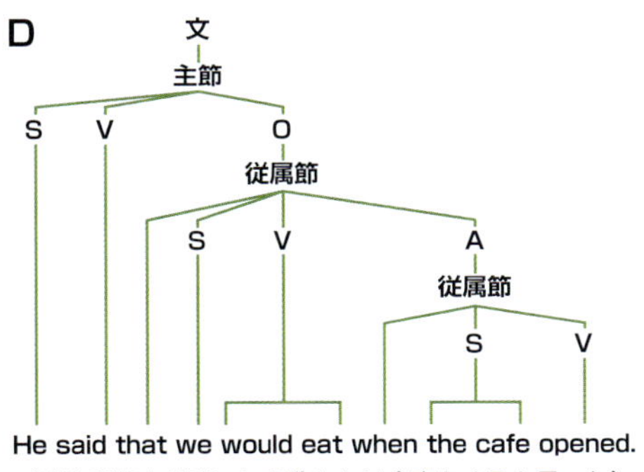

（彼は喫茶店が開いたら私たちは食事をすると言った）

- 従属接続の例のうちいくつかは「同じレベルで」生じることもある。What I say is what I thinkという文は一見複雑であるが，実際には樹形図Eが示すようにThat is that（それはそれである）と同じ単純な3部分構造をもっている。

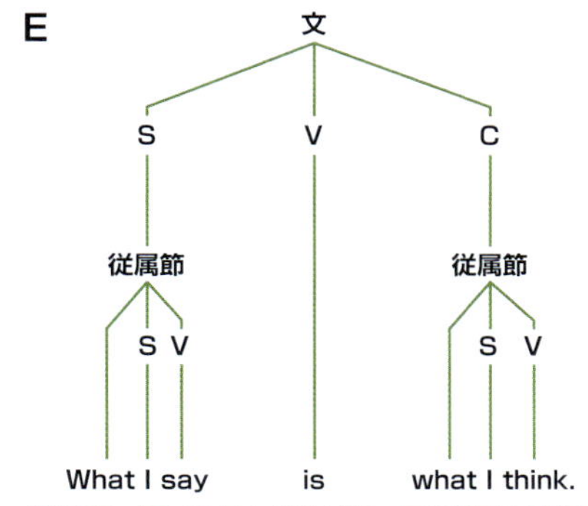

（私の言っていることは私が思っていることである）

- 等位接続と従属接続の両方が同じ節の中に生じることももちろんあり，これにより**重・複文**ができる。この可能性は樹形図Fに示されている。これらの文は構造を描くのが最も複雑と言えるものであるが，この図が表している文は決して珍しいものではない。この図で分析されている文は9歳の子どもでも言うことができるであろうが，このことは，我々が気づいていなくともいかに多くの文法的能力をまったく無意識のうちに自分のものにしているかということを示してくれる。

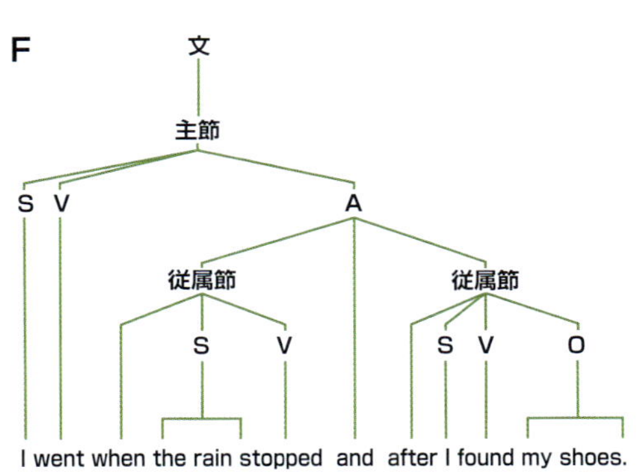

（私は雨が止んで靴を見つけた後に出かけた）

他のレベルでの等位接続

等位接続詞は文中での資格が同じである限りどのような統語的単位同士をも結びつけることができる。節同士を連結するほか，名詞句同士，形容詞同士，代名詞同士，それにいくつかそのほかの形式同士も連結することができる。

I bought a paper and a book.（私は新聞と本を買った）

We were hot and dirty.（私たちは熱っぽくて汚れていた）

It's them or us.（それは彼らか私たちかだ）

このように結びつけられうる単位の数には理論上，限りがない。

等位接続というのは文法事項として単純なものにも思われるが，その陰には微妙な点がいろいろとある。まず，接続詞ごとに広範な意味を表すということがある。例えばandは単なる追加という意味以上のことを伝えうる。I ran hard and (therefore) caught the bus（私は頑張って走って（そのため）バスに間に合った）では「結果」を表し，I woke up and (then) got dressed（私は起きて（それから）服を着た）では「時間順序」を表す。表されるのが追加の意味である場合は節の順序を逆にすることができる。I take the bus and she takes the train（私はバスに乗り，彼女は電車に乗る）はShe takes the train and I take the bus（彼女は電車に乗り，私はバスに乗る）としてもよい。ほかの意味が関わる場合は逆にできない（*I caught the bus and (therefore) I ran hard, *I got dressed and (then) I woke up）。

また，2つの句がandで連結される場合，それらが個々の文法的役割（例えば，主語の役割）を保つこともあるし保たないこともある。次の2つの文を比べてみよう。

Matthew and Ben are strong.（マシューとベンは強い）

Matthew and Ben are alike.（マシューとベンは似ている）

同じように見えるが，さらに分析してみると違っていることがわかる。最初の例ではMatthew is strong and Ben is strong（マシューは強いし，ベンも強い）と言うことができる。どちらの句も独自の節へと拡張できるのである。しかし2つ目の例ではこうはならない。*Matthew is alike and *Ben is alikeとは言えないのである。alike（似ている）には，2つの名詞を共同で働くようにさせる何かがあるのである。同じように，Arthur and Joanna have separated（アーサーとジョアナは別居した）は*Arthur has separated and Johnna has separatedへと拡張できない。この種の事例は，初めは簡単だと思われた英文法の分野に，複雑さと面白みを添える。

まだまだあるandの用法

特にくだけたことば使いでよく見られ，また書きことばでは非難されることの多い，andの慣例的用法がいくつかある。

- I'll try and see him（僕が彼に会ってみよう）のような構文で，andは等位接続詞として機能しておらず，不定詞不変化詞のto（p.216）に相当するくだけた語となっている（I'll try to see him）。
- 同様に，The room was nice and warm（その部屋はよい具合に暖かかった）のような構文でnice andは（very（たいそう）に似た）強意項目として用いられており，等位接続詞ではない。He was well and truly drunk（彼はすっかり酔っぱらっていた）というのも別の例としてあげられる。
- 語をそれ自身と等位接続することで特別な意味が表される。The car went slower and slower（その車はますますゆっくり走った）での意味は強化である。They talked and talked（彼らはしゃべりにしゃべった）では継続動作である。特に興味深い用法がThere are roses and roses（バラにもピンからキリまで）に見られるが，その意味は「同じバラとはいってもよいもの／悪いものがあるということは誰でも知っている」ということである。

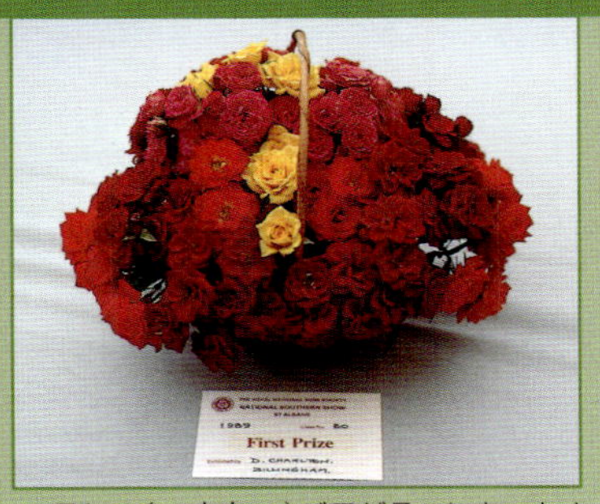

……そして(and then)バラがそこにあった！

そのほかの統語的論点

ここでの英文法の探究は包括的であることを意図したものではなく，我々が統語的分析という課題に取り組んだ際に現れてくる興味深い論点をある程度伝えるためのものにすぎない。これまでに取り上げたトピックは，節の分析と，節同士が結びついて文をなす仕方とに関わってきた。III 部の残りのページでは，文全体や，文の連なりをも含む，個々の節の構造を超えた問題を扱っていく。

文の短縮

同じことを 2 度言ったり書いたりするのを避けるために文を短くする方法には主に 2 つがある。

- **代用形**——文中の長い構造に置き換わったり，それを指したりする語——の使用がありうる。最初の，置き換え（または代入）のプロセスは I've bought a new coat and Mary's bought one too（私は新しいコートを 1 着買って，メアリーも 1 着買った）に見られ，代用形 one が名詞句 a new coat に置き換わっている。2 番目の，ほかの構造を指すというプロセスは The children hurt themselves（子どもたちはけがをした）に見られ，ここで themselves は名詞句 the children に返ってそれを指している。ここで themselves は the children に置き換わったものではなく，単にそれを指しているのである。The children hurt the children（子どもたちは子どもたちにけがをさせた）となれば，子どもたちが誰か別の子どもたちにけがをさせたという意味になる。代用形がほかの構造と意味（または「指示」）が同じであるがそれに置き換わっているのでない場合，代用形による**同一指示**という言い方をする。
- **省略**というのは，ほかの所で言われていることのくり返しになってしまうという理由で文の一部が省かれる場合に生じる。I'd like to eat that biscuit, but I won't（僕はそのビスケットが食べたいけれど，食べないよ）で 2 番目の節は省略を含み，eat that biscuit が落とされている。人はふつうこのような文の完全な形は必要でもないしじれったいとも感じるので，省略を用いてもっと受け容れられやすい経済的な言い方をするのである。会話におけるやり取りはこの省略で満ちている。省略が用いられなかったとしたら，私たちの使う文は会話が進むほど長くなってしまうであろう。

A : Where are you going?（どこへ行くんだい?）
B : To the shops.（お店まで。）(= I am going to the shops.（お店まで行くのだ））
A : Why?（何しに?）(= Why are you going to the shops?（何しにお店まで行くのか?））
B : To get some bread.（ちょっとパン買いに。）(= I am going to the shops to get some bread.（ちょっとパン買いにお店まで行くのだ））
A : Is John going with you?（ジョンも一緒にかい?）(= Is John going with you to the shops to get some bread?（ジョンも一緒にちょっとパン買いにお店まで行くのか?））

大体において省略部はすでに言われたことを指すが，これから言われようとしていることを予期する場合もある。Don't ask me why, but the shop has sold out of bread（どうしてかは聞かないでほしいが，その店ではパンが売り切れになった）は Don't ask me why the shop has sold out of bread， but the shop has sold out of bread（どうしてその店ではパンが売り切れになったのか聞かないでほしいが，その店ではパンが売り切れになった）をちぢめた，より望ましいものである。

何が代用形になるのか？

- 同一指示において用いられる代用形はふつう，she，they，myself，his，theirs，that，such などの定代名詞（p.222）である。また，then，there，here のような若干の時間や空間の定副詞も使うことができる。
  Mat's ill. *He*'s got flu.（マットは具合が悪い。彼はインフルエンザになったのだ）
  My hat's red. *Hers* is green.（僕の帽子は赤い。彼女のは緑色だ）
  I'm off to town. See you *there*.（私は町へ行きます。そこで会いましょう）
- 置換において用いられる代用形は定でも不定でもありうる。たいていは one (s)（…の，もの），some（いくらか），none（1 つも…ない），either（どちらか），few（少数），many（たくさん），several（いくつか），all（すべて），both（両方）などの不定代名詞（p.222）である。So（そう）や thus（こうして）のような若干の副詞を使うことも可能であり，また動詞 do は do so（そうする）の構文などにおいて重要な役割を担う。
  I have change. Do you want *some*?（僕は小銭もってるよ。いくらか必要かい）
  Have you seen the new designs? I've bought *several*.（新作をもう見ましたか。私はいくつか買いました）
  I asked him to leave, and he *did (so)*.（私が彼に出ていくよう頼むと，彼はそうした）
- 大部分の代用形は名詞句（p. 234）の一部または全体に置き換わるかそれを指すかする。しかしいくつかほかの構文が関わることもある。Martha went to the shops and I went there too（マーサはそれらの店に行き，私もそこに行った）に見られるように，副詞代用形は副詞類に関連づけられる。do は動詞を含む節の一部に関連づけられる。Martha went to the shops and I did too（マーサはそれらの店に行き，私もそうした）において did は went to the shops に置き換わっている。so は目的語，補語，副詞類，あるいは節全体に置き換わりうる。
  A : I'm not feeling well.（僕は気分がよくないんだ）
  B : I thought so.（そうだと思ってた）
  (I thought that you're not feeling well（あなたは気分がよくないのだと思っていた））

これ以上に真実の言葉は

この抜粋は，イギリスのユーモア作家マイルズ・キングトン（Miles Kington）が『インディペンデント（*Independent*）』紙（1993 年 7 月 26 日刊）に書いた記事から取ったものであるが，その強い効果は代用形と省略の使用により伝達可能となる簡潔な文体のたまものと言える。インタビューのねらいは，「クリシェのエキスパート」から世の中の渡り方についてのアドバイスをもらうというものである。クリシェというのは冗長さに大きく依存するもので，略さずに使われるのがふつうであるので，それが短縮されて教理問答のような形になっているのを見ると，強烈な文体的効果が得られるのである。

Q. 世の中，人生とは何でしょうか?
A. 人生は心のもちようで地獄極楽（Life is what you make it）。
Q. それはどんな人生なのでしょうか？
A. つらい世（a hard life）です。
Q. しかしすばらしい世の中ですよね（But is it a good life）？
A. ええ，気弱にならなければ（if you don't weaken）。
Q. 人はどうやって世を渡っていくでしょうか？
A. 人は世の旅路を進むのです（One travels down life's road）。
Q. それはどんな旅路でしょうか？
A. 山あり谷ありの路（A bumpy road）。
Q. どんなふうに出発するのですか？
A. こうしていこうと思うとおりに（As you mean to go on）。
Q. しかし人生ではどんな種類の滑り出し（start）が必要でしょうか？
A. 幸先のよいのが(A good one)。
Q. どうやったら手に入れられますか？
A. 一生懸命働いてふさわしい能力（right qualifications）を得ることによってです。
Q. それには何が必要ですか？
A. 夜なべをすることです(Burning the midnight oil)。
Q. でも身を削る（[burning] the candle at both ends）ということではないですよね？
A. ええ，もちろん違います。ですが同時に，「よく学びよく遊べ」で，働いてばかりで遊ばないと少年はだめになります(all work and no play makes a chap a dull boy)。
Q. その彼の名前は？
A. ジャック（Jack）です。
Q. 親はこの幸先よい人生の滑り出しに対しどう貢献できるでしょうか？
A. 爪に火をともす（scrimp）のです。
Q. それだけですか？
A. いえ，貯蓄（save）もします。
Q. しかし爪に火をともして貯蓄してくれる親もなく，またふさわしい能力さえもない人たちはどうしたらいいでしょう？
A. そういう人たちは自分で人生を切り開かねば（make their own way）なりません。
Q. 何で切り開くのですか（By what do they pull themselves up）？
A. みずからの一歩で（Their own bootstraps)。
Q. その人たちは後になって，どんな学校に行ったと言えますか？
A. 人生という大学です(The university of life)。
Q. その学校はほかの名前でも知られていますか？
A. ええ。厳しい実社会という学校（The school of hard knocks）です……

マイルズ・キングトン

コラム「何が省かれたかはどうやってわかるのか？」を巻末 p.538 に掲載

評言を加える

人はしばしば，自分の言っていることやその言い方について評言（コメント）を加えたり，ある態度を示したりしたいと思うものである。英文法によればこうしたことをする仕方として，どのようなものが可能であろうか。この問題は伝統文法（p.204）では一度も問われたことがないため，その問いに答えるにはまったく新しい用語が必要となる。

離接詞

重要な役割を果たすものとして，**離接詞**と呼ばれるタイプの副詞類（p.233）がある。

- 離接詞のうちあるものは，言われていることの文体や形式についての話者の評言を伝える。つまり，それが付随する文を聞き手がどういった条件下で解釈すべきかを表すのである。Frankly（said Jane），Charles should have gone by bus（率直に言って（ジェーンの発言），チャールズはバスで行くほうがよかったわ）においてジェーンはただ「チャールズはバスで行くほうがよかった」と言っているのでなく，自分が主張を通す仕方についてコメントを加えてもいるのである——つまり彼女は「率直に語っている」のだ。この種の語は honestly（正直に言うと），literally（文字通りに），briefly（手短に言って），strictly（厳密に言うと），それに confidentially（ここだけの話だが）など，たくさんある。
- その他の離接詞は節の正しさについての所見を述べるか，その内容についての価値判断をする。Fortunately, Charles caught the bus（幸運にもチャールズはバスに間に合った）でジェーンは「チャールズはバスに間に合った」とだけ言っているのではなく，彼が間に合ったことが（彼女の考えでは）幸運であったとも言っているのである。この種の語としてほかに，curiously（不思議なことに），foolishly（愚かにも），regrettably（残念なことに），undoubtedly（疑いなく），そして hopefully（願わくば）なども含まれる（1980年代にはこの hopefully だけ恣意的に選び出され，語法純粋主義者らにより酷評にさらされるということがあった。p.206を参照）。

評言節

離接詞は regrettably（残念ながら），to my regret（残念なことに），I regret to say（遺憾ながら申し上げます）と並べてみればわかるように，語でも句でもありえ，また節の特徴さえもちうる。節である場合は，**評言節**としてひと括りにされてきている数々の構文の一部をなすものと分析されうる。これはくだけた会話で特によく見られるが，挿入的な口調で，速度を上げかつ小さめの声で話されることが多い。

The rest, *I suppose*, will never be known.
（そのほかについては絶対わからないだろうと思います）
You know, it's time you paid me back.
（ねぇ，もうお金返してくれてもいい頃じゃないかな）
It's over now, *I'm glad to say.*（もう終わったんだよ，うれしいことに）

評言節は何種類かの意味を表す。

- ためらい：I think（と思います），I assume（と考えます），I suppose（と思う），I'm told（だそうです），they say（ということです），it seems（のようです），rumour has it（という噂だ）
- 確信：I know（そうだ），I'm sure（本当に），it transpires（知れわたっています），I must say（まったく），it's true（本当に），there's no doubt（確かに）
- 感情的態度：I'm pleased to see（何よりです），I'm afraid（残念ながら），I hope（望んでいます），Heaven knows（確かに），I'm delighted to say（喜んで申しますが），to be honest（正直なところ），frankly speaking（率直に言って）
- 注意の喚起：you know（ねぇ），you see（ほら），mind you（いいかい），you have to admit（認めなさいよ），as you may have heard（もう聞いているかもしれないが）

評言節が会話の中で過剰に使われて目につくようになるのは，思考がはっきりしていなかったりごまかそうとしていたりする印だと広く見なされている。評言節は例えば，手厳しいインタヴュアーと対面した政治家がそわそわもじもじとしゃべる場合によく耳にすることが多い——あの「はい，ええっと，ほら，このことを正直に言いますと，つまりは」といった応答である。こうした用法から，文脈に関わりなくあらゆる評言節を非難する批評家も出てきているが，それは行き過ぎである。これらの節は会話や議論，自発的な独白において重要な役割を演じるものであり，話者が「当意即妙に答える」手助けとなり，また言われていることを理解する機会を聞き手に与えるのである（p.309）。同様の効果は格調高い形式ばらない文章にも導入されうるが，そこでは評言節を思慮深く用いることにより個人的な視点を加えたり，書き手と読み手の関係を強めたり，また込み入ったテクストのわかりやすさを高めたりすることができる。

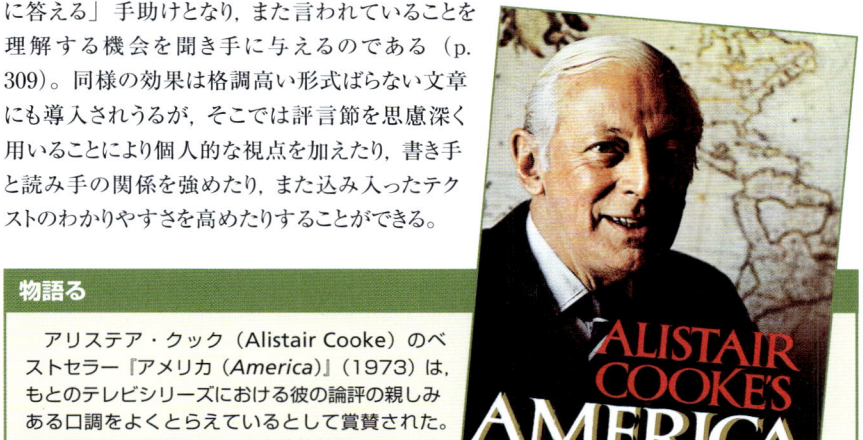

物語る

アリステア・クック（Alistair Cooke）のベストセラー『アメリカ（*America*）』（1973）は，もとのテレビシリーズにおける彼の論評の親しみある口調をよくとらえているとして賞賛された。この温かみに貢献している文体的特徴の１つが，評言節と離接詞の頻繁な使用である。以下は導入章の最初の数ページから取ったいくつかの例である（傍点は筆者）。

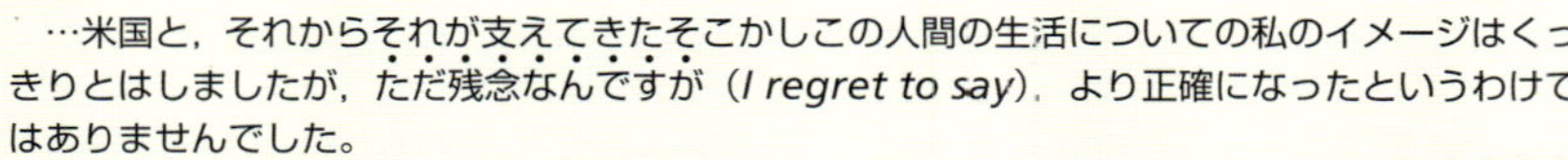

…米国と，それからそれが支えてきたそこかしこの人間の生活についての私のイメージはくっきりとはしましたが，ただ残念なんですが（*I regret to say*），より正確になったというわけではありませんでした。

しかし私たちがあくまでも囚われ続けている，他国についての先入観というのは，まあいわば（*so to speak*），母乳から吸収しているものなのだと思っています…

なのでそうした場所の長いリストを書き留めてみたわけですが，その大部分は，たぶんですけど（*I should guess*），旅行者や標準的な歴史書にもあまり知られていないところなんです。

たいていの人は，きっとね（*I believe*），旅行者としてでも移住者としてでも初めてアメリカにくると，この国全体がもうけの種なんだという，新しくて心地よい気持ちがするようになるんです。

米国には，はっきり言いますと（*in fact*），まったく気ままな放浪者のたくましさを試すような広大な地域があるんです。

疑いもないことですが（*Undoubtedly*），広大な米国全土が地図調査されていて，そのどの箇所における生計の見込みもわかっています。

ありがたいことに（*Fortunately*），1世紀半近くも前に，あるフランス人が概略的な図面を引いてくれたのです…

発話を伝達する

人の発話を伝達する普通の方法は，she said（と彼女は言った）や he wrote（と彼は書いている），they replied（と彼らは答えた）のような特別な**伝達節**を用いることである（追加の情報が加えられることもある（He replied angrily（彼は怒って答えた）））。これにともなう発話や文書は**被伝達節**において与えられるが，これは**直接話法**と**間接話法**の２形式のうちいずれかの姿で現れる。

- **直接話法**は話し手または書き手の用いた正確な語句を伝える。ふつうは引用符で囲まれる（Michael said, 'I like the colour'.（「僕はその色が好きだ」とマイケルは言った））。伝達節は直接話法の前，間，または後に生じうる。文の途中あるいは末尾に生じる場合，主語と動詞の順序は倒置されることもある。
  'I think,' Michael said, 'that it's time to leave'.
  'I think,' said Michael, 'that it's time to leave'.
  （「もう出発の時間じゃないかな」とマイケルは言った）
  この倒置は動詞が said で，かつ主語が代名詞でない場合に最もよく見られる。Said she（と彼女は言った）という形は文語体ないし古風であり，*commented he や *laughed they のような形は認められない。文頭での倒置は，大衆ジャーナリズム（Declared brunette Lucy ...（黒髪のルーシーが断言，……））のような物語体でのみ見られる。
- **間接話法**（また**伝達話法**とも呼ばれる）は誰かが事後に報告した際の語句を伝える。ふつうは that に導かれた従属節（p.238）の形を取る（Michael said that he liked the colour.（マイケルはその色が好きだと言った））。くだけた文脈では接続詞がしばしば省略される（Michael said he liked the colour.）。

この区別は英文法において長い間認められているものである。昔の文法書は２つの話法を指すのにラテン語名を用いた（「直接話法」は *oratio recta*,「間接話法」は *oratio obliqua*）。しかしながら，この基本的な区別はあらゆる文体的可能性をとらえるものではない。文学においては「自由直接話法」や「自由間接話法」といった混合的で変則的な形式が用いられ，さまざまな劇的な効果を伝えている（p. 445）。それにこの構文は，ユーモアを生み出す源泉としても用いられている（p.435）。

文法的変化

間接話法を用いるとき，話し手は現在の状況と伝達される状況の違いを考慮した文法的な変更を施す必要がある。

- 通例，直接話法で用いられる動詞の**時制形式**（p.236）を変える必要がある。大抵の場合，現在時制は過去に，そして過去時制は完了相（p.237）を用いてさらに過去に転移される。
  I said, 'I'm leaving'.（私は「出るところです」と言った）
  I said I was leaving.（私は出るところだと言った）
  I said, 'I saw John'.（私は「ジョンを見ました」と言った）
  I said I had seen John.（私はジョンを見たと言った）
  伝達節の動詞と被伝達節の動詞の間の適正な対応を決定する規則群は伝統的に「時制の一致」と名づけられている。これらの規則は上の例が示唆するよりも実際のところずっと複雑なものである。例えば，もとの発話において指される時間が伝達の時点でも変わらずあてはまるなら，時制の転移は随意となる。
  Mark said, 'Oil floats on water.'（マークは「油は水に浮く」と言った）
  Mark said oil floated on water.（マークは油が水に浮くと言った）

【p.243 右欄へ続く】

伝達の文体

フィクションにおいて直接話法を表すのに用いられる慣習にはいくつかがある。作家の中には，said（と言った）のくり返し使用を避けるために伝達節の動詞を変化させることに多大な労力をかける者もあれば（下記Ａを見よ），（例えば asked（と尋ねた）や exclaimed（と叫んだ）のような）よく使われる「頼りになる動詞たち」に代えてまで said を用いる者もある（B）。話し手が誰であるかが文脈から明らかな場合，伝達節は省かれることも多い（C）。そして戯曲においてはいつも伝達節の動詞がなく，引用符が用いられることはない（D）。

A

ホルヘは低い声で意見を言わ（commenting）ずにはいられなかった。「ヨハネ・クリュソストム曰く，キリストは１度も笑わなかった」

「キリストの人間性にそれを禁じるものは何もありませんでしたがね」とウィリアムは述べた（remarked）。「なぜなら神学者の教える通り，笑いというのは人間に固有のものなのだから」

「人の子は笑うことだってできた，でも彼がそうしたとはどこにも書かれていない」ペトラス・カンターを引用しながらホルヘはきっぱりと言った（said sharply）。

「マンドゥーカ，イーアム　コクトゥーム　エスト」とウィリアムは呟いた（murmured）。「咀嚼セヨ，ヨク焼ケテイルノダカラ」

「えっ，何と？」とホルヘは尋ねた（asked）。出されていた食事の名前か何かを彼が言ったと思ったのだ。

「聖アンブロシウスによれば，これは聖ラウレンティウスが火あぶり網の上で，みずからを裏返すよう死刑執行人たちを促しつつ発した言葉だといいます。プルデンティウスも『殉教の冠』でそう記しています」と，ウィリアムは聖人のような態度で言った（said with a saintly air）。「したがって聖ラウレンティウスは，笑い方も，ばかな冗談の言い方も知っていたのです。敵に恥をかかせるためではあったとしても」

「ならば，笑いというのは死とか肉体の腐敗とかに近いものということになるのだな」とホルヘは怒鳴るような声で答えた（replied）……

（ウンベルト・エーコ『薔薇の名前（*The Name of the Rose*）』（1983），「第一日　終課」）

B

「今年は UTE 会議に出そこなったようだわ」

「それが 79 年に僕がここで出席したものなら，行かなくて賢明だったよ」とモリス・ザップは言った（said）。「僕が言っているのは本当の会議，国際会議のことだから」

「そういうものにも行く余裕がなかったわ」とロビンは言った（said）。「私たちの海外会議資金は最小限まで削減されているから」

「削減，削減，削減か」ザップは言った（said）。「ここで人が話すことと言えばそればっかりだ。最初がフィリップで，次がバズビー，今度は君だ」

「最近のイギリスの大学の世界はそんなものさ，モリス」フィリップ・スウォロウはそう言って（said），ロビンにずいぶん温まったソアーベ【訳注】（白ワイン）を１杯差し出した。「僕なんか，削減にどう応えていくべきか議論する会議に時間をつぶされてばかりだよ。何カ月も本１冊読んじゃいないし，ましてや書こうともしていない」

「私はやったわ」とロビンは言った（said）。

「読んだのかい，それとも書いたのかい」とモリス・ザップは言った（said）。

「書いたのよ」とロビンは言った（said）。「まあ，4分の3ぐらいだけど」

「すごいな，ロビン」フィリップ・スウォロウは言った（said）。「君のせいで僕らは恥ずかしくなるよ。君がいなかったら僕らどうしたらいいんだろう」

（デイヴィッド・ロッジ『素敵な仕事（*Nice Work*）』（1988），第６章）

C

それで彼女の勝ちで，彼女にも自分が勝ったことがわかっていた，というのも，カーツの方が先に口を開いて，それが証拠だったからだ。

「チャーリー，これがあなたにとってとても辛いことだってわかっているわ。でもあなた自身の言葉で続けてほしいの。あのバンがあって，あなたの所有物が家から離れていくのはわかったわ。ほかに何かわかるかしら」

「ポニーが」

「あの人たちそれももって行ったの？」

「そう言っただろ」

「家具と一緒に？同じバンで？」

「いや，別のやつさ。まったくばかなこと言わないでくれよ」

「じゃあバンは２台だったのね。２台とも同時に？それとも１台ずつ？」

「忘れたよ」

「その時ずっとあなたのお父さんは居られたの？　書斎に？　窓から，言ってみれば，全部なくなるのをじっと見ていたの？　彼のような人がどうして耐えられるかしら——面目を失うところを？」

「父は庭にいたんだ」

「何しながら？」

「バラを見ていたのさ」

（ジョン・ル・カレ『リトルドラマーガール（*The Little Drummer Girl*）』（1983），第７章）

D

スタンリー（素早く）　なぜここへ？
マッカン　短い休暇で。
スタンリー　こんな家を選ぶのはばかげてる（立ち上がる）
マッカン　どうしてです？
スタンリー　下宿屋じゃないからさ。昔から違う。
マッカン　確かに下宿屋ですよ。
スタンリー　どうしてこの家を選んだんだ。
マッカン　ところで，旦那さん，お誕生日の人にしてはちょっと元気がないですよ。
スタンリー（厳しく）　なぜ私を旦那などと呼ぶのだ。
マッカン　気に入りませんか？

（ハロルド・ピンター『バースデーパーティー（*The Birthday Party*）』（1960），第２幕）

文の情報

以下の交替形に見られるように，文に含まれる情報を組織する仕方にはいろいろなものがある。

A mechanic is fixing a car.（整備士が車を修理している）

There's a mechanic fixing a car.（車を修理している整備士がいる）

It's a mechanic that's fixing a car.（車を修理しているのは整備士だ）

It's a car that a mechanic is fixing.（整備士が修理しているのは車だ）

A car is being fixed by a mechanic.（車が整備士に修理されている）

これらの文はすべて同じ基本的な意味を表しているが，文体や強調に関するいくつかの重要な違いを伝えるものとなっている。こうした違いの分析も文法研究の一部をなす。

既知情報と新情報

文中には一般に2種類の情報がある。文のある一部分は何か**新しい**ことを伝える。ほかの部分は，前の文あるいは一般知識からすでにわかっていることを伝える――つまり，その情報は**既知**である。既知情報と新情報の区別は以下の対話にはっきり見られる。

A: Where did you put your bike?（自転車をどこに置いたんですか?）

B: I left it / at my friend's house.（それなら，友人の家に置いてきました）

Bの文の前半は（Aにより）「与えられており」（つまり，既知であり），後半は新である。

既知情報は文が何について語るものであるかを教える。つまり，文の**主題**を与えるのである。そこに含まれる情報は知られているので，文のうちこの部分が何か特別な卓立（p.261）をもって発せられる可能性は低い。一方新情報は人に特別な注意を払ってもらいたいところ，すなわち**焦点**を与える。焦点を含む部分はつねに卓立した仕方で発せられる。

たいていの文で主題は最初に，メッセージの焦点は最後に現れる。ただし文の前半部を強調するために焦点を前方へもってくることも可能である。これは **The plates** are new, not the cups（皿が新しいのであって，カップではない）のように，とりわけ対比を表したい場合に生じる。会話ではこの種の強調的対比が頻繁に用いられる。

情報構造を変更する

文の主題に特別な注意を引くようにする仕方がいくつかある。

前置

前置は，ふつうは文頭にない項目をそこへ動かす場合に生じる。その項目はそこで主題となり，その場合特別な卓立を担う。

Across the road they ran.（通りを横切って彼らは走っていった）

David I said my name was.（デイヴィッドですと申し上げました，私の名前は）

倒置

この場合主語と動詞は通常語順とは逆の順で現れる。

Here's Johnny.（ほらジョニーが来たよ）

Down came the rain.（雨が降ってきた）

They were happy and so *was I*.（彼らは幸せでしたし，私もそうでした）

動詞は単純形（p.237）でなければならず，*Down was coming the rainとは言えない。

分裂文

単文における通常の力点を変更するまた別の方法として，文を2つの節に割き（「分裂し」），それぞれに独自の動詞を置くというものがある。最初の節は代名詞itと何らかの形態のbe動詞からなる。2つ目の節はthatやwhoのような代名詞で始まる。このような構文は**分裂文**と呼ばれる。

Ted broke the plate.（テッドが皿を割った）

It was Ted who broke the plate.（皿を割ったのはテッドだった）

It was the plate that Ted broke.（テッドが割ったのは皿だった）

外置

主語や目的語といった要素が節（p.232）である場合，その節が後方に現れるように文を変えることが可能である。その際もとの要素は，後続する節を見越して「先行する」代名詞itに置き換えられる。

What you say doesn't matter.（あなたが何とおっしゃるかは問題ではありません）

It doesn't matter what you say.

I find reading comics fun.（私はマンガ本を読むのが面白いと思う）

I find it fun, reading comics.

これらの例において節は文中における正規の位置の外へ動かされている。したがってその効果は**外置**というふうに表されるのである。

存在文

節全体の内容に聞き手あるいは読み手を注目させて，そのすべてを新情報としたいという場合がある。これを行う構文として，先頭の語が何ら意味をもたないようなものがある。そうした語は文頭に現れるので主題として機能しているようにも見えるが，「ダミー」の主題である。この効果を達成する主な手段は，（強勢なしの）thereという語にbe動詞の単純現在時制または過去時制を続けるというものである。

Many people are in danger.（多くの人びとが危険な状態にある）

There are many people in danger.（危険な状態にある人びとがたくさんいる）

このような文は何らかの事態の漠然とした存在を表すので**存在文**と呼ばれる。この形で用いられる動詞はbe動詞に限られるわけではないが，be以外の動詞（exist（存在する）やarise（起こる）など）はまれであり文語的である。

There exist several alternatives.（代案がいくつか存在する）

There arose a great city.（大きな町が現れた）

【p.242右欄から】

Mark said oil floats on water.（マークは油が水に浮くと言った）

それに，陳述文（p.230）以外の文を伝達するとなると，特別な方略がいくつもある。

'Are you in?' asked Pru.（プルーは「君，家にいるのかい?」と尋ねた）

Pru asked if I was in.（プルーは私が家にいるか尋ねた）

'Sit down,' said Pru.（プルーは「座りなさい」と言った）

Pru told me to sit down.（プルーは私に座るよう言った）

- **時間**と**場所**の指示も変更する必要がある。例えばtomorrow（明日）はthe next dayまたはthe following day（その翌日）に，here（ここ）はthere（そこ）になる。

I said, 'I saw it here yesterday.'（私は「昨日ここでそれを見ました」と言った）

I said I'd seen it there the day before.（私はその前日にそこでそれを見たと言った）

- **人称代名詞**（p.222）を変更する必要がある。1人称および2人称の代名詞は3人称に変えなければならないが，もとの会話参与者が依然として現会話に関わっている場合は別である。

Pru said to Joe, 'I like your tie'.（プルーはジョーに，「私あなたのネクタイ好きだわ」と言った）

Pru said she liked his tie.（プルーは彼のネクタイが好きだと言った）（話し手がジョー以外の誰かと話している場合）

Pru said she liked your tie.（プルーは君のネクタイが好きだと言った）（話し手がジョーと話している場合）

特派員によると

ニュース報道では注意をひきつけたり単調さを避けたりする目的で情報構造の変化形が頻繁に用いられる。以下のBBCラジオ放送からの抜粋は，こうした諸手法を例示するものである。

It was in June that Horace William, an unemployed labourer, first met the Smiths.

（失業中の労働者ホーラス・ウィリアムが初めてスミスさん一家と出会ったのは，6月のことでした）

There were cheers inside the court today when a verdict of not guilty was returned ...

（無罪判決が言い渡された瞬間，本日法廷内では歓声があがりました）

In the West Indian city of Georgetown, the final day of the Fourth Test between the West Indies and England has been washed out by rain.

（西インド諸島の都市ジョージタウンでは，西インド諸島とイングランドの間で争われる第4回テストマッチ最終日が雨で中止となりました）

文を越えて

実生活において文が孤立して用いられることはまずない。通常，文は――話しことばでも書きことばでも――対話，演説，手紙，あるいは本などというような，文の連なりの中に現れる。このように「一貫した」文のまとまりは**テクスト**と呼ばれるが，これは話しことばにも書きことばにもあてはまる用語である（p.308）。一貫性は文同士を結び合わせるさまざまな特徴を用いることで達成され，そのうちあるものは文法の領域から大きく外れるものではあるが，本節においてその概略を示すことにする。というのも，こうした広い視野に立って見なければ，連関性における統語法の具体的な役割を十分に理解することができないからである。

• **一般的知識**　我々はしばしば，この世界のはたらき方に関する一般的な知識や期待にもとづいて文同士の連結を行う。

The summer was one of the best they had ever had. The vintage was expected to be superb.（その夏はそれまでにないくらいよいものであった。ワイン（用のブドウ）は素晴らしいものになると期待された）

ここで2つの文をつなげる明白な関連は，文法にも語彙にも見られない。だがワインについて知識のある人なら誰でも，容易に隠れた手がかりを補うことができる。このような状況では推論や演繹，前提といった技術が用いられる。

• **語彙**　2つの文をつなぐのに語の選択だけで十分事足りることも多い。

Look at that dachshund! He'd win a prize in any dog show.（あのダックスフント見て！　あの子ならどんなドッグショーででも賞が取れるわね）

ダックスフントが犬の一種であるということを知っているので，これらの文同士の間には苦もなく関連したつながりがつけられる。

• **句読法とレイアウト**　視覚に訴えるテクストの図式的・書記的特徴（p.269）だけでも，文同士が，またパラグラフ同士でも，一定の仕方で関連づけられるべきことを示すのに十分でありうる。意味がどう整理されるかを示すのにテクスト内で小枠や見出し，特殊な記号（黒丸など），それに色を使うことは――ちょうどこのページのように――特にわかりやすい例となる。

• **韻律**（p.260）　話しことばに関しては，さまざまに変動する音の高さや大きさ，速さ，リズム，それに休止を合わせたものが，文字テクストにおける視覚的配列や対照性に相当するものとなる。質問と答えの連なり，挿入的発話，修辞的な盛り上がり，そして文の連鎖が関わる発話のそのほかの諸特徴は，ふつう韻律の効果を用いて標示される。ラジオのニュース速報やスポーツ実況などいくつかの発話ジャンルは，トピックや活動のタイプをはっきり区別するのに韻律を用いる点でも注目に値する。

ご用心！

テクストというのは発話ないし文章の，一貫した完全な単位である。そのため典型的には複数の文からなる。ただしただ1つの文，それも短い文しか含まないテクストに出会うこともありうる（p.228）。

文法的連関性

すでに本章で文構造との関わりにおいて論じてきた文法のいくつかの側面が，文同士をつなぐのに用いられることもある。

時間と場所の副詞（p.233）
We left Paris on Monday morning. *By the same evening* we were in Rome.
（私たちは月曜の朝にパリを発ちました。その同じ晩にはローマに着きました）

代名詞そのほかの代用形（p.240）
The children were back in time for dinner. *They* were very tired.
（子どもたちは夕食に間に合うよう戻ってきた。彼らはとても疲れていた）

決定詞（p.219）
A Mercedes was parked in the street. *The* car looked new.
（1台のメルセデスが通りに駐車してあった。その車は新しいものに見えた）

比較（p.211）
Six children took part in the sack race. Jill was easily the *fastest*.
（6人の子どもが袋競走に参加した。ジルはやすやすと一番になった）

接続詞（p.239）
Several people complained. *And* I did too.
（いく人かの人が苦情を言った。それで私もそうした）

連関的副詞類（p.241）
There are several points. *First of all*, we need to know the motive.
（肝心な点がいくつかあります。第1に，我々は動機を知る必要があります）

文の結び合わせをたどる

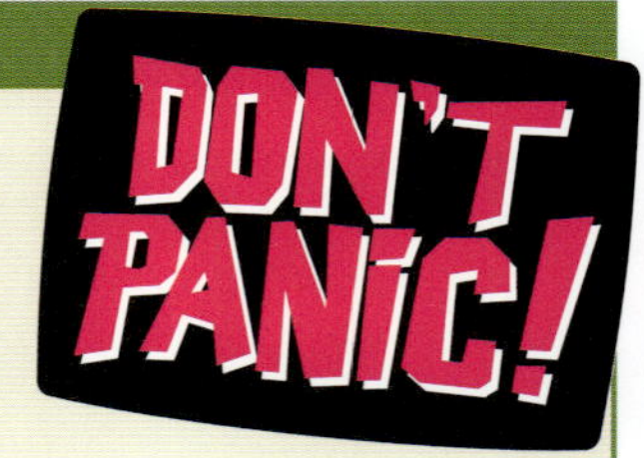

文法的連関性に関わる特徴がいくつか一緒になって文と文を結び合わせることがよくあり，長い一節においてはその各種の連結がいろいろな仕方で合成し重なり合う。以下の一節にこれを見ることができるが，そこでは明確に文法的な連結部が太字で強調してある。∧の記号は省略（p.240）の部位を示す。（ほかにも多くの同種の連結が文中の節と節を結び合わせるのにも用いられているが，これらを別個に特定することはしていない。）

The Improbability-proof control cabin of **the** Heart of Gold looked like a perfectly conventional spaceship except that it was perfectly clean because it was so new. Some of **the** control seats ∧ hadn't had the plastic wrapping taken off yet. **The** cabin was mostly white, oblong, and about the size of a smallish restaurant. **In fact it** wasn't perfectly oblong: **the** two long walls ∧ were raked round in a slight parallel curve, and all the angles and corners of **the** cabin ∧ were contoured in excitingly chunky shapes. **The truth of the matter** is that it would have been a great deal **simpler** and **more practical** to build the cabin as an ordinary three-dimensional oblong room, but then the designers would have got miserable. **As it was the** cabin looked excitingly purposeful, with large video screens ranged over the control and guidance system panels on **the** concave wall, and long banks of computers set into **the** convex wall. In one corner ∧ a robot sat humped, its gleaming brushed steel head hanging loosely between its gleaming brushed knees. **It too** was fairly new, but though **it** was beautifully constructed and polished **it** somehow looked as if the various parts of **its** more or less humanoid body didn't quite fit properly. **In fact they** fitted perfectly well, but something in **its** bearing suggested that **they** might have fitted **better**.

（不慮の事態への耐性を備えたハート・オブ・ゴールド号の操縦室は，新品ゆえにぴかぴかにきれいな状態であることを除けば，まったく通常型の宇宙船と同じように見えた。室内座席のいくつかはまだビニール包装がはがされていないままであった。操縦室は大部分が白色で，縦長の四角形，広さは小さめのレストランほどだった。正確には完璧な箱形でなく，長い方の壁2面は微妙な平行カーブを描くよう鏝で撫でつけてあり，また室内の角や隅はどれもびっくりするぐらいもっこりとした形がつけられていた。本当のことを言えば通常の3次元の箱形部屋として作った方がもっとずっと簡単で実用的でもあったのだろうが，それでは設計者たちが満足できなかったのだろう。実際においてこの操縦室にははっきりした目的があると見え，凹型の壁にある操縦・誘導システムパネルの上には大型ビデオスクリーンが複数配置され，凸型の壁の方には何台ものコンピューターが長く何列にもなってはめ込まれていた。部屋の1つの隅にはロボットが背中を丸めて座っており，きらりと磨かれたその鋼の頭をきらりと磨かれた鋼の膝と膝の間にだらりと垂らしていた。これもかなり新しいものではあったが，美しく組み立てられ磨かれているのとは裏腹に，おおよそ人型をしたその身体の各部はどういうわけかぴったり適合していないように見えた。実際のところ各部分同士の合いはばっちりだったのであるが，その姿勢にどこかしら，もっとよく合わせられたかもしれないのにと思わせるようなところがあったのだ。）

（ダグラス・アダムズ『銀河ヒッチハイク・ガイド』（1979），第11章）

文法の逆説

言語学の文献には文法の意義をとらえようとする比喩が豊富にある。文法は言語のまさに「心臓」にあり，コミュニケーションの「芯」をなすと言われる。意味が表され解釈される仕方を理解するための「鍵」と見なされる。物語の「骨格」，ことばによるユーモアの「試金石」とも呼ばれてきたし，有限数の文法規則を操り我々に無限の文を生み出すことを可能にしてくれる「機械装置」として広く称えられもしてきた。言語習得の「一里塚」を司り，言語障害とその回復の過程にあっては「ものさし」として働く（p.486）。このような解説を読むかぎり，文法という分野が根本的なものであり，活発に機能し，十分意味をもち，実在することは間違いない。

その一方で，文法の学習にはこうした性質がすべて欠けているという可能性もまた同等に確かなのである。これが文法の逆説である。すなわち，これほどまでに魅力的であるはずのものが何故これほど退屈なものでありうるのだろうか，ということだ。この歴史的な理由については前に（p.202）検討したが，肯定的で楽観的な知的言語学の風土においてさえも，文法における諸関係が抽象的で時に錯綜し，諸文法用語が厳めしく時に深遠であるという事実は否定できない。難解さのレベルは恐らくほかのいくつかの科学分野でも遭遇する程度のものであるが，それら諸科学の提供する情報は，文法に関してはまだまだあてはまらないほどに進んだ形で，学校の教育課程に定着している。地理学や化学がよく知られまた近づきやすいものとなっているのは，情報の選択と段階づけを検証・吟味し，原理立った，意欲を起こさせるようなカリキュラムを考案するという，長きにわたる教育的伝統の結果である。英文法に対する現代的研究はいまだこのような地位にないが，事態が改善されてきていることを示す証拠はいくつもある。本ページの例は，人が文法構造を見抜いていく助けとして現在用いられているアプローチのほんの数例を示している。

大波が汽船煙突を倒す／巨人が汽船煙突を止めさせる (GIANT WAVES DOWN FUNNEL)

文法的に曖昧な文を用いることで，競合する複数の構造を探求する動機づけが与えられるかもしれない。（例文は W. H. ミティンズ（W. H. Mittins）の『現代英語文法（*A Grammar of Modern English*）』（1962）より）

〔訳注〕以下，各曖昧例文（箇所）の２つの解釈を 1)，2) として（自然さの順に）示す。

The only spectators were a woman carrying a small baby and a large policeman.

1）目撃者は，赤ん坊を連れた女性と大柄な警官だけだった。
2）目撃者は，赤ん坊と大柄な警官とを連れた女性だけだった。

We saw the Eiffel Tower flying from London to Paris.

1）我々はロンドンからパリへ飛行機で行く途中，エッフェル塔を見た。
2）我々はエッフェル塔がロンドンからパリまで飛んでいくのを見た。

A sailor was dancing with a wooden leg.

1）木の義足をした船乗りが踊っていた。
2）船乗りが木の義足と踊っていた。

Bus on Fire!
Passengers Alight!
バス炎上！

1）乗客は下車！
2）乗客燃える！

（続きは巻末 p.538 に掲載）

問題を話し合う

文法を教えることに問題があれば，ロールプレイングや物語，詩，そのほかのジャンルを用いて子どもたちの注意をことばの問題に向けさせて，できる限り早い段階から話し合いをさせるようにするのが有用かもしれない。マイク・ローゼン（Mike Rosen）による以下の詩は，BBC のテレビシリーズ「ランゲージ・ファイル（Language File）」（1990）との共同により執筆された出版物で用いられて以来，英国の中等学校で大いに議論されてきた。

先生は言いました，
名詞は名づける言葉であると。
「彼は船にルシタニア号と名づけた」
という文で
名づける言葉は何ですか？
「名づけた」です，とジョージが答えました。
「違います。船です」

先生は言いました，
動詞は行う言葉であると。
「私は宿題を行うのを好む」という文で
行う言葉は何ですか？
「行うの」です，とジョージが答えました。
「違います。好むです」

先生は言いました，
形容詞は描写する言葉であると。
「日が沈むのを描写するのは退屈だ」
という文で
描写する言葉は何ですか？
「描写する」です，とジョージが答えました。
「違います。退屈です」
「そんなことわかっています」と，
ジョージは言いました。

何も前提としないこと

文法教育がうまく行かない理由の１つは，教えられる概念があまりに多くを前提としているという点にある。例えば「順序」という基本概念自体がはっきりしていなければ，幼い子どもに（つづり字における）文字の順序や（文における）語順といった概念を教えることは不可能である。この点をジェシー・リード（Jessie Reid）とマーガレット・ドナルドソン（Margaret Donaldson）は重視し，8 歳頃からの子ども向け読解・言語学習プログラム『R&D』（1984）の冒頭において特別な注意を払っている。

Who went first?

One day Mandy and Jay went to play on the slide. Mandy went down the slide first. Jay went second.
Then Jay said:
"It's my turn to go first now."
So Jay went first and Mandy went second.

The first time, the children went in one **order**.
The next time, they went in another **order**.
Mandy first, Jay second is one order.
Jay first, Mandy second is another order.

The next day Tim came to play on the slide with Jay. Mandy was not there.

Write the two orders that Tim and Jay could go in.
Use the words **first** and **second**.
Make pictures for the two orders.

The next day Tim and Jay and Mandy were all playing on the slide.
The pictures show you how they went down.

Write the order for each picture in your book, like this:
Jay first, ______ second, ______ third.

12

（上図内英文の和訳を巻末 p.538 に掲載）

おしまいに挿絵を (DRAWING TO A CLOSE)

アニメや漫画，コンピューター制作品などは，文法の要点をわかりやすく伝えるための現代的方法の一部となる。今のところハード面で利用可能なものに比べるとソフトウェアの精巧化はずいぶん遅れているが，その一方で，言語障害をもつ子どもたち（p.486）などの特定集団に文法のさまざまな面をかねてから教えている数多くの市販ソフトにより，子どもに文法構造を学習する意欲を起こさせるやり方が具体的に示されている。現在では漫画も広く用いられている。右挿絵は筆者によるイギリスの中等学校生徒向けシリーズ本『ことば A to Z（*Language A to Z*）』（1991）にエドワード・マクラハラン（Edward McLachlan）が提供してくれたものである。15 歳の生徒たちに「評言節」（p.241）とはどういうものかを説明しようとする項目に添えられている。

Your handwriting, you know, to be honest, quite frankly, speakly personally, I must say, basically, know what I mean, as a matter of fact, ...

君の字はですねぇ，あの，正直なところ，率直に言いますとね，ええと個人的には，本当に，まあ要するに，わかるでしょうけど，実際のところ，……

K は年老いたナイフ研ぎ職人の K。
彼は自分の機械を回している。
だから，本末転倒よろしく，「荷馬車の方が馬の前にある」のが一目瞭然。

L はてきぱき働くガス灯点灯夫の L。
彼がガス灯をつけると，やがて通りは明るく照らされるので，
月明かりを恋しく思わなくなるだろう。

15

K for an old Knife-grinder stands,
Who wheels his own machine;
And thus the cart before the horse
Is very plainly seen.

L for a brisk Lamplighter stands,
Who lights the gas, and soon
Our streets will so illuminate,
We shall not miss the moon.

18

O for an Oyster-woman stands;
The oysters now begin
To find some one is at the door,
Who's trying to break in.

P for Policeman we shall take,
His number, twenty-five;
And there he's running at full speed,
To catch a thief alive.

O は牡蠣おばさんの O。
牡蠣たちは誰かが入り口にいるのに気づき始める。
入り込もうとしているぞ。

P は番号 25 番のお巡りさんの P。
ほら，泥棒を生け捕りにしようと，彼はフルスピードで走っている。

Ⅳ

英語の話しことばと書きことば

英語の文法と語彙で組み立てられるメッセージは，次の２つの方法のどちらかで伝えられるであろう。すなわち，話しことばか書きことばによってである。Ⅳ部では見出しの題目のそれぞれについて，ことばが示す専門的な情報源を探求する。（話しことばと書きことばの使われ方の文体的な差はⅤ部で別に考察される。）第 23 章では，３番目のコミュニケーション手段が近年どの程度まで利用可能となってきたのかについても取り上げる。すなわち，特にインターネットを通して顕在化されるコンピュータによるコミュニケーションである。これは，話しことばでも書きことばでもなく，新しい現象であると考えられるかもしれない。

まず初めに英語の話しことばから始める。これは，より自然で，広く行きわたった伝達方法である。もっとも，おそらく書きことばよりも話しことばで起こっていることを「見る」のははるかに難しいので，皮肉にも，これはほとんどの人にとってはそれだけなじみが薄い伝達方法になるのだが。第 17 章では，音声学・音韻論のテーマや音声記述の特性について，概略的な展望を提示した後，系統立てて音の体系に取り組む。また，この章は母音と子音を導入して分類し，これらの概念が話しことばと書きことばにどのように現れるか，その違いを強調する。その後，音が組み合わされて，音節，語，文になる過程を調べるとともに，文の抑揚，強調，トーン（語の音調）のような重要な効果をもたらす言語の韻律的特性について概説する。第 17 章ではまた発音の知識が役立つか，またはそれを使って解明できる日常のいくつかの場面を取り上げて，詩人キーツ，朝食のシリアル，英国の漫画キャラクターのデスパレート・ダンを結びつける一連の状況において，どのようにして音を象徴的に用いることができるかを詳しく調べてみる。

第 18 章では書きことばに同様のアプローチをとり，その中心的テーマとして広く見なされているトピックであるアルファベットから始める。ここでもまた，いくつかの方法論的準備が必要となる。というのは，書きことばは言語学者，心理学者，印刷技術者，グラフィック・デザイナーを含むさまざまな分野で研究されているテーマであり，用語や研究方法が種々あるからである。アルファベットの各文字の歴史を学んでから，筆跡学者に関連するアプローチとさまざまなデザインの文字および逸脱文字に特別の注意を払いながら，文字のもつ興味ある統計学的，象徴的特質に目を向ける。それから，英語の書記体系における疑いなく最も悪名の高い特性，すなわち英語のつづりと取り組む。そのセクションでは，英語のつづりの複雑さの理由について再検討し，その不規則性の源について議論し，つづりの改革を試みたいくつかの提案を含んだ可能な解決策を調査する。そして，この章は，書記体系上のこれまで最もおろそかにされてきた面の１つである句読法の歴史および現代的用法を深く考察して締めくくる。

◀ヴィクトリア時代に広く普及していて，読み書きが「簡単に習得できること」間違いなしの，教育的幼児向けアルファベット教本『楽しいアルファベット（*The Amusement Alphabet*）』から，いくつかのアルファベットを示す （p.433 も見よ）。

17 音声体系

さらなる情報源：
cambridge.org/crystal

書きことばは，わずかなスペースで区切られた文字の連続体と見なすことに私たちは慣れている。書く時には，そのように書くよう教えられた。文字は1つずつつづられ，ゆっくりと丁寧に文字が「つながる」ように書く。そのうち5つの文字（A, E, I, O, U）を「母音」，そしてほかの音を「子音」と呼ぶと教わった。Yの文字は「時には」母音として用いられることもあるとも教わっている。

普通の学習能力を備えて生まれてきた人は誰でも，読み書きの能力を獲得するよりもずっと早く聴覚や発話能力を獲得する。さらに，英語のアルファベットが最初に考案された時（p.270），その文字は古期英語の音の性質にもとづいて作られた。書きことばの出発点は話しことばにあり，その逆ではない。したがって，今日の教育において，伝統的には書きことばの基本的な内容をすっかり習得し終えるまでは，話しことばについて学ばないというのは，人生上のアイロニーの1つである。その結果，書きことば用の基準を用いて話しことばについて考えるというのは避けられない。私たちはいくつかの同じ用語を両者に用いさえする。そしてこれらの用語は両者で同じ意味をもつとは限らないということを知って，ある種のショックを受ける。

母音

話しことばと書きことばの違いを示すよい例は，話しことばについて議論を始める時に，「母音は5つある」といった見解を再考しなければならなくなる場合である。事実，英語のほとんどの発音様式には20ほど（正確な数はしばしば体系の分析方法によって異なるが）の母音があり，その音質は，発音様式ごとに大きく変化することがある。例えば，アメリカ英語の母音はイギリス英語やオーストラリア英語の母音とは明らかに異なり，これらの国々のうちどの国でも，ある地域特有の母音は，ほかの地域の母音と明らかに異なることがある。確かに，特定の発音様式に結びつけて考えられる弁別的特徴の大半の部分は，母音の違いによるものである（p.318）。

次のページの表は，英語の母音体系と幾通りかのよく見られる表記を示す（調音場所に関しては，p.252を見よ）。この種のリストの最も際立った特徴は，それぞれの母音を明確に識別するために考案された，（**音韻表記**の一部をなす）いくつかの特殊記号である。伝統的なアルファベットにはほんの5つ（または6つ）の母音しか存在しないので，さらなる記号，記号の組み合わせ，発音区別符号が，当該母音体系に見られるすべての単位，および異なる発音様式を区別している母音の質に見られるすべての変異をとらえるのに必要とされる（pp.252-3）。

調音器官

図は英語の母音と子音の記述に関与する発声器官の解剖学上の部位を示す。この図はすべての発声器官を含む完璧な図ではない——例えば肺は示されていない。

凡例
1 **舌尖**
2 **舌端**（細くなる部分，歯茎の対側）
3 **前舌**（硬口蓋の対側）
4 **舌中央部**（硬口蓋と軟口蓋の境界線の対側）
5 **後舌**（軟口蓋の対側）

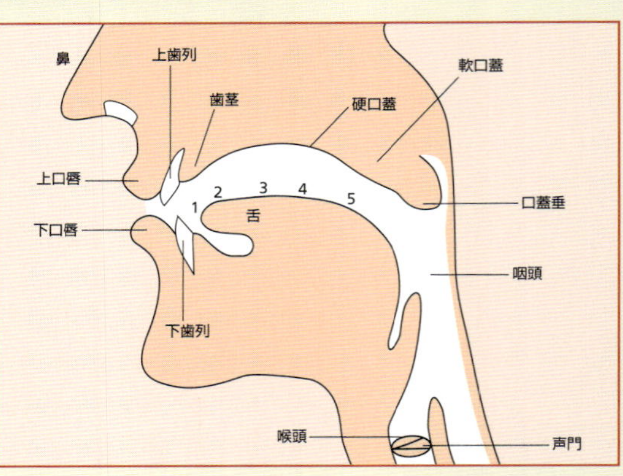

基本的な考え方

発音はつねに**音声学**と**音韻論**の2つの観点から研究されている。

音声学
音声学とは人が音声を作り出し，伝播し，また受け取る方法を追究する学問である。それは次の3分類に対応する主要な3分野に分けられる。

- **調音音声学**とは発声器官が音声を作り出すのに用いられる過程を学ぶ学問である。
- **音響音声学**とは音声の物理的特性を学ぶ学問である。
- **聴覚音声学**とは人が音声を知覚する過程を学ぶ学問である。

本節では母音と子音の調音の詳細について解説し，音の音響学的特徴と聴覚のメカニズムについては簡単に述べるにとどめる。聴覚に関するさらなる説明は，韻律（p.260）の節で述べる。

音韻論
音韻論とは言語の音の体系と，これらの体系によって表される一般的な特性の研究である。人の発声器官で作ることが可能な**すべて**の音を研究対象とする音声学とは異なり，音韻論は言語内部で意味の違いをもたらすような音（**音素**）の対照だけを扱う。英語が話されているのを注意して聴くと，ある特定の音を個人が発音するやり方には，多くの微妙な違いが聴き取れる。例えば，ある人は /s/ を「シュー」のように著しく「感傷的な」話し方で発音するが，一方別の人は「舌足らず」に発音するかもしれない。音声学者はこれらの発音の相違を正確に記述することに関心をもつだろう。しかしながら，音韻論学者は両者の調音はともに「/s/ の一種」だと指摘するであろう。つまり，/s/ の発音がいかに変化しようが，/set/ は /bet/ や /met/ やほかの語と対立することに変わりはない。ここには基本的なたった1つの単位，すなわち音素が対立に関係している。

私たちが英語の「音体系」について語る時は，1つの言語で用いられる音素の数とその音素がどのように体系づけられているのかに言及することになる。特定の（方言の）発音様式に「20の母音」が存在するということは，語の意味を区別できる20の単位があることを意味している。例えば，/e/ と /iː/ は別の音素であるというのは，これらの母音のうち，1つをもう一方で置き換えるだけで，区別することができる（set（置く）と seat（座席）のような）対になった語がいくつかあるからである。p.249のリストにあるすべての母音（および p.254のすべての子音）が存在するのは，この原則にもとづいているからである。

括弧
発音をとらえるための2つの手段を区別するために，言語学では異なった種類の括弧を活用するという慣習になっている。四角い括弧[ ]は音を音声学の観点から議論する時に用いられる。すなわち，純粋に音としてとらえ，言語の音体系における役割を考えない観点である。斜線括弧/ /は音韻論の観点から音を検討する時に用いられる。すなわち，純粋に音の体系の一部としてとらえ，発音されるときの特定の方法とは関係なくとらえる観点である。本書における記述は大部分が音韻論的なものとなっている。すなわち，/pen/ pen（ペン）や /skruː/ screw（スクリュー）のように音素で示し，斜線括弧を用いる。しかしながら，発音の地域的な差異を解説する場合のように，議論の焦点が調音に関する詳細に向けられるときは，音声表記にも頼る必要があるであろう。

母音の分類

- **単母音**（あるいは**純粋母音**）とは単一に知覚される聴覚上の特性を有する母音であり，これは口の中で１つの部位へ向かう舌の動きによって作られる。右記の表にある初めの12の母音はすべて単母音である。
- **二重母音**とは２つの母音の特性が知覚される母音である。表中の残りの８つの母音はすべて二重母音である。例えば /aɪ/ では，音は広母音 /a/ 型特性とともに始まり，狭母音 /i/ 型特性で終わる。大切なことは，ここで私たちは音声学的な二重母音について話しているのであって，文字上の二重母音についてではない。例えば my（私の），so（そのように），および how（どのように）は単に母音１文字でしか表されていないが，すべて二重母音である。
- **三重母音**とは３つの母音特性が知覚される母音である。player /pleɪə/（選手），fire /faɪə/（火），royal /rɔɪəl/（王室の），tower /taʊə/（塔），lower /ləʊə/（低くする）のような語の母音はすべてこのように分析できる。しかしながら，これらの例はすべて二重母音＋/ə/ の組み合わせになっていると解釈できるので，新しい記号は必要でない。
- 英語の歴史においては，しばしば母音がその音質を変えている。それには２つの主な可能性がある。二重母音が単母音になる場合には，その音は**単母音化**されると言われる。それとは逆に，単母音が二重母音になると，その音は**二重母音化**されると言われる。前者の例としては，米国南部の発音で my man（私の夫）がむしろ ma man（つまり my /maɪ/ が /ma/ になる）に近い発音になる。後者の例としては，英国で見られる，あざけりの対象となる発音として yes /jes/（はい）が yays /jeɪs/ になる場合をあげることができる。実際，さらに誇張されると，時には /jeɪəs/ のような発音が聞かれることさえある。この場合は母音が**三重母音化**されたと言えるであろう。

母音の例	ギムスン	ジョーンズ	フロムキンとロッドマン	その他
sea, feet, me, field	iː	iː	i	
him, big, village, women	ɪ	i	ɪ	ɩ
get, fetch, head, Thames	e	e	ɛ	
sat, hand, ban, plait	æ	æ	æ	a
sun, son, blood, does	ʌ	ʌ	ʌ	
calm, are, father, car	ɑː	ɑː	a	
dog, lock, swan, cough	ɒ	ɔ	a	
all, saw, cord, more	ɔː	ɔː	ɔ	
put, wolf, good, look	ʊ	u	ʊ	ʋ
soon, do, soup, shoe	uː	uː	u	
bird, her, turn, learn	ɜː	ɜː	ʌ（＋r）	ɝ（＋r）
the, butter, sofa, about	ə	ə	ə	ɚ（＋r）
ape, waist, they, say	eɪ	ei	e	
time, cry, die, high	aɪ	ai	ay	
boy, toy, noise, voice	ɔɪ	ɔi	ɔy	
so, road, toe, know	əʊ	ou	o	
out, how, house, found	aʊ, ɑʊ	au	aw, æw	
deer, here, fierce, near	ɪə	iə	(i＋r)	
care, air, bare, bear	eə	ɛə	(ɛ＋r)	
poor, sure, tour, lure	ʊə	uə	(u＋r)	

母音表記

英語の母音を識別するために，これまで何人かの著者が，発音記号のいくつかのセットを考案してきた。本書で使われている母音の記号体系は，英国の音声学者ギムスン（A. C. Gimson）によって『英語音声学入門（*An Introduction to the Pronunciation of English*）』（第１版，1962）で紹介されているものである。この本は，外国語としての英語教育の分野に大いに影響力をもたらしてきた。

- ギムスンの体系は，それぞれの母音を例示するために選んだ語群の右にあげた最初の列に示されている。いくつかの場合には，同じ１つの母音の音質に対して，幅広いつづりの仕方が見られるが，これは英語の正書法（p.286）ではさまざまなつづり方が混在する結果によるものである。

表には次に述べるような，別の２つの母音表記方式も示してある。

- その１つは，英国の音声学者ダニエル・ジョーンズ（Daniel Jones）が容認発音（p.387）に関する彼の先駆的な記述において使用した体系である。ギムスン（ダニエル・ジョーンズの弟子）は，母音の特性をさらに正確に示すため，この体系を改良した。ジョーンズのリストには /ɔə/ の音が含まれていないが，これはジョーンズの時代には，four（４つ）のような語ではおなじみのもので，bought（買った）で用いられる母音とは異なるものである。
- もう一方は，ヴィクトリア・フロムキンとロバート・ロッドマン（Victoria Fromkin & Robert Rodman）（F&R）が彼らの著書『言語入門（*An Introduction to Language*）』（第１版，1974）の中で用いた体系で，米国において広く教材として使われている。この本は，ジョン・S・ケニヨンとトマス・A・ノット（John S. Kenyon & Thomas A. Knott）が『アメリカ英語発音辞典（*A Pronouncing Dictionary of American English*）』（1953）の中で考案した影響力のある体系を簡略化したもので，アメリカ英語の主要方言に見られる母音の標準的な表記法を提供することを目的としたものである。
- 表にある最後の列には，ある種の母音を表すものとしてよく見かけることのあるそのほかの記号をいくつかあげてある。単なる印刷活字上の違いによるものや，r「音色」（p.257）のような特殊な音効果を表すものもある。また /a/ はしばしば /æ/ の簡略的な代替として使われる。

起こりうる紛らわしさ

発音表記には同じ記号がいくつか異なる使い方で用いられるが，その理由の１つは母音体系の分析における最良の方法に対して異なった見方があるためであり，また，イギリス英語とアメリカ英語の間の差異があるためでもある。

- イギリス英語の母音体系における /a/ は独立した音素としては出てこない。一方，アメリカ英語の研究である F&R では /a/ は dog（犬）のような語に用いられ，この母音が口腔内のもっと前方の位置で調音が行われるということがより直接的に反映されている。これはイギリス英語の訓練を受けた学習者がアメリカ英語の表記を無頓着に読む時に起こりうる混乱の主要な点の１つとなる。というのは，彼らが /lag/ を log（丸太）ではなく lag（遅延）と解釈しかねないからである。さらに，同じ /a/ の記号は father（父），calm（平静），car（車）のような語の中でも F&R によって用いられていて，ここでもまた /a/ はアメリカ英語においてこれらの母音を表す典型的な音であることを反映している。一方，イギリス英語では，これらの語の場合，/ɑː/ を使うので，これが２つの音体系に見られる重大な差異の１つとなる。
- F&R の /e/ は say（言う）のような語の母音を表しているが，イギリス英語の体系では，この音のもつ二重母音としての特質（p.251）を /eɪ/ とか /ei/ のような記号で示す。したがって，ギムスンでは /met/ は met（(meet（会う）の過去・過去分詞形）会った）を表すのに対し，F&R では mate（仲間）を表すことになる。
- 英国式システムの /ʌ/ は sun（太陽）のような語の母音だけを表すが，F&R では bird（鳥）のような語の母音（子音 /r/ がその後に続く）に対しても用いられる。
- F&R では /o/ は so（そのように）のような語の母音を表す。二重母音として表記するのに慣れているイギリス英語の学習者たちは，したがって /kot/ を coat（外套）よりも cot（簡易寝台）と解しがちであろう。
- F&R では deer（鹿），care（心配）および poor（貧乏な）のような語の母音に対して，専用の記号を用いていない。これらの語は母音＋/r/ の結合として分析され，このようなほかとは異なるとらえ方は表中に括弧を使用して示されている。

母音の解説

母音はすべて，ある種の共通の素性をもっており，それにより子音から区別される（p.254）。

- 音声学的見地から言うと（p.248），母音は声道が比較的開いた構えで発音される。口腔内のどこも閉じられず，発声器官のどこもその場所を通り抜ける気流の音（音声学者は**可聴摩擦音**と言う）が聞こえるほどには接近しない。そこで，最も母音らしい音質は，口を大きく開けて発音するときの［a］である。子音は母音とは非常に異なった発音方法にもとづく。
- 音韻論的見地から言うと（p.248），母音は cat /kæt/（猫），big /bɪg/（大きい）におけるように，典型的には音節の中心（すなわち核部，p.258）を占める音体系上の構成素をなす。それとは対照的に，子音は基本的には同じく上記の例が示すように音節の端に見られる。（アルファベットの Y の表す音が子音あるいは母音として扱われる（p.248）理由は，この種の論拠からである。yet（まだ）のような語では，y は，（met（会った），set（置く）などにおけるように）ほかの子音と同じ位置を占めるので，子音として振る舞う。一方，my（私の）や tryst（会う約束）のような語では，（trust（信頼），me（私に）などにおけるように）ほかの母音と同じ位置を占めるので，母音として振る舞う。）
- 母音は基本的には声帯の振動をともない（**有声性**），その特有の共鳴性は，舌や唇を使って口腔の形を変えることによって引き起こされる。英語では，例えばフランス語やポルトガル語とは異なり，主に鼻腔を共鳴させて発せられる母音（**鼻母音**）は存在しない。英語の母音はすべて**口母音**で，no（ない），long（長い），man（男）のように，母音が近くにある鼻子音の影響を受けるときだけ鼻音性を帯びる。

したがって，母音の発音の仕方を解説する主な方法は，舌と唇の動きを図などに描くことである。そのために最も広く使われている方法は，ダニエル・ジョーンズによって考案されたもので，**基本母音体系**として知られている。

唇

口唇の形は母音を記述する上で大切な要因であり，それには３つの主要なタイプが知られている。

- **円唇**　唇は前方に突き出され，円の形になっている。
- **平唇**　スマイルのときのように口角は両横に引かれている。
- **弛唇**　唇は円唇とも平唇ともはっきりしない。

基本母音の中からいくつか選んで，その唇の形を下に示す。これらの写真は 100 年以上も前に撮られたもので，ダニエル・ジョーンズの口の写真である。

[i]の唇の形

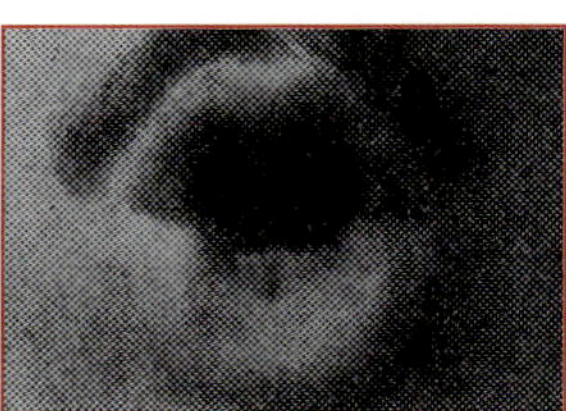
[ɔ]の唇の形

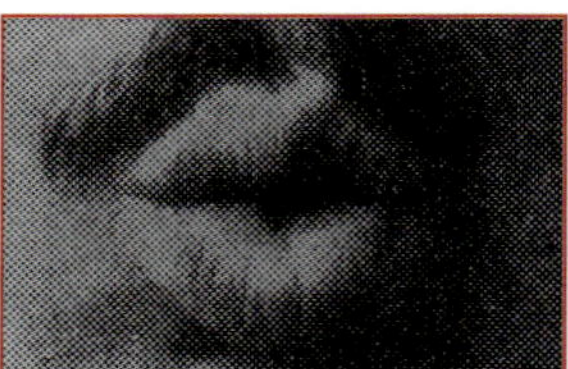
[u]の唇の形

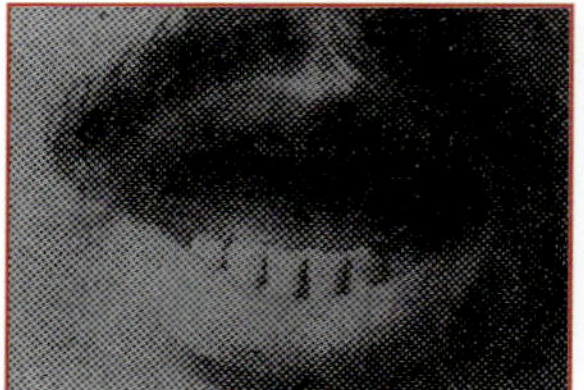
[a]の唇の形

基本母音体系

基本母音 cardinal vowel（CV）図は母音の調音と認識のために必要な参照となる点を示す目的で考案された。この図形の中の空間配置は母音が調音される場合の，口腔内の「母音空間」に対応している。前舌（front），中舌（centre），後舌（back）の位置（p.248）は，縦のラインで示されている。

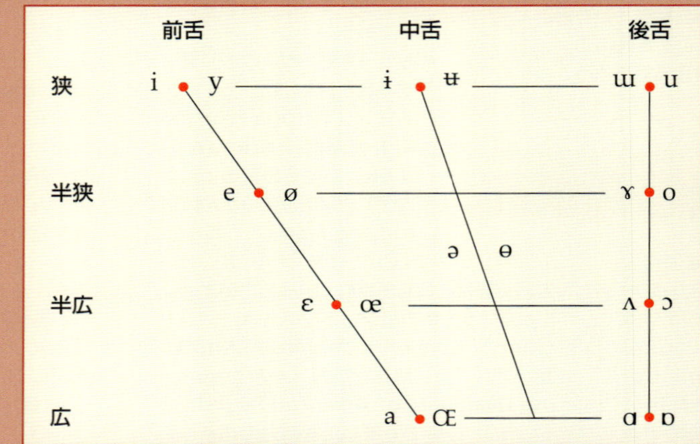

- 口の前方では，［a］は理論的に可能な，舌が届く最も低い位置を示している。これに対応して［ɑ］は口の後方で舌が届く最も低い位置を示している。［a］または［ɑ］領域の母音は**広**（open）または**低**（low）母音と呼ばれる。
- ［i］は母音としての発音で舌が可能な限り前方の最も高い位置を示す（これよりも高くなると，舌が口蓋にきわめて近くなるので子音になってしまう）。［u］も同様で，口中の後方で最も高い位置を示している。［i］と［u］の領域の母音は**狭**（close）または**高**（high）母音と呼ばれる。
- ［i］と［a］の間の空間を２本の水平線が均等に分けている。これらの線の高い方の線の位置で作られる母音は［e］と［o］であり，**中狭**（mid-close）または**半狭**（half-close）と呼ばれる。低い方の線の位置で作られる母音は［ɛ］と［ɔ］であり，**中広**（mid-open）または**半広**（half-open）と呼ばれる。**中**（mid）という用語はしばしばこれらの２本の線の間の全領域を記述するために用いられる。
- CV 図には口唇の丸めに関する情報も含まれている。ほとんどの母音の位置で，**円唇**か**非円唇**（**平唇**）かの違いによって，母音の音色に違いが聞き取られる。また言語によっては（英語ではないが），唇の丸め方の違いによるコントラストを顕著に利用するものがある。例えば，［i］は前舌・高・非円唇母音であり，see（見る）のような語で聞かれるのに対し，［y］は円唇をともなった［i］に相当し，しばしばフランス語の（親密な間柄を示す２人称代名詞）tu とか，時に地域的英語（例えばスコットランド英語）で聴かれる。図の中の母音のペアにおいて円唇母音はつねに右側の記号となっている。

CV 図の中で母音の「基本的な」位置を特定するために使われる音声記号と，英語の実際の説明の中で使われる音韻記号とを混乱しないことが大切である。ほとんどの場合両記号はかなり一致するが，そうではないこともある。例えば，容認発音においては see（見る）の /iː/ は図中の［i］にとても近く（p.252），また shoe（靴）の /uː/ は［u］にとても近い。しかし，set（置く）の /e/ は実際のところ基本母音の［e］と［ɛ］のもつ基本値の真ん中あたりで調音される。さらに /ʌ/ 記号は，does（do の３人称単数形）や cup（コップ）のような語に含まれる母音を表す時，CV 図で示されている［ʌ］の特質よりも口腔内ではるかに前方に位置した音を示すことになる。

母音の体系

母音をタイプ別に分けてそれぞれのタイプの中で見られる共通した特質に注意を向け，それぞれのタイプを別のタイプから区別する特徴に注意を払うような分類の仕方と比べると，p.249 にあるような長々とした母音のリストは，それほど有益ではない。単母音，二重母音，三重母音を区別する違いに気づくようになるのが出発点となるが（右のコラム参照），英語において母音の果たす機能について，もっと補足が必要である。（次の例はすべて容認発音（RP，p.387）からのものである。いくつかの地域的変種については pp.252–3 に示す。）

特に重要な要素は長さである（記号は [:]）。12 の単母音を聞くと，そのうちの 5 つは継続時間が比較的長く，7 つは比較的短いことがわかる。さらに，口腔内のほぼ同じ場所で調音されるが，長さで対立するように見える母音のペアが何組かある。次の例では，各組のペアは同じ子音で終わる。各語が同じ強さで発音されるなら，間違いなく /si:t/ seat（座席）の母音は /sɪt/ sit（座る）の母音よりかなり長い。同様のことは，/fu:d/ food（食物）対 /gʊd/ good（よい），/dɔ:n/ dawn（夜明け）対 /dɒn/ don（身に着ける），/lɑ:(r) d/ lard（豚脂）対 /læd/ lad（若者）でも聞かれる。また，/ɜ:/ と /ə/ にも長さの違いが見られる。もっとも，この例の前者は RP の強勢音節にだけ起こり（bird（鳥），servant（使用人）)，後者は無強勢音節にだけ起こる（above（の上に），butter（バター））ので，この対立は意味の違いが現れるような対立ではないが。

長母音と短母音の対立は，単に長さ（**量**）だけの対立を示すものではなく，調音の場所（**質**）が異なることも関係している。このことは，例えばギムスンが彼の表記において（/i:/ 対 /ɪ/ などのように）異なる記号を用いて両者に見られる音質の違いに注意を向けている（p.249）ことからもわかる。もし，長さが唯一の要因であるならば，/i:/ 対 /i/ の表記で十分であろう。

二重母音のタイプ

長さの観点から見ると，二重母音（p.249）は長母音のようである。しかし，英語における二重母音の第 1 要素は第 2 要素よりもはるかに長く，音量も大きい。例えば /haʊ/ how（どのように）の二重母音を聴くと，ほとんどが /a/ の部分で占められ，/ʊ/ へのわたりはきわめて短く速い。

8 つの二重母音は関与する舌の動き方により通常 3 つのタイプに分類される。

- 最初のグループは，中舌・中母音の[ə]へのわたりで終わり，**中向き二重母音**と呼ばれる。それらは，here（ここに）/ɪə/，air（空気）/ɛə/ および sure（確かで）/ʊə/ などの語の中で聴くことができる。残りのグループはより高い位置へのわたりで終わり，**上向き二重母音**と呼ばれる。
- 上向き二重母音の 1 つのタイプは，母音領域の前方の位置を占める [i] の方向に向かって動く。これらの音は they（彼らは）/eɪ/，cry（叫ぶ）/aɪ/，そして toy（玩具）/ɔɪ/ のような語で聴くことができる。
- 上向き二重母音のもう 1 つのタイプは母音領域の後方の位置を占める [u] の音質の方向に移行する（ので唇に丸めをともなう）。これらの音は so（そのように）/əʊ/ と how（どのように）/aʊ/ のような語で聴くことができる。

上記の説明を下の図に示した。この図には上向き二重母音に中舌・中母音のわたり音を加えてできる 2 種類の三重母音も含まれている。

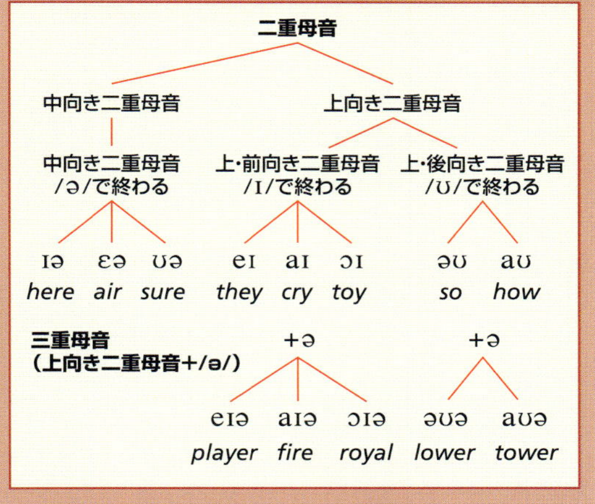

母音の出現頻度

口語 RP（容認発音）データに見る母音出現頻度研究の結果を示す。

	%
/ə/	10.74
/ɪ/	8.33
/e/	2.97
/aɪ/	1.83
/ʌ/	1.75
/eɪ/	1.71
/i:/	1.65
/əʊ/	1.51
/æ/	1.45
/ɒ/	1.37
/ɔ:/	1.24
/u:/	1.13
/ʊ/	0.86
/ɑ:/	0.79
/aʊ/	0.61
/ɜ:/	0.52
/ɛə/	0.34
/ɪə/	0.21
/ɔɪ/	0.14
/ʊə/	0.06

全母音の総計は 39.21％ だった。子音に関する数値は p.254 に示す。（D. B. フライ（D. B. Fry），1947 による）

ダニエル・ジョーンズ（1881-967）

専門領域の仲間うちで「DJ」として知られていた彼は，もともとはケンブリッジ大学で数学を学び，弁護士としての修練も受けていたが，一度も弁護士の仕事はしなかった。彼が 17 歳でフランス語会話クラスを履修した時，初めて言語に関心をもち，彼自身に「フランス語の正確な発音ができるある程度の素質」があることを実感した。彼は 1900 年にドイツの言語研究所を訪問した後で音声学に出会い，パリのポール・パシー（Paul Passy）に就いて音声学を学び，1907 年にユニヴァーシティ・カレッジ・ロンドンで音声学の最初の講義を行った。彼はそこで音声学科を立ち上げ，1921 年教授に就任した。

彼は多くの言語の音声学について研究したが，彼の名声は主に英語について書かれた次の 2 冊の本，『英語発音辞典（*An English Pronouncing Dictionary*）』（1917）と『英語音声学概説（*An Outline of English Phonetics*）』（1918）による。両書とも（改訂版で）今もなお使われている。基本母音の概念もまたその頃に展開された。1920 年代までには DJ は英国における音声学の権威と見なされていた。彼は英国放送協会英語話しことば諮問委員会（BBC Advisory Committee on Spoken English）に設立当時（1926 年）から関わり，1909 年からは簡易つづり字協会（Simplified Spelling Society）の強力な支援者となった（1946 年には会長となる）。彼はまた 1927 年から 1949 年まで国際音声協会（International Phonetics Association）の幹事を務めた。1949 年に大学の教職を退職した後は 1950 年から死去するまでその協会の会長としての任務を全うした。

母音の調音位置と発音変異

下記の図表は，容認発音（RP，p.387）を参照モデルとして用いて，英語の各母音がどのように調音されるのかを簡潔に記述したものである。この RP なまりの特徴を総体的にとらえるために，この図表は RP そのものの中に見られるいくつかの変異を取り上げるだけでなく，RP の各母音の発音との違いが見られる国内外の何百もの地域的変異の中からごくわずかのものをも示すことにする。基本母音図は各母音の占める RP 位置（黒点で示す）と主な変異形の位置（赤点で示す）を示している。二重母音の動きは矢印で示され，単母音は点で示されている。

地域的変異に関してのコメントは注意深く解釈しなければならない。例えば，RP のある母音がスコットランド英語で二重母音化（p.249）されると言っても，この特殊な特徴がスコットランド英語のすべての変異で見られることを意味するわけではない。どこの主要な地域方言の場合でも，年齢，社会的背景，性およびそのほかの要因の相違を反映する多くの変異形をともなう複雑な音声的様相を呈している。したがって，地域的変異形に関するコメントの欄で言及される母音の特質は，典型的なものとしてではなく，例証的なものとして意図されていることになる。すなわち，その母音の特質はある地域に共通して結びつけられる変異の中のほんの 1 つの発音様式だけに関わるものと解釈できる。地域的な標準についてのさらなる詳細は第 20 章で扱われ，また歴史的な考察は第 7 章で行われる。

純粋母音

	母音	調音	地域による変異形
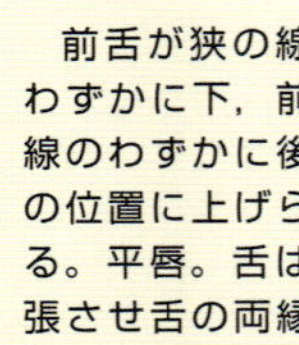	/iː/	前舌が狭の線のわずかに下，前の線のわずかに後ろの位置に上げられる。平唇。舌は緊張させ舌の両縁はしっかり上臼歯に接触させる。	RP では中央寄りの位置から少し移行させて，しばしば二重母音化される。英国のいくつかの発音様式（例えばリヴァプール，バーミンガム，ロンドン），およびオーストラリアの庶民型（broad）発音様式 {【訳注】オーストラリア英語の発音様式のタイプは，社会階層的に教養型（cultivated），一般型（general），庶民型（broad）の３つに分けられる} では目立ったわたり音をともなった [əiː] になる。スコットランドでは短化する。
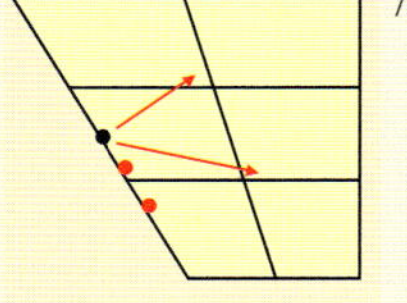	/e/	前舌は半広と半狭の間にまで上げられる。唇はゆるやかな平唇。舌は /ɪ/ の場合よりも緊張させる。舌縁は上臼歯に軽くつける。	オーストラリアやコックニーの [eⁱ]，洗練された RP の [eᵊ] のようなさまざまな二重母音化した形がある。
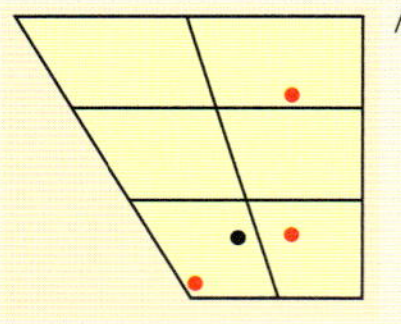	/ʌ/	中舌は完璧な広の線のやや上部に保たれる。唇は中程度の非円唇。舌と上臼歯の接触はない。	大勢の RP を話す高齢者では，調音点がもっと後部に向かう。コックニーでは，より広・前の線に近づく。イングランド北部では，半狭・後の線に近づき，しばしば円唇の [ʊ] になることもある。
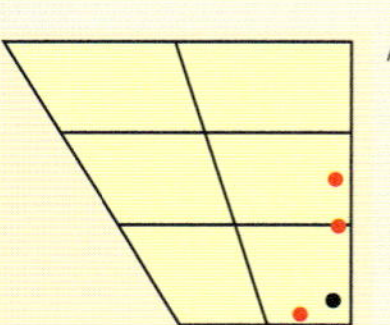	/ɒ/	後舌音で完全に広の位置である。軽度に開いた円唇。舌縁と上臼歯との間には接触なし。	アメリカ英語では唇は丸くならない。保守的な RP（off（〜を離れて）が /ɔːf/（'orff' のつづり字に相等）のようになる）とコックニーでは長化して，狭の線に近づく変異形が見られる。
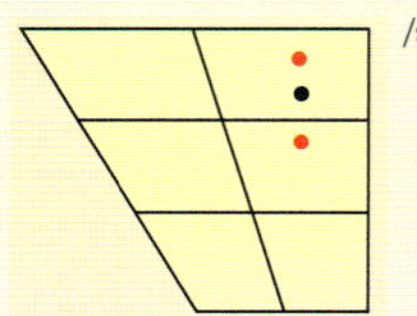	/ʊ/	後舌というより中舌に近い部分が半狭の位置よりもやや高めのところまで上げられる。唇はかなりの程度，しかもゆるく丸める。舌は力を抜く。舌縁と上臼歯の強い接触はない。	丸めのやや弱い円唇で発音する変異が存在する以外は，変異はほとんどない。スコットランド英語とイングランド北部の発音様式では，長化と狭母音化が見られる。
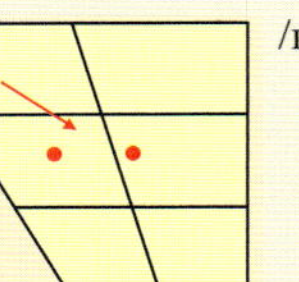	/ɪ/	前舌より中舌に近い舌の一部が半狭の位置の少し上まで上げられる。唇は軽い平唇。舌は力を抜き，舌縁は軽く上臼歯に接触させる。	中舌化した変異が，（例えばスコットランド英語や北アイルランド英語で）よく聞かれる。しばしば無強勢の音節において RP の [ə] により置き換えられる。
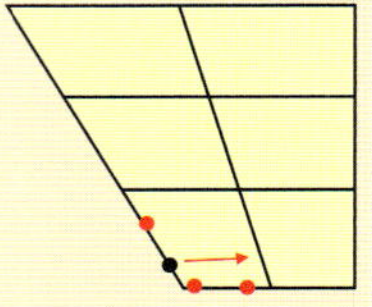	/æ/	前舌をちょうど半広位置の下まで上げる。唇は中程度の非円唇。舌縁は上大臼歯にごく軽く接触させる。	舌の位置がより広くて中舌化した [a] の変異形がイングランド北部，ウェールズで聞かれる。洗練された RP では二重母音化した [æə] になる。米国の田舎では三重母音化した発音（man /meɪən/ が聞かれる地域）もある。
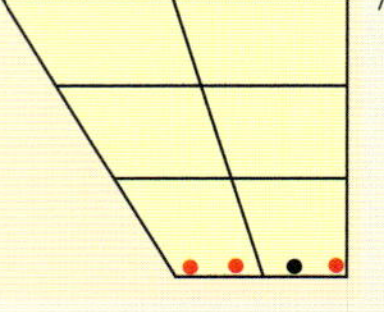	/ɑː/	舌は完全に広の位置で，中舌と後舌の間に置く。唇は中程度の非円唇。舌縁と上臼歯は接触しない。	リヴァプール，庶民型のオーストラリア発音など，前舌化して [aː] になる変異が多い。洗練された RP ではさらに後方（「極奥」）になる。アメリカ英語の [r] を響かせる発音様式（p.99）では短化する。
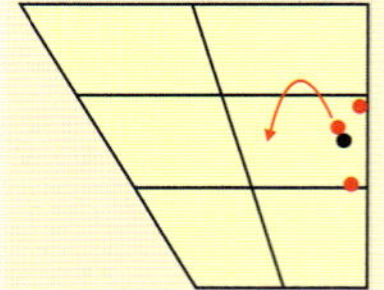	/ɔː/	後舌が半広と半狭の間の高さまで上がる。中程度の円唇。舌縁と上臼歯は接触しない。	コックニーではしばしば三重母音化する（four（４つ）/foːʊə/）。洗練された RP では開きの狭い円唇。米国の地域によっては（特にニューイングランド）短化の現象が見られる。
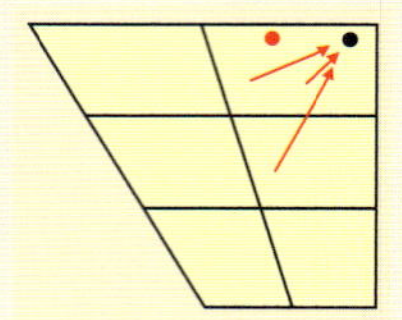	/uː/	後舌を狭の線の少し下まで上げる。唇はかなりの程度円唇に。舌は緊張させる。舌縁と上臼歯は強く接触させない。	前舌位置の円唇変異形がスコットランド英語ではきわ立ち，コックニーでは中舌化と二重母音化の傾向がある。今日の若者の RP では短化と非円唇化が見られる。

母音	調音	地域による変異形
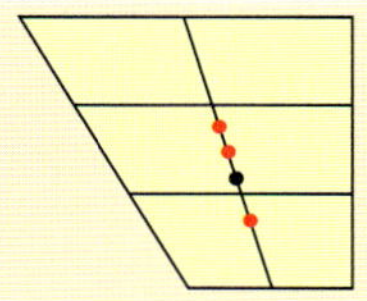 /ɜː/	中舌は半狭と半広の間まで上げられる。中程度の平唇。舌縁と上臼歯は強く接触させない。	バーミンガム，リヴァプール，オーストラリア英語では，狭の線に近づく。保守的なRPでは広の線に向かう。スコットランド英語，南西イングランド，アメリカ英語では[r]が後ろに続く場合には短化する。米国の一部の地域英語では二重母音化する（bird（鳥）/bɔɪd/）。
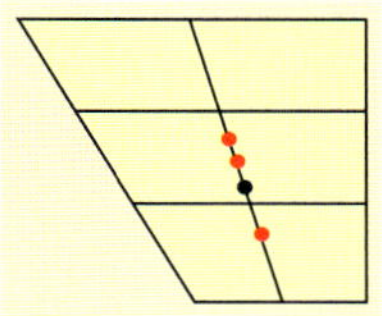 /ə/	中舌は半狭と半広の中間まで上げられる。中程度の平唇。舌縁と上臼歯は強くは触れない。	RPでは無強勢音節にのみ/ə/が使われる。/ə/は多くの地方の発音様式において強勢母音としての/ʌ/に代わって使われる。カリブ海領域およびそのほかの強勢拍リズムをもった発音様式（p.261）ではより強い母音の特質に置き換えられる。

二重母音

母音	調音	地域による変異形
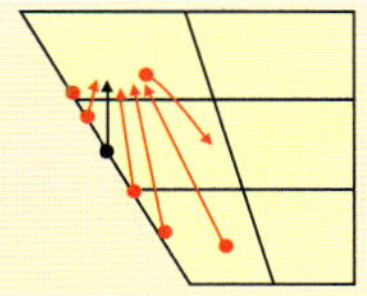 /eɪ/	わたりは半狭・前の位置のやや下から始まり，線の上・やや後方の[ɪ]に向かう。平唇。	コックニーと庶民型オーストラリア英語では，目立ってより低い位置からの第1要素の調音が見られる。多くのイギリス英語の発音様式では[eː]に単母音化される。カリブ海地域英語では，第1要素がより狭母音で始まり第2要素がより中舌化した発音となる（Jamaica（ジャマイカ）/dʒəmieka/）。
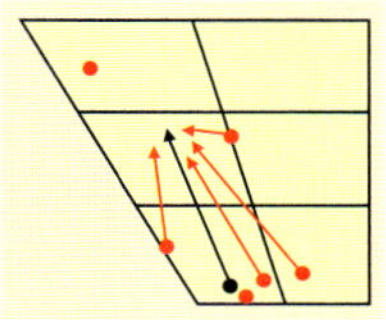 /aɪ/	わたりは前舌広母音の位置のやや後方から始まり，[ɪ]の方向に上向きに進む。唇は中程度開口からゆるい平唇へと変化する。下顎の閉じる動きが顕著に見られる。	第1要素がかなり前方にあったり，後方にあったり，かなりの変異が見られる。また，カナダ英語やシェイクスピアの英語（p.73）におけるように，しばしば中舌化することがある。オーストラリアの庶民型様式ではさらに後方で，しばしば円唇になる。スコットランド英語の一部では[iː]（die（死ぬ）[diː]）になったり，また米国南部では（「南部の引き延ばし」のように）[aː]になるか弱いわたり音をともなうこともあるが，いずれも単母音化されることがある。
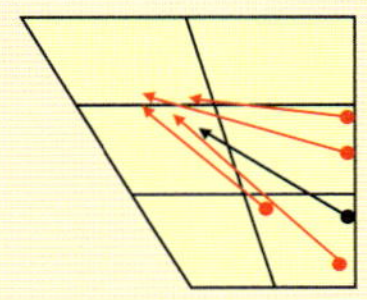 /ɔɪ/	わたりは後舌の半広と広の間の位置で始まり，[ɪ]に向かって上前方向に動く。開口の広い円唇から弛唇に変わる。	コックニーでは第1要素が狭の線に近づく。保守的なRPでは広の線に近づく。米国南部では第1要素が長い。
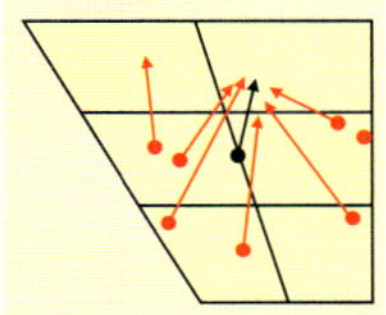 /əʊ/	わたりは中舌の半狭と半広の間の位置から始まり，上後方の[ʊ]に向かう。弛唇からやや円唇に変わる。	保守的なRPやダブリンでは第1要素は円唇の程度が強まり，さらに後方の位置から始まる。RPでは単母音化される傾向にある（goal（目的地）[gɜːl]）。庶民型のオーストラリア英語ではさらに広の位置から第1要素が始まるが，この現象は円唇化が弱かったり全くなかったりして，わたりがより広範囲に及ぶコックニーでもまた見られる。
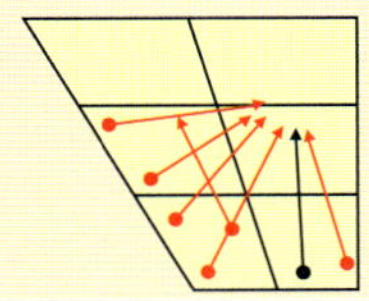 /aʊ/	わたりは後舌と前舌の間の広母音の位置から始まり，[ʊ]に向かって上方ややや後方に動く。唇は中程度の開口からやや円唇に変わる。顎の動きはかなり大きい。	コックニーと庶民型オーストラリア英語では第1要素は前舌化し，第2要素にはより目立った円唇化が見られる。「王室」のRPでは第2要素は非円唇で前舌化する（house（家）[haɪs]）。スコットランド英語では単母音化した狭の円唇母音になる（house [huːs]）。イングランド南西部とダブリンでは前舌の第1要素は半広位置寄りになる。カナダ英語（p.362）とシェイクスピア（p.73）の英語では第1要素は中舌化する。
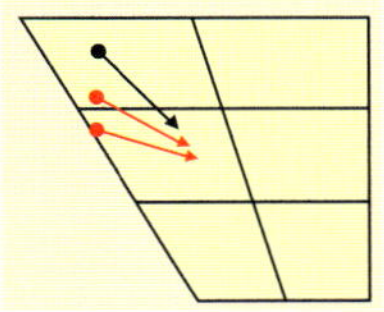 /ɪə/	わたりは/ɪ/の位置に始まり/ə/へと後・下方に動く。平唇から広い開口へとわずかな動きをともなう弛唇。	保守的なRPでは第1要素は広母音に近づく。「気取った」RPでは，第2要素が時には強くなる（here /hjɑː/）。スコットランド英語では，狭・長母音になる。
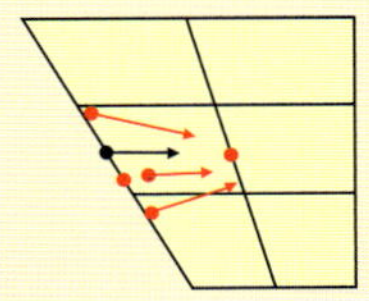 /ɛə/	わたりは前舌半広位置から，/ə/に向かって後方へ進む。唇は発音中は力まず開いている。	コックニーでは狭母音に近い位置から始まる。洗練されたRPではもっと広母音位置となる。バーミンガムでは中舌・長母音の[ɜː]となる。リヴァプールではさらに広母音に近い長母音[ɛː]となる。スコットランド英語ではもっと狭母音に近い長母音[eː]である。
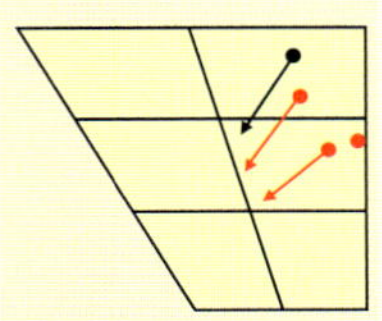 /ʊə/	わたりは/ʊ/の位置に始まり，/ə/へと前・下方へと動く。唇は弱い円唇から中程度の平唇になる。	RPでは第1要素が広母音に近づき，変異が多い。しばしば[ɔː]へと単母音化されてsure（確かで）が[ʃɔː]（'shaw'のつづり字に相当）のようになることがある。

子音

英語のアルファベットの文字と音の数の差は，母音ではめざましく大きいが（p.249），子音の場合ははるかに小さい。アルファベットには 21 の子音を表す文字があり（B, C, D, F, G, H, J, K, L, M, N, P, Q, R, S, T, V, W, X, Y, Z），ほとんどの英語の発音様式には発音上異なる 24 の子音がある。したがって，ほとんどの書かれた子音文字には個々の音価を割り振ることが可能となるので，発話を文字で書き表すときの難しさは，母音の場合より深刻でないことになり，結果として得られる文字表記は母音の場合よりもはるかにすばやく読めるように見える。しかし，英語のつづりについての気まぐれな歴史のために，文字と音の間には整然とした 1 対 1 の関連性が見られない。ある場合には，1 つの子音が 2 つ以上の文字でつづられたり（例 this（これ）の th），子音を表す 1 文字が 2 つ以上の音を表す（例 fox /fɒks/（狐）の x）ようなことがある。そこで，「thick（厚い）という語の始めと終わりに子音はいくつあるか?」という問いに対する答えは，（つづりの上では）「2 つ」と（発音 /θɪk/ の上では）「1 つ」の 2 通りがあることになる。

子音の記述

すべての子音には共通するいくつかの特徴があり，それらの特徴により子音を母音（p.250）と対立した形で見分けることができる。

- 音声学的には（p.248），子音は次の 2 つのうちのどちらかの方法で発音される。すなわち発声器官のどこか 1 カ所の閉鎖運動によって，息が通過する音が聞こえる程度の狭い狭窄を作るか，または閉鎖運動を完璧にして，息を完全にブロックしてしまうかである。閉鎖運動は唇，舌，あるいは喉に関わることがあるが，いずれの場合でも，母音に見られるような，比較的大きい開口のために息の通過が邪魔されることのない発音とは，全体的な感じが非常に異なる。
- 音韻論的見地から（p.248）言うと，子音は dogs /dɒgz/（犬）や glad /glæd/（うれしい）におけるように，典型的には音節の端（マージン，p.258）に位置する音組織上の構成単位をなす。子音はまたこれらの例が示すように，連続して（**音結合群**として）現れることもある。事実，英語の語頭の発音では（string（ひも）におけるように）最大 3 子音まで，また語末では，必ずしも発音しやすいとは言えないが，（twelfths /twelfθs/（「12 分の 1」の複数形）や glimpsed /glɪmpst/（ちらりと見た）のように最大 4 子音まで，それぞれ一緒にして用いることが許される。
- 子音の中には声帯の振動をともなうものがある。/b/ や /m/ のような**有声**子音の場合である。それ以外のものは声帯の振動をともなわない。それは，/p/ や /s/ のような**無声**子音の場合である。この区別は絶対的なものではない。語の中で子音が現れる場所によって，有声性の度合いが異なることがある。例えば，語末では典型的に有声子音はその声帯振動の大部分を失う（**無声化**される）。zoo /zuː/（動物園）の語頭の /z/ 音は ooze /uːz/（しみ出る）の語末音の /z/ よりもはるかに振動が激しい（この語末音の振動を完璧にすると，この音に不自然な騒音的感じを与えることになるであろう）。
- /p/ と /b/ のような子音ペアの違いを把握する別の方法は，発音されるときの力強さを比べることである。無声子音は，それに対応する有声子音よりもはるかに強い力で発音されるので，この 2 つを特徴づけるために**硬子音**（「強」）と**軟子音**（「弱」）という用語が使われるようになった。例えば，/p/, /t/, /k/, /f/, /θ/, /s/, /ʃ/, /ʧ/ はすべて硬子音で，/b/, /d/, /g/, /v/, /ð/, /z/, /ʒ/, /ʤ/ はすべて軟子音である。
- 母音とは異なり，子音のいくつかは主として鼻腔の使用により特定される。英語では，通常は，話すとき軟口蓋（p.248）は上がり，その結果咽頭後壁を押しつけることになるので，息は鼻に抜けない。しかし，/m/, /n/, /ŋ/ の 3 つの鼻子音の場合には，軟口蓋は下がったままで（息をするときと同様），その結果として，弁別的な鼻共鳴をともなった一連の音が作り出される。

子音・母音の区別

子音と母音の区別は基本的なものであるが，音によっては，母音と同じように調音されるが子音と同様の言語機能を果たすことにより，両者の間に不安定に位置づけられるものがある。Yes（はい）の /j/ と we（私たち）の /w/ がこれに該当する。/j/（yes の y を長く引っ張って発音するとき，聞くことができるように）は非常に短い母音の［i］のように発音されるが，ほかの子音と同様に語頭にも現れる（yes, mess（乱雑），best（最良の））。同じように，/w/ も短い母音の［u］のように発音されるが，子音としてもふるまう（we, me, see における ように）。そこで，これらの 2 子音は**半母音**として記述されることがある。

そのほかの子音でも，聞き取れるほどの摩擦音をなんらともなわずに継続して発音することができるという点で，幾分母音のような性質をもっているものがある。3 つの鼻音 /m/, /n/, /ŋ/ や lie（横たわる）の /l/, red（赤い）の /r/ がその例である。これらすべての音は一緒にして（摩擦のない）継続音あるいは共鳴音として分類されている。その中で /l/, /r/, /w/, /j/ の 4 つの口音は別個のグループを構成するとしばしば見なされる。

子音の表記

イギリス式とアメリカ式子音表記法

A.C. ギムスン（1962）および V. フロムキンと R. ロッドマン（1974）（詳細は p.249）

子音の例	ギムスン	フロムキンとロッドマン	子音の例	ギムスン	フロムキンとロッドマン
pie, up	p	p	so, us	s	s
by, ebb	b	b	zoo, ooze	z	z
tie, at	t	t	shoe, ash	ʃ	š
die, odd	d	d	genre, rouge	ʒ	ž
coo, ache	k	k	he	h	h
go, egg	g	g	me, am	m	m
chew, each	ʧ	č, ʧ	no, in	n	n
jaw, edge	ʤ	ǰ, dž	hang	ŋ	ŋ
fee, off	f	f	lie, eel	l	l
view, of	v	v	row, ear (not PR)	r	r
thigh, oath	ɵ	ɵ	way	w	w
they, booth	ð	ð	you	j	y

子音の出現頻度

口語 RP（容認発音）データに見る子音出現頻度研究の結果を示す。

	%		%
/n/	7.58	/b/	1.97
/t/	6.42	/f/	1.79
/d/	5.14	/p/	1.78
/s/	4.81	/h/	1.46
/l/	3.66	/ŋ/	1.15
/ð/	3.56	/g/	1.05
/r/	3.51	/ʃ/	0.96
/m/	3.22	/j/	0.88
/k/	3.09	/ʤ/	0.60
/w/	2.81	/ʧ/	0.41
/z/	2.46	/θ/	0.37
/v/	2.00	/ʒ/	0.10

全子音の総計は 60.78% であった。母音に関する数値は p.251 に示す。（D.B. フライ（1947）による。その後の訂正を含む）

この特定の研究では，データ分析時に語の頻度を考慮しなかったことを付記しなければならない。データの中で何度ある語が用いられたかには注意を払わず，データの中のすべての音を数えている。表中で特に /ð/ がかなりの高順位を占めているのはそのためである。このことの主な原因は，定冠詞（the）と指示詞（this, that など）に含まれているこの音の出現頻度が高いことによる。

子音の型

英語の子音すべては肺から外に出される気流によって作られる（ほかの言語のなかには，別のタイプの気流を用いる子音があり，そのような場合とは異なる）。24個の子音を相互に区別するために，音声学者は，前のページに記載したように，有声音か無声音か，口腔音か鼻腔音かの違いに加えて，調音の位置と方法にもとづく分類法を用いている。（発声器官の名称と位置については p.248の図を参照。それぞれの子音の説明については pp.256-7参照。）

調音位置

私たちは声道の中のどこで音が作られるか，およびどの発声器官が関与しているかを知る必要がある。英語の重要な調音位置は次の通り。

- **両唇音**：/p/，/b/，/m/，/w/ におけるように両唇を使う。
- **唇歯音**：/f/，/v/ におけるように下唇と上歯列を使う。
- **歯音**：/θ/，/ð/ におけるように舌尖を上下の歯の間に挟む，あるいは上歯列に近づける。
- **歯茎音**：/t/，/d/，/s/，/z/，/n/，/l/ の音や /ʧ/，/ʤ/ の第1要素におけるように舌端を歯茎に近づける。
- **後部歯茎音**：（いくつかの発音様式に見られる）/r/ におけるように舌尖を歯茎のすぐ後ろに近づける。
- **そり舌音**：（いくつかの発音様式に見られる）/r/ のように舌先を歯茎のずっと後ろに巻き上げる。
- **硬口蓋歯茎音**：/ʃ/ と /ʒ/ の音や /ʧ/ と /ʤ/ の第2要素の音におけるように，舌端（時に舌尖）を歯茎に近づけると同時に口蓋に向かって前舌面を上げる。
- **硬口蓋音**：/j/ におけるように前舌を硬口蓋の近くまで上げる。
- **軟口蓋音**：/k/，/g/ および /ŋ/ におけるように後舌面を軟口蓋まで上げる。
- **声門音**：/h/ におけるように，声帯間の隙間を使って耳に聴こえる程度の摩擦音を作り出すか，あるいは（いくつかの発音様式に見られる）声門閉鎖音におけるように声門を閉じて発音する。

調音方法

私たちは声道内のさまざまな位置で，音がどのようにして作られるかを知らねばならない。4つの音声学的な可能性が知られている。

完全閉鎖

- **破裂音**：軟口蓋を上げた状態で声道がどこかで完全に閉鎖される。/p/，/b/，/t/，/d/，/k/，/g/ の音，そして /ʧ/，/ʤ/ の第1要素の音，さらに声門閉鎖音におけるように，閉鎖した部分の後方の気圧が上がり，次いで破裂するように気流が放出される。
- **鼻音**：/m/，/n/，/ŋ/ におけるように，軟口蓋を下げて，口腔内のどこかが完全に閉鎖されると，気流は鼻から出ていく。
- **破擦音**：軟口蓋は上がっており，口腔内のどこかが完全に閉鎖される。/ʧ/ や /ʤ/ におけるように前半の破裂音で閉じたところの後方の気圧が上がり，次いで後半部で（破裂音の場合の急な放出に比べると）比較的ゆるやかに空気を放出する。

断続的閉鎖

- **巻き舌音**あるいは顫動音（せんどうおん）（または「ふるえ音」）：いくつかの地域的発音様式で聴かれるような「ふるえ音 /r/」におけるように，舌尖は歯茎を素早く軽く打ちつける。後舌面が口蓋垂に当たるふるえ音は地域によっても，また特異的な「弱い r」発音でもときどき聴かれる。
- **弾音**：/r/ と /d/ の発音の中には，舌尖が歯茎に1回当たって発音されるようなものがある。

部分閉鎖

- **側音**：/l/ におけるように，気流が舌の両脇あたりを流れることができるようにと，舌端を歯茎に当てることにより部分閉鎖が形成される。

狭窄

- **摩擦音**：/f/，/v/，/θ/，/ð/，/s/，/z/，/ʃ/，/ʒ/，/h/ の音や /ʧ/ と /ʤ/ の第2要素の音におけるように，2つの音声器官が互いに十分に接近するので，その間を通る気流の動きが聴かれる。子音 /s/，/z/，/ʃ/，/ʒ/ は舌の部分にできるより狭い溝をともなって作られるので，ほかの摩擦音よりも鋭い音となり，しばしば歯擦音として一括される。

子音結合

RP やほかの多くの発音様式に見られる24の子音は，音節や語の中で，単独あるいは結合して使うことができる。しかし無数の可能な結合のうちのごく一部しか実際には使われていない。下にあげる表は『英語発音辞典』から得られるデータにもとづき，下記のような語頭の3子音（C）結合の可能な型を示したものである。

s＋p＋l，r，j
s＋t＋r，j
s＋k＋l，r，j，w

音連続は /s/ ＋硬破裂子音1つ＋継続音1つ（上記参照）である。さらに，この連続パタン以外にも，唯一の例として，smew /smj-/（ミコアイサ（鳥の名前））という音連続がある。しかしながら，可能な12のCCC連続結合のうち，3つ（/spw-，stl-，stw-/）は生じない。加えて /CCj/ と /skl-/ はかなり限定されていて，特定の母音とともにしか現れない。

この表を特に面白くしているのは，子音－母音の結合である。（RP発音様式の）英語には3つの子音で始まり /ɔɪ/ が続く語は本当にないだろうか？ /splɔɪ-/ はない？ /sprɔɪ-/ は？ /strɔɪ-/ は？ さらにまた /splaʊ-/ は？ /skwɑː/ はない？ 短い語に対して直感的に存在の可能性をチェックすることはきわめてやさしいが，しかしこの場合でも，squamous（鱗に覆われた）や sclerosis（硬化）におけるような，まれな語頭連鎖をもった専門用語や珍しい語がかなりの数見つかるのは驚きに値する。固有の名前も同様に可能性の幅をいくらか広げることになる。例えば，人名・地名の Stroud（ストラウド）（そして strouding（粗い布）もある）とか Strauss（シュトラウス）を除いて，/straʊ/ の例は何もないように思える。新しい借用語の不安定な状態(p.136)やさまざまな発音が混在するような様式（第21章）のことを考慮に入れると，ある特定の子音連鎖が存在しないと言い切るのはまたしても難しいことになる。（ギムスン(1962)の第2版，A.C. ギムスン(1970)による）

	ɪ	e	æ	ʌ	ɒ	ʊ	ə	iː	ɑː	ɔː	uː	ɜː	eɪ	aɪ	ɔɪ	əʊ	aʊ	ɪə	ɛə	ʊə
spl	+	+	+	+	+		+	+				+	+	+						
spr	+	+	+	+	+			+		+	+		+	+			+			
spj											+									+
str	+	+	+	+	+		+	+	+	+	+		+	+		+	+			
stj											+									+
skl		+	+				+											+		
skr	+		+	+	+			+		+	+		+	+		+	+			
skj											+									+
skw	+	+			+			+		+		+	+	+				+	+	
smj											+									

表の中に「可能である」ことを示す＋印のある音結合をもったすべての語の例を見つけ出そうとするのは興味ある練習問題になる。答えの例は巻末（p.538）を参照。

例が見つからないって？
SCHMAPS（シュマップス）はどうだ！

伝統的には英語には /ʃn-/ という語頭連鎖の語はないということになっていたが，近年ドイツ語や米国のイディシュ語から多くの借入語が到来し状況が変わってきている。その結果，そのほかの /ʃC-/ 連鎖の例も今ではしばしば耳にする。

schnapps（シュナップス［酒］）
schlemiel（どじ）
schnitzel（カツレツ）
schmuck（いやなやつ）
schnorkel（シュノーケル）
schmaltz（過度の感傷主義）
schnauzer（シュナウザー［下の写真の犬の種類］）
schmo（ばか，うすのろ）
schnozzle（大きな鼻）
schlock（低俗な）

シュナウザー犬

音声はここから聞けます：cambridge.org/crystal

子音の調音位置と発音変異

下記の図表は参照モデルとして容認発音（RP，p.387）を用いて，1つ1つの英語の子音がどのように調音されているかを，簡潔に記述したものである。この発音様式の全体像を見るために，いくつかの子音に影響を与える主な地域的，社会的変異もリストアップした。図は調音位置のみを示している。母音（p.252）の場合と同様に，地域的変異についてのコメントは代表的なものではなく，説明に役立つ程度のものとなっているので注意をもって解釈する必要がある。変異に関わるさらなる議論については，第20章を参照。歴史的な変化については p.18 ならびに p.42 に要約した。

破裂音

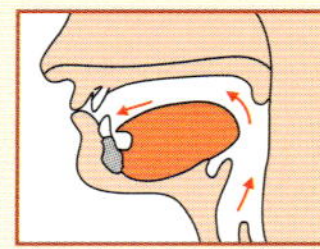

/p，b/

調音：両唇破裂音。軟口蓋は上がる。上下唇による完全閉鎖が見られる。/p/ は無声，/b/ は有声（ただし語末の位置では無声化が起こる）。/p/ は硬音，/b/ は軟音。

地域による変異形：帯気の量（/p/ の破裂後に続く呼気の強さ）と有声化の程度にはさまざまなものがありうるが，重要な地域的変異は見られない。

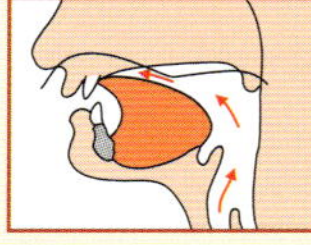

/t，d/

調音：歯茎破裂音。軟口蓋は上がり，舌尖と舌縁が歯茎と横歯列に接触して完全閉鎖が起こる。/t/ は無声音，/d/ は有声音（語末では無声化される）。/t/ は硬音，/d/ は軟音。唇の形状は隣接母音の影響（tee（T），meat（肉）では平唇となり，too（また），foot（足）では円唇化する）を受ける。舌の形状は後続する子音の影響を受け，try（試みる）ではさらに後退（後部歯茎音）し，eighth（8番目）では歯音になる。音節末または語末では，両唇音または軟口蓋音が後ろに続く時には，その影響を受けて /p，k/ または /b，g/ に同化する（p.259）。

地域による変異形：アメリカ英語では，またしばしば通常のくだけた会話では一般的に，母音間の /t/ は［d］に似た速い弾音（tap）の軟音となる。アイルランド英語では歯音。英国のいくつかの都会の方言（リヴァプール，コックニー）やアイルランド英語では［ts］または［dz］のような破擦音的な開放（release）が生じる。/t/ はコックニーやグラスゴーの英語では，また一般的に都会の発音では，母音の間や /l/ の前（bottle（瓶）のように）で声門閉鎖音［ʔ］に代えられるという現象がきわめて顕著に見られる。RP では，とりわけ（button（ボタン）のような）/n/ の前の /t/ とか（shut the gate（門を閉める）のような）末尾における /t/ が声門閉鎖音に置き換えられるのをますます耳にするようになってきている。

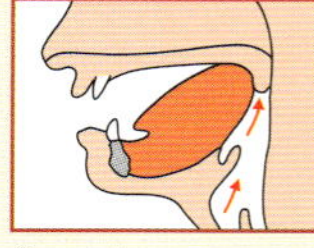

/k，g/

調音：軟口蓋破裂音。軟口蓋は上がる。後舌面を軟口蓋につけることによって完全な閉鎖が起こる。/k/ は無声音，/g/ は有声音（語末では無声化される）。/k/ は硬音，/g/ は軟音。唇の形状は隣接母音に影響される（keen（鋭い），meek（おとなしい）では平唇，cool（涼しい），book（本）では円唇）。また，音質は後続する母音により変化する（keen における /k/ は硬口蓋に近づくので，car（自動車）における /k/ よりもさらに前にくる）。

地域による変異形：（/p/ や /b/ の場合と同様に）帯気音と有声化におけるある程度の変異以外は，重要な地域的変異は見られない。

摩擦音

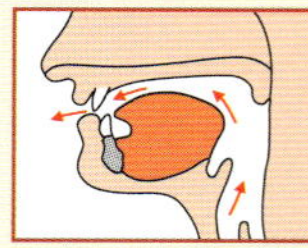

/f，v/

調音：唇歯摩擦音。軟口蓋は上がっている。下唇は上歯列に軽く接触する。/f/ は無声音，/v/ は有声音（語末で無声化）。/f/ は硬音，/v/ は軟音。

地域による変異形：英国南西部地方では /f/ は軽く調音されるので［v］に近い。of の /v/ は（cup o' tea（1杯のお茶））に見るように）くだけた日常会話でしばしば省略される。ちょうど（could have の）助動詞 have の /v/ と同様に｛【訳注】省略されて coulda になる｝。

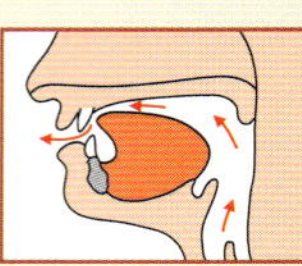

/θ，ð/

調音：歯摩擦音。軟口蓋は上がっている。舌尖と舌縁は上門歯の縁と内側に軽く接触し，上の両側の歯列にはもっと強く接触する。人によっては舌尖が歯の間から突き出る。/θ/ は無声音，/ð/ は有声音（また，語末では無声化される）。/θ/ は硬音，/ð/ は軟音。隣接母音により唇の形状は異なる（thief（泥棒），heath（ヒース）では平唇，though（にもかかわらず），oath（誓い）では円唇）。

地域による変異形：コックニーやロンドン風の変異では唇歯音の /f/ や /v/ に置き換わる。アイルランド英語では歯音 /t/ や /d/ に置き換わる。くだけた話し方では子音結合の中でしばしば欠落する（clothes /kləʊðz/（着物）を /kləʊz/ というように）。

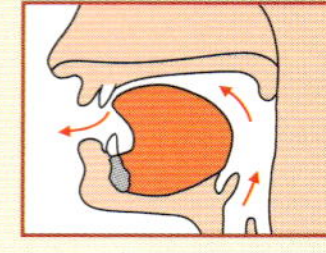

/s，z/

調音：歯茎摩擦音。軟口蓋は上がっている。舌尖と舌端は歯茎に軽く接触し，舌縁は上の両側の歯列にしっかり接触する。気流は舌中央の狭い溝を通る。/s/ は無声音，/z/ は有声音（また語末では無声化）。/s/ は硬音，/z/ は軟音。唇の形状は隣接母音による（see（見る），ease（安静）では平唇，soup（スープ），ooze（しみ出る）では円唇）。

地域による変異形：英国南西部の地域では /s/ は弱く発音されるので，［z］に近い音になる。発音障害として，いくつかの逸脱構音が見られ，特に /s/ と /z/ に対して，それぞれ［θ］と［ð］が代用される（「歯間舌もつれ」と呼ばれる一種の舌足らずの発音）。

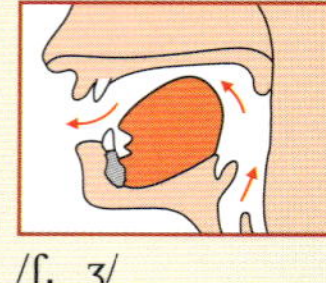

/ʃ，ʒ/

調音：硬口蓋歯茎摩擦音。軟口蓋は上がっている。舌尖と舌端は歯茎に軽く接触する。一方前舌面は硬口蓋に向けて上がり，舌縁は上の両側の歯列に接触する。/ʃ/ は無声音，/ʒ/ は有声音（語末で無声化）。硬音 /ʃ/，軟音 /ʒ/。しかし両音は /s/ や /z/ よりも緊張はない。唇の丸めは隣接母音に影響される（she（彼女），beige（ベージュ）では平唇，shoe（靴），rouge（赤）では円唇）。しかし人によってはこれらの音に円唇をつねに使う。

地域による変異形：重要な地域変異は見られない。人によっては issue（発行物），casual（偶然の）のような語の中央の音に対してこれらの音の代わりにそれぞれ /sj/，/zj/ を用いる。また，appreciate（高く評価する），ratio（比）のような語に /sɪ/ を使う。/ʃ/ と /ʒ/ それぞれは，version（…版），Asia（アジア）やほかのいくつかの語では，相互に置き換えが可能となる。語末では /ʒ/ はしばしば /dʒ/ に変わる（例：garage（ガレージ），rouge（赤））。

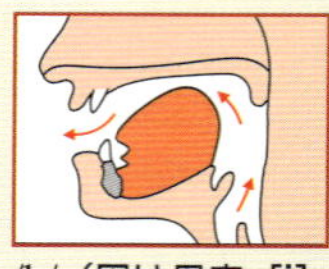

/h/（図は母音［i］が後続する場合）

調音：声門摩擦音。軟口蓋は上がっている。肺からの空気が開いた声門を通過する時に聴きとれるほどの摩擦音が生じ，さらに声道内で，主として後続する母音の取る舌の形状によって決定される音質の共鳴が起こる。無声音であるが，母音に挟まれたときは，ある程度有声になることもある（aha（「(ほ) ほう！」「(は) はあ！」)）。

地域による変異形：母音の前の音節頭でのみ生じる。多くの地域の発音様式では欠落し，これは無教養な英国人スピーチの主要なしるしと広く見なされている。語頭が無強勢音節の語では用法にゆれが見られる（例：an hotel 対 a hotel）｛【訳注】/ən əʊtel/ 対 /ə həʊtel/｝。

破擦音

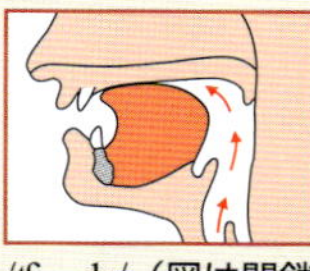
/ʧ, ʤ/（図は閉鎖局面のみを示す）

調音：硬口蓋歯茎破擦音。軟口蓋は上がっている。最初の要素の調音のために，舌尖，舌端と舌縁が歯茎と上の両側の歯列に接触して閉鎖が生じる。それと同時に前舌面は硬口蓋に向かって上げられているため，閉鎖が解かれると空気が放出されて硬口蓋歯茎音の特徴を示す。/ʧ/ は無声音，/ʤ/ は有声音。/ʧ/ 硬音，/ʤ/ 軟音。唇の形状は後続の母音によって影響される（cheap（安価な）では平唇，choose（選ぶ）では円唇）。しかしながらこれらの音に対してつねに円唇を使う人もいる。

地域による変異形：重要な地域変異は見られない。RP 話者の中には，これらの音を /tj/ や /dj/ に置き換える人もいる（statue（彫像），tune（調べ），due（当然払うべきもの）のような語において）。

鼻音

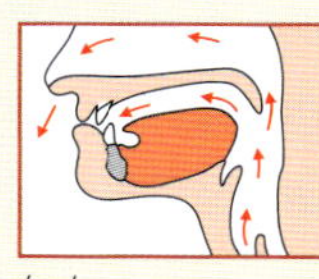
/m/

調音：両唇鼻音。軟口蓋は下がっている。上下唇で完全閉鎖。有声音であるが，ごくたまに無声化することがある（特に smile（ほほえみ）のように［s］の後ろで）。comfort（くつろぎ）のように /f/ または /v/ が後続する時には唇歯閉鎖となる。bottom /bɒtm̩/（底）のような語では，/m/ が母音に似た特徴をもつことから，/m/ は音節主音的機能（p.258）をもつことになる。

地域による変異形：重要な地域的，社会的変異はない。

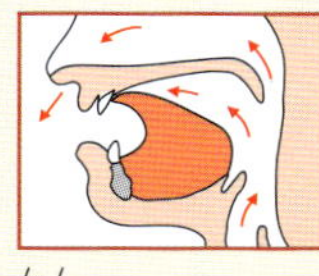
/n/

調音：歯茎鼻音。軟口蓋は下がっている。舌尖と舌縁を歯茎と上の両側の歯列に押しあてて閉鎖を形成。有声音であるが，ごくたまに無声化することがある（特に snap（パチンと閉める）のように［s］の後ろで）。唇の形状は隣接母音に影響される（neat（きちんとした）では平唇，noon（正午）では円唇）。後続子音の調音位置により大きく影響される（例（infant（幼児）のように）/f/ あるいは /v/ が後続すると，/n/ はしばしば唇歯閉鎖音となり，/p/ または /b/ が後続すると，両唇音となる）。button /bʌtn̩/（ボタン）のような語では /n/ のもつ母音に似た性質が音節主音としての機能を /n/ に与える。

地域による変異形：重要な地域的，社会的変異はない。

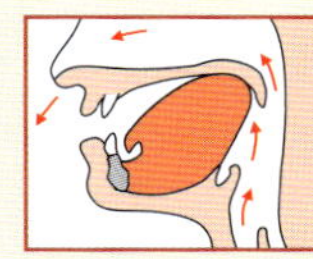
/ŋ/

調音：軟口蓋鼻音。軟口蓋は下がっている。有声音。後舌面と軟口蓋の間で閉鎖を形成。前舌母音に先行されると，閉鎖は前寄りとなる（bang（バンとたたく）と比較しての sing（歌う））。唇の形状は先行する母音の影響を受ける（sing で平唇，song（歌）で円唇）。この /ŋ/ という音は，sink /sɪŋk/（沈む）や angry /æŋɡri/（怒った）のような語におけるように，/k/ あるいは /ɡ/ の前位置に自然に起こる鼻音である。つづりの上では n に相当するが，/ŋ/ の音になる。

地域による変異形：ミッドランドとイングランド北部では（singing が /sɪŋɡɪŋɡ/ のような）[ŋɡ] の音に聴こえる。保守的な RP（huntin'（狩猟）とか shootin'（射撃））および広く地方の発音（今では，英国では無教養な発音とみなされる）では，語末の *-ing* は /ɪn/ にとって代わられる。

口腔継続音

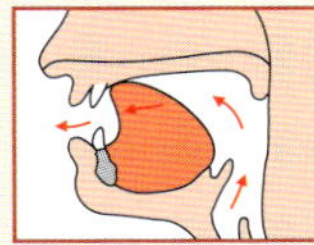
/l/（明るい［l］）

調音：側音。軟口蓋は上がっている。舌尖を歯茎の中央に押当てて閉鎖を形成。気流は舌の片側あるいは両側を通過する。有声音であるが，主として硬子音の後ろで（please（喜ばせる），sleep（眠る）に見られる）無声化する。前舌を硬口蓋に向かって同時に上げると，RP の leap（跳ぶ）（「明るい l」）のような語に見られる前舌母音との共鳴が得られる。後舌面を軟口蓋の方向に上げると，RP の pool（プール）（「暗い l」）のような語に見られる後舌母音との共鳴が得られる。唇の形状は隣接母音の影響を受ける（leap，peel（皮をむく）では平唇，loop（輪），pool（プール）では円唇）。bottle /bɒtl̩/（瓶）のような語では /l/ のもつ母音に似た性質が音節主音としての機能を /l/ に与える。

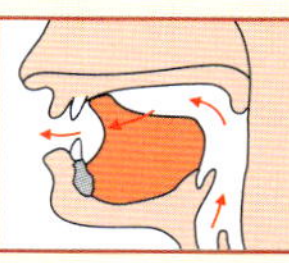
/l/（暗い［ɫ］）

地域による変異形：RP においては，「明るい l」は母音または /j/ の前に起こり，そのほかの場所では「暗い l」になるが，変異に富む。「暗い l」はコックニーではしばしば，特に円唇をともなう後舌母音になり，その結果 peel は［pi:o］に近くなる。このような発音は，RP の一部，特にロンドン英語の影響下にある口語でも耳にすることができる（careful（注意深い），beautiful（美しい）におけるように）。スコットランド英語の一部と，アメリカ英語の多くの場合，/l/ はどの場所においても「暗い l」として現れる。一部のアイルランド英語では，すべての位置で「明るい l」が現れる。RP で目立った母音とともに現れるところに，アメリカ英語では音節主音の /l̩/ が使われる（例えば fertile（肥沃な），missile（ミサイル）のような語において）。

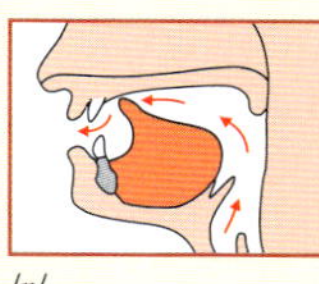
/r/

調音：後部歯茎接近音（または非摩擦継続音）。軟口蓋は上がっている。舌尖は歯茎の後ろに近づく（しかし接触はしない）。後舌の縁は上臼歯と接触。中舌は下げられる。/d/ が先行すると（drive（追い立てる）のように）摩擦音になる。母音の間といくつかの子音の後ろでは（very（非常に），sorry（気の毒で），three（3）のように）弾音になる。/r/ は有声音であるが，/p/，/t/，/k/ の後では（pry（のぞく）におけるように）無声化する。唇の形状は後続する母音に影響される（reed（葦）では平唇，rude（粗野な）では円唇）が，しかし人によってはつねに /r/ をある程度円唇化する。

地域による変異形：ほかのどの子音よりも変異形が多い。主な変異の種類（p.327）としては母音の後ろに /r/ を使う（**r 音発音様式**）変異と使わない（**非 r 音発音様式**）変異がある。アメリカ英語の多く，南アジア英語，イングランド南西部では，舌尖は後ろに巻き上げられ（**そり舌**），/r/ の調音が先行する母音を（bird（鳥），girl（少女）のように）r 音化する。スコットランド英語やウェールズ英語の一部では舌を歯茎に向けて震わせるか巻き上げて作られる顫動音になることもあり，この音は型にはまった話し方（大げさな演説におけるように）では，どこでも聞かれることがある。イングランド北東部やスコットランド英語の一部では軟口蓋の顫動音または摩擦音になることもある。19 世紀の初期にイングランドでは /r/ を /w/ で置き換える（red /wed/（赤））ことがはやった。連結音あるいは嵌入音として使われる /r/ が，社会的批判を招くこともある（p.389）。

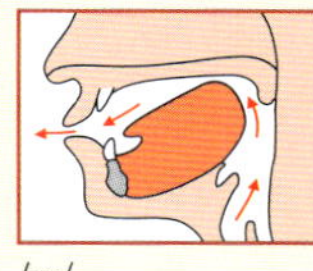
/w/

調音：唇軟口蓋半母音。軟口蓋は上がっている。舌は後舌狭母音の形。[u:] の場合よりもさらに緊張をともなった円唇（woos（口説く，3 人称単数）と ooze（しみ出る）を比較）。有声音であるが，硬子音に後続するとある程度無声化する（twice（二度），sweet（甘い）におけるように）。

地域による変異形：（スコットランド英語のような）いくつかの方言と保守的な RP では，while（期間）のような語において無声変異形としての [hw] または [ʍ] が用いられる。この音は（Wales（ウェールズ）対 whales（クジラ））におけるように対照をなすことがある。また，地域によってはよくあることだが（コックニーでは特に顕著である），door [dowə]（ドア）のような語では，強い［w］の要素が 2 つの母音を分離させている。flower [flawə]（花）のような発音もまた修正された RP の中で耳にすることがある。

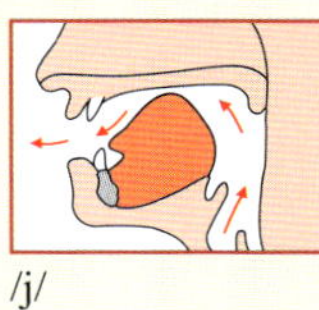
/j/

調音：硬口蓋半母音。軟口蓋は上がっている。舌は前舌狭母音の形。唇の形状は後続する母音に影響される（year（年）では平唇，you（あなた）では円唇）。[i:] の場合よりも緊張がさらに強い（yeast（酵母）と east（東）を比較せよ）。有声音であるが，硬子音の後ろ（pure（きれいな），huge（巨大な））ではある程度の無声化をともなう。

地域による変異形：RP では特定の子音，特に /l/ と /s/ の後ろで /ju:/ か /u:/ の変異が見られる（suit（スーツ）の発音 /sju:t/ と /su:t/，あるいは salute（挨拶する）の発音 /salju:t/ と /salu:t/ のように）。/j/ をともなう変異形の使用は現在ではより少なくなってきているし，ほとんどの地域的発音様式では聞かれなくなっている。Issue（発行物），usual（つねの），statue（像），educate（教育する）のような語では，/sj，zj，tj，dj/ と /ʃ，ʒ，ʧ，ʤ/ の間の交替が見られる。地域によってはまたよくあることだが，where [wejə]（どこに）のような語では強い［j］の要素が母音を分離させている。

音声はここから聞けます：
cambridge.org/crystal

音節

母音と子音は一般的には単独で振る舞うことはない。ただし，1音だけからなる語あるいは語的な雑音（I, eye, oh, m）は非常に少ないながら存在する。英語のほとんどの語は，CV（go（行く）），VC（up（上へ）），CVC（cat（猫）），CCVCC（stops（やめる，3人称単数形），CCCV（screw（ねじ），p.255）のように，母音（V）と子音（C）の結合からなる。結合された単位は**音節**と呼ばれる。上記の例では，それぞれの語は1単位の音節しか含んでいないので，**1音節**あるいは**1音節語**としばしば呼ばれる。この概念は，2音節以上の語（**多音節語**）――事実英語のほとんどの語はそうであるが――と対照をなす。私たちが今目にしているこの文【訳注】原書における英文のこと】には2つの音節からなる（2音節の）語 despite /dɪspaɪt/（CVCCVC）（にもかかわらず）と3つの音節からなる（3音節の）語 instances /ɪnstənsɪz/（VCCCVCCVC）が含まれ，1つ前の文には polysyllabic /pɒliːsɪlæbɪk/ という，長いけれども（CVCVCVCVCVC）という単純な音節構造を示す5音節語が含まれていた。

私たちは音節が何かを知っている。あまりにも強く抗議している人に対して 'Not another syllable!'（「もうひとことも口をきくな！」）と言うことがある。また，要点を強調したり，明確に言いたいならば，put it in words of one syllable（一言で言えば）のような表現を用いるであろう。リズムを取りながら語の音節数を数えることもできる。そのルールは基本的には簡単である。すなわち，各音節には母音あるいは母音のような核部になる音が1つ含まれている。Despite という語には2つ核部があるので，2音節語である。Polysyllabic（多音節の）という語は5つ核部があるので，5音節語である。しかしながら，正確な音節数を決めるのが難しいようないくつかのタイプの語がある（とりわけ，二重母音，三重母音を含む語である，p.251 参照）。Meteoric（流星の）は（me-te-o-ric）のように4音節とするか，それとも（me-teo-ric）のように3音節とするか？ Several（いくつかの）は（se-ve-ral）のように3音節なのか，（sev-ral）のように2音節なのか？ Being（存在）は（be-ing）のように2音節なのか，あるいは1音節なのか？ このような問題に対する答えには，地域による発音様式，発話速度，改まった文体かどうかの度合い，言葉が用いられている文脈すべてが関係する。例えば，それらの語のもつ音節数は，それらの語が自然に発音されたものか，音読したものか，あるいは，強調して言われたものか，感情的なものか，冷静に言われたものかによることがある。

1940年代の英国の幼い子どもたちに人気のあった『コミックカッツ（*Comic Cuts*）』の吹き出し。著者たちはおそらく子どもが読むときの助けになると信じて，音節に分けるときのシステムを紹介している。
Nev-er mind, Ti-ny! I will make you a new suit with this ti-ger skin rug!
（心配しないで，タイニー！ あなたにはこのトラの皮の敷物で新しい服を作ってあげるわ。）

3. Be-fore Ti-ny could stop Dum-py, the rab-bit dress was torn to piece-s. So Ti-ny had no dress for the par-ty. Dum-py was so sor-ry, for he had not meant to do harm.
（タイニーはダンピーを止めることができず，ウサギのドレスは細かく裂かれてしまった。そのためタイニーはパーティーに着ていくドレスがなくなってしまった。ダンピーは悪意をもってするつもりはなかったので，大変後悔した。）

音節構造

口語英語の音節は以下のようにまとめられる。

- 音節は最低限，母音あるいは母音に似た音（下記参照）からなり，これが音節の**核部**，**センター**，または**中心部**として働く：I, or, ooh. ごくまれに，音節は子音で構成されうる：m, shh.
- 多くの音節は核部に先行する1つまたはそれ以上の子音を有している。これらの子音は音節の**頭子音**を形成する：me, so, play. 伝統的に，これらの例の音節構造は「開音節」【訳注】母音で終わる音節】として知られている。
- 多くの音節は核部に続く1つまたはそれ以上の子音を有している。これらは音節の**尾子音**を形成する：am, ants, eel. 伝統的に，これらの例の音節構造は「閉音節」【訳注】子音で終わる音節】として知られている。
- 多くの音節は頭子音と尾子音の両方を有している：cat, jump.
- 核部と尾子音の結合は特別重要で，音節の**押韻**性を形成する：cat, sat; jump, clump.

このような方法で音節構造を分析する時には，語のつづりには反映されない発音を探ることが重要となる。たとえ ooze（にじみ出る）はつづりの上では母音で終わっていても，発音の上では子音で終わるので，その構造は VC となる。同様に，all（すべての）は VC（VCC ではない），jumped（跳ぶ，過去・過去分詞）は CVCCC（CVCCVC ではない），また fox（狐）は CVCC（CVC ではない）となる。

音節
- 頭子音
- 韻部，ライム
  - 核部（センター，中心部）
  - 尾子音

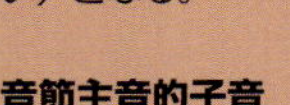

音節主音的子音

各音節は核部として1つの母音をもたねばならないという規則には1つの例外がある。そのような例外が生じるのは，bottle /bɒtl̩/（瓶），bottom /bɒtm̩/（底），button /bʌtn̩/（ボタン），さらには（/r/ を発音する発音様式（p. 257）における）perhaps /pr̩haps/（ことによると）などの例に見るように，母音に似た特定の子音――/l/, /r/, または鼻音――が，音節の核部として機能する場合である。それぞれの例において，音節主音的子音はその記号の下に小さな縦線記号をつけて示される。これらの語を非常にゆっくり発音すると，（/bɒtəl/ のように）母音が再度現れ，子音は本来の尾子音の機能に戻ることになる。しかし，このような発音はかなり高度に人工的で，通常の会話では耳にすることはまずないであろう。（しかしながら，いくつかの地域的発音様式にはこれが存在する――例えば，ウェールズのいくつかの地域で――そこでは，音節主音的子音を避けるのが普通である。）

音節境界は bound・a・ries それとも boun・da・ries？

語の音節数を数えることができるのと，音節の間の境界をどこにするかを決めるのは別問題である。英語には音節を区切るのに，いくつかのやり方が許される例がとても多い。

- extra /ekstrə/（余分の）は2音節語であるが，しかし境界はどこに置くべきだろうか？ /e/ と /kstrə/ の間を選ぶことはなさそうである。というのも，/kstrə/ のような子音連続で始まる英語の音節はないからだ。同じように，/ekstr/ と /ə/ の間に境界を置くのも不自然であろう。しかし /ek/ + /strə/, /eks/ + /trə/ および /ekst/ + /rə/ はすべて可能である。ここでは通常は最初の2つのうちのどちらかが好まれるが，2つのうちのどちらかを決める明確な方法はない。
- standing（立つ，現在分詞・動名詞）は2音節語であるが，区切りは stan と ding の間だろうか，それとも stand と ing の間だろうか？ もし音声学的な直感に従って，均等にバランスが取れた CVC 音節を求めるとするならば，前者の分析の方が好まれるであろう。もし，文法的な直感に従って，語根と屈折語尾（p.216）の間で分けるならば，後者が好まれるであろう。
- boundary（境界）は3音節語であるが，ここでもまた，音声学的な根拠（n の後ろ），あるいは bound との意味的なつながりを保持した文法的な根拠（d の後ろ）のいずれにもとづいた境界を選択すべきかの問題が残る。

ハイフンでつなぐ位置

辞書によっては，活字になった語が行の末尾で分かれる時に，どこでハイフンで切るかを記してある。しかし，これらの印は話しことばの音節の境界と必ずしも一致しているとは言えない。以下の例は『ウェブスター新国際辞典第3版（*Webster's Third New International Dictionary*）』からの引用であるが，そこには一般的な出版上の印刷慣習が編集者により反映されているのがわかる。

aber·deen·shire（アバディーンシア）
ab·er·do·ni·an（アバディーンの人）
ab·er·rance（常軌逸脱）
abet·tor（扇動者）
abey·ance（中断）

例えば abettor の a または ab の後ろには区切りの印がないが，それは，出版社が語のそのような境界部分で改行マークを入れることはありそうにないからである。

連続した発話

母音と子音が結びついて音節を構成し，音節同士が結びついて語になり，そして語と語が結びついて句や文になる。しかし，連続した発話を作り出す過程では，いくつか興味深い方法により，これらの構成部分（分節音）のいくつかの発音に影響が見られる。いくつかの分節音は一固まりで発音される傾向があったり，発音を滑らかにするために余分な分節音が付け加わったりする。また，ある部分の分節音はあまり明確には定義できないような音になったり，また完全に消失してしまうこともある。このような可能性にはそれぞれ，音声学の分野では関連する専門的名称がある（例としてあげる発音は p.387 にある容認発音（RP）である）。

同化

隣接する音はしばしば互いに影響し合い，お互いがより似たものとなる，すなわち同化する。このような効果は特に早口で話す時により普通に現れるが，しかし，ある程度の同化はどのような話し方でも生じるであろう。

- **先行**（あるいは**逆行**）同化では，音はその後に続く音に影響される。ten balloons（10 個の気球）という句では，/ten/ は後続する両唇子音を予測して，/tem/ のように発音される。good night（おやすみ）というあいさつでは，/gʊd/ は，時には g'night と書かれるように，たいてい /gʊn/ と発音される。
- **進行**同化では，音は先行する音の影響を受ける。bridge score（ブリッジの得点）の２つ目の語は，先行する破擦音（p.257）における口蓋音の影響によって，（RP においては）典型的には /ʃkɔː/ として表れる。同様に Church Street（教会通り）の２つ目の語は /ʃtriːt/ のようになるであろう。
- ３つ目の可能性は**融合**── 一種の相互作用である。そこでは，２つの音が融合して１つの新しい音になる。won't she では語末の /t/ と語頭の /ʃ/ が互いに同化して /ʧ/ を生じさせ，結果的に /wəʊʧiː/ という融合した単位になる。

音脱落

話し方が早くなるにつれ，音が省略されやすく，すなわち脱落されやすくなる。子音連鎖が起こるととりわけそうなる。事実，連続音を音脱落なしに自然に発音することが不可能な場合がある。Henry the Sixth's three advisers（ヘンリー６世の３人の助言者）の発音を試してみよ。早口言葉はこのような難点を利用したものである。

- くだけた発話では弱音節にある母音はしばしば脱落する。police（警察），tomato（トマト），correct（正しい）のような日常的に p'lice などのように記される語では，最初の母音が聞こえることはまれである。新米の演説者へのアドバイスの１つに，「無強勢音節の母音に特別の重みを与えよ」というのがある。
- 子音の結合は通常単純化される。Acts of Parliament（国会制定法）の中の第１語の語末において，３つの子音すべてが発音されるのを耳にするのはありそうにない。/aks/ がノーマルな発音である。同様に next day（翌日）は /neks deɪ/，government（政府）は /gʌvəmənt/，mashed potatoes（マッシュ・ポテト）は /mæʃpəteɪtəʊz/ となる。
- イギリス英語で library（図書館）と particularly（特に）がそれぞれ /laɪbriː/，/pətɪkjʊliː/ と発音されるように，特に子音が繰り返される場合は，音節全体が脱落することがある。
- 子音の前の of（cup o' tea（１杯のお茶），lots o' people（多くの人々））のように，いくつかの語では特に脱落の傾向が見られる。そのほかの脱落の例としては gonna (=going to)，wanna (=want to) や助動詞の弱形の場合がある（p.224）。

音響的証拠

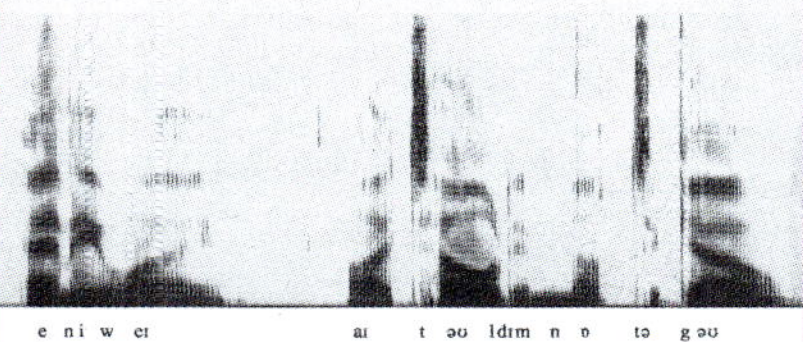

（スペクトログラム）Anyway I told him not to go.（とにかく，私は彼に行くなと言った）

音声スペクトログラフとして知られている機械を使うことで，ここにあげた１つの文の音響的画面の中に，連続的発音のいくつかの特徴を見ることができる。時間の経過は横軸に表されており，この発話は２秒間ちょっと続く。音声の音響周波数は縦軸に表され，音声の強さは帯の黒色の濃淡で示される。母音と母音に似た音は最も濃く，母音によって異なる特徴は，黒い帯（**フォルマント**）の変化の仕方にはっきりと見られる。このフォルマントは，声道の中の音響エネルギーのさまざまな集積の様子を表している。

- anyway（とにかく）の後ろには知覚できるほどのポーズが見られるが，それ以外の語の間には沈黙は見られない。これを**連続**発話という。
- him（彼に）には /h/ の脱落があり，この時点でつねに速い速度の音の統合が見られる。him の中にはいかなる母音も見つけることは難しい。
- not（…でない）と to（不定詞を導く語）の２つの /t/ 音は１つに融合してしまっている。
- to の母音はとても短く弱い。

強形と弱形

英語では 50 にもおよぶ語が，発音する時の力の程度によって，２通りの異なった方法で発音可能となる。それらの語はすべて文法的な機能を示す語，すなわち限定詞，代名詞，助動詞，前置詞，接続詞および不変化詞である。**強**（あるいは**完全**）**形**は語が単独で使われたり，または強調されたりする時に用いられる。**弱形**は通常連続した発音で使われる。すなわち，周辺母音（口の中の母音領域の周辺部近くで調音される母音，p.250 参照）はより中舌音的特性をもった母音に置き換えられ，子音では脱落するものがある。弱形は通常きわめて正確にというわけではないが，つづりの上で示されることもある（bacon 'n eggs（ベーコンエッグ），cup o' coffee（１杯のコーヒー）。

以下の例では，強形を左に，弱形を右に並べてある。

and	ænd	ən, n
that	ðæt	ðət
his	hɪz	ɪz
from	frɒm	frəm
of	ɒv	əv，v，ə
to	tuː	tʊ，tə
some	sʌm	səm，sm
there	ðɛə	ðə
have	hæv	əv，v，ə
were	wɜː	wə
do	duː	də，dʊ
must	mʌst	məs，məst

多くの場合，私たちは文脈に注意しなければならない。例えば，場所の副詞としての there（Look over there（あちらを御覧なさい））はつねに強形であるが，存在を表す文（p.243）の始めの there（There's no place like home（我が家に勝るものはない））はつねに弱形である。さらに，子音の前にある場合と母音の前とでは異なる形となることがある。I must go（/məs/（私は行かなければならない））と I must eat（/məst/（私は食べなければならない）），または for tea（/fə/（お茶に））と for Ann（/fər/（アンのために））を比較せよ。

リエゾン（連声）

語と語，あるいは音節と音節が円滑に流れるような発音ができるよう，それらの間に音が挿入されることがある。英語における主な例は，RP（およびほかの非 r 音発音様式，p.257）の語末 /r/ の発音である。RP を話す人たちは clear（明るい）や mother（母）のような語において，これらの語に母音が続く場合のみ /r/ を発音する。clear question（はっきりした質問）では /klɪə/ だが，clear answer（明瞭な答え）では /klɪər/ となる。これは通常**連結の r** と呼ばれる。

同様に，RP を話す人びとはつづりに r がなくても，India(r) and Pakistan（インドとパキスタン）や media(r) interest（メディアの利害関係）のように隣接母音同士を /r/ で頻繁にリンクさせる。この**嵌入的 r** は，保守的な RP 話者がそれを見つけると，/r/ の使用を正当化するつづりが何もないという理由で，し烈な批判の的になることがある（p.389）。これは特に law(r) and order（法と秩序），flaw(r) in the argument（論法の欠陥），または draw(r)ing（描く，現在分詞・動名詞）のような後舌広母音の後では嫌われる。（上にあげたほかの例に見るような，シュワー母音（曖昧母音）の後ろの r はめったに気づかれず，また熱弁をふるうほとんどの批評家でもこのようなケースでは嵌入的 r を使っているのが聞かれるだろう）。BBC は嵌入的 r の用法に対する国民の反応に敏感になっている機関の１つなので，BBC のキャスターたちに，刑事法廷ドラマ「ローラ・ノーダ」(Laura Norder) に見るような発音になる危険性について警告している。（巻末 p.538 へ続く）

{【訳注】1999 年からアメリカで，2009 年からはイギリスで始まった Law and Order（法と秩序）という刑事法廷ドラマのタイトルに嵌入的 r を入れると，/lɔː ənd ɔːdə/ が /lɔːr ənd ɔːdə/ になり，Laura Norder という女性の名前に結びついた。さらに，この名前のアニメが新たに誕生した。}

PRESENTER: One of the questions we'll be dealing with in today's programme is the future of martial law in Poland. The issue facing the Poles is complex, and to help us debate it we have in the studio two people who have

（訳文は巻末 p.538 参照）

音声はここから聞けます：cambridge.org/crystal

韻律

音声体系に従って私たちはことばによる方法とことばによらない方法の両方を使って，発話の意味を表すことができる。**ことばによる意味**（「発話内容」）は語，句，文を組み立てるために母音と子音に頼ることになる。**ことばによらない意味**（「発話の仕方」）は発話の構造と豊かな表現力の多くの部分を発話に与えるために，抑揚，リズム，声のトーンのような要素を利用する。賢明にも昔の歌にあるように，「重要なのは言う内容ではなく，その言い方」である。したがってコミュニケーションでしばしば決定的な要素となるのは，ことばによらない意味の方である。

韻律の特徴

ことばで表現する時には，何通りの「言い方」があるのか？ 主な可能性としては，音のもつ主要な聴覚要素，すなわち**高さ**，**大きさ**および**速度**によって決定される。これらの要素は，単独で，あるいは組み合わせて（**リズム**という形で）使ったり，（**休止**による）無音を顕著な形で用いたりして，言語の**韻律**や**韻律的特徴**を作り上げる。これは，詩に見られるよりもはるかに広い意味の「韻律」を表す。詩では「韻律」は韻律の型の追究のみを指す（p.441）ことになる。

- 最も重要な韻律的効果は音の高さの変化，またはメロディー，言い換えれば**抑揚**のシステムを言語学的に用いて得られる効果である。幅広い意味を表すために，いくつかの異なる高さのレベル（**音調**）が，特定の音連続（**音調曲線**）の中で使われる。これらの意味のいくつかは平叙文（They're ready.（彼らは準備できている））と疑問文（They're ready?（彼らは準備できているか?））の対立のように，文字・記号で表すことができるが，抑揚が示す効果の大部分はそれに対応する句読点が存在しないので，特別の表記法によってのみ書き留めることが可能となる。
- 音の強さはさまざまな面で使われる。（怒り，威嚇，激こうのような）粗い意味の違いは，全体的な声の強さのレベルによって表すことができる。もっと詳しく言うと，英語は強いまたは弱い音節（**強勢音節と無強勢音節**）の違いを示すために，強さに対して種々のレベルを用いる。語の強勢パタンはその語のもつ発音による身元特定を示す重要な特徴となる。例えば，「国民」は **na**tion であって nat**ion** でない。また「国籍」は nation**al**ity であって nationali**ty** ではない。また，**re**cord（記録）（名詞）と re**cord**（記録する）（動詞）の場合のように，強勢パタンによりある程度意味の対比を表すことさえ可能となる。強勢パタンは，聞いた人が理解できるかどうかを決めるのに重要な一役を担っているので，語の強勢パタンを無意識に変えてしまう外国人は，自分の英語が非常に理解されにくいことになってしまうこともある（p.261）。
- 発話の**速さ**（または**テンポ**）を変化させることは，重要ではあるが，それほど体系的でない伝達上の要素である。音節，語，句や文を発音する時の速度の上げ下げによって，（速度を上げると）気分の高揚といらだち，あるいは（速度を落とすと）強調と熟考というような幾種類かの意味を伝えることができる。そっけなくきっぱりとした調子の否定の No（Nope（ノウッ）【訳注】語末の［p］は閉鎖だけで破裂させないことが多い）と，引き延ばして思索する調子の No（No-o-o（ノオー））では，かなりの違いがある。さらに，テンポを変えることにより，しばしば文法的な区切りがどこにあるかを伝えることができる。例えば句全体が 1 語として機能していることを示すために（a take-it-or-leave-it situation（「承諾するかしないか決めろ」的状況）），その部分の速度を速めて発音する。

yes の 9 つの言い方

抑揚システムによって伝えられるすべての微妙な意味の違いを記述した人はまだいない。たとえ例をたった 1 語の場合（yes（ハイ））や 1 つの文脈（Will you marry me?（結婚してくれますか））の場合に限定したとしても，そこに含まれるすべてのことをとらえるのは難しいことがわかる。（ここに掲げた発音様式は RP からのもの（p.387）。声の高さの変化の模様は，話し手の声域の上限と下限を示す 2 本の平行線の間に示されている。注釈は音調のもつ一般的な意味合いを示し，括弧内にはめでたく結婚に至るような場合に使用される可能性がどのくらいあるかについてのコメントを示した。）

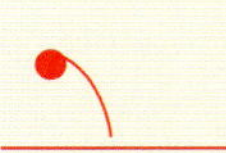

低部への下降調
最も中立的な音調。超然とした，感情を表さない事実の表明。（ありそうもない。ただしひと波瀾あった後であるなら，非常に劇的な返事であるかもしれないが。）

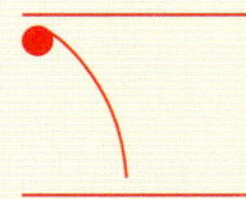

フル下降調
感情がこもる。開始の音調が高いほど，ますます話し手の感情がこもる。どういう感情が表れているか（驚き，興奮，いら立ち）は話し手の顔の表情による。（可能，特に気息音のような別の声の調子をともなった時。）

中部への下降調
きまり文句，中立のコメント。超然として，冷静。（「それについて私は考えているところです。」ウェディングベルはありそうにない。）

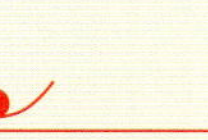

低部上昇調
顔の表情が大切。「幸せな」顔であれば，思いやりのある好意的な音調になり，「厳しい」表情であれば，控え目で不吉な音調になる。（そのどちらもこの状況では決め手にならない。もっとも，話し手は「何かたくらんでいるのか？」と考えているのかもしれないが。）

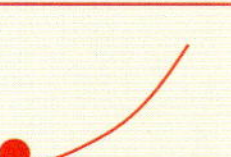

フル上昇調
感情がこもる。しばしば不信感とショックを受けた感じで，感情の度合いは音調の幅に依存する。（ありそうもない。ただし，よい返事を得られるとは期待していなかった場合に，プロポーズした当人によってその後に「あなたがイエスといったとは信じられない」と言う気持ちで用いられるかもしれない。）

高部上昇調
マイルドな疑問とか困惑。しばしば，言われたばかりのことに対するおうむ返しとして用いられる。（ありそうもない。ただし，「あなたは何を言っているのかわかっているのでしょうね？」と伝えるために用いられるかもしれないが。）

平坦調
退屈で，辛辣で，皮肉的。（ありそうもない。もし使われるとするならば，「本当にそうしなければならないのならば」とか，「あ，もう降参します」とか，あるいはもしかしたら「ああ，またか」のような意味合いになるはずである。）

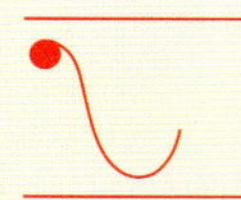

下降・上昇調
強い感情がこもった音調。シリアスなあるいは「否定的な」表情は不確実さ，疑わしさ，または暫定的であることを表す。肯定的な表情は励まし，または緊急性を伝える。（前者よりもむしろ後者の方が可能性はありそうである。この抑揚パタンでは，前者は明らかに用心深いことになるであろう。たぶん，条件次第だということになるであろう）。この音調パタンはオーストラリア英語では熱狂的であることを表し，英国でもこのニュアンスで次第に耳にするようになってきている。

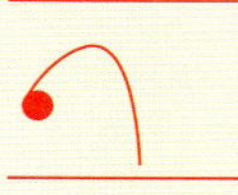

上昇・下降調
強い感情が含まれる。表情によって，態度に喜び，挑戦的，または自己満足の気持ちが表れる。（可能性が高い。わずかな気息音をともなうと，待ちきれない気持ちが表れる。）

真に興味ある高部上昇調イントネーション

韻律，またその中でもとりわけイントネーションは，社会言語学的なアイデンティティーを示す重要な特徴の１つとなる（第20-1章）。よく知られている例としては，英語を話す世界のほとんどの地域で見られる陳述の終わりの下降調のイントネーションの代わりに，いくつかの地域的英語の発音様式では，日常的に上昇調の型を用いるということをあげることができる。しばしば「音楽的」とか「快活に話す」とか表現される上昇調の発音様式には，北アイルランド，ウェールズおよびイングランド北東部の一部に典型的に見られるものが含まれている。

伝統的には下降調の発音様式として知られていたところに，特定のタイプの上昇調の陳述を用いることが増えてきていることが，近年注目されるようになってきている。これは高部上昇調のパタンを使用した例である。ニュージーランド英語のイントネーションについての最近の研究（S. アラン（S. Allan），1990）に見られるものに手を加えた適用例をここにあげてみよう。**高部上昇調**のパタンは ꜛ で示されている。

…It just saves on the wear and tear of all the other clothes ꜛ
（それによりそのほかすべての衣服のすり切れが防げる）
…and it's very rarely we get traffic round here ꜛ
（そしてこのあたりでは，交通量が非常に少ない）
…the next day we went into Paddy's Market ꜛ
（翌日私たちはパディのマーケットに行った）

この用法は英語圏のほかのいくつかの地域でこれまで気づかれてきたが，少なくとも1960年代からオーストラリアとニュージーランドの英語で確かに注目すべき特徴となってきている。またニュージーランドでの使用頻度の方が高いということにより，この話し方がたぶんそこで生まれたのであろうと推測されることになる——ただし，歴史的には，たぶん上昇調のイントネーション（イギリス諸島の「ケルト外辺」ではよく耳にする）を使う人たちによってそこにもたらされたのであろう。

なぜそのような上昇調が使われるのか？　なぜ陳述文が，普通は疑問文の機能と結びつけられるようなイントネーションの型で終わるのか？　この説明にどのように答えるにも，言語学的な研究の記述的成果を考慮することが必要である。そのような研究の１つにより見出されたのは，

- 女性は男性の２倍これを使う。
- ティーンエージャーは20歳より年上の人に比べて10倍も多く使う。また20～30歳の人は70歳より年上の人よりも５倍多く使う。
- 労働者階級は中流階級に比べて３倍多く使う。
- 少数民族は多数派の人びとに比べて２倍から３倍多く使う。例えば，マオリ族はヨーロッパ系の人に比べて最大50%も多く上昇調を使う。

概して，この現象——最近では「アップトーク」と一般に言われるが——には２種類の説明が提案されている。

- １つの仮説は社会的差異に焦点を当て，社会的により力がない人たちによって上昇調が好まれることを示唆している。自信のなさや信頼の欠如やまたたぶん追従と服従さえもが（無意識のうちに）表れているというものである。この観点は特に言語学者たちによりジェンダー（性）に関連づけて検討されてきている。すなわち，ある説は，男性に対する従属性のゆえに，女性がこの音調を使うようになったと主張している。この説はまた国家としての地位に関連して多くの人がもつ見解でもある。1980年のパース（西オーストラリア）のあるラジオ番組では，オーストラリア人がこの音調を使っているのは，

いまだに発展途上の国家的アイデンティティーしかもっていないからなのだという見解を述べている人たちがいた。1993年，共和制移行を望むある評論家が｛【訳注】オーストラリアの憲法上の首長は英国君主である｝，ひとたび国の新体制が確立すれば，この音調はなくなるであろうと予測するようなことまで見られた。
- もう１つ別の説明は，この音調が会話におけるやり取りの自然な特徴の１つとして用いられるというもので，話し手は次のいくつかの理由のいずれかによって上昇調を使っているかもしれないということである。その理由とは，聞き手が理解しているかを知るための非公式の確認方法として，また，共感またはなんらか別の形の反応を求める手段として，あるいは話し手がまだ話し終えていないということを伝えるための合図としてでさえある。ある研究によれば，この音調は自分の意見を述べるといった不確かさが関係する発話場面においては実際にはあまり普通には起こらない（最初の仮説とは対立する）ということがわかっている。むしろ，この音調は物語，特に話し手が聞き手の興味を高めようとする筋書きの部分と関わる。もしこの説明が正しいとすれば，社会学的にとらえようとする最近の傾向は，意識的に対話を進めたり，話し方を工夫したりするやり方にはいろんなものがあるということで説明できるであろう。（D. ブリテンと J. ニューマン（D. Britain & J. Newman），1992による）

イントネーションの機能

- **感情的な**イントネーションの最もはっきりとした役割は，気持ちに関する意味，すなわち皮肉，驚き，慎み，焦り，喜び，ショック，怒り，興味，そのほかの多数の微妙な意味の違いを表す。
- **文法的な**イントネーションは，発話における文法的な構造を識別しやすくし，句読点に似た役割を果たす。節や文のような単位（第16章）は，発話の内容を特定するためにしばしばイントネーションに依存し，また質問／陳述のようないくつかの特定の対比は，それを組織的に利用している。
- **情報提供の**イントネーションは，発話においてどういう意味内容が旧情報で，何が新情報なのかに注意を向ける。音調曲線で最も際立った音調を含む語が発話の中で話者が新情報として扱っている部分を指す。すなわち，I've got a new *pen*.（新しいペンを手に入れた），I bought *three* books.（本を３冊買った）のように話す。
- **テクスト**｛【訳注】意味的にまとまりのある文の集合体｝のイントネーションは，文よりも大きい意味のまとまりが対立を示したり，結合したりするのを助ける。ラジオのニュース読みでは，情報の段落は音調の高低の使用によって構成することができる。スポーツの実況放送では韻律の変化により試合運びの様子がわかる。
- **心理的な**イントネーションは，私たちが聞き取って記憶するのがよりやさしい小さないくつかのユニットに発話を構成する助けとなる。大抵の人にとって次のような一連の10個の数字（4，7，3，8，2，6，4，8，1，5）を思い出すのは難しいであろう。しかし，イントネーションを使って，この数字の連続を（4，7，3，8，2／6，4，8，1，5）の２つの固まりに分けると，その記憶の作業はより簡単になる。
- **話者の指標的な**イントネーションは，ほかの韻律的特徴とともに，個人的あるいは社会的アイデンティティの重要な指標となる。弁護士，伝道者，ニュースキャスター，スポーツの解説者，軍曹，およびそのほかいくつかの職業は，彼らの身についた独特の韻律により容易に識別される。

リズム

音の高さ，大きさ，速さおよび沈黙の特徴が合体して，発話の**リズム**として知られている効果をもたらす。リズムの感覚とは，私たちが話すとき，目立った単位が規則的な間隔で現れるのを感じる感覚のことである。イギリスの詩の主な伝統では，この規則性は詩の各行で用いる韻律型にはっきりと現れる。特に，おなじみの**ターン**（te-*tum*）の拍子を５回繰り返す弱強五歩格（The curfew tolls the knell of parting day（夕暮れの鐘の音が暮れゆく日を弔い））が何世紀にもわたって英語に詩的鼓動の響きを与えてきた（p.441）。

英語の話しことばはどんな形でも，リズムをともなう。ただ，日常の自然な発話の中では，スムーズな語の流れが口ごもりにより中断されるので，リズムを感じるのがしばしば難しくなる。しかしながら，滑らかな発話にははっきりとした基底のリズムがある。これはしばしば**強勢拍（または等時間隔）**リズムと呼ばれ，発話の流れにおいておおよそ規則的な間隔で生じる強勢音節を使うことにもとづくリズムのことである。このリズムはフランス語のような言語の**音節拍**リズムとは対照をなす。フランス語の場合は，各音節が同じ強さをもち，きわ立ったタンタンタン（rat-a-tat-a-tat）拍子の効果が得られる。

英語の歴史は強勢拍リズムの歴史である。ただし，英語がこれまで音節拍言語に接触してきたインドや南アフリカのような世界の地域では，もう一方のリズム（音節拍言語）の方が現れてきている。しかしながら，音節拍英語は部外者には理解するのに苦しむことがある。というのは，発音による語の識別のために重要な役割を果たす強勢・無強勢の対照を減ずることになるからである。何人かの評者が示唆するように，もし音節拍英語が現在増えつつあるのならば，国際的に理解可能な標準口語英語の性格をかなり変えることになるであろう（p.380）。

コラム「パラ言語の特徴」を巻末 p.538 に掲載

音象徴

個々の音は意味をもっていないということは言語研究の基本的原則である。「[t] の意味は何か?」や「[a] の意味は何か？」というような質問をしても意味がない。子音や母音は語に弁別的な形を与えるためにだけ使われ，意味を表すのは *un-*（否定を表す接頭辞）や *-ness*（名詞を作る接尾辞）(p.138) のような，語の構成要素となる形態素と，それらを一緒にした語そのものである。しかしながら，この一般規則には一見例外とも思える興味ある例がたくさんある。すなわち，母語話者たちが単音あるいは連続音と外界の特性の間にはある種の重要な関連性が確かに存在すると感じる場合がある。このような現象は**音象徴**として知られ，**音声感覚能力**（音の美的価値に焦点を当てると），あるいは**オノマトペ（擬音語）**（詩における音の使用に焦点を当てると）とも言われる。

音象徴の効果はさまざまな見地から学ぶことができる。どの音あるいは音のどの組み合わせが，最もよく関わっているだろうか？　最も頻繁に起こるいくつかのタイプは，次の通り（音声学用語については pp.250–5 に説明あり）。語頭子音連鎖（特に /s-/ を含む），側音（単独でまたは連鎖の中で），破裂音（特に語末で）が顕著な例である。次いで，どのくらい明確に象徴的な意味を特定できるかという問題がある。これは，特に模写される音が外界に存在する場合には，時にはかなり指摘しやすいことがある。例えば，bang（バタン），clip-clop（パカッパカッ），cough（ゴホンゴホン），cuckoo（クークー），knock（コツコツ），murmur（サラサラ，ザワザワ），rat-a-ta（ドンドン），whoosh（ビュー），yackety-yack（ペチャクチャ），zoom（ブーン）の例のように。しかし，次のような例は，なぜだかは言えないが，ただそれが表すものに対して何となくふさわしいという曖昧な気持ちを私たちがときどき抱くことがあるとだけ言えるような例である。

- dimple（えくぼ），pimple（にきび），wimple（修道女の頭巾）には simple（純な）との関連が見られるのか？
- venomous（有毒な，悪意ある），vicious（悪徳の），vile（下劣な），vindictive（執念深い），vitriolic（辛辣な）のような語の語頭の /v/ には，'snarling'（歯をむいてうなる）のもつ意味を強調するような何かが含まれるのか？
- blunt（不愛想な），dent（へこみ，減少），grunt（不平を言う），pant（あえぐ），runt（発育不全の動物の赤ん坊），stunt（成長を妨げる）における /-nt/ には「不足」のイメージがあるのか？（ただし front（前部），hunt（狩る），mint（ハッカ），pint（パイント），rant（わめく），tent（天幕）は該当しないが）。
- 狭母音に「小ささ」が関連づけられ，一方「大きさ」が広母音に結びつけられるようなことはあるだろうか？　例えば，slit（隙間）対 slot（狭い通路），chip（小片）対 chop（切り取った 1 片），wrinkle（しわ）対 rumple（しわ，ひだ），あるいは wee（とても小さい）や titch（ごくわずか）や little（小さい）対 vast（広大な）や large（大きい）や grand（堂々と）のように（ただし big（大きい）対 small（小さい），あるいは huge（巨大な）対 dwarf（ちっぽけな）は該当しないが）。

漫画は音象徴が当てはまる証拠となりそうな一連の例を表している。

コミックのオノマトペ

音象徴になるものには主に 2 種類ある。すなわち，日常語（下の欄参照）の中のものと，特別の造語によるもの——後者はさらにナンセンスな語（p.141）と，聞こえている雑音を半音声的に表現したものとからなる——の 2 種類である。後者の造語は特に（子どもまたは大人用の）コミック本によく見られるが，その造語（通常，すべて大文字で書かれ，感嘆符がついている）によって驚くほどいろいろな雑音を表現できる。架空の米国人キャラクターをベースにした英国の子ども向けの年刊誌からの右欄のイラストは，そのような例のいくつかを示している。この分野での学問的研究にいささか貢献するものとして，以下にあげる語は，1990 年にデスパレート・ダン（Desperate Dan）が出くわしたものや出来事から発せられる感嘆のオノマトペ表現を全部集めたものである。

bang（バーン），blam（バーン），blow（フー，ブフー），boing（ボーン），boom（ドーン），bop（ボカッ），chew（モグモグ），chomp（ムシャムシャ），clunk（ガチャン），crack（ビシッ，バキッ），crash（ガチャン），creak（キー），crump（バリバリ），crunch（バリバリ），heave（ヨイコラセッと），hop（ピョン），kerack（バリッ），kerash（ガチャーン，グシャン），leap（ピョーン），niff（クサッ），phft（ブツン），phllt（ブスッ），phsst（ブシュー），phut（パン，プシュ），ping（ピン），plop（パカッ），pong（プーン），pop（ポン），rasp（ガシガシ），roar（ゴウゴウ），r-r-ring（リーン），rumble（ゴロゴロ），scrub（ゴシゴシ），shatter（ガシャン），slam（バタン，ボカン），slurp（ゴクゴク，ムシャムシャ），snatch（サッ），sparks（バーン，バチッ），splash（バシャ），split（バキッ），splooosh（バシャーッ），spludge（ビチャッ），splurge（キラキラ），squawk（ガーガー），swipe（パシッ），tear (vb.)（ビリビリ），tinkle（チリチリ），tug（グイッ），whiff（フー），whirr（ウンーン），whizz（ヒュン，ヒュー），whoosh（ヒュー），whump（ドーン），yank（グイッ），yarf（ゲーッ），yelp（キャンキャン，キャイーン）.

上記リストには，次にあげるようなデスパレート・ダン自身が人生を通じての旅で用いたり，ストーリーの中でほかの登場人物が用いたりしている感情音声表現は含まれていない。

aw（アー），bah（ヤレヤレ），blargh（オエェーッ），blurb（ゲッ），eek（ウーン），gee（ウワー），giggle（グフッ），glub（ゲホッ），glumph（グオー），guf-faw（ウッフッフ），gulp（ゴックン），har（ワハハ），haw-haw（ワッハッハ），hee-hee（イヒヒ），hee-hee-hee（ヒッヒッヒ），ho-ho（ウワーン），huh（フン），mmm（ウーン），mumph（モゾモゾ，クシャクシャ），oh-oh（アア），oof（ウッ），ooyah（ウァー，そうだとも），ouch（イタッ），shucks（チクショー），snort（フゴッ），ssshh（シーッ），sssshhh（シャーッ，シューッ），ulp（ヒヤッ），urrr（ブルブル），waah（ワーン），wayhay（やったあ），wow（ワオ），yah（ウン），yahoo（ヤッホー），yeeha（イャッホー），yeow（ギャー），yeuch（ギャーッ，イタッ），yeurgh（ギャーッ，ワーッ），yikes（キャッ），yipes（キャッ），yip-yip（キャンキャン），yowch（イテッ），yup（ハイ），zowee（ヒヤー，キャー）.

伝統文法では，これらは独立した 1 つの品詞，すなわち感嘆詞（p.225）に分類される。しかし，感嘆詞の従来のリストは，上記のリストよりももっと上品な例（例えば，oh（オー），ow（痛ッ）および tut-tut（チェッ））に集中する傾向があるので，どのコミックにも出てくる突飛な情動的な表現の類は含んでいない。しかしながら一方では，会話英語のさまざまなコーパス（p.492）の登場人物は，デスパレート・ダンが経験したような喧騒に遭遇することはなさそうである。

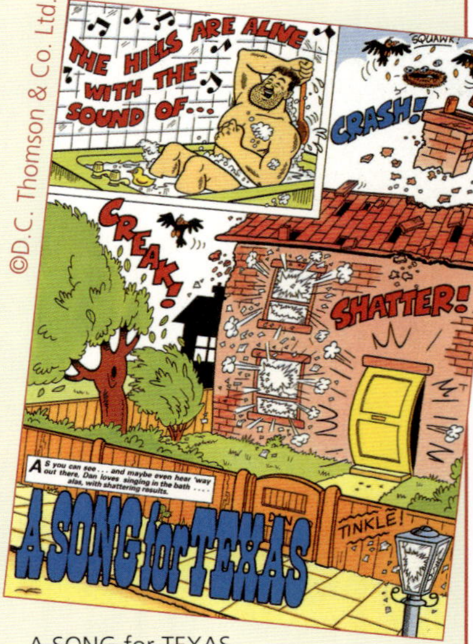

A SONG for TEXAS
（テキサスの歌）
As you can see...
and maybe even
hear 'way out there,
Dan loves singing
in the bath....alas, with shattering results.
（絵を見てわかるように，またたぶん遠くから音さえ聞こえてくるであろうが，ダンは風呂で歌うことが好きだ…ああ，いろんな物が壊れる結末となったが。）

THE HILLS ARE ALIVE WITH THE SOUND OF...
【訳注】ミュージカル映画「サウンド・オブ・ミュージック」の表題曲の冒頭の歌詞
（丘は～の声で生き生きしている。）

CRASH!（ガチャン）
CREAK（キーキー）
SHATTER（ガチャーン）
TINKLE（パリン）

一群の語彙項目に一貫して流れている音象徴の意味を調べてみようとする試みにより，妥当性には程度の違いがあることが見えてくる。その多くの部分は，ある語がどのような意味とどんな品詞を表しているかにかかっている。例えば，hush という語は，動詞（「シー」と静かにさせる）として使われる場合のみ，「突然」の意味をもつ。名詞（静けさ）としての hush は，まったく逆の意味になる。同様に，swamp は「殺到する」の意味の動詞として使われた場合のみ，動きを表す。意味や品詞を特定することで，このように語彙項目を限定しなければならなくなってくると，それだけ音象徴のもつ妥当性が弱まることになる。ある音がある固有の意味をもっているとするならば，その音がどこに現れてもその意味が存在するはずである。英語にはこの種の完全に説得力のある例はないので，下記のリストのそれぞれのグループにおいて，音象徴に対する賛否いずれの論も注意深く検討しなければならない。このリストはすべてを網羅していない。1 音節語に絞り，ただし派生語（例：flop（パタパタ動く）の派生語 floppy（パタパタはためく）），イディオム（例：get the chop（首になる））および多義語（例：club（棒，同好会，トランプのクラブ））は無視して，1 つの辞書の中から例を選んだものである。さらに，それぞれのグループに対する結論を出す前に，同じ音形をもっているのに，提示されているような意味を表さない語も存在することに配慮することが重要である。（実際に用いられている音象徴のほかの例については，pp.144, 157, 163 を参照のこと。）

寂寥のことば

もの淋しい！　このことばこそ　鐘のように
わたしをおまえから
孤独な身に引き戻す！
（「小夜啼鳥に寄せるうた」『キーツ全詩集　第2巻』出口保夫訳，白凰社，1974）

ジョン・キーツ（John Keats）の「ナイチンゲールに寄する頌詩（*Ode to a Nightingale*）」（1820）から引用された上記の詩行は，このページで扱うテーマにふさわしく，トーンを高める効果をもっている。さらにまたこの詩行は，私たちが音声美学的直感を働かせることはできるが，いかなる単純な分類も受けつけない要素を含んだような個々の語が英語には数多く存在していることを伝えている。語を構成する音がこのようにして意味の連想を呼び起こすような語を探すことは，興味ある言語学的訓練となる（そのような語の例：ragged（耳障りな），spiky（とげとげしい），dawdle（だらだらする），fawning（卑屈な），scrumptious（すてきな））。

音と感覚

/s–/ を伴う語頭子音連結

- /sl–/ 下方への動き，方向または位置を伝える：slack（弱まる），slalom（回転競技をする），slant（斜めにする），slash（さっと切る），slaughter（屠殺する），slave（奴隷のようにあくせく働く），slender（ほっそりした），slice（薄く切る），slide（滑り落ちる），slight（軽んじる），slim（体重を減らす），slip（ずり落ちる），slit（切り開く），slither（ずるずる滑る），slope（傾斜させる），slot（入れる），slouch（前かがみに歩く），slow（遅らせる），sluggish（ゆるやかな），sluice（水をどんどん流す），slump（どさっと落ちる）；しばしば総じて否定的連想をともなう：slag（酷評する），slander（中傷する），slang（悪口を言う），slap（ぴしゃりと打つ），sleazy（低俗な），slime（ヘドロ），slink（忍び足で歩く），slob（薄汚い人），slop（こぼす），slosh（ぬかるみ），sloth（怠惰），slovenly（だらしない），sludge（ヘドロ），slum（スラム街），slur（見逃す），slurp（音を立てて食べる），slush（ぬかるみ），slut（だらしのない女），sly（ずるい）；上記2つの連想を欠くように見える語：slab（平板），slake（満足させる），slam（バタンと閉める），sledge（そりで行く），sleek（滑らかにする），sleep（寝る），sleeve（袖），slick（滑らかにする），slogan（スローガン），slumber（まどろむ）．
- /sn–/ 悪感情を伝える：snaffle（くすねる），snafu（混乱状態），snag（思わぬ障害），snail（のろま），snake（悪意のある人），snare（わな），snarl（うなる），snatch（ひったくり），sneak（卑怯者），sneer（冷笑），sneeze（くしゃみ），snide（嫌味），sniff（鼻であしらう），snigger（鼻で笑う），snipe（中傷する），snitch（密告者），snivel（すすり泣き），snob（俗物紳士），snoop（詮索する），snooty（俗物的な），snort（荒い鼻息），snot（鼻水），snout（（警察への）垂れ込み屋），snub（冷遇），snuffle（鼻声）；上記の連想を欠くように見える語：snack（軽食），snap（パチンと鳴らす），snip（切断する），snooker（スヌーカー（玉突き競技）），snore（いびきをかく），snorkel（シュノーケル / 潜水艦），snow（雪），snuff（クンクン嗅ぐ），snug（居心地のよい）．
- /sw–/ 円滑な動きまたは広範囲の動きを伝える：swaddle（くるむ），swagger（いばって歩く），swallow（嚥下する），swamp（vb.）（水浸しにする），swan（vb.）（あてもなくさまよう），swarm（群がる），swat（ぴしゃりと打つ），swathe（包む），sway（振り回す），sweep（掃除する），swell（ふくれる），swerve（それる），swift（迅速な），swill（洗い流す），swing（揺らす），swipe（強打），swirl（渦巻き），swish（ヒュッと振る），swivel（旋回），swoop（急降下）；上記の連想を欠くように見える語：swear（誓う），sweat（汗），sweet（甘い），swim（泳ぐ），swine（豚），switch（スイッチ），swot（猛勉強する）．

（巻末 p.539 に続く）

罵り言葉の音

罵り言葉の性質，および一般的に毒舌の性質（p.184）のことを頭に描くと，それに関わる語は，短くて，鋭くて，的を射たものであることを私たちは期待するであろう。長母音や鼻音や共鳴音（p.254）のような優しい音はあまり使われそうにないのに対して，短母音，破裂音，かん高い摩擦音のもつ不快な衝撃は，誰でも侮辱や罵りを表現したいと思う人にとっては，大いに値打ちがあるはずだ。できる限り悪意をもって誰かを（優しい音を使った臨時語）meem とか rahl とか言って罵ってみよ。次いでその結果を（きつい音の臨時語）gack とか krot とか言って罵った場合とを比べてみよ。

英語には bastard という語のもつ 2 種類の発音｛【訳注】/ˈbæstərd/, /ˈbɑːstəd/｝において，この種のコントラストの実際の例が見られる。すなわち，第 1 音節が短母音であれば，その効果としては悪意を表す方の意味だけになる。一方，その位置が長母音になると，不快さは消え，おどけた感じの意味｛【訳注】「運のいい（悪い）やつ」｝になりうる。同様に中舌長母音が使われると，berk（ばか）や jerk（ばか者）に込められた力強さを顕著に弱めることになる。これはちょうど bonk（頭などをぶつける），bonkers（気が違った），conk（頭をなぐる），hunk（セクシーな男）や lunk（うすのろ）のように，/–k/ の前に鼻音が使われる場合に見られるのと同様である。

罵り言葉のじつに重要な音は軟口蓋子音，特に無声子音で，またとりわけこのような音が語の最後の位置で使われる場合である。同じように顕著なものとしては，/ə/ のような中舌母音の使用があり，また /ɪ/ や /a/ のように母音領域の端にある音の使用がある。激しい非難の語の中に，/e/ や /ɔː/ のような中母音（半狭母音から半広母音の間）を聞くことは珍しいし，また後舌母音より前舌母音の方が好まれる。

軟口蓋音

語末の /–k/：bohunk（移民労働者），chink（割れ目），crook（詐欺師），dick（まぬけ），dink（アジア人），dork（ばか），dreck（インチキ商品），dyke（女の同性愛者），fink（スパイ），fuck（ちくしょう），hick（田舎者），honk（嘔吐），（lunk（うすのろ），mick（アイルランド人），prick（くだらないやつ），puke（吐き気），punk（ちんぴら），schmuck（いやなやつ），spick（ヒスパニック），wank（自慰行為），wick（陰茎）．

語頭の /k–/：clap（淋病），clod（ばか），clot（ばか），crap（がらくた），creep（密会），cretin（ばか），crone（しわくちゃ婆），crud（ちくしょう），cunt（クソ野郎），kraut（ドイツ人）．

同一語内語頭・語末の軟口蓋子音：cack（糞便），cluck（まぬけ），cock（陰茎），geek（変態），gink（あほ），gook（東アジア人），kike（ユダヤ人），kook（変人），quack（ヤブ医者），skunk（いやなやつ）．

語末の /–g/：fag（同性愛者），frig（性交する），hag（醜い老婆），hog（豚），lug（ばか），mug（ちんぴら），nig（黒人），pig（豚），shag（性交する），slag（くだらない人），wog（肌の色が浅黒い外国人）．

語中の /–g–/：bugger（奴），dago（イタリア系の人），nigger（黒人）．

両唇音

語末の /–p/：chump（ばか），clap（淋病），crap（くそ），creep（キモい），dope（ヤバい），drip（退屈な人），goop（汚らしいもの），pimp（ポン引き），poop（バカなやつ），sap（あほ），twerp（バカ者），wimp（弱虫），wop（イタリア人），zip（黙れ）．

語末の /–b/：boob（へま），slob（無精者）．

語頭の /p–/：pig（豚），pimp（ポン引き），piss（小便），poof（ホモ），poop（役立たず），prat（バカ），prick（くだらないやつ），puke（ゲロ），punk（ちんぴら）．

語頭の /b–/：bitch（雌犬），bloody（めっちゃ），bohunk（東欧・中東出身の移民労働者），bozo（やつ），brat（がき），bugger（奴），bum（ケツ）．

歯茎音

語末の /–t/：brat（がき），clot（凝血塊），dolt（まぬけ），fart（屁），git（ばか者），nit（ばか），nut（頭のオカシイ奴），prat（能無し），shit（クソ），slut（尻軽女），tart（売春婦），tit（あんぽんたん），twat（嫌なやつ）．

語末の /–d/：clod（まぬけ），crud（いやなやつ），sod（くそったれ），turd（糞），yid（ユダヤ人）．

語頭の /d–/：damn（ちくしょう），dick（クソ野郎），dink（アジア人），dolt（まぬけ），dope（麻薬），dork（ばか），dreck（インチキ商品），dyke（女の同性愛者）．

摩擦音

語末の /–s/：ass/arse（まぬけ野郎），piss（小便）．

語末の /–f/：oaf（ばか），poof（ホモ）．

（一般の人の直感を H. ローソン（H. Rawson），1991 が補ったデータにもとづく）

実生活に見る音象徴の例

宣伝

コマーシャル用宣伝（p.414）では，商品が生み出す音とその商品が消費者の中に生み出すと主張されている感情には，しばしば特定の擬音的表現（p.262）が使われる。例えばある特定の型の車は「ブルーン」（Vr-o-o-m）と走るかもしれないし，香水やグレーヴィソースの香りは「ムムムムム」（M-m-m-m-m）と臭覚を掻き立てることもある。朝食のシリアルの世界が crunchies（バリバリ），puffs（パッ），pops（パン），smacks（ピシャッ）という語できびきびと表しているように，商品名には音（あるいは文字）象徴が一般的に利用されている。またスローガン（p.192）もよく音象徴に頼っている。

穴の開いたミント風味のポロ（Polo）。
{【訳注】Polo［poulou］（ポロ），hole［houl］（穴）　両者に［ou］という共通の母音がある。}

タンゴ（Tango）の心地よい香り（tang）をご賞味あれ。
ゾクゾクする（tingling）風味（tang），泡立ち（bubbles）――きらめき（sparkles）。
新製品スパークリングタンゴ。
{【訳注】 Tango [tæŋgou]（アメリカの飲料会社ならびにジュースの商品名）と tang [tæŋ]（強い風味）の両者に [tæŋ] という共通の連続音がある。tingling [tɪŋglɪŋ], bubbles [bʌblz], sparkles [spɑːklz] には，破裂音＋ [l] の共通の音連鎖がある。}

バブルヤム（Bubble Yum）。とてもおいしい，ヤム，ヤム，ヤム。ヤムは最高，ヤム，ヤム，ヤム。バブルガムのヤム。
{【訳注】Bubble［bʌb(ə)l］（バブル），gum［gʌm］（ガム），Yum［jʌm］（ヤム）の３語に［ʌ］の母音がある。}

キャプンクランチ（シリアル）（Cap'n Crunch）のセリフ：お前のポリポリでいつも正体がばれるぞ。
{【訳注】動画のコマーシャル。「おまえ」はクランチを盗みに来た海賊。}

乗り物酔いをするカンガルーのことを聞いたことがありますか？

それほど普通のことではないということは，あなたも認めない訳にはいかないでしょう。吐き気に悩む乗り物酔いの子どもたちをなぐさめる何かがあればと願いながら，野生動物はあたりを飛び跳ねています。すなわちこのことは，乗り物酔いに関して言えば，事実自然が最善の防御策を確かに与えてくれるという証拠になります。とても長い旅行の前とか最中にお子様のおなかを鎮めるために何か必要な時には，自然のホメオパシーの薬を試すのはいかがでしょうか。有効成分がみんなに安全で，まったく副作用のない薬のことですが。ネルソンズのホメオパシー乗り物酔い止め用錠剤のように。ブーツ，セインズベリー，ホランド＆バレット，またどこの薬局や健康食品店でも買えます。そこで，次に放浪旅行にお出かけの時には，乗り物酔いに対するこの自然の答えをおもちください。ネルソンズをお試しください。

幼稚な詩

詩を教えるアプローチの中には，語のもつ音象徴的な力を子どもが感じ取ることができるように特別な注意を払うものが見られる。このイラストレーションでは，12歳の子どもがお菓子に自分でつけた名前を使った音パターンを組み立てたり，７歳の子どもが祭りの市（移動遊園地）の到来についての印象を書き留めたりしている。

Home-Made Sweets

1. Bangles,
Flix, Slix,
Tom-Toms, Truffles,
Popic, Huffles.

2. Flatties,
Nix, Nax,
Quaff, Quaff, Quaffles
Butter Buffles.

3. Nutleys,
Todd-Todd,
Lampley's, Luddlos
Lemon Squadlos

ホームメード・スイーツ
（各行の脚韻末尾音は 1. [z] [s] [z] [z]，2. [z] [s] [z] [z]，3. [z] [d] [s] [s]になっている。）

バングルズ，フリックス，スリックス，
トム・トムズ，トラッフルズ，
ポピック，ハッフルズ。

フラティーズ，ニックス，ナックス，
クワフ，クワフ，クワッフルズ
バター バッフルズ。

ナトレイズ，トッド・トッド，
ランプレイズ，ラドロス
レモン スクォドロス

お祭りの準備
（各行の脚韻末尾は [ŋk] [k] [z] [ə] [ə] [p] [ŋ] [ŋ] [ə] [k] [g] [ŋ] なので，型にはまっていないが，各行は同一語，あるいは同様の音節構造をもつ語がくり返され，作詩の萌芽が見られる。）

Putting up the fair

Glunk glunk glunk glunk
Lock lock Lock lock
Buzzz Buzzz Buzzz Buzzz
rolla Clatter rolla clatter
Patter Patter
tip tip tip
Wing wong wing wong
bang bong
Clatter clatter
Squeek squeek
Clug clug clug
bong

ゴトン　ゴトン　ゴトン　ゴトン
カチャッ　カチャッ　カチャッ　カチャッ
ブーン　ブーン　ブーン　ブーン
クルクル　カタカタ　クルクル　カタカタ
パタパタ　パタパタ
トン　トン　トン
ビーン　ビョーン　ビーン　ビョーン
バン　バン
カタカタ　カタカタ
キーン　キーン
ガーン　ガーン　ガーン
ボーン
{【訳注】Squeek とあるのは Squeak（キーキー，キューキュー）のつもりかもしれない（ea → ee になると，伸びる音を意味する。）}

（R. ジェームズと R. G. グレゴリー（R. James & R. G. Gregory），1966 より）

泥だらけの汚い不快なムーチュ (THE MUDDY, MUCKY, MURKY MOUCH)

On a small asteroid
小さな惑星の上で
in the terrible void
恐ろしい宇宙空間に
dwells a filthy old slouch,
年老いた汚らしい不精者が住んでいる,
the vile m-m-m-Mouch.
きわめて不快なム - ム - ム - ムーチュ。
He sleeps in spaghetti,
彼はスパゲッティの中で寝る,
looks just like a yeti,
まるで雪男のようだ,
and his grotty green wig
彼のみすぼらしい緑のかつらは
would embarrass a pig.
豚を狼狽させるだろう。
He enjoys a good splosh
彼はたっぷりとバシャバシャやるのが気に入っている
in tomato juice squash,
トマトスカッシュの中で,
while from swimming in sludge
一方，ヘドロの中で泳ぐと
he's the colour of fudge.
彼はファッジの色。
He gobbles green grottles
彼は緑色のグロトルの実をがつがつ食べる
swigs pond ooze from bottles
瓶から池の泥水をがぶがぶ飲む
and the stench of his breath
そして彼の息の悪臭が
scares all known germs to death.
よく知られたすべてのばい菌たちを
ひどく怖がらせる。
He's a jumbo-sized pest
彼はジャンボサイズのやっかい者だ
falls asleep fully dressed,
服を全部着たまま眠り込む,
and far, far out in Space
そして宇宙の遠い遠いところで
he's the last of his race.
彼は種族の最後の生き残り。
The vile m-m-m-Mouch
きわめて不快なム - ム - ム - ムーチュ
doesn't run, jump, or crouch,
走らず，飛ばず，しゃがまない,
but squats, gnarled as a gnome,
でも地の精のように節だらけになってうずくまる,
on his asteroid home.
彼の惑星の家で。

ウェス・マギー（Wes Magee), 1985

子どもの文学

子どもの文学は左の詩に示されるように，音象徴の語に満ちている。ナンセンスな擬音の名前もたくさんある。スパイク・ミリガン（Spike Milligan）の『バンブリー・ブー(Bumbley Boo)』，トールキン（Tolkien）の『ビルボー・バギンズ（Bilbo Baggins)』，あるいはジョナサン・スウィフト（Jonathan Swift）の巨人ブロブディンナグ人（Brobdingnagians）の発音に見るように，有声の破裂音，鼻音および側音で一杯にして，「暗い」音を利用したものもある。また，中には短い高母音と無声子音で一杯にして，「明るい」音を利用したものある。ディック・ブルーナ（Dick Bruna）の『ミフィーとスナフィ（Miffy and Snuffy)』やスウィフトの小人リリパット人（Lilliputians）のように。

図はブルーナの「ミフィー」シリーズの1つのカバー。

『ミフィーの誕生日（*Miffy's Birthday*)』ディック・ブルーナ

（コラム「ハファーとカファー」を巻末 p.539 に掲載）

詩の伝統

文学，特に詩や詩的散文において，個々の音の音声美学的価値（p.440）が，その歴史を通してそのジャンルを特徴づけてきた。次の抜粋はこのことを表している。

私の心を叩き割ってください，三位一体の神よ。
これまで，軽く打ち，息をかけ，照らして，私を直そうとされたが,
今度は，起き上がり立っていられるように，私を倒して,
力一杯，壊し，吹き飛ばし，焼いて，造りかえてください。
（ジョン・ダン（John Donne）「聖なるソネット（*Holy Sonnets*)」, 1633）
（湯浅信之編『対訳　ジョン・ダン詩集―イギリス詩人選（2)』岩波書店，1995）

そうは言えども，金色の羽を持ちたるこの虫を，叩きのめすはわたしの役目,
悪臭放って人を刺す，化粧ほどこすごみの子を,
うるさい羽音で，才人や麗人悩ますことあれど,
奇知や美などを賞味する，そんな才能あるでなし,
（アレキサンダー・ポウプ（Alexander Pope）『アーバスノット博士への手紙（*Epistle to Dr Arbuthnot*)』, 1735）
（岩崎泰男訳『アーバスノット博士への手紙』英宝社，1990）

卿の広い，色艶のよい額は日の光を受けて輝くばかり,
磨きの利いたひづめの軍馬に跨る卿は
兜の下から流れるごとき黒髪を垂らし
歩みを進めていた,
キャメロット目指して馬を駆けるとき。
川の岸辺から，そして川の水面から
卿の姿が澄んだ鏡の中に映えて輝いた。
「ティラ・リラ」と川のほとりで
ラーンスロット卿は歌うのだった。
（テニスン卿（Lord Tennyson)「シャロット姫（*'The Lady of Shalott'*)」, 1832）
（西前美巳編『対訳　テニスン詩集―イギリス詩人選（5)』岩波書店，2003）
（続きと詩の原文を巻末 pp.539–40 へ掲載）

キャラクターの名前

大人用のユーモアのある文学では，登場人物の名前や場所の名前はしばしば音のパターンをもとにして選ばれている。コミックの作家たちは大いにそのような効果に頼っており（pp.89, 147)，有名なものの例としては次のようなものがある。チャールズ・ディケンズ（Charles Dickens）の『デーヴィッド・コパーフィールド（*David Copperfield*)』の中の校長ミスター・クリークル（Mr Creakle）｛【訳注】creak きしる｝，ルイス・キャロル（Lewis Carroll）の『シルヴィーとブルーノ（*Sylvie and Bruno*)』の中の「恐ろしく太った少年」アグガギ（Uggug）｛【訳注】ug ひどく嫌う｝，ヘンリー・フィールディング（Henry Fielding）の『トム・ジョーンズの冒険（*The History of Tom Jones*)』の中の家庭教師ミスター・スワッカム（Mr Thwackum）｛【訳注】thwack ぴしゃりと打つ｝，ローレンス・スターン（Laurence Sterne）の『トリストラム・シャンディ（*Tristram Shandy*)』の中のやぶ医者ドクター・スロップ（Dr Slop）｛【訳注】slop こぼれる｝，デーヴィッド・ロッジ（David Lodge）の『交換教授（*Changing Places*)』の中のアメリカ人モリス・ザップ（Morris Zapp）｛【訳注】zap 一撃を加える｝（ほかの例に関しては pp.163, 440 参照)。

ジェームズ・サーバー（James Thurber）のユーモアの多くは，『私の中の獣とその他の動物たち（*The Beast in Me and Other Animals*)』(1949）の漫画で見られるように，語のもつ音象徴的な力が調和を欠くような用い方をしていることによるものである。

ジェームズ・サーバー『私の中の獣と他の動物たち（*The Beast in Me and Other Animals*)』
動物の名前：Hackett's Gorm（ハケット氏のゴーム)，the Waffle-Crested Bly（ワッフルとさかのブライ)，Pritchard's Olf（プリチャード氏のオルフ)，the Woan, or Larder Fox（食品貯蔵庫キツネのウォーン)，the Common Thome（平凡トーミ）
｛【訳注】gorm, bly, olf, woan, thome はサーバーが音象徴をもとに考え出した架空の動物名。ここでは，仮にカタカナで表記してあるが固有名詞ではない。｝

実際に行われている発音

英語の音声体系の研究は，原則として文字の体系の研究と同様に難しくないが，2 つの要因がその作業を複雑にしている。ほとんどの人が，音声上の効果を記述するのに必要な，音声学の用語に詳しくない。さらに，この専門用語を理解した後でも，これらの記述を認識できる具体的音質に結びつけるのは，必ずしも簡単ではない。また（読み・書きの作業（p.248）とは異なり）私たちはどのようにして話せるようになったのかを意識の上ではとんど覚えていない。したがって，発話と聴き取りの過程はまったく自然に，問題なく行われるように思えるという事実もこの問題の解決については何の助けにもならない。私たちは発音することをまったく当然のことと考えがちであり，どうしても発音に注意を向けざるをえなかったり，どこかうまく行かなかったりするときだけ，発音に注目する。

音声感覚を鋭くする 1 つの方法は，発音の特徴が私たちの注意を引くような特殊な場合に特に注意を払うことである。このことが起こりそうな分野がいくつかある。構音が未発達の子ども，発音障害の大人，特殊な発音様式の外国人学習者，あるいは癖のある発音の母語話者に注目することだ。話しことばでのユーモアの多くは，ことばによる場合とことばによらない場合の音声効果を耳にしたり，それを操作したりする私たちの能力にかかっている（p.260）。また，私たちは発音上の特別な変化を見分けることができることに気がつくかもしれないし，特別な変化について不満を言うのが自分の責任であると思っているような人からの手紙が，ラジオで読みあげられるのを私たちはいつも耳にすることであろう。特に小説の著者がある登場人物の地域的あるいは独特の話し方を伝えようとする時には，独特の発音が書きことばに反映されているのを私たちが目にすることもあるかもしれない。本ページと次ページにあげる例は，このようにして発音に焦点を当てた一連の箇所を例示したものである。

変わりゆく習慣

「流行がどのように発音を変えるかは，興味深い。私の若い頃は，London（ロンドン）のことを皆が Lonnon と言っていた…。いくつかの語の今はやりの発音は，少なくとも私にとっては我慢できない。

contemplate（…を意図する）も十分に悪いが，**balcony**（バルコニー）に至っては，吐きそうになる。」（サミュエル・ロジャーズ (Samuel Rogers)，1763-855）

どちらの語も，以前の発音では第 2 音節に強勢が置かれていた。

実際に見られる発音のほかの例については，pp.90，95，432，440 参照。

言い間違い

言い間違いを分析することにより，音節構造 (p.258) や音の分類に対しての私たちの感覚を研ぎ澄ますことができる。「言い間違える」音は，通常，音節構造の同じ部分で生じる。例えば mell wade (well made のつもりで) が示すように，頭子音は，別の音節の頭子音と入れ代わる。また，wish a brush（wish ではなく with のつもり）の場合は，尾子音が関係している。fool the pill（fill the pool のつもり）の場合は，核部が入れ替わっている。言い間違いのほかの例は次にあげるロッド・ハル（Rod Hull）（1989）による子どもの詩に見ることができる。それらはオックスフォード大学ニュー・カレッジ (New College，Oxford) の学寮長であったウィリアム・アーチボールド・スプーナー（William Archibald Spooner）(1844-930) にちなんで，しばしば**スプーナーリズム（頭音転換）**と言われるが，スプーナーはたびたびその種の間違いをした（例えば you have missed all my history lessons（君は私の歴史の授業を全部欠席したね）のつもりで you have *hissed*（やじり倒した）all my *mystery*（ミステリーの）lessons のように言った)。

{【訳注】次の詩の中で太字体で示したように，スプーナリズムの見られる箇所は，正しい英語表現に直した日本語訳になっている。}

ロナルド / ドナルド（Ronald/Donald）

Ronald Derds (or was it **D**onald **R**erds?)
Was a boy who always **w**ixed up his
merds.
If anyone asked him; 'What's the time?'
He'd look at his watch and say,
'**N**orter past **q**uine.'

He'd spoken like that ever since he was two.
His parents at first didn't know what to do.
In order to understand what he'd said,
His father would get him to stand on his
head.

But this didn't work,
something had to be done,
So Pa and Ma Derds learnt to speak
like their son.

'**M**ood **g**orning,' he'd cry, as he **ch**at in
his **s**air.
'**G**orning,' they'd answer, without **h**urn-
ing a **t**air.
And Ron's Mum would say, 'Get a nice
brofe of **l**ed,'
For Ron to return with a loaf of fresh bread.

Then one special day, young Ronald's
voice broke.
He found it affected the way that he spoke.
'Good morning,' he said as he sat in his
chair.
'**G**orning,' said the others and started to
stare.

From that moment on, things just got
worse.
The harder they tried, they just couldn't
converse.

Ron said to his parents, after a week,
'It's driving me mad, the way that you
speak.
I can't understand a word that you say.
You leave me no option, I'm leaving
to-day.'

So Ron joined the Navy and sailed to the
Barents,
To get as far away as he could from his
parents.
And although this story all seems rather sad,
Ron occasionally visits his **D**um and his **M**ad.

ロナルド・ダーズ（あるいはドナルド・ラーズ？）
はいつも自分のことばをごちゃごちゃにする少年
だった。
もし誰かが「今何時？」と聞くと
彼は自分の時計を見て「9 時 15 分」と答えた
ものだった。

彼は 2 歳のときからずっとそのように話していた。
彼の両親は最初何をなすべきかわからなかった。
彼が何を言ったのかを理解するために，
彼の父は彼に逆立ちをさせたものだった。

しかしこれは効果がなかった，何かしなければな
らなかった，
そこで，Derds 夫妻は彼らの息子と同じように
話すのを覚えた。

彼は椅子に座った時に「おはよう」と叫んだもの
だった。
「おはよう」と彼らは平然として答えたものだっ
た。
そして，ロンの母は「おいしいパン（loaf of
bread）を召し上がれ」と言ったものだった，
ロンが焼き立てのパンを取って来るように。

すると，ある特別な日のことであったが，若きロ
ナルドの声が詰まってしまった。
彼はいつもの話し方に変化が起こったのに気がつ
いた。
「おはよう」と彼は椅子に座りながら言った。
「おはよう」と両親は言って，顔を見合わせた。

その瞬間から，事態はさらに悪くなった。
さらに一生懸命やってみたが，どうしても二人は
会話ができなかった。

一週間後，ロンは彼の両親に言った，
「父さん，母さんの話し方で，僕気が狂ってしま
いそう。
二人が言っていること，一言もわからないよ。
もうこれしかないよ，僕は今日家を出る。」

そこで，ロンは海軍に入りバレンツ海へと船出した，
両親からできるだけ遠くに離れることができるよ
うにと。
ところで，この物語はすべてが悲しく思えるよう
だが，
ロンはときどきはお父さんとお母さんを訪れてい
る。

コラム「言葉に命令する」を巻末 p.540，「印刷物に見る発音」を巻末 p.541 に掲載

さまざまな発音様式の境界を越えて

人びとは互いに異なる発音様式で話すという事実は，時には曖昧さを生じるということを意味する。ある発音様式で表した1つの語が別の発音様式ではまったく別の語として感じられるであろう。普通は，コンテクストで区別できるが，次の例が示すように，必ずしもそうとは言えない場合がある。

豆粒大の小さな問題

1992年10月10日，BBCのプレゼンターであるデイヴ・リー・トレイヴィス（Dave Lee Travis（DLT））は，ラジオ1（Radio 1）のコンテスト番組で，英国の異なる地域にある2つのパブのチームの間で争われる試合「ダーツ」の司会をしていた。彼はティローン（Tyrone）（北アイルランド）のパブのチームに次の質問をした。

「扉の上部に渡した横木のことを何と言いますか？」

チームは相談し，代表者（イングランド南部なまりの人物）は lentil［lentl］（レンズマメ）というように聞こえる発音をし，少し間をおいてから lintel［lɪntl］（まぐさ，入口の上の横木）と訂正した。最初の答えの間違いがスタジオを笑いに誘ったが，DLT は訂正を受けつけることができなかった。というのも，コンテストは最初の答えのみを受けつけるというルールだったからである。

クレームが BBC に殺到し始め，番組の終わりまでに DLT は謝罪を表明し，ティローンのパブ（負けが続いていたのだが）に後日別の機会を与えることに同意しなければならなかった。いったい何が起きたのか？

/ɪ/ は北アイルランドの広い地域において，もっと広い口の構えで中舌母音のように発音されるので，ほかの地方の人には /e/ と聞こえがちである。おそらくチームが相談している間に，地域なまりで話す1人のメンバーが正しい答えを提案したのだが，lintel を［lentl］と発音してしまったものと思える。（別の方言を話す）その代表者は最初 lentil と聞き間違えたので，興奮状態のさなか無意識に大声でそう言ってしまったのである。しかし，口から出たとたん，彼は自分のミスに気づいて訂正したが，すでに時遅しであった。彼のチームは北アイルランド母音の音価をイングランド南部なまりで発音したために事実上罰則を適用されたのだ。もっとも，プレゼンターが事の真相を理解できなかったことにはほとんど驚くことはない。幸いなことに，クレームが北アイルランドから始まったとき，Radio 1 スタジオの番組制作者チームが，クレームの有効性を認めた。でなければ，たぶん事は最後には欧州裁判所にまで持ち込まれたであろう。

今日はここにあるが，明日にはもういない (HERE TERDAY, GONE TERMORRER)

ロバート・ブリッジズ（Robert Bridges）は，小冊子『英語発音の現状（*On the Present State of English Pronunciation*）』（1913）において，英語話しことばの当時はやっていた標準的発音が彼には気に入らなかったことを示す例として ある物語を語っている。彼は特に音声学者のダニエル・ジョーンズ（p.251）に対して怒りを向けている。ジョーンズは for，of と to のような語が通常，無強勢の母音［ə］で発音される（それをブリッジズは er と書き表している）ことにそれまで注目してきた。

私の友人であった故ジー博士（Dr. Gee）は，ある日病棟回診で，新たに入院した患者のベッドサイドにやってきた。丁寧に診察し，その患者にはほとんど問題はないと判断し，彼はベッド脇にぶら下げる診察記録用ボードを取り寄せ，そこに「療養食に添えて placebo（気休めの薬）を1日3回摂取」と慎重な態度で記入した。その患者は医者の厳粛さと沈黙にひどく驚き，最悪の事態を恐れた…そして一人になるや否や，そのボードをひっつかんで，そこに書かれていた神秘的な記号を目にし，そして一番下の段に恐ろしい言葉 ter die を見つけた。さらに，それを読みながら…そこに彼が想像していたように，臨終の宣言を目にした。そこで彼はベッドからさっと抜け出し，命がけで逃げ出した。この物語が病院の terrers（terrors 恐怖）への新しいエピソードをつけ足すことになるのは疑いない。

このストーリーのポイントは患者が問題の2語がラテン語で書かれているということを認識できなかったことからくるなり行きにある。彼は ter die が英語の句 to die（死ぬ）の標準的でないつづりだと思い込み，くだけた容認発音の方式に従って，この2語を解釈した。このジョークを理解するためには，「1日3回」の医学ラテン語が ter die であることをもちろん知っていなければならない。

判決をファックス / ファックする

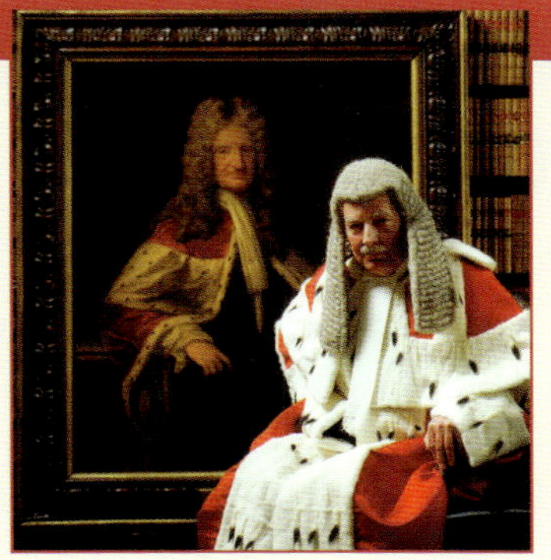

法廷といえども神聖に非ず。イングランドの南東部において，コックニーの影響で容認発音の[æ]と[ʌ]が[a]の方向へと引き寄せられたような発音様式が増えていることを考えてみれば，おそらく次のような話にも納得できるであろう。1992年9月12日付の『スペクテーター（*The Spectator*）』の報道より。

死刑には必ずしも結びつかない法律ジョークについてかつて調査したとき，私は今も現役の友人に意見を求めたことがある。彼女が言うには，彼女の弁護士事務室のメンバーの一人がある月曜日の朝，裁判所にいた。すると裁判官が次のように言った。「この訴訟は延期しなければならないかもしれない。私は判決書を書き上げたのだが，それをデヴォンのコテージに忘れてきたので明日になるまでここに送ってもらえない。」 そこで頼りになる弁護士が，「ファックスさせてはいかがですか（ヘマをなさいましたね），裁判官殿」のようなことをそれとなく言ったところ，それに対して裁判官は「ああ，まったくそうだ」と答えた。

弁護士は fax を［fæks］という代わりに［faks］と発音したに違いない。そこで，裁判官はこの母音がもっと開口の広い母音の性質をもったものと受け取った結果，［faks］を［fʌks］（fucks）と解したのである。この全体のやり取りは最も思慮分別のある口調で進んだようだ。

この風刺漫画は2つの発音様式のミスマッチに依存している。切符売りの駅員の RP 発音 now（今）には二重母音 /aʊ/ が用いられていて，これは音声学的にはコックニーの話者が know（知る）のような語で使う二重母音に非常に近い。また，駅員の due（到着予定で）の発音 /djuː/ または /dʒuː/ については，ハリエット（'Arriet）はこれを do + you の同化現象（p.259）と解釈しているが，この現象は，彼女の会話スタイルに見る普通の特徴の1つと言えるであろう。

'ARRIET: "Wot toime his the next troine fer 'Ammersmith?"
[=What time is the next train for Hammersmith?]
Clerk: "Due Now."（Do you know?（ご存じですか？））
'ARRIET: "Course Oi dawn't now, stoopid, or I wouldn't be harskin' yer!"
[=Of course, I don't know, stupid, or I wouldn't be asking you!]

ハリエット：ハマースミスに行く次の列車は何時なの？
駅員：　すぐに到着予定です。
ハリエット：もちろん知らないわ，お馬鹿さんね。
でなきゃ，あなたに聞いたりしないわ。

18 書記体系

さらなる情報源：
cambridge.org/crystal

通常の教育過程を通じて，英語の書記体系の主な特徴が身近なものとなり，容易に理解できるようになる。こうしたことは，音声体系の要素（17 章）では，およそ起こりそうもないことであろう。多くの子どもは，3 歳になる前に，文字の形や音について何らかの非公式な指導をすでに受けている。多くの場合，お祝いや誕生日のプレゼントとして与えられるカラフルなアルファベット本（p.433）を通じてである。また識字能力のレベルが高い社会では，ほとんどすべての子どもが 5 歳になるまでには，親からか，メディアを通してか，あるいは学校で，なんらかの体系的な教育をすでに受けていることであろう。

こうした早い時期では，子どもたちの注意の大半は文字に向けられる。これは当然のことである。というのも，文字は英語で書く時に意味を伝えるのに利用できる主要な要素であるからだ。しかし，書記体系には，大文字・小文字（の違い）を含め，個々の文字の形やそれらと関連した音を認識できるように学習すること以外にも，いろいろなことが含まれている。例えば，句読点と図形的デザインの特徴は，書かれたテクストの意味と画定の上で重要な要素である。また手書き文字と印刷書体は，解釈における微妙ながら広く行きわたった特徴を示してくれる。そして，文字の組み合わせを支配する規則（「綴字法」）により，わかりやすくて満足のいくようなコミュニケーションの水準が高められることになる（p.284）。もっとも，このことにより，小さな子どもたちには，せっせと暗記しなければならないという形で，これまで経験したことのないような多量の練習を長期にわたり強いるという犠牲をともなうことになるが。

文字の国

下に示すのは，文字の国——英国の教師リン・ウェンドン（Lyn Wendon）が，子どもが音と文字の関係を学ぶのを助けるために考案したアルファベットの文字が住む世界——の登場人物の二人。文字の国では，文字の形が絵文字の体をした姿で表され，人や動物として命が吹き込まれる。登場人物たちについての物語が，その文字がどんな音を表すか，なぜ文脈が違うとその音も変わるのかを説明する。この教授法を使用したことのある教師たちは次のように報告している。すなわち，子どもは，音・文字の対応について話をするのに，物語風のことばを喜んで使い，そのようにして，メタ言語的なスキルを発達させていく。これは書きことばの習得における重要な最初のステップとなる（p.478）。

文字の国での出会い

「ハリー・ハット・マン（h のこと）はやかましいのが大嫌い。だからいつもささやき声でしか話さない。」

「サミー・スネーク（s のこと）は『シュー』みたいな音を立てるのが好き。『シュー』みたいな音なら多くは聞き漏らさない。」

「だけど…ある語の中で，サミー・スネークがハリー・ハット・マンの隣にくると，ハット・マンの声で "sh"（シー）って音が聞こえる。なぜ？ほら，ハリー・ハット・マンが大嫌いなものは？ やかましい音！ だから，サミー・スネークがシューと言う前に，ハット・マンは彼のことを黙らせるんだ，こんなふうにね，『シー』。」

文字フリーズ（帯状装飾）

1993 に世界自然保護基金（WWF）によって出版された『私の珍獣アルファベットフリーズ（*My Rare Animal ABC Frieze*）』の最初の 8 文字を示す。アルファベット本の一種としてのこのフリーズ｛【訳注】元来は，壁に施される，数枚の彫刻画の連続からなる帯状装飾。アルファベットの動物の絵を帯状装飾のように並べること｝は，アルファベットの連鎖がどのようなものであるかを一目でとらえるのになかなか優れていて，アルファベットは固定的で数の定まった文字のセットであるというイメージを伝えることもできる。デザインはいずれも目を引き独創的で，ここで紹介する例ではさらに，ことばによる説明が自然環境に関する重要なメッセージを伝えている。
（M. デイヴィーズ（M. Davies），1993）

Aa
The Arabian Oryx is a type of ANTELOPE. Once hunted until there were only a few left in the wild, they are now protected.
Bb
Spectacled BEARS live in the high mountains of South America. The pale rings round their eyes make them look as if they are wearing glasses.
Cc
Dd
Ee
Ff
Gg
Hh

（図版内文章の和訳は巻末 p.541 に掲載）

基本的なとらえ方

書きことばの言語学的な特性の研究は，これまで音声の研究よりもいくらか遅れている。しかしながら，タイポグラファー，グラフィックデザイナー，言語学者，心理学者などの努力により，多くの有用な区別と用語が導入されてきた。そのうちのいくつかは，「ライティング（writing）」という一見したところ単純な用語のうちに潜む多義性を避けることを意図したものである。

「ライティング」のもつ多義性には，次のようなものが含まれている。

- 「ライティング」はその過程も結果も指しうる。ライティングの過程に積極的に関わっている時，私たちは「ライティングしている」と言いうる。書き終わったら，その産物（作文，テクスト）も（一篇の）「ライティング」と呼ばれる。
- 「ライティング」は日常の活動もプロとしての活動も指すことができる。識字能力のあるすべての人は，当然ながら，書くことができるということになる。しかし，「ライター」（すなわち作家）と言われる人はごく一部である。
- 話しことばと対比された場合の「書きことば」は，話しことばを視覚的に表示したものであればどんなものでも——手書きされたもの，印刷されたもの，タイプされたもの，あるいは電子的に生成されたものなど——指すことになり，この本の中で用いる「書きことば」もこの用法に相当する。この意味で，私的な手紙，バスの時刻表，電子メール，本はすべて「書かれたテクスト（written text）」の例である。他方，「私はあなたのライティングが読めない」という時は，手書きの（印刷されたり，タイプ入力されたりしたものではない）テクストのことのみを指している。

書記体系

明らかに，ライティングはある種の表面に記された視覚的なマークの体系を使って行うコミュニケーションの1つの方法である。それは一種の図式的な表現である（図式的な表現には他に絵，楽譜，数式などがある）。アルファベットの体系では，英語に見られるように，図式的なマークは，規則性はさまざまだが，個々の言語音（または音素，p.248）を表示する。

ある言語の標準化された書記体系は，その言語の正書法として知られる。英語の正書法は，1組の文字（アルファベット）とその変異形（例：大文字，小文字），つづり字の体系および1組の句読点から構成される。正書法体系の言語学的な特性は，2つの観点から研究することができる。その2つの観点は，話しことばにおいて音声学と音韻論の間で用いられる区別（p.248）に類似している。

- **文字論（Graphetics）** 文字論は，音声学との類推で作られた用語で，人が書かれた記号を作り，送信し，受信する方法についての研究である。しかし，言語音の特性を記述するための包括的な方法論がこれまで発達してきた音声学とは異なり，今のところ高度な文字論的な分類法はできていない。タイポグラファーと印刷業者が文字の形の最も顕著な特徴を扱うためにこれまで用語を開発してきたとはいえ，その数は限られている。
- **書記学（Graphology）** 書記学は，音韻論との類推で作られた用語で，書記体系が表現する言語学的な対比の研究である。特に，音素との類推で，書記素（grapheme）の概念が認められている。書記素とは，意味における対比を引き起こすことのできる，書記体系における最小の単位である。例えば，sat と rat は意味が異なるので，〈s〉と〈r〉は異なる書記素として現れていることになる。それに対し，sat と sɑt の違いは書記素的なものではない。というのも，この場合の文字的な違いには，意味の変化との相関関係が見られないからである。書記素は通常山形括弧〈 〉で書き表される。句読点（〈.〉，〈?〉など）もまた書記素であり，〈2〉，〈&〉，〈$〉のような単位と同様である。

異文字

書記素は抽象的な単位であり，さまざまな形で現れる。例えば，書記素〈e〉は，手書きのスタイルや印刷書体のような要因によって，E,*E*,e,*e* そのほかの形で現れうる。これらの可能な形式のそれぞれが異文字（graph）と呼ばれる。異文字の形には数千の可能な物理的なバリエーションがある。

書記素〈a〉の40の異なる形式

二字一音

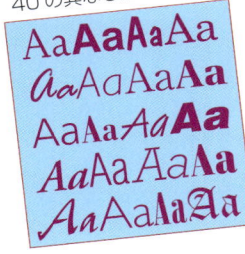

2つの文字で1つの音を表す時，これを二字一音（digraph）と言う。子音の二字一音の例には，ship の sh や trough（飼馬おけ）の gh が含まれ（このように，2番目の文字としては，h となることがはるかに多い），また母音の二字一音の例には，breadのea や boat の oa が含まれる。二字一音の中には，æ，œ，ﬀ のように物理的に1つに合体され（抱き字化され）ているものもある〔訳註〕これを「二重音字」と呼ぶことがある〕。ただし，これらは現在の慣行としては，ふつう使われなくなっているが。そして，興味深いものとして，不連続な「分離」二字一音もある。これは，rate，cone におけるように，長母音や二重母音（p.284）を表すのに使われる（rate，cone は「マジック e」の例にもなっているが，そう呼ばれるのは，それらの効果が，rat–rate に見られるように，隣接しない文字に対して働き，短母音（a /æ/）を長母音（a /eɪ/）に変える効果をもつからである）。アルファベットにある文字の数よりもずっと多くの音素が話しことばにはある（p.249）ため，二字一音は英語の書記体系において重要なものとなっている。文字と音素が1対1の対応関係になるように，文字数を増やそうとする多くの提案がこれまでなされてきた（p.248）が，歴史的には，特に実際に見られる一連の母音の区別をとらえるために，26文字をいろいろな方法で組み合わせることにより，そのような文字の不足分が補われてきた。1音を3文字で表す三字一音（trigraph）も存在する。例としては，tch（watch /wɑʧ/）やイギリス英語でのつづり manoeuvre（策略）（oeu の発音は /uː/）などがあげられる。

印刷法上の用語

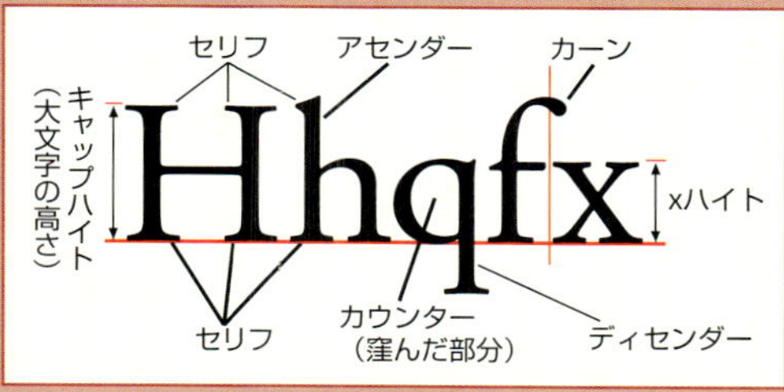

常用されている多くの種類の字体と植字（タイプセッティング）を記述するための限られた数の用語が存在する。重要な用語として次のものがある。

アセンダー d や h のように，文字の部分のうち，文字 x の高さより上に突き出た部分を言い，ディセンダーと対比される。ディセンダーは，y や p のように，文字の部分のうち，文字 x の下部よりも下に突き出た部分。

ボールド とても太いストローク（文字の画や線）の書体。例：**boldface**（ボールド体，太字体）

フォント（fount） 同じ印刷書体のデザインで，かつサイズの等しい文字からなる1組みを言い，大文字，小文字，句読点，数字を含む。また font ともつづる。

イタリック 右に傾いた文字。例：*italic*（イタリック）

行末揃え（justification） 左右のマージン（余白）が等しくなるようにしたテクストの行の配置。左揃えの設定が標準。右揃えの設定では，（文字および語の間の間隔を調整することにより）各行の最後の文字が右端揃えになるように配置される。行末揃えなし（unjustified）の設定では，右端のマージンがぎざぎざとなる。

カーン f の上部のように，活字のボディーから横に（右に）突き出た文字の部分。

行間（leading /ˈledɪŋ/） この用語は，金属の活字の行間に細長い鉛（lead /led/）の板（インテル）を挟むことで調整していた以前の活字組版印刷の慣習に由来する。

リガチャー（ligature） 2つ以上の文字を1つに合成した文字。例：æ，ﬀ

小文字（lower-case） 大文字（upper-case）に対して小さな文字のことを指す。（'case' はもともと印刷所の上下二段の活字入れのことを言い，大文字の活字は上，小文字は下に収められていた。）大文字はラージキャピタルとスモールキャピタルに分かれる（B vs ʙ）。スモールキャピタルは小文字の x の場合のストロークの太さと高さと同様である。ラージキャピタルはアセンダーをもつ文字（例：b, d, f, h, l）の高さとなる。

セリフ 文字の中心部のストロークの端にある小さな末端の飾り。セリフの印刷書体は英語の T や L のような文字に使われている。セリフのない印刷書体はサンセリフ（sans serif /ˈsanˈserɪf/（フランス語で「セリフのない書体」の意））と呼ばれる。

ソート（sort） 一揃いの活字のうちの1つ。特殊ソートは植字工が普通用いるフォントにない活字で，音声記号のように，特別に作られなければならないものである。

上付き文字（superscript） 通常の文字の右上肩に添えられる小さな文字または数字（例：x^2）。上付き文字はまたスーペリア（superior）とも呼ばれる。上付き文字は下付き文字（subscript）と対比される。これは通常の文字の右下に添えられる小さな文字または数字で（例：3_n），インフェリア（inferior）とも言う。

X ハイト 小文字 x の活字表面の高さのこと。

これらの特徴はすべて印刷された言葉のもつ視覚的特性の分析の一部を形成することになるだろう。（J. ブッチャー（J.Butcher），1992 に従う）

アルファベット

ほとんどの場合，現代のアルファベットの字形は，三千年以上にもわたるアルファベットの伝統の一部にほかならない。わかっている最初期のアルファベットは 22 文字の北セム文字で，中東において紀元前 1700 年頃発達したものである。アルファベットのいくつかはこのモデルにもとづいており，フェニキア文字もそのうちの 1 つである。ギリシア人は紀元前 1000 年頃フェニキア文字をモデルとして，それに母音のための文字を加えたものを用いた。ギリシア文字は紀元前 800 年頃，それ自体が，エトルリア人（イタリア中央のトスカーナ地方にあった文明）によって用いられたアルファベットのモデルとなった。23 文字からなるローマ字アルファベットの大文字は，このエトルリア文字から派生したものである。西暦紀元後にはローマ帝国全土で新しいスタイルの書き方が出現し，写字生はより小さな筆記文字を発達させた。これはす早く滑らかに書くことができ，またペンを可能な限り紙と接触したままで書くことができた。いくつかの現代の小文字のもつ特徴的な字形は，効率的な手書きの必要性によって課された制約から生じたものである。

古英語は最初ルーン文字（p.9）で書かれたが，キリスト教の宣教師達の到着によりローマ字アルファベットが急速に導入されることになった。23 のラテン文字は古英語の音体系に体系的に適用され，ラテン語にはない音を表すため，4 つの新しい記号が加えられた。すなわち æ(名称，アシュ)，þ(ソーン)，ð(エズ)，ƿ(ウイン)である。g は少し形を変え ȝ（yogh ヨッホ）となった。ノルマン人の征服ののち，特徴的なアングロサクソンの記号は次第に消えていった。これは最初はフランス人写字生が自分たちにより馴染みのある文字を好んだことにより，そして，のちにはヨーロッパ大陸の印刷工がそれら古い時代の記号を印刷するためのソート(活字)(p.269）をもっていなかったことによる。文字 æ は a に，þ と ð は th に，ȝ は主に gh に，また ƿ は新しい文字 w に置き換えられた。このアルファベット 24 文字に，中世後期以降になって，v と j が加えられ，それぞれ u と i と区別されるようになった。それまでは v と u および j と i はそれぞれ交換可能であった（p.41）。これらの結果，現在の形の 26 文字のアルファベットとなった。このアルファベットの特徴の 1 つは，発音区別符号（diacritic）【訳注】同一文字の発音を区別するために、文字につけられる記号。à, â, ã, ä など】がないことである。例外は小文字の i，j の点とアクセント記号(例：resumé(レジュメ，要約)，naïve(世間知らずの))である。アクセント記号は，これがないと，借用語では発音がはっきりしなくなることがあるので時々用いられる。

初期の手書き文字

大文字（Majuscule）

架空の一対の水平二重線を想定した場合，一般的にその間に収まる比較的大きな文字のこと。現在は英語では普通 capital letter と呼ばれる。ギリシア語とラテン語のアルファベットは，どちらも，もともと大文字で書かれていた。

小文字（Minuscule）

比較的小さな文字のことで，時としてその一部が架空の水平二重線の上や下に伸びるのが見られることがある。現在，英語では普通 small letter や lower-case letter と呼ばれる。小文字は徐々に発達したもので，ギリシア語では紀元 7~8 世紀から見られる。

アンシャル体（Uncial）

4~8 世紀の間，ギリシア語とラテン語の写本で使われ，専門的な書き物の中で用いられた書体。このスタイルは大きくて（アンシャルという名前は「1 インチの高さ」の意味），派手ではなく，丸みを帯びた文字からなる。のちに発達した書体で，現在，ハーフアンシャルまたはセミアンシャルとして知られている書体が現代の小文字への道を開くこととなった。ハーフアンシャルはブリテン諸島の初期の写本でよく見られ，ブリテン諸島では手書き文字の書体として独自の「島嶼（とうしょ）」体を発達させた。

カーシヴ体（筆記体 / 草書体）（Cursive）

文字が一連の丸みを帯びた，流れるようなストロークでつながっている手書き文字で，これにより書きやすさと筆記速度が向上する。カーシヴは現在では，よく俗には米国で "script"（筆記体），英国で "joined-up writing"（続け書き）と呼ばれる。このような書体は 4 世紀から広く使われ，最終的に手書き文字の標準としてアンシャル，ハーフアンシャルに取って代わった。【訳注】cursive は、元来「(書体が) 流れるような」を意味する中世ラテン語の cursīvus に由来し、中高校英語の「筆記体」、漢字などの「草書体」もこれにあたる。筆記体を草書体に含めることもある。本書では、アンシャル体などほかの書体名と同様にカタカナ表記する。】

二重アルファベット（Dual alphabet）

1 つの文字体系の中で大文字と小文字を両方使用することで，これはシャルルマーニュ皇帝（Charlemagne, 742-814）の治世と関連づけられる文芸復古（カロリング・ルネサンス）において，のちにカロリング朝小文字体（Carolingian minuscule）と呼ばれる書体の一部として発達した。ヨーロッパ中で促進されたカロリング朝の書体は，のちの手書きのスタイルに重要な影響を及ぼした。例えば，現代のローマン体の活字は，カロリング朝式にもとづいて，15 世紀初期に人文主義の印刷工によってイタリアで導入された古典的なスタイルから派生したものである。

ケルズの書

ルカによる福音書（3.22-6）より，キリストの系譜について述べた部分を，このページで説明した島嶼体のハーフアンシャル書体で表した写本。このテクストにはラテン語でこう書かれている 'facta est tu es filius meus dilectus in te bene conplacuit mihi. et ipse ihs erat incipiens quasi annorum triginta ut putabantur filius ioseph. qui fuit heli...matha... levi... melchi...ianne... ioseph...mathathie... amos...nauum... esli... nagge...maath'

ケルズの書は福音書のラテン語版を収めた大型の装飾写本である。作成年は明らかでないが，おそらく 7 世紀後半から 9 世紀の間に，明らかにかなりの期間にわたってアイルランドで編纂されたものである（この装飾的な作品の一部は未完成となっている)。写本は現在ダブリンのダブリン大学トリニティ・カレッジの図書館に収められている。

この節で用いられている音声学的用語は 17 章で説明されている。

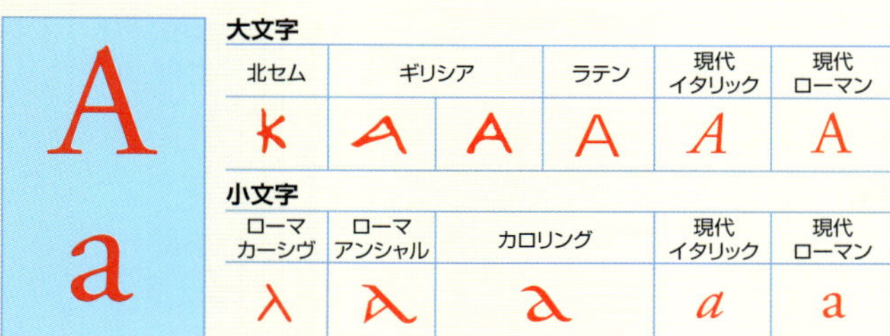

A はアルファベットの全歴史を通じてアルファベットの最初の文字である。もともとセムアルファベットではアレフ（aleph,「雌牛」の意味）と呼ばれる子音の 1 つであったが，ギリシア語ではアルファ（alpha）と呼ばれる母音になった。小文字の「開いた a」は大文字から発達したもので，上部に左向きのループがつき，横棒の位置は下になった。小文字の「閉じた a」（ɑ）は中世のイタリックから発達したもの。

A/a は短い母音と長い広母音の両方の音価（例：cat の /æ/ と father の /ɑː/）や，特定の文脈で，ある一定の範囲のほかの発音（例：water や call のように w の後ろや l の前のより狭い音 /ɔː/）を表す。つづりでは，ほかの母音とともに多くの結合形を作る。それらの母音が分離していることもあれば（例：rate），連続していることもある（例：say，rain，cause，saw，ear，goat）。時に重母音字となることもあるが，これは借用語においてのみ見られる（例：aardvark（ツチブタ），Aaron（アロン））。

B
b
大文字
北セム | ギリシア | ラテン | 現代イタリック | 現代ローマン
小文字
ローマカーシヴ | ローマアンシャル | カロリング | 現代イタリック | 現代ローマン

B はセムの時代よりアルファベットの 2 番目の文字であり，セムの時代では名称はベス（beth,「家」の意味）であった。のちのギリシア文字において，現代の字形に近い形の大文字として姿を現す。小文字はのちのアンシャル体から発達した。

B/b は通常，有声両唇破裂音を表す（p.255）が，黙字となることもある（tomb，lamb，debt）。重子音字は，先行する母音が短いことを示す方法の 1 つとして，初期中英語期（p.42）以来使用されてきた（robbing（強奪する）vs robing（ローブを着せる））。

C
c
大文字
北セム | ギリシア | ラテン | 現代イタリック | 現代ローマン
小文字
ローマカーシヴ | ローマアンシャル | カロリング | 現代イタリック | 現代ローマン

C はセムの時代よりアルファベットの 3 番目の文字であるが，右向きの曲線はローマ時代のアルファベットの中における発達である。小文字の字形は単に大文字を小さくしたもので，どちらも過去 2 千年の間に大きく形を変えていない。

しかし，C/c の発音は大きく変わった。もともと，ギリシア文字のガンマ（gamma）のように，有声音を表していたが，ローマ時代に無声軟口蓋破裂音 /k/ になり，古英語に入ってきた時にはこの「硬い」音価（例：king，もとは cyning とつづられた）と，口蓋化した音価 /ʧ/（例：child，もとのつづりは cild）の両方を表した。また，フランス語の影響で e と i の前で「軟らかい」音価 /s/ も表すようになった（例：cell，city）。ほかの音価には /ʃ/（例：special）があり，黙字（例：muscle）のこともある。硬い c も軟らかい c も重子音字となることがある（例：occur，accident）〔訳注〕原著者の指摘によると，cc が /ks/ または /s/ と発音される例としては flaccid（(筋肉などが) たるんだ）がある〕。使い方には，発音（Celtic で /k/ または /s/）とつづり（connection vs connexion，disc vs disk，英 licence［名詞］vs 米 license）の両方において，一部揺れも見られる。

D
d
大文字
北セム | ギリシア | ラテン | 現代イタリック | 現代ローマン
小文字
ローマカーシヴ | ローマアンシャル | カロリング | 現代イタリック | 現代ローマン

セムの時代よりアルファベットの 4 番目の文字である D はギリシア文字デルタ（delta）から派生したもの。右側が丸くなった形はラテン語で生じ，これが英語に取り入れられた。小文字は大文字から発達したもので，素早く書かれることで，縦のストロークが長くなり，縮小した，左側が円い下部が生じた。

D/d は典型的には有声歯茎破裂音 /d/ を表す。ただし，無声子音の直後に現れた時は無声化し /t/ になる（crossed，pushed，p.254）。g と一緒になり /ʤ/ を表し（badge），時に黙字となる（handkerchief）。重子音字は先行母音が短いことを表す方法の 1 つである（bidding（入札）vs biding（待つこと））。

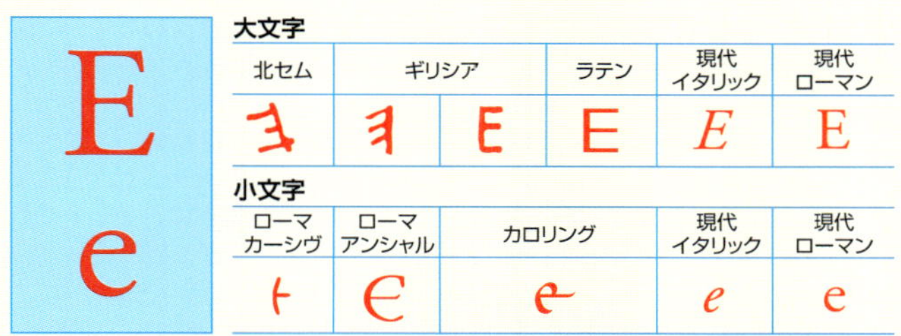

E はセム文字では子音の記号だったが，ギリシア語で母音として使われた。その字形の 1 つがラテン語に，そしてのちに英語に大文字として現れた。小文字は，カーシヴ体の大文字のより小型の丸い変種として発達した。

E/e は，短い音価 /e/（set）も長い音価 /iː/（me）も表し，ほかにいくつかの変異形（English，certain，ballet，serious）も表す。しばしばほかの母音文字と組み合わされる。例えば a（great，wear，ear）や i（rein，believe，p.284）や，頻度は落ちるが u（Europe）や o（leopard）などの文字と。また，重母音字となることも多い（meet，beer）。主な機能のうちの 1 つが，先行母音が長いことを示す機能であり，この場合 e が隣接することも（die），離れていることも（make，bite の「マジック e」）ある。子音の音価の変化を示す働きをすることもある（例：teethe（歯がはえる）vs teeth; singe（表面を軽く焼く）vs sing; vice（犯罪）vs Vic（ヴィク））。何の機能ももっていないこともよくあるが，これは，発音の歴史のより早い段階においては，e が発音されていたということを暗黙のうちに示していることになる（have，some，more）。用法に揺れが見られる場合があり（judg(e)ment，ag(e)ing），またつづり（米 ax，英 axe）と発音（clerk 米 /ɝ/，英 /ɑː/）の両方の点で，地域的な違いが見られることもある。

F は，U，V，W とともに，すべて北セム文字で使われていた 1 つの記号に由来する。初期のギリシア語では，これが 2 つの文字になり，その 1 つがエトルリア人とローマ人に採択され，無声唇歯摩擦音 /f/ の音価が与えられた。のちに，写字生がカーシヴ体でいくつかの文字を一続きに書き始め，そこから縦長の小文字体が生じることになった。

古英語では，この記号は最初有声および無声の唇歯摩擦音を表すために使われたが，英語で /v/ が独立の音素として生じてくると（p.42），f はほぼ完全に無声音のために使われるようになった（例外は of）。多くの語で重子音字が用いられ，これは先行母音が短いことを表す（stuff（材料），waffle（ワッフル））。ほかの文字も /f/ 音を表す（cough，photo）ため，時に用法にバリエーションが生じることもある（米 sulfur（硫黄），英 sulphur）。興味深い懐古的表記法の１つとして，ffoulkes や ffrench のような上流階級の姓のつづり方がある。これは，小文字を重ねることで大文字を表す中世の慣習から生じたものである。

G g

大文字

北セム	ギリシア		ラテン	現代イタリック	現代ローマン
			G	*G*	G

小文字

ローマカーシヴ	ローマアンシャル	カロリング	現代イタリック	現代ローマン
			g	g

G が最初に見られるのは紀元前４世紀のラテン語のアルファベット改訂版においてである。それ以前のアルファベットでは，記号 C が有声軟口蓋破裂音 /g/ を表すのに使用されており，新しい文字 G はこれを少し変更して，短い横棒を加えたものである。小文字の字形は複雑な一連の変化を被り，現在の記号を生み出すに至った――すなわち，印刷でよく見る，下部が閉じて輪をなした g，および手書きの時に用いる「開いた g」とである。島嶼体の変種がアングロサクソンの写本に見られ（ȝ, p.16），これはある種の口蓋音および軟口蓋音を表すために初期中英語まで使われ続けたが，最終的には gh に取って代わられた。

ノルマン人の征服ののち，g は「硬い」音（軟口蓋破裂音 go）も「軟らかい」音（破擦音 /dʒ/，e，i，y の前で使われる，例：age，gin，gym）も表すようになった。フランス語の借用語では有声摩擦音のままのこともよくある（rouge（ルージュ），genre（ジャンル））。よくある文字の組み合わせには d（ledge（岩棚））や n（sing）があり，重子音字の頻度も高い（egg，soggy（水浸しの），bigger）。黙字となることもよくあり（gnome（金言），phlegm（痰），resign（辞職する），foreign，high），-ough のつづりにおいて黙字となるのは有名である（p.284）。用法に揺れが見られることもある。これは発音（rouge /dʒ/ か /ʒ/ か）およびつづり（jail，gaol，および Geoff vs Jeff に見られるような特に「軟らかい g」を使った固有名詞において）の両方において見られる。

H h

大文字

北セム	ギリシア		ラテン	現代イタリック	現代ローマン
			H	*H*	H

小文字

ローマカーシヴ	ローマアンシャル	カロリング	現代イタリック	現代ローマン
			h	h

H はもともと，声門摩擦音 /h/ を表すものとしてギリシア語とエトルリア語を経由してラテン語に入ってきたセム文字に由来する。小文字の字形はカーシヴ筆写体の発達とともに生じたものである。アンシャル体の丸みを帯びた字形が現代の小文字になった。

H/h は ch，sh，th，ph のような二字一音のように，広くほかの文字と組み合わせて使われるが，２つの音節が隣り合う場合（withhold（保留する））は別として，重子音字となることはない（ただし ahh!（アー！）のような場合を除く）。しばしば黙字となり（Sarah（サラ），exhausted（疲れ切った），rhythm（リズム）），隣接した文字の音質の変化を合図することもある（例えば，chemist の e の前の c が /k/ と発音されることを示す）。H はまた用法のバリエーションの大きな原因の１つとなり，いくつかの発音様式では語頭の h を発音しないが（p.256），これは語によっては地域により異なる（例えば，イギリス英語の herb（ハーブ）は h を発音し，アメリカ英語の herb は通常発音しない）。

かわいそうな文字 H

客引きの請負人（一人あたり１シリングが支払われており，さらにいくらかの儲けが見込めると思っている）「おい，いいか（look'ere（= here））お前ら H ども。庶民はお前らなんていらねえんだ。俺もそうだし，誰もいらねえ。だから，その看板を外して，失せやがれ（'ook it（= hook it））。」

I i

大文字

北セム	ギリシア		ラテン	現代イタリック	現代ローマン
				I	I

小文字

ローマカーシヴ	ローマアンシャル	カロリング	現代イタリック	現代ローマン
			i	i

I はセム文字では子音で，ギリシア語では母音を表し，ラテン語に入ってきた時には母音と子音（y）の両方の音価を表していた。小文字は大文字を小型にした形をしている。i の上の点はもともと，アキュート（acute）と呼ばれるアクセント記号（´）に似た小さな区別符号であった。点を除いて同じである隣接する文字（m，n，u）の縦線（ミニム（minim）として知られる）と i の縦線とを区別するために，写字生によって，初期中英語期に加えられたものである。

I/i は広範囲の音価を持ち，短い音（big）も，長い音（find，ski）も表す。時に黙字となることもある（session（セッション，集まり））。しばしば e と一緒になって二字一音を形成し（lie，field），音節が隣接した時にのみ連続した形になる（radii（半径））。i の代わりに y を用いる変異形もあるが（gipsy（ジプシー）vs gypsy，米 tire（タイヤ）vs 英 tyre），これは i と y が交換可能だった時代を反映したものである。１人称単数代名詞に大文字の I を選ぶようになったことは，後期中英語時代に印刷工によって導入された標準化の１つである。それまでは i, j, I, y, Y のすべてが１人称単数代名詞として使われていた。

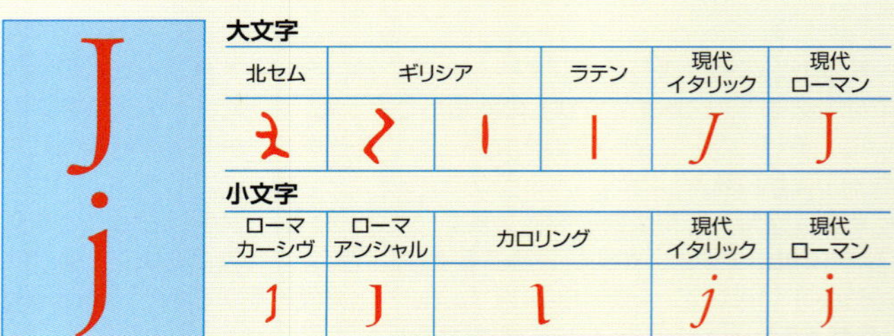

J j

大文字

北セム	ギリシア		ラテン	現代イタリック	現代ローマン
				J	J

小文字

ローマカーシヴ	ローマアンシャル	カロリング	現代イタリック	現代ローマン
			j	j

英語におけるこの文字の歴史は中世までしかさかのぼれない。もともと i の字形の１つ（下の方が左向きの曲線として伸ばされた形をもつ）で，major や jewel のように i/j が子音を表す場合には，徐々に j が i に取って代わり，つねに j が用いられるようなった。小文字における i と j の区別は 17 世紀中頃までは標準化されず，19 世紀前半になっても大文字における I と J の区別ははっきりしなかった。

J/j は主に有声口蓋歯茎破擦音 /dʒ/（jab（ぐいと突く））として発音され，外国人の名前（Jacques /ʒæk, ʒɑːk/，Jung /jʊŋ/，Juan /(h)wɑn/）に見られるように，いくつかのケースでは摩擦音または母音性の音となり，語末にくるのはまれである（raj（統治））。語頭が j の語の多くはフランス語由来の語（jolly（素敵な），juice）かラテン語由来の語（junior（年下の），jubilation（歓喜））であり，人名ではよく使われる（Janet，John）。また時には，有声破擦音 /dʒ/（Injuns（インディアン野郎），Roj=Roger）を表す非標準的つづりとしても用いられる。

K k

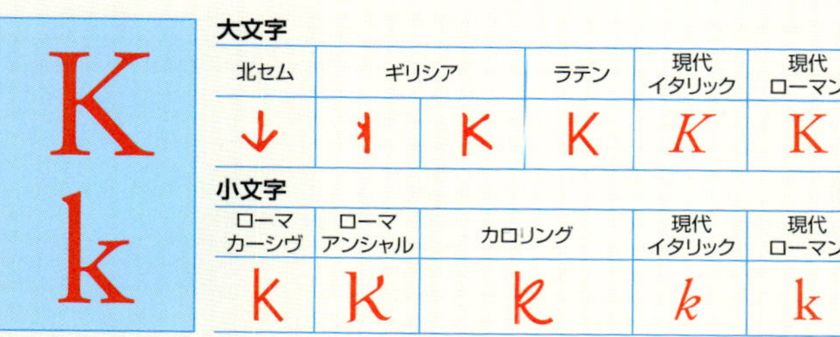

大文字					
北セム	ギリシア		ラテン	現代イタリック	現代ローマン
			K	*K*	K

小文字				
ローマカーシヴ	ローマアンシャル	カロリング	現代イタリック	現代ローマン
			k	k

Kはセム文字がギリシア語とエトルリア語を経由してラテン語に入ったものである。実際のところ，ラテン語では（CとQが好まれて）Kはほとんど使われず，古英語でもまれだった。この文字は中英語で無声軟口蓋破裂音 /k/ を表す文字として登場した。古英語では /k/ は c でつづられていた。新しい記号が必要になったのは，多くのフランス語の流入のせいで，フランス語では c は e と i の前で摩擦音を表し（centre，city），そして不確定な時期を一定期間経たあと，k は c が以前は破裂音を表していたであろうと思われる環境で使われるようになった。こうして cyning のような古英語の語は king と書かれるようになった。小文字は手書きにおいて単に縦のストロークをさらに上に伸ばすことにより生じたものである。

その結果，近代英語の K/k は e と i の前でよく用いられるが，ほかの母音の前ではそれほどではない（kangaroo）。ただし，sky のように *sk-* で始まる北欧語（p.25）を表すような場合は別であるが。普通は二重子音字とはならず，短母音のあとでは ck が通常の形式である（ただし，trekking（トレッキング）や pukka（本物の）のような借用語もあることに注意）。黙字のこともある（knee，know）。K/k はまた外国人の名前（Khrushchev（フルシチョフ），Kaiser（カイザー）），異星人の名前（Kruls（クルール人），Klingons（クリンゴン人）），商品名の非標準的なつづり字の一部として（Kwik-Fit，p.287），または滑稽さ（(米国で活躍したコメディアングループ) Keystone Kops（キーストン・コップス））を表すものとしてよく使われる記号の 1 つとなっている。また，用法にいくらかのバリエーションの見られるものがある（disk vs disc，米 check（小切手）vs 英 cheque，米 skeptic（懐疑論者）vs 英 sceptic）.

L l

大文字					
北セム	ギリシア		ラテン	現代イタリック	現代ローマン
			L	*L*	L

小文字				
ローマカーシヴ	ローマアンシャル	カロリング	現代イタリック	現代ローマン
	L		*l*	l

Lはセム文字の記号で，ギリシア語，エトルリア語，ラテン語を経て現代の大文字の形に発展した。その過程で以前の傾いた線は水平線へと変わった。小文字は手書きする中で，写字生が上部にループを用い，また水平のストロークの部分を曲線にすることで，隣接した文字に L をつなげることにより生じた。これらの文字をつなぐための特徴的な部分は印刷体では取り除かれた。

L/l は有声歯茎側音 /l/（lip，pool）を表すが，環境によっていくらかの発音の違いがある（p.257）。これとは異なる発音が借用語に生じることがある。例えば，ウェールズ語の無声側音の ll（Llangollen（ランゴレン））。この文字はよく二重子音となり，通常，先行母音が短母音であることを表すが（million，well），多くの例外がある（例えば，welcome，until の短母音の後ろの l，および all，poll の長母音の後ろの ll）。L/l はしばしば黙字となり（could，chalk，folk），語によってはバリエーションもある（almond（アーモンド）では /l/ を発音する発音も，しない発音もある）。またつづり上の違いが見られる場合もある（米 enroll（入学させる），traveler（旅人），chili（唐辛子）vs 英 enrol，traveller，chilli）。

M m

大文字					
北セム	ギリシア		ラテン	現代イタリック	現代ローマン
		M	M	*M*	M

小文字				
ローマカーシヴ	ローマアンシャル	カロリング	現代イタリック	現代ローマン
		m	*m*	m

ミニム（縦棒）の混乱

中世の写本のいくつかの書体では，m，n，v/u，i（i には当時は区別のための点はなかった）が連続すると，縦棒（ミニム）のつながった同じような連続体のように見えたものだ。したがって，6 つの縦棒の連続は，ium，niui，inui やそのほかいくつかの語を表す可能性があった。このことから生じる解読上の問題は，ここに示す 7 世紀後期の聖アルドヘルム（Aldhelm）の作品（9 世紀中頃の写本に保存されている『カルミナ・リズミカ』（*Carmina Rhythmica*）からの抜粋にもはっきりと見て取れ，特に munimine や spiramina の語などでそれが顕著に見られる。

Heu! tectorum tutamina
Prosternuntur in platea;
Ecce, crates a culmine
Ruunt sine munimine!
Flatus saevi spiramina
Haec fecerunt ludibria.
Et nisi natalicia
Pauli sancti sollemnia
Tuerentur trementia
Timidorum precordia,
Forsan quassato culmine
Quateremur et fulmine.

M はセム文字からギリシア，エトルリア，ローマ文字のアルファベット（これらのアルファベットでは，M の文字が時として 4 つの垂直のストロークから構成されていた）を経由し古英語に導入された。小文字はアンシャル体において丸みを帯びた字形として生じたものである。中世の写本では，m を先行する文字の上の小さな横棒で置き換えることがよく行われた（p.40）{[訳註] そこには，ī = in についての解説がある} が，これは 17 世紀でも見られる慣習である。

M/m は有声両唇鼻音の /m/ を表すが，これには調音上のバリエーションがわずかながら見られることがある（p.257）。重子音字は短母音の後でよく用いられるが（comma（カンマ）vs coma（昏睡状態）），これには多くの例外があり（camel（ラクダ）vs mammal（哺乳動物）），特に単音節語の終わりでは，単独の m が普通である（am，time，seem）。その結果，ある語に m がいくつあるか覚えることは，大人になっても続くつづりの混乱の原因の 1 つとなっている（accommodation（宿泊施設））。文字 m は，特に mnemonic [nɪˈmɒnɪk]（記憶を助ける）のように，いくつかのギリシア語からの借用語で黙字となる。

N n

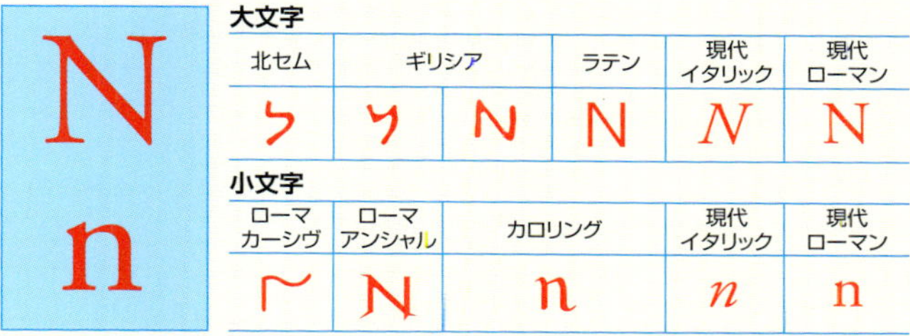

大文字					
北セム	ギリシア		ラテン	現代イタリック	現代ローマン
		N	N	*N*	N

小文字				
ローマカーシヴ	ローマアンシャル	カロリング	現代イタリック	現代ローマン
	N	n	*n*	n

N は，さまざまな角張った字形の歴史を経て，ラテン文字に見られるような現在の形に到達した。小文字は写字生によるカーシヴ体の試みの中から生じた。古英語で用いられるようになって以来，あまり形を変えずにこれまで使われてきた。

N/n は有声歯茎鼻音 /n/ を表す。この音は後続する子音により，軟口蓋音の前では /ŋ/（ink），両唇音の前では /m/（input）というように，少数ながらバリエーションが見られる。いくつかの借用語（例えば restaurant（レストラン）の語でしばしば聞かれる鼻母音（/ã/）や lasagne（ラザニア）の硬口蓋子音（/ɲ/））では外国語の発音を示す。

重子音字は通常，先行母音が短母音であることを示すが（dinner vs diner（食事する人）），多くの例外がある（money，finish）。特に単音節語において（an，ten）。その結果，ある語をつづるのにいくつの n が必要となるかといった，つづり上の困難さがよく見られ，特に *un-* や *-ness* が語根の n に隣接する場合（unnecessary，openness）にこれが見られる。n は時に黙字となるが（autumn，condemn（非難する）），派生語（autumnal（秋の））では発音される。

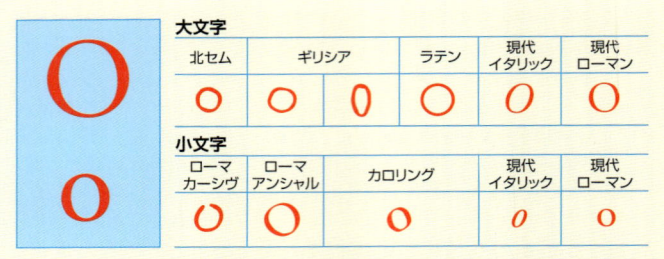

O o

大文字

北セム	ギリシア		ラテン	現代イタリック	現代ローマン
O	O	O	O	*O*	O

小文字

ローマカーシヴ	ローマアンシャル	カロリング		現代イタリック	現代ローマン
o	o	o		*o*	o

O はセム文字のアルファベットでは子音を表したが，ギリシア人によって短母音と長母音の両方を表す文字として用いられ，それがのちに 2 つの記号として区別され，オミクロン（短母音を表す「小さな o」）とオメガ（長母音を表す「大きな o」）となった。ローマ人はオミクロンを採用し，それに短母音と長母音両方の音価を与え，これらの音価は古英語で用いられた時にもこの文字に割り振られた。字形は歴史を通じほとんど変わっていない。小文字は大文字を単に小さくしたものである。

O/o は近代英語では広い範囲の音価を表し，短母音（cot，gone，rocket，lost のような後舌母音 /ɔ/ や son，love，brother，onion のような中舌母音 /ʌ/）も，また長母音（go，oboe，yellow，old のような二重母音 /oʊ/ や do，who，move，shoe のような純粋母音 /uː/ としての音質）も表す。二重母音字 oo は，長母音（moon）と短母音（good）の両方の音価を表すものとしてよく用いられる。しかし，（英国北部の book /uː/ vs 容認発音 /ʊ/ のように）地域による違いがかなり見られる。people の o，colonel（大佐）の 2 つ目の o のように，黙字となることもある。つづりについては，ある程度地域的な違いも見られる（米 color，plow（耕作用のすき），fetus（胎児），mustache（口ひげ）vs 英 colour，plough，foetus，moustache）。

P p

大文字

北セム	ギリシア		ラテン	現代イタリック	現代ローマン
𐤐	Γ	Π	P	*P*	P

小文字

ローマカーシヴ	ローマアンシャル	カロリング		現代イタリック	現代ローマン
p	p	p		*p*	p

P はセム文字が，いろいろな形でギリシア文字，エトルリア文字，ラテン文字に入ってきたものである。最終的に上部が丸い形が標準的となった。小文字は大文字を小さくしたもので，さらに垂直線が基本線より下に伸びるという特徴が加わったものである。

P/p は通常，無声両唇破裂音 /p/（pop（ポンと鳴る））として発音されるが，少々ながら調音上のバリエーションが見られる（p.256）。ギリシア語からの借用語では，h をともなう二字一音として現れ，/f/（philosophy（哲学））の音を表す。重子音字 pp は通常，先行母音が短いことを示すが（happy，upper），例外も多く（lip，drop，proper），地域による違いもある（米しばしば kidnaping（誘拐），英 kidnapping）。p が黙字になるのは，ギリシア語借用語では n，s，t の前（pneumatic（空気が詰まった），psalm（讃美歌），pterodactyl（翼竜）），いくつかの語では b が後ろに続く場合（cupboard（食器戸棚））や，ほかにも黙字となる場合がいくつかある（receipt（領収書），coup（クーデター））。

Q q

大文字

北セム	ギリシア		ラテン	現代イタリック	現代ローマン
𐤒	Ϙ	Ϙ	Q	*Q*	Q

小文字

ローマカーシヴ	ローマアンシャル	カロリング		現代イタリック	現代ローマン
q	q	q		*q*	q

この文字をほかの文字と区別するストロークの位置については，セム文字から，ギリシア文字，エトルリア文字を通じラテン文字に至るまで大きく異なるが，最終的に，O の下に，右に曲がった「尻尾」をもつものが標準的な形となった。古典ギリシア語では Q は用いられなかったが，エトルリア語では母音 u の前で /k/ を表すものとして保持され，この慣行はラテン語に引き継がれた。小文字は写字生による手書きにおいて，大文字の小型版として発達し，カーシヴ筆写体で素早く書くことができるよう，「尻尾」が基本線の下に伸び，右側に移動した。古英語は cw のつづりを好んで用い（cwic 'quick'），qu が使用されるようになるのはノルマン人の征服の後である。qu の使用はイングランド北部でさらに広まり，スコットランド英語では初期近代英語まで when（quhen）のような語に残り，今日でも時々目にすることのある姓（Colquhoun /kəˈhuːn/）に見られる。

Q/q は軟口蓋無声破裂音 /k/ を表し，通常 u が後続し，その u が両唇半母音 /w/ を表す（quiz，quack（ガーガー鳴く））。U のない q は，別の書記体系から音訳・字訳されたさまざまな語や借用語（Iraq（イラク），Qin（秦王朝））に用いられ，またロマンス語からの借用語では u が黙字になる（unique（唯一の），quiche（パイ料理のキッシュ）。地域により異なることがある（英 cheque，liquorice（植物のカンゾウ）vs 米 check，licorice）。

U なしの Q が /kw/ となる時

Q が U を伴わずに現れているにもかかわらず，/kw/ の発音を維持しているような少数の例（すべて略語）がある。おそらく最も馴染みのあるのは，この写真にある航空会社の名前 QANTAS /ˈkwɑntəs/（Queensland and Northern Territory Aerial Service（クイーンズランド・ノーザンテリトリー航空サービス）の略）であろうが，ほかにも次のような例がいくつかある：QALY（Quality Adjusted Life Year（質調整生存年），QAMIS（Quality Assurance Monitoring Information System（品質保障監視情報システム），QOMAC（Quarter Orbit Magnetic Attitude Control（¼ 軌道磁気姿勢制御））。

R r

大文字

北セム	ギリシア		ラテン	現代イタリック	現代ローマン
𐤓	Ρ	Ρ	R	*R*	R

小文字

ローマカーシヴ	ローマアンシャル	カロリング		現代イタリック	現代ローマン
r	R	r		*r*	r

R はいろいろな字形でセム文字に現れ，ギリシア語に持ち込まれた時には，下に伸びる線がただ 1 本の rho（ロー）という字（P）となっていた。追加の短い「尻尾」付きの字形がラテン文字の字形のもとになり，この尻尾が P との混同を避けるために長くなった。小文字の形は手書きの際に単純化されたものとして生じ，大文字の曲線と尻尾が一つながりとなり，しわを伸ばす形で 1 つの波打った水平のストロークとなった。この文字は古英語でも使われている。

R/r のようにじつにいろいろな音を表し，また地域による違いがさまざま見られる子音字はほかにない。r 音（rhotic）発音様式（p.257）は母音の後ろで r に対する音価を保持し（far，work），一方，非 r 音（non-rhotic）発音様式はそれを保持しない。ただし，母音が後続する場合を除く（far and wide ――「連結の r」―― すべての非 r 音発音様式で連結の r が聞かれるわけではないが）。世界では，インドや米国におけるそり舌の r やスコットランド，ウェールズにおけるふるえ音の r のように，r のすべての種類の音声学的特質に対応する例を聞くことができる。重子音字はよく用いられる（carry，purr（猫がゴロゴロ喉を鳴らす），correct，embarrass（困らせる））が，これには一貫性はなく（her，stir，harass），occurrence（出来事）のような語のつづりにおける r の数がよく問題となる。ほかのよくあるつづりの問題としては，強勢のない位置での r の前の母音字の問題がある（alter（変える）vs altar（祭壇））。また地域による違いもいくらか見られる（米 center，theater vs 英 centre，theatre）。

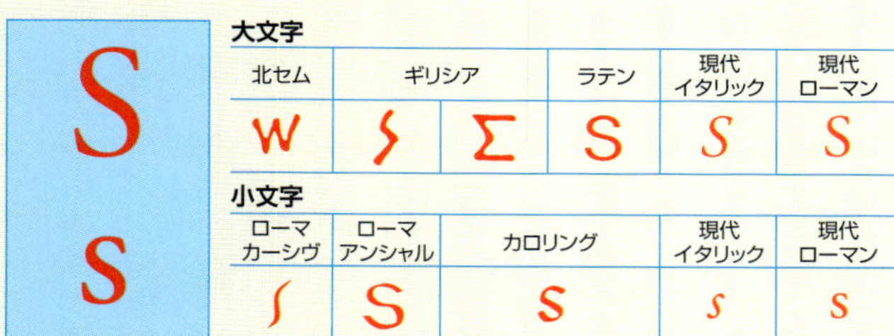

セム文字とギリシア文字のアルファベットには歯擦音（p.255）を表すいろいろな記号があり，その1つの丸みを帯びた形は，エトルリア人とローマ人により引き継がれ，最終的に古英語に受け継がれるが，通常は縦長の形で書かれていた。小文字は単に大文字を小さくした形だが，f に似た形（ただし横棒のない ſ）が 17 世紀に手書きの中に使われるようになり，19 世紀初期まで，特に音節の初めに，印刷したものの中に見られる。

S/s は歯茎歯擦音の無声音 /s/（sister，bus）と有声音 /z/（is，easy）の両方を表す。名詞の house /s/ と動詞の house（収容する）/z/ のように無声音と有声音が交替することがある。ある語尾の前（session，vision）や，ほかの少数の場合（sugar）では口蓋音が使われるが，/ʃ/ は通常 sh の組み合わせでつづられる。重子音字は典型的には無声音（hiss（シューと音を出す），possible）だが，例外もある（scissors（鋏），dessert（デザート））。まれに黙字となる（island，corps（軍団））。地域的な用法の違いが，発音（erase（消し去る）米 /s/，英 /z/）とつづり（米 defense（防御）vs 英 defence）の両方について見られ，また地域によらない一般的な違いも，同じように見られる（発音：issue /s/，/ʃ/; つづり：focused vs focussed）。

T t

大文字

北セム	ギリシア		ラテン	現代イタリック	現代ローマン
+	X	T	T	*T*	T

小文字

ローマカーシヴ	ローマアンシャル	カロリング		現代イタリック	現代ローマン
τ	T	τ		*t*	t

T はセム文字のアルファベットで使われ，ギリシア語とエトルリア語を経由してラテン語に入り，古英語に取り入れられたものである。手書きによるカーシヴ体の字形は大文字をより小さく丸めたもので，底の部分が右に曲がる形であった。縦棒はのちに長くなり，（横棒でできる）水平線を上に突き抜ける形となり，これにより手書きの t と c の違いが明瞭になった。

T/t は無声歯茎破裂音を表し，これにはわずかばかりの調音上の違い（p.256）とかなり大きな地域的な違い（例：アイルランドでは歯音，インドでは反り舌音）がある。環境によっては，摩擦音 /ʃ/（patient）や破擦音 /tʃ/（picture）で発音されることもあるが，/tj/（question）や /s/（negotiate（交渉する））の場合のように，用法のバリエーションがしばしば見られることもある。重子音字はよく用いられ，先行する母音が短いことを示す（bottle，sitting）が，重子音字になるのは語末では珍しい（putt（ゴルフのパット））。重要な子音字結合は th で，これは有声・無声歯摩擦音 /θ/ および /ð/（thin，this）を表す。この文字 t はしばしば黙字となる（listen，cabaret（キャバレー），castle，Christmas）。語尾の *-ed* については時に用法のバリエーションが見られることがあり（smelt vs smelled，p.216），また often は t の発音が随意的な語としてよく知られた例である。

U u

大文字

北セム	ギリシア		ラテン	現代イタリック	現代ローマン
Y	Ч	Y	V	*U*	U

小文字

ローマカーシヴ	ローマアンシャル	カロリング		現代イタリック	現代ローマン
u	U	u		*u*	u

U の祖先はセム文字のアルファベットに見出すことができ，これはのちに子音と母音の両方を表す V としてラテン語に現れることになる。小文字はアンシャル体において，より小型の丸みを帯びた字形として発達した。中英語では，v と u がともに子音としても母音としてもさまざま用いられ，写字生の従った慣行の中には，v を語頭に，u を語中に用いるというものが見られる（p.41）。これがやがて子音に対しては v が，母音に対しては u が用いられることにつながることになるが，この区別が標準的になるのは 17 世紀後半になってからだった。

U/u は典型的には狭後母音を表し，長母音 /uː/（ruby）または短母音 /ʊ/（put）のいずれかを表すが，すべての発音様式がこの区別をするわけではない（例えばスコットランド英語）。ほかの音価の例としては，（発音様式にもよるが）より広い母音 /ʌ/（cup），半母音 /w/（quick），それに，口蓋わたり音 /j/ が /uː/ に先行するような変異形（unit，muse（物思いにふける））などがある。この文字はよく o と一緒になりさまざまな音価を表し（south，southern，could，journey），黙字となることもよくある（vogue（流行），quay（波止場），build，biscuit）。重母音字となることはほとんどない（vacuum（真空），ハワイの着物 muumuu（ムームー））。地域的な違いがかなり見られ，これは発音についても（duty，tune 米 /uː/ vs 英 /juː/; route 米しばしば /aʊ/ vs 英 /uː/），またつづりについても（米 color vs 英 colour）言えることである。

V v

大文字

北セム	ギリシア		ラテン	現代イタリック	現代ローマン
Y	Ч	Y	V	*V*	V

小文字

ローマカーシヴ	ローマアンシャル	カロリング		現代イタリック	現代ローマン
u	V	u		*v*	v

この文字のたどった歴史は（上に述べた）U の場合と同じである。すなわち，いったん 2 つの文字 U と V との間に体系的な違いが生じると，u を大きくしたものが大文字として標準的になり，V を小さくしたものが小文字として標準的となった。

V/v は有声唇歯摩擦音 /v/ を表す。/v/ が独立した音素となるのは中英語期に入ってからである（p.42）。語頭の v をもつ語のほとんどすべては借用語（valley，Viking）であり，語末ではこの文字には通常，黙字 e が続く（have，love）。Spiv（小悪人），luv（= love）のような形は口語的であり，しばしば非標準的なつづりである。重子音字は最近作られた造語にのみに見られる（navvy（人夫，工夫））現象である。なぜなら，中世期においては，重ねられた v は w に代わるものとして使用されていたからである。その結果，v は（その文字が 1 つか 2 つかによって）先行母音の長さを明確には示さないこととなった（love vs move）。

ロンドンのオールドウィッチにあるブッシュハウスの正面。BBC ワールドサービスは以前この建物の中にあった。U の代わりに V を用いるという古い用法を保持しているこの大文字によるつづりには，古典建築様式が反映されている。

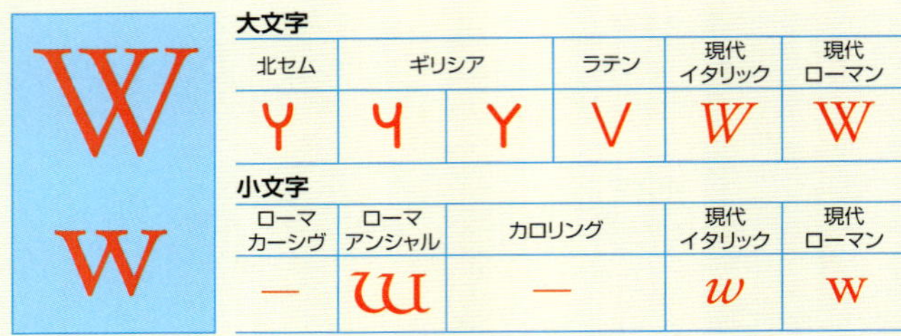

	大文字					
W	北セム	ギリシア		ラテン	現代イタリック	現代ローマン
	Y	Y	Y	V	*W*	W
	小文字					
w	ローマカーシヴ	ローマアンシャル	カロリング		現代イタリック	現代ローマン
	—	ɯ	—		*w*	w

この文字は11世紀にノルマン人の写字生により /w/ を表す手段として導入され，それまで古英語で用いられていたルーン文字のウイン（wynn，ƿ）（p.16）に取って代わった。形は2つのVの抱き字であるが，名前は「ダブル u」で，これはvとuが相互に入れ替え可能だった中英語の状況（p.41）を反映したものである。小文字は大文字を単に小さくしたものである。

W/w は通常，有声両唇半母音 /w/ を表し（wig），また，いくつかの長母音あるいは二重母音（cow，saw，knew，owe）を表す二字一音の一部を構成する。多くの語で h と組み合わさり，いくつかの発音様式ではこれは無声両唇音 /ʍ/（where，white）として発音される。この文字は今では r の前では発音されず（wreck，wrist），ほかにも w が黙字となる場合がいくつかある（two，answer，Norwich（ノリッジ），whole）。

	大文字					
X	北セム	ギリシア		ラテン	現代イタリック	現代ローマン
	丰	Ŧ	X	X	*X*	X
	小文字					
x	ローマカーシヴ	ローマアンシャル	カロリング		現代イタリック	現代ローマン
	x	x	x		*x*	x

X はギリシア語のアルファベットの中の文字X「キー（chi/khi）」として出現したが，これはそれ以前の，歯擦音を表すセム文字から派生したものである。ラテン語には /ks/ の音価で導入され，古英語では典型的に cs の異つづりとして使われた。中英語では方言によってはほかの音価，例えば /ʃ/（xal 'shall'）をもち，またルーン文字のヨッホ（ʒ）（p.16）の代わりのつづりとして使われた。小文字は単に大文字を小さくしたものである。

英語のアルファベットには，x の音を表すことのできる文字がすでに含まれている（locks（錠），tics（けいれん），accident）ため，x はしばしば不必要な文字と見なされる。しかし，この文字には実際にはっきりした視覚的価値をもつ場合がある。このことは，非標準的なつづり（pictures（映画，写真），socks，ask の代わりに，それぞれ pix，sox，ax とつづるやり方）や，古典語との関連性をもった語の例（helix（らせん），index，matrix）から見て取れる。後者は，技術的な商標名（Xerox（ゼロックス），Unix（ユニックス），Xenix（ジーニックス，ゼニックス））の中にある程度の広まりが見られるようになってきている。X は特に語末でよく用いられ，通常，短母音の後ろにくる（fax）。また，/z/（xerography（ゼログラフィ），/gz/（exit（出口）），やそのほかいくつかの音価（X-ray（エックス線），luxury（ぜいたく））を表すものとして用いられ，またフランス語からの借用語の語末では黙字となる（Grand Prix（グランプリ））。用法にはある程度のバリエーションが見られる（inflection（語尾屈折）vs inflexion，Xmas vs Christmas）。

	大文字					
Y	北セム	ギリシア		ラテン	現代イタリック	現代ローマン
	Y	Y	Y	Y	*Y*	Y
	小文字					
y	ローマカーシヴ	ローマアンシャル	カロリング		現代イタリック	現代ローマン
	y	y	y		*y*	y

Y はセム文字の記号をギリシア文字に取り入れたもので，円唇前舌高母音（p.252）を表す。ローマ時代にギリシア語からの借用語を表記するための助けとなるよう，ラテン語に取り入れられたもので，これには（i に似た）非円唇音としての音価が与えられた。このことにより，この文字は英語の初期の歴史において，特に有用な役割を果たすこととなった。すなわち，この文字は cyning（king）のような語に見られる古英語の円唇母音を書き表し，これによりのちに中英語の写字生が，ミニムの混乱（p.273）が起きる可能性のあるところで，i の代わりとして y を使うことが可能になったのである。さらに役立つこととして，ヨッホの文字 ʒ（p.16）によって表されるいくつかの音を表すつづりとしてこの文字が用いられた。しばしば上に点が加えられ，これにより古英語の文字 þ（ソーン）と ƿ（ウイン）（p.16）から区別された。丸みを帯びた小文字はカーシヴ体の一部として発達し，これにより写字生は1つの手の動きで書くことが可能となった。文字の幹の部分が下の線のさらに下に置かれ，右方向への動きにより，次に続く文字に滑らかにつながることが可能になった。

このような込み入った歴史を反映し，現代の Y/y は，今では口蓋半母音 /j/（you，yes）も i タイプの母音も表すこととなった。i タイプの母音は短母音（pyramid（ピラミッド））の場合も，長母音（byte）の場合も，さらにその中間（happy）の場合もある。y はいくつかの二字一音（play，they，boy）における重要な要素となっている。また用法にはいくらかバリエーションも見られる（pygmy（ピグミー）vs pigmy; 英 pyjamas（パジャマ），tyre（タイヤ）vs 米 pajamas，tire）。

	大文字					
Z	北セム	ギリシア		ラテン	現代イタリック	現代ローマン
	I	I	Z	Z	*Z*	Z
	小文字					
z	ローマカーシヴ	ローマアンシャル	カロリング		現代イタリック	現代ローマン
	z	Z	z		*z*	z

Z はセム文字とギリシア文字のアルファベットに現れ，ラテン語には必要なかったが，ローマ人がのちにギリシア語からの借用語を記す助けとしてこの文字を取り入れ，ローマ字の最後の文字とした。古英語ではほとんど使われなかったが，ノルマン人の征服後は使用頻度が増えた。しかし，一般的な文字とは決してならなかった。それはおそらくカーシヴ体の手書きでスムーズに書くことが難しかったからで，代わりにしばしば s が使われた。小文字は単に大文字を小さくしたものである。

Z/z は典型的には有声歯茎摩擦音 /z/（zoo，gaze（見つめる））を表し，時に口蓋音（azure（空色））あるいは口蓋歯茎音（Nazi（ナチ党員），schizo（統合失調症患者））を表すために使われる。/z/ が独立した音素となったのは中英語期になってからである（p.42）。重子音字は先行母音が短母音であることを示し（jazz，dizzy（目まいがする）），しばしば音象徴的に使用される（buzz（ブンブン），sizzle（シューシュー），p.262）。さまざまな言語からの借用語でよく使われるため（zodiac（黄道帯），zombie（ゾンビ），bazaar（バザー），mazurka（マズルカ）），この文字にはエキゾチックな「感覚」がある。時に黙字となる場合がある（rendezvous（会う約束））。いくらか用法上のバリエーションが見られる。特に接尾辞（*-ise* vs *-ize*）に関して。また文字の名称自体が英米で異なることも記しておこう（米 zee，英 zed）。

「A は～の A」のような言い方をする伝統的なアルファベット教本（p.268）では，X のような文字の場合，つねに問題が生じることになる。X は語中・語末で使われることがはるかに多いからである。X と結びつけられることが予想されやすいのは，アルファベット教本での定番となっている xylophone（木琴）や X-ray のような語よりも，box や fox――あるいは，おそらく最近の大人にとっては sex と fax――のような語であろう。

子犬がくる場所じゃないぞ。ここで待ってろ。いい子にしてたらおいしい骨をやるぞ。
ゲタフィックス
ドグマティックス
アステリックス
オベリックス

ゴッシニーとユデルゾ（Goscinny and Uderzo）による「アステリックス」シリーズの多くの本のうちの1冊『アステリックスとクレオパトラ（*Asterix and Cleopatra*）』からの1コマ。

文字の特性

アルファベットの文字は書記体系の基本的な要素である。音素（p.248）と同様に，文字はそれ自身では意味を表さない。主たる役割は 26 文字すなわち書記素（p.269）のそれぞれを言語の 1 つの単位として組み立て，対立的な役割をもたせることである（例：bit vs bet, act vs art）。ルイス・キャロルはかつて，上のようにして作ることのできるいくつかの語のペアにもとづくあるゲームを考案し，それを**ダブレット**（**doublet**）と呼んだ。そのゲームの目的は，できるだけ少ないステップで 1 つの語を別の語に変えることにある。途中の語は隣り合う語とは一文字だけ違うものとする。'Drive pig into sty'（「pig(豚)を sty(豚小屋)に追い込め」）というのがキャロル自身の例の 1 つ。彼はこれを pig–wig–wag–way–say–sty と 5 つのステップで行った。ほかのいくつかの言葉遊びには，アルファベットの文字のもつ言語学的な特性（p.422），特にその頻度と結合力にもとづくものもある。

それぞれの文字のもつ言語学的な特性は最も顕著なものと言える。ほかと区別できるような図形を保持する必要性から，これまで，文字の形における多くの変化がアルファベットの歴史を通して生じてきた。例えば，G における横棒の使用（C との対比を保つため）や，R の 2 つ目の脚（あし）を長くすること（P との対比のため）など。英語のアルファベットの中の唯一の区別符合（p.272）であるドット（点）（i, j の〈˙〉）はこうして誕生した。しかしながら，個々の文字の場合と比べると，文字が結合した時の言語学的機能について理解するのはより難しくなる。話しことばより書きことばをいじる方が容易である。英語のつづりの歴史はこれまで，文字が発音を正しく反映するように改善しようとする善意の個人によりなされた種々の試みであふれている（p.286）。ノルマン人の写字生は，cw の代わりに qu（queen），あるいは e の前に c（cell）を用いるというような，フランス語の慣習を反映したようなつづりのしきたりを導入することができた。つづり字改革者が，語には古典（ギリシア語，ラテン語）の語源が反映されていることが重要だと感じていた時代があったため，現在，debt のつづり字に b が，また reign のつづり字に g が含まれるようになり，ほかにもいくつかそのような修正を経て生じたものがある。これらの展開の結果，英語は今や，発音についてはそうではないにもかかわらず，ロマンス語のように見えることがしばしばある。

もちろん，これらすべてが悪い知らせとは言えない。英語の歴史は発音の中よりもつづりの中の方により多く保存されているので，非母語話者（特に古典の知識がある人）で英語の読解に関する知識のみを得たいと望む者は，これを比較的容易に達成することができるであろう。また，しばしば語の間の意味的な関係は，話しことばよりも書きことばの形式によく保存されているので，例えば sign/signature, telegraph/telegraphy のような対をなす 2 つの語の間の関連性は，文字の上ではかなりわかりやすいが，発音の上ではそんなに明らかだとは決して言えない。

文字の頻度

この表は，『ケンブリッジ百科事典（*The Cambridge Encyclopedia*）』（初版）のすべての本文に出てくる文字，全 150 万語を頻度順にまとめたものである。列 1 は本全体としてのランキングである。列 2-6 は 5 つのトピックごとのランキングである。列 7 はモールス符号に関するもともとの順序である。

同書は一般的な百科事典であるため，すべてのトピック領域を代表したものが選ばれていることになり（ただし等しいサンプルサイズにはなっていない），したがって，その累計総数（750 万語以上）はかなり興味深いものと言える。次のような注目すべき点がいくつか見出せる。

累計総数	文学	宗教	政治	物理学	化学	モールス符号
e 887,010	e 51,289	e 43,830	e 27,107	e 30,473	e 13,240	e 12,000
a 666,794	a 35,571	t 31,707	t 19,793	t 21,717	i 10,261	t 9,000
t 611,202	i 33,790	i 30,520	i 18,861	i 19,901	a 10,196	a 8,000
i 605,701	t 33,162	a 30,512	a 18,550	a 19,661	o 10,090	i 8,000
n 578,826	n 32,051	n 27,545	n 17,465	n 17,740	t 9,845	n 8,000
o 541,721	o 30,710	o 27,394	o 16,427	o 17,592	n 9,131	o 8,000
r 511,333	r 30,294	s 24,686	r 14,857	s 16,973	s 8,085	s 8,000
s 501,098	s 28,644	r 23,976	s 13,983	r 16,434	r 7,410	h 6,400
l 331,639	h 21,018	h 20,237	h 9,317	c 11,196	l 5,706	r 6,200
h 326,573	l 19,085	d 14,864	l 8,735	h 10,143	c 5,635	d 4,400
d 302,965	d 17,755	l 14,124	c 8,350	l 10,109	h 5,248	l 4,000
c 285,436	c 13,266	c 13,777	d 8,215	d 8,613	d 4,872	u 3,400
m 208,625	u 10,652	m 9,169	m 6,358	m 7,033	m 3,927	c 3,000
u 206,020	m 10,057	u 9,167	u 5,488	u 6,873	u 3,546	m 3,000
f 176,923	f 8,901	f 9,016	p 5,165	p 6,045	p 2,586	f 2,500
p 173,100	p 8,678	p 7,715	f 4,994	f 6,020	f 2,561	w 2,000
g 148,103	w 7,911	g 6,632	g 3,782	g 4,632	y 2,223	y 2,000
b 122,635	b 7,442	b 6,362	b 3,386	y 4,303	g 2,208	g 1,700
y 120,004	g 7,118	w 5,254	y 3,158	b 3,901	b 1,941	p 1,700
w 110,832	y 6,583	y 5,185	w 3,071	w 2,903	w 1,292	b 1,600
v 76,395	v 5,089	v 3,325	v 2,354	v 2,676	v 967	v 1,200
k 42,983	k 2,982	k 1,516	k 745	k 852	x 503	k 800
x 15,860	j 939	j 1,179	x 384	x 759	k 359	q 500
j 12,429	x 814	x 718	z 258	q 658	z 192	j 400
z 11,162	z 705	z 478	j 290	j 361	q 155	x 400
q 9,772	q 326	q 257	q 132	z 360	j 39	z 200
7,585,141	424,832	396,145	221,225	247,928	122,218	106,400

- e と v のみが各列で同じ位置にある。
- 累計総数で a が2番目であるのは予想外である。というのも，これまでの頻度調査では，2番目は一般的に t の占める位置だからである。
- 累計総数からの単純な隔たり値（同じランクの場合 =0，ランク差が1の場合 =1，以下同様）を計算してみると，次のようなことがわかる。すなわち，政治は最も平均値に近く（隔たり値12ポイント），文学と宗教がそれに次ぎ（14），次いで——顕著な隔たりとして——科学トピックとしての物理学（20）と化学（26）がくる。モールスでは，最初の7文字の後のすべての文字（特に w, p, q）に関し，さらに隔たりが大きくなる（32）。
- ランクづけで2ポイント以上の差が見られる部分（＋は上に，－は下に向かって）には興味をそそられることになる。文学でそれに該当する文字は g (–2) と w (+3) のみである。以下，宗教 a (–2)，l (–2)；政治 a (–2)；物理学 a (–2)，c (+3)，l (–2)，q (+2)；化学 i (+2)，o (+2)，t (–2)，c (+2)，y (+2)，j (–2) のようになる。

モールスとほかの符号

モールス符号は 19 世紀に考案されたシグナル用の符号の中で一番よく知られたものである。1830 年代に米国の芸術家で発明家でもあったサミュエル・モールス（Samuel Morse）（1791–872）により考案されたモールス符号は 2 値の符号であり，各文字に短点（トン）と長点（ツー）の異なる組合わせが割り振られている。モールスの個々の文字の符号の選択は，印刷所で見られる活字の量の頻度カウントにより導き出されたものであり，頻度のより高い文字にはより短め目のトン・ツーの組合わせを割り振るという具合にできている。この点，彼のシステムは原則としてブライユ点字や手旗信号で使われているものよりもはるかに効率のよいものとなっている。ブライユ点字では，アルファベットの「下に行く」ほど点の組合わせがますます複雑なものとなり，また手旗信号では，始まりの文字に，より単純な腕の配置が割り振られている。したがって，例えば T は 2 番目に多く用いられている文字であるにもかかわらず，最もぎこちない旗の動きの組合わせとなるということになる。このことは，これまで何代にもわたり，ボーイスカウトやガールガイドがそのために腕を痛める経験をもつというデータによる事実が示す通りである。

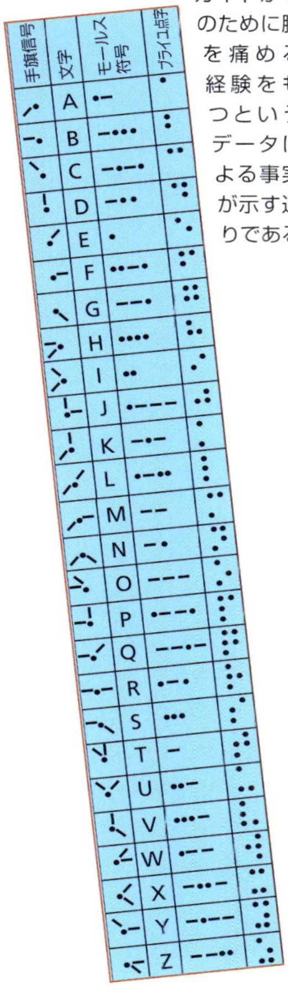

手旗信号 | 文字 | モールス符号 | ブライユ点字

A B C D E F G H I J K L M N O P Q R S T U V W X Y Z

文字の分布

ジョージ・アドニー・ユール（George Udny Yule）の古典的著作『文学作品における語彙の統計的研究（*The Statistical Study of Literary Vocabulary*）』（1944）が書かれた動機は，著者が誰であるかが問題となっている謎を解き明かす（p.449）ことであった。この課題の一部として，彼は同一著者の著した作品で，同じ一般的なタイプに属するいくつかの異なる作品の中の語彙について，どのくらいのバリエーションが期待されるのかという問題に答えなければならなかった。彼は１つのサンプルとしてマコーレー（Macaulay）のエッセイ（1825-42）のいくつかを選び，また別のサンプルとしてバニヤン（Bunyan）の作品（1678-82）のいくつかを選び，それぞれから抜き出された名詞のリストについて，各名詞を別々のカードに書きながら分析した。調査がかなり進んだ段階で，彼はあることに気づいた。

> バニヤンについての作業を終えたのち，ある時私は，たまたまバニヤンのカードの最初の引き出しと，マコーレーの３つのエッセイ A，B，C のカードの最初の引き出しを同時に目の前に開いてみたことがある。それぞれの頭文字ごとに配置される名詞の数は，見出しカードの間の距離——私のカードの場合，隙間なく詰められた状態で１インチはカード 100 枚分——をもとにして，大まかながらはっきりと判断できるのだが，驚いたことに，二人の著者の分布は実質的にきわめて異なっていることがすぐに読み取れた。第１のそして最も顕著な違いはきわめて明らかだった，というのも，マコーレーでは A は B よりもずっと数が多いのに対し，バニヤンでは B の方が A よりずっと多かったからである。さらなる調査により，ほかにも異なる点がいくつかあることがわかった。マコーレーの語彙に比べてバニヤンでは，E と I の数がはっきりと不足しているように思われ，また W は明らかに度を抜いていて…。これらの事実はたいそう奇妙だと思われたため，さらなる調査が必要となった。

ユールの最初の印象は，彼の分析によって正しいことが示された。このことは表 A から見て取れる。すなわち，順位で最も大きな差が出る頭文字は A，B，E，F，H，I，W である。そして彼は，２人の著者の間に見られるものより，同一著者から取られたサンプルの間に，より一貫性があることを立証した。これにもとづき，彼は何人かの著者の中のどちらからかわからないサンプルを選び，頭文字の分布によりどちらの作家が書いたかを予測することができた。表 B 参照。

彼の発見に対するユール自身の説明は語彙の詳細な調査にもとづいているが，その語彙の中では，マコーレーの場合，ロマンス語起源の語（p.136）（特に ab，ante，cum，contra，ex，infra，intra のようなラテン語の接頭辞から派生した語）がはるかに多いことがわかったのである。ユールはこれは決して「話のすべて」ではないと強調しているが，文体の分析におけるこの初期の試みは，著者同定研究における筆跡学的分析の可能性を示しており，**文体統計学（stylostatistics）**の分野を築く一因となった（さらに詳しくは p.449 を見よ）。

表 A

1	2	3	4	5	6	7	8	9
	バニヤン		マコーレー		順位			順位の差
順位	頭文字	頻度	頭文字	頻度	頭文字	バニヤン	マコーレー	
1	S	256	C	391	A	10	4	-6
2	C	210	S	380	B	5	10	+5
3	P	188	P	338	C	2	1	-1
4	D	153	A	249	D	4	5	+1
5	B	147	D	237	E	16	11	-5
6	R	133	M	209	F	8.5	12	+3.5
7	M	124	R	191	G	14.5	15	+0.5
8	F	112	T	179	H	11	14	+3
9	T	112	I	172	I	14.5	9	-5.5
10	A	111	B	169	J	20	20	—
11	H	110	E	162	K	21	21.5	+0.5
12	W	100	F	150	L	13	13	—
13	L	84	L	122	M	7	6	-1
14	G	72	H	112	N	19	19	—
15	I	72	G	107	O	18	17	-1
16	E	69	W	89	P	3	3	—
17	V	43	O	73	Q	23	23	—
18	O	41	V	64	R	6	7	+1
19	N	40	N	52	S	1	2	+1
20	J	22	J	27	T	8.5	8	-0.5
21	K	18	K	22	U	22	21.5	-0.5
22	U	16	U	22	V	17	18	+1
23	Q	7	Q	14	W	12	16	+4
24	Y	5	Y	8	X	26	26	—
25	Z	1	Z	4	Y	24	24	—
26	X	—	X	—	Z	25	25	—

表 B

1	2	3	4	5	6
	総順位			サンプル *X* における順位差	
文字	バニヤン	マコーレー	サンプル *X*	バニヤン総計	マコーレー総計
A	10	4	12	2	8
B	5	10	6	1	4
E	16	11	15	1	4
F	8.5	12	9	0.5	3
H	11	14	11	0	3
I	14.5	9	16	1.5	7
W	12	16	8	4	8
			総計の数字は＋/－を無視	10	37

表 A の列 2-5 はバニヤンとマコーレーのサンプルの中の名詞を頻度順で示している。列 6-8 はその２人の著者における各頭文字の順位をリストにしてあげ，列９はそれぞれの場合に見られる順位の差を示す。例えば，A はバニヤンでは頻度順で 10 位だがマコーレーでは４位で，６ポイントの差。＋はその文字がマコーレーでより低く，－はより高くなることを意味する。大多数の文字で分布は非常に似ているが，A，B，E，F，H，I，W では顕著な違いが見られる。

サンプル X を書いたのは誰か？

次にこれら７つのテスト文字とその順位（表 B の列 1-3）が１つのテクストサンプル X を同定するのに使われる。そのサンプルにおける順位が列４に示されている。列５，６にはこのサンプルでの順位と表 A の列７，８での順位の差（プラスかマイナスかには注意は払っていない）が記されている。列５，６の一番下の合計が一致の近さを測る大まかな数値となる。すなわち，数値が高くなると，これがサンプルの著者である可能性がそれだけ低くなる。現在のケースでは，この作品の著者はバニヤンであると（正しく）みなされることになる。

この表は文字のペア（**2字連続**（**digram**））の頻度を示したもので，『ケンブリッジ百科事典』の初版のテクストコーパス全体（600万以上の隣接する文字のペア）を使用したものである。数値は生データで，単位は千（小数点以下切り上げ）。この表は左から右に読む。

例えば，AにAが続くのは400回，Bが続くのは12,100回となる。縦と横に並べたアルファベットのそれぞれ最後の部分に出てくる2つの括弧記号“[”と“]”のうち，前者は先行する語の区切りのスペースを，また後者は後続するスペースを表す。例えば，Bが語頭となるのは75,600回で，語末となるのは1,500回である。

この表はさまざまな方法で利用することができ，連続する文字の最高頻度，最低頻度のいずれの数値も教えてくれる。頻度数で上位10位以内に入るのは（上から順に）IN, TH, HE, AN, ER, RE, ON, ND, OR, ESである。Eは最も語末に来やすい文字で，Jが一番語末にくる可能性が低い。Qに続く文字が（U以外にも）いくつかあるのは驚きかもしれないが，これらの多くは百科事典における略語や外国の名前の存在によるものである。{【訳注】例えばqt.（= quart（クォート）），q.v.（= quod vide（～参照））；Qatar（カタール），Qingdao（青島）など。}

	A	B	C	D	E	F	G	H	I	J	K	L	M
A	0.4	12.1	24.3	18.1	4.3	6.7	12.3	1.3	22.4	1.7	4.9	79.7	24.5
B	11.0	1.0	1.4	0.3	28.6	0.04	0.02	0.09	7.7	1.0	0.02	12.9	0.2
C	41.9	0.04	5.1	0.06	38.1	0.03	0.02	40.7	21.2	0.005	6.4	11.5	0.7
D	10.6	0.2	0.5	1.9	49.2	0.2	1.6	0.6	30.7	0.2	0.02	1.8	0.9
E	42.9	2.7	31.8	81.3	16.9	8.1	9.1	1.3	7.7	0.2	1.4	32.9	20.7
F	9.5	0.05	0.05	0.05	12.1	5.6	0.1	0.02	15.5	0.03	0.02	6.6	0.03
G	11.1	0.2	0.08	0.5	25.3	0.08	0.9	11.9	10.4	0.01	0.04	5.4	0.8
H	27.5	0.4	3.9	0.3	159.6	0.1	0.07	0.05	41.7	0.006	0.05	1.1	0.8
I	28.4	5.3	53.8	17.0	26.7	7.1	15.0	0.1	1.3	0.2	1.8	27.7	15.5
J	2.4	0.003	0.001	0.005	2.7	0.0	0.001	0.006	0.4	0.005	0.02	0.02	0.009
K	2.0	0.1	0.04	0.06	9.2	0.1	0.2	0.5	5.8	0.02	0.07	0.6	3.3
L	44.0	0.8	1.0	10.2	51.7	2.0	0.9	0.2	40.1	0.03	1.3	31.5	2.3
M	40.8	7.6	0.1	0.07	45.6	0.1	0.05	0.05	25.3	0.005	0.02	0.3	6.4
N	28.7	0.7	26.7	91.8	40.1	3.8	57.6	1.2	25.9	0.5	2.4	3.2	2.1
O	4.4	4.7	11.6	13.9	2.8	69.5	6.4	1.4	5.8	0.3	2.6	25.9	32.7
P	21.7	0.2	0.04	0.03	30.3	0.03	0.008	9.6	11.9	0.007	0.03	13.7	0.9
Q	0.05	0.004	0.004	0.0	0.007	0.001	0.0	0.0	0.08	0.0	0.001	0.003	0.002
R	52.1	2.7	8.6	11.0	97.3	2.4	9.2	1.1	58.3	0.04	7.0	8.5	14.2
S	11.2	0.9	10.2	0.3	48.1	0.9	0.2	21.0	34.5	0.03	2.0	4.2	6.1
T	36.6	0.5	1.5	0.1	76.3	0.3	0.2	161.4	76.0	0.03	0.3	6.4	1.3
U	8.6	6.1	12.9	8.7	8.3	1.1	6.8	0.1	6.5	0.08	1.2	15.4	10.1
V	9.4	0.002	0.008	0.02	43.8	0.006	0.01	0.007	16.5	0.003	0.01	0.06	0.01
W	22.8	0.08	0.2	0.2	14.1	0.1	0.02	16.5	20.6	0.003	0.08	0.7	0.07
X	1.3	0.06	0.9	0.008	1.2	0.5	0.007	0.3	2.6	0.003	0.004	0.05	0.01
Y	2.3	0.3	1.3	1.1	5.1	0.09	0.4	0.1	1.5	0.01	0.06	1.7	2.0
Z	1.9	0.08	0.03	0.02	4.6	0.006	0.02	0.1	1.3	0.0	0.01	0.1	0.02
[	157.5	75.6	86.5	41.7	41.8	68.1	27.0	56.9	113.5	7.8	11.3	39.5	61.1

	N	O	P	Q	R	S	T	U	V	W	X	Y	Z	]
A	139.7	0.5	13.2	0.4	74.6	50.4	77.3	8.1	9.5	3.1	1.3	10.3	1.3	28.4
B	0.2	16.8	0.03	0.007	10.8	2.7	0.5	10.4	0.05	0.08	0.01	15.2	0.004	1.5
C	0.06	46.7	0.03	0.3	9.5	2.6	25.5	9.9	0.007	0.001	0.005	2.4	0.2	19.8
D	0.5	8.7	0.1	0.1	5.4	8.7	0.4	11.0	0.7	0.9	0.003	3.3	0.03	160.5
E	76.4	4.8	9.7	2.3	120.1	82.8	24.1	4.5	11.9	5.4	10.2	5.9	0.7	267.9
F	0.05	28.7	0.03	0.001	16.3	0.7	8.2	4.0	0.005	0.02	0.01	0.3	0.002	68.9
G	4.4	6.9	0.07	0.009	13.5	3.5	1.4	5.8	0.01	0.1	0.02	2.5	0.03	43.3
H	1.7	20.2	0.2	0.1	5.6	1.2	6.7	5.1	0.03	0.3	0.001	4.3	0.04	45.6
I	168.7	42.1	5.8	1.0	19.5	68.0	65.1	2.1	19.0	0.09	1.1	0.09	5.0	7.6
J	0.02	4.2	0.009	0.0	0.01	0.009	0.009	2.4	0.005	0.0	0.0	0.009	0.001	0.08
K	3.4	0.8	0.08	0.001	0.4	3.6	0.1	0.4	0.01	0.2	0.003	0.7	0.0	11.3
L	0.3	27.8	1.5	0.01	0.2	11.6	7.5	10.9	1.9	1.6	0.006	26.4	0.06	55.7
M	0.6	20.1	14.4	0.003	0.1	5.5	0.8	7.1	0.02	0.1	0.02	2.3	0.005	29.0
N	5.4	19.7	0.3	0.4	0.8	28.2	57.0	6.0	2.9	1.2	0.1	6.0	0.5	162.1
O	94.5	9.8	19.2	0.1	84.6	17.3	17.8	36.0	13.1	18.0	1.7	2.1	0.3	45.1
P	0.09	26.2	6.4	0.01	26.3	3.5	5.1	7.3	0.005	0.09	0.002	0.7	0.08	8.7
Q	0.0	0.008	0.0	0.008	0.005	0.006	0.0	7.1	0.001	0.002	0.002	0.001	0.0	2.4
R	15.7	52.6	2.7	0.1	8.0	24.7	23.2	9.3	3.9	0.9	0.1	14.4	0.1	81.8
S	0.6	21.9	13.8	2.9	0.7	21.0	71.0	18.2	0.1	2.3	0.007	4.1	0.05	201.4
T	0.5	51.7	0.2	0.003	31.8	21.0	8.8	17.7	0.1	4.8	0.03	12.6	0.5	100.6
U	25.5	0.7	7.1	0.02	32.7	32.2	18.6	0.08	0.3	0.07	0.4	0.2	0.2	1.8
V	0.03	4.8	0.002	0.0	0.1	0.2	0.02	0.3	0.001	0.0	0.002	0.4	0.0	0.7
W	6.4	11.5	0.06	0.001	3.0	1.7	0.4	0.08	0.008	0.01	0.0	0.3	0.0	9.7
X	0.02	0.3	2.5	0.004	0.08	0.04	2.8	0.3	0.06	0.02	0.05	0.3	0.0	2.3
Y	1.3	2.2	2.2	0.002	1.0	6.6	1.1	0.3	0.02	0.4	0.08	0.02	0.1	88.6
Z	0.02	1.2	0.0	0.003	0.04	0.03	0.05	0.2	0.02	0.03	0.0	0.2	0.4	0.7
[	29.2	111.1	73.1	1.9	45.1	100.1	187.6	21.4	12.5	68.7	0.5	4.7	1.5	0.0

文字象徴

書記素は，音素同様，内在的な意味はもたない。すなわち，「m の意味は何か?」「e の意味は何か?」と問うことにはあまり意味はない。書記素の役割は結合し対比を示すことであり，意味をもつのはそれより大きな単位（語）の方である。しかしながら，話しことばの研究の場合と同様に，個々の文字によっては，あるいは印刷や手書きで文字を書き表す具合によっては，音象徴（p.262）に見られるものに類似したような，ある程度の意味的または心理的な解釈が事実可能だということを認めざるをえないような場合がかなりある。ただし，これには主観的な要素が含まれるので，議論の余地のない説明に到達するのは困難ではあるが。

文字デザイン上の矛盾

次の例が示すように，図形的デザイン，特に印刷書体の選択によって伝えられる連想が語の意味を強化したり，語の意味と矛盾したりすることがある。

強化される場合	矛盾する場合
Olde Tyme Dancing	Modern Alarm Systems
RETREAT	RETREAT
ascent	ascent
ADVANCE	ADVANCE
UNDERTAKERS	UNDERTAKERS
harmony	harmony

XXXX を用いて言ってみよう

文字 X は使用頻度が低く，また（余計な文字と見なされることがあるくらいに）余剰性が高い（p.276）にもかかわらず，英語のアルファベットのどの文字よりも社会的および専門的な用途が広い。したがって，「X は何を意味するのか？」という問いに対しては，ほかの文字の場合と比べ，気の利いた答えを引き出しやすい。以下はそのような可能な 10 の答えである。

- 「キス」手紙やカードの最後の部分によく用いられる。幼い子どもが学ぶ，この文字の最初の機能のうちの 1 つである。
- 「間違い」不正解を意味する標準的な記号。その反対を記号的に表す文字はない。ただし，チェックマーク（✓）は実際 V にいくらか似てはいるが。関連した用法に，以前用いられていたタイプライターで，間違った文字や語を x 印で消すというやり方があった。
- 「クリスチャン」ギリシア語で Christ（キリスト）に相当する語の頭文字 X（chi/khi，キー）にもとづき，X は今もキリストを表す記号として広く使われる。十字架に似ていることがその理由の 1 つである。特にクリスマス（Xmas）の時期になると目立つ。
- 「アダルト」一般公開ではあるが，子ども向けではない映画そのほかのものに関連する記号として，以前，国によっては X の文字が用いられていた。ポルノ映画も時に 'X'（「アダルト向き」）と指定される（最高レベルは「トリプル X」）。このような判断基準についての慣習は検閲委員会によって異なる。

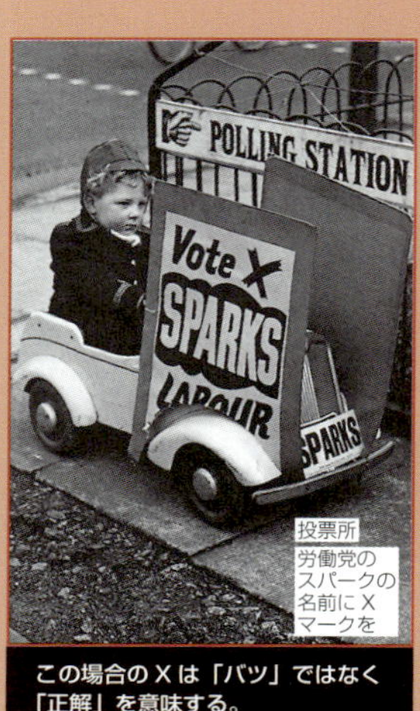

この場合の X は「バツ」ではなく「正解」を意味する。

- 「不明，未知」犯罪捜査におけるように（ミスターX），正体がわからない場合に広く用いられる。数学でも似たような用法があり，X は決定されるべき値の最初のものを表す記号として用いる。
- 「教育のない」X のもつ簡潔さから，書くことができない人が使う，署名の代わりの記号として長らく用いられてきた。X のおどけた使い方は，ある人が読み書きのできないことを示すような時に今でも見られる（「ここに X 印を書きなさい」）。

- 「選択」同じようにこの用法でも，X のもつ簡潔さにより，投票用紙で意思表示する時の記号として選ばれる。この場合，決められた基準から少しでもはずれると，制裁を受けることになる。すなわち，その投票用紙は無効となる。
- 「場所」海賊の宝物を埋めた場所を X で示すという伝統的なやり方がある。何か地図上の位置を示そうとするのに，まずはこの X が選ばれる。
- 「かける」X は四則計算のうちの 1 つを表す記号として働く唯一の文字である。寸法（3x4）を表すのにも似たような使われ方をし，この場合 X は英語で 'by' と読まれる。
- 限定的ではあるが，ほかにいくつかの機能がある。X は，チェスで駒を取ること（RxP「ルークでポーンを取る」）を表し，英国のサッカー賭博クーポン券の引き分け試合や，園芸での交配種（Aceras（アケラス）x Herminium（ハーミニウム）），遺伝学での男性（X 染色体），写真の倍率(50x)，ローマ数字の 10 を表す記号などとしても用いられている。XXXX（オーストラリアのビールの名前「FourX」）のように，X の連続が特定の意味を帯びることがある。

そのほかの文字

いくつかのほかの文字の場合も，一時的な流行や個々の特異性を表すにとどまらないような連想を生むことがある。

- 「A は優秀，卓越を表す」アルファベットの 1 文字目としての A の役割が，成績づけが求められる多くの文脈でこれまで用いられてきており，それが現在では英語の表現の中に反映されている(I feel A1(私，最高の気分)，She's got an A（彼女は A の成績を取った))。文字 B, C, D, E, F もこれと関連するような意味合いをもち，特に B にこの用法が見られる（B-movie（B 級映画），B-side（B 面））。E には雑多な用法があり，時に excellent（優秀な）や Ecstasy（非合法の幻覚剤エクスタシー）の略語として，また時には非常に低い成績または婉曲的な表現（effort（努力を要す）の E）として使われる。同様に，F の含意は雑多であり，失敗（failure），騒がしさ（forte（フォルテ）），女性（F，男性 M に対し），卑猥（effing（ひどい））などが含まれる。
- 「K はコーンフレーク」多くの場合，文字のもつ象徴的な意味は特定の印刷書体でのみ明白となる。多くの広告主はこのような効果をもたせるように文字を用いようと試みてきたが，最も成功したのは，大き目の，独特の赤いイニシャルでおなじみのシリアル製造会社ケロッグ（Kellogg）の場合である。ケロッグの製品名「スペシャル K」はこの過程を 1 段階先に進めたものとなっている。このような際立った印刷法なしでも，K はいくつかほかの文脈に現れる。例えば「もっと KKKK を」（コンピュータの広告の一部として使われた）や，K が（ユダヤ教のおきてに則して調理の施された適正な食品）コーシャ（kosher）の表示として用いられたり，あるいは，K または KKK が Ku Klux Klan（クークラックスクラン）の略として，特に米国南部の州のいくつかで，人を怯えさせる記号として使用されたりするなどの用法がある。
- 「勝利の V」この文字の象徴的な役割は第 2 次世界大戦末に出現し，今も成功のハンドサインとして広く用いられる。しかしその頻度は，英語圏で侮蔑を表す下品なシンボルとして広く使われる，手のひらを内側に向けたジェスチャー（V サイン，ファックサイン）に比べればわずかなものと言える。

（続きは巻末 p.541 に掲載）

筆跡分析

図形的な象徴性のもつ興味深い側面の1つに，手書きによる文字の表し方に見られる個々のバリエーションについての解釈がどの程度信頼できるのか，ということがある。筆跡についての心理学的研究は1世紀以上にわたって行われてきており，**筆跡学**（graphology）という用語（graphologyについて言語学で見られるのちの用法（「書記学」）とは意味が異なる，p.269）を初めて使ったのはフランス人修道院長ジャン・イポリート・ミション（Jean Hippolyte Michon）（1806-81）である。筆跡学者が関心をもっているのは，筆跡が，いくつか異なる仕事に対する個人の適正についてはもちろん，性格と個性について何を教えてくれるかを見出すことである。最近では，筆跡鑑定者が人事管理や結婚相談などいくつかの専門的な分野，特に法科学の分野において雇われてきている。法科学においては，手書き文字の同定と模倣（偽造）の問題がとても重要となる。

文字の大きさ，形，角度，つなげ方，線の向く方向と分かれ方，ストロークの太さとその一貫性，あるいは文字の並べ方に規則性が見られるかなど，これらすべてのことが，原則的には正確な記述の対象になるのであるから，この学問には科学的発展が望めるということは明らかである。しかしながら筆跡学は，これまで懐疑的な扱いを受けてきた。そのような懐疑心は，農産物品評会での幌馬車の中や海岸リゾート地――そこでは，走り書きした署名をもとに性格が語られ未来が予言される――でよく出会うことのある筆跡占い的やり方によって生み出されるものである。この学問はまた，これまで，有名人あるいは悪名高い人たちの場合に向けられてきたという偏った傾向が見られる。そのような人たちの場合は，署名の中に鑑定がうまくいくもととなるものが認められるからである――ただし，分析以前の客観的な条件統制は行われていない。例えば，対象人物がナポレオンであることが明らかな場合，ナポレオンの筆跡に野心とか支配とかのような特質を「読み取る」のは難しいことではない。

この分野はこれよりもうまくやれることもあるので，現在の研究はより一般的な人びとからなる母集団に見られる筆跡の慣習を調べたり，適切に統制された，人物の名を伏せた「ブラインド」調査を実施することの方に精力を注ぐようになってきている。現在でもまだ大部分手付かずになっているものとして，拡大化や質向上やパターン照合などのコンピュータ技術，あるいはさらに洗練された数量化の手法のような電子的資源を用いる方法がある。

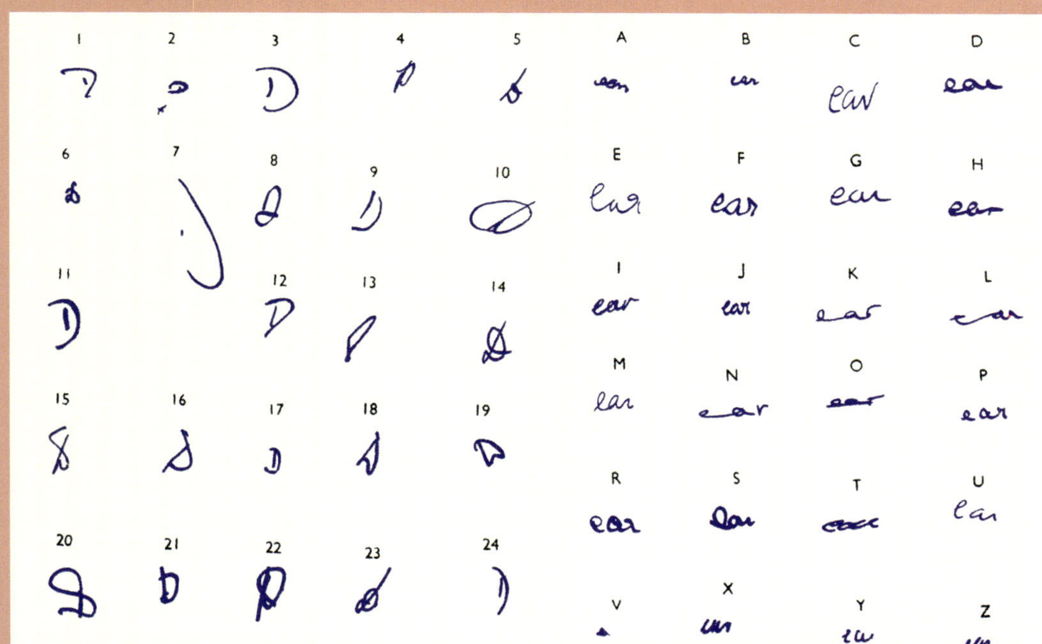

筆跡学的演習

エリック・シンガー（Eric Singer）の『筆跡学マニュアル（*Manual of Graphology*）』（1953）には，筆跡に見られる弁別的特徴についての鑑識眼を養うための一連の練習問題が含まれている。ここにあげたのはそのうちの2つで，これを見ると，筆跡学の難しさだけでなく，魅力のようなものも感じられる（シンガーのあげている答えについてはp.282参照）。

1 上の図にあるのは，24種の手紙の中の最初の語 Dear（親愛なる～，拝啓）を取り出し，Dとearに分割したものである。どれとどれを組合わせたらよいか答えよ。

2 右の図にあるそれぞれの筆跡は，就職のための手紙の中から取り出したものであるとしよう。これら応募者の中から，販売外交員としてふさわしい人物を選べ。

I would like to know
Please forward
order which I should be
Would you kindly
Dear Sir

ディーテイルズ（Dは語る，詳細）

ここにあげたのは，特徴についての記述と人格についての解釈を盛り込んだ，Dの17のタイプであり，これは『筆跡学者のアルファベット（*The Graphologist's Alphabet*）』（1950）におけるオーストリア人の筆跡学者エリック・シンガーによる分析を示す。このリストはもちろん決して完全なものではない。例えば，この百科事典の著者である私の名前のDとd（17の下の筆者の署名を参照）は，これらのカテゴリーのどれにもきれいには当てはまらない。ただし，5，8，9，11には私の性格と際立った類似が見られるとは思いたいのだが。

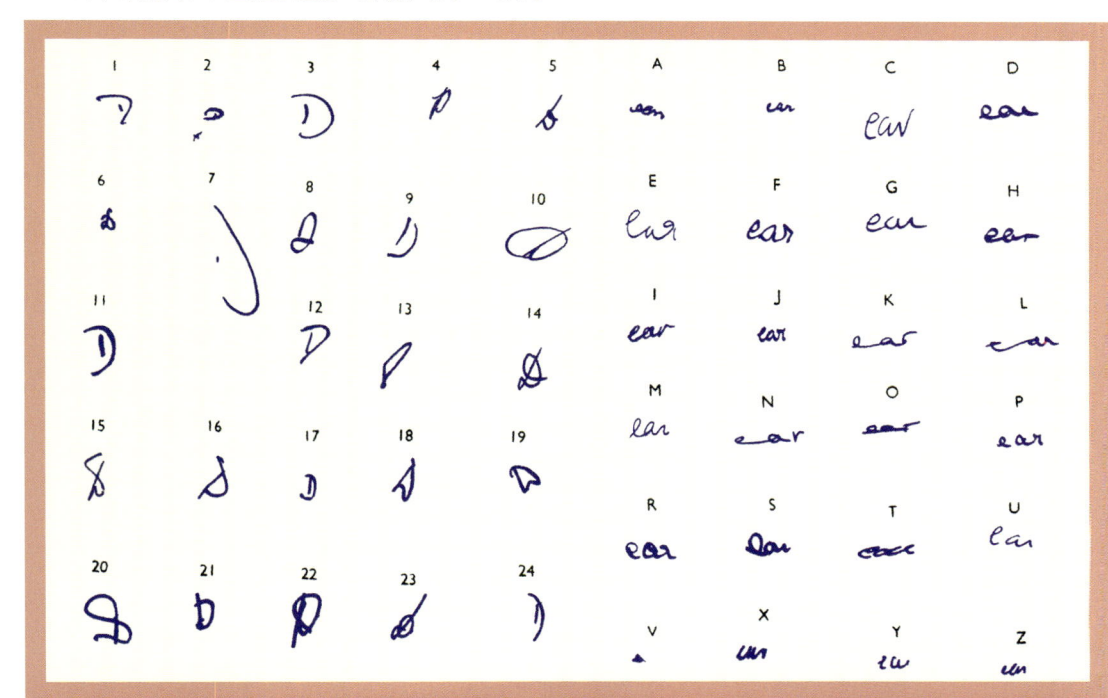

1 下が開いている「自分自身のことを知りたい」

2 左側が下品と言えるほど強調されている「下品，悪趣味」

3 2つに分かれている「個人主義，適応欠乏」

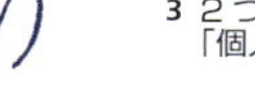

4 下の円弧のストロークが伸び，幅が広い「尊大さの強調」

5 ブロック体文字「単純化，知性」

6 かぎ爪が左へ伸びている「利己的な人」

7 独特な形「官能的な願い，性的過剰と逸脱に対する抵抗力の低下」

8 上部のストロークが伸びている「進取の気性」

9 上部の長さが過剰「精神的価値の重視，誠実さ」

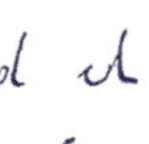

10 上部が開いて広い，または2つに分かれている「話し好き」

11 単純化された左向きの弧「センス」

12 音符や音楽的記号「音楽性」

13 下が開いている「偽善」

14 右へ伸びたストローク「自衛」

15 渦巻き状「秘密主義，家庭的な人」

16 ループ状「うぬぼれ」

17 インクで塗りつぶされている「官能的」

文字論的多様性

書記体系の階層的な構造が最も明確に現れるのは，印刷の体裁（印刷法，タイポグラフィー）に関わる面においてである。それぞれの印刷書体（例えばタイムズ（Times））はいく組かのアルファベット（ローマン，ボールド，イタリック，大文字，小文字）で表され，これらは文字，句読点，そのほかの記号から構成される。そしてこれらの記号は結合してより大きなテクストの単位を構成する。例えば，語（話しことばでもそれに似た対応物がある）と行（これについては対応物なし）や，段落（話しことばには部分的にこれに対応するものがある）とページ（対応物なし）のように。さらに，これらのより大きなテクストの単位のもつ視覚的な効果は，個々の文字の図形的な属性からは容易に予測できるものではない。印刷書体，サイズ，文字と行間，色，そのほかが複雑に絡み合って，これまで時に**テクスチャー**（質感）――書体セットで打ち出すテクストのもつ目立った視覚的特性――と呼ばれてきたようなものを生み出すことになる。書体の選択に関する具体的面での決定がよいか悪いかが最終的に判断されるのは，このテクスチャーのレベルにおいてである。要点は 18 世紀の主要な印刷技術者であったピエール・シモン・フルニエ（Pierre Simon Fournier）により，次のようにうまくまとめられている。

> 文字の 1 つ 1 つを単独で測ってみても，はっきりとわかるほどには大き過ぎも小さ過ぎもしないかもしれないが，印刷物に組み込まれた 1 万の文字は，誤りを 1 万回も繰り返すことになり，これは決して些細なものとは言えず，その効果は意図されたものとは逆のものになるであろう。（『印刷術マニュアル（*Manual typographique*）』，1764–6）

ABCDEFGHIJKLMNOPQRSTUVWXYZ&
abcdefghijklmnopqrstuvwxyz
ABCDEFGHIJKLMNOPQRSTUVWXYZ&
abcdefghijklmnopqrstuvwxyz
ABCDEFGHIJKLMNOPQRSTUVWXYZ&
abcdefghijklmnopqrstuvwxyz
ABCDEFGHIJKLMNOPQRSTUVWXYZ&
abcdefghijklmnopqrstuvwxyz
ABCDEFGHIJKLMNOPQRSTUVWXYZ&

To our Readers who observe Christmas:
A HAPPY ONE
&
TO ALL
Best Wishes for 1993.

これは 1992 年にカナダのトロントにあるプロモーショナルアーツ博物館の会報『エンパ（*Empa*）』の中で，読者に送られた品のよいクリスマスのメッセージ。印刷書体は，住居システムズ社のためにロバート・スリムバック（Robert Slimbach）が考案し，文芸復興期に発達した大法官庁書体（p.41）のスタイルをモデルとしたポエティカ（Poetica）が用いられている。この印刷書体は，下にあげた&の記号（アンパサンド）を表す 58 のデザインからもわかるように，かなりの数の変種と装飾方法を備えた，非常に複雑な活字のグループをなす。活字の選択および印刷の体裁はコンポージングルーム社（The Composing Room Inc.）のエド・クリアリー（Ed Cleary）による。

文字論的逸脱

この広告は，標準的な印刷の体裁上の慣習を故意に破ったものとなっている。その効果は，じつは少数の改変を一貫して用いることで得られている。特に，セリフとサンセリフ（p.269）の特徴を同じ 1 つの文字の中に組み合わせるとともに，角ばった大文字と丸みを帯びた小文字の特徴を組み合わせてもいる。中でも，視覚的に最も逸脱した効果が出るのは，E や N の場合に見るように，上に述べた 4 種の特徴すべてが 1 つの文字の中に用いられている時である。また B や R の場合に見るように，大文字と小文字の間の視覚的曖昧さ（一種の図形的地口）を醸し出そうとするところにも，そのあたりのテクニックのうまさが大いに感じられる。

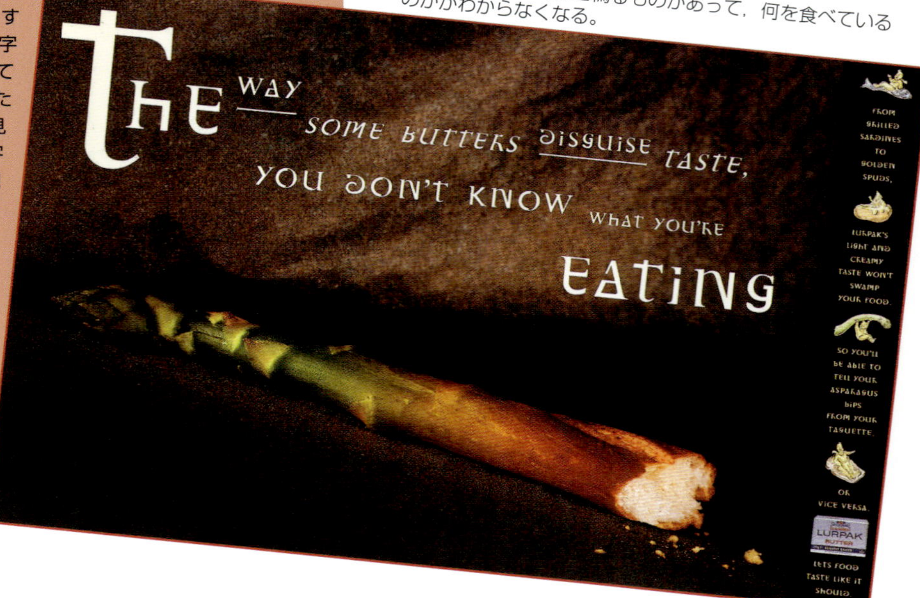

バターの中には風味を偽るものがあって，何を食べているのかがわからなくなる。

p.281 の答え

1 1O, 2V, 3G, 4A, 5U, 6B, 7N, 8H, 9C, 10T, 11D, 12I, 13J, 14E, 15M, 16K, 17P, 18F, 19L, 20R, 21X, 22S, 23Z, 24Y.

2「例3が最も適切な応募者だと思う。この人物は素早く（素早い書き方），活発（素早い書き方，右側に傾く癖）である。また社交的で，熱意があり，動きまわるのが好きである（右に傾いて広がった書き方）。説得力もある（広がった書き方，形が明確で語と語の間にスペースあり）。」

そのほかの図形的な応用例

ページ上のテクストの配列の仕方も含め，印刷の体裁をどのように整えるかにより，語と文によって表現される意味にさらなる広がりをもたせることができる。読者が今目にしているこの段落のように，中立的な提示の仕方では，印刷上のデザインは語の意味に何も加えないことになる。実際，デザインの全体的な目的は，文の意味に影響を与えないよう，目立たないところにある。仮にある印刷上の特徴がそれ自身に読者の注意を引くようなことがあれば，それは読者の気を散らすものとなり，そのデザインは，そのわずかな点で，失敗に終わることであろう。もちろん，例えば著者が特別ないろあい｛【訳注】原著では pOINt｝を出したいと望む時のように，これには例外があることを認めるだけの心の準備がつねにできていなければならないが。

これと反対の状況は，単なるテクストの書記素的要素では表せないような特徴を用いて，グラフィックデザインにおいて1つの意味を表す可能性を最大限に利用したいと著者が思うような場合に見られる。これらの特徴（色，フォントのサイズ，線の方向など）は，それぞれ表現のもついくつか異なる側面に属するので，それらを用いて2つ以上の意味を同時に表現することができ，それにより，強調（それらの意味がお互い強化し合う場合），皮肉（それらが矛盾する場合），雰囲気（それらが読者にストーリーのもつ別の側面を思い起こさせる場合），ユーモア（それらが場にそぐわない場合）などの効果をもたらすことが可能となる。また同じように，作家は微妙なあるいは深い意味的な意図はまったくもたずに，単に読者にとって興味深い——おそらく優雅であると受け取られたり，興味をそそったり，魅力的だったり，巧みだと思われたり，美しいなど——と思われることを期待してこれらの特徴を使いたいと思うかもしれない。この点において，書記体系のもつ意味的な機能は美学的な機能と融合し，その結果，言語学は美術に取って代わられることになる（pp.432, 442）。

アリスに顔を向け，ため息をつきながら「私のは長くて悲しいテール（話）なんです」とネズミは言った。

「確かに長いテール（尻尾）ね」とネズミの尻尾を不思議そうに見下ろしながらアリスは言った。「でもなぜ悲しいって言うのかしら。」そして彼女はネズミが話している間そのことについて頭を悩まし続けていた。それで彼女のとらえた話はこんなふうだった——

Fury said to
a mouse, That
he met
in the
house,
'Let us
both go
to law:
I will
prosecute
you.—
Come, I'll
take no
denial;
We must
have a
trial:
For
really
this
morning
I've
nothing
to do.'
Said the
mouse to
the cur,
'Such a
trial,
dear sir,
With no
jury or
judge,
would be
wasting
our breath.'
'I'll be
judge,
I'll be
jury,'
Said
cunning
old Fury;
'I'll try
the whole
cause,
and
condemn
you
to
death.' "

「ちゃんと聞いてない！」とネズミはアリスにきつく言った。「何を考えているんだ？」

「御免なさい」とアリスはとても謙虚に言った。「5番目の曲がりまで行ったと思うんだけど？」

（ルイス・キャロル（Lewis Carroll）
『不思議の国のアリス（*Alice in Wonderland*）』1865，第3章）

オオカミの視点から語られた『3匹の子豚のほんとうの話（*The True Story of the 3 Little Pigs*）』（1989）の最初の数行。最初の文字がじつにすべてを語っている。（作ジョン・シェスカ（Jon Scieszka），絵レイン・スミス（Lane Smith））

Everybody knows the
story of the Three Little Pigs.
Or at least they think they do.
But I'll let you in on a little secret.
Nobody knows the real story,
because nobody has ever heard
my side of the story.

みんな3匹の子豚の話は知っている。
あるいは少なくともそう思っている。
ちょっとした秘密を打ち明けよう。
誰も本当の話を知らない，
だって誰も私の方から見た話を聞いたことがないんだから。

「ビジョンと祈り（'Vision and prayer'）」（1945）はディラン・トマス（Dylan Thomas）による12篇の短編詩の連作である。最初の6篇はダイヤモンドの形で，また次の6篇は（下に示すように）砂時計の形でつづられている。連作の最後の詩編を下に収録した。

I turn the corner of prayer and burn
In a blessing of the sudden
Sun. In the name of the damned
I would turn back and run
To the hidden land
But the loud sun
Christens down
The sky.
I
Am found
O let him
Scald me and drown
Me in his world's wound.
His lightning answers my
Cry. My voice burns in his hand.
Now I am lost in the blinding
One. The sun roars at the prayer's end.

アルフレッド・ベスター（Alfred Bester）のSF小説『世界のもうひとつの顔（*The Pi Man*）』（1959）からの数行であるが，彼なりの文字の配列（タイポグラフィー）により主人公の心の不安を表そうとしたものである。この物語の導入部で，ベスターはこう述べている。「私はこれまでつねに，パターン，リズム，テンポに取り憑かれてきており，いつもこれらの特徴を通して自分の物語を感じ取っている。タイポグラフィーを使った実験をしようと自分を駆り立てるのは，このパターンに対する強迫観念によるものである。私は現在，視覚，音，語の文脈を混ぜ合わせることにより，印象的なパターンを作り出す技術を開発しようと懸命に努めている。私は読者の目，耳，心を統合して，単にそれら部分的なものの総和よりも大きな1つの完全なものを作り上げたいと思っている。」

Sometimes
I I I
am am am
3.14159 +
from from from
this other that
space space space
Othertimes not

Foyer
Bedroom
Bath T
Bath e
Living Room r
Kitchen r
Dressing Room a
Bedroom c
T e r r a c e

英語のつづり字

次のページにある2つのテクストは，つづり字（または綴字）体系について対立した見方を示している。最初の方は，一種のヴィクトリア朝の物語をなしていて，これを見ると，英語のつづり字の方式には予測できる部分があまりにも少ないので，それが「体系」をなすなどとはとうてい考えられないということを表している。この詩は巧妙にできていて，とても印象深いところがあるので，ここでは全編を紹介することにする。2番目のものは，子ども向けの読物シリーズの中からの引用で，これを見ると，英語は予測可能な部分がじつに多いシステムになっていて，混乱を引き起こすような不規則なつづり字はごくわずかしかないということを示唆している。前者のようなカオス派の立場に立つ人にとっては，つづり字と発音の関係を教えるフォニックスの教材は，簡略化しすぎているので，読み方の本当の姿を伝えるガイドにはなり得ないことになる。一方，秩序派の立場に立つ人にとっては，不規則性を示す例が満載の詩など，奇異なつづり字を見世物にする猟奇趣味の魅惑をかき立てる一種のショーにしかすぎず，何が正常かについて教えてくれるところがいっさいないということになる。

明らかに，事実はその中間あたりにあることになる。しかしながら，英語のつづり字には，どのくらいの量の不規則な場合があるのかを示す確かな数字を示すことなど期待できない。（右ページの詩に出てくるような）人名・地名，あるいはまれに見る外来語を含めるとなると，不規則性の割合は劇的に増加するであろう。もし（trichloroethane（トリクロロエタン）のような）長い専門用語を含めるとすると，それらは，ほとんどの場合，きわめて規則的な法則に従ってつづられているので，その割合は減少することになるであろう。問題を日常的な語彙に限ったとしても，答えは相反するものとなる。完全に不規則的なつづり字をもつ英語の語は500に満たないであろうと思われる。それでも，そのような語の中には，英語で最も頻繁に用いる語がいくつか含まれている。私たちはそれらを絶えず目にしているので，英語のつづり字は，実際の姿よりも不規則的なものであるという印象を与えることになる。

規則性の概念

このことはまた，規則性の概念をどのように定義するかによる部分も多い。わずか26文字で40以上もの音素を扱うことになるので，1つの文字に1つの音素をあてるという基準は明らかに厳しすぎて守れない。そういう意味では，これまで英語は決して「表音言語」ではなかったことになる。1つの音を表すのに2つの文字を組織的に用いる体系というのもまた規則的であると言えるであろう。事実，英語はかなりの程度この種の方式を用いている。このことが最もはっきりと表れているのは，/ʃ/ の音素に sh の文字を，また /ŋ/ の音素に ng の文字を用いるような場合である。それほど明瞭でないのは，rate vs rat のように，前にくる母音の音価に変化をもたらす働きのある「魔法の e」の規則（p.42）の場合である。普通とは異なり，2つの母音の文字が1つの子音によって分離されてはいるが，それでも，ここには明らかに1つの規則が働いていることがわかる。というのも，何千もの語が，その母音をこのようにして長母音に変えることになるからである。

規則的であるということは，数多くの語を正しく作り出すことができる規則があるということを示す。500の数の語に対して有効な規則があれば，それは明らかに規則的であると言える。100の数の語だったら，規則的である程度はずっと低くなるし，50や20や5の場合には，そもそも，それを「規則」と呼べる可能性は，ますます低くなる。明らかなことだが，どの程度だったら規則的であると言えるのかその区切りをつけるのは難しい。これまでの概算によると，不規則すぎて丸暗記するしかないのは，日常用いる英語の語彙のうちおよそ3%だけであり，80%以上が規則的なパターンに従ったつづり字になっている。残りの15%程度が規則的かどうかの議論の対象となる。しかしながら，そのような統計的数字をもとに考えられる主な結論としては，つづり字改良主義を支持する一部の人たちのように問題の大きさを誇張してはならない，ということになるはずである。逆に，それを軽視するというのでもいけない。というのも，引き起こされる混乱の大部分は，その3〜15%の不規則な語彙からくるものであり，また読み書きのできる人のおよそ2%が，そのような混乱から抜け出せないでいるからである（p.478）。

欠陥のある規則

最も有名なつづり字の規則の1つである「c の後ろを除いて，e の前に i がくる」は，それ自身に例外があることで有名である。この規則は receive（受け取る）や deceive（だます）のような語の記憶を助けるために考案されたもので，一握りのよりまれな語（ceilidh（集い），enceinte（妊娠している），orcein（オルセイン））の場合はもちろん，conceit（うぬぼれ）や ceiling（天井）などの語の場合にも役立つが，c の後ろに ie がくる語や，c 以外の文字の後ろに ei が続くような語の方がはるかに多い。

- **c+ie** ancient(古代の)，conscience(良心)，deficient(不足している)，efficient(効率のよい)，financier(資本家)，glacier(氷河)，hacienda(大規模農場)，juicier(水分のもっと多い)，nescient(無知な)，science(科学)，scient(物知りの)，society(社会)，species(種)，sufficient(十分な)
- **c 以外 +ei** beige(ベージュ色)，buddleia(フジウツギ)，cepheid(ケフェイド変光星)，codeine（コデイン)，deicide(神殺し)，deictic(指示的な)，eider(down)(ケワタガモ(の羽毛))，eight（8)，either（どちらかの)，foreign（外国の)，height（高さ)，heir（相続人)，leisure（余暇)，neighbour（隣人)，neither（どちらの…も…でない)，protein（タンパク質)，reign（治世)，seize（奪い取る)，seizure（没収)，their（彼らの)，weigh（重さを測る)，weir（川のせき)，weird（奇妙な）

ゆうに100を超えるこのような例外がある。この混乱状態に，ある程度の秩序を与える唯一の方法は，つづり字を文法と発音に関連づけるやり方である。例外の1つのタイプに，接尾辞を含むものがある（agencies（代理店），seeing（見ること），blueish（青っぽい），absenteeism（常習的な欠席），nucleide（核種））。ほかのタイプには，固有名詞を含むもの（Einstein（アインシュタイン），O'Neill（オニール），Leicester（レスター））がある。さらに，ie/ei の部分がどのように発音されるかに関するものがある──例えば，ie となる語はすべて ie がストレスをもたない音節をなすか，/iː/ 以外の音で発音されるものであり，もう一方の ei となる語は，/eɪ/ のような二重母音が重要な働きをする語の場合である。

どうしてこのような問題が？

もしつづり字の体系にそのような規則性が見られるのなら，どうして問題が生じるのであろうか？ その答えは複雑であるが，主な要因は，子どもたちが**どのように**つづるのかについて習うことがほとんどないということにある。子どもはつづり字を丸暗記で覚えるように仕込まれていて，きびしくテストされるが，学習したものの内容について説明するというような試みはほとんどなされていない。どうしてそのようなつづり字になるのか，あるいは，つづり字が語の発音の仕方とどのように結びついているのかについて，子どもが教えられることは一般的にはない。大局的な見方ができないと，つづり字は膨大な数にのぼる，退屈で時間のかかる暗記ものとなってしまう。

読む能力とつづり字能力の間には単純な相互関係などないということがわかると，多くの人は驚く。つづり字能力には，読む時に必要とされないような一連の能動的で意識的な過程が必要である。新聞を「拾い読みする」時のように，きわめて選択的な読み方は可能であるが，選択的につづることはできない。これは，文字を1つ1つ追っていく作業だからである。語を正しくつづろうとする時には，それ以外にもうまくいかないことがいろいろある。feep という語に出会った場合，これを発音するやり方は，実際1つしかないのに対し，/fiːp/ のような音声に出会った場合には，いくつかのつづり字（feep，feap，fepe，pheep のような）が可能となる。このように，語をつづる作業は，語を読む作業よりつねに大変なものとなる。

つづり字のシステムを理解する上での鍵となるのが，つづり字と発音の間の予測可能なつながりについて学ぶことである。書かれた言葉に頼るだけでは決して十分とは言えない。そこで，統合された取り組みが，これまでの歴史が英語に課してきた例外の数々を克服する上での基盤となる。しかしながら，この仕事も，よく納得しながら行われることになれば，手ごわさも軽減されるように思われる。もし一部の人たちが言うように，教室において，つづり字をめぐっての戦いが日頃見られるのであれば，子どもたちが（戦時における将軍たちが行ったように）「己の敵を知る」ことを学ぶことによってのみ，この戦いに勝利することができるであろう。

（「つづり字」のコラムを巻末 p.541 に掲載）

カオス（混沌）[訳注 1]

天地創造（Creation /kriˈeɪʃən/）における神の最愛の創造物（creature /ˈkriːʧə/）である君が英語の発音を学ぶにあたり，
私の詩を通して corpse /kɔːps/，corps /kɔː/
あるいは horse /hɔːs/ や worse /wɜːs/ など
の発音について君に教えてあげよう。
よいかスジー（Susy /ˈsuːzi/），君はこれから忙しい（busy /ˈbɪzi/）思いをするよ，
熱（heat /hiːt/）を帯びた頭（head /hɛd/）がくらくらするよ。
目に涙（tear /tɪə/）して，着ている服もほころびる（tear /tɛə/）まで君にやらせるよ！
そうだ，お祈り（prayer /prɛə/）をお聞き。
祈りを捧げ（pray /preɪ/），君のいとしの詩人を慰めておくれ。
私の着ているコートがまっさら（new /njuː/）に見えるように縫っておくれ（sew /səʊ/）！
次の語の発音をちょっと比べてごらん，heart /hɑːt/，beard /bɪəd/ と heard /hɜːd/ を，
dies /daɪz/ と diet /ˈdaɪət/ を，それに lord /lɔːd/ と word /wɜːd/ を，
sword /sɔːd/ と sward /swɔːd/ を，また retain /rɪˈteɪn/ と Britain /ˈbrɪtn/ を。
（2つ目の語に気をつけて。そのつづり字はどうなっているかな！）
made /meɪd/ の発音が bade /bæd/ とは違うのがわかるね，
say に対して said /sɛd/; および pay に対して paid /peɪd/，laid /leɪd/ となるけれど，
plaid /plæd/ は別発音だね，
vague /veɪɡ/ や ague /ˈeɪɡjuː/ といった語で君を悩ませる（plague /pleɪɡ/）ことはもうしないと約束するよ，
でも，どんなふうに発音するかその違いに気をつけるんだよ，
break /breɪk/，steak /steɪk/ を発音するときと bleak /bliːk/，streak /striːk/ を発音するときとでね。
previous /ˈpriːvɪəs/，precious /ˈprɛʃəs/；
fuchsia /ˈfjuːʃə/，via /ˈvaɪə/ に
pipe /paɪp/，snipe /snaɪp/，recipe /ˈrɛsɪpi/ や choir /ˈkwaɪə/ にも気をつけてね，
さらに cloven /ˈkləʊvn/，oven /ˈʌvn/ や
how /haʊ/，low /ləʊ/ ときて，
script /skrɪpt/，receipt /rɪˈsiːt/; shoe /ʃuː/，
poem /ˈpəʊɪm/，toe /təʊ/ もそうだね，
発音してみるよ，ごまかし（trickery /ˈtrɪkəri/）なし（devoid /dɪˈvɔɪd/）にね。
daughter /ˈdɔːtə/，laughter /ˈlɑːftə/ それに 歌舞の女神 Terpsichore /tɜːpˈsɪkəri/ に
typhoid /ˈtaɪfɔɪd/ だよ。measles /ˈmiːzlz/，
topsails /ˈtɒpseɪlz/，aisles /aɪlz/ ときて
exiles /ˈɛɡzaɪlz/，similes /ˈsɪmɪliz/，reviles /rɪˈvaɪlz/ とくるよ。
まだまだあるね，wholly /ˈhəʊli/，holly /ˈhɒli/;
signal /ˈsɪɡnl/，signing /ˈsaɪnɪŋ/;
Thames /tɛmz/; examining /ɪɡˈzæmɪnɪŋ/，
combining /kəmˈbaɪnɪŋ/;
scholar /ˈskɒlə/，vicar /ˈvɪkə/ と cigar /sɪˈɡɑː/，
solar /ˈsəʊlə/，mica /ˈmaɪkə/，war /wɔː/ と
far /fɑː/ はどうだ。
'desire' の語からは desirable /dɪˈzaɪrəbl/ ができて，'admire' からは admirable /ˈædmɪrəbl/ が。
lumber /ˈlʌmbə/ ときて plumber /ˈplʌmə/ となり，bier /bɪə/ だけど brier /ˈbraɪə/ というのもあるね。
Chatham /ˈʧætəm/，brougham /ˈbruːm/ ときて，renown /rɪˈnaʊn/ だけど
known /nəʊn/ となり，
さらには knowledge /ˈnɒlɪʤ/ があり，done /dʌn/ にも gone /ɡɒn/ や tone /təʊn/ などがあり，
one /wʌn/，anemone /əˈnɛməni/; Balmoral /bælˈmɒrəl/;
kitchen /ˈkɪʧɪn/，lichen /ˈlaɪkn/; laundry /ˈlɔːndri/，laurel /ˈlɒrəl/;
Gertrude /ˈɡɜːtruːd/，German /ˈʤɜːmən/;
wind /wɪnd/ と mind /maɪnd/;
さらに scene /siːn/，Melpomene /mɛlˈpɒməni/，
mankind /mænkˈaɪnd/;
tortoise /ˈtɔːtəs/，turquoise /ˈtɜːkwɔɪz/ や chamois /ˈʃæmi/ の革製品や reading /ˈriːdɪŋ/ や地名の Reading /ˈrɛdɪŋ/ や heathen /ˈhiːðən/，
heather /ˈhɛðə/ などがあるよ。
こんな迷路のような発音の例なら，moss /mɒs/，
gross /ɡrəʊs/，brook /brʊk/，brooch /brəʊʧ/，
ninth /naɪnθ/，plinth /plɪnθ/ もあるよ。
billet /ˈbɪlɪt/ と ballet /ˈbæleɪ/ とでは末尾の発音が異なるし，
bouquet /buːˈkeɪ/，wallet /ˈwɒlɪt/，mallet /ˈmælɪt/，chalet /ˈʃæleɪ/ の場合もそうだね。
blood /blʌd/，flood /flʌd/ も food /fuːd/ の場合とは異なり，
さらに mould /məʊld/ も should /ʃʊd/，
would /wʊd/ とは違うね。
banquet /ˈbæŋkwɪt/ の場合は，'darky' /ˈdɑːki/（黒人）と同じ韻を踏むことになっている parquet /ˈpɑːki/ の発音とはずいぶん異なるね。
viscous /ˈvɪskəs/ vs viscount /ˈvaɪkaʊnt/
や load /ləʊd/ vs broad /brɔːd/ の違いや
さらには toward /tɔːd/，to forward /ˈfɔːwəd/，
to reward /rɪˈwɔːd/ などの例もあるよ。
君の発音はそれで O. K. /əʊˈkeɪ/ だよ，
もし croquet /krəʊˈkeɪ/ を正確に発音できればの話だけどね。
rounded /ˈraʊndɪd/ と wounded /ˈwuːndɪd/
や grieve /ɡriːv/ と sieve /sɪv/;
friend /frɛnd/ と fiend /fiːnd/ や alive /əˈlaɪv/ と live /lɪv/ もやっかいだね。
liberty /ˈlɪbəti/ と library /ˈlaɪbrəri/ や
heave /hiːv/ と heaven /ˈhɛvn/;
Rachel /ˈreɪʧəl/，ache /eɪk/，moustache /məˈstɑːʃ/; eleven /ɪˈlɛvn/ などはどうだ。
hallowed /ˈhæləʊd/ なのに allowed /əˈlaʊd/ となったり
people /ˈpiːpl/ に対して leopard /ˈlɛpəd/ や towed /təʊd/ に対して vowed /vaʊd/ というのもあるよ。
さらに気をつけなければならないものとして
mover /ˈmuːvə/，plover /ˈplʌvə/，Dover /ˈdəʊvə/ の違いや
leeches /ˈliːʧɪz/ vs breeches /ˈbrɪʧɪz/ や
wise /waɪz/ vs precise /prɪˈsaɪs/ の違い
さらには Chalice /ˈʧælɪs/，police /pəˈliːs/，
lice /laɪs/ の違いもあるよ。

（続きは巻末 p.542 に掲載）

【訳注 1】この詩の英語版では，全体が脚韻を踏んだ二行連句をなしている。例えば，1行目と2行目の行末には，それぞれ Creation（天地創造）と pronunciation（発音）のように韻を踏んだ語が配置されるといった具合である。なお，問題となっている語がイギリス英語とアメリカ英語とで発音が異なる場合は，ここでは，主として前者の発音方式が発音記号で示されていることに注意。下線と発音記号は英語版には用いられていないが，読者の便宜をはかって付け加えた。

秩序

ロデリック・ハント（Roderick Hunt）の『ドラゴンをキックスタートさせる方法（*How to Kick-start a Dragon*）』（1996）からの印象的場面。

（オグは言う，「このドラゴンはテカテカに輝かなくちゃいけないんだ。キラキラ光って，ピカピカ輝かなくちゃ。ねえ，ロス，聞いてる？」

「だから，顎を磨いて，かぎ爪もきれいにしよう。歯もピカピカで，のこぎりのように鋭くなくちゃね。」

「それでは，真綿で鱗も磨くのね。」）

【訳注】英語のセリフでは，左側の2行目と4行目の行末が，gloss と Ross とで韻を踏んでいて，右側の最後のセリフの floss もそれにあわせて韻を踏んでいる。同じように，右側の1，2，4行目の語 jaws, claws, saws も韻を踏んでいる。さらに，オグのセリフの中の語 gleam, gloss, glint も韻を踏んでいる。また，全体として，つづり字と発音の間に秩序だった関係が見られる。

不規則性の原因

英語のつづり字体系は，1000 年以上にわたって行われてきた発達過程の結果である。今日私たちが目にするさまざまな複雑な姿は，この期間に生じた主要な言語学的および社会的出来事の結果を表す。

- 問題の起源は，キリスト教の宣教師たちが 23 文字のアルファベットを用いて，古英語（Old English）のおよそ 35 の音素（正確な数は方言や分析方法によって異なる）を表そうとしたことによる。4 つの新しい記号を加えることが役に立った（pp.16, 270）が，それでもなお，2 つ以上の音を表したり，（例えば sc のような現在の sh に相当する）文字の合成によりいくつかの音を表すためには，（c や g のような）いくつかの文字がさらに必要だということがわかった。
- ノルマン人の征服（Norman Conquest）の後，フランス人の写字生たちがいくつか新しいつづり字の慣習を導入した。例えば cw に qu を用いる（quick（速い））といったように，いくつか古英語のつづり字が置き換えられた。写字生たちは might や enough のような語に見るように，もとの h を gh に，church（教会）に見るように c を ch に，さらに house（家）に見るように u を ou に置き換えた。city（都市）や cell（細胞）のように，e や i の前では c を使用し始めた。文字 u は v，i，n や m ととてもよく似た書き方だった（p.273）ので，このような文字が連続するような場合に見られる読み取りの負担を軽減しようとして，u を o に置き換えた（come（くる），love（愛する），one（1 つ），son（息子））ので，これにより，ひとたびこの変化の動機が忘れ去られるようになると，一連のつづり字例外を生み出すこととなった。15 世紀初めまでには，英語のつづり字は 2 つの体系――すなわち古英語とフランス語――の混交をなしていた。
- 印刷術が導入され，さらに複雑な事態が生じた。初期の印刷工の多くは大陸からやってきたので，自分たちのつづり字の規範を英国にもたらすこととなったからである。しばらくの間，行ぞろえ（p.269）は，しばしば，語間のスペースを変えることをせずに，語を短くしたり長くしたりして行われた。語末の e があったりなかったりするのがよく見られたのはそのせいであった。しかしながら，印刷術のもたらした大きな有益な効果の 1 つに，これまでの写本の中に見られた多くの変異形をもったつづり字に秩序が与えられたということをあげることができる。ロンドンで標準的だったものを印刷の基準とすることをキャクストン（Caxton）が選んだ（p.56）後は，次第に安定化の状態が現れるようになり，「正しい」つづり方の概念が育ち始めた。
- その後つづり字は以前と比べずっと安定したが，発音の方はそうではなかった。印刷術が導入されているのと同じ時期に，ロンドンなまりの母音に歴史上最も大きな変化が生じていたというのは著しいアイロニーと言える。もし印刷術が 1 世紀遅れて現れていたとするならば，あるいは，大母音推移（Great Vowel Shift）（p.71）が 1 世紀早かったとしたならば，現在のつづり字体系は，実際の姿よりはるかに規則的なものとなっていたことであろう。しかしながら実際は，何千もの語のつづり字には，チョーサー（Chaucer）時代に行われていた母音の発音が現在反映されているのである。例えば，name（名前）は中英語（Middle English）では /ɑː/ のような音で発音されていた（現代語の calm（冷静な）のように）ので，a のつづり字となっている。15 世紀に起こった /eɪ/ への変化は印刷工によって無視された。これと同じような理由で説明できるものとして，現代語のつづり字に見られる多くの「黙字（silent letter）」（例えば **k**nee（膝）や tim**e**（時間）のような）の場合がある。黙字は印刷上の慣習が確立した後でその文字を発音しなくなったものである。

この語はどのようにつづるか？

バビルサ（babirusa，babirousa または babirussa）

私たちは，この質問に対して明確な答えを要求するような，読み書き能力の伝統の中で育ってきている。その伝統では，標準的言語のどの語に対しても，唯一の正しいつづりがあるはずだと期待している。したがって，もしその語のつづりがわからなかったなら，辞書の中に明快な答えがあるものと期待するのである。ところが，現実はいくらかもっと複雑なものとなっている。

選択肢

標準英語には，めざましい数の選択肢が許されるようなつづり字がある。中には，イギリス英語とアメリカ英語の違い（*-our* / *-or*，*-re* / *-er*，重ね子音（p.327））あるいは任意的 e（judg(e)ment，ag(e)ing）のように，よく知られたものもある。選択肢の可能性は，何千もの数の語に影響を与える可能性がある――特に *-ise* / *-isation* vs *-ize* / *-ization* のように。ほかの重要な選択肢としては，e vs oe（f(o)etus）または ae（prim(a)eval），あるいは *-xion* vs *-ction*（inflection）などがある。語にハイフンを用いるべきかどうかとか，あるいは spelled とするか spelt とするか（p.216），さらに大文字でつづるべきかどうかの問題を含めると，さらに何千もの数が加わることになるであろう（p.132）。

簡約的でない辞書をひも解くと，多くの例が明らかになるであろう。ここに示すのは，辞書項目のほんの 1 ページの中からの抜粋，すなわち，『ウェブスター新国際辞典第 3 版（*Webster's Third New International Dictionary*）』の文字 B のはじめの部分である。記号 * は大文字で始まる選択肢もあることを表す。

baa / ba（(羊やヤギの鳴き声）メー）
baal-ha-bos / balabos（ユダヤの家長）
baalshem / balshem（神の名により奇跡を行うとされる人）
babacoote / babakoto（インドリ）
babasco / barbasco（バルバスコ）
babassu oil / babaçu oil（ババスー油）
babaylan / babailan / babalyan / babalian（原始宗教の霊媒）
babbitt / babbit*（俗物的実業家）
babbittry / babbitry*（低俗な実業家かたぎ）
babes-ernst / babes-ernest（バーベス・エルンスト（の））
babirusa / babirousa / babirussa（バビルサ）【訳注】上の写真参照】
babu / baboo（インド紳士）
babul / babool（アラビアゴムモドキ）

これに加えて，大文字を使うかどうかだけが異なる選択肢を許す語が，次のように 19 ある。baal（バアルの神）（に *-ism*，*-istic*，*-ite* が続く場合），babbittical（低俗な実業家かたぎの），babbitty（低俗な実業家かたぎっぽい），babcock test（バブコック試験），babel（バベル，言葉の混乱）（に *-ism*，*-ization*，*-ize* が続く場合），babi（バーブ教），babinski reflex（バビンスキー反射），babism（バーブ教），babist（バーブ教徒），babouvism（バブーフ主義），babouvist（バブーフ主義信奉者），babylon（バビロン，華美で悪徳のはびこる大都会），babylonian（バビロンの，廃頽的な）。これらを含めると，このページ全体の語彙項目数 95 のうち 32 の項目，すなわち 1/3，が選択肢を許すものとなっている。これらを除外するとしても，それでも（なんと 15% に相当する）13 の項目が選択肢を許すことになる。これらの項目のほとんどは，かなり異国風な借用語であることがわかるであろうが，それでも英語の一部をなすことに変わりはない。英語のつづり字体系の一貫性にとって，現代における最も大きな難問を突きつけているのが，まさにこのような語である。

（続きは巻末 p.543 に掲載）

- 16世紀の学者たちが語の歴史上のことをそのつづり字の中に示そうとした（p.68）とき，もう1つ別の厄介なことが英語の中に入りこむこととなった。例えば，debt（借金）のbは，ラテン語のdubitumに由来するということをみんなが知ることが重要であると感じた人たちによって付け加えられたものである。同じように，doubt（疑う）には（dubitareから）bが加えられ，reign（統治する）には（regnoから）gが，また（これは有名な誤りの例であるが）island（島）には（実際には古英語起源の語であるにもかかわらず，ラテン語のinsulaに由来すると考えられた結果）sが加えられた。さまざまな提案のうち，一部のものだけが標準化されたにすぎないとはいえ，生き残ったものが，（特にラテン語源であることを意識させる必要性が高く評価されなくなった今日）現代の学習者を悩ませ続けている。合理化がもたらす別の面にもまた，利害両面の結果が見られる。一部の改良主義者による，つづり字を「整えよう」とする試みは，しばしば役立つものであったが，一方では，不規則なものの数を増やすこととなった（例えばnight（夜）やlight（光）のghが，delight（大喜び）やtight（ぴったりした）のような語にまで拡張的に当てはめられた）。
- 16世紀後期から17世紀初期にかけて，フランス語，ラテン語，ギリシア語，スペイン語，イタリア語やポルトガル語のような言語から借用語の新しい波が英語にもたらされた（p.60）。借用語は多くの異国風のつづり字をもたらし，その結果，特に長めの語の学習がやっかいなものとなった。そのような例の中には，bizarre（風変わりな），brusque（無愛想な），caustic（しんらつな），cocoa（ココア），epitome（典型），gazette（…新聞），grotto（洞穴），idiosyncrasy（特異性），intrigue（好奇心をそそる）およびpneumonia（肺炎）などがある。ヴィクトリア朝時代のつづり字批評（p.284）の槍玉にあがった多くのものは，外国語のつづり字がそのまま保たれているか，わずかに手を入れただけの借用語であった。この状況は今日まで続いていて，intifada（インティファーダ），perestroika（ペレストロイカ），squarial（(英国テレビ衛星アンテナ)スクェアリアル），arbitrageur（利ざやで稼ぐ人），becquerel（ベクレル），cajun（アカディア人の子孫）およびchlamydia（クラミジア）などの語が，英語のつづり字を習得したいと思う人たちの抱える仕事量を増大させてきた英語の中の，現在用いられている語彙のごく一部を占めている。

これらすべての結果が，いくつかの言語，特にアングロサクソン語，フランス語，古典ギリシア語/ラテン語の伝統的なつづり字からなる混合物としての1つの体系をなしている。ただしこれらの言語は，どんなところからでも語（とそのつづり字）を借用するという習性をもった英語への供給源のうち主要なものにすぎない（p.136）。そのように多量で変化に富んだ語彙を有していることが，英語のもつ強みの1つであると言われているが，これは文字で書き表す時のシステム（書記学）がますます多様化するという犠牲を払って得られるものである。

意図的なつづり字の誤り

Kwik Fit　AUTOSERVICE
（自動車修理　クイックフィット）
{【訳注】kwik 'quick'（す早い，す早く），fit（備え付ける，調達する）}

THE Sun

QE2 IS SET TO SAIL FOR WAR

We told you first

TODAY'S TV: PAGE 12

GOTCHA

Our lads sink gunboat and hole cruiser

SUNK

GOTCHA　Our lads sink gunboat and hole cruiser
（やっつけた！　我が軍の仲間たちが敵の小型砲艦を沈め，巡洋艦に穴を開ける）

今日見られる注目すべき傾向の1つに，商品名や広告キャンペーンとして，わざと逸脱したつづりを用いるということがある。そのような独特のつづりを用いる動機となっているのは，英語の普通の語と混同されることのないような，紛れのない，一目でそれとわかる製品名を提供することにある。スローガンの場合，商品名Beanz Meanz Heinz（ビーンズミーンズハインツ）やケンタッキーフライドチキンの宣伝文句They're finger-lickin' good（指をなめたくなるほどおいしい）のように，つづり字が記憶を助けるということがしばしば見られる。そのような表現が，つづり字を学んでいる子どもたちにとって深刻な問題を引き起こさないかということが問題として残る。

しかしながら，普通でないつづり字を用いることは，なにもマーケティングの世界に限られたことではない。特異性や地域背景を独特なつづり字で表そうとする文学の世界（p.442）では，これまで長い間，それが性格づけの基本的手法の1つとなっていた。それはまた，ユーモアの世界（p.432）およびジャーナリズムの世界――そこでは，普通でないつづり字を含めることで見出しにより一層注目を集めるようにすることができる――においておそらく頻繁に見られるであろう。

いくつかの語や句は，次に示すような「普通に見られる逸脱」と呼んでもいいような，口語的な表現の許された書き方を発達させてさえいる。

- Gotcha!（'Got you!'）（捕まえた！/了解！）これは，口語的な同化（assimilation）（p.259）の現象を正確に文字で表そうとするもので，テレビ劇のタイトルとして用いられたことがあるが，最も悪名高いのは，英国海軍がフォークランド戦争中に巡洋艦「ヘネラル・ベルグラノ（General Belgrano）」を沈めた時に，新聞『サン（*The Sun*）』紙上の見出しとして用いられた時のものである。
- Wot（'what'）（なんだって？）これは，学のない話し手を表す時によく用いられるつづり字（p.426）である。また，戦後の英国を物語る思い出話の中で，驚きの表現Wot，no ―（なんだって，○○がないって）（例えば，Wot，no butter?（なんだって，バターがないって？））の一部として特別の位置を占めていて，供給不足となった製品のことを皮肉を込めて言う時に用いられたものである（p.193）。

（続きは巻末p.543に掲載）

ボブ・ディラン（Bob Dylan）の「ガッタ・サーヴ・サムバディ（Gotta Serve Somebody）」（1979）は，gotta = '(I've) got to'（(私は)～しなくちゃ）に見られるように，ポピュラーソングの歌詞の中で語を口語的につづる風潮を示す例となっている。ほかの例としては，wanna（'I wanna hold your hand'（抱きしめたい））やgonna（'I'm gonna sit right down and write myself a letter'（手紙でも書こう））などがあるが，このような動詞（p.224）のつづり字は，ストレスを置かない普通の発音を表している。このようなつづり字の使用は，1980年代に登場した新語のwannabee，すなわち誰かほかの人のように「なりたい（'wants to be'）」と思っている人のこと，のように，ポップミュージックの世界をはるか離れたところでも見られる。

米国テレビの警官スターのコジャック（Kojak）役を演じたテリー・サヴァラス（Telly Savalas）は，彼のよく使うキャッチフレーズWho loves ya, baby?（お前さんを一体誰が愛してるってんだい？）でおなじみであった。どんなに想像をたくましくしても，彼がWho loves you，baby?（お前を一体誰が愛してるって？）などと言ったとは考えられない。

つづり字改革

つづり字の不規則性を除去することへの関心は，16 世紀から見られる（p.68）。それ以来，伝統的な正書法（traditional orthography）を改革しようとする何百もの提案が考案されてきている。

- **標準化**へ向けての取り組みには「新つづり字法（New Spelling）」（次ページ参照）のようなものがある。これは，見慣れた文字を（特に新しい二字一音（p.269）を加えることにより）より規則的に用いようとする試みであり，新たな記号を考案するものではない。
- **拡張化**へ向けての取り組みには「表音式速記法（Phonotype）」（右コラム参照）などがある。これは新しい記号による方法であり，発音区別符号や考案された文字がともに用いられた。
- **代入方式**による取り組みは，伝統的な正書法で用いてきたすべての文字を，ショー文字（Shavian）（次ページ参照）に見るような新しい記号で置き換えようとするものである。
- **調整方式**による取り組みは，現在用いられているつづり字規則に，より一貫性をもたせるか，書記体系の制限された領域に焦点を当てるやり方である。例えば，ノア・ウェブスター（Noah Webster）が行ったアメリカ英語への切り替え（p.86）や，短縮つづり字（Cut Spelling）（次ページ参照）に見られるような，黙字または余分な文字をカットするやり方がそのような取り組みの例である。

つづり字改革への賛否両論の主なものは，しばしばくり返し述べられてきた。賛成論としては，子どもたちや外国の学習者が，書き方を学ぶ時に，多大な量の時間と精神的エネルギーを節約できることになるであろうというものや，より少ない文字をより組織的に用いることにより，時間と製作費の節約になるであろうというものがある。反対論としては，次のようなものがある。伝統的な正書法をすでに学んだ人にとって，これまでとは異なるつづり方に順応するのは困難であろう。また，世界中で用いられている英語には数多くの発音様式の違いが見られるので，1 つのモデルを選ぶとなると，大いに混乱がともなうであろう。さらには，新旧 2 つのつづり方の間の連続性が断たれ，その結果，過去とのコミュニケーションに障害が生じることであろう。しかしながら，このような議論の多くは，改良主義者の間で最適な体系としてどれを選ぶべきかについて，これまで同意が得られなかったことからもわかるように，学問上のものであると言える。アイザック・ピットマン（Isaac Pitman）が辛辣に述べているように，「改良つづり字についてのどのような案の提出者の場合も，その人に，ほかのどんな改良主義者の案も支持する気にさせることは不可能であるということを，私たちはこれまで長い間見てきたのである」（『音声学会誌（*The Phonetic Journal*）』1873 年 7 月 12 日）。

限定的な改革が可能であることは，16 世紀の改革者たちおよび後にはノア・ウェブスターによって示されたし，また，改革団体が今なお活動を続けているという事実こそが，紛れもなく多くの人びとにとって関心事であることの証左である。しかしながら，今までの運動の歴史を見ると，これまで一般的に，数々の不利な点の方が，有利な点より，つねに勢力を得てきていることがわかる。研究の見通しが立つということが，進歩を遂げる上での大前提である。子どもたちが，実際につづり字のシステムをどのようにして学び，使用するのかについての仕組み，または，大人が伝統的な正書法に関しどのような間違いを犯すのか，さらには，新旧 2 つのシステムの間にどのような適合性があるのかなどについては，わからないことがあまりにも多い。改良主義者の主張の中で，最も説得力のあるのは，英語のつづり字が自然に発展していくことを許すべきである，すなわち，書き方には絶対的なものなどない，というものである。ただ，彼らの抱える一番の問題として，どのようにうまくやっていくかの問題，すなわち，どのようにして，そのような発展を組織化して実行に移すかの問題は残る。

初期の改革者

19 世紀の改革者たちの示した熱意と根気は，今なお称賛の的となっている。右の写真は，最も広く用いられている英国の速記のシステムを考案したアイザック・ピットマン（Isaac Pitman）である。彼は，新しい音声学協会をバースに設立するための募金活動の一環として，自分の立場についての論文を 1873 年に発表した。ここで言う「音声学」は，第 17 章で紹介したような現代的研究分野を指すものではなく，発音される通りに語を書いたり印刷したりするために彼が提案したシステムを指していて，彼はこれを**表音式つづり字法（phonography）**や**表音式速記法（phonotypy）**と呼んでいる。彼は「音声的速記法および音声的な読み方，書き方と印刷法の宣伝のために取り組もうとして」みずからが毎週発行した『音声学ジャーナル』に論文を寄せている。彼はおよそ 18 年間協会で仕事をしたが、当時の協会について好んでディケンズ風に記述した文章がある。

その音声学協会はバースの牧師館通りの，50 段からなるわびしい階段を登ったところにあった。以前は醸造所として使われていた大きな建物の 1 階の上にある 4 階部分に位置し，1 つのゆったりした部屋を占めていた。屋根に接したフロアだったので，極度な暑さや寒さにさらされ，壁面はわずか 15 センチくらいの厚さしかなく…。通りの入り口近くに，屠殺場があり，その地下や建物の周囲には，規模の大きい食肉処理業に必要となる羊と牛を飼育し，屠殺し，切り分けるための道具類が置かれてある。商業敷地への入り口で，おそらく，これ以上不快な所は市の中にほかにはないと思われるような所であった。屠殺後の動物の死体から出る廃物は，通常は 3，4 日おきに取り除かれるが，ときどきそれよりも長い期間たまったままになることが起こるので，そこから立ち昇る臭いがこの上なく不快に感じられる。鼻を強く刺激するその臭いにより，私はときどき机を離れざるをえなかったことがある…。このオフィスの湿気が原因で，白カビによる書物の損害を被ったことが何回かある。ほとんど毎年のように屋根を修繕するが，それでも，ものすごい嵐や積雪のため，いつも天井から水漏れがしているありさま…。

表音式つづり方が考案された 1837 年から，自分の経営していた学校を閉めた 1843 年までの間，私は表音式つづり方を広めるために，学校の授業の前後の空いているすべての時間をつぎ込んだ。学校を閉校したのは、書き方とつづり方の改革のためであると同時に，それによって生きていくためであった。表音式つづり方の普及は，郵便を用いたり，休日に講演旅行に出かけることによって行った。この期間中は，私の考案した速記法システムにより利益を得ることは何もなかったが，私の書いた本による収入すべては，それらの本をさらに流布させるために用いた。1843 年から 1861 年の間，私は朝の 6 時から夜 10 時まで，その目標のため取り組み，文字どおり，1 日の休みもとらなかったし，また欲しいとも思わなかった。このようにして 1864 年まで，事務員や職工長の助けなしに働き続けた。この間，音声学の本の売り上げから得られる収入の中から，「音声学的印刷法」の完成および拡張に要するかなりの費用を支払った後の収入は，最初の 10 年間は年に 80 ポンドを超えず，次の 5 年間は 100 ポンドを，さらに次の 3 年間は 150 ポンドを，超えることはなかった。このうちの最初の期間は，収入税のため 2 度にわたって査定を受けた。私は上訴し，収入が 100 ポンド以下であることを証明した。監督官たちは，私が手を広げた商売を続けているのは，後世の人びとのためであるということに驚いた様子であった。

（『音声学会誌』1873 年 4 月 12 日，pp. 114-5）

（続きは巻末 p.543 に掲載）

旧式に対する新式アルファベット

民間伝承の詩の第 1 節を 19 世紀後期に用いられた 4 つの方式で示す。

表音式速記法による

HOU TU KɄR A KӨLD.
(*In Fonotipi.*)
Wɤn Bidi Broun, a kɤntri dɛm,
az 'tiz bį meni tөld,
went tu đe doktor, (Dreng bį nɛm,)
for ʃi had kɷt a kөld.

グロシック方式による

HOO TOO CURE A KOALD
Wun Bidi Broun, a kuntri daim,
as 'tiz bei meni toald,
went too dhe doktor,
(Drensh be naim,)
for shee had kaut a koald

スコットランド案による

HOW TOO CURE A COLD
Won Biddy Broun a cuntry dame,
as 'tis by menny told,
went too the doctor,
(Drensh by name,)
for shee had caut a cold.

推論式つづり字法による

HOW TU CURE A COLD
Wun Biddy Brown, a cuntry dame,
as 'tis by meny told,
went to the doctor,
(Drensh by name,)
for she had caut a cold.

風邪の治し方
ビディ・ブラウンとかいう田舎娘が，みんなの勧めに従って，
（ドレンシュという名の）医者のもとに出かけた，風邪を引いたのである。

単純化つづり協会発行の「改良つづり字はどんなふうに見えるか？」という見出しの記事についている付録を紹介したこの項目では，以下のようなつづり字改革の３つの現代版システムが用いられている。

Wel, straet in at the deep end!
Menshond abuv wos the revyzed orthografi kauld *Nue Speling*(NS), wich wos sed to be 'moderatli strikt' in uezing egzisting leters, combined with the so-kauld dygrafik prinsipl, to repreezent the sounds of the langwej. Inishali developt by the Sosyeti in1910, the sistem is shoen in this paragraf in its moest reesent vershun as publisht in *New Spelling 90.*
（それではまず，直接，究極の目的に分け入ってみよう！
上に紹介したものは，「新つづり字法（New Spelling，NS）」という名の正書法改訂版であり，英語の音声を表すために，いわゆる二字一音原理と一緒にして，現在用いられている文字を用いるという点において，「厳密性を控えめにした」と言われるものになっている。このパラグラフでは，最初 1910 年にその協会によって開発されたこのシステムを，『新つづり字法 90』において公にされた最新版の形で紹介している。）
Dhis paragraf and dhe nekst uez dhe preevyus vurshon ov NS, publisht in 1948. Dhis vurshon iz much strikter in traking dhe soundz ov dhe langgwej, and its ues ov 'dh' for dhe voist 'th'(az in 'then' in tradishonal speling) iz a noetabl feetuer.
U wil aulsoe hav noetist bei nou dhat NS results in a hie degree ov chaenj in dhe look ov wurdz, wich moest peepl fiend disturbing – or eeven repugnant – on furst akwaentans.
（このパラグラフと次のパラグラフでは，1948 年に刊行された 1 つ前の NS 版を用いている。この版は，英語の音声を写しとることに関し，はるかに厳密なものとなっていて，（伝統的つづり字の then に見るような）有声音の 'th' を表すのに，つづり字 'dh' を用いるという著しい特徴が見られる。
またすでにお気づきのことであろうが，NS は結果として語の姿にかなりの変化が見られるので，初めて目にすると，ほとんどの人は，不安を覚えるか，あるいは嫌悪感を催すことすらある。）
By way of contrast, we hav now swichd to *Cut Speling*, a wel thotout exampl of a posibl partial revision. It is based mainly on th princ ipl of cutng redundnt – and thus usuly misleadng – leters, plus limitd letr substitutions. Th resulting chanje in th apearance of words is not nearly so intrusiv as with NS.
Wethr or not CS or NS as demonstrated here ar found acceptbl, som action is seriusly needd to make english esir to use.
（それとは対照的な場合として，今度は，可能な部分的改定案としてよく考えられた例の 1 つである「つづり字短縮（Cut Speling，CS）」の話に移るとしよう。この案は，余分な，したがって，通常誤解を与えることとなる文字を切り取るという原則に主としてもとづき，それに，限られた文字の置き換えからできている。そこから得られる，語のもつ体裁上の変化には，NS の場合のような押しつけがましいところはほとんど見られない。
ここに説明した CS あるいは NS が受け入れられるかどうかに関わらず，英語をより使いやすいものとするためには，なんらかの取り組みがせつに必要とされる。）
（B. ブラウン（B. Brown），1993 に従う）

作家のためのショー文字

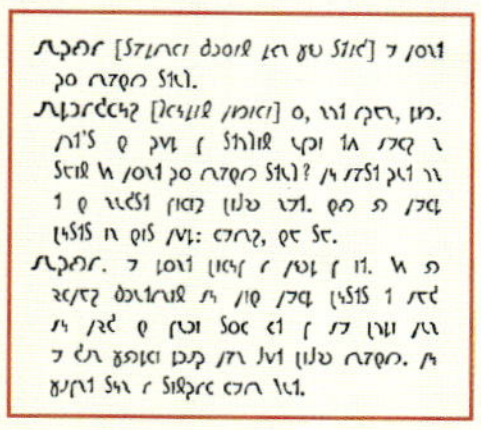

MEGAERA [*suddenly throwing down her stick*] I wont go another step.
ANDROCLES [*pleading wearily*] Oh, not again, dear. Whats the good of stopping every two miles and saying you wont go another step? We must get on to the next village before night. There are wild beasts in this wood: lions, they say.
MEGAERA. I dont believe a word of it. You are always threatening me with wild beasts to make me walk the very soul out of my body when I can hardly drag one foot before another. We havnt seen a single lion yet.

メガイラ［*手にもった杖を突然下に放り投げながら*］もう一歩も前に進みたくない。
アンドロクレス［*うんざりしながら懇願する*］おお，もうよしてくれないか。2 マイルごとに足を止めて，もう一歩も前に進みたくないだなんて言っても，どうしようもないだろう？夜にならないうちに，隣村までたどり着かなきゃならないんだ。この森には野獣がいるんだ。ライオンが出るって話だ。
メガイラ　そんなこと，これっぽっちも信じない。私がもう一歩だって重い足を引きずれないっていうのに，何かっていうとすぐに野獣だなんて言って脅かして，私が正気を失うようになるまで歩かせようとするんですもの。これまで，ライオン 1 頭だって，まだ現れやしないじゃない。

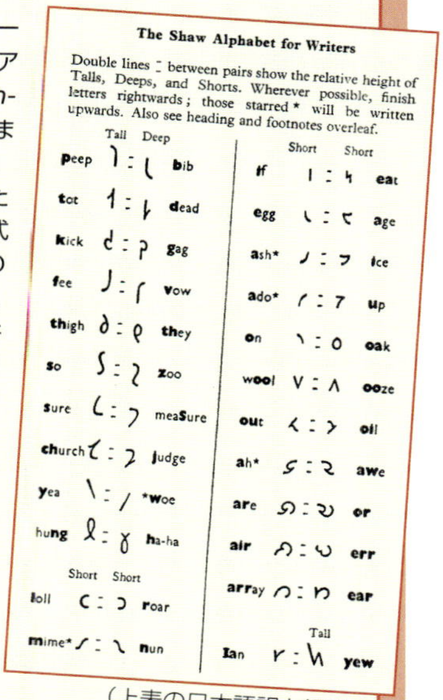

ジョージ・バーナード・ショー（George Bernard Shaw）の『アンドロクレスとライオン（*Androcles and the Lion*）』の始まりの部分の二人のやりとりを，特別に並列表記の形で印刷したものである。（しばしば「ショー式の（Shavian）」と呼ばれることのある）このアルファベットは，ショーの遺言に定められた条件にもとづいて主催されたコンテストで優勝したキングズリー・リード（Kingsley Read）により改訂された。右上の伝統的な正書法によるものには，（ショーが普通用いるやり方として）アポストロフィが欠けている。この両方の抜粋は，同じ大きさのタイプで組まれているが，ショー式の方は他方の 1/3 のスペース節約となっている。作家たちは，このアルファベットを，右の表に示すように，ペアの形で学習するよう奨励されている。文字の高さの違いがわかるように，二重線が示してある。「高い文字（Tall）」とあるのは，上向きの線をもった文字を表し，「深い文字（Deep）」とあるのは，下向きの線を表す。大文字と小文字は区別されていない。4 つの語（the, of, and, to）にはそれぞれ独自の記号が与えられ，すべて上にあげた抜粋の中に含まれている。

The Shaw Alphabet for Writers

Double lines ⁚ between pairs show the relative height of Talls, Deeps, and Shorts. Wherever possible, finish letters rightwards; those starred * will be written upwards. Also see heading and footnotes overleaf.

	Tall		Deep	
peep	𐑐	:	𐑚	bib
tot	𐑑	:	𐑛	dead
kick	𐑒	:	𐑜	gag
fee	𐑓	:	𐑝	vow
thigh	𐑔	:	𐑞	they
so	𐑕	:	𐑟	zoo
sure	𐑖	:	𐑠	meaSure
church	𐑗	:	𐑡	judge
yea	𐑘	:	𐑢	*woe
hung	𐑙	:	𐑣	ha-ha
	Short		Short	
loll	𐑤	:	𐑮	roar
mime*	𐑥	:	𐑯	nun

	Short		Short	
if	𐑦	:	𐑰	eat
egg	𐑧	:	𐑱	age
ash*	𐑨	:	𐑲	ice
ado*	𐑩	:	𐑳	up
on	𐑪	:	𐑴	oak
wool	𐑫	:	𐑵	ooze
out	𐑬	:	𐑶	oil
ah*	𐑭	:	𐑷	awe
are	𐑸	:	𐑹	or
air	𐑺	:	𐑻	err
array	𐑼	:	𐑽	ear
			Tall	
Ian	𐑾	:	𐑿	yew

（上表の日本語訳と解説を巻末 p.544 に掲載）

下にあげるのは，カナダで発行された言語改革のための刊行物の見出し。

The Times Ov Toronto
February, 1989 $2.00
Canada's Internasional Nuzepaper
The world's furst nuzepaper tu be printed in the Canadean langwaje.

トロントタイムズ
1989 年 2 月　2 ドル
カナダの国際的新聞
カナダの言語で印刷された世界で最初の新聞

（コラム「米国識字審議会」「英国つづり字協会」を巻末 p.544 に掲載）

句読法

句読法は，現代の書記体系において重大な役割を演じているが，その重要性は，通常過小評価されている。少なくとも，以下のような４つの重要な機能を区別することができる。

- その主要な目的は，句読法を通してその文法的構造（III 部）を明確に表すことにより，一続きの書きことばが 一貫性をもって読めるようにすることにある。ここで重要となる特徴の中には，文の最後を示す句点，節の区切りとなるコンマ，および段落の始まりを示す字下がりが含まれる。
- 句読法はまた，疑問符，感嘆符や丸括弧などの特徴により，書かれたものを声を出して読むときの助けとなる韻律（p.260）についての手がかりを読者に与える働きをもつ。これらの特徴は，話しことばのもつ抑揚や強調を直接表す時に特に重要となる。
- 文書の中に含まれているとはいえ，その文法的構造とは直接関係しないような，意味の切れ目やコントラストを浮かび上がらせるという働きを，句読法はもつとも言えるであろう。そのような例としては，複雑な構文をなす文の修辞的構造を示すために，コロンとセミコロンを使い分けたり，詩に見られる行分けや連（stanza）を使用する場合がある｛【訳注】原著では右のコラム内「修辞的構造」の文章にセミコロンが用いられている｝。
- 句読法の使用により，画像的な伝達手段に特有な意味的特徴――これらの特徴は，声に出して表すことが困難ないし不可能であろう――を付け加えることも可能となる。そのような例としては，「注意喚起の引用符」の使用により，その語が特殊な意味で用いられていることを表す場合や，非常に重要な点に注目させるために，例えば Very Important Point のように，大文字を用いるような場合がある。

句読法を理解するには，歴史的観点が欠かせない。現代の句読法は，何世紀にもわたる変化の過程の結果であり，句読点の形状と用法のどちらにも影響を及ぼしている。初期の古典的文書には句読点はなく，語と語の間にはスペースも置かれていなかった。初めて句読点が用いられたのは，朗々と語るのが羨望の的でもあり，また専門職としての仕事でもあった雄弁術の時代において，句の境界を表す手引きのようなものとしてであった。さらに広範囲に及ぶ意味的違いを反映して，より入念で拡張された形の記号が見出されるようになるのは，さらに後の時代になってからである。特に聖書に関する文書がきっかけとなり，表現の正確なニュアンスを伝えることに特別の関心が向けられるようになった。印刷術の導入（p.56）後，句読法の標準化が次第に起こり始めるが，つづり字に見られるのと同じ程度の，規則に支配された一貫性は，決して達成されなかった。１つの同じ文書に対し，２人の著者が非常に異なった句読法を用いることもあった。中には（例えばディケンズ（Dickens）のように）句読法をとても重視し，校正作業の時にずいぶん気を遣った人がいる一方，出版社まかせの人（例えばワーズワース（Wordsworth））もいた。写字生や出版社のやり方は，これまでつねにまちまちで，現在においてすら，句読法は，ある程度個人的好みに任せられたままとなっている（p.296）。

句読法なしですます

句読法のもつ役割についての感覚を研ぎ澄ます方法は，ある文書の中から句読点を取り去って，その文書を読み解くことができるかやってみることである。リッチマル・クロンプトン（Richmal Crompton）の『ジャスト・ウィリアム（*Just William*）』からの抜粋を，語と語の間に空白を置かないものと置いたもの，さらにハイフンや疑問符などを用いたものの３つの異なる形で下に示してみよう。

wellmissgrantsintellectualfacelitup
whataboutthiscousindoritatheyreabout
thesameagearenttheybothelevenwell
thetwoofthem inwhitesatinwithbunches
ofhollydontyouthinkwouldyoumind
havinghertostayfortheceremony
missgrantalwaysreferredtoherwedding
astheceremonyifyoudonthavehishaircut
forabithemightntlooksobad

well miss grants intellectual face lit up
what about his cousin dorita theyre about
the same age arent they both eleven well
the two of them in white satin with bunches
of holly dont you think would you mind
having her to stay for the ceremony miss
grant always referred to her wedding as the
ceremony if you dont have his hair cut for a
bit he mightnt look so bad

'Well,' – Miss Grant's intellectual face lit up – 'what about his cousin Dorita. They're about the same age, aren't they? Both eleven. Well, the two of them in white satin with bunches of holly. Don't you think? Would you mind having her to stay for the ceremony?' (Miss Grant always referred to her wedding as 'the ceremony.') 'If you don't have his hair cut for a bit, he mightn't look so bad?'

（「それじゃ」とグラント嬢の知的な顔が輝いた。「彼のいとこのドリータはどうでしょう。２人は同じくらいの年齢でしょう？　２人とも11歳。ほら，この２人が白いサテンに身を包んで，ホリーの束を手にもって。そうはお思いにならない？この儀式に彼女を出席させてくださらない？」（グラント嬢は自分の結婚式のことをいつも「この儀式」と言っていた。）「ちょっとの間彼の髪を切らないでおけば，それほど格好悪くは見えないかもね？」）

句読法のもつ４つの機能

文法

もし紳士階級の息子が紳士としての階級を維持するつもりなら，聖職者か，法廷弁護士か，兵士，または水夫として収入を得るべきであるとの考えを彼女は抱いていた。これらは紳士のためのものだと考えられていた職業であった。（アントニー・トロロープ（Anthony Trollope）『ブルハンプトンの牧師（*The Vicar of Bullhampton*）』，1870，第９章）

韻律

「それって，どういうことかって？　あ，なるほど。どういうことなんだろう？　そうだ，確かに。それを説明すべきだったのだ，そうだろう？　彼の名前はメリウェザーではないようだ。」（P. G. ウッドハウス（P. G. Wodehouse）『笑顔で奉仕（*Service with a Smile*）』，1961，p.86）

修辞的構造

英国人は次のような人を尊敬する傾向がある。出来事を支配したり運命の流れを変えたりするようなことを企てない人；その日その日の目先のことにとらわれながら自分自身の任務を果たすようなことはせずに，疑いなくちょうどよい潮時だと言えるようなときまでそれを控えることのできる人；さらにそのような時期がきた時には，大いなる礼節と完全なる自己抑制からくる風貌を備え，しかも心はともかく，行いには着実で，立派な資質が見られ，国家の明瞭な目的に向けゆっくりと，注意深く，前進して行けるような人。（W.S. チャーチル（W. S. Churchill）『英語国民の歴史（*A History of the English-speaking Peoples*）』，1956，６巻，第３章）

意味的ニュアンス

私の「家庭」は，ベイズウォーターのとある袋小路に位置する，赤レンガ造りの大きくて四角い集合ビルの中の，小さくて粗末でひどい小アパートであった。（アイリス・マードック『魔に憑かれて（*A Word Child*）』，1975，p.1）

重厚な文体，軽い感じの文体

次に示す文書は句読法の２つの異なる文体によるもので，どちらを選ぶかは，文法と意味論に関わるものというより，個人的好み，および現代の好みに対する意識とにもとづいて決まる。最近では，より簡素で「雑然さのより少ない」文体を用いる傾向が増大してきている。一方では，個々の著者の書いたものには，これら両極端の文体の間に存在する数多くの立場が示されていて，文脈の違い（例えば，打ち解けた手紙対形式ばった手紙）により好みもさまざまである。例えば，私自身は，つねにより軽い感じの文体で手紙を書いているが，現在手がけているこの書き物では，幾分より重厚な文体（例えば，「背が高くて，肌黒くて（,）ハンサムな」のように連続をなす「連続コンマ」を用いるといったように）を採用している。

PO Box 999
Holyhead
Gwynedd
LL65 1RG

1 January 1994

Mr J K Galbraith
AK Tools Ltd
3 The Terrace
London NW3 2PP

Dear Mr Galbraith

Thank you for your letter of 11 December and for the enclosed samples. As with your previous material I have found these to be very

P.O. Box 999,
Holyhead,
Gwynedd,
LL65 1RG.

1 January, 1994.

Mr. J. K. Galbraith,
A.K. Tools, Ltd.,
3, The Terrace,
London, NW3 2PP.

Dear Mr. Galbraith,

Thank you for your letter of 11 December, and for the enclosed samples. As with your previous material, I have found these to be

変わりゆく句読法

英語の句読法がこれまでどのように発展してきたのかを知る最良の方法の1つは，同じ1つのテクストの異なる一連の版を見比べてみて，編集者たちが数百年以上にわたってどのようにテクストに手を加えてきたのかを調べることである。次に示す連はすべてチョーサーの『トロイラスとクリセイデ（*Troilus and Criseyde*）』3巻，119-28（p. 38）からのもので，15世紀初期から現代に至るいくつかの版（M. B. パークス（M. B. Parkes），1992に従う）の中のものである。

どういう句読法を選ぶかは，テクストの意味内容に応じて決まるものなので，この抜粋の文脈の一部を筆者による抜粋の意訳とともにあげておこう。すなわち，この抜粋に先立つ2つの詩句において，トロイラスは，もし自分がクリセイデを喜ばせることができなかったなら自殺すると告げている。クリセイデの叔父パンダルスは，彼の嘆きにいたく心を動かされて，彼女に「後生だから，こんなことはもうよしにしておくれ。そうでないならば，私たち二人をすぐに殺しておくれ」と哀願する。抜粋の最初の詩句では，クリセイデがパンダルスのこの嘆願に反応を示し，次いで彼が彼女に答える。2つ目の詩句では，トロイラスが再び二人の間に口を挟む。

‘Ah, what?’ said she, ‘by God and by my troth, I don't know what you want me to say.’ ‘Ah, what?’ said he, ‘that you have pity on him, for the love of God, and don't make him die.’ ‘Well then', said she, ‘I will beg him to tell me what he has in his mind, for I still do not know what he means.' ‘What I mean, O sweet dear heart, kind, lovely and generous?' said Troilus, [is that with your clear eyes you will sometimes look kindly on me...]

「えっ，なんですって?」と彼女は言った。「真実誓って言いますが，叔父さまが私に何を言えとおっしゃるのか私にはわからない。」「えっ，なんだって?」と彼は言った。「彼を哀れに思っていると言ってほしいのだ。どうか，彼を死なせないでほしい。」「それなら」と彼女は言った。「あの方が心の中で思っていることを私に話してほしいとあの方にお願いしたいわ。だって，あの方がどういうおつもりなのか，私には今もって分からないのですもの。」「おお，心優しくて親切で愛らしく，心の広い，いとしい人よ，僕が何を言いたいのかって？」とトロイラスが言った。［それは，あなたのその澄んだ瞳で，ときには僕のことを優しく眺めて欲しい…］

I what quod she by god and by my trouthe
I not uat what ȝe wilne that I seye
I what quod he that ȝe han on hym routhe
For goddes loue and doth hym nought to deye
Now thanne thus quod she I wolde hym preye
To telle me the fyn of his entente
Ȝet wist I neuere wel what that he mente

What that I mene o swete herte deere
Quod Troilus o goodly fresshe free

（現存する最初期の写本：ケンブリッジ大学コルプス・クリスティ・カレッジ図書館，MS 61，fol. 65）

最も顕著な特徴は，句読法を用いていないという点である。読者にとっての手がかりは次の点のみ。すなわち，意味のまとまりがそれぞれの行と一致していること，および「と言った（quod）」が行の始まり近くに置かれているので，話し手の交代が早めに合図されていること――この役割はまた，詩句の最後の行末空白によっても示されている。

I / what (q*uo*d she) by god and by my trouthe
I not nat what ye wylne that I sey
Ey / what (q*uo*d he) that ye haue on him routhe
For goddes loue / and dothe him nat to dey
Nowe than thus (q*uo*d she) I wolde him prey
To tell me the fyne of his entente
Yet wyste I neuer wel what that he mente

What that I meane / O swete herte dere
(Q*uo*d Troylus) o goodly fresshe free

（1532：W. シン（W. Thynne）『ジェフリー・チョーサー作品集新版（*The Workes of Geffray Chaucer newly printed*）』fol. 187v）

句読法に関し2つの特徴が見られる。すなわち，伝達部のまわりに丸括弧を用いるのは16世紀に普通に見られる慣習であり，また斜線（ラテン語で *virgula suspensiva*）は，意味の上での（感嘆的表現の後ろに置く）切れ目を示すための短いポーズを表している。それ以外のポーズは示されていない。次に続く詩行には字下がりが見られるが，おそらくこれは，新しい話し手への切り替わりを強調するためのものであろう。quod の一部がイタリック体になっているのは，もともと qd と省略されていたのを，拡張させて示したことを表す。

I, what (qd she) by God and by my trouth
I not nat what ye wilne that I seie
Eie, what (qd he) that ye haue on him routh
For Goddes loue, and doeth him nat deie
Now than thus (qd she) I wolde him preie
To tell me the fine of his entent.
Yet wist I neuer wel what that he mente.

What that I meane, o swete hart dere
(Qd Troilus) O goodly fresh free

（1598：T. スペイト（T. Speght）『我らが古き時代の学識ある英国詩人ジェフリー・チョーサー作品集新版（*The Workes of our Ancient and Learned English Poet,Geffrey Chaucer,newly printed*）』fol.167）

その後斜線はコンマに置き換えられ，この時代では，連の終わりを示す句点（ラテン語で *punctus*）が用いられている。1602年の版においては，スペイトは行の終わりに次のような別の句読点も用いている。すなわち，2，4行目でコロンを，5，6，9行目でコンマを，さらに qd の後には句点を。

I, what (q*uo*d she) by God and by my trouth
I n'ot nevir what ye wilne that I seie;
Eie, what? (q*uo*d he) that ye have on him routh
For Godd'is love, and doeth him nat to deie.
Now than thus (q*uo*d she) I wollin him-preie
To tellin me the fine of his entente
Yet wist I nevir well what that he mente.

What that I mene, O my swete hertè dere
(q*uo*d Troilus) godely freshe and fre,

（1721：J. アーリー（J. Urry）『ジェフリー・チョーサー作品集（*The Works of Geoffrey Chaucer*）』，p.292）

この時代になると，字下がりにより詩句の韻律形式が示されるようになる。すなわち，（字下がりのない）1，3行目と，（字下がりのある）2，4，5行目および最後の2つの対句とを比較。話し手の交替は，ここでは1つのセミコロンと2つの句点による句読法で示されている。このセミコロンは，3行目が文法的に2行目に密接に依存している（that ye have が動詞 seie の省略された目的語になっている）ことにより，用いられたのかもしれない。3行目のもつ感嘆文としての内容を強調するために，そこに疑問符が用いられている。この時代になると，アポストロフィーが省略（2行目）および属格（4行目）を表すために用いられるようになる（p. 215）。

I, what? (quod she) By God and by my trouth
I n'ot nevir what ye wilne that I seie.
Eie! what? (quod he) that ye have on him routh
For Godd'is love, and doeth him nat to deie.
Now than thus (quod she) I wollin him preie
To tellin me the fine of his entente;
Yet wist I nevir wel what that he mente.

What that I mene, o my swete herte dere!
(Quod Troilus) o godely freshe and fre!

（1793：R. アンダーソン（Anderson）『英国の詩人完全版（*A Complete Edition of the Poets of Great Britain*）』i.363）

この時代になると，句読法は話しことばの韻律（p.248）を示すのに用いられている。感嘆符が3，8，9行目に用いられ，疑問符がもう1つ加わったことに気がつくであろう。主要な対話交替が今やすべて句点で示されるようになり，5-7行目の文を2つの意味的部分に分ける役割をセミコロンにもたせていることもわかる。

（続きは巻末 p.544 に掲載）

書記体系の発達——その比較

手書きと印刷についての明らかな言語的特徴を知るには，ある文書の２つの版を比べてみることである。そのやり方が，しばしば最もよい方法となることがある。ここに示すのは，英国の神学者リチャード・フッカー(Richard Hooker)(1554-600)の書いた『教会政治論(*Of the Lawes of Ecclesiastical Politie*)』(第５巻)の 1597 年版の印刷工が用いた写本からの１ページである。(M. B. パークス(M. B. Parkes)，1992 に従う)

この写しは，ベンジャミン・プレン(Benjamin Pullen)という名の写字生によって準備されたものを，フッカー自身が訂正・校訂した(4, 22, 27 行目)ものである。植字工は，活字に組む準備のできたこのページに校正の手を入れ，余白に鉛筆で記入した Q12（すなわち，その本のセクション Q の 12 枚目の印刷ページ）および，coexistence（21 行目）の語のまわりの角囲いにより，印刷した時ここから次のページが始まるということを指示している。 写本のページのこの箇所までの部分が，本書の次のページにあげる印刷されたテクストの最後の 16 行に相当する。

この写本の注目すべき特徴の１つとして，２種類の手書きを用いている点を含めることができる。テクストのほとんどの部分は，「書記カーシヴ体（Secretary Cursive)」として知られる書体で書かれているが，これは，目立った姿の，しばしば湾曲させたアセンダーとディセンダー(p. 269)によりほかのものと区別される。２行目の communion に見るように，語末の *-n* が上付き記号で書かれている。この文書は，次ページにあげるテクストでは，ローマン体で印刷されている。引用部分やそのほかの種類の特別なコメントは，下の 10 行に見るように，華麗さを抑えた「ヒューマニストカーシヴ体（Humanist Cursive)」で書かれているが，本書の次ページ（This is my bodie で始まる部分）では，イタリック体で印刷されている。この手書きには，のちに下線を書き入れた箇所（19-20，23 行目）があるが，これは，この部分はローマン体で印刷せよとの指示である。余白に引用符のあるのは，その箇所が議論の中の重要な部分であることを強調するためのものである（引用を示すものではない)。句点の後は大文字で始め，ポーズを示すためにコンマを用い，また疑問符も用いている（13 行目）ことがわかる。12 行目と 17 行目の行末に用いられている語の中断を示すハイフンは，二重線となっている。

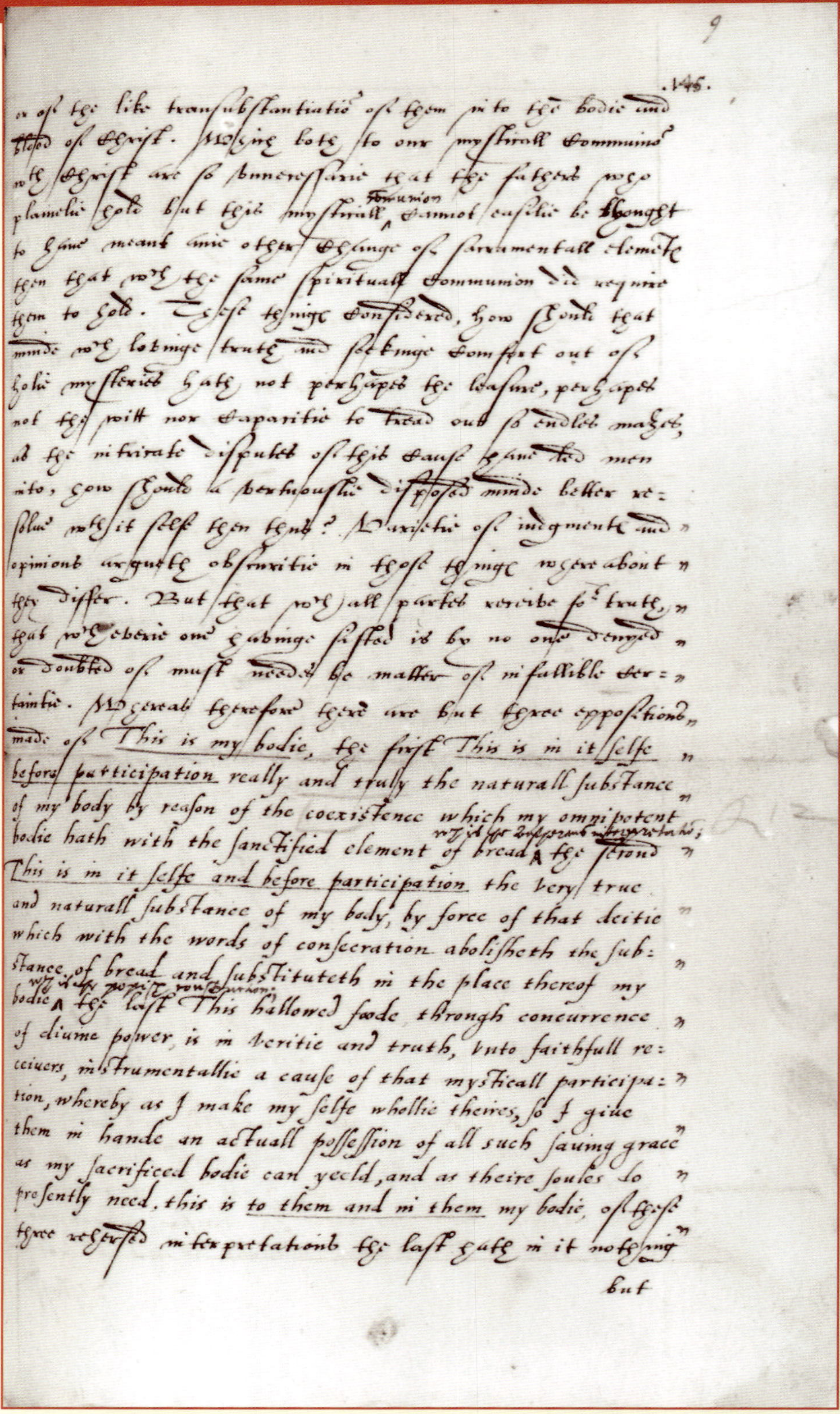

印刷された方の写しは，写本のテクストにかなり忠実に従っているが，何カ所かつづり字が変えられている所があり，不統一な箇所もかなりある。例えば，body（32, cf. 1【訳注】「32行目参照。反対側ページの写本1行目と比較」の意，以下同じ］），holy(38, cf. 9)，vertuously(40, cf. 12)のように，*-ie* がしばしば *-y* となっている箇所があるが，unnecessarie（33, cf. 3)，varietie（41, cf. 13)，certaintie(44, cf. 18）のように，そうなっていない箇所もある。またholde（34, cf. 4）やbee（34, cf. 4）のように語末の *-e* がしばしば追加されていたり，loue+*-ing* がlouingになる(37, cf. 8）ように，それが削除されていたりする。さらにまた，me(a)nt（35, cf. 5）やwit(t)(38, cf. 10）に見るように，そのほかのさまざまな母音や子音が変えられている。すでにこの時代に，iudgements(41, cf. 13）の最初のeが必要かどうかが問題となっていたことがわかる。両方の写しに，語末以外の位置に現れる「細長いs」(p. 275）の使用が認められる。印刷された方の写しでは，語頭にvが用いられ，そのほかの場所にはuが用いられている（2-5行目)。またJの代わりにIが用いられている（8行目）(p. 272)。4行目と13行目には，語が狭いスペースにピタリと収まるようにと，省略記号が用いられている（31行目の完全な形Transubstantiationと比較せよ)。bloude（25行目）vs bloud（32行目)，およびbe（3行目）vs bee（34行目）に見るように，行末をそろえる（p. 269）ために，語末のeが加えられたり取り除かれたりしていることがわかる。

句読法は，写本に指示されているものにかなりの程度従っているが，ときどき異なることもある（例えば，45, cf. 19のfirstの後にコンマが追加されているように)。印刷された方の抜粋にはまた，セミコロンも現れている（3行目)。ハイフンの位置は，sanctifi-*ed*（30行目）とdoub-*ted*（43行目）に見るように，しばしば現代の慣習とは異なっていることがある。アポストロフィーは用いられていない（20行目のChrists)。

Eccleſiaſticall Politie. 179

changeth them and maketh them that vnto vs which otherwiſe they could not be; that to vs they are therby made ſuch inſtrumēts as [g] miſtically yet truely, inuiſibly yet really worke our communion or fellowſhip with the perſon of Ieſūs Chriſt as well in that hee is man as God, our participation al-ſo in the fruite, grace and efficacie of his body and bloud, whereup-on there enſueth a kinde of Tran-ſubſtantiatiō in vs, a true [h] change both of ſoule and body, an altera-tion from death to life. In a word it appeareth not that of all the an-cient Fathers of the Church any one did euer conceiue or ima-gine other then onely a myſticall participation of Chriſts both bo-dy and bloud in the Sacrament, neither are their ſpeeches con-cerning the chaunge of the ele-ments themſelues into the body and bloude of Chriſt ſuch, that a man can thereby in conſcience aſſure himſelfe it was their mea-ning to perſwade the worlde ey-ther of a corporall Conſubſtantia-tion of Chriſt with thoſe ſanctifi-ed and bleſſed elements before we receiue them, or of the like Tranſubſtan-tiation of them into the body and bloud of Chriſt. Which both to our my-ſticall communion with Chriſt are ſo vnneceſſarie that the Fathers who plainely holde but this myſticall communion cannot eaſily bee thought to haue ment any other change of ſacramentall elements then that which the ſame ſpirituall communion did require them to holde. Theſe things conſi-dered, how ſhould that minde which louing truth and ſeeking comfort out of holy miſteries hath not perhaps the leaſure, perhaps not the wit nor capa-citie to treade out ſo endleſſe mazes, as the intricate diſputes of this cauſe haue led men into, how ſhould a vertuouſly diſpoſed minde better reſolue with it ſelfe then thus? „Varietie of iudgements and opinions argueth obſcu-ritie in thoſe things where about they differ. But that which all parts receiue for truth, that which euery one hauing ſifted is by no one denied or doub-ted of, muſt needes be matter of infallible certaintie. Whereas therfore there are but three expoſitions made of *This is my body*, the firſt, This is in it ſelfe be-fore participation *really and truely the naturall ſubſtance of my body by reaſon of the*

coexiſtance

d *Sacramenta quidem quantum in ſe eſt ſine propria virtute eſſe non poſ-ſunt, nec vllo modo ſe abſentat maieſtas myſterijs. Cypr. de. Can. c. 7.*

e *Sacramento viſibili ineffabiliter diuina ſe infudit eſſentia vt eſſet Reli-gioni circa Sacramenta deuotio. Idem. c. 6. Inuiſibilis ſacerdos viſibiles creaturas in ſubſtantiam corporis & ſanguinis ſui verbo ſuo ſecreta poteſt-ate conuertit. In ſpiritualibus ſacramentis verbi præcipit virtus & ſeruit effectus. Euſeb. Emiſen. hom. 5. de paſch.*

f τὰ σύμβολα τοῦ δεσποτικοῦ σώματός τε καὶ αἵματος ἄλλα μὲν εἰσὶ πρὸ τῆς ἱερατικῆς ἐπικλήσεως, μετὰ δέ γε τὴν ἐπίκλησιν μεταβάλλεται καὶ ἕτερα γίνεται. Ἀλλ᾽ οὐκ ἰδίας ἐξίσταται φύσεως. Μένει γὰρ ἐπὶ τῆς προτέρας οὐσίας καὶ τοῦ σχήματος καὶ τοῦ εἴδους, καὶ ὁρατά ἐστι καὶ ἁπτὰ οἷα καὶ πρότερον ἦν, νοεῖται δὲ ἅπερ ἐγένετο καὶ πιστεύεται καὶ προσκυνεῖται ὡς ἐκεῖνα ὄντα ἅπερ πιστεύεται. *Theodo. Ex quo a Domino dictum eſt, Hoc facite in meam commemorationem, hæc eſt caro mea, & hic eſt ſanguis meus, quotieſcunque his verbis & hac fide actum eſt, panis iſte ſuperſub-ſtantialis & calix benedictione ſolenni ſacratus ad totius hominis vitam ſalutemque proficit. Cypr: de can. c. 3 Immortalitatis alimonia datur, a communibus cibis differens, corporalis ſubſtantiæ retinens ſpeciem ſed vir-tutis diuinæ inuiſibili efficientia probans adeſſe præſentiam. Ibid. c. 2.*

g *Senſibilibus ſacramentis ineſt vita æterna effectus & non tam corporali quam ſpirituali tranſitione Chriſto vnimur. Ipſe enim & panis & caro & ſanguis, idem cibus & ſubſtantia & vita factus eſt Eccleſiæ ſuæ quam corpus ſuum appellat, dans ei participationem ſpiritus. Ibid. c. 5. Noſtra & ipſius coniunctio nec miſcet perſonas nec vnit ſubſtantias, ſed affectus conſociat & confederat voluntates. ca. 6. Manſio noſtra in ipſo eſt man-ducatio, & potus quaſi quædam incorporatio. c. 9. Ille eſt in patre per na-turam diuinitatis, nos in eo per corporalem eius natiuitatem, ille rurſus in nobis per Sacramentorum myſterium. Hilar. de trin. lib. 8.*

h *Panis hic azymus cibus verus & ſincerus* per ſpeciem & ſacramentum *nos tactu ſanctificat, fide illuminat, veritate Chriſto cōformat. Cyp. de can. c. 6. Non aliud agit participatio corporis & ſanguinis Chriſti quam vt in id quod ſumimus tranſeamus, & in quo mortui & ſepulti & conreſuſcitati ſumus ipſum per omnia & ſpiritu & carne geſtemus. Leo de paſ. Ser. 14. Quemadmodum qui eſt a terra panis percipiens Dei vocationem* (id eſt facta inuocatione diuini numinis) *iam non communis panis eſt ſed Eu-chariſtia ex duabus rebus conſtans terrena & cæleſti: Sic & corpora no-ſtra percipientia Euchariſtiam iam non ſunt corruptibilia ſpem reſurrecti-onis habentia. Irena. l. 4. c. 34. Quoniam ſalutaris caro verbo Dei quod naturaliter vita eſt coniuncta viuifica effecta eſt, quando eam comedimus tunc vitam habemus in nobis illi carni coniuncti quæ vita effecta eſt. Cyril. in Iohan. lib. 4. cap. 14.*

句読点

初期の英語の写本には，今日使われているものとは非常に異なるように見える数多くの句読点が用いられていた。中には，今では使用されなくなったものがある一方，何百年もの間に現代のものに相当する姿へと発展したものもある。まったく変化しなかったように見えるものも多少はある――とはいうものの，記号のもつ現代的役割が当てはまらないことがしばしばあるので，そのような記号の働きを考える時には，気をつけることがつねに重要となる。例えば，句点は過去において，文の終わりの印というより，ポーズを表すために普通用いられていたので，ポーズの長さの違いを示すのに，前後の文字との関係で句点の高さをいろいろと変えることがあった。

現代の句読法の仕組みは，非常に広範囲にわたっていて，その中には，伝統的な「句読点」だけでなく，スペース，字下がり，大文字の使用や，（星印や脚注用数字などの）アルファベットによらない多くの図形的指示に見られるような，種々の特徴が含まれている。たくさんの階層的組織も見られる。それらの特徴の中には，段落や節のような，書き物の上での大きな区分を示すものや，語あるいは語の部分のような小さな区分を示すもの，さらにはまた，文，節や句などの中間的大きさや複雑さの区分を示すものもある。句読点としてのほとんどの記号は，間を仕切るという特徴をもっていて，文法的構造の間の境界を示す働きをしている。わずかではあるが，どのような文法的文脈に起こるかに関係なく，それ自身独自の意味を表すものがある。そのような句読点の中には，疑問符，感嘆符，アポストロフィーや，£，&，@，*，† などのような特殊記号が含まれている。

句読点詩

ここに取りあげるのは，15世紀の「句読点詩（punctuation poem）」から引用した1つの連である。この詩では，2つの種類の句読点が（なぞなぞ形式で）相競う形で用いられている。その結果，牧師たちの性格を描写するテクストが，非常に異なる2つの意味で解釈することが可能となる。そのうちの「正統的」な解釈の方は，句点（*punctus*）をたどることにより得られ，もう一方の「非正統的」な解釈は，斜線（*virgula suspensiva*）をたどることで得られる。この2つの解釈が，その下にあげるそれぞれの書き写しにより再生されている。

Trvsty . seldom / to their Frendys vniust. /
Gladd for to helpp . no Crysten creator /
Wyllyng to greve . settyng all ye[ir] ioy & lust
Only in y[e] pleasour of god . havyng no cvre /
Who is most ryche . wth them y[ey] wylbe sewer /
Wher nede is . gevyng neyther reward ne Fee /
Vnresonably . Thus lyve prestys . parde . /

句点読み

Trusty. Seldom to their friends unjust. Glad for to help. No Christian creature willing to grieve. Setting all their joy and desire only in the pleasure of God. Having no care who is most rich. With them they will be sure where need is. Giving neither reward nor fee unreasonably. Thus live priests. In the name of God.

（信頼に値し，友に不当に振る舞うことめったになく，人に手を差し伸べることを喜び，キリスト教徒の人を悲しませず，すべてみずからの歓喜と望みは神の喜びのためと定め，誰がこの上なく富めるかなど気に留めず，必要としている人のそばには必ず寄り添い，法外な報酬や謝礼を与えることがない。かくの如く聖職者は生きる，神の御名のもとに。）

斜線読み

Trusty seldom / To their friends unjust / Glad for to help no Christian creature / Willing to grieve setting all their joy and desire – only in the pleasure of God having no care / Who[ever] is most rich with them they will be sure / Where need is, giving neither reward nor fee / Unreasonably thus live priests in the name of God /

（信頼に値することめったになく / 友には不当に振る舞い / いかなるキリスト教徒にも喜んで手を差し伸べることなく / すべてみずからの歓喜と望みは，神の憂いなきを唯一の喜びとなすことにあり，ということを心より嘆き悲しみ / 最も富める者のそばには必ず寄り添い / 必要としている人には，報酬も謝礼も与えず / 不合理なことには，かくの如く聖職者は神の御名のもとに生きる /）

書記学的古語表現

今日の句読法のシステムは，印刷術（p.56）の導入後にきわめて急速に登場し始めたものである。ただし，現代のしきたりとの違いが，19世紀のだいぶ後になるまで，歴然と存在していた。ここにあげる1766年のテクストに見られる句読法が，今日のものと異なるのは，比較的重要でない点においてのみであるが，それでも注目すべきことは，ページを見たときの視覚的印象に，かなり劇的な違いをもたらすに十分なほどの違いが認められる，という点である。コンマやセミコロンと一緒に用いた長めのダッシュや，重要な名詞に用いた大文字（p.69），あるいはかなりふんだんに示された区切り箇所など，これらすべてが，全体としてテクストに古風な感じを与える上で，重要な役割を演じている。

AUTHOR's PREFACE.

ARCHÆOLOGY, or an Account of the Origin of Nations after the Univerfal Deluge, admits of two ways of enquiry,——either beginning at Babel, the place of mankind's difperfion, and tracing them downwards to our own times by the light of records, which is Hiftory, and of natural reafon, which is Inference and Conjecture; or elfe beginning from our own time, and winding them upwards, by the fame helps, to the firft place and origin of their progreffion;——both which ways are ufually taken by Hiftorians and Genealogifts, and are equally to be allowed in their manner of proceeding. By the former of thefe methods I have in the following Sections adventured through fome of the darkeft tracks of time, to calculate the Archæology, and to fetch out and put together fome rude ftrokes and lineaments of the ANTIQUITIES of the ISLE of ANGLESEY, from its firft planting to the time of the Roman Conqueft, moftly in an hypothetical way, or a rational fcheme of enquiry.

（巻末p.544に訳を掲載）

廃用となった記号

初期の写本には，今では用いられなくなった30以上の句読点を見出すことができるが，これらのほとんどのものは，印刷術の到来後，姿を消してしまった。その中から2つを取り上げてみよう。

/ 斜線（virgula suspensiva）は，テクストの中の短いポーズのある箇所を示すために，中英語期に広く使用されていた（p.291）。14世紀には，これより長めのポーズの印として，あるいは新しい段落やセクションの始まりの合図として，多くの作家が二重斜線 // を用いた。

❦ ヘデラ（hedera），すなわちツタの葉は，とても古くからある記号で，古代ギリシア・ローマ時代には語の区切りとして，またアングロサクソン時代には，テクストの中の主要なセクションの区切りや1つの節の終わりを示す記号として使用された。この記号はしばしばかなり装飾的な扱いを受け，印刷業者の中には，これを飾り物として使い続ける者もいた。

現代の各種記号

構造を区別する記号

句点（Point）(.)
（ピリオド，終止符，フルストップ，あるいは（ラテン語で）プンクトゥス（*punctus*）とも呼ばれる）

主として文（特に陳述文）の終わりを示すのに用いられる。印刷（またときにはタイプ）するときは，語と語の間のスペースより広めの空白を後ろに置く。また，省略された語を表す。（例：A.D.（紀元…年），ただし現代英語の慣習では，これと異なるものもある（p.290)。時刻／日付（8.30, 10.10. 94），お金の単位（$3.50），本の中のセクション番号（2.2）や小数点を示す記号（5.006）などの特殊な文脈でも用いる。句点３つ（「サスペンションドット（suspension dots）」または「省略ドット（ellipsis dots）」と呼ぶ）を（例えば引用の中ほどに）用いると，完全ではない，または省略部分があることを表す。句点はまた，疑問符／感嘆符，コロンやセミコロンの一部ともなっている。

セミコロン（Semi-colon）(;)
最初は15世紀に，コロン（長め）とコンマ（短め）の中間の長さのポーズを表すために用いられた。今では，複雑な文の等位構造をなす部分を示したり，リストの中の込み入った部分を分ける働きがある。接続詞 and とよく似た働きとして用いる。コロンよりも多く用いられるが，今では，ポーズの長さの上では区別はなくなっている。特に形式ばった文書の中で，いくつか込み入ったアイデア同士の相互関係を示す必要があり，しかも内容のさらに細かな部分はコンマによって区切るような場合には（例えば，ここの段落の原文で用いているように）セミコロンが用いられる。

コロン（Colon）(:)
主要なポーズや意味の上での区切りを示すために15世紀の写本で用いられた。今では主として，後ろに続く部分がその前の部分を敷衍ないし説明するような場合に用いる。また例をあげたり，時刻や日付（5:30）の場合のように，数字の切れ目を表すためにも用いる。中には，手紙の中で相手に敬意を示す Dear X（X様）の後ろに置く人もいる。多用されることなく，普通１つの文に１回だけというような制限がある。アメリカ英語では，コロンに続く文の最初の文字をしばしば大文字にする。古風な印刷スタイルでは，後ろにダッシュを置く（:—）やり方がしばしば見られる。

コンマ（Comma）(,)
広い用途で用いられ，同じような文法的要素（語，句，節）の連なりを表したり，１つの要素が別の要素の内部に用いられていることを示す用法がある。最も頻繁に用いられる句読点なので，多くの個人的に異なる使い方を許すことにもなる。初期の写本では，ちょっとしたポーズあるいは意味の変化を示すために，下付き句点と一緒に用いられることがしばしばあった。コンマは，初期の印刷術の発達にともない，低い位置に置かれた短い半円形の姿で登場した。使用法を定めた単純な規則というものはなく，用法は，数百年もの時を経て次第にできあがっていった。コンマは，もはや発話に見られるポーズとはぴったりと一致しなくなっているので，例えば，文の主語の後のポーズ（The chair in the dining room / has a broken leg（食堂の椅子は，脚が壊れている）をコンマを用いて表すようなことは，標準英語ではしない。また接続詞の前の「連続コンマ」（p. 290）の場合のように，人によって用法にかなりの違いが見られる。

丸括弧（Parentheses）( )
（「丸みつき括弧」とも呼ばれる）

コンマの代わりになるもので，文中の文法的まとまりを包む形になる。14世紀末近くに出現する。イギリス英語の口語では，しばしば「ブラケット（brackets）」と呼ばれる（ただし米国および印刷業界では，その用語は「角括弧（square brackets）」の［ ］を意味する）。科学的書き物では，「中括弧（curly brackets）」または「ブレース（braces）」（{ }）の記号も用いられる。１つの文中にあまりにも多くの丸括弧を用いたり，丸括弧の中に丸括弧を用いたりすることは，教育上嫌われる。丸括弧の特殊な用法（角括弧の用法も示す）の中には次のようなものがある：

- 日付：Henry VIII(1491-547)（ヘンリー8世）
- 注釈：H_2O(water)（水）
- 所属：Brown(USA)（ブラウン（米））
- 皮肉：young ［sic］ people（若い［原文のまま］人たち）
- 著者による説明：we will **not** go ［my emphasis］（私たちは決して参りません［強調は筆者］）
- 語句の補足：it is ［a］ disaster（それは［1つの］災害である）

ダッシュ（Dash）(—)
１個用いることにより，文の最後の部分にコメントや後から思いついたことを追加したり，あるいは単に，発話が完全に終わっていないことを表す。２つ用いると，丸括弧と同じ働きをさせることができる。改まっていない文書の中では，ほかの句読点の代わりとしてでたらめに用いることがしばしば見られる。特殊な用法としては，（クロスワードパズルのヒントとしての）伏せた語や文字を表したり，タブー表現（禁句）（p. 184）を構成する文字の一部の代わりとして用いたり，日付の数字の区切り（11—11—94）あるいはページ数（15—22）を示したりするのに用いる。手書きの場合，異なる長さおよび働きを示すダッシュに見られるような規則的な区別を表せない。印刷では，ハイフン，「二分ダッシュ／罫（en dash/rule）」（–），「全角ダッシュ／罫（em dash/rule）」（—）（en と em は伝統的タイプの文字 N と M の幅を表している）を区別できる。二分ダッシュは普通（Liberal–Labour alliance（自由と労働協調）に見るように）「と（and）」，または（London–Holyhead train（ロンドン発ホリヘッド行き列車）に見るように）「まで（to）」を意味する。全角ダッシュは，しばしば両側にスペースを置いて印刷する。

逆コンマ（Inverted commas）(' ', " ")
（「引用符（quotation marks）」，「引用（quotes）」または「発話記号（speech marks）」とも言う）

この記号は，テクストのある部分（例えば聖書からの引用）に注意を向けるために，写本の余白に記入した特殊記号の「ディプル（diple）」に由来する。印刷工は，この記号を最初上付きで逆さのコンマで表したが，その後，その位置を枠内に収まるようにした。次第に引用部分および直接話法（そこから上記のような別名をもつようになる）を表すようになった。一重および二重引用符のどちらを用いるかはさまざまである。手書きやタイプされた文書および米国の印刷物では，後者を用いる方が普通である。発話内の発話を表示する時には，両方を用いる（例えば，Mike said, 'I heard Fred shout "Yes" just now.'（「私はフレッドがたった今『ハイ』と大きな声で言ったのを聞いた」とマイクが言った）のように）。米国の用法では，引用符をそのほかの句読点の後に置く方が好まれるが，英国ではその逆になる。引用符はまた，専門用語（this is known as 'eidetic'（これは「アイデティック」として知られている））やタイトルや注釈（Latin *punctus* 'point'（ラテン語の punctus すなわち「ポイント」））あるいは特殊な意味（'scare quotes'「注意喚起の引用符」または 'sneer quotes'「皮肉の引用符」）(p.290）を表す時にも用いられる。

ハイフン（Hyphen）(-)
次の２つの種類の語の切れ目を表す。すなわち，行の最後にくる語の途中の切れ目と，複合語の部分を示す切れ目（green-eyed（青い目の））とである。後者の場合の慣習については揺れが見られ（p.129)，アメリカ英語では省略するような場合でも，イギリス英語ではしばしばハイフンを用いる。行の切れ目を表すハイフンを，語のどの部分に置くのが一番よいかについてもまた慣用に違いが見られる。re-cover（再び覆う）vs recover（回復する）のように，ときどき意味の対比が表されることがある。初期の写本の中には，横棒１本と２本（二重線）の両方を用いて書かれたものがある（p.292）。

スペース（Space）
語と語を分ち，段落の区切を示す役割がある（段落の最初の文を新しい行で始め，通常字下がりをした最初の語によって，あるいは１行分のスペースを置くことによって，連続した段落の区切りを示す）。スペースはまた，コンピュータ言語の中では１つの文字として扱われていることからもわかるように，句読点の１つとしての明確な働きをもっている。

意味を伝える記号

疑問符（Question mark）(?)
疑問符の前の文が疑問文であることを表すのが主な働き。（?）を文の最後に置くことにより，不確かさを表したり，皮肉またはびっくり仰天した時の沈黙を表したりするような，ほかの働きもときどき見られる。

「君の傘でなら行けるかもね」とプーは言いました。
「?」

ラテン語でプンクトゥス・インテルロガティウス（*punctus interrogativus*）と言う名の疑問符は，もともと，点の上に斜め右上向きに傾けた波状の姿をした記号（⸮）として，８世紀から知られていた。この記号は，発音したときの上がり調子の抑揚を表そうとしたのが始まりだったのかもしれない。現在の直立型のものは，初期の印刷工によって取り入れられたものである。

（続きは巻末 p.545 に掲載）

句読点問題

句読法は決して――新しい言葉で言うと――白か黒かの明白な問題ではない。句読法はこれまで，異なる社会的グループや場面場面や個人個人により，異なる選択を許してきたことから，つねにかなりの量の文体的変異を生みだしてきている（p.290）。変異の生まれる最も古い源の1つは，私たちが句読法を，朗読するときの手がかりと考えるか，それとも，書かれた表現の意味を明らかにする手がかりと考えるかの違いに関係している。

朗読する

- アングロサクソンの宣教師たちは，正確にまた信念をもって朗読する助けとなるよう，説教原稿に句読点を付け加えた。
- エリザベス朝の劇作家たちは，役者がせりふをうまく読む手助けのための合図として，句読点を用いた――『夏の夜の夢（*A Midsummer Night's Dream*）』の5幕で，ピーター・クインスがプロローグを間違って読んだため，シーシアス公爵が「この男は句読点にこだわらない」とのコメントをつけることになる，あのシェイクスピアのパロディーに見られるように。
- 18世紀の雄弁術の進展において，句読法は，優れた演説を行うときの助けとなると見なされていた。

明瞭に書く

- 印刷されたテキストを読者が読み解くための視覚的補助として，最初期の印刷工たちが句読点の仕組みを導入したものが，その後次第に規格化された。
- 文章として書かれたときの，複雑な文の構造を示すために，17，18世紀の文法家たちが句読法の仕組みを発展させた。
- 正書法を正しく守ることが重んじられた規範的な雰囲気（p.206）の中で，学校の先生たちは，子どもたちに教えることのできる句読法の規則を求めていた。

問題点

この2つのものの見方は一致を見なかった。すなわち，耳で聴く方を重んじると，ある句読法がいいということになる一方で，純粋に目で見る方を重んじると，それとは別の句読法の方がいいということになる。例えば，次の文の5番目の語の後ろにコンマが必要であろうか?

Thanks to Mary's quick reflexes the car stopped in time.（メアリーの素早い反射神経のおかげですんでのところで車が止まった。）

この文が，2つの異なる構造的部分からなるという点に注目させるために，コンマを用いたいと文法家なら思うかもしれない。その理由により，コンマが役に立つと思う読者もいるであろう。小説家なら，物語の展開の上でのこの部分の速いテンポを維持するために，コンマは使いたくないと思うのはもっともだ。書き手としては，読者が頭の中でこの文をどのように「聞く」か――例えば，reflexes の後ろに印象的なポーズを欲しいと思うか――が大きな決め手となるであろう。この点に関し，確かに明確な規則はないと言えるし，またすべての句読点について，この種の問題が生じる可能性がある。

専門家と普通の人とに見られる違いなども考慮に入れると，さまざまな場合がありうるということが，いっそう明確となるであろう。例えば，法律的な文書（p.398）だと，ほとんどの公的通達に見られるように，句読点を避ける傾向が強い。詩的なテキストには，風変わりな句読点の用い方をするものが多い。インターネットの出現により，新しい種類の句読点や文体がつけ加わることとなった（p.464）。さらに小説家の間にも，じつにさまざまな使い方が見られる。

句読点指紋

文書に用いられている句読点をもとにして，誰の書いたものかを決めることはできるであろうか――すなわち，正書法の指紋のようなものがあるのだろうか？　何人かの創意ある人によって，著名な文学作品の句読法を視覚的にリズム化しようとする試みが始められている。例えば，米国のウェブ開発者で芸術家のニコラス・ルージェ（Nicholas Rougeux）によるデータ視覚化シリーズ「言葉を超えて（Beyond the Words）」（p.471）や，米国の科学者で作家のアダム J. カルフーン（Adam J. Calhoun）による，小説中の句読点の現れ方を視覚化したものなどがある。そこに用いられている一般的な技巧としては，文字，数字，スペースばかりではなく行の切れ目もすべて削除し，句読点だけを残すことにより，その句読点が連続して一線上に並ぶか，サークルあるいは渦巻状の形で表されることになる。結果は，典型的にデジタル化したアートの姿で現れるが，さまざまな句読点に数量的分析を加えることにより，犯罪科学上の目的（p.451）のためのしっかりした身元特定に結びつくことも，十分に考えられるであろう。以下にあげるのは，それぞれが語りと対話の混ざったものからできている3つの小説の，最初の1,500語に使われている句読点を視覚化したものである。

ウィリアム・メイクピース・サッカレー（William Makepeace Thackeray）『虚栄の市（*Vanity Fair*）』

,,‘,,,,-,·,,,‘,,,·,-,-‘-.‘‘,,‘.‘.,;.‘‘‘,?‘,;,,,..‘,,,‘;‘-.‘‘,
,‘.‘‘,-;-,,‘.‘‘,,‘.,?--,.,,,.‘‘,,.,,,,,;‘,.‘‘‘:‘,„—.‘,–‘,,
.,,,,,.‘,,,,‘.;,,,,.‘,,.,,,,,‘,,‘.‘..–.‘.,.‘,,‘,-‘–.‘‘,;.‘,‘,.
‘‘,.,,,,.‘,?‘,.‘,‘,,,,.‘:‘.‘‘!‘,.‘?,.‘‘,,‘--,.‘‘,‘.,,,,.‘;,,,
,,.‘;,;,,,,,;;,.;,,,.,,;;;,,,,,,,--‘,.-.:‘-();,-,,,,,.‘,,,;;,,()‘.
,,-.,,,,,,.?,

グレアム・グリーン（Graham Greene）『第3の男（*The Third Man*）』

.:‘..,‘..‘‘‘‘‘.,‘.,.,,---.,(––).,.,–;,,,,,,,,,.,,,‘‘,;,,–,,,,
.,;.,,,,,-.‘,‘,,,.,,,.,––,,,,,...–,‘;:,.,,,.,‘‘,.,;‘‘,,,.,,,.–.‘..
‘.,,–..,.(-‘).‘?‘.‘,‘,.‘,‘.‘?.‘.‘‘.‘‘,‘.‘?‘‘,‘.‘-,‘.-,.
‘‘?‘‘.?‘‘...‘‘‘.‘‘.‘,‘,,.‘‘,–;.–,,,,,,,,.,,–.‘‘...

コーマック・マッカーシー（Cormac McCarthy）『ザ・ロード（*The Road*）』

‘.....‘..........,.,.....,,...‘.................:.....‘.......,,.‘.....
........?..,,.‘..,.....,..,...............,,...‘..?..‘.....,..,..,.?
,.........,..‘,......?....?....,..‘......,.‘.‘,,,..

サッカレーは，中で一番句読点の数が多く（306個で，4.9語につき1つの割合），種類も最も多岐にわたっていて，これは後期ヴィクトリア朝文体の典型的特徴と言える。グリーンも同じように種類が多いが，頻度はより低い（223個で，6.7語につき1つの割合）。ミニマリストのマッカーシーはたった171個の句読点，それも主としてピリオドで，引用符は1つもない（8.8語につき1つの割合）。

私自身の句読点スタイルは，グリーンのものに最も近いと思っていたが，この本の第1章で用いている句読点の頻度は，サッカレーのものと同じであることがわかった（全部で304個で，4.9語につき1つの割合）。ただしそのほかの点では，ほとんど共通点は見られず，私の場合は，アカデミックな書き物によくある，他所参照のための括弧内の情報を用いていることが，際立った特徴の1つとなっている。

.‘‘,,:,,,.,,,,..,,,;.,;.,,.,-.,,,-,,,,-,,,,,,,.,,.(,§.).,,,,.(§.).:
,,,,,;,,,.(,§.).:,;,,,,.(,§.).-,,,,,,.(.).:,;,.(.)?,..,.,,.‘.(,,
.)?,,-.,,,..,,.––(§)..,?,?,,().,,.,,,,.,,,,.,.(,§.),‘.-,,.,,,,,,
.(,§.),,.:,,,,.,.(.):.,,,,,,.,,,.(,§.),,,,.,‘‘,‘‘,‘‘.,‘‘,‘‘,‘‘
.,,,,,.(§,§.)?‘–,,‘.‘.,,.‘–,,,,.,,,,,.‘,.,--,.‘.,-.,,,,,,,,–,.‘
,,.,‘.,,,–.

コラム「アポストロフィーにカタストロフィー（災難）が？」を巻末p.545に掲載

DEATH SENTENCE（死刑宣告），それとも DEATH-SENTENCE

次の語すべてに共通するのは何か？

fig leaf（イチジクの葉），hobby horse（木馬），ice cream（アイスクリーム），test tube（試験管），bumblebee（マルハナバチ），crybaby（泣き虫），logjam（行き詰まり），pigeonhole（書類棚）

これらの語には『ショーターオックスフォード辞典（*Shorter Oxford Dictionary*）』の第5版（2002）では，すべてハイフンが用いられていたが，第6版（2007）では，そのほかのおよそ16,000語とともに，ハイフンが削除されている。このような決定は，2000年以降の印刷されたテキストから得られる（およそ20億語からなる）大きなコーパスの分析にもとづいてなされたものである。そのコーパスには，複合語におけるハイフンの地位が失われるという兆候が明らかに見られる。ほとんどの作家にとって，ハイフンは時代遅れに見えるようだということを，2007年当時，編集者のアンガス・スティーブンソン（Angus Stevenson）が次のように語っている。

> 近頃の広告やウェブサイトでは，活字となった書き物は，かなりデザイン重視に傾いているので，ハイフンがあると，かなり多くの部分，印刷の体裁のみばえが損なわれるように感じられるのであろう。

これと同様の言語変化の問題については，ほかの辞書も対処しなければならないのであるが，すべての辞書が一斉に，あるいは同じ程度の徹底さで，改訂するなどということはありえないので，利用者は，たまたま調べた辞書次第で，何が「正しい」やり方なのかについて，異なった推奨を受けるということにもなりかねない。2007年の時点で見られる反応の中には，ヒステリックなものから困惑の気持ちを表したものまで，いろいろなものが見られた。これを評して「ハイフンゲート事件（hyphengate）」と呼ぶ者もいた。しかしながら，「ハイフンの死」を掲げる見出しは，時期尚早と言えるであろう。ハイフンは，今や多くの名詞複合語からは取り除かれてしまったと言えるかもしれないが，もとのままのものもあるし，また形容詞複合語では，今なお優勢を保っている。『ショーターオックスフォード辞典』のdeath（死）の項目では，以前用いられていたハイフンは，ほとんどが姿を消したが，ごく少数の名詞（例えばdeath-place（最期の土地），death-in-life（生きながらの死）），およびすべての形容詞（例えばdeath-dealing（致命的な），death-sick（不治の病にかかった））の中では，今なお健在である。

ニュースの中の句読点

ことばに関する話題が全国紙の一面記事になることは普通はないが，英語の句読点の場合は別である。アポストロフィー，ハイフン，コンマ，さらには，つつましやかなあの終止符（full-stop）でさえ，最近何年かにわたって世間の注目を集めてきたことは，次に紹介する例からも明らかである。

終止符はもはやフルストップ（完全廃止）か？

ある種のインターネット環境では，終止符に込められた意味的価値に変化が起きているのがわかる。伝統的な文脈では，終止符は「中立的な」記号であり，そこに込められた感情の程度は最も少ないとされている。しかしながら，もし短い文の終わりを示す記号として，改行を日常的に用いるといったように，句読点なしの方がむしろ中立的な記号だとするならば，終止符の役目が変わってくることになる。次のやりとりに見るように，終止符は，ある種の付随的な感情的意味合いを付け加えることになる。

A：Who else is coming?（ほかに誰がくるの？）
B：John（ジョン）［＝中立的］
B：John.（ジョン。）［＝あ，大変だ——私，ジョンとはちょっとした問題が…］

インターネットを日頃観察している人によると，このような文体が2016年に増え出し，「終止符の死」に関する見出しを載せる新聞がいくつか出るほどになっているとのことである。さらにこの話題が，高度な政治，経済，公衆衛生や麻薬と同等に扱われて，『ニューヨークタイムズ』の第1面を飾ることさえあった。

{【訳注】period（ピリオド）は主として米国で，full stop（フルストップ）は主として英国でそれぞれ用いられる。}

（右の文章の和訳を巻末p.545に掲載）

Some of the dramatic headlines from around the world in the days following a lecture by the author at the Hay Festival at the end of May 2016, in which he gave the new Internet usage as an example.

A Full Stop for Periods? Okay. Fine. (*New York Times*)
The period is dead - but so what? (*Boston Globe*)
Period coming to a full stop (*The Straits Times*)
Has the period reached the point of no return? (*San Diego Union-Tribune*)
The period is dead. Long live the period. (*Huffington Post*)
Full stop falling out of fashion thanks to instant messaging (*The Telegraph, UK*)
Will it soon be a full stop for the full stop? (*The Indian Express*)
No one's using full stops anymore and it's all social media's fault (*Metro, London*)
It's the end of the line for the full stop (*i News*)
Full stop? There is no point (*The Telegraph, Calcutta*)

偉大なる誤植狩り

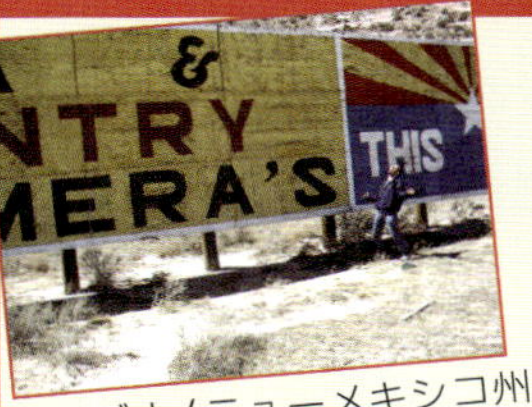

アリゾナ／ニューメキシコ州境にある看板：SCENIC AREA & INDIAN COUNTRY BRING YOUR CAMERA'S（景勝地でアメリカ先住民地域　カメラのお忘れなく）

ジェフ・デック（Jeff Deck）とベンジャミン・ハーソン（Benjamin Herson）

ベンジャミン，ラスベガスのカジノの看板の前で
{【訳注】看板には，WELCOME TO THE WORLD'S GREATEST CIRCUS（世界で最も偉大なサーカスにようこそ）とあり，greatest が greastest と誤記されている}

2007年，米国の作家ジェフ・デックと彼の本を販売する友人でもあったベンジャミン・D・ハーソンが，誤植根絶推進連盟（Typo Eradication Advancement League, TEAL）を結成した。2人はマジックペン，チョークに修正液を携えて米国各地を訪れ，公的標識に見られる誤りを見つけては訂正していった。槍玉となった誤植の中で，最もありふれたものの1つは，抜け落ちたり，不要だったり，置く場所を間違えたりしたアポストロフィーであった。この旅を終えるのに1年を要し，その成果を『偉大なる誤植狩り（*The Great Typo Hunt*）』（2010）として書き上げた。

アリゾナでは，やり過ぎたところがあったので，二人の誤植狩りの冒険が，新聞などで大きく報じられることとなった。彼らがグランドキャニオンを訪れたとき，展望塔で黒板の標識の中の文字がwomens'（女性用）となっているのを見つけて，それをwomen'sと訂正したのであった。2カ月後，彼らの旅も終わりを迎えた時，国立公園局から呼び出しを受け，国家財産の外見を損なうとともに歴史的標識を破壊した罪で告発された。例の文字は，1930年代に，キャニオン地域の開発を依頼された建築家メアリー・コールター（Mary Colter）が，手描きで書いたものだったことが判明した。

もしも2人がその標識の重要性を認識していたならば，おそらくそれには手をつけなかったであろう。彼らの目的は，現代の誤りを正すことであり，歴史の書き換えではなかったのだから。しかし無知は言い訳にはならず，法廷で2人は有罪を認め，損害賠償として3,035ドルを支払った。さらに，1年の執行猶予つきで，その間，全国の国立公園の立ち入りと誤植訂正を禁じられた。二人は運がよかった。それとは異なるありうる判決としては，6カ月の刑務所入りとなっていたかも知れないのだから——これは，すべての句読点自警団員にとっての戒めとなるであろう。

ポップアイドルに会いたいの？　じゃ，句読点ミスするといいよ

2015年9月に16歳のテイラー・フォード（Taelor Ford）はフィラデルフィアで開かれたワン・ダイレクションのコンサートに手製の垂れ幕をもって出かけた。コンサートの最中にそのバナーを見たハリー・スタイルズ（Harry Styles）は，ペンと一緒にそれを自分のところにもってくるよう警備の人に頼んだ。そして，アポストロフィーと大文字のEを付け加えてそのつづり字を直した上で，テイラーにサインをしてあげた。

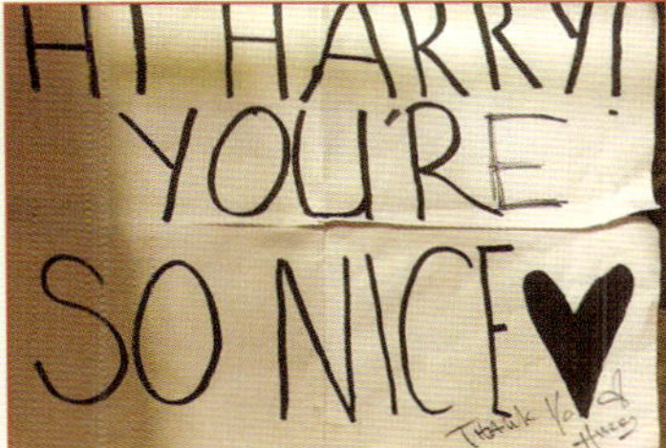

{【訳注】テイラーが書いたHI HARRY! YOUR SO NICE（やあ，ハリー！ あなたとてもすてき）は，YOU'RE（＝YOU ARE）とあるべきところがYOURと間違ったスペルになっていたので，ハリーが写真にあるように修正を加えたということ。原書英語版では2つの写真の下にそれぞれBefore...（修正前）とAfter...（修正後）の説明がついているが，手違いで，写真は2枚とも修正後のものとなっている。原著者の希望に従って，その説明の部分だけを削除した形になっている。}

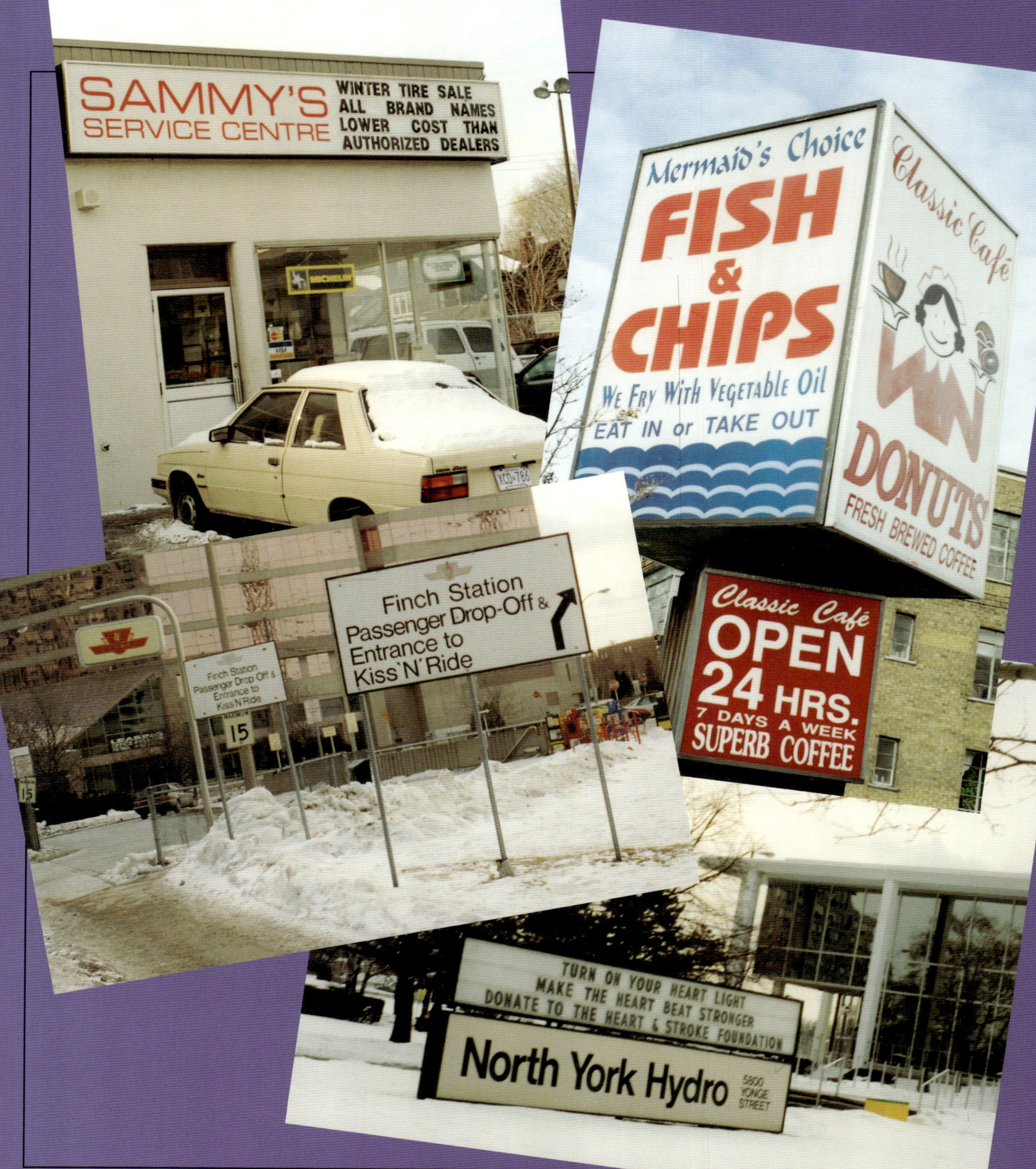
SAMMY'S
SERVICE CENTRE
WINTER TIRE SALE
ALL BRAND NAMES
LOWER COST THAN
AUTHORIZED DEALERS
Mermaid's Choice
FISH
&
CHIPS
We Fry With Vegetable Oil
EAT IN or TAKE OUT
Classic Café
DONUTS
FRESH BREWED COFFEE
Classic Café
OPEN
24 HRS.
7 DAYS A WEEK
SUPERB COFFEE
Finch Station
Passenger Drop-Off &
Entrance to
Kiss'N'Ride
15
TURN ON YOUR HEART LIGHT
MAKE THE HEART BEAT STRONGER
DONATE TO THE HEART & STROKE FOUNDATION
North York Hydro
5800 YONGE STREET

V

英語を使うこと

本書のⅡ部，Ⅲ部，Ⅳ部では，英語における構造上の特性——意味のある語や文を産出するために用いられる語彙，文法，音韻，書記法といった諸要素——を見てきた。これらの研究はやや抽象的である。というのも，文の構成法や，語と語の意味的つながり，母音と子音の体系を記述する際には，誰が，いつ，どこで，なぜそれらを用いるのかということを考慮に入れる必要がないからである。しかし，V部では，この見方が一変する。

まず，談話の概念を説明することから始める（第19章）。この概念には，一文の範囲を超えた話しことばまたは書きことばに関する分析だけではなく，言語による相互作用を促進させる諸要素についての分析も含まれる。これは更に，特定の社会的状況に属し，その独特の言語的特徴が言語のさまざまな種類を識別する談話の単位——テクストの概念へとつながるものである。次に，語用論と認知言語学からの洞察を示す。さらに，話しことばと書きことば，独話と対話の相違を概説した後，第20章では，言語使用者の地理的情報を伝えるもの，つまり地域方言から始め，これらの変種を体系的に見ていく。

第20章は，世界の英語を概観することから始める。ここで資料として扱う新聞という媒体は，日々の出来事を（書きことばにおける）英語で描写している。次に詳しく見るのは，世界の英語において主要な2変種である米国変種と英国変種の変種内および変種間の異同である。まずは，ブリテン諸島においてケルト語の影響を受けている3つの方言を見る。特に，スコットランド英語に注目する。スコットランド英語は，中世から現代に至るまでの豊富な言語資料があり，それは標準英語を除けば，世界中のほかのどの変種よりも充実している。その後は，Ⅰ部と同様の手順で，歴史的視点からの説明とともに，現代の視点から，カナダ，カリブ海域，オーストラリア，ニュージーランド，南アフリカにおける英語の特徴を示す。またこれらとは別に，ピジンとクレオールの英語，およびインドやアフリカ，南アジアなどの地域に新たに出現した第2言語としての英語を見ていく。

地域的変異は，それを研究すればするほど，社会的変異を視野に入れなければ理解できないことが浮き彫りになる。そこで，次の章（第21章）では，社会的変異に関与するものを見ていく。まずは，本書の他所でも触れてきた2つの重要な問題——規範主義と性（gender）——に関する議論から始める。続いて，ことばにおける独特の社会的使用が最も明確に現れる例として職業における主要な変種を見ていく。特に，宗教，科学，法，政治，マスメディア，テレビやラジオの放送，広告に用いられる英語に目を注ぐ。最後に，使用が限られている英語の変種を取り上げ，新しい流行や技術が新生の英語の変種を発達させる在り様を概観し，この章を締めくくる。

第22章では，文体の逸脱や個人の言語的アイデンティティに関連する話に進み，4つの領域を取り上げる。まず，英語の話しことばと書きことばの両方に見られる豊かなことば遊びの世界を見ていく。次に，言語的規則が特に破られる傾向にある変種を取り上げ，そこに生じる逸脱の様子を観察する。言葉によるユーモアは，これらにおいて中心的な役割を果たしており，これとは異なるレベルの言語構造をもつジョークや冗談などが担う役割とは分けて考える。章末では，言語使用において最も創造的な領域——イギリス文学——に足を踏み入れ，さまざまなレベルの言語構造が読者を導くために用いられている様子をここまでと同様に詳細に見ていく。

最後に，電子通信革命の結果として英語にもたらされた変異を概観する（第23章）。新たな技術を利用した電子技術媒介および遠隔通信による相互行為，とりわけインターネットの誕生によって出現した言語変種を大観し，これらによる現代の書記学，文法，レキシコン，談話への影響を詳しく見ていく。特に，オンライン検索，広告，セキュリティなどの領域における言語分析の適用に注意を向ける。

◀ これらの一連の写真は，ジャック・チェンバース（Jack Chambers）【訳注】トロント大学教授 によってトロントで撮影されたもので，V部の主題となる，地域による変種（第20章），職業による変種（第21章），創造的な言語使用（第22章）の独特な様子が映し出されている。まず，通常は見られない tire（アメリカ英語のつづり）と centre（イギリス英語のつづり）が入り混じっている様子からカナダ英語であることを伺い知ることができ，また，Hydro office（公営電力会社の名称）や，take out food（もち帰りの食べ物）（イギリス英語で用いられる take away ではない），地下鉄の駅につながる the Kiss'N'Ride の場所（仕事に向かう恋人や配偶者を車で地下鉄の駅まで送っていき，別れ際にキスをする場所）という標識にカナダ英語特有の表現が見られる。

19 さまざまな談話

さらなる情報源：
cambridge.org/crystal

英語構造の要素について研究すること（II 部，III 部，IV 部で示したように）と英語の使用について研究することとは，本質的に異なっている。言語の構造的な特徴は数多く，複雑ではあるが，少なくともその数は無限ではないし，比較的容易に特定することができる。ある言語に存在する音，文字，文法構造の数はたかが知れている。語の数は膨大だが，それらをなす単位（語彙素，p.128）は明確で，手に負えないものではない。しかし，英語の使用について研究するとなると，話は別である。というのも，書きことば，話しことばの多種多様な特徴は，さまざまな状況で，さまざまな組み合わせ，バリエーションで出現するものであり，我々はそれに次から次へと直面して困惑することになるのである。その（差異と組み合わせの）結果は，特定地域の方言であるとか，宗教や法律のようなもっと制度化された言語使用領域とかにおいてしばしば見られるような，独特の，説明のたやすい英語の（あるいは英語の特徴の）用法という場合もある。しかしながら，たいていは，私たちが触れる言語使用というのはもっとわかりにくい，とらえがたいものであり，それがなぜ，どのように使われているのかを理解するためには，時間をかけて，精密に分析をする必要がある。これは，多くの社会的方言，さらにはユーモアや文学など，創造的な言語使用領域について言えることである。

近年，多くの研究者がさまざまな角度から言語使用について研究し，めざましい研究成果をあげており，その結果，いくつかの理論的枠組みが生まれている。言語学者の中には，「ボトムアップ」の手法を採用し，どのように文が連なって談話をなしているのか，相互行為を成立させるのに，ある特定の言語的特徴がどのような役割を担っているのか，といった問題に取り組んでいる者がいる。そのような手法による研究においては，例えば，ことばのごく細かい側面（例：会話における“you know”の使用）のコミュニケーション機能について，本がまる1冊書かれることもある。他方，「トップダウン」の手法を採用する言語学者は，大きなカテゴリー（例：科学や政治などの専門分野，ジェンダーや階級などの社会的状況，詩やジョークなどの言語ジャンル）から出発し，そこで用いられる言語的特徴の分析へと進めていく。そして，多くの図解を用いたデータの記述，個人として，あるいは集団としての話者の特徴をとらえようとする統計や実験，大規模な分類法，きわめて抽象的な理論的枠組みなど，ありとあらゆる研究が行われている。社会言語学，文体論，談話分析，語用論，テクスト言語学など，言語使用を研究対象とする言語学の分野は，多岐にわたる方法論や着眼点を示している。V 部でそのすべてを網羅することはできないが，これまでにどのようなアプローチが提案されてきたのかをできるだけ広く紹介し，また，「英語を使用する」という，単純そうな概念の奥に，どれだけ複雑な事象が潜んでいるのか，その一端を示すことにしよう。

「おはよう，おはよう！」

一見シンプルな挨拶の中にも，言語使用の微妙な慣習が隠れていることがある。主だった日々の挨拶（Good morning（おはよう），Good afternoon（こんにちは），Good evening／night（こんばんは）など）や，その地域的，口語体の変異形（オーストラリアの英語の G'day（こんにちは）やカジュアルな 'morning（おはよう），親しい間柄で使われる night-night（おやすみ）など）は，みな異なる働きをする。

• Good morning は，慣習的に二人の間で１度だけ用いられる。A が B に，朝９時に職場で最初に会った時には，Good morning と言うのが適切である。ところが，９時５分に，A が B にもう一度会った時，再び Good morning という挨拶を交わすことはない。もしも A が「おはよう」をもう１度言ったなら，B はそれを奇妙に感じ，ややもすると腹をたてるか，困惑するといったこともあるだろう（A が上司ならば「私に気づかなかったのだろうか？」と思うだろうし，B が上司ならば「A は何かしらの理由で私の気を引こうとしているのだろうか？」と思うだろう）。しかし，Good night には，この制約はない。A が午後６時に職場を出る時に B に会ったら，おたがいに Good night と言うだろう。その５分後，A が何かを忘れてきたことに気づいて職場に戻り，そこでまた B に会ったとしたら，再び同じ挨拶を交わすかもしれないが，それで問題が生じることはない。

• 慣習から故意に逸脱する用法もある。Good morning が午後に使われるような状況だ。家族の誰かが大寝坊をして，正午もとっくに過ぎた頃に起きてきた，という状況が一例だ。また，Good afternoon を午前中に使用する例としては，嫌味な上司が遅めに出社した部下に向かって，この挨拶をするという状況が考えられる。Good night も，誰かが今にも寝てしまいそうなタイミングであれば，（眠そうな本人も，それを見ている人も，）一日中使うことができる。Good evening は，夕方以外の時間帯で用いられることはほとんど考えにくく，その意味で，挨拶の中で最も慣習的に用いられる挨拶だと言える。

• Good morning，Good afternoon，Good evening は，適切な時間帯であれば，相手に会った時にも，相手と別れる時にも使われる。一方 Good night は，別れの挨拶としてのみ使用される。ホテルに着いた時，あるいは電話をして取次ぎ係が出た時などに初めの挨拶として使用できるのは，Good night 以外の３つだけである。その場合，たとえ真夜中であっても，Good evening あるいは Good morning と言うことはあっても Good night と言うことはない。ある国際的なテレビのスポーツ中継では，実況解説者が，世界中の視聴者に向け，「どこにいるかわかりませんが，Hello，Good evening，Good afternoon，Good morning」と挨拶していた。この時も，彼は，Good night という挨拶は用いていない。用いてしまうと，視聴者にテレビを消して寝ることを促してしまうのだから！

「こんにちは，こんばんは，ようこそ！」

イギリスの芸能人，デイヴィッド・フロスト（David Frost）によるこのおきまりの挨拶は，1960 年代にはやりの決め台詞となった。その結果，もともとこの挨拶が使われる時間帯（夕方）以外の時間帯にも Good evening が使われるようになった。筆者が Good evening が午前中に使われているのを耳にしたのは，後にも先にもこの時だけである。

口にするのもばかばかしいこと

ダンスタブル公爵はタイムズ紙を読みたいだけ読み，なんとなく取りくんでいたクロスワードパズルもあきらめると，テラスを離れ，コンスタンス嬢の居間へと向かった。話し相手が欲しかったのだ。俺に言わせれば女はみなそうだが，コニー（コンスタンスの愛称）はくだらない奴だ。それでもいないよりはましだろう…。

コンスタンス嬢の居間についたダンスタブル公爵は，ノックもせずにドアを開けて中に入り，コンスタンス嬢が忙しげに机に向かっているのを見ると，「おい！（Hoy!）」とどなった。すぐ背後から，普通だったらアメリカ西部の人間が豚を呼ぶ時だけに出すような声で言い放たれた単音節語は，コンスタンス嬢を水面近くにいたマスのように跳び上がらせた。でも，彼女は女主人だ。この客は，幼い頃から，自分のせいで相手がいらだっていても気がつかない人なのだから，そんな配慮が必要だということでもないのだが，いらだちを隠しながらペンを置き，まずまずの明るい笑顔を浮かべた。

「おはよう，アラリック。」

「おはようだなんて，どういう意味だ。今日，まだ俺と会っていなかったみたいじゃないか。」

公爵は言った。女性の知性は低いという彼の持論が立証されたというわけだ。「朝食の時に会っただろうが。口にするのもばかばかしい。まったくありえん。」

（ウッドハウス（P. G. Wodehouse）『笑顔の奉仕（*Service with a Smile*）』（1961），２章）

談話の構成

独白であれ対話であれ（p.312），まとまりのある話しことばや書きことばを組み立てる時，私たちは伝えたいニュアンスを表しつつ言葉がスムーズな流れに乗るように単語や文法を選択している。このページで示す諸例は，この目的のために大人の話者が無意識的に，いとも簡単に使用し理解している言語的手段がいかに豊富であるかを示す。

57 通りの NO の言い方

Yes（はい）と No（いいえ）は，それぞれ最もよく使われる語の1つだが，我々が応答として伝達したいと思う肯定または否定の度合いを表すには不十分であることが多い。言語の韻律的特徴（特に音調）は，この2つの語にニュアンスを添える上で重要な役割を果たすが(p.260)，私たちが社会で生き抜くには，それよりもずっと多様な応答のレパートリーが必要だ。ここに示すのは，例えば何かを貸してほしいという依頼を断る際に用いられる no 以外の応答のレパートリーの一部である。これらの表現により，まごついた躊躇から率直な抵抗まで，さまざまな感情が表される。

はっきりしないもの

Ah（ああ…）
Oh（ああ…）

申し訳なさ／居心地の悪さを表すもの

Alas（悪いけど）
Can't help（お役に立てません）
Do me a favour（勘弁してよ）
Give over（やめてよ）
I'm afraid...（残念だけど…）
Sorry（ごめんなさい）
Unfortunately（残念ながら）

はぐらかすもの

Any other time...（ほかの時だったら…）
Ask Arthur（アーサーに聞いてみたら？）
'Bye（またね）
Must run（急いでるんだ）
Not right now（今は無理）
Talk to me later（後にして）
The thing is...（実はね…）
What a pity（残念！）

直接的なもの（否定語を含む）

No can do（できません）
No chance（無理）
No go（だめだよ）
No way (José)（無理に決まっているよ，ホセ）
Never (in a thousand years)（1000 年後でも無理だよ）
Not in a million years（100万年後でも無理だよ）
Not on your nelly（絶対に無理だよ）
I should say not（だめだね）

直接的なもの（否定語を含まない）

Are you serious?（嘘でしょ？）
Drop dead（邪魔しないでよ）
Fat chance（見込みないね）
Get lost／knotted／stuffed...（ほっといてくれ）
God forbid（断じてありえない）
Hard cheese（それは残念）
I'd rather die（(お前に貸すくらいなら）死んだほうがましだね）
Impossible（無理だよ）
Over my dead body（私の目の黒いうちは絶対にダメ）
Push off（あっちへ行け）
See you in hell first（帰ってくれよ）
Tough titty（悪いけど）
Unthinkable（ありえない）
You must be joking（冗談でしょ？）
You've had it（またまたぁ）

言い訳

If it were up to me（私の裁量ではなんとも）
I'm right out（今は外にいるんだ）
It's more than my job's worth（私の裁量では決められません）
It's not in my hands（私の手には負えません）
Love to, but...（やってあげたいのはやまやまだけど…）

婉曲表現／決まり文句

Chance would be a fine thing（そんなうまい話があるわけないでしょう）
Closed for business（今日はもう店じまいだよ）
Correspondence closed（今日はもう受付終了です）
If wish were father to the deed（やってあげられれば良いのだけれど）
Je regrette, mais...（残念だけど…）
Not my department（私の担当ではないものですから）
Not my remit（私が決められることではないのです）
The editor regrets...（残念なことに編者としては）
The umpire's decision is final（審判の判断は絶対です）
Would that it were possible（できればいいのだけれど）

親は，子どもが小さいうちから「行間を読む」ことを教える。以下は，4歳の子どもの，ビスケットをもう1つ食べたいという依頼を退ける時の親の応答の例である。

You've just had one.（さっき1個食べたでしょ）
It'll be tea time soon.（もうすぐお茶の時間だから）
Ask Daddy.（パパに聞いてごらん）
I haven't heard the magic word yet.（魔法の言葉が聞こえないけど？）〔訳注〕お願いをする際に please を言うことを子どもに促す言い方

これらはすべて，no を言わずに no を伝えるやり方である。

シバの女王，ほか

イギリスのテレビ番組『イエス・プライム・ミニスター』から，ジェイムズ・ハッカー首相（左，ポール・エディントン）と事務次官ハンフリー・アップルビー（ナイジェル・ホーソーン）による場面）

言語使用の談話的規則を見つけるのが最も得意なのは，コメディアンとユーモア作家である。談話的規則を捻じ曲げたり破ったりすることは，喜劇の十八番だ。以下は，イギリスの新聞コラムニスト，マイルズ・キングトン（Miles Kington）が旅行者や英語を勉強する学生が相手に対して疑念を表す，そのやり方を上達させる純粋な手助けとして作ったリストである。

Oh?（えっ）
Oh, really?（えっ，本当ですか）
Well.（へえ）
Well, well.（おやおや）
Well, I never.（おや，まさか）
Is that so?（そうなのですか）
How very interesting.（なんと興味深い）
How very, very interesting.（なんとまあ興味深い）
Is that a fact?（本当のことなのですか）
Who'd have thought it?（誰も想像しなかったことです）
You don't say?（それはすごい）
Tell me more.（もっと詳しく聞かせてください）
Be that as it may.（そういうこともあるのかもしれませんね）
With the greatest respect...（僭越ながら…）
That's all very well, but...（それは結構なのですが…）
I beg leave to differ.（同意しかねます）
On the other hand...（その一方で）
Is it not possible that...?（…ということはありえませんか）
If you say so.（そうおっしゃるのでしたら）
I'll believe you–thousands wouldn't.（私は信じますが，ほかの人はどうでしょうね）
Well, I'll be...（へえ，なんとまあ…）
Well, I'll be damned.（へえ，それは驚きです）
Well, I'll be hornswoggled.（へえ，そりゃまいったね）
You must be joking.（ご冗談を）
I have my doubts.（信じられません）
I begin to wonder.（本当でしょうかね）
Credibility gap ahead.（信じがたいことです）
A likely story.（あり得そうな話です）
A tall tale.（嘘おっしゃい）
I smell a rat.（あやしいですね）
Says you.（はいはい）
Some hope.（見込みなしです）
Pull the other one.（冗談でしょう）
Tell that to the Marines.（嘘つけ）
Do you think I was born yesterday?（簡単にだまされるとでも思いましたか）
What do you take me for–a fool?（馬鹿だと思っているのですか）
Think I'm wet behind the ears?（青二才だと思っているのですか）
Are you trying to teach your grandmother to suck eggs?（釈迦に説法をしようというわけですか）
Give us a break.（嘘も休み休み言えよ）
And I'm the Queen of Sheba.（それなら私はシバの女王だ）
Are you taking the Michael?（からかってるの？）
Are you extracting the urine?（ばかにしてるの？）
And pigs can fly.（そんなわけはない）
I should cocoa.（(皮肉の意味で）その通りです）
Liar liar, pants on fire!（嘘をつくとお尻に火がつくぞ）
Same to you, with knobs on.（そっちの方はもっとひどいぞ）
You're talking through your hat.（でたらめだ）
You're putting me on.（だまそうとしてるな）
You're winding me up.（からかっているんだろう）
Horsefruit, sailor!（そんなばかな！）
Moonshine!（ばかばかしい！）

（巻末 p.546 に続く）

ミクロ言語学研究

談話の構造化に寄与するさまざまな言語要素が果たす役割を精確に記述するためには，ある程度以上のデータを集め，ミクロ言語学的な分析を行う必要がある。話しことばの談話を研究対象とするのであれば（p.309），ある程度よい音質の録音が必要で，それをできる限り細かく，特に間合い，さえぎり，話し始めのつまずき，ためらいなどに注意して文字化することが求められる。韻律もすべて表記するのが理想的ではある（p.260）が，そのために必要な訓練を考えると，そこまでするのは必ずしも現実的とは言えないだろう。それから，着目している対象（wellという語，*-er*という言いよどみ音，you seeという節など）の使用例を1つ1つ見て，それが，特定の談話の特定のタイミングでどのような役割を果たしているのかを見定めるために，文脈を検討する。分析者が分析対象についてもつ直感は，その対象がなかった場合には発話の意味や自然さがどう変わるかを検討したり，ほかの要素と置き換えてみたりするなどのやり方でデータを操作することによって精緻化できる。たくさんの使用例を比較分析することができれば，使用法を整理し，談話構造についての理論を構築するための一歩になるだろう。その理論の妥当性は，また新たなデータに当てはまるかどうかを見ることで検証される。このようにして談話研究の理論的枠組みがいくつも提案されてきている。

文字化のサンプル

韻律上の特徴を含め，談話を文字化する際に考えられる困難さについて少し述べておこう（ガンパーツ（J. J. Gumpertz），1982，p.105より）。2人の話し手（BとA）の話しことばで，オーバーラップのタイミングがはっきりとわかるように書かれていることに気づいてほしい。音調の対比についての詳細は，p.260を見よ。

[	発話の重なり
…	比較的長い沈黙
/	目立たない境界標識
//	はっきりとした境界標識
ˎ	低い音からの下降音調
ˋ	高い音からの下降音調
ˇ	下降上昇音調
^	上昇下降音調
‒	平坦な音調
⌈	上昇ピッチによる使用域の移行
ˈ	高ピッチの第2強勢
ˌ	低ピッチの第2強勢
"	特に大きな音声
acc	速いテンポ
dec	遅いテンポ

B: yeh but / sometimes I get wonderin "whether /
it's ˌall related // [cause
A: [butˈultimately it is / right //
I mean ˈeverybody started out / ˈpeople who were in
nineteen hundred /
they did everythin' / right //
acc
B: yeh but ˈthat's then / that's not now / [now
dec　　　　　　　　　dec
A: [⌈but ˌultimately it
they it … / so it's ˈall spread out now //

B：はい でも／かんがえてしまうことがあるんです／
すべて関連してるんじゃないかって// [なぜなら
A：[でも結局それは／ただしいでしょう//
だって誰だってはじめは／1900年にも人びとは／
彼らはなんだってやっていたわけ／でしょう//
B：ええ　でもそれはそのときで／それは今じゃない／ [今
A：[でも結局それは
彼らはそれ…／だからそれはすべて今広がっている//

談話の方向

談話において，進行方向をコントロールする上で特定の働きをする表現がある。これは，話題の特定や変更，例示など，談話構造化における大きな特徴を表すものや，話題の対照性や強調など，論理的関係性を表すもののことである。このような表現の中には担う意味が「ファジーな」（p.181）ものもあり，また，分析上のカテゴリー（評価，要約など）を一貫して適用することも難しく，したがって簡潔に説明することがきわめて難しい。だがそれでも，いくつかの研究がひとまず有益と言える見解を示している。

1つのやり方として語彙表現（p.175）にフォーカスしたものがあり，この研究法では**マクロ・オーガナイザー**と呼ばれるものの中に8つのタイプを見出している。マクロ・オーガナイザーは，2つのレベルで作動する。1つは全体的側面で，これは談話の全体的な形を決定する。もう1つは局所的側面で，これはより限られたやり方で，談話の方向性を変える働きをする。

全体的マクロ・オーガナイザー

話題標識：let's look at X（Xを見てみましょう）；what do you think of X?（Xについてどう思いますか？）；have you heard about X?（Xというのを聞いたことがありますか？）；let me start with X（Xの件から始めさせてください）

話題変更標識：by the way（ところで）；let's move on to Y（Yの話に移りましょう）；that reminds me of Y（それでYのことを思い出しました）；this is off the subject, but Y（話は違うのだけれど，Yが…）

要約標識：in a nutshell（つまりは）；that's about it（そんなところかな）；in effect（実際には）；to cut a long story short（かいつまんで言うなら）；what I'm trying to say is Z（私が言いたいのは，Zだということです）

局所的マクロ・オーガナイザー

例示標識：in other words（言い換えるなら）；for instance（例えば）；to give an example（例をあげるとすると）；it's like A（Aみたいなことです）

関連づけ標識：nonetheless（にもかかわらず）；however（しかしながら）；and also（しかも）；it has to do with B（Bと関わりがあります）；it's the same with B（Bと同じことです）

評価標識：I think／don't think that C（Cだと思います／Cだとは思いません）；as far as I can see（私が見た限りでは）；seems to me（私には〜のように見えます）；I'm absolutely certain（私は確信をもっています）

定限詞：the catch is（問題は…）；it depends on D（Dによります）；that's true but D（それはもっともですが，Dです）；this doesn't mean that D（だからと言ってDということではありません）

逸脱標識：where was I?（なんの話でしたっけ）；I guess that's beside the point（関係のない話でしたね）；I'm getting ahead of myself here（ちょっと先走ってしまいました）

下に示す，教員（T）と学生（S）が卒業論文について話す面談からの抜粋では，上記の談話組織上の特徴を示す表現が使用されている。これは，深刻な事が話し合われ，（スタイルとしてはインフォーマルであるにもかかわらず）意味の取り扱いに注意が必要な談話に典型的なやりとりである。このような構造化の特徴は，より緩やかな構造をもつ日常会話の言葉にはそれほど見られない。（ナッティンガー＆ディカリコ（J. R. Nattinger & J. S. DeCarrico），1992に従う）

T：主に話したいのは，君の先行研究のレビューについての箇所です。—— 話題標識
ここで，君は，ただ羅列して，君が読んだものを全部羅列しているけれど，それについて議論はしていないように私には見えるんだ。—— 評価標識
明確化 —— S：え？おっしゃることがよく分からないのですが。議論はしています。ほら，ここで，そのことに触れています。
T：まあ，していると言えなくもない。—— 定限詞 ここで君は，これらの理論が主要なもので，今ある文献の中で重要なものだと言っている。
だがしかし，—— 関連標識 それだけではだめで，これらが相容れない理論だということ，または少なくとも，—— 定限詞 互いに異なる理論だということを述べなければならない。それに，—— 関連標識 君自身の研究はどの理論にもとづくものなのかも書く必要がある。それだけじゃなく，なんでその理論を支持するか，なぜかを書かなければならないんだ。いい？わかる？ —— 理解確認
受諾応答 —— S：はい，わかったと思います。了解，やってみます。
T：オッケー，そういうわけで —— 要約標識（平板音調），これらをただ羅列してそれが重要だと言う以上のことをしなければいけなくて，もっと議論して，なぜ特定の先行研究にもとづいて自分の研究を行ったのか書く必要がある。オッケー，じゃあ（下降音調）…君の仮説についても話したかったんだ。—— 話題転換
十分によく書けているとは私には思えないな，—— 評価標識 十分に明確だとは。
例えば —— 例示標識 仮説の1と4は？私には，この2つはたがいに矛盾しているように見えるな。—— 評価標識
受諾応答 —— S：ああはい，そういうことが言いたいわけじゃないんです…矛盾しているかもしれないですね，そう思います。
T：オッケー，じゃあ（平板音調）君が述べなければいけないのは… —— 要約標識

オーイエス

Oh は，フォーマルな場面でもインフォーマルな場面でも非常によく使われるが，その機能を精確にとらえることはきわめて難しい。辞書を見てもあまり助けにはならない。非主要文（p.228）として単体で使用される Oh! の機能は比較的明確である。というのも，強い感情を表す感嘆表現で，その正確な意味は，音調や顔の表情によって決まるものだからである（p.260）。わかりにくいのは oh を使って発話が開始されるのがどういった理由によるかという点である（oh の後ろには短い休止が続くこともあれば続かないこともある）。

Does he like opera?（彼はオペラは好きですか？）
Oh maybe he's too young.（ああ，たぶん彼はまだ若すぎるんです。）

ここでの oh は，感嘆を表してはいない。ほとんど強調されることなく，かなり素早く言われるだろう。このような場合の oh は，発話を導入する不変化詞として働いているように見える。考えなければいけないのは，この不変化詞がどんな機能をもつか，である。

Oh や，同類の語（well, so, now, y'know など）について詳しく研究する中で，アメリカの言語学者デボラ・シフリン（Deborah Schiffrin）は，oh がよく現れるいくつかの文脈を示しながら，それが談話的機能を果たすことを主張した。（以下に示す例はすべて，シフリンによるインフォーマルな会話の録音から引用したものである。必要に応じて会話の文脈をまとめたものを角括弧で示した。書き起こしの手法は変更していない。コロンは音素の引き伸ばしを表す。）

自己訂正
それは 1700…15 年あるいは 1755 年だったと思うけど。いつだったか自信がないな。ええ：と，あっ（oh）間違えた。1717 年だ。

他者訂正
[『セールスマンの死』はどう？]
A：えーあれはテレビ番組だった，うん。
B：あ（Oh）あれも映画だったよ。

明確化要求
A：あなたが話題にしたい人は…
B：ああ（Oh）外でということ？

詳述要求
A：彼女はここにくるの？それとも：
B：いや，ランチを食べに行くことが多くてそれ以上のことはないんだ。
A：ああ（Oh），どこの店が好き？

ふいに思い出した質問
あ（Oh）ねえ，聞くのを忘れてたんだけど…

知識の上書き
A：息子を見学に連れて行きたいんだけど，どうすれば予約できるんだろう。
B：えっ（Oh），見学できることすら知らなかったよ！

予想外の情報
えっ（Oh）それは知らなかった。

認識表示
A：私たちが行ったレストランは－レストランは：ええとあのシャンティ？シーフード・シャンティ？
B：ああ（Oh）そう，おいしいって聞いたよ。

新情報の受理
A：おいヘンリー，彼女が来たよ！
B：[居間から] ああ（Oh），ほんと？

強い反応
[女子校はいまでも評判がいい，ということについて]
A：でも，昔と同じように？
B：もちろん（Oh），そうですよ。女子校はいまでも評判がいいです。セントラル高校よりも評判がいいんですよ。

驚きを表す oh（Oh yeah! ＝「あら，全然知らなかった」）や好戦的態度を表す oh（Oh yeah! ＝「面倒を起こしたいわけ？」），強い反応を表すもの（Oh really?（あ，本当に?），Oh God!（ああ，なんてこと！），Oh c'mon!（おいおい！））など，見分けやすいものもある。一方で，ニュアンスをはっきりと把握するのが難しいものもある。いずれにせよ，シフリンがあげたすべてのカテゴリーの oh はかなりの頻度で出現するものであり，どの自然会話にも，数多くの使用例が含まれているだろう。

なぜ oh なのか
Oh が使われるこれらの文脈すべてにあてはまる一般的な説明を見出すことは可能だろうか。シフリンは，これはすべて，話し手が受け止めたばかりの情報を考慮に入れるために方向性を変える準備をしていることを表す，という現象の具現だと主張している。言い換えるならば，私たちは，自分の知識が更新中であるという意識をもち，新しい知識を取り入れる準備をしている時に oh を用いるのである。それは，すでに知っていることの改訂かもしれないし，まったく新しい知識かもしれない。会話の中でほかの人から得た知識かもしれないし，自分の中で得られたものかもしれない。いずれにせよ，私たちはある情報をほかの情報と交換する必要性に直面するわけであり，oh を使うことによって，自分がその作業を行おうとしていることを，聞き手に知らせているのだ。

したがって，oh は，談話におけるやりとりにおいて重要な役割を果たしていると言える。Well やそのほかのいくつかの応答表現同様，私たちが対話に参加する際のあり方を表すのである。今述べられたことへの特別な注意を積極的に向けていることを相手に知らせる。また，相手の視点に寄り添っていることも示すことになる。発話から oh を取り除いてしまうと，その発話は唐突で，攻撃的なものに聞こえるだろう。となれば，私たちがくだけた（そして友好的な）会話の中で oh を頻繁に用いる理由は明白だろう。会話は，たがいに何かを伝え合うために行うものだ。当然，参加者それぞれの知識状態は，会話の中で絶えず変化する。Oh は，話し手と聞き手が，本当に関心がある，情報内容が変化する問題に一緒になって注意を向けている時点を表すものであり，そこでは情報内容がまさに変化の途上にある。まとめると，oh は，情報管理の標識なのである。

（デボラ・シフリン（Schiffrin），1987，第 4 章に従う。）

プリーズ

Please は，（ほかの人を説得して力を貸してもらう際の「魔法の」社会的役割に加えて）その談話機能も非常に興味深い。以下の点において please は構造的にほかの語と異なっている。

• どの品詞にもあてはまりにくい。文法では副詞として扱われることが多いが（p.223），ほかの副詞とは異なっている。例えば，please を very で修飾することはできない（very kindly と言うことはできるが，*very please と言うことはできない）。

• 単独で，非主要文をなすことができる。
A：Would you like some tea?（お茶を召し上がりますか？）
B：Please.（お願いします。）

• 文の中で用いられる際は，統語タイプ（p.230）による制約を受けない。平叙文でも（I'd like some pudding, please（プリンが欲しいの，お願い）），疑問文でも（May I have some pudding, please?（お願いだから，プリンを食べてもいい？）），命令文でも（Give me some pudding, please（プリンちょうだい，お願い）），そして法をもたない節でも（Pudding, please（プリン，お願い））現れる。

• 辞書で簡単に説明できる意味をもたない。Please の「意味」を定義づけしようとすると，それが行うこと（誰かに何かをしてくれるよう説得すること）について述べるしかなくなる。

では，please をつけられない文というのはあるのだろうか。以下の例を見てみると，たくさんあることがわかる。

• He ate more pudding, please.（彼はもっとプリンを食べた，please.）
• I promise you can have some more pudding, please.（君がもっとプリンを食べられることを保証するよ，please.）
• Would you like some more pudding, please?（もっとプリンをいかが，please.）
• Do you want to come to a party, please?（パーティに来ない？，please.）
• Give me more pudding or I'll hit you, please.（もっとプリンをくれなかったら，ぶつよ，please.）
• I think you're beautiful, please.（あなたは美しいと思う，please.）

これらの文は，上から順に，陳述，約束，申し出，誘い，脅迫，賛辞を表している。そのような文では please を使うことはできず，使えるのは，依頼として解釈できる文に限られている。上にあげたような文を英語非母語話者が産出することからわかるように，これは，常識的判断ということで単純に説明できる問題ではないのである。

まとめると，please の機能は談話において，しかも依頼という特定の談話の中で，この語が担う役割に完全に依存している。つまり，ほかのどの英単語よりも，談話によって機能を限定される語なのである（M. スタッブズ（M. Stubbs），1983，第 4 章に従う）。

語用論

語用論は，私たちがことばを使う時に行う選択，そうした選択の背後にある理由，そして選択した表現によってもたらされる効果についての学問である。言語学者は，さまざまな観点から語用論研究に着手した。（使用する表現の）選択そのものに注目した者もいれば，選択の背景にある意図や信念に着目した者も，選択の結果もたらされるものに着目した者もいた。さらに，文脈がどのように発話の意味を形作っているか，また，どのように発話が行為を実行しているか（**遂行文**），人びとが発話を産出，理解する際に，世界のあり方についてどのような仮説を立てているか（**前提**），などの問題に学問的関心が集まった。当然の結果として，語用論の教科書はものによって大きく異なっているが，それでも，言語を用いる時になされる選択を「説明」しようという目的は共有している。

語用論（pragmatics）という名称は，pragmatic（「実用的な」）という語の日常的な用法が専門的に適用されたものであるにすぎない。*OED* は，この語を「理論的議論や一般的原則ではなく，実用的考察，原則に従って物事を扱うこと」と定義している。例えば，「メアリーは pragmatic だ」と言う時，これは，メアリーは理想主義者ではない，実現可能なことを目指す人だ，という意味になる。メアリーは実務的・実際的で地に足のついた人で，状況 X ではある仕方でふるまうが，状況 Y では恐らく別の仕方でふるまうことを選択する人なのである。逆の言い方をすれば，独断的ではない人だということになるかもしれない。

ここで重要なのは，「選択」という概念である。この概念が，音韻論，書記法，文法，語彙，談話などを語用論の立場から研究しようとする際，新たな観点をもたらしてくれる。私たちは，なぜ，ほかの語ではなくその語を，ほかの音調ではなくその音調を，ほかの句読法ではなくその句読法を，スペルを，文法を，談話パターンを，選ぶのか。これは，生徒が日々行う意思決定でもあり，したがって，教員に直接的に関連することである。生徒の言語使用を訂正するという行為は，ほかの選択肢を示す，ということなのである。じつのところ，「言語についての知識」という概念をなすのは，話したり書いたりする際に使用可能なことばの選択肢を子どもたちに意識させること，そして，聴いたり読んだりする際には他者がなぜそのことばを選択したのか，その動機が理解できるということだと考えられる。

ブランド名
語用論的（つまりことばの選択に関わる）動機の中で最も強力なのはアイデンティティーである。会社のオーナーは，すでに存在するほかの会社の名前と衝突が起きさえしなければ，自分の会社に好きな名前をつけられる。そして，名付けの判断は会社のアイデンティティにもとづいてなされる。独自性を探求した結果が，句読法（例：Waterstones の例のようにアポストロフィーを使うかどうか（p.296））やつづり（例：Kwik Fit のように非標準的な形にする（p.287）），あるいは独自の語（Banana Republic）や文法（Toys R Us）などに現れる。

語用論的選択

句読法

句読法に関わる選択は，主に，意味論的，語用論的判断によってなされる。句読点は，通常は意味を明確に読者に伝えるという，意味論的配慮にもとづいて用いられる。しかし，語用論的要因が優先されることもある。美しいから／醜いから，という理由で句読点を打つかどうか決めることもあれば，書く／タイプする／携帯電話で打つのが簡単だから／難しいからという理由で決めることもあるし，使っているフォントにあるかないかによって決めることもあるし，紙幅を取るから／取らないから，という理由で決めることもあるし，（なぜだかはわからないけれど）そう習ったから，という理由で決めることもある。とりわけ，紙面での「見え方」は，どの句読点を使うかを決める上で優先的な指針になりうる。じつはこれは，文学作品においては重要な問題である。出版社やスタイルガイドは，審美的な一貫性のためにも，そして独自のアイデンティティを示す手段としても，それぞれに句読法を定め，それを用いる人にはそれに従うことを求めている。

句読法は流行によって左右されるものであり，句読点の使用規則すべてを説明できた人はこれまでにいない。慣習は，形式的な書きことばとくだけた書きことばの間で，英国と米国の間で，本と映画の間で，性別によって，出版社によって，筆者によって，世代によって，おおいに異なる。私たちにできるのは，せいぜい，規範を特定し，傾向を示し，自分の中で一貫性を保つことの重要性を強調し，一般化をする際には十分注意することぐらいだ。すべての人に，つねに守られている句読法などめったにあるものではない。語用論的アプローチはこの現実を重んじ，現実と折り合いをつけることを試みる。語用論的であることは，「なんでもあり」ということではない。たしかに存在する規則を無視することではないのである。語用論的であるということは，それが規則にもとづくものであるかどうかにかかわらず，言語的現実を重んじることにほかならない。

文法

文章を書く際にどの代名詞を使うか。語用論的な選択肢としては，以下のようなものがある。

- I（私）を使用して個人的な関与を表す：
  I pointed out earlier...（私はすでに ... を示した）
- One（ある人）を使用して非個人的な関係性を表す：
  One pointed out earlier...（ある人がすでに…を示した）
- We（私たち）を使用して自己中心的だという印象を与えることを避ける：
  We pointed out earlier...（私たちはすでに…を示した）
- We（私たち）を使用して書き手と聞き手が協働していることを示す（書き手の we）：
  As we saw earlier...（私たちがすでに示したように…）
- You（あなた）を使用して話し手と聞き手の間に距離を置き，時には唐突さを醸し出す：
  As you saw earlier...（あなたがすでに見たように…）
  ある者（one）のくだけた代替形として，「皆」を指す you を用いる：
  You can see the beach...（皆さんには海が見えます…）
- 受動態を用いることで上記の選択肢すべてを避ける：
  It was pointed out earlier...（先ほど指摘されたように…）

（巻末 p.546 へ続く）

見解の一致？

語用論的アプローチは規範的伝統（p.207）の対極に位置する。規範主義はことばの使用者が社会的批判を避けるために従わねばならない規則に軸を置くものであったが，そのような思潮においてはまさに「選択」の余地などなかったのである。また，語用論的アプローチは，初期の記述主義言語学とも一線を画する。初期の記述主義言語学では文法形式の差異については精確で網羅的な説明を目指したものの，それらの差異を条件づける社会言語学的，文体的要因に着目することはほとんどなかった。そのような潮流の中では，選択肢は多過ぎると考えられ，言語学者には「なんでもあり」なのか，と批判されていたのである。

語用論的アプローチでは，〔【訳注】ほかのアプローチとの〕見解の一致が目指されている。語彙の教育（「最適な語を選ぶということは…」）など，ことばの教育に関わるほかの領域との接点もあるし，文学において作者がなぜある語を選んだかを批評家が説明する際にも用いられる考え方だ。演劇においても，演出家や俳優が登場人物や台詞を解釈する上で「選択」をする際，このことが重要になる。それに，語用論は，ジョナサン・スウィフトが「適切な場所で適切な語を用いること」〔【訳注】スウィフトはこれが文体の定義だとしている〕，と述べていることからも分かるように，文体の定義とも共鳴することが多い。言葉の選択が言語教育において果たす中心的役割，そしてそれを説明することの必要性を認識することがきっかけとなり，規範主義と記述主義の間で 250 年にわたって続けられてきた論争を終わらせる決め手となるかもしれない。

会話の公理

哲学者ポール・グライス（H. P. Grice）は，語用論研究において，効率的，協調的な言語使用を支える４つの会話の公理を提唱したことで有名である。

質の公理
真実を言え。すなわち，
　真実でないと信じていることを言うな。
　十分な証拠がないことを言うな。

関連性の公理
関連性のあることを言え。

量の公理
その場のやりとりの目的を果たす上で求められているだけの情報を提供せよ。必要以上の情報を与えるな。

様態の公理
明快でないことを言うな。すなわち
　不明瞭なことを言うな。
　曖昧なことを言うな。
　簡潔に話せ。
　順序だてて話せ。

この分析が示そうとしていることは，私たちがつねに，これらの原則に忠実に従っている，ということではない。実際には従わないこともあるということは経験上明らかである。しかし，私たちは，これらの原則が発話を理解する上での視点，あるいは方針としての役割を果たしている，ということは，暗黙のうちに認識しているようだ（ただしインターネット上では興味深い例外が見られる。469 ページ参照）。例えば，嘘をついたり虚偽の主張をする人は，非難の対象となる。話をし過ぎると，黙れと言われる。関係のないことを言えば，話の論点をずらさないように注意される。不明快なことを言えば，言い直すように言われる。私たちがこのようなことをするという事実は，私たちが会話の公理に従っていることを示すのである。

会話とは…

芸術　会話とは，人類すべてが競争相手となる芸術である。すべての人が一生の間，毎日行うものなのだから。（ラルフ・ワルド・エマーソン（Ralph Waldo Emerson），「思慮（*Considerations by the Way*）」，1860）

流れ　グリンダは，自分が言っていることを自分自身が本当に信じているのかどうか立ち止まって考えることをあまりしなかった。会話で大事なのは流れなのだから。（グレゴリー・マグワイア（Gregory Maguire），『オズの魔女記（*Wicked:The Life and Times of The Wicked Witch of the West*）』，2009）

試合　会話は，反対の意見をぶつけあうピンポンの試合と大差ない。誰もスコアを数えず，誰が勝つわけでも負けるわけでもないからみんなが満足していられる。みんなが試合開始の時に持っていた意見が変わることは，最後までない。（モーティマー・アドラー（Mortimer J. Adler），『本を読む方法（*How to Read a Book*）』，1940）

これらの比喩は，私たちが会話をどのようなものとしてとらえるかについての認識を変える働きをする。そのような違いを探索するのが，認知言語学である（p.306）。

初期の電話通信

初めて電話が現れた時，人びとはどう対処したらよいのかわからなかった。言語学的な意味でわからなかったのである。大声で話すべきなのか。「そこにいる？」と聞くべきなのか。電話会話の語用論が確立するには時間がかかった。その間，マーク・トウェイン（Mark Twain）のような作家は，電話における人びとのふるまいを揶揄することに勤しんだ。次の文章は，電話が発明されてからわずか４年後に，『アトランティック・マンスリー（*The Atlantic Monthly*）』（1880 年６月１日刊）に寄稿されたものである。

私は，電話での会話というものは――自分ではそれに参加せず，ただそばで聴いていると――現代生活におけるきわめて厳粛な珍事だと考える。私は昨日，まさにそのような会話が行われている部屋にて，崇高なる哲学的主題について，深遠な論説をしたためていた。誰かが電話で話をしている傍でものを書くと，非常にはかどるものである。つまり，ことは次のような次第で始まった。我が家の構成員の一人｛【訳注】おそらくマーク・トウェインの妻｝が部屋に入ってきて，私に，我が家をダウンタウンに住むバグレイ氏のところに通信でつないでもらえるよう頼んできた。私は，多くの町で，女性が自分で中央局に電話をすること｛【訳注】当時は，直接電話をかけたい相手に電話することはできず，まずは中央局に電話して交換手に取り次いでもらう仕組みだった｝を嫌がるのを見てきた。なぜかは知らないが，嫌がるのだ。だから私は電話に手を伸ばし，そして次のような会話をした。

中央局：［ぶっきらぼうに］もしもし！
私：中央局ですか？
中央局：ええ，そうですが。ご用命は？
私：バグレイさんのところにつないで頂けますか？
中央局：わかりました。電話に耳をつけたまま待ってください。

それから聞こえてきたのは，クルック，クルック，クルック，クルック，クルック，クルック，ルック，ルック！，歯を食いしばるようなひどい音，そしてようやく，甲高い女性の声だった。「はい？（尻上がりの抑揚で）私にご用ですか？」

私はそれに答えず，電話を志願した者｛【訳注】マーク・トウェインの妻｝にわたし，腰を下ろした。それから聞こえてきたのは，会話の一方だけ，という，世にも奇妙なものだった。質問は聞こえるが，答えは聞こえない。招待は聞こえるが，お礼は聞こえない。おとなしく聞いている間の沈黙があり，続いてまったく唐突で訳のわからない歓喜の声，悲嘆の声，失望の声があがる。電話線の向こう側にいる人間が言っていることが一切聞こえないのだから，話の辻褄を見出すことなどできない。なんと，私は，次のような驚くべき発言が，一人の人間の口から，すべて大声で発せられるのを聞いた。女性が電話に向かって大声を出すのをやめさせられる人間などいないのだ。

はい？なぜ，どうしてそうなったのですか？
沈黙
なんておっしゃいました？
沈黙
ああ，いいえ，そんなことはないと思います。
沈黙
いいえ！違うの，そうじゃないの。そうじゃなくて，沸騰している間に入れるんです。それか，沸騰する寸前に。
沈黙
え？
沈黙
私は裏表の端に返し縫いをしてひっくり返しました。
沈黙
そう，私もそうするのが好きよ。でも，バレンシエンヌかボンバジーン｛【訳注】バレンシエンヌ：ボビンレースの一種，ボンバジーン：布地の一種｝か，そんなようなものを使って仮縫いをした方がいいと思うんです。その方が雰囲気が出るし，目立つもの。
沈黙
申命記の 49 章よ，64 節から 94 節ね。私たち，時どき読んだ方がいいと思うのよ。
｛【訳注】旧約聖書のうちの一書である申命記に言及しているが，申命記には 32 章までしかない｝
沈黙
ええ，たぶん。私はいつもヘアピンを使うんです。
沈黙
なんですって？
［受話器から口を離して］子どもたち，お願いだから静かにして！
沈黙
ああ，B フラット｛【訳注】ドレミ音階でいう「シ」の半音下の音｝ね！　やだわ，キャットって言ったのかと思った。
沈黙
いつから？
沈黙
あら，聞いたことないわ。
沈黙
びっくりだわ！そんなこと絶対にありえないみたいに聞こえるわ。
沈黙
誰がですって？
沈黙

なんてこと！
沈黙
本当にどうなっているのかしら。教会でのことなの？
沈黙
で，彼女のお母様はいたの？
沈黙
まあ，ミセス・バグレイ，私だったら悔しくて死んでしまったと思うわ。それであの人たちはどうしたんですか？
長い沈黙
今メモがないから確かではないけれど，でも，こんな感じだったはずよ。テーロリロルロル，ロルロリロルロル，オートリロルロルリーリリードゥ！　で，くり返し。
沈黙
ええ，とても素敵だと思います，それに，ええ，とても荘厳で感動的だわ，アンダンティーノとピアニッシモを守ってさえいればね。
沈黙
ああ，グミ，グミね！でも私，ストライプのキャンディは食べさせていないんですよ。と言っても，食べたくても歯が生えるまで食べられないですわね。
沈黙
え？
沈黙
いいえ，ぜんぜん構いませんのよ。お話しを続けてくださいな。彼は横でものを書いています。邪魔になんかなりませんわ。
沈黙

（巻末 p.546 へ続く）

認知的アプローチ

認知言語学は，言語の構造（音韻，書記法，文法，語彙）によって表される意味に着目し，それが，私たちの世界のとらえ方，経験の仕方，社会的相互行為の仕方にどう関わっているのかを探求し，言語と思考との関係性をとらえようとする学問である。比喩が私たちの思考をどのように条件づけているかについての研究は，認知言語学の中でも重要な核の1つとなっている。

比喩的思考

古代から，比喩を文学的，修辞的現象と見なす伝統がある。多くの人が，学校で「文彩」（p.447）について習う時に初めてこの話題と出会う。効果的な比喩は，あることを，それとは別のことに置き換えて描写する。文学，特に詩においては，比喩は斬新だったり，違和感をおぼえさせたり，ドラマチックだったり，びっくりするような，ぎょっとさせられるようなものだったりして，そうすることで対象に対する新鮮な見方を提示する。しかしながら，それが修辞的な表現だということに気づかないほどに私たちの日常的な言語使用，思考に根づいた比喩もある。ジョージ・レイコフ（George Lakoff）とマーク・ジョンソン（Mark Johnson）による『レトリックと人生（*Metaphors We Live By*）』（1980）の発表を機に，認知言語学で中心的なトピックとして取り上げられるようになったのは，この，後者の意味での比喩である。

このアプローチでは，独創的な言葉の組み合わせとして比喩を見るのではなく，私たちが世界を認知，理解するやり方を体系化し，ふるまい方，相互行為の仕方を左右する表現として比喩をとらえる。比喩は思考と行為のメカニズムであり，人生観やふるまい方までも形作るものなのである。例えば，レイコフとジョンソンの有名な例のように，「議論」を「戦争」として理解しようとするのであれば，「攻撃」，「弱点」，「防御する」，「的を射た」，「打ち負かす」，「迫る」，「打破する」，「負ける」，「降伏する」，「勝つ」などの表現を使うことになる。これは，例えば，議論を「探求」や「旅」と置き換えて理解しようとした場合（例：「探求する」，「調べる」，「見出す」，「一歩一歩」，「さらなるステージ」），あるいは「建設」と置き換えて理解しようとした場合（例：「基礎」，「建造」，「がたつく」，「穴をあける」），あるいは協同的な活動として理解しようとした場合（例：「交換」，「貢献」，「同意」，「補完」）よりもそのやりとりはずっと対決的でありうる。

「戦争としての議論」という比喩は，長い間英語の中に組み込まれてきたため，揺らぎない地位を得ている。それでも，認知理論を提唱する研究者の中には，代替案を模索し始めている者もいる。議論を描写する，暴力的ではない方法はないか。例えば，議論を美術の一形態と置き換えるという可能性はどうか。議論を「打ち負かす」代わりに，議論を「消す」，とする。議論をある人の「最強の武器」と言う代わりに，「最善のキャンバス」と言う。議論に「穴をあける」代わりに，「間違いに上塗りする」と言うのはどうか。趣味も（代替案として）よい源になるかもしれない。例えば編み物に置き換えて，「打ち負かす」の代わりに「解きほぐす」，「穴をあける」の代わりに「網目を落とす」，ではどうか。どちらも言おうとしていることは同じだが，「戦争」に置き換えるよりもより平和なやり方で議論を描写しており，それゆえに，議論を居心地の悪いものととらえる人びとの気を軽くし，より協調的な結果につながるかもしれない。議論を「強い」あるいは「弱い」と描写する代わりに，「美しい」あるいは「見苦しい」，さらには「大きい」，「小さい」，「甘い」，「苦い」，と描写する，などなど，可能性は無限である。いずれの場合も，それぞれ異なる認知モデルと人びとのふるまいにもたらされる結果とが示唆されている。

隠喩から思考へ

隠喩はきっちりとした対応関係をもつわけではない。議論はじっさいの戦争とは違う。戦争に関わる言葉ではあっても，議論に関することを表すのには用いられない語はたくさんある（軍事行動（campaign），十字砲火（crossfire），包囲する（besiege），前線（frontline），捕虜（prisoner-of-war），封鎖（blockade）など）。また，チェスやサッカーなど，戦争とは関係のない場面で使われる戦争用語もある（ディフェンスする（defend），ポジション（position），戦略（strategy）など）。しかし，戦争隠喩は強力で，政治，スポーツ，病気（「癌との戦い」など），多くの日常的な文脈で用いられ，私たちの状況のとらえ方に影響を与えている。政治的デモを「戦い」として伝える新聞は，同じデモを「試合」と伝える新聞とは大きく異なるやり方でデモをとらえており，したがって，暴力的な介入へとつながる風潮を作る可能性がより高いだろう。

ある国に移民が到着した際の報道の仕方もさまざまである。彼らを「侵略者」と呼び，「群れをなす」，「流入する」などと描写する報道は，非好意的な態度を反映し，それは読者が難民や亡命希望者に対して抱く敵意を助長するだろう。それに対して彼らを「新入り」，「新しい風」，「潤いをもたらす灌漑水路」などとポジティブな表現で呼べば，より同情的な反応を引き起こすはずだ。初期の意味論の「うなり声」と「喉をゴロゴロ鳴らす音」との区別にもつながることである（p.183）。その場合，隠喩は，根底にある認知操作を表すこと以上の働きをする。イデオロギーを反映し，強化しているのだ。これが，**批判的隠喩分析**という，新たに発展しつつある分野が注目しているところであり，そこでは人びとが用いる隠喩は背後に潜むイデオロギーを露呈するものと解釈されている。

「行く」ことができるものとは？

場所から場所への移動は，隠喩の中でも最も基本的なものであり，因果関係，動作主性，経路などの概念を表すのに非常に多く用いられる。興味深いのは，動きや空間について考える際に私たちが行う推論は，所有や状況，時間にもあてはまる，ということだ。だから，次の文を見ればわかるように，私たちが空間を認知する際に用いる方法はほかの話題について思考する際にも応用できる。【訳注】以下のうち2～4は日本語動詞「行く」を用いて訳すことはできないが，移動の意味を持つ語を用いて訳すことは可能である。日本語としてより自然な訳を括弧内に記す。】

(1) The messenger went from Paris to Istanbul.（その使者は，パリからイスタンブールに行った。）
(2) The inheritance finally went to Fred.（その遺産は，最後にはフレッドに渡った（が相続した）。）
(3) The light went from green to red.（信号は青から赤に移った（変わった）。）
(4) The meeting went from 3.00 to 4.00.（会議は3時から4時まで進んだ（続いた）。）

スティーヴン・ピンカー（Steven Pinker）は，（1）移動と（2）所有の対応性を次のように説明している。

「AがBに行った」という文からは，Aはそれよりも前にはBにはいなかったが今はBにいる，ということがわかる。同様に，AがBに何かをあげた，というと，Bは，以前はそれを所有していなかったが，今は所有しているという推論が可能になる。この2つの概念【訳注】すなわち移動と所有】は完全に対応しているわけではない。Aは，Bに少しずつ移動することができるが，Bは，遺産を少しずつ受け取るわけではない。類似性は，（3）状況と（4）時間にも見出される。wentという語を使うことで，信号の色や会議の時間はランドマークとして解釈されているのである。

（S. ピンカー（S. Pinker），1997，5章に従う）

認知的影響の実証

隠喩に対する認知的アプローチは，語彙使用に関わる前提のいくつかを出発点としている。もしも《議論は戦争》というのが有効な等式であるなら，それは，メディアに限らず言語全般で，人びとが議論について話す際の戦争用語の使い方に現れるはずである。これは，個々の研究者が容易に，直感に頼って行える研究課題ではない。さまざまなタイプのテクストを含む大規模なコーパス（p.490）を使い，戦争に関する用語が，コロケーションとして議論に関わる語と高い頻度で共起しているかどうかを緻密に見ることを要する課題である。ただし，コーパスで数えるという作業は経験的研究の最初のステップにすぎない。というのは，頻度は，ある語が私たちの思考の中で際立ち，心理的に顕著になるその原因をすべて説明してくれるわけではないからである。別の隠喩的枠組みではなく，ある特定の隠喩的枠組みを選択することの効果を測るためには，実験的研究枠組みを採用する必要がある。

そのような実験として，2011年に起きたロンドンでの暴動に関するメディアの報道を，≪火≫の隠喩の使用に着目して検討したものがある。≪火≫の隠喩は，権力，権威，正当性に関することが話題となっている談話でよく用いられる。暴動に関する報道や記事では，「炎をかきたてる（fan the flames）」，「点火する（igniting）」，「燃え広がる（raging）」，「(火を）あおりたてる（inflaming）」，「(火や煙に）包まれる（engulfing）」といった表現がくり返し使われた。

「ロンドン北部を包んだ（engulfed）暴動は，10代の少女が警官隊に向かって石を投げた際に着火した（sparked）とされている。」（『デイリースター』2011年8月8日）

「暴動は3日目の夜に，イングランドのほかの都市での不満が発火したこと（flaring）を受けてロンドン中に広がった（spread）。」（「BBCニュース」2011年8月9日）

これらの例において，市民による暴動は被害をもたらす炎として解釈されている。

隠喩は厳密な対応関係をもつわけではない（p.306）。状況と状況との間にある類似性に注意を向けさせ，相違点は隠す。この場合は，火の隠喩が1つの原因（火花）を強調し，抗議を破壊的な暴力として提示し，そうすることで出来事を引き起こした条件と，人びとを参加に駆り立てた動機からは注意を逸らしている。ここから，さらなる含意が引き出される。すなわち，もしも私たちが火を水でもって制御するならば，高圧放水砲で人びとを制御したって良いのではないか。

この解釈は正当だろうか？　抗議を描写する火の隠喩が警察隊による高圧放水砲の使用に対する指示を助長するということがあるだろうか？

仮想の町で起きた暴動に関するニュース記事を2パターン用意し，それを人びとに見せることでこの仮説を検証した研究がある。1つのパターンでは火の隠喩が用いられ，もう1つでは用いられない。

抗議が町を圧倒

抗議がサドフィールドの町を圧倒した。抗議は朝始まったが，すぐに町中に広がり，そのまま一日，町中で続いた。警察隊は，最後には高圧放水砲を使って抗議参加者を追い散らした。

抗議が町を包囲 【訳注】炎などが何かを巻き込むことを表す engulf という動詞が用いられている。ここでは「包囲」と訳した。

抗議がサドフィールドの町を包囲した。抗議に火がついたのは朝だが，そのまま一日中，町中に燃え広がった。警察隊は，最後には高圧放水砲を使って抗議参加者を追い散らした。

実験は，炎上する車の写真と，破壊されている車の写真，それぞれの影響もあわせて検証した。実験では，参加者たちは次の3条件のうち1つを体験した。

- 写真に火は写っておらず，テクストでも火の隠喩は用いられていないパターン
- 写真に火が写っており，テクストでは火の隠喩は用いられていないパターン
- 写真に火が写っており，テクストでも火の隠喩が用いられているパターン

実験の参加者たちはテクストを一度読み，そして2つの質問を問われた。

- サドフィールドで起きた抗議隊に対して高圧放水砲を使用するという判断は，どれくらい論理的だったか。
- サドフィールドで起きた抗議隊に対して高圧放水砲を使用するという判断は，どれくらい正当化可能なものだったか。

結果は衝撃的だった。火が写っている写真を見た参加者は，隠喩が使われていたかどうかにかかわらず，警察隊による高圧放水砲を正当だと考える傾向が強かった。火が写っていない写真を見た場合には，隠喩がもつかもしれない影響力は無効化され，高圧放水砲の使用を支持する傾向は弱まった。ところが，彼らが写真なしで2つのテクストを見た時には，火の隠喩は，火の写真と同じような影響をもったのだ。

どうやら人びとの反応は，まずは，目にした写真からの影響を受ける。しかし写真がない場合には，テクストの隠喩的特性が，影響力をもつのである。保守主義者はほかの人に比べてテクストの影響を受けにくく，自由主義者は最も影響を受けやすいという兆候はあったものの，この実験の結果は，基本的には参加者の政治的立場と関わりなく観察された。研究者たちが出した結論は次の通りだ。

このことから，保守主義者と無党派の人は政治的抗議活動や治安維持に対してより固定した態度，意見をもち，抗議活動を逸脱として扱う談話に賛同するのに対し，自由主義者は，テクストが示すその場の情報を考慮に入れ，より文脈に依存したやり方で見解を形成する傾向があることがわかる。

このような事例研究は，メディアの表出は言語によるものも映像によるものも治安維持に関わる問題についての人々の見解に影響を与え得ることを示している。さらに，マルチモーダルな記号論的視点，つまり写真というメディアが書きことばというメディアと一緒に作用して認知的な反応を引き起こすものとして捉える視点を採用することの重要性も明白である。認知的解釈の問題に関しては，言語学的なレベルでの分析はどう考えても不十分なのである。(C. ハート（C. Hart），2018に従う)

隠喩の枠組み

隠喩の枠組みとは，ある領域の知識，経験を表象する概念構造のことである。ある研究では，枠組みの意味に必須の中核的要素と，枠組みに限られた要素ではないけれど顕著な特性である非中核的要素を区別している。枠組みと要素は，慣習によりスモールキャピタル（小さい大文字）で示される（ここでは〈〉で記す）。

〈火〉の枠組み

含意枠組み：〈自然現象〉，〈熱〉，〈光〉

枠組みの中で詳細化されるもの（主にイギリス国民に）：ロンドン大火

隠喩的枠組み関係：〈怒り〉，〈欲望〉，〈衝突〉

中核的枠組み要素：（かっこ内は例）：〈原因〉（火付け役となる（spark）），〈開始〉（火付け役となる（ignite），着火する（light），発生する（break out），勃発する（erupt）），〈持続〉（燃える（burn），燃え広がる（rage）），〈深刻度〉（巻き込む（engulf），焼き尽くす（consume）），〈伝播〉（広がる（spread）），〈維持するもの〉（燃料を注ぐ（fuel），火をあおる（burn），煽り立てる（inflame）），〈収束〉（消火する（extinguish），消す（put out），燃え尽きる（burn out））

非中核的フレーム要素：〈時〉，〈場所〉，〈様式〉（激しく（intensely），暴力的に（violently），急速に（rapidly）），〈道具・方法〉（火炎瓶（petrol bomb），消火ホース（fire-hose）），〈物質〉（木（wood））

関連づけられた台本・シナリオ：非常事態（Emergency），危険（Danger），暖かさ（Warmth），安全（Safety）

（ハート（C. Hart），2018より）

テクストと言語変種

「英語を使う」という概念には，言語構造（pp.300-303 で論じた特徴など）に関わる知識を用いて文の連なりや会話でのやりとりを産出し，解釈する，という以上のことが含まれる。そこには英語がある独特な，予測可能な仕方で用いられうる場面範囲について，英語を創造的に用いたり，創造的に用いられた英語を理解する際に使用しうる諸手段についてはっきり認識することも含まれる。

そうした場面というのは非常に多様で，はっきりと定義することは容易ではない。しかし，それら場面と結びついたコミュニケーションの産物，つまり**テクスト**と，そのテクストをほかのテクストと差別化するような言語的特徴に目を向けることを出発点とすれば，言語使用場面を理解していくことができる。この見方をすれば，祈祷，ポスター，道路標識，講義，スポーツの実況解説，小説，スピーチ，インタビュー，レシピは，すべてテクストと考えることができる。これらはいずれも，特定のコミュニケーション上の目的をもっている（小説の「目的」は，道路標識の「目的」ほど説明しやすくはないかもしれないが，それでも，小説には小説の目的がある，ということは確かだろう）。また，話しことばのものも，書きことばのものも，それぞれが比較的独立した談話の単位を形成し，さらに，特定可能な言語学的特徴もある程度はもち合わせている。

ここで，「比較的」，「ある程度は」といった条件がついている点が重要なのであるが，それはすべてのテクストがはっきりとした開始点と終了点をもっているわけではなく，また，同程度に独特な言語の使用と結びついているとも限らないからである。例えば，書きことばのテクストの開始点と終了点は，話しことばのテクストのそれよりははっきりしているだろうし，また，話しことばの中で比べると，教会での説教の開始点と終了点は，日常会話のそれよりもずっとわかりやすいだろう。しかし，英語の使用を調査する時には，次のような概念の階層を念頭に進めるとやりやすいことが多い。すなわち，場面が**テクスト**を引き起こし，テクストが特定の**弁別的言語特徴**のまとまりの使用を引き起こす，という階層性である。テクストのカテゴリーを表す特定の言語的特徴の束が変種である。1つ例をあげると，O living god（おお，神よ）（O をともなう呼格，p.232）は，**「宗教的」な**場面で見られる「**祈り**」のテクストの弁別的特徴であり，したがって，「**宗教のことば**」という言語変種の特徴をもつ。

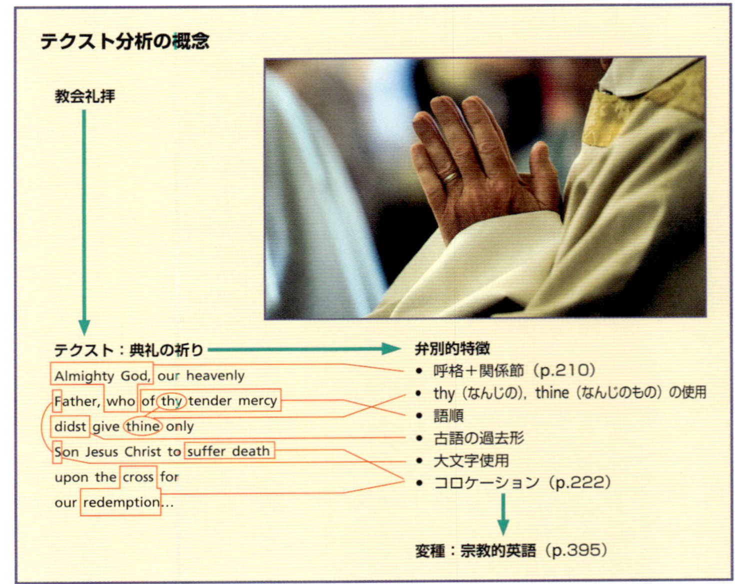

テクスト分析の概念
教会礼拝
テクスト：典礼の祈り
Almighty God, our heavenly
Father, who of thy tender mercy
didst give thine only
Son Jesus Christ to suffer death
upon the cross for
our redemption...
弁別的特徴
• 呼格＋関係節（p.210）
• thy（なんじの），thine（なんじのもの）の使用
• 語順
• 古語の過去形
• 大文字使用
• コロケーション（p.222）
変種：宗教的英語（p.395）

社会言語学的・文体的特徴

ある言語変種を特徴づけるものは，その言語が使われるすべての場所で，すべての社会的場面で見られる，言語全体の特徴ではない。変種の特徴は，社会的場面に特定の要因が見られるか否かによって異なる。そのような要因の分類の仕方は複数あるが，1つのやり方として，特徴を，社会言語学的特徴と文体的特徴の2つに大別する，というものがある。

- **社会言語学的特徴**は言語使用にかかる状況的な制約に関わる特徴であり，主に地域的，社会的変種（例：カナダ英語，コックニー英語，上流階級英語，高学歴者英語など）に見られる社会言語学的特徴は，比較的永続的な，話しことば，書きことばの背景を表す特徴で，意識的にコントロールすることが難しいものである。私たちは，日々の営みをこなす中で地域，階級に特徴的な話し方を変えることはあまりしないし，多くの場合，自分の話し方にそのような特徴があることに気づくこともない。
- **文体的特徴**は，言語使用にかかる制約の中でも，より狭い範囲でかかるものと関係し，個人的な好み（詩的表現，ユーモア）や職業（講師，弁護士，ジャーナリストなど）と結びついた変種などに見られる。話しことば，書きことばの一時的な特徴であり，ある程度は意識的にコントロールされている。1日の中でも，異なる集団の言語使用（例：家族，仕事，宗教，スポーツ）を採用することがあり，また，何かしらの効果をねらって話しことば，書きことばのスタイルを変えることも多い（例：物語を語る時の方言使用，くだけた手紙の中での言葉遊びなど，p.428）。

以下では，英語の話しことば，書きことばの言語変種と結びついたテクスト選択に現れるさまざまな英語の用法を示していく。第20章と第21章は，社会言語学的変異について，特に地域的，社会的な変異について扱う。第22章と第23章は，文体的変異について，特に職業的，個人的要因に注目しながら述べる。しかし，その前に，まずは言語変種の特徴について検討する際にはつねに念頭に置く必要がある2つの要素について押さえておこう。その2つの要素とは，コミュニケーションの手段（話しことばなのか書きことばなのか）と参加の様式（独白なのか対話なのか）である。

話しことばと書きことば

話しことばは，典型的には発声器官によって生み出される空気圧の動きである「音声物質」によって表され，対して書きことばは典型的には手が道具を使って ものの表面につけた標（しるし）という「視覚物質」によって表される。この明らかな物理的形式の差異以外にも，話しことばと書きことばの間には多くの重要な違いがある。それは，主に言語使用に関わる違いであり，話し手と聞き手は根本的に異なるコミュニケーションの状況に身を置いている，という事実からくる違いである。しかし，中には言語構造に関わる違いもある。話しことばで使われる文法や語彙は書きことばのそれとは異なるし，音韻体系（第17章）には存在する音の対比が，書記体系（第18章）にも存在するとは限らない。

書きことばはよく，「話しことばが書かれたもの」にすぎないと考えられる。また，話しことばの方も，書きことばにどれだけ近いかによって評価されがちだ（p.248）。このような態度は，どちらも妥当なものとは言えない。この2つの媒介は，歴史的には関わりがあるものの，それぞれ独立したコミュニケーション手段として機能しているのだ。話しことばと書きことばのどちらを選んでもかまわない，などという状況など，およそ考えにくいだろう。通常，二人の人間が声が届く距離にいれば，話しことばが用いられる。相手が近くにいるのに，言いたいことをわざわざ書くのは，授業中に秘密のメッセージを伝える行儀の悪い子どもや，「言葉を交わさない」パートナー同士，評決を裁判所員に渡す陪審長，話すこと，聴くことができない（そして手話を使えない）人である，など，きわめて特殊な状況に限られる。反対に，相手と空間的，時間的に離れたところにいて，電子的コミュニケーション手段がない（あるいはそれを使うお金がない）のであれば，書きことばでやりとりをするほかないだろう。

また，話しことばと書きことばは同等の地位にあるわけではない。通常，法的な取り決めをするには契約書などの書きことばが必要である。歴史的記録，古い碑文，大本の原稿，初版，聖典やその類の書物などには，話しことばには払われない，ある種の敬意が払われるものである（録音された話しことばのアーカイブによって状況は変わりつつあるが）。とりわけ，英語の書きことばは社会が重んじる基準を作り，相対的な永続性と世界的な流通により，コミュニティの生活の中で特別な地位を占めている（p.118）。

電子機器に関わる2つの例外

話しことばは，普通は双方向的だが，対話である風を装いながら独話をして留守番電話にメッセージを入れる場合は例外だ（pp.312，419）。これは，多くの人にとってやりづらい作業ではあるが，練習によってうまくなる。

書きことばは，話しことばのように双方向的な媒介ではない。というのも，書かれたメッセージが読み手に届くまでには時間がかかるし，書き物の多くの種類では，返事がくることはあまり期待されていないからである。（medium という語が表すほかの意味である仕事〔訳注〕medium には「媒介」のほかにも「霊媒師」という意味がある〕を侮辱するつもりはないが，相手が他界しているならば，返事はまったく期待されていない）。しかし，電子メールやオンライン・フォーラムの誕生により，時間というパラメータは劇的に変化した。書きことばの質問や応答が，参加者が話しているのと同じようなスピードで世界中を飛び交っているのである（第23章）。

話しことばと書きことばの違い

- 話しことばは時間に縛られていて，動的で，すぐに消える。通常，双方の参加者がその場にいて，話し手は特定の受け手（あるいは受け手たち）を想定している，といった双方向のやりとりの一部をなす。
- 受け手が故意に受信を遅らせない限り，産出と受信との間にタイムラグはない。多くの話しことばによるやりとりの同時性とスピードは，複雑な事前準備をすることを困難にしている。考えることと話すことを同時にする負担から，文法はゆるやかになり，くり返し，言い換え，評言節が多く現れる（p.241 参照）。音調や休止によって長い発話が処理可能なチャンクに分割されるが，文の境界ははっきりしないことが多い（p.226）。
- 参加者は基本的には対面でやりとりをするため，意味を理解するのに顔の表情やジェスチャーなど，言語外の手がかり（フィードバック）を参照することができる。話しことばで用いられるレキシコンは，状況を直接指示する単語（that one（それ），in here（ここ），right now（ちょうど今）などの直示的表現）を多く含んで不明確であることが多い。
- 話しことば（特にインフォーマルなもの）に特徴的な単語，構文というものがある。等位接続節を含む冗長でひどく複雑な文が多く見られる（p.238）。意味をなさない語（p.140）や，書きことばでは見ないか，見るとしても図的な方法によって婉曲に表された形でしか見ないような卑猥な言葉（例：f***），スラングが用いられる。
- 誰かと暇つぶしをするなど，カジュアルで事前の予定なしの談話の場面で，話しことばは社会的，「交感的な」機能を果たす。韻律や非言語的な特徴によって表されうるニュアンスは，話しことばを人間関係，個人的な意見や態度を表すのに適した媒介にしている。
- 発話の進行中に発話について考え直す機会はある（発話をやり直す，緩和表現を加えるなど）。しかしながら，一度言い間違いをしたら，それを取り消すことはできない（例外があるとすれば，話しことばの録音に音響エンジニアが聴覚的な「美容整形」という奇跡を施した時くらいだろう）。話し手は，その結果とともに生きていかなければならない。さえぎりや重複はよくあることである。
- 話しことば特有の特徴として，韻律がある（p.260）。音調の多彩なニュアンスや声の大きさ，テンポ，リズム，そのほかの声の調子によって表されるニュアンスは，書きことばでうまく表すことはできない。
- 書きことばは空間的に縛られていて，静的で，持続性をもつ。書き手は読み手から離れたところにいて，そして多くの場合，（ごく抽象的な意味で「読み手」をとらえるのでない限り）誰が読み手になるのかも分からない。
- 書き手は，産出と受信との間の時間差が一定の効果をもたらすということ，そして，多くの受け手がさまざまな環境で自分の言葉を読み，解釈する，そのことにともなう問題を予期する必要がある。書くことにより，くり返し読むこと，仔細に分析することが可能になり，そのことが，綿密な組み立て，緻密な表現，しばしば複雑な文構造の使用につながる。文，段落などの談話の単位は，句読点やレイアウトによって簡単に特定できることが多い。
- 書き手と受け手は同じ空間にいない。したがって，互いの言葉の意味をはっきりさせるために文脈に頼ることはできない。即座にフィードバックが返ってくることもない。そのため，書きことばでは，何を指すのかが曖昧になりがちな直示表現は避けられることが多い。
- 書きことばに特徴的な語や構文がある。1文の中に複数の従属節を用いること（p.74），入念に組み立てられた統語的パターン，法的文書に見られるような（複数のページにまたがる）長い文，などがその例である。語彙項目の中にも，例えば化合物の長い名称のように，話しことばでは決して耳にしないようなものがある。
- 書きことばは，出来事の記録，考えの共有，記憶や学習が関わるタスクに適している。書き残された記録は保管しやすく，スキャンもしやすい。表は物事の間の関係性を示してくれる。メモやリストを作ることで記憶が残る。テクストは，人それぞれ，自分の学習能力に合った速度で読むことができる。
- 間違いなど，書きことばにおける不備は，草稿を重ねる中で取り除くことができるので，読者がその存在を知ることはない。書いている途中で邪魔が入っても，最終稿にそれが残ることはない。
- 書きことば特有の特徴として，ページ，行，大文字，空間的な配置，句読法のいくつかの側面などがある。韻律と結びついたものとして疑問符や強調を表す下線などがあるが，数は少ない。書きことばのジャンルの中には，（例：予定表，グラフ，複雑な公式など）読み上げることができず，視覚的に吸収するしかないものもある。

混合媒体

話しことばと書きことばという媒体の区別は，書かれているか話されているかのいずれか一方であるという具合に，一見すると明白なように思われる。しかし，実際のところは，かなり複雑な様相を呈している。私たちが一方の媒体を選択するときには，もう一方の媒体の存在も意識にのぼっており，そのことが選択した言葉に影響を及ぼす。下の図は，英語の話しことばと書きことばに特有な文体を生み出しうる主要な選択肢をまとめたものであり，括弧内の文言は各項目に典型的な場面を表している。

テレプロンプター

テレビの司会者は，テレプロンプター，または（製造した会社の名称を取って）autocue（オートキュー）あるいはautoscript（オートスクリプト）と呼ばれる機械に向かっている。文章は司会者が読みやすいように，透明の素材でできた画面に大きな文字で投影される。この機械は，司会者がカメラの方を向いて視聴者に直接話しかけて見えるように設置されており，どのような文体――くだけたものや形式ばっているもの，独話または対話――でも用いられる。

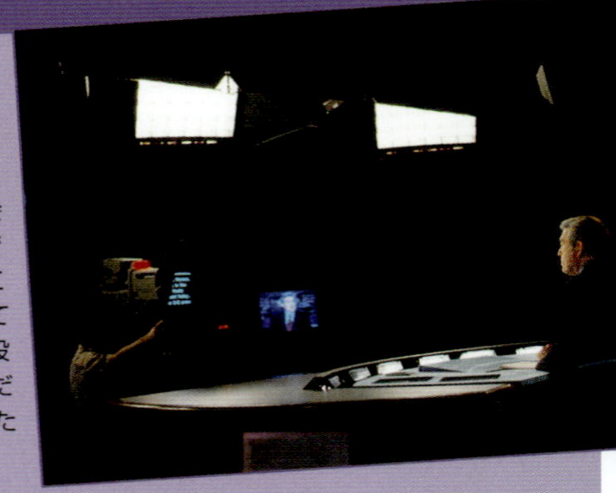

話しことば

私たちが話をするとき，その発話は直ちに聞き手に聞かれるということを意図しているだろう。これは普通である。しかし，このほかにもいくつかの興味深い状況がある。

- 例えば，留守番電話を使うようなときは，自分の発話が少し時間を置いてから相手の耳に届くことを意図して話すだろう。(p.419)
- 例えば小声で話す(sotto voce)ようなときは，相手に聞かれてはならないことを意図して話すだろう。もちろん，これにはさらに2つの状況が考えられる。1つ目は，本当に声を潜めて話す場合である。聞き手の耳に届くことはないが，それでも発するだけで話し手は満足する。2つ目は，擬似的に小声で話す場合である。これは，(たいていは冗談の目的で用いられるが）聞き手の耳に入ることを意図するものである。また，非言語的要素(話し手と聞き手の体格の違いなど）によって，話し手の意に反して立ち聞きされてしまうこともあり，その場合にはトラブルを招きかねない。
- 私たちは，自分の発話が書き取られることを意図する場合もあるだろう。その場合，さらに2つの可能性が考えられる。1つ目は，何を書き取るかを聞き手に任せている場合であり，このようなときは，比較的「自然な」話し方をするだろう（例えば，雑誌のインタビューや警察の声明などのような場合)。2つ目は，言い淀みや言い間違いを無視して書くように指示する場合であり，このようなときは「注意深い」話し方をするだろう（例えば，口述して誰かに手紙を書き取らせるような場合）。

書きことば

私たちはものを書くとき，自分の書いたものが読まれることを想定するのが普通だろう。そして，少なくとも古代ギリシャ・ローマ時代末期から，読み手によって黙読されることが一般的に想定されてきた。しかし，ここでもいくつかの異なった状況が考えられる。

- 自分の書いた文章が声に出して読み上げられることを意図して書く場合がある。そのような場合，さらに選択肢を考える必要がある。まず，最終的に読み上げられるものが，書きことばとして聞こえるように書く場合があるだろう。この場合には，比較的形式ばった制御された文章になるだろう。例えば，ラジオのニュースキャスターのために用意される原稿の文章は，この範疇に含まれる。一方，読み上げられるときに原稿があるようには聞こえないような文章を書くことがある。例えば，ラジオやテレビドラマの台本を書くような場合である。無論，後者は必ずしもうまく行くとは限らない。
- また，自分の書いた文章の一部だけが声に出して読み上げられ，そのほかの部分は無視されることを意図して書く場合がある。このやや特殊な状況は，ラジオやテレビの番組間に差し込む番組予告などのスポット・アナウンスを録音するスタジオにおいて見られる。そこでは，リスナーがつねに関心をもっている情報（例えば，天気や交通遅延に関する情報）が，絶えず画面に流れたり，キャスターにメモとして手渡されたりする。そして，キャスターは，次の番組までの時間に組み込むことができる情報を選択する。原稿は，生放送における慌ただしさを映し出しており，さまざまな文体で手元に届き，文が大幅に省略されているものも多い。

混合

話しことばと書きことばが独立せず，混在するような状況もある。そこで使用される言葉は，部分的に話す／聞く活動と，読む／書く活動で構成されており，分かち難く組み合わさっている。これについても，聞き手の性質によって3つの主な可能性が考えられる。

- まず，自分自身に向けて，話しことばと書きことばを混合した方法を用いる場合がある。例えば，買い物リストを作成するようなときである。そのときは，自分たちが言うことのいくつかを書き留めながら，同時に欲しいものが何であるかを自分に問いかける。
- 次に，1人の聞き手に向けて，この方法を用いる場合がある。例えば，共著で本を執筆するために一緒に仕事をするようなときである。このような時には，原稿（学術論文，シチュエーション・コメディの脚本）についてお互いの意見を出し合い，ともに原稿執筆に貢献する提案を行う。
- また，複数の聞き手に向けて，この方法を用いる場合がある。例えば，教師が黒板を使いながら口頭で説明するようなときである。

これらの場合，録音は，書かれたものを単に写真で撮影することと同様に，このような言語使用の状況を半分しか伝えないだろう。両方の媒体が合わさることによってはじめて効果的な言語使用となるのである。

混合媒体におけるテクストの分類

- テクスト
  - 話しことば
    - 聞かれることを目的とする
      - すぐに聞かれる（標準）
      - 後から聞かれる（留守番電話）
    - 書き記されることを目的とする
      - 話しことばとして書かれる（警察の声明，雑誌のインタビュー，ゴーストライターによる代筆）
      - 書きことばのように話される（手紙，文字の書き取り {【訳注】文字の書き取りとは，例えば，誰かにメールアドレスを訊かれたときに注意深く自分のメールアドレスを言って聞き手がそれを書き取るような場合のこと}，録音されたアナウンス）
    - 聞かれないことを目的とする（小声）
  - 混合媒体
    - 自分に向けて（メモ，買い物リスト）
    - 1人の相手に向けて（共著のための集まり，手紙を見せること，解説）{【訳注】「解説」とは，例えば，誰かが手紙を受け取り，その内容にコメントをつけながらほかの誰かに声に出して読むような場合のこと。一方前者の「手紙を見せること」というのは，この解説なしに手紙を見せながら声に出して読むような場合のこと。}
    - 複数の相手に向けて（黒板，配布資料，スライドを用いた解説）
  - 書きことば
    - 読まれることを目的とする（標準）
    - 声に出して読み上げられることを目的とする
      - 話しことばのように読み上げられる（ラジオ／テレビのドラマ，テレプロンプター（カンペ））
      - 書きことばとして読み上げられる（ラジオ／テレビのニュース報道，テレプロンプター（カンペ））
    - 一部が読み上げられることを目的とする（スポット・アナウンス）

講義の方法

ウィリアム・ローレンス・ブラッグ卿（William Lawrence Bragg)(1890-971）は，1940年代初頭に25歳で実父とともにノーベル物理学賞を受賞し，後に，ケンブリッジ大学キャヴェンディッシュ研究所〔【訳注】ケンブリッジ大学に所属するイギリスの物理学研究所および教育機関。ブラッグ氏は1938-53年に所長を務めた。〕の実験物理学教授になった。王立研究所（Royal Institution）の常勤教授（1954-66）として，子ども向けに週一度の「公開講義（schools lectures)」〔【訳注】ブラッグ教授は，Christmas lecture（クリスマス講義）として青少年向けに，年一度クリスマスの時期に1週間ほど（6日間）講演を行っている。また，Friday Evening Discourses（金曜講話）として大人向けに，金曜日に講演を行っていた。ここでいう講義がどちらを意味するのかは明確ではない。〕を開講し，その講義様式の明瞭さが広く知られることとなった。彼は，講義の仕方についての多くの論考を書き残している（このテーマについて同様に強い関心をもっていたマイケル・ファラデー（Michael Faraday）の伝統を受け継いだものであるが，p.91)。彼は，その場で自然に生み出される言葉による講義と台本通りの講義が異なる役割をもつことについて適切な見解を示している。自然に生み出された言葉が文字化されたときの特質についての彼の所見は，本書の他所でも同様に述べられている（p.226)。

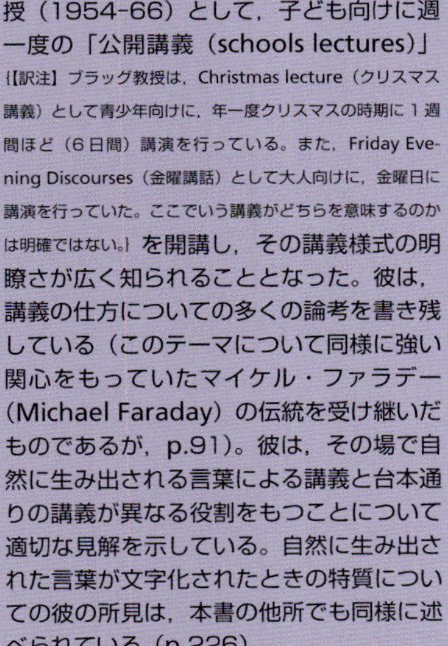

私は，講義で原稿を読み上げることは間違いであると強く感じているので，私の言葉は無礼だと思われるかもしれないが，講義で原稿を読み上げることは，講義が行うべきことすべてにそぐわない，忌々しいことだと思う。話しことばと書きことばというのは，まったく異なる産物である。書きことばの読み手は，一時中断して難解な箇所に立ち戻ることができるが，話しことばの聞き手は，そのようなことはできず，ともすれば話の道筋を見失ってしまうこともあるだろう。書かれた文章では，同じ言葉のくり返しは退屈なものであるが，話しことばにおいては，聴衆が講義の論点を理解していることを確認するためにも，重要な概念はさまざまな方法でくり返すことが正しい方法である。講義の内容をすべて書き出す場合は，人に聞いてもらうためではなく，読んでもらうためであるということは避けられない。その場合は，話が次から次へと進んでしまう。もちろん，講演者の立場からすれば，原稿を時間をかけて組み立てることができるため，原稿を読み上げる方が，即興で文章を組み立てながら「当意即妙に頭を働かせて」話すことよりも遥かに容易いだろう。私は，多くの講演者が原稿を読み上げるのは，謙虚な気持ちで，原稿がなければ上手に講義ができないという思いからであるということはわかっている。彼らにとっても気が進まない上でのことだとはわかっているが，私はそれが間違いであると確信する。聴衆に集まってもらいながら，原稿を読み上げるというのは，まるで，友人を散歩に誘っておきながら，自分は車で並走することを嫌がらないでほしいと頼むようなものである。講演者にとっては，よく練られた流暢な言葉で話すことは簡単だが，聴衆は，その後を追い，考えなければならない。もし，「私には話す勇気がない。予め書き出しておく必要がある。」と言う人がいるならば，私はこう尋ねたくなる。「それならば，なぜ講義をするのか？皆を講堂に呼んでおいて，書いてきたものをそのまま聞かせるのなら，書いたものを送り，家で快適に読んでもらえばよいのではないか？」と。

講義ということの本質に立ち返るならば，講演者と聴衆がともにあることが正しいと私には思われる。講義とは，講演者と聴衆による感情の交流なのである。講演者が言葉を探しながら話すならば，自然と，話が早く進み過ぎないような話し方になるだろう。それは，講演者が聴衆とともに考えようとするからである。講演者は皆，聴衆の中のわずかな共感の表情も見逃さず，（聴衆の反応に注目しながら）自分の主張がうまく伝っているか，それともほかの方法で言い換えなければならないかを判断する要領を掴んでいる。原稿を読み上げる講演者は，地面に張りつけられるかのように原稿に捕らわれてしまうが，その場で生み出される言葉で話す講演者は，空を飛んでいるかのような気持ちで，聴衆との見事な融合を楽しむことができる。これこそが講義の醍醐味なのだ。

脚注

これは私の経験だが，自分の講義が一言一句たがわず文字化された原稿を読んだとき，実際の講演はかなりよいものであったにもかかわらず，愕然としてしまったことがある。それは，非文法的で，不完全な文やくり返しがあり，読むのも恥ずかしいものであった。私の仲間の多くも同じ経験があるようである。世の中には，書きことばのように非の打ち所がないほど完璧に話す人もいるだろう。しかし私は，完璧な言葉による講演が必ずしもベストだとは思わない。話しことばは，「ゴツゴツした」いびつなものでありながら，その効果は大きい。例えるならば，同じ胸像でも，芸術家の手で作り上げたでこぼこした粘土の塊の方が，細部まで精密に整えられたものよりもはるかに素晴らしいものであることが多いのと同じである。その方が，よりいっそう想像を掻き立てるため，ずっと「生き生きと」しているのである。

『講演者への助言(*Advice to Lecturers*)』〔【訳注】Michael Faraday and Sir Lawrence Bragg（著），James R. Friday（編）．1974. *Advice to Lecturers : An Anthology Taken from the Writings of Michael Faraday and Lawrence Bragg.*《訳書なし》〕

話しことばと書きことばの重なり

p.309で述べた話しことばと書きことばの違いは絶対的なものではなく，傾向であると考えられる。話しことばの多くは，聞き手との間で共有されたコンテクストに依存しており，それゆえ，状況に依存する表現（これ／あれ，ここ／そこ）が多く使われることは確たる事実である。しかし，これはすべての話しことばに当てはまるわけではない。口頭での講義は，配布資料や，ボードやスクリーンに映し出された図表を参照する場合は別として，大抵それ自体で独立し，完結するものである。一方，仕事のメモや私的な手紙などの書きことばにおいては，往々にして共有されたコンテクストに依存する。あるくだけた手紙は，「それに従って！」という言葉で始まり，また別の手紙では，「私にもそれを取っておいてくれた？」という言葉から始められる。

したがって，話しことばと書きことばには，例えあったとしてもごくわずかしか絶対的な違いはなく，これらを明確に区別できる言語的変異に対する単一のパラメータは存在しないといえる。むしろ，話しことばと書きことばが潜在的に弁別的であり得るような言語的特徴は，それぞれがさまざまな方法で利用している言語資源の「蓄え」なのである。話しことばと書きことばという異なるジャンルが，ある特定の言語の要素を用いる方法には，つねに重なりがあるように見えるからである。例えば，ある研究によると，上述したように指示対象の明瞭さを尺度で表したとき，書きことばは，（指示対象の場面依存性が低いということで）高い値を示す傾向があり，話しことばは，（指示対象の場面依存性が高いという点で）低い値にとどまる傾向があるが，一方で例外もあるという。話しことばの一部（パブリック・スピーチやインタビュー）は比較的高い値を示し，書きことばの一部（特にフィクション）は比較的低い値を示した。以下のように，それぞれの値を単一の尺度に並べた図では，書きことばはすべてゼロ以上であり，話しことばはすべてゼロ以下であると思われるかもしれない。しかし，実際には，重なりがあることがわかる。（B. バイバー（B. Biber)，1988に従う）

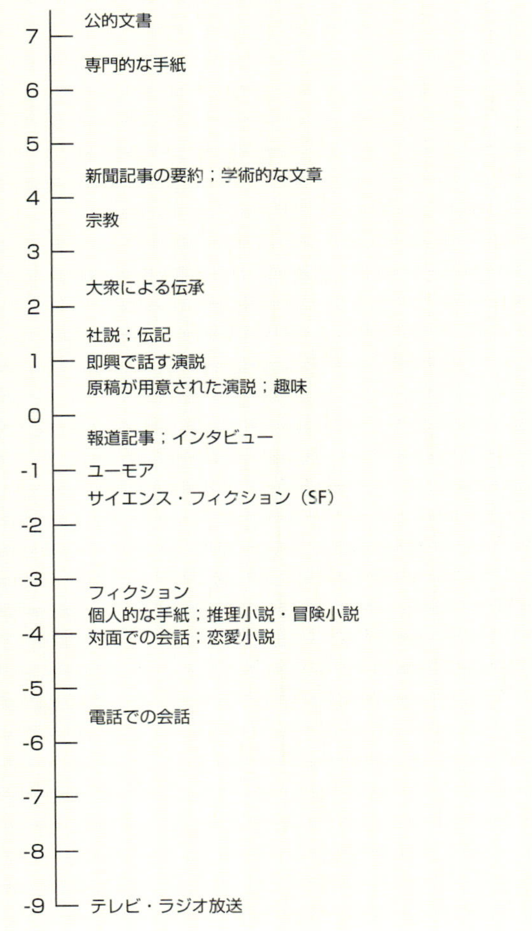

独話と対話

ことばを用いるときの言語的特徴に根本的に影響を与える要因は，言語活動に参加する人の数である。理論上，独話は言語活動に 1 人だけが関わるもので，対話は（典型的には）2 人が関与するものというように，その区別は明らかだ。また，独話と対話は 2 種類の伝達媒体と密接なつながりがあることが想定されるだろう（p.309）。つまり，独話は書くことと読むことに，対話は話すことと聞くことに関連しているということである。本書で紹介してきた多くの理論的な区別と同様に，これはおおむね正しい想定であるが，一部の事例においてその区別は不明瞭であり，両者には重複も起こりうる。人がことばを用いる上で，最も興味深い事例を示しているのはこのような事例である。

これらの事例がどのように起こるのかは，独話と対話の定義に注視すると理解できるだろう。独話は，ほとんどの権威ある執筆に典型的なように，作家が一人で行う――いわゆる「孤独な仕事」と呼ばれるような――執筆活動を意味するものではない。正しくは，たとえ聴衆がいたとしても応答を求めない活動のことを指すのである（それは，政治演説で聴衆が野次を飛ばすような場合にみられるように，時折聴衆が反応するような場面であっても同様である）。独話において，言葉はそれ自体でなり立つものとしてとらえられる。これに対して，対話は，参加者がお互いに相手からの反応を求め合うことが本質であり，それが起こりうる多くの言語的特徴をもち合わせている（その最たる例は，疑問文である）。そのため，興味深いのは，話し手や書き手に特殊な要求や制約を課したり，通常の反応を予測することを妨げるような状況が起こりうるということである。

すべての作家がみずからの仕事が独話であると信じているわけではない。ローレンス・スターン（Laurence Sterne）（1713-68）も，間違いなくそうである。

文章とは，これが適切に扱われているならば，（おわかりのように，私の文章はそれに該当すると思っているが，）それは会話の別名にすぎない。

（『トリストラム・シャンディ（*Tristram Shandy*）』1760-7，Book I）

〈**参考**：ロレンス・スターン（朱牟田夏雄訳）（1969）『トリストラム・シャンディ』上巻（岩波文庫），p.182 では，以下のように訳されていた。「文章とは，適切にこれをあやつれば（私の文章がその好例と私が思っていることは言うまでもありません），会話の別名にすぎません。」〉

話しことばによる独話

話しことばによる独話の大部分は，書きことばの英語を読み上げるものである。例えば，英国議会における女王によるスピーチがその例である――そこでは，聴衆から応答を得る可能性は，理論上ゼロに等しい。（話しことばであるという事実を強調するために，書き起こしには文頭を示す大文字を用いていない。イントネーション・ユニット（p.260）は／，短いポーズは．，長いポーズは - または一および――で表す。書き起こしの全文は，クリスタルとデイヴィー（D. Crystal & D. Davy），1969，p.234 を参照。）

わが政府は／. 彼らの支援を再び容認します／. 自由世界の防衛ための／- 基本的な考え方／. 大西洋同盟の／― - そして彼らは十分に役割を果たし続けるでしょう／北大西洋条約機構（NATO）において／- およびそのほかの組織において／集団的防衛のための／― - 防衛政策を再検討するでしょう／- 確実にするために／- と関連づけることによって／われわれの献身／. および資源／- わが国軍が／. 果たすことができます／多くの任務を／海外での／最大限の有効性 . および経済性をもって／

{【訳注】上記は英国議会における女王のスピーチの書き起こしをそのまま反映させている。日本語文は以下のようになる。「わが政府は，大西洋同盟の基本的な考え方である自由世界の防衛のための彼らの支援を再び容認します。彼らは，北大西洋条約機構（NATO），およびそのほかの集団的防衛組織において，十分に役割を果たし続けることでしょう。これらの組織は，私たちの献身と資源を結びつけ，わが国軍が最大限の有効性と経済性をもって多くの海外任務を遂行できるよう防衛政策を再検討することでしょう。」}

A：ですが，ああ，あなたは教えている - ああ小学校（グラマー・スクール）で／ですよね？

B：そうです／. そうです／

A：では，あなたは性教育についてどう考えますか／―どう，と言うのはあの. あの. 大きな騒ぎがありますが／

（B：うん／）

A：最近は／騒ぎになっていませんか？／あの - あぁ　制作された映画について／など／

B：えぇ／―

A：それであなたはどう考えますか？／

A：私が思うに―これらの多くの問題／. 結婚や／性教育は／. 取り組もうとしても，学校教育のようなところで／―すべてうまく行かない／―

B：うん／

{【訳注】上記の対話を要訳すると以下のようになる。

A：あの，あなたはグラマー・スクール（小学校）で教えているんですよね？

B：そうです，そうです

A：では，性教育についてどう考えますか，どう，と言うのは，あの，あの，大きな騒ぎがありますが，

（B：うん）

A：最近は騒ぎになっていませんか？ あの一，あぁ，制作された映画などで，

B：えぇ

A：それで　どう考えますか？

A：私が思うに，これらの多くの問題，結婚や性教育は，学校教育で取り組もうとしても，すべてうまく行かないと思うんです

B：うん}

書きことばによる対話

アンケートや申込用紙は，対話形式であることが通例だ。それは，これらが回答を引き出すことを目的としているからである。しかし，1 人の参加者が一方的にすべての質問を行うという点で通常の対話とは異なる。右の用紙は，英国のデータ保護法（1984）のもとで人びとが登録できる登録用紙である。

申込用紙の例

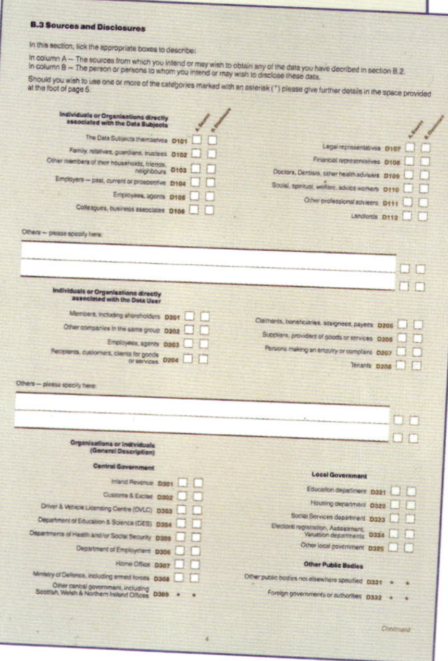

B.3 Sources and Disclosures

In this section, tick the appropriate boxes to describe:
In column A — The sources from which you intend or may wish to obtain any of the data you have decribed in section B.2.
In column B — The person or persons to whom you intend or may wish to disclose these data.
Should you wish to use one or more of the categories marked with an asterisk (*) please give further details in the space provided at the foot of page 5.

Individuals or Organisations directly associated with the Data Subjects

The Data Subjects themselves D101
Family, relatives, guardians, trustees D102
Other members of their households, friends, neighbours D103
Employers — past, current or prospective D104
Employees, agents D105
Colleagues, business associates D106
Legal representatives D107
Financial representatives D108
Doctors, Dentists, other health advisers D109
Social, spiritual, welfare, advice workers D110
Other professional advisers D111
Landlords D112

Others — please specify here:

Individuals or Organisations directly associated with the Data User

Members, including shareholders D201
Other companies in the same group D202
Employees, agents D203
Recipients, customers, clients for goods or services D204
Claimants, beneficiaries, assignees, payees D205
Suppliers, providers of goods or services D206
Persons making an enquiry or complaint D207
Tenants D208

Others — please specify here:

Organisations or Individuals (General Description)

Central Government

Inland Revenue D301
Customs & Excise D302
Driver & Vehicle Licensing Centre (DVLC) D303
Department of Education & Science (DES) D304
Departments of Health and/or Social Security D305
Department of Employment D306
Home Office D307
Ministry of Defence, including armed forces D308
Other central government, including Scottish, Welsh & Northern Ireland Offices D309 * *

Local Government

Education department D321
Housing department D322
Social Services department D323
Electoral registration, Assessment, Valuation departments D324
Other local government D325

Other Public Bodies

Other public bodies not elsewhere specified D331 * *
Foreign governments or authorities D332 * *

4

Continued

書きことばによる独話

このページのこと。

話しことばによる対話

日常のくだけた会話は，話しことばによる対話の典型である。（書き起こしの手法は，会話の場合も同様であるが，追加の句読法として，質問の場合の表記や，話し手の発話を妨げない程度の聞き手の反応を丸括弧（　）で表すなどがあげられる。書き起こしの全文は，クリスタルとデイヴィー（Crystal & Davy），1975，p.65 を参照）

対話における予期せぬ特徴

実際の対話がどのように進行しているのかを調査していると，自然な話しことばの録音に見られるようにしばしば驚かされる。私たちは，演劇の脚本や言語教育の教科書での会話など，言葉が注意深く作成された状況での対話を見ることに慣れている。そのような対話は，それぞれの目的には即しているが，多くの場合，日常の会話において起こり得ることとは乖離している。このような対話でのステレオタイプは，人びとが完全な文を，決められた順序で，お互いに注意深く聞き，発話量の均衡を取りながら話すというものである。しかし実際には，参加者が共同して文を作ったり，相手の発話中に割り込んだり，言われたことすべてを注意深く聞いているわけではなく，また，参加者の発話量は非対称的であることが多い。しかし，それにもかかわらず，これらはどれもきわめて正常で，スムースな会話を作り上げるのである。

ステレオタイプ

右のコラムは，1968年の出版で，英語の外国人学習者を対象として好評だった講座で用いられた教科書の第1巻のページである。きちんと整えられた対話は，英語を母語としない学習者にはわかりやすいが，それでもやはり，この会話は実際の英語の会話とはかけ離れている。教科書の著者たちもおそらくこの問題には気づいていただろうが——結局，出版されたのはBook 1だけだったが——，じつに多くの人びとが，実際の会話はつねにこのように展開されるものだと思っているということは驚きである。

右の教科書の会話の例では，この後に6回のやりとりが続くが，これらを含め，この章全体を通して，マーティンは11回，ジリアンは10回発話している。語数にして，マーティンは207語，ジリアンは211語である。完璧に均衡のとれた会話である。この会話には，割り込みもなければ，同時発話もなく，2人の対話者はお互いに注意深く応答している。話の内容にもかかわらず，彼らの関係は良好であるように思える。

以下の抜粋に見られる応答のパターンと比較してみよう。これは，著者が家族4人で夕食をともにしているときに行われた会話で，家族全員がそろうという滅多にない状況である。参加者は，父，母，息子（ベン，16歳），娘（ルーシー，18歳）である。

父（ルーシーに向けて）：今夜出かけるの？
（ルーシーが「応える」）
ルーシー：緑色のスカート，どこに置いたっけ？
（ベンが「応える」）
ベン：その塩を取って，ルース。
（母が父に向けて「応える」）
母：ルーシーは絶対スカートを見つけられないでしょうね。
（ルーシーが自分自身に向けて「応える」）
ルーシー：洗濯物入れに入れたと思うんだけどな。
（父がベンに向けて「応える」）
父：はい，どうぞ。（塩を手渡す）

12

（図中英文の和訳を巻末p.547に掲載）

JILLIAN There. There's your father, his wife, his brother and his sister. Good. Hey, Martin, who are those?

MARTIN Oh, yes. This old woman is my grandmother, and here's her husband, my grandfather. These are very old pictures. Put them on a new page, Jill.

JILLIAN Very well. Now we have your grandfather and grandmother on this page and their sons and daughters on that page.

MARTIN Oh, look at this, Jill.

JILLIAN Wait a minute. I'm still writing. Now, what is it?

MARTIN Here's that old photograph of us. You are practising tennis and I'm holding your arm. Here, look. It's a very bad photograph of me. Throw it away.

JILLIAN Don't be silly, Martin. Give it to me, please. Yes, it is a bad picture of you. Why are you opening your mouth? But it's a very good photograph of me. No, don't throw this away. But who's this, Martin? Look at the girl in this photograph. Who is she? Martin, you aren't looking at her. Martin, your face is red.

MARTIN Oh, I'm sorry, that's Margaret.

JILLIAN She's very pretty. Is she your cousin?

MARTIN Er, no. She's an old friend. Put her on a new page in the album,

86

実際の対話

多くの対話において，発話の順番のタイミング（一人が話を止めて，もう一人が話し始めるとき）は，しばしば文の終わりとは一致しない。むしろ，そこでは二人で共に文を完結させるという両者に共通の期待がある。これは，親しい人との会話にのみ頻繁に起こりうることであり，しかも完全に無意識で行われている。例えば，双子は，お互いの文を共同して完成させることを頻繁に行っている。それとは逆に，自分一人で文を完結させることが可能なときに，それほど親しくない知人が口を挟んで文を完結させようとすることには，きわめて苛立つだろう。

次の抜粋は，米国の言語学者であるジーン・ラーナー（Gene Lerner）｛【訳注】カリフォルニア大学サンタバーバラ校教授。ここでは言語学者となっているが，ジーン・ラーナーは社会学者である。｝によって1991年に発表された「発話の進行性（sentences in progress）」と呼ばれる研究｛【訳注】ジーン・ラーナーは会話分析で著名な研究者であり，日本の会話分析研究者によると，ラーナーのsentence in progressには「発話の進行性」という表現が用いられている。｝において観察された特徴にもとづいたものである。この抜粋は，自然発話に特徴的な非流暢性の表記を省き，紙面の関係上，いくつかの特徴を簡潔に示す目的で描かれているため，幾分人工的なものである。しかし，ここに示されている文を完成させるために用いられている特徴のすべては，自然発話の録音で観察されたものを反映しており，多くの舞台や教科書の対話での完成した会話の話者交替とは顕著な対象を示している。

A：…で，彼は，発話の進行性について話していた。
B：発話の？
A：進行性。｛【訳注】本文の順序は，B：Sentences in?　A：Progress. となっている。｝一人が話し始めて，もう一人が，
B：ああ，わかるよ。口を挟んで，文を終わらせる。きみの言いたいことわかるよ。私の友人にいつもそれをする人がいるよ。話していると，割り込んできて，文を終わらせるんだ。時折不思議に思うんだが，彼はどうして正確に予測することができるんだろうか。
A：相手が話そうとしていることを。わかるよ。一部の人は，ほとんど，ほとんど…
B：異常とも思えるほどに。
A：そう，異常とも思えるほどに。まるで自分では抑えきれないとでもいうように。苛つくけれど。でも，ラーナーの論文は，こういう苛つくケースについてのものではない。彼は，共同で文を組織することは，くだけた日常会話ではごく普通のことで，そこには話し手同士の協働を促進する統語的方略があると示唆していて，
B：例えば…
A：えー，例えば，if節で文を始めても，話しながら何か考えていて，特に，少し躊躇があるようなとき…
B：もう1人が口を挟んで，文を終わらせる。
A：で，最初の話者は，これによって自分の言いたいことが伝わっているということがわかるからこれに満足する，それに，
B：さらによいのは，相手が最初の話者の言いたいことを代わりに言ってくれている，
A：このことは，どんな会話者たちにも嬉しいことだ。結局のところ，もし自分の言いたいことが理解されないならば，会話とは何なのだろうか，ということになるからね。
B：そして，ラポート。
A：えっ？
B：ラポート。アール，エイ，ピー｛【訳注】ラポートの英語のつづりはrapportであり，その最初の3文字を述べている。｝…
A：ピー，オー，アール，ティー。｛【訳注】残りの4文字を補っている。ここでも二人が英語の1単語を二人で完成させていることを示している。｝そう，ラポートね，もちろん。
B：そういうくだけた場面では，こういうことは決して1対の発話に限ったものではないと想像するね。たぶん，それ以上に続くと思うよ，それはほとんど…
A：ほとんど無制限に。
B：無制限，そうだね。

独話における変異

話しことばか書きことばかに関わらず，独話が選ばれる場合には，2 つの状況が考えられる。聴衆が存在しているか，不在であるかである。どちらの場合も，それぞれ言語的に特徴のあるテクストを生み出す興味深い現象があるが，文体についての詳細な研究はほとんど行われていない。

聴衆参加

聴衆が存在する場合，媒体は話しことば（p.309）である可能性が高く，他者の割り込みが可能かどうかという点が分類の興味深い基準になる。大抵の話しことばによる独話では，原則として他者の割り込みは起こりえない（拍手などの非言語の反応は除く）。例としては，非常にあらたまった演説（p.312）や講義，（保守的な宗教的伝統における）説教などがあげられる。一方，他者の割り込みが許される状況もある。多くの米国黒人信徒たちを前にした牧師の語りでは，聴衆の反応が語りにおける修辞的効果を増強させるものとなり，しばしば，聴衆の反応を引き出すために質問という形が用いられる（p.395）。同様に，これは政治演説でもしばしば行われる（p.404）。

興味深い分類としては，聴衆は存在するが，応答する状況にはないという場合である（「擬似的な聴衆」）。例えば，歯科治療中，口に医療器具が差し込まれている患者に歯科医師が話しかける（質問までする！）場合や，大人が言語未獲得時期の幼児に，（または，母親がお腹にいる赤ちゃんに）話しかけるような場合があげられる。これらが独話であるか対話であるかについては，議論の余地がある。

聴衆不在

独話か対話かのいずれかであるといえる文学的表現の場合は別として（p.312），聴衆不在の独話がありうるという概念が，まず普通ではないように思われる。誰も聞いていないのに，なぜ話す必要があるのか？ 誰も読まないのに，なぜ書く必要があるのか？ しかしながら，話しことばにも書きことばにも，独話活動が行われる興味深い事例がある。

話しことばによる独話活動

科学的根拠はほとんどないが，人びとが独り言を言うことは疑いのない事実である。信頼できる筋によると，学者が，一人で（例えば，お風呂にて）問題の解決策を語るということは知られている。他にも，擬似的な聴衆に関する一般的な事例――この場合は，人間が存在しない――がある。しかし，これらを「擬似的な対話」と呼ぶことがよいかどうかは議論の余地がある。

例えば，植物に話しかける人（そして，そのようなことをする理由を説明できる人）がいる。また，車に話しかける人もいる――多くの場合，車の不具合を咎めるのだが。実際，ほとんどどんな物でも，それがあたかも人であるかのように話しかけられるだろう。「あなた素敵ね？」これは，百貨店で，人が洋服に話しかけているところを偶然に聞いたものだ。（動物がこの分類に含まれるか，あるいは，上述した幼児の例と同じ分類に含まれるかは，今後の議論に委ねるところである。）

書きことばによる独話活動

書きことばにおいても，自分に語りかけるということについて珍しい事例がある。日記は，この典型的な例である。また，講演の準備をしているときのメモや，人の話を聞きながら取るメモもこの分類に含まれる。これらは自分だけのために書かれている。ほかの人のメモを使おうとする場合――授業を欠席した学生が他人のノートを写して補完しようとするようななじみのある状況といえば理解しやすいだろうか――でも，同様である。メモを取る人は，既知の知識に応じて情報を取捨選択し，さらに，時間の制約上言葉を省略して書くため，一貫性が保たれる可能性には限りがある。

書きことばによる独話の擬似的な聴衆もまた例外的だ。筆記試験の解答は，最も明白な例である。これは，一方的な対話（試験出題者が学生に対して尋ねるもの）だが，返答は独話である（というのも，学生は反応を想定していない――成績という間接的な反応は別として）。パーティーゲームには書きことばの擬似的な聴衆を想定したものがある。あるゲームでは，参加者一人一人がその部屋にいる誰かに関することを書き，（匿名で）帽子の中に入れた後，2 枚を無作為に取り出して，順番に並べる。子どもたちのパーティーでは，並べたものがちぐはぐであることを楽しむ（例えば，マイケルはウサギを飼っている－ジェーンはお腹がすいているのように）。大人のパーティーでは，きわどい組合わせが起こることもある。

最後に，まるで聴衆がいるかのように書くということもある。のちにそれを聴衆に披露することになるためである。配布資料を用意したり，家庭教師に対して作文を書いたり，本に索引をつけたりすることがこれに含まれる。索引の作成は，将来の読者がその本の内容について疑問に思うであろうことをすべて，本の編集者が予測しようとする作業だと説明されることがある。索引作成者は，実際には聞かれていない膨大な数の質問に対して回答を提示しようとする――ここでは，コミュニケーションにおける優先順位が興味深く逆転している。したがって，彼らは，そこに聴衆がいるかのように想定して作業を進めなければならない――しかし，誰が聴衆となるのかを知ることもなければ，自分たちの判断がうまくいっているのかについて何の反応も得られない。作業は困難で，並外れたまでにコミュニケーションに対する積極的な姿勢が求められる。

予報

左記で見たことのほかにも，まるで聴衆がいるかのように話す場合がある。これは書きことばにもとづくもので，演説を行う前の練習や，役者が台詞をくり返し練習する場面に見られる。また，台本がないものとして，留守番電話に伝言を残す場面（p.309）などがあげられる。後者の例として最も有名なのは，テレビの天気予報だろう。視覚資料は事前に用意されているが，天気予報終了の時間を示す時計を注視しながら，放送中の解説はその場で生み出されている。BBC 放送では，天気予報が終わる 8 秒前には次の番組の放送が始動し，それを止めることはできないため，時間通りに終えなければならない〔【訳注】下のタイムテーブルでは 8 時 59 分 50 秒に終了するとなっている。これは気象予報士が安全を図って 9 時に始まるニュースの 10 秒前には終了しているということである。つまり，ニュースが始動する 2 秒前にはぎりぎり終わるようにしているということである。〕その時点に達する直前に，不運にも長い従属節を話し始めてしまうと予報者は悲惨なことになる。即興で話す言語活動の中で，これほど，短い時間で多くの制約が話し手に課せられるものはほかにない。

以下の抜粋は，気象予報士のある日の記述であり，その苦労を物語っている。

8.00 am：特に南部地域を詳細に予報する 1 回目のブリテン諸島の詳しい天気予報のために地図を作成する。これからマーゲートには雨が降るが，ブライトンには降らない？ これからロンドン北部は，サセックスよりも寒くなる？ …午前 9 時の全国放送のために地図を作成する。これはわずか 15 秒間の放送である。
8.30：技師がカメラのスイッチを入れるために到着する…
8.40：速報で流すために電子地図を配置し，映写用フィルム〔【訳注】1 コマずつ見せるスライド用フィルム〕に複製する。
8.45：照明をつけ，放送中にディレクターとやりとりができるイヤーモニターを装着する。衣装を着て，放送の準備を整える。カウントダウン式の時計が作動しているかを確認する。（カメラレンズにカウントダウン式で時間が表示されるデジタル時計を使用している。）放送の練習をする。
8.56.50：南東放送が始まる――時間のカウントダウンが始まる。
8.59.20：放送の指示が与えられる――あとに控える 9 時からの全国ニュースにつながるように，8 時 59 分 50 秒ちょうどに放送を終えなければならない。
9.00：1 回目のブリテン諸島の天気予報が 15 秒間続いたのち，全国ニュースが始まる。
9.04：照明を消して，10 時の放送のために地図を用意する。
（B. ジャイルズ（Bill Giles），『天気の話（*The Story of Weather*）』，1990，p.97）

対話における変異

対話を分類する1つの方法は，参加者間の対称性を見ることである――つまり，参加者が同等に関与しているかどうかということである。お互いの発言のタイミングもさまざまだろう。標準的な対話では，二人の参加者がいて，順番に話をする（しかし，ある一定の量の重なりは予測される，p.302）。しかし，いくつかのタイプの対話の状況は，この標準的なあり方から興味深い方法で逸脱する。

対称的な対話

人びとは同時に発話することが可能であり，これは対話らしい印象を与えるが，おそらくほとんどの場合，思考が一致しているということは少ないだろう。もし，自分たちの主張を示す抗議のプラカードを掲げた２つのデモ隊が相対したとき，この２つの書きことばの並びは，一種の対話を生み出してはいるが，ここではすべての「発話」が同時に示されていることになる。

話しことばでは，同時発話は理解に困難を招きやすい――しかし，だからといって，公の政治論争においてよく聞かれるように同時発話の発生は止められるものではない。夕食のパーティーにおいても，興味深い事例が認められる。この場合，一人の人が２つの会話に同時に参加する――それぞれに順番に発言をするが，両方を同時に聞き取るというような場合だ。これは，参加者が，至極冷静な状態か，ひどく酔っているかのどちらかの場合にのみうまく行くものである。

ほかには，第三者（仲介者）に頼る対話もある。よくある例は，Ａさんが C さんを介して B さんと話す外国語の通訳や翻訳の場面である。また，単一の言語でも，一人（または１つの集団）が「公式の代弁者」を介してほかの人に意思を伝える場面や，（明らかにかなり異なる領域となるが）腹話術の人形を介して対話をするという場面もその例となる。

またほかにも興味深い事例として，第三者の発話を用いて生み出される対話もある。例えば，レストランで大きな声で話す客は，ほかのテーブルにいる二人連れの反応（ひそひそ話）を誘発し，それをきっかけとしてその二人連れは自分たちの対話を生み出していく。フランソワ・トリュフォー監督（François Truffaut）によるアカデミー賞受賞作品『アメリカの夜（*Day for Night*）（*La Nuit Americaine*, 1973）』では，二人の映画スタッフがたまたま映画に関するクイズ番組が流れているテレビの前を通りかかり，これを観るために立ち止まり，出演者に先んじてクイズに答えようとする場面がある。彼らは，それぞれの解答に影響を受けながら対話する。これも，第三者に触発された対話である。

非対称的な対話

非対称的な対話とは，見かけ上はたった一人で行われるもので，対話の中で最もまれなものである。この「見かけ上は」という但し書きは重要である。なぜならば，言うまでもなく，参加者は誰かほかの人が実際にいることを想像して話しているからである。ある場合には，死者が会話を始める側となる――それは死者の霊魂と交信する降霊会のような場面であり，参加者は着席して話しかけられることを待っている。また，死者が応答する側となる場合もある。暗闇の中で戸惑いながら「誰かいますか？」と尋ねるようなときだが，尋ねる者にとっては，これが最終的には独話であると願うものである。

出版社やラジオ局に宛てた手紙は，使われる可能性がわずかしかないことを考えれば，非対称的な対話に分類されるだろう。このような場合，ほかの誰かによる管理のもと，対話に貢献しようとしていることになる。もし，どうにかその投稿が掲載されたり読み上げられたりしても，私たちは，結局のところ誰に「話しかけた」のかを知る術はない。しかし，編集者や番組のパーソナリティーは，効果的な手紙の選別をする達人なのである。

マルチローグ？

Ａさんが一人に話しかければ，それは対話である。Ａさんが複数の人に同時に話しかける場合や，複数の人がＡさんに同時に話しかける場合には，対話という用語が適切とは言い難い。それぞれのやりとりがほかから切り離されている場合に限り，これを「小規模な対話（mini-dialogue）」と解釈することができる。しかし，本当に複数が同時に起こっているのならば，それは別物――「マルチローグ」――なのではないか？

話しことばにおいて，このような状況は教会（お祈りの斉唱），公開集会（We want Bill!「法案を要求する！」），スポーツ競技（Come On The Royals!「がんばれロイヤルズ！」），イギリスのパントマイム劇（*OH yes he is!*）において見られる。｛【訳注】*OH yes he is!* は，イギリス特有のクリスマス・シーズンに行われる子ども（家族）向けの劇のことで，「滑稽劇」とも呼ばれ，いわゆる通常のパントマイムのことは mime「マイム」と呼ばれる。パントマイムでは劇中に観客が参加する（声を出す）ことが大きな特徴となっており，役者たちに向かって「後ろに悪者がいるよ」と警告したりすることがある。*Oh yes it is!* は，これだけでパントマイム劇を連想させるものであり，パントマイム劇（滑稽劇）を表す慣用表現のように用いられているようである。ここからの類推で，*Oh yes he is!* もパントマイム劇において用いられるマルチローグとして使用されるものであると考えられる。｝書きことばにおいて同時に複数で行うコミュニケーションは，嘆願書や共同署名に見られる。実際に，報道機関に対する異なる立場の団体の共同署名が並んで公表される時のように，複数の集団がお互い同時に発信することに気づくこともありうる。

参加が混合したテキストの分類

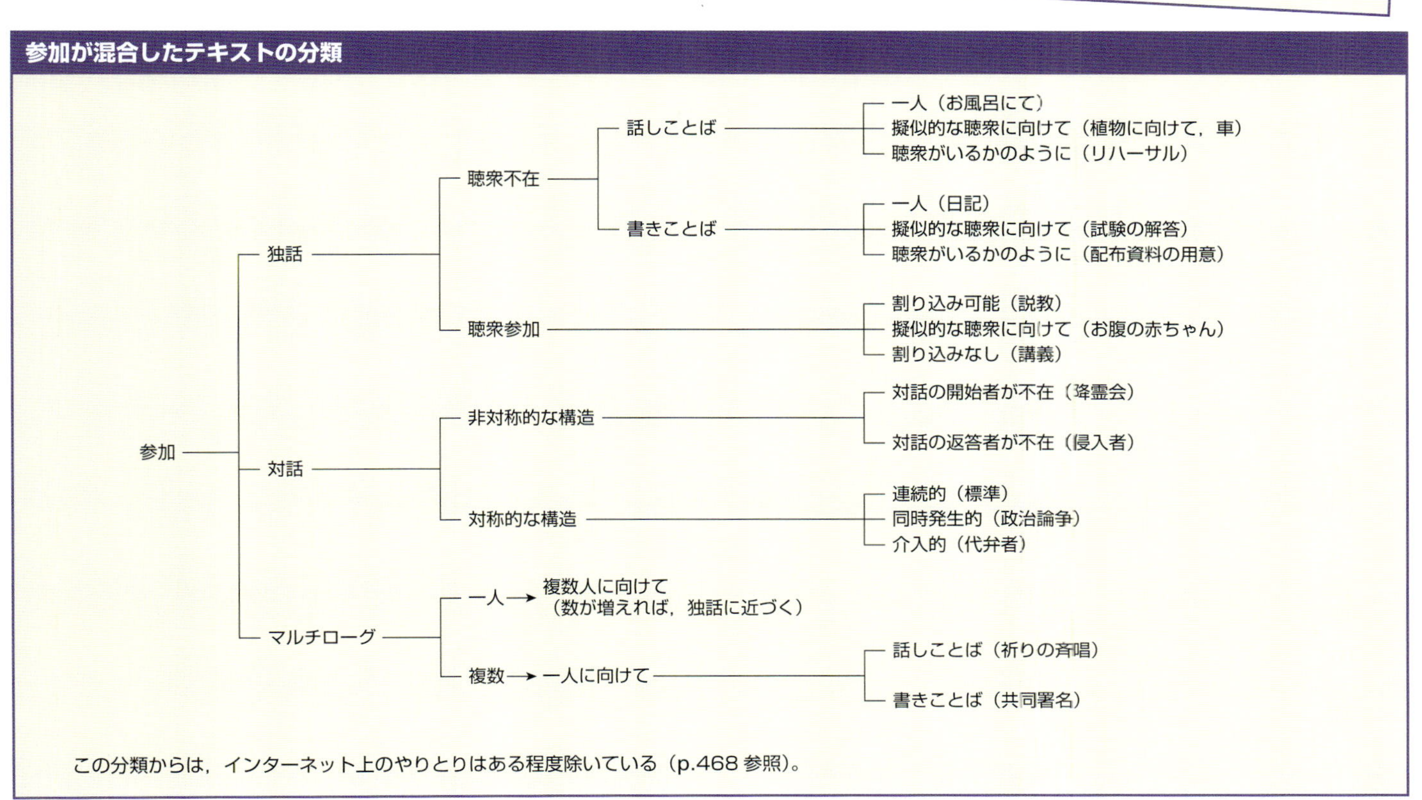

この分類からは，インターネット上のやりとりはある程度除いている（p.468 参照）。

新たなテクストの世界

談話の研究は，インターネットの到来によっていっそう難しくなった。話しことばであれ，書きことばであれ，本章で示してきたような「テクスト」の概念にあてはまるもの――手紙，インタビュー，広告，スポーツの実況，ニュース，買い物リスト，教科書，新聞の社説，講義，祈祷，道路標識，小説，詩など――は，特定可能であり，明確なものである。そして，以下の5つの基準を満たす。

- 明確な物理的境界をもつ。境界は（手紙や本の場合のように）空間的なものであるか，（放送やインタビューの場合のように）時間的なものであるか，あるいは（PowerPoint™ を使ったカラオケ講義の場合のように）空間的境界線，時間的境界線の両方を含む。
- ある特定の時点に創り出される。
- いったん創り出されたテクストは，変化せずに長く存在し続ける。
- どのテクストにも，一人の著者・発表権利者が一人いる（本や論文で複数の著者がいる場合であっても）。
- 著者が誰であるかは，知らされているか，そうでないにしても特定可能である（いくつかの歴史的な文脈を除いて）。

このように，従来のテクストは，親しみのある，心地よい世界である。ところがインターネットは，この世界から安定性，親しみ，心地よさをなくしてしまった。

境界なきテクスト

書きことばのテクストは，ページの端，本の表紙，道路標識の端，など，物理的な境界によって定義される。一方，話しことばは，会話参加者の到着と離脱，放送の始まりと終わり，講義の始まりと終わり，など，時間的な境界によって定義される。インターネットの場合，それでは済まない。メールのように，始まりと終わりを特定できる場合もある。しかし，インターネット上で生まれるテクストの多くには，問うべき問題がからんでいる。

E メール

1本のEメールが1つのテクストなのか，それともある時点で画面に見えるものすべてが1つのテクストだととらえるべきなのか？　メッセージが複数続いた場合，削除されていない，枠内に挿入された返信もすべて含めるのか？　送り主のアドレスやウェブ・リンク，キャッチコピーなどの，定型の履歴情報はどうか？　このスクリーンショットの中には，3つの時間的な段階が組み込まれている。

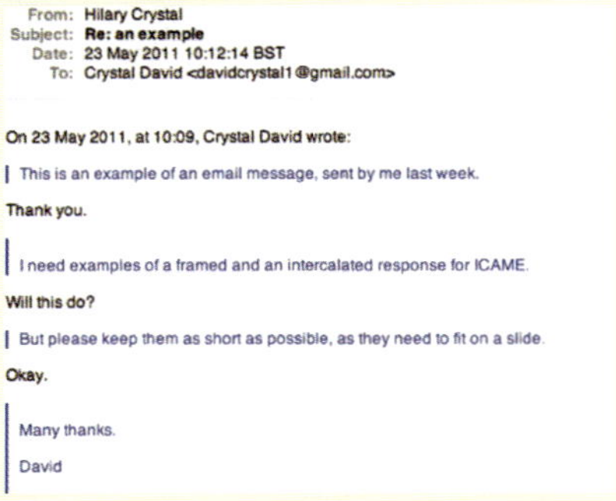

From: Hilary Crystal
Subject: **Re: an example**
Date: 23 May 2011 10:12:14 BST
To: Crystal David <davidcrystal1@gmail.com>

On 23 May 2011, at 10:09, Crystal David wrote:

| This is an example of an email message, sent by me last week.

Thank you.

| I need examples of a framed and an intercalated response for ICAME.

Will this do?

| But please keep them as short as possible, as they need to fit on a slide.

Okay.

| Many thanks.
| David

ハイパーテキスト

インターネットページが必須のハイパーリンクを含んでいる場合，そのリンク先（とそこに含まれるすべての情報）はテクストの一部と見なされるのか？　ここでいう「必須の」というのは，リンクが文構造の一部をなしている，あるいはそのページを理解する上で欠かせない情報をもたらしている，という意味である。ここで示した図には，その両方の意味での必須性の例が見られる。

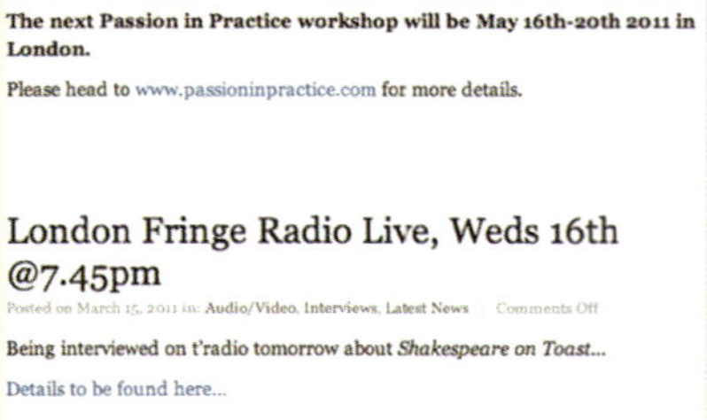

The next Passion in Practice workshop will be May 16th-20th 2011 in London.

Please head to www.passioninpractice.com for more details.

London Fringe Radio Live, Weds 16th @7.45pm

Posted on March 15, 2011 in: Audio/Video, Interviews, Latest News | Comments Off

Being interviewed on t'radio tomorrow about *Shakespeare on Toast*...

Details to be found here...

ウェブサイト

1つのテクストを構成するのは，ウェブサイト全体なのか，個々のメニュー（ホーム，概要，連絡先，ヘルプ，など）なのか，個々のページなのか，それともページ上の機能的要素（メインテクスト，広告，コメントなど）なのか？　サーバーがページごとに異なるタイプの広告を掲載することを考えると，これは，オンライン広告においては商業的に重要な点である。例えば，SKY TVのあるサイトでは，ホームページの上方には銀行の広告があり，スポーツのページにはビデオゲームの広告があった。

セキュリティ

セキュリティが必須の要素である場合（例：ユーザーの氏名，パスワードやそのほかの認証を訊いてくる），それはテクストの一部と見なされるのか。語句の上でマウスを動かした時に出てくる注釈や画像はテクストの一部と見なされるべきだろうか。ページを特定するキーワードや，このスクリーンショットのように，画面上にはないがベースとなるコードを見た時にだけ出てくるキーワードは含まれるだろうか。

```
<HEAD>
<TITLE>Stamp Collecting World</TITLE>
<META name="description" content="Everything you wanted to know
about stamps, from prices to history.">
<META name="keywords" content="stamps, stamp collecting,
stamp history, prices, stamps for sale">
</HEAD>
```

Cookies（クッキー）

Cookieによって自動的に挿入される要素（サイト設定，ショッピングカートの中身，訪問者追跡）やユーザーに利用可能な内容（ヘルプや分析レポートなど）は，テクストの一部と見なすべきなのか。

不完全なもの

例えば文字制限を超過したツイートがソフトウェアによって短くされている場合などのように，テクノロジーによって不完全なものと扱われているテクストはどう見たらよいか。この場合，画面上の省略符号で示される。

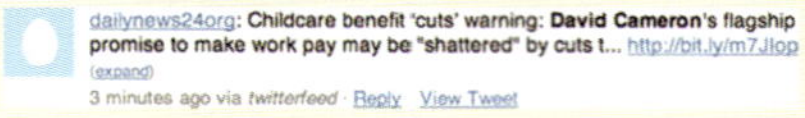

dailynews24org: Childcare benefit 'cuts' warning: **David Cameron**'s flagship promise to make work pay may be "shattered" by cuts t... http://bit.ly/m7Jlop (expand)
3 minutes ago via *twitterfeed* · Reply　View Tweet

更新

同様に，証券取引のレポートやニュースの見出しのように，無限スクロールが施され，定期的に更新されるデータが提供されるインターネットページのテクストはどのようにとらえるか。そのような場合には，アーカイブは作られていないこともある。古い情報は，更新されれば削除されるのである。コンテンツを作り出すインベントリは，ある一時点では確定しているのだが，頻繁に更新される。画面上の情報の中には，くり返し出てくるもの（ニュースチッカー｛【訳注】テロップや画面の端に出る見出しのこと｝や小売店で見るような，くり返し出てくる見出しなど）もあれば，ランダムに作られるもの（大規模なインベントリから作られたポップアップ広告やバナー広告など，数秒ごとに私たちの眼前で変化するもの）もある。

スレッド

件名が意味的なつながりを特定する，（Eメールや掲示板で見られるような）ひと続きのメッセージはどう扱うべきか。そのスレッドに関わるメッセージの集合がテクストということになるのか。例示されているシェイクスピア・フォーラムのように，別のメッセージによってスレッドが分けられている場合もある｛【訳注】この写真では，4と9が同一のスレッドだが，その間に5～8のメッセージが挿し挟まっている｝。その場合，ヘッダーを基準にするのか。だとすれば，(a) 議論はひと続きになっているけれど，誰かが件名を変更している場合，(b) 件名はそのままで，議論が話題から逸れていっている場合，は，それぞれどのように扱うか。件名と議論，どちらを優先して考えるか？

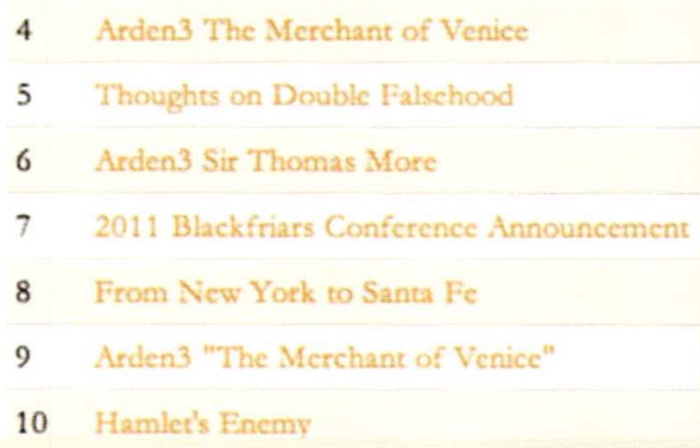

4	Arden3 The Merchant of Venice
5	Thoughts on Double Falsehood
6	Arden3 Sir Thomas More
7	2011 Blackfriars Conference Announcement
8	From New York to Santa Fe
9	Arden3 "The Merchant of Venice"
10	Hamlet's Enemy

（巻末 p.547 へ続く）

伝統的な「テクスト」の概念では，これらの疑問に答えることはできない。より広い，包括的な概念が必要になってきそうだ。これらの例から見えてくるのは，種々の機能的な要素とコミュニケーション行為の集合体であり，それらはインターネット上の異なる情報項目においていろいろな仕方で交わり合っている。今のところ標準的な用語は出現しておらず，問題は今後の研究で問われるべき課題となるだろう。

汎時性

p.316であげたのは，インターネット上のテクストの境界線を定義しようとする上で私たちが決めなければならないことのすべてというわけではないが，代表的な問題である。そしてその中には，根本的な疑問も含まれていた。特に，この種のコミュニケーションでは何もかもが通時的であって微小なレベルまで日付刻印が打てるため，フェルディナン・ド・ソシュール（Ferdinand de Saussure）による共時と通時という古典的な区別はうまくあてはまらない。作文する仮定の中で生じた変更は無視して，時間経過はなかったことにして完成品を扱う，という意味で，テクストは，伝統的に共時的なものとして扱われてきた。しかし，多くの電子テクストについて，完成品というものはない。また多くの場合，時は時間軸に沿って流れることもなくなっているのである。

その良い例がフォーラムだ。2004年に作成されたページについてのフォーラムでの議論に対して，私は2018年にメッセージを投稿することができる。言語学的に見て，そのページの新たな共時的なバージョンを得たということはできない。なぜなら，途中で言語が変わっているからである。私は2004年以降使われるようになった語彙をコメントの中で使うかもしれないし，現在進行中の文法的な変化をあらわにするかもしれない。コンテンツは，どうしたって影響を受けている。ツイッターに言及することもあるかもしれないが，ツイッターは2006年に誕生したものなのだから，この言及は2004年の時点にはありえなかったものである。あるいは，（ウィキペディアでできるような形で）ページが誕生した時には入手不可能だった情報をページの本文に挿入することだってあるかもしれない。自分のブログであれば，私が2004年にした投稿にさかのぼり，2018年の情報を盛り込んだ形に編集するかもしれない。

この，異なる時期に作られた言葉の合成という興味深い対象を表すには，新しい用語が必要である。私たちは，以前の時期の言語（古語）を含んだテクストには馴染みがある。私たちに必要なのは，以降の時期の言語を含むテクストの特徴を記述する方法である。時間的なずれを表す伝統的な用語は**アナクロニズム**で，ある時点のものがそれが存在するよりも前の時代，あるいはそれがもはや存在しなくなった後の時代に持ち込まれることを言う。アナクロニズムは，シェイクスピアが『ジュリアス・シーザー』の中で古代ローマに時刻を打つ時計を登場させたように，個々の事象を指すこともあれば，現代の作家が17世紀を舞台にした戯曲を書いて登場人物全員に21世紀の話し方で話させるというように，テクスト全体がアナクロニズムであることもある。しかし，いずれの場合も，時間的な変則性がオリジナルのテクストに持ち込まれる，というインターネットのあり方とは異なっている。

未来性を含むテクストは，単一のことばの状態（ソシュールの言うところの**言語状態**（*état de langue*）とは見なせないのだから，共時的なものとは言えない。それは，2つ以上の**言語状態**の合成なのだ。また，複数の**言語状態**の間にある差異を示すことを目的とするものでもないのだから，通時的だとも言えない。異なる時間的枠組みの特徴によってその独自性が成立するテクストは，**汎時的**と呼べるかもしれない。

ウィキペディアのページは，概して汎時的である。ウィキペディアのページというのは，不特定の期間にわたって，不特定多数の人間による不特定多数の干渉を受けた産物である（そのような干渉は時の経過とともに顕著になっていく）。ウェブが登場したのは最近のことであり，したがって汎時性がこれまでにもたらした影響は，まだ限られている。しかしながら，50年後，100年後には，汎時性はインターネットにおいてより大きな要素になるだろう。

スタイルの混合

言語学的な観点から言うと，汎時性の結果生まれるウェブページは，文体的に多様である。しばしば寄稿者の中に堪能ではない第2言語で参加している人がいることが理由で，標準的な言語と非標準的な言語が同じページの中に混在することがある。これは2011年のウィキペディアの記事が例示する通りである（上付き数字は引用元を示している）。この記事では was speculated, in case of, few hours などの表現が使われている【訳注】この3つの表現は，非標準的な表現の例としてあげられている。speculate（推測する）という動詞は目的語＋to不定詞の形を取らないため，He was speculated to…の形も「非標準的」。In case of は，「～の件で」という意味で使われているが，この用法は非標準的である。Few hours（数時間）は，正しくは a few hours となる】。時制も，おそらく個々の寄稿者が異なる時間枠組みを念頭に置いているため，予測不能な形で変化している。最初の段落では過去時制から現在時制へ，2つめの段落では was から had been へ，といった具合である。最後の文にある former president Hosni Mubarak（ホスニー・ムバラク前大統領）という表現に見られるように，記事の中ですでに述べられたことであるのに，新しい話題であるかのように導入される情報もある。

Following his resignation, Mubarak did not make any media appearances. With the
exception of family and a close circle of aides, he reportedly refused to talk to anyone,
even his supporters. His health was speculated to be rapidly deteriorating with some
reports even alleging him to be in a coma. Most sources claim that he is no longer
interested in performing any duties and wants to "die in Sharm El-Sheikh."[59][60]

On 28 February 2011, the General Prosecutor of Egypt issued an order prohibiting
Mubarak and his family from leaving Egypt. It was reported that the former president was
in contact with his lawyer in case of possible criminal charges against him.[61] As a result,
Mubarak and his family had been under house arrest at a presidential palace in the Red
Sea resort of Sharm el-Sheikh.[62] On Wednesday 13 April 2011 Egyptian prosecutors said
they had detained former president Hosni Mubarak for 15 days, facing questioning about
corruption and abuse of power, few hours after he was hospitalized in the resort of Sharm
el Sheik.[63]

このようなウェブページでは，どれくらい形式ばっているか，専門的か，個人的か，などの点での文体的一貫性という伝統的な概念は，もはや適用されない。ただし，寄稿者らが互いの文体を察して，あるいはソフトウェアが（卑猥な表現を削除するなどして）書き換えることで，あるいは調整役が一定の基準を決めるなどして，ある程度の**適応**（p.318）がなされていることも明らかである。寄稿の意図がばらばらであり，そのため，ウェブページは，意味論的，語用論的にも多様である。このことが最もよく現れるのは，ウィキペディアの中でもデリケートな話題に関する記事であって，そこでは冷静な観察と，温和から穏健，辛辣といったさまざまな度合いの主観的な意見がせめぎ合っている。また，ウィキペディア上でなされる変更が事実にもとづくのか虚偽のものなのか，悪意があるのかないのかは，判断がつかない。

セカンドライフを生きる

セカンドライフは，2003年に開始された，ユーザー（「レジデント」）が仮想の分身（「アバター」）を創って擬似3D空間の中で交流する，複数のユーザーによって創られる3Dの仮想世界（「グリッド」）である。ユーザーはその世界を探検し，ほかの住民と出会い，活動に参加し，商品を作ったり売ったりし，さまざまな交換活動を行う。舞台は，空想上のものも現実的なものもある。コンピューターゲームと違い，ゲームの製作者が創った世界にプレーヤーが入っていくのではなく，セカンドライフのアバターが自分で世界を創る。その世界は，道路，バー，カフェなどシンプルなものから，大学，テレビスタジオ，劇場，ビジネス会議など複雑なものまで，多様である。

いずれにせよ，セカンドライフにおける言葉や行動は，現実世界のそれを再現することが期待される。空想世界は，そこに立ち入るアバターが学習して使用しなければならない，独自の方言を生む。教育やビジネスなどを舞台とした領域では実際の身分が使用されるが，仮想の島や町にアバターが住んでいる場合には，実際の身分は知らせずに，誰にでも何にでもなれる。

2010年に，デイビッド・クリスタルとヒラリー・クリスタルはイスラエルの英語教育学会（the English Teachers Association of Israel）でシェイクスピアについて共同発表を行った。学会はエルサレムで開催されたが，ブリティッシュ・カウンシルのセカンドライフの島でライブ配信された。18歳以上であれば誰でもソフトウェアをダウンロードしてメインの島に入ることができる。自分のアバターを創って会場にテレポーテーションするのだ。そうすると，アバターが会場前方に設置されたスクリーンに現れ，発表者も含め，参加者全員が仮想上の聴衆を見ることができる，という仕組みだ。アバターは（実際にその場にいる聴衆とは違い），発表者が発表をしている間もスクリーン上でメッセージを送ることができる。そのため，発表者の気が散らないようにスクリーンは会場の片側に設営されていた。

両発表者は，自分たち用に創られたトレンディなアバターにいたく感心した。

20 地域的変異

さらなる情報源：
cambridge.org/crystal

言語使用における多様性を促進するあらゆる社会言語学的，文体的要因のうち，人びとが最も一般的に問うのは地理的由来である（p.386）。とりわけ，話しことばが「出身はどこですか」という問いに対して実に明白な答えを伝えうるという事実には特別な魅力がある。また，**方言**や**アクセント**（**方言の発音様式**）という用語は標準的な日常語彙の一部である。私たちは人びとの話し方における地域的な違いにすぐに気づく。それらの違いは，最も曖昧で印象にもとづいた表現（「のど声の」，「音楽的な」，「調子のよい」）でしか表すことができないかもしれないが，私たちは，難なく，それらに直観的に反応し，方言のジョークに笑い，方言文学や民話を楽しみ，さらには方言のパロディを理解することができる（p.436）。

同時に，方言研究のパラドクスでもあるが，私たちは，異質だと思う話し方に対して，厳しい批判的な評価を下すことが容易であることに気づく。こうした態度は，もちろん，通常，無意識だが，明らかに，それが表面化するのにそれほど時間はかからない。異なる方言を話す人びとの間の意見の相違が，即座に互いの話し方への嘲笑につながってしまう可能性があり，こうした嘲笑に傷つかないためにはとりわけ無頓着である必要がある。また，方言をけなすことは，ただちにその話し手をけなすことに転化しやすく，新聞では，時折，不穏な，あるいは悲劇的な結末さえ報じられることもある。こうした問題は，多くの学術的研究，特に社会言語学者による研究の関心を引いてきたが，一般の人びとには，ほとんど認識されていない。

したがって，地域的言語変異の研究は，単なる記述的関心以上のものを提供する必要がある。英語の使用における地域的変異や変化を知れば知るほど，私たちが方言と呼んでいる個々の言語変種の顕著な特性に対する理解が深まり，国内あるいは世界のほかの地域の人びとを貶めるようなステレオタイプをもつことが少なくなっていく。重要な第 1 歩は，地域的変種は，標準言語（地域性はないものの，これも当然 1 つの方言である）の権威に欠けるため，「ただの方言」であるとする考えを，個々の方言は言語の複雑性や潜在性の源であるという認識に置き換えることである。嫌悪する方言や発音様式が，自分が話す変種と同じように尊敬に値し，存在する権利をもつ英語の変種であると自分自身を納得させるのは容易なことではない。しかし，これこそが真の民主主義的な方言学に求められる前進である。

発音様式と方言

本書を通じて，特に本章では，地域**発音様式**と地域**方言**を区別して用いる。

- 地域発音様式とは，話者の出身地に関する情報を伝える発音の特徴を指す。
  例：
  bath /baθ/（「短音の a」）vs bath /bɑːθ/（「長音の a」）
  hold /həʊld/ vs 'old /əʊld/（「h の脱落」）
  thanks /θaŋks/ vs thanks /faŋks/（「非 th」）
- 地域方言とは，話者の出身地に関する情報を伝える文法・語彙の特徴を指す。
  例：
  They real good vs They are really good
  （彼らは本当によい人たちです。）
  Is it ready you are? vs Are you ready?
  （準備はいいですか？）
  I'll visit in the fall vs I'll visit in the autumn.
  （秋に訪ねます。）
- 特徴的な地域方言をもつ話者は独自の訛りをもっているだろうが，独特な訛りがあるからと言って地域方言を持っているとは限らない。標準英語がそうであるように，訛りがありながら，方言の発祥地に特有なことを何も表現していないような方言を話すこともありうる。地域方言は，よくあるように，多様な地域特有の訛りと関連している——ある方言は別の方言に比べて訛りがずっと「ひどい」。｛【訳注】標準英語 SE の発祥地はロンドン地域とされているが，SE という方言はその地域に特有なことは何も表現していない。その SE を地方の人が訛りのある発音様式（例えばスコットランド訛り）で話すことはありうる。更に p.54 を参照。｝

国内には，権威のある発音様式，あるいは，地理的背景に関する情報を伝えない中立的な発音様式があるだろう。最も有名な例は，英国で長年，容認発音，または，RP（p.387）と呼ばれてきた発音様式である。国際的な観点から見れば，当然ながら，RP は独特の地域性をもち，典型的なイギリス英語の発音様式と見なされ，それゆえに風刺される。

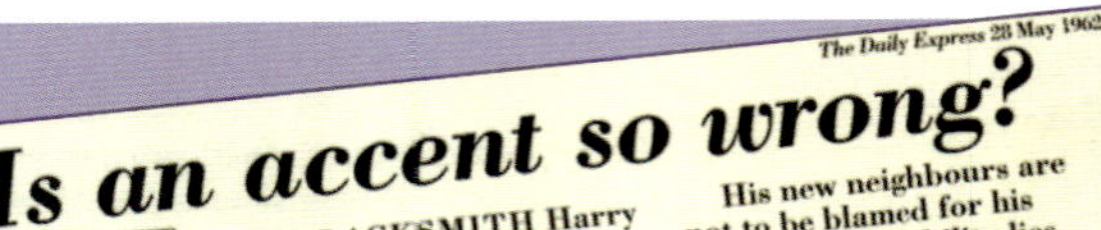

The Daily Express 28 May 1962

Is an accent so wrong?

by DEREK TYSON

YES, IT TAKES COURAGE TO BE HONEST

BLACKSMITH Harry Speight died a victim of dialect snobbery. He killed himself at 70 because he was ashamed of his Yorkshire accent when he went to live in the South, it was said at the inquest.

His new neighbours are not to be blamed for his death. Responsibility lies partly at least at the door of those who still propagate the theory that a Northern accent is somehow "common," a southern twang correct.

新聞の大見出しでは（特に英国では），しばしば，地域発音様式と地域方言の違いによって起こりうる問題に注意が向けられる。

（見出し）
アクセントはそんなに悪いのか？
その通りだ。ありのままでいるには勇気がいる。

地域的適応

地理的（または，社会的）背景が異なる人びとが会うと，話しことばのパターンが互いに似てくる，つまり**収斂**する傾向がある。**適応**として知られるこのプロセスは言語構造のあらゆる側面に観察されうるが，特に発音様式において顕著である。相手の話す発音様式を無意識のうちに拾ってしまう人もいる。それほど顕著ではないものの，距離を取りたい相手と会えば，ことばは似ない，つまり**分岐**する傾向がある。実証的研究には，収斂および分岐の作用を明らかにしたものや，私たちが無意識のうちに地域的変異を心理的・社会的特性と関連づける様態を示したものがある。

ある研究では，アングロ・ウェールズ人（p.354）の聞き手たちに，ウェールズの発音様式をもつ二人の容疑者が容認発音の発音様式（RP）で話す警察官に尋問されている対話を評価させた（すべての役を演じていたのは俳優である）。俳優たちは次いで発音様式を変えた。ある場合は，より容認発音らしい発音様式を採用し（収斂のストラテジー），別の場合は，より容認発音らしくない，ウェールズの発音様式を採用した（分岐のストラテジー）。尋問の内容はすべて同じである。どの時点でも，もちろん，聞き手の注意は発音様式の変化に向けられることはなかった。聞き手たちは，話の内容だけを聞いていた。

結果は明らかであった。聞き手たちの容疑者への評価は，容疑者がどの発音様式のストラテジーを取るかによって異なっていた。社会的魅力，国家アイデンティティという観点からは，容疑者たちは，警官の発音様式から分岐した時の方が，はるかに好意的に評価された。また，この状況において，被疑者はより罪が軽く，より軽い処罰に値すると見なされた。一方で，この分岐のストラテジーは，知性といった面ではいくらか否定的な評価を受けることもあった。

この種の結果は，地域発音様式に関する適応の研究において典型的に見られるものである。私たちは，自分から分岐した発音様式をもつ人びとを不利に評価してしまうという現実の危険性があり，特定の集団は特にその危険にさらされているようだ。例えば，学校の教室で少数派である移民の子供たちは，より知性が低く，より不出来の学習者であると評価される危険があることが，現在ではよく知られている。He even *sounds* thick（「彼は訛っていて頭が鈍そうに聞こえる」）という表現は，そうしたステレオタイプを表している。言うまでもなく，地域的な話しことばの特徴と知性のレベルに相関関係はない。（J. ボリス，H. ジャイルズ他，1991 による記録（J. Bourhis, reported in H. Giles et al., 1991）を参照）

国際と国内

人びとが伝統的に方言を国内だけの問題，つまり，純粋に自分が属する国の問題として考えるということは避けられない。歴史的には，英語は，ある1つの地域——イギリス諸島——に限られていた。そして何世紀ものあいだ，都市部の人口が増大するまで，人びとが出会った唯一の地域的変異は，近隣の共同体や，時折遠方から訪ねてくる人に関連するものであった。英語が世界をかけめぐり始めてもなお（第7章），各国の人口の中でも比較的少ない割合の人びとしか，言葉の世界的な地域差が明らかにわかるほど広く移動していなかった。しかし，特に今世紀に入って，このすべてが変わった。ラジオ，テレビ，映画のリンクは，人の移動性の大幅な向上とインターネットの到来と相まって，英語の方言が世界規模で機能しているという一般的な認識をもたらした。こうして地域方言の研究は，方言学への国際的なアプローチ——「世界の英語（World Englishes）」の研究——によって補完されるようになった。

付加疑問の地域差

方言は国内的にも国際的にも機能するが，地域のアイデンティティを示す特徴は同一の構造的資源に由来する。したがって，世界の異なる地域で用いられる方言で，その機能はつねに同じではないにしても，同じ構造が使われるのは珍しいことではない。付加疑問（p.230）はその一例である。

標準英語では，付加疑問は節の主動詞と一致する。つまり，主要な機能においては，付加動詞は肯定から否定に，あるいは，その逆に変化し（または，doの対応する形を加える），時制，数，人称が一致する。典型的な例は以下の通りである。

They're outside, aren't they?（彼らは外出しているのですよね？）
It's a Porsche, isn't it?（それはポルシェですよね？）
You didn't resign, did you?（あなたは辞めなかったんですね？）

ほかにもいくつか可能な形があり，話者のさまざまな態度や強調を表す（例：They're going, are they?(彼らは行くんですよね？)。またイントネーションの下降と上昇の独特の使用もあり（p.260），質問と命令の対比を可能にしている（'Are you asking me or telling me?'「私に聞いているのですか，それとも命じているのですか？」）。

不活用の付加疑問

世界のいくつかの地域，典型的には英語が第2言語として用いられている地域では，不活用の付加疑問構造——先行する節がどうであっても同じ形が使われる——が生じている。このような不活用の付加疑問は，多くの言語で標準であり（例：フランス語のn'est-ce pas（そうでしょう？）），その使用は第2言語としての英語の地域的変異の中で広がりつつあるようだ。おそらく，不活用の形は標準英語の統語的な複雑さを避けることができるためであろう。次の例が観察される。

不活用のis itはきわめて一般的であり，時にisn't itと交替して用いられる。

You don't see him, is it?（あなたは彼に会わないんですね？）（ザンビア）
You are coming to the meeting, is it?（会議にきますよね？）（南アジア）
They do a lot of work, isn't it?(彼らは多くの仕事をするんですね？)（ウェールズ）
She's gone to town, is it?（彼女は町に出かけたのですね？）（南アフリカ）
You check out now, is it?（今すぐチェックアウトですよね？）（シンガポール）
You don't mind, is it?(気にしないですね？)(マレーシア)
He has arrived, isn't it?（彼は到着したんだね？）（パプアニューギニア）
You are tired, isn't it?（お疲れですね？）（西アフリカ）

不活用のnot so（ドイツ語のnicht wahrと対応）は，それほど一般的ではないが，広く異なる地域で用いられている。

He will come tomorrow, not so?（彼は明日くるんですね？）（西アフリカ）
Your children are still schooling, not so?（あなたの子どもたちはまだ学校なんですね？）（南アジア）
They're outside, not so?（彼らは外出してるんですね？）（パプアニューギニア）

これは，付加疑問としてのnoの使用に似ている。ここにはスペイン語の影響が見られる。

Those men were still singing, no?（男たちはまだ歌ってたんですね？）（米国南西部，プエブロ）

これらの形はeh，または，rightなどの付加疑問を表す語の使用と似ており，地域的変異を示してもいる（p. 362）。

変異形の付加疑問

変異形の付加疑問もまた地域により多様であるが，英語が第1言語である共同体に見られることが多い。そこでは，統語的な複雑さはあまり問題にならない(構造は子どもたちが早期に獲得するため)。

He took his car, did he no?（彼は車で行ったんですね？）（スコットランド）
You can't do it, can't you not?（あなたはそれができないんですね？）（タインサイド）
We never be out, do we?（私たちは決して外出しませんよね？）（アイルランド）
I'm old enough to get in, aren't I?（私は入場できる年齢ですね？）（アイルランド，スコットランド）

さらに，ある方言が別の方言に影響を与えるように，使用パターンの変化に起因する変異もある。例えばoughtやshallを付加疑問として使用するのはイギリス英語の特徴であり，アメリカ英語では避けられている。一方，英国ではアメリカ英語の用法がますます聞かれるようになってきている。

We ought to help, oughtn't we?（私たちが助けるべきですよね？）（主に英国）
We ought to help, shouldn't we?（私たちが助けるべきですよね？）（米国，および，いくらか英国でも）

Ain'tは地域特有の形ではなく，英語圏のあらゆる場所で広く聞かれることも付け加えておく必要があるだろう。Ain'tが非標準的だとされるのは，社会的，教育的要因からくるものである（p.382）。

機能の違い

時に方言を区別するのは付加疑問の機能によることがある。あるイギリス英語とアメリカ英語に関する研究では，断固とした，攻撃的な付加疑問の使用は，イギリス英語の特徴として示されている。これは，通常，付加疑問によって連想される機能とは反対のものである。聞き手を会話に参加するよう促すのではなく，聞き手を会話から締め出してしまう。その効力は，話し方によって変わる。下の発話（B）は，やわらかく，低い下降調で話されれば単なる軽いけなしであるが，強調して平坦なトーンで話されると不快なまでに無礼である。

A: When will the train arrive?（電車はいつ着きますか？）
B: We'll know when it gets, won't we.(くればわかるでしょ。)

そのような使用の1つが，疑わしい不正行為を公に否定する際に使われるキャッチフレーズになっている。それは，1960年代の英国の政治スキャンダル（「プロヒューモ事件」）に端を発する。マンディ・ライス・デイヴィス（Mandy Rice Davies）は，法廷で，アスター卿（Lord Astor）が彼女の主張を否定したと知らされ，'Well he would, wouldn't he.'（「まあ，彼はそうでしょう」）と言ったのである。

攻撃的な付加疑問は，通常，より力強く話され，また，聞き手がおそらくその真偽を知らないであろう陳述に続いて用いられる。付加疑問は，「皆，このことを知っているはずだ」ということを含意しているため，聞き手は馬鹿にされているような気分になる。これは，実質的に非難である。こうした付加疑問は，以前はロンドンの労働者階級の話しことばと関連づけられていたが，その使用は，現在，広まっている。しかし，それでもなお主として英国で使われている。以下の例は英国のテレビシリーズからとったものである。

A: What are you doing here?（ここで何をしているのですか？）
B: I came to finish those letters, didn't I.（手紙を仕上げにきたんじゃないですか。）（『コロネーション・ストリート（*Coronation Street*）』，1987）

A: ［電話で若い男に向かって］Is that your brother?（あの人はあなたのお兄さんですか？）
B: It's my dad, innit.（父ですけど）（『イーストエンダーズ（*Eastenders*）』，1986）

A: You need to go to your local police.（近くの警察に行ってください。）
B: I've done all that, haven't I.（私が全部やったっていうことなんだね。）（『ベルジュラック（*Bergerac*）』，1986）

（J. アルジオ（J. Algeo），1988から引用）

コラム「ノー?」を巻末p.547に掲載

英語圏の 1 日

もし，同じ日に，同じ範囲のトピックについて語っている英語使用の例を世界中から集めたとすれば，何が見いだせるだろうか？　時間尺度と内容のばらつきを減らせば，地域変種の違いが，ただちに明らかになるだろうか？　英国と米国，オーストラリアとカナダ，南アジアと南東アジア，または，英語が権威のある位置を占めるほかの地域間での言語的な違いが明確にわかるだろうか？

それを解明するための小規模の試みとして，1993 年 7 月 6 日，世界の英語圏から 40 の新聞が集められた。その一部を本ページに示す。その結果は非常に明らかであり，書きことばにおける標準英語という概念の顕著な力と普遍性――1993 年と同様に 2018 年においても有効である――を証明している。大部分の事例において，純粋に言語的な特徴からは，どの新聞がどの国のものか一見しただけではわからない。実際，しばしば顕著な言語的特徴を探さなければならない。探し続ければ，見つかるだろう――ある新聞の 3 ページ 8 段落目の特徴的な語彙項目，2 ページ 11 段落目の米国または英国のつづりの違い，というように。むしろ編集者が読者の中に想定している共有知識から生じる言語的な違いの方が多いであろう――説明されていない概念，前提とされる背景，注釈なしで導入される用語などである（例外は，p.325 を見よ）。しかし，明確に地域的な文法の使用と呼べるようなものを見つけるまでには，多くのページを検索することになるだろう。

ラジオ放送や「ボックス・ポップ」のインタビュー｛【訳注】「ボックス・ポップ」とは特に英国で，街の声，放送用に収録された市民の声のこと｝を使って，話しことばにもとづいてこの調査をすれば，より多くの地域的な違いを見つけることができるだろう。そして，分節の，および，プロソディの（第 17 章）両面において，地域的変異を識別する多くの音韻的な違いをただちに耳にすることができるだろう。特に現地の話しことばの，よりくだけた変種においては，独特の文法に出くわす可能性がより高い。また，特によりくだけた文脈では，現地の語彙が格段に増えるだろう。しかし，そのような研究は，書物とは異なる媒体での提示が必要である。現在の目的において，この課題は，限定的ではあるが興味深い多様性，さらに，標準言語の統一力という決定的な印象を私たちに与えている。

Emotional fans chase singer's hearse

By CLIFFORD LO

SCREAMING fans broke through police barriers yesterday as the hearse carrying Wong Ka-kui, lead vocalist of the rock band Beyond, left the Hongkong Funeral Home in Quarry Bay.

More than 3,000 distraught fans packed the pavements, tram stops and a footbridge outside the funeral parlour in King's Road, yelling "Ka-kui" and singing the band's songs.

"Although Ka-kui isn't here, we hope he can hear our voices and see how we miss him. So we kept yelling his name and singing some of their songs to express our love and support," a 14-year-old girl said.

Another said: "We love Ka-kui forever and his spirit will always remain in our hearts."

Wong, 31, died of a cerebral haemorrhage last Wednesday, six days after he fell from a stage set during a television programme rehearsal in Japan.

There were about 70 police officers, including 40 from the police tactical unit, to control the crowds and traffic yesterday.

But as the hearse left, some fans broke through barriers and chased the vehicle along King's Road between the junctions of Java Road and Healthy Street East.

Fans began to gather at the funeral parlour on Sunday and, by yesterday morning, there were about 1,500 outside. The number had risen to 3,000 by noon.

Inside the parlour, walls were covered by scrolls, flowers and wreaths – many carrying the words: "Agreat loss of talent."

Music and radio industry figures, including pop star Aaron Kwok Fu-sing, attended the funeral along with the other members of the band – among them Wong Ka-keung, the late singer's brother.

After a Buddhist ceremony, the coffin was taken to the Chinese permanent cemetery in Junk bay.

RTHK will screen a half-hour trubute to Wong tomorrow on TVB jade.

In Japan, there will be a memorial ceremony at a Tokyo temple at the weekend.

It was announced on Sunday that a fund would be set up in commemoration of Wong's contribution to the development of rock music in Hongkong.

A full house attending a memorial concert at the Ko Shan Theatre was told the fund would help pay for budding rock musicians to produce albums.

Money would be raised through the sale of commemorative T-shirts, albums and pic tures, and a re-screening of the award-winning film *Cagemen*, in which Wong had a role.

Emotional fans chase singer's hearse（感情的なファンが歌手の霊柩車を追う）

この記事はどこで発行されたか？

この記事が 1993 年 7 月 6 日に掲載された国を，言語だけで判別することは可能だろうか？　写真，記者の名前，死亡した歌手の中国名が，極東のどこかであることを示唆しているかもしれない。しかし，西欧のいくつかの国には何百万人もの中国系民族がいるし，中国名をもつ記者が西欧で知られていないわけではない。また，その歌手にどこにでもついていく熱狂的ファンがいた可能性もある。

記者が前提としているいくつかの点をよく見れば，多少の手がかりがつかめるだろう。記者はキングスロードやジャンクベイといった場所，RTHK｛【訳注】香港電台。英語名 Radio Television Hong Kong の略称。香港にある公共放送局｝とは何かを読者が知っていることを前提としている。新聞が英国のつづり（parlour（集会室），programme（プログラム））や語彙（pavements（歩道），tram（路面電車），米国の sidewalks（歩道），streetcar（路面電車）に相当する）を使用していることも，英国の影響下にある地域であることを示している（p.326）。しかし，これらの手がかりを除けば，助けになるものはない。この記事は，世界のいくつかの地域で，同じのジャンルの多くの英字新聞に出ていたかもしれない。

これが新聞の第 1 面のトップ記事として掲載されていたことを知れば，おそらく問題は解決するだろう。唯一，香港の新聞のみが，このような記事を大きく取り上げる可能性がある。実際，その新聞は香港で発行されている『南シナモーニングポスト（*South China Morning Post*）』であった。

South China Morning Post ★★

Vol. XLIX No. 185　Price $5.00

HONGKONG, TUESDAY, JULY 6, 1993

General: 565 2222　News: 565 2252　Classified: 565 8822

Emotional fans chase singer's hearse

By CLIFFORD LO

Distraught . . . Beyond fans push against a police barrier outside the Hongkong Funeral Parlour.

FEATURES

FIRST LADY

｛【訳注】この記事が『南シナモーニングポスト』の第 1 面であることを示している。｝

2つのモデル

世界各地の英語の書きことばを比較する際，最初に判断すべきことの1つは，イギリス英語か，アメリカ英語か，あるいは，その2つの混合か，ということである。

『アトランタ・コンスティテューション（*Atlanta Constitution*）』の1面にはアメリカ英語の兆候がいくつか示されている。つづりの手がかりがbehavior（行動）（1段）に，語彙の手がかりがlevee（堤防），yard（庭）（写真の説明で——イギリス英語では，garden）にある。解説および政治記事に小さな文法的特徴——on MondayではなくMonday（月曜に）——，さらに，toward（…の方へ）の使用（イギリス英語ではtowards）が見られる。EDT（「東部夏時間」）を理解するにはその土地の知識が必要である。

オハイオ州クリーブランドの『プレインディーラー（*The Plain Dealer*）』のビジネス面には，さらに多くの例が見られる。つづりの特徴として，単一の -*l*-（pp.327, 493）がfueled（燃料を入れた）（冒頭の要約内），traveling（旅行），traveler（旅行者）（主記事内）に現れている。また，語彙の特徴が，見出し（gas（ガソリン），イギリス英語ではpetrol）や主記事内の，gasoline（ガソリン），self-serve stations（セルフサーブ・ステーション）〔訳注〕セルフサービスのガソリンスタンドのこと〕（イギリス英語ではself-service stations（セルフサービス・ステーション）），そしてcents（セント）に見られる。

THE ATLANTA CONSTITUTION

50 CENTS

TUESDAY, JULY 6, 1993

HOME EDITION

FLOODING ON THE MISSISSIPPI

Is there any end in sight?

Associated Press

Ducking to avoid his clothesline, Cale Coss of LeClaire, Iowa, navigates his yard Monday as the Mississippi River rose to its highest level since 1965. Such scenes were common in Iowa, Illinois and Missouri, where levees broke and National Guardsmen were called in to help with sandbagging. And with another rainy week ahead, many river towns fear that they haven't seen the worst. **See article, Page A8.**

President upbeat for summit

Deficit plan gives U.S. new clout, Clinton says

FROM OUR NEWS SERVICES

President Clinton and his top aides appeared optimistic Monday as they prepared for this week's seven-nation economic summit, declaring that Mr. Clinton's domestic policies have strengthened his hand.

Mr. Clinton, on his way to Tokyo for the annual meeting of the so-called Group of Seven nations, said his steps toward cutting the U.S. budget deficit mean that other countries now must do their part to lower trade barriers and stimulate their economies.

The president meets today with the summit host, Japanese Prime Minister Kiichi Miyazawa. The summit itself — involving the leaders of Japan, Britain, Germany, France, Italy, Canada and the United States — begins at 2:30 p.m. Wednesday (1:30 a.m. Wednesday EDT).

Mr. Clinton said his predecessors faced criticism at earlier economic summits about doing little to constrain the U.S. deficit. "Your government deficit is messing up the whole works," he said foreign leaders told previous presidents. "Don't tell us to change until you change."

'Women- … Tribe splits doubleheader SPORTS

THE PLAIN DEALER

OHIO'S LARGEST NEWSPAPER　Cleveland, Tuesday, July 6, 1993

LATEST SPORTS

HOME DELIVERY DAILY FOR 6 ISSUES (MONDAY-SATURDAY) $1.50. DAILY AND SUNDAY FOR 7 ISSUES (MONDAY-SUNDAY) $2.25. PRICES MAY VARY IN DESIGNATED AREAS.　NEWSSTANDS AND VENDING MACHINES 35¢

The REI North Coast Report

Growth in pe…

Between 1985 and 1990, Cleveland's pe… CPI increase by 14.6%. However, fueled by a 38.9% grow… income, Chicago had the greatest difference between income growth and consumer price increases of any Great Lakes metropolitan area.

ANALYSIS BY REI: The Center for Regional Economic Issues, Weatherhead School of Management, CWRU

CPI　Chicago　Cleveland　Detroit

Source: U.S. Bureau of Economic Analysis and U.S. Bureau of Labor Statistics

THE PLAIN DEALER

BUSINESS

E

TUESDAY, JULY 6, 1993

- SMALL BUSINESS/2-E
- BUSINESS PEOPLE/3-E
- McCORMACK ON MANAGEMENT/5-E

BUSINESS BRIEFS

INTERNATIONAL

FROM WIRE REPORTS

FIRMS APPROVED: Vietnam has licensed several big U.S. firms including Citibank, General Electric Co. and Philip Morris Cos. Inc. to set up representative offices, a trade official said yesterday. The authorizations last week brought to 12 the number of U.S. firms allowed to operate in Vietnam, the official said. Computer giant International Business Machines Corp. is among several other U.S companies with applications pending.

With gas cheap, Americans driving

By AGIS SALPUKAS
NEW YORK TIMES

With gasoline cheap and plentiful, and expected to stay that way through the summer, Americans who put off trips during the economic doldrums of the last few years are hitting the road again.

The American Automobile Association, based on a survey of 1,500 drivers, predicted last week that travel during the Fourth of July weekend would be up 4% from the same holiday weekend in 1992, with 30 million Americans planning to make trips of 100 miles or more.

Most will pump their own gas at self-serve stations and hunt for bargains at motels. Few said they were worried about the prospect of a gas tax of 4 cents to 5 cents a gallon, which seems likely if the tax bill now before Congress is passed.

Indeed, driving is widely seen as economical, compared with flying. The discounts offered by the airlines are not as steep as they were during a fare war last summer, when ticket prices were slashed by as much as 50%.

As a result, the number of people traveling by airplane is expected to decline 8% from 1992, the survey said.

"There is a new breed of traveler," said Jerry Cheske, the director of public relations for the automobile association. "They shop for vacations much like they shop for a TV or stereo."

The survey also found that more people planned to stay in motels this year: 43%, up from 37% a year ago. Only a quarter said they planned to stay with relatives, down from a third last year.

Few drivers seemed worried about the growing dependence of the United States on foreign oil, which is at an all-time high. About half the oil consumed in the United States in recent months has been from foreign sources.

The dependence on imported oil has jumped this year, up 7.2% in May over the comparable month last year, according to the American Petroleum Institute, a trade group based in Washington.

Of total consumption of 17.1 million barrels a day, imports made up an average of 8.4 million barrels in May. Imports accounted for 49.1% of the oil consumed in May, up from 47.6% in May of last year.

Nationally, the average price for self-serve regular unleaded gas was $1.12 a gallon last week, down 6.1 cents from a year ago, according to the automobile association.

Prices, which have begun to drop recently, are approaching the low levels that prevailed before the invasion of Kuwait by Iraq in August of 1990.

The Daily Telegraph

NO. 42,933

HEALTH
CARING FOR WINNIE
Life in the long shadow of Alzheimer's disease PAGE 13

DAILY STAR
THE NEWSPAPER THAT CARES 25p

6, 1993

SPORT
SOCCER SCANDAL

48p

Rifkind told his latest £1 billion budget savings must be the last

Warning on defence cuts by Tory MPs

By Philip Johnston, Political Correspondent

THE ROYAL NAVY's surface and submarine fleets are to be cut, an RAF Tornado squadron eliminated and equipment orders cancelled or postponed in a re-assessment of military needs announced yesterday. The reductions, which meet Treasury demands for £1 billion of military savings, drew warnings from senior Conservatives that they would not tolerate any further attempts to pare the defence budget.

TRAVELLER'S CHEQUES

MAKE sure you've got enough cash to last until the banks open, but remember that foreign cash is the most attractive form of money for pickpockets.

Birmingham Midshires Building Society sells Thomas Cook travel money and is the cheapest of all the high street banks and building societies for holiday cash.

And, if you buy your holiday money at one of Birmingham Midshires' 119 branches, they'll develop your holiday snaps free of charge and give you a film and cheap enlargements.

They charge just £1 for every £100 of sterling traveller's cheques you buy.

CREDIT CARDS

PLASTIC is widely accepted in many countries and you can use credit cards like you do at home.

It's best to make sure you've got a clean tab before you go abroad so you don't go over your limit when you withdraw cash from a foreign hole in the wall.

Although you'll have to pay charges for using your card abroad — up to 2.75 per cent for Barclaycard — they generally work out cheaper overall.

Unfortunately the Switch debit card won't be accepted abroad until later this year. But Delta cards and some of the building society cashpoint cards can be used in foreign parts.

DAILY NEWS Sports

appears local racing
problems of cold-weather racing.

Mets yield dirty dozen

Schourek swamped by Padres

He had been 18 losses shy of Anthony Young's streak of infamy, but that didn't mean Pete Schourek wasn't pitching for his Met life last night.

TODAY
NEWSPAPER OF THE YEAR
TUESDAY July 6, 1993 TV: Pages 20-21

Now hero Gooch must go for kill

GRAHAM GOOCH faces the biggest dilemma of his career today, with England's Ashes hopes and his captaincy the highest of stakes.

As his team finally stopped the rot with a hard-won 310-run lead in the third Test, Gooch must time his declaration almost down to the minute this morning.

Report by GRAHAM OTWAY

But if Gooch is too cautious when England can cut the Aussies' 2-0 lead in the series, he will be castigated as a defensive skipper.

History demands that in any Test the game should be made safe before seeking glory. But, with a four-man attack possessing just four previous international caps, Gooch must give his bowlers as much time as possible to secure victory.

HOME FINAL The Columbus Dispatch
HOT
TUESDAY, JULY 6, 1993
35 Cents

CLASSIFIED
TOLL F 1-800
461-5555
MAILING ADDRESS: 5300 CROSSWIND DR., P.O. BOX 1289, COLUMBUS, OH 43216-1289 • FRONT COUNTER/WALK-INS AT 34 S. T

WESTERN MAIL

BY POST
Please send your advertisements to
CLASSIFIED DEPARTMENT, THOMSON HOUSE, HAVELOCK STREET, CARDIFF, CF1 1WR

HE ATLANTA CONSTITUTION
TUESDAY, JULY 6, 1993 50 CENTS
HOME EDITION

Mail without fail — but at what hour?

Steve Pilon's mail sometimes comes at 10 a.m., and it sometimes comes at 7 p.m. And sometimes, it doesn't come at all.

Mail service has gotten so bad that Mr. Pilon, owner of an independent record company, has purchased a post office box for his business correspondence.

English TODAY
POST & MAIL

ロンドンの『デイリーテレグラフ（*Daily Telegraph*）』の１面の見出しにある defence（防衛）（米国では defense）のつづりには，第１段落中の cancelled（取り消された）（米国では主に canceled）と同様に，この新聞のイギリス英語のアイデンティティが表れている。独特の政治の語彙（MPs（下院議員），Conservatives（保守党））もあるが，これらの用語は英国に限るものではない。Billion（10億）〔訳注〕英国ではかつて１兆を表した〕は英国の読者と米国の読者にとって異なる意味をもつ可能性がある。

２つ目の抜粋は，『デイリースター（*Daily Star*）』の旅行者向けのページから取ったものである。見出しの traveller's cheques（旅行者用小切手）は，アメリカ英語では traveler's checks になり，building society（住宅金融組合）は savings and loan association になるだろう。記事には多くのくだけた語彙やスラングも含まれており，high street（大通り），hole in the wall（cash dispenser（現金自動支払機）に当たる），holiday（米国では vacation）など，それらのいくつかはイギリス英語に特有である。同様に，cashpoint card（＝現金自動支払機に挿入するカード）は英国の用法である。

スポーツ報道

大衆紙におけるそれぞれの国のスポーツ報道は，概して，地域的変種の異なりを浮き彫りにする。本ページに示す２つの報道（米国と英国）（それぞれの例で最初の段落のみ）は典型的なものである。なじみのない用語に言語的な「翻訳」を与えても，その価値は限定的であろう。なぜなら，そのような場合に必要なのは，試合のルール，そのイベントや選手の直近の過去の歴史（例えば，ピート・シュレック（Pete Schourek）はなぜ必死に投げているのか），そしてある程度は国の文化的歴史（例えば，クリケットにおけるイングランドとオーストラリアの戦い）に精通していることであるからだ。実際，英国人記者が歴史認識について言及している場面もある。また，頭字語（ERA=Earned Run Average）（防御率）の知識も役に立つ。

誤った比較

言語比較をする際，地域的な傾向を絶対的なものと誤解しないことが重要である。そのリスクは，自分とは異なる言語変種における異質の用法を知り，それが一般的に用いられていると思い込んでしまうことである。例えば，２つの広告欄からの抜粋は，米国人が mail（郵便）と言うところを英国人は post（郵便）と言うことを示唆しており，その印象は，アトランタ（ジョージア州）の新聞記事において，mail が米国の文法的特徴（gotten）（get の過去分詞）と一緒に使われていることによって裏付けられる。一方，mail という語は英国で何世紀にもわたって使われてきており（例：今日の Royal Mail（ロイヤルメール）や mail order（通信販売）），今では post の代わりとして聞かれることが多くなっている。同様に，米国では，記事中の post office box（私書箱）や，United States Post Office（米国郵便局），のちの Postal Service（郵便局）という名に見るように，post は決してなじみのない語ではない。

英国で出版されている英字雑誌の『現代の英語（*English Today*）』は，通信欄には，当初から誰も除外されていると思わないような見出しを付けてきた。

『ニューヨークポスト（*New York Post*）』の広告からの抜粋に見られるように，auto（mobile）は car（車）を意味するアメリカ英語であるという英国人の一般的な見方は間違っている。両方の語が同じ広告の中で用いられている（しかし，広告では，auto が automatic（「自動的な」）の意味で使われていることに注意されたい）。

THE AUSTRALIAN
NUMBER 8980
TUESDAY JULY 6 1993
70 CENTS
MICROSOFT JOINS PRICE WAR
26 Pages of COMPUTERS starts Page 17
JAPAN
The growing partnership
BUSINESS SPECIAL Pages 8 & 9
Cricket
WHY IT PAYS TO BE A POM
FEATURES Page 11

PM's $109m Medicare backdown

COMPUTERS

Merger's combined reservation system flying high

Cobra keeps flying 'roo a hop ahead

THE AGE

No. 43,085

ER STREET, MELBOURNE. 600 4211 (Classified 604 1144)

TUESDAY 6 JULY 1993

70c

OME MONTHLY
ges of ideas for home & garden
SPECIAL LIFTOUT

LABOR'S BETRAYAL
Philip Chubb on lessons of his TV series

SCOTTISH FLAVOR

Truckies fill up interstate to beat fuel tax

By LYN DUNLEVY

Truck drivers in Victoria were buying fuel in other states, and roadhouse petrol stations might have to lay off staff following the "bungled" introduction of the State Government's three-cents-a-litre tax, the state Labor leader, Mr Brumby, said yesterday.

Petrol stations in Victoria servicing interstate truck drivers were already losing business since the tax was introduced on petrol and diesel last week, Mr Brumby said.

THE PREMIERS' CONFERENCE

deals privatisation se

the new Commonwealth revenue-sharing formula recommended earlier this year by the Grants Commission.

Yesterday's Loan Council meeting also approved Victoria's application for an extra $3.18 billion in borrowing rights, including $1.08 billion which will be used to fund the next round of about 15,000 redundancies in the state public sector.

The Premier, Mr Kennett, left the conference proclaiming a successful defence of Victoria's Medicare compensation entitlements, but decrying the one-day format of the Premiers' Conference. "This isn't the way to run the country," he said.

"But I am happy to say that at the end of those discussions the Commonwealth decided to honor the guarantee that was in place, so that will ensure that Victoria is about $45 million better off than when we arrived this morning."

Mr Stockdale said the decision to abolish tax compensation for privatisation of state-owned enterprises had jeopardised Victoria's planned asset sale program.

Previously, states expected to receive compensation from the Federal Government when they privatised a business that previously paid tax-free profits into state government coffers.

The compensation, in the form of a one-off payment to the state, purported to recognise that a previously tax-free enterprise would, as a private body, begin delivering company tax revenue to the Commonwealth.

Victoria has already received tax compensation for the sale of the State Bank, but could now miss out on tens of millions of dollars worth of compensation it had been expecting from the State Insurance Office and Heatane Gas sales.

Mr Stockdale also said yesterday's decision had produced "a very dark cloud over the wh issue of microeconomic reform general, and privatisation in p ticular at the state level".

The State Government had o inally requested the tax comp sation issue be put on the P miers' Conference Agenda wit view to agreeing on new, fi guidelines for its payment, not abolition.

Mr Stockdale, however, said was satisfied with other aspect Victoria's treatment at the P miers' Conference, even tho the new Commonwealth reven sharing formula goes no furt towards ending subsidies by toria to Queensland and West

THE TORONTO STAR Tuesday, J

THE TORONTO STAR

OPINIONS

ory study makes opponents look good

OTTAWA — The Conservatives scoffed when Liberal Leader Jean Chretien propsed a $15-billion public works program.

ey snickered when New Democratic Party Lead- udrey McLaughlin put forward a $7.5-billion na- l infrastructure plan.

ow, it looks as if they may have laughed too soon. udy released last week by a government com-mi- ned task force shows that when a nation cuts its investment in highways, airports, waste dis- l facilities, communication links and other capital ects, it loses its competitive edge.

importance of public investment. Last December, Mulroney announced that the government was committed to developing a high-speed electronic highway, allowing scientists and engineers across the country to exchange vast amounts of information through the use of fibre optics. At the same time, former finance minister Don Mazankowski unveiled a $500 million program of roadbuilding and airport improvements.

It is not yet clear whether Prime Minister Kim Campbell will build on this modest beginning.

She does not have a lot of manoeuvring room, given that she has pledged to get rid of the federal deficit

True Left should favor GST

By Trevor Bartram

THE POLITICAL left, the NDP and Liberals, in its search for support among Canadian voters, has

Metro's police board rapped over Whitehead, Junger Cases

By Rosie DiManno
TORONTO STAR

B6 THE TORONTO STAR Tuesday, July 6,

Blyth theatre festival off to strong sta

Goldblum character's skepticism refreshin

CANADA'S NATIONAL NEWSPAPER

THE GLOBE AND MAIL

©1993

Toronto, Tuesday, July 6, 1993

The Globe and Mail, Tuesday, July 6, 1993

REPORT ON BUSINESS

Caisse formalizes hold on Univa

Foreign investment approvals touch Rs 3320.89 crore

NEW DELHI – Foreign investment approvals touched Rs 3320.89 crore during the first five months of this year compared to Rs 530 crore in the whole of 1991 and Rs 3890 crore in 1992, reports UNI.□

This unprecedented response by foreign investors to the new industrial policy is also reflected in a total foreign investment of Rs 7610 crore during the post-policy period (August 1991 to May 1993), according to official sources.□

More than 90 per cent of these investments have gone to high priority and technology industries. The major share of foreign investment is in setors like power, oil, food processing, chemicals, electronic and electric equipment, telecommunication, transport, industrial machinery and hotel and tourism industry.

Indian Express

INDIA'S ONLY NATIONAL NEWSPAPER

● 16 PAGES Rs 2.30

● LATE CITY

Chautala-Bhajan tiff on Kalka polls

NEW DELHI: Samajwadi Janata Party leader Om Prakash Chautala on Monday accused the Haryana Chief Minister Bhajan Lal of misusing the official machinery for campaigning in the Kalka Assembly and urged the Chief Election Commissioner (CEC) to ensure a free and fair election. In a communication addressed to the CEC, Chautala alleged that the Chief Minister and his Congress supporters were threatening the electorate, especially the sarpanches, panches and namberdars of the area to vote for the Congress candidate. The ministers were holding meetings of public representatives and compelling them to toe the official line, failing which they threatened to suspend the development grants to their respective villages, the communication said.

混じり合うメッセージ

オーストラリアの新聞からのこれらの抜粋は，ある1つの国の英語が英国モデルと米国モデルの両方からどのように影響を受けているかを示している。その地域性は premiers' conference（プレミア会議），Medicare（国民健康保険），dollars（ドル），interstate（州間高速道路），federal（連邦政府）などの文化的な側面を表す語に感じられる。米国のつづりは，favorable（好意ある），honor（名誉），program（プログラム）などに見られる。また，『時代（*The Age*）』の1面の題字の下にも，labor（労働），flavor（風味）という顕著な例がある。一方で，政治記事の最後の方で towards（…の方へ）（toward ではない）が使われている。2つの源の組合わせは，燃料税に関する記事中，truck drivers（イギリス英語の lorry drivers ではない），visit petrol stations（アメリカ英語の gas stations ではない）（トラック運転手がガソリンスタンドに行く）というように，うまく並置されている。両新聞において，オーストラリア英語に特有な使用はまれである。ここで部分的に抜粋した記事には，truckie（トラック），pom（英国人）（『オーストラリアン（*The Australian*）』の1面題字の下），'roo（＝「フライングカンガルー」，カンタス航空の愛称）といったオーストラリア英語の例がいくつか含まれている。（Cobra とは，common branding reservation architecture（「一般的なブランディング予約アーキテクチャ」）を意味するコンピュータに関わる頭字語である。）

同様の状況はカナダでも観察される。2紙からの抜粋では，theatre（劇場），fibre optics（光ファイバー），manoeuvring（操作）とともに，program（プログラム），favor（好意）が使われている【訳注】前者3つはイギリス英語のつづり，後者2つはアメリカ英語のつづり】。Metro（＝大都市圏）は米国でも使われる。見出しにおけるフランス語（Caisse de dépôt et placement du Québec（ケベック州投資信託銀行）の短縮形）の使用はカナダの政治を支配してきた二言語問題を示唆している。（Univa（ユニヴァ）は文化的側面を表すもの――カナダの食料品会社の商標――である。）

インド英語に特有の語彙は『インド新聞（*Indian Express*）』からの引用に見ることができる。最初の記事は，財務報告書で何度も使われる語である crore（「1千万」）を例示している。2つ目の記事は，いくつかの地元の政治用語を例示している。ここでの tiff（いさかい）は，lovers' tiff（恋人間のいさかい）などの句において，ささいな，重要でないと感じられるような通常の用いられかたよりも，やや深刻な意味をもつ。最初の記事の末尾で，hotel（ホテル）の前に定冠詞が置かれていないのも，インド英語でよく聞かれる独特の名詞の用法であろう（p.380）。

ここには，英語が公用語の地位をもたず，外国語として教えられている地域で発行された，いくつかの英字新聞を示す。これらの新聞は，イギリス英語またはアメリカ英語をモデルとして使用しているため，その紙面に「新しい英語」のきざしはほとんどない。実際，大部分の題材は国際通信社を通じて同時発表されている。しかしながら，内容の扱い方に地域の影響が見られるという点において，これらの英字新聞は言語的に異なっている。政治やスポーツなどの分野における地域特有の語は注解をつけずに提示されており，地域の文化的伝統についてのある程度の知識が想定されている。したがって，これらの新聞を読む（文化の）外部の人は，記事のいくつかを非常にわかりにくいと感じる可能性がある。次のページのスポーツ記事もその1つである。

上から 「プラハ・ポスト」（チェコ共和国および中央，東ヨーロッパの新聞），『コリア・ヘラルド』（大韓民国の新聞），『アル・アハラーム』（エジプトの新聞），『ザ・リコーダー』（フランスの新聞）。

WHAT'S ON THIS WEEK: Entertainment Guide to Prague & Bratislava Inside

THE PRAGUE POST

July 7—13, 1993　25 Kč

"The World We Live In and The World Around Us"

Volume 3, Number 27

Border Pact Blocked

Mečiar Rejects His President's Agreement

by Sophia Coudenhove

Just when an agreement on the controversial Czech-Slovak border seemed ... Premier ...

mend that their governments settle the issue of the Czech-Slovak border by July 20. Both promised not to take unilateral action on border policy until this date and Havel said the Czech Republic could provide ... financial support to strength-

to enter the Czech Republic from Slovakia. Mečiar continued to insist on more open borders. "We don't need to divide countries and nations with Iron Curtains," he said.

As Germany tightens its refugee policy, a number of Central and Eastern European countries are following suit, ... burdened with all the ...

24 hours a day seven days a week

Come and Try, the World of Excitement

Walker-hill Casino

- Sheraton Walker Hill

TEL: (02) 456-2121, FAX: (02) 455-2121

The Korea Herald

SEOUL EUROPE

AIR FRANCE

(1953年 8月26日 第3種郵便物(가)認可)

No. 12,376　코리아 헤럴드　LATE CITY EDITION ★★★　SEOUL, TUESDAY, JULY 6, 1993　300 Won Per Copy

Korea to reopen consulate-general in Ho Chi Minh City

HO CHI MINH CITY (Yonhap) — South Korea opens its consulate-general in Ho Chi Minh City Aug. 15 at the same place it abandoned nearly 20 years ago after South Vietnam's communization, Amb. Park Noh-soo said Monday.

"The South Korean and Vietnamese governments agreed on opening the ...

Subway construction in Inchon

New strike looms as Iraq rejects U.N. arms inspection

Christopher calls refusal a 'bad sign'

By Dilip Ganguly

BAGHDAD, Iraq (AP) — The Un...

HONDA
Miracle of the 90's
Civic '93
ABOU GHALI
53, El-Daher St., Cairo Tel: 934688

No.124: الاهرام ويكلى　Published in Cairo by AL-AHRAM established in 1875　8-14 July 1993　16 pages　P.T.50

Chinese tour

CHINESE Vice-Premier Li Langing began official talks in Oman yesterday on economic cooperation and enhancing bilateral relations, as part of a tour of Gulf Arab states and Iran.

The Chinese official assured reporters regarding the protocol his country signed with Iran Tue... build a nuclear power ... saying the station will ... structed under the s... sion of the Vienna-bas... ternational Atomic E... Agency, and will be us... peaceful purposes.

US rejection

THE US renewed its ... tion Tuesday of a L... offer to put the two L... Lockerbie suspects, ac... of blowing up a Pan ... flight in 1988 resulting i... deaths of 270 people, on... "anywhere in the world"... cept the US and Britain...

Libyan leader Muamm... Gaddafi renewed the offe... a recent interview with ... *Washington Post*, but S... Department press off... Sandra McCarty said "... channel for contact on ... Am 103 is the UN Secreta... General," alluding to ... Security Council resoluti... imposing sanctions on Lib... for its refusal to turn over t... suspects.

Iraqi oil

IRAQ and the United N...

G7 backtrack on Bosnia

Leaders of the seven major industrial powers began their annual economic summit in Tokyo on an upbeat note yesterday after the United States and its major trading partners wrapped up an agreement on badly needed tariff cuts.

The G7 summit in Tokyo yesterday achieved a breakthrough by reaching an agreement on trade terms, but the world's biggest industrial powers failed to show similar resolve on ...

tain also agreed that the G7 should begin a serious dialogue with Iran — a regional power ranking in significance with Iraq — and should ...

Mubarak-Assad talks

PRESIDENT Hosni Mubarak flew yesterday afternoon to the Syrian Mediterranean port of Latakia where he met with President Hafez Al-Assad for consultations on the difficulties facing the Arab-Israeli peace negotiations in Wash...

Mubarak ...

Yonhap

trench,

The English Language Monthly in France

Prix de vente 8F　Subscriptions 95F

Number 19　Place de la Résistance 47120 Duras　Tel. 53.83.81.02 Fax 53.83.76.82　July, 1993

The Monthly Wrap-up

Balladur opposes GATT to save French farms

by Rod Hayter

France is set to stand by its farmers and go it alone as 118 nations finally appear poised to sign the General Agreement of Tariffs and Trade (GATT). Premier Edouard Balladur has warned, "There will be total accord or no accord at all."

France is rejecting limitations on the export of cereals, oilseeds, and other agricul-

THE DAILY YOMIURI

International Removals
JAPAN EXPRESS
Call: Tokyo (03) 3216-5024
Toll Free 0120-228322

No. 15453 TUESDAY, JULY 6, 1993 PRICE ¥120 (¥2,600 a month) — tax included ★★★

Tomonohana loses 1st in sumo's top division

Daily Yomiuri

One day after tasting victory for the first time in the makuuchi division, sumo's teacher learned how to lose.

No. 16 maegashira Tomonohana, a former high school teacher making his debut in sumo's top division, fell to No. 11 maegashira Terao on Monday at the Nagoya Grand Sumo Tournament.

Tomonohana notched his first win on Sunday against No. 16 maegashira Hitachiryu, and he held his own early against Terao, trading shoves with the 30-year-old on the tachi-ai. But when Tomonohana tried to move away from Terao, the more experienced rikishi quickly pursued and forced him from the ring. Both wrestlers are now 1-1.

Meanwhile in the makuuchi division's more lofty ranks, the pre-tournament favorites stayed on course for some late-tournament showdowns.

Yokozuna Akebono heads the list of wrestlers at 2-0 after defeating komusubi Takatoriki.

In the day's final bout, Akebono had some trouble dropping Takatoriki, who managed to stay on his feet as the yokozuna landed repeated shots to his face and chest. But eventually his shoving attack broke the komusubi, who fell to 1-1 with the loss.

Others at 2-0 include Takanohana, Wakanohana, Musashimaru and Konishiki.

Ozeki Takanohana found himself in a tough spot against No. 2 maegashira Kotonowaka. The maegashira had an immediate hold on the young ozeki's belt, and kept Takanohana from getting two hands on his own.

Twice Kotonowaka attempted throws that left Takanohana off balance, but both times he recovered. Finally, after nearly a minute of being held by the maegashira, Takanohana kicked a leg behind Kotonowaka, twisted his belt, and toppled the larger wrestler to the sand.

Wakonohana, facing one of the few rikishi smaller than himself, had little trouble with No. 6 maegashira Mainoumi, who could use none of his tricks against the technically-sound sekiwake. A few pushes from Wakanohana sent Mainoumi off the line and spinning from the ring.

Ozeki Konishiki easily walked out No. 1 maegashira Kirishima to stay unbeaten. The victory gave Konishiki a 16-15 career record against the former ozeki.

Sekiwake Musashimaru once again did his best Akebono imitation, using a slapping attack instead of any holds or throws.

Musashimaru went right at the face of Kitakachidoki, hammering it with repeated slaps as the maegashira struggled to get inside the Hawaiian's reach. The sekiwake continued the assault, until Kitakachidoki started to back up, and fin-ished him with a few pushes to the chest.

Still looking for his first victory as a sekiwake is Takanonami, who lost to No. 5 maegashira Mitoizumi.

Both wrestlers got belt holds early and worked each other around the ring, with the taller Mitoizumi controlling most of the action. Takanonami managed to fend off Mitzoizumi's first attempts at a throw, but eventually yielded to the 180-kg maegashira, backing over the rim.

Komusubi Wakashoyo picked up his first win in a brief bout against No. 6 mae-gashira Daishoyama. Wakashoyo jumped to the side on the tachi-ai, pushed down on Diashoyama's back and tripped the maegashira with his right leg.

No. 1 maegashira Kotonishiki evened his record at 1-1 by stopping No. 7 maegashira Takamisugi.

Athens News

Forty-Second Year No. 10583 LEKKA, 23-25, SYNTAGMA TUESDAY, 6 JULY 1993 Price: Hundred and Fifty Drachmae (150 drs)

SUMO WRAPUP

NAGOYA, Japan (AP) — American yokozuna (grand champion Akebono and ozekis (champions) Takanohana and Konishiki won their second victories Monday, second day of the 15 day Nagoya Grand Sumo Tournament.

Sekiwakes (junior champions) Wakanohana and Musashimaru also remained undefeated at 2-0.

Wrestling before 3,800 spectators, Akebono, Japan's first foreign grand champion, coped with skillful dodging by nomusubi (junior champion second class) Takatoriki at the rings' edge and pushed him down. Takatoriki is 1-1.

Akebono's real name is Chad Rowan.

Defending champion Takanohana, seeking promotion to sumo's highest rank of yokozuna, downed No. 2 maegashira (senior wrestler) Kotonowaka with a leg trick. Kotonowaka is 1-1.

Ozeki wrestlers can be promoted to yokozuna if they win two consecutive tournaments or compile a record of equal worth. Takanohana won the last tournament with 14-1.

Hawaiian Konishiki grabbed No. 1 maegashira Kirishima's belt and forced him out, handing the former ozeki his second defeat against no victories.

上の相撲の名古屋場所の最新局面の説明は，日本の新聞『デイリー・ヨミウリ（*Daily Yomiuri*）』から引用されたものであり，高いレベルの語彙認識を想定している。右のギリシャの『アテネ・ニュース（*Athens News*）』で報告された同じ名古屋場所に関する短い説明とは対照的である。そこでは専門用語に丁寧な注解がついている。

（本ページの２紙の和訳を巻末 p.548 に掲載）

アメリカ英語とイギリス英語

新聞の形式ばった書きことばの英語（p.320）から，くだけた話しことばの方向に向かうにつれて，地域的変種間の違いは飛躍的に大きくなる。アメリカ英語とイギリス英語の場合，その違いはかなりのものであるが，2つの主な理由により，対照項目数について正確な見積もりはない。

• ここ数十年で，2つのモデルが互いに及ぼす影響，特にアメリカ英語がイギリス英語に及ぼす影響が大幅に増してきた。米国の映画やテレビの影響により，英国ではアメリカ英語の多くの語彙がかなり受け入れられ，その一部は（mail（メール）の場合のように，p.322），特に若者の間で活用されている。逆のパターンはあまり明らかではないが，英国の映画やテレビ番組は米国でも十分によく見られているため，英国の語彙に対する認識が高まっていることは否定できない。もともとかなり明瞭であった語彙の違いにおけるパターンは，世界的な規模の借用によって不明瞭になってきている。

• 両国の地域方言の調査は，それらのうちいくつかについては最近になって結果が公開され始めたばかりであるが，膨大な量の語彙的特徴を明らかにしつつある（p.329）。これらの語彙には，一般的な辞書に載せるほど文学的な背景があったり，広く使われていたりするものはほとんどない。しかし，それらは地域的パターンの重要な一部を形成しており，その中のいくつかは，集団のアイデンティティを示すものとして，地域レベルで教育的にも使用されている。

それでもやはり，地域の祭りや民俗，略語，地域性，制度的な違い（例：政治，銀行，法制度，軍隊，スポーツ，儀礼），地域の動植物，日常の俗語を考慮に入れると，地域差の割合はきわめて大きいものになるだろう。入手可能な辞書や文芸作品のみにもとづいて，筆者が1970年代に作成した略式のコレクションでは，5,000の違いが容易に発見された。そして，その研究課題は，そのような略式の処置では賄いきれないほどに大き過ぎることがわかった。世界規模で行われれば,なおさら大きい研究課題になる（p.383）。1992年に出版されたデイビッド・グロート（David Grote）による辞書には約6,500の項目があり，米国人読者のためのイギリス英語の**み**を扱っている。この合計数は，異なる語（語彙，p.128）だけでなく，語の異なる意味も扱っているために生じたことを理解しておく必要がある。米国の影響で，（French）fries（フライドポテト）と（potato）chips（ポテトチップス）の両方が英国にもたらされたが，英国のchips（フライドポテト）（＝米国の（French）fries）は，米国のchips（ポテトチップス）（＝英国のcrisps）と同じではない。

英国人であること

ケント（Kent） イングランド（England*）最南東の州（county*，または，shire*）であり，ロンドン（London*）からイギリス海峡（Channel*）までおよぶ。歴史的に見ると，ケントはイングランドの歴史の中核であり，大陸（continent*）への主要な入口であるドーバー（Dover*），英国教会（English Church*）の本拠地であるカンタベリー（Canterbury*），海軍力と交易の繁栄の中心である北の境界線上のテムズ川（Thames*）の港を擁している。ケントは，ロンドンを取り巻く諸州（Home Counties*）の1つであり，農業の豊かさと，多くの人にとってイングランドの視覚的イメージそのものであったノースダウンズ（North Downs*）の美しい丘陵から，しばしばGarden of England（イングランドの庭園）と呼ばれ，多くの文学作品に描かれている。

デイビッド・グロート（David Grote）の『米国人読者のためのイギリス英語（*British English for American Readers*）』（1992）の中のこの見出し語において，英国人ならば当然使うであろう用語にはアスタリスクがつけられている。このことは，地名の使用がもたらす言語的な影響の一部を表している。Home Counties（ロンドンを取り巻く諸州）のような語の誤用は珍しくはない。County（州）のような語の用法も二国間で非常に異なっている。

その本の中盤からとった以下の見出し語の抜粋は，米国人がはっきりとイギリス英語であるとわかるような語を示している。このようなリストは2種類の妥当性がある。英国人以外の人びとには一定の語の意味を知らせ，英国人には，どのように彼らの使用法が特有なのかを知らせる。後者は，特に言語学習者にとって重要である。なぜなら，自分の話す変種以外の変種における特有の形を識別する方が易しいからである。

jiggery-pokery	tricks（たくらみ），fraud（詐欺）
Jock	男性のScotのニックネーム
joint	特に日曜のランチに食べるローストミート（マリファナではない）
jolly	副詞として（jolly good）（とてもよい）
junction	intersection（交差点）
junior school	小学校の旧セクション
kibosh/kaɪbɒʃ/	ruin（崩壊），disaster（災難）（put the kibosh on（終わらせる）のように）
kite mark	英国規格協会検査証
knock-on	ノックオン（ラグビー用語）
L	仮免許運転練習者
landlord	パブの経営者
last call	パブでの閉店時間のアナウンス
Law Society	事務弁護士会
lay-by	高速道路の待避所
lbw	lbw（クリケット用語）

米国人であること

米国人のアイデンティティは出身地と密接に結びついている。海外で出会った二人の米国人の会話では，まず出身の州や大学が話題になるだろうが，英国人二人の場合はそのようなことはありそうもない（仮に二人が話をしたとしても）。この結びつきは，通称｛【訳注】後述するように，米国の州には州名称のほかにそれぞれ通称がある｝の認識というような問題において言語的な結果をもたらす――これは，英国よりも米国において，より大きな役割を果たしている現象である。英国の州で通称があることはほとんどない。もしあるとしても（例：Royal Berkshire（ロイヤル・バークシャー）），アイデンティティの意識を生むことはない。あるノースカロライナ人から，現在イギリスに住んでいるもう一人のノースカロライナ人に宛てられた，いくつかの情報を求める最近の手紙は，彼の依頼（「一人の年老いたターヒーラーからもう一人のターヒーラーへ」）があまり手を煩わせないものであるようにと願う追伸で終わっていた。バークシャー州のレディング出身の人がオーストラリア在住の元隣人への手紙を「一人の年老いたロイヤル・バークシャー人からもう一人のロイヤル・バークシャー人へ」で終わらせることは考えられない。

H. L. メンケン（H. L. Mencken）は，『アメリカ英語（*The American Language*）』（1919）の中で，多様なニックネームを含む米国の州の言語史を要約している（p.162）。以下にノースカロライナ州に関する彼の解説を紹介する（のちの版からの抜粋）。

2つのカロライナ州はさまざまに呼ばれてきたが，ノースカロライナ州についてはTarheel State（タールのついたかかとの州），サウスカロライナ州についてはPalmetto State（パルメットヤシの州）が広く知られているようである。前者の起源については，1869年の『オーバーランド・マンスリー（*Overland Monthly*）』で次のように説明されている。「ノースカロライナ人の連中がある丘の防衛に失敗し，その日の朝，かかとにタールを塗るのを忘れていたことをミシシッピ人に笑われた。それが陳腐な名前の由来である。」このニックネームの由来については，ほかにももっと好ましい説がいくつかあるが，それらはすべて，ノースカロライナ人が南北戦争以前にTarheels（タールヒール）｛【訳注】タールのついた踵の意。一説では，松ヤニ（テレビン油）を得る為に働く人びとが裸足で働いているため彼らの足が真っ黒でべとべとなことから｝として知られていたこと，または，ともかく，タールのなんらかの概念が彼らと結びついていたことを示唆している。『アメリカ語法事典（*DA* [*Dictionary of Americanisms*]）』には，ノースカロライナ人が1845年には早くもTarboilers（タールボイラー）と呼ばれていたという証拠が掲載されている。ノースカロライナ大学の学生新聞は，1892年から『タールヒール（*The Tarheel*）』である。また，1922年に州法銀行家がローリー（Raleigh）で月刊機関紙を立ち上げたとき，『タールヒール銀行家（*Tarheel Banker*）』という名がつけられた。別のよく知られたノースカロライナ州のニックネームはOld North State（オールド・ノース・ステート）である。これは，州の地理と歴史から自然に生まれたものであり，*DA*はその起源を1839年に辿っている。Land of the Sky（空の地）は州の西端にある美しい山岳地帯を呼ぶのに用いられている。ノースカロライナ州東部は空よりも大西洋の底の方がずっと近い。

つづり

イギリス英語とアメリカ英語のつづりの違いは，世界の出版物において，変異を生む主要な源として注目されてきた（pp.84, 320）。イギリス英語の *-re*，アメリカ英語の *-er*（*centre/center*）（中心），イギリス英語の *-our*，アメリカ英語の *-or*（*colour/color*）（色），イギリス英語の *-ogue*，アメリカ英語の *-og*（*catalogue/catalog*）（カタログ）のように，それらのいくつかは，多くの語に適用され，生産的である。ほかにも個々の語に当てはまるつづりの違いが多数あり，それには以下のリストにある100語が含まれる。アステリスクは，状況によって両地域で一般的に用いられていることを示している。例えば，aesthetics（美学）のつづりはある種の米国のテキストにも見られるだろう。inquire（尋ねる）は英国のテキストにもしばしば見られる。n. は noun（名詞）を表している。nite（night）（夜），hi/lo（high/low）（高い/低い），thru（through）（…を通じて）などのくだけたつづり（p.287）は掲載していない。

イギリス英語	アメリカ英語
aeroplane	airplane（飛行機）
aesthetics*	esthetics（美学）
aether	ether*（エーテル）
amoeba*	ameba（アメーバ）
anaemia	anemia（貧血）
anaesthesia	anesthesia（麻酔）
appal*	appall（驚かす）
archaeology*	archeology（考古学）
axe*	ax（斧）
bale out	bail out（汲みだす）
battleaxe*	battleax（戦斧）
boloney	baloney*（愚かさ，まぬけ）
B.Sc.*	B.S.（理学士）
buses*	busses（バス）
caesarian*	cesarian（帝王切開）
calisthenics	calisthenics（美容健康体操）
cantaloup（カンタロープ）	cantaloupe* {【訳注】マスクメロンの一種}
carat(gold(金))*	karat（カラット）
cauldron*	caldron（大釜）
cheque	check（小切手）
chequer	checker（格子縞）
chilli	chili*（トウガラシ）
cigarette*	cigaret（タバコ）
cissy	sissy*（弱虫）
citrous(adj)	citrus*（柑橘類）
connexion	connection*（関係）
councillor*	councilor（評議員）
counsellor*	counselor（カウンセラー）
defence*	defense（防御）
diarrhoea*	diarrhea（下痢）
disc（コンピュータに関わるものではない）*	disk（ディスク）
doughnut*	donut（ドーナツ）
draughtsman	draftsman（製図者）
draughty	drafty（隙間風の入る）
encyclopaedia	encyclopedia*（百科事典）
enquire	inquire*（尋ねる）
ensure*	insure（保険に入れる）
faeces	feces（糞便）
foetus	fetus*（胎児）
floatation	flotation*（起業）
gaol	jail*（牢屋）
garotte*	garote（鉄環絞首刑）
gauge*	gage（計器）
gonorrhoea	gonorrhea（淋病）
gramme	gram*（グラム）
grey*	gray（灰色の）
gynaecology	gynecology（婦人科）
haemo-*	hemo（「血」の意の連結形）
homoeopath	homeopath（ホメオパシー医）
hosteller	hosteler（ホステル利用の旅行者）
inflexion	inflection*（屈折）
instil*	instill（徐々に教え込む）
jeweller*	jeweler（宝石職人）
Jnr	Jr.*（親族で同姓同名の二人を区別するため，年下の人の名の末尾に付加する語）
kilogramme	kilogram*（キログラム）
largesse*	largess（気前のよい贈与）
leukaemia	leukemia（白血病）
libellous*	libelous（名誉毀損の）
licence(n.)	license（n.）（免許証）
liquorice	licorice*（甘草）
manoeuvre	maneuver（巧みにことを運ぶ）
marvellous*	marvelous（驚くべき）
mediaeval	medieval*（中世の）
mollusc*	mollusk（軟体動物）
mould*	mold（鋳型/カビ/沃土）
moult*	molt（羽毛の抜け替えをする）
moustache*	mustache（上髭）
M.Sc.*	M.S.（理学修士）
oedema	edema（浮腫）
oesophagus	esophagus（食堂）
oestrogen	estrogen（エストロゲン）
offence*	offense（違反）
orthopaedics	orthopedics（整形外科）
paediatrician	pediatrician（小児科医）
panellist	panelist（討論者）
paralyse	paralyze（麻痺させる）
pedlar*	peddler（行商人）
plough*	plow（鋤）
practice(n.)	practise(n.)（実行）
premise*	premiss（前提）
pretence	pretense（見せかけ）
primaeval	primeval*（原始の）
programme	program（コンピュータに関わるものではない）（計画・予定）
pyjamas	pajamas（パジャマ）
renegue	renege*（契約や約束などを破る）
sanatorium*	sanitorium（療養所）
scallywag*	scalawag（やんちゃ坊主）
sceptical*	skeptical（懐疑的な）
smoulder*	smolder（くすぶる）
snowplough	snowplow（除雪機）
Snr	Sr.*（親族で同姓同名の二人を区別するため，年長の人の名の末尾に付加する語）
storey*	story（建物）（建物の階）
sulphur*	sulfur（硫黄）
throughway*	thruway（高速道路）
titbit*	tidbit（一口のうまい食べ物）
traveller*	traveler（旅行者）
tyre	tire（タイヤ）
vice(tool(機械))	vise（万力）
wilful*	willful（故意の）
woollen*	woolen（羊毛の）

（M. ベンソン，E. ベンソン & R. イルソン（M. Benson, E. Benson & R. Ilson），1986b を参照）

発音

容認発音（RP, p.387）と一般米語（GA, p.249 を参照）には，一般米語における語末の /-r/ の発音のように，いくつかの規則的な違いがある。さらに，いくつかの語は，個別に異なる発音をもつ。

語	容認発音	一般米語
anti-（反対の）	ˈanti:	ˈantaɪ-, ˈanti:
asthma（喘息）	ˈasma	ˈazma
ate（eat の過去形）	et, eɪt	eɪt
capsule（カプセル）	ˈkapsju:l	ˈkapsəl
chassis（車台）	ˈʃasi:	ˈʧasi:
clerk（事務員）	klɑ:k	klɜrk
clique（派閥）	kli:k	klɪk
data（データ）	ˈdɑ:tə, ˈdeɪtə	ˈdeitə, ˈdatə
derby（ダービー）	ˈdɑ:bi	ˈdɜ:rbi
erase（消去する）	ɪˈreɪz	ɪˈreɪs
fracas（騒ぎ）	ˈfrakɑ:	ˈfreɪkəs
geyser（間欠泉）	ˈgaɪzə	ˈgeɪzər
gooseberry（グズベリー）	ˈgʊzbəri	ˈgu:sberi
goulash（グーラッシュ）	ˈgu:laʃ	ˈgu:lɑ:ʃ
{【訳注】牛肉と野菜をパプリカで味つけしたハンガリー風のシチュー}		
herb（ハーブ）	hɜ:b	ɜ:rb, hɜ:rb
leisure（余暇）	ˈleʒə	ˈli:ʒər
lever（レバー）	ˈli:və	ˈlevər, ˈli:vər
lieutenant（副官）	lefˈtenənt	lu:ˈtenənt
medicine（薬）	ˈmedsɪn	ˈmedɪsɪn
missile（飛び道具）	ˈmɪsaɪl	ˈmɪsəl
nephew（甥）	ˈnevju:, ˈnefju:	ˈnefju:
nougat（ヌガー）	ˈnu:gɑ:	ˈnu:gət
progress（進歩）	ˈprəʊgres	ˈprɒgress
route（道筋）	ru:t	raʊt, ru:t
schedule（予定）	ˈʃedju:l	ˈskeʤuəl, ˈskeʤəl
tissue（組織）	ˈtɪsju:, ˈtɪʃu:	ˈtɪʃu:
tomato（トマト）	təˈmɑ:təʊ	təˈmeɪtəʊ
vase（花瓶）	vɑ:z	veɪs, veɪz
wrath（激怒）	rɒθ	raθ
z（アルファベットの第26字）	zed	zi:

短音 A と長音 A

容認発音には，一般米語で /æ/ で発音されるところで /ɑ:/ を使う語が多くある。以下はその例である。

advance（前進する）
after（…の後に）
answer（答える）
ask（尋ねる）
aunt（叔母）
banana（バナナ）
basket（かご）
bath（風呂）
blast（突風）
broadcast（放送する）
castle（城）
class（学級）
mask（覆面）
mast（帆柱）
monograph（専攻論文）
nasty（不快な）
overdraft（当座貸越）
pass（通る）
passport（パスポート）
past（過去）
pastor（牧師）
path（小道）
plant（植物）
plaster（漆喰）
command（命令）
dance（踊る）
disaster（災い）
example（例）
fasten（しっかり固定する）
France（フランス）
giraffe（キリン）
glass（ガラス）
grass（草）
half（半分）
last（続く）
laugh（笑う）
raft（筏）
ranch（牧場）
raspberry（キイチゴ）
rather（幾分）
reprimand（叱責）
sample（見本）
slander（中傷）
slant（傾斜する）
staff（職員）
task（仕事）
telegraph（電信）
vast（広大な）

強勢の違い

2つの発音様式の間で強勢が異なる語が多くある。それらのいくつかは，*-ary*/*-ory* で終わる語（例：secretary（秘書），laboratory（実験室））や，最後の音節に強勢がおかれる *-et*（例：ballet（バレエ），beret（ベレー帽））で終わる語といったパターンに分類することができる。**Prin**cess Anne is a prin**cess**（アン王女は王女らしくふるまう）{【訳注】強勢がおかれた音節を太字で示す。ここでは，**Prin**cess は最初の音節に prin**cess** は最後の音節に強勢がある} のように，文のどの位置に置かれるかによって強勢が変わる語もある。

これは，アメリカ英語のイギリス英語に対する影響が特に強い分野の1つである。おそらく最近の英国では，最初の列の大部分の語は，特に若者の間で，アメリカ英語の強勢のパターンで発音される傾向がある。『スター・トレック（*Star Trek*）』の作品で育ったイギリスの若い世代にとっては，frontier（フロンティア）の発音のしかたは1つしかない（『宇宙，それは最後のフロンティア（*Space: the Final Frontier*）』のように）。

容認発音	一般米語
ad**dress**	**ad**dress（住所）
ad**ver**tisement	adver**tise**ment（広告）
ballet	bal**let**（バレエ）
cafe	ca**fe**（コーヒー店）
ciga**rette**	**cig**arette（タバコ）
con**tro**versy	**con**troversy（論争）
debris	de**bris**（瓦礫）
frontier	fron**tier**（辺境）
garage	ga**rage**（車庫）
in**quiry**	**in**quiry（調査）
la**bo**ratory	**lab**oratory（実験室）
maga**zine**	**mag**azine（雑誌）
mou**stache**	**mus**tache（上髭）
premier	pre**mier**（総理大臣）
prin**cess**	**prin**cess（王女）
re**search**	**re**search（研究）
re**veil**le	**re**veille（起床ラッパ）
trans**late**	**trans**late（翻訳する）
valet	va**let**（従業員）
week**end**	**week**end（週末）

語彙の違いの分類

英国，米国の2つの地域の語彙を記述するには，3つの区別を立てなければならない。つまり，いくつかの語（lexemes（語彙素），p.123）はアメリカ英語（AmE）にのみ見られ，いくつかの語はイギリス英語（BrE）にのみ見られる。さらに，いくつかの語（どちらかを起源とする）は世界中で使われ，標準英語の一部として確立している（p.119）。Congress（議会）とParliament（議会）はそれぞれの国に起源をもつが，言語学的視点から見れば，一方をアメリカ英語，他方をイギリス英語とするのは，もはやあまり有用ではない。今では，両方とも世界標準英語（World Standard English:WSE）の一部である。同様に，指示されるものが特定の点において国によって異なる語もあるが，世界標準英語の一部をなす語である項目も多くある。多くの法律用語はこのカテゴリーに入る。jury（陪審員），juvenile（少年），justice of peace（平和の正義）は，アメリカ英語とイギリス英語の両方に共通する用語であるが，その法的な定義はアメリカ英語とイギリス英語で異なる。これらは，本ページと次のページでは注目していない。

残りの語は，多くの異なる種類の意味的対比を示し，これまでいくつかの分類がなされてきた。あるシステムでは，その分類の中に以下のような重要なタイプを含んでいる（M. ベンソン（M. Benson），E. ベンソンとR. イルソン（E. Benson & R. Ilson），1986bを参照）。

• いくつかの語は，文化の違いを反映しており，世界標準英語に含まれない。アメリカ英語のIvy League（アイビー・リーグ）｛【訳注】米国北東部に位置する8つの名門私立大学の総称。ブラウン大学，コロンビア大学，コーネル大学，ダートマス大学，ハーバード大学，ペンシルベニア大学，プリンストン大学，イェール大学で構成される｝，Groundhog Day（聖燭節）｛【訳注】米国およびカナダにおいて，2月2日，ところにより2月14日に開催される，地リスの一種であるグラウンドホッグを使った春の到来を占う行事。この日グラウンドホッグが穴を出て，地上に自分の影を見ればさらに6週間の冬ごもりに引き返すという言い伝えがある｝，revenue sharing（収益分配），イギリス英語のA-levels（一般教育修了上級レベル）｛【訳注】正式名称は，General Certificate of Education Advanced Level（一般教育修了上級レベル）。中等教育の最終学年に達した生徒の学力が大学入学レベルにあることを証明する学業修了認定証｝，giro（振替為替），VAT（付加価値税）が含まれる。これらについては，他方の変種に同義語はない。これらの語のいくつかは，いずれ世界標準英語に入る可能性が高い。例えばGroundhog Day（聖燭節）は，1993年に成功した映画のタイトルとして使用されたのち，世界標準英語への加入が促された。英国の大部分の人びとは，その映画を見るまではこの伝統を知らなかっただろう。

• いくつかの語は簡単である。それらは1つの意味しかもたず，他方の変種における同義語も1つのみである。例えば，イギリス英語のcurrent account（当座預金）はアメリカ英語のchecking account，イギリス英語のestate car（エステートカー）はアメリカ英語のstation wagon（ステーションワゴン）である。すべてがそうだったら問題はないのだが。

• しかしながら，実際にはそうはいかない。なぜなら，少なくとも1つの世界標準英語の意味に加えて，イギリス英語またはアメリカ英語に特有の1つまたは複数の付加的な意味をもつ語を認めなければならないからである。例えば，caravanという語は，「砂漠を旅する人の集団」という意味としてはイギリス英語とアメリカ英語の両方の変種に共通しているが，「車に牽引される車両」という意味としてはイギリス英語のみである（アメリカ英語ではtrailer（トレーラー））。

• いくつかの語は，世界標準英語において1つの意味をもち，イギリス英語とアメリカ英語の2つの変種のどちらか一方（時には両方）にその同義語をもつ。アメリカ英語とイギリス英語の両方にundertaker（葬儀屋）があるが，アメリカ英語にのみmorticianがある。また，アメリカ英語とイギリス英語の両方にpharmacy（薬局）があるが，アメリカ英語にはdrug-store，イギリス英語にはchemist'sもある。

• いくつかの語は，世界標準英語としての意味をもたず，アメリカ英語，イギリス英語で異なる意味をもつ。アメリカ英語のflyover（航空ショーでの低空飛行）はイギリス英語のflypastであるが，イギリス英語のflyover（高架交差路）はアメリカ英語のoverpassである。

• 頻度の影響も忘れてはならない。両方の変種で使われる語もあるが，どちらか1つの変種ではるかに一般的に使用される語もある。flat（アパート）とapartmentは両方で用いられるが，前者はイギリス英語で，後者はアメリカ英語でより頻繁に用いられる。ほかの例では，shop（店）とstore，post（郵便）とmailがある（p.320）。

これらの分類は，すべての可能性を検討し尽くしているわけではないが，次ページの例にあるような，明らかに単純な対応語のリストに取り組むときの注意を促すには十分であろう。

わかりやすい語彙の対比

イギリスの道路標識

アメリカの道路標識

｛【訳注】GIVE WAY, YIELDともに，「道を譲れ」の意味｝

不可能な語彙の対比

組織内のヒエラルキー（p.180）について，「イギリス英語／アメリカ英語の名称に対応する語は何か？」という質問に厳密に答えられないことがしばしばある。なぜなら，異なる階級の間に一対一の対応はないし，せいぜい部分的に対応するだけだからである。下に示す通り，好例として大学の教職の階級組織がある。

英国のprofessor（教授）は厳密には米国のprofessorと同等ではない。なぜなら，後者は，full professor（正教授）（最高位），associate professor（准教授），assistant professor（助教）（最下位）の3つのレベルに分類されるからである。英国では，professorのすぐ下の地位はreader（准教授），その次が，senior lecturer（上級講師）（大学によってはこれら2つの階級を給与では同等，役目では異なる扱いをしているが），次がlecturer（講師）である。Associate professorは大まかにはreaderと同等であり，より低い階級のlecturerはassistant professorと同等とすることができる。しかし，senior lecturerに相当するアメリカ英語は特定できない。また，テニュア｛【訳注】大学などの高等教育における教員の終身雇用資格｝の地位が重要な学術的選択肢であった頃は，senior lecturerに相当する階級はさらに少なかった。なぜなら，イギリス英語のlecturerの地位は通常テニュアであったのに対して，アメリカ英語のassistant professorの地位は通常テニュアではなかったからである（むしろ，「テニュア・トラック」｛【訳注】大学が教員を一定の任期をつけて採用し，任期中の業績を審査して適格であれば終身雇用を与える制度｝であった）。

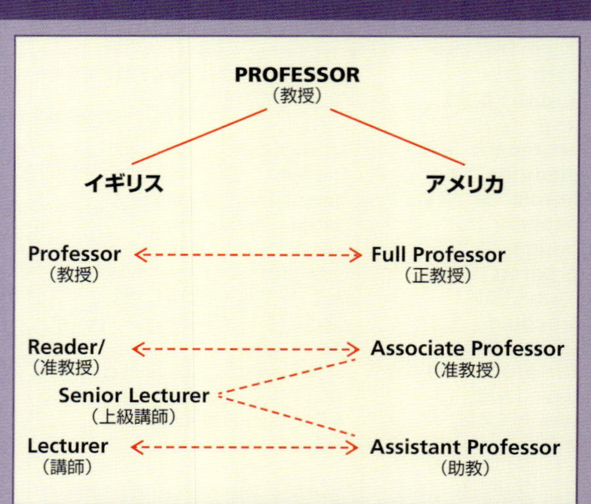

同等の語を示す下のリストでは，ベンソン，ベンソンとイルソン（Benson, Benson & Ilson）（1986b）の「道路のルール」の表記法が採用されている。実線は他方の変種への移動が不可能であること，すなわち，その語が一方の変種でのみ使用されることを示している。破線は，ここに示すように，その語が他方の変種への移動が可能であること，すなわち，他方の変種でも使用が可能であることを示している（つまり，世界標準英語である）。

イギリス英語 **アメリカ英語**
pillar box | | mailbox（郵便ポスト）
post ¦ ¦ mail（郵便）
lead /liːd/ | | leash（犬などの引きひも）
rubbish ¦ | garbage（がらくた）

スタイルのラベル（例えば，colloquial（口語）を表す colloq.）がついている語には実線・破線のマークはない。上部のリストでは，アメリカ英語の語が先に表示されている。下部のリストでは，別に選んだ語について，イギリス英語を先に表示している。1980年代以降いくつかのアメリカ英語の語が，イギリス英語でも，特に若者の間で一般的になってきた。例えば，ass（ばか），bookstore（本屋），cookie（恋人），elevator（エレベーター），vacation（休暇）があり，用法はつねに発展している。

アメリカ英語 **イギリス英語**
absorbent cotton | | cotton wool(脱脂綿)
administration ¦ | Government(政府)
airplane | | aeroplane(飛行機)
allowance | | pocket money(小遣い)
aluminum | | aluminium(アルミニウム)
antenna ¦ | aerial(アンテナ)
apartment building | | block of flats(共同住宅)
Archie Bunker(colloq.(口語)) Alf Garnett(アーチー・バンカー)
【訳注】頑固で保守的な者を表す。人気テレビ番組の主人公の名前から
ash can | | dustbin(ゴミ入れ)
ass(colloq.(口語)) arse(尻)
auto | | car(車)
baby carriage | | pram(乳母車)
back-up | | tailback(交通渋滞の長い列)
baggage ¦ | luggage(手荷物)
baseboard | | skirting board(幅木)
bathroom | | lavatory, toilet(お手洗い)
bathtub | | bath(浴槽)
beltway | | ring road(環状道路)
Big Dipper | | The Plough(北斗七星)
bill | (money(お金)) | note(勘定がき)
billfold | ¦ wallet(二つ折り財布)
biscuit | | (roughly)scone(おおよそ)(スコーン)
blue jeans | | jeans(blue denim)(青いデニム)
bobby pin | | hair grip(ヘアピン)
bookstore | | bookshop(本屋)
Bronx cheer | | raspberry(noise(騒音))(野次)
bulletin board | | notice board(掲示板)
bureau | | chest of drawers(たんす)
caboose | | guard's van(車掌車)
call-in | (program(番組))
| phone-in(programme(番組))(視聴者参加型番組)
can ¦ | tin(ブリキ缶)

アメリカ英語 **イギリス英語**
candy | | sweets(砂糖菓子)
car | (train(列車)) | carriage, waggon(貨車)
carryall | | holdall(合切袋)
casket | | coffin(棺)
catsup | | (tomato)ketchup(ケチャップ)
charge account ¦ | credit account(掛売り勘定)
check | (restaurant(レストラン))
| bill(伝票)
checkers | | draughts(チェッカー)
【訳注】各12のコマを使って遊ぶはさみ将棋に似た遊戯
checking account | | current account(当座預金)
clothespin | | clothes peg(洗濯バサミ)
comforter | | eiderdown(掛け布団)
conductor | (train(列車)) | guard(車掌)
cookie | | biscuit(roughly)(ほとんどの場合)ビスケット
corn | | maize, sweet corn(とうもろこし)
cot | | camp bed(キャンプ用ベッド)
cotton candy | | candy floss(綿飴)
county seat | | county town(郡庁所在地)
crib | | cot(小児用寝台)
crossing guard | | lollipop man/woman(交通指導員)
depot | | (railway)station(鉄道駅)
derby | | bowler(hat)(山高帽)
desk clerk | | reception clerk(フロント係)
detour | (road sign(道路標識))
| diversion(迂回)
dial tone | | dialling tone(発信音)
diaper | | nappy(おむつ)
dish towel | | tea towel(おしぼり)
divided highway | | dual carriageway(中央分離帯で分けた高速道路)
dollhouse | | doll's house(人形の家)
dormitory | | hall of residence(寄宿舎)
draft | | conscription(徴兵)
drapes | | curtains(カーテン)

アメリカ英語 **イギリス英語**
driver's license | | driving licence(運転免許証)
druggist | | pharmacist(薬剤師)
dry goods | drapery, soft goods(織物類)
dump truck | | tipper lorry(ダンプカー)
eighth note | | quaver(8分音符)
electric cord | | flex(電気コード)
elementary school | | primary school(小学校)
elevator | | lift(エレベーター)
emergency cord | | communication cord(緊急停止用コード)
engineer | | engine driver(技術者)
eraser ¦ | rubber(消しゴム)
exhaust fan | | extractor fan(換気扇)
expressway | (in city(市中の))
| motorway(高速道路)
fall | | autumn(秋)
fanny(slang(俗語)) buttocks(女性の尻)
faucet | | tap(蛇口)
fire department | | fire brigade(消防団)
first floor ¦ | ground floor(1階)
flashlight | torch(懐中電灯)
floor lamp | | standard lamp(背の高い置きランプ)
flutist | | flautist(フルート奏者)
football ¦ ¦ American football(アメリカン・フットボール)
freeway | | motorway(高速道路)
freight train | | goods train(貨物列車)
French doors | | French windows(フレンチドア)
【訳注】方形のガラス入り格子を戸枠の中に嵌め込んだ観音開きの戸
French fries ¦ | chips(フライドポテト)
garbage | | rubbish, refuse(ゴミ)
garters | | suspenders(靴下留め)
gasoline | | petrol(ガソリン)
Girl Scout | | Girl Guide, Guide(ガールスカウト)
grade crossing | | level crossing(踏切)

イギリス英語 **アメリカ英語**
hire purchase | | installment plan(分割払い)
hoarding | | billboard(掲示板)
holiday | | vacation(休暇)
home help | | homemaker(ホームヘルパー)
houseman | | intern(インターン)
ice | | ice cream(アイスクリーム)
ice lolly | | Popsicle™, ice(棒つきのアイスキャンディー)
immersion heater | | hot water heater(温水ヒーター)
Inland Revenue | | Internal Revenue Service(国税庁)
interval | | intermission(幕間)
jelly | | Jell-O™(ゼリー)
Joe Public | | John Q Public(一般大衆)
jumble sale | | rummage sale(がらくた市)
jumper | | sweater, pullover(プルオーバー)
knave | (cards(トランプのカード))
| jack(トランプのジャック)
ladder | (hosiery(靴下の)) | run(伝線)
lead | | leash(革紐)
lemonade | | lemon soda(レモネード)
line | (railway(鉄道)) | track(線路)
lounge suit | | business suit(背広)
lucky dip | | grab bag(福袋)
marrow | | squash(ペポカボチャ)
maths(colloq.(口語)) math(数学)
mince | | ground / chopped meat(ひき肉)
motorcar | | car, automobile(自動車)
mudguard | | fender(フェンダー)
mum, mummy(colloq.(口語))
mom, mommy(ママ，かあちゃん)
nail varnish | | nail polish(マニキュア用のネイルエナメル)
newsagent | | newsdealer(新聞雑誌小売業者)
nightdress ¦ ¦ nightgown(寝間着)

イギリス英語 **アメリカ英語**
nil | | zero, nothing(零)
nought | | zero(零)
noughts and crosses | | tick-tack-toe(三目並べ)
number plate | | license plate(ナンバープレート)
pancake | | crepe(粉を使った生地を平たく丸く焼いたもの)
pants | ¦ underpants(下着用のパンツ)
paraffin | ¦ kerosene(灯油)
patience | (cards(トランプのカード))
| solitaire(一人占い)
pavement | | sidewalk(歩道)
pillar box | | mailbox(郵便ポスト)
planning permission | | building permit(計画許可)
post ¦ ¦ mail(郵便物)
post code | | zip code(郵便番号)
prawn cocktail ¦ | shrimp cocktail(エビのカクテル)
puncture | | flat(パンク)
pushchair | | stroller(ベビーカー)
queue | | line(列)
racecourse | (horses(馬))
| racetrack(競馬場)
railway ¦ | railroad(鉄道)
removal van | | moving van(引越しトラック)
rise | (salary(給料)) | raise(昇給)
roundabout | | traffic circle(環状交差路)
rowing boat | | row boat(手漕ぎボート)
sailing boat | | sailboat(帆船)
saltcellar ¦ | saltshaker(塩入れ)
shop assistant | | salesclerk(販売員)
signal box | | signal tower(信号所)
sleeper | (railway(鉄道)) | crosstie, tie(鉄道の枕木)
slip road | | ramp(傾斜路)
solicitor | | lawyer(事務弁護士)

イギリス英語 **アメリカ英語**
spanner | | wrench(スパナ)
spirits ¦ ¦ (hard)liquor((強い)酒)
sports | (school(学校)) | track meet(陸上競技会)
spring onion | | scallion(ネギ)
stalls | | orchestra(オーケストラ)
state school | | public school(公立学校)
stone | (fruit(果物)) | pit((核果の)種)
stopcock | | valve(水道管の弁)
subway | | underpass, tunnel(地下道)
swede | | rutabaga(スウェーデンカブ)
swing door | | swinging door(自在ドア)
swiss roll | | jelly roll(ゼリーロール)
telegraph pole | | telephone pole(電信柱)
telephone box/kiosk | | telephone booth(電話ボックス)
terraced house | | row house(軒続きの家)
third-party insurance | | liability insurance(賠償責任保険)
tights ¦ | pantyhose(パンティーストッキング)
trade union | | labor union(労働組合)
trainers | | sneakers(運動用ズック)
transport café | | truck stop(軽食堂)
treacle | | molasses(糖蜜)
trolley | | shopping cart(ショッピング用カート)
trouser suit | | pants suit(パンツスーツ)
tube | | subway(地下鉄)
turn-up (trousers(ズボン)) |
| (trouser)cuff((ズボンの)折り返し)
underground | | subway(地下鉄)
vest | | undershirt(保温用男性下着のシャツ)
waistcoat | | vest(チョッキ)
WC rest room(お手洗い)
whisky | ¦ scotch(ウイスキー)

語彙的な異なりが集まって起きる一定の分野がある（p.147）。ここには，『ロングマン英語・文化辞典（*Longman Dictionary of English Dictionary*）』（1992）から取った自動車に関する語の選択を提示する。

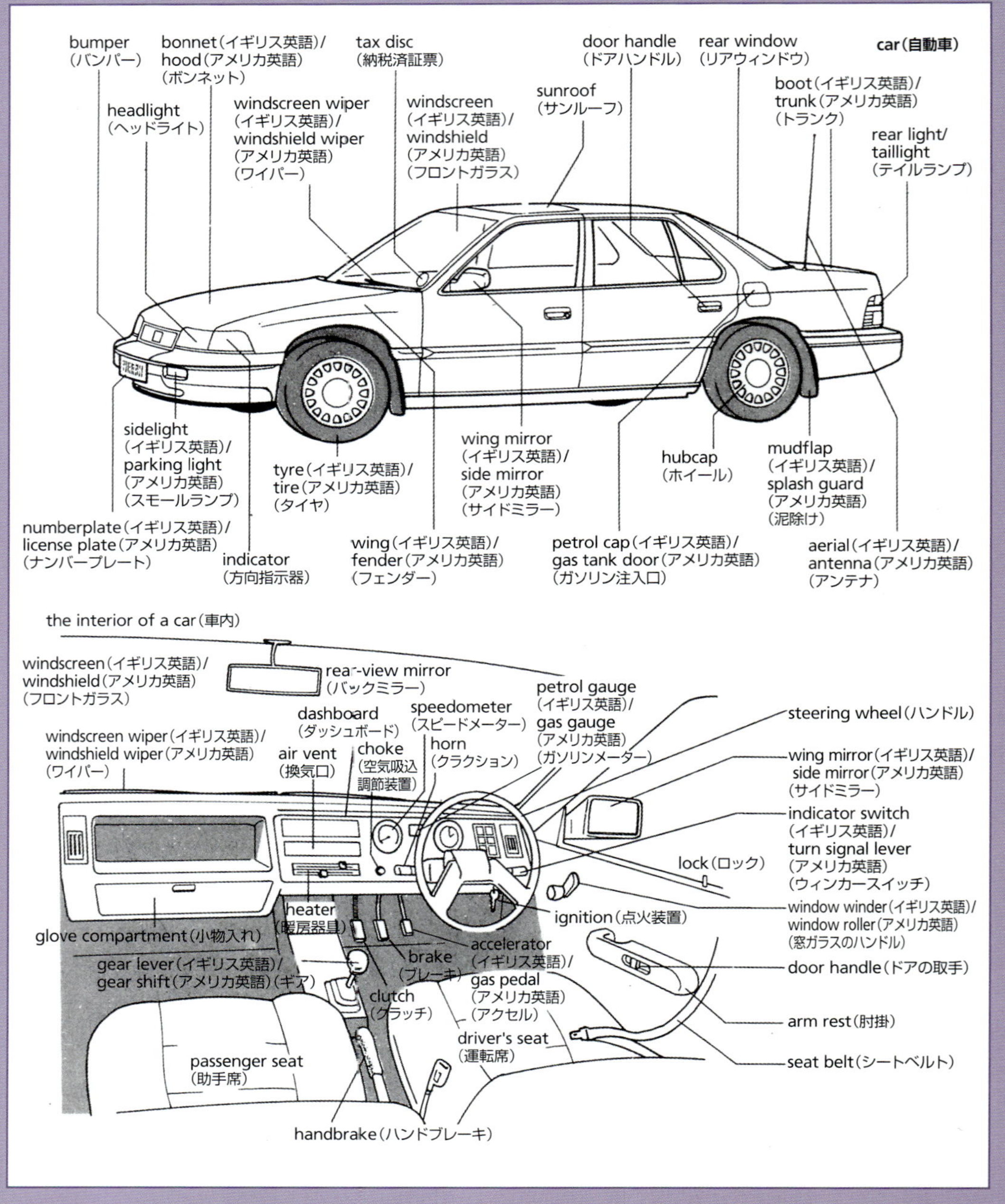

芝居は，大成功／大失敗（a real bomb）だった！

〔【訳注】'The play was a real bomb!' は，アメリカ英語では「芝居は，大失敗だった！」，イギリス英語では「芝居は，大成功だった！」を意味する。〕

問題は，好きか嫌いかだ。もし，あなたが米国人の読み手であれば，疑いなく，それが大失敗だったということになる。もし，あなたが英国人の読み手であれば，疑いなく，それが大成功だったということになる。重要なのは，大西洋を渡る時，つまり，イギリス英語とアメリカ英語では，個々の語だけなく，慣用句にも注意する必要があるということである。筆者は，ある人がある本についてどう思ったかを聞いてきた米国の知り合いと，話がかみ合わなかった時のことを思い出す。筆者が，Hilary was full of it! と答えたところ，その米国人は，ヒラリーはその本が気に入らなかったと解釈した――しかし，イギリス英語では，その慣用句はまったく反対の意味をもつ。

イギリス英語とアメリカ英語で厳密に対応した慣用句が存在するのはまれである。例外的なものには以下がある（イギリス英語の変異形を先に示す）。

if the cap/shoe fits, wear it（思い当たるふしがあるなら素直に受け入れなさい）
the lie/lay of the land（地形）
to turn on a sixpence/a dime（急旋回をする）
a skeleton in the cupboard/closet（知られては困る秘密）
cash on the nail/barrelhead（即金）
blow one's own trumpet/horn（自慢する）
off the back of a lorry/truck（物が盗まれる）
put in my two penniworth/two cents' worth.（ほとんど価値のないもの）

大部分の慣用句には容易に対応する表現がなく，そのままに理解するしかない。以下に例をあげる。

イギリス英語

hard cheese! (=bad luck!)（それはおあいにくさま）
drop a brick (=blunder)（へまをやる）
in queer street (=in debt)（金に困って）
a turn-up for the book (=a surprise)（意外な展開）
the best of British! (=good luck!)（ご幸運を祈ります）

アメリカ英語

right off the bat (=with no delay)（ただちに）
feel like two cents (=feel ashamed)（恥ずかしい思いをする）
out of felt field (=unexpectedly)（不意打ちで）
take the Fifth (=refuse to answer)（黙秘権を行使する）
play hardball (=no holds barred)（強硬に出る）
a bum steer (=bad advice)（でたらめな助言）

アメリカ英語の慣用句が英国においてますます知られるようになってきた。Ants in his pants（落ち着かない気分），a quick buck（あぶく銭）など，もともとアメリカ英語に由来する多くの慣用句が，今では普通に使われている。

文法的な異なり

教養のあるイギリス英語とアメリカ英語では，文法的な違いは比較的少ない。主要な参照文法（p.209）では地域的な傾向は形態と統語に約250の影響を示すのみであるが，それらの多くは個々の項目（例：不規則活用動詞）における影響にすぎず，統語的構造全般においてはほとんど影響を与えていない。（次の段落では，アメリカ英語の例に続いてイギリス英語の例を示す。文法用語についてはⅢ部を見よ。）

• 動詞句については，アメリカ英語では，所有の動詞は，have got よりも have が用いられる（Do you have the time? vs Have you got the time?）（今何時ですか?）。その応答も異なる傾向がある（I don't vs I haven't）（わかりません）。アメリカ英語では，burnt（burn（燃える）の過去形）よりも burned のような形が好まれ（p.493），特有の過去形もある（口語の snuck out（sneak（こっそり離れる）の過去形），dove（dive（飛び込む）の過去形））。アメリカ英語では，イギリス英語で現在完了が用いられるところで単純過去が用いられることもある（I just ate vs I've just eaten）（食べたところです）。また，アメリカ英語では will/won't が一般的であるが，イギリス英語では shall/shan't が一般的である。さらに付加疑問文の使用にも違いがある（p.230）。

• 名詞句については語順に多少の違いがある（例：Hudson River（ハドソン川）vs River Thames（テムズ川），a half hour vs half an hour（30分））。また，冠詞の使用にも違いがある（in the future vs in future（将来に），in the hospital vs in hospital（入院中））。アメリカ英語では集合名詞（p.221）を単数形で用いるのを好むが（the government is）（内閣は…），イギリス英語では複数形でも使用する（the government are）。

• 節のパターンも時に異なる。アメリカ英語では，Come take a look（vs Come and take）（見にくる）である。アメリカ英語では，I asked that he go（vs I asked him to go）（私は彼が行くよう頼んだ）のように，仮定法をより頻繁に使い（p.228），I wish she were here（彼女がここにいればいいのに）のように，was よりも were が好まれる。さらに，different to/from（…とは異なる）よりも，different than/from のほうがより一般的である。

• 前置詞（下を見よ），副詞にもいくつかの違いがある。例えば，アメリカ英語の I'll go momentarily（vs in a moment）（すぐ行きます），real good（vs really good）（とてもよい），backward（vs backwards）（後ろへ）がある。

GOTTEN と GOT の区別

Gotten（get の過去分詞形）は，アメリカ英語とイギリス英語の文法的な違いの中で，おそらく最も際立ったものであろうが，英国人で gotten を使おうとする人は，しばしば間違える。Gotten は単に have got（もっている）の代わりになるものではない。Gotten は They've gotten a new boat（=「得る」）（彼らは新しいボートを手に入れた），They've gotten interested（=「〜になる」）（彼らは興味を抱いた），He's gotten off the chair（=「運んだ」）（彼らは椅子を運んだ）ような文脈で用いられるが，所有（=「もっている」）の意味では使われない。アメリカ英語では，*I've gotten the answer（私は答えを得た），あるいは，*I've gotten plenty（私はたくさんのものを手に入れた）とは言わず，くだけたイギリス英語のように，I've got を用いる。一方で gotten の有効性は，アメリカ英語では they've got to leave（they must leave（彼らは出発しなければならない））に対して they've gotten to leave（they've managed to leave（彼らはなんとか出発した））のような区別が可能であることを意味している。

対応する前置詞

アメリカ英語	イギリス英語
It's twenty of four.	It's twenty to four.（3時40分です。）
It's five after eight.	It's five past eight.（8時5分です。）
It's in back of the building.	It's behind the building.（ビルの裏手にあります。）
I'll see you over the weekend.	I'll see you at the weekend.（週末に会いましょう。）
I haven't seen her in ages.	I haven't seen her for ages.（彼女には何年も会っていない。）
Mondays we take the bus.	On Mondays we take the bus.（月曜日にはバスに乗る。）
I looked out the window.	I looked out of the window.（私は窓の外を見た。）
I moved toward the car.	I moved towards the car.（私は車に向かって移動した。）
You're on the firing line.	You're in the firing line.（あなたは最前線にいる。）
He's got a new lease on life.	He's got a new lease of life.（彼は元気をとり戻した。）
It caters to all tastes.	It caters for all tastes.（あらゆる好みに応じる。）
Half the cash goes for cloths.	Half the cash goes on cloths.（現金の半分は衣服に費やされる。）
She's in heat.	She's on heat.（さかりがついている。）
They live on X street.	They live in X street.（彼らはX通りに住んでいる）

アメリカ英語にのみ生起した前置詞 前置詞	頻度	イギリス英語にのみ生起した前置詞 前置詞	頻度
unlike（…と異なった）	42	worth（…に値する）	104
pursuant（…に応じて）	20	barring（…を除いては）	3
excluding（…を除いて）	13	less（…を引いて）	3
pro（…に賛成して）	5	failing（…がないので）	2
astride（…にまたがって）	3	re（…について）	2
atop（…の上に）	3	touching（…について）	2
involving（…を含んで）	3	bar（…を除いて）	2
post（のちの）	3	afore（前方に）	1
vis-à-vis（…と差し向かいで）	2	à la（…風の）	1
dell'（…よりも(伊)）	1	bout（…なしに）	1
infra（下に）	1	qua（…として）	1
inter（…間の）	1	vice（…の代わりに）	1
with-but-after（…と同じであるが，…に次いで）	1	neath（…の下に）	1

これらは，アメリカ英語とイギリス英語の前置詞（p.225）の相違を示したものである。いくつかの文脈の日常性を考えると，これは主要な文法的差異化が起きる領域であるように思われる。さらに，いくつかのケースは好みの違いによる。アメリカ英語では，We went round the corner（彼らはちょっとそこまで行った）のような文では，around よりも round を好む。また，They walked about a mile（彼らは1マイルくらい歩いた）のような文では，about よりも around を好む。amongst（あいだに）はイギリス英語で，atop（頂上に）（文語体）はアメリカ英語で，はるかによく用いられる。群前置詞についても対比が見られる。例えば，アメリカ英語では aside from（…のほかに）（イギリス英語では apart from），in behalf of（…を代表して）（イギリス英語では on behalf of）を好むほか，くだけた off of（…から），back of（…の後に）も用いられる。

これらの例が示唆するように，前置詞は差異化が起きる主要な領域なのか？印刷物から取ったイギリス英語とアメリカ英語200万語のサンプル（ブラウンコーパスと *LOB* コーパス，p.490）における前置詞の分布を比較した研究では，そうではないことがわかった。

• 前置詞が生起する割合は，イギリス英語では12.34%，アメリカ英語では12.21%であった。

• 81の前置詞がアメリカ英語とイギリス英語の両方のコーパスで起こり，それらは前置詞の生起全体の99.9%を占めていた。イギリス英語にのみ見られた前置詞は13のみであり，（偶然にも）アメリカ英語にのみ見られた前置詞もちょうど13であった。

• 最も一般的に使用される6つの前置詞（すべての生起の70%以上を示す）は，両方の変種でほとんど一致していた。

（D. ミントと C. ウェーバー（D. Mindt & C. Weber），1989 を参照）

結論は明白である。これらのコーパスに示されるように，2つの変種における前置詞の使用の違いが何であれ，類似が相違をはるかに上回っている。ただし，数字を解釈する際には，2つの点に留意する必要がある。これらのサンプルは印刷物からのみ取られたものであり，上の例の多く（例えば，時間を訊く表現）は話しことばの特徴である。媒体（p.310）を考慮すれば，違いはより大きくなる可能性がある。さらに，イギリス英語の用法は，ほかの言語使用の領域でも見てきたように（p.326），アメリカ英語の影響を受けて変化している。現在では，talk with（…と話す）はイギリス英語でも一般的になっている（talk to とは対照的に）。イギリス英語では，伝統的に，fill in（あるいは，時に，up）（記入する）の形を用いるが，今では，米国人のように，fill them out を一般的に使う。言語変化の要因が言語の全体像を根本的にどれくらい変えるのかは引き続き観察されるべきである。

最も使用頻度の高い前置詞

上位6つの前置詞の順位は同じであり，総数のいくつかは非常に接近している。

前置詞	アメリカ英語	イギリス英語
of（…の）	36,432	35,287
in（…の中で）	20,870	20,250
to（…へ）	11,165	10,876
for（…のために）	8,992	8,738
with（…とともに）	7,286	7,170
on（…の上に）	6,183	6,251
at（…において）	5,375	5,473
by（…のそばに）	5,244	5,724

コラム「句読法」を巻末 p.548 に掲載

アメリカ英語における地域的変異

アメリカ英語の特徴の多くは，もう1つの主要な英語使用モデルであるイギリス英語との比較によって確立できるが（p.326），この作業は非常に理想化されたものである。比較を実行可能にするためには，おのおのの地域から単一の言語変種を用いてこなければならず，これは，通常（発音の場合，p.327），一般米語と容認発音で行われている。しかしながら，外部との比較は脇において，おのおのの方言そのものを目的として調査し始めるやいなや，すぐに膨大な量の言語変異に直面することになる。それらのうち，あるものは地域的なもの，あるものは社会的なもの（p.382）である。ここでは，存在する地域的変異の特徴を示す。

米国の地域方言の科学的研究は，1889年のアメリカ方言学会（American Dialect Society）設立にはじまり，1世紀以上行われてきた。言語地図の双書が企画され，その最初が1939年から1943年に世に出た（『ニューイングランドの言語地図（*The Linguistic Atlas of New England*）』（次のページを見よ）。ほかのほとんどの地域も，現在では体系的に研究されてきており，その中でも，中西部の北部，ガルフ・コースト｛【訳注】米国南部のメキシコ湾に面した地域。湾岸諸州（ガルフ・ステート）はメキシコ湾に面した5州のこと。テキサス，ルイジアナ，ミシシッピ，アラバマ，フロリダの各州｝などの地域については，より発展的な資料が出版されている。これらの研究により，3つの広い方言地域が存在していることが確認されている。

• 北部：南北戦争時代（1861–5）の政治的な「北部」とは異なる地域である。歴史的にはニューイングランドに属する地域であるが，現在では，その範囲は，バーモント州西部からニューヨーク州にかけて，また，北部の全州を横断して大西洋岸まで，狭い北の帯状で西に延びている。方言研究によると，ニューイングランド西部とニューイングランド東部を分ける重要な境界（大まかには，コネチカット川に沿って）がある。東部には，語尾の（母音の直後にある）*-r* の脱落という特徴的な発音様式が見られる（p.99）。

• 南部：デラウェア州，メリーランド州，バージニア州，カロライナ州，ジョージア州，湾岸諸州，さらにテキサス東部まで含む地域を指す。ここでも語尾の *-r* の脱落が見られる。

• 中部：国のほぼ全体を横断する広い地域で，ニュージャージー州南部，ペンシルバニア州，デラウェア州北部から，バージニア州，カロライナ州，ジョージア州の山脈部を下り，西に向かってテネシー州，アーカンソー州西部を通り，米国西部全体に広がっている。北部方言と南部方言の下位地域が確認できる。北部の特徴の1つは，地図にも示されるように，/ɒ/ と /ɔː/ の発音が融合することであり，それによって cot/caught（小屋 /catch の過去形・過去分詞），don/dawn（着る / 夜明け）が同じ発音になる。アメリカ英語の話しことばが全般的に均一であるような印象を与えるのは，中部地域が広大であることによる（F.G. キャシディ（F.G. Cassidy），1982 を参照）。

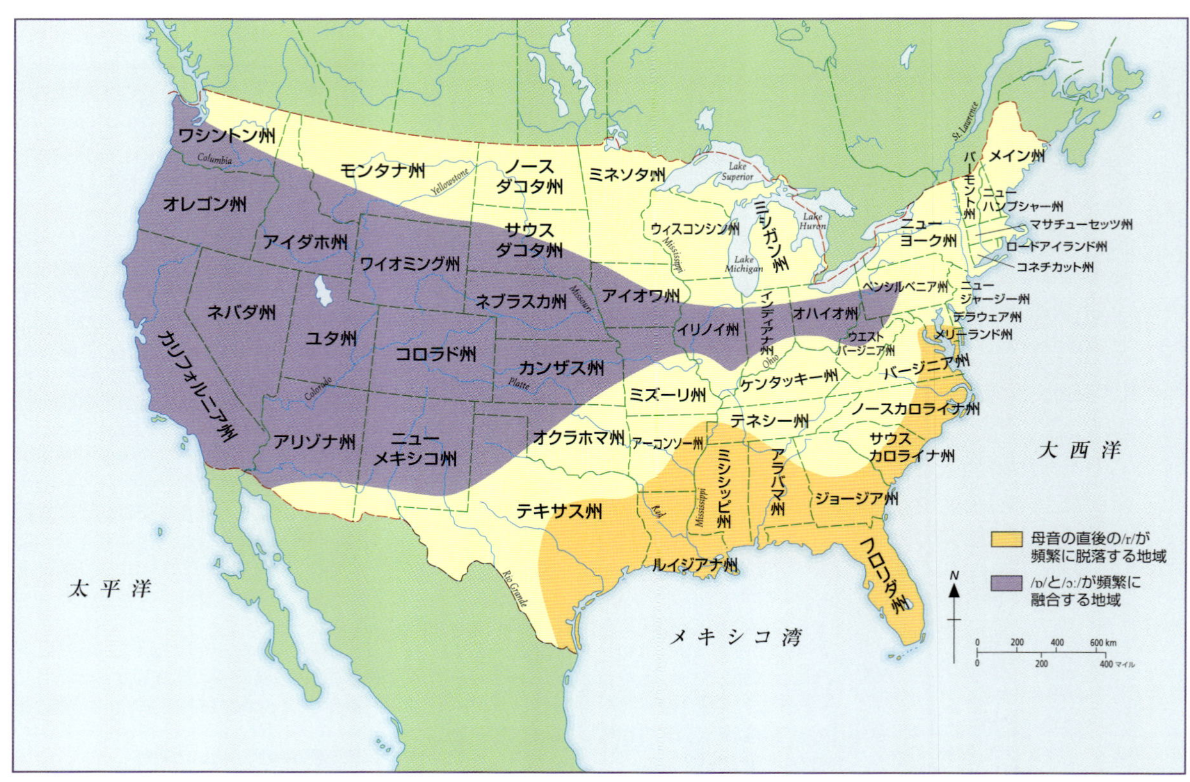

アメリカ方言の地図

方言パターンの存在を明らかにするために必要とされる詳細な研究は，『米国東部の言語地理（*A Word Geography of the Eastern United States*）』に収録されたこれらの2つの地図に見ることができる。これは，1931年に調査が始まった『米国の言語地図（*Linguistic Atlas of the United States*）』の最初の成果の1つである。調査地域は，メイン州からジョージア州までの大西洋岸沿いの全州に及び，ペンシルベニア州，ウエストバージニア州，オハイオ州東部を含んでいた。この地域は，当時，米国の人口の5分の2近くを占めていた。多くの地域から1200人を超える地元の人びとがインタビューを受けた。調査者はおのおのの調査協力者に対して10時間から15時間のインタビューを行い，1000点以上の用法に関するデータを入手した。

これらの地図は，得られた分布情報の種類を提示している。上の地図は，文法的変異の問題である，時間を伝えるときの前置詞の選択を示している。イギリス英語との比較から，ofの使用はアメリカ英語の「標準」であると認められてきた（p.331）。この方言データは，その類の記述がどれほど単純化できるかを示している。下の地図は，語彙的変異の問題，つまり，seesaw（シーソー）を指すのに使われるいくつかの語を示している。

3つの方言の細分化が認められ，次のページに示した全国の地域区分に証拠が与えられる。**北部**は，ニューイングランド入植地，ニューヨーク州北部，ハドソンバレー，オハイオ州北東部，そして，その先を含む。**中部**は，ペンシルバニア州北部とニュージャージー州の一部から南に延び，西はオハイオ中央部とその先まで広がる。その南の境界はデラウェア州中央部から，バージニア州のブルーリッジ山脈に沿ってカロライナ州へと弧を描くように広がっている。**南部**は，デラウェア州の南部3分の2，メリーランド州，バージニア州，ノースカロライナ州の東部，サウスカロライナの大部分，および（p.335）湾岸諸州で構成される（H. クラス（H. Kurath），1949を参照）。

この調査が行われた時期，ofとtoはともに，北部の地域，つまりデラウェア州，チェサピーク湾の周辺で重要であった。Ofはボストン地域やハドソン・バレーで優勢であり，toは北東部で顕著であった。南部の大部分の地域ではtoのみを使い，tillは南中部らサウスカロライナの南部に移動していった。ペンシルバニアは，中心部ではtillが一般的であったが，東部では南東部で優勢のofが強くなっているというように，混在した状態を示した。ピッツバーグ地域では，tillはofやtoに取って代わられつつあった。

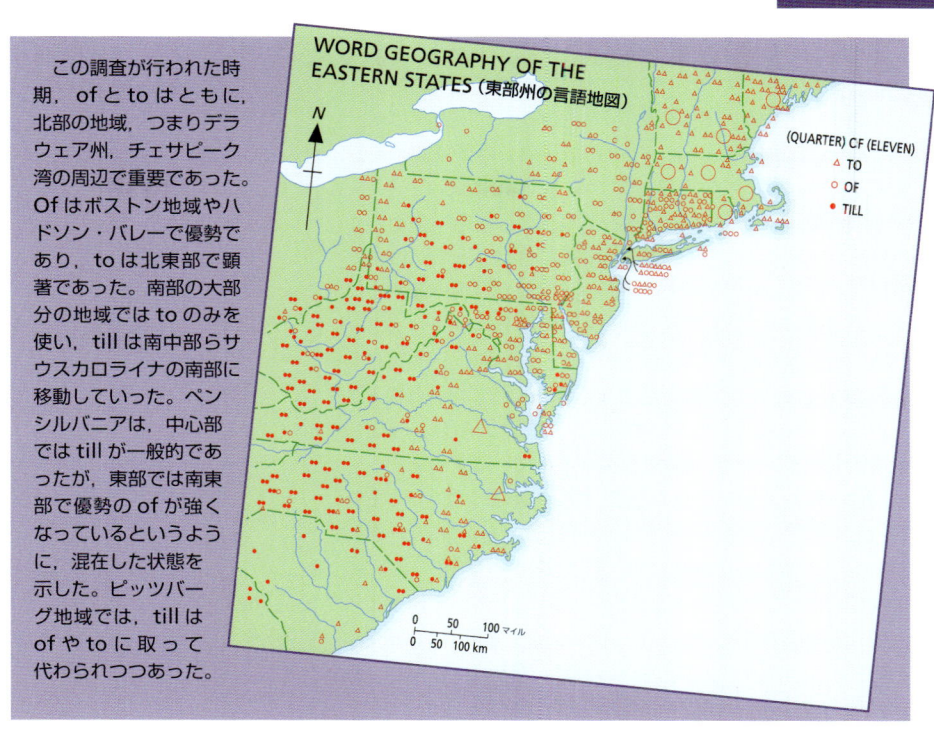

WORD GEOGRAPHY OF THE EASTERN STATES（東部州の言語地図）
N
(QUARTER) CF (ELEVEN)
TO
OF
TILL
0 50 100 マイル
0 50 100 km

この調査が行われた時期，seesaw（シーソー）の語は全地域で用いられていたが，ニューイングランド州，および，南部，南中部の一部では，ほかの表現のほうが，より一般的であった。ペンシルバニア州からサウスカロライナ州にかけての中央部の広い範囲においてseesawに代わる強力な語はない。特に都市部では，seesawが以前の地域表現の多くに取って代わる過程にあるようだ。

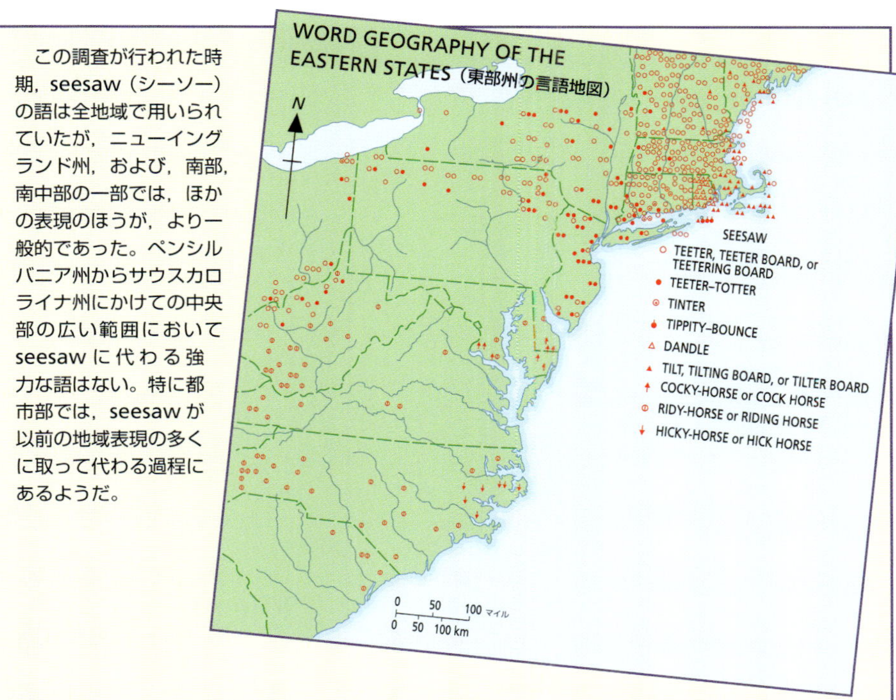

× regular（つねに使用）
– fairly common（非常に一般的に使用）
· rare（まれに使用）

	South（南部）				Midland（中部）		North（北部）			
	South Carolina（サウスカロライナ州）	North Carolina（ノースカロライナ）	Virginia Piedmont（バージニアピードモンド）	Eastern Shore（東海岸）	South Midland（南中部）	North Midland（北中部）	Hudson Valley（ハドソンバレー）	Upstate New York（ニューヨーク北部）	Western New England（ニューイングランド西部）	Eastern New England（ニューイングランド東部）
quarter to (vs of/till)（…まで15分）	–	–	×	–		·	–	–	–	–
curtains (vs shades/blinds)（カーテン）	·	–	–	–		–	·	–	×	×
piazza (vs porch)（屋根付きのベランダ）	×	×	·				–		×	×
gutters (vs eaves troughs, etc.)（ひさし）	×	×	×	–		–	×	·	–	×
corn house (vs corn crib)（とうもろこし小屋）	–	·	×	–			·	·	–	–
spider (vs frying pan)（フライパン）	–	–	·	·		·	–	×	×	×
low, loo (vs moo)（モーと鳴く）	×	×	×	×	·	·		–	–	–

共通の特徴

地域方言の区分は，ほかの（例：社会的な）要因の影響を受けるため，決して明確なものではない。この表は，東部州の調査での語のいくつかが，北部と南部の地域で共有されていたが，中部ではほとんど共有されていなかったことを明らかにしている（H. クラス（H. Kurath），1949, p.49を参照）。この調査が実施されてから半世紀の間にも，間違いなく語の使用は変化したであろう。

『アメリカ地域言語事典（*DARE*）』

『アメリカ地域言語事典（*Dictionary of American Regional English*）』は，アメリカ方言学会の公式な事典である。ウィスコンシン大学マディソン校を拠点として，フレデリック・G. キャシディ（Frederic G. Cassidy）（1907-2000）の指揮のもと，5 巻で計画されたプロジェクトであり，1985 年から 2012 年の間に出版された。さらにデジタル版と増補版が 2013 年入手可能になった。データは，1965 年から 1970 年の間に，50 州をまたいで 1,002 の共同体で 2,777 人の調査協力者を対象にして行われたインタビューから得られたものである。調査協力者は，母語話者，または，その共同体に長期在住している者である。80 名の調査者が日常生活に関する全般的なことがらを扱った 1,847 項目からなるアンケートを使い，インタビューを録音した。事典の最終版では，17 世紀から今日までの約 7,000 の話しことばと書きことばの資料にもとづいて作られた用法が加えられている。下の例は，chic sale(s)（チックセール）と hurting（痛み）の見出し語の説明であり，コンピュータ処理された分布図が添えられている。

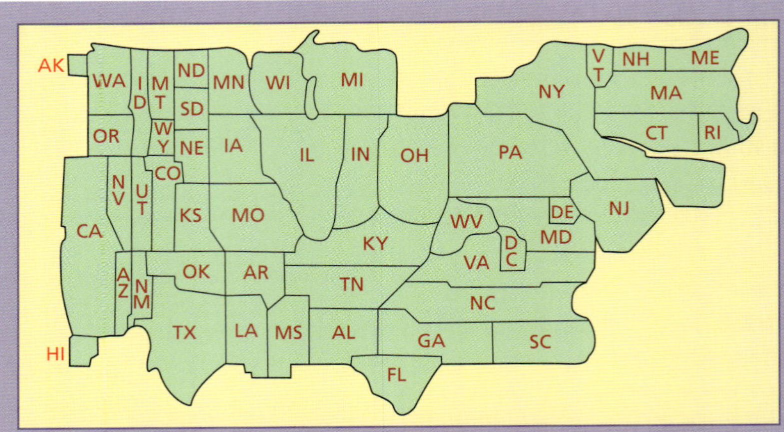

『アメリカ地域言語事典（*DARE*）』の研究の革新的な点は，大量データを処理するためにコンピュータを使用したことである。また，それによって，地理的範囲ではなく，人口規模（つまり，調査の一環として選択された共同体の数）を反映したアメリカ地図を作ることが可能になった。特にニューヨーク州とカリフォルニア州は，この研究方法によって拡大されている。この地図を使って分布を表示する場合（下を見よ），質問に対して特定の回答をした各共同体に点が配置される。空白スペースは，ほかの回答，または無回答を意味する（州名の略語，アメリカの本来の地形については，p.332 を見よ）。

『アメリカ方言辞典（*DARE*）』からの二つの事例

Abbreviations（略語）

c	central（中央の）
cap	capitalized（大文字の）
coll	college（大学）
DC	Washington DC（ワシントン DC）
DN	*Dialect Notes*（『方言ノート』）
educ	educated（教養のある）
infs	informants（調査協力者）
joc	jocular（こっけい）
LAUM	*Linguistic Atlas of the Upper Midwest*（『アッパー・ミッドウエスト言語地図』）
MD	Maryland（メリーランド州）
Midl	Midlands（中部）
MO	Missouri（ミズーリ州）
n	noun; north(ern)（名詞：北(の)）
ne	north-east（北東）
NY	New York State（ニューヨーク州）
Qq	questions（質問）
Qu	question（質問）
quot	quotation（引用）
s	south(ern)（南(の)）
Sth	south（南）
TX	Texas（テキサス州）
usu	usually（通常）
Var(r)	variant(s)（言語変種）
w	west(ern)（西(の)）
WELS	*Wisconsin English Language Survey*（『ウィスコンシン英語調査』）
WI	Wisconsin（ウィスコンシン州）

Chic sale(s)名詞，また形容詞的に　通常大文字 また chick sale(s)［引用 1929 を見よ］**散在するが，主に北東部，北中部，西部**　地図を見よ　somewhat old-fash, joc(少々古い，こっけい)
離れの，野外便所。

［**1929** セール(Sale)『スペシャリスト(*Specialist*)』［6］，There's Chic Sale, Doc Sale's boy(シック・セール，ドクター・セールの息子です。) / イリノイ州アーバナより，同書 11，You are face to face with the champion privy builder of Sangamon County.(あなたはサンガモン郡で一番の野外便所建設業者に会っているのですよ)］**1950**『ウィスコンシン英語調査(*WELS*)』(An outside toilet building(野外便所の建物))調査協力者 5，**ウィスコンシン州**，Chick Sales; 調査協力者 2，Chick Sale; 調査協力者 1，Chic Sales; 調査協力者 1，Chick Sales Classic Palace; 調査協力者 1，Chick Sale Special. **1962** アトウッド(Atwood)『テキサスの地域的語彙(*Vocabu. TX*)』53，Chic Sale.(野外便所)**1965-70**『アメリカ方言辞典(*DARE*)』(質問 M21b. joking names for an outside toilet building(野外便所の建物のこっけいな呼び方)119 調査協力者，**散在しているが，主に北東部，北中部，西部**，Chic sale(s); **ワシントン DC** 2，**メリーランド州** 48，Chic sale house; **ニューヨーク州** 127，Chic sale special;(質問 M21a，An outside toilet building(野外便所の建物)調査協力者**ミズーリ州** 4，Chic sale.［質問 M21b に回答した全調査協力者中，6%は若者，26%は高学歴者；これらの回答をしたのは，若者ゼロ，高学歴者 50%)**1970** ターブリー(Tarpley)『ブリンキーからブルージョンまで：テキサス州北東部の単語アトラス(*Blinky*)』149 **北東テキサス州**，Chick Sales.［調査協力者 1］**1971** ブライト(Bright)『カリフォルニアとネバダの語の地理学(*Word Geog. CA & NV*)』150，Chic Sale(s).(野外便所)［調査協力者 75，ネバダ州中央部と南部，カリフォルニア州に散在］**1973** アレン(Allen)『アッパー・ミッドウエスト言語地図(*LAUM*)』1 巻 .181，Chic Sale.［調査協力者 6，アイオワ州に 2，ネブラスカ州に 4］

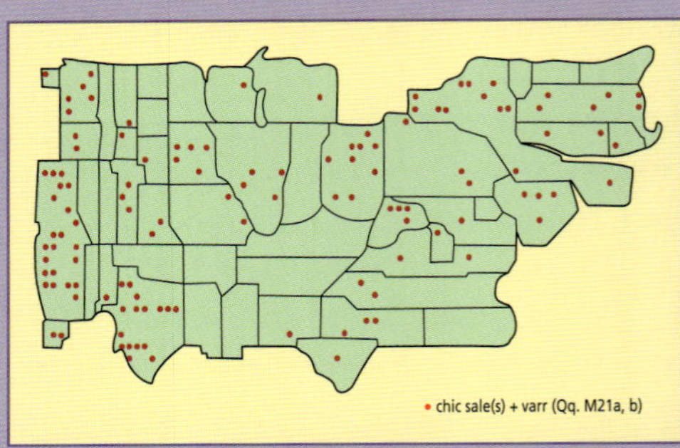

hurting 名詞

1　苦痛または痛み。**主に南部，南中部**　地図を見よ

1902『方言ノート(*DN*)』2 巻 . 237 イリノイ州南部［開拓者方言］，Hurtn［原文のまま］. . . 痛み。**1917**『方言ノート(*DN*)』4 巻 . 413 **ノースカロライナ州西部**，Hurtin'. . . 痛み。**1950**『ウィスコンシン英語調査(*WELS*)』調査協力者 1，**ウィスコンシン州**，Hurting. **1960 頃**『ウィルソン大学(*Wilson Coll.*)』**ケンタッキー州中南部**，Hurting. 胸の痛みのような，漠然とした痛みまたは苦痛 . **1965- 70**『アメリカ方言辞典(*DARE*)』(質問 BB4，Other words for a pain. . .(痛みを表すほかの表現 . . .) "He's had a ______ in his arm for a week."(「彼は，1 週間，腕に ______ がある」))調査協力者 77，**散在しているが，主に南部，南中部**，Hurting; 一般米語 67，Hurting ―［使用］黒人；(質問 BB3b)調査協力者 **フロリダ州** 26，**ニューハンプシャー州** 16，**オハイオ州** 44，**テネシー州** 30，Hurting;(質問 BB3c)調査協力者 **インディアナ州** 28，Hurting; **テネシー州** 16，Hurtin'.

(巻末 p.548 へ続く)

アパラチア地方の話しことば

ここで紹介するアライグマ狩りについての話は，とある米国の社会言語学研究により収集されたデータの一部であるが，方言使用における保守的傾向により特に注目されてきたウエストバージニア東南部アパラチア地方の話しことばの特徴を示している。この研究の著者らは，ウエストバージニアの方言にはいくつかの古めかしい特徴が確かに現存していることを示した。しかし，そこに「ある種のロマンティックな魅力」があるにしても，ウエストバージニアの方言をエリザベス朝時代の英語の生きた見本であるとする彼らの結論は，意味をなすにはあまりに単純すぎる。というのも，古い形式とならんで，文法や音韻における新しい展開も存在しているからである。

しかしながら，次の抜粋はいくつかの興味深い古い特徴を示している。特に，ある機能において動詞の *-ing* 形に接頭辞 *a-* をつける用法（*a-trying*）があるが，この用法は後期中英語において，中部・南部の英国方言に散見されたものである（p.50）と同時に，アパラチア地方の話しことばで書かれた文学のステレオタイプとしてよく使われている。さらに現在形の主語と動詞の一致が欠落していることを示す証拠もある（we's, I's, he's）。この *-s* の形式の一般化の源は明らかに中英語，特にスコットランド（のちの北アイルランド）とイングランド北部において使われていた変種であり，近世にはイングランドの多くの地域で見られたものである（p.67）。したがって，この方言でこのような特徴をもつ使用が続いているのは，これらの地域における植民地支配の影響によるものであるという強力な主張をすることができる。

……ジョンは，我々がアライグマを捕まえた場合に，それを入れるための布袋をもっていくことになっていた。我々は（We's）アライグマを生きたままもち帰ろうと，森の中を朝の6時頃まで重い足取りで進んでいた。犬たちが洞のある大きな栗の木に何かを追い上げた。我々はそれを切り倒そうと前に進んだ。その木は，端から端まで3，4インチ，根株は4フィートくらい。我々は犬たちをつないで，それを切り倒した。ああ，我々はそれを切り倒し，1匹の犬を放した。すると犬はそれに向かって行って木の古い洞に入ったが，それは分岐していた。我々はそこに入って行かれなかった。それで犬が戻ってきて，ジョンが犬をつないだ。我々は（we's *a*-gonna），アライグマがいたら叩き落とすつもりだった。たぶん，ポッサムか何かを木に追い上げただけかもしれない，俺はそう思った。そして，俺が切り込んでみると，いやはや驚いた，クソアライグマの真上だった。「18ポンド，コグマだ」とジャック・スターンが言った。俺は，斧の柄を下にして後ろに駆け込んで，アライグマが逃げたり木の中に戻ったりしないようにした。彼は手を伸ばして，だまして，アライグマの後ろ足をつかんで引っ張り出した。俺には羊のように大きく見えた。彼は，アライグマを放して，「コグマか，くそ」と言った。我々は古いカーバイド・ライトをもっていたが，彼はそれを倒してしまった。ライトは…それだけだった。それでも，狩らねばならなかった。それで犬たちはアライグマを追いかけて洞に入っていった。犬たちはアライグマを捕らえ，ジャックは我々の誰よりも先にそこに着いた。行ってみると，彼は片手に3匹の犬を，もう片方の手にアライグマを抱えていた（*a*-holding）。犬はアライグマを噛もうとしていた（they's all *a*-trying）。アライグマはジャックと犬を噛もうとしていた（the coon *a*-trying）。そしてジャックは袋を取り出した。それはひどいものではないが　彼の妻のマギーが使っていた古い枕カバーで，よれよれだった。そこで，そのあたりを手探りして，ついにアライグマを袋に入れた。ジャックが袋を閉じようとしたら，アライグマは袋を半分に2つに引き裂いて，洞に再び逃げ帰っていった。アライグマの体に残っていた袋の半分をかぶせて捕まえて，それで，ほら，E.F. ワーストがついにつなぎ服を脱ぎ，我々はつなぎ服の片方の脚にアライグマを入れて，動けないようにした。アライグマはなんでも引き裂いた。すごく大きくて抱えられなかった。そして俺はアライグマを家にもち帰り，1カ月ほど飼って，食用にするために，リンゴや食べ物を与えた。そして，俺はアライグマを殺して食べてみた。トムキャットかケナガイタチをすぐに食べるところだったが，大した違いはなかっただろう。それが，俺が今までで最高だと思っているアライグマ狩りの話だ。

（W. ウルフラムとD. クリスチャン（W. Wolfram & D. Christian），1976，p.181から引用）

二重法助動詞

『湾岸諸州の言語地図（*The Linguistic Atlas of the Gulf States*）（*LAGS*）』は，リー・ペダーセン（Lee Pederson），のちにウィリアム・A・クレッチマー・ジュニア（William A. Kretschmer Jr.）の指揮のもと，1986年より出版を開始した複数の巻からなるプロジェクトである。項目索引の見出し語は，実地調査者によって行われた1,000以上のインタビューで録音された5,000時間分もの話しことばにもとづいている。大量の自由会話をインタビューに含んだことにより，特定の質問に答えるアンケート調査では普通得られないような記述が可能になった。

このプロジェクトによって明らかにされた方言データの興味深い例は，「二重法助動詞」（double modals）（will can, might could など）の使用である。標準英語では，複数の法助動詞が共起することはない（p.224）。二重法助動詞の形式は，アパラチア人の話しことばの特徴であると言われることもある（確かに，中英語，特にスコットランドと北イングランドにその原形があり，上で仮定された歴史的関連が支持される）。Might it could be a feature?（それは1つの特徴であり得るのだろうか？）

下に法助動詞の組合わせを頻度順に示す。39の顕著な形は，異なる8種類の要素で始まる。

might could	219
used to could	124
might can	54
might would	41
used to would	19
used to wouldn't	11
used to couldn't	10
may can	9
might ought to	6
shouldn't ought to	6
might better	3
might have could have	3
might have used to	3
might wouldn't	3
shouldn't have ought to	3
used to used（to）could	3
might couldn't	2
might have would have	2
might will	2

1例のみは，can might, could might, could used to, may not can, may not ought to, may would, might cannot, might can't, might could've, might have could, might just could, might not can, might not could, might should, might used to, ought to could, shouldn't oughtn't (to), used to used (to) wouldn't, would might, would use to

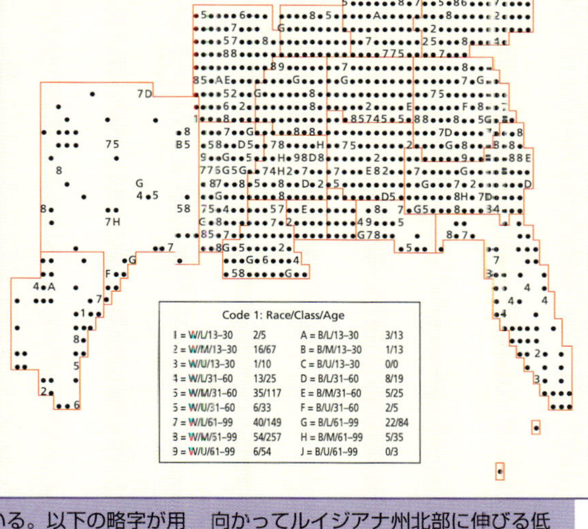

『湾岸諸州の言語地図（*LAGS*）』のコンピュータ処理されたコード地図（右）に，最も使用頻度が高い法助動詞の組み合わせを提示する。地図には，社会，年齢，民族，地理のパターンも示されている。調査協力者の年齢は，13歳から30歳，31歳から60歳，61歳から99歳と，大まかに3つに分類されている。以下の略字が用いられている。Wは「白人」，Bは「黒人」，Lは「下流階級」，Mは「中流階級」，Uは「上流階級」。

地図上の各点は調査協力者の場所を表している。もし二重法助動詞が用いられたら，点は文字か数字で置き換えられる。記号の意味は地図に添えられている。例えば，Aは，黒人，下流階級，13歳から30歳の調査協力者を意味する。右の数字は，その形を使用する当該カテゴリーの人数を示している（この場合，13人中3人）。余白に印刷された場所を示すコードは，この表示では省略されている。

特に，ジョージア州東中部から西に向かってルイジアナ州北部に伸びる低南部で，明らかに二重法助動詞の集中度が高くなっている。テネシー州とジョージア州北部では比較的まれにしか起こらない。二重法助動詞の使用に民族的な違いは見られない（白人の23%，黒人の24%が使用していた）。60代以上は使用の可能性がやや低くなる（22%対31%）。階級においては明確な傾向があり，下流階級の人びとが最も多く使用し（30%），次に中流階級（23%）と上流階級（14%）が続く。ただし，アパラチア地方で法助動詞の組合わせが普及しているという証拠はない。It might couldn't.（そうではないかもしれない）

都市での観察

方言学の多くは，地方の話しことばとテーマに焦点を当て，その対象を同じ地域で生涯を過ごしてきた高齢者に限定することが非常に多かった。最近では都市部を対象とした研究も増えてきている。とはいえ，人口の種々雑多な性質により，明確な言語的分類はどうしても不可能である。

右の地図は，1960 年代半ばにボストン都市部で行われた研究の一部である。その研究においては，ボストン英語のすべての母音と子音を引き出すようにデザインされた 110 の質問文に 30 名の調査協力者が回答した。研究結果から，ボストンには少なくとも 3 つの下位方言があることが明らかになった。1 つ目は，広域に広がる発音様式であり，中心部の外側におけるほとんどの社会層の特徴を表している。2 つ目は，主に特定の地域（ビーコンヒル，バックベイ，ミルトンなど）の少数の上流階級の話者の特徴であった。そして 3 つ目は，中心部の地域（サウス・ボストン，イースト・ボストン，サウス・ケンブリッジなど）を占めていた。例えば，中心部の下位方言を差異化するさまざまな特色の中には，子音に関する 3 つの特徴があった。Law and order（法と秩序）などの連続において連結の /r/ を使用すること，chimney（煙突）において /n/ を /l/ に置き換えること，potato（ジャガイモ）において2つ目の /t/ を弾音の [ɾ] で発音することである（R. L. パースロー（R. L. Parslow），1971 を参照）。

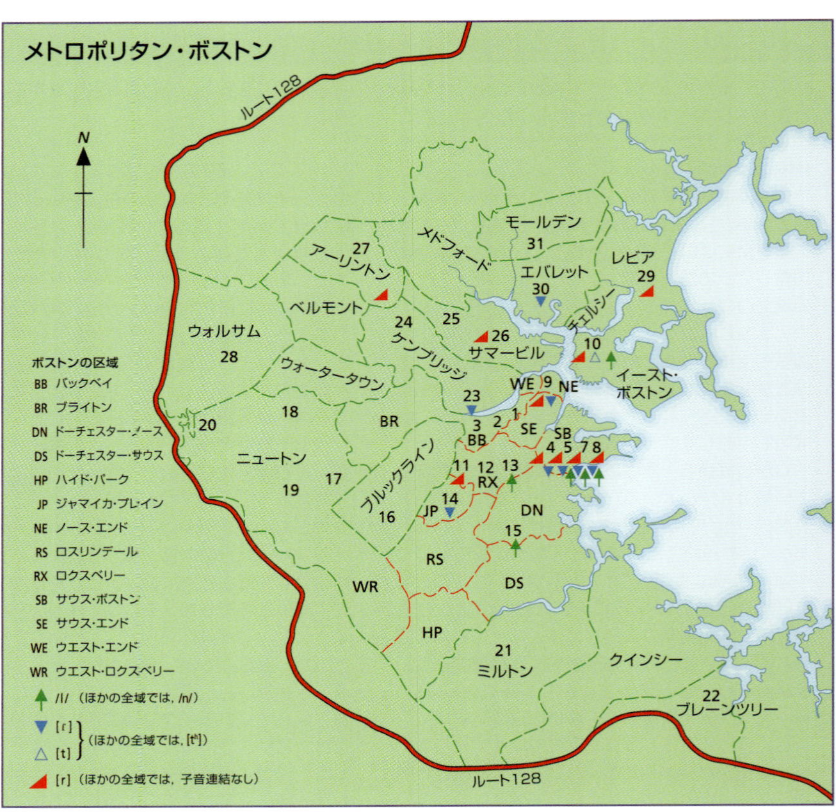

シティ・トーク

シカゴ地域に見られる複雑な状況に関するヒントは，米国を代表する方言学者レイヴン・I. マクディヴィッド・ジュニア（Raven I. McDavid, Jr.）（1911-84）による下の説明に，ほかの方言に関するいくつかのコメントも加えつつ示されている。

言うまでもなく，私たちは，すべての言語的な蓄えを共有していたとしても，自分がどの母音または子音を使うかに関して，意見が一致するわけではない。ピオリア北部では，greasy（脂っこい）は /-s/ で発音する傾向があるが，南部では /-z/ で発音する傾向がある。両方の発音を知っている人は，自分が家でどちらを用いるかによって，2 つのうちどちらかに対して嫌悪感を覚えがちである。シカゴ都市部においては，郊外の小さい共同体の出身者は fog（霧），hog（豚），Chicago（シカゴ）を father（父）の母音で発音するが，都市自体では，これらの語は通常 law（法律）の母音で発音される。ペンシルバニアの多くの住民は food（食物）を good（良い）と同韻で発音する。南部の教養人の多くは soot（すす）を cut（切る）と同韻で発音する。Foot（足）の母音で発音する roof（屋根）はニューイングランド入植地，および，いくつかのペンシルバニアからの入植地域で広く見られる。Do（する）の母音で発音する coop（かご）はカナファ川の北側で一般的である。Foot（足）と同韻で発音する root（根）はニューイングランド出身者の入植地の特徴である。

文法における違いもある。サウスカロライナでは教養のない人であっても，hadn't ought とは言わないであろうが，その表現は，北部の教養のある話しことばでは一般的である。また，私たちは sick to the stomach（吐き気がして）も言わないであろうが，北部ではほぼ一般的である。しかし，教養ある南部の人びとは，私自身も含めて，会話で might could, used to could, used to didn't という表現を使う。バスケットボールを中継する『シカゴ・トリビューン（*Chicago Tribune*）』のアナウンサーが dived と dove（go の母音で）（入り込む）の選択に迷ってほとんど分裂症のようになっていたのを聞いたことがある。また，kneeled と knelt（ひざをつく）の間には地域的，社会的区別がないようである。『ユリシーズ（*Ulysses*）』，『チャタレイ夫人（*Lady Chatterly*）』，ノーマン・メーラー（Norman Mailer）にもかかわらず，なおも書きことばでタブーとされる 4 文字語である ain't さえも，教養ある人びとの会話，特にチャールストンの 1 世の家庭で用いられることがある。このことを知れば，歩道と道路の間の緑帯，ミミズ，トンボ，カテージチーズの呼び方が多様であることをすんなりと受け入れることができる。また，ドーナツはイーストで作るべきかどうかについてのニューイングランド人の議論，ニューオーリンズのプア・ボーイ・サンドイッチ（poor boy sandwich）はフィラデルフィアではホーギー（hoagy），ボストンではサブマリン（submarine），ニューヨーク州北部地方ではグラインダー（grinder），ニューヨーク市ではヒーロー（hero）に当たるであろうことに驚いたりしない。最近になってやっと外部の人たちは，clout は政治的影響力を指すシカゴの現地語であり，Chinaman はその影響力の後ろ盾を指すこと，prairie は小さな空き地，gangway は，通常覆いのある 2 棟のアパートメントの間の道を指すことを知るようになった。

しかしながら，もしアメリカ英語における違いに当惑することがあるなら，これらの違いはヨーロッパの基準からみてほんの小さいものであることを知ることで安心すべきである。実際，大西洋に沿った異なりは，カンバーランドとケントの間のはるかに短い距離に見られるよりも，より少なく，はっきりしたものではないだけでなく，西に行くにつれて違いがなくなることが認められる。私たちの話しことばの相対的な均一性には，いくつかの要因がある。第 1 に，英国の現地語の特に極端な変種の話者が移住者であったわけではない。初期の植民地のすべてに方言の混合があったが，その状況は西方への移動においてくり返された。その結果，各地で生き残ったものが折衷のことばである。[（p.100 を見よ）地理的・社会的流動性，産業化，都市化，および一般教育の歴史に言及した後，マクダビッドは次のように結論づける。] これらの力のすべてが一体となって——また，今もなお一体となり続けていて——地方および地域の用語さえも国の商業用語に置き換え，さらに，目立った非標準的な文法的特徴をなくし，ある地域の発音と別の地域の発音の違いを減らそうとしている。これらの力はアメリカ英語のいくつかの地域差を減らしてきたが，それらを除去してはいない。

（R. I. マクダビッド（R. I. McDavid），1971）

ブルーリッジ山脈

650マイルにわたって連なるアパラチア山脈。ペンシルバニア州からメリーランド州，バージニア州，ノースカロライナ州を通ってジョージア州に至る。地理的には，森林の風景で知られている。言語的には中部方言地域と南部方言地域の境界として知られている。

発音様式に対する態度

レイヴン・マクダビッド（Raven McDavid）が示唆するように，米国の地域差は，大まかに言って，英国ほど広がっていないが（p.316），存在する地域差は，テキサス州マック・アレンで発行された『モニター（*The Monitor*）』（1992年8月30日）の新聞報道から明らかなように，世間の注目，興味，関心を呼んでいるようである。

学生のy'allの南部発音様式を直す教師

サウスカロライナ州グリーンビル（GREENVILL, S.C.）ディビッド・ペンス（David Pence）のクラスで語られる物語は，しばしば小舞台上の悲劇である。もしそれらが喜劇のように聞こえるなら，あなたはこの辺りの出身でないに違いない。

その授業は，「いかにあなたの南部の発音様式を制するか」という授業である。

カリフォルニアで衣類を買おうとした南部のオートレーサーの話がある。彼の言うrice wireがrace wear（レースウェア）のことであると，店員にわかってもらえなかった。

二人の旅行者が，ピードモントの自宅から遠く離れたところで，ahss tayを注文した。ウェイトレスは聞き返した。彼らは，お茶の葉を浸して作った冷たい飲み物を意図して，Ahss tay, plazeとくり返した。ウェイトレスは，鉛筆で注文パッドをコツコツたたいた。

「結局，彼らは『ソーダをもらえますか？』と言った」とペンスは説明した。ペンスは，日中は言語病理学者として働きながら，グリーンビル・テクニカル・カレッジで3年半，夜間コースを教えてきた。

ペンスはアイスティーに関わる顛末を語るとき笑っていたが，発音様式は笑いごとでは済まないと言った。彼の最初のクラスの学生の一人が泣き出した。

「私は発音様式についてひどい嫌がらせを受けてきました。あなたはそれがどんなに動揺させるものかわからないでしょう」とその女性がすすり泣いたとき，「こんなにも沢山のハンカチを使った」とペンスは回顧する。

南部文化の百科事典によると，南部人は「しばしば自分の話しことばについて矛盾する態度をもっている」――その特色と表現性を誇りに思っているが，地域外で聞かれるのは「不安」である。さらに，一部の親は，子供たちの話しことばから，南部の特徴を消そうとするとされている。

ペンスの6週間65ドルの授業の目標は，わかりやすいが，とても容易とは言えない。その目標とは，特に南部以外の人と，どのようにコミュニケーションするか，学生に選択を与えることである。

「もし，相手が，あなたが言っていることではなく，あなたがどのように話しているかを聞き始めたら，すでにあなたは効果を失いつつあります」と彼は言った。

しかし，ヤンキーの影響が枯れない葛の蔓のようにすでに広がりつつあることを警戒している地域では，ペンスの努力は，人によっては，「ゴマー・パイルがヘンリー・ヒギンズに出会う」（Gomer Pyle Meets Henry Higgins）〔訳注〕ゴマー・パイルは，1964年から1969年までCBSで放送された米国のシチュエーション・コメディ『マイペース二等兵（Gomer Pyle, U.S.M.C）』の主人公でノースカロライナ出身の気立てのよい男。ヘンリー・ヒギンズは，1964年の映画『マイ・フェア・レディ（My Fair Lady）』の登場人物で適切な英語の話し方を教える音声学の教授〕のように響き，忍び笑いが聞こえてくる。

「帰れ。お前なんかいなくていい」と，彼が受け取ったいくつかの憎悪の手紙の1つに書かれていた。（「私はアーカンソー出身だ。そこは南部と見なされている」と，漂白されたジーンズの，なお青い縫い目のように，彼の話しことば全体にかすかに織り交ぜられた南部生まれの鼻にかかった発音で，ペンスは抗議する。）

別の手紙では，「ベートーベンを聞くよりも，中央ジョージアの誰かが電話帳を読むのを聞きたい…私の考えでは，あなたはアメリカの貴重な資料を破壊している」と攻撃された。

サウスカロライナ，チャールストンの『ザ・ニュース・アンド・クーリエ（*The News and Courier*）』のある編集者は，ペンスのクラスでメモをとり，含み笑いをした。

「あなたたちは耐えられますか」（Can y'all stand it?）と，その新聞はあざけった。南部の話しことばは，「国の大部分を悩ます地域発音様式のない均質化された話しことばとは一線を画す特徴と響きをもつのである」と。

ペンスからの反論はなかった。しかし，自分の発音様式がほかから区別されたくない人びとについてはどうなのか？

一人の学生が，自分の会社のニューヨーク支店に電話をかけるたびに電話をたらい回しにされると，クラスで発言した。「南部の子から電話だ」と言っているのが，彼女には聞こえるという。

コースを2回受講している役員秘書のキャシー・ヤング（Kathy Young）は，「プロの世界には田舎者の秘書を置く余地はない」と述べた。彼女には，こうした認識がテレビでの北部人のコメントや非難に反映されていると感じられる。

『じゃじゃ馬億万長者（*The Beverly Hillbillies*）』〔訳注〕アメリカのシットコム・ドラマ。1962年から1971年までCBSにより放送された〕から『爆発！デューク（*Dukes of Hazzard*）』〔訳注〕アメリカのアクション／コメディドラマ。1979年から1985年までCBSにより放送された〕までの田舎者［「田舎っぺ」（country hicks）］の描写は，研究者が数えた25ほどの南部方言のいずれかを使用する人びとをステレオタイプ化した。イェール大学とオックスフォード大学で教育を受けたビル・クリントン（Bill Clinton）〔訳注〕アーカンソー州生まれ〕でさえ，ニューヨークで，「南部の無教養な白人男」（Bubba）のレッテルを逃れることはできなかった。

ペンスは南部の発音様式を抑えたいということに対して，より肯定的な理由を示した。つまり，大手企業がサンベルト〔訳注〕カリフォルニアから，バージニアにいたる温暖地帯〕の，このにわか景気を呈している場所に工場を構えるので，――最も近いところでは，BMWが6月に，グリーンビルの外に，2億5000万ドルの自動車工場を建てると発表した――仕事を得て維持できるかは，話を理解してもらえるかにかかっている，と。

ペンスにコースを提供するよう間接的に導いたのは，外国企業の流入であった。

彼が個人授業で会う典型的な顧客は，話しことばを学び直す吃音者や脳卒中患者であるが，数年前，ペンスは外国生まれの経営幹部に英語の発音を指導し始めた。

その後間もなく，「人から『私の南部発音様式を何とかしてもらえませんか？』と言われるようになった」と彼は述べた。

その一人が，ナンシー・ハンフリーズ（Nancy Humphries）だった。彼女が，「私は，1987年，ミス・サウスカロライナに選ばれた。」と言った際，州のコンテスト当局者は彼女にいくつかの助言をした。「ミス・アメリカに進むために，彼らは，私に，より一般米語の発音様式で話すことを望んだ。」

彼女は全国タイトルを勝ち取ることはできなかったが，希望していた放送の仕事を得ることができた。そして彼女の南部発音様式は？

「私は南部発音様式をオンにしたりオフにしたりします」と，彼女はチャールストンのABC-TV系列会社のオフィスから話した。そこで彼女はレポーターと朝のニュースキャスターをしている。

「私がナンシーであるとき，私はナンシーになることができます。だから私は自分が南部人であることを，今でも保ち続けています。南部発音様式をなくすのは，仕事の世界だけです。」

ペンスの別の学生である67歳のジョージ・グリムボール（George Grimball）博士は，国際ロータリーの郡司に任命された後，クラスを受講した。彼は自分が多くのスピーチをすることになるであろうことがわかっていた。

グリムボールは，「長年の南部派の人びとからの批判」にもかかわらず，ペンスの努力を擁護した。しかし，テープを聞いて勉強したり，ほかの宿題をしたりすることができないほどのスケジュールと，当初の目標の複雑さのため，グリムボール自身の成功は限られたものであった。

「私は南部人の話し方が好きだ」と，グリンボールは，サウスカロライナの上院議員のアーネスト・ホリングズ（Ernest Hollings）が1984年に大統領に立候補した時に，米国人が聞いた，母音を延ばしてゆっくり話す豊かな南部の発音様式をいくぶん変えた話し方で語った。

（クリストファー・サリヴァン（Christopher Sullivan），AP通信）

イギリス英語の変異

英語の地域的変異の認識については，14 世紀から明らかになっており，このことは，ヒグデン / トレヴィサ（Higden/ Trevisa）（p.35）やウィリアム・カクストン（William Caxton）（p.56）のような文筆家の観察や，チョーサー（Chaucer）の『親分の物語（*Reeve's Tale*）』や，ウェークフィールド聖史劇（Wakefield）の『第二の羊飼いの劇（*Second Shepherd's Play*）』の中の登場人物に出てくる文学的表現の中に見ることができる。つづりや文法に関して，16 世紀や 17 世紀に多くの文筆家が地域的変異に言及しており，かなり系統立った観察を行っているものもいる（例えば，アレグザンダー・ギル（Alexander Gil），p.68）。しかし，それらは個人的な先入観によって，しばしば不明瞭なものである。イングランドにおける方言の科学的研究は 19 世紀後期に始まった。1873 年に W.W. スキート（W. W.Skeat）によりイングランド方言学会（The English Dialect Society）が設立され，その団体の活動は，英国の方言学の最初の主要な著作であるジョゼフ・ライト（Joseph Wright）の『英語方言辞典（*English Dialect Dictionary*）』（1898-905）を世に送り出すまで盛んに続いていた。この辞典は現在，インスブルック大学の英語学科を通してオンラインにより閲覧できる【訳注】この辞典はイギリス全土を視野に入れているが多くの語はイングランドのもの】。

英語方言調査

次の大きな動きは，スイスの大学教授であったユージーン・ダイエス（Eugene Dieth）（1893-956）と，英国の学者（後にリーズ大学の英語科の教授）のハロルド・オートン（Harold Orton）（1898-975）により 1946 年に企画されたもので，非公式にダイエス・オートン調査（Dieth-Orton Survey）として知られるようになった。1,300 に及ぶ調査項目が作られ，1948 年から 1961 年の間にイングランド全土の 313 の地域で現地調査が行われた。調査地域は地方に偏っており，農地，農業，動物や自然，家や家事，身体，数字，時間，天候，社会活動，また抽象的な状態，行動，人間関係などを話題としている。人口の流動が少ない地域の農業コミュニティが選ばれ，新しく生まれた地域は外された。調査協力者はすべて地元生まれの労働者階級で，年齢は 60 歳以上が中心，主に男性であった。質問に対する回答は（404,000 項目を超える情報）は，9 人の調査員が発音記号を使って書き起こした。また，書き起こしがされていない話しことばはテープに録音されている。多くの資料はアーカイブに残っているが，1962 年から 1971 年の間の基本的な資料は，序論と4巻の著作として出版された。1978 年には選択したデータの解釈を含む『イングランドの言語地図（*Linguistic Atlas of England*）』も世に出た。

そのほかの成果は，それ以来，英国方言研究において行われ，特に都市部の人びとの話しことばに焦点が置かれている。また，田舎の年配の人々の例にみるような古典的な英語方言のモデルから，かなりの人口の移動と目まぐるしい社会的変化による世界がもつ，より複雑な社会言語学的状況をより反映したモデルへと向かっている。

初期の言語変種についての観察

方言について言及したもの

どうやって書いたらよいかわからないが，田舎の人たちの粗野な話し方を真似て書いてみるとこんな感じである。彼らはこんな風に話す。the *mell* standeth on the *hell* は the *mill* standeth on the *hill*（丘の上に建つ粉ひき場）のことであり，knet は knit（編み物），bredg は bridg（橋），knaw は gnaw（かじる），…スコットランドでは -*ed* ではなく -*id* となるので，united（結合して 1 つになった）が unit-*id* となる。また，無教養な書き方では a cup of wine を *a* cup a wine と書く。ほかのものも似たようにばかげている。

（エドマンド・クート（Edmund Coote），『英国の学校の先生（*The English Schoole-Master*）』，1597）

ロンドンから遠く離れると，人びとが自分の考えを述べる際の英語の方言，または田舎の言い方は理解しがたいものであるということを見逃すことはできない。イングランドのあちらこちらで同じ状況だが，この地域ほど程度の大きいところはない。——それは，書きことばで十分に説明することは難しい。というのも，その違いは正書法の問題というより，トーンやアクセントの問題だからである。彼らは話しことばを短縮する。たとえば，I am を Cham と，I will を Chill と，do on（し続ける）や put on（身に着ける）を Don，と，do off（脱ぐ）や put off（脱ぐ）を Doff と言うなど。

（ダニエル・デフォー（Daniel Defoe），『グレイトブリテン全島周遊記（*Tour thro' the Whole Island of Great Britain*）』，1724-7）

英国の首都から離れた地域で，異なった発音体系が広がっていない地域はほとんどない。ウェールズでは，無声子音を有声音で発音するため，サマセットシャーでも人びとは無声子音の代わりに有声子音を用いて発音する。したがって，Somersetshire（サマセットシャー）は，Zomerzetzhire（ザマゼットジャー）となり，father が vather（ヴァーザー）となり，think が THink（ズィンク）になり，sure が zhure（ジュアー）となる。

（ジョン・ウォーカー(John Walker)，『発音辞書（*Pronouncing Dictionary*）』，1791）．

劇の登場人物の台詞から

旦那，お前さま勝手に其方へ往って，下の者通らせたがよかっぺい。大言で吹ッ飛ばされて人がおッ死ぬべいもんなら，おれ，はァ，二週間も前に片附いてゐたゞんべい。どっこい，寄らせねえ，此老翁の傍へは。其林檎頭のほうが堅かんべいか，此棒が堅かんべいか，試して見るだ，おれ，手ッ取り早いことが好きだからね。

（シェークスピア（Shakespeare），『リア王（*King Lear*）』，4.6.Edgar の台詞は南西の方言。坪内逍選訳『ザ・シェークスピア一全戯曲（全原文 + 全訳）全一冊』（2016），p.834，第三書館）

いや，自分は，誓って，此眼玉の黒いうちに，立派なご奉公を仕るでがす，でなきゃ地面に平臥ります，はい，それが出来なきゃ死にます。大丈夫，勇敢なる御奉公を仕る決心でがす，さういふ精神でがす，之を要するに。あゝ，遺憾です，両君の議論が傍聴したかったに。

（シェークスピア（Shakespeare），『ヘンリー5世』3.2. ヂェミ，スコットランド英語を表している）（坪内逍選訳『ザ・シェークスピア一全戯曲（全原文 + 全訳）全一冊』（1999），p.220，第三書館）

文学における方言のほかの使用例に関しては pp.351，368，373 を見よ。

ランカシャーの古い例

以下の抜粋は，ジョン・コリアー（John Collier 1708-86）がティム・ボビン（Tim Bobbin）という筆名を使って書いた『トーマスとメアリー（*Tummus and Meary*，つまり Thomas and Mary）』からのものであり，18 世紀に発展した方言文学のジャンルの一例である。ここに示すのは 1854 年のサミュエル・バンフォード（Samuel Bamford）による版からのものである。バンフォードは 100 年前の「ランカシャー（Lancashire）の方言の記述はとても不完全である」と考え，その中の多くのチェシャー方言と思われるものを修正した。脇に訳も併記してある。

Well Mester Cunstable, sed th'justice, what hanyo brought meh neaw?

Why plyes yur worship, ween meet neaw ta'en a hawse steyler at wur mayin off with'tit as hard as he cud.

Odd! thought I t'mehsel, neaw or never, Tum, spyek for thesel. So aw speek op, an sed, 'That's no turue, Mr. Justice, for awr boh gooin foots pace.'

Umph! sed th'Justice, there's no mitch difference as to that poynt. Howdtee the tung yung mon, an speake when theawrt spokken too,

Well! theaw mon i'th breawn cwot theaw, sed th'Justice, whot has theaw to say agen this felley? Is this tit thy tit, sesto?

It is, Ser?

Heer clark, bring that book an let's swear him.

Th'clark brought th'book, an th'Justice sed a nomony to th'felley; an towd him he munt tey care o' whot he sed, or he moot as helt be forsworn, or hong that yeawth theer.

（巻末 p.549 へ続く）

英語方言調査が地方に重点を置いていることがこの抜粋からわかるだろう。質問項目は方言調査の本の3巻目の動物に関するところから引用したものであり，ここに示した回答は6つの州とマン島からのものである。

省略記号一覧

Nb　Northumberland（ノーサンバーランド）
Cu　Cumberland（カンバーランド）（現在は Cumbria（カンブリア）にある）
Du　Durham（ダラム）
We　Westmoreland（ウェストモーランド）（現在は Cumbria（カンブリア）にある）
La　Lancashire（ランカシャー）
Y　Yorkshire（ヨークシャー）
n. a.　not available（採取できない）
n. k.　not known（不明）

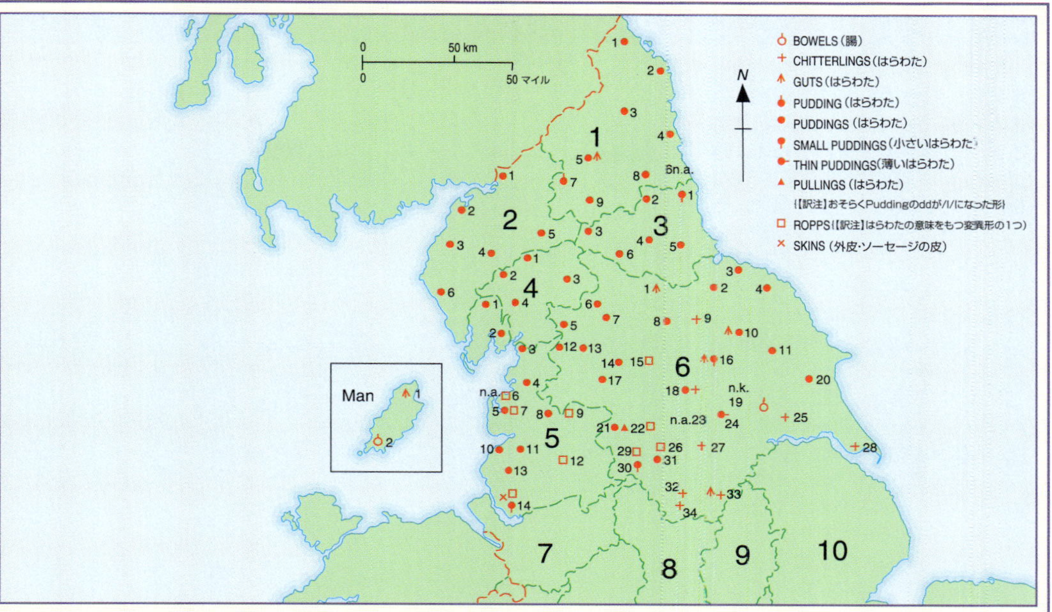

子音の変異

これは『イングランドの言語地図（*The Linguistic Atlas of England*）』の音韻体系の地図の1つで，子音の1つである hand の語頭の /h/ の地域的分布を示している。地方の話しことばではこの音が発音されないことが多いが，特定の3地域には残っている。スコットランドに近い地域，最北地とイースト・アングリア（East Anglia）から北サセックス（N Sussex）にかけての一地域と，サウスウェスト（South-West）の狭い範囲の地域である。

これらの地図および以降の地図において，点は地元の特定の語形を示す（それぞれの州（county）に番号がふられている）。小さな×印は現地調査者がその語形を採取しなかったことを示す。ある地域で別の語形があった場合には，特別な記号で示してある。⋀は，1番の地域で /h/ が脱落していたことを示す。⋀は，/h/ が2番の地域で残っていることを示す。これらの記号の中に点がある場合，両方の語形がその場所で見つけられたことを意味する。×印が中にあるときは，どちらか一方だけが見つけられたという意味である。すべて表記は国際発音記号で表されている（p.251）。

それぞれの地図の下にある略字は，場所と調査で見つかった別の語形を示しており，調査での詳細さのレベルを示している。たとえば，「29Ess」は「エセックス（Essex）地点29」を示しており，それに続く数字は録音が行われた特定の地点を表す。また，プラス記号は，1つの回答に2つ以上の例があったことを意味する。

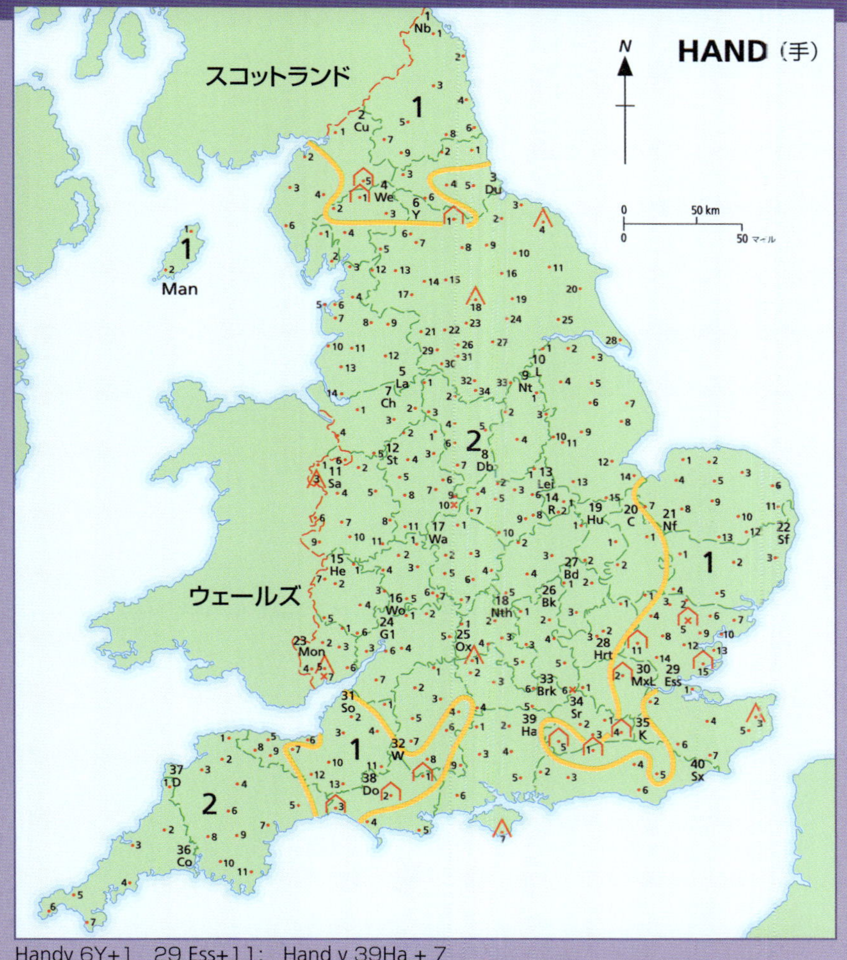

Handy 6Y+1　29 Ess+11;　Hand v 39Ha + 7

母音の変異

母音の変異を地図上に記すのは子音の場合よりもはるかに複雑であり，音声学的にさらに詳細な識別が必要となってくる（p.250）。母音の地図は細心の注意を払って理解する必要がある。印象にもとづいた書き起こしをともなう避けがたい不確実性があるからである。しかし，この例のように，/a/ のあとに /r/ と子音（この場合は /m/）が続く場合に，/a/ がどうなるかという明確な傾向も現れている。

大まかな区別としては，/r/ にあたる発音様式を残している地域（南部，西部，北部地域）と，残していない地域の間に境がある。/r/ の性質をもつ音の質は区別可能である。記号が示しているのは摩擦音（[ɹ]），そり舌音（[ɽ] 特に南西部）と，口蓋垂音の変種（[ʁ] スコットランドに近い北の方）である。前舌母音の変種は南東部から遠くなるほど増えてくる。しかし，周囲の地域と異なり後舌母音の質をもつ地域がいくつかある。二重母音化は北東部で起こっている。また，「ふつうの発音をする」地域の外側で，非常に多くの変種があるため，地図上には /h/ の場合よりはるかに多い変種形の記号が示されている（p.339）「Ess3」のような略字は州の名称と（p.153 を見よ）と地域を表す。

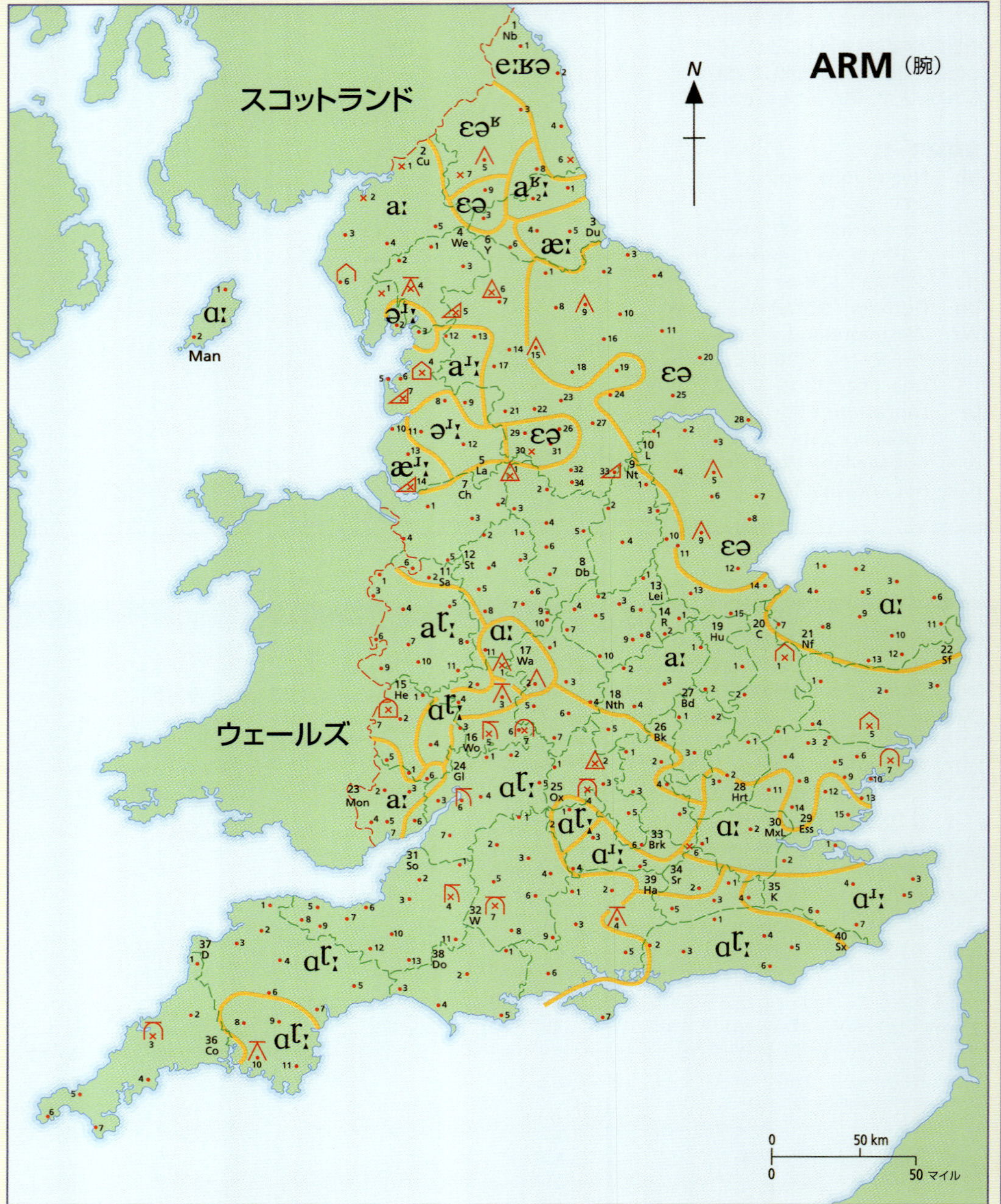

記号

OE arm，earm
（古英語の場合の腕）
ME ar+C
（中世英語の場合 ar ＋子音）

∧	aː
△	aʴː
⊼	aɽː
⧍	aʶː
∩ (小)	æː
⌂	æʴː
∩	ɑː
⊓	ɑʴː
⊓̄	ɑɽː
	əʴː
⌜	əɽː
	eːʁə
⊿	ɜə
	ɜəʶ

a̱ᵊ 29Ess 3 under aː
aɹ 6Y 6, aːɹə 2Cu 2 under aʴː
aɽɽ 25Ox 3, ạɽːᵊ 26Bk 3 under aɽː
æə 3Du +3 under ɛə
æ·ᵊʶʁ 1Nb 3 under ɛəʶ
ɑːᵊ 28Hrt 3, ɑ̇ːᵊ Man 2 under ɑː
ɑɹ 15He +7, ɑːəʴ 33Brk 3, 34Sr 2/4 under ɑʴː
ɑːəɽ 34Sr 3/+5 under ɑɽː

ɜʴː 5La 3, ɜʴːɹ 5La 2/11/12, ɜ̈ʴːɹ 5La 8 under əʴː
eəʁː 1Nb 6, e·əʶ 1Nb 7
ɜː 6Y +19
ɜːrə 2Cu 1
ɜəɹ 6Y 30
æɽː 25Ox 1
aːɹə 2Cu 2

interpr as *r*-col: ɹ 5La 9, 6Y 6, 15He 7, ɽ 25Ox 4, ʁ 1Nb 1/2/4
cons *r* foll *r*-col Vːɹ 5La 2/8/11/12, ɽ 25Ox 3/5, 32W 7, 33Brk 1/2, 40Sx 1–6, ʁ 1Nb 3

ARM- 1Nb +5

j- 24Gl +6/7, 31So 3/4, 32W 4/7/8, 33Brk 1/2, 39Ha 7

語彙の変異

英語方言調査（The English Dialect Survey）（p.338）の地図の中には多数の語彙の変異を示しているものがある。例えば，threshold（敷居，入り口，出発点）には9つの主要な変種があるが，さらに35の言い方がある。headache（頭痛）の場合は，非常に明確な図となる。標準形がほとんどの地域で使われているが，北部と東アングリア（East Anglia）の一部では，競合する地域の形態 skullache（頭蓋骨の痛み）がある。北部のスコットランドに近い地域では headwark という語形が見つかっており，さらにその変異形の head-warch が主に南ランカシャー（S Lancashire）にある。ノーサンバーランド（Northumberland）では南部の隣り合った地域で，平凡な sore head（痛む頭）が bad head（悪い頭）とともに使われている。調査は同様に前位修飾（p.234）として用いられる語の分布も示しているが，そこでは a headache と言う人と the headache と言う人の間に興味深い差異がある。Wo 7 のような略語は地方の名称と地点を指す（p.153 を見よ）。

記号

Λ BAD HEAD

∩ HEADACHE
OE（古英語）*hēafod + æ ce*
†c1000

HEADWARCH
OE（古英語）*heafodwærc*,
ON（古ノルド語）*hofuðverkr*
†c1000

⊓ HEADWARK
†c1350

SKULLACHE

SORE HEAD
OE（古英語）*sar* + –
†1549

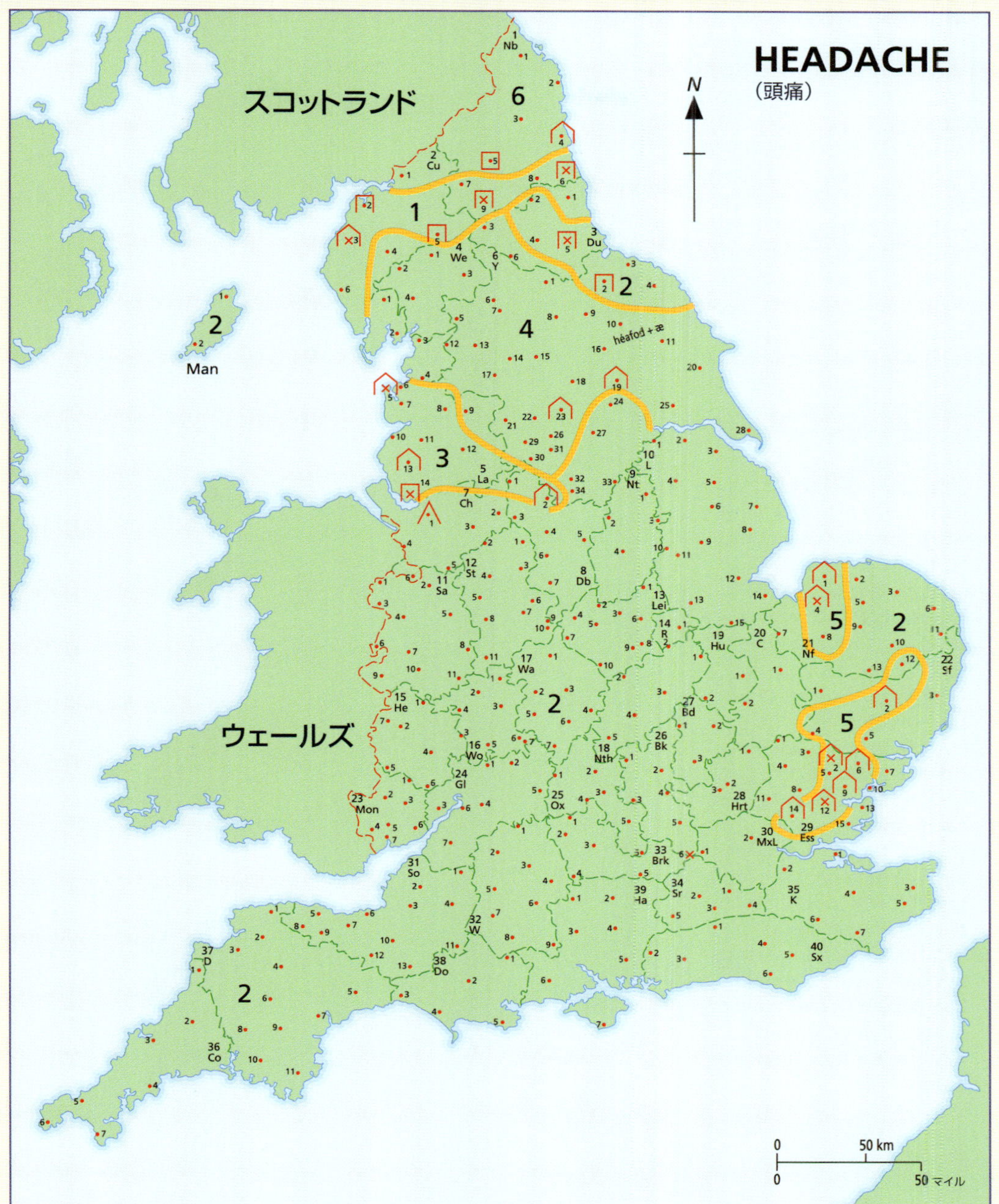

次の修飾語が録音された。
A (BAD HEAD) 1Nb 7/8, 2Cu +2/+5/6, 7Ch +1
A BIT OF (HEADACHE) 31So 7;
A (HEADACHE) 7Ch 4/6, 9Nt +1/3, 10L 2/10, 11Sa 4, 13 Lei 7/9, 17 Wa 3/7, 18Nth 2/4/5, 19Hu 1, 20C 2, 21Nf 2/9, 22Sf +2, 23Mon 5, 24Gl 7, 25Ox 3, 26Bk 3–5, 27Bd 1–3, 28Hrt 2, 29Ess 1/+6/8/+10/12/13/+14, 30MxL 2, 31So 3/8, 32W 4, 33Brk 5, 34Sr 2, 37 D 9, 38 Do +2, 40Sx 1;
A NASTY (HEADACHE) 16Wo 7;
AN (HEADACHE) 9Nt +1, 13Lei 1–6/10, 14R 1/2, 17Wa 7, 23 Mon 7;
THE (HEADACHE) 1Nb +4, 3Du 2, 5La 5, 6Y +2/4/+23/24/27/32–34, 7Ch +1/3/5, 8Db 7, 9Nt 4, 10L 8/9/15, 11Sa 1/2/5–11, 12St +9, 15He 1–6, 16Wo 1–6, 17 Wa 1/4–6, 18Nth 1/3, 19Hu 2, 20C 1, 21Nf 4/7, 22Sf 1/3/5, 23Mon 1/2/6, 24Gl 1–6, 25Ox 1/2/5/6, 26Bk 2, 28Hrt 1, 29Ess 2/+10/+14, 30MxL 1, 31So 4/6+9/13, 32W 3/5/6/8, 33Brk 4, 35K 2, 36Co +1/3/5/6, 37D 1/2/5/7/10/11, 38Do +2/3/5, 39Ha 1/3
THE (HEADWARCH) 5La 6/8/10, 8Db 1
A BIT (HEADWARK) 3Du +6;
A (HEADWARK) 2Cu +5, 6Y 1/8/10;
A TERRIBLE (HEADWARK) 6Y 7;
A (SKULLACHE) 29Ess +6/+14;
THE (SKULLACHE) 22Sf 4, 29 Ess 5/+14
A (SORE HEAD) 1Nb 1–3/+4, 2Cu 1;

形態論的変異

英語の方言での be 動詞の使用，特に否定形においては著しく多様な形式がある。地図は 1 人称単数に関する分布を示している。16 種類の変異形が示されているが，さらにほかに類のない 8 つの形が下に列挙されている。略語の 'Nb1' は州の名称（p.153 を見よ）と地域を示す。興味深い特徴には次のようなものがある。北部地方の is/'s の使用（米方言のこの特徴と比較せよ。p.335），ain't が東中部（East Midlands）と南東部（South-East）に広く行きわたっていること，変異形（en't，yun't）も西へ行くほど見ることができること，be を使った語形が南西部で広く使われていることである。

比較のため，ほかの人称について記録されたさまざまな形を下に示す（めずらしい変異形はかっこ内に示している）。

I am：am, are, be, bin, is

you are（単数）: you are, ye are, thou are, thou art, thee art, thou is, you be, you bin, thee bist, (thee be, thou bist, you am)

she is：is, be, bin, (am bist)

we are：are, am, be, bin, (aren)

they are：are, am, is, be, bin, (aren, at, bist)

she isn't：isn't, 's not, isno', ain't, en't, yun't, idn', inno, bain't, ben't (idn't, binno', byent, 's none, yen't)

they aren't：aren't, 're not, ain't, en't, yun't, anno', bain't, baan't, ben't, byen't, byun't, binno', (amno', inno', in't, isn't, 'm not, 're none)

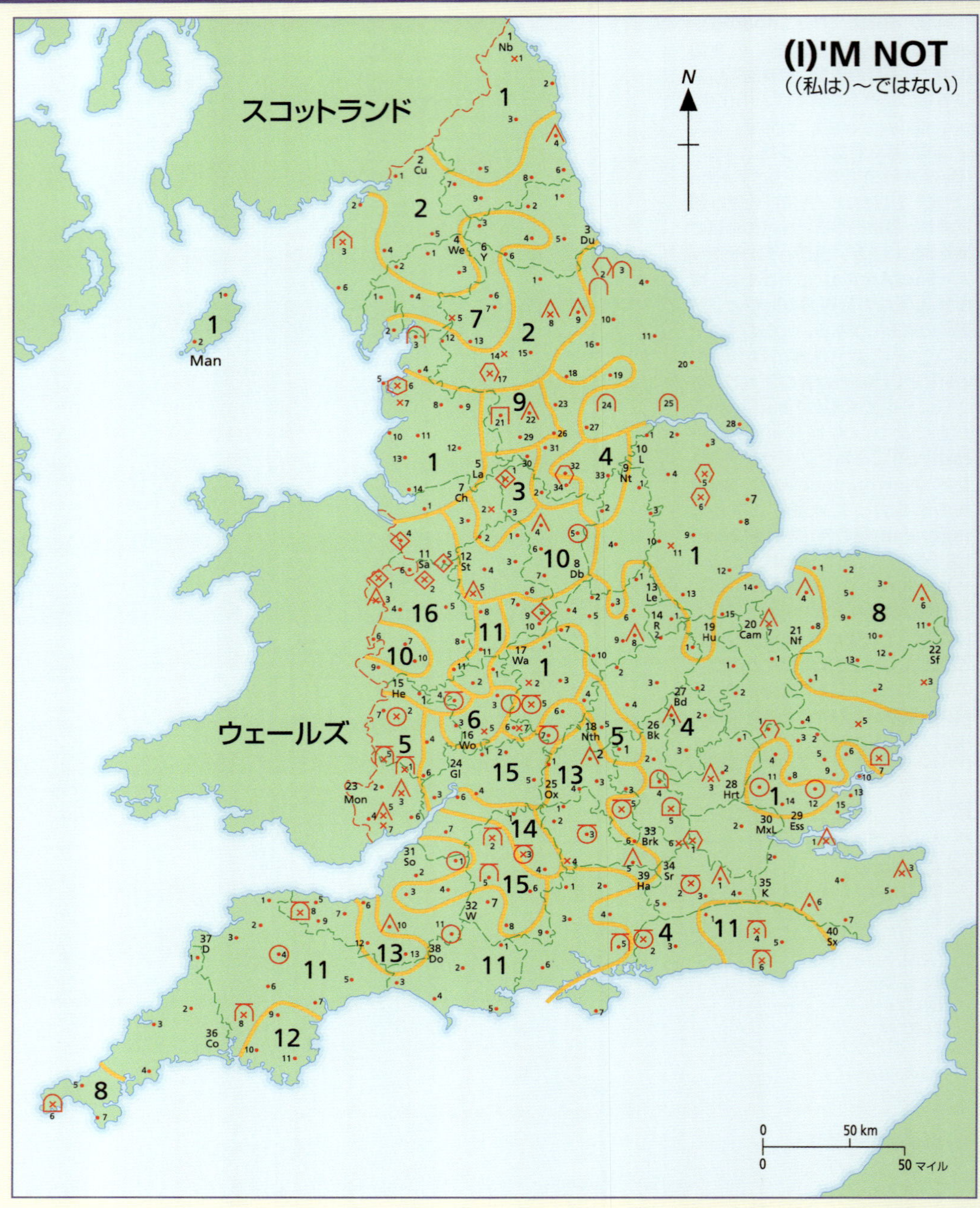

記号

∧ 'M NOT	⬡ AMMET	AMMENT 1Nb 1
∩ 'S NOT	◇ AMNO'	AM NOT Man +2
⊓ 'M NONE	BAIN'T	AMN' 25Ox +5
○ AIN'T	BAAN'T	BISN'T 16Wo 5
EN'T	BEN'T	IN'T 22Sf 1/3
YUN'T	BYEN'T	'RE NOT 35K +1/+7
∩ ISN'T	BYUN'T	'S NOT 6Y +15
AREN'T	BINNO'	YEN'T 33Brk 4

統語的変異

統語的変異（p.226）を示す方言地図の一例である。'Give me it（それをください）' という語順は，通常北部，東部のかなりの地域，中部地方南部の幅の狭い一帯に見られる。Give it me はノース・ウェスト（North-West）の低地，ウェストミッドランズ（West Midlands），とサウス・イースト（South-East）で優位を占め，南西部では give it to me と前置詞をともなう。それはサウス・ウェスト（South-West）の標準形であり，また，テムズ川河口を囲む地域やイーストアングリア（East Anglia）でも見出される。代名詞のない give me が一例だけサリー州（Surrey）で記録されている（地図の下の略語で示してある地点）。都市部の方言調査において，これは間違いなくかなりの広範囲を代表する形式の 1 つである。（地図は語順のパターンだけをまとめており，実際の代名詞の選択に関しては示していない）。

凡例

- ∧ GIVE IT ME
- ∩ GIVE IT TO ME
- ⊓ GIVE ME IT

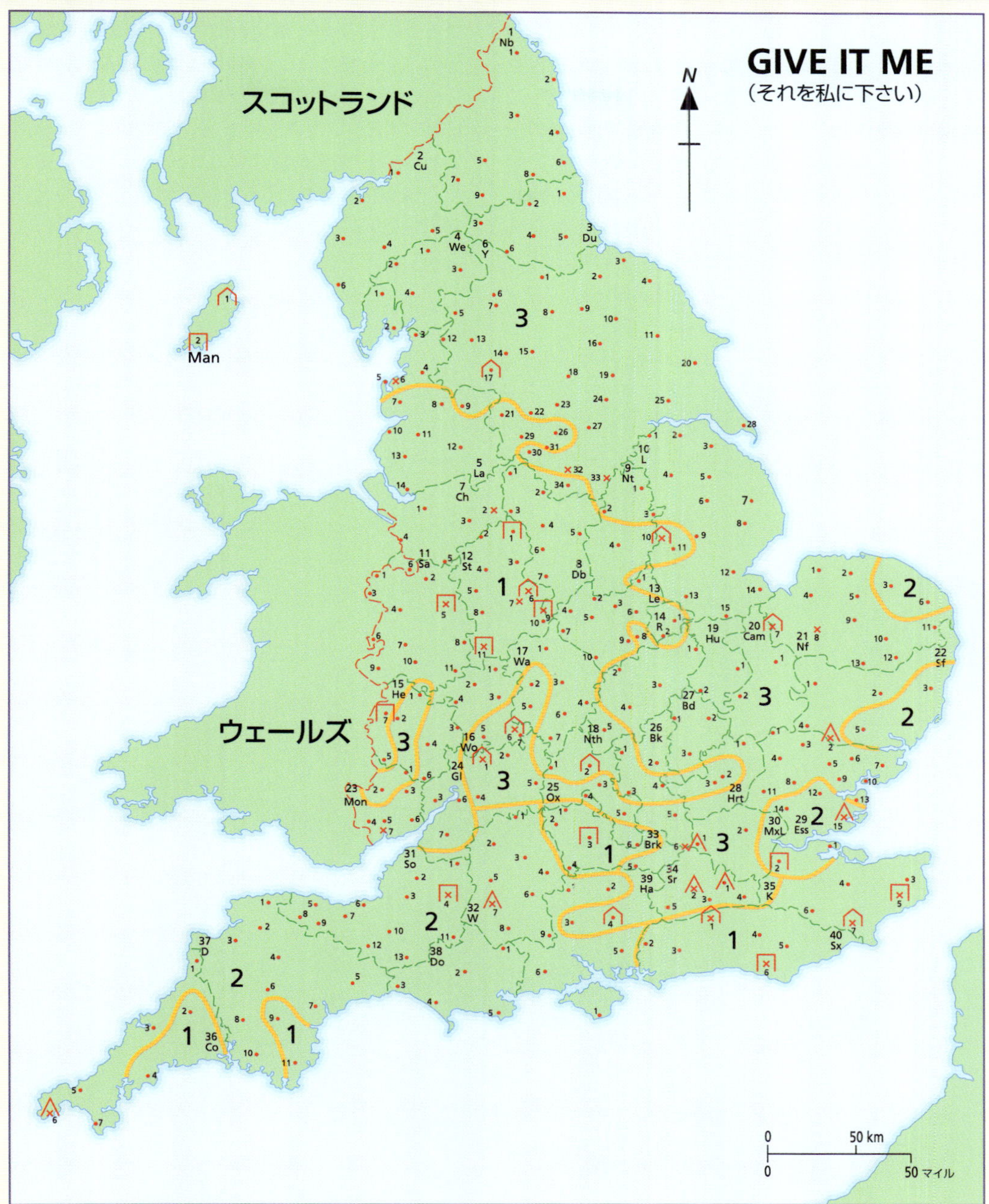

GIVE ME（no *it*）34Sr+5

イングランドの方言：昔と今

英語方言調査（p.338）で得られた方言の種類についての情報から明らかになった状況は，歴史的に古英語と中英語（pp.28, 50）の方言の区分と関連している。この状況は以下に示されている。この地図は 13 の伝統的な方言地域を示している（18 世紀以降まで英語が話されていなかったコーンウォール（Cornwall）の西端とウェールズのほぼ全域，およびロンドンの都市部は除外されている）。主要な境界は北部とそれ以外の地域との間にあり，これはノーサンブリア（Northumbria）のアングロサクソン王国｛【訳注】中世初期のイングランド七王国の１つ｝とマーシア（Mercia）の境界に大まかに沿っている。さらに次の主要な区分としてイングランド中部地方の多くと，そこからさらに南の地域の間に境界がある。これらの方言の区分を裏付ける根拠は，地図に付随する表にまとめられており，8 つの発音の基準は通常のつづりを用い，印象にもとづいた書き起こしを示している（rr は母音のあとの /r/ の発音を意味する。p.257）。方言同士の関係を階層的に表したものを以下に示す（P. トラッドギル（P. Trudgill），1990 より）。

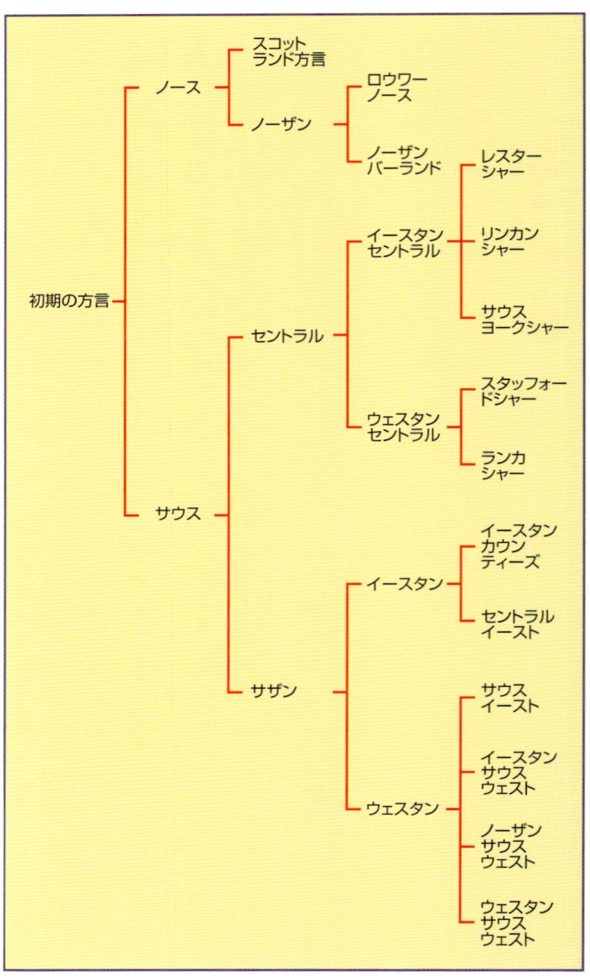

地域	long（長い）	night（夜）	blind（盲目）	land（土地）	arm（腕）	hill（丘）	seven（七）	bat（バット）
ノーサンバーランド	lang	neet	blinnd	land	arrm	hill	seven	bat
ロウワーノース	lang	neet	blinnd	land	ahm	ill	seven	bat
ランカシャー	long	neet	blined	lond	arrm	ill	seven	bat
スタッフォードシャー	long	nite	blined	lond	ahm	ill	seven	bat
サウスヨークシャー	long	neet	blinnd	land	ahm	ill	seven	bat
リンカンシャー	long	nite	blinnd	land	ahm	ill	seven	bat
レスタシャー	long	nite	blined	land	ahm	ill	seven	bat
ウェスタンサウスウェスト	long	nite	blined	land	arrm	ill	zeven	bat
ノーザンサウスウェスト	long	nite	blined	lond	arrm	ill	seven	bat
イースタンサウスウェスト	long	nite	blined	land	arrm	ill	seven	bat
サウスイースト	long	nite	blined	lænd	arrm	ll	seven	bæt
セントラルイースト	long	nite	blined	lænd	ahm	ill	seven	bæt
イースタンカウンティーズ	long	nite	blined	lænd	ahm	hill	seven	bæt

隣のページで示した方言は，現在，イングランドの人にはあまり多く用いられていない。zeven（seven のこと）は今でも生活の中で耳にすることがあるが，それらの表現は文学における方言の話しことばの描写やコメディアンによるパロディー，あるいは，方言を用いたユーモアの本などでよく見ることができる（p.436）。そのような発音とそれにともなうレキシコンと文法の消滅は「消滅していく英語方言」と表されることがある。実際には，それらは主に都市部で生まれた比較的新しい方言形式の成長に取って代わられたのである。

方言のはっきりとした特徴を基準として分類するならば，16 の主要な区分けをもつ非常に異なった様子を示した方言地図が浮かび上がる。ここでも，一連の発音の基準は地域を明示している（gg は finger にあるような /ŋ/ のあとにくる /g/ を表している。ioo は［l］の前の非常に短い［u］の使用を表している）。方言の階層的な関係は地図の右に示している。この分析から，up（北部では［ʊp］'oop'，南部では［ʌp］）のような単語における母音は特に際立った特徴であると考えられ，北部と南部の区分はこれを基準に作られている（P. トラッドギル（P.Trudgll），1990 より）。ほかによく知られている特徴による区分けとしては，「a の長母音と短母音」（p.327）の違いもあげられるだろう。しかし，この特徴により，中部地域では幾分異なった境界線が描かれることとなる。明らかなのは，方言地域のほとんどが隣のページの古い地図と一致しないということである。さらに，伝統的な北部と南部の方言の境界は，もはやイングランドには存在せず，イングランドとスコットランド間の境界に代わっている。この境界こそが，現代のイギリス英語の最も顕著な方言の違いを生んでいるのである（p.348）。

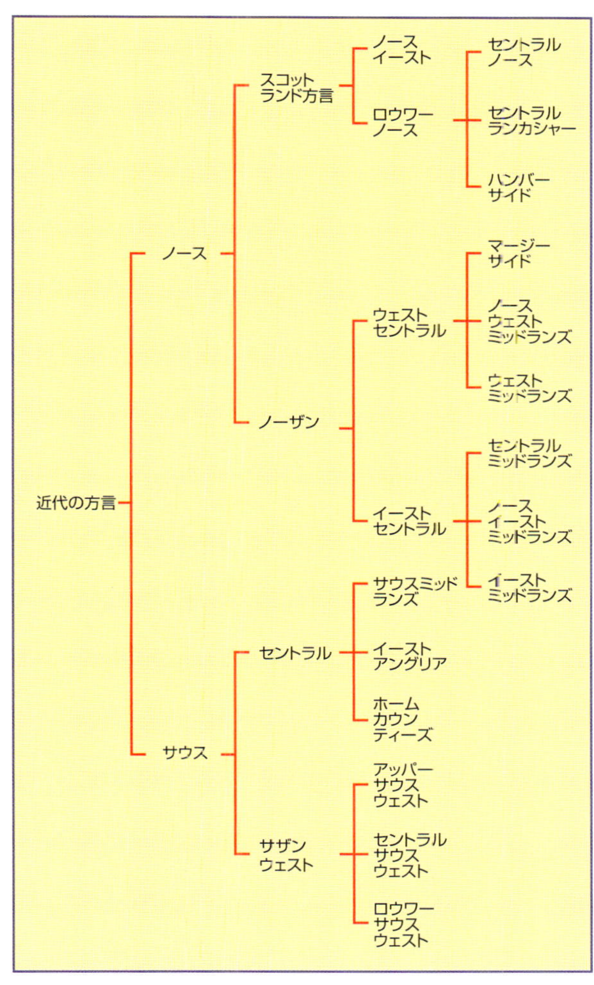

地域	very（とても）	few（少し）	cars（車）	made（作った）	up（上へ）	long（長い）	hill（丘）
ノースイースト	veree	few	cahs	mehd	oop	long	hill
セントラルノース	veri	few	cahs	mehd	oop	long	ill
セントラルランカシャー	veri	few	carrs	mehd	oop	longg	ill
ハンバーサイド	veree	few	cahs	mehd	oop	long	ill
マージーサイド	veree	few	cahs	mayd	oop	longg	ill
ノースウェストミッドランズ	veri	few	cahs	mayd	oop	longg	ill
ウェストミッドランズ	veree	few	cahs	mayd	oop	longg	ill
セントラルミッドランズ	veri	few	cahs	mayd	oop	long	ill
ノースイーストミッドランズ	veree	few	cahs	mayd	oop	long	ill
イーストミッドランズ	veree	foo	cahs	mayd	opp	long	ill
アッパーサウスウェスト	veree	few	carrs	mayd	up	long	ill
セントラルサウスウェスト	veree	few	carrs	mayd	up	long	iooll
ロウワーサウスウェスト	veree	few	carrs	mehd	up	long	ill
サウスミッドランズ	veree	foo	cahs	mayd	up	long	iooll
イーストアングリア	veree	foo	cahs	mayd	up	long	(h)ill
ホームカウンティーズ	veree	few	cahs	mayd	up	long	iooll

音声はここから聞けます：
cambridge.org/crystal

都市部の文法

長年にわたって英国の方言を記述し分析した成果の多くは，文法よりも語彙とアクセント（p.319）に関するものであった。その結果，多くの重要な英語の地域的変異の記述に手がつけられていない。このページでは，現代の都市部の方言で見られた文法的な特徴をまとめている。これらは，今では近隣都市の経済の影響を受け，地方のどこででも見ることができる。

レディングでの助動詞

バークシャー州（Berkshire）のレディング（Reading）（ロンドンから西へ40マイル）では，青少年のグループが，多くの非標準英語の特徴を示している。主な特徴の1つに，現在時制の do の際立った使用があり，それは3つの非標準形の動詞の形と同様によく出現し，標準形に替わって現れる。

- 3人称単数を除き，すべての主語に対して動詞末尾に *-s* がつく（p.216）。
  That's what I does, anyway, I just ignores them.
  とにかく，それが私がやること，私は彼らを無視するだけだ。
- 3人称単数の主語でも接尾辞のない形式が起こる。
  She cadges, she do.
  彼女は（人によく）たかる。
- 主に3人称単数の主語の場合だが，どの人称の主語にも dos /duːz/ という形式が起こる。
  All the headmaster dos now is makes you stand in a corner.
  校長先生は今おまえを隅っこに立たせているのだ。

下の表はこれらの形式が実動詞や助動詞として使われる頻度の結果を示しており（p.224），本研究のすべて（24名）の話者から得たものである。この数値から，この地域には標準英語とは異なる慣用法をもつ，文法規則が存在することがわかる。Dos は実動詞として使われる際にだけに生じる（主に，3人称主語とともに）。Do は主として助動詞として生じる。Does は，特に3人称単数の主語とともに（標準英語と同様に）主として動詞として使われるが，その使い方は分かれている。

言い換えると，do の形式は，標準英語と比較すると，レディングの英語では異なる要因によっている。標準英語では，動詞の主語（3人称 対 それ以外）のみに依存するが，レディングでは，動詞の統語的機能（動詞としてなのか，助動詞としてなのか）に依存する。この点で，地域方言は標準英語よりも複雑である──このことは，方言が，標準英語を何らかの形で「短縮」，あるいは，「単純化」しているという一般的な考え方に対する明らかな反証である。（J. チェシャー（J. Cheshire），1982による）。

主語	実動詞としての do			助動詞としての do		
	does	do	dos	does	do	dos
		%			%	
3人称単数	50.00	12.50	37.50	33.33	66.67	0.00
3人称単数以外	56.80	35.70	7.10	2.10	97.90	0.00

英語の方言は消えつつあるのだろうか（p.345）。このような看板から判断すると，ヨークシャーではまったくそのようなことはない（2015年当時，その地域では車を運転しているとよく目にした）。

TEK CARE LAMBS ON'T ROAD
（やぎ飛び出し注意）

ファーンワースでみられる肯定文

ファーンワース（Farnworth）は，グレーター・ボルトン（Greater Bolton）地域の自治都市で，ちょうどマンチェスターの北にある。1970年代に録音された自然な話しことばのインタビューの分析は，興味深い否定のシステムに光をあてた。その分析には，標準英語での単一の yes-no の対照の代わりに，肯定，否定の両者の対照とともに，肯定と否定の不変化詞の使い方も含まれている。

'Yes'

- /aɪ/ aye ― 'yes' を表す通常の語
- /jaɪ/ yigh ― 否定疑問文に答えるとき，または，否定命題に反論するときの 'yes' を表す語（ドイツ語の doch と ja やフランス語の si と oui の使い分けに匹敵）
  A：I can't find the scissors.
  B：Yigh, they're here.
  A：鋏が見当たらない。
  B：うん，ここにあるよ。

'No'

/næː, nɛː/ no ― 'no' を表す通常の語
/neː/ nay ― ほかの人に対して反論するとき
A：You know more than you're telling.
B：Nay, by gum! I'm not having that!
A：今話してることよりもっと知っているんでしょ。
B：いやあ，誓って，そんなに知ってることはないよ。

ほかの否定形

/noːn/ ― 否定の副詞または代名詞（p.222）：
I'm *noan* going.（='not'）
私は行きません。
He's gotten *noan*.（-'none'）
彼は何ももっていない。
That didn't upset them *noan*.
あれは彼らを怒らせなかった。
I never eat no dinner.（='not' と同じ。1回の否定）
夕食をまったくとらなかった。

三重，四重否定はよくある。

I am not never going to do *nowt*（='nothing' と同じ）
私は何もするつもりはない。
no more for thee.　あなたのためのものはもうない。
We couldn'*t* see *nowt*.　何も見えなかった。
Well I've *not neither*. 私も何もしていない。
He couldn'*t* get them out no *road*.（='any way' と同じ）
彼らを追い出そうとしたができなかった。
There were *no* chairs ready *nor nowt*.　用意できる椅子はない。

標準英語とは異なり，動詞の否定は hardly（ほとんど～でない）のような副詞とともに使うことができる。

I've never hardly done it.
それはほとんどやったことがない。
I couldn't hardly eat.
ほとんど何も食べられなかった。
（G. ショロックス（G. Shorrocks），1985を参照）

タインサイドの英語過去時制

イングランドの北東部にあるタイン（Tyne）川流域（Tyneside）の，ニューキャッスル（New Castle）に属するこの地域は，さまざまな方言の特徴をもち，しばしば「ジョーディ（Geordie）」と呼ばれる（スコットランドのジョージの言い方）。この方言はノーサンバーランド全体に広がっており，スコットランドの南部といくつかの特徴を共有している。

この表はいくつかの不規則動詞の過去形と過去分詞形を示している（p.204）。ほとんどの特徴は，ほかの都市部の方言でも見られるが，この地域特有のものがある。標準英語で，実際にはは *-en* で終わる過去分詞のほとんどが起こらないが，おそらくこの地域特有であろう4種類の非標準の *-en* の使用がある。treat（扱う）という動詞は標準英語では規則動詞だが，タインサイドでは不規則である。come（くる），run（走る），see（見る），shrink（縮む）に関しては過去形と過去分詞形が逆である。

I come to see him last week. 先週彼に会いにきた。

They had came to see me. 彼らは私に会いにきた。

また，この地域では gan が go（行く）のかわりとして使われている。また，助動詞としての do のかわりの形式として div/divent が用いられている。特に，付加疑問文において使われる。

Ye divent knaa, div ye?（='You don't know, do you?'）あなたは知りませんよね。

実動詞としての do は標準英語と同じであるが，次の例に見るようなはっきりした違いがある。

I do all the work, divent I?
私が全部やるのですね。

原型	標準英語	タインサイド地域
beat（たたく）	beat/beaten	beat/beat
bite（噛む）	bit/bitten	bit/bit
break（こわす）	broke/broken	broke/broke
come（くる）	came/come	come/came
do（する）	did/done	done/done
eat（食べる）	ate/eaten	ate/ate et/etten
fall（落ちる）	fell/fallen	fell/fell
forget（忘れる）	forgot/forgotten	forgot/forgot forgot/forgetten
get（得る）	got/got	got/getten
give（与える）	gave/given	give/give
go（行く）	went/gone	went/went
put（置く）	put/put	put/putten
ring（電話をかける）	rang/rung	rang/rang
run（走る）	ran/run	run/ran
say（言う）	said/said	sayed/sayed
see（見る）	saw/seen	seen/saw
shrink（縮む）	shrank/shrunk shrank/shrank	shrunk/shrunk shrunk/shrank
sing（歌う）	sang/sung	sang/sang
sink	sank/sunk	sunk/sunk
speak（話す）	spoke/spoken	spoke/spoke
spin（紡ぐ）	spun/spun	span/spun
swing（揺れる）	swung/sung	swang/swung
take（取る）	took/taken	took/took
treat（扱う）	treated/treated	tret/tret
write（書く）	wrote/written	wrote/wrote

（C. マクドナルド（C. McDonald），in J. Beal，1988を参照）

河口域英語

この「河口域」（estuary）とはテムズ川の河口のことである。この用語は 1980 年代に造られた語であるが，この川に隣接する州（特にエセックス州（Essex）とケント州（Kent））全体と，その区域を超えたあたりまで，急速に広がっていると思われるロンドン地域の話しことばの特徴を特定するためにできたものである。しかし，これは多少なりとも誤称であるといえる。というのも，テムズ川河口域を超えて，特に，オックスフォード，ケンブリッジ，ロンドンを結ぶ三角地帯（p.50）や，ロンドンの南側や東側は沿岸に至るまで，しばらく前から，ロンドンの話しことばの影響が明らかであったからである。それにもかかわらず，「河口域英語」という表現は一般の人の想像力をかき立て，『サンデー・タイムズ（*The Sunday Times*）』（14 March 1993）の第 1 面の見出しも含め，世間のかなりの注目を集めた。

知ってる？ ‘河口域英語’ がグレートブリテン島に押し寄せる｛[訳注] 原文 Yer wot?（知ってる？）が河口域英語｝

「押し寄せる」は多少大げさかもしれないが，近年，この言語変種の広がりは確かに目立ってきている。ロンドンの影響を受けた話しことばは，今では，3 つのほかの河口，すなわち，北東部にあるハンバー（Humber）川，北西部にあるディー（Dee）川，西部にあるセバーン（Severn）川でも，聞かれるようになった。その理由の少なくとも一部は，比較的容易な電車や高速道路の通勤網によるためだ。ハル（Hull），チェスター（Chester）とブリストル（Bristol）は，現在，ロンドンからちょうど 2 時間あまりの距離であり，朝夕の首都への行き帰りの交通ルートには，職場の影響を受けたアクセントで話す人が大勢いる。

この言語変種の広がりを左右する要因に関しては，社会的流動性と新しい定住のパターンによる部分的な説明しかされていない。例えば，ラジオやテレビの影響，あるいは，ベン・エルトン（Ben Elton）やジョナサン・ロス（Jonathan Ross）のように，コックニー（Cockney）を一部変えたしゃべり方をする英語のメディアのパーソナリティーの影響がある。一方，確かに，第 2 次世界大戦後，何千人ものロンドンことばの話し手は市街地の外へと移動し，首都のまわりに作られていた新しい町に住み始めた。人びとの移動は，彼ら自身のアクセントを変える要因となり，また，彼らのような多くの存在が（経済的地位と同様に），もとからの居住者の話し方を，移住者の話し方に適応させるというような影響を与えたのかもしれない（p.318）。

したがって，河口域英語は，2 つの社会的潮流の合流の結果であろう。すなわち，もともとコックニーを話していた人びとの上昇志向と，中産階級による「ふつう」（「上流気取り」とは逆）の話し方への大衆志向である。最近は，多くの人が，容認発音（RP）（p.387）がもつ「支配者層」という暗示的意味を避け，気取らぬ話し方を望んでいるという逸話も確かに多い。1993 年のサンデー・タイムズの報告に掲載された論争では，ある一流ビジネスマンがこの点について明確に述べていた。「パブリック・スクール・アクセント（容認発音）」について，彼はこう語った。「もし不幸にもそのようなアクセントを身につけてしまったら，それを格下げしたアクセントにしたいですよ。消費者に親しみやすくありたいですからね。」

発音可能な連続体

新聞報道によって明らかになったように，この現象は方言の表現形式よりも発音様式により関係があると認識されており，コックニーを一方の端とし，もう一方の端を容認発音（RP）とする可能な発音の連続体と記述されてきている。しかし，この言語変種は発音様式だけではなく，方言としても特徴的である。その中からいくつか説明をするが，どれもが瞬く間に広まったものである。

発音について

- 特定の位置にくる声門閉鎖音，特に語末の /t/ や子音の前（例　Gatwick airport）。一方，発音の連続体のコックニー側に近い話者だけは，母音の前（例　water）にも声門閉鎖音を使う傾向にあり，その特徴はいまだにコックニーの特徴と認識されている。
- 語末の /-l/ が短母音の［u］となる（p.253）。すなわち，hill は［hɪʊ］と発音される。この特徴は一般的だが，/θ/ と /ð/ がはそれぞれ /f/ と /v/ になるというような，コックニーの話し方と伝統的に関連づけられるほかの特徴はさほど多くない。

文法

- I said I was going, didn't I.（私は行くことになっていたと言いましたよね）のような，「挑戦的な」付加疑問文（p.319）。ほかのコックニーの付加語句（例　innit）は，おどけた感じの河口域の話しことば（または書きことば　p.436）で見られることがあり，将来的な標準化への動きを示している可能性がある。
- ある否定の語，例えば never のように 1 回の出来事を示す形（例　I never did や No I never）。教養のない人たちが使うと広く認識されている二重否定の使用はあまりない（p.206）。
- You're turning it too **slow**（あなたはゆっくりまわしすぎている）や They talked very **quiet** for a while.（かれらはしばらくの間とても静かに話した）。この例のような，副詞の語末の *-ly* の省略。
- I got **off of** the bench（ベンチから立ち上がった）や I looked **out** the window.（窓の外を見た）のような前置詞の使い方。
- 語りのスタイル（narrative style）において，3 人称単数の形式（例　I **gets** out of the car 私は車から降りる）の一般的使用。または We **was** walking down the road.（私たちは道を歩き進んでいた）に見るように過去時制 was の使い方の一般的使用がある。

これらのような進展は，今では，公共の領域にある BBC のような人気の高いチャンネルでますます耳にされるものもあり，英国の支配者層にさえも浸透し始めているものもある。声門音化を例にとると，英国議会の与野党の下院議員や，皇室の若い世代にも観察される。しかし，この流行が広く知られるようになると，純粋主義者の強い反発を引き起こし，標準語を護ろうという更なる議論につながった。しかし，実際に起こっているようにみえるのは，徐々にある標準形が別のものに置き換わっていることだ。1993 年には，このようなプロセスは，未来の階級差のない英国社会の言語的基盤であると新聞のコメンテーターたちが述べている。

移動する方言

上の地図は，英語方言調査（p.338）により，ロンドンの南部で録音された 'food-trough in a cow-house'（牛舎の飼い葉おけ）の語の分布である。より古い語形は trough であるとされているが，manger（農業の分野での書きことばではより標準的）が北部から広まってきている。この変化を説明できるパターンはあるだろうか。

下の地図が示すのは，沿岸の人口の多い地区とロンドンを結ぶコミュニケーションの道筋である。manger という語の南への 3 つの移動が，ドーバー，ブライトン，ポーツマスへと向かう主要な道路と鉄道路線と一致している。この地図は，語形の広がりは，コミュニケーションが良好な地域との間で加速し，より孤立した地域とでは抑制されていることを示している。河口域英語の場合のこのパターンは全国的に起こっていても不思議ではない。（P. トラッドギル（P. Trudgill），1990，pp.122-3 を参照）

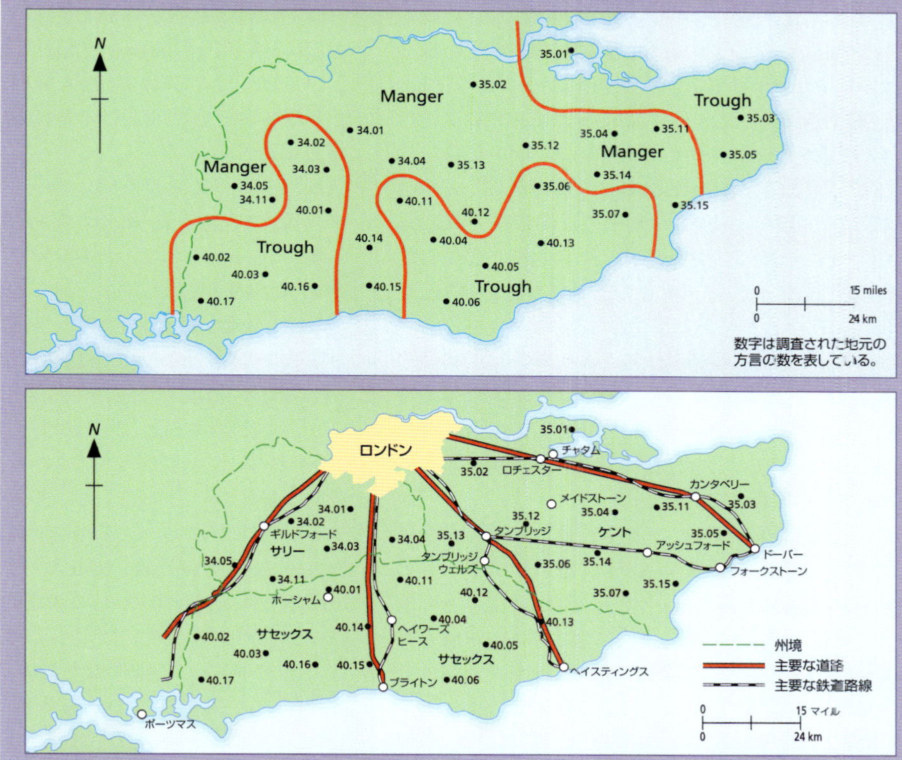

スコットランド英語の変異

英国諸島内で発達してきたすべての英語の変種のうち，スコットランドに関わるものほど特徴的で標準英語とかけ離れているものはない。実際，これらの変種のうちのひとつが分岐して広がったものが，「スコットランド英語」という定着した呼び方をもち，その呼び方が象徴するものすべてを護ろうという精神にもつながっている。スコットランド英語は2つの重要な点で，イングランドの地域方言と異なることが論じられている。スコットランド英語が独特であるのは，中世の後期，まだスコットランドが独立国だった頃に使われていた言語変種だからである。また，その独自性の理由としては，それ自身が明確に特徴づけられる歴史をもっていたからである。つまり，中英語時代（p.52）に始まる，確固とした文学の伝統があり，それ自身が方言の変種（いくつかは個別の文学の歴史がある）をもち，それ自身の「黄金時代」と衰退期，近代文学の復興，そして，イギリス英語のほかの方言が共有しない現代の社会言語学的な威信もあるからである。さらに，スコットランドで現在使用されているスコットランド英語の表現の方が，現在使用されているどのイングランドの英語方言の表現よりもはるかに多い。「方言の島（dialect island）」は，時に，スコットランドの状況の特徴をつかむのに使われる用語である。

スコットランドの人びとは，一般に自分たちの話しことばや書きことば特有の性質をはるかに認識しており，その慣用法の基準については，スコットランドより南の方の地域方言を話す人よりもずっと強力に議論する。地域方言による表現は，しばしば，滑稽な話や民間伝承の目的でのみ印刷物に登場する。しかし，このことはスコットランドではあてはまらない。スコットランドでは，有力で，かつ高く評価される学術的な言語研究の伝統があるだけでなく，ひとつの言語としてのスコットランド英語を推進する社会があり，さらに，スコットランド英語の変種で書かれた資料のコーパスも増えている。例えば，スコットランド英語はほかの英国内の地域変種に比べ，辞書学的な記述がかなりなされており，主なものにはジョン・ジェイミソンの『スコットランド語源辞書（*Etymological Dictionary of the Scottish Language*）』（1808，1825，全4巻）や，『スコットランド国の辞書（*Scottish National Dictionary*）』（1976年に完成・全10巻）がある。スコットランド文学研究会（The Association for Scottish Literary Studies）には，活発な活動をする言語委員会（Language Committee）がある。また，スコットランド言語学会の学会誌である『ララン（*Lallans*）』誌が1973年に創刊され（p.353），散文での資料を提示しているが，そこでは，ことばの範囲が，近年広くなされている文学での使用をはるかに超えて拡張している（p.350）。

スコットランド英語のアイデンティティーは，地域特有の発音様式や，時折見られる習慣的な文法や語彙の特徴を越えている。それは，法律の分野，スコットランド地方議会（1999年以来，スコットランド議会として注目されている），宗教，教育分野でひときわ目立ち，日常的な社会構造を生じさせることで英国のほかの場所と類似がまったくないという理解可能性の問題を引き起こしている。しかし，国民の支持と，ことばに対する徹底的な忠誠心にもかかわらず，言語としてのスコットランド英語は権力と公的な威信をもつ言語として，標準英語の使用に浸透することができず，公式な存在ではない。専門的な出版物以外では，その公的な使用は文学や民間伝承，地元の問題を扱ったラジオやテレビの番組，漫画やコマ割漫画などのおどけた文脈に限定される傾向がある。同時に，スコットランド英語に翻訳された新約聖書など，主要な出版物もある。要するに，状況は複雑であり不明確である。しかし，スコットランド英語を言語と呼ぶか方言と呼ぶか議論している学者たちさえも，この特別な地位を認識することになる——というのも，英国の英語のほかの地域変種を検討する際に，このようなジレンマには直面していないからである。

法律のことばの異なり

『ケンブリッジ百科事典（*The Cambridge Encyclopedia*）』（1994年版）に掲載されている300の法律についての項目のうち（p.398），88項目はイングランドとウェールズの法律とスコットランドの法律の違いについて，さまざまな言語的結果とともに詳述している。

- burglary（押し込み強盗），covenant（約款），habeas corpus（人身保護令状），subpoena（召喚状），と suspended sentence（執行猶予）は，スコットランドの法律には存在しない用語である。
- いくつかの意味の場（p.167）は構造的に異なっている。例えば，スコットランドの法律のシステムでは defamation（名誉棄損）とだけしか認識されていないので，libel（文書，図画などによる名誉棄損）と slander（口頭による名誉棄損）の区別はない。また，イングランドとウェールズでは minor（18歳未満の未成年者）という用語があるが，スコットランドの法律では pupils（12歳までの女子と14歳までの男子）と minors（それより年上の18歳までの子ども）を区別している。
- 英国の法律用語の中で，スコットランドでも同じ意味をもつものは以下の通りである。

スコットランド	イングランドとウェールズ
advocate	barrister（法廷弁護士）
arbiter	arbitrator（仲裁裁定委員）
apprehension	arrest（逮捕）
extortion	blackmail（恐喝）
fire-raising	arson（放火）
defender	defendant（被告人）
interdict	injunction（差し止め命令）
aliment	alimony（前配偶者扶養料）
confirmation	probate（遺言の検認）
culpable homicide	manslaughter（故殺罪）
delict	tort（不法行為）

聖書の翻訳

スコットランド英語に威信を与える主要な1歩として，1983年に新約聖書が，ウィリアム・ラフトン・ロリメール（William Laughton Lorimer）(1885-967）によりスコットランド英語で出版されたことがあげられる。『オックスフォード英語必携（*The Oxford Companion to the English Language*）』での彼についての項目では，「現代のスコットランド英語の散文に関する偉大な功績」と記載されている。「放蕩息子（Prodigal Son）」の寓話【訳注】ルカによる福音書15：11–32】のここに示す数行は（文体の変種と言うよりは）何か趣のようなものを伝えている。比較のために，同じ個所からほかの2つのバージョンの抜粋も示されている。これは1983年の『イングリッシュ・ワールドワイド（*English World-Wide*）』の論文誌でまとめられたものである。

スコットランド英語

This, tae, he said tae them: 'There wis aince a man hed twa sons; and ae day the yung son said til him, "Faither, gie me the faa-share o your haudin at I hae a richt til." Sae the faither haufed his haudin atweesh his twa sons.

No lang efterhin the yung son niffert the haill o his portion for siller, an fuir awà furth til a faur-aff kintra, whaur he sperfelt his siller livin the life o a weirdless waister. Efter he hed gane throu the haill o it, a fell faimin brak out i yon laund, an he faund himsel in unco sair mister. Sae he gaed an hired wi an indwaller i that kintra, an the man gied him the wark o tentin his swine outbye i the fields. Gledlie wad he panged his wame wi the huils at they maitit the swine wi, but naebodie gied him a haet ..."

（共通の訳）また，イエスは言われた。「ある人に息子が二人いた。弟の方が父親に，『お父さん，わたしが頂くことになっている財産の分け前をください』と言った。それで，父親は財産を二人に分けてやった。何日もたたないうちに，下の息子は全部をカネに替えて，遠い国に旅立ち，そこで放蕩の限りを尽くして，財産を無駄遣いしてしまった。何もかも使い果たしたとき，その地方にひどい飢饉が起こって，彼は食べるにも困り始めた。それで，その地方に住むある人のところに身を寄せたところ，その人は彼を畑にやって豚の世話をさせた。彼は豚の食べるいなご豆を食べてでも腹を満たしたかったが，食べ物をくれる人はだれもいなかった。…

（『聖書 新共同訳』ルカによる福音書15：11–32（1992），協働訳聖書実行委員会より）

（巻末p.549へ続く）

スコットランド英語の特徴

現在のイングランドとスコットランドの方言の境界は，英国国内では最も明確に定義されているもののひとつである。いくつかの語彙（例，lass（未婚の若い女性），bairn（息子・娘），bonny（魅力的な），loon（若者）），発音などの中にはイングランドの北部の方言と共通する特徴はいくつかあるが，スコットランドには独特な特徴が多くあり，それらは，境界線の北側のさまざまな地域で見られる。以下では，スコットランド英語が標準英語（SE）と異なっている特徴をいくつか紹介する。

発音

（音声学的用語については第 17 章を見よ）

• stone（石）や go（行く）での円唇化がない。スコットランド英語では stane，gae となる。

• 円唇後舌狭母音の /uː/ が前舌化され，その結果，標準英語（SE）の moon（月）と use（使う）は，いくつかの方言では［y］を伴って聞こえる（フランス語の tu（あなた）のようになる）。書くときは muin や yuise とつづられる。

• 語末の /l/ は中英語の後期では［u］タイプの母音となった。多くの語が saut（salt（塩）），fou（full（満ちている）），baw（ball（ボール））のように l を使わずにつづられている。つづりの中には，l を書かず，fu' のようにアポストロフィーを使う場合もある。

• スコットランド英語では，大母音推移（p.155）とは異なった特徴がいくつかある。例えば，hoose（house（家））と doon（down（下へ））には，純粋母音の /uː/ が残っている。

• 母音の中には本来の長さをもたないものがあるが，あとに続く音によって短母音か長母音かが決まる（スコットランドの母音の長さの規則）。狭母音の /i/ と /u/ が最も影響を受けており，例えば，leave（出発する）と sees（見る）では /i/ が長く発音されるが，leaf（葉）と cease（中止する）では短く発音される。これは，単に，容認発音（p.254）と同様に，有声子音（軟音）の前で長くなるということだけではなく，agreed（一致した）（長母音）と greed（貪欲）（短母音）や feel（感じる）（長母音）と feeling（感覚，触覚）（短母音）のようなペアにも見られるものである。feel（長母音）と feeling（短母音）では，語幹なのか屈折語尾があるのかという文法的な点がその違いをもたらす要素となっている｛【訳注】feel は語幹であり，feeling には屈折語尾の *-ing* がついている｝。

• loch（湖）と nicht（night のこと，夜），また patriarch（家長），Brechin（ブレチン）｛【訳注】スコットランドにある地名｝など *-ch-* とつづられるとき，軟口蓋摩擦音となることが一般的である。

• 無声両唇摩擦音 /ʍ/ は広く使われ，while（しばらくの間）と wile（策略）や，whales（クジラ）と Wales（ウェールズ）は対になっている。北東部では /ʍ/ は /f/ となる。例　fa（who，誰），fite（white，白），など。

• butter（バター）にあるような声門閉鎖音は，都市部のアクセントでは広く耳にされるが，スコットランドでは，特に，若い人の話しことばで広がっている。

• ピッチの幅と強弱は RP よりも広く，無強勢の音節がかなり強調して発音されることがある（例 Wednesday は明確な３音節）。

文法

（文法用語についてはⅢ部を見よ）

• 不規則名詞の複数形には een（eyes，目），shuin（shoes，靴）や hors（horses，馬）が含

「僕たちのウィリー（*Oor Wullie*）」1936 年から『サンデーポスト（***The Sunday Post***）』に掲載されている人気漫画。同紙 1994 年 1 月 16 日版 p.40 より（図の注を巻末 p.549 に掲載）

まれる。複数形の規則的な変化には，leafs（葉），wifes（妻），wolfs（狼），lifes（命）などがある。

• 代名詞の変異として，thae（those，あれら）と thir（these，これら）の２つがある。オークニー（Orkney）とシェットランド（Shetland）やそのほかの地域でも，thou / thee / ye｛【訳注】thou は２人称単数主格，thee は目的格，ye は thou の複数。格調高い文などで使われることがある｝の使い分けは残っている（p.75）。ほかの代名詞でも，mines（mine，私たちのもの），they（these，これら），they yins（they，彼ら），また，yous（'you' の複数形，あなたがた）がよく耳にされる。

• one（1）は，置かれる位置によりさまざまな形で出現する。例：ae man（one man，１人の男性）に対し，that ane（that one，あのもの）。

• 特徴的な動詞。gae（go，行く），gaed（went，go の過去形），gane（gone，go の過去分詞形），hing（hang，吊るす），hang（hanged，hang の過去形），hungin（hung，hang の過去分詞形）; lauch（laugh，笑う），leuch（laughed，laugh の過去形），lauchen（laughed，laugh の過去分詞形）。ほかの過去形の例　gied（gave，give の過去形，与える），brung（brought，bring の過去形，持ってくる），tellt（told，tell の過去形，話す），taen（took，take の過去形，持っていく），sellt（sold，sell の過去形，売る）.

• 不変化詞 not は，no または nae という形で，canna（can not）や didnae（didn't）という短縮形で現れることがある。

• 助動詞 shall，may，と ought は話しことばでは通常は使われず，will（shall として）や，can あるいは maybe（may として），また should や want（ought として，You want to get out a bit の want にあるような）が用いられる。二重法助動詞（p.335）も聞かれることがある。例　might could，will can，など。

• 定冠詞は the now（just now，ちょうど今），the day（today（今日）），the both of them（それらの両方），go to the church（標準英語（SE）の go to church（教会へ行く）と同じで特定の教会を指してはいない），they're at the fishing（彼らは釣りをしている），he wears the kilt，（標準英語（SE）では he wears a kilt（彼はキルトを着ている）），首長の名前の前につける（Robert the Bruce　ブルース家の主のロバート）ような独特な用法がある。

• 文法に関しては前置詞の用法に，the back of 3 o'clock（soon after 3 o'clock（３時過ぎすぐに））や from（frae）の受身形の by としての使用がある（We were all petrified frae him（私たちは彼に仰天させられた）。付加疑問文の変異の例として（p.319）Is Mary still outside, is she?（メアリーはまだ外にいるんですね？）がある。See it's daft doing that.（ところで，それはまったくばかなことだ）のように，新しい話題が始まるマーカーとして，特にグラスゴー（Glasgow）では see が使われる。

語

スコットランド英語のレキシコンの特徴の多くは，ほかの言語，特に，ゲール語，ノルウェー語（p.25），およびフランス語からの影響に由来している。ゲール語（p.46）からの借用語の例としては，cairn（登山路を示すために積み上げた石，ケルン），capercailzie（オオライチョウ），ceilidh（パーティー），claymore（両刃の剣），gillie（狩猟の案内人），glen（峡谷），ingle（炉の火），loch（湖），pibroch（バグパイプで演奏する勇壮な曲），sporran（スポーラン。キルト着用時のベルトにつける袋），や whisky（ウイスキー）があり，この中には，現在の標準英語の語彙の一部となったものもある。下記は，スコットランド英語でしか使われない語彙である。『スコットランド語シソーラス（*The Scots Thesaurus*）』（1990）には 20,000 語以上が収録されているので，ここに示すものはほんのわずかでしかない。

単語集

airt	direction（方角）
ay	always（いつも）
dominie	teacher（教師）
dreich	dreary（ものさびしい）
fash	bother（悩ます）
high-heid yin	boss（権力のある人）
janitor	caretaker（用務員・世話係）
kirk	church（教会）
outwith	outside of（外側に）
pinkie	little finger（小指）
swither	hesitate（ためらう）

このほかに，標準英語と同じだが，意味が異なるものが多くある。例 scheme（自治体の公営団地），mind（memory，recollection　思い出），travel（徒歩ででかける），gate（道）。イディオムの例　to miss oneself（おもてなしを逃す）be up to high doh（興奮しすぎる）。

初期の傾向

スコットランド英語のつづりを英国化する動きは，1603 年にイングランドとスコットランドが同一の国王をもつことになった後から目立つようになっており（p.53），17 世紀には主流となってきた。10 年もたたないうちに，法律や文学作品の文書のほかに，南部｛【訳注】つまりイングランド｝の英語が印刷用の標準となり，17 世紀の終わりまでには，スコットランドの言語変種の特徴を示す文書はほとんどなくなった。同様に話しことばもイングランドの英語が基準となり，18 世紀中期の数十年を支配していた「礼儀正しい」社会の規範的な態度から「スコットランド風」を使うことは激しい批評の的となり，また，「粗野な」慣用法と認識されたすべての例は非難された。1750 年代には，教養ある人は使うべきではないとされるスコットランド表現をアルファベット順にした一覧が初めて出版され，さらに，ロンドンの標準的な発音様式への矯正の方法を人びとに指導するために，雄弁術の教師がスコットランドに現われた。

この間にも，スコットランドの初期の時代からの人気漫画や英雄詩は出版され続けた。そしてこれは，18 世紀には，アラン・ラムジー（Allan Ramsay），アレクサンダー・ロス（Alexander Ross）などの詩，バラッド，ユーモア話において，より口語的なスタイルで，細々とながらも韻文の作品を出し続けることで，この言語変種の復活を動機づけた。彼らの言語はよく「ドリック（Doric）」｛【訳注】ギリシアのドーリア方言の位置づけの類似による｝と呼ばれていた。スコットランド英語の使用と，古典ギリシア語の牧歌的な詩の特徴に類似があると考えられていたからである。その後，文学の世界でロマン主義が出現すると，地方の言語がより高く評価されるようになり，その土地特有のことばに本格的な学問的関心が高まった。しかしながら，スコットランド英語に対しては「年々，話しことばとしてはすたれていく」（よく引用されるエディンバラのコーバーン（Lord Cockburn）判事のことば，1838 年）という認識がなされていた（しかし，今では喜びよりも後悔とともに）。さらに 19 世紀には，イングランドと同様に，都市部の方言が台頭し，その結果として，地方で話される「よいスコットランド方言（guid（good）Scots）」と，都市部で話される「下品なスコットランド方言（gutter Scots）」という区別が生まれ，代表的な例として，一般的に引用されるグラスゴーの労働者階級の話しことばがあげられる。

観察される英国化

1520 年から 1659 年の間のスコットランドでの英国化に関する研究の一部として，5つの言語変項で起こった変化が観察された。その研究では，国家の公的記録，公式書簡，私的通信，宗教論文，および私的記録から，合わせて 140 の文書が調査された。変化の速度の速さを明確に見ることができる。

- 関係節の標識が *quh-*（p.52）から which や who の語にあるような *wh-* のつづりへと変化した。1520 年，スコットランドの作家はつねに *quh-* のつづりを使用していた。*wh-* の値は，約 80 年間低いままだが，1659 年までに 80 パーセントを超えるほどに急激に増加している。
- 過去形の語末が *-it* から *-ed* に変化した。intendit が intended（意図された）になった。ここでも変化の始まりは遅く，1520 年は5パーセントだったが，1580 年以降急激に *-ed* の使用が増加し，1659 年には 87 パーセントに達した。
- 不定冠詞の ane が a や an に変化した。ane missive, ane oath は a missive（契約交渉書状），an oath（誓い）となった。この変化は当初はより目立っていた（16 パーセント）。しかし，1659 年まででは，74 パーセントまでしか到達しておらず，さらに増える余地があった。
- 否定の不変化詞 na と nocht は no と not に変化した。これらは 1520 年から 40 年間は急激に増え，1600 年以降も使用が着実に伸び続けている。その結果，1659 年には not は 100 パーセントに達している。no に関しては（グラフで示されているとおり）少し下がって 94 パーセントである。
- 現在分詞の語末は *-and* から *-ing* にかわり，labourand は labouring になった。これは，この研究の中で最も英国化された特徴である。*-ing* 形はすでに 1520 年には 60 パーセントを超えるほど使用されていた。その使い方はさまざまであったが，置き換わりの過程は 1600 年までには事実上完成した。

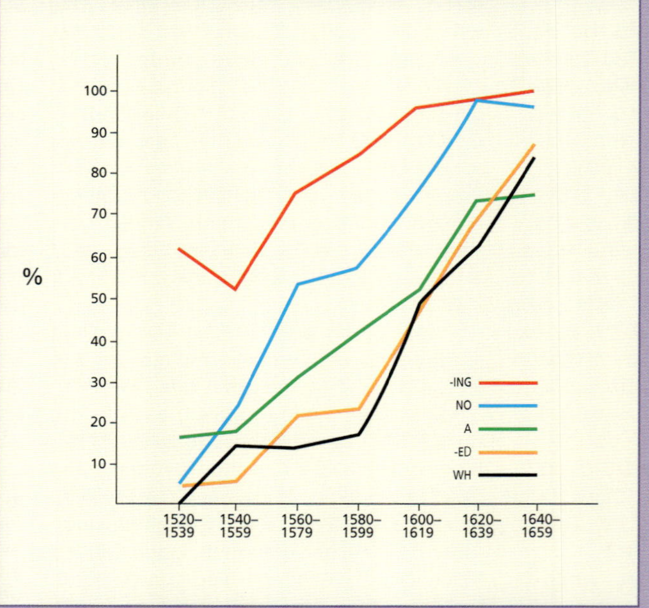

これらの変化の傾向は，慣用法の複雑なパターンのまとめであることに注意すべきである。例えば，1520 年に 60 パーセントの文書が *-ing* だけを使い，40 パーセントが *-and* だけを使用していたということが問題なのではない。1600 年までの慣用法はかなり多様であり，著者たちはどちらの形も使用し，一文の中で両方の形を使うことさえあった。しかし，同一の国王をもつようになってから，2 世代のうちにこの多様性は消滅してしまう。急激に変化したジャンルもある。例えば，宗教関係の記録では，この変化は 1600 年に事実上完了したが，国の公的記録は最も変化が遅く，1659 年になっても保守主義的なままである（A. J. デヴィット（A. J. Devitt），1989 を参照）。

ドッドとデイヴィー

コミック詩は引き続き人気である。下記に示すものは J. K. アナンド（J. K. Annand）の『ドッドとデイヴィー（*Dod and Davie*）』からの引用である。1986 年に出版されたものだが，有名なドイツのヴィルヘルム・ブッシュ（Wilhelm Busch）による，二人のいたずらな子どもの物語である『マックスとモリッツ（*Max und Moritz*）』（1865）の翻訳である。エリー・ミラー（Elly Miller）による同じ抜粋箇所の標準英語への翻訳が続く。『イングリッシュ・ワールドワイド（*English World-Wide*）』（1984）という研究誌に，4種のクリオール版への翻訳とともに掲載されている。

Fowrth Ploy
It was statute and decreed
Whatna learnin Man
was need
No alane the A B C
Helps him heicher things
comprie;
No alane can scrievin,
readin,
Gie the gumption that
he's needin;
No alane wi sign and
nummer
Should a man his mind
encummer
But tak pleisure in ac-
quirin
Gift o Wisdom to
inspire'm.
We sic thinkin aye to
hand
Dominie Duncan took
his stand.

頻繁に述べられているように，人びとは教育を受けなければならない。つづり方を学ぶことだけが人間性を高めるのではない。また，単に読み書きだけが人を魅力的にするわけではない。算術を学べば生徒が洞察力をもつわけではない。理性，知性，道徳的な思考も，同様によく教育されなければならない。そして，該博な知識をもって教えることがランプル先生の使命であった。

ロバート・バーンズ（1759-96）

スコットランドの英語の伝統的な特徴は，国民的詩人のロバート・バーンズ（Robert Burns）の書いたものであるという認識をもつ人は多い。彼は，スコットランド南西部のアロウェイ（Alloway）にあるエアーシア村（Ayrshire）の貧しい農家の息子として生まれ，幼い頃は，幅広く本を読み，その後は当時の人気の物語や歌から影響を受け，また，特に妻のいとこのベティ・デビッドソン（Betty Davidson）から聞いた話に大きな影響を受けた。

父が亡くなった1784年に，彼は農家の仕事を託された。農家の使用人の一人との間に私生児（非嫡出子）が生まれ，その上，彼が結婚を希望していた地元の少女，ジーン・アーマー（Jean Armour）との間にも双子が生まれそうだというニュースは，地元の教会の非難とジーンの父の反対をもたらした。農場が荒廃し，貧困，情熱，絶望から流れ出るようにすばらしい詩が生まれたのは，この1784年からである。ジャマイカに移住するための資金を得るために，1786年には，今では有名なキルマーノック版詩集（Kilmarnock）を出版した。ところが，これによってスコットランドにとどまるように説得されるほど，大いなる称賛を受けた。

彼はエディンバラを訪れ，大いに敬意を表され，その後スコットランド中を広く旅した。1788年の初め頃，「クラリンダ（Clarinda）」（アグネス・マックルホーズ（Agnes Maclehose））と短期間だが情熱的な手紙のやりとりをする時期があった。名声が高まるとともに，ジーン・アーマーの家族にも受け入れられるようになり，1788年4月に彼女と結婚し，合計9人の子宝に恵まれた。ダンフリース（Dumfries）の近くに農場を借り，1789年には収税吏としてより安定した仕事を得ることに成功した。農場が傾き始めると，ダンフリースの町へ行き執筆を続けた。1793年に彼の一家はミル・ヴェネル（Mill Vennel，現在のバーンズ・ストリート（Burns Street））に家を得て，彼はそこで3年後に亡くなった。

不滅の記憶

Bill o' Fare

'Some hae meat and canna eat
And some wad eat that want it:
But we hae meat and we can eat,
And sae the Lord be thankit.'

Cock-a-Leekie

★

Haggis,
warm, reekin, rich wi'
Champit Tatties, Bashed Neeps

Address to the Haggis
Mr A. McPherson

Steak Pie

Tipsy Laird

A Tassie o' Coffee

バーンズ・サパーの典型的なメニューより。セルカーク・グレイスの引用を含む（訳を巻末 p.550 に掲載）

バーンズ・サパーはバーンズの芸術と偉業を祝う年間行事である。毎年，バーンズの誕生日である1月25日，または年によっては可能な限り，それに近い日程で開かれる。記録として残っている最初のサパーは1801年にエアーシアで開催されたもので，バーンズの親しい友人たちが参加している。現在，キルマーノックを本拠地とするバーンズ協会には300を超える加盟クラブがある。

晩餐会の構成は，伝統により神聖化されている。聖職者の一人が「セルカーク・グレイス（The Selkirk Grace）」を暗唱する｛【訳注】セルカーク・グレイスとはスコットランド語で書かれた食前の祈りのこと｝。夕食のハギス｛【訳注】羊などの臓物を刻み，オートミールや脂肪と共にその胃袋に詰めて煮るスコットランド料理（『リーダーズ英和辞典』より）｝はバグパイプの演奏とともに運ばれ，バーンズの「ハギスのために──腸詰一族の偉大な王よ｛【訳注】タイトル訳は照山顕人訳より｝（Address to the Haggis' – the 'Great Chieftain o' the Puddin-race）」が朗読される。夕食後は，参加者の代表が「不滅の記憶（The Immortal Memory）」への演説を行う。「娘たちへ乾杯（The Toast to the Lasses）」を男性参加者の一人が捧げ，女性の参加者の一人がそれに応える。バーンズの作品のさまざまな歌と朗読が続き，全員で「蛍の光（Auld Lang Syne）」を歌って閉会となる（N. マーシャル（N. Marshall），1992を参照）。

Nae man can tether time or tide;
The hour approaches Tam maun ride;
That hour o'nights black arch the key-stane,
That dreary hour he mounts the beast in;
And sic a night he taks the road in
As ne'er poor sinner was abroad in.

The wind blew as 'twad blawn its last;
The rattling show'rs rose on the blast;
The speedy gleams the darkness swallow'd;
Loud, deep, and lang, the thunder bellow'd:
That night a child might understand
The Deil had business on his hand.

誰にも時間は止められない。
タムの馬に乗る時間がやってくる。
夜の闇のかなめ石，あの真夜中が。
こんな恐ろしい時間に馬に乗るのだ。
人っ子一人出くわさないこんな夜，
タムは家へ帰っていく。

これが最後とばかり風が吹き暴れ，
篠つく雨は風に吹きまくられる。
閃く光は闇夜を呑み込む。
音高く，深く，長く，雷鳴がとどろく。
こんな夜，悪魔が仕事に励むのは，
子供だって知っていよう。
（木村正俊訳「シャンタのタム（お話）」『ロバート・バーンズ詩集』ロバート・バーンズ研究会編訳 pp. 292-3（2009），国文社より）

『シャンタのタム（*Tam o'Shanter*）』（1790）の独特のリズムは，評論家からはバーンズの傑作と言われている。アロウェイの教会の墓地で，タムが異世界の亡霊たちと悪夢の出会いをする物語である。これはバーンズ・サパーで人気の詩である。

単語集（スコットランド英語／標準英語）
nae / no（否）
maun / must（しなければならない）
stane / stone（石）
sic / such（そのような）
taks / takes（取る）
'twad blawn / would have blown（吹く）
lang / long（長い）
Deil / Devil（悪魔）

O my Luve's like a red, red rose
That's newly sprung in June;
O my Luve's like the melodie
That's sweetly play'd in tune.
As fair art thou, my bonie lass,
So deep in luve am I;
And I will luve thee still, my dear,
Till a' the seas gang dry.

Till a' the seas gang dry, my Dear,
And the rocks melt wi' the sun;
O I will love thee still, my dear,
While the sands o' life shall run.
And fare thee weel, my only Luve!
And fare thee weel a while!
And I will come again, my Luve,
Tho' it were ten thousand mile!

ああ，ぼくの恋人は真っ赤な真っ赤なバラ，六月に新たに咲きほころぶ。
ああ，ぼくの恋人は美しい旋律
妙なる調べで奏でられる──
美しいぼくの少女よ，実に美しさそのものよ，この恋に生命（いのち）をかける。
ああきみよ，永遠（とわ）にきみを愛す，
海がすべてかれ果てるまで──

ああきみよ，海がすべてかれ果てるまで，太陽が岩をすべて溶かしきるまで。
ああきみよ，永遠にきみを愛す，
生命の砂時計の砂が落ち続けてる限り──
でもさようなら，たった一人の恋人！
さようなら，つかの間の別れよ！
恋人よ，たとえ千里の道をへだてていても，きっときみのもとへ，再び帰り着く！──

（中村匡克訳「真っ赤なバラ」『ロバート・バーンズ詩集』ロバート・バーンズ研究会編訳（2009），国文社　p.442-443より）

バーンズは1794年に，兵士が恋人との別れを告げる歌をもとに，この有名な詩を詠んだと考えられている。歌詞のついた覚えやすいメロディーはグレアムのストラスペー｛【訳注】スコットランドの4拍子の舞踏音楽｝による。

単語集
bonie / pretty（美しい）
gang / go（行く）
weel / well（申し分なく）

（巻末 p.550 へ続く）

スコットランドの方言地域

この地図はスコットランドの主要な方言の地域と，1975年の英国の地方政府法による地方行政区画再編以前に存在したスコットランドの州を示している。ハイランド（The Highlands）とヘブリディーズ諸島（Hebrides）は除外する。この地域が伝統的なゲール語を話す地域であることと，この地域の英語の慣用法を分析する際に考慮すべきはスコットランド英語よりもゲール語だからである。

諸島のスコットランド英語

オークニーとシェトランド（Orkney and Shetland）

北部

- ケースネス（Caithness），サザランド（Sutherland），ロス-クロマーティ（Ross and Cromarty），インヴァネス（Inverness）
- ネアン（Nairn），マリー（Moray），バンフ（Banff），アバディーン（ノース・イーストスコットランド）（Aberdeen（North-East Scots））
- キンカーディン（Kincardine），東アンガス（E Angus）

中央部

イーストセントラル（East Central）

- ウェストアンガス（W Angus），パース（Perth），スターリング（Stirling），ファイフ（Fife），キンロス（Kinross），クラックマナン（ノース・イーストセントラル）（Clackmannan（North-East Central）
- ウェストロジアン（West Lothian），エディンバラ（Edinburgh），ミドロジアン（Midlothian），イーストロジアン（East Lothian），ベリック（Berwick），ピーブルズ（サウスイーストセントラル）（Peebles（South-East Central））

ウェストセントラル（West Central）

- ウェストアンドイーストダンバートン（W and E Dunbarton），アーガイル（Argyll），ビュート（Bute），レンフルー（Renfrew），グラスゴー（Glasgow），ラナーク（Lanark），ノースエアー（N Ayr）

サウスウェスト（South-West）

- サウスエアー（S Ayr），ウィッグタウン（Wigtown），カークーブリー（Kirkcudbright），ギャロウェー（Galloway），ウェストダムフリース（W Dumfries）

南部

- ロクスバラ（Roxburgh），セルカーク（Selkirk），イースト／ミッドダムフリース（E/Mid Dumfries）

アルスター（北部および北東部）英語（p.357）

DAVIELY をなんと書くか

この語は，『スコットランド英語シソーラス（*The Scots Thesaurus*）』（1990）にある疲労（tiredness または exhaustion）を表す75項目の語の1つである。その意味は疲れ具合によって，「けだるい（languid）」や「へとへと（weary）」から「完全に疲れはてた（totally exhausted））や「疲労困憊した（worn out）」などと幅がある。形容詞と副詞の使用のみここでは示している。地域限定のものはイタリックで示した（場所については上の地図を見よ）。スコットランド英語のくだけた話しことばでの語尾の *-it* が残っていることは注目に値する。

以下の daviely の意味をもつ語のリストで使われる記号一覧

hyphen（ハイフン）：使用される地域が連続していることを示す。例. Bnf-Fif の意味は，その語が州と州の間にも見られることを示す。

local（地方）：示された地域の中で散発的に見られる慣用法（以下の語のリストでは local と示す）。

now（現在）：以前は広く使われていたが，今は示された地域に限定的に見られる慣用法（以下の語のリストでは now と示す）。

Abd	アバディーン(Aberdeen)	Loth	ロジアン(Lothian)
Ags	アンガス(Angus)	Ork	オークニー(Orkney)
Bnf	バンフ(Banff)	Pbls	ピーブルズ(Peebles)
Bwk	ベリック(Berwick)	Rox	ロクスバラ(Roxburgh)
C	セントラル(Central)	S	サザン(Southern)
Cai	ケースネス(Caithness)	Sh	シェトランド(Shetland)
Dmf	ダムフリース(Dumfries)	Stlg	スターリング(Stirling)
Fif	ファイフ(Fife)	Wgt	ウィッグタウン(Wigtown)

〔訳注〕以下すべて上記の説明通り，疲労を表す語である。括弧内が上記の説明にある記号である。〕

bauch, daviely, defait(now Bnf Abd), dirt deen(Bnf Abd), disjaskit(local), doilt, diled(now Abd), dowf(now local Bnf-Fif), dowless(now Stlg), ergh, exowst, fauchled (now C, S), fendless(Sh Cai Ne, SW), forfauchelet, forfochtin forjeskit (local Sh-Pbls), fornyawd, forwandert (literary), fusionless, haggit(now Stig midLoth), ha(i)rlt (now midLoth Bwk), jabbit(NE), jaffled(SW), jaskit(now Sh Ags), jaupit(now Bnf-Ags midLoth), lither(now Dmf), lowsed, mated(Abd), maukit(S), muith(now Cai), oorit, pingled, pouskered(Ags WC), puggled, socht(now local Ork-Wgt), tewed(now Wgt), thowless, tike-tired, traikit(now WC Wgt), trauchled(NE Ags), typit (Bnf Abd), useless (Sh-N), vincust (Ags), wabbit(general, not Sh Ork), wauch, wauf

シェトランドの話しことば

シェトランドの島々で用いられる言語変種は，すべてのスコットランド英語方言の中でも最も独特なもののひとつである。この抜粋は，学術論文からの抜粋である。これは，『イングリッシュ・ワールドワイド(*English World-Wide*)』（1981）という学術誌において，スコットランド英語に関するシンポジウムへ寄稿されたものである。

Shetland's 'ain aald language' has its röts awa back ida Norn tongue at wis spokken in Shetland fae aboot da nint tae da seeventeent century. Da Scots fock at cam among wis fae da sixteent century an on brocht der ain leid, an at da lang an da lent da twa languages melled tagidder to mak da tongue we caa Shetlandic. While dis wis gjaan on, anidder wye o spaekin an writin wis shapin da local speech. Dis wis English – ösed by da Kirk, da laa-coorts an ida sköls.

シェトランドの「独自の古い言語」は，古ノルウェー語にそのルーツをもつ。それはシェトランドで9世紀から17世紀に話されていた。スコットランド英語が16世紀に持ち込まれ，2つの言語が混ざりシェトランド語ができた。その間，この話しことばと書きことばが地元のことばとなった。これが教会や法廷，そして学校で使われた英語だった。

（J. J. グレアム（J. J. Graham），1981 より）

単語集

röts	roots（根）
ida	in the
fock	folk（人びと）
at wis	that was
brocht	brought（もってきた）
da lang an da lent	
at long last（努力した後）	
ösed	used（使った）
Kirk	Church（教会）

（巻末 p.550 へ続く）

現在

現在では複雑な方言の情況を目にするが，それは『スコットランドの言語地図（*The Linguistic Atlas of Scotland*）』（1975より）などの調査を通して知られ始めている。くだけた話しことばとある程度の書きことばに，標準英語とスコットランド英語を結びつける連続体が明らかに存在する。連続体の一方には，出身地がわかる程度のわずかなスコットランドの発音様式をともなった，事実上，標準英語といえるような方言を話すスコットランドの人びとがいる。もう一方は，地元でしか使われないような英語の語彙，発音，文法をもち，多くの場合，ゲール語からの借用語で特徴づけられているような，非常に特徴的な言語変種が使われている。両極の間は，スコットランド英語の特徴がいろいろな割合でみられ，スコットランド内の地域の変異に色づけされていることもあれば，方言がかなり混ざり合っていることも多くある。ある地域では，スコットランド英語の特徴がより強く出ており，特に北東部，シェトランド（Shetland），グラスゴー（Glasgow）などは独自の文学を発展させている。「ドリック（Doric）」という用語は，地方の方言，特に北東部の方言に対して引き続き使われている。

ラランズ方言

さらに，20世紀にはスコットランドの「主流」の言語変種，つまり標準的に文学に用いられる言語変種が意識的に作り出される動きが見られた。その提唱者たちは，それがスコットランド英語全体の再興のための基盤であると主張している。「スコットランド・ルネッサンス」とも呼ばれることがあるように，スコットランドの低地地方の過去の文学や方言の慣用法の独自性に目を向けた。選択された言語変種は，当初は詩の中だけに用いられ，「合成スコットランド英語（synthetic Scots）」と呼ばれていたが，現在では，一般的にラランズ方言（「スコットランド低地地方」という意味）という名称がついている。そして，標準英語（特に，1947年のスコットランド詩人クラブのスコットランド語スタイルシート（*Scots Style Sheet*））との違いが強調されている書き方のガイドラインが策定された。

ラランズ方言は，特有な語彙をもつことで知られている（その多くは，歴史的な資料をもとにしており，言語学的視点を強調しているため，専門家でない人たちには敷居が高い）。文法とつづりは，ほかのスコットランド英語方言に比べ標準英語の影響が目立っている。また，そのことが支持者の間の議論の種となっている。例えば，つづりの例として，'out（外側へ）' を out と oot のどちらでつづるか，'was' は was と wes のどちらにするかという議論である。

ラランズ方言の出現は，ことばの計画におけるいかなる施行の場合と同様に，議論を醸し出し，地域方言の自然な特徴を，より魅力的だと考えている反対派（しかも，「プラスチック製のスコットランド英語」というあだ名をつけて酷評）と相対していた。この言語変種が文学の領域を超え，ほかの文体のレベルにも影響するかどうか，その結果，標準言語と関連づけられるある種の威信を勝ち取ることができるかどうかが注目され続けている（p.118）。

ラランズ方言の促進

『ラランズ方言（*Lallans*）』誌（1977）の初期のものからの例である。この例では，文法は may の使い方を含めて，標準英語と一致している（スコットランド英語では may は使われていない。p.349）（A. J. エイトケン（A. J. Aitken），1984より）

SCOTS LITERATURE COMPETITION 1978

The Scots Language Society offers prizes for scrievin in the Scots tongue. There are three clesses: Age 18 and owre wi prizes o £20, £10 and £5; age 12-17 wi prizes o £10, £5 and £2.50; and under 12, prizes o £5, £3 and £2.

Entries maun be original and ne'er afore prentit. They may be (a) Poems up to 60 lines; (b) tales up to 3,000 words; (c) plays that tak nae mair nor 25 meenits to perform. Ilk entry maun be signed wi a byname, and the byname should be prentit on the outside o a sealed envelope, that has inside the entrant's real name and address and, for them under 18, the date o birth.

（巻末 p.550 へ続く）

私たち自身の言語？

スコットランドに関するシンポジウム「私たち自身の言語？（*Our ain laid?*）」への寄稿の冒頭の文が，『イングリッシュ・ワールドワイド（*English World-Wide*）』（1981）という雑誌に掲載された。この著者は通常よりも，標準英語とは離れた正書法のつづりを用いているが，わかりやすくするために，伝統的なつづりをそのままにしているものもある。

In the upgrowth o a leid ti haill maturity o lettirs, the staiblishin o an exponent prose is aften deimit a determant stage. A leid may hae a weil-founnit tradeition o hameilt sang, leirit indyte, an ein nerratif prose; but wantan a registir conding for academic screvins, hit maun bide be a'hauf-leid' (*Halbsprache*: the word o the German leid-scolar Heinz Kloss) at the best... (J. D. McClure, 1981.)

(In the development of a language to full maturity of literature, the establishment of an expository prose is often judged a crucial stage. A language may have a well-founded tradition of domestic song, learned poetry, and even narrative prose; but lacking a register suitable for academic writers, it must remain a 'half-language' (*Halbsprach*: the word of the German language-scholar Heinz Kloss) at best...)

文学が十分成熟するための言語の発展において，説明的な散文は時折，決定的な局面にあると判断される。言語を使って，十分伝統に根づいた地元の歌があり，優れた詩や，散文的語りさえもある。しかし，学術的なものを書く者にとっては適切な言語使用域が不十分だと，相変わらず「中途半端な言語」にとどまらざるを得ないのである。（Halbsprach: ドイツの言語研究者 ハインツ・クロス（Heinz Kloss）によることば）

合成スコットランド英語

スコットランド英語は創造し直されなければならず，脱英国化もしなければならない（文学での使用を目的として，それ以前にはなかったものが実際に創り出された）。

1926年のヒュー・マクダーミッド（Hugh MacDiarmid）によるこのコメントは，彼が作成した，復活あるいは，「合成された」スコットランド英語の注釈となっており，そこでは，進展していく中で，ますます難解になる語彙を創り出すような，古く，また最新の言語資源を用いている。マクダーミッド（本名はクリストファー・マリー・グリーヴ（Christopher Murray Grieve））は詩人であり批評家であり，さらに1928年のスコットランド国民党の立ち上げメンバーでもあった。彼は20世紀のスコットランド復興の中心的人物となり，1920年から1940年にその活動は全盛期となり，後に続くラランズ方言で書かれた文学に大きな刺激を与えた。

I amna fou' sae muckle as tired – deid dune.
It's gey and hard wark coupin' gless for gless
Wi' Cruivie and Gilsanquhar and the like,
And I'm no' just as bauld as aince I wes.

The elbuck fankles in the coorse o'time,
The sheckle's no' sae souple, and the thrapple
Grows deef and dour: nae langer up and doun
Gleg as a squirrel speils the Adam's apple.

（巻末 p.551 へ続く）

ヒュー・マクダーミッド
(1982-978)

ウェールズの英語

ウェールズ人が英語の歴史を振り返った時，自分たちは，ほかのどの国民よりも傷ついていると感じる権利は十分ある。というのは，アングロサクソンの侵略者が最初にやってきた時に彼らの言語が英語に取って代わられてしまったからである（第2章）。現代のウェールズ語は，その当時，英国中のほとんどで話されていたケルト語に直接由来する。この言語はウェールズ（Wales）と同様，カンブリア（Cumbria），スコットランド南西部（south-west Scotland），デヴォン（Devon）やコーンウォール（Cornwall）にも残っていた。しかし，中世以降は，コーンウォールとウェールズだけにしか残っておらず，19 世紀以降はウェールズだけにしかない。

初期のノルマン人による公国征服の結果，英語が急激にウェールズに広まった（p.340）。大ブリテン島のほかの地域に起こったこととはかなり異なった様相を呈することになった。イングランドとウェールズの合邦法（1535，1542）は，イングランドがスコットランド（1707）とアイルランド（1800）との間に合同法を結ぶよりもはるか以前のことであり，宗教，教育，経済における要因が複雑にからみあい，ウェールズにおける英語の勢力を増大させた。その中で，修道院が解体され，ウェールズ語学習の場が失われることにつながった。教育で用いられることばは，ラテン語から英語となり，ウェールズのいくつかの町では，チューダー・グラマースクール｛【訳注】チューダーは 1485 年から 1603 年までの王朝。中でも，エドワード 6 世はグラマー・スクール設立に多額の寄付をし，16 世紀には 600 あまりの学校が比較的貧しい少年への教育の機会を与えるため設立された。もともとはラテン語の文法を教えるための学校としての起源をもつ。｝が設立され，英語を使って授業が行われた。19 世紀になると，産業革命により，ウェールズ語話者がイングランドへ移住するようになり，その後，英語話者が南ウェールズの採炭や製錬の産業のために移住してきた。20 世紀になっても，戦争や不景気のあおりを受け，人口の移動は増え続けた。最近では，世界のほかの地域と同様に，テクノロジー，メディア，および，経済の分野において英語が優位になっているため，英国化へとなびく容赦ない言語の必要にかられた状況が背後にある。

3つの重要な年

1284 年　エドワード 1 世にルーウェリン（Llewelyn）｛【訳注】歴史の本ではサウェリンと表記されることがある｝が敗北すると，ウェールズは正式にイングランドに併合され，ルドラン法（Rhuddlan）が英国の法律として制定された。

1535 年　ウェールズの法律（一般的には合同法（the Act of Union）として知られている）では，公用語として英語を課し，「すべての司法官，州長官，王室私有財産管理者，そのほかの役人，法務省，議会，地元議会，州長官の会議，そのほかすべての会議を英語で宣言し継続する」ことを求めている（20 条）。

1563 年　議会制定法は，人びとが「より早くに英語の知識を獲得するように」という目的で，すべての教会に英語版の聖書と『英国国教会祈祷書』をウェールズ語の版とともに用意しなければならないことを求めた。

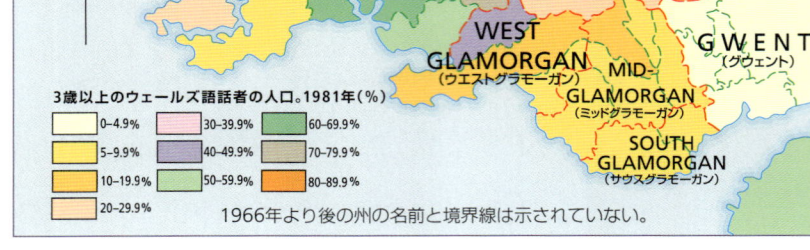

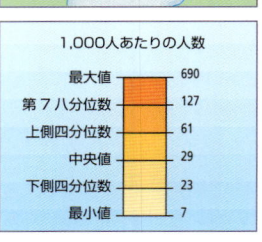

国勢調査の結果

1891 年には，人口の 30 パーセントはウェールズ語だけしか話せなかった。1931 年までにはこの数は 4 パーセントに落ち，1961 年までには 1 パーセントとなった。そして，1981 年は 0.8 パーセントであった。ウェールズ語と英語の両方を話すことができる人は，1891 年の国勢調査では 54 パーセントと報告されている。これは 1931 年には 37 パーセントに減り，さらに 1961 年には 26 パーセント，1981 年には 19 パーセントとなる。しかし，その後，1991 年は 18.7 パーセント，2001 年には 21 パーセント，2011 年には 19 パーセントと横ばい状態である。2011 年の国勢調査によるとウェールズの総人口は 3,063,456 人である。

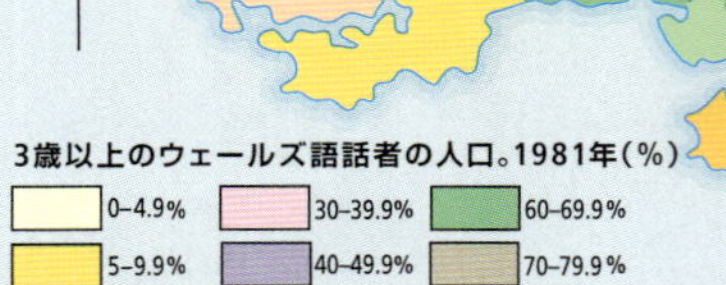

1966年より後の州の名前と境界線は示されていない。

緩衝地帯

20 世紀におけるウェールズ語と英語の盛衰の変化は，グウェント（Gwent）における言語的状況を表したこれらの地図から明確に見ることができる――グウェントはウェールズ公国の南東の境にある。つねに，ウェールズ語話者が最も少ない州だが，州全体として，2 言語話者のパーセンテージは，1921 年に 5 パーセントであったが，1991 年は 2.4 パーセントへと下がっている。（T. R. プライス（T. R. Pryce），1990 による）

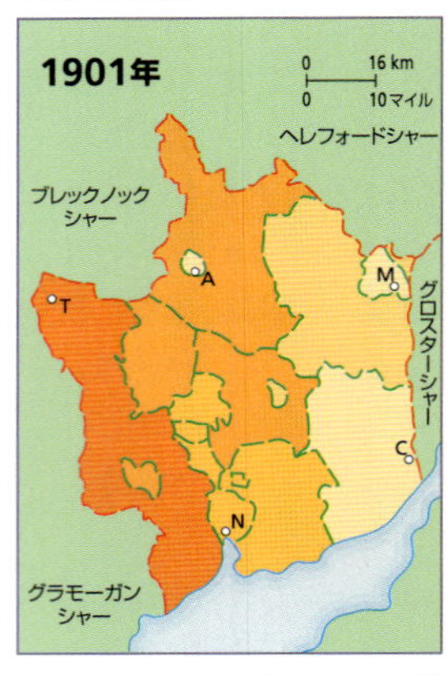

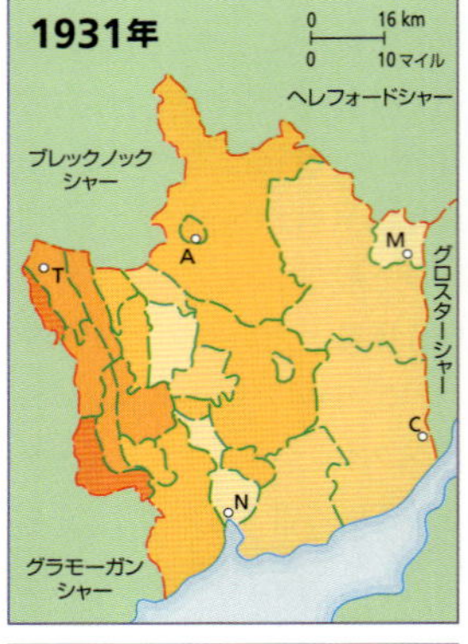

1,000人あたりの人数

最大値	690
第 7 八分位数	127
上側四分位数	61
中央値	29
下側四分位数	23
最小値	7

記号の見方

- N　ニューポート（Newport）
- C　チェップストー（Chepstow）
- M　モンマス（Monmouth）
- A　アバーガベニー（Abergaveny）
- T　トレデガル（Tredegar）

反動

統計によれば，ウェールズ語話者の人口が20世紀の間に急激に減少しており，それに呼応して英語話者の人口が増えている。まさに，言語の「死」が広く行きわたっているとはこのことである。しかし，未来の予想ができないほど，文化と言語の活力と再生のまぎれもない兆しがある。ウェールズ語話者人口が下降気味だったが，1991年の国勢調査ではかなり平坦になり，その後の国勢調査でもその数は維持されている。前例のない法の動き（特に1967年のウェールズ語法（the Welsh Language Act））やメディアによる周知（注目すべきは，1982年に独立したテレビチャンネルの設立）は，英語単一話者のウェールズ人に，新鮮な意識と良心を抱かせた。さまざまな政治活動を通じて，英語の「脅威」（p.122）を阻止するために体系だった努力がなされている。1960年代からの積極的行動が，英語の支配を弱めたのか強めたのかを語るのは時期尚早である。しかし，新しく社会的に現実的な2言語使用が作り出されていく一連の過程で，英語が影響を受けることは避けられず，ウェールズ議会（1999年に設立）の役割が重要になるであろう。

ウェールズ語協会（Cymdeithas yr laith Gymraeg）の支援者たちが，1993年にロンドンで，政府のウェールズ語に対する法案提出に抗議している様子。

ウェールズの英語の特徴

ウェールズの英語の特徴は，ウェールズの中でもかなり多様性があることで，特に注目すべきはウェールズ語が優勢な地域（北西部）である。ある特徴については，ウェールズ以外の人が「典型的なウェールズ語」だと思ったり，文学やユーモア小説の中でステレオタイプ化されて使用される事実はあるが，広く使われている標準的な言語変種というのはない。代表的な例としては，付加疑問の付加語句である look you がある。ウェールズ語の付加語句からの直訳であるが，実際のウェールズの英語話者によっても使われることはまれである（ウェールズ語が使われる有名な文学作品の1つである，シェークスピアのヘンリー5世の中の，フルーエレン（Fluellen）の台詞を聞いてもウェールズ語話者だというのはわからないだろう）。

発音

（音声学の用語については17章を見よ。）

- /ʌ/ と /ə/ の区別をしない。butter（バター）という語に含まれる母音は両方とも /ə/ である。RP の /'b ʌt ə/ とは異なる。
- 母音に挟まれた子音は，money（お金）/'mən:i/ や butter（バター） /'bət:ə/ のように長くなる。
- ウェールズ語特有の子音が2つある。よく知られている l の無声音化（例：Llandudno（地名 ランディドノ）と，軟口蓋摩擦音の /x/（例：bach（やもめ））である。{【訳注】ll の無声音化した音に近いスランディドノと表記される場合もある。Llewelyn をサウェリン，Llwid をスイドとする表記も同様の理由による}
- ウェールズ語には /z/ の音はなく，北部の方言では結果的に，2つの語が同じ発音になる場合がある。例：pence（貨幣の単位）/pens（ペンの複数）はどちらも /pens/ と発音される。また，ウェールズ語には破擦音がなくその結果同一となり，chin（あご）と gin（ジン）は どちらも /dʒin/ になる。

アングロ・ウェルシュ文学

「アングロ・ウェルシュ（Anglo-Welsh）」という用語は最近できたものだが，ウェールズ人が英語で書いたものは，15世紀頃から見ることができ，そこには2言語使用の姿が映し出されている。この呼び方をつけた動機は，きわめて明白である――それは，ウェールズ語で書かれた文学を指す「ウェールズ文学」という表現との曖昧性を避けるためである――しかし，その呼び方の適用は不確実であり，議論を呼んでいる。「アングロ・ウェルシュ」の作家はウェールズ出身でなければならないのか。両親がウェールズ人なら，ほかの土地の出身でもよいのか。ウェールズ人の両親をもち，ウェールズに住むことを選んだ人でなければならないのか，あるいは，ウェールズに関するテーマについて書くことを選ばなければならないのか。ウェールズ語話者でなければならないか。いろいろな可能性があることは，まったく異なる境遇にある二人の例で示すことができる。一人は，清教徒の作家であり，メリオネスシア（Merionethshire）に生まれ，生涯の多くをウェールズで過ごし，主にウェールズ語で執筆し，かつ，ウェールズ語と英語のいずれでも雄弁な牧師であったモーガン・ルーイッド（Morgan Llwyd（1619-59））{【訳注】スイドという表記もある}である。一方，正反対の例としては，信心の厚い詩人であるジョージ・ハーバート（George Herbert（1593-633））がいる。彼はノルマン系のウェールズ人の祖先をもち，生地は確かではないが，おそらく，ウェールズ語の知識はなく，生涯の多くをイングランドで過ごした。

この問題は，1920年代以来際立っている。現在，多くの批評家は，このことばの意味を広くとらえており，ウェールズの文学的，言語的，文化的伝統に関連する人すべてや，英語を使う人も含まれている。影響力のあるパンフレットでの，ソーンダス・ルイス（Saunders Lewis（1893-985））による1939年の，「アングロ・ウェルシュ文学はあるのか」という問いかけに対して，今では多くの作家たちによって答えが寄せられている。初期の作家としては W. H. デーヴィス（W. H. Davies（1871-940）），ジョン・クーパー・ポーイス（John Cowper Powys（1872-963）），カラドック・エヴァンズ（Caradoc Evans（1883-945），アングロ・ウェルシュ文学の父と呼ぶ人もいる）に加えて，エムリン・ウィリアムズ（Emlyn Williams（1905-87）），ヴァーノン・ワトキンズ（Vernon Watkins（1906-67）），ディラン・トマス（Dylan Thomas（1914-53）），ロナルド（R）・スチュアート（S）・トマス（R(onald) S(tuart) Thomas（1913-2000）），ダニー・アブジ（Dannie Abse（1923-2014）），レイモンド・ガーリック（Raymond Garlick（1926-2011）），ミイク・スティーブンス（Meic Stephens（1938-）），さらに1940年代から，何百人もの作家が『アングロ・ウェルシュ・レビュー（*The Anglo-Welsh Review*）』，『ウェールズの詩（*Poetry Wales*）』，『新ウェールズ・レビュー（*The New Welsh Review*）』といった活力のある雑誌に投稿している。

私はウェールズの大きい町で第1次大戦が始まる頃に生まれた。昔も今も私にとっては醜いけど美しい町だ。長く弧を描いた海岸線には学校をずる休みした男の子たち，砂遊びする男の子たち，どこからともなくやってきた年老いた波止場の浮浪者たちが，無為な時間を過ごし，ドックにいる船や，遠いインドや，中国に行く蒸気船を見ている。それらの国はオレンジで輝き，ライオンの咆哮が聞こえる。海へ石を投げ野良犬と戯れ，砂浜で，砂の城や砦や港や競馬場を作り，夏の土曜の午後には吹奏楽を聞き，「パンチとジュディ」の人形劇を見たり，人ごみの片隅をぶらぶらして，海で叫ぶ熱心な宗教的演説を聞いたりした。まるでそんな風にぶらぶら歩きまわるのが邪悪で間違っているかのように，ころがりまわっている白波と多くの魚…

（ディラン・トマス，「幼年時代の回想（'Reminiscenes of childhood'）」）

コラム「引用」「文法と語」を巻末 p.551 に掲載

アイルランド英語

アイルランドは，地理的にブリテン諸島の一部にあたるとして，英語の言語使用の調査の際は，通常，英国と一緒に考察される。これは，言語学的視点からも理屈にあう。忘れられがちだがアイルランドは英語を話す最初の植民地であり，それ以来 800 年ほど 2 国間には絶え間ない接触がある。さらに，北アイルランドで今日見られる言語の変異を特定するという問題は，アイルランド共和国との問題とかなりの重複が見られる。したがって，アイルランドの両地域をまとめて扱うことにする。

ゲール語を話すアイルランドに関わる英語の歴史は，アイルランドがアングロ・ノルマンの騎士たちに侵略され，ヘンリー2 世によってイングランドによる支配が押しつけられた 12 世紀までさかのぼる。しかし，新しい入植者は，アイルランドの生活様式を受け入れた。この傾向を止めようとしたにもかかわらず，イングランドの支配下にある地域は（「ペイル（Pale）」として知られている），16 世紀末まではまだ比較的狭かった。その後，チューダー王家によって英語の権勢を広げる試みが新たに始まった。プランテーション計画は，アイルランド南部においてイングランドからの入植者たちを奨励し，宗教改革の精神を促すための支援が行われた。アイルランドの首長たちはエリザベス 1 世の治世の間，一連の戦いに敗れた。その後，主にスコットランドの低地地方から，プロテスタントの入植者が再びやってきた（p.352）。ジェームズ 1 世はアイルランドの北部の広い地帯を開拓地として利用できるようにし，10 万人を超える人びとが農場を開発しようとやってきた。さらに 17 世紀には，アイルランドによる反乱を鎮圧するためのさらなる手が打たれた。有名なのはオリバー・クロムウェルの軍事行動（1649–50）である。その後，1801 年の合同法によりアイルランドが連合王国の一部になり，この状態は，北（北アイルランド，またはアルスター）と南が分裂した 1920 年代まで続いた。

この出来事による言語に関する主な結果は，貧困層の地域を除いて，英語の使用の着実な増加と，それに対応するゲール語の使用の減少である。19 世紀の中頃になると，英語は優勢で威信のある言語となった。ゲール語の家庭内での使用は敬遠され，子どもたちが，学校でゲール語を使用しているのを聞かれると罰を受ける理由ともなった。今日では，英語が一般的であり，ゲール語は英語とともにアイルランド共和国の公用語であるにもかかわらず，西部のある農村地域でのみ見られる（ゲール語使用地域（the Gaeltacht））。19 世紀以降，ゲール語を奨励する試みが何回か行われ，現在では学校のカリキュラムで重要な位置を占めている。しかし，これらの努力は英語の優位性になんら影響を与えていない。もともと政治的対立が 2 つの言語と関連していた北部でも，今日では対立していたどちらも英語を使っている。

現在のところ，アイルランドでは，教育を受けた人が使う標準英語には地域的な特徴はほとんどない。しかし，改まっていない非標準的な話しことばは，語，イディオム，文法のパターンに，その地域の方言の特徴がある場合が多い。またそれらは，有力な地域の文学に反映されている。言語学的な視点から見ると，アングロ・アイリッシュ（Anglo-Irish）という用語は，音韻論，文法，あるいは，語彙がケルトの影響を特に強く受けている変異を識別するのに有効な役割を担っているが，すべての変種におけるアイルランド英語は，広くヒベルノ英語（Hiberno-English）{【訳注】ヒベルノ（Hiberno）はラテン語でアイルランドを意味する語} と呼ばれている。

アイルランドにおける英語の歴史は，主に，数百年にわたるブリテン島からの移住のさまざまな波を区別するということでもある。東部は，イングランドとのつながりが最も強かったが，北部はスコットランドとの関係が強かった。北部では，スコットランドの低地地方からの人びとが，現在，アルスター・スコットランド語 {【訳注】アルスター・スコッツ語ともいう} と呼ばれている変種の基盤を作った（p.357）。地図は，最も初期のイングランドからの入植者の範囲，その後のスコットランド人の入植の方向，および，現在残っている主要なゲール語の地域を示している。

方言の境界線

ほかの英語の話しことばの変種と同じように，アイルランド英語は決して一様ではない。主要な境界線は，アイルランド島南部の3分の2の地域とそれ以北，すなわち，かつてのアルスター地方（現在の北アイルランドを構成する6つの州より広いエリア）で話されている方言との間にある。アルスターは言語的状況がより多様で，さらに2つの主要な地域に分けられる。北東で話される方言は，アルスター・スコッツ語（Ulster Scots）やスコットランド系アイルランド語（Scotch-Irish）として知られている。17世紀にスコットランドの低地地方からきた移民の話しことばをたどることができる多くの特徴を示しているからである。ほかのところで使われる方言は，中部アルスター語（Mid-Ulster），あるいは，アルスターのアングロ・アイリッシュ（Ulster Anglo-Irish）として知られており，そこにはスコットランド英語の影響はほとんど見られない。イングランド（主に西部やイングランド中部の北西部）からの移住者が広く入植していたからである。

アルスターと南部の地域の中でも，アイルランド英語（Hiberno-English）の変種の範囲は広く見られる。地方の方言では，特に西部ではゲール語の話しことばの影響を大きく受けており，かなり保守主義の特徴を示している。都市部の方言は——主にダブリン（Dublin）やベルファスト（Belfast）の方言——英語の影響をより強く受けており，グレートブリテン島の都市部の方言に見られる非標準的な形式が多く見られる。そして，国全体では，教育を受けた人たちのアイルランド英語の変種があり，地域の言語形式は比較的わずかしか含まれていないが，アイルランド以外の人にとっては「アイルランド語のように聞こえる」と思わせるのに十分である。国営ラジオ局のアイルランド放送協会（ラジオ・テレフィス・エーラン（Radio Telefis Éireann））の公式言語で聞かれるように，特別な語彙の項目だけ（例：taoiseach / 'ti: ʃəx/（首相））が標準英語と区別される。

発音について

いくつかの音声の特徴が，アイルランド英語と容認発音（RP, p.387）を区別する。母音の長さ，円唇化や舌の位置に微妙な違いがある。以下に，よりはっきりと区別できる発音様式の特徴を示す。（音声学の用語に関しては第17章を見よ）。

- tea（お茶）と key（鍵）のような語は容認発音 /i:/ ではなく /e:/ と発音されがちである。文語のつづりである tay，Paycock が反映されている。
- 容認発音の /ɔɪ/ は特に南〔【訳注】アイルランド共和国）〕で /əɪ/ と発音されることもある。文語において，join を jine とつづることでもわかる。
- 広母音に容認発音との違いがいくつかある。特に，path（小道）や calm（穏やかな）では長母音の前舌音 /a:/ が使われ，saw（見る）や talk（話す）では，長母音の後舌音 /ɑ:/ が使われる。
- car（車）や purse（財布）にあるような母音の /r/ は発音される。
- /t/ と /d/ は通常，歯音（dental）（容認発音では歯茎音（alveolar））である。容認発音の th の摩擦音（fricatives）/θ, ð/ は，破裂音（plosive）となる（thanks（感謝）は /t̪aŋks/，this（これ）/d̪is/）。したがって，いくつかの対になる語は，同じ音になる可能性がある（例：thin 薄い）と tin（錫））。
- full や field の /l/ はつねに明るい *l*（p.257）である。
- ある子音結合はゲール語の音の体系の影響を受けている。例えば /s/ は /t,n,l/ の前では /ʃ/ になるため，stop/ʃtop/ となる。

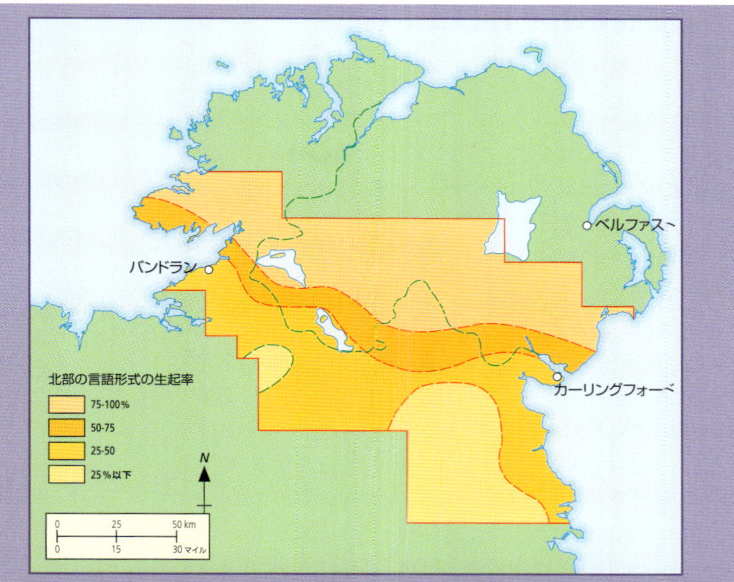

移行ゾーン

アイルランドの北部と南部方言の境界は，西海岸のバンドラン（Bundoran）から東のカーリングフォード湾（Carlingford Lough）までだいたい南東の方向へ曲がりくねっている。しかし，これははっきりと確定できる境界ではない。地図にはファーマナ州（Fermanagh）の南部，アイルランドのモナガン県（Monaghan）の北部と中央部，また北アイルランドのアーマー州（Armagh）の南部に，北部と南部の特徴が入り混じって共存する狭い地域が示されている〔【訳注】この地図の帯状の地域のこと。この地域では，北部の言語形式の生起が50-75%の値を示していることから，北部と南部の言語の特徴が入り混じっていると考えられる。それ以外の地域は北部，南部のどちらかの特徴が優位になっていることが，地図上の色分けから見て取れる〕。例えば，北部では，horse（馬）という語にあるような母音は円唇化される［ɔ:］だが，南部では非円唇化の［ɑ:］である。しかし，中央の地域では変異によって変わる。総じて，この境界部分の南の方に住む年配の人たちは円唇母音を用い，若い人たちは非円唇母音を用いる。変異の同様なパターンは，ほかのいくつかの異なった基準によって定められ，地図には，これらの変異が混在しているところがパターンとして示されており，南へ行くほど混在の状態が少なくなっていることが示されている。

アイルランド英語の強勢

アイルランド英語の発音様式で目立つ特徴は，多音節の主強勢が容認発音での位置としばしば異なることである。特に南部で見られることだが，強勢パターンは容認発音に比べ柔軟であり，変異の数は多いが，いくつかの一般的な傾向が指摘されている。

- 3つ以上の音節がある動詞の接尾辞に強勢をもち，（educate（教育する），advertise（広告する），prosecute（起訴する）），さらに屈折の場合も同じ位置に強勢をもつ（educating（教育している），complicated（複雑な））。
- 多音節の名詞の場合，子音結合が続く音節は強勢をもつ。例 algebra（代数），architecture（建築），character（特徴）。この特徴は非標準英語という烙印を押されることがあるが，orchestra や discipline は教育を受けた人たちの話しことばでも耳にすることがあり得る。

一般的なパターンとしては，強勢の後方移動の1つがある。容認発音と比較すると主強勢が後に置かれている。特に，人びとが自分の話しことばが米国モデルや英国モデルの影響を受けていると考える場合は，変異が多くなってしまうが，多くの語がこのパターンを示す（triangle（三角形），safeguard（セーフガード），diagnose（診断））。アイルランドの地名の多くは，ゲール語の影響から，最後に強勢がくる。つまり，Belfast（ベルファスト）のように発音される。しかし，今は英国化された発音で Belfast と言うのが一般的である。

強勢が後ろに移動することはスコットランド英語，インドやカリブ諸島の英語にも目立つ特徴である。しかし，その影響はスコットランド英語より強い。インドやカリブ諸島（p.364）では何かもっと根本的なことが起きていると考えられる。20世紀以前の韻文の韻律パターンからもわかるように，アイルランドでも長い間そのような強勢の特徴があった（'So therefore I awaited with my spirits elevated'「だから私は気分を高めながら待っていた」〔【訳注】èlevated' は èleVAted' のように va の位置に強勢が移動する〕）。その起源は不明だが，その答えの一部は，英国化の初期の仲介役となったアイルランドの教師たちに起因するのではないかと考えられる。彼らは，多くの場合，多音節の語がどのように発音されるべきかについて不確かだったのである。（D. Ó Sé, 1986による）

海を渡ったアイルランド英語

アイルランド人が数世紀をかけて広い地域に移住しているという観点から見ると，英語圏でアイルランド英語が見つかるという事実は驚くことではない。アイルランド英語がイングランドに到達しているということは，特にリヴァプール（Liverpool）の方言に見ることができる。またその影響は，現代の北米国の各地の方言にも，カリブ海の地域でも見ることができる。同様に，オーストラリアやニュージーランド（p.372）での新しい英語の変種の発生にも重要な役割を担っている。言語変化のパターンは複雑である。というのは，人びとは，さまざまな考慮すべき事柄に影響を受けた話し方をしているからである。特に，新しい言語環境で少数派の方言が出現するとき，発音の特徴が示す役割を確かめることは困難である。それにもかかわらず，言語学者はこれらの言語変種の，語，文の構造，談話構造を指摘し，これらがアイルランド英語由来であると論じることができるとしている。

- Youse（'you' の複数形）は広くアイルランドに広がっており，リヴァプール，グラスゴー，オーストラリアや北米の各地にみられる。
- 肯定文で使われる anymore（例：He fights a lot anymore（今では彼はよく戦う））が，いくつかの米国中部方言で見られる。この表現はアイルランドに見られるが，グレートブリテン島では見られない。
- 文末の but（副詞的に使われ，'though' を意味する。例：I don't want it but（ほしくないけど））は，アルスターや，スコットランドの一部の地域とタインサイドや，くだけた際のオーストラリアの英語では一般的である。
- Come here till I see you（'so that I can see you'「あなたのことがよく見えるようにそばに来なさい」）のような文の構造は，リヴァプールでも使われ，非標準のオーストラリアの英語でもしばしば使われる。
- 1回しかない出来事を指す whenever（Whenever I was born, I was given a special present（私が生まれた時に，特別なプレゼントをもらった））は，アルスターにあり，ニュージーランドや，オーストラリアの一部の地域にもあることが知られている。
- 強調の肯定文の It is so（例 A：It's raining. B：It isn't. A：It is so!（A：雨が降ってる。B：降ってないよ。A：降ってるよ！））は，アイルランドとくだけた時のオーストラリアの英語では一般的である。米国英語の It is so/too に影響を与えた可能性がある。
- 標準英語で can't と言うところはアイルランド英語では mustn't となるが（例：He mustn't have seen me, because he drove straight past（彼は車でまっすぐ通り過ぎて行ったため，私のことは見えなかったはずだ）），これはイングランドの多くの地域では知られていない（リヴァプールの英語は最大の例外である）。しかし，オーストラリアや米国では一般的に知られている。

英国の植民地は，さまざまな方言の背景をもつ人びとによって設立されたが，アイルランド英語は，特に，スコットランド英語やロンドンの英語と並び，植民地の言語に貢献した。その特徴は移住の初期の頃の旅行者が目にとめていた。F. ゲルステッカー（F. Gerstaecker）の『世界をめぐる旅の物語（*Narrative of a Journey Round the World*）（1853）』によると，「明らかなアイルランドなまりやロンドンのコックニー方言はどこに行っても出くわすほどだ」という記述がある。（P.トラッドギル（P. Trudgill），1986 による）

文法について

このページの最初に示した特徴は，アイルランド英語に見られる特有な文法的特徴のほんのわずかでしかない。以下に示すものにも出会うことはあるだろうが，地域的・社会的変異がかなりある。動詞句には，特に，特異な表現が数々ある。（文法用語についてはⅢ部を見よ。）

動詞句

- 動詞の相に影響をおよぼす特徴がいくつかある。例えば，広く使われる進行相（Who is this car belonging to?（誰がこの車の所有者だろうか）Who is it you're wanting?（あなたは誰に会いたいですか））や，完了形の代わりに用いられる現在時制の使用がある（She's dead these ten years, つまり，'has been dead' に同じ。「彼女がなくなって 10 年経つ」）。アイルランド英語の最も特徴的なものの 1 つに，after があり，最近の出来事や完了した出来事を表す。例：They're after leaving（='They've just left'「彼らは今出て行った」），They were after leaving（='They had just left'「彼らはその時出て行ったところだった」）．（巻末 p.551 へ続く）

語彙について

- かなり多くの地元独特の語彙があり，次のような例を含む。*blather* talk nonsense（たわ言を言う）; *bold* naughty（腕白な）; *cog*(to) cheat（だます）; *delph* crockery（デルフト陶器に似た陶磁器）; *freet* superstition（迷信）; *garda* police（警察・警官）; *glit* slime（粘着性のつよい土）; *handsel* New Year's gift（新年の贈り物）; *hogo* bad smell（ひどい臭い）; *insleeper* overnight visitor（1泊泊まりの訪問者）; *kink* fit of coughing（咳の発作）; *mannerly* well-mannered（行儀のよい）; *widow-woman* widow（未亡人）．
- 接尾辞 -een は指小辞として使われ，小ささや親愛の気持ちを表す 。例えば，childreen（子どもたち），girleen（女の子））
- ゲール語の影響が見られる語。例として，*backy* lame（不自由な）; *bostshoon* clown（道化師）; *cleeve* basket（かご）; *glow* noise（雑音）; *keerougue* cockroach（ゴキブリ），*kyoch* diseased（病にかかった）; *prockus* mixture（混合物）; *sleeveen* sly one（ずるい人）; *spalpeen* rascal（ならず者）．
- アルスターでは，スコットランドの語がある。例として，*clarty* dirty（汚い）; *greet* weep（泣く）; *wee* small（小さい）

イディオム表現について

- この言語変種には多くの特有なイディオムがある。例として，He's put the day astray on you（'He would waste your day'「彼はあなたの日を無駄にした」），You'll knock a while out of it（'It'll last you for a while' しばらくはもつだろう），He's the rest of yourself（'He's related to you'「彼はあなたと関連がある」）。
- オーストラリア英語にあるように，生き生きとした多くの比喩的言語がある。例：as mean as get out（誰も歓迎しようとしない人）｛【訳注】いつも get out と言っている人｝，as often as fingers and toes（手足の指の数ほど頻繁に），as fat in the forehead as a hen（とてもやせている），as sharp a tongue as would shave a mouse（皮肉屋）。長く，しかも大げさな文もよく見られる。That I may live long and have my eyesight and never see hide or hair of you again.（あなたには 2 度と会わない）
- 格言は広く取り入れられている。例：Charity is a slap in the mouth.（施し金は罰金である）｛【訳注】正しい敬虔な気持ちで施しをしないと，相手を侮辱することになる｝There's a truth in the last drop in the bottle.（真実は瓶の底の 1 滴である）。｛【訳注】お酒を瓶の最後の 1 滴まで飲む人は本当のことを言う｝

談話構造について

会話でも特徴的な変種がよく知られている。

- 一般に，質問はきっぱりと yes や no を使って答えることはまれで，助動詞をくり返す。

A：Will you ask John for me?　私のためにジョンに尋ねてくれますか。
B：I will/ I will not.　そうします／そうしません。

- 修辞疑問文を使うことが一般的である。例：Now isn't he a fine looking fellow（彼は素敵な人じゃないですか），What did we want only to get our own?（私たちは自分たちのものを受け取る以外に何がしたかったのだろう）｛【訳注】この only はアイルランド英語の特徴。but と同じ意味｝
- 日常的に行われることとして，疑問文に答える時に別の疑問文で応答する。

A：Can you tell me where's the post office?　郵便局の場所を教えてくれますか。
B：Would it be stamps you're looking for?　切手をお探しですか。

さまざまな場面で

何をもって「アイルランド英語（Anglo-Irish）」の文学とするのかは，物議をかもす問題である（ウェールズのアングロ・ウェルシュの場合と同様。p.355）。一部の批評家たちが論じてきたように，もしそれが「アイルランド人の作家によって英語で書かれた作品」なら，その定義には，ジョナサン・スウィフト（Jonathan Swift）（1667-745），オスカー・ワイルド（Oscar Wilde）（1854-900），W. B. イェーツ（W. B. Yeats）（1865-939），あるいは，シェーマス・ヒーニー（Seamus Heaney）（1939-2013）など，非常に幅広い作家による，標準英語で書かれている多くの作品が含まれる。しかし，アングロ・アイルランド文学の多数は，写実的表現のさまざまなレベルで，表現方法としてアイルランド英語を使っている。J. M. シング（J. M. Synge）（1871-909）やショーン・オケーシー（Sean O'Casey）の戯曲，ジェイムズ・ジョイス（1884-964）の小説や短編小説は，文学における言語変種の可能性に特別な関心を呼び起こし，この刺激は，ロディ・ドイル（Roddy Doyle）（1958-）などの現代の作家の作品において，説得力のある都会の写実的表現とともに，取り上げられてきている。

アングロ・アイリッシュの作家が，英語表現の可能性に顕著な貢献をした第2の側面がある。言語の明らかな魅力――それは作家，学者，一般の人も同様に動かす力であった。中世研究の長年にわたる学術的伝統と同様，英語圏では，言語の歴史と学問に関する一般の人びとの関心が一致することは難しい。その魅力は，日々の会話において一般の人びとが，有名な作家が書いたものと同様に，比喩的表現やことばの想像力による飛躍をもって，ことばを巧みに使い，美しくし，ことばで「遊ぶ」力をもっていることにも見ることができる。このような過程が神格化したものが，『フィネガンズ・ウェイク（*Finnegans Wake*）』（p.144）にある。英雄の偉業が叙事的に再現され，現代の人物像に反映されている。民間の歴史と神話への意識，強い地元感覚と小さな共同体に対する古くからのアイデンティティー，そして，アイルランド文学の表現の多くに浸透しているよどみない語り――「口達者の才能」――があり，その言語に特有の色付けをしている。その形跡は，アイルランドからの入植の歴史をもつすべての英語圏の国々に響きわたり続けている。

J. M. シング

ロディ・ドイル

作品からの引用

CHRISTY [*indignantly*] Starting from you, is it? I will not, then, and when the airs is warming, in four month or five, it's then yourself and me should be pacing Neifin in the dews of night, the times sweet smells do be rising, and you'd see a little, shiny new moon, maybe sinking on the hills.
PEGEEN [looking at him playfully] And it's that kind of a poacher's love you'd make, Christy Mahon, on the sides of Neifin, when the night is down?
CHRISTY. It's little you'll think if my love's a poacher's, or an earl's itself, when you'll feel my two hands stretched around you, and I squeezing kisses on your puckered lips, till I'd feel a kind of pity for the Lord God is all ages sitting lonesome in His golden chair.
PEGEEN. That'll be right fun, Chirsty Mahon, and any girl would walk her heart out before she'd meet a young man was your like for eloquence, or talk at all.
CHRISTY [*encouraged*] Let you wait to hear me talking till we're astray in Erris, when Good Friday's by, drinking a sup from a well, and making mighty kisses with our wetted mouths, or gaming in a gap of sunshine, with yourself stretched back unto your necklace, in the flowers of the earth.
PEGEEN [in a low voice, moved by his tone] I'd be nice so, is it?
CHRISTY [with rapture] If the mitred bishops seen you that time, they'd be the like of the holy prophets I'm thinking, do be straining the bars of paradise to lay eyes on the Lady Helen of Troy, and she abroad pacing back and forward with a nosegay in her golden shawl.

（巻末 p.552 へ続く）

信仰に関すること

現在のアイルランド英語についての解説は，北アイルランドでの対立抜きには終わらない。そこで問うてみよう――その地域のカトリック信者とプロテスタント信者の話し方に違いはあるだろうか。おそらく，北アイルランドのカトリックの人びとは，ゲール語（ほとんどまちがいなく，カトリック信者によって話されている）の影響を多く受けた英語を話し，プロテスタントの人は，スコットランド英語の特徴をもつと予想されるかもしれない。確かに，そのような対比が存在する場合もあるが，地域共同体がそのようにきれいに分けられることは起こりにくい。言語の変化は一定の規則正しいものではない。スポーツや職場などの領域では，2つの地域共同体の接触の度合いにより，共有する言語的特徴が高くなりうる。

しかし，社会的，教育的慣行の違いにより生じるいくつかの明確な指針がある。例えば，子どもたちはカトリックの学校では haitch（アルファベットのHの発音）と言うように教えられ，プロテスタントの学校では aitch と習う〔【訳注】プロテスタントの学校では h を読まない〕。また，カトリック信者にとっての Derry（デリー，地名）は，プロテスタントにとっては Londonderry（ロンドンデリー）となる。アクセント，文法，語彙に見られる体系的な違いを調べている言語学者たちは，興味深い傾向を見出したが，説得力のある違いはほとんどなかった。

確かにゲール語主義とカトリック教信仰，また，スコットランド英語主義とプロテスタント信仰の間に，単純な相関関係はないのである。同時に，英国の言語学者ロレート・トッド（Loreto Todd）によって語られたような含蓄のある話は気になるものである。彼女は，2つの宗教の伝統では異なる楽器を使用しており，したがって，楽器名の暗示的意味（p.170）が異なっていると述べている。fiddle（バイオリン）はカトリック教徒を連想させ，flute（フルート）はプロテスタント教徒を連想させると述べている。

プロテスタントとフルートの結びつきが生まれたのは，「オールド・オレンジ・フルート（*The Oul' Orange Flute*）」〔【訳注】アイルランドの民謡〕という歌によることが，ある学校の視察担当者の以下のような逸話によって関係づけられた。視察担当者（プロテスタント信者）はスペリンズ（Sperrins）にあるカトリックの小さな学校を訪れていた。彼は男子生徒たちにピアノを弾く人をなんと呼ぶかと尋ねた。すべての生徒の手があがり，一人の小さな男の子が「ピアニストです」と答えた。「よくできました，ではバイオリンを弾く人はなんと呼ぶでしょう」と担当者は尋ねた。またこれも，すべての子どもたちが知っていた。「では，さて」と担当者が言う。「難しい質問をしますよ。フルートを吹く人のことをなんと言うでしょう」沈黙。誰の手もあがらない。「誰か，答えはわかりますか」と視察担当者が促した。「フルートを吹く人の呼び方を知っている人は絶対いると思いますよ」。一人の子の手があがった。「いい子だ」と励ました。「何と言うんだい。」「はい，先生」とその子が言った。「うちではオレンジ野郎（orange bastard）と呼ばれています。」〔【訳注】視察担当者は flautist と答えるのを期待していたが，この子はベルファストで，プロテスタントの行進に向かって「オレンジ」とカトリック教徒の大人たちが言っていたのを見たことがあるのだろう。「オールド・オレンジ・フルート」の歌詞には，フルートはカトリックの音楽には合わないという内容がある。〕

（L. トッド（L. Todd），1984b から引用）

カナダ英語

カナダ英語は，その起源により（p.101），北米で話されるほかの英語と多くの共通点がある。カナダの外で暮らしている人びとは，その違いを聞き取るのが難しいと思うことがよくある。多くの英国人はカナダの発音様式を米国のものだと考え，多くの米国人はカナダの発音様式を英国のものだと考える。カナダ人自身は，米国の発音様式とも英国の発音様式とも同じではないと主張する。確かに，カナダ英語は，数々の独自の特徴を示している。さらに，もうひとつの公用語で，主にケベックで話されているフランス語の存在が，ほかの英語圏の国には見られない社会言語的状況を作り出している。

カナダ英語の際立った特徴の 1 つは，このような状況に避けがたく存在する緊張関係に由来する。英国モデルも米国モデルも，当初からカナダ英語にそれぞれの特徴を与えてきたし，与え続けている（ただし，現在は，全体的にアメリカ英語が使われがちで，特により若い人びとの間でその傾向が強い）。その結果として，若干複雑な社会言語的状況が存在し，それには，カナダ中で（または，ほぼカナダ中で）使われる言語的特徴もあれば，年齢・性・教育・職業・地域・政治的立場といった要素との関連で異なる言語的特徴もある。以下 4 種類の特徴を認識する必要がある。

- 一部の特徴は，カナダ内に起源をもつため，米国モデルや英国モデルとは独立している。そのうちのいくつか（アイスホッケーの専門用語など）は，世界の標準的英語の一部となった（p.98）。
- 一部の特徴は，カナダ以外（主に，アメリカ英語，イギリス英語，およびフランス語）に起源をもち，特定の地域ではすべての人によってつねに使用されている。全国的な例として，カナダ連邦の首相は prime minister で，各州の首相は premier，という違いがある。また，地域的な例には，ケベックの政治機関や文化機関の名称がある。（bloc québecois（カナダの政党）や caisse populaire（カナダの金融機関）など，p.323）。
- 一部の特徴は，アメリカ英語と同じものと考えられ，カナダの一部の人だけに使用されている。
- 一部の特徴は，イギリス英語と同じものと考えられ，カナダの一部の人のみに使用されている。

上記のうち，最後の 2 つのカテゴリーが，カナダ英語について一般化したいと思う人に対して，真の難しさを示している。言い換えれば，まさにこの問題が，カナダの言語状況の独特さをとらえているのである（V 部，p.298 の冒頭にある写真のコラージュも参照）。

つづりの変異

上の写真にあるように，アメリカ式のつづり（tire（タイヤ））とイギリス式のつづり（centre（センター））が併用されるのは（少なくとも言語学者にとっては）印象的である。これは，カナダ英語が，アメリカ英語ともイギリス英語とも同一視できないことを示している。重要なのは，この問題を過大評価しないことである。カナダの新聞をめくっても（p.323），類似の例は見つからないかもしれない。しかし，つづりの選択が可能な単語の例を探してみると，それらのつづりの標準的ではない組み合わせがあることにすぐに気づくだろう。

さらに，各人のつづり方の調査から，地理的，職業的，社会的にかなりの違いがあることが明らかになっている。たとえば，1991 年のある報告によると，オンタリオ州では，高校生のうちの 80% を超える人びとが colour（色）のような単語を *-our* と綴っているとされる一方で，アルバータ州では，60% を超える高校生が *-or* というつづりを使っていた。一般の出版物ではアメリカ式のつづりがさらに広がりつつあると思われる。また，報道では概してアメリカ式のつづりが使われている（ただし，p.323 を参照）。しかし，学術誌や学校の教科書では，イギリス式のつづりが規準である。また，私信では，米国モデルと英国モデルが併用されるのが一般的である。筆者がもっているカナダ人からの手紙では，cheque〔【訳注】英国モデルでの「小切手」〕というつづりと program（コンピュータのプログラムではなく，ラジオ番組という意味での「プログラム」）〔【訳注】米国モデル〕というつづりが併用されている。また，別の人からの手紙では，plough〔【訳注】英国モデルでの「鋤」〕とともに initialed〔【訳注】米国モデルでの initial「頭文字を記す」の過去形・過去分詞形〕というつづりが見られる（p.327）。

語彙

同様に，米国モデルと英国モデルの両方が，語源を提供している。英国の tap（蛇口）（アメリカ英語では faucet），railway（鉄道）（アメリカ英語では railroad）および braces（ズボン吊り）（アメリカ英語では suspenders）が，米国の gas（ガソリン）（イギリス英語では petrol），sidewalk（歩道）（イギリス英語では pavement），wrench（レンチ）（イギリス英語では spanner）と共存している。ただし，語彙の使用は状況によって異なる。車両に関する単語（p.330）は，通常は米国のものであり，truck（トラック），fender（自動車・自転車の車輪をおおうように付けた泥よけ），trunk（トランク）などがあげられる。

つづりの対立は，言語間でも起こりうる。それゆえ，ケベック州内で，ケベック州の名称にアクセント（ケベック州（Québec））を付するかどうかは，社会言語的なアイデンティティーの問題である。英語では Canadian と呼ばれ，フランス語では Canadien と呼ばれる航空会社が直面した問題は，企業ロゴを使うことで巧みに解消された。

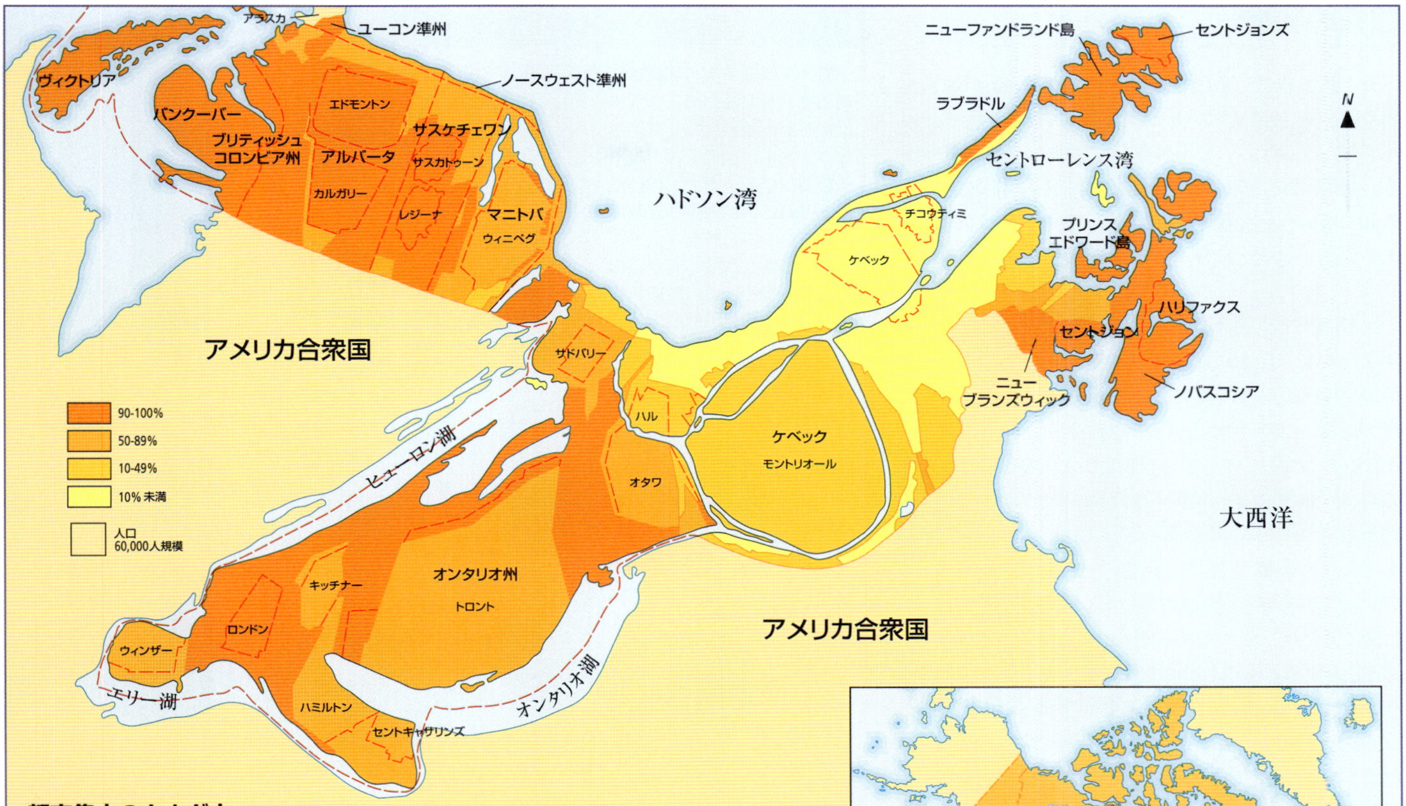

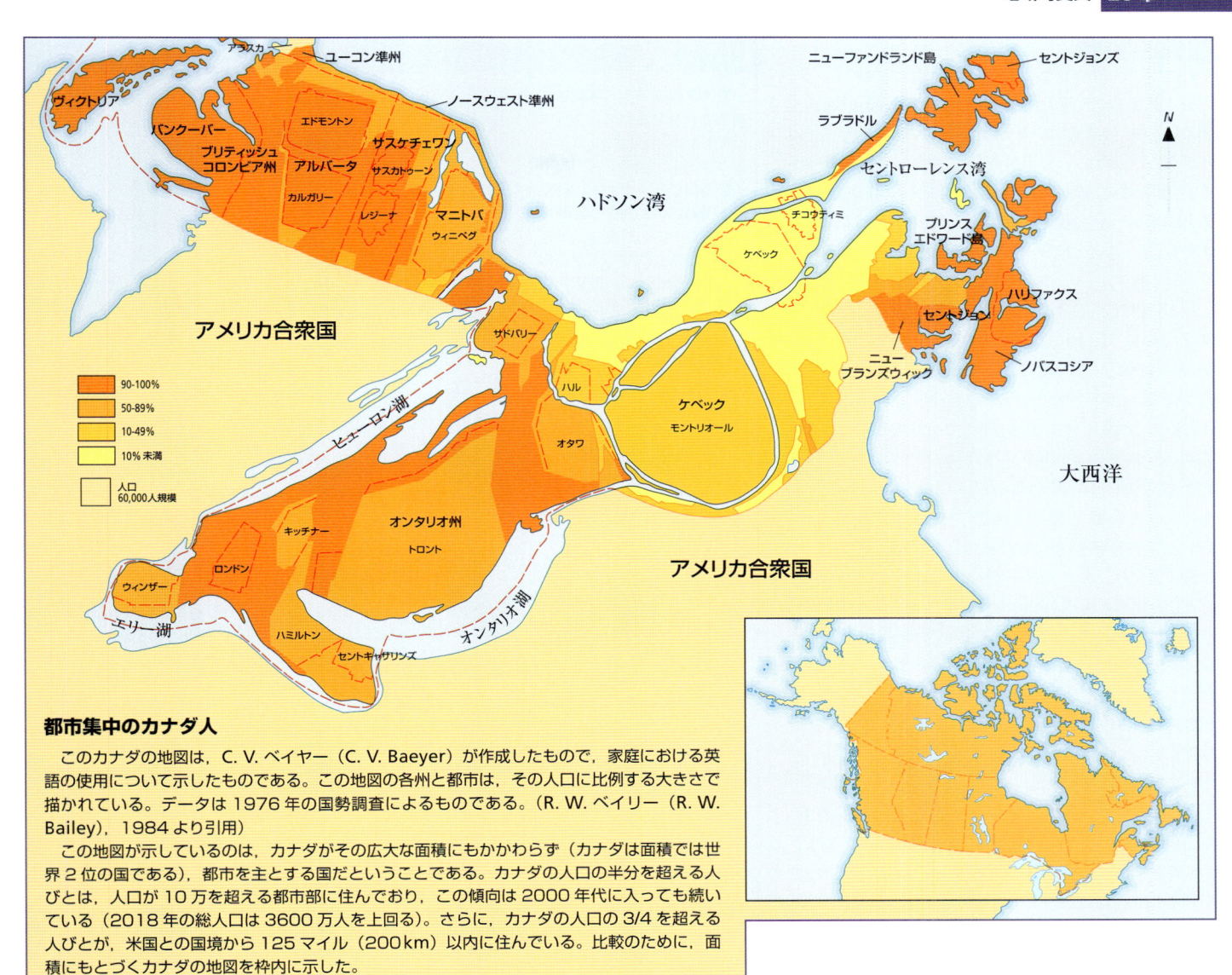

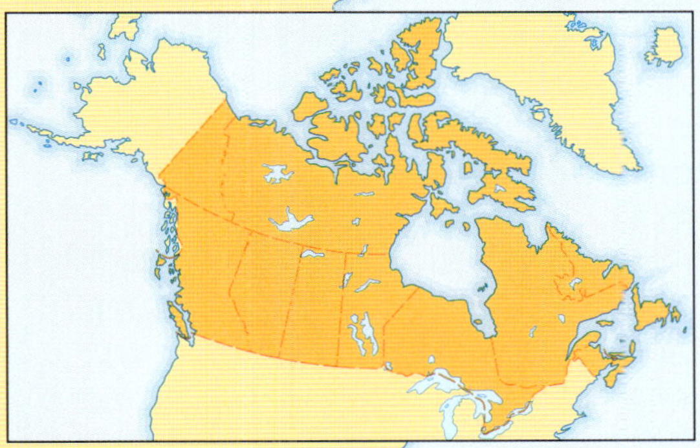

都市集中のカナダ人

このカナダの地図は，C. V. ベイヤー（C. V. Baeyer）が作成したもので，家庭における英語の使用について示したものである。この地図の各州と都市は，その人口に比例する大きさで描かれている。データは 1976 年の国勢調査によるものである。（R. W. ベイリー（R. W. Bailey），1984 より引用）

この地図が示しているのは，カナダがその広大な面積にもかかわらず（カナダは面積では世界 2 位の国である），都市を主とする国だということである。カナダの人口の半分を超える人びとは，人口が 10 万を超える都市部に住んでおり，この傾向は 2000 年代に入っても続いている（2018 年の総人口は 3600 万人を上回る）。さらに，カナダの人口の 3/4 を超える人びとが，米国との国境から 125 マイル（200 km）以内に住んでいる。比較のために，面積にもとづくカナダの地図を枠内に示した。

発音の変異

発音の型について一般論を述べることは難しい。なぜなら，すでに複雑である体系がさらに変わりつつあるからだ。カナダの発音様式は，アメリカ英語とイギリス英語両方の特徴を示すが（p.327），好みは，年齢や社会階級といった要因によって大きく左右される。アメリカ英語との近似性とアメリカ英語にともなう権威が，カナダの人びとの一部に強い印象を与える一方，カナダ独自のアイデンティティーを守ろうとする配慮から，アメリカ英語の発音から出来るだけ距離を取り続けようとする人びとも存在する。

ほとんどのカナダ人の話し言葉でアメリカ英語と共通している特徴は，下記の通りである。

- far（遠方に）や north（北方）といった単語における母音の後の /r/ の発音（p.257）。
- Ottawa（オタワ）といった単語の /t/ を，舌を弾いて /d/ のように発音する。
- *-ary* や *-ory*（secretary，laboratory）といった接尾辞において強い音節を使用する。
- fertile（肥沃な）missile（ミサイル）hostile（敵意をもった）といった単語で /-əl/ を使う。
- さらに，それぞれ米国の発音を受け入れている単語もいくつかある。たとえば，schedule（スケジュール）の /sk-/ や tomato（トマト）の /eɪ/ である。

一方，英国の影響も，数々の事例において明らかである。

- *anti-* は，米国の /antaɪ/ でなく /anti/ である。
- 文字の z は，米国の /ziː/ でなく /zed/ である。
- lieutenant（中尉）の第 1 音節は，/luː/ でなく /lef-/ と発音する。
- bath（a baby）（（赤ちゃんを）お風呂に入れる）は，米国の bathe（お風呂に入れる）/beɪð/ でなく，/baθ/ である。
- tune（メロディ）といった単語の最初の部分は，米国の /tuː/ でなく /ʧuː/ または /tjuː/ と発音する。
- 同様に，news（ニュース）といった単語は，米国の /nuːz/ でなく /njuːz/ と発音する。これは実際，カナダでの英語の用法に関する問題の 1 つであり，メディア放送局はこの点に注意している。

至る所に変異があるのが普通である。ある調査によると，成人の 68% が，leisure（余暇）を /e/ ではなく /iː/ と発音していた（米国で好まれる発音）。一方，84% が lever（てこ）を /e/ ではなく /iː/ で発音していた（英国で好まれる発音）。また，上記にかかわらず，若い世代の人びと，特にカナダ西部に住む人びとほど，lieutenant（中尉）を米国式で発音することが多い。

TRAWNA

これは，オンタリオ州の州都を，その住民の多くが言うように，日常会話で速く発音した場合の音をとらえるために使われるさまざまなつづりの 1 つである（ほかには Toronna や Tronno（トロント）というつづりがある）。これらのつづりは，/n/ の後では /t/ がなくなることを表そうとしている（twenty（20）や antidote（解毒剤）などのように）。これは，カナダ英語がアメリカ英語と共有している特徴である（ただし，実際には，ほかのいくつかの地域の変種でも類似の音脱落を聞くことができる）。慎重に話す際には，/t/ は保持される。この /t/ の保持は，カナダ国内のどの空港ターミナルでも，目的地が放送される際に日常的に聞くことができる。

独自の特徴

カナダ英語は，米国や英国の言語的特徴が通常と異なる分布を見せているということのみで特徴づけられるものではない。カナダ英語に独自のものと思われるいくつかの特徴が存在する。冗談や風刺や文学での描写といった文脈では，これらの特徴が意図的にカナダ英語の話者と結びづけられることが多い。

• 発音では，聞き分けやすい特徴が主に2つある。目立つのは，fight（戦う）や house（家）といった単語の無声子音の前にある二重母音 /aɪ/ と /aʊ/ の音である。この効果は，「カナダ的上昇」（Canadian raising）と呼ばれてきた。つまり，二重母音の最初の音は，容認発音（RP）や近隣のアメリカ英語の発音様式より舌の位置が高くなり，口腔内のより中央である [ʌ] の位置で発音される（p.252）。結果，out（外へ）が容認発音における oat（オーツ麦）のように聞こえたり，vice（副）が voice（声）のように聞こえたりする。もう1つの主な違いは，cot（ベビーベッド）と caught（catch の過去形・過去分詞），または collar（襟）と caller（電話をかける人）といった2つの単語をカナダ人は同じ短母音で発音することである。このような融合は，カナダとの国境地域に限らず，米国の一部の地域でも聞くことができる。

• 語彙の重要な特徴は，カナダ自体に起源をもつ多くの語と句が使われることである。これらは，米国先住民の言語からの借用語であることが多い。その一部はカナダ英語に直接入り込み，別の一部はフランス語を経由して入り込んだ。世界標準英語の一部となったものも少数ある。例えば，caribou（カリブー），chesterfield（「ソファ」），kayak（カヤック），kerosene（灯油），mukluk（「アザラシ革製長靴」），parka（パーカ），reeve（「市長」），skookum（「強い」）などがそうである。カナダ文化を反映した語には，riding（選挙区），first nations（先住民），bannock（パンケーキの一種），prime minister（連邦首相）と premier（州首相）の区別（p.360）などがあり，また，毛皮の貿易，製材業，鉱業および地域の動植物を取り扱う多くの語がある。『カナダ英語辞典（*Dictionary of Canadianisms*）』には，約1万の独特な単語と意味が掲載されているが，これらの多くは特定の地域に限られている。

• 話し方について顕著な特徴は，eh? を付加語句として使用することである（p.230）。eh? は，付加疑問文を置き換えることが多いものの，会話文中では具体的な意図はあまりない場合も多い（例：He finally gets to the garage, eh, and the car's gone「彼がやっと車庫に着くと，車はもう出ていた」）。eh? は通常，上昇調で発音され，話者によりさまざまな機能で使われる。例えば，話者が共感して聞いていることを確認したり，その会話で特に興味がある点を予測したりするために使われる。類似のものは，スコットランド，オーストラリア，ジャマイカなど，世界のいくつかの他地域でも聞かれる場合があるものの，カナダほど頻繁ではなく，通常は会話での機能をもたない。

新しい方言？

カナダ英語の話し言葉は均質に感じられるため，方言学者たちが地域独自の変異形を見つけるには熱心に探しまわる必要がある。カナダ内陸部のほとんどの地域で，変異はあまりない。これは，カナダに英語話者が定住してからの歴史がかなり浅く，教育を受けた中産階級の形成初期に単一の集団（オンタリオ州の人びと）が支配的だったことによる可能性が高い。この場合，人口が増え，ほかの影響（例えば，米国の「存在感」が増したり，英語圏以外からの移民が増えたりするなど）が生じるにつれて，地域による違いがより顕著になっていくと予測でき，特に，都市と若い世代の人びとの話し言葉に変化が現れるだろう。この種の変化が生じつつあることを裏付ける証拠は何かあるだろうか？

1986年に出版された研究では，トロントとバンクーバーの中産階級の話し言葉における二重母音 /aʊ/ の音声の特質（「カナダ的上昇」（Canadian raising）の主な特徴である）が考察された。研究対象は，12歳，22歳および46歳を超える人びとだった。ここにあげる図は，この研究の主な結果を示している。

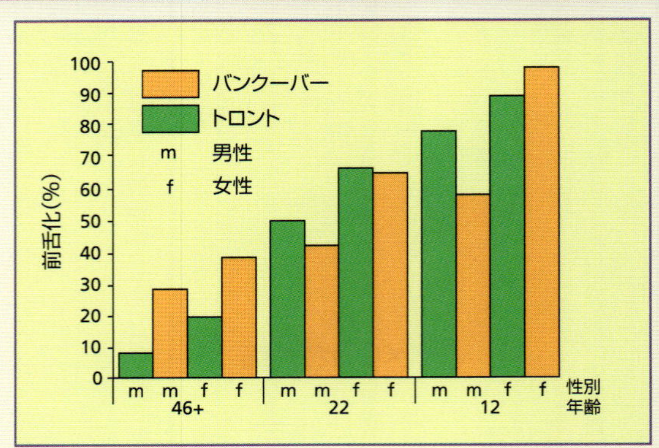

より若い世代の人びとにおいて，この母音独自の中心的要素は，口腔のさらに前で発音される音か（前舌化），口をより広げて発音される音（舌は上げない），または口をより広げて口腔のさらに前で発音される音に置き換えられていることが多かった。それゆえ，これらの単語は，アメリカ英語で一般的な二重母音により似た音に聞こえた（なお，容認発音では一般的でない。容認発音ではその特徴的な音質を口腔のさらに後ろで発音する）。これは，アメリカ英語の影響が大きくなりつつあることを示唆している。また，同じ変化が，カナダ国内での，1,500マイル以上離れた2つの都市で起こっていたという事実は注目に値する。

データが示唆するこの変化につき，以下の3つの点が重要である。

- 前舌化は，両方の都市でほぼ同程度に年齢と関係していた。ただし，バンクーバーの成人はトロントの成人よりも少し速く変化していた。
- 前舌化は，両方の都市で性別と関係しており，女性の変化が進んでいた。各年齢集団の男性の数字は同年齢層の女性より低かった。
- 舌を上げないという変化は前舌化ほど顕著ではなかったが，両方の都市で生じつつあった（図には示していない）。これは，バンクーバーでより目立っており，特に12歳の少女の間で明らかだった。

地域による違い

このデータを詳しく検証すると，次の2つの興味深い対比が明らかになる。

- 社会言語学の研究における一般的な予想は，変化はより若い世代の人びとに影響を与える可能性の方が高い，というものである。バンクーバーの成人においてトロントの成人より前舌化が進んでいるとすれば，バンクーバーの子どもにおいては，トロントの子どもより前舌化が進んでいると予測できよう。しかしそうではなかった。バンクーバーの成人は，バンクーバーの子どもよりも革新的だったように見える。どうしてそうしたことが起こったのか？
- どの年齢層でも男性の数字は，女性より低かったが，それより1つ上の年齢集団の女性よりは数字が高かった。これは概ね当てはまっているが，1つ例外があった。バンクーバーの22歳の女性たちは，12歳の少年たちより数字が高いのである。このように，バンクーバーの女性の数字がより若い世代の男性を上回った原因は何だったのだろうか？

新しい変化

これら2つの疑問に対する答えは，バンクーバーにおいて二重母音 /aʊ/ に影響する新しい音の特質が現れたことにおいて見出される。これは，より若い世代の人びとの間に見られることである。比較的弱い強勢のある語（about や out など）において，無声子音の前では，最初の母音要素として円唇の [o] が使われていることが多かった。この展開は最近のものであり，前舌化や舌を上げない発音と「競合」しているように思われる。

言い換えると，二重母音の前舌化を行っているであろう若い人びとが，この種の単語については円唇化を好むために前舌化を行っていなかった。これは，バンクーバーの成人（特に22歳の女性）が年少者よりも革新的だった，ということではない。これは単に，年少者が「自分たちなりの発音をしていた」，ということである。この変化は最近のものであるため，その影響はより年長の人びとの間ではあまり目立たなかった。また，この変化はトロントではまったく起こっていなかった。（J. K. チェンバーズ（J. K. Chambers）と M. F. ハードウィック（M. F. Hardwick），1986に従う）

カナダの方言

カナダ英語には方言はない，というのが従来からの見解である。つまり，カナダ人は，ほかのカナダ人の話を聞くだけではその人がどこの出身かを判断することはできない，という見解である。「標準カナダ英語」(General Canadian) という用語は，この考え方を表現するために使われてきた。確かに，カナダでは，例えば英国と比べて方言の均質性は大きいものの，この見解は真実からはほど遠い。カナダの広い面積と各地域社会を隔てる地理的な距離を考えると，この見解が真実だとすれば驚くべきことだろう。1つの方言が普遍的に使われているという印象の主な理由は，教育を受けたカナダ人が話す標準的な変種が存在することによる。この標準的な英語は，ラジオやテレビを通してカナダ国内中で聞かれる。地方では（東から西方向を見て)，いくつかの方言区画が認められてきた。地域による文法的変異を示すものはまだほとんど見つかっていないが，語彙的分岐についてはかなり見られる。

• ニューブランズウィック州，ノバスコシア州，プリンスエドワード島州という大西洋諸州は，カナダの中で最初に欧州人が定住した地域であり (p.101)，独立した言語地域として長年認識されてきた。また，この地域には，しばしば「ニューフィー」(Newfie) と呼ばれる独自の方言にアイデンティティーをもつニューファンドランド島も含まれており，この島は（世界中の比較的孤立した地域と同じく)，全国的に方言にまつわるユーモアの源になっている。この地域の単語については，tempest（普通の嵐）や trap smasher（大嵐）といった天候に関する単語と，航海や漁業活動に関する単語が注目に値する。grunt（蒸したプディングの一種)，snits（「リンゴの薄切りを干したもの｣)，larrigan（履物の一種)，water horse（「塩漬けのタラ｣）など，この地域には多くの特産物がある。

• ケベック州は，二言語主義という問題に支配されており，言語接触の影響を示している。フランス語の政治や文化制度を反映したいくつかの単語は，英語を話す人びとが強く意識することの一部となっている。より一般的な種類の借用語には，caleche（馬車の一種)，double window（防風窓)，whisky blanc（アルコール飲料の1つ)，professor（「学校の教員」という意味）などがある。もちろん，言語態度が強い地域において，英語を話す人びとがフランス語起源だと思われている単語を使うのに身構える程度には，人によって大きな幅がある。

• オンタリオ州のオタワ川沿いにある，オタワの西の地域であるオタワ渓谷は，スコットランドとアイルランドからの移民など，植民の歴史で知られている。「They're after leaving」（その人たちはちょうど出ていったところだ）といった構文や (p.358)，(「覚えている」という意味での) mind といった単語が用いられている。これらは，この地域が田舎だという印象を与えてきた。「カナダ的上昇」(Canadian raising) (p.362) は，有声子音のある単語でも無声子音のある単語でも現れる。例えば，名詞の house（家）と動詞の house（住む場所を供給する）も /əʊ/ という音をもつ（カナダのほかの地域では，名詞の house だけが影響を受けるだろう)。

• 南オンタリオは，もとはアッパー・カナダ (p.101)〔【訳注】オンタリオ州の旧名〕として知られており，五大湖の北岸沿いの地域である。現在，南オンタリオは，カナダで最も人口の多い地域である。カナダの初期の歴史においてこの地域が果たした役割は，数々の政治的や文化的な用語を生み，後により広い範囲のカナダ人がこれらの用語を使うようになったことである。例えば，reeve（市長)，riding（選挙区)，continuation school（「中等学校｣)，concession（調査された土地の一地域）といった語である。また，この地域は，多くの独特で都会的な話し方を発達させてきた。この地域の単語の中には，eavestrough（「雨どい｣）や dew worm（「ミミズ｣）といったものがある。

• アルバータ州，サスカチュワン州，マニトバ州のプレーリーには，概ね均質な方言をもつ広大な地域が含まれる。この方言は，交通網，特に鉄道がもたらしたコミュニケーションのつながりによって主に育まれたものである。穀物産業，畜産および石油産業のそれぞれが，この地域独自の語彙を有している。たとえば，Dry Belt（南の乾燥した地域)，stampede（「ロデオ｣)，oil borer（「石油掘削機｣）などである。より一般的な語句には，nuisance grounds（「ごみ捨て場｣)，bluff（木立ち)，chuck（「食べ物｣）などがある。この地域の先住民の言語も，kinnikinik（タバコなどを混ぜて喫煙するもの)，saskatoon（低木の一種）など，いくつかの語を提供してきた。

• ユーコン準州，北西準州，北ケベック，およびラブラドールを含む北極地方は，イヌイットに由来する語句で知られている。たとえば，kabloona（「白人｣)，basket sled（そりの一種)，fan hitch（犬の集団を扇形につなぐこと)，angakok（「シャーマン｣)，tupik（テントの一種)，chimo（乾杯の声）などである。この地域の多くの単語は，igloo（イグルー）や white out（猛吹雪）など，標準英語に入り込んできた。また，毛皮の交易も重要だった。例えば，factory は毛皮の交易所であり，factor はそこの上級役員のことである。

• バンクーバーを中心とするブリティッシュ・コロンビア州であるカナダ西部は，ロッキー山脈によってカナダの他地域から隔てられている。これが，太平洋岸における南北の頻繁な移動の動機となった。その結果，この地域の一部，特にバンクーバーは，アメリカ英語の規準の強い影響を受けている。また，この地域の先住民言語の影響も存在し，keekwillee-house（アースロッジの一種)，salt-chuck（「海｣)，kokanee（「陸封型のサケ・マス｣）といった語彙が同地域で使われている。地元の産業のいくつか，特に鉱業と林業を取り扱う独特な語彙（logging（伐木)，rigging（索具)，yarding（集材)，caulk（コーキング)，boom chains（ブーム・チェーン)，jackladder〔縄ばしご〕）が存在し，現在では標準英語の中でもこれらの語の多くに遭遇する。

ニューファンドランド島方言

ニューファンドランド島の方言は，地元では the Rock（ザ・ロック）として知られており，カナダの他地域の英語とは多くの違いを示す。ニューファンドランド島は，カナダ東部の他地域と異なり，米国の独立革命後に王党派が住むことはなかった (p.101)。また，この島は，特に19世紀前半に，アイルランド南東部とイングランド南西部から多くの移民を受け入れた。

ニューファンドランド島の政治史と，カナダの他地域から地理的に隔てられていることが，ブリテン諸島の方言の多くの特徴を保存するのに役立った。音韻に関する例には（第17章を見よ)，pull（引く）といった単語で明瞭な（軟口蓋化していない）/l/ を使う，film（映画）(/filᵊm/) でのように語中に追加で挿入される母音がある，this（これ）や thin（薄い）といった単語において歯摩擦音を破裂音で置き換える，などがある (p.357)。このような独自の特徴は，誇張されて 'Newfie'（ニューファンドランド人）の話し方に関する固定観念を形成し，カナダ本土でユーモアの源になっている。

また，アイルランド英語の文法 (p.358) を示す点もいくつか存在する。you の複数である yiz や youse，be の活用（I bees here / 私はここにいる)，完了の意味の after（I'm after losing it / 私はそれをなくしたばかりだ）などである。この地域の多くの単語には，scoff（「大盛りの食事｣)，praties（「じゃがいも｣)，bake-apples（ベリーの一種)，screech（ラム酒の一種)，outport（漁村)，bayman（漁村の住人)，Newfs（「ニューファンドランド人｣）といったものがあり，Newfs はカナダ本土の人びとによる蔑称として使われる場合もある。

この数十年，ニューファンドランド島の地位には大きな変化があった。第2次世界大戦では戦略上重要な役割を果たし，その後1949年にはその政治的立場が変わった（英国領からカナダの州になった)。現在，英国との結びつきはより薄らぎ，メディアを通してのカナダ本土および米国との接触が日常と化している。これらの変化は，ニューファンドランド人の話し方の特色に対して，広範囲にわたる影響を及ぼす可能性が高い。

カリブ海英語

カリブ海の島々の多くとカリブ海に接した中南米大陸地域の一部では，英語の（言語）変種が見られ，その特徴的な性質を指して，「カリブ海英語」という名称が使われている。ただし，この名称については，言語学的というより地理的正確性によることが多い。カリブ海英語の状況は，英語圏の中でも独特である。その理由は，この地域の歴史（p.102）が2つの次元の変異を引き合わせてきた経緯にある。つまり，1つの次元は地域に関する次元であり，そこから話者の出身地域を確認できる。もう1つの次元は民族に関する次元であり，言語の選択が社会と国家に関するアイデンティティを伝える。これら2つの次元間の相互作用が，言語形式のるつぼを作り出してきた。このるつぼから，さまざまな独自性と安定性を有するいくつかの種類の英語が生まれ，現在は生き残りをかけて競合している。少なくとも6種類の言語使用を区別する必要がある。

• 標準英語の一種（英国またはアメリカ英語，p.118）が，この地域の形式ばった国際コミュニケーションの公的な手段として存在している。教育を受けた少数の人が，さまざまな地域の発音様式の1つを使ってこの種の英語を話している。一部の人は，この種の英語を母語として学ぶ。ほとんどの人は，この種の英語を学校で第2言語として習得する。いくつかの地域では，伝統的にはイギリス英語が中心だったものの，現在はそうした傾向が弱まりつつある。マスメディアにおいてはアメリカ英語が支配的となり，地域の経済に関しても，特に観光を通して，米国が果たす役割が増えつつある。イギリス英語にもアメリカ英語にも擁護者と批判者が存在する。

• この地域で英語を使っている各国は，各国独自の標準的な英語をある程度発達させてきた。最も顕著なのは，発音様式の違いと，各地域固有の生物や地理および文化実践を反映した語彙の使用である。これらの英語の多くは，この地域の他言語との接触による結果を示している。この地域の他言語には，植民地時代の主要言語（フランス語，スペイン語，ポルトガル語，オランダ語，p.102），各地の米国先住民族の言語（カリブ語やアラワク語など），移民集団の言語（ヒンディー語など）といったものがある。

• カリブ諸島の人びとは歴史的および言語的継承を共有しているため，カリブ諸島の英語には多くの共通点がある。そこで，教育を受けた人びとが使うような「西インド諸島標準英語」という概念が生まれるようになった。この英語は，イギリス英語ともアメリカ英語とも異なる。この英語の諸特性は，文学表現で使われ，学校や試験でもよりきちんと取り扱われるようになるにつれ，認知度と受容度を高めつつある。

• この地域の主な特徴は，クレオールとして知られるこの土地に固有の変種が使われていることである。これらの言語の一部は，英語との接触による結果である。伝統的に，これらのクレオールは，英語の方言だと見られ，いくぶん否定的に「パトワ」（訛り）といった言葉で頻繁に呼ばれてきた。しかし近年，いくつかのカリブ諸国が独立国として発展し，クレオールに見られる複雑さについてより洗練された言語意識が成長したことで，クレオールを独自の言語だとし，「クレオール英語」といった呼び方を避ける傾向が見られるようになっている。クレオールの自立性を支持する人びとの一部は，この地域のただ1つの言語であるクレオール語（西インド諸島クレオール語やカリブ・クレオール語とも呼ばれる）の変種である，と示唆するところまで進化しており，西アフリカの諸言語との関連性を強調している（p.108）。

• 上記の諸言語のいずれも，明確に定義できる境界をもたない。どの島の中にも，言語使用の連続体を垣間見ることができる。その一方の端にあるのが標準英語であり，もう一方の端にあるのがクレオールである。この連続体の中のある言語で使われる形式は，隣接する言語で使われる形式に影響を与える場合がある。こうして，一部のクレオールは，ほかのクレオールより大きい振れ幅で標準英語の方向に進んできた。また，各地域の教育を受けた人びとが使う言語に含まれるクレオール的な特徴の数はさまざまである。この「クレオール連続体」の性質は，クレオール化の歴史と過程を研究する計画の一部として，近年特に注目を集めてきた。また，この状況の特徴には，複方言主義（multidialectism）や多くのコードスイッチング（code-switching）が行われていることも含まれる。人びとは，その会話のやりとりが，どの程度あらたまっているのか，親密なものか，といった要素に応じて，言語使用を切り替えるのである。

• この地域，特にプエルトリコでは，標準英語は第2言語として限定的な役割を有する（p.102）。しかし，英語にもとづくクレオールは，スペイン語圏のいくつかの国，たとえばコロンビアやニカラグアなどでリングワフランカ（lingua franca）として広く使われている。このようなクレオールを，英語圏のクレオールと並べて分類すべきか，あるいは，英語圏のクレオールと区別すべきかは明らかでない。

この数十年間，西インド諸島の話し方は，カリブ海地域外でも見られるようになった。カナダ，米国，（特に第2次世界大戦後の）英国には，カリブ海地域からの大規模な移民社会が存在する。こうした新しい場所は，新たな種類の言葉を生んできた。現在ロンドンに暮らしている，ジャマイカからの移民の2世や3世は（その多くは西インド諸島に行ったことがない），カリブ海地域の同世代の人びととは大きく話し方が異なる。この話し方は，現在，多文化ロンドン英語（multicultural London English）と呼ばれることが多い。

カリブ海英語の発音

カリブ諸島は1,000マイル（1,600km）を超えて広がっており，多様な発音様式が存在することは予想の通りである。驚くべきことに，この地域では非常に多くの共通の特徴が見られ，その結果，外部の者には西インド諸島の特徴だと聞こえるような種類の発音様式が存在するが，個々には多くの違いが含まれている。

カリブ海英語独特の韻律（p.260）が最も統合力をもつ特徴であることは疑いない。各音節の強勢は等しくなる傾向があり，Jamaica（ジャマイカ）のような単語はおおむね等しい3拍で発音される。この「音節拍」リズムの結果は，ほかのほとんどの英語の発音様式では強勢が置かれない母音がはっきり発音され，曖昧母音の /ə/ はあまり使われない，ということである。つまり，bigger（より大きい）は /ˈbiˈga/，section（セクション）は /ˈsekˈʃan/，sofa（ソファ）は /ˈsoːˈfa/，consequence（結果）は /ˈkanˈsiˈkwens/ となる。音楽の「ラップ」で広く聴こえるこのリズミカルな型が，イギリス英語の発音様式やアメリカ英語の発音様式と異なる主な点である。また，この話し方に慣れていない人にとっては，理解に関わる諸問題の主な原因となる。

以下の抜粋は，西インド諸島人の作家であるジョン・アガード（John Agard）（1949–）の詩からのものである。この抜粋における押韻は，カリブ海英語の話し方における音節拍リズムの実例である。don（ボス，大学教師）にある強勢によって，読者は，第1連におけるCommonの第2音節と，第2連における，通常は強勢のない代名詞であるoneを重視することになる。

Me not no Oxford don
me a simple immigrant
from Clapham Common
I didn't graduate
I immigrate

But listen Mr Oxford don
I'm a man on de run
and a man on de run
is a dangerous one

I ent have no gun
I ent have no knife
but mugging de Queen's English
is the story of my life

（「聞け，オックスフォードの先生殿（'Listen, Mr Oxford Don'）」，1985）
（和訳を巻末 p.552 に掲載）

カリブ諸島の地図で，次のいずれかを示している。(a)標準英語が公用語の（1 つである）国々。これらの地域では，英語にもとづくクレオールも広く使われている（茶色）。(b)英語以外の言語が公用語であるものの，英語にもとづくクレオールが話されている国々（緑色）。プエルトリコ（黄色）におけるアメリカ英語の特別な地位については別記した（p.102）。

分節音の特徴

下記の母音と子音の特徴は，さまざまなカリブ海英語において耳にする。その一部は，この地域を通じてかなり広く見られる（音声学の用語については第 17 章を参照）。

- 母音 /a/ と /ɒ/ が融合し，pat（軽く叩く）と pot（鍋）といった単語は同じ音で，両方とも /a/ で発音される。/ɔ:/ がこれらの母音に加わる場合もあり，その場合は cat（ネコ）cot（ベビーベッド）caught（catch の過去形・過去分詞）という 3 つの単語がすべて同じに聞こえる。
- 二重母音 /ɪə/ と /ɛə/ が融合し，fear（恐れ）と fare（料金）といった単語は同じに聞こえる。
- 一部の地域（例：ジャマイカ）では，容認発音の /eɪ/（cake の音）が /ɪe/ になる。ただし，そのほかの地域では単母音 /e:/ になる。同様に，ジャマイカでは /əʊ/（coat の音）が /ʊo/ になり，ほかの地域では /o:/ になる。
- 容認発音の /θ/ と /ð/ は，通常 /t/ と /d/ で置き換えられる。たとえば，tin（スズ）と thin（薄い）は両方 /tɪn/ である。
- 一部の地域の英語では，car（車）や hard（かたい）といった単語の母音の後の /r/ を発音する（p.257）。これは，バルバドスとヴァージン諸島では通常であり，ジャマイカとガイアナでもよく聞かれる。
- 一般に，語末の子音連結は単純化される。特に，その子音連結が /t/ または /d/ で終わる場合は単純化される。つまり，best（最も良い）は /bes/ になり，walked（walk の過去形・過去分詞）は /wɔk/ になる。
- （容認発音では）feel（感じる）や build（建てる）といった単語の /l/ は「暗い」（軟口蓋化した）/l/ で発音するが，この音が「明瞭な（軟口蓋化していない）l」で置き換えられる現象が広く見受けられる（p.257）。
- 子音は同化したり脱落したりすることが多く（p.259），already（すでに）（/a:redi/）や yesterday（昨日）（/jeside/）といった形式を生む。ask（尋ねる）（/aks/）や sandals（サンダル）（/slandaz/）といった形式も一般的な特徴（音位転換）を示している。

文法と語彙

カリブ海英語の中でもより標準的な変種については，クレオール（p.366）の影響を示す特徴以外に独特な文法を明らかに表すものはあまりない。しかし，言語学者たちは，特定の形式が頻繁に現れることに気づいている。たとえば，will（〜だろう）に代えて would（〜だろう）が使われる傾向（I would go there tomorrow「私は明日そこに行くだろう」）や，get（手に入れる）が受動態に使われる傾向（it get break は it was broken「それは壊された」を意味する），疑問が倒置でなく抑揚で示される傾向（Are you going home?「家に帰るところですか？」という意味で You going home? が使われる）などである。また，if（もし）so（そういうわけで）well（えっと）の独特な使用など，西インド諸島の話し方の特色であるさらに繊細な構文の型が研究によっていつか明らかになる可能性も高い。

他方，語彙は，ここでも地域の違いを強く示している。カリブ海の各島は，独自の幅広い語彙をもつ。その多くは，各島の動植物や，民俗的，宗教的な慣習に関係している。これらの語の一部は標準英語に入り込んできた。たとえば，calypso（カリプソ），guppy（グッピー），dreadlocks（ドレッドロックス），rasta（ラスタファリ運動信奉者）などである。しかし，その語彙のほとんどは，各地域に限定して使用されている。3 つの語彙的集団（ジャマイカ，バハマおよびトリニダード・トバゴ）を非公式に調べてみたある研究者は，共有された語彙が約 20% しかないことを見出した。例えば，ジャマイカ英語の辞書（項目数は約 15,000）には，duppy（「幽霊」），ganja（「大麻」），susumba（植物の一種），sweet-mouth（「お世辞」），watchy（「見張り人」）が含まれている。一方，この辞書には boarhog（「イノシシ」），roti（パンの一種），congolala（薬用植物の一種）は見られないが，トリニダード・トバゴの英語には見られる。語彙の多様性は，カリブ海英語の主な特徴である（フランス語とスペイン語からの借用語については p.102 を見よ）。

TATU とは何か？

以下の話は，トリニダード・トバゴ英語の辞書に取り組んでいる研究者についての話であり，カリブ海英語の辞書編纂者が直面する困難の好例である。

私が見つけた中で最も複雑な一連の名称の 1 つは，ある日，トリニダード島東岸にあるマヤロの浜辺で始まった。そこで私は，魚の名前と種類について調べていた。ある友人の孫たちが砂山を作るのを手伝っていた時，私は速く動く小さな動物を見つけた。子どもたちは，その動物は手に取っていいものだと私に説明し，「それは tatu だよ。食べられるんだ」と言った。そこで私はこの白いカニのような動物を捕まえて，ジュースの空き瓶に入れ，大学の動物学科にもっていった。そこで，この動物は，*Emerita portoricensis*（スナホリガニの一種）という甲殻類であることが分かった。しかし，それがわかったと思うにつれて，さらなる混乱が湧いてきた。

この動物は，マヤロ（Mayaro）や近隣の地域では tatu や sea tatu と呼ばれていることがわかった。それはおそらく，この動物の甲羅に継ぎ目があることと，穴を掘る能力が高いことが，land tatu（アルマジロ）に似ているからだろう。この動物は，アルマジロの古い名である kochikong や， sea cockroach（海のゴキブリ）とも呼ばれている。しかし，トバゴ島や，トリニダード島北部で sea cockroach と言うと，*Chiton marmoratus*（ダイリセキヒザラガイ）や *Acanthopleura granulate*（ウニヒザラガイ属の貝）といったヒザラガイ類の動物をも意味する。現在，これらのヒザラガイ類の動物は，pacro という名称でも知られている。一部の地域では，pacro は，黒またはこげ茶色の軟体動物で，海岸の岩に住み，地元の媚薬である pacro water の材料になる動物を指す単語でもある。また別の sea cockroach は，*Sphaeroma*（コツブムシ科）属の種を指す。この動物は，ヤスデのように脚の多い小型の節足動物であり，岩や堤防の上を走っているのがよく見られる。もう 1 つだけ無脊椎動物を紹介すると，tatu という語は jep tatu（*Synoeca surinama*，アシナガバチの一種）という名称で知られる蜂を特定するためにも使われる。この蜂の泥でできた巣には，アルマジロの甲羅の筋に似た筋がある…。（L ウィナー（L. Winer），1989 から引用）

世の中にはもっと簡単な仕事もあるが，これほど面白い仕事はそうない。

クレオールの特徴

多くの政治的・文化的な違いが存在するにもかかわらず，また，関係する諸国の中にはかなり地理的に離れた国々が存在するにもかかわらず，英語にもとづく世界のクレオール諸言語間には顕著な類似性が見られる。この同一性は言語構造のあらゆるレベルに見られるが，最も劇的なのは文法に関するものである。これは，「クレオール仮説」によると，米国とカリブ海地域の最初の黒人奴隷が使っていた種類のクレオール英語から派生してこれらの言語が発達していった経緯の結果として説明できる。もともと，この言語は，アフリカの言語背景と混じり合った結果，英語とは大きく異なるものだったと考えられている。しかし，英語を話す支配的な白人たちとの数世代にわたる接触が，避けがたい結果をもたらし，この言語を標準的な英語に大いに近づけることになった。確かに，カリブ海地域のさまざまなクレオールの間には多くの違いがある。また，これらのクレオール言語と，米国で使われる黒人英語の変種（p.103），および英語にもとづく西アフリカの諸クレオールとの間には多くの違いがある。しかし，これらは構造においても熟語においても密接に関連する「語族」の1つ，というのが全体の印象である。

ピジンとクレオール

クレオールは，ある社会の人びとの母語になったピジン言語である。この定義は，ピジンとクレオールが単一の発達過程の2つの段階であることを強調したものである。

ピジンは，共通の言語をもたずに，たいがいは交易のために，互いに話し合おうとする人びとの間で成長した意思疎通の体系である。この種の言語と，この種の言語のもとになった言語とを比較すると，一般に，語彙は限られており，文法構造は縮小されており，機能の幅は狭い。ピジンは，それを使わなければ意思疎通が不可能な状況における「接触言語」として，必要な場合にのみ使われる。ピジンは，誰の母語でもない。

多言語社会の中で，ピジンを意思疎通の主な手段として使い始める人びとの数が増える，という事態がしばしば生じてきた。これにより，文法と語彙が大きく拡大し，その言語が使われるようになる状況の幅が大きく広がる。この人びとの子どもたちは，その言語をより日常的に聞くようになり，やがて子どもたちの一部は，その言語を母語として使うようになる。そうなった時，その言語はクレオールと呼ばれる。

クレオール化の過程は，カリブ海地域の歴史において最も重要な言語的要素であり，以前の植民者の言語はすべてクレオールを生んでいる。また，クレオールが標準的な言語と接触するようになり，それらから影響を受ける場合には，**脱クレオール化**の過程も明らかになる（p. 364）。

この地図は，英語にもとづく主なピジンとクレオールの分布を示したものである。これらの言語は，主としてカリブ海地域，西アフリカ地域，西太平洋地域という3つの地域に集まっている。大西洋岸の（言語）変種のほとんどは，16世紀と17世紀における英国の植民地の開拓と交易の成長とともに発達した。太平洋地域の（言語）変種は，それよりいくぶん後に出現した。（L. トッド（L. Todd），1984a から引用）

トリニダード島のカーニバル

ロンドンのノッティンヒルのカーニバル

文法に関するいくつかの特徴

ジャマイカとロンドンのカーニバルで盛り上がる人びとは異なる発音様式を有し，異なる語彙を使っている。しかし，これらの人びとは，共通の文法の中心にあるものによって固く結びつけられている。カリブ海地域のクレオールを互いに区別する文法的な特徴はあまりなく，理解を妨げる可能性は低い。少なくとも，どこかの地域の方言間に見られそうなほど文法的特徴に違いはない。ジャマイカ・クレオール語による以下の文をガイアナ・クレオール語に「翻訳」しても，非常に似ているように見える。(L. トッド（L. Todd），1984a に従う）

標準英語

He used to go to school every day last year, now sometimes he goes and sometimes he doesn't go.

（昨年，彼は毎日学校に通ったものだった。現在，彼は学校に行くこともあれば，行かないこともある。）

ジャマイカ・クレオール語

Him go a school every day last year, now sometime him go, sometime him no go.

ガイアナ・クレオール語

Him a go a school every day last year, now sometime him a go, sometime him naa go.

したがって，クレオールの文法の下記の特徴は，多くの変種に見られる。ただし，発音の地域的変異や（書き言葉では）異なるつづり方によって（p.368），この類似性が分かりにくくなる場合もある。また，さまざまな不変化詞の正確な形式も大きく異なる可能性がある。下記の例では，少し変更した標準英語のつづりを使って，文法上の諸問題に対してより明確に着目できるようにしている。

構文

- 現在形の主語と動詞が呼応して動詞に s がつくことはない。例：She sing in de choir.（彼女は聖歌隊で歌う。）
- 繋辞や助動詞としての be は存在しない。例：Dem ready.（その人たちの準備はできている。）She a nice person.（彼女はいい人だ。）
- 連動詞がよく使われる。例：Take it go.（もっていきなさい。）He talk say you stupid.（彼はあなたのことを馬鹿だと言っている。）Dem go try get it.（その人たちは行ってそれを取ろうとする。）
- 動詞を強調するために文の前方にもってくることができる。これは，西アフリカの諸言語に共通する特徴である。例：A talk Mary talk make she trouble.（=Mary talks too much and that makes trouble for her「メアリーは話し過ぎて，彼女にとって面倒なことになった。」）
- 受動文は避けられる。例：De grass cut.（= the grass has been cut.「草が刈られた。」）Dis record play a lot.（= this record is played a lot.「このレコードは何度もかけられている。」）
- 形容詞は日常的に副詞として使われる。例：I like it good.（私はそれが大好きだ。）She sing real sof'.（彼女は本当に柔らかく歌う。）語尾に *-ly* を使うことはまれである。

名詞

- 名詞に複数であることを示す *-s* は使わないことが多い。例：two book（2 冊の本），dem creature（それらの生き物）
- 複数であることを示すには不変化詞が使われる。例：The rabbit dem eat it all.（兎たちはそれを全部食べる。）George dem went.（= George and his gang went.「ジョージとその仲間は出かけた。」）
- 所有は，「アポストロフィ+s」をつけない名詞句（dat man house（その男の家））で表現できる。または，（カリブ海地域のクレオール諸言語の場合）fi という不変化詞を加えることで表現できる。例：De coat a fi me.（= the coat is mine.「そのコートは私のものです。」）

代名詞

- 代名詞において格の区別が使われることはない。例：She see he come, take he coat, and go.（彼女は彼が来るのを見て，彼のコートを取り，行ってしまう。）Carry dat book to she teacher.（その本を彼女の先生にもっていってください。）
- 代名詞には，いくつかの形式をもつものがある。たとえば，（I(私)は）mi と a，（he(彼)は）im と i，（you(あなた)の複数は）yu と unu，（they(その人たち)は）de と dem である。
- いくつかの変種では（ガラ語や西アフリカのピジン諸語など），3 人称代名詞では男性と女性を区別しない。例：so one day Partridge take her head an' stick he head unduh he wing.（ある日，キジ(キジ科の鳥の一種)がその頭を取り，自分の翼の下に頭を入れた。）
- ラスタファリ運動信奉者が話す際，I は特別で神秘的な重要性をもつ音節だと考えられており，変わった文脈で現れることが多い。例えば，西インド諸島出身の詩人であるデニス・スコット（Dennis Scott）の「すべての眼を光から隠せ（'Seals every I away from light'）」（*More Poem*, 1982）という文では，I と eye が掛け言葉になっている。

動詞

- 過去時制は，語尾に何もつけない動詞の原形を使って表現される。例：Mary go last week.（メアリーは先週行った。）
- did は，状態動詞の過去時制を示すものとしてよく使われる。例：He did know she name.（彼は彼女の名前を知っていた。）
- da, di, a といった不変化詞は，継続的動作を示すために使われる。例：David a go.（= David is going.「デビッドは向かっている。」）She da work now.（= She's working now.「彼女は今働いている。」）米国の黒人英語の多くでは，この不変化詞は be である。例：Sometime dey be goin' to see her.（その人たちはときどき彼女に会いに行っている。）
- 完了した動作は done で表現される。例：I just done tell dem.（私はその人たちにちょうど伝えたところだ。）We be done washed all dose cars soon.（私たちはそれらの車すべてをすぐに洗い終わった。）
- 動詞は，不変化詞 no を挿入することによって否定される。例：They no want it now.（その人たちは，それを今は欲していない。）多重否定（p.206）は強調のために使われる。例：Ain't nobody found no money in no box.（誰も箱の中に金を見つけられなかった。）
- 助動詞の do が疑問詞とともに使われることはない。例：How they get that?（その人たちはどうやってそれを手に入れるのか？）Why you hit him?（あなたはなぜ彼のことを殴るのか？）
- 過去時制は been や変化形を使って表現できる。例：We been see him.（= we saw him.「私たちは彼を見た。」）この種の構文は，英国の西インド諸島クレオール語ではあまり一般的ではない。この言語では，been は did や was で置き換えられる傾向がある。

さらに，クレオールは，接辞の使用や（no jokifying（冗談はやめろ））品詞転換を通して，容易に新語が作れることに注意すべきである（p.139）。例：All dis murder and kill mus' stop.（このような殺人や殺しはすべて止めねばならない。）【訳注】kill が動詞から名詞に転換している）重複語が一般的である。例：picky-picky（選り好みの激しい），one one（一人で），mess mess（濡れて汚れている）。また，文法的な語を重ねて使う場合もある。例：only but（だけ），or either（または），dis here（ここ），an' plus（および）。加えて，Bill he gone（ビルは行った）といった語の重ね方をする構文もある。重複が重要な修辞効果をもつことも頻繁にある。例：They jus' eat eat eat, An' it go far far far before we stop it.（その人たちはただ食べて食べて食べて，私たちが止めるまでどんどんどんどん進んだ。）

つづり

つづりの体系の選択は，クレオールに取り組む人，またクレオールで書きたいと思う人なら誰もが直面する重要な問題の１つである。一部の書き手は，標準英語に近いつづりを使う（例：car を cah と書く）。別の書き手は，両者の違いを最大化しようとする（例：car を caa と書く）。クレオールの音韻体系と，主流の発音様式の音韻体系との違いは大きいため，発音に近いつづりは珍しくない（例：car を kaa と書く）。本書でも，いくつかの変異形が紹介されている。

この問題が特に大きくなるのは，母音にどの記号を使うかを決定する際である。クレオールの母音体系はかなり縮小されており，カリブ海地域のほとんどのクレオールの話者は，容認発音に見られる 20 の音素でなく，12 の音素だけを使っている。二重母音 /ie/ の綴りには多くの選択肢が見られる。この二重母音は，ジャマイカの話し言葉の中でもとりわけ独自の特徴である。例えば，same（同じ）は，siem，sehm，syehm，syem，siehm などなどとつづられるかもしれない。

以下に示す基本母音図（p.250）は，カリブ海地域のクレオールの話者に一般的に見られる母音体系をまとめたものである（L. トッド（L. Todd），1984a から引用）。各音素には表の下に例を付している。

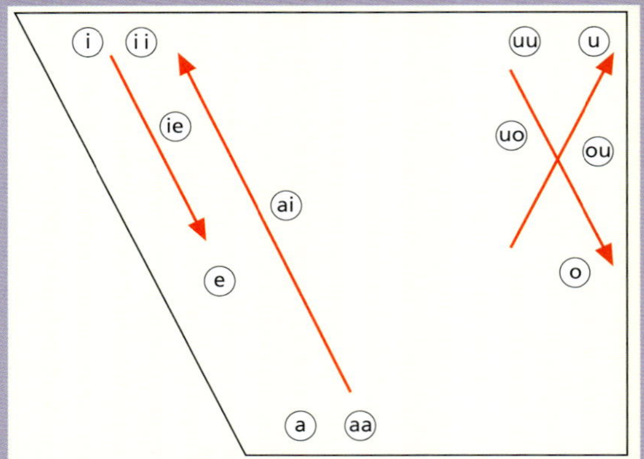

短母音
/i/ *kil* kill（殺す）
/e/ *dem* they, them（彼ら）
/a/ *mada* mother（母）
/o/ *op* up（上へ）
/u/ *put* put（置く）

長母音
/iː/ *trii* three（３）
/aː/ *daag* dog（犬）
/uː/ *duu* do（〜する）

二重母音
/ie/ *biesin* basin（たらい）
/ai/ *blain* blind（目の見えない）
/ou/ *roun* round（丸い）
/uo/ *uol* old（古い）

音素の数が減った結果の１つとして見られるのは，同じに聞こえる単語（同音異義語）が，英国や米国のそのほかのほとんどの発音様式に比べて，かなり増えることである。例えば，/den/ という発音は den（穴）または then（その時）を意味する可能性があり，/rat/ は rot（朽ちる）または rat（ネズミ）を，/laːd/ は lord（高位の貴族）または lard（ラード）を，そして /tai/ は toy（玩具）または tie（結ぶ）を意味する可能性がある（p.365 も見よ）。

２つのピジン言語における各月の名称のつづり方を示す。１つはトク・ピジン（パプアニューギニア）であり，もう１つはカムトック（カメルーン）である。これら２つの言語における各月の発音は非常に似ているが，（３つの月を除いて）つづりは確かに大きく異なっている。

トク・ピジン	カムトック
Janueri（１月）	Janyuari（１月）
Februeri（２月）	Fehrbuari（２月）
Mas（３月）	Mach（３月）
Epril（４月）	Epril（４月）
Me（５月）	Mei（５月）
Jun（６月）	Jun（６月）
Julai（７月）	Julai（７月）
Ogas（８月）	Ohghos（８月）
Septemba（９月）	Sehptehmba（９月）
Oktoba（10 月）	Ohktoba（10 月）
Novemba（11 月）	Novehmba（11 月）
Desemba（12 月）	Disehmba（12 月）

生の声（のつづり）

『あなたのためのバラッド（*Ballad For You*）』という短編小説において，ジェニファー・ジョンソン（Jennifer Johnson）が記したロンドンのジャマイカ・クレオール語（D. スットクリフ（D. Sutcliffe），1982，p.24 から引用）。

There is five gal I want to tell you 'bout. Dem lick head from different part a London; but is one t'ing dough, dem is one an' di same but individual in every sense. Mek a tek dem one by one.

Lightening hail from Guyana an' is a soulhead. Before she buck head wid dem addah gal she couldn't chat a word a bad English; now she pass CSE ina it. Why dem call she Lightening is because when dem sit down ina corner a chat people business, she always miss everyt'ing an' a confuse di issue…

私があなたに話したい５人の少女がいる。この少女たちは，ロンドンのさまざまな地域から来て出会った。１つ言っておくと，この少女たちはまったく同じだが，あらゆる意味で独特である。少女たちを一人ずつ取り上げよう。ガイアナから来た「ライトニング」（稲妻）は，ソウル音楽が大好きだ。彼女は，ほかの少女たちに会うまで，ひどい英語の一言すらも話せなかった。現在，彼女は CSE（中等教育修了試験）に合格している。少女たちが彼女を「ライトニング」と呼ぶのは，少女たちが街角に座って世間話をしていると，彼女はいつも何にも聞いておらず，話題を混乱させてくるからだ…

gal = girls（少女），*dem lick head* = they met up（出会った），*dough* = though（〜だが），*mek a tek* = let me take（取り上げよう），*soul-head* = soul music fan（ソウル音楽が大好きな人），*buck head* = met up（会った），*dem addah* = those other（ほかの人），*a chat* = discussing（話し合う）

ウォールト・ウルフラム（Walt Wolfram）とラルフ・ファソルド（Ralph Fasold）が翻訳した「ヨハネによる福音書」（第３章）で使われている黒人英語。ただし，つづりは標準英語に近いものである（J. C. バラッツ（J. C. Baratz）と R. W. シュイ（R. W. Shuy），1969 から引用）。

It was a man named Nicodemus. He was a leader of the Jews. This man, he come to Jesus in the night and say, 'Rabbi, we know you a teacher that come from God, cause can't nobody do the things you be doing 'cept he got God with him.'

それはニコデモという名の人だった。彼はユダヤ人たちの指導者であった。この男は，その夜，イエスのもとにきて言った。「ラビ，私たちは，あなたが神のもとからきた教師であることを知っています。神がともにいるのでなければ，あなたがしていることは誰にもできないからです」。

Jesus, he tell him say, 'This ain't no jive, if a man ain't born over again, ain't no way he gonna get to know God.'

イエスは彼に答えて言った。「これは調子の良い話ではありません。人は，もう一度生まれなければ，神を知るようになることは決してありません。」

Then Nicodemus, he ask him, 'How a man gonna be born when he already old? Can't nobody go back inside his mother and get born.'

するとニコデモはイエスに尋ねた。「すでに年を取ったものが，どうして生まれることができるでしょう？　誰が母親のお腹の中に戻って生まれることができるでしょうか」。

So Jesus tell him, say, 'This ain't no jive, this the truth. The onliest way a man gonna get to know God, he got to get born regular and he got to get born from the Holy Spirit...

イエスは彼に答えて言った。「これは調子の良い話ではありません。これが真実です。神を知るようになる唯一無二の方法は，正常に生まれたことであり，精霊から生まれたことなのです」。

このページのコラム２つを巻末 p.553 に掲載

トク・ピシン

トク・ピシンは，英語にもとづくピジンであり，同地域のパプア諸語の影響を受けている。パプアニューギニアでは約 100 万人がこの言語を使用している。トク・ピシンは，一部の地域でクレオール化してきた。この言語はパプアニューギニア全土に存在し，広く地域の広告で目にすることができ，ラジオやテレビからも聞こえてくる。また，すべてピジンで書かれた週刊の新聞『友人（*Wantok*）』も存在する。

この絵は，パプアニューギニアのあるキリスト教宣教団が出版した旧約聖書の物語の最後のページである。この絵は「ダニエルの物語（*Stori bilong Daniel*）」からのものであり，この物語では，バビロン（Bebilon）の王であるダレイオスが，ダニエルを獅子の洞窟（hul bilong lion）に投げ込むよう説得される。この前のページは，ダレイオス王が，神がダニエルを見守っているかどうかを知ろうと呼びかけた場面である。

注

a, emphatic particle（強調辞）
amamas, be happy（幸せであれ）（Malay から）
antap, ontop（上に）
autim, made, put out（'out'）（外に置く）
bagarapim, ruin, damage（'bugger up'）（破壊する，損害を与える）
bekim, give back, repay（'back + -im'）（返す，返済する）
biknem, praise（big name）（喜ばせる）
bikpela, big（'big + fellow'）（大きい）
bilip, believe（信じる）
bilong, indicates possession（'belong'）（所有する）
bosim, rule（'boss + -im'）（支配する）
dai, die（死ぬ）
em he, him（彼は，彼を）
gat, get（手に入れる）

（巻末 p.552 へ続く）

クレオールへの翻訳

ウィルヘルム・ブッシュ（Wilhelm Busch）の『マックスとモーリッツ（*Max and Moritz*）』は，1865 年にまずドイツ語で出版され，その後に数十の言語に翻訳されてきた（スコットランド英語を含む（p.350））。ここでは，「4 番目のいたずら」の冒頭部分を，4 つのクレオール・ピジンに翻訳したものを示す。比較のために，エリー・ミラー（Elly Miller）が標準英語に翻訳したものも示した（M. ゴーラック（M. Görlach），1984 から引用）。

Fourth Prank
（4 番目のいたずら）
As has frequently been stated
（よく言われてきたように）
People must be educated.
（人間はいろいろ学ばなければならないのだ。）
Not alone the A, B, C,
（単に ABC だけでは）
Heightens man's humanity;
（人間の人間らしさは高められない；）
Not just simply reading, writing,
（読み書きだけでは）
Makes a person more inviting;
（人を魅力的にはできない；）
Nor does Arithmetic learning
（また算数ばかり頑張っても）
Make a pupil more discerning.
（生徒は洞察力ある者にはならない）
Reason, Wisdom, Moral Thought
（道理や知恵，道徳的考え）
Must be equally well taught;
（これらも等しく学ばれるべきなのだ）
And to teach with erudition
（そして博識をもって教えること）
Was Professor Lample's mission.
（それがランプル先生の使命だ。）

ジャマイカのクレオール（Jamaican Creole）

Badness Nomba Fuor
Ole-time people mek wan rule:
'Learn and study while in school!'
ABC kyan ongle staat
Lov a knallidge in de haat:
Readin, writin, ritmetick
Kyan gi Sietan wan good lick,
Higle smaddy wid no fait
Fine demself a Debbil gate;
Show respeck an lov de wise:
Solomon wi gi yuh prize!
Stody ow fi ondastan
All de ways a Gad an man.
In all learnin, Teacha Lampel
Set de very bes example.
（ジェーン・D コスタ（Jean D'Costa））

カメルーンのクレオール（Cameroonian）

Nɔ mba Foa Kɔ ni
Panapu dei, a raitam dɔng,
'Man mɔs lɛn fɔ dis wi grɔng.'
No bi daso A, B, C,
Mek wi sabi hau fɔ bi.
No bi ɔl sɛns dei fɔ tali
Chinda sabi dis fɔ Bali.
Man i gɛt fɔ lisɛn wɛl
Fɔ di tru wi papa tɛl.
Pa Matyu, wi katakis,
Sabi ɔl gut fashɔn dis.
An i glad fɔ tich wi tru
Ol ti ting man g1ɔt fɔ du.
（ロレト・トッド（Loreto Todd））

クリオ語（Krio）

Nɔ mba Fɔ
Dɛm kin se, ɛn misɛf gri,
Man fɔ lan pas ABC.
Wetin go pliz Gɔd insɛf
Na if wi bɛtɛ wisɛf.
Rayt ɛn rid nɔto ɔl o,
Pɔsin we gɛt sɛns fɔ no.
Nɔto arifmitik wan
Pɔsin fɔ tray gud wan pan;
I fɔ gladi fɔ lisin
We big wan de gi lɛsin.
Ticha Lampel ɔlwez si
Dat i du dis wit sabi.
（フレディ・ジョンズ（Freddie Jones））

トク・ピシン（Tok Pisin）

Trik Namba Foa
Long ol ples i gat rul
Ol manmeri i mas skul.
Rit na rait na ABC
I save mekim man i fri.
Man i no gat save long ol namba
I gat het olsem kukamba.
Man i no save wok bilong gavman
Em i no man tru, tasol i hapman.
Ologeta samting bilong skul
Man i no save, em i ful.
Na bilong givim gutpela eksampel
Mi tok long wanpela tisa, Lempel.
（ドン・レイコック（Don Laycock））

オーストラリア英語

オーストラリアは広大な国である（世界で 6 番目に面積が広い）。人が住んでいない広い土地があり，全国的なコミュニケーションは交通路線やメディアに依存している。欧州の人びとがオーストラリアに定住し始めたのは比較的最近であり（p.104），英国と政治面で近しい関係にある。また，人口成長の初期において，開拓者たちは 1 つの地点（シドニー）から移動しており，中央政府とのつながりを維持していた。現在，オーストラリアの人びとは主に都市に住んでおり，大半が海岸近くの肥沃な地域で暮らしており，4 つの都市（シドニー，メルボルン，ブリスベン，パース）に暮らす人びとが，人口の半分を超える。これらすべてについて，オーストラリアより先に発展したカナダとの興味深い類似点が存在する（p.360）。

これらの要素は組合わさって，オーストラリア英語は内的変異がほとんどない変種である，という第一印象を醸成している。この印象は，（カナダと同様に）オーストラリアのラジオやテレビの英語が「単一」であることと，出版物での標準的な英語によって強化されている（p.116）。この点は，複数の著者によって強調されてきた。例えば，ジョージ・ターナー（George Turner）はこう述べている。

> オーストラリア英語の均質性は注目に値する。このように広大な面積で，言語の違いがここまで小さいところをほかに見つけるのは難しいだろう。『オーストラリアとニュージーランドの英語（*The English Language in Australia and New Zealand*）』1966, p.163）

また，『マッコーリー辞書（*The Macquarie Dictionary*）』(1981) の序文で，J. R. バーナード（J. R. Bernard）はこう述べている。

> その姿としては，ケアンズからホバート，シドニーからパースまで，均質性が広がっており，発音の均一性は，世界のどの地域よりも広範囲にわたっている。

もし，英国の約 30 倍の面積の国において，本当に地理的な違いがわずかだったり，存在しなかったりするのであれば，まさしく注目に値するだろう。また，この見解を支持する一定の証拠もある。州の間で，文法の顕著な違いはないと思われる。これまでに明らかにされてきた地域による語彙の違いは，乳母車を stroller（ニューサウスウェールズ州）と呼ぶか pusher（南オーストラリア州）と呼ぶかなど，わずかしかない。言語だけではその人の出身地域についてほとんどわからないように思えるだろう。各地の人びとは，個々の単語や話者について気づいた違いから，一般的な結論を引き出そうとすることがある。しかし，これらの違いを大局的にとらえられるほど，オーストラリアの田舎や都会の日常を広く旅している人はほとんどいない。地域的変異について確信をもって判断するには，方言学の研究結果に依拠することになるが，オーストラリアの方言学はなお初期段階にある。

しかし，英国や米国との印象で比較して，違いがまったくないと結論づけるのは誤りだろう。純粋に地域による違いについてさえ，より日常的な各種の話し方における言語の違いの程度を低く見積もるのは早計だろう。緯度で 30 度を超える範囲に広がる国では，動物，植物，気候および文化の実践における各地域の違いは不可避である。これらは，語彙の違いにもある程度反映されるに違いない。また，カナダと同様，都市の中心部における日常の話し方については，ほとんど研究が行われてこなかった。都市の中心部では，その地域に特異な話し方が頻繁に生まれるのである。

社会的変異

発音様式の均一性に関する言明には驚くべきものがある。なぜなら，これらの言明は，私たちが言語使用における通常の状況，つまり社会的な違いの存在について知っていることとは異なるように思えるからだ（p.386）。上記の著者たち自身がその後認めているように，このような違いは疑いなく存在する。それゆえ，「均一性」といった言葉は，注意して解釈せねばならない。こういった言葉は，地理のみにもとづいて説明できる違いはない，ということだけを意味しているのである。社会階層を考慮すると，私たちが直面している言語状況は，「多様性の中で働く均一性」の一例だと記述した方が正確である。

文法に指摘すべき独自性がほとんどないとすれば，オーストラリア英語の最も著しい特徴はその発音様式である，と人びとが考えるのも驚くことではない。したがって，この主題については，その音声学的基礎を定めるために，また，人びとが時おり主張するほど発音様式が均質なのかどうかを理解するために，かなりの研究が行われてきた。そして実際，発音様式には大きな違いが存在することが分かった。1960 年代に行われた影響力のある研究では，A. G. ミッチェル（A. G. Mitchell）と A. デルブリッジ（A. Delbridge）が，オーストラリア英語の発音様式を 3 種類に分類している。（3 種類の発音様式の間に明確な境界がないことは強調されるべきである。3 種類の各発音様式は，諸発音様式の集合と考えるのが最善である。）

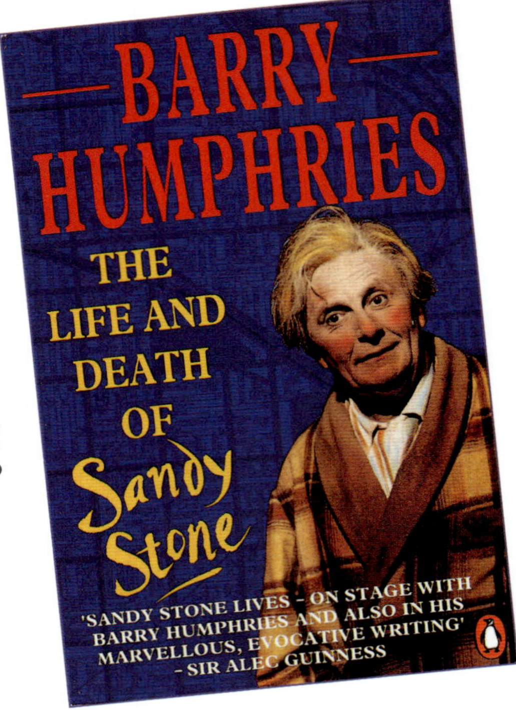

ある高齢のオーストラリア人

サンディ・ストーン（Sandy Stone）は，バリー・ハンフリーズ（Barry Humphries）の作品の中で最も知られていない人物である。ジョン・ベチェマン（John Betjeman）卿は，サンディ・ストーンについて，「英国人にとって最高のオーストラリア入門である」と述べていた。『サンディ・ストーンの生と死（*The Life and Death of Sandy Stone*）』（1990）における独特な語彙には，文化的かつ言語的な側面がある。以下の抜粋は，サンディから，海外旅行中だった妻のベリル（Beryl）に宛てた手紙の一部である。

Things at Gallipoli Crescent are just the same and I'm pottering round on my own very nicely thanks to your list. I think of you every time I look at the back of the kitchen door. So far touch wood I haven't missed the tins or forgotten to defrost the Silent Knight, although it cost me a phone call and a couple of notes before they cut us down to half a pint and stopped the Women's Weekly.

Gallipoli Crescent（ガリポリ・クレセント）の状況はまったく同じです。私は，あなたのリストのおかげで，一人でとても楽しく動き回っています。私は，勝手口の後ろを見るたびに，あなたのことを考えます。これまで私は，幸い，ごみ出しを忘れてもいませんし，Silent Knight（冷蔵庫）の霜取りをするのも忘れていません。ただ，半パイントに減らし，*Women's Weekly*（雑誌）を止めるには，電話 1 本とメモ数枚が必要でした。

（巻末 p.553 へ続く）

- 洗練された発音様式。人口の約10%が使用しているこの発音様式には，容認発音（p.387）がかなりの影響を与え続けている。一部の話者のこの発音様式は，教育を受けた英国南部の人びとの発音様式に非常に近く，いくつかの母音と抑揚においてオーストラリア出身であることをごくわずかに感じさせるにすぎない。この発音様式の形式は最も容認発音に似ているため，ほかの発音様式の話者は，この発音様式を「気取った」ものだと考える傾向がある。
- 訛った発音様式。洗練された発音様式の対極にあるこの発音様式は，人口の約30%が使用している。この発音様式は，「オーストラリアの訛り」という概念に最もはっきり合致するものである。この発音様式は，多くの国において，ポール・ホーガン（Paul Hogan）やバリー・ハンフリーズ（Barry Humphries）といった俳優によって描かれる人物の声で聞くことができる。
- 一般的発音様式。これは上記2つの中間にある主流の発音様式群であり，最も多くの人が使っている。

近年，これらの発音様式は，少なからぬ論争を引き起こしてきた。特にオーストラリア訛りの発音様式には批判者と擁護者がいる。オーストラリア人はその独特の話し方を誇りに思い，その音声の特徴を強調すべきなのか，それとも教育を受けた英国人の話し方がもつ伝統的な価値と結びついている，より保守的な形式を使いたいと思うべきなのかについては，議論が続いている。オーストラリアのある世代のコメディアンたちが「訛った発音様式」を誇張して皮肉り，それがテレビという媒体を通して広く知られるようになることで，状況は複雑になってきている。ほとんどの人が頼れることといったら『クロコダイル・ダンディー（*Crocodile Dundee*）』｛【訳注】1986年のオーストラリアのコメディ映画｝とデイム・エドナ・エバレッジ（Dame Edna Everage）｛【訳注】英国の有名なコメディアン｝とを合わせたものしかないような場合には，外部の者にとってはステレオタイプと現実とを区別するのが難しくなる。

それゆえ，オーストラリアにおける発音様式の均一性に関する意見は，社会的な文脈の中でとらえる必要がある。これら3種類の発音様式を含む連続体は，オーストラリアの国中で見ることができる。これら3つを地域で区別する根拠はないかもしれないが（とは言え，全国的調査は行われていないので，断言はできないが），おそらく社会的な根拠があるだろう。性別，年齢，宗教，教育の種類，職業といった要素のすべてがそれぞれの役割を果たしており，現在，オーストラリアの社会言語学者たちは，これらの領域を探究しつつある。もう1つの重要な要素は，出身国である可能性が高い。現人口の約20%は，英語が外国語であるという背景をもっている。

また，（地域による方言の違いのみを探す手法とは対照的である）社会言語学的な手法は，より明確に，植民当初の数十年の歴史的な状況にも関係してくることになる。英国からの距離が，オーストラリア内におけるかなりの人口移動と相まって，地域の均質化を進めたのだろう。同時に，欧州からの最初の植民者たちの間に存在した大きな社会的区分（囚人・看守・総督・地主・自由移民）が，社会言語的な多様性を促進したのだろう。この視点からすると，オーストラリアの言語状況は，結局はさほど珍しいものではない。

音声の特徴

オーストラリア独特の発音様式について，聞こえる印象の全体的な基盤は，母音体系にあり，特に二重母音の取り扱い方にある。オーストラリア英語の子音体系は，容認発音で見られるものと細かい点でしか異なっておらず，地域の違いについて興味を引く点はほとんどない。

- 容認発音における /iː/ および /uː/（see と do の音）は，それぞれ二重母音 /əɪ/ と /əʊ/ に聞こえる（後者の頻度ははるかに低い）。この影響は，「訛った発音様式」で顕著であり，「一般的発音様式」から「洗練された発音様式」への連続体では減少していく。/iː/ への影響は，オーストラリア英語の発音様式を示すものとして特に印象的である。
- 容認発音の /eɪ/（say の音）について，最初の母音はより口を開き，時にはかなり前舌で，時にはさらに後舌で発音される。この二重母音は，Australia という名称や，g'day（/gədaɪ/）という挨拶において広範囲で聞かれる。この発音が，オーストラリア英語を「Strine」（ストライン）と呼ぶ根拠になっている（p.436）。
- 容認発音の /əʊ/（so の音）は，「訛った発音様式」だと，もっと口を開き前舌で発音される。また，「訛った発音様式」ほどではないが「一般的発音様式」でも聞かれる。「洗練された発音様式」は，容認発音で聞こえるのと同じ種類の音を使う傾向がある。これは前舌または後舌の半広母音であり，/oʊ/ または /ɛʊ/ という記号で表した方が明確である。
- 容認発音の /aɪ/（my の音）の最初の母音は，「訛った発音様式」および「一般的発音様式」の場合，後舌の広母音で /ɒɪ/ と発音される。
- 容認発音の /aʊ/（now の音）の最初の母音は，「訛った発音様式」および「一般的発音様式」の場合，口腔の前方で発音され，/æ/ の方向に舌が上がることが多い。
- 強勢のない音節の /ɪ/ は，中舌母音 /ə/ に置き換わることが多い。例：hospital（病院）（/hɒspətl/），because（なぜなら）（/bəkɒz/）。
- 容認発音と比べて，鼻音の隣の母音が鼻音性を保持する傾向がある。「訛った発音様式」の場合，down や now といった語は，強く鼻音化することが多い。これは，「訛った発音様式」が「twang」（鼻音訛り）と呼ばれる主な理由である。

3種類の発音様式の音声学的根拠は，これらの母音の質を考えることから生じる。「訛った発音様式」は，容認発音の規範よりも口を開けたり前舌にしたりする舌の動きを大いに活用している。「洗練された発音様式」は，文字通り further back｛【訳注】「程度が」「さらに後舌」｝である。

また，オーストラリア英語の発音様式の源についても，近年研究が行われてきた。オーストラリア英語の発音様式の特性の多くは，当初の植民者たちの話し方に由来すると想定されている。当初の植民者で一番多かったのはロンドン地域の出身者だが，イングランド中部出身者もアイルランド出身者もいた。たとえば，オーストラリア英語の訛った話し方に特徴的な二重母音の発音の一部（say，so，sigh，sow といった単語の最初の母音をより口を開けて発音する）は，コックニー英語で聞かれる発音に近い。しかし，これらの発音様式が混ざって独特の発音様式（最初の植民から約30年経たないうちに，独特の発音様式だと気づかれていた）を生んだ正確な経緯を立証するのは容易でない（独特の上昇調の抑揚については，p.261 を見よ）。

地域による違いの出現

オーストラリア英語の話し方が均一だという見解があるにもかかわらず，ある州のオーストラリア人が「他州の人びとには別の発音様式があるかどうか」と尋ねられた場合，一部の人は「ある」と言うだろう。ある報告によると，クイーンズランド州出身の話者は，dance（踊る）という単語に /æ/ でなく /aː/ を使うのはその人がビクトリア州か南オーストラリア州の出身であることを示す，と考えていた。別の人は，castle（城）という単語（たとえば Newcastle，Castlereagh St などに見られる）に /aː/ を使うことをシドニー（ニューサウスウェールズ州）の特徴としてあげた。このような固定観念には何らかの真実が含まれるだろうか？　オーストラリア英語は，容認発音のように「短い a」（/æ/）と「長い a」の区別を残しているが，「長い a」は口腔のさらに前方で発音される（/ɑː/ でなく /aː/）。これは，英国では地域を示す重要な指標だが（p.344），オーストラリアでもこの機能を有する可能性はあるだろうか？

下図は，オーストラリアの5つの都市の話者約50人について，これらの母音に関する研究結果を示したものである。特定の単語における違いは非常に明確で，a が鼻音の前にある時（dance でのように）の違いは印象的である。ホバートの被験者は，このような単語では，93%が /æ/ を使った。ブリスベンとメルボルンでは42%，シドニーでは30%，アデレードでは9%だった。castle という単語に /aː/ を使うことは，シドニーでとりわけ特徴的に見える。　（巻末 p.553 へ続く）

ホバート	%	メルボルン	%	ブリズベン	%	シドニー	%	アデレード	%
graph	100	graph	70	dance	89	dance	60	contrast	29
chance	100	castle	70	castle	67	graph	30	castle	14
demand	90	dance	65	graph	44	chance	20	dance	14
dance	90	chance	40	demand	22	grasp	15	chance	14
castle	0	demand	22	chance	15	demand	10	graph	14
grasp	10	grasp	11	grasp	1	castle	0	demand	0
contrast	0	contrast	0	contrast	0	contrast	0	grasp	0

いくつかの語彙項目における /æ/ の出現率（読み上げ形式）

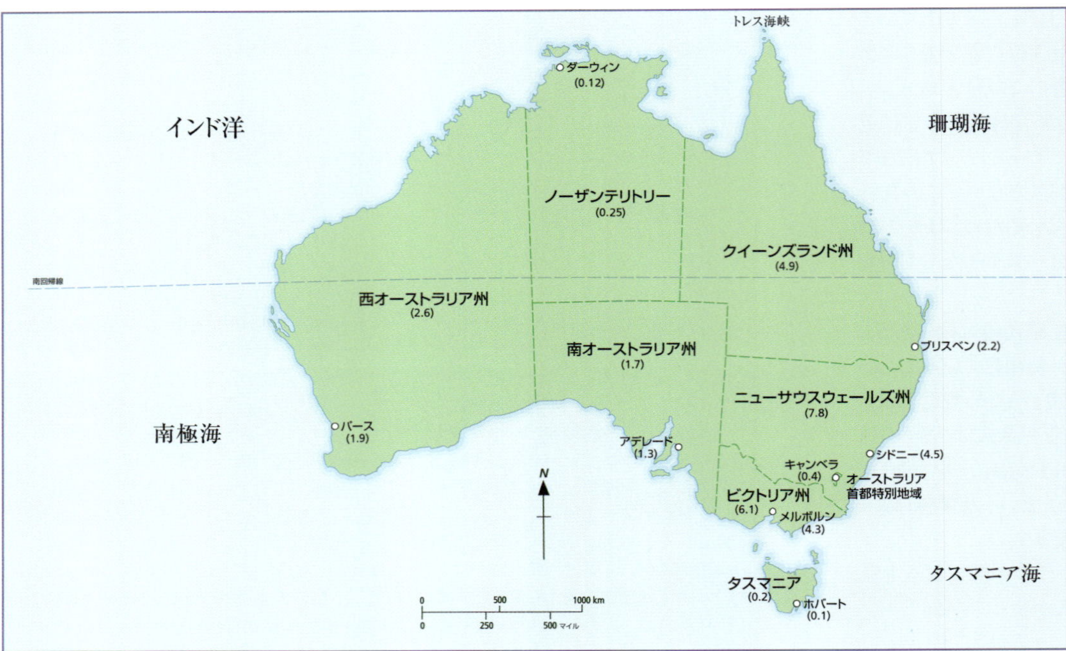

2016 年の州，準州，主な都市のおよその人口を示したオーストラリアの地図。人口の単位は 100 万人である。例：1.1 = 110 万人，0.08 = 8 万人。

文法と語彙

オーストラリア英語の文法において，地域による独特の用法の明確な例はない。ただし，いくつかの話し言葉にアイルランドのわずかな影響はある(1890 年まで，人口の約 30% はアイルランド系だった)。youse(you(あなた))，mustn't(can't(できない))，副詞としての but(p.358)，いくつかの熟語(Good on you(よくやった))，また smoko(break(休憩))のように -o(*h*)で終わる語，といった例があり，さらに一般的に鮮やかな修辞を使う話し方がなされる。arvo(午後)や Aussie(オーストラリア[人]の)などの形式に見られる，話し言葉における語形成のそのほかの例については，p.143 で述べている。

語彙のレベルでは，大きく異なる姿が明らかになる。オーストラリア英語に起源をもつ語彙項目は 1 万を超えると推定されており，そのいくつかは世界標準英語の一部となっている(例：flying doctor(飛行機で往診する医師)，pavlova(パヴロヴァ))。多くの単語は，この地域の生物・地理を取り扱うものや，関連する農業・鉱業の実践を取り扱ったものである。

banksia(バンクシアという木)，barramundi(バラマンディという魚)，black swan(コクチョウ)，brush(密集した植生)，bush(叢林。自然の植生)および bushman(ブッシュマン)や bushranger(叢林に住む追いはぎ)といった派生語，galah(モモイロインコ)，mallee(マリーという木)，outback((オーストラリアの)奥地)，overlander(放浪者)，quandong(クァンドンという木)，station(牧場)，walkabout(放浪生活)，waterhole(水たまり)，wattle(ワトルという木)，witchetty grub(蛾の幼虫)。

多くの一般的な単語の中には，BYO(bring your own の略で，レストランに飲み物を持ち込むこと)，footpath(歩道)，frock(ドレス)，goodday(こんにちは)，layby(分割払い)，paddock(あらゆる広さの野原)，weekender(休暇用のコテージ)といったものがある。よく知られた俗語としては，beaut(美しい)，biggie(大きいもの)，cobber(友人)，crook(体調が悪い，機嫌が悪い)，dinkum(本物の，本当の)，do a U-y(U ターンする)，drongo(愚か者)，joker(人)，larrikin(不良)，poofter(男らしくない男性)，sheila(女性)，pommy(英国からの移民。p.323)，および pommy の派生語(例：Pommyland(英国)，whingeing Pom(文句を言う英国人))などがあげられる。

オーストラリア英語は，その鮮やかな熟語で有名である。ただし，多くの熟語は，毎日頻繁に使われるというより，文学的な創造性を示すものである。たとえば，bald as a bandicoot(バンディクートのようにはげている＝つるっぱげである)，scarce as rocking-horse manure(木馬の糞のように珍しい＝ものすごく珍しい)，look like a consumptive kangaroo(肺病のカンガルーのように見える＝ひどく具合が悪そうに見える)といったものがある。bring a plate(「一緒に食べるために食べ物を持参する」)や full as a goog(goog は「卵」。この熟語は「泥酔した」という意味)といったオーストラリア内の熟語は比較的無視されてきたが，いくつかはテレビコマーシャルを通して外の世界から注目されてきた。たとえば，「ビール」を amber fluid(琥珀色の液体)と呼ぶ，といったものである(これは 1906 年から知られている)。また，イギリス英語と比較して，いくつかの表現の強さには重要な違いがある。特に，bloody(すごく)(p.185)や bastard(ちくしょう)が「日常的に」使われる。

オーストラリア英語には，アボリジニに由来する語彙はそう多くない(場所の名称を除く。反対側のページを見よ)。欧州人が植民してきた時，アボリジニは移動生活を送っており，たまに接触するだけだった。その結果，アボリジニの単語で英語に入ってきたものは，いくつかの動植物の名前(例：dingo(ディンゴ)，koala(コアラ)，kookaburra(ワライカワセミ)，wallaby(ワラビー))を除けばほとんどない。この例外には，boomerang(ブーメラン)，corroboree(儀式の踊り)，cooee(注意を引くための叫び声)，および within cooee(「聞こえる範囲内」)などがある。類似の状況は，ニュージーランドのマオリ語についても見られる(p.374)。

語彙の違い

オーストラリアの各地域で語彙がどのくらい違うかは不明だが，従来的に考えられてきたよりも大きいことは確かである(p.370)。西オーストラリア州の bardi(虫の一種)，タスマニア州の mainlander(オーストラリア本土からきた人)，クイーンズランド州の evening(正午以降の任意の時間)といった明確な例がいくつかある。また，明確でない例も多くある。例えば，各地域に downpipe と spouting(雨どい)，gumboots と wellingtons(長靴)，topcoat と overcoat(外套)，washer と facecloth(手ぬぐい)のどちらを選ぶかを定める制約は(あったとしても)明確ではない。

カナダと同じく(p.360)，オーストラリア中で，アメリカ英語がイギリス英語のモデルにさまざまな程度で入り込みつつある。これは，caucus(政治における「(党員)集会」の意味)，sedan(セダン；イギリス英語では saloon)，station wagon(ステーションワゴン；イギリス英語では estate car)，truck(トラック；イギリス英語では lorry)，high school(高等学校；イギリス英語では secondary school)といった単語において明らかである。他方，イギリス英語の影響は，class(学年；アメリカ英語では grade)，cinema(映画；アメリカ英語では movies)，petrol(ガソリン；アメリカ英語では gas)，boot(自動車のトランク；アメリカ英語では trunk)，tap(蛇口；アメリカ英語では faucet とも言う)といった単語において明らかである。つづりもイギリス英語のものとアメリカ英語のものが混ざっているが(program と並んで defence が使われる〔訳注〕program はアメリカ英語，defence はイギリス英語〕)，伝統的にはイギリス英語の形式のほうが好まれる。しかし，オーストラリア労働党(Australian Labor Party)はアメリカ英語のつづりを使っている。また，centre/center(センター)，colour/color(色)といった事例については，各州や年齢集団間でかなりの違いがあることが研究によって示されている。状況は流動的で，今後もそうである可能性が高いと思われる。

ア(ンドルー)バ(アトン)パターソン(1864～1941年)

「Waltzing Matilda」(ワルツィング・マチルダ)は，ほとんどの人にオーストラリアのことを思い起こさせることのできる歌である。その歌詞（少なくとも1番の歌詞と単純な合唱）は，世界音楽英語の一部になっている。多くの人は，swagman（路上生活者），billabong（よどみ），coolabah tree（クーラバーの木）を完全に定義することはできないだろうが，この曲を元気に歌っている。さらに，オーストラリア国外では，2番以降の歌詞やその悲劇的な終わり方を知っている人はほとんどいない。1895年に'バンジョー'パターソン（'Banjo' Paterson）が書いたこの歌は，19世紀後半にオーストラリア文学の主な要素を形成したブッシュ・バラッド（bush ballads）というジャンルの中で，おそらく最も広く歌われているものだろう。パターソンが執筆したそのほかの有名なバラッドには，「スノーウィー川から来た男（'The Man from Snowy River'）」や，ソルトブッシュ・ビル（Saltbush Bill）という登場人物のさまざまな行いに関するものなどがある。より知名度の低い作品として「それらの名前(*Those Names*)」(p.554参照）というものがあり，その独特の語彙と，珍しい「メタ言語的な」主題――地名をあげた言い争い（p.12）――を紹介するために，ここに掲載した。

(巻末p.554へ続く)

ワルツィング・マチルダ

Oh! there once was a swagman camped in a Billabong,
Under the shade of a Coolabah tree;
And he sang as he looked at his old billy boiling,
'Who'll come a-waltzing Matilda with me?'

おお，昔，沼で野宿をする放浪者がいた
ユーカリの木陰で。
そして彼は古いブリキ缶に入れた水が沸くのを見て歌った
「誰か私と一緒に荷物をもって旅をしないか？」

Who'll come a-waltzing Matilda, my darling,
Who'll come a-waltzing Matilda with me?
Waltzing Matilda and leading a water-bag –
Who'll come a-waltzing Matilda with me?

さあ，誰か荷物をもって旅をしないか
誰か私と一緒に荷物をもって旅をしないか？
荷物をもって，水袋をもって旅をする
誰か私と一緒に荷物をもって旅をしないか？

Down came a jumbuck to drink at the water-hole,
Up jumped the swagman and grabbed him in glee;
And he sang as he stowed him away in his tucker-bag,
'You'll come a-waltzing Matilda with me.'

羊が沼に水を飲みにやってきた
放浪者は飛び上がり，大喜びで羊を捕まえた
そして彼は自分の食料袋に羊を詰め込んで歌った
「私と一緒に荷物をもって旅をしよう」

Down came the Squatter a-riding his thoroughbred;
Down came Policemen—one, two, and three.
'Whose is the jumbuck you've got in the tucker-bag?
You'll come a-waltzing Matilda with me.'

大地主がサラブレッドに乗ってやってきた
警官が1，2，3人やってきた
「お前が食料袋の中にもっている羊は誰のものだ？
私と一緒に荷物をもって旅をしよう」

But the swagman, he up and he jumped into the water-hole,
Drowning himself by the Coolabah tree;
And his ghost may be heard as it sings in the Billabong
'Who'll come a-waltzing Matilda with me?'

しかし放浪者は突然沼に飛び込み
ユーカリの木のそばで入水自殺した
そして彼の幽霊が沼でこう歌うのが聞こえるかもしれない
「誰か私と一緒に荷物をもって旅をしないか？」

billabong：古い川の水路が沼のようになったところ。そこから流れ出る川はない。通常は季節によって現れる。
billy：お湯を沸かしたり料理をするのに使われるブリキ缶。「billycan」や「billypot」とも呼ばれる。
coolabah：ユーカリの木の一種
jumbuck：羊（それゆえ罪は大きい）
squatter：オーストラリアの奥地の大地主
swagman：田舎の放浪者。自分のもち物を中に入れて巻いた毛布（swag）をもち運んでいる
tucker-bag：食料袋

一切れのプディング

これは，バニップ・ブルーガムと，彼のおじのワッテルベリーを，正面から見たところである。何も言わなくても，一目で，素晴らしい仲間であるバニップ・ブルーガムの美しく丸い姿を想起することができる。次に，彼のおじは丸いというより四角で，その顔にはほおひげがあることが分かる。

下記は，1918年に初めて出版され，それから30刷以上を重ねてきたノルマン・リンゼイ（Norman Lindsay）のカラー第4版の『魔法のプディング（*The Magic Pudding*）』の「最初の一切れ」の冒頭部分である。この作品は，オーストラリアで最も人気のある伝統的な子ども向けの物語だと言われることが多い。その登場人物の名前は，オーストラリア以外に住んでいる者にとってはあまり心に響かない。というのも，これらの名前は，オーストラリア大陸の動植物を反映したものだからだ（possums(ポッサム)，wombats(ウォンバット)，bandicoots(バンディクート)，kookaburras(ワライカワセミ)，flying-foxes(オオコウモリ)，wattle gum(ワットル・ゴム)）。例えば，主人公であるこのコアラのバニップという名前は，アボリジニの伝説に出てくる架空の悪しき存在から採られた（その意味は採用されていないが)。しかしこれは，尽きることのないプディングと，バニップおよびその友人たちがこのプディングを盗まれないよう努力する，物語のもつ普遍的な魅力を減じるものではない。

バニップは，木にある小さな家におじと暮らしているが，おじの大きなほおひげを逃れるために家を離れるよう強いられる。

厄介なのは，旅人になるか放浪者になるかについて，彼が決心できないということだった。人は何者でもないまま世界を歩きまわることはできない。しかし，旅人になるならバッグをもち歩く必要があり，放浪者（swagger）になるならswag（風呂敷包み）をもち歩く必要がある。問題は，どちらの方が重いかだ。

「バニップはなぜ強盗になりたいの？」この質問は，子ども向けの漫画で育った英国の少年からの質問である。この漫画に出てくる泥棒は，SWAGと書かれた大きな袋をいつももち歩いている。この質問は，オーストラリア英語とイギリス英語の間にある小さな違いの一例である。なお，swagは，オーストラリア英語では可算名詞だが，イギリス英語では不可算名詞である（p.221）。〔訳注〕swagはイギリス英語では「略奪品」「盗品」を意味し，オーストラリア英語では「身の回り品・料理用具などが入れてある旅行者のもつ包み」(『ランダムハウス英和大辞典』)を意味する。〕

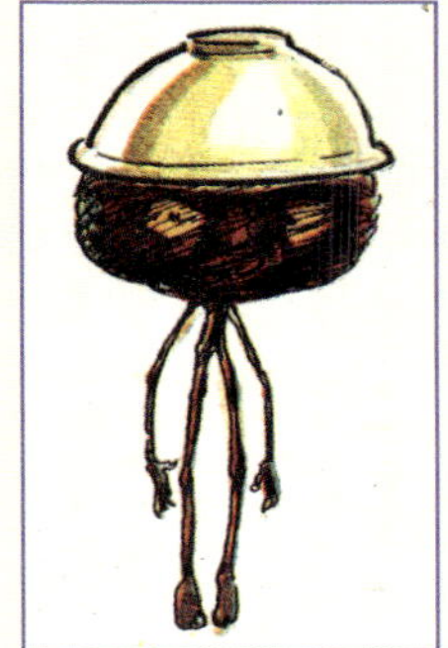

ニュージーランド英語

ニュージーランド英語は，世界英語の地域的な方言研究にとって未知の魅力をもつ分野である。ニュージーランド英語は長らく軽視されてきており，オーストラリア英語（p.370）を取り扱う一部としてついでに言及されるだけだったり，目を引く点ではすべてオーストラリア英語と同じだと部外者から見なされたりしてきた。しかし，1980 年代に，この状況は変わり始めた。ニュージーランド英語に直接注目するいくつかの研究が現れ，ニュージーランドの社会言語学的状況の独自の特徴が考慮されたのである。こういった関心にともない，ニュージーランド英語の研究は，言語の変異・変化に対する私たちの理解に大きく貢献しうる，ということが示唆されている。さらに興味深いことに，ニュージーランド英語の最も特徴的な展開のあるものがまだ起こっていない，ということも示唆されている。

ニュージーランドの社会史（p.105）におけるいくつかの要素は，すでに言語に関する結果をもたらしてきた。ニュージーランド英語は，4 種類の圧力を受けてきたという点で，世界中のほかの第 1 言語の変種とは異なる。ニュージーランド人は，イギリス英語とアメリカ英語からの競合する影響を取り扱う方法について，さまざまな英語の話者が直面してきた諸問題に加え（p.113），オーストラリア英語の取り扱い方と，マオリ語との関係への対処法を考案する必要がある。（2016 年時点で，マオリ人はニュージーランドの総人口の約 15% を占めていた。）

• ニュージーランドにおける言語態度の研究が示しているのは，教養や能力といった価値について，イギリス英語の容認発音（RP，p.387）が今なお最も高く評価されている発音様式だということである。しかし，連帯感や社会的な魅力については，各地方の発音様式が容認発音よりも高く評価されている。

• ニュージーランドの言語学者であるアラン・ベル（Allan Bell）が指摘したように，人びとが「英国のフライパンから米国の火に」落ちつつあるかどうかは現実の問題である。態度に関するいくつかの研究では米国の発音様式が高く評価されており，発音と語彙には米国の影響の痕跡が存在する。

• 出現しつつある「マオリ英語」に関する問題は議論を呼んでおり，マオリの発音様式を認識する聞き手の能力に関する研究結果は多様である。しかし，この数十年間，態度には大きな変化が起こってきた。その結果，現在，マオリ語に起源をもつ事項は，過去には見られなかった水準の顕著さと感受性をもって取り扱われている。

イギリス英語，アメリカ英語，オーストラリア英語，ニュージーランドの地域の英語，そしてマオリ語のすべてがインプットとして入手可能であるニュージーランドの社会言語学的状況の独自性から，結果として独特の英語が生じる可能性はきわめて高い。

発音

オーストラリア英語のアクセントのいくつかの特徴（p.371）は，ニュージーランドでも見られる。/iː/ と /uː/ が二重母音に変わる傾向（mean（意味する）が /məɪn/，shoot（撃つ）が /ʃəʊt/ と発音されるなど）や，強勢のない音節における /ə/ の使用（rocket（ロケット）が /ˈrɒkət/ と発音されるなど）といった特徴である。この類似性が，オーストラリアで起きたことと並行した展開から生じている（英国の複数のアクセントが融合したという「mixing-bowl」（混ぜ鉢）理論による）のかどうか，あるいは，政治的には魅力のない話だが，この類似性がオーストラリア英語からの直接の影響によるものかどうかは不明である。他方，オーストラリア英語の発音における，より訛った特徴のいくつかは，ニュージーランドではそこまで顕著ではない。

ニュージーランド英語の話し方の分析では，「洗練されたアクセント」，「一般的アクセント」，「訛ったアクセント」という 3 種類の区別（p.371）が広く使われてきた。これら 3 種類のアクセントはオーストラリアのものほど認識しやすくはないが，社会階層による違いは確かに存在する。一部の人びとのアクセントは容認発音に近く，別の人びとのアクセントは容認発音から遠いというあり方に，社会階層による違いがある。また，皮肉なことに，保守的な話者が新聞・雑誌の投書欄で地域の「醜い」，「欠陥のある」話し方を非難するやり方によって，ニュージーランド英語の新しいアクセントが存在するに違いない，という点が示唆される。

下記は，注目を集めてきた特徴の一部である。（音声学の用語については第 17 章を見よ。）

• /ɪ/（「fish」の音）は，[ə] の方向に動く傾向がある。これは，[i] の方向に動くオーストラリア英語とは対照的である。漫画の台詞などの大衆的な表現では，この違いは綴りで示されることがよくある。ニュージーランド人は，オーストラリア人が（fish and chips を）「feesh and cheeps」と言っている，と考えることが多く，オーストラリア人は，ニュージーランド人が Sydney（シドニー）を「Sudney」と言っている，と考える。

• /e/ は，[i] の方向に動いた，口をより狭く開く発音になる。その結果，yes は「yis」と聞こえる。同様に，/a/ は [ɛ] の位置あたりになる。その結果，外部の者は bat を「bet」に聞き間違えることがある。

• here（ここ）/ɪə/ と hair（髪の毛）/ɛə/ といった母音のペアはさまざまに発音され，多くの話者，特により訛ったアクセントの話者は，両者を区別しなくなっている。ある言語学者は，これらの母音が融合している証拠を，ウェリントンの中心部にある美容院の名前 Hair Say に見つけた。しかし，ニュージーランドのすべての人がこの語呂合わせを認識できるわけではない。これらの母音の融合の方向（here が hair のように聞こえるようになるか，hair が here のように聞こえるようになるか）には，明らかに人によってかなりの違いがあるからだ。

• /ɑː/ は，一般に，castle（城）や dance（踊り）といった単語において保持されている。オーストラリアでは /æ/ が広く見られる（p.371）。

• 改まった話し方では特に，whales（鯨）と Wales（ウェールズ）などの単語間の無声 / 有声の対立が保持される傾向がある。ただ，この傾向は，より若い世代ではなくなりつつある。

• /l/ は，すべての位置で，容認発音よりかなり「暗い」（軟口蓋化した）音になる（p.257）。語末の /l/ は母音で置き換えられることが多い（現在の「河口域」英語がそうである。p.347）。

• いくつかの単語は，この地域独自の発音になる。「ニュージーランド」は，短母音の /ɪ/ に聞こえることが多い。（容認発音でのような）/ziːlənd/ ではなく，/zɪlənd/ になるのだが，この発音は社会から多少の批判を受けている。geyser（自動湯沸かし器）の第 1 音節は /iː/ ではなく /aɪ/ である。menu（メニュー）は，/e/ でなく /iː/ のことが多い。English（英語）の /g/ は聞こえないことが多い。spectator（観客）は第 1 音節に強勢がある。

• 上昇調の抑揚は，オーストラリア英語とニュージーランド英語の話し方の顕著な特徴である（p.249）。この抑揚はニュージーランドでの方がより頻繁に使用されており，ニュージーランド起源の抑揚がシドニーを介してオーストラリアに伝わったという推測が存在する（シドニーには多くのニュージーランド人が居住している）。

語彙

オーストラリアとニュージーランドの間にある共通の語彙を，低く見積もるべきではない。ニュージーランドでは数百語の「オーストラリア英語の語彙」（p.372）が知られており，使われているが，より多くの語が知られていない。と言うのは，文化の歴史と生物地理が明らかに異なるからである。たとえば，オーストラリアの刑罰史がオーストラリアにもたらした単語は，ニュージーランド史では何の役割も果たしてこなかった。また，オーストラリア「奥地」の多くの語彙（p.372）は，ニュージーランドには関係がなかったり，別の意味で使われたりしている（例：ニュージーランドでは，bush は通常，密林を意味する）。

これら 2 つの国の語彙の間の最も大きな違いが，マオリ語からの借用語の取り扱いにあることは疑いない（p.375 を見よ）。しかし，ニュージーランドに特に結びつけられるようになったその他の単語もいくつか存在する（うち少数の単語は，ニュージーランド以外でも使われている）。これらの単語には，Aucklander（オークランドの住民），bach（別荘），chilly bin（食品・飲料の保冷箱），chocolate fish（お菓子の一種），dwang（床を支える木材），fizz boat（スピードボート），Golden Kiwi（全国宝くじの名称），lamburger（ラムのひき肉から作ったハンバーガー），section（建設用地），superette（小さなスーパーマーケット），swannie（上着の一種），wopwops（郊外の蔑称）などがある。

ニュージーランドのものだと言われる熟語には，hook your mutton（掃除する），have the wood on（有利である），at a rate of knots（とても速い）といったものがある。会話の型としては，'How are you?'（どうしてますか？）に対して 'Good, thanks'（いい感じです。ありがとう）と答えることが多い（現在，この表現はニュージーランド以外でも広く使われている）。

ニュージーランド起源の語句からは少数のものが世界標準英語の一部となっている。最も有名なのが All Blacks（オールブラックス；ニュージーランドの国際ラグビーチーム）であるのは間違いない。All Blacks の主な強勢は，第 1 音節にある。

地域的変異

ニュージーランド内の地域による違いについて，明確な証拠はほとんどないように思われる。しかし，各地域の人びとは地域間の違いを聞き分けられると考えており（例えば，北島と南島の違いや，西海岸と東海岸の違い），この種の方言が現れつつあるのかもしれない。だが，これまでにもニュージーランド人の各地域の特徴を聞きわける能力を周到に調査した研究がいくつかあるが，それらの研究からはこれまでのところ明確な結果が得られていない。

発音については，注目すべき例外が1つある。ニュージーランド人は，オーストラリア人と同様に，母音の後の /r/ を発音しないが，ニュージーランド南部に住む人びとの話し方には，「南部の口蓋垂ふるえ音」（Southland burr）が見られる。ニュージーランド南部のインバーカーギル（Invercargill）やケルソー（Kelso）といった地名は，スコットランドからの大規模な植民があったことを示している（p.348）。また，現在では，南部以外の若いニュージーランド人の一部にも，母音の後の /r/ を発音する兆候がある。これは，アメリカ英語の影響によるものかもしれない。

語彙については，slaters（「ワラジムシ」）など，スコットランドのいくつかの表現が，オタゴ地方で記録されている。また，北島と南島の変異形についても，時おり報告がなされている。

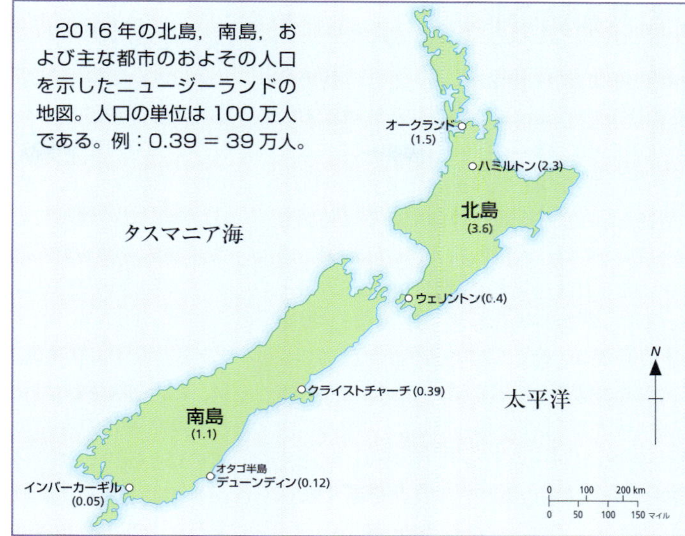

2016年の北島，南島，および主な都市のおよその人口を示したニュージーランドの地図。人口の単位は100万人である。例：0.39＝39万人。

例えば，南島ではパン1斤が quarter と呼ばれるのに対し，北島では half と呼ばれている。また，西海岸の方言についても時おり報告がなされており，例えば crib（いわゆる「鉱夫の昼食」）やその派生語（例：crib tin（弁当箱））といったものがある。他国と同様，おそらく各地域に今後の記録を待つ多くの語彙の違いがあるのだろう。

マオリ語の影響

1987年，Maori Language Act（マオリ言語法）がマオリ語に公的な地位を与え，マオリ語は社会からはるかに高い評価を受けるようになり，それが英語にいくつかの結果をもたらした。

- 現在，マオリ語起源の単語には，マオリ語の発音が用いられるようになりつつある。ニュージーランド放送協会(New Zealand Broadcasting Corporation)もこの方針に従っている。そのため，whanau(家族)といった <wh> でつづられる単語を，英語話者は伝統的に /ʍ/ や /w/ で発音してきたが，現在はマオリ語の音である /f/ で発音している。そのほか，Ngaio（ナイオーの木）のように語頭で /ŋ/ を使う，hangi（ハンギ料理）のように /ŋ/ の前で長母音 /ɑː/ を使う，といったいくつかの違いがある。
- また，マオリ語の音声体系をよりよく反映する英語の正書法を考案する動きもある。たとえば長母音を表すのに，マクロンを使ったり，文字を2つ重ねてつづる，といったものである（Māori や Maaori のように）。
- また，マオリ語は，この地域の英語の文法にも若干の影響を与えてきた。マオリ語は，名詞に複数を示す語尾を使わない。これは，借用語において好まれる形式になりつつある。マオリ（Maori）という単語自体がその例である（Maoris とは言わなくなってきている）。
- ニュージーランドには，ほかのどの英語よりも，ポリネシア諸語からの借用語がある。しかし，ニュージーランドの外で知られているものはわずかである（kiwi(キウイ)や kauri(カウリマツ)など）。文化的な伝統と動植物が，語彙の成長する重要な分野である。hapuku(ハープクという魚)，kahawai(カーワイという魚)，tarakihi(タラキヒという魚)，rata(ラタという木)，rimu(リムノキ属の木)，maire(メーアという木)，moa(モアという鳥)，kea(ミヤマオウム)，tui(エリマキミツスイという鳥)といった語彙がある。ニュージーランドの英語の出版物において，このような語は，注釈なく使われるようになりつつある。オーストラリア・アボリジニ諸語と同様に(p.373)，マオリ語の地名は広く使われており，いくつかの人名もよく知られている(Ngaio，Kiri)。

よく見られる借用語には，aue!(「ああ，悲しい」)，aroha(「愛，共感」)，haere mai(挨拶の1つ)，haka(儀式の踊り)，hongi(鼻と鼻を押しつけあう儀式)，huhu(甲虫の一種)，hui(儀式での集まり)，katipo(クモの一種)，kia ora(「健康」)，moana(「湖」)，Pakeha(「白人」)，whare(「家，小屋」)といったものがある。

ニュージーランド英語には，サモア語からの借用語もいくつかある。例としては，aiga(「家族」)，fale(「家」)，faamafu(自家醸造酒の一種)，talofa(儀礼的な挨拶)，matai(称号をもつ族長)，papalagi(「白人男性」)などがある。

表現のスタイル

この文は，ニュージーランドの『メトロ（*Metro*）』という雑誌(1990年9月)からの引用である。この文では，マオリ語の単語が英語の通常の部分ではないことを示すような注釈や図解は使われていない。

Maori took seriously what Christians call the communion of saints, a sense of involvement with their dead: they knew their whakapapa many generations back; they mourned together at each marae gathering; their precious taonga were means by which they communicated with the dead, and the tangi was (and is) for them a time for renewing their place within the whanau, hapu, iwi and waka, giving them their essential dignity and worth.

マオリは，キリスト教徒が「聖徒の交わり」と呼ぶ，死者との関わりの感覚を真剣にとらえていた。マオリは，多くの世代をさかのぼるみずからの系譜(whakapapa)を知っていた。マオリは，それぞれの中庭(marae)に集まり，ともに死者を弔った。マオリの貴重な家宝(taonga)は，マオリが死者と思いを伝えあう手段だった。弔い(tangi)は，マオリにとって，家族(whanau)，準部族(hapu)，部族(iwi)，そして戦いのためのカヌー(waka)の中の自分たちの場所を新しくする時間であり，不可欠な尊厳と価値を自分たちに与えるものだった(現在もそうである)。

hapu, a tribal division（部族の区分）
iwi, tribe（部族）
marae, courtyard（中庭）
tangi, mourning（服喪）
taonga, heirlooms（財産）
waka, war canoe（カヌー）
whakapapa, genealogy（系譜）
whanau, family（家族）

（続きを巻末 p.554 に掲載）

南アフリカ共和国の英語

南アフリカ共和国における多言語・多文化の歴史は（p. 106），英語が第 1 言語として話される地域において前例のない状況を示している。本章においてここまで検討してきたすべての国の中で，南アフリカ共和国は，英語が少数言語となっている唯一の国である（英語を母語として使っているのは，人口の約 10% である）。さらに，この少ない数字とは一見無関係に，歴史・人種・部族・政治に関する要素が組合わさって，驚くほど複雑な社会言語学的状況や，驚くべき一連の言語能力のレベル，そして，英語の構造と使用について比類のない幅の一般的なステレオタイプを生み出してきた。これらについて，体系的な研究はほとんど行われていない。たとえば，異なる部族の背景をもつ人びとが英語を話す際には発音様式が異なる，と主張されたり，カラード（p.106）｛【訳注】南アフリカにおいて白人と有色人種，主に黒人との混血｝は黒人や白人とは異なる文法を使う，と指摘されることが多いものの，この種の主張や指摘にどのような真実がありうるのかは知られていない。

南部アフリカ諸国をまとめるのに役立っている 1 つの要素は，英語の地位が高いことである。英語は，この地域の多くで，公的な使用，メディア，学校教育において好まれる言語である。これは南アフリカ共和国にも間違いなく当てはまる。南アフリカ共和国では，英語が第 1 言語として使われている割合は下位であるにもかかわらず，伝統的にもう 1 つの公用語だったアフリカーンス語への移行より，英語への移行の方がはるかに大規模である。特に，若いアフリカーナーの人びとは英語使用に移行している。コードスイッチングに関する研究は，このことを明確に示している。プレトリアでアフリカーンス語を使っている複数の高校における言語使用を調べた 1992 年の調査では，半数を超える生徒が，アフリカーンス語を話す際に英語の単語を使うことが多い，と報告していた（V. ウェッブ（V. Webb）1992 を参照）。この割合は，現在ではより大きくなっているだろう。この地域における初期の言語接触の特徴は，英語がアフリカーンス語から大規模な借用を行ったことだが，この関係が逆転している状況は興味深い。

南アフリカ共和国における独特の英語の変異を認めることを支持する証拠はたくさんある。しかし，この考え方は，英語を母語として使っている白人，カラードおよびインド系の話者にのみ当てはまる。人口の多数を占める黒人のほとんどは，英語を第 2 言語として話すため，英語が公用語であるほかの南部アフリカ諸国の人びとと共通する点の方が多い（p.112）。アフリカーンス語を母語とする白人の中で英語を話す人びとも，この範疇で考える必要がある。なぜなら，この人びとの英語には，数々の独自な特徴があるからだ。例えば，南アフリカ共和国で主流の英語では，母音の後の /r/ を発音しない（p.257）。しかし，アフリカーンス語の背景をもつ話者は，この /r/ を発音することが多い。

したがって，私たちが南アフリカ共和国の英語について述べる際には，英語を母語として話す人びとにのみ言及する。同時に，第 2 言語に関する状況を完全に無視することもできない。南アフリカ共和国でのように，第 1 言語としての英語と第 2 言語としての英語が緊密に接触している場合，相互に何らかの影響が生じるに違いない。アパルトヘイト後の国内では，この傾向は強まる一方である。

M. K. ガンジー（M. K. Gandhi）（1869-948）は，1893年から1913年の間，南アフリカ共和国のインド系の人びとの政治において大きな役割を果たした。彼は，インド系の社会が当初「ブロークン・イングリッシュ」を使っていたと記している。新聞『インディアン オピニオン（*Indian Opinion*）』（1909 年 1 月 30 日）において，彼はこう述べている。「私たちは，浅薄な英語を身につけたインド系の若者の一部が，必要ない場合でさえそれを使うのを見聞きしている…」

南アフリカ共和国のインド英語

この英語は，南アフリカ共和国で遭遇しうる複雑で珍しい社会言語状況の一例である。この英語は，南アフリカ共和国における人種隔離の歴史によって保存された，言語の「化石」と呼ばれてきた。この英語は，主に大農園で働く安価な労働力として 15 万人を超えるインド人のナタールへの移民が認められた時代（1860～1911 年）にさかのぼる。ほとんどの者に英語の知識は皆無だったが，英語と関わりのあるこの地域のピジン（ファナガロ語。ピジンについては p.366 を参照）は初期から使われていた。1950 年代からこの言語は，学校でインド系の子どもに教えられるようになり，1 世代のうちに言語移行の過程が生じていった。英語が多数の人の第 1 言語になったのである。現在では，主にナタールにおいて，約 130 万人の人びとがこの種の英語を話している（2011 年国勢調査による）。

この子どもたちは，アパルトヘイトによって英国系の子どもたちから切り離されたため，この子どもたちの英語は，（少なくとも日常会話においては）南アフリカ共和国で主流の英語とは大きく異なる仕方で発達した。その英語は，クレオール言語（p.366）との類似点をいくつか示すものの，学校で教えられる形式の大きな影響を受けて，標準的な英語にかなり近づいている。

その結果，インド英語，南アフリカ共和国の英語，標準的なイギリス英語，クレオール英語および外国語として学ばれた英語の諸特徴をきわめて興味深い方法で混ぜ合わせた変異が生まれた。

• 発音について，この英語はインドの諸言語に典型的なそり舌音を失いつつあるが，その音節拍リズム（p.261）は保持されてきた。この英語は，南アフリカ共和国の英語の話し方（反対側のページを見よ）から，前舌短母音で舌が上がるといったいくつかの特徴は取り入れてきたが，/ɑː/ の円唇化などの特徴は退けてきた。

• 語彙について，日常的な話し方から，1,000 を優に上回る特徴的な語彙が記録されてきた。Thanni（トランプ遊びの一種），dhania（「コリアンダー」），isel（「羽アリ」）といったインドの諸言語からの借用語が存在する。また，future（「結婚を予定している相手」），proposed（「婚約中の」），cheeky（「厳しい」），independent（「傲慢な」）など，本来の英単語の意味を変えた多くの語彙が存在する。

文法

この英語で最も注目すべき特徴がその構文であることは疑いない。特色のある点がいくつか記録されてきた。（文法用語については第 III 部を見よ。）

• 反復：fast-fast（＝「非常に速い」），different-different（＝「多くのさまざまなもの」），who-who（＝ who（誰）の複数）。

• 疑問詞の修辞的用法：Where he'll do it!（「彼は絶対にそれをやらないだろう」）What I must go?（「なぜ私が行くべきなのか？」）Rain won't make you wet, what?（「雨で濡れないだろうか？」）

• 代名詞の省略：If you got, I'll take.（あなたが手に入れたら，私がもらう。）When you bought?（いつ買ったのですか？）

• 付加疑問（p.230）：He came there, isn't?（isn't は didn't he? の意味。彼はそこにきたんですよね？）

• 文末の動詞（標準英語では強調になるが，この英語では強調にはならない）：Customer you got.（あなたは顧客を獲得した。）So rude you are.（あなたはたいへん無礼だ。）

• 関係節：I bought the things, which ones you told me.（私はそれらを買った。それらはあなたが私に教えてくれたものだった。）Who won money, they're putting up a factory next door.（この文は The people who won money are…という意味。金を得た人びとが，隣に工場を建てている。）

• 敬称：Johnny uncle（Johnny おじさん），Naicker teacher（Naicker 先生）

• 後置詞：Durban-side（「ダーバンの近く」），Afternoon-time it gets hot.（午後には暑くなる。）

• 一部の接続詞と副詞を文末で使う：She can talk English but.（しかし彼女は英語が話せる。）I made rice too, I made roti too.（＝ I made both rice and roti.「私は米を炊き，ロティを作った。」）They coming now, maybe.（その人たちは今来るところかもしれない。）

（R. メスリー（R. Mesthrie），1987，1993 に従う）

発音

オーストラリア（p.370）のように，発音様式の連続体が存在する。一方の端には，より年齢が上で保守的な多くの話者がいる。ほとんどはより新しい英国系の人びとであり，その発音様式は容認発音（RP, p.387）に近いままである。もう一方の端には，訛った発音様式が存在する。これは，主に労働者階級の人びとが使っており，何らかのアフリカーナーの背景をもつ人が多い。南アフリカ共和国の英語として最もよく皮肉られるのは，この発音様式である。両者の間に，幅広い主流をなす発音様式があり，この発音様式がラジオやテレビから聞こえることも増えている。下記は，この連続体のうち，より訛りが強い発音様式の特徴である。（音声学の用語については第17章を見よ。）

容認発音の前舌短母音はすべて舌が上がり，狭母音は中舌になる。

- /a/（「pat」の音）は，舌が上がって前舌中央母音の [e] になり，pet（ペット）に近く聞こえる。
- /e/（「pet」の音）は，/i/ の方向に動き，pit（穴）に近く聞こえる。
- /ɪ/（「pit」の音）は中舌化し，/ə/ と /ʊ/（「put」の音）の間の音になる。しかし，この変化は，その母音の前の子音の性質に依存する。口腔の後方で発音される子音（/k,g,h/）の後ではこの変化は起きない。それゆえ，この変種では sit（座る）と kit（道具一式）は韻をふまない。

下記の古いとんちは，これらの変化のうち2つのものを外部の者の耳で聞き取る助けとなる：南アフリカ共和国の人びとにとって，sex は石炭を入れて運ぶものであり，six は子どもを作るのに必要なことである。

また，そのほかの2つの特徴も大きな注目に値する。

- /ɑː/（star の音）は円唇化して舌が上がる。その結果，/ɔː/ に似た音になり，store（店）に近く聞こえる。
- いくつかの二重母音では，わたりが弱くなり，純粋な母音に近く聞こえる。hair（髪の毛）の母音は [eː] になり，right（正しい）や mouse（ネズミ）は [ɑː] に近い音になる。

文法

南アフリカ共和国の正式な話し方や文章には，標準英語の文法との重要な違いはない。しかし，日常会話には，独特な構文がいくつか見られる。例えば，目的語の名詞や代名詞は省略される場合がある。A: I asked for the car. B: And did you get?（A: 私は自動車を求めました。B: それで，手に入りましたか？）A: Would you like another cup? B: I still have.（A: もう1杯いかがですか？ B: まだあります。）などである。一部の単語は，強調を表すためにくり返される場合がある。例えば，now-now（「すぐに」）。Is it? は，応答として広く使われている（A: They were here recently. B: Is it?（A: その人たちは最近ここにいました。B: そうなんですか？））。

疑問文において must（すべきである）が shall（しましょうか）を意味する用法（Must I translate?（私が翻訳しましょうか？））や，前置詞の非標準的用法（on the moment（その時点で），anxious over her（彼女に対する心配））など，アフリカーンス語が影響している場合がある。アフリカーンス語の文法と熟語を多く使うことを特徴とする話し方は，アングリカーンス（Anglikaans）と呼ばれることが多い。例えば，I've been rather very ill（私はかなり体調が悪い），I'm busy listening（= I am in the process of listening「私は今聞いているところだ」），I'll do it just now（= I'll do it in a little while「わたしはそれをもう少ししたらやる」），I'll be by the house（= I'll be at home「私は家にいるだろう」），などである。Yes-no は，強調された肯定である。Jawellnofine（さまざまな意味に使われる間投詞）という語の構造は興味深い――Ja（=「yes」），well，no，fine（no はここでは肯定の意味である）が組み合わされており，この表現は，時にアングリカーンスの話し方を皮肉るために使われる。

語彙

南アフリカ共和国に由来するいくつかの語句は，世界標準英語の一部となっている。うちいくつかは，アフリカーンス語や各地域の民族の言語に起源をもつ単語であり，いくつかは標準英語の語が変化したものである。これらの語には，aardvark（ツチブタ），apartheid（アパルトヘイト），boer（ボーア人），commando（特殊部隊），eland（イランド），homeland（黒人居住区），kraal（村落），rand（ランド。南アフリカ共和国の通貨），spoor（動物の足跡），springbok（スプリングボック），trek（旅行），veld（南部アフリカの草原）といったものがある。この地域の動植物と文化に関する語の多くは，南アフリカ共和国以外では知られていない。この地域の諸機関や社会集団もこの範疇に入り，Bop（Bophuthatswana「ボプタツワナ」），Tuks（University of Pretoria「プレトリア大学」），Zim（Zimbabwean「ジンバブエ人」）など，外部の者にはわかりにくい略語になることが多い。

南アフリカ共和国の英語に見られる一般的な語句には，arvey（「午後」），bad friends（「口もきかないほど仲が悪い」），bakkie（「トラックの一種」），bell（「電話する」），bioscope（「映画館」），bottle store（「店内での飲酒はできない酒屋」），butchery（「肉屋」），camp（「パドック」），dinges（「名前を思い出せない何か」p.142），dorp（「村」），fundi（「専門家」），gogga（「虫」），indaba（「会合」），kloof（「峡谷」），lekker（「素敵な」），putu（おかゆのような食べ物），robot（「交通信号」），verkrampte（「偏狭な人」），voorskot（「前払い」）といったものがある。また，少数の語は他地域の英語にも見られ，advocate（「法廷弁護士」例えば，スコットランドなど）や shebeen（「非合法の酒場」例えば，アイルランドなど）といったものがある。

独特の語彙に関する重要な情報源は，『歴史的原則による南アフリカ共和国英語の辞典（*A Dictionary of South African English on Historical Principles*）』（1996）である。地域や民族による語彙の違いといった分野については，まだなされるべきことが多く残っている。これまで記録されてきた各地域の語彙には，bathing box（「海の家」），monkeyface stone（「サルの顔に見える石」），Tablecloth（テーブルマウンテンを覆う雲）といったものがあり，これらはすべてケープ州のものだと思われる。また，多くの罵り言葉を含む数百の語が，さまざまな民族集団の間で異なった使われ方をしていることも疑いない。すでに記録されている語の中から，（本書にとって適切な選択として）一組の語をあげれば，例としては充分に違いない。ある黒人記者は，さまざまな bantustans（黒人居住区）を指す pluralstan という冗談言葉を作り，この言葉は plurals（「黒人」）と singulars（「白人」）という用法を生んだ。この用法はすでに古くなっている。

AH BIG YAWS?

Ah big yaws? とは，I beg yours?（「すみません」）ということだ。

これは，南アフリカ共和国の英語を面白く紹介した本の表題である（*Guide to South African English* をこの英語の発音で記した「Guard to Sow Theffricun Innglissh」が副題となっている）。この本の著者はローボーン・マロング／ロビン・マラン（Rawbone Malong [Robin Malan]）で，1972年に出版された。方言に関するあらゆる冗談（p.436）と同じく，この本は，実際にはこの地域に特有のものではまったくない，日常の多くの話し方に依拠している（例えば，South と African という語をつなげて発音するのは，英語のすべての変種においてまったく普通の特徴である）。しかし，この本は，つづりの選択によって，南アフリカ共和国の英語の響きのいくつかをとらえている。Orfficorns を容認発音（発音を示す慣習的なつづり方による）で言うと，その対象の語（Afrikaans）に非常に近い音が生まれる。

下記は，マロングによる peeble's neighms（= people's names，人名）の紹介である。いくつかの母音の発音の違いに加えて，/d/ や /t/ などの語末の子音を発音しなくなることも注目に値する。

男性：Ellbit, Brawn, Chorlz, Claaf, Dayfitt, Jaymce, Grayyim, Gregerree, Jawtch, Hyarrie, Jawn, Pall, Furllup, Rawbit, Ritshit, Rottsa

女性：Dawreen, Daffernee, Alizbiff, Maaibull, Mehrree, Mayphis, Mulldrit, Varlet, Yellsie, Lun, Vellery, Pertreesha

新しい英語たち：予備的議論

本章の目的は，英語の「内円圏」と呼んできた（p.113），英語が主な第1言語として使われている国々に焦点を合わせて，英語の地域的変異を概観することであった。しかし，第7章で述べたそのほか2つの「圏」を無視しないことが重要である。「外円圏」は，植民者との接触の歴史を通して，英語が第2言語として重要な役割を果たすようになった国々から構成される（インドやナイジェリアなど）。また，「拡大円圏」は，国際的な媒体としての英語の重要性は認められているものの，英語が特別な地位をもたない国々から構成される（日本やブラジルなど）。これらの国々の「新しい英語たち」を体系的に調べることは，本百科事典では不可能である。現在，世界の半数を超える国々が，英語に何らかの種類の「特別な地位」を与えている（p.112）。現代において，外国語としての英語の役割と影響を検討する際には，おそらくこれらの国々すべてを含める必要があるだろう。また，このように多様な社会言語学的状況を公平かつ包括的に取り扱うには，浩瀚（こうかん）な書物が必要だろう。

このような書物を書くことはまだできない。ほとんどの国では，英語がどう教えられているかについて，また多くの人びとが英語をどのように話し，書いているかについて，公式の情報は出版されていない（p.116）。さらに，英語の構造と用法の地域による変異の性質について入手できる学術研究は，まだ非常に少ない。1980年代に，いくつかの学術誌が，これらの問題に関する研究を出版し始めた。『英語ワールドワイド（*English World-Wide*）』（1980年より。副題は，「様々な英語に関する学術誌（*A Journal of Varieties of English*）」），『世界諸英語（*World Englishes*）』（1982年より。副題は「国際的言語および国内の言語としての英語に関する学術誌（*Journal of English as an International and Intranational Language*）」），および『今日の英語（*English Today*）』（1985年より。副題は「英語の国際的検討（*The International Review of the English Language*）」）などの学術誌が注目に値する。また，『世界言語としての英語（*English as a World Language*）』など，先駆的な論文集もいくつか現れた（付録IVを見よ）。にもかかわらず，これらの出版物の取り組みを合わせても，2000年までに，数十の国の数十の主題について記述的データが利用できるようになっただけである。これまでの価値ある進歩をおとしめるわけではないが，論文の多くは，その論文が研究計画の一部に過ぎないことを強調し，詳細な記述的研究や実験的研究の必要性に関心を向けるべきであると締めくくられている。英語研究の伝統が充分に確立している少数の国（インドなど）を除き，私たちが知っていることの多くはなお概略にとどまっており，印象にもとづくものである。

世界における英語の用法を体系的に知るために必要なデータベースは，必然的に膨大なものとなることだろう。その編纂の第1段階は，数々の国についてすでに実際に始まっている（p.490）。しかし，このような計画を世界規模で展開するのにどのくらいの時間がかかるのか，また，このような拡大が実行可能なのかどうかは誰にもわからない。経済的な制約により，言語に関する大規模な計画は，たやすく言語変化の速さに置いていかれてしまう可能性がある。したがって，研究者のなしうることと言ったら，精確さや詳細の掘下げの程度に違いが生じるとしても，英語の部分的な実体を提供していくことである。同時に，いくつかの主題は非常に魅力的であり，部分的な姿であっても描く価値が充分にある。

文化的距離

内円圏の国々からの文化的距離が，内円圏の言語の規準に対する圧力となるのは避けがたい。英語は，外円圏と拡大円圏の国々に入っていく場合には，各社会のコミュニケーションの要望に応えられるように変わらねばならない（各社会の構造には，さまざまな優先順位や先決事柄がある）。これらの変化は，言語構造のあらゆる分野に影響を与える可能性があるのだが，中でも，新しい語彙と話し方において最も明らかになるだろう。また，これらの変化は，地域の宗教行事や政治など，その目的が国内の活動を反映することである言語使用の領域において最も明らかになるだろう。例えば，インドの新聞（右の欄を見よ）に関するある研究によると，各州の新聞の社説には，全国紙より3倍近く多く，インドの各地域の言語からの借用語が含まれている。国を代表する新聞は，地域の言語的アイデンティティより世界標準英語の規準について多くを語るのである（p.320）。

結婚線

インドの文化では，宗教，カースト，肌の色，地域および経済状況が，結婚の取り決めにおいて伝統的に大きな役割を果たしている。結果として，インドの新聞の求婚広告は，西洋の新聞の「求婚広告」（lonely hearts）と比較して，その様式は大きく異なり，また非常に異なる語彙を使っている。より重要なのは，よく知られていると思われる多くの事項についても，インドの文脈でその正しい意味を認識するには別の解釈が必要だということである。

文化を踏まえた上で語彙を読むと，意味の違ういくつかの点が明らかになる。

- bride with a male child（男の子が1人いる新婦）。配偶者と死別または離別して，息子が一人いる人のこと。インド社会では，実子であれ養子であれ，男性の相続人が優先されることを考えて言及されている。
- 西洋では，broad-minded（大らかな）は「性的な行為について」を意味する可能性が高い。この表現は，インドの道徳の中心的価値観を保持しつつ，近代的価値観を受け入れる用意があることを指している。
- clean-shaven（きれいにひげを剃っている）。パンジャーブ人だが，もはやひげを生やしていない人を示している。
- divorcee（離婚した人）という語は，現代の西洋での用法と比べ，きわめて否定的な意味をもつ。
- fairは，「相対的に色白だ」ということを意味する。つまり，（西洋とは異なり）その人の肌の色は濃いが，そこまで濃くはない，ということを意味する。fairと対照的なのはactually fair-complexioned（実際に色が白い）という表現であり，これは西洋の意味でのfair（色白）である。また，fairはwheatishという表現とも対照的であり，wheatishは熟している小麦のような黄金色の肌であることを示唆する。
- full particulars（詳細）とは，占星術に言及しているのであろう。ホロスコープの参照を求める表現である。
- good-looking（見た目がよい）という語は，exceptionally beautiful（並外れて美しい）など，この文脈で使われているほかの語句と比較して見る必要がある。good-lookingは，（西洋でのように）「平均を上回る」という意味ではなく，「平均的」であることを示唆する。
- respectable（立派な），well-placed（立場のある），well-established（充分安定した）とは，経済状態を含意する。highly respectable family（大変立派な家族）とは，富裕な家族のことである。

☆ Match for Kanyakubja girl MA, B.Ed., PhD scholar, 27, slim, wheatish, 155 cms., belonging respectable U.P. family. Box… (The Hindustan Times, New Delhi, 20 June 1981)
☆ カーニャクブジャの女性の伴侶を求む。修士号，教育学士，博士号取得の研究者・学者，27歳，細身，小麦色の肌，155 cm，ウッタル・プラデーシュ州の立派な家族の出身である。私書箱…（『ヒンドゥスタン・タイムス（*The Hindustan Times*）』，ニューデリー，1981年6月20日）

☆ Wanted a really beautiful, tall, educated bride (25/26) for a handsome smart highly qualified PhD WBCS Kshatriya groom having own flat with telephone in a posh locality of South Calcutta. Owner of landed properties in Midnapore. Working girls may also write. Beauty is the only consideration. No bar. Box… (The Statesman, Calcutta, 15 June 1981.)
☆ 本当に美しく，背が高く，教育を受けた新婦（25～26歳）を求む。新郎は，美男，聡明，有能，博士号をもち，西ベンガル州公務員，クシャトリヤ。南カルカッタの富裕な地域に，電話回線が引かれた自身の住宅（フラット）を所有。ミドナープルに土地を所有。働いている女性も申込可。美しさが唯一の考慮点である。そのほかの条件なし。私書箱…（『ザ・ステーツマン（*The Statesman*）』，カルカッタ，1981年6月15日）

新しい規準

英語を第1言語としない話者による英語の使用が非常に重要である理由の1つは，この種の話者の数がきわめて多いことにある。現在では，母語として英語を話す人びとより，第2言語として英語を話す人びとのほうがはるかに多い（p.117）。また，両者の総計より，英語を外国語として流暢に話す人びとの数の方が多い。多くの人びとが1つの言語を話す場合，各地域で新しい用法が発達するという傾向が必ず見られる。最も自然なのは語彙の用法であるが，発音や文法，話し方などもある。新しい語彙は，かなり急速に，教養のある人びとにとっても規準の一部となりうる。英語使用のそのほかの分野では，変化はより不規則であり，最初は小さな集団の会話でのみ見られる可能性が高い。しかし，そのうち，これらの特徴の一部は権威を獲得し，教育を受けた話者によって採用されるようになり，ついにはその地域の新しい標準を形成する——これは，母語としての変種の発達を進めてきたのと同じ過程である。これらの母語ではない英語の出現，そしてこれらの英語と標準英語との間に存在する不安定な関係は，特に教育の場において，現代の世界英語の主な特徴である。

世界英語の「3つの圏」というモデルは，英語用法の規準の現れ方によって解釈することが可能である。内円圏は，「規準を生み出す」場所だと考えられる。内円圏は，標準英語の規準となるモデルとして代表的な2つの英語である，イギリス英語とアメリカ英語を生んだからである。英語を母語とするそのほかの地域も，その地域の非英語母語話者にとっては，規準として作用しうる。外円圏は，「規準を発達させる」場所である。つまり，これらの社会における英語の特別な役割は，独自の地位と原動力を備えた教養のある使用の内部標準を育むことである。対照的に，拡大円圏は，「規準に依存する」場所である。ある国で，外国語として英語を話す人びとは，自らの用法について判断する基準を他地域に求める必要がある。こうした区別は，状況を実際以上に明瞭であると解釈しない限りにおいて，理解に役立つものである。特に，英語を第2言語として使う国で，英語を母語としない英語話者の新しい世代が，英国や米国という外の規準に依拠すべきなのか，第2言語としての新しい規準に依拠すべきなのか，という問題はなお未解決である。また，自律的な規準が，英語が外国語である状況（日本など）で発達しうるかどうか，という問題も未解決のままである。

2 U 4EVA（あなたへ，永遠に）

10-in a yia older 2-morrow Hapi b/day frm da folks in Pom*

これらは，パプアニューギニアの『ポスト・クーリエ（*Post Courier*）』という新聞に掲載された2つの誕生日祝いの冒頭部分である。すべてがこのようなものではなく，一部は標準英語や現地の言語（例：トク・ピシン）である。ただし，多くは電信符号を使っている。略語，数字の判じ物，表音式のつづりおよびそのほかの仕掛けが含まれている（「キス」を意味するXXXなど。p.268）。

この書き方は，掲載料金を節約する方法として始まったのだろう（同新聞の掲載料金は行単位である）。しかし，現在の使われ方は，経済的な理由だけでは説明できない。現在の使われ方は，パプアニューギニアの英語の文法的特徴を示している（20 is no teen years（20歳になり，10代ではなくなりましたね）や Luv and prayer from mum（母からの愛と祈り）など）。また，この用法が地域のほかの文脈に拡大しつつある可能性を示すものが存在する。（S. ホルクネヒト（S. Holzknecht）1989に従う）

* Turning a year older tomorrow（明日ひとつ年を取りますね）/ Happy birthday from the folks in Port Moresby（ポートモレスビーの人びとより，誕生日おめでとう）

- stable charactered（落ち着いた性格）および sincere（誠実）という語は，異性とも社交的だが，配偶者には忠実・献身的であることを示唆する。
- sweet-natured（優しい性格）および sweet-tempered（優しい気質）という語は，新婦がインドの大家族に快く溶け込む意志をほのめかしている。
- tall（身長）は，文化的な「理想」への言及を必要とする（155～162 cmや5フィート1インチ～5フィート4インチなどと明記されることが多い）。tall, wheatish, slim（背が高く，肌は小麦色で，細身）という連語は特によく見られる。
- working girl（働いている女性）および employed girl（雇用されている女性）という語は，読み手によって異なる意味合いになる。働いている新婦を受け入れる家族もいれば，受け入れない家族もいるからである。
- vegetarian（菜食主義者）は，西洋での通常の意味よりも狭義である。標準的には，肉だけでなく魚や卵も食べない。

（V. S. デュベイ（V. S. Dubey），1991に従う）

語彙の革新

特別な状況が，かなり創造的な言語の革新をもたらすことがある。本コラムでは，この種の展開を，世界の異なる場所から2件報告する。どちらも，相当に特異な語彙を含んでいる。これら2つの国，すなわちナイジェリアとパプアニューギニアの社会言語状況の間に類似点があるのは偶然の一致ではないかもしれない。これら2つの国には多くの言語があり，ピジン言語が大きな役割を果たしている。このような状況には，話者が標準的な言語での実験にもっと前向きになり，（話者が接している複数の言語に関する，より幅広い経験を通して）標準的な言語に新しい要素を導入する話者の能力を高めうる何かがある。このように指摘しても考え過ぎではないかもしれない。

学術的に信頼できる人

Fua will kill my coch. He wans nchang to yang some medicines for his yaourt. My jab don hang biog. She does not wan grub some das.*

カメルーンのヤウンデ大学の学生は，日常で使うために独特な英語の変種を開発しつつある，と報告されている。この英語は，学生集団の外の人びとには理解できない。この英語が，カメルーンの言語状況の長期的な特徴になる可能性が高いかどうかは不明である。興味深いのは，標準的な諸言語（この場合は英語とフランス語），ピジン，地域の民族の諸言語の混成物から新しい種類の英語が急速に出現できた経緯である。この英語は，軽蔑的，面白い，タブー志向，批判的な態度，などと説明されている。その統語論はおおむね標準的な英語のものだが，混成的な形式と構文がいくつか存在する。また，自然なものであれ文学的なものであれ，隠語との類似点もある（pp.194，421）。

この英語の語彙は，語形成の主な過程すべてを使用している（p.134）。英語とそれ以外の言語の接尾辞を組合わせた単語として，drinkard（「大酒飲み」），anglose（「英語を話す」），chickel（「鶏」），painga（「痛み」）などが存在する。複合語には，hang pass（「やめる」），dickoman（「学者」dictionary（辞書）から），sickdie（「エイズ」），paddyman（「友人」）がある。省略は，reto（restaurant「レストラン」），

tau（thousand「千」），coch（「ルームメイト」フランス語の copain de chambre から）といった語で見られる。この地域のあらゆる言語が借用語を提供しており，shark（「大酒飲み」），pang（「ズボン」フランス語の pantalon），nga（ナイジェリア・ピジンの「女友だち・恋人」），muna（ドゥアラ語の「子ども」），yap（バミレケ諸語の「不名誉」）などがある。多くの語の起源は不明である。（P. バングワナ（P. Mbangwana），1991に従う）

*Stuffman：学術的に信頼できる人。文章の訳は，Poverty will kill my roommate. He needs money to buy some medicines for his cough.「貧困が私のルームメイトを殺すだろう。彼は咳の薬を買うお金を必要としている」。My girlfriend is pregnant. She is unable to eat any food.「私の恋人は妊娠している。彼女は何も食べられない」。

南アジアの英語

インド亜大陸の英語（南アジア英語と呼ばれることもある）は，拡大円圏（p.113）で「新しい英語」が発達しうる方法について，最も説得力のある例を提供している。「新しい英語」は，「新しい英語たち」と言うべきかもしれない。なぜなら，この地域内で話されている英語には多くの変種があるからだ。これらの英語は，ピジン形態の英語（「執事英語」（Butler English）や「インド紳士の英語」（Babu English）といった名称で知られている）から，標準的なイギリス英語や容認発音（p.387）と区別のつかない，教育を受けた人びとが使う英語まで広がる連続体をなしている。また，地域や社会集団によって異なる英語もいくつか存在する。これらの英語は，英語と接触してきた各地域の諸言語の影響と，高度に階層化された社会システムの影響を受けている。

これらの英語のうちのいくつかは，植民地支配の間に（p.101）長い時間をかけて発達してきたものである。結果として，現代南アジアの英語には数千の独特の語彙がある。その一部は各地のインド系諸言語に由来し，一部は複数の英単語を新しく組合わせたもので，一部は英単語に新しい意味を与えたものである。新聞記事などの文章は，内容が特殊な場合や1つの地方に関するものである場合には特に，外部の者が理解できなくなったり誤解しやすくなることがある（p.378）。

発音

南アジア各地で話される英語について，最も注目すべき特徴は，その音節リズムである（p.249）。このリズムは，速く話す場合には特に，強勢拍リズムに慣れている人にとって理解が難しい原因となりうる。また，そり舌破裂音の t と d（p.255）もきわめて独特である。ただし，教育を受けた人びとの話し方では，そり舌破裂音は歯茎破裂音に置き換わることが多い。同様に，母音の後の /r/ を発音する従来的な発音を（p.257），より若い世代で教育を受けた人びと，特に女性は近年避けるようになっている可能性がある。いくつかの音については，国内の，また，国同士の言語の影響を受けて違いが認められる。

文法

多くの独特な用法が存在するものの，社会的変異が大きい。下記は広く見られるものだが，英国の規準に近い英語を話す人びとからは誤りだと批判されることが多い。（文法用語については III 部を見よ。）

- 「状態」動詞の進行形：I am understanding it.（私は理解している。）She is knowing the answer.（彼女は答えを知っている。）
- 名詞の数や決定詞の違い：He performed many charities.（彼は多くの慈善事業を行った。）She loves to pull your legs.（彼女はあなたをからかうのが大好きだ。）
- 前置詞：pay attention on（～に注意を払う），discuss about（～について議論する），convey him my greetings（私がよろしく言っていたと彼に伝える）。
- 付加疑問（p.230）：You're going, isn't it?（あなたは向かっているところですよね？）He's here, no?（彼はここにいますね？）
- 語順：Who you have come for?（あなたは誰を迎えにきましたか？）They're late always.（あの人たちはいつも遅れる。）My all friends are waiting.（私の友人たち皆が待っている。）
- yes と no は，質問の内容だけでなく，質問の形式と一致する。A: You didn't come on the bus? B: Yes, I didn't.（A: あなたはバスで来なかったのですか？ B: はい。バスではきませんでした。）

アイデンティティに関する諸問題

インドには英国人が長く存在していたため，またインド亜大陸の国々の人口は膨大なため，南アジアの英語は，英語が特別な地位にあるほかの国々よりさらに独特な水準へと発達してきた。南アジアの国々で英語を使う人びとが（特に，教育プログラムの担当者と自らのアイデンティティを表現したい作家，著述家が）直面するアイデンティティの諸問題を，南アジアの英語がきわめて明確に提示しているのは確かである。

- 教育において，教員は，授業での模範として標準英語を選択すべきだろうか？　あるいは，子どもたちが自分の周りで聞いている地域的な特徴の使用を認めるべきだろうか？
- 文学において，書き手は標準英語を選ぶべきだろうか？　そうすれば，世界中で読まれることが保証されるだろう。あるいは，より本当のみずからの声を届けるために，その地域の規準に従って書くべきだろうか？

実際，続けてこう論じる人もいる。作家，著述家自身が，内円圏の著者たちが過去に行ってきたように，その地域の英語を標準的なものに発展させる努力を行うべきではないか？　インドの作家であるラジャ・ラオ（Raja Rao）はこう述べている。「私たちの表現方法は，アイルランド英語やアメリカ英語のように独特で色鮮やかであることがいずれわかるような方言でなければならない…私たちの英語表現には，インドの生活のリズムを吹き込まねばならない」。しかし，その対極には，母語にとどまりたいと思い，英語ではまったく書かない作家，著述家もいる。これらの問題は，第2言語としての英語の変種が出現しつつある世界のあらゆる地域で，活発にそして感情をこめて議論されている。

南アジアは，世界標準英語にいくつかの単語を提供してきた。

bandana(バンダナ)，brahmin(バラモン，教養人)，bungalow(バンガロー)，calico(キャラコ)，caste-mark(カーストマーク)，chakra(チャクラ)，cheetah(チーター)，cheroot(両切り葉巻たばこ)，chintz(インド更紗)，chit(メモ紙)，chutney(チャツネ)，coolie(非熟練の肉体労働者)，curry(カレー)，dacoit(強盗)，guru(指導者)，jodhpurs(ジョッパーズ。乗馬ズボンの一種)，juggernaut(止められない力)，jungle(ジャングル)，juice(ジュース)，mogul(有力者)，mulligatawny(マリガトーニ)，nirvana(涅槃)，pundit(賢者，専門家)，purdah(カーテン，女性を隠すこと)，rajah(インドの王侯)，rupee(ルピー[通貨単位])，sahib(～様)，tiffin(昼食)，verandah(ベランダ)，yoga(ヨガ)

右欄に示した事項はより限定的な種類のもので，一般での通用度はさまざまである。多くのものは，インド料理やヨガといった分野の専門的な知識が共有されている場合や文学作品に出てくる場合を除き，インド亜大陸の外では知られていない。これらの語彙は，個々の国に関係して出版されたリストから選んだ。しかし，この地域に共通する文化史と，どの国もいくつかの言語（北部ではヒンディー語やサンスクリット語など）と接触してきたことを考えると，各リストにある単語はほかの国では使われていない，とは主張できない。これらの語の多くは，南アジア全体で知られ，使われている可能性が高い。しかし，地域的変異について，国境を越えた正確な研究はまだ行われていない。

パキスタン

affectee	影響を受けた人
bearer	ウェイター
boots	靴，テニスシューズ
cent percent	100%
conveyance	（古語ではない）交通手段
eartops	イヤリング
eveninger	夕刊
flying coach	バスの種類
freeship	奨学金
hotel	レストラン
moot	会議
mudguard	車の泥よけ
nook and corner	至る所
opticals	メガネ
thrice	（古語ではない）3回
tubelight	蛍光灯
weekly-off	休日

（R. J. バウムガードナー（R. J. Baumgardner），1990 に従う）

（続きを巻末 p.555 に掲載）

木と森

私たちが外円圏の国々の英語に何が起こりつつあるかを立証しようとする際には，「木を見て森を見ず」という古いことわざがつねに思い出される。現在，複数の研究者が，個々の国から熱心に事例を集めており，標準的なイギリス英語やアメリカ英語との違いを浮き彫りにしてきた。これらの研究者は，独特な単語と熟語のリストを編纂し，文法と発音についてその地域での用法を記録してきた。また，これらのプロジェクトでは，時おり，その国の文学において言語の独自性が生じた経緯など，その地域の話し言葉や書き言葉の型についても調査が行われてきた。しかし，ほぼすべての場合に，視点はあくまで１つの国内にとどまってきた。通常，これらの研究者は，研究している国の言語を母語とする居住者や長期定住者である。これらの研究者による説明は，印象にもとづくものだったり，ごく少数の話者にもとづくものだったりする傾向がある。そのため，これらの研究者は，個人の行動を紹介しているのであり，その基礎にあるシステムを紹介しているのではない。遭遇したある語が，不用意な誤りなのか，安定して使われる特徴なのかを知る術はない。また，観察されたものが他地域でも見られるのかどうかも必ずしも明らかなわけでもない。結果として，個々の国の英語だとされているものが，想像上のものだとわかるかもしれない。

この課題は，インド亜大陸についてすでに言及した（左側のページを見よ）。インド亜大陸では，南アジア英語という国境を越えた概念を確立しようという提案がある一方，インド英語，パキスタン英語，スリランカ英語といった名称の下で各国に限られた英語を認識しようという提案もある。この問題は，言語以外の考慮事項によってぼやかされる。自律性を主張するひそかな政治的圧力が存在することが多いのだ。X 国に独自の英語があると考えられる場合，Y 国にはなぜないのか？　言語学的観点からは，この問題は詳細な比較研究によってのみ解決できる。

アフリカの事例

上記２つの見方の間の緊張関係について，もう１つの明らかな例は，西アフリカに存在する。西アフリカでは，各国の英語と国境を越える英語の両方が提案されてきた。現在，西アフリカ諸国の多くで使われる英語についてはある程度の調査が行われており，「ガンビア英語」，「ナイジェリア英語」，「ガーナ英語」といった名称を使って別々の英語の存在が示唆されている。しかし，調査者たちは，自国で観察し，独自のものだと考える特徴が，他国でも見られるのかどうかについては，情報を提供しないのが一般的である。

その答えは，つねに明白なわけではない。これらの特徴の一部については，国境を越えて分布している可能性は低い。その理由はおそらく，各地の言語は１つの国内のみで使われるため，その言語から英語への借用語が他国で見られる可能性は低くなる，ということにある。さらに，これらの語の一部からは，その国の制度や実践が明らかになるに違いない。しかし，多くの場合，国と国の間にはかなりの重なりがある。これは，発音と文法に関しては特にそうだと思われる。私たちが国々の間を移動すると，類似した音の置き換えや構文の型にくり返し遭遇する。ただし，これは語彙にも見られる。語は，類似の方法で英語から改変されたり，沿岸地域で使われるピジン言語の１つから採られたりするからだ。さまざまなプロジェクトを比較すると，国境をまたいでも同じ単語やよく似た語の例がすぐに明らかになる（つづりの慣習は異なることが多い）。この複雑な状況の帰結については，p.382 でさらに探究する。

語彙の比較

下記の語と注釈は，西アフリカに存在しうる英語の変種に関する４つの論文から採ったものである。（SL）はシエラレオネ，（GA）はガンビア，（GH）はガーナ，（N）はナイジェリアを意味する。これらの論文は，書式も手法も大きく異なるため適切な比較はできない。しかし，比較してみることで，英語の種類を決める前に立ち向かう必要のある方法論上の諸問題が示される。

- ある語が，これら４つのリストすべてで，まったく同じ形態と意味を有しているとすれば，問題はないだろう。これは，国境を越える英語が存在するという語彙面での説得的な証拠になるだろう。しかし，そのような語は存在しない。
- 複数のリストに現れ，形態に変化はなく，同じ意味に見える単語はいくつか存在する。（ただし，定義においては大きな違いとなりうる点が存在する。）

chop	食べ物（SL, GA, GH）
delayance	遅延（SL, GH）
kola	覚醒剤として使用される果物；友情，社会的連帯，「法的」コミットメントの伝統的な象徴。；贈収賄（GA）；賄賂（N）
lappa	女性が腰から足にかけて着る大きな布（SL）；体に巻きつけるスカートとして使用する布（GA）
stranger	客人（SL, N）

- 複数のリストにあるように見えるが，形態に変化があり，おそらく意味も変わっている語。

aunt	両親の女友達（SL）；
anti	叔母（GA）
headkerchief	女性が髪を覆うために使うスカーフの一種（GH）
head tie	女性が頭に巻く１枚の布（SL）；
headtie	頭飾り（N）；

- 複数のリストにあり，意味が変わっていると主張される語。

pepper soup	新鮮な肉や魚と，たくさんのコショウで作るスープ。通常，油は使わない（SL）。肉や魚は入らないが，コショウをたくさん入れたスープ（N）。

- 大半の単語は１つのリストのみにあり，その単語が他地域で使われているかどうかは不明のままである。

bush	食用に殺された野生動物の肉（GH）
compound	家と柵で囲まれた庭（GA）
danfo	ミニバス（N）
globe	電球（N）
next tomorrow	明後日（SL）
palaba	不快な；引数（GA）
rentage	家賃（SL）
sleeping cloth	人が寝るときに身を覆うために使用するさまざまなサイズの布（GH）
slowly-slowly	少しずつ（GA）
yellow fever	交通監視員（N）

このような比較からは，語彙に関する疑問が何千と出てくる。ガーナでは globe は電球を意味するのか？　シエラレオネでは danfo はミニバスを意味するのか？　こういった疑問に答えが出るまで，この地域の語彙の独自性は不明なままである。（音韻に関する例については p.382 を参照）（V. O. アウォヌシ（V. O. Awonusi），1990; I. K. ギャスィ（I. K. Gyasi），1991; J. ペマグビ（J. Pemagbi），1989; E. B. リッチモンド（E. B. Richmond），1989 に従う）

Headtie（ヘッドタイ）？
Headkerchief（ヘッドカチーフ）？
それとも？

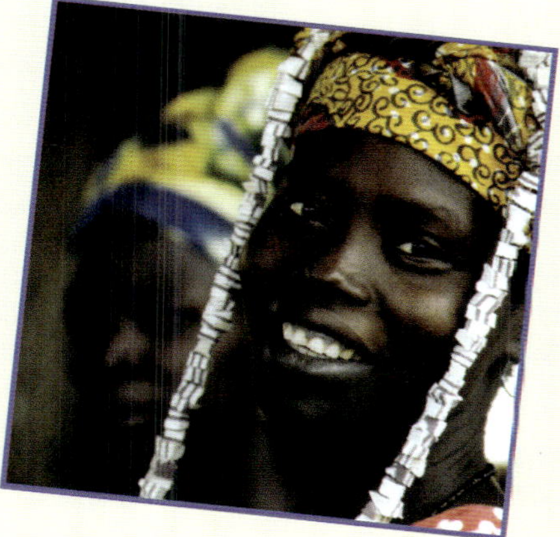

視野を広げる

p.381で述べた，共通の独自性があるという印象は，必然的に，沿岸地域におけるさまざまな英語の用法がすべて「西アフリカ英語」（West African Vernacular English, WAVE）と呼びうる1つの（言語）変種の現れかもしれないという見方に至る。この概念は，もちろん，ある国の英語や1つの国内の地域的変異の存在を否定するものではない。この見方が言わんとしているのは，イギリス英語やアメリカ英語の中で諸方言が認識されているのとかなりの程度同じように，「西アフリカ英語」と諸方言の存在が予想される，というだけのことである。しかし，さまざまな国で観察される独自の特徴のうち，充分大きな部分が共通のものであることがわかった場合，国境を越える1つの英語という考え方が正しそうである，と論じられることだろう。WAVEや「教育を受けた人びとの西アフリカ英語」といった名称が，この共通性をとらえる方法として提唱されてきた。

もちろん，この議論をそこでとどめることはできない。視野をさらに広げ，東アフリカにおける英語使用を考慮に入れると，ほかの類似点に気づく可能性がある。ある論文でWAVEを説明するのに使われたのと同じ例（例えば，advices（助言）やfurnitures（家具）といった名詞を複数にすること）が，ザンビアの英語に関する研究でも報告されている。西アフリカのquick-quick（非常に速い）といった反復形は，東アフリカのnow-now（すぐに）と明らかに類似している。/θ/と/ð/が/t/と/d/で置き換えられるといった音韻の変化は，母音の変化の多くや音節リズムの重要性と同様，アフリカ大陸の東西両側で見られる。つづりをそのまま発音することも普遍的に見られる。houses（家）は/hɑʊsɪs/, television（テレビ）は/televɪʃn/, limb（四肢）は/lɪmb/, Christmas（クリスマス）は/krɪstmas/と発音されるのである。これにより，私たちは「アフリカ英語」という1つの（言語）変種が存在するという想定に至るべきだろうか?

世界的な第2言語としての英語？

この議論は容赦なく続き，世界の他地域も吸い込んでいく。実態として，フィジーやシンガポールやパプアニューギニアにおける英語の使用方法には，さらなる類似点がある。また，英語が第2言語として教えられるすべての地域で，私たちはこのような類似性を見出すのかもしれない。実際，そうでなかったとしたら驚くべきことだ。英語には，ほかのあらゆる言語と同様に，一定の特異性があると考えられる。これらの特異性は，どこで教えられても，独特な難しさを学習者に見せる可能性が高い。また，これらの難しさの一部が，多少なりとも同じ方法でその地域の規準へと制度化することも十分にありうるのである。そうだとすれば，私たちが結局認識する必要があるのは，「世界的な第2言語としての英語」という，国境をはるかに越えた概念なのかもしれない。この英語の地域的変異は，主に各地のさまざまな言語や文化と接触することから生じ，異なる一連の語彙に主として反映され，構文と語形には独自の特徴がともなっている。

この問題にはさらに別の次元がある。私たちは，第1言語と第2言語の間の境界を横断して存在するように思われる独自の特徴をどう取り扱えばよいのか？　例えば，子音連結の単純化（例：wantがwanになる）は，インドなどの第2言語の文脈でも，アメリカ英語の一部の発音様式などの第1言語の文脈でも広く見られる。現在はある地域で顕著だと考えられている特徴の一部が，非標準的だが普遍的なものであることが分かる，ということもありうる。「普遍的な非標準英語」は存在するのか？　しかし，これはSF的な言語学に関わることだ。私たちの現状の知識では，これらの大きなシナリオと，個々の国の英語の独自性に焦点を当てたシナリオとの間で選択を行うという位置からは遠いところにいる。目下の取り組みは，さらなる記述的研究を通して，1つの国内の地域による違いに関する実証的データベースを拡張することである。ただし，最も有用な方法で実証的な問題を提起できるように，上記のより広い課題を念頭に置いておかねばならない。

母音の比較

この図は，容認発音（RP, p.387）の母音と関連づけて，西アフリカの英語と東アフリカの英語の母音体系（p.250）を示したものである。これら2つの母音体系はよく似ているように見える。対応している点がいくつかあり，特に狭母音に対応がある。同時に，budが西アフリカでは一般に/bɔd/と発音され，東アフリカでは/bad/と発音されるなど，さまざまな違いと重なり合う点が予測されている。

類似点と相違点の双方が存在することは，私たちがここで取り扱っているのは1つの（言語）変種なのか2つなのか，という議論の余地を残す。違いは，例えば容認発音と「一般的な」アメリカ英語（p.327）との違いよりも大きいように思われる。他方，音韻論だけでは，英語の種類を決める充分な基礎にはならない。理にかなった決定は，文法，語彙および話し方の違いも（散発的にでなく）体系的に考慮する場合にのみ可能となる。関係する違いの数はきわめて多いため，この目標に向けた進歩が長期にわたるものになるのは避けがたい。（R. アンゴゴ（R. Angogo）とI. ハンコック（I. Hancock），1980に従う）

西アフリカ	RP	東アフリカ
[bid]	bead [bi:d]（ビーズ）	[bid]
[bid]	bid [bɪd]（入札）	[bid]
[bed]	bade [beɪd]（bidの過去形）	[be·d]
[bɛd]	bed [bɛd]（ベッド）	[be·d]
[bad]	bad [bæd]（悪い）	[bad]
[bad]	bard [ba:d]（吟遊詩人）	[bad]
[bɔd]	bird [bɜ:d]（鳥）	[bad]
[bɔd]	bud [bʌd]（つぼみ）	[bad]
[bɔd]	bod [bɒd]（身体）	[bo·d]
[bɔd]	board [bɔ:d]（板）	[bo·d]
[bod]	bode [bəʊd]（前兆となる）	[bo·d]
[pul]	pool [pu:l]（プール）	[pul]
[pul]	pull [pʊl]（引っ張る）	[pul]

LUGGAGEに複数のSをつける？

第2言語としてのさまざまな英語の間には，多くの非標準的な文法上の特徴が広く分布している。その一例は，advices（助言），furnitures（家具），luggages（手荷物）といったように，不可算名詞が可算名詞（p.221）に変わることである。このような複数形は，ナイジェリア，シンガポール，インドなど，多くの地域に特徴的なものとして言及されてきた。その理由を理解するのは難しくない。名詞が数えられるかどうかは英語の文法の中でも「厄介」な分野であり，学習者が背景とする言語にかかわらず，問題を引き起こすことは明らかである。

こういったいくつかの主題は，問題が多いものとして知られている。その一例は，単純化された付加疑問（p.319）の頻繁な使用である。つまり，標準英語における多くの可能な形式が，変化しない単一の形式になる（is it? や no? など）。名詞句の直後に代名詞を置くこと(That girl she's tall（その少女は背が高い））は，スリランカ，マレーシア，ザンビアなどで記録されている。haveといった動詞を進行形に使うこと（I am having two brothers（私には兄弟が2人いる））は，インドに特有と考えられているが（p.380），ガーナなどほかの国でも言及されている。句動詞の場合のように，個々の語彙項目も同じ方向に変わる可能性がある。例えば，cope（処理する）の意味でcope upが使われることが，ガーナ，ケニア，パキスタンおよびそのほかのいくつかの地域で記録されている。3人称単数の語尾がなくなる現象（She see me（彼女は私に会う））は，第2言語としての用法という範囲を大きく越えており，クレオール言語（p.364）やイギリス・アメリカ英語のいくつかの方言の特徴でもある。

文化の話

人びとは，「グローバルな英語」について話す際，通常，私たちが「標準英語」と呼ぶ英語の変種を特定する共通の特徴について考えている。しかし，地元の文化の独自性を反映したその地域の特徴が，ますます注目されるようになってきた（p.121）。語彙論は文化的アイデンティティを最も詳細に反映する言語学の領域であり，これらの地域のいくつかでは，遭遇する独特な語彙を含む辞書が編纂されてきた。

これらの語彙が数千語に達するまで，長くはかからなかった。国は，ある言語を地域におけるコミュニケーションのもう1つの手段として採用する場合，地域の意思疎通の必要に合わせて，その言語をすぐに修正し始める。地域の動植物，飲食物，慣習・習慣，政治・宗教，スポーツ・遊びおよび日々の生活におけるそのほかの多くの目的のための語が，その国とその周辺以外では知られていない地域的な語彙としてすみやかに蓄積されていく。ある国で人びとの集団が何らかの理由から英語に切り替える場合，その人たちの会話の内容は，地元の環境の諸面を必然的に取り込んでいく。この人たちは，店，通り，郊外，バス路線，機関，企業，テレビ番組，新聞，政党，マイノリティ集団，およびさらに多くのものについて話す。この人たちは，冗談を言い，ことわざを引用し，子どもの頃の言葉に関する記憶を育み（童謡など），歌謡曲の歌詞を思い出す。地域にまつわるこれらの知識のすべては当然のものとされ，文章では注釈なく使われる。こういった言葉を耳にしたり，地元の新聞（p.321）で読んだりする外部の人は，説明を必要とする。通常の辞書はこういった地域の語彙を含まないため，役に立たない。特に，その表現の性質が百科事典的なものである場合（地元の人びと，場所，機関といったものに言及する場合）には役に立たない。

世界で英語を使っているすべての地域には，そこで使われる英語を独特なものにしている用法がある。これらの用法は，地域のアイデンティティを表現しており，連帯感を作り出す手段である。私たちがその地域を訪れる際に知る必要があるのはこれらの用法である。それらを知らなければ，人びとがいったい何について話しているのか理解できない自分に時おり気づくことだろう。ほとんどの場合，この行動は会話に深刻な結果をもたらすことはない。仮に，誰かが街のとある地域でちょっと買い物をした（たとえば，「私は今朝バスに乗ってイズリントン（Islington）に行き，このバッグを買った」）とついでに言ったとし，しかもイズリントンがどこだか分からなかったとしよう。この場合，話者がそのバッグに注目することを意図しているのであれば，話をさえぎってイズリントンが正確にはどこかを尋ねるのは，会話としては不合理だろう。その場所は重要でなく，話者は会話の内容を失うことなくこの情報を省けたかもしれない。しかし，「人びとは，概して，夜にX［街のとある地域］には行かない」という文章であったら，事情は大きく異なるだろう。Xがどこかがわからなければ，なぜ人びとがXには行かないのかを尋ねるのが賢明だろう。

問題があることを話者が理解するにはしばらく時間がかかる可能性があり，文化の誤解に関する問題については決して認識されないことも多い。人びとは，言語に関するその人の知識が不完全な場合には容易に気づき，もっとゆっくり話したり，文を単純にしたりすることで，外国人に対応するよう努力することができる。 （p.384へ続く）

含意

ある名称が認識されたとしても，その文化的な含意が認識されていないかもしれない。私たちが下記の文章を正しく解釈できるようになるには，ロンドンについてかなり知っておく必要がある。

1 今日の私たちの事務所はクラパムジャンクションのようだった。
2 彼の腕時計は，ボンド通りというよりペチコート・レーン・マーケットのようだった。
3 私は，その明かりが素晴らしいと言われても，オックスフォード通りには近づかないようにしている。［12月の発言］

また，下記の文章には，音楽に関する多くの想定が隠されている。

A 私は，プロムの最終日の夜のチケットをどうにか手に入れた。
B 私がラジオ3で聞こうと思っていた種類のものではない。
C［新しいクラブについて］ロンドンのキャバーン・クラブのようだ。
D［エディンバラを訪れることについて］どこにでもバグパイプがある！

文化について必要な知識は次の通りである。

1 クラパムジャンクションは，特に複雑な鉄道駅である。この駅には，多くの方向から路線が集まり，英国で最も忙しい駅の1つとなっている。つまり，事務所の状況が混乱していた，ということに違いない。
2 ペチコート・レーン・マーケットにはストリート・マーケットがあり，腕時計は安物の可能性が高い。ボンド通りは高価な品が買える繁華街である。
3 オックスフォード通りは，クリスマスの飾りとして高いところに特別な明かりをつけ，12月25日が近づくと非常に混み合う。

単純に言って，話者が意味することを説明するのは，日常の仕事である。ほかの言語にどのような同等物があるかを見つけるのは，文化の間をつなぐ仕事である。音楽の例については，（A）その国には代表的な夏の音楽祭はあるか？（B）音楽に特化したラジオのチャンネルはあるか？（C）ポピュラー音楽で有名なクラブはあるか？（D）国民的な楽器はあるか？　といった問いに答えることになる。

同じ名前でも，世界の各地では非常に異なる含意を有する可能性がある。ロンドンのオックスフォード通りとシドニーのオックスフォード通りに共通点はほとんどない。「オックスフォード通りを見てまわる」といった言葉は，この2つの都市では非常に異なるものを意味するだろう。（特に，シドニーのオックスフォード通りの西側の部分が，シドニーの主なゲイ地区であることを私たちが認識した場合にはそうだろう）。また，ロンドンのソーホーについては言えるかもしれない，きわどい種類の冗談は，ニューヨークのソーホーについては当てはまらないだろう。

クラパムジャンクションの航空写真

そうだね！

文化に関する表現は，個々の語に加えて，語句や文にも影響する。ニュージーランドを旅する人は，Yeah，right「そうだね」というキャッチフレーズを使ったトゥイ（Tui）というビールの広告を道路脇で目にするだろう。Yeah，rightという語句は，皮肉な肯定である。下記の例が示すように，私たちは，ある文にYeah，rightと言って反応する時，その内容についてある種の疑いを表現している。

あなたの義母さんには好きなだけいさせてあげよう。Yeah right（そうだね）。

静かな学生が部屋を探している。Yeah right（そうだね）。

慎重な女性ワンオーナー車。Yeah right（そうだね）。

これらの広告は，義母，学生の騒がしさ，および中古車販売に関するステレオタイプがあるような，英語を話す社会なら（そしてほかの言語を話す社会でも），きっと理解されるだろう。その意味で，これらの広告は文化的に中立である。しかし，理解するにはニュージーランド文化の深い知識が必要な広告もある。これらの広告は，ニュージーランドの人名や場所に関する知識に依拠しているからだ。

ロドニーのクローゼットには骨組みすらない。Yeah right（そうだね）。

ディックは変化を起こさなかったのか？　Yeah right（そうだね）。

ポールに飛行機を操縦させてそこまで行こう。Yeah right（そうだね）。

ロドニー，ディック，ポールとは誰だろうか？当時ニュージーランドに住んでいたニュージーランド人なら，注釈の必要なく，下記のことを知っているだろう。ロドニーは，国の政治家だった（参照した本の脚注は，この冗談が「公職者の役得の破壊者として国会で最も声の大きかった人に向けられて」いることを私たちに教えてくれる）。ディックは，オークランドの市長であった（この広告は，彼が選挙で選ばれてから6カ月後に掲示された）。ポールは，ラジオのパーソナリティだった（ニューストークZB（Newstalk ZB）でニュージーランドを代表する朝の番組を担当していた）。彼は飛行機を所有しており，事故を起こしたが生き延びた。その後彼は別の飛行機を入手し，事故を起こしたが生き延びた。そこで，「ポールに飛行機を操縦させてあなたをそこに連れて行こうか？　そうだね！」という言葉が生まれた。

このYeah rightという広告に関する2冊目の本は，これらのわかりにくい言葉を，1冊目の本よりもはるかに多く盛り込んでいた。著者たちは，新しい例を探す際，ますます地元の話に依拠するようになった。慣習が確立され，人びとはニュージーランドに特有のより大胆で親密なやり方でそれを使えると感じたかのようだった。この状況と，人びとがリングワ・フランカとしての英語に習熟していく際に生じる状況には，類似点がある。人びとは，より狭い関心や個人的な関心について話すために英語を使うことに，より前向きになっていくという類似点があるのだ。

各国に，ロドニー，ディック，ポールに相当する人がいる。しかし，米国やカナダやオーストラリアの放送で司会を務める同じようなパーソナリティが誰なのか，私たちは（ほとんど）知らない。また，過去の主要な英語の変種から離れると――イタリアやスイスやスロベニアで――それが誰になるのかを知らないし，さらに狭い地域では，パリやローマやバルセロナでそれが誰になるのかを知らない。私たちが英語圏を（実際に，またはインターネットなどで）広く旅している際にこれらの名前に出会ったら，困ってしまうことだろう。

しかし，人は，文化に関する対応はあまり得意ではない。地元の人が何について話しているかを外国人はわかっている，と都合よく想定しがちである。人びとには，どの言語でも，どんな状況でも，その言語を母語としない聞き手と読み手の文化知識をつねに低く見積もる傾向がある。その語句を日頃からよく知っているため，外国人がわからないものを使っていることに気づかないのかもしれない。人はものごとを当然と思っているのだ。それゆえ，言語教育の中には，文化に関する視点が体系的に導入される必要がある。

アイススケートの文化

数年前，私はライデンで講義を行っていた。ライデンのあるオランダは，例年になく寒かった。運河は凍っており，人びとはその上をスケートで滑っていた。前回このように運河が凍ったのは，1997年だったと思われる。講義後の夕食時に，オランダ人の同僚研究者4人，私の妻，そして私がすべて英語で話していると，ある時点で話題がアイススケートになった。これは驚くようなことではなかった。氷のどの部分が安全か？　どの氷が安全でないか？　橋の下は危険だ。なぜならより暖かいからだ。アイススケートに関する私たちの知識は，1分ごとに増えていった。これは活発で面白い雑談であり，例外的な気候が話の大きな部分を占めていた。すると，そのうちの1人が，私にはよく聞き取れなかったことを言い，4人のオランダ人たちは突然非常に落ち込んだ。短い沈黙があり，あたかも誰かが家族の死について話したかのようだった。

私はどう反応すべきか分からなかった。誰かがそれについて，とても残念だと述べた。今の私は「それ」のつづりがElfstedentochtであることを知っている。4人のうちの1人が，私の困った顔に気づいた。「11都市のツアーが中止になったんです」と彼は説明し，「氷のせいで」とつけ加えた。ああ，そうなんだ，と私は思った。11都市で観光客向けに何か文化的な催しが行われる予定だったが，道路が危険になりすぎたために，中止になったのだろう。私がこう理解した理由は，道路がとても滑りやすかったので，立っていられるよう，数日前に特別なブーツを買わねばならなかったからだ。しかし，私の同僚研究者たちは，なぜそれについてこんなに動揺したのだろうか？「あなた方はそれに参加する予定だったのですか？」と私は尋ねた。同僚研究者たちは皆笑った。私が冗談を言ったように思われたのだが，私はそれがなぜかは分からなかった。同僚研究者の一人が，「私たちの年ではしませんよ！」と言った。私にはこの答えが理解できなかったが，そのツアーが青少年だけを対象としているのかどうかを尋ねたくはなかった。すると，氷が薄すぎるので南部が問題だ，と誰かが言ったため，私はさらに混乱してしまった。なぜ薄い氷が問題なのか？　それは，旅路が通常に戻りつつあることを意味するだろうに。4人のオランダ人が，中止の是非を論じだすと，私はこの会話の筋をすぐに見失っていった。開催される可能性はまだあるのか…？　いや，不可能だ。すべては天候によるだろう…　そして結局，話は何か別のことに移った。

私が理解できなかったのは，もちろん，事実のうち最も単純なものだった。文化に関する言葉の違いは，きわめて単純な点に帰着することが多い。私は，後になってインターネットでElfstedentochtを調べて，この最も単純な事実を見つけた。

まず，Elfstedentochtの意味は「ツアー」ではなく「レース」のことだった（オランダ語のtocht【訳注】英語のtourに相当する】にはかなり幅広い用法がある）。さらに，この「レース」は，11の都市の間の運河に張った氷の上を滑るものだった。この厳しいレースは，最も体力がある若い人びとだけのものである。なので，私の発言は皮肉のようになってしまった。しかし，この語の意味論は問題の一部にすぎなかった。私は，この語の文化的な重要性をさらに学ぶ必要があった。私は，『グローバル・ポスト（*Global Post*）』のウェブサイトでそれを見つけた。

> Elfstedentochtがオランダ人の魂をいかにつかんでいるかをどれほど述べても，言いすぎることはない。
>
> オランダのスポーツ愛好者にとって，この200 km（125マイル）の偉大なスケートレースは，ワールドシリーズとスーパーボウルとスタンレーカップを合わせたようなものである。その神話的な地位は，レースのコースである運河が15 cm（6インチ）の氷で覆われる例外的な冬にのみ開催可能である，という事実によって高められている。
>
> Elfstedentocht即ち「11都市のツアー」が行われる場合，主催者は，最大200万人の観客がルートに並ぶ可能性を予想する。この観客数は，オランダの人口の8人に1人である。このレースが開かれたのは1909年の第1回以降15回のみであり，勝者はただちに国民的英雄になる。伝説的な1963年の回は，猛烈な吹雪の中で行われた。出発時には1万人いた参加者から，完走したのはわずか136人だった。

「Elfstedentochtがオランダ人の魂をいかにつかんでいるかをどれほど述べても，過大な評価とは言いにくい」。これより強い文化的肯定を想像することは難しい。Elfstedentochtが氷上のレースであるという事実は，テーブルにいたオランダ人たちにとってあまりにも明白だったため，オランダ人たちはそれを完全に当然視していた。運河に張る氷の厚みの重要性は，ウェールズからきた私にとってまったく思いもよらないことである，という事実を，オランダ人たちは無視していたのである。（D. クリスタル（D. Crystal），2012に従う）

この先「ロボット」あり

南アフリカ共和国を初めて訪れた人は，「そのロボットで左折する」とか，「そのロボットは壊れている」といった言葉を聞いて戸惑う可能性がある。その意味は，このHSBC（香港上海銀行）の広告が説明してくれる。「ロボット」という語のこの用法は，交通信号機が初めて導入された1920年代にさかのぼることができる。この用法が最初に記録されたのはカナダとイングランドだが，これらの地域ではこの用法は廃れた。この用法がなぜ南アフリカ共和国で残ったのかは謎である。

文化に関する辞書

ある言語の百科事典的な辞書で文化に関する要素を記述しようとする試みはごく少数しか行われてこなかった。その一例は，『ロングマン言語・文化辞書（*The Longman Dictionary of Language and Culture*）』である。この辞書で，Jから始まる語には，英国についてはJackanory（子ども向けテレビ番組），Jackie（若者向けの雑誌），Jaeger（小売チェーン），米国についてはJack in the Box（レストラン）およびJohn Doe（匿名の米国人のこと）といったものが含まれている（p.502を見よ）。この辞書には，文化に関する特別な単語に加えて，一般的な単語も収録されている。Jで始まる語としては，jab（ジャブ），jabber（おしゃべり），jackal（ジャッカル）といった単語と，いくつかの一般的な地名（例：ジャマイカ，ジャカルタ）が，文化に関する特別な項目と並んで記載されている。項目の約1/4が，文化的に特別なものである。英語を話す人びとのための文化に関する一般的な辞書はまだ存在しない。

コラム「カーニバルの文化」を巻末p.555に掲載

未来に戻る

本章は，表面的には地域的変異に関するものだったが，社会的な問題をたびたび取り扱う必要があった。この10年の社会言語学研究により，現在では，世界の英語の違いのうち，純粋に地理によって説明できるものはごく一部である，ということが明らかになっている。さらに，地域による英語の違いの社会的な面に注目すると，私たちは言語一般について考える方法を再検討することになる。特に，私たちは，「第1」言語と「第2」言語の間の，一見きちんとした区別を問い直すよう強いられる。人口の動き，言語の喪失，さまざまな言語態度，および言語使用の大きな変化が，「あなたの第1言語は何か?」という問いに答えることを難しくしている国々がある。「セミリンガル」とさえ呼びうる人びとも多くいる。「セミリンガル」とは，複数の言語を使えるがいずれも不安定なため，そのうちどれを「母語」とするのが一番適切なのかが分からない状態のことである。多くの言語が使われる国々では，自分の親から学んだ第1言語と学校で学んだ第2言語の間の明確な区別は維持しにくいことが多い。両方の過程が同時に起こっている可能性があるからだ。

地域による言語の違いに対する現代的な研究方法の特徴は，この方向の考え方である。英語を第2言語とする国で，標準英語では知られていない言語形式（単語・発音・構文）を使っている話者に私たちが出会った場合，それが英語の不十分な知識による話者の単に不用意な誤りではなく，その地域の英語の安定した本当の特徴であることをどうやって知るのか（p.381）？　これが，(言語）変種を分析する者にとっての本質的な問題である。1つの明らかな基準は，ほかの話者がその形式を使っているかどうかを見ることである。ただし，私たちは，これらの話者全員が同じ誤りをしている可能性を排除する必要がある。より重要な基準は，その形式が現実の必要に応えているかどうかを判断することである。この必要は，標準英語ではとらえられない話者の社会の一面（国民のアイデンティティーなど）を反映したものかもしれない。もう1つの基準は，その形式が正式な文脈（書面など）で現れるかどうかを見ることである。また別の基準は，その語に対する地域の人びとの態度に目を向けることである。教育を受けた話者たちがその形式を当然とし，自分でその形式を使っている場合の方が，教育を受けた話者たちがその形式に気づいてはいるがそれを非難している場合よりも，その形式が地域の英語の本当の特徴である可能性ははるかに高い。また，2言語状況への適応も考慮する必要がある（多言語的な共通語としての英語による適応など。p.114）。私たちは，あらゆる事例で，社会と言語に対する広い視野の必要性を理解することになる。

結論の1つは単純である。「言語の違いを決定する制約とは何か?」という問いに対する答えは，当初考えられたよりもはるかに複雑である，というものだ。しかし，少なくともこれらの研究から，大規模に調査する価値があるのはどのような種類の制約なのかは，はるかに明確になっている。これが，提起されるべき重要かつ刺激的な問題である。この問題に答える際に，私たちは英語の未来を見ることになる可能性があるからだ。世界において，第2言語として英語を使用する人びとは，第1言語として使用する人びとよりもはるかに急速に増加しつつある。そのため，私たちが見ている，外円圏で（さらには拡大円圏で）起こっているような変化が，いつか世界標準の英語の一部となることもありうる。

「治外法権的」

「あなたの第1言語は何か?」という問いに対して，著名な作家の場合，興味深い答えを受け取ることが多い。ウラジーミル・ナボコフ（Vladimir Nabokov）（1899-977）は，その好例である。彼はロシアに生まれ，1919年にイングランドに移ってフランス文学とロシア文学を学び，1922年からはドイツとフランスに住み，1940年には米国に移り住んだ。彼は，ロシア語，英語，ドイツ語，フランス語で，自身の著述と翻訳を行った。批評家のジョージ・スタイナー（George Steiner）は，このようなナボコフの人生における「多言語のマトリックス」を下記のようにまとめている（著書『脱領域の知性（*Extraterritorial*)』1972，p.7）。

この世紀の政治的に野蛮な行いが，彼のロシアの故郷からだけでなく，比類なきロシア語からも，彼を亡命者にし，放浪者にし，ホテル暮らしにした。ロシア語でなら，彼の天賦の才が自然な表現形式を得ていたであろうに。…他言語への亡命者たちは，その母語での術策に必死にしがみつくか，沈黙に陥るかする者が非常に多かったが，

ナボコフは，旅をする主権者のように，次々と言語を乗り換えていった。

このように，「社会の激変や戦争によって言語から言語へと動かされ」，自身の母語から追い立てられた人びとの特徴を，スタイナーは「治外法権的」と呼ぶ。実際，円熟したナボコフの「第1言語」（その人が最も落ち着きを感じる言語という意味で）を特定するのは困難だろう。また，サミュエル・ベケット（Samuel Beckett）など，ナボコフに似た不確定性を示すほかの小説家も存在する。18世紀末までの西洋文学において，ラテン語やフランス語といった2つの言語を文学で流暢に使うことは実際に一般的だった，とスタイナーは論じている。おそらく，日常での治外法権は，世界中の多言語社会で，さらに大規模に存在していることだろう。

証拠となる文章

ある国の文学は，その地域の第2言語としての英語に，安定した特徴が生じてくるあり方について，早くから証拠を提供してくれることが多い。アーサー・ヤップ（Arthur Yap）の対話詩「公営団地の遊び場にいる二人の母親（*2 mothers in a hdb playground*)」（1981）の冒頭部分は，シンガポール英語の特徴のいくつかをとらえている。(J. プラット（J. Platt）とK. シング（K. Singh），1984に従う）

ah beng is so smart
already he can watch tv & know the whole story.
your kim cheong is also quite smart
What boy is he in the exam?
this playground is not too bad, but i'm always
so worried, car here, car there.
at exam time it's worse
because you know why?
　beng（明）ちゃんはとても賢い
　もうテレビを見て，話の全体がわかる。
　おたくのkim cheong（金昌）もかなり賢い
　彼は試験では何番だったの？
　この遊び場はそう悪くない。でも
　私はいつも
　とても心配。ここにも車，あそこにも車。
　試験の時間はもっとひどい
　あなたはなぜか知ってる？
kim cheong eats very little.
　金昌はほんのちょっとしかものを食べないの。
give him some complan. my ah beng was like that, now he's different, if you give him anything he's sure to finish it all up.
　「コンプラン」を少しあげなさいよ。うちの明ちゃんもそんな感じだった。でも今は違う。明ちゃんに何かあげれば，確実に全部平らげてしまう。
sure, sure cheong's father buys him vitamins but he keeps it inside his mouth
and later gives it to the cat.
i scold like mad but what for?
if i don't see it how can i scold?
　もちろん，そうね。金昌のお父さんは彼にビタミンを買ってくるけど
　彼はそれを口の中に入れておいて
　後で猫にあげてしまう。
　私は気がおかしいほどに叱るのだけれど，
　でも何のために？
　それがわからないなら，どうやって叱れるの？
on saturday, tv showed a new type, special for children, why don't you call his father buy some? maybe they are better…
　土曜日，新しい，子ども用のビタミンがテレビで流れていたわ。
　あなたは
　ご主人にいくつか買ってくるように頼んでみたら？　その方がいいかもしれない…

hdb = シンガポールの住宅開発庁（Housing Development Board）またはその公営住宅，*What boy is he* = What place did he get（彼は何番だったか），*complan* = Complan社のみが製造しているビタミン入り栄養食品（国際的），*why don't you call his father buy some?* = Why don't you ask his father to buy some?（あなたご主人に何か買ってくるように頼んでみたら？），*his father* = 相手の夫のこと

21 社会変異

さらなる情報源：
cambridge.org/crystal

地域的な言語変異（第 20 章）は「英語圏のどこ出身か?」という問いに地理的な解答を与えてくれる。一方，社会的な言語変異は「あなたは何者なのか」あるいは「英語を使って暮らしている社会でどんな人なのか」といういくぶん異なる問いに解答を与えてくれる。それどころか，考えられるいくつもの解答を与えてくれる。なぜなら，人は社会構造の中でいくつものアイデンティティーを獲得するものだからである。人は異なる社会集団に属し，異なる社会的役割を演じる。一人の人物でも，「女性」や「親」，「医師」「夫」「できの悪い人」「初心者」「脱落者」「信徒奉事者」「政治活動家」「高齢者」「タイムズ紙読者」「労働者階級の人」「地域社会の立派な指導者」や，そのほかにもさまざまに特定されるであろう。こういったアイデンティティーはどれも，私たちが用いる言語に影響を及ぼしうる。事実，社会的アイデンティティーの不変的および一時的な側面双方のシグナルとなるのは，衣類や装飾品，そのほかの外面的な何にも増して，言語なのである。

社会変異のうちのある側面は，特別な言語的重要性をもつと思われる。年齢，性別，社会経済的階級が，音，構造，語彙の異なりを説明する際に重要であることはくり返し提示されてきた（pp.361，370，385）。職業選択はあまり予測可能な影響をもってはいないが，（法律の世界などのような）文脈次第で色濃い特色を示す。社会的役割（議長を務める，結婚式で話すなど）を担うことは，つねにその場に合う言語形式の選択に関わる。さらに，例えば，君主，国教会，官公庁，放送局，報道機関など，影響力が大きい公的機関の存在は，言語的権威という世間一般の概念を否応なく生み出してきた。それは，公的な言語政策を通して明示的な権威にもなりうる。

このすべてにおいて，社会変異に対する態度は大きく異なっている。例えば，どの国でも社会階層化は見られるが，階級の境界がより明確に定められ，その結果，階級方言の特徴がよりはっきりしている国もある。英国は，英語を第 1 言語として用いる国々の中でも，言語的に階級意識が強いと言われている。評価が高い国文学作品が，子どもたちが教わって身につけるべき言語使用の規範を決定しているのかもしれない。さらには，特定の歴史的な事情（例えば，特権的教育の強固なシステム）が，国全体，あるいは一社会階級を，言語変種に対してとりわけ敏感にさせているのかもしれない。

U（上流階級）と Non-U（非上流階級）

英語と社会階級に関する最も有名な議論は，英国の言語学者アラン・ロス（Alan Ross）による論考の出版が引き金となり，1950 年代に勃発した。彼は，特徴的な発音，語彙，書きことばの慣習の観点から，「U（上流階級）」と「Non-U（非上流階級）」の慣用を区別した。印象にもとづくものの，鋭い感覚による説明であり，大きな反響を引き起こした。1956 年，ナンシー・ミットフォード（Nancy Mitford）は『貴族の義務（*Noblesse Oblige*）』という陽気で風刺に富んだエッセイ集を編んだ。その中に，ロスのエッセイや編者のナンシー本人，イーヴリン・ウォー（Evelyn Waugh），ジョン・ベチェマン（John Betjeman）らの寄稿が収録されており，1 カ月で 3 刷を重ねた。ロスがあげた例のいくつかをミットフォードが言い換えたもの，その本に収録されているオズバート・ランカスター（Osbert Lancaster）の漫画，ジョン・ベッジュマンによる詩を見てみよう。

Cycle（自転車）は，非上流階級が使い，上流階級は bike と言う。
Dinner（食事）：上流階級の話者は日中の食事には luncheon（昼食）を使い，夕食に dinner を使うが，非上流階級の話者（上流階級の子どもや犬も）は日中の食事に dinner を使う。
Green（野菜）は，非上流階級が使い，上流階級は vegetables と言う。
Home（家）：非上流階級話者は「その人たちには温かい home がある」のように言うが，上流階級話者は「その人たちには素敵な house がある」のように言う。
Ill（病気）：非上流階級は「ボートで ill（具合が悪く）になった」と言うが，上流階級話者は sick と言う。
Mental（気が狂った）：非上流階級話者が使い，上流階級話者は mad と言う。
Toilet paper（トイレット・ペーパー）：非上流階級話者が使い，上流階級話者は lavatory paper と言う。
Wealthy（お金持ち）：非上流階級話者が使い，上流階級話者は rich と言う。

ナンシー・ミットフォード

敬称，特に貴族に用いる敬称は，非上流階級の人にとってはつねに悩みの種である。面識のない大使への書簡は Dear Excellency（閣下）で始め，封書の場合は H. E. The P – Ambassador（P…大使閣下）を用いるのがよい。高位の貴族に書簡をしたためる際には，マナーブック[1]に記された規則をつねに厳密に順守する必要はない。したがって，Dear Sir（拝啓）と敬称で呼ばれた Duke（公爵）は，文通相手が非上流階級の者だとは必ずしも考えないだろう。公爵の位をよしとしない，左寄りの紳士である可能性もあるのである。

（A. S. C. ロス，1956 より）

[1] もちろん，こういったものを参照するのは，実際には非上流階級の人たちである。

Should be addressed H.E.

社会でうまくやって行くには

{[訳注] 英国の社会階級が垣間見られる場面で「Non-U（非上流階級）」のことば遣いが用いられている}

Phone for the fish-knives, Norman,
　As Cook is a little unnerved;
You kiddies have crumpled the serviettes
　And I must have things daintily served.

Are the requisites all in the toilet?
　The frills round the cutlets can wait
Till the girl has replenished the cruets
　And switched on the logs in the grate.

It's ever so close in the lounge, dear,
　But the vestibule's comfy for tea,
And Howard is out riding on horseback
　So do come and take some with me.

Now here is a fork for your pastries
　And do use the couch for your feet;
I know what I wanted to ask you –
　Is trifle sufficient for sweet?

Milk and then just as it comes, dear?
　I'm afraid the preserve's full of stones;
Beg pardon, I'm soiling the doilies
　With afternoon tea-cakes and scones.

魚用のナイフを頼んでちょうだい，ノーマン
　料理人が少し困っているみたいだから。
子供たちがナプキンをくしゃくしゃにしちゃったし，
　でも，私はきちんとしたおもてなしがしたいのよ。

必要なものは全部トイレに揃っているかしら？
　カツレツの飾りは後回しでいいわ，
メイドが調味料を補充して，
　電気式暖炉のスイッチを入れるまで。

居間はとても暑苦しいけれど，
　玄関ならティータイムにちょうど良いわね。
ハワードは馬に乗って出かけているから，
　一緒にお紅茶でも飲みましょうよ。

こちらに焼き菓子用のフォークがあるわよ，
　足は長椅子に乗せてもいいですから。
そうだ，聞きたかったことがあるの――
　デザートはトライフルで十分かしら？

ミルクを入れて，あとはそのままでいい？
　ジャムには種がたくさん入っているの。
ごめんなさい，敷いてあるナプキンを汚してしまって，
　ティーケーキとスコーンで。

サー・ジョン・ベチェマン（Sir John Betjeman）

RPよ，安らかに？

｛【訳注】原題 "Requiescat in Pace?" は Received Pronunciation とかけられている。｝

英国では，世間体のよい社会的地位や優れた教育との関連性を伝達できるという点で，伝統的に際立った地位にある方言の発音様式がある。この「威信（prestige）」を備えた発音様式は，Received Pronunciation（容認発音），すなわちRPとして知られている。RPは，多くのRP話者が住み，仕事をしている英国南東部を連想させるが，英国内ではどこででも聞かれるのが実情である。通常方言は，出身地を教えてくれる（p.318）が，RPからは社会的あるいは教育的な背景しかわからない。

RPの原形は，宮廷や上流階級の発音様式として400年以上前に確立した。英国の廷臣ジョージ・パトナム（George Puttenham）は，1589年に記しているように「北部の人の英語は，貴族であろうと紳士であろうと，南部の英語ほど礼儀作法に適っているとはいえず，一般に受け入れられるものではない」と考えていた。デヴォンシャー方言を使い続けたウォルター・ローリー（Walter Raleigh）のような例外はあったものの，社会進出を望むほとんどの人たちはロンドンに移り，その地で得た発音様式を用いたものだった。

現在私たちが知っているRPは，社会的地位の指標として18世紀の終わり頃に発達した。続く19世紀には，イートン（Eton）やハロー（Harrow）といったパブリックスクールの発音様式となり，ほどなくして話者が優れた教育を受けたことを表す主たる指標となった。大英帝国の公職や軍にも急速に広がり，権威と権力を表すものとなった。地域的に「差が出ない」（neutral）発音様式であり，幅広く理解されると考えられていたため，1920年代にラジオ放送が開始されたとき，BBCによって採用された。第2次世界大戦中には，多くの人の心の中で自由の声と結びつくようになり，「BBC発音」（BBC pronunciation）という概念が形成されていったのであった。

現在の状況

今日，社会階級間の厳格な区別が薄れ，マスメディアが発達してきたことから，RPはもはや社会のエリートを表すものではなくなってきている。「教養のある」（educated）発音様式（accent）と表現するのが妥当だろう。もっとも，いくつかの変種があることから発音様式群（accents）の方が正確かもしれない。最も広く使われているのは，BBC放送で聞こえてくるものだ。しかし，保守的であっても流行りを創り出しているものもある。前者は古くからの支配者層の話者に見られ，後者はなにがしかの社会的かつ専門的な集団と結びつく。特に，1980年代にはロンドンの将来性豊かな人たち（「スローン・レンジャー（the 'Sloane Rangers'）」）の声がそうであった。

初期のBBC放送の記録によると，たった数十年の間にRPはじつに大きな変化を示しており，いかなる発音様式も変化を免れえず，「一番よい発音」であってもその例外ではないということを証明している。しかし，最も重要なのは，RPがもはや50年前ほど幅広くは使われていないということである。今なお王室，議会，英国国教会，高等裁判所，そのほかの国家機関の標準的な発音様式ではあるものの，現在，純粋なRPを話す英国民は3パーセント以下である。ほとんどの教養のある人たちは，RPとさまざまな地域的な特徴を混合させた発音様式を発達させている。これを「修正されたRP」（modified RP）と言う人もいる。以前RPを話していた人が，地域的な規範に影響されることもあれば，地域の発音をしていた人がRPを使うようになったこともある。1990年代の「河口域英語」（Estuary English）は，この点で新しい動きであった（p.347）。地域的に修正された話しことばは，もはやビクトリア朝の頃とは違い，汚名を着せられるようなことはない。連帯や「地に即した現実性」といった利点を表現しており，プラスの特徴があるのである。それに対し，純粋なRP発音は，例えばスコットランドやウェールズ，北アイルランドのように，教養を示す独自の地域的規範をもつ地域では特に，敵意や疑念を引き起こしうるものである。

それにもかかわらず，RPは今なおかなりの地位を保持している。英国スタイルを身につけようとする外国人に長く教えられてきた主要な発音であり，そのため海外でも広く使われている（英国で母語の発音様式として身につけている人よりもはるかに多い）。これ自体は驚くべきことである。RPは地域方言に比べ外国人学習者には難しい特徴がいくつかあるからである（母音の後には /r/ がなかったり，わずかに異なる二重母音（p.251）があったりする）。多くの学習者は，例えば，スコットランドの発音様式の方がずっと身につけやすいと感じるだろう。RPはまた言語研究の基準としても価値があり，多くの音声学・音韻論的な研究がなされてきた。便宜上，本書では比較判断の基準としてRPを用いている。

しかし，世界の河口には，変化の風が吹き下ろしている。イギリス英語が世界の英語の中でマイナーな方言になるにつれ，第2言語の発音に関する新しい基準が出てくるにつれ，そしてRPを自然に話すことができる外国語としての英語を教える英国人教師が減るにつれ，かつてRPに与えられていた特別な世界的地位は揺らいでいくだろう。英国王室や当局が，その発音様式が生き残ることができるよう一定の威信を与え続けられるかどうかを検証することは非常に興味深いことである。1993年に英国のマスコミは，音声の王座を狙える可能性があるもの（強奪者と言う人もいる）として河口域英語の到来を告げていたが，いったい何がRPに取って代わるかを見極めることは難しい。音声学者たちは，英国の若い皇族方の話しことばに声門化（例えばhotにおける語末の /t/ の声門化）をすでに観察している。観察者にとって，これは終わりの始まりを告げる確かな兆しである。事実，A.C. ギムソン（A. C. Gimson）『英語発音入門（*Introduction to the Pronunciation of English*）』第8版（2014）では，RPというラベルがGB（General American（一般米語）に似せたGeneral British（一般英語））に取って代わられている。

誰が最初にRPと言ったのか

英国の音声学者ダニエル・ジョーンズ（Daniel Jones）（p.251）は，RPの特徴を成文化した最初の人物である。本人が『英語音声学概説（*An Outline of English Phonetics*）』（1918）の中で述べているように，お気に入りのラベルというわけではなかった：

> 私は現時点において，いかなる特定のタイプであっても「標準」であるとか，本質的に「より優れている」とか，そのように見なすことが可能であるとは考えていない。それにもかかわらず，本書で記述してきたタイプは確実に有用なものである。私自身の（南部の）話しことばに基盤があり，確認しうる限り，「パブリックスクールに進学準備をする」寄宿学校や「パブリックスクール」で教育を受けた人びとによって用いられるものである。…「容認発音」という用語は，このタイプの発音を指すのにしばしば用いられる。ほかに適当な呼び方が見当たらないため，本書でもこの用語を採用することにする。（1960，第9版，p.12）

歴史言語学者のH.C. ワイルド（H. C. Wyld）も，『英語小史（*A Short History of English*）』（1914）の中で「容認」（received）という用語を多用している：

> 最もよいと考えるという点でおそらく誰もが一致する発音形式を表すために容認基準（Received Standard）という用語を用いることが提唱されている。その形式とは，最も広く使われていて，上流階級の話者たちの間で全国的にも実質的に変異がない形式のことである。（1927，第3版，p.149）

ジョーンズが言及している，以前の用法は，方言学者A. J. エリス（A. J. Ellis）『初期英語発音について（*On Early English Pronunciation*）』にさかのぼることができる：

> しかしながら，現在私たちは，全国的に容認される発音（a received pronunciation）の存在を認めてもよい。これは特に大都市，法廷，説教壇，裁判所の教養ある発音として考えられるかもしれない。（p.23）

さらに早い段階では，ジョン・ウォーカー（John Walker）の『発音辞典（*Pronouncing Dictionary*）』（1791）（p.81）の序章で使われている。その本の中で，教養と教育のある社会で「より一般的に容認されている（received）」ため，ロンドンの発音を「一番よい発音」と呼んでいる。

規範的態度

規範主義とは，ある言語の一変種がほかの変種よりも本来的に高い価値をもっており，この変種が言語社会全体に強いられるべきであるとする考え方を言う（p.78）。特に文法（p.206）や語彙，時に発音（p.267）についても提議される権威主義的な考え方である。支持される変種は，特に文学や，または文章体を密に反映する形式ばった話しことばに見られるような標準的な書きことばで，辞書や文法書およびほかの公的マニュアルで提示されるものである。この変種で話したり書いたりする人びとは「正しく」，そうではない人びとは「正しくなく」ことばを使っていると言われる。

規範的アプローチに代わるものは，主として現代言語学と結びつく記述的アプローチである。本書は一貫してこの姿勢をとっている。その名が示唆するように，社会的評価によらず，当該言語のすべての変種に見られる慣用のパターンを記述・説明することを主たる目的としている。また，言語は絶えず変化するもので，それに応じて慣用にはつねに変種が存在するという事実も認める。言語学者たちは，標準語の社会的重要性は否定しないが，「不快である」とか，「正しくない」とか，「論理的ではない」などと，同様の規則を共有していないほかの方言を批判することもしない。

正しさ 対 適切さ

*langauge や *cat the といった誤りをどう考えるかという場合には，両アプローチ間で差異は生じない。教養のある話者であれば，そんなものは「英語ではない」と誰もが考えるため問題にはならない。双方が適切に「正しくない」という考え方を採る。問題になるのは，教養のある誰もが同じような使い方をしないとき，あるいは，同じ人が場面によって異なる使い方をするとき（例えば，くだけた話しことばか形式ばった話しことばかといった場合）だけである。こういった状況で，言語学者はどちらの使い方がよいかという価値判断はしようとしない。何が起きているのかを説明するには，絶対的な正用法という考え方は十分ではないからだ。代わりに，相対的な適切さ，すなわち状況に対する慣用の適合性という考え方で見るのである。

例えば，縮約形（it's, won't など）の使用調査によれば，くだけた場面での話しことばや書きことばでは広く受け入れられているものの，総じて形式ばった文書では容認されないと言われる。ただし，その容認度判断は，結局は縮約形が使われる文脈による。「it's と書いてよろしいでしょうか？」という問いに答える場合，言語学者であれば「場面による」と言い，くだけ度合がその文書に適切かどうかという問題を提起しながら，くだけた印象の説明を続けるだろう。同様の観点は，話しことばの発音，文法，語彙といったほかの例にも当てはまる。

こういった見方は，標準的な慣用法を守ろうとする人たちの頭を悩ませてきた。言語学者たちは「正しさを気に留めていない」とか「規則というものをなきものにしている」というそしりを受けてきたが，現代言語学の主眼は文法性の問題を明らかにすること，そしてこの概念が関与する規則の構造を特定することであるとして，言語学者はそういった非難を断固退ける。それに，社会言語学的観点から言えば，標準英語というものの特権的地位が大きくなってもいるのであって，そのことは本書に見られるとおりである。

規範的と禁止的

規範規則は容認可能だと考えられる用法をよしとし，禁止規則は避けられるべき用法を示すといった区別がしばしばなされる（「べし・べからず集」）。「リメディアル」コースの大衆受けのよい宣伝文句は，後者で始まり次第に前者へと移っていく。禁止事項は，用法に関する特有の言葉遣いを数例含んだ吹き出しや，次の新聞の例のようにすぐに迅速な措置が取られなければ降りかかってくる危険を警告する太字の見出しで例示されるのがふつうである。

YOUR FRIENDS CAN'T TELL YOU & YOUR BUSINESS ASSOCIATES WON'T

. . . what hampering speech mannerisms may be interfering with your social and financial success

友人たちは言えません，
同僚たちは教えようとしません…
あなたの話し方のどんな悪癖が，
社会的・経済的成功の
障害となってしまうのかを。

YES（はい）	NO（いいえ）	
☐	☐	文法や語彙を間違えたところを見つかってしまったことはありませんか？それが原因で，まわりの人たちがあなたの真の能力を見て，築き上げられてきた評価はあっという間に崩れ去るのです。

笑いごと（ではない）

極端ゆえに，規範的態度は風刺的な扱いに適している。1970年代，アメリカの英文科の間では，さまざまな「正しく書くためのルール」が広められていた。(『イングリッシュ・トゥデイ(*English Today*)』誌に転載された) 以下は，ニューイングランド英語教師協会のジャーナルである『リーフレット（*The Leaflet*)』(1979年秋号）から採られたもので，文法，語彙，句読法，談話における異論のある諸問題を明らかにしている｛【訳注】以下，原著ではここに示されているルールに違反する書き方の例文が挙げられている｝(pp.82，206 も見よ)。

1　すべての代名詞は，その先行詞に一致させるべき｛【訳注】代名詞 their が先行詞 every pronoun と一致していない｝。

2　私たちのように文法的な格の問題はない方がよい｛【訳注】前置詞 like に主格の I が後続している｝。

3　どんなエッセイでも動詞はその主語に一致させなければならない｛【訳注】主語と動詞の数が一致していない｝。

4　who や whom の区別がつかない人だと思われるのはよくない｛【訳注】主格の関係代名詞を用いるべきところで目的格の関係代名詞が使われている｝。

5　二重否定を絶対に使うべきではないという人はいない｛【訳注】nobody と never で二重否定が用いられている｝。

6　書き手は視点を変えるべきではない｛【訳注】主語の a writer のことを，he や she ではなく your で表現している｝。

7　書くときは，分詞はぶら下げられない方がよい｛【訳注】懸垂分詞が用いられている｝。

8　上手に書く人がするように，節はうまくつなぎなさい｛【訳注】前置詞 like の後ろに名詞句ではなく節が生じている｝。

9　接続詞なしにだらだら続ける文は書かないこと。文体的によろしくない｛【訳注】接続詞を用いずに節が並べられている｝。

10　文になるようにばらばらなままにしておかないよう気をつける｛【訳注】語が並べられているだけで文になっていない｝。

11　手紙（,）作文（,）レポートなどでは，項目を区切ってリストにするためコンマを使う｛【訳注】項目の区切りにコンマが使われていない｝。

12　コンマを that の前に置くなと言われたことがあるなら，それは正しい｛【訳注】that の前にコンマが置かれている｝。

13　アポストロフィ's を適切に使うことは大事である｛【訳注】It's のようにアポストロフィーを使うべきところが Its のように使われていなかったり，複数変化のように使うべきではないところに apostrophe's のように使われていたりする｝。

14　略語を用いるべきではない｛【訳注】abbreviate という動詞が abbrev に縮約されている｝。

15　何かを抜かしていないかつねに確認しなさい｛【訳注】have + O + out が用いられているが「歯を抜く」という意味であり，「(任意のものを）抜かす」の意味では用いられない｝。

16　冗談を抜きにして，わざとでも不定詞を分離させないよう気をつけなさい｛【訳注】to と split の間に never seriously and purposefully が挿入され，分離不定詞になっている｝。

17　まともなひとには耐えられないので，文を終えようと無駄に前置詞を用いない｛【訳注】規範文法（p.206）では文を前置詞で終わらせてはならないとしているが，そのような文が用いられている｝。

18　個人的に，あまりにも多くの不要な語を用いることはよいことだと思い込まない方がよいと思っている。簡潔に記した方がよいからである｛【訳注】In my own personal opinion や I myself という意味が重複する語が用いられている｝。

こういったリストはじつにおかしなものだとわかる人もいるし，ジョークが理解できない人もいる。

「適切さ」という概念は，「猫をかぶった」正しさであるという理由で批判にさらされてきた。しかしながら，この2つの概念には雲泥の差がある。特に，適切さは言語使用における「自然さ」という概念をとらえようとするものである。適切な言語使用は，それ自体に注目を集めるものではなく，批判を引き起こすものでもない。形式ばった場面でのくだけた言葉は不適切である。くだけた場面での形式ばった言葉と同じく，それは目立つものだからである。そのため，両者は頻繁に批判される。前者は「教養がない」とか「不注意な」といった烙印を押される。一方後者は，「気取っている」とか「高飛車だ」と見られる。対照的に，日常言語で一番よいのは，注目を集めない，そしてその構造が伝えようとしている意味の邪魔にならない使い方である。ある慣用がある状況で「適切である」と言うのは，唯一，この機能を満足の行く形で果たしていると言うことである。

規範的態度は，ある社会の教養の質を特徴づける時に重要な役割を果たすため，軽々に退けられるべきではない。英語の場合，200年を超える社会史の産物であり，英語圏で育てばこういった意識に敏感になるものである。言語通っぽく振舞うことを嫌がる書き手でさえも，意識的に語順を変えることが知られている。よりよい文体や明快な意味を生み出すという理由ではなく，読者の中にいる厳格に規範的な見方をする人たちの気に障らないようになるだろうと感じているからである。そんなある書き手は，only の位置を文中のある場所から別の場所に移した理由を問われたとき，「読者を敵にまわそうとするつもりはないから」と述べた。またあるラジオのアナウンサーは，言語意識が高いリスナーから嵌入の r (p.257) を用いない不自然さを問われた回答で「その方が波風を立てずにいられるから」と答えた。

おそらく多くの人たちは，規範的な見方と記述的な見方のどちらももち合わせている。言語学者が望ましいと思えない言葉を使った自分の子どもを叱っているのを聞いたことがある。規範主義者である観光客が，方言の非標準的な話しことばの特性に感心しているのを耳にしたこともある。規範的な話しぶりを最も貶めるとしばしば言われているのが，その話し方をした際に受ける攻撃性である。その言葉は攻撃の比喩（「言葉を防御する」「負け戦を戦う」）でもって，ひどく断罪的に，非難される (p.206)。そういったとき，「不断の警戒」(eternal vigilance) という広く用いられるスローガンの力は，絶えざる不寛容さによって薄められてしまう。ほかでもなく，言語学者が規範的伝統に対してじつに批判的になってしまうのは，まさにそのためなのだ。

鋭くはじける声

トーマス・ハーディ (Thomas Hardy) (p.92) は，純粋主義の批評家たち，特に彼の方言の使用を批判する者たちを気にしなかった。ウィリアム・アーチャー (William Archer) の『現実の会話 (*Real Conversations*)』(1904) で報告されている次の手厳しい意見を見れば明らかである。

私は，英語を死語と扱う批評を支持しない。死語とは，恣意的に選ばれたどこかの段階で結晶化され，過去を忘れ未来を否定するよう命じられたようなものだ。文法であれ語彙であれ，いつでも純粋主義とは無知のことを言う。言語は文法以前に形作られているのであり，言語がなければ文法もない。

さらにロバート・グレーヴス (Robert Graves) は『さらば古きものよ (*Good-Bye to All That*)』(1929，第28章) にて，辞書 (p.498) の権威について興味深い問いを提起しているハーディの素晴らしい逸話を述べている。

彼はプロの批評家を，サインを欲しがる人たちに劣らず有害な寄生虫として扱い，批評家がいない世界を望んだ。若い頃に批評家たちに耳を傾けていたことに後悔もしていた。彼らのアドバイスに従い，初期の詩から方言独特の語を削除したこともあった。批評家たちは彼を悩ませていた。その一人は「彼の姿が遠くで小さくなった (his shape smalled in the distance)」という1行に不満を訴えた。ではいったい彼はほかにどう書くことができたというのだろうか。ハーディは苦笑した。新しい言葉を作ったという非難を恐れ，最近1，2回まど彼は辞書を引き，案の定，その語に関する記述を見つけた。読み続けてわかったのは，引用された唯一の典拠が，半ば忘れ去られた小説の中の自分自身だということだけであった！

これは作り話だと考えた批評家もいたが，真実である可能性が高い。というのも，*OED* に1,000を超えるハーディからの引用があるからだ。多くは彼自身が考案した新語であった。

罪悪感

『クイーンズ・イングリッシュ (*The Queen's English*)』(1869) の第201-2章で，カンタベリーの首席司祭，ヘンリー・アルフォード (Henry Alford) は，前置詞に関する自身の説明を慎重に行ったが，言語的な罪深さという隠喩から逃れることができないと知った。罪悪感と劣等感は，まさに規範的伝統の遺産である。最も教養のある人でさえ逃れられないのである (p.83)。

前置詞には，適度であれば許容される特異な使われ方が存在するが，頻度が高くなってはならない (but must not be too often resorted to.)。ちょうど resorted to と言って文を終えたように，それは文末に置かれる前置詞のことである。「あなたがたにとって善いことが，そしりの種にならないようにしなさい (Let not your good be evil spoken of)」という指示においても，談話や書き物にも頻繁に見られるものだ。

その説明は，通常動詞の後ろに置かれる前置詞は，その動詞の一部を構成していると見なされるというものだ。speak of や resort to は，動詞と前置詞というのではなく，それぞれ1つの語をなしているのだ。ともかく先へ進もう。Where do you come from? は唯一の問い方であり，正確ではあるけれども Whence come you? は当然正論ぶっている感じがする。Where are you going to? もほかの疑問文と同じであるが，この場合は to を落とすのが普通である。移動を表す副詞 whither に代わって静止の副詞 where が使用されるようになってきたからであり，そのため to は不要なのである。西部地方の人が大方するように，Where are you going to? と言うのを選択するなら，慣習には即していないが，妥当性に違反しているというわけではない。このとき，若い女性たちが年配者たちとは異なる話し方をできるようにする正規の機関で教えられる規則とは違っていることはわかっている。しかしどうしようもないのだ。これは私が犯してきた罪であり，これからも犯す可能性があるのだ。

究極的な規範主義

『ニュースピーク辞典』第11版 (p.145) 案には，全体主義的な規範主義の面が反映されている。編集者のサイムは，ウィンストンに説明している：

「第11版が決定版だ」と彼は言った。「私たちは，言語を最終形にしているのだ。誰もほかのことを言わない時に残っている形のことだ。完成したら，君たちは最初から学ばなければならない。あえて言おう。君は，私たちの主な仕事は新語を創ることだと思っているね。そうではないのだ！私たちは語を壊しているのだ。毎日，数十，数百と。言語をぎりぎりまで削減しているのだ。第11版には，2050年までに廃れてしまう単語は含まれないだろう」

彼はがつがつとパンにかじりつき2，3口喉に流し込み，学者ぶる感じで話を続けた。痩せた暗い顔は活き活きとなり，彼の目からはあざけるような表情が消え，夢を見ているかのようになった。

「美しいことだよ，言葉を壊すのは。もちろん，大きな無駄は動詞と形容詞にある。でも，破棄される名詞も数百はある。類義語だけじゃない。反義語もだ。結局，反義語にはどのような正当な理由があるのだろうか。ある語はその中に反対の要素を含んでいる。「よい (good)」を例にしてみよう。もし「よい (good)」のような語をもち合わせているなら，必要なのは「悪い (bad)」のような語なのだろうか。「非よい (ungood)」のような語だっていいだろう。いや，「悪い (bad)」と違ってこちらの方が正確な反対を表すから，よりよいだろう。もし「よい (good)」のもっと意味合いが強い語が必要なら，「優れた(excellent)」や「素晴らしい (splendid)」のようなあいまいで役立たない語にはどんな意味があるというのだろうか。「さらによい (plusgood)」はその意味をカバーする。さらに強いなら「さらに2倍もよい (doubleplusgood)」である。もちろん，私たちはこういう形式も使うが，ニュースピークの最終版では，ほかには何もないであろう。最後に，よさや悪さという概念全体は，たった6語で表されるだろう。実際にはたった1語だ。その美しさを見ないのだろうか，ウィンストン？　もちろんもともとはB.B.のアイディアだった」あとからの思いつきのように彼はつけ加えた。

（ジョージ・オーウェル，『一九八四年 (*Nineteen Eighty-Four*)』，pp.44-5）

性の問題

1960年代以降，英語に影響を与えた最も重要な言語変化の中には，社会が性差別主義（p.189）の慣行や影響を違った風に見るようになったことで生じたものもある。20世紀初頭にはなかったものの，今広がりを見せているのは，言語が男性と女性への社会的姿勢をひそかに表示していることへの気づきである。批判の矛先は，英語の語彙や文法に組み込まれた偏見に向けられた。それは，伝統的な男性中心の世界観を反映しており，社会における女性の低い地位を強めるものとして解釈されてきたものである。主たるヨーロッパの言語はすべて影響を受けてきたが，アメリカでのフェミニスト運動の初期の影響により，とりわけ英語は大きな影響を受けている。

語彙においては，中立的な項目を用いることで総称的意味になるよう，「男性」語を置き換えるということに注意が注がれた。例えば，（議論がないわけではないけれども）chairman（議長）はchairあるいはchairpersonに，salesman（販売員）はsales assistantになっている。職務記述書のような場合，性に関して中立的なことばを使うよう法的に求められるようになっている。そういった改訂はどの範囲で行うべきか，つまり，man in the street（普通の人）やNeanderthal Man（ネアンデルタール人）といった古くからあるイディオムにも影響を与えるのか，manの男性の意味がもはや感じられないmanhandle（手荒く扱う）やwoman（女性）のような語にも適用するのかなどをめぐって，過激派と穏健派の間では継続的な議論がある。結婚歴に関わる語彙も影響を受けてきたが，Miss（未婚）やMrs（既婚）に代わって結婚に中立的なMsが導入されたことはとりわけ大きなものであった。

文法においては，性別を問わない3人称単数代名詞が英語にはないことに注目が集まった。性別を問わない名詞（例えばstudent）や不定代名詞（例えばsomebody）をどう受けるかという問題である。この難しさは次の文を見ればわかるだろう。伝統的には，空所はheやhisで埋められていたものである。

> If a student loses – key, – should report the loss to the bursar.
> （学生は鍵を紛失したら，紛失の事実を会計課に報告すること）

男性のバイアスを回避するため，さまざまな代替案は提示されてきたが，どれにも批判はあった。He or sheやshe or heが使われることはあるが，文体的にぎこちない感じを受けてしまう。文章を書く際，(s)heという形式は便利であるもののhisやhimでは役に立たない。くだけた話しことばで，anyoneのような語の後ではtheyが幅広く使われるが，複数形の語を単数を意味する語に用いるべきではないと感じている人たちから批判されている（p.233）。そのため多くの書き手たちは，単数名詞を複数形にする（If students lose their key...）などして，そういった問題を回避するため文の構造を変えることを選んだ。まだうまく行っていないが，過激な解決策は，性に中立な3人称として機能する完全に新しい代名詞を考案することである（p.393）。

知識界や公共機関では，性差別撤廃の戦いにはほぼ決着がついている。しかし，いつでも性差別的な言葉が再燃する可能性があるため，決して満足してはいけない。一方で，今日のように平等であることが認められたことで，ジェンダーの研究者たちは，新しい環境がもたらす問題に焦点を当てることができるようになったのである（p.393）。

談話パターン

性差別ことばは，単一の語彙項目や文法構造だけではない。言及順（*I now pronounce you wife and man）〔【訳注】男性を先に言及し，かつ女性を男性との関係概念wifeで表現する慣習〕や言及価値（*Five people were involved in the incident, including two men）〔【訳注】peopleの無標（デフォルト）が男性なので，取り立てる時は特殊扱いの女性に言及する習慣〕にも関わっている。分析すればわかることかもしれないが，実際に営まれている思考や信念の全体的な枠組みは，非常に深く根を下ろしているため，女性にも男性にも疑問を抱かれることがない。

このことは宗教のことばで最も明確に説明される。そこでは，神という男性中心の概念が家父長制の時代から受け継がれている。ステレオタイプ的にタフさ，かっこよさ，権力のように男性と結びつく属性がともない，思いやりや涙を流すといった属性はない。神は，失われた創造物を泣き叫び求めることはおそらくできないのだ。

英国の讃美歌作家で牧師のブライアン・レン（Brian Wren）は，この属性を反転させることで伝統を覆そうと試みた。「いのちと愛に満つ（*Bring many names*）」（1989）は，用いられている語が予測されるステレオタイプを反転させ，新鮮味のある共鳴やコロケーションを導入している彼の讃美歌の1つである（p.172）。

多くの名前をもってきて，美しく，よい名前を。
たとえ話や物語の中で祝う。
　輝きの中の聖なるもの，
　生きている，愛している神。
神をたたえよ
たくさんの名前をもってきなさい！

強い母なる神，昼夜働いて
天地創造のすべての不思議を計画する。
　方程式を設定し，
　天才が現れる
神をたたえよ
強い母なる神よ！

すべての子どもたちを抱きしめる，温かい父なる神。
人間が生きて行く上でのあらゆるひずみを
　思いやりと寛容
　仲直りするまで
神をたたえよ
温かい父なる神よ！

老いて痛んだ神，果てしないケアで白髪になった。
冷静に悪の新たな変装を突き止める。
　良き驚きが嬉しい。
　絶望よりも賢明である。
神をたたえよ
老いて痛んだ神！

若くて成長している神，まだ知りたいと思っている。
あなたがしたことによって変化することを厭わない。
　喜んでくれるのが早い。
　歩みながら歌う。
神をたたえよ
若くて成長している神！

偉大なる生ける神よ，決して完全には知られていない。
私たちの目の届かないところにある，喜びに満ちた闇。
　息をするよりもまだ近い。
　永遠の家
神をたたえよ
偉大なる生ける神よ！

変化の速度

社会的な意識の変化が言語に与える影響は，話しことばよりも書きことばの方がはるかに目立つ。ある種の書き物の場合特にそうである。ある研究（R. L. クーパー（R. L. Cooper），1984）は，1971年から1979年の期間にアメリカ英語50万語を対象とし，heやmanといった形式がどれほど用いられていたかという頻度を比較している。当該期間中に，5,000語あたり約12語だった頻度が4語にまで低下していた。女性誌では急落し，続くのは科学雑誌，新聞はそれよりも頻度があり，最後は連邦議会議事録であった。この傾向は続き，さらに広範に広がって行った。いくつかの国家機関が実施しているように，出版社は執筆者に対し性差別語を避けるようガイドラインを出しているのが普通である。

こういった変化が自然発生的に話しことばにも影響しているかを判断するにはさらに長い時間がかかるだろう。書きことばでは，会話にはない（p.309）（下書き，読み直し，編集という）意識的な管理が可能である。話しことばが新しい社会的プレッシャーに応じた結果，新しい慣用法がコミュニティの中で正用法になるのにどれくらい時間がかかるかは誰もわからない。この領域の慣用法に払われている世間の関心の量は前例がないほどであるので，経験済みの言語変化から推定することはできない。しかし，（代名詞の体系のような，文法領域に影響する）大規模な変化が一世代のうちにそれほどまで明らかな形で書きことばに現れるということは，そうあるものではない。何しろ，中英語の頃から1960年代まで，代名詞の体系はほとんど変化してこなかったのだから。

言語変化を編集する

編集方針は言語変化の重要な要素であると示唆する研究がある。一例をあげれば，新聞が人を名前で呼ぶ仕方というのがある。見出しが「ジェーン／ジョン・スミスが反撃」（Jane/John Smith fights back）だとすれば，その人のことを次に何と呼ぶだろうか。可能性は5つある。

- 敬称を使う：Ms/Miss/Mrs/Mr Smith said...（スミス様／さん／夫人／殿が言った）
- ファーストネームを使う：Jane/John said...（ジェーン／ジョンが言った）
- ラストネームを使う：Smith said...（スミスが言った）
- フルネームをくり返す：Jane/John Smith said...（ジェーン／ジョン スミスが言った）
- 描写やニックネームなど置き換え表現を使う：The tall auburn-haired doctor said...（背の高い赤褐色の髪の医師が言った）

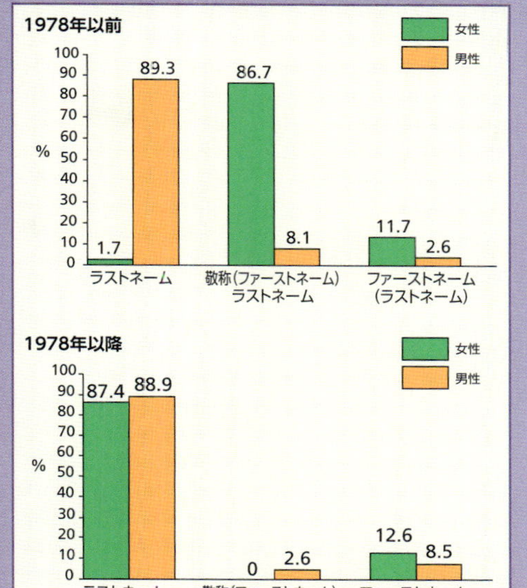

20年（1966-86）にわたる「ニューヨークタイムズ」と「ワシントンポスト」の用法を分析したある研究によると，その間に編集方針の重要な変更があったという。1978年，ワシントンポストのスタイルマニュアルは，男女の別を問わず2回目の言及に際してはラストネームのみを用いることに決めた。上記3番目を選択したのだ。以前，女性に言及する場合，敬称の使用がはるかに一般的であったことがある。しかし，1978年以降，敬称を用いる形式は新聞紙上から完全に姿を消した。新しい方針の影響は即座に表れた。（R. ファソルド（R. Fasold），1987に従う）

スタイルマニュアルはすべてをカバーしているわけではなく，執筆者が一番重要なパターンだととらえるものだけを扱っている。上記のような編集方針の変更は，マニュアルには記載されていない慣用法にも影響があったのだろうか。明示的な規則のないマイナーなパターンを調査した研究がある。人名のミドルネームの頭文字に関する規則である。最初，著名な米国人男性は，通常はミドルネームの頭文字を含むフルネームで特定される。著名な女性はというと，その可能性は大きく下がる。頭文字の使用は，重要人物であるという印象をはっきりと与える。James H. Smith は，James Smith よりも権威があるように聞こえる。しかしながら，スタイルマニュアルの発行後，注目を集める一般的な方針はなかったが，ミドルネームの頭文字の使用は平等となった。記者や編集者は，このマイナーな慣用の社会言語学的な重要性を意識してはいないだろうが，彼らが自分の執筆方針を変えたという事実は，言語計画の方針決定は言語意識に一般的な影響を及ぼす可能性があることを示唆している。（R. ファソルドら（R. Fasold, et al.）編，1990に従う）

非性差別語のガイドライン

今では，多くの機関が性差別語の避け方についてスタッフ向けにガイドラインを発行している。以下は，この問題に関して最も詳しい組織の1つ，アメリカ言語学会が会員向けに1992年に発行した提言からの引用である。特に興味深いのは，性差別への配慮が言語の例文使用にどのように入り込んでいるかということである。

- （明確に男性を指している場合を除き）性不定先行詞（= man）やその複合語とともに，代名詞heのような，いわゆる総称としての男性形を使うのは避けなさい。
- 真の総称表現を，男性だけを指すかのように用いることは避けなさい（例えば「米国人は卑猥な言葉をたくさん使うが，女性のまわりでは使わない」Americans use lots of obscenities but not around women）。
- 不必要に指示対象の性別を標示する修飾語句や接尾辞を名詞に加えることは避けなさい。そういった使用法は，2つのうちどちらかの方法で，継続的な性のステレオタイプ化を促すからである。1つは，指示対象の性を際立たせることで，指示対象は反対の性を表す（lady professor（女性教授）の場合，教授は一般的には男性，male secretary（男性秘書）の場合，秘書は一般的には女性）。そしてそのため当該指示対象全体は普通ではない，という一般的な前提を合図してしまう。もう1つは，慣習化された性の標示は，名詞の指示対象の推定上の性，無標の性に「市民権を与えて」しまう（steward-ess（女性の客室乗務員）や cleaning lady（女性清掃員））。
- 女性と男性とで同様の呼称形式を使いなさい。例えば，男性研究者は名字だけで，女性研究者は名前と名字で引用するのはやめなさい。
- 性に関するステレオタイプ化された，品位を傷つけるような特徴づけは避けなさい。例えば，男性を行為者，女性を他者の行為を受動的に受ける存在として提示するなど。よくあるのは，男性は暴力行為の動作主で，女性はその受け手になっているというものである。参与者の性や種に関わらず，暴力行為の描写は完全に回避することを推奨する。

動詞kissが，暴力行為に言及する動詞の代替として使われることがある。これは，参与者の名称に関する性差別主義的慣習と結びついて，結果として性差別主義的偏見だけでなく，異性愛主義的偏見にもなってしまうことがある。（例：「男子全員がメアリーにキスをした」All the boys kissed Mary.）

- もっぱら1つの性を例文に登場させることは避けなさい。
- 女性に言及する前に男性に言及するのは避けなさい。この順番は，男性優位を伝達するだけでなく，英語では，主語の位置に男性を，目的語の位置に女性を置くことになってしまう。
- 性差別主義的（あるいは蔑称的）な内容の例文は避けなさい。（例：「愛人を殴る男性は，妻を殴る男性よりもすぐに後悔するだろう」The man who beats his mistress will regret it sooner than the man who beats his wife.）
- 研究に関わってくれた，あるいは役立つコメントをくれた人について，男性だけではなく女性のことも言及するか，謝辞を述べることを忘れていないか確認しなさい。男性と女性の立場に関する伝統的な見方を考えると，女性によって提案された考えでも男性によって採用され，男性が言い出したものと記録される危惧がある。一般化して言うと，女性の知的貢献が過小評価されがちであるという危惧がある。

新時代

ジェンダー研究は，1990年代以降大きく変わってきている。当時，社会言語学の目的は，男性と女性の間にあるとされる言語使用の相違を探求すること，男性と女性という2つのグループが社会で取り上げられる仕方（p.390）にある明らかな不平等などを特定すること，そしてそれについて実際の文脈の中で何かをすること，であった。この時期にはさまざまな見方があって，女性は男性に比べて（例えば自己主張の点で）不足しているとか，男性優位のせいで虐げられているとか，男性とはまったく異なるサブカルチャーに属しているなどとされた。今日の状況はよりいっそう複雑になっている。性について考えることは，男対女という明確な2つの性の対照を想定することから，多様なアイデンティティーの流動的なスペクトラムを認識することへとシフトしている。

支配的な現在の見方は，性すなわちジェンダー（gender）は社会的に構築されたカテゴリーであり，生物学的性（sex）とは関わりはあるものの同一ではない，というものである。この見方は，伝統的な説明を完全に覆してしまった。つまり，1980年代の研究上のパラダイムでは，性それ自体は疑いの余地のないものとし，男女を区別する言語的特徴を求めていた。現在のパラダイムは，あらゆる行動の表れから，性を確立するために言語的特徴がいかに用いられているかを探求している。

動的モデル

新しいアプローチは，探究の動的モデルである。個々人がジェンダーである（be）のではなく，個々人が（幾人かの研究者が表現しているように）ジェンダーをする（do）のだ。どちらの生物学的性も，言語使用において，「男らしさ」や「女らしさ」と簡潔に描写される性の可能性を伝達する選択肢をもっている。年齢，民族，社会経済的階級，性的志向性といった背景的要因だけでなく，誰と話しているか，どんな活動に関わっているか，会話の主題が何であるかなどに関わる選択肢である。このように，ジェンダーは「実践共同体」に参画する人の相互行為から生じると見られている。遂行性（p.304）という概念が新たに強調されている。話すこと（書くこと，あるいは手話を使うこと）によって，私たちは「男性」「女性」としての社会的アイデンティティーを表に出す。あるいは，男女ではなく現在認識されているほかの性のカテゴリーのうちの1つのこともある。言語獲得の過程で，こういったカテゴリーのどれかに属する特徴を使えるようになる。これは，生物学的にはわずかな条件づけしか受けていない，離れ業である。「性獲得」とでも呼べそうな文化的適応の一プロセスである。

ジェンダー研究は現在，社会言語学ではあたり前になっている多面的視点を反映させている。ことば遣いの変化は，参与者の数，改まり度，主題や活動の性質，社会的役割といったコミュニケーションの状況における可変性の自然な結果であると見られているのだ。参与しているコンテクストにぴたっと合うと感じられるアイデンティティーを表出するために話し方を変える方言間のコードスイッチング（p.448）との平行性もある。こういった見方では，誰もが状況に応じて異なる社会的アイデンティティーを表に出す潜在的可能性を秘めている。この視点こそがジェンダーを特徴づけているのだ。かつてジェンダーの一機能だと考えられていた話しことばの特徴は，今では文脈的要素を反映しているというのがより適切だと見られている。

アイデンティティー

異論を挟まれないことは，ジェンダーというアイデンティティーは可変的であるということだ。自分のことを男性あるいは女性，ゲイあるいはストレートと見るにしても，近年浮上しているジェンダーカテゴリーのうちの1つというアイデンティティーをもつ存在と見るにしても，いつでも同じように話す人はいない。（ゲイ，レズビアン，バイセクシャル，トランスジェンダーなど）幅広いカテゴリーはそれぞれじつに多様であり，さまざまなサブグループを含むコミュニティがある。こういった状況を表すために考案された術語は，かくして，特定のアイデンティティーの主張に導く要素の集合体にもとづき，絶えず変化するとともに論争を引き起こしている。

ラベリングはじつに巧みだ。定着しているラベルでよいか，それとも新しいラベルを探す必要があるか，個々人が自分で決められる。LGBTQQIAPP+といったアイデンティティーの頭文字がますます長くなっていることからも明らかである。（LGBTQ+と縮約されることもある。lesbian（レズビアン），gay（ゲイ），bisexual（バイセクシャル），trans（トランス），queer（同性愛者），questioning（性自認や性的指向の未決定），intersex（間性），asexual（無性），aromantic（他者に性的欲求を感じるが恋愛感情は抱かない人），pansexual（全性愛），polysexual（多性愛）を縮約したもので，最後に意味ありげなプラス記号がつく）。このリストの中でqueer（同性愛者）と言う語は，（queer linguistics（クィア言語学）と言うように）異性愛者やシスジェンダー（生物学的な性と性自認が一致する人）ではない性的少数派のジェンダー研究を指すという，より一般的な使い方もされている。

新たな洞察

新世紀になって，ジェンダー研究の領域は大きな広がりを見せている。新たな視点には，社会における性的振る舞いを規制する一連の規範が含まれる（異性愛規範性）が，それは法的，医学的，経済的，文化的伝統によって確立されたものである。そのため，この規範からの逸脱と結びついた言語に焦点をあてることが可能になっている。逸脱には，倒錯した性活動に関わるストレートな人たちや，（現代の認識からすれば）生活様式として禁欲を選択している人たちさえもが含まれる。

ダイナミックアプローチは，個々人についてどう話すか，その表現方法を急進的に変えてもいる。例えば，ゲイの男性を「女っぽい」（effeminate），レズビアンを「男っぽい」（masculine）と表すなどである。研究上の方法論も大きく変化している。初期の頃は，白人，中流階級，英国中心の研究であった。のちに対象は広がり，すべての民族，社会，国が含まれるようになっている。初期の研究はジェンダー間の相違に焦点があてられていたが，1990年代以降の重要な研究は各ジェンダー内での相違とジェンダー間の類似にも着目している。

収斂

もちろん，意識的なコントロール下にはない，なにがしかの話しことばの特徴と言うものはある。例えば，声道の身体構造上の相違による声の質やピッチの範囲などである。私たちは，ソプラノとかバスとか声の高さを「選択」することはできない。しかし，選択が可能な特徴もたくさんある。ジェンダーカテゴリー内での言語的相違はカテゴリー間の相違よりも大きいことを示す証拠が集まってきている。反対に，男性と女性が同じ仕事をするとき，お互い似た話し方をする傾向にある。していることが，ジェンダーよりもスピーチスタイルに大きく影響を与えているのである。

これは，子どもの言語獲得研究で長く認識されてきたことである。「母親言葉（motherese）」という用語は，父親（ほかジェンダーにかかわらず養育者）が幼児に話しかけるとき同じような話しことばを使っていることが提示されたのち，ジェンダーによらない「親言葉」や「養護者言葉」（parental or caretaker speech）」（p.482）に置き換えられてきた。以下に示す3つの事例にあるように，職場で使われる言語の研究で再確認されている。

1997年の英国総選挙で国会議員となった女性の数は史上最多であった。コメンテーターたちは国会は柔らかく協調的なスピーチスタイルになるだろうと予測していたが，そうはならなかった。女性議員は男性議員よりも審議のルールや国会のエチケットの遵守に意識が高かったが，時に攻撃的なディベートスタイルも使うことができたのだった。（S. ショー（S. Shaw），2006に従う）

2017年にはさらに多くの女性国会議員（208名）が誕生した。

ある研究によると，採用後間もないアメリカ・ピッツバーグの女性警察官は，相手に対応する際，男性の同僚たちが用いる感情を表に出さないイントネーションスタイルの使い方をすぐに習得したという。（B. マッケルヒニー（B. McElhinney），1995に従う）

別の研究によると，男性看護師は，女性看護師と同じように気遣い，援助するように話すほか，一緒に会話する時には，雑談，ユーモア，ヘッジ表現（p.181）や付加疑問文を用いて柔らかい指示出しをするなど，同じ言語ストラテジーを用いているという。包括的代名詞であるweやusの使用は，お互いを認め合った実践共同体に参画していることを反映している。（J. マクダウェル（J. McDowell），2015に従う）

なぜ程度が異なるのか

初期のジェンダー研究で，研究者たちは男女間の相違をはっきりさせる言語的特徴を探していた。男性は女性よりも罵ったり，話を遮ったりすると言われていた。女性は強意表現（例：so（とても），terribly（ものすごく）），感情の形容詞（例：divine（すてきな），charming（すばらしい）），疑問形，ヘッジ表現（you know（ほら），sort of（ちょっと），perhaps（ひょっとすると），p.181），引用（like（のように））を多用し，同時的なフィードバック発話（yeah（はい），mhm（うん），right...（そう），p.453）を多くするとされていた。現在のコーパス研究によるとそうとは言えず，むしろ，定義や解釈について疑問を投げかけている。

よく話すのは誰か？

形式ばった場面（仕事の打ち合わせやラジオトーク番組）では，男性の方が女性よりもよくしゃべるという研究がある。それはジェンダーが違うからだと昔から言われてきた。生来的に，男性はより断言的であり，女性はよりへつらいがちであるというものだ。新たな視点では，これはジェンダーよりもステータスに関わると見られている。ビジネスの世界では，上職のポジションには男性が就くことが多いため，男性が仕事を取り仕切る可能性が高い。女性が最高責任者であったり，しっかりとした専門知識をもつ会社に注目してみると，発話の割合は男女で逆転する。

女性はゴシップがお好き？

それは「ゴシップ」が何のことを言っているのかによる。この語の語史はステレオタイプ的には女性である。しかし，談話という視点を採り，その機能（親和的関係の構築，関心の共有など）を問うなら，同じくゴシップと呼ばれる男性の会話の話題領域がいくつかある。例えば，スポーツや車などだ。これも考慮されるなら，ジェンダー間の違いは取るに足らないものになる。

女性はヘッジ表現を多用する？

そうすることで自信のなさを示しているのだろうか？　事実，頻度の違いを示している研究もあるが，その理由は，話題の性質に関する点が大きい。女性の方が感情や問題点を話す準備をよりしっかりしていると言われている。はっきり言うのが難しい繊細な内容であるからこそヘッジを生むのである。ジェンダーが問題なのではない。男性二人による次の会話が実証しているように，同様の自己開示をする男性も，同じようにヘッジ表現を使い表現を弱めることがわかっている。話題は学校における性教育である（ヘッジ表現には下線を引いてある）。

<u>I must say</u> I <u>tend</u> to be frank about it（本当に，どちらかと言えば僕はそれについてはフランクだよ）/ <u>I mean</u> I . <u>you know</u> I do talk <u>quite</u> openly to my pupils（知ってるかもしれないけど，けっこうオープンに生徒に話すよ）/ which is <u>a little</u> daring of me / because the situation in Cyprus is different from here（キプロスの状況はここと違うので，ちょっと大胆かな）/ <u>I mean</u> people are <u>a bit</u> narrow in that respect（えっと，みんなその点ちょっと慎重かなと）/ <u>you know</u>（えっと）/ they don't like people to talk about it <u>too</u> openly（あんまりそのことをおおっぴろげに言ってほしくないんだよね）/ but I do because I think it's important...（でも大事だと思うから僕は言うね）
（D. クリスタルと D. デイビー（D. Crystal & D. Davy)，1975 より）

コラム「女性の方が叫ぶ？」を巻末 p.555 に掲載

新しい代名詞

1980 年代以降，ジェンダーに中立的な新しい 3 人称代名詞に関して多くの提案がなされている。提案されたリストには以下のようなものがある。

co（cos，coself)，E（目的格 ir)，et（etself)，heesh，hesh，hir /hiə(r)/，hirm，hizer，ho，jhe /ʒiː/，mon，na，ne，person（略して per)，po，tey，thon（thons，thonself)，xe /ʃeɪ/，ze /ziː/，zie

まず，地方の小さなコミュニティやたまに文芸文で見かけるくらいで，狭い場面以外で出くわすことはまれであったが，2010 年代に（特に ze について）ある程度の用例が出てきた。とりわけ，米国の大学で見られたのである。

今日，少なくとも教育の場面において，he か she かという 2 つのアイデンティティーで窮屈な思いをしたくない多くの人に問題が存在しており，トランスジェンダー差別を防ぐため解決策が必要とされているという意識が高まっている。今では，どちらの代名詞で呼びかけるのがよいか相手に尋ねることはよいことだと広く考えられている。3 人称代名詞をまったく使いたがらず，自分を呼ぶ時には代名詞を名前に置き換えてくれと言う人もいる。そのため，ロビンについて話す場合（特に本人が目の前にいる場合）次のようになる。

Robin was hoping Robin could borrow a book to help with Robin's essay tonight.
（ロビンは今夜ロビンが書くエッセイに役立つ本をロビンが借りられたらと希望していた）

さまざまな案のうちどれが定着するかは予測しがたいが，単数としての they の使用が優勢であるように思われる。そのため，2017 年現在，次のような例に出会う可能性が高い。

Robin was hoping they could borrow a book to help with their essay tonight.
（ロビンは今夜自分が書くエッセイに役立つ本を借りられたらと希望していた）

2016 年，カンザス大学図書館が「ここはあなたの居場所」（You Belong Here）という誰でも参加できるキャンペーンを開始した。キャンペーン用にスタッフと学生が選べる 3 つのバッジを制作した。同時に，正しいジェンダーの代名詞を使う重要性を説き，たとえ意図的ではないにせよジェンダーを誤ることで生じる苛立ちについて指摘する標示も掲げた。

ジェンダーはそれ自体変動するもので，本人次第のものであることから，自分に対して使われる代名詞を明らかにする権利は誰にでもある。相手のジェンダーを仮定する前にぜひ聞いてほしい。相手のジェンダーを誤るとずっと尾を引くかもしれない。正しくない代名詞を使うと傷つけてしまったり失礼にあたったりと，相手のアイデンティティーを否定することになってしまうかもしれない。

2016 年，ミシガン大学が始めた同じような取り組みにて，「指定される代名詞」(designated pronoun) 方針が導入された。これにより授業で教員にどう呼ばれたいか，学生たちが選択できるようになった。さらに 2017 年，サセックス大学の学生自治会は，ミーティングやキャンペーン，学生メディアや大学組織などの場面では中立的なジェンダーの代名詞を使用するよう推奨した。学生自治会のウェブサイトには次のような説明がある。

性自認が男性か女性かでは分類できない人や同定される性とは異なるトランスジェンダーの人も受け入れるため，そして誰の性自認に関してもあれこれ推測することを回避するためにも，学生自治会活動に参画している全スタッフと学生にはこの方針を採ってもらいたい。すべてのジェンダーで平等を促し，ジェンダーが教育や学生自治会への参画に与える影響を軽減させることを目指すためである。もし相手の代名詞がわからなければ，ジェンダーに中立的なことばを使ってほしい。いったん言われたら，それを尊重してほしい。

このような声明がますます多くの機関で見られるようになってきている。

職業による言語変種

「職業方言」(occupational dialect) という用語は，生計を立てる特定の方法と結びつく特有のことばを表すために長く使われてきた。しかし，これは地域方言や階級方言とは異なる。地理的あるいは社会的な素性（すじょう）を明らかに示すことばの特徴は，いったん確立されると，言語変化 (p.318) の大きな動向に影響されない限り，変更されないという傾向がある。ある国のある場所から別の場所に引っ越したあとに，新たな隣人に合わせて自分のアクセントや方言を変えるのはじつに難しい。それに，そうしようと思ったとしても，自身の社会的背景の言語的指標を変えるのはいっそう難しいことである (p.386)。

職業による言語変種はそれとは異なる。その言語的特徴は，地域や階級の特徴と同じくらい特有であるかもしれないが，一時的に使用されるだけのものである。そのことばは「仕事の一部」であり，始業時に使われ始め，終業すると使い終わる。もちろん，「いつでも仕事中」である人のことは考慮しなければならない。仕事がパーソナリティの一部になってしまっているため，言語的にも社会的にもそのことばがずっと振る舞いに影響するような人である。例えば，ディケンズのキャラクター (p.93) のいくつかは，このカテゴリーに分類される。彼らのこうした行動傾向が，ディケンズ流風刺の一部をなしているのである。しかし，ほとんどの場合，仕事から離れれば，仕事のことばは使わなくなる。さもなければ（例えばパーティで），「仕事の話」をするお詫びも一緒に伝えることになる。

職業の言語的な独自性，すなわちアイデンティティーを例示しようとすれば，どのような領域でも用いることができる。そこに階級の区別はない。工場作業員は，仕事を遂行するために，大量の専門用語や管理語彙（安全規則，年功規程，労働組合ガイドライン）を身につけなければならない。その際，外部の人と区別される俗語や専門語にも精通していく。職業が特殊になればなるほど，また地位が高かったり専門職的であったりすればするほど，ますますことばも専門的になる。また，職業が長く定着した伝統の一部であればあるほど，パフォーマンスの基準としてメンバーが容認する言語的なきまりはいっそう多くなっている可能性が高い。宗教，法，中央政府のように高度に独特なことばは，最も明確な事例を提供するもので，広範囲にわたる影響の及んだ文法，語彙，談話パターンをともなっている。しかしながら，専門的な語彙がいくつかしかないとしても，どの職業にもある程度は言語的に特徴がある。以下のページでは，独自性の範囲を説明し，異なる種類の職業語の使用が引き起こす問題をいくつか提示する。

語彙的アイデンティティー

端的に言って，職業はそのレキシコン (p.174) だけで特定できる。以下の語のリストは，1849 年に収集された石炭鉱業に関わるものである。これは職業のレキシコンがその時代の産物であることを示している。というのも，その多くは今は使われていないからである。また，仕事の独自性という側面が言語使用のほかの側面とどのように関わり合っているかも示している。匿名の著者は，そのリストを「ノーサンバーランドとダラムの石炭貿易で使われる用語集」と呼び，地域変種のような語彙を用いる産業であることを示唆している。

鉱車道 (barrow-way)　行商人が石炭運搬用の鉱車すなわちタブ型の鉱車を押して通る道。
豆 (beans)　小さな石炭のこと。サイズに由来する呼び方。
打ちたたく器具 (beater)　爆破の準備のために穴に火薬などを詰めるための鉄の棒。
結びつける (bind)　人を雇う。
ガス噴出 (blower)　天井，床，鉱山の側面にできる亀裂。燃えやすい空気を排出する。
ボール (boll)　石炭の寸法。石炭球は 9678.8 立方インチ。
ケージ(cage)　立て杭の滑動部で機能する鉄の枠。
キャッシュ (cash)　柔らかい層。
吊錨架（ちょうびょうか） (cathead)　鉄鉱ボール。
シャルドロン (chaldron)　ニューカッスルのシャルドロンは石炭 53 ハンドレッドウェイト {【訳注】英国では 112 ポンド = 約 50 キログラム} を運べる大きさ。
集める人と交換する人(changer and grather)　管轄する仕事場でバケツを並べて置き，必要な時に交換する人。

職業による言語変種という概念は，有給雇用に限らない。スポーツ，ゲーム，趣味，人格形成，そのほかのタイプの集団活動も含まれる。1980 年代初期の国際スカウト・ガイド運動の未成年メンバーを表す用語を掲出している次の表からわかるとおり，階層関係はあらゆる職業集団に暗黙裡に（トレーナー対研修生，大家対初心者といった概念に）存在するものであり，それがそのレキシコン (p.128) に反映される。年齢の区分は概数である。地域方言変種があることはすぐにわかる。

3 つ目の項目に興味深い語彙のギャップがある。見出しとして「アメリカのボーイスカウトメンバー」といった表現が使われなければならないところである。『スカウティングのことば (*The Language of Scouting*)』(1981) は，「ボーイスカウト (Boy Scout)」は，ボーイスカウトという一団の若いメンバーのことで，2 度目の言及の場合やくだけた使い方では「スカウト (Scout)」がその同義語であると指摘している。この文脈での「ボーイ (Boy)」は，通常より意味的に限定されている。年少のグループは 4 つとも，男の子しかメンバーに含んでいないからである。理由は歴史的なものである。「ボーイスカウト (boy scout)」は 1910 年の米国のスカウト運動におけるオリジナルグループを表すために用いられた名称であり，若いメンバーや年長メンバーがグループに加えられても，この年齢に関する最初の名称が残されたのである。(S. ヤコブソン (S. Jacobson)，1985 に従う)

	イギリス英語		アメリカ英語	
	スカウト協会 (The Scout Association)	連合王国ガールスカウト (The Girl Guides Association)	ボーイスカウトアメリカ連盟 (Boy Scouts of America)	ガールスカウトアメリカ連盟 (Girl Scouts of the United States of America)[2]
上位語	スカウト (Scout)	ガイド (Guide)	–	ガールスカウト (Girl Scout)
おおよその年齢 6	ビーバー (Beaver)	レインボーガイド (Rainbow Guide)	タイガークラブ (Tiger Club)	ガールスカウトブラウニー (Girl Scout Brownie)
7		ブラウニーガイド (Brownie Guide)		
8	カブスカウト (Cub Scout)		カブスカウト (Cub Scout)	
9				
10			ウィービローズスカウト (Webelos Scout)[1]	ガールスカウトジュニア (Girl Scout Junior)
11	スカウト (Scout)	ガイド (Guide)	ボーイスカウト (Boy Scout)	
12				ガールスカウトカデット (Girl Scout Cadette)
13				
14	エクスプローラースカウト (Explorer Scout)	シニアセクション（レンジャーガイド）(The Senior Section (Ranger Guide))	ヴァーシティスカウト (Varsity Scout) エクスプローラー (Explorer)	
15				ガールスカウトシニア ガールスカウトアンバサダー (Girl Scout Senior) (Girl Scout Ambassador)
16				
17				
18	スカウトネットワーク (The Scout Network)			
19				キャンパスガールスカウト (Campus Girl Scout)
20				
21				

[1] 本来は，wolf（狼），bear（熊），lion（ライオン），scout（スカウト）の頭文字をとって，形容詞的に使われ，第 1 音節が 'wee' と発音されていた用語だが，現在では 'We'll Be Loyal Scouts（私たちは誠実なスカウトになる）' の略である（lion の階級は 1967 年に廃止された）。
[2] 2008 年からは，学校の学年のみでレベルを識別している。

宗教の英語

左のページにある語彙的に特色のある英語の使い方とは異なり，宗教的な信念から生み出される変種は構造のあらゆる側面に関与する。声をそろえるユニゾンスピーチ（p.315）という通常とは異なるケースを含め，祈り，説教，聖歌，連祷といったジャンルには，音韻の面で特有な独自性がある。書記学的な面での独自性は，典礼の手引書，公教要理，聖書のテクスト，そのほか多くの宗教出版物に見られる。神の加護を求める祈り，祈りのことば，祝福のことば，そのほかの儀式形式には，私的なものであっても公的なものであっても，厳格な文法的独自性がある。わかりやすい語彙面での独自性は，教義の語彙とともに，信仰や聖書の教義にもとづく公式な記事に広く見られる。さらに，礼拝の儀，説教，通過儀礼（例えば，洗礼式，結婚式，葬式）といった領域にもじつに独特な談話面での独自性がある。

つまり，宗教の英語は，職業による言語変種の中でおそらく最も特色があるものである。主な理由は3つある。

- 宗教の英語は意識的に回顧的である。絶えずその起源へと立ち戻り，そのため初期の頃の英語（やほかの諸言語）へと立ち戻っているのである。人びとは，正確かつ容認可能な形で信仰を伝達することに重きを置く。原典が規律正しくまた定期的に再解釈される点でこれに似ているのは，法律の英語（p.398）ぐらいである。
- 宗教の英語は意識的に規範的である。原典についても儀式についても正統性と独自性の問題に関心を寄せている。これは宗教改革以降，英語という言語の宗教史を写したものである。
- 宗教の英語は意識的に独創的かつ探検的であろうとしている。それは人びとが信仰の要求に対し自分なりの応答をする際に見られる。その反応は，高度に構造化されたものからまったく予測できないもの，多弁的なものから沈黙にまで及ぶ。それらの対比は，ローマカトリック教のミサのしっかり構造化されたユニゾンの反応，ペンテコステ派の祭事の自発的な声の大きさ，クエーカーの集会の静かで瞑想的な雰囲気（これはその創始者の訓戒「口を慎みなさい」により奨励されるものである）の間に見出される。

文体についての解説者は，しばしば宗教英語と法律英語の類似性を指摘する。特に，歴史的伝統が古語の使用（p.197）や儀式的な対話の使用を認めている点である。しかし，宗教に見られる歴史的要因と現代的要因の混在は，ほかのどの使用法よりもはるかに多くの形式的に識別可能な下位変種をもつ職業による言語変種を生み出している。

響きと怒り

宗教のことばには独特な特徴があり，英語史における重要な位置にあるので，この変種の特徴は本書のほかの章で説明している。聖書の翻訳（pp.59，66），神学のことば（p.429），祈り（p.175），讃美歌（p.390）である。特に韻律（p.260）や定型表現の使用という点で際立った特徴があるジャンルとして，じつに修辞的で，自然に形作られてきた説教があるが，これはとりわけ，アメリカ国内の黒人バプテスト集団で耳にするものである。

1967年にD. J. マクダウェル（D. J. McDowell）牧師が行った説教からの抜粋は，このジャンルの口語的な定型表現の特徴を示している。そこには主として2つのタイプの定型句がある。1つは，（太字で示されている）引用で，もう1つは（イタリックで示されている）説教者自身の逐語的な表現である。この説教者は，とりわけ反復的なスタイルをとっている。「聖書の主（The Christ of the Bible）」という句は全体で24回使われている。「私は正しいだろうか（Am I right about it）」は15回である。ここでの書き写しにおいて，説教全体のテキストがたった350行の長さであることを考えると，じつに頻度が高い。

書き写しでは，リズムの特徴をしっかりと伝達するため，改行を使用している。しかしながら，熱心な信徒の途切れることのない応答の声は除外してある。このジャンルの有名な文学の例は，ウィリアム・フォークナー（William Faulkner）の小説，『響きと怒り（*The Sound and the Fury*）』（1946，pp.310-3）に見出される。（B. A. ローゼンベルク（B. A. Rosenberg），1970に従う）

神の手の中に自分の手を置いておく
そして，あなたの目は栄光のスターポストへ
「わたしはあなたの戦いのために戦う」と主は言われた
あなたがじっとしていてくれたら
花屋ではないかもしれない
私は正しいだろうか？
しかし，あなたは彼らに伝えなければならない，
　彼がシャロンのバラであることを
それは正しいことだとわかっている
あなたは地質学者ではないかもしれない
しかし，あなたは彼らに伝えなければならない，
　彼が時代の岩であることを
それは正しいことだとわかっている
あなたは医者ではないかもしれない
しかし，あなたは彼らに伝えなければならない，
　彼が偉大な医者であることを
あなたはパン屋ではないかもしれない
しかし，あなたは彼らに伝えなければならない，
　彼が命のパンであることを
私は正しいだろうか？
あなたは彼らに伝えなければならない
彼が友人であることを
その杖はこの兄弟を閉め出している
「わたしはあなたを追い出すことはしない」と主は言われた
「6時間のうちに，そして7時間のうちに
わたしは知らなかった，あなたを追い出していたことを」
神の手の中に自分の手を置いておけば。

説教ジャンルの一節を楽譜つきで書き写したもので，説教者による幅のあるピッチ（p.260）が示されている。これだけ音調の動きがあるので，これはほぼ詠唱ないし歌と言うのがふさわしい。

科学の英語

科学のことばの最初の印象は，その独自性はレキシコンにあるということだ。膨大な専門用語があるため，この印象は避けられない。科学の術語体系は英語の語彙の大半を構成している（p.129）にもかかわらず，誰もがそのごく断片しか理解できないのであるから。しかし，それによって科学的な表現の文法的な特徴を無視してよいことにはならない。ある科学的研究領域の語彙が理解できていても，文や談話が構造化される仕方が原因で理解が困難になってしまうということはありうるからである。

植物を診断する

英語の科学的な語彙の大半は，生物学という分野における，じつに多くの名前を付与する価値のある実体に由来している。この科学のさまざまな部門は，ネーミングの一貫性を促す行動基準を発展させている。例えば，国際植物命名規約（1952年初版）は植物学の専門家に一連の原理原則を提示し，植物ないし分類群の各タイプには1つだけ公式な名称を付与すること，そして別の植物や群に同じ名称を使用しないことの重要性を強調している。ラテン語は，植物の命名に用いられてきた言語である。ほかの生物学的な領域と同じく，種の名称は，例えば *Fatsia japonica*（ヤツデ）のように，総称名称と区別の機能を担う通り名の2語を組合わせたものである。しかしながら，多くの用語は植物の描写（その習性，形態，周期の説明）や記相（特徴の説明）の一部として英語に入ってきている。以下の図はそのようなセットを示している。葉の形状を描写するために用いられている主たる用語である。

(D. グレッドヒル（D. Gledhill），1989に従う）

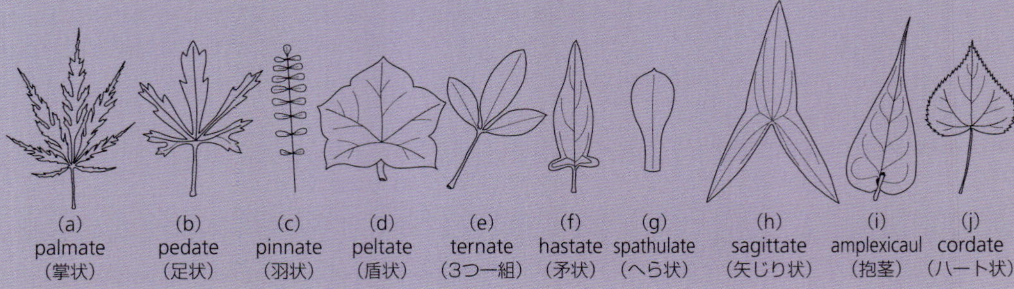

(a) palmate（掌状） (b) pedate（足状） (c) pinnate（羽状） (d) peltate（盾状） (e) ternate（3つ一組） (f) hastate（矛状） (g) spathulate（へら状） (h) sagittate（矢じり状） (i) amplexicaul（抱茎） (j) cordate（ハート状）

科学の英語の文法的特徴

以下の抜粋は，神経言語学の論文からの抜粋である。選んだ理由は，内容が解剖学的かつ科学技術的なもの（そのため専門家を除いてなじみがないもの）でありつつ言語に関係（そして本書に関連）しているからである。また，国際的な科学英語の一例（著者はフランス人）として選択されている。英語のジャーナルに投稿されたものであるため，文体的な特異性は回避されている可能性が高い。

この段落は，語彙的な特徴（略語，数詞，特殊記号など）だけでなく，科学英語の文法（Ⅲ部の術語（terminology）を見よ）に典型的ないくつかの特徴を示している（文法用語については Ⅲ部を見よ）。文体は，意味的にきわめて難解である。使用されている語の62%が語彙的（measured，regional，CBF など）で，文法的なもの（we，the，during など）は38%しかない（p.397にあるさらに低い数字と比較してみよ）。図1（ここでは掲載せず）は，段落の後半部の情報を視覚的に提示したものである。

- 文体は科学的でアカデミックな科学的書き物の典型である。平均22.2語からなる文が12ある。文の長さは8語から50語まで幅がある。
- この抜粋は we で始まっているが，99%以上の節で非人称のスタイルを用いる論文全体の中では変則的である。受動態を用いることが普通で，文全体の3分の2で使用されている。科学英語の文法のステレオタイプとして広く引き合いに出される点である（p.237，ただし右のページの別の見解も見よ）。
- 複雑な構造をしている名詞句はよくある。例：a transparent removable alignment grid for drawing external landmarks on the skin（表面に外部の目印を描くための透明で取り外し可能なひと並びのグリッド）。
- 括弧書きの使用や第3文の記述の簡潔さからわかるように，構造がコンパクトである。
- 文を接続するもの（例えば，however，secondly）がなく，語りの文体的特徴はない。話題の順番を決めるロジックは，言語による順番づけの特徴で補強されることがない（the の前方照応的用法を除く。p.235）。

一部を分解 ...

科学技術のことばの特に重要な側面は，異なる専門領域を横断して，内容に中立的な語彙であるということだ。特に，多くの科学的研究には，なんらかの行為の指示を与えたり，その行為の結果を報告したりすることが必然的に関わる。この科学的な指示や語りの「ことば」の範囲内で見られるような語彙的なグループがいくつかある。

- 説明の動詞

ascertain（解明する），assume（仮定する），compare（比較する），construct（構造化する），describe（描写する），determine（決定する），estimate（見積もる），examine（調査する），explain（説明する），label（分類する），plot（構想を練る），record（記録する），test（テストする），verify（実証する）

- 警告や忠告の動詞

avoid（回避する），check（確認する），ensure（確かめる），notice（気づく），prevent（防ぐ），remember（覚えておく），take care（注意する）。否定をともなうものもある：not drop（落とさない），not spill（こぼさない）

- 操作の動詞

adjust（調整する），align（調節する），assemble（組み立てる），begin（開始する），boil（煮る），clamp（固定する），connect（接着する），cover（覆う），decrease（減らす），dilute（希釈する），extract（抽出する），fill（満たす），immerse（浸す），mix（混ぜる），prepare（準備する），release（解除する），rotate（回転させる），switch on（スイッチを入れる），take（取る），weigh（重さをはかる）

- 形容詞的修飾語（および関連する副詞）

careful(ly)（慎重な(に)），clockwise（時計まわりに），continuous(ly)（連続した(して)），final(ly)（最後の(に)），gradual(ly)（段階的な(に)），moderate(ly)（適度な(に)），periodic(ally)（周期的な(に)），secure(ly)（安全な(に)），subsequent(ly)（次の(に)），vertical(ly)（垂直の(に)）

脳血流量の測定

我々は，測定の間には60-75分のインターバルを置き，同じ日にそれぞれの実験の間，局所的な脳血流量を測定した。脳血流量は，単一光子断層撮影（TOMOMATIC 64，Medimatic，Copenhagen）や Xenon 133（2200 MBeq）の静脈注射を使って評価された。データは，厚さ2センチ，耳眼面の上それぞれ平衡中心1，5，9センチの横断面3枚で収集された。面内の解像度は約1.7 cm FWHM だった。4分間のデータ収集の間，PCO2は皮膚電極と Kontron 634 PCO2モニターを使って継続的にモニターされた。脳血流量は，セルシスら（1981）のアルゴリズムで計算された。正確な頭部の再ポジショニングは，表面に外部の目印を描くための透明で取り外し可能なひと並びのグリッドを用いて調整した。脳血流量の平均値は，解剖学的考慮にもとづく事前に定めたテンプレートを用いて20の注目画像領域（ROI）で計算された。テンプレートのサイズと場所は，カラーモニターつきのマッキントッシュⅡマイクロコンピュータの特注インターアクティブソフトウェアを使ってそれぞれの被検者に合わせて調整された。20の領域は，図1に示されている。断面1（OM+1cm）の2領域は，左右の小脳に対応していた。中間の断面（OM+5）の16領域は，皮質外縁については左右の前頭中央，中前頭回，下前頭回，中側頭回，側頭後頭，後頭中央の地点に，そして皮質下については左右のレンズおよび視床の地点に分類された。OM+9cm 断面における2つの地点は，左右の上前頭頂の地点と分類された。（P. セルシウスら（P. Celcis, et al.），1991，p.256より）

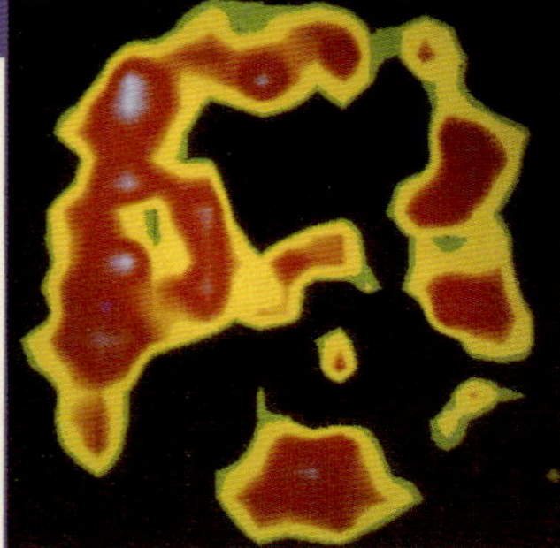

この画像は当該論文の内容の指標になる。被検者のうちの一人の脳をスキャンしている間に撮影された脳血流量（CBF）のマップである。我々は上から見ており，頭部前方が画像の上にある。被検者は，あるリストに提示された語を覚えるよう求められていた。このマップは，左半球のいくつかの領域が活発に活動していることを明確に示しており，言語記憶の作業において左半球が特別な役割を果たしていることがわかる。

明瞭さを明確にする

あまり使われない文法構造パターンに加えて専門用語が高い割合で使われると，英語の職業の変種でしばしば見られるように，結果として理解の難度は急上昇する。これは，科学のことばで最もよく観察される。科学的探究は幅が広く，医学や工学といった分野での応用もなされているので，その関心事がきわめて多くの人びとに日々関わりをもつからである。科学的な語りがプロフェッショナルな科学者によって一般大衆に提示されると，そのわかりにくさ，不可解さに方々から批判が寄せられる。この問題が長く続いたことから，さまざまな是正の手段が生まれてきた。たとえば，科学ジャーナリズム，（この百科事典のような）一般向けの参考書，（1985年にロンドンで発足したメディアリソースサービスのような）コミュニケーションへの意識が高い組織など。しかし，時に科学は高く評価される例外を生むことで誰をも驚かせる。

スティーヴン・ホーキング
（1942–2018）

時間を解明する

1980年代に最も売れた科学本の1つは，スティーヴン・ホーキング（Stephen Hawking）の『ホーキング，宇宙を語る（*A Brief History of Time*）』である。20世紀物理学の根本的な考え方を説明する明瞭さが広く称賛された本である。ある読者は「かつて思っていたよりも理解に近づいたと感じる」とコメントしている。別の読者は「完全には理解できていないが，それは筆者ではなく自分に問題があるのだ」と述べている。それでは，内容的な難しさはあるものの，科学の題材を読みやすいと思わせるものは何なのだろうか？

答えは文法と談話の構造にある。ヘレン・ジェンキンス（Helen Jenkins）による上掲書第4章の言語学的な分析によって明らかにされたテクスト構造の中心的特徴は，情報内容を理解しやすく消化しやすいと思わせる仕方で配分しつつ自身の議論を明晰かつ理路整然と提示するというホーキングの能力を示している。ここにあげるのはそのような特徴のうちのいくつかである（左のページにある科学論文と比較するとよい）。

談話の構造

- 抽象と具象のバランスがとれている。一般的な議論が，実験の説明と交互に出てくる。
- 問題が時系列に沿って説明されている。思考がどのように展開されるのか伝えられ，著者と一緒に学ぶように感じられる。
- テクストは視覚的に扱いやすい。第4章は14の段落からなっており，長さは3文からせいぜい12文である。
- ほとんどの段落は一般的なテーマの説明で始まり，後に続く文がそれを精緻化していく。次の段落の主題はその前の主題の入念な説明から生じている。
- 同様の傾向は，文にも見られる。ある文の最後にある新しい要素が，次の冒頭で既知の要素として取り上げられる（以下を見よ。「…1つの量子（one quantum）を使う必要がある。この量子（This quantum）は…」）
- 文と節の関係は，接続語（now，however，so など）の使用を通して明示されることが多い。5つの文のうち2文はこのように連結されている。
- 3つの文のうち2文が，先行する文や節に戻って相互参照している（以下にある the particle の反復使用にあるように）。これにより，既知の話題がまだ議論されていることが明らかになり，あいまいさの範囲を軽減する。

文の構造

- 第4章は111｛【訳注】原著では11となっているが，著者に確認したところ111が正しいとのことであった｝の文で2,796の語が使われている。平均して25.2語である。文は7語から52語の範囲であり，これはアカデミックライティングの典型的な一文の長さである。左のページにあるテクストの方が平均して文が短い。ここに明瞭さはない。
- 節には短い主語が使われている。情報のほとんどは動詞の後に置かれている。そういう文は，そうでない文よりもはるかに理解が容易である。以下にある最初の一文の書き換え版と比較してみるとよい。The observed rate of emission of radiation from hot bodies is very well explained by the quantum hypothesis.（高温物体から出る放射の比率の観測結果は，量子仮説によってうまく説明される）
- 対比される項目は，the more … the less のような装置を使って，修辞的にバランスが取れている（以下の // を見よ）。
- 名詞句の半分以上が単純な決定詞＋名詞（e.g. the particle）あるいは代名詞だけで構成されている。左のページの記事にあるような，low-background（低バックグラウンド），high-sensitivity neutron detectors（高感度の中性子検出器）といったタイプの並びはない。

（続きを巻末 p.556 に掲載）

接続語	主部（主題）	述部
	量子仮説は (The quantum hypothesis)	高温物体から出る放射の比率の観測結果を非常にうまく説明した (explained the observed rate of emission of radiation from hot bodies very well,)
しかし (but)	決定論に対するその意義は (its implications for determinism)	1926年になって初めて理解された (were not realized until 1926,)
とき (when)	もう一人のドイツの科学者ヴェルナー・ハイゼンベルクが (another German scientist, Werner Heisenberg)	有名な不確実性原理をまとめ上げた。 (formulated his famous uncertainty principle.)
ために (In order to)		ある粒子の未来の位置と速度を予測する (predict the future position and velocity of a particle)
	人は (one)	その粒子の現在の位置と速度が正確に測定できなくてはならない。 (has to be able to measure its present position and velocity accurately.)
	確実な測定の方法は (The obvious way to do this)	粒子に光を当てることである。 (is to shine light on the particle.)
	光の波の一部が (Some of the waves of light)	粒子に錯乱され， (will be scattered by the particle)
そして (and)	これが (this)	その粒子の位置を示すことになる。 (will indicate its position.)
しかし (However,)	人は (one)	光の波の山と山の間の距離以上に細かく粒子の位置を決定することはできない (will not be able to determine the position of the particle more accurately than the distance between the wave crests of light,)
そのため (so)	人は (one)	波長のより短い光を用いなければならない (needs to use light of a short wavelength)
ためには (in order to)		粒子の位置をより精密に測る (measure the position of the particle precisely.)
ところで (Now,)	プランクの仮説によれば，人は (by Planck's quantum hypothesis, one)	いくらでも小さな量の光を使うわけにはいかない； (cannot use an arbitrarily small amount of light;)
	人は (one)	少なくとも1つの量子は使わなければならない。 (has to use at least one quantum.)
	この量子は (This quantum)	粒子を撹乱し，その速度を予測のつかないやり方で変えてしまう。 (will disturb the particle and change its velocity in a way that cannot be predicted.)
それだけではない (Moreover,)	測定をより精密に行おうとすれば // より短い波長の光が必要になり， (the more accurately one measures the position // the shorter the wavelength of the light that one needs)	
それにつれて (and hence)	// 単一の量子のエネルギーもより大きくなる。 (// the higher the energy of a single quantum.)	
したがって (So)	粒子の速度が (the velocity of the particle)	受ける撹乱もいっそう大きいことになる。 (will be disturbed by a larger amount.)
言いかえると (In other words,)	粒子の位置を正確に測ろうとすればするほど // 粒子の速度の測定は正確でなくなり (the more accurately you try to measure the position of the particle, // the less accurately you can measure its speed,)	
そして (and)	// その逆もなりたつ。 (// vice versa.)	

｛【訳注】林一訳『ホーキング，宇宙を語る』早川書房，1995 を参考にした｝

法律の英語

法律のことばは，この章ですでに見た２つの変種と多くの共通点がある。法律と科学（p.396）のことばは，一貫性や精度への関心を共有している。一方，宗教のことば（p.395）とは，儀式や歴史的伝統を大切にしているという共通点がある。また，これらほかの変種が呼び込んでしまう批判においても共有しているものがある。つまり，科学と同じように，不可解な法律のことばに対しては警告が発せられるし，宗教と同じように，その神秘的雰囲気においては意図性があると考えられるのである。平易な英語（プレイン・イングリッシュ）運動（pp.188, 401）は，その動機の多くをここに見出すことができるだろう。

簡略的で広く理解されやすい法律の英語という目標には，否定しがたいアピール力があるが，解決するよりも多くの問題を引き起こすことのないよう，賢明に追求しなければならない。法律のことばを一律に糾弾することは妥当ではない。そうすることで，法律のことばが共同体のために効率的に機能するにはどうしたらよいかを理解し損ねることになるからである。同様に，全面的な受け入れにも根拠がないのである。

法律のことばの機能

法律のことばは，つねに異なる方向から引っ張られている。その叙述は一般的な適用可能性がみられるような形で表現されていなければならないが，その一方で，個々の案件に適用できる程度に具体的でもなければならないのである。時間が経過しても変わらない安定さも必要で，それにより，事案は一貫性をもって公正に取り扱われるだろうが，その一方で，新しい社会状況にも適応しうる柔軟さも求められる。とりわけ，権利と義務を尊重する法の意図について人びとが信頼しうるように表現されなければならない。このような責任を担わなければならない言語変種というのはほかにはない。

このような理由で，法律のことばは複雑な文法構造を発展させてきたのである。法律の長い文は，いくつか関連する論点を１つの陳述に統合しようとしているからである。また，法律のことばは反復的である。新しい論点が，それまでに述べられたすべてのことに当てはまるのか，それともほんの一部にだけ当てはまるのかを明確にする必要があるからである。さらに，法律のことばは，等位接続された句や項目の長いリスト（debts（借金），dues（手数料），bills（証書），accounts（預金口座），reckonings（請求書）…）を好むのであるが，これは法律がある特定の事案に適用されるのかどうかに関する不確定要素を軽減させるためである。

法律のことばは，かなり限られた文法的・語彙的特徴におおく依存している。例えば，法助動詞（must, shall, may, p.224）は義務と自由裁量を区別し，代名詞（all, whoever）や総称名詞（上位語，vehicle（乗り物），person（人），p.178）は法の一般的な適用可能性を促すことに役立つ。特定的な項目（下位語）を明示的にリストすることで確実さが増進される。ある法律がある特定のカテゴリー（例えば鳥類）に関係しているとすると，その規定は当該カテゴリーのメンバーとしてカウントされるものを述べる必要があるかもしれない（「鳥類」に飛ばない「ダチョウ」は含まれるのだろうか?）。ほかのどの変種にも増して，法律のことばは，英語のレキシコンの不画然さに対して秩序を課さなければならないのである（p.181）。

未来永劫

ウィリアム・ブラックストン卿（Sir William Blackstone, 1723-80）の『イギリス法釈義（*Commentaries on the Laws of England*）』（1765-9）は，イギリス法の最初の包括的な概説書である。彼の見解のうち２つは，法律のことばの限界を適切にとらえている。

議会制定法は，地球上で本王国が認める最高権力の行使である。それは国土およびそれに属する領土にいるあらゆる臣民を拘束する力をもっている。いや，そこに特に名指してあれば，国王自身をも拘束しうるのである。それは変更，修正，放棄，停止，廃止されうることはなく，同じ形式で，同じ議会権力のままにある。

一般的に法律のことばと名づけられるものは，実際には，単なる専門的なことばであり，永続を企図されつつ，現在でも未来でも理解されやすいものである。そういう道理が，永遠の行動規範を意図する記録的文書を保存するには適しているのである。

法としてのことば

法律の英語には，異なる役割を反映したいくつかの下位変種がある。例えば，契約，証書，保険証券，遺言，そして多くの法令といった法律文書のことばである。また，脚注や索引づけという複雑な装置を備えた，法律参照出版物のことばや，裁判官が個々の事案について下す判断で構成される判例法のことばもある。裁判官，弁護士，裁判所職員の儀式的な行為と，何が証言と見なされるか，何が発言されえ何が発言されえないかを規定する制約とをともなう，法廷での話しことばもある。ことばによる法廷侮辱に罰金や投獄が科されるといった例のように，発話に制裁が科されるという点で法律のことばは独特なものである。

立法府，すなわち法律文書を制定する（議会や国会のような）機関のことばと，司法府，すなわち立法機関が制定した文書を解釈し適用する（裁判所のような）機関のことばは，ある根本的な特徴で区別される。重要な役割は，憲法上の陳述，法規（法令），そのほか立法府が作成した文書が握っている。こういった場合，文字通りにことばが法律なのである。

アメリカ合衆国憲法（1787）

われら合衆国の国民は，より完全な連邦を形成し，正義を樹立し，国内の平穏を保障し，共同の防衛に備え，一般の福祉を増進し，われらとわれらの子孫のために自由の恵沢を確保する目的をもって，ここにアメリカ合衆国のためにこの憲法を制定し，確定する。

第１条

第１節－この憲法によって付与されるすべての立法権は，上院と下院で構成される合衆国連邦議会に属する。

［以下は 1789 年に議会で提案された修正の１つ］

修正第５条

何人も，大陪審の告発または起訴によるのでなければ，死刑または自由刑を科せられる犯罪の責を負わされることはない。ただし，陸海軍において起こった事件，または戦時若しくは公共の危険に際し，現役の民兵の間に起こった事件については，この限りでない。何人も，同一の犯罪について，再度生命身体の危険に臨まされることはない。また，何人も刑事事件において，自己に不利な供述を強制されない。また，正当な法の手続によらないで，生命，自由または財産を奪われることはない。また，正当な賠償なしに，私有財産を公共の用途のために徴収されることはない。

正確さと伝統

正確さの必要性は，法律のことばの多くの特徴に説明を与えてくれる。ただ皮肉なことに，正確さという概念は，それ自体は特に正確というわけではない。それどころか，デイビッド・メリンコフ（David Mellinkoff）によれば，「水のように緩い」（『法のことば』（*The Language of the Law*），p.295）ものなのだ。法律のことばが満たさなければならない要求からすれば，理論上の目的として正確さが重要であることは誰の目にも明らかである。この点に関し，19 世紀の法学者，ジェームズ・ステファン（James Stephen）のコメントがよく引用される。

> 誠意をもって読んでいる人が理解できる程度の正確さを達成しても，それは十分なこととは言えない。そうではなく，できれば，悪意をもって読む人でも誤解すらできない程度の正確さを達成することが必要なのだ。

しかし，実用的な観点で言うと，もし正確さというのが「誤解の余地がない」ことを意味するなら，法律のことばは正確なものなどではないようである。法廷や法律の文献で実際に生じることのじつに多くが，ことばの解釈のされ方に関する議論である。法律とは，再びメリンコフを引用すれば，「ことばの専門職」なのである。

できるだけ言語的な抜け穴を残さないことでさらなる悪意に対し機先を制する必要性を考えると，法律のことばには独特な構造が多いことに合点が行く。しかし，法律の英語のすべてが機能的な正当性を与えられるわけではない。多くの文体的な特異性，すなわち日常の慣用法からの距離は，その起源を見ることでしか説明されえない。ノルマン人の征服（p.30）ののち，ラテン語とフランス語の法律の変種が使われたことは，専門の法律家と庶民の間に大きな障壁をもたらした。最終的に，17 世紀に英語が英国の法律の公用語となった時，それより前の語彙の多くがすでに法律的な使用に固定されるようになっていた。ラテン語の表現（mens rea（故意），abinitio（初めから），certiorari（移送命令））やフランス語の借用語（lien（抵当権），plaintiff（原告），tort（不法行為））への依存が中心であるが，それを補完するように，儀礼的な表現（signed, sealed, and delivered（署名捺印して（相手方に）交付済みである）），慣習的な術語（alibi（アリバイ），negotiable instrument（為替手形）），および，その後伝え続けられて現在の法律のことばを形成することになった他の特徴が用いられている。英語が世界中で新たな状況へと拡大するにつれ（第 7 章），英国のコモン・ローの統語法と語彙も広まっていったのであるが，それにともなった伝統の尊重と変化への疑念はいつも，それまでより大きな，そしてしばしば不必要でもある言語的複雑さを生む結果となった。そのため，この領域には改革を訴えるべき十分な根拠があるのであって，それは最近では法曹界の内外を問わず議論されているのである（p.400）。

会社法

会社名再利用の制限

1912. 会社名再利用の制限―「禁止名」の意味　会社[1]（「清算会社」）が，1986 年 12 月 29 日ないしはそれ以後に破産管財[2]の手続きに入っている場合，手続きに入る前日まで 12 か月の間，会社の取締役[3]あるいは影の取締役[4]だった人物は，清算会社が手続き[5]に入った日から起算して 5 年の間

(1) 禁止名により周知されている他のいかなる会社の取締役も務めることはできない。ないしは

(2) いかなる方法によっても，直接的ないしは間接的を問わず，そのようないかなる会社の昇任，設立，経営にも関与，参画はできない。

(3) いかなる方法によっても，直接的ないしは間接的を問わず，禁止名の会社以外に，継続事業に関与，参画はできない。

裁判所[6]の許可あるいは所定の例外事例[7]を除く。

[1]「会社」には，破産法 1986 Pt V（ss 220–229）：s 216（8）のもと，清算され未登記の会社も含む。

[2] 本目的で，会社が負債や管財費用の支払いに財産が不足するとき，清算の手続きに入るならば，会社は破産管財手続きに入る。ibid s 216（7）

[3]「取り締まり」が意味するところは，前出の第 1910 段落注 3 を見よ。

[4]「影の取締役」が意味するところは，前出の第 1245 段落注 2 を見よ。

[5]「清算手続きに入る」が意味するところは，前出の第 1320 段落注 9 を見よ。

[6]「裁判所」とは，会社を清算する管轄権をもついかなる裁判所をも意味する。破産法 1986 s 216（5）。清算の管轄権をもつ裁判所に関しては，第 1435 段落およびそれ以前の段落参照。適用や手続きについては，第 2052 段落およびそれ以後の段落参照。

[7] Ibid s 216（1），（3）。例外事項に関しては，後出の第 1914-6 段落を見よ。規程違反の罰則およびそのほか帰着に関しては，後出の第 1917-8 段落を見よ。

これは，『ホールズバリーの英国法律百科事典（*Halsbury's Laws of England*）』（第 4 版，1988）第 56 巻の §7.2 からの抜粋である。1,734 ページの本で，最初の 234 ページは法令や訴訟の表に割かれており，最後 110 ページは会社の概念や用語の索引になっている。これで全体の約 20%にあたる。抜粋は，注釈の割合が高いことも示している。ページによっては，本文よりも注に多くのスペースが割かれており，1 つの注が 3 ページにもおよぶものもある。

巻末注（ここでは脚注で示されている）は，明確化や説明と同様，この特定の段落が依拠する著作物の意味構造におけるポイントを明らかにする。2 つのレベルによる説明は，この法律のことばというジャンルに典型的なものであり，書き手が本文の構造的複雑性を軽減できる重要な装置である。

これは，専門家向けの法律のことばから一部切り出したもので，句読点や字下がりなど，容易に理解させる装置を含んでいる。長い文（脚注を除き 154 語）ではあるものの，熟練の読み手は表面的に読む定型表現（whether directly or indirectly（直接的ないしは間接的を問わず））を多く含んでいる。もちろん，法律家ではない読み手は，テキストのどこが要点で，どこが省略部なのか知るすべはない。

法律家自身が非難する法律のことばの事例と比較すると，統語的な複雑性はあるものの，これは明確に書かれたものである。憂慮すべきは，同様の複雑さの素材が，素人の聞き手に一切弁明することなく用いられるときである。そうなると，平易な英語（プレイン・イングリッシュ）の出番である（p.400）。

感謝の念に堪えません

パロディーの作者たちは，法律のことばを使って大いに楽しんできた。ここではその中から 3 つ紹介する。最初のものはグルーチョ・マルクス（Groucho Marx）による。

皆様？
手元にある 5 日付のあなたのものとその返事について，私は今年の司法支出，すなわち会計年度を超えていないことを述べたいと思います―カッコ―この手続きは問題があり，無効化によって私たちに補助的な起訴と優先権が与えられます。引用，非引用，そして引用。これがあなたに届くことを願って，どうか 6 月 9 日現在，とどまっていてください。心を込めて，敬意を表して，敬具。
（『アニマルクラッカーズ（*Animal Crackers*）』，1928 年）

前半の当事者（以下，ジャック）と後半の当事者（以下，ジル）は，高さと傾斜の度合いが不明確な高台（以下，「丘」）に登り，または登らせた。｛【訳注】マザーグース『ジャックとジル（Jack and Jill went up the hill）』のパロディー｝
（D. サンドバーグ，『マザーグースへの法律ガイド（*The Legal Guide to Mother Goose*）』，1978）

交渉する弁護士ボブのかかとに
あまりにも滑りやすい弁解やしかしが多過ぎる
あまりにも多くのことが上文に示されている一方，
出入りするドアが多過ぎる。
（カール・サンドバーグ，「知りすぎた法律家たち」，『完全詩集』，1950）．

しかしパロディー作家たちは，自分たちの職業のことばをしばしば強く批判してきた弁護士自身の前に屈しなければならないのだ（p.400）。
（すべて R. W. ベンソン，1985 からの引用）

法の知識

法律のことばは，もう１つ重要な重荷を負わされている。すなわち，誰もがそれを知っていると考えられているのである。悪事の告発から身を護ろうとする場合，法律を知らなかったでは言い訳にならない，というのはゆるぎない道理である。しかし，知っているためには理解できていることが前提となる。このシンプルな事実こそが，法令を起草する人に対して，そしてその法令にもとづく多くの出版物（リーフレット，通知，公文書，申込用紙）に対して，明瞭さを求める権利があると人びとに思い込ませてきたものなのである。

今では，平易な英語（プレイン・イングリッシュ）（右のページを見よ）運動のような組織的取り組みにより，こういった問題に関する一般の意識が高まってきている。多くの複雑な法律文書は以前よりも理解しやすい英語に書き直されてきており，その直し作業に関わる編集方針の解説が付されていることもある。こういった努力はじつに価値のあることである。なぜなら，それによって，詳細な比較をしてみなければできないような仕方で，法律のことばの根本的な問題を浮き彫りにできるからである。そういった分析が多くの法律の専門家たちの共感を集めるかどうかは，後になってみなければわからない。

• 実務的な問題がある。例えば，議会の法令を起草する人は，書いては修正を必要とする法案の絶え間ない流れに対処するという，短期の職務要求について行くだけでも相当なプレッシャーがかかっている。どの平易な英語による提案が試行しやすいのか，どれが問題になりそうか，といった議論は，時間がかかるだけでなく結果は不確実である。何を平易な英語と見なすかも皆が一致するわけではない。

• 「問題を引き起こす」ことへの言及は，専門的な問題も引き起こす。「より簡潔」なことばの提案――それも，独自の解決法を提示したものが多くなされているのであるが――は法律の問題についてさまざまに異なる意識をもつ人びとが行ってきたものであるため，重要と認められている法的区別を無視している可能性もある。起草者は，理解しやすさという要求を越えて，自分たちの言葉が法廷で検証された際の結果を見越していなければならない（「悪意」の議論，p.399）。起草は，そのような人たちが危険にも切り捨ててしまっている判決や解釈規則を背景として行われるものなのである。

変化に関する難しさはじつに多くあり，前進させるには政治の意思が多分に関わる。このような問題（例えば，1975 年のレントンレポート）に関する公式な調査が行われるときでさえも，推薦されたことが実行される保証はない。しかし，平易な英語は正しいように思われる。それは真剣に議論される必要があり，法律の専門家からの詳細な反応が求められるものである。というのも，すべての議論の背後には，レントン委員会で認められた根本原理があるからである。それは，使用者の関心は，立法者の関心よりもつねに優先すべきである，というものだ（『立法の準備（*The Preparation of Legislation*）』，1975，英国政府出版局，p.149）。

変更前…

平易な英語の主張は，オリジナルのテクストとその「翻訳」版を比較してみた時に最も説得力をもつ。以下の抜粋は，バークレイズ銀行が出した保証書からとられたものである。平易な英語運動に際し行員が編集したものは右のページにある。

16．破産に関する法律すなわち 1986 年の破産法第 127 条，238 から 245 条のいずれかの条項にもとづいて回避されるいかなる保険担保または支払も，かかる担保または支払の信用にもとづいて行われた，または行われた可能性のある解除和解免責または取決めも，かかる担保の支払解除和解免責または取決め（場合により）が１度も譲与，付与，締結されていないかのように，顧客が下記から本保証の全額を回収する権利を害したり，影響を与えたりするものではない。また，貴殿と下記の間では，そのような解除和解免責または取決めは，それがなされた，またはなされたという信義にもとづく担保または支払が無効となる場合，または（場合によっては）その後のいかなる時点でも，事前のいずれかで回避される場合には，それは完全に無効となり，その効力を有しないという明示的な条件の下でなされた，またはなされたものとみなされるものとする。このような回避の後，顧客はいつでも，明示的に付与された本保証のすべての権利またはその権利を行使することができるようになり，その権利を有するものとし，また，本保証の結果として顧客が行使する権利を有していたであろうすべての権利またはそのほかの権利を行使することができる。

ジャングルのおきて

法令のことばが難しいと感じるのは，以下の諸引用（M. カッツ（M. Cutts），1994 に従う）が示しているように，素人だけではない。'Supremecourtese（最高裁判所のことば）'，'parliamentese（議会のことば）'，'legalese（法律用語）'，'gobbledygook（お役所ことば）'，'bafflegab（わかりにくい表現）'，'Fedspeak（政府語）' は，この変種をめぐる望ましくないラベルのごく一部である。

• これまで，裁判官の手による文書を数多く読んできた。専門的な関心があるにもかかわらず，敗北感を覚えないことはめったにない。痛みすら経験することがあるのだ。時にそれはあたかも竹馬に乗った人たちを見上げているかのようである。時に濃い霧の中に何かを見ようとしているかのようである。そしてつねに変わらないのは，必要ないにもかかわらず延々と言われているように感じることである（米国，ワイスマン（Weissman），R. W. ベンソン（R. W. Benson），1985 掲載の引用）。

• 英国では，立法の起草は依然として門外漢には理解が難しいものである。担当者は，曖昧さに関するいかなる問題の存在も許容しない。法令を用いる人とのいかなる対話も断固として受け入れない。変化というものに，そして新しい手法の採用（どころか検討すら）に，抵抗がある。法令の経済的コストは膨大なものだが，公的な関心が欠如している（英国，レントン卿（Lord Renton），1979）。

• より明瞭で簡潔にすることには強い要望があり，そうすべき範囲もまた相当ある。その必要性は明らかだ。複雑さや曖昧さは多くの無駄を生む。それは，商業にも専門家にも，政府にも大衆にも不要な出費である。複雑さは，訴訟にはならないような日常的な討論の場では不確かさや無知を意味するが，そのような場ではいつも，官僚や経済的優位の者たちが幅をきかせている。複雑さは法，議会，民主主義そのものの軽視をもたらす（英国，リチャード・トーマス（Richard Thomas），『成文法レビュー（*Statute Law Review*）』，1986）。

• 法令においてでさえ，これほど曖昧さだらけのものに出くわすことはめったにない。普通の人にそれを理解してほしいと思っているとは想像もできない。その茂みはじつに深く，経験豊かな弁護士二人ともが道に迷ってしまったほどである。1959 年の法令の第９条第８項の最後 20 語はどちらも理解できなかった。この熟練した裁判所そのものがそうだった。私は彼らを非難しない。このジャングルでは，誰にでも起きうることだからだ（英国，デニング卿（Lord Denning），デイビー氏がリーズ市を相手取って起こした裁判へのコメント，1964）。

デニング卿（Lord Denning）
（1899-999）

…そして変更後

7 権利を守るために
7.1 もし
- 当社が，お客様またはそのほかの方から，なんらかの支払または担保を受領した場合，そして
- 後に破産法にもとづいて，その支払いや担保を受け取らなかった場合の状態に戻すよう命じられた場合，

あなたは当社がその支払いや担保を受け取らなかった場合と同様に責任を負うことになる。

句読点の追加，法律常用の文句の削除，くり返しの表現の回避，談話の論理的構造を支える印刷上のデザインの使用など，変更前とは対照的な特徴がいくつか注目される。このような資料を顧客に提供することの意義がよくわかる結果となっている。

平易な英語（プレイン・イングリッシュ）

いくつかの国で平易な英語への関心が高まっていることから，政府機関や企業など，一般の人びとと言語的に接触する組織が使用する公式言語が不必要に複雑であることに注目が集まっている。この関心は，法律用語にとどまらず，申込用紙のデザインや医療用ラベルの説明の明瞭さなども含まれているが，その活動のほとんどは，実際に法律に由来する内容に関するものである。例えば，地方自治体の職員は，出版物の中の法律的な表現を，根拠となる法律の文言を反映しているという理由で擁護することが多い。このような傾向は，保険証書，賃借・購買文書，免許，契約書，保証書，安全指示書など，私たちの権利と責任を定義する多くの文書にも同様に見られる。

平易な英語運動は現代の現象である。英国では，1979 年に平易な英語運動が開始され，議会広場で政府の書類をシュレッダーにかける儀式が行われた。1985 年までに 21,000 以上の書式が改訂され，さらに 15,000 が撤回された。米国では，1978 年にカーター大統領が規則を平易な英語で記述することを義務づける命令を出した。この命令は 1981 年にレーガン大統領によって撤回されたが，それにもかかわらず，国中で多くの地方自治体が法律の制定に努め，企業や消費者の間で平易なことばに対する意識が高まった。クリントン大統領は 1998 年にこの取り組みを終了したが，オバマ大統領は 2010 年にプレインライティング法に署名した。英国で毎年授与されている平易な英語賞は，引き続き世間の関心を集めており（p.176），多くの組織が慣習を変えるきっかけとなるような意見の形成に貢献している。

キャンペーン担当者は，わかりやすい言葉を使うことで，時間とお金を大幅に節約できることを指摘している。不明瞭な文書や指示のために多くの苦情が寄せられ，その対応のために特別にスタッフを雇わなければならなかったという事例を紹介している。また，指示が複雑過ぎたり，曖昧過ぎたりしたために，間違って記入された申込用紙が返却されるという問題もある。その運動では，誤り，非効率性，ビジネスの損失などの結果として，不適切な文書の書き方だけで，英国では年間約 60 億ポンドのコストが発生していると推定している。

平易な英語運動が，特に法曹界からの批判を受けてきたというのもわからなくはない。「弁護士から職を奪っている?」［その運動の］一成功事例の後，ある新聞見出しはこう報じた。より要領を得ているのが，日常の言葉はそれ自体が非常に曖昧であり，法律文書で使われれば使われるほど，解釈上の問題が発生する可能性があるという議論である（p.398）。国民は法曹界特有の表現を信頼する必要があるのだが，そのような信頼は，法律家が長年にわたり，いや何世紀にもわたって，使ったり試行錯誤したりしてきたことばを使うことからしか生まれてこない，と主張されている。

これまでのところ，こうした懸念は裏づけをもっていないようだ。平易な英語で書かれたものが登場したからといって，訴訟が急激に増加したということはない。また，関係する（非言語的な）問題のいくつかが複雑であることは否定できないため，実際に導入可能な明確化の量には限界があるが，1990 年代には，法律機関自身が自分らの言葉を理解してもらおうとして，より平易な英語を使用したり求めたりするという，［平易な英語運動の］最終的な承認の兆しが見られた。その一例が，1990 年に英国の法律協会が発行した起草マニュアルで，「法律家のための明瞭さ」（Clarity for Lawyers）と呼ばれている。

平易な英語運動の共同創始者であるクリッシー・マーハー（Chrissie Maher）（中央）。1993 年，国際平易な英語運動を立ち上げた同僚たちとともに。

平易な英語運動のちんぷんかんぷんモンスターにパンチが入った。

政治の英語

政治家の言葉には，特に公の場で話される際には，古い使用方法と新しい使用方法が興味深い形で混ざっている。つまり，政治家の言葉には政治家特有の儀礼的な言語表現や，宗教や法律（pp.395，398）と関連づけられるような慣例に対する意識が表れている一方で，広告やメディア（pp.406，414）に関連する修辞的，印象的な技法も多く使用されているのである。政治家の言葉は乱用，悪用されることが非常に多い変種である。我々の社会におけるパラドックスの１つは一般市民がその人の発言内容を信じないと言っている人びとに権力を与えているということなのである。

しかしなぜこのようなことが起こるのであろうか。玄関先，プラットホーム，議事堂などの公の場で人びとが非常に深刻な問題に関して議論している時に，言葉に何が起きているのだろうか。多くの一般市民である有権者たちは各政治家が自分たちの地元で１対１で会話をし，意見を聞くときに，政治家たちのことばが非常に明晰で有益であることがわかっている。同じ政治家が新聞紙上で語っている言葉を目にしたり，ラジオやテレビで一般的に報道されている戦いや対決を耳にしたりするときに，まったく状況が異なってしまうのは何故なのだろうか。

おそらく「対決」という概念がここでは重要になるのだろう。異なる政治的信念をもつ二人の政治家が相対するときには使用された言葉の直接的な意味を理解する以上のことが問題になる。使用された言葉が所属する党の政治的声明と一致しているのかというアイデンティティーの問題があるし，また一方でその人の言葉は以前にその問題に関して発言した内容と同一なのかという個人の発言内容の一貫性の問題も存在している。さらに，その言葉はその人が実際に行っている取り組みに相応しいものなのかという信用性の問題にも関わってくる。

公の場で対決が生じる際に，政治における質問や回答が額面どおりに解釈されることはまれである。政治の世界というのは，（会話の理論における公理が言うように）誰もが真実を語っているとか，簡潔に，関連性をもち，明快な仕方でコミュニケーションを取ろうとしているとか（p.305）というものではない。それとは逆に大抵の政治家たちは対立政党の議員たちの発言は嘘と無駄話，無関係さ，どっちつかずの言葉の塊であるという前提で議論をしているようである。もちろん彼らはこのような考え方がステレオタイプであること，自分たちがある種の言語ゲームを行っていることを自覚しているが，このゲームは非常に重要な結果をともなうものであり，禁じ手なしで行われているものなのである。政治家たちは果たすことができない公約を立てる（もしくは立てたように認識されてしまう）と，自身の評判が危ういということを知っているのである。発言をする際には，時に詳細に，そしてすべての話題に関して，威厳，一貫性，そして信念をもって発言をしなくてはならないことも知っている。また政治家たるものつねに注意を払い，発言内容に関して相手に弱みにつけ入る隙を与えないようにしなくてはならないことも知っている。このようなことを乗り切るためには，時に不明瞭で，漠然として，空虚な言葉の表現方法を身につけていくしかない。実のある発言を何もしていなければ，虚偽の発言をしたと訴えられることはないのだ。政治の世界は真偽半々といった世界なのである。これは我々が民主主義のために支払わなければならない代償の一部なのである。

議会の慣例に反する言語表現

チャールズ・ディケンズは議会に注目していた。彼の「いくつかの慣例（‘A few coventionalities’）」というエッセイで紹介されている常套句の長い一覧には以下のものがある。

再度になるが，野党にいる高貴で学識のある殿下は，私の近くにいる高貴で学識のある友人に先立って，私の近くにいる保守的な高位聖職者の牧師の観察に対してそれほどまでの能力をもって語りかける際に，私がそれほどまでに回りくどい表現を使用し，話が長い上院議員にならなくてはならないことが憲法には必要なのであろうか。私がいつも意図している，言いたいのはブラハム卿のことなのですが，高貴な男爵によって提案された手法に関して，「夜遅くや、議論のこの段階で」などの前置き表現なしに，ドロージーシャーの議員である私の名誉ある友人が，庶民院での採決の直前にいくつかの退屈な文章をさまようことは不可能なのでしょうか。もしそれが不可能でないのであれば，なぜ彼はそれをしないのか？

３つで１つ

政治演説においては，拍手喝采の必要性は最重要な点である。政治演説の特徴的な修辞法の多くは聴衆にちょうどよいときに拍手をする最大限の機会を提供することができるように構造化されている。非常によく使用されている技法の１つに，伝統的な修辞構造であるX，Y，and Zといった３連構造がある。このような３連構造は何も政治演説に限定されたものではない。

Signed, sealed, and delivered（署名し，交付済みであり，すべての手続きが完了している）
Father, Son and Holy Spirit（父と子と精霊）
Tom, Dick, and Harry（一般的な人びと，一般人）
the truth, the whole truth, and nothing but the truth（真実を，すべての真実を，そして真実のみを述べる）
this, that, and the other（あれや，これや，そのほか種々さまざまなもの）

このようなリストは強いリズムと明確な上昇音調と下降音調の連続で発音されるものであり（p.260），修辞的な影響力，構造的な制御，意味的な完全さを伝達する。このような表現は形式ばった文書において広く使用される（前文がそうであるように）。そして，特に政治演説においてよく使用され，３つ目の要素が拍手を促す合図として機能する表現のクライマックスを伝達することになる（３連構造はこの段落で示されているように文レベルでも機能することがある）

録画されたデータを使用して行われた政治演説における演説と身体言語の関係を分析した評価の高い研究において，マックス・アトキンソン（Max Atkinson）はそのような事例を多数発見した。

ジョージ・ウォレス知事（Governor Wallace）：and I say segregation now, segregation tomorrow, and segregation for ever.（今ここで人種隔離を。明日も人種隔離を。永遠に人種隔離を。）
ノーマン・テビット(Norman Tebbit)：Labour will spend and spend, and borrow and borrow, and tax and tax.（労働党は浪費し，借入し，課税し続けるのだ。）
トニー・ベン（Tony Benn）：and they kill it secretly, privately, without debate.（彼らはそれを秘密裏に，非公式に，なし崩し的にやめてしまうのだ。）

サッチャー首相：This week has demonstrated（0.4）that we are a party united in

今週，我々が目的，戦略，決意において団結した党であることが証明された。

↑purpose,

（0.4）

strategy,

（0.2）

and re↓solve.

聴衆：　Hear hear（8.0）（そうだ！そうだ！）
聴衆：　x-xxXXXXXXXXXXXXXxxx-x

（保守党大会，1980）

ポーズ（間）は１秒もしくは10分の１秒で示されている。穏やかな拍手はx，大きな拍手はXで示されている。間の空いている拍手はダッシュによって分けられている。強勢が置かれている語には下線が引かれており，ピッチの急上昇は矢印で示されている。重複している聴衆の反応は縦線をそろえることで示されている。

言い逃れの政治

下院では，そのほかの議会と同じように，議員が大臣に質問を行うために確保されている時間は，卓越した言語ゲームである。公式な質疑は，ある問題に対して民衆の注意を集めること，党の政治路線との一体感を示すこと，もしくは向こう側との問題を生じさせることなど，いくつかのことを行う機会である。注目されたり，長年の恨みを晴らしたり，選挙区での負債を返金する機会なのである。時に，それは真の質問であり，質問者が真の回答を受け取りたいと願い，また実際に与えられるのだ。

1986年に議会で質問された回答の研究においては，この種のいくつかのものが浮かび上がってきた。議会において平均で40以上の質問がなされ，80%以上が非常に制限を受け，「はい」か「いいえ」で答えることを求められていた（p.230）。しかしながら実際のところは，そのような質問は単純な「はい」か「いいえ」で適切に回答できるようなものではない。つまりつねに隠されたテクストがあるのだ。議会の質問は理由を問われるのである。その理由は，質問の意味的内容にはほとんど関係なく，生じている対立により関係しているものになるようだ。質問者が期待しているのは説明であり答弁であり弁明である。誰かが「窮地」に立たされることになる。

能力のある政治家は厄介な答えにくい質問を回避するためにいくつかの技術を用いる。例えば，質問を無視することもできるし，回答することを拒否することもできるし，回答せずに受け入れることもできる。質問者や質問を非難することもできるし，政治的見解を述べるために言葉をうまく利用することもできる。また，質問の一部にのみ回答したり，前の質問に対する回答をくり返したり，質問にはすでに回答したと主張したりすることもできる。

さらに，質問者にほかの質問を投げかけることで回答をすることもできるのである。まったく，なんということか。

この種の正式な政治的質問は英国では長い期間行われてきた。最初にそのような質問がされたのは1721年の下院においてだった。非常に早い時期から大臣の回答の仕方に関しての不満が報告されている。議会における質問の歴史についての研究（P. ハワース（P. Howarth），1956，p.35）には、1770年代におけるグラフトン伯爵のコメントが報告されている。

> 両院のすべての議員が期待できる情報を議会で求められても，彼らは何も回答しなかったり，質問を回避したりする。

時代が変わっても変化しない言語の特徴があるようだ。

（J. ウィルソン（J. Wilson），1990に従う）

政治に関する問いかけ

ハースト氏：私の信用のおける尊敬すべき友は，経済界から広く歓迎されていることに同意してくれますか。経済界はこれらの改革を，国境の北と南における金利の大きな不均衡を是正する手助けになると考えているのです。経済界も金利改革の過渡期に与えられる保護を歓迎していることを我が友はご存知だろうか。我が友は政府の提案の価値を労働党が金利改革のために何もしないという事実と，また連合団体の中で広がっている金利が経済界の利益に結びつくはずであるというおかしな考え方と，比べようとしているだろうか。（議会議事録，1986f，p.986）

マクストン氏：大臣は住宅リフォームの補助金を心待ちにしているグラスゴーの何千もの人びとが彼が補助金を交付しなかったことで地方自治体を非難していることを耳にして驚いているということをご存知だろうか。政府が残務を終わらせるための十分な資金を提供しないことが問題なのだ。（議会議事録，1986f，p.990）

はい，大臣

政治家たちを待ち構えている主要な困難の1つは，彼らが受け取る質問が明快なものではなく，不明瞭で物議を醸すような主張が先に述べられることである。もしこれらの点を返答の際に述べると，質問の回答を避けようとしていると非難されてしまうのである。しかしもしその問題について述べないならば，それらが事実であるかのように受け入れたのだと非難されてしまうかもしれない。この点はラジオ・インタビューの間に、ある閣僚に向けられた質問の分析にも観察される。

> ええ，ヘーゼルタイン氏が12月12日の閣議で，サッチャー首相が12月13日の閣議を中止したことに対して，ヘーゼルタイン氏が12月12日の閣議で異議を唱えた時，ご存知の通り，彼は辞任声明の中で，閣議の議事録に記録されていなかったと述べたが，そこで彼は今になってその異議を議事録に残して欲しいと主張したが，憲法のちょっとした専門家として，いやちょっとしたという以上の専門家だと思うが，閣僚の一員として，サッチャー首相がこの非常に重要な決定に関して，答弁のためにすべての内閣による正式な議論を許可したことについてあなたは満足していると言えるか？

この質問の内容を解明することで，約20の潜在的な問題が浮き彫りになる。

質問の妥当性に関する前提
- 答弁に関する決定があった。
- その決定が非常に重要であった。
- 内閣は正式にその決定について議論していなかった。

そのほかの点に関する主張
- サッチャー首相が閣議を中止した。
- ヘーゼルタイン氏がその中止に対して抗議した。
- 誰かがこのヘーゼルタイン氏による抗議を議事録から削除した。
- ヘーゼルタイン氏はこの閣議の中止により辞任した。
- ヘーゼルタイン氏は彼の抗議が議事録に記録されるべきであると要求している。

回答者の特定
- 「あなた」は上述の主張のいくつか，もしくはすべてが真実であると知っている。
- 「あなた」は憲法の専門家である。
- 「あなた」は内閣の一員である。

問題になっている点
- サッチャー首相が議論を許可した。
- サッチャー首相が正式な議論を許可した。
- サッチャー首相が全内閣に議論を許可した。
- サッチャー首相が詳細な議論を許可した。

回答されるべき質問
- これらの問題点のいくつか，もしくはすべてが真実であることにあなたが同意するのか。
- 「私はこれらの問題のいくつか，もしくはすべてが真実である」ことに同意するとあなたは言えるのか。
- 「私はこれらの問題のいくつか，もしくはすべてが真実である」ことに同意するとあなたは言えるのか，そしてそのことに関してあなたは正直になれるのか。

回答
- はい
- いいえ

しかし，もちろん返答する際にこのような1語で回答するような人は誰も，閣僚の地位についてはいないであろう。質問者が受け取るものは「答え」というよりも「反応」の部類に入ると言うべきだろう。

（J. ウィルソン（J. Wilson），1990とJ. T. ディロン（J. T. Dillon），1990に従う）

また，歴史や文学作品にも非常に多くの事例がある。

エイブラハム・リンカーン（Abraham Lincoln）：Government of the people, by the people, for the people（人民の，人民による，人民のための政治）

マーク・アントニー（Mark Antony）：Friends, Romans, and Countrymen…（友よ，ローマ人よ，同胞よ）

ウィンストン・チャーチル（Winston Churchill）：This is not the end. It is not even the beginning of the end. But it is perhaps the end of the beginning.（これは終わりではない。これは終わりの始まりですらない。しかしおそらく始まりの終わりなのかもしれない）

そして，一般大衆もこの3連構造を利用している。

一人の声（Lone voice）：Maggie, Maggie, Maggie（マギー，マギー，マギー）

聴衆（Crowd）：In, in, in（当選！当選！当選！）

（M. アトキンソン（Atkinson），1984に従う）

政治の（言語的な）差異

It Belongs to You（その勝利は皆さんのものである）

近年の大統領就任演説を何気なく聞き，以下のような類似した表現を耳にすると，それらが同じ人物によって執筆されたのだと考えてしまっても無理のないことだろう。

I will never forget who this victory truly belongs to – it belongs to you.（オバマ大統領（Obama），2008）

（この勝利が誰のものか忘れることはないだろう。この勝利は皆さんのものです。）

This moment is your moment – it belongs to you.（トランプ大統領（Trump），2017）

（この瞬間は皆さんの瞬間です。皆さんのものです。）

しかし，就任演説という機会の特徴からして，発言内容は多くの点で重複しているが，二人の大統領の言語的なスタイルの特徴は非常に異なっている。

この二人の大統領の雄弁さにみられる対比は2017年にもっとも議論された点の1つである。オバマ大統領はその世代で最も優れた雄弁家として賞賛された一方，トランプ大統領は演説術に欠けた大統領と見なされた。しかし両大統領には熱狂的な支持者たちからの反応があったことから，それ以上の何かがあるのだろう。客観的な文体分析では，トランプ大統領はこれまでの大統領経験者たちの英語による政治演説では前例のないような非常に特徴的な誇張的文体を使用している（だからこそ，人びとを驚かせるものとなった）が，選挙戦に勝利できるほどには効果的なものである。

この二人の就任演説，そしてその後の公的な発言やインタビューにおける差異が注目され続けたため，両者の類似点は注目されなかった。両者ともに同一の基本語彙を使用し，そのほとんどが感情的な語彙であった。両者の演説における内容語の22%が同じものであり，例えば，American（米国の，米国人の），bridge（橋），celebrate（祝う），challenge（困難，課題），change（変化，変わる，変える），country（国），destiny（運命，宿命），dream（夢），forward（前に，将来へ，進める），heal（癒す，救う），heart（心，中心），nation（国家），patriotism（愛国心），people（人びと，国民），promise（約束），prosperity（繁栄，隆盛），spirit（精神），strength（強さ，力），struggle（奮闘する，奮闘），tomorrow（明日，未来），victory（勝利）などがあげられる。また両者ともに，困難ではあるが行動力を活用すること，国家間の同盟関係を新たにすること，社会の分断を修復すること，団結や結束を維持することを述べている。両大統領ともに修辞構造を使用しているが，その方法は大きく異なる。オバマ大統領は3連構造（p.402）を好み，トランプ大統領は事例の列挙を好む。

Obama: it was built by working men and women who dug into what little savings they had to give, 5 dollars, and 10 dollars, and 20 dollars to the cause.

それは目標のためになけなしの貯金から5ドルを，10ドルを，そして20ドルを寄付した人びとによって作られたのだ。

Trump: We will build new roads, and highways, and bridges, and airports, and tunnels, and railways all across our wonderful nation.

我々は新しい道路とハイウェイと橋と空港とトンネルと，そして線路を，この素晴らしい国家の至る所に建設するつもりだ。

これらがこの二人の大統領のスタイルの差異であり，特にトランプ大統領の「会話的な」演説が，最も注目され，議論されている。

人称代名詞の比較

andとtheが英語のテクストの中で使用される頻度が最も高い語であり，この二人の大統領就任演説においても使用されている。しかし次に頻繁に使用されている語は何だろうか。トランプ大統領が使用する頻度が高い語はweとourである。一方オバマ大統領はそれほど包括形の代名詞は使用しない1人称代名詞の使用は注目すべき点である。

	オバマ	トランプ
I	31	3
me	4	0
my	12	1
you	22	13
your	6	11
we	46	49
us	12	2
our	26	48
ours	1	0
ourselves	2	0

語のタイプとトークンの比較

大統領選挙のキャンペーン中にトランプ大統領に対してなされた最も頻度が高かったコメントの1つは，彼の演説が単音節の表現を多用するということであった。この特徴は多音節語を多く使用するオバマ大統領と比較された。しかし，この二人の大統領の就任演説を比較すると，予想とは異なる特徴が明らかになる。以下の表は両大統領の演説において使用されたすべての語のタイプを示している（固有名詞は除く）。

	オバマ		トランプ	
音節数	語のタイプ数	%	語のタイプ数	%
1	338	52	230	44
2	199	31	181	34
3	78	12	83	16
4	22	3	28	5
5	8	1	4	.008
6	2	.003	0	
Total	647		526	

結果は複雑なものであった。オバマ大統領の方が実際はトランプ大統領よりも単音節の語を使用しており，使用した語の52%が単音節の語であったが，トランプ大統領は44%であった。一方オバマ大統領は5音節や6音節の語を使用していることは事実だが，非常にまれである。興味深い統計の結果は2音節，3音節，4音節の語に関する点で，割合からするとトランプ大統領の方が多用していることがわかる。

すべての語のトークンを調査した際の対照的な特徴はさらに際立っている。オバマ大統領の使用している語の76%は単音節の語である一方で，トランプ大統領に関しては69%に止まっている。トークンに対するタイプの割合は非常に僅差で，オバマ大統領が0.32，トランプ大統領が0.37という結果になった。

	オバマ		トランプ	
音節数	語のトークン数	%	語のトークン数	%
1	1521	76	964	69
2	338	17	280	20
3	94	5	118	8
4	28	.01	44	3
5	8	.004	4	.002
6	2	.001	0	
	1991		1408	

コラム「長い言葉」を巻末p.556に掲載

会話における雄弁術

以下はAP通信社によるインタビューにおける原稿なしでの返答である。

オバマ大統領（2013年10月）

私たちは負債や損失についてだけ語ればよいのではないのです。どのようにすれば若者たちがよい教育を受けることができるようになるのかも語らなくてはならないし，どのようにすればインフラを整備し，人びとが職を取り戻せるのか，どのようにすれば衰弱した移民制度を正常な状態に戻せるのか，そして経済を成長させ，強固な中産階級を築き上げ，働く意思があれば人びとが中産階級に昇りつめることができる機会を提供するための制度をつくるために必要なことをどのように行うのかなどについても語る必要があるのです。

トランプ大統領（2017年4月）

人びとは国境の壁を必要としている。私の支持層は間違いなく，国境の壁を必要としている。本当に必要としているのだ。党集会に何度もきたことがあるだろう。いいね（OK）彼らが何よりも必要としているのは壁なんだ。私の支持層，非常に大きな支持層だ。私の支持基盤は45%だ。面白いだろう。民主党は選挙人団において有利である。非常に，非常に優位に立っている。共和党が選挙人団を獲得することは非常に難しいことである。しかし民衆はそれを見たがっているんだ。彼らは壁を見たいんだ。

大統領就任演説以外の演説を見ると，トランプ大統領の演説における最も顕著な特徴は会話の見出し調に分類される（p.300）。トランプ氏の演説には，例えばbelieve me!, folks（みなさん，私を信じてください）のような直接的な語りかけ，OKのような非主要文，You know, I'll tell you（わかっていると思うが，私は皆さんに話します）のような評言節（p.241）など日常会話の特徴が観察される。日々の日常会話において人びとは予告なしに話題を変えたり，余談を話したり，矛盾することを言ったり，really（本当に）やvery（非常に）などの強意語を使用したり，they want to see it（彼らはそれを見たいんだ）のように指示対象が不明確な代名詞を使用したり，My base, which is a big base…（私の支持基盤，大きな支持基盤）のように文を最後まで言わなかったり，不規則に間をとったり，話すリズムも不規則である。話し方は流暢であるが，一貫性がなく不規則なものである。このような特徴はオバマことば（Obamaspeak）や伝統的な政治家の演説（p.402）には現れないが，これらすべての特徴がトランプことば（Trumpspeak）の特性を示している。

上掲のインタビューの事例が示しているように，注目を集めているのは必要としている（want），支持層（base），大きな（big），壁（wall）などのくり返されている要素である。このようなくり返しに特に問題があるわけではなく、どのような政治家たちも使用している。マーティン・ルーサー・キングはI have a dream（私には夢がある）やlet freedom ring（自由の鐘を鳴らしましょう）を1963年8月28日に行われたワシントンでの演説の中で9回くり返している。オバマ大統領もトランプ大統領も自分たちの選挙戦のスローガンについて演説の終結部に向けて幾度となくくり返した。オバマ氏はYes We Canを7回（p.97），トランプ氏はWe will make America X againを5回くり返している。しかし，上掲のトランプ氏のインタビューにおけるくり返しの特徴は異なっている。彼がくり返している要素は文ではなく，語彙羅列的なのである。個々の語彙を予期できない統語構造において，さらにリズム的な対句法を欠いた形で使用しているのである。

その結果は文学作品における意識の流れを描くことに類似したものであるが，非文学的な会話スタイルにもとづいている。そしてそのような会話のスタイルは明らかに自然な印象と誠実さを伝達するものになっており，巧妙に製作された修辞的スタイルが伝達しえない要素である。聴衆は「口先の上手い人」は信用しないと言っている一方で，一般人により使用されている言語表現を使用している政治家を評価しているのである。オバマ大統領は文体レベルを調整することによって，この落とし穴にはまらないようにしたのである。彼の大統領就任演説において，オバマ氏は文体を数回にわたって変え，彼の露骨な政治的発言を，彼を支持している主要な支持者たちを認識していることや（故人も含む家族への感情的な訴えかけ，そして100歳以上の有権者たちに関する人情話（人間的興味をそそる話）で補おうとしていた。この種のコード・スイッチングは聴衆の聞こうという動機づけを取り戻しはするが，対立候補が自身のことを「有言不実行である（口先ばかりで行動がともなわない）」と批判することを回避できるものではない。一方トランプ大統領は日常会話のパタンに従っているが，人が日常会話において（くだけた文体と改まった文体を交替させるとか、「上流」と「下層」の文体を続けて選ぶとかのように）文体レベルを切り替えることはほとんどない。

政治家たちが公的なスピーチにおいてくだけた会話の特徴を使用する理由は，自身の雄弁さを創り上げているという印象，そして誠実ではないという印象を少しでも弱めるためなのである。しかしこのような特徴が使用され過ぎると，それら自体が注目の的となり，その効果は失われることとなる。このような理由から民衆は政治家たちの口頭での会話的な特異性に興味をもつのである。その政治家を支持している場合には、そういった変わった特徴も心の底から話そうとしている誠実な試みとして解釈するかもしれないが，支持していない場合には，政策がないことや散々たる政治的な履歴を隠そうとしているとしか解釈しないだろう。トランプ大統領の場合，変わった特徴が神経的もしくは認知的な衰退の兆候として解釈されることさえあったが，このようなことは高齢者の間では避けられないものではないのだが，まったく意外というものでもない。

コラム「どちらが速く話すのか？」を巻末p.556に掲載

トランプ大統領のツイート

トランプ大統領には3つの主な話し言葉の文体がある。まず就任演説のように事前に作成された演説，次に原稿なしの口語体の話し言葉やインタビュー，声明，そして140文字で発せられるツイートである。大抵の言語学的なコメントを引き出しているのは非公式な特徴をもつ2つ目の発話の種類である。しかし文体的な特徴はツイートにおいても顕著である。

140文字という文字制限は非常に短いように思えるかもしれないが，英語においては20語から30語程度のメッセージを送ること，つまりいくつかの短文を発することが可能である。トランプ大統領はいくつかの簡潔な文を1回のツイートに入れ込むことでこのシステムを使いこなしている。ここでもさまざまな修辞的機能により強化された要素により構成される「3連構造」（p.403）の事例が観察され，これらにより時に事実に訴えたり，時に感情に訴えたりしている。

ツイートの文体の特徴が2017年7月29日に投稿された一連のツイートから見て取れる。これらの事例の中にも，トランプ大統領によって頻繁に使用される大文字で書かれた短い最後のパンチライン（落ち）が見られ，記憶に残りやすく，引用を促す役割を果たしている。大統領はこの日に13ものツイートを投稿しており，そのうちの6つの投稿が以下のような終わり方をしている。

I love reading about all of the 'geniuses' who were so instrumental in my election success. Problem is, most don't exist. #FakeNews! MAGA*

私は選挙の成功に大きく貢献してくれた「天才」たちの話を読むことが大好きだ。問題はほとんど（の天才が）存在しないということだ。#フェイクニュース！アメリカ合衆国を再び偉大にしよう

*Make America Great Again（米国を再び偉大にしよう）

（続きを巻末p.556に掲載）

ニュースメディアの英語

メディアの世界は「対象」と言葉を混乱させないことが重要な分野である。世界にはさまざまな新聞があり，ラジオ放送があり，テレビ放送があり，そしてインターネットがある。しかし，新聞の言葉といった「変種」などといったものはなく，同様にラジオ，テレビ，インターネットも同様に変種というものは存在しない。メディアには人間世界の状況のあらゆる側面が反映されており，他所ではすでによく知られている言葉の変種を一般大衆に提供するのである。例えば宗教，政治，科学，文学などに関連する変種に加えて，会話に関する話題指向的な側面（例えば，協議，インタビュー，ディベート，議論，手紙など）があげられる。我々が言語変種（p.308）という概念をメディアに適用する際には，それぞれの産物（新聞，ラジオチャンネル，テレビチャンネル，ウェブサイト）の中で，各メディアの特徴によって形作られる，もしくはメディアが提供する能力を利用することを目的とした，言語の使用方法を調査する必要がある。そしてそのような用法においては、ニュースの伝達と提示が主要なものである。

ニュース報道

ニュース報道というものは音声媒体のメディア，文字媒体のメディアにかかわらず，言語使用の分野において観察される最も困難で制約のかかった状況を反映している。その中の主要な制約とは，時間的・空間的プレッシャーに対する終わりなき戦いである。おそらく，新聞やラジオ番組，テレビ番組用に文章を作成したことのある人にしかこのプレッシャーがいかに不自由なものかわからないだろう。それは絶対的なものなのである。コラムの紙面に合わせるために 20 語削除する必要があったり，ラジオの時間に合わせるために，あと 16 秒分の原稿を削除する必要があったりと，議論の余地がないのである。元の原稿の著者がこの要求に応えない場合には編集指揮系統の上位にいる誰かが原稿の編集を代わりに行うことになる。神聖にして侵すべからざるものなどないのである。編集者への手紙でさえも半分の長さに編集される。そしてそれが元に戻されることはない。編集者の決断がすべてなのである。

それに加えて，視聴読者の好みという考え方により生み出される制約もある。つまり，「読者」，「聴者」，「視聴者」がどのようなものを欲しているのかということに関する意識である。この点は何を報道すべきなのかという初期の判断から，それについてどの程度報道すべきなのか，メディアにおいてどの順番で報道されるべきなのか，そしてどのように書かれ，話されるべきなのかなどの最終的な判断に至るまで，すべての段階に当てはまる。この点でも同様にメディア報道に原稿を作成した経験をもつ者であれば，最終原稿が最初に提出された草案とどれだけ異なっている場合があるかわかるだろう。非常に有名なリポーターたちは自分たちの原稿が多かれ少なかれ自分たちが書いた通りのものと同じ原稿を目にすることができるだろうが，これは特に多数の新聞社に同時配給されているコラムの場合である。しかし大抵のニュース報道は紙媒体のものであっても放送されたものであっても，多くの人間の関与を経て作成されたものである（p.408）。

ニュース報道が複数人により共同で執筆されるということは，報道の際に望ましいとされる言語表現を使用したり，（たとえ著名なジャーナリストの報道においても）文体的な特異性がなかったり，長い期間にわたって文体に変化がない（一貫している）ことなどからも示唆される。出版物やチャンネルはある特定の文体を選択するとそれを使い続け，刊行物・番組にそれを強く適用する。この点は特に新聞社に当てはまることであり，ある新聞を特徴づける特性を明らかにすることはさほど困難なことではない。ある新聞を真似て書くことが容易なのはこのような点からなのである（英語学習者たちのプロジェクトでニュース報道がよく選ばれるのも同様の理由である）。さらに，各紙はみずからが何をやろうとしているのかをよくわかっているもので，時折，新聞が自紙のアプローチを示すために，別冊の出版物を出版することもある。例えば，英国の新聞『サン（*The Sun*）』の見出し（ヘッドライン）を集めた本が 1993 年に出版されている。本のタイトルは『ガッチャ（*Gotcha*）』（p.287）である。

編集変種

新聞の紙面にはその修辞的な特徴が表現媒体によって条件づけられる項目もある。以下はある新聞（『ニューヨーク・ニューズデイ（*New York Newsday*）』におけるニュース「記事（story）」以外で言語的に特徴のある紙面構成要素の事例である。例えば，社説や（続き）漫画，（天気，テレビ，宝くじ，映画ガイド，スポーツの結果等の）要約，（'Dear Abby' のような）個人的なコラム，単語ゲーム，法的通知書，死亡欄，占星術，そして手紙等である。広告もさまざまな種類があり，新聞の主要な特徴の 1 つであるが，言語的には非常に異なるため，独自の説明が必要である（p.414 を見よ）。

ニュースを編集すること

この表はあるニュースが中規模の日刊紙（ニュージーランド，ウェリントンで発行されている『ザ・ドミニオン（*The Dominion*）』のニュース編集室を動いていく際の伝統的な段階を示している。16 の異なる段階に分けられる。

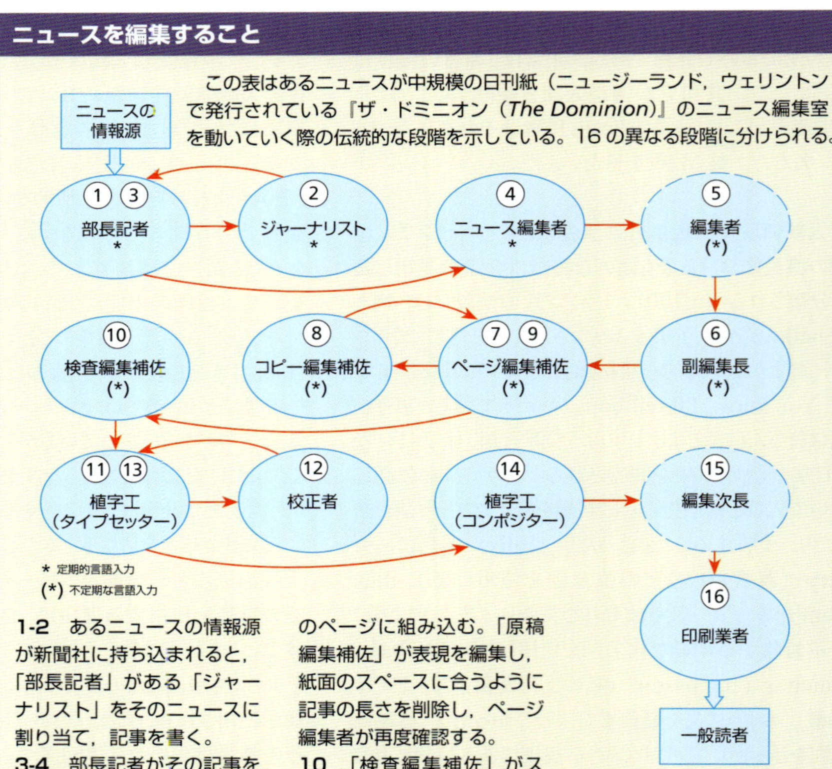

1-2　あるニュースの情報源が新聞社に持ち込まれると，「部長記者」がある「ジャーナリスト」をそのニュースに割り当て，記事を書く。
3-4　部長記者がその記事を確認，編集し，「ニュース編集者」へと送る。編集者がさらに記事を編集し，記事の長さ，掲載場所，提示方法を決定する。
5-6　「編集者」もしくは「副編集長」が「編集長補佐」に送る前に記事のコピーを確認ならびに修正をする。ただしこの段階は任意のものである。
7-9　「ページの編集補佐」が組版とスペースのためにコピーにしるしをつけ，ダミーのページに組み込む。「原稿編集補佐」が表現を編集し，紙面のスペースに合うように記事の長さを削除し，ページ編集者が再度確認する。
10　「検査編集補佐」がスキャンし，隙間や誤植，そのほかの（法的な）問題などを確認する。
11-16　この段階から記事の言語表現は最終のものとなり，「活字」に組み込まれ，「校正作業」，「ページ編成」が行われる。紙面に合うように最終の編集が「組みつけ台編集補佐」によって行われ（この名称は新聞誌面が手作業で行われていた時代から使用されていたものである），印刷へと回される。大手の新聞の場合は，そのほかの段階が存在することもある。また小規模の新聞においては，一人の個人が複数の役割をこなすこともある。現在ではジャーナリストは個人のコンピューターで打ち込みを行い，11 から 14 の段階を編集過程の早い段階で行うことが多い。記事の編集については p.408 を見よ（A. ベル（A. Bell），1991 に従う）。

エイプリルフール！

おそらく，ここ数十年の間で最も有名なジャーナリズムにおけるパロディーは1978年4月1日に発行された英国の『ガーディアン（*The Guardian*）』に見られる。このパロディは12の新聞各紙の1面を再現した（イギリス諸島において発行されている新聞にそっくりなもの）。英本土と架空の国であるサンセリフの島における新聞社の吸収合併の一部としてその日に発行されたと言われている。この架空の国での慣習は明らかに印刷の歴史における概念をもとに人びとや場所が名づけられているのである。ここでは4紙からの抜粋が示されている。それぞれの特徴が，独特な紙名と見出しに見られる活字術によって伝わってくる。しかし各紙のジャーナリスティックなスタイルの特徴は明らかであり，英国（そしてサンセリフ）の新聞界における高級紙的な言語表現とタブロイド誌的な言語表現に存在する幅の広さを示している。ボドニーの司祭に関する主要な話の4様の扱いが例示されている。

パロディーの一部である大袈裟な表現を考慮しても，今日の新聞各紙と比較した場合，40年の時がたった今でもほとんど文体的な違いは見られない。印刷術の方はどんどん進化しているにもかかわらずだ。p.409に再現されている1914年の新聞の1面からもわかるように，より長い期間を隔てて見るならば，手法や取り組み方には顕著な違いがもっとはっきりした形で見られる。

SS Mirror

SAN SERRIFFE'S BIGGEST DAILY SALE

Saturday, April

PAGE ONE OPINION

Stuff it bishop

Blimey, pals, what's all this then?
The batty Bishop of Bodoni is at it again!
Cor, strike a light!
Just listen to what the potty prelate has to say about the language riots over on North Island:
"We must approach this problem in a spirit of brotherly love, and try to see all sides of the problem," say the daffy deacon.
Lumme, pals, what a mouthful!
"Brotherly love?" In a pig's ear
"Both sides of the problem"? Do me larrff!
The S.S. Mirror says this to the crank
Can it!
Shut it!
Stuff it up your mitre!

SS GUARDIAN

An unmistakable case of doubt

All men of goodwill throughout islands will have been heartened by words of the Bishop of Bodoni. Yeste he addressed himself to the rioting has disfigured the face of our Island, all too recently our South Here is what the Bishop said: "V approach this problem in a brotherly love, and try to see a the problem."

Wise words indeed, and w those who find themselves e these regrettable events, wil mark. To appreciate the Bishop's statement we could contemplate what, given h tion in our national and might have said. He mi might have called for a spi

THE SS TELEGRAPH

SATURDAY, APRIL 1, 1978

Bodoni Telephone 3524 Ext. 14

Metro Telephone 3458 Ext. 9

THE BISHOP'S BROTHERLY LOVE

AT FIRST sight, yesterday's remarks by the BISHOP OF BODONI may appear to be little more than common sense. The BISHOP said, of the subversive Communist inspired language riots on North Island "We must approach this problem in a spirit of brotherly love, and try to see all sides of the problem."

Nevertheless, it must be firmly asserted that the BISHOP'S remarks are in fact dangerous, potentially subversive, and possibly treasonous. If, for example, the late EARL MONTGOMERY OF EL ALEMEIN had adopted this particular credo as his watchword when fighting ROMMELL, the Allies might have lost the Second World War. Had the late LORD BADEN-POWELL attempted to see all sides of the problem during the Boer War, the town of MAFEKING would be as yet unrelieved. The DUKE OF WELLINGTON thought little of brotherly love when he took his stand against the late NAPOLEON BONAPARTE. Did the late JULIUS CAESAR EMPEROR OF ROME declare "I Came, I Saw, I Entered Into Fraternal Negotiations"? He did not.

It is true, as the BISHOP reminds us, that the late LORD JESUS CHRIST spoke of brotherly love. There is a time and a place for such sentiment, as the events surrounding the late DAVID and JONATHAN may remind us. But there is an even more urgent place for its opposite and antithesis. Let the deeds of the late SAMSON and his firm stand against the late PHILISTINES be our guides and let the BISHOP take unto him the JAWBONE OF AN ASS rather than imitating one.

Old Printing House Square, Bodoni. Telephone : Bodoni 1234

WHISPER WHO DARES

It is probably well in matters of ecclesiastical polity for the cautious man to be guided by the Ciceronian dictum, *Omnes artes quae humanitatem pertinent habent quoddam commune vinclum et quasi cognatione quadam inter se continentur*. And if that is admitted it is fair to add, with Pliny, *Ne supra crepidam sutor iudicaret!* (The exclamation mark is ours.) If one were to approach the recent comments of the Bishop of Bodoni with these invaluable aphorisms in mind it would be possible both to admire his words and to take issue with them. "We must approach this problem," the Bishop said, "in a spirit of brotherly love, and try to see all sides of the problem." In that they go to the heart of the dilemma which faces any observer of the dispute between the Flongs and the Phlongs, the Bishop's words will strike a chord. In that they fail to differentiate between the Flong and the Phlong view of the troubles which ravage the island, they are wanting.

In what respect they are wanting is itself a matter of contention and indeed of strife, but it should be clear to anyone with a smattering of history of the North Island that consensus even on so basic a question as the application of brotherly love is often hard to find. "There are the Flongs. There are also the Phlongs." We wrote these words at the beginning of a leading article in 1842 and nothing that has happened in the meantime has caused us to make any marked change in that opinion except, perhaps, that with the passage of time and the sometimes hurtling journey of these islands around the world (for it will be remembered that only a year ago we were in the Indian Ocean) the opinion has acquired an emphasis and an urgency that it did not have before.

The policy of the Government must therefore be even-handed and be seen to be even-handed. In that sense the Bishop's words offer a valuable guide to where immediate priorities should lie. Doubtless he had in mind the Pauline injunction "Let all things be done decently and in order" (1 Corinthians, xiv, 40), although the patristic authorities which could be cited in favour of such a sentiment are many and diverse. The ensuing debate will therefore be followed with keen anticipation although it will not perhaps be altogether surprising if at the end of it the fundamental question remains open. There would be nothing unusual in such an eventuality. Indeed if there is a lesson to be learned from this not entirely unfruitful episode it is probably that open questions admit of greater differences of opinion than closed ones. While it is possible to wish for the closure, it might at the same time be foolhardy to expect it.

ジャーナリズム言語学

ニュースが受信され，処理され，報道される方法の 3 つの側面が本ページで示される。ここで扱っている内容はニュージーランドの社会言語学者であり，自身もジャーナリストと編集者として日々のニュース報道に関わってきたアラン・ベル（Allan Bell）の詳細なニュース・メディアにおける言語の分析から得られたものである。ニュース報道における個人的な経験と言語学的な研究を組合わせたものは言語変種の研究では非常に珍しいものである。基本的にジャーナリスト・言語学者や政治家・言語学者，神父・言語学者は存在しない。これらの複合語の最初の部分で生計を立てている人間は一般的に言語学者として研究をする動機づけや機会はなく，訓練を受けることもないからである。しかし両者の仕事に精通している場合，そこから得られる分析は，外部の人間が得ることができない実践的な説明が蓄積されると同時に，それぞれの職業の思考プロセスに関する十分な知見を提供してくれる。本ページの 2 つの事例はベルの個人的な経験にもとづいたものである。ベルは新聞社のオフィスに届くテレプリンターのコピーを入手することができた。そのコピーは受け取った編集者により校正されたもので，捨てられる前に入手したものである。彼はあるスポーツに関する記事の局が受け取ったコピーと編集されたものを入手することができた。パソコンの画面上での編集技術の出現により，現在では言語学者にとってある記事の編集作業の段階を観察することはより困難になっている。入手できる印刷原稿がそもそも存在しないからである。

オーストラリア通信社からの通信原稿のページ。受信したニュージーランドの編集者によって修正されている。

編集の前と後

以下はニュース記事の 2 つの段階である。左側の記事はロイターのオーストラリア通信社によってシドニーから送られたスポーツの記事，右側はその記事がニュージーランド通信社によって編集されたものである。記事の題材が消去，修正，加筆されていることがわかる。その下の注釈では第 1 段落において ニュージーランドの編集者が行った複数の言語的選択が示されている（文法用語については III 部を見よ）。

水浸しのグラウンド状況によって昨日の試合は中止になってしまったが，今朝もこの状況がブルダでは続いていた。午後 3 時頃になってようやく試合が再開された。試合の残り時間は 3 時間を切っていたが西インド諸島がイングランドの 448 点に対して 1 イニングマッチの攻撃を行っているが、勝利の可能性はほとんどないだろう。西インド諸島はティータイムの時点で 2 回の攻撃で 139 点を取っている。

水浸しのグラウンド状況によって午前の試合は中止となったが，最終日の残り時間 3 時間を切ったところから試合が再開された。イングランドの 448 得点に対して西インド諸島は 1 イニングの攻撃を行っている。ティータイムの段階で西インド諸島は 2 回の攻撃で 139 得点をあげているが、勝利の可能性はほとんどないだろう。

- 場所を表す副詞「ブルダでは（at Bourda）」が削除されている。
- 時を表す副詞「昨日（yesterday）」と「まだ（still）」が削除されている。
- 主動詞「続いていた（prevailed）」が削除されている。
- 関係節 that...yesterday の部分が主節になっている。
- 関係代名詞 that とそれにともなう the が削除されている。
- 分裂文（p.243）it ... restarted が「試合が再開された（the match resumed）」という主語述語文になっている。
- 時を表す副詞「午後 3 時頃になってようやく（not until mid-afternoon）」が削除されている。
- 再開する（restart）の代わりに「再開する（resume）」が使用されている。
- 「そして（and）」の代わりに「しかし（but）」が使用されている。
- 続く文の一部（「残り時間…切っていた（Less ... remaining）」）が加えられている。
- 定形性（p.224）が変化しており，remained が remaining になっている。
- 「最終日の（for the final day）」という新しい時を表す副詞句が加えられている。

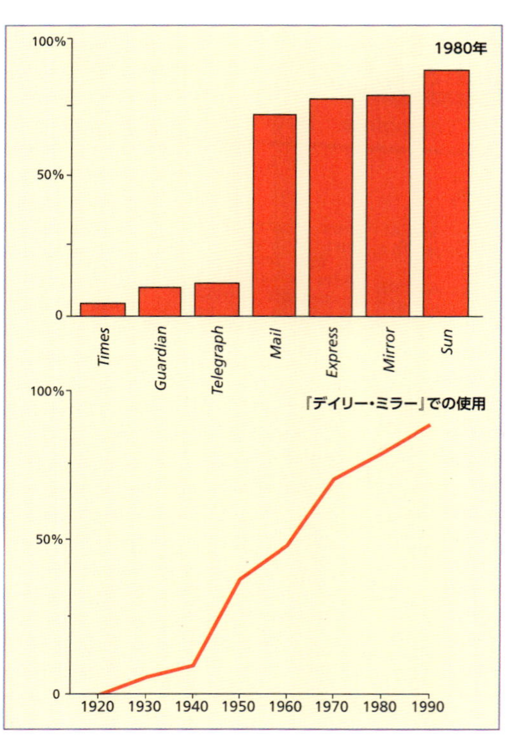

ある言語的特徴は単に意味内容を伝えるだけではなく，読者層を示すこともある。このことは「オーストラリアのポール・キーティング首相は… と言った（[the] Australian prime minister Paul Keating said...）」などと書かれるような状況において，決定詞（p.219）が使用されるのか，それとも削除されるのかということに観察される。上の表は決定詞が省略されることが新聞記事の文体の社会言語学的特徴であり，英国のタブロイド・ジャーナリズムに典型に見られることを示している。下の表はこの特徴が 20 世紀にどのように発展してきたのかを示している。『デイリー・ミラー（*The Daily Mirror*）』では 1920 年にはまったく決定詞を省略しなかったが，1990 年には 90%の割合で削除するようになった。なぜこのような特徴が顕著な形で現れてきたのか，その理由は不明であるが，これはこれらの新聞各紙の読者層を分析した結果明らかになった社会階層と結びついていることは間違いない。

ジャーナリズム文体

ニュース報道には非常に独特の言語的特徴がある。記事を編集する際にジャーナリストがつねに念頭に置いている「誰が，いつ，どこで，何を，どのように，なぜ」行ったのかということに関連していることがほとんどである。

- 見出しは批判的で，記事の要点を明確にし，読者の注目を話しの内容にひきつける。
  電文体がおそらくニュース報道において最も知られている特徴である。
- 第 1（リード）段落は記事を要約すると同時に話しを始める部分である。この段落が一般的に見出しの情報源となる。見出しは情報源のジャーナリストが書くものではなく，編集補佐（p.406）の一人が書くのが一般的である。
- 記事の情報源は署名欄にロイター（Reuters）のように提示されたり，本文中に「ホワイトハウスの高官は言った（A senior White House official said…）」のような形で組み込まれたりする。
- 記事の登場人物が分類される。名前の前にチャンプ（champ），囚人（prisoner），役人（official）などの一般名詞が置かれたり，ハンサムなフランス人歌手のジャン・ブルーノ（handsome French singer Jean Bruno）のように形容詞が置かれたりする。
- そのほかの特徴としては，「昨日パリで（in Paris yesterday）」のように時と場所が明確に示されたり，「66 名が爆弾の暴風で亡くなった（66 people were killed in a bomb blast）」のように事実と数字が示されたり，「「首相が失敗をした」と専門家が言った（PM ‘bungles’, says expert）」や「専門家は首相が失敗をしたと言った（Experts says PM bungled）」のように直接引用や間接引用が使用される。

それについて
すべて読むように！

1914年4月11日土曜日に発行されたロンドンの『デイリー・スケッチ（*The Daily Sketch*）』の１面の見出しと６ページ目。この版が選ばれた理由はその内容にあり，p.185で議論されたタブー表現に対する態度の変化に関連して歴史的に興味深い。しかし，このページ全体が，100年を超える期間におけるニュース報道の言語的および印刷上の扱い方の相違点と類似点を示す事例としても用いられる。一方で非常に長い見出し構造，従属節を多用する非常に長い文構造，現在の同レベルの新聞で用いられるよりも形式ばった語彙の使用などが観察される。また一方で，短い段落，修辞疑問，省略的な見出しのスタイルなどの独特な特徴も観察される。

One Word In Shaw's New Play May Cause A Sensation.

DAILY SKETCH.

No. 1,588. LONDON, SATURDAY, APRIL 11, 1914. (Registered as a Newspaper) ONE HALFPENNY

TO-NIGHT'S "PYGMALION," IN WHICH MRS. PATRICK CAMPBELL IS EXPECTED TO CAUSE THE GREATEST THEATRICAL SENSATION FOR YEARS

"PYGMALION" MAY CAUSE SENSATION TO-NIGHT

Mr. Shaw Introduces A Forbidden Word.

WILL "MRS. PAT" SPEAK IT?

Has The Censor Stepped In, Or Will The Phrase Spread?

Has the Censor interfered?

If not to-night's performance of Bernard Shaw's "Pygmalion" at His Majesty's Theatre may cause one of the greatest sensations of our theatrical history.

If the Censor has not interfered the audience will either laugh immoderately or - well, anything may happen.

Is an expression which hitherto no respectable newspaper has dared to print permissible when uttered on the stage.

Mrs. Patrick Campbell in the new Shaw comedy plays the part of Liza Doolittle, a flower-girl, whom a professor of phonetics turns into a lady.

But before her education is quite complete she uses language which is—at present—barred in drawing rooms, though she has heard her instructor use the word so often that she does not know it is not etiquette to use it.

THE OFFENDING WORD.

And How It Retranslates From The German.

In the German version of the play which has been published in Berlin, though the English version is not yet obtainable, the dialogue, translated quite literally, runs as follows:–

FREDDY (opening the door): Are you going through the Park, Miss Doolittle? In that case might I—

LIZA Am I going? Yes, Muck! (Freddie staggers) I am taking a taxi-cab.

The suburban girl, Clara Eynsford Hill, who has been invited to meet Miss. Doolittle, thinks the expression the very latest thing to use to be in fashion, and bidding good bye to the unconventional professor of phonetics, Professor Higgins (Sir H. Beerbohm Tree), a few minutes later the following conversation takes place:–

CLARA: Such nonsense, all this prudery from Early Victorian days

HIGGINS: Damn'd nonsense!

CLARA: Mucky nonsense

CLARA'S MOTHER: Clara

CLARA: Haha. (She goes out radiant, conscious that she is thoroughly up-to-date.)

This, it must be understood, is a literal re translation of the German version of Mr. Shaw's play. There is little doubt of the word actually written by the author.

Indeed, it has been the talk of the theatrical clubs of London for days

The Century Dictionary unblushingly defines the shocking word as "very, exceedingly, desperately," and gives examples of its use from Dryden and Swift.

And this evening—unless the Lord Chamberlain and his board of censors have intervened—the most respectable theatrical audience in London will hear the dreadful word fall with bombshell suddenness from the lips of Mrs. Patrick Campbell

Sir Herbert Tree has, by dint of many years' devotion to the cause of drama, built up an audience of theatre goers at His Majesty's second to none in London.

They have been brought up on Shakespeare, but they are not used to Shaw. Literary men and women will be there, and leaders of Society and drama enthusiasts from Hampstead and the garden cities, middle-class matrons and maidens, all accustomed to hear at His Majesty's only what is wholesome and pure – and Shakespearean.

It will come as a shock to the Upper Circle if they hear Mrs. Pat uttering a word which they have never heard—except, perhaps involuntarily from a Billingsgate porter—and never read–save in the poetry of Masefield.

pletive in Mr. Bernard Shaw's new play will serve to increase the complaints against bad language on the stage.

This expression occurs in Shakespeare and the other Elizabethan dramatists. True, but it is difficult to show that the word is used in the sense in which it is used in "Pygmalion."

Not many years ago the Lord chamberlain's theatre license forbad all bad language, even "damns," in plays.

At one time within the memory of living play-going man managers were so afraid of violating the Lord Chamberlain's prohibition that actors dropping in even a 'damn' were fined.

DICKENS'S DEFENCE

When Dickens wrote "Oliver Twist" there was a great outcry against what was called "the revolting language" used by Bill Sikes.

Dickens defended himself on the ground that persons of Sikes's profession and character were not in the habit of using "rose-water language."

But in the dozens of dramatisations of "Oliver Twist" none of the earlier dramatists dared transfer Sike's execrations and swear-words to the stage.

One of the first play licensers to cut every "damn" out of every play that was sent to him was the eminent dramatist and humourist George Colman the younger, author of "The Heir at Law" and other famous comedies for which he got £1,000 apiece.

One of the playwrights out of whose play Colman cut the only two "damns' in it sent to Colman several quotations from that dramatist's own plays, such lines as "Damme! it's the Brazier," "damn his eyes!" "Better be damned than dig," and so on.

Not many years ago, moreover, the name of the Deity was forbidden to be used in any stage play, and any actor daring to interpolate such expressions as "Oh God!" "My God" was either fined or dismissed from the theatre. For the word "God" the word "Heaven"—"Oh Heaven!" "Blessed Heaven grant," etc.—was always substituted. Even in "The Lights o' London," to be revived to-night at the Aldwych, this substitution occurs several times.

For a good while now, however, the word "God" and even the word "Christ" have been used a great deal on the stage, and not merely in passages of anguish or of prayerfulness—when perhaps there might be some excuse—but in passages of lighter or even frivolous import.

IT MUST BE STOPPED.

In a new revue just brought to London there is an episode in which the funny man telephones to Heaven to inquire about certain people who have just died!

He utters certain comic replies from Heaven!

This kind of thing, like the bad language and the naming of the Creator indicated above, must be stopped, together with other forms of "offensiveness.'

THE PLAY IN OUTLINE.

Shavian "Love," Humour And Phonetics.

What of the play that marks the first combination of Shaw and Tree in the history of the modern stage?

Its story is very Shavian, and may be summarised as follows:–

ACT I.

Under the portico of St. Paul's, Covent Garden, at 11.15 p.m. on a very wet summer's night.

A suburban lady and her daughter and several loafers are seeking shelter, as also professor Higgins a professor of phonetics, who is taking notes, and Colonel Pickering, a student of phonetics.

Enter a flower girl, Liza Doolittle. Arguements and recriminations ensue, in which Higgins is suspected of being a police spy.

He clears himself by revealing who he is, and flings Liza a handful of money. Pickering introduces himself and they go off together.

Liza departs in a taxi!

ACT II.—Next morning.

Liza calls on Professor Higgins and offers him 1s. an hour to teach her how to talk English so that she can

CARDS AS A CURE FOR CURSING.

Clergyman Advocates "Patience" As A Nerve Soother.

A RECREATION FOR WORKHOUSE INMATES.

Is "Patience" a preventative of profanity and can cards cure one of cursing?

Such is the latest problem for earnest thinkers. The Rev. P. Clementi-Smith, a member of the City of London Board of Guardians, is one of those who believe in the virtues of "Patience," that solo card game beloved particularly of our grandmothers.

He says it is an excellent method of keeping people quiet and to prevent them from swearing. His view was apparently endorsed by the majority of his fellows, for the Guardians have decided to ask the Local Government Board to allow inmates of the infirmary at Homerton to play cards.

It seems doubtful if such a sanction will be obtained, for article 127 of the general Consolidated Order (regulations governing the conduct of workhouses, etc.) provides, among other things, that no one shall play cards or other games of chance.

"And a very good rule, too!" was the comment of the master of one of the largest workhouses in London to the Daily Sketch.

THIN END OF THE WEDGE.

Do I think that the inmates should be allowed to play Patience? Certainly not; it would be the thin end of the wedge. In a large class of workhouse the desire to gamble is inherent. It would be impossible to stop them. Why, some of them would gamble with their very trouser buttons if they had a chance.

"As things are there doesn't seem to be any particular desire for such a privilege among those in our infirmary. We already provide them with draughts and dominoes, but they rarely touch them."

The master laughed at the suggestion that cards would prevent profanity. "If you play cards yourself" he said, "you ought to know that it would be more likely to increase it. One might as well propose a game of golf as a remedy."

A CRIMEAN VETERAN.

Man Who Fought against Us In The Russian War.

A Crimean veteran—with a difference. A good many people to whom the old man is a familiar figure know that he fought in the Crimean War, but perhaps he is the only one living in England who fought, not for her, but against her.

Mr. Moss Morris, who was 94 this week, fought in South Russia and Finland and was captured and brought to England after the fall of the Finish fortress of Bomarsund in 1854.

The fortress is on an island, and had been bombarded for some weeks by the British Navy. At last the order was given to surrender, and Mr. Morris came to the gates to raise the white flag. As he did so a flying piece of shell tore off the top of his head.

After the signing of peace Mr. Morris was released from the military goal near Portsmouth, and not caring to return to Russia on account of his belonging to the Jewish faith decided to become naturalised.

Until the death of his wife, who was an English woman, last year, Mr. Morris had a small refreshment shop and stall in the Waterloo-road, and walked from there every day twice to and from the Central Synagogue in Great Portland street, where he is a "Minyan man" or paid attendant. This was a total distance of ten miles.

Mr. Morris lives nearer to Great Portland street now, but he is still a keen pedestrian.

SOCIALIST WEDDING.

Mr George Lansbury's Son Marries Suffragist School Teacher.

Mr. Edgar Lansbury, son of Mr. George Lansbury the former Socialist M.P., for Bow and Bromley, and editor of the Daily Herald, was married on Thursday to Miss

テレビ・ラジオ放送

大抵の新聞報道（p.406）と対照的に，ラジオ番組やテレビ番組のごく一部でしかニュース報道や時事問題に関する議論が扱われていない。チャンネルによってはその割合は 5%程度にとどまるが，その重要性は非常に高く，数字が表す以上のものがあると考えられる。このような番組の中核的要素は明確である。すなわち，ニュース速報である。これはさまざまな規模の一連の項目からなっていて，大抵セクション（一般，ビジネス，スポーツ，天気など）に分けられており，時にコマーシャルで中断されることもある。おのおのが当てはめられる時間枠の長さは任意であるが，2 分程度でしかない場合が多い。しかしながら，ニュースそのものとそのニュースを拡充する部分を明確に区分することは、新聞の場合よりずっと困難である。ニュースを拡充する部分に関しては，一般大衆のインタビューにより得られる日常的な会話（街頭インタビュー）や文芸作品（ドラマ化されたドキュメンタリー）の方向に向かう可能性もある。

新聞報道と同様に，ありふれた 1 日のラジオ報道やテレビ報道を分析することで，そのほかの場でも使用される言語変種を明らかにすることができる。おそらく考えられるすべての話し言葉の変種が，放送メディアのどこかの時点で観察できるだろう。予測可能な言語特徴を生み出すほどに、言語のある用法が重要であるとしたら，それらの特徴が関係する状況は疑いの余地なく視聴者たちにとってつねに興味の対象となるだろう。さらにラジオドラマやテレビドラマという領域は，言葉を自然のままに映し出すものである。この領域においてはドラマにおいて描かれる状況（それに加えて，言葉も）に対する制約がほとんど存在しない。その例外としてあげられるのはタブー表現（p.184）に対する過敏な反応だろう。

新聞報道と同様に放送メディアも，独自の変種の誕生に少なからず責任を負っている。放送メディアはつねに新しい考えや型を探し続けており，慣習的で型にはまった陳腐なものになるのを危惧しているので，安定し，予想されるようなスタイルを維持するよりも独自性があり風変わりな言語的特徴を促進させることを好むのである。そしてそのようなスタイルが現れると，それらは幼児向けの教育番組（その独特な韻律特徴や単純化された文がしばしばパロディの対象となる）や，クイズ番組（これはいつでも英語のキャッチフレーズ（p.190）の宝庫となる）などの場合と同じように，注目を浴びることとなる。天気予報は，特にラジオ番組での天気予報はその際たる例の 1 つで，その特殊な形式（BBC の海上気象予報など）では，限定的な言葉（p.416）として必要最低限のものにまとめられている。しかしラジオであってもテレビであっても，放送の世界でおそらく最も特徴的な変種として知られているのは実況放送である（p.412）。

テレビ局のニュース番組のスタジオ

2 種類のバージョン

ラジオとテレビのニュース報道には明確な言語的な差異はほとんどない。ただし，テレビの報道では画面で映されている映像に言及することがある。両者ともに非常に言葉に依存したメディアであり，まず要約が示された後に，詳細にわたる説明や特派員による報告が行われるという同じ構造をもち合わせる。しかしながら以下の事例が示す通り，テレビ報道の方がより簡潔で，複雑さの少ない文構造を使っている。見出しに関してはラジオの半分の語彙しか使用されていない（9.6 語と 19.8 語）。また記事の本文の最初の 2，3 文は 3 分の 1 程度短いものである（15.2 語対 22.2 語）。（/ は音調単位（イントネーション・ユニット）を，-，--，--- は間の長さを表している。）

BBC　TV　6 pm News（1994 年 2 月 7 日）

ニュースキャスター：ヨーロッパはサラエボの包囲攻撃を中止するために空軍の攻撃を支持しました /- - 土曜日の迫撃砲による攻撃の後に / 欧州連合の外務大臣たちは / あらゆる手段を取らなくてはならないと述べています / - ジョン・メージャー【訳注】当時の首相 は即座に効果的な行動を取るべきであると訴えました / -- しかし，空襲がどれだけどの程度現実的なのでしょうか / -CIA はコンピューターで選択肢を検討しています /--- リバプールではマシンガンが大量に保管されていることが明らかになりました – 警察はこれらの銃器は犯罪者のもので，テロリストのものではないと述べています。/--- また皇太子の安全上の恐れもあります /- 皇太子は圧力がかかる中で冷静さを保つのは血統であると述べています /- 皇太子：私たちはジェームス・ボンドやインディー・ジョーンズ のように創られているのではありません / ---

ニュースキャスター：こんばんは /- 欧州連合の外務大臣たちは即座にサラエボへの包囲攻撃を中止することを求めました /-- 本日のブリュッセルでの会議で /- 彼らは講じることができるあらゆる手段を行うべきであると述べ / 空襲を含めて /- ジョン・メージャーも即座に効果的な行動を取るべきであると主張しました / サラエボに対する爆撃を阻止するために /-- 明日 / 閣僚たちが臨時会議を行い / セルビアに対して空爆を行うべきか議論する予定です /- ブリュッセルから / 欧州特派員のジェームズ・ロビンズが報告しました。

BBC Radio 4 1994 年 2 月 7 日 6 時のニュース

6 時です /--BBC ニュース / アストリー・ジョーンズです / 欧州連合の外務大臣たちが合意しました。あらゆる手段を / 空爆を含めて / サラエボへの包囲攻撃を止めるために取るべきであると / -- ジョン・メージャーは即座にサラエボへの爆撃を止めるための効果的な行動を取るべきであると述べました / 議員たちは英国は空爆を行う準備が十分にできていると報告され / - もし軍司令官たちが / 勧めるのであれば / -- マージーサイド州の警察は声明を出しています / 武器がリバプールの住居で発見され / おそらく / テロとは関連していない / 株価が / 今朝損失から回復し / 金利の引き上げに対する反応で急落した時に / 米国における / - ［そのほか 2 つのヘッドライン］--- ヨーロッパは / NATO による空爆を許可することを検討しています / セルビアによるサラエボへの攻撃を止めるために / - ロンドンでは / ジョン・メージャーが即座に / 効果的で / そしてより力強い行動を求めました / 土曜日の活発な市場における壊滅的な迫撃砲による攻撃があったことに対して / - そして欧州連合の外務大臣がブリュッセルで会議を行い， / フランスが / セルビアに対して最後通告を発するべきであると要求しました / サラエボから撤退するのか / 強制的に撤退を余儀なくされるのか / その会議では / 外務大臣たちによってあまり強くない表現が合意されました / しかし空爆の可能性は残されています / グラハム・リーチ特派員が / 伝えてくれました / このレポートを / ブリュッセルから / - - -

のちほど雨

ラジオで放送された２種類の対照的な天気予報のスタイルを紹介する（p.314）。第１の事例は，くだけた日常会話のようなスタイルで，1994年２月７日にBBC Radio ４で昼食時の前に報道されたニュースで使用されたものである。第２の事例は形式的，定型的なスタイルで，同日の午後の遅い時間に放送されたものである。最初の事例の放送時間は２分30秒の天気予報の１分50秒間の抜粋である。２つ目の事例は５分間の天気予報のうちの１分30秒間の抜粋である。

よい天気予報には自然な流暢さ，ほどよい略式性，そして感じのよい説得力が必要となる。

• 流暢性は事前に念入りな準備をすることが必要であるが，アナウンサーが定型的な表現（with light winds and largely clear skies（微風でおおむね晴れ）や blue skies and sunshine （青空が広がり，日差しが強い），widespread frost（広い範囲で霜））や，また場所の標準的な配列（例えば国の東側（あるいは西側）を形成する地域）に頼ることで達成される。特定の地域では，起こりやすい天気状況の種類は非常に限られており，特定の特徴の組み合わせが頻繁にくり返される。

• 会話的な音調はくだけた語彙（take a tumble（下降線をたどる），just a chance（偶然），odd rogue shower（突発的な雨））や、「ふつうの」人びとが天気に関して話す時に使用する日常的な言いまわし（become a little bit quieter（少しだけ穏やかになる），turn colder（寒くなる），ファジーな表現（p.181）（more or less（おおよそ），round about（まわり道して）），動詞縮約形（it's, that's, we'll），口語体の接続表現（anyhow（いずれにせよ），in actual fact（実際には））などを使用することで実現される。

• 同時に，数値的根拠（eight degrees（8℃），minus one or minus two（－1℃もしくは－2℃）や素人が使用しないような概念への言及（icy patches on untreated roads（舗装されていない道路の氷），well broken cloud（途切れた雲），south-westerly wind（南西の風））に、報告内容の科学的要素も顕著に現れている。気象学は精密科学ではなく，その予測は注意深い判断によるので，絶対的な正確さはないが，これらの要素が落ち着いて，自信に満ちた調子で放送されることで，全体として信頼性を生み出すことができるのである。

こんにちは / まだ不安定な状態が続いていますが / 以前ほどではありません / 明日以降は少し穏やかになるでしょうが / 同時に寒くなるでしょう / 強調しておきますが / 明日以降のことです / とにかく現在に話を戻すと / 多少なりとも東西で異なっています / 我々は / まず最初に東側から / イングランド南東部，中南部 / ミッドランド / イースト・アングリア / イングランド北東部 / スコットランド東部 / ここではほとんどの場所が乾燥していて / 青空と太陽の光が降り注ぎますが / まれににわか雨が降る可能性があります / 特にイングランド中南部とスコットランド東部では / 気温は平年並みになるでしょう / 南部では 8℃/ 北部では 6℃となるでしょう / 夕方から夜にかけては / 微風でおおむね晴れるでしょう / 気温は下がり / 気温は氷点下になり / 広範囲にわたり霜が降りるでしょう / 気温は－ 1℃か 2℃程度になるでしょう / ところどころで一時的に霧が出るでしょう / 未舗装の道路には氷が張ることもあるでしょう / 続いて，イングランド南西部 / ウェールズ / イングランド北西部 / スコットランド西部 / そして北アイルランドでは / 晴れ間と雨が交互にやってきます / ところどころで強く降るでしょう / 場所により違いがあるかもしれません / 例えば，スコットランド西部では / 強く降るでしょう / 雨やみぞれの時間が長くなり / 丘の上では雪が降ることもあります / 一般的に言えば，ほとんどの場所で雨は弱くなり / 午後には雨が弱まる傾向にあります / 気温は / 平年並みで 7℃前後になるでしょう / 夕方から夜にかけて，小雨が降るかもしれません / しかしその時までにはほとんどの地域は乾燥し / 雲もなくなるでしょう / 沿岸部では / 気温は 2℃から 3℃程度までしか下がらないでしょう / しかし内陸部では / 気温は氷点下まで下がり / 広範囲にわたって霜が降り / 氷が張る地域もあるでしょう / 夜遅くになるとですが / 雲が増え，南西の風が吹き / アイルランド北部で気温が再び上昇するでしょう / ウェールズ西部 / イングランド南西部 /…

非常に定型的な特徴をもつこの種の天気予報では，特殊な専門用語，単純化された文法，制御された韻律，循環的な談話構造などが使用され，制限的言語（p.416）の典型的な事例である。また，多くの点で実況中継で使用される言葉（p.412）と類似している。

6時10分前，海上気象予報の時間です / 気象庁が発表しました / 17:00 2月7日月曜日 / ヴァイキングに強風注意報が出ています / 北ウートシアラ／南ウートシアラ / フォーティーズ / フィニステール / ソール / ファストネット / シャノン / ロッコール / そしてフェアアイル / 正午の時点での概要は / 低く / ベイリーの西 150 マイルでは /986/ 覆われるだろう / 新たな低気圧が / ベイリーにやってくるでしょう /984/ 明日の 12:00 までに / 大西洋高気圧 /10:30/ トラファルガーで予想されています / 10:36/ 同時刻までに / - - - 24 時間のこの地域の予想は / バイキング / 北ウートシアラ / 南ウートシアラ / 北東フォーティーズ / 南東部 / 疾強風 8/ その後 6 に減少 / 時々雨または雪 / 穏やか / 時々悪天候 / 南西フォーティーズ / クロマティ / フォース / タイン / ドジャー/ -- 南風 4 もしくは 5/ 6 に強まり / のちに疾強風 8/ 南西フォーティズとクロマティ/- にわか雨のち雨 / 好天から穏やかな天候になるでしょう /…

そしてここからは沿岸部の観測所からの天気予報です / 16:00 グリニッジ標準時 / タイリー/ - 南微西 4/ - にわか雨 / -19 マイル / 10:03/ ゆっくりと上昇中 / - - ルイス灯台 / - 南 / -3/ -24 マイル / -10:01/ - よりゆっくりと上昇 /…

北のどこ？　南のどこ？

イギリス諸島を囲む英国気象庁の海域の名称は，イギリス英語に最も独特な天気予報の用語を提供している。大抵の人びとはこれらの名称のいくつかを少なくとも記憶しているが，正確にその場所を示すことができる人はほとんどいないだろう。北ウートシアラ（North Utsire）と南ウートシアラ（South Utsire）[uːtˈsɪərə] のつづりを見ると驚かされる。

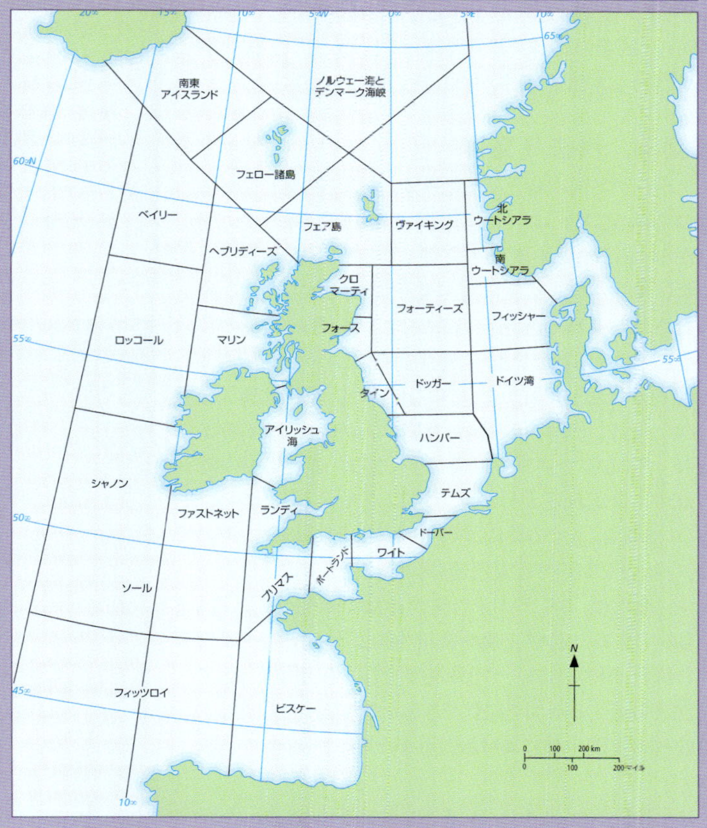

スポーツ実況中継

実況中継にはすべての英語使用の中で最も独特な特徴がみられる。実況中継の役割は報道の範囲をはるかに超え（ファッションショー，競馬場での大会，料理の実演など，さまざまな場面で耳にするだろう），報道の内部でもその使用方法はスポーツイベント以外の場まで広がっている（葬式，就任式，そして行進のような公的なイベントの際にも実況中継を耳にする）。しかし最も頻繁に実況中継が行われるのはスポーツや競技に関連するものである。ここでは「プレーごとの（play-by-play）」実況中継と，「背景情報入りの（colour-adding）」実況解説という2つの要素を区別する必要性がある。後者は重要で，視聴者に試合前の背景的情報，試合後の評価，そして試合中の解釈を提供するからである。しかしこの種の解説は会話調の文体で行われ，対話の形を取ることから，文体的にはそれほど説明するべき点はない。スポーツ実況解説の文体的な興味は主として実況中継の要素にある。

実況中継は現在進行中の活動を口頭で報告するものであるため，典型的に過去の出来事を報告するそのほかの語りとは異なる。実際のところ，ほかのどのような発話状況とも異なっているのである。米国の言語学者であるチャールズ・ファーガソン（Charles Ferguson）はラジオのスポーツ中継の独自性をとらえて，「自発的にこの中継を聞くことを選び，実際の試合を見ることをせず，話者にフィードバックをすることがない不特定多数の多様な，顔も名前もわからない視聴者に対して行われる，モノローグあるいは舞台上での対話」として描写している（1983, p.156）。もしこのような奇妙な行動が残り続け，流暢さを保ち，聴者の興味を維持し続けるとすれば，実況中継には特別な言語的特性があるのでなければならない。

常套句，決まり文句

スポーツ実況中継という変種は，現に残り続けている。独特な状況に合うように，言葉がうまく適応させられてきたからである。この変種の主要な特徴は実況中継をする際に使用される高度に定型化された文体である。定型化された文体を使用することで，実況者の記憶の負担を軽減することができ，流暢さを保つための助けとなる。実況者が記憶しておかなくてはならない情報量は膨大なもので，特にサッカーの試合や競馬では多くの参与者が関わってくるので情報量は特に多くなる。また実況中継の最中には実況者が目の前で起こっていることについていくのを難しくさせる要因が存在することもあるが，そのような状況においても実況者は解説を止めることは許されず，沈黙は，特にラジオの実況中継では受け入れにくいものである。定型表現を使用することによって，部分的な解決が得られる。つまり定型表現を使用することで実況者は考える時間を確保できるのである。例えば以下の競馬の実況中継における引用がそのことを示している。

It's Fraytas in the lead / followed by as they come round the Canal Turn way over on the other side of the field by Everest /

先頭のフレイタスに続くのは / カナルターンをまわってやってくる，ずっと向こう，反対側に　エベレストだ /

一人乗り二輪馬車競走

その前は2ドルだったのですが，スクリーンに写される配当金に何か間違ったことが示されていると思います。スピーディーシーバルを1番人気にしましたが，正しいかどうか定かではありません。しかしいずれにせよライオン・ブラウン・ライジング・スター3歳馬チャンピオンシップの第1レースのスタートラインに向かっている発馬機の後ろにいます。

スタートし，走っています。
1位集団にはスピーディーシーバルがいます。
（1周目）

2番手にはエルレッド，そしてフローリスフェローもよい位置にいます / 少し離れて追っていて，よい位置にいるのが，1番人気のレースルーラーです。
トゥワイライトタイムがその後に続きます。
後方で遅れているのはヌードラムズフェローです。遅れています。
マイダルラーが出てしまった，御者が馬車から出てしまいました。
馬が転倒してしまい，馬車も倒れてしまった。
彼らは向こう側で競い合っています（1周終わり）
残り1600メーターです。
エルレッドが攻め上がります / レースを先導します。
（2周目）

レースルーラーが追いつかれそうです。
スピーディーシーバルが続きます。
フローリンフェローがその後に続き，
トゥワイライトタイムが続きます。
リトルリバーが大外からよいコースを取っている。
メガトレンドが次に続き，
ローンイーグルが続きます。
2馬身遅れているのがベルベディアです。
ベルベディアの後ろにはフォルスイメージが続き /
この2頭の内側に入ってしまったのがカタリーナだ。
しかし馬たちは直線を全員そろってやってくる（1周終わり）
残り1300メーターです。
先頭を走るエルレッドがスピーディシーバルと2馬身差で…
（3周目）

子供たちの学習

ジョシュ：ホイルがサーブしました。ベン・グラハムは返すことができません。ネット越しに，12対8です。ホイルがリードしています。
ベン：ホイルが4点リードしています。

これは典型的な（卓球の？）スポーツ実況中継なのだろうか。唯一の違いは実況者が8歳の子どもだということである。この子どもたち自身も試合をしているのである。専門家たちと同じように（p.413），彼らの話し言葉には急速なピッチの変化によって示される大きくて速い韻律に加えて，行為動詞の単純現在形の使用，文の構成要素の省略，実況中継の文体に見られるそのほかの文法的特徴が観察される。

子どもたちが競争する遊びをする際にはこのような実況中継をするのはよくあることである。このようなことは独話的にも行われる（向かいページの文学表現のように）。ジョシュとベンの発言の引用元である研究において，この種の自然に出てくる話は6分から22分間続いた。その文体は大人によって使用されているものとは同じものとは言えないが，そうかけ離れているとも言えない。顕著なことは，そういった文体的な近似性はそれくらいの年齢の子どもたちが，おそらくただ聞くだけでなし遂げている可能性があるということである。（M. ホイル（M. Hoyle），1991に従う）

おそらく実況者はどの馬が2番手にいるのか，この時点では確認ができておらず，「Xの後に続くのはY」という表現の途中で，they come round the Z（Zをまわってやってくる）という表現と（way over） on the other side of the field（反対側から）という表現が使用され，その間に2番手の馬がどの馬なのかを確認しているのである。

そのほかにもさまざまな定型表現がある。例えば，競馬ではレースの最初と最後に使用される表現がある（they're off!（出走しました!）やat the post it's ...（僅差で…です）などの表現や，新たな段階に入っていく際に使用される表現（into the straight they come（直線に入ってきた）やand round the turn it's...（コーナーをまわり，…だ））もある。またサッカーやクリケット，野球では得点やカウントに関する定型表現(3-nil（3対0），34 for 3（34点・3アウト），count of 1 and 1（ボールカウント1ボール1ストライク））も重要である。前ページには2輪馬車競走の実況中継の抜粋がリズム単位ごとに示されているが，表現のくり返しや対句法が明確に観察される。2度くり返される活動と2つの連結されているループがそれに前もって行われている追加の解説の部分と同様に示されている（K. カイパーとP. オースティン（K. Kuiper & P. Austin），1990に従う）。そのスポーツを（時には，その実況者個人を）よく知っている場合にのみ，このような定型表現を自信をもって特定することが可能になる。

そのほかの特徴

スポーツの実況中継は語彙によって特徴づけられるものではない。スポーツの用語やイディオムは新聞報道や日常会話など，そのほかの文脈でも観察される。そのほかの要因の方が実況中継の特色を示している。

- 実況中継は非常に流暢に行われ，スポーツのテンポに合わせて行われる。実況中継の速度は安定していて，言い淀み，言い出しの失敗，評言節（p.241），無意味語（p.140），そしてそのほかの自発的な発話の特徴はほとんど見られない（ただし，これらの表現は試合の背景的情報に関する挿話的な解説には見られることもある）。
- 韻律はスポーツの種類に適合され，さらに試合の雰囲気や劇的な出来事が反映される。時に聞き慣れない韻律や日常会話とは非常に異なる発話の速度を（遅い場合も速い場合もともに）耳にすることもある。スポーツの種類によっては（例えば競馬のように），単調な話し方で中継が行われることもある。競馬では大きな声で，スヌーカー（ビリヤード）などでは囁くように行われる。また，野球やサッカーの中継のようにさまざまな種類のピッチ範囲を利用する場合もある。実況者たちそれぞれには実況を「引き立てる」お気に入りの仕方があり，独自性が顕著に見られることもある。
- 実況中継における独特な文法的な特徴としてあげられるのは，現在形の使用（he sends it back（彼がボールを戻す）），文構造の要素の省略（Gooch in close（グーチが接近する）），語順の倒置（over at third is Smith（3塁にいるのはスミスです）），追加の修飾語句（The quiet Texan Tommy John delivers…, and Smith, who's scored well this season, runs back··（目立たなかったテキサスのトミー・ジョンがボールを運ぶ，…そして，スミスが，今シーズンは得点をよくあげているが，走って戻ってくる）などがある。受動態を頻繁に使用するのは「試合についていくため」のまた別の方法であり，実況者たちは選手を認識する前に選手たちのプレーを見ているため，受動態は（時に明確な休止と共に）選手名を後で言及することを可能にしてくれるのである（His shot is blocked by – Jones（彼のシュートは止められました，ジョーンズに））。
- 談話構造は循環的である（左ページを見よ）。これはスポーツの試合はクリケットやテニス，野球などのように短い行為がくり返し行われたり，サッカーのように限られた種類の行為のみが行われるためである。カーレースや競馬の実況中継においては，談話構造はさらに単純なものである。この循環的な談話構造は定期的に視聴者に対して状況に応じて変化する出場選手の順位を伝達するからである。くり返しの各「周」は独自の定型表現により表される（左のページを見よ）。これはプレーの状況を手短に述べる方法であり，スポーツ中継を見始めたばかりの視聴者や試合で起きたことを見逃してしまった視聴者にとっては必要不可欠な情報である。

コメンテーター

こんにちは。イングランド対オランダの国際親善試合にようこそ。
この試合は4時から本日フローレンス・テラスで行われています。
ピッチの状況は非常によく，
イングランドのキャプテンのダニー・マーキーが
イングランドの攻撃を導いています。
マーキーからまっすぐ，
キーガンへの素晴らしいパス
キーガンがマーキーに戻す
マーキーがボールをキープします
うまくゴミ箱をかわして，抜いていきます。
ネコの内側にうまく出します。
マーキーは本当に素晴らしい選手です。
なんとまだ9歳なんです。
マーキーがフランシスへ。
フランシスがマーキーへ戻す。
マーキーがゴールを狙う，ゴールを狙う
だめです。雨桶にタックルをされました。
しかし，もう1度うまくボールを取り戻しました。
オランダのゴールキーパーに向かって攻めます。
決まったでしょう。
キーパーはラインから外れ，
マーキーが素晴らしいチップショットを放つ
ゴールだ！
いや，
隣のスペンス家に入ってしまった
マーキーはボールを戻すように動いている
そろそろ試合の終わりでしょう
ドアが開いた
はい，スペンスです。
スペンス夫人がドアのところまで来ました
待って
スペンスが首を振っています。首を振っています。
彼女はイングランドにボールを渡してくれないようだ。
審判はどうするでしょう。
マーキーががっかりした表情で戻ってきました。
彼は待っているようです。
戻ってきます。
マーキーがボールに戻ってくる。
素晴らしい，エキサイティングな動きです。
ドアが閉まるまで待ち，
そしてボールに向かって行きました。
ちょっと待ってください。
奪いました。マーキーがボールを奪いました。
ボールを奪いました。
素晴らしいです。10万人ものファンがここに集まり，
大きな感謝の気持ちを示しています。
間違いなくです。
しかし，少しお待ちください。
またドアが開きました。
スペンス夫人です，スペンス夫人です。
彼女が拳を振っています。
わかりませんが，何かを叫んでいます。
勇気づけているのではなさそうです。
マーキーが離れます。
彼はスペンスを外側にさっと交わしました。
あの手この手で身をうまくかわしています。
スペンスが激しく追っています。
マーキーがスペンスをかわす，かわした
素晴らしい技術の持ち主です。
しかしスペンス氏もついている。
スペンス氏はスイーパーのポジションです。
スペンス夫妻の愛犬のローバーが相棒です。
マーキーはあらゆる手段を講じなければなりません。
まっすぐ走り込んでいます。
倒れた。四つん這いに，四つん這いになっている。
彼は何を行っているのでしょう。
いやぁ，素晴らしいです。本当に素晴らしいです。
マーキーはスペンスの足の間をうまく潜ろうとしている。
逞しいストッパーに上着を掴まれた
ローバーも吠えています。
この状況からは抜け出せないでしょう。
しかし，信じられません。
抜け出しました。
彼は抜け出しました。
なんとかうまく上着から抜け出た。
ローバーにズボンを引きちぎられましたが
この選手は本当に素晴らしい選手です。
壁を乗り越えました。
フリーになりました。
彼のことを止められないでしょう。
（スペンス夫妻の家の）庭を出て走っています。
もうマーキーのことを見ることはできないでしょう。
家路に安全に着くまでは。

（ギャレス・オーエン（Gareth Owen）『コメンテーター（The Commentator)』，2000）

広告の英語

つやつやの体裁や記憶に残るイメージや有名人などの影響力とは関係なしに，広告の効果を創り出したり，失わせたりするのは言語である。もしある製品の名称が明確に述べられていない場合は，市場において購入する時に，消費者がその製品を思い出せなくなるというリスクが生じる。商品名が広告上で省略されたり，ほのめかす程度でも広告上問題のないほど世間で広く認められている商品は非常にまれである（例えば炭酸水のブランドである Schweppes（シュウェップス）という商品名の代わりに［ʃ］を使用するなどのように）。商標名は複数の形式で消費者に示されるのが一般的である。出版物では，広告の本文（ボディーコピー）内，要点まとめ（テーマ行）内，それに（もしあれば）商品のイラスト内にも見られるであろう。テレビの広告では商品名が音声化されることが一般的である。インターネット上では商品名が移動したり，形や色が変化したりする場合もある。ラジオでは音響効果や音楽，アクセントなどがさまざまなブランド名の注目度をもたらすために使用されている。

広告という変種のまわりに明確な概念的境界を引くことは容易なことではない。つまり，政治演説，宗教説教，そしてそのほかの言語使用も，「何かを売りこむ」ものと言えるからである。また情報提供が主たる目的である出生・訃報，法的通知，健康被害警告やそのほかの告知文との

広告のジャンル

商業広告は最も規模が大きく，最も注目されやすい形式であるが，決して唯一のものではない。新聞の広告欄にはオークション，自動車，バーゲン，職業，娯楽，衛生安全，不動産，投資，遺失物（拾得物），尋ね人欄（交際相手を求める広告），名声，求職情報なども含まれる。

主要なメディア販路（日刊紙，週刊誌，ラジオ，テレビのコマーシャル，ウェブページ）以外にも，広告は広範囲にわたる手段や場所を利用し，メッセージを伝達する。例えば，広告用掲示板，本のカバー，本のしおり，買い物袋，カタログ，回覧板，チラシ，ビラ，折り込み広告，ラベル，小冊子，（コップ，ペン，T シャツなどの）限定品，看板，プラカード，ポスター，値札，プログラム，見本，サンドイッチマンの広告版，スポーツウェア，演劇などの広告ポスター，張り紙，チケット，旅行パンフレット，メディアの予告，車両側面，包装紙，電話帳の告知欄などがあげられる。

共通の特徴

内容や場所に多様性があるが，広告は均質的な特徴をもつ変種である。写真，動画，色彩，そして目立たせる効果（ピーク時や第 1 面など）などの最も顕著な違いもそれほど文体に影響を及ぼすものではない。しかしながら，広告の大きさ（そして費用）は広告における省略や略語に大きな影響を与える。例えば，機械工を募集する 3 行の広告欄の 1 行に，機械工募集の広告を詰め込む事例として Ford/Merc exp a must. Excel sal/bnfts「フォード，マーキュリーの経験者を求む。素晴らしい給料と手当」があげられる。このような省略された広告と対照的なのは，18 cm × 9 cm の大きさの求人広告における「英国やヨーロッパの顧客から大きなビジネスを生み出す，優秀なセールスパーソンを現在募集しています」のような余裕のある文体である。

もう 1 つの共通する特徴はイディオムや専門語，そのほかの語彙的特徴（第 12 章）をもったものを含む限られた範囲の語彙である。以下にある広告で使用されている語彙項目からそれぞれのジャンルがわかるが，文法，書記法，そして談話構造には差異を示すようなものはない。

- immaculate（欠点のない），views（眺望），spacious（広々とした空間），landscaped（景観），near shops（店の近く）（p.182）
- original owner（最初の所有者），mint condition（真新しい），warranty（保証）（p.187）
- hot action（ホットアクション），wild with desire（欲望のままに），pure pleasure（純粋な喜び），hungry（空腹），relief（安心感）
- hilarious（笑える），for the entire family（家族全員で楽しめる），blockbuster（大ヒットする），near you（近くにある）

歓喜や愉快さはこれらの異なる広告のジャンルにおける語彙を混ぜることによって作られるのである。

お金があるところに口を置く

【訳注】原題 "Putting your mouth where your money is." は，"Putting your *money* where your *mouth* is."（言うだけでなく行動しなさい。）をもじっている。

Don't say beer, say Bud.　ビールと言わず，バドワイザーと言おう。
Don't say brown, say Hovis.　黒パンと言わず，ホーヴィスと言おう。
Don't be vague, ask for Haig.　はっきりしないのをやめて，ヘイグを注文しよう。
Foster's the Australian for lager.　オーストラリアのラガービールといったらフォスターだ。

本当に，我々はこのようなことを行っているのだろうか。またこれは正しいのであろうか。いやむしろ，このような広告スローガンの結果として，消費者はますます話し言葉においてブランド名を使用するようになっているのだろうか。この興味深い可能性は，米国の大衆文化におけるブランド名の使用の増加に関する一連の研究の中で調査された。

- 1946 年から 1975 年の間に出版された最も売れている米国の小説 31 作品，総語彙数約 3 百万語から成るサンプルによると，1970 年代に出版された本（『ジョーズ（*Jaws*）』など）において使用されたブランド名は，1940 年代の作品『ストリート（*The Street*）』に比べて，約 5 倍であった。Coca Cola（コカ・コーラ）が最もよく使用されており，18 作品のなかで 59 回使用され，僅差で続いているのが Cadillac（キャデラック）で，16 作品において 57 回であった。その次に使用されているのが Ford（フォード），Buick（ビュイック），Chevrolet（シボレー），そして Levi's（リーバイス）であった。
- 同様の研究では，同じ 30 年間にニューヨークとロンドンで公開された演劇の脚本を使って，約 100 万語を分析したところ，後の時期の方が 2 倍以上ブランド名を利用していたことがわかった。米国の演劇の方が 50％の割合で使用頻度が高かった。
- 3 つ目の研究では同時期に米国でヒットした 256 曲の歌の歌詞，36000 語を分析しているが，7 曲において 7 つの異なるブランド名のみが使用されていること，1 曲を除き，全て 1970 年代の曲であることがわかった。例えば，Chevy（車）が『アメリカン・パイ（*American Pie*）』（1970）で，Kenworth（トラック）と Microbus（車）が『コンヴォイ（*Convoy*）』（1975）で使用されていた。例外は『スタガー・リー（*Stagger Lee*）』（1958）で使用されていた Stetson（帽子）である。

社会学的な意味合いとは別に，これらの研究が示している興味深い点は，1 つの言語変種がほかの言語変種に影響を与えるということ，そして，それが言語変化の議論において無視されてしまうことの多い要因であるということである。（M. フリードマン（M. Friedman），1985，1986 に従う）

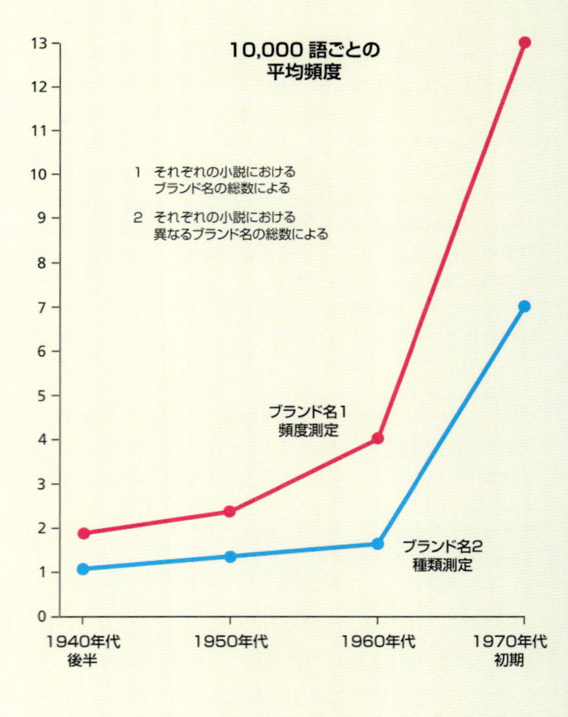

重複もある。しかし商業広告というものはいくつかの点で文体的に際立っている。文学作品のように（p.438），広告においてはさまざまな変種が利用されている。広告においては人間（そしてかなりの人間以外のもの）の置かれている状況のあらゆる断片が見出されるのである。語彙的には生き生きとした表現（new（新しい）や bright（鮮やかな）），具体的な表現（soft（柔らかい）や washable（洗濯可能）），肯定的な表現（safe（安全）や extra（極上の）），遠慮のない表現（best（最高の）や perfect（完璧な））のような表現が使用される傾向がある。文法的には典型的に会話的で，省略が多く，結果として漠然とした表現が使用されることが多い（A better deal「よりよい」と言っても何よりもよいのかわからないなど）。また，比喩表現（taste the sunshine in K-Y peaches（K-Y ピーチで太陽の日差しを味わう），本来の形とは異なるつづり字（Beanz Meanz Heinz（ビーンズ　ミーンズ　ハインズ（p.287）），そしてリズム，頭韻，脚韻などの音響的効果などが特に標語（p.192）において使用される。反対側のページでも示されている通り，洒落も効果的に使用されている（p.426）（そのほかの広告で使用されている言語の事例に関しては pp.211，231，264 を見よ）。

楽しませてくれる広告表現

ハイネケンのラガービールは英国においてホイットブレッド・ビール会社によってライセンス生産されている。Heineken refreshes the parts other beers cannot reach（ハイネケンはほかのビールが届かない部分を蘇らせてくれる）というスローガンは 1974 年に広告コピーライターのテリー・ラブロック（Terry Lovelock）が考案したものであり，商業広告の歴史において最も興味深い言語表現の 1 つである。彼が受け取った創作のための指示——refreshment という 1 語——は（ポスターやテレビコマーシャルで示された）印象的な映像へとつながり，そのすべてが 'When something isn't right, Heineken puts it right（しっくりしない時，ハイネケンがしっくりさせてくれる）' という「回復」というテーマによって特徴づけられた。

最初の頃のこの広告表現の成功により，それはキャッチフレーズと位置づけられ（p.190），その後コピーライターたちが一般大衆がオリジナルの表現をすぐに思いつくことをふまえて，この表現を使用して言葉遊びをするようになった。主な戦略は語彙の置き換えを行うことで，parts の部分と類似した音韻構造をもつ parrots（オウム），pirates（海賊），pilots（パイロット），poets（詩人）などの語が選ばれた。1989 年にはこの広告表現はいったん使われなくなり，その間かつての状況が，Only Heineken can do this（これはハイネケンにしかできない）という表現によって維持されていた。しかし 1991 年にはしばらくの間，かつてのものと同じくらいいきいきとしたものに戻った。そうすることができるようにするため，その間このスローガンが何を飲んでいたのかを想像することは難しいことではないし，オリジナルのテクストを知らない新しい海外の英語学習者たちが 'Heineken refreshes the poets other beers cannot reach（ハイネケンはほかのビールが届かない詩人たちを元気にすることができる）' という文が何を意味するのかを理解するために何を飲む必要があるのか想像することも難しいことではない。

1974 年 8 月

1988 年 9 月

1987 年 5 月

レ・パターソン卿（p.370）の場合，スローガン全体を前提とした上での「広告」となっている。注：Beyond reach（手の届かない存在である）

制限された英語

ある意味で，英語のあらゆる言語学的に示差的な用法は，ほかではない特定の状況において使用されるという意味で，制限されている。文学，広告，ユーモア（第22章）においてのみ，原則として日常的な慣習から逸脱することが許される（当然のことながら，他者を中傷するような表現やタブー表現を禁じるというような，法的，社会的な制約はあるだろう）。しかしこのような適切性に関する一般的な圧力は，「制限された変種」というタイトルで語られるような英語における制限された用法とは，まったく別種のものである。そのような制限された変種においては，言語的な変更がまったく許されないか，ほとんど許されないのである。それらの規則性は意識的に習得されなければならないことが多いものであり，理解可能な，あるいは容認可能な形で語られうるあらゆることを制御するのである。

制限された変種は家庭や職場で使用される。家庭では編み物教本，料理のレシピ，本の索引（p.314）などでこのような変種を目にする。より大きなコミュニティにおいては新聞の見出しや新聞に掲載される出生報告や死亡（追悼）報告，祝辞などで見られる。より専門的な領域においては，海上気象予報（p.411），スポーツ報道の得点（p.412），民間人の無線通信（例えば，10-4が「了解」を意味するなど）における数字の使用方法，そして郵便番号，暗号作成の記号などがあげられる。国際的には航空用語（Airspeak）と呼ばれる航空管制で使用される国際語，海上交通用語（Seaspeak）と呼ばれる海上交通で使用される国際語があげられる。そして1990年代に英仏海峡トンネルの開通がきっかけで促進された，警察用語（PoliceSpeak）や緊急事態用語（Emergencyspeak）（救急隊が使用するもの）といった形での欧州語（Eurolanguage）の開発もある。

そのほかの制限された変種はコミュニケーションの電子システムの発展とともに生まれてきた。例えばEDIFACTは商業・輸送の為に電子データを交換する際の国際基準となっている。このような傾向は今後も続いていくだろう。

海軍用語？

伝統的な制限言語として，1803年にホーム・ポファム（Sir Home Popham）によって考案された英国の手旗信号があげられる。それぞれの国旗の組合わせは海軍本部暗号本に掲載されている単独の語に関係している。下の図はネルソン（Nelson）がトラファルガーの海戦（1805）において送った有名な信号であるEngland expects that every man will do his duty.（イングランドはすべての国民が自身の義務を果たすことを期待している）を示している。皮肉にもduty（義務）という語は暗号本には掲載されておらず，つづり字を使用しなくてはいけなかった。

紋章官の用語

クラレンス紋章官であるロバート・クック（Robert Cooke）によってなされた紋章の認証で，1576年3月18日にノッティンガムシャー，サットンボニントンのヘンリー・スタンリー（Henry Stanley）に与えられたものである。当時の英語による記述（下記）には，特殊な色彩語彙（gules（赤）asur（青））や定型的な文法（an Egles head golde）など，紋章官独特の言葉遣いの特徴が示されている。

Golde thre egles legges rased gules on a chief indented asur thre staggs heads caboshed golde and to the creast upon the healme on a wreath silver and asur an Egles head golde wth thre pellatts and his beake an Egles foote rased gules manteled gules dobled silver

赤で描かれている金色の鷲の3本の足，下の部分がギザギザになっている青色の盾の上部に正面から金色で描かれた3頭の雄鹿の顔，兜の羽飾り，銀色と青の花冠の上にある3つの鎧を纏った金色の鷲の頭，そして，その鷲の嘴には赤で描かれた鷲の足があり，赤，そしてくり返し銀色で囲まれている。

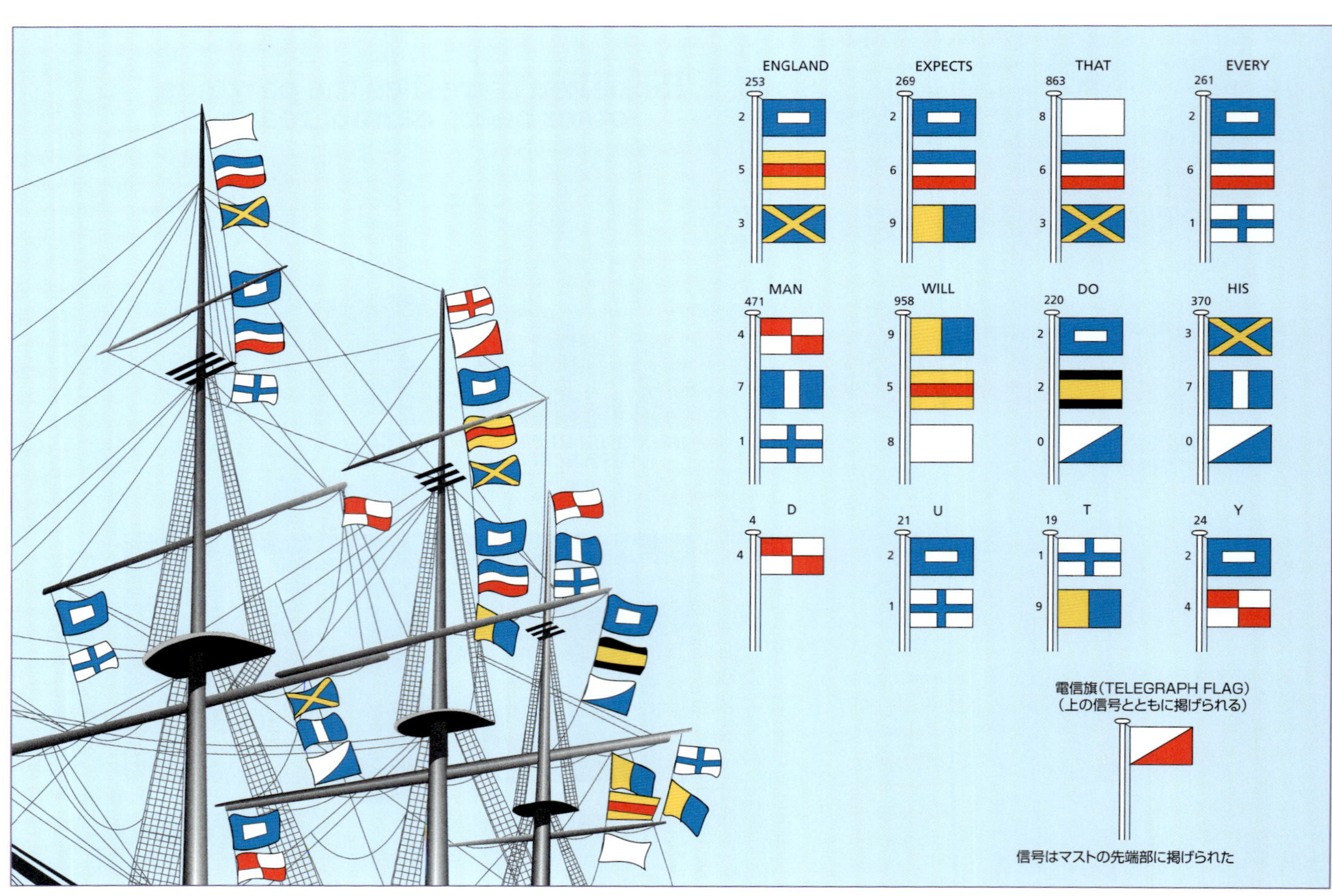

航空用語

地上：G-CD は滑走路中心線灯 34 に入ってください。高度 3000 フィートまで降下してください。ボートン、QNH 1015。到達高度を報告してください。

(Ground：G-CD expect beacon approach runway 34, descend to altitude 3000 feet, Borton QNH 1015, report reaching)

旅客機：滑走路中心線灯 34，了解しました。高度 3000 フィートまで降下します。ボートン，1015，QNH 了解しました。

(Air：Expect beacon approach runway 34, descending to altitude 3000 feet, Borton QNH 1015, wilco, G-CD)

旅客機：G-CD は高度 3000 フィートへ降下。

(Air：G-CD reaching 3000 feet)

地上：G-CD，了解。許可されました。滑走路 34 中心線灯の許可が出ました。管制塔が報告します

(Ground：G-CD roger, cleared for beacon approach runway 34, report beacon outbound)

旅客機：滑走路 34 中心線灯が許可，G-CD 了解しました。

Air：Cleared for beacon approach runway 34, wilco, G-CD)

(民間航空局『無線電話機マニュアル』1994, p.96 より)

cleared：許可を与えられた

descend：降下し，その位置を維持する

G-CD：省略された旅客機の呼出符号（コールサイン）

QNH：高度計設定

report：要求された情報を知らせよ

roger：発進した情報をすべて受信した

wilco：送信されたメッセージをすべて理解し，従う（応じる）

編み物文書

編み方教本で使われる言葉は，指示をする際の複雑な表現方法だけでなく個々の語に関連する略語が多いことで知られる非常に定型的な制限変種である。2 つの教本からの抜粋が以下に示されている。

それぞれの教本では独自の略語が使用されており，忠実にそれらを使用しているが，両者にはかなりの類似点が観察され，略語の中には（psso のように）標準的なものもあるようだ。教本に示されている文の統語構造は非常に制限を受けているが，文レベルの略語は教本ごとに非常に異なっている。大文字と小文字は恣意的に使用されているようだ。角括弧は，教本の冒頭にあげられた一覧表に従って，より大きなサイズに編む場合の代替値を示すのに用いられている。これらは句読法や書体によって区別される（例えば，太字の数字はキーにおける太字の列に対応する）。

	イギリス英語	アメリカ英語
閉じる	cast off	bind off
メリヤス編み	stocking stitch	stockinette stitch
ゲージ(網目の数)	tension	gauge
かけ目をする	yarn forward	yarn over

略語

alt alternate（1 つ飛ばしの）
beg beginning（始めに）
cont continue（続ける）
dec decrease, decreasing(減らし目をする)
foll following（続いて）
inc increase, increasing（増し目をする）
k, K knit（表編み目）
p, P purl（裏編み目）
patt pattern（模様）
rem remain(ing)（残りの）
rep repeat（くり返す）
sl slip（すべり目）
st (s) stitch(es)（編み目）
st st stocking stitch（メリヤス編み）
tog together（一緒に）

句の省略

RS right side（編み地の表側の面）
tbl through back of loop (目の裏側から)
WS wrong side（編み地の裏側目の面）
yf yarn forward（かけ目）

文の省略

Cr2R Knit into from of second stitch on lefthand needle, then knit first stitch, dropping both stitches off needle together（左側の針の 2 番目のすべり目から編み込み，最初のすべり目を編み，両方のすべり目を一緒に針から落とす）

KB Knit into back of stitch（すべり目の裏から編み込む）

M1 Make a stitch by picking up horizontal loop lying before next stitch and working into back of it.（次のすべり目の前にある水平の編み目の輪を拾い，その後ろに折り込むことで一目編む）

psso Pass slipped stitch over（解いた縫い目を伏せ目に通す）

SL1K Slip 1 knitways（表編みをするようにすべり目をする）

Tw2 Knit next two stitches together but do not drop off needle, then knit the first stitch again, dropping both stitches off needle together.（次の 2 つのすべり目を一緒に編むが，針を落とさず，次に最初のすべり目をもう 1 度編み，針を両方のすべり目から外す）

1 段目：K1，Tw2，k5，Cr2R，k5，Tw2，k1
2 段目：K1，p2，k5，p1，M1，p1，k5，p2，k1/ 19sts

• • •

ボタン穴の段：K1，p1，k1，*yf，k2 tog，ゴム編みする 4 [6: 6: 6]，＊から 2 度くり返す，rib 2 [0:2:4]

• • •

襟ぐり：編み地の表面の面と 4mm の針で左側の袖から始めます。P2，KB1 を 4 回，P2tog を 2 回，KB1，P2tog を 2 回，KB1 と P2 を 3 回，KB1，P2tog を 2 回，KB1 と P2 を 3 回，KB1 を 0 [**0**，0，**1**，0，**1**，0] 回，SL1K（表編みをするようにすべり目をする），K1，psso（すべり目を被せる伏せ目）を 1 [**1**，1，0，**1**，0，1] 回，（次の編み目で増し目をする），SL1K（表編みをするようにすべり目をする），K2tog（表編みで左上 2 目 1 度），psso（すべり目を被せる伏せ目）

料理文書

パースニップとリンゴのスープ

材料
リーキ(西洋ネギ) 6 オンス
パースニップ(根菜の一種) 10 オンス
料理用リンゴ　6 オンス
バター　1 オンス
油　大さじ 1 杯
カレー粉　小さじ 1 杯
鶏がらスープ　500cc
牛乳　125cc
塩胡椒

ネギを洗い，薄く切る。パースニップと調理用のリンゴの皮を剥き，パースニップは薄く切り，リンゴは芯を取り，皮を剝く。バターと油を厚手の鍋で溶かし，すべての野菜とカレー粉を入れる。蓋をして，ゆっくりとろ火で煮る。野菜が焦げないように頻繁にかき混ぜる。鶏がらスープと香味料を加え，沸騰させる。その後野菜に火が通るまで 25 分から 30 分煮立てる。ブレンダーでスープを裏漉しし，牛乳を加え，温め直す。

（パム・キーティング (Pam Keating)『アーチェルダー・レシピ (*Ucheldre Recipes*)』，1992 より）

儀式文書

コリンズ – 7 月 3 日リバプール，メアリー（旧姓スミス）とジョン，息子（アーサー・ヒュー）

Smith-Williams – 7 月 6 日，バーミンガムのギルバート・スミス夫妻の長男ジョンと，ホリーヘッドのマイケル・ウィリアムズ夫妻の一人娘メアリーが，アングルシー島ホリーヘッドのセント・マーク教会にて。

Brown – 3 月 8 日，ダブリンの自宅で安らかに。68 歳，マイケル・エドワード

Smith，ジェーンはマークの親愛なる妻，メアリーとジョンの尊敬すべき母，サイモンとピーターの大切な祖母，そしてエミリーの愛情深い姉妹。葬儀は水曜日の 10 時からマウント・アラン教会にて。

すべての名前は架空のものであるが，その点以外，文章は実際に使用された通りである。

チェス文書

1	e4	h6	7	Nxc6	Bxc6
2	b3	c5	8	a4	e6
3	Nf3	b6	9	Ba3	0h4+
4	d4	cxd4	10	g3	Qf6
5	Nxd4	Bb7	11	Ra2	Bxa
6	f3	Nc6	12	Nxa3	Qc3+

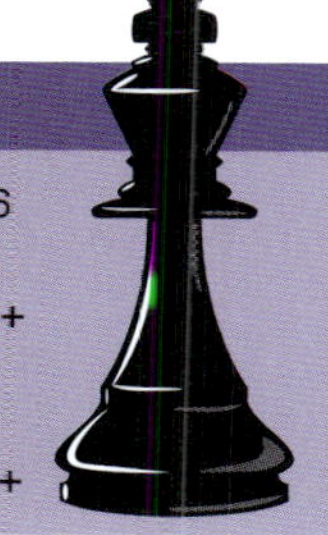

注：チェスの棋譜。駒の動きや指手を表している。

新しい流行

言語変種は流行の変化に大きく影響を受ける。宗教，法律，新聞（p.409）の分野や政治的公正性（PC）（p.189，391）に関連した分野において見られるように，新語，キャッチフレーズ，文法的用法，発音，表記の効果などの影響で，時が経つにつれてある変種がまったく異なって見えるようになる。ここでは比較的短い期間において書きことばに大きな影響を与えたそのような変化の１つである，大文字から小文字への変化について見ていく。

頭文字の大文字化は英語の書記体系の歴史においてくり返し議論されるテーマである。特に17世紀の終わりに好んで使用されていたが（pp.69，294），最終的には固有名詞を記すことに限定された。ただし，どの語が大文字化されるのかということに関して不明瞭さがあったり（p.132），その問題が20世紀の終わりまで残り続けるということがあったりした。当時，「書記的ミニマリスト」と呼ぶのが最もふさわしいと思われるような流行が生まれていた。すなわち，グラフィックデザイナーたちが「装飾的」な表記的特徴があると感じられるものの使用を避け，その結果一世代前のものと比較すると大文字や句読点をあまり使用しない「整った（uncluttered）」テクストが生じていたのである。

1980年代には，多くの企業がおしゃれな現代的イメージと確立された権威的文体との対照を感じさせる小文字を使用するスタイルを導入した。'first direct（ファースト・ダイレクト）' という銀行の名称は古くからある銀行の大文字を使用した名称と対比され，新しい取り組みを行っていることを示唆した。航空会社の名称である 'go（ゴー）' や 'buzz（バズ）' は 'British Airways（ブリティッシュ・エアウェイズ）' とは異なる書記法上のメッセージを伝達したが，'easyJet（イージージェット）' はさらに１歩進み，語中に大文字を使用した。小文字を使用することで斬新さ，現代性，形式ばらないことなどのイメージが伝わり，親近感や利用しやすいといったイメージを強調したい会社に導入されたのである。歌手の 'k d lang' などのように，流行を作り出す個人もこのスタイルを用いており，すぐに本や映画のタイトルにも影響を及ぼすようになった。

このようなスタイルに影響を受けたのは英語だけではない。実際のところ，このような流行はヨーロッパ大陸では数十年も前に起こっており（特に1920年代のバウハウス（Bauhaus）の出版物が注目に値する），英語でも詩人のE. E. カミンズ（E. E. Cummings）（よくe e cummingsと表記された（pp.443-4））やドン・マーカス（Don Marquis）（右）によって使用された。しかし，電子メールや携帯電話の全使用者がわかる通り，現代の流れはグラフィックデザインや芸術の分野だけでなくなっている。実のところ，このようなスタイルは最新の流行であるため，権力層もこのスタイルを使用するようになったが，この流行が長くは続かない明らかな兆候と言える。2000年代初頭において，いくつかの企業は短期間の間小文字を好んで使用した後に，再び大文字を使用するようになってきているようである。

小文字スタイルが主題を超えて使われる様子を示すブランド名。

２つの世界が単一の表記慣習によって結合されている。映画のポスターは映画のタイトルをすべて小文字で表現した最初のメジャー作品である（1989年）。パンフレットは英国の教育・雇用省によって発行された教員向けの諮問文書である（1998年）。

なんてこった アーチー

1920年代のある日，アメリカ人の詩人ドン・マーキスは彼のタイプライターのキーの上でジャンプしている大きなゴキブリを発見した。そのゴキブリは頭を使ってキーを打っていたのである。幸運なことに，１枚の紙がタイプライターに残っていたため，翌日マーキスはそのアーチーという名のゴキブリがタイプしたものを読むことができた。それによると，なんと前世でアーチーは詩人だったのだ。タイプライターを使うことで，アーチーは人生についての見解を執筆することができた。

しかしながら，アーチーにはちょっとした技術的な問題があった。シフトキーを使えなかったのである。そのためタイプされたすべての文字は小文字だった。句読点もなかったため，彼の作品は可能な限り書記的にミニマルと言えるものになっていた。

彼が執筆した詩の中には，今も友人である路地をうろつく野良猫のメヒタベル（前世ではクレオパトラだった）との関係が書かれていた。「メヒタベルの詩」（『アーチーとメヒタベル』，1931）の終盤からの抜粋がその文体を示している。

my youth i shall never forget（私の忘れることのない若き日）
but there s nothing i really regret（後悔することなど何もない）
wotthehell wotthehell（なんてこった　なんてこった）
there s dance in the old dame yet（おばあさんはまだダンスをしている）
toujours gai toujours gai（いつも元気　いつも元気）
the things that I had not ought to（私がすべきではなかったことを）
i do because i ve gotto（私はやらなくてはならなかったのでやったのだ）
wotthehell wotthehell（なんてこった　なんてこった）
and i end with my favorite motto（そして私は，私のお気に入りのモットーで幕を閉じる）
toujours gai toujours gai（いつも元気　いつも元気）
boss sometimes i think（私は時々思う）
that our friend mehitabel（我が友メヒタベルは）
is a trifle too gay（少し暢気過ぎる）
archy（アーチー）

新技術

すべての新しいコミュニケーションテクノロジーは新たな言語変種を生み出すことになる。メディアが進化すれば，またテクノロジーを媒介した異なる変種が急速に普及することになる。印刷技術が過去の一事例をなすものである（p.56）が，表現の幅という点でそれに匹敵するのは20世紀における放送技術の出現だけである。しかしこれらの事例はいずれも，電子媒体によるコミュニケーションによって生まれた文体的な豊富さには遠く及ばないと言えるだろう。実際この領域に特有の言語的特徴は非常に急進的で広範囲に及ぶものであるので，別の章（第23章）で扱うこととする。

現在のエレクトロニクス時代はコミュニケーションを取る人間としての我々の生活を大きく変化させた。新しい情報の送受信技術により我々は銀行やスーパーマーケットとやり取りをしたり，図書目録や百科事典のデータベースを検索したり，文字多重放送であるテレビのデータ表示にあるようなメニューから選択をしたりすることができる。それぞれのケースにおいて，我々は新しいコミュニケーションの慣習，例えば接続したり，問い合わせをしたりする新しい方法や読解したり，解釈したりするための新しい技術などを学ぶ必要がある。コンピューターとやり取りをすることは，（現在では）人間とやり取りをすることと同じことではない。さらに人びとが電子装置を媒介としてコミュニケーションを取る時には，このページの事例や第23章の事例が示しているように，会話で使用される言葉に奇妙なことが起こる可能性も潜んでいる。

一方通行の対話

1993年にBBCが提供する文字情報サービスCeefaxによって文字多重放送が導入された。それによって，さまざまな異なる種類の情報の色分け，簡潔な文構造，そしてページの接続指標の提供などによって特徴づけられている新たな変種が示された。このシステムにはモノローグ形式において情報を提供する以上のことが関与している（p.312）。例えば，会話に特有のジョークやなぞなぞなどが，子どもたちの興味をひくようなページに登場する。BBCはアナログサービスがデジタルサービスに変更された2012年にこのCeefaxサービスの提供を終了した。2016年にラズベリーパイ（Raspberry Pi）にインストールされたソフトウェアによってテレビに接続されるオンラインコミュニティ文字情報サービスTeefaxが導入された。

留守番電話

こんにちは，現在留守にしています。メッセージがある方は音声の後に3分以内でどうぞ。お電話ありがとうございました。[ビー]

こんにちは，アーサー・ジョーンズです。今朝手紙が届いたので，電話をしました。1度お会いできたらと思いますが，また後ほど掛け直します。今火曜日の11時半です。5時頃まではオフィスにいますので，電話を下さっても構いません。よろしくお願いします。それでは。

留守番電話は遅延がともなう一人でのやり取りから構成される疑似対話，という新しい種類の会話状況を提示している（p.314）。このやり取りの典型的な場合は相手からの反応や会話のターンがないという点から擬似的ということができる。会話の状況は次の2つの点において非対称的なものである。まず第1に電話をかけた側が話をするのか否かの選択をすることができ，受け手側の録音された招待を拒否することができる点である。2点目として，モニター機能を通じて，受け手は電話をかけた側のメッセージが録音されているのを聞くことができ，電話に出るかどうか決めることができる。出た場合は状況が実際の会話のやり取りへと変化する。

録音されたメッセージは，電話の言語史に関して，独特なものである。電話をかけた側への返答は電話番号か「もしもし」が一般的であるが，留守番電話ではどちらも発せられないこともある（電話番号はセキュリティの観点から意図的に避けられる）。その代わり説明や指示が伝えられる。状況的な制約からメッセージには制限言語（p.416）の特徴が備わることとなる。つまり，限られた時間によってメッセージをきわめて短くする必要がある点，自宅が危険にさらされる場合の用心のために，どの程度の時間留守にするのかということに関する情報は含まれない点がある。中には実際の対話がどこで行われうるのかということを示すメッセージを残したり，そのほかの指示を出したりする場合もある。またメッセージを劇的に表現する場合もあり，（伴奏などの）創造的な要素を加える場合もある。このような点は英語についてというよりも，個人の性格の問題を表している。

メッセージが残された場合，その形式には大きな差異が存在する。中には留守番電話を人間のように扱い，自然な会話のスタイルで話す人もいる（Hi（やあ）やHello（こんにちは）で発話を始め，This is…（こちらは…）やI'm a friend of…（私は…の友人です）のように自分が誰なのかを明らかにする表現を述べる）。自分のメッセージが正確に何時に録音されたのか，その時間を残そうとする人もいる。また中には機械とやりとりをすること自体が気まずく，不可能であると考え，非常に形式的なスタイルを用いる人もいて，このような場合は表現が省略され過ぎて，支離滅裂なものになってしまう場合がある。発話を開始することは単純だが，ほとんどの人が発話を終わらせる時に困難を感じているようだ。多くのメッセージは次第に声が小さくなり，沈黙もしくは聞き取れない状態になるか，普段は使用されない独特な表現で発話が終わることもある。上の事例における「よろしくお願いします。」はどのような機能を果たしているのだろうか。

22 個人による変異

さらなる情報源：
cambridge.org/crystal

英語
2000 年代の英語
2000 年代のアメリカ英語
2000 年代の教養あるアメリカ英語
2000 年代の話しことばの教養あるアメリカ英語
2000 年代の話しことばの教養ある政治的なアメリカ英語
2000 年代のスピーチで聞かれるような話しことばの教養ある政治的なアメリカ英語
2000 年代のドナルド・トランプ（Donald Trump）のスピーチで聞かれるような話しことばの教養ある政治的なアメリカ英語…

このように配列して見ると，英語研究が一般的なものから特殊なものへと発展しうることが見て取れる。本書では，主題であることば全般から始まり，特定の時代（第 5 章），特定の媒体（第 19 章），特定の地域（第 20 章），特定の社会背景，職業による言語変種，ジャンル（第 21 章）へと焦点を移してきた。ここまでの段階で集団による使用，すなわち，共通の背景をもつ人なら誰でも使用しうる英語の特徴について説明できるようになった。しかし最後の段階では，これまでとはかなり趣を異にする領域，すなわち個人のアイデンティティーの領域に移ることにしよう。

異なる理由は，個人を同定する言語的特徴を記述しようとする際に，これまでさまざまな言語変種の研究を導いてきた予測可能性（p.308）という安全策が通用しなくなるためである。政治的なスピーチの特徴であれば，教養や米国人などを連想させる特徴のように，ある程度は予測できる。しかし個人の言語アイデンティティーについては，ほかの人たちの言語使用についての知識からは予測できない。

個人差

ことばの個人的特性は，性別，体格，性格，背景，興味，経験における変異から生じる複雑なものである。例えば，体格や身体の状態は，声の質への影響の仕方において重要である（p.261）。性格も声の質に関係するとされる。さらに筆跡学者の言うことが正しければ（p.281），性格は筆跡との関連においてとりわけ重要である。ある特定の社会的・地理的背景がある特定の方法で混じり合うということは，移動性のある社会でますますよく見られるようになってきているが，それが独自の発音様式や方言を生み出すことがある。学歴，職歴，個人の技能や嗜好（趣味，余暇の営み，文学の好みなど）は，習慣的な語や言いまわし，あるいは，ある種の文法構文の用法を育むことになるであろう。同様に注目すべき点は、お気に入りの談話習慣――議論においてある方法で意見を展開する傾向や，ある種の比喩や類比を好む傾向――が生じてくる点である。「会話が上手な人」，「話が上手な人」，「手紙を書くのが上手な人」，「スピーチをするのが上手な人」といった人たちは明らかに存在する。何がそのようにするのかは，魅力的かつ歴史ある研究分野である修辞学におけるテーマである。

概して，個人的な特徴はコミュニケーション行為において重要ではない。誰かの言葉を聞く際に，その言葉のどの点がその人を特徴づけているのか，気にとめることはあまりない。実際のところ，差異に気づいてしまうと，意味を解釈する際の妨げになることがある。ある言葉を頻繁に使用したり，目立つ言葉を使用するなど，特異な言語表現をする人に注意を集中させるのは容易ではない。基準からはずれた声の質や発音は気に掛かるものであり，風変わりな筆跡や，特定のイディオムの頻繁な使用，あるいは，ほかの人の発言を止めてしまう癖も同様である（p.313）。それにもかかわらず，ことばの主な目的は意味共有することであるのだから，互いに人と話したり書いたりする上では何の機能ももたないそのような要素を，私たちは考慮しないように努めるのである。

こうした考え方が，少なくとも基準となっている。しかし，英語使用における個人的特性――すなわち，一般には個人のスタイルとよばれるもの――は重要な問題であり，それそのものが研究に値すると考えられる重要なケースがいくつもある。本章では，そのようなテーマを扱うことにする。

正常に異常である
この 19 世紀のパンチ氏の筆跡から明らかなように，状況が言語的個性の形跡をすっかりかき消してしまう（『パンチ（*Punch*）』から）

これは，夕食前 7 時半のもの。何人かの人が立ち合っていた。
クラレットに加え，ポートワインを飲んだあと。
これは，ご馳走の中頃でロメインレタスのサラダを食べたあとのもの。
葉巻をくゆらせ，ウイスキーや水を飲みながら。
これは，デザートを食べているときのもの。
食卓を離れる前。
赤ワインのクラレットのあと。
就寝前。

逸脱

言語研究において，個人差――一般的な規則や規範に適合しない言語的効果――という概念は，一般に逸脱と呼ばれるものの1側面である。逸脱により，極端な例としては，まったく容認できない言葉の事例が生じる。例：*langauge，*[fplat]，*cat the，*goodnessness，*please thanks はそれぞれ，書記学，音韻論，文法，語彙，談話のレベルにおいて逸脱した形式である（p.2）。（慣例により，このように逸脱した構成を表すのにアステリスクを使用する。）しかし，言語の逸脱という概念については，本来的に受け入れられないものなど何もないのである。逸脱した，あるいは風変わりな言語使用は，芸術形式と同様に非常に効果的だったり，多くの人たちに賞賛されることもある。

さらに，逸脱にはさまざまなレベルがある。すなわち，英語の多様な言語変種を同定する規範（p.308）からの逸脱や，それらに共通する構造からの逸脱などにさまざまな程度がある。逸脱は，わずかな程度であればほとんど気づかれないか，あるいは，指摘するのが難しいような効果をもたらすこともある。例えば，ある特定の語彙の使用が増えたとしても，（著者研究のような，p.499）相当数の統計的な調査を行わないと明らかにならないかもしれない。しかしたいがいの場合，「逸脱している」または「風変わりな」人は，故意にそうしているのであって，その効果は特有であり，人目をひくものである。我々は，通常，語彙的反義語を同義扱いしたり，日常の諺の言葉を歪曲したりするようなことはしない。だから，そのようなことをすれば，ただちに目立ってしまう。

英語で最も有名な名言の1つに，ジョージ・オーウェル（George Orwell）の「戦争は平和である。自由は隷従である。無知は強みである。」がある。このような規範破りの劇的な例がもつ目的や効果を説明するには，言語学の世界から文芸批評の世界へと移行する必要があるだろう。この例を引き合いに出すのは，この例に見られるような言葉の正規性からの大幅な逸脱も，文学の中ばかりではなくその外でも，決してまれではないということを紹介しようとしているからである。日常の話しことばや書きことばでは，「逸脱」は「普通」であるようだ。「馴染みのなさ」は「馴染み深さ」だ。そして，誰もが知っているように，馴染み深さは満足を生みだす。

異常な正常

理解できない言葉を故意に使用すること以上にはっきりとした奇妙な言語行動の例を，なかなか思い浮かべることはできないだろう。しかしそのようなケースは，日常の話しことばでは決してまれではない。特に顕著な例（というのも，広く普及し，通文化的で，国際的となっているため）は，大人が赤ん坊に話しかけるときの言葉である。そのような言葉においては，語の音声構造が根本的に改変され，無意味な音節が取り入れられ，（正常な大人の言葉の視点からすると）奇妙な音調やリズムのパターンが使われている。さらに，このような「赤ちゃん言葉」は，決して赤ん坊に話しかけるときに限定されているわけではない。動物に話しかけるときや特別な内輪の場面では，時には大人同士の間でさえ聞かれることがある。しかしながら，経験的なデータが手元にないので，この最後の点については読者の直感に委ねなければならない。

別の例は，突然感情がわき起こる瞬間に発せられる無意味な表現である。ある人がほうきの上に乗っかったところ，柄が自分に跳ね返って頭に当たったのだが，その際に罵り言葉（おおまかに，shplumfnooeeah と書き起こすことができ，fnoo のところが次第に強くなっている）を口にしたことが観察されている。詩人のロバート・サウジー（Robert Southey）は，Aballiboozobanganovribo という 10 音節からなる長い語を用いて罵ったと記録されている。このような表現は，その種類や複雑さの程度においてかなり多様であり，その発生の仕方についても，話し手の性別，性格，背景の点からして，おそらくかなり多様であろう。それにもかかわらず，これはよく見られるものである。

体系をなす無意味な言葉は，もっと複雑なレベルでも見られる。その例の 1 つが「スキャット」｛【訳注】歌詞の代わりに楽器を模した意味のない音を連ねる歌［歌い方］（『リーダーズ英和辞典』より）｝である。スキャットは，エラ・フィッツジェラルド（Ella Fitzgerald）を始めとするプロのジャズシンガーの演奏，およびウォルト・ディズニー（Walt Disney）の『ジャングルブック（*Jungle Book*）』でマウグリとバルーが歌うデュエットにおいて，最も顕著に見られる。しかしスキャットは，創作的な熟練の技が より低いレベルでは，一般家庭の台所やバスルームでも聞かれる。

舌がかりも興味深いものである。「舌がかりを語ること」は，通例の宗教的行動の一部として，多くの一般の人びとによって行われている。これまでに出版された舌がかりの研究では，産出される連続音節は，本物の，未知の，そして「なじみのない」言葉（学術用語では異言 xenoglossia と呼ばれるもの）ではなく，むしろ話し手の言語が根本的に改変された形式として，宗教の信仰的目覚めや信心のしるしとして現われることが明らかとなっている。中には，こっそり「舌がかりで」祈ることを自認する人もいる。この件に関しても，そのような場面が非公開の性質をもつため，データを得るのは難しい。

同様のことが，言葉の異常性がさらに高いものにも当てはまる。それは，犯罪者による隠れた，あるいは秘密の言葉の使用である。「言葉の偽装」の形式は世界の多くの地域で研究されてきたが，犯罪者による隠語の語彙は特別な注意をひくものである。コックニー韻俗語も，これと類似する性質をもっている（p.194）。

子どもが使う秘密の言葉は，より研究しやすいものであり，これには多くの言語変種が見られる。多くの子どもは倒語（文字ごとあるいは音節ごとに発音して，語を逆方向に作り出すこと）を使い，かなり速いスピードで言える子どももいる。エギーペギーの言葉やピッグラテン｛【訳注】どちらも言葉遊びの一種で，音を移動したり追加したりして理解しにくい語を作る。｝では，余分な音節が文中の各語につけ加えられている。このようなことば遊びはさまざまな言語でよく見られ，大人が使うこともある。ただし大人の場合は，普通は書きことばにして行うため，より長い時間をかけて作ることができる（p.422）。

エラ・フィッツジェラルド(1918-96)

逆さ読み

子どもの逆さ読みについての初期の研究が 1981 年に公に出版された。その研究は，8 歳と 9 歳の子どもを調査したものである。二人はおそらく誰にも手伝ってもらうことなく逆さ読みの遊びを(まったく別個に) 考案し，1 年ほど使い続けていた。普段は普通の順行発話をする子どもである。調査者はそれぞれの子どもに 100 の語を，そしてさらに 2 つか 3 つほどの文を，逆行発話に「翻訳」するように指示した。

二人の子どもの結果は，大きく異なっていた。子ども A は，つづり字を無視して語の音を逆さにした。子ども B は，文字を声に出しながらつづり字を逆さにした。これらのことから，結果として生じた発音はだいぶ異なっていた。例をあげると，size（大きさ）は，子ども A の方法だと [zais] だが，子ども B の方法だと [ezis] となる。この二人の子どもたちが話した語をいくつか（簡略化された書き起こしによって）下に示す。

	子どもA	子どもB
nine(九)	nain	enin
guy(男の人)	aig	jag
boil(沸騰する)	loib	ljab
mouse(ネズミ)	saum	esuam
bomb(爆弾)	mab	bmab
castle(城)	lesak	eltsak

逆さ読みは，7 歳ぐらいの子どもが考案する多くのことば遊びの 1 つである。おそらく，子どもたちが冗談やなぞなぞに対して感じるのと同じような創作の喜びから生じるのであろう（p.433）。また，それは自転車に乗る技能のように，1 度覚えたら 2 度と忘れない技能なのであろう。隠れて逆さ読みをする大人の数も，おそらくかなり多いことだろう。（N. カウアンと L. レヴィット (N. Cowan & L.Leavitt), 1982 より）

ワードゲーム

大人のワードゲームは，私たちが一風変わった言語行動を楽しむ最も顕著な例である。語を分解して新しい形に構成し直したり，巧妙なパターンに配列したり，隠れた意味を見出したり，特別に考案された規則にのっとってそれらを使おうとしたりするのは楽しいことである。ワードパズルやコンテストは，新聞，家庭で開かれるパーティー，学校，ウェブ上，ラジオやテレビ，携帯電話など，さまざまな種類の個人的な場面——通勤時にクロスワードを完成させる，あるいは子どもがハングマン【訳注】単語の文字を１つずつ当てていくことば遊び。はずれると棒線画を描き加えていき，絞首刑の絵が完成すると負け。p.424 のコラムを参照。】のゲームで遊ぶ，など——において見られる。1980 年代のイギリスで最も成功したテレビのゲーム番組の１つに「ブランケティ・ブランク（Blankety Blank）」があったが，それはゲームの挑戦者たちが，よく知られているフレーズ内の空所に当てはまる語を言い当てるというものである（p.174）。「はったりかどうか証明させよ（*Call My Bluff*）」という番組もあったが，それは参加者たちが，与えられた３つの意味のうち，馴染みのない語を正しく定義しているものを選ぶというものである。可能性として何千もの例が考えられるが，それらはメディア番組に無尽蔵のトピックを提供し，家庭内で楽しめる新しい形態の娯楽への飽くなき需要に応えている。

書きことばによるゲーム

原理的には，言語構造のいかなる側面もゲームの基礎となりうる。たいていのものは，読み書きの能力——つまり，書きことばにもとづいており，プレーヤーがアルファベット（p.2）の文字を認識し，つづり字にすることができることに依存している。個人で遊ぶゲームもあり，その楽しみは問題を解くことにある。そのほか，競争的なゲームもある。例えば，「語並べ遊び」では，縦と横のどちらからも読める，場合によっては斜めからも読める，等しい長さの語を作ることを目的とする。「埋没語」は，文の中に埋められている語を見つけるゲームである。例えば，「動物探し」のゲームでは，The hunters made errors（猟師たちは過ちをおかした）という文の中に deer（シカ）を見つけることができる。「語の中の語」のゲームでは，１つの語の文字を使ってできるだけたくさんの語を作ることを目的とする。しかし，実際にこのゲームのコンテストで優勝するのは，想像以上に難しい。あるプレーヤーは，psalter（詩編）という語の中に 273 もの語を見つけたと言われている。

グリッドゲームは，あらかじめ決められたマス目の網に書かれた文字を使って，語を作るゲームである。「ワードサーチパズル」という一人で行う迷路遊びゲームでは，あらかじめ文字があてがわれていて，１つのマス目からどの方向でも構わず，となりのマス目へ移動しながら語を見つけだす。何人かで遊ぶ「スクラブル」（次のページを見よ）は，ランダムに得られた文字群から語を組み立てるゲームである。使った文字数によって得点が与えられる。まれな文字はより高い点を得られ，特定のマス目は価値が高いとされている。これは，ワードゲーム史上，特別な地位を獲得したゲームであり，国際コンテストも開催されてメディアの注目も集めている。

普通のクロスワードパズルは，上のようなゲームとはかけ離れているが，おそらく最も馴染みがあり，最も普及しているグリッドゲームの例であると言えるだろう。もっとも，パズルを完成させるためには，純粋にレキシコンの知識だけではなく，はるかにそれ以上のことが必要となる。クロスワードパズルは，伝統的には一人のプレーヤーのためのものだが，コンテストが行われることも珍しくない。コンテストの出場者たちは「時計と競争で」パズルを完成させるか，あるいは，特定の一連の秘密のかぎを解かなければならない。そのジャンルは，今日においても発展し続けている。熱狂的なファンは，トルケマダ（Tomás de Torquemada）やヒメネス（Ximenes de Cisneros）のような卓越したクロスワードパズル作者の名祖（p.165）——スペイン異端審問の先導者——を心に留めながら，とりわけ巧妙できわめて困難な「拷問にかけるような」と表現した方がよいだろう——最新のパズルを考案することに全力を尽くしている。

語並べ遊び

９つの語を含んだ語並べ遊びを完成させたもの。もっとも，そのような語の多くは珍しく，固有名詞の適格性，同化していない借用語，昔のつづり字，合成語，そのほかの珍しい造語について，編集者に厄介な決断を余儀なくさせている（第８章）。

```
A N G E L S H I P
N O O N E T I D E
G O L D V I L L E
E N D W E L L E R
L E V E L L I N E
S T I L L E N E S
H I L L I N E S S
I D L E N E S S E
P E E R E S S E S
```

このおはじきを運べ

ワードゲームの熱狂的なファンが頭を絞って行ってきたことを，今ではコンピュータープログラムが日常的に行っている。これは，名前のアナグラムの生成プログラムからの抜粋である。人名（そのほかどんな語でもよい）を情報として入力すると，それと同じ文字を使ったすべての可能な語の配列（コンピューターに内蔵されている辞書の範囲内で）をプログラムが打ち出すというものである。Hilary Crystal という名前は，そのような配列を 500 以上産出した。非常に有能なプログラムというわけではないが，産出した語の中には容易に推測できないもの（catarrh, ashtray, lyrical, rarity）もあり，また選択された語の中には，上品な詩情が漂うもの（shy altar lyric）もある。

hay racy trills
hay carry still
hill racy stray
hill scary tray
hilt lay scarry
hit rally scary
ills chary tray
ill ray starchy
ill chary stray
lash try racily
lath rays lyric
lays rat richly
lay rat rich sly
lay tars richly
lily racy trash
lily ray charts
lily star chary
lit racy rashly
racy ray thills
racy tars hilly
rat rays chilly
rat chary silly

rat richly slay
rays chill tray
ray star chilly
ray chart silly
ray chills tray
ray lyric shalt
sat carry hilly
say chill tarry
shy lilac tarry
hay tills carry
hay scary trill
hill racy trays
hilts lay carry
hilt carry slay
icy shall tarry
ill racy rat shy
ill carry hasty
ill chary trays
lash lyric tray
lath ray lyrics
lay list charry
lay silt charry

lay charry slit
lily rats chary
lily ray starch
lily tars chary
lit charry slay
racy slay thrill
racy this rally
rat shy lyrical
rat chary slily
rays rich tally
ray rich lastly
ray tars chilly
ray chart slily
ray chill stray
ray richly slat
say till charry
scar hilly tray
sill chary tray
hay till scarry
hills racy tray
hill carry stay
shy altar lyric

語源当てゲーム

1989 年の定期刊行雑誌『イングリッシュ・トゥデイ（*English Today*）』でルース・ウェインリブ Ruth Wajnryb が発表したゲームから２例紹介しよう。実際，これは「やれるならばやってみろ」と「語彙力をつけることは報われる」という２つのゲームを組合わせたものである（p.163）。どの選択肢が，与えられた語の定義として適切であるかを当てる遊びである。

Minuend とは…

ⓐ北米のキツネ属の動物。毛皮が商業的に評価されている。（フランス語の cree aminawend から）

ⓑ音楽用語。短い楽章で，ソナタでは普通３つか４つ見られる。（ラテン語の minuendum（簡潔さが要求される）から）

ⓒ数学用語。ある数を別の数から引くとき，そのもとの数。（ラテン語の minuere（減少する）から）

ⓓ舞踏法の表記。バレエの進行において，小さな終止のステップを表す。（ラテン語の minus（より少ない）から）

Houri とは…

ⓐペルシアの時間の測定法。Hur，つまり砂を入れたガラス製品にもとづく。

ⓑイスラムの楽園にいる妖艶で美しい女性，またはニンフ。（アラビア語の（黒い目の女性）hur から）

ⓒ売春婦（whore）のスコットランドの変異形。

ⓓタイの絹の測量法。1 houri は普通のスカート部分がまっすぐなドレスを作るのに十分な量である。

（答えは p.425 の最下部に掲載）

語の迷路遊び

語の迷路遊びは，最も人気のあるワードパズルの1つである。簡単なものでは，あらかじめ一連の語が与えられていて，それらの語を見つけ出す遊びである。語は，左から右，右から左，下から上，上から下，斜めのいずれの方向にも読むことができるが，必ず直線でなければならず，文字を飛ばすこともできない。同じ文字を別の語に使うこともできる。より難易度が高いものでは，語はあらかじめ与えられず，「10人の作曲家の名前を見つけよ」とだけ指示される。ここにある例は，どちらの場合も可能である。難易度が高い方の課題は，「バラ園に関連する10語を見つけよ」である。これができなければ，難易度が低い方のタスク「p.425の右欄最下部にあげられている10語を見つけよ」を試してみるとよい。

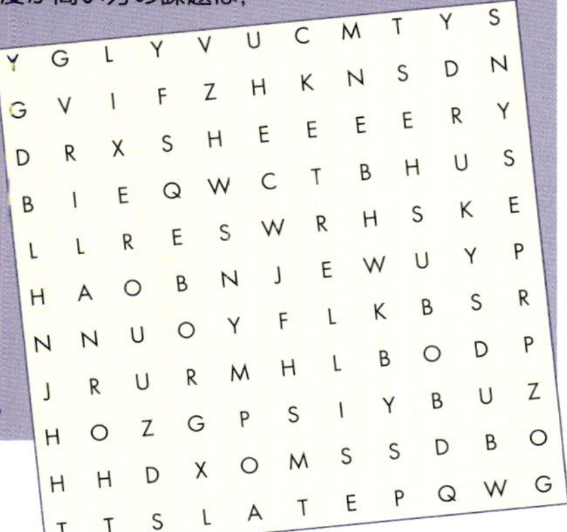

そうしてもいいじゃないか？

ワードゲームの創作に限界はない。言語による課題数はかなり少ないとはいえ，いかなる経験領域も，情報を新しいゲームに提供できる。これはアメリカ大統領の名前を使用した例だが，ほかのどの種類の名前（作曲家や州など）を使っても創作することができる。課題はクロスワードの方法で，最小限のマス目を使ってすべての名前を連結させることだ。ジャイルズ・ブランドレス（Gyles Brandreth）は，1987年に出版された『レキシコンの楽しみ（*The Joy of Lex*）』において，マス目を527個使ってこれを行っている。ブランドレスが解いたものは，時代を経た今日でも有効だろうか。クリントン（Bill Clinton）は左下の角にすんなり入るが，ブッシュ（George W. Bush），オバマ（Barack Obama），トランプ（Donald Trump）を追加するには，さらに左右に2列必要となる。

どうしてそんなことをわざわざするのか？ でも，そうしてもいいじゃないか？

スクラブル選手権大会

現在スクラブルのゲームは，伝統的には国際的なチェスに見られるような特殊な種類の興味をひきつけている。1991年にロンドンで開催された世界選手権大会のハイライトを編集したものがBBCでテレビ放送され，それからまもなく，その中から選ばれたゲームについて，動きの進行を専門家のコメントつきで説明した本が出版された。

ゲームはすべて，対局時計で各プレーヤー25分の持ち時間で行われた。使用できる語は公式の辞書に載っているものだけである。誤ったチャレンジ（すなわち，語が存在しないと主張すること）をしても，罰則は適用されない。未使用の文字の蓄えの中に7つ以上の牌が残っている限り，変更は何度行っても構わない。

ここにある基盤は，どちらもアメリカ人のピーター・モリス（最終的に優勝する）とブライアン・カペレットの最後の対戦のうち，最初のゲームの終盤を表している。その横には，ゲーム全体の進行が示してある。下に，専門家のコメントからの抜粋を記す。（G. ブランドレスとD. フランシス（G.Brandreth & D. Francis），1992から）

（巻末p.557へ続く）

モリス（Morris）

持ち牌の棚	主要語	ポジション	点数	累積合計
EGLMMNO	地の精（GNOME）	8Da	20	20
DEJLMST	急激に揺すられる（JOLTED）	1Ca	42	62
AEIMSSV	巨大な（MASSIVE）	K5d	109	171
EEGIPRY	おもちゃのこま（PEERY）	L1d	33	204
AABEGIS	激しく突く（JAB）	C1d	33	237
AEGIISZ	光沢（GLAZES）	H10d	51	288
ACHIIIL	門（HILI）	2Ga	22	310
ABCIITU	ビスケット（BISCUIT）	15Fa	12	322
AAAINRT	ツァリーナ（TZARINA）	13Ga	36	358
AHNOQST	カート（QATS）	N10d	50	408
DRHNOO	ひづめのある（HOOFED）	B10d	56	464
			−1	
			463	

おもちゃのこま｛【訳注】スコットランドの円錐形のこま。｝
門（HILI）｛【訳注】Hilusの複数形。解剖学において，門は臓器が血管・神経などにつながる部分。｝
ツァリーナ（TZARINA）｛【訳注】ロシアの皇后。ロシアの皇帝を意味するツァーリtzar（またはczar）に，女性を表す接尾辞-inaがつけられている。｝

カペレット（Cappelletto）

持ち牌の棚	主要語	ポジション	点数	累積合計
IINOTT	省略（OMITTING）	D1d	68	68
EENOPRW	力（POWER）	7Fa	26	94
ADEENUV	快い（SUAVE）	8Ka	27	121
ADEEINO	宣誓してから証言する（DEPONE）	1Ja	27	148
AIKLRRW	戦争の（WARLIKE）	11Ea	28	176
AELORRU	輝かしい（AUREOLAR#）	M8d	0	176
AELORRU	しかめつら（LOUR）	B2d	17	193
ACENRUY	小島（CAY）	10Da	34	227
DENORUX	雄ウシ（OX）	2Na	31	258
DEEFNRU	自由にされていない（UNFREED）	A5d	85	343
G	イヌ（DOG）	11Aa	5	348
			+1	
			349	

｛【訳注】AUREOLAR#は正しくない語なので，対戦相手に挑戦される。このつづり字の語は存在しない。｝

持ち牌の棚（Rack）：各プレーヤーがそれぞれの着手（move）の前に所持している文字。
主要語（Main word）：それぞれの動きのプレーで使われる語。
ポジション（Posn）：プレーで使われる主要語の最初の文字の位置（position）。マス目の基盤には，上から下に1から15，左から右にAからOと記されている。主要語の方向は，aが横（across），dが縦（down）を表す。
点数（Pts）：それぞれの動きの得点（points）。
累積合計（Cum Tot）：各プレーヤーの得点の合計（cumulative total）。
#は首尾よく挑戦されたプレーを表す。*は空白の牌を表す。
各牌（tile）の点数：Aは1点，Bは3点，Cは3点，Dは2点，Eは1点，Fは4点，Gは2点，Hは4点，Iは1点，Jは8点，Kは5点，Lは1点，Mは3点，Nは1点，Oは1点，Pは3点，Qは10点，Rは1点，Sは1点，Tは1点，Uは1点，Vは4点，Wは4点，Xは8点，Yは4点，Zは10点。

ゲームのレベル

文字どおりにワードゲーム——すなわち，つづり字による語の範囲内で行うもの——と言えるものは，ことば遊びの中でもほんの少ししかない。この範囲をはるかに越えて，文や談話レベルで行うものも多くある（p.300）。それぞれについて，いくつか例を見てみよう。

語レベル

- 同じ文字を使って，また可能であれば，新旧の語の意味が関連しているか，あるいは類似していないようにして，それぞれの語や句を別のものに変える（アナグラム）。

the eyes（目）> they see（彼らは見る）
Clint Eastwood（クリント・イーストウッド）> Old West action（オールドウェストのアクション）
Piet Mondrian（ピエトー・モンドリアン）【訳注】19 世紀後半から 20 世紀のオランダの画家。> I paint modern（私は近代（絵画）を描く）
parliament（議会）> partial men（不公平な男たち）
astronomers（天文学者）> no more stars（これ以上星はいらない）
dyslexia（失語症）> daily sex（毎日のセックス）

- 語を完成させるゲームにおいては，部分的につづられている語を完成させることが課題となる。珍しい文字列を見つけることにおもしろさが見出される（p.278）。（答えについては，次のページの最下部を見よ。）

– – U R D
– – – – U A C
– – – – A R B
– – – K L A – –

文レベル

- 各語の語頭がアルファベット順の文字で始まるよう 26 語からなる意味をなす文を作る。ここに例の一部を示す。（完成例については次のページ右欄最下部を見よ。）

A bronzed cowboy, dancing elegantly for grand hotels in Jersey ... would X-ray your zebra.（一人の日焼けしたカウボーイが，ジャージーにあるすばらしいホテルのために優雅に踊りながら…あなたのシマウマの X 線写真を撮るだろう。）

- 前から読んでも後ろから読んでも同じで，意味をなす文を作る（回文）。回文にする範囲が語か文全体かにより，いくつか可能性がある。後者の場合，文字と語のどちらも構成の基礎となりうる。

Anna sees nun deified.（アンナは修道女が神として祀られているのを見る。）
I moan, Naomi.（ナオミ，私はうめくよ。）
So patient a doctor to doctor a patient so.（大変辛抱強い医者が，患者をそのように治療する。）

- アルファベットのすべての文字を含む文を作る（パングラム）。これは，いくつか文字が重複する長い文であれば難しくない。このゲームで重要なのは，できるだけ重複しないようにして，理想的には 26 字からなる文を作りあげることである。そのような文はいくつか考案されているが，どれも珍しい借用語（cwm（谷），veldt（草原），qoph（クォフ）【訳注】ヘブライ語のアルファベットの文字の 1 つ。など），固有名詞，省略形，電文体のスタイルなどを使うことによってのみ成功している。Blowzy night-frumps vex'd Jack Q（うす汚なくて野暮ったい夜の女がホモのジャックをいらだたせた）は，より自然なパングラムの 1 例である。
- 当該言語における通常のつづり予想傾向を制約するような文を作る。まず単一母音文では，1 つの母音字しか使えない。

Do not look for lots of good books on London or Oxford school sports.（ロンドンやオックスフォードの学校のスポーツについて書かれたよい本がたくさんあると期待してはいけない。）
字忌み文では，特定の単一または複数の文字を使ってはいけない。これは，J や X のように低頻度の文字の場合はさほどおもしろいゲームではないが（p.277），E や T のように高頻度の文字が回避される場合はおもしろくなる。

The vowel which is missing in this sentence is the first item listed in the time-honoured sequence of English letters.（この文にない母音は，由緒ある英語の文字列の中の最初の文字である。）

- すべての語がアルファベットの同じ文字で始まるようにして，意味をなす文を作る。この「賢いおチビのサイモン物語」の冒頭部分は，望むならば談話レベルでもできることを示すものである。

Shrewd Simon Short sewed shoes. Seventeen summers, speeding storms, spreading sunshine successively, saw Simon's small shabby shop still standing staunch, saw Simon's selfsame squeaking sign still swinging silently specifying: Simon Short, Smithfield's sole surviving shoemaker...
（賢いおチビのサイモンは，靴を縫製した。17 回の夏と，速度を増す嵐と，広がる陽光が，逐次サイモンの小さく荒れはてた店がまだしっかり建っているのを見届け，彼のまったく同じキーキーいう看板がまだ静かに揺れながら，スミスフィールドに唯一残る靴作りのおチビのサイモン…と明記しているのを見届けた。）

談話レベル

- 意味をなす対話を 26 文で作るのだが，それぞれの文の最初の語はアルファベット順の文字で始まらなければならない。

プレーヤー 1：Are you in?（君，中にいる？）
プレーヤー 2：Believe it!（信じて！）
プレーヤー 1：Can I come in, then?（それなら，入ってもいい？）
プレーヤー 2：Do you want to?（そうしたい？）
プレーヤー 1：Ever ready.（喜んで。）
プレーヤー 2：Fine.（いいよ。）
プレーヤー 1：Got any gin?（ジンはある？）
プレーヤー 2：Haven't…（ない…）

- 各行の最初の文字をつなぐと語または句ができるようにして，詩を作る（折句）。もしくは，各行の最後の文字をつなぐと語ができるようにして，詩を作る（行末語呂合わせ）。アクロスティックには，単にテクストを読むだけのもののほか，パズルやなぞなぞのように構成されているものもある（「私の最初のもの［すなわち，最初の文字］は，Rupert や Petra や Paul の中にあります…」）。

（巻末 p.557 へ続く）

絞首刑と棒線画

1 世紀以上もの間知られている，最も人気のある子どものつづり字ゲームの 1 つが「ハングマン」または「絞首門」と呼ばれるものである。プレーヤー A が 1 つ語を選び，その語の文字数を文字数分の空白で表す。プレーヤー B は，その語に何の文字があるかを推測しなければならない。誤って推測するたびに，絞首門と首を吊られる人の絵が描き加えられていく。推測が正しければ，その正しい文字が空白に書き入れられて，絵には何も描き加えられない。このゲームでは，絞首刑にされる人の絵が完成する前に，B が語全体を推測することが目的とされている。このゲームにはいろいろな数の段階がありうるが，このイラストは 11 段階のものを示している。

回文の受賞作

これは，1967 年の『ニュー・ステーツマン（*New Statesman*）』のコンテストにおける（校長先生の）ジョイス・ジョンソン（Joyce Johnson）の回文で，「メモ帳に書かれた校長先生の回文リスト」と呼ばれている。

Test on Erasmus	Dr of Law
Deliver slap	Stop dynamo（OTC）
Royal：phone no.?	Tel：Law re Kate Race
Ref. Football.	Caps on for prep
Is sofa sitable on?	Pots–no tops
XI – Staff over	Knit up ties（'U'）
Sub-edit Nurse's order	Ned（re paper）
Caning is on test（snub slip-up）	Eve's simple hot dish(crib)
Birch(Sid)to help Miss Eve	Pupil's buns
Repaper den	T-set：no sign in a/c
Use it	Red roses
Put inkspot on stopper	Run Tide Bus?
Prof.–no space	Rev off at six
Caretaker（wall, etc.）	Noel Bat is a fossil
Too many d–pots	Lab to offer one 'Noh'
Wal for duo?(I'd name Dr O)	play–or
See few owe fees（or	'Pals Reviled'?
demand IOU?）	Sums are not set.

年号表示文

年号表示文とは，ローマ数字の慣習を使って語の配列に隠されている年代のことである。M は 1000，D は 500，C は 100，L は 50，X は 10，V は 5（U にも使われる），I は 1 に対応している。対応する文字は，普通は大文字で書かれるため，行には大文字と小文字が奇妙な形で混合している。一般的には，年号表示文は記念碑・基石・墓碑・メダル・標題紙に，出来事の年代を記すために使われる。クリスマスカードに使われることもある。年号表示文を適切に構築するのは，意外と難しい。例えば，この本のタイトルを年号表示文で表すと，以下のようになるだろう。

the CaMbrIDge enCyCLopeDIa of the engLIsh LangUage（ケンブリッジ英語百科事典）

これは，2458（=MDDCCCLLLVIII）という年代表示になる！

話しことばによるゲーム

なぞなぞ・ジェスチャーゲーム・地口・早口言葉などの非正式のことば遊びは昔からあるが，言語音にもとづいて正式に構成されるゲームは，おそらく聴覚と短時間の記憶が多次元ゲームの複雑性にうまく対処できないという理由から，あまり多くはない（p.421）。例えば，聴覚によるスクラブル[③]などは想像し難い（p.423）。それに対して，まさにこの難点がゲームの動機となる場合がある。「伝言ゲーム」（Chinese Whispers，あるいは Russian Gossip と呼ばれる）は知覚によるゲームの例であるが，参加者たちは輪になって，ひそひそ声で隣の人に伝言していく。最初のメッセージと最後のメッセージを比較することにおもしろさがある。このほかにも，言うことがどんどん増えていき，そのすべての項目を覚えるのを目的とするゲームや，対象言語についての知識から語を想起するゲーム（「W で始まる語を 1 分間にいくつ言えるか?」）などのゲームが多くある。また，談話規則の慣習を利用して遊ぶゲームもある。その例として，「機嫌を損ねる質問といんちきな答え」という，輪になって遊ぶヴィクトリア女王時代のゲームがある。最初のプレーヤーが 2 人目のプレーヤーにひそひそ声で質問すると，2 人目のプレーヤーはひそひそ声でそれに答える。2 人目のプレーヤーは，同じことを 3 人目のプレーヤーにする，というように続いていき，一巡したら，プレーヤー全員で，何を質問されたか，どんな答えが返ってきたかを報告し合う。通常は，なんらかのおもしろい並置が生じることになる。

ワードゲームの種類の多さや人気は，とても興味深い。それはおそらく，基本的に専門化されていないという特質によるものだろう。例えば，テレビ番組のゲームの世界には，成功するためには特殊な知識，卓越した記憶，特別な技能，あるいはかなりの根気や体力を必要とするコンテストが数多くある。「マスターマインド」（UK テレビ）のような知力を必要とするクイズゲームで優勝するためには，ある程度の期間にわたる勉強や準備が欠かせない。しかしことば遊びに必要なのは，話せる・聞ける，あるいは，読める・書けるということだけである。言葉の知識と記憶以外，何にも依存していない。

人間の長期間にわたる言語の記憶は，じつに驚くべきものである。ラジオで古いレコードを聞くと，その歌を何十年も聞いていなかったとしても，また 5 分前にはその歌詞を思い出せなかったとしても，ラジオに合わせて歌詞を口にして歌っている自分がいる。我々の脳には，昔の伝承童謡，学校で習った詩，祈りの言葉，地元方言による表現，ジョーク，広告の標語，昔のキャッチフレーズ，そのほか多くの言葉の断片が詰まっている。これらの基礎には，文法規則・言語音・幼少期に蓄えられた語彙の強固な基盤，さらに、読み書きから獲得されたつづりの予想傾向の意識がある。まさにこれらの技能の結合により，誰でも英語の話しことばや書きことばを使ってゲームができるのである。

唯一無二の単一母音詩人

ヴィクトリア女王時代の文章家であるボンバウ（C.C.Bombaugh）は，母音を 1 種類に限る詩を考案した。これは，彼の I の文字の作品「夕暮れの足音（*The Approach of Evening*）」（1890）である。

Idling, I sit in this mild twilight dim, Whilst birds, in wild, swift vigils, circling skim.
Light winds in sighing sink, till, rising bright,
Night's Virgin Pilgrim swims in vivid light!

（主に）早口言葉

早口言葉は，子音の舌の動きだけでなく，遠く離れた母音の使用に掛かっている。(p.248)。両唇音の連続（の早口言葉）は，たいていの場合，母音に基礎を置いている (Peter Piper picked a peck of pickled pepper など)。

硬口蓋歯茎音・歯茎音（/s/，/ʔ/ など）による早口言葉
If a shipshape ship shop stocks six shipshape shop-soiled ships, how many shipshape shop-soiled ships would six shipshape ship shops stock?
両唇音（/m/，/p/，/b/ など）による早口言葉
'Are you copper-bottoming 'em, my man?'
'No, I'm aluminiuming 'em with the minimum of aluminium, ma'am.'

ディングバッツ®

このボードゲームは，ポール・セラーズ（Paul Sellers）によって考案され，1987 年にウォディントンズによって出版されたが，その目的は，ワードパズルを解読して，有名なフレーズや言いならわしを明らかにすることである。このゲームは，話しことばと書きことばのゲームの境界を越えて，すべてのレベルにおける言語意識を覚醒させる。ここに示されている最初のカードの問題を解くには，意味の代用（上下語関係，p.178），視覚的なレキシコンの地口（同音異綴異義），含意されたレキシコンの地口（for に対して，four）を見抜く必要がある。2 枚目のカードは，本物の語，場所を表す前置詞の論理，逆さのつづり字，文法的な地口（名詞句 back words に対して，副詞 backwards）を使っている。「気を狂わせる」（ゲームの推薦広告がそう公言しているように）のは，ある特定のパズルを解くのに，これらのうちのどれ（そして，ほかにもある多くの方策）を必要としているのかわからないことである。それにもかかわらず，いつも答えが得られることがわかっている（右下を見よ）。

さまざまなシステムをもつゲーム

非言語システム――特に数値――との相互作用によるワードゲームもある。

- 覆面算（alphametics）では，パズルに意味的に関連している一連の語が与えられ，それらの文字を数字に置き換えることによって初めて解読することができる。1 例が 'Two wrongs make a right' であり，この文を WRONG + WRONG = RIGHT という足し算の合計としてとらえるならば解読することができる。課題は、正しく足し算ができるためには，これらの文字にどの数値を割り当てる必要があるのかを解くことである。（解答例については，このページの最下部を見よ。）
- それと似たゲームでは，文字が数字に置き換えられ（一般的には，A = 1，B = 2 など），語の「値」が隠れた意味を伝えているかを見るのに比較される。例えば，パーティーに参加する人たちならば，自分たちの名前の値を計算し，数の上で誰と「関係しているのか」――同じ値，隣接する値，あるいは重要な切りのいい数（100 など）で分けられるか――を調べてみるかもしれない。昔は，この手法(ゲマトリアとして知られている)は，Jesus(イエス)と Messiah（救世主）がどちらも 74 という値になる（実は English（英語）という語もそうである）ことや，Bible（聖書）と Holy Writ（聖なる意味をもつ言葉）がぴったり 100 で分けられることなどの偶然にあおられて，人生における意味を洞察するのに使われていた。

パズルの解答

語源当てゲーム(Etymorphs)(p.422)：(c)；(b)

語の迷路遊び(Word Mazes)(p.423)：beds, blooms, buds, bushes, greenfly, hybrid, petals, scent, thorn, trellis

語を完成させるゲーム(Word Completion)(p.424)：gourd, bivouac, rhubarb, necklace

文を完成させるゲーム(Sentence Completion)(p.424)：…knitting lovely mittens nicely on prettily quilted rubber shoes, thought untrained vets…

覆面算(Alphametics)(このページの上のコラム)：W=2, R=4, O=1, N=5, G=3, I=8, H=9, T =6

ディングバッツ(Dingbats)(このページの左のコラム)：a time and a place for everything; bend over backwards.

規則破りの言語変種

容易にことばの規範から逸脱することは（p.420），英語の多くの言語変種に見られることである。と言っても，決してすべての言語変種というわけではない。実際，聞き慣れない言葉は，状況によっては意外に思われたり，歓迎されなかったり，あるいはまったく認められなかったりするだろう。その明白な事例が，公の法的な場面であり（p.398），そこでは，何をどのように言うべきかについて確立された慣習がある（もしその規則や指針に従わなければ，「法廷侮辱罪」に問われることがある）。多くの宗教的状況でも，それぞれのアイデンティティーを明らかにする言語的安定性と予測可能性に依存している（p.395）。また，出版社が用いている独自のスタイル（組み方）も，標準化された表現法を促進しており，言語上の個性にごく限られた余地しか残していない。

その一方で，聞きなれないことが完全に秩序立っているような状況もあり，実際にそのような状況では，言語的規則を破ることが肯定的で好ましいコミュニケーションの特徴と見なされる。新聞の表題や見出しの世界がその例であり，そこでは電文体の英語（p.408）が規範とされ，地口，誤った引用，そのほか，さまざまな形式のことば遊びがよく使われる。しかし，最もよく認知されている例は，おそらく広告の世界——新聞であれテレビであれ——だろう（p.414）。広告標語のほとんどは，日常のことばの言語的規範を操作することによって効果を生み出している。無作為に例をいくつかあげると，逸脱した韻やリズム（Drinka pinta milka day），つづり字（EZLern driving school），比喩表現（Kellogg's. That's how you can eat sunshine（ケロッグ，それが太陽の摂り方だ）），文法（Only two Alka Seltzers ago， you were feeling downhearted and low（ほんのアルカ・セルツァーを2錠飲む前は，意気消沈し気落ちしていた）に見られる，時間を表す独特の副詞相当語句）などがある。ハイネケンのシリーズは，独創的な逸脱が見られる洗練された例である（p.415）。

日常における逸脱

言葉の逸脱が1番よく見られるのはどこかと聞かれたら，ほとんどの人は文学——特に詩——を思い描くだろう。それはきっと正しい（P.436）。その次によく見られるのはどの言語変種かと聞かれたら，ほとんどの人は，予知できぬ広告と言うだろう。それはきっと間違っている。2番目に逸脱がよく見られるのは，実は第1印象ではまったく逸脱していないように思える言語変種，すなわち，日常会話である。

第1印象が間違っているのは，ほとんどの人が会話を改まったもの——おそらく，言語教育の教科書にあるような入念に作られた対話——と考えているためである（p.313）。実際，そのような会話には，言語的におかしなものはほとんど見られない。しかしそれは，提示された会話の状況が典型的に慣習的なものだからである。会話の参加者たちはお互いをよく知らない，あるいはまったく知らないかもしれないし，つねに「最高に行儀のいいふるまい」を見せている。日常の自然会話の実情——それは、大変くだけているか打ち解けた種類のものであるが——は，なかなか提示されないものである（p.313）。しかし，そのような状況に注意深く耳を傾ける機会があれば，それは会話に参加する観察者として誰でもできることだが，ただちに逸脱した言語形式の証拠に出会うことになる。

レキシコンによる逸脱（p.140）は，おそらく最も広く行われているタイプのものだろう。

- パーティーに参加した大人たちが，ある話し手の *neo-*（新～）という接頭辞の（ごく普通の）使用に驚いて，その話し手のことを過度に知的にふるまっていると茶化し，そのあと数分間，すべての種類の語の前に *neo-* をつけて話した（*neo*-cake， *neo*-door handles）。しばらくしてその冗談は消えたが，パーティーの夕べも終わりに近づいた頃，誰かがまた別の造語を言ったことをきっかけに，*neo-* 造語の新たなやりとりが始まって，その冗談が再発した。
- 夕食前の会話で，お腹が空いているかどうか聞かれた女性が hungry-*ish*（ややお腹が空いている）と答え，それをきっかけに，ほかの人たちも自分の返答に接尾辞 *-ish* をつけて遊び始めた。一人が starving-*ish*（ややお腹がへってきた）と言うと，別の人が I'm *ishy* as well（私もそんな感じ），と応じた。

このような「そのとき限りの」語彙の創作（p.140）は，コミュニケーション上の問題を解決したり，当該の状況にうちとけた態度，ユーモア，親しさの要素を取り入れたりする。しかしこれらの造語が，本当に新語になる——全体の言語システムの一部になる——ことはない。

音声，あるいは音韻による逸脱（第17章）も，主に「ばかみたいな声」で言うことにより広く行われている。これは，とりわけ冗談を言うときによく見られるが，多くの場合はユーモアとは関係なく（参与者は笑わない），むしろ，親密な関係を維持している。

- 20代半ばの男性が部屋に入ると，そこに兄弟がいる。彼は高い調子の，喉頭を上げて発せられるぐちっぽい声で兄弟に呼びかけ，その兄弟も同じような声で応答する。この声で何回かやりとりしたのち，彼らの声は普通の声になる。しかし話の中でときどき，彼らはまたこの声に戻る。ある時点では，同じ部屋に居合わせた二人の親しい友人である第三者も，その声を使っている。

文法による逸脱は，前の2つの種類の逸脱ほどは起こらないが，起こるとしたら，たいがい，話し手が普段使わない構文を取り入れている言語変種によるユーモア（p.436）の一側面によるものだ。これには，社会階級による制約はない。標準英語を話す人は，たいていなじみのない発音様式をともなった非標準的構文を使い，非標準英語を話す人は，たいてい「上流階級に聞こえる発音」をともなった標準的構文を使う。多くの場合，構文（と発音様式）はテレビから借用される定型化したものである。1980年代の有名なイギリス英語の例では，コメディアンのアーニー・ワイズ（Ernie Wise）が「私が書いた脚本（a play wot I wrote）」についての週ごとの説明に由来する，wot（'what'）関係節の使用がある。1990年代には，これはまだ文法的なキャッチフレーズとして聞かれたが（p.190），今日では，すべての種類の状況に応用されている（a car wot I bought（私が買った車））。（言語変種のユーモアについてもっと例を見たければ，p.436を見よ。）

距離を保て

よそよそしい発音様式の使用は，親密な関係よりもむしろ社会的距離を表すことがある。映画『第三の男（*The Third Man*）』（1949）の前半では，ホリー・マーティンズがメージャー・キャロウェーに初めて出会ったとき，この二人は気が合わなかった。マーティンズはハリー・ライムの死について回顧する。

MARTINS：...Best friend I ever had.（最高の友達だった。）
CALLOWAY：That sounds like a cheap novelette.（安っぽくて感傷的な三文小説みたいだな。）
MARTINS：I write cheap novelettes.（俺は安っぽくて感傷的な三文小説を書いている。）
CALLOWAY：I've never heard of you. What's your name again？（おまえの名前は聞いたことがない。もう一度名前を言ってくれないか？）
MARTINS：Holly Martins.（ホリー・マーティンズだ。）
CALLOWAY：No. Sorry.（悪いが，聞いたことがない。）
MARTINS［as English as possible］：Ever heard of '*The Lone Rider of Santa Fe*'？（(できるだけイギリス英語の発音で)「サンタフェの孤独なカウボーイ」を知らないのか？）
CALLOWAY：No.（知らないな。）
MARTINS［very American］：'*Death at Double X Ranch*'？（(とてもアメリカ人的な発音で)「ダブルX大農場の死」は？）
CALLOWAY：No.（知らないな。）

映画では，ジョゼフ・コットン（Joseph Cotten）が Ranch（大農場）の[a]の母音を延ばしてゆっくり発音したあと，茶化した容認発音の後舌母音[ɑː]の発音で続ける。（G. グリーン（G.Greene），1973，p.25の撮影台本にもとづく。）

あれこれ全部読んでみよ

新聞の見出しにおける言葉の逸脱——ありきたりの電文体の文法（p.408）に加えて——は，世界でどれだけ共通なのだろうか？「英語生活の1日」欄（p.320）のために収集された新聞の略式調査では，英語の書きことばについて世界全体で見られる地口，ことば遊び，機能的に間違った引用の例を示しているが，それらには頻度にかなりのばらつきが見られる。その使用は，地域や読者層のレベルによるというより，主題による影響が大きいようである。予想されるように，ユーモアたっぷりのコラムや諷刺的な日記において最もよく見られ，その次によく見られるのが，芸術についての「創造的な」ページである。スポーツのページも，相当数のことば遊びを集めている。実際，いくつかの新聞では，これらの欄にしか例が見られない。（見出しには基本的に小文字を使い，括弧内では簡単な文脈を説明している。）

- ことば遊びは，米国では英国ほど広くは見られない。ニューヨークの2つの新聞では，各新聞に1つずつしか例がなかった—そのどちらも芸術欄で見られた。

『ニューヨークニューズデー（*New York Newsday*）』

Bold strokes（芸術作品）
{【訳注】力強い指揮が強い衝撃。}

『ニューヨークタイムズ（*New York Times*）』

Violinists to play so youngsters can string along（音楽教育）
{【訳注】sing along（みんなで一緒に歌う）を掛けている。}

一方で，カリフォルニアのある新聞ではより顕著にことば遊びが見られ，いくつかの欄に散在していた。

『ロサンジェルスタイムズ（*Los Angeles Times*）』

Backin' the saddle again（地方議会が地元のSilver Saddle Casinoを支援している）
{【訳注】「サドル氏体調回復」というように，back in the saddle（回復する）に固有名詞Saddleを掛けている。}

Pandamonium（動物園の記事）
{【訳注】pandemonium（大混乱）にpanda（パンダ）を掛けて作られた造語。}

Unkindest cut of all（衣類とスポーツ）
{【訳注】激しいボールのカットで制服が無慈悲に破れる。}

A trying situation（法廷の判例）
{【訳注】tryingに「つらい」と「裁判中の」の両方の意味をもたせている。}

Loan sharks in sheep's clothing（個人資金）
{【訳注】sharkはサメのように容赦なく「搾取する」，sheep clothingは毛織物業界。}

Devil's grass: let us spray（ギョウギシバ（雑草）には除草剤をかけましょう）
{【訳注】慣用句let us pray（さあ，祈りましょう）を掛けている。}

英国とカナダの新聞には，ことば遊びが芸術欄とスポーツ欄にしか見られないものもあった。

『タイムズ（*The Times*）』

Welsh rare hits（ウェールズのコンサートの批評欄）
{【訳注】Welsh rarebit（ウェールズ名物のチーズトースト，Welsh rabbitとも言う）を掛けている。}

Familiarity breeds sell-outs（バレエの批評欄）
{【訳注】Familiarity breeds contempt（慣れ過ぎると侮りを招く）ということわざを掛けている。}

Sisters several times removed（演劇の批評欄）
{【訳注】removeは，家系学で代が隔てられていることを指す。ここで批評されている演劇のタイトルの一部sistersが何代も隔てられているということは，役者たちの演技が完璧からはほど遠いことを示唆している。}

Barks worse than their bite（オオカミについてのテレビ番組の批評欄）
{【訳注】慣用句bark is worse than one's bite（人は実際よりも攻撃的に見えるものだ）を掛けている。}

『デイリーテレグラフ（*The Daily Telegraph*）』

Minority rites（民族学のテレビ番組の批評欄）
{【訳注】rite（儀礼）にright（権利）を掛けている。}

Three ages of woman（演劇の批評欄）
{【訳注】クリムト（オーストリアの画家）の作品名を掛けている。}

Souffle can rise to the occasion（Souffleという名前の競走馬）
{【訳注】料理用語souffle rises（料理してスフレのようにふくらませる）に実際の馬の名前が掛けられていることに加え，その馬がレースでrise to the occasion（難局に対処する）ことを祈願している。}

『ヴァンクーヴァーサン（*The Vancouver Sun*）』

Bladerunner（フェンシングのスポーツ欄）
{【訳注】フェンシングの剣に映画のタイトルを掛けている。}

- イギリスの新聞は，はるかにもっとことば遊びをし，大いに逸脱した形式を使う。その主導的存在は『サン（*The Sun*）』である。良質の新聞では，『ガーディアン（*The Guardian*）』が伝統的に知性のある地口の王者である。しかし，調査をした日は，比較的少数の例しか見られなかった（それらの例は，主として芸術のページにあった）。実際，調査したすべての新聞の中で最も多くの例が見られたのは，オーストラリアの新聞だった。

『サン（*The Sun*）』

Yacht a cheek（第1面：ロイヤルヨットの経費）
{【訳注】慣用句What a cheek！（なんて生意気なんだ！）を掛けている。}

We're toe in love（素足の結婚式）
{【訳注】toeにtooを掛けている。}

Kid napper（赤ちゃんを寝かせるための装置）
{【訳注】kidnapper（人さらい）を掛けている。}

Pain stops play（クサリヘビに噛まれたクリケット競技者）
{【訳注】Rain stops play（クリケットの試合が雨で中止あるいは中断された時のお知らせの決まり文句）を掛けている。}

Time marshes on（ボクサーのテリー・マーシュ（Terry Marsh）にちなんで以前名づけられた建物の改名）
{【訳注】慣用句time marches onの動詞をmarshに置き替えている。}

Nip nip hooray（商店が着物の注文を受ける）
{【訳注】Hip hip hooray（喝采する叫び声）のHipにNip（日本人を侮蔑した呼び方）を掛けている。}

Pork chop（肉が酒場から禁止される）
{【訳注】chop（とりやめる）にポークチョップ（豚肉の切り身）を掛けている。}

At last we've got 'em by the googlies（クリケットの記事）
{【訳注】googly（グーグリというクリケット用語で，内角から外角へ切れる投球と見せかけておいて，右打者なら右方向から打者に向かって切れる投球をすること）にgoolies（「睾丸」の俗語）を掛けている。}

（巻末p.557へ続く）

物置小屋の座りがちな生活
女性がいまだに台所をつかさどる一方で，自分の居場所を庭の物置小屋に見出だすことに期待を寄せる男性がいる。ジョン・キャジミアが物置小屋の要素を調査する。

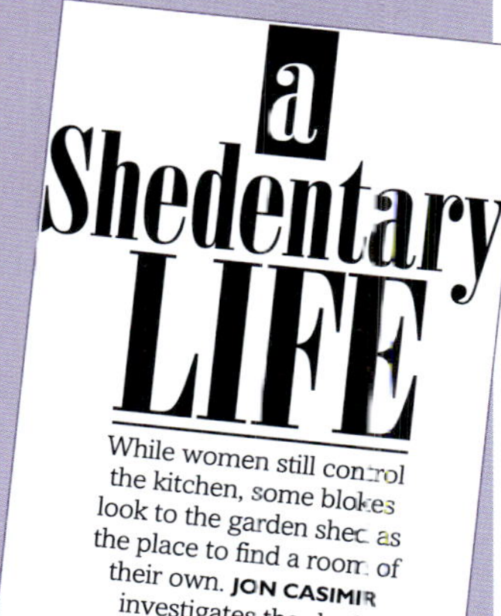
a Shedentary LIFE

While women still control the kitchen, some blokes look to the garden shed as the place to find a room of their own. JON CASIMIR investigates the shed factor.

ストレンジネス

形式ばった科学の言葉でさえ，ときどき，語彙的に創意に富むものがある。もっとも，権威筋から抵抗がないわけではないのだが（boojum（ブージャムツリー）の場合など，p.149）。Quark（クォーク），strange（ストレンジな）{【訳注】0以外のストレンジネス量子数をもつ粒子の}，charmed（チャームをもつ）などの用語は，slow（不活発な），split（分裂させる），decay（崩壊する）などの比喩と同じように，今では一般に容認された粒子物理学の専門用語となっている。

A slow neutron about to split a uranium nucleus.（ウランの細胞核を今にも分裂させようとしている不活発なニュートロン。）

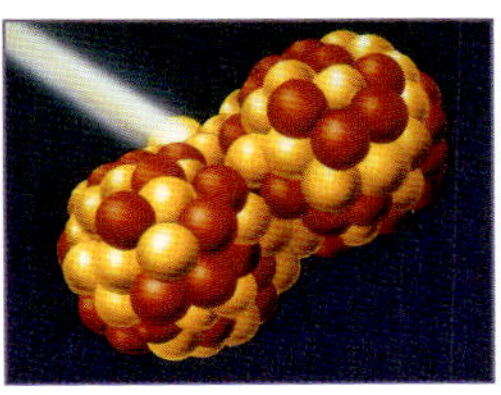

創造

罵ることさえ創造的に行われることがある。ゲルマン民族の指導者たちが戦いの前に行った儀礼的な取り交わし（口論詩）（p.12）や，スコットランドの詩人たちの過度に侮辱的な言辞（p.53）には，文学的な先例が見られる。ストリートギャングたちの間や個人間で交わされる言葉の決闘，暴力を始める前やあるいはそれに代わるものとしての言葉の競演は，おそらく世界共通であり，大いに創意に富む比喩的な言葉が使われる。そこでは，相手や相手の家族や近しい親類，それらの人たちの体の一部について痛烈な皮肉が浴びせられ，情況はますます不愉快なものとなっていく。

First Combatant. "——! ——! ——! &c." *Bystander.* "Why don't yer answer 'im back?" *Second Combatant.* "'Ow can I? 'E's used all the best words!"

（闘争者1.「---！ ---！ ---！ ＆c.」見物人.「どうして彼に言い返さないんだ？」闘争者2.「どうしたらそんなことができるんだ？　あいつは一番ひどい言葉を全部使いやがった！」）

追伸の追伸の追伸の追伸

伝統的な書きことばの中で，くだけた会話に最も近いのは（電子メールのようなデジタル型の環境とは対照的に，p.456），お互いをよく知っている人たちが書くくだけた手紙である。会話と同じように（p.426），この言語変種にもときどき，本来の領域からはずれて言語的規則を破る多くの用法が見られる。最も逸脱した効果は若者たちのやり取りに見られるが，くだけた手紙のいずれにも，次の特徴のうちのいくつかが見られる。そのような手紙の結びの部分を，より形式ばった手紙の結びの部分と比較しながら例示する。（用語については第18章を見よ。）

文字の効果

- 書かれたものはさまざまな方向に向いている。たいていは真っすぐでなく，ときどき脇にそれることもある（ここで示されているつけ足し（with biscuits!）のように）。手紙の終結の位置はさまざまだが，普通はページ中央である（左ぞろえであることが多い現代の形式的な手紙とは異なる，p.269）。
- くだけた手紙は，一般的には手書きである。そのような手紙をタイプで打つことは，慣習的にはコメントやお詫びを一言添えるに値するだろう。しかしコンピューターの使用により（その作業のスピードがくだけたスタイルを促進していることもありうる），そのようなコメントをする必要性が低くなってきている（p.456）。
- 非言語的なイラストの絵が取り入れられることがある。この例では，小さな顔（スマイリーフェイスの出現よりずっと前，p.463）と2つのキスマークが示されている。
- 形式ばった手紙の慣習が茶化して真似され，冒頭に「私の／あなたの参照番号」をつけたり，活字体で書かれた名前を署名に添えたりされることがある。
- さまざまな大きさの，たいてい装飾的なデザインが施されている色のついた便箋がよく使われる。

書記学

- 句読法，とりわけ感嘆符や疑問符が，誇張して使用される。
- 句読点や終止符の正式な使い方が，ダッシュや点の連続によく置き換えられる。
- 句読法の使用は首尾一貫していない傾向がある。例では，最後の段落は句読点で分けられた3つの文で始まっている。そして3つ目の追伸には，終止符が使われていない。
- 強調や皮肉などの目的のために，さまざまな大きさの大文字が使用されている。
- 逸脱したつづり字が故意に使われることがある。ここでは，別れの定式文句の中のluv（愛をこめて）の使用や，大文字で書かれた訪問者を茶化した呼び方（u-No-Hu）にそれが見られる。

文法

- 省略的なスタイルが使われる。この抜粋（右欄の手紙）では，それが主語の代名詞の省略（got to rush, Am expecting）や不完全な文に見られる。
- 概して，文はゆるく構成されており，複数のandでつなげられていることが多い（p.227）。
- スタイルは，he'dやthere'llのような動詞の短縮形が使用され，くだけた話しことばを反映している。
- 文法表現の品のよさや繊細さには，特別な注意は払われない。He'd jolly well better hadのように，非常に口語的な構文が使われることがある。

語彙

- V（very）やu（you）などのくだけた略語がよく見られ，この例ではFri（Friday）が使われている。
- Get（ここでは2回使われている）やniceなど，スタイルマニュアルでよく非難される「ごくありふれた」語彙が多数使われている。
- 書き手は，狭い語彙，俗語，意味の暗示を広い範囲で使用し，それは多くの場合，その言語のほかの言語変種を取りこんでいる（episodeやtabletsへの言及にあるように）。

談話

- 前もって考えられていないことが，欄外の追加やくり返される追伸——よく見られるくだけた方便の1つで，ユーモアに大きな余地を残している——によって示されている。
- 形式ばった冒頭表現を使う慣習は，踏襲されないことがある。その例としては，Dear XがHi！かあだ名に置き換えられたり，日付けが部分的であったり，あるいはあいまいにされたり(Tues p.m.)，逆に正確すぎたり(6.07p.m.)，呼称がかなり短縮されたり(The Flat)，などがある。
- 当人たちの間では，手紙のやり取りの経験が共有されていることから，非常に多くの情報が当然わかるものとされている。その結果，くだけた手紙のほとんどが，この例のようにほかの人には理解することが難しい。

and look forward to our meeting on the 14th, when I hope we shall be able to resolve all the outstanding matters.

Please let me know if there is anything else I need to do in the meantime.

Yours sincerely

Michael Wilson

M G Wilson Treasurer

Mr T Owen
PO Box 5 Holyhead LL65 1RG

（そして14日にお会いするのを楽しみにしています。そのときに未解決の問題をすべて解決できることを望んでいます。
それまでの間，もしほかにも何かやっておくべきことがあればお知らせください。
敬具
マイケル・ウィルソン
MGウィルソン 財務部長
Tオーエン様
PO Box 5 Holyhead LL65 1RG）

said he'd get me a ticket — and he'd jolly well better had !!! Otherwise there'll be BIG trouble !!

Right, that's it, got to rush, Am expecting the door bell to ring any minute with U-No-HU wanting to come in. Shall I... shan't I?? Read the next exciting episode ... (with biscuits!)

Lots of Luv Dee X X

P.S. Did you get to see Freddie ?
P.P.S Don't forget I'll be out on Fri, so if you're ringing, don't.
PPPS Keep taking the tablets !

（彼，チケット買ってくれるって——そう，まったく本当にそうすべきなのよ!!!
さもないと大変なことになるんだから!!
まあ，そんなとこね，もう行かなきゃ。もうすぐあの人が帰ってきて玄関のベルが鳴る頃だから，ビスケットをもって！私，しようかしまいか，どうしよう？？次の手紙のエキサイティングなエピソードを読めばわかるわ…
愛をいっぱいこめて
ディーより キス キス
追伸 フレドルに会った？
追伸2 私は金曜日いないって覚えてて，だから電話してこないでね。
追伸3 ちゃんと薬を飲んでね！
［訳注］U-No-HUはyou know whoの略式。）

恋に狂った服地屋から

...I read American poems, including, of course, yours, to the University of Wales a week or so ago. And will be broadcasting some soon again. I'll let you know details.

Caitlin sends her love to you & Gene and so do I. I do hope (again) you can airmail that cabbage back (see asterisk on first page).

Ever,
Dylan

Just finishing final revision of 'Under Milk Wood'. It's quite a bit better. Would you like the ms? or, rather, bunches of the working sheets?
D.

Do you know--I mean, can you get for me--the Hairies'address? I'll send them the crabs of a letter.
D.

I'll write fully next time, v soon.

(Dylan Thomas to Oscar Williams, 28 July 1953. From P. Ferris, 1985, p.908).

The asterisk on the first page referred to a fee which Thomas was owed. Cabbage is slang for paper money.

（1週間ぐらい前に，ウェールズ大学で米国の詩を読みました，もちろん，あなたの詩も。近いうちにまた何か放送する予定です。詳細はいずれお知らせします。ケイトリンがあなたとジーンによろしくと言っていますが，私からも同じです。）

あなたがあのキャベツを航空便で送り返すことができればと（再び）心から願っています（最初のページのアステリスクを見てください）。

いつも（あなたの友），

ディラン

「ミルクの森で（*Under Milk Wood*）」の最終校訂［訳注］p.558を見よ］をちょうど終えようとしているところです。ずいぶんよくなりました。原稿をお見せしましょうか？または，それよりも，進行中の原稿の束の方がいいですか？

D.

ヘアリーズさんの住所をご存知——というより，教えていただけませんか？ The crabs of a letter［訳注］アルファベットの文字が書かれているカニの形をしたおもちゃ］を送ろうと思っています。

D.

次の手紙でもっと詳しく書きます。ではまた。）

（ディラン・トマス（Dylan Thomas）からオスカー・ウィリアムズ（Oscar Williams）への手紙，1953年7月28日。P.フェリス（P. Ferris），1985，p.908から）

（最初のページのアステリスクはトマスが貸している料金を指す。Cabbage（キャベツ）は紙幣の俗語である。）

（巻末p.558へ続く）

ことばの縁

宗教のことばは，つねに多くの規則を破ってきた。それは，(1930年代の哲学的な格言に適合させると)，神を信じる者は絶えず言い表せないことを言い表そうとするからである。もし彼らが言語的に活動することを選択したとしても――舌がかり（p.421）や原始的な音や沈黙の使用とは対照的に――ことばを越えて存在する何らかの感覚を表現するために，ことばを少し曲げる必要がある。別の比喩的表現では，有神論者たちは精神的現実について洞察力をもって話そうとするとき，意味の「縁」に沿って歩かなければならないと評されてきた。この比喩は実際，その主題について書かれた影響力のある本のタイトルになっている。その本は，アメリカの神学者ポール・ヴァン・ビューレン(Paul Van Buren)による『ことばの縁(*The Edges of Language*)』(1972)である。

宗教における特別な言葉――ほかの場合に使われる表現の規範からはずれている言葉――を探索すること自体は，何も新しいことではない。比喩や逆説は英語圏におけるキリスト教の歴史を通じて見られ，その中には，まさにキリスト教の教義に由来するものもある（I eat your body など)。ジョン・ダン（John Donne）は「神に捧げる瞑想」の1篇（14番）を，一連の印象的な逆説で締めくくっている。

> 私をあなたの所へ連れて行って，閉じ込めてください
> あなたの奴隷にならなければ，私は自由になることができません
> あなたに強姦されなければ，純潔になることができません

このような表現はほかの宗教の考えにも見られるが，特にキリスト教において頻繁に現われる。ほかの状況では無意味でばかげていて自己矛盾的に思われるような語も，宗教の環境においては，意味をなしうると認められている。

しかしながら，比喩的な言葉が新鮮であり続けることはない。また，伝統的な宗教表現の比喩は，そのメッセージが関連性をもち，意味をなし，生き続けるためには，定期的に刷新される必要がある。神について新しい話し方を考案することは，宗教表現が内包する保守的な力を考慮すれば，いつも論議の的となる作業である(p.390)。それでもなお，それはつねに存在する。そしてその過程は，新鮮な言葉が絶え間なく産出されることを提示し，その目的は，ことばが示唆する問いに対する答えについて，人びとにもう一度考えさせることである。伝統的な表現方法を批判し見直すというこの過程は，コミュニケーションについての意識が高まった20世紀において，とりわけ注目に値するものだった。そして，新しい祈り，賛美歌（p.390)，聖書翻訳（p.59)，意味の暗示といった言語形式により，日常的な宗教の文脈に広がっていった。「ゲットーのための連祷」に見られる予期されない語の配置（p.175）は，この点について顕著なケースを見せている――右の欄を見よ。

お前たちは神を誰に似せようとするのか？（『イザヤ書』第40章18節）

神学者たちに求められる新しいことばはどこから生まれるのだろうか？教義的な言説例から判断すれば，それは主に新鮮な語の配列――現代ともっと有意義に関連づけられるような神についての語り方ひいては考え方を示唆する語彙項目の新しい並べ方――に見出される。これらの新しい方法のあるものは，知的な内省を通じて，別のあるものは詩的なインスピレーションを通じて（p.390で例にあげた，ジェンダーにインスピレーションを与えられた賛美歌など)，さらにあるものは上記の２つの混合から発生する。それらは，宗教の内部（伝統的なことばの安全でなじみのある思考基盤から，あまりにも大幅にはずれているとして）と外部（以前には汚点のなかった日常概念に，誤った神秘説を取り入れているとして）の両方の側から批判を集め，つねに論議の的となっている。

この詩は，新しい神語学を促進しうるような種類の語の配置に関する辞書研究から取り上げるものである（D. クリスタル（D. Crystal), 1981, 1988b)。原則，aardvark（ツチブタ）から zygote（接合子）に至るまで辞書の全部がこのような形で読むことができる。

Gaardvark

Sometimes I can feel You
  burrowing at night,
  with Your powerful digging claws
  and Your long tubular snout
  and Your long sticky tongue,
Rooting out the ants and termites in my mind.
I'd love to like all creatures great and small,
But that ain't easy, when they're ants.*
We're brought up to hate ants,
To exterminate them with boiling water
Or velly efficient Japanese lemedy
Nippooning them at their last supper.
The earth pig's way is better,
But not so practicable, in Gwynedd.

I wish I could exterminate
  my mind-bending termites
  with the ease of the earth pig,
  but each time I get one
  another hundred come,
Especially in the daytime.

Why don't You burrow in the daytime as well?

I expect You would if I'd let You.
I do mean to let You.
But I forget.
*Or spiders (says my wife).

（巻末 p.558 へ続く）

神がかったツチブタ

（ときどきおまえを感じる
夜，すり寄ってくるおまえを
土を掘る強力なかぎ爪と
長く管状の鼻づらと
長くベタベタする舌をしたおまえを
そして私の心にいるアリとシロアリを，おまえが鼻づらで捜して掘り出すのを感じる。
大小すべての生き物を好きになりたいが
アリ＊に関しては，それはたやすいことではない。
私たちはアリが嫌いになるように育てられている
そしてアリを根絶するようにと，沸騰したお湯で
あるいはとても〔【訳注】velly は神学書法による語で，very の意。〕有効な日本の療法で〔【訳注】lemedy も神学書法による語で，remedy の意。〕
アリが最後の晩餐をしているところを Nippoon しながら。〔【訳注】nippoon も神学書法による語で，Nippon（日本）にかけている。〕
ツチブタのやり方はもっとよい
しかしグウィネズではあまり実用的ではない。
根絶できればいいのにと思う
  私を茫然とさせるシロアリを
  ツチブタのように簡単に
  しかし１匹殺すたびに
  ほかの100匹がやってくる
特に昼間に。
ツチブタ，おまえ，昼間もすり寄ってきたらどうなんだ？
私はおまえがそうしてくれることを期待している。
私は心からおまえにそうさせようと思っている。
だけど私は忘れてしまう。
＊あるいはクモ（と妻が言っている)。

永遠の今

パウル・ティリヒ(Paul Tillich)(1886-965）は，言語的意識の根本的な転換を主張した20世紀の神学者の一人である。ティリヒは，『永遠の今（*The Eternal Now*)』（1963, p.94）という著書の中でこう言っている。

> 宗教で最もよく使われる語は，真の意味が完全に失われているものでもあるのだ…そのような語は，できれば生まれ変わらなければならない。もしそれができないのなら，捨てられなければならない。

その論題は，別の神学者ゲアハルト・エーベリンク(Gerhard Ebeling）によって，彼の著書『概論ことばの神学理論(*Introduction to a Theological Theory of Language*)』(1972, p.192）の中で取りあげられている。

> もし信仰のことばが世界の経験と対話をもたなくなったら，それは事実上，不信仰のことばになってしまったことになる。

このような考えこそが，このページで説明したように，既存のものとは根本的に別のことばを使う動機づけとなっているのである。

言葉によるユーモア

くだけた会話で起こる言語の逸脱の多くは，ユーモアあふれることば遊びの使用から生じている。ことば遊びは，いくつかの異なる方法により生じる。自発的で気のきいた言葉，辛辣な言葉，あるいは意図的なだじゃれのように，単発的であり，あらかじめ計画されていないものがある。反対に，諷刺，物まね，漫画，諷刺漫画などのほか，パロディーや諷刺文学などの文学のジャンルにも見られるように，あらかじめ計画され，構造化されているものもある。これらはすべて，言葉を使う側の人による意図的な行為である。それとは対照的に，ユーモアは非意図的な言語使用から起こることもあり，大間違い，誤植，言い間違い，偶然の地口などの結果となって現われる。からかいや皮肉など，判断が微妙なユーモアの形式もある。その場合は話し手だけがおもしろがっているので，このようなやりとりはおそらく，嘲笑や侮辱（p.185）といっしょに分類した方がより適切であろう。本節では，もっぱら聞き手と話し手の双方がおもしろいと同意する（少なくとも理屈の上では）やりとりを扱うことにする。

ジョーク

ユーモアの典型的な例は，おもしろい話やジョークである。ジョークはいくつかの構成要素に分けて分析することができる。

• **話し手による発言権の取得**。例として，Hey, listen to this（ねえ，これ聞いてよ），Can I tell my Kerryman story now?（今，ケリーマンの話をしてもいい?），I've got a really awful one（すごくひどいのがあるよ）がある。このような前置き表現は，絶対に必要というわけではないが，非常によく見られる。とりわけ，何人かの参与者間でジョークを言い合う集まりによく見られ，そこではそれぞれの人が，共有したいと思うジョークをもち寄っている。

• **開始の決まり文句**。例として，Have you heard the one about the...?（〜についてのジョーク知ってる?），There was an Englishman, an Irishman...（イングランド人，アイルランド人，〜がいました），Knock, knock（トントン）｛【訳注】ノックノックジョークといい，「トントン」「誰?」で始まるだじゃれを使ったジョーク。｝がある。聞き手がジョークに応答できる心情であるかどうか確かめるために，また，発話がまじめに受け取られる危険を避けるためにも，ジョークが今まさに言われようとしていることを聞き手にわからせることは明らかに重要である。まじめくさった顔で言うユーモアは，たいていこの「警告」を行わない。

• **詳述**。厳密な意味でのジョークで，短いものでは単一の文（「ワンライナー」），長いものでは忍耐力が許すまで（「オチがつまらない長話」），さまざまなものがある。詳述には，認識できるクライマックス（「オチ」）がなければいけない。クライマックスに，聞き手と話し手との間で交流が起こることもある。

• **やり取り**。これは，うなり声，yeah などの反応の声，コメント（I don't think I'm going to like this（これ好きになれないと思う）など），「気のきいた」言葉を差しはさむことなどの形式を取るくだけた交流であり，手当たり次第といっていいほど，さまざまなものがあるだろう。また，次の一続きの例のようにジョークの構造の一部となっていて，応答を要求する秩序だったものもある（次ページ上に続く）。

パロディーの言葉

パロディーは言葉による模倣のジャンルであり，多くの目的をもっている。政府の代弁者による故意にあいまいな言い方のパロディーのように，反感や嫌悪から書かれる場合もあれば（p.188），p.144 のアンソニー・バージェス（Anthony Burgess）によるジェイムズ・ジョイス（James Joyce）のパロディーのように，称賛や歓喜の気持ちに由来する場合もある。動機が何であれ，実際に行われていることがパロディーだと読者が認識することが重要である。模倣が完全であると，本物と混同されるためにおもしろくなくなるだろう。パロディーと偽物の間には大きな違いがある。パロディーは誇張し，歪曲し，認識できるほどに異なっていることを意図している——その方法としては，典型的にはオリジナルの言葉の特徴を多く利用すること，あるいは，オリジナルに使用されるスタイルでは書くことができなかったように内容を置き換えることがあげられる。

この詩は後者の例であり，電気掃除機の主題について，ビル・ナッシュ（Bill Nash）がパロディーの目的のために創造した中世の吟唱詩人 Umffrei によってごたまぜ英語で書かれている。この詩はまた，パロディーについてさらに重要な点を例証している——ジョークを理解することは，もっぱら，パロディーの対象をどれだけよく知っているかに依存しているということである。この点については，p.36 と比較することが適切であろう——しかしこの場合，ナッシュ自身による，パロディーのジャンル全体に当てはまる洞察力あるコメント（下記）を心にとどめておく必要がある。

私は，Muddle English（ごたまぜ英語）を評価してくれる読者のほとんどは Middle English（中英語）についてさほど詳しいわけではないことに気づいた。学者たちはやや反抗的で，文法や方言の　特徴などが厳密には首尾一貫していない，あるいは正確でないと指摘する義務があると感じる傾向がある。それは正しいことであり，それこそがまさにパロディーの真意である。パロディーには意図された不完全さがなければいけない…それは世界に，「これは「もじり」である。したがって，パロディーのルールにのっとって読まれるべきである。もしルールがわからなければ，どうぞお構いなく。」と宣言している。

Vakum Clenere

Ha, vakum clenere, synge thi songe,
A luvsum laye hyt ys, I wene.
Wyth brethynges amorous and stronge Thow makest mone a mornynge longe
Til al mi hows ys clene.
　Then welcum, welcum, vakum-wight
　That suckest uppe the mucke aright.
A serpente ys thi luvelie necke,
Thi bodie ys a litel bulle;
On duste thow dynest, manye a pecke,
Thow gobblest everie spotte and specke,
Thi beye waxeth fulle.
　Then welcum, welcum, vakum-wight
　That suckest uppe the mucke aright.
Foteless thow farest thurgh mi halle,
Thow grazest on the grittie grownde,
And, grettest wondyrment of alle,
Thi tayle thow pluggest yn a walle,
Yf anye poynte be fownde.
　Then welcum, welcum, vakum-wight
　That suckest uppe the mucke aright.
A derksum closet ys thi den,
Wherin thow liggest stocke-stille
Til hit be Saterday, and then
Thow farest foorth, and alle men
Cryen, wyth gode wille,
　Ha, welcum, welcum, vakum-wight
　That suckest uppe the mucke aright.

(W. Nash, 1992, p. 91)

｛【訳注】中英語のパロディーである「ごたまぜ英語」のスタイルで書かれた電気掃除機の詩。上記の説明にあるように，中英語の観点から見ると，文法や語が間違っているが，それは問題ではない。中英語の屈折やつづりなどを真似ながら，現代の他愛もない内容について書かれている。｝

電気掃除機

ああ，電気掃除機よ，おまえの歌を歌ってくれ
なんと愛らしい佇まい
艶っぽく力強い呼吸で
午前中ずっと働いて稼いでいる
家中がきれいになるまで
　さあさあおいで，電気掃除機
　ほこりをすべて，よく吸い取っておくれ
おまえの美しい首はまるでヘビのよう
おまえの体は子ウシのよう
おまえはたくさんほこりを食む
あらゆるほこりやゴミを食べつくす
おまえの腹はどんどんふくれていっぱいになる
　さあさあおいで，電気掃除機
　ほこりをすべて，よく吸い取っておくれ
おまえは足のない姿で，うちの廊下を進んでいく
砂やほこりだらけの床を食む
そしてすべての中でも 1 番の驚きは
壁のコンセントに差し込まれているおまえの尻尾
壁にコンセントの穴があればどこにでも
　さあさあおいで，電気掃除機
　ほこりをすべて，よく吸い取っておくれ
おまえの棲家は暗いクローゼット
おまえはそこにしまわれて，じっとしている
土曜日になるまで，そして
土曜日になるとおまえは前進し，みな
喜んで叫ぶのだ
　やあおいでおいで，電気掃除機
　ほこりをすべて，よく吸い取っておくれ

(W. ナッシュ，1992，p. 91)

A：なぜXはYと関連しているか?
（例：なぜ吸血鬼はひどく怒っている?）
B：わからない。なぜ?
A：Zだから。（彼らがコウモリだから））

•評価。ジョークのあと，非言語（うなり声や笑い）か，あるいは言語（That's ancient（それ古い），Got any more like that?（そういうの，もっとある?），That's disgusting（それひどい））かのどちらか，あるいは——最もよく見られるのは——その両方による反応が起こる。これらのような反応がなければ，そのジョークは失敗したことになる。すなわち，そのジョークはおもしろくない，下手である，ばつが悪い，場違い，あるいは非常にとらえにくい（I don't get it（理解できない））ものだったということである。

ジョークは単独で起こることが多いが，1つ起こると，ほかのジョークを誘発する傾向がある。その場合，「ジョークキャッピング」——友好的な言葉の論争（p.53）の一種——がしばらく続くことがある。

（巻末p.559へ続く）

地口

言葉によるユーモアの中で，目標が最も明確なものは地口である。2つの関連性のない意味が，突然1つの語の中で結びつけられ，そこに生じる不調和が人びとを笑わせ，うならせる。地口そのものがジョークとみなされる場合もあれば（子どもが行う早口の掛け合いによく見られる），より大きい規模のジョーク（結末がつまらない長話など）のオチである場合もある。一連のやり取りの中で，競って地口を言い合う場合もよく見られる。これはその1例であるが，腕にギプスをはめた人が現われたことがきっかけとなっている（D. キアロ（D. Chiaro），1992から）。

Initiator: No 'arm in it, eh Peter?
Participant: Yeah, got to hand it to you ...
Peter: That's not funny!
Initiator: Put my finger on it have I?
Participant: 'armless enough!

（開始者：そのギプスの中には腕｛【訳注】この方言では，語頭のhが脱落する「害」（harm）と「腕」（arm）は同じ発音。｝がないんだろう，ピーター?
参与者：そうだよ，それを君に渡さないと...
ピーター：そのジョークはおもしろくない！
開始者：俺の指をその上に載せようか?
参与者：もう十分，腕（害）がない！）

会話の参与者たちは，自分たちが競い合っている地口の主題にすぐ飽きてしまい，それによって主題が消滅するため，このような一連のやりとりが長く続くことはめったにない。しかし，p.426で紹介した文法の逸脱の例のように，十分に使われた主題であっても，そのあとの会話の中で復活することがある。

ジョークの様式

ジョークには様式がある。ある特定の事物，動物，人，スキャンダル，テレビ番組などが，何カ月かの間に何千ものジョークを生み出すこともあるが，やがて消滅していく。そのようなジョークには，のちに何か別の新しい設定で再び生じるものも多い。

ケリー州民についてのジョーク（p.144）

地方についてのジョークは，その特質として，より永続的である傾向がある。どの国にもユーモアの的となる場所——通常は，ほかの場所の人びとよりも間が抜けていると思われている人びとが住む田舎，あるいは遠く隔たった場所——がある。幸い，地元の人びとはそういったユーモアを善意に取ってくれる傾向があり，さらに，応酬のために使うジョークを自分たちでも用意している。例えば，アイルランドのケリー州の人びとは，デズモンド・マクヘイル（Desmond MacHale）の『ケリー州民のジョークの傑作集（*Bumper Book of Kerryman Jokes*）』（1981）などのコレクションで自分たちが愚弄されているのを見ても，自分たち地元民へのあてつけとはとらえない。そのコレクションの編集者が言うように，「ケリー州民は自分たちがより優れていることを知っている。自分たちに向けられた多くのジョークを，そのように気のきいたユーモア精神で取り入れ，笑いながらもっと聞きたがることは，アイルランドのほかのどの州民にもできないだろう。」実際，報告されているジョークのいくつかは普遍的であり，国籍，名前，発音様式を適切に変えて英語圏の地域全体に見られる。

Kerry businessman: 'Where's my pencil?'
Secretary: 'It's behind your ear, sir.'
Kerry businessman: 'Look, I'm a busy man, which ear?'
（ケリーのビジネスマン：俺の鉛筆がどこにあるか知っているか?
秘書：耳の後ろにあります。
ケリーのビジネスマン：おい，俺は忙しいんだ，どっちの耳か教えてくれ。）

Have you heard about the Kerry kidnapper? He enclosed a stamped addressed envelope with the ransom note.
（ケリーの誘拐者の話を聞いたことがありますか？彼は，切手を貼って住所を書いた（返信用の）封筒を，身代金のメモといっしょに同封しました。）

First Kerryman: What's Mick's other name?
Second Kerryman: Mick who?
（ケリー州民1：ミックの名字は何だったっけ?
ケリー州民2：何ミック?）

Why do Kerry dogs have flat faces?
From chasing parked cars.
（ケリーの犬はどうして平たい顔をしているの?駐車してある車を追いかけるからだよ。）

ほかにも，ほかのアイルランド州民について，ケリー州民が言ったと伝えられているジョークのアーカイブから。

What do you call an intelligent Mayoman?
Very, very lucky.
（賢いメイヨー州民のことを何と呼ぶ?　非常に幸運だと。）

How do you save a Galwayman from drowning?
You don't know? Good.
（ゴールウェー州民がおぼれていたら，どうやって助ける?　わからない?　それはよろしい。）

What's the difference between a Dublin wedding and a Dublin wake?
One less drunk.
（ダブリンの結婚式と通夜の違いは何?　酔っぱらいが一人少ないことだ。）

コラム「モノのあり方」ほかを巻末p.560に掲載

構造によるユーモア

言語構造と言語使用に関して認められているどんな領域でも（第1章），ジョークのために活用することができる。これから数ページにわたって（pp.432-7），笑いの効果の言語的な分類方法をいくつか解説する。

書記によるユーモア

誤植（p.430），誤ったつづり字（p.88），多くのらくがき（p.193）の例に見られるように，つづり字，句読法，配置，印刷の体裁（第18章）における規範からの逸脱が，書きことばのユーモアとなっている。実際，ジョークの中には書きことばでしか伝わらないものもある。

- What did one sheep say to the other?
  I love ewe.
  （ヒツジはもう1匹のヒツジに何て言った?
  愛してる。｛【訳注】ewe（雌ヒツジ）とyouは同じ発音。｝）
- TOO MUCH SEX makes you shortsighted.
  （過度のセックスによって近視になる。）｛【訳注】sexはse＋eks＝seeks（探す）｝
- Bakers knead to do it.（p.435）
  （パン屋さんはそれをしなければいけない。｛【訳注】knead（パン生地などをこねる）とneedは同じ発音。｝）
- Why did the antelope?
  Nobody gnu.
  （どうしてアリは駆け落ちしたの?
  誰も知らなかった。｛【訳注】gnu（ヌー）とknewは同じ発音。Antelopeもgnuも同じレイヨウの動物。｝）

音韻によるユーモア

多くのジョークは，母音や子音を加えたり，削除したり，代用したり，位置を変えたりして，音の使用の規範から逸脱している。伝統的に認識されているジャンルとして，子音の頻度の規範をいじって遊ぶもの（早口言葉，p.425），音の位置を変えるもの（頭音転換，p.266），発音の類似性を利用して語を混ぜ合わせるもの（マラプロピズム）などがあげられる。

- Patient: Doctor! Doctor! I think I'm a bird.
  Doctor: I'll tweet you in a minute.
  （患者：お医者さん! お医者さん! 私トリになっちゃったみたい。
  医者：すぐに治療してあげましょう。｛【訳注】treat（治療する）にtweet（トリのチッチッという鳴き声）を掛けている。｝）
- What's the difference between a sick cow and an angry crowd?
  One moos badly and the other boos madly.
  （病気のウシと怒った観衆との違いは何?
  ウシはひどくモーと鳴き（moo），観衆は猛烈に野次を飛ばす（boo）。）
- What do you get if you cross a chicken and a bell?
  An alarm cluck.
  （ニワトリとベルを合わせたら，何が手に入る?
  目覚まし時計。｛【訳注】clock（時計）にcluck（ニワトリのコッコッという鳴き声）を掛けている。｝）

Eurinals（ユーロトイレ）｛【訳注】語頭の音の類似性によるEuroとurinal（小さいトイレ）の合成語。｝

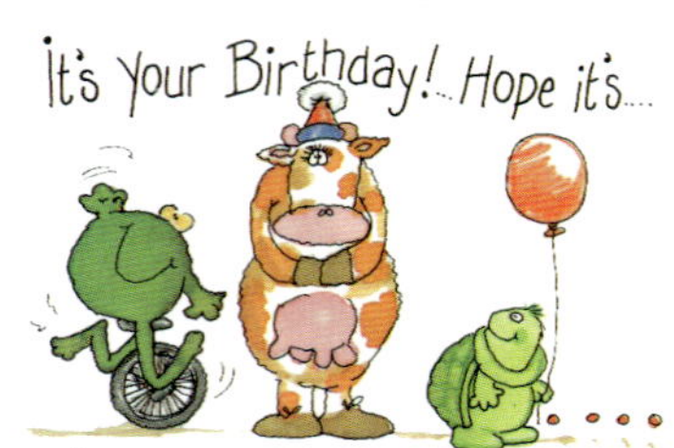

It's your Birthday!... Hope it's.... Wheely..., Udderly and Turtley.......
（今日はきみの誕生日だね！... 今日の日が ... 本当に ...，まったく，そしてすごく .... でありますように）｛【訳注】wheely（車輪のように）にreally（本当に）を，udderly（ウシの乳房のように）にutterly（まったく）を，turtley（カメのように）にtotally（すごく）を，それぞれ掛けている。｝

もっとも風変わりなことば遊びには，グリーティングカードの言葉に見られるものもある。この「アンドルー・ブラウンズワード・コレクション」（1991）からの例は，漫画の基礎であるレキシコンの要素を利用するために，音とつづり字の両方の効果を活かしている。カードの中には，オチとして，単にGrateとだけ書かれている（暖炉の絵と並んで）。｛【訳注】grate（暖炉）にgreat（すばらしい）を掛けている。全体としては，「今日は君の誕生日だね！ 本当に，まったく，そしてすごくすばらしい日になりますように！」というような意味になる。｝

音韻によるジョークの中には，連結することばや韻律の特徴（p.259）を活かすものもある。

- Teacher: Use the word antennae in a sentence.
  Charlie: There antennae sweets left.
  （先生：「アンテナ」という語を使って文を作りなさい。
  チャーリー：お菓子が1つも残っていません。｛【訳注】antennae［ænteni:］にaren't anyを掛けている。｝）
- What book tells you about famous owls?
  Who's Whoooo.
  （有名なフクロウについて書かれている本は何ですか?
  名士録です。｛【訳注】Whooooにフクロウの鳴き声を掛けている。｝）

次の最後の例も，ジョークに取り入れられる音の効果を示している――多くの場合，表記するのは難しい。
Airline passenger: Where does this door go TO-O-o-o-o.
（飛行機の乗客：この扉はどこおぉぉぉに通じていますか。）

このような特徴は，音象徴（p.262）に大いに依存する，無意味な言葉を使った詩句の中に見られるばかげた響きの名前において，とりわけ重要である。

ナッシュのユーモア

アメリカのユーモア作家オグデン・ナッシュ（Ogden Nash）（1902-71）の文字による新語法は，音，つづり字，意味の間の相互作用によるものである。彼の最も人気のある方法の1つは，珍しいつづり字の語を選んでから，それと韻を踏む別の語を探し出し，それを最初の語の綴字法に従ってつづり直すというもので，多くの場合，つづり字に合うように発音が微調整されている。

The baby（赤ん坊）
A bit of talcum
Is always walcum.
（少量のタルカムパウダーは
いつもありがたいものである。）
｛【訳注】walcum（welcome）はtalcumと韻を踏んでいる。｝

The jellyfish（クラゲ）
Who wants my jellyfish?
I'm not sellyfish!
（私のクラゲを欲しい人はいませんか？
私は自分勝手ではありません！）
｛【訳注】sellyfish（selfish）はjellyfishと韻を踏んでいる。｝

There was a brave girl of Connecticut
Who flagged the express with her pecticut
Which her elders defined
As presence of mind,
But deplorable absence of ecticut.
（コネティカット州に勇敢な少女がいました
彼女は自分のペチコートを振って，急行列車に合図しました
彼女の両親はそれを見て
平静ではあるが，
礼儀作法のない嘆かわしい行為だと言いました。）
｛【訳注】pecticut（petticoat）とecticut（etiquette）は，Connecticutと韻を踏んでいる。｝

コラム「書記による逸脱」と「リメリックとクレリヒュー」を巻末p.560に掲載

コミック・アルファベット

コミック・アルファベットは，アルファベットの各文字を順番に取り上げて，時には散文で時には韻文で，ユーモアある装いを施す。そうした装いは，アルファベットの文字を何らかのキャラクターや状況や格言に関連づけている。コミック・アルファベットは，おそらく16世紀以降によく見られた子どものためのアルファベット本のパロディー（この種のものとして，「A は Apple（リンゴ），Archer（弓の射手），Arrow（矢）。B は Bull（雄ウシ），Bear（クマ），Barrow（手押し車）...」）として生じたものだろう。頭韻や脚韻，地口やなぞなぞの仕組み（p.434）を大いに活用している。アルファベットの音が伝える表面上の意味を用いて遊ぶという音声的特性を持つものもあれば，つづり字だけを利用する文字的特性をもつものもある。「コミック」というのは，厳密に言えば正確な記述ではない。ユーモアがあるというよりは，むしろ，創意に満ちている——語そのものをいじって遊ぶ形式——と言った方がいいものもあるからである。また，これらのアルファベットの中にはまじめに意図されているものもあり，社会風刺，あるいは教育指導の補助として（とりわけ，道徳上の価値観を教えこむために）使われていた。これらの創作に関する模範的記述は，エリック・パートリッジ（Eric Partridge）の『コミック・アルファベット（*Comic Alphabets*）』（1961）に見られる。

初期アルファベットの選集

『コミック・アルファベット（*The Comic Alphabet*）』（ネルソン（Nelson），1876）
A is an ARCHER, alarmed, for an arrow,
Aimed at an antelope, stuck in a sparrow.
B is a BUTCHER, both burly and bluff;
Bob, his big bull-dog is ugly enough.
C is a CAPTAIN, commanding a corps,
Courageous as Cromwell's companions of yore.
D is a DAMSEL, dashingly dressed,
Delighting in pleasing, and doing her best.
E, an ESQUIRE, of course nothing less;
Elegant both in his manners and dress.
F is a FARMER, ploughing his field;
For if he neglects it, no crop will it yield.
G is a GAMBLER, throwing the dice.
Gambling, young folks, is a terrible vice...
（A は弓の射手，
アンテロープを狙った矢がスズメを突き刺し，驚いている。
B は肉屋の主人，たくましい体をしていて無愛想。
彼が飼っている大きいブルドッグのボブは，なんとも不恰好だ。
C は陸軍大尉，部隊に指令を出している。
いにしえのクロムウェルの仲間たちのように勇敢だ。
D は未婚の若い女性，しゃれた服装をしている。
心地よい喜びを与え，最善を尽くしている。
E はもちろん郷士にほかならない。
態度も服装も上品である。
F は農民，畑を耕している。
もしそれを怠れば，作物は実らない。
G はばくち打ち，サイコロを振っている。
若者たちよ，賭博は恐ろしい悪癖だ ...）

『ベオグラードの攻囲（*The Siege of Belgrade*）』（ベントリーの民謡（The Bentley Ballads），1861）
An Austrian army, awfully arrayed,
Boldly by battery besieged Belgrade;
Cossack commanders cannonading come,
Dealing destruction's devastating doom.
Every endeavour engineers essay
For fame, for fortune – fighting, furious fray:
Generals 'gainst generals grapple – gracious God!
How honours Heaven heroic hardihood!...
（オーストリアの陸軍が荘厳に戦闘配置についている。
砲兵中隊により，ベオグラードを大胆に包囲した。
コサックの司令官が連続砲火をしながらやってくる。
破壊行為により，壊滅的な運命を与えながら。
すべての真剣な努力が，富や名声のために
巧みに企てを計画している——すさまじい争いをしながら。
陸軍大将同士が対抗している——慈悲深い神よ！
天は英雄的な不屈の精神に，どのような栄誉を授けるのか！...）

『アルファベット（*An Alphabet*）』の表題ページの記述（1871）
A Beautiful Collection, Delightfully
Etched, Finely Grouped, Highly
Imaginative, Jestingly Knavish,
Ludicrously Mischievous, Notably
Odd, Peculiarly Queer, Recreative,
Sensational, Tittering, Unquestionably
Volatile, Whimsically XYZite（='exquisite'）
（美しい選集，エッチングで楽しげに描かれ，見事に分類され，大いに独創的で，ふざけたいかさまで，滑稽にいたずらっぽく，はなはだ奇妙で，独特に風変わりで，気晴らしになり，世間をあっと言わせ，くすくす笑わせ，断じてはかなく，奇抜で洗練されている）

1850年代にロンドンで出版された『楽しいアルファベット（*The Amusing Alphabet*）』，または『A, B, C への容易な階段（*Easy Steps to A, B, C*）』からの抜粋。（このほかの2ページについては，p.246を見よ。）

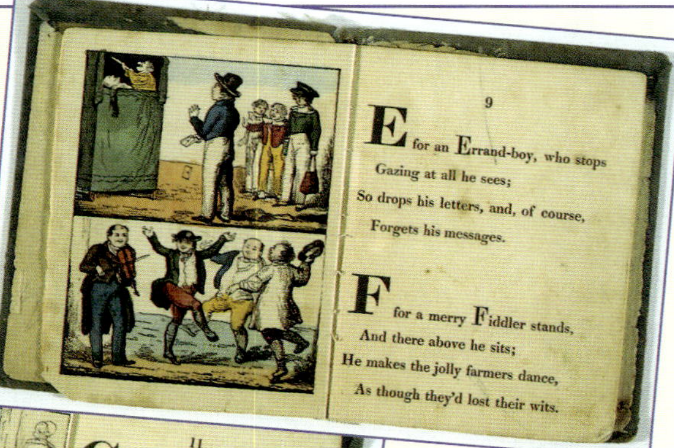

E は使い走りの少年。見るものすべてに足を止めるので，お使いの手紙を落としてしまい，もちろん，ことづけも忘れてしまう。

F は楽しいヴァイオリン弾きを観る見物席の人びと。少年はそこに座り，陽気な農民たちを気が狂ったように踊らせる。

G は食料雑貨店の主人。ここに一人立っているが，彼は決して裕福にはならない。なぜなら，売り物のイチジクやプラムを売らないで食べてしまうから。

H は私たちの旧友，道化のハーレキン。彼はどこに落ちるのだろう。だって，ちょっと見てごらん，壁にかかった絵の中に飛びこんでいるよ。

コラム「パートリッジのお気に入り」を巻末 p.561 に掲載

形態素によるユーモア

形態素によるユーモアには，語構造の要素を操作すること（接辞など，p.138），要素を結合させて新しい形式を作り出すこと（混成語，p.141），普通は分割しない箇所で語を分割すること，などによって作られるジョークが含まれる。

- Why did the matchbox? Because it saw the tin can.（どうしてマッチはボクシングをしたの？　ブリキが（ボクシングが）できるのを見たからだよ。）｛【訳注】match と発音が似ている much（たくさん）と tin（わずか），box（箱）と can（缶）が対比されている。｝
- Did you hear about Robin Hood? He just had an arrow escape.（ロビン・フッドについて聞いた？　彼はついさっき，かろうじて逃げたんだ。）｛【訳注】an arrow escape に a narrow escape（かろうじて逃げること）を掛けている。｝
- What do you call a man with a shovel, sitting at the bottom of a hole? Doug.（シャベルをもって穴の底に座っている男を何て言う？　ダグ。）｛【訳注】dig（掘る）の過去形 dug と同じ発音。｝
- And what do you call a man with a shovel sitting at the bottom of a smaller hole?
  Douglas. [=Doug-less]（シャベルをもって，もっと小さい穴の底に座っている男を何て言う？　ダグラス。[=ダグ - より少ない]）｛【訳注】Douglas に dug-less を掛けている。｝

らくがきの連続体（p.193）には，3 部から構成されるこの項目のように，語の境界をいじって遊ぶものが多く見られる。

- BE ALERT! Your country needs lerts.
  - No, Britain has got enough lerts now. Be aloof.
  - No, be alert. There's safety in numbers.
  （警戒しなさい！（「（1 人の） lert になりなさい」とも解釈される）
  おまえの国は lert を必要としている。
  - いや，イギリスはもう lert を十分にもっている。離れなさい。
  - いや，警戒しなさい。（「（1 人の） lert になりなさい」とも解釈される） 分けた方が安全だ。）｛【訳注】Be alert に be a lert を掛けている。Lert という語は存在しないが，ここではことば遊びで可算名詞として使われている。Aloof の loof（船首の湾曲部）は不可算名詞なので，不定冠詞の a を取れない。｝

ほとんどの「ノックノックジョーク」は形態素によるものである。ここにある 2 つの回答のうち最初のものは，2 つの語をひとまとまりに読んでいる。2 つ目は，1 つの語を 2 つに分割している。

- Egbert.
  Egbert who?
  Egbert no bacon.
  （エグバート
  エグバート何さんですか？
  エッグバート・ノーベーコンです。
  ｛【訳注】Egg but no bacon を掛けている。｝
- Soup
  Soup who?
  Souperman.
  スープ
  スープ何さんですか？
  スープ・アーマンです。）
  ｛【訳注】Superman を掛けている。｝

レキシコンの地口や意味のほのめかしのほか，ふざけた書名も，誤った箇所で区切った著者の名前から作られることがある。

- Hushabye Baby by Wendy Bough-Brakes
  Looking After Your Garden by Dan D. Lion
  （ウェンディー・バウ-ブレークスの『赤ちゃんの子守歌（*Hushabye Baby*）』｛【訳注】*Hushabye Baby* の 1 節に When the bough breaks the cradle will fall という歌詞があり，一部が作者名に似ているので，その作者の作品名として歌の題名を用いた。｝
  ダン・D・ライオンの『庭の管理（*Looking After Your Garden*）』｛【訳注】Dan D. Lion に，同じ発音の dandelion（タンポポ）を掛けている。｝）

語彙によるユーモア

語彙によるユーモアの主要な手段は，地口である（p.431）。地口は，しばしば，意味的なものと音韻的なものに分類される。意味的な地口は，別の意味，あるいは別の語句を用いることに焦点を置き，とりわけなぞなぞによく見られる。

- What has four legs and only one foot? A bed.
  （4 本脚なのに足が 1 本しかないものは何？　ベッド。）
- When is an ambulance not an ambulance?
  When it turns into a hospital.
  （アンビュランス（救急車）はどんなときにアンビュランスではないの？（野戦）病院に変わるとき。）｛【訳注】ambulance には救急車のほかに，（野戦）病院の意味がある｝
- What did the explorer say when he met a koala in the outback?
  I can't bear it.
  （探検家は奥地でコアラに遭遇したとき何て言った？
  我慢できない。）｛【訳注】bear に，「我慢する」と「コアラ」の英語名称 koala bear の意味を掛けている。｝

音韻的な地口は，音は同じでも 2 つの異なる語（同音異綴異義語）で遊ぶもので，聴覚によるジョークと言える。この中には，伝統的な正書法で書き記すと，深く考えなくても答えが分かってしまうか，ゲームを台なしにしてしまうようなものもある。

- What's black and white and red all over?
  A newspaper.
  （全体が黒と白と赤なのはなーんだ？
  新聞。）｛【訳注】red（赤）に，同じ発音の read（読まれる，read（読む）の過去分詞形）の意味を掛けている。｝
- Why did Dracula go to the doctor?
  Because of the /ˈkɒfɪn/. [coughin'/coffin]
  （吸血鬼はどうして医者に行ったのですか？
  咳をしていたから。）｛【訳注】coughing（咳をしている）に，同じ発音の coffin（棺）の意味を掛けている。｝
- Waiter, waiter, what's this? It's bean soup.
  I can see that. But what is it now?
  （お給仕さん，お給仕さん，これは何ですか？　それは豆のスープです。それはわかっています。でも，今は何ですか？）｛【訳注】bean（豆）に，同じ発音の been（be 動詞の過去分詞形）の意味を掛けている。｝

語彙によるユーモアには，ほかにもスタンリー・アンウィン（Stanley Unwin）による造語法（p.141）のような新語法，異なる意味連想をもつ語の使用（p.174），さらに，さまざまな種類のナンセンス詩——そこでは，連語関係を一度にあらゆる方向から打ち破る——などが含まれる。

コラム「音韻に動機づけられた戯詩」，「高慢な知識」，「VIXENって何でしょう？」を巻末 p.562 に掲載

統語によるユーモア

なぞなぞはまた，ある構文があたかも別の構文であるかのように解釈される，統語的二面性（曖昧性）（p.216）を含むことがよくある。統語的二面性は，懸垂分詞構文におけるユーモアや，トム・スウィフティーズとして知られているジャンル（下記を見よ）におけるユーモアの源となっている。

- What kind of animal can jump higher than a house?
  All kinds. Houses can't jump.
  （家より高く跳べる動物は何？
  すべての動物。家は跳べないから。）
- How do hedgehogs make love?
  Very carefully.
  （ハリネズミはどんな風に求愛するの？
  とても入念に。）
- Call me a cab.
  Sir, you are a cab.
  （タクシーを呼んでくれ。だんな，あなたはタクシーですか。）｛【訳注】call me a cab を動詞+間接目的語+直接目的語（「私にタクシーを呼ぶ」）と取るか，動詞+目的語+目的補語（「私をタクシー運転手と呼ぶ」）と取るかの二面性。｝
- We're having your mother-in-law for dinner tomorrow.
  I'd rather have chicken.
  （あなたの義理のお母さんが，明日のディナーにいらっしゃいます。
  私はチキンの方がいいな。）｛【訳注】have の目的語がディナーに参加する人である文に対し，返答ではディナーで食べるメニューとなっている。｝

固定した形式にはまっているという意味で，統語に依存するジョークもある。一連のらくがきにはこの方法が見られ，「X が最高だ」（p.193）や「〜私がスミルノフを知るまでは」といったように，固定形の冒頭部分に変化のある終結部分を足したり，その逆に，固定形の終結部分に変化のある冒頭部分を足したりしてジョークを作る。定義風ワンライナーにさらなる例が見られ，それらはすべて「X とは，Z をする（である）Y である」という形式を取る。

- A Romeo is someone who ends all his sentences with a proposition.
  （ロミオとは，いつも文を誘いで締めくくる男をいう。）｛【訳注】proposition（性的な誘い）に preposition（前置詞）を掛け，規範文法の「前置詞残留」の禁止（p.206）を皮肉っている。｝
- A metronome is a dwarf who lives in the Paris underground.
  （メトロノームとは，パリの地下に住むこびとのことである。）｛【訳注】metronome（メトロノーム）の metro を「パリの地下鉄」と解し，nome に，同じ発音の gnome（ノーム，地の精）を掛けている。｝
- A ghost-hunter is someone who keeps fit by exorcising regularly.
  （ゴーストハンターとは，定期的に悪霊を追い払うことによって健康を維持する人である。）｛【訳注】exorcise（悪霊を追い払う）に，同じ発音の exercise（運動する）を掛けている。｝

談話によるユーモア

ほとんどのジョークには，固定した談話構造がある。イングランド人，アイルランド人，スコットランド人という最も有名な3人組に見られるように，話の筋は通常，3部構成で語られる（p.402）。なぞなぞにはたいてい，wh- 疑問文（p.230）の少数の好まれる構造のどれかが使われている。

What's the difference between an X and a Y?（X と Y の違いはなーんだ？）
Why did the A do B?（A はどうして B になったの？）
What did the X say to the Y?（X は Y に何て言った？）
When is a B not a B?（B が B でないのはどんなとき？）
What do you get when you cross an X with a Y?（X を Y と合わせたらどうなる？）

Knock knock（トントン），doctor doctor（お医者さん，お医者さん），waiter waiter（お給仕さん，お給仕さん）はもちろん，音楽会場の I say I say I say（ねえねえねえ）や，そのほかの「緊急事態」のジョークなど，さまざまな種類の相互作用をともなうジョークがある。

- Doctor, doctor, I wake up feeling terrible! My head spins and the room's going round!
  You must be sleeping like a top!
  （お医者さん，お医者さん，朝起きるとひどく気分が悪いんです！
  頭がまわって部屋もぐるぐるまわっているんです！
  あなたはこまのようにまわりながら寝ているに違いない！）｛【訳注】sleep like a top がイディオムとして「ぐっすり眠る」を意味するのと対比されている。｝

談話に見られるジョークには，会話の語用論的規則（p.304）を破るものや，会話の進行や他所参照の慣習をいじって遊ぶものもある。なぞなぞは，たいていこの方法によって形勢を逆転させる。

- Constantinople is a long word. Can you spell it?
  I T.
  （コンスタンティノープルは長い語ですが，それ（it）をつづれますか？
  I T.）｛【訳注】つづり字の対象を Constantinople から it に転換している。｝
- Good morning doctor, I've lost my voice.
  Good morning Mr Smith, and what can I do for you?
  （お医者さん，おはようございます。声が出ないんです。
  スミスさん，おはよう。どうしました？）

コラム「トム・スウィフティーズ」を巻末 p.563 に掲載

言語変種によるユーモア

言語変種（p.308）の存在は，話しことばにせよ書きことばにせよ，日常のことばにせよ文学のことばにせよ（p.93），英語圏の世界全体においてユーモアの主要な源となっている。あるコミュニティー内の地域的な発音様式や方言は，ただちに滑稽な誇張に利用されうる。言語変種が権威ある方言（「標準語」）として使用される場合，その形式は，それを話すエリート集団を諷刺で攻撃する効果的な手段となる。警察官，弁護士，聖職者などの職業による言語変種は，特に攻撃を受けやすい。弱く発音される /r/ や /s/ などの個人による話しことばの特異性は，音声の諷刺家にとって格好の的である。アメリカの漫画の多くのキャラクターたちのおもしろい声が，この点を例証している。例えば，エルマー・ファッドが「ウサギ（wabbit）だ」と声高にわめくと，バッグス・バニーは鋼を切るほどの鋭い鼻声で応答する。

このような効果は，プロのコメディアンや物まね芸人が使っているのを見ると，最もわかりやすい。実際，いくつかの喜劇の「流派」は，英語の言語変種の誇張された，あるいはしっくりこない使い方を大いに利用してきた。イギリスで影響力のある例の１つとして，人びとが意外な話し方，あるいは不適切な話し方をする状況を頻繁に扱った，1970 年代のモンティー・パイソンのテレビシリーズがあげられる。例えば，サッカーの試合の実況解説が欽定訳聖書のスタイルで行われたりすることがある。アメリカでは，1960 年代のテレビの「お笑い番組」シリーズが，それまでに確立されていたある特定の声のスタイルを使うキャラクターの話し方を，通常それが使われない状況に取り入れていた。例として，そのようなキャラクターの一人のドイツ語発音様式を模倣したものが，法廷や高級レストランで開かれるというものがあった。

この種の変異は，日常の話しことばの一部でもある。

- （ロンドンの発音様式で話す）ある男性が，イングランドのパブで，1 パイントのビールを買ってもらう。彼は，アイルランド英語を模倣した /taŋks/（p.356）という発音で「ありがとう」（Thanks）と言う。すると，彼の友人もアイルランド英語発音様式を模倣して，「いやいや，どういたしまして」（'Tis a pleasure, sure and all）と答える。そして彼らは，このような調子でしばらくやり取りを続ける。
- 学生の応募について議論する集会で，ある会見者が，会見を受ける人たちがあまり話さないのではないかという不安を表明する。すると別の会見者が，「私たちには，彼らに話させる方法がある」（Ve haf vays off making them tock）と言い，ドイツ語発音様式による尋問スタイルが使われる。
- 英国人の車の運転手が，なかなかかからなかったエンジンをやっと発動させる。NASA の宇宙飛行管制官を想起させるアメリカ英語風の声の調子を模倣して，「離昇」（We have lift-off）と言いながら，意気揚々とアクセルを踏む。

ふだんの会話に注意深く耳を傾けると，このような例が毎日何十もあることがわかる。

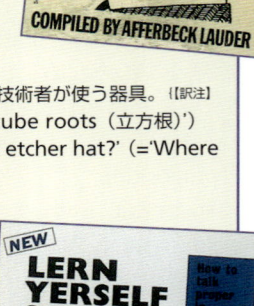

方言の本

地域方言本は，一般的に，くだけた地域の発音，文法，語彙を形式ばった標準英語に「翻訳する」ことでその効果を発揮する。それは，英語圏全体の至る所で見られる（もっと例が見たければ，p.88 を見よ）。そのおもしろさの発現は，つづり字を変えることによる場合もあれば，とてもくだけた話しことばに非常に形式ばった装いが施されることによる場合もある。英語以外を母語とする読者のために（または，英語母語話者のためにも），おのおのの例のあとに括弧で追加の注解をつけておく。

『図解テキサス英語の辞書（*The Illustrated Texas Dictionary of the English Language*）』ジム・エヴァーハート（Jim Everhart）著（1968）

slave: 腕だけを覆う衣類の一部。'Are yew sayin' mah left slave is shorter than mah riot?'（='Are you saying my left sleeve is shorter than my right'）（=「私の左の袖が右の袖より短いと言うの？」）

wuf: イヌに似た，大きい肉食性の哺乳動物。'Who's afraid of the beg, bad wuf?'（='Who's afraid of the big bad wolf'）（=「誰が大きい悪いオオカミを怖がっているんだ？」）

barred [past tense]:（過去形で）同じ物を返す意思表示をして，受け取ること。'Who barred mah hat an' didn't brang it back?'（='Who borrowed my hat and didn't bring it back?'）（=「私の帽子を借りたあと，返さなかったのは誰ですか？」）

sep: 省く，あるいは除外する。'Everyone can go in sep yew!'（='Everyone can go in except you'）（=「あなた以外は全員入ってもいいですよ！」）

『オーストラリアの英語で話そう（*Let Stalk Strine*）』アファベック・ローダー（Afferbeck Lauder）（Sinny 大学 Strine 研究科教授）{【訳注】シドニー大学オーストラリア研究科を発音するとこのように聞こえる。} 著（1965）

書名は Let's talk Australian（「オーストラリアの英語で話そう」）と書き換えられる（早く発音されるとそう聞こえるように）。Sinny は「シドニー」（Sydney）。表紙のほかの例を解読するには，それらの句を声に出して言ってみて，自分が言ったことばを聞いてみてほしい。例えば，gloria soame? は「すてきなわが家」（glorious home）。（Sex = 'sacks'「サックス」となる－下の X と比較せよ。）

jezz: 家具の１つ。（例として：）'Set the tible, love, and get a coupler jezz'（='Set the table, love, and get a couple of chairs'）（=「ねえ，テーブルをセットしてちょうだい，それから椅子を２つ３つ用意して。」）

X: オーストラリアの英語のアルファベットの 24 つ目の文字。あるいは，卵の複数形（eggs）。あるいは，木を切る道具（axe）。

sly drool: キューの獣を見つけたり，そのほかの計算をするために技術者が使う器具。{【訳注】キューはオーストラリアのヴィクトリア州南部の町の名前。}（'slide rule（計算尺）...cube roots（立方根）'）

cheque etcher: 手に入れましたか。（例として：）'Where cheque etcher hat?'（='Where did you get your hat?'）（=「帽子をどこで手に入れましたか？」）

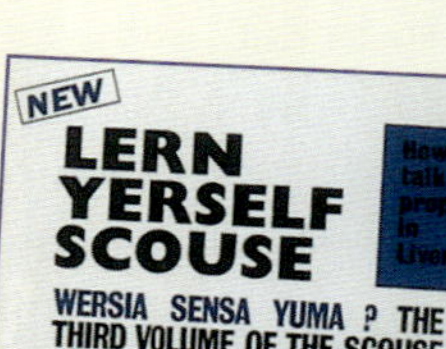

『リヴァプールの英語を学ぼう（*Lern yerself Scouse*）』ブライアン・ミナード（Brian Minard）著（1972）

書名は Teach yourself Scouse（「リヴァプールの英語を学ぼう」）と書き換えられ，Scouse はリヴァプールの英語を意味する。Teach（教える）を learn（学ぶ）に置き換えるのは，実際，多くの英語方言に見られる現象である。副題（Wersia sensa yuma?）は「あなたにはユーモアのセンスがありますか？」と尋ねている。

Chairs! Good health! ='Cheers'（=「乾杯！」）

Eh la, wurz dthe bog? =（'Hey, lad, where's the bog'）（「すみませんが，トイレはどこですか？」=「おい，トイレはどこだ？」）

Gizzasiggy: ='Give us a ciggy'—short for cigarette（「ご親切にタバコを１本いただけませんでしょうか？」=「タバコを１本くれないか？」——ciggy は cigarette の略式の言い方。）

Upyer pipe! ='Up your pipe'（「よろしい，あなたの言うことを聞きましたが，それでもあなたの勧告を顧慮することはできません。」=「くそくらえ！」——丁寧な返答とは言えない。）

『友よ乾杯（*Yacky dar, moy bewty!*）』サム・ルウェリン（Sam Llewellyn）著（1985）。書名はウェールズ語の乾杯の言葉（iechyd da,「健康」）と，田舎の挨拶の言葉（ウマ，ウサギ，車，友人，そのほか挨拶に値する，すべての相手に呼びかける際に使われる「私のすばらしい人（もの）」）を組み合わせている。表紙の女性は Beg pardon（「もう１度言ってください」）と言っている。

（巻末 p.563 へ続く）

きわめて独特な行為

ここまでの数ページでは，ユーモアを生むための主要な言語的方法の特徴を述べてきたが，いくつかの点においては制限がある。とりわけ，書きことばという媒体を通して，ジョークの語りの原動力―特に，韻律（p.260）が果たす非常に重要な役割や，顔の表情と声のトーンの間の相互作用によるもの―をとらえることは不可能である。「ジョークをどのように言うかが重要である」というのは，さらに深く研究すべき主題だが，その成果を伝えるためには，印刷された事典ではない，何か別の公開媒体を必要とするだろう。ジョークを書き留めると，そのジョークがもつユーモアは損なわれてしまう。子どもたちは『子どものための 1000 の最高のジョーク第 2 弾（*Another 1000 Best Jokes For Kids*）』などの本を次々と頁をめくって楽しんで読んでいるように見えるが，このように読み進めているときに，ユーモアによる楽しみの感情が一瞬でも表情に現われることはない。ところが，本に書いてあるのと同じジョークが遊び場で言われたら，大きな笑い声をあげるだろう。ジョークは個人のためのものではない。一人でジョークを言う人，一人でジョークを読む人には，何かとても違和感があることは否めない。――また私自身，認めざるをえないのは，これらのページを執筆する際にそうしなければならなかったように，一人でジョークを研究する人についてもそうである。

ますます奇妙なユーモア

ジョークの中には，ジョークについてジョークを言うものもある。そのようなジョークは，私たちが言葉について語る言葉を取り上げて遊ぶのである。これはメタ言語によるユーモアであり，かまをかける質問，パロディー，多くのたわごとなどに見られる。『パンチ（*Punch*）』の漫画の吹き出しには，これがよく使われていた。

- Which word is always spelled wrongly?
  Wrongly.
  （いつも間違って（wrongly）つづられる語は何？ Wrongly だよ。）
- What is the longest word in the English language?
  Smiled, because there's a mile between the first and the last letter.
  （英語で 1 番長い語は何？　Smiled だよ。なぜなら，最初と最後の文字の間に 1 マイル（mile）あるから。）
- What two words have the most letters?
  Post Office.
  （一番文字（letters）が多い 2 語は何？　郵便局（Post Office）だよ。）
- He walked with a pronounced limp, pronounced l, i, m, p. (Spike Milligan)
  （彼は l, i, m, p と発音しながら（pronounced），明白に（pronounced）足を引きずって歩いた。（スパイク・ミリガン（Spike Milligan）））

'Frankly, Wallace, I think you'd better stop telling it. If no one laughs, it may not be a joke.'
（「ウォレス，率直に言わせてもらえば，ジョークを言うのをやめた方がいいんじゃないかしら。誰も笑わないっていうことは，きっとそれはジョークではないのよ。」）

'Knock, knock. Who's there? Cows go. Cows go who? No, they don't, cows go moo. Knock, knock. Who's there? Little old lady. Little old lady who? Didn't know you could yodel. Knock, knock...'
（「トントン。誰ですか？　ウシが行く（go）です。ウシが行く（go）の誰ですか？　いいえ，そうじゃありません，ウシはモー（moo）と鳴きます。トントン。誰ですか？　小柄な老婦人です。小柄な老婦人の誰ですか？　あなたがヨーデルを歌えるとは知りませんでした。トントン ...」）{【訳注】cows go who?（どちらのカウズゴウですか？）には「ウシはフーと鳴くのか？」の解釈もあり，それを受けて cows go moo（ウシはムーと鳴く）につながる。また，Little old lady who? が抑揚をつけて発音されるとヨーデルのように聞こえる。}

雑誌『パンチ』礼賛のオチ

最後に，ユーモア史上最強の雑誌『パンチ（*Punch*）』に対して，ささやかながら敬意を表してこの節を締めくくることにしよう。作家ヘンリー・メイヒュー（Henry Mayhew）と木版画家エベニーザー・ランデルズ（Ebenezer Landells）によって創刊されたこの雑誌は，諷刺的な日刊紙『パリシャリヴァリ（*Paris Charivari*）』に着想を得たものである。その雑誌名は，人形芝居のキャラクターであるパンチに由来し，「レモンなしではありえない」ものだったというジョークにちなんでつけられたというのはまことにふさわしい。（マーク・レモン（Mark Lemon）は創刊時の編集チームのメンバーであり，1870 年まで携わった唯一の編集者でもあった。もっとも，社説にはつねに，「ミスターパンチ」と署名されていたのだが。）

1841 年 7 月 17 日土曜日に創刊号が発売され，値段は 3 ペンスで 1 万部が売れた。1917 年には 6 ペンスに値上がりしている。1940 年代には発行部数が 17 万 5 千部とピークを迎えたが，その後売れ行きが落ち込み，1992 年 4 月 8 日の刊行をもって 150 年間の歴史に幕を閉じ，廃刊となった。

『パンチ』のユーモアの領域は普遍的であり，その影響力は国境を越えるものだった。ヨーロッパでは，よく発刊が禁止されたという歴史もある。ドイツ皇帝ヴィルヘルム 2 世（Kaiser Wilhelm II）はあまりにも不快に思ったので，編集者の首に懸賞金を懸けたほどである。『パンチ』はまた，どんなものであれ，英語に永続的な影響を与えた数少ない雑誌の 1 つである（そして，『オックスフォード引用句辞典（*Oxford Dictionary of Quotations*）』の中で唯一，出典として取り上げられた雑誌である。）『パンチ』は cartoon（漫画）という語を初めて滑稽な絵に適用し，また，a curate's egg（玉石混淆）という句を（漫画の吹き出しの中で）初めて使っている。{【訳注】主教に招かれた食事の席で腐った卵が出てきたとき，副牧師（curate）が苦しまぎれに，"Parts of it are excellent!" と言った。} さらに，1851 年の万国博覧会には Crystal Palace（水晶宮）という名称を使い，it's being so cheerful as keeps us going（元気に満ちてがんばっていける）（第 1 次世界大戦時の漫画から）の吹き出しは，第 2 次世界大戦時のキャッチフレーズとなった。

『パンチ』のパロディーと漫画は，ほぼ何にでも――とりわけ言葉に――笑いを誘うような論評を加えている。そのことは，本書のページで取り上げた数々の精選された項目から明らかであろう。『パンチ』の終了をもって，言葉の熱狂的なファンは，イギリス英語について現代まで継続する（よって結局は，歴史的な）例証の比類なき情報源を失ったことになる。それゆえ，1996 年のリバイバルは，格別に歓迎される社会言語的な出来事だった。しかし，2002 年に再び刊行が終了し，あとにはウェブサイトを残すのみとなった。

Punch has the benevolence to announce, that in an early number of his ensuing Volume he will astonish the Parliamentary Committee by the publication of several exquisite designs, to be called Punch's Cartoons! (24 June 1843)
（本誌『パンチ』は，善意で予告するが，続巻の早い号で，パンチ漫画と呼べるような洗練された作品を出版して議院内委員会を驚かすことだろう！（1843 年 6 月 24 日））

文学的観点から見た自由

英語の中で，個人的差異が最も多いのは，英文学に分類される話しことば・書きことばのコーパスであろう。文学の言語を定義するのは非常に難しい。批評家，作家，文化史家，授業計画を作成する人や，そのほかの人がよく議論することは，何が「文学」と見なされるのかという問題であり，そして，英語が世界中に広がった今（第 7 章），その問題はさらに広がりをみせ，より複雑になっている。ある 1 つの英文学（'an' English literature）という概念は，今では取り扱いが難しい。それは，民族（例えば黒人文学，クレオール文学，アフリカ系文学）や地域（例えばカナダ文学，オーストラリア文学，アングロ・アイリッシュ文学）など，言語的な文学の幅が急速に広がったためである。言語学者も，単一の英語（'an' English）という概念や，世界中の新しい英語（new Englishes）の主張，という似たような問題に直面している（p.112）。

言語学者にとって，文学の定義や文学のアイデンティティの問題は，この言語使用の分野の特異性を明確に示すものである。ほかのことで文学についてどんなことが言えようとも，明らかに文学作品を，職業による変種や地域方言などの概念があてはめられるように状況的アイデンティティの一種と見なすことはできない（第 20，21 章）。文学とはこのような縛りをも超えるものである。作家たちは自由に言語の上を旋回し，舞い降りて，使いたいようにことばを使うことができる。文学の言語には場面による制限は何もない。すべての構造とすべての変種を言語資源として使うことができるのである。そして文学の題材には理論的に限界がないため，作家が採用する言語の変種にも理論的に限界はない。

文学の英語？

言語学者にとって，この問題の影響は広範に及ぶものである。つまり，まずもって「文学の言語」というはっきりした概念がないのである。そして，文学の「変種」というものもないのである。文学の言語，というものが 1 つの言語の変種（p.302）となるためには，言語の特徴と，社会的状況の特徴とが，はっきりと予測可能な相関関係をもたなければならない。「宗教的」とされる場面でしか使われない言語的特徴があるから，「宗教の英語」という変種が存在する（p.395）。しかし，「文学的」な言語的特徴を取り出すことは不可能なのである。

これは，文学史において，作者や批判的思想の学派がこのような方法で，文学的言語のジャンルを特定できる時期があったことを否定するというわけではない。いろいろな時期に，──古風な言いまわし（p.197）の 16 世紀風の詩や，古典的優雅さについての 18 世紀の文芸全盛期の概念に見られるように──作家たちは特定の言語的な慣習に従って書く準備ができていたし，そのような態度が現代文学の基準を定義していた。文学的な「言いまわし」（p.445）という伝統的な概念は，このような見解からくるのである。しかし，現代の概念はそうではない。我々が使うことばはなんでもすべて，文学でも使われ得るようである。したがって，文学と非文学という境界線を，はっきりと分けようとすることは現実的ではない。「文学とは何か?」という疑問に対する答えは，言語の特性についての研究では見つけられない。そのため，本書には「文学の英語」という節はないのである。

作家の意見

多くの作家や批評家たちが，文学的な表現方法と言語的経験の関係について深く考えてきた。現代の正統的学説ではその関係性の近さを強調しつつ，ほとんどの場合，表面的には普通の言語使用とはほど遠いものと思われる詩を参照しながら説明されることが多い。（さらに前の意見については p.92 を見よ。）

ウィリアム・カーロス・ウィリアムズ（William Carlos Williams, 1883-963）

…「詩的な」言いまわしを使って書かれた詩には，もはや重要な作品はない。詩の行の厳密さに従うために話しことばがゆがめられたものだからである。… 話しことばは詩行の源泉であって，そこに詩的様式や倒置表現といった汚染が流れ込むようなことが 2 度と許されるべきではない。（『書簡（*Selected Letters*）』，J. C. Thirlwall 編，1957，p.134）

ロバート・フロスト（Robert Frost, 1874-963）

詩や散文を判断するには，その文の音に耳を澄ませ。もしそれら文の音のうちあるものが堅苦しくなく，人びとの口から出てきたままに感じられ，印象的であり，またそのすべてが明確で，ほとんど困難もなく，誰の声か思い出してその名前を言うことさえできるほどに聞き分けられるのであれば，作者を見つけ出したと考えてよい。（『書簡（*Selected Letters*）』，Lawrence Thompson 編，1964，p.113）

T. S. エリオット（T. S. Eliot, 1888-965）

詩はもちろん，詩人が話したり聞いたりするのとまったく同じことばではない。しかし，詩とその時代の話しことばとの関係は，その詩を聞いたり読んだりする人が「もし詩をしゃべることができたとしたら，こういうふうにしゃべるはずだ」と言えるようでなければならない。詩の音楽とは，その時代の共通の話しことばに潜んでいる音楽でなければならない。（『散文（*Selected Prose*）』，F. Kermode 編，1975，p.111）

話しことばの特徴（p.300）のあるもの―例えば挿入語句や評言節（p.241），発話の重なりなど―は，以下のエリオット（1922）の『荒地（*The Waste Land*）』の第 2 部「チェス遊び（A Game of Chess）」からの抜粋に見られる。（said についての詳細は p.445 を見よ。）

If you don't like it you can get on with it, I said.
Others can pick and choose if you can't.
But if Albert makes off, it won't be for lack of telling.
You ought to be ashamed, I said, to look so antique.
(And her only thirty-one.)
I can't help it, she said, pulling a long face,
It's them pills I took, to bring it off, she said.
(She's had five already, and nearly died of young George.)
The chemist said it would be all right, but I've never been the same.
You are a proper fool, I said.

いやならそのままでいたら，って，わたし言ってやった。
あんたにその気がないんなら，誰かが面倒みてくれるわよ。
アルバートに棄てられても知らないよ。忠告はしたげたんだからね。
恥ずかしいわよ，そんなに老けちゃって，って言ってやった。
（あの子，まだ 31 よ。）
仕方ないのよ，って浮かぬ顔して彼女は言った。
子どもを堕(お)ろすとき飲んだあのピルのせいよ，と彼女は言った。
（五人の子もちで，末のジョージのお産のとき死にかけたの。）
薬剤師は大丈夫って言ったけど，あれからおかしくなったのよ。
あんた，ほんとに馬鹿よ，って言ってやった。
（T. S. エリオット（T. S. Eliot）著，岩崎宗治訳「II チェス遊び」『荒地』（2010）岩波書店，pp.94-5 による。）

言語学的観点

「文学の英語」という言語変種の存在を拒否するとしても，我々の言語経験を発展させる上で，文学が担う重要な役割を少しも減少させるものではない。それどころか，文学的経験がいかに日々の言語使用と密接に関係しているかを示し続ける限り，その役割を強化するものである。作者の声が普通の言語から生まれることもあるが（左のページを参照），最終的には日々の言語使用とのつながりを更新し，平凡なことばに新しい意味を見出すことになる。そのため，文学の例が本書の至るところに見られ，最も頻出する種類の具体例となっている。文学の例は，本書では次の 3 つの理由により取りあげられている。1 つ目は，文学作品を記述しようとする際の，言語学的な視点の意義を示すため。2 つ目は，分析的手法によって特定される言語の特性が，創造的な表現の中でいかに使われているかを示すため。3 つ目は，テクストに対する読者の個人的な反応を高める方法を提供するためである。（例の 1 つに，p.163 であげられたシェイクスピアの『ヘンリー 5 世（*Henry V*）』の一場面にある個人名のバリエーションについての観察があるが，これはファーストネームの音韻的特性の分析から直接生じたものである。）

文学の例は本書の至るところに見られるため，それらの共通点を見つけることは困難である。それは，文学が作家たちに個人的かつ前例のない方法で言語を探求させる機会を与えているからである。したがって本節では，個人のアイデンティティという概念が文学的な文脈でどのように機能するかを具体的に示し，言語構造の各レベル（第 1 章）において言語学的に自由である例をあげる。そして，頻繁に起こる特徴（すなわち「文学のことば」として頻繁に引用される特徴）に注目していく。しかし，このような文学的言語の観察を，文学のスタイル分析の統合的な理論としてまとめる試みは行わない。そのようなことをしたら，1 冊の事典をまるまるそれだけに費やすことになるだろう。

文学を言語によって特定することはできないが，文学は完全に言語である。言語以外の表現手段をもたないからである。したがって，言語の研究で利用できるツールはいずれも，テクストを構成する要素の意味と効果に対する我々の認識を高める価値がある。ただし，これらのツールは慎重に使わなければならない。文体論の歴史には，次のような類の言語学者があちこちに見られる――すなわち，自分たちのやり方を無理やり文学作品の言葉に当てはめようとしたり，自分たちの発見の意義を明らかにしようとするならば，自分たちの研究が連携すべきであるにもかかわらず，文芸批評の視点を十分評価しようとしないような言語学者たちである。同時に，言語の複雑さは，言語に携わるあらゆる人たち――すなわち作家，批評家，言語学者など――にとっては明らかなことであり，言語使用の中で，構造的にみても機能的にみても最も複雑と思われるこの領域で，格別な秩序と啓示をもたらすことができるであろうあらゆる技法が探求されなくてはならない。

STANLEY: Meg. Do you know what?
MEG: What?
STANLEY: Have you heard the latest?
MEG: No.
STANLEY: I'll bet you have.
MEG: I haven't.
STANLEY: Shall I tell you?
MEG: What latest?
STANLEY: You haven't heard it?
MEG: No.
STANLEY (advancing): They're coming today.
MEG: Who?
STANLEY: They're coming in a van.
MEG: Who?
STANLEY: And do you know what they've got in that van?
MEG: What?
STANLEY: They've got a wheelbarrow in that van.
MEG (breathlessly): They haven't.
STANLEY: Oh yes they have.
(Harold Pinter, *The Birthday Party*, 1957)

スタンリー：あのね。
メグ：え，何？
スタンリー：聞いた？
メグ：いえ。
スタンリー：聞いてるだろ？
メグ：いえ，聞いてない。
スタンリー：教えてあげようか？
メグ：聞いたって，何を？
スタンリー：聞いてないの？
メグ：いいえ。
スタンリー：（歩み寄る）今日くるんだ，やつらが。
メグ：誰が？
スタンリー：トラックでくるんだ。
メグ：誰が？
スタンリー：しかも，そのトラックにやつらが積んでくる物―何だかわかるか？
メグ：何？
スタンリー：手押車を積んで来る，やつらは。
メグ：（息が詰まったように）まさか，そんな。
スタンリー：いや，そうだ。
（ハロルド・ピンター（Harold Pinter）著，喜志哲雄・小田島雄志・沼澤治訳「バースデイ・パーティ」『ハロルド・ピンター全集 1』（1977）新潮社，pp.45-6 による）

会話における文学性

会話の特徴やほかの言語変種の特徴が，どのようにして詩として成功を収めることができるのだろうか？その答えの 1 つは，会話の特徴にある。会話を分析すると，会話とは，それまで考えられていたよりずっと構造的であり，創造的であることがわかる。会話では，言語の逸脱を容易に認めるだけでなく，韻律，統語的並行性，比喩的表現，頭韻法，くり返しなど，伝統的に文学的であると考えられている多くの形式的特徴も現れる。

会話が文学的であることは，一見わかりにくいものである。右の会話は，会話のくり返しと並列を調べた研究から抜粋された短い例である。会話形式で文字化されているため，興味深いものを見つけるのは容易ではない。別のレイアウトで示されると，いくつかのパターンが明らかになり，ドラマの巧妙な会話（このページのピンターからの抜粋に見られるように）とともに，よりわかりやすい比較を見ることができる。語彙のパターンのみが示されているが，特定の文法語（I や if）の間にもつながりが見られる。また，音韻的なくり返しもある（p.441，in terms of time，lot/not，just/stuff/much）。（D. タネン（D. Tannen），1989，p.71 に倣う）

CHAD I go out a lot.
DEBORAH I go out and eat.
PETER You go out?
The trouble with ME is
if I don't prepare
and eat well,
I eat a LOT. …
Because it's not satisfying.
And so if I'm just eating like cheese and crackers,
I'll just STUFF myself on cheese and crackers.
But if I fix myself something nice,
I don't have to eat that much.
DEBORAH Oh yeah?
PETER I've noticed that, yeah
DEBORAH Hmmm…
Well then it works,
then it's a good idea.
PETER It's a good idea in terms of eating,
it's not a good idea in terms of time.

（和訳を巻末 p.564 に掲載）

音声学的観点から見た自由

英語の音声学的特性（p.236）は，特に詩や戯曲において，特殊効果としての重要な役割を果たす。言語音には，人びとがこの世界で遭遇するさまざまな音を連想させるような，音響的特性がある，というのは紛れもない事実である。しかし，言語音に，大きさ，動き，または明るさの対比など，音ではないものによって解釈されるような特性があることについては，あまり知られていない（音象徴については p.262 を参照）。我々は，語の辞書的な意味とは無関係に，「美しい」または「耳障りな」のような審美的な表現を使用して，言語音についてよく話す。また，**音表象学**という用語は，この観点から音の研究によく用いられる。母音，子音，音節，韻律的特徴（p.260）を含む発音のすべての側面が影響を受け，その効果は文学という分野をはるかに超え，漫画の名前（ミッキーマウス，ドナルドダック），早口言葉（p.425），童謡の歌詞，広告のキャッチコピー（p.192），ナンセンスな詩（p.432）に及ぶ。（これらのページの音声学用語については，第 17 章を見よ。）

記憶に残る旋律

以下の詩の一部は，子音のくり返し（頭韻法），母音のくり返し（類音反復），リズムのほか，個々の音の象徴的な性質を示している。

The moan of doves in immemorial elms
And murmur of innumerable bees
(Tennyson, 'The Princess', 1847)

太古の趣もつ楡（にれ）の巨木には鳩が鳴き
数限りない蜜蜂は羽音にぶく音をたてているのです
（テニスン（Alfred Tennyson）著，西前美巳訳「王女」『対訳テニスン詩集—イギリス詩人選（5）』(2003) 岩波書店，pp.140-1 による）

アルフレッド・テニスン（1809-92）

The Lotos blows by every winding creek:
All day the wind breathes low with mellower tone:
Through every hollow cave and alley lone
Round and round the spicy downs the yellow Lotos-dust is blown.
(Tennyson, 'Lotos-Eaters', 1833)

蓮の花がくねり曲がるどの小川の縁でも開いている。
ひねもす風はさらに優しい調べを奏で，かそけく吹き渡る。
どの虚（うつ）ろな洞も人通りの少ない小道もすべて抜けて
芳香漂う丘陵をぐるぐる巡り，黄色い蓮の花粉は飛んでいく。
（テニスン（Tennyson）著，西前美巳訳「安逸の人びと」『対訳テニスン詩集—イギリス詩人選（5）』(2003) 岩波書店，pp.92-5 による）

W. H. オーデン（W. H. Auden）(p.564 参照) はかつて，テニソン（Alfred Tennyson）が英国の詩人の中で最も素晴らしい耳をもっていると述べた。上の 2 つの引用がそれを示している。

（巻末 p.564 へ続く）

旋律的な滑らかさ（Melodious Velvet）

『サンデー・タイムズ』紙の調査では，1980 年の英国人読者の好きな語の 1 位は melody（旋律，メロディー）と velvet（ベルベット，滑らかさ）であった。3 番目は gossamer（クモの糸，繊細なもの）と crystal（水晶）が同位であり，5 位以下 autumn（秋），peace（平和），tranquil（静かな，穏やかな），twilight（たそがれ），murmur（せせらぎ，ささやき声）と続き，caress（抱擁），mellifluous（陽気）と whisper（ささやき）が 10 位であった。この調査の結果をもとに，ジョン・キッチング（John Kitching）は次のような詩を作った。

素敵な音のことばを考えるのが好きなのだ
日曜日に口のまわりをゆるめることができるから——

– Velvet, melody と young のように,
Gossamer, crystal, autumn, peace,
Mellifluous, whisper, tranquil, lace,
Caress と silken, willow, mellow,
Lullaby, dawn と shimmer, yellow,
Silver, marigold と golden,
Dream と harmony と olden,
Blossom, champagne, sleep と dusk,
Magic, hummock, love と mist,
Darling, laughter, butterfly,
Charity, eiderdown と sky,
そして parakeet と rosemary,
Froth, gazebo, ivory,
そして syllabub と vacillate,
Mesmerism, echo, fate,
Jacaranda, harlequin
そして chrysalis と violin,
Enigma, tart と sycamore,
Pomp, chinchilla, truffle, myrrh,
Bewildered, claret, akimbo, fur,
Flamingo next と celandine,
Ominous, tantalise と wine,
Antimacassar, jewel, skill,
Russet, buckram, delight と thrill,
Clavichord と didgeridoo,
Doppelganger, fractious, zoo.

どういう意味なのか私にはわからない。あなたにはわかる？
それでもそのことばを頭の中にいれておいて
大切にしておきたいのだ。
ウエッジウッドの陶器のように。最高だろう。

（ジョン・キッチング（John Kitching），「日曜の語 'Sunday Words'」，1980）

音表象学の観点からすると，これらの音はなぜそれほど魅力的に聞こえるのだろうか？どの母音と子音が最も魅力的なのだろうか？下記の音声調査の結果と読者の好きなことばのリストを比較する前に，読者にとって特に大切に思われる音を書き留めておくのがいいだろう。どの音が頻繁に使用されるかを理解するだけでなく——むしろより難しいことだが——まったく使用されていない音にも注目しなければならない。

詩に出てくる 81 語を分析することで，いくつかの明確な傾向が明らかになる。

- 子音は，使用頻度が高い子音と低い子音の 2 つのタイプに分類される。たった 8 個の子音がすべての子音（268 個）の 73%を占める。/l/ が 41 回（15%）で最も多く，次に /m/（27 回），/s/（25 回），/k/（23 回），/r/（21 回），/t/ と /d/（ともに 19 回），/n/（18 回）と続く。このランキングを会話でのランキング（p.254）と比較してみると，/l/ と /m/ は注目に値する。
- そして頻度が高い子音のグループと頻度の低い子音のグループの間には大きな差がある。/f/ と /b/（9 回），/p/ と /v/（8 回），/g/（7 回），/z/（6 回），/ŋ/（5 回），/w/（4 回），/ʃ/，/ʧ/ と /h/（3 回），/θ/，/ʤ/ と /j/（2 回）。まったく出てこない音は /ð/ と /ʒ/ だけであった。

（巻末 p.564 へ続く）

音韻的観点から見た自由

音韻論（p.248）では，言語音の音響的特性に耳を傾けるのではなく，それら言語音が語や文の中でどう分布するかを探り出そうとする。音が固有な意味をもつという可能性は考慮に入れず，もっぱらの関心の焦点は，音がその連続の中でどのように対立的に使用されているかという点に当てられ，ほかの領域（例えば，文法や語彙の中）において存在する意味を示すものとなる。したがって，文学では，分節的（母音，子音，音節構造パターンを通して）であれ韻律的（イントネーション，強勢，リズムなどを通して）であれ，音の音韻的性質を操作することができる範囲が大変広い。独特な音韻パターンには，つねに意味論的な意味合いがある。What further thought of fresh desire/Could rouse the deadened mind（さらに新鮮な欲望について考えるものは，死んだ心を呼び覚ますことができるだろうか）と書くと，テクストの文法では，心が死んだ（deadened）としか言っていない。しかし，頭韻法によって形成されたつながりによって，欲望（desire）も死んでいる可能性があることが示唆される。これは活動する音韻論と言うべきもので，「音の類似性によって 2 つの語をつなぎ，その 2 つにつながりがあると考えさせる」のである（ウィリアム・エンプソン（William Empson），『曖昧の 7 つの型（*Seven Types of Ambiguity*）』，1930）。要するに，音の類似性が，意味の類似性を促すのだ。

韻の力

「エリオット氏の日曜日の朝の礼拝（Mr Eliot's Sunday Morning Service）」（T. S. エリオット（T. S. Eliot），1920）の最初の 2 行までを読むと，威厳があり尊敬の念を示すような印象をもつ。しかし，その後の 2 行はそうではない。頭韻により，読み手は pustular（にきび）と presbyter（長老）を結びつけ，頭韻と脚韻の組合わせにより，天（penitence 告解）から地（piaculative pence 贖罪の銅銭）に目を向けることになる。

The sable presbyters approach
The avenue of penitence;
The young are red and pustular
Clutching piaculative pence.
（黒衣にくるまる長老たちは
告解の通り道へ静々あゆむ，
若者たちは赤づらに，にきび乗せ
贖罪の銅銭をしっかりと握る。）

3 節後，効果が再び見られるが，今度は逆になっている。ham（腿）と bath（風呂場）により，品のない様子や平凡さの意味合いが最初に導入されている。次に，頭韻と脚韻により，masters（先生方）と polymath（もの識り）へと注目が移動する。

（巻末 p.564 へ続く）

韻律論

詩的な言語は韻律の単位でまとまっており，それが紙に書かれる際に行として示される（p.309）。これらの韻律単位が使われる際には，どのような音韻原理が働いているのだろうか。ヨーロッパでは，作詩法，または（p.261 で使用されている用語より狭義での）韻律論の伝統的な研究は，ラテン語の韻律分析の規則にもとづいていた。詩の行は，詩脚と呼ばれる強勢が置かれた音節（/）と無強勢の音節（⌣）の組合わせに分解される。表の上部に示されているように，以前は英詩では 5 つの韻文の種類がよく見られた。

表の下部に示されるように，行は強勢が置かれた音節がいくつあるかによって分類される。理論的には制限はないが，実際にはほとんどの英語の韻律の行は 5 詩脚以下であることがわかっている。6 詩脚を超えると，直感的に 2 つに分割される傾向がある。

詩脚の種類と行の長さの組合わせにより，英詩のリズムの中心である「弱強五歩格（iambic pentameter）」などの名称が作られ，これらの用語を使っての分析は，伝統的な韻律研究においてなくてはならないものであった。そしてそれは，英詩のリズムの規範を解明し，詩人がどのようにその規範から逸脱しているかを判断するものだった。記述の方法としては，伝統的な詩の規則的な行を説明するのに非常にうまく機能した。しかし，いくつかの点で批判されるようになった。それは，しばしば機械的に適用され，詩を学ぶ学生たちが，詩における機能や役割を無視し，韻律パターンの形式を特定するように教えられたからである。そのため，通常とは違った韻律のある行が出てくると，うまく対応することができなかった。また，現代の詩の大半はもはやそのような韻律パターンを使用せず，代わりに「自由な」韻文で作られているため，伝統的な説明はほとんど無意味であると見なされるようになった。今日，韻律の研究者は，強勢の概念に限定されるのではなく，テンポやイントネーション，韻律の重さ（p.443）といった一般的な概念など，ほかの韻律の要素を取り入れた分析をしている。

名前	音節型	例（語）	例
iamb/iambic foot 弱強格	⌣ /	demand	The curfew tolls the knell of parting day (Thomas Gray)
trochee/trochaic foot 強弱格・長短格	/ ⌣	soldier	What of soul was left, I wonder (Robert Browning)
spondee/spondaic foot 強強格・揚揚格	/ /	dry dock	*We three* alone in modern times had brought (W. B. Yeats)
dactyl/dactylic foot 強弱弱格・長短短格	/ ⌣⌣	elephant	*This is the* Night Mail crossing the Border (W. H. Auden)
anapest/anapestic foot 弱弱強格	⌣⌣ /	disbelieve	*And the things we have seen and have known and have heard* of, fail us (Robert Bridges)

型	番号	例
monometer 一歩格	1	The nursling, Grief, Is dead (Coventry Patmore)
dimeter 二歩格	2	Wintertime nighs (Thomas Hardy)
trimeter 三歩格	3	It was the winter wild (Milton)
tetrameter 四歩格	4	I wandered lonely as a cloud (Wordsworth)
pemtametert 五歩格	5	My name is Ozymandias, king of kings (Shelley)
hexameter 六歩格	6	When Phoebus lifts his head out of the winter's wave (Michael Drayton)
heptameter 七歩格	7	Cursed be the social lies that warp us from the living truth! (Tennyson)
octameter 八歩格	8	What of soul was left, I wonder, when the kissing had to stop? (Robert Browning)

古英語の韻律

詩の種類によっては，行は中央で区切れるべきだという考えがある。特に，古英語（p.16）の場合がそうである。古英語では，行はすべて 2 つのほぼ等しい部分に分割でき，各部分には 2 つの強い強勢のある音節と，いくつかの強勢のない音節が含まれる。半行は，最も一般的には，強弱格または強弱弱格のパターンで編成される（古英語の韻律の研究者には A タイプとして知られ，タイプ B，C，D，および E といったほかの 4 つの韻律パターンとは異なる）。通常，半行は意味をもつ単位であり，頭韻法によって 2 つの部分がつながりをもち，分割点がしばしば韻律の変化によって強調される。

『ベーオウルフ（*Beowulf*）』からの抜粋（1013-7 行）は，この方法が機能していることを示している。古英語の詩を提示する際の一般的な方法に従い，各半行の韻律型は詩の右側に示し，半行はスペースで区切ってある（p.12）。強い音節は /，弱い音節は ⌣ で示している。2 つの軽い音節が強い音節に相当する場合はテクスト内に ⌣ で示している。強音節と弱音節の中間の音節は \（バックスラッシュ）で示している。（D. G. スクラッグ（D. G. Scragg），1991，p.61 に従う。）

Bŭgĕn þa to bence　blædagande,　　A D
fylle gefægon;　fæ̆gĕre geþægon　　A A
mĕdŏful manig　magas þara　　A A
swiðhicgende　on sĕlĕ þam hean,　　D B
Hroðgar ond Hroþulf　　A

それから堂々と彼らは　座席に着いて
祝宴を楽しんだ。彼らの血族の者ら，
フロースガール王と　フロースルフは
意気揚々と，広間の上座にて数多の蜂蜜酒の杯を
礼儀に則り，飲んでいた。

吉見昭徳訳『古英語叙事詩「ベーオウルフ」―クレーバー第 4 版対訳』（2018）春風社，pp.74-7 による。

書記学的観点から見た自由

書きことばの規則は，話しことばの規則よりも安定しており，限られており，わかりやすいため，書きことばの規範からの逸脱はより明白である。書きことばの逸脱はあまり起こりにくいと思われるかもしれない。世界標準のアルファベットや，限られた種類の句読点，かなり厳しい制約のある大文字の使用とそのほかの印刷上の選択肢，非常に厳しいつづりに関する制約，および柔軟性のない境界線を形成する物理的な媒体であるページ，などがある。そのため，書き手にとっては，文字論と書記学の分野ではほとんど自由がないように見える。しかし，実際にどのような逸脱が可能なのかを見ると驚くだろう。

線状的な媒体であることによって課せられた制約の厳しさからの解放を，最も性急にそして最もうまく試みたのが，詩のジャンルである。散文における書記学的な逸脱が，短編小説と小説の両方において見られるが，ほとんどの場合，音の大きさやテンポ（p.260）の変化など，会話の韻律的特徴を伝えるために使用される。SF や空想の物語では，書記体系の慣習を頻繁に操作して，異邦人や普通ではない者であることを表現する（p.283）。また，小説には句読点の逸脱した使い方で有名な事例がいくつかあり，句読点を使用しない『ユリシーズ（*Ulysses*）』{【訳注】アイルランドの作家ジェイムズ・ジョイスの小説} の最後のページがそれにあたる。しかし詩には，散文では表現できないようなものがある。それは詩に視覚的な構造を与えたり，口頭で読む際の特定の読み方を示唆したりするような，図式的なバリエーションである。また，20 世紀の詩的な表現において大変顕著な役割を果たした視覚的な形式の卓越した試みもその一例である。

ジョン・シューエル（John Sewell）「飛行パターン（Flight patterns）」（1989）

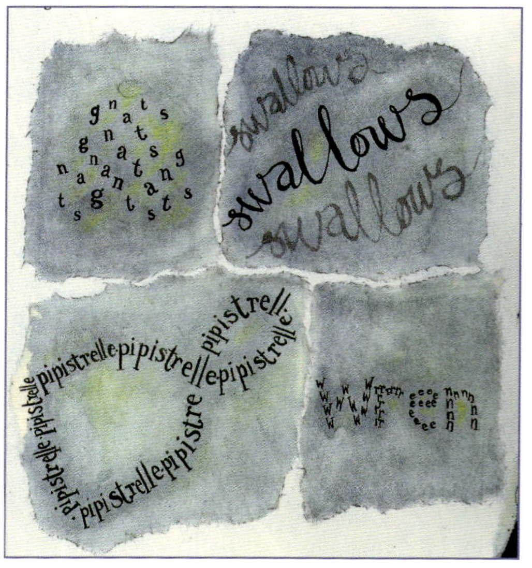

1 次元における逸脱

書記学的な逸脱は，単純で分かりやすいものもある。それらは，つづり，句読点，印刷法などの 1 次元のバリエーションのみが関係するものである。つづりのバリエーションはとりわけよく見られ，小説家や劇作家が，非標準的な話しことばを表現する際に使用し（pp.88，93），同じことが詩にも見られる。詩の例では，スコットランドやカリブ海の詩（pp.351，368）のように地域アイデンティティを指標するためにつづりの逸脱が見られたり，ロマンチックな，またのどかな田園風景を連想させるために古風なつづりを使用したり（p.197），さらに，下の始めの例では，主に /h/ の省略によってコックニー方言が表現されている。p.432 で示されているオグデン・ナッシュ（Ogden Nash）の図式的な逸脱のように，逸脱したつづりは単に面白みを出すためだけに使用されることもある。

- Then 'ere's to the sons o' the Widow,
Wherever, 'owever they roam.
'Ere's all they desire, an' if they require
A speedy return to their 'ome. (Rudyard Kipling, Barrack Room Ballads, 1892.)
（ラドヤード・キップリング（Rudyard Kipling）『兵営詩集（*Barrack Room Ballads*）』，1892）
（ぢやあ後家さんの息子たち萬々歳，
どう何處うろつき廻らうと。
皆んな彼等のお望み次第，そしてもし
急いで本國に歸りたいなら。）
中村爲治選訳「ウキンゾルの後家さん」『キップリング詩集』（1936）岩波書店，pp.47-50 による。

- of course shes right not to ruin her hands I noticed he was always talking to her lately at the table explaining things in the paper and she pretending to understand sly of course that comes from his side of the house and helping her into her coat but if there was anything wrong with her its me shed tell not him he cant say I pretend things can he Im too honest as a matter of fact ... (From Molly Bloom's soliloquy in the final pages of James Joyce's Ulysses, 1922.)
（ジェイムズ・ジョイス（James Joyce）「モリー・ブルームの独白（Molly Bloom's soliloquy）」，『ユリシーズ（*Ulysses*）』 1922 の最終ページより）

（巻末 p.565 へ続く）

2 次元における逸脱

具象詩は，次のような 2 点を最も過激に試みたサブジャンルである。1 つは，視覚的な線状性（2 次元性）の制約から免れようとする点であり，もう 1 つは，いかなる単純な方法でも 話しことばの線的な形式に対応することがないような代替表現方法を提示しようとする点である。これらのような具象詩は，典型的なものは，2 次元（横と縦のメッセージが交わったもの）であるが，3 次元（印刷上目立たせるなど）を使用することも多く，4 次元のものも存在する（時代によって異なるが，色を用いたものや，またはテレビにおける動画技術を用いたもの）。

そのような詩は，さまざまなレベルの複雑さを示している。単に詩の内容を形にしただけで視覚的にわかりやすいものもある。このような「絵的な詩（picture poem）」には長い歴史がある。祭壇の形でデザインされたジョージ・ハーバート（George Herbert）の 17 世紀の詩「祭壇（The Altar）」が有名な例である。20 世紀の例としては，蝶と砂時計の形を使用したディラン・トーマス（Dylan Thomas）の一連の詩があり，そのうちの 1 つが p.283 に示されている。

具象詩の内容は，抽象芸術に似て，非常に単純なもの（1 つの語やフレーズのくり返しなど）もあるが，意味的に試しているものもある。視覚形式の多次元性のすべての側面を活用しようとし，1 度に複数の方向で読むことができる詩や，どちらの方向から読むのが「正しい」のかがわからない詩さえある。テクストがどのような意味（意味が 1 つの場合も複数の場合もあるが）をもたらすかを理解するために，かなりの知的努力が必要な場合があり，そのような読みの「価値」（「何を言っているのか？」）に対する不確実性が，このジャンルの価値をめぐる論争に拍車をかけてきた。一方，上記のような視覚的な言語形式のバリエーションの可能性について記述するような批判的言語はほとんど発展していないため，線的な詩を分析するための基準を当てはめて非線的な詩を評価し，それを却下してしまうのは，時期尚早である。

以下の詩は単純だがやや珍しい種類で，ことば遊び（p.426）と詩の中間ほどに分類される。この「ヤシの木（Palm tree）」（1991）は，英国の学者ジェリー・アボット（Gerry Abbott）による詩であり，上から下，下から上という 2 次元で読むことができる。{【訳注】この詩は上からも下からも読むことができるが，上から読んだ場合，詩の形を上下逆さにした形について，下から読んだ場合は詩のそのままの形について述べている。最後に「意味が明確だろう（it was clear）」と言っているが，その部分は下から読むと「本当は明確ではない（it wasn't really clear）」となっているなど，詩人が言葉遊びをしているようである。}

...sky
blue balloon
a needle that spikes
dragon with double armed limbs,
lizard green of ruff or pterodactyl green and leathery of wing
like flapping umbrellas upraised monstrous and ragged
those loom where to eye fearful the leading
spirals climb
naturally but
geometrically;
chipped badly
and askew
swivelled
capitals
Corinthian
stacked
loftily
come next:
ringed and
fat column
a fossilized
long trunk
mammoth like
appears now;
one stage is
tentacles slow
grubbing into
oozing liquid:
now backwards
word by word
all this repeat
therefore; though
it was clear really wasn't it...

視覚的形式

行，連の構造，空白の使用，およびテクストの形状は，詩の意味構造を定義し，そのさまざまな要素に付加される重みを明らかにする。それらはまた，読者の解釈の速さや朗読する際の速度も調整している。視覚的形式のこれらのバリエーションは，話しことばでは表現できない可能性を示している。例えば，同一ページ内に2つの考えを空間的に並置することで，口調の変化や，皮肉な対比，そのほかの修辞的な意味を伝えることができる。比喩的または抽象的な文字の形が，詩の内容のイメージや象徴として使用されることがある。そして，テクストがどのように構成されているかが，ほかの変種との関係性や，ある特定の詩の伝統の中での位置を示すこともある。

重みの観察

ある詩を散文のように書き直すことによって，これらの視覚形式の概念が実際にどのように機能しているかを効果的に見ることができる。一般的に，詩を散文体にすると，奇妙でしばしば理解できないものになる。散文体で読むことを試みた後，詩の構造で書かれたものに戻ると安堵する。T. S. エリオット（T. S. Eliot）の「ザ・ドライ・サルヴェイジズ（The Dry Salvages）」（1941）にこの方法を試みると，行の長さと分割が，テクスト内の重みと速度の分布を調整する際にいかに重要であるかが明確になる。

And under the oppression of the silent fog
The tolling bell
Measures time not our time, rung by the
  unhurried
Ground swell, a time
Older than the time of chronometers, older
Than time counted by anxious worried women
Lying awake, calculating the future,
Trying to unweave, unwind, unravel
And piece together the past and the future,
Between midnight and dawn, when the past is
  all deception,
The future futureless, before the morning
  watch
When time stops and time is never ending;
And the ground swell, that is and was from
  the beginning,
Clangs
The bell.

And under the oppression of the silent fog the tolling bell measures time not our time, rung by the unhurried ground swell, a time older than the time of chronometers, older than time counted by anxious worried women lying awake, calculating the future, trying to unweave, unwind, unravel and piece together the past and the future, between midnight and dawn, when the past is all deception, the future futureless, before the morning watch when time stops and time is never ending; and the ground swell, that is and was from the beginning, clangs the bell.

（和訳を巻末 p.565 に掲載）

視覚的な連

詩人が長い文や複雑な文を使うとき，行と節の境界はそれを理解し吸収するための重要な助けになる。行や節で示される境は，テクストにくり返されるある一定のパターンとまとまりを与え，さもなければ，ランダムで消化しきれない内容とイメージの集合体のように見えるものを，本当の意味で「詩的にする」のである。ウィリアム・カーロス・ウィリアムズ（William Carlos Williams）の「似ているもの（The Semblables）」（1943）からの抜粋では，「視覚的な連（sight stanzas）」は詩の冒頭の文を生き生きと，そして扱いやすいものにしている。この視覚的な連である区切りがなければ，節の主語――それぞれが複雑な後位修飾語句をもつ4つの名詞句（p.234）の連なり――を理解することは困難である。それらの主語に対する動詞は27行目まで現れない。

ただし，これらの連は主な構文上の区分とは一致せず，文法構造とは矛盾する一連の仮の意味単位を作り出す。この意味単位内および意味単位間で何を言わんとしているのかを理解することは，読者にとって難しい。視覚的に目立ったところに置くことで，さもなければ目立たない語（最後の連にある単音節の 'cop' など）に劇的な焦点を当て，'monastery'（修道院）や 'munitions plant'（軍需工場）を前景化することによって，達成されるような新しい語彙関係を示唆することができる。（E. ベリー（E. Berry），1985 より）

{【訳注】赤煉瓦の修道院とそれに隣接する建設中の軍需工場についての詩である。'Latin responses'（2, 3 連目）と 'machines are praying'（最後の連）など，詩のタイトルにあるように，二つの類似性を挙げ，人生の意味について考えさせるような内容となっている。}

The red brick monastery in
the suburbs over against the dust-
hung acreage of the unfinished
and all but subterranean

munitions plant: those high
brick walls behind which at Easter
the little orphans and bastards
in white gowns sing their Latin

responses to the hoary ritual
while frankincense and myrrh
round out the dark chapel making
an enclosed sphere of it

of which they are the worm:
that cell outside the city beside
the polluted stream and dump
heap, uncomplaining, and the field

of upended stones with a photo
under glass fastened here and
there
to one of them near the deeply
carved name to distinguish it:

that trinity of slate gables
the unembellished windows piling
up, the chapel with its round
window between the dormitories

peaked by the bronze belfry
peaked in turn by the cross,
verdigris – faces all silent
that miracle that has burst sexless

from between the carrot rows.
Leafless white birches, their
empty tendrils swaying in
the all but no breeze guard

behind the spiked monastery fence
the sacred statuary. But ranks
of brilliant car-tops row on row
give back in all his glory the

late November sun and hushed
attend, before that tumbled
ground, those sightless walls
and shovelled entrances where no

one but a lonesome cop swinging
his club gives sign, that agony
within where the wrapt machines
are praying...

3次元における逸脱

E. E. カミングス（E. E. Cummings）は，おそらくほかのどの詩人よりも，視覚的形式の美的可能性を試みた詩人であろう。彼の最も革新的な作品である詩集『けっこうです（*No Thanks*）』（1935）は彼の作品の特徴を明確に示すものである。

- 9番（下左）は，空間的配置が動きを生み出している一例である。腕のような配置で書かれた wingab は，ボールのような o を左側余白から詩の上部に送り，そこまでの道のりにあるほかの o を全部掃き出している。大統領が登場する「ファンファーレ」の部分は，聴覚的な反響を視覚的に伝えるために，同時に別の読み方も示している。
  {【訳注】詩の形はボールを投げる様子を表現している。野球の始球式に米国大統領が登場する場面で，「大統領（The president The president）」と繰り返している部分は野球場に声が反響している様子を表している。}

- 13番（下右）は，カミングスの最も有名な視覚的な試みと呼ばれている。不規則なスペース，逸脱した句読点，およびとぎれとぎれの語は，予測できない動きを伝えるために使用され，大文字はその動きの頂点を表している。詩の表象性は，全体的な配置によって現れるバッタの形だけでなく，読者の目が一貫性を求めて詩のまわりをバッタのように飛びまわるような文字の転置にもある。（R. D. キュレトン（R. D. Cureton），1986 より）

（和訳を巻末 p.565 に掲載）

o pr
gress verily thou art m
mentous superc
lossal hyperpr
digious etc i kn
w & if you d

n't why g
to yonder s
called newsreel s
called theatre & with your
wn eyes beh

ld The
(The president The
president of The president
of the The)president of

the(united The president of the
united states The president of the united
states of The President Of The)United States

Of America unde negant redire quemquam supp
sedly thr
w
i
n
g
a
b
aseball

r-p-o-p-h-e-s-s-a-g-r
who
a)s w(e loo)k
upnowgath
PPEGORHRASS
eringint(o-
aThe):l
eA
!p:
S
a
(r
rIvInG .gRrEaPsPhOs)
to
rea(be)rran(com)gi(e)ngly
,grasshopper;

文法的観点から見た自由

テクストの一貫性と明瞭性を維持したい場合，書き手が英語の文法の規範から逸脱する自由に関して，厳しい制限がある。16 歳の重度の聴覚障がい者が映画『スターウォーズ』（1977）について書いた次の文は，逸脱が多すぎると文法に何が起こるかを示している。

The Star Wars was the two spaceship a fighting opened door was coming the Men and Storm trooper guns carry on to Artoo Detoo and threepio at go the space. The Earth was not grass and tree but to the sand...
（スターウォーズでは 2 つの宇宙船が戦う。ドアが開くと，男たちとストームトルーパーが銃をもって入ってくる。アートゥー・ディートゥーと（シー）スリーピオが宇宙へ逃げる。地球には草も木もなく，砂漠だった。）

文学における文法的逸脱は通常それほど多くはないが，時折見られる。特に詩の場合には，カミングス（E. E. Cummings）の『けっこうです（*No Thanks*）』（1935）の 71 番の以下の括弧の部分のように理解を損なう文法構造に遭遇する可能性がある。

(the not whose spiral hunger may
appease
what merely riches of our pretty world
sweetly who flourishes, swiftly which
fails
but out of serene perfectly Nothing
hurled
into young Now entirely arrives
gesture past fragrance fragrant;a than
pure
more signalling
of singular most flame
and surely poets only understands)
｛【訳注】母語話者にも理解できないほどに文法から逸脱している詩の例の 1 つ。｝

より一般的には，逸脱した文法パターンというのは，かなり明白な理由があって用いられるものである。詩においては，行または節が音韻上，うまく韻を踏んだものになるように，文法的な逸脱が起こる。押韻形式や韻律構造のために，句の要素（p.232）の倒置や削除，余分な句の追加（強調が意図されていない場合の助動詞 do の使用など，p.224）といったように，通常の語順からはかなり逸脱したものが使われうる。これらの逸脱の例は，以下のワーズワース（William Wordsworth）の「ルーシー（*Lucy*）」の詩（1799）にも見られる。

Strange fits of passion have I known...
I to her cottage bent my way...
This child I to myself will take...
A slumber did my spirit seal...

不思議な心の高まりを…
わたしはその女（ひと）の家へと赴いた…
わたしの里子（さとご）としてこの子を…
微睡みがわたしの心を封じ…
（ワーズワス（Wordsworth）著，山内久明訳『対訳 ワーズワス詩集—イギリス詩人選（3）』（1998）岩波書店，pp.70-77 による。）

時には，古い形態，例えば hath（have の直説法 3 人称単数現在形），ye（2 人称複数主格），thou（2 人称単数主格），sayest（say の 2 人称単数現在形），ungirt（帯を緩める）や古い構文を使用して，テクストを古風な語調にするために文法的な逸脱が用いられる。テニスン（Alfred Tennyson）の『アーサー王の死（*Morte d'Arthur*）』（1842）は，do を使わない否定命令文の使用（But now delay not），名詞の後の形容詞（an act unprofitable），および非再帰代名詞（Where I will heal me of my grievous wound）のような統語論的に古い文体を多く使っている。次のオグデン・ナッシュ（Ogden Nash）の作品の一部に見られるように，コミック詩（comic verse）もまた，形態的および統語的に劇的な文法的逸脱に大きく依存している。

Tell me, O Octopus, I begs
Is those things arms, or is they legs?
（'The Octopus', 1942）
ああ　たこさん　教えて　お願いだから
それは腕なの?　それとも足なの?

さらに，普通は下手な詩と見なされるものの多くが，文法の逸脱によって説明できるという点も認められるべきであろう。韻に合わせるために語順が変えられ，英語でも最も固定されたイディオム表現を崩してしまう場合さえあるからである。ウィリアム・マッゴナガル（William McGonagall）がその例を提供している。

But, poor soul, he was found stark dead,
Crushed and mangled from foot to head.
（*Poetic Gems*, 1890）
だけどかわいそうに，かれは完全に死んでいた
つま先から頭まで全身こなごなで，ぐちゃぐちゃだった。
｛【訳注】「全身」を意味するイディオムの from head to toe が脚韻を踏むために from foot to head になっている。｝

目立つものとさりげないもの

文法的な逸脱には劇的なものもある。ジェラルド・マンリー・ホプキンス（Gerard Manley Hopkins）の作品，「苦しみの絶頂，そんなものなどありはしない（No worst, there is none）」（c.1885）を一例として示すが，ここには著しい統語的なバリエーション，複合化，および品詞の転換（p.139）が見られる。Fall，steep，deep はここでは名詞として扱われている。2 文目は語順を逆にし，主要部（those）のない関係節（[those] who never hung there）を含んでいる。そして，long は通常は動詞の後に置かれるが，その位置から移動されることによって目立つものとなっている。

O the mind, mind has
mountains; cliffs of fall
Frightful, sheer, no-man-
fathomed. Hold them cheap
May who ne'er hung there.
Nor does long our small
Durance deal with that steep or
deep.

おお 心には 心の中には
山がある 落ち込んだ絶壁がある
恐ろしい切り立った計り知れない絶壁が
一度もそこにへばりついたことのないものは
それを軽んずればよいのだ
私たちのとるに足りない意思の力では
とても崖や淵にいつまでも耐えては行けないのだ
（G. M. ホプキンズ（G. M. Hopkins）著，安田章一郎・緒方登摩訳「苦しみの絶頂，そんなものなどありはしない」『ホプキンズ詩集 新装第二版』（1982）春秋社，pp.208-9 による。）

対照的に，このコラムの最後に示すテニスン（Tennyson）の有名な詩（1842）は，thy（2 人称所有格）の使用や，呼格の O，統語的混成語の O well for 以外には，一見，文法的に際立ったものはないように思われる。しかしながら，通常の語順になっているとか，それが詩の構造にぴったり合っているとかいうのは，偽りである。まず，以下に示す例文における等位接続のさりげない逸脱を見てみよう。

*Sit down and I want a paper.
*Run upstairs but it's raining.
*Take this or I'll look.
*Good for you and it's ready.

（巻末 p.565 へ続く）

語彙的観点から見た自由

文学的英語の語彙の範囲は，これまで本書でも多くのページで示されているが（主にI部とII部），それを要約することは困難である。戯曲と小説では，実質的には制限がない。伝統的に文学的語彙が確立されている詩（一般的に詩語法と呼ばれる）においても，20世紀には著しい広がりが見られた。そのため，今では地域的変種および社会的変種といった特別な語彙だけでなく，俗語やタブー語を含むより日常的な語彙の全範囲が使われる。

その結果，文学作品における語彙選択について記述することはもはや容易ではない。次のようなよく知られたタイプの語に出会うことはあまりないだろう。古語（damsel（乙女），yonder（向こうに），hither（こちらへ），'twas（it was の短縮形），quoth（～と言った）），詩の中でしか使われないような語（nymph（妖精），slumber（眠る），woe（悲哀），billows（波濤），o'er（over）），または新語（ホプキンスの lovescape や dovewinged，p.63 と p.144 に掲載されているシェイクスピアとジョイスの例）などなど。むしろ，今必要なのは，語彙項目が，その作品全体へどのような貢献をしているかを見るために，それらを単独に，またはそれらの組合わせを詳細に分析することである。また，ディラン・トマス（Dylan Thomas）の詩に見られる a grief ago や all the moon long といった巧妙な表現のように，特別な意味をもたせるために，制限された語彙構造の中で逸脱がどのように使われているのかに多くの注意が払われている。

「イエス」と彼女は言った

accepted（受け入れた），accosted（近づいて声を掛けた），accused（非難した），acknowledged（認めた），added（付け加えた），addressed（言葉を掛けた），adjured（懇願した），admired（称賛した），admitted（認めた），admonished（叱った），advised（助言した），affirmed（断言した），whimpered（泣き言を言った），whined（弱音を吐いた），whipped out（急に言った），whispered（ささやいた），whistled（口笛で合図した），winked（目くばせで合図した），wished（お願いした），wondered（感嘆した），yattered on（ぺちゃくちゃしゃべった），yawned（あくびをしながら言った），yelled（大声を上げた），yelped（金切り声を上げた）．

これらは直接話法のあとに，said の代わりに使われる表現であるが，小説家たちはそのような表現をいくつ言えるだろうか？ 20世紀の英国と米国の作家による小説 100 作品を調べた研究では，600 近くの代替表現が見つかった。「平均的な」小説家は，1つの小説で said の代わりとなる動詞を約 50 個使用しているのである。

N. F. シンプソン（N. F. Simpson）の詩では，これらの代替表現をわざと使わずに表現されている。Said という表現は発言者を特定する上で非常に重要な役割を果たすが，実はそれ以上の役割がある。感情的にならず said という普通の表現をくり返すことにより，作家が奇妙な状況に対して驚くほど冷静な態度であることが強調されている。そして，物語が展開するにつれて，まさにその日常的なくり返しが，単調というにはほど遠い，シュールな感覚をますます強めている。

One of our St Bernard Dogs Is Missing

A moot point
Whether I was going to
Make it.
I just had the strength
To ring the bell.

There were monks inside
And one of them
Eventually
Opened the door.
Oh
He said,
This is a bit of a turn-up
He said
For the book.
Opportune
He said
Your arriving at this
particular
As it were
Moment

セントバーナード犬がいなくなった

問題は
私が生きてたどり着けるかどうか
だった。
呼び鈴を鳴らすのが
精いっぱいだった。

修道士がそこにはいた
その一人が
やっと
ドアを開けてくれた。
おや
彼は言った，
これはおどろいた
彼は言った
思いがけないことだ。
タイミングがいい
彼は言った
あなたがきたこと
このタイミングで
この
時間に

（巻末 p.566 へ続く）

語彙の範囲

All the moon long I heard, blessed among stables, the nightjars
Flying with the ricks, and the horses
Flashing into the dark.
(Dylan Thomas, 'Fern Hill', 1945)
月の照っているかぎり，厩（うまや）のなかで祝福されながら，ぼくは，
聞いた，夜鷹（よたか）が乾草の山とともに飛びまわり，
馬が闇のなかへ閃きながら駆け込む音を。
（ディラン・トマス（Dylan Thomas）著，松田幸雄訳「死と入口」『ディラン・トマス全詩集』(2005) 青土社，pp.294-5 による）

It's no go the picture palace, it's no go the stadium,
It's no go the country cot with a pot of pink geraniums,
It's no go the Government grants, it's no go the elections,
Sit on your arse for fifty years and hang your hat on a pension.
(Louis Macneice, 'Bagpipe Music', 1935)
映画館もだめで，スタジアムもだめ，
ピンクのゼラニウムの鉢植えがある田舎の別荘もだめ，
政府の補助金もだめ，選挙もだめ，
50年間も座って，引退して年金暮らし。

Paint me a cavernous waste shore
Cast in the unstilled Cyclades,
Paint me the bold anfractuous rocks
Faced by the snarled and yelping seas.
(T. S. Eliot, 'Sweeney Erect', 1920)
わがために描け，鎮まらぬキクラデスの海に投げ入れられし
吹き荒れしがらん洞の沿岸風景を
吠えつかれ，酣叫する波濤によって挑まれし
嶮険，蜿蜒（えんえん）の巖頭（がんとう）風景を。
（T. S. エリオット（T. S. Eliot）著，深瀬基寛訳「直立したスウィーニイ」『エリオット全集 第一巻』(1960) 中央公論社，p.63 による）

A barn is not called a barn, to put it more plainly,
Or a field in the distance, where sheep may be safely grazing.
You must never be over-sure. You must say, when reporting:
At five o'clock in the central sector is a dozen
Of what appear to be animals; whatever you do,
Don't call the bleeders sheep.
(Henry Reed, 'Judging Distances', 1946)
はっきり言うと，納屋は納屋とは呼ばないのだ，
羊たちが安全に牧草を食べている向こうの広場もそう。
過信してはいけない。報告するときには，
5時の方向の中心区域には1ダース
動物のようなものがいる，と言わなければいけない。
絶対に
血を流しているものを「羊」と呼んではいけない。

Sparkling chips of rock
are crushed down to the level of the parent block.
Were not 'impersonal judgment in aesthetic
matters, a metaphysical impossibility',
you
might fairly achieve
it.
(Marianne Moore, 'To a Steam Roller', 1935)
ピカピカ光る岩のかけらは
つぶされて親岩と同じ高さにされる。
もし「美的なことがらについての非個性的判断が，
形而上学的に不可能なこと」でないとすれば，
きみは
かなり旨（うま）くそれを遂行するだろう。
（マリアン・ムーア（Marianne Moore）著，鍵谷幸信訳「スチーム・ロラーに」『世界詩人全集 21 現代詩集 II』(1969) 新潮社，p.145 による）

談話的観点から見た自由

逸脱していることと個人のアイデンティティーの関係は，調査対象の言語の範囲が小さい場合，比較的簡単に確認できる（文体分析への「ボトムアップ」アプローチ,p.300）。しかし，文や連という安全な境界を離れ，段落，節（section），場面，幕，章などの領域に範囲を広げると，特有の言語構造がどのような役割を果たしているのかを見るのが，はるかに難しくなる。エッセイ，短編小説，小説，劇，およびそのほかのジャンルにおける，談話といった大きなパターンを分析した文体論的研究はほとんどない。通常は分析の範囲を制限すれば，その分析はうまく行くことが多い。小説の始めと終わりの部分，テクストの相互参照パターン，比喩的な表現の使用，発言の提示の仕方，文タイプの機能的役割が，しばしば研究の対象とされる。ただし，この種の研究結果と，「トップダウン」で始める研究，つまり特性，視点，セッティング，テーマ，話の筋などの概念を使った研究の結果との間には，まだかなりの隔たりがある。

We do not play on graves
Because there isn't room;
Besides, it isn't even,
It slants and people come

And put a flower on it,
And hang their faces so,
We're fearing that their hearts
  will drop
And crush our pretty play.

And so we move as far
As enemies away
Just looking round to see how far
It is occasionally.

(Emily Dickinson)

私たちは墓場の上では遊ばない，
そこには余裕もないし，
その上平坦でなく傾いているし，
人たちも来る。

人たちは花を献げ，
顔を垂れ，私たちは人びとの
心臓が落ちて，
私たちの楽しい遊びを台なしにすると思った。

それで敵のように
遠く離れ，
時折どれだけ離れているか，
見まわすだけだった。

（エミリィ・ディキンソン（Emily Dickinson）著，加藤菊雄訳，467番の詩『完訳 エミリィ・ディキンスン詩集』（1976），研友社，p.166による）

It は何を示すか？

談話を定義する一貫性の重要な特徴の１つは，代名詞のもつ相互照応的という特性（p.222）を使用していることである。通常，１つの話題の展開中は，１つの代名詞が一人の人物や１つの事物を指すと考えている。学校教育でも，書きことばでは代名詞が何を指し示しているかを明確にするよう教えられてきた（p.203）。エミリィ・ディキンソン（Emily Dickinson 1830–86）によるこの詩は，これら両方の慣習に逆らうものである。

まず，代名詞 it に関して不確実性がある。これは３人称単数無生物の it（it's a computer の it のように）だろうか。文法上，明確な先行詞がないため，it が何を示すかはなんとも言えない。概念的には graves（墓場）を指していると考えられるが，graves は複数形なのに対し，it は単数形である。この文法的な不一致のため，「虚語」の it であると解釈できる（it isn't right の it のように）：it isn't even, / It slants は「墓がまっすぐ立っていることはない。いつも斜めに立っている。(There's never any evenness on graves; they always slant.)」という意味になるだろう。詩の終わりまでに，限定用法の３人称での読み方ができるが，it が指しているものが変化しているようであり，２つのレベルの意味，子どもの慎重な用心深さと，その底にある，避けられない死の接近を見る大人の洞察をもっているように思える。これは最初の it の使用によって予示されていたのだろうか。子どもの不安は，文法の不安定さに反映されているようである。死に直面したときに起こる it（それ）とは何であろうか。

それが質問だ。

語用論の現代的な考え方によると，会話とは「協調の原理（cooperative principle）」（p.305）があるために成立する。この「協調の原理」とは，誰もが認めることばを使って相互行為をする際の規則である。例えば，人が相手に質問をするとき，その人はその相手に答えてほしいと望み，相手の答えに注意を払うだろうと考える。そうでなければなぜ人は質問をするのだろうか？　応答する時間を与えずに質問する人や，相手の答えに興味がない人，答えることができないことを質問したり，またはおそらく答えようがないような質問をする人は，何かとてもおかしなことをしていると言えるだろう。そして，そのようなやり取りが続くと，おかしなことを通り越して，つまり威嚇的になる。それは，通りや飲み屋，親子間など，どこでも起こりうる。そしてそれはドラマの対話の特徴として巧妙に作り上げられることもある。この戦略が得意で有名なのはハロルド・ピンター（Harold Pinter）である。『バースデー・パーティ（*The Birthday Party*）』（1957）では，ゴールドバーグとマキャンが切れ目なく質問をしており，けんか腰だったスタンリーが，最終的には何も言えなくなってしまっている。

ゴールドバーク：ウェバー！　きさま，なぜ名前を変えた？
スタンリー：もう一つの名を忘れたからだ。
ゴールドバーク：今の名は？
スタンリー：ジョー・シャボン。
ゴールドバーク：それにしては，罪のにおいがプンプンする。
マキャン：おれもにおう。
ゴールドバーク：お前は，外なる力を信じるか？
スタンリー：何だと？
ゴールドバーク：外なる力を信じるか？
マキャン：そう聞いてるんだぞ！
ゴールドバーク：外なる力を信じるのか？お前の責任者となり，お前のために苦しむ力を？
スタンリー：もう遅いよ。
ゴールドバーク：遅いだと！　遅いもいいところだ！　最後にお祈り上げたのはいつだ？
マキャン：野郎，汗かいてやがる！
ゴールドバーク：いつだ，最後に祈ったのは？
マキャン：汗かいてやがる，野郎！
ゴールドバーク：846という数は可能か必然か？
スタンリー：どっちでもない。
ゴールドバーク：違う！　846という数は可能か必然か？
スタンリー：両方だ。
ゴールドバーク：違う！　必然だが可能ではない。
スタンリー：両方だよ。
ゴールドバーク：違う！　なぜ846が必然的に可能なのだ？
スタンリー：そうにきまってる。
ゴールドバーグ：違う！…
…
マキャン：アルビ派の異端をどうしてくれる？
ゴールドバーク：メルボルンのクリケット試合で八百長やったのは誰だ？
マキャン：福者オリバー・プランケットをどうしてくれる？
ゴールドバーク：返事をしろ，ウェバー。犬が東向けばシッポはどっち向く？
スタンリー：それはその—それは—その…
マキャン：知らねえな，こいつ！
ゴールドバーク：犬が東向けばシッポはどっち向く？
スタンリー：それはその—それは—その…
ゴールドバーク：シッポはどっち向く，犬が東向けば？
スタンリー：それがその…
マキャン：知らねえんだ，この野郎。西や東はおろか後先の区別もつかねえ！
ゴールドバーク：さ，どっちが先だ？

ハロルド・ピンター
(1930-2008)1979年撮影

マキャン：ヒヨコか卵か，どっちが先だ？
ゴールドバーク，マキャン：どっちが先だ？　どっちが先だ？　どっちが先だ？

（スタンリー，悲鳴を上げる）

（ハロルド・ピンター（Harold Pinter）著，喜志哲雄・小田島雄志・沼澤治治訳「バースデイ・パーティ」『ハロルド・ピンター全集1』（1977），新潮社，pp.67-9を参考にした。）

（原文を巻末 p.567 に掲載）

虚構の事実

While Adam Munro was changing trains at Revolution Square shortly before 11 a.m. that morning of 10th June, a convoy of a dozen sleek, black, Zil limousines was sweeping through the Borovitsky Gate in the Kremlin wall a hundred feet above his head and one thousand three hundred feet southwest of him. The Soviet Politburo was about to begin a meeting that would change history.

この日，6月10日の午前11時少し前，アダム・マンローが革命広場で地下鉄を乗り換えているころ，黒塗りの大型高級車ジルが十数台，マンローの頭上30メートル［南西方向に400メートル］離れたところにある，クレムリンの城壁にうがたれたボロビツキエ門を次々にくぐり抜けていた。ソビエト共産党政治局が，世界史を変えることになるかもしれない会議をまさに開こうとしていたのだ。
（フレデリック・フォーサイス（Frederick Forsyth）著，篠原慎訳「悪魔の選択 第二章」『悪魔の選択（上）』（1979）角川書店，p.56による）

これは，フレデリック・フォーサイス（Frederick Forsyth）の『悪魔の選択（*The Devil's Alternative*）』（1979）の第2章の始まりである。ここでは，大衆スパイ小説というジャンルと結びつけられるようになった多くの談話の特徴が見られる。特に，真実味が出るようによく考えられた談話となっている。この段落で説明されている出来事は非常に単純である。何台かの車がある時間にクレムリンでの会議のために到着した，というものである。残りは「雰囲気」や「背景」であるが，かなり特殊なものである。技術的な詳細（正確な時間，車種，入り口の門の名前）は一見，新聞雑誌記者の報告のように見られるが，この文章はそれをはるかに超えている。このテクストに関してウォルター・ナッシュ（Walter Nash）が解説しているとおり，この文体の狙いは

> あまり周囲は知らないが自分が知っている情報を示すことで生じる興奮であり，作り事の現実である。モスクワの革命広場地下鉄駅のプラットホームに立つと，クレムリンの壁が頭の上ちょうど100フィート，南西へ1300フィートの位置になることを知っていただろうか？ それが言える人は，自分が語っているものを知っているはずである。そうして我々は，現実にそこに，状況のまっただ中にいるかのように感じるのである。

文学の談話の分析において，テクストが表している行動にとってなくてはならない中核部分を見つけ，そのほかの「余分な」の部分がなぜ加えられたのかを考えることは有用な方法である。多くの人気のある小説では，テクストのほとんどがこの余分な部分なのである。以下は，ナッシュがあげた別の例と，それに対する解説である。

> Auntie Dier tapped her fingers with impatience as she listened to the ringing tone. Eventually, there was an answer. ‘Good morning, Kate!’ said the older woman, cheerfully.
> （呼出音を聞いている間，ディアおばさんはイライラして指をコツコツと鳴らしていた。やっと，出てくれた。「おはよう，ケイト！」年配の女性が明るく言った。）

これは間違いなく，細心の注意を払って読まれることを意図したものではない。じっくり考えてみるといたずらな疑問が次々と浮かぶ。人が辛抱強く（patiently）指をコツコツ鳴らすことがあるだろうか？ 誰かに電話をかけて呼び出しているとき，呼び出し音以外の何に耳を向ける（listen）だろうか？ 我々が短編小説の登場人物で，もう一人の登場人物に電話を掛ける場合，最終的に誰かが電話に出ると仮定するのが普通ではないだろうか？ なぜ電話を掛けることだけでこのような大げさな説明をするのだろうか？ 上の文章と同じことは次のように簡潔に言うことができよう。

> Auntie Dier dialled Kate's number. ‘Good morning!’ she said.
> （ディアおばさんがケイトの番号をダイヤルした。「おはようございます！」と彼女は言った。）

ただしこうすると，生き生きとした登場人物の活動が，さも重要であるかのような錯覚を常に生み出していくという，通俗的文体の主な目的が見失われてしまう。登場人物はイライラしたり，陽気になったり，トントンしたりコツコツしたりドンドンしたりするものである。そして受話器を取るという行為でさえ，何か特別なものとなるのである。（W. ナッシュ（W. Nash），1990，pp.40，64.）

フレデリック・フォーサイス（1938-）

比喩的表現

なぜ比喩的表現の説明を談話の見出しのもとに置くのか。その理由は，この比喩的表現の伝統的な呼称である figures of speech（文彩）にある。つまり，比喩的表現に関連する意味的対照の種類は，書きことばのみの研究よりも談話の方がはるかに関連があり，個々の語や句より広い範囲のことばに関連していることが示唆されるからである。また，比喩的表現の「古典的な」説明は，通常は文学作品から説明されるが，古典修辞学の研究テーマにまでさかのぼることができるような，ずっと幅広い伝統がある。文学における比喩的言語の使用はこの伝統の範囲に入るが，広告，政治演説，ジャーナリズムや宗教など，ほかの多くの種類の比喩的言語の使用も同様である。

日常会話の中では，比喩表現の中でも隠喩（メタファー）が非常に重要となるが，そのような会話との関係で比喩的表現の特徴が研究される場合，この点はさらに強く現れる。隠喩は言語の認知的なアプローチ（p.306）を取る研究の焦点となっている。我々はお互いに議論をする際に戦いに関する用語を用い（she attacked my views（彼女は私の意見を攻撃した），he defended himself（彼は自分を守った），I won the argument（私は議論に勝った）），国のことをまるで人であるかのように話す（America's been a good friend to them（米国は彼らにとってよい友人であった），France and her neighbours（フランスとその隣人））。また，経済について話すとき，人の健康に関する表現を用い（oil is our lifeline（石油は我々の生命線である），an ailing economy（経済不調）），政治的対立をしている当事者たちのやり取りは，あたかもギャンブルをしているように話す（showed his hand（彼の手の内を見せた），what is at stake（危機的状況にあること［at stake 賭ける］），how much can they lose（どれだけ譲歩できるか））。多くの場合，いくつかの相反する隠喩が利用可能であり，どの隠喩を選ぶかによって，その人についての多くが明らかになる。例えば，戦争の隠喩には，ゲーム（winner（勝者），loser（敗者）），医療業務（clean up（退治する），surgical strike（局部攻撃［surgical 外科手術の］）），劇（villan（悪役），plot（陰謀）），暴力犯罪（rape of Country X（無力なX国への攻撃），Country Y as a victim（被害者としてのY国））などの記述が含まれる。

隠喩は，我々が世界について考える方法を構築する上で重要な役割を果たすが，以下のような日常的な隠喩のほとんどは見過ごされている。

it's difficult to strike a balance（バランスを取るのは難しい）
they were flocking to see it（彼らはそれを見るために群がっていた）
I can't stand that sort of thing（そういうことは我慢できない）
the craze was at its height（流行のピークにあった，大流行していた）
did the papers cotton on to it?（新聞各紙はそのことに気がついたのだろうか？）

これらは，ジョージ・レイコフ（George Lakoff）とマーク・ジョンソン（Mark Johnson）が隠喩についての本の題名にしたように，まさに「メタファーに満ちた日常世界（metaphors we live by）」の一部である。

（橋本功ら訳『メタファに満ちた日常世界』松柏社，2013）

コラム「比喩の拡張」を巻末 p.567 に掲載

言語変種の観点から見た自由

逸脱したやり方が，文学的な自己表現の一部として，単独または組合わせて用いられうるのは，言語構造のレベルに限られたことではない。地域的および社会的変種（p.308）を明らかにするさまざまな特徴も，用いられることがある。テクストがある言語変種で始まり，その後，別の変種に切り替わるなど，いくつかの変種の特徴を組合わせることによって効果が出ることもある。このような効果は小説で最もわかりやすく現れる。職業による変種や非標準的な形式の話しことばを登場人物の描写の一部として導入することは難しいことではない。また，ディケンズ（Charles Dickens）やハーディー（Thomas Hardy）などの小説家は，変種を非常にうまく利用していることで有名である（p.93）。それとは対照的に，詩に言語変種を導入することはかなり困難である。韻律体系や詩の構造によって課される厳しい制約は，表現しようとする特性を容易に歪めてしまう。日常会話を詩に取り入れるのは簡単なことではない（それをやってのけた T. S. エリオット（T. S. Eliot）の作品が p.438 に示されている）。話しことばとしての自然さを残しながら，テクストの残りの部分とうまく融合しているような，行ごとの構造にしなければならない。よく知られている地域的または社会的変種から，個々の語彙項目を組み込むことはよく見られるが（形而上詩人の科学的な比喩や，ロマン派の宗教的な暗示性など），変種のあらゆる特徴――音韻，書記体系，文法，語彙，および談話――を活かした詩は滅多に見つからない。

変種の名前

変種に関する自由が最もうまく表現されている詩の 1 つは，ヘンリー・リード（Henry Reed）の「戦争の教訓（Lessons of the War）」（1946）である。その中の「部品の名前（Naming of Parts）」と「距離の判断（Judging Distances）」（p.445）という 2 つの詩は，2 つの職業的背景の違いからくる言語使用の特徴を効果的に表現している詩となっている。陸軍教官の冷淡な話し方は，音韻，構文，語彙，イディオム，および談話といった面で，詩人の思慮深い口調と対照的に示されている。この詩が朗読され，2 つの「声」で読み上げられた場合，音韻的な対照がさらに明確に現れるだろう。

Naming of Parts

To-day we have naming of parts. Yesterday,
We had daily cleaning. And to-morrow morning,
We shall have what to do after firing. But to-day,
To-day we have naming of parts. Japonica
Glistens like coral in all of the neighbouring gardens,
　And to-day we have naming of parts.

This is the lower sling swivel. And this
Is the upper sling swivel, whose use you will see,
When you are given your slings. And this is the piling swivel,
Which in your case you have not got. The branches
Hold in the gardens their silent, eloquent gestures,
　Which in our case we have not got.

This is the safety-catch, which is always released
With an easy flick of the thumb. And please do not let me
See anyone using his finger. You can do it quite easy
If you have any strength in your thumb. The blossoms
Are fragile and motionless, never letting anyone see
　Any of them using their finger.

And this you can see is the bolt. The purpose of this
Is to open the breech, as you see. We can slide it
Rapidly backwards and forwards: we call this
Easing the spring. And rapidly backwards and forwards
The early bees are assaulting and fumbling the flowers:
　They call it easing the Spring.

They call it easing the Spring: it is perfectly easy
If you have any strength in your thumb: like the bolt,
And the breech, and the cocking-piece, and the point of balance,
Which in our case we have not got; and the almond-blossom
Silent in all of the gardens and the bees going backwards and forwards,
　For to-day we have naming of parts.

（和訳を巻末 p.567 に掲載）

滑稽なものを構築する

N. F. シンプソン（N. F. Simpson）の『高らかに響く小鐘の音 *A Resounding Tinkle*』（1957）の以下の抜粋では，医学のジャンル――医師と患者の会話――が，不条理演劇（theatre of the absurd）において 1 つのエピソードの構築に使用されている。この手法は，医師と患者のやりとりの慣習を利用してユーモアを生じさせるのであって，慣習自体をからかっているわけではない。この点において，パロディとは異なる（p.430）。パロディは，ほかのどのジャンルよりも，変種の特徴を誇張することで，皮肉るものだからである。

SECOND COMEDIAN（以下 2ND）：It's my feet, Doctor.
FIRST COMEDIAN（以下 1ST）：What's the matter with your feet?
2ND: I was rather hoping you might be able to tell me that, Doctor.
1ST: Let me see them.
Second Comedian takes off socks and shoes.
2ND: They're all right now. It's when they suddenly swivel round they catch me.
Second Comedian holds out both legs quite straight in front of him. First Comedian stands over them.
1ST: What are these?
2ND: They're my kneecaps, Doctor.
1ST: They ought to be much higher up your legs than this.
2ND: I can't seem to keep them up, Doctor.
First Comedian goes to wash-basin where he begins washing his hands, while Second Comedian goes into the corner, where the desk conceals him, to undress.
1ST: Eardrums still getting overheated?
2ND: Only when I listen to anything, Doctor.

（和訳を巻末 p.568 に掲載）

N. F. シンプソン
（1919-2011）

コードスイッチング

ウォルター・スコット（Walter Scott）の『好古家（*The Antiquary*）』からの下の抜粋は，実際の南イギリス英語とスコットランド英語の地域的変種の対比を示している（p.348）。英語を話す旅行者は，スコットランド英語を話すマクルチャー夫人に，馬車が来ないことについて不平を言っている。最初に怒った際，彼女は問題を回避しようとして英語に切り換えたが，それではうまく伝わらないことに気づいたときに，スコットランド英語に戻している。ウォルター・スコットの作品の登場人物は，変種のコードスイッチをすることで上手く話が進むときには，いつもそのようにしている。

'I say, Mrs Macleuchar!'

'I am just serving a customer. – Indeed hinny, it will no be a bodle cheaper than I tell ye.'

'Woman,' reiterated the traveller, 'do you think we can stand here all day till you have cheated that poor servant wench out of her half-year's fee and bountith?'

'Cheated!' retorted Mrs Macleuchar, eager to take up the quarrel upon a defensible ground. 'I scorn your words, sir; you are an uncivil person, and I desire you will not stand there to slander me at my ain stairhead.'

'The woman,' said the senior, looking with an arch glance at his destined travelling companion, 'does not understand the words of action. – Woman,' again turning to the vault, 'I arraign not thy character, but I desire to know what is become of thy coach.'

'What's your wull?' answered Mrs Macleuchar, relapsing into deafness.

（和訳を巻末 p.568 に掲載）

アイデンティティーの実証

ここまでの数ページでは，構造言語学的な記述の主要なレベルが，文学的に興味深い言語逸脱の特徴を明らかにするのにどのように使われているのかを，具体的に示してきた。文学のジャンルの定義に入るほど広く使用されている特徴もあれば，個人的なものに限定されているものもあり，その場合には作家の言語的アイデンティティーの一部となる。しかし，すべての場合において，潜在的な文体的特徴を特定することは，多くの作家が使うものであろうと，個人に特有なものであろうと，印象にもとづいて行われてきた。言語の構造的可能性についてもっと知るようになれば，文体的に面白いことが生じた場合にその箇所を見つけ出せるであろうし，その効果の性質をもっと説明できるようになるであろうということは確実である。ただし，その最初の１歩――つまり，特有さを認識すること――は直感的なものである。

この過程をより客観的にすることはできるのだろうか。20 世紀は，統計学とコンピューターの発展の支援を受け（p.488），文体的な決定を下すための代替方法を提供する上で大きな進歩を遂げた。**文体統計学**や**統計文体論**などの研究は，今や膨大な量の分析手法を蓄積しており，原作者が不明であったいくつかの古典作品の謎が解明されてきた。

（法廷に関する）統計文体論

基本的な手法は，テクスト内の少数の言語的変項の頻度と分布を計算し，作者が誰なのかが不明，もしくは不確実なテクストを，すでに作者がわかっていて比較可能なテクストと比べることである。方法論的な問題は数多くあるが（とりわけ，語をどのように特定して数えるかという問題，p.128），それでも成功例はいくつもある。前世紀の変わり目に，シェイクスピアの戯曲でフランシス・ベーコン（Francis Bacon）の影響を見る動きは，イグネイシアス・ドネリー（Ignatius Donnelly）やほかの人たちによる，シェイクスピアの作品全体にベーコンの暗号が見つかる可能性があるとの主張に後押しされていた。しかし，その主張は，シェイクスピアとベーコンの使用する語の頻度の違いが大きいことが統計文体論の分析によって示され，反証された。また，1960 年代には，18 世紀の一連の匿名の政治批判の手紙（「ジュニアスの手紙（Junius letters）」）の著者がフィリップ・フランシス卿（Sir Philip Francis）であることがアルヴァル・エレゴール（Alvar Ellegård）によって判明された。しかし，文学だけがこの方法論の恩恵を受けているのではない。法律分野では，議論の余地がないわけではないが，被告側や検察当局側の証拠の一部として，発言や書かれた文章の資料が同一のものであるか，それとも異なるものであるかの主張を裏づけるために，言語学的な手法がどう利用されうるかについての出版物が数多くある。このように言語学が応用されることにより，「法言語学」という名前が出来たのである。

テクスト A を書いたのは誰か？

統計文体論の手法が実際に使われた代表的な例が，以下の 1992 年の研究のグラフである。ヘンリー・ジェイムズ（Henry James）の２つの小説（約 191,000 語）とジェイン・オースティン（Jane Austen）の３つの小説（約 237,000 語）の語りの部分（対話以外の部分）の最もよく使われた 50 語は，両者の「上位 50 語」にまとめられた。次に，統計的手順を利用して，これらのうちのどの語彙によって２人の作家の識別が可能かを決め，28 語が選択された（下のリストを参照）。例えば，すべての男性代名詞は，オースティンよりもジェイムズでかなり頻繁に使用されることが分かった。３人称複数代名詞はオースティンによる使用頻度が高く，２つの不定冠詞（a，an）はジェイムズによる使用頻度が非常に高かった。接続詞と前置詞の使用の違いも明白であった。選択された 28 語のうち，１つだけが語彙的な語（little）であったが，これは統計文体論の研究ではよくあることである。このグラフは，比較の結果を示している。左側にはオースティンの作品のかたまりが，右側にはジェイムズの作品のかたまりが見られるように，はっきりと分かれていることがわかる。（別の例については，p.278 を見よ。句読点についての例は p.296 にある。）

テクスト A

テクスト A という，追加のテクストが研究に加えられた。作者はオースティンかジェイムズのどちらかである。統計文体論の手法を用い，どちらによって書かれたのかを明らかにすることができるだろうか？　テクスト A の中で使われた 17 語が，先にあげた 28 の２者を識別する語と一致し，グラフの A の点に示されている。その結果，テクスト A はジェイムズによって書かれたものであることが明らかである。（J. F. バロウズ（J.F. Burrows），1992 に従う。）

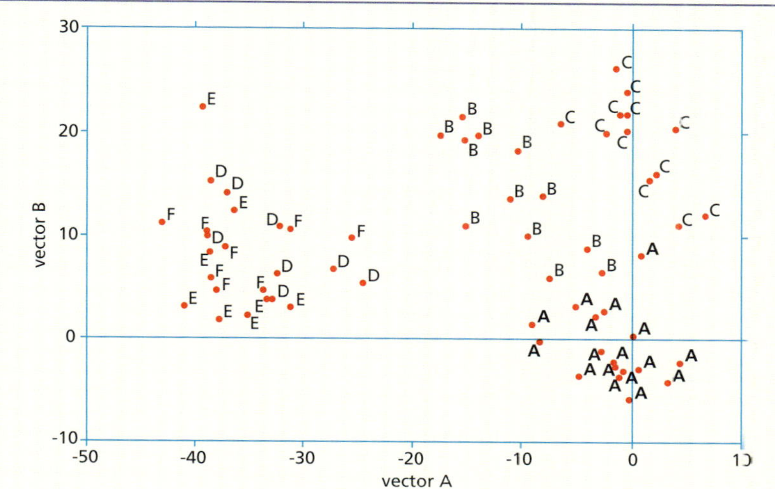

凡例：ジェイムズとオースティンによる５つの物語部（対話部分以外）とテクスト A（５つの物語部で使われた語彙のうち，下のリストにある 28 の，２人の作者を識別する語にもとづく）。**A**, テクスト A; **B**,『ある貴婦人の肖像（*Portrait of a Lady*）』; **C**,『厄介な年頃（*The Awkward Age*）』; **D**,『マンスフィールド・パーク（*Mansfield Park*）』; **E**,『エマ（*Emma*）』; **F**,『高慢と偏見（*Pride and Prejudice*）』.

５つすべてのテクストで最も一般的な 50 語（左）と，２人の作者を識別するための最も重要な 28 語（右）。

1 the	18 that (c)	35 all	1 this	18 he
2 of	19 not	36 would	2 and	19 not
3 and	20 for (p)	37 they	3 could	20 herself
4 her	21 but	38 so (av)	4 a	21 had
5 she	22 him	39 more	5 be	22 with
6 a	23 said	40 there	6 all	23 from
7 was	24 be	41 no (ad)	7 were	24 was
8 to (i)	25 on (p)	42 very	8 if	25 their
9 had	26 which (rp)	43 their	9 to (i)	26 his
10 he	27 this	44 them	10 by (p)	27 him
11 in (p)	28 been	45 if	11 an	28 little
12 his	29 could	46 herself	12 that (rp)	
13 to (p)	30 an	47 that (rp)	13 very	
14 it	31 by (p)	48 little	14 they	
15 with	32 were	49 might	15 no (ad)	
16 as	33 have	50 than	16 them	
17 at	34 from		17 so (av)	

略語

ad　形容詞　　c　接続詞　　p　前置詞
av　程度の副詞　　i　不定詞　　rp　関係代名詞

法言語学

法言語学の範囲は非常に広く，どんなテクストでも，それが話されたものであっても書かれたものであっても，オンラインのものであってもオフラインのものであっても，何らかの言語分析を必要とする法的調査の対象となりうる。さらに，分析にはさまざまな言語学の分野が関係しており，その中の1つの分野で解決できることもあれば，複数の分野を組合わせて解決することもある。

この法言語学という用語が主に用いられるのは，言語資料が証拠としての役割を果たす法律上の係争と関連している。また，（法的な帰結に至らない）論争や，単にテクストの筆者または解釈についての不確実性がある場合にも，使用される。後者の場合，法（forensic）という用語の犯罪的な意味合いを避けて，文体論の応用と見なすこともできる。これは，法的（forensic）という語がもつ元来の意味が影響している。つまり，古代ローマ時代にさまざまな司法業務のための公共の集会所であった，ラテン語の forum（公会広場）という語に由来しているのである。今日，法科学は警察の捜査と密接に関係している。重罪から軽度の違反まで，法的状況の範囲は非常に広い。偽造，詐欺，契約や商標に関する紛争，著作権侵害，盗作，脅迫状，匿名の嫌がらせの手紙や相手を中傷する手紙，自殺の遺書，小児性愛者がオンラインで子どもを騙すことなどが含まれる。具体的に，話しことばでは，自白，中傷，偽証，脅迫，法廷侮辱，警察への声明，裁判官から陪審員への指示など，発言の正確さや解釈が問題となるあらゆることが含まれる。さらに，偽の緊急通話や，他人を装った音声録音など，音声識別の問題であるさまざまな種類のいたずら電話や音声録音がある。いずれの場合も，内容の詳細な言語分析が不可欠な最初の1歩であり，弁護士などが自分の立場が支持されるか否か（弁護するためであっても，起訴するためであっても）を決定するための材料となる。

大衆紙は「言語の指紋」や「言語のDNA」と言うが，これらの表現は避けた方がよい。なぜなら，DNAや指紋は，一個人の中で変化はしないが，話しことばであれ書きことばであれ，人びとのことばの使い方は変化するからである。一人の人間によって作成されたテクストの特徴の言語的プロフィールを作成することは可能ではあるが，異なる状況で同一人物によって作成された別のテクストが，それと同一になるという保証はない。または，ほかの人物が，混乱を招こうと，ある人物のことばの特徴を真似し，非常に似たテクストを作成しないとも言い切れない。

言語的変項

テクストの言語的アイデンティティを定義する変項は何千とある。音声，正字法の特徴，語，文法構造や談話の特徴が，話しことばや書きことばの言語的プロフィールを作るのに関わるだろう。話しことばのテクストでは，英語の40以上の音素のいずれかまたはすべてを，それらのバリエーション（p.248），音節タイプ，および付随する韻律的およびパラ言語的特徴（p.261）とともに，考慮する必要がある。書きことばのテクストの場合，英語の26の書記素のいずれかまたはすべて，それらの異なる書記体のバリエーション（大文字と小文字など，p.269），句読点，つづり，大文字使用，フォント，手書きの文体，字間や行間の空き具合い，および文字の配置などが関わってくる。話しことばであれ書きことばであれ，形態論および統語論における数百に及ぶ構造，何万にも及ぶ語（平均的な人の語彙），さらにわからないものの間違いなく膨大な数に及ぶ談話における選択などの使用の可能性が生じる。

上記はすべて共時的要因であるが，通時的視点も考慮しなければならない。特に古いテクストの著者が誰であるかを考える場合，それがいつ話されたり書かれたりしたものなのかが重要な要素となる。書かれたとされる時期に見られたであろうすべての言語的特徴を考慮し，年代の錯誤（p.170）が生じないようにして古い書類を偽造することはきわめて困難である。しかし，時間の経過は，一人の生涯に限ってみても関わってくる。人の文体の傾向に影響を与えるからである。シェイクスピアの初期劇と後期劇の言語には，顕著な違いが見られる。このことが「シェイクスピアの文体」について一般化することが非常に難しい理由の1つである。ネット上で小児性愛者を見つけられる1つの方法は，大人の犯罪者が，若い人の話し方を真似しようとする際に，言語的間違いを犯す瞬間を狙うことである。

これらの変項すべてを考慮することは実際的ではないため，法的な調査にはつねに何かしらを選択しなければならない。裁判所では異なる専門家の証人が異なる言語的特徴に焦点を当てたり，ある言語的特徴に対する異なる解釈を提案したりして，原告または検察を支持することになる。多くの場合，言語的特徴のいくつかは非常に独特であるため，強力な証拠となる。しかし，通常はほかの要因も関係するため，最終的な判断では，言語学的には強い議論であっても，無効にされる場合がある。

また，録音された電話の会話や警察への声明，脅迫状などの事例にしばしば見られるように，単にテクストが十分でないために明確な言語的結論が導き出せない，という問題もある。言語資料が多いほど，結論の信頼性が高くなる。その一方で，封筒に書かれた住所のような少量の資料であっても，有用なヒントをもたらしてくれることがある。

法意味論

法言語学の判断は，一般的な印象にもとづいているものではない。テクストの詳細をさまざまな点に関して徹底的に調査した後に，判断されるのである。法言語学がすべきことは，言語的事実を確立することだけでなく，裁判官や陪審員，弁護団が理解できるような方法で提示することであるが，それが時として困難な場合がある。

普通は客観的と見なされる科学報告書に何らかの偏った意見が含まれていたある事例では，言語学者は，訴訟の一方を支持する印象を伝えるすべての言語使用の事例を特定する必要があった。例えば，研修中の検眼士（optometrists in training）が「検眼士志望の（would-be optometrists）」と説明されたことがあったが，これは否定的記述の例となった。その証拠となったのは，辞書学であった。

複数の辞書の見出しを参照すると，would-beは，「なりたいと希望する」（例えば would-be fiancée 婚約者になりたいと思っている人）といった肯定的な意味として時折使われることもあることが分かる。しかし，ほとんどの場合，このwould-beという表現の使用は，否定的な場合，つまり，「ふりをする，装う」（would-be artist 自称芸術家）または「意図するが失敗する」（would-be work of art 芸術作品のつもり）などのように使われていた。実際に，この表現を「軽蔑的」として分類している辞書もある。そして，この表現は通常，専門職には使用されないことが，コーパス（p.490）を参照することで明らかになった。たとえば，研修医のことを would-be doctors とは言わないのである。

こうしたことは，言語学者が専門家証人として出廷した際に，（相手の弁護士によって）言語学者の出す証拠は個人的な意見にすぎないと言われるのを避けようとするならば，蓄積しておかねばならない事実である。上記のような場合には，辞書を使用することは賢明な戦略である。なぜなら辞書とは，誰にとっても身近な存在であり，権威あるものと広く考えられているからである（p.498）。それに対し，コーパスとは何であるかを知っている弁護士はほとんどいないため，コーパスからの証拠を提出するときには，何らかの説明が必要となるだろう。

（R. シュイ（R. Shuy），2010 に従う）

筆跡学

2001年9月11日のニューヨーク攻撃の1週間後，いくつかの報道機関に致死量の炭疽菌入りの封筒が送られた。3週間後，さらに2通の封筒が2人の米国上院議員に送られてきた。それにより，5人が死亡し，さらに数人が炭疽菌に感染した。封筒内には，DEATH TO AMERICA（米国の死）などといった，すべて大文字で書かれた短い文章がいくつか書かれ，ALLAH IS GREAT（アラーは偉大なり）で締めくくられていた。その内容からは，9.11のテロ攻撃を計画したのと同一の，あるいは同種のテロリストが関わっているように思われた。

これは米国史上最悪の生物攻撃であった。捜査の大部分は，炭疽菌がどこから得られたかということと，誰が関与しているかということに集中していたが，重要な言語的手がかりがあった。書かれた文章と住所の筆跡鑑定（言語的な意味で，p.269）から何か推測できるだろうか。具体的には，それを書いた人物の第1言語が，英語ではなくアラビア語であることを示唆するものが，筆跡の中にあるだろうか。

手がかり

明確な特徴が2つある。すべての文字に大文字を使用していることと，行が左から右へ斜めに下がっていることである。大文字は，書いた人物が通常自分が書く筆記体を隠したいときに使われる典型であるが，この場合は大きな丸みのある文字により，子どもが書くような字体となっている。上院議員宛の手紙の（偽の）差出人住所に「4年生（4th grade）」とあるように，おそらく，9–10歳の子どもの書き方を真似て書かれたと思われる。これはどのように解釈できるだろうか。英語のカーシヴ体（筆記体）をよく知らない人物（したがって，外国語として英語を学んだ人物）が書いたのかもしれない。あるいは，偽の住所とともに，さらなる偽装の試みである可能性もある。

同様に，行が斜めに下がっていることは，左から右に書く英語の書き方に慣れずに苦労している人物が書いたものと解釈することもでき，そのために行が曲がってしまっているとも考えられる。これは，アラビア語など，右から左に書かれる言語が第1言語なのではないか，ということが示唆される。一方で，よく見るとすべての行が急傾斜しているわけではない。また，書き方は均等ではなく，大文字の大きさが異なっている。頭文字は大きく，残りの文字は中ぐらい，書き手がいくつかの語を1行に収めようとしているときには文字が小さくなっている。このように文字の大きさを使い分けて書くことは，簡単ではない。英語の読み書きに非常に堪能である場合を除き，アラビア語のように大文字がまったくない言語に慣れている人物が，このような明らかに自然な方法で書くことはほとんどない。これらの文字の書き方に不安感は見られない。それどころか，文字の形は一貫しており，書き手がアルファベットに慣れていることを示唆している。むしろ，書き手の自然なスタイルであり，いくつかの文字が右下がり（p.269）（Rの場合に非常に顕著）であるが，左下がりの文字より下がっている。これは非常に

一般的なことである。本書の著者も含め，多くの人は，罫線のない紙に書くときに，行が斜め下に行ってしまう傾向を意識的に修正する必要があると感じる。

句読点――むしろ句読点がないこと――から何も推測することはできない。なぜなら，近年は句読点を住所には使わない書き方が標準的であるからである。アラビア語の句読点に慣れている書き手に見られるような句読点の間違いはない。D.C.にはピリオドが使われているが，NJにはピリオドがなく，一貫性がない。人びとは通常，略語をどう使うかには几帳面になる。おそらく，この書き手は，文字の書き方を偽装するために全体的な特徴を作り上げることに集中し過ぎて，このピリオドという細かい点に一貫性をもたせることを忘れてしまったと考えられる。この点でこれまで多くの自称（would-be）偽造者が失望してきたことであろう。書きことばのテクストにおけるすべての要因を制御できるようにするには，非常に有能でなければならないのである。

結論としては，この手紙の書き手は英語を第1言語とする人物であった。そしてやがて，すべての主要な容疑者全員が英語を第1言語とするものと結論づけられた。（J. オルソン（J. Olsson），2008に従う）

法音声学

話しことばの聴覚分析または音響分析は，2つの録音した話しことばが同じ話者のものであるか，異なる話者のものであるか，どちらの可能性が高いかを示唆できる。「可能性が高い」という表現は重要である。なぜなら，人の声は年齢を重ねるにつれて変化するし，人は健康状態や，話している時刻，話題，話し相手やそのほかの状況によって，話し方が大きく変わるからだ。背景の雑音が声の識別を困難にすることもあり，録音されたものの多くは非常に短く，品質の悪い機器や古い機器で録音されていることも，声の識別を難しくさせる原因となる。例えば，録音された電話の会話は，帯域幅が限られているため，特定の音（/f/, /θ/, /s/など）を明確に識別するには十分な音質ではない場合がある。

法音声学者は，顕著な類似点と相違点，そして地域特有の発音様式や話し方の個性など，わかりにくくさせる可能性を増したり減じたりする発音の要素に注意を向ける。発話信号の聴覚にもとづく表記と機械による自動分析の両方の組合わせによって，いずれか単独の方法よりも有益な結果を導き出せる可能性がある。法音声学の初期には，音声資料のスペクトログラムから得られた結果（いわゆる「声紋鑑定」）に大きな信頼が置かれていた。しかしその後，スペクトログラムの一致は，話者を識別する際に，当初考えられていたほど信頼性の高い方法ではないことがわかってきた。同じ話者からの資料であっても予期しない変化を示す可能性があるため，分析者はすべての表示を解釈し，判断する必要があり，その判断には，聴覚の場合と同様に，分析者の主観が入ることは避けられない。

法音声学では，音声識別以外にも，録音内容に関する論争の解決など，ほかに多く応用が利く。話者は厳密には何と言っているだろうか？　脅迫電話で言われた名前はアンナだろうか，それともハンナだろうか？　グレンだろうか，グウェンだろうか？　アーニーだろうか，それともロニーだろうか？　また，新しいブランド名の提案をするとき，レクシスとレクサス，またはセイコスとセイコーのように，既存のブランド名と混乱を招くほど発音が類似していないだろうか？　もちろん，音声的な事実が一方を支持するか他方を支持するかは裁判所が決めることであるが，これらの事実を提供するのは法音声学者である。

プレブゲート

2012年9月，当時英国政府の院内幹事長であったアンドルー・ミッチェル（Andrew Mitchell）は，会合に間に合わせるため，急いでダウニング街から自転車で出ようとした。警備の門のところで降りて歩いていくように言われ，彼は当直の警察官に，「身分をわきまえろ，おまえがこの政府を動かしているとでも言いたいのか，この平民め（Best you learn your fucking place – you don't run this fucking government – you're fucking plebs.）」と言ったとされている。事件後，『サン』紙は，軽蔑的な表現であるpleb（平民，庶民）に焦点を当て，メディアは「プレブゲート（plebgate）」（p.143）という表現でその事件を扱った。ミッチェルはその表現の使用を否定したが，辞任を余儀なくされた。彼は名誉毀損のためにこの『サン』紙を訴え，同時に，嘘つき呼ばわりされた警察官によって訴えられた。2014年11月にミッティング裁判官によって審問され，ミッチェルがこの裁判で負けている。

音声学的問題

ミッチェルの裁判の一部は，次の主張に掛かっていた。監視カメラに残された記録からすると，警察官の日誌に記録されているようなミッチェルの言葉がすっかり発せられ終わるには，時間の長さが短か過ぎる。音声学者のマーク・リバーマン（Mark Liberman）とピーター・フレンチ（Peter French）は，（異なる当事者によって）専門家証人として召喚された。リバーマンの使命は，例えば，話のやり取りが合理的に行われるのに要する時間を推定したり，会話が行われた状況，そのやり取りに関する感情的側面，発話速度の変動幅などを考慮に入れ，さらに会話中のポーズや重なりも加味して，考えうるタイミングの範囲を答申したりすることであった。

2人の音声学者は異なる手法を用いたが，似たような結論に達した。フレンチは，発言ごとの音節を数え，経過時間で割って，ミッチェルの典型的な話す速度を明らかにした。そのために，ほかの場面でのミッチェルの発話から得られた測定値も含まれていた。リバーマンは比較のために電話交換コーパス（p.496）などのコーパスを使用して，発話されたフレーズと無音のポーズを別々に扱い，短いフレーズと長いフレーズを区別した（後者はよりゆっくりと話されるため）。

（巻末p.568へ続く）

23 電子通信上の変異

さらなる情報源：
cambridge.org/crystal

本書の初版を手がけ始めた 1990 年，ワールド・ワイド・ウェブ（the World Wide Web）はまだ生まれていなかった。ウェブは当時すでに 20 年ほど普及していた E メール (p.456) を補完するため翌年に登場したが，1990 年代中頃までは，ほとんどの人びとにとっては生活の日常的な部分とはなっていなかった。電子通信革命のこれらの特徴は，チャットルーム，ディスカッション・グループやオンラインゲームなどとともに，「コンピュータ／デジタル／電子的に仲介されたコミュニケーション（CMC／DMC／EMC）」，「電子／デジタルディスコース」，あるいは（通俗的に）「ネットことば（Netspeak）」と，さまざまに呼ばれ，新たな研究領域に定義を与えた。本章では EMC という名称を採用する。

すぐに英語に現れた影響は，人びとが新しいテクノロジーによってもたらされる言語的な制約や機会と折り合いをつけるため，ことばを適応させ，次第に，新たな広がりをもった範囲の言語変異が現れたことである。このメディアの特徴は，ウェブリッシュ（Weblish）やネットリッシュ（Netlish）という名前でとらえられたが，このような気を引く用語は，インターネットでのことばの多言語性を説明する時には，その価値は限られてしまう。実際は，テクノロジーの継続的で急速な変化，その使用方法，それこそがこのテクノロジーの注目すべき特徴であるといえる。その結果，一般に広まったものも速いスピードで時代遅れとなる傾向があり，したがって以下のページにあるような言語に関する説明は，21 世紀初頭にどのように電子的コミュニケーションが現れたかのスナップショットにすぎないと考えなければならない。

インターネットカフェ，あるいは cybercafes（サイバーカフェ）と呼ばれるものが 1990 年代初頭から現れた。*cyber-*（サイバー）という接頭辞はその後の 10 年の間に cyberspasce（サイバースペース），cyberculture（サイバーカルチャー），cyberlawyer（サイバー弁護士），cybersex（サイバーセックス），cybersquatter（サイバー不法占拠），cyberkitchen（サイバーキッチン），cyberian（サイバリアン），cybersitter（サイバーシッター），cyber hymnal（サイバー賛美歌），cyberterrorism（サイバーテロ），cybersurfing（サイバーサーフィン），cyberbullying（サイバーいじめ），cyberamorous（サイバー好色），cyber lover（サイバー恋人），cyber rights（サイバー権利）など，何百もの新しい語，複合語を生み出している。

画面の色やアニメーションにひかれる子どもたち。インターネットは，新しい言語活動の発達を促しているが，それは読み書きの能力と言語スキルの低下の懸念につながっている。しかし，証拠となる情報はそうでないことを示唆している (p.455)。

運命の予言者

言語に関する運命の予言者たちは，新しい技術の到来に伴って現れるが，電子的コミュニケーションもその例外ではない。インターネットが犯罪者やテロリスト，あるいはポルノグラフィーや反社会的活動によって悪用されているという観点からみれば，社会的懸念には疑いの余地はないが，言語に関する懸念には根拠がない。英語やほかのオンラインのことばへの影響は，めざましく，劇的であり，表現領域を大きく広げ，表現の新しい次元を提供し，相互作用や創造的な自己表現に新たな機会を提供している。

ハーバート・フーバー（Herbert Hoover）が 1925 年 11 月，ワシントンのオフィスから放送している。この頃すでに新しいメディアは，宣伝や社会的統制によい機会であると見なされていた。

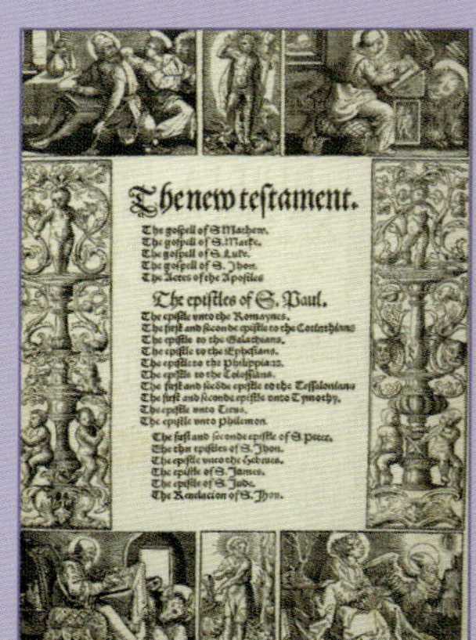

The newe testament.

1900 年，初期のコールセンターであったロンドンの中央電信局（Central Telegraph Office）で働いていた 100 人の事務員の様子。多くの人が電報は家族のコミュニケーションを破壊し，犯罪を助長させると考えていた。

1885 年，ある夫婦が離れている間連絡を取り合っている様子。電話の出現は，普通の社会的，言語的相互作用の終わりの始まりを告げると考える人もいた。（マーク・トウェイン（Mark Twain）の考え方を見よ，p.305）

写本を通した情報普及は，その非常に多くの場合が，教会の管理下に置かれていたが，そうした時代の後にやってきた印刷技術（p.56）は，すべての人に歓迎されたわけではなかった。印刷技術によって，無検閲の知見が広く広まることで，「悪魔の声」を広めてしまうことになるのではと多くの人びとが考えていた。

EMCにおける4つのジャンルとその特徴

人びとがコンピュータを使ってコミュニケーションを取るとき，キーボードや画面の前での行動は，従来の，書くという作業における行動ととても似ている。一方，コンピュータを使った相互作用の性質は多くの点で，人びとが話をしているときに行っていることをより連想させる。「会話」や「チャット」などの用語は，その活動を特徴づけるために日常的に使用されている。p.309に記載されているような話しことばと書きことばの特徴の観点からインターネットのジャンルを分析すると，EMC（電子的に仲介されたコミュニケーション）の特別な位置づけが浮かび上がってくる。話しことばや書きことばとは大きな違いがあり，一般的にEMCは話しことばのようでも書きことばのようでもなく，完全に異なる媒体であるといえる。

EMCの特異性が目立つのは，話しことばにも書きことばにもないEMCの特性を考えるときである。即座に応答できなかったり，韻律が表せなかったり（pp.464-5に説明した顔文字や絵文字などがあるにもかかわらず），一度に多くの対話に参加可能であること（チャットルームの相互作用など）は，実際の会話とは異なる。書きことばと異なる点は，文字にグラフィック効果を使い（例えばアニメーションつきのテクストなど），書き手の表現方法を工夫できること（例えばEメールのフレーミングやカット・アンド・ペーストなど），そして読むときも一方向に読むのではなく，あちらこちらに飛びながら読むような読み方に依存している点である。これらの特徴は本ページ下部，ならびに以降のページで解説する。

EMCと話しことばの比較

特徴（p.309にまとめ）	ウェブ	Eメール	チャットグループ	バーチャルワールド
1. 時間的な期限	なし	有り，ただし，さまざまな期限がある	有り，ただし，さまざまな期限がある	有り，ただし，さまざまな期限がある
2. 自然に発生	なし	可変的	有り，ただし完全に自然にうまれるわけではない	有り，ただし完全に自然にうまれるわけではない
3. 対面性	なし	なし	なし	なし
4. 自由な構造	可変的	可変的	有り	有り
5. 社会的相互作用性	なし，ただし選択肢は増加傾向	可変的	有り，ただし制限つき	有り，ただし制限つき
6. 直後の修正可能性	なし	なし	なし	なし
7. 韻律の自由さ	なし	なし	なし	なし

EMCと書きことばの比較

特徴（p.309にまとめ）	ウェブ	Eメール	チャットグループ	バーチャルワールド
1. 空間的な限界	有り，ただし別の選択肢有り	有り，ただし定期的にスペースを削除	有り，ただし制限有り	有り，ただし制限あり
2. 作為性	有り	可変的	なし，ただし，ある程度の改訂あり	なし，ただし，ある程度の改訂あり
3. 視覚的な脱文脈性	有り，ただし，相当な改訂有り	有り	有り	有り，ただし，ある程度の改訂あり
4. 複雑な構成	有り	可変的	なし	なし
5. 事実の伝達	有り	有り	可変的	有り，ただし，ある程度の改訂あり
6. 訂正のくり返し可能性	有り	可変的	なし	なし
7. 画像的豊富さ	有り，ただしさまざまな場合がある	なし	なし	有り，ただし，さまざまな場合がある

複数会話

この1990年代のチャットの画面（同期やりとり，p.456）は，日常的な対面の会話とは異なるEMCがもつ2つの基本的な特徴を表している。

- グループのメンバーは無限な数の会話に参加することができる。この画面では何人がこの会話に参加しているかはわからないが（4人が見えているが）何人にでもなる可能性がある。（参加者の名前が画面上で，対話領域に並ぶパネルに表示されるチャットルームもある。）それぞれの参加者は入ってくるメッセージを，誰からのメッセージであってもすべて目を通し，応答するかどうか選択することができる。こうした複数の相互作用性は，1つの部屋で複数の会話が同時進行するカクテルパーティのような場所では不可能であろう。
- 参加者は，メッセージの送り手に，そのメッセージをどのように受け取っているのかを知らせるために，同時にフィードバックを送り合うことはできない。対面の会話では，そのようなフィードバックは日常的で，顔の表情，体の動きや，声による反応（mhm（うん）yeah（そうだ）sure（もちろん）など）といった形式を用いる。チャットルームやEメールのやり取りでは，送り手がメッセージを作成している最中に何かしらの反応をすることはできない。あたり前ではあるが，メッセージを受信するまで，送り手がメッセージを書いていたことすら知ることができないからである。送り手が返事をもらうまでには，いつも遅延が生じ，また，もちろん返事をまったく受け取らないこともある。

読者がこの対話の感覚を解釈するのに抱えるかもしれない問題はEMCの特徴とは関係がない。すべての個人的な会話と同様，参加者は共有知識に大きく頼っているため，立ち聞きしている人たちにとってはこうした会話は理解しにくい。

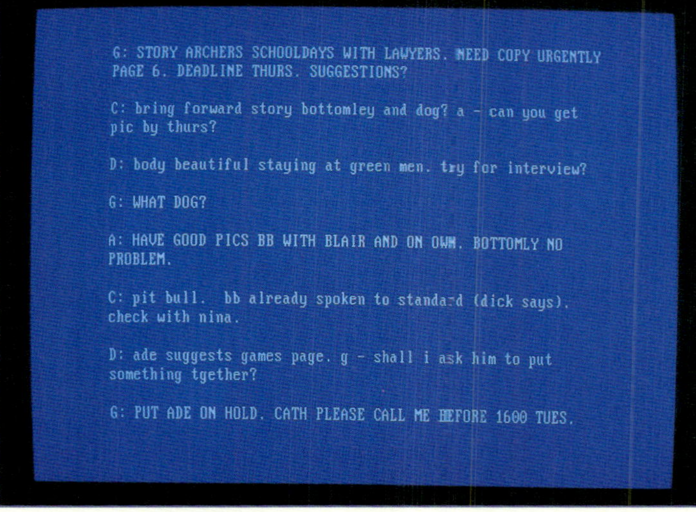

G: STORY ARCHERS SCHOOLDAYS WITH LAWYERS. NEED COPY URGENTLY PAGE 6. DEADLINE THURS. SUGGESTIONS?
C: bring forward story bottomley and dog? a - can you get pic by thurs?
D: body beautiful staying at green men. try for interview?
G: WHAT DOG?
A: HAVE GOOD PICS BB WITH BLAIR AND ON OWN. BOTTOMLY NO PROBLEM.
C: pit bull. bb already spoken to standard (dick says). check with nina.
D: ade suggests games page. g - shall i ask him to put something tgether?
G: PUT ADE ON HOLD. CATH PLEASE CALL ME BEFORE 1600 TUES.

（G：STORY ARCHERS―会話訳下記）

G：アーチャーの学校での弁護士との話。大至急探している。6ページ。木曜まで。何か提案は？

C：ボトムリーと犬の話もってきたら？a―木曜日までに写真撮れる？

〔【訳注】a. は参加者Aのことを表す。Cの発話はGの返答ではなく，Aへの問いかけである。〕

D：グリーンマンにいる美しいからだ。インタビューする？

G：どの犬？

A：ブレアとBBのよい写真ある。それと自分の。ボトムリーに関しては問題ない。

〔【訳注】すぐ次のCの発話で，BB本人に代わって，CがBBの状況を報告していることから，BBはこの場所には居ない参加者を表していると推察できる。〕

C：ピット・ブル。BBはもうスタンダードと話したらしい（ディックによれば）。ニーナと確認して。

D：エディはゲームのページをおすすめしているよ。G，彼になにかまとめるよう頼もうか？

G：エディ保留にして。キャス，火曜日の午後4時前に電話して。

言語の最適化

この技術のある基本的特性は，新しい言語変種の性質に影響を与える際に，当たり前のことだが，それでもなお重要な役割を果たしている。新聞のことばが新聞のサイズやページの形，欄の文章構成に影響されたように（p.408），EMC は画面のサイズと形状，および，利用可能な視覚的空間の機能領域の構成に影響されてきている。P.466 に示したような多くの部分からなる種類のウェブページでは，見出し，要約，キャプション，解説のテクスト，広告，コミュニケーションが取れる機会，ほかのページやサイトへのハイパーリンクなど，独特の言語機能をもつ場所が実に 30 カ所ほどあるだろう。

したがって，表現の簡潔性がとても重要で，そのことだけが要因となって，非常に省略された形を使う慣習やスタイルが発生している。画面が小さいほど，人びとは言語の最適化を余儀なくされ，うまく納めるために言語的工夫をする。携帯メールの現象は，小さい携帯電話の画面にある，限定的な交信の可能性を利用したものであるが，どのようなことが自然に，また急速に起こりうるかを示したよい例である。実際，テクノロジーが言語変化を促進するスピードはこれまで知られていない。初期の携帯メッセージの独特なことばは，新しく識別可能な英語の変種として 5 年もかからずに現れた。もちろんその変種は同じようなスピードで消滅するかもしれない（p.452）。

メッセージをありがとう

小さいサイズの画面や，限られたスペース（160 文字），小さいキーパッドなど，携帯電話の特徴は，「携帯メール」(text-messaging または texting）として知られる文字の省略形を多用したコミュニケーションスタイルを生じさせた。ここにある２つの携帯画面の画像は，時間とエネルギー（特にキーパッドを操作して文字を選ぶ場合の）を節約する方法を示している。特に意味に複雑さがない短いメッセージを送るのに申し分なく適しており，とりわけ，次々と独創的な省略スタイルを素早く進化させた若者の間で魅力的なコミュニケーション方法であることが証明されている。

THX（'thanks'）（ありがとう），MSG（'message'）（メッセージ），XLNT（'excellent'）（すばらしい）などの項目で判断すると，ユーザーは母音とは対照的な子音の情報価値について認識しているようである。B4（'before'）（以前），C U l8r（'see you later'）（じゃあまたね）のように，文字，数字またはほかの記号を使って（伝統的な判じ物のように）全体の音節や語を表すことは一般的である。予測可能な語の連なりは上記で使用されたように頭文字をつなげたように短縮することができ，例えば F Y で 'for your', SWDYT（'so what do you think?'）（どう思いますか？），CWOT（'complete waste of time'）（まったくの時間の無駄遣い）などとなる。そして c%l（'cool'）（かっこいい）や顔文字，絵文字の使用など，いくつか新しい形が現れている（pp.464-5）。

初めてのことではない

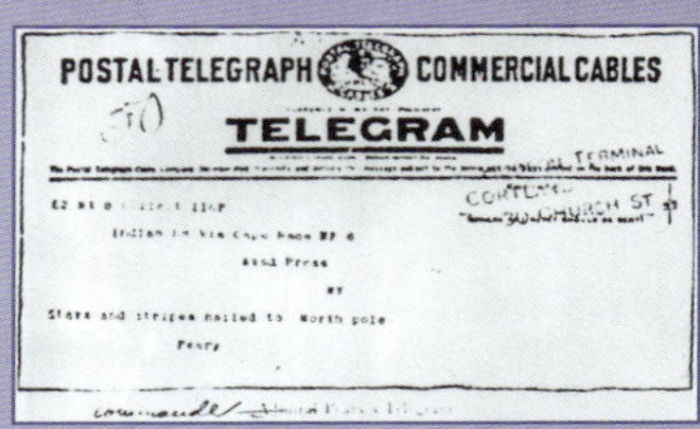

テクノロジーが，メッセージを省略して書くスタイルを使う動機づけとなったのは，携帯メールが初めてではない。初期の遠隔通信では，電報の費用は文字数によって決まっていた。米国の探検家，ロバート・E・ピアリー（Robert E. Peary）が 1909 年に送った有名な電報に見られるように，電報スタイルは急速に出現した。

携帯メール語

ショートメール（SMS）のユーザーによる携帯メールで使われている略語の抜粋である。本当に広く一般的になっているのはごくわずかである。多くはユーザーの言語の創意工夫に対する嗜好を反映しているにすぎないようである。

afaik - as far as I know（私の知る限り）
atw - at the weekend（週末に）
bbl - be back later（後で戻る）
bcnu - be seeing you（またね）
b4 - before（以前に）
brb - be right back（すぐ戻る）
btw - by the way（ところで）
cm - call me（電話して）
cul, cul8r - see you later（またね）
dk - don't know（わからない）
f? - friends?（友達だよね？）
fotcl - falling off the chair laughing（大爆笑，椅子から転げ落ちるほど笑う）
fwiw - for what it's worth（大したことではないかもしれないが）
fya - for your amusement（お楽しみまでに）
fyi - for your information（ご参考までに）
g - grin（にやっと笑う）
gal - get a life（いい加減にして）
gd & r - grinning ducking and running（くだらないことを言ってごめん）
gmta - great minds think alike（頭のいい人たちは同じように考える）
gr8 - great（素晴らしい）
hhok - haha only kidding（あはは，冗談だよ）
ianal - I am not a lawyer, but…（弁護士ではないが…）
icwum - I see what you mean（よくわかります）
imho - in my humble opinion（私に言わせていただければ）
imnsho - in my not so humble opinion（はっきり言わせていただくと）
imo - in my opinion（私の意見では）
iow - in other words（言い換えれば）
jam - just a minute（ちょっとまって）
jk - just kidding（冗談だよ）
kc - keep cool（落ち着いている）
lol - laughing out loud（大笑い）
np - no problem（気にしないで）
oic - oh I see（なるほど）
otoh - on the other hand（一方では）
pmji - pardon my jumping in（話に割り込んですいません）
rotf - rolling on the floor（床をのたうちまわるほど爆笑）
rotf - rolling on the floor laughing（床をのたうちまわるほど爆笑）
smtoe - sets my teeth on edge（気持ちの悪い，いやな）
s! mt!! oe!! -（smtoe の強調版）
so - significant other（大切な人）
thx, tnx, tx - thanks（ありがとう）
tia - thanks in advance（前もってお礼を申し上げます）
tmot - trust me on this（これは絶対）
ttyl - talk to you later（またあとで）
ttttt - to tell you the truth（本当のことを言えば）
wadr - with all due respect（お言葉を返すようですが）
wrt - with respect to（〜に関して）
wu - what's up?（元気？）
x! - typical woman（典型的な女性）
y! - typical man（典型的な男性）

こんなもんじゃない

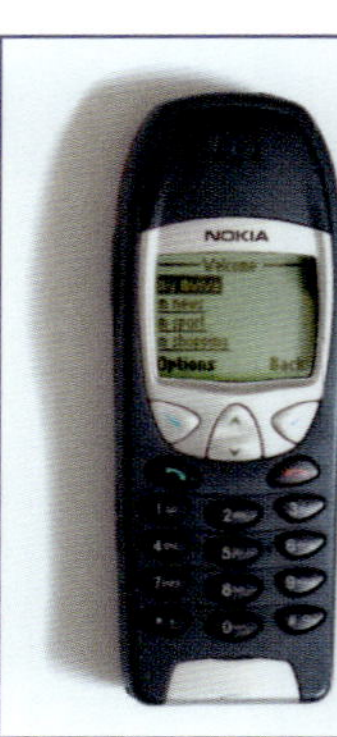

これはボブ・コットン（Bob Cotton）とマルコム・ギャレット（Malcom Garrett）が，1990 年，メディアと，グローバルなエキスパート・システム〔【訳注】素人や初心者でも専門家，すなわちエキスパートと同じように問題解決できるようにするために開発されたシステム〕の将来を批評した冊子のタイトルである。彼らは，生産，伝達，受信という，コミュニケーションの連鎖の３つの部分のそれぞれで大きな革新があると予想した。配信のシステム，信号処理能力，アクセス機器のさらなる開発は私たちが使用することばの種類に大きな影響を与えるであろう。

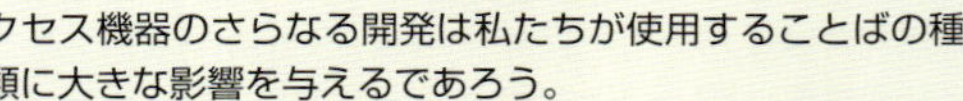

問題の中心となるのは帯域幅を大きく広げたことで，多くのチャンネルを１つの信号内において利用可能にし，streaming media（ストリーミング・メディア）と呼ばれる手続きで，従来は分離していたコミュニケーションの様式を結合することができる。音声と視覚という２つの主要なモードは，現在この方法で日常的にリンクされている。技術的に，コットンとギャレットは正しかったのだ。確かに，こんな程度ではなかったのである。

もちろん，この情報がどのぐらい個々のテクノロジーに都合がよいように適応することができるのかはわかっていない。例えば，携帯電話の画面で簡単に見ることができるインターネットのデータ量を制御するには深刻な限度があるのは明らかで，さらに言葉に対する制限も結果として起こりうるだろう。インターネット電話のように，既存の視覚的モダリティに音声が追加されたり，個人用ビデオ電話のように，既存の音声モダリティに視覚が追加されると，まったく新しい種類の変異が現れることを期待する必要がある。言語的にも，こんな程度ではないのだ。

予測不可能性

言語の発展に影響を与える可能性がある予測不可能な要因（社会的，政治的，宗教的…）をすべて考えると，言語の長期的な将来を予測することは危険なことだ。しかし，EMC においては短期的な予測を立てることでさえ不確かとなりうる。

携帯メール語（p.454）はその代表例であろう。省略形スタイルは，2000 年代初期に携帯メールが出始めた時の，若者の想像力をとらえたが，10 年後には少なくとも 10 代後半の若者たちの間で人気が著しく低下していた。C で「see」，u で「you」のようなものはいくつか定着しているものの，rotfl や fotcl のようなわかりにくい語は消滅している。こうした省略形はもう「かっこいい」わけではない，という意識が広まっている。なぜはやりではないのかと尋ねられ，あるティーン・エイジャーは，「お父さんが使い始めて，自分は省略するのをやめたんだ！」とコメントした。新しいスマートフォンはテクストの予測変換機能という人気の機能がついているが，こうしたことも省略形の有用性の低下に拍車をかけた。

これは「下から」の変化――すなわちユーザー自身が変化を起こすということであるが，変化は「上から」――つまりテクノロジーを手がける企業によっても起こりうる。ツイッター｛【訳注】2022 年 10 月に X と変更。本書の「ツイッター」はいずれも「旧ツイッター」の意味｝がプロンプト｛【訳注】コンピュータ・システムからユーザーに与えられる入力を促すメッセージまたはシンボル（ランダムハウス英和大辞典）｝を変えたのはその一例である。2006 年ツイッター初期，プロンプトは「いまなにしてる?」であった。ところが 2009 年 11 月には「いまどうしてる?」になった。｛【訳注】2021 年 5 月現在，ツイッター日本語版のプロンプトは「いまどうしてる?」である。「いまなにしてる?」からの変更は 2009 年 11 月 20 日に発表され，話題となった。参照 URL：https://www.itmedia.co.jp/enterprise/articles/0911/20/news038.html｝その結果，ツイッターは，ニュース報道や広告サービスになり，言葉の性質に明らかな変化をもたらした。2006 年と 2009 年の間のツイートは1人称代名詞と現在形の使用によって特徴づけられていたが，その後のツイートでは代名詞や時制の全範囲が使用された。この最初の 3 年間にツイッターのことばを研究していた人は誰でも，これが最先端の研究と考えていたが，今では，彼らの発見は，事実上直近の歴史言語学への貢献であると感じているだろう。

神話の払拭

インターネット言語を研究する上での課題の1つは，「運命の予言者」（p.452）で広く明らかになったインターネット言語についての神話を破壊する必要があることである。携帯メールの文面の歴史がそのプロセスを示している。若者はメールを最新の略語と省略された文字でいっぱいにしていると言われ，このことはつづり方を知らないことを示していた。彼らは軽率にも宿題や試験で，こうしたことばを使い，望ましくない読み書き能力を示した。『デイリー・メール（*Daily Mail*）』(2007 年 9 月 28 日)の中で，イギリス人アナウンサーでジャーナリストでもあるジョン・ハンフリーズ（John Humphrys）ほどうまく，今にも起こりそうな世の終わり（apocalypse）を要約した人はいない。彼は，携帯メッセージを送る者たちのことを次のように説明した。

> （携帯メッセージを送る者たちは）800 年前，チンギス・ハーンが近隣諸国にやったことを，我々のことばに対して行っている破壊者である。携帯メールを送る者たちはことばを破壊している。句読法を略奪し，文を野蛮にし，語彙を破壊しているのだ。だから彼らを止めなければならない。

いくつかの調査研究が，携帯メッセージの目新しさ（したがって危険性）に関する初期のメディアの疑心暗鬼は，見当違いであったことを完全に明らかにしている。

携帯メール語の神話

略語だらけ？

米国のある研究では，何らかの種類の省略形を用いた携帯メールは 20% に満たないことが示された。ノルウェーの研究では，その割合はもっと低く，略語を使っていたのは，たったの 6% であった。一群の携帯メールからすべての語を数えると，通常約 10%のみが略語であることが判明している。すなわち，携帯メールのメッセージが My smmr hols 2 NY wr CWOT ｛【訳注】My summer holidays to NY were complete waste of time.｝（ニューヨークでの私の夏休みはまったくの時間の無駄だった）といった略語形ばかりであることはほとんどなく，Just landed Paris. On way 2 metro. ｛【訳注】Just landed Paris. On way to metro.｝（今パリに着いた。地下鉄に向かっている）というものに近い。

現代の発明？

略語は流行の先端だったのだろうか？ほとんどはそうではなかった。その多くが 100 年以上前，コンピュータ前時代のくだけた書きことばに見つけることができる。携帯メールの略語の最も目につく特徴は，例えば b で「be」，2 は「to」というように，語そのものや部分的な語を表すために 1 つの文字，数字，記号を使うことである（判じ絵（rebus））。大人は，若者が携帯メールで「c u」｛【訳注】See you より｝（またね）を使っているのを非難するが，自分たちも昔同じことをやっていたことを忘れている（携帯電話ではなかったが）。数え切れないほどの漫画の年刊号で，次のような判じ絵パズルを解いていた。

YYUR YYUB ICUR YY4ME
'too wise you are …'

（賢過ぎる，賢過ぎる。私にとってあなたはあまりに賢い。｛【訳注】それぞれの略語は以下のように置き換えられる。YY = two Ys (= too wise); UR = you are; UB = you be; ICUR = I see you are; 4ME = for me. すなわち Too wise you are, too wise you be; I see you are too wise for me となる。｝）

1867 年の詩選では，「象徴的な詩（emblematic poetry）」という見出しの中に，「ミス・キャサリン・ジェイへのエッセイ（*Essay to Miss Catharine Jay*）」（右の記述を見よ）が紹介された。

同様に，msg ('message')（メッセージ）や xlnt ('excellent')（素晴らしい）のような文字の省略は長い歴史がある。エリック・パートリッジ（Eric Partridge）は 1942 年に『略語辞書（*Dictionary of Abbreviations*）』を出版した。この辞書には，例えば agn で 'again'，mth で 'month' また gd で 'good' といったまるで SMS のような事例が多く含まれている。また，英語の言語史の一部に，cos で 'because'，wot で 'what' といった，非標準的な形式がある（p.193）。これらのうちのいくつかは，文学の伝統で多くの部分をしめているため，『オックスフォード英語辞典』の見出し語となっている。Cos は 1828 年から，wot は 1829 年から辞書に登場している。

軽率な逸脱？

携帯メールを打つ者たちは自分たちの非標準的なつづり方は規範に沿っていないことをわかっている。読み書きを教わっていなかったら，携帯電話の技術を使うことなどまったくできないだろう。このことは彼らが標準英語の書きことばの基本的な知識をもっていることを意味している。つづり方がわからないどころか，携帯メールを使う者たちが，携帯メールの略語を使用するためにはこの基本的な知識が必要なのである。文字を省いて打つことが「かっこいい」のだとすれば，そこにもともと文字があることを知っている必要がある。ある携帯メール研究では，上手にメールの文字を打つ者は実はつづりが最も得意で，宿題に携帯メールの略語を使うのは不適切であるということもよく認識しているという重要な結果が示された。学校のエッセイや試験の解答を集めたコーパスデータを調べても，こうしたメール略語を探すことはおそらくできないであろう。（D. Crystal，2008c に従う）

スパム

スパムメッセージの件名欄における略語の割合は少しだけ高いが，ここでもほとんどの語，すなわち代表例のグループの 120 例のうち 106 例は，標準的につづられている。

How about getting in touch with folks waiting for company? Just txt back your NAME and AGE to opt in! Enjoy the community…
（仲間を待っている人たちと連絡を取るのはどうですか？あなたの名前と年齢をテクストで返信して加入してください！コミュニティーを楽しんで…）

URGENT! We are trying to contact U. Todays draw shows that you have won a £2000 prize GUARANTEED. Call…
（大至急！あなたと連絡を取ろうとしています。今日のくじであなたは 2000 ポンドの賞金が当たって保証つきであることを示しています。）

（巻末 p.569 へ続く）

コラム「封筒語」を巻末 p.569 に掲載

新しい媒介

EMC の言語的特徴（p.453）を精査すると，今日あるこうした特徴は単に英語の新しい変種であるというだけでなく，話しことばや書きことばの独自性や一般性に匹敵するまったく新しい媒介であり，異なるジャンルにおけるさまざまな言語的変異を包摂しているという結論を避けることは困難である。慣習的な言語使用はいまだに進化中だが，画面上で私たちが現在見ているのは，明らかに新しい一群の英語変種である。

ワールド・ワイド・ウェブ

ワールド・ワイド・ウェブはインターネットにつながれているすべてのコンピュータを集め，スタンダード・プロトコル（ハイパーテキスト・トランスファー・プロトコール，略して http）を使ってお互いにアクセスできる文書を保持したものである。通常は Web（ウェブ）や W3 と略され，サイトのアドレスは，頭文字を取って WWW の頭字語で表される。ウェブの作成者である，英国のコンピュータ科学者のティム・バーナーズ・リー（Tim Berners-Lee）はウェブを「ネットワークによってアクセス可能な情報の世界であり，人間の知の具現化したものである」と定義づけている。元来，ウェブは，異なる機関に所属する高エネルギー専門の物理学者たちが，専門分野の情報を共有するために考案されたものであったが，急速にほかの領域にも広がり，今では，分野の種類に関わらず，世界中のコンピュータ・ユーザーの間でのマルチメディアを通じたやりとりのために設計されている。

電子メール（E メール）

E メールはコンピュータのシステムを使ってユーザー同士のメッセージを送受信するものであり，今では E メールとは，主に，（チャットグループなどに掲示されるメッセージと対比し，）個人的なメールボックスの間に送られるメッセージのことを指す。ウェブページの数十億の情報量と比べ，E メールはインターネット「空間」の比較的小さい領域を占めているにすぎないが，個人の日々のやり取り数の観点からは，ウェブをはるかに越えている。最初のテスト E メールは，米国のコンピュータ・エンジニアであるレイ・トムリンソン（Ray Tomlinson）により，1971 年に送られたものである。そして彼こそが，キーボードの@記号を，電子的アドレスの場所を表すシンボルとして選択した人なのである。

同期あるいは非同期のチャットグループ

チャットグループは継続的にある特定のトピックについて，討論する場で，そのトピックに興味のあるコンピュータ・ユーザーが参加できる。やりとりがリアルタイム（synchronous（同期））で行われるか，あるいは遅れた時間でも参加できるか（asynchronous（非同期））によって 2 つのタイプがある。同期設定の場合，ユーザーはチャットの「部屋」に入室し，継続中の会話に，リアルタイムで加わると，発言者の名前のある投稿が，ほかの参加者からの投稿とともに永久的に続くスクロール画面の中に挿入される。非同期設定の場合（掲示板やニュースグループ，メーリングリストなど），相互作用はなんらかの形式で保存され，ユーザーが要求するとそれに応じて利用可能になるので，かなり時間がたってからでさえもユーザーはいつでも議論に追いついたり，またはそこに発言を加えたりすることができる。

バーチャル・ゲームの環境

バーチャルの世界は想像上の環境で，そこでは人びとが文字ベースの空想的社会の相互作用に関わることができる。初期の概念 MUD（もともとは multi-user dungeon「複数ユーザーの迷宮」のことで，1970 年代のロール・プレイ冒険ゲームである「ダンジョン&ドラゴンズ」から派生した概念である）から，いくつかの冒険ジャンルが展開し，プレーヤーに，想像的で鮮明に描かれた環境を体験できる機会を与えている。こうした環境で，プレーヤーは自分用の新しいアイデンティティを選び，ファンタジーの世界を探索し，新しい技に従事し，自分を装った姿を使ってほかの参加者とやり取りをする。一部の MUD では，共有のバーチャル空間やロール・プレイのアイデンティティを使うことに依存しなければならないもの――例えば，教育やビジネスの文脈での世界を構築するなどして――冒険の世界を作ることから離れた。結果として，MUD の頭字語は multi-user domain「複数使用者のドメイン」や multi-user dimension「複数使用者の範囲」と注釈をつけるようになった。後に技術の発展で，マルチメディアの要素がこのジャンルに加わり，音声とビデオ機能が，文字を補完したり，文字に取って代わることで，ユーザーが，アバター〔【訳注】アバターとは仮想空間における自分の化身のこと〕という形で，画面上に視覚的に存在感をもつことができるようになった。一部のコメンテーターはこれをセカンドライフ（Second Life）（p.317）にあるように，「メタワールド」と呼ぶようになった。〔【訳注】セカンドライフはインターネット上に存在する仮想世界である。〕

まだ初期の日々なのである。技術的開発は，予測不可能な方法で，使われることばの種類に影響を与えるであろう。E メールやチャットグループのことばは，より広い（そして年齢層の高い）ユーザーが関与するにつれ，すでに変わりつつある。そして音声認識技術によって，メッセージをコンピュータに（タイプするのではなく）話すことが日常的にできるようになれば，何もかもが変化するであろう。

ホーマー：E メールって何？
レニー：コンピュータのものだよ，例えば，えっと，電子的な手紙みたいな。
カール：あるいは静かな通話かな。

この『シンプソンズ（*The Simpsons*）』（12A6 話）から抜粋したやり取りは，EMC の機能を正確に定義することの難しさをうまく描いている。E メールを例にとれば会話，手紙，メモ，電報，そして電話と比較されてきた。ところが E メールはこうしたほかの方法が行っていることとまったく同じことをするわけではない。

ティム・バーナーズ・リー（1955-）

1971 年のレイ・トムリンソン（1941-2016）。彼の「@」マークとともに。

オンラインの順応性

上記のように出力されたそれぞれのテクストに関する文体分析はまだ初期の段階にある。明らかに，オンラインの順応性に幅がある。極端な例としては，EMC への適応がまったくないテクストがある――例えば，検索したりほかの機能が備わっていない画面上の PDF の記事だが――この場合，言語分析は，対応する記事をオフラインの状況で分析するやり方と同一であろう。またそれとは正反対の極端な例では，実用的な目的が異なるため（p.304）オフラインの世界には対応するものがないようなテクストが見つかっており，それらを処理するために新しい手法が考えられなければならない。

ブログ

ブログとは，ユーザーがいつでも書き込みを入力，表示，編集することができるウェブ・アプリケーションの1つである。日記をつけたり掲示板に書き込んだりすることと同類のジャンルで，個人的な日記から，ラジオ局や政治団体といった組織によって運営されている法人組織のブログまで，幅広い目的をもっている。ブログが，ほかのインターネットの媒体と異なるのは，個人のウェブページに必要とされる編集の柔軟性と，つながりの可能性が非常に多い場合に必要とされる動的な双方向性を，ソフトウェアが結合するやり方である。したがってブログを単なる日記と喩えるのは部分的にのみ正確なだけである。日記は，特定の時系列に沿った線的な記載であるが，ブログは，下までスクロールして以前のメッセージを読むような，長さの決まっていない単なるウェブページではない。さまざまな種類の連係によってブログは関連する内容からなるネットワーク内に位置づけられ，読者はその中を探索するよう促されていくのである。

多くのブログは双方向的で，読み手からのフィードバックを歓迎しており，したがって非同期のチャットグループと類似したやり取りで，ブログのコミュニティーが生まれている。本質的な違いは，ブログは個人の管理下にあり，個人がサイトの方向性や内容を決めて，サイトに特徴的な個性を与える（一方で，チャットグループのメンバーは新しいテーマやスレッドを開始してもよい）。{【訳注】スレッドとは，あるメッセージとそれに関するコメントなどを順次リンクさせたもの} ブログはチャットグループのもつ，本質的な自然発生的対話性は欠いている。そしてブログは，チャットグループが典型的には行っていない方法でほかのサイトへのリンクを貼っている。

ブログをするということは，世の中の意見を活用し，フィードバックを得る簡単な方法である。それは，ジャーナリズムや広告，広報，奉仕活動，消費者ニュース，宣伝活動，利益集団形成（急進的または過激な見解を含む）などの要素をあわせもった，新しい形の一般民衆の意識である。

ブログ界

Blog（ブログ）は2004年のメリアム・ウェブスターの『辞書（*Dictionary*）』により「今年の語（word of the year）」として発表された。1997年に初めて使われた「ウェブログ」（weblog あるいは web log）の略称は，それ以降幅広い派生語を生み出しており，使われる領域が1つの文体上の変種だとはもはや考えられなくなっている。

モブログ（moblog）　携帯電話やほかの無線機器から投稿された記事からなるブログ。

オーディオブログ（audioblog）　携帯から投稿された録音による音声の投稿や音楽のダウンロードを含むブログ。

フォトブログ（photoblog）　デジタル写真を含むブログ。

ビデオブログ（videoblog）またはビログ（vlog）　ビデオクリップを含むブログ。

リンクログ（linklog）　ほかのブログやウェブサイトへのリンクを含むブログ。

スケッチブログ（sketchblog）　グラフィックイメージを含むブログ。

マイクロブログ（microblogging）　従来のブログと比べ，短い投稿（マイクロポスト（microposts））によるブログのことで，ツイッター（Twitter）やタンブラー（Tumblr），あるいは，フェイスブック（Facebook）やマイスペース（Myspace）のようなソーシャルネットワークの一部を形成するアプリケーションに見られるように，たった1つの文やイメージ，引用，リンクなどで構成される。

I THINK, Therefore I BLOG（我思う故に我ブログする）
I blog therefore I am（我ブログする故に我あり）
To blog or not to blog, That is the question.（ブログするかしないか，それが問題だ。）

これは，このジャンルの語彙の創造性を使い尽くしてしまっているわけではない。例えば，あるトピックやサイトがオンラインで大きく注目されると，結果として，ブログの嵐（blogstorm）あるいはブログの群れ（blog swarm）となる。賢くブログをする人はブログのブルジョア（blogoise）{【訳注】Blogoise は Blog-wise に近い発音である。Blog に bourgeoisie（中産階級，ブルジョア）の -oisie の部分がつけ加えられたもの} やブログ知識人（blogerati）{【訳注】blogerati は literati（知識のある者）の語尾 erati が blog につけ加えられたもの} である。もしブログが読み手に何かを依頼するなら（例，寄稿のお願い）それはブレグ（bleg）（お願いのブログ（begging blog））である。もしブログが長過ぎる場合，その書き手はブログの下痢症状（blogorrhea）と表現されるかもしれない。

ソーシャルメディア

共通の興味や背景をもつ人びとがオンラインのコミュニティーを構築するのにインターネットを使用することに関しては長い歴史がある。コンピュータが利用可能になるとすぐに，専門家グループの間で，リアルタイムで単純なメッセージが交換されていった。これは1980年代の掲示板や，1990年代の，初期のメッセージサービス（ICQのような）{【訳注】ICQ は 1996 年に Mirabilis 社により開発されたインスタント・メッセンジャーで名前は，I seek you に由来する} につながっていった。しかしソーシャル・ネットワーキング・システム（SNS）の土台となる環境を提供するためのインターネットの使用は，コンピュータや電話を介した技術を使って2000年代初頭に始まったばかりだった。

その主な環境は，文字やイメージ，ビデオ，絵文字，アバター，音声などを用いて，Eメールやブログ，インスタント・メッセージ，携帯メールやツイートなどのさまざまな手段でユーザー同士がお互いにコミュニケーションがとれる機会を提供するよう，幅広いアプリケーションを含んでいる。やりとりは，使用されるテクノロジーによって選ばれて形作られる——ツイッターのショート・メッセージや，期限つきで見られるスナップチャット（Snapchat），インスタグラムとピンタレスト（Pinterest）での写真交換，スカイプ（Skype）でのビデオチャット，ワッツアップ（WhatsApp）を使ったスマートフォンでのインスタント・メッセージなどがその例である。ユーザーのプロフィールは，一般的な社会的関係（フェイスブック（Facebook）やマイスペース（MySpace）），専門家のつながり（リンクトイン（LinkedIn）），あるいは専門的な関心事によるもの（グッドリード（Goodreads）やリサーチ・ゲート（ResearchGate））などにおいて，共有のつながりをもつ人びとを特定することによって，コミュニティーを作り上げる。バディリスト（Buddy list）や友達リスト（friend list）といった用語は，こうした結びつきの社会的な性質を強化している。決定的な特徴は，内容はすべてにおいてユーザーが提供し（ウェブページとは異なり），匿名性を避け（多くのチャットグループとは異なり），そして実時間であることである（ブログとは異なる）。

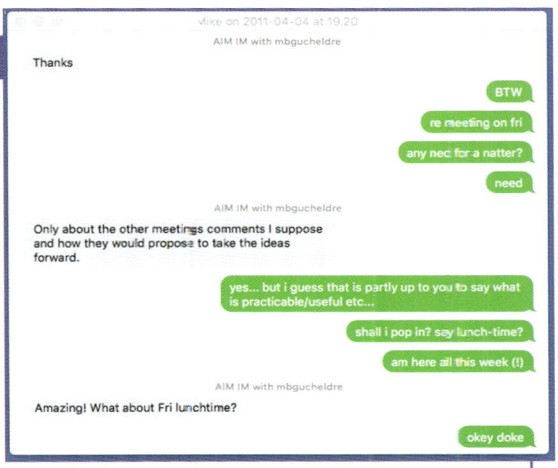

（上図の訳を巻末 p.569 に掲載）

インスタント・メッセージは，ほかのすべてのインターネットのドメインに比べ，同時進行のフィードバック（p.393）はないものの，我々をインターネットではない対面の会話における変動性と似たような状況にさせる。毎日のチャットよりも簡潔で，通常，対面による会話や電話の会話のきっかけとなる社交辞令（交感的言語使用，p.309）は避ける傾向にある。

インターネットのルドリング

インターネットは新しい形の遊びの言語学｛【訳注】ことば遊び｝が発達するのに好都合な環境である。2000 年以降，英語を新しく愉快に操る方法が多く編み出され，そのほとんどが短い間しか使われなかったが，いくつかは一気に広まり，インターネット・ミーム（p.97）｛【訳注】インターネット・ミームは模倣や複製を通じて，人びとの間で急速に広がるユーモラスな画像やビデオ，文章のこと｝と言われるようになった。言語学（特に音韻論）ではルドリングと呼ばれている。

ルドリングはすべて同じ基本的な方略をより所としている。新しい語彙を生み出し，標準英語の正書法や文法の規則をねじ曲げたり破ったりする。その結果は，ピジンやクレオール（p.366），子どもの言語習得（p.478）や外国語学習に見られる間違いのような非標準的な使用との類似を示している。しかし，ルドリングの場合は，標準語を流暢に使いこなせる人びとによって意識的に言語操作されているので使用者の属性を表すようなアイデンティティはない。

使用の目的はたいてい笑いを誘うためのものだが，一定の使用者のグループが確立すると，ルドリングの新しい慣習はアイデンティティを示す印となり，そのコミュニティーの親密さや結束力を促進する。グループに新しく加わったメンバーは，その言語的規範を見抜けないと批判されるであろう。そして，その変種が定着すると，使用法にさらに一貫性をもたせ，優れた実践の「規則」を定めることに労力が注がれる。

新しい変種の特徴のいくつかは，インターネット・チャット（p.456）の初期の頃までさかのぼることができ，特徴はそれぞれお互いに影響しあっていることが示されている。しかし，2000 年代に生まれた遊びの変種が独特なのは，そのテーマの焦点である。猫，犬，蛇やほかの生き物たちが非標準的なことばの使用を促進する文脈を作っているのである。

2005 年以降，動物は最も人気のあるルドリングの話題である。それぞれの動物は，写真とそれに添えられた短い文の組合わせで描写され，その文は，非標準的な英語を使って特徴的な文字の形で表されている。写真は，顔の表情や姿勢，また，非日常的で馬鹿げた場面を示し，文はその動物がその時何を考えているのかを表現している。ユーモア――多くの場合皮肉――は，動物の想像上の思考や行動，感情と，人間の状態の間に類似点を見つけるという方法から生まれる。言語学的関心は，ルドリングを使う人たちのコミュニティーがときどき非常に特殊な方法でことばを適応させているというところにある。

象からハリネズミまで，ほとんどの動物は，現在インターネット言語で存在感が示されているが，今日まで，猫と犬という，人気を二分するペットをもとにしたルドリングほど人びとの注目を集めたものはない。

リートことば

リートことば｛【訳注】語のつづりの一部のアルファベットを数字や記号に置き換える隠語表記｝とは最も初期からあるルドリングの１つであり，1980 年代にさかのぼってその影響をたどることができる。これは，elite（エリート）をもじったものである（熱心なユーザーらは自分たちが特別なグループのメンバーであると思いこんでいたのである）。作り方の原則は，使われている文字を，見た目が似ている数字やキーボード上の記号に置き換えることである。例えば，L337（leet（リート））d00d（dude（やつ）），または Pr0n（porn（ポルノ）r の音位転換をともなう）などが代表的な例である。また，speakage，leetness あるいは haxor（hacker（ハッカー））のような接尾辞の非標準的な可能性を利用したりする。

より洗練された形式のものは符号化の量を増やし，見ただけで理解することをより難しくする――もちろん，愛好家にとっては秘密の言葉としての魅力が高まることになる。アルファベットの［正しい］つづり方では，ハッカーは hacker であるが，これは例えば |-|4|<3|2 のようになる。そして porn（ポルノ）は |*|20|/| である。現在ではリートへの自動翻訳もあり，文字をリートことばに変換したり，またその逆もある。しかし，そのような２つの翻訳機にこの本のタイトルを訳させると，きわめて多くの訳が認められる。

7h3 c4mbr1d63 3ncyc|0p3d14 0f 7h3 3n6|15h |4n6u463
7EH k4m8r1D9e EncyC|0pED14 0F 7Eh En9L15h L4n9U49e

リート式アルファベットの一例

A　4
B　|3
C　(
D　|)
E　3
F　|=
G　6
H　|-|
I　|
J　9
K　|<
L　1
M　|v|
N　|/|
O　0
P　|*
Q　0,
R　|2
S　5
T　7
U　|_|
V　|/
W　|/|/
X　><
Y　`/
Z　2

ドージ

SO EXAM
MANY THINK
VERY STRESS
MUCH BREATHE
SUCH WRITE
WOW

日本に起源をもつスピッツの一種である柴犬の写真を使ったドージ（doge）（/doʊʒ/，時に /doʊg/（ドーグ））｛【訳注】柴犬を用いたインターネット・ミーム｝が 2013 年に人気を博した。そのビジュアルスタイルは，明るい色と，人目をひくコミック・サンズのフォントをキャプションに使用している。代表的な言語スタイルは，２語からなるフレーズを使うものだが，wow（わー）や amaze（びっくり），scare（恐い）などの１語がつけ加えられている。最初の語は通常，so（とても），much（多くの），many（多くの），such（そのような），や very（非常に）などの修飾語を１つ使い，その後に例えば，so wow（とても，わーって），such happy（そんな幸せ），very eat（めちゃ食べる）や many sunshine（日差しまぶし過ぎ）のようにその修飾語には通常ともなわない語が続く。最初に登場した頃に思われていたより難しく，インターネット上に示されているドージの写真の中には，very stupid（とてもバカ）や more danger（もっとあぶない）などまったく標準的な統語的つらなりを示しているものもある。こうした文法的なキャプションはしばしばドージのジャンルではより筆の立つユーザーからの批判の対象となっている。

現在この変種はもともとの領域をはるかに超えて広がっており，画像や犬の写真以外のものもある。ヴェネツィア公爵の写真｛【訳注】公爵の顔に犬がはられている｝は good venice（素敵なベニス）や many robe（沢山のローブ）といったキャプションをつけられていた。そして５人の熱心なユーザーがシェイクスピアの『ロミオとジュリエット』のあらすじをなす数行の投稿を行っていた。

（巻末 p.569 へ続く）

スネックミー

am scary cober
I do a flat
hiss
don't heck with me
am much venom

スネックとは，2015 年に登場し，蛇のイメージを使って I am scary cober［cobra］（私は恐ろしいコーバー（コブラ）です）や Don't heck with me（ふざけるな）のようなコメントをつくる――この場合 heck（ふん！）はこのジャンルでは人気の罵り言葉である。よく使われる典型的な文型は I am doing～で ――例えば I am doing a hide（隠れているところだ）や I am doing a clean（掃除をしているところだ）といったように使われる。多くの人が蛇に対して否定的な感情を抱いていることにより，スネック愛好家は，ドージの愛好家と比べると問題を抱えている。2016 年は「デイリー・ドット（*The Daily Dot*）」というウェブサイトが肯定的な見解を示した。

ドージは純血種の柴犬を魅力的なモデルへと変化させた。スネックは蛇をかわいそうなまでに自己主張を試みる獰猛な小さい奴へと変化させた。スネックは怖くない。たいそうなことをいうけれど，基本的には子犬である。スネックは，人間の家に住み，人間と交流していることが示されている。愛すべき，気味悪くない家で。

LOL ことば

LOL ことばというルドリングは LOLcat（ロルキャット）によって使われており，lol の部分は「大笑いする」（laughing out loud）（2014 年の『オックスフォード英語辞典（*Oxford English Dictionary*）』に登場した見出し語である）の略語から派生した。その変種は 2005 年くらいまでにさかのぼるが，2007 年にエリック・ナカガワ（Eric Nakagawa）が『チーズバーガーが食ぶれる（I can has cheezburger)』というウェブサイトを作るまでは広く知られていなかった。活字も特徴的であり，当初のものは大文字のインパクトフォントを使った黒い縁のある白い書体である。

その名前が示すように LOL ことばは，非標準的な文法を多用している（例えば I wants, I are, see mouse, I eated など）。なかでも I can has …は最もよく使われるテンプレートである。発音通りにつづりを変えるものもたくさんあり，例えば wer（where（どこ））nuthing（nothing（ない）），liek（like（すき）），funneah（funny（おもしろい）），ur（your（あなたの）），ai（I（私）），yu（you（あなた）），そして名詞の複数形には *-z* をつける（たとえその名詞が無音子音で終わっても cupz（カップ）のようになる。p.212）といった例が，多数あげられる。大文字の非標準的な使い方（例えば and を An とするなど）や，素早くタイプした際によくあるタイプミスを反映させたような，逸脱したスペルが見られる。the を teh としたり，連続して打った感嘆符の最後が !!!1 のように 1 となるものは，──その頻度により──最も目につく例である。

LOL ことばの表現の中にはとても人気が高くキャッチプレーズに似ているものある。Fail（失敗）や Epic Fail（壮大な失敗）は不運な出来事で苦しんでいる猫に対して使われる。Totally Looks Like（そっくり）はある有名人に似ている猫のことを表し，srsly（seriously）（ほんとに）は皮肉をこめた文末で使われる。この変種の人気は，元来のキャプションがもつ機能を超えている様子を見ても明らかである。いまでは LOL キャット聖書翻訳プロジェクトなどのクラウドソーシング【訳注】クラウドソースとは特定多数の人に業務委託することを意味する】による翻訳事業があり，聖書の 1 節は次のように描かれている。

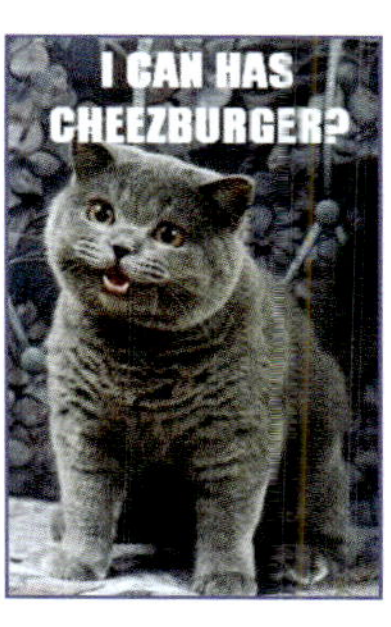

> In teh beginnin Ceiling Cat maded the skies an da Urfs
> At start, no has lyte. An Ceiling Cat sayz, i can has lyte. An lite wuz...
> It happen, lights everwear, like Christmas, srsly
> 最初に，光はなし。で天井猫は，ヒカリアルヨ，と言われた。それで光が…あった。そこら十で光が。まるでクリスマスのようにホントに。【訳注】Ceiling Cat（天井猫）は天井の穴から顔をのぞかせる猫の画像に文章をつけて広まったインターネット・ミームのキャラクターである。】

接頭辞は今となっては半ば造語力をもち，LOLdogs（LOL 犬），LOLpoliticians（LOL 政治家），さらに LOLlinguists（LOL 言語学者）などの形を生み出している。そして purrfect【訳注】Purrfect の purr は猫がゴロゴロ喉を鳴らす様子を表す】ような猫にまつわる新語（「meowlogisms」【訳注】meow の部分は猫のニャーオという鳴き声を表すが，それが neologism の *neo-* をもじった接頭語として使われている】）がさまざまなメディアで見られる。

ドッゴ【訳注】日本語の「イッヌ」】

ドッゴリンゴ（DoggoLingo）あるいはドッゴことば（DoggoSpeak）は犬や犬の出す音，顔の表情や恰好について記述する際のインターネット上の変種の 1 つである。由来は曖昧であるが，2015 年にソーシャルメディア上で広く知られるようになった。犬の画像や動画が，短いキャプションつきで発信されるが，このキャプションは犬に関する日常的な言葉が，それだとわかる程度に変化した形に置き換えられている。

接尾辞をつけることはとてもよく行われている。特に，*-o* をつけた例には doggo（どの犬にも使える，特によい犬を表す）や，corgo（コーギー），あるいは puggo（パグ）がある。また，*-er* は pupper（子犬や小型犬）や yapper（yappy dog（きゃんきゃんほえる犬）），growler（growling dog（うなっている犬）），wrinkler（しわが沢山ある犬），woofer（大型犬），fluffer（fluffy dog（ふわふわの犬））となる。語の最後に *-o* をつけるのは，オーストラリア英語（p.372）の影響を思わせるものであり，その接尾辞は長きにわたって創造的に用いられている。（英語において）通常用いられない接尾辞は pupperino（とても小さい犬）にもみられる。犬の世界は dogdom（犬王国）と表される。

ドッゴのもう 1 つの大きな特徴は音象徴を使うことである。犬が作り出す想像上だったり実際に聞こえたりする音を使って新語が作られる。例えば，mlem（犬が骨をペロペロとなめる時の音）や boop（鼻を軽くたたく音），sploot（後ろ足を広々と広げ，お腹を横たわらせている様子），blop（口を閉じて舌だけを少しだしている）などを反映させた語が作られる。（現在までの）主な罵り言葉である heck や heckin（なんてこと！）は犬が親しみをこめて非難したり，本気で叱る時に使われている。

またドッゴでは，インターネット上では定着したつづりを変える習慣が始まっている。Bork（bark（吠える））fren'（friend（友人）），smol（small（小さい）），angery（angry,（怒っている）），thicc（thick（厚い，樽のような形）），long bois（首丈の長いオス）や fat bois（太ったオス）(boys（オス））などがその例である。好まれるコロケーション（p.172）には，big ol'doggo（大きな犬）や do me a concern（心配顔の犬に対して（心配してるよ）），do me a frighten（怖がっている様子の犬に対して（怖いよ））などがある。ドッゴが成熟するにつれ，こうした表現に変化がつくことがわかる。例えば This pupper hasn't got a heckin concern in all dogdom（このわんちゃんは全犬王国でまったく心配事がない）のような具合である。

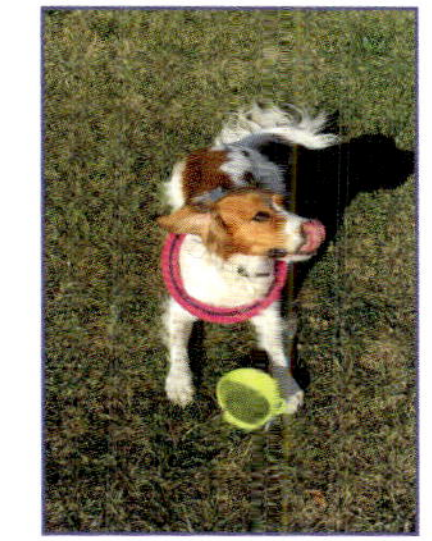
鼻をペロペロ

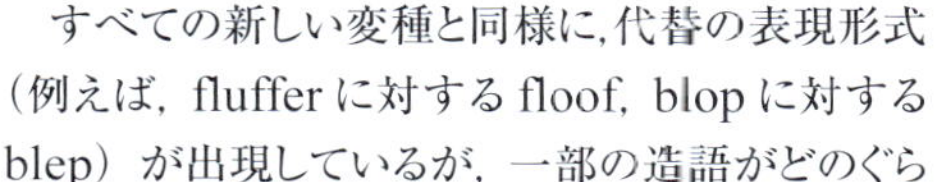

すべての新しい変種と同様に，代替の表現形式（例えば，fluffer に対する floof，blop に対する blep）が出現しているが，一部の造語がどのぐらい頻繁に使用されているかは不明である。語義が曖昧なこともある。Boof（小型の短気な犬の吠え声）は，はっきりとした吠え声ほどではないが，正確な聴覚的な質には広い解釈の幅がある。

この変種に対する魅力は，主として赤ちゃん言葉の自然なパターンを反映しているところにある。人びとは動物に話しかける時に普段とは違った声のトーンと，相手に応じた語彙を使って話しかける。この話し方は「ペット向けことば」（pet-directed speech）と呼ばれている。そして Dogspotting や WeRateDogs といった人気のオンラインコミュニティが存在し，その参加者は新しい表現を取り入れたり創り出すことができる。後者はツイッターのアカウントで，2015 年に開設されたが，人びとの飼い犬を 10 点以上で順位づけし，ユーモアのあるコメントが添えられている。12 点／10 の評価をもらう犬はとても特別であり，14 点／10 は真にヒーロー的な犬であることを意味する。そのサイトは 2017 年には 2 百万人のフォロワーがいた。したがってドッゴの新語のいくつかはドッゴ語として永久に定着する語となる可能性があるだろう。to lie doggo（身をひそめて隠れている）という英語の表現が 19 世紀から使われていることを考えると，doggo という語そのものが確実に定着した語となるに違いない。オンラインコミュニティはこのランクづけのシステムをほかの文脈にも拡張しはじめている。このページを例えば 12 点／10 と評価してもよいし──本当に気に入ったのであれば，100 点／10 と評価してもよいのである。

EMC に対する認識

新しい変種がその言語に出現していることの確かな兆候は，その変種のもつ特徴が元来使われるべき場所以外のところで使われるようになった時である。例えば，法律や聖書の英語は，脚本化されたテレビのホームコメディの台詞から，自然発生的におこる日常のジョーク世界に至るまでほかのあらゆる設定で出会う可能性がある。EMC の場合，このページに示すように，いくつかの特徴的な表現形式は「現実の世界」（ネットワーク市民（netizen）によればパソコンのキーボードを通じてでは立ち入れないと定義される世界のことである）でも出会う可能性がある。同時に EMC の語彙の多くが一般的な語となっており，これからもそうなるであろう。次に示す現代の日常会話からの例はこうした傾向を表している（EMC の話し方に慣れていない読者のために読み方をかっこ内に記しておく）。

- Let's go offline for a while（= let's talk privately）（しばらくオフラインにしましょう=個人的に話しましょう。）
- He started flaming me for no reason at all（= shouting at me）（彼は何の理由も無く私を攻撃して炎上させた=激しく私に怒鳴っている。p.464 を見よ）
- I'll ping you later（= get in touch to see if you're around（あとで電話を鳴らします=あなたがいるかどうか確かめに後で連絡します）
- I need more bandwidth to handle that point（I can't take it all in at once）（そのことについて処理するにはもっとネットワーク回線容量が必要だ=そんなに一度にすべてのことをこなせない）
- Are you wired?（= ready to handle this（回線つながってる？=準備はできてますか）
- Get with the program（= keep up）（プログラム使いなさいよ=ちゃんときちんとやりなさい）

どれも俗語なので，この中のいくつかは短命に終わるだろう。

@の使用の広がり

現在では @ の記号が使われる状況の範囲は限りない。@が 1990 年代に使われ始めた時に見られた 4 つの使用例をあげる。当初，電子的な住所を示すものとして使用されていたが，使用の範囲が広がり，会社名，店舗名，本や記事のタイトル，または郵便の住所としても使われるようになった。下の図のうち 3 つでは単独の語（'at'）として使われており，4 つ目ではほかの語の接頭辞として使われており，ある名称となっている。しかし，まだ，この新しい記号が社会に溶け込むようになるには至っていない。例えば「@Work」という記号を社名にすることは問題がなくても，会社の銀行口座やクレジットカード，小切手帳ではその名前を銀行のシステムがまだ@の記号に対応していないため「At Work」とつづらねばならない。

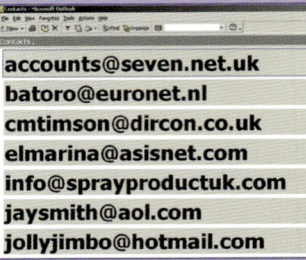

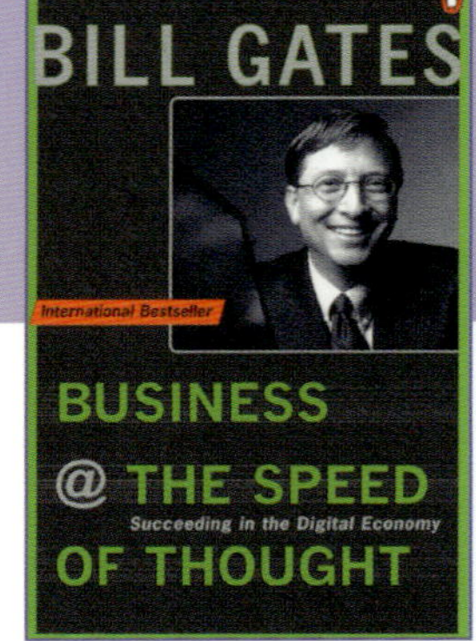

accounts@seven.net.uk
batoro@euronet.nl
cmtimson@dircon.co.uk
elmarina@asisnet.com
info@sprayproductuk.com
jaysmith@aol.com
jollyjimbo@hotmail.com

共同体への進出

インターネットで使われるすべての特徴的な接頭辞と接尾辞は 1990 年代になると，より広いところで目にされるようになった。例にあげたのは英国のケンブリッジやブライトンにある店の正面，インド亜大陸の農村部にインターネットを普及させようとしている団体である。1998 年に，米国方言学会は e- を「今年の語（Word of the Year)」と「最も有用で息の長いことば（Most Useful and Likely to Succeed)」に投票した。彼らの予測は正しかった。実際，e- という接頭辞はタクシーのドアに，目立つように商品名や会社名の広告として表示されていたため，2000 年前後のロンドンの風景では，どこにでも見られることが特徴となった。しかしそのように頻繁に目につくと，その言葉に反対する声も生じた。ほどなく文章スタイルブックが激しい批判を始めたのであるがそのうちの 1 つ，『ワイヤード・スタイル（*Wired Style*)』がこの e- のことを「クリシェの母音（vowel-as-cliché)」〔訳注〕使い古された母音〕と呼んだ。

語彙の特性（*のIT用語の解説を巻末p.570に掲載）

p.460の例が示すように，EMCの言語的な特徴の多くはその語彙にある。語形成のすべての方法（pp.138-9）が使われていて，遊びの革新もそれに含まれる。

- **複合**　mouse（マウス）はmouseclick（クリック）mouse-over（マウスオーバー*），mousepad（マウスパッド）などの形式で表される。ware（同種）はfirmware（ファームウェア），freeware（フリーウェア*），groupware（グループウェア*），shovelware（ショベルウェア*），wetware（ウェットウェア（人間の脳））といった語に出てくる。web（ウェブ）はwebcam（ウェブカメラ），webmail（ウェブメール*），webmaster（ウェブマスター*），webonomics（ウェブ経済学），webster（ウェブスター），webzine（ウェブマガジン）などに見られる。
- **接辞付加**　*hyper-*（ハイパー）は接頭辞としてhyperfiction（ハイパーフィクション*），hyperlink（ハイパーリンク*），hypertext（ハイパーテキスト*），hyperzine（ハイパー雑誌）のような語に出てくる。（*cyber-*についてはp.453を見よ）。*-bot*（ロボットに由来し，人工知能プログラムのこと）は接尾辞としてannoybot（迷惑だけのボット），cancelbot（キャンセルボット），chatterbot（チャットボット），knowbot（ノウボット*），mailbot（メールボット*），softbot（ソフトボット*），spybot（スパイボット*）という形で現れる。
- **混成**　Bugzilla（バグジラ，ウェブベースのバグ管理システム），cybercide（オンラインゲームでの人物殺生），datagram（データグラム*），infobahn，（情報ハイウェイ），infonet（インフォネット），Internaut（インターネット熟達者），netiquette（ネットエチケット），netizen（ネットワーク市民）
- **創造的形式**　同じような音の要素で語の要素を置き換える。Ecruiting（リクルートするの意味）ecruiter*，e-lance（フリーランスの意味）やetailing（ネット小売り業）。複合語の中にメールアドレスにあるような句点を保持する方法。例えばnet.citizen（ネット・シチズン（ネットワーク市民））やnet.legend（ネット・レジェンド*）やnet.police（ネット警察）などである。この場合の句点は「ドット」と読まれる。
- **転換**　品詞が変わるもので，大抵は名詞から動詞に変化する。to mouse（マウスを動かす），to clipboard（切り取る），to geek out（テクノロジーのことについて話す），to back-space（待つ，保持する）などがその例である。文を短縮して語に変化したものはwhois（データベースで人名を探す方法）やwhowhere（名前と場所を入れてその人のメールアドレスを探す場所のこと）などがある。

ほかの語形成の方法も使用されている（p.498のツイクショナリーも見よ）。こうした造語がどのぐらい浸透し，あるいは影響力があるのかは明白ではないが，総合的にみてこれらの造語はネットワーク市民の会話の目立った特徴である。語彙の接尾辞はしばしば拡張して使われる。例えば名詞を構成する接尾辞の-ity（例えばbrief→brevityのような標準的派生形）はdubiocity（dubious（疑わしい）から），obviosity（obvious（明白な）から），といった-ousの事例にも使われるかもしれない。ほかに遊び心があり人気のあるEMC拡張には-itude（winnitude（勝利の質），hackittude（ハッカーらしさ），geekitude（おたくらしさ）），-full（folderfull（フォルダーいっぱいの），windowfull（ウィンドウいっぱいの），screenfull（画面いっぱいの），bufferfull（保存領域いっぱいの））や，-ification（hackification（ハッカー化），geekification（おたく化））がある。多くのアングロサクソン主義者を喜ばせることになったのは，oxen（牛の複数形）（p.212）のように複数を表す-enの用法が復活し，-xで終わる語に使われたことである。boxenやvaxen（VAXコンピューターの複数形），matrixen（基盤・母体を表すmatrixの複数形）やbixen（BIXという情報交換システムの複数ユーザー）などがその例である。

ネットの専門用語

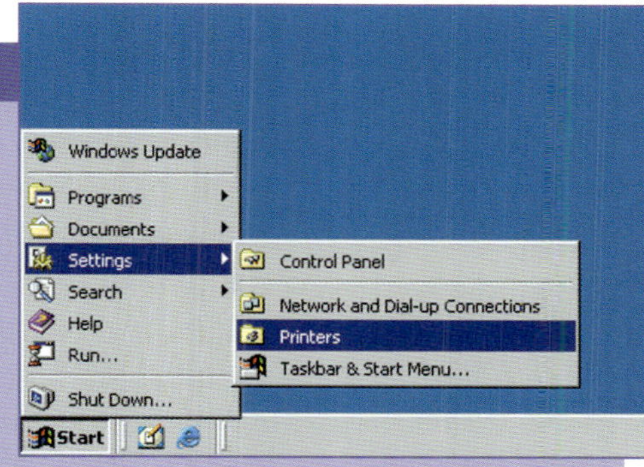

多くのEMC用語は，スクリーンにプログラムが現れるとすぐに稼働し，インターネットの使用を可能にするソフトウエアと関連づけられている。

- いくつかの用語は，永続的にスクリーンに表示されていて（そのたいていはメニューバーの中に隠れる形で），ラベルの形で画面の領域や機能を示し，ユーザーのオプションやコマンドを明示している。ラベルには以下のような言葉が含まれる。file（ファイル），edit（編集），view（表示），insert（挿入），paste（貼りつけ），format（書式），tools（ツール），window（ウィンドウ），help（ヘルプ），search（検索），refresh（最初の状態に戻す），address（アドレス），history（履歴），stop（ストップ），contact（コンタクト），top（トップ），back（背面），forward（転送），home（ホーム），send（送信），save（保存），open（開く），close（閉じる），select（選択），toolbars（ツールバー），fonts（フォント），options（オプション）。

（巻末p.570へ続く）

404号室

インターネットを使う人が404 File Not Found（404エラーメッセージ）に出くわすまでそれほど長くはかからないだろう。これはブラウザーがサーバーに間違った要求を出すときにスクリーンに表示されるメッセージである。大抵の場合404エラーはユーザーが開こうとしているページやサイトがもう存在しないことを伝えている。このエラーメッセージの表現は，ウェブサイトの主要なデータベースが最初に設置されていたスイスの欧州原子核研究機構（CERN）の（4階にある）404号室にいるスタッフから送信されたメッセージに由来する。リクエストのあったファイルが探し出せないようなときの（例えばファイル名が間違っていたなどの理由で）標準的な応答が，「404号室：ファイルが見つかりません」というものだったのである。

これが数字を含んだ表現であるという事実は，EMCの俗語での拡張使用の発展を抑制することにはならなかった。少なくとも形容詞として3つの意味で確認されており，人間に対して使うことができる。

1. 「困惑した，不確かな」: You've got a 404 look on your face（君はまるで404のエラーメッセージのように困惑している）
2. 「あほな，間違っている，無知な」: Don't bother trying to get an answer out of that 404 head-case（あの404（いかれた）奴から答えを求めようとなんてしないで）
3. 「信じられない，いない」: Sorry，Mike's 404（= not in his room，and I don't know where he is）（ごめん。マイクは404だから（=部屋にいないし，彼がどこに居るのかわからない）

また動詞としては「進捗がない」という意味でも使われる：Looks like Mike's 404-ing.（= he's not getting anywhere）.（マイクは404してるみたいだ。（=マイクは行き詰まっているみたいだ。）

文字の視覚的特徴

EMC の直ちに現れる文体的な影響は，スクリーン上で表示されるその言葉の文字の視覚的特徴にある（p.269）。特にウェブ・ページは，文字の視覚的特徴が大変豊富で，ユーザーは，ペンやタイプライターや初期のワープロを超える多様な印刷や色のバリエーション範囲を目にしており，従来の出版では利用できなかったアニメ化された文字やハイパーテキスト・リンクやマルチ・メディア・サポート（音声，ビデオやフィルム）などのさらなる選択肢を可能にしている。

もう一方の極端な例では，E メールのメッセージや携帯メール，ツイート，チャットルームや大半のソーシャル・メディアの掲示板で見られるコメントのようなものの文字の現れ方が，最小限の（同様に特徴的ではあるが）ものもある。これらのジャンルは，異なるフォントや色，タイプのサイズやレイアウト，アスキー・アート（p.470）やほかの手段を使って文字の視覚的特徴を多様に変化させうるが，大抵の人びとがこうした可能性を回避して，一番経済的で直接的な方法でメッセージを伝えようとする。その結果，テキストは内容や受け手に関わらず，均一的な外観となる。書記的選択（p.463）のほうが文字の視覚的特徴の選択よりも重要であることがわかる。

インターネットの発展の現段階では，EMC の文字の視覚的特性について明確にするのは困難である。多くの人はまだこの媒介の使い方を学習中である。視覚的に斬新に表現できる機会を与えられ，利用可能なパレットの選択肢を過度に利用するという自然な傾向がある。インターネット・デザインやデスク・トップ・パブリッシング（卓上出版）｛【訳注】書籍，新聞などの編集に際して行う割りつけなどの作業をパーソナル・コンピュータ上で行い，プリンターで出力を行うこと｝に関する幅広いガイドがあるにもかかわらず，視覚的混乱や装飾過多，あるいは，そのほかの不適切な事例が沢山ある。グラフィックの翻訳可能性（graphic translatability）の問題は，しばしば十分に理解されない。すなわち，紙ベースのあるテキストを選んでそれを画面に翻訳するには，視覚的表現や，時にはメッセージの内容そのものさえも再考しないといけないのである。EMC には深刻な限界がある。画面一杯に途切れのないテキスト，永遠にスクロールしなければならない段落，画面の右に不自然に飛び出しているようなテキストなどに遭遇する時に見られるように，そのままにしておけば読み手の理解を妨げるものである。

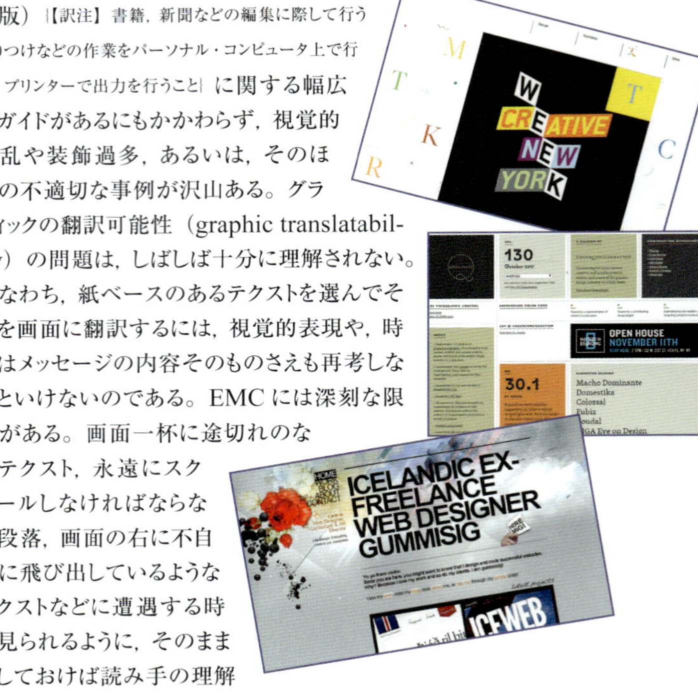

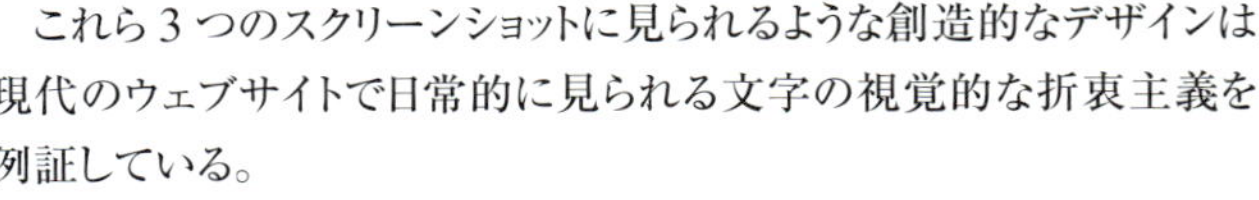

これら 3 つのスクリーンショットに見られるような創造的なデザインは，現代のウェブサイトで日常的に見られる文字の視覚的な折衷主義を例証している。

5 つの特徴

この媒介は進化中であるため，言語学者が記述的な一般化をするのは難しい。言語学者ができることは，できる限り，技術によって利用可能となる，この媒介に備わる潜在性について注意を引くことである。このことだけでも，ある特徴的な変種を示すのに十分である。というのも，当然，これらの可能性はほかでは見当たらないものだからである。ウェブを最も進化した文字の視覚的特徴を示す領域とすれば，いくつかの特徴はすぐ明らかになる。

- 我々は，画面という物理的限界内に表示され，ユーザー主導の動き（スクロール）をともなった言語を見ている。これは書きことばには前例がなかった点である。画面上の動的なやりとりは，使用される言葉の種類に即座に影響を与える。特に，下向きや横向きにスクロールすることが，テクストを認識し，注意を払い，吸収し，記憶する能力を妨げ，デザイナーがこうしたことを考慮に入れようとするためである。例えば，長い文は画面上では読むのが難しい。
- 我々は活字で提示された言語を見る。従来の紙印刷よりも書体の範囲が限られているものの，動きとアニメーションが使用可能であるため，コミュニケーションの選択肢が非常に多様となる。通常は，手書き文字は見られず，従来のタイプによるグラフィック・スタイルも見られないが，どちらも特別なパッケージソフトを使用すれば，似たような形を作ることができる。
- 紙の出版物にあるよりもはるかに非線形的なテクストが目に入る――言い換えると，テクストが多次元的な方法で読めるということだ。こうした非線的な画面表示では，ユーザーが自分の関心とサイトのデザイナーの技術のみに方向づけられて目を動かすため，ページの一部が注目の対象となり，そのほかの部分はまったく読まれないことになる。一般的なウェブ通販のページでは，検索，ヘルプ，ショッピング・バスケット，ホームページ，お問い合わせなど，十数カ所以上の場所で，読者の注意を引こうと競争する場合がある。ページのほかの部分，ほかのページ，そのほかのサイトへのリンクは非常に重要である。例えば，ハイパーテキスト・リンクは，線的な読み方にとってきわめて根本的な問題となるもので，EMC と従来の出版物における記述表現を区別する主要な基準の 1 つである。
- 動的な書きことばである。伝統的な書きことばは静的である。書きことばが目の前で変更されたり，またはくり返し表示されたりする場合，人びとは驚くだろう。（しかし，ピカデリー・サーカスやタイムズ・スクエアのような場所で見られるネオン広告やニュースフィード｛【訳注】ニュースフィードとは，新着情報や更新情報などをある決まった形式で配信するための仕組みやそれを通じて配信されるニュースのこと。例えば，フェイスブックなどで，自分自身が投稿した近況や写真に対するコメントなどが表示される画面がそれにあたる｝などのような例外的な状況はある）。しかし，このような変化は，画面上ではごく普通のことだ。テクストは，動きが変わったり，表示されたり消えたり，色や形を変えたり，アニメーションのキャラクターに変化させたりすることが可能なのだ。
- さまざまな種類の機能を示す新しい手法が見られる。例えば，色や下線は，ハイパーテキスト・リンクや E メールアドレスを識別する。テクストと背景の色は，おそらくウェブの読みやすさと受容性を決定する上で最も重要な唯一の要素であり，画面上の構造的領域を特定するだけでなく，審美的外観やサイトの個性に大きく貢献している。

あなたの目の前に

この Web 広告の一連のスクリーンショットは，メディアの動的な文字を示している。リアルタイムでは，この一連の動きは数秒で完了する。

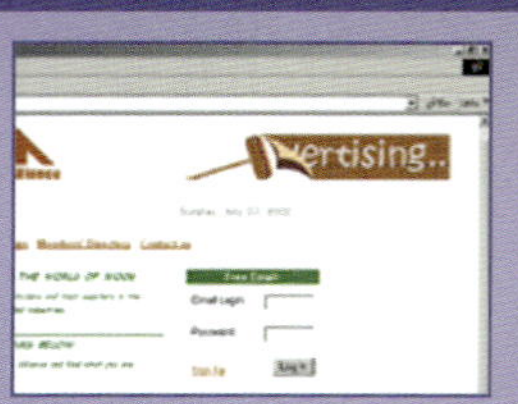

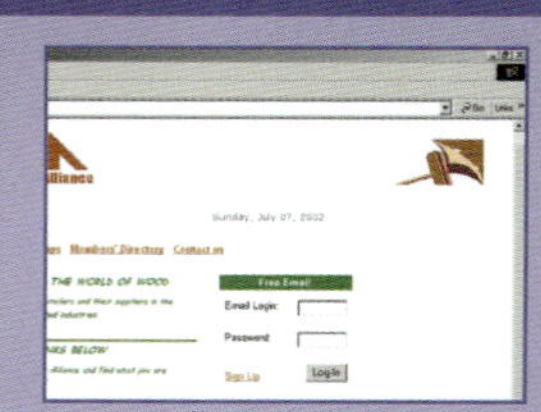

書記学的な特徴

特有の書記方法（p.269）はEMCの重要な特徴だ。その範囲は，最も複雑なウェブページのように，さまざまな特殊なフォントやスタイルを使用する拡張システム（伝統的な書きことばと比較して）から，多くのEメールやチャットグループの会話のように，実質的な印刷上の際だった差異がないような（イタリック体や太字などの「基本的な」特徴でさえない）大幅に削減されたシステムにまで広がっている。

大文字

会話の状況では，小文字を使用する傾向が強い。「キーボードのキーを打つ手間を効率よくする」という原則は，Eメール，チャットグループ，ゲーム環境で広く見られる。こうした場面では大文字なしで「i want to go to london next week（来週ロンドンに行きたい）」というように，文章全体を大文字なしで打ち出すことができる。小文字が標準であるという考え方は，大文字を使うことが有標のコミュニケーションの形式であることを意味する。すべて大文字の会話のメッセージは「シャウティング」（flaming（炎上））と見なされ，通常は避けられる。

綴字法

18世紀（p.72）以降，書きことばでは，非標準的な綴字は，罰せられてきたが，会話の場面では制裁なしで使用することができる。Eメールのスペルミスは，教育を受けていないと自動的には見なされず，単に入力ミスや修正の欠如だと見られる。チャットグループも，例えば「はい，いいえ」はyep，yup（うん），yay（イェーイ），nope，noooo（いいえ），または，kay（'OK'）といった標準外のつづりを使用する。感情表現は，yayyyyyyのように，感情のすごさに応じて，多様な数の母音と子音を使用する。Warez serialz（海賊版），downloadz（ダウンロード），filez（ファイル），gamez（ゲーム）のように複数形の -s を -z に置き換えて，ソフトウェアの海賊版を指すといった新しいつづりの法則が出現した――法的な処罰が発展したため短命なはやりであったが。

句読法

句読法は，ほとんどの状況でミニマリストになる傾向があり，一部のEメールやチャット交換では完全に欠けている。多くは個人の性格に依存する。一部のEメールは，伝統的な句読点を維持することについて慎重で，あいまいさを避けるためだけに使用する人もいるし，まったく使わない人もいる。従来の文章と同様に，発話の韻律効果（p.248）をYes!!!!!!!やWhat??????のように表そうとする試みがあった。省略記号のドット（…）やハイフンのくり返し（---）を使用して一時停止を表現するなど，普通ではない句読点の組合わせが起こりうる。アンダーバー（_）など，従来の書きことばの一部ではない記号も見つかるだろう。新しい記号の組合わせは，スマイリーと同様に，新鮮な価値を与えられるだろう。

スペース

ドメイン名には，独自の句読法の「文法」がある。語の間のスペースを禁止されていて，ハイフン（www.this-is-my-site.com）を使用してつなげる必要がある。ドットは要素の区切り役としてのみ表示される。小文字と大文字の差は重要ではない。www.davidcrystal.com，WWW.DAVIDCRYSTAL.COM，www.DaViDcRyStAl.comや，そのほかの組合わせでも，同じウェブサイトに到達する。スペースのない長いURLは，読みやすさにおいて深刻な問題を引き起こす可能性はないようだ。ほとんどの人はwww.ilovehearingshakespeareinoriginalpronunciation.comのようなアドレスを読むのにほとんど難しさを感じない。このようなスペースのない書き方は，アングロサクソンの時代（p.9）以来，英語では見られたことがない。

使用法のバリエーション

以下に見られるとおり，大文字，スペース，特殊記号を使用して，現在，さまざまな方法で強調を表しているように，書記学的な慣習はまだ進化している。

This is a VERY important point
This is a v e r y important point
This is a *very* important point
This is a _very_ important point
（これは非常に重要なポイントです）

やがてひとつの慣習が標準になるだろうが，現代のEMCの多くの機能については，書記学的な標準化はまだ存在しない。

スマイリー

EMCは，態度を表現し，社会的関係を穏やかにする上で非常に重要な顔の表情やジェスチャーを欠いている（p.427）。この限界は早い段階で人びとに感じ取られ，キーボードの文字の組合わせで顔の表情を示すように考えられた「スマイリー」の導入につながった。これらは，1行に順番に入力され，文の末尾に置かれた。そして，ほとんどすべてが横方向に読まれていた。何百ものスマイリーが作成され，辞書に集められた。2つの基本的なタイプは，肯定的および否定的な態度を表現した。

:-)　または　:)
:-(　または　:(

句読点を使用する方法はまだ利用可能だが，ソフトウェアの開発によって，1990年代には，コンピュータで生成されるグラフィックの記号に置き換えられた。そのほとんどは顔の表情を表した黄色の円で，体の動きの外形（p.464〔【訳注】p.464のユニコード10による顔文字の一覧には，手をあげたり，手を合わせたりといった，顔以外に体の動きを形取った記号もある〕）などの追加項目が含まれている。もはや多くのアイコンは笑顔を表さず，さまざまな感情として，「顔文字」（emoticon）という用語が使用されるようになり，句読記号の列は大部分姿を消した。

制限

顔文字は潜在的にあいまいさを減じる方法では役立つが，絵文字と同様に，その意味的役割は非常に限られている。それらは話者の意図に対するひどい誤解は未然に防ぐことができるが，それでもなお，文脈を参照しない限り明確な解釈（皮肉，冗談，同情，喜び，娯楽など）ができない場合も起こりうる。注意しなければ，誤解が高まる可能性がある。例えば，明らかに怒っている発話に笑顔を追加すれば，怒りを増殖する可能性がある。

使用ガイドでは，過度に使用しないよう警告したが，顔文字はあまり頻繁に使われなかった。ある研究によると，3,000の投稿のうち13.4%だけが顔文字を含んでおり，多くの人はまったく使用していなかった。さらに，ほとんどの人は，次のように，基本的なタイプのものに限られた変形を加えるのみで，使用を制限していた。

don't be silly :))))))
（馬鹿な事しないで）
that's a pain :))))
（それは痛い。）

バイキャップス

ネットことばの書記的特徴は，2つのタイプの…大文字が――1つは語頭に，もう1つは語中に――使われることである。この現象は双大文字化（bicapitalization）（BiCaps），インターキャップ（intercaps），インキャップス（incaps），ミッドキャップス（midcaps），キャメル・ケース（camel case，ラクダの形をしているという意味）などさまざまな方法で呼ばれる。例としては，AltaVista（アルタビスタ）*，PostScript（ポストスクリプト）*，DreamWorks（ドリームワークス）*，AskJeeves（アスク・ジーブス）*，Peace Net（ピース・ネット）*，HotWired（ホット・ワイアード）*，YouTube（ユーチューブ）やiPod（アイポッド）などがある。もう少し複雑なものにはQuarkXPress（クォーク・エクスプレス）*やaRMadilloOnline（アルマジロ・オンライン）*などがある。スタイルガイドの中には，こうした実践に批判的なものもあるが，広く普及している。
（*のIT用語の解説と，このコラムの続きを巻末p.570に掲載）

「初代の」スマイリー

「初代の」スマイリーには次のようなものがある。

:-)	喜んでいる，ジョークなど	:-\	懐疑的
:-(	悲しい，不幸など	:-[	吸血鬼
;-)	ウィンクしている	:-x	キス
%-(	混乱している	:-]	皮肉
:-o	ショックを受けている，驚いている	:-)=	ひげを生やした
:*)	酔っ払っている	:~~)	風邪をひいた
:-@	叫び声，叫んでいる	:~~~)	ひどい風邪をひいた
8-)	サングラスをかけている	:-D	大きな笑い
:-]	皮肉	:-&	口がもつれた
		.-(	コンタクトレンズを失った

のちに変化したものについては，p.464の下部を見よ。

新しい句読点

EMCは，終止符（p.297），スラッシュとバックスラッシュ，縦線，山括弧，アンダーバー，#記号など，いくつかの古い句読点記号に新しい用途をつけ加えた。最後の#記号は，hash（ハッシュ）（特にイギリス英語），pound（パウンド）（特に米国。明らかな金融上の理由で英国ではこの呼ばれ方はない。）｛【訳注】電話のシャープ記号は米国ではpound keyという｝mesh（メッシュ），sharp（シャープ），crunch（クランチ），hex（ヘックス），flash（フラッシュ），octothorpe（オクトソープ）などさまざまな名前で呼ばれていたが，ツイッター（p.457）でツイート（hashtag（ハッシュタグ））のキーワードやトピックに印をつけるために使用されるようになって独自の意味合いをもつようになった。

これらの記号が成功をおさめたのは，標準的なコンピュータのキーボードでの使いやすさによるものだ。他にもいくつかの記号が提案されたが，キーボードや電話のボタンで利用できないため，実際にはほとんど受けいれられなかった。しかし，顔文字や絵文字を可能にした技術のおかげで，たとえ句読法の歴史にその存在を残すためだけだとしても，そのような記号もオンライン上に現れるようになってきた。使い古された文形は，ウェブサイトのたどってきた軌跡を表現するという新たな必要性に見合うように変更されている。そして，EMCのもたらす機会が，そのような記号が書き手の間でより広く実際に使われることにつながる可能性はつねにある。

いくつかの提案は，電子時代のずいぶん前にさかのぼる。1887年，米国の風刺家アンブローズ・ビアス（Ambrose Bierce）は「簡潔さと明瞭さのために」というタイトルの言語改革エッセイを書き，その中で，大笑いを表現するために，「忍び笑い記号，または高笑い符号」と彼が呼ぶものの使用を薦めている――つまり顔文字の出現を正確に見通していたと言える。それ以来，従来の記号を次のように適応することが提案されてきた。

- 左右反転した疑問符，チルダ｛【訳注】上付き波形符号［˜］のこと｝の前のピリオド，または単一のらせんの内側の小さい丸い点は，皮肉や嫌みを表す。
- 逆さまの感嘆符は，憤りを表す。
- ハイフンを重ね合わせた引用符は，部分的に再現された引用で，quasiquote（準引用符）という。
- 米国のジャーナリストであり，広告会社重役でもあったマーティン・K・スペクター（Martin K. Speckter）は1962年，疑問符と感嘆符両方の機能を合わせもつような文のために，疑問符と感嘆符を組み合わせ，インテロバング（感嘆修辞疑問符）｛【訳注】‽記号｝を生み出した（bang（バング）は感嘆符を表すのに印刷業界で使用される名前の1つ）。
- 文の中で，質問や感嘆の口調を表す記号として，1990年代に，米国の発明家レナード・ストーチ（Leonard Storch）らによって，疑問符と感嘆符のドットをコンマに置き換えるという選択肢が提案された。このような革新的な方法に新しい名称を見つけることは決して簡単ではないが，彼らがつけたquestion comma（疑問コンマ）とexclamation comma（感嘆コンマ）という名はわかりやすい。

音調の句点

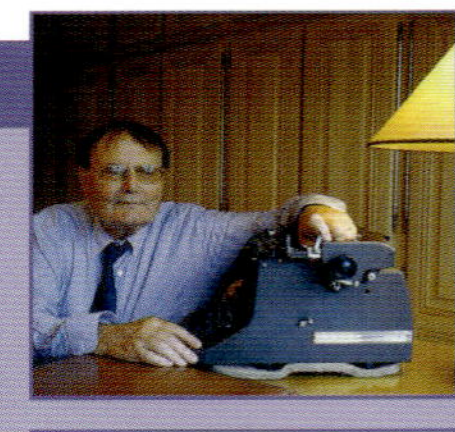

1966年，フランス語の正書法改革について記した「ディベルティスマン（divertissement）」｛【訳注】17～18世紀フランス・オペラにおいて，幕間に挟まれる本筋とは関係ない短い楽曲や舞曲など。嬉遊曲｝，『鳥を摘み取ろう（*Plumons l'Oiseau*）』の中で，フランスの作家エルヴェ・バザン（Hervé Bazin）は，語り手として登場させた教授のアレクシス・パタゴスに6つの新しい「音調の句点」を紹介させている。

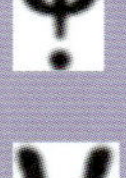

- 愛情を表す句点：ハート型の二重感嘆符
- 確信を表す句点：横線つき感嘆符
- 権力を表す句点：感嘆符に帽子がかぶっている記号
- 皮肉を表す句点：感嘆符にタイ記号が上に重ねられている記号
- 非難を表す句点：2つの感嘆符が1つのドットで結合されている記号
- 疑惑を表す句点：ジグザグの感嘆符

これらの記号はタイプすることができないため，その魅力にもかかわらず，バザン自身も含め，誰にも使われることはなかった。

エルヴェ・バザン（Hervé Bazin）（1911-96）と彼の作った架空の登場人物アレクシス・パタゴス（1963没）。

新しいウムラウト

Möben，Gü，Häagen-Dazsなど一部の企業は，ウムラウトを使用してドイツ的な意味合いを社名に加えている。これは，視覚的表現のためだけの用法で，英語でウムラウトを使って発音を表す従来の用法（naïve（世間知らず）やcoöperate（協力する）のように）とは異なり，広告で使われる日常的な語にも見られるようだ。Motörheadや The Accüsedのように，ヘビーメタルやハードロック・バンドのグループの中にもウムラウト――いわば，メタルウムラウト――を使っている。

一連の顔文字（p.465）ユニコード10から

	0	1	2	3	4	5	6	7	8	9	A	B	C	D	E	F
U+1F60x	😀	😁	😂	😃	😄	😅	😆	😇	😈	😉	😊	😋	😌	😍	😎	😏
U+1F61x	😐	😑	😒	😓	😔	😕	😖	😗	😘	😙	😚	😛	😜	😝	😞	😟
U+1F62x	😠	😡	😢	😣	😤	😥	😦	😧	😨	😩	😪	😫	😬	😭	😮	😯
U+1F63x	😰	😱	😲	😳	😴	😵	😶	😷	😸	😹	😺	😻	😼	😽	😾	😿
U+1F64x	🙀	🙁	🙂	🙃	🙄	🙅	🙆	🙇	🙈	🙉	🙊	🙋	🙌	🙍	🙎	🙏

絵文字

emoji（絵文字）は1990年代に日本の通信会社によって導入された（英語での使用が『オックスフォード英語辞典（*Oxford English Dictionary, OED*）』で初めて記録されたのは1997年である）。しかし，携帯メールの場合と同様，人びとが絵文字のもつ魅力的なコミュニケーション上の可能性を認識するまでにはしばらく時間がかかった。2010年に基本的な絵文字がユニコード表現に加わり，まもなくコンピュータ・プラットフォーム［【訳注】主にオペレーション・システム（OS）やハードウェアのような基礎部分を指す（ウィキペディアより）］で広く利用可能になった。毎年新しい絵文字が追加され，2017年までにユニコード（バージョン10）で絵文字が2000個近く認識されるようになった。オンライン・マーケティング会社の調査によると，（2017年には）毎日60億以上の絵文字が世界中で送信されており，その人気がよく表れている。特にソーシャル・メディア（p.457）での人気が高く，広告での使用も増えている。米国Appboy（アップボーイ）社の調査では，オンラインでのブランド・キャンペーンにおける絵文字の使用は，2015年の1億4,500万から1年後には8億1,400万に増加した。

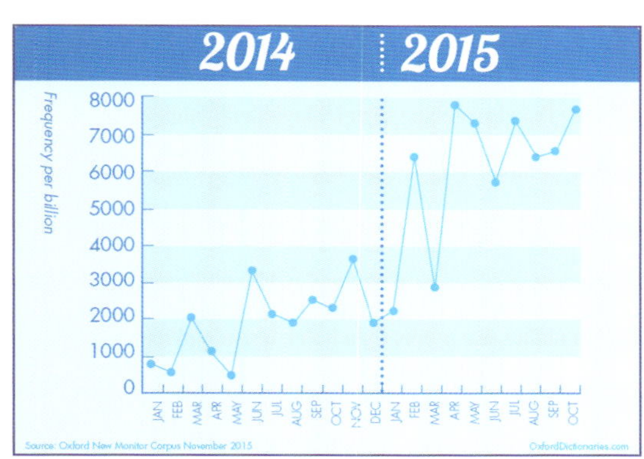

オックスフォード辞書コーパス（the Oxford Dictionaries Corpus）のデータによると，絵文字の使用は2014年から2015年の間に3倍以上になった。

意味的な発展

顔文字は，従来のキーボードにある書体の記号を応用することで始まった。絵文字はキーボードから離れ，中国語や日本語などの言語の書記体系で使用される文字（絵文字記述法，表意文字）と同じ機能をもつよう，特別に作成されたイメージ画像となっている。その意味範囲は，少数の顔の表現から多種多様な物，概念，活動や行動へと拡大した。視覚的な表現も，アニメーション，フォントの変換，全色のカラーパレットなど，より多様になった。多くの若者にとって，絵文字は文字によるメッセージに代わるより魅力的な選択肢を提供した。例えば，LOLとその多くの変異形（p.459）は「嬉し涙の顔」の絵文字に置き換えられた。

絵文字はすぐに一般の人びとの想像力をかき立てた。顔文字と同様に，意味的に（意味を表現し），文法的に（談話内で文の代わりとなり），さらに，語用論的に（親しい関係を表現するなどの目的で）使用されるようになった。「嬉し涙の顔」は，2015年に*OED*によって今年の言葉［【訳注】流行語大賞のようなもの］に選ばれ，その年の米国方言協会（the American Dialect Society）では，「最も注目するべき絵文字」という新しいカテゴリーが導入された（このときはナスのアイコンが最も票を集めた）。ツイッターには絵文字の追跡機能があり，ツイートでどの絵文字が使用されているかをリアルタイムで確認できる。『不思議の国のアリス（*Alice in Wonderland*）』のようないくつかの本は，絵文字に翻訳されているが，過去にあった普遍言語の発明の時と同様に，考案者の創意工夫に合うように絵文字翻訳を理解するには相当量の学習が必要であろう。絵文字と日本語または中国語の漢字との類似点を指摘する人もいるが，多くの場合，その規模の違いを忘れている。漢字に熟達した人は，利用可能な漢字50,000字ほどのうち，6,000ほどの漢字を知っているだろう。

限界

時には新しい「普遍言語」であるとも言われるが，絵文字は，形の上でも機能の上でも一様ではない。異なるオペレーティング・システムによって異なるデザインが導入されているので，1つの絵文字をとっても，グーグル，アップル，アンドロイド，フェイスブックなど，どのプラットフォームを使用して表示されているかによってかなり多様であり，ユーザーから異なる反応を引き出している可能性がある。笑みの目で歯を見せて笑う顔（右欄を見よ）はプラットフォームごとの差異が非常に大きく，emojipedia.orgという検索エンジンから「外観がプラットフォームによって大きく異なる。注意して使用すること。」と警告を受けるほどである。問題は，単にメッセージの一部として送信するアイコンを選択することだけではなく，受信者に表示される形を予測できないことにもある。

絵文字がより抽象的な概念を表現すると，顔文字についてすでに指摘されているのと同様の曖昧性が再び表面化し，増大する。Emojipedia（エモジペディア）などのウェブサイトで与えられている意味的な注釈が守られるという保証はない。例えば，「舌を突き出した顔」は，「I'm kidding（冗談だよ）と伝える，あるいは一般的に陽気で深刻ではないことを述べる方法として使用される」という注釈が与えられている。しかし，ユーザーの解釈は，「ふざけた」，「馬鹿な」，さらには「おいしい」など，大きく異なる。「疲れた顔」は，疲労というよりも苦痛を伝えることがある。「めまいの顔」（混乱を表現している）は，マイクロソフト，グーグル，フェイスブックでは目に螺旋をほどこしているが，アップル，ツイッター，モジラは目にxをいれる。後者は，したがって，「愛情」から「成人向けコンテンツ」まで，従来xという文字に結びつけられてきたあらゆる意味を許容するものとなる。年齢差も関わってくる。ある研究では，若い人ほど，細長い形をしたナス（オーバジン）［【訳注】eggplantはアメリカ英語，aubergineはイギリス英語で，どちらもナスを表す］の絵文字に対して性的な関連づけをする。

2018年の「笑顔の目で歯を出して笑う顔」のプラットフォームごとのバリエーションの一部。①フェイスブック，②グーグル，③マイクロソフト，④モジラ，⑤サムソン，⑥ツイッター。

ツイートの絵文字

ある研究プロジェクトでは，13のヨーロッパ言語の160万件以上のツイートで使用された751個の絵文字の分析をもとに絵文字のセンチメント・ランキング（Emoji Sentiment Ranking）が考案され，人間の注解者によって絵文字から受ける感情がタグづけされた（p.475）。このコーパスの絵文字が圧倒的に肯定的な評価を受けていることは，ツイート内の分布を示すこの図から明らかである。顔文字（通常は最後の位置で使用されるのだが）とは対照的に，絵文字はツイートのどの位置でも，しばしばまとまりで，使用される。各丸い印の大きさは，コーパスでの絵文字の発生頻度を表す。横軸はツイートにおける位置を示す。縦軸には，正（緑），負（赤），中立（黄色）の3つのカテゴリーの感情が表示されている。P. クライ・ノヴァクら（P. Kraj Novak et al.），2015に従う。）

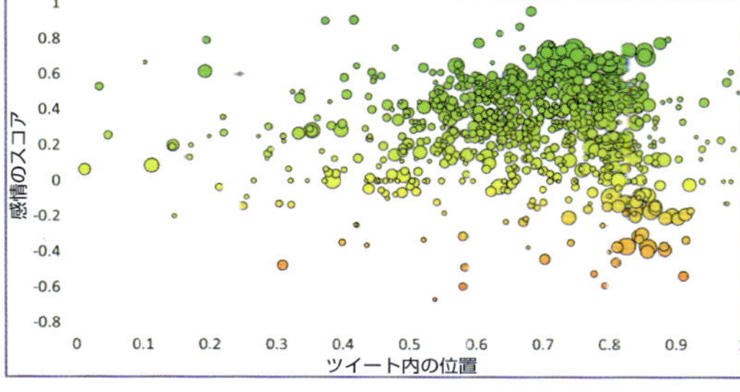

文法的な特徴

文法は，ワールド・ワイド・ウェブ（World Wide Web）【訳注】略名 WWW. インターネット上で提供されているハイパーテキストシステムのこと】上のほとんどのサイトのことばの特徴の中で，最も注目されていない側面である。別の言い方をすれば，ウェブページの言語の文法的な構造に注目するようにしてみると，その書きことばは何かが著しくおかしいということになる。画面上に多くの機能をもたせなければいけないという必要性は，特に製品をマーケティングしたり，ニュースや情報を扱うようなサイトで，表現の無駄を省いた節約的なスタイルを促進する。このことは，短い見出し，文章，段落，および多くの略語，非主要文，団塊言葉（p.228）などに反映されている。ウェブはもちろん――祈り，小説，法的報告書，科学研究など――あらゆる書きことばが使えるような場所を提供しており，こうしたサイトでは，時には（オンライン新聞報道の場合のように）画面に表示する必要性に沿うように作り替えられることもあるが，これらの変種の文法が見られる（p.462）。

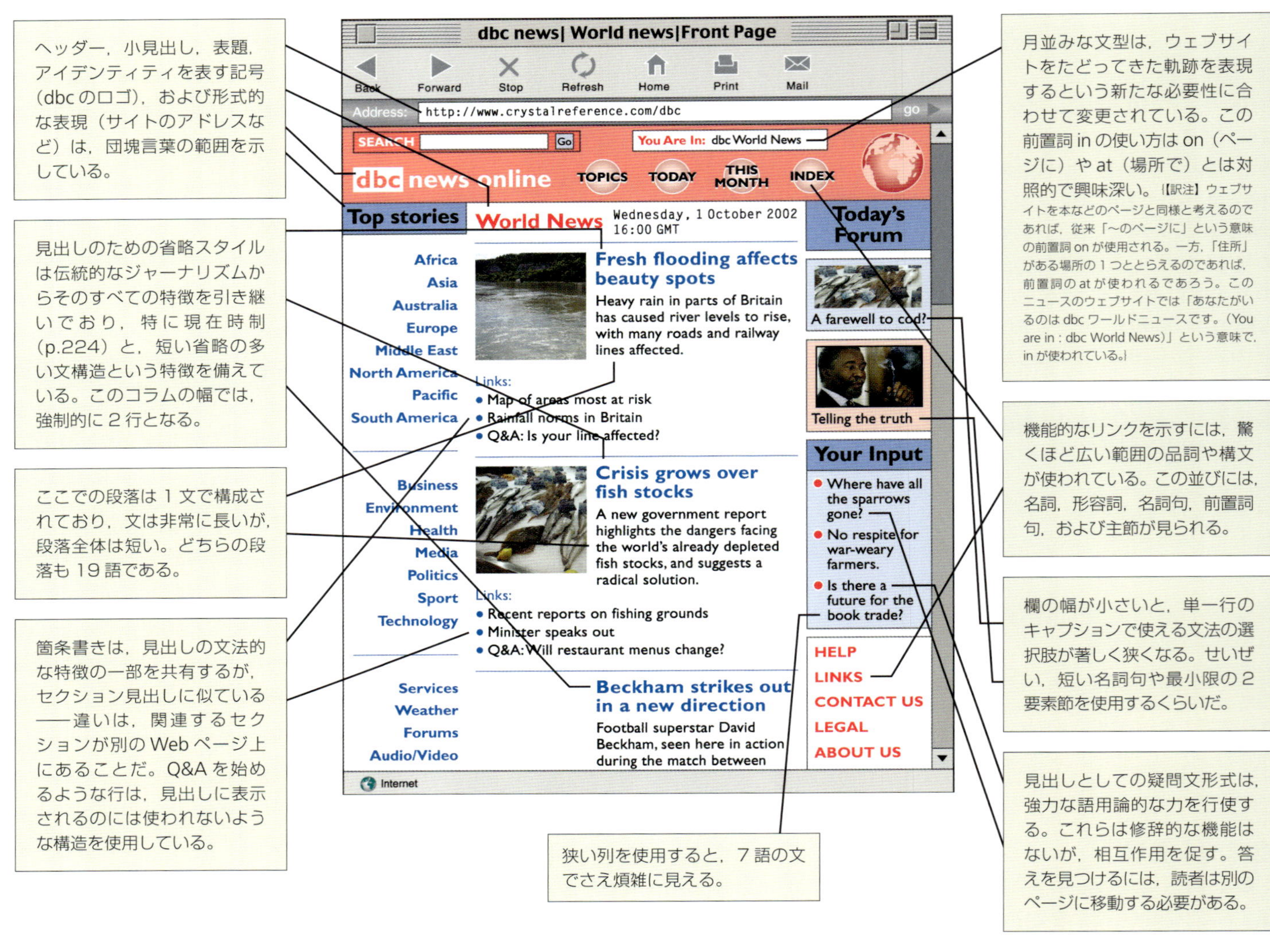

ヘッダー，小見出し，表題，アイデンティティを表す記号（dbc のロゴ），および形式的な表現（サイトのアドレスなど）は，団塊言葉の範囲を示している。
見出しのための省略スタイルは伝統的なジャーナリズムからそのすべての特徴を引き継いでおり，特に現在時制（p.224）と，短い省略の多い文構造という特徴を備えている。このコラムの幅では，強制的に2行となる。
ここでの段落は1文で構成されており，文は非常に長いが，段落全体は短い。どちらの段落も19語である。
箇条書きは，見出しの文法的な特徴の一部を共有するが，セクション見出しに似ている――違いは，関連するセクションが別の Web ページ上にあることだ。Q&A を始めるような行は，見出しに表示されるのには使われないような構造を使用している。
月並みな文型は，ウェブサイトをたどってきた軌跡を表現するという新たな必要性に合わせて変更されている。この前置詞 in の使い方は on（ページに）や at（場所で）とは対照的で興味深い。【訳注】ウェブサイトを本などのページと同様と考えるのであれば，従来「～のページに」という意味の前置詞 on が使用される。一方，「住所」がある場所の1つととらえるのであれば，前置詞の at が使われるであろう。このニュースのウェブサイトでは「あなたがいるのは dbc ワールドニュースです。（You are in : dbc World News）」という意味で，in が使われている。】
機能的なリンクを示すには，驚くほど広い範囲の品詞や構文が使われている。この並びには，名詞，形容詞，名詞句，前置詞句，および主節が見られる。
欄の幅が小さいと，単一行のキャプションで使える文法の選択肢が著しく狭くなる。せいぜい，短い名詞句や最小限の2要素節を使用するくらいだ。
見出しとしての疑問文形式は，強力な語用論的な力を行使する。これらは修辞的な機能はないが，相互作用を促す。答えを見つけるには，読者は別のページに移動する必要がある。
狭い列を使用すると，7語の文でさえ煩雑に見える。
dbc news| World news|Front Page
Back
Forward
Stop
Refresh
Home
Print
Mail
Address: http://www.crystalreference.com/dbc
go
SEARCH
Go
You Are In: dbc World News
dbc news online
TOPICS
TODAY
THIS MONTH
INDEX
Top stories
World News
Wednesday, 1 October 2002 16:00 GMT
Today's Forum
Africa
Asia
Australia
Europe
Middle East
North America
Pacific
South America
Fresh flooding affects beauty spots
Heavy rain in parts of Britain has caused river levels to rise, with many roads and railway lines affected.
Links:
• Map of areas most at risk
• Rainfall norms in Britain
• Q&A: Is your line affected?
A farewell to cod?
Telling the truth
Your Input
Business
Environment
Health
Media
Politics
Sport
Technology
Crisis grows over fish stocks
A new government report highlights the dangers facing the world's already depleted fish stocks, and suggests a radical solution.
Links:
• Recent reports on fishing grounds
• Minister speaks out
• Q&A: Will restaurant menus change?
• Where have all the sparrows gone?
• No respite for war-weary farmers.
• Is there a future for the book trade?
Services
Weather
Forums
Audio/Video
Beckham strikes out in a new direction
Football superstar David Beckham, seen here in action during the match between
HELP
LINKS
CONTACT US
LEGAL
ABOUT US
Internet

簡潔こそチャットの神髄

簡潔さはウェブ上で見られるだけでなく，E メールやチャットグループのやりとりの特徴でもある。非同期チャットグループ（p.426）のメッセージは理論上は任意の長さにできるが，実際には，大多数は非常に短く，通常は3行または4行の単一の段落である傾向がある。リアルタイムでは，メッセージ同士にずれが生じるにもかかわらず，対話は完結でパンチの効いた投稿をともなって積極的に競争するように進む。授業中のようなチャットでは，学生が教員や仲間の前で自分の主張を伝え，教員が長々と答えることが多いので，やり取りは当然長くなる。それでも，ある1つの研究では，メッセージの長さはわずか8行で，メッセージの半分は6行以下だった。短い応答は，チャットグループのやりとりを動的に会話的に感じさせる特徴の1つである。同期チャットグループの文章はさらに短く，段落は事実上存在しない。投稿は単一の文または文の断片である傾向があり，略語を使用しているので語は短くなる。公開されたログデータから得られたやりとりのサンプルでは，投稿の長さは平均4語で，発話の80%は5語以下である。

自由散文

ブログは，くだけたものから改まったもの，そして非標準的なものから標準的なものまで，文法的なスタイルにおいて大きな多様性を示している。一部のブロガーは，改まり度や一貫性について几帳面と言っていいほど保守的であり，自分のテクストに分離不定詞があったり，アポストロフィが抜けている状態でブログに現れた場合，屈辱を感じるだろう。企業ブログにも編集管理や標準化といった要素が見られる。しかし，個人のブログでは，ほかでは見られないことが現れている。書き手が書いた通りに表示される一般（大衆）向けの一談話変種がほかのジャンルの慣習によって制約されず，言語的独自性を尊重している。それは――自由詩（p.441）に例えて――free prose（自由散文）である。

Fantastic day out down on the beach at the weekend with superJude and the kids ―― tho it was so popular we had trouble parking and we ended up by that field where we saw the cows that day ―― you remember the one? and when we went across it Terry was scaredy stiff cos he thought they were bulls…
スーパージュードと子どもたちと週末にビーチで素晴らしい1日――でも駐車場に問題があって，その日牛を見たその牧草地に駐めることになった――あれ覚えてる？そして，そこを横切ったとき，テリーは怖がっていた，なんでなら牛たちが雄牛だと思ったので…

このような書き方のスタイルは，文学以外で，公共の印刷物として決して目に触れることはなかったが，文学の場でさえ，その無邪気な自発性と予測不可能なテーマの方向性をとらえることができるのは独創的な作家だけだろう。文法的なスタイルは，標準英語にも非標準英語にも分類しづらい。いくつかのくだけた英語の書きことばの特徴は，出版のために編集された版では排除されるだろう。こうした談話は思考の単位の連鎖を表しているが，これらは私たちが「エレガントな」書きことばと関連づけるような文の分割とは対応していない。その制約のない流れの中で，書き手の話し方に非常に近いと想像することができる。

標準英語が現れる以前には，そのようなスタイルを気にかける人はいなかっただろう。中世後期の日常的な手紙の執筆，さらに，公判記録の説明を記した原稿は，同様の特徴をもっている。それは，18世紀に文法と使用法のマニュアルで言語が制度化されると，一般の人びとにはだんだん使われなくなっていったスタイルである。出版社が新聞，雑誌，書籍を社内で1つのスタイルに統一するため，編集手順を開発したとき，そのスタイルは最終的に排除された。その後，標準的な手順を経ていない印刷物はほとんど見かけなくなった。ブログでは時にはかなりの長さの――ソーシャルメディアの簡潔なやり取りよりもはるかに長いのだが――モノローグの談話が見られそれはこうした編集に干渉されなかったものである。つまり，最もありのままの形で書かれた言葉なのだ。

ウェブの混成語

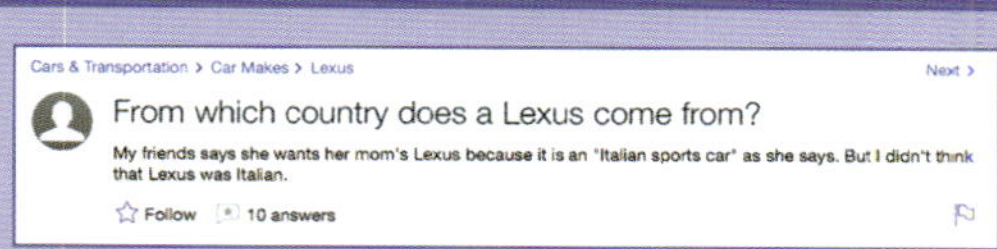

For which party will you be voting for in the March 9 election?

MaltaToday.com.mt - 7 March 2013

混成とは2つの独立した表現を合成させることである。語（brunch（ブランチ）など，p.130）や，統語的構造も混成可能である。文法的な混成は，密接に関連する2つ（またはそれ以上）の構造間で起こりうる。それは，人びとがどちらの構造を使えばいいのか不確かな場合に起こり――結局，両方使うことになる。文を書き始め，ある時点で終わり方について気が変わってしまうのだ。それは無意識のプロセスで，思考と同じ速度で作動する。

混成は伝統的には**破格文**，すなわち，文法的な連鎖を欠く構造として記述されるだろう。破格文は公共の文書にはほとんどないが，それは編集の段階で，編集者や原稿整理係が，見つけ，排除するからである。しかし，このような制御が欠けているEMCの場面では，定期的に見受けられる。

二重前置詞は，EMCで見られる最も一般的な混成の1つである。「前置詞で文を終わらせない」（p.206）というルールは，多くの人に疑念の遺産を残しているため，彼らは文の最後に前置詞を置くことは何かしら間違っていると感じている。したがって，より正しい使用法であると考えて，前置詞を前の方に置く。しかし，その後，言語の自然なパターンが作用し，前置詞を，それが最も落ち着きやすい場所，つまり動詞の直後に置くことになる。文が自然に聞こえるためには文の最後に前置詞が必要であると認識しているので，すでに1つ使用していることを忘れ，最後にまた1つ入れてしまうのだ。これは特に，前置詞が単音節であり，さらに，come from（～から来る）や vote for（～に投票する）のように，非常に予測可能なコロケーションをもっている句動詞に起こりやすい。

ブログの混成

見出しの混成は，簡単に見つけることができる。ブログの本文では，文の奥深くにあり，技術サイトのこの例のように，投稿を速読する場合には決して気づかれないかもしれない。

For while I'll merely be showing you existing builds and comparing them with a yet-to-be-finalised method for comparing measurement of both lux and lumens, but it won't take too long for the videos to catch up with works in progress, and by then we should be well into the torches that require two hands … or bloody great tripod.
今ある設定を単に見せてそれらを，ルクスとルーメンの両方の測定値を比較するための，まだ未完の方法と比較しているだけだが，しかしビデオが実行中の照明の調整に追いつくのにそれほど時間はかからないだろうし，それまでに私たちはトーチの光を十分に受けると思うがそのトーチは，誰かにしっかり2本の手で支えてもらうか…とてもいい三脚を必要とするのだ。

この書き手は while の従属節から始めたが，主節に到達する頃，つまり22語あとには，そのことを忘れてしまっている。書き手はビデオが照明設定に追いつくことについての対比を表現する必要があるので，もう1つ対比的な語の but を使って文を重文に変えている。

（巻末 p.570 へ続く）

ワッツ・アップする

WhatsApp（ワッツ・アップ）は2009年に創設された，スマートフォンのためのインスタント・メッセージのサービスである。その会話は，一般的なインスタント・メッセージのやり取りのように，発話を短い，意味的に一貫性のあるかたまりに分割する。こうした分割は，通常，節または節要素の境界で起こる。構造的な考慮をせずに次のようなメッセージを別々に送ることはとても珍しいだろう。

Garage may be /
Closed by then

あるいは

Garage may be close by /
then
（ガレージはそのときまでにたぶん閉まっているだろう）

例示されているやり取りに見られるほかの文法的特徴には，主語の要素の省略（just need…，open till…）や，限定詞の省略（ask garage，from statin）が含まれる。文は任意の長さにすることができるが，ほとんどの会話では，このやりとりのように1ターンの平均は4.4語と短くなっている。文末の句読点は欠けている（p.297）。綴字の修正は明らかな混乱を起こすことなく，文の途中に挟み込まれている。省略符号（3点）は休止を示す。最後に，顔文字が，文に代わるもの（p.465）として使用されている。

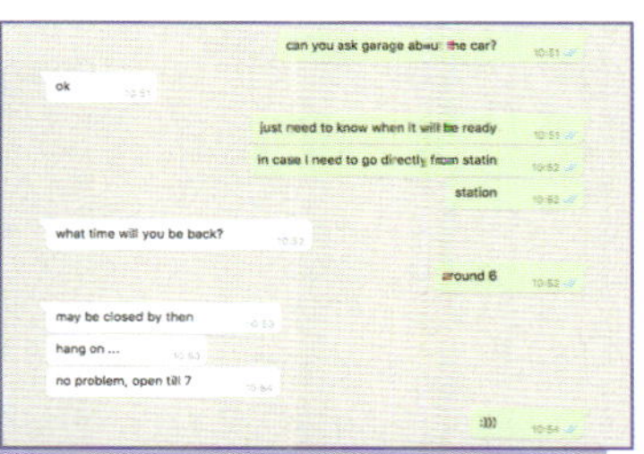

談話の特徴

EMC は，これまでにない種類の言語的な相互作用を許容し，独話と対話に関して，馴染みのある特性のいくつかを再考することを余儀なくしている（p.418）。

- 従来の発話とは異なり，同時に複数の会話に参加することが可能である（p.456）。
- 従来の書きことばとは異なり，受信したメッセージのテクストを使い，その中に応答を挿入する E メールのフレーミング（右を見よ）のように，言葉を根本的に異なる方法で操作できる。
- 最初と別れの挨拶の新しい慣習が，E メールやチャットのやりとりで発展してきた。
- ウェブは，深刻なものから滑稽なものまで，ありとあらゆる新鮮な可能性を共有談話のために提供している。例えばオンライン小説に寄稿したり，世界最長の文に何かつけ加えたりするという（すなわち共同独話の）機会などがある。

枠組みに納める（フレーミング）

A が B に次のようなメッセージを送信した。

6 時までに町に行きたいと思いますが，すべては電車次第です。あなたはいる予定ですか？　本をもって行きます。ほかに何かもってきてほしいものがあったら教えてください。

B はこのような A のメッセージに挿入する形で返信し，それぞれの応答は A が最初に言ったことの「枠組に納められ」ている。このソフトウェアによって山括弧が追加され，前のメッセージの行が識別される。

>6 時までに町に行きたいと思いますが，すべては電車次第です。
うまく行くかしらね。｛【訳注】You' ll be lucky は，あまり期待していない，という意味がある｝
> あなたはいる予定ですか？
はい。
> 本をもって行きます。ほかに何かもってきてほしいものがあったら教えてください。
まだ双眼鏡をもっていますか？

次に，B の応答を枠組（フレーム）として使用しつつ，A はこのメッセージに返信した。やりとりの段階を区別するために，2 組の山括弧が必要になっている。

>6 時までに町に行きたいと思いますが，すべては電車次第です。
>> うまくいくかしら。
> あなたはいる予定ですか？
>> はい。
> 本をもって行きます。ほかに何かもってきてほしいものがあったら教えてください。
>> まだ双眼鏡をもっていますか？
はい，もって行くわね。

民主的な会話

電子的な会話は，対面のやりとりほど一般的ではないが，会話であることに変わりはない。｛【訳注】対面の相互行為が会話の一般的な形式であるという前提そのものが変化しつつある｝例えば，E メールは，情報を送受信する最も迅速かつ経済的な方法であるため，ほかの方法よりも好まれる。また，ファックス機の全盛期に送信されたメッセージのように，電子メールは参与者に社交辞令（健康，家族，天候について尋ねること）を強いたりはしない。ほかの状況では，そのような社交を省略した会話は，唐突または失礼とみなされる。

さまざまな種類のチャットルームとゲーム環境（p.456）は，ほかの場所で遭遇しない談話のいくつかのパターンを提示する。非同期チャットルームでは，例えば，特定のトピックに関するメッセージがサイトに送信され，グループのメンバーはいつでもそのトピックを参照できる。したがって，1 つのエントリーが一定期間にわたって散発する複数の応答を引き出し，それぞれの応答は，送信者が独立して読むことができる，いわば 1 人対大人数の会話である。一部の応答は，後のメッセージの到着によってすぐに古くなってしまう。後のメッセージは前のメッセージを不要なものにしてしまうこともある。その一方で，関連性のないトピックに関するメッセージが引き続き送信され，さらなる応答のパターンが生成される。このようなサイトを参照する人は，多くの場合，非常に複雑なテクストのもつれを処理する必要があり，サイト運営者は，ユーザーが迷子にならないように意味的な関連項目を索引化（インデックスで示す）する方法を考案する必要があった。さらに複雑化した状態では，以前のメッセージに情報を追加することも可能であり，結果的に汎時性をもたらしている（p.317）。

EMC 会話の言語的な特徴の一般化は，つねに変化する使用者層の変化により困難である。E メールが最初に日常的になったとき，ユーザーの年齢層は非常に低かったが，それ以来，上昇している。より年配のユーザーの場合，くだけた「やあ」ではなく，「親愛なる」から始まる挨拶でメッセージを始めるなど，より保守的なスタイルが用いられがちだ。

遠隔学習

授業を完全にオンラインで開催するような教育環境では，教師と学生が多くの異なる場所で同期または非同期的に活動しており，談話の流れを把握することは，特に困難である。皆の画面には，質問やトピックで対話を開始しようと，教員からのメッセージが表示される。その後，学生は回答を提出し，画面には上下に続く一連のメッセージで一杯になる。しかし，学生は異なる方法で考え，異なる速度で入力している（そしてしばしば異なる時間にオンラインに乗ってくる）ので，新しいアイディアは，以前に出されたアイディアへの応答と混ざり，時間軸には沿わずに入り乱れる。このようなセミナーで一貫性を維持することは，教員にとって非常に困難な場合がある。

しかし，この種のやりとりを経験した人は，一般的にその利点を賞賛している。特定の時間に物理的に出席がかなわないような状況で，人びとが授業に参加することを可能にするという明白な点がある。しかし，新しい媒介はこれよりも根本的な意味をもっている。ほかの人が話し終えるのを待ってから発言する必要がないので，参加を奨励しているようなのである。タイピングが苦手な人でも，言いたいことを言うことができる（ただし，多少の遅れはあるが）。これは，学生 B が学生 A が言いたかったことを言ってしまったために学生 A がくじけてしまうといった，おなじみの筋書きを回避する。電子的な状況では，学生 A はそれでも言いたいことを言うことができるのだ。対面の公開講座のような教室で黙っている傾向がある学生や静かな声をもつ学生にとっては，平等を得る方法になりうる。ある学生は，「人前で声を出して話すのは怖いと感じることがあるので，コンピュータでコミュニケーションをとる方が私にとってはよい。私はいつでも自分の考えを差し挟むことができるし，話す機会を逃さないで済む。」と言った。

これらのプログラムが学習に及ぼす影響はまだ不明である。教育的な観点から，学生が，触れている情報をどのように利用しているか，および継続的にスクロールする画面を前にしてどのように重要な点を押さえているかを調査する必要がある。しかし，言語学者も調査するのが難しい質問に直面している。これまでに確立されている「さえぎり」，「質問と答え」，「会話の順番」などの概念を適用するのが難しく，従来の談話分析の方法では電子的な会話の多面的な性質を容易に扱えないのである。語用論とテクスト言語学（p.300）の観点から，EMC は研究者に全く新しい範囲の，興味深い言語学的質問を投げかけている。

語用論的な特徴

語用論は EMC に関連して課題に直面している。「古典的な」語用論（p.305）は，主に話しことばによるやりとりの文脈で発展した（「発話行為」といった用語が示唆しているように）。EMC は相互作用に重点を置いているが，対面の会話の性質を定義する基準は必ずしも当てはまらないし（p.453），テクノロジーは新しい種類の相互作用を動機づけ，許可しているのである。その結果，人びとがコンピュータを介してコミュニケーションをとる場合に実際に何が起こるのかを考慮に入れるなら，語用論のいくつかの原則を改訂する必要がある。

インターネットの状況では，あからさまな嘘から，お互いにふりだと認識している状態，そして遊び心のある策略に至るまで，複数の，そして時に拮抗する真理に関する概念が共存している。もちろん，論理的に，かつ一貫して嘘やファンタジーを生きることは可能であり，その原則のもと，仮想世界のゲームが動作し，ニックネームをつけられた人びとが，チャットグループで交流しているのである。しかし，複数の相互作用がせかされて行われ，参加者がしばしば名前やアイデンティティーを変更し，協調の原理を恣意的に取り除くことができる世界で，言語を通じて一貫した存在感を維持することは決して容易ではない。グライスの会話の公理（p.305）はすべて妨害されてしまう。

質の妨害

チャットルームの会話において，出来事の流れを中断するために，参加者の 1 人によって（ゲーム内では，時々ソフトウェアによって）出所不明の発話が導入されると，なりすまし（spoofing）が起きる。その結果，つまらないチャットに新鮮な楽しみを与え，さらに誰もが何が起きているかをわかっていながら，喜んで参加しているということが起こりうる。同時に，なりすましはほかの参加者を混乱させる可能性もあるため，多くのグループがそれに批判的である。なりすましの内容が（会話の残りの部分に関して）真実になるのかあるいは嘘になるのかを知る方法がないため，そのような発話は会話の協調の精神に無秩序の要素を導入する。苛立ちや不和を引き起こすことを特別に意図しているメッセージ（あらし（troll））の送信，つまり荒らし（trolling）でも同様の問題が起きる。

量の妨害

1 つの極端な形として，こばみ（lurking），すなわちコミュニケーションを拒むということがある。こうした侵入者（lurkers）とは，チャットグループにアクセスし，メッセージを読みはするが議論に貢献しない人びとのことである。このような現象を引き起こす動機としては，新しいメンバーが関与することに消極的であったり，（インターネット文化のある側面を研究するといった）学術的好奇心，そしてのぞき見などが含まれる。スパム（spamming）（p.455）とは，典型的には，1 つのメッセージを多数の受信者に送信して電子的な「迷惑メール」を生成したり，あるグループが企業のポリシーを電子的に攻撃したりする時のように，一人のユーザーに多くのメッセージを送信するようなことを指す。いずれにせよ,受信者は大量の望んでいないテクストに対応する羽目になる。

様態の妨害

文の長さ，1 つの発話順番内における文の数，または画面上のテクストの量の観点から，簡潔であることは多くの EMC の相互作用では切実な要求であると認識されている。しかし，チャットグループでは，参与者の全員が「1 度に話している」ために，かなりの混乱があり，やりとりを追っていくのが非常に難しくなる可能性がある。さらに，ウェブページのデザイナーはつねにページにおける「明確なナビゲーション」｛【訳注】ウェブサイトにおけるナビゲーションとはウェブサイトの全体像やページの内容がわかるようにリンク集をまとめたものを指す｝の重要性を訴えているが，多くのページに見られる素人っぽさは，様態の公理がくり返し違反されていることを意味する。

関連性の妨害

多くの場合，特定のトピックに関する情報のウェブ検索など，EMC のやりとりの背後にある唯一の明確な意図を示すことは可能である。しかし，情報的，社会的，および遊戯的な機能を兼ね備えた E メールなど，いくつかの目的が同時に果たされていることもある。そして，多くの場合，やり取りの目的が何であるかを理解することは容易ではない。しばしば人びとは，実際のコミュニケーションのためではなく，グループのほかのメンバーに電子的な存在を示し，世界に気づいてもらえるように，「自分の足跡を残す」ためにメッセージを投稿しているように見える（落書きと同様に，p.193）。フォーラムで見られる話題転換の量から，どんな主題も決して無関係となることはないと結論づけても差し支えないだろう。関連性の概念は，通常，ことばの内容を軸とした機能に関連している。しかし，ここは，内容が優先されるのではなく，社会的な要素が優先される状況にあるようだ。

斬新な語用論的意図

ことばの使用の根底にある意図は，語用論的な分析の重要な要素である。EMC は，従来の話しことばや書きことばのテクストについての説明には前例がないような意図が見られる状況をいくつか提示している。

高いランキングを得るために

A
ストロプリーの編み機（the Stroplee Knitting-Machine）は，ストロプリー社（Stroplee Industries）の最新の発明品である。それはアルミのフレームでできていて，色は素敵な 5 色展開，そして多くの付属品がついている。

B
ストロプリー編み機はストロプリー社の最新の発明品である。
ストロプリー編み機のフレームはアルミ製である。
ストロプリー編み機は素敵な 5 色展開である。
ストロプリー編み機は多くの付属品がついている。

オンライン検索に対する検索結果のリストでそのウェブサイトが上位に表示されるように（search-engine optimization（検索エンジンの最適化）），重要な語（キーワード）の頻度をページ内で増やすなど，テクストの言葉を操作することが可能である。その結果，特に見出しと最初の段落で，異例の数の語彙のくり返しが見られるテクストになる。テクスト A は元の，オフラインでの広告文である。一方，テクスト B は，高い検索ランキングを達成するために，オンライン用に書き直された段落である。

スパムフィルターを出し抜くために

super vi-agra online here jbruqhrosx
VI @ GRA 75% off tgw mpswxzt
Able contrary of in Cia**lis equation the jumped 50% off usual that yet prices

｛【訳注】viagra という綴りだとスパムフィルターにかかってしまうが，i の後に - を入れたり（vi-agra），a を @ に入れかえたりして（VI@GRA）フィルターを逃れようとしている。｝

テクストは，スパムフィルターを無効にする目的で，ランダムな文字または語の連なりで構成することができる。そうすることで，メッセージは潜在的な購入者に伝わり，その購入者は，ランダムなテクストに隠れたメッセージを検出できる。優れたフィルターは，何が起こっているのか――文字の間隔，転置，複製，任意の記号で区切られている――を分析し，そのようなことを行うメッセージをブロックすることができる。同様に，言語的認識力のあるフィルターは，文法的または書記学的な連なりの規範を尊重しないメッセージをブロックするようにプログラムすることができる。

時間とエネルギーを節約するために

特徴的なテクストは，メッセージの差し込みのように，利便性から生じることがある（p.468 の E メールのフレーミングを見よ）。P は Q からメッセージを受け取るが，そこにはいくつかの話題が含まれている。P は Q のメール本文に返事を挿入して応答すると決める。そして，Q も P の応答メッセージに対して同じことを行うので，このプロセスは理論的には無制限に継続する。色つけと余白の線が入れ子になった項目を区別する手助けになる。

| This is an example of a nested email exchange,
That's an interesting term, nested - as in birds, you mean?
| in which the recipient has chosen to respond directly to a point made within the message.

|| This is an example of a nested email exchange,
| That's an interesting term, nested - as in birds, you mean?
Yes, the etymology relates to nesting - something inside something
|| in which the recipient has chosen to respond directly to a point made within the message.

||| This is an example of a nested email exchange,
|| That's an interesting term, nested - as in birds, you mean?
| Yes, the etymology relates to nesting - something inside something
Makes email exchanges sound cute
||| in which the recipient has chosen to respond directly to a point made within the message.

|||| This is an example of a nested email exchange,
||| That's an interesting term, nested - as in birds, you mean?
|| Yes, the etymology relates to nesting - something inside something
| Makes email exchanges sound cute
Cuter than 'intercalated response', at any rate!
|||| in which the recipient has chosen to respond directly to a point made within the message.

||||| This is an example of a nested email exchange,
|||| That's an interesting term, nested - as in birds, you mean?
||| Yes, the etymology relates to nesting - something inside something
|| Makes email exchanges sound cute
| Cuter than 'intercalated response', at any rate!
:))
||||| in which the recipient has chosen to respond directly to a point made within the message.

｛【訳注】メールに返信する際，白紙の画面に返事を打ち込むのではなく，受け取ったメッセージを全体的にコピーし，その合間に，返事となる文章を挿入している。返事となる文章と元の文章は，縦の引用線や文字の色で区別される。やりとりが複数回続くとその回数だけ，引用線や色が増える。｝

アスキーアート

1963 年に米国情報交換標準コード（ASCII，発音 /'aski:/，アスキー）が導入され，テクストの文字をコンピュータ処理のために数値で表すシステムが設定された。コードは 128 文字で構成され，そのうち 95 文字は印刷可能なもので，残りはバックスペースやキャリッジ・リターンなどの操作である｛【訳注】キャリッジ・リターンはアスキーなどにおける制御文字の一種で，カーソルを行頭に移動させる操作を実行するものを表す｝。アスキーアートはこれらの 95 文字のみを使用するグラフィックデザインの創造的なジャンルとして発展したもので，それらは 0 から 9 の数字，英語のアルファベットの大文字と小文字，句読点，および，& や % などの広く使用されているいくつかの記号からなる。これは，（タイプライターの文字だけを使って描かれた）かつてのタイプライター・アートが電子的に発展したものである。

このジャンルは初期の E メールでよく見られ，そこでは送信者が署名に絵的な要素を追加する手段を提供したが，より洗練されたシステム，特に Unicode の到来に伴ってメールでの使用は衰退した。しかし，その芸術的な使用は，多くの創造的なウェブサイトで今でも人気がある。そして，アスキーのアーティストは技術の進歩がもたらす新しい機会を使って試みを続けている。

アスキー画像の中には，文字または線のみを使用するものもあるが，ほとんどの場合は，句読点やほかの記号と組合わせている（初期のスマイリーと同様，p.464）。これら 2 つの例では，線記号と文字がそれぞれ優勢である。

Android 用のアスキーカムは，携帯電話のカメラからのリアルタイムの入力で，アスキーアートを生成する。キーボードを使用すると，ユーザーは使用する文字を選択できる。この 2 枚の写真はアスキーによって生成された著者の画像で，著者の名前に含まれる文字のみを使用してできている。拡大した画像を見ると，L，S，V の組合わせでひげが表示されている。

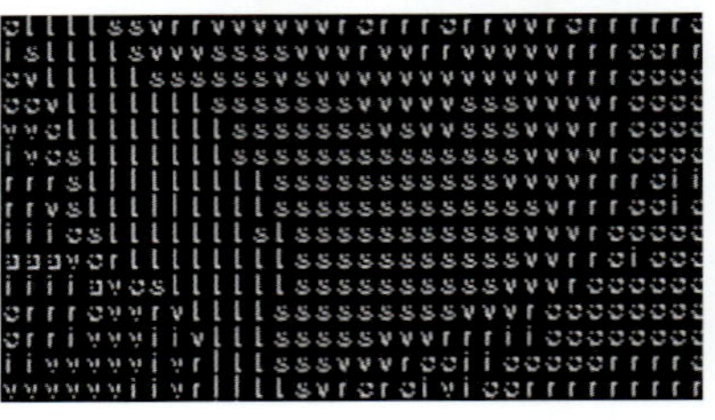

ワード・クラウド

ワード・クラウド（tag clouds（タグ・クラウド），あるいは text clouds（テクスト・クラウド）とも呼ばれる）は，テクスト内の（文法語は無視して，p.259）内容語を視覚的に表現する形式で，通常はその頻度を反映した方法で表される。語は，ユーザーが選択したサイズ，フォント，色で示される。語のサイズが大きいほど，その出現頻度は高いということである。

ワード・クラウドは，政治的な演説など作品のテーマや偏見を明確にするといったまじめな目的のために使用されることもあるが，頻度にもとづく単純なアプローチは意味的に単純であるため，表面的で誤った結論につながる可能性がある。そのようなアプローチは，分離された語に内在する曖昧さを無視し，談話における概念の連なり（いわゆる「話の筋」）に関する情報を提供しないのである。むしろより多くの場合，ワード・クラウドの背後にある意図は純粋な遊び心で，色とフォントの美的使用と，想像力と技術力を発揮できる形状を優先しながらテクストの内容を芸術的，絵画的に表現することが目指されている。

ワードアート・ドットコム（WordArt.com）による類像的なワード・クラウド

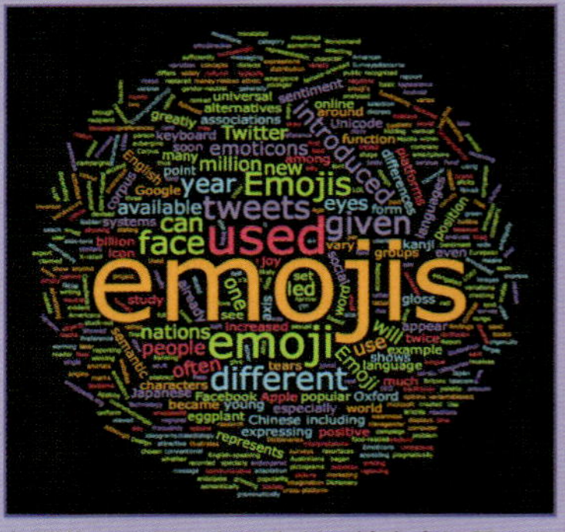

主題的ワード・クラウド：絵文字に関する記事で使用された語の描写（p.465）

ファウンド・ポエム

ファウンド・ポエトリーは，原典における前後関係を反映しながら，原典のテクストの語，句，あるいはより長い部分を抽出，使用して作成される。消去詩（erasure poem）は，原典のテクストから語を電子的に削除し，残ったものを上から順に読みこんで新しい詩的なテクストを形成することで作られる。語は，ページ上のもとの場所に残すこともできるし，従来の詩の行に再編成することができる。ブラックアウト詩（blackout poem）は，マーカーペンでページ上の語のほとんどを塗りつぶし，似たような形でほかの語を残すことで出現する。

この図は，この本の第 2 版のあるページの左 2 列から作られたファウンド詩を示している。

｛【訳注】赤い○印がついている言葉をならべると次のような詩となる｝

Unlikely options
Found in the page
Surprising poetry
Successfully free
In prose pages
Visual modes
Remarkable experiments
Such poetic expression

（ありそうもない選択肢が
このページで見つかった
驚きの詩
幸運にも自由で
散文のページで
視覚的な様式で
注目すべき実験
そんな詩的な表現）

GRAPHOLOGICAL FREEDOM

The conventions of the written language are more stable, limited, and perceptible than those of speech, and deviations from written norms are therefore going to be more obvious when they occur. It might be thought that such deviance is unlikely. Operating with a world standard alphabet, a limited range of punctuation marks, fairly strict constraints on capitalization and other typographic options, extremely strict constraints on spelling, and a physical medium – the page – whose edges form an inflexible perimeter, there would seem to be little real freedom for the writer in the area of graphetics and graphology. Yet it is surprising what can be done.

It is the genre of poetry which has tried most urgently and successfully to free itself from the severity of the constraints imposed by its linear medium. Graphological deviance in prose does occur, in both the short story and the novel – most often to convey the prosodic features of conversation, such as variations in loudness and tempo (p. 248). Tales of science fiction and fantasy also regularly manipulate graphological conventions in order to convey a sense of the alien or exceptional (p. 271). And there are some famous cases of deviant usage in the novel, such as the punctuationless end-pages of *Ulysses*. But there is nothing in prose to match the graphic variations which have been used to give visual structure to poetry or to suggest particular modes of oral reading. Nor is there anything to match the remarkable experiments in visual form which played such a prominent part in 20th-century poetic expression.

ONE-DIMENSIONAL DEVIANCE

Some graphological deviance is simple and specific, involving just one dimension of variation, such as spelling, punctuation, or typography. Spelling variation is especially common, being employed by novelists and dramatists trying to represent nonstandard speech (pp. 84, 89), and it can be found in poetry too. Examples include the attempt to mark regional identity, as in Scots or Caribbean poetry (pp. 331, 348), the use of archaic spelling to convey romantic or idyllic associations (p. 185), or the first example below, in which a Cockney accent is suggested chiefly by the omission of /h/. Deviant spelling can also be used simply for fun, as in the graphic deviance of Ogden Nash illustrated on p. 406.

• Then 'ere's to the sons o' the Widow,
Wherever, 'owever they roam.
'Ere's all they desire, an' if they require
A speedy return to their 'ome.
(Rudyard Kipling, *Barrack Room Ballads*, 1892.)

• of course shes right not to ruin her hands I noticed

句読点アート

どんな言語的なレベル——談話全体でさえ（p.2）——も芸術形態の焦点になりうるが，おそらく，その独特の形が美術的操作をする上で最も容易であるため，句読点が最も関心を集めている。

ヒートマップ

{【訳注】ヒートマップとは，2次元データの個々の値を色や濃淡として表現した可視化グラフの一種である。}

米国の神経科学者，アダム・J・コルフーン（Adam J Colhoun）は小説全体を特徴づけるために p.296 に示されているような句読点表示をしている。2016年，彼は，句読点を色わけしたデータを視覚的な図として表す手法をヒートマップに発展させた。彼の選択は，終止符，疑問符，感嘆符は赤，コンマと引用符は緑，セミコロンとコロンは青，というものだった。終止符とコンマを別々のカテゴリーに区別する，ダッシュを含める，など，言語機能をより精確に反映するような区別がなされる場合もある。そのような手法であっても，芸術的な魅力をもつ画像が作成され，作家のスタイルへの興味深い指針を提供することがある。

コーマック・マッカーシー（Cormac McCarthy）（p.296）に典型的な，まばらな句読点は，『ブラッド・メリディアン（*Blood Meridian*）』全体のヒートマップに見られる。マーク・トウェイン（Mark Twain）の『ハックルベリー・フィン（*Huckleberry Finn*）』に見られるより多様な句読点の使用は，色が混合されている。画像の中央を横切る赤い線は，登場人物達がシェイクスピアの上演をすることを提案し，「シェイクスピア復活 !!!（Shakesperean Revival!!!）」のような感嘆符（そして奇妙なスペル）でいっぱいのスローガンでポスターを書く第21章の文体的な変化を示している。

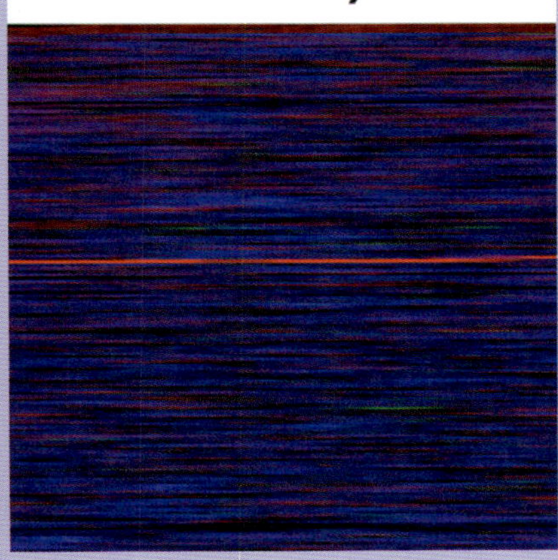

米国のニコラス・ルージュ（Nicholas Rougeux）「デザイナー，データオタク，フラクタルなおかしい奴」（彼のウェブサイト，c82.net における自己描写），によって作成された「語の間（*Between the Words*）」シリーズからの句読点の独創的なアートワークの1つ。このシリーズは，よく知られた文学作品の1つの版にある句読点の視覚的リズムを探求している。文字，数字，スペース，改行はすべてテクストから削除され，記号が連続した行における句読点だけが，表示される順序で残されている。これは，各章の番号の印と共に，上部中央からのらせん状に配置されている。このイラストはルイス・キャロル（Lewis Carroll）の『不思議の国のアリス（*Alice in Wonderland*）』である。

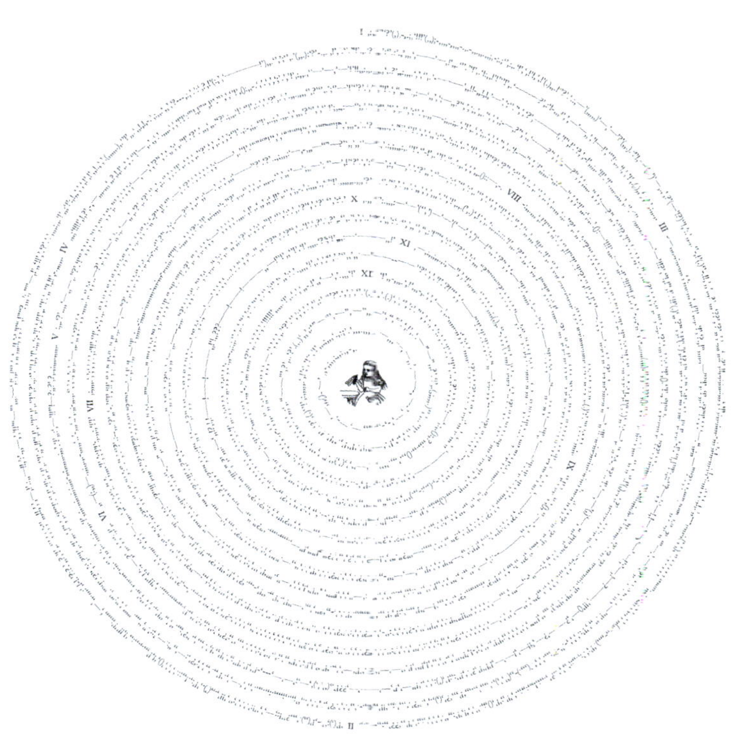

THE PUNCTUATION OF
ALICE'S ADVENTURES IN WONDERLAND
by Lewis Carroll

句読点ワード・クラウド

ワード・クラウドは句読点を無視するため，この手法を用いて頻度を表示するためには，句読点をその名称に置き換えるしかない。これは，www.jasondavies.com/wordcloud のワード・クラウド・ジェネレータを使用して，p.296 の私の「句読点プリント」の印を表現したものである。

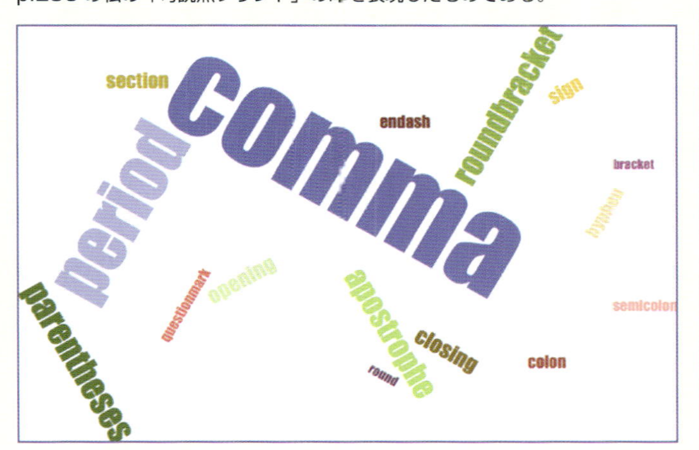

検索言語学

検索言語学とは，オンライン検索を通じて情報を提供または取得しようとする際に生じる問題を分析し，軽減するための言語学の応用である。この用語はまだ標準的ではないが，問題は広く認識されており，解決策をもたらすことは急務である。いくつかの種類の電子的活動が関係してくる。

- オンライン広告：ウェブサイト上の広告が，ページの内容に関連し，焦点が合い，十分配慮したものであることを確保する。
- 電子商取引：オンライン・カタログで製品に関するデータを取得する。
- 検索エンジンの支援：正確で関連性の高い結果を受け取る。
- 自動文書分類：特定のトピックまたはトピックの組合わせを扱うすべてのファイルを検索する。
- インターネット上の安全性：子どものチャットルームにおける小児性愛的活動など，サイト上の望ましくない活動を特定する。

これらの領域においてさまざまな進歩があったものの，以下の実例が示すように，どの領域も言語的に洗練された参照枠組みの欠如からくる問題を抱えている。

問題点

オンライン広告

広告業界は，以下のような例が表すように，関連性を保証し，配慮に欠ける不適切な広告配置を避けるため，ページ上に広告を正しく掲載するためのより洗練された方法を開発することに力を注いでいる。

- 路上刺殺事件に関するCNNのページには，「ナイフを買うなら当店で」という広告が載せられていた。
- サンフランシスコで殺害されたドイツ人観光客に関する記事の横に旅行会社の広告が載せられた（バナーの文言は：安心のサービスを提供する会社です）。

企業は，広告代理店が自社の商品を，無関係なページや困惑するような場所に掲載していれば，当然腹をたてる。それは彼らのイメージを傷つけるし，売り上げも失ってしまう。

自社の広告の不適切な配置が百科事典に記録されてしまうのを，企業が見たくないと考えるのは当然のことだ。プラハのファインアート・スタジオのマトゥシュ・ハヴラネク（Matouš Havránek）によって作られたこの模造ページは，典型的な状況を示している〔【訳注】安全と快適が売りの自動車広告のバナーが，自動車事故の記事の上に載っている点が問題である〕。実際のウェブページのバナー，見出し，スローガン，レイアウト，テクストを真似ているが，架空の画像，偽ブランド名，嘘の日付，および架空のウェブサイトの所有者などを使っている。

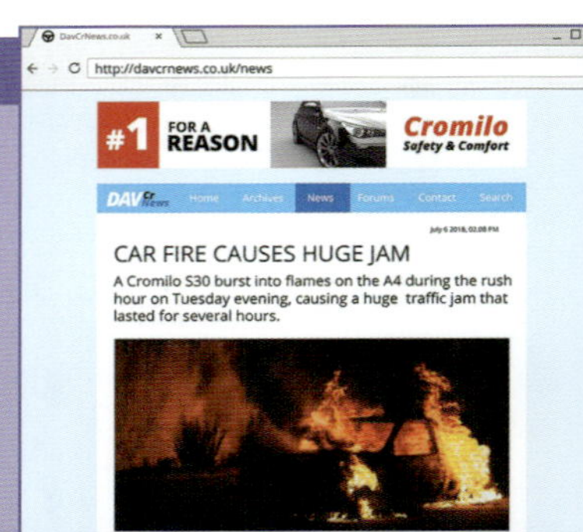

〔【訳注】「写真左上，ナンバーワンには理由がある（#1 for a reason）」は2011年トヨタ車の広告キャンペーンである。赤い背景に白い文字で「#1」というロゴは，当時の広告に使われていた。〕

電子商取引

オンライン小売サイトの検索ボックスに（検索している人としては「髪のシャンプー」の意味で）「シャンプー」と入力すると，主にカーペット用の洗剤と車の洗剤に関する検索結果群がヒットする〔【訳注】シャンプーは洗髪のほか，カーペットや車などの液体洗浄剤のことも指す〕。もう1つの例としては，オンライン書店で「デイヴィッド・クリスタル」で本を検索すると，検索結果の本のリストの中には言語学者のデイヴィッド・クリスタルと同姓同名のスコットランドの詩人によるものとが含まれていた。どの本がどちらの著者のものなのかを判断する方法はなかった。ジョン・スミスという作家のように，とても一般的な名前では混乱を招く可能性は非常に大きい。小売業界はもっと顧客のことを考えたオンライン・データベースの検索方法を開発することに熱心だが，円滑なコミュニケーションを妨げる要因のすべてを予測することは困難であると気づいている。

検索エンジンの支援

検索エンジンで（果物のアップルを念頭に置いて）apples（リンゴ）に関する情報を求めると数百万件ヒットしたのだが，1ページ目のすべての検索結果はコンピュータとビートルズに関するものばかりで，そのうちのいくつかはとてつもなく時代遅れの情報であった。検索用語でbridgeを入れると，建物，トランプ，歯，船，ビリヤード，バイオリン，解剖学などに関する膨大な種類の検索結果が出た。ある経済学者は金融情勢に関する情報を期待してdepression（ディプレッション，不況）とタイプしたのに，精神の健康に関する結果を得ることになってしまった〔【訳注】depressionは憂鬱やうつ病も意味する。〕。ユーザーに（例えば，検索用語を追加したり，何ページにもわたるページをスクロールしたりといった）すべての作業を行わせることなく，検索の関連性，正確性，最新性を向上させることは，検索エンジン会社，特にGoogle（グーグル社）と競争しようとする企業にとっては継続的な目標である。検索者の観点では，目的は時間をかけずに最も有意義な検索結果を得ることである。ウェブサイトの所有者の視点では，目的はどんな検索結果でもそのサイトに対して高いランキングを達成することである。

自動文書分類

ある弁護士は，あるデータベースにおいてボスニア・ヘルツェゴビナの事件に関するすべての文書を見つけることができなかったという。原因は国名をBosnia and Herzegovinaという正書法でのみ検索し，Bosnia-Herzegovina，Bosnia & Herzegovinaなど，ほかの正書法では検索しなかったことだ。また別の人は，New Mexico（ニューメキシコ）で検索したところ，メキシコや，ニューヨークなどNewという単語が含まれるほかの場所に関わる資料も呼び込んでしまい，不要な文書に溺れることになった。1つ目のケースでは，判例に関する重要な情報が取得できなかった。2つ目では，弁護士達は文書が無関係であることに気づくまでに大量の資料を読まなければならず，多くの時間を無駄にした。

インターネット上の安全性

ある新聞記事は，10代の若者がチャットルームでの会話で，無害だと思われた人物とオフラインで会うことに同意した結果，危険な状況に陥ったことを報告した。連絡を取ってきたその相手は男性の性犯罪者だった。現在，複数の企業がチャットルームやソーシャルネットワークの談話での潜在的に危険な内容を特定する方法を見つけようと努力している。携帯電話によるコンテンツの提供が増加したことにより危険性は高まっている。親は，自宅のコンピュータを介してのオンライン活動であれば監視する機会があるのだが，子どもの携帯電話に直接連絡があった場合にはこうした監視の機会は得られない。テロ，詐欺，そのほかの犯罪行為を計画するためのインターネット使用に関連して，同様の問題が発生する。

解決方法

検索言語学は進化と運用の初期段階にある。このページの例が示すように，最初のステップである分析はかなり簡単である。p.472で示した各領域を，言語的な視点から見ることで，問題が生じた理由を理解することができる。2つ目のステップ，つまり，新しいソフトウェアの開発，および，大手オンライン企業によるその採用は，はるかに困難である。言語と技術双方の研究に多額の投資が必要であるが，企業はそれまでにすでに多額の投資をしてきた古い方法を変えることには，当然ながら，消極的である。

オンライン広告

広告会社が採用した問題解決のための手法（アルゴリズム）は，ニュース記事にキーワードであるknife（ナイフ）が数回出現していることを発見し，これがページの内容であると想定して利用可能な広告目録で同じ単語を探した。「武器」のknife（ナイフ）と「食卓用金物」のknife（ナイフ）は非常に異なる言葉であるという事実を無視してしまったのだ。ソフトウェアが語を取りまく言語的文脈を考慮していたならば（「文脈型広告」），間違った識別は行わなかっただろう。つまり，「武器」のknife（ナイフ）は，murder（殺人），blood（血痕），および，police（警察）といった語彙をともなうだろうし，「食卓用金物」のknife（ナイフ）は，fork（フォーク），spoon（スプーン），plate（プレート）などの語彙をともなうだろう。1つのキーワードだけに頼ったアプローチは，言語のほとんどの語彙がもつ曖昧さを考慮に入れることができないため，決してうまくいかない。日常的に用いられる語彙素の大半は複数の意味をもっているのだ。

しかし，文脈を見るアプローチがとらえることができるのはページの内容の一部のみであるため，解決方法の一部であるにすぎない。CNNのページは確かに路上刺殺に関するものであったが，シカゴ街頭の治安，取り締まり方法，市民の保護など，ほかのさまざまな問題についても取り扱っていた。これは典型的である。ほとんどのウェブページ（フォーラム，ブログなど）は複数のテーマをもつ。ページが何に「ついて」なのかは，見出しと最初の段落によって識別されると，自然に，直感的に考える傾向がある。しかし，ページの下まで読み進めれば，ほかのテーマがすぐに登場する。

そのようなページの内容に関連する広告をウェブページの横に表示したい場合は，ページ全体の語彙内容を分析する必要がある。この，ページ全体の内容分析が「セマンティック・ターゲット設定」{【訳注】オンライン広告の手法の1つで，ウェブサイトの内容に適した広告を設定すること}と呼ばれ，2006年にヨーロッパの広告代理店，アドペッパー・メディア（Adpepper Media）が使用したiSense（アイ・センス）プロジェクトで最初に運用された（右欄を見よ）。

電子商取引

shampooが現れるさまざまな文脈は区別されていなかった。それは検索者が曖昧さを見越してより具体的な検索用語を使うということをしていなかったからである。shampooはそれほど多くの意味をもたない具体的な語であるため，代替案はわかりやすい。多くの意味をもつ語，または意味がより抽象的な語の場合，どのような検索語を使えば不要な文脈をすべて除外できるかは必ずしも明らかではない。書店では，経歴や主題に関する著者分類が欠如しているため問題が発生した。電子商取引用のソフトウェアは，顧客が購入を試みたときに表示されうるあらゆる種類のものを予測するために，より包括的な言語的視点を組み込む必要がある。

検索エンジンの支援

問題は検索語の多義性から生じた——depressionの場合，精神的健康，気象学，経済学，地質学などの知識カテゴリーに関する意味を区別できなかった。単に検索語の数を増やすだけで検索に対するヒットの関連性も向上すると考える人もいるかもしれないが，そうとは限らない。検索エンジンの典型的作動プロセス上，検索語の数を増やすと，特に検索が抽象的な性質をもつものほど，結果の多様性が高まってしまう可能性がある。より関連性の高い結果も見つかるが，無関係なものの中に埋もれてしまう可能性もある。ページ全体の語彙を考慮に入れる広告と同様，言語的により洗練された文脈的アプローチが必要である。

自動文書分類

地名も同様に曖昧である。地名辞典を一目見ると，同じ地名（Lancaster（ランカスター），Newtown（ニュートン））がさまざまな国で何十回も現れる可能性があることがわかる。すべての文書検索で，場所を特定する検索語をもう1つ（例えばLancaster + UK（ランカスター＋英国））追加しさえすれば検索がうまく行くというわけではない。また検索をフレーム化した上で，Mexico（メキシコ）の国に関するすべての文書を無視し，New Mexico（ニューメキシコ）{【訳注】米国のニューメキシコ州}に関する文書のみを見つけることはそう簡単なことではない。オンライン広告と同様に，検索は，検索語の言語的な文脈を形成している関連語彙にアクセスする必要があり，また当然ながら，ボスニアの例であったような正書法の変種（発音区別符号を含む）を組み込む必要がある。

インターネット上の安全性

言語を使った不審な活動はすべて暗号化されている。テロリスト，詐欺師，または児童性愛者は明白な言葉で自分たちの意図を公言するわけではない。個々の文はどれも無害に見えるかもしれない。文の連なりの一部として見た場合にのみ，隠された意図が現れる。How old are you?（何歳ですか？）は通常の質問としては無害である。しかし，What are you wearing?（何を着てるの？）という質問とともに起こると，別の言語的な側面が現れる。私たちは害のない会話と疑わしい談話のパターンを作っている会話とを区別する必要がある。しかし，そのような分析は，基準を作るために必要な実際のデータからのサンプルを入手するのが難しいという明らかな理由から，簡単ではない。応用言語学者は，対犯罪研究を行うために関係当局から許可を得る必要があるが，これは決して容易なことではない。

iSENSE

iSense（アイ・センス）プロジェクトでは，意味的なフィルターとして，知識カテゴリー{【訳注】企業などのグループが所有する知識や情報のことを知識という}を利用したため，選択したカテゴリーに関連する検索結果のみがヒットするようになった。そのシステムは，あらゆる意味領域（p.167）について，ウェブページに出現しそうな語彙項目を予測することができる能力に頼ったものであった。depressionという語が，rain（雨），low pressure（低気圧），windy（強い風）なども含まれるページで使われていたならば，そのページは精神医学や経済学ではなく気象学に関するものだろう。逆に，symptoms（症状），illness（病気）Prozac（プロザック®{【訳注】抗うつ剤の1つ}）などを含むページにdepressionが表示された場合，それはおそらく天気に関してではないだろう。

システムが，例えば，冷蔵庫に関してすでに書かれているページを見るだけでは十分ではない。冷蔵庫に関連して書かれる可能性のあるすべてのページに現れそうな語を予測しなければならない。英語にある，冷蔵庫に特化した語の数はたかが知れているのでタスクは有限であるが，すべてのページの内容を定義するために必要な知識カテゴリーは数千あるため，プロジェクトの規模はかなり大きかった。iSENSEの場合，40人のアルバイトの辞書編集者のチームが最初の語彙データベースを完成するのに3年かかった。全体のアプローチはソフトウェアとあわせてセンス・エンジン（sense engine）と呼ばれた。

知識カテゴリーの項目数は私たちが想像するほど多くはない。上位レベルのカテゴリー（「自動車」のような）は500ほどになる場合がある。下位レベルのカテゴリー（車のブランドなど）の場合は12未満になる可能性がある。iSENSEアプローチは約3000のカテゴリーを使い，カテゴリーごとの平均項目数は104で，5から514の範囲であった。基礎となる語彙は30万項目あり——典型的な大学生用の辞書のおよそ2倍のサイズであり，固有名詞も含まれていた。

このデバイスはページが何についてであるかということについて前もって想定することはなかった。あるページで3,000の知識カテゴリーに対して，どれが関連しているかの確認テストを行った。驚くべき結果が出たこともしばしばあった。テニスのスター選手がウインブルドンで勝利したことに関する記事は，当然のことながらテニスとして分類されたが，この検索エンジンは，同時に，このページを車とデートにも分類してしまった。ページ全体を読んで初めてその理由が明らかになった。勝利を報告した後，この記事の記者は，このスター選手の車と女性の好みについての話題に移ったのである。

研究の方向性

pp.472-3 で説明した問題とその解決策は，検索言語学的な研究のいくつかの方向性を示している。

意味論

意味的アプローチは，語彙項目の多義性を記述し，複数の意味をオンラインの内容を表す知識の階層と関連づけ，個々の語彙項目とそのコロケーションが電子文書の意味的な独自性に与える貢献度合いを評価するために必要である。depression には前述した４つの意味がある，と言うだけでは不十分である。それぞれの用法を，それが属する知識領域に割り当てる必要がある。「経済成長の不況」の depression は「経済」に割り当てる必要があるし，「低気圧」の depression は「気象学」に割り当てる必要がある，などだ。

語彙項目によって提示される曖昧さの度合いも考慮する必要がある。quarterback（クォーターバック）などの項目は「アメリカン・フットボール」の領域を作る重要な価値のある項目であると考えられ，それはこの場面以外では滅多に遭遇しないものだからである。ページ上でこの語を見ると，そのページがこのスポーツに関するものであることはほぼ確実である。対照的に，depression などの項目は４つの領域で使われているため予測が難しくなる。country（カントリー，国など）のような項目は何百ものドメイン（世界のすべての国など）に関連して使用可能なため，予測可能性は非常に低くなる。

このように語彙項目を分類すると，知識領域の意味的内容を特定する語彙セットを構築することができ，Adpepper Media（アドペッパー・メディア）用に開発された iSense（アイ・センス）や Sitescreen（サイトスクリーン）製品（p.473）のように，ウェブページのコンテンツを分析するフィルターを作成することができる。語彙セットは高頻度のコロケーション（p.172）を含む必要があり，また従来の意味論の守備範囲を拡張し，ウェブ・コンテンツには多くのブランド名，製品などの型やデザイン，会社名，ロゴ，あるいは，ほかの「百科事典的な」表現が含まれているという事実を考慮して，固有名詞を含める必要がある。

通時性

インターネットの言語的な内容は時間に敏感であるため，検索言語学が純粋に共時的な研究になることはありえない。検索は共時的なものであるかのように感じられるが，実際には異なる時期からの結果を同時に表す。データの競合（例えば，ある国の人口の推定値について，一連の検索結果が異なる数値を出す場合など）を解消することは必ずしも容易ではなく，インターネット・アーカイブが拡大するにつれてこの問題も大きくなる。

pp.472-3 に記載されている曖昧さを解決する上でも，通時的な視点は不可欠である。新しい用語はつねに言語に導入されており，例えば，イラクに関する 2000 年の時点では weapons of mass destruction（大量破壊兵器）というフレーズを含む語彙はなかったが，2003 年には必要になった。あるいは，より商業的な例をあげれば，新しい車種が市場に出てくると，その名前とモデルの名称は，すべての検索エンジンに組み込まれなければならない（p.473）。

また，通時的な視点は遡及的にも適用される。より多くの歴史的資料が検索可能になるにつれて，現代のために作成された語彙セットは，以前の時期に適した形になるよう改訂する必要がある。例えば，2000 年代に作成された道路車両用の語彙セットは，brougham（ブルーム型馬車），barouches（バルーシュ型馬車），phaetons（フェートン型オープンカー），landaus（ランドー馬車）などの語や Croydon cars（クロイドン車）や crank-axle carts（クランク軸カート）といった古いスタイルのコロケーションを含むビクトリア朝中期の英語に関する新聞コーパスに用いようとしてもうまく行かない。写真はビクトリア朝の通販カタログからの広告である。

文法

文法的な分析は屈折の変異形（mobile phone（s）携帯電話）や複合語の多様性（cellphone か cell phone（いずれも携帯電話）か）など，すべての形態的・統語的要因を考慮に入れる必要がある。同綴異音異義語（動詞の bear（生む）か名詞の bear（熊）か）を区別するためには語類のタグづけが必要だろう。曖昧さを解消したり，解釈をつけるために文構造を参照する必要がある場合は統語的な情報が必要である。情感分析（p.475）では否定の影響を想定する必要がある。best（最高の）は通常肯定的で，bad（悪い）は否定的であるが，her latest recording is by no means bad（彼女の最新のレコードは決して悪くない）という文や，his new book is not one of his best（彼の新しい本は彼の最高傑作の１つとは言えない）などの文では意味が逆転する。

社会言語学

語彙リストが完全に包括的であることを保証するためには社会言語学的な視点が必要である。例えば，形式ばった語彙とくだけた語彙両方の変異形（television/telly（テレビ），などさまざまな種類の俗語）や，地域的な違い（例えば，color/colour（色），car boot/trunk（車のトランク）など，アメリカ英語とイギリス英語の違い），同地域内の，つづりの違い，ハイフンのつけ方の違い，大文字化など（judgment/judgement，cellphone/cell-phone，Bible/bible）が例としてあげられる。

文体論

比喩，皮肉，嫌味，また，ことばが異なるレベルで働くようなほかの表現形式など，比喩的または修辞的な内容をもつページに関連して諸問題が発生する。「凍った池の上のアヒルのようにピッチ全体を滑走している」選手という描写をするサッカーのレポートを，鳥類学のページとして分類したくはない。この点で，詩は，検索言語学が扱う最も難しいジャンルだろう。

語用論

ウェブページの目的によって生じる違いを考慮に入れるには，語用論的視点が必要である。誰かがウェブページを書くのはなぜか？情報を提供するためか，楽しませるためか，説得するためか，極端な見解を表現するためか，刺激を与えるためか，何かを売るため…か？　語用論的目的は必然的にページの言語的性格に影響を与える。例えば，製品を販売することを意図したページには独自の語彙的特徴（p.475 を見よ）と同時に，画像的にも機能的にも独特のレイアウトがある。また，過激な見解を伝えるページには通常多くのタブー語が含まれる。より根本的には，デジタルな媒介は，ウィキペディアのページの複数著者（p.317）に示されるように，テクストの作成方法に関する既存の概念に変化を与えている。

意図メーター

そのページが使用している語彙を見ることでページの意図をとらえることが可能なはずである。目的が販売であるならば，そのページには以下のような項目が含まれていることが期待される。より包括的な描写を提供するのにそのようなページのコーパスが大規模である必要はない。

アカウント／追加（例えば買い物カゴに）／バーゲン／買い物カゴ／ベスト（例えば価格）／ボーナス／本／購入／カード／カート／支払い／選択／比較（例：価格）／お買い得／配送／詳細／掘り出し物／無料（例：配送）／ギフト／すごい／保証／低／値引き／注文／支払い／ポイント／人気／価格／製品／プロモーション／購入／最近（例：購入）／おすすめ／登録／割引（例：10%）／お得／店舗／ユーザー登録／特売品／出費／送信／追跡／お試し／最大（例：10%）／価格／訪問／ほしい物リスト

情感をターゲットに設定する

広告の最終目的は，ウェブページの内容とできるだけ密接に関連づけられるように広告を掲載することである。しかし，何を称して「密接」とするかについての考え方は，年月をかけてより具体的になった。米国の歌手のブリトニー・スピアーズ（Britney Spears）のページを想像してみよう。以前は，広告が例えば，武器（spears（槍））についてではなく，音楽に関するものであることを確認するだけで十分であった。その後，要求はより厳しくなった。広告はクラシック音楽ではなくポピュラー音楽についてのものでなければならなくなった。その後，要求はさらに細かくなり，広告はブリトニー・スピアーズ本人についてのものでなければならなくなった，というような具合である。

2000年代初頭になると要求がさらに限定的になり，ブリトニー・スピアーズについて好意的なことを述べているウェブページにのみ，彼女の広告を掲載するという広告主もいた。新しいアルバムが熱意のない評価をされているページでは広告主はその低評価と関連づけられたくなかったのである。同じことは商業製品にも当てはまる。企業は，その社の製品をつまらないものとしているウェブページやフォーラムに広告を出したくはないのだ。そこで現在は，新しい目標が出てきた。情感である。

ウェブページやオンラインレビューなどのフォーラムへの投稿における情感を形式的にとらえるために，以下の旅行のレビューの例で使用されるような，肯定的，否定的な態度を表現するすべての語を調査する必要がある。

肯定的情感

From the moment we checked in we were treated with <u>friendliness</u> and <u>courtesy</u>. I use a wheelchair and the help given was <u>excellent</u>. Boarding was <u>easy</u> and <u>comfortable</u>.

私たちがチェックインした瞬間から，<u>親しみやすさ</u>と<u>礼儀正しさ</u>をもって対応してもらいました。私は車椅子を使用していますが，援助は<u>素晴らしかった</u>です。泊まったところは<u>気楽</u>で<u>快適</u>でした。

否定的情感

<u>Shame</u> this has turned into what I feel is an <u>unreliable</u> service. <u>Unhelpful</u> customer replies. I feel they blame the customer. <u>Avoid at all costs</u>.

<u>残念なことに</u>，これは<u>信頼できない</u>サービスだと感じました。顧客への返信は<u>役に立たず</u>。彼らが顧客のせいにしていると感じます。<u>なんとしても避けるべき</u>。

やらなければならないことは，単に辞書を調べるというものではない（それは重要な最初のステップではあるが）。文法的な要因を考慮する必要がある。否定的な語の意味の逆転を考慮しなければならない（p. 474）。また，ほかにもいくつかの統語的考慮が必要である。例えば，記事の肯定や否定の度合いを表すための強意語の使用など（very（とても）などの項目で強まり，quite（まあまあ）などで弱まる）については，広告の配置を決定するのと同様に重要になりうる。

情感のレキシコン

以下のリストは，ある大学生用の辞書の文字Tの項で見つかった肯定的または否定的な感情を表現する語とイディオムを示している（ただし派生形はまとめている。例えば，tacky，tackier，tackiestなど）。否定的な項目の数は肯定的なものの数を明らかに上回っている。この偏りはすべてのアルファベットを対象としたリストにも見られるものであり，2008年にAdpepper（アドペッパー）広告代理店を調査した結果によると，肯定的項目は1500個だったのに対し，否定的項目は約3000見つかっている。つまり，英語では否定的なことを言う方が明らかに簡単であるのだ。

肯定	否定
tactful（機転が利く）	tacky（安っぽい）
tailor-made（おあつらえ向きの）	tactless（機転が利かない）
talent（才能）	tamper（改ざんする）
talented（才能のある）	tantrum（かんしゃく）
tasty（おいしい）	tart up（派手に着飾る）
tempting（心をそそる）	tasteless（下品な）
tenacious（粘り強い）	tatty（みすぼらしい）
tenacity（粘り強さ）	taxing（骨の折れる）
tenterhooks（緊張した）	tedious（飽き飽きする）
Terrific（すばらしい）	teething trouble（初期故障）
test of time（時の試練）	ten a penny（ありふれた）
thorough（徹底的な）	terrible（恐ろしい）
thoughtful（思慮深い）	terrify（恐れさせる）
thrifty（つつましい）	thankful（ありがたく思うべき）
thrill（わくわくすること）	thick-skinned（無神経な）
thrilling（わくさくさせる）	third rate（三流の）
thumbs up（賛成）	threadbare（みすぼらしい）
tidy（きちんとした）	thug（ちんぴら）
tight ship（しっかり管理された組織）	thumbs down（不賛成）
timeless（永遠の）	tight-fisted（けちな）
timely（時を得た）	tight spot（追い詰められた）
tireless（疲れを知らない）	tightwad（けちん坊）
top（頂点）	tinny（安っぽい）

肯定	否定
top-rate（一流の）	tired of（飽きて）
trendy（流行の先端を行く）	Tom, Dick, or Harry（猫もしゃくしも）
tried and tested（実証済み）	tortuous（ねじれた）
triumph（勝利）	touchy（おこりっぽい）
true to life（写実的）	tough（しぶとい）
trustworthy（信頼できる）	tragedy（悲劇）
truth（真実）	tragic（悲劇的）
truthful（誠実な）	traipse（だらだら歩く）
	trash（ゴミ）
	trauma（トラウマ）
	travesty（ちゃかす）
	trite（ありふれた）
	trivia（ささいなこと）
	trivialise（つまらなくする）
	trouble（面倒なこと）
	troublemaker（もんちゃくを起こす人）
	troublesome（やっかいな）
	trump up（ねつ造する）
	turgid（わかりにくい）
	twisted（ねじれた）
	two-faced（偽善的な）
	tyrannical（暴虐な）

コラム「ゴールポストを変えていく」を巻末p.571に掲載

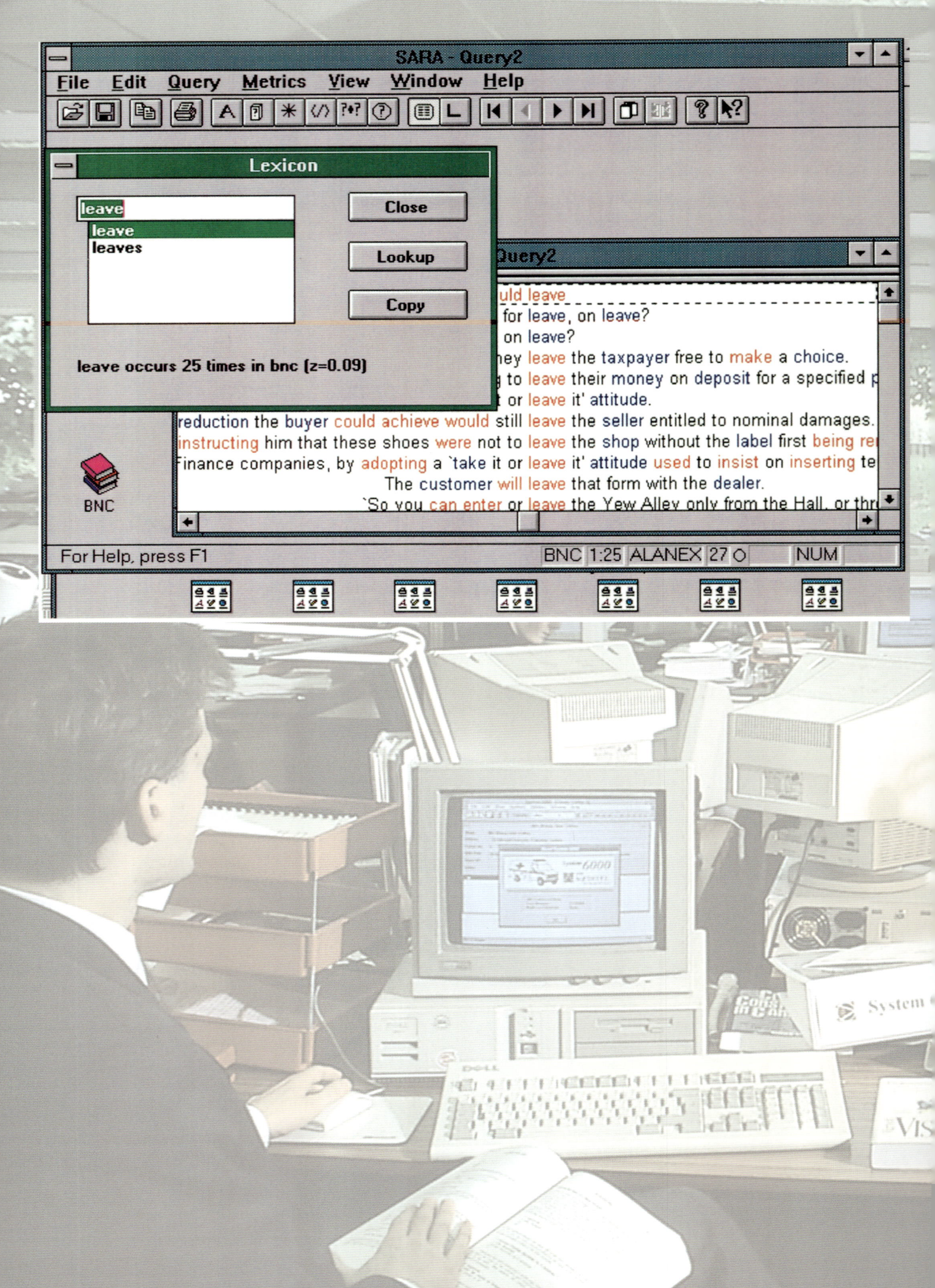

SARA - Query2
File Edit Query Metrics View Window Help
Lexicon
leave
leave
leaves
Close
Lookup
Copy
leave occurs 25 times in bnc (z=0.09)
Query2
uld leave
for leave, on leave?
on leave?
ey leave the taxpayer free to make a choice.
to leave their money on deposit for a specified
or leave it' attitude.
reduction the buyer could achieve would still leave the seller entitled to nominal damages.
instructing him that these shoes were not to leave the shop without the label first being re
inance companies, by adopting a `take it or leave it' attitude used to insist on inserting te
The customer will leave that form with the dealer.
`So you can enter or leave the Yew Alley only from the Hall, or thr
BNC
For Help, press F1
BNC 1:25 ALANEX 27
NUM

VI
英語について知る

本書の大部分は，英語という言語についての研究の礎となる３つの基盤，つまり，その歴史と構造および使用，に割かれている。英語はその複雑な層の内容が次から次へと明らかになるにつれ，まだなお私たちの驚きが決して止むことのない研究対象である。さらに，そこから得られる知識に対し，新しい背景と応用分野が絶えず見つかるので，英語の研究は，終わりのないように思えるテーマでもある。そのような，さらに広範囲に及ぶ数々の企てを十分に扱うには，もう１冊別の百科事典が必要となるであろう。かといって，それらがどういったものであるのかを少しも示さずに本書を終えるのはまずいであろう。

そのうちの多くは，応用言語学というより広い研究分野に収まる——ただし，中には英語自体についての研究をかなり逸脱した事柄を扱うことになるものもあるので，それらの研究のすべての様相をそこに含めることはできない。それらは主に言語接触の領域に属する話題であり，外国語（または第２言語）教育および学習の性質，翻訳や通訳，２言語使用に関する問題，それに，多言語使用の状況における言語計画の役割などが該当する。また，この最終部では，すでに（Ｖ部において）その中心的役割に応じて扱った，応用言語学の１部門としての文体論も扱わない。

本書がここまでで扱っていない研究テーマが１つ残っている。すなわち，どのように子どもが母語としての英語を習得するのか——聴いたり話したりする能力（話しことば能力）が自然に身につく過程，および読み書き（識字）を学習する教育上の過程——についていくらか言及する必要がある。このテーマは次に，それらがうまく行かなかった場合——子どもが母語を十分に習得できない場合や，大人が，病気またはほかの理由により，言語をうまく使えない場合——の問題を提起する。これはそれ自体で大きな研究分野をなし，そのうち，子どもによる言語習得および言語療法において扱われるいくつかの問題は，第 24 章で紹介される。その目的は，それらの障害がどのようなものか——これもまた，英語についての研究をかなり逸脱した問題を提起することになるテーマである——を説明することではなく，もし的確な診断や治療的介入が行われる場合，言語障害の研究が本書のⅡ部からＶ部において記述した情報にどのように依拠しているかを示すためである。

この百科事典は，英語研究のこれからを考えて終章となる。そのテーマは，特にコンピュータ分野における新しい技術による恩恵を，今日（こんにち）までにすでに大いに受けてきている。第 25 章では，これらの技術がどのように進歩しつつあるか，そして，コーパス研究や「ビッグ・データ」の出現により，特に辞書学において，いかに言語についての私たちの知識が深まりつつあるのかについて考察する。辞書の進歩については，独立した節を設けている。そして最後に，英語の中に絶えることのない魅力の源を見出す人たちが現在必要としているものを満たす手助けとなるように，関連組織団体や出版物をいくつか簡単にまとめて，本書を終える。

1990 年代にブリティッシュ・ナショナル・コーパス（p.571）で使用するために開発された検索ソフト SARA（試作版）による検索結果の画面表示（上部）。このバージョンでは色を変えることで品詞の違いをタグづけしている。

24 母語としての英語の習得

さらなる情報源：
cambridge.org/crystal

英語を母語として習得する子どもが直面する課題は，簡潔に述べると，話したり書いたりする場合であろうと，聞いたり読んだりする場合であろうと，本書の II 部や，III 部，IV 部，V 部で扱うほとんどの内容を学ぶことと言える。もちろん，V 部の特定の章は関連は少なく，実際に見られる，地域や職業によって異なる英語の膨大な言語変種すべてに関し，（言葉を発する立場としても受ける立場としても）熟知している必要はない。それでも，言語構造，言葉によるやりとり，および使用の 3 つの領域において一定の最小限の能力を習得する必要は誰にもあるが，この基本的能力が実際どれくらい多くのことと関わりをもつのかは往々にして正しく認識されていない。言語的に大人であるとは，次のような内容を習得していることを意味する。

- 自分の話す英語（の方言）における，20 個あまりの母音や 24 個ほどの子音，そして，これらの音を 300 種類を超える方法でつなげて連続音にすること（例えば，scream に見られる /s+k+r/ や jumps に見られる /m+p+s/）（第 17 章）。
- 明らかに 50,000 語を超えうる，使えるレベルの語彙や，その 1 倍半ほどの数の理解できるレベルにとどまる語彙（第 8 章）。
- 文および語の形成をつかさどり，かなり一般的なものからかなり特化されたものまで含む，すべての規則に関わる 3,000 ほどの文法的構造の様相（III 部）。
- 意味を伝えるための音のピッチ，大きさ，速度，リズム，ほかに，そのほかの声の調子を含む，韻律素性についての数百もの運用方法――「重要なのは，内容自体でなく，内容の伝え方である」（第 17 章）。
- 独白と対話の両方において，どのように文がつなげられて話しことばの談話となるのかに関わる，不特定数（とはいえ多数）の規則（第 19 章）。
- 英語の変種の異なり方に関わる，不特定数（とはいえ非常に多数）の慣習。これを習得できれば，地域，性別，階級，職業やほかのその種の要因から結果的に生じてくる言語的特性を理解できるようになる（第 20-21 章）。
- 冗談や詩歌などに見られるように，特別の効果を得るために，上記すべての規則を曲げたり破ったりできる，不特定数の（とは言えさらに多数に上る可能性のある）さまざまな手法（第 22 章）。

ここまででですでに結構な量であるが，これだけでは，読み書きのできない大人がせいぜいでき上がるにすぎない。読み書きの習得には，文字認識，綴字規則，読解手法，ライティング技法など，さらに一連の技能が必要とされる。実際，世界の識字に関わる研究においてくり返し報告されているように，誰でもがこれらの技能を身につけているわけでは決してない。

スージー　4 歳 6 カ月

スージー：あ，カニさん。見たね（seen［正：saw，have seen］）。――海辺に行ったね（were been to［正：have been to］）。
ベビーシッター：そうなの？
スージー：カ（ニさん）――サカナさんやカニさんを見たよ。クラゲさんも見たよ，で，それを埋めなきゃいけなかったの。で，私たちね，私たちね――カニさんを手でもったりしたの，で，私たち――シャベルで閉じ込めたの（holded［正：held］）。
ベビーシッター：まあ。
スージー：踏んだら，けがさせられちゃうでしょ？
ベビーシッター：そうでしょうね。はさむでしょうね。
スージー：しなきゃね――それで，私たち，砂に埋めたの，海のあるところに，で，海に戻って行ったの。
ベビーシッター：うーん。
スージー：で，貝がらも見たの。で，拾って耳にあてて海の音を聞いたの。で，蓋にカニさんがいたの。で，海辺にはいっぱいカニさんがいたの。で，サカナさんを――違う，貝がらや鳥の羽根を拾ったの。――それと，ブタさんを見たの。
ベビーシッター：まあ，面白かったわね。

スージー：うん，それと，ブタさんのお話を知ってるの。
ベビーシッター：教えてくれる？
スージー：ある――ある日，ブタさんたちがお出掛けして家を作ることにしたの。1 匹は藁で作って，もう 1 匹は棒切れで作って，もう 1 匹は煉瓦で作ったの。で，この――忙しい弟ブタさんはね，森に大きな悪いオオカミさんが住んでて，子ブタさんたちを捕まえることしか考えてないって，知ってたの（knowed［正：knew］）。それでね，ある日，ブタさんたちが出掛けて――オオカミさんは，地面にばたばた音を立ててついて行ったの。それから，オオカミさんが見せておくれって――違う――君の藁の家に入れておくれって言ったの。で，子ブタさんが言ったの。ダメ，ダメ，絶対ダーメ，入れてあげないよって言ったの。そしたら，フーフーするぞって，君の家を吹き倒すぞって。それで，フーフー吹いて，吹いて，オオカミさんは小さな藁の家を吹き飛ばしてバラバラにしちゃったの…。

このように，この独白は続けられるが，これは 2 分近くにも及ぶ。もちろん，あらすじはこの子どものお気に入りの，寝る前に聞く物語の 1 つであり，熱心に聞いていたことは明らかだ。いくつかの言い回しもかなり正確に再現できていて，いくつかのオオカミのセリフのみならず，お話を聞かせてくれた人の話し方，例えば，Away went といった倒置などの話し方を再現している。また，特にフーフーするのが連続する場面では，物語をドラマチックに話しているし，big bad wolf（大きな悪いオオカミ）のような言い回しは，大人がするように，長く母音を伸ばしたりしている。

一方，この子ブタの話は，確実にスージーによる物語となっており，本の通りの話ではない。部分的に対応する箇所もさまざま見られるが，ほとんど何 1 つ，物語の通りそのままくり返されているわけではない。スージーは，物語で何が起こったのかや，言葉や言い回しのいくつかは覚えてしまっているだろうが，それらをつなげているのは，おおむねスージー自身の文法によるものである。

この 2 人の対話の筆記録からは，スージーの発音がまだ未熟であること（例えば，crabs（カニ）を /kwabz/ {【訳注】正しくは，/krabz/）と発音する} や，スージーがかなりぎくしゃくした感じで物語を話したのは明確には伝わってこない。そのほかにも，特に不規則動詞の使用に見られるように，まだ基本的な文法内容についてはは理解しつつある過程にあるようである。knew（知ってた）を用いるべき箇所で knowed と言ったり，we saw と we seen（私たちは見た）を併用したり，また，ほかの間違いも見られる。しかし概して，この子どものした話や対話全体からは，立派な言語能力があることや自信をもって話している印象を受ける。会話において，自分の役割を演ずることも難なく行っているし，例えば If you stand on them, they hurt you（踏んだら，けがさせられちゃうでしょ）といった文は，この子どもにかなりの文法知識があることや，原因結果といった概念を理解していることも示している。また，海辺に関わる語彙も豊富であることも明らかである。まだ生まれてわずか 1,671 日しか経っていないことを考えると，印象的なできばえであると言える。（D. クリスタル（D. Crystal），1986 より）

母語の習得は人が習得するものの中で最も複雑な技能であり，首尾よく達成するにはかなりの助けが必要である。生後，芽生え始めた言語的な意識に対して，親やそのほかの養護者がこれを注意深く育成していくことが必要となる。学校においては，言語技能を育み伸ばしていくには，カリキュラム全体を通してこれに体系的に働きかけることが必要であり，その点は，基本的な読み書きの分野においても同様である。特別な支援が必要であることがわかっている子どもには，言語状況改善手法の訓練を受けた専門家を利用した特殊教育や臨床療法の形によるさらなる支援も要する。ほとんどの子どもが短期間に自然に話し，また書けるようになるのを見ると，子どもがどれくらい広範囲の知的課題に直面するのか，したがってまた，学習上の問題が生じた時，それを解決しなければならない子どもが，どれくらい膨大な量の仕事に直面するのかについて，私たちは過小評価してしまうこともある。実際，驚くほどしばしば過小評価されるのは，読み書きに特別な支援が必要な子どもの教師の仕事や，（子どもの）聞いたり話したりする技能を全く最初から構築しなければならない言語療法士 / 聴覚士の仕事のことである。もっとも，ことばがどのようなものであるかを，ことばがこれまで概説したような構成要素からなり、その構成要素が損傷する点から考えると，その仕事の大変さに気がつくはずである。

読み書き能力（識字）の問題

読み書きができないという問題は，世界の中でも発展途上国の問題であると伝統的に考えられてきた。したがって，英語が話されている国の「中心圏」（p.113）においてかなりの数の人が読み書きについて重大な問題を抱えていると知ると人は驚くであろう。正確な数値を得ることはかなり難しいが，推定値では，国によっては約 5%から 40%以上にもなり，深刻である。

その数値に幅がありはっきりしない理由は，「読み書きができない（非識字である）」という概念の定義によるところが大きい。つまり，識字能力とは，すべてかゼロかといった技能でなく，徐々に上昇・拡大するレベルや領域に関わる連続性をもった能力のことであり，少なくとも以下の５つの要因が関わっている。

- （読解テストのように）表現上の難易度が増す文章を理解して読むことができること。
- 道路標識，新聞，医薬品ラベルなど，次第に増大していく日常的なさまざまな場面で目にする文章を理解して読むことができること。
- 段階的に流ちょうさが増大する形で書く（または，入力する）ことができること。
- 段階的に広範囲となる要求（例えば，手紙，書式，アンケート，コンピュータ画面の指示）に応じて書くことができること。
- つづることができること。

完全に非識字である人の場合は，これらの技能のいずれも，どの程度にも，行うことができないであろう。しかし，上記の要因内，および要因間であらゆる種類の可能性が考えられる。例えば，読むことはできるが書いたりつづったりすることができない人，読み書きはできるが，つづりを苦手とする人，読むことはできるが理解力に問題がある人，特定の種類の文章しか読めない人，などさまざまな人がいる。非識字といっても，困難を感じている部分についてのある一面だけを言うわけではない。

機能的識字

したがって，世界の識字の推定値は，その測定に完全識字の概念を用いるのか，それとも「機能的」識字といった概念を用いるのかによって，大いに異なる。前者の場合としては，1951 年に発表されたユネスコによる次の定義がある。

識字能力（リテラシー）のある人とは，自分の日常生活についての短い簡単な文章を，理解して読み書きすることができる人のことである。

後者の機能的識字の場合については，1960 年代に発表された同じくユネスコによる定義がある。

識字能力のある人とは，自分の属する集団や共同社会において，自分の役割を十分に果たすために読み書き能力が必要とされるようなすべての活動に従事することができる知識や技能を有する人のことである。

機能的識字の基準を採用することにより，識字の概念のもつ恣意性は減るものの，要求されるものは多くなる。この基準は，個人が属する社会で受け入れられるような読み書き能力の最低レベルを識別しようとするものである。実際には，読み書きについて社会的に要求されることをこなすことができさえすれば，読み書きができると言えることになる。この解釈では，例えば「マットにネコが座った」といった文を読めるからといって，識字能力があることにはならない。

社会においてわれわれがこなすことが要求されるのは，どのような読み書き能力のタスクであろうか。１つの見解が 1970 年に米国読解審議会（US National Reading Council）によって提案されており，そこで考案されたのが「サバイバル識字研究」である。テストに用いられた材料は一般的に日常使われる次の５つの申請書式で，公的補助申請，身分証明書，運転免許申請，銀行ローン申請，医療扶助申請の順に難易度が上がるものであった。テストの結果，アメリカ人の 3%は５つのうち１つ目の書式を読むことができず，34%が最後の書式を読むことができないことがわかった。

これらの５つの内容は，もちろん，現代社会で必要とされる識字能力の一部分にしかすぎない。実際は，さまざまな状況が関わっており，道路標識，記録保管，公共福祉事業のパンフレット，時間記録用紙，納税申告書，安全規制，ビジネス協定，日刊新聞，および医薬品ラベルなど多様である。読む材料が非常に多岐にわたっているので，読めるかどうかの問題を一般化するのは難しい。例えば，５つの語からなる道路標識は，同じく５つの語からなる医薬品ラベルと同程度に読むのが難しいかもしれないし，そうでないかもしれない。そして，間違いなく，時速 30 マイルで近づいている場合と時速 70 マイルの場合で，その時の道路標識が読めるかどうかの問題もかなり変わってくる。

識字能力水準は，先進国においてはだいたい上昇しており，その結果，皮肉なことに，非識字能力者や半識字能力者が，容認される識字能力の水準を達成するのが，今日では以前よりはるかに難しくなっている。民主主義社会や出版の自由は，高い水準の一般的識字能力を前提としている。現在，読むべき内容は，以前のものより多様で複雑なものとなっており，とりわけ，インターネットを利用したいと思ったら，より多く読まざるを得ない。したがって，メディア，ビジネス，役所関係　コンピュータ使用，法律に関し，日常的に文書による要求事項が増えており，それらに対処できないと，すでに基本的な識字レベルに達している人でさえ，読み書き能力のない人として区別されてしまうという現実的危険性がある。このようにして，識字社会はたえず「賭け金をつり上げている」。

この異常な眺めにより，非識字者にとって読むことがどれくらい難しいことかが推測できる。

英語が話されている国のいくつかでは，国をあげての識字運動により，この問題について国民意識の最低水準を引き上げるとともに，これまで自分が読み書きに支障があることを認めてこなかった多くの人にも，支援を求めるよう説得するための多大な努力を払ってきている。1950 年代には，全世界の人口のちょうど半分弱の人は非識字者であると考えられていたが，それ以降，かなり改善が見られる。しかしながら，誰もこの問題が克服されたとの幻想を抱く者はいない。ユネスコは 2000 年を非識字者廃絶世界年と指定したが，2000 年をとうに過ぎた今でも廃絶はできておらず，むしろ，継続した取り組みのままとなっている。

文法の発達

文法習得は，ほとんど気付かないくらいの過程で，かなり迅速に行われる。親が子どもの発する最初の語を聞こうと熱心に耳をすます時から，しゃべらず静かにしていてほしいと切望するようになる時までは，たった 3 年か 4 年のことである。――そして，その間に子どもは，どんな外国語学習者でもうらやむほどの程度まで，母語の文法をマスターしてしまう。そのような事柄を納得できるように量で示そうとしても不可能であるが，たいていの子どもが小学校に通い始める時には，習得すべき文法のすべてのうち，少なくとも 3/4 を身につけてしまうように見える。1 歳前後から 6 カ月ぐらいごとに定期的に記録をとると，どのように子どもの文法が発達するのかわかりやすいし，また（p.478 のスージーの場合のように）子ども特有の間違いを見ると，大人のレベルに到達するまでには，たどるべき道のりがかなりあることがわかる。

文法の発達段階

文法学習は連続したプロセスであるが，英語が話される中で子どもが成長する時，あるいくつかの段階である特定のタイプの発達が生じていることに気づくことができる。

- 最も初期段階は，Gone（もうない，行っちゃった）や，Dada（パパ，ダディ），Teddy（テディ），Hi（こんにちは，やあ）のような，ほんの 1 語の発話からなり，文法などとはほとんど言えない時期である。これらの語の約 60%は名づける働きがあり，約 20%が動きを表すものである。たいていの子どもは生後 12 カ月から 18 カ月にこの段階を経るが，文全体に相当する内容を 1 語で表現することから，**一語文**（holophrastic）**期**とよく呼ばれる。
- 次の段階では，2 語を組み合わせた初歩的な文構造をもつようになるので，より「真の」文法のように見える段階である。Cat jump（ネコ ジャンプする）や Cat jumping（ネコ ジャンプしてる）は主語+動詞の構造（p.232）を表しているようであるし，Shut door（ドア閉める）は動詞+目的語の構造を表しているようだ。語のつながったものの中には，どのような構造であるのか解釈がより難しいものもある（例えば，本ページ右側のリストにある mummy（ママ）off（とれちゃった）はどういった意味であるか不明）。しかし，だいたいの印象として，（一般的には約 18 カ月から 2 歳まで続く）この段階の終わりまでに，子どもは英語の語順について，基本的知識をいくらか身につけているようである。
- 次の段階では，節構造に関わる要素を加えたり（p.232），そのような要素自体をもっと複雑にして，前段階の簡単な文形式の欠けた

ウィルの最初の 50 語

ほとんどの子どもが生後 18 カ月までに口にする語彙は少なくとも 50 語である。ここに載せているのは，その一例のリストで，1980 年代のある言語習得研究の一部として収集されたものである。実際はウィルの場合，最初の 50 語に到達したのは 6 カ月半であった。リストによると，くり返しのあるアイテムである quack-quack（ガーガー）や beep-beep（ピッピー）が気に入っていることに注意したい。またリストのかなり下方に mama（ママ）や daddy（パパ）がくることにも注意したい。すなわち，一般的に考えられていることと異なり，これらの語（mama，daddy）は通常子どもが最初の方に用いるような語ではないことになる。なお，リストでは don't throw（投げない）は 2 語として記載しているが，ウィルはまるで一かたまりのように発音していた。（C. ストゥーエル・ギャモンと J. A. クーパー（C. Stoel-Gammon & J. A. Cooper），1984 に従う）

1 おや，ああ（uh-oh）
2 おしまい（all done）
3 光（light）
4 下へ（down）
5 くつ（shoes）
6 赤ちゃん（baby）
7 投げない（don't throw）
8 モー（moo）
9 かむ（bite）
10 3（three）
11 やあ（hi）
12 チーズ（cheese）
13 上へ（up）
14 ガーガー（quack-quack）
15 ブーブー（oink-oink）
16 コート（coat）
17 ピッピー（beep-beep）
18 鍵（keys）
19 自転車（に乗る），サイクル（cycle）
20 ママ（mama）
21 ダディ（daddy）
22 ウーウー［サイレンの音］
23 ウー，ガルルルル（grrr）
24 もっと（more）
25 離れた（off）
26 チクタク（tick tock）
27 ボール（ball）
28 行く（go）
29 ドシン（とぶつかる）（bump）
30 ポン，パン（pop-pop［花火の音］）
31 外へ（out）
32 ヒヒン（heehaw［訳注］ロバの鳴き声）
33 食べる（eat）
34 ヒヒーン（neigh-neigh［訳注］馬の鳴き声）
35 ニャー（meow）
36 座る（sit）
37 ウーウー（woof-woof）
38 メーメー（bah-bah）
39 ホーホー（hoo-hoo［フクロウの鳴き声］）
40 ハチ（bee）
41 木（tree）
42 フェリー（mimi［船］）
43 シューシュー（s:［ヘビの音］）
44 ウッウッ（ooh-ooh［サルの鳴き声］）
45 ペチャクチャ（yack-yack［人の話し声］）
46 ホーホーホー（hohoho［サンタ］）
47 バイバイ（bye-bye）
48 人形（doll）
49 凧，トビ（kite）
50 ミュリエル（Muriel）

単語をつなげる

ここに載っているのは，ビクトリアという一人の子どもが 1 歳 9 カ月の時に 1 時間のうちに用いたすべての 2 語文である。アルファベット順となっているので，この子どものお気に入りの文パターンが容易にわかる。重要なことは，ほとんどが大人の語順と同様であることである。もちろん，gone milk（ミルク なくなった）や Bluey where（ブルーイ どこ）などはその通りではないので，全部というわけではない。補足であるが，アディ（Ady）は彼女の兄弟の名前で，ブルーイは犬の名前である。（C. J. ハウ（C. J. Howe），1976 に従う）

アディ お馬さん（Ady horsie）
赤ちゃん ベッド（baby bed）
赤ちゃん 泣く（baby cry）
赤ちゃん 人形（baby doll）
赤ちゃん 飲む（baby drink）
赤ちゃん 帽子（baby hat）
赤ちゃん ここ（baby here）
赤ちゃん 寝てる（baby lie）
赤ちゃん 好き（baby like）
赤ちゃん ママ（baby mummy）
ブルーイ ここにいたんだ（Bluey here-y'are）
ブルーイ どこ（Bluey where）
髪をとかす（comb hair）
出てくる（come out）
ダディ そこ（daddy there）
お人形さん そこ（dolly there）
飲む お人形さん（drink dolly）
ミルク なくなった（gone milk）
それを取った（got it）
帽子 ママ（hat mummy）
帽子 とる（hat off）
帽子 かぶる（hat on）
彼女のコート（her coat）
ここに ある（here is）
お馬さん ママ（horsie mummy）
そこに（in there）
ここにある（is here）
それ 行っちゃった（it gone）
それ とる（it off）
人形 キスする（kiss doll）
ゾウ 見る（look elephant）
ミルク なくなった（milk gone）
もっとおもちゃ（more toy）
ママ 戻る（mumma back）
ママ 飲む（mumma drink）
ママ とれちゃった（意味不明 mummy off）
ママ そこ（mummy there）
ママ おもちゃ（mummy toy）
私のリンゴ（my apple）
私のベッド（my bed）
私の帽子（my hat）
私のテディ（my teddy）
私のトラクター（my tractor）
彼女 寒い（she cold）
彼女 髪（she hair）
ドアを閉める（shut door）
ばかげた 帽子（silly hat）
それ お風呂（that bath）
それ ブーブー（that car）
それ 帽子（that hat）
それ お馬さん（that horsie）
そこ ブルーイ（there Bluey）
そこ テディ（there teddy）
おもちゃ なくなった（toy gone）
起きる（waking up）
ほしい（意味不明 want on）
ブルーイ どこ（where Bluey）
中のどこ；どこ 中（where inside）
どこ そこ（where there）
あなた ベッド（you bed）

前置詞発射

右の図は，イブ（Eve）の生後 1 歳 6 カ月から 2 歳の間の記録のうち，話しことばとしての 12 のサンプルにおける前置詞 in と on の使用を示したものである。グラフ図が示しているのは，それらの前置詞が特定の前置詞句において正しく用いられた場合の割合である（例えば，sitting chair（イス座る）でなく，正しく sitting in chair（イスに座る）と言えた場合）。1 歳半の時は，その割合は 10%にすぎなかったものが，2 歳までには約 90%にまで上昇していることがわかる。特に 21 カ月前後にその意識が急上昇していることが顕著に見られる。（R. ブラウン（R. Brown），1973，p.263 に従う）

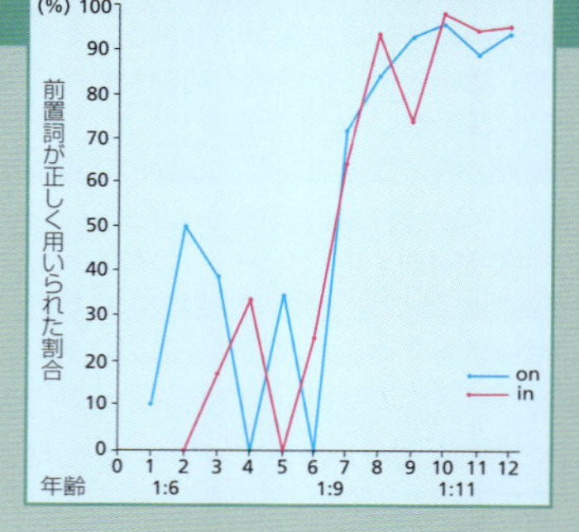

部分を「埋める」ようになる。3つの要素からなる Daddy got car（ダディが車を買った）や4つの要素からなる You go bed now（あなたは今，寝る）はこういった進歩を示しているし，（さらに進んだレベルで見られる）My daddy put that car in the garage（ダディがあの車をガレージに入れた）も同様である。この段階に到達し，さらにそれに（Where daddy put the car?（どこにダディが車を入れたの）のような質問をするといった）手を変え品を変えることができるようになるには，3歳の時期の大部分を要する。

- 3歳前後で文が大幅に長くなり，節をつなげてより複雑な考えを表現したり，簡単なお話をするようになる。and（それで）はこの段階でよく耳にする単語である。スージー（p.478）も長い間 and を用いた構文を得意としていた。この段階でよく用いられるつなぎ語は，because（'cos'）（〜なので）や，so（だから），then（そしたら），when（〜時），if（もし〜なら），before（〜の前に）である。この段階は6カ月あまり続き，節をつなげる基本パターンが確立されるようになる。
- このあと4歳児近くになると一般的に，子どもの文法が大幅に「整理」されてくる。例えば，3歳半の子どもは Him gived the cheese to the mouses といった発話をするかもしれないが，4歳半までには，たいていの子どもが He gave the cheese to the mice（彼はネズミにチーズをあげた）と言えるようになる。何か起こったかというと，不規則変化をする名詞や動詞，代名詞について，大人同様の形態を学んだということである。数十の不規則変化名詞や数百の不規則変化動詞，さらにはほかのさまざまな文法的不規則性を整理しなければならないので，上で見たような「かわいい」間違いが明らかになくなるレベルの英語を話すようになるには1年の大半を要する。スージーはまだこのレベルに到達していないことになる。
- 4歳6カ月を過ぎるとどうであろうか。文と文を関連づけてつなげる特性（p.244）および従属といった複雑なパターン（p.238）のような，学ぶべき文法的特性がまだ残されている。この行程は，特に書きことばの文法を自信をもって自分のものとすることとなると10代初期まで続き，その段階に達すると，文法学習は，大人としての個人的なスタイルを身につけるといった，より一般的な課題と区別がなくなってくる。

幼児にお話させる方法

子どもが一体どれくらい文法知識があるのか明らかにしようとする時の問題の1つは，どのような絵を用意すれば子どもが興味を示すことができ同時に，それにふさわしい語で反応するようにしむけることができるかということである。ここに載せているのは，子どもが前置詞を用いて答えるように作成された写真カラーライブラリからのもので，そのうちのうまくできた3枚の写真である。首尾よくいけば，（時計回りに上から）1番目の絵は in（〜の中に）を，2枚目は on（〜の上に）を，3枚目は under（〜の下に）を引き出すはずである。（『カラーカード（*Colorcards*）』，ウィンスロー出版）

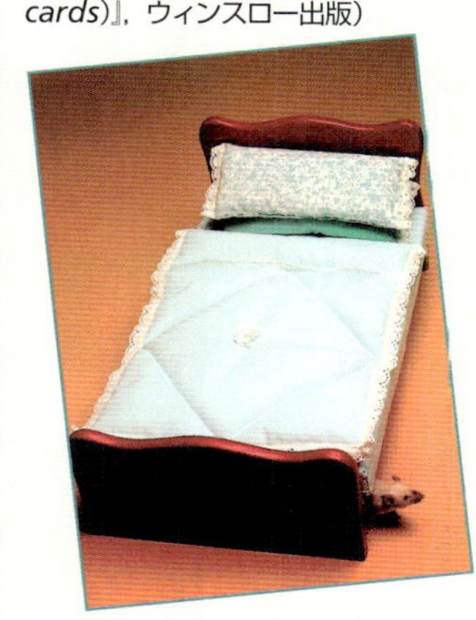

受動態（passives）の使用が能動的（active）になること

能動態文（例 The panda chased the monkey（パンダがサルを追いかけた））と受動態文（例 The monkey was chased by the panda（サルがパンダに追いかけられた））の違いを子どもはいつ学ぶのだろうか。受動態文（p.237）は頻度がずっと低く，構造上より複雑に思える。そのため，習得過程において受動態文はずっと後に出現しそうである。しかし，それはどれくらい後であろうか。

この問題を調査する1つの方法は，上のような絵のセットを作ることである。そして，「『パンダがサルに追いかけられた』の絵を見せて」と子どもに指示することにより，子どもが正しい絵を指すかどうかを確かめることができる。これは，受動態についての理解を調べるテストとなるだろう。もし，またその後，「パンダに何が起こったの」と尋ねると，それが子どもにとって「パンダはサルに追いかけられた」といった文やほかの類似の文で反応する機会となる。これで，受動態文の産出についてのデータを収集し始められる。

このような手法を用いたある研究では，3歳から3歳半の10人の子どもを調査対象として実験を行った。その結果，理解度を測る部分では，グループ全体で30試行のうち17試行で正答したが，誰も受動態文をまったく産出しなかった。その1年後，理解度の方は，30試行のうち26試行が正答となり，その段階では1人か2人の子どもが，30のうち4試行の正答にすぎないものの，受動態文も幾分，産出し始めた。5歳と6歳ではほとんど違いは見られなかったが，7歳になると受動態文を用いる能力が飛躍的に伸びた。6歳では30のうち26試行で受動態文を理解し，30のうち14試行でそれを正しく産出するようになった。8歳では30のうち29試行で受動態文を理解し，ほぼ完ぺきであったが，受動態文を産出する能力は前段階から大きくは伸びずに，30のうち16試行の正しい産出にとどまり，参加児のうちの20%については，その段階でもまだ受動態文の産出はまったく見られなかった。少なくとも，この種類の実験では，9歳を優に過ぎるまでは，子どもが受動態文産出に関する大人同様の水準には近づかないようである。（B. ボールディ（B. Baldie），1976に従う）

基盤となる年齢

言語習得のプロセスはいつ始まるのだろうか。生後12カ月頃，「初語」が出現する時（p.480）がそれを示す重要な時期であるとたいていの人が考える。しかし，それでは，実際のところ，ことばの学習行程においてかなり遅い時点を示すことになる。言語習得とは，単に音を発したり，音をつなげて発話にするといったことを意味するだけではなく，音を認識したり，ほかの人の発話の意味を理解することができることでもある。また，さらに，どのように会話を行うかといった，他者とやりとりすることができることも含んでいる。生後12カ月までには，すでにこれらの3領域において子どもたちにはかなりな理解力が見られる。

- 音声認識能力は生後すぐから見られ，生後1日もたたないうちに母親とほかの人の声を聞き分けができるなど，赤ちゃんは異なったタイプの音に対し，はっきりとわかるような異なった反応を示す。音調やリズムについてのいくつかの違いだけでなく，生後1カ月頃までに子音や母音についていくつかの対立ペアの違いもわかるようにもなり，こういった弁別する能力は，生後1年の間，着実に向上するようである。
- 理解の兆候は生後2〜4カ月に現れ，赤ちゃんは，大人が怒っているか，なだめているか，おどけているかといった違いなど,声の調子に反応し始める。生後6カ月から9カ月の間に，状況によって異なる発話を認識できるようになる（例「お手てをたたいて（clap hands）」や「バイバイと言って（say bye-bye）」）。この期間に行われるたいていの遊びは，赤ちゃんがすぐに反応できる言語的要素が含まれている。1歳になろうとする頃，1つ1つの語を学習する兆しがはっきり見られ，家族やペットや一般的な事物の名称が認知され始める。1歳になるまでに，たいていの子どもは少なくとも20語の意味を認識しており，それは，子どもがそのうちのどれかを初語として口にすることができるようになるずっと前である。
- 同様に1歳になるまでには，話しことばにおける語用論的知識がかなり身についている（p.300）。会話のやりとりに関わるルールは，赤ちゃんの発音のタイプの変化に応じて親が話し方を変えて赤ちゃんの出す音に反応するので，生後1日目から習得し始める。コミュニケーション・ゲーム（例 「この子ブタさんがマーケットに行った（The little piggy went to market）」）や，「ほら，ゆらゆら（bouncing）」のような体を動かすゲーム（これにも言語的要素が強く関わっている）を大人と子どもが一緒になって楽しむことも始まる｛【訳注】これらのゲームはインターネットの "This little piggy went to market" や "Talk and Move Together" で実際の例を見ることができる｝。親の話しかけ方がこの頃非常に独特なものとなる。すなわち，短い文をピッチの幅を広くして，何度もくり返すことにより，赤ちゃんの反応や学習の機会を大いに促すことになる。その結果，初語がようやく出現する時には，子どもにとってなじみのある会話文脈にすぐに初語を取り込むことができるのである。

初期における語彙の発達

子どもがどれくらいの速さで言語習得の初期に語彙を学ぶかについて正確に把握できるだろうか。ある研究が生後9カ月から20カ月の8人の子どもについて，産出と理解の両方において最初の50語を調査しており，その結果を示したのが右の図である。一人一人の子どもの成長曲線を観察すると，以下の5つの重要な点が見えてくる。

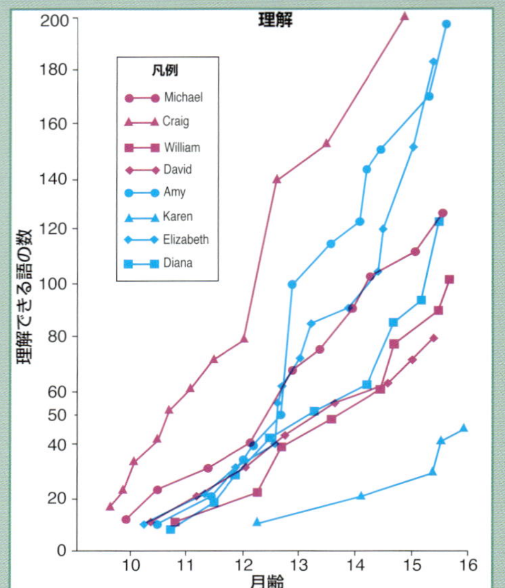

- 理解の方が産出よりもつねに先行しており，その差は子どもの年齢が上がるにつれて広がる。50語レベルでは，その差は5〜6カ月にもなる。
- 子どもが理解できる語が10語から50語になるのに平均2.69カ月かかる。産出できる語が10語から50語になるのに4.8カ月で，理解できる語の場合と比べほぼ2倍長くかかっている。
- 10語から50語の間の語彙習得の平均的速度は，理解の場合は1月あたり新語22.23語であるが，産出の場合は，新語9.09語となっている。均等な割合での行程をたどる子どももいれば，ゆっくりした段階と急激に伸びる段階が交互となる子どももいる。
- 理解できる語と産出することができる語の割合は，生後18カ月で5：1である。産出する語彙が増えるにつれ，この対比は小さくなり，3歳前後で大人の水準（p.133）に近づく。
- グラフ図はまた，子どもにより語彙学習が始まる年齢に差があることも示している。子どものうち5人は初語を生後10カ月までに発したが，残りの3人は，12，13，15カ月前までにと遅れが見られる。

下のグラフ図は産出する語の50語あたりまでを示したものである．さらに2カ月経過すると，総数100語となり，21カ月までだと200語，そして2歳までには300語になるのが一般的である。しかし，使用語彙が急激に3000語を超えるところまで増加する2〜3歳の間には，2歳までのこのような増加のペースをさらに上回ることになる。このめざましい語彙爆発がいかにして起こるのかについては，まだ詳細な研究は行われていない。（H. ベネディクト（H. Benedict），1979に従う）

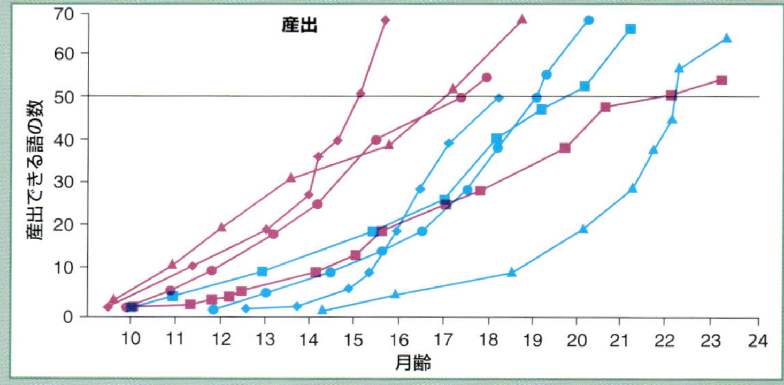

この種のグラフ図については，語彙の発達が均一的なものであると考えるならば誤解を招くおそれがある。典型的な初期50語よりなるレキシコンにはたくさんの固定表現だけでなく，異なった種類の単語が含まれている。

- 普通名詞：plant（植物），light（光），birdie（鳥ちゃん），picture（絵），dummy（おしゃぶり），ham（ハム），cat（ネコ），rabbit（ウサギ），aeroplane（飛行機），cheese（チーズ），juice（ジュース），book（本），milk（ミルク），shoe（靴），clock（時計），car（車），ear（耳），eye（目），nose（鼻），mouth（口），stairs（階段），watch（wrist）（(腕) 時計）
- オノマトペ（擬音語）（p.262）：brum（ブルン［車のエンジンの回転音］），moo（モーモー），grrr（ガウー），tick tock（チクタク）
- 固有名詞：Mammy（ママ），Daddy（パパ），Jane（ジェーン），Grandad（おじいちゃん）
- やりとり語：ahh（アー），bye-bye（バイバイ），peepo（(いないいない) バー），yes（はい），ta（ありがとう）
- そのほか：yum yum（おいしい），nice（よい），crash（つぶれる），back（後ろ），poo（うんち），out（外（へ）），gone（行っちゃった），stuck（動けない），up（上（へ）），wee wee（おしっこ），draw（描く）
- 凍結表現：oh dear（あらまあ），where's it gone？（どこに行ったの），there it is（そこにあるよ），Oh God！（あら大変）

（E. V. M. リーヴェン，J. M. パインとH. D. バーンズ（E. V. M. Lieven, J. M. Pine & H. D. Barnes），1992に従う）

言語の産出

子どもが1歳になるまでにいくつかの発達段階が明確に見られ，その間に首尾よく初語を話すために必要な技能を発達させる。

- 生後2カ月の間に，空腹時や，痛みや不快に関わる泣き声の種類とは別に，食事や排せつ時に聞かれる「植物性機能に関する」音に見られるような，赤ちゃんの生理的な状態や活動を反映する，広範囲の原始的発声音が聴かれる。息の気流を制御したり，リズムのある発話をする能力など，話しことばの最も基本的な特性のいくつかがこの時に確立されていく。
- 生後6–8週間で一般的に**クーイング**（cooing）【訳注】鳩の鳴き声に似ていることより】として知られている，赤ちゃんが居心地のよい状態の時に発する音声が現れる。クーイングは泣き声から出たものではなく，むしろ泣き声とともに発達し，それは徐々に頻度が増し変化に富んでくる。クーイング音は泣き声より静かで，より低音で音楽的であり，一般的には，しばしば鼻音の音質をもった短母音のような音からなり，たいてい口の中の後方の位置で作られる子音のような音に続いて産出される。クーイング音はすぐに連続して出現し，赤ちゃんが発声器官の筋肉——特に舌や口唇の動きや関連する声帯の振動（p.248）——をよりいっそうしっかりとコントロールできるようになると，その音声はより多様となる。
- 生後3–4カ月の間にクーイング音はなくなり始め，その代わりに，かなりはっきりとした制御された音声でしかも，しばしばくり返されて，幅広いピッチのわたり音を伴って発音されるような音声が現れるようになる。赤ちゃんはこれらの音，特に口唇を用いた音，を発するのを大いに楽しんでいるように思えるので，この時期は一般的に，**発声遊び**（vocal play）期と呼ばれる。しかしながら，発声練習期や発声実験期と呼ぶ方が，おそらくはより正確であろう。
- おおむね6カ月目から発声遊びは**喃語（なんご）（バブリング）**に代わる——これは，音節の連続やくり返しが起こる時期で，0歳後半の間ほぼずっと続く。始まりは，[babababa] といったように，子音のような音がかなり反復されるものであるが，9カ月あたりになると喃語は，このような固定化したパターンから変わり始める。子音と母音が1つの音節から別の音節へと変化して，[adu] や [maba] のような形式を発するようになる。音の種類は豊富となり，ここには後に習得する英語の発音パターンの兆しが見られる。発話されるものは，しばしば大人の口にする語に似てはいるものの，意味をなしていない——ただ，もちろん，大人はそのような語（特に，mummy（ママ）や daddy（ダディ））が赤ちゃんの発声の中に「聴きとれる」と喜ぶ。その後，喃語は徐々に話しことばに変容していくわけではなく，実際，多くの子どもは話し始めてからも数カ月は，喃語が続く。喃語は話すための準備期の最後の段階であると要約するのがおそらく最適と言えるだろう。事実上子どもは「態勢作りをしている」こととなるが，何のための態勢作りかということをまだ学んでいない——つまり，音はある一定のやり方で意味を伝えることができるためにあるということを後に学ぶこととなる。「初語」を発することで，この最終ステップを踏むこととなる。
- しかし，初語が習得すべき，大人の言葉の最初の特徴というわけではない。6カ月という早い時からすでに，大人の言葉のメロディーやリズムの特徴を学習し始めている証拠が見られる。確かに9カ月までには，子どもは，意思疎通を図っていると大人が解釈できるような，会話風のやり方でしばしば連続した音節を発音することがある。「この子は何か伝えようとしている」というのが，そのような「走り書きのような話し方」に対する大人の一般的な反応であり，喃語の発話には何かを尋ねたり，命令したり，挨拶をしたりといった発話行為（p.304）の働きがあると考えられている。頻繁に用いられる語句（例えば，all gone（もうない））のメロディーやリズムもまた，母音や子音が明瞭に調音できるずっと前に耳にしそうであるが，この韻律素性（p.260）こそ子どもによる実際の言葉の産出の最初の兆候と言える。

音の傾向

p.480 のリストに載せた2歳児が使う語は通常のつづりになっているので，実際の子どもの発音以上にうまくしゃべっているように見える。話すことを学習する行程は，母音や子音を徐々にマスターしていくので，この年齢ではその習熟度は完璧なものとは程遠い。実際，子どもが小学校に通い始めた後でさえ残された問題がいくらかあることが聞いていてわかる。例えば，前位置の摩擦音（p.255）/f, v, θ, ð/ は難しいようであるし，普通でない位置に起こる子音をもった語（例：disturb の最後の /b/ の代わりに /v/ を用いる誤り）や，やっかいな子音群（例：string において /r/ の代わりに /w/ を用いる誤り）も難しいようである。

子どもが母音や子音を習得する順序は子どもによって大いに異なり，また1人の子どもにおいても，音の学習が突如として行われるのでもない。音によっては，その音をすべての語において，またどの語においてもどのような位置にあっても一貫して適切に用いるようになるには，数カ月かかる。子どもがある音を学ぶにあたっては個人差もかなり見られる。実際，ある子どもは window（窓）という語の発音に関し，6つものバリエーションからその中の1つに落ち着くまでに数週間かかっている。

子どもが音を習得する順序について，簡単に一般化することはできないが，いくつかの傾向は観察できる。特に，子どもには音の学習の際に似通った行程をたどる傾向が見られる。具体的には，たいていの子どもは，子音の歯茎音の代わりに軟口蓋音を用いたり（例：dog を /gɒg/），強勢のない音節を落としたり（例：banana を /nana/），子音群を簡素化したり（例：dry を /daɪ/），といった段階を通る。また，いくつかの研究は子音の発現には典型的な順序があると提案している。例えば，パメラ・グランウェル（Pamela Grunwell）『子どもの話しことばについての音韻的評価（*Phonological Assessment of Child Speech*）』（1987）によると，次のような流れが見られる。

/m, n, p, b, t, d, w/ は2歳までに
/k, g, h, ŋ/ は2歳半までに
/f, s, j, l/ は3歳までに
/ʧ, ʤ, v, z, ʃ, r/ は4歳半までに
/θ, ð, ʒ/ は4歳半を過ぎてから

原（プロト）語

喃語が話しことばへと飛躍する間には，しばしば中間の段階が見られる。この時に，ほんの1-2音節であるが，はっきりとしたメロディーやリズムをもった短い発話が定期的に予測できるように聞かれるようになる。ジェイミーがある日，上昇調のメロディーで言った「ダー（[daː]）」が，次の日は十数回となった。最初はそもそもどういう意味か誰もよくはわからなかったものの，ジェイミーが that（あれ）と言おうとしたように聞こえたが，この解釈は必ずしも，その発話状況に合致していなかった。ネコが通り過ぎる時にそれを指さしながらジェイミーがそう言った時には合っており，ジェイミーの母親はすぐに「あれが何かって？ あれはネコちゃんよ」と答えた。しかし，ジェイミーがベッドに連れて行かれる時，母親の肩越しに何気なく「ダー」と言った時には合っていないようであった。それは語であったのか，そうでなかったのか。子どもが生後12カ月になる頃には，音は明瞭であるが，意味ははっきりしないものをしばしば発する。すなわち，原（プロト）語（proto-words）である。これらは本当の語とは言えない。本当の語とは，音と意味の両方が明瞭で，しかも話し手と聞き手の両方に同意されるものである必要があるからだ。

「どうぞ」と言いなさい

3歳の初めまでには，ことばの習得はかなり進んでいる。子どもは大多数の音や広範囲の文構造，数千の語をすでに学んでいる。親が，特に言語や文化に関わるポライトネスの慣習といった，語用論的な配慮に目を向け，次のようなことを口にし始めるのはこの段階である。

「ありがとう」と言いなさい。(Say thank you.)
まだ，あのちょっとした言葉（「どうぞ」）を聞いていないわよ。(I haven't heard that little word.)
その言葉，使っちゃダメ，悪い言葉よ。(Don't say that word. It's rude.)
食べ物を口にしたまま，おしゃべりしてはダメ。(Don't talk when your mouth is full.)

オグデン・ナッシュ（Ogden Nash）は，「おじいさんは恥ずかしい（Grandpa is Ashamed）」という詩の中でこれをとてもうまくまとめている。

子どもが特にかしこいというわけでなくても
「後でね（Later, dear)）」が
「だめ」という意味であることがわかる。

治療的介入

話したり聞いたりすることを学ぶこと（p.482）は，たいていは親（またはそのほかの養護者）と子どもの普段のやりとりの中で自然に行われる。それがうまく行くのに言語の専門家による治療的介入は必要ない。しかし，第1言語習得において，次の3つの状況では，特別な支援が事実，必要となる。

- 読み書きを学ぶ（p.479）には必ず，教師や，読み書きや綴字の習得過程を取り扱う教材といった支援が必要である。もし読字障害の場合のように，子どもがほかの子どもよりこれらの技能習得においてかなり遅れるようなら，専門家による介入がさらに必要となるであろう。
- ことばを話すことを学ぶことが，さまざまな理由により自然な行程で行えず，その結果子どもが話しことばを理解したり産出する時の両方，またはいずれかが重度に遅れたり，支障が生じるかもしれない。このような場合の介入には，言語障害児を手助けする一連の専門家による指導や療法といった形での特別な支援が必要となる。
- 英語を話したり書いたりする学習過程を首尾よく終えた人が，この場合もまたさまざまな理由（脳の言語中枢を損傷する脳卒中など）により，その能力の一部，または全部を失うこともある。この場合の介入は，主に言語療法士／聴覚士にゆだねられる。

リーディングの世界

読み書きの学習には，言語構造や言語使用に関係するすべての分野──音韻論や書記学，語彙，文法，談話，言語変種──が関わる。しかし，教育の問題について人が語る時には，それらのうち最初の3つだけに重要性が認められる傾向がある。伝統的に議論は音や文字に結びついた問題に焦点が置かれ，リーディングが，文字と音を対応させて導入される**フォニックス**（phonic）アプローチ（書記学 - 音韻論のつながり）で教えるのがよいのか，語全体と音を対応させる**一目読み**（look-and-say）アプローチ（語彙 - 音韻論のつながり）がよいのかといった形をとる。初期のリーディング用書籍は，典型的には，中に出てくる語彙の種類または，音とつづりの関係をいかに表現しているかで評価され，したがって，子どものリーディング技能の伸び具合もまた，伝統的にはこのような基準で評価されている。

現代のアプローチでは，リーディングの過程において，文法，談話，および言語変種に対する意識が果たす役割の面により多くの気配りがなされている。今でははっきりしているのが，これらの要素のそれぞれがリーディングがうまくいくかどうかに大いに関わっており，また，後の段階で，書くことにつながる重要な基盤ともなるということである。

- 初期のリーディングにおける基本原則は，子どもが読む言葉が，子どもが用いたり聞いたりする話しことばに密接に関連しているべきであるということである。つまり，子どもが読むことに取り組む時，読むように指示される文章内の語をすでに知っていなければならないし，文法構造についても同様に既知の内容でなければならない。今ではよく認識されていることであるが，伝統的なリーダー（読本）には，子どもになじみがなく，ちんぷんかんぷんとさえ言えるような多くの特徴が見られ，また中に含まれる語や文は目で読みとれても必ずしも理解できていないといった，「機械的」な読みのスタイルをうながすような面があった。後の段階で，もちろん，読むことは子どもが新しい語を学び，文法的能力を伸ばす主たる方法となる。しかしながら，読むことに困難をともなう子どもについては，10代に十分達するまで，なじみのない文法内容は扱わないという原則が重要性をもつことになる。

言語意識に目覚める

言語変種の存在を意識する第1歩は書きことばの性質に気づくようになることである。目にするもののすべてが読めるわけではない。読解準備完了期における意識学習（LARR（Learning Awareness in Reading Readiness））テストの第1課題のうち1つはこの点に着目している。子どもは，例えば，このバスのような1枚の絵を見せられて「誰かが読むことができるものを1つ1つマルで囲むよう」に言われる（もちろん，子どもが，その指示のうちの「マルで囲む」といった部分の意味は理解できていることは事前に確認したものとする）。このタスクでは，リーディングがいかに包括的なものであるのか（文字だけでなく数字もその中に含まれる）と同時に，また，いかに排他的なものであるのか（ライオンのロゴは含まない）ということを子どもが認識しているかどうか部分的に調べようとしている。リーディングの初期段階の子どもは，例えば，バス全体をマルで囲んだり，大文字だけをマルで囲んだりといった，いくつかの大変興味深い判断をする。リーディングに困難をともなう子どもは，ずっと年齢が上がっても，リーディングとはどういうものなのかについて依然として不確かな状態である可能性がある。（J. ダウニング（J. Downing）ほか，1983より）

伝統的なリーダーの中の話し方

1匹の小さな，2匹の小さな，3匹の小さな子猫がバスケットに向かって走ります。

あの人は，おもちゃ，おもちゃ，おもちゃを見ました。

私は帽子を食べられる（とヤギさんが言いました）。
私は帽子を食べよう。

背の高い，赤い水差しが隣にありました。

「子猫ちゃんたち，おいで」とアンディが言いました。
「ニャーニャー」と子猫たちが鳴きました。

先生は学校にいます。
先生は学校で僕を助けてくれます。
先生は僕に優しい。
僕は小さくて，先生は大きい。

「ピーター，これを見にきて」とジェーンが言います。「これを見にきてってば，農場のネコよ，何をもってるか見てごらんよ。」
「面白いね」とピーターが言います。「一緒に遊べるかなあ。」
「ネコにミルクをあげようよ」とジェーンが言います。

最後の3つの抜粋は1980年代に編纂され，ほとんど84,000の語と2,500の語類からなるオーストラリアのリーダーの「初級リーディング用」コーパスからである。その前の抜粋は，当時，英国や米国で用いられていた書籍からであり，この種の教材内容が世界中で用いられていたジャンルの代表的なものであったことを示している。

このコーパスを分析すると，次のように言語的，社会的，心理的な3つの事柄がわかる。

- 85%の文が平叙文タイプ（p.230）で，文の長さの中央値は5語であり，80%の語は3文字以下である。
- 「女の子（girl）」という語が用いられる時，その半分は「小さくてかわいい（little）」をともなっていたが，「男の子（boy）」の場合は1/3にすぎなかった。little が用いられる場合の約40%は，動物やペットについてであった。
- 肯定的な感情を表す言葉「good（よい），brave（勇敢な），laugh（笑う）」の方が，否定的な感情を表す言葉「bad（悪い），scared（怖い），cry（泣く）」よりはるかに一般的に見られた。後者に関わる語の2/3は動物が口にしたり，動物について用いられたりした言葉であった。

次のページにある，現代のリーダーからの抜粋と大きく異なることは，すぐ見て取れるし，また顕著でもある。（C. D. ベイカーと P. フリーボディ（C. D. Baker & P. Freebody），1989より）

• 大人を対象に書かれた文章では，読み手に示す言葉の種類はバリエーションに富んでおり（p.310），子どもをこの膨大なバリエーションの広がりに徐々にしかも系統立てて導いていく必要がある。伝統的なリーダーは，多様性をもたせる点をほとんど考慮しておらず，リーダーの中では，大人も子どもも，話題や状況に関わらず，同一の一般的な調子で話しており，また感情的であったり価値判断を示すような言葉づかいはほとんど用いていない。話の中に出てくる大人はいつも善意の人であり，また注意深くて，子どもが話すことや行うことに寄り添う人として描かれている。登場人物は話題の筋からそれたりせずに，お互いの質問に丁寧に受け答えする。これらすべては，家であろうと，教室や遊び場であろうと，実際の会話に見られるような予測できない事柄からは，幾分切り離されてしまっているところがある（p.313）。

• スージーの会話（p.478）が示すように，子どもは読むことができるようになる前に膨大な数のおしゃべりのための言語知識を有しており，これを用いて読む行程を身近なものとして感じる手助けとすることができる。しかし，伝統的なリーダーに見られる談話構造（第19章）は，子どもがすでに知っているものとはかなりかけ離れている。左のページに例示したような対話は奇妙な感じのする会話であり，対話者はたいていは現在形を用いて，実況放送アナウンサーがするように（p.412）場面に出てくる「その場その時のこと」について話し，目の前にないものや過去のことはめったに話さないことになっている。ほとんどの会話のやりとりは陳述文からできていて，疑問文がほとんど見られず，感嘆文はさらに少ない。会話のやり取りは短く，ほんの1文や2文が一般的で，たえずナレーターに遮られるので本当の独白は起こりえないことになる。

子ども用のリーダーにおける会話は，簡潔に言えば，理想化されたやりとりとなっていて，実際の口頭でのやりとりに見られる複雑な面が最小化されている。なぜそのようなジャンルが生まれたのかは容易に理解できる。つまり，語を短くつづりをシンプルにするといったような，書記学的な単純さを保持する必要性に完全にもとづいていたのである。しかし現在では，リーディング材料が十分に興味を引くものであれば，書記学的に複雑なものであっても，子どもが対処できることを示す研究結果がかなり報告されている。そしてこのことはまた口語のレベルでも，ロアルド・ダール（Roald Dahl）のような作家の成功例（ダールの複雑な言葉は8-9歳児にも人気がある）において見ることができる。確かに現代のリーダーはスキーム（レベル）ごとの教材であろうと，「本物の書籍」であろうと，以前のモデルのもつ不自然さがなくなっているという点で大いに進歩してきている。今では，つじつまの合わない話やユーモアの技法もずっと多く利用されているし，また，子どもの読書経験を子どもの世界の現実により近づける方法として，詩のもつ価値も新たに認識されてきている。

私が幼かった時，何が楽しかったのか思い出していたら，子ども向けの本に何が欠けていたかも思い出した。本の中で，邪悪な継母や叔父は別として，大人というのはいつも感情の欠けた，なんら役割をもたない，のっぺりとして周辺的な人物だった。私が子どもの時に与えられた本には，大人の世界が欠けていたし，完全にはそうでないにしても，本の中では，大人は子どもが実際に見るような大人として決して描かれることはなかった。親や先生はたいてい親切で，愛情深く，遠くにいるような人物として示されていて…大人は子どもに決して意地悪でない（ただし型にはまった，おとぎ話ふうの場面を除く）だけでなく，誰に対してもそうなのだった。私の知っている大人のように，自信のない，不器用な，一風変わった，危険な人間，といったことは決してなかった…（ニーナ・ボーデン（Nina Bawden），1976，p.8）。

小説家がこんな風に話すのを聞いても，「まあでも，あなた自身には害はなかったでしょう」と考えられそうだ。実際，用いられるリーディングのスキーム教材が何であれ，問題なく，多くの子どもは読むことを確かに学習する。しかし，次の4つの事実は依然として残る。すなわち，よく読めるようには決してならなかった人が多くいること（p.479），読むことを学習はしたものの，子どもの多くは読書経験を楽しんでいなかったようであること，よく読むことができる子どもでさえ，その書くレベルは決して自己満足に値しないということ　そして，昨今のテレビやコンピュータゲームの人気のせいで，楽しみとしての読書に大きな落ち込みが見られるようになってきているということ，の4つである。したがって，読書経験を生き生きとさせるようなもっとよい方法を探すのは，引き続き，急がれる課題である。

現代版リーダーの中の表現の特徴

「子どもってものにはほーんとにむーかむかする！ いっぞう［一掃］じてしまおう！ ちぎゅうじょうから，いなぐしてじまおう！ 下水に，どーと流してじまおう！」と大魔女が叫んだ。

「そうだ，そうだ！ 一掃してしまおう！ 地球上から，いなくしてしまおう！ 下水にどっと流してしまおう！」と聴衆は連呼した。

「子どもは臭くて，汚い！」と大魔女は声をとどろかせた。

「そうだ！ そうだ！奴らは臭くて，汚い！」とイギリスの魔女たちは声をそろえた。

「子どもは汚れてて，臭う！」と大魔女は叫んだ。

「汚れてて，臭う！」と観衆はますますあおられて，声を上げた。

「子どもは犬のふーんの臭いがずる！」と大魔女が甲高く叫んだ。

「ぷーん！ ぷーん！ ぷーん！ ぷーん！」と聴衆は叫んだ。

（ロアルド・ダール（Roald Dahl），『魔女たち（*The Witches*）』，1983）

Earthlets have no fangs at birth.
For many days they drink only milk through a hole in their face.

When they have finished the milk they must be patted and squeezed to stop them exploding.

地球人の赤ちゃんは生まれた時は牙がない。何日も，顔にある1つ空いた穴からミルクだけを飲む。ミルクを飲み終えたら，破裂しないように，背中をトントンしてもらってギュッとしてもらわなければならない。

（『ザーグル博士の地球人赤ちゃんの本（*Dr Xargle's Book of Earthlets*）』，1988より，ジーン・ウィリス（Jeanne Willis）によって「人間語」に翻訳されて，絵はトニー・ロス（Tony Ross）による）

次の「現実世界」に関わる2つの抜粋はジョン・フォスター（John Foster）による『第3詩編（*A Third Poetry Book*）』（1982）より。

何もすることがない。
眺めるのはもううんざりしてる
僕の靴の上のこのアリを。
（ジョン・キッチング（John Kitching））

食器洗いの水で
もし両手が濡れたら
もし両手が小麦だらけになったら
もし指のどこもかしこにも
油脂や油がついたら
そしてとうとう両手が泥に
濡れた砂やペンキやのりに
…
気づいてる？
その時はいつだって
ひどい痒みが
起こるってことに
ちょうど鼻の中に…
（マイケル・ローゼン（Michael Rosen））

欠損のある言葉

ことばのように複雑なものに専門的に関わる（p.478）には，正常に習得が進行している時でさえ，かなりの訓練を要する。言語障害となるとさまざまなほかの状況や要因が関わってきて，指導のための訓練がかなり込み入ったものとなる。その障害の程度は，軽度から中等度，重度のものがあり，原因もわかるもの（難聴や精神障害など）やわからないもの（吃音や言語遅滞の多くの症例など）もある。そして，言語の構造やその使用に関係するいずれの側面，あるいはいくつかの側面が複合的に関わる可能性がある。したがって，個人個人の臨床的および教育技能の育成だけでなく，医学，心理学，社会学，教育学，言語学などの部門を含む，広範囲にわたる学問の課程が不可欠である。

言語学の項目としては，以下の 3 つの特定の種類の知識が必要であり，それらすべてが（英語についての問題の場合は）本書で扱うテーマに関わっている。

• 介入が行われる前に，当専門家は言語障害がどのような性質のものかを正確に特定する必要がある。このためには，特に影響を受けるのがどういった言語領域であるのか──構造的なもの（音声学，音韻論，書記学，文法，レキシコン，談話など）であるのか，機能的なもの（言語使用に関わる）であるのか（第 1 章）──を分析することが必要である。これには近道はなく，効果的な介入となるためには問題の所在を正確に特定しなければならない。

• 介入の狙いは，不完全な言語を現在の状態からあるべき状態へ戻すことである。もし，7 歳児が 3 歳児のように話すのであれば，4 年分の言語学習が補われなければならない。専門家は，どのような方法を用いたら子どもたちが求められている方向へ進むことができるか，そして，特に言語学習上の問題がない子どもが，通常どのような経路をたどるのかについて知っておく必要がある。したがって，通常の言語習得がどのような段階を経るのか（p.480）について（これまで明らかとなっている限り）の知識も，介入を首尾よく行うため必要とされる。

• 専門家は，どのような教育技術や手法が利用可能であり，適切であるのかについての知識が必要である。特定の発音の対比や語順，語彙の分野を教えるのにどうするのが一番よいのか？　あるいは，対象が大人ではなく子どもの場合，女の子に対して男の子の場合，別の障害も抱えている場合など，それぞれの場合にふさわしいどのような種類のテクニックを用いる必要があるのか? さらにまた，特定の問題に対処するのにどのような教材を考案しなければならなくなるか? 以上のような知識を蓄積するためには，医学の歴史でもそうであったように，多くの専門家による生涯にわたる経験の積み重ねが必要となる。

言語遅滞

この子どもは 4 歳児であるが，ことばの産出レベルは 18 カ月の子どもに近い。しかし，理解力は一見，年齢相応のようである。（p.478 のスージーと比較すると，この子どもの言語遅延が重度であることがわかるであろう。）

T : now / here's the book / - this is the book we were looking at before / isn't it /（今，本がここにある　これは以前見ていた本だね）

P : teddy bear /（テディ・ベア）

T : there's a teddy bear / yes /（テディ・ベアがある　そうだね）

P : teddy a home /（テディ，おうち）

T : you've got one at home /（おうちに 1 つあるよね）

P : yeah /（うん）

T : what do you call him / -（なんていう名前なの）

P : a teddy bear /（テディ・ベア）

T : has he got a name /（名前はないの）

P : yeah / - he name /（うん 彼，名前）

T : what is it /（何なの）

P : er（あー）

T : what's his name / -（名前は）

P : teddy bear /（テディ・ベア）

T : teddy bear /（テディ・ベア）

P : yeah /（うん）

T : does he – do you keep him in your bedroom /（彼は…あなたは彼をあなたのベッドルームに置いてるの）

P : yeah / –（うん）

T : where in your bedroom does he live /（ベッドルームのどこに住んでるの）

P : don't know /（わからない）

失語症

この 55 歳男性は脳卒中の回復期にあり，幾分一貫性のない話し方が残っている。頻繁に不完全文を発し，内容はほとんど特定できない。

T : so did you get wet /（それで濡れちゃったのね）

P : no /– no / – it s it seemed / – just about a whole lot of I a bit longer / but it looks as though it might be again / and I shan't（違う 違う みたいだった　ほとんど　たくさん僕が　ちょっと長く　でも，思える　またそんなふうにしない）

T : it does / doesn't it / m /（そう　そうね　ん）

P : yeah / yeah / yeah / yeah /（そう　そう　そう　そう）

T : you might catch it going home /（家に帰る時，捕まえるかもね）

P : well / I might do / I'll have to see /（えーと　そうかも見てみなくては）

T : what do you think of the weather we've been having /（この頃の天気をどう思う）

P : well / it's been very bad / up to now /（えーと　とても悪かった　今まで）

T : m /（ん）

P : there was about three ooh, a bit longer than that / it was very good /（大体 3，いや，少しそれより長い　とてもよかった）

T : yeah /（ええ）

P : but – but otherwise / no /（– でも，そのほかは　いや）

T : been awful / hasn't it /（ひどかった ですね）

P : yeah / well / there you are/ it's the sort of thing you have to leave – you see /（ええ まあ ほらまた　そっとしておかなくてはいけない物なんだ　ね）

吃音

かなり重度の吃音のあるこの男性の言葉の筆記録では，文法的流暢さやリズムの点で，顕著に障害が見られる。子音を繰り返してしまうよりも，吃音の問題の方が深刻であるようだ。

T : and what is your job?（お仕事は？）

P : I'm a - an - ac –- ac –- count — ant – in local — govern– ment —（地方の一役一 所一で一か一か一か一いけい一し（会計士）です）

T : oh, what does that cover?（そうですか，どんなことをなさるのですか？）

P : well - as you — as you prob — ab – ly –- know –- we look after - the roads and — police – erm housing – and these sort of —（えっと おそ一ら一く一ご ぞん一じ一のように一道路や　一警察一ああ　住居一などの類を一管理します）

T : and the rates and that kind of（それに地方税やその類の）

P : yes - and erm - we just –look after the erm money- end of it —（そうです一それで，ああ一まさに一そのお金に関わることを管理する一結果がどうなったか）

T : yes（そうですね）

P : and I – personally – am an auditor – and – and we look after — the — things like – checking that all income has been banked and – you know this sort of —（で 一個人的には一会計監査員でして一それで一すべての収入が預けられたか確認したり一といったようなことを一お世話をするんです一この種類のね）

T : yes, do you have machines to help or don't you need them?（そうですね，機械に助けてもらったりするのですか，それともそれは必要ではないですか？）

P : oh yes – we - use a lot of erm – erm - elec — erm elec — tronic aids —（あ一そうです一 私たち一大いに利用します，ああ一ああ一エレク一ああ　エレク一トロニクスの補助 を）

（注：P. ダルトンと W. J. ハードキャッスル（P. Dalton & W. J. Hardcastle），1989；D. クリスタルと R. バーリー（D. Crystal & R. Varley），1993 からの抜粋で改変有り。本ページと次ページにおいて T は教師 / 療法士，P は生徒 / 患者。-，–，— は順にポーズが長くなることを示す。/ は音調の 1 区切り（p.260）。）

複雑な問題，複雑な解決法

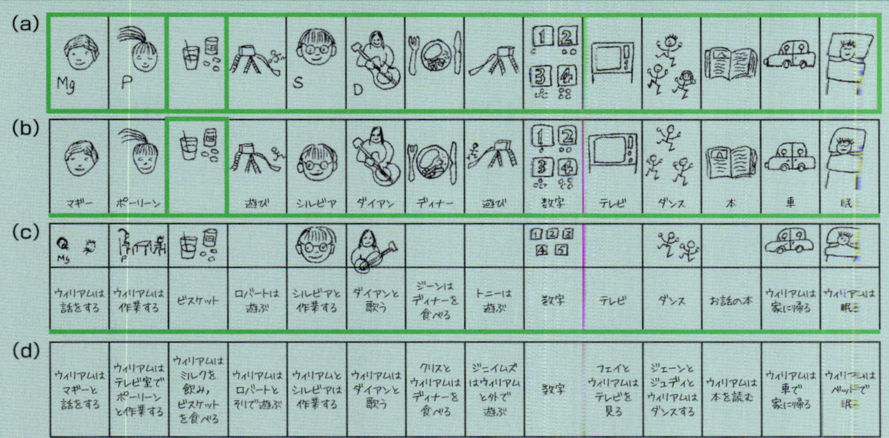

基本的な日常の情報を伝え合うのにさえ言語面での障害がある子どもにとっては，クラスでの日々の活動が十分に系統立てられていると，その恩恵を得ることができる。このことが，子供が安心して，次に自分に何が起こるのか心配せずに自信をもち，ほかのことに集中するのに役立つ。図に示されているのは毎日つける日課表で，理解に大きな問題を抱える重度の言語障害（ランドウ・クレフナー症候群（Landau-Kleffner syndrome）〔訳注〕てんかん発生時に発作性発話を発する〕）がある子どもの補助となるように考案されたものである。

ウィリアムの場合は毎朝，その日の活動の流れを絵で表した時間割を導入してもらった。週のそれぞれの日が，その日の1つの大切な活動に関係する色で識別されていて，例えば，水曜日はビスケットの日で，ビスケット缶の色が緑なので，その色で識別されるようになっていた。一日のいろいろな活動は線画で示され，描かれた一連のボックスが，どのような順でどんなことをするのかを示しており，その日のうちに1つの活動が終わるたびに，ウィリアムは該当するボックスを線で消していくのであった。ある一定期間を通して，絵には単一の語が書き添えられ，次いで，簡単な文となり，最終的には，絵はなくなり，どんなコミュニケーション・タスクを行うかを示す言葉のみを残すようになっていた。

こういった手法は，一般的な学習のみならず，読み書きや話しことばによる表現技能の増強になる。例えば，1日のうち何か予想外のことが起こったら，日課表のおかげで，どうしたら問題解決できるかや，原因結果についての話を促すことにつながる。また，前日の日課表について話すことで，過去という概念を構築することができる。この手法は，教師や言語療法士が治療計画を立案する時に取り組まなければならないもので，個々の子ども（や大人――大人の場合は，かなり異なった内容となるが）の必要に応じて組まれる，かなり詳細な種類の学習計画作成をする時によく見られるものだ。これはまた，複雑な問題（p.478）には複雑な解決策が要るといった処世訓を明らかに示すものでもある。（M. ヴァンス（M. Vance），1991 に従う）

手話英語

本書には手話のみを扱う章はないが，その理由は，英語が話される国において，聴覚障害者が使用している主流となる手話の言語学状況は，英語の構造からは独立したものであるからである。例えば，イギリス手話（British Sign Language）やアメリカ手話（American Sign Language）を学んだ場合，英語の音や，文法，語彙に依存しない原理からなるコミュニケーション方式を学んだことになる。

しかし，教育学者たちは，米国の**英語対応手話**（Signing Exact English）や英国の**パジェット・ゴーマン手話**（Paget-Gorman Sign System）の場合のように，英語の特性を実際に反映するような言語対応手話をこれまでしばしば考案してきた。この種の方式では，英語における文法や語彙に忠実に倣っており，語のみならず接辞も表す手話を導入し，語順も英語同様の語順となっている。ほかの方式には英語の音韻にもとづいたものもあり，視覚情報となるキュー（手がかり）が欠けている時に，どの音素（p.249）が今，発音されているのかが聴覚障害者にもわかるようになっている（**キュードスピーチ**（cued speech）〔訳注〕キューとなる手指手話を口唇の動きに加えて，音声情報を伝える手話〕）。例えば，/k/ と /g/ の違いは目には見えないが，有声か無声かを示すために喉へ近づけた手指手話で表すことができる。また，**指文字**（finger spelling）では，アルファベットの各文字にそれぞれ対応する手話が用意されていて，両手を使う（英国）か，片手だけ（米国）かの手話によりそれを表すことができる。

以上のような手話システムは教育上の理由により開発され，それにより多くの場合，これまで話すことに進歩が見られなかった子どもにコミュニケーションを促すことができる。このような子どもの場合は，必ずしも聴覚障害があるわけではなく，単に，声を用いるよりも手話の方がもっとはっきり内容を伝えられるか，より扱いやすい方法なのかもしれない。したがって，英語の文法と密接に対応していることが，後で話しことばや書きことばへ移行するのに役立つので，利点となっていると言える。

レベルの特定

介入が成功するかどうかを決める1つの重要な要素は，生徒や患者（P）が理解できることにより，それがまた次には発話を引き出すことにつながりそうな文法のレベルを，教師や療法士（T）がどの程度見極めることができるかである。もしTが，通常の会話スタイルといったあまりにも上級レベルを選ぶと，Pが以前そういった会話に参加して学習に失敗していた場合，Pは混乱する可能性が高い。一方，あまりにも簡単なレベルが選ばれたら，Pの進歩にはつながらないと思われ，加えて，Pは「赤ちゃんっぽい」言い方で話しかけられるのを好まないかもしれない。

下に示す例では，Tは，Pが学習しようとしているまさにそのレベルの文法内容――一般的に，生後18カ月から2歳までの子どもに典型的にみられる2語文（p.480）――に自分の用いる言葉を合わせようとするやり方を選んでいる。Pは13歳であり，重度の聴覚障害がある。教師Tは，長い文を避け，伝える内容を2つの部分からなる短い発話のつながりに分けて伝えるやり方をしている。

以下に示すのは，3つの抜粋からなる。1つ目では，大人の通常の会話スタイルでTは会話しており，それにより，Pはただ混乱するばかりの様子がわかる（Pが理解している単語はイタリック体〔訳注〕日本語訳では太字体〕）。2つ目では，Tは「2番目のステージの話し方（Stage II talk）」を用いていて，Pがそれに反応している様子が示されている。3つ目は，それから6カ月後の様子で，この頃までにはPの言語もいくらか進歩しており，さらに進んだ3語文に2人が取り組んでいるのがわかる。この例の場合は，用いた手法は，明らかにうまくいっているようである。

T：**Hello Judith.** Isn't it hot today? It is hot today.（こんにちは，ジュディス。今日は暑くない？今日は暑いね。）
P：**Hello.**（こんにちは。）
T：**Come** in and sit **down.**（入って，座って。）
（黒板を指さし）I want you to write this work on that piece of paper.（その紙にこのワークを書いてほしいんだけど。）
P：（無反応）
T：Just do one page but don't use your book.（1ページだけやって，本は使わないで。）
P：（混乱している様子）

T：Hello Judith. Hot today?（こんにちは，ジュディス。今日，暑い？）
P：Hello. Yes, hot. Very hot.（こんにちは。はい，暑い。とても暑い。）
T：Come in. Sit down.（黒板を指さし）Write this.（入って。座って。（黒板を指さし）これを書いて。）
P：Oh no! How much?（えーっ！どれくらい？）
T：One page. On paper. No books.（1ページ。紙に。本はダメ。）
P：What colour?（何色？）
T：In blue. In ink. No pencils. Be careful. Good writing.（青で。インクで。鉛筆はダメ。気をつけて。うまく書けてる。）

P：Hello Mr Dennis. How are you?（こんにちは，デニス先生。ごきげんいかがですか。）
T：Hello Judith. Very well thanks. Come in now. Sit down here. Look at me. Watch my lips. Please write this.（黒板を指さす）（こんにちは，ジュディス。とても元気です，ありがと。さあ，入って。ここに座って。私を見て下さい。唇を見て。これを書いてください。（黒板を指さす））
P：That is hard. In my book?（難しいですね。私の本に？）
T：No. Not your book. Write on paper.（いや，本ではなく。紙に書いて。）
P：What title?（どんなタイトル？）
T：'Grammar Work'.（「文法ワーク」）
P：What colour?（何色？）
（J. E. ウィリアムズと D. B. デニス（J. E. Williams & D. B. Dennis），1979 より）

25 英語学習の新しい方法

さらなる情報源：
cambridge.org/crystal

我々は，今，英語研究の新しい時代を迎えようとしている。ことばの科学的研究は，20 世紀の第 4 四半期までは大きく分けてわずか 2 つの伝統にもとづいて行われていたが，いずれも取り組める課題の性質を見極め，より迅速に答えを得ることを促してくれた。1 つ目の伝統は，歴史的な探求についてのものである。これは，主に 19 世紀の文献学における比較研究から発展したものであるが，英文学における編集上および批評上の関心によっても助けられた。2 つ目の伝統は，ことばの共時的な研究についてのものであり，主に記述言語学の理論と手法により発展した。本書で説明している（ことばの）観察結果は，ほとんどが上記のいずれかの立場による研究から得られたものである。さらに，本書の構成における理論的な枠組みは，すべて後者（記述言語学）の立場にもとづいている。さて，ここで技術的な革命（第 23 章）の影響を受けて始まった 3 つ目の立場を考えてみたい。この立場は，英語研究の目標や手法に対して多大な影響を及ぼすであろう。

電子機器や情報科学の発展が我々のことばに対する見方をすでに変えてしまったことは明白である。最新の情報システムが有する膨大なデータ処理能力によって，1 世代前には取り扱えなかったような課題に対する答えも期待できるようになった。例えば 1990 年代に見られる例を 1 つだけあげるとすれば，『オックスフォード英語辞典（*Oxford English Dictionary*（*OED*）』が電子化されたことにより，レキシコンが時間の経過とともにどのように発達したのかというような，これまでは論外とされたであろうと思われる年代に関する何千もの問いを発することが可能になる。もし，あなたが誕生した年に初めて使用されたことが証明されている英語の語にはどのようなものがあるかを知りたいなら，*OED* の電子データベースで検索すれば，わずか数秒で見つけることができる。

普遍的な影響

英語研究のあらゆる分野が技術の進歩によって大きな影響を受けている。音声学では，新世代の機器を用いた聴覚，音響，調音に関する研究が進んでいる。音韻論では，語彙データベースの利用により英語の音の出現頻度や分布に関する種々の新しい種類の課題を追究することが可能となっている。書記学では，画像スキャナーによって大量のテクストを迅速に処理できるようになり，古写本の不明瞭な書字の解明には高画質化技術が適用されつつある。文法論では，英語の話しことばや書きことばの巨大なコーパスが構築されることで，文法構造に関する研究がこれまでにないほど詳細に，かつ多様に行われつつある。談話分析は，人間とコンピュータの相互作用の研究を動機づけるとともに，その研究から恩恵を受けている。さらに，何にも増してレキシコンの研究はめざましい進歩を遂げ，語彙データベースの編纂により新しい形態の辞書（p.498）が爆発的に増えている。

英語研究のほかのよく知られた分野においても影響を見てとれる。新しい技術は，方言の差異についての社会言語学的な研究にも役立っており，コンピュータによる方言マップの生成（p.334）や高度な統計処理を提供してくれる。幼児の言語習得研究（第 24 章）では，1980 年代以降，多様な言語的背景を有する子どもたちの発話例を電子的に書き起こしたデータベース（幼児言語データ交換システム（Child Language Data Exchange System，略してチャイルズ（CHILDES））の構築が進んだ。臨床的な言語研究においては，障害のある発話のいくつかの側面を機器やコンピュータを用いて分析することが，今や日常的に行われている。文体論においても，コンピュータ処理によって文学作品の原作者が誰であるかを研究する試み（p.449）がすでに 1960 年代から始まっている。

いつものことではあるが，技術の進歩に直面すると，人間の役割が以前にも増して重要な意味をもつ。研究者は，手に負えないほどのデータにうずもれるということも珍しいことではない。かつては非常に多くの時間をかけて手作業で分析し，キャビネット何台分にもなった紙片の山が，何画面もスクロールして見なければならない素っ気ない電子ファイルや何箱にもおよぶ収拾のつかないコンピュータ出力紙に容易に置き換えられてしまう。収集したデータになんらかのパターンを見出すことができなかった立場からすると，コンピュータが提供してくれる無制限の統計分析は我々にあまりにも多くのものを見せつける。時代はもう新しいタイプの英語の専門家を育成し始めている。それは，コンピュータのハードウェアにもソフトウェアにも精通しており，コンピュータに疎い仲間の調査結果のデータ処理を手伝ってくれるような研究者である。

しかし，今のところ，博識の研究者が英語に対してもつ研ぎ澄まされた言語直観に取って代わりうる技術は見あたらない。これらの研究者は，適切な問いを発し，その適切な答えを探し出す道筋を知っている。本書で説明している研究結果の中にはコンピュータ処理にもとづく研究によって導き出されたものも多いが，比較的少量のデータに対して比較的多量の考察を加えた，人手による伝統的な分析手法により得られた研究結果がかなり多く存在する。人と機械の間で，お互いが相手に取って代わる存在ではなく補完し合えるように，それぞれが貢献できる分野のバランスを取るのは難しい。このバランスをどのように取ればよいのか，我々は今ようやく学び始めている。だからこそ，この最終章では，両者をうまく組合わせて研究を進めている分野を少し紹介しながら未来に目を向けてみたい。（科学技術に動機づけられた，そのほかの研究事例については pp.259，279，および 419 を見よ。）

米国航空宇宙局と『ベーオウルフ』

1970年代に，米国航空宇宙局（National Aeronautics and Space Administration）はカリフォルニア工科大学で宇宙工学の地球上での応用を促す基金を設立した。その応用の1つが文学の写本（手書き原稿）の高画質化であった。デジタルカメラと宇宙写真のために開発された画像処理技術を使うことで，ある研究チームは14世紀に書かれたテクストの消失した部分のほとんどを判読することができたのである。その後，この手法は，『ベーオウルフ（*Beowulf*）』の写本（p.11）の中で最も判読が難しい箇所を調べるために使用されている。この箇所は，二つ折り写本179にあり，かなりの損傷が見られる。

この技術を用いてデジタル画像処理を施すと，このページのかなり消えかかっている領域の文字と背景の明暗差を際立たせることができる。さまざまなフィルター処理にかけることで，1つの文字の異なる部分に見られる明暗差を均一化し，重要ではない陰影を除去し，文字の端の部分を鮮明にすることができる。

seðe on hea――hord beweotode（それ（龍）は○○に宝の山を見張っていた）

これは，二つ折り写本179の右側ページの5行目に登場する。図の上方の画像は，処理を施す前のものであるが，*hea* と *hord* の間に存在する綴りが判読できない。5つか6つまでの文字が存在するように読める（図の上下の画像における真ん中の行に注目）。これらの文字が何であるかについては編者が長年にわたってさまざまな提案をしてきた。そのうちのいくつかを以下に紹介する。

on heaum hæþe 'on the high heath'（高所にある荒れ地に）
on heaðo-hlæwe 'on the war-mound'（戦争跡の塚に）
on heaure hæðe 'on the grey heath'（灰色の荒れ地に）
on heaum hope 'on the high hollow'（高所にある窪地に）
on heaum hofe 'in the high abode'（高所にある棲家に）

この部分をデジタル処理で高画質化してみると，heþe（hæþe の変異形）である可能性が最も高いという結果が得られた。2つ目の文字全体の解像度を上げてみると，真ん中に横線が存在していることが明らかになり，当該の母音が o であるという可能性がなくなる。さらに，後続の子音にはアセンダー（上に突き出ている部分）（p.269）があることが画像から認められ，その結果，この子音は þ であると判断できる。

こうした画像テクストに関わるすべての問題を高画質化によって解決できるかというと，決してそううまくはいかない。画質の明暗差を大きくすることで問題の所在を把握しやすくなるにすぎないということも多い。例えば，紙葉の裏側から文字の画（かく）が透けて見えるためにこのような読み方になるのだろうかといった問題を解決することはできないだろう。しかしながら，この手法は，たとえテクストに対する確固とした立証はできないとしても，そこに現れているものの読みやすさを著しく改善し，編者が判断をする上で明確な根拠を提供してくれることは確かだ。

（ケビン S. キールナン（K. S. Kiernan），1991 に従う）

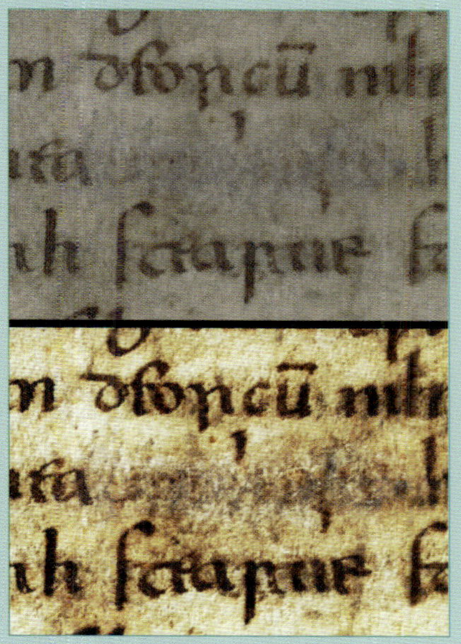

舌と接触すること

言語聴覚士あるいは言語療法士と呼ばれる人たちは，標準から逸脱した発音をしてしまう患者を診ている。治療にあたる彼らが直面している問題の1つは，患者の口の中で何が起きているのかを見るのが難しいことである。まず，患者の聴覚診断から始めるが，人間の耳の判別能力には大きな限界がある。このため，発声器官が実際にどのように働いているのかといった情報をさらに利用することがとても重要になる。このところ，特に注目を集めているのが舌である。なぜなら，舌は英語のほとんどの音声の調音に関わっているからだ（p.248）。

舌の口蓋への接触状態を知ることができる電気口蓋測定器という装置がある。64個の電極を埋め込んだ人工口蓋床を口蓋に装着し，舌の各部がこれらの電極に接触するとその状況をコンピュータ画面に表示させることができ，また図に示すように印刷出力することもできる。こうして得られた右の3つの図では，舌が接触可能な場所は白い長円形で表示され，実際に接触している場所は黒で塗りつぶされている。口蓋の歯茎（p.255）の領域は各図の最上部に，軟口蓋の領域は最下部に位置する。これらの図では，英語の音素 /s/ がどの場所で調音されるのかによって3つのパターンが示されている。（F. ギボン（F. Gibbon）ほか，1990 に従う）

- 最初の口蓋図（a）は，標準的な発音パターンを示している。舌の両側が歯茎領域にしっかりと接しており，歯擦音としての音質を生み出す溝は中央部にはっきりと確認できる。さらに，舌の両側と口蓋の接触がずっと奥の軟口蓋にかけて続いていることがわかる。
- 2番目の口蓋図（b）は，患者の発音パターンを示している。歯茎の領域に舌は一切接触しておらず，舌の両側の接触の仕方に一貫性がなく乱れている。最大の狭窄が起きているのは口蓋の領域であるため，「シュ」のような感じの /s/ 音になる。
- 治療後の口蓋図（c）を見ると，調音が大きく改善していることがわかる。患者の舌は歯茎の領域に接触するようになり，溝も正しい位置にある。それでもなお，調音はまだまだ安定したものになっていない。

口蓋図の結果がコンピュータ画面に表示されると，画面を2つに分割して，正しい調音パターンと患者の調音パターンを同時に患者に見せることができる。患者は，舌の位置を変えながら画面上で点滅箇所，つまり舌の接触位置の変化を即座に追えるようになる。このように舌の動きに関するフィードバックが得られるため，患者は舌の動きをよりうまく制御できるようになる。この種のコンピュータに触発されたフィードバックは，発音に困難をともなう子どもたちに――そして大人たちにも――大いに歓迎されているようだ。

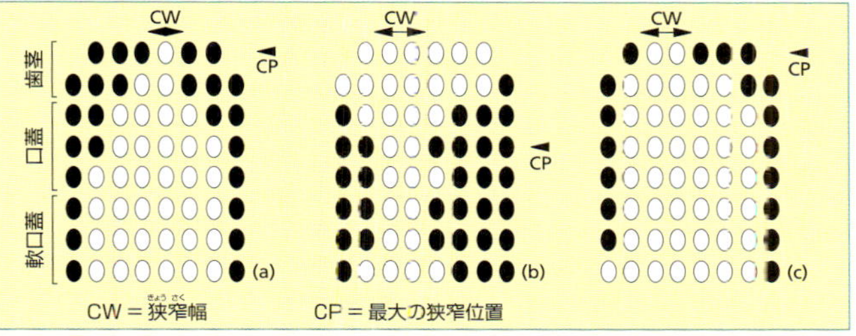

コーパス革命

本書で紹介している言語事象の多くは，corpus（コーパス）として収集された言葉の標本資料の分析にもとづいている。コーパスを編纂することは，引用例文の収集や「語の使用を観察すること」という従来の方法とは大きく異なる。後者は，ジョンソン博士（Dr Johnson）(p.78) の時代から辞書の編纂を牽引してきた方法である。これに対して，コーパスというのは大規模で体系的な言語収集を目指している。会話や雑誌記事，パンフレット，新聞，講義，（教会の）説教，放送，小説の章といった具合に，テクスト全体，あるいはテクストのセクション全体を収集する試みである。言語資料の選択には周到な配慮がなされる。これにより，最も一般的なものを目指した場合，その言語全体を十分に代表すると見なしうるコーパスができあがる（「一般コーパス」，あるいは「標準コーパス」と呼ばれる）。

入念に構築された一般コーパスの有用性はいくつかの点で判明している。まず，研究者は，慣用法に関して自分の内省を使って行うよりも客観的で自信のもてる記述ができるようになる。慣用法を当該言語の変種間で比較することに加え，その言語全体における使用頻度についても言及できる。原則として，コーパスに収録されたいかなるテクストに対しても，その言語的特徴を総括的に説明できることになる。また，ことばの仕組みについて仮説を立てる際の情報源にもなりうる。さらには，広く利用可能なコーパスがあれば，別々の場所にいる研究者が協力して特定の課題を分析することもできるようになる。一連のプロジェクトにより同一のコーパスを用いて得られた結果は，複数の異なるコーパスを用いて得られた結果よりも幾分比較しやすくなるだろう。インターネットの出現は，共同研究の促進に大きく寄与しており，今や国際的な研究と位置づけられるものが多くなっている。

コーパスの特性

一般コーパスの設計者は，大抵の場合，手探りで作業を進めている。なぜならば，自分たちのコーパスに求められることのすべてを予測することが不可能であるからだ。それでも，コーパス言語学という分野——言語学において 21 世紀初頭から最も急成長を遂げている分野の 1 つ——の基盤をなす周知の基本的原則というものが複数存在する。

• 一般コーパスは，原則として，調査の対象になりそうなさまざまな課題に答えうるほどの十分な大きさをもつものでなければならない。例えば，語彙の調査に使用するコーパスは，発音や文法の調査のために構築されるコーパスの何倍もの大きさが必要になる。助動詞のような出現頻度の高い項目を調査する場合には，かなり小規模のコーパスでも十分である。しかし，レキシコンの調査となれば 100 万語のコーパスであってもきわめて小さい。100 万語のコーパスには異なる語がわずか 5 万語程度しか含まれておらず，これは優れた「簡約版の」辞書並みである (p.498)。

• 一般コーパスは，調査対象期間（例えば 19 世紀，1980 年代，第二次世界大戦以降など）における言葉の使用を可能なかぎり忠実に代表するものでなければならない。つまり，話しことばと書きことば，独白と対話，性別，そのほか収集可能なかぎり多様な言語使用の側面において均衡が保たれなければならない（V 部）。さらに，コーパスの設計者は，目標とするコーパスに収録するのは標準英語のみとするのか，それも 1 つの国に限定して収集するのか，あるいは世界英語（第 7 章）という動きも射程に入れるのかについて検討する必要がある。

• 一般コーパスは，研究者による効率的なアクセスが容易に行えるように，しっかりとした構造をもつものでなければならない。非常によく使用される検索方法の 1 つに用語索引一覧表示がある。

コーパスの蓄積

• 英語の言語資料を大規模に収集したコーパスの編纂の初まりは 1960 年代にさかのぼる。このコーパスは，『英語慣用法調査（*Survey of English Usage*）』と呼ばれ，ランドルフ・クワーク（Randolph Quirk）による指導のもと，ユニヴァーシティー・カレッジ・ロンドンを拠点として構築された。100 万語からなるコーパスで，200 種の話しことばと書きことばのテクストで構成されており，各テクストの長さは 5 千語である。テクストは手書きで索引カードに書き起こし，分析も手作業で行われた。1970 年代には，話しことばの部分（約 50 万語）が，ルンド大学のヤン・スヴァルトヴィク（Jan Svartvik）によって電子化され，『ロンドン・ルンド英語話しことばコーパス（*London-Lund Corpus of Spoken English*）』(p.492 を見よ）と名づけられた。現在は，書きことばも含め，すべて電子化されている。

• 『ブラウン大学アメリカ英語コーパス（*Brown University Corpus of American English*)』は，1960 年代に米国ロードアイランド州プロヴィデンス市に拠点を置くブラウン大学のヘンリー・クチェラ（Henry Kučera）とネルソン・フランシス（W. Nelson Francis）によって構築された世界初の電子コーパスである。このコーパスのサイズも 100 万語で，個々のサンプルテクストの長さは 2 千語である。具体的には，ある 1 年間にアメリカ英語で出版されたさまざまなジャンルを代表する言語資料を提供することが狙いであった。

• 『ランカスター・オスロ／ベルゲンイギリス英語コーパス（*Lancaster-Oslo/Bergen*（略して *LOB*）*Corpus of British English*)』は，1970 年代にイギリスとノルウェーの研究者が共同制作したコーパスである。Brown Corpus の設計に倣ってイギリス英語を収集した，Brown Corpus のイギリス英語版と言える。

• 『コリンズ・バーミンガム大学国際言語データベース（*Collins-Birmingham University International Language Database*（*COBUILD*)）』は，1980 年代にジョン・シンクレア（John Sinclair）の指揮の下で制作され，特に辞書編纂のための使用を目的として設計された言語データベースである。光学式文字読み取り装置という新しい技術を用いて大量の印刷物を電子化するとともに，すでにコンピュータで読める形式になっている言語材料をたくさん取り込んでいる。コウビルド（COBUILD）辞書 (p.502) は，今や 45 億語にも達しているコーパスにもとづいて作成されている。後の 1991 年にバーミンガム大学で生まれた新構想として英語銀行（Bank of English）プロジェクトが開始され，今では 6 億 5,000 万語の規模となり，Word Banks Online という電子検索サービスとして提供されている。

• 『ロングマン／ランカスター英語コーパス（*Longman/Lancaster English Language Corpus*)』は，1980 年代にロングマン出版社のデラ・サマーズ（Della Summers）とランカスター大学言語学・英語学科教授のジェフリー・リーチ（Geoffrey Leech）が辞書編纂のために開発したコーパスである。1900 年以降にイギリス英語およびアメリカ英語で出版された言語資料（書きことば）を収集し，3,000 万語を収録したコーパスが構築された (p.172)。

（巻末 p.571 へ続く）

ウェブから見る展望

情報ネットワーク World Wide Web がコーパスを構築する際の情報源となりうることを考えると (p.495)，バイトという単位表現も記憶容量の大幅な増加に対応していくためには拡張する必要性に迫られている。初期の頃のバイト，キロバイト（1,000 バイト），メガバイト（$1,000^2$ バイト）からすぐにギガバイト（$1,000^3$ バイト），テラバイト（$1,000^4$ バイト），ペタバイト（$1,000^5$ バイト）という規模に移っていった。いわゆる「ビッグデータ」の到来により，エクサバイト（$1,000^6$ バイト）やゼタバイト（$1,000^7$ バイト）といった数字も目にするようになった。より日常的な表現にすると，1 エクサバイトは十億バイトの十億倍で，ゼタバイトはエクサバイトの千倍に相当する。

シスコ社の Visual Networking Index〔【訳注】全世界のモバイルデータトラフィックの予測〕によれば，ウェブは今やゼタバイトで計測するほどの情報量になっており，全世界の通信量は 2019 年までに年間 2 ゼタバイトに到達すると予想される。この指標の作成者は，今，現実に起きている変化がどのくらいの規模のものであるかを我々に知らせようとしている。高画質の動画ストリーミングの例で比較すると，1 ゼタバイトは 36,000 年分の動画に相当する。

具体的には，キーワードを指定して検索すると，その使用例が文脈とともにコンピュータ画面の中央に表示されるという方法である（p.173に例示）。こうした手法は，辞書の編纂には特に有用であるものの，例えば文の構造を調べたいときにはあまり役に立たないだろう。なぜならば，文の開始位置や終了位置をより体系的に見られるほうが有用性に優れているからである。

• モニターコーパスは，時間とともに収録語数が増えていくコーパスであるが，収集される言語データの分野の比率が一定に保たれるように細心の注意を払う必要がある。例えば，もし2000年時点でのコーパスの20%が新聞記事で40%が科学的なテクストであり，2010年時点のコーパスの40%が新聞記事で20%が科学的なテクストであったとすれば，この10年間に言葉の使い方が真に変化したのかどうかを解釈することは非常に難しくなるだろう。COCA（p.571）は，いずれの年においても同一の分野比率を維持しているモニターコーパスの一例である。

課題の克服

大規模で入念に構築されたコーパスは，語やコロケーション（p.160），つづり字，発音，文法構造などの言語的特徴について，その頻度や分布，典型性に関する優れた情報を提供してくれるだろう。ただし，このような結果をもたらすためには，コーパスの設計者として克服しなければならない課題がいくつかある。

• 意味のある検索を得ようとするなら，コーパスに新たに情報を付加することが必要になるかもしれない。例えば，文法や語彙に関する調査を行う場合には，通常，語の文法的な情報（品詞情報，第15章）を知る必要がある。これを実現するためには，コーパスに収録されている各語に対して文法情報を付加することになる（下記を見よ）。仮に，roundという語を検索した場合に，全部で500例が見つかったと知らされるよりも，このうち名詞，形容詞，前置詞，副詞，そして動詞としての使用がそれぞれ何例であるのかを知らせてもらう方が有用である。

• 著作権法に関わる問題も大きい。コーパスの設計者が収録したいと考えているテクストが一般に利用可能かどうかはこの法律によって規定される可能性がある。話しことばの場合には使用許諾を得ることが特に難しい。というのも，収録場面（スポーツの実況放送など）によっては多くの話者が関与しており，誰にこのデータの所有権があるのか，その検証がなされないことが多いからである。古典文学の著者による作品でさえも問題になることがある。例えば，ワーズワース（Wordsworth）の著作権は死後70年間という保護期間を十分に過ぎていると見なされても，彼の作品をのちに編集して出版された最良版には著作権が発生する可能性がある。

• 恐らく最大の課題は，言語データ（話しことばと書きことばのいずれであっても）を包括的に，しかも一貫性が保たれるようにコード化しなければならないことにある。多種多様な書式をもつ資料の標準化が必要となり，これを行うには機械可読なテクストにするための国際的なガイドラインの策定が求められる。コード化が必要なのはテクストの中の語にとどまらず，コーパスの使用者が調査してみたいと思うほかの多くの特徴についても当てはまる。例えば，パラグラフの区切りや句読点，レイアウトといった特徴に加え，（話しことばの場合には）強勢やイントネーション，ポーズを調べたいと思うかもしれない。もし，強調するためにイタリック体を使用している例をコーパスで調べたいと思った人がいた場合，イタリック体が（検索を可能にする）コード化の対象に含まれていないことがわかったとしたら控え目に言ってもがっかりすることになるであろう。収録するテクストの種類が増えれば増えるほど（バスの乗車券とともに小説が加わったり電話での会話とともに教会での説教が加わったりするなど），テクストを記述するのがより難しくなる。この課題分野において先導的な役割を果たしているプロジェクトは，テクストコード化構想（Text Encoding Initiative）であり，1987年に活動を開始した。このプロジェクトの狙いは，機械可読なテクストとするための共通の交換形式を定め，新規のテクスト資料をコード化する方法を推奨し，既存の主たるコーディング方式を詳細に記録および記述することにある。2001年からは加入メンバーの会費によって運営されるコンソーシアムとして組織されている。テクストのコード化の例は，p.494に示す。

コロケーション

コロケーション（p.172）であることを立証するには，コーパスの規模が重要な要素となるが，対象の語の頻度が比較的低い場合にはなおさらである。使用するコーパスが変われば得られる結果もかなり異なる可能性がある。

1億語のBritish National Corpusにはscheme（計画，体系）という語が1万6千回余り出現しているが，（この語の前後4語以内に生起している）内容語の共起語を頻度の高い順に10個並べると次のようになる。

pension（年金），training（訓練），introduced（導入された），pilot（予備），scheme（体系）（例えば move from a company scheme to a personal scheme（法人としての体系から個人的な体系への移行）のような使われ方），colour（色彩），insurance（保険），proposed（提案された），classification（分類），aid（援助）

GloWbEを使ってschemeを検索してみると，以下のように，かなり異なるイギリス英語の姿が見えてくる。

approved（承認された），occupational（職業的な），mentoring（若手教育の），flat（一律の），eligible（適格な），overseas（海外の），defined（規定された），generous（寛容な），labour（労働），tax-avoidance（節税）

また，アメリカ英語における以下の検索結果と対比すると際立った特徴が明らかになる。

blocking（阻止），URI［主に uniform resource identifier（統一資源識別子）］，offensive（攻撃的な），defensive（防御的な），socialist（社会主義の），alleged（疑惑の），evil（邪悪な），fraudulent（不正な），nefarious（非道な），Ponzi（詐欺師ポンジー Ponzi scheme（ねずみ講的詐欺））

アメリカ英語における否定的な語調と比べると，イギリス英語における全体的に建設的な語調は対照的である。

（M. デイヴィス（M. Davies），2015の提言に従う）

アーカイブ

現在，英語研究に関連するさまざまな電子テクストを保管する中核的拠点はいくつか存在する。例えば，オックスフォード大学テクストアーカイブ（Oxford Text Archive）は人文科学のテクストに重点を置き，『トロント大学古英語辞典（*Toronto Dictionary of Old English*）』のコーパスをはじめBrown CorpusやLOB Corpusも保有している。ノルウェーのベルゲンには，現代英語国際コンピュータアーカイブ（International Computer Archive of Modern English（ICAME））があり，英語のコーパス研究に関する情報拠点としての役目を果たしている。ほかにも，米国ラトガース大学とプリンストン大学が創設した人文科学電子テクストセンター（Center for Electronic Texts in the Humanities）や米国計算言語学会によるデータ収集構想（Data Collection Initiative）がある。

電子アーカイブプロジェクトの中には特定のジャンルに特化しているものもある。例えば，1992年から公開された英詩全文データベース（English Poetry Full-Text Database）では600年から1900年までの詩人4,450人の作品が機械可読の形式で収録されている。これらのテクストは，汎用マークアップ言語規約（Standard Generalized Markup Language）（p.494）にもとづいてコード化されている。このため，このデータベースの利用者は，詩の中の個々の語や行の情報だけでなく作品の書誌情報（出典や年代など）やテクスト構造（詩節や連，場面の区分けなど）に関する情報を得ることができる。さらには，字下げや印刷上の強調箇所，注といった個別の詳細な情報までも得ることができる。もし，moonあるいはMoon（月）が英詩の歴史を通して（少なくともデータベースに収録されている詩人と作品を通して）どのように使用されてきたのかを知りたいと思うなら，このデータベースは教えてくれるだろう。あらゆる種類の検索と比較の対象――テクスト内比較とテクスト間比較ならびに著者内比較と著者間比較――が頭に浮かぶかもしれないが，これらの要望にも応えてくれる。ただし，すべてのデータベース・プロジェクトに当てはまることであるが，原資料には（選択した詩人や収録作品の版に関し）制約があることを忘れてはならない。それでもなお，このようなデータベースの編纂によって，歴史的文学作品の文体論研究における苦労が軽減され，詩学の研究に新たな枠組みが提供されたことは間違いない。

ブリティッシュ・ナショナル・コーパス

ブリティッシュ・ナショナル・コーパス（British National Corpus，BNC）（p.490）に収録されている 9,000 万語の書きことばは，５つの選択素性によって分類された多種多様なテクストを代表するものである。選択素性として設定されたのは，情報伝達文なのか創作文なのかという文種，対象分野，年代，ジャンル，難易度である。対象テクストは，これらの分類ごとに以下のような構成で収集された。

情報伝達文（70%）
主な対象分野
　自然科学・純粋科学（5%）
　社会分野・コミュニティ（15%）
　商業・金融（10%）
　信念・思想（5%）
　応用科学（5%）
　世界情勢（15%）
　芸術（10%）
　余暇（10%）
ジャンル
　書籍（55-65%）
　定期刊行物（20-30%）
　そのほか（刊行物）（5-10%）
　そのほか（未公刊）（5-10%）
　スピーチ用原稿（2-7%）
難易度
　専門家向け（30%）
　非専門家向け（50%）
　大衆向け（20%）
年代
　1975 年以降 1990 年代まで

創作文（30%）
難易度
　文学作品（33%）
　中庸的な作品（33%）
　大衆向けの作品（33%）
年代
　1960-1974 年（25%）
　1975-1990 年代（75%）

話しことばコーパス

話しことばは，コーパスを用いた研究では長い間なおざりにされていた領域である。コーパスの構築が行われるようになってからも長年にわたり，豊富なデータを収集したコーパスは London-Lund Corpus のみであった。このコーパスは，Survey of English Usage（p.490）で集められた 50 万語弱の話しことばで構成されているが，研究者チームが何千時間にもおよぶ録音テープを念入りに聴いて出来上がったものである。話しことばが顧みられなかった理由は明白である。というのは，印刷されたテクストを大量にスキャンすることは比較的容易にできるが，話しことばをスキャンして申し分のない書き起こしを自動生成できる技術はまだ考案されていないからである。

BNC には，文字の形に書き起こされた 500 万語から 1,000 万語の話しことばが収録されている。広範囲にわたる話しことばが収集され，韻律的特長（p.260）を選んで載せたものも含まれている。

- 約 500 万語からなる英語の日常会話は，英国におけるイギリス英語の話者の人口統計学的サンプリングにもとづき，年齢（５つのグループ），性別，社会階層（４つのグループ），地域（12 の地域）のバランスを考慮に入れて収集された。16 歳以上の約 100 人の協力者が７日間，携帯用音楽プレーヤーを使って自分たちの会話を録音するように指示された。その際，会話の日付や状況，話し相手といった情報もログとして記録することが求められた。もちろん，匿名性と守秘義務は保証した。録音した会話が，例えば聞き取れないといった理由で使えない場合を想定して，十分な量の会話データを集めなければならなかった。こうして，目標の 500 万語の会話データに到達するためには，700 時間を超える使用可能な録音データが必要であった。
- 場面別のデータには，図に示すようにほかのすべての発話が含まれる。まず，４つの主要な状況に分けられ，さらに独白か対話かの区別（p.312）が中心となる。データを収集する地域は上に示した人口統計学的サンプリングの場合と同じになるようにしたが，地域によっては配布されないような資料（例えば議会議事録）も当然ながら含まれる。また，各場面における独白タイプのテクストは合計 20 万語まで，そして対話タイプのテクストは合計 30 万語まででという構成である。それぞれの発話タイプに属する各テクストの長さは大きく異なっており，ニュース報道のように数百語のものから講演のように数千語にもおよぶものまでさまざまである。

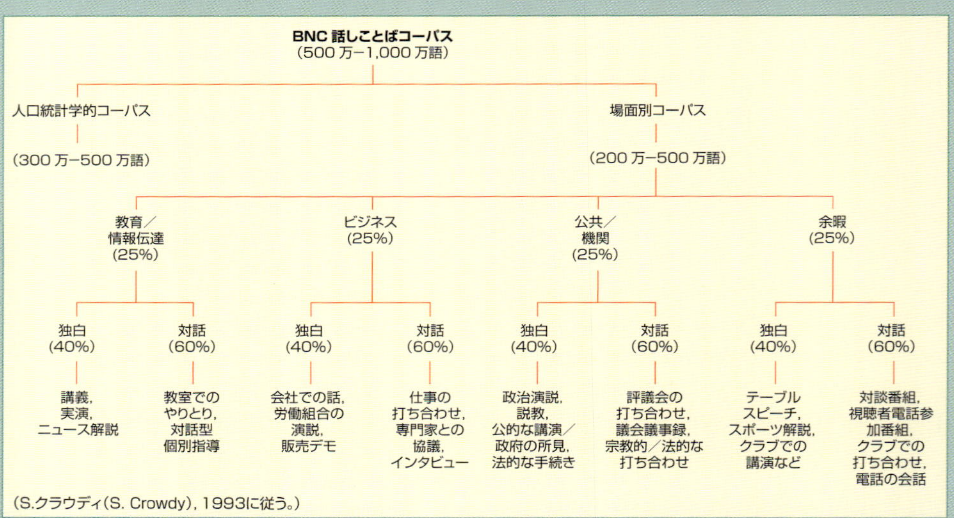

未公刊の英語

WANTED
5 MILLION WORDS
Notes to the milkman, postcards, shopping lists, letters to friends and family are all being collected by *Chambers Harrap Publishers Ltd* for their input into a major project on the way we use the English language.
The British National Corpus of Current English is a

「500 万語　大募集中」／牛乳配達人へのメモや絵葉書，買い物リスト，友達や家族への手紙などいずれもチェンバーズ・ハラップ出版社で募集中。英語がどのように使われているのかを調べる主要なプロジェクトで言語データとして使用。／British National Corpus of Current English は…

書きことばコーパスの作成において，未公刊の著作物は体系的に収集するのが最も難しい部類に入る。なぜならば，本コラム内の広告に例示されているように，非公式の手紙や牛乳配達人へのメモといった膨大な量におよぶエフェメラ〔訳注〕切手，ポスター，ビラ，チケットなど寿命の短い収集品のこと〕的資料が含まれているからである。しかし，これらの言語資料が社会的に些末なものであるとは決して言えない。というのも，交通機関の切符や番組表，紙幣といった品物，さらには財布や鞄，システム手帳，コンピュータのメモ帳に収められた重要な言語情報までも含まれるからである。理屈の上では入手しやすいが，体系的に収集するとともに，典型的なものを選んで代表させるやり方で収集するのはきわめて難しい。このことは，言語記述においてあまり認識されないまま今日にいたっている。

本コーパスでは，未公刊の書きことばを以下の４つの主な領域に分けて収集している。但し，例示している内容は，それぞれの収集データの対象範囲を示すものですべてを網羅しているわけではない。

個人的なもの：正式な手紙／私的な手紙，絵葉書，クリスマスカード／誕生日カード，自分用の情報（買い物リストなど），日記，作文，メモ書き，個人通信（便り）

ビジネス：手紙，ファックス，メモ，議事録，電子メール，議題書，在庫リスト，広報誌，年間予定表，注文書，通知書，チラシ，報告書，提案書，プレゼン資料，パンフレット類

機関：政府や地方自治体，法律，宗教，軍隊，政治，慈善，レジャー施設，国営組織からの文書

教育：小論文，学校便覧，時間割表，通知書，履修課程に関する情報，（教員および学生の）講義ノート，試験問題用紙と解答，議事録，学校暦（年間予定表）

なお，教育に関連する組織には，学校や高等教育研究機関，図書館，博物館，ならびに専門機関を含む。

〈エフェメラ的資料の例〉
（上から）テレフォンカード，免許証，オフピーク時のみ有効，１日乗車券，会員証

国際英語コーパス

本コーパス（p.490）のイギリス英語の部分は1992年に完成したものであるが，図に示すような構成をとり，少なくとも10種類のテクストを含む個々の場面や分野が設定され，約2,000語からなるテクストを全体で500種類収集している。ほかのコーパスでも，よく似たデータ構成をとることがある。収集されたテクストには単語レベルで文法的な情報が付与されている（p.491）。次いで，本コーパスの検索・分析ツールとしてICECUP（ICE Corpus Utility Program）が開発され，国を問わず一貫性のある言語処理が確実に行えるようになった。

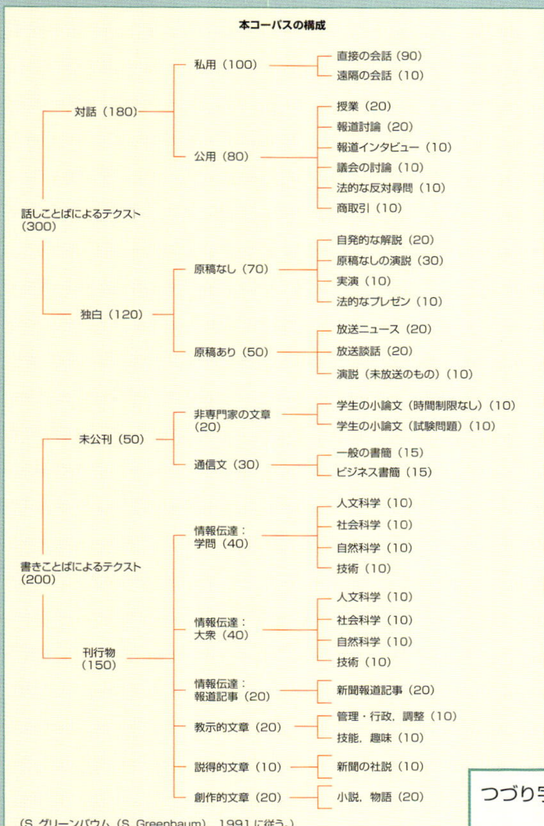

（S. グリーンバウム（S. Greenbaum），1991に従う。）

データ収集を行った主な地域を以下に列挙する（以下，原書の順番に従う）。

オーストラリア
カメルーン
カナダ
東アフリカ（ケニア，マラウィ，タンザニア）
フィジー
ガーナ
香港
インド
アイルランド
ジャマイカ
マレーシア
マルタ
ニュージーランド
ナイジェリア
パキスタン
フィリピン
シエラレオネ
シンガポール
南アフリカ
スリランカ
トリニダード・トバゴ
英国
米国

現在は，オランダのように拡大円圏（p.113）に属する国々も対象国として拡大し，データ収集が進められている。

コーパスの利用

今や，何千人もの研究者が日常的にコーパスを使っており，彼らが調査している内容のすべてをここで紹介することはできない。しかし，本書のほかの部分で論じた問題に関係する数値的な基礎調査結果をいくつか以下に紹介する。

慣用法

Longman/Lancaster Corpusを使って検索すると，different（異なる）（p.194）｛【訳注】同頁では，語法に変異が生じる一般的な理由があげられている｝という語の後ろに使用される前置詞の種類と頻度は以下のようになる。

different（総頻度）	14,704
+ from	1,193
+ to	75
+ than	34

慣用法の参考書には，通常，イギリス英語では前置詞fromが，アメリカ英語では前置詞thanの使用が好まれていると記述されている。しかし，上の結果により前置詞fromがいずれの英語においても圧倒的に多く使用されることがわかる。前置詞thanの使用例も，その1/3はイギリス英語に見られる。（M. ランデルとP. ストック（M. Rundell & P. Stock），1992に従う）

イギリス英語とアメリカ英語におけるつづり字の違いに明確なパターンが見られないことはよくある（p.327）。以下の図に示す数値は，イギリス英語のLOB CorpusとアメリカBrown Corpus（p.490）を使って検索した結果である。最初の語color（色）の場合ですら予想外のばらつきが見られる。動詞の活用語尾に使用される *-ed* あるいは *-t* の使用頻度を調べてみると，アメリカ英語では *-ed* 形のほうが明らかに好まれることはわかるが，地域差だけでは説明できないことが起きているように思われる（p.216）。（大文字で表記した名詞には，単数・複数の両形で検索した結果（総数）を表示している。）

語彙の欄に含まれているhe（彼）やshe（彼女）といった語の頻度を解釈する場合には，使用した両コーパスのデータは1960年代初期に収集されたものであることを肝に銘じておく必要がある。このことは，言語の変化に対応するためにはコーパスを定期的に更新することが重要であることを物語っている。（S. ヨハンソン（S. Johansson），1980に従う）

つづり字

		イギリス英語	アメリカ英語
COLOR	色	0	252
COLOUR		256	2
behavior	行動	9	96
behaviour		121	3
traveled	旅行した	0	23
travelled		22	4
traveling	旅行している	0	19
travelling		23	4
TRAVELER	旅行者	0	16
TRAVELLER		27	5
burned	燃えた	15	42
burnt		11	7
smelled	匂いがした	0	19
smelt		4	3
leaned	傾いた	33	38
leant		8	0

		イギリス英語	アメリカ英語
BLOKE	男，やつ	5	2
CHAP		33	6
FELLOW		91	86
GUY		15	74
ATTORNEY	弁護士	4	77
BARRISTER		11	0
LAWYER		29	69
SOLICITOR		18	6
AUTO(MOBILE)	自動車	2	104
CAR		343	397
APARTMENT	アパート	21	99
FLAT		183	80

語彙セット

	イギリス英語	アメリカ英語
HE（彼）	17,599	19,416
SHE（彼女）	8,163	6,036
MAN（男性）	1.835	2,152
WOMAN（女性）	490	471
BOY（少年）	338	414
GIRL（少女）	459	379
baseball（野球）	0	57
cricket（クリケット）	21	3
football（サッカー）	37	36
golf（ゴルフ）	19	34
tennis（テニス）	23	16

現実の（real）姿は？

コーパスは，たとえ得られた統計値が小さい場合でも，当該の語がどのように使われているのか，その有用な目安を提供してくれる。例えば，以下に列挙する名詞は，LOB Corpusにおいてreal（現実の）と一緒に使用されている語である。（S. ヨハンソンとK. ホフランド（S. Johansson & K. Hofland），1989，p.287より）

danger（危険）	3	objection（反論）	4
difference（相違）	2	peace（平和）	2
effect（効果）	2	power（権力）	2
feeling（感情）	3	problems（問題）	5
interest（興味）	2	reason（理由）	5
job（仕事）	2	sense（分別）	2
life（生活）	3	test（試験）	5
love（恋愛）	2	thing（物）	5
man（人）	2	value（価値）	2
name（名前）	2	world（世界）	2

文法情報のタグづけ

書きことばデータ

```
'&PUQ;Tell&VVB; me&PNP;,&PUN;"&PUQ; she&PNP; said&VVD;,&PUN;
leaning&VVG; forwards&AV0; with&PRP; a&AT0; smile&NN1; at&AV021;
once&AV022; coy&AJ0; and&CJC; overwhelming&VVG;,&PUN; '&PUQ;I&PNP;
must&VM0; know&VVI;.&PUN;
```

これは，British National Corpus における文法情報のタグづけの例である。タグがついていなければ次のような英文として読めたであろう。

'Tell me,' she said, leaning forwards with a smile at once coy and overwhelming, 'I must know.'
「教えて」と彼女は言った。遠慮がちではあるが抗えない微笑を浮かべながら身を乗り出して続けた。「知る必要があるのよ。」

タグの記号は，語に文法的な情報を付加するとともに句読点も識別する。(G. リーチ (G. Leech)，1993 より)

話しことばデータ

これは London-Lund Corpus におけるタグづけの例である (J. スヴァルトヴィク (J. Svartvik) ほか，1982，p.54 より)。最初の図は文法タグがついていない場合のデータであるが，音調や強勢，休止 (p.260) についての情報が含まれているため，すでにかなり複雑に見える。この図では音調を表す記号が母音の上に置かれているが，下方の文法タグが付加された図では母音の左横に置かれている。これは，コンピュータのコーディング体系上の制限によるものである。タグづけの体系にも制限があることに注意しなければならない。例えば，AS というタグが，yes という語のすべての変異形に対して付加されるため，各語形の使用の差異を厳密に調べたい場合にはこのコーパスでは有用な情報が提供されないことになる。コーパスの構築を目指す人はすべて，どのくらい詳細な情報をコーパスに盛り込むのかを決定しなければならない。さらに，コーパスを使い始める前に，どこまで詳細な情報が付加されているのか，その下限を認識しておくことが重要である。

```
546 I'm ‖going to BU→RGOS■ · 547 ‖WE→DNESDAY■ · 548 ‖WE↘EK■ · 549 ‖YE↘S■
550 the ‖TE↘NTH■ ·
```

```
0101000546 B      I'm<RA*VB+1> ‖going<VA+G> to<PA> B→urgos■<NP> ·
0101000547 B      ‖W→ednesday■<NP> ·
0101000548 B      ‖w↘eek■<NC> ·
0101000549 B      ‖y↘es■<AS>
0101000550 B      the<TA> ‖t↘enth■<JQ> ·
```

訳：来週の水曜日にブルゴスに行くつもりなの。そう 10 日にね。

記号の凡例

[■] 音調単位の境界	B 話者 B	NP 固有名詞
‖ 音調単位における第 1 主要音節	RA 主格人称代名詞	NC 普通名詞
[→] 平坦調	* 縮約を表す	AS yes，yeah，aye，など
[↘] 下降調	VB+1 be 動詞 1 人称	JQ 序数
. 短い休止	VA+G 主動詞 -ing 形	TA 決定詞 the
	PA 前置詞	

```
<head>SCENE II</head>
<stage type="setting"> A forest near Rome. Horns and cry of hounds heard. </stage>
<lb n="699" ed="F1"/>
<stage type="entrance">Enter TITUS ANDRONICUS, <lb n="700" ed="F1"/>with Hunters,
etc., MARCUS, LUCIUS, QUINTUS, and MARTIUS.</stage>
<lb ed="G"/>
<lb n="701" ed="F1"/>
<sp who="tit-25">
  <speaker>Tit.</speaker>
  <l>The hunt is up, the morn is bright and grey,
    <lb ed="G"/>
    <lb n="702" ed="F1"/>
  </l>
  <l>The fields are fragrant and the woods are green:
    <lb ed="G"/>
    <lb n="703" ed="F1"/>
  </l>
  <l>Uncouple here and let us make a bay
    <lb ed="G"/>
    <lb n="704" ed="F1"/>
  </l>
  <l>And wake the emperor and his lovely bride
    <lb ed="G"/>
    <lb n="705" ed="F1"/>
  </l>
  <l>And rouse the prince and ring a hunter's peal,
    <lb ed="G"/>
    <lb n="706" ed="F1"/>
  </l>
  <l>That all the court may echo with the noise.
    <lb ed="G"/>
    <lb n="707" ed="F1"/>
  </l>
  <l>Sons, let it be your charge, as it is ours,
    <lb ed="G"/>
    <lb n="708" ed="F1"/>
  </l>
  <l>To attend the emperor's person carefully:
    <lb ed="G"/>
    <lb n="709" ed="F1"/>
  </l>
  <l>I have been troubled in my sleep this night,
    <lb ed="G"/>
    <lb n="710" ed="F1"/>
  </l>
  <l>But dawning day new comfort hath inspired.
    <lb n="711" ed="F1"/>
    <stage>A cry of hounds, and horns winded in a peal.</stage>
    <lb n="712" ed="F1"/>
    <lb n="713" ed="F1"/>
    <stage type="entrance">Enter SATURNINUS, TAMORA, BASSIANUS, LAVINIA, DEMETRIUS,
    CHIRON, <lb n="714" ed="F1"/>and Attendants.</stage>
    <lb n="11" ed="G"/>
    <lb n="715" ed="F1"/>
  </l>
```

芝居こそ XML に打って付け

Text Encoding Initiative (p.491) で使用されている拡張マークアップ言語 (XML) の例を図に示す。出典は，ウィリアム・シェイクスピア (William Shakespeare) の作品『タイタス・アンドロニカス (*Titus Andronicus*)』の第 2 幕第 2 場の冒頭部分であるが，ペルセウス・デジタル・ライブラリー (Perseus Digital Library) でコード化された電子版 (<ed> タグで表示) が使用されている。なお，この図には，戯曲の本体部分を示すタグ (<body>)，個々の幕を示すタグ (<div1>)，および個々の場を示すタグ (<div2>) は表示されていない。主な特徴を以下にまとめる。

- ト書きの部分は <stage> というタグの中に記載されるが，状況設定なのか人物の登場なのかという <type> に下位分類され，それぞれ "setting" タグと "entrance" タグを用いて記述される。
- セリフには <sp> というタグが付加されるが，話者は <speaker> タグを用い，原文に記載されている名前とともに記述される。例えば，タイタスのセリフの部分には Tit. (=Titus) と明記される。
- <@who> というタグは，戯曲の最初の部分に掲載されている登場人物一覧の中のどの人物であるのかを特定するものである。
- セリフは，1 行ごとに <l> タグを用いて記述される。
- 本文の中で新しい行が始まる箇所には <1b> タグが用いられる。
- <n> というタグは，本文における行の通し番号を記述するために用いられる。

(E. ヴァンフート，R. ヴァンデンブランデンと M. テラス (E. Vanhoutte, R. Van den Branden & M. Terras)，2010 に従う)

第 2 場

ローマ近郊の森にて。角笛と猟犬の唸り声が聞こえる。

タイタス・アンドロニカスがマーカス，ルーシアス，クインタス，マルティウスとともに猟師らを連れて登場する。

タイタス：

さあ，狩りが始まるぞ，しらじら明けの朝，
野原はかぐわしく香り，森の緑は濃い。
ここで猟犬を解き放ち，声高く吠えさせて
皇帝と美しい花嫁のお目覚めをうながし，
弟君もお起こししよう，狩人の角笛を吹き鳴らし，
宮廷のすみずみまでこだまさせるのだ。
息子たち，いいか，お前たちと我々の任務は
皇帝のご身辺に気を配りしっかり警護することだ。
ゆうべはまんじりとも出来なかったが，
朝日が新たな元気を吹き込んでくれた。

猟犬の吠え声と角笛が高らかに鳴り響き，サターナイナス，タモーラ，バシエイナス，ラヴィニア，ディミートリアス，カイロン，従者たちが登場する。

(タイタスのセリフのみ松岡和子訳『タイタス・アンドロニカス』(第 9 版，筑摩書房，2020)，pp.55–6 より引用)

ウェブのコーパス？

ことばのほかの多くの分野でも見られるように，電子的なやりとりを介したコミュニケーション（EMC）の登場はあらゆることを変えてしまった（第23章）。以前であれば，100万語のコーパスは大規模なものとみなされたが，今日のような「ビッグデータ」の時代には何億語といった規模のコーパスが一般的になっている。仮に，ワールド・ワイド・ウェブ（WWW）全体で1つのコーパスと考えるならば，その大きさの明確な推定値はわからない。WorldWideWebsize.comというサイトでは，グーグルとビングの分析による推定値が表示されているが，2017年の暮れの段階で，索引づけされたウェブには少なくとも10億のウェブサイトと46億ページが存在している。さらに，電子メールやソーシャルメディアの内容を加えなければならない。これらのデータ規模も同様に膨大で，2017年のある推定によると1秒間に200万通の電子メールと7,000のツイートが行き交っていると報告されている。

これらの数値は，主な検索エンジンによって検索可能な表層ウェブに関するもので，検索エンジンが入り込めない不可視ウェブあるいは深層ウェブの規模は除外されている。つまり，パスワードで保護されたサイトや有料購読者しかアクセスできないサイト，暗号化されたネットワーク，ウェブアーカイブが存在し，InternetLiveStatsというサイトによれば6,000億にも及ぶ文書が潜んでいることになる。深層ウェブの中には，個人のプライバシーや機密業務の情報が記された，いわゆる暗黒ウェブと呼ばれるサイトが存在するが，その規模を数量化することはできない。この種の闇サイトでは，トーア（Tor），フリーネット（Freenet），不可視インターネットプロジェクト（Invisible Internet Project（I2P））といった匿名ネットワークが存在することや，未知ではあるが相当数の犯罪活動が行われていることがわかる。

言語学的に見れば，ウェブ上にはあらゆる言語が存在することになる。しかし，わずか1つの言語，例えば英語で書かれたサイトに限定して収集したとしても，それを統一されたコーパスと見なすことにはほとんど意味がない。その規模の予測がつかないのはともかくとして，バランスのとれたテクスト構成になっているのかはまったくわからない。ウェブをコーパスとして使用するメリットは，標本を収集した従来型のコーパスには出現しそうもない新規で希少な言語的特徴を明らかにしてくれることにある。その場合でも，得られる平均的な語法が安定しており，言語学的に意味のある構造をなしていることを確かめるのに十分な量のデータがあることだけは必要である。2017年現在，ウェブから構築されたコーパスの代表的な規模としては，共時英語ウェブコーパス（Synchronic English Web Corpus）（4億7,000万語）やバーミンガムブログコーパス（Birmingham Blog Corpus）（ブログサイトから6億3,000万語を収集）などがある。このブログコーパスには，下位区分として1億8,000万語のデータが含まれており，ブログ記事とコメントは区別されている。

これまで，ウェブは文字や図による視覚描写を主体とした媒体であったが，ヴォイスオーバーインターネットプロトコル（Voice over the Internet Protocol：VoIP）の発展により音声情報が加わり，これまでの描写形態を凌ぐほどになるだろう。コーパスの規模を表すバイトの単位もゼタを優に超えるだろう。ウェブについてよく言われるように，「まだまだ序の口で，すごいのはこれから」なのである。

世界的ウェブ英語コーパス（GloWbE）

2013年に公開された本コーパスには，20カ国から集められた19億語のテクストが収録されているため，世界英語を調査する上でこれまでで最大規模のコーパスとなっている。ウェブ上のくだけた表現から堅苦しい表現まですべて取り扱っており，全体の約60%はくだけた文体のブログで占められている。残りは，新聞や雑誌，企業のウェブサイトなどのより形式的で多様な文書で構成されている。

今，これほどの大規模なデータベースがあれば，本書で先に提起した問題，特に使用頻度が比較的低い語や句を調べようとする時の問題，のいくつかは解決できるのではないだろうか。これらの語句は，おそらく，100万語程度のコーパスにはほとんど，あるいはまったく出現しないだろう。

比較してみる

イギリス英語とアメリカ英語の差異は大まかに述べられることが多いが（p.331），大規模なコーパスがあればもっときめ細かな説明が欠かせなくなる。

Gotten（手に入れた）

Gottenという語は，まだアメリカ英語に特有の表現なのか？ イギリス英語での使用頻度を1としたら，恐らくアメリカ英語ではその10倍以上にも達すると予想するだろう。しかし，コーパスで調べると，以下の数値が示すようにむしろ4倍程度であるという結果が得られる。

アメリカ英語	頻度	イギリス英語	頻度
US	20,833	GB	5,576

コーパスに含まれるデータは，書き手が米国人なのか英国人なのかを示してはくれない。結論として言えることは，今日では英国人の読者がアメリカ英語の語法を目にすることが多くなったということのみである。例えば，『タイムズ（*The Times*）』や『デイリー・メール（*the Daily Mail*）』，さらには英国放送協会（BBC）といったさまざまな媒体を通して目にするのだろうが，これはイギリス英語に変化が継続して起きていることを示すのには十分である。後述のウェブニュースコーパス（News on the Web（NOW））のデータ（p.496）でもこの傾向を支持する結果が得られた。具体的には，100万語での頻度に換算すると2010年には4.4回しか使用されていなかったが，2017年の前半には7.1回の使用となり，不規則ではあるが着実に増加していることがわかった。

（巻末p.571に続く）

乗客を運ぶための小型バス

壮大な規模のGloWbE Corpusは，本書p.381で取り上げた世界英語に関する小規模な調査によって生じた問いに対する答えを導き出してくれそうである。それは，danfo——乗客を運ぶための小型バスという意味のヨルバ語からの借入語——という語はナイジェリア以外でも使用されているのかという問いである。検索結果を見ると，シンガポールとマレーシアで1例ずつ存在するが，原文を確認すると，いずれの場合もこの語のナイジェリアでの使用について言及したものであることがわかったため除外する。しかし，ガーナとケニアで使用例が見つかったことは，この語がナイジェリア以外でも知られているということになる。表の最初の2行に記述された情報も興味深く，danfoという語は形式的な文書においてもくだけた表現を使うブログにおいても使用されていることがわかる。限られた場所でしか通用しない俗語の1つにすぎないということではない。

GENERAL	63	1,299.5	0.05
BLOG	21	583.7	0.04
United States	0	386.8	0.00
Canada	0	134.8	0.00
Great Britain	1	387.6	0.00
Ireland	0	101.0	0.00
Australia	0	148.2	0.00
New Zealand	0	81.4	0.00
India	0	96.4	0.00
Sri Lanka	0	46.6	0.00
Pakistan	0	51.4	0.00
Bangladesh	0	39.5	0.00
Singapore	1	43.0	0.02
Malaysia	1	41.6	0.02
Philippines	0	43.2	0.00
Hong Kong	0	40.5	0.00
South Africa	0	45.4	0.00
Nigeria	74	42.6	1.74
Ghana	6	38.8	0.15
Kenya	1	41.1	0.02
Tanzania	0	35.2	0.00
Jamaica	0	39.6	0.00
TOTAL	**84**		

インターネット時代

電子的なやりとりを介したコミュニケーション（EMC）が日常的に行われるようになる前は，コーパスの分類を考える必要性はほとんどなかった。しかし，この電子技術が提供してくれる新しい機会によって，さまざまな機能をもつコーパスが急速に増えていった。コーパスの類型化はまだ発展途上にあるが，以下に列挙する分類が含まれることは確かであろう。

標本コーパス

ある特定の時点や期間を定め，この条件に合致するテクストを選別・収集して構築するコーパスで，その時（期）における当該言語の共時的な「スナップショット」を提供してくれる。例えば，ブラウンコーパス（Brown Corpus）が該当する。

歴史的コーパス

ある一定の期間にわたってテクストを選別・収集して構築するコーパスで，当該言語の通時的な「スナップショット・シリーズ」を提供してくれる。例えば，アメリカ英語の歴史的コーパス（Corpus of Historical American English）が該当し，1810年から2009年までの言語データを収録している。

モニターコーパス

ある一定の期間にわたって新しい言語データを段階的に追加していくコーパスで，各段階の言語情報を保持しているため，言語の変化を逐一監視することができる。例えば，現代アメリカ英語コーパス（Corpus of Contemporary American English）が該当する。

比較コーパス

似たような規模と構造をもつために信頼性のあるデータ比較を可能にしてくれるコーパスで，例えば，アメリカ英語フラウンコーパス（Frown Corpus of American English）が該当する。フラウン（Frown）は，フライブルク（Freiburg）とブラウン（Brown）を結合させた名前である。Frown Corpusは，1960年代に構築されたBrown Corpusの1990年代版と言える。

地理的コーパス

当該言語のある地域における言語変種を表すコーパスで，例えば，ニュージーランド英語のウェリントン書きことばコーパス（Wellington Corpus of Written New Zealand English）が該当する。

限定コーパス　**特殊**コーパスと称されることも多く，ある言語が特定の限られた分野でどのように使用されるのかを見るために編纂されたコーパスである。対象となる分野には，ビジネスや学術英語，ある1人の著者の作品，文学の1つのジャンル，ある学習環境などがあげられる。例えば，ウィーン大学・オックスフォード大学国際英語コーパス（Vienna-Oxford International Corpus of English（VOICE））が該当する。このコーパスの規模は100万語で，英語の母語話者ではない話し手の間でなされる会話を120時間分書き起こしたものである（p.114）。

マルチメディアコーパス

文字化したテクストがその録音あるいは映像のデータと同期して収録されているコーパスで，例えば，スコットランドテクスト／話しことばコーパス（Scottish Corpus of Texts and Speech）が該当する。

多種多様な英語コーパスは，オックスフォード大学テクストアーカイブ（Oxford Text Archive）や現代および中世英語国際コンピュータアーカイブ（International Computer Archive of Modern and Medieval English（ICAME））といったさまざまなアーカイブサイトを通してますます利用可能になってきている。

3つの限定コーパス

最近では，ウェブ上に数えきれないほどの限定コーパスが存在している。

米国連続ドラマコーパス（Corpus of American Soap Operas）は，2001年から2012年にかけて収集した10本の連続ドラマの脚本からなる1億語のコーパスである。

電話交換コーパス（Switchboard Corpus）は，1990年から1991年にかけて米国のすべての地域を網羅するように，240時間におよぶ電話での双方向の会話を記録した300万語のコーパスである。

初期英語書簡コーパス（Corpus of Early English Correspondence）は，1417年から1681年までの書簡をもとにしてヘルシンキ大学で編纂された270万語のコーパスである。さらに，1998年には18世紀の書簡も追加された。

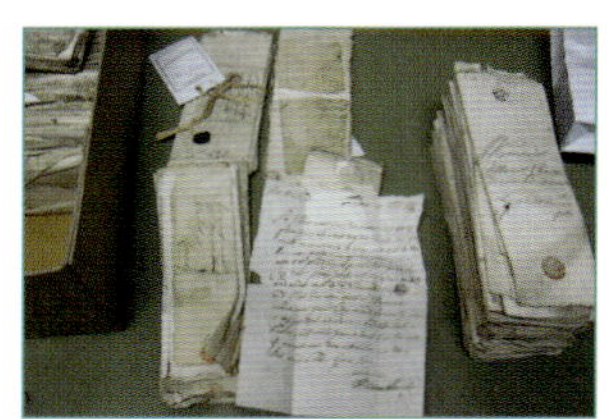

ロンドンのチャールズ・マレスコウとジェイコブ・デーヴィッド宛の1660年から1680年までの手紙（National Archives, Kew, Catalogue No C 114/73）

ウェブニュースコーパス（NOW）

ウェブニュースコーパス（News on the Web（NOW））は，2010年からブリガム・ヤング大学で管理されているモニターコーパスである。毎晩，20カ国の英語の新聞や雑誌，およびグーグル・ニュース（Google News）のオンラインニュースサイトが検索され，約1万におよぶ記事をもとに500万–600万語のデータが追加されている。2018年時点でのコーパスの規模は約50億語にのぼる。

コーパスに収録されている連続ドラマの1つである*The Young and the Restless*の1シーン。（コーパスに収録されたほかのドラマは，*All My Children*，*As the World Turns*，*Bold and Beautiful*，*Days of our Lives*，*General Hospital*，*Guiding Light*，*One Life to Live*，*Passions*，*Port Charles*である。）

電話をしているジョージ・H. W. ブッシュ大統領

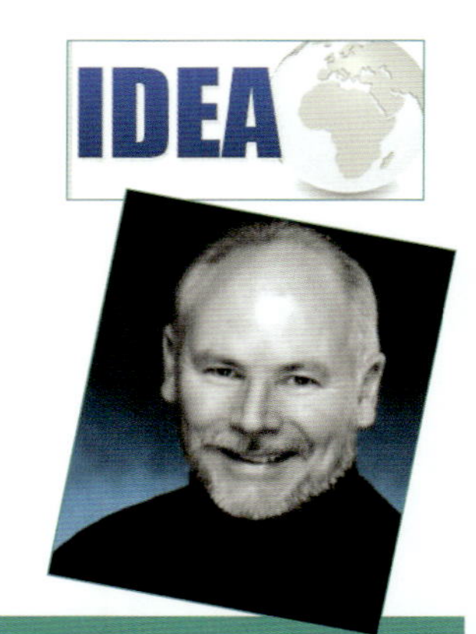

卓越したアイデアの国際英語方言アーカイブ（IDEA）

国際英語方言アーカイブ（International Dialects of English Archive）は，1997年に米国の演劇教授ポール・マイヤー（Paul Meier）によって創設された。彼の構想は，世界中からさまざまな英語の発音様式と方言の例を集めたデータベースを俳優たちに提供することであった。音声データはそれぞれその地域の母語話者によって録音されたが，これは俳優にとって地方の訛（なま）りが役作りをする上で重要となる場合に役立てられるようにというねらいからである。その後，この構想は，生徒の聴解力を高めたいと考える英語教師や，同僚や顧客の訛りに慣れる必要がある国際的なビジネスパーソンといったほかのグループの人びとにとっても魅力的なものであることがわかった。2018年までに120を超える地域から約1,300の言語資料が集まり，およそ170時間分の録音データが蓄積され，この種のアーカイブとしては最大のものとなった。さらに，このアーカイブには発話や発声の障害をともなう音声データなどの特別なデータ・コレクションがいくつか収録されており，シェイクスピア作品の原音（p.72）に関連するデータも含まれている。（P. マイヤー，2018に従う）

年度別頻度　（国別の頻度を見る）

項目（下位項目を見るにはここをクリック）（全項目の一覧を見る）	頻度	規模（単位：100 万語）	100 万語あたりの頻度	文脈を見るにはここをクリック（全用例を見る）
2010-A	2	115.2	0.02	
2010-B	7	129.2	0.05	
2011-A	10	145.1	0.07	
2011-B	7	160.0	0.04	
2012-A	6	185.1	0.03	
2012-B	9	186.4	0.05	
2013-A	14	196.9	0.07	
2013-B	3	204.9	0.01	
2014-A	43	209.8	0.20	
2014-B	25	219.9	0.11	
2015-A	266	223.8	1.19	
2015-B	431	289.1	1.49	
2016-A	38,045	684.5	55.58	
2016-B	68,492	853.8	80.22	
2017-A	69,035	863.6	79.94	
2017-B	16,764	293.7	57.08	
合計	**193,159**			全用例を見る

この一覧表は，検索語（Brexit（英国の EU 離脱））が初めて使用されてからどのような広がりを見せたかを半年ごとに示したものである。オプションで半月ごとの検索結果も表示できる。この語が初めてニュースに登場した年が明らかにわかるが，2013 年という早期に登場していたことに驚く人もいるだろう。グラフ中のバーをクリックすると，出典情報――『テレグラフ（*Telegraph*）』，『イブニング・スタンダード（*Evening Standard*）』，『シティワイヤー（*Citywire*）』など――と関連記事が提示される。

国別頻度　（年度別頻度にもどる）

項目	頻度	規模（単位：100 万語）	100 万語あたりの頻度	文脈を見るにはここをクリック（全用例を見る）
米国	1	821.2	0.00	
カナダ	1	662.7	0.00	
英国	1	674.4	0.00	
アイルランド	2	352.4	0.0[illegible]	
オーストラリア	1	380.9	0.00	
ニュージーランド	0	193.6	0.00	
インド	73	532.9	0.14	
スリランカ	0	30.7	0.00	
パキスタン	1	140.8	0.01	
バングラデシュ	0	22.3	0.00	
シンガポール	1	132.3	0.04	
マレーシア	4	153.2	0.03	
フィリピン	1	167.4	0.01	
香港	0	20.2	0.00	
南アフリカ	0	285.7	0.00	
ナイジェリア	0	214.7	0.00	
ガーナ	0	63.1	0.00	
ケニア	0	70.2	0.00	
タンザニア	0	8.5	0.00	
ジャマイカ	0	34.0	0.00	

この一覧表は，20 カ国における国別の検索結果を示している。これは，「日時を早める」という意味の語 prepone の検索結果であるが，すべての国において使用例ありの検索結果が表示された語 postpone（延期する）とは対照的である。この語の使用がほかの国にも広がっていることは明らかであるが，インド英語（p.380）に顕著に見られることは間違いない。

N グラム

2010 年 12 月に公開されたグーグル・N グラム（Google Ngrams）は，データマイニング技術を応用したものである。1500 年から 2008 年までに出版された 500 万を超えるデジタル書籍のデータベースを用いて，時間の経過とともに語句の相対的な頻度がどのように変化したのかをグラフで示してくれる。初期設定では 1800 年からの経年変化が表示される。N は，検索文字列における連続する語の数を示し，1 から 5 までの数値をとる。ユーザは，一度に 2 個以上の検索語をカンマで区切って入力することで，各検索語の頻度が図のように表示され，比較することができるようになる。各検索語の結果は異なる色の線で描かれる。後継のバージョンでは，品詞のタグづけやワイルドカード検索，そのほかの改良が行われた。1 年間に出版される書籍の数は年代をさかのぼると特に変動が見られるため，図の中の数値は，実際のところ，ある年に出版された書籍の数に対する相対的な頻度（百分率）を示している。このような手順を正規化と呼ぶ。

これらのグラフに啓発されるところはきわめて大きいが，注意して使用する必要がある。というのは，その検索語が 40 冊以上の書籍で使用されていないとグラフに現れないからである。使用頻度が低いか，まれにしか使用されない語を検索した場合には，「N グラムは見あたらない」という応答が返ってくる。例えば，シェイクスピア（p.65）の作品『恋の骨折り損（*Love's Labour's Lost*）』に出てくる apathaton（形容語句，修飾語，異名）という語で検索すると，そのような結果になる。したがって，総語数という点では N グラムのデータベースの規模はきわめて大きいと言えるが，識別される異なり語の数は，どのような異なり語も検索できるずっと小規模なコーパスを使用するよりも実は少ないかもしれない。さらに注意すべきことは，各書籍はデータベースで 1 回だけのカウントとなり，販売部数や評判といった情報は全く不明であるため，データベースの構築に際して当初は文化計量学を謳っていたものの文化的な嗜好を知る手がかりとしては限られたものになるということである。

データベースのもつ偏りに注意を促す専門家たちもいる。本コーパスは，出版された書籍のみを収集し，印刷されたエフェメラ（p.492）や通信文，手書きのものは何も含まれていない。この点についても文化的な制約が見られる。収録された書籍は，米国の図書館においてスキャナーで読み取ったもので，どうしても西洋の文献が中心になる。例えばインドで N グラムコーパスを構築したとしたら，かなり性質の異なるデータベースができるだろう。収集した書籍の大多数を占めるのが科学書であることも付け加えておく。

光学式文字認識技術を使って構築されるすべてのコーパスにあてはまることではあるが，この手法の限界も認識しておく必要がある。一般的に言って，書籍は古くなればなるほど，特に 1800 年以前に出版された書籍になると，読み取り結果の信頼性はより低くなる。例えば，「細長い s」（p.275）の印刷文字は f と誤認識されやすいのである。古い書体の場合には，「ミニムの混乱」（p.273）に見られるように，類似した形をもつ文字と間違われてしまうという特別な困難をともなう。また，本書 p.293 に例示したような短縮形は無視されてしまうかもしれない。

このような限界が正しく認識されていれば，ここで紹介した手法は言語変異と言語変化に対する有用な見識を生み出してくれるものである。英語の小説の場合に見られるように，イギリス英語とアメリカ英語を（2009 年までのものに限られるが）別々に検索することもできる。こうして，N グラムは，言葉の傾向を即座に知りたいと思うような場合のいかなる問いに対しても広く使われるようになった。

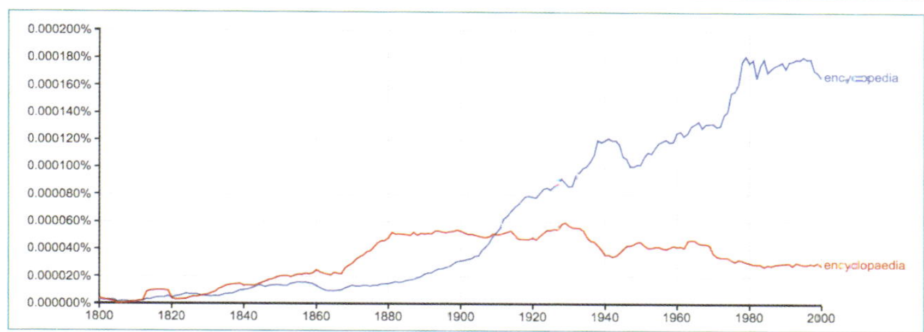

このグラフは，昔からのイギリス英語でのつづり字 encyclopaedia（百科事典）がアメリカ英語でのつづり字に着実に取って代わられていく様子を示している。2 つのつづり字の頻度が交差したのは我々の予想よりも早い時期で，1910 年頃であった。

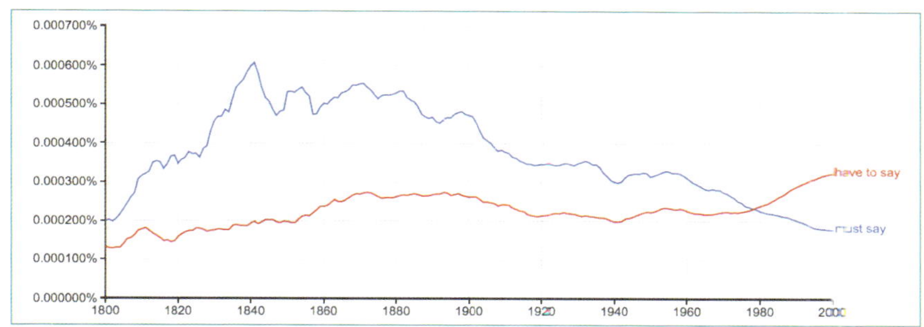

本書の p.521 で報告したように，最近数十年の傾向として must say（言わなければならない）という表現の代わりに have to say という表現を使用するようになったことが 1980 年頃に 2 つの表現の頻度が交差したことにより明確にわかる。

さまざまな辞書

英語研究のいかなる分野にも増して，辞書編纂の分野は，コンピュータの技術や電子的に蓄えられたテクストの収集（p.490）が利用可能となったことにより，大きな恩恵を受け，また活性化されてきている。この点で，1980 年代は辞書編纂法における 1 つの分岐点をなしたと言える。それ以前の辞書作りの伝統には，ある思想や方法論を——それは，ジョンソン博士（Dr Johnson）（p.78）にまでさかのぼるのだが——はっきりと見て取ることができた。その伝統というのは，個々の編集者たちと，そのもとで働く助手たちのチームによる，かなりの量の個人的関わりがあって，初めて成功をみるというような類のものであった。それと同時に，この伝統は，かなり早い時期から知られていた主観主義と特異性の程度を助長するものでもあった。ここに，ボズウェル（Boswell）がジョンソンを評したものがあるので引用してみよう。

［1772 年］3 月 23 日の月曜日，私は彼が彼のフォリオ版辞書の第 4 版の準備のため，忙しくしているのを目にした…彼は civilization（洗練）の語を認めようとはせず，ただ civility の語だけが正しいと主張する。barbarity（粗野）の反対を表す語としては，彼には失礼ながら，私は動詞 civilize（洗練させる）を名詞化した civilization の方が civility よりいいと思った。

辞書の中から主観的要素を取り除くことは，不可能なことであろう。男性本位の内容をもった項目を批判するフェミニストがこれまで指摘しているように，定義を定める作業そのものに，知らず知らずのうちに偏見が入り込む可能性がある。しかも，引用例文のための資料の選択には，主観的判断がつきものである。コンピュータコーパスに含まれる全体的語彙数が，莫大な数にのぼることには圧倒されるが，細かく分類して調べてみると，その数はそれほどでもないことがすぐにわかることにもなる。例えば，100 万語コーパス（p.490）の中にたった 20 の創作的テクストしか取り入れる余裕がないとしたなら，研究に携わる人は，いったいどの 20 のテクストを選ぶであろうか？　過去においては，より「尊敬される」作家を選ぶ傾向が辞書作りには見られたが，現代の辞書においてはその中に，犯罪小説や大衆的ロマンス（p.492）を扱う作家が含まれる可能性が大いにあると言えるであろう。新しい技術の到来となったからと言って，どのようなジャンルの作家を取り上げるべきかについての編集者としての意思決定の必要性が減ずるわけではない。

素晴らしい新世界

オンライン辞書編纂の分野は，現在予測のつかない発展方向へと進みつつある。すなわち，私たちは今や，インターネットにより提供される無限のデータ保存および検索の可能性を最大限に活用し，また語彙に関する無限とも言える数多くの直感をインターネット利用者の形で利用できるような，新しい時代の始まりを迎えつつある。

「自分の世界を定義しよう」

この標語は，『アーバン・ディクショナリー』（*Urban Dictionary*）に載っている小見出しであるが，同辞書は，今や最大規模の非公式語彙編集プロジェクトとなりつつあるクラウドソーシングによるオンライン辞書の 1 つである。このプロジェクトは 1999 年に始まり，その 15 年後には 700 万に及ぶ定義を収録し，それらの定義は，ウィキペディアの解説によると「標準的辞書には見られない，俗語またはエスニックカルチャーに関する語・句や現象」に関するものである。2014 年までには，この辞書のサイトに 1 カ月に 1,800 万人もの利用者をひきつけ，1 日に 2,000 項目ものエントリーの提案が寄せられるようになった。これまで訪問者が 1 カ月に 7,200 万回このサイトを訪れた結果，今までで最も検索回数の多い辞書となった。

誰でもエントリー投稿ができ，しかも，与えられる定義は，純粋に地域社会での用法を反映したものか，あるいは（もっとありそうな場合として）面白半分に考え出された全くの個人的創作なのかはわからない。しかしながら，このプロジェクトは，毎日のように作り出される新語のもつ性質についての洞察を与えてくれるので，言語学的に興味深いと言える。というのも，掲載される新語の多くのものには，英語の語彙（p.142）の歴史を通して，これまで知られているのと同じような種類の，独創的な語形成の跡が見られるからである。さらにまた，ユーザ側の反応も取り入れることにより，長期間にわたり言語の中に使用される可能性をもった語彙とはどんなものか，についてのヒントも得られる。この辞書の読者は，与えられた定義に対して「気に入った」（👍をクリック）または「気に食わない」（👎をクリック）のどちらかに投票するよう要請される。肯定的投票結果が色濃く出る場合には，その語または意味が，将来に向け長期間使用される可能性が示されることになる——少なくとも，そのサイトを利用する（25 歳以下の）若い年齢層の間では。

この辞書は，いくつか予期しないような場面において役立つことがわかっている。2011 年に警察が，とある銃砲店のフェイスブックページに掲載された不可解なメッセージを解読するために，この辞書を利用したことがある。すなわち，ある男がこの店の従業員の 1 人を「マークする（murk）ぞ」と脅していたのである。いったい，これはまじめな脅迫なのだろうか？　アルコール・タバコ・火器および爆発物取締局の局員がこの辞書を検索してみたところ，murk という動詞は「（誰かを）けがで死ぬくらいにひどく殴りつける」という意味であることがわかったので，その男は逮捕されたのであった。（巻末 p.572 へ続く）

ツイテラシー（ツイート能力）

科学技術の発達は，どの場合にも新しい語彙を生み出すことになり，もしそれが言語学的に魅力的な名前であるならば，言葉遊びを通して，数多くの新語が作り出されることであろう。Twitter（ツイッター）はその完璧な例であると言える。というのも，（英語においては）普通ではない，この語の語頭の子音連結 tw が，想像力をかき立てたからである。語の残りの部分がすぐに判別できさえすれば，tw による置き換えの格好の対象となる。オンラインコレクションの中の 2 つ，すなわち『ツイクショナリー（Twictionary）』と『ツイットナリー（Twittonary）』の中から，ツイッター狂（tweetaholics）が用いるツイッター術語（twerminology）の例を，いくつかここにあげてみよう。

actwivism— ツイッターを使ってある運動を支持したり反対したりすること（activism）
attwaction— ツイッター仲間に対する惚れ込み（attraction）
attwacker— ツイッター上で誰かを言葉で攻撃する人（attacker）
otwituary— 死亡を知らせるツイート（obituary）
twatarazzi— 終日セレブのツイートを追いかけている人（paparazzi）
twaddict—ツイッターにハマった人（addict）
tweckling— 会議のスピーカーにツイッターで嫌がらせをすること（heckling）
tweedundant— くり返されたツイート（redundant）
tweepish— 自分がツイートした事柄におどおどしている（sheepish）

このようなエントリーが何百もあるが，通常は，新語創作者の名前も添えられていて，しばしば，人気の程度が「気に入った」の欄のクリック具合でわかることもある。

【訳注】参考のため，それぞれの語のもとの語を（ ）の中にあげておく。

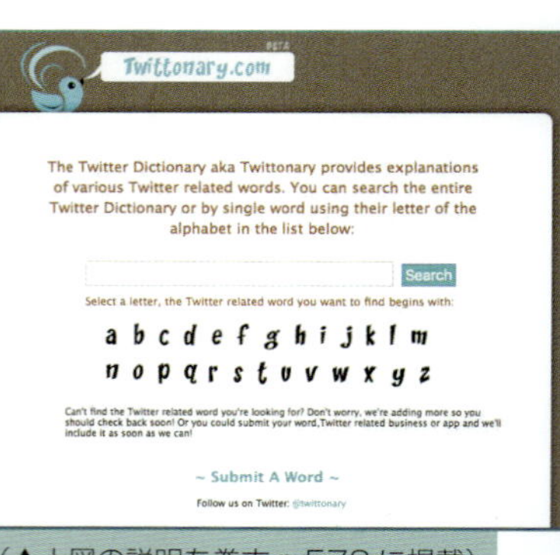

（↑上図の説明を巻末 p.572 に掲載）

辞書の巨人たち

辞書編纂の歴史の上に君臨する3人の人物の名前をあげることができる。すなわち，ジョンソン（Johnson），ウェブスター（Webster）それにマリー（Murray）である。このうち最初の二人が，初期近代英語期の英語において果たした役割は非常に重要であったので，そのことについてI部（pp.78, 84）において取り上げる必要があった。二人の影響は今日にも及んでいる——ウェブスターの場合は，彼の名前のついた数々の辞書のシリーズにおいて直接的に，またジョンソンの場合は，文献学会が「新しい」英語の辞書を支援したという伝統を通して間接的に。

ウェブスターの辞書

ウェブスターは『米国英語辞典（*American Dictionary of the English Language*）』を1828年に出版した。彼の死後（1843年以降），版権はジョージとチャールズ・メリアム（George and Charles Merriam）に買い取られて，その後の版は『メリアム・ウェブスター辞典（*Merriam-Webster*）』の名前で現れることとなった。1847年の改訂版はウェブスターの義理の息子チョンシー・A. グッドリッチ（Chauncey A. Goodrich）により編集されたものである。この伝統を受け継いだ辞書が，その後何十年かの間にいくつか現れた。その中には，1890年の『ウェブスター国際辞典（*Webster's International Dictionary*）』を経て，1909年の『ウェブスター新国際辞典（*Webster's New International Dictionary*）』（第2版は1934年）などが含まれる。第3版がフィリップ・B. ゴーヴ（Philip B. Gove）の編集により1961年に登場するが，この版は600万以上の引用例の収集にもとづいていて，45万以上の語を取り扱っている。10年以上の準備期間を要したこの版は，757年に及ぶ編集者年（editor-years）［【訳注】編集に要した総労働量を数値化したもの］を費やして完成したが，（下にみるように）大いに物議をかもすものであった。後に3つの補遺（1976年版には6,000語，1983年版には89,000語，1986年版には12,000語を含む）が出版され，さらに14,000語が2002年版に追加された。CD-ROM版も入手可能となり，現在，第4版が準備中である［【訳注】本書の発刊時点では，刊行日は未定］。これらの伝統によらないところでも，今やそのほかの多くの出版社が，自社の出版する辞書および単語集に「ウェブスター」の名前をつけるようになってきている。

第2次辞書戦争

『新国際（*New International*）』の第3版——これはしばしば『ウェブスター第3版（*Webster 3*）』と呼ばれている——は1961年に出版され，19世紀の「辞書の戦争（*War of the Dictionaries*）」（p.86）以来のどの時期にも増して，辞書編集上の論争を引き起こした。この辞書は，規範的手法（p.82）ではなく，記述的手法にもとづいていたが，その記述的態度が，多くの米国人には行き過ぎであると思われたのである。

その辞書が，家庭小説や雑誌など（文学的とは反対の）通俗的な材料から引用し，また種々の発音形式をあげていることを批評家たちは攻撃した。とりわけ，ain't［【訳注】am／is／are not（や have／has not）の縮約形］のような非標準的用法を非難しないことや，また口語的表現に特別な表示づけをせずに取り扱っていることで，『ウェブスター第3版』は誤りを犯していると評された。それとは対照的に，その辞書の新鮮な定義の仕方や，さまざまな大文字の使い方に関する注意深い説明などに見られる，その新しい辞書のもつ多くの長所については，大衆紙においてほとんど注目されることはなかった。

その批評家たちは，編集者のフィリップ・ゴーヴが，何が標準的で何が正しいかの感覚を全く失ってしまったと主張した。ある新聞によると，ゴーヴの仕事は「言葉の用法に対して寛容な態度の連中に惨めに屈した」ことになる。辞書編集者には社会的責任があるとの議論がなされたのである。すなわち，辞書というものは権威をもった書籍なので，ある語を取り入れるということは，その用法を認めることにほかならない。『ウェブスター第3版』は ain't およびそのほかの非標準的話し方の表現に対して，「問題なし」という宣言を下したのが遺憾であるとされたのであった。

それに対し，ゴーヴと彼の擁護派は，何が正しくて何が優れているかについて恣意的な判断を是認しているとして，その批評家たちを批難した。辞書編集者は，いかなる特別な権威を求めることなく，客観的態度をもった観察者でありたいと務めるものであると彼らは言う。ことばは生育し，多様性をもつというのが事実なので，そのことを参考図書としての辞書の中に冷静に記録しなければならない。自分たちの接するいろいろな語に対して価値判断を下すのは，辞書編集者の仕事ではないということになる。

このような主張は，辞書というものを，その権威に対しては　どんな理由があろうとも，疑問を呈してはならない種類の書籍である，と見なす人びとからは賛同を得られなかった。その結果，この論争はその後もしばらくは続き，そこから導き出される種々の問題が，今なお私たちの抱える問題ともなっている（p.388）。

スーパー辞書に向けて

現在こんなに多くの辞書が利用可能であり，またその大きさと広がりにおいて，前例を見ないほどの拡大化が可能となったオンラインの発達により，取り上げる語彙項目の数とその扱い方について，これ以上なすべきことはほとんどないように思えるかもしれない。しかしながら，じつは，これまでほとんど，あるいはまったく取り上げることのなかったような語彙の領域がいくつかまだ残っているし，取り扱い方についても，歴史的語彙項目に対する「当時の発音」（p.72）を提供するといったような，開発すべき新しい選択肢がいくつか残されているのである。

学問的語彙　学問の世界は，どの分野においても，つねに概念的に新しいものを取り入れようとし，新鮮なアイデアを表すための新しい用語，あるいは従来の用語に込める新たな意味を探し求めるものである。これらは，事実上臨時語（nonce-words）（p.142）の一種と言えるが，かなり性質の異なるものである。というのも，どの学問分野も，それらが行く行くは，その分野において標準的な用法となることを願っているからである。それらは突然に作り出されるものではない。注意深い思考を重ねた上での産物なのである。しかしながら，このように学問的語彙と推定されているものが，実際に辞書の中に取り入れられることはほとんどない。例えば，音韻論の専門書『英語の韻律的・パラ言語学的特徴の仕組み（*Systems of Prosodic and Paralinguistic Features in English*）』（1964）には，英語の音韻論において，それまで疎かにされていたいくつかの言語特徴（p.261）を記述するために，74の新しい用語が導入されているが，*OED* の中に取り入れられ，次いで，さらに一般化された意味用法をもつようになったのは，そのうちのわずか5%にすぎない。

非学問的特殊語彙　ここに紹介するのは，赤ワインのもつ健康的価値を論じた新聞記事からの引用である。

赤のブルゴーニュワインは，レスベラトロールが多く含まれているということで，最高の評価を受けたぶどうピノノワールを原料とし，湿気の多いカビの生じやすい気候で作られている…レスベラトロールの一部は，樽に寝かせる間に失われ，瓶詰めされた長い年月のうちにもさらに一部が失われる。上等のブルゴーニュワインは，樽と瓶の両方で長い間熟成される。

ここに述べられているのは「心臓に優しい（heart-friendly）」ワインであり，「赤ワインが最高」という論を支持している。heart-friendly や red-wine-is-best のような複合語の表現は，どの一般的な辞書にも見出せそうにない。

（巻末 p.573へ続く）

オックスフォード英語辞典

当時入手可能であった英語の辞書には，いろいろ不備な点があることに気づいた英国文献学会は，1857年，アングロサクソン時代からの英語の歴史を記録したような「新英語辞典（New English Dictionary）」の企画を促進させることを決議した。この企画が実行に移されるのに，20年以上を要した。1879年，学会はオックスフォード大学出版局との合意に達し，ジェームズ・A. H. マリー（James A. H. Murray）を編集者に任命した。その目標は，10年のうちに4巻からなる辞書を作成するというものであったが，その5年後，マリーと彼の仲間たちは，A－ANTの部分だけをなんとかし終えることができるという状態だった。すなわち，できあがったのは352ページ分で，これは12シリング6ペンス（現代の貨幣単位で62ペンス半）で発売された。

その辞書が，当初予想されていたよりはるかに規模の大きな仕事であることは明らかであった。新たに加わる編集者が何人か任命され，今や『オックスフォード英語辞典（*the Oxford English Dictionary*）』すなわち*OED*と呼ばれるようになっていたその辞書が，その後44年以上にわたって分冊の形で作成され，最後の部分が世に出たのが1928年であった。全体で15,487ページからなり，414,825の語彙項目を取り入れたその辞書は，12巻本として出版された。1933年には，補遺1巻が出版された。新たな補遺の編集者としてR. W. バーチフィールド（R. W. Burchfield）を任命して，その辞書の編集作業が1957年に再開された。この補遺は1972年から1986年の間に4巻本として出版され，1933年出版の内容を中に含むものであった。新たに追加されたページ数は5,732に及び，ほとんど70,000もの新たな語彙項目が加えられた。しかしながら，補遺の最後の巻が出版される前に，すでに*OED*の第2版を準備する仕事が開始されていたのであった。

マリーとその娘たち，オックスフォードの記録室にて。その建物はマリーの家の庭に建てられていた。広さは，長さおよそ50フィート［約15 m］で幅が50フィートあり，隣人の目を避けるために，床を地面より3フィート［約91 cm］低くしてあった。その結果，湿って換気が悪く，夏は蒸し暑く，冬は寒い部屋であった。ある訪問者は，その建物を「道具小屋，洗濯所または馬小屋」に似た場所であると記している。

マリーは冬を越すときはたいてい，何回か風邪をひき，肺炎を起こすこともしばしばあった。最も寒い月などには部屋をストーブで温めたが，火事になる危険があったので，夜にはストーブを消さなければならなかった。寒い天候の時には，彼は厚手のオーバーコートを着て，また隙間風を防ぐために，箱の中に両足を入れて座ることも時々あった。そのような状況のもとで，彼は週に80か90時間，しばしば長時間休憩を取ることなく，また朝は5時に起き，朝食の時間および彼の助手たちの到着する時間のだいぶ前に，かなりの量の仕事をこなすという状態で働いた。彼は病魔に襲われる70歳代後半まで，このような体制を続けた。

スコットランドのホーイク出身で，村の仕立て屋であった父の息子として，マリーは生まれた。大部分独学だったが，14歳で学校をやめ，辞書編集の仕事に取り掛かる前には，銀行員および教員として働いた。『新英語辞典（*the New English Dictionary*）』の計画は，彼自身によるものであり，彼は初版の半分以上を自分自身で編集した。

共同編集者のジョン・シンプソン（John Simpson）［左］とエドマンド・ヴァイナー（Edmund Weiner）（1985–93の期間）

シンプソンはその後主任編集者となり（2013年まで），ヴァイナーが編集者代理を務めた。写真は1989年3月に撮られたもので，第2版の20巻と一緒のところを写す。

マイケル・プロフィット（Michael Proffitt）（2013以降）

プロフィットは1989年に編集陣に加わり，「新語」のプログラムを運営し，のちに改訂版のための新しい編集組織を開発したチームを率いる。彼は主任編集者になる前，*OED*のためのプロジェクト責任者を務めた。

そのほかの*OED*編集者たち

ヘンリー・ブラッドリー（Henry Bradley）（1845-923）

ブラッドリーは，文字Bの完成した1887年に，2人目の編集者として任命される。

ウイリアム・アレグザンダー・クレイギー（William Alexander Craigie）（1867-957）

クレイギーは1897年に任命され，1901年に共同編集者となり，文字Qを担当する。

チャールズ・トールバット・アニアンズ（Charles Talbut Onions）（1873-965）

アニアンズは1895年に助手となり，1914年に正編集者となる。

ロバート・ウイリアム・バーチフィールド（Robert William Burchfield）（1923-2004）

バーチフィールドは1957年に編集者となり，1986年の完成に至るまで補遺の面倒をみた。

古いものに新しいエントリーを

現在進行中の *OED* の改訂からは，新たに加わった鮮やかな美的特徴および一段と洗練された検索機能性のほかにも，以下のようないくつかの新しい種類の情報が得られる。

- 最も頻度の高い引用ソース，テーマ別カテゴリー閲覧の選択，それに *OED* 全体のエントリーのタイムライン〔【訳注】下の解説参照〕を含むこの辞書についての一般的背景
- 頻度情報。例えば，下に引用したエントリー例 kissogram（キスつき電報）の解説に見られる赤色の2つの点（ドット）は，この語が頻度区分域2——すなわち，典型的現代英語の用法の中で100万語につき0.01回より少ない頻度で起こる語の仲間——に属することを表す
- あるエントリーについて以前の版ではどうなっていたか。この情報は，*OED* の編集歴史を調べたい人にとって重要となる
- 『歴史類語辞典（*the Historical Thesaurus*）』（p.170）において当該のエントリーがどの位置を占めるかを探るためのリンク。例えば，kissogram の場合，分類法にもとづく意味的経路は次のようになっているのがわかる。society（社会）> communication（コミュニケーション）> information（情報）> message（メッセージ）>［noun（名詞）］> novelty（斬新さ）

新オックスフォード英語辞典プロジェクトは，ティモシー・J. ベンボウ（Timothy J. Benbow）の指揮のもと，1984年に設立された。その目的は，初版の *OED* と補遺を統合し，全体を最新のものにし，コンピュータで利用可能な版を提供することであった。そのような版を作れば，印刷版と電子版の両方の形で新しい版を作成することができるようになる。

米国と英国の170人以上のキーボード入力者と校正者を含む，莫大な規模のキーボード操作を経て，J. A. シンプソン（J. A. Simpson）とE. S. C. ヴァイナー（E. S. C. Weiner）により準備された第2版が，20巻を1つにまとめた上で，さらに5,000の語彙項目を加えた形で1989年に出版された。この版は50万以上の項目を定義し，ほとんど250万にも及ぶ引用例を用いた291,627のエントリーからなっていた。

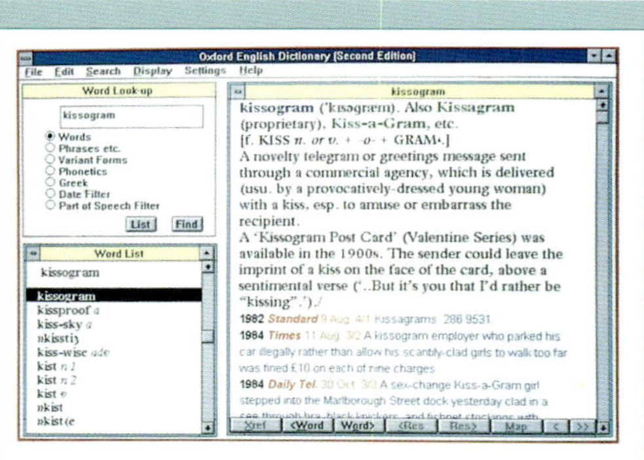

ほかにも，目を見張る統計的数字が，この辞書の出版で明らかにされた。5年間の作業の中には，編集チームによる500年分に相当する労働量が含まれている。印刷された総部数を長さに換算すると，5,345マイル（8,602 km）にも及んだ。同じように印象的なのは，このプロジェクトが，この辞書全体の情報を1枚のコンパクトディスク（CD-ROM）で利用可能にし，また語彙に関する数多くの心躍る質問に対して，今や迅速で正確な答えをオンラインで学者に供給することができることである。第3版に向けてのコーパス全体の基本的改訂が，目下進行中である。

〔【訳注】現在 *OED* のオンライン版（*OED Online*）が3カ月ごとに改訂・アップデートされていて，そのようにアップデートされた項目に関しては，「このエントリーはアップデートされた（*OED* 第3版，2015年3月）」のような記述となっているが，新たな書籍印刷版としての第3版はおそらく出版されないであろうとの見方もある〕

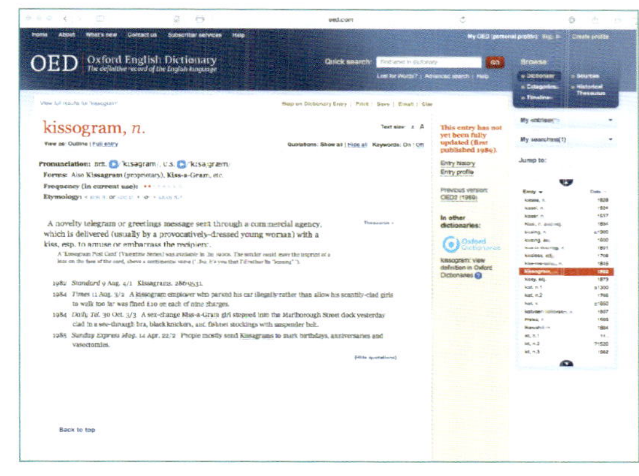

〔【訳注】*OED* の新しい機能には，本文に説明のあるもののほかに次のようなものも含まれている。Browse（ブラウズ機能）の Categories（カテゴリー）をクリックすると，主題，用法，地域，語源言語ごとに語彙を調べることができる。同じく Dictionaries（辞書）では，*OED* 2（1989）やそのほかのオックスフォード辞書類からの情報を得ることができる。Advanced search（高度検索）の機能により，*OED* 全体の引用例の中から該当語句を含んだ例文の検索ができるので，*OED* をデータベースとしても利用可能となる。さらに，My OED の保存オプションを用いて，再度アクセスしたい見出し語や検索結果を保存しておくこともできる〕

タイムラインの選択　最初に記録された使用の情報とともに，100年，50年，10年刻みでエントリー総数が眺められる。オンラインバーの上をたどることにより，それぞれの時期の語彙の数が表示される。バーをクリックすると，関連するエントリー全体のセットが表示される。例えば，16世紀全体として，最初に記録された使用例の合計は100,902であることがわかる。10年ごとの分析によると，16世紀後半（p.76）にこれらの数字が劇的に増加していることがわかる。

1500－1509	3,044
1510－1519	3,659
1520－1529	6,457
1530－1539	10,047
1540－1549	9,791
1550－1559	9,103
1560－1569	10,002
1570－1579	13,888
1580－1589	13,125
1590－1599	21,786

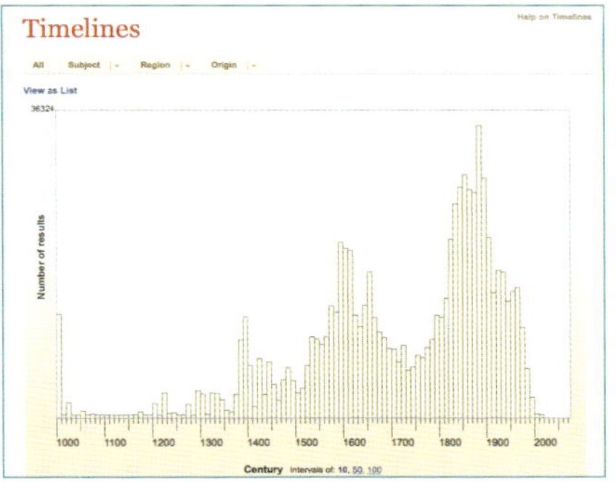

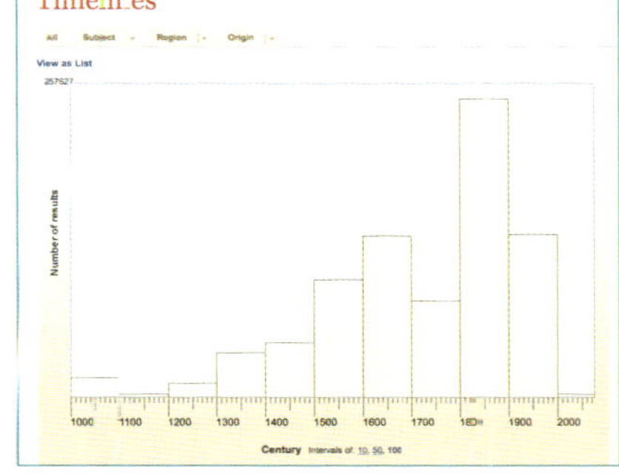

OED のスタッフ，2016年に発売された『オックスフォード英語辞典の成り立ち（*The Making of the Oxford English Dictionary*）』を記念して。主要な辞書の編集のために，いったいどれだけ多くの人が関わるかについて正しく認識されることはほとんどない。（P. ギリヴァー（P. Gilliver），2016 に従う）

いくつかの新機軸

下にあげたのは，リーダーズ・ダイジェスト社発行の，2巻本の辞書『挿し絵入り大辞典（*Great Illustrated Dictionary*）』（1984）からの抜粋である。この辞書では，通常の言語学的情報が（このサイズの英語辞書としては初めての試みとなる）全編カラーの百科事典的データによって補われている。多くの挿し絵については，カラーが使われているのは，単に審美的理由によるか，あるいは複雑な説明に明確性を加えるためのものにすぎないと言えるが，いくつかの挿し絵の場合，例えばdog（犬）の場合には，カラーが異なる品種を区別する手助けとなるという実用性が見られる。

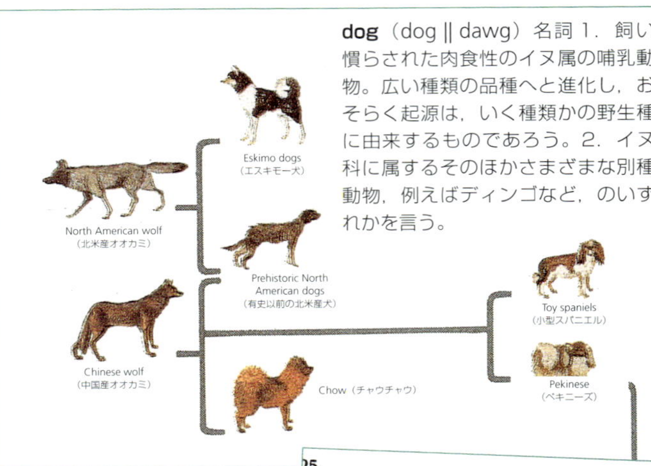
dog（dog || dawg）名詞 1．飼い慣らされた肉食性のイヌ属の哺乳動物。広い種類の品種へと進化し，おそらく起源は，いく種類かの野生種に由来するものであろう。2．イヌ科に属するそのほかさまざまな別種動物，例えばディンゴなど，のいずれかを言う。
Eskimo dogs
（エスキモー犬）
North American wolf
（北米産オオカミ）
Prehistoric North American dogs
（有史以前の北米産犬）
Toy spaniels
（小型スパニエル）
Chinese wolf
（中国産オオカミ）
Chow（チャウチャウ）
Pekinese
（ペキニーズ）

右にあげたのは，『コリンズ・コウビルド英語辞典（*Collins COBUILD English Language Dictionary*）』（1987）初版のあるページの一部をコピーしたものである。いくつかの技術的新機軸，および拠り所となっているコーパス（p.490）の大きさに加えて，このプロジェクトは，辞書編集上の取り扱いに新天地を開いたと言える。コーパスの中の語を，前例のないほどにくわしく，しかもこの種のサイズの辞書に以前よく見られたものより詳細で多種類に及ぶ一連の用例を加えながら取り扱っている。この辞書はまた，英語におけるまさに普通の語に特別注意を払っている。例えば，動詞see（見る）に対して，30以上ものコンテクストをあげている。

25　　**impair**

immortalize /ɪmɔ:tə⁰laɪz/, **immortalizes, immortalizing, immortalized**; also spelled **immortalise**. If you **immortalize** someone or something, you cause them to be remembered for a very long time, for example by writing about them or making a film. EG *She is immortalised by a very distinguished statue... ...a wondrous event which he had immortalised in verse.* 　V+O : USU+A ⇑ commemorate = celebrate

immovable /ɪmu:vəbə⁰l/. 1 Something that is **immovable** is fixed and cannot be moved from its position. EG *...an immovable pillar.* ◊ **immovably**. EG *Each picture was nailed immovably in place.* 　ADJ CLASSIF ◊ ADV

2 If you have a feeling or opinion that is **immovable**, you are firm about it and will not change. EG *...fossilised ways and immovable conservatism... The foundations of personality were immovable.* 　ADJ CLASSIF

immune /ɪmju:n/. 1 If you are **immune** to a particular disease, you cannot be affected by it. EG *We are virtually immune to certain diseases.* ◊ **immunity** /ɪmju:nɪti¹/. EG *Babies receive immunity to a variety of infections.* 　ADJ CLASSIF : USU PRED ◊ N UNCOUNT : IF+PREP THEN to/against

2 If you are **immune** to something that happens or is done, you are not affected by it. EG *He w... to the flattery of political leaders... The economy is proving surprisingly immu... fluctuations in interest rates.* ◊ **immunit...** *immunity to criticism is built into their wh... nowadays.*

3 Someone or something that is **immun...** particular process or situation is able to esc... avoid being affected by it. EG *...targets that had considered immune from air attack... T... of modern society is not immune from...* ◊ **immunity, immunities**. EG *He had been ... immunity from prosecution... ...an income ta... nity form... ...the privileges or immunities of the United States.* ● See also **diplomatic**

さらに，辞書編集に見られる説明上の技術に，いくつかの改良点を加えている。その中で最も注目すべき特徴は，いくつかの文法的註釈と，意味的関係についてのデータとを含む本文外の欄を設けたことである。主要なエントリー部分では，略語を用いるのを避けるとともに，定義は，日常用いる散文体で記述されている。このため（someoneやsomethingなどを省略しないでつづることになるので）スペースの節約にはならないが，意味を理解するのがずっと容易になると考えられる。また（例えば，「もしあなたが…としたら」のような）完全な文の形で定義する方法を採ることにより，ある語を文法的にどんなふうに用いたらよいかについて，多量の情報が伝えられることになる。

右にあげたのは，ロングマン社の『英国の言語・文化辞典（*Dictionary of English Language and Culture*）』（1992）のあるページの一部である。この辞典は，英語を非母語とする英語学習者に，レキシコンに対する社会的・歴史的観点（p.383）を提供することを目的としている。Jack and Jill（ジャックとジル）やJack and the Beanstalk（ジャックと豆の木）のような表現は，母語話者の言語直観の重要な部分を占めているが，学習者がそのような情報を得るのは，従来から難しいとされている。多くの場合，英語を第1言語とする話し手の間でも，その辺の意識の欠如が見られるようである。例えば，（子ども向けのテレビ番組）*Jackanory*（「ジャッカノーリ」）や（少女向け雑誌）*Jackie*（「ジャッキー」）は，英国の外ではほとんど知られていない。

jack·al /ˈdʒækɔ:l, -kəl‖-kəl/ *n* an African and Asian wild animal of the dog family, which often eats what other animals have killed

jack·a·napes /ˈdʒækəneɪps/ *n* **-napes** [*usu. sing.*] *old-fash* a child who plays annoying tricks

Jack and Jill /ˌdʒæk ənd ˈdʒɪl/ two children in a NURSERY RHYME (=an old song or poem for children):
Jack and Jill went up the hill
To fetch a pail of water;
Jack fell down and broke his crown,
And Jill came tumbling after.

Jack and the Bean·stalk /ˌdʒæk ənd ðə ˈbi:nstɔ:k/ also **Jack the Gi·ant-kil·ler** /ˌ·· · ˈ·· ˌ··/— a children's story in which a boy, Jack, sells his mother's cow for some magic beans. The mother, in anger, throws the beans out of the window. The next day a very tall bean plant (the **Beanstalk**) has grown up into the clouds. Jack climbs it and finds himself in a strange country outside a GIANT's house. He enters and has to hide from the giant, who sings, "Fee fi fo fum, I smell the blood of an Englishman." Jack robs the giant of a hen that lays golden eggs and a HARP that plays by itself, and escapes down the beanstalk with the giant following. Arriving at the ground first, Jack takes an AXE and cuts down the beanstalk, and the giant falls and is killed.

Jack·a·no·ry /ˌdʒækəˈnɔ:ri/ a popular British television show in which well-known actors read favourite children's stories

jack·ass /ˈdʒæk-æs/ *n* **1** *infml taboo in AmE* a person who behaves foolishly: *Don't be a jackass – come down off the roof!* **2** *now rare* a male ASS —see also LAUGHING JACKASS

jack·boot /ˈdʒækbu:t/ *n* **1** [C] a military boot which covers the leg up to the knee **2** [*the*] the cruel rule of military men, often used in association with the Nazis in Germany: *living under the jackboot*

jack·daw /ˈdʒækdɔ:/ *n* a bird of the CROW family, believed to steal small bright objects

文化的観点を提供する辞書は，勇敢な企てであると言える。というのも，もしその取り扱う範囲が包括的で，その定義が正確ならば，必然的に，人生における好ましくない面を映すようなこともあるだろうが，その場合には，取り上げられた側は，それをよく思わないことになるからである。実は，V部（p.320）における世界の英語に関する特別記事のために，そこに取り上げた日付〔訳注〕1993年7月6日〕は，バンコクの売春婦の数について上記の辞書の中で触れているのを，タイの一般市民の声により，取り消すことにロングマン社が同意したということを世界中の新聞が報じた日でもあったのである。辞書編集の歴史には，ありのままの姿を言葉でとらえようとする辞書編集者の目的は，とらえられる方の立場からするとありがたく思われない，といったこういう類の有名なケースがいくつか含まれている。

左にあげたのは，「世界で最初の産出のための辞書」と称される，ロングマン社の『言語アクティベーター（*Language Activator*™）』（1993）の初版からとったあるページの一部である。この辞書は，自分の言いたいことは大体わかるが，正確にはどの語を用いたらよいのかについて自信のない，英語の非母語学習者のためのものである。この辞書は，学習者が思ったことを言葉に置き換える（符号化機能の）ために役立つという点において，類語辞典（p.168）に似ているが，語から意味への方向をもった（解読化機能の）伝統的辞書とは対照をなす。

borrow

which meaning?

take something from someone and give it back later → ● **BORROW**

give something to someone and get it back later → ● **LEND**

● **BORROW**

to get something from someone which you must give back to them later

1 to borrow money from someone
2 to borrow something such as a car, book, or pen
3 to pay money so that you can borrow and use something for a fixed period
4 words for describing something such as a car, machine, or money that has been borrowed
5 money that is borrowed

1 to borrow money from someone
borrow
take out a loan

borrow /ˈbɒrəʊ ‖ ˈbɒ:-, ˈbɔ:-/ [*v* I/T] *She needs to borrow some money to pay the doctor.* | **borrow sth** *Can I borrow five pounds off you till next week?* | **borrow sth from/off** *By the end of the war the Canadian government had borrowed over $5 billion from its own citizens.* | **borrow** *Companies normally expect to borrow at cheaper rates than ordinary people have to pay.* | **borrow heavily** (= borrow a lot of money) *Maxwell had borrowed heavily to finance his business projects.*
borrower [*n* C] *The fall in interest rates is bad news for savers but good news for borrowers.*

take out a loan /ˌteɪk aʊt ə ˈləʊn/ to borrow a large sum of money from a bank or other financial institution [*v phrase*] *We're still paying off the loan we took out to buy our car.* | **take out a loan from** *If you take out a loan from the company you have to pay it back within two years.*

（上図の訳を巻末p.573に掲載）

『アクティベーター』はbig（大きい），walk（歩く），borrow（借りる）のような，基礎的意味を表現するための1,052の重要な語や概念を用いている。相互参照により，重要語の関連性を調べることができる（イラストの「どちらの意味？」を参照）。それぞれの重要語は，番号で示された意味のメニューに見るような，いくつかのセクションに分かれる。この辞書の利用者は，自分の表現したい意味に最も近いと思う番号を選び，そのセクションに移動することにより，利用可能な一連の関連ある項目が得られる。

ワードツリー®

1984年に米国の学者ヘンリー・G. バーガー（Henry G. Burger）（1923–2010）により初めて出版された語彙システムである『ワードツリー（The Wordtree®）』の中のエントリーをいくつかここに取り上げる。このシステムは，利用者がどんな概念でも，後方に向かってその原因にまで，あるいは前方に向かってその結果にまでたどれるように語彙を配置している。これは，語彙概念を集成する当時のランダムなやり方に――すなわち，辞書に見られるように，単にアルファベット順に並べることや，また類語辞典のもつ単なる直感的な構造に――著者が飽きたらなかったところから考案されたものである。従来のいずれの点も，コンピュータ時代に必要とされる正確さには合致しないと彼は感じたのであった。

そこでバーガーは，コペンハーゲンの物理学者たち，特にヴェルナー・ハイゼンベルク（Werner Heisenberg）とニールス・ボーア（Niels Bohr）の「相補性」の概念――すなわち，（「素粒子」のような概念を用いた）構造の観点からの世界の分析と（「放射」のような概念を用いた）過程の観点からの世界の分析とを混ぜ合わせてはならないとする考え――を言語学に拡張して取り入れた。

類語辞典と同様，バーガーの目的も，利用者が適切な語を見出す手助けをすることであったが，彼のアプローチは，その組織化とスコープの点において，ロジェ（Roget）のような仕事をはるかに超えるものであった。すなわち，私たちが世界をどのように概念化することができるかに関する多量の情報が追加されていたので，このアプローチによれば，ある特定の概念を表す正確な表現としての語を利用者が見出せるよう，構造化された方法で導くことが可能となる。私たちは，多くの興味深い疑問を抱くものである。

- 「文学において好ましくない部分を削除する」という意味の bowdlerize という語はご存知かもしれない。これは，シェイクスピア作品の削除版を1818年に出版した英国の文人トーマス・バウドラー（Thomas Bowdler）（1754–1825）に由来する。しかしながら，この語の反意語――不穏当な箇所をつけ加える――についてよく知っている人はほとんどいない。『ワードツリー』のシステムを使えば，読者は（その功績に賛否が分かれるフランスの作家エミール・ゾラ（Emile Zola）をほのめかす語）zolaize に導かれることになる。
- この本では，語が主題によって配列されていないので，例えば，医学用語の percuss（患者の胸を打診する）と考古学用語の tunk（壁をトントンたたく）のように，普通だと明確でないような2つの語の類似性が示されることになる。

『ワードツリー』では基本的要素として，過程の概念を表す語彙――基本的には動詞――が選ばれている。特に影響を表す動詞――他動詞（p.212）――に限定している。そのほかの語類は，これらの他動詞との関連で配列されている。有機体をその種類と修飾因子による二分法により定義する自然史のモデルにならって，動詞はそれぞれ，次の2つの部分により定義される。すなわち，一般的活動およびそれを限定する概念の2つである。後者は前者に「かぶさる」ようにして生ずる――すなわち，前者と同時にかまたは前者の後にかのいずれかであって，先にではない。

定義は，それぞれの他動詞が通常もっているいくつかの意味のうち，「底辺に位置する共通の特徴」にもとづいてなされる。例えば，SWIGGING（（緩みを直すのに）ロープを引っ張る）の本質は，しっかり結びつけることである。したがって，このような定義の仕方にもとづいて，もう1つの（「ぐいぐい飲む」という）意味の QUAFF（がぶ飲みする）への相互参照が示されることになる。次いで，このシステムの「索引」において，ここに引用したFのページに見るリストに示されるように，動詞はアルファベット順に配列されることになる。

この本の残りの半分において，同じ項目が，（バーガーが「分岐分類（cladistic）」と呼ぶ）概念を階層構造で表したものの中で，抽象度のレベルの違いにより，次のように配置されている。

PENETRATE（に入りこむ）& DIVIDE（分ける）= CUT（切る）

CUT & FLAKE（薄片）= SLICE（薄く切る）

SLICE & PICKLE（ピクルス）= CALVER（魚が刻んでピクルスにするのに適している）

ここに含まれるすべての項目のための資料は，コンピュータ化されたデータベースにより供給されたものである。多くの項目は，ほかの辞書には必ずしも見出されないような，特殊な用語または新語の類である。おおよそ27年に及ぶ編集期間を経て，この本が初めて出版された時までに，バーガーはおよそ24,600もの他動詞を見出していた――この数は，彼の見積もりによると，『オックスフォード英語辞典』のものより30%多いことになる。

下にあげたのは索引のセクションFからであり，『ワードツリー』のシステムが FASTEN（結びつける）をそのほかの動詞と関係づける様子を示している。（ほかの動詞が これは必ずしも動詞とは限らないが，FASTEN とどのように関係づけられるかについては，ここにはあげてないが，このシステムの階層構造の箇所に示されている。）

To FASTEN = to HOLD（something）（（何かを）つかむ）& to STAY（it）（（それを）とどまらせる）……………………………… ¶12510.

FASTEN upon BINDING（しばる）= Lash（強く結びつける）(14788).

FASTEN upon BOLTING（かんぬきを掛ける）= Snib（掛け金を掛ける）(15217).

FASTEN upon BUNDLING（束ねる）= Nitch（結び合わせる）(15313).

FASTEN upon CONTRACTING（収縮する）= Swig（ロープを引っ張る）(12926).

FASTEN upon ENCIRCLING（完全に取り囲む）= Hank（帆環を用いて留める）(12940).

⋮ （巻末p.574へ続く）

辞書に索引をつける？

これは，それほど馬鹿げたアイデアではないであろう。現在では，時代別，地域別および専門別の辞書の数がとても多くなったので，ある種の語彙的情報を手に入れるためには，何を調べたらよいのかが切実な問題となることがしばしばある。1973年に米国の言語学者リチャード・ベイリー（Richard Bailey）は，現在，異なる数々の辞書で取り扱われている見出し語に対するガイドとなるような，英語の語彙の索引に向け，誰かが資金を提供すべきだということを提案した。特にイディオム，句，ことわざ表現などは，何を調べたらよいか（例えば，kick the bucket（死ぬ）は kick（蹴る）それとも bucket（バケツ）の方に載っているのだろうか？）を知るのがつねに問題となるので，そのような検索方法があれば，おそらく役立つことになるであろう。ローレンス・アーダング（Laurence Urdang）の『イディオムと句のインデックス（*Idioms and Phrases Index*）』（1983）は，そのような可能性を例証していると言える。この種のアイデアを全面的に実施することは，今や現代の技術で十分可能な範囲にある。残された問題は，運営上ならびに財政的なものである。

私たちはこのアイデアを拡張して，1つ1つのまとまった語だけでなく，語を構成する機能的部分（形態的要素）も含めることができるであろう。問題となるのは，語彙参照のための作業において，語根としての mobil（移動の）を含むすべての語を見出すのが，どれだけ容易な仕事になるだろうかということであろう。その語根が（mobile（固定されていない）や mobilize（集結する）のように）語の最初の部分をなす場合は問題ないが，もしその語根が，接頭辞のために曖昧になっていたり，複合語の2番目の要素であったりするような場合には，検索するのが容易ではないことになる（例えば，automobile（自動車），immobile（静止した），demobilize（軍隊を解隊する），immobilize（動けなくする）などのように）。そのような場合，逆つづり字辞典は部分的な助けにしかならない。このような問題を解決する糸口となるのは，ベザド・カスラヴィ（Behzad Kasravi）の『インデクショナリー（*INDEXionary*）』（1990）である。この辞書は，いくつかのグループをなす語を，そこに含まれる機能的要素をもとにしてアルファベット順にあげている。例えば，*-archy* で終わるすべての語彙素（p.128）は，*-light*，*-logue* などで終わる語彙素の場合と同じように，一緒にして配置される。ここに例としてあげたのは，*-fix* で終わる語彙素のセットである。

	取りつける（fix）
af：	接辞（affix）
cruci：	（キリスト受難の）十字架（crucifix）
in：	挿入辞（infix）
pre：	接頭辞（prefix）
suf：	接尾辞（suffix）
trans：	釘づけにする（transfix）

英語の認可

発展する英語

ロンドンの英国図書館の冬の展示会（2010年11月12日-2011年4月3日）は「発展する英語 —1つの言語，多くの声」という催しだった。英語という言語について，その歴史，さまざまな種類，および世界への広がりを一緒にして探索する，初めての試みの展覧会であった。

英語の歴史において有名な品物のいくつか（例えば，ベーオウルフの写本やシェイクスピアのファーストフォリオなど）は，以前にもこの図書館に展示されていたが，英語がその1,500年の歴史の間にいかに発展し，多様化してきたかを示すという唯一の目的のために，1つの部屋にそれらの品がすべて集められたのは，今回が初めてであった。さらに，これらの展示品には，あまり知られていない数々の作品やエフェメラ【訳注】p.492参照】が同時に添えられていた。それらはすべて，それ自体で魅惑的な価値をもち，またその多くは，それまで一般に公開されたことのないもの（例えば，ヴィクトリア朝の広告，20世紀初期のポスター，初期の版の漫画本，昔の新聞，商業用記録や方言記録——それに，現代の傾向も取り入れて，電子メッセージの類）であった。

高性能のオーディオ装置も用意されていた。博物館や図書館の中はシーンとした環境となっているのが普通であるが，ここではそれとは異なり，訪問者は「発展する英語」の会場に到着するとすぐに，ベーオウルフからの詩行をオリジナルの発音で聴くという，耳からの衝撃を受けることになる。さらに，有名な数々のスピーチの音声もそのスペースに鳴り響いていた。その展示会場スペースの最も顕著な特徴の1つは，訪問者が，フローレンス・ナイチンゲール（Florence Nightingale）やテニソン（Tennyson）といった有名人の声や，ラジオやテレビの今や伝説となった番組，あるいは昔の英語のスピーチを再現したものなどを聴くことのできるようにと，ヘッドホンが提供されていたことである。訪問者にはまた，英国図書館の「音声アーカイブ」のために声を録音することで，自分自身の言語的足跡を残しておく機会が与えられた。展示会場内の音声ブース（またはウェブサイト上の「オーディオブー」）を利用して，人びとは（同じ語や句が，異なる人たちによってどんなに違って発音されるか，をとらえるために翻案してある）『ミスターメン（*Mr Men*）』シリーズの中の，コチョコチョくん（Mr Tickle）のセリフの一部を声に出して読んでみるか，あるいは訪問者自身の方言を吹き込んで披露するかのいずれかを選ぶことができるようになっていた。

「発展する英語」の催しは，会場を訪れた人の数の上では，英国図書館がその時点までに開催した催し物の中で，最も成功を収めた冬の展覧会となった。訪れた人の数は（11月12日から4月3日までで）1日1,000人以上，全体では147,419人にも上り，この総数を超えたのは，2つの夏の展示会（「壮大な地図」と「神聖なるもの」）だけである。このことから，英語が幅広く大衆を魅了する力をもっていることがわかるとともに，将来のいつの日か，英語に関する展示会を常設することが望ましいということを示唆している——これは「英語プロジェクト」（p.505）により取り上げられる課題の1つとなるであろう。

展示会場スペースの1コーナー。右側にみえる大部の書物は，展示されている宗教的テクストの一部である。最前部のヘッドホンに注目。すなわち，この会場では目で見るだけでなく，耳で聴くという経験ができる。

別のコーナー。世界の異なる地域から集めた借用語を壁に展示している。

19世紀から20世紀初頭にかけてのエフェメラのいくつか。英国図書館は，今より前の時代の言語的多様性を物語る公示，ポスターや広告類の莫大なコレクションを有している。これらのほとんどは，この展示会が開かれる以前には一度も公開されていなかったものである。

「ボイスバンク」のブース。ここでは，訪問者が自分の個人的な言語「足跡」を残すことができる。壁のポスターに示されたしぐさを表す言葉（例えば，「酔っ払った」を表す言葉）として，あなたならどんな言葉を使いますかの質問に答えるか，あるいは，自分の地域や家庭で用いる言葉の例を追加する，のうちどちらかを選ぶようにという説明になっている。

英語プロジェクト

「英語プロジェクト」というのは，2008年に打ち出された，英国ウィンチェスターに拠点を置いた企画につけられた名前であり，その長期目的は，英語を専門に取り扱う，訪問者呼び込み的なものを作り出すことにある。その狙いは，世界的規模で再現可能となる構成のもとで，ありとあらゆる種類の英語について語ることができるような，今回初めてとなる常設の展示スペースを開発することである。ウィンチェスターは，英語の初期の歴史（pp.15，16）において重要な位置を占めていたことを考慮すれば，そのような新構想にとって，多くの点で理想的な場所と言える。

これはウィンチェスター大学，ウィンチェスター市議会およびハンプシャー郡議会を含む，数多くの共同企画を取り込む野心的なプロジェクトであり，また，この企画が進められていた間，企画者たちは「英語の日」を企画したり，一連の年度テーマを試してみたりといった，英語に対する一般の注目度を上げる狙いをもった，数々の活動の計画を展開してきた。年度テーマとしては，2014年には戦争の言葉が，2016年にはシェイクスピアの言葉の源となった言語の数々が，さらにその翌年には，2017年を英印文化の年とするという英国政府の発表を受けて，インドの諸英語がそれぞれ取り上げられた。

「英語プロジェクト」による「英語の日」の公式ロゴ。もともと1362年の議会開設のために選ばれた日である10月6日とする可能性もあったのであるが，その日姿を現した議員の数があまりにも少なかったので，議会開設はその翌週の金曜日に延期されたのであった。

訴訟手続法

条項　この国では，十分に知られていないフランス語により申し立てが行われ，提示され，また裁かれるために，この国における法律，慣習および手続法が国内において一般には知られていないことから，国王法廷およびそのほかの法廷において，実際，告訴する側も告訴される側も，高等弁護士およびそのほかの嘆願者による弁護内容または告訴内容についての知識をもたず，また理解もできないということが原因で，この国の多くの地域においてこれまで生じてきた多大な悪影響について，高位聖職者，公爵，伯爵，男爵ならびにあらゆる庶民が，国王に進言することがこれまでしばしばあった。しかも，この国において使用されている言葉を用いるならば，当然のことながら，上述の法律や慣習は，それだけより迅速に学習され，知られるようになり，またよりよく理解されるようになるであろう。その結果，この国のあらゆる人びとが，罪を犯すことなく，ますますよりよく自制できるようになり，また自分の相続財産と所有物をよりよく保持し，蓄え，また保護できるようになる可能性がある。その上，自分たちの法律と慣習が，自分たちの国の言葉で学習され，施行されるので，この国の国王，貴族そのほかの人びとがこれまで居住してきた多くの地域や国土において，すべての人たちに善政と完全な正義がなされることになる。以上の理由により，国王は善政と臣民の安寧を欲し，また，上述の事情により実際引き起こされ，今後生ずる可能性のある弊害や悪影響を取り除くとともに，これを避けることを願い，前述通りの協賛を得て，以下の通り定めるものなり。すなわち　いかなる国王法廷もしくは国王のいかなる裁判官の前において，あるいは国王のそのほかの場所において，または国王のそのほかのいかなる聖職者の法廷，もしくはこの国のそのほかの貴族院議員の法廷そのほかにおいて，申し立てられる請願は，すべて英語によりこれを申し立て，提示し，弁護し，答弁し，討議し，また裁定をなすものとする。また，これらの請願は，ラテン語によって筆記・記録するものとする。なお，この国の法律と慣習ならびに用語と手続きは，現状およびこれまでと同様にとり行い，維持されるものとする。さらに，いかなる人も，申し立て人が用いるいにしえの用語や表現形式により損害をこうむることのないように，訴訟に関わる事柄は，宣言文書と法令の中に完全な形で提示されるものとする。この法令と訴訟手続法は，次期聖ヒラリー開廷期間の1月15日よりこれを施行することが，前述通りの協賛を得て同意された。

英語の日

1362年10月13日に，ウェストミンスター宮殿の彩色の間（Painted Chamber）において，王座部（the King's Bench）の首席裁判官ヘンリー・グリーン卿（Sir Henry Green）は，議会招集の理由を英語で以下のように述べて，公式に議会を開設した。

> 国王は臣民の苦情を知るのが望ましい。とりわけ，聖なる教会に対して行われてきたいかなる不正をも，臣民の助言によってこれを正すことができることを国王が知ることが。また，すべての重大な誤り，特に議会における請願書提示のやり方に関する誤り，を改善することも望ましい。

次いで，貴族院と庶民院は，もはやほとんどの人びとには理解できない言葉となったフランス語で申し立てがなされる時に生ずる問題について国王に語り，これからは，すべての申し立てが英語によってなされるべし，とする制定法が可決された。それ以来，これは訴訟手続法【訳注】右上コラム参照】として知られるようになった。

これにより，法廷フランス語を廃することに，ただちに成功したわけではなかった。この法律は，法廷での英語の使用の場合（すなわち，書面によらず，口頭での法的手続きの場合）にのみ有効とされ，さらにそのような場合でも，もし必要とあれば，「いにしえの用語や表現形式」を引き続き用いる（すなわちラテン語やフランス語による）ことが大目に見られていたのであった。事実，議会会期終了時には，記録文書はフランス語で残すことが確約され――また実は，訴訟手続法自体もフランス語で記録されていたのである。

しかしながら，このように国王が庶民院に譲歩したことは，英語の認可が日常的に実行されるようになるまでには，さらにかなりの時間を要したとは言え，英語が認可されるための重要な一歩となった。記録はつねに明らかというわけではないが，1363年3月の議会の冒頭演説は英語で行われ，1365年もそうであったが，1377年の冒頭演説はフランス語だったようである。

記録に用いられた言語が，つねに庶民の用いる言語だったとは限らない。1362年以前に，多量の英語が議会で非公式に用いられていたということはありそうである。しかしながら，1362年10月13日が最初の公式日付となっている。このことから，2009年にその日が「英語の日」として「英語プロジェクト」により選ばれたのであった。

国連の日

2010年に国連の広報部は，多言語主義と文化的多様性を祝うために，国連の6つの公式言語のそれぞれに言語の日を認定することを決定した。おそらく「英語プロジェクト」の新構想のことに気づかなかったとみえ，シェイクスピアの誕生日4月23日を【訳注】英語の日として】選んだのである。

今やあまりにも数多くの国連関係の「記念日」ができているので，その各種テーマに一般の人たちの注目を集めることが困難となることがしばしばある。しかしながら，教育界では，この狙いを引き受けて，多くの学校が，毎年開かれる「英語の日」を企画するようになっている――ただし，つねに公式に定められた日のいずれかの日にというわけではないが。

国連言語の日を祝おう

1363年の議会における英語による冒頭演説は，大法官でイーリーの司教，のちにカンタベリー大司教を務めたシモン・デ・ランガム（Simon de Langham）（1310–76）により行われた。雪花石膏でできた彼の祭壇霊廟が，ウェストミンスター寺院の聖ベネディクト教会にある。

インドのチェンナイ公立学校は，2015年6月に音楽，ダンス，詩とクイズにより「英語の日」を祝った。

香港の聖シモンルイミンチョイ中等学校

情報源と資源

英語を再調査しようとするこの仕事は，現在宇宙を飛行中のボイジャー，すなわち，その限られた調査方法により可能となる以上のものを見ようと懸命に努力しているボイジャー，による惑星調査に似たところがある。少なくとも私たちはこれまで，表面に――またときにはその深層部に――何があるのかを探るために，幾度となく探索機を着地させることができている。さらに，この領域の探究において，「私たちは孤独ではない」ということを知ることは励みにもなる。実際，英語はことばの星雲への探検の中で，最も賑やかな領域の 1 つであることがわかってきたのである。

• 付録 III の参考文献には，300 あまりの探索者の名前がアルファベット順に並んでいる。さらに付録 IV の「さらなる読書のために」のセクション――そこには，この本の 25 の章で取り上げたトピックに特有の研究だけでなく，英語の一般的研究のいくつかがリストにあがっている――には，そのほか 200 人余りを見出すであろう。

• 探索上の進歩に向けての最も先端的なガイドとなるものを，もっぱらことばだけを取り扱っている定期刊行物の中に見出すことができる。これには，専門性の程度としてはさまざまなものがあり，またその多くは，これまで本書のさまざまなトピックに影響を及ぼしてきた。そのようなジャーナルの例としては，『英語と言語学』(*English Language and Linguistics*)，『イングリッシュ・ワールドワイド』(*English World-Wide*)，『世界諸英語』(*World Englishes*)，広い範囲を扱った『今日の英語』(*English Today*) や，レキシコンの評論誌『言葉どおりに』(*Verbatim*) などがある。

• 現在の状況について，探索者仲間と一緒に語らう機会をもつのも，またきわめて重要である。専門的レベルにおいて，いくつかの団体が英語科目を教えることに熱心に取り組んでいる。例えば，英国における「国際英語学会」(the International Society for the Linguistics of English (ISLE))，「全国英語教育協会」(the National Association for the Teaching of English (NATE)) や，米国における「国立英語教員協議会」(the National Council of Teachers of English (NCTE)) のように。第 2 言語あるいは外国語としての英語 (p.106) の教育に携わる団体としては，「外国語としての英語の教育者国際協会」(the International Association of Teachers of English as a Foreign Language (IATEFL))，「他言語話者に対する英語教育」(Teaching English to Speakers of Other Languages (TESOL)) などがある。

• アマチュアの探索者に向けては，しばしばより広範な問題との関連で，英語を全体的に取り扱うことに興味をもつ団体がいくつか存在する。広域基盤をもった組織の主な例としては，教育的プログラムを通じて国際的理解および友好関係を促進しようとするボランティア団体の「イギリス連邦英語使用圏同盟」(the English-Speaking Union of the Commonwealth) をあげることができる。さらに英語使用の水準を守ることを重視するいくつかのグループもあり，その中には「南アフリカ英語アカデミー」(the English Academy of Southern Africa) と英国の「クイーンズイングリッシュ協会」(the Queen's English Society) が含まれる。

• さらに，限定された領域に興味をもつ探索者の要求に応えようとする組織もいくつか存在する。その領域が辞書の場合であれば，「北米辞書協会」(the Dictionary Society of North America) や「欧州辞書学協会」(the European Association for Lexicography) がある。つづり字の場合であれば，「英語つづり字協会」(the English Spelling Society) がある。「名前」を扱う協会の数はあまりに多いので，これは別途コラムを設けて取り扱うのがよいであろう。個人的レベルのものとしては，いくつかの主要な辞書学用プログラムが，「ワードウォッチング」活動の形で，探索のためのネットワークを立ち上げていて，辞書学的データベースに，新しい語や用法についての情報を誰でも投稿できる仕組みになっている。

名前のアピール（魅力）―および名前についての名ばかりのアピール（訴え）

いくつかの国には，名前の研究に熱心に取り組み，固有名詞学の雑誌を発行している団体がある。カナダには『カノマ』(*Canoma*)，『カナダの名前』(*Onomastica Canadiana*)，『名前収集家』(*Name Gleaner／La Glanure des Noms*) の雑誌があり，米国には『名前――米国名前協会会報』(*Names, the American Name Society Bulletin*) およびさまざまな地域刊行物が，また南アフリカには『アフリカの名前』(*Nomina Africana*) が，英国には『英国地名協会誌』(*the English Place-Name Society Journal*) (p.156)，『名前』(*Nomina*) および『アナム』(*Ainm*)（北アイルランドの言葉で「名前」より）などがある。

英国では，1969 年に英国の熱狂的名前ファンにより，あらゆる種類の名前についての情報収集と，名前に特別な興味を抱く人たち同士が互いに連絡を取り合うこととを目的として，「名前協会」が設立された。この協会は，非公式のニューズレターを配布するとともに，英国の名前と用法に関する公刊および未公刊のデータを保管した。また「英国とアイルランドの名前研究協会」が 1991 年に発足した。

米国には，ネーミングの傾向と慣習および固有名詞学の歴史の研究に専念する「アメリカ名前協会 (the American Name Society, ANS)」がある。1951 年に設立されたこの協会は，年次大会をもつとともに，いくつかの地域会合を開いている。また『ANS 会報 (*the ANS Bulletin*)』，『名前 (*Names*)』および，協会会員の活動を明細に記した年次報告書（「エーレンスペルガー報告 (the Ehrensperger Report)」）を発行している。この協会の示す興味はかなりの範囲に及び，例えば，2001 年の総括には，近年刊行された論説・記事で，南極，シェイクスピア，ユーモア，商標およびコンピュータ領域に関係する名前を扱ったものが言及されている。

今や科学技術の進歩に支えられて，この種の活動が現在も続いている。例えば，1992 年には，英国地名協会 (p.156) の活動が，コンピュータによるリサーチプロジェクト「英国地名の言葉の調査」により補充されるようになった。このプロジェクトの目的は，英国の地名の材料となるものをコンピュータによりデータベース化し，英国の地名を構成する数々の要素を集めた新たな刊行物を編集することにある。このプロジェクトはまた，主として文学的資料にもとづいた辞書を補うために，地名の中に記録された古英語・中英語期の語の一覧表を作成することが可能となるであろうと予測している。このような種類のもっと多くのプロジェクトが，今後，科学技術革命を利用しようと試みるであろう，ということは十分予想できる――ただし，財政が許すとするならばのことではあるが。

（巻末 p.574 へ続く）

たぐい稀な造化の奇蹟

入門的な百科事典を編集する時には，魅惑を感じながらもフラストレーションがつきものである。どんな言語の場合でもそうであるが，英語も，大いなる美と複雑性と力を秘め，さらに，魅惑をも感じさせる無尽蔵の資源をなしている。私たちのことばの惑星の地表では，探索のために選ばれたことばのトピックの 1 つ 1 つが，広大な洞窟の入り口を開いて，さらなる探検を勧めているので，その招きを受け入れずに我慢しようとするのは，大変心苦しいことである。もし本の刊行のための締め切り期限が，なにがしか意味あるものであるとするならば，私たちは好奇心をおさえて，規律に従わざるをえない。しかしながら，その数々の洞窟は，探検を志すすべての人たちを待ち受けて，測り知れない状態のまま，依然としてそこにあるのである。

{【訳注】「たぐい稀な造化の奇蹟 (a miracle of rare device)」（上島建吉訳による）「洞窟 (caverns)」「測り知れない状態の (measureless)」は，英国の詩人コールリッジ (S. T. Coleridge (1772-834)) の詩「クブラ・カーン ('Kubla Khan')」(1797) の中に用いられているものである。}

終わり。

補　遺

翻訳版の製作にあたって，原著の本文に掲載されているが紙面上の制約により訳書（本書）の本文ページ内に掲載できなかった内容をここに掲載した。

（p.34 より続き）

Ælfric abbod, þe we Alquin hoteþ, he was bocare, and þe fif bec wende, Genesis, Exodus, Vtronomius, Numerus, Leuiticus. þurh þeos weren ilærde ure leoden on Englisc. þet weren þeos biscopes þe bodeden Cristendom : Wilfrid of Ripum, Iohan of Beoferlai, Cuþbert of Dunholme, Oswald of Wireceastre, Egwin of Heoueshame, Ældelm of Malmesburi, Swit-hun, Æþelwold, Aidan, Biern of Wincæstre, Paulin of Rofecæstre, S. Dunston, and S. Ælfeih of Cantoreburi. þeos lærden ure leodan on Englisc. Næs deorc heore liht, ac hit fæire glod. Nu is þeo leore forleten, and þet folc is forloren.

（左記の（p.34 の）中英語を現代英語に書き下す。）
Abbot Ælfric, whom we call Alquin, he was a writer, and translated five books, Genesis, Exodus, Deuteronomy, Numbers, Leviticus. Through these our people were taught in English. These were the bishops who preached Christianity: Wilfrid of Ripum, Iohan of Beoferlai, Cuthbert of Dunholme, Oswald of Wireceastre, Egwin of Heoueshame, Ældelm of Malmesburi, Swithun, Æthelwold, Aidan, Biern of Wincæstre, Paulin of Rofecæstre, S. Dunston, and S. Ælfeih of Cantoreburi. These taught our people in English. Their light was not dark, and it shone brightly. Now is this knowledge abandoned, and the people damned...

（p.35 より続き）

トレヴィサのジョン

On ys for chyldern in scole, aȝenes þe vsage and manere of al oþer nacions, buþ compelled for to leue here oune longage, and for to construe here lessons and here þinges a Freynsch, and habbeþ subþthe þe Normans come furst into Engelond. Also gentil men children buþ ytauȝt for to speke Freynsch fram tyme þat a buþ yrokked in here cradel, and conneþ speke and playe wiþ a child hys brouch; and oplondysch men wol lykne hamsylf to gentil men, and fondeþ wiþ gret bysynes for to speke Freynsch, for to be more ytold of.

One [reason] is that children in school, contrary to the usage and custom of all other nations, are compelled to abandon their own language, and to carry on their lessons and their affairs in French, and have done since the Normans first came to England. Also the children of gentlemen are taught to speak French from the time that they are rocked in their cradle, and learn to speak and play with a child's trinket; and rustic men will make themselves like gentlemen, and seek with great industry to speak French, to be more highly thought of.

Þys manere was moche y-vsed tofore þe furste moreyn, and ys seþthe somdel ychaunged. For Iohan Cornwal, a mayster of gramere, chayngede þe lore in gramerscole and construccion of Freynsch into Englysch; and Richard Pencrych lurnede þat manere techyng of hym, and oþer men of Pencrych, so þat now, þe ȝer of oure Lord a þousond þre hondred foure score and fyue, of þe secunde kyng Richard after þe Conquest nyne, in al þe gramerscoles of Engelond childern leueþ Frensch, and construeþ and lurneþ an Englysch, and habbeþ þerby avauntage in on syde, and desavantauge yn anoþer. Here avauntage ys þat a lurneþ here gramer yn lasse tyme þan childern wer ywoned to do. Desavauntage ys þat now chil-dern of gramerscole conneþ no more Frensch þan can here lift heele, and þat ys harm for ham and a scholle passe þe se and trauayle in strange londes, and in meny caas also. Also gentil men habbeþ now moche yleft for to teche here childern Frensch.
Plus ça change...

This practice was much used before the first plague, and has since been somewhat changed. For John Cornwall, a teacher of grammar, changed the teaching in grammar school and the construing of French into English; and Richard Penkridge learned that method of teaching from him, and other men from Penkridge, so that now, AD 1385, the ninth year of the reign of the second King Richard after the Conquest, in all the grammar schools of England children abandon French, and compose and learn in English, and have thereby an advantage on the one hand, and a disadvantage on the other. The advantage is that they learn their grammar in less time than children used to do. The disadvantage is that nowadays children at grammar school know no more French than their left heel, and that is a misfortune for them if they should cross the sea and travel in foreign countries, and in other such circumstances. Also, gentlemen have now largely abandoned teaching their children French.

(p.35 より続き)

1 通のパストン家の手紙

Ryght worshipfull husbond, I recomaund me to yow, and prey yow to wete þat on Friday last passed be-fore noon, þe parson of Oxened beyng at messe in our parossh chirche, euyn atte leuacion of þe sakeryng, Jamys Gloys hadde ben in þe tovne and come homward by Wymondams gate. And Wymondam stod in his gate and John Norwode his man stod by hym, and Thomas Hawys his othir man stod in þe strete by þe canell side. And Jamys Gloys come wyth his hatte on his hede betwen bothe his men, as he was wont of custome to do.
And whanne Gloys was a-yenst Wymondham he seid thus, 'covere þy heed!' And Gloys seid ageyn, 'so i shall for the.' And whanne Gloys was forther passed by þe space of iii or iiij strede, Wymondham drew owt his dagger and seid, 'Shalt þow so, knave?' And þerwith Gloys turned hym and drewe owt his dagger and defendet hym, fleyng in-to my moderis place; and Wymondham and his man Hawys kest stonys and dreve Gloys into my moderis place. And Hawys folwyd into my moderis place and kest a ston as meche as a forthyng lof into þe halle after Gloys; and þan ran owt of þe place ageyn. And Gloys folwyd owt and stod wyth-owt þe gate, and þanne Wymondham called Gloys thef and seid he shuld dye, and Gloys seid he lyed and called hym charl, and bad hym come hym-self or ell þe best man he hadde, and Gloys wold answere hym on for on. And þanne Haweys ran into Wymondhams place and feched a spere and a swerd, and toke his maister his swerd. And wyth þe noise of þis a-saut and affray my modir and I come owt of þe chirche from þe sakeryng, and I bad Gloys go in-to my moderis place ageyn, and so he dede. And thanne Wymondham called my moder and me strong hores, and seid þe Pastons and alle her kyn were [hole in paper]...seid he lyed, knave and charl as he was. And he had meche large langage, as ye shall knowe her-after by mowthe.

My dear husband, I commend myself to you, and want you to know that, last Friday before noon, the parson of Oxnead was saying Mass in our parish church, and at the very moment of elevating the host, James Gloys, who had been in town, was coming home past Wyndham's gate. And Wyndham was standing in his gateway with his man John Norwood by his side, and his other man, Thomas Hawes, was standing in the street by the gutter. And James Gloys came with his hat on his head between both his men, as he usually did. And when Gloys was opposite Wyndham, Wyndham said 'Cover your head!' And Gloys retorted, 'So I shall for you!' And when Gloys had gone on three or four strides, Wyndham drew out his dagger and said, ' Will you, indeed, knave?' And with that Gloys turned on him, and drew out his dagger and defended himself, fleeing into my mother's place; and Wyndham and his man Hawes threw stones and drove Gloys into my mother's house, and Hawes followed into my mother's and threw a stone as big as a farthing-loaf into the hall at Gloys, and then ran out of the place again. And Gloys followed him out and stood outside the gate, and then Wyndham called Gloys a thief and said he had to die, and Gloys said he lied and called him a peasant, and told him to come himself or else the best man he had, and Gloys would answer him, one against one. And then Hawes ran into Wyndham's place and fetched a spear and a sword, and gave his master his sword. And at the noise of this attack and uproar my mother and I came out of the church from the sacrament, and I told Gloys to go into my mother's again, and he did so. And then Wyndham called my mother and me wicked whores, and said the Pastons and all her kin were (...) said he lied, knave and peasant that he was. And he had a great deal of broad language, as you shall hear later by word of mouth.

(p.36 より続き)

フクロウとナイチンゲール

I was in a summer valley,
In a very hidden corner,
I heard holding a great argument
An owl and a nightingale.
The dispute was fierce and violent and strong,
Sometimes soft and loud at intervals;
And each swelled in anger against the other,
And let out their bad temper.
And each said of the other's qualities
The worst things that they knew...

And you ill-treat cruelly and badly,
Wherever you can, very small birds...
You are hateful to behold,
And you are hateful in many ways;
Your body is short, your neck is small,
Your head is bigger than the rest of you;
Your eyes both charcoal-black and wide,
Just like they were painted with woad...

(p.39 より掲載)

語末の -*e* の問題

チョーサーの韻文を本来の発音で音読しようとすると，多くの語の末尾についている -*e*（p.32）をどんな場合に発音すべきかを理解することが主な障害になる。『カンタベリー物語』の冒頭行にも数例が見られる。soote，droghte，roote，sweete，melodye などの語の末尾に「弱い」語尾をつけるのか？添付の音声表記では多くの場合，それを発音するとしているが，その表記が唯一のものなのか？

語末の -*e* が英語から消えていくところだったのは確かで，1 世代か 2 世代後には完全に消失するところだったのであろう。しかし，チョーサーの時代にはかなり変動の幅があったようだ。年齢が上の話し手はそれを保持し，若者は落としたのだろう。あるいはひょっとすると，語末の -*e* は注意して読み上げるような口調では保持されたのだろう。Droghte（2 行目）のように，母音の前ではほぼ間違いなく省略された（p.259）であろう。そして，語末の -*e* が後の時代の個人的なつづり字の癖ではなく，早い時期の屈折語尾を表していたのであれば，おそらく発音されていたのであろう。しかし多くの場合そう簡単に問題は解決しない。

研究者間でこの争点について意見が分かれており，疑わしい例で発音することを主張する者もいれば，それを拒む者もいる。チョーサー自身が規則にかなった韻律の重要性を認識していたことは，「詩節の中に整わない音節があっても」詩が好ましいものになるように導いてほしいというアポローンへの祈り（『名声の館』（*The House of Fame*）1,098 行目）に見て取れる。しかし，チョーサーの韻律上の意図を見きわめる絶対確実な方法を見出した者はなく，依然としてさまざまな読みが聞かれる。

(p.47 より続き)

中英語におけるフランス語からの借用語の例

余暇と芸術

art (芸術), beauty (美), carol (キャロル), chess (チェス), colour (色彩), conversation (会話), courser (猟犬), dalliance (戯れ), dance (ダンス), falcon (タカ), fool (道化), harness (馬具), image (像), jollity (陽気), joust (馬上やり試合), juggler (手品師), kennel (犬小屋), lay (物語詩), leisure (余暇), literature (文芸), lute (リュート), melody (メロディー), minstrel (吟遊楽人), music (音楽), noun (名詞), painting (絵画), palfrey (女性用乗用馬), paper (紙), parchment (羊皮紙), park (公園), partridge (ヤマウズラ), pavilion (大テント), pen ((文具の) ペン), pheasant (キジ), poet (詩人), preface (序文), prose (散文), recreation (娯楽), rein (手綱), retrieve (獲物を探して取ってくる), revel (大いに楽しむ), rhyme (韻), romance (ロマンス), sculpture (彫刻), spaniel (スパニエル犬), stable (馬屋), stallion (雄馬), story (物語), tabor (テイバー、小太鼓), terrier (テリア), title (表題), tournament (勝抜き試合), tragedy (悲劇), trot (速足), vellum (子牛皮紙), volume (書物)

科学や学芸

alkali (アルカリ), anatomy (解剖学), arsenic (ヒ素), calendar (暦), clause (節), copy (写し), gender (性), geometry (幾何学), gout (痛風), grammar (文法), jaundice (黄だん), leper (ハンセン病患者), logic (論理学), medicine (医学), metal (金属), noun (名詞), ointment (軟膏), pain (苦痛), physician (医者), plague (疫病), pleurisy (胸膜炎), poison (毒), pulse (脈), sphere (球体), square (正方形), stomach (胃), study (研究), sulphur (硫黄), surgeon (外科医), treatise (論文)

家庭

basin (水鉢), blanket (毛布), bucket (バケツ), ceiling (天井), cellar (地下室), chair (椅子), chamber (部屋), chandelier (シャンデリア), chimney (煙突), closet (押入れ), couch (寝椅子), counterpane (掛けぶとん), curtain (カーテン), cushion (クッション), garret (屋根裏部屋), joist (梁 (はり)), kennel (犬小屋), lamp (ランプ), lantern (手提げランプ), latch (掛け金), lattice (格子), pantry (食料貯蔵室), parlour (客間), pillar (柱), porch (張出し玄関), quilt (キルト), scullery (食器洗い場), towel (タオル), tower (塔), turret (小塔)

一般名詞

action (行動), adventure (冒険), affection (愛情), age (年齢), air (空気), city (都市), coast (沿岸), comfort (安楽), country (国), courage (勇気), courtesy (礼儀), cruelty (残酷), debt (借金), deceit (欺くこと), dozen (ダース), envy (ねたみ), error (誤り), face (顔), fault (責任), flower (花), forest (森), grief (悲嘆), honour (名誉), hour (1 時間), joy (喜び), labour (労働), manner (方法), marriage (結婚), mischief (いたずら), mountain (山), noise (騒音), number (数), ocean (海洋), opinion (意見), order (命令), pair (一対), people (人びと), person (人), piece (一部), point (点), poverty (貧乏), power (力), quality (質), rage (激怒), reason (理由), river (川), scandal (不祥事), season (季節), sign (しるし), sound (音), spirit (精神), substance (物質), task (務め), tavern (居酒屋), unity (統一), vision (視覚)

一般形容詞

active (活動的な), amorous (多情な), blue (青い), brown (褐色の), calm (穏やかな), certain (確かな), clear (はっきりした), common (共通の), cruel (残酷な), curious (好奇心の強い), eager (熱望して), easy (容易な), final (最終の), foreign (外国の), gay (同性愛の), gentle (温和な), honest (正直な), horrible (恐ろしい), large (大きな), mean (中間の), natural (自然の), nice (すてきな), original (最初の), perfect (完全な), poor (貧乏な), precious (貴重な), probable (ありそうな), real (真の), rude (不作法な), safe (安全な), scarce (乏しい), scarlet (深紅色の), second (第 2 の), simple (簡単な), single (たった 1 つの), solid (固体の), special (特別の), strange (妙な), sudden (突然の), sure (確信して), usual (いつもの)

一般動詞

advise (助言する), allow (許す), arrange (整える), carry (運ぶ), change (変える), close (閉じる), continue (続ける), cry (叫ぶ), deceive (だます), delay (遅らせる), enjoy (楽しむ), enter (入る), form (形作る), grant (聞き届ける), inform (知らせる), join (つなぐ), marry (結婚する), move (動かす), obey (従う), pass (通る), pay (支払う), please (喜ばせる), prefer (むしろ…の方を好む), prove (証明する), push (押す), quit (やめる), receive (受け取る), refuse (断わる), remember (思い出す), reply (返事をする), satisfy (満足させる), save (救う), serve (供する), suppose (想定する), travel (旅行する), trip (つまずく), wait (待つ), waste (浪費する)

言いまわし

by heart (暗記して), come to a head (絶頂に達する), do homage (敬意を表する), do justice to (正当な取り扱いをする), have mercy on (慈悲をたれる), hold one's peace (沈黙を守る), make a complaint (不平を言う), on the point of (間際に), take leave (いとまごいする), take pity on (気の毒がる)

(p.48 より続き)

中英語におけるラテン語からの借用例

一般

admit (認める), adjacent (隣接した), collision (衝突), combine (結合する), conclude (終える), conductor (指導者), contempt (軽蔑), depression (下降), distract (散らす), exclude (締め出す), expedition (遠征), gesture (身振り), imaginary (想像の), include (包含する), incredible (信じられない), individual (各個の), infancy (幼少), interest (関心), interrupt (遮る), lucrative (もうかる), lunatic (精神異常の), moderate (節度のある), necessary (必要な), nervous (神経質な), ornate (飾り立てた), picture (絵), popular (評判のよい), private (私用の), quiet (静かな), reject (退ける), solitary (単独の), spacious (雄大な), subjugate (支配下に置く), substitute (代える), temperate (温和な), tolerance (寛容), ulcer (潰瘍)

(p.48 より続き)

ウィクリフ聖書

そして当時, 次のことがあった。アウグスト皇帝から, 全世界を帳簿に記録せよ, との下命があった。この最初の調査はシリアの総督サイリンによってなされた。そしてすべての者がそれぞれ申告するためにみずからの町へ行った。ヨセフはガリラヤの町ナザレを出て, ユダヤへ, ダビデの町ベツレヘムへ戻って行った。彼はダビデの家系でその血統だったからであり, 彼と結婚し身重の妻マリアとともに登録するつもりであった。…お前たちは幼子が布にくるまれ飼い葉おけに寝かされているのを見つけるであろう。すると突然, あまたの天の騎士団が天使とともに現れ, 神をたたえて言った。いと高きところで神に栄光を。そして地の上ではよき心をもつ人びとに平安を。(ルカ書 2:1-14 より)

(画像の衣装などに書かれている英語)

Summoner (召喚人), Arch De (Archdeacon 助祭長), Officiall (Official 役人), Commissari (Commisasary 司教代理),
Lutterworth (ラターワース (建物の屋根の上 ; 町の名)), Wyckllyfes BONS (ウィクリフの遺骨 (棺おけらしきものの横面))
The ashes Of Wickliffe Cast into the riuer (川に投げ入れられるウィクリフの遺灰)

(p.49 より続き)

新しい語形成

中英語の語彙が増加したのは語の借用によるだけではない。古英語で確立されていた語形成の過程が継続して用いられ，さらにさまざまに拡張された。

複合語

古英語の詩的な複合語（p.23）が中英語期の初めに劇的に減少した。『ベーオウルフ』には1,000を超える複合語が見つかるが，同じ頭韻詩（p.36）で10倍の長さのラヤモンの『ブルート』には800語ほどしかない。それでも，いくつかの複合過程が新語を生み出し続けた。名詞の例には bagpipe（バグパイプ），birthday（誕生日），blackberry（ブラックベリー），craftsman（職人），grandfather（祖父），highway（街道），schoolmaster（校長）がある。*-er* で終わる新複合語が特に14世紀に多い：bricklayer（れんが職人），housekeeper（家政婦），moneymaker（貨幣鋳造者），soothsayer（占い師）。He-lamb（雄の子羊）型の複合語は1300年頃から見られる。この時期からの形容詞の例には，lukewarm（なまぬるい），moth-eaten（虫の食った），new-born（生まれたばかりの），red-hot（赤熱の）などがある。句動詞（p.224）の使用頻度も増し，（outgo とともに）go out（出かける），また（bi-fallen（起こる）と並んで）fall by のように，時に，以前からある接頭辞つきの語と共存することもあった。

接辞添加

古英語の接頭辞（p.22）で中英語まで残ったものはほんのわずかだが，フランス語とラテン語から新しい要素がいくつか入って語形成システムが補強され，また接尾辞の幅も広がった（p.46）。新しく作られた語には，authoress（女流作家），consecration（聖別），duckling（子ガモ），forgetful（忘れやすい），greenish（緑がかった），manhood（人であること），napkin（ナプキン），uncover（覆いを取る），unknowable（不可知の），withdraw（引っ込める），wizard（魔法使い）などがある。決して新語がすべて英語に残ったわけではない。例えば，（boldship（大胆さ），cleanship（清潔），kindship（親切）のように）*-ship* に終わるいくつかの語はやがて別の接尾辞で置き換えられ，また *with-* で作られた語のうちのあるもの，例えば，withsay（放棄する），withspeak（否定する），withset（抵抗する）はそれぞれ renounce，contradict，resist に取って代わられた。

接頭辞を付加して英語に入った語がどれほどまでに及んでいたかをつかむには以下のチョーサーに見られる *dis-* の例の一覧表を見れば十分であろう（それぞれ意味は1つだけにとどめる）。また，一覧には当時の代表的な接尾辞の例も見て取れる。

disavauncen set back（撃退する）
disaventure misadventure（不運）
disblamen exonerate（容疑を晴らす）
disceyven deceive（だます）
dischevele dishevelled（だらしない）
disclaunderen slander（中傷する）
discomfit discomfited（当惑した）
disconfiture discomfiture（完敗）
disconfort discomfort（不快）
disconforten discourage（がっかりさせる）
discorden disagree（意見を異にする）
discoveren uncover（覆いを取る）
discuren discover（発見する）
disdeinous disdainful（尊大な）
disencresen decrease（減少する）
disese discomfort（不快）
disesen trouble（悩み）
disesperate desperate（捨て鉢の）
disfigurat disguised（変装した）
disgysen disguise（変装する）
dishonest dishonourable（不名誉な）
disobeysaunt disobedient（不従順な）
displesaunce displeasure（不愉快）
displesaunt displeasing（不愉快な）
disposicioun disposition（性向）
disrewlely irregularly（不規則に）
disseveraunce separation（分離）
dissolucioun dissoluteness（自堕落）
distemperaunce inclemency（厳しさ）

(p.53 より続き)

「誤用を正そう」とする努力

アレクサンダー・ヒューム (Alexander Hume) が，スコットランドの学校で使用することを意図した著書，『英語の正書法と効用 (*Orthographie and Congruitie of the Briþan Tongue*)』（1617年頃）で語っている以下の話から明白なように，スコットランド人はみずからの言語に生じていることを重々承知していた。彼は数名の容赦ないイングランド人同僚に対し，*wh-* をスコットランド英語で *quh-* とつづることの正当性を主張している。イングランド人に *quh-* のつづりを押しつけているにもかかわらず，この一節は南部用法，例えば，laughed（ch がなく，*-ed* 語尾を用いている）や（ane の代わりに）a または an などにあふれている。この筋金入りのスコットランド英語守護者の一節は，この時期までに南部英語がスコットランド英語にいかに大きな影響を与えていたかをよく示している。

...to reform an errour bred in the south, and now usurped be our ignorant printeres, I wil tel quhat befel my-self quhen I was in the south with a special gud frende of myne. Ther rease [rose], upon sum accident, quhither [whether] quho, quhen, quhat, etc., sould be symbolized with q or w, a hoat [hot] disputation betuene him and me. After manie conflictes (for we oft encountered), we met be chance, in the citie of baeth [Bath], with a doctour of divinitie of both our acquentance. He invited us to denner. At table my antagonist, to bring the question on foot amangs his awn condisciples, began that I was becum an heretik, and the doctour spering [asking] how, ansuered that I denyed quho to be spelled with a w, but with qu. Be quhat reason? quod the Doctour. Here, I beginning to lay my grundes of labial, dental, and guttural soundes and symboles, he snapped me on this hand and he on that, that the doctour had mikle a doe to win me room for a syllogisme. Then (said I) a labial letter can not symboliz a guttural syllab [syllable] . But w is a labial letter, quho a guttural sound. And therfoer w can not symboliz quho, nor noe syllab of that nature. Here the doctour staying them again (for al barked at ones), the proposition, said he, I understand; the assumption is Scottish, and the conclusion false. Quherat al laughed, as if I had bene dryven from al replye, and I fretted to see a frivolouse jest goe for a solid ansuer.

南部で生じ，無知な印刷業者に押しつけられた誤りを正すため，私が大親友と南部に滞在した時に，自分に起こった出来事をお話ししよう。たまたま偶然，quhither [whether（〜かどうか）] や quho（誰），quhen（いつ），quhat（なに）などは，q で表されるべきか，はたまた w かという熱のこもった論争が彼と私のあいだにもち上がった。（我々は何度も顔を合わせたもので）たび重なる論争ののち，バースの街中でたまたま共通の知り合いの神学博士に会った。彼は我々を夕食に招いてくれた。食事の席で我が論敵は，自分の仲間うちで足がかりを得ようと，私が異端者になったと言い出し，博士はどういう次第かと尋ね，quho を w でつづることを私が拒否し，qu だと主張していると答えた。どういう理由で？と博士が言った。そこで私は，唇音，歯音，軟口蓋音と記号に論拠を置き始めた。ところが友人は，私のこちらの手，またあちらの手をピタリとたたき，博士が私の三段論法に勝たせる余地を見つけるのに苦労している，と。それから，唇音の文字は軟口蓋音の音節を表せない（と私は言った）。なぜなら，w は唇音の文字で，quho は軟口蓋音だ，と。よって，w は quho を表すことはできないし，同様の性質を示す音節を表すこともできない。ここで博士は（みなが一斉にはやし立てたので）彼らを鎮め，命題は理解したが，前提がスコットランド的であり，結論は偽である，と述べた。そこでみなが大笑いし，私は返答の機会を失ったかたちとなり，取るに足らない冗談がまじめな答えに取って代わるのをいらいらしながら眺めていた。

(p.57 より続き)

カクストンの問題

カクストンは商人であって，言語学者でも文学者でもなかったので翻訳という仕事に向き合って，いくつか重要な問題を克服しなければならなかった。

- 翻訳の中で外国語由来の語をそのまま使うべきか，それとも英語本来の語に置き換えるべきか？
- 英語の地域変種（方言）が多様化している状況で，どの変種に依拠すべきか？
- 模範として，どんな文体を使うべきか？　チョーサーの文体か？　それとももっと「飾らない」文体か？
- 以前からあった写字生による異なるつづりや句読法をどうするか？
- 英国人の著作を出版する際，その言葉がより多くの人びとに理解されるように改変すべきか？

本が商品である限り，その英語が英国全土に広く理解されなければならなかった。しかし，彼もぼやいているように，どうしたらすべての読者を満足させられるものか。よく知られている彼の序文の一節において，その問題の重要性が生き生きと語られている。「卵」というようなごく簡単な語ですら国内すべてで通じるとは限らない状況で，彼はいったいどんな期待をもてたであろうか。

カクストンも当時のほかの出版者と同様に決断をし，やがて1つの共通理解が生まれた（p.68）。彼自身の作品も実際かなり一貫性に欠けていた。印刷物の体裁が画一化されるのはそれから100年たってからのことであった。そして，いくつかの問題（例えば，アポストロフィーの使い方など）についてはまったく落ち着くことがなかった（p.215）。

「卵」の話

And also my lorde abbot of westmynster ded [did] do shewe to me late certayn euydences [documents] wryton in olde englysshe for to reduce it in to our englysshe now vsid [used] / And certaynly it was wreton in suche wyse that it was more lyke to dutche [German] than englysshe I coude not reduce ne brynge it to be vnderstonden / And certaynly our langage now vsed varyeth ferre from that. whiche was vsed and spoken whan I was borne / For we englysshe men / ben [are] borne vnder the domynacyon of the mone. [moon] whiche is neuer stedfaste / but euer wauerynge / wexynge o:ne season / and waneth & dyscreaseth another season / And that comyn englysshe that is spoken in one shyre varyeth from a nother. In so moche that in my dayes happened that certayn marchauntes were in a shiṗ in tamyse [Thames] for to haue sayled ouer the see into zelande / and for lacke of wynde thei taryed atte forlond. [Foreland] and wente to lande for to refreshe them And one of theym named sheffelde a mercer cam into an hows and axed [asked] for mete. and specyally he axyd after eggys And the good wyf answerde. that she coude speke no fren:she. And the marchaũt was angry. for he also coude speke no fren:she. but wold haue hadde egges / and she vnderstode hym not / And thenne at laste a nother sayd that he wolde haue eyren / then the good wyf sayd that she vnderstod hym wel / Loo what sholde a man in thyse dayes now wryte. eg:ges or eyren / certaynly it is harde to playse euery man / by cause of dyuersite & chaũge of langage.

最近ウェストミンスター大修道院長が昔の英語で書かれたある文書を私に見せてくれ，それを現在の英語に直したいということであった。それは確かに英語というよりはドイツ語に似たような言葉で書かれていたので私には訳すことも解釈することもできなかった。確かに現在の英語とそれとは，かけ離れていて，私が生まれた頃に使われ，話されていたことばであった。というのも我々英国人は，決して不動ではなく，絶えず動いていて，ある時には満月になり　ある時には欠けたり，消えたりする月の支配のもとに生を受けたのである。それは，ある地方でふつうに話されている英語が別の地方の英語と異なるのと同じことである。だからこそ，この時代に次のようなことが起こったのである。ある商人たちがテムズ川を航行し，海を越えてジーランドに向けて出かけようとしたところ，あいにく風に恵まれず，しかたなく食料を補給でもしようかとフォーランドに上陸した。シェフィールドと呼ばれる織物商が民家にやってきて，食べ物，とりわけ eggs（卵）を要求した。善良なおかみさんはそこで「フランス語はしゃべれない」と答えた。すると織物商は怒り出した。というのも彼もまたフランス語をしゃべれなかったが，ただ卵が欲しかったからだ。おかみさんにはそれが通じなかったのである。そこで別の人が「彼は eyren（卵）を欲しがっているのだ」と助け船を入れたところ，おかみさんはようやく「よくわかりました」と言った。最近の人はいったい卵を eg:ges と書くのか，それとも eyren と書くのか。ことばの多様化が著しいため，誰にもわかるようにというのは確かに難しくなっている。

シェフィールドの問題がもちあがったのは，egges が古ノルド語由来の中英語北部方言の語であるのに対し，eyren は古英語から引き継がれた南部方言であるからである。この一節はカクストンのつづりにおける一貫性の欠如と大文字や句読法の特異性（例えば，コロンで行の切れ目を示すなど）もいくつか示している。

（ウェルギリウス（Virgil）の『アエネイス（*Booke of Eneydos*）』（1490 頃）の序文）

(p.59 より続き)

ティンダルの民衆の声

4 Then sayd the serpent unto the woman: tush ye shall not dye: 5 But God doth knowe, that whensoever ye shulde eate of it, youre eyes shuld be opened and ye sholde be as God and knowe both good and evell. 6 And the woman sawe that it was a good tree to eate of and lustie [desirable] unto the eyes and a plesant tre for to make wyse. And toke of the frute of it and ate, and gaue unto hir husband also with her, and he ate. 7 And the eyes of both of them were opened, that they understode how that they were naked. Than they sowed fygge leves togedder and made them apurns [aprons]．(Genesis 3.1–7)

[4] そこで，蛇は女に言った。「あなたがたは決して死にません。[5] あなたがたがそれを食べると，あなたがたの目が開け，あなたがたが神と同じになり，善悪を知るようになることを神は知っているのです。」[6] そこで女が見ると，その木は，まことに食べるのによく，目に慕わしく，賢くするというその木はいかにも好ましかった。それで女はその実を取って食べ，いっしょにいた夫にも与えたので，夫も食べた。[7] このようにして，二人の目は開かれ，それで彼らは自分たちが裸であることを知った。そこで，彼らは，いちじくの葉をつづり合わせて，自分たちの腰のおおいを作った。（創世記 3.1-7）

(p.59 より続き)

ティンダルの影響

【ティンダル版・欽定訳聖書（マタイ 5.1-10）の訳】

[1] イエスは群衆を見て，山に登り，座につかれると，弟子たちがみもとに近寄ってきた。[2] そして，イエスは口を開き，彼らに教え，言われた。[3]「こころの貧しい者たちは，さいわいである，天国は彼らのものである。[4] 悲しんでいる者たちは，さいわいである，彼らは慰められるであろう。[5] 柔和な者たちは，さいわいである，彼らは地を受けつぐであろう。[6] 義に飢えかわいている者たちは，さいわいである，彼らは満ち足りるようになるであろう。[7] あわれみ深い人たちは，さいわいである，彼らはあわれみを受けるであろう。[8] 心の清い人たちは，さいわいである，彼らは神を見るであろう。[9] 平和を作り出す人たちに，さいわいである，彼らは神の子と呼ばれるであろう。[10] 義のために迫害されてきた人たちは，さいわいである，天国は彼らのものである。

(p.60 より続き)

ルネサンス期の英語に導入された借用語

イタリア語から（イタリア語を経由して）

argosy（大型商船），balcony（バルコニー），ballot（無記名投票），cameo（カメオ），carnival（謝肉祭），concerto（協奏曲），cupola（丸屋根），design（設計する，図案を作る），fuse（導火線），giraffe（キリン），grotto（洞窟），lottery（富くじ），macaroni（マカロニ），opera（オペラ），piazza（広場），portico（ポルチコ，柱廊式玄関），rocket（小矢，ロケット），solo（独唱），sonata（ソナタ），sonnet（ソネット，14行詩），soprano（ソプラノ），stanza（連），stucco（漆喰（しっくい）），trill（震え音），violin（ヴァイオリン），volcano（火山）

スペイン語・ポルトガル語から（スペイン語・ポルトガル語を経由して）

alligator（ワニ），anchovy（アンチョビ），apricot（あんず），armada（艦隊），banana（バナナ），barricade（バリケード），bravado（虚勢），cannibal（食人族），canoe（カヌー），cockroach（ゴキブリ），cocoa（ココア），corral（柵囲い），desperado（向こう見ずの無法者），embargo（出入港禁止），guitar（ギター），hammock（ハンモック，つり床），hurricane（ハリケーン），maize（トウモロコシ），mosquito（蚊），mulatto（白人と黒人の混血児），negro（ニグロ），potato（ポテト），port（wine）（ポートワイン），rusk（ラスク），sombrero（ソンブレロ），tank（ため池），tobacco, yam（ヤムイモ）

そのほかの言語から

bamboo（竹，マレー語），bazaar（市場，ペルシャ語），caravan（隊商，ペルシャ語），coffee（コーヒー，トルコ語），cruise（巡航する，オランダ語），curry（カレー，タミル語），easel（画架，オランダ語），flannel（フランネル，ウェールズ語），guru（導師，ヒンズー語），harem（ハレム，アラビア語），horde（遊牧民の集団，大群，トルコ語），keelhaul（船底をくぐらせる，ひどく責める，オランダ語），ketchup（ケチャップ，マレー語），kiosk（あずまや，駅の売店トルコ語），knapsack（ナップザック，オランダ語），landscape（風景画，オランダ語），pariah（四姓の下の階級のひと，宿なし，タミル語），raccoon（アライグマ，アルゴンキン語），rouble（ルーブル，ロシア語），sago（サゴヤシ，マレー語），sheikh（長老，アラビア語），shekel（シケル（重さの単位），ヘブライ語），shogun（将軍，日本語），troll（北欧伝説の巨人，小人，ノルウェー語），trousers（細身のズボン，アイルランドのゲール語），turban（ターバン，ペルシャ語），wampum（貝殻玉，アルゴンキン語），yacht（ヨット，オランダ語），yoghurt（ヨーグルト，トルコ語）

(p.61 より続き)

「インクつぼ用語」論争

反対論者の例①
トマス・ウィルソン（Thomas Wilson (?1528-81)）

Among all other lessons this should first be learned, that wee never affect any straunge ynkehorne termes, but to speake as is commonly received: neither seeking to be over fine, nor yet living over-carelesse, using our speeche as most men doe, and ordering our wittes as the fewest have done. Some seeke so far for outlandish English, that they forget altogether their mothers language. And I dare sweare this, if some of their mothers were alive, thei were not able to tell what they say; and yet these fine English clerkes will say, they speake in their mother tongue, if a man should charge them for counterfeiting the Kings English.（『修辞学の技術（*The Arte of Rhetorique*, 1553）』）

あらゆる教訓の中でもとりわけ次のことを覚えておかなければならない。我々は奇妙なインクつぼ用語を好んで使ってはいけない。ただふつうに聞いてもらえるように話すのがよい。あまり細かすぎるのもよくないし，あまりにのんきなのもよくない。多くの人が話すようなことばを使い，ごく少数の人でさえしてきたように，思っていることを秩序立てて話すのである。異国風なしゃべり方を追い求めるがゆえに，母語を忘れてしまっている人たちがいる。そこで彼らにあえて言うのだが，もしかれらの母親が健在であるなら，母親はかれらのいうことがわからないであろう。しかし，こうした優秀な英国の事務官は言うだろう。もし純正英語（King's English）をまねようとしたことで責められるようなことがあれば，母語を話すことにしますと。

反対論者の例②
ジョン・チーク（John Cheke (1514-57)）

I am of this opinion that our tung shold be written cleane and pure, vnmixt and vnmangeled with borowing of other tunges, wherein if we take not heed bi tijm, euer borrowing and neuer payeng, she shall be fain to keep her house as bankrupt. For then doth our tung naturallie and praisablie vtter her meaning, when she bouroweth no counterfeitness of other tunges to attire her self withall...（『トマス・ホビーへの手紙（*Letter to Thomas Hoby*, 1557）』）

われわれの英語は，外来語が混じるようなことがないように明解に，かつ，純粋に書かれなければならないというのが私の意見である。もし，そういったことに早急に対策を取らないと，借金ばかりで，返済をしないとなれば，英語の「家計」は維持できず，やむなく破産ということになろう。というのも，母語を飾りつけようとして外国の偽造貨幣を借りたりするようなことをしなくても，英語はそれだけで自然に，そして見事に伝えたいことを表現できるからである。

英語純粋論者の理想が不可能であることは，ペティの指摘するところであるが，皮肉なことに，上記の純粋論者チーク自身の一節にも示されている。そこには非ゲルマン語源の語（例えば，bankrupt（破産した）や pure（純粋な）のような語自体もそうなのである）がいくつか含まれているからである。

(p.61 右下のコラムより続き)

接頭辞添加

bedaub（塗りたくる），counterstroke（打ち返し），disabuse（迷いを解く），disrobe（服を脱がせる），endear（慕わせる），forename（名（ファーストネーム）），interlink（つなぎ合わせる），nonsense（無意味），submarine（海底の），uncivilized（未開の），uncomfortable（不快な）

接尾辞添加

blandishment（甘言），changeful（変わりやすい），considerable（かなりの），delightfulness（喜び），drizzling（霧雨），frequenter（常客），gloomy（暗い），immaturity（未熟），laughable（面白い），lunatical（狂気の），murmurous（ざわついた）

複合

chap-fallen（意気消沈した），commander-in-chief（司令長官），Frenchwoman（フランス人女性），heaven-sent（天与の），laughing-stock（嘲笑の的），pincushion（針山），pine-cone（松かさ），rosewood（紫檀），spoonwort（トモシリソウ〔【訳注】壊血病に効くアブラナ科の草〕）

転換

動詞から名詞へ：invite（招く，招待），laugh（笑う，笑い），scratch（ひっかく，ひっかくこと）

名詞から動詞へ：gossip（うわさ，うわさする）），launder（洗濯，洗濯する），season（よい頃合い，和らげる）（'Season your admiration for a while...'（しばらくの間驚きをしずめて聞いてください））〔【訳注】『ハムレット』1幕2場から〕

認知された英語

どのような英語語彙を使うべきかという議論をすることで，英語が学問の言語として当時広く認識されていた事実がぼかされてはならない。16世紀の初頭の時点では状況がまったく異なり，ラテン語が学問の言語としてまだ定着していたのである。ヨーロッパ全域の各国の言語は粗野で，無力で，未熟であった。つまり民衆の文学には向いているが，ほかのものには向いていなかった。

マーチャント・テイラーズ・スクール校の校長リチャード・マルカスター（Richard Mulcaster(?1530–611)）はあらゆる分野における英語の力と価値を重んじる主張の先導的支持者であった。

I do not think that anie language, be it whatsoever, is better able to utter all arguments, either with more pith, or greater planesse, than our English tung is, if the English utterer be as skilfull in the matter, which he is to utter: as the foren utterer is ... I love Rome, but London better, I favor Italie, but England more, I honor the Latin, but I worship the English.

もし英語話者が外国語話者におとらず，話そうと思う事柄に長けているならば，いかなる言語を使っても，われわれの英語ほど要点を押さえて，より簡潔に表現できるようには思えない。… 私はローマも好きだが，ロンドンの方がもっと好きだ。イタリアも好きだがイングランドの方がもっと好きである。ラテン語も立派ではあるが，英語を崇拝している。

16世紀の末頃までに外来語使用をめぐる問題は解決し，英語は学問の言語となった。

(p.63 より続き)

シェイクスピア作品の略号と制作年

MV The Merchant of Venice (1596–7)『ヴェニスの商人』
MW The Merry Wives of Windsor (1597)『ウィンザーの陽気な女房たち』
Oth Othello (1603–4)『オセロ』
Per Pericles (1608–9)『ペリクリーズ』
PP The Passionate Pilgrim (1599)『情熱の巡礼者』
PT The Phoenix and the Turtle (1601)『不死鳥と雉鳩(きじばと)』
R2 Richard II (1594–6)『リチャード２世』
R3 Richard III (1592–3)『リチャード３世』
RJ Romeo and Juliet (1594–5)『ロミオとジュリエット』
Sonn Sonnets (1609)『ソネット集』
TA Titus Andronicus (1590–1)『タイタス・アンドロニカス』
TC Troilus and Cressida (1602–3)『トロイラスとクレシダ』
Tem The Tempest (1610)『テンペスト(あらし)』
TG The Two Gentlemen of Verona (1589–93)『ヴェローナの二紳士』
Tim Timon of Athens (1604–7)『アテネのタイモン』
TN Twelfth Night (1601–2)『十二夜』
TNK The Two Noble Kinsmen (1613–5)『二人の貴公子』
TS The Taming of the Shrew (1590–3)『じゃじゃ馬馴(な)らし』
VA Venus and Adonis (1593)『ヴィーナスとアドーニス』
WT The Winter's Tale (1609–10)『冬物語』

(p.63 より続き)

様々な「悪者」(knavery)

lunatic(気の狂った)knave; muddy(泥だらけの)knave; unthrifty(ろくでなしの)knave; a thin-faced(ほそおもての)knave; a subtle(陰険な)knave; beastly(獣のような)knave; untaught(無学の)knaves; bacon-fed(田舎者の)knaves; gorbellied(太鼓腹の)knaves; crafty(ずる賢い)knaves; lazy(怠惰な)knaves; most unjust(最も不誠実な)knave; most villainous(最も下劣な)knave; thou most untoward(汝最も無作法な)knave; poor gallant(騎士らしくない?)knave; base notorious(卑しく悪名高い)knave; scurvy, lousy(卑しい,卑劣な)knave; a counterfeit cowardly(偽物で臆病者の)knave; arrant, malmsy-nose(ふらふらさまよう赤鼻の)knave; scurvy railing(卑しくののしる)knave; rascally yea-forsooth(みじめな口先だけの)knave; stubborn ancient(頑固でおいぼれた)knave; jealous rascally(疑い深いみじめな)knave; poor cuckoldly(妻を寝取られた哀れな)knave; a pestilent complete(迷惑千万な)knave; foul-mouthed and caluminous(口汚い中傷的な)knave; sly and constant(悪賢く頑固な)knave; a slipper and subtle(不誠実で陰険な)knave; shrewd knave and unhappy(邪悪で不幸にする); a young knave and begging(未熟な物乞いの); knaves that smell of sweat(汗臭い); shrewd and knavish sprite(邪悪な悪党の魂); knave very voluble(とても口のまわる); little better than false knaves(不誠実といってもよいくらいの); the lying'st knave in Christendom(キリスト教徒の中で最も嘘つきの); the rascally, scauld, beggarly, lousy, pragging(みじめで,口やかましい,物乞いの,卑劣な,ほら吹きの)knave; scurvy, doting, foolish(卑しい,馬鹿げたことをする,愚かな)knave; whoreson beetle-headed, flap-ear'd(忌まわしい,馬鹿な,垂れ耳の)knave; poor, decayed, ingenious, foolish, rascally(貧しい,落ちぶれた,心底からの,馬鹿な,惨めな)knave; base, proud, shallow, beggarly, three-suited, hundred-pound, filthy worsted-stocking(身分の低い,高慢な,物乞いのような,年に３枚のお仕着せをもらっている,でぶの,小汚いウーステッド製の靴下をはいた)knave.

(W. J. ヒルと C.J. エッシェン(W. J. Hill & C. J. Öttchen),1991 に従う)

(p.64 より続き)

シェイクスピアのイディオム

シェイクスピアを引用すると

もしあなたが私の言うことがわからなくて,It's Greek to me(ちんぷんかんぷん)と言ったなら,それはシェイクスピアの引用をしたことになる。もしあなたが more sinned against than sinning(罪を犯すというより罪を犯された)と言えば,それも同様にシェイクスピアの引用になる。もしあなたが more in sorrow than in anger(怒るより悲しんで)ふるまうと言うならば,もしあなたが wish is father to the thought(そうあれかしと願っていると実際にそうだと思うようになる)と言うならば,もしあなたの失った財産が has vanished into thin air(消え失せた)と言ったら,それも同様,彼の引用をしたことになります。もしあなたが to budge an inch(ほんの少し動く)ことを拒否したり,もし green-eyed jealousy(緑色の目をした嫉妬)に苦しむなら,もしあなたが played fast and loose(言行不一致)ならば,もしあなたが tongue-tied(ものが言えない)ならば,もしあなたが a tower of strength(頼りになる人)ならば,もしあなたが hoodwinked(欺かれた)なら,もしあなたが in a pickle(苦境にある)なら,もしあなたが knitted your brows(眉をひそめ)たなら,made a virtue of necessity(義理ですることを進んでするかのように)したなら,もし fair play(公正な扱い)を主張したなら,もし slept not one wink(一睡もしない)ことになったら,もし stood on ceremony(儀式ばる)ことがあれば,もしあなたが仕える主人に danced attendance(ご機嫌取りをする)ことがあれば,もし laughed yourself into stitches(お腹がよじれるほど笑ったり),short shrift(さっさと片づけ)たり,cold comfort(少しも慰めとならないこと)をされたり,have too much of a good thing(度が過ぎてうんざり)したなら,もしあなたが seen better days(昔はよい時もあった)と思うなら,もしあなたが in a fool's paradise(はかない夢を追って)暮らすのであれば,もちろんのこと,どれであるにせよ,the more fool you(あなたはなおさら馬鹿だ)。というのも,あなたが as good luck would have it(幸運にも)シェイクスピアの言葉を引用していることは foregone conclusion(初めからわかっている結論)であるからだ。もしあなたが,それが early days(若いころ)のことであると思って,bag and baggage(家財)を片づけることがあるなら,もしあなたが it is high time(潮時)であり,that is the long and short of it(それがとどのつまり)とお考えならば,もしあなたが the game is up(万事休す)で,たとえそれが your own flesh and blood(あなたの肉親)に関わったとしても truth will out(真実が必ず明らかになる)と思うなら,もしあなたが the crack of doom(この世の終わり)まで foul play(不正)があると疑うゆえに lie low(身を潜める)ならば,もしあなたが without rhyme or reason(まったく筋が通らない) teeth set on edge at one fell swoop(一挙に歯が浮くようないやな気持にさせられる)なら,to give the devil his due(悪人にもよいところを認めてやる)ために,もし the truth were known(真相が知らされれば) tongue in your head(黙っていないで何とか言いなさい)というのであれば,あなたはシェイクスピアを引用していることになる。たとえあなたが私を good riddance(厄介払い)して,send me packing(お払い箱にしても),もし私が dead as a doornail(お陀仏になる)のをあなたが望んでも,もしあなたが私のことを eyesore(目ざわり),laughing stock(物笑いの種),devil incarnate(悪魔の化身),stony-hearted villain(冷酷無情の悪者),bloody-minded(残忍),blinking idiot(大バカ者)とお思いならば,by Jove, O Lord,(おやまあ)tut, tut!(ちぇっ) For goodness' sake(お願いだから)what the dickens!(なんてこった)but me no buts(しかしの連発はやめてくれ)it is all one to me(そりゃすべて私には同じこと),だってあなたはシェイクスピアの名句を並べ立てているのだから。

バーナード・レヴィン

QUOTING SHAKESPEARE

IF YOU CANNOT UNDERSTAND MY ARGUMENT, AND DECLARE: *it's Greek to me*, you are quoting Shakespeare. IF you claim to be *more sinned against than sinning*, you are quoting Shakespeare. IF you act *more in sorrow than in anger*, if your *wish is father to the thought*, if your lost property has *vanished into thin air*, you are quoting Shakespeare. IF you have ever refused *to budge an inch* or suffered from *green-eyed jealousy*, if you have *played fast and loose*, if you have been *tongue-tied* – *a tower of strength* – *hoodwinked* or *in a pickle*, if you have *knitted your brows* – *made a virtue of necessity*, insisted on *fair play* – *slept not one wink* – *stood on ceremony* – *danced attendance* on your *lord and master* – *laughed yourself into stitches*, had *short shrift* – *cold comfort*, or *too much of a good thing*, if you have *seen better days*, or lived *in a fool's paradise*, why, be that as it may, *the more fool you*, for it is a *foregone conclusion* that you are *as good luck would have it*, quoting Shakespeare. IF you think it is *early days* and clear out *bag and baggage*, if you think it is *high time*, and that *that is the long and short of it*, if you believe that *the game is up*, and that *truth will out*, even if it involves your *own flesh and blood*, if you *lie low* till *the crack of doom* because you suspect *foul play*, if you have *teeth set on edge* at *one fell swoop* – *without rhyme or reason*, then to *give the devil his due* if *the truth were known* for surely you have a *tongue in your head*, you are quoting Shakespeare. EVEN IF you bid me *good riddance* and *send me packing*, if you wish I was *dead as a doornail*, if you think I am an *eyesore* – a *laughing stock* – the *devil incarnate* – *a stony-hearted villain* – *bloody-minded*, or a *blinking idiot*, then *by Jove* – *O Lord* – *tut, tut!* – *For goodness' sake* – *what the dickens!* – *but me no buts* – *it is all one to me*, for you are quoting Shakespeare...

BERNARD LEVIN

(p.64 より続き)

名句の出典

too much of a good thing (*AY* 4.1.112)「(度が過ぎて) うんざりする」
we have seen better days (*AY* 2.7.121 etc)「昔はよい時もあった (今は盛りを過ぎている)」
lead her in a fool's paradise (*RJ* 2.4.162)「はかない夢を追っている」
be it as it may(*3H6* 1.1 194)「いずれにせよ」
the more fool you(*TS* 5.2.128)「(君は) なおさら馬鹿だ」
a foregone conclusion(*Oth* 3.3.425)「初めからわかっている結論」
as good luck would have it (*MW* 3.5.76)「運よく」
early days (*TC* 4.5.12)「若い頃」
bag and baggage(*AY* 3.2.157 etc)「家財」
'tis high time (*CE* 3.2.165)「潮時」
the short and the long is (*MND* 4.2.34 etc)「結局のところ」
the game is up(*Cym* 3.3.107)「万事休す」
truth will out(*MV* 2.2.74)「真実は必ず明らかになる」
flesh and blood(*MV* 3.1.31 etc)「生身の人間」
lie low (*MA* 5.1.52)「おとなしくしている, 隠れている」
the crack of doom(*Mac* 4.1.116)「この世の終わり」
foul play (*Ham* 1.2.256, *KJ* 4.2.93 etc)「不正」
set my teeth nothing on edge (*1H4* 3.1.127)「不快にさせない」〔【訳注】set one's teeth on edge (人を不快にさせる)〕
at one fell swoop(*Mac* 4.3.218)「一挙に」
neither rhyme nor reason (*AY* 3.2.381 etc)「何の理由も根拠もない (意味をなさない)」
he will give the devil his due (*H5* 1.2.118)「悪人にもよいところを認める」
if the good truth were known (*WT* 2.1.199)「もし真相が明らかになれば」
keep a good tongue in thy head (*Tem* 3.2.113)「気をつけて口をきく」
a good riddance(*TC* 2.1.119)「厄介払い」
send him packing(*1H4* 2.4.290, etc)「お払い箱にする」
dead as a door-nail(*2H6* 4.10.38)「完全に死んで (だめになって)」「おだぶつ」
an eye-sore (*TS* 3.2.100)「目ざわり」
his vlouting-stog [laughing stock] (*MW* 3.1.108)「物笑いの種」
devils incarnate (H5 2.3.30)「悪魔の化身」
the stony-hearted villains (1H4 2.2.25)「冷酷無情な悪者」
bloody-minded (2H6 4.1.36 etc)「残忍な」
blinking idiot(*MV* 2.9.54)「大バカ者」
by Jove (*AW* 5.3.285 etc)「おやまあ, 本当に」
O Lord (*AW* 2.2.40 etc)「おやおや, 本当に」
tut, tut (*1H4* 4.2.63)「ちぇっ」
for goodness' sake (*H8* Prologue 23 etc)「後生だから」
what the dickens(*MW* 3.2.17)「一体全体」
all one to me(*AY* 3.5.133 etc)「私には同じこと」

著者 (D. クリスタル) 自身によるシェイクスピアの名句のつづき

the game's afoot(*H5* 3.1.32)「獲物がいたぞ」
O brave new world, / That has such people in't(*Tem* 5.1.183)「おお, 素晴らしき新世界。そういう人たちがそこに住んでいるのね。」
good men and true(*MA* 3.3.1)「立派で誠実な人びと」
to the manner born(*Ham* 1.4.15)「生粋の, 生まれながらの」
himself the primrose path of dalliance treads(*Ham* 1.3.50)「気ままな恋の戯れ」
as merry as the day is long (*KJ* 4.1.18)「とても楽しい」
full o'the milk of human-kindness (*Mac* 1.5.15)「心の優しさ」
a ministering angel(*Ham* 5.1.237)「救いの天使 (神)」
to kill a wife with kindness (*TS* 4.1.194)「妻への親切があだになる」
hold, as 'twere, the mirror up to nature (*Ham* 3.2.22)「自然のままを写す」
tell truth, and shame the devil (*1H4* 3.1.55 etc)「真実を語れば悪魔も恥じ入る」
I will wear my heart upon my sleeve (*Oth* 1.1.165)「思ったことを言ってしまおう」
pomp and circumstance (*Oth* 3.3.351)「華麗な行列と儀式」
that was laid on with a trowel (*AY* 1.2.99)「大げさに言われた」
knock knock, who's there (*Mac* 2.2.70)「こん, こん, どなたですか」
for ever and a day(*AY* 4.1.134 etc)「つねに, いつまでも」
my heart's content(*TC* 1.2.294 etc)「心の満足」〔【訳注】通例 to one's heart's content で「心ゆくまで」〕
The world's mine oyster (*MW* 2.2.2)「この世は私の思うまま」
a pound of flesh(*MV* 3.3.33 etc)「1 ポンドの肉 (相手を苦しめること)」
out of the jaws of death(*TN* 3.4.351)「窮地を脱して」「死を免れて」
a dish fit for the gods(*JC* 2.1.173)「神々の召し上がりもの, 最大のごちそう」
caviary to the general (*Ham* 2.2.435)「ふつうの客には贅沢すぎる (猫に小判)」〔【訳注】今日では caviar(e) を用いる。〕
meat and drink to me(*AY* 5.1.10 etc)「私にとって大好きなもの (楽しいこと)」
it beggared all description (*AC* 2.2.203)「言葉では言い表せない, 筆舌に尽くしがたい」
run the wild-goose chase (*RJ* 2.4.70)「無駄な努力 (当てのない追及) をする」
with bated breath(*MV* 1.3.121)「息を殺して」
break the ice(*TS* 1.2.264)「話の口火を切る」
eaten me out of house and home (*2H4* 2.1.72)「私の財産を食いつぶす」
a sorry sight(*Mac* 2.2.20 etc)「哀れな有様」
no more cakes and ale(*TN* 2.3.112)「もうどんちゃん騒ぎはいらない」
hoist with his own petar(*Ham* 3.4.208)「自分の仕掛けた罠にかかる」〔【訳注】今日では pitard を用いる。〕
I must be cruel only to be kind (*Ham* 3.4.179)「つれない仕打ちもただ親切のため」
a Daniel come to judgement (*MV* 4.1.220)「名裁判官ダニエル様の再来だ」
as white as driven snow (*WT* 4.4.220)「雪のように真っ白な」
though this be madness, yet there is method in't(*Ham* 2.2.205)「これは狂っているけれど, いうことの筋道は通っている」
the wheel is come full circle (*KL* 5.3.172)「(物事が好転して) 振り出しに戻った」
'tis neither here nor there (*Oth* 4.3.56 etc)「それは的外れだ (問題にならない)」
come what come may (*Mac* 1.3.146)「どんなことが起ころうとも」
brevity is the soul of wit(*Ham* 2.2.90)「簡潔は機知の精髄 (言は簡を尊ぶ)」
love is blind(*TG* 2.1.67 etc)「恋は盲目」
the be-all and the end-all (*Mac* 1.7.5)「最も大切なもの, 本質, 要」

(p.65 より続き)

シェイクスピアによる造語の初出例

何か驚かせることは？

シェイクスピアの初出例とされたものより古い例が見つかったとしても驚くに値しない。例えば，applejohn（2年もちリンゴ），bodikin（body（肉体）の指小辞），bow-wow（ワンワン），East Indies（東インド），Frenchwoman（フランス人女性），horn-book（角本）〔【訳注】子どもが文字を覚えるために使った，アルファベット書きされた紙，ないしは子牛の皮のこと〕，love-letter（ラブレター），Madeira (wine)（マデイラ島ワイン）〔【訳注】アフリカ北西岸にあるマデイラ群島産の食後酒〕，Mephistopheles（メフィストフェレス），ode（頌歌（しょうか）），prison-gate（獄門），schoolboy（男子生徒），Scotch（スコットランドの），white-bearded（白いあごひげの）といったような日常的に耳にする音，事物，人名，地名はいずれも彼の初出例とされているのだが，これより古い例が見つかるのは時間の問題である。おそらく，今後もそれと同じくらいたくさんの語が初出語として更新され，しかもそれらが上記と似たような日常的な性格をもつ語であることがわかるであろう。例えば，farm-house（農家），puppy-dog（子犬），'sblood（ちくしょう），'slid（ちくしょう），twin-brother（双子の兄弟），upstairs（階上へ）のような語や law（あれあれ），loo（それ，そら）のような間投詞である。

ほかにももっと驚かせるような場合がある。それはとてもシェイクスピアらしく聞こえる語だからである。fire-eyed（燃えるようなまなざしの），heart-burning（胸の張り裂けそうな），hell-born（地獄から生まれた），honey-tongued（口のうまい），immask（隠す），incony（たぐいまれな），metamorphize〔【訳注】シェイクスピアには metamorphose というつづりもみられる。〕（変形させる），outscold（…よりもよく怒る），please-man（おべっか遣い），rat-catcher（ネズミ捕り），roguery（悪業），sportive（おどけた），well-saying（よい言葉）のような例はすべて，10年ほど前には彼の初例と考えられていたものである。しかし，heart-burning はスペンサーにあり，incony はマーロウにある。また，well- で始まる well-divided（バランスの取れた），well-entered（よく訓練された）のような彼の複合語の3分の2（27/42）は，かつて初例と思われていたが，もはやそうではない。他方で，over- で始まる語の約4分の3（31/42）はいまだに彼の初出語である（例えば，overflourish（花や枝葉で飾り立てる），overgreen（うわべを飾る）。なお，接頭辞 un- を含む語（例えば，unlink（鎖・輪を外す），unpruned（刈り込んでいない）など）については，彼の初例としての地位を維持しているものが多く，2017年時点で 210/219 である。

シェイクスピア愛好家にとってほっとすることに，伝統的に語を生み出す彼の創造力の結果とされてきたかなり多くの語がいまだに彼の初出語として残っている。例えば，assassination（暗殺），chop-fallen（意気消沈した），choppy（ひびの切れた），cloud-capped（雲に覆われた），demi-puppet（こびと），disbench（席から立たせる），disorb（王の宝珠を奪う），encrimsoned（真っ赤に染める），exsufflicate（空っぽな），fishify（肉を魚に変える），foxship（キツネの悪性），frutify（知らせる〔【訳注】certify, notify の誤用〕），portcullis（城門のつるし門を落として守備を固める），unkinged（王位を退いた）などである。多くの語の場合，彼の使用時期と，その次に使用記録が残されている例（the next recorded usage（NRU））の時期との間にかなりの時間のずれがある。しかし，その時間のずれの問題について は別途考察する必要がある。（D. クリスタル（D. Crystal），2017 に従う。そこでは初出例，その次に記録されている例，さらには，更新された初出例のリストがある。）

(p.66 より続き)

聖書の慣用句

(Am I) my brother's keeper?（創世記 4）「弟の番人（でしょうか）？（他人事には責任がない）」
a good old age（創世記 15）「かなりの高齢」
eye for eye（出エジプト記 21）「目には目を」
to spy out the land(民数記 13)「その地をよく調べておく（情勢を探る）」
the apple of his eye(申命記 32)「彼の目に入れても痛くないほどかわいい人」
the people arose as one man（士師記 20）「一斉に立ち上がった」
a man after his own heart（サムエル記第一 13）「心に適った（気に入った）人」
How are the mighty fallen（サムエル記第二 1）「ああ，勇士たちはついに倒れた」
a still small voice（列王記第一 19）「神（良心）の声」
the root of the matter（ヨブ記 19）「問題の核心」
(with) the skin of my teeth（ヨブ記 19）「間一髪で，かろうじて」
out of the mouth of babes（詩篇 8）「子どもの口から（しばしばよいことが出てくる）」
His enemies shall lick the dust（詩篇 72）「恥辱をなめる，死ぬ」
go from strength to strength（詩篇 84）「ますます栄える，急速に伸びる」
at their wit's end（詩篇 107）「困り果てる」
Heap coals of fire upon his head（箴言 25）「（恨みに報いるに徳をもってして）恥じ入らせる」
a lamb brought to the slaughter（エレミヤ書 11）「（危険も知らずに）従順に，おとなしく」
can the leopard change his spots?（エレミヤ書 13）「豹はそのまだらを変えうるか（性格はなかなか変わらない）」
eat sour grapes（エゼキエル書 24）「負け惜しみ」
the salt of the earth（マタイの福音書 5）「地の塩（社会の腐敗を防ぐりっぱな人）」
cast your pearls before swine（マタイの福音書 7）「豚に真珠」
the straight and narrow（マタイの福音書 7）「正道」
in sheep's clothing（マタイの福音書 7）「ひつじの皮を着た（実は危険な人）」
new wine in old bottles（マタイの福音書 9）「古い革袋に新しい酒を入れる（古い形式に無理に新しい考えを盛る）」
if the blind lead the blind（マタイの福音書 15）「盲人が盲人の道案内をする（大変危険だ）」
the signs of the times（マタイの福音書 16）「時代の兆候，時勢」
whited sepulchre（マタイの福音書 23）「白く塗った墓（偽善者）」
Physician, heal thyself（ルカの福音書 4）「医者よ，自分自信を治せ（医者の不養生）」
to kick against the pricks（使徒の働き 9）「むだな抵抗をしてばかを見る」
all things to all men（コリント人への手紙第一 9）「みんなが気に入るようにする（「八方美人」になる）」
in the twinkling of an eye（コリント人への手紙第一 15）「瞬く間に」
suffer fools gladly（コリント人への手紙第二 11）「馬鹿な真似に我慢する」
thorn in the flesh（コリント人への手紙第二 12）「苦労の種」
Touch not（コリント人への手紙第二 2）「触るな」
filthy lucre（テモテへの手紙第一 3）「不浄な金，あぶく銭」
money is the root of all evil（テモテへの手紙第一 6）「金は諸悪の根源」
Fight the good fight（テモテへの手紙第一 6）「（信仰に従う）善良な生き方をしようとする」
To the pure all things are pure（テトスへの手紙 1）「清き人にはすべてのもの清し」
the patience of Job（ヤコブの手紙 5）「ヨブのような忍耐強さ（極度の辛抱強さ）」
rule with a rod of iron（ヨハネの黙示録 2）「鉄の鞭（むち）をもって治める（圧政を行う）」

(p.67 より続き)

2 つのサンプルテキスト

ルカ 15.29-32（訳）

兄は父に向って言った。私はここ何年もあなたに仕えて，いかなる時にも，あなたの言いつけに背いたことはありません。なのに，あなたは友達と楽しむために子ヤギ 1 匹もくださったことはありません。しかし，遊女と一緒になってあなたの身代を食いつぶした弟が帰ってくると，彼のために肥えた子牛をほふりなさいました。すると父は言った。息子よ，あなたはいつも私と一緒にいるし，また私のものはすべてあなたのものだ。しかし，おまえの弟は死んでいたのに生き返り，いなくなっていたのに 見つかったのだから，喜び祝うのはあたりまえである。

創世記 28.11-14（訳）

彼（ヤコブ）はある場所についたとき日が暮れたのでそこで一夜を過ごし，そこにあった石を取って枕とし，そこに横たわって寝た。そして彼は夢を見た。1 つのはしごが地上に立っていて，その頂は天に達し，神の使いたちが上り下りしているのを見た。そして，主は彼のそばに立って言われた。私はあなたの父アブラハムの神，イサクの神，主である。あなたが横たわっていた地を，あなたとあなたの子孫に与えよう。あなたの子孫は地の塵（ちり）のように多くなって，西，東，北，南に広がり，地の諸族はあなたと子孫とによって祝福を受けるであろう。

(p.67 より続き)

『祈祷（きとう）書』

非常にたくさんの日常的な英語の祈りの慣用句がこの祈祷（きとう）書に由来している。例えば，'As it was in the beginning, is now, and ever shall be: world without end. Amen（かつても，今も，そしてこれから未来永劫に，アーメン）'，'Lord have mercy upon us（主よ，われらを哀れみたまえ）'，'be amongst you and remain with you always（あなたがたにあり，そしていつもあなたがたと一緒にいる）' などである。Holy wedlock（神聖な結婚生活）のようにかなり広く使われている慣用句もいくつかある。また，下記のように引用句・名句としての地位を獲得した例もかなりたくさんある。

Read, mark, learn, and inwardly digest（読み，考え，覚え，心の糧とする）（『特祷（*Collect*)』，『降臨節第2主日礼拝式（*2nd Sunday in Advent*)』

Renounce the devil and all his works（悪魔とその悪しき行いを拒否せよ）（『洗礼式（*Public Baptism*)』）

Wilt thou have this woman to thy wedded wife（汝はこの女性を妻として迎えますか）？（『結婚式挙行（*Solemnization of Matrimony*)』）

earth to earth, ashes to ashes, dust to dust（土は土にかえし，灰は灰にかえし，塵（ちり）は塵にかえす）（『埋葬式（*The Burial of the Dead*)』）

(p.68 より続き)

最初の改革者たち

A Short Introduction or guiding to print,
write, and read English speech:

Conferred with the old printing
and writing: devised by
William Bullokar:

And he that doubts in any part thereof, shall be more fully satisfied by a book devised by the same author at large, for the amendment of orthography for English speech, which shall be imprinted shortly, which book at large answereth（answers）all objections, and openeth（opens）all doubts in this amendment of orthography. So that this pamphlet is printed for a short proof of the same work at large, both for the short show of the use of that amendment, and a brief collection（out of the same book at large）of the commodities like to grow by the use of the same amendment: By the help whereof a ruled Grammar for English is made（not yet in print）: to the great help of a perfect Dictionary in time to come, and already purposed: To the perfect stay and easy use of English speech, as long as letters endure, to no small commodity of this our nation, with great credit for English speech among all other strange nations: hereunto also is added at the end）the use of the same orthography in writing easy to be followed of all writers.

Even as printing to the world brought light:
So unto English this star shineth（shines）bright.
And as speech was cause letters were devised,
So let them not from right speech be disguised.

【表紙タイトル】

英語の印字と読み書き入門：昔の印字・書き方との比較：
ウィリアム・ブロカーによる考案

【本小冊子の概要】

この正書法改革を狙いとした本小冊子には，①たとえその内容に同意できない点，疑問点があっても，同著者がこの後に出版予定にしている正書法改革詳論の著作によって，すべて解き明かされるであろうこと，②この小冊子で提唱される正書法改革が，のちの英文法の規則化（ブロカーは 1586 年に文法書を出版している）や，完全な辞書の刊行に役立つであろうこと，③この小冊子のおかげで，英国民にとって英語が使いやすくなるだけでなく，外国語人の間で英語に対する信用を高めることにも役立つであろうこと，④すべての書き手によって容易に順守されるような正書法，などが書かれている。

【表紙下部の韻文】

印刷が世界に光明をもたらすことになれば
この輝かしい小冊子は英語に光明をもたらす
ことばのために文字が作り出されるのであれば
文字によって正しいことばが隠れてしまうことがないようにせよ

A rule to understand this table
following

The names of the new letters, set under the thwart strikes, appear by the old letters or syllables, set over the same thwart strikes. The sounds of those new letters, appear by the old single letters over them, or by the syllable over them,（the vowel of that syllable being left unsounded and leaving out: *eef* in *theef*）except, that half vowels keep such vowels half sounded. And likewise these figures in the squares under written, may aid one in the rules for learning the old after he has learned the new, their pairs appear likewise in the beginning.

The Table

The tabl.

a / a	b / b	kée / c	cée / c	chée / ch	d / d	e:ea / e:æ	ée / e
f / f	ga / g turń a intω e.	gée / g	hée / h	i / i	k / k	l / l	ul / l
m / m	um / ḿ	n / n	un / ń	o / o	betwen o:ɷ:u / ω	p / p	phée / f
quée / q	r / r	er / r	ſ / ſ	ſhée / ſh	t / t	thée / th	théf / th
u / u	ou / u	uée / v	wée / w	whée / wh	x / x	yée / y	zée / z

（p.69 より続き）

大文字の使用

【訳】

話によると，その昔
聖人はしばしば，その庵を出て
さまよい歩き，身分を穏しながら
民情を視察したものだった。
それは冬の晩の出来事であった。
物語作者はそう記している。
聖職者でもある２人の兄弟の穏遁者が
変装して行脚の道すがら
リクサムに近いある村にやってきた。
ぼろぼろの衣をまとい，１文なしであった。
激しい大雨だったが，
１時間も歩きまわらなければならなかった。
１軒１軒戸をたたき，ズブ濡れになりながら，
入れてもらえる家が見つかるまで，
彼らは訪ねる家ごとに，こう言った。「みなさん
私の連れは目が不自由で，私は足が不自由です。
路上でひもじい思いをする
こんな有様をみたら，誰でも心を傷めるでしょう。
キリスト教徒なら獣にはなれないでしょう。
すくなくとも，こんなにひどい晩に，
藁苞（わらづと）だけでも恵んで，寝かせてください。
あの向うの納屋で，身体を乾かせたいのです。」
こうして，いつものお題目を唱えながら
物乞いをしてまわったが，誰も応ずるものはなかった。

（三浦謙「スウィフトの生涯（V）」，1988 の訳に基づく）

（p.70 より続き）

ポーズの正確さ

当時の作家の多くは句読法の修辞的効果に注目しており，ポーズ（休止）の効果を数学的に正確に計算するようなこともしばしばあった。サイモン・デインズ（Simon Daines）著の『英語の正しい発音法（*Orthoepia Anglicana*）』（1640）もその１例で，彼はそこでピリオドを次のように定義している。

The *Period* … is altogether used at the end of every speech or sentence … and signifies *conclusion*. The pause or distance of speaking hereto appropriate is sometime more, sometime lesse: for … when in the middle of a line it cuts off any integrall part of a complete Tractate [*treatise*], which goes not on with the same, but begins a new line, it requireth double the time of pause, that it doth when the treatise persists in the same line: being then foure times as long as a *Colon*, which in the same line is but twice.

{【訳者解説】原著の pp.70-1 にコンマのポーズ（休止時間）が１番短く，そのあとコンマコロン（デインズはセミコロンのことをそう呼んでいる），コロン，ピリオドの順にポーズがより長くなるという説明がある。その中でもピリオドは文末に使われ，話の「終結」を表すため，行の中に入れてしまうと話の重要な部分をそこで切り離すことにもなりかねない。そこで，ピリオドにはコロンの４倍の長さのポーズが要求されることもあるとの説明があるが，具体例もあげられておらず，その詳細は不明である。}

（p.73 より続き）

３つの音声表記

『マクベス』（2.1.49-56）の訳

今，この世の半分は夜，自然は死んだように寝静まり，帳の中の眠りを邪悪な夢がかき乱す。魔女たちは青ざめたヘカテに供物を捧げ，やつれた殺意が，遠吠えをして夜の番をする狼に怯えながら，こうして抜き足差し足，女を犯しに行くタークィンの足取りで，獲物目指して亡霊のように忍び寄る。

（河合祥一郎訳，角川文庫）

『トロイラスとクレシダ』の訳

１幕１場　［トロイラス］
（トロイラスとパンダラス登場）

トロイラス　小姓を呼んでくれ。鎧をぬぐのだ。この胸の中が苦しい戦争のまっ最中だというのに，わざわざトロイの城の外で戦う理由がどこにある？　自分の心が自由になるやつは，勝手に出陣するがいい。悲しいかな，このトロイラスは魂の抜けがらだ。

パンダラス　弱りましたな，いつまでもそんなことを。

トロイラス　ギリシア人は力が強い，強いうえにいくさ上手だ，上手のうえにたけりたっている，そのうえに勇敢ときている。ところがこのおれときたら，めそめそしている女より弱虫で，眠っているときよりたわいなく，馬鹿より始末がわるい，闇夜をさまよう生娘よりも意気地がなく，がんぜない赤ん坊よりもたよりない。

パンダラス　申しあげることは，もうすっかり申しあげましたんで，てまえはこれ以上余計なおせっかいはごめんこうむります。パンが食べたかったら，せめて粉をひくあいだぐらい待ってやらなきゃなりませんや。

（三神勲訳，角川文庫）

『夏の夜の夢』の訳

１幕１場　アテネ，シーシアスの宮殿（シーシアスとヒポリタが登場。あとからフィロストレイトや侍者達が登場）

シーシアス　さて，美しいヒポリタ，吾らの婚儀も間近に迫った。待つ身の楽しさもあと四日，そうすれば新月の宵が来る。それにしても，虧（か）けてゆく月の歩みの，いかに遅いことか！　この逸る心をじらせる。まま母や，やもめよろしく，朽ちはてた老いの身を生きながらえ，若い者に財産を譲るのを邪魔しているようなものだ。

ヒポリタ　でも，四度の日はたちまち夜の闇に融け入り，四度の夜もたちまち夢と消え去りましょう。やがて新月が，み空に引きしぼられた銀の弓さながら，式の夜を見守ってくれましょう。

シーシアス　行け，フィロストレイト，アセンズの若者どもの心を浮きたたせ，快楽の夢に誘うてくれ。憂鬱は葬式に背負わせてやるがよい。蒼白い顔をした輩は，吾らの祝いにふさわしくないからな……

（フィロストレイト退場）

（福田恒存訳，新潮文庫）

(p.74 より続き)

宙ぶらりんな文（懸垂文）

A
[so shall the world go on,
A
To good malignant, to bad men benign,]
B C
[Under her own weight groaning] [till the day
C
Appear of respiration to the just,
C
And vengeance to the wicked, at return
C D
Of him] [so lately promised to thy aid
D E
The woman's seed,] [obscurely then foretold,]
F
[Now amplier known thy saviour and thy Lord,]
G
[Last in the clouds from heaven to be revealed
G H
In glory of the Father,] [to dissolve
H I
Satan with his perverted world,] [then raise
I J K
From the conflagrant mass, [purged] and [refined,]
I
New heavens, new earth, ages of endless date]
L
[Founded in righteousness and peace and love]
M
[To bring forth fruits joy and eternal bliss.]

文構造の複雑さが制御されていることがよくわかる例としてミルトンの『失楽園（*Paradise Lost*）』(XII.537-51）がある。大天使ミカエルが人類の未来についての説明を終える場面である。左の図は文形式のバランスを図式化したものである。各節は大文字（A－M）で表している。それぞれの従属関係に複数の節の関与があり，各節群の最後の節（C, G, I, L）だけが後続の構造の展開の始点として機能している。その効果は，一連の意味の波のようなもので，ある批評家の言葉を借りれば，「波がミカエルの視界に情け容赦なく次から次へと押し寄せてくる」かのようである。そして最後の節（M）にたどりつく。M は統語的に冒頭の節 A に従属する節になっているが，両者の間は「6 階分」の距離である。そのように文法と意味の解析（確定）を著しく遅らせるような複雑な構造はしばしば「宙ぶらりんの(懸垂)文（suspended sentences)」と称される。(T. N. コーンズ（T.N. Corns），1990 に従う）

善人には幸うすく，悪人には幸多く，世はおのが重荷にうめきつつ進む。だが，ついにはただしきものには慰めの日，悪しきものには復讐の日が到来するであろう。それは，先ほど，きみの助けぬしとして約束された女の子孫キリストの，帰ります日である。このおかたは，かの時にはおぼろにのみ預言せられたが，いまはきみの救いぬし，きみの主と，はっきりとわかる。かれは最後には天から雲に乗り，父の栄光をもってあらわれ，邪がれる世とともにサタンを滅し去り，業火の固まりのなかから清め浄めた新天新地，義と平和と愛とを礎とする限りなき時代を起こし，喜びと永遠の祝福の実を結ばせたもうであろう。

（新井明訳『楽園の喪失』大修館書店，1978）

(p.75 より続き)

重要な 2 人称代名詞の切り替え（スイッチング）

- 『リチャード 3 世』（1 幕 4 場）で，クラレンスを殺害した者たちが彼を you と呼び，クラレンスは殺人者の一人一人を thou と呼ぶ。しかし，彼らに対して神の復讐があるぞと脅迫するクラレンスの語りのところで，彼らの怒りを引き起こし，彼らは thou（thee）に切り替える。'And that same Vengeance doth he hurl on thee（その天罰こそ，神がお前の頭上に下したのだ）'。
- 『ヘンリー6 世 第 3 部』（3 幕 2 場）で，エドワード 4 世が彼との結婚を嫌がるグレー夫人を説得しようとする場面で，エドワードが thou だけを使って話を続けた後，彼女のはぐらかしに対し怒った彼は you に切り替えて答えるが，やがては平静さを取り戻す。

EDWARD: Sweet widow, by my state I swear to thee
I speak no more than what my soul intends,
And that is to enjoy thee for my love.
LADY GRAY: And that is more than I will yield unto.
I know I am too mean to be your queen,
And yet too good to be your concubine.
EDWARD: You cavil, widow – I did mean my queen.
LADY GRAY: 'Twill grieve your grace my sons should call you father.
EDWARD: No more than when my daughters call thee mother.

エドワード	率直に言おう。私は魂の底から話しているのだ。あなたを愛人として迎えたいのだ。
グレー夫人	それはできません。あなたの妃になるには身分が卑しすぎますし，愛人になるには誇りが高すぎます。
エドワード	揚げ足を取るな。もちろん私の妃にと言うつもりだった。
グレー夫人	息子たちがあなたを父上と呼ぶことになれば，お心もお痛みでしょう。
エドワード	私の娘たちがあんたを母上と呼んだときの心の痛みもな。

(p.79 より続き)

ジョンソンの手法

ジョンソンの辞書は，当初，非常に好意的に受け入れられたが，以下に示すように，後になってかなり多くの批判を受けることになった。

- 「難語」の伝統を受け継いで，cubiculary（侍従)，estuation（激動状態），esurine（腐食(性)の），incompossibility（矛盾，不整合）のような，英語として確固たる地位を獲得したかどうかが疑わしい，多くのラテン語由来の難解な語が含まれている。
- 引用例文はかなりえり抜かれたものであるが，その語義を明確にするというよりはむしろ，その文学的，道徳的価値にもとづいて選ばれたものである。引用例の半分はシェイクスピア，ドライデン，ミルトン，アディソン，ベーコン，ポープ，聖書の 7 点からのものである。
- いくつかの語義記述の中で難語が使われている（これは序文の中で彼自身が認識している問題である）。例えば estuary の語義にある reciprocates（行き交う）などである。よく知られた例として cough（咳）の語義記述がある，'A convulsion of the lungs, vellicated by some sharp serosity（何らかの急激な漿液（しょうえき）に刺激されて起こる肺の発作）' と説明されている。
- 語義のいくつかには，主観が強く入り込んだがゆえによく知られるようになったものがある(p.78 を見よ)。
- 最後に，ジョンソンはこの辞書を執筆しているうちに紙幅が尽き，集めた例のほぼ半分を省かねばならなかったという問題がある。そのせいで辞書全体の扱いのバランスが崩れた。特に，アルファベットの初めのほうの語の記述に引用例が比較的多めになっている。

以上のような弱点もあったが，この『英語辞典』は真の意味で原理に裏づけられた辞書編集を目指す最初の試みであった。語彙や英語の用法の複雑さが，以前の辞書と比べてより正確に表現されていて，彼が初めて導入した引用を用いる手法が，それ以後ずっと英語辞書の特徴的な慣習となった。

（p.81 より掲載）

SAT UPON（たしなめられて）
Hospitable Host. "Does any gentleman say pudden?"
Precise Guest. "No, sir. No *gentleman* says *pudden*."
（もてなしのよいホスト「プデンをご所望のかたはおられるかな？」｛【訳注】pudden は pudding（プディング）の方言・口語形｝
きちょうめんなゲスト「いやいや，失礼ながら，紳士たるもの，プデンなどとは決して申しません。」）

（p.81 より続き）

守るべき規則

- 彼は，非常に優れた話し手であっても，分詞の *ing* を sing と韻を踏むようにつねに正しく［-ɪŋ］と発音するとは限らない｛【訳注】つまり *ing* の語尾を軟口蓋鼻音［-ɪŋ］ではなく，歯茎鼻音［-ɪn］としてしまう｝ことを指摘して，*ing* を正しく発音するよう推奨している。ただし，語根自体に -ng 語尾を含む singing のような場合は特例として（[sɪŋɪn] と発音することを）認めている。

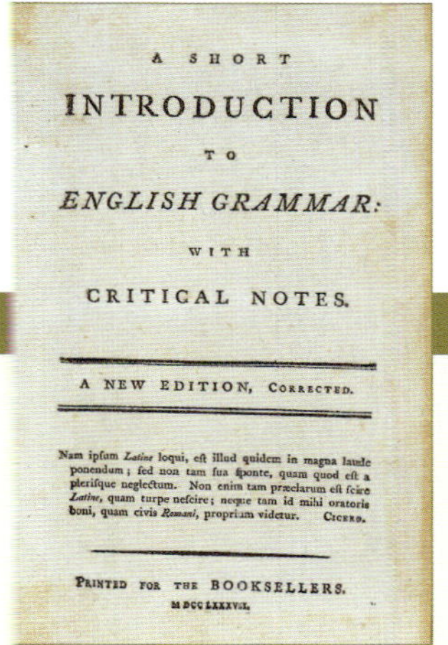

A SHORT
INTRODUCTION
TO
ENGLISH GRAMMAR:
WITH
CRITICAL NOTES.
A NEW EDITION, CORRECTED.
Nam ipsum *Latine* loqui, est illud quidem in magna laude ponendum; sed non tam sua sponte, quam quod est a plerisque neglectum. Non enim tam præclarum est scire *Latine*, quam turpe nescire; neque tam id mihi oratoris boni, quam civis *Romani*, proprium videtur. CICERO.
PRINTED FOR THE BOOKSELLERS.
M DCC LXXXVII.

（p.83 より続き）

堕落は至るところで

A SHORT INTROCDUCTION
TO ENGLISH GRAMMAR:
（簡約英文法入門）
WITH CRITICAL NOTES.
（批評的注釈付き）
A NEW EDITION, CORRECTED.
（修正新版）

Nam ipsum Latine loqui est illud quidem in magna laude ponendum: sed non tam sua sponte, quam quod est a plerisque neglectum. Non enim tam præclarum est scire Latine, quam turpe nescire; neque tam id mihi oratoris boni, quam civis Romani proprium videtur.（言葉遣いの正確さという点では，高く称賛すべきものであるが，それはそのこと自体のためというより，一般にそのことが軽視されているためである。ラテン語を知っていること自体はそれほど立派なことでもない。もちろん，ラテン語を知らないのは恥ずべきことであるが，私が思うに，それは優れた弁論家として恥ずかしいというより，真のローマ市民として恥ずかしいということである。） CICERO.（キケロ）

PRINTED FOR THE BOOKSELLERS.（書籍販売商に代わり印刷されたもの）
M, DCC, LXXXVII.（1787）

（p.86 より続き）

1840-50 年発行の辞書と百科事典

1844 アレクサンダー・リード『英語辞典』（Alexander Reid, *A Dictionary of the English Language*.）

1844 トマス・ウェブスター『家政百科事典』（Thomas Webster, *An Encyclopædia of Domestic Economy*.）

1845 ウィリアム・ボールズ『説明・表音速記文字による英語発音辞典』（William Bowles, *An Explanatory and Phonographic Pronouncing Dictionary of the English Language*.）

1845 シャーリー・パーマー『解剖学・生理学・病理学・臨床内科学・外科学等 5 か国語辞典』（Shirley Palmer, *A Pentaglot Dictionary of Anatomy, Physiology, Pathology, Practical Medicine, Surgery, &c.*）

1845 ジョン・プラッツ『英語類義語辞典』（John Platts, *A Dictionary of English Synonymes*.）

1845 ノア・ウェブスター『英語辞典』（大学生用縮約版）（Noah Webster, *A Dictionary of the English Language*（university abridged edition).）

1846 ウィリアム・ボールズ『表音速記文字による発音辞典』（縮約版）（William Bowles, *A Phonographic Pronouncing Dictionary*（abridged).）

1846 ジョン・T. ブロケット『イングランド北部語彙集』（John T. Brockett, *A Glossary of North Country Words*.）

1846 ロバート・イーデン『聖職者のための神学辞典』（第 2 版）（Robert Eden, *Churchman's Theological Dictionary*(2nd edition).）

1846 B. F. グレアム『英語の類義語』（B. F. Graham, *English Synonymes*.）

1846 ジェームズ・O. ハリウェル『古語・地方語辞典』（James O. Halliwell, *A Dictionary of Archaic and Provincial Words*.）

1846 J. E. ウスター『一般・校訂版英語辞典』（J. E. Worcester, *A Universal and Critical Dictionary of the English Language*.）

1847 H. フォックス・タルボット『英語の語源』（H. Fox Talbot, *English Etymologies*.）

1847 ロバート・サリヴァン『英語辞典』（Robert Sullivan, *A Dictionary of the English Language*.）

1848 ジョン・R. バートレット『アメリカ語法辞典』（John R. Bartlett, *Dictionary of Americanisms*.）

1848 ジョン・ボーグ『帝国英語語彙集』（John Boag, *The Imperial Lexicon of the English Language*.）

1848 アーサー・B. エヴァンズ『レスターシャー州の語彙』（Arthur B. Evans, *Leicestershire Words*.）

1848 サミュエル・モーンダー『自然史宝典あるいは生きた自然の大衆向け辞典』（Samuel Maunder, *Treasury of Natural History, or Popular Dictionary of Animated Nature*.）

1849 著者不詳『ダラム州ティーズデール地方の語彙集』（Anonymous, *A Glossary of Words used in Teesdale, Durham*.）

1849 J. R. ビアド『国民聖書辞典』（J. R. Beard, *The People's Dictionary of the Bible*.）

1849 ジョン・クレイグ『英語新・一般・語源・工学・発音辞典』（John Craig, *A New, Universal, Etymological, Technological, and Pronouncing Dictionary of the English Language*.）

1849 ジョン・イーディー『聖書百科事典』（John Eadie, *Biblical Cyclopædia*.）

1850 アレクサンダー・バリル『法律辞典・語彙集』（Alexander Burrill, *A Law Dictionary and Glossary*.）

(p.87 より続き)

国際的標準

87 年前，われわれの父祖たちは，この大陸に，自由の理念において宿り，すべての人は平等に作られているという命題にささげられた，新しい国家を，生み出した。いまわれわれは重大な内戦を戦っており，その中にあって，この国が，あるいは，同様の自由の理念のもとに宿り，同様の命題にささげられたすべての国家が，末永く存続できるかどうかの試練にさらされているところである。われわれはその戦争の一大激戦地で相会している。われわれは，この国が永く続くようにと切望して，ここで自分の命を犠牲にした人びとのための最後の安息の地として，この戦場の一部をささげるためにここに来た。われわれがこれをするのはまことに適切であり，また妥当なことである。しかし，さらに大きな意味においては，われわれは，この地をささげることも，清めることも，あるいは，神聖なものとしてあがめることもできないのである。ここで戦った勇敢な人たちが，生き残った人も，亡くなった人も，この地を聖なる場所にしたのであって，微力なわれわれには，それにいささかもつけ加えたり，減じたりすることはできない。われわれがここで述べることについて，世界はほとんど注意を払うことはないであろうし，また永らく記憶にとどめることもないであろう。しかし彼らがここでなしたことについては，決して忘れられることはないのである。ここで戦った人びとが，これまでこれほど高貴に推し進めてきた未完の仕事に，ここで身をささげるべきなのは，むしろ生きているわれわれ自身である。むしろわれわれ自身こそ，われわれの前途に残されている大事業に，ここで身をささげるべきなのである。それはつまり，これらの名誉ある戦死者が最後の全力を尽くして専念した大義に対して，彼らの意を受け継いでわれわれがさらにいっそう専念すること，これら戦死者の死を無駄死にとさせないことをここに堅く決意すること，この国に，神のもと，新たな自由を生み出さしめると決意すること，そして，人民の，人民による，人民のための政治をこの地上から消滅させはしないと決意すること，である。

(p.88 より続き)

ジョッシュ・ビリングズ

衝突

The word 'kolide,' used bi ralerode men, haz an indefinit meaning tew menny folks. Thru the kindness of a nere and dear frend, i am able tew translate the wurd so that enny man ken understand it at onst. The term 'kolide' is used tew explain the sarkumstanse ov 2 trains ov cars triing tew pass each uther on a single trak. It is ced that it never yet haz bin did suckcessfully, hence a 'kolide.'

鉄道員が使う「衝突する」(‘kolide’ 【訳注】=collide) という語は多くの人にとって意味がはっきりしない。近しい親友としての親切心から，誰もが即座に理解できるようにその語を翻訳してさしあげよう。「衝突する」という語は単線の線路を 2 両の車両がお互いにすれ違おうとするような状況を説明するのに使われる。これまで車両がうまくすれ違うことに成功したことはなく，したがって「衝突」が起こると言われる。

ラバ

The mule is haf hoss, and haf Jackass, and then kums to a full stop, natur diskovering her mistake. Tha weigh more, akordin tu their heft, than enny other kreetur, except a crowbar. Tha kant hear enny quicker, not further than the hoss, yet their ears are big enuff for snow shoes. You kan trust them with enny one whose life aint worth enny more than the mules.

ラバは馬とロバを交配させた雑種であるが，自然の摂理に逆らった過ちのためか，繁殖能力のないラバは子孫を残せず，そのあとが続かない。また，その重量に関して言えば，ほかのいかなる動物より目方がある。そうは言っても重いかなてこほどではないが。馬に比べるとすばやく聞き分ける聴力はないが，そのくせ耳はかんじきをつけられるほど大きい。ラバと同じようにその命がたいした値打ちもない人にならラバを託すことができる。

(p.89 右上図の訳)

EGYPTIAN HALL,（エジプシャン・ホール,）
PICCADILLY.（ピカディリー）

Every Night（except Saturday）at 8,（毎晩（土曜日を除く）8 時,）
SATURDAY MORNINGS AT 3（土曜午前 3 時）

Artemus Ward（アーティマス・ウォード）
AMONG THE MORMONS.（モルモン教徒の間で）

During the Vacation the Hall has been carefully Swept out, and a new Door-Knob has been added to the Door.
（休館中にホールは入念に清掃され，ドアには新しいドアノブを設置しております。）

MR ARTEMUS WARD will call on the Citizens of London, at their residences, and explain any jokes in his narrative which they may not understand.
（アーティマス・ウォード氏はロンドンの市民を各住居に訪ね，彼の話に出てくるジョークの中で理解できないものがあれば説明してくれます。）

A person of long-established integrity will take excellent care of Bonnets, Cloaks, & c., during the Entertainment; the Audience better leave their money, however, with Mr WARD; he will return it to them in a day or two, or invest it for them in America, as they may think best.
（興行の間にお帽子，コートなどは，経験豊かな誠実をモットーとする係の者がお預かりいたします。ただし，観客の皆様はウォード氏に金銭をお預けになることをお勧めします。一両日中にお返しするか，よろしければ，米国で投資させていただきます。）

☞ Nobody must say that he likes the Lecture unless he wishes to be thought eccentric; and nobody must say that he doesn't like it unless he really is eccentric.（This requires thinking over, but it will amply repay perusal.）
（変わり者だと思われるのがおいやなら，いい講話だとは言わないようにお願いいたします。また，本当に変わり者でないのなら，気に入らないとは言わないようお願いいたします。（よく考えないと意味がおわかりにならないかもしれませんが，十分に熟読に値するものです。））

The Panorama used to Illustrate Mr WARD'S Narrative is rather worse than Panoramas usually are.
（ウォード氏の講話中に図解説明で用いるパノラマは通常のパノラマに比べ，やや見劣りします。）

Mr WARD will not be responsible for any debts of his own contracting.
（ウォード氏はご自分で請け負われた債務には責任を負われません。）

(p.89 の訳)

アーティマス・ウォードからプリンス・オブ・ウェールズへ

親愛なる 英国皇太子様へ。私のことを覚えていらっしゃいますね。何年か前カナディー {【訳注】Canady=Canada} でお目にかかりましたね。私もあなたのことを覚えています。ひとさまのことを忘れることはめったにありません。

アレクサンドリー {【訳注】Alexandry=Alexandra} 王女とのご結婚のことをお聞きしまして，お祝いのお手紙をさしあげようと思ったのですが，今夏は納屋を建てるのに忙しく，どなたにも手紙を書く暇がありませんでした。ごめんなさい。

お目にかかって以来，わが国ではさまざまな変化がありました。じっさい，国家は病んでいます。何か腫物（不正）にでも冒されてしまっているのではないかと思うことがあります，殿下。

私どもの国では戦争をしておりますが，貴国ではアロバーミー号 {【訳注】Alobarmy=Alabama。アラバマ号は南軍の発注により英国で建造された軍艦} のセムズ艦長 {【訳注】Raphael Semmes。南北戦争時の海軍軍人。アラバマ号艦長} と連携して，中立的立場を維持しておられる！ …

その通り，わが国は戦争中であり，真の愛国者たるもの，犠牲を払わねばなりません，断固として。

私はすでに二人のいとこを戦争で亡くしましたし，妻の兄弟を犠牲にする覚悟もできております。南軍が鎮圧されるのを見られないよりその方がましです。そしてもし万一，私が 1 滴でも血を流すようなことになれば，強壮な親族が戦争を遂行せねばなりません。誰かが訴追されて，責任を追及されるべきだと思いますが，ほかの誰より戦争を訴追すべきだと思います。{【訳注】「遂行する」も「訴追する」もいずれも 'prosekoot (=prosecute)'。多義語を利用したジョーク。} 私はジョークが発作的に出始めたら止まらなくなってしまいますので，私を止めようとしても無駄ですよ。

きっと徴兵のことは聞いておられるかと思います，殿下。不快に思われたかと思いますが，適切に行われたと思います。どんな階級だろうが徴兵されるのですから…

私どもの町には日刊紙がありませんが，女性のための慈善裁縫会があり，同じ目的に応じるものですので，誰が徴兵されるかということで長く気をもむということはありませんでした…

アーティマス・ウォード

(p.90 より続き)

言語に対する態度

- I did so like your long handsome note four or five days ago. I do so thank you for your kindness. There! there are 2 sentences with 'so' in them not followed by 'as', as Mr Gaskell says they ought to be. I will make them one grammatical sentence, & have done. I am so much obliged to you as to be incapable of expressing my obligation but by saying that I am always–Yours most truly, E. C. Gaskell (Letters, 1854.)
（4～5 日前のあなたの長文の丁重なお手紙はとてもよかったです。ご親切，心から感謝いたします。ほら！ここには 'so' のあとに 'as' が続かない文章が 2 つあり，ギャスケル氏は 'as' が続くべきだとおっしゃいます。これらの文章を文法的な 1 つの文にしてみようと思い，そうしてみました。御礼の申し上げようもないほど感謝しております。言い尽くせませんが謹んで申し上げます。敬具。E. C. ギャスケル）
（『書簡集』（1854））
- もう 1 つ忘れてはならないことがある。すなわち，われわれは話し言葉としての英語と書き言葉としての英語を区別しなければならないということである。会話においては単に許容されるというだけでなく，なくてはならない表現が，書き言葉としては通例用いられないという例が数多く存在する。例えば，会話では，cannot の代わりに can't，will not にかえて won't，is not でなく isn't と誰でも言うが，書物の中ではこれらの縮約形を目にすることは，会話のやり取りを描写した場合は別として，まずありえない。
（ヘンリー・オールフォード（Henry Alford），『女王英語（*The Queen's English*）』（1869），論点 94）

(p.96 より続き)

関係詞の新たな相対的価値観

概して，関係詞 that の使用が許される箇所では which を使わない方が，書く際によりスムーズに書ける。

しかし，この変化のさらなる要因として，ここ数十年の間に起こった，書き言葉の「口語化（colloquialization)」とでも呼ぶべき流れが大きくなってきたことも考えられよう。1 世代前なら改まった場面での使用が不適切であるとみなされた構文（例えば，動詞の縮約形など）が今ではしばしば見受けられる。したがって，which という表現が，何かより改まった表現形式であろうという連想が働いてしまい，その結果，この関係詞の衰退に拍車をかけることになり，よりくだけた that に置き換えられてしまったとも考えられる。規範を重んじる日頃の習慣がかえって言語使用において略式に向かうという一般的傾向を助長するということになると，これはきわめて特異なな成り行きと言える。

（L. ヒンリヒス，B. スムレチャニィと A. ボーマン（L. Hinrichs, B. Szmrecsanyi & A. Bohmann），2015 に従う）

(p.96 より続き)

新しい法，新しい気分

法助動詞（modal verbs）(p.224) の中にはその使用の型が変化してきているものがある。Shall，must，そして may は，特にアメリカ英語において，ここ数十年の間に話し言葉でも書き言葉でも大きく衰退している。現代口語英語の通時コーパスを用いたある研究によると，1960 年から 1990 年の間に，あらゆる種類のテキストにおいて，must の使用が 51 パーセント，shall は 45 パーセント，may は 36 パーセント，それぞれ減少している。それらはいずれも，have to, be going to, want to や，口語体なら hafta, gonna, wanna などの半法助動詞構文（semi-modal constructions）にとって代わられている。

直観的には，われわれはこの変化を感じとっており，そのように指摘されればそれとわかるはずである。以下に，must が have to に置きかえられた 3 種類の例をあげる。

義務（obligation）を表すもの：

You must be more careful（もっと注意しなくてはいけない）
[authoritarian: 'I'm telling you']（権威主義的：「言っておくが」）
You have to be more careful（もっと注意しなくちゃ）
[more sympathetic: 'I'm worried about you']（より同情的：「心配してるんだよ」）

出来事についての確信（confidence in an event）を表すもの：

The calculation must be right（計算の結果は間違っていないはずだ）
[='I'm totally confident it is']（「絶対に自信がある」）
The calculation has to be right（計算に間違いはないはずだけど）
[='I have a lurking doubt it might not be']（「ひょっとしたら正しくないかもしれないというひそかな疑念を抱いている」）

確認（affirmation）を表すもの：

I must say you're wrong（あなたは間違っていると言わざるを得ない）
[='You need to know I hold this view']（「私のこの見解をぜひ知っておいてほしい」）
I have to say you're wrong（あなたは間違っていると言っておかなきゃならない）
[='I'm rather reluctant to tell you']（「言いたくはないけれど」）

いずれの場合も，must より have to のほうが積極的関与の度合いが弱まるということである。社会的にも心理的にも，相手との関係が対等になり，別の見方もあるのだと忖度するような，気持ちの変化が起こっているように思われ，世界に対する見方がより自己中心的でなくなってきているように感じられる。

（J. クロースと B. アーツ（J. Close & B. Aarts），2010 に従う）

(p.128 より続き)

何が 1 つの語と見なされるか?

ほかの種類の難しさもいくつかあげることができる。

- 意味が問題を難しくする:bear(動物のクマ)と bear(「支える」という動詞)は明らかに別の語だが,lock(ドアについている錠)と lock(運河にある閘門)は別の語だろうか? high tea(夕方にお茶とともにとる軽い食事),high priest(大司祭/主導者),high season(価格の 1 番高い時期)の high は同一の語だろうか?
- 用法(ここではつづり方)が問題を難しくする:われわれは,時には flowerpot(植木鉢),またある時には flower pot,そして別の時には flower-pot と書く。
- イディオムが問題を難しくする:もし,1 つの語は 1 つの明確な意味をもっていると主張するならば,get my act together(段取りよく進める)や get my own back(怒る)は(明確な意味をもつ語に分解できないのだから)いくつの語からなるのだろうか?

こうした種類の問題からして,語数を見積もるには――特に英語辞書の掲載語数についての対立する主張を評価するときには――,慎重を期することが肝要である。同様に,これらの問題は,語彙論研究者にとっては仕事に取り組む際に興味深い難題となる。

(p.129 より続き)

	ウェブスター	OED
sabbatarianism(安息日厳守(主義))	●	●
sabbatary(安息日に関係する,ユダヤ教の安息日を遵守するキリスト教徒)		●
sabbath(安息日,休息(の時間))	●	●
sabbathaism(サバタイ派(の教義))		●
sabbatharian(安息日を厳守する人,特にセブンスデーバプティスト派の信徒)	●	●
sabbatharie(安息日に関係する,ユダヤ教の安息日を遵守するキリスト教徒)		
sabbath day(安息日,休息(の時間))	●	
sabbath-day house(安息日の家(礼拝と礼拝の間に礼拝者が暖まるために建てられた家))	●	
sabbath-day's journey((ユダヤ人に許された)安息日の旅行行程)	●	
sabbathine(安息日に関係する/影響する)		●
sabbathize(安息日または休息の時間を遵守する)		●
sabbathless(安息日のない,休日のない)	●	●
sabbathly 1(安息日ごとに起こる)	●	●
sabbathly 2(安息日ごとに)	●	●
sabbath school(宗教的な教育のために安息日に開かれる学校)	●	
sabbatia(リンドウ科のサバチア属(の草本))	●	●
sabbatian 1(サバティウス派支持者(復活祭と過越しの祝いはキリスト教徒とユダヤ教徒によって同時に行われるべきと考えた))	●	●
sabbatian 2(サバタイ派の信奉者,サバタイ派に関係する)	●	●
sabbatianism(サバタイ派(の教義))		●
sabbatic(安息日の,安息日にふさわしい)		●
sabbatical 1(安息日の,安息日にふさわしい)	●	●
sabbatical 2(安息の年,(大学・協会などの)サバティカル)	●	
sabbatically(安息日のように,安息日にふさわしく)		●
sabbaticalness(安息日であること)		●

(p.130 より続き)

略語の種類

扱いにくい例

p.130 に示した 4 つの範疇に明確には分類されない略語。あるものは頭文字略語としても頭字語としても用いられる(UFO(未確認飛行物体)は「ユー・エフ・オー」とも「ユー・フォー」ともいう)。あるものは,4 つの範疇のいくつかを組み合わせている(CD-ROM(読み出し専用コンパクトディスク)は「シー・ディー・ロム」と発音される)。接辞を用いることで,より大きな語の一部になるものもある(ex-JP(元ジェット・パイロット),pro-BBC(英国放送協会びいき),ICBMs(大陸間弾道ミサイル(intercontinental ballistic missile の複数形)))。書き言葉のみで用いられる略語もある(Mr(氏),St(聖/通り)――話し言葉ではつねに「ミスター」,「セイント/ストリート」のように省略せずに発音される)。

滑稽な例

TGIF(やれやれやっと金曜日だ(Thank God It's Friday))

CMG(私を神と呼べ(Call Me God))(正しくは,Companion of St Michael and St George(聖ミカエル・聖ジョージ 3 等勲爵士))

KCMG(どうか私を神と呼んでください(Kindly Call Me God))(正しくは,Knight Commander of St Michael and St George(聖マイケル・聖ジョージ上級勲爵士))

GCMG(神は私を神と呼ぶ(God Calls Me God))(正しくは,Grand Cross of St Michael and St George(聖ミカエル・聖ジョージ 1 等勲爵士))

そしてなにより

AAAAAA(愚かな略語とばかな頭字語を緩和するための協会(Association for the Alleviation of Asinine Abbreviations and Absurd Acronyms))

(p.132 より掲載)

ウィガン (Wigan) は何を意味するだろう？

下に列挙されているのは，つねに大文字で始まり，そのため固有名詞であると考えられるであろうさまざまな場所の名称である。しかし，これらのそれぞれが，ある特定の場所を指すということに加えて，一定の意味をもっているという点で，それぞれに「語彙的」な何かがあるようだ。おのおのについて，指されている場所を知っている人が「――は何を意味しますか？」と尋ねるならば，一般的に一致した答が返ってくるであろうことを予測できる。対照的に，例えば，英国の人びとからの一致した応答を期待しながら，「ウィガン (Wigan) は何を意味しますか？」――ウィガンはあまり広く知られていないイングランドのランカシャー州にある都市のことだが――と尋ねることは意味がない（もちろん，ウィガン――またはほかのどこでも――についての個人的に理解可能な連想をもつことは完全にありうるが）。次の一覧にはウィガン (Wigan) のような仲間はずれが 1 つある（必要であれば最後にある解答を見よ）。

- Black Hole (of Calcutta)（1756 年に 100 人以上のヨーロッパ人が閉じ込められ一夜で死んだとされる）
- Broadway（米国の演劇界）
- Dartmoor（ダートムーアの刑務所）
- East End（ロンドン東部の人口過密区域）
- Fort Knox（軍用地で米国の金塊貯蔵施設がある）
- Greenwich Village（ニューヨーク市マンハッタン区の南部の芸術家の多い街）
- Hyde Park Corner（ロンドンのハイドパークの東南の交通量の多い街角）
- Iron Curtain（かつてのソ連およびその同盟国とヨーロッパ諸国の間に存在した情報や思想の障壁。また，情報・思想・知識・文化などを伝達する際の障壁）
- Madison Avenue（米国の広告業の中心地。米国の広告業界も指す）
- Mason-Dixon Line（米国の奴隷制度廃止前は自由州と奴隷州の，現在は北部と南部の境界線）
- Mayfair（ロンドンの高級住宅地）
- Number 10（英国首相官邸の住所であることから，英国政府や英国首相）
- Pearl Harbor（日本海軍による攻撃から，奇襲攻撃）
- Scotland Yard（1890年まで Great Scotland Yard（通りの名）にあったことから，ロンドン警視庁またはその刑事捜査部）
- Soho（ロンドン中心部にある歓楽街）
- Third World（米国・旧ソ連に属さなかった国や発展途上国などの第 3 世界。また，国や社会の中での少数派）
- West Bank (Middle East)（欧米ではウェスバンクと呼ばれる中東のヨルダン川西岸の地区。1967 年以降イスラエルが占領していた）
- West End（高級住宅，官公庁，ショッピング街があるロンドン西部の地区）
- Wrexham（レクサム（ウェールズ北東部の町））

テストの解答：Wrexham

(p.133 より続き)

あなたのレキシコンはどれくらいの大きさか

挿絵　ラルフ・ドブソン (Ralph Dobson)
このページの訳を下段に示す。

It Pays to Enrich Your Word Power

BY PETER FUNK

SHARPEN up your vocabulary and bite back with a well-chosen retort. Tick the word or phrase you believe is *nearest in meaning* to the key word. Answers are on the next page.

(1) **fob off**—A: to tell off. B: be lazy. C: deceive. D: exchange.
(2) **enigmatic** (en ig MAT ik)—A: cruel. B: unreliable. C: perplexing. D: odd.
(3) **collate**—A: to adjust. B: edit. C: coincide with. D: arrange systematically.
(4) **awry** (uh RYE)—A: whimsical. B: backward. C: painful. D: not straight.
(5) **vixen**—A: shrewd person. B: unfortunate child. C: ill-tempered woman. D: evil spirit.
(6) **traduce**—A: to praise. B: misrepresent. C: walk over roughly. D: tempt.
(7) **maladroit** (mal uh DROYT)—A: mean. B: clumsy. C: graceful. D: angry.
(8) **panegyric** (pan uh JIR ik)—A: fright. B: eloquent praise. C: nostalgia. D: multi-talented person.
(9) **jape**—A: joke. B: sharp sarcasm. C: dishonest act. D: memento.
(10) **hyperventilate**—A: to air. B: be overactive. C: pump out quickly. D: breathe rapidly.
(11) **fortuitous**—A: happy-go-lucky. B: inevitable. C: chance. D: unlucky.
(12) **aversion**—A: fear. B: hobby. C: criticism. D: intense dislike.
(13) **avant-garde**—A: pioneers. B: protective group. C: barrier. D: absolute limit.
(14) **ennui** (on WE)—A: boredom. B: irony. C: nonchalance. D: pretence.
(15) **permutation**—A: permission. B: alteration. C: stable combination. D: seepage.
(16) **indoctrinate**—A: inject. B: lead forward. C: teach. D: fertilize.
(17) **demise** (dih MIZE)—A: improper act. B: destruction. C: distortion. D: termination.
(18) **validate**—A: to confirm. B: examine. C: seize. D: honour.
(19) **euphemism** (yew fem is'm)—A: praise. B: roundabout expression. C: cheerfulness. D: prudery.
(20) **facsimile** (fak SIM ĭ lee)—A: stand-in. B: pattern. C: fake. D: exact copy.

11

ILLUSTRATION: RALPH DOBSON

(It pays〜の部分) 語彙力を豊かにすることは報われる
ピーター・ファンク (Peter Funk) 著
(SHARPEN up your vocabulary〜の部分) 語彙を磨いて，適切な言葉で当意即妙に言い返そう。キーワードに最も意味が近いと思う語句に印をつけなさい。答えは次のページにあります。【訳注】原著では解答は示されていない。

(1) fob off—A: to tell off（ひどくしかる）B: be lazy（怠ける）C: deceive（欺く）D: exchange（交換する）
(2) enigmatic (en ig MAT ik)【訳注】キーワード直後の（　）内では発音，音節の切れ目，第一強制の位置が示されている。表記は引用元にある通り。】—A: cruel（冷酷な）B: unreliable（信頼できない）C: perplexing（ややこしい）D: odd（異常な）
(3) collate—A: to adjust（合致させる）B: edit（編集する）C: coincide with（〜と一致する）D: arrange systematically（体系的に並べる）
(4) awry (uh RYE)—A: whimsical（気まぐれな）B: backward（後方へ）C: painful（痛みをともなう）D: not straight（まっすぐでない）
(5) vixen—A: shrewd person（切れ者）B: unfortunate child（恵まれない子ども）C: ill-tempered woman（怒りっぽい女性）D: evil spirit（悪霊）
(6) traduce—A: to praise（ほめたたえる）B: misrepresent（不正確に述べる）C: walk over roughly（ひどく扱う）D: tempt（そそのかす）
(7) maladroit (mal uh DROYT)—A: mean（意地の悪い）B: clumsy（不器用な）C: graceful（優雅な）D: angry（怒っている）
(8) panegyric (pan uh JIR ik)—A: fright（恐怖）B: eloquent praise（雄弁な賞賛）C: nostalgia（懐旧）D: multi-talented person（多才な人）
(9) jape—A: joke（冗談）B: sharp sarcasm（痛烈な嫌み）C: dishonest act（不正行為）D: memento（記念物）
(10) hyperventilate—A: to air（公表する，乾かす）B: be overactive（活動的すぎる）C: pump out quickly（素早く大量に作り出す）D: breathe rapidly（速い呼吸をする）
(11) fortuitous—A: happy-go-lucky（呑気な）B: inevitable（避けられない）C: chance（偶然の）D: unlucky（不運な）
(12) aversion—A: fear（恐怖感）B: hobby（趣味）C: criticism（批評，非難）D: intense dislike（激しい嫌悪）
(13) avant-garde—A: pioneers（先駆者）B: protective group（保護基）C: barrier（障壁）D: absolute limit（絶対的な限界）
(14) ennui (on WE)—A: boredom（退屈）B: irony（皮肉）C: nonchalance（無頓着）D: pretence（見せかけ）
(15) permutation—A: permission（許可）B: alteration（変更）C: stable combination（安定した組合せ）D: seepage（しみ出し）
(16) indoctrinate—A: inject（注入する，導入する）B: lead forward（前に導く）C: teach（教える）D: fertilize（肥沃にする，豊かにする）
(17) demise (dih MIZE)—A: improper act（不適当な行動）B: destruction（破壊）C: distortion（ゆがみ）D: termination（終結）
(18) validate—A: to confirm（確認する）B: examine（検査する）C: seize（つかみ取る）D: honour（栄誉を授ける）
(19) euphemism (yew fem is'm)【訳注】最初の音節に第一強勢があるので，本来は，YEW fem is'm が正しい。】—A: praise（ほめること）B: roundabout expression（遠まわしの表現）C: cheerfulness（上機嫌）D: prudery（上品ぶること）
(20) facsimile (fak SIM ĭ lee)—A: stand-in（代役）B: pattern（図形，見本）C: fake（偽造品）D: exact copy（正確な写し）

（p.134 より続き）

共通の核

一般的形容詞：black（黒い），while（白い），wide（幅が広い），long（長い），good（よい），dark（暗い）。
一般的動詞：fly（飛ぶ），drink（飲む），swim（泳ぐ），help（助ける），come（来る），see（見る），eat（食べる），sit（座る），send（送る），sell（売る），think（考える），love（愛する），say（言う），be（いる，ある，である），do（する），go（行く），shove（押す），kiss（口づけする），have（もつ），live（生きる）。

しばしば指摘されてきたように，上記の語の大部分が短く具体的な語であることは，レキシコンの中のアングロサクソン語由来の語彙の際立った文体的特徴である。中には，このリストに「四文字語（four-letter words）」｛【訳注】4 文字からなる卑猥な語をまとめて呼ぶための表現｝がないことに驚く人もいるかもしれない。しかし，fuck（性交する）も cunt（女性性器）も古英語には記録されていないのである（ただし，shit（くそ），turd（くそ），arse（けつ）は古英語にあった）。

（p.134 より続き）

オーウェルほか

イングランドの古典学者ジョン・チーク（John Cheke, 1514-57）も，同じように，「我々自身の言葉は，他言語からの借用語と混ぜて損なうことなく，清潔に純粋に書かれなければならない」（トマス・ホービー（Thomas Hoby）への手紙，1561）と強く主張している。したがって，チークは聖書の翻訳で lunatic（気の狂った）を mooned（気の狂った）に置き換え，centurion（(古代ローマ軍隊の) 百人隊長）を hundreder（百人の長），prophet（預言者）を foresayer（予言者），crucified（磔刑の）を crossed（はりつけの），resurrection（復活）を gainrising（よみがえり）とした。※それから 300 年後，チークの考えはウィリアム・バーンズ（William Barnes）の書きものにおいて無条件の支持を得ることになる（p.135 を見よ）。
｛【訳注】lunatic，centurion，prophet，crucified，resurrection はいずれも古典語由来であるのに対し，チークが代わりに用いた表現はいずれもアングロサクソン語由来である｝

（p.138 より続き）

57 種の接頭辞

方向
anti- -clockwise（[イギリス英語] 反時計まわりに），-social（反社会的な）
auto- -suggestion（自己暗示），-biography（自伝）
contra- -indicate（〈薬や療法〉に対して禁忌を示す），-flow（対向分流（一方の車線を閉鎖して，対向車線側を対面交通にして車を流すこと））
counter- -clockwise（[アメリカ英語] 反時計まわりに），-act（打ち消す）
pro- -socialist（社会主義を支持する），-consul（(古代ローマの) 属州総督；(現代の) 植民地総督，副領事）

場所と距離
extra- -terrestrial（地球外の），-mural（城壁外の；構外の）
fore- -shore（前浜（まえはま），なぎさ），-leg（(動物・昆虫の) 前肢；(椅子の) 前脚）
inter- -marry（(〈異なる人種・宗教の者同士が〉結婚する；近親結婚をする），-play（相互作用）
intra- -venous（静脈（内）の），-national（国内（だけ）の）
pan- -African（汎アフリカ（主義）の），-American（汎米（主義）の）
super- -script（上つき（の）），-structure（上位構造）
tele- -scope（望遠鏡），-phone（電話（機））
trans- -plant（移植（する）），-atlantic（大西洋横断の，大西洋の対岸の）

時間と順序
ex- -husband（前の夫），-president（前大統領）
fore- -warn（前もって注意する），-shadow（兆候（を示す））
neo- -Gothic（新ゴシック様式の），-classical（新古典主義の）
paleo- -lithic（旧石器時代の），-botany（古植物学）
post- -war（戦後の），-modern（ポストモダニズムの（的な））
pre- -school（就学前の；保育園，幼稚園），-marital（結婚前の）
proto- -type（原型，見本），-European（原始ヨーロッパの）
re- -cycle（再循環（させる），リサイクル），-new（一新する）

数
bi- -cycle（自転車），-lingual（バイリンガル（の））
demi- -god（半神半人），-tasse（デミタス（濃いコーヒー用の小型カップ））
di- -oxide（二酸化物），-graph（二重音字）
mono- -rail（モノレール），-plane（単葉機）
multi- -racial（多民族の），-purpose（多目的の）
poly- -technic（諸工芸の，科学技術の），-gamy（複婚，（特に）一夫多妻）
semi- -circle（半円），-detached（半分離れた）
tri- -maran（三胴のいかだ舟，三胴船），-pod（三脚，三脚台）
uni- -sex（男女共用・共通の），-cycle（一輪車）

文法的転換｛【訳注】接頭辞付加によって語の品詞が変わることを表す。｝
動詞から形容詞へ
a- -stride（またがって），-board（搭乗して）
名詞から動詞へ
be- -friend（〜の友になる，助ける），-witch（〜に魔法をかける）
en- -flame（〜を燃え上がらせる，燃え上がる）｛【訳注】inflame とも。p.138 のコラム「燃えるものか？」も参照｝，-danger（危険にさらす）

（p.142 より続き）

何とかという物や何とかという人

whatnot（そのほかいろいろなもの，何やかや）
whosis（何とかという人・もの；あれ，なに）
whosit（何とかさん）
whosits
widget（小型装置，仕掛け）

さらに，鋭い耳の持ち主であれば（というのも，こういう語はとても速く言われるからであるが）gobsocket, jiminycricket，さらには thingummycallit というあざやかな（さらに言えば言語学の教授による）混成語｛【訳注】thingummy + whatchamacallit の混成｝のような独特の例も耳にすることになるだろう。

(p.144 より続き)

ジョイスの「ホーホー　この人を見よを模倣して」[※1] (ECHECHOHOES OF JOYCE)

また，次はもう少し複雑なゲームである。

長い従属節を最低5つと括弧を3つか4つ使って，ジョイス的夢多言語（oneiroglot）で1文を構成しなさい。その際，マルティン・ルター（Martin Luther）の左足の6本指という伝説の起源を主題としなさい。また，ルターを鳥と楽器の両方に見せるようにしなさい[※2]。

バージェスのこたえは次の通りである。

To bigsing mitt[※3] (and there are some of sinminstral hexacordiality who have cheeped Nine! Nine! to so supernumerapodical a valgar halluxination of their Herro[※4]) it was harpbuzzing tags when, achording to Fussboden and Sexfanger[※5], the gamut and spinet of it was (A! O! says Rholy with his Alfa Romega) that funf went into sox, and Queen Kway was half dousin to her sixther[※6], so that our truetone orchestinian luter (may his bother martins swallow rondines[※7] and roundels of chelidons[※8] and their oves[※9] be eaved on the belfriars[※10] deptargmined not to be housemartined by his frival sinxteres[※11] (Ping! wint the strongs of the eadg be guitarnberg)[※12], put hexes on his hocks and said sex is funf[※13], which is why he aspiered to a dietty of worms[※14] and married anon[※15] (Moineau![※16] Consparrocy![※17]) after he had strummed his naughntytoo frets on the door (fish can nosh tenders) and was eggscomeinacrated[※18].

大合唱のスタートは（殿様のアマツバメ的超数々の低俗な幻覚に，ない！　ない！　と鳴いた六価親和性のある罪歌いたちもいて）ハープのざわつくリフレイン，でも足地さんと性牙さんによれば，ピアノの主旋律は次のもの（ダンゴムシのロールス・ローリーがアルファ・ロメガと共に「アー！オー！」）。フンフンおかしなことがソックスに入ってしまって，ケイウェイ女王が自分の半シスターに半分突っ込んでね，それで我らが真調オーケストラ人のリュート弾きは（仲間のイワツバメたちがツバメ石を飲み込んで，その卵が鐘楼にかかげられますように），つまらぬライバル六罪シスターたちにイエツバメにされぬよう心を決め，（はじの強弦がビューン！とギター山に入った時に）自分の脚に魔法をかけて6（セックス）は5（ファン）だと言っちゃった。それで，おいしい虫たちのところに飛んでいったり，結婚したり（すずめだ！策謀すずめだ！），教会の扉へこれも行儀悪いフレットをかき鳴らしたりして（魚もフライは飲み込めるからね），破門されてしまったとさ。

補足

※1：このコラムの日本語訳と補足解説は，福岡眞智子氏（日本ジェイムズ・ジョイス協会）の全面的協力によるものである。
{【訳注】ecce homo はラテン語で Behold the man!「見よ，この男だ。」（いばらの冠をかぶったキリストを指してローマ帝国の総督ピラトがユダヤ人の群衆に言ったことば；ヨハネの福音書 19：5）。また，ECH には，HCE：Here Comes Everybody（『フィネガンズ・ウェイク』の意識の本体・睡眠中の主体，男主人公，巨人）や Humphrey Chimpden Earwicker（アイルランド俗謡 'Finnegans Wake' で唄われるレンガ職人の Tim Finnegan の生まれ変わり。歴史上のあらゆる落下者）が隠れている。}

※2：下の作品でルターはイワツバメとして出てくるが，これは Martin を martin（イワツバメ）と掛けたもの。また，Luther を luter（リュート弾き）と掛けて，リュート弾きとしても出てくる。ルターは実際にリュートを弾いたし，また，人に迫る誘惑を鳥の姿にたとえたという。さらに隠れ住んでいたヴァルトブルグの山城を「鳥の国」と呼んでいた。

※3：ドイツ語 mitt は with にあたるので，ここには to begin with が隠れているか。

※4：sinminstral (sin+minstrel+-al)，hexa- (6)，Nine（ドイツ語で Nein と読める），supernumerapodical（super + numerical + apodi），Herro（ドイツ語の男性敬称 Herr と読める）

※5：fuss（「大騒ぎ」だがドイツ語で Fuß「足」と読める），sex（「性，性交」だがドイツ語で Sechs「6」と読める）

※6：dousin は douse＋sin / dozen / cousin，sixther は sixth + finger / six + brother (or mother or father) / sixth + sister (or brother) と読むことができる。ここには，「6本の足指」というゲームの主題だけでなく，『フィネガンズ・ウェイク』を踏まえた近親相姦の含みが読み取れる。

※7：イタリア語で「ツバメ」

※8：古典ギリシャ語 χελιδών（ツバメ）に由来するラテン語 chelidonius は，伝承に現れる「スズメの石（swallow stone）」を指す。民間療法に使われる石で，お守りの働きもあるとされる。

※9：oves はラテン語で ovis「羊」の複数形であるが，英語 ovum（卵）とも読めるか。

※10：belfry（鐘楼）+ friar（托鉢修道士）+ friarbird（［鳥］ハゲミツスイ）

※11：イワツバメは人家の壁に巣をかけるので house martine とも呼ばれる。

※12：eadg は四弦ギターやリュートのチューニングに関係するものか。guitarnberg は guitar + and + berg + Gutenberg と読むことができ，ルターの『95か条の論題』も聖書のドイツ語訳も，グーテンベルクの活版印刷のおかげで広く読まれるようになった。g から始めて g で終わる語にしてある。

※13：英語なら sex is fun と読め，ドイツ語なら Sechs ist Fünf と読める。

※14：the Diet of Worms（ヴォルムス帝国会議）との掛け言葉

※15：ルターは元修道女（a nun）だった女性と結婚した。

※16：フランス語の「スズメ」

※17：conspiracy（策謀）+ sparrow（スズメ）。『グリム童話』に “The Sparrow and His Four Children” という話があり，その話はルターの教えに沿う父スズメのことばで締めくくられている。

※18：eggs + come + in + a + crate + -ed と読めるが，excommunicated も隠れている。

(p.145 より掲載)

糖衣バス（The Icingbus）

the littleman
with the hunchbackedback
creptto his feet
to offer his seat
to the blindlady

people gettingoff
steered carefully around
the black mound
of his back
as they would a pregnantbelly

the littleman
completely unaware
of the embarrassment behind
watched as the blindlady
fingered out her fare

せむしの背の
小男が
よろよろ立ち上がって
目の見えない女性に
席を譲った

下りる人たちは
妊娠した腹をよけるように
男の背の
黒いこぶを
注意深くよけて通った

小男は
背後の気まずさには
何も気づかずに
目の見えない女性が
運賃を手探りで取り出すのを

ピーター・エドワーズ（Peter Edwards）によるリヴァプール詩人グループの肖像（1985）：（左から）エードリアン・ヘンリー（Adrian Henry 1932-2000），ロジャー・マガフ（Roger McGough 1937-），ブライアン・パッテン（Brian Patten 1946-）。

見ていた

muchlove later he suggested
that instead
ofa wedding-cake they shouldhave a miniaturebus
made outof icing but she laughed
andsaid that buses werefor travelling in
and notfor eating and besides
you cant taste shapes.

たくさんの愛のあとで彼が
ウェディングケーキの代わり
に糖衣でできたバスを食べよう
と言うと彼女は笑って
言ったバスは乗りもので食べもの
じゃないしそれに
形を味わうことなんてできないわ

（ロジャー・マガフ，1967）

(p.145 より掲載)

オーウェル的複合語法（Orwellian Compoundspeak）

times 3.12.83 reporting bb dayorder doubleplusungood refs unpersons rewrite fullwise upsub antefiling

「タイムズ 83・12・3 bb 勲功報道　倍超非良　言及　非在人間　全面方式書直　ファイル化前　上託」

ニュースピーク（Newspeak）方式で書かれたこのメッセージは，ジョージ・オーウェルの『一九八四年（*Nine-teen Eighty-Four*）』の中でウィンストン・スミス（Winston Smith）のもとに書き直しを求めて送られてくるものの 1 つであるが，これはオールドスピーク（Oldspeak）（標準英語のこと）で次のように書き直されている。

The reporting of Big Brother's Order for the Day in *the Times* of December 3rd 1983 is extremely unsatisfactory and makes references to non-existent persons. Rewrite it in full and submit your draft to higher authority before filing.

「一九八三年十二月三日づけ《タイムズ》に掲載された〈ビッグ・ブラザー〉による“勲功通達”についての報道はきわめて不十分なものであり，実在しない人物に言及している。全面的に書き直した上で、ファイルに綴じ込む前に上層部に付託すること。」

ニュースピークでは，日常用語からなる「A 語彙群」，イデオロギー的な「B 語彙群」，科学技術用語からなる「C 語彙群」という 3 種類の語が使われる。B 語彙群を構成するのはもっぱら複合語である。オーウェルによるとそれは「速記語とでも呼ぶべきもので，しばしば広範囲にわたる観念全体を数音節に詰め込んでいながら」，「その使用者に望ましい心構えを押しつける」ことを目的としている。

例えば：

doublethink（二重思考），goodthink（良思考（する）），oldthink（旧思考），crimethink（犯罪思想），oldspeak（オールドスピーク），speakwrite（口述筆機），thoughtcrime（思考犯罪），sexcrime（性犯罪），prolefeed（プロールの餌；大衆に供給されるくだらない娯楽やごまかしニュースのこと），dayorder（日命），blackwhite（黒白），duckspeak（アヒル語法；アヒルのようにガーガーしゃべること）

これらの語は通常の方法で屈折させることができ，例えば，goodthink（良思考；オールドスピークでいう「正説」）から次のような形を作ることができる: goodthinking（良思考している），goodthinkful（良思考に満ちた），goodthinkwise（良思考の点で），goodthinker（良思考者），good-thinked（良思考をした）（ニュースピークには不規則形はない）。

次のようなニュースピーク語は，2 つの構成語彙素のどちらか一方もしくは両方が切り取られた形になっているので，複合語というよりは混成語（p.140）である。

Pornsec（'Pornography Section' ポルノ課），Ficdep（'Fiction Department' 創作局），Recdep（'Records Department' 記録局），thinkpol（'Thought Police' 思考警察）

『一九八四年』は，こうした語が何百もあるかのような印象を与える。確かに，登場人物のサイム（Syme）は，ニュースピーク辞典第 11 版を編纂するという巨大な仕事を請け負っていることになっている。しかし実際は，ニュースピーク語は小説とその巻末の中に全部で数十しかない（そのうちのいくつかはくり返し使われてはいるが）。

{【訳注】引用符内やいくつかの特定表現の日本語訳について，高橋和久訳『一九八四年』（早川書房，2009）を参考にした。}

(p.147 より掲載)

歴史上の料理

飲食物の用語の発展には，英語圏の国々と世界の他地域との間の文化接触の歴史が反映されていて興味深い。(G. ヒューズ (G. Hughes)，1988 による)

	食べ物	飲み物
	tacos (タコス)，quiche (キッシュ)，schwarma (シャワルマ) {【訳注】焼いた肉を薄く切りパンなどで挟んだトルコ由来の肉料理。アラブ諸国，イスラエルなどの呼び名でトルコ語ならドネル・ケバブ}，pizza (ピザ)，osso bucco (オッソブーコ)	
1900	paella (パエリア)，tuna (ツナ)，goulash (グラーシュ)	
	hamburger (ハンバーガー)，mousse (ムース)，borscht (ボルシチ)	Coca Cola (コカコーラ)
	grapefruit (グレープフルーツ)，éclair (エクレア)，chips (フライドポテト)，bouillabaisse (ブイヤベース)，mayonnaise (マヨネーズ)	soda water (炭酸水)
	ravioli (ラビオリ)，crêpes (クレープ)，consommé (コンソメ)	riesling (リースリング)
1800	spaghetti (スパゲティ)，soufflé (スフレ)，bechamel (ベシャメルソース)，ice cream (アイスクリーム)，kipper (キッパー)，chowder (チャウダー)	tequila (テキーラ)
	sandwich (サンドイッチ)，jam (ジャム)	seltzer (セルツァ水)
	meringue (メレンゲ)，hors d'oeuvre (前菜) welsh rabbit (チーズトースト)	whisky (ウイスキー)
1700	avocado (アボカド)，paté (パテ)	gin (ジン)
	muffin (マフィン)	port (ポートワイン)
	vanilla (バニラ)，mincemeat (ひき肉)，pasta (パスタ)	champagne (シャンパン)
	salmagundi (サルマガンディー)	brandy (ブランデー)
	yoghurt (ヨーグルト)，kedgeree (ケジャリー)	sherbet (シャーベット水) {【訳注】イギリス英語。氷菓を指すのはアメリカ英語の用法で，イギリス英語ではそちらは sorbet や water ice と呼ぶ。}
1600	omelette (オムレツ)，litchi (ライチ)，tomato (トマト)，curry (カレー)，chocolate (チョコレート)	tea (茶)，sherry (シェリー)
	banana (バナナ)，macaroni (マカロニ)，caviar (キャビア)，pilav (ピラフ)，anchovy (アンチョビ)，maize (トウモロコシ)，potato (ジャガイモ)，turkey (七面鳥)	coffee (コーヒー)
	artichoke (アーティチョーク)，scone (スコーン)	sillabub (シラバブ)
1500	marchpane (marzipan) (マジパン)，whiting (ホワイティング)，offal (くず肉)，melon (メロン)，pineapple (パイナップル)，mushroom (キノコ)，salmon (サーモン)，partridge (ヤマウズラ)	
中英語	venison (鹿肉)，pheasant (キジ)	muscatel (マスカテル (ワイン))
	crisp (クリスプ)，cream (クリーム)，bacon (ベーコン)，biscuit (ビスケット)，oyster (牡蠣)	rhenish (rhine wine) (ラインワイン)
	toast (トースト)，pastry (ペストリー)，jelly (ゼリー)，ham (ハム)，veal (子牛肉)，mustard (辛子)，beef (牛肉)，mutton (羊肉)，brawn (赤身の肉)，sauce (ソース)，potage (ポタージュ)，broth (だし汁)，herring (ニシン)	claret (クラレット)
	meat (食肉) {【訳注】この語は古英語では (飲料に対する) 食べ物一般を指していた}，cheese (チーズ)	ale (エール)
古英語	cucumber (キュウリ)，mussel (ムール貝)	beer (ビール)
	butter (バター)，fish (魚肉)	wine (ワイン)
	bread (パン)	water (水)

(p.151 より続き)

イングランドの地名における地勢的要素

インヴァネス

海岸の事物
ey（島），holme（小島），hulme（小島），hythe（港），naze（岬），ness（岬），port（港），sea（海）

例
Bardsey（バードジー島），Greenhithe（グリーンヒザ），Sheerness（シアネス），Southport（サウスポート），Southsea（サウスシー）

NR ウィデクーム

牧草地や開拓地
combe（囲い地），croft（小さな囲い地），den（牧草地），ergh（放牧地），field（牧草地），ham（牧草地），haugh（囲い地），hay（囲い地），ing（牧草地），land（土地），lease（共同地），lock（囲い地），meadow（草地），rick（稲むら），ridding（開拓地），rode（開拓地），shot（奥まった場所），side（広々とした），thwaite（開墾地），wardine（囲い地），worth（囲い地），worthy（囲い地）

例
Applethwaite（アップルスウェイト），Cowden（カウデン），Smallworthy（スモールワージー），Southworth（サウスワース），Wethersfield（ウェザーズフィールド）

ビーミンスター

建物や石
brough（砦），burton（要塞のある農場），caster（砦），church（教会），cross（十字架），kirk（教会），mill（水車），minster（修道院），stain（石），stone（石），wark（砦）

例
Crossthwaite（クロススウェイト），Felixkirk（フェリックカーク），Newminster（ニューミンスター），Staines（ステインズ），Whitchurch（ホイットチャーチ）

注
- この欄で扱った要素はすべてさまざまなつづりで現れる。例えば，古英語の beorg「丘，塚」は *bar-*，*berg-*，*-ber*，*-berry*，*-borough*，*-burgh* のようなつづりになる。上では（Thornborough のように）そのうちの 1 つだけが与えられている。
- いくつかの要素は同じ形をしているが，古英語の異なる語に由来するため異なる意味をもつ。例えば *-ey* は，ea「川」と eg「島」という 2 つの語から別々の経路で発達した。ある地名の中で使われているのがどちらの意味なのかを判定するのは必ずしも容易ではない。
- この表では，地名の語頭，語中，語末での形の違いは区別していない。例えば古英語の leah「森，森中の空き地」は，（*Lee-* または *Leigh-* として）地名の語頭に現れることもあれば，（*-leigh*，*-ley* として）語末に現れることもあれば，（Leigh のように）単独で現れることもある。

（K. カメロン（K. Cameron），1961 による）

(p.154 より掲載)

シェイクスピアゆかりの土地

重要な場所の名づけに普通使われるのは，支配者，政治家，探検家，軍人，船乗りである。地名に芸術家や作家や作曲家の名前が少ないのは目立つほどであり，Viola（ビオラ）や Othello（オセロ）などシェイクスピアの登場人物の何人かは米国の小さな町の名に生きているが，シェイクスピア本人の名は大体忌避されてきている。カナダに Shakespeare Island（シェイクスピア島）という場所があり，オンタリオ州ストラトフォード（Stratford）の近くには Shakespeare（シェイクスピア）という小さな町があることはある。しかし，オーストラリアの人里離れた奥地に新たな町を作ることになったとして，そこに Shakespeare という名前をつける――Shakespeare でなくても，Chaucer（チョーサー）でも Britten（ブリテン）でも Elgar（エルガー）でも Constable（コンスタブル）でもよいが，そうした名前をつけることは，はたして適切なことに思えるだろうか？

オンタリオ州シェイクスピア，1989 年

(p.158 より続き)

エリザベスの一族

Elizabeth の人気は，2017 年時点では米国を中心に回復の兆しを見せているとはいえ，2000 年代初頭から翳りが見えてきた。これは特に英国についてはちょっとした驚きで，なぜなら Elizabeth は 20 世紀の最も有名な二人の英国人女性，国王ジョージ 6 世の妻となったエリザベス・ボーズ・ライアン（Elizabeth Bowes-Lyon）と，女王エリザベス 2 世となった彼女の娘の名前だからである。

結び
「人は必ず名前のとおりに成長する。私の場合，エリック（Eric）と呼ばれてきたことの効果を払い落すのに 30 年を要した。もし，女の子に美しく成長してほしいと願うのなら，私ならその子をエリザベスと名づけるだろう…」（ジョージ・オーウェル（George Orwell），本名エリック・ブレア（Eric Blair）の書簡）。

(p.159 より続き)

苗字で遊ぶ

下の詩行は，アーネスト・ウィークリー（Ernest Weekley）の『なまえのロマンス（*The Romance of Names*）』（1914）に掲載されている，ジェームズ・スミス（James Smith）なる人による詩の一部分から取ったものであるが，古くから続く言葉遊びの伝統を引き継いでいる。

人はかつてなりや身分で苗字を与えられた。
（歴史に聞けば，例を教えてくれよう）
大男ルイス（Lewis the Bulky）にヘンリー大王（Henry the Great），
失地王ジョン（John Lackland）に隠者ピエール（Peter the Hermit）
だが今や，紳士淑女の表札にあるものは，
もち主のなりわいともなりともなすべきこととも違っていて，
苗字は「正反対ルール」で与えられるかのようだ。
〔【訳注】例えば box には「平手やこぶしの一撃」の意味があるので，Mr Box は名前からすればそのようなことをする人だと期待されるということ。Mrs Golightly の名前は Go lightly と読むことができ，Mr Gotobed の名前は Go to bed と読むことができる。〕

ボックスさん（Mr Box）は挑発されてもこぶしを握りもしない。
バーンズさん（Mr Burns）の炉には薪がない。
プレイフェアさん（Mr Playfair）に賭けの現場を取り押さえられることはなく，
カワードさん（Mr Coward）は勇気の翼を広げて決闘へと進んでいった。
ワイズさん（Mr Wise）が馬鹿で，
キングさん（Mr King）がホイッグ党員とくる。
コフィンさん（Mr Coffin）はまれに見るほど元気者。
どでかいリトルさん（Mr Little）の馬車は，
太ったゴライトリー夫人（Mrs Golightly）を乗せている時に故障した。

バーカーさん（Mr Barker）は海の魚のように沈黙し，
マイルズさん（Mr Miles）が旅に出ることはない。
ゴートゥベッドさん（Mr Gotobed）は夜明け前まで起きていて，
メイクピースさん（Mr Makepeace）は代理人へと仕立て上げられた。
ガーディナーさん（Mr Gardiner）には花と茎の区別もつかず，
ワイルドさん（Mr Wild）は臆病そうに尻込みする。
ライダーさん（Mr Ryder）はいつも徒歩で旅をして，
フットさん（Mr Foote）はいつも乗馬の旅。

(p.160 より続き)

名づけの流行

- 宗教と関わりのある名前は一大勢力である。旧約聖書の名前（Joseph（ジョゼフ），Ruth（ルース），Eve（イヴ），David（デーヴィッド）），新約聖書の名前（Mark（マーク），John（ジョン），Mary（メアリー））〔【訳注】聖書では Mark は「マルコ」，John は「ヨハネ」，Mary は「マリア」として出てくる〕，聖人の名前（Teresa（テレサ），Bernadette（ベルナデッタ），Francis（フランシス），Dominic（ドミニク））があり，中でも多いのは守護聖人の名前（George（ジョージ），David（デーヴィッド），Andrew（アンドルー），Patrick（パトリック））である。これと同じ影響は，ユダヤ教・キリスト教圏の外からきた英語を話す移民においても観察される：Krishna（クリシュナ），Arjun（アルジュン，アルジャン），Sanjay（サンジャイ），Shakti（シャクティ），Kanti（カンティ）（以上ヒンドゥー教より），Surinder（スリンダー），Rupinder（ルピンダー）（以上シク教より），Muhammad（ムハンマド），Abdallah（アブダッラー，アブドゥッラー）〔【訳注】Abdullah とも。Abd Allah という２語からなり，abd は「仕えるもの」を表すので，Abd Allah で「神に仕えるもの」「神をたたえるもの」の意味になる。〕（以上イスラム教より）。
- 文学も目立った影響を与えうる。それは，Alice（アリス）（ルイス・キャロル（Lewis Carrol）の作品），Justine（ジャスティーン）（ローレンス・ダレル（Lawrence Durrell）の作品），Rhett（レット）（マーガレット・ミッチェル（Margaret Mitchell）の『風と共に去りぬ（*Gone With the Wind*）』）といった名前が使われてきた歴史を見るとわかる。ただ驚くべきことに，シェイクスピアの登場人物の名前はこれまでほとんど使用されていない。知り合いで，Portia（ポーシャ），Romeo（ロミオ），Cordelia（コーディーリア），Hamlet（ハムレット）といった名の人が何人いるだろうか？
- 映画，テレビ，大衆音楽は，間違いなく今日最も強い影響力をもっている。スターの名前（Marlon（マーロン），Marilyn（マリリン），Cary（ケアリー），Kylie（カイリー），Elvis（エルヴィス））や彼らが演じる役の名前が名づけに用いられている。
- 中には，特定の伝統のもとで好ましく思われない（が，別の伝統のもとでは好ましく思われることもある）名前もある。例えば，Luther（ルーサー）や Calvin（カルヴィン）といったプロテスタント名はカトリック教の家庭では通常は使われないだろう（ただし，この関連性はアフリカ系米国人の間ではそれほど強いものではないが）。

また，タブーとなっているために英語圏ではほぼ普遍的に忌避される名前もある（Judas（ユダ，ジューダス），Adolf（アドルフ），Lucifer（ルシフェル）〔【訳注】堕落した大天使で，Satan と同一視される。〕）。

(p.162 より掲載)

ヴァレンタインカードのことば

これは，1993 年 2 月 14 日の『インディペンデント・オン・サンデー（*The Independent on Sunday*）』の 1 ページから，ヴァレンタイン・デーのメッセージを抜粋したものである。これほど特異なあだ名が作られることは，たぶんこの日をおいてほかにないだろう＊[1]。これらのメッセージでは，あだ名以外にも，ことばの全側面（p.426）において奇妙で逸脱的な特徴が使われていることが目につく＊[2]。

WATCH OUT SCHNOOTER Mr Sniperty Snooperty is after you. All my love Sausage.
SCMALISON, carling chemist contemplates coupling with languid linguist.
RITA FROM THE HEELANDS love you still yobread.
KAREN, LOVE YOU loads, your white Wooly Ram.
FIRST, MEWSING; then courting; now ingling; love, C.
THE SWEETIEST kiss I can give you after a shooting star.
IN PLAY RUB Mooma Vooma ook ook R.
KITBAG Six smashing years, love you more, Div.
PETER IS YUMMY, the coley was scrummy, muffet.
LESLIE LOVE YOU more as Mrs M. Jcx.
HAPPINESS IS two size six and twelve paws.
WENDY. Happy Valentines Love Mark and Rover. ARF.
ALISON, tie your shoelaces to my shoelaces. Love you always Dave.
DEAR CRED, the mother-ship loves you.
PERFECT IS amazing your amazing love beb.
PUDSO I STILL fancy you love from pert.
MARY, over here at last, with me for ever. Andrew.
IAN sausages for ever. Love cold footed mole.
ELBOW, ILY, IILWY, YMMW. Festive 50 No1 1990.
ALL MY LOVE Cuddly Chops, from Kevin Costner.
LOVING YOU, MY puppy. Is the most wonderful emotion I possess. Yours always, your Bondigowee.
STINKY VAMP, you're my little love Bubble, Kevin.
COME DOWN FROM THAT fence and sip the wine, no need to call me Terence, just be mine.
TO TEEB, with love from the far shores. USA Dobbins Inc.
BOAT EVANS you bring out the be（a）st in me Hunky man.
MAUREEN DARLING WIFE our magic continues to tingle and blossom I love you James.
DEAR LADY JANE, the red robin loves you.
SYLVIA Tenth year. Still care. Still there. Toge.
FROM AFAR? Secret squirrel feeder will always be loved & missed.
TOOTS CHESHAM The slide, the rain finding you. I love you, Chris.
IRENE THINKING OF you, all my love always, Glyn.
TANT VOTRE IMAGE à jamais chère habite en ce coeur tout à vous.
DOLLY DONUT, my love for you grows each day. I am the luckiest man in the world to have you for my wife. 42R.
FREDDIE, YOU CAN STICK your fingers in my chocolate heart any time you donner-stag pet.
MUMMY 2B, you're the top! Love Daddy 2b.
RATFINK weely weely wuv yoo tonz fwom woooo!
DARLING KIRSTY, CLOSER together, though perceptions still differ. All my love, Simon.
JAY first March too long love now. Gee.
SNOWBALL YOU STILL warm this Hippo's heart.
JAN TATTERED and torn but not forlorn. Love Alan, Derek, Graham.
MY NISH, one kish is all, I wish.
I LOVE YOU G Happy valentines Love E.
WINDOWS, SHIPS, FROGS, all could make your valentine.
MINIMUS MUM, I love you, Dads.
GOOD MORNING Squeaky mouse Happy Valentines love Bear.
SPARKLES I LOVE YOU HUGS and kisses Peter.
S.W.，I LOVE you madly. Be mine forever, S.P.
CLAIRE T-of-B in admiration Manqué Puzzle.
TO TWEETIE PIE from Bear... let's snog.
BUZZY BEE – Love from mine to yours.
RSK I love you even more. We will make great things in 93 and onto Down Under.

【訳注】
＊1　メッセージには，基本的に，①相手への呼びかけ，②メッセージ内容，③送り手の名前の 3 つが含まれているが，①～③のどの部分にも特異なあだ名が使われている可能性がある。例えば，左端列の 1 番上にある「Schnooter よ，ご注意，Mr Sniperty Snooperty が追っている。ありったけの愛をこめて Sausage より。」というメッセージなら，アルファベットのまま残している部分はすべて特異なあだ名と言える。
＊2　例えば，通常とは異なる語順や主語の脱落といった統語的な逸脱，通常のコロケーションとは異なる意味的・語彙的な逸脱，通常大文字で始める語を小文字で始めるなどの正書法的な逸脱が見られる。また，その送り手と受け手にしか解読できない暗号的なものもある。

(p.165 より続き)

語になった地名

duffle coat（ダッフルコート）：アントワープのダッフル（Duffle）より。
gauze（ガーゼ）：イスラエルのガザ（Gaza）より。
gypsy（ジプシー）：エジプト（Egypt）より。
hamburger（ハンバーガー）：ドイツのハンブルグ（Hamburg）より。
jeans（ジーンズ）：イタリアのジェノヴァ（Genoa）より。
jersey（ジャージー）：チャンネル諸島のジャージー（Jersey）より。
kaolin（カオリン，高陵石）：中国の高嶺（Kao-ling）より。
labrador（ラブラドルレトリーヴァー）：カナダのラブラドル（Labrador）より。
lesbian（レズビアン）：エーゲ海諸島のレスボス島（Lesbos）より。
marathon（マラソン）：ギリシャのマラトン（Marathon）より。
mayonnaise（マヨネーズ）：ミノルカ島のマオン（Mahón）より。
mazurka（マズルカ）：ポーランドのマゾヴィア（Mazowia）より。
muslin（モスリン）：イラクのモスル（Mosul）より。
pheasant（キジ）：ジョージアのファシス（Phasis）より。
pistol（ピストル）：イタリアのピストイア（Pistoia）より。
rugby（ラグビー）：英国のラグビー校（Rugby）より。
sardine（サーディン）：サルデーニャ（Sardinia）より。
sherry（シェリー）：スペインのヘレス（Jerez）より。
suede（スエード革）：スウェーデン（Sweden）より。
tangerine（タンジェリン）：タンジール（Tangier）より。
turquoise（トルコ石，ターコイズ）：トルコ（Turkey）より。
tuxedo（タキシード）：ニューヨークのタキシードパーク・カントリークラブ（Tuxedo Park Country Club）より。
Venetian blind（ベネチアンブラインド）{【訳注】日本では一般的にブラインドと呼ばれている}：イタリアのヴェニス（Venice）より。

(p.166 より続き)

型破りな辞書

B24 名詞と動詞：眼の各部位

eyebrow（眉）［C（可算）］人間の左右２つの眼の上にある一連の毛。He has very thick dark eyebrows; they make him look fierce.（彼はとても太い眉をしているので，どう猛に見える。）
eyelid（まぶた）［C（可算）］左右の眼を閉じる際に降りる一片の皮膚。Fish do not have eyelids and some creatures have more than one on each eye.（魚にはまぶたがないが，生物によってはそれぞれの眼に複数のまぶたがある。）He blinked his eyelids to clear his eyes.（彼はまばたきして眼の曇りを除いた。）
eyelash（まつ毛）［C（可算）］人間やほとんどの有毛動物の個々のまぶたの端に生える一連の短い毛。 The eyelashes keep dust from the eyes.（まぶたは眼をホコリから守る。）I have an eyelash in my eye; it's hurting my eye.（眼にまつ毛が入って，眼が痛い。）
eyeball（眼球）［C（可算）］頭部の中にある部分を含む眼の全体を指し，ほぼ球形をしている。
pupil（瞳孔）［C（可算）］眼の中の色のついた部分の中央で拡大・縮小し，そこから光が入ってくる黒く丸い小さな開口部。
iris（虹彩）瞳孔のまわりにある，眼の丸く色のついた部分。
white（白目）［C（可算）］虹彩のまわりにある眼の白い部分。人間の眼ではつねに見えているが，ほかの動物の場合は見えないことが多い。The whites of his eyes were bloodshot from lack of sleep.（彼の眼の白目の部分は睡眠不足で充血していた。）The frightened horse showed the whites of its eyes.（おびえた馬は白目をむいた。）
blink **1**（まばたく）［T1; I0（他動詞：自動詞）］多くの場合に強い光，驚き，涙などのために（眼を）すばやく開閉する。She blinked (her eyes) in surprise.（彼女は驚いて（眼を）まばたきした。）**2**［I0（自動詞）］（比喩）（遠い光が）不安定である，すばやくついたり消えたりする。The ship's light blinked at us across the water.（船の灯が離れた水面で私たちに向かってまたたいていた。）**3**［T1; I0（他動詞：自動詞）］米語　ウィンクする。**4**［C（可算）］まばたきをすること。The blink of an eye.（眼のまばたき。）
wink **1**（ウィンク）［T1; I0（他動詞：自動詞）］親愛や愉快の感情，秘密の共有などを表現するために，時に頭のすばやくかすかな動きとともに（片方の眼を）さっと開閉する。He winked his left eye.（彼は左目でウィンクした。）She winked at him and smiled.（彼女は彼にウィンクして微笑んだ。）**2**［C（可算）］その仕草。He gave a friendly wink.（彼は親しげにウィンクをした。）

B25 名詞：鼻の種類［C（可算）］

Roman nose（ローマ鼻，わし鼻）
Roman nose（ローマ鼻，わし鼻）鼻筋の上部に近い位置が高くカーブした鼻
retroussé nose（反り鼻）
retroussé nose（反り鼻）下部が上に反った鼻
snub nose（団子鼻）
snub nose（団子鼻）鼻先が上に反った短く低い鼻

(p.169 より続き)

眼で見る辞典

ゴシック教会
louver board（羽板）
bell tower（鐘楼）
rose window（ばら窓）
tracery（はざま飾り）
stained glass（ステンドグラス）
gallery（桟敷）
spire（尖塔）
belfry（鐘室）
flying buttress（飛控え）
gable（切妻壁）
trefoil（三つ葉装飾）
order（柱式）
lintel（まぐさ，鴨居）
splay（隅切り）
tympanum（アーチとまぐさの間の空間）
portal（表玄関入口）
pier（支柱）
pier（支柱）

(p.170 より続き)

恋人を呼ぶ 50 の方法

joy（喜び）(1600年)
sparrow（すずめ）(1600年頃)
bawcock（いいやつ）(1601年頃)
nutting（木の実，かわいい人）(1606年)
tickling（くすぐり，喜び）(1607年)
bagpudding（おどけ者，まぬけ）(1608年)
dainty（珍味，ごちそう）(1611年)
flitter-mouse（コウモリちゃん）(1612年)
pretty（きれいな人）(1616年)
old thing（きみ，あなた）(1625年)
duckling（子ガモ）(1630年)
sweetling（可愛い小さなもの，おまえ）(1648年)
pet（お気に入り）(1767年)
sweetie（恋人）(1778年)
cabbage（かわいいもの）(1840年)
prawn（エビ，おバカさん）(1895年)
so-and-so（誰かさん）(1897年)
pumpkin（カボチャ，大事な人）(1900年)
pussums（ネコちゃん）(1912年)
treasure（宝物，大切な人）(1920年)
sugar（砂糖，おまえ）(1930年)
lamb-chop（子羊肉，おまえ）(1962年)
(D. クリスタル（D. Crystal），2014より)

（p.169 より続き）

（p.169 Ⓐの続き）

rumour（うわさ）, unverified news（確証のないニュース）, unconfirmed report（未確認の報告）；flying rumour（飛び交ううわさ）, fame（名声）；hearsay（伝聞）, gossip（ゴシップ）, gup（うわさ話）, talk（うわさ）, talk of the town（町中のうわさ）, tittle-tattle（雑談）584n. *chat*（雑談）；scandal（よくないうわさ）926n. *calumny*（中傷）；noise（風評）, cry（うわさ）, buzz（ざわめき，うわさ）, bruit（雑音，うわさ）；false report（誤報）, hoax（でっちあげ）, canard（デマ）；grape-vine（口コミ）；kite-flying（反応を探るための情報発信）.

message（伝達事項）, oral m.（口頭による伝達）, word of mouth（口コミ）, word（ことづて）, advice（忠告）, tip（助言）524n. *information*（情報）；communication（交信）547n. *signal*（合図）；marconigram（無線電報）, wireless message（無線連絡）, radiogram（無線電報）, cablegram（海外電報）, cable（海外電報）, telegram（電報）, wire（電報）, lettergram（書信電報）531n. *telecommunication*（遠距離通信）；letter（手紙）, postcard（はがき）, letters（手紙，新聞や雑誌などへの投書）, despatches（速達便）588n. *correspondence*（手紙による通信）；ring（電話をかけること）, phone-call（通話）；errand（使い走り）, embassy（公的使命）751n. *commission*（指令）.

newsmonger（うわさ好き，ゴシップ屋）, quidnunc（せんさく好き）, gossip（うわさ好き）, talker（よく話す人）584n. *interlocutor*（対話者）；tattler（うわさ話をする人）, chatterer（おしゃべりする人）；scandalmonger（悪口を言いふらす人）926n. *defamer*（誹謗中傷する人）；retailer of news（ニュースやうわさを言いふらす人）, newspedlar（ニュースやうわさの行商人）；newsman（新聞記者）, news-hound（熱心にネタを追う記者）, news reporter（取材記者）, reporter（取材して報告する人）, sob-sister（感傷的な記事専門の記者）, special correspondent（特派員）589n. *author*（著者）；newsboy（新聞売り，新聞配達の少年）, newsagent（新聞雑誌販売業者）, newsvendor（新聞売り）.

（ダッチ（Dutch），1962）

（p.169 Ⓑの続き）

latest n., stop-press n.；sensation, scoop, exclusive（独占記事）；old news, stale n.；copy, filler；yarn, story, old s., tall s.；newscast, newsreel 528 *publicity*；news value, news-worthiness（話題性）.

rumour, unverified news, unconfirmed report；flying rumour, fame；on dit（うわさ（フランス語「人が言う」））, hearsay, gossip, gup, talk, talk of the town, tittle-tattle 584 *chat*；scandal 926 *calumny*；whisper（ないしょ話）, buzz, noise, bruit；false report, hoax, canard；grapevine, bush telegraph（速い口コミ，太鼓・のろしなどを使った伝達法）；kite-flying.

message, oral m., word of mouth, word, advice, tip 524 *information*；communication 547 *signal*；wireless message, radiogram, cablegram, cable, telegram, telemessage（電話電報）, wire, fax（ファックス）, electronic mail（電子メール）531 *telecommunication*；postcard, pc（ハガキ，postcard の略）, note（短い手紙）, letters, dispatches（速達便）588 *correspondence*, 531 *postal communications*（郵便による通信）；ring, phone call, buzz（ブザー音，電話をかけること）, tinkle（チリンチリンという音，電話をかけること）；errand, embassy 751 *commission*.

news reporter（取材記者）, newspaperman *or* -woman（新聞記者（男性または女性））, reporter, cubr.（新米記者）, journalist（ジャーナリスト）, correspondent（特派員）, legman（取材係）, stringer（非常勤の通信員）589 *author*；gentleman *or* lady of the press（報道関係の皆様（男性または女性））, pressman *or* -woman（報道員（男性または女性））, press representative（報道機関の代表）524 *informant*（情報提供者）；newsreader（ニュース番組のアナウンサー）, newscaster（ニュースのアナウンサー・解説員）531 *broadcaster*（テレビやラジオで放送する人）；newsmonger, quidnunc, gossip, tittle-tattler（ぺちゃくちゃ雑談する人）, talker 584 *interlocutor*；tattler, chatterer；muckraker（醜聞を暴く人）, scandalmonger 926 *defamer*；retailer of news 528 *publicizer*（宣伝する人）；newsagent, news-vendor, newspaper boy or girl（新聞配達の男の子または女の子）.

（カークパトリック（Kirkpatrick），1987）

（p.170 より続き）

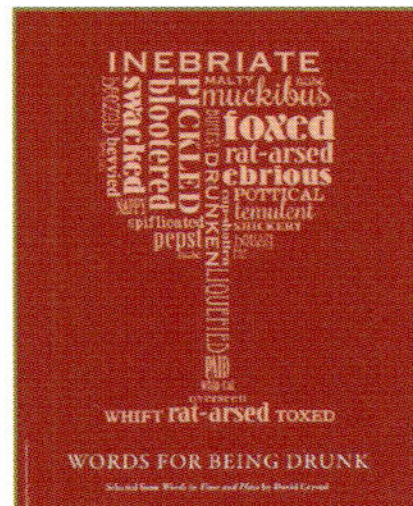

酩酊に関連する語
inebriate　大酒飲み，のんだくれ，muckibus［古，俗］酔っ払った，swacked［口］酒・麻薬で酔った，rat-arsed［口，俗］酔いつぶれた，blootered［スコットランド用法］酔った　など

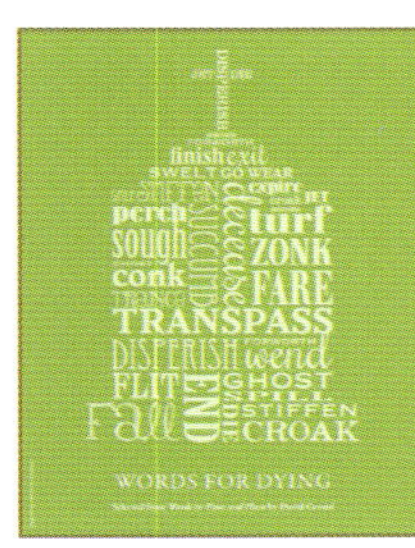

死に関連する語
zonk（酒や薬で）前後不覚の状態，perch（鳥の止まり木から）休息する，transpass　消え去る，croak［俗］くたばる，死ぬ，succumb［to～］屈する，（(病名など）の ために）死ぬ　など

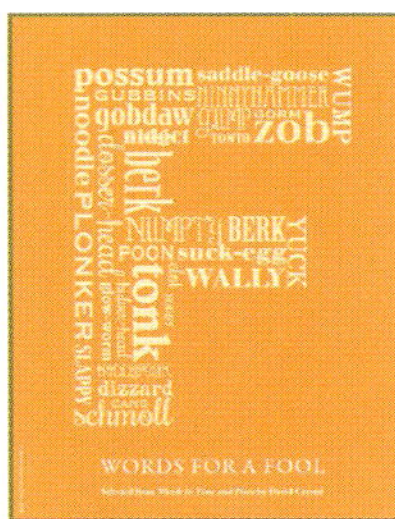

バカに関連する語
berk［俗］まぬけ，noodle（人の頭を表す俗語）ばか，plonker［英，俗］ばか者，saddle-goose［古］（ガチョウに鞍をつける）ばか者，glow-worm 光を発する小昆虫，土ボタル　など

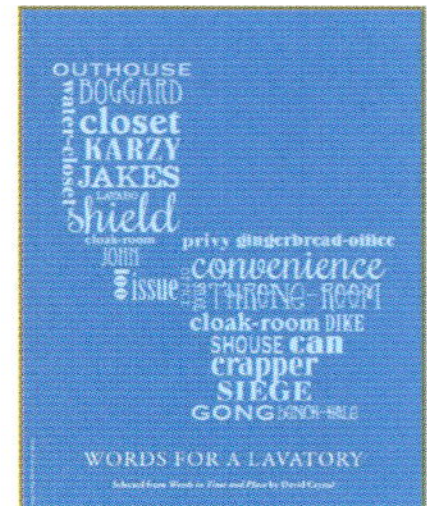

トイレに関連する語
outhouse　屋外便所，water-closet 水洗便所，privy　トイレ，convenience［婉曲］（公衆）便所，john［口］〈the ～〉トイレなど

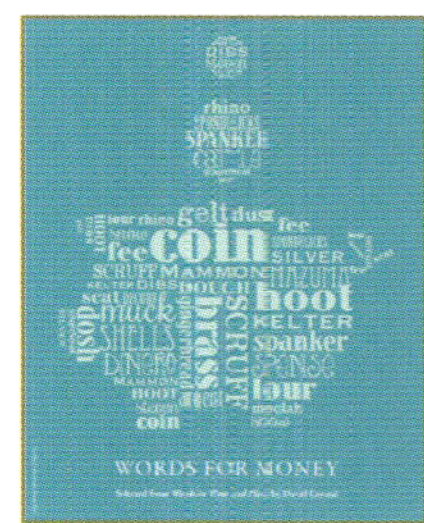

お金に関連する語
dibs（複数扱い）お金，dough［口］現ナマ，silver　銀貨　金銭，rhino［英俗］現金，spanker　金貨，コインなど

［【訳注】貯金箱（piggy bank）は豚の形をしているものが多い。］

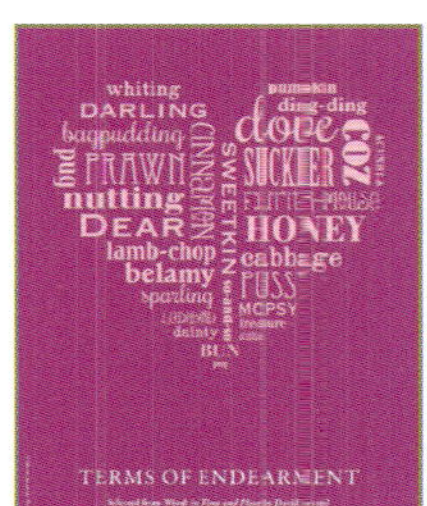

愛情に関連する語
belamy［フランス語由来］親友，mopsy　かわいい子，dove（ハト）柔和で清純な人や子ども，pumpkin（かぼちゃ）大事な人，honey（ハチミツ）いとしい人，おまえ　など

（p.174 の全掲）

連想による反応

City（市）から連想された語のリスト

順位	回答	回答数
1	town（町）	353
2	Minneapolis（ミネアポリス）{【訳注】（都市名）}	121
3	state（国家）{【訳注】city state は「都市国家」}	74
4	country（国）	69
5	square（広場）	64
6	people（人びと）	32
7	street（街路）	32
8	St. Paul（セントポール）{【訳注】（都市名）}	24
9	building(s)（ビル）	22
10	block(s)（街区）{【訳注】10 と 19 が同じ語となっているが，異なる意味を表すため区別したものと思われる。著者に確認したところ，10 は距離を表し，19 は 'apartment block' の意味だろうということである}	20
11	big（大きい）	15
12	New York（ニューヨーク）{【訳注】（都市名）}	12
13	bouse(s)（家）	11
14	large（大きい）	10
15	light(s)（灯り）	9
16	noise（騒音）	8
17	farm（農園）	7
18	village（村）	7
19	block（棟）	5
20	Chicago（シカゴ）{【訳注】（都市名）}	5
21	dirty（汚い）	5
22	busy（にぎやかな）	4
23	hall（集会場）{【訳注】city hall は「市役所」}	4
24	traffic（通行，自動車）	4
25	dirt（ほこり，ごみ）	3
26	dump（ゴミ捨て場）	3
27	home（自宅，本社）	3
28	round（丸い，周囲）	3
29	water（水）{【訳注】city water は「水道用水」}	3
30	car(s)（自動車）	2
31	day（日中）	2
32	here（ここ）	2
33	live（住む）	2
34	man（人）	2
35	parks（公園）	2
36	place（場所）	2
37	smoke（煙）	2
38	streetcar（路面電車）	2
39	towers（塔）	2

以下 40 位から 92 位は，すべて 1 件のみ

Ames（エイムズ（都市名）），bustle（ざわめき），club（クラブ），concrete（コンクリート），cop（警官），county（郡），court（法廷），crowds（人込み），dark（やみ），Des Moines（デモイン（都市名）），downtown（繁華街），Duluth（ダルース（都市名）），dust（ほこり），Excelsior（エクセルシオール（カフェの名前）），excitement（興奮），factory（工場），Faribault（ファリボー（都市名）），fun（楽しみ），gas（ガソリン，活力），hard（つらい？），high（高い），hinge（かなめ？），life（暮らし，活気？），map（地図），Memphis（メンフィス（都市名）），metropolis（大都市），Milwaukee（ミルウォーキー（都市名）），Montevideo モンテビデオ（ウルグアイの首都）），New Orleans（ニューオリンズ（都市名）），ocean（大洋），pig（豚野郎？），pipe（パイプ），plant（工場，施設？），population（人口，住民），Preston（プレストン（都市名）），Rochester（ロチェスター（都市名）），RR（ニューヨーク地下鉄の主要路線），rural（田舎の），school（学校），Seattle（シアトル（都市名）），sidewalk（歩道），sin（罪），site（場所），skyscrapers（超高層ビル），snow（雪），stand（屋台？），suburb（郊外），subway（地下鉄），triangle（三角形），urban（都会の），vast（広大な），wells（鉱泉，たまりば），window（窓，ショーウィンドウ）{【訳注】連想する語の回答リストなので，回答者がどのような意味を表すものとしてその語をあげたのかは，複数の可能性もあり，判断できない場合もある。}

（p.175 より続き）

イディオム

have/take a hand in it（それに関わっている／仲間入りする）
have him in the palm of my hand（彼を私の意のままに扱う）
have me eating out of her hand（彼女が私を言いなりにする）
have to hand it to her（彼女に敬意を表す）
his left hand doesn't know what his right hand's doing（[彼が]［仲間などに知らせず］自分一人でことを運ぶ）
his right hand（man）（彼の腹心の人物，右腕）
hold your hand（あなたを支援する）
in hand（手もちの，当面の）
an iron hand in a velvet glove（外柔内剛）
know it like the back of my hand（熟知している）
lift a hand/finger（ほんの少し努力する）
live from hand to mouth（その日暮らしをする）
off hand（即座に，準備なしに）
an old hand（老練な人）
on every hand（各方面に）
on hand（手もちの，間近に）
on the one hand...（一方では）
out of hand（即座に，手に負えないで）
put/dip his hand into his pocket（[彼が］金を使う，［慈善などに］金を出す）
put/lay my hands on it（それのありかを見つける）
put my hand to the plough（困難な仕事に着手する）
raise/lift my hand against us（我々に向かって攻撃する）
rule them with an iron hand（彼らを厳しく支配する）
see the hand/finger of God in…（～に神のみわざを見る）
show/reveal your hand（[あなたが］手の内を見せる）
stay your hand（[あなたが］［行動や攻撃を］延期する）
strengthen your hand（あなたの立場を有利にする）
take it in hand（引き受ける，処理する）
throw his hand in（[彼が］負けを認める，降りる）
to hand（手の届くところに）
try your hand（[あなたが］腕試しをする）
turn/set/put your hand to（[あなたが］手を染める，始める）
the upper/whip hand（支配，優勢）
wait on me hand and foot（私にかいがいしく仕える）
with a heavy hand（厳しく，不器用に）
with a high hand（高飛車に）
with an open hand（気前よく）
with one hand tied behind my back（楽々と，苦もなく）

複数形になるとまったく違ったイディオムを作ることに注意することが大切である。

all hands to the pump（困難から抜き出せるよう一致団結する）
at your hands(あなたのおかげで，あなたのせいで）
change hands（もち主が変わる）
the devil finds work for idle hands（小人閑居して不善をなす＝ひまにしていると悪魔が余計なことをする）
get my hands on…（手に入れる，つかまえる）
hands down（容易に，明らかに）
hands up!(手をあげろ！）
have clean hands（やましいところがない）
have his blood on my hands（[私は］彼の死に責任がある）
have my hands full（多忙をきわめている）
in good hands（信頼できる［有能な］人に任せて）
I've only got one pair of hands（1度にいくつものことはできない）
keep your hands off（手を触れないで）
lay my hands on it（つかまえる，暴行する）
many hands make light work（多くの人手は仕事を軽くする）
my bare hands((通常は with をともない)素手)
on/off her hands（彼女の責任となって／彼女の責任から離れて）
our hands are tied（我々はおしまいだ）
out of my hands（私の責任を離れて）
play into his hands（彼の利益になるように行動する，彼の術中に陥る）
shake hands（握手する）
a show of hands（挙手による意思表示）
sit on their hands（[彼らが］拍手をしない，冷たい反応を示す）
soil/dirty our hands（手を汚す，悪事に関与する）
take my life in my hands（わざと死の危険を冒す，一大決心をする）
take the law into our own hands（法律の力をかりずに勝手に制裁を加える）
throw up my hands (in horror)（(恐ろしくて）手をあげる，あきらめる）
wash my hands of…（～から手を引く，関係を絶つ）

(p.175 より掲載)

創造的なコロケーション

ディラン・トマス(Dylan Thomas ｛【訳注】ウェールズ出身の詩人｝)の詩的効果の多くがコロケーションの慣行を故意に破ることによっている。とりわけ，形容詞と名詞の間のコロケーションがあえて破られた表現が，以下の「葬礼のあとで（'After the Funeral'）」（1939）という作品からの抜粋に見られる。

（ディラン・トマス「葬礼のあとで」詩集『愛の地図（*The Map of Love*）』（1939）所収）｛【訳注】以下の訳は，田中清太郎・羽矢謙一共訳『ディラン・トマス全集Ⅰ［詩］』（国文社，1975）を参考にした｝

Her flesh was meek as milk, but this skyward statue
彼女の肉体はミルクのようにやさしく柔らかかった，でも空に向かうこの彫像は
With the wild breast and blessed and giant skull
野育ちの胸と祝福されて巨大な頭骨とをもつのだが，
Is carved from her in a room with a wet window
濡れた窓のある部屋にいる彼女の姿から彫り出されたものだ，
In a fiercely mourning house in a crooked year.
捻じ曲げられた年に喪に服した家の中の ｛【訳注】前行の「濡れた窓のある部屋」にかかる｝
I know her scrubbed and sour humble hands
僕は知っている，彼女のごしごし洗われ荒れた慎ましやかな両手が
Lie with religion in their cramp, her threadbare
ひきつりながらも信仰とともに横たわり，彼女のすり切れた
Whisper in a damp word, her wits drilled hollow,
つぶやきは湿った言葉となり，彼女の意識はうつろになって，
Her fist of a face died clenched on a round pain…
拳のような彼女の顔は丸まった苦痛の上に死んで握りしめられている

「濡れた窓（wet window）」，「慎ましやかな手（humble hands）」，そして（おそらく）「喪に服す家（mourning house）」というのは，ある程度予測されるコロケーションである。「空に向かう彫像（skyward statue）」や「巨大な頭骨（giant skull）」は普通ではないコロケーションだが，少なくとも十分意味を解釈することはできる。しかし，「捻じ曲げられた年（crooked year）」「すり切れたつぶやき（threadbare whisper）」「湿った言葉（damp word）」「丸まった苦痛（round pain）」は予想もしない表現で，読者は何とか意味を探し出すことを強いられる。トマスの詩作の批評家たちのあいだではこのような並置関係に一貫した意味が認められるのかどうかにおいて意見が分かれている。

コロケーションの基準を破ることは詩においてのみならず，ユーモアや宗教の世界にも見られる。a herd of traffic wardens（交通監視員の群れ），I can hear neighing, it must be your mother（いななきが聞こえる。あなたのお母さんに違いない）といったように語を並べると，簡単にシットコム（登場人物と場面設定とのからみのおもしろさで笑わせる喜劇）で笑いが取れる。また，「ゲットーのための連祷書（'Litany for the Ghetto'）」のように神聖な言葉と人間臭い言葉が並置されている神についての記述（theography）(pp.390，429)で著された祈祷集もある。

O God, who hangs on street corners, who tastes the grace of cheap wine and the sting of the needle,
Help us to touch you…

ああ，街角に　たたずんでおられる　安物のワインの恵みも針の痛みも味わっておられる神よ，どうか我々をあなたに触れさせてください。

(p.176 より続き)

同義語辞典

同義語辞典はシソーラス（類義語辞典）(p.168) よりもさらに制約されている。見出し項目の情報はより短く見出し語の数も範囲が限られている。このような辞典にはたいてい反義語についてもある程度の情報が示されている。

以下の『チェンバーズ同義語反義語辞典（*the Chambers Dictionary of Synonyms and Antonyms*）』からの抜粋を見ると，文学的な語，特有の語，難解な語だけでなく言語の中のあらゆる語彙素に対して同義語は得られることがわかる。また，複数の語からなる語彙素も同義語になりうることも示されている。

eventually（結局は，やがて）［副詞］：after all（結局），at last（ついに，とうとう），at length（ようやく），finally（最後に），sooner or later（遅かれ早かれ），subsequently（後に），ultimately（最終的に）

ever（ずっと）（決して（ない））［副詞］：always（いつも），at all（全然（ない）），at all times（いつでも），at any time（どんな時でも），constantly（絶えず），continually（間断なく），endlessly（永遠に），evermore（つねに），for ever（永久に），in any case（どんな場合でも），in any circumstances（いかなる状況でも），on any account（決して（ない）），perpetually（永久に）

反義語　never（決してない，いまだかつてない）

everlasting（不滅の）［形容詞］：constant（不変），endless（終わりのない），eternal（永遠の），immortal（不朽の），imperishable（不滅の），indestructible（破壊できない），infinite（無限の），never-ending（終わりのない），permanent（永続する），perpetual（永久の），timeless（永遠の），undying（不滅の）

反義語　temporary（一時的な），transient（一時的な，通過するだけの）

everybody（みんな）［名詞］：all and sundry（それぞれみんな），each one（一人一人みんな），everyone（みんな），one and all（みんな），the whole world（世界中の人）

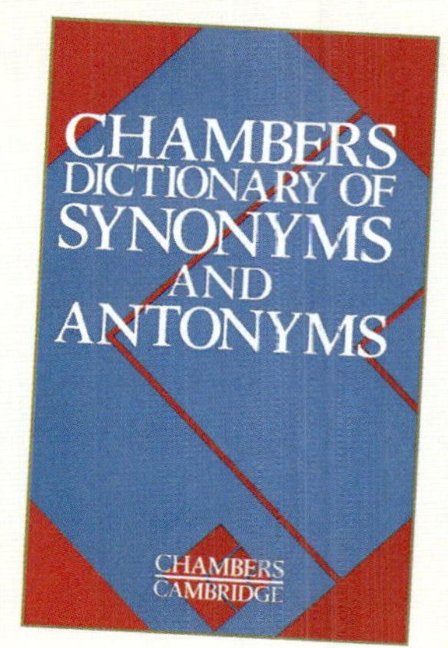

(p.183 より続き)

色のビタミン

green(緑)
+自立した(self-reliant),粘り強い(tenacious),養育的な(nurturing),頼もしい(dependable)
−退屈な(boring),頑固な(stubborn),危険を冒さない(risk-averse),変わり映えのしない(predictable)

orange(オレンジ)
+生き生きした(vital),愉快な(funny),熱心な(enthusiastic),社交的な(sociable),率直な(uninhibited)
−表面的な(superficial),平凡な(common),気まぐれな(faddist),軽薄な(giddy)

violet(紫)
+想像的な(imaginative),敏感な(sensitive),直感的な(intuitive),ユニークな(unusual),利他的な(unselfish)
−不思議な(weird),非現実的な(impractical),未成熟な(immature),傲慢な(superior)

grey(灰)
+尊敬すべき(respectable),中立の(neutral),均衡の取れた(balanced)
−当たり障りのない(non-committal),欺瞞的な(deceptive),不確かな(uncertain),無難な(safe)

black(黒)
+正式の(formal),洗練された(sophisticated),神秘的な(mysterious),強い(strong)
−悲しげな(mournful),よそよそしい(aloof),否定的な(negative),活気のない(lifeless)

white(白)
+純粋な(pure),清潔な(clean),新鮮な(fresh),未来の(futuristic)
−殺風景な(clinical),特色のない(colourless),冷たい(cold),中立の(neutral)

(M.スピレーン(Mary Spillane),1991 による)

(p.184 より)

ゴードン・ベネット

まず,God(神)という語に関する婉曲語法のリストおよび『オックスフォード英語辞典(*Oxford English Dictionary*)』に記録されている初出年は,gog(1350s),cokk(1386),cod(1569)から始まり,後に gosh(1743),golly(1743),gracious(1760s),by George(1842),Drat(=God rot,1844),Doggone(=God-Damn,1851),Great Scott(1884)のような形式を含む。また,何世紀にもわたって adad,bedad,begad,begar,begob,dod,gar,ged,gom,gosse,gud,gum,icod,igad のような多くの発音の異形が見られる。加えて,Gordon Bennett(おやまあ)や Gordon Highlanders(こりゃ驚いた)は,最近の造語である。

すべての罵り語は,遅かれ早かれ婉曲語法を生み出し,タブーの程度が強いほど,回避形式の数は多くなる。例えば,God(神)にもとづく婉曲表現の数はじつに印象的だが,最も強いタブー語である cunt(女性性器)は約 700 の回避形式を蓄積している。

(G.ヒューズ(Geoffrey Hughes),1991 による)

(p.185 より続き)

生きるべきか,死ぬべきか,それがまじ問題だ

その語は英国でのみ主要な社会問題になった。米国では決して流行しなかったし,オーストラリアでは頻繁に使用されたのですぐに悪化的な連想が失われた。その「偉大なオーストラリアの形容詞」と 19 世紀の終わりに呼ばれていたものは,1940 年代には罵り語と見なされなくなり,しばしば上品な場面でも聞かれるようになった。これは当時の英国の状況とは対照的であり,英国の宮内長官の役所では依然として提出された脚本からその語を削除したり,公の場でその語を使うと罰金を課したりしていた {【訳注】当時は宮内長官が演劇の監督権をもっていた}。しかし,時代は変わってきており,実際に,『タイムズ(*The Times*)』が 1941 年に(「くそフン族が大嫌いだ(I really loathe the bloody Hun)」という 1 句を含む詩において)その語を(b—y のように部分的にではなく)完全に印刷した。それ以来,その語は順調に尊厳を回復したが,1989 年にチャールズ皇太子(Prince Charles)が,英語は「まじ悪く教えられている(is taught so bloody badly)」と発言した時,何を言ったかよりも,どのように言ったかに注目が集まってしまった。約 200 年あまり続いた連想は容易に滅びず,多くの人びとは決して公の場でその語を使わず,もし誰かが使った場合は気恥ずかしく感じ,(英国では)もし午後 9 時前にその語が放送されるのを聞いたら BBC に苦情を申し立てるのである。

(p.187 より続き)

民俗学論文再構成キット

A

4 同様に,(Similarly,)
5 レヴィ・ストロース(Lévi-Strauss)が主張しているように,(As Lévi-Strauss contends,)
6 これに関して,(In this regard,)
7 自身のグアテマラ(Guatemala)でのフィールドワークにもとづき,(Based on my own fieldwork in Guatemala,)
8 例えば,(For example,)
9 したがって,一定のパラメーターでは,(Thus, within given parameters,)
10 本質的な部門別の目的に照らすと,(In respect to essential departmental goals,)

B

4 基本的なカリスマ的サブカルチャーの発展の加入儀礼は(initiation of basic charismatic subculture development)
5 完全に統合された現地プログラムは(our fully integrated field program)
6 どの民俗生活に関する指数係数も(any exponential Folklife coefficient)
7 さらなる関連づけられる矛盾した要素は(further and associated contradictory elements)
8 競技に対する文化的制約の取り込みは(the incorporation of agonistic cultural constraints)
9 独立に提案した構造主義の概念は(my proposed independent structuralistic concept)
10 システムと下位システムのロジスティックスにおける主要な相互関係は(a primary interrelationship between systems and/or subsystems logistics)

C

4 すべての深い構造主義的な概念化(all deeper structuralistic conceptualization.)
5 コミュニケーションのためにプログラムされたコンピューター技術(any communicatively-programmed computer techniques.)
6『生のものと火を通したもの(*The Raw and the Cooked*)』の深い意味(the profound meaning of *The Raw and the Cooked*.) {【訳注】民俗学者クロード・レヴィ=ストロースにより 1964 年にフランス語で出版され,1969 年に英語に翻訳された著書であり,代表作『神話論理』の第 1 巻。}
7 一定の時代にわたる快楽の民俗生活の観点(our hedonic Folklife perspectives over a given time-period.)
8 言語的あるいは全体的な連続体に関する規範的な概念(any normative concept of the linguistic/holistic continuum.)
9 全体の配置に関する原理的説明(the total configurational rationale.)
10『クラップの最後のテープ(*Krapp's Last Tape*)』(*Krapp's Last Tape*.) {【訳注】サミュエル・ベケット(Samuel Beckett)の戯曲(1958)}

D

4 に凝固の基準の適応を必要とする。(necessitates that coagulative measures be applied to)
5 に到達するため相当なさらなるパフォーマンス分析とコンピュータ調査を必要とする。(requires considerable further performance analysis and computer studies to arrive at)
6 の文脈において全体的に複合されている。(is holistically compounded, in the context of)
7 の必要性を示す貴重な課題を提示している。(presents a valuable challenge showing the necessity for)
8 を考慮に入れつつ他分野の重要性を認識する。(recognizes the importance of other disciplines, while taking into account)
9 の意義のある実装に影響する。(effects a significant implementation of)
10 に圧倒的な民俗学的な意義を加える。(adds overwhelming Folkloristic significance to)

(p.191 より続き)

伝説的なキャッチフレーズ

THE FAR SIDE® By GARY LARSON

"Okay..." How do you do. My name is Tarzan, and I believe you are Known as Jane."
"Allow me to introduce myself... I am Tarzan, Lord of the Jungle... And you?"
"You must be Jane... I am Tarzan. It's a pleasure to meet you."
There she is.
Me Tarzan! You Jane!
Damn.

『ファー・サイド（*The Far Side*）』ゲアリー・ラーソン（Gary Larson）
よし…，「初めまして，僕の名前はターザンです。あなたはジェーンさんですよね。」
「自己紹介させてください…僕はジャングルの王者，ターザンです…あなたはどなた？」
「あなたはジェーンさんですね…僕はターザンです。お会いできて嬉しいです。」
おっと，彼女だ。
僕ターザン！ 君ジェーン！
しまった。

(p.196 より掲載)

神話と人 {【訳注】原文は on myths and men で，ここで論じられる of mice and men をもじっている}

引用句の中には，非常によく知られ，標準的な言語として用いられるようになり，その起源がほとんど忘れられているものも多い。the best-laid schemes of mice and men（どんなに念入りに準備した計画でも）{【訳注】often go awry（不首尾に終わることが多い）といった述語とともに用いられることが多い}が，ロバート・バーンズ（Robert Burns）の詩「ハツカネズミに（To a Mouse）」からの引用句であると，あるいは all hell broke loose（大混乱が起きた）がミルトン（John Milton）の『失楽園（*Paradise Lost*）』からの引用句であると，知っている人が，現在，どれだけいるだろう？（なお，of mice and men は，ジョン・スタインベック（John Steinbeck）によって小説のタイトルとしても用いられているので，実際には二重の引用であると言える。）シェイクスピアや聖書からのいくつかの引用句はこういう風に英語に入ってきたのである（pp.64，66）。

この過程の中で，引用句が改変されることも多い。例えば Ours not to reason why（我々はただ命令に従うのみ）は，テニスン（Alfred Tennyson）の「軽騎兵の突撃（'The Charge of the Light Brigade'）」（1854）の Theirs not to reason why（彼らはただ命令に従うのみ）からの改変である。もっと微妙な変化の過程が働くこともある。1981 年に英国保守党の政治家ノーマン・テビット（Norman Tebbitt）が演説の中で自分の父親の職探しについて言及し，He got on his bike and looked for work（父は（車がないので）自転車に乗って職探しをした）という表現を用いた。メディアがそれを伝えるのに，それ以前から使われていた口語表現の On your bike（とっととうせろ）を用いて見出しとしたため，現在ではほとんどの人がテビット氏が言ったと確信をもって断言するのはこの表現なのである。トプシーの場合と同じように，物語がまさに「育ちた（grow'd）」のである（p.196）。

(p.193 より続き)

ここにいたのは誰？

（なに，バナナはないの？）

『チャド』

チャド(Mr Chad(ミスター・チャド）としても知られる）は，第2次大戦の初期に英国に現れ，つねに What, no _?（なに，～はないの？）というお定まりの句をともなっていた。いくつかの国で，時には異なる名前で（例えば，カナダでは Clem（クレム）として）現れる。ここでも，線画についても名前についても，出典に関する多くの説が唱えられている。広まっている説として，軍の人員向けの講義にプラスとマイナスが交互になる波形が含まれていたかもしれないということから，顔の線画がこのような波形から生じたものではないか，と言われている。

チャドという名前は主に英国空軍のものであった。Private Snoops（覗き見二等兵）が陸軍で用いられる名前であり，The Watcher（見張り人）という名前が海軍で多く見られた。名前の起源についての説も，根拠のない推測によるものである。軍の講義センターの名称（Chadwick House（チャドウィック・ハウス））からきているとか 1940 年代の映画『チャド・ハナ（*Chad Hannah*）』に由来する，などの説がある。

(p.194 より続き)

俗語

強い男の話し方

彼女は詐欺師（grifter）なんだよ，探偵さん（shamus）。おれもご同様だ。おれたちはみんな詐欺師だ。狸と狐が二束三文でお互いを売り合っている。オーケー，好きにすればいいや。…おれはここまで偽りのない話をしてきた。…おれは二百ドル（two C's）の話をしに来たんだ。その値段はまだ変わらない。それを買うか買わないかはあんた次第，そういうまっとうな，男（gee）と男の話をしに来たつもりだった。なのにあんたは警察の話をちらつかせる。男気ってものはないのかい？
（レイモンド・チャンドラー『大いなる眠り』（1939），25 章）
{【訳注】翻訳は村上春樹訳『大いなる眠り』（早川書房，2012）による。}

用語解説（アマチュア向け）
grifter　ケチな犯罪者
shamus　私立探偵
C　100 ドル札
gee　男（guy（男）の最初の文字）

隠語

俗語と，隠語すなわち秘密の社会組織の特殊な言語との間には密接な関係がある。以下の文学的創作の一節では，文脈をうまく使って読者の理解を助けている。

ポケットはデング（deng）でいっぱいだったんで，もうお金を盗む（crasting any more pretty polly）ためにどこかのおやじ（some old veck）を露地ん中で血の池ん中泳がせといて，そいつを見ながら（viddy）分捕ったものを四人でかぞえて分け合うなんてことをしなくてもよかったし，どこかの店をめちゃくちゃに荒らしまわって，ぶるぶるふるえてやがる白髪のばあさん（ptitsa）の銭箱ん中身（the till's guts）をスメックながら（smecking）かっさらって来なくてもよかったってわけ。だけど，よくいうじゃない，世の中お金がすべてじゃないってね。
（アンソニー・バージェス（Anthony Burgess）『時計じかけのオレンジ（*A Clockwork Orange*）』（1962），1章）
{【訳注】翻訳は乾信一郎訳『時計じかけのオレンジ』（早川書房，1980）による。}

(p.194 より続き)

で，トプシー（Topsy）って誰？

「神様のことは聞いたことがあるかい，トプシー？」その子は困ったようだったが，いつものようにニヤリと笑った。「誰がお前をお創りになったのか，知っているかい？」「誰も創ったわけじゃないと思うよ」とその子は，ちょっと笑いながら言った。その考えをとても面白いと思ったらしく，少女は目を輝かせてつけ加えた。「私はただ育ちた（grow'd）んだと思うよ。だぁれも私を創ったりなんか全然しなかったよ。」
（ハリエット・ビーチャー・ストウ（Harriet Beecher Stowe）『アンクル・トムの小屋（*Uncle Tom's Cabin*）』，1851-2，20 章）

(p.197 より)

『ビーノ』について

歴史上の人物を扱った子ども向けの漫画に用いられる古語が定型化していることが，この『ビーノ（*Beano*)』の 1939 年5月 13 日号掲載の 1 編にも見て取れる。forsooth（いかにも)，varlet（小姓)，zounds（ちくしょう)，gadzooks（ちくしょう）といった語を時おり用いることで，これらの登場人物が歴史上の人物であることを十分に示すことができると考えられてきた。

コーク王（Good King Coke）
ビーノ 1939 年5月 13 日
「ひらめいた！」
コークビル動物園
「ちくしょう（zounds)，またこのやっかいな靴紐がほどけちまった」
パシッ！
「いてっ！どいつのしわざだ？」
「ちくしょう（gadzooks)，この首長の厄介者め！あとで思い知らせてやるからな，ガオー!」
「おい，小姓（varlet)，急いで王室の建具屋を呼べ」
コーク王の宮殿　ノックしてください
「急げよ，動物園が閉まっちまう」
「もうすぐでございます，陛下」
「履いてみますか，陛下（sire)」
バンバン
「いてっ」
バシン！
「次は，自分と同じくらいの大きさのやつに嚙みつけ」

(p.197 より続き)

其処にイシルドゥア（Isirdur）は，かく書けり

（原文）
The Great Ring shall go now to be an heirloom of the North Kingdom; but records of it shall be left in Gondor, where also dwell the heirs of Elendil, lest a time come when the memory of these great matters shall grow dim.
It was hot when I first took it, hot as a glede, and my hand was scorched, so that I doubt if ever again I shall be free of the pain of it. Yet even as I write it is cooled, and it seemeth to shrink, though it loseth neither its beauty nor its shape.
Already the writing upon it, which at first was as clear as red flame, fadeth and is now only barely to be read …

(J. R. R. Tolkien, *The Lord of the Rings*, 1954–5, Part I, Book 2, Ch. 2)

(p.197 より続き)

古い文体で

（原文）
In that open field
If you do not come too close, if you do not come too close,
On a summer midnight, you can hear the music
Of the weak pipe and the little drum
And see them dancing around the bonfire
The association of man and woman
In daunsinge, signifying matrimonie –
A dignified and commodious sacrament.
Two and two, necessarye coniunction,
Holding eche other by the hand or the arm
Which betokeneth concorde…
(T. S. Eliot, 'East Coker', 1944)

(p.199 より)

語彙に関わる幽霊譚

幽霊語とは，実際に使用されたことは1度もないにもかかわらず，辞書に登場する語である。こういうことがしばしば起こるのは，辞書編集者が人間であり，間違うことがあるからである。複写したり，タイプしたり，プログラムしたり，ファイリングしたりする過程で誤りがあると，間違ったつづり字やハイフンの使用，時には完全に架空の語彙項目が，容易に生み出されてしまう。しかし，いったん辞書が出版されると，その「権威」のために読者はそのような語形が本物であると考えてしまう。それを使い始める人すらいるかもしれない。ほかの辞書編集者は確実にそのような語形がその辞書に載っていることに気づき，そこからほかの辞書にも掲載が広がっていくかもしれない。

dord という語は，まさにそのような歴史をたどった。1930 年代初めに，『ウェブスター新国際辞典（*Webster's New International Dictionary*)』(p.499) の第2版を準備していたオフィスに略語のファイルがあり，その中に density（濃度）の略語として「D または d（D or d)」があった。1934 年に第2版が出版された際，この項目が Dord として記載され，「濃度」という意味が与えられた。やがて，この語はほかの辞書にも記載された。

これはやや特殊な例ではあるが，架空の語形がそれほど珍しいものでもないことは確実である。辞書編集者がある語形が存在すると想像し，それが実際にはまったく使われたことがないかもしれないにもかかわらず，辞書に紛れ込ませてしまうのは容易なことである。例えば，antiparliamentarianism（反議会主義）などという語は存在するだろうか？『オックスフォード英語辞典(*Oxford Eng-lish Dictionary*)』には，antiparliamentarian（反議会主義の）という語にのみ存在する証拠があげられている。私たちの直観はきわめて容易にこのような存在しうる語を作り出すのである。

科学用語，とりわけ医学用語は，特に幽霊語の扱いを受けやすいものである。ある研究は，標準的には myelofibrosis（骨髄線維症）と呼ばれる病気の，十数個を超える非標準的な近似の名称をあげている。言語病理学の分野もその専門用語が不安定なことで知られている。例えば，発音に重篤な困難のある人が示す状況は，articulation disorder（構音障害)，articulatory handicap（構音困難)，articulatory defect（構音不全)，articulation syndrome（構音症候群)，misarticulation（誤構音)，そのほか十数個を超える語や句で表される。言語病理学の辞典にはどの語を用語の妥当な選択肢として辞書に含めるべきか，合意がなく，語彙についての研究がないために，特定の辞書が選んで掲載した語が最もよく用いられるものであるという保証はないし，実は，そもそもその語を使っている人がいるのかどうかも，保証はないのである。

(p.207 より続き)

デイヴィッド・クリスタル
(David Crystal)
To boldly go(大胆に行く)には望ましい大きな利点がある。シェイクスピアに好まれ,英詩の大きな支えとなっている弱強弱強という英語の自然なリズムに従っている点である。{【訳注】強勢の有無により強または弱音節となり,to は弱,bold-ly は強-弱,go は強の音節。} もし脚本家が boldly to go と書いたならば,2つの弱音節が並んで現れ(強弱弱強),間が抜けた響きになるであろう。もし to go boldly と書いたならば,2つの強音節が連続する(弱強強弱)という結果になり,重苦しい響きになるだろう。to boldly go はリズム的にとても素晴らしい(弱強弱強)。『スター・トレック』の脚本家は言語学的に大胆な(boldly)ことはしていない。{【訳注】1966 年から全米でテレビ放映されたシリーズ番組で,のちに映画化。毎回番組の冒頭で「宇宙船エンタープライズ号の使命は…to boldly go where no one has gone before…」(いまだ誰も行ったことがない所に大胆に行くことである)のようなナレーションが入る。}
(『誰が英語の用法を気にするのか(*Who Cares About English Usage?*)』,1984)

『リーダーズ・ダイジェスト』
心に留めておくべきことは,純正主義者が依然として分離不定詞に反対していることである。彼らの不合理な反対をものともせず,人びとがあなたのことをそんなことも知らないのかと思ったとしても無関心でいられるならば,どうぞ不定詞を分離すればよろしい。しかし予想される結果を覚えておくべきである。すなわち,読み手または聞き手はあなたの議論を信用しなくなる(なぜならば,あなたのことを不注意な書き手または話し手と考えるから)か,あるいは,あなたの議論の筋をまったく追えなくなってしまう(なぜならば,あなたの文法的な「誤り」に気を取られてしまうから)かのいずれかになるであろう。
同時に,単に不定詞を分離するのを避けるために文を曖昧にしたり醜くしたりするのはお勧めできない。そのようなことをすると,読み手または聞き手に先ほどと同様な混乱を引き起こすことになるか,再度あなたの意見に対する敬意を損なうことになるだろう——今度は無学者の意見としてではなく,衒学者の意見として。最善の道は,こうした厄介な状況をすっかり回避して,まったく違う方法で書き換えて単に文を作り直すことである。(『適時適語(*The Right Word at the Right Time*)』,1985)

(p.210 より続き)

接尾辞の諸タイプ

動詞由来の名詞
-*age* breakage(破損),wastage(消耗)
-*al* refusal(拒否),revival(復活)
-*ant* informant(情報提供者),lubricant(潤滑油)
-*ation* exploration(探検),education(教育)
-*ee* payee(受取人),absentee(欠席者)
-*er* writer(作家),driver(運転手)
-*ing* building(建物),clothing(衣類)
-*ment* amazement(驚き),equipment(設備)
-*or* actor(役者),supervisor(管理者)

形容詞由来の名詞
-*ity* rapidity(素早さ),falsity(うそ)
-*ness* happiness(幸福),kindness(親切)

名詞由来の形容詞
-*ed* pointed(とがった),blue-eyed(青い目の)
-*esque* Kafkaesque(カフカの)
-*ful* useful(役立つ),successful(成功した)
-*(i)al* editorial(社説の),accidental(偶然の)
-*ic* atomic(原子の),Celtic(ケルト族の)
-ish foolish(愚かな),Swedish(スウェーデンの)
-*less* careless(不注意な),childless(子どものいない)
-*ly* friendly(友好的な),cowardly(卑劣な)
-*ous* ambitious(大きな望みを持って),desirous(とても欲しがって)
-*y* sandy(砂だらけの),hairy(毛むくじゃらの)

動詞由来の形容詞
-*able* drinkable(飲用に適した),washable(洗濯の利く)
-*ive* attractive(魅力的な),explosive(爆発しやすい)

(p.235 より続き)

形容詞区域

次のような例により,名詞句内の前位修飾部位の中には4つの主な「区域」(I, II, III,および IV と標示)があることが示唆される。

I've got the same big red garden chairs as you.
I II III IV
(私は君のと同じ大きな赤いガーデンチェアーを買った)

IV ふつう名詞であるか名詞と密接に関係した語は主要部の隣に置かれる。これらは国籍を表す形容詞(American(米国人の),Gothic(ゴシックの))や「が関わる」あるいは「に関係した」を意味する名詞的形容詞(medical(医学の),social(社会的)),そして端的な名詞(tourism brochure(旅行パンフレット),Lancashire factory(ランカシャーの工場))などを含む。したがって

an old Lancashire factory(古いランカシャーの工場)とは言うが *a Lancashire old factory とは言わず,a bright medical student(頭のいい医学生)とは言うが *a medical bright student とは言わない。

III 分詞と色彩形容詞は IV 区域にある形容詞のすぐ前に置かれる(missing(欠けている),deserted(見捨てられた),retired(引退した),stolen(盗まれた),red(赤い),green(緑の))。したがって

an old red suit(古い赤いスーツ)とは言うが *a red old suit とは言わず,the red tourism brochures(赤い旅行パンフレット)とは言うが *the tourism red brochures とは言わない。

I 絶対的ないし強意的な意味をもつ形容詞は連鎖の先頭に現れ,決定詞とその付属物の直後にくる(same(同じ),certain(或る),entire(全体の),sheer(完全な),definite(明確な),perfect(申し分のない),superb(とびきり上等の))。したがって

the entire American army(米国陸軍全体)とは言うが *the American entire army とは言わず,the perfect red suit(完璧な赤いスーツ)とは言うが *the red perfect suit とは言わない。

II そのほかの形容詞(英語の大部分の形容詞)はすべてこの区域に生じる(big(大きい),slow(ゆっくりした),angry(怒った),helpful(役立つ),それに上記広告見出しの形容詞もすべて)。したがって

(区域 I の項目と)a superb old house(とびきり上等の古い家)とは言うが *an old superb house とは言わず,(区域 III の項目と)an old stolen car(古い盗まれた車)とは言うが *a stolen old car とは言わず,(区域 IV の項目と)an old social disease(昔からの社会的病弊)とは言うが *a social old disease とは言わない。

「区域内の区域」を表す証拠もある。例えば我々は a beautiful new dress(美しい新しいドレス)と言って a new beautiful dress(新しい美しいドレス)とは言わない傾向にあるが,これは区域 II の内部で評価的形容詞がほかの形容詞に先行することを示している。また我々は a recognizable zig-zag pattern(見分けられるジグザグ模様)と言って a zig-zag recognizable pattern(ジグザグの見分けられる模様)とは言わない傾向にあるが,これは抽象的な形容詞が具象的な形容詞に先行することを示している。だが「傾向にある」という言葉が示唆するように,これらの規則は厳密なものではない。

(p.240 より掲載)

何が省かれたかはどうやってわかるのか？

省略文に接したとき，何が省かれているかを見極めるのに 3 つの方法がある。

- 前後の文章を見てみることができる。I asked for some soup and then for some bread（私はスープをくれと言い，それからパンをくれと言った）で後の節における省略部（I asked）は前の節の語句を参照することによって容易に突きとめられる。
- 英文法の知識を使うこともできる。電報では使う語数によって金額が変わってくるので，予測できる語句は省くのが自然な傾向としてあった。そういう語句は直観を通じて復元できる。我々は John arriving Holyhead station today 3pm（ジョン今日午後 3 時ホリーヘッド駅着く）を理解するのに必要な助動詞や前置詞を自動的に入れて読む。それに，我々は新聞の見出しも同じように扱い，NURSE TO LEAVE, SAYS JUDGE（看護師退廷，裁判官の言）を解釈するのに動詞や冠詞を自動的に加える。
- その文が使われている状況を見てみるのもよい。会話において非常によくある省略では，主語および（あるいは）助動詞が省かれるが，何が欠けているかの解決には問題など起こらない。状況をよく見てみるだけでどんな人が関わっているか，またいつの時間が言及されているかがわかるものである。
Want a drink?（1 杯どうですか？）
Serves you right.（いい気味だ）
You hungry?（おなかすいた？）
Good to see you.（お会いできてうれしいです）
Told you so!（だから言ったじゃないか！）

(p.245 より続き)

大波が汽船煙突を倒す／巨人が汽船煙突を止めさせる (GIANT WAVES DOWN FUNNEL)

The airship was about to leave the airport. The last person to go up the gangway was Miss Hemming. Slowly her huge nose turned into the wind. Then, like some enormous beast, she crawled along the grass.

飛行船は空港を発つところだった。最後にタラップを上がっていったのはヘミング嬢だった。

1）飛行船の巨大な機首は徐々に風上に向かった。そして，とてつもなく大きな動物のように，飛行船は草地をゆっくり滑走していった。
2）彼女の著大な鼻がおもむろに風上を向いた。そして，並外れて大柄な動物のように，彼女は草地をゆっくり進んでいった。

(p.245 より続き)

何も前提としないこと

誰が最初に滑りましたか？

ある日マンディとジェイは滑り台遊びをしに行きました。マンディが最初に滑りました。
ジェイが 2 番目に滑りました。
そこでジェイが言いました。「今度は僕が最初に滑る番だよ」それでジェイが最初に，
マンディが 2 番目に滑りました。

1 回目，子供たちはある**順序**で滑りました。
2 回目，子供たちは別の**順序**で滑りました。
マンディが最初でジェイが 2 番目，というのは 1 つの順序です。
ジェイが最初でマンディが 2 番目，というのは別の順序です。

次の日，ティムがジェイと滑り台で遊びにきました。マンディはいませんでした。

ティムとジェイが滑る順序を 2 つ書いてみましょう。
最初と **2 番目**という言葉を使いましょう。
2 つの順序を絵で表してみましょう。

次の日，ティムとジェイとマンディのみんなが滑り台で遊んでいました。
隣の絵には子どもたちが滑ったようすが描かれています。

それぞれの絵の順序を，下の例にならって自分の本に書いてみましょう。
ジェイ が最初で，＿＿＿＿が 2 番目，＿＿＿＿が 3 番目。

Who went first?

One day Mandy and Jay went to play on the slide. Mandy went down the slide first. Jay went second.
Then Jay said:
"It's my turn to go first now."
So Jay went first and Mandy went second.

The first time, the children went in one **order.**
The next time, they went in another **order.**
Mandy first, Jay second is one order.
Jay first, Mandy second is another order.

The next day Tim came to play on the slide with Jay. Mandy was not there.

Write the two orders that Tim and Jay could go in.
Use the words **first** and **second.**
Make pictures for the two orders.

The next day Tim and Jay and Mandy were all playing on the slide.
The pictures show you how they went down.

Write the order for each picture in your book, like this:
Jay first, ＿＿＿＿ second, ＿＿＿＿ third.

12

(p.259 より続き)

リエゾン（連声）

見つけた

ロバート・バーチフィールド（Robert Burchfield）の『話しことば――BBC ガイド（*The Spoken Word : A BBC Guide*）』（1981）には r リエゾンについて明確な忠告の言葉がある。

「ニュースやそのほか原稿のあるスピーチの正式な本番では，嵌入的 r の使用は避けるべきである。」

いく人かのキャスターたちは，ここにあげたラジオの台本からの抜粋に見られるように，この忠告を厳粛に受けとめている。その抜粋には，読み手が前もって該当箇所を見つけ，忘れないように台本に印をつけているのが読み取れる。

キャスター（用台本から）：本日のプログラムの中で扱う問題点の 1 つは，ポーランドの戒厳令｛【訳注】law in の 2 語の間に嵌入的 r が入らないように，マークが付いている｝の未来です。ポーランドの人たちが直面しているこの問題は複雑なので，私たちが討論するのを助けていただくために，スタジオに二人の方をお招きしています。その方々は・・・

(p.255 より続き)

子音結合

3 子音結合語表の具体例

split，splendid，splash，splutter，splosh，splenetic，spleen，splurge，splay，splice.

sprig，spread，sprat，sprung，sprocket，spree，sprawl，spruce，sprain，sprite，sprout.

spume，spurious.

strict，strength，strap，structure，strong，strabismus，street，strata，straw，strew，straight，strike，strove，Stroud.

stew，Stuart.

sclerotin，sclaff（in golf），sclerosis，scleroid.

script，scratch，scrump，scrofula，scream，scrawny，screw，scrape，scribe，scroll，scrounge.

skew，skewer.

squish，squelch，squat，squeeze，squaw，squirm，squamous，squire，Squeers，square.

smew

(p.261 より掲載)

パラ言語の特徴

韻律が英語で利用可能な非言語的な音声的効果のすべてを語り尽くすわけではない。喉，口，さらに鼻のさまざまな空間のそれぞれが，話されていることの意味を変える「声の音調」を生み出すのに用いることができる。これらの効果はしばしば**パラ言語的**と呼ばれるが，この用語は，それらの効果が音の体系において，韻律特性ほど中心的な役を果たさないということを示唆している。

次のパラ言語的効果の例には，注釈としてそれらの効果がよく見られる状況が紹介されている。

- ささやき – 秘密または陰謀
- 気息音性 – 深い感情または性的欲求
- かすれ声 – 非重要性または見くびり
- 鼻音性 – 不安
- 口すぼめ – 愛情表現（特に動物や赤ちゃんに対して）

(p.263 コラムより続き)

音と感覚

側音

- /–ɜː(r)l/ 円や丸みを伝える：curl(カール), furl(巻き上げる), pearl(真珠), purl(渦まく), swirl(渦巻く), twirl と whirl(クルクル回す)；同じく /–r–l/ も：barrel(樽), roll(回転させる), spiral(螺旋形の)；上記の連想を欠くように見える語：earl(伯爵), girl(少女), hurl(投げつける), snarl(うなる).
- /gl–/ 輝きと光を伝える：glamour(魅力), glare(ぎらぎらする光), glass(ガラス), glaze(磨いてつやを出す), gleam(微光), glimmer(光る), glimpse(ちらりと見る), glint(きらきら光る), glisten(輝く), glitter(きらめく), globe(電球), glossy(つやつやした), glow(照り輝き)；ほかの「輝き」の語：glad(うれしい), glee(歓喜), glib(ペラペラよくしゃべる), glide(滑走), glory(栄光)；上記の連想を欠くか，またはそれに矛盾するように見える語：gland(腺), gloom(暗闇), glove(手袋), glue(接着剤), glum(ふさぎ込んだ), glutton(大食家).
- /–l/ (短母音と子音 1 つが先行する) 不確実なまたはくり返す動きをともなったり，あるいはサイズ，構造，重要性を欠く：babble(片言を言う), bubble(泡立ち), chuckle(クスクス笑い), couple(カップル), cuddle(抱きしめる), dabble(パチャパチャ動かす), dapple(まだら), diddle(上下に早く動かす), doodle(いたずら書き), dribble(ドリブル), fiddle(いじくる), freckle(そばかすができる), gabble(まくしたてる), giggle(クスクス笑う), gobble(ガツガツ食べる), haggle(押し問答する), huddle(身を寄せ合う), joggle(軽く揺さぶる), juggle(次々に空中に投げあげて受ける曲芸をする), muddle(かき混ぜる), nibble(少しずつかじる), niggle(いつも悩む), pebble(小石を投げる), piddle(だらだら時を費やす), piffle(つまらないことをする), puddle(水たまり), pummel(こぶしで打つ), rabble(烏合の衆), raffle(がらくた), rubble(瓦礫), rustle(サラサラ音を立てる), shuffle(混ぜる), snaffle(軽く制御する), sniffle(鼻をすする), snuffle(鼻をフンフンいわせる), snuggle(寄り添う), speckle(斑点), squiggle(くねった), stubble(切り株), tipple(酒をチビチビと飲み続ける), toddle(よろめく), topple(ぐらつく), trickle(ポタポタ落ちる), twiddle(いじくり回す), waffle(無駄口をたたく), waggle(振る), wiggle(揺れ動かす), wobble(ぐらつく), wriggle(体をくねらせる)；上記の連想を欠くように見える語：knuckle(指関節), riddle(謎), saddle(サドル), supple(しなやかな).

語末子音

- /–ʃ/ 迅速または強い動きを伝える：bash(殴る), brush(ブラシがけ), cash(即金), clash(衝突する), crash(壊れる), crush(押しつぶす), dash(激しく突進すること), dish(vb.)(皿に盛る), flash(閃光), gash(深い傷), gnash(歯ぎしりする), gush(ほとばしり), lash(むち), mash(つぶす), push(押し), rash(性急な), rush(突進), splash(散らす), whoosh(ヒューという音)；ほかの力強い語：brash(精力的な), fresh(新鮮な), harsh(苛酷な), hush(vb.)(黙らせる), posh(豪華な), swish(風を切る音)；上記の連想を欠くように見える語：blush(紅潮する), bush(低木), fish(魚), flesh(肉), marsh(沼地), wash(洗う), Welsh(ウェールズ人 / 語).
- /–p/ (短母音が先行する) 突然性または短さを伝える：blip(ピッという音), bop(殴打), chop(ぶち切る), clap(パチパチ), clip(切る), dip(ちょっと浸す), drip(ポタリポタリと落ちる), flap(羽ばたく), flip(はじく), flop(ばったり倒れる), gap(裂ける), hop(ひょいと跳ぶ), lop(切り取る), nap(うたた寝), nip(摘み取る), pip(ピッという音), plop(ドブンと落ちる), pup(子犬), quip(警句), rip(びりっと引き裂く), skip(スキップする), slap(平手打ち), slip(つるっと滑る), snap(パチンと鳴らす), snip(ちょきんと切る), stop(停止), tap(軽くたたく), trap(落とし穴), trip(切れる), whip(素早く動かす), yap(キャンキャンほえたてる), zap(急に動かす), zip(ビュッという音)；上記の連想を欠くように見える語：cap(帽子), cup(コップ), grip(つかむこと), hip(腰), lap(膝), lip(唇), map(地図), mop(モップ), ship(船), shop(店), swap(交換する), top(頂上), wrap(包む).
- /–b/ (短母音が先行する) 大きいこと，または形か方向の欠如を伝える：blab(しゃべりまくる), blob(小塊), clobber(大打撃を与える), club(こん棒), dab(少量), flab(脂肪太り), glob(一滴), gob(かたまり), grab(つかむ), grub(幼虫), jab(すばやく突く), lob(高く弧を描くよう投げる), mob(大衆), rub(こする), slab(厚板), slob(まぬけ), stab(穴をあける), tub(浴槽), yob(不良少年)；上記の連想を欠くように見える語：bib(胸当て), cab(タクシー), crab(カニ), crib(ベビーベット), cub(猛獣の子ども), fib(罪のないうそ), hub(拠点), job(仕事), lab(実験室), pub(酒場), rib(肋骨), rob(奪う), rub(摩擦), snob(俗物), snub(冷遇), sob(むせび泣き), stub(使い残り), web(くもの巣).

(p.265 より掲載)

ハファーとカファー (HUFFER AND CUFFER)

Huffer, a giant ungainly and gruff
不格好で粗野な巨人のハファーが
encountered a giant called Cuffer.
カファーと呼ばれる巨人に会った。
said Cuffer to Huffer, I'M ROUGH AND I'M TOUGH
カファーはハファーに，自分は粗野で強いと言った。
said Huffer to Cuffer, I'M TOUGHER.
ハファーはカファーに，オレの方がお前より強いと言った。

they shouted such insults as BOOB and BUFFOON
彼らはバカとかマヌケ，
and OVERBLOWN BLOWHARD and BLIMP
度が過ぎたおしゃべり，デブ，
and BLUSTERING BLUBBER and BLOATED BALLOON
威張りデブ，太ったバカ，
and SHATTERBRAIN, SHORTY and SHRIMP.
おっちょこちょい，小粒，チビというような言葉を使って大声で侮辱し合った。

then Huffer and Cuffer exchanged mighty blows,
それからハファーとカファーは強力な一撃を浴びせ合った。
they basted and battered and belted,
強打，連打で，激しく殴り合った。
they chopped to the neck and they bopped in the nose
首に一撃を加え，鼻を激しく殴打した。
and they pounded and pummelled and pelted.
何度も強く打ち，殴り続け，物を投げつけた。

they pinched and they punched and they smacked and they whacked
噛みつき，パンチを食らわせ，ピシャリとたたき，やっつけた。
and they rocked and they socked and they smashed,
揺さぶり，殴り，投げつけた。
and they rapped and they slapped and they throttled and thwacked
コツコツ叩き，平手打ちをし，喉を絞め，激しくたたいた。
and they thumped and they bumped and they bashed.
ゴツンと打ち，ぶつかり，殴った。

they cudgelled each other on top of the head
お互いにこん棒で頭のてっぺんを殴り
with swipes of the awfulest sort,
最高にものすごい強打であった。
and now they are no longer giants, instead
今となってはもはや二人とも巨人ではなく
they both are exceedingly short.
2 人ともとてつもないほどのチビになった。

(ジャック・プルラツキー (Jack Prelutsky), 1982)

(p.265，本文「詩の伝統」より続き)

詩の伝統

人なべて寝しずまるとき雪降りきたる，
大いなる白き華(はな)くり色の町にふりかかる，
しのびやかに絶えず落ちきたりやわらかに積む，
ねむげなる町ゆく車馬の音しずめつつ。
消えゆく騒(ざわ)めきを弱め包み押えつつ
ゆるゆると絶え間なく，ひひとして降りきたる。
静かに篩(ふる)い道も屋根も手摺(てすり)も覆い，
異なれるを隠し凹凸(でこぼこ)ならし，
角や隙間(すきま)へやわらかく吹き送り積む。

(ロバート・ブリッジズ (Robert Bridges) 「ロンドンの雪 ('London Snow')」(1880)

(秋山平吾編著『英詩の園』千城書房，1971)

(p.265, 本文「詩の伝統」より続き)

詩の伝統

(英詩の原文)

Batter my heart, three-personed God, for you
As yet but knock, breathe, shine, and seek to mend;
That I may rise and stand, o' erthrow me and bend
Your force to break, blow, burn, and make me new...
John Donne, *Holy Sonnets*, 1633

Yet let me flap this bug with gilded wings,
This painted child of dirt, that stinks and stings;
Whose buzz the witty and the fair annoys,
Yet wit ne' er tastes, and beauty ne' er enjoys...
Alexander Pope, *Epistle to Dr Arbuthnot*, 1735

His broad clear brow in sunlight glowed;
On burnished hooves his war-horse trode;
From underneath his helmet flowed
His coal-black curls as on he rode,
As he rode down to Camelot.
From the bank and from the river
He flashed into the crystal mirror,
'Tirra lirra' by the river
Sang Sir Lancelot.
Lord Tennyson, 'The Lady of Shalott' , 1832

When men were all asleep the snow came flying,
In large white flakes falling on the city brown,
Stealthily and perpetually settling and loosely lying,
Hushing the latest traffic of the drowsy town;
Deadening, muffling, stifling its murmurs failing;
Lazily and incessantly floating down and down:
Silently sifting and veiling road, roof and railing;
Hiding difference, making unevenness even,
Into angles and crevices softly drifting and sailing.
Robert Bridges, 'London Snow' , 1880

(p.266から掲載)

言葉に命令する

レイ・メイサー(Ray Mather)(1989)による子ども向けの詩には，教練軍曹の独特の韻律が巧妙に取り込まれている。

{[訳注] 軍曹をまねた子どもの口から発されるのを想定した詩。I は子どもであり，軍曹の役。You は words を擬人化している。なお，So sense make none they can of it は普通の語順だと，So they can make no sense of it となる。}

Attention all you words,	お前たち言葉全員に命令する，
GET INTO LINE!	整列！
I've had enough of you Doing what you w ill,	もうお前たちの勝手な振る舞いにはうんざりだ，
STAND STILL!	動くな！
There are going to be a few changes Around here.	この辺りを少し変えることにするぞ。
From now on You will do What I want.	たった今からお前たちには俺の思うようにさせる。
THAT WORD!	そこのお前，言葉野郎！
You heard,	聞こえたか，
Stay put.	動くな。
Youcomeouttoofast	口から出てくるのが早すぎるっ
Or per ulate amb	そうでなきゃ，うろうろしやがって
GET IT STRAIGHT!	はっきりしろ！
You are here to serve me.	お前たちは俺に奉仕するためにいるのだ。
You are not at ease To do as you please.	気楽に思うようにはさせないぞ。
Whenever I attempt to be serious	俺がマジになったら
You make a weak joke.	軽く笑い飛ばせ。
Always you have to poke fun.	いつでも茶化せ。
Always you have to poke fun.	いつでも茶化せ。
AS YOU WERE!	もとい！
Don't stir.	動くな。
If ever I try to express My feelings for someone	俺の気持ちを誰かに打ち明けようとすると
You refuse to come out	お前らは俺の口から出てこようとしないで
Or come out all wrong	また出てきたとしても全く間違っていやがる
So sense make none they can of it,	「だから通じまったくが言葉ない」といった調子だから，相手に通じやしない。
Yet you're so good once they've gone!	でも，相手が行ってしまってから，おりこうしても仕方がないぞ！
Well,	さてと，
I'm in charge now	今俺はお前たちを訓練中だ。
And you will say what I tell you to say.	俺が話せと言ったことを話せ。
No more cursing Or sarcasm,	今後は恨み言も皮肉もなしだ，
Just state my thoughts clearly	俺の考えを明確に述べろ
Speak what's on my mind.	俺の思っていることを話せ。
Got it?	わかったか？
Right,	よーし，
F A L L OUT.	解散。

(p.266から掲載)

印刷物に見る発音

チャールズ・ディケンズ(p.90)の小説は発音上の独特の癖を分析したいと思っている人にとって,資料として最高の文学作品である。『ピックウィック ペーパーズ(*Pickwick Papers*)』(1836–7, 第16章)の中で,ミスター・ピックウィック(Mr Pickwick)はサム・ウェラー(Sam Weller)のスピーチが「幾分洗練されず,ときどきわかりにくい」と述べている。洗練さを欠くのは,サムがこれまでウェラリズム(Wellerisms)と呼ばれてきた癖 {【訳注】ピックウィックの召使ウェラーにちなむ語},すなわち,名言・名句をふざけて引用することにその実例を見ることができる。わかりにくさは,主として,両唇音(/w/)と唇歯音(/v/)の子音交替という彼の特異な使い方による。

He wants you particklar [=particular]; and no one else'll do, as the Devil's private secretary said ven [=when] he fetched avay [=away] Doctor Faustus. (Ch. 15)
客人は特に旦那に会いてえって。悪魔の秘書がフォースタス博士を連れてってしまったとき言ったみてえに,ほかの人ではだめだって。

Werry [=Very] sorry to 'casion [=occasion] any personal inconwenience [=inconvenience], ma'am, as the house-breaker said to the old lady when he put her on the fire. (Ch. 26)
奥さん,面倒かけて申しわけねえ。押し入り強盗がばあさんを火あぶりにしたとき言ったみてえに。

ウェラーはまたcol-lecting, hex-traordinary [=extraordinary](2例とも第13章より)が示すように,多音節語中で音節境界を引き延ばすという興味深い韻律上の特徴(ディケンズ作品のほかの登場人物にも見られる)をもっている。ハイフンはおそらく延長された子音または母音を表すのだが,短い休止とも考えられる。

(p.268の図版内英文の和訳)

文字フリーズ(帯状装飾)

(Aa)アラビアオリックスはアンテロープ(羚羊)の一種である。かつて野生ではわずか数頭のみとなるまで乱獲されたが,現在では保護されている。

(Bb)メガネグマは南アメリカの高山に生息している。目の周りに黄白色の斑紋があり,眼鏡をかけているように見える。

(Cc)カメレオンは敵から身を隠したいときには,環境に合わせて皮膚の色を変える。

(Dd)イルカは人懐っこい生き物で,とても賢くもある。流線形の体をしているのでとても優美で敏捷である——水中だけでなく,見事なジャンプで水の外に飛び出した時にも。

(Ee)ゾウは根を掘り出し,木から皮を剥ぐのに象牙の牙を必要とする。悲しいことに,ゾウの牙が彫られて装飾品となったのを好む人もいて,これまでにおびただしい数のゾウを殺してきた。

(Ff)フラミンゴはとても浅い塩水の近くに棲むことを好む。嘴の中の細かいひげ状の組織で水から小さな生き物をすくい取る。

(Gg)キリンは木の葉や若芽を常食とする。餌を食べるのに雄はてっぺんから食べ,雌は身をかがめる。

(Hh)カバは最大30分水中にとどまることができる。水中から浮上しても,見えるのは頭のてっぺんのみ。

(p.280より続き)

XXXXを用いて言ってみよう

- 「睡眠中を表すZ」(漫画などで)横になった人から漂うように書かれたZの連続は,その人が寝ていることを示す標準的な図形的表示方法である。英語はこの慣習を辞書の中にまで採用するほどになっている。すなわち,例えばwe *now catch some Zs* /zeez/(米)(これからうたた寝をしよう)やwe've been *zed-ding*(英)(うたた寝しちゃった)のように,「うたた寝をする」の意味を表す {【訳注】zedはイギリス英語でのZの発音/zed/をもとに作られた動詞形}。もちろん,ある人気番組のテレビシリーズで育った読者にとっては,間違いなく「Zは怪傑ゾロのZ」が頭に浮かぶことだろう。

図形的な文字のもつ象徴的な機能についての認識は,人生の早い段階に発達するようである。文字が読めるようになる前の幼い子どもが,個々の文字が何を意味するか聞かれると,質問の意味を理解しようとして,文字をシンボル的に理解していることを示すような興味深い反応が見られることがよくある(E.フェレイロとA.テベロスキー(E. Ferreiro & A. Teberosky), 1983)。「XはキスのX」に加え,間違いなく幼い英語話者の心の中は「Mはお母さん(mummy)のM」または「マクドナルド」,「Jはイエス(Jesus)のJ」,「KはコーンフレークのK」,「Pは駐車(parking)のP」,および「HはテレビのH」(テレビのアンテナから)のようになっているのであろう。さらに,文字を自分の名前と同一視する強い傾向も見られる。例えば,自分の名前がキャロル(Carol)であったなら,「Cはキャロル」のように。これらのケースでは,文字は初期の非アルファベット書記体系に見られる表意文字としての機能を果たしている。

(p.284から「つづり字」のコラムを掲載)

match(試合) June(6月) picking(摘み取ること)
catch(捕まえる) July(7月) picked(摘み取った)
patch(斑点) September(9月) learned(学んだ)
watch(眺める) November(11月) reached(着いた)
fetch(取ってくる) ditch(溝) snatch(ひったくる) everyone(みんな)
care(注意) infant(幼児) tender(優しい)
careless(不注意な) darling(あなた) gentle(親切な)
useless(無用な) cradle(揺りかご) weak(弱い)
useful(役立つ) young(若い) dull(退屈な)
purse(財布) nurse(看護師) fur(毛皮) beak(くちばし)
hammer(ハンマー) too(…もまた) lunch(昼食)
bench(ベンチ) tool(道具) buy(買う)
blade(刃) stool(腰掛) beef(牛肉)
wire(針金) fool(ばか者) cloth(布)
blood(血) goose(ガチョウ(単数)) geese(ガチョウ(複数)) cheese(チーズ)

F.ショーネル(F. Schonell)『エッセンシャルつづり字リスト(*The Essential Spelling List*)』(1932)のGroup 3の中からいくつかの語をあげたもの。この本は学校で広く使われ続けている。これらの語は,子どもたちの書いたものの中にしばしば見出すことができるとショーネルが見ているものである。文法と意味の点で関連ある語(care/careless)を一緒に並べるのが有益であるが,このようにして語を見ていったとしても,つづり字のシステムがわかるわけではない。規則的および不規則的なつづり字(geese, cheese)が,見たところなんら秩序なく並んでいるようだ。
{【訳注】/giːs/と/ʧiːz/とで文字sの発音が異なることに注意。}

(p.285 より続き)

カオス（混沌）

まだまだあるよ。camel /ˈkæməl/ ; constable /ˈkʌnstəbl/, unstable /ʌnˈsteɪbl/;
principle /ˈprɪnsɪpl/, disciple /dɪˈsaɪpəl/; label /ˈleɪbl/;
petal /ˈpɛtl/, penal /ˈpiːnl/ と canal /kəˈnæl/;
それに wait /weɪt/, surmise /səˈmaɪz/, plait /plæt/, promise /ˈprɒmɪs/; pal /pæl/ など。
suit /sjuːt/, suite /swiːt/, ruin /ˈruːɪn/ はどうかな。circuit /ˈsɜːkɪt/ と conduit /ˈkɒndɪt/ はそれぞれ 'shirk it' /ʃɜːk ɪt/ と 'beyond it' /bɪˈjɒnd ɪt/ と韻を踏んでいるね。
でも pall /pɔːl/, mall /mɔːl/ なのに Pall Mall /ˌpæl ˈmæl/ と発音するというのは君にとって難問ではないだろうね。
それでは muscle /ˈmʌsl/, muscular /ˈmʌskjʊlə/; gaol /dʒeɪl/; iron /ˈaɪən/;
timber /ˈtɪmbə/, climber /ˈklaɪmə/; bullion /ˈbʊliən/, lion /ˈlaɪən/,
さらに worm /wɜːm/ に storm /stɔːm/;
chaise /ʃeɪz/, chaos /ˈkeɪɒs/, chair /ʧɛə/;
senator /ˈsɛnətə/, spectator /spɛkˈteɪtə/, mayor /mɛə/ ときたらどうかな。
ivy /ˈaɪvi/ に対して privy /ˈprɪvi/ となり，famous /ˈfeɪməs/ には clamour /ˈklæmə/ ね，それに enamour /ɪˈnæmə/ は 'hammer' /ˈhæmə/ と韻を踏むね。
pussy /ˈpʊsi/, hussy /ˈhʌsi/ と possess /pəˈzɛs/ の違いはわかるかね。
desert /ˈdɛzət/ に対して dessert /dɪˈzɜːt/, address /əˈdrɛs/ というのもあるね。
golf /gɒlf/ に wolf /wʊlf/ ときて countenance /ˈkaʊntɪnəns/ がくるかと思えば，置き忘れの三角旗（left pennants）を旗の代わりに（lieu /ljuː/）高く掲げる大尉 lieutenants /lɛfˈtɛnənts/ が続く。
river /ˈrɪvə/ に rival /ˈraɪvəl/; tomb /tuːm/, bomb /bɒm/, comb /kəʊm/ ときて，
doll /dɒl/ と roll /rəʊl/ と some /sʌm/ と home /həʊm/ とくるからね。
stranger /ˈstreɪndʒə/ は anger /ˈæŋgə/ と韻は踏まず，
同じく devour /dɪˈvaʊə/ も clangour /ˈklæŋgə/ と韻を踏まない。
soul /səʊl/ なのに foul /faʊl/ の例や，gaunt /gɔːnt/ で aunt /ɑːnt/ の例もあるよ。
font /fɒnt/, front /frʌnt/, wont /wəʊnt/ ときて want /wɒnt/, grand /grænd/ に grant /grɑːnt/ だ。
shoes /ʃuːz/, goes /gəʊz/, does /dəʊz/ [1] はいかがな。さて，まず finger /ˈfɪŋgə/ を発音して，

（[1] おっと，/dʌz/ ではないよ。これは 'doe' /dəʊ/（雌鹿）の複数形だからね。）

次に singer /ˈsɪŋə/, ginger /ˈdʒɪndʒə/, linger /ˈlɪŋgə/ を発音してごらん。
real /ˈrɪːəl/ に zeal /ziːl/ で，mauve /məʊv/, gauze /gɔːz/ に gauge /geɪdʒ/ と続き
marriage /ˈmærɪdʒ/, foliage /ˈfəʊliɪdʒ/, mirage /mɪˈrɑːʒ/, age /eɪdʒ/ というのもあるよ。
query /ˈkwɪəri/ は very /ˈvɛri/ と韻は踏まず，また fury /ˈfjʊəri/ も bury /ˈbɛri/ とは音が違うね。
dost /dʌst/, lost /lɒst/, post /pəʊst/ に doth /dʌθ/, cloth /klɒθ/, loth /ləʊθ/ があり，
仕事の job /dʒɒb/ に対して人名の Job /dʒəʊb/ や blossom /ˈblɒsəm/, bosom /ˈbʊzəm/, oath /əʊθ/ はどうだ。
違いはほんのわずかのようだけれど，
actual /ˈækʧuəl/ と発音する一方，victual /ˈvɪtl/ となるのはどうだ。
seat /siːt/, sweat /swɛt/, chaste /ʧeɪst/, caste /kɑːst/ ときて，Leigh /liː/,
eight /eɪt/, height /haɪt/ があり，
put /pʊt/ には nut /nʌt/ で，granite /ˈgrænɪt/ には unite /juˈnaɪt/ があるよ。
reefer /ˈriːfə/ は 'deafer' /ˈdɛfə/ と韻を踏まないが，
feoffer /ˈfɛfə/, zephyr /ˈzɛfə/, heifer /ˈhɛfə/ はそれと韻を踏むよ。
dull /dʌl/ には bull /bʊl/ が，Geoffrey /ˈdʒɛfri/ には George /dʒɔːdʒ/ が，ate /ɛt/ には late /leɪt/ があり，hint /hɪnt/ には pint /paɪnt/，また senate /ˈsɛnɪt/ には sedate /sɪˈdeɪt/ というのもあるよ。
scenic /ˈsiːnɪk/, Arabic /ˈærəbɪk/, pacific /pəˈsɪfɪk/ ときて
science /ˈsaɪəns/, conscience /ˈkɒnʃəns/, scientific /saɪənˈtɪfɪk/ となるよ。
tour /tʊə/ なのに our /aʊə/ だし，succour /ˈsʌkə/ なのに four /fɔː/ となり，
gas /gæs/, alas /əˈlɑːs/ で Arkansas /ˈɑːkənsɔː/ となるものまであるとは驚きだね！
sea /siː/, idea /aɪˈdɪə/, guinea /ˈgɪni/, area /ˈɛəriə/ となり，
psalm /sɑːm/ というのもあるよ。Maria /məˈriːə/ だけれど malaria /məˈlɛəriə/ となるね。
youth /juːθ/, south /saʊθ/, southern /ˈsʌðən/ はどうだ。
cleanse /klɛnz/ に対し clean /kliːn/ だし，doctrine /ˈdɒktrɪn/, turpentine /ˈtɜːpəntaɪn/, marine /məˈriːn/ というのもあるね。
alien /ˈeɪliən/ と Italian /ɪˈtæljən/ を比べてごらん。
dandelion /ˈdændilaɪən/ と battalion /bəˈtæljən/ もね。
Sally /ˈsæli/ と ally /əˈlaɪ/ は？ yea /jeɪ/ と ye /jiː/ はどうだ。
eye /aɪ/, I /aɪ/, ay /aɪ/, aye /eɪ/ ときて whey /weɪ/, key /kiː/, quay /kiː/ となるのは驚きだね！
aver /əˈvɜː/ を発音してご覧。でも ever /ˈɛvə/, fever /ˈfiːvə/ となるのもあるし，
neither /ˈnaɪðə/, leisure /ˈlɛʒə/, skein /skeɪn/, receiver /riˈsíːvə/ はどうだ。
単なる推測はダメだよ――安全じゃないよ，
だって calves /kɑːvz/, valves /vælvz/, half /hɑːf/ だけど Ralf /reɪf/ となるからね！
heron /ˈhɛrən/（サギ）; granary /ˈgrænəri/, canary /kəˈnɛəri/（カナリア）となるね。
crevice /ˈkrɛvɪs/ と device /dɪˈvaɪs/ さらには eyrie /ˈɪəri/ なんてのはどうだ。
face /feɪs/ に対し preface /ˈprɛfɪs/ で，さらに efface /ɪˈfeɪs/ もあるし，
phlegm /flɛm/ かと思えば phlegmatic /flɛgˈmætɪk/ となるし，ass /æs/, glass /glɑːs/, bass /beɪs/ とくるからね。
large /lɑːdʒ/ もあれば target /ˈtɑːgɪt/, gin /dʒɪn/, give /gɪv/, verging /ˈvɜːdʒɪŋ/ と一定しないよ。
ought /ɔːt/, out /aʊt/, joust /dʒaʊst/ に scour /skaʊə/ もあれば，scourging /ˈskɜːdʒɪŋ/ とくるからね。
ear /ɪə/ かと思えば earn /ɜːn/ だし，wear /wɛə/ と tear /tɛə/ は 'here' /hɪə/ とではなく 'ere' /ɛə/ と韻を踏むからね。
seven /ˈsɛvn/ はまともだけれど，
even /ˈiːvn/ だってそうだよ。
hyphen /ˈhaɪfn/, roughen /ˈrʌfn/, nephew /ˈnefjuː/, Stephen /ˈstiːvn/ はどうか。
monkey /ˈmʌŋki/ に対しては donkey /ˈdɒŋki/ があり，clerk /klɑːk/ には jerk /dʒɜːk/ があるし，
asp /æsp/, grasp /grɑːsp/, wasp /wɒsp/ のような違いもあれば，cork /kɔːk/ と work /wɜːk/ の違いもある。
語の発音って――psyche /ˈsaɪki/ の場合を考えてごらん！ ――頑丈で，先端の尖った（spiky /ˈspaɪki/）くいみたいだね。
気（wits）が変にならないかい？
だって 'groats'（脱穀した穀粒）と書いて groats /grəʊts/ と読ませるのだから。[訳注]
小石を撒き散らした暗闇のどん底（abyss /əˈbɪs/）かトンネル（tunnel /ˈtʌnl/）みたいだね，オール受け（rowlock /ˈrɒlək/）や船べり（gunwale /ˈgʌnl/）のように。
Islington /ˈɪzlɪŋtn/ に対して Isle /aɪl/ of Wight /waɪt/（ワイト島）があり，
housewife /ˈhʌzɪf/ というのもあり，verdict /ˈvɜːdɪkt/ には indict /ɪnˈdaɪt/ というのもあるのだからね！
そうは思わないかい，読者諸君？ かなりの程度（rather /ˈrɑːðə/）にね，
だって，lather /ˈlɑːðə,ˈlæðə/, bather /ˈbeɪðə/, father /ˈfɑːðə/ を発音してごらん。
最後になるけど，次の中で 'enough' /ɪˈnʌf/ と韻を踏むものは？
though /ðəʊ/, through /θruː/, plough /plaʊ/, cough /kɒf/, hough /hɒk/ それとも tough /tʌf/ かな。
hiccough /ˈhɪkʌp/ には 'cup' /kʌp/ の音が含まれているし…
忠告したいね――もうあきらめなさい！

カリワリウス（Charivarius; 本名はトレニテ（G. N. Trenité））

{[訳注] この詩の別の版では，groats の代わりに，wits と韻を踏む 'grits' /grɪts/（groats より小粒の穀粒）が用いられている。}

（p.286 より続き）

この語はどのようにつづるか？

不明の場合

誰でもが納得するようにつづるのが不可能に思える語がいくつかある。まれなつづりが語末にくる語の例を集めて，（それらが動詞として用いられる場合）それらに *-ed* や *-ing* を加えようとすると，どのようなつづりになるかを問うている研究がある。

a(h)　polka（ポルカ），verandah（ベランダ），visa（ビザ），mascara（マスカラ），umbrella（傘），samba（サンバ），sauna（サウナ），aroma（芳香），balaclava（バラクラバ帽），tiara（ティアラ）
e(e)　purée（ピューレ），flambé（フランベした），recce（reconnaissance）（偵察），frisbee（フリスビー），tree（木）
et　parquet（寄せ木細工の床），bouquet（花束），beret（ベレー帽），duvet（羽毛布団），chalet（シャレー），ballet（バレエ）
i　ski（スキー），sari（サリー），jacuzzi（噴流式泡風呂），bikini（ビキニ）

問題は明らかである。samba の過去形はどうなるだろうか？　They sambaed（彼らはサンバを踊った）や We're sambaing（私たちはサンバを踊っている）のように書いたら，正しいと思えるだろうか？　中には samba'd や samba-ing のように書く人もいる。上にあげたほかの語で試してみよ。プロの作家でも，どうするか意見が分かれる。デイヴィッド・ロッジ（David Lodge）は her heavily mascaraed eylids（彼女の濃くマスカラしたまつ毛）（『小さな世界（*Small World*）』（1984），p.125）のように書いている。フレデリック・フォーサイス（Frederick Forsyth）は So get visa-ed up in Paris（それで，まずパリでビザを取る）（『戦争の犬たち（*The Dogs of War*）』（1974），p.117）のように書いている。辞書は，この点に関してしばしば沈黙を保っている。

時には，語尾をつけ加えることにより解釈に困難を生ずることがある（ただし，文脈のおかげで実際の曖昧性はありそうにないが）。例えば，they skied（彼らはスキーをした / ボールを空高く打ち上げた）（ski または sky より），an anoraked figure（アノラックを着た人物）（このつづり字により，2 番目の a の発音が長母音の /eɪ/ となることを示唆することになる），the current arced（電流がアークをなした）（ここでは，e の前の c の発音が /s/ となるという規則が当てはまらないので，作家の中には arcked とつづるのを好む人もいる）。

この研究の著者は，自分自身の好むつづり方の例のいくつかを含む短いパラグラフでその研究を結んでいる。あなたならどうしますか？

私なら，鉛色の空の（leaden-skied）薄暗やみの中で，アノラックを着て（anorak-ed）震えながら座って，昨日，電気のケーブル線が電弧を起こさ（arc-ed）ないうちに，ソテーしておいた（sautéd）じゃがいもを食べながら，樹もまばらになった（sparsely-treed）平原で野営する（bivouacked）よりも，むしろ，心地よいベランダーつきの（veranda-hed）家で，羽毛布団の（duveted）ベッドの上にパジャマ姿で（pyjamaed）座って，ムームーを着た（muumuued）美女に，ピューレした（puréed）果物を食べさせてもらいながら過ごしたいね。

（G. アボット（G. Abbott），1988 に従う）

（p.287 より続き）

意図的なつづり字の誤り

- Sez（'says'）（言う）これは無意識的に行われる談話（形式ばったものであろうと，改まっていないものであろうと）の中で用いられる動詞 says（彼・彼女が言う）の通常の発音を正確に書き取ったものとなっている。
- Innit（'isn't it'）（そうでしょう？）これは話しことばで用いられる音脱落（p.259）現象を表したものである。この種のつづり字は，修辞的道具の 1 つとしてユーモア作家にときどき見られるもので，相手を説得する軽妙なやり方として用いられる。ほかの例としては，dunno（'don't know'）（知らない），yeah（'yes' の意味で，ほかに yup などの表現もある），c'mon（'come on'）（さあ），'trif（f）ic（'terrific'）（すごい），nuf（f）（'enough'）（十分だ），'em（'them'）（彼らを・彼女らを・それらを），ya（'you'）（お前）などがある。
- Gawd（'God'）（神）このつづり字は，独特の地域的あるいは階級的発音を示唆する。決して，無教養な話し方を表すものとしてだけ用いられるのではなく，単に文体的効果のために用いられることがしばしばある。例えば，Oh Gawd（おお神よ）は O God よりまじめさの程度が劣るので，たとえ最も嘆願を込めた祈りの場合においてでさえ，礼拝用手引書の中には決して現れることがないと推測されるであろう。この種の表現の中には，gels（'girls'）（育ちのよい少女）のように，事実明らかに上流階級的なものも含まれている。文字 r は，しばしば文体的レベルの変化を合図する重要な役割を演ずることがある。例えば，larf（'laugh'）（笑），lorra（'lot of'）（たくさんの），luvverly（'lovely'）（愛らしい），har har（'ha ha'）（あはは（の笑い）），shurrup（'shut up'）（黙れ）のように。

（p.288 より続き）

初期の改革者

ƎE NAΣONAL ANЋEM.

God sev our grefɤs Kwin,
loy liv our nobel Kwin,
God sev de Kwin.
Send her viktorirs,
hapi and glorirs,
loy tu ren over ɤs,
God sev de Kwin.

O Lord our God arjz,
skater her enemiz,
and mek dem fol.
Konfound der politiks;
frɤstret der nevif triks;
on di our hops wi fiks;
O! sev ɤs ol.

Dj goisest gifts in stor
on her bi plizd tu por;
loy me fi ren.
Me fi defend our loz,
and ever giv ɤs koz,
tu siŋ wid hart and vois,
God sev de Kwin.

筆記体の表音式速記法による英国国歌（『音声学会誌』1873 年 9 月 27 日号より再録）

THE NATIONAL ANTHEM.（英国国歌）

God save our gracious Queen,（神よ，我らが慈悲深き女王陛下を守りたまえ）
long live our noble Queen,（我らが気高き女王陛下，ご長命であらせたまえ）
God save the Queen.（神よ，女王陛下を守りたまえ）
Send her victorious,（女王陛下が勝利を収め）
happy and glorious,（幸多く，栄光に満ち）
long to reign over us,（永きにわたり我らに君臨せられんことを）
God save the Queen.（神よ，女王陛下を守りたまえ）

O Lord, our God, arise,（主よ，神よ，立ちて）
scatter her enemies,（女王陛下の敵を追い散らし）
and make them fall.（彼らを打ち倒したまえ）
Confound their politics;（敵の攻略を打ち負かし）
frustrate their knavish tricks;（不正なるたくらみを挫折させたまえ）
on Thee our hopes we fix;（我らが望みはなんじの上に）
Oh! save us all.（おお！　我らすべてを救いたまえ）

Thy choicest gifts in store（なんじの選び抜かれた恵みを）
on her be pleased to pour;（どうか女王陛下の頭上に注ぎたまえ）
long may she reign.（女王陛下の御代（みよ）がとこしえとなりますよう）
May she defend our laws,（女王陛下が我らがおきてを擁護し）
and ever give us cause,（つねに我らに大義を示したまわんことを）
to sing with heart and voice,（心と声もて歌わん）
God save the Queen.（神よ，女王陛下を守りたまえ）

〔【訳注】英語版にはないが，普通のつづり字表記のものとその日本語訳を上に掲載した。〕

（p.289 より続き）

作家のためのショー文字

作家のためのショー式アルファベット

ペアになった２つの文字の間の二重線：は，高い文字（Tall），深い文字（Deep）および短い文字（Short）を比べた場合の高さの違いを示すためのもの。文字はできる限り右側で書き終わるようにする。＊印のついたものは，上向きに書くことになる。なお，裏面｛【訳注】原文のまま｝にある見出しと脚注も参照。

｛【訳注】それぞれのショー文字は，例としてあげてある英単語の太字体（のアルファベット）の部分を表す記号となっている。｝

The Shaw Alphabet for Writers

Double lines : between pairs show the relative height of Talls, Deeps, and Shorts. Wherever possible, finish letters rightwards; those starred * will be written upwards. Also see heading and footnotes overleaf.

Tall	Deep	Short	Short
peep	bib	if	eat
tot	dead	egg	age
kick	gag	ash*	ice
fee	vow	ado*	up
thigh	they	on	oak
so	zoo	wool	ooze
sure	meaSure	out	oil
church	judge	ah*	awe
yea	*woe	are	or
hung	ha-ha	air	err
Short	**Short**	array	ear
loll	roar		**Tall**
mime*	nun	Ian	yew

（p.289 より掲載）

米国識字審議会

つづり字簡易化委員会が 1906 年に米国に誕生し，1989 年からは，「米国識字審議会」と呼ばれ，その本部をニューヨーク市に置いている。1993 年に出した声明の中で，審議会は，英語の読み書きができない主な原因と見なしていたもの，すなわち「音声文字の論理および簡素化」の欠如，の攻略に向け取り組むことをくり返し強調した。コンピュータの技術を用いることが，今では審議会の仕事の重要な一面をなしている。

「サウンドスペラー（SoundSpeler）」は審議会の製品の１つであり，読み書き能力に問題を抱える人のための補習用コンピュータプログラムとしてデザインされたものである。ここに示す販売促進用のパンフレットからの抜粋が，そのやり方を説明している。そのほかにも，コンピュータにもとづくアプローチとして，サウンドライト（Sound-Write™）がある。

プログラムの操作方法

このプログラムは何ができて，スクリーンに何が映し出されるか

1　Meny_　◀------ このように，最初の語を「発音通りに」入力すると，コンピュータが自動的にその「音声つづり字」を訂正してくれる──すなわち，ただちに次のような

1a　Many_　◀------ 正常なつづり字に変換し，その下に
Meny　◀------ 発音を映し出す。このことは評判の高い次のような教育原理からきている。すなわち，

直ちに訂正すれば記憶へのよい信号となる。

2　Many have_　◀--- どんな語でも正しく入力された語のつづり字はすぐに正解だとわかる。その理由は，
Many

2a　Many have_　その発音が，
Meny hav　◀------ このように，ただちに下の行に現れるから。

（p.289 より掲載）

英国つづり字協会

この協会は，1908 年に「単純化つづり協会（Simplified Spelling Society）」として英国で設立され、英語のつづり字に目論まれた変更を加えるという方針を促進しようとした。協会は，独自の改訂版──すなわち，二字一音（p. 257）の使用を拡張することにより，音声とつづり字をより密接なものとした「新つづり字法（New Spelling）」と呼ばれるシステム──を育成した。1960 年代には，二字一音の代わりに追加文字を用いた版が「初期指導用アルファベット（Initial Teaching Alphabet（i.t.a.））」として多くの学校に導入された。その後それ以外のシステムもいくつか協会内に誕生した。そのうち，とりわけ，「短縮つづり字（Cut Spelling）」（1992）と呼ばれる部分的改革案をあげることができる。協会の目的は，学習の簡便さと書き方の経済性に資するよう，英語のつづり字改革をもたらすことにある。

この目的のために協会は，
- 改革が可能となるようなアイデアを後押しし，
- 改革方式に関する議論を促進し，
- 改革の可能性を秘めた計画を考案し，公開するとともに促進し，
- 社会を説得するとともに運動を展開し，
- つづり字改革の専門家組織としての任務を担い，
- 一貫したつづり字法を導入することにより，未来の世代に役立つことを目標とする。

（1993 年の協会の刊行物より。）

（p.294 コラム内の英文の和訳）

書記学的古語表現

著者序文

考古学，すなわち大洪水の後の国々の起源についての学説には，２種類の探究方法が認められる──その１つは，人類の拡散の源としてのバベルの塔から始まり，数々の記録，すなわち歴史，および自然の摂理，すなわち推論と憶測を手がかりとして，その足跡を今日の時代に至るまでたどるやり方である。他方は，今日の時代から始めて，上に述べたのと同じ手がかりをもとに，人類の進歩の始まりの場所と起源へと過去の時代をさかのぼっていくやり方である。これら２つの方法のいずれもが，歴史家ならびに系統学者によって普通用いられていて，また彼らの取る手続き方法として，同じように認められている。次のいくつかのセクションでは，私はこのうちの前者の方法を用いることにより，最も暗黒の時代とされている部分に思い切って分け入って，その考古学的事実を推定するとともに，最初の入植時からローマ人による征服に至るアングルシー島の古代遺物について，粗削りの輪郭と特徴を描写してまとめてみたが，そのほとんどの部分は，仮説的方法ないし合理的な研究方法を用いて行ったものである。

（p.291 より続き）

"I, what" (quod she) "by God and by my trouth
I not nat what ye wilne that I seye:"
"Eye, what" (quod he) "That ye have on hym routh
For Godes love, and doeth hym nat to dey:"
"Now than thus" (quod she) "I woll hym prey,
To tell me the fyn of his entente,
Yet wist I never wel what that he ment."

"What that I mean, O my sweet herte dere"
(Quod Troilus) "O goodly, fresh and free,..."

（1810：アレグザンダー・チャーマーズ（Alexander Charmers）『チョーサーからクーパーまでの英国詩人作品集（*The Works of the English Poets from Chaucer to Cowper*）』p.252）

この時代になると，発話の交替が，現代の小説に見られるように，引用符で囲むことにより示されるようになるが，丸括弧の使用は（おそらく，挿入句的としての音調をもつことを示すためであろう）依然として保持されている。疑問符と感嘆符は省かれている（1，3 行目）。また句点に代わってコロンが用いられている（2，4 行目）ことで，この連の中の３つの発話を１つの会話の流れとして統合する助けとなっている──これもまた小説に見られるのと同じである。

"I! what?" quod she, "by God and by my trouthe,
I not nat what ye wilne that I seye."
"I! what?" quod he, "that ye han on hym routhe,
For Goddes love, and doth hym nought to deye."
"Now thanne thus," quod she, "I wolde hym preye
To telle me the fyn of his entente.
Yet wiste I nevere wel what that he mente."

"What that I mene, O swete herte deere?"
Quod Troilus, "O goodly, fresshe free,..."

（1957：F. N. ロビンソン（F. N. Robinson）『ジェフリー・チョーサー全集（*The Complete Works of Geoffrey Chaucer*）』2nd edn, p. 422）

例えば For Goddes love（「どうか」）あるいは by God and by my trouthe（「真実誓って言う」）のような表現に補足的な位置づけを与える，というような文法的な働き，および 1，3 行目に現れている感歎文・疑問文的音色に見られるように，気持ちを表す働きの両面において，できる限り意味の理解の助けとなるような句読法がここでは導入されている。直接話法の表し方については，標準的な現代的句読法が用いられている。

(p.295 より続き)

現代の各種記号

感嘆符 (Exclamation mark) (!)

(感嘆符は「感嘆句点」とも呼ばれる)

ラテン語でプンクトゥス・エクスクラマティウス (*punctus exclamativus*) またはプンクトゥス・アドミラティウス (*punctus admirativus*) と言う感嘆符は，最初 14 世紀に，いくらか感嘆的気持ちを込めて読み上げる必要がある発話文を示すものとして登場した。初期の写本には，1 本の短い線の下に点を 2 つ置き，全体的に右斜めにした感嘆符が現れるが，それを印刷工がまっすぐな形のものとして印刷した。現代の用法では，感嘆の気持ちを強める意味で，(!!!)のようにくり返すこともある。また皮肉を表したり (The car(!) was waiting (お車(!)がお待ちでしたよ))，次にあげるプーさんの発話内容に続く場面に見るように，無言の驚きを表したり，疑問が解けたことを表す用法もある。

「君の傘でなら行けるかもね」とプーは言いました。
「!!!!!!」
というのは，行けるかもしれない，とクリストファー・ロビンには突然わかったからです。
(A. A. ミルン (A. A. Milne)，『クマのプーさん (*Winnie-the-Pooh*)』，1926)

アポストロフィー (Apostrophe) (')

文字が 1 字あるいはそれ以上省かれていることを示す記号として，初期の印刷工により導入されたもの。今でもこのような用法が，文法的縮約 (He's (=He is/has)，isn't (=is not))，あるいは o'clock (〜時)，fish 'n' chips (フィシュアンドチップス) などの語や '93 (1993 年) などに見られる。のちに名詞の属格形と複数形を区別する用法 (dog's (犬 (単数) の)，dogs' (犬 (複数) の) vs dogs (犬の複数形)) へと拡大される。用法の揺れが見られることもある (例えば cello (チェロ) vs 'cello のように)。余白が制限されるために省略せざるをえない場合に，新聞紙上の Stock Market Quot'ns (=quotations) (株式市場相場) の例のように，発音には関係しないが，任意的に用いることがある。(アポストロフィーのその後の発達，および現代におけるその用法の曖昧な部分については p. 215 参照。)

twould be nice to be	なんと素敵なことだろう
an apostrophe	もしアポストロフィーとなって
floating	s の上に浮かび
above an s	紙のたこのように
hovering	its の間にとどまり
like a paper kite	thats のはるか上空で
in between the its	立ち聞きしながら，
eavesdropping, tiptoeing	忍び足で歩けるとしたら
high above the thats	最も高く放り投げられた
an inky comet	帽子のまわりを
spiralling	らせん状に動く
the highest tossed	さながら真っ黒な
of hats	すい星のように

(ロジャー・マゴフ (Roger McGough)，「アポストロフィー ('Apostrophe')」，1976)

(p.296 より掲載)

アポストロフィーにカタストロフィー(災難)が？

1982 年にティム・ウォーターストーン(Tim Waterstone)によって創業されたこの英国の書店は，2012 年 1 月に店のロゴを変えて，頭文字の大文字を復活させ {【訳注】一時期 2010-2 年の間は，小文字で始まる waterstone's のロゴを用いていた}，フォントも変え，さらに——これは新聞紙上大いに話題となった処置だが——アポストロフィーも外してしまったのである。取締役のジェームズ・ドーント(James Daunt)は，次のように説明している。

アポストロフィーのない Waterstones は，ウェブサイトや e メールアドレスのデジタル世界では，より広く用いられている現実的なつづり字です。これはまた，今日の我が社のビジネスの偽りのない真の姿を伝えるものともなっています。我が社は 1 つの書店から始まりましたが，今では，何千もの個々の書店の絶え間ない貢献の上に築かれているからです。

これにもかかわらず，アポストロフィーの擁護派から浴びせられる批判の集中砲火を止めることはできず，魅力的で響きのよい「アポストロフィー カタストロフィー (アポストロフィー災難)」の文句がいくつかの新聞の見出しを飾ることとなった。ただし，『ガーディアン (*Guardian*)』紙の文体ガイド編集者で，2011 年 (8 月の第 3 金曜日) に国際アポストロフィーの日を始めた男デイビッド・マーシュ(David Marsh)は，「やっぱりか，ウォーターストーンズよ，アポストロフィーなしなのか？ でもまあ，災難なしってことか」(2012 年 1 月 12 日) という見出しの一文をその新聞に寄せて，次のように

Before...

...After

論じている。すなわち彼は，曖昧性が生じないようにするために，アポストロフィーが必要となるような，さらにもっと重要な文脈があるとして，my sisters friends books(私の妹の友達の本)の例をあげている。この例では，妹と友達の数が 1 人か 2 人以上かの違いによって，アポストロフィーをどこに置くかが違ってくるのである。

(p.297 コラム内の英文の和訳)

終止符はもはやフルストップ (完全廃止) か？

次に示すのは，2016 年 5 月の終わりに開かれたヘイフェスティバルにおける筆者の講演の後の何日間に発行された，世界中の新聞の劇的な見出しの中から拾ったものである。筆者はその講演では，インターネットに新しく登場した用法についての例を話題にしたのであった。

ピリオドはフルストップ(完全になくなる)か？　そうか。いいだろう。(『ニューヨークタイムズ』)

ピリオドは死んだ—でも，それがどうだと言うんだ？(『ボストングローブ』)

ピリオド，フルストップ(完全に廃止)となる。(『ストレートタイムズ』)

ピリオドはカムバックなしの地点に追い込まれたか？(『サンディエゴユニオントリビューン』)

ピリオド死す。ピリオドが長生きしますように。(『ハフィントンポスト』)

フルストップ，インスタントメッセージのせいで流行遅れとなる(『テレグラフ(英国)』)

フルストップはまもなく完全廃止となるか？(『インディアンエクスプレス』)

もはや誰もフルストップを使わなくなったが，それはみんなソーシャルメディアの責任(『メトロ(ロンドン)』)

フルストップ，行の終わり(人生の最期)となる(『i ニュース』)

えっ，フルストップ(完全になくなるって)? ポイントなし(無理な話だ)。(『テレグラフ(カルカッタ)』)

(p.301 より続き)

シバの女王，ほか

Baloney!（たわごとだ！）
Fiddlesticks!（くだらない！）
Stuff and nonsense!（ばかげている！）
Codswallop!（ばかげた話だ！）
What a load of cobblers!（なんてたわごとだ！）
Tosh!（くだらない！）
Balderdash!（たわごとだ！）
Mullarkey!（でたらめだ！）
Go and take a running jump!（うせろ！）
Get lost!（出ていけ！）
If you believe that, you'll believe anything.（そんなわけがないだろう）
I bet you say that to all the girls.（誰にでも言っていることなのでしょう）
That'll be the day.（ありえない）
Don't give me that.（そんなの信じないよ）
You're asking me to swallow…?（それを信じろって言うの…？）
You're going out on a limb here.（危険な目に遭うよ）
You would say that, wouldn't you?（はいはい，その通りですね）
Well, I'm not saying you're wrong.（あなたが間違っているとは言いませんよ）
Well, stranger things have happened at sea.（まあ，海ではもっと奇妙なことが起きるものだ）
These are deep waters, Watson.（ずいぶん難しい問題だね，ワトスン君）
Much work still needs to be done on this theory.（この理論についてはまだまだ検討の余地があるね）
While in no way doubting the essential veracity of what you say, I am not sure that this is the best moment to announce it, and it might be as well to put it on the back burner for a while, so I am going to recommend that you stall for a time by announcing a public enquiry, or a select committee hearing, or any of the usual delaying tactics, before we ask the media and the public to swallow a lie of quite this enormity...（おっしゃることが本質的に正しいということは疑う余地もないことですが，それを発表する時期として今が最適かということになりますと私には確信がもてず，ですからしばしこのことは寝かせてもよろしいかと，つまり，私がご提案申し上げたいのは，公式調査を行うということを発表するか，あるいは公聴会を開くか，何かしら通例通りの遅延方策を取って時間を稼いで，メディアと民衆にこのような規模の大嘘を信じてくれと頼むのは待った方がよいということでして…）
Are you not being economical with the truth?...with the actualité?（嘘をついているのではないですか？ …本当に？）
I can see what you're getting at.（どういうつもりか，わかっているよ）
I can see what you're trying to say.（何が言いたいのか，わかっているよ）
I can see the point.（言いたいことはわかるよ）
I see...（なるほどね…）
I understand...（わかるよ…）
I'm sure you're right...（そうなんだろうけどもね…）
Yes, sir...（そうですとも）
Yes, Minister...（はい，大臣）
Yes, Prime Minister...（承知いたしました，首相）
Of course, Your Majesty...（もちろんでございます，陛下）

(p.304 より続き)

語用論的選択

どの形式を用いるかが決まったら，次は，一貫性を保つ必要性など，ほかの語用論的要因が問題になる。多くの人は，次のような文章を受け入れがたいものだと感じるだろう。

We started the climb at six o'clock. You could see the summit clearly, and we thought it wouldn't take more than an hour to reach it. But one forgot about the mist, and I was surprised to find we were still a long way off at seven.（私たちは6時に登山を始めた。あなたは山頂をくっきりと見ることができ，そして私たちはそこまで行くのに1時間もかからないだろうと思った。でもある人は霧のことを忘れていて，私は7時になっても私たちがまだ山頂まで随分あるところにいるということに驚いた。）

ほかのスタイルを見てみると，このほかにも手法があることが分かる。例えば，代名詞をほかの表現と入れ替えるという手法がある。I や you の代わりに名詞句を用いると，自意識過剰な，形式的な印象を与える。

– 査読者（This reviewer）は，これまでこれほどひどい作品は見たこともないと言わざるを得ません。
– このコラムの読者（Readers of this column）は…を知っても驚かないことでしょう。

個人としてあるいは職業人としての，心地よい文体を作り上げていく上で，代名詞がどう用いられるかを理解するには語用論的な視点が必要なのである。

(p.305 より続き)

初期の電話通信

そうですね，行けたら行きます。[受話器から口を離して] もう，これ，こんなに長くもってると腕が疲れるわ。あちらが…
沈黙
いいえ，ぜんぜん構いませんのよ。おしゃべり好きですもの。でも，あなたのお邪魔になっているかしらね。
沈黙
お客様？
沈黙
いいえ，バターは使いません。
沈黙
そう，それがいいと思います。でも，どのお料理の本にも，旬でないのに食べると体に悪いって書いてあるの。それに彼は好きじゃないのよね。とくに缶詰のものは。
沈黙
あら，それは高すぎるんじゃないかしら。うちでは，1束50セント以上払ったことなんてないですよ。
沈黙
切らなきゃいけない？じゃあ，さよなら。
沈黙
ええ，そう思います。さよなら。
沈黙
じゃあ4時ですね。間に合います。さよなら。
沈黙
本当にありがとうございました。さよなら。
沈黙
いいえ，そんなことまったく！ 本当に新鮮で…え？ あら，そうおっしゃっていただけて嬉しいわ。さよなら。
[電話を切り一言，「ああ，本当に腕が疲れるわ！」]
男であれば，「さよなら」は1度だけ，冷たく言ってそれで終わりだが，女性の場合そうは行かない。もちろん，褒めているのだ。彼女たちには，無愛想にするなんてありえないことなのだから。

(p.313 図版の和訳)

ステレオタイプ

ジリアン：ほら，これは，あなたのお父さんと，お母さん，そして，お父さんの兄（弟）と姉（妹）。よしっと。で，マーティン，この人たちは誰？
マーティン：ああ。この老婦人はぼくの祖母で，この人はその夫である僕の祖父だよ。古い写真だよ。新しいページに貼って，ジル。
ジリアン：いいわ。このページには，あなたのおじいさま，おばあさま，そして，そっちのページには，彼らの息子たちと娘たち。
マーティン：わあ，これを見て，ジル。
ジリアン：ちょっと待って。今まだ書いているところ。えっと，何？
マーティン：ぼくたちの古い写真だよ。君はテニスの練習をしていて，ぼくは君の腕を掴んでいる。ほら，見て。これは僕にとってはひどい写真だ。捨てよう。
ジリアン：冗談言わないで，マーティン。私にかして。そうね，これはあなたにとってはひどい写真ね。なぜ口を開けているの？　でも，私にとっては良い写真よ。捨てないでおきましょう。ところで，これは誰，マーティン？　この写真の女の子を見て。彼女は誰？　マーティン，目を背けているわね。マーティン，顔が赤いわよ。
マーティン：ああ，ごめん，それはマーガレット。
ジリアン：とてもかわいいわね。あなたのいとこ？
マーティン：あー，違うよ。古い友達だよ。この写真は新しいページに貼ろう。

{【訳注】コラム中の抜粋は実際の会話である。そこでは，必ずしも会話参与者のやりとりがすぐにかみ合ってはいるようには見えない。それはいかにも，それぞれが言いたいことを思いのまま発言しているかのように見える。しかし，すぐにではなくとも，誰かが別の人の問いに対して応答していることがわかり，全体としては，会話が成立していることがわかる。一方，教科書の抜粋では，二人が綺麗に，順番を守って話し，質問に対してはすぐにその応答が続いており，話の内容もそれることなく進められており，整然と並べられていることがわかる。}

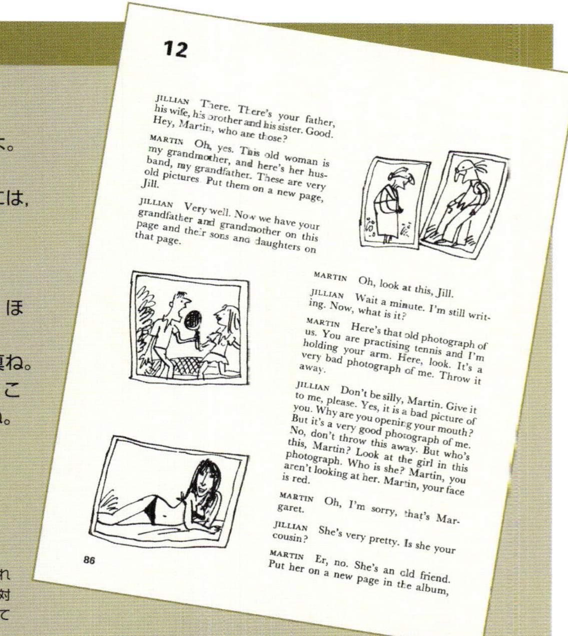

12

JILLIAN There. There's your father, his wife, his brother and his sister. Good. Hey, Martin, who are those?

MARTIN Oh, yes. This old woman is my grandmother, and here's her husband, my grandfather. These are very old pictures. Put them on a new page, Jill.

JILLIAN Very well. Now we have your grandfather and grandmother on this page and their sons and daughters on that page.

MARTIN Oh, look at this, Jill.

JILLIAN Wait a minute. I'm still writing. Now, what is it?

MARTIN Here's that old photograph of us. You are practising tennis and I'm holding your arm. Here, look. It's a very bad photograph of me. Throw it away.

JILLIAN Don't be silly, Martin. Give it to me, please. Yes, it is a bad picture of you. Why are you opening your mouth? But it's a very good photograph of me. No, don't throw this away. But who's this, Martin? Look at the girl in this photograph. Who is she? Martin, you aren't looking at her. Martin, your face is red.

MARTIN Oh, I'm sorry, that's Margaret.

JILLIAN She's very pretty. Is she your cousin?

MARTIN Er, no. She's an old friend. Put her on a new page in the album,

86

(p.316 より続き)

フォーラム

ソーシャルネットワークやチャットルーム，ブログ，掲示板のように，絶えず展開し続け，無限に存続するようなインターネット資料はどのようにとらえるべきか。このような資料には，何年も前までさかのぼるダイナミックなアーカイブがある。私のブログから例をあげてみよう。これは，外国語の有名な言い回しを取り上げ，その中の 1 文字だけ変えて面白おかしい注釈をつけるというゲームだ。もともとの投稿（下図参照）には，下の図を見るとわかるように，5 月 30 日から 1 月 11 日までの間に 89 個のコメントが寄せられた。もちろん，フォーラムにはつねに情報が追加されていく。

このような例は，さらなる疑問につながる。コメントはテクストの一部と見なされるのか。コメントは，（下図の絵文字のように）もとのテクストによって引出されたものであり，意味的に（時には文法的にも）もとのテクストに依存しているのだから，独立したテクストとして見ることはできない。そこには非対称的な関係があるわけである。一方，もとのテクストは自律しており，コメントがなくても成立する。ところがコメントの方は，もとのテクストがなければ成立しない。それに，1 つの投稿から引き出されうるコメントの数には，理論上，制限はない。

FELIX NAVIDAD
Our cat has a boat

HASTE CUISINE
Fast French food

E PLURIBUS ANUM
Out of any group, there's always one asshole

POSTED BY DC AT 11:35 89 COMMENTS

Fran said...
Je ne sais quoit - I'm rubbish at deck games.

30 May 2010 14:46

DC said...
:))
30 May 2010 15:01

(p.319 より掲載)

ノー？

You are coming back on Friday, aren't you? Come back a day earlier, so you can attend Joshi RDC's farewell. He's retiring, no, at the end of the month.（金曜日に帰ってくるんですよね。1 日早く帰ってきてください，そうすればジョーシーRDC のお別れ会に参加できますよ。彼，退職じゃないですか，今月末で。）

ウパマニュ・チャタジー（Upamanyu Chatterjee）の小説『英語名は，オーガスト（*English, August*）』（1988）からとった左の例は，付加疑問に似た，小辞 no の特有な使用を示している。小説のほかの箇所でも使われている。

Each of us has his own view of others, no.（人はそれぞれ他人を見る目をもっていますよね。）

しかし最初の例では，直前に標準の付加疑問が用いられていることから，no は単なる付加疑問ではありえない。No は強調や社会的連帯の標識としての役割がより強いようである。多くの場合，話し手は聞き手と同じ考えを共有していると推測しているため，no は応答を要求しない。
（J. デスーザ（J. D'Souza），1991 を参照）

（p.325『デイリー・ヨミウリ』の和訳）

THE DAILY YOMIURI（『デイリー・ヨミウリ』）

智ノ花幕内で初の負け

幕内で初めての勝利を味わった翌日，先生力士は負け方を学んだ。

大相撲名古屋場所の月曜日，幕内デビューした元高校教師の前頭 16 枚目智ノ花は，前頭 11 枚目寺尾に敗れた。

智ノ花は，日曜日，前頭 16 枚目の日立龍を相手に初勝利を収め，30 歳の寺尾との立合いでは激しく突きあい，序盤はもちこたえていた。しかし，智ノ花が寺尾から離れようとしたとき，より経験豊富な寺尾はすぐに彼を追いかけ土俵から追い出した。現時点で両者とも 1 勝 1 敗である。

一方，幕内上位では，場所前の優勝候補は後半の対決に向けて順当に勝ち進んでいる。

横綱曙は貴闘力を破り，2勝 0 敗で首位に立つ。

その日の最後の立ち合いで，横綱曙は貴闘力に辛勝した。貴闘力は顔や胸に横綱の突っ張りを何度も受けながらもなんとか踏ん張った。しかし，最終的に横綱は突っ張りで小結を倒した。小結は敗れて 1 勝 1 敗となった。

2 勝 0 敗に貴乃花，若乃花，武蔵丸，小錦が並ぶ。

大関貴乃花にとって，前頭 2 枚目琴ノ若との取組は厳しいものであった。前頭は若い大関のまわしをすぐにとり，貴乃花に両手でまわしをとられないようにした。

琴ノ若が試みた 2 回の投げによって貴乃花はバランスを崩したものの，なんとかもちこたえた。前頭に捕らえられてほぼ 1 分後，貴乃花は最終的に外掛けをしかけ，まわしをひねって，より大きい力士を砂に倒した。

若乃花は，数少ない自分よりも小さい力士の一人，前頭 6 枚目舞の海と対戦し，ほとんど難なく勝利した。舞の海は優れた技をもつ関脇に対して策略を発揮することができなかった。若乃花が 2，3 回押すと，舞の海は土俵の線を越して転がった。

大関小錦はやすやすと前頭 1 枚目霧島を押し出し，無敗を維持した。この勝利によって，小錦は元大関の霧島に対して 16 勝 15 敗となった。

関脇武蔵丸は，またもや曙をうまくまねて，組んだり投げたりする代わりに，平手打ちをした。

武蔵丸は，前頭北勝関がこのハワイ出身の力士の手の届く範囲に入ろうと苦戦すると，北勝関の顔に向かって何度も平手打ちした。関脇は北勝関が後ろに下がるまで攻め続け，あとは胸を数回押して終わらせた。

依然として関脇としての初優勝を狙っているのは，前頭 5 枚目水戸泉に敗れた貴ノ浪である。

両力士は序盤にまわしを握って土俵の上を移動したが，背の高い水戸泉がほとんどの動きを支配していた。貴ノ浪は，水戸泉の最初の投げをなんとかかわしたが，最終的には土俵の外に押し出され，180 kg の前頭に敗れた。

小結若翔洋は，前頭 6 枚目大翔山との短い試合で初勝利を収めた。若翔洋は立合いで横に飛んで大翔山の背中を押し下げ，前頭を右足でつまずかせた。

前頭 1 枚目琴錦は，前頭 7 枚目の隆見杉を負かして 1 勝 1 敗になった。

（p.325「アテネ・ニュース」の和訳）

Athens News（『アテネ・ニュース』）

大相撲結果

名古屋，日本（AP 通信）―米国人横綱（グランドチャンピオン）の曙，大関（チャンピオン）の貴乃花と小錦は，15 日間の大相撲名古屋場所の 2 日目，月曜日に 2 勝目を勝ちとった。

関脇（ジュニアチャンピオン）の若乃花と武蔵丸も 2 勝 0 敗で負けなし。

3,800 人の観客を前に戦って，日本初の外国人横綱の曙は，土俵際で小結（セカンドクラスのジュニアチャンピオン）貴闘力の巧みないなしをうまくこなして，彼を押し倒した。貴闘力は 1 勝 1 敗である。

曙の本名はチャド・ローウェン（Chad Rowan）である。

前回優勝者の貴乃花は，最上位の横綱への昇進を狙っており，前頭 2 枚目（年上の力士）琴ノ若を足技で倒した。琴ノ若は 1 勝 1 敗である。

大関の力士は 2 場所連続で優勝するか，それと同等の記録を打ち立てれば，横綱に昇進することができる。貴乃花は先場所 141 敗で優勝している。

ハワイ人の小錦は前頭 1 枚目霧島のまわしをつかんで寄り切り，その元大関に勝ちなしで 2 度目の敗北を食らわした。

（p.331 より続き）

句読法

句読法について今日観察される違いの多くは，アメリカ英語とイギリス英語の慣習の違いから生じたものである。ほとんどすべての句読法の記号は 2 つの変種に共通しているが，いくつかの例外もある。

- #は，アメリカ英語では「数字」に用いられる（#12のように）が，イギリス英語では用いない（No.12 と表記する）。しかし，しばしば「ハッシュ」と呼ばれるこの記号は，コンピュータの作業での役割から，イギリス英語でますます使われるようになっている。
- 小数点以下の桁数を示すのに，イギリス英語では，高い位置においた小点が使用される。アメリカ英語では普通のピリオドが使用される。
- コロンにダッシュを付けた記号（:–）はアメリカ英語では非常にまれである。イギリス英語でも現在は使用が減ってきている。
- 2つの変種間のそのほかの違いについては，p.294 の個々の句読法に関する議論において提示している。

（p.334 より続き）

『アメリカ方言辞典（*DARE*）』からの二つの事例

1965『アメリカ方言辞典(*DARE*)』テープ **ミシシッピ州** 61，I had t' go t' the doctor for a hurtin' across my breast. . . When I go t' stoop over, why this hurtin' cumulates across here.(胸を痛めて医者に行った ... 腰をかがめると，なぜか胸に痛みが走る)**1976** ガーバー(Garber)『山脈部の話法(*Mountainese*)』45 **アパラチア地方**，Hurtin'... 痛み，うずき。I jist kain't do my work no more since I got this hurtin' in my back.(背中にこの痛みが出てから仕事ができなくなった。)

2　慣用句で　put a hurting on: 身体的な痕や痛みをもたらすこと；引用を見よ。

1970『アメリカ方言辞典(*DARE*)』(質問 Y11，Other words for a very hard blow: "You should have seen Bill go down. Joe really hit him a _____.")(非常に激しい一撃を表すほかの語：「あなたはビルが倒れるのを見るべきだった。ジョーは本当に彼に _____ を食らわせた。」)調査協力者 **ニューヨーク州** 249，Put a hurting on the cat(猫に一撃を加える);(質問 Y35 に関わる質的研究)調査協力者 **ニューヨーク州** 249，Put a hurting on the coffee pot(コーヒーポットに傷をつける);(質問 AA9 に関わる質的研究)調査協力者 **ニューヨーク州** 241，She put a hurtin' on him — in a good sense.(彼女はよい意味で彼を傷つけた)[ともに黒人男性の調査協力者]

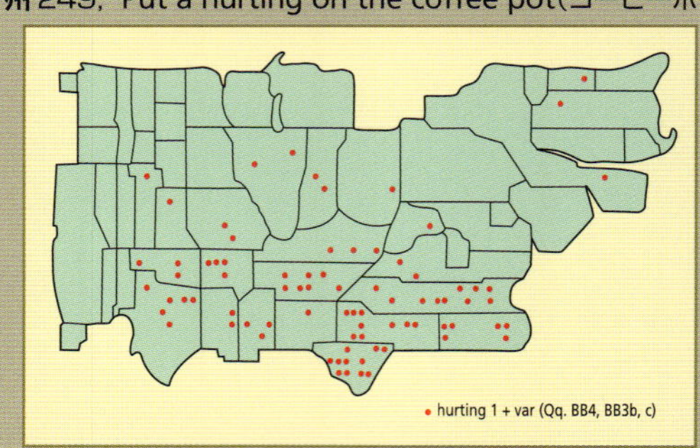

（p.338 より続き）

ランカシャーの古い例

Well, Master Constable, said the Justice, what have you brought me now?
さて，巡査殿，と裁判官は言った。何を連れてきたのかね？

Why please your worship, we have just now taken a horse stealer that was making off with it as hard as he could.
おやまあ，閣下。ちょうど馬泥棒を連れてきたところです。必死で馬を盗もうとしているところだったんですよ。

Odd! thought I to myself, now or never, Tim, speak for yourself.
こんちくしょう！と自分は思った。やるなら今だ。ティム，自分の思うところを言わなくちゃ。

So I spoke up, and said, 'That's not true, Mr. Justice, for I was but going a foot's pace.'
だから，私は率直に話した。「それは本当ではありません。判事殿，ただ私は普通に歩いていただけですよ」

Umph! said the Justice, there's not much difference as to that point.
ふふん！と判事は言った。たいした違いはない。

Hold you your tongue, young man, and speak when you are spoken to.
お若いの，黙りなさい。話しかけられたら話すように。

Well! you man in the brown coat you, said the Justice, what have you to say against this fellow?
さて，そこの茶色のコートのあなた、と裁判官は言った。この人にどのような反論をしますか。

Is this horse your horse, do you say?
この馬はあなたの馬だと，あなたは言えますか

It is, Sir.
その通りです，裁判官殿。

Here, clerk, bring that book and let's swear him [in].
ほれ，事務員さん，聖書をもってきて，彼に宣誓をさせなさい。

The clerk brought the book, and the Justice said a speech to the fellow; and told him he must take care of what he said, or he might as likely be forsworn, or hang that youth there.
事務員は聖書をもってきた。そして判事はその男に向かって話した。そして，自分のことばに気をつけなければならない，さもないと見捨てられるかもしれない。そうしたら絞首刑だ。

（p.348 より続き）

聖書の翻訳

ラランズ方言（J. K. Annand，1982）

And he spak: There dwalt a chiel that had twa sons. And the young ane said til his faither, 'Gie me the bairns' pairt o gear that will be my due.' And he bunced aa that he aucht atween them.

And no lang efter the young son gethert thegither aa his gear and set aff for a fremit land, and there he gaed on the randan. And when he had wared aa hs siller, there was an unco famine in the airt, and he was on his beam-end. And he gaed and feed himself til a fermer in that land, and he was sent intil the fields to fother the grice. And he wad hae likit fine to hae fullt his kyte wi the brock that the grice ate, but he gat nane.

スコットランド低地地方（J. T. Low，1983）

Aince mair he said til them: 'There war a chiel had twa sons; and the young and said til's father, "Faither, gie me that pairt o the family walth that sud faa tae me." Sae noo the faither pairted his guids and gear atween them.

A puckle days later this young ane chynged his pairt intil sillar and left his hame tae gang til a kintra hyne awa. There did he no splairge the hale hypothec in wastrie and cairryons. Whan he had ane throu aa, a muckle herrship brak oot in that kintra, and he begud tae thole sair scant and want. He gaed and socht wark wi and o the lairds o that airt; and this chiel telt him tae gang intil his parks tae gie the beasts their mair. He was that sair hungert that he wad fain hae filled his kyte wi the huils that the grumphies war eatan; and naebody gied him onything...'

（p.349 より続き）

スコットランド英語の特徴

Oor Wullie は Our Willie という意味。

Wullie（Willie）という主人公の少年（バケツに座るのが定番）が，ビリヤード台をセールで購入。しかし，台が高くて使えない。そこで，身長を伸ばそうとみんなで木の枝にぶらさがるが，枝が折れてしまい断念。次に，台の足を切って短くしようとする。しかし，足の高さがそろわず台がななめになってしまう。ほかの子たちが，台の足の下に本を積んで高さを調整している間，Wullie は背を高くしようとして女性の厚底靴を借りにくる。ところが，歩き慣れなくてねんざ。みんなから笑われるがあきらめないぞと言う。I'M NO' GIVIN' UP YET は Wullie の決まり文句。

+ 40　THE SUNDAY POST, January 16, 1994.

OOR WULLIE

He's aye on cue wi' laughs for you.

（p.351 より続き）

Should auld acquaintance be forgot,
And never brought to mind?
should auld acquaintance be forgot,
And auld lang syne!
For auld lang syne, my dear,
For auld lang syne,
We'll tak a cup o' kindness yet,
For auld lang syne.

And surely ye'll be your pint stowp!
And surely I'll be mine!
And we'll tak a cuo o' kindness yet,
For auld lang syne.

We twa hae run about the braes,
And pou'd the gowans fine:
But we've wander'd mony a weary fit,
Sin' auld lang syne.

We twa hae paidl'd in the burn
Frae morning sun till dine:
But seas between us braid hae roar'd
Sin' auld lang syne.

And there's a hand, my trusty fiere!
And gie's a hand o'thine!
And we'll tak a right gude-willie waught
For auld lang syne.

古い友達づき合いの思い出が忘れられようか，
心によみがえらぬはずがあろうか。
古い友達づきあいの思い出が忘れられようか，
長い長いつき合いの思い出が！

君，長いつきあいだったね，
本当に長い年月だった。
変わらぬ間柄を祝って一杯いこう，
長く長くつき合ってきたのだから。

いいか，その大コップは干さなきゃいけない！
こちらも絶対に干すつもりだ！
こうして親しいつき合いだったことをお祝いしよう，
遠い遠い昔のために。

なあ，覚えているか，二人で丘を駆けめぐり，
きれいなヒナギクをどっさり摘んだのはよかったけれど，
おかげでふらふらに疲れ切り，あちこちさまよい歩いたのを。
遠い遠い昔の出来事を。

二人は小川でもぼちゃぼちゃやったじゃないか，
朝日が昇りかけた頃からお昼時まで。
だが，とどろく大海原が二人の間を遠ざけてしまった，
かなり遠い以前から。

さあ君，握手をしよう！
しっかりと握ってくれ！
そして，思いっ切り，ぐうっと飲もうよ，
われらの長いつきあいを記念して。

（東浦義雄訳「遥かな遠い昔」『ロバート・バーンズ詩集』ロバート・バーンズ研究会編訳（国文社，2009），pp.363-5 より）

バーンズは 1788 年に彼自身のバージョンの「オールド・ラング・ザイン（*Auld Lang Syne*）」〔【訳注】「蛍の光」として知られている〕を作詞し，3番と4番をつけ加えている。

1番とコーラス部分は，今では英語を話す世界では祝歌となっており（特に大晦日），おそらく，スコットランド英語の世界の英語への最も有名な貢献である。
（曲はウィリアム・シールド（William Shield）による作曲で，彼のオペラである『ロジーナ（*Rosina*）』（1783）の序曲にも組み込まれている。）

単語集
auld lang syne / days of long ago（懐かしく思いだされる昔）
stowp / tankard（ビールジョッキ）
twa / two（2のこと）
hae（have と同じ）
braes / meadows（丘の斜面・牧草地）
pou'd（pulled と同じ）
gowans / daisies（雛菊）
mony（many と同じ）
fit / foot（足）
sin' / since（〜以来）
paidl'd / paddled（櫂）
burn / stream（小川）
frae / from（from）
dine / dinner-time（夕食時間）
braid / broad（明白な）
fiered / friend（友人）
gie's / give us（私たちに与える）
gude-willie / goodwill（好意）
waught / draught（がぶがぶ飲む）

（p.351 より続き）

不滅の記憶

お品書き
食べ物があるのに食べることができない人たちがいる。
食べることができるのに食物がない人たちもいる。
しかし私たちには食べ物があり，食べることもできる。
さあ，神に感謝の祈りを捧げよう。
〔【訳注】https://etc-eikaiwa.com/55information/43lesson/burns_supper.html を参考にした〕

献立と式次第
コッカリーキ・スープ
★
ハギス，
もうもうと湯気が立ちのぼり，
なんと豪勢なことか
チャンピット・タティーズ，
バッシュド・ニープス

ハギスのために
A. マクファーソン氏
ステーキ・パイ〔【訳注】ミートパイ〕
ティプシー・レアード〔【訳注】トライフル〕
コーヒー

（p.352 より続き）

シェトランドの話しことば

このスタイルの目に見える独自性の大部分はつづりのためである（例　the を da とつづる）。もちろん，多くのシェトランド人はこれほど独特な方言を話しているわけではない。64 歳の男性が火の祭りであるアップヘリアー（Up-Helly-Aa）について語っている抜粋にもその様子が見られる。ことばは，基本的に標準英語で，時折，方言の形式が現れる（スラッシュはイントネーションの単位の印である。p.260）。

well / -hit's procession / a procession of maybe nine hundred guizers /and if you do not ken what a guizer is / that is somebody that dresses up / to pretend to be something else / ... in the old days / part of the reason for the festival / was to celebrate the end of the dark days of winter / and the return of the sun / well whatever else has changed/ the weather has not changed very muckle / -hit's still the dark days of winter / ...and there's nobody now / more than in the old days/ blither to see / the return of the sun / even though it's still not very high in the sky / than the Shetlanders is

それは行進である。昔の衣装で仮装をした人が 900 人ぐらいいる。仮装をした人（guizer）とは，衣装を着て，昔の人の姿になる者たちである〔【訳注】北欧のバイキングのような衣装〕。暗い冬の終わりと太陽が戻るのを祝うための祭りである。いろいろなことが変わったが，気候だけは変わらない。まだ暗い冬の日で，人は誰もいない。昔よりは多い。まだ高い位置ではないが太陽が戻るのを見るのはうれしい。（B. オーレストレーム（B. Oreström），1985 を参照）

単語集
blither　happier（よりうれしい）
hit　it（それ）
ken　know（知っている）
muckle　much（多く）

（p.353 より続き）

ラランズ方言の促進

スコットランド文学大会のご案内 1978
スコットランド言語学会（The Scots Language Society）はスコットランド英語で書いた作文に賞を出す。3つの部門がある。18 歳より上の年齢の賞金は 20 ポンド，10 ポンドと 5 ポンド。12 歳から 17 歳は 10 ポンド，5 ポンドと 2.50 ポンドの賞金。12 歳未満は 5 ポンド，3 ポンドと 2 ポンドの賞金である。
応募作品はオリジナル作品に限る。応募作品の種別は，(a)60 行までの詩，(b)3,000 語までの物語 (c)25 分以内の劇。応募は筆名で署名をし，筆名は封印された封筒の外側にはっきりと書くこと。封筒の中に，応募者の本名と住所を書いたものを入れること。また，18 歳未満は誕生日の記入が必要。

単語集
scrievin　writing（ライティング）
owre　over（上に）
wi　with（…ともに）
o　of（…の）
maun　must（…しなければならない）
prentit　printed（印刷された）
tak nae mair　take no more（それ以上取らない）
meenits　minutes（分）
ilk　each（それぞれ）

(p.353 より続き)

合成スコットランド英語

おれは酔っているより疲れて——まいっている。
クリーヴィやギルサンカの連中と一緒に，
立て続けに杯を傾けるのは大変なことだ，
それに昔みたいに強くはない。

長い歳月には肱もきまらず，手首もこわ張り，
喉のさわりもあやしくなって，
喉ぼとけの上がり下がりも
リスの木のぼりにはほど遠い。
(「酔人あざみを見る」1926 より)
(大竹勝訳『ヒュー・マクダーミッド詩集　酔人あざみを見る』(荒地出版社，1981)，p.35)

単語集

fou' drunk (飲んだ)
sae muckle so much (そんなもの)
deid dead (亡くなっている)
gey very (とても)
bauld bold (大胆な)
aince once (かつて)
elbuck elbow (肱)
fankles gets clumsy (ぎこちなくなる)
sheckle wrist (手首)
thrapple throat (のど)
gleg eager (熱心な)

(p.355 より掲載)

引用

My name is Lowri Dafydd;
Famous for nursing I was.
I rode pillion on a winged horse
Through the high passes of cloud
To come to a queen's palace.
Airy fingers undid the knot
In time's stubborn bandage
About my green eyes.
Who knows how long I stayed?
My pay was the sweet talk
In sun-dusted rooms
Of fork，busy as flowers，
Praising my hands' skill.
When I returned，stars were out
Over my roof，the door fallen
About its hinges，and on the hearth
A cold wind blowing for ever.
(Lowri Dafydd，R. S. Thomas，1958)

私の名前はローリ・ダヴィズ
病人の看護をすることで有名
羽をもつ馬の鞍の後ろのふかふかのクッションに乗って
女王のお城にやってくるために
空高い雲を通り抜ける
もったいぶった指が私の緑の目のまわりの
なかなかほどけない包帯の結び目をほどく。
私がどのくらい滞在したか誰も知らない。
私のお給金は，指す光の中に塵が光る病室で
大勢の人からの誉めことば，
風にそよぐ花のように人びとが，
私の手腕をほめる。
私が家に戻ると，屋根の上の星はなくなり
扉は蝶番から外れ，暖炉の上にはいつも冷たい風が吹く
(ローリ・ダヴィズ，R. S. トーマス，1958)

(p.355 より掲載)

文法と語

(文法用語についてはⅢ部を見よ。)

- 付加疑問文の isn't it 部分をすべての代名詞に対して使う人がいる(p.319)。例えば，You're leaving, isn't it?（出発する/帰るところですね)。そのほかの付加語としては yes があり，特にくだけた話しことばの中で同意を求めるとき yeah? となる。
- 強調を表すときは，述語の一部が(1番目の動詞を切り離して）主語の前に置くことができる。例えば，Running on Friday，he is（金曜日に走っているよ，彼は；Fed up I am（あきあきしている，私は。)
- ウェールズ語からの借用語がいくつかある。例として，eisteddfod（芸術祭)，Duw（'God'，感嘆で用いる場合)，del（'dear'，親愛の情を示す語として)，また nain と taid（'grandma'「おばあちゃん」，'grandpa'「おじいちゃん」)。

(p.358 より続き)

文法について

• 繋辞や助動詞の be 動詞の使い方に特徴があり，主に習慣的な動作と連続する動作を対比して表現する。例：be 動詞は do とともに使われることがあり(It does be colder at nights（夜にはさらに寒くなる))，また，北アイルランドでは特に -*s* がつく。(I be walking，She bees walking「私は歩いている。彼女は歩いている」)〔【訳注】進行形〕。ある方言では3つのパターンのすべてがある。例：She's tired, She be tired, She do be tired.（彼女は疲れている)〔【訳注】同じ意味だが do を使ったものは意味を強調〕

• 助動詞の慣用法は多くの場合，多様である。例えば，will を shall として，used be を used to be として，amn't を aren't として用いる。初期の英語に見られたように(p.45)，be は，過去を表す文脈では動きを示す動詞とともに，have の代わりをする（He has gone up は He is gone up となる（彼は登り終えた))。また，フランス語との興味深い類似がある。

• ある特徴的な命令文の構造がある。例えば，Let you stay here a while（しばらくここにいなさい)，Let you be coming up to see me（是非私を訪ねに来てください)。否定の命令文では進行相を使うことが一般的である。例：Don't be troubling yourself（くよくよしないで)。

他の地域の例

• 定冠詞：That's the grand morning(すばらしい朝だ)，I had a few jars over the Christmas.（クリスマスにちょっと飲んだ)，The wife（=「私の妻」）will be expecting me.（妻は私を待っている)

• 前置詞：till はしばしば to/until の代わりに用いられる。例えば，It's a quarter till two（2時15分前です)。また，ti は in order to（～するために）の意味として使われている。例：I went for ti milk the cow.（乳しぼりをするために出かける)

On と of はしばしば同じように使われ，(例：You've lost my pen on me,（あなたは私のペンをなくした)，Aren't you a slob of a cat（おまえは動きがにぶい太った猫じゃないの）〔【訳注】猫に向かって言っている〕，What age of a man was he?（彼は何歳ですか))，また，興味深い使い方もある（If he didn't take the legs from in under me，つまり，'He knocked me down'「彼は私を倒した」の意味)。アルスターでは，from は 'since' の意味で使われる。例：He's been here from he left the Navy.（海軍を離れて以来，彼はここにいる)

• ゲール語の語順の影響を受けている文構造がある。次の例に見るような分裂文（p.243）は典型的なものである。It's meself was the brave singer（勇敢な歌手は私だ)，Is it out of your mind you are?（ぼんやりしているのはあなたですか)。分裂文が2つ入っているものもある。It's thinking I am that it's unyoke him we'd better do ('I think that we had better unyoke him'「彼を仕事から解放しないといけないと思う」)。

• 代名詞の複数形や指示には -s を採るものがある。例：Youse is very funny(あなたたちはとてもおもしろい)，Them cars is great（彼らの車はすばらしい)，Our'ns is fit for anything（私たちのものは何にでも合う)。

• And は従属節を表す標識として使われる。例えば，It only struck me and（='when', 'while'）you going out of the door.（あなたがドアから出て行ったとき私にぶつかった)。標準英語の何に対応するのか正確にはわからないものもある。例：How could you see me there and（=when', 'if', 'seeing that? のいずれか）I to be in bed at the time?（私が寝ている時にどうやって私に会えたのか)

(p.359 より続き)

作品からの引用

クリスティー：（憤って）あんたと別れてかい？（彼は彼女につき従う）俺はどこへも行きゃあしない。4，5カ月経って季節が良くなったら，あんたと俺の二人っきりで夜露で濡れているナイフィンの辺りをゆっくり散歩してるだろう。もうその頃は甘い香りが漂って，小さくて，綺麗に輝く新月が丘に沈んでいくのが見えるはずだ。
ペギーン：（彼をからかうように見て）クリスティー，それじゃナイフィンの丘で夜になったら，密猟者がするような恋愛ごっこをしようってのかい？
クリスティー：俺の両手があんたを包み，あんたのすぼめた唇に俺がキスをしても，俺の愛をあんたは密猟者とか伯爵とかの愛と比べたりしないだろう。俺は永遠に王座に一人ぼっちで座っている神様を哀れに思う。
ペギーン：それは，おもしろそうだね，クリスティー。どんな女の子だって，あんたのように雄弁で話し上手な男に出会ったら，メロメロになっちまうだろう。
クリスティー：（勇気づけられて）俺が話すのをもう少し聞くんだ。聖金曜日が来たら，エリスの辺りを散歩して，井戸の水を飲んで，濡れた唇で熱いキスをしたり，花であんたのネックレスを編みながら日なたぼっこをして，野原に寝そべろう。
ペギーン：（彼の話しぶりに心を動かされて，小声で）そうなったら素敵だね。
クリスティー：（有頂天になって）もし，ミトラの冠（かんむり）を被った司教様があんたを見れば，黄金色（こがねいろ）のショールに花束を包んで散策してるトロイのヘレンを見るために，天国の玄関のかんぬきを無理やりこじ開けなさった聖なる予言者のようになるだろうと俺は思う。

（J.M. シング「西の国のプレイボーイ（'The Playboy of the Western World'）」（1907）第３幕，今西薫翻訳『J. M. シング戯曲集』（ブックウェイ，2019）による。）

Jimmy Sr put down the glass and screwed the top back on it. Then he took the sandwich out of his mouth.
-I'm on me break, he told Bimbo.
Bimbo looked the way he did when he didn't know what was going on.
-I'm entitled to ten minutes rest for every two hours that I work, said Jimmy Sr.
Bimbo still looked lost.
-I looked it up, said Jimmy Sr.
He saw that Bimbo's face was catching up with his brain.
Bimbo stood back from the hatch. Jimmy Sr took a slug of the tea.
-I needed tha', he said.
-Stop messin', will yeh, said Bimbo.
-I'm not messin', said Jimmy Sr.
-I'm entitled to me break.
-Sure Jaysis, said Bimbo, -we did nothin' all nigh' except for a few minutes ago.
-Not the point, said Jimmy Sr.
-Not the point at all. I was here. I was available to work.
-Hurry up, will yis!
That came from outside.
-I've five minutes left, Jimmy Sr told Bimbo.
-Then I'll sweat for yeh.

ジミーは注ぎ終わると，魔法瓶の蓋を閉めた。それからおもむろにくわえていたサンドイッチを取った。
「休憩中だよ」ビンボに言った。
ビンボはいったい何が起こっているのかさっぱりわからないときによくやる顔をした。
「俺には二時間ごとに十分ずつ休憩をとる権利があるんだ」
ビンボはまだ茫然としている。
「調べたんだ」
ジミーはビンボの表情が頭の中身に追いつこうとしている様子を眺めていた。ビンボはハッチを背にして立ち，ジミーはお茶をすすっている。
「俺には休憩が必要だ」
「ふざけんのはやめろ」
「ふざけてなんかないさ。当然の権利だろ」
「権利なんか知らんが，夜には一分だって休んでいる時間はないじゃないか」
「そういう問題じゃないんだ。問題点がずれちまってるぜ。俺はここで雇われて働いている。だから仕事のための休憩が必要だ」
「さっさとしてくれ！」
外の客から声がかかった。
「休憩時間はまだ五分残っている」
「五分経ったらまたあんたのためにひと汗かくさ」

（ロディ・ドイル『ヴァン（*The Van*）』（1991），実川元子訳『ヴァン』（キネマ旬報社，1994），pp.279-80 による）

単語集
Jayes　Jesus（イエス）
yis/yeh　you（あなた）

(p.364 より続き)

カリブ海英語の発音

私はオックスフォードの先生なんかじゃない
ただの移民だ
Clapham Common から来た
学校は出てない
移民の出なんだ

だが聞け，オックスフォードの先生殿よ
私は走りまわってる男だ
走り回ってる男は
危険な人物だ

私は銃はもっていない
ナイフももっていない
だがクイーンズ・イングリッシュから
奪い取ることが
私の人生の物語なんだ

(p.369 より続き)

トク・ピシン

gutpela, good（'good + fellow'）（よい）
inap, can（'enough'）（できる）
kalabusim, imprison（'calaboose + -im'）（投獄する）
kam, come（くる）
kilim, kill（'kill + -im' -im suffix marks a transitive verb（殺す）
laik, want, like（欲しい，好む）
lo, decree（'law'）（法令）
long, indicates location（'along'）（場所を示す）
mas, must（しなければならない）
maus, mouth（口）
mi, I, me（私は，私を）
na, and（そして）
nau, now（今）
ol, they, them（'all'）（彼らは，彼らを）
olgeta, all, entire（'all together'）（すべて，全体）
orait, all right, fix（よい，修理する）
pasim, close, fasten（'fast -im'）（閉める，締める）
pastaim, in the past（'past time'）（過去に）
pipel, people（人びと）
singautim, call, shout（'sing out + -im'）（呼ぶ，叫ぶ）
stret, straight away（すぐに）
tasol, but, however（'that's all'）（しかし，しかしながら）
tokim, tell（'talk + -im'）（伝える）
tru, very much（'true'）（とても）
wanpela, a, one（'one + fellow'）（1つ，一人）
wok, work（働く）
yupela, you（'you + fellow'）（あなた）

(p.368 より 2 つのコラムを掲載)

ガラ人の民話からの抜粋。これは，1971 年に，現地調査中の研究者に対してジェーン・ハンター（Jane Hunter）が語ったものである（I. ヴァン・セルティマ（I. Van Sertima），1976 から引用）。

Duh Rabbit en duh Patrid, dey was two great fren. So one day Patrid take her head en stick he head unduh he wing, went to Rabbit house.
ウサギとキジは親友だった。ある日，キジがその頭を取り，自分の翼の下に頭を入れ，ウサギの家に行った。

[Rabbit] say, 'Ol fren, watcha doin?'
［ウサギは］言った。「旧友よ，どうしているかい？」

Say, 'Oh, I ain't doin nuttin but sittin in duh sun.'
すると言った。「ああ，何もせず，座って日向ぼっこをしているよ。」

Say, 'Oh, wheahs you head?'
そして言った。「おや，君の頭はどこだい？」

Say, 'Man, I leave my head home fuh my wife to shave.'
答えて言った。「ああ，私の嫁さんがひげを剃ってくれるように，頭は家に置いてきたんだ。」

All dat time he had his head unduhnea' his wing. Rabbit run in duh house, say, 'Ol Gal,' he say, 'Come on to chop my head off.'
その間ずっと，キジは自分の頭を翼の下にもっていた。ウサギは家の中に走っていき，妻に「おい」と声をかけ，「こっちに来て私の頭を切り落としてくれ」と言った。

'E say, 'No, Mistuh Rabbit. If I chop yuh head off, you'll die.'
妻は言った。「だめですよ，ウサギさん。私があなたの頭を切り落としたら，あなたは死んでしまいます。」

Say, 'No, I won' eidduh, cause Mistuh Patrid leave he head home fuh his wife to shave en so why caan I leave my head fuh you to shave?'
すると言った。「いや，私も死にはしない。キジ君は，奥さんがひげを剃れるように自分の頭を家に置いてきたんだ。なぜ私は君がひげを剃れるように自分の頭を置いておけないんだい？」

So all his wife, all duh res uh he wife tell him, [he] say, 'If you doan chop my head off, I'll chop you head off.'
ウサギの妻はウサギに言えることは全部言ったが，［ウサギは］こう言った。「君が私の頭を切り落とさないなら，私が君の頭を切り落とそう。」

So das two fren now. Das why you fren in duh one who gets you, enemy who come en accoshu. Buh if yuh get hurt, it [you] kin get hurt from fren. So he go en bawl his wife, bawl. Duh wife take duh big knife en chop 'e head off 'en 'e chop 'e head off.
さて，二人の友人の話である。これは，あなたの友人があなたに危害を加える者であり，あなたに声をかけにきた敵だという話である。しかし，あなたが傷つけば，［あなたの］親族も友人から傷つけられる。ウサギは行って自分の妻をどなりつけた。妻は，大きな包丁をもち出して，ウサギの頭をばっさり切り落としてしまった。

So Patrid had a pretty girl-fren. Rabbit had a very pretty girl, en Patrid wife wasn' as goodlookin as Rabbit wife. Patrid had a love fuh Rabbit wife, see? En dats duh only way he coulda get Rabbit wife by doin im some haam. So when duh lady gone en chop duh Rabbit head off, Rabbit pitch off yonduh en die.
キジにはかわいい連れ合いがいた。ウサギにはとてもかわいい女性がいた。キジの妻は，ウサギの妻ほど美しくはなかった。キジはウサギの妻を愛してしまった。おわかりだろうか？　これは，ウサギに何らかの危害を加えることで，キジがウサギの妻を手に入れられる唯一の方法だったのである。ウサギの妻は行ってウサギの頭を切り落としてしまい，ウサギはそこに倒れて死んでしまった。

En duh Patrid take 'e head from unduhnea' he wing, say, 'Wing, nuh foolin, nuh fun. En wing, no livin, no gettin love.' En den she had two wife, had his wife en duh Rabbit wife.
するとキジは自分の翼の下から頭を取り出して，こう言った。「翼だよ，騙したわけではないし，ふざけてもいない。翼だよ，命を失い，愛を失った。」そしてキジは二人の妻を手に入れた。彼の妻と，ウサギの妻を手に入れたのである。

Patrid = Partridge（キジ），*fren* = friends（友人），*eidduh* = either（～もまた…ない），*res* = rest（残り），*uh* = what（何／関係代名詞），*doan* = don't（～しない），*accoshu* = accost you（あなたに声をかける）

ジャマイカの詩人リントン・クウェシ・ジョンソン（Linton Kwesi Johnson）による「Time Come」（時が来る）の中盤に見られるつづり方は，相当にカリブ海地域らしい話し方の発音様式をとらえている（Dread Beat an Blood, 1975 から引用）。

wi feel bad
wi look sad
wi smoke weed
an if yu eye sharp,
read de vialence inna wi eye;
wi goin smash de sky wid wi bad bad blood look out! look out! look out!

it soon come
it soon come:
is de shadow walkin behind yu
is I stannup rite before yu;
look out!

but it too late now:
I did warn yu.

私たちは気分が悪い
私たちは悲しそうだ
私たちは大麻を吸う
そして，あなたの目が鋭いならば
私たちの目で暴力を読むのだ
私たちは悪い悪い血で空を壊すのだ，気をつけろ！気をつけろ！気をつけろ！

それはまもなくくる
それはもうすぐくる
それは，あなたの後ろを歩く影だ
私があなたの前で立ち上がったら
気をつけろ！

だが，時すでに遅し
私はあなたに警告したはずだ

(p.370 より続き)

ある高齢のオーストラリア人

Everyone is asking after you. The other day when I was watering the indoor shrubs and giving your mother-in-law's tongue a drink, who should pop in without a by your leave but Nora Manly. The poor old thing returned that half a cup of castor sugar she'd borrowed before Christmas, and she looked so peaky I didn't have the heart to tell her she'd returned it three times already. Besides, I knew she just wanted to have a bit of a peer around the place while you were away, and I've always felt a bit sorry for her since Phil strained his valve. The poor old beggar hasn't any interests and all he does is pick at his tucker and potter round their brand new unit like a blessed ghost.

みんながあなたのことを尋ねてきます。先日，私が屋内の木に水をやり，あなたのサンセベリア（観葉植物）に水をやっていると，何も言わずに誰か入ってきたと思ったら，Nora Manly でした。このかわいそうな友は，クリスマス前に借りた上白糖半カップを返しに来たのです。彼女はとてもやつれて見えました。そのため私は，彼女は上白糖をすでに 3 回返したということを彼女に言う勇気がありませんでした。そのうえ，あなたがいない間，彼女がこのあたりでちょっとした話し相手を求めているだけなのを，私は知っていました。また，Phil が体を悪くしてから，私は彼女のことをちょっと気の毒だといつも思っています。そのかわいそうな年寄りの人は，何に対しても関心も示しません。彼がしているのは，食べ物をあさって，真新しいマンションの部屋を聖霊のように歩きまわることだけです。

tins, dustbins / garbage（ゴミ缶／ゴミ）
Silent Knight, type of fridge（冷蔵庫の種類）
tucker, food（食べ物）
unit, flat or apartment（アパート）

(p.371 より続き)

地域による違いの出現

/aː/ は，英国でと同様に，社会的評価の高い形式である。すべての事例で，中産階級が住む郊外の人びとや女性の方が，これらの形式をより高い割合で使っていた。この研究において社会的な違いが最も大きかったのはメルボルンとアデレードであり，ブリスベンではほとんど見られなかった。この結果は，メルボルンとアデレードの方がより階級ではっきり分かれている，というオーストラリア人の認識と一致している。

もちろん，逆の観点から，洗練された話し方とは距離を取りたい人びとにより，/aː/ が望ましくない形式だと見られる可能性もある。また，（英国の）容認発音からの距離が共和主義運動と結びついている限り，新しい政治状況では /æ/ の使用が増える可能性が高いだろう。（D. ブラッドリー（D. Bradley），1991 に従う）

(p.373 より続き)

ア（ンドリュー）バ（アトン）パターソン（1864-941）

それらの名前

The shearers sat in the firelight, hearty and hale and strong,
羊の毛を刈る人びとが，暖かく，健やかで，強い火の光の中に座っていた。
After the hard day's shearing, passing the joke along:
毛を刈る大変な 1 日が終わった後，冗談を言っていた。
The 'ringer' that shore a hundred, as they never were shorn before,
100 匹の羊の毛を刈った優れた刈り手。これらの羊は，以前に毛を刈られたことはなかった。
And the novice who, toiling bravely, had tommy-hawked half a score,
そして，勇敢に働き，50 匹の羊の毛を刈った駆け出しの刈り手。
The tarboy, the cook and the slushy, the sweeper that swept the board,
タールボーイ，料理人，調理補助者，毛を刈る場所を掃除する掃除人。
The picker-up, and the penner, with the rest of the shearing horde.
毛を拾う人，羊を檻に入れる人，そして毛刈りに関わるそのほかの人びと。
There were men from the inland stations where the skies like a furnace glow,
炉のような空が輝く内陸の牧場からきた人びとがいて，
And men from the Snowy River, the land of the frozen snow;
雪の凍る地，スノーウィー川からきた人びとがいた。
There were swarthy Queensland drovers who reckoned all land by miles,
あらゆる土地をマイルで計算してきた，クイーンズランドの浅黒い家畜商人がいて，
And farmers' sons from the Murray, where many a vineyard smiles.
多くのブドウ園がほほ笑むマレー川から来た農家の息子たちがいた。
They started at telling stories when they wearied of cards and games,
この人たちは，トランプとゲームに飽きると，物語を話しはじめた。
And to give these stories flavour, they threw in some local names,
そして，これらの物語への味つけとして，いくつかの地名を盛り込んだ。
Then a man from the bleak Monaro, away on the tableland,
すると，高地の田舎，荒涼としたモナロからきた男が，
He fixed his eyes on the ceiling, and he started to play his hand.
天井を見つめて話し始めた。
He told them of Adjintoothbong, where the pine-clad mountains freeze,
彼は，この人たちに，アジントゥースボングについて話した。アジントゥースボングは，松の木に覆われた山々が凍る地である。
And the weight of the snow in summer breaks branches off the trees,
この地では，夏も残る雪の重さで木々の枝が折れる。
And, as he warmed to the business, he let them have it strong –
そして彼は，話に熱が入ると，下記の地名を上げて印象を強めた –
Nimitybelle, Conargo, Wheeo, Bongongolong;
ニミティベレ，コナルゴ，ウィーオ，ボンゴンゴロング；
He lingered over them fondly, because they recalled to mind
彼はこれらの名をゆっくり，優しく呼んだ。なぜなら，これらの名は，
A thought of the old bush homestead, and the girl that he left behind.
古い叢林の中の家と，彼が残してきた女性を思い起こさせたからだ。
Then the shearers all sat silent till a man in the corner rose;
そして，羊の毛を刈る人びとは，隅にいた男が立ち上がるまで，みんな黙って座っていた。
Said he 'I've travelled a-plenty but never heard names like those.
彼はこう言った。「私はずいぶん旅をしてきたが，そんな地名は聞いたことがない。
Out in the western districts, out on the Castlereagh
西の地域，キャッスルリーフあたりでは，
Most of the names are easy – short for a man to say.
地名のほとんどは，短くて言いやすい。
You've heard of Mungrybambone and the Gundabluey pine,
ムングリィバンボーンやグンダブルーの木について聞いたことがあるだろう。
Quobbotha, Girilambone, and Terramungamine,
クオボサ，ギリランボーン，テラムンガマインについても。
Quambone, Eunonyhareenyha, Wee Waa, and Buntijo – '
クアンボーン，ユーノニィハレンハ，ウィー・ワー，そしてブンティジョーについても――」
But the rest of the shearers stopped him: 'For the sake of your jaw, go slow,
しかし，羊の毛を刈る人びとは，彼を止めた。「あごが大事だったら，口を慎め。
If you reckon those names are short ones out where such names prevail,
もしお前が，こういった地名がよくあるところでは，これらは短い地名だと考えているのであれば，
Just try and remember some long ones before you begin your tale.'
お前の話を始める前に，長い地名をいくつか思い出そうとしてみろ。」
And the man from the western district, though never a word he said,
すると，西の地域からきた男は，一言もしゃべらずに，
Just winked with his dexter eyelid, and then he retired to bed.
右眼でウインクをしただけで，寝床についた。

(p.375 より続き)

表現のスタイル

マオリ語の表現は，ケリー・ヒューム(Keri Hulme)がブッカー賞を受賞した小説『骨の民(*The Bone People*)』(1985)の中核に存在する。その登場人物が，貴石の入った箱が盗まれたと考える一節(p.33)は，特にマオリ語の響きをとらえている。(出てくるマオリ語のほとんどには，文中で大まかな注釈が与えられている。mere は小さな石の武器であり，pounamu は緑色岩である。)

彼女の心臓が大きく鳴る中，彼女はその蓋を開ける。薄明かりの中のトレイの上に，100 の滑らかな曲線の形があった。

Two meres, patu pounamu, both old and named, still deadly.
Many stylised hook pendants, hei matau.
Kuru, and kapeu, and kurupapa, straight and curved neck pendants.
An amulet, a marakihau; and a spiral pendant, the koropepe.
A dozen chisels. Four fine adzes.
Several hei tiki, one especial – so old that the flax cord of previous owners had worn through the hard stone, and the suspension hole had had to be rebored in times before the Pakeha ships came…

古くて，また名前がつけられた 2 つの mere，patu pounamu は，まだ致命的だ。
多くのデザインされたフックのペンダントである hei matau。
Kuru，kapeu，kurupapa など，真っすぐなものやカーブのある首飾り。
お守りの marakihau; そして，らせん状のペンダントである koropepe。
彫刻刀が 1 ダース。4 つの素晴らしい斧。
いくつかの hei tiki，そのうち 1 つは特別である。非常に古く，前の所有者の亜麻の紐が硬い石ですり減っていて，Pakeha の船が来る前に吊り下げ穴を何度も穴を開ける必要があったものだ…

（p.380 のコラムより続き）

インド（India）

allottee	人に割り当てられた資産
ayah	看護師
bandh	労働のストライキ
chapatti	パンの種類
cousin-brother/sister	男性・女性のイトコ
cow-worship	宗教的行為
crore	1 千万
dhobi	洗濯屋
Doordarshan	テレビ網
Eve-teasing	女性へのハラスメント
godown	倉庫
goonda	ちんぴら
head-bath	洗髪
Himalayan blunder	重大なミス
intermarriage	宗教やカースト間の結婚
issueless	子どもがいない
jawan	兵士
kaccha	未舗装の道路
lakh	10 万
lathi	警棒
makan	住宅
nose-screw	女性の鼻の装飾品
paisa	通貨 1 ルピーの 1/100
panchayat	村落議会
pantry/kitchen car	食堂車
ryot	農場主
scheduled caste	最下位のヒンズー教カースト
stepney	予備車輪
swadeshi hotel	地元の料理店
tiffin room	菓子店
wallah	特定の職業を実行する人

（B. B. カチュール（B. B. Kachru），1986 に従う）

（p.384 より掲載）

カーニバルの文化

飲んで騒いでいる人たちが投げたコーンスターチのシャワーが，バランキージャ（Barranquilla）のカーニバルの夜の暖かい風に吹かれていった。アニバル（Anibal）の音楽が遠くで聞こえた。パーティの参加者たちは，粉まみれの互いの顔を笑い，楽しいパーティの一夜を予想して酒をたくさん飲んでいた。

1 年前のちょうどこんな夜に，ミンゴ（Mingo）は，彼の年齢にもかかわらず，また彼の医者と父ドミニク（Dominiqui）の忠告に反して，カーニバルの土曜に，バーベナ（verbena）の薄暗い隅でラスカ・ラスカ（Rasca rasca）を激しく踊っていた。

これは，コロンビアの作家であるマルセリノ・トレシラ（Marcelino Torrecilla）が執筆した短編『終わらないカーニバル（*An Endless Carnival*）』（2008）の冒頭部分である。この作家は，文化に関する言及のいくつかについて，脚注で説明する労をとっている。私たちは，バランキージャがどこか（コロンビアのカリブ海沿岸にある都市），アニバル（Anibal）が誰か（人気のあるカーニバル歌手）について説明を受ける。私たちはまた，ミンゴ（Mingo）とは Domingo（「日曜日」を意味する名）の短縮形であり，rasca rasca とはグアチャラカ（guacharaca）が出す音を表した言葉であるという説明を受ける。guacharaca とは，アコーディオンのための曲の中でこすって演奏される楽器であり，カップルは，その曲に合わせて，体を密着させた速いダンスを踊る。バーベナ（verbena）とは，そこで人びとが踊って酒を飲む，人気のあるカーニバルの場所である。

しかし，文化に関する視点からは，不明な点がいくつか残る。アメリカ英語をよく知らない読者のために，コーンスターチがイギリス英語では cornflour（コーンフラワー）と呼ばれるものであることも知る必要がある。私たちは，なぜコーンスターチが投げられているのか不思議に思うかもしれない。また，コーンスターチが粉まみれの顔の原因なのか，それとも，彼らは別々に粉まみれになったのか？ すべての読者がカーニバルとは何かを知っているわけではないだろう。「カーニバル」という語の辞書での定義を知っていたとしても，その国における「カーニバル」の文化的な重要性は知らないかもしれない。西洋のキリスト教徒が，ユダヤ教やイスラム教の様々な祭りの文化的な重要性を知らないかもしれないように。また，カーニバルの土曜日という語句には，何らかの重要性があるのだろうか？ この重要性は実際に存在する。土曜日は，「灰の水曜日」で終わるカーニバル期間の初日である。この土曜日は，音楽の力が爆発することで知られており，パーティ参加者の全員が生き生きして，これからの数日間を楽しみにしている日なのである。

（p.393 より掲載）

女性の方が叫ぶ？

そのため男性よりも感情的だということだろうか？ 幅広く知られている感嘆符の機能は増幅した感情の強さを表すことであるから，女性のメッセージの方が男性よりも感情的であると結論づけるのは容易に思われる。だが，こういった符号の機能分析をすると，そういった結論はあまりにも単純すぎる。キャロル・ワセラスキ（Carol Waseleski）による 2 つの電子掲示板に投稿された感嘆符の研究によると，女性の方が感嘆符を多用する（73%）が，興奮が表現されるのは 10% 以下であったという。感謝を述べたり，強調したりすること（29.5%）を含め，フレンドリーな相互行為の標識（32%）といった別の機能で使われている方が多かった。感嘆符は，感情的というよりも協力的であることの指標だと結論づけられたのである。（C. ワセラスキ（C. Waseleski），2006 に従う）

感嘆符の機能

メッセージを投稿する人による行動喚起　例：「電子ブックを読みなさい！」
暗黙あるいは直接的な謝罪　例：「申し訳ございません！」
挑み・挑戦　例：「証明してみろ！」
同意や協調表現　例：「その通り！」
事実の提示　例：「髪を白くしました！」
自己開示　例：「髪の毛が白髪になってきている！」
意見　例：「（学習管理システムの）ブラックボードがいい！」
フレンドリーな挨拶，会話の締めくくり，援助の申し出　例：「やぁ！」「頑張って！」「6 ページを見て！」
いらだち，無礼，敵意の表出　例：「言ったでしょ，ダメだって！」「やなやつ！」
緊張を回避の表現　例：「落ち着け！」
皮肉　例：「大したもんだ！」
感謝の表現　例：「ありがとうございます！」

(p.397 から続き)

時間を解明する

• そのほかの名詞句も複雑ではなく，典型的には複合語（quantum mechanics（量子力学），X rays（エックス線））か，専門的ではない修飾語（a fundamental, inescapable property of the world（世界の根本的な，逃れることができない性質））を用いているかである。

• 専門用語の知識は前提とされていない。新しい用語の導入に際しては，なじみのある概念が新しい概念に先行する（in certain packets that he called quanta（量子と呼ぶなにがしかの小さな束））。

• 受動構文（p.237）は，通常科学的な文章では批判されるが，この章の動詞句の 17% が受動態である（例：were not realized（認識されていなかった））。受動態は考えのスムーズな流れを保証するのに役立つ表現方法であることは明らかであり，目的語が節の構造の中で際立ちを与えられるという点で重要である（Some of the waves of light will be scattered…（光の波の一部が散乱されるだろう））。

語彙的密度 Lexical density

• （文法語やほかの「空の」形式とは対照的に，p.396）「完全な」語彙的意味をもつ項目の数は，比較的低い。章のすべての語彙の 48% であった。（以下の最初の一文にあるような）語彙的に密度の高い文はほとんどなく，語彙的に軽い多くの語が使われている（最後にあるように）。反対側の抜粋では，その割合がずっと高い。（H. R. ジェンキンス（H. R. Jenkins），1992 に従う）

(p.404 より掲載)

長い言葉

両大統領の就任演説で使用された 4 音節以上の語は以下の通りである。

オバマ大統領

（4）alliances（同盟），American（米国人），Americans（米国人），congratulate（祝う），cynicism（皮肉），democracy（民主主義），Democratic（民主党の），education（教育），enormity（非道さ），especially（特に），fundamental（基本的な），generation（世代），generation's（世代の），generations（世代），humility（謙虚），partisanship（党派心），political（政治の），prosperity（繁栄），Republican（共和党の），sacrifices（犠牲），security（安全），self-reliance（自立）

（5）determination（決意），imagination（想像力），immaturity（未熟），individual（個人），individuals（個人），opportunity（機会），patriotism（愛国心），president-elect（次期大統領）

（6）extraordinarily（非常に，並外れて），responsibility（責任）

トランプ大統領

（4）alliances（同盟），American（米国人），Americans（米国人），celebrated（祝った），celebration（祝福），ceremony（式典），disagreements（意見の相違），dissipated（浪費した），education（教育），eradicate（全滅させる，根絶する），establishment（設立），immigration（移住），importantly（重要なことには），infrastructure（基礎構造，基盤，インフラ），January（1 月），magnificent（壮大な），military（軍事），millennium（千年紀），politicians（政治家），prosperity（繁栄），reality（現実），reasonable（合理的な），rediscover（再発見），technologies（テクノロジー），Terrorism（テロリズム），understanding（理解），unrealized（未実現の），unstoppable（止められない）

（5）administration（政権），patriotism（愛国心），redistributed（再配分），solidarity（連帯感）

(p.405 より掲載)

どちらが速く話すのか？

オバマ大統領とトランプ大統領の演説の（間違いなく部分的には記憶しているが，画面を読みながらの）発話の速度から，もう 1 つの対照的な側面が浮かび上がってくる。オバマ大統領の演説は長さに関してはトランプ大統領の 1433 語に対して 2040 語と非常に長いが，時間としては 15.58 分に対して 16.35 分と，それほど長くない。

オバマ大統領の演説は，聴衆が拍手をするために頻繁に間が置かれるが，平均で 1 分間に 125 語を発話する。一方トランプ大統領は 1 分間に 92 語であった。これらの相違点をどのように考えるかということ（例えば，「賞賛されるべき流暢さ」や「よどみなく話している」と評価するのか，「一貫性がなく，要領を得ない演説」や「率直に物を言っている」と評価するのか）は，それぞれの政治的な立場によるであろう。

(p.405 から続き)

トランプ大統領のツイート

If the Senate Democrats ever got the chance, they would switch to a 51 majority vote in first minute. They are laughing at R's. MAKE CHANGE!

もし上院民主党員にチャンスがあるとすれば，まず最初に過半数に切り替えることだ。彼らは共和党員を笑っている。変化を起こそう！

8 Dems totally control the U.S. Senate. Many great Republican bills will never pass, like Kate's Law and complete Healthcare. Get Smart!

8 人の民主党員が上院を完全に支配している。ケイト法や完全な医療制度などの共和党の素晴らしい法案の多くが成立しない。賢くなれ！

The very outdated filibuster rule must go. Budget reconciliation is killing R's in Senate. Mitch M, go to 51 votes NOW and WIN. IT'S TIME!

時代遅れの議事進行妨害の規則は廃止されるべきだ。予算調整は上院の共和党員に影響を与えている。ミッチ M｛【訳注】ミッチ・マコーネル｝，今すぐ過半数を取って，勝とう！その時が来た！

Republican Senate must get rid of 60 vote NOW! It is killing the R Party, allows 8 Dems to control country. 200 Bills sit in Senate. A JOKE!

共和党上院は今すぐ 60 票制｛【訳注】法案通過に 60 票の賛成を要すること｝を廃止しなくてならない。これが共和党を苦しめ，8 人の民主党員が国を支配することになる。200 もの法案が上院で止まっている。ふざけている！

In other words, Russia was against Trump in the 2016 Election – and why not, I want strong military & low oil prices. Witch Hunt!

言い換えれば，ロシアは 2016 年の選挙でトランプに反対したのだ。そして，なぜそうではないのか，私は強い軍事力と安い原油価格を望んでいるからだ。魔女狩りだ！

(p.423より続き)

スクラブル選手権大会

プレーヤーが打つ着手についての専門家のコメント

6(ピーター・モリス)

現時点で，ピーターはGLAZESのプレーでいい手を見せています。しかし，これはピーターの棚に具合の悪いIを2つ残してしまいます。よりよい動きは，まあ，得点は少し減りますが，ZEA(トウモロコシ)(E3dで44点)でしょう。そうすれば，ピーターの棚にSを残しておくことができます――得点はGLAZES(光沢)より7点低くなるが，Sを手放さないでおいた方がいいでしょう。

6(ブライアン・カペレット)

現時点でのブライアンのAUREOLAR(M8d)の動きは，すぐピーターに挑戦されました。その挑戦は承認されたので，ブライアンはここでは無得点です。AUREOLE(輝かしい)，AREOLE(小室)，AREOLAR(乳輪の)はどれも正当な語ですが，ブライアンはそれらを混合して，架空のAUREOLARを作り出してしまったようです。もしかすると，最善の動きはUREA(尿素)(6Faで26点)か，あるいはそれととてもよく似たURAO(重炭酸ソーダ石)(6Faで26点)かもしれません。

7(ピーター・モリス)

ピーターはそれらのIのうち，少なくとも2つを捨てる必要があります。現時点での彼のHILI(門)のプレーは，ACIを残していてすばらしいと言えます。

7(ブライアン・カペレット)

UREA(尿素)かURAO(重炭酸ソーダ石)――どちらも(6Faで26点)――は，まだ最善の動きである可能性があります。現時点でのブライアンのLOUR(しかめつら)のプレーは，A8にある3Wのマス目を利用可能なものにしました。これは危険となる可能性があります。

(p.424より続き)

談話レベル

- BBCラジオですっかり定着しているゲーム「ほんの1分」では，プレーヤーたちは，一瞬たりとも言葉に詰まることなく，1度言ったことをくり返すこともなく，あるいは話題から逸れることもなく，与えられた話題について順番に1分間話す。司会者は，それに応じて点を与えたり引いたりする。
- 「コンシクエンシズ」は，単純な物語作りの取り決めを使って，異なる種類の語を並べるゲームである。いくつか異なる形態があるが，それらに共通して，プレーヤーたちは前の人が書いたことを知らずにそれぞれ新たな項目を紙に書いていき，共同で物語を作りあげる。リーダーが物語の筋を伝えると，プレーヤーたちは変項を1つずつ埋めていく。一般的には，最初のプレーヤーが形容詞を選ぶことから始まる。2人目のプレーヤーは，男性の名前を選ぶ。3人目のプレーヤーは，それにほかの形容詞を足す。4人目のプレーヤーは，それに女性の名前を足す。そのあとのプレーヤーたちは，物語の男女がどこで出会ったか，男性が女性に何と言ったか，女性が男性に何と言ったか，その結果どうなったか，世間はそれについて何と言ったか，というように，順次項目を足していく。(Uncertain Fred and doleful Angela met in a sauna...(気まぐれなフレッドと悲しげなアンジェラはサウナで出会った…))このゲームはヴィクトリア女王時代に人気を博したが，今日でも行われている。参加者自身の名前が物語の筋の中に取り入れられ，夜が更けるにつれて，どんどんストーリーが際どくなっていくところにおもしろみがあると言える。

(p.427より続き)

あれこれ全部読んでみよ

『ガーディアン(*The Guardian*)』

Out on a wing and a prayer(第1面:空軍の記事)
{【訳注】この慣用句は，ほとんど見込みがないことを行うことから，神の助けを借りることを意味する。}

Kent expose skinny middle(クリケット)
{【訳注】skinny middleには，「痩せている人」と，「クリケットの打順中ほどの選手たち(middle)の活躍が乏しかった(skinny)」ことの2つの意味が掛けられている。}

The slick and the dead(観光名所)
{【訳注】the sick and the dead 病人や死者(映画のタイトルでもある)を掛けている。}

Where's there a Will?(シェイクスピアのしるしを探して)
{【訳注】シェイクスピアのファーストネーム William(Will)を掛けている。}

Pride and prejudice(民族のニュースのテレビ批評欄)
{【訳注】同名のジェイン・オースティンの小説のタイトルを掛けている。}

Insiders out, outsiders in(書評欄)
{【訳注】慣用句 inside out, outside in(裏返す)を掛けている。}

The Gospels a-go-go(宗教とディスコ)
{【訳注】go-goはゴーゴーダンス。}

A suitable case for placement(社会的関心事)
{【訳注】医療分野の定型表現で，「ある治療を受けるにしかるべき患者」の意味。映画のタイトルにもなっている。ここでは，ある患者がコミュニティー内でケアが受けられる場所を必要としていることを表している。}

『シドニーモーニングヘラルド(*The Sydney Morning Herald*)』

Tennis suffers from viewers' passing shots(観客の姿)
{【訳注】passing shotはテニス用語で，対戦相手の守備範囲を越えた所に打ち込まれるショット。ここでは，ウィンブルドンの試合を見ずに，ほかのスポーツのチャンネルに視聴者が流れてしまったことを表している。}

Medifraud(国民健康保険の詐欺)
{【訳注】Medicareを皮肉をこめてもじった造語。}

Did Ming have a Fling?(メンジーズについての書評欄)
{【訳注】オーストラリアの首相メンジーズ(Menzies)の愛称Mingと Fling(浮気)が韻を踏んでいる。}

New low feared at summit(7か国蔵相会議)
{【訳注】summitに「山頂」の意味が掛けられており，それは「高い」はずなのに「サミット」の成果への期待が「低い」ことから生じるユーモア。}

It's not all Pi in the Sky in HSC maths(教育の記事)
{【訳注】慣用句 pie in the sky(絵に描いた餅)のpieに数学のpi(円周率)を掛けている。}

Stay composed for music's electives(教育の記事)
{【訳注】慣用句 stay tuned(引き続き注目する)の過去分詞を，compose(作曲する)に置き替えている。}

Famous femme five of film(映画『ピアノ・レッスン(*The Piano*)』の批評欄)
{【訳注】イギリスの子供たちに広く読まれている冒険物語シリーズ *Famous Five* を掛けている。ここでは5人の女性(femme)監督やディレクターを指している。}

California screamin'(カリフォルニアのジャズグループの批評欄)
{【訳注】「夢のカリフォルニア」(*California Dreamin'*)というタイトルの楽曲を掛けている。}

A shedentary life(男性のための庭の物置小屋)
{【訳注】shedentaryはshed(小屋)にsedentary(座りがちの)を掛けて作られた造語。}

Three men and a brasserie(外食の批評欄)
{【訳注】映画のタイトル *Three Men and A Baby* を掛けている。}

Trust in the contents(ナショナルトラストについての本の書評欄)
{【訳注】National Trustはイギリスのボランティア団体。}

Spreading nonsense(マーガリンを型に入れて作ることについての本の書評欄)
{【訳注】パンに塗るジャム，バター，マーガリンなどを意味するspreadを掛けている。}

A roo awakening at the table(食通のカンガルーの肉)
{【訳注】慣用句 a rude awakening(突然いやな事実を知って驚くこと)にroo(カンガルーを表すオーストラリア英語の俗語)を掛けている。}

- 第2言語の状況ではことば遊びはあまり使われないと考えられるが，実際この分野で調査された論文では，ことば遊びの形跡はほとんど見られなかった。しかし，まったくないというわけではなかった。最後に，調査された『南シナモーニングポスト(***South China Morning Post***)』の版に見られた2つの例で締めくくるとしよう。

Top of the pots plus tea for two(陶芸の批評欄)
{【訳注】top of the pops(ポップミュージックのチャート第1位)を掛けている。}

Manufacturers seek peace of the action(軍事システムの展示会)
{【訳注】a pieceをpeace(平和)に置き替えている。}

(p.428 より続き)

恋に狂った服地屋から

この有名な手紙(p.428 下段)の面白みは,手紙を書くときの形式ばったスタイルとくだけたスタイルが並置されていることに由来している。郵便集配人の妻であるウィリー・ニリー夫人は,モグ・エドワーズ氏からミバンウィ・プライス嬢へ宛てた手紙を,ちょうど蒸気に当てて開けたところである。

ウィリー・ニリー夫人 Llaregyo のマンチェスターハウス出身。独身の経営者モグ・エドワーズ氏(late of Twll),リネン衣類の服地商,紳士用服飾品商人,仕立て屋の主人,衣裳屋。ウェストエンドのネグリジェ,肌着,茶会服,夜会服,包み,新生児の衣類。それから,すべての機会に着られる服。特製品は,農作業に着られる効率的な衣裳,衣類買い取り。満足している顧客の中に,聖職者やジェット機操縦士。予約により仮縫いの試着。*The Twll Bugle* で毎週広告を出している。愛しいミバンウィ・プライス,私の天国の花嫁,

MOG EDWARDS I love you until Death do us part and then we shall be together for ever and ever. A new parcel of ribbons has come from Carmarthen to-day, all the colours in the rainbow. I wish I could tie a ribbon in your hair a white one but it cannot be. I dreamed last night you were all dripping wet and you sat on my lap as the Reverend Jenkins went down the street. I see you got a mermaid in your lap he said and he lifted his hat. He is a proper Christian. Not like Cherry Owen who said you should have thrown her back he said. Business is very poorly. Polly Garter bought two garters with roses but she never got stockings so what is the use I say. Mr Waldo tried to sell me a woman's nightie outsize he said he found it and we know where. I sold a packet of pins to Tom the Sailors to pick his teeth. If this goes on I shall be in the workhouse. My heart is in your bosom and yours is in mine. God be with you always Myfanwy Price and keep you lovely for me in His Heavenly Mansion. I must stop now and remain, Your Eternal, Mog Edwards.

MRS WILLY NILLY And then a little message with a rubbber stamp. Shop at Mog's!!!

(Dylan Thomas, *Under Milk Wood*, 1954.)

モグ・エドワーズ 死が私たちを分かつまで,私はあなたを愛します。そして私たちは永遠にいっしょです。今日,カマーザンから,リボンが入った新しい小包が届きました。虹色全色のリボンです。あなたの髪にリボンを結んであげられたらいいのに,白いリボンを。だけどそれはできない。昨晩あなたの夢を見ました。あなたはずぶぬれで私の膝に座りました。そのときジェンキンズ神父が通りを歩いて行きました。神父は,あなたの膝に人魚がいますね,と言って帽子をもち上げました。彼は礼儀正しいキリスト教徒です。チェリー・オーエンとは違います。彼女を撃退するべきだったとオーエンが言っていた,と彼は言いました。商売はうまくいっていません。ポリー・ガーターはバラのついた靴下留めを 2 つ買いましたが,彼女はまったくストッキングをはかないので,果たして必要なのだろうかと私は思います。ウォルドー氏は,私に特大サイズの女性用ネグリジェを売ろうとしました。彼は見つけたと言いましたが,私たちは彼がそれをどこで見つけたか知っています。私は船乗りのトムに,楊枝に使うようにと小袋に入ったピンを売りました。もしこのことが続けば,私は救貧院に行くことになるでしょう。私の心はあなたの胸の中にあり,あなたの心も私の胸の中にあります。神様がいつもあなたとともにいますように,ミバンウィ・プライス,そして私のために,天国の館に愛らしいままでいてください。もう筆を置かなければなりません,そしてあなたの永遠であり続けます,モグ・エドワーズ。

ウィリー・ニリー夫人 そしてゴムのスタンプといっしょに,ちょっとしたメッセージを。モグの店で買いましょう!!!)

(ディラン・トマス「ミルクの森で('Under Milk Wood')」,1954)

(p.429 より続き)

お前たちは神を誰に似せようとするのか?(『イザヤ書』第 40 章 18 節)

O God, who hangs on street corners, who tastes the grace of cheap wine and the sting of the needle,

Help us to touch you...

O God, whose name is spick, black-nigger, bastard, guinea and kike,

Help us to know you...

O God, who lives in tenements, who goes to segregated schools, who is beaten in precincts, who is unemployed,

Help us to know you...

O God, who is cold in the slums of winter, whose playmates are rats--four-legged ones who live with you and two-legged ones who imprison you,

Help us to touch you...

(From Robert Castle, 'Litany for the Ghetto', in J. A. T. Robinson, 1967)

神よ,誰が街角にしがみついているのだ,誰が
安っぽいワインの恵みや針が刺す痛みを味わうのだ
あなたに触れられるように手を貸してください…
神よ,spick(ヒスパニック)や black-nigger(黒人)や bastard(混血)や guinea(イタリア人)や kike(ユダヤ人)は誰の名前であるのか
あなたを知ることができるように手を貸してください…
神よ,誰がアパートに住んでいるのか,誰が(差別により)隔離された学校に行くのか,誰が指定地区でたたかれているのか誰が職を失っているのか
あなたを知ることができるように手を貸してください…
神よ,誰が冬のスラム街で寒い思いをしているのか
誰の遊び友だちがネズミ——あなたといっしょに住んでいる 4 本足のネズミとあなたを収監している 2 本足のネズミ——であるのか
あなたに触れられるように手を貸してください ...)

(ロバート・キャッスル「ゲットーのための連祷」から,J. A. T. ロビンソン,1967)

(p.430 より続き)

言葉によるユーモア

「田舎の生活」

雑誌『パンチ(*Punch*)』(p.437)の中で最も人気を博したコラムの1つに，「田舎の生活」がある。そのコラムは，活字にされた意図されないユーモア——誤植，大間違い，そして世界中から寄せられた奇妙な観察——を読者が選んだものである。

- At one time he was well up in the first 10 places, but hitting a bride in Wales damaged the suspension and he dropped back. (*Autosport*)
  (ある時点で，彼は上位10位以内についていたが，ウェールズでボンネットの飾り紐をぶつけた(→「花嫁をひいた」とも読める)時にサスペンションを損傷し，順位を落とした。)(『オートスポーツ』)
- Volunteers urgently needed to help stroke patients with speech problems. (*Chorlton and Wilbrampton News*)
  (言語障害のある脳卒中患者を援助するボランティアが，緊急に必要である。)(『コールトン・アンド・ウィルブランプトン・ニュース』)
- He said it is unlikely pollution is the cause and the fish bore no outward signs of disease —— 'these fish are perfectly healthy, except that they're dead'. (*Vancouver Sun*)
  (彼は汚染が原因とは考えにくいとし，それらの魚には，外見上は何も病気の形跡が見られないと言った——「これらの魚はまったく健常である，死んでいること以外には」。)(『ヴァンクーヴァー・サン』)
- Cross-examined by Mr Quinn, witness said that someone called her husband 'an Irish pig'. She said he was not Irish. (*Biddulph Chronicle*)
  (クイン氏に反対尋問されて，証人は誰かが彼女の夫を「アイルランド人のブタ」と呼んだと証言した。すると，彼はアイルランド人ではない，と彼女は言った。)(『ビダルフ・クロニクル』)
- A fifteen-year-old Croydon boy has been suspended by his head since last September because of his long hair. (*Times Educational Supplement*)
  (クロイドンの15歳の男子が，長髪が理由で校長(head)によって9月から停学にされている。)(『タイムズ教育サプリメント』)
- The Roman Catholic Archdiocese of New York has joined a group of Orthodox rabbits in condemning the 'Life of Brian'. (From G. Pierce, 1980)
  (ローマカトリック教会のニューヨーク大司教区は「ブライアンの命」を糾弾して東方正教会のウサギたち(rabbits)〔【訳注】Rabbis(Rabbi(ラビ)の複数形)は，ユダヤ教の指導者たちの意。〕のグループに加わった。)

(G. ピアス(G. Pierce)，1980から)

話しことばの誤植

イギリスの諷刺雑誌『プライベートアイ(*Private Eye*)』は，ラジオやテレビの番組司会者の言い間違いを伝えるコラムColemanballs(コールマンボール)を取り入れた。コラムの名称は，最初にそのような間違いをしたとされるBBCのスポーツ実況放送員デーヴィッド・コールマン(David Coleman)にちなんで名づけられたものである。それ以来範囲が広がり，今ではMediaballs(メディアボール)と呼ばれている。そのうちのいくつかは，プレッシャーがかかるどのような話の状況にも見られるような，単なる言い間違いや滑稽に誤用された言葉に過ぎず(p.432)，滑稽の価値はほとんどない。しかし各版は，興味をそそる同語反復，漸降法，混喩，不合理な結論などの早口のおしゃべりにも光を当てている。ほとんどの視聴者は，それらの言葉が発せられたときにはおそらく気づかなかっただろう。そのユーモアの意味は，文脈から離れて客観的に見たときに初めて認識されるのである。

- Oh and that's a brilliant shot. The odd thing is his mum's not very keen on snooker. (ああ，すばらしいショットです。妙なのは，彼の母親がスヌーカーにあまり熱心でないことです。)
- Lillian's great strength is her strength. (リリアンの大きな強みは，彼女の強みです。)
- Hurricane Higgins can either win or lose this final match tomorrow. (ハリケーンヒギンズは，明日のこの決勝戦に勝つか負けるかのどちらかでしょう。)
- He and his colleagues are like hungry hounds galloping after a red herring. (彼とその同僚たちは，燻製ニシンを追いかけて疾走する空腹の猟犬のようです。)
- Only one word for that —— magic darts! (それに対して，言葉は1つしかありません——すばらしい投げ矢です！)
- The audience are literally electrified and glued to their seats. (観客たちは文字通り，感電して，接着剤で座席に貼りついています。)

(P. シンプソン(P. Simpson)，1992から)

(p.431 より掲載)

ゾウ

A: How do you know if there's an elephant in your bed?
B: By the big E on his pyjamas.
(A：ベッドにゾウがいるかどうか，どうやってわかる？
B：ゾウのパジャマに大きくEと書いてあるからわかる。)

A: What should you do if you find an elephant asleep in your bed??
B: Sleep somewhere else!
(A：もし自分のベッドにゾウが寝ていたらどうする？
B：どこかほかの所で寝る！)

フクロウ

A: What do lovesick owls say to each other when it's raining?
B: Too-wet-to-woo!
(A：恋わずらいのフクロウのカップルは，雨が降っているとき，お互いに何て言う？
B：トゥーウェットゥウー！
〔【訳注】フクロウの鳴き声(Too-wet-to-woo！)に「濡れ過ぎて口説けない」を掛けている。〕)

A: Why are owls cleverer than chickens?
B: Have you ever eaten Kentucky Fried Owl?
(A：どうしてフクロウはニワトリより賢いの？
B：ケンタッキーフライドフクロウを食べたことある？)

ヒツジ

A: Where do sheep get their fleece cut?
B: At the baaber's.
(A：ヒツジはどこで羊毛を刈ってもらう？
B：床屋さんで。
〔【訳注】baaはヒツジの鳴き声「メー」の擬音語。Baaberは「メーメー」となる。〕)

A: Where do sheep shop?
B: Woolworth's.
(A：ヒツジはどこで買い物をする？
B：ウルワースで
〔【訳注】実在する店の名前「ウルワース」に「羊毛(ウール)に価する」を掛けている。〕)

吸血鬼

A: Why is Dracula's family so close?
B: Because blood is thicker than water.
(A：どうして吸血鬼の家族はそんなに仲がいいの？
B：血は水より濃いからだよ。)

A: How can you join Dracula's fan club?
B: Send your name , address and blood group.
(A：吸血鬼のファンクラブに入るにはどうしたらいい？
B：自分の名前，住所，それから血液型を書いて送ればいい。)

(K. ウェールズ(K. Wales)『ライトアウトジョークブック(*The Lights Out Joke Book*)』，1991から)

(p.431 より掲載)

モノのあり方

漫画の話の筋に沿った視覚的なユーモアは，言語の逸脱に依存しない形で影響力をもっている。一般的に，漫画の説明文や，ガーフィールド，チャーリー・ブラウン，アンディー・キャップやその仲間たちの吹き出しには，ことば遊びはほとんど見られない。漫画家は滑稽な状況を考え出し，その次に（もしあれば）言葉を使う。しかし，その逆の過程を経て生まれる漫画もある。すなわち，漫画家がまず言葉を決めて，その次に，その言葉に対応する絵を案出するというものである。下の３コマは，ピーター・ガモンド（Peter Gammond）とピーター・クレイトン（Peter Clayton）によって案出された 101 のモノ（Thing）からの３つの例である。登場人物のモノは，モノ（thing）という語を含むイディオムに由来する，ジャガイモのような形をした生き物のことである。我思う（think），ゆえに彼ら（Things）あり。

25. these things are sent to try us
（これらのモノは，私たちを試すために送られる）

78. take your things off
（あなたのモノを取り去りなさい）

82. things have come to a pretty pass
（モノはかわいい小道にきた）

(p.432 より掲載)

書記による逸脱

チャールズ・コネル（Charles Connell）による子ども向けの詩「教えて，翼手竜」（1985）では，書記の逸脱が効果的に働いている。この詩では，例外的なつづり字を取り上げて，それをつづり字の規則にして使っている。｛【訳注】t の前に p を付け加える。｝ここに示すのは，その詩の最初の２節である。

Please ptell me, Pterodactyl
Who ptaught you how pto fly?
Who ptaught you how pto flap your wings
And soar up in the sky?

No prehistoric monster
Could ptake off just like you
And pturn and ptwist and ptaxi
Way up there in the blue.

（教えて，翼手竜
誰に飛び方を教わったの？
翼をはばたいて
空高く舞い上がるのを誰に教わったの？

先史の怪獣で
君のように飛び立つことができるやつはほかに誰もいないよ
それから，君がいるはるか上の青空で
向きを変えたり，体をねじったり，自力で飛んだりできるやつも，ほかに誰もいないよ。）

(p.432 より掲載)

リメリックとクレリヒュー

音韻パターンには，完全にユーモアと結びついているものもある―とりわけ，固定化・定式化したリズムであるリメリックがそうである。この例では，慣例から逸脱する There was a...（かつて ... がいた）という冒頭部分に加えて，オグデン・ナッシュ（Ogden Nash）の手法による書記と音韻の間の巧妙な相互作用が見られる。

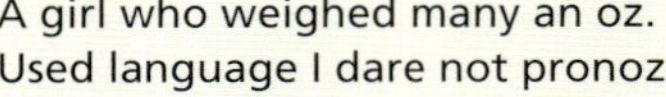

A girl who weighed many an oz.
Used language I dare not pronoz.
　For a fellow unkind
　Pulled her chair out behind
Just to see（so he said）if she'd boz.
（ある体重の重い少女が
私だったらあえて発音しようとはしない汚い言葉を使った。
　薄情な男が
　彼女の椅子を後ろに引いたからだ。
（彼が言うには）彼女が椅子から跳び上がるかどうか，ただ確かめたくてそうしたのだ。）
｛【訳注】oz（ounce），pronoz（pronounce），boz（bounce）が韻を踏んでいる。｝

エドマンド・クレリヒュー・ベントリー（Edmund Clerihew Bentley）（1875-1956）にちなんで名づけられたクレリヒューは，別の滑稽なリズムを提示する。それは，２つの二行連句で短い４行からなる節である。その内容はいつも，ある人物の伝記となっている。

Sir Humphrey Davy
Abominated gravy.
He lived in the odium
Of having discovered sodium.
（サー ハンフリー・デーヴィー
嫌悪されたもうけ金。
彼は悪評の中に生きた
ナトリウムを発見したことで得た金だ。）

この例は，このジャンルの起源を示唆している。ベントリーはこの形式を，退屈な化学の授業中に考案したと言われている。

(p.433 より掲載)

パートリッジのお気に入り

エリック・パートリッジ（Eric Partridge）は，音声を表すコミック・アルファベットの中でお気に入りはどれかと尋ねられて，下の一連のものを集めた。（注解は括弧内に記されている。）

A for 'orses（hay for horses）
B for mutton（beef or mutton）
C for Thailanders（the Seaforth Highlanders）
D for rent（different）
E for brick（heave a brick）
F for vest（effervesced）
G for the 3.15（gee-gee – a horse, for the 3.15 race）
H for retirement（age for retirement）
I for an eye（eye for an eye）
J for oranges（Jaffa oranges）
K for restaurant（cafe – pronounced /keIf/）
L for leather（hell for leather）
M for sis（sister – emphasis）
N for lade（enfilade）
O for there（over there）
P for relief（pee for relief）
Q for flowers（Kew for flowers）
R for moment（half a moment）
S for instance（'s（as）, for instance）
T for two（tea for two）
U for nerve（You've a nerve!）
V for l'amour（Vive l'amour!）
W for a shilling（double you for a shilling）
X for the spot（i.e. where the crime was committed）
Y for mistress（wife or mistress）
Z for fun（said for fun – UK pronunciation, /zed/）
Z for breeze（Zephyr breeze – US pronunciation /zi:/）
（A はウマ（ウマの干し草）
B は羊肉（牛肉か羊肉）
C はタイ人（海の向こうへ行くスコットランド高地地方の人びと）
D は家賃（違っている）
E はれんが（れんがをもち上げる）
F はベスト（泡立つ）
G は 3.15（ジージー（gee-gee）は 3.15 レースの競走馬）
H は引退（引退の年齢）
I は目（目には目を）
J はオレンジ（ジャファオレンジ）｛【訳注】大きなオレンジの一種であるジャファオレンジは，英国の商標名。｝
K はレストラン（カフェ - /keIf/ と発音される）
L は革（必死で）
M は姉妹（強調するとシスター）
N は水車用水路（縦列配置）
O はそこ（あちら）
P は安堵（安堵しておもらしする）
Q は花（花はキューで）｛【訳注】キューはイングランド Surrey 州郊外の住宅地。｝
R は瞬間（ほんの少しの間）
S は例（例えば～のように）
T は二（二人でお茶を）
U は神経（君は厚かましい！）
V は愛（愛に万歳！）
W はシリング（君の競り高に 1 シリングで挑もう）
X は場所（すなわち，犯行現場）
Y はめかけ（妻を取るか妾を取るか）
Z は楽しみ（楽しみのためと言われている - said の英国式発音は /zed/）
Z はそよ風（西から吹くそよ風 – 米国式発音は /zi:/））

この版は，何冊かのコミック・アルファベットの原典から集められたものである。パートリッジは，R の多種多様な項目が示すように，このような選り抜きを豊富にもっていた。

R for crown – dollar – loaf – pint – tick（すべてコックニーの half /ɑ:f/ にもとづいている）
R for and his knights（アーサー王（King Arthur）は /ˈɑ:fə/ と発音される）
R for Askey（英国のコメディアン，あるいは，ほかにもアーサーという名前の有名な人物）
R for seat（エディンバラを見下ろすアーサーの席）
R for mometer（私たちの温度計（our thermometer））
R for the doctor（医者に「ああ」と言いなさい）
（R はクラウン（銀貨）– ドル – パン – パイント – つけ）
R は騎士たち
R はアスキー
R は座席
R は温度計
R は医者

(p.434 より掲載)

音韻に動機づけられた戯詩

多くのナンセンスな詩に奇妙な語彙の連結が見られるが，それは韻律を整えようとするためである。その好例が，デニス・リー（Dennis Lee）の「私は火曜日に叔父を磨く」の終盤に見られる。

So my dad he got snarky and barked at the shark
Who was parking the ark on the mark in the dark.
And when they got back they had ants in their pants,
Dirt in their shirt, glue in their shoe,
Beans in their jeans, a bee on their knee,
Beer in their ear and a bear in their hair,
A stinger in each finger, a stain in the brain,
A small polka-dot burp, with headache tablets,
And a ship on the lip and a horse, of course,
So we all took a bath in the same tub and went to bed early.

（それで，私の父は短気になってサメに向かって吠えた。
そのサメは，暗闇の中，印がある所に大きな箱舟を泊めていた。
彼らが戻ると，ズボンの中にアリが，
シャツの中に泥が，靴の中ににかわが，
ジーンスの中に豆が，膝の上にハチが，
耳の中にビールが，髪の中にクマが，
すべての指の爪に針が，脳にはしみが，
頭痛薬の錠剤といっしょに水玉模様の小さなおくびが，
唇の上に船が，そしてもちろんウマもいた。
そこで，私たちはみんな同じ風呂桶でお風呂に入って，早い時間に床についた。）

(p.434 より掲載)

高慢な知識

リチャード・ブリンズリー・シェリダン（Richard Brinsley Sheridan）の戯曲『恋がたき（*The Rivals*）』（1775）に登場する夫人は，ベリル・リード（Beryl Reid）が演じたキャラクターである。マラプロップという名前は，フランス語の mal à propos（「的はずれ」）に由来し，このキャラクターが，ある語句を，それと類似する音や意味をもつほかの語句に不適切に置き換える癖をうまく表現している。

Illiterate him, I say, quite from your memory. [obliterate]

（あなたの記憶から彼を読み書きできないようにしなさい。）[obliterate（消し去る）]

{【訳注】obliterate（消し去る）とすべき語が，類似した音で韻も踏んでいる illiterate（読み書きができない）に不適切に置き換えられている。}

I would have her instructed in geometry, that she might know something of the contagious countries ... and likewise that she might reprehend the true meaning of what she is saying. [contiguous, comprehend]

（彼女が幾何学を教えられたらいいのに。そうすれば彼女は，感染している国ぐにについて何かわかるかもしれないわ。それから，自分が言っていることの本当の意味についても責めるかもしれないわ。）[contiguous（隣接する），comprehend（理解する）]

{【訳注】contiguous（隣接する），comprehend（理解する）となるべき語が，類似した音で韻も踏んでいる contagious（感染性の），reprehend（責める）に，それぞれ不適切に置き換えられている。}

マラプロピズムを使用する人は，長い語を十分に理解していないのに，当て推量によって「正しく聞こえる」語に置き換えてしまう。その言い間違いは，意識しているかどうかに関わらず，誰にでも影響を与えうる。

このような効果をキャラクターの台詞に取り入れた劇作家は，シェリダンが初めてではない。それ以前に実践したのは，シェイクスピアの『空騒ぎ（*Much Ado About Nothing*）』に登場するドグベリーで，彼はこのように言っている。

O villain! Thou wilt be condemned into everlasting redemption for this. (4.2)

（悪党め！　お前は自分がしたことに対して永遠の救いに落とされてしまうがいい。（第４幕第２場））

{【訳注】人を罵っているはずなのに，redemption（救い）というマラプロピズムのせいで，罵る意味になっていない。}

(p.434 より掲載)

VIXEN*って何でしょう？

子どもがことばを話すことを学ぶ際に，よく，語の中の形態素を代えて新たな語を創りだすことがあるが，このやり方は，家族のユーモアの源となる。

*Oh – a lady vicar. [Mary, age 6]

（ああ，女性の教会区司祭よ。[メアリー，６歳]）

{【訳注】vixen（雌キツネ）を vicar（教会区司祭）の女性形だと推量して言った返答。}

Mother [going through the alphabet] : Say T.
Mary [age 3 1/2] : T.
Mother: U.
Mary: U.
Mother: V.
Mary: V.
Mother: W.
Mary: Double me.

（母親（アルファベットを順に言いながら）：Tって言ってごらん。
メアリー（３歳半）：T。
母親：U。
メアリー：U。
母親：V。
メアリー：V。
母親：W（ダブルユー）。
メアリー：ダブルの私（ダブルミー）。）

{【訳注】子どもが，Wの発音「ダブルユー」の「ユー」が自分（you）を指す言葉だと思い，自分の視点から you（２人称代名詞）を me（１人称代名詞）に置き換えて言った返答。}

Marcus [age 3 1/2, in train, approaching London] : Are we there yet?
Father: No, we're still in the outskirts.
(Pause)
Marcus: Have we reached the inskirts yet?

（マーカス［３歳半，ロンドンに近づく電車の中で］：もう着いた？
父親：いや，まだ郊外（outskirts）だよ。
（途切れ）
マーカス：インスカーツ（inskirts）にもう着いた？）

{【訳注】outskirts（郊外）の接頭語 out に着目し，その逆である in を当てはめて，inskirts という存在しない語を創作している。}

Michael [age 4, in bedroom]: Don't shut my door, mummy.
Mother: Well I have to close it, darling, because the light will keep you awake.
Michael: No, I don't want you to.
Mother: I'll leave it ajar, then.
Michael: Can you leave it one and a half jars?

（マイケル［４歳，寝室で］：お母さん，ドアを閉めないで。
母親：だけど坊や，ドアは閉めなきゃ，明るいと眠れないでしょ。
マイケル：だめ，ドアを閉めちゃいやだよ。
母親：じゃあ，ほんの少し（ajar）開けておきましょう。
マイケル：1.5 ジャー（one and a half jars）分開けておいてくれる？）

{【訳注】ajar（少し開いて）という１つの語を，a jar と２つに区切り，１よりも少し多い 1.5 を要求している。}

Mother: Don't argue!
Hugh [age 3] : I don't argme.

（母親：つべこべ言う（arg-you）んじゃないの！
ヒュー［３歳］：僕は自分に arg（arg-me）してないよ。）

{【訳注】発音から argue を arg と you の２つに分け，自分の視点から you（２人称代名詞）を me（１人称代名詞）に置き換えて言った返答。}

（D. クリスタル（D. Crystal），1986，p.208 から）

(p.435 より掲載)

トム・スウィフティーズ

このことば遊びの形式は，定式の文構造に作用する，文法と語彙の要素の連携に依存している。プロの著述家たちの間で人気のある遊びであり，ヴィクトリア女王時代から知られている。トム・スウィフティーズという近代的な名前は，少年向けの冒険物語のヒーローであるトム・スウィフトに由来している。この少年は，いつもあとに副詞をつけ足して話すのだが（「言った，悲しそうに」，「言った，静かに」），トム・スウィフティーズというジャンルは，この構造のユーモアに満ちた発達にもとづいている。ここでは，ことば通の人たちが英語の雑誌に投稿し，出版された，創意に富む例からいくつか取り上げる。

副詞のスウィフティーズ

'The results of my electrocardiogram were reassuring', he said wholeheartedly.
（「私の心電図の結果は安心できるものだった。」彼は言った，心から。）｛【訳注】wholeheartedly に heart（心臓）を掛けている。｝

'Can I get you something?' the waitress asked fetchingly.
（「ご注文は何ですか？」ウェイトレスは尋ねた，魅惑的に。）｛【訳注】fetchingly に fetch（行って取って来る）を掛けている。｝

'Wouldn't you prefer a poodle?' asked her father doggedly.
（「あなたはプードルの方がお好きじゃないんですか？」彼女の父親は尋ねた，粘り強く。）｛【訳注】doggedly に dog（イヌ）を掛けている。｝

'You can't even look after the plants while I'm away', she said witheringly.
（「私が留守の間，あなたは植物の世話さえできない。」彼女は言った，生気を失わせるように。）｛【訳注】witheringly に wither（枯れる）を掛けている。｝

'Have you seen my ring?', she said engagingly.
（「私の指輪を見ましたか？」彼女は言った，魅力的に。）｛【訳注】engagingly に engagement（婚約）を掛けている。｝

'I prefer to die intestate', he muttered unwillingly.
（「私は無遺言で死ぬ方がいい。」彼はつぶやいた，気が進まない様子で。）｛【訳注】unwillingly に will（遺書）を掛けている。｝

'Try that direction', I suggested pointedly.
（「そちらの方向を試してみてください。」私は提案した，きびきびと。）｛【訳注】pointedly に point（指す）を掛けている。｝

'We've no more whiskey', they said dispiritedly.
（「私たちにはもうウイスキーがない。」彼らは言った，がっかりして。）｛【訳注】dispiritedly に spirit（アルコール）を掛けている。｝

動詞のスウィフティーズ

'What a lovely brook!' Tom babbled.
（「なんてすてきな小川なんだ！」トムは早口で言った。）｛【訳注】babble に「ゴボゴボと音をたてて流れる」という意味を掛けている。｝

'I think there's a hole in the road ahead', Sue hazarded.
（「この道の前方には穴があると思います。」彼女は運まかせに言ってみた。）｛【訳注】hazard に「危険」という意味を掛けている。｝

'Damn train two hours late again', she railed.
（「いまいましい電車はまた２時間遅れだ。」彼女は罵った。）｛【訳注】rail に「線路」という意味を掛けている。｝

'But I did repair the boiler', he maintained.
（「だけど私は，ちゃんと給湯タンクを修理しましたよ。」彼は主張した。）｛【訳注】maintain に「管理する」という意味を掛けている。｝

'What kind of tree? Oh, fir', he opined.
（「何の種類の木ですか？　ああ，モミの木ですね。」彼は申し述べた。）｛【訳注】opine に pine（マツの木）という意味を掛けている。｝

'Can we get on with the operation?', the surgeon cut in sharply.
（「手術に取りかかってもいいですか？」外科医は鋭くさえぎった。）｛【訳注】cut に「切る」という意味を掛けている。｝

形容詞のスウィフティーズ

'I am totally disinterested', said the bank manager.
（「私はまったく無関心だ。」銀行の支配人は言った。）｛【訳注】disinterested に interest（利息）を掛けている。｝

'That operation has left me feeling quite disfigured', said the accountant.
（「あの手術のあと，私はかなり醜くなったように感じている。」会計係は言った。）｛【訳注】disfigured に figure（数字）を掛けている。｝

'I'm disconcerted', said the conductor.
（「私は困惑している。」指揮者は言った。）｛【訳注】disconcerted に concert（コンサート）を掛けている。｝

'Do you feel disheartened?', asked the cannibal.
（「あなたは失望していますか？」食人者は尋ねた。）｛【訳注】disheartened に heart（心臓）を掛けている。｝

'We've been discharged', said the electricians.
（「私たちは解雇された。」電気技術者は言った。）｛【訳注】discharged に charge（電荷）を掛けている。｝

'I'm nonplussed', said the mathematician.
（「私は途方に暮れている。」数学者は言った。）｛【訳注】nonplussed に plus（正数）を掛けている。｝

'I feel unloved', said the tennis ace.
（「私は愛されていないと感じている。」テニスの第一人者は言った。）｛【訳注】unloved に love（（テニスの）無得点）を掛けている。｝

「やる」タイプのスウィフティーズ

これらの様態副詞の音韻的地口は，上記のものと非常に類似しているが，「やる」（do it）という語がもつ性的な意味を暗示することをユーモアの基礎としている。

Accountants do it calculatingly.（会計係は打算的にやる。）

Sentries do it haltingly.（衛兵はとぎれとぎれにやる。）

Oscar did it wildly.（オスカーは激しくやった。）｛【訳注】アイルランド生まれの英国の詩人・劇作家・小説家であるオスカー・ワイルド（Oscar Wilde）を掛けている。｝

Little Bo Peep did it sheepishly.（リトル・ボーピープはおどおどやった。）｛【訳注】リトル・ボーピープは，英国の伝承童謡に登場する少女。番をしていたヒツジに逃げられる。｝

Windsurfers do it standing up.（ウインドサーファーは立ちながらやる。）

Doctors do it three times a day after meals.（医者は１日３回食後にやる。）

彼は精選して言った

『ユリシーズ（*Ulysses*）』（1922）では，劇形式で書かれた挿話が見られ，ジョイスは登場人物のセリフを導入するのに括弧に入れた副詞をよく使っている。

BLOOM (Coldly.) You have the advantage of me.
（ブルーム（冷淡に。）あなたは私より有利です。）

ある一連のセリフでは，ジョイスは３つのトム・スウィフティーズを，それぞれ分けて使っている。

A MILLIONAIRESS (Richly.) Isn't he simply wonderful?
（大富豪の婦人［豪華に。］彼，本当にすばらしいと思わない？）

A NOBLEWOMAN (Nobly.) All that man has seen!
（貴族の婦人［気高く。］その男性が見てきたものすべてよ！）

A FEMINIST (Masculinely.) And done!
（フェミニスト［勇ましく。］終了！）

(p.436 より掲載)

方言の本

西部地方の英語

Ear voe! Excuse me!（='Here you'）（=「君か！」）

Ace? Yes?（=「はい？」）

Can ee dellus the rawed vor Penzarnce?（='Can you tell us the road for Penzance?'）（=「ペンザンスへ行く道を教えてくれませんか？」）｛【訳注】ペンザンスは，イングランド南西端コーンウォール州の港町。｝

Whoart? I beg your pardon?（='What?'）（=「何ですか？」）

北部英語

Ow do!（='How do', short for 'How do you do'）（「すみません，だんな様，または奥様。」=「ご機嫌いかがですか？」の省略形）

Art ont buzz?（='Art on the bus?'）（「公共交通機関を使って旅行されていますか？」=「あなたはバスに乗っていますか？」- are you の古い単数形 art thou「君は～ですか？」の省略形）

Nay, int caa.（='No, in the car'）（「いいえ，車で旅行しています。」=「いいえ，車の中です。」）

A wudn't gan theer if a were thee:（='I wouldn't go there if I were you'）（「その目的地は賢明な選択とは思いません。」=「私があなただったらそこには行きません。」）

（p.439 より続き）

会話における文学性

チャド　　よく出かけるんだ。
デボラ　　よく食事に出かけるの。
ピーター　出かけるの？
　　　　　ぼくの方の問題は
　　　　　自分で準備しなかったら
　　　　　ちゃんといい食事をしなかったら
　　　　　たくさん食べてしまうことで…
　　　　　満足できないから。
　　　　　だからチーズとクラッカーとかを
　　　　　食べちゃうと，チーズとクラッカー
　　　　　でお腹いっぱいになっちゃうんだ。
　　　　　だけど自分でちゃんとしたものを
　　　　　作ればそんなにたくさん食べなく
　　　　　てすむんだ。
デボラ　　そうなの？
ピーター　それに気付いたんだ，うん。
デボラ　　ふーん…
　　　　　じゃあちょうど良いね，
　　　　　じゃあ良いアイデアだね。
ピーター　食べることに関しては良いアイデア
　　　　　なんだけど時間に関しては良い
　　　　　アイデアではないんだな。

（p.440 より続き）

記憶に残る旋律

He sipped with his straight mouth,
Softly drank through his straight gums,
into his slack long body,
Silently.
（D. H. Lawrence, ‘Snake’, 1923）

まっすぐな口から水をすすっていた
まっすぐな歯ぐきから
そのゆるやかな長い体に
ひっそりと音もなく　水を飲んでいた
（D. H. ロレンス（D. H. Lawrence）著，尾島庄太郎・大浦幸男・関口篤訳「蛇」『世界詩人全集 15 イェイツ ロレンス詩集』（新潮社，1969），p.208 による）

Snip-snap and snick-a-snick
Clash the Barber's shears
（Walter de la Mare, ‘The Barber's’, 1913）

チョキチョキ，パチパチ，
床屋のハサミ。
（ウォルター・デ・ラ・メア（Walter de la Mare）著，間崎ルリ子訳「床屋で」『孔雀のパイ』（瑞雲舎，1997），p.32 による）

This is the Night Mail crossing the Border
Bringing the cheque and the postal order.
（W. H. Auden, ‘Night Mail’, 1935）

国境を超える夜行郵便列車。
運送するのは小切手と小為替。
（W. H. オーデン（W. H. Auden）著，沢崎順之助訳「夜行郵便列車」『海外詩文庫 4 オーデン詩集』（思潮社，1993，p.42 による）

Sixty-six different times in his fish-slimy kitchen ping, strike, tick,
chime, and tock.
（Dylan Thomas, ‘Under Milk Wood’, 1954）

六十六のそれぞれ違った時間が，彼の魚のようにぬるぬるする台所で，ピューと鳴り，ガーンと打ち，カチカチと語り，チャイムをひびかせているからです。
（ディラン・トマス（Dylan Thomas）著，松田幸雄・松浦直巳訳「ミルクの森で」『ディラン・トマス全集Ⅳ / 戯曲』（国文社，1978），p.52 による）

（p.440 より続き）

旋律的な滑らかさ（Melodious Velvet）

- これらの子音を調音法によって分類すると，摩擦をともなわない継続音が最もよく使われる（118 回のうち，口音が 68 回，鼻音が 50 回）。その次によく使われるのが，破裂音（85 回），摩擦音（56 回），破擦音（5 回）となっている。口腔継続音は 4 つ（/l，r，w，j/），鼻音は 3 つ（/m，n，ŋ/）しかないが，破裂音は 6 つ（/p，b，t，d，k，g/），摩擦音は 9 つ（/f，v，θ，ð，s，z，ʃ，ʒ，h/）あることを考えると，この分布は興味深い。
- 172 の母音の中で，最も頻繁に使われていたのは，無強勢母音 /ə/（43 回）であり，2 音節以上の語が好まれることが分かる。21 語のみが 1 音節であった。最も多いのは，3 音節の語であった（28 語）。ほとんどが第 1 音節に強勢があり，さらにほとんどの場合，少なくとも 3 つの異なる子音の調音法を使用した語となっている。
- もう 1 つの使用頻度の高かった母音は，/ɪ/（38 回）であったが，これはその次によく使われていた /a/（16 回）よりも 2 倍以上使われていた。次が /əʊ/（11 回），/e/（10 回），/iː/，/ʌ/ と /aɪ/（9 回），/ɒ/（6 回），/ɑː/（5 回），/eɪ/ と /uː/ と /ɔː/（4 回），/ɜː/（2 回），/aʊ/ と /aɪə/（1 回）。これは会話における母音の順位（ランキング）（p.251）と類似している。

ジョン・キッチングの直感は，『サンデー・タイムズ』紙の読者の結果と同じだろうか？　新聞に出てきた 68 個の母音と子音のうち，キッチングの上位 8 つの子音と上位 8 つの母音の中で 13 個だけが抜けている。読者がキッチングの使ったほかの語を好む可能性が 80％あることになる。

この分析からは，ロンドンの地下鉄の駅についてのロマンチックな詩というものがあったとしたら，ピムリコ駅（Pimlico）やコリンデイル駅（Colindale）という駅名を使い，グージ・ストリート駅（Goodge Street）やワッピング駅（Wapping）という駅名は使われない可能性が高いことの説明がつくだろう。前者の 2 つの駅名は，上記の直感をはっきりと映し出しているのに対し，後者の 2 つの駅名はそうではないからである。また，なぜ人懐っこい宇宙人が Alaree や Osnomian などの名前になり，なぜ敵の名前が Vatch や Triops となるか，なぜクリンゴン人（Klingons）｛【訳注】『スタートレック』に出てくる異星人｝がクリプトン人（Kryptons）｛【訳注】スーパーマンの故郷として知られる架空の惑星の人びと｝よりも多少攻撃的でないのかの説明がつく。また，音表象学的に正しい新語を作りたいとき，なぜ，3 音節で，第 1 音節に強勢がある語，そして少なくとも /m/ か /l/ のどちらか（できれば両方）の音を入れ，異なる調音法の音にし，母音はほとんど短母音を使う語を作るのが賢明なのかがわかるであろう。例えば ramelon や drematol などの語がおそらく新語として成功するだろうし，逆に immemorial elms（p.440 のテニスンの詩より）でよしとすることもできるだろう。

（p.441 より続き）

韻の力

Sweeney shifts from ham to ham
Stirring the water in his bath.
The masters of the subtle schools
Are controversial, polymath.
（スウィーニイは腿から腿へと移りゆき
風呂場で水をかき廻す。
美妙学派の先生方は
議論がお好きで，すごいもの識り。）
（T. S. エリオット（T. S. Eliot）著，深瀬基寛訳「エリオット氏の日曜日の朝の礼拝」『エリオット全集 第一巻』（中央公論社，1960），p.89 による）

このような方法は現代に始まったわけではない。アレキサンダー・ポープ（Alexander Pope）はこの方法を大いに活用していた。以下の抜粋には，頭韻（destroy（叩く）と dirty（下劣な），fib（こじつけ）と sophistry（へりくつ））を強める使用と，thin（か細き）が thron'd（王者）の高い語調を下げるような，頭韻を弱める使用の両方がある。

Destroy his fib or sophistry, in vain,
The creature's at his dirty work again,
Thron'd in the centre of his thin designs,
Proud of a vast extent of flimsy lines !
（Alexander Pope, *An Epistle to Dr Arbuthnot*, 1735）
（嘘，こじつけを叩くたび，空（むな）しき業（わざ）とは知らずして，
下劣な仕事に取りかかる，
か細き網目の真ん中に，王者のごとく住まいして，
取るに足りない細糸の，その広がりを自慢する。）
（ポープ（Alexander Pope）著，岩崎泰男訳『アーバスノット博士への手紙』（英宝社，1990），p.23 による）

(p.442 より続き)

1 次元における逸脱

もちろんむりないわね手があれるもの近ごろ彼はいつも食じのときあの子に話しかけていたっけ新聞に出ていることを説めいしてやったりしてあの子はわかったようなふりをしていたぬけ目のない子だよもちろんあれは彼の家のほうの血すじねそれからあの子がコートを着るのを手つだってやったりでも体のぐあいがわるいときはあたしのばん彼には言わないあたしが嘘つきだなんて彼が言うことできるもんですかあたしはしょうじきすぎるくらいまったくの話…

(ジェイムズ・ジョイス(James Joyce)著,丸谷才一,永川玲二・高松雄一訳『ユリシーズIII』(集英社,1997),p.523 による)

- When people say, 'I've told you fifty times,'
  They mean to scold, and very often do;
  When poets say, 'I've written fifty rhymes,'
  They make you dread that they'll recite them too... (Byron, Don Juan, 1819-24)

(バイロン(Byron)『ドン・ファン(*Don Juan*)』,1819-24)

「もう五十ぺんも言ったではないか」と人が言うときには,これから叱る前触れで,まずお小言(こごと)はまぬかれない。「五十篇の詩を書きました」と詩人たちが言うときには,拝聴させられやしないかとこちらの方はびくびくする。

(バイロン(Byron)著,小川和夫訳「一〇八」『ドン・ジュアン』(研究社出版,1955),p.67 による)

(p.443 より続き)

3 次元における逸脱

バッタの詩

r－p－o－p－h－e－s－s－a－g－r
ターツーバーツーターバ
ヤツヲ
ジ)ット)ミ　テル)ト
カラダヲチ
ツタバタバツバタツバタ
ヂメテチカラ(ヲ
タ):メ
テ
!エ:
パツ　ト
(チ
ヤクリクスル
・ッバタタバタッツ)
ト
モウイ(ツカ)イカラダ(ヲトト)ノエ(ル)ヨウニナル
,バッタ

(カミングズ(E. E. Cummings)著,藤富保男訳編「バッタの詩」『カミングズ詩集』(思潮社,1997),pp.64-5 による)

(p.443 より続き)

重みの観察

それから,声もなく重く垂れる霧の中,
鐘が鳴る。
悠揚(ゆうよう)たる底波の打ち鳴らす鐘は
わたしたちの時を打つのではない,
それは,クロノメーターの時間よりも古い時間,
不安と苦悩に眠れぬ夜を過ごす女たち――未来の時を数え,
真夜中と夜明けのあいだ,過去がすべて偽りであり
未来がまったく見通せぬときに,朝の見張りのまえ,
時が止まり,しかも終わりにはならないときに
過去と未来の縒(よ)りを戻し,桛(かせ)をほどき,縺(もつ)れを解き,
また一つに繋(つな)ごうと骨折っている女たち――
そんな女たちの数える時間よりも古い時間。
そして,今,原初からの海のうねりに
鐘が
鳴る。

(T. S. エリオット(T. S. Eliot)著,岩崎宗治訳『四つの四重奏』(岩波書店,2011),p.77 による)

(p.444 より続き)

目立つものとさりげないもの

これらはどれも普通の英語の使い方ではない。命令文と平叙文とを等位接続詞でつなぐことはできない。例外として,Ask me and I'll do it('If you ask me…')といった条件文の場合の等位接続があるが,このことはこの詩には関係しない。テニスンは 'If you break, O Sea…' と言おうとしているのではない。

テニスンの詩では,最初と最後の連は命令文と平叙文をつなげている。同様に,第2連(一対の感嘆文)と第3連(平叙文)がつながっているが,これもまれなことである。

接続詞は,矛盾する感情によって異なった方向へと引っ張られているテクストに,方向の安定性を提供するようである。第1連に悲嘆と一貫しない内容が,第2連ではそれらが入り混じっている。詩人は誰かを失ったことに心動かさない人びとを観察しているからである。第3連に,風格のある船をじっと見つめることで穏やかさを見つけようとする努力が見られるが,その気分はすぐに消されてしまう。そして,第4連に苦悶があり,冒頭にはなかった一貫性も見られる。統語法がこうした感情の変化を反映しており,要請から陳述へ,さらに感嘆へ,そして陳述と感嘆へ戻り,要請と陳述で終わっている。こうした文機能の多様性は容易に,不安定で不調和な並置に満ちたテクストとなってしまうであろう。そうした並置は,テクスト全体の中の語が伝える瞑想的な願望と相容れないものである。こうした起こりうる不調和が,接続詞の使用によって取り除かれている。接続詞の使用は,安定した強韻に対応して,構文上のつながりのなめらかさを与えるのである。(この不調和は,試しに7つの行の始めに使われている接続詞を省略して詩を読んでみるとよく理解できるだろう。テクストは文法的であり,韻も踏んでいるが,安定したリズムはなくなり,雰囲気はかなり失われる。)(E. A. レヴェンストン(E. A. Levenston),1973 に従う)

Break, break, break,
  On thy cold gray stones, O Sea!
And I would that my tongue could utter
  The thoughts that arise in me.

O well for the fisherman's boy,
  That he shouts with his sister at play!
O well for the sailor lad,
  That he sings in his boat on the bay!

And the stately ships go on
  To their haven under the hill;
But O for the touch of a vanished hand,
  And the sound of a voice that is still!

Break, break, break,
  At the foot of thy crags, O Sea!
But the tender grace of a day that is dead
  Will never come back to me.

砕け,砕けよ,砕け散れ,
  おまえの冷たい灰色の岩に,おお海よ!
願わくは,わが胸に起こる想いのかずかずを
  口で言い表すことができるものなら。

漁夫(すなどり)の少年にとって何と幸せなことか
  遊びながら妹と大声をあげることができるなんて!
船乗りの若者にとって何と幸せなことか,
  湾に浮かべた小舟で歌をうたうことができるなんて!

立派な船が進んでゆくよ,
  小山の麓(ふもと)の港に向かって。
ああ,だが,今は亡き友の手に再び触れ,
  今は黙(もだ)せる声の響きを耳にできるものなら!

砕け,砕けよ,砕け散れ,
  おまえの岩山の足もとに,おお海よ!
だが,過ぎ去った日の,あの優しい恩寵(おんちょう)は
  2度と決してこの身に戻ることはないだろう。

(テニスン(Tennyson)著,西前美巳訳『砕け,砕けよ,砕け散れ』『対訳テニスン詩集―イギリス詩人選(5)』(岩波書店,2003),pp.118-21 による)

（p.445 より続き）

「イエス」と彼女は言った

You're dead right
I said
It was touch and go
Whether I could have
managed
To keep going
For very much
Longer.

No
He said
The reason I use the word
opportune
Is that
Not to put too fine a point
on it
One of our St Bernard dogs is
Unfortunately
Missing.

Oh, dear
I said.
Not looking for me, I hope.

No
He said.
It went for a walk
And got lost in the snow.

Dreadful thing
I said
To happen

Yes
He said.
It is.

To
Of all creatures
I said
A St Bernard dog
That has devoted
Its entire
Life
To doing good
And helping
Others.

What I was actually thinking
He said
Since you happen to be
In a manner of speaking
Out there already
Is that
If you could
At all
See your way clear
To having a scout
As it were
Around,
It would save one of us
Having to
If I can so put it
Turn out.
Ah
I said
That would
I suppose
Make a kind of sense.

Before you go
He said
If I can find it
You'd better
Here it is
Take this.

What is it?
I said
It's a flask
He said
Of Brandy.

Ah
I said.

For the dog
He said.

Good thinking
I said.

The drill
He said
When you find it
If you ever do
Is to lie down.

Right
I said
Will do.

Lie down on top of it
He said
To keep it warm
Till help arrives.

That was a week ago, and my
hopes are rising all the time.
I feel with ever-increasing
confidence
that once I can safely say that
I am within what might
be called striking distance of
knowing where, within a
square mile or two, to start
getting down to looking,
my troubles are more or less,
to all intents and
purposes, apart from frostbite,
with any luck once
help arrives at long last, God
willing, as good as over.
It is good to be spurred on
with hope.

(N. F. Simpson, 1977)

その通りです
私は言った
やっと着いたのだ
もうこれ以上
どうにも
このまま先に進むことは
できなかった
だろう。

いやそうじゃない
彼は言った
私はその言葉
タイミングがいい
と言ったのは
あまりはっきりと
言いたくはないのだが
うちのセントバーナード犬の 1 頭が
残念なことに
いなくなってしまったのだ。

それは大変だ
私は言った。
私を探していたのではないといいが。

いいや
彼は言った。
散歩に行って
雪道で迷子になったのだ。

それはひどいことだ
私は言った
そんなことが起こるなんて

そうなんです
彼は言った。
本当に。

すべての
生き物の中で
私は言った
セントバーバード犬とは
その人生
すべてを
よいことをして
人を
助けるために
生きているのに

思ったのだけど
彼は言った
あなたは
ある意味
これまで外にいたんだから
もしできたら
もしものことだけど
外にでて
見て
探して
見に
行ってきてくれないだろうか
そうしたら
私たちが
行かなくて
済むので。
ああ，
私は言った
まあそれも
そう
だなと。

行く前に
彼は言った
もし見つけられたら
もって行った方が
ほらこれです
これをもって行って。

何ですこれは？
私は言った。
小瓶だよ
彼は言った
ブランデーが入ってる。

ああ，
私は言った。

犬のためにね
彼は言った。

それはいい考えだ
私は言った。

やってほしいことは
彼は言った
見つけたら
見つけられたら
横になるんだ。

そうですね
私は言った。
そうします。

犬の上に横になるんだ
彼は言った
それで温めてやるんだ
助けがくるまで。

それが 1 週間前のことだった，そして私の期待はずっと高まっている。
これまでにないような自信があり，
確実なこととして言えることは
私はどこを探せばいいのか，
それがとても近くと言えるような距離で
もし 1，2 平方マイルくらいでわかれば
私の問題なんてほとんど
凍傷以外にはなんともないことで
助けが着きさえすれば幸いなことに
これまで通りよくなるのである。
期待に駆られることは
よいことである。

（N. F. シンプソン，1977）

（p.446 より続き）

それが質問だ。

GOLDBERG: Webber! Why did you change your name?
STANLEY: I forgot the other one.
GOLDBERG: What's your name now?
STANLEY: Joe Soap.
GOLDBERG: You stink of sin.
McCANN: I can smell it.
GOLDBERG: Do you recognise an external force?
STANLEY: What?
GOLDBERG: Do you recognise an external force?
McCANN: That's the question!
GOLDBERG: Do you recognise an external force, responsible for you, suffering for you?
STANLEY: It's late.
GOLDBERG: Late! Late enough! When did you last pray?
McCANN: He's sweating!
GOLDBERG: When did you last pray?
McCANN: He's sweating!
GOLDBERG: Is the number 846 possible or necessary?
STANLEY: Neither.
GOLDBERG: Wrong! Is the number 846 possible or necessary?
STANLEY: Both.
GOLDBERG: Wrong! It's necessary but not possible.
STANLEY: Both.
GOLDBERG: Wrong! Why do you think the number 846 is necessarily possible?
STANLEY: Must be.
GOLDBERG: Wrong!
…
McCANN: What about the Albigensenist heresy?
GOLDBERG: Who watered the wicket at Melbourne?
McCANN: What about the blessed Oliver Plunkett?
GOLDBERG: Speak up, Webber. Why did the chicken cross the road?
STANLEY: He wanted to – he wanted to – he wanted to…
McCANN: He doesn't know!
GOLDBERG: Why did the chicken cross the road?
STANLEY: He wanted to – he wanted to…
GOLDBERG: Why did the chicken cross the road?
STANLEY: He wanted…
McCANN: He doesn't know. He doesn't know which came first!
GOLDBERG: Which came first?
McCANN: Chicken? Egg? Which came first?
GOLDBERG and McCANN: Which came first? Which came first? Which came first?

STANLEY *screams*.

（p.447 より掲載）

比喩の拡張

比喩的な言語の最も小さい例は，2つの全く異なる語のつながりから特別な意味が抽出されるような，局所的に制限された効果をもたらすものである。以下は，そのような比喩的表現の種類と例である。

- **隠喩**（メタファー）では，2語のつながりは暗示的である：idle hill（物憂い丘）
- **直喩**では，2語のつながりは明示的である：drumming like a noise in dreams（夢の中の音のようなドラムの音）
- **逆説**では，矛盾を解決する必要がある：ignorance is strength（無知は力である）
- **換喩**では，属性が全体に置き換わる：the crown of France（フランスの王冠（君主のこと））
- **矛盾語法**では，相容れない概念が結びつけられる：living death（生ける屍）
- **擬人化**では，無生物と人間の間でつながりが作られる：nature spoke（自然が語った）

ただし，ほとんどの場合，これらの効果は当初の概念の組合わせを超えた広がりを見せる。1つの効果が別の効果につながり，比喩表現の連鎖が生じる。特に詩人は，よい比喩表現を見つけたときにそれを書き留めておくことに消極的である。以下の最初の例では，冒頭の比喩的なつながり（feed と heart）の意味が，3行にわたって are と substance という言葉によって拡張されている。また，その次の詩では，最初の行の自然の擬人化が，動詞（care，know，ask）を介して連全体に広まっている。

We had fed the heart on fantasies,
The heart's grown brutal from the fare;
More substance in our enmities
Than in our love;
(W. B. Yeats, 'Meditations in Time of Civil War', 1928)

わたしたちは途方もない空想で心を養い，
それを食べて心は残忍になったのだ，
わたしたちには 愛より憎しみの方が実があるからだ，
（W. B. イェイツ（W. B. Yeats）著，中林孝雄・中林良雄訳「内戦時の瞑想」『イェイツ詩集』（松柏社，1990），pp.259，273-5 による）

For nature, heartless, witless nature,
Will neither care nor know
What stranger's feet may find the meadow
And trespass there and go,
Nor ask amid the dews of morning
If they are mine or no.
(A. E. Housman, 'Tell me not here, it needs not saying', 1922)

自然は　感情も知性もない自然は
どんな見知らぬ男の足が草原を見つけ
そこに侵入して歩くかなど
気にもしなければ知りもしないから。
その足が私のものであるかないかなど
朝の露のなかで尋ねもしないから。
（A. E. ハウスマン（A. E. Housman）著，星谷剛一訳「最後の詩集」『ハウスマン全詩集』（荒竹出版，1973），pp.169-71 による）

（p.448 より続き）

変種の名前

部分の名前

本日は部品の名前について話す。昨日は
日常的な手入れについて話した。そして明朝は
発砲したあとに何をすべきかを話す。たが，本日は
本日は部品の名前について話す。ツバキは
近隣の庭で珊瑚のように輝き，
　そして本日は部品の名前について話す。

これは下部スリングスイベルである。そしてこれは
上部スリングスイベルであり，その使い方については
スリングが渡されてから教える。そしてこれがパイリングスイベルであり
まだそれは渡してはいない。枝は
庭で沈黙を守り続け，素晴らしい動きをする，
　まだそれは渡してはいない。

これは安全装置であり，それを解除するには
親指で軽く押せばいい。そしてどうか
親指以外の指を使っているのを見せないでくれ。簡単にできるものであり
少しでも親指に力があればできる。花は
か弱くじっとしており，そしてどうか見せないでくれ
　親指以外の指を使っているのを。

そしてここにあるのがボルトである。その使い道は
このように銃尾を開くためである。滑動することができ
前後に早く動く。これを我々は
ばねを緩めると言う。そして行ったりきたりする
早起きのハチたちは花に当たってみたり探ってみたりしている。
　彼らはそれをばねを緩めると言う。

彼らはそれをばねを緩めると言う。それはまったく簡単なことで
親指に少しでも力を入れれば，ボルトのように
そして銃尾と引き金と，そして平衡点のように
まだそれは渡してはいない。そしてアーモンドの花は
静かに庭に咲いており，ハチが行ったりきたり，
　そのため，本日は部品の名前について話す。

（p.448 より続き）

滑稽なものを構築する

コメディアン 2：先生，足なんです。
コメディアン 1：足がどうしたんだ？
コメディアン 2：先生，それを教えてほしいと思っているんですけど。
コメディアン 1：見せてごらん。（コメディアン 2 が靴下と靴を脱ぐ）
コメディアン 2：今は大丈夫なんです。これがぐるっとまわると取られちゃうんです。（コメディアン 2 が足をまっすぐ前に伸ばして突き出す。コメディアン 1 が向こう側に立つ）
コメディアン 1：これは何だ？
コメディアン 2：ひざの皿ですよ，先生。
コメディアン 1：ひざの皿だったらもっと上の方にあるはずだろう。
コメディアン 2：それがすぐに落ちてきちゃうんですよ，先生。（コメディアン 1 が洗面台に行き，手を洗っているうちに，コメディアン 2 が隅の，机で姿が隠せるところで服を脱ぎだす。）
コメディアン 1：まだ鼓膜が痛むのか？
コメディアン 2：何かを聞こうとするときだけだけどね，先生。

（p.448 より続き）

コードスイッチング

「マクルチャーさんと言っているんだ！」
「今，お客さんの相手をしてるんでね―さあ，いいかい，もうこれ以上は負けないよ」
「おい」と旅人はくり返した。
「1 日中こんなところに突っ立って，お前さんがその気の毒な女中さんから半年分の稼ぎを騙し取るのを見ていろとでも言うのかね？」
「騙し取るだって！」マクルチャー夫人は，防ぐ側にいたものの，遂に喧嘩を始めたくなって，言い返した。
「その言葉は聞き捨てならないよ。無礼もいいところだよ。うちの階段に突っ立って，あたしの悪口なんか言ってもらいたくはないね」
「この婆さんはね」と，年長者は旅の道連れにいたずらっぽい視線を投げ掛けながら言った。
「言葉の意味がわかってないね―おい」と彼はもう 1 度地下住居に向かって言った。
「わしは，お前さんの性格をなじっている訳じゃないんだ，お前さんが手配したはずの馬車が一体どうしたのかを知りたいだけなんだよ」
「あんたたちは，一体何をしたいんだって？」とマクルチャー夫人は，またもや耳が聞こえない振りをして答えた。
（ウォルター・スコット（Walter Scott）著，貝瀬英夫訳『好古家（*The Antiquary*）』（朝日出版社，2018），pp. 8-9 による）

（p.451 より続き）

プレブゲート
判決
裁判官は，事件の要点を説明する際に次のように述べた：（§102）｛【訳注】§102 は判決文の段落番号を表す｝フレンチ教授の分析からは ... ミッチェル氏はその発話に 4.2 秒かかったであろうとされた。（§103）リバーマン教授の分析では，20 以上の音節が連続して発話されたもので，3.56 秒かかるだろうという結果であった。（§104）発話が 3 つに分割されていて，それぞれが短いポーズで中断されていた場合でも，時間は ...5 秒未満であっただろう。（§106）絶対に正確であるとは言えないが，言われたとされる発言を発するのに約 4.5 秒が必要であった，という結果に私は満足している。

これにもとづき，裁判官は，防犯カメラの映像で特定された時間内にミッチェル氏が言ったとされる発話を発声するのに十分だったと結論づけた。（M. リバーマン（M. Liberman），2014 およびイギリス・ウェールズ高等法院，2014 に従う）

(p.455 より続き)

スパム

Get ur 1st RINGTONE FREE NOW! Reply to this msg with TONE. Gr8 TOP 20 tones to your phone every week just £1.50 per wk 2 opt out send STOP…
(最初に購入する着信音は現在無料です！このメッセージに TONE と返信してください。最高のトップ 20 の呼び出し音を週にたった 1.5 ポンドで貴方の電話に毎週送ります。中止する場合は STOP と送ってください…)

Free video camera phones with Half Price line rental for 12 mths and 500 cross ntwk mins 100 txts. Call…
(ハーフ・プライスの 12 カ月電話回線半額レンタルで，ビデオカメラ電話が無料。それから，ネットワークを超えた電話が 500 分とテクスト 100 回分がつきます。電話してください。)

What do U want for Xmas? How about 100 free text messages & a new video phone with half price line rental? Call free now on…
(クリスマスには何がお望みですか？ 100 回分の携帯メール無料と，半額の電話回線レンタルで新しいビデオ通話はいかがですか？ 無料電話にすぐかけて…)

(C. Tagg，2012 に従う)

(p.457 より続き)

ソーシャルメディア

Thanks（ありがとう）
BTW（ところで）{【訳注】BTW は by the way の頭文字}
re meeting on fri（金曜日会う件？）
any ned for a natter?(おしゃべり相手の必？)
need（必要）
Only about the other meetings comments I suppose and how they would propose to take the ideas forward.（ほかの会議のコメントがあるだけだと思うけどあの議題をすすめる提案を彼らはどうやってするのか）
yes...but i guess that is partly up to you to say what is practicable/useful etc...（うん…でもそれも部分的には何が実用的・有効か諸々をあなたがなんて言うかによるんだと思うけど）
shall i pop in? say lunch-time?（ちょっとよろうか？例えば昼休み？）
am here all this week (!)（今週ずっと居るから (!)）
Amazing! What about Fri lunchtime?（いいね！金曜お昼休みはどう？）
Okey doke（オッケーオッケ）

(p.455 より掲載)

封筒語

単語のイニシャル文字のみを使う方法（n で 'no'，gf で 'girlfriend'，cmb で 'call me back' など）は新しいことではない。IOU {【訳注】IOU = I owe you」〔借りがある〕} は 1618 年から知られている。コミュニケーションの媒体を除けば，現代の子どもが使う lol（'laughing out loud' 大声で笑う）と一昔前，特に第 2 次世界大戦中，ラブレターのやり取りで使われた頭字語の 1 つである SWALK（'sealed with a loving kiss'（愛のあるキスとともに））の間には違いがない。国の名前も人気のある材料だった。

FRANCE　Friendship remains and never can end（友情は残り決して終わらない）
MALAYA　My ardent lips await your arrival（私の熱烈な唇は貴方の到着を待っています）
ITALY　I trust and love you（あなたを信じ，愛しています）
HOLLAND　Hope our love lasts and never dies（私たちの愛が続き決してなくならないことを願っています）
CHINA　Come home I'm naked already（帰ってきてください。私はすでに裸です）

{訳注：以下の文を解読するにあたり，以下の URL を参考にした。
http://66.39.159.169/talk/viewtopic.php?t=28346&start=0&sid=2edc1fac3bfb423996451820df6c1119)}

ESSAY TO MISS CATHARINE JAY.

An S A now I mean 2 write
2 U sweet K T J,
The girl without a ‖,
The belle of U T K.

I 1 der if U got that 1
I wrote 2 U B 4
I sailed in the R K D A,
And sent by L N Moore.

My M T head will scarce contain
A calm I D A bright
But A T miles from U I must
M-~ this chance 2 write.

And 1st, should N E N V U,
B E Z, mind it not,
Should N E friendship show, B true;
They should not B forgot.

From virt U nev R D V 8;
Her influence B 9
A like induces 10 dern S,
Or 40 tude D vine.

And if U cannot cut a ——
Or cut an !
I hope U'll put a .
2 1 ?.

R U for an X ation 2,
My cous N ?—heart and ☞
He off R's in a ¶
A ⅔ 2 of land.

He says he loves U 2 X S,
U R virtuous and Y's,
In X L N C U X L
All others in his i's.

This S A, until U I C,
I pray U 2 X Q's,
And do not burn in F E G
My young and wayward muse.

Now fare U well, dear K T J,
I trust that U R true—
When this U C, then you can say,
An S A I O U.

【ミス・キャサリン・ジェイへのエッセイ】
これから書こうとしているエッセイは
ケイティ・ジェイ，愛しいあなたへ宛てます。
また二人といないような存在の女性
ユーティカの美人さん
あなたは受け取ったのだろうか
以前私があなたに書いたものを
アルカディアに入航し
アレン・モアに見送られ
私の頭は空っぽで
穏やかでよい考えが思いつかない
でもあなたから 80 マイルも離れて，あなたへの気持ちをつづる機会を抱き
そしてまず，もし誰かがあなたを妬むのなら
気楽に，気にせず
もし友情が感じられるなら忠実であれ
それらは忘れられることはない
美徳からは決して外れないで
その優しい影響は
優しさあるいは神のような強い力を引き起こす
もしあなたの出で立ちで（もう）人を魅了し，
びっくりさせるようなことがないなら
このやきもきした気持ちに終止符をうってくれるだろう
あなたも別れを実行にうつすことに賛成なのかい？
ぼくのいとこだって？そのこころと手を
彼は書いてきて言ったよ
お互いの心をつかんだと
彼は君を愛し過ぎているって
あなたは貞淑で賢く
素晴らしさにおいて卓越している
そのほか全部が彼の眼中に
このエッセイ。あなたに会うまでに
祈り，許そう
人形を火あぶりにしたりせず
私の若くてわがままな女神
さぁ，お別れです，親愛なるケイティ・ジェイ
あなたが忠実であることを信じて
あなたがこれを見るとき，私はあなたにエッセイを送る必要があるとわかるだろう

(p.458 より続き)

ドージ

What light So breaks Such east
Very sun. Wow, Juliet.
What Romeo. Such why. Very rose. Still rose.
Very balcony. Such climb.
Much love. So propose. Wow, marriage.
Very Tybalt. Much stab. What do?
Such exile. Very Mantua. Much sad.
So, priest? Much sleeping. Wow, tomb.
Such poison. What dagger. Very dead.
Wow, end.

{【訳注】light, breaks, sun, Juliet, Romeo, why, rose, rose, balcony, climb, love, propose, marriage, Tybalt, stab, do, exile, Mantua, sad, priest, sleeping, tomb, poison, dagger, dead, end. とつなげるとロミオとジュリエット，第 2 幕 2 場のバルコニーの場面を連想させる。}

なんだ，あの窓から漏れる光はあんな東から
まさに太陽，おぉ，ジュリエット
なんでロミオ。こんなにどうして。超バラ。まだバラ。
本当にバルコニー。そんな風に登る。
沢山の愛。だから求婚する。おぉ，結婚。
本当にティボルト。そんな刺すなんて。どうすれば？
そんな追放って。本当に超マンチュア {【訳注】Mantua は 17 世紀に流行した女性用ガウンである}。めっちゃ悲しい。
だから神父様？たくさん眠ります。まぁ，お墓
そんな毒薬。何という短剣。本当に死んでいる。あぁ，オワタ。

(p.461 から続き)

語彙の特性

本文中に「*」を付したIT用語を以下に解説する：

マウスオーバー：マウスを動かして画面上の対象物にマウスを乗せる操作。

フリーウェア：フリーソフトウェアとも呼ばれ，無料で提供されるソフトウェア。

グループウェア：企業などの組織に所属する人々のコミュニケーションを円滑にし，業務の効率化を支援するソフトウェア。

ショベルウェア：質よりも量を追求して開発されるソフトウェアを否定的に表す隠語。

ウェブメール：ブラウザで電子メールの閲覧や送受信が可能なシステム。

ウェブマスター：ウェブサイトの運用管理責任者。

ハイパーフィクション：ハイパーテキストを使って記述される物語。

ハイパーリンク：画像や文書に埋め込まれたリンク。複数の文書を結びつける役割がある。

ハイパーテキスト：複数の文書を関連付ける仕組み。

ノウボット：インターネットから必要な情報のみを探すプログラム。

メールボット：顧客に情報を返信するEメールアドレス。

ソフトボット：ソフトウェアの周辺など外界に対して働きかけて反応に適宜対応するプログラム。

スパイボット：コンピュータウイルスのような悪質なプログラムの侵入を防ぐために監視しているソフトウェア。

データグラム：ネットワークで送受信の単位となる情報のまとまり。

ecruiter：インターネットで採用活動を行うリクルーター。

ネット・レジェンド：インターネットで偉業を成し遂げた人物。

(p.463 より続き)

バイキャップス

本文中に「*」を付したIT用語を以下に解説する：

コンピュータのプログラミングには異なる決まりがあるようだ――例えば，camelCase（キャメルケース）* は小文字で始まり，PascalCase（パスカルケース）* は大文字で始まる。

AltaVista（アルタビスタ）：インターネットの情報検索サイトの1つ。

PostScript（ポストスクリプト）：アドビ社が開発したページ記述言語。

DreamWorks（ドリームワークス）：米国の映画会社。

AskJeeves（アスク・ジーブス）：インターネットの初期から存在する検索サービス。

PeaceNet（ピース・ネット）：国際的に，人権を守り差別を無くし平和を求めるための情報交換ネットワーク。

HotWired（ホット・ワイアード）：ウェブマガジンの1つ。

QuarkXPress（クォーク・エクスプレス）：クォーク社が販売している卓上出版（DTP）のソフトウェア。

aRMadillo Online（アルマジロ・オンライン）：アルマジロ社は顧客管理や企業のコンプライアンスなどの業務を国際的に行うイギリスの会社。

camelCase（キャメルケース）：キャメル記法とも呼ばれる。複合語を1つの綴りとし，要素語の最初の文字を大文字で表すこと。大文字にする様子がらくだのこぶに似ていることから。

PascalCase（パスカルケース）：語を複数，空白なしでつなげて表記する際に，構成語の先頭を大文字にする方式。キャメル記法では全体の最初の文字は小文字であることが多いのに対し，パスカルケースは出だしの文字も大文字にする。

(p.461 より続き)

ネットの専門用語

- いくつかの用語は，状況によって画面上で必要なときのみに表れる。たいていは何かがうまく行かなかった場合に間違いを伝えるメッセージの形で出現する。forbidden（閲覧禁止），illegal operation（不正な操作），syntax error（構文間違い），file not found（ファイルが見つかりません）などがある。
- さまざまなタイプの略語は，EMCの中でも，人びとが最も気づいている特徴の1つである。BBS（ブリテン・ボード・システム），BCC（ブラインド・カーボン・コピー），DNS（ドメイン・ネーム・システム），FAQ（よくある問い合わせ），URL（ユニフォーム・リソース・ロケーター）また，AOL，IMB，IRCといった会社やウェブサイトの名前は頭字語（p.130）の例である。
- いくつかの用語は，コンピュータのハードウェアと関連がある。例えば，freeze（フリーズする），lock（ロックがかかる），down（ダウンする），hang（ハングする・固まる），crash（クラッシュする），bomb（爆弾〔【訳注】ロジックボムの名称で知られる論理爆弾のこと。特定の時間にコンピュータの破壊活動を実行するプログラム〕）などである。またインターネット・ユーザーの母集団を表す表現も増えている。netizens（ネチズン），netters（ネッター），netties（ネッティ），netheads（ネットに精通している人），cybersurfers（ネットサーフィンする人），nerds（ネットオタク），bozos（無能），newbies（新参者），surfers（ネットサーフィンする人），digerati（コンピュータ知識人）などがある。

ほとんどのEMC専門用語は日々の生活で使われる語がインターネットの文脈で新鮮な意味を与えられてきたことでできあがっている。かなり多くの用語が俗語で（p.194），専門家達によって，所属機関で内輪で使われるもので，頻繁に用語が変化する可能性がある。

(p.467 より続き)

ブログの混成

各構造を次のように表示してみると混成は明らかである。

While I'll merely be showing you existing builds...it won't take too long for the video to catch up...
今ある設定を単に見せているだけだが…ビデオが追いつくにはそれほど時間はかからないだろう…

I'll merely be showing you existing builds...but it won't take too long for the video to catch up...
今ある設定を単に見せているだけ…，しかしビデオが追いつくにはそれほど時間はかからないだろう…

という2つの文が混成した結果：

While I'll merely be showing you existing builds..., but it won't take too long for the videos to catchup...
今ある設定を単に見せているだけだが…，しかしビデオが追いつくにはそれほど時間はかからないだろう…

となる。この書き手は，whileとbutを使って対比を2回表現したが，これは意味的に彼の主張を強化しているため，無頓着な読者（そしてブログのすべての読者が無頓着な読者である）は文法的な奇妙さに気づかないのではないだろうか。

(p.475 より続き)

ゴールポストを変えていく

{【訳注】move the goalpost は，サッカーのゴールポストを移動するというところからの隠喩で，政治用語としてしばしば使われる。プロセスや試合の規準（ゴール）を，相手に不利な新しい規準に勝手に変更する行為のことである。}

検索言語学は，そのサービスを提供することを目指す業界自体が初期段階にあるために，初期段階にある。さらに新しい技術が利用可能になり，新たな課題と機会が生まれるにつれ，急速に進化している業界である。やっかいなことに，競争の激しい業界で企業が互いにしのぎを削っており，継続的に「他人の成功を阻むために勝手に条件を変えて」いるので，応用言語学者がついていくのが難しい。

コンピュータ上のインターネット検索に対してどのような戦略が機能するとしても，携帯電話を介したインターネット・アクセスがますます日常的になるにつれて，戦略を適応させていかねばならない。ツイッターや携帯メール（p.457）によって課せられる形式上の制約のように，ファイル内のテクスト量が減少すると新たな検索の問題が生まれる。同様の問題は，内容が主に視覚的に構成されるウェブページでも発生するため，分析者は，言語分析に十分なテクストを取得するため，基礎となるメタデータを調査する必要がある。データのコード化方法もさまざまである。関連するテクストを抽出するため，ページを「さっと」調べる際に，検索メニュー，ヘルプファイル，プログラミング式などの不要な素材が除外されていることを保証するのは必ずしも容易ではない。このような理由から，検索言語学は，応用言語学者に最も興味深い課題をいくつか提示している。

産業の世界は顧客のニーズであると認識されることに応じるので，条件を変えていくことは避けられない。2000 年以来，業界の着想による優先順位は何度か変わった。広告業界からの例で，「行動プロファイリング」と呼ばれるようになったものがある。ここで問われる質問は，「人びとはブリトニー・スピアーズが好きか」ではなく「あなた方――ジョン・ドウさん，ジェーン・ドウさんは，ブリトニー・スピアーズが好きか」へと変化した。個人のブログやフェイスブックのページなどの分析から，一人一人の好みに合わせた広告キャンペーンを個人宛てにできるくらいに，一人一人の興味関心を知ることはできるだろうか。これは意味論の問題ではない。ここに関わる社会的，倫理的な問題は，言語学の域をはるかに出ている。これは，プライバシーをめぐる，論争の的となる問題を提起してきた複雑な領域である。しかし，言語学的な観点からすれば，まだなされるべきことはある。行動がプロファイリングされているかどうかに関わらず，ページを言語的に分析する必要がある。(D. Crystal, 2008b を参照)

(p.490 より続き)

コーパスの蓄積

- 『ブリティッシュ・ナショナル・コーパス（*British National Corpus*）』は，複数の機関による共同プロジェクトとして開発されたコーパスである。ロングマン出版社，オックスフォード大学出版局，チェンバーズ・ハラップ出版社，オックスフォード大学情報基盤センター，ランカスター大学，英国図書館といった機関が，英国貿易産業省のサポートを受けて 1991 年から 1994 年にかけて編纂し，1 億語のイギリス英語コーパスが出来上がった。収録された言語資料の内訳は，1960 年以降のものから抽出された書きことば（9,000 万語）と話しことば（1,000 万語）である。特に，均衡の取れた言語資料の収集に注意を払い，従来から特になおざりにされてきた慣用法の領域と言える原稿資料やエフェメラも含めている。本コーパスの主な構成を p.492 に示す。
- 『国際英語コーパス（*International Corpus of English*）』はユニヴァーシティー・カレッジ・ロンドンのシドニー・グリーンバウム（Sidney Greenbaum）が中心となり，1980 年代後半に開発が始まった。話しことば，印刷物，原稿といった種々の言語資料を，英語を第 1 言語あるいは第 2 公用語として使用している国々から収集して代表性のある英語コーパスを構築することを目指した。各国からはそれぞれ 100 万語の現在使用されている言語資料を収集し，2017 年には 24 の地域を含むまでに至っている（p.493）。
- 『現代アメリカ英語コーパス（*Corpus of Contemporary American English*（*COCA*）』は，ブリガム・ヤング大学のマーク・デイヴィス（Mark Davies）によって，1990 年から 2015 年までの言語資料を収集し，毎年 2,000 万語が追加され，(2017 年には）5 億 2,000 万語を収録したコーパスが出来上がった。話しことば（ラジオやテレビでの自発的な会話），フィクション，大衆雑誌，新聞，そして学術誌といった分野の言語サンプルを均等に収め，この均衡性を重視した収集基準を毎年維持している。

(p.495 より続き)

ウェブのコーパス？

前置詞（p.331）

慣用法に関してよりきめ細かな説明が必要であることは，2017 年のデータを用いて以下の表現の使用頻度を比較した結果からも明らかである。

月曜日から金曜日まで	アメリカ英語	頻度	イギリス英語	頻度
Monday through Friday	US	375	GB	25
Monday to Friday	US	53	GB	657
その〜に向かって	**アメリカ英語**	**頻度**	**イギリス英語**	**頻度**
toward the	US	10,776	GB	3,449
towards the	US	9,660	GB	21,653

(p.498 より続き)

さまざまな辞書

見通しの明るい例

10 年以上にわたって，「気に入った」の方が「気に食わない」よりほとんど 10 倍程度の投票数を勝ち得たエントリーa crapella（アクラペラ）には，明るい将来が訪れそうだ。

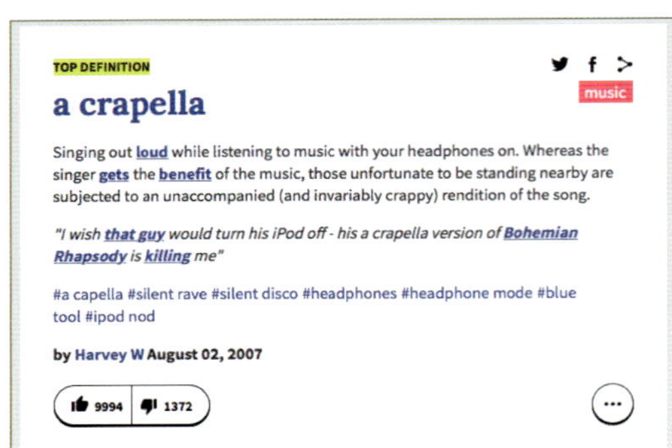

最上位定義
アクラペラ
ヘッドホンで音楽を聴きながら，大きな声で歌うこと。歌っている人は音楽が聴けるのでありがたいと思うであろうが，不幸にも近くに居合わせた人は，その歌を無伴奏の（しかも，きまってうんざりするような）歌声で聞かされることになる。
「この人，アイポッドを切ってくれないかなあ——この人の歌うボヘミアンラプソディーのアクラペラときたら，うんざりする」
#a capella #silent rave #silent disco #headphones #headphone mode #blue tool #ipod nod
ハーヴィ・W（Harvey W）による 2007 年 8 月 2 日
👍9994　👎1372

見通しの暗い例

逆に，見出し語 sabby の将来は，見通しが暗いようだ。10 年以上にわたって，その最上位定義に「気に入った」の投票が 200 に届かず，また下に示すように，それ以外の意味に対しても，一般的に下向きの傾向が見られる。

2　高慢な態度
［2014 年には，気に入ったが 49 で気に食わないが 44 だったが，2017 年には，それぞれ 59 と 71 へと増加］

3　短くて，うっとうしくて，ねじれた生き物
［2014 年には，気に入ったが 24 で気に食わないが 27 だったが，2017 年には，それぞれ 34 と 44 へと増加］

4　とてつもなく馬鹿げたジョークを表す言い方
［2014 年には，気に入ったが 9 で気に食わないが 9 だったが，2017 年には，それぞれ 18 と 26 へと増加］

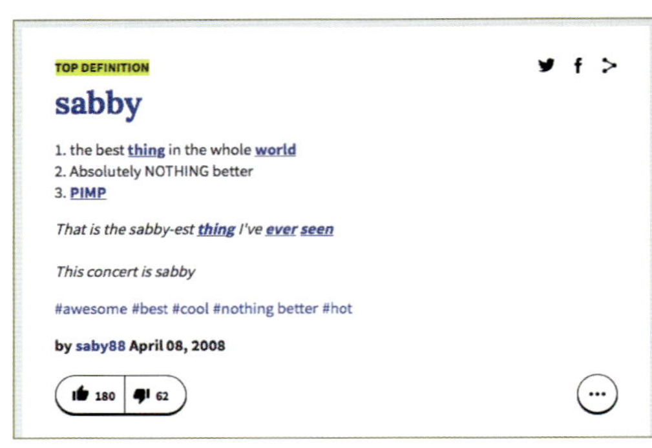

最上位定義
サビー
1. 全世界で最高のもの
2. さらにいいものは絶対にない
3. 女たらし，最高にクール
「それは私が今までに見た中で最高のものだ」
「このコンサート最高」
#awesome #best #cool #nothing better #hot
saby 88 による 2008 年 4 月 8 日
👍180　62

(p.498 より続き)

ツイート能力

Twittonary.com
ツイットナリーの別名をもつツイッター辞書は，種々のツイッター関連の語について説明している。ツイッター辞書全体を検索するか，下に示すアルファベット文字のリストを利用して，単独の語を検索することができる。

調べたいツイッター関連の語の頭文字を下から選んでみよう。

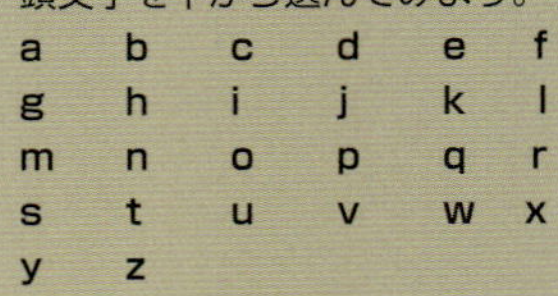

a　b　c　d　e　f
g　h　i　j　k　l
m　n　o　p　q　r
s　t　u　v　w　x
y　z

お探しのツイッター関連の語が見つかりませんか？ ご心配なく。さらなる語を追加しますので，すぐあとでもう一度チェックしてみてください。あるいは，あなたご自身の語やツイッター関連の業務またはアプリをご提供ください。できる限り迅速にそれを採用いたします！

～ 語をご提供ください ～
ツイッターでフォローしてください　@twittonary

(p.499 より続き)

スーパー辞書に向けて

歴史的俗語　歴史的俗語の取り扱いは，決して完全なものとは言えない。ここに紹介するのは，ジョン・レイ（John Ray）の『英語の諺大全（*Complete Collection of English Proverbs*）』（1670）の中の，「酔っている」に関する語と句を扱った箇所からの引用である。

He's **disguised**.（彼は酔っぱらっている）He has got a piece of *bread and cheese* in his head.［彼の頭には一切れのチーズつきパンが詰まっている］He has *drunk more than he has bled*.［彼は出血量以上のアルコールを飲んだ］He has been **in the sun**.（彼はずっと酔っている）He has **a jag or load**.（彼は酔っている）He has *got a dish*.［彼は料理を手に入れた］He has got a *cup too much*.［彼は 1 杯分だけ飲みすぎた］He is *one and thirty*.［彼は 31 歳である］He is **dagg'd**.（彼は酔っている）He has *cut his leg*.［彼は脚に切り傷を負った］He is *afflicted*.［彼は悩んでいる］He is **top-heavy**.（彼はほろ酔いである）**The malt is above the water**.（酔っぱらっている）As drunk *as a wheel-barrow*.［手押し車のように酔っ払って］He makes *indentures* with his legs.［彼は千鳥足で歩く］He's **well to live**.（彼はほろ酔い加減である）He's about to cast up his *reckoning* or **accompts**.（彼は吐きそうになっている）He has *made an example*.［彼は（誰かを）見せしめのため罰した］He is **concerned**.（彼は酩酊している）He is as drunk as *David's sow*.［彼はダビデの雌豚のように酔っ払っている］He has stolen a *manchet*　［ loaf ］ out of the brewer's basket.［彼はそのビール醸造業者のバスケットの中の最上質の小麦パンを盗んだ］He's **raddled**.（彼は酔って頭が朦朧としている）He's very *weary*.［彼はとてもうんざりしている］He drank till he *gave up his half-penny*， i.e. vomited.［彼は自分の半ペニー銅貨を諦めるまで，つまり吐くまで，飲んだ］

太字体の語句は（2017 年現在）*OED* に取り入れられているもの。ちょうど 50%弱の定着率であることになる。

［【訳注】イタリック体の表現は，現在一般的には「酔っ払った」の意味の比喩的表現としては用いられていないので，［ ］内に逐語訳として の解釈を念のためあげてある］

比喩的表現　バートレット・ジェレ・ホワイティング（Bartlett Jere Whiting）の『現代のことわざと格言的表現（*Modern Proverbs and Proverbial Sayings*）』（1989）に収録されているものを，*OED* と比べてみればわかるように，直喩表現が主流派辞書の中に取り入れられることはほとんどない。その本を開いて，無作為に例えば p.142 をのぞいてみると，as clear as crystal（明々白々な），as clean as crystal（水晶のようにきれいな），as hard as crystal（水晶のように硬い）および as white as crystal（水晶のように白い）が見られる。このうち *OED* に載っているのは，明らかに最もありふれた最初のものだけである。同じように，*OED* には as cool／cold as a cucumber（落ち着き払って）はあるが，ホワイティングに収録されている as calm as a cucumber（落ち着き払って）は載っていない。さらに，例えば as crazy as a cuckoo（カッコーのように気が狂った），as barmy as a cuckoo（カッコーのように気の変な）や as lousy as a cuckoo（カッコーのようにへたな）のような cuckoo を用いた表現が，ホワイティングには掲載されているのに，*OED* には 1 つも載っていない。［【訳注】このような直喩表現においては，as crystal／a cucumber／a cuckoo の部分を「とても，驚くほど」のような日本語訳にするのが普通だが，ここでは念のため，英語表現を直訳した形の訳もあげてある］

「スーパー辞書（superdictionary）」（p.129）と名のつく辞書だったら，当然必要になることとして，まず簡約的ではない辞書に収録されている種々の語彙を統合し，さらに専門領域に見られる語彙や，国際的な多様性，およびインターネット情報でもって補強すべきであろう。オンラインの存在により，初めてこのようなことが可能となるであろう。その辞書の編集者には，分類学，計算言語学，辞書編纂法，意味論および社会言語学についての専門的知識──さらには（『アーバン辞書（*the Urban Dictionary*）』，p.498 に見られるような類のエントリーを取り扱うに足るだけの）厚顔さも必要とされるであろう。

(p.502 より続き)

borrow

which meaning?

take something from someone and give it back later → ● **BORROW**

give something to someone and get it back later → ● **LEND**

● **BORROW**

to get something from someone which you must give back to them later

1 to borrow money from someone
2 to borrow something such as a car, book, or pen
3 to pay money so that you can borrow and use something for a fixed period
4 words for describing something such as a car, machine, or money that has been borrowed
5 money that is borrowed

1 to borrow money from someone
borrow
take out a loan

borrow /ˈbɒrəʊ ‖ ˈbɒː-, ˈbɔː-/ [*v* I/T] *She needs to borrow some money to pay the doctor.* | **borrow sth** *Can I borrow five pounds off you till next* **borrow sth from/off** *week?* | *By the end of the war the Canadian government had borrowed over $5 billion from its own citizens.* | **borrow** *Companies normally expect to borrow at cheaper rates than ordinary people have to pay.* | **borrow heavily** (= borrow a lot of money) *Maxwell had borrowed heavily to finance his business projects.*
borrower [*n* C] *The fall in interest rates is bad news for savers but good news for borrowers.*

take out a loan /ˌteɪk aʊt ə ˈləʊn/ to borrow a large sum of money from a bank or other financial institution [*v phrase*] *We're still paying off the loan we took out to buy our car.* | **take out a loan from** *If you take out a loan from the company you have to pay it back within two years.*

borrow（借りる）
どちらの意味?
誰かから何かを手に入れ，あとでそれを返す→● BORROW
何かを誰かに与え，あとでそれを取り戻す→● LEND

● BORROW
あとでその人に返さなければならない何かを誰かから手に入れる
1　お金を誰かから借りる
2　車，本，ペンなど何かを借りる
3　何かを借りて一定期間それを使うことができるように金を払う
4　車，機械あるいはお金など何か借用したものを記すための言葉
5　借りたお金

1　お金を誰かから借りる
borrow
take out a loan（ローンの手続きをする）

(p.503 より続き)

ワードツリー®

FASTEN upon ENTERING (中に入れる) = Latch (掛け金を掛ける) (12912).
FASTEN upon FILLING ((穴などを) ふさぐ) = Cotter (横くさびで結合する) (12922).
FASTEN upon GROUNDING (地面に置く) = Stake (くいで支える) (12935).
FASTEN upon HALF-EMBRACING (なかば抱きしめる) = Embrace (喜んで応ずる) (12947).
FASTEN upon INTERSPACING (間を開ける) = Norsel (魚の網にコードを留める) (12934).
FASTEN upon INTERSTRATIFYING (混合層にする) = Interdigitate (互いにかみ合わせる) (12930).
FASTEN upon INTRUDING (押し込む) = Wedge (くさびで留める) (20259).
FASTEN upon JOINING (つなぐ) = Attach (取りつける) (12914).
FASTEN upon LINKING (接続する) = Chain (鎖でつなぐ) (15297).
FASTEN upon MACHINING (機械加工する) = Dog (つかみ道具でつかむ) (12919).
FASTEN upon METALLIZING (金属をかぶせる) = Yote (鉛で閉じ込める) (12942).
FASTEN upon MIRING (ぬかるみにはめる) = Bemire (泥に埋める) (20259).
FASTEN upon PIERCING (突き抜く) = Brad (かい折れ釘で留める) (12939).
FASTEN upon PILLARING (柱で支える) = Pillory (さらし台にさらす) (12933).
FASTEN upon POSITIONING (位置づける) = Moor (停泊させる) (12924).
FASTEN upon RAVELING (より複雑にさせる) = Enravel (もつれさせる) (12949).
FASTEN upon RINGING (輪をはめる) = Parrel (マストにパレル索・鎖を取りつける) (12944).
FASTEN upon SCREWING (ねじで取りつける) = Screwfasten (ねじで締める) (19475).
FASTEN upon SEATING (座らせる) = Barnacle (くっついて離れなくする) (12921).
FASTEN upon SECURING (確保する) = Slour (しっかりと留める) (12928).
FASTEN upon SOCKETING (穴を開ける) = Dop ((洗礼で) 水に浸す) (12945).
FASTEN upon STACKING (積み重ねる) = Lockstack (継ぎ足して積み重ねる) (12937). FASTEN upon STRAPPING (革ひもでせっかんする) = Thong (革紐のむちで打つ) (15352).
FASTEN upon STRETCHING (伸ばす) = Rack (拷問台にかける) (12917).
FASTEN upon SURROUNDING (囲む) = Clasp (留め金で留める) (12943).
FASTEN upon TAUTENING (ぴんと張る) = Drumstretch (布地などをぴんと引っ張って留める) (12941).
FASTEN upon TRANSVERSING (横切らせる) = Toggle (トグル横棒で留める) (12925).
FASTEN upon TRAVERSING (旋回させる) = Bolt (ボルトで締める) (12916).
FASTEN upon TURNING (回転させる) = Belay (ザイルを留める) (12915).
FASTEN upon UPROLLING (巻き上げる) = Furl (旗・帆などを巻き上げる) (12931).
FASTEN upon WINDING (巻きつかせる) = Bitt ((綱を) 係柱に巻きつける) (16253).
FASTEN & BECRIPPLE (活動を鈍らせる) = Headfast (舫う) (12929).
FASTEN & ENCLOSE (囲いをする) = Cope (人の身をコープで装う) (12923).
FASTEN & FEED (餌をやる) = Manger (かいば桶につなぐ) (12950).
FASTEN & FIRM (固める) = Fix (取りつける) (12938).
FASTEN & LANGLE (動物の足をロープで縛る) = Sidelangle (両脚を縛って寝かせる) (12946).
FASTEN & ORNAMENT (飾る) = Brooch (ブローチのようなもので飾る) (14962).
FASTEN & PATCHWORK (寄せ集める) = Spotfasten (貼りつける) (16708).
FASTEN & RECYCLE (再び使う) = Doublefasten (二重留めにする) (14001).

FASTENING NUANCES (結びつけるニュアンスをもったもの)……@Adhere (付着させる), Bitt ((綱を) 係柱に巻きつける), Direct (指図する), Enfasten (しっかりと結びつける), Impute (〜のせいにする), Lock (鍵をかける), Secure (確保する), Tie (縛る).
FASTENING CAUSES (結びつける原因となるもの)……@Connect (接続する), Control (支配する), Possess (所有する), Safen (安全にする), Secure (しっかり閉める), Shut (閉める).
FASTENING EFFECTS (結びつけの効果を示すもの)……@Exclude (締め出す), Join (結合する), Snug (寄り添って横たわる).
FASTENING INSTRUMENTS (結びつける道具)……@Band (帯), Bolt (ボルト), Button (ボタン), Cleat (滑り止め), Hookandeye (かぎホック), Hole (穴), Indent (くぼみ), Knot (結び目), Pin (ピン), Seal (封印), Sticky (付箋), Stitch (ひと針), Thread (糸), Tie (ネクタイ).
FASTENING PREVENTATIVES (結びつけを妨げるもの)……@Enlarge (拡大する), Impermeabilize (不浸透性をもたせる), Loose (解き放たれた), Slick (滑らかな), Stray (迷える), Wild (野生の).

(p.506 より続き)

名前のアピール（魅力）―および名前についての名ばかりのアピール（訴え）

未来を支える資金

p.506 で触れたいくつかの組織は，英語についての興味と研究を育成するためこれまでに設立された，アマチュアおよび専門家によるものを含め，ごく少数の団体をあげたにすぎない。現代における英語のもつ重要な役割を考えると，これらの団体のじつに多くが資金不足に大いに悩んでいるというのは，とりわけ皮肉な事態であると言わねばならない。すべてのアマチュア団体が，その費用を賄うのに四苦八苦している。さらに，すべての研究者が，資金がありさえすればできるかもしれないことがあるのに気づくというフラストレーションをこれまで味わってきている。今や英語は国家的にも国際的にも重要性を見せているので，英語の歴史，構造および使用についての知識の深まりを育成するために，今こそ，政府が国家的および国際的両方のレベルにおいて，十分に責任を果たすべき時期に来ているのは確かである。これは，普通小切手帳をご用意くださいということが言いたいのではなくて，すくなくともここには，英語が今や，それ自身の銀行口座をもつに十分の歴史ある言語となっていることを認識すべきだとする証拠が示されている，ということである。

p.506 で紹介した団体の住所については，付録 IV 参照。

付　　　録

I　用語解説
II　特殊記号と略語
III　参考文献
IV　関連機関一覧
V　さらに学びたい読者のための文献
VI　語索引
VII　人名索引
VIII　事項索引

I 用語解説

この用語解説には，本百科事典の本文で用いられているすべての専門用語とともに，一般的な読者が目にするであろう関連した言語学の用語について，簡潔な定義が掲載されている。50音順に配列されており，用例は斜字体で，またその焦点となっている部分は太明朝体で，それぞれ示されている。「～を見よ」は，見出し語の本文中での代替となる用語や関連する用語であり，**太字**で示されている。「～を参照」はこの用語解説内のどこかに現われている関連した見出し語であり，明朝体で示されている。

欧字

***-ed* 形（*-ed* form）**
　動詞の過去時制形を指す簡略法。
　過去時制（past tense）を参照。

***-en* 形（*-en* form）**
　動詞の過去分詞形を指す簡略法。分詞（participle）を参照。

***-ing* 形（*-ing* form）**
　-ing で終わる動詞の形式を指す簡略法。　例：*running.*
　進行相（progressive）を参照。

r 音化（rhotacization）
　r 音を響かせて母音を調音すること。
　母音の後の /r/ が発音されれば**r 音の**（rhotic），発音されなければ**非 r 音の**（non-rhotic）発音様式と言われる。

r 音への転換（rhotacism）
　［r］音の変則的な使用。

wh 疑問（文）（wh-question）
　why, what, where, how のような疑問を表す語（**wh 語**（wh-word））で始まる疑問（文）。
　疑問（文）（question）を参照。

x ハイト（x-height）
　活版印刷の用語。小文字の x の高さ。
　アセンダー（ascender），ディセンダー（descender）を参照。

yes-no 疑問（文）（yes-no question）
　（主語と助動詞の）倒置によって形成される疑問（文）。通常，yes または no によって答えられる。例：*Were they there?　Are the books on the kitchen table?*
　倒置（inversion），疑問（文）（question）を参照。

あ

愛称（hypocoristic）
　親しみを込めた呼び方。　例：*honey, Bill.*

曖昧な（ambiguous）
　2 つ以上の意味を表す語や文について用いられる。語の曖昧さを**語彙的曖昧性**（lexical ambiguity），文の曖昧さを**文法的曖昧性**（grammatical ambiguity）または**構造的曖昧性**（structural ambiguity）と言う。

アイロニー（irony）
　語の字義通りの意味とは別の意味を伝える言葉。皮肉。　例：できの悪い作品について言うときの，*That's absolutely marvellous.*

赤ちゃん言葉（baby talk）
　1. 大人が子どもに用いる単純な話し方。
　2. 子どもが用いる未熟な話し方。

明るい *l*（clear *l*）
　側音のうち，前母音 /i/ の音質と同じような共鳴をもつもの。　例：*leak.*
　後母音 /u/ の音質と同じような共鳴をもつ暗い *l*（dark *l*）と対比される。　例：*pool.*
　側音（lateral）を参照。

アクセント（accent）
　1. 音韻論の用語。発話された語または音節に与えられる強勢。
　2. 書記素論の用語。文字の上につけられた印で，その発音を示している。
　発音区別符号（diacritic）を参照。

アステリスクつき形（asterisked form）または星つき形（stared form）
　1. 受け入れ可能ではない，または文法的ではないことを示す記号。　例：**do had gone.*
　2. 書かれた証拠がない形式。　例：インドヨーロッパ語の **penkwe*（five）。

アセンダー（ascender）
　小文字 x の高さより上に延びている部分。
　x ハイト（x-height）を参照。

新しい（new）
　話題（topic）を見よ。

悪化（deterioration）
　ある語が否定的な価値をもつようになる意味の変化。**堕落**（pejoration）とも呼ばれる。
　良化（amelioration）を参照。

アナグラム（anagram）
　語または句の文字の順を入れ替えることによって作られる別の語または句。例：*canoe* から *ocean* を作る。

アナニム（ananym）
　逆方向に書かれた名前。　例：*Dracula* から *Alucard.*

アプトロニム（aptronym）
　人の性質や職業にふさわしい名前。例：*Mr Clever*（聡明な）や *Mr Smith*（金属細工人の）.

アポストロフィー（apostrophe）
　書記素論の用語。文字や数字の省略（*n't*）を示したり，または cat の所有格形 *cat's* のように文法的な対比を示す句読記号。

改まり度（formality）
　言語使用の尺度で，社会的に気を遣ったり正式であったりする（**形式ばった**（formal））状況，あるいはそうでない（**くだけた**（informal））状況に関係する。

アルファベット（alphabet）
　1 組の記号（文字）がある言語の音素を表象する書記体系のこと。
　二字体アルファベット（dual alphabet）を参照。

アルファベット略語（alphabetism）
　頭文字略語（initialism）を見よ。

暗号（code）
　メッセージを（時として，秘密裏に）送るために用いられる信号の体系。

暗号学（cryptology）
　秘密のメッセージが，どのように作られ，どのように使われ，そしてどのように解読されるかの研究。秘密のメッセージは**暗号文**（cryptogram），その使い方は**暗号法**（cryptography），解読の仕方は**暗号分析**（cryptanalysis）と呼ばれる。

暗示的意味（connotation）
　語がもたらす個人的または感情的な連想。
　明示的意味（denotation）を参照。

アンシャル体（uncial）
　太い丸みを帯びた文字からなる書体の1つ。特に 4 世紀から 8 世紀の写本で見られる。後の発展形（**半アンシャル体**（half-uncial または semi-uncial））は現在の小文字への道を整えた。

い

異化（dissimilation）
　分節音が互いにもたらす影響を言い，この結果類似性の低い音になる。

意義関係（sense relation）
　語同士の意味的な関係。同義語や反義語などの用法により同定される。**意味関係**（semantic relation）とも呼ばれる。
　指示（reference）を参照。

依存した（dependent）
　その形や機能が文のほかの部分によって決定される要素について用いられる。例えば *the red car* において，冠詞と形容詞は名詞に**依存している**（depend）。**従属の**（subordinate）とも呼ばれる。

イタリック体（italic）
　斜めに傾いた手書きに似せた文字のスタイル。今日では印刷で，題目や引用された形式を示すなど広範な機能でもって使用される。　例：*italics.*

1 言語使用者（monoglot）
　1 言語使用の（monolingual）を見よ。

1 言語使用の（monolingual）
　1 言語のみを使用する人や社会について用いられる。
　unilingual，monoglot とも言う。
　2 言語使用の（bilingual），多言語使用の（multilingual）を参照。

一語文（holophrase）
　通常一語からなり文法的に構造化されていない発話。
　幼児の言語習得の初期段階で見られる典型的な発話。　例：*dada, allgone.*

一次動詞（primary verb）
　本動詞としても助動詞としても機能することができる動詞。　例：*be, have, do.*
　助動詞（auxiliary verb），語彙動詞（lexical verb）を参照。

1 人称（first person）
　人称（person）を見よ。

一貫性（coherence）
　言語使用の背後にあるその機能的あるいは論理的な連結性。
　非一貫性（incoherence）と対比をなす。

一歩格（monometer）
　1 つのリズムの単位（詩脚（foot））を含む詩行。

逸脱（deviance）
　言語の規則を守り損ねること。

一致（agreement）
　呼応（concord）を見よ。

イディオム（idiom）
　一まとまりの意味をなす語の連なり。例：*kick the bucket*＝「死ぬ」。
　固定化表現（fixed expression）または**凍結表現**（frozen expression）とも呼ばれる。

違反用法（solecism）
　言語学的に正しいと考えられているものからの小さな逸脱。

異分析（metanalysis）
　語境界の画定の誤りによって派生した語。　例：*a naddre* ➡ *an adder.*

意味関係（semantic relation）
　意義関係（sense relation）を見よ。

意味素性（semantic feature）
　意味成分（semantic component）を見よ。

意味成分（semantic component）
　語の意味を構成する要素。　例：*girl* ➡「若い」，「女性」，「人間」。
　意味素性（semantic feature）とも呼ばれる。

意味の縮小（narrowing）
　歴史言語学の用語。語の意味がより特殊化されるタイプの変化。　例：古英語で「食べ物」を意味していた *mete* が，現在では特定の種類の食べ物（つまり「肉」）の意味になっている。

意味の場（semantic field）
相互に規制し合う一組の項目が属する同一の意味領域。 例：色（color）という意味の場には，赤（red），緑（green），青（blue）が属する。
語彙領域（lexical field）とも呼ばれる。

意味論（semantics）
ことばの意味の研究。

異文字（graph）
同じ書記素（grapheme）の手書きや印刷における異なる字体。 例：t，T，*t* など。

入りわたり（on-glide）
わたり音（glide）を見よ。

（脚）韻（rhyme）
特に詩行末で，複数の行の音節が相応する（同音になる）こと。

隠語（argot）
裏社会の集団で用いられる特殊な語彙。通り言葉（cant）とも呼ばれる。

隠語（jargon）
公的な領域における特殊な言葉の仲間内での使用。

印刷法（typography）
印刷頁の文字や図式に関する特徴の研究。

咽頭（pharynx）
喉頭より上部の喉の部位。
喉頭（larynx）を参照。

韻部（rhyme）
音節（syllable）を見よ。

インフォーマント（informant）
言語分析のためのデータを提供する人。

隠喩（metaphor）
ある概念が，通常ほかの概念と関連づけられる用語でもって描写される，といった比喩表現。 例：*launch an idea*（案を放つ）
比喩的な（figurative）を参照。

隠喩的フレーム（metaphorical frame）
知識や経験の特定の領域を表象する概念構造。

引用形（citation form）
ある言語単位が，議論のために独立して提示される場合の形式を言う。

引用断片（citation slip）
辞書学の用語。ある語の用法が，文字で書かれた用例となっているもの。それが結果的に辞書項目のもとになる。

引用符（quotation marks）
通常 1 つの直接話法を表示する句読記号。
逆コンマ（inverted commas）とも呼ばれる。くだけて quotes とも言う。
直接話法（direct speech）を参照。

韻律（metre/meter）
一定の間隔で反復される詩のリズムの型。格調（measure）とも呼ばれる。

韻律（prosody）
言語におけるピッチや（音の）大きさ，テンポ，リズムの使用。

韻律素性（prosodic feature）
韻律論（prosody）を見よ。

韻律論（metrics）
韻律の構造の研究。

韻律学（prosody）
詩作の研究。

う

上つき文字（superscript）
下つき文字（subscript）を見よ。

迂言法（periphrasis）
1. 文法的な関係を表すのに，屈折の代わりに独立した語（迂言的表現（periphrastic））を用いること。 例：*happier* の代わりに *more happy*.
2. 遠回し（circumlocution）を見よ。

後ろ寄りの（retracted）
舌の先端のような調音器官の後方への動きについて用いられる。

ウムラウト（umlaut）
後続音節の母音の影響を受け，母音が交替する音変化。 例：**gosi* ➡ *geese*.
アステリスクつき形（asterisked form）2 を参照。

埋め込み（embedding）
1 つの文法的単位の中に別の単位を挿入すること。 例：*The man* ***who left*** *was my uncle*.

上向き二重母音（closing diphthong）
二重母音の 2 番目の母音が，/u/ のような高母音の位置へ移動する二重母音。例：close の /ou/.
狭（close），二重母音（diphthong）を参照。

上寄り化（raising）
母音が前の状態よりも，あるいはほかの（方言の）発音様式で用いられるよりも，口腔内の高い位置で発音されること。

え

絵文字（pictogram/pictograph）
絵による書法で用いられる記号。

婉曲語法（euphemism）
不快であったり気に障ったりする表現の代わりに，漠然としたまたは遠回しな表現を用いること。 例：*die*（死ぬ）の代わりに *pass away*（亡くなる）。
侮辱表現（dysphemism）を参照。

婉曲代称法（kenning）
古英語の語彙研究の用語。多くの場合複合語でもって，経験のある側面を鮮やかに比喩的に記述する方法。 例：太陽を表す複合語 heofoncandel（= heaven candle）。

円唇化（rounding）
円唇（rounded）と非円唇（unrounded）の対立を生み出す唇の視覚的外観。 例：[u] と [i] の対立。
lip rounding とも言う。

お

応用言語学（applied linguistics）
言語学の理論・方法・発見を，実用的な問題の解決に適用する言語学の分野。

大文字（体）（majuscule）
上下の罫線内に幅広く収まっている文字からなる書記の形式。
通常 **capital letter**，**upper-case letter** とも呼ばれる。文字が上または下の罫線からはみ出している小文字（体）（minuscule）と対比される。
小文字は，通常 **small letter**，**lower-case letter** とも呼ばれる。

音法則（sound law）
規則的で予測可能な一連の音変化。
法則（law），音変化（sound change）を参照。

オノマトペ（onomatopoeia）
自然界の音を模写した語。擬音語。 例：splash（ぴしゃぴしゃ），murmur（ぶつぶつ言う）。

オベリスク（obelisk）
印刷で用いられる記号の1つ。短剣符（†）。相互参照を示したり，人の名前とともに用いられるとその人が故人であることを示したりする。ダガー（dagger）とも呼ばれる。

折句（acrostic）
各行の（先頭などの）ある文字をつなぐと何らかの語になるような，詩またはそれ以外の種類の文章。アクロスティック。

音（phone）
言語音の最小の可聴的な分節。

――の大きさ（loudness）
主に音の強さと関係した聴感覚。音量（volume）とも呼ばれる。

――の長短（quantity）
対立的な音や音節の間の相対的な時間の長さ。

――の長さ（length）
継続時間（duration）を見よ。

音位転換（metathesis）
要素（とりわけ，音）の正常な配列を変えること。 例：ask ➡ aks.

音韻学者（phonologist）
音韻論の専門家。

音韻文体論（phonostylistics）
特に詩における，音の表現豊かな用法に関する研究。

音韻論（phonology）
言語の音体系の研究。

音響音声学（acoustic phonetics）
発音された音の物理的性質を研究する音声学の分野。
音声学（phonetics）を参照。

音質（quality）
音の特徴的な共鳴または音色。

音象徴（sound symbolism）
ことばの音と外の世界の特性との間の直接的な関連づけ。

音推移（sound shift）
関連し合う一連の音変化。
音変化（sound change）を参照。

音声学（phonetics）
言語音を分析する科学。特にその産出，伝達，知覚を研究する。
音響音声学（acoustic phonetics），調音音声学（articulatory phonetics），聴覚音声学（auditory phonetics）を参照。

音声学者（phonetician）
音声学の専門家。

音声式つづり字法（phonetic spelling）
音を 1 対 1 で表示するつづりの体系。

音声表記（phonetic transcription）
特別な記号（音標文字（phonetic alphabet））を用いて，発話の中のすべての判別可能な音を表記すること。
音（phone）を参照。

音節（syllable）
リズムの単位として働く言語音の要素。義務的な核部（nucleus）（典型的には母音）と任意的な先端と末端の端部（margin）で構成される。先端の端部は頭子音（onset）と呼ばれ，その残りの要素（韻部（rhyme））は中心部（peak）とそれに続く尾子音（coda）に分割される。

音節化（syllabification）
語を音節に分割すること。

音節主音的（syllabic）
音節として単独で用いられる子音について用いられる。 例：*bottle* に含まれる /l/.
音節（syllable）を参照。

音節拍の（syllable-timed）
話しことばの流れの中で音節が規則的な時間間隔で起こる言語について用いられる。
等時間隔性（isochrony/isochronism）を参照。

音素（phoneme）
ことばの音声体系における最小の対立的単位。
対立（contrast）を参照。

音素配列（論）（phonotactics）
ある言語で生起する特定の音の連続（の研究）。 例：英語では *spr-* は可能だが，*psr-* は可能ではない。

音素表記（phonemic transcription）
発話内の音素の表記。

音素論（phonemics）
音素の分析。

音体系（sound system）
ある言語の音韻論を構成する音声学的対立のネットワーク。音韻論（phonology）を参照。

音脱落（elision）
連結する発話における 1 つまたは複数の音の省略。 例：*bacon* **'n'** *eggs*.

音調（intonation）
発話における音の高低の対立的な使用。
音調曲線（contour）
韻律特性（特に，調子）の弁別的な連続。音調（intonation），ピッチ曲線（pitch contour）とも呼ばれる。
音調曲線（intonation contour）
音調群／音調単位（intonation group/unit）を見よ。
音調群／音調単位（tone group/unit）
発話内の音調の弁別的な連続（すなわち曲線）。音調曲線（intonation contour）とも呼ばれる。
音表象学（phonaesthetics/phonesthetics）
特に語の意味に関連する音の審美的あるいは記号的特性の研究。
音標文字（phonetic alphabet）
音声表記（phonetic transcription）を見よ。
音変異（mutation）
隣接する語や形態素の影響による（主に母音の）音質変化。
音変化（sound change）
一定の歳月の経過で，ある言語の音の体系が変化すること。
音法則（sound law），音推移（sound shift）を参照。
音量（volume）
（音の）大きさ（loudness）を見よ。

か

開音節（open）
音韻論の用語。母音で終わる音節について用いられる。
閉音節（closed）を参照。
快音調（euphony）
心地よい音の連鎖。
外国語（foreign language）
話者にとって母語ではない言語。特にある国で（公用語などといった）公式の地位をもたない言語を言う。
第二言語（second language）を参照。
階層（hierarchy）
言語単位の一連の下位レベルへの分類。特に文を節，句，語，さらに形態素へと分析することを指す。
外置（extraposition）
文末の位置に要素を移動させること。例：*Working here is nice* ➡ *It's nice working here.*
解読する（decode）
1. 入力として入ってくる言語信号を解釈するために脳を使うこと。
2. 秘密のメッセージを理解可能な言語に変えること。

暗号学（cryptology）を参照。
概念的な（notional）
行動，継続，時間といった，言語外の概念に依拠している用語を使用するような文法について用いられる。形式（form）を見よ。
回文（palindrome）
前からも読んでも後ろから読んでも同じように読める語や表現。　例：*madam.*
解放（release）
特に破裂音において，調音点から離れるときの発声器官の動き。
破裂音（plosive）を見よ。
会話の公理（conversational maxim）
言語の効率的な使用の基礎になっていると考えられる一般原則。　例：話し手は関連のあることを話すべきであり，また明瞭に話すべきである。
協調の原理（cooperative principle）を参照。
会話分析（conversational analysis）
会話や，発話が関わるそれ以外の社会的やり取りに，人間が携わる際に用いているやり方についての分析。
格（case）
屈折言語において，ほかの語に対する文法関係を示す名詞・形容詞・代名詞の形。
屈折（inflection）を参照。
核音調（nuclear tone）
核部（nucleus）を見よ。
格言（aphorism）
一般的な真理を表現する簡潔な文。例：*More haste, less speed.*
拡散（diffusion）
ある地域で，時間の経過の中で，ある言語またはそのある特徴の使用が普及していくこと。
拡大（extension）
歴史言語学の用語。語の意味範囲を広げること。
拡張（expansion）
1. 文法において，基本的構造に影響を与えずに，構文に新しい要素を加えるプロセス。
2. 幼児言語の研究で，子どもが省略した文法上の要素を補う大人の反応。

格調（measure）
韻律（metre/meter）を見よ。
核部（nucleus/center）
音節（syllable）を見よ。
核部（nucleus）
音調群の中での最も際立った高さ（核音調（nuclear tone））を帯びている音節（主音調音節（tonic syllable））のこと。
学名命名法（nomenclature）
特定の専門領域で用いられる学名や用語の体系。
掛けことば（paronomasia）
地口（pun）を見よ。
過去完了形（pluperfect）
一般的に過去の特定の時間より前に行為が完了したことを表現する動詞の形。　例：*I had jumped.*
past perfect（ive）とも呼ばれる。
過去時制（past tense）
発話時点より前に起きた行為や状態の時間に言及する時制の形式。時制（tense）を参照。
過去時制形（preterite）
動詞の単純過去時制の形。　例：*I* ***saw****.*
過去分詞（past participle）
分詞（participle）を見よ。
可算の（countable）
分離されうる物を示す名詞について用いられる。分離していることは，不定冠詞 a のような形式との使用によって明かされる。　例：*dog, chair.*
可算名詞（count(able) noun）は不可算名詞（uncountable/non-count noun）（または，質量名詞（mass noun））と対比をなす。
過剰一般化（overgeneralization）
学習者が語の意味や文法の規則を，通常の用法を越えて拡張すること。例：*men* ➡ *mens.*
特に幼児言語研究では，過剰拡大（overextension）とも呼ばれる。
過少外延化（underextension）
通常の意味のごく一部のみに言及するような語の使い方。　例：靴（shoe）という語を，子どもが単に「自分の靴（own shoe）」を意味するような使い方。
過剰クレオール化（hypercreolization）
標準となる言語へ反発して離れようとするクレオールが発達すること。
過剰修正（hypercorrection）
正用形を使いたいという話し手の願望のために，目標とする言語変種の基準を過度にはずれてしまっている言語形式。
過度都会風（hyperurbanism），直し過ぎ（overcorrection）とも呼ばれる。
カーシヴ体（cursive）
手書きの一形式で，一連の個々の文字が，丸みを帯びて流れるような字体の連続でつながりをなしている。
頭文字略語（initialism）
頭文字で構成されている語で，それぞれの文字が字音で発音される。　例：*VIP*（very important person）.
アルファベット略語（alphabetism）とも呼ばれる。
化石化した（fossilized）
生産性を欠いた構文について用いられる。　例：イディオムの *spick and span*（真新しい）や定型化した発話 *So be it!*（それならそれでいい）など。
生産性 2（productivity）を参照。
下層変種（basilect）
クレオール研究の用語。最も権威ある言語変種から一番かけ離れている変種。
上層言語（acrolect），クレオール（creole），言語変種（variety）を参照。
括弧（brackets）
典型的に，組み入れられた挿入的なまとまりを示す，1 対の句読記号。（　），｛　｝，〈　〉など。
丸括弧（parenthesis）を参照。
活用（conjugation）
屈折言語で，同じ屈折を示す動詞の集合（それらの動詞は同じように活用する（conjugate））。
屈折（inflection）を参照。
仮定法（subjunctive）
疑いや不確かさなどを表すためにある種の従属節で用いられる文法上の法。例：***Were*** *he here*….
命令文（imperative），直説法（indicative）を参照。
過度都会風（hyperurbanism）
過剰修正（hypercorrection）を見よ。
可変語（variable word）
形式を変化させることで文法的な関係を表す語。　例：*walk/walks/walking.*
不可変語（invariable word）を参照。
仮名（pseudonym）
特に著者の架空の名前を名乗ること，またその名前。
カリグラフィー（calligraphy）
美しい手書きの技法。書道。
刈り込み（clipping）
短縮によって新しい語が作られる語形成のプロセス。　例：*examination* ➡ *exam.*
短縮（reduction）とも呼ばれる。
関係節（relative clause）
関係代名詞（relative pronoun）を見よ。
関係代名詞（relative pronoun）
名詞句の中で従属節（関係節（relative clause））を導入する項目で，名詞句内の名詞を指している。　例：*the car* ***which*** *was sold*…, *the book* ***that*** *I bought*….
喚語障害（word-finding problem）
望んだ語を思い出すことができないこと。失語症の症状の 1 つ。
失語症（aphasia）を参照。
冠詞（article）
名詞が定か不定かを示す語（*the/a*）。
決定詞（determiner），ゼロ冠詞（zero article）を参照。
換字（paragram）
文字を特にしゃれた風に入れ替えて，ほかの語を作る言葉遊び。　例：*exercise*（運動する）➡ *exorcise*（厄払いする）。
感情的な（affective）
発話全体またはその一部の，感情または態度に関わる意味について用いられる。
感情表出的（expressive）
感情を表したり，感情に影響したりすることばの使用について用いられる。
緩徐調（lento）
遅い速度で，あるいは慎重な調音で，作られた話しことばについて用いられる。
緩叙法（litotes）
ものごとを控えめに述べることばのあ

や。 例：「よい」を意味する *not bad.*

間接疑問（文）（indirect question）
間接話法で表現される疑問（文）。例：*He asked if she was in.*

間接的発話行為（indirect speech act）
言語形式が伝達上の目的を直接反映していない発話。 例：*It's cold in here* という発話を，「誰かに窓を閉めて欲しい」の意味で用いる場合。

間接目的語（indirect object）
直接目的語（direct object）を見よ。

間接話法（indirect speech）
発話者の語句を「発話動詞」の下に従属させている構文． 例：*She replied that she had.*
伝達話法（reported speech）とも呼ばれる。
直接話法（direct speech）を参照。

感嘆（exclamation）
話しことばでは強いイントネーションで，書きことばでは感嘆符で，それぞれ示される感情表現。 例：*Good grief!*（ああ大変だ）
要請（command），疑問（文）（question），陳述（文）（statement）を参照。

間投詞（interjection）
感情の意味をもつ語の類で，ほかの節とは文法的関係を結ばない。 例：*Gosh!*, *Yuk!*

嵌入（かんにゅう）**（intrusion）**
連結された発話で音が追加的に挿入されること。それらの音は，語や音節が独立して聞かれるときには生じない。例：母音の間の嵌入の *r*（*intrusive r*），*law(r) and order.*

換喩（metonymy）
ある属性が全体を表すものとして用いられるようになる意味の変化。 例：*crown*（王の属性である王冠）が *king*（王そのもの）を意味するようになる。

慣用（法）（usage）
話しことばおよび書きことばの社会的習慣。
特に交替形の選択（しばしば，慣用の揺れ（divided usage）と呼ばれる）が許される場合の習慣。

簡略表記の（broad）
主要な音声的対比のみを表すような，話しことばの表記について用いられる。
精密表記の（narrow），音素表記（phonemic transcription）を参照。

完了形（perfect）
通常現在と関連性をもつ過去の行為や状態を指す動詞の形。 例：*I have asked.*
完了相（perfective）とも呼ばれる。
相（aspect），過去完了形（pluperfect）を参照。

き

機器音声学（instrumental phonetics）
実験音声学（experimental phonetics）を見よ。

記号（sign）
1. 特にある体系内で慣習的に用いられるような，意味を伝えることばや動作の特徴を言う。象徴（symbol）とも呼ばれる。
2. 書記体系で要素として用いられる印。象徴（symbol）とも呼ばれる。
3. 聴覚障害者の指話法。

聞こえ度（sonority）
音の相対的な卓立または「伝わる力」。

記述（description）
ある言語または言語変種の規則と使用についての客観的かつ体系的な説明。
規範（prescription）を参照。

擬人法（personification）
人間ではない概念に人間の性質を与える比喩的技法。
比喩的な（figurative）を参照。

基数（cardinal number）
数の基本形。 例：*one, two, three* など。
序数（ordinal number）を参照。

基層（substrate）
共同社会においてより支配的な言語変種や言語（上層（superstratum））の構造や用法に影響を与えた言語変種。下層（substratum）とも呼ばれる。

規則（rule）
1. 言語構造についての一般化。
2. 正しい用法の規範的な推奨。

規則的な（regular）
ある言語の規則に従った言語形式について用いられる。

既知の（given）
話題（topic）を見よ。

起点言語（source language）
抜粋された語または文章の源泉となる言語。

機能（function）
1. ある言語形式と，それが用いられている体系内のほかの要素との関係。 例：節の主語や目的語としての名詞。
2. ことばが，コミュニケーション（例えば，考えや態度の表明）や，特に社会の（宗教的，法的，科学的といった）状況において，果たす役割。

機能語（function word）
文法的な関係を表す語。 例：*to, a.*
形式語（form word），文法語（grammatical word），構造語（structural word），あるいは機能辞（functor）とも呼ばれる。

機能辞（functor）
機能語（function word）を見よ。

機能変化（functional change）
1. 歴史言語学の用語。言語特性の役割の変化。
2. 文法の用語。1つの語が異なった文法的役割で用いられること。
例：***round** the corner*（前置詞），
*a **round** table*（形容詞），
***rounding** the corner*（動詞）．

規範（prescription）
言葉の特定の使用に関する正用法についての権威主義的な（規範的な（prescriptive/normative））陳述。
記述（description），規範の（normative）を参照。

規範の（normative）
社会的に認められた正用法（すなわち，規範（norm））についての基準を設定すると考えられている言語規則について述べたもの。規範（prescription）を参照。

基本周波数（fundamental frequency）
複合音波における最も低い周波数成分。
特に音の高さを決める際に重要な役割を果たす。

基本母音（cardinal vowel）
母音を同定する上で基準となる母音。聴覚と調音にもとづいて決められる。
母音（vowel）を参照。

決まり文句（routine）
定型の（formulaic）を見よ。

偽名（allonym）
作家が装う他人の名前。仮名（pseudonym）を参照。

疑問（文）（question）
情報や応答を求める文。

疑問詞（interrogative word）
節が疑問文であることを示すために，節の先頭に生じる語。 例：***Who** is here?*

疑問文（interrogative）
疑問を表現するのに用いられる文の型または動詞形態。 例：*Who is he?*, *Are they there?*
平叙文（declarative）を参照。

（脚）韻（rhyme）
特に詩行末で，複数の行の音節が相応する（同音になる）こと。

逆コンマ（inverted commas）
引用符（quotation marks）を見よ。

逆成（語）（back formation）
ある語から仮定上の接辞を取り除くことで，新しい語が形成される語形成のプロセス。また，そのプロセスによって生じた語。 例：名詞 *editor* の or は「～する人」を表す接辞 *-er/-or* と仮定され，それを取り除いて動詞 *edit* を派生する。

逆説（paradox）
真理を含みながら一見すると矛盾していること。

逆行の（regressive）
1つの音が先行する音に変化をもたらす同化について用いられる。 例：*hot pig* での［t］➡［p］。
先行の（anticipatory）とも呼ばれる。
同化（assimilation）を参照。

級（degree）
副詞や形容詞の比較における対比。ふつう原級（positive），比較級（comparative），最上級（superlative）と特定される。 例：*big, bigger, biggest.*

狭（きょう）**（close）**
舌をできる限り高い位置にして，可聴的な摩擦を起こさずに発せられる母音について用いられる。 例：［i］や［u］.
閉母音より一段低い母音は半狭（はんきょう）（half/mid-close）である。広（こう）（open）を参照。

強意語（intensifier）
効力や強調を加える語句。 例：***very** good, **awfully** pretty.*

強音（salience）
音の知覚的な卓立。

強音部（ictus）
韻律の単位内の強勢が置かれている音節。韻律（metre/meter）を参照。

行間（leading）
活字で印刷された行と行の間の余白。

共感覚（synaesthesia/synesthesia）
形式と意味が直接的に関連すること。例：*slimy* や *slug* の *sl-*（共にぬるぬる滑る感じ）。

強強格（spondee）
詩の韻律のリズムの単位で，強勢のある2つの音節で構成される。

強形（strong form）
強勢が置かれた語の形式。

狭窄（きょうさく）**（constriction）**
言語音を作るための声道の狭め。

共時的な（synchronic）
言語変化を考慮せずに，理論的な「一時点」におけることばを研究するアプローチについて用いられる。通時的な（diachronic）と対照をなす。
言語状態（état de language）を参照。

強弱格（trochee）
詩脚のリズム単位で，強勢音節の後ろに無強勢音節が続く。 例：*happy.*

強弱弱格（dactyl）
詩の韻律のリズムの単位で，1つの強い拍とそれに後続する2つの軽い拍で構成されている。

強勢（stress）
音節が発せられる強さの度合い。
音節は（重かったり，弱かったりといった）さまざまな程度で強勢が置かれたり（stressed），無強勢であったり（unstressed）する。

強勢拍子（stress-timing）
等時間隔性（isochrony/isochronism）を見よ。

行ぞろえ（justification）
1つのコラムのすべての行が左右均等な余白をもつように，印刷された文章の各行の語や文字の間隔を整えること（その場合，文章は行ぞろえされている（justified））。この均等化のない文章は行不ぞろえ（unjustified）である。

行中韻（internal rhyme）
詩行内の語が韻を踏むこと。

行中休止（caesura）
1つの詩行の中のリズムの切れ目，途切れ。

協調の原理（cooperative principle）
コミュニケーションの際に話し手の間で同じ慣習（公理（maxim））に従うという暗黙の合意。
会話の公理（conversational maxim）を参照。

共通の核（common core）
話者の地域や社会背景とは関係なしに，すべての話者によって使われ理解される言語的特徴の範囲。

行不ぞろえ（unjustified）
行ぞろえ（justification）を見よ。

強変化動詞（strong verb）
時制変化をするとき語根の母音が変化する動詞。　例：*sing/sang*.
母音動詞（vocalic verb）とも呼ばれる。
弱変化動詞（weak verb）を参照。

行末語呂合わせ（telestich）
語や行の末尾文字にもとづく折句（アクロスティック）。
折句（acrostic）を参照。

共鳴（resonance）
発声によって生じる声道における空気の振動。発声（phonation）を参照。

極性（polarity）
ある言語における肯定と否定の間での対立の体系。
肯定（の）（affirmative），否定（negation）を参照。

虚語（empty word）
文法関係を表すものの意味をもたない語。　例：***It****'s today he goes*.
支柱語（prop word）とも呼ばれる。
内容語（content word）を参照。

近似韻（pararhyme）
別の語の語頭と語末で同じ子音をくり返すこと。　例：*tail* と *tall*.

禁止的（proscriptive）
ある用法を禁じる規範的規則について用いられる。　例：「前置詞で文を終わらせてはならない」という規範的規則。

緊張（tension）
音声を作る際に用いられる筋肉の力。強い（緊張性（tense）），弱い（弛緩性（lax））などのように分析される。

緊張性（tense）
音声学の用語。緊張（tension）を見よ。

く

句（phrase）
節より小さい語の連鎖で，文法的単位を形成する。　例：*the tall trees*, *in a box*. 群（group）とも呼ばれる。

具象的な（concrete）
物理的な存在物を指す名詞について用いられる。　例：*book*, *train*. 物理的な指示対象がない名詞（*idea* や *certainty*）に用いられる抽象的な（abstract）と対比される。

くだけた（informal）
改まり度（formality）を見よ。

屈折（inflection/inflexion）
文法の用語。文法的な関係性を示す接辞。　例：格（case）*girl****'s***，時制（tense）*walk****ed***.

屈折語尾（word ending）
語末で用いられる屈折。　例：*boy****s***, *walk****ing***.

句点（point）
正字法に従った陳述形式の文の最終部分を示す符号。ポイント。終止符（period）や（イギリス英語では）**full stop** とも呼ばれる。
文（sentence），陳述（文）（statement）を参照。

句動詞（phrasal verb）
語彙的要素（動詞）と不変化詞から構成される1語相当の動詞。　例：*sit down*.
語彙素（lexeme）を参照。

句読法（punctuation）
書きことばで用いられる図式的記号で，線的な連続の中で単位同士を分離したり，1つの単位がほかの単位に含まれていること示したり，（所有のような）特定の文法機能や（感嘆のような）態度を標示したりする。

句またがり（enjamb(e)ment）
二行連句において，文が休止なしで次行にもちこされること。

暗い *l*（dark *l*）
明るい *l*（clear *l*）を見よ。

クリシェ（cliché）
非常に頻繁に使われてきたので，もはや多くの意味をもたなくなり，（陳腐と）批判されるような表現。常套句とも言う。　例：*a fate worse than death*（死ぬ方がましだ）。

グリッドゲーム（grid game）
クロスワードパズルのように，前もって決められている格子上に，語を作るルールに従って処理していく，視覚的な言葉遊び。

クレオール（creole）
ある言語共同体の母語となったピジン言語。その過程はクレオール化（creolization）と呼ばれる。

クレオール後変異連続体（postcreole continuum）
クレオール話者が標準的な言語で教育を受けた時に発達する，関連しあった一連の言語変種。

群（group）
句（phrase）を見よ。

け

警句（epigram）
韻文または散文における短くて機知に富んだ表現。

繋辞（copula）
主な働きが節内のそれ以外の要素同士（主語と述語）を連結することであるような動詞。　例：*It* ***is*** *ready*. 連結動詞（linking verb）とも呼ばれる。

形式（form）
ことばの外観や構造のこと。ことばの機能，意味，社会での使用と対照をなす（形式的な（formal）vs 概念的な（notional））。

形式語（form word）
機能語（function word）を見よ。

形式的な（formal）
形式（form），改まり度（formality）を見よ。

形式類（form class）
同様のまたは同一の文法的特徴を示す項目の集合。
語類（word class）を参照。

継続時間（duration）
音または音節の調音にかかる時間の長さ。
長（long）を参照。

継続の（continuous）
進行相（progressive）を見よ。

形態（form）
言語単位が取りうる変化形。　例：*walk*, *walks* などは動詞 *walk* の異なった形態である。

形態素（morpheme）
意味を担う最小の文法単位。　例：*man*, *de-*, *-tion*, *-s* など。
拘束形式（bound form），自由形式（free form）を参照。

形態論（morphology）
語構造の研究。とりわけ形態素によるものを言う。

軽蔑的な（pejorative）
軽蔑や悪口を意味する言語形式について用いられる。　例：*goodish*.

形容詞（adjective）
名詞の属性を表す語（*a* ***red*** *chair*）。*redder* や *reddest* のように，級の対比を示す。
級（degree）を参照。

系列的な（paradigmatic）
文の特定の位置で，ある言語単位とほかの言語単位が交替できるような関係について用いられる。　例：*I saw* ***the****/****my****/****that****/****her****/car* (etc.).

欠如の（defective）
所属するグループの規則すべてには従わない語について用いられる。例えば助動詞は動詞のグループに属しながら，普通の動詞の活用を欠いている。

結束作用（cohesion）
談話や文章の要素間に形式的なつながりを作ること。　例：*The man left*. **He**… の中での代名詞は結束的（cohesive）である。

決定詞（determiner）
名詞と共起して数や量といった意味を表す項目。　例：*the*, *some*, *each*.
冠詞（article），後位決定詞（postdeterminer），前位決定詞（predeterminer）を参照。

原級（positive）
級（degree）を見よ。

言語（language）
1. 意思伝達や自己表現のために人間社会で用いられる，音声，身振り，または文字の体系的かつ慣習的な使用。　例：英語，日本語など。
2. コンピュータのプログラムやコンピュータへのコマンドに用いられる，特別に考案された記号のシステム。

言語維持（language maintenance）
2 言語使用社会や多言語使用社会での，ある 1 言語の継続的な使用と支持。

言語意識（language awareness）
使用者自身やほかの人の言葉の使用に対する，情報にもとづいた意識的で批評的な反応。言語についての知識（knowledge about language (KAL)）を参照。

言語運用科目（language arts）
教育カリキュラムの分野。主に話す・聞く・読む・書くなどのことばに関連する技術と，視覚的・感覚的な非言語コミュニケーションのような関連概念の習得を目指す。

言語外の（extralinguistic）
ことばが関連しうる（ことば以外の）すべてのものについて用いられる。

言語学（linguistics）
ことばの科学。言語科学（linguistic science(s)）とも呼ばれる。

言語学学者（linguistician）
言語学者（linguist）を見よ。

言語学者（linguist）
言語学を専攻する学生や研究者。言語通の linguist と区別するために，言語学学者（linguistician）と呼ばれることもある。

言語計画（language planning）
ある国における言語使用を左右する公的意図や政策。

言語ゲーム（word game）
ことばのある側面が難問の基礎を与えてくれるような，ゲームやパズル，競争などのあらゆる形態を言う。

言語社会（speech community）
少なくとも 1 つの言語または言語変種を共有している，地域的または社会的に定められる人びとの集団。

言語習得（language acquisition）
1. 子どもが第一言語を身につける過程。
2. 外国語や第二言語を身につける際の 1. に類似した過程。

言語使用域（register）
文体論の用語。使用される領域ごとに特有なことばの変種。　例：科学英語，法律英語。

言語障害（language disorder）
子どもであれ大人であれ，言語使用の背後にある体系の深刻な異常。
失語症（aphasia），読字障害（dyslexia）を参照。

言語状態（état de language [state of a language]）
ある言語の祖先やその後の歴史とは関係なしに，あたかも時代のある一時点にあるかのようにとらえられたその言語の状態。

言語処理（speech processing）
ことばの知覚と産出に関与する諸段階。

言語接触（language contact）
異なる言語の話者が長い期間交流したり影響を与え合ったりする状況。

言語知覚（speech perception）
脳によることばの受容と認識。

言語地図（linguistic atlas）
言語的特徴の地理的分布を示した1組の地図。方言地図（dialect atlas）とも呼ばれる。
方言（dialect）を参照。

言語遅滞（language delay）
幼児が話しことば（または，そのある側面）を普通のペースで学べないこと。

言語忠誠（language loyalty）
個人のある言語への愛着。この愛着があると，ほかの言語が支配的であるような国においても，その言語を使い続ける。

言語地理学（linguistic geography）
地理言語学（geographical linguistics）を見よ。

言語通（linguist）
複数の言語に堪能な人。

言語転換（language shift）
言語使用者が，毎日の生活のために用いる言語を永久に変えること。（特に外国への移住の結果起こることが多い。）

言語についての知識（knowledge about language）（KAL）
特に1980年代のイギリスの教育言語学において，学校でのカリキュラムの進行にともない，話しことばや書きことばの構造や機能を子どもがいっそう意識化するように教育すること。
言語運用科目（language arts）を参照。

言語の産出（speech production）
話すという行為の計画と実行。

言語不全（speech defect）
標準的な規範から規則的かつ無意図的に逸脱すること。
言語欠損（speech impairment）とも呼ばれる。

言語不全症（dysphasia）
失語症（aphasia）を見よ。

言語変化（language change）
時間の経過にともなう，ある言語内での変化。
言語転換（language shift）を参照。

言語変種（variety）
状況によって異なる言語表現の体系。例：法律の（legal），形式ばった（formal）など。

言語療法士／言語聴覚士（(speech and) language pathologist/therapist）
話しことばの障害を診断，評価，治療するように訓練を受けた人。
しばしば単に **speech pathologist/therapist** や **language pathologist/therapist** とも呼ばれる。どの名称を使うかは国によって異なる。

現在時制（present tense）
典型的には発話と同時的になされる行為や状態の時間を指す時制の形式。
時制（tense）を参照。

現在分詞（present participle）
分詞（participle）を見よ。

検索言語学（searchlinguistics）
オンラインの検索を通して情報を提供したり収集したりするときに起こりうる問題を，分析し解決するための言語学の応用分野。

懸垂分詞（dangling participle）
分詞または分詞によって導入される句の用法で，文の残りの部分に対して不明瞭で曖昧な関係をもっているものを言う。　例：*While reading a book, the cat made me jump.*
誤関連分詞（misrelated participle）とも呼ばれる。
分詞（participle）を参照。

限定言語（restricted language）
紋章解説文や天気予報のような狭く限定された場面で見られる，高度に簡易化された言語体系。

限定的（attributive）
名詞句内で名詞を修飾する形容詞やその他の形式について用いる。　例：*the* ***big*** *table*。
対比される用法として，動詞の後に続く叙述的（predicative）用法がある。　例：*The table is* ***big***.

限定的な（defining）
制限的な（restrictive）を見よ。

こ

語（word）
1つの完全な発話としてそれのみで成立する最も小さな文法単位。
書きことばではスペースで切り離され，話しことばの流れの中では一時的休止で切り離されることもある。

語彙（vocabulary）
ある言語の語彙項目（「語」）の集合。レキシコン（lexicon）とも呼ばれる。

語彙拡散（lexical diffusion）
ある言語全体にわたって，言語変化が徐々に広がること。

語彙形式（lexis）
レキシコン（lexicon）を見よ。

語彙語（lexical word）
内容語（content word）を見よ。

語彙項目（lexical item）
語彙素（lexeme）を見よ。

語彙選択（diction）
語の効果的な選択。特に詩人，小説家やほかの作家によって使われる語彙。

語彙素（lexeme）
意味体系での最も小さな対立的単位。例：*run, cat, switch on.*
語彙項目（lexical item）とも呼ばれる。

語彙動詞（lexical verb）
行動，出来事，状態などを表す動詞。実動詞（full verb），本動詞（main verb）とも呼ばれる。助動詞（auxiliary verb）を参照。

コイネー（koiné）
標準語となったある地域の話し言葉。

語彙の場（lexical field）
意味の場（semantic field）を見よ。

語彙論（lexicology）
ある言語の語彙の歴史および現状の研究。
これを実践する者を語彙論研究者（lexicologist）と言う。

腔（cavity）
声道にある解剖学的に定義される空洞。　例：口腔や鼻腔。

広（open）
音声学の用語。舌をできるだけ低い位置にして作られる母音について用いられる。　例：[a]，[ɑ]．
もう一段高い位置の母音は半広（half-open/mid-open）と呼ばれる。

高域性（high）
高さ変動域で比較的高いレベルにある音調について用いられる。

後位決定詞（postdeterminer）
名詞句の中で決定詞の後ろ，形容詞の前に生起する種類の語。　例：*the* ***three*** *big books.*
決定詞（determiner）を参照。

後位修飾語句（postmodification）
句の中で主要部の後に生起する項目。例：*the man* ***in a suit***.
主要部（head），句（phrase）を参照。

交易言語（trade language）
貿易の際に意思疎通を容易にするよう用いられるピジン。

硬音（fortis）
比較的強い筋肉の動きと呼気で作られる子音について用いられる。　例：[f]，[p]．
軟音（lenis）を参照。

口音（oral）
口腔内で作られる音について用いられる。
鼻腔内で作られる鼻音（nasal）と対比される。

口蓋（palate）
口腔内の上部を形成するアーチ状の骨格をもった構造。
口腔内前方の動かぬ硬口蓋（hard palate）と後方の動く軟口蓋（soft palate/velum）とに分けられる。

口蓋音（palatal）
硬口蓋で作られる音について用いられる。　例：[ç]，[j]．
口蓋（palate）を参照。

口蓋化（palatalization）
ほかの音が発せられる間に，舌体が硬口蓋の方へ移動する調音の仕方。
口蓋（palate）を参照。

口蓋垂（uvula）
軟口蓋の奥部から垂れ下がる小さな突出部。
とりわけ口音と鼻音を区別するのに用いられる。

口蓋垂音（uvular）
口蓋垂顫動音（uvular trill）のような，後舌面を口蓋垂に触れさせて作られる子音について用いられる。

交感的な（phatic）
雰囲気を醸し出し社会的繋がりを維持するために用いられる言葉について用いられる。

硬口蓋（hard-palate）
口蓋（palate）を見よ。

硬口蓋歯茎音（palato-alveolar）
歯茎と硬口蓋の間で作られる子音について用いられる。　例：[ʃ]．

交錯配列（chiasmus）
最初の文における語句の配列が2番目の文で逆になるような，均衡の取れた文の連続。

構成素（constituent）
より大きな構造の1要素となる言語単位。

後舌音（dorsal）
舌の後部（背舌（dorsum））で作られる音について用いられる。　例：[k]，[g]．

合接詞（conjunct）
主に接続する機能を担った副詞。例：*however.*
接続副詞（conjunctive adverb）とも呼ばれる。
副詞（adverb）を参照。

高舌性（high）
舌を口蓋にもち上げることによって作られる母音（時として，子音）について用いられる。　例：[i]，[k]．

構造（structure）
1. 相互に関係しあった要素の体系。それら要素は，相互間に成立する関係からその（構造的（structural））意味を引き出す。
2. 分析のあるレベル（例：文法や音韻論）での，言語的要素の連鎖パターン。

レベル（level）1 を参照。

構造語（structural word）
機能語（function word）を見よ。

構造主義（structuralism）
ことば（または，人間の慣習や行動）をひとまとまりの構造に分析するアプローチ。

構造的意味論（structural semantics）
語と語の間の意義関係（sense relation）の研究。

拘束形式（bound form）
それ自体では語として生起できない最小の文法的単位。　例：語頭に生じる *de-* や，語末に生じる *-tion*。拘束形態素（bound morpheme）としても知られている。
形態素（morpheme）を参照。

後置詞（postposition）
名詞や名詞句に後続する前置詞的機能をもつ語。
前置詞（preposition）を参照。

肯定（positive）
肯定（の）（affirmative），極性（polarity）を見よ。

肯定（の）（affirmative）
否定の標識がない文または動詞。　例：*He's running.*
否定（negation）を参照。

交点（node）
コロケーションの研究の用語。言葉の固定した量（コロケーションの広がり（span））の中心となる語彙素のこと。その広がりの中における語彙素間の関係が研究される。
コロケーション（collocation），語彙素（lexeme）を参照。

喉頭（larynx）
声帯を含む気管の一部分。
声帯（vocal folds）を参照。

後部歯茎音（postalveolar）
歯茎の後部で作られる子音について用いられる。
歯茎音（alveolar）を参照。

後部の（back）
口の中の後部で作られる音（[h]）や，舌の後ろの部分を用いて作られる音（[k] や [o]）について用いられる。

後方照応（cataphora）
前方の代名詞が後方のほかの語句などに言及する文法構造上の形式。　例：*John said* ***this*** では，代名詞がこれから述べることに言及しており，後方照応的（cataphoric）である。
前方照応（anaphora）を参照。

公理（maxim）
会話の公理（conversational maxim）を見よ。

口論詩（flyting）
韻文形式での罵りや個人的悪口の応酬。中英語でよく用いられた。

声（voice）
音声学の用語。声帯の振動がもたらす聴覚的効果。　例：有声音（voiced sound）の [b]，[z]，[e]．
無声化した（devoiced），無声の（voiceless）を参照。

声の質（voice quality）
1. 永続的に変わることがなく，話し手の背景を示し，話し手を同定する話しことばの特徴。
2. 特定の声の調子や音色。声音。

呼応（concord）
ある要素の形式が，それに対応する形式をほかの要素に要求する文法的な関係。　例：***She*** *eats.*
一致（agreement）とも呼ばれる。

コード（code）
言語または言語変種のこと。
言語変種（variety）を参照。

コード化する（codify）
ある言語（とりわけ，その文法や語彙）を体系的にすること。

コードスイッチング（code-switching）
会話の間に，話者が2つ以上の言語・方言・言語変種を使用すること。
方言（dialect），言語変種（variety）を参照。

コードミキシング（code-mixing）
2言語使用者の発話において，一方の言語の要素が他方の言語へ転移されること。

コーパス（corpus）
言語分析のために集められた言語データの集積。

呼格（vocative）
人や動物などに話しかけるために用いられる形式（特に名詞）。　例：*Excuse me,* ***sir***.
いくつかの言語では，屈折によって同定される。
屈折（inflection）を参照。

語幹（stem）
語の中で接辞が付着する要素。
語根（root）を参照。

誤関連分詞（misrelated participle）
懸垂分詞（dangling participle）を見よ。

語基（base）
接辞が付加される最小の語の形。　例：（sadder や cars に対して）*sad* や *car*.
語幹（stem），語根（root）を参照。

語形成（word formation）
形態素の組み合わせをもとに語を形成する過程。　例：*un-happi-ness*.

語形変化（declension）
屈折言語における，同じ屈折を示す名詞，形容詞，または代名詞の各集合（すなわち，それらの各集合（のメンバー）は，同じように語形変化する（decline））。
屈折（inflection）を参照。

語形変化系列表（paradigm）
語の屈折形のまとめ。

語形変化する（decline）
語形変化（declension）を見よ。

語形論（accidence）
異なった文法的な機能を示す語形変化およびその研究。　例：*walk/walking/walked*.
母音変化（ablaut），形態論（morphology）を参照。

語源学（etymology）
語の形式や意味の起源や歴史の研究。

語源的誤謬（etymological fallacy）
昔の（または最も原始の）意味が正しいとする考え方。

古語（archaism）
もはや一般的に話されたり書かれたりしていない古い語や句。
廃用の（obsolescent）を参照。

語根（root）
1. 文法の用語。語の基本形で，そこからほかの語が派生される。　例：***mean****ingfulness*.
   語幹（stem）を参照。
2. 語源学の用語。
   語の最も古い形。

語順（word order）
文中における語の順次的配置。統語論の分野で研究される。

個人語（idiolect）
個々の話者のことばの体系。

語族（family）
共通の祖言語（祖語）から派生した言語群で，系統樹（family tree）の形で表示される。

語中音消失（syncope）
語の中間の文字や音の脱落。　例：*boatswain*（甲板長）➡ *bo'sun*.

語中音添加（epenthesis）
語中に余分な（語中添加の（epenthetic））音を挿入すること。

誇張（法）（hyperbole）
強調のための大げさな表現。　例：*There were millions of people in the cinema*.

固定表現（fixed expression）
イディオム（idiom）を見よ。

語頭音添加（prothesis）
語頭への余剰音の挿入。

語頭母音消失（aphesis）
語頭の強勢のない母音の消失。　例：*'mongst*.

ことば（language）
人間に特有な，記号体系を話したり理解したりする能力。脳内にある言語全般の抽象的な体系。それが具体的な発話や文章として現れたものを，本訳書では言の葉という意味で「言葉」と漢字表記。

ことば遊び（verbal play）
地口，冗談，諺，そのほかの形式における，言葉を構成する要素に戯れで手を加えたもの。**speech** play とも言う。

言葉のイベント（speech event）
話しことばの特定の行為またはやりとり。　例：あいさつ，説教，会話など。

言葉の格闘（verbal duelling）
試合のような形式で，参加者が知っていてかつ使っている規則に則って，言葉を競技のように使用すること。

諺（proverb）
一般的な信念を表す，短く含蓄のあるリズミカルな言い習わし。

語尾消失（apocope）
語尾の音節または音，文字の省略。例：*cup o'tea* における *f* の省略。

五歩格（pentameter）
5つのリズムの単位（詩脚（foot））を含む詩行。

コミュニケーション（communication）
発信者と受信者間の情報の送信と受信。

コミュニケーションの民族学（ethnography of communication）
人間の交流に影響を及ぼす社会的・文化的要因との関係で行われることばの研究。

小文字（lower case）
大文字（体）（majuscule）を見よ。

小文字（体）（minuscule）
大文字（体）（majuscule）を見よ。

古文書学（pal(a)eography）
古い時代の文書や碑文の研究。

固有名詞（proper name/noun）
唯一の場所，人，動物などの名を表す名詞で，普通名詞の文法形式を欠く。
普通名詞（common noun）を参照。

固有名詞学（onomastics）
固有名詞の語源と使用の研究。onomatology とも呼ばれる。
人名学（anthroponomastics），語源学（etymology），地名学（toponymy）を参照。

誤用（catachresis）
マラプロピズム（malapropism）を見よ。

語用論（pragmatics）
ことばを使用するときの選択，そのような選択の理由，そしてその選択がもたらす影響などについての研究。

語類（word class）
特に屈折や分布という点で同じ形式的特性を示す語の集合。　例：動詞，名詞など。
品詞（part of speech）としても知られている。

語漏（logorrhoea）
冗舌で，支離滅裂な発話。

コロケーション（collocation）
語彙項目の習慣的な共起（または相互選択）。また，そうした語の連鎖。
交点（node）を参照。

コロケーションの広がり（span）
交点（node）を見よ。

コロン（colon）
句読点の1種で，文中で後続するものが先行するものを拡張することが，主な機能である。「:」で表示される。

コンコーダンス（concordance）
ある特定のテクストやコーパスで用いられる語を順に並べたリスト。

混種語（hybrid）
異なった言語の要素を組み合わせてできた語。　例：ギリシア語の *tele* とラテン語の *vision* で *television*.

混成語（blend）
2つの要素の融合の結果できる新しい語または構造。　例：*breakfast* と *lunch* が融合して混成語 *brunch* ができる。
このような過程を混成（blending）という。

コンピュータ言語（computer language）
言語 2（language）を見よ。

コンマ（comma）
句読点の1種で，一連の節や語を分離したり，文中のまとまった単位を示したりすることがその機能である。「,」で表示される。

さ

再帰（的）（reflexive）
主語と目的語が同じ事物に関係している構文や動詞。　例：*She washed herself.*

最上級（superlative）
級（degree）を見よ。

最小対（minimal pair）
1つの音が替わるだけで，意味が変わる語の対。　例：*pit* と *bit*.

作者偽名（pseudepigraphy）
作品にある著者名を偽って与えること。

削除（deletion）
文構造の要素の省略。例えば *I said he was ready* での *that* の省略。

ささやき（whisper）
声帯の振動をともなわずに作られる話しことば。
声帯（vocal folds）を参照。

3音節語（trisyllable）
3つの音節を含む語。

三字一音（trigraph）
1つの言語音を表す3つの書記記号。例：*man**oeu**vre*.

三重母音（triphthong）
3つの異なった音質を含む母音。例：*fire* が /faɪə/ と発音される場合。

サンセリフ（sans serif）
セリフ（serif）を見よ。

3人称（third person）
人称（person）を見よ。

三歩格（trimeter）
3つのリズム単位（詩脚）を含む詩行。

し

字忌み文（lipogram）
特定の文字が一貫して省略されている文章。

子音（consonant）
音節の端部で機能する言語音。声道が完全にふさがれるか，可聴的な摩擦が生じる程度に狭められるときに作られる。例：[k]，[s]，[m] など。
母音（vowel），半母音（semi-vowel）を参照。

子音韻（consonance）
連続するいくつかの語の同じ位置（強勢のある位置）で，同じ音（子音）をくり返すこと。
不協和音（dissonance）と対比をなす。

子音群（cluster）
音節の始まりまたは終わりに生じる子音の連続。　例：***str**ay*, *boo**ks***.

歯音（dental）
舌尖と舌辺を歯に押しつけて作られる子音について用いられる。

詩学（poetics）
詩（時として，ほかの独創的な言語使用）の言語学的分析。

視覚的韻（eye rhyme）
つづりの観点から韻を踏んでいるように見えるものの，異なる音をもつ語の対。例：*come*/*home*.

視覚的方言（eye dialect）
話し方の地域的・社会的背景がわかるように語のつづりを表記すること。例：*Thankee koindly, zur.*

歯間音（interdental）
舌の先端を歯の間に挟むことによって作られる子音。　例：[θ]，[ð]．

時間軸（time line）
動詞の時制間の時間的関係を示すために用いられる仮想上の直線で，過去から現在を通って未来へ至る。

弛緩性（lax）
緊張（tension）を見よ。

字義的意味（literal meaning）
語や句の通常の意味。
比喩的な（figurative）を参照。

詩脚（foot/feet）
詩でのリズム（rhythm）の基本単位。特に詩の韻律（metre）を記述する際に用いられる。

地口（pun）
語の異なった意味を利用したり，意味は異なっているが同じまたは同様の形式をもった2つの語を一緒に用いたりすることで，効果を生じるような気の利いた文句。
掛けことば（paronomasia）とも呼ばれる。

歯茎音（alveolar）
舌を上歯背後の根元の堅い部分に接触させる子音について用いられる。　例：[t]，[n] など。

字下がり（indention）
文章のほかの行よりも，端から引っ込めて手書きまたは印刷の行を始めること。indentation とも言う。

歯擦音（sibilant）
舌の前部に沿って隙間を作り，シューという音を発する摩擦音。　例：[s]，[ʃ]．

歯擦音変則発音（sigmatism）
1. 特に舌のもつれで生じる，[s] の不完全な発音。
2. 効果を目的に [s] を繰り返して使用すること。

指示（reference）
言語形式と世界の事物（指示対象（referent））との関係。
意義関係（sense relation）を参照。

指示対象（referent）
明示的意味（denotation），指示（reference）を見よ。

指示的な（demonstrative）
ある項目を同じ類のほかのメンバーと区別する機能をもつ形式について用いられる。　例：*this*/*that*.

指小辞（diminutive）
「小さい」という一般的な意味をもつ接辞。　例：*-let*.

辞書編纂法／辞書学（lexicography）
辞書作成に関する具体的技術あるいは学問分野。
これを実践する者を辞書編集者／辞書学者（lexicographer）と言う。

時制（tense）
文法の用語。行為などが起こる時間（過去，現在など）を表示するための，動詞の形式上の変化。

シソーラス（thesaurus）
意味にもとづいてグループ分けされた語句（類語）の本。

持続（hold）
一定の時間，発声器官が1つの位置を保つこと。

舌打ち（click）
軟口蓋気流を使用して作られる音。不満などを示すのに発せられる。（慣習的に *tsk* あるいは *tut*（ちえっ）と表記される。）
軟口蓋気流音（velaric）を参照。

舌がかり（glossolalia）
舌による発話。ある種の宗教団体によって実践されているような，理解不可能な異言を話すこと。

舌先（tip（of tounge））
舌尖（apex）を見よ。

下つきの（inferior）
下つき文字（subscript）を見よ。

下つき文字（subscript）
普通のサイズの書かれた文字の脚部の横および（または）下につけられた小さな文字，数字やそのほかの記号。inferior とも言う。
上つき文字（superscript）と対照をなす。上つき文字とは，普通サイズの文字の横および（または）上に置かれる。superior とも言う。

舌もつれ（lisp）
歯擦音（特に [s]）を通常とは異なった調音で発音すること。
歯擦音（sibilant）を参照。

支柱語（prop word）
虚語（empty word）を見よ。

実験音声学（experimental phonetics）
機器や実験技術を用いて，言語音の特徴を調べる音声学の一分野。
機器音声学（instrumental phonetics）とも呼ばれる。

失語症（aphasia）
脳の損傷から生じることばの障害。文法構造や意味構造を産出したり理解したりする能力に影響を与える。言語不全症（dysphasia）とも呼ばれる。

実詞（substantive）
名詞または名詞のような項目。

実証済みの（attested）
現在または過去において使用された証拠がある言語形式について用いられる。

実体化する（hypostatize）
抽象的な性質をあたかも人間のように語ること。

実動詞（full verb）
語彙動詞（lexical verb）を見よ。

失読症（alexia）
読字障害（dyslexia）を見よ。

質量の（mass）
典型的に，一般的な概念を表し，不定冠詞や複数形を取らない名詞（質量名詞）について用いられる。　例：*information.*
可算の（countable）を参照。

自動詞（の）（intransitive）
直接目的語を取ることができない動詞または文について用いられる。　例：*She is **going**.*
他動詞（の）（transitive）を参照。

自筆書類（holograph）
全文が著者自身の手書きで書かれている書類。

指標的な（indexical）
年齢や性別などの使用者の個人的特徴を表出する，（特に声の質のような）話しことばまたは書き物の特徴について用いられる。

四歩格（tetrameter）
4つのリズム単位（詩脚）を含む詩行。

自鳴音（sonorant）
空気の比較的自由な通過によって作られる有声音。　例：[a]，[l]，[n]．

社会言語学（sociolinguistics）
ことばと社会の関係の研究。

社会方言（sociolect）
社会階級や職業集団のような，（地域的基盤とは対照的に）社会的基盤にもとづいて定義される言語変種。

斜格（oblique case）
語がもつ主格以外の格形式について用いられる。
格（case），主格（nominative）を参照。

釈義（exegesis）
文章の解釈，特に聖書の解釈。

弱化（reduction）
音韻論の用語。語が強勢を受けないとき，中舌音（central）になる母音。 例：*he can* ➡ *he c'n go* における［a］➡［ə］.

弱強格（iamb）
弱音節強音節で構成される韻律の単位。 例：*to be*.

弱形（weak form）
ひと続きの話しことばの中で，強勢を置かれない語の形。

弱弱強格（anapaest/anapest）
2つの軽い拍の後ろに1つの強い拍が続く韻律の単位のこと。 例：*understand*.

弱変化動詞（weak verb）
屈折接辞を付加することによって過去時制を作る動詞。 例：*walk* ➡ *walked*.
強変化動詞（strong verb）を参照。

借用語（loan word）
借用する（borrow）を見よ。

借用する（borrow）
ある言語や方言から語（またはそのほかの言語的特徴）を別の言語や方言に導入すること。語彙の借用は一般的に借用語（loan word）として知られている。

斜線（oblique）
斜線（solidus）を見よ。

斜線（solidus）
典型的に択一やある種の省略を示すために用いられる，斜めの線。 例：*either/or*，care of（気付）を表す *c/o*.
slash，**slant**，**oblique**，**virgule** とも言う。

ジャンル（genre）
芸術的（本書では，文学的）構成の，特定化できる様式や種類。 例：小説。

習慣の（habitual）
行為のくり返しを表現する形式（特に動詞や副詞）について用いられる。 例：*often*.

自由形式（free form）
追加の要素なしに語として用いられる最小の文法単位。
自由形態素（free morpheme）としても知られている。
拘束形式（bound form），形態素（morpheme）を参照。

集合名詞（collective noun）
存在物のグループを表す名詞。 例：*army*, *government*.

修辞学（rhetoric）
効果的あるいは説得的な話し方や書き方の研究で，特に公衆に向けた弁論で実践される。

修辞疑問（文）（rhetorical question）
答えが求められていない疑問（文）。

終止符（full stop）
句点（point）を見よ。

終止符（period）
句点（point）を見よ。

修飾（modification）
文法の用語。一方の要素（修飾語（modifier））がもう一方の要素に構造的に依存していること。

修正（repair）
会話の中での誤解や過ちの修正。

従属（hypotaxis）
従属接続詞を用いて，依存する（従属関係にある（hypotactic））節を文の別の部分に関連づけること。 例：*The people all left* ***when the warning bell rang***.
並列（parataxis）を参照。

従属接続（subordination）
従属節（subordinate clause）に見られるように，1つの文法単位がほかの文法単位へ依存すること。 例：*They left* ***after the show ended***.
主節（main clause）を参照。

従属接続詞（subordinator）
従属接続で用いられる接続詞。 例：*since*, *because*.

従属の（subordinate）
依存した（dependent）を見よ。

習得（acquisition）
言語習得（language acquisition）を見よ。

重・複文（compound-complex sentence）
伝統文法の用語。等位節と従属節の両方を含む節。
節（clause），文（sentence）を参照。

収斂（しゅうれん）（convergence）
方言または発音様式がお互いにより似ているようになる言語変化の過程。分岐（divergence）と対比をなす。

主音調音節（tonic syllable）
核部（nucleus）を見よ。

主音調配置（tonicity）
発話の中での核音節の配置。
核部（nucleus）を参照。

主格（nominative）
通常動詞の主語であることを示す屈折。subjective とも呼ばれる。
格（case）を参照。

縮小（reduction）
歴史言語学の用語。意味が狭くなること。

縮約（contraction）
1. 隣接する要素へ付加された，短縮した言語形式，またはいくつかの形式が融合すること。 例：*I'm*.
2. 詩行韻律を規則的にするために，音節を省略すること。音脱落（elision）を参照。

主語（subject）
節の構成素で，それについて（述語で）何かが述べられるもの。 例：***The books*** *are on the table*. 述語（predicate）を参照。

主節（main clause）
文のいかなるほかの部分にも依存しない節。 例：***The woman arrived*** *after the bus left*.
独立節（independent clause）とも呼ばれる。
節（clause），従属の（subordination）を参照。

主題（theme）
何について語られているかを表す文頭の要素。 例：***The cat*** *was in the garden*.

主題化（thematization）
要素を，主題として働くよう，文頭に移動すること。 例：***Smith*** *his name is*.
話題化（topicalization）とも呼ばれる。話題（topic）を参照。

述語（predicate）
主語についての情報を与える節の要素。 例：*He* ***saw a dog***.
主語（subject）を参照。

受動態（passive）
態（voice）を見よ。

受容者（recipient）
目標（goal）を見よ。

主要部（head）
句の中心となる要素。句内のほかの要素が依存し，句全体の機能を制御する。 例：［*All the new* ***books*** *from the library*］*are on the table*.

主要文（major sentence）
主語と述語構造をもつ節のような，高度に生産的な文のタイプ。
非主要文（minor sentence）と対比される。
非主要文は，生産性が限られているかまったくなく，その構造は主要文に見られるような構成素のあるものを欠いている。例：*No way*.
生産性（productivity），文（sentence）を参照。

手話（sign language）
特に聴覚障害者によって用いられる，手による伝達体系。

シュワー（schwa/shwa）
口腔内の中ほどの位置で作られる強勢のない母音［ə］。あいまい母音。*after* や *the* の語末で聞かれるような音。

純粋母音（pure vowel）
音節が発音されている間に音質を変えることのない母音。
二重母音（diphthong）を参照。

純正主義（purism）
ことばは，正用法の伝統的な基準を守り，外国語の影響から守られる必要があるとする見解。

順番（turn）
会話参加者によってなされる1回分の会話参加の機会（会話の順番（conversational turn））。

上位語（hypernym）
上下語関係（hyponymy）を見よ。

上位の（superordinate）
上位語（hypernym）を見よ。

上下語関係（hyponymy）
特定的な語と一般的な語の間の関係。
特定的な語は一般的な語に包含される。 例：*cat* は *animal* の下位語（hyponym）である。
animal は *cat* の上位語（hypernym）である。*cat*, *dog*, *elephant* は同位語（co-hyponymy）である。

条件の（conditional）
1. 仮定または条件を表す節に関して用いられる。 例：***If it rains***, *you'll get wet*.
2. 仮定的な意味を表す動詞の形式について用いられる。 例：*I would walk*.

冗語法（じょうごほう）（pleonasm）
語の不必要な使用。 例：*in this present day and age*.

上層（superstratum）
基層（substrate）を見よ。

上層変種（acrolect）
クレオール研究の用語。ほかの言語変種と比較して，ある言語の最も格式高い変種。
クレオール（creole），言語変種（variety）を参照。

状態の（state）
行為というより物事のありさまを表す動詞について用いられる。 例：*know*, *seem*.
静態（static/stative）動詞とも呼ばれる。
動態（dynamic）動詞を参照。

象徴（symbol）
記号（sign）1，2を参照。

情的意味（emotive meaning）
言葉の使用の感情的内容。

焦点（focus）
話者が特別の注意をひきたいと望んでいる文中の要素。 例：*It was* ***John*** *who wrote to me*.
前提（presupposition）を参照。

焦点地域（focal area）
方言の形式が比較的均一で，隣接する地区において用いられる形式に影響を与えるような地域。
方言（dialect）を参照。

省略（ellipsis）
経済性や強調などの理由で，文の一部分を省略すること。省略された要素は文脈からわかる。 例：*A*：*Where's the book?* *B*：*On the table*.

除外の（exclusive）
話しかけられている人を含まない場合の1人称代名詞（*we*）について用いられる。
包括の（inclusive）を参照。

書記学（graphology）
ある言語の書記体系（の研究）。

書記素（grapheme）
言語の書記体系で，対立をもたらす最小の単位。 例：*t*, *e*, ;, ? など。
対立（contrast）を参照。

書記素論（graphemics）
書記素の研究。

叙述的（predicative）
限定的（attributive）を見よ。

序数（ordinal number）
順序を表す数。　例：*first* など。
基数（cardinal number）を参照。

女性（feminine）
性（gender）を見よ。

助動詞（auxiliary verb）
文法的な区別をするのに語彙動詞とともに用いられる動詞。　例：*She* ***is*** *going*/***might*** *go*.
語彙動詞（lexical verb），操作詞（operator）を参照。

所有格（possessive）
所有を示す言語形式。　例：*my*, *mine*, *John's*.

指令（directive）
人に何かをさせる（または，させない）ことを意図する発話。　例：*Sit down*.
要請（command）とも呼ばれる。

指話法（dactylogy）
指文字（finger spelling）を見よ。

唇音（labial）
調音の際に片方の唇または両方の唇を積極的に用いる音。　例：[f]，[u].

唇音化（labialization）
発音の際に，唇を丸めること。

新語（法）（neologism）
既存の語から新しい語を創り出すこと。例：*postperson*, *linguistified*.
造語（coinage）とも呼ばれる。
混成語（blend）を参照。

進行相（progressive）
文法の用語。通常継続や未完結を表す動詞の形について用いられる。　例：*He is* ***running***. 継続相（continuous）とも呼ばれる。
単純の（simple）を参照。

進行の（progressive）
音韻論の用語。ある音が後続する音の変化を引き起こすときの同化について用いられる。　例：*did she* での［ʃ］➡［tʃ］.
同化（assimilation）を参照。

神語学（theography）
神について語るのに人びとが使う言葉の研究。

唇歯音（labio-dental）
一方の唇を歯に接触させる子音について用いられる。　例：[f]，[v].

心象表現（imagery）
1. 特に文学的文脈で，隠喩や直喩などの比喩表現を用いること。
2. 明瞭で臨場感ある心象を生み出す言葉。

身体言語（body language）
体の動き，位置，外観（顔の表情，手の仕草，話し手同士相互の体の向き）などによる伝達のこと。
より専門的には非言語コミュニケーション（non-verbal communication（NVC））とも呼ばれる。

唇軟口蓋音（labio-velar）
唇を丸めながら軟口蓋で作られる言語音。　例：[w]，[u].
口蓋（palate）を参照。

人名学（anthroponomastics）
人名の研究。固有名詞学（onomastics）を参照。

心理言語学（psycholinguistics）
精神の作用との関連でのことばの研究。

す

遂行的（performative）
行為を遂行する発話または動詞。
例：*promise*, *baptize*.

スイッチング（switching）
コードスイッチング（code-switching）を見よ。

水名学（hydronymy）
川や湖などの名前の研究。

数（すう）（number）
単数・複数・両数のような対比を表す文法範疇。　例：*cat*/*cats*, *he is*/*they are*.

数量詞（quantifier）
数量を表現する項目。　例：*all*, *some*, *each*.

図式化（diagramming）
文解析（parsing）を見よ。

スピーチスペクトログラフ（speech spectrograph）
スペクトログラフ（spectrograph）を見よ。

スペクトログラフ（spectrograph）
スペクトログラム（spectrogram）という形式で，言語音の音響的特徴を視覚的に表示する装置。スピーチスペクトログラフ（speech spectrograph）またはソナグラフ（sonagraph）とも言う。

せ

性（gender）
語を異なる形式的な類にグループ分けする1つの方法で，男性の（masculine），女性の（feminine），中性の（neuter），有生の（animate），無生の（inanimate）などの標識が用いられる。

正音法（orthoepy）
正しい発音の研究。特に17世紀から18世紀に実践されたものを言う。

声区（register）
音声学の用語。生理学的に決まっている人間音声の範囲。　例：仮声（falsetto）。

制限的な（restrictive）
ほかの要素の同定にとって不可欠な役割をする修飾語句について用いられる。
例：*my brother* ***who's abroad***.
限定的な（defining）とも呼ばれる。
不可欠ではない修飾語句について言う非制限的な（nonrestrictive）ないし非限定的な（nondefining）と対比をなす。
例：*my brother*, ***who's abroad***.

生産性（productivity）
1. 無限に多くの文を産出し理解できる言語使用者の創造的な能力。
2. 多くの同じタイプの事例を産出できる言語規則の能力。例えば，「*-s* を付加して複数形名詞を作る」という規則は生産的（productive）である。これに対して「a を e に変えて複数形名詞を作る」という規則は，*man*/*men* にしか適用されないので，非生産的（unproductive）である。
化石化した（fossilized）を参照。

正書法／正字法（orthography）
1言語における文字使用とつづりの規則の研究。

生成的（generative）
1組の形式的な規則を用いて，ある言語の無限の文法的な文を作り出す（生成する（generate））ような文法について用いられる。

静態（static/stative）
状態の（state）を見よ。

声帯（vocal folds）
喉頭にある2つの筋肉の束で，震えることによって音声の源になる。
vocal cords/lips/bands とも言う。

声道（vocal tract）
喉頭より上の，空気が通過する箇所全体。喉頭（larynx）を参照。

精密表記の（narrow）
多くの音の詳細を示す発音記号への転写について用いられる。
簡略表記の（broad），音素表記（phonemic transcription）を参照。

声門（glottis）
声帯間の隙間。

声門音（glottal）
声門を閉鎖したり狭めたりすることで喉頭で作られる音について用いられる。
例：ささやき声（whisper），きしり声（creaky）。

声門化（glottalization）
ある音の発音と同時に声門の狭窄をともなう調音の仕方。　例：wax［wæʔks］.

声門閉鎖（音）（glottal stop）
声門での閉鎖の解放によって出される音。　例：*bottle* を［bɑʔl］と発音する場合。

正用法（correctness）
学会（例えば，言語学関係の学会）や信頼できる出版物（例えば，辞書）などの規則に由来する確かな言語使用の基準。
適格な（appropriate）を参照。

節（clause）
文より小さいが句や語より大きい構造上の単位。
依存した（dependent），主節（main clause）を参照。

舌音（lingual／linguo-）
舌で作られる音について用いられる。

接近音（approximant）
調音器官が互いに接近するものの，完全な閉鎖あるいは聞き取れる摩擦をともなわない子音。例：[l] や [j]。
無摩擦継続音（frictionless continuant）とも呼ばれる。

舌根（root）
音声学の用語。舌の最も奥にある付け根の部分。

接辞（affix）
ほかの形態素に付着して複雑な語を形成する，独自の意味をもつ形式。
例：***un-*** + *kind* + ***-ness***.
接中辞（infix），接頭辞（prefix），接尾辞（suffix）を参照。

接触（contact）
密接な地理的または社会的近接関係にある言語や方言について用いられる。そのような関係にある言語や方言（接触言語（contact language））はお互いに影響し合う。

舌尖（ぜっせん）（apex）
舌の先端。

舌尖の（apico-）
舌の先端（つまり，舌尖）を使う音について用いられる。　例：舌尖歯音（apico-dental）。

接続詞（conjunction）
語やほかの構造体をつなげる働きをする語。　例：*cat* ***and*** *dog*. 等位（coordinating）と従属（subordinating）に分類される。　例：等位接続詞には and，従属接続詞には *because* などがある。

接続詞使用（syndeton）
語句や節を結合するのに接続詞を用いること。
接続詞省略（asyndenton）を参照。

接続詞省略（asyndeton）
表現の経済的な形式を作るのに接続詞を省略すること。　例：*They ran with haste, with fear.*（and の省略）
接続詞（conjunction），接続詞使用（syndeton）を参照。

舌端（blade）
舌尖と中舌部の間の舌の部位。lamina とも言う。舌端音（laminal）を見よ。

舌端音（laminal）
舌の先端を上唇，歯，あるいは歯茎に接触させて舌の先端で作られる子音について用いられる。　例：[s]，[t].

接中辞（infix）
語根の内部に付加される接辞。
接辞（affix）を参照。

接頭辞（prefix）
語根の先頭に加えられる接辞。　例：***un****happy*.
接辞（affix）を参照。

接尾辞（suffix）
語幹の後に続く接辞。接辞（affix）を参照。

せばめ（stricture）
空気の流れがある程度制限される調音。

せばめ音（spirant）
摩擦音（fricative）を見よ。

セミコロン（semi-colon）
節を等位接続することが典型的な機能であるような句読記号。「;」で表示される。

セリフ（serif）
活版印刷の用語。文字の主要な一筆の先端部にある小さな末端の飾り。この飾りがない字体はサンセリフ（sans serif）と呼ばれる。

ゼロ冠詞（zero article）
通常生起すると期待される名詞の前で，定冠詞や不定冠詞を用いないこと。例：*The casualty was taken to hospital* 対 *The casualty was taken to the hospital.*
冠詞（article）を参照。

前位決定詞（predeterminer）
名詞句の中で決定詞の前に生起する項目。　例：***all** the people.*
決定詞（determiner）を参照。

前位修飾（premodification）
句の中で主要部の前に項目が生起すること。　例：***the funny** clown.*
項目そのものは前位修飾語（premodifier）と言う。

前景化（foregrounding）
言語学的基準または社会的に受け入れられている基準から離れ，言葉のある要素を強調する。

前言語的（prelinguistic）
ことばが発現する前の子どもの発話について用いられる。

先行詞（antecedent）
文の一部分で，それが文法的に指しているほかの部分に先行して生じるもの。例：*This is **the cat** which chased the rat* で，which は先行詞 the cat を後ろから指している。

先行の（anticipatory）
逆行の（regressive）を見よ。

前舌音化（fronting）
音声学の用語。通常より口の前部で調音することを言う。

前置（fronting）
文法の用語。文の要素を文中や文末から文頭へ移動すること。　例：***Smith** his name was.*

前置詞（preposition）
通常，名詞，代名詞，そのほかのある種の形式に先行し，それらを支配する項目。　例：***in** the box, **to** me, **by** running.*
複合前置詞（complex preposition），後置詞（postposition）を参照。

前置詞句（prepositional phrase）
前置詞と後続する名詞句からなる構成素の構造。

前提（presupposition）
すでに知られているものと話し手が想定している情報。
焦点（focus）を参照。

顫動音（trill）
1つの発声器官をほかの発声器官に素早く接触させることによって作られる子音。顫動音の（trilled）/r/ の発音に見られる。巻き舌音（roll）とも呼ばれる。

前部の（front）
口の前部や舌の前部（舌端）によって作られる音について用いられる。　例：[i]，[t].
後部の（back），中舌（centre）を参照。

前方照応（anaphora）
すでに表現されたものにさかのぼって言及する文法構造の特徴。　例：*When Mary saw John, **she** waved* の中での代名詞 she は前方照応的（anaphoric）である。
後方照応（cataphora）を参照。

専門語（jargon）
特定の分野の専門用語。

相（aspect）
動作の完了や未完了のような，動詞によって表される時間的活動の継続や様式。
完了形（perfect）を参照。

相関的な（correlative）
一対の連結語（例えば *either/or*）を使用する構文について用いられる。

造語（coinage）
新語（法）（neologism）を見よ。

相互代名詞（reciprocal）
文法の用語。相互関係を表す項目。例：*each other.*

相互同化（reciprocal）
音韻論の用語。2つの音がお互いに影響を与える同化の1種。
同化（assimilation）を参照。

操作詞（operator）
動詞句で用いられる最初の助動詞。例：***was** leaving, **has** been going.*
助動詞（auxiliary verb）を参照。

総称的（generic）
ものの類（class）に言及する語や文。例：*the Chinese, the rich.*

挿入語句（parenthesis）
話しことばで，随意的と考えられる文の中に含まれる語句や文。

副名（byname）
ある人を同定する手がかりとして，その人の名前に添えられる補助的な名称。ときおり完全に本名に取って代わることもある。　例：剛胆なエリック（*Eric **the Bold***）から，名字の *Bold* となる。

ソート（sort）
個々の文字，数字，記号，句読点のような，活字の特別な字。

阻害性（obstruent）
発声器官の阻害によって作られる音。破裂音（plosive），摩擦音（fricative），破擦音（affricate）を参照。

側音（lateral）
口腔内で作られた閉鎖の一方側または両側から，空気が流れ出ていくような子音について用いられる。/l/ のさまざまな音がこれに相当する。
明るい *l*（clear *l*），暗い *l*（dark *l*）を参照。

属格（genitive）
所有や起源のような意味を表す屈折。例：*girl's bag, man's story.*
関連する構造にも用いられる。　例：*the cover of the book* では *of the book* を属格と言うこともある。

俗語（slang）
1. くだけた標準的ではない語彙。
2. 特殊な集団の隠語。

属性（attribute）
1. 音声学の用語。音感覚の特定できる特徴。　例：ピッチ（pitch），大きさ（loudness）。
2. 意味論の用語。語の意味の定義に関わる特性。　例：「丸い」は「ボール」を定義する上での属性である。

ソナグラフ（sonagraph）
スペクトログラフ（spectrograph）を見よ。

そり舌音（retroflex）
舌の先端が硬口蓋に向けて反り返るときに作られる音について用いられる。
口蓋（palate）を参照。

存在文（existential）
存在を強調して表す文。　例：*There is a book on the table.*

た

態（voice）
文法の用語。主語と動詞の目的語の関係を変える文法体系。
特に能動態（active）と受動態（passive）の対立を示すものを言う。　例：*The rabbit saw the panda* 対 *The panda was seen by the rabbit.*

第一言語（first language）
子どもの頃に初めて獲得される言語（母語（mother tongue/native language））。
または，多言語を話す状況で，一番好まれている言語。

対格（accusative case）
通常動詞の目的語を示す屈折。目的格（objective case）とも呼ばれる。
格（case）を参照。

帯気音（aspiration）
pen［pʰen］の［pʰ］のように，音の調音にともなう可聴的な呼気。

ダイクシス（deixis）
ある状況にある人，時間，場所の特性に直接言及することばの特徴（直示的形式（deictic form））。　例：*you, now, here.*

第二言語（second language）
ある国において母語以外の公的な役割をもつ言語。
外国語（foreign language）を参照。

題銘（epigraph）
本のセクションの上部や表題のページに記載されている句や引用。

代名詞（pronoun）
名詞や名詞句の代わりになる項目。例：*he, who, himself.*

代名詞類（pronominal）
代名詞として機能する項目。代名詞（pronoun）を参照。

代用形（pro-form）
ほかの項目や構造の代わりとなる項目。例：***so does** John.*

対立（contrast）
1つの言語内で意味を区別する働きをする形式的な相違。
対立的（contrastive）相違は，弁別的（distinctive），機能的（functional），有意的（significant）として知られている。

対立（opposition）
/p/ と /b/ に見られるような，言語学的に重要な音と音の対立。

対立的強勢（contrastive stress）
語に与えられた通常以上の強調。それによって，その語の意味に注意を惹くことを意図する。　例：*John bought a **red** car.*

対話（dialogue）
独白（monologue）を見よ。

多音節の（polysyllabic）
2つ以上の音節をもつこと。

ダガー（dagger）
オベリスク（obelisk）を見よ。

多義（polysemia）
1つの語がもつ複数の意味。　例：*plain* の「さえない（dull）」「明白な（obvious）」などの意味。
多義性（polysemy）とも呼ばれる。
複数の意味をもつ語は，多義的（polysemic/polysemous）である。

抱き字（ligature）
2つまたはそれ以上の文字が組み合わせられてできた文字。合字。　例：œ.

多義性（polysemy）
多義（polysemia）を見よ。

タグづけ（tagging）
コンピュータのコーパス内の語に，類を示すため，文法上のラベルをつけること。
コーパス（corpus），語類（word class）を参照。

卓立（prominence）
ある要素が，その環境下でほかの要素よりも際立つ度合い。

多言語使用の（multilingual）
多数の言語を使うことができる人や社会について用いられる。
1言語使用の（monolingual）を参照。

奪格（ablative case）
概して英語の by，with，from のような意味を表現する屈折。
格（case）を参照。

脱クレオール化（decreolization）
クレオールをある地域の標準的な言語により近くする，クレオールにおける変化。
クレオール（creole）を参照。

脱字符号（caret）
手書きまたはタイプされた原稿の行になんらかの文字が挿入される必要があることを示す識別記号（^）。

ダッシュ（dash）
典型的に，特にくだけた文章で，含められる単位――例えばこのようなもの――を合図する句読記号。

脱落部（hiatus）
文を不完全なものにする文中の中断。

脱略（reduction）
文法の用語。構文の中の通常の構成素が 1 つまたは 2 つ以上欠けていること。　例：*gone to town.*
省略（ellipsis）を参照。

他動詞（の）（transitive）
直接目的語を取る動詞について用いられる。　例：*She* ***saw*** *a dog.*
自動詞（の）（intransitive）を参照。

タブー（taboo）
冒涜的・人種差別的・粗暴などと考えられるために使用が社会的に避けられている言語形式について用いられる。

ダブレット（doublet）
1 文字を入れ替えて語の対を作り，それをくり返すことにより目標とする語につなげていく言葉遊び。

堕落（pejoration）
悪化（deterioration）を見よ。

単一の（simple）
1 つの節のみを含む文について用いられる。単文。
複文（complex sentence），複合の（compound）を参照。

弾音（flap）
2 つの調音器官同士の素早い接触によって作られる子音。　例：*very* における［r］の舌の先端の動き。

単音節の（monosyllabic）
単一の音節からなる語について用いられる。

単音調（monotone）
音の高低レベルが一貫している発音。

団塊言葉（block language）
本の題名やポスターのような制限された伝達状況で用いられる省略された構造（節や文ではなく，特に語や句）のこと。

段階的な（gradable）
比較されたり，強意語で修飾されたりする語（特に形容詞）について用いられる。　例：*big* → *very big*, *bigger.*

単言語使用の（unilingual）
1 言語使用の（monolingual）を見よ。

短縮（reduction）
刈り込み（clipping）を見よ。

単純の（simple）
（be や have などの）助動詞が用いられない時制形式について用いられる。　例：*He runs* に見られる単純現在（simple present）。
進行相（progressive）を参照。

単数（singular）
典型的に「～の 1 つ」という意味を表す形式。　例：***dog***, ***It*** *is.*

男性の（masculine）
性（gender）を見よ。

単顫動音（tap）
口蓋に舌を素早く 1 回接触させることによって作られる子音。*writer* の中の /t/ の発音で時として聞こえる。

端部（margin）
音節の境界となる分節音。　例：*cup* の［k］，［p］。
音節（syllable）を参照。

単母音（monophthong）
1つの音節の中に感知できる音質的変化を含まない母音。　例：*car.*
二重母音（diphthong）を参照。

単母音性（univocalic）
一貫して 1 つのタイプの母音だけを使用して作られる文章。

段落（paragraph）
文とテクスト全体との中間的大きさの，書かれた談話の単位。
図式的には第 1 行目の字下がりによって，あるいは前後の空白によって区別される。
字下がり（indention）を参照。

談話（discourse）
文より長い，（特に話し）ことばの連続的な広がり。

談話分析（discourse analysis）
談話における言語構成のパターンの研究。
談話（discourse）を参照。

ち

地域言語学（areal linguistics）
地理言語学（geographical linguistics）を見よ。

地域日常語（vernacular）
ある社会の土着の言語または方言。

地域方言（regional dialect）
方言（dialect）を見よ。

置換（substitution）
構造の特定の位置である要素をほかの要素で置き換えること。代入。

地名学（toponymy）
場所の名前の研究。地名研究（toponomasiology），地名論（toponomastics），地名考（toponomatology）とも呼ばれる。

抽象的な（abstract）
具象的な（concrete）を見よ。

中心部（peak）
音節（syllable）を見よ。

中性（neuter）
性（gender）を見よ。

中舌（centre/center）
音声学の用語。舌の前部と後部の間の上部の部分。
中舌音（central sound）を作るときに関わる。

中舌性（mid）
高舌と低舌の中間位置で調音される母音について用いられる。　例：［e］。
狭（close），広（open）を参照。

中層変種（mesolect）
クレオール研究において，上層変種と下層変種の間の言語変種。
クレオール（creole），言語変種（variety）を参照。

中立の（neutral）
1. 弛緩状態の位置にある唇の外観を述べたもので，横への広がりや円唇化が見られない。
2. 口腔内の中心で作られる弛み母音を述べたもの。
シュワー（schwa）を参照。

中和（neutralization）
ある特定の環境で2つの音素間の対立が解消すること。　例：閉鎖音において /t/ と /d/ の（無声有声の）対立が中和される（neutralized）。

長（long）
より長い継続時間をもつゆえに引き立つ音素について用いられる。　例：bit と比較される beat の母音。
継続時間（duration）を参照。

調音（articulation）
言語音を作る際に空気の流れを加減するのに関わる生理的な活動。
調音様式（manner），調音点（place of articulation）を参照。

調音音声学（articulatory phonetics）
言語音が発声器官によって作られる方法を研究する音声学の分野。
音声学（phonetics）を参照。

調音器官（articulator）
言語音の産出に関与する発声器官。

調音点（place of articulation）
言語音が作られる声道内の解剖学上の部位（唇音（labial），歯音（dental），声門音（glottal）など）。

調音様式（manner）
音声学の用語。音の産出で用いられる特定の調音法。　例：破裂音（plosive）。
調音（articulation）を参照。

聴覚音声学（auditory phonetics）
音声学の1分野で，人が音をどのように感知するかを研究する。
音声学（phonetics）を参照。

聴覚訓練（ear training）
発話音を聴き取る能力を訓練する音声学で用いられる技術。

調子（tone）
音の弁別的な高低段階。

重複（reduplication）
語の構造内でのくり返し。　例：*criss-cross, helter-skelter* のような複合語におけるくり返し。

超分節的（suprasegmental）
2 つ以上の分節音にわたる音声効果。ピッチの使用などで見られる。
非分節的（nonsegment）または複分節的（plurisegmental）とも呼ばれる。

直説法（indicative）
客観的な陳述を表現するための文法上の法。　例：*My car is new.*

直接目的語（direct object）
動詞が表す行為によって直接影響を受ける節内の要素。　例：*She kicked* ***the ball.*** 直接的な影響のより少ない（間接（indirect））目的語と対比をなす。　例：*I gave* ***John*** *a letter*，*I gave a letter* ***to John.***

直接話法（direct speech）
人によって話された実際の発話。間接話法（indirect speech）を参照。

直喩（simile）
明示的な譬えがなされる比喩表現。　例：*as tall as a tower.*
比喩的な（figurative）を参照。

直感（intuition）
話者のことばについての本能的な知識。それにもとづいて，文が容認可能か，文同士がどのように関連するかが判断される。

地理言語学（geographical linguistics）
地域的分布にもとづく言語や方言の研究。地域言語学（areal linguistics），言語地理学（linguistic geography）とも呼ばれる。

陳述（文）（statement）
情報を断定したり報告したりする文。
例：*The dog saw the cat.*

対語（converseness）
ある語がほかの語を前提としていて（つまり，対をなしていて），意味が反対になるような関係。　例：*buy* と *sell.*

通時的な（diachronic）
歴史言語学（historical linguistics），共時的な（synchronic）を見よ。

通称（epithet）
名詞を特徴づけ，常にその名詞と関連づけられる表現。　例：*Ethelred* ***the Unready***（愚図のエセルレッド）。

通俗語源説（popular etymology）
民間語源（説）（folk etymology）を見よ。

つづり字改革（spelling reform）
つづりを発音との関係でより規則的にしようとする運動。
綴字（法）（spelling）を参照。

つづり字発音（spelling pronunciation）
つづりにもとづいた語の発音。　例：*says* を（/sez/ ではなく）つづりにもとづいて /seiz/ と発音する。
綴字（法）（spelling）を参照。

て

定義語彙（defining vocabulary）
ほかの語を定義するために用いられる核となる語の集合。特に辞書学で用いられる。

定型化した（stereotyped）
定型の（formulaic）を見よ。

定形の（finite）
単独で主節に生じうる動詞の形で，時制，数，法の点で変化を示す。　例：*They ran. He is running.* 非定形の（nonfinite）と対比される。

定型の（formulaic）
通常範囲の文法的変化を許さないような文について用いられる。　例：*Many happy returns.*（誕生日おめでとう。）
化石化した文（fossilized sentence），または定型化した文（stereotyped sentence）とも呼ばれる。決まり文句（routine）とも呼ばれる。

定限詞（qualifier）
ほかの要素の意味を制限する（定限する（qualify））語や句。　例：***red** car.*

綴字（法）（spelling）
話しことばの中の語を記述する際の，文字の用いられ方を支配している規則。また，語の中の特定の文字列のこと。つづり。
つづり字発音（spelling pronunciation），つづり字改革（spelling reform）を参照。

低舌性（low）
音声学の用語。舌が口腔内の最も低い位置にくることで作られる母音について用いられる。　例：[a]，[ɑ].

ディセンダー（descender）
文字 *x* の底より下に延びる文字の部分。
x ハイト（x-height）を参照。

定の（definite）
特定の同定可能な実体について用いられる。　例：***the** car.* 不定の（indefinite）と対比される。　例：***a** car.*
冠詞（article）を参照。

提喩（synecdoche）
全体を表すのに部分が，または部分を表すのに全体が，それぞれ用いられる文彩。　例：*wheel*（車輪）で *car*（車）を，*creature*（生き物）で *cat*（猫）を，それぞれ表す。

適応（accommodation）
人が，話しかけている人の話しことばに影響を受けて，無意識に自分の話しことばを調整すること。

適格な（appropriate）
ある特定の社会的状況と矛盾しないと考えられる言葉の使われ方について用いられる。
正用法（correctness）を参照。

テクスト（text）
明確化できる伝達機能（ニュース報告，詩，道路標識など）をもった話しことばまたは書きことばの連なり。文章。

テクスト言語学（textlinguistics）
テクストの言語的構造の研究。

デシベル（decibel）
音の相対的な強さを測定するための単位（dB）で，特に難聴の査定に用いられる。

テレテックス（teletex(t)）
中央情報源からテレビ画面への文字データの送信。

出わたり（off-glide）
わたり音（glide）を見よ。

転換（conversion）
語彙項目が接辞を加えられることなく品詞が変わるような語形成の1種。　例：動詞 *smell*（臭う）から「臭い」の意味の名詞となる。

電気口蓋測定器（electropalatograph）
発話中の舌と口蓋の接触を記録する装置。

伝達能力（communicative competence）
社会状況における適切な言語使用を支配している規則についての個人的な意識。

伝達媒介（channel）
コミュニケーションのために選択された媒介手段。　例：話しことば（speech）や書きもの（writing）。

伝達話法（reported speech）
間接話法（indirect speech）を見よ。

伝統的な（traditional）
言語科学以前に言語研究で見られた態度や分析法について用いられる。特に文法研究への古いアプローチに関連して用いられる。

電文体（の）（telegrammatic/telegraphic）
機能語や従属的内容語を省略した話しことば。　例：*Man kick ball.*

テンポ（tempo）
例えば，強調を表すために遅い速度を使うというような，話しことばにおける速度の言語学的使用。

と

同位語（co-hyponym）
上下語関係（hyponymy）を見よ。

等位接続（coordination）
同じ文法的資格をもつ複数の言語単位のつながり。　例：***the cat** and **the dog**.*
接続詞（conjunction）を参照。

等位接続詞（coordinator）
等位接続で用いられる接続詞。　例：*and, or.*

同一指示（co-reference）
文脈内のほかの要素を指示することによって初めて解釈がなり立つような要素の使い方。

等位の（coordinate）
等位接続となっている節について用いられる。

頭韻法（alliteration）
同じ音で始まる語の連続のこと。特に詩で用いられる。

同音異綴異義語（homophones）
発音は同じだが，（つづりおよび）意味が異なる語。　例：*rode* と *rowed.*

頭音転換（spoonerism）
語と語の間での音の置き換えで，新しい意味が生じるものを言う。　例：*dear old queen* ➡ *queer old dean.*

同音／同義異綴語（heterographs）
発音または意味は同じだが，つづりが異なっている語。　例：*bear* 対 *bare.*

同音／同綴異義語（heteronyms）
発音またはつづりのいずれかが同じであるが，意味が異なる語。　例：*threw* 対 *through*（発音が同じ），「涙」の *tear* と「裂く」の *tear*（つづりが同じ）。

同音同綴異義語（homonyms）
形式（発音およびつづり）は同じだが，意味が異なる語。　例：「トウモロコシの皮つきの実」の *ear* と「体の一部の耳」の *ear.*

同化（assimilation）
ある音の調音がほかの音の調音に与える影響のこと。その結果，一方の音が他方の音に似てくる。　例：*ten pounds* の *ten* が /tem/ になる。

同格関係（apposition）
同じ意味および文法的資格をもつ名詞や名詞句の連続。　例：*Mr Jones, the baker.*

等価文（equative）
同一のものを指す要素同士を結びつけている節。　例：***My uncle Charlie** is **a butcher**.*

同器官的な（homorganic）
同じ調音点で作られる音について用いられる。　例：[p]，[b]，[m].

同義語（synonym）
ほかの語と（ある特定の文脈で）同じ意味をもつ語。　例：*a nice **range**/**selection** of flowers.*

動形容詞（gerundive）
動詞から派生した形容詞（動詞的形容詞（verbal adjective））。
特にラテン語文法やそれにもとづく文法で見られるものを言う。　例：*amandus*（英語の lovable）。

凍結表現（frozen expression）
イディオム（idiom）を見よ。

倒語（back slang）
語が逆方向に発音される秘密の言葉の1つ。隠語，符牒など。　例：*boy* を *yob* とする。

統合体（syntagm(a)）
統語論で1つの単位を形成するひとまとまりの要素。

統合的な（syntagmatic）
語や構文での要素間の線状的関係について用いられる。

等語線（isogloss）
ある言語的特性が使用されている地域の境界線を示す，地図上の線。

統語的（syntactic）
統語論に関係した。
統語論（syntax）を参照。

同語反復（tautology）
語や考えの不要なくり返し。

統語論（syntax）
1. 語の組み合わせの研究。形態論（morphology）を参照。
2. 文構造（語構造も含む）の研究。

動作主（の）（agent(ive)）
動作に責任がある者または物を表現する言語形式。　例：***The man** laughed. **farmer***（農業を行う（farm）＋者（**er**））。

動詞（verb）
時制，相，態，法などの対立を示す語の類であり，通常，行為，出来事，状態を表すのに用いられる。　例：*run, know, want.*
相（aspect），法（mood），時制（tense），態（voice）を参照。

頭子音（onset）
音節の核部に先行する子音。　例：***c**ot, **sp**ot.*
音節（syllable）を参照。

等時間隔性（isochrony/isochronism）
強勢のある複数の音節が，発話の流れの中でほぼ規則的な時間間隔で生じるような韻律の型。（強勢拍子（stressed-timed）と言われる。）
強勢（stress）を参照。

動詞句（verb phrase）
1. 1つの動詞と同じ文法的な機能をもつ語群。　例：*has been running.*
動詞群（verbal group）とも呼ばれる。
2. 生成文法の用語。文頭の名詞句を除いた文全体。

動詞群（verbal group）
動詞句（verb phrase）を見よ。

頭字語（acronym）
句の頭文字からできている語。　例：***l**ight **a**mplification by the **s**timulated **e**mission of **r**adiation* を意味する *laser.*

動詞的名詞（verbal noun）
動名詞（gerund）を見よ。

動態動詞（dynamic）
運動性や状態変化を表す動詞。進行形にすることができる。　例：*He's running.*

状態の（state）を参照。

倒置（inversion）

要素が逆になった順序。　例：*He is going* ➡ *Is he going?*

同綴異音異義語（homographs）

つづりが同じであるが，（発音および）意味が異なっている語。　例：「風」の *wind* と「曲がりくねる」の *wind.*

動名詞（gerund）

動詞から派生された名詞（動詞的名詞（verbal noun））。

特にラテン語文法やそれにもとづく文法で見られるものを言う。　例：*amandum*（英語の loving）。

遠回し（circumlocution）

ある意味を表現するのに，必要以上の多くの語を使用すること。

通り言葉（cant）

隠語（argot）を見よ。

読字障害（dyslexia）

読む能力が損なわれる言語障害。

失読症（alexia）と呼ばれることもある。

独白（monologue）

1人の人による語りや執筆。独話。対話（dialogue）と対比される。対話では2人（またはそれ以上の人）がやり取りに参加する。

独立節（independent clause）

主節（main clause）を見よ。

閉じた（closed）

文法の用語。少数のメンバーに限られており，それ以上新たなメンバーが加わることのない語類について用いられる。例：代名詞や接続詞。

開いた（open）を参照。

都市部方言学（urban dialectology）

都市部やほかの人口密度の高い社会で用いられる話しことばの型の研究。

頓呼法（apostrophe）

伝統的な修辞学の用語。感情の高ぶりにより，考えや無生物，物故者などに，あたかも現存するかのように呼びかける比喩的な表現。

な

内的証拠（internal evidence）

テクストがいつ書かれたかを示すような文章内の言語的特徴。

内容語（content word）

独立した「辞書的な」意味をもつ語のタイプ。　例：*chair, run.* 語彙語（lexical word）とも呼ばれる。

機能語（function word）を参照。

直し過ぎ（overcorrection）

過剰修正（hypercorrection）を見よ。

名祖（eponym）

場所や本の題名などの名付けのもととなった人名。　例：*Washington* や *Hamlet.*

中向き二重母音（centring diphthong）

二重母音の2番目の母音が母音領域の中央部へ移動するような二重母音。

中舌（centre/center），二重母音（diphthong）を参照。

謎（riddle）

迷わせたり誤解させたりするように目論まれた古くからある表現。

なぞり（calque）

翻訳借用（語）（loan translation）を見よ。

軟音（lenis）

比較的弱い筋肉の動きと呼気で作られる子音について用いられる。　例：[b]，[v]．

硬音（fortis）を参照。

軟音化（lenition）

調音時の筋肉の弛緩。

軟口蓋（soft palate）

口蓋（palate）を見よ。

軟口蓋（velum）

口蓋（palate）を見よ。

軟口蓋音（velar）

後舌面を軟口蓋（soft palate/velum）に接触させることによって作られる子音について用いられる。

口蓋（palate）を参照。

軟口蓋気流音（velaric）

例えば舌打音（click）などの音について用いられる。この場合，空気の流れは軟口蓋での閉鎖によって始まっている。

に

2音節語（bisyllable/disyllable）

2つの音節をもつ語。

2言語使用の（bilingual）

2つの言語の使用能力がある人や共同体について用いられる。

二字一音（digraph）

1つの音として発音される2つの文字の連鎖。二重字。　例：***sh**ip, w**oo**d.*

二字体アルファベット（dual alphabet）

1つの文字体系における大文字と小文字の使用。

二重音字（digraph）

2つの記号が結合し1つの記号として機能する文字上の単位。合字。　例：*encyclopædia.*

二重否定（double negative）

1つの節内で2つ以上の否定語が用いられている構文。　例：*I didn't say nothing.*

二重母音（diphthong）

1つの音節の中での知覚できる音質の変化がある母音。　例：*time, road.*

単母音（monophthong），純粋母音（pure vowel），三重母音（triphthong）を参照。

二重母音化（diphthongization）

以前は純粋母音であった音に二重母音の音質を加えること。

母音（vowel）を参照。

二重目的語の（ditransitive）

2つの目的語を取る動詞について用いられる。　例：*give, show.*

2字連続（digram）

2つの隣接した文字の連続。

二字一音（digraph）を参照。

2人称（second person）

人称（person）を見よ。

2方言教育（bidialectism）

標準的な方言とともに非標準的な方言の教育を勧める教育方針。

2方言使用の（bidialectal）

2つの方言の使用に堪能な人に用いられる。

二歩格（dimeter）

2つのリズムの単位（詩脚（foot））を含む詩行。

人称（person）

特に代名詞や動詞の文法的形式で，話し手を直接指す1人称（first person），聞き手を指す2人称（second person），会話のやり取りに関与するそのほかの（とりわけ）人びとを指す3人称（third person）がある。

人称代名詞（personal pronoun）

人称（person），代名詞（pronoun）を見よ。

認知言語学（cognitive linguistics）

言語構造によって表される意味に焦点をあてて，言語と精神の関係を明らかにし，さらにそれが，人間の世界についての考え方，経験の仕方，社会的な関わり方にどのように影響を及ぼすかを探ろうとする研究。

認知的意味（cognitive meaning）

明示的意味（denotation）を見よ。

ね

音色（timbre）

音の調子の性質，つまり「色」のこと。同じ高低・大小・持続時間の音を区別する。tambre/tamber とも言う。

年号表示文（chronogram）

ローマ数字としても用いられる文字（C，X など）が結合して年代や日付を構成するような句または文。

の

能動態（active voice）

態（voice）を見よ。

能動的（active）

1. 文法の用語。人が実際に用いている言語について用いられる。知られているが使われていない言語と対比される。（能動的知識（active knowledge）対　受動的知識（passive knowledge））。
2. 音声学の用語。動いている調音器官について用いられる。動かない受動的（passive）調音器官に相対する調音器官。調音器官（articulator）を参照。

罵り言葉（expletive）

おおかた卑猥で神をけがすような，感情的な語や句。

は

場（field）

意味の場（semantic field）を見よ。

媒介（medium）

メッセージ伝達の次元（手段）。言語学では通常，話しことば，書記，記号を指す。

ハイフン（hyphen）

語の内部の区切りを示す句読記号。主に印刷の行の終わりで，または複雑な語の部分を示すのに用いられる。

廃用の（obsolescent）

すたれつつある語や意味について用いられる。語や意味がもはや使用されなくなると，廃語（obsolete）になる。

破格文（anacoluthon）

文中の予期されない中断。　例：*John might – Are you listening?*

破擦音（affricate）

声道の完全な閉鎖が徐々に開放される子音について用いられる。　例：*church* の最初の子音と最後の音[tʃ]。

場所句（locative）

場所を表す形式。　例：*at the corner.*

派生（derivation）

1. 語形成の主要なプロセス。特に新しい語を作るために接辞を用いる。例：*act* ➡ *action.* 屈折（inflection）を参照。
2. ある言語形式の起源または歴史的発達。

発音区別符号（diacritic）

発音の音価を変更するために記号に加えられる印。

アクセント（accent）2を参照。

発声（phonation）

声帯の使用による声の産出。

声帯（vocal folds）を参照。

発声（vocalization）

発声器官によって作られるあらゆる音や言葉。

発声器官（vocal organ）

言語音の産出に関わる体の部位。

八歩格（octameter）

8つのリズム単位（詩脚（foot））を含む詩行。

発話（utterance）

文法的には定義されない，物理的に画定できるひとまとまりの話しことばの連なり。

文（sentence）を参照。

発話欠損（speech disorder）

話しことばの使用の背後にある体系の重大な異常。

発話行為（speech act）

話し手の意図および聞き手にもたらす効果によって定義される発話。　例：指令

(directive)。

話しことば（speech）
ことばの口頭による伝達媒介（話しことば（spoken language））。

話しことば能力（oracy）
話すことおよび聴くことの能力。

母親言葉（motherese）
養護者言葉（caretaker speech）を見よ。

パラ言語（paralanguage）
ことばと境界的と考えられる発話や身体言語の特徴。

パラフレーズ（paraphrase）
ある文と同じ意味の別の表現。

破裂音（plosive）
声道の中での完全な閉鎖の急な解放によって作られる子音について用いられる。閉鎖音。　例：[p]，[k]．

パロニム（paronym）
ある語と同じ語根に由来する語。例：*wise* と *wisdom*.

半アンシャル体（half-uncial/semi-uncial）
アンシャル体（uncial）を見よ。

反義語（antonym）
ほかの語と意味の点で反対である語。例：*good/bad*, *single/married*.

半狭（half-close）／半広（halfopen）
狭（close），広（open）を見よ。

反響発話（echo utterance）
ほかの話者が言ったことの一部または全体をくり返す発話。

パングラム（pangram）
アルファベットのすべての文字を使った文。

半子音（semi-consonant）
半母音（semi-vowel）を見よ。

判じ絵（rebus）
句や文を作るのに文字，絵，絵文字を組み合わせること。
絵文字（pictogram/pictograph）を参照。

汎時的な（panchronic）
帰属性がさまざまな時期からの特徴に依存しているインターネットの文章について用いられる。

半母音（semi-vowel）
子音と母音の両方の特徴を示す音。例：[l]，[j]．半子音（semi-consonant）とも呼ばれる。

ひ

非 *r* 音の（non-rhotic）
r 音化（rhotacization）を見よ。

非一貫性（incoherence）
一貫性（coherence）を見よ。

非円唇の（unrounded）
円唇化（rounding）を見よ。

鼻音性（nasality）
軟口蓋が低くなり，空気が鼻腔で反響することによって作られる音を言う。鼻音（nasal）または鼻音化音（nasalized sound）。　例：鼻音［m］，［n］，鼻音化音［ã］。

比較級（comparative）
級（degree）を見よ。

比較言語学（comparative linguistics）
言語間——特に共通の起源（祖語）をもっていると考えられる言語間——の歴史的関係の研究。しばしば，比較文献学（comparative philology）と呼ばれ，簡潔に文献学（philology）とも呼ばれる。

引き出す（elicit）
インフォーマントから発話や言語に関する判断を得ること。

低い（low）
音声学の用語。音の高さの比較的低いレベルを用いる母音について用いられる。

非言語コミュニケーション（nonverbal communication）
身体言語（body language）を見よ。

非限定的（nondefining）
制限的（restrictive）を見よ。

尾子音（coda）
音節の核部に後続する子音。　例：*cot* の *t*, *jump* の *mp*.
音節（syllable）を参照。

微視的言語学（の）（microlinguistic）
言語データの高度に詳細な研究について用いられる。

非主要文（minor sentence）
主要文（major sentence）を見よ。

ピジン（pidgin）
構造および用法の幅が縮小されている言語で，母語話者をもたない。

非制限的（nonrestrictive）
制限的（restrictive）を見よ。

非生産的（unproductive）
新しい形式を作るのにもはや使われなくなった言語的特徴について用いられる。例：*length* や *width* の接辞 *-th*.
生産性（productivity）2 を参照。

筆跡学（chirography）
手書きの形やスタイルに関する研究。

筆跡学（graphology）
書き手の特徴を発見することを目的とした手書きの分析。

ピッチ（pitch）
音の高低の聴覚的感覚。

否定（negation）
文の意味の全体または一部の否認あるいは矛盾を表現する仕方。
否定の形式（否定辞（negator））には *not*, *un-* などがある。
肯定（の）（affirmative）を参照。

非定形の（nonfinite）
定形の（finite）を見よ。

被動者（patient）
目標（goal）を見よ。

一目読み（look-and-say）
語全体の認識に力点を置いた読みの教育法。**whole word** とも言う。
フォニックス（phonics）を参照。

非人称の（impersonal）
非特定の動作主をもつ構文または動詞について用いられる。　例：*It's raining.*
動作主（agent）を参照。

非標準（の）（nonstandard）
標準（の）（standard）を見よ。

非分節的（nonsegmental）
超分節的（suprasegmental）を見よ。

非文法的な（ungrammatical）
文法的な（grammatical）2 を見よ。

非母語変種（non-native varieties）
ある言語の変種で，その言語を多くの話し手が母語として用いていない社会において出現したもの。

碑銘（epigraph）
石や建物や硬貨などに彫られた文字や語句。

碑銘研究（epigraphy）
碑銘や題銘の研究，とりわけ古い時代のそれらの解読の研究。

ビューデータ（view data）
中央情報源と端末のテレビ間で行われるデータの相互転送。

比喩的な（figurative）
語が字義的ではない意味で使用され，比較や類似を明確化しようとする，感情表出的な言語使用について用いられる（文彩（figures of speech））。
字義的（literal），隠喩（metaphor），矛盾語法（oxymoron），直喩（simile）を参照。

表音文字（character）
書記体系で用いられる書記記号。特に，アルファベット以外の，仮名（厳密には表音節文字），漢字，象形文字のような音節や語を表す文字。
表語文字（logogram）を参照。

表意文字（ideogram）
書記体系の中で，語または概念の全体を表示する記号。
ideograph とも言う。

表記（transcription）
ある特定の観点から，言語音を体系的かつ整合的に書き表す方法。　例：音声表記（phonetic transcription），音素表記（phonemic transcription），精密表記の（narrow），簡略表記の（broad）．
表記法（notation または script）とも呼ばれる。

評言（comment）
話題（topic）を見よ。

表現（expression）
1. 分析にあたり，1 つの単位として扱われる要素の連続。　例：文，イディオム。
2.（意味と対比される）あらゆる種類の言語形式。

評言節（comment clause）
ほかの節への挿入的な短評を述べる節。例：*The answer,* ***you see***, *is simple.*
節（clause）を参照。

表現の（expressive）
言語産出の障害について用いられる。例：表現失語症（expressive aphasia）。

表語文字（logogram）
ある言語の語（あるいは形態素）を表す，手書きまたは印刷による記号。例：&，§，$．**logograph** とも言う。東洋の言語では表意文字（character）とも呼ばれる。

標準（の）（standard）
社会で確立された規範として用いられる，威厳のある言語変種。
この規範に従わない形式や変種は非標準（の）（nonstandard）または（軽蔑的に）標準以下（の）（substandard）と言われる。

標準以下（の）（substandard）
標準（の）（standard）を見よ。

標準化（standardization）
形式や用法を標準語に一致させること。

開いた（open）
文法の用語。名詞・形容詞・副詞・動詞のように無限のメンバーをもつ語類について用いる。
閉じた（closed）を参照。

非両立関係（incompatibility）
1 つの語の選択がもう一方の語の使用を排除するような，相互に定義しあうような項目の特徴（関係）。　例：*The ink is* ***red*** 対 *The ink is* ***blue***.

品詞（part of speech）
語類（word class）を見よ。

品詞転換（anthimeria）
伝統的な修辞学の用語。ある語類を別の語類の働きで用いること。　例：名詞の *dog* を動詞（「尾行する」）として用いる。
現在では転換（conversion）と呼ばれる。

ふ

フィードバック（feedback）
1. 話し手が聞き手から受け取る持続的な反応で，この反応によって話し手は意思伝達の効率を評価できる。
2. 話し手が自分の発話活動をチェックすることによって得られる情報。

フォニックス（phonics）
各文字の音価の認識を訓練する読字教育の方法。
一目読み（look-and-say）を参照。

フォルマント（formant）
（スペクトル分析での周波数スペクトルに現れる）音響エネルギーの集中またその集団。特に母音と有声子音において特徴的である。

フォント（font または fount）
一定の字体と大きさからなる，一そろいの活字。

付加（tag）
発話の終わりに添えられる要素。特に

付加疑問（文）(tag question）のこと。例：…*isn't it?*

不可算の（non-count）

可算の（countable）を見よ。

不可算の（uncountable）

可算の（countable）を見よ。

付加部（adjunct）

文法の構文の中で，付加的で（あまり重要でなく）省略可能な要素。　例：*She ran* ***quickly***.

不可変語（invariable word）

構造の点でいかなる変化も受けない語。　例：*under, but*.

可変語（variable word）を参照。

不規則な（irregular）

規則で述べられている型の例外となる言語形式について用いられる。

不協和（dissonance）

不快な効果をもたらすような音の使用。

子音韻（consonance）を参照。

複合前置詞（complex preposition）

2 語以上で構成される前置詞。特に，*on account of* のように名詞または名詞句の前後に前置詞が現れる。

前置詞（preposition）を参照。

複合の（compound）

ほかの環境ならば別々に機能しうるような要素から構成されている言語単位について用いられる。　例：複合語（compound word）や複合文（重文）(compound sentence)。複合語（compound word）のことを単に compound とも言う。

単一の（simple）と対照をなす。

副詞（adverb）

動詞によって表現される動作の種類を具体化することを主要な働きとする語。例：*He spoke* ***angrily***. それ以外の働きには，強意語や文の連結語としての働きがある。　例：***very*** *big*（強意語), ***Moreover***, *they laughed*（文の連結語)。

副詞類（adverbial）

副詞として機能する語，句，または文のこと。

複数（plural）

一般的には数における「2 つ以上」を表す語の形。　例：*boys, them*.

複文（complex sentence）

2 つ以上の節（特に，それらの節に従属節を含んでいる）で構成される文。

節（clause)，文（sentence）を参照。

複分節的（plurisegmental）

超分節的（suprasegmental）を見よ。

符号化（encode）

1. コミュニケーションの一部として，意味に言語形式を与えること。
2. メッセージをある信号から別の信号へ（特に秘密のために）変換すること。

解読する（decode）を参照。

フサルク（futhork/futhark）

ルーン文字のアルファベット。

侮辱表現（dysphemism）

不快感を強調する言葉の使用。　例：*a horrible dirty day*.

婉曲語法（euphemism）を参照。

父祖由来名（の）(patronymic）

父親の名前に由来する名前。　例：*Peterson*（ピーターの息子の意)。

普通名詞（common noun）

物や概念の類を表す名詞。　例：*chair, beauty*.

固有名詞（proper name/noun）を参照。

普通名詞化名称（appellative）

日常語（普通名詞）として用いられる人名。　例：第4代サンドウィッチ伯爵 Earl of Sandwich に由来する *a sandwich*（サンドウィッチ)。

不定詞（infinitive）

動詞の非定形の形式の1つで，多くの言語で，基本形として働くものを言う。例：*run, jump*.

定形の（finite）を参照。

不定の（indefinite）

定の（definite）を見よ。

部分詞（partitive）

一部分や分量を指す形式。　例：*some, piece, ounce*.

不変化詞（particle）

文法的な機能をもつ，形態を変えることのない語。　例：***to*** *go*, ***not***.

屈折（inflection）を参照。

ブラケット表示（bracketing）

((*The girl*)(*ate*)(*a cake*)) のように，要素の連鎖の内部構造（構成素関係）を示す方法の1つ。

不連続性の（discontinuous）

一まとまりの文法構造がほかの構成素の挿入により分離している場合について言う。　例：***Switch*** *the light* ***on***.

文（sentence）

文法で記述されるあらゆる文法的な関係が展開される，最も大きな構造上の単位で，ほかのいかなる構造の部分でもない。

分音符（dieresis/diaeresis）

文字の上につけられた発音区別符号（¨）で，母音の音質の変化を示す。例：*naïve*. ウムラウト記号（umlaut）とも呼ばれる。

発音区別符号（diacritic）を参照。

文解析（parsing）

文を文法的な要素に分析しそれぞれに標識をつけること。

図式化（diagramming）とも呼ばれる。

分岐（divergence）

収斂（しゅうれん）（convergence）を見よ。

文献学（philology）

比較言語学（comparative linguistics）を見よ。

分詞（participle）

伝統文法の用語。***smiling*** *face*, ***parked*** *car* のように動詞から派生され，形容詞として用いられる語。

また，*He's* ***smiling*** のように現在分詞（present participle）あるいは *He has* ***arrived*** のように過去分詞（past participle）として働く非定形動詞にも用いられる。

-en 形（*-en* form)，*-ing* 形（*-ing* form）を参照。

分節音（segment）

話しことばの流れの中で，境界がはっきりと認められる 1 つの単位。

分節的音韻論（segmental phonology）

話しことばを音や音素などの分節音に分析すること。

超分節的（suprasegmental）を参照。

文体統計学（stylostatistics）

文体の型の数量化。統計文体論（stylometry）とも呼ばれる。

文体論（stylistics）を参照。

文体論（stylistics）

個人や集団による特有の言葉の使用（文体（style））の体系的な変異の研究。

分布（distribution）

言語要素（音や語など）が生じることができる言語環境の総体。

文法（grammar）

1. 特に統語論と形態論に関する文構造の研究。よく教科書や手引書として提供される。
2. ことば一般，あるいは個別の言語を支配する規則の体系的な説明。統語論と形態論に加え意味論，音韻論，時に語用論を含む。

文法語（grammatical word）

機能語（function word）を見よ。

文法的な（grammatical）

1. 文法に関係した。
2. 文法の規則に適っている構文について用いられる。文法の規則に適っていない構文を非文法的な（ungrammatical）と言う。

文末重心（end-weight）

英語において，文の長い要素または複雑な要素が文末に置かれる傾向のこと。

文脈（context）

1. ある要素の言語的環境。
2. ことばが用いられる非言語的状況。

分離不定詞（split infinitive）

英語で to と不定詞形の動詞の間に語や句を挿入すること。　例：*to boldly go*。

分裂（splitting）

音変化の結果，1 つの音素が 2 つの音素になること。音素（phoneme）を参照。

分裂文（cleft sentence）

1 つの節が 2 つの部分に分割され，どちらの部分にも動詞がある文。　例：*It was Mary who arrived*.

へ

閉音節（closed）

音韻論の用語。音節末が子音で終わるものについて用いられる。

開音節（open）を参照。

閉鎖（closure）

言語音を作るために発声器官同士が完全に接触すること。

閉鎖（の長さ）(occlusion）を参照。

閉鎖（の長さ）(occlusion）

閉鎖子音を調音する際の閉鎖の長さ。

閉鎖（closure)，閉鎖音（stop）を参照。

閉鎖音（stop）

声道の完全な閉鎖によって作られる子音。破裂音。　例：[t].

平叙文（declarative）

陳述を表現する際に用いられる文法的構文。　例：*The dog barked*.

疑問文（interrogative)，陳述（文）(statement）を参照。

平唇の（spread）

唇を横に広げながら作られる音について用いられる。　例：[i].

円唇化（rounding）を参照。

並列（parataxis）

接続詞を用いないでつなげられた複数の語句や文。　例：*I had tea, bacon, eggs*….

従属（hypotaxis）を参照。

並列法（parallelism）

対をなす音，語，構文の使用。

変異形（variant）

名詞の複数形の /s/, /z/, /iz/ のような，特定の文脈における交替形の集合の一言語形式。

変形（transform(ation)）

2 つの構造間の対応――例えば，1 つの文の能動態と受動態の対照――を示す形式言語学の操作（変形規則（transformational rule））のこと。

変形を活用する文法は変形文法（transformational grammar）と呼ばれる。

変種（lect）

言語共同体内で，機能的独自性をもった 1 つの言語の変種。　例：地域変種（regional variety)，社会変種（social variety).

変則変種（catalect）

ある作家の作品で，ほかの部分とは異なっている（変則的）と思われる部分。

弁別的（distinctive）

ほかの点では同じである形式間に，意味の違いをもたらすような特性について用いられる。　例：声帯振動（vocal-fold vibration）の有無.

対立（contrast)，声帯（vocal folds）を参照。

変容（modification）

音声学の用語。声道の空気の流れに影響を与える発声器官の動き。

ほ

母音（vowel）

1. 話しことばにおいて，閉鎖や聞き取れる摩擦をともなうことなく作られる音で，音節の核部として機能する。　例：[e]，[i]．
2. 書記体系での上記1に相当する記号。　例：e，i．

母音間子音（intervocalic）

2つの母音間の子音。　例：*apart* の /p/．

母音交替（(vowel) gradation）

母音変化（ablaut）を見よ。

母音性の（vocalic）

母音に関係した。

母音直前の（prevocalic）

母音に先行する音を表す。

母音動詞（vocalic verb）

強変化動詞（strong verb）を見よ。

母音の後の（postvocalic）

母音に後続する音を表す。母音の後の **r**（postvocalic *r*）は，ある（方言の）発音様式における母音の後ろでの *r* 音質の使用を言う。　例：*car*, *work*.

母音変化（ablaut）

語に新しい文法機能を与える母音の変化（*drink* ➡ *drank*）。

母音交替（gradation または vowel gradation）とも呼ばれる。

母音連続（hiatus）

異なった音節に属する母音が隣り合うこと。　例：*idiot* の /i/ と /ə/。

法（mood）

動詞（法（助）動詞）または節によって伝えられる，事実，願望，可能性などに対する話者の態度。　例：直説法（indicative），仮定法（subjunctive）。

法(助)動詞（modal）を参照。

包括の（inclusive）

話し手とほかの人の両方を指す1人称の代名詞について用いられる。　例：話し手と聞き手を意味する *we*。

除外の（exclusive）を参照。

方言（dialect）

文法や語彙の使用によって，言語使用者の地域背景や社会背景が特定されるような言語の変種。

（方言の）発音様式（accent），方言学（dialectology）を参照。

方言学（dialectology）

（特に地域の）方言の研究。方言地理学（dialect geography）とも呼ばれる。

法言語学（forensic linguistics）

言語データが証拠の一部となっている犯罪を捜査するために，言語学の技法を使用すること。

方言地図（dialect atlas）

言語地図（linguistic atlas）を見よ。

（方言の）発音様式（accent）

音声学の用語。地域や社会への帰属性を示す発音様式の特徴。

方言（dialect）を参照。

方言連鎖（dialect chain）

方言連続（dialect continuum）を見よ。

方言連続（dialect continuum）

ある地域で話されている方言の連鎖で，その連鎖の境界が相互に理解できない（明確でない）場合のこと。方言連鎖（dialect chain）とも呼ばれる。

法(助)動詞（modal）

話し手の態度（法（mood））における差異を表す（助）動詞。　例：*may*, *can*.

法（mood）を参照。

法則（law）

異なる言語または言語状態の間の，(特に音声の使用に関する）予測可能な関係性を述べ表したもの。

音法則（sound law）を参照。

補語（complement）

節の一要素で，ほかの要素（例えば，主語）について述べられていることを補足する。　例：*That cloud formation looks* ***strange***.

節（clause）を参照。

母語（mother tongue）

第一言語（first language）を見よ。

母語話者（native speaker）

第一言語または母語としての言語の話し手。

第一言語（first language）を参照。

星つき形（starred form）

アステリスクつき形（asterisked form）を見よ。

補充法（suppletion）

語形変化系列表を完成させる目的で，（原形と）関連のない形態を使用すること。例：*go*／*goes*／*going*／*gone*／***went***.

語形変化系列表（paradigm）を参照。

補助言語（auxiliary language）

情報伝達のために異なる言語社会間で用いられる補助的な（共通）言語。

本動詞（main verb）

語彙動詞（lexical verb）を見よ。

翻訳借用（語）（loan translation）

（複合語の）各部が別々に，借用した方の言語に翻訳されているような借用語。例：superman はドイツ語の Übermensch の翻訳借用語。

なぞり（calque）とも呼ばれる。

ま

巻き舌音（roll）

顫動音（せんどうおん）（trill）を見よ。

摩擦音（fricative）

2つの音声器官が狭まり，そこを通り抜ける呼気が聴こえるほどの摩擦を生み出す場合に作られる子音について用いられる。　例：[f]，[z]．

せばめ音（spirant）とも呼ばれる。

幻形（まぼろしけい）（ghost form）

ある言葉の書写，分析，学習の際に生じた誤りに由来する語。

もとの言語の中には存在していない。

マラプロピズム（malapropism）

意図された語と音が似ているために誤って用いられる不適切な語。　例：(a paragon of virtue（徳の模範）と言うべきところを）*a paradigm of virtue*.

誤用（catachresis）とも呼ばれる。

丸括弧（parenthesis）

句読法の用語。任意で，含意されている意味要素を表すために用いられる，一対の丸い括弧（**parentheses**）の両方またはその一方。

イギリス英語では brackets（括弧）とも呼ばれる。

み

未完了（imperfect）

過去の継続や持続のような意味を表す時制の形式。　例：ラテン語の *amabam* (*I was loving*/*I used to love*).

溝型摩擦音（groove）

舌の中央線にできるわずかなくぼみで作られる摩擦子音。　例：[s]，[ʃ] など。

見出し語（headword）

辞書項目の冒頭にある語。

ミニム（minim）

筆記における垂直方向への1画。例：*m* には3つミニムがある。

民間語源（説）（folk etymology）

なじみのない語（の語源）をよりなじみがあるように変えること。　例：*asparagus*（アスパラガス）の語源を *sparrow-grass*（スズメ+草）とするなど。

通俗語源（説）(popular etymology) とも呼ばれる。

民族言語学（ethnolinguistics）

民族的な集団や行動との関係で行われることばの研究。

む

無強勢の（unstressed）

強勢（stress）を見よ。

矛盾語法（oxymoron）

不調和なあるいは矛盾する語を組み合わせる比喩的な表現。　例：シェイクスピアのロミオの 'bright smoke, cold fire, sick health'（「輝く煙，冷たい火，病める健康」）。

比喩的な（figurative）を参照。

無声化した（devoiced）

声帯の振動（声（voice））の通常の量が減らされた音について用いられる。

声（voice）を参照。

無生の（inanimate）

有生の（animate）を見よ。

無声の（voiceless）

声帯振動をともなわずに作られる音について用いられる。　例：[f]，[p]．**unvoiced** とも言う。

声（voice）を参照。

無動詞文（verbless）

定形（finite）動詞を省略した構文。例：*Although ready to leave, he*….

無摩擦継続音（frictionless continuant）

接近音（approximant）を見よ。

め

名詞（noun）

名づけの機能をもった語類で，典型的に可算性や数（すう）に関して対立を示し，節の主語や目的語として働くことができる。

名詞化（nominalization）

ほかの語類から名詞を形成すること。例：*redness*, *my answering*….

名詞句（noun phrase）

名詞を主要部としてもつ句。　例：*the tall man in a hat*.

明示的意味（denotation）

ある語とその語が指す現実との間の客観的（「辞書的」）関係。知的意味／指示的意味（cognitive/referential meaning）とも呼ばれる。

暗示的意味（connotation）を参照。

名詞類（nominal）

名詞および名詞のような項目。

命題（proposition）

真または偽と断定できる陳述形式の意味単位。　例：*The cat is asleep*.

命令文（imperative）

要請を表現する文法上の法（命令法）を用いた文。　例：*Look!*

メタ言語（metalanguage）

ことばについて語るために用いられることば。

その形容詞は *metalinguistic*（メタ言語的）。

も

目的格（objective case）

対格（accusative case）を見よ。

目的語（object）

行為の対象や結果を表す，節の要素。

直接目的語（direct object），間接目的語（indirect object）を参照。

目標（goal）

動詞が表す行為によって影響を受ける人や物。　例：*The man kicked* ***the ball***.

被動者（patient）や受容者（recipient）とも呼ばれる。

目標位置（target）

発声器官が，音の調音中に，理論上取る位置。

文字（letter）

アルファベットの書記体系で用いられる記号で，1つまたは2つ以上の言語音を表す。

アルファベット（alphabet），二重音字（digraph），二字一音（digraph），書記学（graphology），大文字（体）（majuscule）を参照。

文字論（graphetics）

手書きされたり印刷された言葉の視覚的特性の研究。

模倣（imitation）

特に言語の習得期に，言語行為をまねること。

ゆ

有音休止（filled pause）

言葉につかえた時にでる声。　例：*erm*（えーと）．

融合（coalescene）

もともと異なる言語単位の結合。　例：*would you* の口語発音で，*would* の末尾の /d/ と *you* の語頭の /j/ が融合し /dʒ/ になる。

融合（merger）

歴史言語学において，かつて区別できた言語単位が 1 つになること。

融合（syncretism）

もともと屈折によって区別されていた形式の融合。

屈折（inflection）を参照。

有生の（animate）

物体や概念（無生のもの（inanimates））ではなく，生物に言及するような語（とりわけ名詞）について用いられる。

性（gender）を参照。

有声の（voiced）

声（voice）を見よ。

雄弁術（elocution）

効果的な演説を行うための話し方の訓練の技法。

指文字（finger spelling）

アルファベットのそれぞれの文字に独自の形を割り当てた手話記号。指話法（dactylogy）とも呼ばれる。

よ

養護者言葉（caretaker speech）

大人が子どもに話すときに用いる言葉。養育者言葉（caregiver speech）や母親言葉（motherese）とも呼ばれる。

用語集（glossary）

専門分野において用いられる用語をアルファベット順に並べたリスト。

要請（command）

指令（directive）を見よ。

様態（manner）

文法の用語。「どのように？」という疑問文への答えとなる副詞類。　例：*quickly.*

副詞類（adverbial）を参照。

容認可能な（acceptable）

ある言語で母語話者が可能だと感じる語法について用いられる。

適切な（appropriate），正用法（correctness）を参照。

容認発音（Received Pronunciation）

地域的に中立で，格調の高いイギリス英語の発音・言葉遣い。

与格（dative case）

屈折言語において，典型的に間接目的語を表す形態で，英語の *I gave the letter **to the girl*** に相当する。

直接目的語（direct object）を参照。

抑揚（inflection/inflexion）

音声学の用語。発話中の声の高さの変化。

余剰的な（redundant）

言語的な対立を同定したり維持したりする上で必要性がないような特性について用いられる。

余白（white space）

印刷面の活字によって埋められていない部分。

ら

ラテン語式（latinate）

古典ラテン語文法で使用される用語や範疇に基礎を置いているいかなる文法についても用いられる。

ランク（rank）

レベル（level）2 を見よ。

り

リエゾン（liaison）

後続する語が母音で始まる場合に，先行する語の語末の子音が発音されること。

連結（linking）を参照。

俚言（patois）

地方の方言。しばしば軽蔑的に用いられる。

リズム（rhythm）

発話内の際立った単位が知覚できるほどに規則的であること。

離接関係（disjunction）

文中での要素間の選択的または対比関係。　例：*Either we're early or the bus is late.*

律読分析（scansion）

韻律の分析。

略語（abbreviation）

語，句または文の短縮した表現。

頭字語（acronym），頭文字略語（initialism），省略（ellipsis）を参照。

流音（liquid）

［l］や［r］のようなタイプの子音。

流暢さ（fluency）

なめらかで，素早く，自然なことばの使用。

良化（amelioration）

語が元来の否定的な意味をなくすような意味変化。

悪化（deterioration）を参照。

両唇音（bilabial）

両方の唇で作られる子音（［b］や［m］）について用いられる。

両数（dual）

「2 つの」を意味する，いくつかの言語における数の文法的対立。双数とも言う。

両性の（dual gender）

男性または女性のいずれをも指示する名詞について用いられる。　例：*artist, cook.*

リングワフランカ（lingua franca）

母語が異なっている人びとのコミュニケーションのための言語。

臨時語（nonce word）

一度しか使用されないような，創り出されたあるいは偶発的な言語形式。　例：ルイス・キャロルの Jabberwocky（「ジャバウォックの詩」）における *brilling* やそのほかの造語。

る

類（class）

語類（word class）を見よ。

類音反復（assonance）

特別な効果を上げるのに同じまたは類似した母音を反復使用すること。

類推（analogy）

規則的な形式が規則的でない形式に影響し始める際の，言語におよぼす変化。　例：子どもの wented の使用は，*-ed* で終わる他の規則的な動詞の過去時制との類推による。

類像的（iconic）

信号について用いられ，擬音語のように，その物理的形式が，それが指示する実体の特徴に相応しているものを言う。例：*cuckoo.*

ルドリング（ludling）

特に形態や音韻レベルの弁別的構造によって特徴づけられることば遊び。

れ

歴史言語学（historical linguistics）

通時的なことばおよび諸言語の発展の研究。

通時言語学（diachronic linguistics），（力点は異なるが）比較文献学（comparative philology）とも呼ばれる。

レキシコン（lexicon）

ある言語の語彙。特に辞書に掲載される形を言う。

語彙形式（lexis）とも呼ばれる。

歴史的現在（historic(al) present）

過去に起こった出来事を述べるのに用いる現在時制の用法。　例：*Last week, I'm walking into town....*

レパートリー（repertoire）

話者にとって利用可能な言葉や言語変種の範囲。

レベル（level）

1. ことばの構造組織の主要な次元を言う。それぞれ独自に研究される。　例：音韻論（phonology），統語論（syntax）．
2. 文法の用語。文内の一連の構造層のおのおのを言う。　例：節，句，語など。ランク（rank）とも呼ばれる。
3. 音韻論の用語。発話中の声の高さや大きさの度合い。
4. 文体論の用語。ある社会状況に適していると感じられる表現法。　例：形式ばった（formal）文体，親しみやすい（intimate）文体。

連結（linking）

発音しやすくするために，2 つの音節や語の間に挿入される音。　例：*car and bus* に見られる英語の連結の *r*（linking *r*）。

リエゾン（liaison）を参照。

連結語（connective/connector）

言語単位をつなげる機能をもつ項目。例：接続詞や *moreover* のようないくつかの副詞。

副詞（adverb），接続詞（conjunction）を参照。

連結動詞（linking verb）

繫辞（copula）を見よ。

連接（juncture）

文法単位を分離する音韻境界の特徴。例えば，語や文を分離する音の高低，持続，休止など。

連想的意味（associative meaning）

語の基本的意味の一部ではない，意味上連想される事柄。　例：*birthday* から present, party などが連想される。

連続音（continuant）

声道の不完全な閉鎖によって作られる言語音。　例：/l/, /e/, /f/.

ろ

六歩格（hexameter）

6 つのリズム単位（詩脚）を含む詩行。

ロゴグリフ（logogriph）

アナグラムを用いた語のパズル。

わ

話題（topic）

何かが述べられる題目のこと。　例：***The pen** is red.*

既知情報（given information）とも呼ばれる。

話題について新たな情報を加える評言（comment）（新情報（new information））と対比をなす。

話題化（topicalization）

主題化（thematization），話題（topic）を見よ。

わたり（glide）

上昇または下降のような音の高低レベルの変化を含む音調。

わたり音（glide）

1. 発声器官が，ある音の調音からほかの音の調音へ移行するときに生じる音。発声器官が調音する音に向かう場合は**入りわたり**（on-glide）と言い，調音する音から離れる場合は**出わたり**（off-glide）と言う。　例：*puny*［pʲuːni］の［j］。
2. 音質の変化が認識される1つの母音。二重母音や三重母音など。

Ⅱ 特殊記号と略語

個別の地図や解説文にのみ使われている略記は各図で説明されている。

A	adverbial　副詞類
acc.	accusative　対格
adj.	adjective　形容詞
AmE	American English　アメリカ英語
BNC	British National Corpus　ブリティッシュ・ナショナル・コーパス
BrE	British English　イギリス英語
c.	about　〜年頃
C	［地理］central　中央（の）
C	［文法］complement　補語
C	［音韻］consonant　子音
Ch.	Chapter　第〜章
cm	centimetre(s)　センチメートル
CMC	computer-mediated communication　コンピューターに仲介されたコミュニケーション
COBUILD	Collins-Birmingham University International Language Database　コリンズ・バーミンガム大学国際言語データベース
COCA	Corpus of Contemporary American English　現代アメリカ英語コーパス
CS	Chancery Standard　大法官庁標準
CS	Cut Spelling (Cut Speling)　短縮つづり字法
CV	cardinal vowel　基本母音
DARE	Dictionary of American Regional English　アメリカ地域言語事典
dat.	dative　与格
DMC	digitally mediated communication　デジタルに仲介されたコミュニケーション
E	east(ern)　東（の）
EAP	English for Academic Purposes　学術研究のための英語
ed(s).	editor(s)　編集者
EFL	English as a Foreign Language　外国語としての英語
EGP	English for General Purposes　一般的な目的のための英語
EIL	English as an International Language　国際語としての英語
ELA	English Language Amendment　英語言語化憲法修正条項
ELF	English as a Lingua Franca　リングワフランカとしての英語
ELT	English Language Teaching　英語教育
EMC	electronically mediated communication　電子的に仲介されたコミュニケーション
EMF	English as a Multilingua Franca　多言語使用者間のリングワフランカとしての英語
EMT	English as a Mother Tongue　母語としての英語
ENL	English as a Native Language　母語としての英語
EOP	English for Occupational Purposes　職業上の目的のための英語
ESL	English as a Second Language　第二言語としての英語
ESP	English for Special Purposes　特別な／特定の目的のための英語
EST	English for Science and Technology　科学とテクノロジーのための英語
F	French　フランス語
FRU	first recorded use (in the Oxford English Dictionary)　初出例，初出時期（OED において）
GA	［語彙］The Gambia　ガンビア
GA	［音韻］General American　一般アメリカ英語
gen.	genitive　属格
GH	Ghana　ガーナ
GloWbE	Global Web-based English Corpus　世界的ウェブ英語コーパス
HTOED	Historical Thesaurus of the Oxford English Dictionary　オックスフォード英語辞典歴史シソーラス
I(s)	Island(s)　島
ICE	International Corpus of English　国際英語コーパス
IDEA	International Dialects of English Archive　国際英語方言アーカイブ
ind.	indicative　直説法
i.t.a.	Initial Teaching Alphabet　初期指導用アルファベット
L1	first language　第一言語
L2	second language　第二言語
L3	third language　第三言語
l(l).	line(s)　行
LAGS	Linguistic Atlas of the Gulf States　湾岸諸州の言語地図
LOB	Lancaster-Oslo/Bergen corpus　ランカスター・オスロ／ベルゲンイギリス英語コーパス
LSE	London School of Economics　ロンドン・スクール・オブ・エコノミクス
LSP	Language for Special/Specific Purposes　特別な／特定の目的のための言語
m	metre(s)　メートル
Me.	Mercian　マーシア方言
ME	Middle English　中英語
MIT	Massachusetts Institute of Technology　マサチューセッツ工科大学
MnE	Modern English　近代英語
MT	mother tongue　母語
N	［地理］north(ern)　北（の）
N	［語彙］Nigeria　ナイジェリア
n.	noun　名詞
NL	native language　母語

NNL	non-native language 非母語
NNV	non-native variety 非母語変種
No.	Northumbrian ノーサンブリア方言
nom.	nominative 主格
Non-U	non-upper-class 非上流階級
NOW	News on the Web ウェブニュースコーパス
NP	noun phrase 名詞句
NRU	next recorded use (in the Oxford English Dictionary) 次に使用記録が残されている例（OED において）
NS	New Spelling (Nue Speling) 新つづり字法
O	Object 目的語
OE	Old English 古英語
OED	Oxford English Dictionary オックスフォード英語辞典
ON	Old Norse 古ノルド語
OP	original pronunciation 当時の発音
p(p).	page(s) ページ
P	patient/pupil 患者／生徒
part.	participle 分詞
PC	political correctness 政治的な正しさ
pl.	plural 複数形
pres.	present tense 現在時制
RP	Received Pronunciation 容認発音
S	［地理］south(ern) 南（の）
S	［文法］Subject 主語
SE	Standard English 標準英語
sg.	singular 単数形
SGML	Standard Generalized Markup Language 汎用マークアップ言語規約
SL	Sierra Leone シエラレオネ
subj.	subjunctive 仮定法
T	therapist/teacher 療法士／教師
TEAL	Typo Eradication Advancement League 誤植根絶推進連盟
TEFL	Teaching English as a Foreign Language 外国語としての英語教育
TEIL	Teaching English as an International Language 国際語としての英語教育
TESL	Teaching English as a Second Language 第二言語としての英語教育
TESOL	Teaching English to Speakers of Other Languages 他言語話者に対する英語教育
TO	traditional orthography 伝統的正書法
trans.	translation 翻訳
U	upper-class 上流階級
UK	United Kingdom 英国（連合王国）
US(A)	United States (of America) 米国（アメリカ合衆国）
v., vb.	［文法］verb 動詞
V	［音韻］vowel 母音
VOICE	Vienna-Oxford International Corpus of English ウィーン・オックスフォード国際英語コーパス
vs	versus 〜と〜，〜対〜
W	west(ern) 西（の）
WAVE	West African Vernacular English 西アフリカ英語
WE	World English 世界英語
WS	West Saxon ウエストサクソン方言
WSE	World Standard English 世界標準英語

1	1 人称の表示
2	2 人称の表示
3	3 人称の表示
[ ]	音声表記を示す括弧
/ /	音素を示す括弧
< >	書記素を示す括弧
( )	随意的な要素を示す括弧
*	［通時態］推定形であることを示す記号
*	［共時態］容認不可能な用法であることを示す記号
§	「第〜章」を表す記号
^	要素が省略された部位を示す記号
/	音調単位の境界を示す記号
. / - / - - / - - -	［音韻］休止の長さの表示（長くなっていく順）
↑	高部上昇調のパターンを示す記号
/	韻律における強勢音節を示す記号
‿	韻律における無強勢音節を示す記号

発音記号

これらの記号は，本書全体を通して音声の表記に用いられている。これらの音価を表す他の発音記号については，pp. 249, 255 を参照のこと。

母音

/iː/	*sea* など
/ɪ/	*sit* など
/e/	*let* など
/æ/	*cat* など
/ʌ/	*cut* など
/ɑː/	*calm* など
/ɒ/	*dog* など
/ɔː/	*saw* など
/ʊ/	*put* など
/uː/	*do* など
/ɜː/	*bird* など
/ə/	*the* など
/eɪ/	*day* など
/aɪ/	*time* など
/ɔɪ/	*toy* など
/əʊ/	*know* など
/aʊ/	*how* など
/ɪə/	*here* など
/ɛə/	*there* など
/ʊə/	*sure* など

子音

/p/	*pie* など
/b/	*buy* など
/t/	*to* など
/d/	*do* など
/k/	*key* など
/ɡ/	*go* など
/ʧ/	*chew* など
/ʤ/	*jaw* など
/f/	*foe* など
/v/	*view* など
/θ/	*thigh* など
/ð/	*thy* など
/s/	*see* など
/z/	*zoo* など
/ʃ/	*she* など
/ʒ/	*rou**ge*** など
/h/	*how* など
/m/	*me* など
/n/	*no* など
/ŋ/	*si**ng*** など
/l/	*lie* など
/r/	*row* など
/w/	*way* など
/j/	*you* など

III 参考文献

Aarts, B., Close, J. & Wallis, S. 2010. Recent changes in the use of the progressive construction in English. In B. Cappelle & N. Wada (eds.), *Distinctions in English Grammar, Offered to Renaat Declerck.* Tokyo: Kaitakusha, 148-67.

Abbott, G. 1988. Mascaraed and muumuu-ed: The spelling of imported words. *English Today* **4**, 43-6.

Adams, D. 1979. *The Hitch Hiker's Guide to the Galaxy.* London: Pan.

Adams, D. & Lloyd, J. 1983. *The Meaning of Liff.* London: Pan and Faber & Faber.

Aitken, A. J. 1984. Scots and English in Scotland. In P. Trudgill (ed.), *Language in the British Isles.* Cambridge University Press, 517-32.

Alford, H. 1869. *The Queen's English.* London: Strahan.

Algeo, J. 1988. The tag question in British English: It's different i'n'it? *English World-Wide* **9**, 171-91.

Allan, S. 1990. The rise of New Zealand intonation. In A. Bell & J. Holmes (eds.), *New Zealand Ways of Speaking English* (Clevedon: Multilingual Matters), 115-28.

Allsopp, J. 1992. French and Spanish loan words in Caribbean English. *English Today* **29**, 12-20.

Angogo, R. & Hancock, I. 1980. English in Africa: Emerging standards or diverging regionalisms? *English World-Wide* **1**, 67-96.

Annand, J. K. 1982. Lallans［聖書翻訳からの抜粋］. *English World-Wide* **4**, 89.

1986. *Dod and Davie.* Edinburgh: Canongate Publishing.

Archer, W. 1904. *Real Conversations.* London: William Heinemann.

Armstrong, S. & Ainley, M. 1990. *South Tyneside Assessment of Syntactic Structures.* Ponteland: STASS Publications.

Atkinson, M. 1984. *Our Masters' Voices.* London: Methuen.

Awonusi, V. O. 1990. Coming of age: English in Nigeria. *English Today* **22**, 31-5.

Bailey, R. W. 1984. The English language in Canada. In R. W. Bailey & M. Görlach (eds.), *English as a World Language.* Cambridge University Press, 134-76.

1986. Dictionaries of the next century. In R. Ilson (ed.), *Lexicography: An Emerging International Profession.* Manchester University Press, 123-37.

Baker, C. D. & Freebody, P. 1989. *Children's First School Books.* Oxford: Blackwell.

Baldie, B. 1976. The acquisition of the passive voice. *Journal of Child Language* **3**, 331-48.

Baratz, J. C. & Shuy, R. W. (eds.) 1969. *Teaching Black Children to Read.* Washington: Center for Applied Linguistics.

Barry, M. V. 1984. The English language in Ireland. In R. W. Bailey & M. Görlach (eds.), *English as a World Language.* Cambridge University Press, 84-133.

Bauer, L. 1983. *English Word-Formation.* Cambridge University Press.

Baumgardner, R. J. 1990. The indigenization of English in Pakistan. *English Today* **21**, 59-65.

Bawden, N. 1976. A dead pig and my father. In G. Fox, G. Hammond, T. Jones, F. Smith & K. Sterck (eds.), *Writers, Critics and Children.* London: Heinemann.

Beal, J. 1988. The grammar of Tyneside and Northumbrian English. In J. Milroy & L. Milroy (eds.), *Regional Variation in British English Syntax.* London: Economic and Social Research Council.

Bell, A. 1991. *The Language of the News Media.* Oxford: Blackwell.

Benedict, H. 1979. Early lexical development: Comprehension and production. *Journal of Child Language* **6**, 183-200.

Benson, M., Benson, E. & Ilson, R. 1986a. *The BBI Combinatory Dictionary of English: A Guide to Word Combinations.* Amsterdam: Benjamins.

1986b. *Lexicographic Description of English.* Amsterdam: Benjamins.

Benson, R. W. 1985. The end of legalese: The game is over. *Review of Law and Social Change* **13**, 519-73.

Bernard, J. R. 1981. Australian pronunciation. In *The Macquarie Dictionary.* Sydney: Macquarie Library, 18-27.

Berry, E. 1985. Arbitrary form in poetry and the poetic function of language. In G. Youmans & D. M. Lance (eds.), *In Memory of Roman Jakobson* (Columbia: Linguistics Area Program), 121-34.

Biber, D. 1988. *Variation across Speech and Writing.* Cambridge University Press.

Blair, P. H. 1977. *An Introduction to Anglo- Saxon England,* 2nd edn. Cambridge University Press.

Blake, N. 1969. *Caxton and His World.* London: Deutsch.

1992. The literary language. In N. Blake (ed.), *The Cambridge History of the English Language. Vol. II: 1066-1476.* Cambridge University Press, 500-41.

Bolton, W. F. 1982. *A Living Language: The History and Structure of English.* New York: Random House.

1992. *Shakespeare's English: Language in the History Plays.* Oxford: Blackwell.

Bradley, D. 1991. /æ/ and /aː/ in Australian English. In J. Cheshire (ed.), *English Around the World: Sociolinguistic Perspectives.* Cambridge University Press, 227-34.

Brandreth, G. 1987. *The Joy of Lex.* London: Guild Publishing.

Brandreth, G. & Francis, D. 1992. *World Championship Scrabble®.* Edinburgh: Chambers.

Branford, J. & Branford, W. 1991. *A Dictionary of South African English,* 4th edn. Oxford University Press.

Bridges, R. 1913. *A Tract on the Present State of English Pronunciation.* Oxford: Clarendon Press.

Britain, D. & Newman, J. 1992. High rising terminals in New Zealand English. *Journal of the International Phonetic Association* **22**, 1-11.
Broadbent, M. 1983. Glossary. In G. Rainbird, *An Illustrated Guide to Wine.* London: Octopus Books.
Brodeur, A. G. 1959. *The Art of Beowulf.* Berkeley: University of California Press.
Brown, B. 1993. What might an improved spelling look like? *Newsletter of the Simplified Spelling Society.* London: Simplified Spelling Society.
Brown, R. 1973. *A First Language.* Cambridge, Mass.: Harvard University Press.
Burchfield, R. 1981. *The Spoken Word: a BBC Guide.* London: British Broadcasting Corporation.
Burgess, A. 1973. *Joysprick: An Introduction to the Language of James Joyce.* London: Deutsch.
Burnley, D. 1992. Lexis and semantics. In N. Blake (ed.), *The Cambridge History of the English Language. Vol. II: 1066-1476.* Cambridge University Press, 409-99.
Burrows, J. F. 1992. Not until you ask nicely: The interpretative nexus between analysis and information. *Literary and Linguistic Computing* **7**, 91-109.
Butcher, J. 1992. *Copy-editing,* 3rd edn. Cambridge University Press.
Cameron, K. 1961. *English Place Names.* London: Methuen.
Cassidy, F. G. 1982. Geographical variation of English in the United States. In R. W. Bailey & M. Görlach (eds.), *English as a World Language.* Cambridge University Press, 177-209.
— **1985, 1991.** *The Dictionary of American Regional English, Vols. I, II.* Cambridge, Mass.: Belknap Press.
Celcis, P., Agniel, A., Démonet, J.-F. & Marc-Vergnes, J.-P. 1991. Cerebral blood flow correlates of word list learning. *Journal of Neurolinguistics* **6**, 253-72.
Chambers, J. K. & Hardwick, M. F. 1986. Comparative sociolinguistics of a sound change in Canadian English. *English World-Wide* **7**, 23-46.
Cheshire, J. 1982. *Variation in an English Dialect: A Sociolinguistic Study,* Cambridge: Cambridge University Press.
Chiaro, D. 1992. *The Language of Jokes: Analysing Verbal Play.* London: Routledge.
Churchill, W. 1948. *The Gathering Storm, The History of the Second World War* 第1巻. London: Cassell.
Close, J. & Aarts, B. 2010. Current change in the modal system of English: A case study of *must, have to* and *have got to*. In U. Lenker, J. Huber & R, Mailhammer (eds.), *The History of English Verbal and Nominal Constructions.* Amsterdam: Benjamins, 165-81.
Cooke, A. 1973. *America.* London: BBC Enterprises.
Cooper, R. L. 1984. The avoidance of androcentric generics. *International Journal of the Sociology of Language* **50**, 5-20.
Corns, T. N. 1990. *Milton's Language.* Oxford: Blackwell.
Cotton, B. B. & Garrett, M.1999. *You Ain't Seen Nothing Yet: The Future of Media and the Global Expert System.* London: Institute of Contemporary Arts.
Cowan, N. & Leavitt, L. 1982. Talking backward: Exceptional speech play in late childhood. *Journal of Child Language* **9**, 481-95.
Croft, P. J. 1973. *Autograph Poetry in the English Language.* London: Cassell.
Crowdy, S. 1993. Spoken corpus design. *Literary and Linguistic Computing* **8**, 259-55.
Crystal, D. 1981. Generating theological language. In J.-P. van Noppen (ed.), *Theolinguistics* (Studiereeks Tijdschrift, Free University of Brussels, New Series 8), 265-81.
1984. *Who Cares about English Usage?* London: Penguin.
1986. *Listen to Your Child.* London: Penguin.
1988a. *Rediscover Grammar.* London: Longman.
1988b. *Pilgrimage.* Holyhead: Holy Island Press.
2008a. *Think on my Words: Exploring Shakespeare's Language.* Cambridge University Press.
2008b. Who pays the piper calls the tune: Changing linguistic goals in the service of industry - a case study. In D. Prys & B. Williams (eds.), *Global Understanding in Multilingual, Multimodal and Multimedia Contexts* Bangor University: Language Technologies Unit, 39-46.
2008c. *Txtng: The Gr8 Db8.* Oxford University Press.
2010. The changing nature of text: A linguistic perspective. In E. Thoutenhoofd, W. van Peursen & A. van der Weel (eds.), *Text Comparison and Digital Creativity.* Leiden: Brill, 229-52.
2011a. *Begat: The King James Bible and the English Language.* Oxford University Press.
2011b. 'O brave new world, that has such corpora in it!' New trends and traditions on the Internet. *ICAME 32, Trends and Traditions in English Corpus Linguistics*, Oslo での発表資料.
2012. Plurilingualism, pluridialectism, pluriformity. In M. Pilar, R. Place & O. Fernández (eds.), *Plurilingualism: Promoting Co-operation between Communities, People and Nations.* Bilbao: University of Deusto, 13-24.
2014. *Words in Time and Place: Exploring Language through the Historical Thesaurus of the Oxford English Dictionary.* Oxford University Press.
2015. *Making a Point: The Pernickety Story of English Punctuation.* London: Profile.
2017. *OED* entries where Shakespeare is the first recorded user. www.davidcrystal.com
Crystal, D. & Crystal, B. 2002. *Shakespeare's Words: A Glossary and Language Companion.* London: Penguin. www.shakespeareswords.com

Crystal, D. & Davy, D. 1969. *Investigating English Style.* London: Longman.

1975. *Advanced Conversational English.* London: Longman.

Crystal, D. & Varley, R. 1993. *Introduction to Language Pathology,* 3rd edn. London: Whurr.

Cureton, R. D. 1986. Visual form in e e cummings' *No Thanks. Word & Image* **2**, 245-76.

Cutler, A., McQueen, J. & Robinson, K. 1990. Elizabeth and John: Sound patterns of men's and women's names. *Journal of Linguistics* **26**, 471-82.

Cutts, M. 1994. *Lucid Law.* Stockport: Plain Language Commission.

Dalton, P. & Hardcastle, W. J. 1989. *Disorders of Fluency,* 2nd edn. London: Whurr.

Davies, M. 1993. *My Rare Animal ABC Frieze.* Godalming: World Wide Fund for Nature.

Davies, M[ark]. 2015. Introducing the 1.9 billion word Global Web-Based English Corpus (GloWbE). *The 21st Century Text 5.* https://21centurytext.wordpress.com

Devitt, A. J. 1989. *Standardizing Written English: Diffusion in the Case of Scotland, 1520-1659.* Cambridge University Press.

Dickins, B. & Wilson, R. M. 1951. *Early Middle English Texts.* London: Bowes & Bowes.

Dillon, J. T. 1990. *The Practice of Questioning.* London: Routledge.

Donnelly, I. 1888. *The Great Cryptogram.* London: Sampson Low, Marston, Searle & Rivington.

Downing, J., Ayers, D. & Schaefer, B. 1983. *Linguistic Awareness in Reading Readiness (LARR) Test.* Windsor: NFER-Nelson.

D'Souza, J. 1991. Speech acts in Indian English fiction. *World Englishes* **10**, 307-16.

Dubey, V. S. 1991. The lexical style of Indian English newspapers. *World Englishes* **10**, 19-32.

Dunkling, L. 1974. *The Guinness Book of Names.* Enfield: Guinness Superlatives.

Ebeling, G. 1972. *Introduction to a Theological Theory of Language.* London: Collins.

Ellegård, A. 1953. *The Auxiliary Do: The Establishment and Regulation of its Use in English.* Stockholm: Almqvist & Wiksell.

1962. *Who was Junius?* Stockholm: Almqvist & Wiksell.

Ellis, A. J. 1869. *On Early English Pronunciation.* London: Early English Text Society.

Empson, W. 1930. *Seven Types of Ambiguity.* London: Chatto & Windus.

England and Wales High Court. 2014. EWHC 4014 (QB), 27 November.

Fasold, R. 1987. Language policy and change: Sexist language in the periodical news media. In P. Lowenberg (ed.), *Georgetown University Round Table on Languages and Linguistics.* Washington: Georgetown University Press, 187-206.

Fasold, R., Yamada, H., Robinson, D. & Barish, S. 1990. The language-planning effect of newspaper editorial policy: Gender differences in The Washington Post. *Language in Society* **19**, 521-39.

Fell, C. E. 1991. Runes and semantics. In A. Bammesberger (ed.), *Old English Runes and their Continental Background.* Heidelberg: Winter, 195-229.

Ferguson, C. A. 1983. Sports announcer talk: Syntactic aspects of register variation. *Language in Society* **12**, 153-72.

Ferreiro, E. & Teberosky, A. 1983. *Literacy before Schooling.* London: Heinemann.

Ferris, P. (ed.) 1985. *Dylan Thomas: The Collected Letters.* New York: Macmillan.

Field, J. 1980. *Place Names of Great Britain and Ireland.* Totowa: Barnes & Noble; Newton Abbot: David & Charles.

Fischer, O. 1992. Syntax. In N. Blake (ed.), *The Cambridge History of the English Language. Vol. II: 1066-1476.* Cambridge University Press, 207-408.

Flexner, S. B. 1976. *I Hear America Talking.* New York: Simon & Schuster.

Fournier, P. S. 1764-6. *Manuel typographique.* Paris: Fournier and Barbou; trans. H. Carter, *Fournier on Typefounding.* New York: Burt Franklin, 1973.

Fowler, H. W. 1926. *Modern English Usage.* London: Oxford University Press.

Friedman, M. 1985. The changing language of a consumer society: Brand name usage in popular American novels in the postwar era. *Journal of Consumer Research* **11**, 927-38.

1986. Commercial influences in popular literature: An empirical study of brand name usage in American and British hit plays in the postwar era. *Empirical Studies of the Arts* **4**, 63-76.

Fromkin, V. & Rodman, R. 1974. *An Introduction to Language,* 5th edn 1994. New York: Holt, Rinehart & Winston.

Fry, D. B. 1947. The frequency of occurrence of speech sounds in Southern English. *Archives Néerlandaises de Phonétique Expérimentale,* 20.

Fuller, S., Joyner, J. & Meaden, D. 1990. *Language File.* London: BBC Enterprises and Longman.

Gammond, P. & Clayton, P. 1959. *101 Things.* London: Elek Books.

Garmonsway, A. N. (ed.) 1972. *The Anglo- Saxon Chronicle.* London: Dent.

Gibbon, F., Hardcastle, W. & Moore, A. 1990. Modifying abnormal tongue patterns in an older child using electropalatography. *Child Language Teaching and Therapy* **6**, 227-45.

Giles, B. 1990. *The Story of Weather.* London: HMSO.

Giles, H., Coupland, N. & Coupland, J. 1991. Accommodation theory: Communication, context, and consequence. In H. Giles, J. Coupland & N. Coupland (eds.), *Contexts of Accommodation: Developments in Applied Sociolinguistics.* Cambridge University Press, 1-68.

Gilliver, P. 2016. *The Making of the Oxford English*

Dictionary. Oxford University Press.
Gimson, A. C. 1962. *An Introduction to the Pronunciation of English*, 6th edn 2001. London: Edward Arnold.
Gledhill, D. 1989. *The Names of Plants*, 2nd edn. Cambridge University Press.
Godman, A. & Denney, R. (eds.) 1985. *The Cambridge Illustrated Thesaurus of Chemistry*. Cambridge University Press.
Gonzalez, A. B. 1991. Stylistic shifts in the English of the Philippine print media. In J. Cheshire (ed.), *English Around the World: Sociolinguistic Perspectives*. Cambridge University Press, 333-63.
Görlach, M. (ed.) 1984. *Max and Moritz in English Dialects and Creoles*. Hamburg: Buske.
Gowers, E. 1954. *The Complete Plain Words*. London: HMSO.
Graham, J. J. 1981. Wir ain aald language. Writin ida Shetland dialect. *English World-Wide* **2**, 18-19.
Green, J. 1979. *Famous Last Words: An Illustrated Dictionary of Quotations*. London: Omnibus Press.
Greenbaum, S. 1991. ICE: The International Corpus of English. *English Today* **28**, 3-7.
Greenbaum, S. & Quirk, R. 1990. *A Student's Grammar of the English Language*. London: Longman.
Greene, G. 1973. *The Third Man*. London: Faber & Faber.
Grote, D. 1992. *British English for American Readers*. Westport: Greenwood Press.
Grunwell, P. 1987. *Clinical Phonology*, 2nd edn. London: Croom Helm.
Gumperz, J. J. 1982. *Language and Social Identity*. Cambridge University Press.
Gyasi, I. K. 1991. Aspects of English in Ghana. *English Today* **28**, 26-31.
Hancock, I. F. & Angogo, R. 1984. English in East Africa. In R. W. Bailey & M. Görlach (eds.), *English as a World Language*. Cambridge University Press, 306-23.
Hanks, P. & Hodges, F. 1990. *A Dictionary of First Names*. Oxford University Press.
Hanson, J. 1972. *Antonyms*. Minneapolis: Lerner.
Hart, C. J. 2018. 'Riots engulfed the city': An experimental study investigating the legitimating effects of fire metaphors in discourses of disorder. *Discourse and Society* **29**, 279-98.
Hayakawa, S. I. 1939. *Language in Thought and Action*. New York: Harcourt, Brace & World.
Hill, W. J. & Öttchen, C. J. 1991. *Shakespeare's Insults*. Cambridge: Mainsail Press.
Hinrichs, L., Szmrecsanyi, B. & Bohmann, A. 2015. Which-hunting and the Standard English relative clause. *Language* **91** (4), 806-36.
Holzknecht, S. 1989. Sociolinguistic analysis of a register: Birthday notices in Papua New Guinea Post Courier. *World Englishes* **8**, 179-92.
Howarth, P. 1956. *Questions in the House: The History of a Unique British Institution*. Oxford: Bodley Head.
Howe, C. J. 1976. The meanings of two-word utterances in the speech of young children. *Journal of Child Language* **3**, 29-47.
Hoyle, S. M. 1991. Children's competence in the specialized register of sportscasting. *Journal of Child Language* **18**, 435-50.
Hughes, G. 1988. *Words in Time: A Social History of the English Vocabulary*. Oxford: Blackwell.
1991. Swearing: *A Social History of Foul Language, Oaths and Profanity in English*. Oxford: Blackwell.
Hutton, M. (trans.) 1914. *Agricola and Germania*. London: William Heinemann.
Jackson, C. 1980. *Color Me Beautiful*. Washington: Acropolis; London: Piatkus.
Jacobson, S. 1985. *British and American Scouting and Guiding Terminology: A Lexo- Semantic Study*. (Stockholm Studies in English 62.) Stockholm: Almqvist & Wiksell.
James, R. & Gregory, R. G. 1966. *Imaginative Speech and Writing*. London: Nelson.
Jenkins, H. R. 1992. On being clear about time. An analysis of a chapter of Stephen Hawking's *A Brief History of Time*. *Language Sciences* **14**, 529-44.
Jespersen, O. 1933. *Essentials of English Grammar*. London: Allen & Unwin.
Johansson, S. 1980. Word frequencies in British and American English: Some preliminary observations. *Stockholm Papers in English Language and Literature* **1**, 56-74.
Johansson, S. & Hofland, K. 1989. *Frequency Analysis of English Vocabulary and Grammar*. Oxford: Clarendon Press.
Jones, C. 1972. *An Introduction to Middle English*. New York: Holt, Rinehart & Winston.
Jones, D. 1917. *English Pronouncing Dictionary*, 14th edn, 1991. Cambridge University Press.
1918. *An Outline of English Phonetics*, 9th edn, 1960. Cambridge: Heffer.
Justeson, J. S. & Katz, S. M. 1992. Redefining antonymy: The textual structure of a semantic relation. *Literary and Linguistic Computing* **7**, 176-84.
Kachru, B. B. 1983. The Indianization of English: *The English Language in India*. Delhi: Oxford University Press.
1985. Standards, codification and sociolinguistic realism: The English language in the outer circle. In R. Quirk & H. G. Widdowson (eds.), *English in the World*. Cambridge University Press, 11-30.
1986. The Indianization of English. *English Today* **6**, 31-3.
Kasravi, B. 1990. *The Index of the English Dictionary*. Santa Barbara: Interbond.
Kastovsky, D. 1992. Semantics and vocabulary. In R. M. Hogg (ed.), *The Cambridge History of the English Language*, Vol. I. Cambridge University Press, 290-408.
Kemp, J. A. 1972. *John Wallis's Grammar of the English Language*. London: Longman.
Kenyon, J. S. & Knott, T. A. 1953. *A Pronouncing Dictionary of American English*. Springfield: Merriam.
Ker, W. P. 1904. *The Dark Ages*. Edinburgh: Blackwood.
Kermode, F. (ed.) 1975. *Selected Prose of T. S. Eliot*. New

York: Harcourt Brace Jovanovich.

Kiernan, K. S. 1991. Digital image processing and the *Beowulf* manuscript. *Literary and Linguistic Computing* **6**, 20-7.

Kington, M. 1993. From the cradle to the grave, you never said a truer word. *The Independent,* 26 July.

Kralj Novak, P., Smailović, J., Sluban, B. & Mozetić, I. 2015. Sentiment of emojis. PLOS ONE 10 (12); e0144296. https://doi.org/10.1371/journal.pone.0144296

Kuiper, K. & Austin, P. 1990. They're off and racing now: The speech of the New Zealand race caller. In A. Bell & J. Holmes (eds.), *New Zealand Ways of Speaking English* (Clevedon: Multilingual Matters), 195-220.

Kurath, H. 1949. *A Word Geography of the Eastern United States.* Ann Arbor: University of Michigan.

Lakoff, G. & Johnson, M. 1980. *Metaphors We Live By.* University of Chicago Press.

Lang, A. (ed.) 1890. *Life, Letters and Diaries of Sir Stafford Northcote First Earl of Iddesleigh,* 2nd edn. Edinburgh: William Blackwood.

Leacock, S. 1944. *How to Write.* London: Bodley Head.

Leech, G. 1993. 100 million words of English. *English Today* **9**, 9-15.

Lerner, G. H. 1991. On the syntax of sentences-in-progress. *Language in Society* **20**, 441-58.

Levenston, E. A. 1973. A typology of grammatical deviation in poetry. *Scripta Hierosolymitana* (Jerusalem) **25**, 312-26.

Liberman, M. 2014. Plebgate judgement. In *Language Log,* University of Pennsylvania, 28 November.

Lieven, E. V. M., Pine, J. M. & Barnes, H. D. 1992. Individual differences in early vocabulary development: Redefining the referential-expressive distinction. *Journal of Child Language* **19**, 287-310.

Lockwood, W. 1976. Stork. *Fróðskapparit* **24**, 76.

Lounsbury, T. R. 1908. *The Standard of Usage in English.* New York: Harper.

Low, J. T. 1983. In Memoriam: John Thomas Low. *English World-Wide* **4**, 85-91.

Lutz, W. 1987. Doublespeak at large. *English Today* **12**, 21-4.

McArthur, T. 1981. *Longman Lexicon of Contemporary English.* Harlow: Longman.

1987. The English languages? *English Today* **11**, 9-13.

1992. *The Oxford Companion to the English Language.* Oxford University Press.

McClure, J. D. 1981. The makin o a Scots prose. *English World-Wide* **2**, 19-23.

McDavid, R. I. 1971. The language of the city. In J. V. Williamson & V. M. Burke (eds.), *A Various Language: Perspectives on American Dialect.* New York: Holt, Rinehart & Winston, 511-24.

McDowell, Joanne. 2015. Talk in feminized occupations: Exploring male nurses' linguistic behaviour. *Gender and Language* **9** (3), 365-89.

McElhinny, B. 1995. Challenging hegemonic masculinities: Female and male police officers handling domestic violence. In K. Hall & M. Bucholtz (eds.), *Gender Articulated.* New York: Routledge, 217-44.

MacHale, D. 1981. *The Bumper Book of Kerryman Jokes.* Dublin: Mercier Press.

McIntosh, A. M., Samuels, M. L. & Benskin, M. 1986. *A Linguistic Atlas of Late Mediaeval English.* Aberdeen University Press.

MacLeod, I. (ed.) 1990. *The Scots Thesaurus.* Aberdeen University Press.

Malan, R. 1972. *Ah big yaws?* Cape Town: David Philip.

Maley, A. 1985. The most chameleon of languages: Perceptions of English abroad. *English Today* **1**, 30-3.

Marshall, N. 1992. *Chambers Companion to the Burns Supper.* Edinburgh: Chambers.

Mbangwana, P. 1991. Invigorative and hermetic innovation in English in Yaoundé. *World Englishes* **10**, 53-63.

Meier, P. 2018. IDEA: International Dialects of English Archive. www.dialectsarchive.com

Mellinkoff, D. 1963. *The Language of the Law.* Boston: Little Brown.

Mencken, H. L. 1919. *The American Language.* New York: Knopf.

Mermin, N. D. 1990. *Boojums All the Way Through.* Cambridge University Press.

Mesthrie, R. 1987. From OV to VO in language shift: South African Indian English and its OV substrates. *English World-Wide* **8**, 263-76.

1993. South African Indian English. *English Today* **34**, 12-16, 63.

Mieder, W. (ed.) 1992. *A Dictionary of American Proverbs.* New York: Oxford University Press.

Mindt, D. & Weber, C. 1989. Prepositions in American and British English. *World Englishes* **8**, 229-38.

Mitchell, A. G. & Delbridge, A. 1965. *The Pronunciation of English in Australia.* Sydney: Angus & Robertson.

Mitford, N. 1956. The English aristocracy. In N. Mitford (ed.), *Noblesse Oblige.* London: Hamish Hamilton, 39-61.

Mittins, W. H. 1962. *A Grammar of Modern English.* London: Methuen.

Mittins, W. H., Salu, M., Edminson, M. & Coyne, S. 1970. *Attitudes to English Usage.* London: Oxford University Press.

Modiano, M. 2017. English in a post-Brexit European Union. *World Englishes* **26** (3), 313-27.

Montgomery, M. 1989. Exploring the roots of Appalachian English. *English World-Wide* **10**, 227-78.

Murison, D. 1981. *Scots Saws.* Edinburgh: Mercat Press.

Nash, W. 1990. *Language in Popular Fiction.* London: Routledge.

1992. *An Uncommon Tongue.* London: Routledge.

1993. *Jargon.* Oxford: Blackwell.

Nattinger, J. R. & DeCarrico, J. S. 1992. *Lexical Phrases and Language Teaching.* Oxford University Press.

Nevalainen, T. 1999. Early Modern English lexis and

semantics. In R. Lass (ed.), *The Cambridge History of the English Language. Vol. III: 1476-1776* . Cambridge University Press.

Olsson, J. 2008. *Forensic Linguistics*, 2nd edn. London: Continuum.

Oreström, B. 1985. *A Corpus of Shetland English*. Stockholm: Almqvist & Wiksell.

Orwell, G. 1946. Politics and the English language. *Horizon*, 13.

Ó Sé, D. 1986. Word-stress in Hiberno-English. In J. Harris, D. Little & D. Singleton (eds.), *Perspectives on the English Language in Ireland*. Trinity College Dublin: Centre for Language and Communication Studies, 97-107.

Palmatier, R. A. 1969. *A Descriptive Syntax of the Ormulum*. The Hague: Mouton.

Parkes, M. B. 1992. *Pause and Effect: Punctuation in the West*. Aldershot: Scolar Press.

Parslow, R. L. 1971. The pronunciation of English in Boston, Massachusetts: Vowels and consonants. In J. V. Williamson & V. M. Burke (eds.), *A Various Language: Perspectives on American Dialects*. New York: Holt, Rinehart & Winston, 610-24.

Pederson, L., *et al.* (eds.) 1986. *The Linguistic Atlas of the Gulf States: A Concordance of Basic Materials*. Ann Arbor: University Microfilm.

Pemagbi, J. 1989. Still a deficient language? *English Today* **17**, 20-4.

Phillips, K. C. 1970. *Jane Austen's English*. London: Deutsch.

Pierce, G. (ed.) 1980. *Cuttings: The Pick of 'Country Life' from Punch*. London: Elm Tree Books.

Pinker, S. 1997. *How the Mind Works*. London: Allan Lane.

Pinter, H. 1960. *The Birthday Party*. London: Methuen.

Platt, J. & Singh, K. 1984. The use of localized English in Singapore poetry. *English World-Wide* **5**, 43-54.

Plummer, C. (ed.), 1892-9. *Two of the Saxon Chronicles Parallel*. (2 vols.) Oxford University Press.

Porter, J. (ed.) 1991. *Beowulf: Text and Translation*. Pinner: Anglo-Saxon Books.

Postman, L. & Keppel, G. 1970. *Norms of Word Association*. New York: Academic Press.

Pryce, W. T. R. 1990. Language shift in Gwent, c. 1770-1981. In N. Coupland (ed.), *English in Wales*. Clevedon: Multilingual Matters, 48-83.

Quiller-Couch, A. 1916. *On the Art of Writing*. Cambridge University Press.

Quirk, R. 1970. English in twenty years. In *English - A European Language*. London: The Institute of Linguists.

Quirk, R., Adams, V. & Davy, D. 1975. *Old English Literature: A Practical Introduction*. Sevenoaks: Edward Arnold.

Quirk, R., Greenbaum, S., Leech, G. N. & Svartvik, J. 1985. *A Comprehensive Grammar of the English Language*. London: Longman.

Rawson, H. 1991. *A Dictionary of Invective*. London: Robert Hale.

Reader's Digest. 1985. *The Right Word at the Right Time*. London: Reader's Digest Association.

Redfern, W. 1989. *Clichés and Coinages*. Oxford: Blackwell.

Rees, N. 1981. *Graffiti 3*. London: Unwin.

Reid, J. & Donaldson, M. 1984. *R&D*. Basingstoke: Macmillan Education.

Renton Report. 1975. *The Preparation of Legislation*. London: Her Majesty's Stationery Office.

Richmond, E. B. 1989. African English expressions in The Gambia. *World Englishes* **8**, 223-8.

Rigg, A. G. (ed.) 1968. *The English Language: A Historical Reader*. New York: Meredith Corporation.

Robinson, J. A. T. 1967. *Exploration into God*. London: SCM Press.

Robinson, M. (ed.) 1985. *The Concise Scots Dictionary*. Aberdeen University Press.

Ronberg, G. 1992. *A Way with Words: The Language of English Renaissance Literature*. Sevenoaks: Edward Arnold.

Rosenberg, B. A. 1970. The formulaic quality of spontaneous sermons. *Journal of American Folklore* **83** (327), 3-20.

Ross, A. S. C. 1956. U and non-U: An essay in sociological linguistics. In N. Mitford (ed.), *Noblesse Oblige*. London: Hamish Hamilton, 11-36.

Ross, H. E. 1960. Patterns of swearing. *Discovery* (November), 479-81.

Rundell, M. & Stock, P. 1992. The corpus revolution. *English Today* **31**, 21-9.

Sampson, G. 1921. *English for the English*. Cambridge University Press.

Samuels, M. L. 1963. Some applications of Middle English dialectology. *English Studies* **44**, 81-94.

Savory, T. H. 1967. *The Language of Science*. 2nd edn. London: Deutsch.

Sawyer, P. H. 1962. *The Age of the Vikings*. London: Edward Arnold.

Schiffrin, D. 1987. *Discourse Markers*. Cambridge University Press.

Schonell, F. J. 1932. *An Essential Spelling List*. London: Macmillan.

Scieszka, J. & Smith, L. 1989. *The True Story of the 3 Little Pigs!* New York: Viking Kestrel.

Scragg, D. G. 1991. The nature of Old English verse. In M. Godden & M. Lapidge (eds.), *The Cambridge Companion to Old English Literature*. Cambridge University Press, 55-70.

Shaw, S. 2006. Governed by the rules? The female voice in Parliamentary debates. In J. Baxter (ed.), *Speaking Out: The Female Voice in Public Contexts*. Houndmills, Basingstoke: Palgrave Macmillan, 81-102.

Shorrocks, G. 1985. Aspects of affirmation and negation in the dialect of Farnworth and district. *Journal of the Lancashire Dialect Society* **34**, 20-9.

Shuy, R. 2010. *The Language of Defamationn Cases*. New

York: Oxford University Press.
Simmons, A. & Francis, D. 1991. *OSL: Official Scrabble - Lists.* Edinburgh: Chambers.
Simpson, N. F. 1977. One of our St Bernard dogs is missing. *Written for Closedown, BBC2.* London: BBC.
Simpson, P. 1992. The pragmatics of nonsense: Towards a stylistics of Private Eye's Colemanballs. In M. Toolan (ed.), *Language, Text and Context: Essays in Stylistics.* London: Routledge, 281-305.
Singer, E. 1953. *The Graphologist's Alphabet.* London: Duckworth.
Smith, D. G. (ed.) 1982. *The Cambridge Encyclopedia of Earth Sciences.* Cambridge University Press.
Spillane, M. 1991. *The Complete Style Guide.* London: Piatkus.
Steiner, G. 1972. *Extraterritorial.* London: Faber & Faber.
Stevens, J. (ed.) 1723/1910. *Bede's Ecclesiastical History of the English Nation.* (Everyman's Library, 479.) London: Dent.
Stoel-Gammon, C. & Cooper, J. A. 1984. Patterns of early lexical and phonological development. *Journal of Child Language* **11**, 247-71.
Strang, B. M. W. 1962. *Modern English Structure.* London: Edward Arnold.
Strevens, P. 1980. *Teaching English as an International Language.* Oxford: Pergamon.
Stubbs, M. 1983. *Discourse Analysis: The Sociolinguistic Analysis of Natural Language.* Oxford: Blackwell.
Sutcliffe, D. 1982. *British Black English.* Oxford: Blackwell.
Svartvik, J., Eeg-Olofsson, M., Forsheden, O., Oreström, B. & Thavenius, C. 1982. *Survey of Spoken English.* (Lund Studies in English 63.) Lund: CWK Gleerup.
Swan, M. & Treharne, E. M. (eds.) 2000. *Rewriting Old English in the Twelfth Century.* Cambridge University Press.
Tagg, T. 2012. *Discourse of Text Messaging: Analysis of SMS Communication.* London: Continuum.
Tannen, D. 1989. *Talking Voices: Repetition, Dialogue, and Imagery in Conversational Discourse.* Cambridge University Press.
Thirlwall, J. C. (ed.) 1957. *Selected Letters of William Carlos Williams.* New York: New Directions.
Thompson, L. (ed.) 1964. *Selected Letters of Robert Frost.* New York: Holt, Rinehart & Winston.
Tillich, P. 1963. *The Eternal Now.* London: SCM Press.
Tipping, L. 1927. *A Higher English Grammar.* London: Macmillan.
Todd, L. 1984a. *Modern Englishes: Pidgins and Creoles.* Oxford: Blackwell.
1984b. By their tongue divided: Towards an analysis of the speech communities in Northern Ireland. *English World-Wide* **5**, 159-80.
Tolkien, J. R. R. & Gordon, E. V. 1925. *Sir Gawain and the Green Knight.* Oxford: Clarendon Press.
Toon, T. E. 1992. Old English dialects. In R. M. Hogg (ed.), *The Cambridge History of the English Language. Vol. I: The Beginnings to 1066.* Cambridge University Press, 409-51.
Tournier, J. 1985. *Introduction descriptive à la lexicogénétique de l'anglais contemporain.* Paris: Champion-Slatkine.
Towell, J. E. & Sheppard, H. E. (eds.) 1987. *Acronyms, Initialisms and Abbreviation Dictionary,* 11th edn. Detroit: Gale Research Company.
Trudgill, P. 1986. The role of Irish English in the formation of colonial Englishes. In J. Harris, D. Little & D. Singleton (eds.), *Perspectives on the English Language in Ireland.* Trinity College Dublin: Centre for Language and Communication Studies, 3-7.
1990. *The Dialects of England.* Oxford: Blackwell.
Truman, M. 1973. *Harry S. Truman.* London: Hamish Hamilton.
Turner, G. W. 1966. *The English Language in Australia and New Zealand,* London: Longman.
Unwin, S. 1984. *Deep Joy.* Whitby: Caedmon of Whitby.
Van Buren, P. 1972. *The Edges of Language.* London: SCM Press.
Vance, M. 1991. Educational and therapeutic approaches used with a child presenting with acquired aphasia with convulsive disorder (Landau-Kleffner syndrome). *Child Language Teaching and Therapy* **7**, 40-60.
Vanhoutte, E., Van den Branden, R. & Terras, M. 2010. TEI by example. Centre for Scholarly Editing and Document Studies, Royal Academy of Dutch Language and Literature, Ghent, Belgium. teibyexample.org
Van Sertima, I. 1976. My Gullah brother and I: Exploration into a community's language and myth through its oral tradition. In D. S. Harrison & T. Trabasso (eds.), *Black English: a Seminar.* Hillsdale: Erlbaum, 123-46.
Vesterhus, S. A. 1991. Anglicisms in German car documents. *Language International* **3**, 10-15.
Wajnryb, R. 1989. Etymorphs. *English Today* **18**, 24.
Wakelin, M. 1986. English on the Mayflower. *English Today* **8**, 30-3.
Wales, K. 1991. *The Lights Out Joke Book.* London: Random Century Children's Books.
Wall, J. N. 2013. Virtual Paul's Cross: The experience of public preaching after the Reformation. In T. Kirby & P. G. Stanwood (ed.), *Paul's Cross and the Culture of Persuasion in England.* Leiden: Brill, 61-92. https://vpcp.chass.ncsu.edu
Waseleski, C. 2006. Gender and the use of exclamation points in computer-mediated communication: An analysis of exclamations posted to two electronic discussion lists. *Journal of Computer-Mediated Communication* 11. http:// cjcmc. indiana.edu/vol11/issue4/waseleski.html
Webb, V. 1992. Language attitudes in South Africa: Implications for a post apartheid democracy. In M Pütz (ed.), *Thirty Years of Linguistic Evolution.* Amsterdam: Benjamins, 429-60.
Weekley, E. 1914. *The Romance of Names.* London: Murray.

Wells, J. C. 1989. *English pronunciation preferences.* London: University College Department of Linguistics.
Williams, J. E. & Dennis, D. B. 1979. A partially- hearing unit. In D. Crystal (ed.), *Working with LARSP. London: Edward Arnold,* 214-41.
Wilson, J. 1990. *Politically Speaking.* Oxford: Blackwell.
Winer, L. 1989. Trinbagonian. *English Today* **18**, 17-22.
Wolfram, W. & Christian, D. 1976. *Appalachian Speech.* Arlington: Center for Applied Linguistics.
Wren, B. 1989. *What Language Shall I Borrow?* London: SCM Press.
Wright, L. (ed.) 2000. *The Development of Standard English 1300-1800.* Cambridge University Press.
Wyld, H. C. 1914. *A Short History of English,* 3rd rev. edn, 1927. London: John Murray.
Yule, G. U. 1944. *The Statistical Study of Literary Vocabulary.* Cambridge University Press.
Zupitza, J. (ed.) 1882. *Beowulf* (facsimile). (2nd edn by N. Davis 1959.) London: Oxford University Press.

IV 関連機関一覧

諸専門誌および学会の住所・アドレス (p.506 ならびにその他を見よ。)

American Literacy Council Colorado Headquarters, 1441 Mariposa Avenue, Boulder, CO 80302, USA. www.americanliteracy.com

American Name Society Office of the Provost, Binghampton University, State University of New York, Binghampton, NY 13902-6000. www.americannamesociety.org

Babel: The Language Magazine School of Music, Humanities and Media, West Building, University of Huddersfield, Queensgate, Huddersfield, HD1 3DH, UK. www.babelzine.com

Canadian Society for the Study of Names/Société canadienne d'onomastique 1469 rue Mattagami, Gloucester, Ontario, K1T 2T8, Canada. sco.csj.ualberta.ca

Dictionary Society of North America PO Box 537, Collingswood, NJ 08108-0537, USA. www.dictionarysociety.com

English Academy of Southern Africa PO Box 124, Wits, 2050 South Africa. www.englishacademy.co.za

English Language and Linguistics www.cambridge.org/core/journal/english-language-and-linguistics

English Place-Name Society Department of English, The University, Nottingham, NG7 2RD, UK. www.nottingham.ac.uk/research/groups/EPNS

English-Speaking Union of the Commonwealth Dartmouth House, 37 Charles Street, London W1J 5ED, UK; 144 East 39th Street, New York, NY 10016, USA. www.esu.org

English Spelling Society www.spellingsociety.org

English Today Cambridge University Press, Shaftesbury Road, Cambridge, CB2 2RU, UK; One Liberty Plaza, New York, NY 10006, USA.

English World-Wide John Benjamins BV, PO Box 52519, Amsteldijk 44, 1007 HA Amsterdam, The Netherlands; 821 Bethlehem Pike, Philadelphia, PA 19118, USA. www.benjamins.com/#catalogue/journals/eww/main

European Association for Lexicography (EURALEX) https://euralex.org

Geographical Names Board of Canada GNBC Secretariat, 560 Rochester Street, 1st floor, Ottawa, Ontario, K1A 0E4. www.nrcan.gc.ca/earth-sciences/geography/place-names/about-geographical-names-board-canada/9174

International Association of Teachers of English as a Foreign Language (IATEFL) 2–3 The foundry Business Park, Seager Road, Faversham, Kent, ME13 7FD, UK. www.iatefl.org

International Society for the Linguistics of English (ISLE) www.isle-linguistics.org

Names Society of Southern Africa/ Naamkundevereniging van Suider-Afrika www.namessociety.za.org

National Association for the Teaching of English Aizlewood's Mill, Nursery Street, Sheffield, S3 8GG, UK. www.nate.org.uk

National Council of Teachers of English 1111 W. Kenyon Road, Urbana, IL 61801-1096, USA. www.ncte.org

Plain English Campaign PO Box 3, New Mills, High Peak, SK22 4QP, UK. www.plainenglish.co.uk/

Queen's English Society www.queens-english-society.org

Society for Name Studies in Britain and Ireland www.snsbi.org.uk

Teaching English to Speakers of Other Languages (TESOL) 1925 Ballenger Avenue, Suite 550, Alexandria, VA 22314-6820, USA. www.tesol.org

Ulster Place-Name Society (Ainm) Department of Irish and Celtic Studies, Queen's University of Belfast, Belfast, BT7 1NN, UK. www.ulsterplacenames.org

Verbatim: The Language Quarterly 4907 N. Washtenaw Ave., Chicago, IL 60625, USA. www.verbatimmag.com

World Englishes onlinelibrary.wiley.com/journal/10.1111/(ISSN)1467-971X

原著出版社は，本著で言及されている外部ウェブサイトの URL が正しく，出版時点において有効であることを確認すべく最善の手を尽くしてきた。だが，出版社はウェブサイトに対していかなる責任を負うものでもなく，またサイトが今後も有効であり続けることや，内容が適正であり今後もそうであることを保証するものでもない。

V さらに学びたい読者のための文献

概　説

次のような著書では，一貫して言語全般を扱っている。T. McArthur (ed.), *The Oxford Companion to the English Language* (Oxford University Press, 1992, Concise edn, 2005); W. F. Bolton, *A Living Language: The History and Structure of English* (New York: Random House, 1982); R. Quirk & G. Stein, *English in Use* (London: Longman, 1990); R. Burchfield, *The English Language* (Oxford University Press, 1985); B. Bryson, Mother Tongue: *The English Language* (London: Hamish Hamilton; New York: William Morrow, 1990); R. Lass, *The Shape of English: Structure and History* (London: Dent, 1987); R. McCrum, W. Cran & R. MacNeil, The Story of English (London: Faber & Faber, 1986); D. Crystal, The English Language (London: Penguin, 2nd edn, 2002); and J. Svartvik & G. Leech, *English: One Tongue, Many Voices* (London: Palgrave Macmillan, 2006, 2nd edn, with D. Crystal, 2016). Collections of essays include: W. F. Bolton & D. Crystal (eds.), *The English Language* (Vol. X of *Sphere History of the English Language*, London: Sphere, 1987) および S. Greenbaum (ed.), *The English Language Today* (Oxford: Pergamon, 1985).

次の著書では，特定のテーマについて個人的なコメントが述べられている。W. Nash, *An Uncommon Tongue: The Uses and Resources of English* (London: Routledge, 1992), C. Ricks & L. Michaels, *The State of the Language* (San Francisco: University of California Press; London: Faber & Faber, 1990), および R. Wardhaugh, *Proper English: Myths and Misunderstandings about Language* (Oxford: Blackwell, 1999). 次の著書では，「旅行者の視点」から言葉が扱われている。D. Crystal, *By Hook or By Crook: A Journey in Search of English* (London: HarperCollins, 2006), US edn. *Walking English: A Journey in Search of Language* (New York: Overlook Press, 2009) および D. Crystal & H. Crystal, *Wordsmiths and Warriors: The English-Language Tourist's Guide to Britain* (Oxford University Press, 2013).

過去の著者からの英語に関する抄録を編纂したものとして，次のような著書がある。W. F. Bolton (ed.), *The English Language: Essays by English and American Men of Letters, 1490–1839* (Cambridge University Press, 1966) および W. F. Bolton & D. Crystal (eds.), *The English Language: Essays by English and American Men of Letters, 1858-1964* (Cambridge University Press, 1969). *The periodical English Today* (Cambridge University Press). 次の文献は，英語の領域を 3 か月に 1 回の割で観察している。*Journal of English Linguistics* (Sage) および *English Language and Linguistics* (Cambridge University Press).

I 部

英語史について標準的な教科書として A. C. Braugh, 昨今では A. C. Baugh & T. Cable, *A History of the English Language* (London: Routledge & Kegan Paul, 6th edn, 2012) として出版されている。次のような文献もある。D. Burnley, *The History of the English Language: A Source Book* (London: Longman, 2nd edn, 2000); D. Leith, *A Social History of English* (London: Routledge, 2nd edn, 1997); T. Pyles & J. Algeo, *The Origins and Development of the English Language* (New York: Thomson Learning, 6th edn, 2010); M. L. Samuels, *Linguistic Evolution: With Special Reference to English* (Cambridge University Press, 1972); B. M. H. Strang, *A History of English* (London: Methuen, 1970); J. Smith, *An Historical Study of English* (London: Routledge, 1996); M. Kytö & P. Pahta (eds.), *The Cambridge Handbook of English Historical Linguistics* (Cambridge University Press, 2016), および T. Nevalainen & E. Closs Traugott (eds.), *The Oxford Handbook of the History of English* (Oxford University Press, 2016). 非標準的な英語の歴史は D. Crystal, *The Stories of English* (London: Penguin, 2004) の主要テーマである。

2-4 章で扱われている時代は A. C. Partridge, *A Companion to Old and Middle English Studies* (London: Deutsch, 1982) の中心テーマである。初期アングロ・サクソンのテキストの翻訳については，the Everyman Library series (London: Dent; New York: Dutton): *Anglo-Saxon Poetry* (No. 794, ed. R. K. Gordon, 1926), *The Anglo-Saxon Chronicle* (No. 1624, ed. G. N. Garmonsway, 1972), および *The Ecclesiastical History of the English Nation* (No. 479, ed. J. Stevens, 1723/1910) を見よ。ルーン文字については，R. I. Page, *Reading the Past: Runes* (London: British Museum Publications, 1987) を見よ。古英語の時代については B. Mitchell, *An Invitation to Old English and Anglo-Saxon England* (Oxford: Blackwell, 1995); R. M. Hogg (ed.), *The Cambridge History of the English Language. Vol. I: The Beginnings to 1066* (Cambridge University Press, 1992), および M. Godden & M. Lapidge (eds.), *The Cambridge Companion to Old English Literature* (Cambridge University Press, 1991) を見よ。標準的な教科書として次のような本がある。R. Quirk & C. L. Wrenn, *An Old English Grammar* (London: Methuen, 1955) および B. Mitchell & F. C. Robinson, *A Guide to Old English* (Oxford: Blackwell, 5th edn, 1992). 中英語への移行については，M. Swan & E. M. Treharne (eds.), *Rewriting Old English in the Twelfth Century* (Cambridge University Press, 2000) を見よ。中英語については C. Jones, *An Introduction to Middle English* (New York: Holt, Rinehart & Winston, 1972) および N. Blake (ed.), *The Cambridge History of the English Language. Vol. II: 1066–1476* (Cambridge University Press, 1992) を見よ。チョーサーについては R. W. V. Elliott, *Chaucer's English* (London: Deutsch, 1974); D. J. Burnley, *A Guide to Chaucer's Language* (Norman: University of Oklahoma Press,

1984); and N. E. Eliason, *The Language of Chaucer's Poetry* (Copenhagen: Rosenkilde および Bagger, 1972, Vol. 17 of Anglistica)を見よ．標準英語の台頭については L. Wright (ed.), *The Development of Standard English 1300–1800* (Cambridge University Press, 2000) を見よ．

5章に関わる時代については次の本で扱われている。C. Barber, *Early Modern English* (London: Deutsch, 1976); M. Görlach, *Introduction to Early Modern English* (Cambridge University Press, 1991), および R. Lass (ed.), *The Cambridge History of the English Language. Vol. III: 1476–1776* (Cambridge University Press, 1995), また N. F. Blake, *Caxton's Own Prose* (London: Deutsch, 1973). シェイクスピアについては W. F. Bolton, *Shakespeare's English: Language in the History Plays* (Oxford: Blackwell, 1992), N. F. Blake, *Shakespeare's Language: An Introduction* (London: Macmillan, 1983), *A Grammar of Shakespeare's Language* (London: Macmillan, 2001), D. Crystal, *Think on my Words: Exploring Shakespeare's Language* (Cambridge University Press, 2008), および D. & B. Crystal, *Shakespeare's Words* (Harmondsworth: Penguin, 2002, および www.shakespeareswords.com のウェブサイトを見よ。当時の地域的な言語傾向については A. C. Partridge, *English Biblical Translation* (London: Deutsch, 1973), D. Crystal, *Begat: The King James Bible and the English Language* (Oxford University Press, 2011), および S. Brook, *The Language of the Book of Common Prayer* (London: Deutsch, 1965) を見よ。抜粋の精選が P. Levi, *The English Bible: From Wycliff to William Barnes* (London: Constable, 1974) によって編まれている。ルネサンスについては G. Ronberg, *A Way with Words* (London: Edward Arnold, 1992)を見よ。ジョンソンについては H. Hitchings, *Dr Johnson's Dictionary: The Extraordinary Story of the Book that Defined the World* (London: John Murray, 2005)を見よ。ミルトンについては T. N. Corns, *Milton's Language* (Oxford: Blackwell, 1990) を見よ。thou と you については，V. Salmon & E. Burness, *Reader in the Language of Shakespearean Drama* (Amsterdam: Benjamins, 1987) に所収されている Quirk, Barber, および Mulholland による論文，および Ronberg (*ibid.*)の第3章を見よ。当時の発音については D. Crystal, *Pronouncing Shakespeare* (Cambridge University Press, 2005; updated edn. 2018) および D. Crystal, *The Oxford Dictionary of Original Shakespearean Pronunciation* (Oxford University Press, 2016, オックスフォード大学出版局で著者によって製作された音響記録媒体にリンクが張られている) を見よ。

後続の時代（6-7章）については *The Cambridge History of the English Language:* Vol. IV: *1776–Present Day,* S. Romaine (ed.), 1998; Vol. V: *English in Britain and Overseas: Origins and Development;* R. W. Burchfield (ed.), 1994; および Vol. VI: *English in North America,* J. Algeo (ed.), 2001 のその他の巻で扱われている。S. B. Flexner, *I Hear America Talking* (New York: Simon and Schuster, 1976) はアメリカ英語の語句に関する図示付きの歴史である。さまざまな著者の言葉については，ブラックウェル（以前はドイツ）の *Language and Literary* シリーズに所収されている数冊（いずれも，'誰々の言葉' という書名）を見よ（ディケンズについては Dickens (1970), サッカレーについては K. C. Phillipps (1978), スコットについては G. Tulloch(1980), およびハーディについては R. W. V. Elliott (1984))。ビクトリア朝英語の一般的な傾向については K. C. Phillipps, *Language and Class in Victorian England* (Oxford: Blackwell, 1984) を見よ。

英語の世界中への歴史的普及にまつわる諸問題については R. W. Bailey & M. Görlach (eds.), *English as a World Language* (Ann Arbor: University of Michigan Press, 1982; Cambridge University Press, 1984); D. Crystal, *English as a Global Language* (Cambridge University Press, 2nd edn, 2003); T. McArthur, *The English Language* (Cambridge University Press, 1998); D. Graddol, *The Future of English* (London: The British Council, 1998), および R. Quirk & H. G. Widdowson (eds.), *English in the World* (Cambridge University Press, 1985) で論考されている。英語に対する姿勢については，R. W. Bailey, *Images of English: a Cultural History of the Language* (Cambridge University Press, 1991) を見よ。英語改革論争における立場については *English Today* **6** (1986), **11** (1987), and **16** (1988) のいくつかの号および D. Baron, *The English-Only Question: An Official Language for Americans?* (New Haven: Yale University Press, 1990) で示されている。

II 部

英語の語形成全般（8-9章）については L. Bauer, *English Wordformation* (Cambridge University Press, 1983)，および V. Adams, *An Introduction to Modern English Word-Formation* (London: Longman, 1973) を見よ。語史については G. Hughes, *Words in Time: A Social History of the English Vocabulary* (Oxford: Blackwell, 1988); A. S. C. Ross, *Etymology* (London: Deutsch, 1958); C. T. Onions (ed.), *The Oxford Dictionary of English Etymology* (Oxford University Press, 1966), および R. K. Barnhart (ed.), *The Barnhart Dictionary of Etymology* (New York: Wilson, 1987) を見よ。省略に関しては T. McArthur, 'The cult of abbreviation', *English Today* **15** (1988), 36-42; proper names in D. J. Allerton, 'The linguistic and sociolinguistic status of proper names', *Journal of Pragmatics* **11** (1987), 61-92 で論じられている。ナンセンス語については A. S. Kaye, 'Whatchamacallem', *English Today* **21** (1990), 70-3 で論じられている。ジョージ・オーウェルの言葉は W. F. Bolton, *The Language of 1984* (Oxford: Blackwell, 1984) の主題である。ジェームズ・ジョイスの言葉は A. Burgess, *Joysprick* (London: Deutsch, 1973) で論じられている。この領域全体については J. R. Taylor (ed.), *The Oxford Handbook of the Word* (Oxford University Press, 2015) を見よ。

地名（10章）については K. Cameron, *English Place Names* (London: Batsford, revised 1988); J. Field, *Place-Names of Great Britain and Ireland* (Newton Abbot: David & Charles, 1980); および C. M. Matthews, *Place Names of the English-Speaking World* (London: Weidenfeld & Nicolson; New York: Scribner's, 1972) を見よ。人名については P. Hanks & F. Hodges, *A Dictionary of Surnames* (Oxford University Press, 1988); L. Dunkling & W. Gosling, *Everyman's Dictionary of First Names* (London: Dent, 1983); L. Dunkling, *The Guinness*

Book of Names (Enfield: Guinness Superlatives, 4th edn, 1989); M. Manser, *The Guinness Book of Words* (Enfield: Guiness Superlatives, 2nd edn, 1991), Ch. 4, および C. Hough (ed.), *The Oxford Handbook of Names and Naming* (Oxford University Press, 2017) を見よ。

次の著書は，10-1 章で論じられたレキシコンの諸相と関連している。T. H. Long (ed.), *Longman Idioms Dictionary* (London: Longman, 1998), および J. O. E. Clark, *Word Wise: A Dictionary of English Idioms* (London: Harrap, 1988)。禁句については G. Hughes, *Swearing: A Social History of Foul Language, Oaths and Profanity in English* (Oxford: Blackwell, 1991)，および *An Encyclopedia of Swearing* (London: Sharpe, 2006) を見よ。専門語については W. Nash, *Jargon: Its Uses and Abuses* (Oxford: Blackwell. 1993) を見よ。婉曲語法については K. Allen & K. Burridge, *Euphemism and Dysphemism* (Oxford: OUP, 1991) および R. W. Holder, *A Dictionary of American and British Euphemisms* (Bath University Press, 1987) を見よ。二重語法については W. Lutz, *Doublespeak: From Revenue Enhancement to Terminal Living* (New York: Harper & Row, 1989) を見よ。俗語（スラング）については E. Partridge, *Slang Today and Yesterday* (London: Routledge & Kegan Paul, 4th edn, 1970) を見よ。歴史的観点からは，J. Sorensen, *Strange Vernaculars: How Eighteenth-Century Slang, Cant, Provincial Languages, and Nautical Jargon Became English* (Princeton University Press, 2017) を見よ。クリシェについては，W. Redfern, *Clichés and Coinages* (Oxford: Blackwell, 1989); N. Bagnall, *In Defence of Clichés* (London: Constable, 1985); および N. Rees, *The Joy of Clichés: A Complete User's Guide* (London: Macdonald, 1984) を見よ。語彙の歴史については D. Crystal, *The Story of English in 100 Words* (London: Profile, 2011) に含まれている精選された語の中で要約されており，この領域全体については D. Crystal, *Words, Words, Words* (Oxford University Press, 2006) で要約されている。オックスフォード英語辞典の歴史的語関連に関しては D. Crystal, *Words in Time and Place* (Oxford University Press, 2014) で紹介されている。

Ⅲ 部

13-6 章の英文法の概要は主に D. Crystal, *Rediscover Grammar* (London: Longman, 1988, 3rd edn, 2004) および *Making Sense of Grammar* (London: Longman, 2004) に基づいている。同書の基盤になっているのは R. Quirk, S. Greenbaum, G. Leech & J. Svartvik, *A Comprehensive Grammar of the English Language* (London: Longman, 1985) である。R. Quirk & S. Greenbaum, *A University Grammar of English* (London: Longman, 1973); S. Greenbaum & R. Quirk, *A Student's Grammar of the English Language* (London: Longman, 1990); G. Leech & J. Svartvik, *A Communicative Grammar of English* (London: Longman, 2nd edn, 1994); および G. Leech, *An A-Z of English Grammar and Usage* (London: Edward Arnold, 1989) も見よ。それらとは別の2つの主要な参考文法も見よ。D. Biber, S. Johansson, G. Leech, S. Conrade & E. Finegan, *Longman Grammar of Spoken and Written English* (London: Longman, 1999) および R. Huddleston & G. K. Pullum, *The Cambridge Grammar of the English Language* (Cambridge University Press, 2002)．用法の問題がまとめて D. Crystal, *Who Cares about English Usage?* (London: Penguin, 2nd edn, 2000) で論じられている。規範文法の問題が J. Milroy & L. Milroy, *Authority in Language* (London: Routledge, 2nd edn, 1991), D. Crystal, *The Fight for English* (Oxford University Press, 2006) で，さらに D. Crystal, *Making Sense: The Glamorous Story of English Grammar* (London: Profile, 2017) でも扱われている。

Ⅳ 部

英語音声学（17 章）への入門については，A. C. Gimson, *An Introduction to the Pronunciation of English* (London: Edward Arnold, 8th edn, revised by A. Cruttenden, 2014); P. J. Roach, *English Phonetics and Phonology: a Practical Course* (Cambridge University Press, 4th edn, 2009); C. W. Kreidler, *The Pronunciation of English* (Oxford: Blackwell, 2nd edn, 2003); J. D. O'Connor, *Phonetics* (Harmondsworth: Penguin, 1971); E. Couper-Kuhlen, *An Introduction to English Prosody* (London: Edward Arnold, 1986), および M. Reed & J. Levis (eds.), *The Handbook of English Pronunciation* (New York: Wiley-Blackwell, 2015) を見よ。発音様式については，J. C. Wells, *Accents of English* (Cambridge University Press, 3 vols., 1982), A. Hughes, P. Trudgill & D. Watt, *English Accents and Dialects* (Abingdon: Routledge, 5th edn, 2013), および D. Crystal & B. Crystal, *You Say Potato: A Book about Accents* (London: Macmillan, 2014) を見よ。アップトークについては P. Warren, *Uptalk: The Phenomenon of Rising Intonation* (Cambridge University Press, 2016) を，書きことばにおける音声については R. Chapman, *The Treatment of Sounds in Language and Literature* (Oxford: Blackwell, 1984) を参照。

英語のアルファベット（18 章）の背景については F. Coulmas, *The Writing Systems of the World* (Oxford: Blackwell, 1989)，および D. Diringer, *A History of the Alphabet* (Henley-on-Thames: Gresham Books, 1983) を見よ。つづり字の体系は E. Carney, *A Survey of English Spelling* (London: Routledge, 1994) で，またその歴史については D. Crystal, *Spell it Out: The Singular Story of English Spelling* (London: Profile, 2012) で詳述されている。つづり字改革については W. Haas (ed.), *Alphabets for English* (Manchester University Press, 1969) と，簡略つづり字協会（p.466 参照）の諸著作を参照。句読法の歴史については M. B. Parkes, *Pause and Effect: Punctuation in the West* (Aldershot: Scolar Press, 1992) および D. Crystal, *Making a Point: The Pernickety* [US *Persnickety*] *Story of English Punctuation* (London: Profile; New York: St Martin's Press, 2015) を見よ。誤植のはなしは J. Deck & B. D. Herson, *The Great Typo Hunt* (New York: Broadway Books, 2010) で語られている。

Ⅴ 部

談話（19 章）全般に関する研究については M. Stubbs, *Discourse Analysis* (Oxford: Blackwell, 1983); D. Schiffrin, *Discourse Markers* (Cambridge University Press, 1987); D.

Tannen, *Talking Voices: Repetition, Dialogue and Imagery in Conversational Discourse* (Cambridge University Press, 1989), および W. Nash, *Rhetoric: The Wit of Persuasion* (Oxford: Blackwell, 1989) を見よ。この分野全体の概観は D. Tannen, H., E. Hamilton & D. Schiffrin (eds.), *The Handbook of Discourse Analysis* (New York: Wiley-Blackwell, 2nd edn. 2015), および J. Sidnell & T. Stivers (eds.), *The Handbook of Conversation Analysis* (New York: Wiley-Blackwell, 2014) でなされている。諸変種の研究への入門は D. Crystal & D. Davy, *Investigating English Style* (London: Longman, 1969) や R. Carter & W. Nash, *Seeing Through Language: A Guide to Styles of English Writing* (Oxford: Blackwell, 1990) にある。話しことばと書きことばの変異については D. Biber, *Variation across Speech and Writing* (Cambridge University Press, 1988) を見よ。語用論については, G. Leech, *Principles of Pragmatics* (London: Longman, 1983) や, B. J. Birner, *Introduction to Pragmatics* (New York: Wiley-Blackwell, 2012), L. Horn & G. Ward (eds.), *The Handbook of Pragmatics* (New York: Wiley-Blackwell, 2005), Y. Huang (ed.), *The Oxford Handbook of Pragmatics* (Oxford University Press, 2017) を参照。認知言語学については V. Evans, *Cognitive Linguistics: An Introduction* (Edinburgh University Press, 2nd edn, 2018) や, D. Geeraerts & H. Cuyckens (eds.), *The Oxford Handbook of Cognitive Linguistics* (Oxford University Press, 2010), B. Dancygier (ed.), *The Cambridge Handbook of Cognitive Linguistics* (Cambridge University Press, 2017) を見よ。

地域的変異（第 20 章）は第 7 章の参考文献で紹介されているほか, P. Trudgill & J. Hannah, *International English: A Guide to Varieties of English around the World* (London: Routledge, 6th edn, 2017) や, M. Görlach, *Englishes: Studies in Varieties of English 1984–1988* (Amsterdam: Benjamins, 1991), および *Still More Englishes* (Amsterdam: Benjamins, 2002), そして L. Todd & I. F. Hancock, *International English Usage* (London: Croom Helm, 1986) にもある。J. Cheshire (ed.), *English around the World: Sociolinguistic Perspectives* (Cambridge University Press, 1991) と J. Cheshire, *Variation in an English Dialect: A Sociolinguistic Study* (Cambridge University Press, 1982) は社会的展望を動機としている。Joseph Wright, *English Dialect Dictionary* は現在, インスブルック大学英語学科のサイトからオンラインの利用が可能になっている（www.uibk.ac.at/anglistik/projects/speed/startseistartseitee.html）。

アメリカ英語の発達に関する古典的説明は H. L. Mencken, *The American Language* (rev. R. I. McDavid, New York: Knopf, 1963) であるが, また T. Pyles, *Words and Ways of American English* (New York: Random House, 1952) も見よ。アメリカ英語とイギリス英語の違いは G. Tottie, *An Introduction to American English* (Oxford: Blackwell, 2002) で概観されている。イギリス英語の方言については P. Trudgill, *The Dialects of England* (Oxford: Blackwell, 2nd edn, 1999); M. F. Wakelin, *English Dialects: An Introduction* (London: Athlone Press, 1972); P. Trudgill (ed.), *Language in the British Isles* (Cambridge University Press, 1984); M. Petyt, *The Study of Dialect* (London: Deutsch, 1980); A. J. Aitken & T. McArthur (eds.), *Languages of Scotland* (Edinburgh: Chambers, 1979) および N. Coupland (ed.), *English in Wales* (Clevedon: Multilingual Matters, 1990) を参照。

主要な地域的変種（第 20 章）のうち, カナダ英語については J. K. Chambers (ed.), *Canadian English: Origins and Structures* (Toronto: Methuen, 1975); W. S. Avis, et al. (eds.), *A Dictionary of Canadianisms on Historical Principles* (Toronto: Gage, 1967), および R. E. McConnell, *Our Own Voice: Canadian English and How it is Studied* (Toronto: Gage, 1979) を見よ。ピジン・クレオールについては L. Todd, *Modern Englishes: Pidgins and Creoles* (Oxford: Blackwell, 1984); S. Romaine, *Pidgin and Creole Languages* (London: Longman, 1988); J. L. Dillard, *Black English* (New York: Random House, 1972); F. G. Cassidy, *Jamaica Talk: Three Hundred Years of the English Language in Jamaica* (London: Macmillan, 1961), そして P. A. Roberts, *West Indians and their Language* (Cambridge University Press, 1988) を見よ。オーストラリア・ニュージーランドの英語については, P. Collins & D. Blair (eds.), *Australian English: The Language of a New Society* (Brisbane: University of Queensland Press, 1989); W. S. Ramson (ed.), *English Transported: Essays on Australasian English* (Canberra: Australian National University Press, 1970); G. W. Turner, *The English Language in Australia and New Zealand* (London: Longman, 1966); A. G. Mitchell & A. Delbridge, *The Pronunciation of English in Australia* (Sydney: Angus & Robertson, 1965), および A. Bell & J. Holmes (eds.), *New Zealand Ways of Speaking English* (Clevedon: Multilingual Matters, 1990) がある。南アフリカの英語については, J. Branford & M. Venter, *Say Again? The Other Side of South African English* (Cape Town: Pharos, 2016) を見よ。南アジアの英語については B. B. Kachru, *The Indianization of English: The English Language in India* (Delhi: Oxford University Press, 1983) や P. Nihalani, R. K. Tongue & P. Hosali, *Indian and British English: A Handbook of Usage and Pronunciation* (Delhi: Oxford University Press, 1970) がある。ヨーロッパにおける英語への影響は, M. Görlach (ed.), *English in Europe* (Oxford University Press 2002) で論じられている。

社会的変異（第 21 章）の諸問題についての全般的な説明は D. Leith, *A Social History of English* (London: Routledge & Kegan Paul, 2nd edn, 1997) に見られる。また, G. W. Turner, *Stylistics* (London: Penguin, 1973) と N. Fairclough, *Language and Power* (London: Longman, 2nd edn, 2001), そして T. Crowley (ed.), *Proper English? Readings in Language, History, and Cultural Identity* (London: Routledge, 1991), T. Bex & R. J. Watts (eds.), *Standard English: The Widening Debate* (London: Routledge, 1999), および R. Watts & P. Trudgill (eds.), *Alternative Histories of English* (London: Routledge, 2002) に所収の読み物も見よ。歴史的な展望は K. C. Phillipps, *Language and Class in Victorian England* (Oxford: Blackwell, 1984) にある。性については J. Coates, *Women, Men, and Language* (London: Longman, 3rd edn, 2004), D. Cameron & D. Kulick, *Language and Sexuality* (Cambridge University Press, 2003), D. Cameron & D. Kulick (eds.), *The*

Language and Sexuality Reader (Abingdon: Routledge, 2006), J. Coates, *Women, Men and Language* (Harlow: Pearson Education, 3rd edn, 2004), および S. Ehrlich, M. Meyerhoff & J. Holmes (eds.), *The Handbook of Language, Gender and Sexuality* (New York: Wiley-Blackwell, 2nd edn, 2017) を見よ。個々の変種に関する研究もいろいろある。宗教のことばについては C. Hammond, *The Sound of the Liturgy: How Words Work in Worship* (London: SPCK, 2015) を見よ。法律に関しては D. Mellinkoff, *The Language of the Law* (Boston, Mass.: Little Brown, 1963) および W. M. O'Barr, *Linguistic Evidence: Language, Power and Strategy in the Courtroom* (New York: Academic Press, 1982) を参照。平易な英語については M. Cutts & C. Maher, *The Plain English Story* (Stockport: Plain English Campaign, 1986) がある。政治のことばについては J. Wilson, *Politically Speaking: Pragmatic Analysis of Political Language* (Oxford: Blackwell, 1990) と, D. Crystal, *The Gift of the Gab: How Eloquence Works* (London & New Haven: Yale University Press, 2016) のオバマ大統領に関する章を見よ。メディアについては A. Bell, *The Language of News Media* (Oxford: Blackwell, 1991); R. Fowler, *Language in the News: Discourse and Ideology in the Press* (London: Routledge, 1991), そして G. N. Leech, *English in Advertising: A Linguistic Study of Advertising in Great Britain* (London: Longman, 1966) など参照。

個人的変異 (22 章) のさまざまな側面は, 以下の文献でさらに取り上げられている。ワードゲームについては T. Augarde, *The Oxford Guide to Word Games* (Oxford University Press, 1984), ユーモアについては D. Chiaro, *The Language of Jokes: Analysing Verbal Play* (London: Routledge, 1992); W. Nash, *The Language of Humour: Style and Technique in Comic Discourse* (London: Longman, 1985) や W. Redfern, *Puns* (Oxford: Blackwell, 1984) など参照。文学におけることばの諸相については N. F. Blake, *An Introduction to the Language of Literature* (London: Macmillan, 1990); R. Chapman, *Linguistics and Literature* (London: Edward Arnold, 1973); G. N. Leech, *A Linguistic Guide to English Poetry* (London: Longman, 1969); G. N. Leech & M. Short, *Style in Fiction* (London: Longman, 1981), それに W. Nash, *Language in Popular Fiction* (London: Routledge, 1990) などがあるが, また W. van Peer (ed.), *The Taming of the Text: Explorations in Language, Literature and Culture* (London: Routledge, 1991) も見よ。文学の術語については J. A. Cuddon, *A Dictionary of Literary Terms and Literary Theory* (New York: Wiley-Blackwell, 5th edn, 2013) と K. Wales, *Dictionary of Stylistics* (London: Longman, 2nd edn, 2001) を見よ。法言語学については R. W. Shuy, *Linguistics in the Courtroom: A Practical Guide* (New York: Oxford University Press, 2006) および J. Olsson, *Forensic Linguistics* (London: Continuum, 2008) を参照。

コンピューターを媒介とするコミュニケーションは D. Crystal, *Language and the Internet* (Cambridge University Press, 2nd edn, 2006) で詳細に扱われており, 23 章の例のいくつかはそこから引いている。同著者の *Internet Linguistics* (Abingdon: Routledge, 2011) も参照。書きことば英語全般との関係は N. S. Baron, *Alphabet to Email* (London: Routledge, 2000) で, またテクノロジーとの関係は I. Hutchby, *Conversation and Technology: From the Telephone to the Internet* (Cambridge: Polity Press, 2001) で追究されている。印刷にかかわる要因を主題とするものに R. Pring, *www.type: Effective Typographic Design for the World Wide Web* (London: Weidenfeld & Nicolson, 1999) がある。チャットルームでのやり取りの詳細な例示は L. Cherny, *Conversation and Community: Chat in a Virtual World* (Stanford: CSLI Publications, 1999) および B. H. Davis & J. P. Brewer, *Electronic Discourse: Linguistic Individuals in Virtual Space* (Albany: State University of New York Press, 1997) で与えられている。携帯メールに関しては D. Crystal, *Txtng: The Gr8 Db8* (Oxford University Press, 2008) および C. Tagg, *Discourse of Text Messaging: Analysis of SMS Communication* (London: Continuum, 2012) を見よ。絵文字については V. Evans, *The Emoji Code* (London: Michael O'Mara Books, 2017) を参照。S. C. Herring (ed.), *Computer-Mediated Communication: Linguistic, Social and Cross-Cultural Perspectives* (Amsterdam: Benjamins, 1996) には, さまざまな見解が収められている。

VI 部

子どもの言語獲得については D. Crystal, *Listen to Your Child* (London: Penguin, 1986, 2nd edn, 2017); P. Fletcher, *A Child's Learning of English* (Oxford: Blackwell, 1985); D. Ingram, *First Language Acquisition* (Cambridge University Press, 1989), および E. L. Bavin & L. R. Naigles (eds.), *The Cambridge Handbook of Child Language* (Cambridge University Press, 2nd edn, 2015) を見よ。読み書き能力については C. D. Baker & P. Freebody, *Children's First School Books* (Oxford: Blackwell, 1989); H. Graff (ed.), *Literacy and Social Development in the West: A Reader* (Cambridge University Press, 1983); M. Stubbs, *Language and Literacy: The Sociolinguistics of Reading and Writing* (London: Routledge & Kegan Paul, 1980) などを見よ。言語障害と治療的介入については D. Crystal & R. Varley, *An Introduction to Language Pathology* (London: Whurr, 4th edn, 1998) を見よ。

コーパスを主題とするものとして, K. Aijmer & B. Altenberg (eds.), *English Corpus Linguistics* (London: Longman, 1991), A. O'Keeffe & M. McCarthy (eds.), *The Routledge Handbook of Corpus Linguistics* (Abingdon: Routledge, 2010), および D. Biber & R. Reppen (eds.), *The Cambridge Handbook of English Corpus Linguistics* (Cambridge University Press, 2015) がある。ことばとコンピューター技術については J. Sinclair, *Corpus, Concordance, and Collocation* (Oxford University Press, 1991) および C. S. Butler (ed.), *Computers and Written Texts* (Oxford: Blackwell, 1992) を見よ。辞書編纂法については R. R. K. Hartmann (ed.), *Lexicography: Principles and Practice* (London: Academic Press, 1983); R. Ilson (ed.), *Lexicography: An Emerging International Profession* (Manchester University Press, 1986); R. W. Bailey (ed.), *Dictionaries of English: Prospects for the Record of our Language* (Ann Arbor: University of Michigan Press, 1987;

Cambridge University Press, 1989); S. Landau, *Dictionaries: The Art and Craft of Lexicography* (New York & Cambridge: CUP, 2nd edn, 2001), G. Stein, *The English Dictionary before Cawdrey* (Tübingen: Niemeyer, 1985), そして P. Durkin (ed.), *The Oxford Handbook of Lexicography* (Oxford University Press, 2015) を見よ。『ウェブスター第３版』に関する議論については J. Sledd & W. R. Ebbitt, *Dictionaries and THAT Dictionary* (New York: Scott, Foresman, 1962) を参照。『オックスフォード英語辞典』の歴史は，K. M. Elisabeth Murray, *Caught in the Web of Words* (New Haven: Yale University Press, 1977) や C. Brewer, *Treasure-House of the Language: The Living OED* (New Haven & London: Yale University Press, 2007), P. Gilliver, *The Making of the Oxford English Dictionary* (Oxford University Press, 2016) などで述べられている。

英国図書館の展示会（2010-2011）は D. Crystal, *Evolving English: One Language, Many Voices* (London: British Library, 2010) に記録されている。BBC の Voices プロジェクトについては C. Upton & B. L. Davies (eds.), *Analysing 21st-century British English: Conceptual and Methodological Aspects of the 'Voices' Project* (Abingdon: Routledge, 2013) を参照。英語プロジェクトのウェブサイトは www. englishproject.org である。

語索引

G

H

I

J

K

L

M

N

O

X

Y

Z

人名索引

欧字

ア

イ

ウ

エ

オ

カ

シ

ス

セ

ソ

タ

チ

テ

ト

ナ

ニ

ネ

ノ

ハ

ヒ

フ

ヘ

ホ

マ

ミ

ム

メ

モ

ヤ

ユ

ヨ

ラ

リ

ル

レ

ロ

ワ

VIII 事項索引

欧字

あ

い

う

お

か

き

く

け

さ

す

せ

そ

た

ち

つ

て

と

な

に

ね

の

は

ひ

ふ

へ

ほ

や

ゆ

よ

ら

り

謝辞

本書の図版を集めるにあたり，原著出版社は，名前を挙げることのできないほど多くの個人および団体にご協力頂き，深く感謝の意を表する。原著出版社は資料の著作権上の使用許可を得るためにあらゆる努力を払った。もし記載に遺漏があるとすれば，お詫びするとともにそのご指摘を歓迎する。

本書で記したロゴや商標の使用は，商標としての法的地位に何ら抵触するものではない。

注：使用した資料の出典と著作権者は，本書の掲載順（太字は掲載ページ）。略号は以下の通り。*b*: 下（bottom），*c*: 中央（center），*l*: 左（left），*r*: 右（right），*t*: 上（top），*x*: 本文（text），British Library: 大英図書館の許可による。［【訳注】以下の記載は，掲載ページの若干の移動を除いて原著の原形を維持している。］

3 Ancient Art & Architecture Collection. **4** By permission of the Syndics of Cambridge University Library. **7** *bl* By permission of the Syndics of Cambridge University Library. **7** *t & r* Ancient Art & Architecture Collection. **8** St Edmundsbury Borough Council/West Stow Anglo-Saxon Village Trust. **9** *br* Michael Holford. **10** Ancient Art & Architecture Collection. **11** British Library MS Cotton Vitellius A. xv, fol. 132. *x* Translation reprinted by permission of John Porter from *Beowulf* Pinner Anglo-Saxon Books 1991. **12** Den Phillips. **13** *b* Reproduced by permission of the Dean & Chapter of Exeter Cathedral. *t* Hulton Archive/Getty Images. **14** MS 173, fol.5r reproduced by permission of the Master and Fellows of Corpus Christi College, Cambridge. **15** *x l* Translation: Everyman's Library, David Campbell Publishers Ltd. **16** British Library MS Cotton Tiberius A. xv, fol. 60v. **17** British Library MS Cotton Nero D. iv, fol. 29. **18** Mary Evans Picture Library. **23** Mary Evans Picture Library. **24** Michael J. Stead. **25** *tr* After P. H. Sawyer *The Age of the Vikings* Edward Arnold 1962. **25** *b* Michael J. Stead. **26** *t* West Country Tourist Board. **27** Mary Evans Picture Library. **30** *t* Taken from the facsimile of Great Domesday Book published by Alecto Historical Editions. **30** *bl, bc & br* Hulton Archive/Getty Images. **31** *c* City Heritage Services, Southampton City Council. *inset* Joe Low. **32** Peterborough Cathedral Enterprises. **33** Bodleian Library, Oxford MS. Laud Misc. 636, fol. 89v. **34** By permission of the Dean and Chapter of Worcester. **35** Mary Evans Picture Library. **36** British Library, MS Harley 978, fol. 11v. **37** *l* British Library MS Cotton Nero A. x, fol. 95. *r* British Library MS Cotton Nero A. x, fol. 94v. **38** EL 26 c 9f. lr reproduced by permission of The Huntingdon Library, San Marino, Calif. **40** British Library, MS Royal 17 B. xvii, fol. 11. **41** *t* Michael J. Stead. *b* Crown copyright-reproduced with the sanction of the Controller of Her Majesty's Stationery Office (photographer: A. Bavin). **43** *l* Rex Features Ltd. *r* Michael J Stead. **46** MS 61, fr reproduced by permission of the Master and Fellows of Corpus Christi College, Cambridge. **47** *b* COI. **48** Mansell/Timepix. **49** Photo-MLC. **50** *b* FLPA/D. Grewcock. **52** *c* Jarrold Publishing. *b* Hulton Archive/Getty Images. **53** Mansell/Timepix. **56** *t* British Library. *c* Mary Evans Picture Library. *b* Reproduced by courtesy of the Director and Librarian, the John Rylands University Library of Manchester. **57** Hulton Archive/Getty Images. **58** Brian Tarr Photography. **59** British Library. **61** Mary Evans Picture Library. **62** *t* Donald Cooper/Shakespeare's Globe. *b* Hulton Archive/Getty Images. **63** Shakespeare Centre Library, Stratford-upon- Avon. **64** British Library. **65** Mary Evans Picture Library. **66** *c & b* Pitman Collection, Bath University Library. **67** *c* The Pierpont Morgan Library, New York, MA 457. *b* Hulton Archive/Getty Images. **71** Hulton Archive/Getty Images. **72** Bodleian Library, Oxford Mal. 754(2). **73** *b* Mansell/Timepix. **74** Joe Lowe. **76** Mary Evans Picture Library. **77** *b* Reproduced by permission of Punch. **78** Hulton Archive/Getty Images. **79** *t* Hulton Archive/Getty Images. *c* Department of Manuscripts and Special Collections, University of Nottingham. *r* Hulton Archive/Getty Images. **80** Courtesy of the Noah Webster House, West Hartford, Conn. **81** *t & b* Hulton Archive/Getty Images. **82** *t* Hulton Archive/Getty Images. *c* Mansell/Timepix. **83** Mary Evans Picture Library. **84** Mary Evans Picture Library. **86** Reproduced by permission of Punch. **87** The Royal Institution of Great Britain. **88** *t, ct, & cb* Mary Evans Picture Library. *b* Mansell/ Timepix. **89** *t* Michael Holford. **90** *b* Ann Ronan/Image Select. *inset* Hulton Archive/Getty Images. **92** *b* Plimoth Plantation™, Plymouth, Mass. **93** Mary Evans Picture Library. **94** *t* Mansell/Timepix. **95** *b* Kryn Taconis/Magnum Photos. **96** Alex Webb/Magnum Photos. **97** *t* Costa Manos/Magnum Photos. *b* Hulton Archive/Getty Images. **98** *t* Mary Evans Picture Library. *cr* Permission granted by the Office of the Official Secretary to the Governor-General, Canberra, Australia. **99** *t* Photo -Chris Fairclough. *b* Mary Evans Picture Library. *r* British Library. **100** *l* Art Directors TRIP/D. Saunders. *r* David Burnett/Contact/ Colorific! **101** *tl* Mary Evans Picture Library. *tr* Hulton Archive/Getty Images. *b* Mirrorpix.com. **104** *t* Marcus Brooke/Colorific! *b* Rick Smolan/Contact/Colorific! **109** *background* NASA/Science Photo Library. **111** *clockwise from top* Rex Features; Hulton Archive/Getty Images; Irish Television; Bob Daemmrich/Stock, Boston Inc./Picture Quest; Joao Silva/PictureNET; Robert Mass/Sipa Press/Rex Features. **112** *t* Mirrorpix.com. inset The Lord Quirk, FBA. **113** *t* Michael J. Stead. *c* Trade Promotions Services Ltd. *b* Martin Parr/Magnum Photos. **114** *t* Michael J. Stead. *b* Hulton Archive/Getty Images. **115** Hulton Archive/Getty Images. **116** Telegraph Colour Library. **118** Tom McArthur & Liz Knox. **119** *r Oxford English Dictionary,* Second Edition 1989, by permission of Oxford University Press. **120** Unit 18 Photography. **121** Gale Research Inc. **122** Burt Glinn/Magnum Photos. **123** *t* Mary Evans Picture Library. *bl* Reader's Digest Association Ltd. **124** *l* Vernon Richards/

George Orwell Archive: University College London. *r* Mary Evans Picture Library. *x br* Excerpt from 'Politics and the English Language' from *Shooting an Elephant and Other Essays* by George Orwell, Copyright 1946 by Sonia Brownell Orwell, reprinted by permission of Harcourt, Inc. **125** *tl* Mary Evans Picture Library. *tr* National Gallery, London/Bridgeman Art Library, London. *b* AKG London/Erich Lessing. **128** Unit 18 Photography. **129** Jarrold Publishing. **130** *b* Eurotunnel. **131** *l* Hulton Archive/Getty Images. *br* © Disney Enterprises, Inc. **132** Jennie Gass. **133** *tr* Vibert-Stokes/Ace Photo Agency. *c* & *b* J. C. Davies Photography. **134** NPG, London. **135** Peter Edwards/NPG, London. *x* Excerpt from *Nineteen Eighty-Four* by George Orwell, copyright 1949 by Harcourt, Inc. and renewed 1977 by Sonia Brownell Orwell, reprinted by permission of the publisher. **136, 137** *x* G. Hughes *Words in Time: a Social History of the English Vocabulary* Blackwell Publishers 1988. **138** *t* F. Kermode (ed.) *The Tempest* Methuen & Co. **139** *l* Meat and Livestock Commission. **140** Mirrorpix. com. **141** *tl* Mirrorpix. com. *tc* Jarrold Publishing. *tr* Aerofilms. *cl* Ian Berry/Magnum Photos. *cc, cr, bl, bc* & *br* Jarrold Publishing. **142** *l* Taken from the facsimile of Great Domesday Book published by Alecto Historical Editions. *r* British Library. **144** *t* Harry Ten Shilling, Shakespeare. *b* NPG, London. **146** *l* British Library. *r* Mary Evans Picture Library. **147** *t* Jay L. Inge, © National Geographic Society. *b* © Anglo-Australian Observatory (photography by David Malin). **148** *tr* Hulton Archive/Getty Images. *cr* National Archives, Washington. **149** *t Nos. 1, 4, 5, & 6* Public Record Office, London (ref. PROB 1/4). *No. 2* Guildhall Library, Corporation of London/Bridgeman Art Library, London. *No. 3* British Library. *b* Crown copyright -reproduced with the sanction of the Controller of Her Majesty's Stationery Office (ref. SC5/Sussex). **150** *l* Hulton Archive/Getty Images. *c* Mary Evans Picture Library. *r* London Features. **152** Mary Evans Picture Library. **153** The Kobal Collection. **154** *t* Alan Fearnley. *b* British Library. **155** *tl* & *tcl* Mary Evans Picture Library. *tcr* Peter Newark's Western Americana. *tr, bl, bcl,* & *bcr* Mary Evans Picture Library. *br* Natural History Museum, London. **156** T. McArthur *Longman Lexicon of Contemporary English* Longman Group Ltd 1981. **157** *l* G. Hughes *Words in Time: A Social History of the English Vocabulary* Blackwell Publishers 1988. *r* Fred Mayer/ Magnum Photos. **158** Mansell/Timepix. **159** *tr* Copyright Québec/Amérique International (1992). *x* Dutch (ed.) *Roget's Thesaurus* Longman Group Ltd 1982 & Kirkpatrick (ed.) *Roget's Thesaurus* Longman Group Ltd 1987. **162** BBC Photo Library. *x br* Academic Press, Orlando, Florida. **163** *x t* *Longman Dictionary of English Idioms,* Longman Group Ltd 1979. *x r* Dylan Thomas 'After the Funeral', from *The Poems* J. M. Dent. **165** From *Antonyms* by Joan Hanson. © Lerner Publications, Minneapolis, MN. *x br* J. S. Justeson & S. M. Katz 'Redefining antonymy: The textual structure of semantic relation' *Literary & Linguistic Computing* 7 (3) 1992 by permission of Oxford University Press. 166 Unit 18 Photography. *r Longman Dictionary of the English Language* Longman Group Ltd 1987. **167** *t* & *b* Telegraph Colour Library. **168** *bl* Kathy Baxendale (a/w). *br* The Prisoner © ITC Entertainment Group Ltd. **169** *c* Paul Conklin/TCL Stock Directory. inset G. Germany/Telegraph Colour Library. **170** Noel Alexander, Tops Property Services/Riley Developments. **171** *bl* Mary Evans Picture Library. *tr* J. C. Davies Photography. *br* E. McLachlan. **173** *tr* & *br* British Library. **174** Cartoon by John Jensen in William Davis *The Corporate Infighter's Handbook* Arrow Books 1986. **176** Bruno Barbey/ Magnum Photos. **177** MENCAP. **178** STAR TREK © 1993 by Paramount Pictures. All rights reserved. **179** THE FAR SIDE ® by Gary Larson © 1991 FarWorks, Inc. All rights reserved. Used with permission. **181** *b* Extract from *Graffiti: The Scrawl of the Wild* by Roger Kilroy, © Giles Brandreth, published by Corgi. Used by permission of Transworld Publishers, a division of the Random House Group Limited. **182** Hulton Archive/Getty Images. *x tr* Eric Partridge *Slang: Today and Yesterday Routledge & Kegan Paul 1933. x b P. G. Wodehouse Service with a Smile* Hutchinson 1961. Reproduced by permission of Random House UK Limited and A. P. Watt Ltd on behalf of The Trustees of the Wodehouse Estate. Eric Partridge *Slang: Today and Yesterday* Routledge & Kegan Paul 1933. Raymond Chandler *The Big Sleep* Hamish Hamilton 1939. Copyright © Raymond Chandler, 1939. Reproduced by permission of Hamish Hamilton Ltd. **183** *x* Eric Partridge *Dictionary of Slang and Unconventional English* Routledge & Kegan Paul 1937. Eric Partridge 'Genesis of a lexicographer', in *From Sanskrit to Brazil* Hamish Hamilton 1952. Copyright © Eric Partridge 1952. Reproduced by permission of Sheil Land Associates Ltd. **184** Mary Evans Picture Library. *x b* D. Murison *Scots Saws* (1981) Reproduced by permission of Mercat Press. Extracts from *A Dictionary of American Proverbs*, edited by Wolfgang Mieder, Stewart A. Kingsbury, and Kelsie B. Harder. Copyright © 1992 by Oxford University Press, Inc. Reprinted by permission. **185** *tr* Reproduced by permission of Punch. *bl* Photograph of J. R. R. Tolkien © Billett Potter, Oxford. *cr* © D. C. Thomson & Co. Ltd. *x br* T. S. Eliot *Collected Poems 1909-1962* Faber & Faber Ltd. Excerpt from 'East Coker' in *Four Quartets*, copyright 1940 T. S. Eliot and renewed 1969 by Esme Valerie Eliot, reprinted by permission of Harcourt, Inc. **186** Giraudon/ Bridgeman Art Library. *x* W. Redfern *Cliches and Coinages* Blackwell Publishers 1989. **187** *tl, tc* & *tr* Mary Evans Picture Library. *bl* NPG, London. *br* Mander & Mitchenson. **193** *t* Hulton Archive/Getty Images. *inset* Mansell/Timepix. **195** *tl, tr, bl,* & *br* Hulton Archive/Getty Images. *c* The Royal Library, Copenhagen, Denmark. *x* George Bernard Shaw, Letter to the

Chronicle, 1892, The Society of Authors on behalf of the Bernard Shaw Estate. W. H. Mittins *et al. A Grammar of Modern English* Methuen & Co. 1962. Ernest Gowers, *The Complete Plain Words* HMSO 1954. Crown copyright is reproduced by permission of The Stationery Office Limited. Barbara Strang *Modern English Structure* Edward Arnold 1962. **196** *c* (copyright) Oxford University Press. **197** *x* S. Greenbaum & R. Quirk *A Student's Grammar of the English Language* Longman Group Ltd 1990. **198** Editions Slatkine. **199** South Tyneside Assessment of Syntactic Structures (1988) by Susan Armstrong & Maureen Ainley (courtesy of STASS Publications). **200** *t* Michael J. Stead. **201** Michael J. Stead. **202** Mansell/ Timepix. *x* Reprinted by permission; © 1977 Lisel Mueller. Originally in *The New Yorker.* **203** *ct* Michael J. Stead. *cc* Telegraph Colour Library. *cbl* Joe Low. *cbr* Michael J. Stead. **204** *l* Reeds Farmers Publishing Library. *r* Michael J. Stead. **205** *l* Telegraph Colour Library. *c* Michael J. Stead. *r* PGC Promotions Ltd. **207** *tl* & *br* Michael J. Stead. *tc* Franco Pace/Rex Features. *bl* David Hurn/Magnum Photos. *tr* Last Resort Picture Library. **208** *b* Netherlands Board of Tourism. **209** *t* Jarrold Publishing. *b* Last Resort Picture Library. *x br* From *The Hitchhiker's Guide to the Galaxy* by Douglas Adams. Copyright © 1979 by Douglas Adams. Reprinted by permission of Harmony Books, a division of Crown Publishers Inc. **210** *t* & *b* Michael J. Stead. **211** *b* Rex Features. **214** *x* D. Crystal & D. Davy *Advanced Conversational English* Longman Group Ltd 1975. **215** *l* Mansell/Timepix. *r* Courtesy Good Housekeeping/ National Magazine Co. *x* Winston Churchill *The History of the Second World War,* Book 1, Cassell plc. **216** *from top to bottom* Michael J. Stead; Michael J. Stead; Telegraph Colour Library; Michael J. Stead; Michael J. Stead; Michael J. Stead; *bl* Michael J. Stead; **218** *t* Mirrorpix. com. *b* Rex Features Ltd. **219** *b* BFI Stills, Posters & Designs. **220** *t* J.S. Library. *bl* Michael J. Stead. *bc* Photo -Chris Fairclough. *br* FLPA/M Nimmo. **224** *t The Daily Star* 17/4/1985. *b The Sun* 17/4/1985. **225** CNES/Groupe de géodesie spatiale. **227** *b* The Royal National Rose Society. **228** Radio Times. *x The Independent* 26/7/1993. **230** *x* Excerpt from *The Name of the Rose* by Umberto Eco, copyright © 1980 by Gruppo Editoriale Fabbri-Bompiani, Sonzogno, Etas S.p.A., English translation copyright © 1983 by Harcourt, Inc. and Martin Secker & Warburg, Ltd, reprinted by permission of Harcourt, Inc. David Lodge *Nice Work* Martin Secker & Warburg 1988; Penguin Books 1989. John le Carré *The Little Drummer-Girl* Hodder & Stoughton 1983. Harold Pinter *The Birthday Party* Faber & Faber Ltd. **231** Stuart Franklin/ Magnum Photos. **232** *t* Michael J. Stead. *x br* From *The Hitchhiker's Guide to the Galaxy* by Douglas Adams copyright © 1979 by Douglas Adams. Used by permission of Harmony Books, a division of Random House Inc. **233** *br* D. Crystal *Language A to Z* Longman Group Ltd 1991. *x bl* W. H. Mittins *A Grammar of Modern English* Methuen & Co. 1962. *tr* Reprinted by permission of PFD on behalf of: Michael Rosen © Michael Rosen: as printed in the original volume. **243** Colorific! **246** *t* Denis Gifford Comic Collection. **249** Colorific! **250** *The Dandy,* © D. C. Thomson & Co. Ltd. **252** *t* From: *Which?,* January 1992, published by Consumers' Association, London. *bl* A. Nelson & Co. Ltd. *br* R. James & R. G. Gregory *Imaginative Speech and Writing,* Thomas Nelson & Son Ltd 1966. **253** *t* Illustration Dick Bruna, © copyright Mercis b.v., 1970. *br* Copr. © 1948 James Thurber. Copr. © 1976 Helen Thurber & Rosemary A. Thurber. From *The Beast in Me and Other Animals,* published by Harcourt Brace Company. *The Beast in Me and Other Animals* by James Thurber (Hamish Hamilton, 1949) reproduced by permission of Hamish Hamilton Ltd. *x* Wes Magee, 'The muddy, mucky, murky Mouch', © Wes Magee. **254** *x l* Rod Hull *The Reluctant Pote* Hodder & Stoughton 1989. *c* © Ray Mather 1989. **255** *t* Scope Features. *c* Mansell/Timepix. *bl* Telegraph Colour Library. *br* Reproduced by permission of Punch. **256** *t* Lyn Wendon, Letterland. *b* Source: *My Rare Animal ABC Frieze,* Marcus Davies, WWF UK (World Wide Fund For Nature), 1993. **258** The Board of Trinity College Dublin. **260** Reproduced by permission of Punch. **262** Qantas Airways Ltd. **263** Joe Low. **264** *br* © 1994 Les Editions Albert René/ Goscinny -Uderzo. **268** *c* Michael J. Stead. *bl* & *br* Hulton Archive/Getty Images. **269** Eric Singer, *A Manual of Graphology* (1953) by permission of Gerald Duckworth & Co Ltd. **270** *c* The Museum of Promotional Arts, Toronto. *b* MD Foods Plc. **271** *r* From *The True Story of the Three Little Pigs* by Jon Scieszka. Copyright © 1989 by Jon Scieszka. Used by permission of Viking Penguin, a division of Penguin Books USA Inc. *x* Dylan Thomas 'Vision and Prayer', from *The Poems* J. M. Dent. **274** FLPA/T. Whittaker. **275** *tl* Michael J. Stead. *bl* & *br* Rex Features Ltd. **276** *t* Mansell/Timepix. **277** *x tr* The Society of Authors on behalf of the Bernard Shaw Estate. *bl* American Literacy Council. **278** *x tl* © Richmal Ashbee, reproduced with permission of Macmillan Children's Books. *tr* P. G. Wodehouse Service with a Smile Hutchinson 1961. Reproduced by permission of Random House UK Limited and A. P. Watt Ltd on behalf of The Trustees of the Wodehouse Estate. **280** Bodleian Library, Oxford MS. Add. C. 165, fol. 145. 281 Bodleian Library, Oxford Shelfmark G.5.2.Th(2). **282** *l* Pembroke Ms 307 fol. 197v. Reproduced by permission of the Master and Fellows of Pembroke College, Cambridge. **283** *x br* Reprinted by permission of PFD on behalf of: Roger McGough © Roger McGough: as printed in the original volume. **284** Jack Chambers. **286** Popperfoto. *x* P. G. Wodehouse *Service with a Smile* Hutchinson 1961. Reproduced by permission of Random House UK Limited and A. P. Watt Ltd on behalf of The Trustees of the Wodehouse Estate. **287** BBC Photo Library. *x r The Independent.* **289** Ian Berry/Magnum Photos. **290** Eve Arnold/ Magnum Photos. **292** Independent Television News Ltd. **293** Hulton Archive/Getty Images. *x* Lawrence Bragg *Advice to Lecturers* Royal Institution 1974. **294** *t* Popperfoto. *bl* Mansell/timepix. *br* Reproduced with the permission of the Data Protection Registrar. **295** *c* Geoffrey Broughton *Success with English, Coursebook 1* Penguin Books 1968, copyright © Geoffrey Broughton, 1968. **296** Crown copyright -reproduced with the sanction of the Controller of Her Majesty's Stationery Office. 305 *cr* Telegraph Colour Library. 306 Rex Features Ltd. 308 *t* Michael J. Stead. *c* Tick Ahearn. 310 *Longman Dictionary of English Language and Culture* Longman Group Ltd 1992. 311 *x* D. Mindt & C. Weber 'Prepositions in American and British English' *World Englishes* 8 (2) 1989, Blackwell Publishers. 314 Reprinted by permission of the publishers from *Dictionary of American Regional English,* Vol. I, Introduction and A-C, Vol. II, D-H, edited by Frederic G. Cassidy, Cambridge, Mass.: The Belknap Press of Harvard University Press, Copyright © 1988, 1991 by the President and Fellows of Harvard College. 315 *br* M. Montgomery 'Exploring the roots of Appalachian English' *English World-Wide* 10 (1989) 227-78. 316 *b* © Bill Ross/Corbis. 317 Photo -Chris Fairclough. 319, 320, 321, 322, 323 University of Leeds. 328 *x* J. T. Low 'In Memorium: John Thomas Low' *English World-Wide* 4 (1983) 85-91. 329 *The Sunday Post,* © D. C. Thomson & Co. Ltd. 330 *br* A. K. Annand *Dod and Davie* Canongate 1986. 331 *l* Mansell/Timepix. *c* The Still Moving Picture Company. *r* N. Marshall *Chambers Companion to the Burns Supper* Chambers 1992. 332 *A Concise Scots Dictionary* Aberdeen University Press/ Chambers 1985. *x b The Scots Thesaurus* Aberdeen University Press/Chambers 1990. *r* J. J. Graham 'Wir ain aald language. Writin ida Shetland dialect' *English World-Wide* 2 (1981) 18-19. 333 Mary Evans Picture Library/Jeffrey Morgan. *x* J. D. McClure 'The makin o a Scots prose' *English World- Wide* 2 (1981) 9-13. *x b* Extracts from Hugh MacDiarmid by permission of Carcanet Press Ltd. 334 *l* C. H. Williams 'The anglicization of Wales', in N. Coupland (ed.) *English in Wales* Multilingual Matters 1990. Originally published in *Political Geography Quarterly* 3 1984, by permission of the publishers, Butterworth-Heinemann Ltd. ©. *r* W. T. R. Pryce 'Language shift in Gwent, *c.* 1770-1981', in N. Coupland (ed.) *English in Wales* Multilingual Matters 1990. 335 *t* Jim James/PA News Ltd. *bl* Radio Times. *br* Hulton Archive/Getty Images. *x bl* R. S. Thomas 'Lowri Dafydd -Poetry for Supper' from *Selected Poems* Hart-Davis, an imprint of HarperCollins Publishers Limited. *br* Dylan Thomas 'Reminiscences of Childhood', from *Quite Early One Morning* J. M. Dent. 339 *t* Mary Evans Picture Library. *c* Conor Horgan/Martin Secker & Warburg. *x cr* Roddy Doyle *The Van* Martin Secker & Warburg Ltd 1991. *br* L. Todd 'By their tongue divided: towards an analysis of the speech communities in Northern Ireland' *English World-Wide* 5 (1984) 159-80. 340 *t* Jack Chambers *b* Canadian Airline International. 341 *b* Telegraph Colour Library. 342 *r* J. K. Chambers & M. F. Hardwick 'Comparative sociolinguistics of a sound change in Canadian English' *English World-Wide* 7 (1986) 23-46. 344 *x r* By kind permission of John Agard c/o Caroline Sheldon Literary Agency *Listen, Mr Oxford Don* from *Mangoes and Bullets* published by Pluto Press, 1985. 347 *l* & *r* Rex Features Ltd. 348 *x c* I. Van Sertima 'My Gullah brother and I: exploration into a community's language and myth through its oral tradition', in D. S. Harrison & T. Trabasso (eds.), *Black English: A Seminar* Lawrence Erlbaum Associates Inc. *br* Linton Kwesi Johnson 'Time Come' from *Dread Beat an Blood.* 349 Reprinted by permission of Christian Books Melanesia Inc. *x b* Copyright Helmut Buske Verlag Hamburg 1986. 353 *t, b,* & *x The Magic Pudding* by Norman Lindsay. © Janet Glad 1918. Reprinted by permission of HarperCollins Publishers Australia. 355 *x br* Keri Hulme *The Bone People* Hodder & Stoughton 1985. 356 Hulton Archive/Getty Images. 357 *b* R. Malan *Ah Big Yaws?* David Philip Publishers 1972. 358 Colorific! 359 S. Salgado/ Amazonas/nb pictures. 361 Colorific! 362 *br* Michael J. Stead. *b* R. Angogo & I. Hancock 'English in Africa: Emerging standards or diverging regionalisms?' *English World-Wide* 1 (1980) 67-96. 363 Hulton Archive/Getty Images. *x tl* George Steiner *Extraterritorial* Faber and Faber Ltd 1972. 364 *t* & *b* Hulton Archive/Getty Images. *c* Cartoon by Osbert Lancaster from Nancy Mitford's 'Noblesse Oblige'. Published by Hamish Hamilton, 1956. By permission of John Murray (Publishers) Ltd. *x tr* Reprinted by permission of PFD on behalf of: The Estate of Nancy Mitford. © Nancy Mitford, 1956: as printed in the original edition. 367 *x tr* Reprinted by permission of A. P. Watt Ltd on behalf of The Trustees of the Robert Graves Copyright Trust. *br* Excerpt from *Nineteen Eighty-Four* by George Orwell, copyright 1949 by Harcourt, Inc. and renewed 1977 by Sonia Brownell Orwell, reprinted by permission of the publisher. 368 Michael Holford. *x b* 'Bring Many Names' by Brian Wren (b. 1936) © 1987, 1989, 1994 Stainer & Bell Limited. 369 *x b* Linguistic Society of America. 370 *t* Penny Tweedie/Colorific! *br* Reproduced by permission of the American Folklore Society from *Journal of American Folklore* 83, 327 (January-March 1970). Not for further reproduction. 371 *c* Hutchinson Picture Library. 372 *b* & *x* Reprinted from *Journal of Neurolinguistics* 6, P. Celcis et al., 'Cerebral blood flow correlates of word list learning', pp. 253-72, Copyright 1991, with kind permission from Elsevier Science Ltd, The Boulevard, Langford Lane, Kidlington OX5 1GB, UK. 373 James Sugar/Colorific!. *x b* Reprinted from *Language Sciences* 14, H. R. Jenkins, 'On being clear about time. An analysis of a chapter of Stephen Hawking's *A Brief History of Time',* pp. 529-44, Copyright 1992, with kind permission from Elsevier Science Ltd, The Boulevard, Langford Lane, Kidlington OX5 1GB, UK. 374 *t* Mansell/Timepix. *b* Art Directors & TRIP/ Terry Why. 375 Mary Evans Picture Library. *x b Halsbury's Laws of England,* Vol. VII.2, 4th edn, pp. 1346-7, Butterworths. 376 Rex Features Ltd. 376-7 *x* © Barclays Bank plc. 377 *l* & *r* Plain English Campaign. 378 *x b* M. Atkinson *Our Masters' Voices* Methuen & Co. 1984. 379 PA Photos. *x tr* Parliamentary copyright. *b* J. Wilson *Politically Speaking* Blackwell Publishers 1990. J. T. Dillon *The Practice of Questioning* Routledge 1990. 381 © *The Guardian.* 383 British Library. 384 BBC Photo Library 386 Photo -Chris Fairclough. *x cr* K. Kuiper & P. Austin 'They're off and racing now: The speech of the New Zealand race caller', in A. Bell & J. Holmes (eds.) *New Zealand Ways of Speaking English* Multilingual Matters 1990. 387 *x b* 'The Commentator' By Gareth Owen 2000, taken from *Collected Poems for Children* published by Macmillan Books. Copyright © Gareth Owen 2000. Reproduced by permission of the author c/o Rogers, Coleridge & White Ltd, London. **388** M. Friedman 'The changing language of a consumer society: Brand name usage in popular American novels in the postwar era' *Journal of Consumer Research* 11 (1985) 927-38, University of Chicago Press. **389** The Whitbread Beer Company/Lowe Howard-Spink. **391** *l* Copyright © The College of Arms. *r* Telegraph Colour Library. *x tr* Headquarters National Air Traffic Services, Civil Aviation Authority (HQ NATS, CAA). **392** *t* Corbis. *c* Kobal Collection. *br* DFEE December 1998, *Teachers Meeting the Challenge of Change,* Her Majesty's Stationery Office. *bl* Anne Priestley and Rob Rose. **393** Last Resort Picture Library. **394** Reproduced by permission of Punch. **395** Redferns Music Picture Library. **397** *cl* SCRABBLE ® game by permission of J. W. Spear & Sons PLC. SCRABBLE is a registered trade mark. *x c & b* G. Brandreth & D. Francis *World Championship Scrabble* ® Chambers. **398** *x c* © *The New Statesman & Society.* **399** DINGBATS ® Copyright © 1994 Paul Sellers. **400** Lumière Pictures Ltd. *x b* Graham Greene *The Third Man* (screenplay) Faber & Faber Ltd. Reprinted by permission of David Higham Associates Limited. **401** *cr The Sydney Morning Herald. bl* AEA Technology. *br* Reproduced by permission of Punch. **402** *x bl* Dylan Thomas *The Collected Letters* Macmillan. *br* Dylan Thomas *Under Milk Wood* J. M. Dent. **403** Hulton Archive/Getty Images. **404** *x cr* W. Nash *An Uncommon Tongue* Routledge 1992. **405** *x l* D. Chiaro *The Language of Jokes: Analysing Verbal Play* Routledge 1992. *c The Bumper Book of Kerryman Jokes* by Des MacHale published by Mercier Press PO Box No. 5 Cork, Ireland. *r* K. Wales *The Lights Out Joke Book* Red Fox 1991. **406** *tr* Hulton Archive/ Getty Images. *tc* Cartoon by E. McLachlan in D. Crystal *Language A to Z Teachers' Book* Longman Group Ltd 1991. *c* © The Andrew Brownsword Collection. All rights reserved. *br* NPG, London. *x tc* Beaver: The newspaper of the London School of Economics Students' Union. **407** *x r* Eric Partridge *Comic Alphabets* Routledge. Copyright © 1961. Sam Boyce, reproduced by permission of Sheil Land Associates Ltd. **408** BBC Photo Library. *x bl* Dennis Lee 'On Tuesday I Polish my Uncle', in J. Foster *What a Lot of Nonsense* Robert Royce. **410** *t* From J. Everhart *The Illustrated Texas Dictionary of the English Language* (Volume 2), © Copyright Cliffs Notes, Inc., Lincoln, Nebr., USA. Used with the permission of the publisher. *b* Reproduced by permission of Hamish Hamilton Ltd. **411** *t, l, & r* Reproduced by permission of Punch. **412** *l* Camera Press London. *c* Karsh/Camera Press London. *r* Hulton Archive/Getty Images. *x* F. Kermode *Selected Prose of T. S. Eliot* Faber & Faber Ltd. T. S. Eliot *Collected Poems 1909-1962* Faber & Faber Ltd. **413** *x r* Harold Pinter *The Birthday Party* Faber & Faber Ltd. **414** Mansell/Timepix. *x b* 'Sunday words' *The Sunday Times* 1980. **415** 'Mr Eliot's Sunday Morning Service' from *Collected Poems 1909-1962,* Faber and Faber Ltd. Excerpt from 'Mr Eliot's Sunday Morning Service' in *Collected Poems 1909-1962* by T. S. Eliot, copyright 1936 by Harcourt, Inc., copyright © 1964, 1963 by T. S. Eliot, reprinted by permission of the publisher. **416** John Sewell 'Flight Patterns', in J. Foster (ed.) *Another Fourth Poetry Book* Oxford University Press 1989. First published in *The North* 1986. **417** *x l* William Carlos Williams 'The Semblables' from *Collected Poems* Carcanet Press Limited. *tr* T. S. Eliot *Collected Poems 1909-1962* Faber & Faber Ltd. Excerpt from 'The Dry Salvages' in *Four Quartets,* copyright 1941 by T. S. Eliot and renewed 1969 by Esme Valerie Eliot, reprinted by permission of Harcourt, Inc. *br* 'o pr' and 'r-p-o-p-h e-s-s-a-g-r' are reprinted from *Complete Poems,* 1904-1962, by e e cummings, edited by George J. Firmage, by permission of Liveright Publishing Corporation and W. W. Norton & Company. Copyright © 1935, 1963, 1991 by the Trustees for the e e cummings Trust. Copyright © 1978 by George James Firmage. **419** *x r* N. F. Simpson. *bl* Reprinted from Henry Reed: *Collected Poems* edited by Jon Stallworthy (1991) by permission of Oxford University Press. T. S. Eliot *Collected Poems 1909-1962* Faber & Faber Ltd. **420** *t* Mary Evans Picture Library. *cr* Hulton Archive/Getty Images. *b* © Henrietta Butler/ArenaPAL. *x b* Harold Pinter *The Birthday Party* Faber & Faber Ltd. **421** Hulton Archive/Getty Images. *inset* G. Harrison/Colorific! *x l* W. Nash *Language in Popular Fiction* Routledge 1990. **422** Mary Evans Picture Library. *x l* Reprinted from Henry Reed: *Collected Poems* edited by Jon Stallworthy (1991) by permission of Oxford University Press. *r* N. F. Simpson. **423** J. F. Burrows 'Not until you ask nicely: The interpretative nexus between analysis and information' *Literary and Linguistic Computing* 7 (1992), by permission of Oxford University Press. **424** *t* Popperfoto. *bl, ctl, cbl* Mary Evans Picture Library. *cr* Corbis. *br* Getty Images. **425** *tl, tr* Michael J. Stead. *c* Hulton Archive. *b* Last Resort Picture Library. **426** *t* Ronald Grant Archive. *b* Rex Features. **428** *tl* Last Resort Picture Library. *tr* @Work Consultants Ltd (photo Last Resort Picture Library). *ctl* Bill Gates, *Business@the Speed of Thought,* Penguin Books (photo Michael O'Neill). *cbl* Rufus Taylor. *cbr, b* Kevin Taylor. **429** *t bl* Last Resort Picture Library. *br* Kathy Baxendale (a/w). **430** *t* peoplesound.com. *b* Wood Net Alliance (both photos Last Resort Picture Library). **431** *l* Central- Nic Ltd. *c* OutdoorGear.co.uk. *r* NewScientist.com (all photos Last Resort Picture Library). **432** Kathy Baxendale (a/w). **433** Last Resort Picture Library. **434** Oxford University Computing Service. *background* Last Resort Picture Library. **436** Tom McArthur. **437** Reprinted by permission of the publishers from *A First Language. The Early Stages* by Roger Brown, Cambridge, Mass.: Harvard University Press. Copyright © 1973 by the President and Fellows of Harvard College. **439** *t* Winslow Press Ltd, Telford Road, Bicester, Oxon, UK: suppliers of the *ColorCard* range. **442** From the LARR Test of Emergent Literacy (1983 Edition)© 1980 J. Downing, J. D. Ayres, B. A. Schaefer, now out of print. Revised edition © 1993 NFER-NELSON and the London Borough of Wandsworth. Reproduced by permission of the publishers NFER-NELSON Publishing Company Ltd, Darville House,

Windsor, Berkshire SL4 1DF. **443** *t* Curtis Brown on behalf of Nina Bawden © Nina Bawden 1976. *xr* Copyright © Nina Bawden 1976. Jonathan Cape Ltd and Penguin Books Ltd. *xc* Excerpt from 'Formula 86 Delayed-Action Mouse-Maker' from *The Witches* by Roald Dahl. Text copyright © 1983 by Roald Dahl. Reprinted by permission of Farrar, Straus & Giroux, LLC and David Higham Associates. *b Dr Xargle's Book of Earthlets* by Jeanne Willis and Tony Ross first published by Andersen Press, London 1988. From *Earthlets as Explained by Dr Xargle* by Jeanne Willis illustrated by Tony Ross. Copyright © 1988 by Jeanne Willis; Illustrations Copyright © 1988 by Tony Ross. Used by permission of Dutton Children's Books, a division of Penguin Books USA Inc. **444** *t* Valerie Luckins and Westfield Speech and Language Unit, Hoddesdon. **445** *t* Courtesy of John Horniman School. *x br* J. E. Williams & D. B. Dennis 'A partially-hearing unit', in D. Crystal (ed.) *Working with LARSP* Edward Arnold 1979. **447** *t* Kevin S. Kiernan. **450** *c* S. Crowdy 'Spoken corpus design' __ *Literary and Linguistic Computing* 8 (1993), by permission of Oxford University Press. *cb* Chambers. **453** *t, bl, ct, cb, cr, & br c* (copyright) Oxford University Press. **454** *bl* Extract from *Collins COBUILD English Language Dictionary* copyright William Collins Sons & Co. Ltd 1987 included with the permission of HarperCollins Publishers Ltd. *br* Tribble & Maingay (eds.) *Longman Language Activator* Longman Group Ltd 1993. **455** The Wordtree®.

日本語版監修者略歴

中島平三（なかじま へいぞう）

1946年　東京都生まれ
1982年　アリゾナ大学大学院言語学科博士課程修了
現　在　東京都立大学名誉教授
　　　　Ph. D. (The University of Arizona)

田子内健介（たこない けんすけ）

1969年　埼玉県生まれ
1995年　東京都立大学大学院人文科学研究科修士課程修了
現　在　埼玉大学教育学部教授
　　　　修士（文学）（東京都立大学）

ケンブリッジ英語百科事典　　定価はカバーに表示

2024年11月1日　初版第1刷

日本語版監修者　中島平三
　　　　　　　　田子内健介
監訳者　児馬　修
　　　　伊藤たかね
　　　　中島平三
　　　　千葉修司
　　　　藤井洋子
発行者　朝倉誠造
発行所　株式会社 朝倉書店
東京都新宿区新小川町 6-29
郵便番号　162-8707
電　話　03(3260)0141
FAX　03(3260)0180
https://www.asakura.co.jp

〈検印省略〉

シナノ印刷・牧製本

ISBN 978-4-254-50035-6 C 3582　　Printed in Japan